D1730186

fnS 26.10.22

Akbarian/Raetzke
Strahlenschutzgesetz

Strahlenschutzgesetz

Kommentar

Herausgegeben von

Dr. Goli-Schabnam Akbarian
Ministerialrätin im Bundesministerium für Umwelt, Naturschutz,
nukleare Sicherheit und Verbraucherschutz, Bonn

Dr. Christian Raetzke
Rechtsanwalt, Leipzig

2022

C.H.BECK

Zitiervorschlag:
Akbarian/Raetzke/*Bearbeiter* StrlSchG § 1 Rn. 1

www.beck.de

ISBN 978 3 406 79557 2

© 2022 Verlag C. H. Beck oHG
Wilhelmstraße 9, 80801 München

Druck und Bindung: Beltz Grafische Betriebe GmbH
Am Fliegerhorst 8, 99947 Bad Langensalza

Satz: Jung Crossmedia Publishing GmbH
Gewerbestraße 17, 35633 Lahnau

Umschlaggestaltung: Druckerei C. H. Beck, Nördlingen

chbeck.de/nachhaltig

Gedruckt auf säurefreiem, alterungsbeständigem Papier
(hergestellt aus chlorfrei gebleichtem Zellstoff)

Verzeichnis der Bearbeiterinnen und Bearbeiter

Dr. Goli-Schabnam Akbarian . . Ministerialrätin im Bundesministerium für Umwelt, Naturschutz, nukleare Sicherheit und Verbraucherschutz, Bonn

Dr. Jens Dischinger . . . . Norddeutsches Seminar für Strahlenschutz, Kiel

Anke Dittberner . . . . Referentin im Sächsischen Staatsministerium für Energie, Klima, Umwelt und Landwirtschaft, Dresden

Lars Eckhoff . . . . Oberregierungsrat, Referent im Ministerium für Energiewende, Klimaschutz, Umwelt und Natur des Landes Schleswig-Holstein, Kiel

Dr. Klaus Flesch . . . . Nuclear Control & Consulting GmbH, Braunschweig

Michael Müller . . . . Regierungsdirektor im Bundesamt für die Sicherheit der nuklearen Entsorgung, Salzgitter

Dr. Uwe Oeh . . . . Wissenschaftlicher Direktor im Bundesamt für Strahlenschutz, Oberschleißheim

Mathias Petzoldt . . . . Regierungsdirektor im Bundesministerium für Umwelt, Naturschutz, nukleare Sicherheit und Verbraucherschutz, Berlin

Dr. Christian Raetzke . . . . Rechtsanwalt, Leipzig

Linda Rampf . . . . Rechtsanwältin, Gleiss Lutz Hootz Hirsch PartmbB, Stuttgart

Dr. Marc Ruttloff . . . . Rechtsanwalt, Gleiss Lutz Hootz Hirsch PartmbB, Stuttgart

Dr. Reinhard Spohn . . . . Regierungspräsidium Darmstadt, Abt. Umwelt, Darmstadt

Dr.-Ing. Thomas Steinkopff . . . Referatsleiter i. R., Deutscher Wetterdienst, Offenbach

Dr. Jan-Willem Vahlbruch . . . . Leibniz Universität Hannover, Institut für Radioökologie und Strahlenschutz, Hannover

Dominic Weiler . . . . Technischer Sachbearbeiter im Luftfahrt-Bundesamt, Braunschweig

Vorwort

Das deutsche Strahlenschutzrecht ist mit der Schaffung des StrlSchG (Art. 1 des Gesetzes zur Neuordnung des Rechts zum Schutz vor der schädlichen Wirkung ionisierender Strahlung vom 27. Juni 2017, BGBl. I S. 1966) völlig neu strukturiert und „auf neue Füße gestellt" worden. Viele bewährte Inhalte der alten StrlSchV, der RöV und des StrVG wurden übernommen, aber es gibt auch viel Neues und die Gesamtsystematik ist seither eine andere. Insofern dürfte der Nutzen eines Kommentars zum StrlSchG auf der Hand liegen. Wir sind zuversichtlich, dass dieser Kommentar für alle, die mit Strahlenschutz und dem dazugehörigen Recht zu tun haben, eine willkommene Hilfestellung bieten wird – sei es, um einen Überblick zu gewinnen, sei es bei der Lösung einzelner Rechtsfragen.

Die StrlSchV (Art. 1 der Verordnung zur weiteren Modernisierung des Strahlenschutzrechts vom 29. November 2018, BGBl. I S. 2034), die fast alle Verordnungsermächtigungen des StrlSchG umsetzt und die in der täglichen Praxis gleichsam „im Doppelpack" mit dem StrlSchG gehandhabt wird, wurde nicht mitkommentiert – das hätte den Rahmen des ohnehin schon umfangreichen Bandes gesprengt. Einzige Ausnahme bilden die §§ 31–42 StrlSchV zur Freigabe, die aufgrund ihrer praktischen Bedeutung insbesondere für den Rückbau von Kernkraftwerken abgedruckt und mitkommentiert wurden. Alle sonstigen wesentlichen Regelungen der StrlSchV sowie weiterer auf Grundlage des StrlSchG erlassenen Verordnungen werden im Kontext der jeweiligen Vorschriften des StrlSchG erwähnt, teils auch erörtert.

Wir sind froh und dankbar, für die Kommentierung Teil eines tollen Teams von Autorinnen und Autoren gewesen zu sein. Sämtliche Mitwirkende sind ausgewiesene Kenner der Materie, die im Rahmen ihrer Tätigkeit in Behörden, Fachfirmen, Ausbildungsinstituten oder Anwaltskanzleien umfangreiche praktische Erfahrung sammeln konnten. Etwa die Hälfte von ihnen sind Nichtjuristen. Das hat sich in dieser sehr technisch/naturwissenschaftlich geprägten Materie als der zielführende Weg zu einer inhaltsreichen, praktisch brauchbaren Kommentierung erwiesen; wir haben selber dabei viel gelernt.

Dankbar sind wir auch dem Verlag C.H. Beck, der die Idee eines StrlSchG-Kommentars bereitwillig aufgegriffen, uns zu der interdisziplinären Zusammensetzung des Autorenteams ausdrücklich ermutigt und uns in jeder Hinsicht unterstützt hat.

Bonn und Leipzig, im August 2022

Goli-Schabnam Akbarian

Christian Raetzke

Inhaltsverzeichnis

**Gesetz zum Schutz vor der schädlichen Wirkung ionisierender
Strahlung (Strahlenschutzgesetz – StrlSchG)**

Teil 1 – Allgemeine Vorschriften

Teil 2 – Strahlenschutz bei geplanten Expositionssituationen

Kapitel 1 – Strahlenschutzgrundsätze

Kapitel 2 – Vorabkontrolle

Abschnitt 1 – Errichtung von Anlagen zur Erzeugung ionisierender Strahlung

Inhaltsverzeichnis

Inhaltsverzeichnis

Inhaltsverzeichnis

Inhaltsverzeichnis

Inhaltsverzeichnis

Inhaltsverzeichnis

Inhaltsverzeichnis

Kapitel 2 – Schutz vor Radon

Abschnitt 1 – Gemeinsame Vorschriften

Abschnitt 2 – Schutz vor Radon in Aufenthaltsräumen   680

Abschnitt 3 – Schutz vor Radon an Arbeitsplätzen in Innenräumen

Kapitel 3 – Schutz vor Radioaktivität in Bauprodukten

Kapitel 4 – Radioaktiv kontaminierte Gebiete

Abschnitt 1 – Radioaktive Altlasten

Inhaltsverzeichnis

Inhaltsverzeichnis

Inhaltsverzeichnis

Inhaltsverzeichnis

Abkürzungsverzeichnis

Abkürzungsverzeichnis

Abkürzungsverzeichnis

Abkürzungsverzeichnis

Abkürzungsverzeichnis

Abkürzungsverzeichnis

Abkürzungsverzeichnis

Abkürzungsverzeichnis

Abkürzungsverzeichnis

Verzeichnis der abgekürzt zitierten Literatur

AOT EEG	Altrock/Oschmann/Theobald (Hrsg.), EEG, Kommentar, 4. Aufl. 2013
BeckOK GG	Epping/Hillgruber (Hrsg.), Beck'scher Online-Kommentar Grundgesetz, Stand: 15.02.2022
BeckOK Umweltrecht	Giesberts/Reinhardt (Hrsg.), Beck'scher Online-Kommentar Umweltrecht, Stand: 01.04.2022
BeckOK VwVfG	Bader/Ronellenfitsch (Hrsg.), Beck'scher Online-Kommentar VwVfG, Stand: 01.04.2022
BfS-Leitfaden Radon an Arbeitsplätzen	BfS (Hrsg.), Radon an Arbeitsplätzen in Innenräumen – Leitfaden zu den §§ 126–132 des Strahlenschutzgesetzes
BfS-Radon-Handbuch	BfS (Hrsg.), Radon-Handbuch Deutschland, 2019
BHR EnergieR I	Büdenbender, Heintschel von Heinegg, Rosin, Energierecht I – Recht der Energieanlagen, 1999
Bischof RöV	Bischof, Röntgenverordnung (RöV), Kommentar, 1977
Bischof/Pelzer	Bischof/Pelzer, Das Strahlenschutzrecht in den Mitgliedstaaten der Europäischen Gemeinschaften, Bd. 2 Bundesrepublik Deutschland, 1983
Borchardt	Borchardt (Hrsg.), Strahlenschutz – Wissenschaftliche Grundlagen, rechtliche Regelungen, praktische Anwendungen, 4. Aufl. 1995
Bunge	Bunge, UmwRG, Kommentar, 2. Aufl. 2019
Calliess/Ruffert	Calliess/Ruffert, EUV/AEUV, Kommentar, 6. Aufl. 2022
Czychowski/Reinhardt	Czychowski/Reinhardt, Wasserhaushaltsgesetz – Kommentar, 10. Aufl. 2010
Degenhart KernenergieR	Degenhart, Kernenergierecht, 2. Aufl. 1982
DHS GG	Dürig/Herzog/Schulz, Grundgesetz, Kommentar (Losebl.), 2021
Ewen/Holte	Ewen/Holte, Die neue Strahlenschutzverordnung, Praxiskommentar, 2. Aufl. 2003
Ewen/Lucks/Wendorff	Ewen/Lucks/Wendorff, Die neue Strahlenschutzverordnung, Praxiskommentar, 1990
Fachverband 1997	Auf der Maur/Brunner/Wernli (Hrsg.), Verwirklichung sicherer Arbeitsweisen: Umgang mit Strahlung und anderen Noxen, Tagungsband der 29. Jahrestagung des Fachverbandes für Strahlenschutz, 1997
Fachverband 2006	Ettenhuber/Giessing/Beier/Bayer (Hrsg.), Strahlenschutzaspekte bei natürlicher Radioaktivität, Tagungsband der 38. Jahrestagung des Fachverbandes für Strahlenschutz, 2006
Fachverband 2008	Michel/Täschner/Vogt (Hrsg.), Kompetenz im Strahlenschutz – Ausbildung, Weiterbildung und Lehre, Tagungsband der 40. Jahrestagung des Fachverbandes für Strahlenschutz, 2008
Fachverband 2017	Tzschentke/Vahlbruch (Hrsg.), Das neue Strahlenschutzrecht – Expositionssituationen und Entsorgung, Tagungsband der 49. Jahrestagung des Fachverbandes für Strahlenschutz, 2017
Fischerhof	Fischerhof, Deutsches Atomgesetz und Strahlenschutzrecht, Band I, 2. Aufl. 1978
Fischerhof 1962	Fischerhof, Deutsches Atomgesetz und Strahlenschutzrecht, Band I, 1. Aufl. 1962

Literaturverzeichnis

FKS	Fehling/Kastner/Störmer, Verwaltungsrecht, VwVfG, VwGO, Nebengesetze, Kommentar, 5. Aufl. 2021
Frenz	Frenz (Hrsg.), Atomrecht, Atomgesetz und Ausstiegsgesetze, Kommentar, 1. Aufl. 2019
Frenz BBodSchG	Frenz, Bundes-Bodenschutzgesetz, Kommentar, 2000
Gerhardt IfSG	Gerhardt, Infektionsschutzgesetz, Kommentar, 5. Aufl. 2021
GK–BImSchG	Führ (Hrsg.), Gemeinschaftskommentar zum Bundes-Immissions-schutzgesetz, 2. Aufl. 2019
ICRP 103	ICPR Publication 103, The 2007 Recommendations of the International Commission on Radiological Protection; Die Emp-fehlungen der Internationalen Strahlenschutzkommission (ICRP) von 2007, ICRP-Veröffentlichung 103, Deutsche Ausgabe herausgegeben vom BfS (Zitierweise: ICRP 103 Ziff …)
HBK UVPG	Hoppe/Beckmann/Kment, UVPG, UmwRG, Kommentar, 5. Aufl. 2018
HdR	Handbuch der Rechtsförmlichkeit, Bundesministerium der Justiz, 2008
Hinrichs	Hinrichs, Verordnung über den Schutz vor Schäden durch ionisierende Strahlen (Strahlenschutzverordnung – StrlSchV) vom 30. Juni 1989, 3. Aufl. 1992
HMPS AtG/PÜ	Hennenhöfer/Mann/Pelzer/Sellner (Hrsg.), AtG/PÜ, Kommentar, 1. Aufl. 2021
Jarass BImSchG	Jarass, BImSchG, Kommentar, 13. Aufl. 2020
Jarass/Petersen KrWG . .	Jarass/Petersen, KrWG, Kommentar, 2014
Kießling IfSG	Kießling (Hrsg.), IfSG, Kommentar, 2. Aufl. 2021
KKS	Kasseler Kommentar Sozialversicherungsrecht, Loseblatt, Werkstand: 114. EL Mai 2021
Klindt ProdSG	Klindt (Hrsg.), Produktsicherheitsgesetz, Kommentar, 3. Aufl. 2021
Kloepfer Umweltrecht	Kloepfer, Umweltrecht, 4. Aufl. 2016
KMH AMG	Kügel/Müller/Hofmann (Hrsg.), Arzneimittelgesetz, Kommentar, 3. Aufl. 2022
Knack/Henneke VwVfG	Knack/Henneke, VwVfG, Kommentar, 11. Aufl. 2020
Koch/Hofmann/Reese	Koch/Hofmann/Reese, Umweltrecht, 5. Aufl. 2018
Kopp/Ramsauer VwVfG	Kopp/Ramsauer, VwVfG, Kommentar, 22. Aufl. 2021
Kramer/Zerlett	Kramer/Zerlett, Strahlenschutzverordnung, Strahlenschutz-vorsorgegesetz, Kommentar, 3. Aufl. 1990
LR GewO	Landmann/Rohmer, Gewerbeordnung, Kommentar, Loseblatt, Werkstand: 96. EL September 2021
LR UmweltR	Landmann/Rohmer, Umweltrecht, Kommentar, Loseblatt, Werkstand: 96. EL September 2021
Lütkes/Ewer BNatSchG	Lütkes/Ewer (Hrsg.), Bundesnaturschutzgesetz, Kommentar, 2. Aufl. 2018
Mann	Mann, Atomrecht und Strahlenschutz, Textsammlung mit Einführung und Erläuterung, 37. Aufl. 2020
Marburger	Marburger, Atomrechtliche Schadensvorsorge, 2. Aufl. 1985
Maurer/Waldhoff	Maurer/Waldhoff, Allgemeines Verwaltungsrecht, 20. Aufl. 2020
Michel/Täschner/Vogt	Michel/Täschner/Vogt (Hrsg.), Kompetent im Strahlenschutz – Ausbildung, Weiterbildung und Lehre, Köln 2008
MSU VwVfG	Mann/Sennekamp/Uechtritz VwVfG, Großkommentar, 2. Aufl. 2019
MüKo StGB	Münchener Kommentar zum Strafgesetzbuch, Band 5 §§ 263–358, 3. Aufl. 2019

Literaturverzeichnis

PBH UVPG . . . . Peters/Balla/Hesselbarth, Gesetz über die Umweltverträglichkeits-
prüfung, Kommentar, 4. Aufl. 2019
Prömper/Stein BGebG   Prömper/Stein, Bundesgebührengesetz, Kommentar, 2019
Raetzke . . . . Raetzke, Die Veränderungsgenehmigung für Kernkraftwerke nach
§ 7 AtG, 2001
Rehbinder/Schink . . . . Rehbinder/Schink, Grundzüge des Umweltrechts, 5. Aufl. 2018
Reshöft/Schäfermeier
EEG . . . . Reshöft/Schäfermeier (Hrsg.), EEG, Kommentar, 4. Aufl. 2014
Ressortforschungs-
bericht Strahlenschutz
2016, BfS . . . . Bundesamt für Strahlenschutz, Ressortforschungsbericht zum
Strahlenschutz vom 31.05.2016
Rosenbaum . . . . Rosenbaum, Die neue Strahlenschutzverordnung, Kissing 1977
SBS VwVfG . . . . Stelkens/Bonk/Sachs (Hrsg.), VwVfG, Kommentar, 9. Aufl. 2018
Schmatz/Nöthlichs   . . Schmatz/Nöthlichs, Strahlenschutz, Kommentar zur StrlSchV und
RöV mit Textsammlung (Sicherheitstechnik, Bd. VII Teil 1),
2. Aufl. 2004, Loseblatt, Werkstand: EL 2/15 März 2015
Streinz/Meisterernst . . . Streinz/Meisterernst, BasisVO/LFGB, Kommentar, 2021
SZDK . . . . Sieder/Zeitler/Dahme/Knopp, WHG AbwAG, Kommentar,
Loseblatt, Werkstand: 56. EL Juli 2021
Theobald/Kühling . . . . Theobald/Kühling (Hrsg.) Energierecht Band 4, Loseblatt,
Werkstand: 113. Aufl. April 2021
Veith . . . . Veith, Strahlenschutzgesetz mit Verordnungen, 11. Aufl. 2019
Versteyl/Sondermann . . Versteyl/Sondermann, Bundes-Bodenschutzgesetz, Kommentar,
2. Aufl. 2005
VMS KrWG . . . . Versteyl/Mann/Schomerus, Kreislaufwirtschaftsgesetz,
Kommentar, 4. Aufl. 2019
Vogt/Vahlbruch . . . . . Vogt/Vahlbruch, Grundzüge des praktischen Strahlenschutzes,
2019
Winters, Atom- und
Strahlenschutzrecht   . . Winters, Atom- und Strahlenschutzrecht, 1978
Ziegler . . . . Ziegler, Grundzüge des Strahlenschutzrechts, Teil II: Strahlen-
schutzverordnung. Manuskript des Kernforschungszentrums
Karlsruhe, 1987
Zipfel/Rathke . . . . . . Zipfel/Rathke, Lebensmittelrecht – Kommentar, Loseblatt,
Werkstand: 181. Aufl. November 2021

Einführung

Übersicht

Schrifttum: *Akbarian,* Das neue Strahlenschutzgesetz, in Feldmann/Raetzke/Ruttloff, Atomrecht in Bewegung, 2019, 125; *Akbarian,* Herauslösung aus dem Atomgesetz: Der Weg zu einem neuen Strahlenschutzgesetz, in Burgi, 15. Deutsches Atomrechtssymposium, 2019, 213; *Mann,* Atomrecht und Strahlenschutz, 2021, Einführung; *Michel/Völkle/Lorenz,* Strahlenschutz heute – Erfolge, Probleme, Empfehlungen für die Zukunft, StrlSchPrax 2018/4, 4; *Veith,* Strahlenschutzgesetz mit Verordnungen, 2021, Einführung; *Vogt/Vahlbruch,* Grundzüge des praktischen Strahlenschutzes, 2019. Aus historischer Sicht: *Bischof,* Röntgenverordnung, Kommentar, 1977, Einführung; *Winters,* Atom- und Strahlenschutzrecht, 1978, Einführung.

A. Ionisierende Strahlung und Strahlenschutz

Seit der ersten Beschreibung der **Röntgenstrahlung** durch Conrad-Wilhelm **1** Röntgen im **November 1895** und der Entdeckung der Radioaktivität wenige Monate später befindet sich die Anwendung von ionisierender Strahlung in einem Spannungsfeld zwischen der Hoffnung auf eine segensreiche Nutzung und dem notwendigen Schutz vor möglichen Schäden. Röntgen verzichtete ganz bewusst auf eine Patentierung seiner spektakulären Entdeckung, um die medizinischen Anwendungen dieser neuen, unbekannten Art der Strahlung nicht durch Patentrechtsstreitigkeiten behindert zu sehen. Als Folge dessen wurde Röntgenstrahlung bereits im Frühjahr 1896 zahlreich für medizinische Zwecke eingesetzt, was aufgrund von langen Belichtungszeiten zu schnell sichtbaren Schäden zB an der Haut führte. So konstatierte die Deutsche Medicinische Wochenschrift am 9. Juli 1896, dass „es noch nicht allgemein bekannt sein dürfte, dass die so viel besprochenen X-Strahlen die Eigenschaft besitzen, ähnlich den Sonnenstrahlen, die Haut zu verbrennen". Vergleichbare Erfahrungen machten in Paris Marie und Pierre Curie, die das von Henri Becquerel im **Frühjahr 1896** entdeckte Phänomen der **Radioaktivität** erforschten. Fasziniert von der Möglichkeit, winzige Stoffmengen indirekt über die emittierte Strahlung zu identifizieren, entwickelten sie nicht nur ein

Einführung

ganz neues Forschungsgebiet, sondern trugen zusammen mit vielen anderen Wissenschaftlerinnen und Wissenschaftlern in den darauffolgenden Jahren und Jahrzehnten zu einem neuen und vertiefenden Verständnis des Atomaufbaus und der Kernstrahlung bei.

2   Aus der Erkenntnis heraus, dass (gesunde) Zellen durch ionisierende Strahlung geschädigt werden können, erwuchs wiederum sehr schnell die Idee, auch krankhafte Zellen durch Bestrahlung zu zerstören und damit **ionisierende Strahlung zur Heilung** einzusetzen. Tatsächlich wurden bereits 1907 durch Louis Wickham und Paul Desgrais Fälle von Krebs durch Bestrahlung erfolgreich therapiert. Zur Herstellung der dafür notwendigen Präparate entstand danach ein eigener kleiner Industriezweig, die Radiumindustrie, um die „Curie-Therapie" durchführen zu können. Umgekehrt zeigte sich die Kehrseite des sorglosen Umgangs mit Radium ab den 1920er Jahren bei amerikanischen Leuchtzifferblattmalerinnen, die Zifferblätter von Uhren mit radiumhaltiger Leuchtfarbe bemalten und als Folge dessen nach erheblicher Radiuminkorporation schwere gesundheitliche Schäden erleiden mussten. Zu diesem Zeitpunkt waren die physikalische Vorstellung von Atomen und deren Kernen und die Unterschiedlichkeit von verschiedenen Arten ionisierender Strahlung (Teilchenstrahlung, elektromagnetische Wellenstrahlung) bereits weitestgehend etabliert und gut beschrieben. Notwendige Schutzmaßnahmen konzentrierten sich im Wesentlichen auf die Vermeidung so genannter **deterministische Strahlenschäden,** also der Frühschäden, die sich bald nach der Strahlenexposition einstellen und sich dadurch auszeichnen, dass sie erst nach Überschreitung einer Schwellendosis auftreten und ab dann die Schwere der Erkrankung mit zunehmender Dosis zunimmt.

3   Nach der Entdeckung der **Kernspaltung** durch Otto Hahn, Lise Meitner und Fritz Straßmann 1938 veränderte sich der Strahlenschutz durch die Entwicklung der Atombombe und die beiden verheerenden Explosionen in Hiroshima und Nagasaki 1945 grundlegend. Unter anderem rückte in den Jahren danach das bessere Verständnis von Spätfolgen, den so genannten **stochastischen Schäden,** ebenfalls in den Fokus der Wissenschaft. Anders als bei den deterministischen Strahlenschäden, können stochastische Fälle (solide Tumore, Blutkrebs, genetische Veränderungen) Jahre oder Jahrzehnte nach erfolgter Exposition auftreten. Auch nimmt bei diesen Schäden mit zunehmender Dosis nicht die Schwere der Erkrankung, sondern die Wahrscheinlichkeit ihres Eintretens zu; eine Schwellendosis lässt sich Stand heute nicht beweisen. Zur Untersuchung dieser stochastischen Effekte hat dabei insbesondere die so genannten **Life-Span-Study (LSS)** beigetragen, die an den Überlebenden der Atomexplosionen von Hiroshima und Nagasaki das strahleninduzierte Risiko für stochastische Strahlenschäden untersucht und als mächtigste Studie (neben anderen) versucht, den Zusammenhang zwischen Dosis durch ionisierende Strahlung und dem resultierenden Krebsrisiko zu beschreiben. Die sich daraus ergebende Hypothese einer linearen Dosis-Risiko-Beziehung ohne Schwelle (**LNT-Hypothese,** LNT für Linear-No-Threshold) wird auch dem aktuellen Strahlenschutzrecht zugrunde gelegt.

4   **Nicht möglich** ist gegenwärtig allerdings der Beweis eines **eindeutigen kausalen Zusammenhangs** zwischen Dosis und stochastischen Strahlenschäden, gibt es doch für diese Art von Schäden vielfältige Ursachen. Da ein Marker auf molekularer oder zellulärer Ebene, der erkennen ließe, warum aus einer (gesunden) Zelle eine Tumorzelle wurde, ebenfalls noch unbekannt ist, bleiben nur epidemiologische Zusammenhänge, wie sie die oben erwähnte Life-Span-Study untersucht. Daraus lassen sich dann Dosis-Risiko-Beziehungen vermuten, die in

Akbarian / Raetzke / Vahlbruch

Form der oben erwähnten LNT-Hypothese die Grundlage für das Strahlenschutzrecht liefern.

Parallel zu der Weiterentwicklung von Kernwaffen mit oberirdischen Tests in **5** großer Anzahl bis 1963, wurden in den Jahrzehnten nach dem 2. Weltkrieg die friedliche **Nutzung der Kernenergie** vorangetrieben und erste Kernkraftwerke zur Stromerzeugung und zu Forschungszwecken entwickelt. Der amerikanische Präsident Dwight D. Eisenhower formulierte am 8. Dezember 1953 in einer mit dem Titel „Atoms for Peace" überschriebenen Rede vor der UN-Vollversammlung in New York die Idee der friedlichen Nutzung der Kernenergie unter dem Dach einer internationalen Behörde, der IAEA. In den folgenden Jahren und Jahrzehnten wurden weltweit Kernkraftwerke errichtet und in Betrieb genommen. Nicht unerwähnt bleiben darf dabei, dass es vor allem durch die katastrophalen Unfälle von Tschernobyl 1986 und Fukushima 2011 zur Freisetzung und weiträumigen Verteilung von erheblichen Mengen an radioaktiven Substanzen kam.

Neben diesen menschgemachten Expositionen gegenüber ionisierender Strah- **6** lung hat in den letzten Jahrzehnten die **natürliche Strahlenexposition** an Aufmerksamkeit gewonnen. Dabei ist deren Existenz praktisch seit der Entdeckung der Radioaktivität bekannt, schließlich basierte diese Entdeckung auf der Entwicklung einer Fotoplatte, die mit einem Uranpräparat belichtet wurde und 1912 entdeckte Viktor Franz Hess die kosmische Strahlung. Tatsächlich berücksichtigt die moderne Strahlenschutzgesetzgebung zunehmend die Aspekte der Exposition gegenüber natürlicher Weise vorhandener ionisierender Strahlung, zumal ein Unterschied zwischen natürlicher und künstlicher Strahlung in Bezug auf die Wirkung ionisierender Strahlung nicht vorhanden ist.

Insbesondere die Existenz der natürlichen Strahlenexposition führt zu regula- **7** torischen Fragestellungen, die uns bis heute begleiten und die unmittelbare Auswirkungen auf die Strahlenschutzgesetzgebung haben. So ist eine Reduzierung der Strahlenexposition auf die Dosis „Null" aufgrund des immer vorhandenen natürlichen Strahlungsuntergrundes unmöglich. Tatsächlich ist die Exposition der Bevölkerung, abgesehen von der medizinischen Exposition, und in den meisten Fällen auch die **berufliche Exposition** sogar klein im Vergleich zur ohnehin vorhandenen natürlichen Strahlenexposition.

Als **Dosisgröße** zur Beschreibung der biologischen Wirkung von ionisierender **8** Strahlung auf den Menschen hat sich auf Gesetzesebene die **Äquivalentdosis,** angegeben in der Einheit „Sievert" (abgekürzt „Sv"), etabliert, da sie (verkürzt dargestellt) die unterschiedliche biologische Wirkung verschiedener Arten von ionisierender Strahlung durch so genannte Strahlungswichtungsfaktoren mit berücksichtigt. Sie kann als Organ-Äquivalentdosis (vgl. die Definition in § 5 Abs. 27) auf einzelne Organe oder als effektive Dosis (vgl. § 5 Abs. 11) auf den gesamten Körper bezogen werden, wobei im letzteren Fall versucht wird, auch die unterschiedliche Empfindlichkeit der verschiedenen Organe in Bezug auf stochastische Schäden mit abzubilden. Mit diesen Größen ist es möglich, sowohl für einzelne Organe als auch für den gesamten Körper Obergrenzen der zulässigen Strahlenexposition als Grenzwerte festzulegen. Durch Einhalten dieser Grenzwerte werden **deterministische Schäden sicher vermieden** und die **Wahrscheinlichkeit für** das Eintreten **stochastischer Schäden** wird auf ein tolerables Maß **reduziert.**

Heute wird ionisierende Strahlung vielfältig in **Medizin, Technik, Wirtschaft 9 und Wissenschaft** eingesetzt. Sie ist sowohl aus der medizinischen Diagnostik als auch aus der Therapie nicht mehr wegzudenken, wobei neue Methoden den Strahlenschutz weiter verbessern. Aber auch in der Industrie sind radioaktive Stoffe auch

Einführung

außerhalb der Kerntechnik weit verbreitet – sei es, um Füllstände, Dicken oder Dichten zu vermessen, Feuchtegehalte zu bestimmen oder zur Qualitätssicherung von industriell gefertigten Produkten. Über 420.000 Personen werden allein in Deutschland aus beruflichen Gründen als beruflich exponierte Personen überwacht und bis auf wenige Ausnahmen sind die **beruflichen Strahlenexpositionen sehr klein** (→ § 78 Rn. 2); deterministische Strahlenschäden kommen kaum vor und können in der Regel sicher vermieden werden. Dies ist eine Erfolgsgeschichte, deren rechtliche Grundlage das StrlSchG liefert.

B. Fachliche Grundlagen und Institutionen

10   Strahlenschutz ist eine sehr fachlich geprägte Materie. Den Regelungen auf europäischer Ebene, die ins deutsche Strahlenschutzrecht umgesetzt werden, gehen fachliche Empfehlungen auf internationaler Ebene voraus. Von herausragender Bedeutung ist die Internationale Strahlenschutzkommission **ICRP,** eine international zusammengesetzte Fachkommission in Form einer Nichtregierungsorganisation, deren Mitglieder aus allen Kontinenten stammen. Die ICRP veröffentlicht regelmäßig Empfehlungen, die zum Ziel haben, den aktuellen wissenschaftlichen Erkenntnisstand zum Strahlenschutz abzubilden. Neue Erkenntnisse im Bereich der operationellen Messgrößen und Einheiten werden regelmäßig in Empfehlungen der International Commission on Radiation & Measurements – **ICRU** – formuliert. Um eine gute Übereinstimmung zwischen den operationellen Messgrößen (ICRU) und den Dosis-Schutzgrößen (ICRP) zu ermöglichen, müssen beide Gremien zusammenarbeiten. Eine wesentliche wissenschaftliche Grundlage für die Empfehlungen der ICRP bilden die Berichte des Wissenschaftlichen Ausschusses der Vereinten Nationen zur Untersuchung der Auswirkungen atomarer Strahlung (United Nations Scientific Committee on the Effects of Atomic Radiation) **UNSCEAR.** Bis heute hat UNSCEAR über 30 Berichte veröffentlicht.

11   Die Empfehlungen der ICRP sind die wesentliche Grundlage für die Erarbeitung der **Euratom-Grundnormen,** die von den Euratom-Mitgliedstaaten umgesetzt werden müssen und daher auch das deutsche Strahlenschutzrecht wesentlich prägen. Eine neue grundlegende ICRP-Empfehlung, wie sie ungefähr alle ein bis zwei Jahrzehnte ergeht, löst idR eine Neufassung der Euratom-Grundnormen aus. Grundnormen zum Strahlenschutz (Basic Safety Standards) werden auch von der **IAEA** erarbeitet; diese haben aufgrund ihres eher politischen Charakters ebenfalls potentiellen Einfluss auf den europäischen Gesetzgeber. Eine rechtliche Umsetzungsverpflichtung wie die gemeinschaftsrechtlichen Grundnormen lösen sie nicht aus.

12   Auf europäischer Ebene berät der sog. **Art. 31–Ausschuss** die Europäische Kommission. Er wird ausdrücklich in Art. 31 EAGV – deshalb der Name – erwähnt. Danach werden die Grundnormen von der Kommission erst nach seiner Stellungnahme ausgearbeitet. Der Art. 31-Ausschuss trifft sich idR halbjährig, dh auch wenn keine Rechtsetzungsverfahren vorgesehen sind, zur wissenschaftlichen Beratung. Auf nationaler Ebene berät die Strahlenschutzkommission – SSK –, ein unabhängiges, weisungsfreies und ehrenamtlich tätiges wissenschaftliches Gremium, das BMUV in den Angelegenheiten des Schutzes vor den Risiken und Gefahren ionisierender und nichtionisierender Strahlung. In der SSK ist die gesamte Bandbreite der Fachgebiete des Strahlenschutzes und der nach dem Stand von Wissenschaft und Technik vertretbaren Anschauungen repräsentiert.

C. Europarechtliche Grundlagen

Das Recht zum Schutz vor der schädlichen Wirkung ionisierender Strahlung be- **13** ruht auf dem **EAGV**. Dessen **Art. 2 lit. b** bestimmt, dass die Gemeinschaft zur Erfüllung ihrer Aufgaben nach Maßgabe des Vertrages **einheitliche Sicherheitsnormen** für den Gesundheitsschutz der Bevölkerung und der Arbeitskräfte aufzustellen und für ihre Anwendung zu sorgen hat. Nach **Art. 30 EAGV** werden in der Gemeinschaft **Grundnormen** für den Gesundheitsschutz der Bevölkerung und der Arbeitskräfte gegen die Gefahren ionisierender Strahlung festgesetzt. „Grundnormen" sind nach diesem Artikel „die zulässigen Höchstdosen, die ausreichende Sicherheit gewähren", „die Höchstgrenze für die Aussetzung gegenüber schädlichen Einflüssen und für den schädlichen Befall" sowie „die Grundsätze für die ärztliche Überwachung der Arbeitskräfte." Dieses dem Wortlaut nach enge Verständnis ist im Lauf der Jahre, auch mit Hilfe des **EuGH**, erweitert worden. So hat der EuGH 1991 entschieden, dass die Artikel 30 ff. EAGV „darauf abzielen, einen lückenlosen und wirksamen Gesundheitsschutz durch die Bevölkerung gegen die Gefahren durch ionisierende Strahlungen sicherzustellen, ungeachtet der Strahlungsquelle und unabhängig davon, welche Personengruppen diesen Strahlungen ausgesetzt sind" (EuGH 4.10.1991 – C 70/88, EU:C:1991:373 Rn. 14). Diese Rechtsprechung hat er in den folgenden Jahren bestätigt, auch durch die Aussage, dass die Bestimmungen von Titel II Kapitel 3 EAGV „weit auszulegen [seien], um ihnen praktische Wirksamkeit zu verleihen" (EuGH 10.12.2002 – C-29/99, EU:C:2002:734 Rn. 18 – Kommission/Rat; EuGH 27.10.2009 – C-115/08, EU:C:2009:660 Rn. 100 – ČEZ; EuGH 12.2.2015 – C-48/14, EU:C:2015:91 Rn. 35 – Parlament/Rat). Grundnormen legen Mindestanforderungen fest; auf nationaler Ebene dürfen strengere Vorgaben festgelegt werden (EuGH 25.11.1992 – C 376/90, BeckRS 2004, 76859 Rn. 19), sofern der Richtliniengeber dies nicht ausschließt (vgl. Erwägungsgrund (5) der RL 2013/59/Euratom). 1997 hat der Rat die Patientenschutzrichtlinie 97/43/Euratom erlassen. Die Richtlinie regelt den medizinischen Strahlenschutz. Angesichts der skizzierten weiten Auslegung durch den EuGH steht zweifelsfrei fest, dass es sich bei diesen Vorgaben ebenfalls um Grundnormen im Sinne des Artikels 30 EAGV handelt.

Europarechtliche Richtlinien zum Strahlenschutz gibt es schon seit Ende der **14** 50er Jahre des vorigen Jahrhunderts (vgl. Richtlinien des Rates vom 2. Februar 1959 zur Festlegung der Grundnormen für den Gesundheitsschutz der Bevölkerung und der Arbeitskräfte gegen die Gefahren ionisierender Strahlungen, ABl. Nr. 11 v. 20.2.1959, 221/59). Diese Richtlinien sind in teilweise recht großen Abständen regelmäßig novelliert worden (vgl. zB RL 66/45/Euratom; RL 80/836/Euratom; RL 84/467/Euratom; RL 96/29/Euratom; RL 97/43/Euratom; RL 2003/122/ Euratom). Die aktuellste Richtlinie ist die **RL 2013/59/Euratom** vom 5. Dezember 2013 zur Festlegung grundlegender Sicherheitsnormen für den Schutz vor Gefahren einer Exposition gegenüber ionisierender Strahlung und zur Aufhebung der Richtlinien 89/618/Euratom, 90/641/Euratom, 96/29/Euratom, 97/43/Euratom und 2003/122/Euratom. Die RL 2013/59/Euratom folgt dem in ICRP 103 zugrunde gelegten Konzept, indem sie – mit dem Ziel, einen umfassenden Strahlenschutz zu gewährleisten – zwischen geplanten und bestehenden sowie Notfallexpositionssituationen unterscheidet. Die bisherige Unterscheidung zwischen Tätigkeiten, Arbeiten und Interventionen (vgl. RL 96/29/Euratom) ist aufgegeben

Einführung

worden. Die RL erweitert den bereits breiten Anwendungsbereich des Strahlenschutzrechts noch einmal deutlich, etwa durch neue Regelungen zu radioaktiven Altlasten, zu Radioaktivität in Bauprodukten oder zu Radon in Aufenthaltsräumen.

D. Strahlenschutzrecht in Deutschland

I. Regelungen bis zum Strahlenschutzgesetz

15   **1. AtG; StrVG.** Vor dem vollständigen Inkrafttreten des Strahlenschutzgesetzes Ende 2018 war das Recht zum Schutz vor der schädlichen Wirkung ionisierender Strahlung va auf Verordnungsebene in früheren Fassungen der **StrlSchV** und in der **RöV** geregelt. Das **AtG** enthielt die entsprechenden Ermächtigungsgrundlagen. Bereits das AtG in seiner ersten Fassung von 1960 hat VO-Erm. für strahlenschutzrechtliche Vorschriften vorgesehen. Strahlenschutz war zu dieser Zeit vor allem ein Thema im Zusammenhang mit der friedlichen Nutzung der Kernenergie. Aus diesem Grund bezog er sich vor allem auf den Schutz von Arbeitskräften und den Schutz der Bevölkerung. Entsprechend waren die Verordnungsermächtigungen formuliert. Angesichts der Erweiterung des Verständnisses von „Grundnormen" auf europäischer Ebene, das sich bspw. auch im Erlass der Patientenschutzrichtlinie 97/43/Euratom gezeigt hat (→ Rn. 13) ist die VO-Erm. im Laufe der Zeit um weitere Inhalte ergänzt worden (vgl. BR-Drs. 488/99).

16   Abgesehen von den VO-Erm. enthielt das AtG **wenige spezifisch strahlenschutzrechtliche Regelungen,** wenn diese, etwa aufgrund datenschutzrechtlicher Belange, formal-gesetzlich verankert werden mussten, bspw. die Vorgaben zum SSR oder HRQ-Register. Weitere auch für das Strahlenschutzrecht einschlägige Vorgaben waren die Regelungen zur Überprüfung der Zuverlässigkeit von Personen zum Schutz oder gegen die Entwendung oder Freisetzung radioaktiver Stoffe, die Regelungen zur Deckungsvorsorge, zur staatlichen Aufsicht, zu den behördlichen Zuständigkeiten und zu den Kosten und Gebühren. Eine Reihe dieser Regelungen sind durch Verweise nach wie vor im Strahlenschutzrecht anwendbar (vgl. zB § 75 oder § 179).

17   Eine weitere Quelle des Strahlenschutzrechts war das **StrVG,** das den vorsorgenden Notfallschutz zum Gegenstand hatte. Dieses Gesetz ist bereits im Herbst 2017 außer Kraft getreten.

18   **2. StrlSchV; RöV.** Die Umsetzung der im AtG angelegten Verordnungsermächtigungen erfolgte aus historischen Gründen getrennt nach Vorschriften für Röntgeneinrichtungen und Störstrahler einerseits (in der **RöV** in der jew. Fassung) sowie die übrigen Anwendungsbereiche des Strahlenschutzes andererseits (in der **StrlSchV** der jew. Fassung). Neufassungen der StrlSchV bzw. der RöV wurden meist veranlasst durch neue Euratom-Grundnormen, aber auch durch eine selbständige Weiterentwicklung des deutschen Strahlenschutzrechts.

19   Die erste Umsetzung der Verordnungsermächtigungen des AtG für das allgemeine Strahlenschutzrecht stellte die **1. SSVO vom 24.06.1960** dar (BGBl. I S. 430; Entwurf: BR-Drs. 121/60; Neufassung 1965: BGBl. I S. 1653). Die 2. SSVO vom 18.07.1964 (BGBl. I 500) betraf lediglich das Sonderthema der Nutzung von Radioaktivität im Zusammenhang mit dem Unterricht an Schulen. Diese Verordnungen wurden abgelöst von der **StrlSchV vom 13.10.1976** (BGBl. I S. 2905; Entwurf: BR-Drs. 375/76). Die StrlSchV 1976 brachte das rechtliche System des Strahlenschutzes in eine Struktur, die noch heute überwiegend gültig ist;

viele Regelungen des StrlSchG und der aktuellen StrlSchV lassen sich teils wörtlich auf diese Fassung zurückführen.

Nach dem Zwischenschritt einer **Neubekanntmachung vom 30. Juni 1989** **20** (BGBl. I S. 1321, ber. S. 1926) war der nächste Meilenstein die **StrlSchV vom 20.07.2001** (BGBl. I S. 1714; Entwurf: BR-Drs. 207/01). Die StrlSchV 2001 diente der Umsetzung der RL 96/29/Euratom, die wiederum die ICRP-Empfehlung Nr. 60 von 1990 berücksichtigte. Die StrlSchV 2001 brachte aber auch eigenständige bedeutsame Neuregelungen, etwa die Einführung der Freigabe (§ 29 StrlSchV 2001, heute §§ 31 ff. StrlSchV) und die damit verbundene Änderung des Begriffs der radioaktiven Stoffe in § 2 AtG (→ § 3 Rn. 5). Sie galt bis zur Ablösung durch das StrlSchG und die StrlSchV vom 29.11.2018.

Im Bereich der Röntgeneinrichtungen und Störstrahler blieb in den ersten Jahr- **21** zehnten der Bundesrepublik die Röntgenverordnung vom 07.02.1941 (RGBl. I S. 88) für den nichtmedizinischen Bereich maßgeblich. Für die Anwendung in der Medizin gab es keine Rechtsnorm; in der Praxis waren hier die vom Hauptverband der gewerblichen Berufsgenossenschaften 1953 herausgegebenen Unfallverhütungsvorschriften zur Reichsversicherungsordnung von großer Bedeutung (*Bischof* RöV, Einf. Ziff. II.). Die Ermächtigungsvorschriften des AtG hinsichtlich Röntgeneinrichtungen und Störstrahlern wurden erstmals umgesetzt mit der **RöV vom 01.03.1973** (BGBl. I S. 173; Entwurf: BR-Drs. 550/72). Weitere Etappen waren die **RöV vom 08.01.1987** (BGBl. I S. 114) und deren **Neufassung vom 30.04.2003** (BGBl. I S. 604; Entwurf der ÄnderungsVO: BR-Drs. 230/02). Die Neufassung diente vor allem der Umsetzung der Euratom-Grundnorm (RL 96/29/Euratom) und der Patientenschutzrichtlinie 97/43/Euratom. In dieser Fassung galt die RöV bis zu ihrer Aufhebung 2018.

Im Laufe der Jahrzehnte hatten sich die StrlSchV und die RöV inhaltlich in be- **22** stimmten Bereichen immer mehr **angeglichen;** so waren etwa wichtige Regelungen der StrlSchV als Vorbilder in die Neufassung der RöV 2003 eingeflossen (siehe etwa §§ 2a–2c mit den Strahlenschutzgrundsätzen, § 15a zur Strahlenschutzanweisung, § 18a zu erforderlicher Fachkunde und Kenntnissen im Strahlenschutz). Das lag auch daran, dass beide Verordnungen weitestgehend der Umsetzung der jeweils aktuellen Euratom-Grundnorm dienten. Insofern war es aus Sicht des Gesetzgebers konsequent, beide Regelungsbereiche 2017/2018 in der neuen Struktur des Strahlenschutzrechts **zusammenzuführen.** Im StrlSchG finden sich dort, wo sie inhaltlich gerechtfertigt sind, aber weiterhin **Differenzierungen,** die den alten Grenzlinien folgen, etwa die unterschiedlichen Technikklauseln in § 8 Abs. 2 S. 2 (→ § 8 Rn. 36).

II. Erlass des Strahlenschutzgesetzes

Die Verortung des Strahlenschutzrechts auf Verordnungsebene ist vor allem im **23** Hinblick auf seinen **immer breiter werdenden Anwendungsbereich,** der sich zunehmend von der kerntechnischen Sicherheit entfernt hat, als unbefriedigend empfunden worden. Bereits die Novellierung der StrlSchV im Jahr 2001 zur Umsetzung der Richtlinie 96/29/Euratom sah Neuregelungen zum Schutz von Mensch und Umwelt vor natürlichen Strahlungsquellen vor, die mit der Kerntechnik nichts zu tun hatten. Die Umsetzung der im Februar 2014 in Kraft getretenen neuen Grundnormen – **RL 2013/59/Euratom** – wurde deshalb zum Anlass genommen, ein „eigenes" Strahlenschutzgesetz zu erarbeiten.

Auch auf politischer Ebene ist die Notwendigkeit gesehen worden, das Strahlen- **24** schutzrecht neu aufzustellen. Der Koalitionsvertrag für die 18. Legislaturperiode

Einführung

enthielt den Auftrag, das Strahlenschutzrecht zu modernisieren und den radiologischen Notfallschutz zur Bewältigung von Katastrophen in kerntechnischen Anlagen auf Grundlage der Erfahrungen von Fukushima konzeptionell anzupassen (Deutschlands Zukunft Gestalten, 43). Der Koalitionsvertrag für die 19. Legislaturperiode enthielt den weiteren Auftrag, zur Verbesserung des Schutzes der Gesundheit vor ionisierender Strahlung das Strahlenschutzgesetz auf Verordnungsebene zu konkretisieren (Ein neuer Aufbruch für Europa/Eine neue Dynamik für Deutschland/Ein neuer Zusammenhalt für unser Land, 140). Diese Aufträge sind mit dem **StrlSchG als Art. 1 des Gesetzes zur Neuordnung des Rechts zum Schutz vor der schädlichen Wirkung ionisierender Strahlung vom 27.6.2017** (BGBl I, 1966) und der **StrlSchV als Art. 1 der Verordnung zur weiteren Modernisierung des Strahlenschutzrechts vom 29.11.2018** (BGBl I, 2034) erfüllt worden. Ein Teil des StrlSchG, va die VO-Erm. oder die Bestimmungen zum Notfallschutz, ist am 1.10.2017 in Kraft getreten; zu diesem Zeitpunkt trat das StrVG außer Kraft. Die übrigen Bestimmungen des StrlSchG sind mit der neuen StrlSchV am 31.12.2018 in Kraft getreten. Dann traten auch die StrlSchV 2001 und die RöV außer Kraft. Seither haben eine erste Novelle des StrlSchG 2021 sowie drei kleinere Novellen der StrlSchV vollzugsbedingten Erfahrungen und technischen Entwicklungen Rechnung getragen.

25   **1. Zur Gesetzgebungskompetenz des Bundes.** Die Kompetenz des Bundes zum Erlass des StrlSchG ergibt sich aus **Art. 73 Abs. 1 Nr. 14 GG.** Danach hat der Bund die ausschließliche Gesetzgebungskompetenz über die Erzeugung und Nutzung der Kernenergie zu friedlichen Zwecken, die Errichtung und den Betrieb von Anlagen, die diesen Zwecken dienen, den Schutz gegen Gefahren, die bei Freiwerden von Kernenergie oder durch ionisierende Strahlen entstehen, und die Beseitigung radioaktiver Stoffe. Die Gesetzgebungszuständigkeit für den Strahlenschutz hat innerhalb des Art. 73 Abs. 1 Nr. 14 GG eine Auffangfunktion für jene Sachverhalte, die nicht ausdrücklich in dieser Bestimmung genannt werden, für die aber auch der Schutz vor den Gefahren ionisierender Strahlung zu gewährleisten ist, bspw. beim Umgang mit radioaktiven Stoffen zu medizinischen Zwecken, bei der Nutzung von Röntgengeräten oder in Bezug auf natürliche Radioaktivität. Hinsichtlich seines Umfangs ist dieser Teilbereich der ausschließlichen Bundeskompetenz nach Art. 73 Abs. 1 Nr. 14 GG **weit auszulegen** (*Uhle* in DHS GG Art. 73 Rn. 302). Der hier verwendete Begriff der Gefahr geht über die im allgemeinen Polizei- und Ordnungsrecht zugrunde gelegte Bedeutung hinaus und umfasst unstrittig auch die Risiko- und Gefahrenvorsorge im Vorfeld der Gefahrenabwehr (zur Risiko- und Gefahrenvorsorge im Atomrecht *Karpenstein* in HMPS AtG/PÜ Einf. Rn. 251 ff.). Aus diesem Grund umfasst die Bundeskompetenz für den Strahlenschutz nach Art. 73 Abs. 1 Nr. 14 GG bspw. auch Maßnahmen der Notfallvorsorge nach Teil 3 Kap. 1 Abschn. 3 oder Vorgaben zum Schutz vor Radon nach Teil 4 Kap. 2 einschl. baulicher Anforderungen in Neubauten (→ § 123 Rn. 5). Der in Art. 73 Abs. 1 Nr. 14 GG genannte „Schutz gegen Gefahren" beschränkt sich aber nicht auf die Gefahrenverhütung, -eindämmung und -beseitigung, sondern schließt auch, selbst wenn sich dies nicht ausdrücklich aus seinem Wortlaut ergibt, die Bekämpfung und Begrenzung sich verwirklichender Gefahren und bereits eingetretener Schäden ein, so bspw. die Maßnahmen zur Notfallreaktion nach Teil 3 Kap. 1 Abschn. 3.

26   Das StrlSchG geht anderen parlamentarischen Gesetzen als **radiologische lex specialis** grundsätzlich vor (*Mann/Hundertmark* NVwZ 2019, 825 (827); grds. *Uhle* in DHS GG Art. 73 Rn. 306). Das lex specialis-Modell kommt bspw. bei den radioaktiven Altlasten in Teil 4 Kap. 4 Abschn. 1 zum Tragen. Die dort vorgesehenen Regelungen knüpfen an die besonderen, bei der Bewältigung radioaktiver Altlasten zu beachtenden Maßstäbe an und haben Vorrang vor den Regelungen des BBodSchG. Dass einige Regelungen, bspw. die Bestimmung der für die Altlast Verantwortlichen oder die behördlichen Anordnungsbefugnisse, sehr ähnlich formuliert sind wie im BBodSchG, ist unschädlich. Die Entscheidung dafür ist Gegenstand der gesetzgeberischen Freiheit gewesen (*Mann/Hundertmark* NVwZ 2019, 825 (829)). Ein weiteres Beispiel für das lex specialis-Modell ist der berufliche Strahlenschutz, etwa die Regelungen zum Schutz vor Radon an Arbeitsplätzen in Innenräumen, die einer Person, die für einen Arbeitsplatz in einem Innenraum verantwortlich ist, Mess- und ggf. Reduzierungspflichten zum Schutz der Arbeitskräfte auferlegt. Die ausschließliche Gesetzgebungskompetenz nach Art. 73 Abs. 1 Nr. 14 GG hat hier Vorrang vor der konkurrierenden Gesetzgebungszuständigkeit für das Arbeitsrecht einschl. des Arbeitsschutzes nach Art. 74 Abs. 1 Nr. 12 GG.

Die ausschließliche Gesetzgebungskompetenz nach Art. 73 Abs. 1 Nr. 14 GG **27** gibt dem Bund auch die Befugnis, für den radiologischen Notfallschutz Regelungen zu erlassen, die **in das Ordnungsrecht der Länder,** insbesondere in das Katastrophenschutzrecht, **hineinwirken.** Die Zuständigkeit des Bundes ergibt sich aus grundsätzlichen Erwägungen zur Reichweite der grundgesetzlichen Kompetenztitel des Bundes im Verhältnis zu den Länderkompetenzen. Nach der Systematik der grundgesetzlichen Kompetenzordnung wird der in Art. 70 Abs. 1 GG bestimmte Kompetenzbereich der Länder grundsätzlich durch die Reichweite der Bundeskompetenzen bestimmt, nicht umgekehrt (BVerfG NVwZ 2014, 646 (647)). Das schließt es zwar nicht aus, insbesondere anhand der Verfassungsentwicklung Sachmaterien zu identifizieren, die nach dem Willen des Verfassungsgebers zumindest in wesentlicher Hinsicht in die Gesetzgebungskompetenz der Länder fallen sollten, bspw. das allgemeine Polizei- und Ordnungsrecht, aber auch das traditionell in die Länderkompetenz fallende Katastrophenschutzrecht. Daraus folgt jedoch nicht, dass dem Bund ausdrücklich zugewiesene Gesetzgebungszuständigkeiten, Annexkompetenzen oder Kompetenzen kraft Sachzusammenhangs, wie sie dem Bund nach allgemeinen Grundsätzen zuzubilligen sind, Einwirkungen des Bundes auf derartige Sachmaterien und eine Berücksichtigung derartiger Belange von vornherein nicht ermöglichen (BVerfG aaO). Dem Bund steht, soweit er für ein bestimmtes Sachgebiet die Gesetzgebungskompetenz hat, auch die Gesetzgebungsbefugnis für die damit in einem notwendigen Zusammenhang stehenden Regelungen zur Aufrechterhaltung von Sicherheit und Ordnung in diesem Bereich zu. Das BVerfG hat für das Sachgebiet „Luftverkehr", für das der Bund die ausschließliche Gesetzgebungskompetenz nach Art. 73 Abs. 1 Nr. 6 GG hat, entschieden, dass die Gesetzgebungszuständigkeit als Annex jedenfalls die Befugnis umfasst, Regelungen zur Abwehr solcher Gefahren zu treffen, die gerade aus dem Luftverkehr herrühren (BVerfG Beschl. v. 3.7.2012 – 2 BvF 1/05, Rn. 18). Wenn der Bund danach aufgrund einer Annexkompetenz zu einer Sachkompetenz, deren Kernbereich nicht der Gefahrenabwehr dient, Regelungen zur Gefahrenabwehr treffen darf, muss dies erst recht für die ausdrückliche Gesetzgebungskompetenz zum Schutz vor den Gefahren ionisierender Strahlung nach Art. 73 Abs. 1 Nr. 14 GG gelten.

Das Katastrophenschutzrecht der Länder ist ein Sonderordnungsrecht mit spe- **28** ziellen Vorschriften zur Gefahrenvorsorge und -abwehr. Es überschneidet sich mit dem Strahlenschutzrecht typischerweise, wenn infolge eines Notfalls iSd § 5 Abs. 26 eine Gefahrenlage katastrophalen Ausmaßes entsteht, die ein Zusammenwirken der in den Landeskatastrophenschutzgesetzen der Länder aufgeführten verschiedenen

Einführung

Behörden und Stellen erfordert. Aus diesem Grund ist die Kompetenz des Bundes nach Art. 73 Abs. 1 Nr. 14 GG auch katastrophenschutzrechtlich relevant, wenn die radiologische Gefahr nur abgewehrt oder beseitigt werden kann, wenn die im Katastrophenschutz mitwirkenden Behörden und Stellen nach Maßgabe des jeweiligen Landesrechts unter der einheitlichen Leitung der Katastrophenschutzbehörde zusammenwirken.

29 **2. Zur Systematik.** Das **StrlSchG** folgt der in der RL 2013/59/Euratom angelegten, von ICRP 103 beeinflussten Systematik und unterscheidet zwischen **geplanten, bestehenden und Notfallexpositionssituationen.** Wie bisher wird zwischen den **Expositionskategorien** „beruflich", „Bevölkerung" und „Anwendung am Menschen" unterschieden. Das StrlSchG enthält die wesentlichen Vorgaben für die jeweiligen Expositionssituationen, etwa im Zusammenhang mit geplanten Expositionssituationen die Anzeige- und Genehmigungstatbestände, Vorgaben zur Betriebsorganisation, Grenzwerte oder die Anforderungen an die erforderliche Fachkunde und Kenntnisse im Strahlenschutz, im Zusammenhang mit bestehenden Expositionssituationen die grundlegenden Vorgaben zu radioaktiven Altlasten, Radioaktivität in Bauprodukten, Radon in Aufenthaltsräumen und am Arbeitsplatz, zu sonstigen bestehenden Expositionssituationen sowie zu nach einem Notfall bestehende Expositionssituationen, im Zusammenhang mit Notfallexpositionssituationen schließlich die Anforderungen an das Notfallmanagementsystem und an die Notfallreaktion. Ein Kap. mit dem Titel „Expositionsübergreifende Vorschriften" enthält Vorgaben, die auf mehr als eine Expositionssituation anwendbar sind, bspw. Festlegungen zur Ermittlung der beruflichen Exposition.

30 **3. VOen.** Die auf einer Reihe von VO-Erm. des StrlSchG beruhende **StrlSchV** enthält konkretisierende Bestimmungen, einschließlich der sog. Schutzvorschriften (vgl. § 72 Abs. 1 S. 1 Nr. 3), hinsichtlich aller drei Expositionskategorien und in Bezug auf die jeweiligen Expositionssituationen. Der Aufbau der StrlSchV folgt dem des StrlSchG, indem sie ebenfalls zwischen den Expositionssituationen unterscheidet. Neben der StrlSchV regelt die **BrKrFrühErkV** auf Grundlage des § 84 Abs. 2 die Zulässigkeit von Brustkrebs–Früherkennungen (→ § 84 Rn. 6). Die auf Grundlage des § 94 Abs. 1 erlassene **NDWV** legt Dosiswerte fest, die als Grundlage für die Angemessenheit von Schutzmaßnahmen im Notfall dienen (→ § 94 Rn. 4 ff.). Schließlich regelt die auf Basis des § 192 Abs. 2 erlassene **IMIS–Zust-V** die Zuständigkeiten von Bundesbehörden im integrierten Mess- und Informationssystem für die Überwachung der Umweltradioaktivität.

E. Die juristische Bewältigung des Strahlenrisikos

I. Genereller Ansatz

31 Das StrlSchG dient ausweislich seines § 1 Abs. 1 dem **Schutz vor der schädlichen Wirkung ionisierender Strahlung.** Allerdings wird ionisierende Strahlung in vielen Zusammenhängen menschlichen Tuns bewusst eingesetzt oder zumindest in Kauf genommen und kann nicht vollständig vom Menschen ferngehalten werden. Angesichts der aus **Art. 2 Abs. 2 S. 1 GG** abgeleiteten Pflicht des Staates, sich schützend und fördernd vor das menschliche Leben und die menschliche Gesundheit zu stellen, hat sich als das bislang meistdiskutierte juristische Problem des Strahlenschutzes die Frage erwiesen, ob und unter welchen Vor-

aussetzungen der Staat **Tätigkeiten zulassen darf, die zu einer (zusätzlichen) Strahlenexposition führen.**

In Bezug auf den Schutz bei Tätigkeiten sind die drei verschiedenen Expositi- 32 onskategorien (vgl. § 2 Abs. 5) in unterschiedlichem Maße Gegenstand der Diskussion und der Rechtsprechung geworden. Die **medizinische Anwendung ionisierender Strahlung an Patienten** zur Diagnose und Therapie spielt in diesem Zusammenhang eine geringere Rolle, denn hier geht es darum, dass der individuelle gesundheitliche Nutzen bestimmungsgemäß größer sein muss als das Strahlenrisiko (rechtfertigende Indikation, § 83 Abs. 3); deshalb kann es in diesem Bereich auch keine Grenzwerte geben (→ vor §§ 6 ff. Rn. 5). Die **berufliche Exposition** fügt sich inhaltlich, wenn auch als speziell im Strahlenschutzrecht geregelte Sondermaterie, in das Gesamtsystem des Arbeitsschutzes mit seinen Gewährleistungen (einschließlich der gesetzlichen Unfallversicherung) ein. Die Bestimmungen zur Begrenzung der Exposition, die auf ein mit anderen Risiken vergleichbares und daher tolerables Risiko zielen (→ § 78 Rn. 13), werden in diesem Bereich ergänzt durch Regelungen, die eine lückenlose Erfassung und Kontrolle ermöglichen, etwa zur Dosisermittlung, zur ärztlichen Überwachung, zum Strahlenschutzregister oder zum Strahlenpass.

Als eigentlicher Prüfstein der Frage der Bewältigung des Strahlenrisikos durch 33 das Recht hat sich in der rechtswissenschaftlichen Diskussion und in der Rechtsprechung die Frage erwiesen, inwieweit (unbeteiligte) Dritte – also **Einzelpersonen der Bevölkerung** – einer (zusätzlichen) Exposition durch Tätigkeiten ausgesetzt werden dürfen, etwa als Nachbarn einer kerntechnischen Anlage.

Das juristische Fundament dazu hat der **Kalkar-Beschluss des BVerfG von** 34 **1978** (BVerfGE 49, 89 = NJW 1979, 359) gelegt. Die dort vorgenommene Bewertung der in § 7 Abs. 2 Nr. 3 AtG geforderten Schadensvorsorge enthält zwei wesentliche, einander ergänzende Aussagen. Einerseits betont das Gericht, die Schadensvorsorge stelle – wie von der aus Art. 2 Abs. 2 S. 1 abgeleiteten staatlichen Schutzpflicht gefordert – höchste Anforderungen; sie diene einem **dynamischen Grundrechtsschutz** (S. 137) und richte einen Maßstab auf, der Genehmigungen nur dann zulasse, wenn es nach dem Stand von Wissenschaft und Technik **praktisch ausgeschlossen** erscheine, dass Schadensereignisse eintreten werden (S. 143). Andererseits hätten verbleibende Ungewissheiten jenseits dieser Schwelle praktischer Vernunft (kurz: das „**Restrisiko**", S. 137) ihre Ursache in den Grenzen des menschlichen Erkenntnisvermögens; sie seien unentrinnbar und insofern als **sozial-adäquate Lasten von allen Bürgern zu tragen** (S. 143).

Bei der anhand dieser Maßstäbe geforderten Bewältigung des von ionisierender 35 Strahlung ausgehenden Risikos speziell im **Strahlenschutzrecht** hatte der Gesetz- und Verordnungsgeber zwei Umstände zu beachten, die einander bei streng logischer Betrachtung im Grunde widersprechen, aber einander letztlich doch ergänzen und gemeinsam zu einer sinnvollen Herangehensweise führen.

Einerseits wird nach der Hypothese einer **linearen Dosis-Wirkungs-Beziehung ohne Schwellenwert** (→ Rn. 3) davon ausgegangen, dass es keinen Schwellenwert für die Auslösung strahlenbedingter kanzerogener Wirkungen gibt und dass jede (zusätzliche) Strahlenexposition potentiell zu einem Schaden führen kann, dessen Wahrscheinlichkeit proportional zur Dosis wächst. Allerdings lassen sich unterhalb einer Schwelle von etwa 100 mSv keine Nachweise über eine Schädigung führen, so dass die Annahme einer linearen Dosis-Wirkungs-Beziehung in diesem Bereich der Vorsicht entspricht, aber nicht notwendig die Realität abbildet (→ § 80 Rn. 19).

Einführung

37   Andererseits ist in Rechnung zu stellen, dass die Bevölkerung einer **natürlichen Strahlenexposition** ausgesetzt ist, von der es keine Anhaltspunkte gibt, dass sie gesundheitliche Schäden nach sich zieht, und die es „vertretbar erscheinen lässt, einen vom Normalbetrieb der kerntechnischen Anlagen ausgehenden Beitrag zu diesem allgemeinen Lebensrisiko als unerheblich zu vernachlässigen" (BVerwG, Beschl. vom 16.02.1998, NVwZ 1998, 631). Dieser Ansatz lässt sich mit der Überlegung präzisieren, dass diese **natürliche Hintergrundstrahlung** je nach Region und nach Lebensweise in ihrer Höhe **schwankt.** Es gibt keine Erkenntnisse, dass Aufenthaltsorte oder Aktivitäten, die im Rahmen einer normalen Lebensgestaltung vorgegeben sind oder gewählt werden und die uU eine höhere Exposition durch natürliche Hintergrundstrahlung mit sich bringen als andere, zu einem vermehrten Risiko für Einzelpersonen führen; folgerichtig wird die Frage der Hintergrundstrahlung bei solchen Lebensentscheidungen und -gestaltungen, etwa bei einem Umzug in eine andere Region, auch nicht mit einbezogen. Diese Erkenntnis konnte sich der Gesetz- und Verordnungsgeber zunutze machen, insbesondere zur Rechtfertigung von **Dosisgrenzwerten,** die **innerhalb der Schwankungsbreite der natürlichen Exposition** liegen (so für die künstlich verursachte Strahlenexposition insgesamt, die überwiegend durch medizinische Exposition geprägt wird, die amtl. Begr. zur StrlSchV 1976, BR-Drs. 375/76, 13).

38   Die o. a. Erwägungen sind va in Bezug auf Tätigkeiten insbesondere im kerntechnischen Zusammenhang entwickelt worden. Bei bestehenden und Notfallexpositionssituationen kommt die staatliche Schutzpflicht deshalb zum Tragen, weil – anders als bei Tätigkeiten – Strahlung nicht bewusst erzeugt wird oder, wenn bekanntermaßen vorhanden (zB bei NORM-Tätigkeiten), man sich ihr bewusst aussetzt, in diesen Situationen Strahlung vorgefunden wird und diese bewältigt werden muss. Diese andere Ausgangssituation zeigt sich etwa darin, dass Dosisgrenzwerte in diesen Situationen nicht gelten und zB das Instrument des Referenzwertes zur Optimierung eingesetzt wird (→ § 5 Rn. 33). Bei bestehenden und Notfallexpositionssituationen sind zudem nur die Expositionskategorien „Schutz der Bevölkerung" und „beruflicher Strahlenschutz" von Relevanz.

II. Die drei Strahlenschutzgrundsätze

39   Die im Strahlenschutz entwickelten **drei Grundsätze der Rechtfertigung, der Optimierung und der Dosisbegrenzung** (§§ 6–9; → vor §§ 6 ff. Rn. 1 ff.) sind Grundlage für die rechtliche Bewältigung des Strahlenrisikos.

40   Die **Dosisgrenzwerte** (§ 9) stecken den Rahmen dessen ab, was dem Dritten zum Risiko einer Schädigung durch ionisierende Strahlung im Lichte des Art. 2 Abs. 2 S. 1 GG zugemutet werden darf. Die entsprechende „Übersetzung" des Kalkar-Beschlusses in das Strahlenschutzrecht leistete das grundlegende **Stade-Urteil des BVerwG von 1980** (BVerwGE 61, 256 = NJW 1981, 1393). Das Gericht führte aus, es gebe kein Recht, „vor jedweder von einem Kernkraftwerk ausgehenden ionisierenden Strahlung geschützt zu sein". Eine aufgrund der Hypothese einer linearen Dosis-Wirkungs-Beziehung erfolgte Quantifizierung des Risikos kleinster Strahlendosen beruhe auf einer hypothetischen Annahme und begründe keine Schadenswahrscheinlichkeit im Sinne des juristischen Gefahrenbegriffs. Die Dosisgrenzwerte des damaligen § 45 StrlSchV 1976 (heute § 99 StrlSchV) mit ihrem „30-mrem-Konzept" für Ableitungen lägen innerhalb der regionalen Schwankungsbreite der natürlichen Strahlenexposition und konkretisierten die äußerste Grenze der Schadensvorsorge (dazu ausführlich → § 8 Rn. 14 ff.).

Die solchermaßen verbindliche, die Schadensvorsorge vom Restrisikobereich abgrenzende Festlegung der maßgeblichen Dosisgrenzwerte steht nach der späteren Rspr. des BVerwG unter der Bedingung, dass sie den **jeweils aktuellen Kenntnissen** entspricht; der Gesetz- und Verordnungsgeber hat die **Dosisgrenzwerte unter Kontrolle zu halten und notfalls nachzubessern** (→ § 8 Rn. 20, § 80 Rn. 23). **41**

Nach dem **Optimierungsgebot** (§ 8) ist jede Exposition oder Kontamination von Mensch und Umwelt **auch unterhalb der Grenzwerte so gering wie möglich** zu halten. Diese Regelung trägt der erwähnten konservativen Annahme Rechnung, dass kein Dosisgrenzwert existiert, bei dessen Unterschreitung keine Strahlenwirkung mehr auftritt (so bereits die amtl. Begr. zur StrlSchV 1976, BR-Drs. 375/76, 33f.). Im praktischen Strahlenschutz wird das Optimierungsgebot als oberstes Gebot gesehen; aus rechtlicher Perspektive dient es der Restrisikominderung (→ § 8 Rn. 26). **42**

Das Prinzip der **Rechtfertigung** (§ 6) bedeutet bei einer Tätigkeit, bei der eine Exposition „planbar" und beeinflussbar ist, dass nur solche Tätigkeiten ausgeübt werden dürfen, deren Nutzen – für den Einzelnen und die Gesellschaft – den möglicherweise von ihr ausgehenden gesundheitlichen Schaden überwiegen (BT-Drs. 18/11241, 239). **43**

III. Das *de-minimis*-Prinzip

Die Dosisgrenzwerte gelten für strahlenschutzrelevante Tätigkeiten; ihre Einhaltung wird, ebenso wie die weitere Optimierung, von den zuständigen Behörden im Wege der Vorabkontrolle (Genehmigung oder Anzeige) (→ vor §§ 10 ff. Rn. 1) und der Aufsicht geprüft. Für die Entlassung radioaktiver Stoffe aus der Aufsicht gelten deutlich niedrigere Aktivitätswerte. In jüngerer Zeit wird die Zumutbarkeit von Expositionen in der Öffentlichkeit vor allem mit Blick auf diese Fragestellung diskutiert, vor allem anhand der Regelungen der StrlSchV (§§ 31 ff.; Verordnungsermächtigung in § 68 StrlSchG) zur **Freigabe radioaktiver Stoffe;** aufgrund des Rückbaus der deutschen Kernkraftwerke in den nächsten ca. zwei Jahrzehnten stehen erhebliche Stoffströme zur Freigabe an. Für die Freigabe gilt – in Umsetzung des international etablierten sog. *de-minimis*-Konzepts – das **Dosiskriterium der effektive Dosis für Einzelpersonen der Bevölkerung im Bereich von 10 Mikrosievert im Kalenderjahr** (§ 31 Abs. 2 StrlSchV; → § 31 StrlSchV – abgedruckt nach § 68 – Rn. 13). Die rechtliche Zulässigkeit einer entsprechenden Exposition folgt aus den oben dargestellten Überlegungen: der Wert von 10 Mikrosievert im Kalenderjahr liegt noch um Größenordnungen unterhalb der Dosiswerte für Ableitungen aus kerntechnischen Anlagen und damit um ein Vielfaches innerhalb der Schwankungsbreite der natürlichen Strahlenexposition. Eine solch geringe Exposition ist damit nicht nur als sozialadäquat hinzunehmen, sondern bedarf auch keiner weiteren Minderung im Einzelfall und rechtfertigt keinerlei regulatorische Befassung mehr, ist also **vernachlässigbar** und kann **außer Acht gelassen werden** (getreu dem Grundsatz des römischen Rechts *de minimis non curat praetor*). **44**

F. Ausblick

Die Umsetzung des Strahlenschutzes gelingt heute in Deutschland auf einem **hohen Niveau.** Unfälle mit deterministischen Strahlenschäden sind beinahe ausgeschlossen und kommen praktisch nicht vor. Gleichzeitig ist die berufliche Expo- **45**

Einführung

sition und die Exposition der Bevölkerung in aller Regel sogar klein gegenüber der ohnehin vorhandenen natürlichen Strahlenexposition, so dass das Risiko für das Auftreten stochastischer Schäden weitestgehend minimiert werden kann.

46 Trotzdem wird sich das Strahlenschutzrecht weiter entwickeln müssen. Neben **neuen Anwendungen,** wie zB den im StrlSchG neu berücksichtigten Ultra-Kurz-Puls-Lasern (→ § 17 Rn. 11), bleiben insbesondere Fragen in Bezug auf die **stochastische Wirkung kleiner Strahlenexpositionen** offen, wo neben Krebserkrankungen in den letzten Jahren auch ein Risiko für Herzinfarkte oder Schlaganfälle diskutiert wird. Dies ist insbesondere für den betrieblichen Strahlenschutz von Relevanz, da aufgrund eines ausdifferenzierten und gut umgesetzten Strahlenschutzes fast ausschließlich kleine Strahlenexpositionen auftreten.

47 Auch auf anderen Gebieten ist durchaus noch **Forschungsarbeit** zu leisten. Ob die von der ICRU (→ Rn. 10) angedachte grundlegende Überarbeitung der Dosisgrößen Vorteile für den praktischen Strahlenschutz bringen würde, ist noch auszudiskutieren. Sicher ist allerdings, dass unser Wissen in Bezug auf die Dosimetrie von Radon noch unbefriedigend ist und weiter erforscht werden muss. Denn obwohl die Nachweisgrenzen der Aktivität für die meisten Radionuklide aufgrund enormer Entwicklungen in der Messtechnik inzwischen extrem niedrig geworden sind – so lassen sich etwa bestimmte Radionuklide, die durch ein Vorkommnis in kleinsten Mengen freigesetzt werden, Tage oder Wochen später in Messstationen in anderen Ländern nachweisen –, ist die Umrechnung der Aktivität in eine Dosisgröße, die die biologische Wirkung abbildet, noch verbesserungswürdig. Hier liegt es an der Wissenschaft, Erkenntnisse zu generieren, die der Gesetzgeber dann wird umsetzen können.

48 Ein ergiebiges Feld für die juristische Diskussion ist sicher der **erweiterte Anwendungsbereich des Strahlenschutzrechts auf dem Gebiet der natürlichen Strahlungsquellen,** etwa beim Schutz vor Radon (§§ 121 ff.). Hier versagt das rechtlich bisher prägende Schema der strahlenschutzrelevanten Tätigkeiten als potentielle Eingriffe in die Grundrechte Betroffener, die deshalb nur unter bestimmten Voraussetzungen zugelassen werden dürfen (→ Rn. 33); der Staat agiert hier mehr im Rahmen einer allgemeinen Gesundheitsvorsorge (zur Kompetenz des Bundes hierfür → Rn. 25 ff.).

49 Trotz der bisherigen Erfolgsbilanz des Strahlenschutzes und des Strahlenschutzrechts gibt es seit jeher eine Tendenz zur Einführung weiterer Verwaltungs- und Kontrollmechanismen und zu einer **Weiterentwicklung** – in der Praxis fast immer einer Verschärfung – **der Anforderungen.** Mit durchaus beachtlichen Argumenten ist vertreten worden, dass dies bei weiterem Fortgang absehbar zu einer **Überregulierung** führen könnte, mit der Ressourcen gebunden würden, die zur Verringerung anderer Risiken für Mensch und Umwelt sinnvoller eingesetzt werden könnten (*Michel/Völkle/Lorenz* StrlSchPrax 2018, 5).

50 Die wahrscheinlich größte Herausforderung im praktischen Strahlenschutz ist allerdings der **Kompetenzerhalt.** Bereits heute ist sowohl im medizinischen als auch im technischen Bereich ein Mangel an Fachkräften zu konstatieren und deswegen die Aus- und Weiterbildung von jungen Fachleuten für den Erhalt des Strahlenschutzes auf dem erreichten hohen Niveau von ebenso entscheidender Bedeutung wie die Förderung der Strahlenforschung an sich. Das dann für den Strahlenschutz Machbare in ein gut ausbalanciertes Gleichgewicht mit dem Möglichen zu bringen, so dass der Strahlenschutz des Einzelnen gewährleistet und die Exposition Aller unter Berücksichtigung aller Umstände des Einzelfalls optimiert wird, ist Ziel und Aufgabe des StrlSchG.

Akbarian/Raetzke/Vahlbruch

Gesetz zum Schutz vor der schädlichen Wirkung ionisierender Strahlung (Strahlenschutzgesetz – StrlSchG)

Vom 27. Juni 2017 (BGBl. I S. 1966)

Zuletzt geändert durch Artikel 2 des Gesetzes vom 20. Mai 2021 (BGBl. I S. 1194)

FNA 751-24

Teil 1 – Allgemeine Vorschriften

§ 1 Anwendungs- und Geltungsbereich

(1) Dieses Gesetz trifft Regelungen zum Schutz des Menschen und, soweit es um den langfristigen Schutz der menschlichen Gesundheit geht, der Umwelt vor der schädlichen Wirkung ionisierender Strahlung insbesondere bei
1. geplanten Expositionssituationen,
2. Notfallexpositionssituationen,
3. bestehenden Expositionssituationen.

(2) Dieses Gesetz trifft keine Regelungen für
1. die Exposition von Einzelpersonen der Bevölkerung oder Arbeitskräften durch kosmische Strahlung, mit Ausnahme des fliegenden und raumfahrenden Personals,
2. die oberirdische Exposition durch Radionuklide, die natürlicherweise in der nicht durch Eingriffe beeinträchtigten Erdrinde vorhanden sind,
3. die Exposition durch Radionuklide, die natürlicherweise im menschlichen Körper vorhanden sind, und durch kosmische Strahlung in Bodennähe.

(3) Dieses Gesetz und die auf Grund dieses Gesetzes erlassenen Rechtsverordnungen sind im Rahmen der Vorgaben des Seerechtsübereinkommens der Vereinten Nationen vom 10. Dezember 1982 (BGBl. 1994 II S. 1799) auch im Bereich der ausschließlichen Wirtschaftszone und des Festlandsockels anzuwenden.

Schrifttum: *C. Clement et al.,* Keeping the ICRP recommendations fit for purpose, J. Radiol. Prot. 2021, 1390.

A. Zweck und Bedeutung der Norm

§ 1 Abs. 1 und Abs. 2 definiert den **Anwendungsbereich** des StrlSchG. Anders **1** als § 1 AtG enthält das StrlSchG keine eigenständige Zweckbestimmung. Allerdings wird der Zweck des StrlSchG in § 1 Abs. 1 deutlich durch Bezugnahme auf den

„Schutz des Menschen" und den Schutz der „menschlichen Gesundheit". Dieser
Zweck wird in den jeweiligen Vorschriften des StrlSchG konkretisiert.

2   Abs. 1 entspricht dem in Art. 2 Abs. 1 RL 2013/59/Euratom bestimmten Anwendungsbereich. Da § 1 Abs. 1 den Anwendungsbereich und den Zweck des
StrlSchG in allgemeiner Weise formuliert, ohne auf einen bestimmten und abgrenzbaren Kreis zu schützender Personen abzustellen, ist die Bestimmung **nicht
drittschützend** (BVerwG NVwZ 1998, 623 (626); OVG Lüneburg, Urt. v.
30.8.2011 – 7 LB 58/09, BeckRS 2011, 53712 auch in Bezug auf die Zielsetzung
der RL 96/29/Euratom und der Umsetzungsbedürftigkeit der RL in nationales
Recht). Allerdings kann sie zur Auslegung der Vorschriften des StrlSchG und der
auf seiner Grundlage erlassenen RVOen herangezogen werden.

B. Anwendungsbereich

I. Schutzgüter

3   **1. Schutz des Menschen.** Der in § 1 Abs. 1 angesprochene Schutz des Menschen bezieht sich auf den Schutz von **Leben** und **Gesundheit.** „Gesundheit"
meint das **physische Wohlbefinden,** da die schädliche Wirkung ionisierender
Strahlung sich nur auf dieses auswirken kann: Wenn ionisierende Strahlung auf den
menschlichen Körper trifft, wird sie vom Gewebe oder von Organen aufgenommen und kann Zellveränderungen verursachen. Der weite Gesundheitsbegriff der
WHO, nach dem unter Gesundheit ein Zustand des körperlichen, geistigen und sozialen Wohlbefindens einer Person verstanden wird, und nicht nur die bloße Ab-
wesenheit von Krankheit und Gebrechen, wird nicht zugrunde gelegt. Gleichwohl
beabsichtigt die ICRP, die weitere Definition der WHO bei der Überarbeitung
ihrer grundlegenden Empfehlungen (→ Einf. Rn. 10) zu erwägen, vgl. *C. Clement
et al* J. Radiol. Prot. 2021, 1390 (1393, 1394).

Strahlenschutz bezweckt, deterministische Schäden zu verhindern und das Risiko stochastischer Schäden um ein größtmögliches Maß zu reduzieren (ICRP 103
Ziff. 29). **Deterministische Schäden** sind akute, nach hoher Strahleneinwirkung
mit Sicherheit auftretende Schäden an Geweben oder Organen, wobei die Schwere
des Schadens mit zunehmender Strahleneinwirkung zunimmt. Bei **stochastischen
Schäden** handelt es sich um Strahlenschäden, die nach langer Latenzzeit auftreten
können, auch bei niedrigeren Dosen; deterministische Wirkungen brauchen vorher
nicht aufgetreten sein. Bei stochastischen Schäden steigt die Wahrscheinlichkeit des
Schadens mit zunehmender Strahleneinwirkung. Zu den Schadensarten sa *Raetzke*
in Frenz, § 25 AtG Rn. 91 ff.

4   Die Zielrichtung des StrlSchG, die menschliche Gesundheit zu schützen,
schließt aber nicht die **Berücksichtigung** auch anderer, **nicht-radiologischer
Kriterien** aus. Der in § 8 Abs. 2 bestimmte Strahlenschutzgrundsatz der Dosisreduzierung bei Tätigkeiten fordert die „Berücksichtigung aller Umstände des Einzelfalls" (→ § 8 Rn. 44). Auch bei der Notfallreaktion sind nicht-radiologische Kriterien, wie zB welche Auswirkungen die unzureichende Akzeptanz einer zum Schutz
der Bevölkerung radiologisch geeigneten Maßnahme auf die Notfallbewältigung
haben könnte, zu berücksichtigen (→ § 92 Rn. 10).

5   Mit dem StrlSchG kommt der Gesetzgeber seiner **Pflicht zum Schutz von
Leben und körperlicher Unversehrtheit** gemäß Art. 2 Abs. 2 S. 1 GG nach
(grundlegend BVerfG Beschl. v. 8.8.1978 – 2 BvL 8/77 – VerwRspr 1979, 391

(397) = BVerfGE 49, 89 – Kalkar I, Schneller Brüter). Wie das AtG ist das StrlSchG vor allem ein Schutzgesetz (zum AtG *Thienel* in Frenz, § 1 AtG Rn. 9).

2. Schutz der Umwelt. Soweit es um den Schutz der Umwelt vor der schäd- **6** lichen Wirkung ionisierender Strahlung geht, erfolgt dies nur vor dem Hintergrund, dass damit **langfristig die menschliche Gesundheit** geschützt werden soll. Das StrlSchG bezweckt nicht den Schutz der Umwelt als solches. Dies entspricht auch dem in Art. 2 Abs. 1 formulierten Anwendungsbereich der RL 2013/59/Euratom. Der Schutz der Umwelt als solcher wäre vom Anwendungsbereich des EAGV nicht gedeckt. Der EAGV enthält, im Unterschied zum AEUV (Art. 191–193) keine Vorschriften zum Schutz der Umwelt als solcher vor der schädlichen Wirkung ionisierender Strahlung. Anders verhält es sich, wenn die Umwelt geschützt werden soll zum Zweck, den Menschen zu schützen. Dies ergibt sich aus dem Zusammenspiel von Art. 2 lit. b und Kap. 3 EAGV, vgl. insbes. auch Art. 36 EAGV.

II. Ionisierende Strahlung

Gegenstand des StrlSchG ist der Schutz vor der **schädlichen Wirkung ionisie- 7 render Strahlung.** Nach der physikalisch sehr präzisen Definition des Art. 4 Nr. 46 RL 2013/59/Euratom handelt es sich bei ionisierender Strahlung um „Energie, die in Form von Teilchen oder elektromagnetischen Wellen mit einer Wellenlänge von 100 Nanometern oder weniger (einer Frequenz von 3×10^{15} Hertz oder mehr) übertragen wird, die direkt oder indirekt Ionen erzeugen können". Zur ionisierenden Strahlung zählen Alphastrahlung, Betastrahlung, Gammastrahlung, Neutronenstrahlung und Röntgenstrahlung (zu der Bedeutung dieser Strahlungsarten *Vogt/Vahlbruch,* Kap. 4.1.2).

Nichtionisierende Strahlung, deren Wechselwirkungsprozesse keine Io- **8** nisation in Atomen oder Molekülen auslösen, wird vom Anwendungsbereich des StrlSchG **nicht erfasst.** Anders verhält es sich, wenn die Eigenschaften der nichtionisierenden Strahlung, beispielsweise die Pulsung bei Laserstrahlung, sehr hohe Energie- und Leistungsdichten erzeugen und deshalb auf indirektem Weg, bspw. aufgrund der Wechselwirkung mit der bestrahlten Materie, ionisierende Strahlung erzeugt wird (→ § 17 Rn. 11).

Ionisierende Strahlung entsteht **entweder aus einem radioaktiven Stoff** (§ 3) **9** bei Umwandlung des Atomkerns, **oder** sie wird – in diesem Fall immer künstlich – **durch ein Gerät** wie bspw. einer Röntgeneinrichtung erzeugt. Die im StrlSchG häufig verwendete Formulierung der „Anwendung radioaktiver Stoffe oder ionisierender Strahlung" stellt darauf ab, dass entweder ein radioaktiver Stoff als solcher, bspw. in der nuklearmedizinischen Diagnostik, oder mithilfe eines Geräts erzeugte ionisierende Strahlung angewendet wird.

Ionisierende Strahlung kann auch natürlich vorkommen, bspw. als kosmische Strahlung oder emittiert aus natürlicherweise vorhandenen radioaktiven Stoffen wie z. B. dem Edelgas Radon.

III. Expositionssituationen

Im Einklang mit Art. 2 Abs. 1 RL 2013/59/Euratom enthält das StrlSchG Re- **10** gelungen insbes. für geplante Expositionssituationen (→ § 2 Rn. 3), Notfallexpositionssituationen (→ § 2 Rn. 4) und bestehende Expositionssituationen (→ § 2 Rn. 5). Darüber hinaus enthält es Regelungen für den Fall eines Fundes von radioaktiven Stoffen, der keiner Expositionssituation zugeordnet werden kann (deshalb die Formulierung „insbesondere", BT-Drs. 18/11241, 222). Die mit der StrlSchV 2001 zur Umsetzung der RL 96/29/Euratom eingeführte Unterscheidung zwischen Tätigkeiten und Arbeiten ist nicht weitergeführt worden, da die Sachverhalte, die bisher unter „Arbeiten" subsumiert wurden, nach dem Konzept der **ICRP 103** und der RL 2013/59/Euratom als „Tätigkeiten" einer geplanten Expositionssituation zuzuordnen sind.

C. Ausschluss des Anwendungsbereichs (Abs. 2)

I. Kosmische Strahlung (Nr. 1 und 3)

11   In Bezug auf kosmische Strahlung, dh Strahlung, die primär aus dem Weltraum stammt (*Vogt/Vahlbruch,* 109), ist das StrlSchG nur anwendbar, wenn es um den **Schutz des fliegenden Personals** (bspw. Flugbegleiter oder Piloten) oder des raumfahrenden Personals (Astronauten) geht, vgl. Teil 2 Kap. 2 Abschn. 7. Fluggäste werden den Einzelpersonen der Bevölkerung zugerechnet (→ § 5 Rn. 18); auf diese findet das StrlSchG, soweit es um kosmische Strahlung geht, keine Anwendung. Außerdem findet das StrlSchG keine Anwendung bei einer Exposition aufgrund kosmischer Strahlung in Bodennähe, dh bis zum Beginn des Luftraums (BT-Drs. 18/11241, 222). Dies liegt darin begründet, dass die den Menschen umgebende, „unbeeinflusste" natürliche Strahlung keiner Regelung bedarf.

II. Oberirdische natürliche Exposition (Nr. 2)

12   Dieser Ausschlusstatbestand bezweckt ebenfalls zu verhindern, dass das StrlSchG die **„bloße unbeeinträchtigte Natur"** regelt. Terrestrische Strahlung geht von natürlichen radioaktiven Stoffen in der Erdkruste aus und führt zu einer äußeren Exposition (*Vogt/Vahlbruch,* 109; zur Legaldefinition von äußerer Exposition § 2 Abs. 1). Das Abstellen auf die oberirdische Exposition bedeutet, dass das StrlSchG bspw. anwendbar ist, wenn es um den Strahlenschutz von Arbeitskräften in Bergwerken geht (BT-Drs. 18/11241, 222; vgl. § 127 Abs. 1 S. 1 Nr. 1 iVm Anl. 8). Der Ausschluss der Anwendbarkeit des StrlSchG bei natürlicherweise vorhandenen Radionukliden stellt sicher, dass radioaktiv kontaminierte Gebiete dem StrlSchG unterfallen (BT-Drs. 18/11241, 222). Mit dem Ausschlussmerkmal, dass die Radionuklide natürlicherweise in der nicht durch Eingriffe beeinträchtigten Erdrinde vorhanden sein müssen, wird sichergestellt, dass das StrlSchG zur Anwendung kommt, wenn aufgrund menschlichen Handelns in der Erdkruste vorhandene natürliche Radionuklide zu einer Exposition führen (§§ 60 ff.).

III. Natürlicherweise im menschlichen Körper vorhandene Radionuklide (Nr. 3)

13   Nach diesem Ausschlusstatbestand gilt das StrlSchG nicht bei einer Exposition durch Radionuklide, die **natürlicherweise im menschlichen Körper** vorhanden sind, bspw. Kalium 40 (vgl. auch BR-Drs. 207/01, 208).

D. Geltungsbereich

I. Geltung des Territorialitätsprinzips

Das StrlSchG und die auf seiner Grundlage erlassenen RVOen gelten im **Ho- 14 heitsgebiet der Bundesrepublik Deutschland,** vgl. bspw. § 50 Abs. 1 S. 2 oder § 52 Abs. 1 („mit Sitz im Geltungsbereich dieses Gesetzes"). Auslandsbezüge werden dadurch nicht ausgeschlossen, diese sind aber faktischer Art, bspw. ein Notfall außerhalb des Bundesgebiets, der Auswirkungen im Bundesgebiet haben kann, vgl. auch die Definition des überregionalen Notfalls in § 5 Abs. 26 S. 2 Nr. 1.

II. Geltung im Bereich der AWZ und des Festlandsockels

Das StrlSchG und die auf seiner Grundlage erlassenen RVOen gelten auch im 15 Bereich der **AWZ** und des **Festlandsockels** gemäß SRÜ. Die Ausweitung des Geltungsbereichs soll Arbeitskräfte bspw. bei der technischen Radiographie im Zusammenhang mit der Errichtung und dem Betrieb von Offshore-Windanlagen schützen (BT-Drs. 18/11241, 223).

Die AWZ erstreckt sich gemäß Art. 57 SRÜ auf maximal 200 Seemeilen jenseits 16 des Küstenmeers, das eine maximale Breite von 12 Seemeilen haben darf und Teil des deutschen Staatsgebiets ist (Art. 2 ff. SRÜ). Gemäß Art. 60 Abs. 2 SRÜ hat der Küstenstaat über die in der AWZ errichteten künstlichen Inseln und Anlagen und Bauwerke, die in Abs. 1 näher beschrieben werden, ausschließlich **Hoheitsbefugnisse,** einschließlich in Bezug auf Gesundheitsgesetze. Abs. 3 ist deshalb deklaratorisch (so auch *Wiebauer* in LR GewO § 1 ArbSchG Rn. 96). Der Festlandsockel wird in Art. 76 Abs. 1 SRÜ definiert.

Für den Vollzug sind die zust. Behörden der **Küstenländer,** jeweils für den an 17 ihr Küstenmeer angrenzenden Bereich der AWZ und des Festlandsockels, zuständig (BT-Drs. 18/11241, 223).

§2 Exposition; Expositionssituationen; Expositionskategorien

(1) **Exposition ist die Einwirkung ionisierender Strahlung auf den menschlichen Körper durch Strahlungsquellen außerhalb des Körpers (äußere Exposition) und innerhalb des Körpers (innere Exposition) oder das Ausmaß dieser Einwirkung.**

(2) **Geplante Expositionssituation ist eine Expositionssituation, die durch Tätigkeiten entsteht und in der eine Exposition verursacht wird oder verursacht werden kann.**

(3) **Notfallexpositionssituation ist eine Expositionssituation, die durch einen Notfall entsteht, solange die Situation nicht unter Absatz 4 fällt.**

(4) **Bestehende Expositionssituation ist eine Expositionssituation, die bereits besteht, wenn eine Entscheidung über ihre Kontrolle getroffen werden muss.**

(5) **Folgende Expositionskategorien werden unterschieden:**
1. **Exposition der Bevölkerung,**
2. **berufliche Exposition,**
3. **medizinische Exposition.**

(6) **Exposition der Bevölkerung** ist die Exposition von Personen, mit Ausnahme beruflicher oder medizinischer Exposition.

(7) [1]**Berufliche Exposition** ist die Exposition

1. einer Person, die zum Ausübenden einer Tätigkeit nach diesem Gesetz in einem Beschäftigungsverhältnis steht oder diese Tätigkeit selbst ausübt,
2. von fliegendem und raumfahrendem Personal,
3. einer Person, die eine Aufgabe nach § 19 oder § 20 des Atomgesetzes, nach § 172 oder § 178 wahrnimmt,
4. einer Person, die in einer bestehenden Expositionssituation zum Ausübenden einer beruflichen Betätigung in einem Beschäftigungsverhältnis steht oder eine solche Betätigung selbst ausübt (Arbeitskraft) oder
5. einer Einsatzkraft während ihres Einsatzes in einer Notfallexpositionssituation oder einer anderen Gefahrenlage.

[2]Einem Beschäftigungsverhältnis gleich steht ein Ausbildungsverhältnis oder eine freiwillige oder ehrenamtliche Ausübung vergleichbarer Handlungen.

(8) **Medizinische Exposition** ist die Exposition

1. eines Patienten oder einer asymptomatischen Person, an dem oder der im Rahmen seiner oder ihrer medizinischen oder zahnmedizinischen Untersuchung oder Behandlung, die seiner oder ihrer Gesundheit zugutekommen soll, radioaktive Stoffe oder ionisierende Strahlung angewendet werden,
2. einer Person, an der mit ihrer Einwilligung oder mit Einwilligung des gesetzlichen Vertreters oder Bevollmächtigten radioaktive Stoffe oder ionisierende Strahlung zum Zweck der medizinischen Forschung angewendet werden oder
3. einer einwilligungsfähigen oder mit Einwilligung des gesetzlichen Vertreters oder Bevollmächtigten handelnden Person, die sich wissentlich und willentlich ionisierender Strahlung aussetzt, indem sie außerhalb ihrer beruflichen Tätigkeit freiwillig Personen unterstützt oder betreut, an denen im Rahmen ihrer medizinischen oder zahnmedizinischen Untersuchung oder Behandlung oder im Rahmen der medizinischen Forschung radioaktive Stoffe oder ionisierende Strahlung angewendet werden (Betreuungs- oder Begleitperson).

A. Zweck und Bedeutung der Norm

1   § 2 enthält Definitionen von **Schlüsselbegriffen** des Strahlenschutzrechts. Neben dem Grundbegriff der Exposition werden die drei Expositionssituationen, die die fachliche Grundlage der Strahlenschutzvorgaben bilden (→ Einf. Rn. 29), definiert wie auch die drei Expositionskategorien „Exposition der Bevölkerung", „berufliche Exposition" und „medizinische Exposition".

B. Exposition; Expositionssituationen

I. Exposition (Abs. 1)

Das StrlSchG spricht, anders als die früheren StrlSchVen und die RöV, nicht 2
mehr von „Strahlenexposition", sondern – im Einklang mit der RL 2013/59/Eu-
ratom – von „Exposition". Gemeint ist das gleiche. Die Definition enthält eine **Legaldefinition von äußerer und von innerer Exposition** und setzt Art. 4 Nr. 37
RL 2013/59/Euratom um. Eine Exposition setzt eine **Strahlungsquelle** → § 3
Rn. 58 voraus. Der Zusatz „oder das Ausmaß dieser Einwirkung" ist erforderlich,
da der Begriff der Exposition im StrlSchG auch verwendet wird, wenn deren
Quantität bezeichnet werden soll, ohne dass der Verweis auf eine genauer bezeichnete Dosisgröße sachgerecht wäre (BT-Drs. 18/11241, 223).

II. Geplante Expositionssituation (Abs. 2)

Die Definition setzt Art. 4 Nr. 62 RL 2013/59/Euratom um. Eine geplante Ex- 3
positionssituation zeichnet sich dadurch aus, dass der Einsatz oder das Vorfinden von
ionisierender Strahlung oder radioaktiver Stoffe **zielgerichtet oder bewusst geplant** wird. Eine Tätigkeit (§ 4) muss durchgeführt werden, sonst liegt keine geplante Expositionssituation vor. Der Strahlenschutz bei geplanten Expositionssituationen wird in **Teil 2** geregelt.

III. Notfallexpositionssituation (Abs. 3)

Die Definition setzt Art. 4 Nr. 27 RL 2013/59/Euratom um. Auslöser muss ein 4
Notfall sein (§ 5 Abs. 26). Aufgrund eines Notfalls kann sich auch eine Situation
ergeben, in der ein sofortiges Handeln nicht mehr, aber dennoch ein Tätigwerden
zur Bewältigung der Situation erforderlich ist. Dann liegt eine nach einem Notfall
bestehende Expositionssituation vor (§§ 118–120). Dieser Abgrenzung dient der
Halbsatz „solange die Situation nicht unter Abs. 4 fällt" (BT-Drs. 18/11241, 223).
Teil 3 regelt den Strahlenschutz bei Notfallexpositionssituationen.

IV. Bestehende Expositionssituation (Abs. 4)

Die Definition setzt Art. 4 Nr. 35 RL 2013/59/Euratom um. **Teil 4** regelt fol- 5
gende bestehende Expositionssituationen: Schutz vor Radon in Aufenthaltsräumen
und an Arbeitsplätzen (§§ 121–132), radioaktiv kontaminierte Gebiete (radioaktive
Altlasten und infolge eines Notfalls kontaminierte Gebiete, §§ 136–152), Schutz
vor Radioaktivität in Bauprodukten (§§ 133–135), nach einem Notfall bestehende
Expositionssituationen (§§ 118–120) sowie sonstige bestehende Expositionssituationen (§§ 153–160). Im Unterschied zu einer geplanten Expositionssituation charakterisiert sich eine bestehende Expositionssituation dadurch, dass ionisierende
Strahlung **vorgefunden** wird, **ohne dass dies geplant oder vorgesehen worden ist.** Bei Erforderlichkeit sofortigen Handelns aufgrund eines Ereignisses, bei
dem sich erhebliche nachteilige Auswirkungen auf Menschen, die Umwelt oder
Sachgüter ergeben können (§ 5 Abs. 26 S. 1), liegt eine Notfallexpositionssituation
vor.

Das StrlSchG schließt das **gleichzeitige Vorhandensein** einer geplanten Ex- 6
positionssituation und einer bestehenden Expositionssituation **nicht aus.** Bei

Durchführung einer Tätigkeit – beispielsweise eine nach § 9b AtG genehmigte Errichtung eines Endlagers oder der Umgang mit radioaktiven Stoffen in einer nuklearmed. Praxis – ist ggf. der Schutz von Arbeitsplätzen in Innenräumen vor Radon zu gewährleisten (§ 126 ff. iVm Anl. 8 Nr. 1). Andernfalls würden Personen, die eine Tätigkeit nach § 4 an einem Arbeitsplatz im Erd- oder Kellergeschoss in einem Radonvorsorgegebiet ausüben, im Hinblick auf ihren Schutz vor Radon am Arbeitsplatz schlechter gestellt als Personen, deren Arbeitsplatz im Erd- oder Kellergeschoss in einem Radonvorsorgegebiet ist und die eine andere berufliche Betätigung als eine Tätigkeit nach § 4 ausüben (zB Backstube). Für die zuerst genannten Personen kämen die Vorgaben der §§ 126 ff. zu Radon am Arbeitsplatz nicht zur Anwendung, bei den anderen genannten Personen dagegen schon.

C. Expositionskategorien (Abs. 5)

7   Entsprechend der ICRP 103 und der RL 2013/59/Euratom wird wie bisher zwischen den **drei** Kategorien Exposition der Bevölkerung, berufliche Exposition und med. Exposition unterschieden. Die Geltung dieser drei Kategorien ist im Grundsatz unabhängig von den Expositionssituationen. Eine med. Exposition kommt aber nur in geplanten Expositionssituationen vor, anders als die berufliche Exposition wie auch die Exposition der Bevölkerung; diese sind in allen drei Expositionssituationen denkbar.

8   **I. Exposition der Bevölkerung (Abs. 6).** Diese Expositionskategorie wird in Abs. 6 „negativ" definiert. Die Exposition der Bevölkerung ist die Exposition von Personen, mit Ausnahme beruflicher oder med. Exposition. Mit „Personen" sind natürliche Personen gemeint. Zur parallelen Definition „Einzelperson der Bevölkerung" s. § 5 Abs. 14. Zur Exposition der Bevölkerung gehört auch die Exposition von Menschen aufgrund **nichtmed. Anwendung** (§ 83 Abs. 1 Nr. 2). Dies folgt aus der Definition von „med. Exposition" nach Art. 4 Nr. 48 RL 2013/59/Euratom, die die nichtmed. Anwendung nicht einschließt. Allerdings sind die für die Exposition der Bevölkerung geltenden Grenzwerte nicht anwendbar (§ 80 Abs. 3; vgl. Art. 22 Abs. 3 RL 2013/59/Euratom). Wie auch bei der med. Exposition gibt es keine Grenzwerte für die nichtmed. Anwendung.

II. Berufliche Exposition (Abs. 7)

9   Die Definition greift die Begriffsbestimmungen nach § 3 Abs. 2 Nr. 31 StrlSchV 2001 und nach § 2 Nr. 20 RöV auf und ergänzt diese um das raumfahrende Personal und Expositionen aus einer bestehenden und Notfallexpositionssituation. Die Definition dient der Umsetzung von Art. 4 Nr. 58 RL 2013/59/Euratom. Auch eine **selbständige Tätigkeit** unterfällt der Definition. Anders als das ArbSchG, das gemäß seiner Zweckbestimmung nach § 1 auf die Sicherheit und den Gesundheitsschutz von Beschäftigten (s. § 2 ArbSchG) zielt, sind die Regelungen des beruflichen Strahlenschutzes auch auf Selbständige, einschließlich Soloselbständige, anwendbar. Dies wird insbesondere bei S. 1 Nr. 1 und 4 deutlich. S. auch die in § 127 Abs. 2 geregelte Verantwortlichkeit für einen Radon-Arbeitsplatz oder § 145 Abs. 1 S. 1 zum Schutz von Arbeitskräften bei der Sanierung radioaktiver Altlasten.

10   Das in **S. 1 Nr. 1** genannte **Beschäftigungsverhältnis** bedeutet entsprechend der Legaldefinition nach § 7 Abs. 1 SGB IV nichtselbständige Arbeit, insbesondere, aber nicht zwingend, in einem Arbeitsverhältnis, wobei Anhaltspunkte eine weisungsgebundene Tätigkeit und eine Eingliederung in die Arbeitsorganisation des Ausübenden der Tätigkeit, also des Weisungsgebers, sind. Das Beschäftigungsverhältnis kann auch ein öffentlich-rechtliches Dienstverhältnis umfassen. § 4 Abs. 1 definiert „Tätigkeit"; unter diese Definition unterfallen auch die nach der StrlSchV 2001 als „Arbeiten" definierten Betätigungen. Zur Konkretisierung des Begriffs der „Beschäftigung" bei einer solchen in fremden Anlagen oder Einrichtungen → § 25 Rn. 11.

Das in **Nr. 2** genannte fliegende und raumfahrende Personal wird, obwohl es **11** sich bei dem Betrieb eines Luft- oder Raumfahrzeugs nach Maßgabe von § 4 Abs. 1 Satz 1 Nr. 11 um eine Tätigkeit handelt, gesondert aufgeführt, da die Exposition von jeglichem fliegenden und raumfahrenden Personal **immer** eine berufliche Exposition ist, unabhängig davon, ob die Arbeitskräfte beim Betreiber des Luft- oder Raumfahrzeugs selbst oder bei einem anderen Arbeitgeber beschäftigt sind (BT-Drs. 18/11241, 224). Konsequenz ist, dass der Betreiber des Luft- oder Raumfahrzeugs als SSV (§ 69 Abs. 1 Nr. 3) sowohl für eigene als auch externe Beschäftigte alleinig verantwortlich ist (BT-Drs. 18/11241, 224), beispielsweise bei der Ermittlung der Körperdosis (§ 67 StrlSchV) und den daran anknüpfenden Aufzeichnungs-, Aufbewahrungs- und Mitteilungspflichten (§ 167).

Die Bezugnahme auf § 19 und § 20 AtG in **Nr. 3** ist aus § 3 Abs. 2 Nr. 31 S. 1 **12** lit. b) StrlSchV 2001 übernommen worden, da auch das aufsichtliche Tätigwerden oder die Sachverständigentätigkeit im Rahmen des AtG eine berufliche Exposition verursachen kann. Die Bezugnahme auf § 178 trägt der Eigenständigkeit des StrlSchG Rechnung.

Nr. 4 macht klar, dass eine berufliche Exposition auch in einer bestehenden **13** Expositionssituation auftreten kann, bspw. bei radioaktiven Altlasten (§ 145 Abs. 2 Satz 2 Nr. 4, Abs. 3 Nr. 1). Wie in einer geplanten Expositionssituation können auch Selbständige in einer bestehenden Expositionssituation einer beruflichen Exposition ausgesetzt sein. Zu der Bedeutung von „Beschäftigungsverhältnis" → Rn. 10.

Nr. 5 bezieht sich auf Notfallexpositionssituationen und macht deutlich, dass die **14** Exposition jeder Einsatzkraft eine berufliche Exposition ist, also zB auch die Exposition von Angehörigen der freiwilligen Feuerwehren oder von ehrenamtlich Tätigen anderer öffentlich-rechtlichen Hilfsorganisationen; auf das Rechtsverhältnis der Einsatzkraft zu demjenigen, der für ihren Schutz und Einsatz nach § 115 Abs. 2 verantwortlich ist, kommt es nicht an (BT-Drs. 18/11241, 225).

Durch die Gleichstellungsregelung in **Satz 2** wird klargestellt, dass auch bei Eh- **15** renamtlichen, beispielsweise den „Grünen Damen und Herren" in Krankenhäusern eine berufliche Exposition auftreten kann (BT-Drs. 18/11231, 225). Dazu zählen aber keine Betreuungs- und Begleitpersonen, dh Personen, die eine größere persönliche Nähe zu einer Person haben, an der radioaktive Stoffe oder ionisierende Strahlung angewendet wird und die sie dabei begleiten. Wenn sie exponiert werden, liegt eine med. Exposition vor (Abs. 8 Nr. 3). Ein Beschäftigungsverhältnis liegt auch vor bei einem Ausbildungsverhältnis vor.

Eine Person, die einer beruflichen Exposition ausgesetzt ist, ist **nicht zwangs- 16 läufig** eine **beruflich exponierte Person.** Die beruflich exponierte Person wird in § 5 Abs. 7 definiert. Sie ist eine „Teilmenge" einer Person, die einer beruflichen Exposition ausgesetzt ist, nämlich wenn sie bei Ausübung einer Tätigkeit exponiert wird (also bspw. nicht bei einer Notfallexpositionssituation) und die Exposition einen der in § 5 Abs. 7 Satz 1 genannten Werte überschreitet.

17   **III. Medizinische Exposition (Abs. 8).** Die Definition greift in modifizierter
Weise die Begriffsbestimmungen nach § 3 Abs. 2 Nr. 32 StrlSchV 2001 und § 2
Nr. 21 RöV auf und dient der Umsetzung von Art. 4 Nr. 48 RL 2013/59/Euratom.
Die Begriffsbestimmung nach **Nr. 1** stellt – konsistent mit der Definition in Art. 4
Nr. 48 – darauf ab, dass die Untersuchung oder Behandlung, in deren Rahmen
radioaktive Stoffe oder ionisierende Strahlung angewendet werden, **der Gesundheit zugutekommen** soll. Dies dient der Abgrenzung zu der nichtmed. Anwendung, die in § 83 Abs. 1 Nr. 2 legaldefiniert wird und bei der die Anwendung radioaktiver Stoffe oder ionisierender Strahlung zu einem anderen Zweck erfolgt, zB bei
Untersuchungen nach dem IfSG zum Schutz der öffentlichen Gesundheit; vgl.
auch die Indikativliste in Anh. V RL 2013/59/Euratom. Der in der StrlSchV 2001
und RöV verwendete Begriff der (Zahn-)Heilkunde wird im Zusammenhang mit
med. Exposition nicht mehr verwendet. Die Untersuchung asymptomatischer Personen ist auch eine med. Exposition. Der Rahmen hierfür wird – in Umsetzung
von Art. 55 Abs. 2 lit. h RL 2013/59/Euratom – in § 84 gesetzt.

18   Zur med. Exposition zählt nach **Nr. 2** auch die Anwendung radioaktiver Stoffe
oder ionisierender Strahlung zum Zweck der **med. Forschung.** Zwingendes Erfordernis ist, dass der Teilnehmer oder die Teilnehmerin an der medizinischen Forschung seine oder ihre Einwilligung oder dass der gesetzliche Vertreter oder Bevollmächtigte die Einwilligung erteilt hat (§§ 134 ff. StrlSchV). Die Nennung des
Bevollmächtigten neben dem gesetzlichen Vertreter trägt dem Umstand Rechnung, dass eine Person zu Beginn einer Erkrankung, die zur Einwilligungsunfähig-
keit führt (bspw. Demenz) und die ihr deshalb eine eigene Einwilligung zu einem
späteren Zeitpunkt nicht mehr ermöglicht, eine andere Person bevollmächtigt, für
sie die Einwilligung an der Teilnahme an dem Forschungsvorhaben zu erteilen
(BR-Drs. 423/18, 439).

19   Die Exposition von **Betreuungs- und Begleitpersonen** zählt nach Art. 4
Nr. 48 RL 2013/59/Euratom nunmehr auch zur med. Exposition. Dies greift
Nr. 3 auf.

§ 3   Begriff der radioaktiven Stoffe

(1) ¹**Radioaktive Stoffe (Kernbrennstoffe und sonstige radioaktive
Stoffe) im Sinne dieses Gesetzes sind alle Stoffe, die ein Radionuklid oder
mehrere Radionuklide enthalten und deren Aktivität oder spezifische
Aktivität nach den Regelungen dieses Gesetzes oder einer auf Grund dieses
Gesetzes von der Bundesregierung mit Zustimmung des Bundesrates
erlassenen Rechtsverordnung nicht außer Acht gelassen werden kann.
²Kernbrennstoffe sind besondere spaltbare Stoffe in Form von**
1. **Plutonium 239 und Plutonium 241,**
2. **mit den Isotopen 235 oder 233 angereichertem Uran,**
3. **jedem Stoff, der einen oder mehrere der in den Nummern 1 und 2 genannten Stoffe enthält,**
4. **Stoffen, mit deren Hilfe in einer geeigneten Anlage eine sich selbst tragende Kettenreaktion aufrechterhalten werden kann und die in einer
durch die Bundesregierung mit Zustimmung des Bundesrates erlassenen Rechtsverordnung bestimmt werden.**

³**Der Ausdruck „mit den Isotopen 235 und 233 angereichertem Uran" bedeutet Uran, das die Isotope 235 oder 233 oder diese beiden Isotope in**

einer solchen Menge enthält, dass die Summe der Mengen dieser beiden Isotope größer ist als die Menge des Isotops 238 multipliziert mit dem in der Natur auftretenden Verhältnis des Isotops 235 zum Isotop 238.

(2) [1]Die Aktivität oder spezifische Aktivität eines Stoffes kann im Sinne des Absatzes 1 Satz 1 außer Acht gelassen werden, wenn dieser nach diesem Gesetz oder einer auf Grund dieses Gesetzes durch die Bundesregierung mit Zustimmung des Bundesrates erlassenen Rechtsverordnung

1. festgelegte Freigrenzen unterschreitet,

2. soweit es sich um einen im Rahmen einer genehmigungspflichtigen Tätigkeit nach diesem Gesetz, dem Atomgesetz oder nach einer auf Grund eines dieser Gesetze erlassenen Rechtsverordnung anfallenden Stoff handelt, festgelegte Freigabewerte unterschreitet und der Stoff freigegeben worden ist,

3. soweit es sich um einen Stoff natürlichen Ursprungs handelt, der nicht auf Grund seiner Radioaktivität, als Kernbrennstoff oder zur Erzeugung von Kernbrennstoff genutzt wird, nicht der Überwachung nach dem Atomgesetz, nach diesem Gesetz oder einer auf Grund dieses Gesetzes mit Zustimmung des Bundesrates erlassenen Rechtsverordnung unterliegt.

[2]Abweichend von Satz 1 kann eine auf Grund dieses Gesetzes erlassene Rechtsverordnung, die von der Bundesregierung mit Zustimmung des Bundesrates erlassen wird, für die Verwendung von Stoffen am Menschen oder für den zweckgerichteten Zusatz von Stoffen bei der Herstellung von Arzneimitteln, Medizinprodukten, Pflanzenschutzmitteln, Schädlingsbekämpfungsmitteln, Stoffen nach § 2 Satz 1 Nummer 1 bis 8 des Düngegesetzes oder Konsumgütern oder deren Aktivierung festlegen, in welchen Fällen die Aktivität oder spezifische Aktivität eines Stoffes nicht außer Acht gelassen werden kann.

(3) [1]Für die Anwendung von Genehmigungsvorschriften nach diesem Gesetz oder der auf Grund dieses Gesetzes erlassenen Rechtsverordnungen gelten Stoffe, in denen der Anteil der Isotope Uran 233, Uran 235, Plutonium 239 und Plutonium 241 insgesamt 15 Gramm oder die Konzentration der genannten Isotope 15 Gramm pro 100 Kilogramm nicht überschreitet, als sonstige radioaktive Stoffe. [2]Satz 1 gilt nicht für verfestigte hochradioaktive Spaltproduktlösungen aus der Aufarbeitung von Kernbrennstoffen.

(4) Die Absätze 1 bis 3 sind nicht auf Stoffe anzuwenden, die im Zusammenhang mit bestehenden Expositionssituationen und Notfallexpositionssituationen auftreten.

Übersicht

Schrifttum: *Niehaus,* Entlassung von Gegenständen aus der atomrechtlichen Überwachung beim Abbau von Kernkraftwerken, in: Burgi (Hrsg.), 15. Deutsches Atomrechtssymposium, 2019, S. 247.

A. Zweck und Bedeutung der Norm

1   § 3 enthält die Definition der „radioaktiven Stoffe", die sich wiederum unterteilen in Kernbrennstoffe und in sonstige radioaktive Stoffe. Die Norm hat eine **hohe Bedeutung für die Anwendung des StrlSchG;** denn radioaktive Stoffe sind eine wesentliche Quelle, von der die ionisierende Strahlung ausgeht, vor deren schädlicher Wirkung das StrlSchG schützen soll (§ 1 Abs. 1); zahlreiche Normen regeln Tätigkeiten mit radioaktiven Stoffen. Andere, davon abzugrenzende Strahlungsquellen (→ Rn. 58) sind zB Anlagen zur Erzeugung ionisierender Strahlung, Röntgeneinrichtungen und Störstrahler sowie nicht an einen radioaktiven Stoff gebundene natürliche Strahlungsquellen wie die kosmische Strahlung.

2   Die Definition des „Kernbrennstoffs" als Unterkategorie des „radioaktiven Stoffs" wiederum ist wichtig für die **Abgrenzung der Genehmigungsvorschriften des StrlSchG von denjenigen des AtG** (→ Rn. 16).

B. Entstehungsgeschichte

3   Die Absätze 1 bis 3 wurden mit geringen redaktionellen Anpassungen **aus § 2 AtG** (dort ebenfalls Absätze 1 bis 3) **übernommen;** lediglich Abs. 4 ist eine Neuschöpfung.

Die StrlSchV 2001 enthielt keine Definition der radioaktiven Stoffe, an die man **4** für das StrlSchG hätte anknüpfen können; vielmehr galt auch im Strahlenschutzrecht die Definition in § 2 des übergeordneten AtG. In § 2 Abs. 1 der 1. SSVO von 1960 (BGBl. I 430) hatte es zwar noch eine eigene Definition gegeben („Radioaktive Stoffe im Sinne dieser Verordnung sind Stoffe, die ionisierende Strahlen spontan aussenden"); bereits in der StrlSchV von 1976 (BGBl. I 2905; dort Anlage I, Begriffsbestimmungen, unter „Stoffe, radioaktive") war jedoch die eigenständige Definition ersetzt worden durch eine bloße Verweisung auf § 2 AtG. Bei der Schaffung des StrlSchG und der Loslösung des Strahlenschutzrechts aus dem AtG (→ Einführung Rn. 23) wurde es für erforderlich gehalten, eine **eigene Definition** in das StrlSchG aufzunehmen; man wählte die praktisch wortgleiche Übernahme der AtG-Norm, um den „inhaltlichen Gleichklang" der Definition der radioaktiven Stoffe nach Strahlenschutz- und Atomgesetz zu gewährleisten (BT-Drs. 18/11241, 220).

Im AtG hat die Norm seit der Erstfassung von 1959 mehrfache Änderungen und **5** Neugestaltungen erfahren (dazu eingehend *Sellner* in HMPS AtG/PÜ § 2 AtG Rn. 2 ff.). Die **heutige Fassung** des § 2 Abs. 1 bis 3 AtG – und damit auch weitestgehend der Wortlaut von § 3 Abs. 1 bis 3 StrlSchG – entstammt dem Gesetz zur Änderung atomrechtlicher Vorschriften für die Umsetzung von Euratom-Richtlinien zum Strahlenschutz vom 3.5.2000 (BGBl. I 636).

Abs. 1 S. 1 setzt die Definition „radioaktiver Stoff" in **Art. 4 Nr. 78 der** **6** **Richtlinie 2013/59/Euratom** um.

C. Radioaktive Stoffe, Kernbrennstoffe, sonstige radioaktive Stoffe (Abs. 1)

I. Radioaktive Stoffe (Abs. 1 S. 1)

1. Struktur. Wie aus der gleich am Anfang in Klammern stehenden Legal- **7** definition hervorgeht, sind radioaktive Stoffe entweder **Kernbrennstoffe** oder **sonstige radioaktive Stoffe;** ein Drittes gibt es nicht. Die Kernbrennstoffe sind in Satz 2 definiert. Eine eigene Definition der sonstigen radioaktiven Stoffe enthält die Norm heute – im Gegensatz zu früheren Fassungen des § 2 AtG – dagegen nicht; der Gesetzgeber hat eine solche Definition angesichts der Systematik des Abs. 1 zu Recht als entbehrlich angesehen (BT-Drs. 14/2443, 11). Sonstige radioaktive Stoffe sind einfach diejenigen radioaktiven Stoffe, die nicht die speziellen Tatbestandsmerkmale der Kernbrennstoffe, wie sie in Satz 2 aufgeführt werden, erfüllen.

Die Definition der radioaktiven Stoffe hat **zwei wesentliche Elemente.** Zum **8** einen – das ist gleichsam die physikalische Definition – knüpft der Gesetzgeber an das Vorhandensein eines **Radionuklids** oder mehrerer Radionuklide an; dieses Element war schon in der Definition der 1. SSVO von 1960 ausgeprägt (→ Rn. 4). Zum anderen aber – und das ist das zweite, gleichsam juristische Element der Definition – ist seit der Fassung der Definition von 2000 (→ Rn. 5) ein radioaktiver Stoff „im Sinne dieses Gesetzes" nur ein solcher, dessen **Aktivität oder spezifische Aktivität nicht außer Acht gelassen werden kann.** Das Vorhandensein von Radionukliden allein erfüllt also nicht den Tatbestand der Definition; wenn die sich aus diesem Vorhandensein ergebende (spezifische) Aktivität zu gering ist, um den Schutzzweck des StrlSchG aufzurufen, handelt es sich nicht um einen radio-

aktiven Stoff im Sinne der Norm. Da fast alle Stoffe und Gegenstände Radionuklide in irgendeiner Form enthalten, als natürliche Bestandteile oder etwa als anhaf-
tende Nuklide aus den Atomwaffenversuchen des 20. Jahrhunderts, kommt es für
die Definition des radioaktiven Stoffs entscheidend auf diese Frage der Vernachläs-
sigbarkeit an (*Niehaus* S. 249).

9   **2. Stoff, der ein Radionuklid enthält.** Der Begriff des **Radionuklids** ist im
StrlSchG nicht definiert, er hat jedoch in der Physik eine klare Bedeutung: Radionuklid ist ein instabiles Nuklid (dieses wiederum definiert als ein Atom mit einer
bestimmten Anzahl von Protonen und Neutronen im Kern), das spontan ohne äußere Einwirkung zerfällt und dabei Strahlung abgibt (*Sellner* in HMPS AtG/PÜ § 2
AtG Rz. 15). Der Begriff „Radionuklid" als Element der Definition des radioaktiven Stoffes wurde erstmals durch das Gesetz zur Änderung atomrechtlicher Vorschriften für die Umsetzung von Euratom-Richtlinien zum Strahlenschutz vom
3.3.2000 (BGBl. I 636) in § 2 AtG eingeführt und dabei aus der damaligen
Richtlinie 96/29/Euratom übernommen; dort – und auch in der heute gültigen
Richtlinie 2013/59/Euratom – ist er im Übrigen auch nicht definiert. Im Grunde
ist der Begriff „Radionuklid" praktisch identisch mit der physikalischen Begriffs-
ebene des „radioaktiven Stoffes"; so hatte die 1. SSVO von 1960 radioaktive Stoffe
noch definiert als „Stoffe, die ionisierende Strahlen spontan aussenden" (→ Rn. 4).
Allerdings ermöglicht der Begriff der „radioaktiven Stoffe" die Anwendung auch
auf Stoffe und Gegenstände, die nicht aus Radionukliden bestehen, sondern die
Radionuklide (nur) „enthalten" (dazu sogleich).

10   Radioaktive Stoffe sind nach Satz 1 alle „Stoffe", die ein Radionuklid oder mehrere Radionuklide „enthalten". Der Begriff **„Stoff"** hat keine eigene, die Definition in irgendeiner Weise einschränkende Bedeutung (so auch *Sellner* in HMPS
AtG/PÜ § 2 AtG Rz. 15); entscheidend ist vielmehr, dass das zu betrachtende Objekt (im weitesten Sinne), das fest, flüssig oder gasförmig sein kann, ein Radionuklid
oder mehrere Radionuklide enthält.

11   Der „Stoff" kann unmittelbar aus einem Radionuklid bzw. mehreren Radionukliden bestehen – das ist gleichsam die stärkste Form des „Enthaltens" – oder er
kann auf sonstige Weise **Radionuklide enthalten.** Ein flüssiger oder gasförmiger
radioaktiver Stoff liegt also nicht nur vor, wenn er aus Radionukliden im entsprechenden Aggregatzustand besteht, sondern auch dann, wenn es sich um ein Gemisch handelt, das (auch) Radionuklide enthält. Ein fester radioaktiver Stoff liegt
naturgemäß jedenfalls dann vor, wenn er aus einem Radionuklid (bzw. mehreren
Radionukliden) in festem Zustand besteht. Aber auch ein – im Wesentlichen nicht
aus Radionukliden bestehender – Gegenstand kann im Sinne der Definition ein
Radionuklid enthalten. Das ist etwa dann der Fall, wenn bei seiner Fertigung auch
Radionuklide verwendet wurden oder wenn er durch Neutronenstrahlung aktiviert ist, wenn also einige der Atome, aus denen er besteht, in Radionuklide um-
gewandelt wurden. Es ist auch dann der Fall, wenn der Gegenstand mit Radionukliden in sonstiger Form so verbunden ist, dass er sie „enthält"; etwa wenn ihm
Radionuklide als **Kontamination** (§ 5 Abs. 21) anhaften (so – für „Verunreinigungen" – auch *Sellner* in HMPS AtG/PÜ § 2 AtG Rz. 28; im Ergebnis ebenso *Niehaus,* S. 250, der zwar zwischen dem radioaktiven Stoff an sich und dem kon-
taminierten/aktivierten Gegenstand unterscheidet, die Freigabe aber auf den
gesamten Gegenstand bezieht). Wenn diese Verbindung gelöst wird, etwa durch
Dekontamination, „enthält" der Gegenstand dann keine Radionuklide (in relevanter Menge) mehr (gilt aber uU weiter als radioaktiver Stoff, bis die Eigenschaft als

„nicht radioaktiver Stoff" durch Freigabe festgestellt wurde, siehe Abs. 2 S. 1 Nr. 2); dafür ist die Substanz, mit der die Dekontamination durchgeführt wurde, nunmehr ein radioaktiver Stoff, da sie die Radionuklide enthält.

Der so angesprochenen Systematik folgt im Ergebnis auch § 31 Abs. 1 S. 1 **12** StrlSchV, wo das Erfordernis einer Freigabe statuiert wird für **„radioaktive Stoffe"** (Nr. 1) sowie für **„Gegenstände"** (Nr. 2), die aktiviert wurden oder mit radioaktiven Stoffen kontaminiert sind. Mit Blick auf die Definition des radioaktiven Stoffes erscheint es zwar nicht ganz folgerichtig, die kontaminierten und aktivierten Gegenstände begrifflich von den radioaktiven Stoffen zu trennen; in den nachfolgenden Freigaberegelungen werden „Stoffe und Gegenstände" aber durchgehend zusammen genannt und gleichbehandelt, so dass zumindest das Ergebnis der Systematik des § 3 folgt.

Das hier vertretene Verständnis wird auch gestützt durch die Fassung, die § 2 **13** AtG zwischenzeitlich durch das **Änderungsgesetz von 1998** (BGBl. I 694) erhielt. „Sonstige radioaktive Stoffe" waren in § 2 Abs. 1 Nr. 2 AtG definiert als „Stoffe, die ohne Kernbrennstoff zu sein, a) ionisierende Strahlen spontan aussenden, b) einen oder mehrere in Buchstabe a) erwähnten Stoffe enthalten oder mit solchen Stoffen kontaminiert sind." Diese Formulierung entfiel zwar bereits 2000 wieder, der Grund lag aber darin, dass der Gesetzgeber zu einer anderen, nämlich der heutigen Systematik überging und auf eine Definition der sonstigen radioaktiven Stoffe insgesamt verzichtete (→ Rn. 7).

3. Aktivität kann nicht außer Acht gelassen werden. Das zweite Tat- **14** bestandsmerkmal der Definition der radioaktiven Stoffe – der Umstand, dass die Aktivität bzw. die spezifische Aktivität nicht außer Acht gelassen werden kann – wird in Abs. 2 näher ausgeführt (→ Rn. 26 ff.).

II. Kernbrennstoffe (Abs. 1 S. 2 und 3 und Abs. 3)

1. Bedeutung. Die Definition der Kernbrennstoffe entscheidet über die **An-** **15** **wendung der Genehmigungsvorschriften des AtG anstelle des StrlSchG.** Die Genehmigungsnormen des AtG knüpfen an Kernbrennstoffe an (Einfuhr oder Ausfuhr, § 3 AtG; Beförderung, § 4 AtG; Aufbewahrung, § 6 AtG; Anlagen zur Erzeugung, Bearbeitung, Verarbeitung, Spaltung oder Aufarbeitung, § 7 AtG; Bearbeitung, Verarbeitung und sonstige Verwendung außerhalb genehmigungspflichtiger Anlagen, § 9 AtG). Die Genehmigungsnormen des StrlSchG zum Umgang (§ 12 Abs. 1 Nr. 3) und zur Beförderung (§ 27) dagegen beziehen sich auf sonstige radioaktive Stoffe.

Im Übrigen – wenn es nicht speziell um die Genehmigungsvorschriften geht – **16** ist das **StrlSchG** selbstverständlich auch und gerade auf **Tätigkeiten und Anlagen mit Kernbrennstoffen anwendbar;** das gilt etwa für die betriebliche Organisation des Strahlenschutzes (§§ 69 ff.), für die Anforderungen an die Ausübung von Tätigkeiten (§§ 76 ff. und vor allem die darauf basierenden Schutzvorschriften der StrlSchV) und für Melde- und Informationspflichten (§§ 90 f.). Wenn im StrlSchG von radioaktiven Stoffen die Rede ist, sind Kernbrennstoffe mitgemeint; in § 72 Abs. 1 S. 1 Nr. 4 gibt es sogar eine Vorschrift, die sich eigens auf Kernbrennstoffe bezieht (Maßnahmen gegen ein unbeabsichtigtes Kritischwerden; siehe auch § 87 Abs. 2 StrlSchV).

2. Definition der Kernbrennstoffe. In Abs. 1 S. 2 sind Kernbrennstoffe zu- **17** nächst als **besondere spaltbare Stoffe** bezeichnet. Die zugrunde liegende physikalische Grunddefinition klingt auch – etwas ausführlicher – in S. 2 Nr. 4 an: es handelt sich um Stoffe, mit deren Hilfe in einer geeigneten Anlage eine sich selbst tragende Kettenreaktion aufrechterhalten werden kann. Diese Eigenschaft begründet zum einen den besonderen Nutzen von Kernbrennstoffen als Grundlage der Kernenergie, zum anderen aber auch die besonderen Gefahren, insbesondere das Risiko der (ungewollten oder außer Kontrolle geratenen) Kritikalität und die Notwendigkeit, bei bestrahlten Kernbrennstoffen mit ihrer hohen Aktivität umzugehen und die von ihnen erzeugte Nachwärme abzuführen.

18   Im Gegensatz zu früheren Fassungen des § 2 AtG (zu der insoweit durchaus komplizierten Textgeschichte *Sellner* in HMPS AtG/PÜ § 2 AtG Rz. 2 ff.) ist die heutige Definition des § 2 Abs. 1 AtG, und damit § 3 Abs. 1 StrlSchG, sehr eindeutig formuliert. Die Norm stellt nicht lediglich auf Kriterien oder Eigenschaften wie „spaltbar" oder „Kettenreaktion" ab, über deren Vorliegen im Einzelfall man uU ungewiss sein könnte, sondern **zählt die in Frage kommenden Isotope und Stoffe konkret auf:** Pu-239 und Pu-241 (Nr. 1), mit den Isotopen 235 oder 233 angereichertes Uran (Nr. 2) oder jeder Stoff, der mehrere der in den Nummern 1 und 2 genannten Stoffe enthält (Nr. 3). **Nr. 1** ist selbsterklärend, da es nur auf das Vorhandensein der genannten Plutoniumisotope ankommt. Für die **Nr. 2** (angereichertes Uran) enthält Satz 3 eine ergänzende Erklärung, die darauf hinausläuft, dass das Verhältnis der spaltbaren Isotope 235 und/oder 233 zu dem nichtspaltbaren Isotop 238 größer sein muss als das Verhältnis des Isotops 235 zum Isotop 238 im Natururan (das Isotop 233 kommt im Natururan nicht vor); dieses Verhältnis liegt bei etwa 0,72% (dazu ausführlicher BHR EnergieR I Rz. 664). **Nr. 3** besagt, dass Stoffe oder Gegenstände, die (mindestens) einer der in Nr. 1 und 2 genannten Kernbrennstoffe enthalten, selber als Kernbrennstoffe definiert sind. Das bezieht sich auf Verbindungen und Gemische der genannten Isotope bzw. Stoffe mit anderen Isotopen/Stoffen (z. B. Uranoxid), aber auch z. B. auf Brennelemente (frische oder bestrahlte) und auf Abfälle aus der Wiederaufarbeitung von Brennelementen, die die genannten Stoffe enthalten.

19   Über die genannten Isotope hinaus gibt es weitere, mit denen sich unter ganz bestimmten Randbedingungen, abhängig vom Reaktortyp, eine Kettenreaktion herbeiführen ließe; so kann etwa Natururan mit hohem Reinheitsgrad in einem Schwerwasserreaktor verwendet werden. **Satz 1 Nr. 4** erlaubt folgerichtig die Berücksichtigung auch weiterer Stoffe bei der Definition der Kernbrennstoffe, macht dies aber – was für wünschenswerte Klarheit sorgt – von einer **Rechtsverordnung** abhängig; insofern kann man die Norm als eine latente Auffangvorschrift bezeichnen, die durch eine Rechtsverordnung konkretisiert werden muss. Eine solche existiert derzeit nicht; das bedeutet, dass zB **Natururan** eindeutig – mangels Übereinstimmung mit den Kriterien in den Ziffern 1 bis 3 – keinen Kernbrennstoff, sondern einen sonstigen radioaktiven Stoff darstellt. Das gilt erst recht für **abgereichertes Uran,** in dem der Anteil der spaltbaren Isotope zum nicht spaltbaren Isotop 238 sogar unterhalb des Niveaus von Natururan liegt.

20   Sollten in Deutschland künftig neue Reaktorkonzepte (zB für Forschungsreaktoren) zum Einsatz kommen, die auf der Verwendung neuartiger Brennstoffe beruhen, so hätte der Verordnungsgeber die Möglichkeit, die in Frage kommenden Stoffe über die Nr. 4 rechtzeitig vor Beginn eines Genehmigungsverfahrens **in die Definition der Kernbrennstoffe aufzunehmen.**

21   **3. Abs. 3: Kernbrennstoffe als sonstige radioaktive Stoffe.** Gemäß **Satz 1** gelten bei der Anwendung von Genehmigungsvorschriften Stoffe, in denen der

Anteil der in Abs. 1 S. 2 Nr. 1 und 2 genannten spaltbaren Isotope Pu-239, Pu-241, U-235 und U-233 insgesamt 15 g („absolute 15 Gramm-Grenze", siehe die Begründung zur AtG-Novelle von 1998, mit der dieser Absatz in § 2 AtG eingeführt wurde, BT-Drs. 13/8641, 11) oder die Konzentration der genannten Isotope 15 g pro 100 kg nicht überschreiten, als sonstige radioaktive Stoffe. Nach der „oder"-Formulierung der Norm tritt diese Rechtsfolge ein, wenn eines der beiden Kriterien erfüllt ist. Im Ergebnis bedeutet das: Liegen insgesamt höchstens 15 g der genannten Isotope vor, dann ist der Tatbestand jedenfalls erfüllt; bei insgesamt mehr als 15 g kommt es auf die Konzentration des betreffenden Stoffes an.

Die Begründung verweist darauf, dass bei der Aktivitätskonzentration von 15 g **22** pro 100 kg „Kritikalitätsprobleme keine Rolle spielen" (BT-Drs. 13/8641, 11). Bezüglich der absoluten 15-Gramm-Grenze nimmt sie Bezug auf das Übereinkommen vom 26. Oktober 1979 über den physischen Schutz von Kernmaterial (BGBl. 1990 II 326; seit dem Inkrafttreten einer 2005 beschlossenen Änderung lautet der Titel „Übereinkommen über den physischen Schutz von Kernmaterial und Kernanlagen"; BGBl. 2008 II 574). In dessen Annex II sind drei Kategorien von Kernmaterial definiert, denen bestimmte Schutzanforderungen zugeordnet sind; die unterste Kategorie (III) beginnt ab mehr als 15 g Plutonium, U-235 oder U-233. Bei geringeren Mengen (bis zu 15 g) sind die in Annex I definierten Schutzanforderungen des Übereinkommens daher nicht anwendbar. Insofern lassen sich die Motive des Gesetzgebers dahingehend zusammenfassen, dass die genannten geringen Mengen spaltbarer Isotope sowohl mit Blick auf die Schadensvorsorge (fehlendes **Kritikalitätsrisiko**) als auch auf den **Schutz gegen Störmaßnahmen** eine **Behandlung im strahlenschutzrechtlichen Genehmigungsverfahren,** analog zu den sonstigen radioaktiven Stoffen, rechtfertigen.

Soweit es um U-235 und U-233 geht, setzt die Anwendung der Norm voraus, **23** dass es sich überhaupt um angereichertes Uran, also um einen **Kernbrennstoff** handelt (insoweit klarstellend auch die amtliche Begründung, BT-Drs. 13/8641, 11); Natururan und abgereichertes Uran erfüllen schon nicht die Kriterien des Abs. 1 S. 2 und stellen daher schon nach Abs. 1 sonstige radioaktive Stoffe dar, so dass es einer Anwendung des Abs. 3 nicht bedarf.

Ausweislich der Formulierung handelt es sich bei der Rechtsfolge des Abs. 3 um **24** eine **gesetzgeberische Fiktion:** die genannten Stoffe bleiben Kernbrennstoffe im Sinne des Abs. 1 S. 2, werden aber für die Anwendung von Genehmigungsvorschriften wie sonstige radioaktive Stoffe behandelt und damit dem Genehmigungsregime des StrlSchG zugewiesen (*Sellner* in HMPS AtG/PÜ § 2 AtG Rz. 29). Das bedeutet praktisch, dass für den Umgang mit solchen Stoffen eine Genehmigung nach § 12 Abs. 1 Nr. 3 erforderlich, aber auch ausreichend ist; dasselbe gilt für die Beförderungsgenehmigung nach § 27. In § 29 Abs. 1 Nr. 6 wird jedoch hinsichtlich der Deckungsvorsorge differenziert zwischen „sonstigen radioaktiven Stoffen nach § 3 Abs. 1" und „Kernbrennstoffen nach § 3 Abs. 3"; eine entsprechende getrennte Aufzählung findet sich auch in § 12 Abs. 2 Nr. 2, § 13 Abs. 1 S. 1 und § 14 Abs. 1 Nr. 2 StrlSchV. Dies zeigt noch einmal deutlich, dass es sich nach Auffassung des Gesetz- und Verordnungsgebers weiterhin um Kernbrennstoffe handelt.

In **Satz 2** werden **verfestigte hochradioaktive Spaltproduktlösungen** aus **25** der Aufarbeitung von Kernbrennstoffen aus der Fiktion des S. 1 ausgenommen (dazu *Sellner* in HMPS AtG/PÜ § 2 AtG Rn. 30).

D. Ausschluss von Stoffen (Abs. 2)

I. Struktur

26   In Abs. 2 wird das Tatbestandsmerkmal der Definition der radioaktiven Stoffe in Abs. 1 S. 1: „deren Aktivität oder spezifische Aktivität nach den Regelungen dieses Gesetzes oder einer auf Grund dieses Gesetzes … erlassenen Rechtsverordnung nicht außer Acht gelassen werden kann", ausgefüllt. Es geht darum, solche Stoffe und Gegenstände, die Radionuklide enthalten, **aus der Überwachung nach dem StrlSchG auszuscheiden,** die aus Strahlenschutzgesichtspunkten keiner Überwachung bedürfen, weil aufgrund ihrer geringen Aktivität Maßnahmen zum Schutz vor der schädigenden Wirkung ionisierender Strahlung nicht erforderlich, unverhältnismäßig oder praktisch undurchführbar wären; eine Tätigkeit der strahlenschutzrechtlichen Behörden ist daher nicht angezeigt *(de minimis non curat praetor).*

27   Abs. 2 knüpft an das in Abs. 1 negativ formulierte Tatbestandsmerkmal („nicht außer Acht gelassen werden kann") umgekehrt an, indem er davon spricht, wann die (spezifische) Aktivität außer Acht gelassen werden kann. Er fokussiert damit auf die Kriterien für eine Entscheidung, **wann ein Stoff** *kein* **radioaktiver Stoff ist.**

28   Bezugspunkt ist die **Aktivität bzw. spezifische Aktivität** des jeweiligen Stoffes. Die Aktivität ist die Zahl der je Sekunde in einer radioaktiven Substanz zerfallenden Atomkerne. Die Einheit für die Aktivität ist das Becquerel (Bq). Die spezifische Aktivität – auch **Aktivitätskonzentration** (diesen Begriff verwendet die RL 2013/59/Euratom, siehe Art. 26 Abs. 1 lit. b sowie Anhang VII) – ist das Verhältnis der Aktivität zur Masse des Materials, in dem die Radionuklide verteilt sind (siehe die Definition in § 1 Abs. 17 StrlSchV), also – mathematisch formuliert – der Quotient aus der Aktivität eines Stoffes und der Masse eines Stoffes, ausgedrückt in Bq/g oder Bq/kg.

29   Da der Gesetzgeber auf zwei Kriterien – die Aktivität und die spezifische Aktivität – Bezug nimmt, scheint es darauf anzukommen, in welchem Verhältnis sie zueinander stehen, ob die entsprechenden Schwellenwerte also **alternativ oder kumulativ** unterschritten sein müssen, um den Stoff oder Gegenstand aus der Definition der radioaktiven Stoffe auszuscheiden. Allerdings stellt der Verordnungsgeber nur bei den Freigrenzen (Satz 1 Nr. 1) überhaupt Werte für beide Größen zur Verfügung, so dass sich die Frage nur hier tatsächlich stellt; sie ist so zu beantworten, dass es ausreicht, wenn die Freigrenze für die Aktivität *oder* für die spezifische Aktivität unterschritten wird (→ Rn. 35). Bei der Freigabe (Satz 1 Nr. 2) stellt der Verordnungsgeber allein auf die spezifische Aktivität ab; bei Stoffen natürlichen Ursprungs, die nicht aufgrund ihrer radioaktiven Eigenschaften genutzt werden (Satz 1 Nr. 3), gibt es teils abweichende Kriterien.

30   Die Regelung in Absatz 2 ist **abschließend;** aA *Sellner* in HMPS AtG/PÜ § 2 AtG Rn. 32 mit Verweis auf eine Passage der Begründung zum Entwurf des AtG-Änderungsgesetzes von 2000 (BT-Drs. 14/2443, 11), die allerdings durch eine spätere Modifizierung des Entwurfs zu Abs. 2 in derselben Drucksache (S. 20) überholt wurde. Der schließlich verabschiedete Text ist deutlich ausführlicher als im ursprünglichen Gesetzentwurf, offensichtlich gerade weil der Gesetzgeber nunmehr alle denkbaren Fälle abdecken wollte.

II. Freigrenzen (S. 1 Nr. 1)

Die Freigrenzenregelung des S. 1 Nr. 1 bezieht sich auf künstlich erzeugte radio- **31** aktive Stoffe oder auf Stoffe natürlichen Ursprungs, die aufgrund ihrer Radioaktivität, als Kernbrennstoff oder zur Erzeugung von Kernbrennstoffen genutzt werden; das ergibt sich aus einem Umkehrschluss aus S. 1 Nr. 3. **Freigrenzen** sind Werte der Aktivität oder der spezifischen Aktivität, bei deren Unterschreitung die Aktivität oder spezifische Aktivität eines solchen Stoffes im Sinne des Abs. 1 S. 1 „außer Acht gelassen werden kann"; vgl. auch die Definition in § 5 Abs. 15, wonach die Freigrenzen „als Maßstab für die Überwachungsbedürftigkeit nach diesem Gesetz und den auf seiner Grundlage erlassenen Rechtsverordnungen dienen". Der betreffende Stoff oder Gegenstand ist dann, selbst wenn er Radionuklide enthält, kein radioaktiver Stoff im Sinne des § 3 und wird daher von der strahlenschutzrechtlichen Überwachung und Kontrolle vollständig „freigestellt"; dies geschieht allein aufgrund der Unterschreitung der in der StrlSchV festgelegten Freigrenzen und bedarf – anders als die Freigabe (S. 1 Nr. 2) – keines entsprechenden Verwaltungsaktes. Den in RL 2013/59/Euratom, Art. 26 und Anhang VII, verwendeten Begriff der **„Freistellung"** – der auch den engeren Aspekt der Befreiung von der Genehmigungspflicht (→ Rn. 34) mit umfasst – hat der Gesetzgeber nicht in das StrlSchG übernommen.

Die in Satz 1 liegende Ermächtigung (wiederholt in § 24 S. 1 Nr. 10) ist aus- **32** gefüllt worden durch § 11 StrlSchV, der wiederum auf die Werte in **Anlage 4 Tabelle 1 Spalte 1 bis 3 StrlSchV** verweist. Dort sind für jedes der dort genannten Nuklide (Spalte 1) die maßgeblichen Freigrenzen der Aktivität in Bq (Spalte 2) und der spezifischen Aktivität in Bq/g (Spalte 3) aufgeführt. Wenn der betreffende Stoff oder Gegenstand mehrere Radionuklide enthält, ist eine entsprechende Berechnung der Summe der Verhältniszahlen nach einer festgelegten Formel vorzunehmen (Summenformel, siehe Anlage 4, Zu Tabelle 1, Erläuterung zu den Spalten 2 und 3 StrlSchV).

Die in Anlage 4 StrlSchV aufgeführten Freigrenzen beruhen auf Berechnungen, **33** für die als zulässige Strahlenexposition eine **effektive Dosis von 10 Mikrosievert im Jahr** angesetzt wurde. Dies galt schon für die Werte der StrlSchV 2001 (amtl. Begründung, BR-Drs. 207/01, S. 312) und entspricht heute der Vorgabe in Anhang VII Nr. 3 lit. e der RL 2013/59/Euratom; die Freigrenzen der Richtlinie wurden übernommen.

Die Freigrenzen in Anlage 4 Tabelle 1 Spalten 2 und 3 StrlSchV sind gleicher- **34** maßen maßgeblich für den **genehmigungsfreien Umgang.** Für den genehmigungsfreien Umgang verweist die auf der Ermächtigung in § 24 Abs. 1 S. 1 Nr. 1 StrlSchG beruhende Regelung des § 5 Abs. 1 S. 1 StrlSchV auf Anlage 3 Teil A und B StrlSchV; Anlage 3 Teil B Nr. 1 (Aktivität) und Nr. 2 (spezifische Aktivität) StrlSchV führt wiederum zu Anlage 4 Tabelle 1 mit ihren Freigrenzen in Spalten 2 und 3. Sind die Freigrenzen unterschritten, ist der betreffende Stoff allerdings kein radioaktiver Stoff und ist schon deshalb von vornherein nicht dem Erfordernis einer Umgangsgenehmigung unterworfen. Insofern ist fraglich, welchen Sinn der Verweis auf die Freigrenzen für den genehmigungsfreien Umgang und allgemein die **Unterscheidung zwischen den beiden Funktionen der Freigrenzen** überhaupt hat. Sie ist möglicherweise nur historisch zu erklären: die StrlSchV regelte von Anfang an (seit § 7 und Anlage I der 1. SSVO von 1960) die fehlende Überwachungsbedürftigkeit über den genehmigungsfreien Umgang, für den auf die Freigrenzen verwiesen wurde; die AtG-Novelle von 2000 brachte die heutige Regelung des § 2 Abs. 1 S. 1 Nr. 1 AtG und führte damit die Freigrenzen zugleich als Definitionsmerkmal der radioaktiven Stoffe ein; seither existieren beide Konzepte nebeneinander. In der Praxis wird, soweit ersichtlich, bei Unterschreiten der Freigrenzen meist auf den genehmigungsfreien Umgang nach § 5 StrlSchV abgestellt. Die RL 2013/59/Euratom versteht den in Art. 26 und Anhang VII verwendeten Begriff der Freistellung (→ Rn. 29) als „Freistellung von der Anmeldungspflicht".

35　　　Für die Anwendung der Freigrenzen reicht es aus, wenn **der Aktivitätswert** *oder* **der Wert der spezifischen Aktivität (der Aktivitätskonzentration) unterschritten wird.** Das geht aus S. 1 Nr. 1 und aus § 11 StrlSchV zwar an sich nicht eindeutig hervor; es entspricht jedoch der Regelung, die RL 2013/59/Euratom in Art. 26 und in Anhang VII Ziff. 1 und Ziff. 3 lit c trifft. Auch die Regelung zum genehmigungsfreien Umgang in Anlage 3 Teil B Nr. 1 und 2 StrlSchV ist klar in diesem Sinne formuliert („oder"); eine Genehmigungspflicht setzt erst dann ein, wenn sowohl die Aktivität als auch die spezifische Aktivität die Freigrenzen der Spalten 2 und 3 überschreiten (so auch ausdrücklich die amtl. Begründung zur StrlSchV 2001, BR-Drs. 207/01, 312). Es wäre widersprüchlich und würde den systematischen Zusammenhang der Genehmigungsfreistellung und der Definition des radioaktiven Stoffes (→ Rn. 34) sprengen, für die Anwendung des S. 1 Nr. 1 eine kumulative Unterschreitung beider Werte zu verlangen.

III. Freigabe (S. 1 Nr. 2)

36　　　Die Regelung zur **Freigabe** – ein auch praktisch äußerst wichtiges Instrument – ist gleichsam ein Spiegelbild zur Freigrenze in Abs. 1 Nr. 1. Sie enthält jedoch nicht nur eine Verweisung auf maßgebliche Aktivitätswerte (die hier nicht Freigrenzen, sondern **Freigabewerte** heißen), sondern führt als zweite Voraussetzung die **Freigabe als Verwaltungsakt** ein, der die Entlassung des Stoffes oder Gegenstandes aus dem Strahlenschutzrecht bewirkt. Dies wird in S. 1 Nr. 2 nur angedeutet mit dem Verb „freigegeben"; die nähere Regelung findet sich, aufgrund der Verordnungsermächtigung in § 68, in der StrlSchV. Auf die Erläuterungen zu § 68 kann daher verwiesen werden; an dieser Stelle soll es nur um die grundlegenden Charakteristika der Freigabe in Abgrenzung zu den Freigrenzen in Nr. 1 gehen.

37　　　Die Nr. 2 bezieht sich auf Stoffe, die **im Rahmen einer genehmigungspflichtigen Tätigkeit angefallen** sind. Das können (ursprünglich) radioaktive Stoffe sein, die bei der betreffenden Tätigkeit eingesetzt wurden, oder radioaktive Stoffe, die bei dieser Tätigkeit erzeugt wurden. Es können aber auch Betriebsabfälle, ausgebaute Anlagenteile oder ganze Gebäude sein, die durch die betreffende Tätigkeit kontaminiert oder aktiviert sein können. In aller Regel wird es sich um künstlich erzeugte radioaktive Stoffe (→ Rn. 46) handeln, ohne dass dies ein Tatbestandsmerkmal wäre. Das Konzept der Freigabe beruht auf dem Ansatz, dass solche Stoffe und Gegenstände aufgrund ihrer Herkunft aus einer strahlenschutzrelevanten, der strahlenschutzrechtlichen Aufsicht unterliegenden Tätigkeit gleichsam **als radioaktive Stoffe geboren werden** und auf der Grundlage einer gesetzlichen Vermutung (*Niehaus*, S. 249) solange als radioaktive Stoffe angesehen werden, bis im Rahmen der Freigabe durch die sog. Freimessung feststeht, dass ihre Aktivität unter dem anwendbaren Freigabewert liegt und sie aus dem Strahlenschutzrecht entlassen werden können. In welchen Fällen dieser Ansatz zum Tragen kommt, welche Stoffe also genau „nur nach einer Freigabe … verwendet, verwertet, beseitigt, innegehalten oder an einen Dritten weitergegeben werden können", und zwar als nicht (mehr) radioaktive Stoffe, das regelt § 31 Abs. 1 StrlSchV (→ § 31 StrlSchV – abgedruckt nach § 68 – Rn. 8). Wenn eine Freigabe nicht möglich ist (idR wegen zu hoher Aktivität) und sonstige Möglichkeiten der Wiederverwendung (zB in einer anderen kerntechnischen Anlage) ausscheiden, dann müssen diese Stoffe als **radioaktive Abfälle** beseitigt werden (→ Rn. 51).

Entscheidend für die Freigabe ist das **Dosiskriterium,** dass für Einzelpersonen **38** der Bevölkerung durch die freizugebenden Stoffe und Gegenstände nur eine **effektive Dosis im Bereich von 10 Mikrosievert im Kalenderjahr** auftreten kann (→ § 31 StrlSchV Rn. 13ff.); dieses Dosiskriterium ist, anders als bei den Freigrenzen, denen es ebenfalls zugrundeliegt (→ Rn. 33), in § 31 Abs. 2 StrlSchV ausdrücklich formuliert. Das Dosiskriterium stellt im Bereich der Freigabe die entscheidende Größe dar für die Beurteilung, ob die (spezifische) Aktivität „außer Acht gelassen werden kann"; nach diesem Kriterium sind die Freigabewerte für die einzelnen Nuklide zu bestimmen. Solche auf umfangreichen Berechnungen mit Blick auf das Dosiskriterium, unter Zugrundelegung relevanter Szenarien für die Strahlenexposition, beruhenden Werte sind in **Anlage 4 Tabelle 1 StrlSchV** in Spalte 3 (für die uneingeschränkte Freigabe) und in den Spalten 6 bis 14 (für die verschiedenen Arten der spezifischen Freigabe) enthalten (zur uneingeschränkten und spezifischen Freigabe → § 32 StrlSchV Rn. 5ff.). Es handelt sich dabei um Werte für die spezifische Aktivität (Bq/g); Werte für die Aktivität gibt es nicht.

Von der Freigabe zu unterscheiden ist die **Herausgabe,** die in Abs. 2 und über- **39** haupt im StrlSchG nicht geregelt ist. Durch die Herausgabe werden Stoffe und Gegenstände, die aus einem Strahlenschutzbereich bzw. aus einer atom- oder strahlenschutzrechtlich genehmigten Anlage stammen, ohne Freigabe aus der atom- oder strahlenschutzrechtlichen Überwachung entlassen, wenn feststeht, dass sie nicht aktiviert oder kontaminiert sein können; das kann etwa anhand der Betriebs- und Nutzungshistorie dargelegt und durch Beweissicherungsmessungen unterfüttert werden (→ § 31 StrlSchV – abgedruckt nach § 68 – Rn. 21ff.).

Die Herausgabe ist nur für solche Stoffe und Gegenstände möglich, die nicht der **40** Freigabe im Sinne des S. 1 Nr. 2 unterliegen. Stoffe und Gegenstände, die herausgegeben werden, sind nicht im Sinne des S. 1 Nr. 2 bei der genehmigungspflichtigen Tätigkeit angefallen und deshalb **von vornherein keine radioaktiven Stoffe im Sinne des § 3** (→ § 31 StrlSchV Rn. 22). Die abweichende Konstruktion von *Niehaus,* S. 256, wonach diese Stoffe im Sinne des S. 1 Nr. 2 angefallen seien und daher „an sich" der Definition der radioaktiven Stoffe unterfielen, im Genehmigungsregime aber festgelegt werden könne, dass und wie „neben der Freigabe" Stoffe aus der Anlagenüberwachung entlassen werden können, ist mit dem in S. 1 Nr. 2 festgeschriebenen Freigabeerfordernis für solche Stoffe nur schwer in Einklang zu bringen.

IV. Stoffe natürlichen Ursprungs (S. 1 Nr. 3)

Nr. 3 betrifft **Stoffe natürlichen Ursprungs, die nicht auf Grund ihrer Ra- 41 dioaktivität, als Kernbrennstoff oder zur Erzeugung von Kernbrennstoff genutzt werden.** Diese Stoffe können Gegenstand einer Tätigkeit nach § 4 Abs. 1 S. 1 Nr. 10 sein (in der StrlSchV 2001, § 3 Abs. 1 Nr. 2, noch als „Arbeiten" bezeichnet; → § 4 Rn. 12). Die Aktivität solcher Stoffe kann im Sinne des Abs. 1 S. 1 außer Acht gelassen werden – mit der Folge, dass es sich nicht um radioaktive Stoffe handelt –, wenn sie nicht der Überwachung nach dem AtG, dem StrlSchG oder der StrlSchV unterliegen. Eine solche Überwachung ist vor allem in den §§ 60 bis 65 für die sog. NORM-Arbeitsplätze mit Bezug auf Rückstände und sonstige Materialien unter bestimmten Voraussetzungen angeordnet (siehe § 27 StrlSchV mit Anlage 5 StrlSchV), die eigene Kriterien dafür bereitstellen, wann es sich nach der Einschätzung des Gesetz- und Verordnungsgebers bzw. der zuständigen Behörden um eine radiologisch relevante Tätigkeit handelt. Tritt nach diesen Kriterien die Überwachungsbedürftigkeit ein, so steht damit gem. S. 1 Nr. 3 auch fest, dass es sich um einen radioaktiven Stoff handelt.

V. Abweichende Rechtsverordnung (S. 2)

42   In Satz 2 werden Stoffe angesprochen, die **in einer bestimmten Weise genutzt werden** (Verwendung am Menschen, Verwendung für den zweckgerichteten Zusatz zu bestimmten Produkten, Verwendung für die Aktivierung solcher Produkte). Satz 2 enthält selber keine Regelung für diese Stoffe, sondern besteht aus einer Verordnungsermächtigung. Von dieser ist bislang kein Gebrauch gemacht worden.

43   Der zweckgerichtete Zusatz von Stoffen bei der Herstellung der in Satz 2 genannten Produkte ist im Übrigen Gegenstand der gesetzlichen Regelung in §§ 40 und 41 und der Definition des zusammengesetzten Begriffes „Zusatz radioaktiver Stoffe" in § 5 Abs. 40, die Werte für die spezifische Aktivität vorgibt und insofern für diesen Bereich festlegt, wann die Aktivität außer Acht gelassen werden kann (→ Rn. 53).

E. Anwendungsbereich der Definitionsnorm (Abs. 4)

44   Abs. 4 ist der einzige Teil der Norm, der nicht aus § 2 AtG übernommen, sondern eigens für das StrlSchG geschaffen wurde. Hiernach ist die Norm **nicht anzuwenden auf Stoffe, die im Zusammenhang mit bestehenden Expositionssituationen und Notfallexpositionssituationen auftreten.** Damit zeichnet Abs. 4 die neue Systematik der drei Expositionssituationen nach (siehe § 1 Abs. 1 und § 2 Abs. 2 bis 4; → Einführung Rn. 29) und stellt klar, dass die Begriffsdefinition der radioaktiven Stoffe nur im Bereich der geplanten Expositionssituationen, also bei Tätigkeiten (§ 2 Abs. 2), Anwendung findet. Die Abschnitte des StrlSchG zu Notfallexpositionssituationen (§§ 92 ff.) und bestehenden Expositionssituationen (§§ 118 ff.) treffen eigenständige Regelungen, deren Anwendung nicht vom Begriff der radioaktiven Stoffe abhängen.

45   Diese Abgrenzung war inhaltlich, wenn auch naturgemäß nicht unter den neuen Begrifflichkeiten, auch schon im bestehenden Recht angelegt (so BT-Drs. 18/1141, 227). Ein auch praktisch bedeutsamer Zweifelsfall betraf allerdings die **Entsorgung radioaktiver Altlasten,** soweit sie eine hinreichend hohe Aktivität bzw. spezifische Aktivität aufwiesen; von der Frage einer systematischen Zuordnung zu § 2 AtG hing ab, ob die Entsorgung unter Atomrecht oder unter dem Kreislaufwirtschaftsrecht für geboten angesehen wurde (zu dieser Streitfrage *Sellner* in HMPS AtG/PÜ § 2 AtG Rz. 13 mwN; die amtl. Begründung in BT-Drs. 18/1141, 227 verneint retrospektiv die Zuordnung zu § 2 AtG schon unter der vorigen Rechtslage). Mit Abs. 4 in Verbindung mit den neuen Vorschriften zur radioaktiven Altlasten in §§ 136 ff. ist nunmehr klargestellt, dass radioaktive Altlasten grundsätzlich keine radioaktiven Stoffe sind und die Bewältigung radioaktiver Altlasten umfassend in §§ 136 ff. geregelt ist (*Sellner* in HMPS AtG/PÜ § 2 AtG Rz. 13). Zu beachten ist aber § 141, wonach die Vorschriften über Rückstände und sonstige Materialien (§§ 60 ff.) Anwendung finden, wenn solche Rückstände oder Materialien vom verunreinigten Grundstück entfernt werden; sie können ab diesem Zeitpunkt dann auch radioaktive Stoffe im Sinne des § 3 sein (→ Rn. 50).

F. Sonstige Begriffe rund um radioaktive Stoffe

I. Unterkategorien radioaktiver Stoffe

1. Natürliche und künstliche radioaktive Stoffe. Das StrlSchG nennt an **46** verschiedenen Stellen **künstlich erzeugte** und/oder **natürlich vorkommende radioaktive Stoffe** (siehe etwa Abs. 1 S. 1 Nr. 3 oder § 4 Abs. 1 Nr. 2) oder Radionuklide. Eine Definition dieser beiden Kategorien gibt es im deutschen Strahlenschutzrecht nicht. Physikalisch gesehen richtet sich die Einteilung danach, ob die Bereitschaft zur spontanen Emission, also die Eigenschaft als Radionuklid, bei der betreffenden Atomart von Natur aus vorhanden ist (etwa bei dem in der Erdrinde vorhandenen Uran mit seinen durch Zerfall geschaffenen Folgenukliden wie etwa Radon oder bei Kohlenstoff-14) oder erst durch künstliche Einflüsse (Teilchenbeschuss im Beschleuniger, Kernspaltung im Reaktor, Atombombenabwurf oder -versuche) erzeugt wurde (*Vogt/Vahlbruch,* S. 18).

Für das StrlSchG wichtig ist weniger die Grenzlinie zwischen natürlich vorkom- **47** menden und künstlich erzeugten radioaktiven Stoffen, sondern eher diejenige zwischen künstlichen radioaktiven Stoffen plus solchen natürlich vorkommenden radioaktiven Stoffen, „die aufgrund ihrer Radioaktivität, als Kernbrennstoff oder zur Erzeugung von Kernbrennstoff genutzt werden", einerseits und den sonstigen, nicht entsprechend genutzten natürlich vorkommenden radioaktiven Stoffen andererseits. In der StrlSchV 2001 wurden erstere dem Begriff der Tätigkeiten zugeordnet; die zweite Kategorie war bestimmend für den Begriff der „Arbeiten" (§ 3 Abs. 1 Nr. lit c, Nr. 2 StrlSchV 2001). Nachdem es im StrlSchG nur noch die Kategorie der „Tätigkeiten" gibt, die mit der geplanten Expositionssituation zusammenfällt (siehe § 2 Abs. 2), ist die erwähnte Unterscheidung nunmehr wichtig für die **Zuordnung einer Tätigkeit zu § 4 Abs. 1 S. 1 Nr. 1–9 einerseits und Nr. 10 andererseits;** sie ist dementsprechend auch für die Definition des Umgangs in § 5 Abs. 39 entscheidend (der eine Tätigkeit nach § 4 Abs. 1 S. 1 Nr. 1 darstellt). Auch die Frage, ob die Aktivität oder spezifische Aktivität eines Stoffes nach Abs. 2 S. 1 außer Acht gelassen werden kann, richtet sich nach dieser Einteilung: für künstliche und zweckgerichtet verwendete natürliche Radionuklide gilt Abs. 2 S. 1 Nr. 1 (Freigrenzen), für die sonstigen natürlichen Radionuklide Nr. 3 (Überwachung nach anderen Vorschriften) (→ Rn. 31 ff., 41).

2. Offene und umschlossene radioaktive Stoffe. Zu diesen beiden Katego- **48** rien siehe die Begriffsbestimmungen in § 5 Abs. 34 und 35. Bei offenen radioaktiven Stoffen besteht ein **Risiko der Inkorporation und der Kontamination;** in verschiedenen Vorschriften der StrlSchV (im StrlSchG spielt die Unterscheidung weiter keine Rolle) sind deshalb besondere Anforderungen an das Vorhandensein offener radioaktiver Stoffe geknüpft. Dies betrifft unter anderem das Erfordernis der Freigabe (§ 31 Abs. 1 S. 2 Nr. 1 und 2 StrlSchV), die Feststellung der Kontamination und nachfolgende Dekontamination (§ 57 StrlSchV), das Verlassen von und Herausbringen aus Strahlenschutzbereichen (§ 58 Abs. 1 und 2 StrlSchV), den Schutz beim Umgang mit offenen radioaktiven Stoffen (§ 70 StrlSchV) und besondere Kennzeichnungspflichten (§ 92 Abs. 2 StrlSchV). Auch mit Blick auf die Deckungsvorsorge wird zwischen offenen und umschlossenen radioaktiven Stoffen unterschieden (siehe § 10 Abs. 3 StrlSchV sowie Anlage 2 AtDeckV).

49   Der Begriff der umschlossenen radioaktiven Stoffe deckt aus Sicht des deutschen Strahlenschutzrechts den in der RL 2013/59/Euratom verwendeten Begriff der **„radioaktiven Strahlenquelle"** mit ab, geht aber auch darüber hinaus (→ Rn. 57).

II. Abgrenzung zu anderen Begriffen

50   **1. Materialien und Rückstände. Materialien** sind nach der Begriffsdefinition in § 5 Abs. 22 „Stoffe, die natürlich vorkommende Radionuklide enthalten oder mit solchen Stoffen kontaminiert sind". Zu den Materialien zählen auch **Rückstände;** diese sind in § 5 Abs. 32 definiert als „Materialien, die in den in Anlage 1 genannten industriellen und bergbaulichen Prozessen anfallen und die dort genannten Voraussetzungen erfüllen". Materialien und Rückstände sind **radioaktive Stoffe** im Sinne des Abs. 1, wenn sie nach den Regelungen in §§ 60 ff. sowie nach § 27 StrlSchV der Überwachung unterliegen (Abs. 1 S. 1 Nr. 3; → Rn. 41).

51   **2. Radioaktive Abfälle.** Das StrlSchG enthält keine **Definition der radioaktiven Abfälle.** Eine Definition ergibt sich etwas indirekt, aber hinreichend klar aus § 9a Abs. 1 S. 1 AtG; hiernach sind radioaktive Abfälle anfallende radioaktive Reststoffe sowie ausgebaute oder abgebaute radioaktive Anlagenteile, die nicht weiterverwendet oder schadlos verwertet, sondern geordnet beseitigt werden (direkte Endlagerung). Sie erfüllen zugleich den Tatbestand des einleitenden „soweit"-Nebensatzes in Abs. 2 S. 1 Nr. 2: es sind Stoffe und Gegenstände, die im Rahmen einer genehmigungspflichtigen Tätigkeit anfallen. Da radioaktive Abfälle geordnet beseitigt werden und gerade nicht gem. Abs. 2 S. 1 Nr. 2 freigegeben werden (können), sind sie **notwendig radioaktive Stoffe im Sinne des § 3.**

52   Bis die Beseitigung in entsprechenden Endlagern des Bundes (§ 9a Abs. 3 AtG) möglich ist, werden die radioaktiven Abfälle **zwischengelagert;** sofern es sich nicht um Kernbrennstoffe handelt, ist diese Lagerung ein Umgang mit sonstigen radioaktiven Stoffen nach § 12 Abs. 1 Nr. 3. Radioaktive Abfälle in dichten und festen Transport- und Lagerbehältern stellen **umschlossene radioaktive Stoffe** iSd § 5 Abs. 35 dar (siehe die amtl. Begründung zur 1. StrlSchG-Novelle, BT-Drs. 19/26943, 38).

53   **3. Zusatz radioaktiver Stoffe.** In § 40 ist der „Zusatz radioaktiver Stoffe" bei der Herstellung von bestimmten Produkten unter das Erfordernis einer Genehmigung gestellt. Dabei sind aber nicht radioaktive Stoffe im Sinne des § 3 gemeint; denn der zusammengesetzte Begriff „Zusatz radioaktiver Stoffe" ist **Gegenstand einer eigenen Definition in § 5 Abs. 40** (→ § 5 Rn. 49; § 40 Rn. 8). Diese Definition enthält eigene Kriterien für die spezifische Aktivität, jenseits derer für zugesetzte Radionuklide der Tatbestand des „Zusatzes radioaktiver Stoffe" erfüllt ist. Maßgeblich für die Festlegung dieser Werte war, dass es bei einem geringeren Aktivitätsgehalt keiner Schutzregelung bedarf (so die amtl. Begründung zur StrlSchV 2001, BR–Drs. 207/01, 298, zum damaligen § 3 Abs. 2 Nr. 38).

54   **4. Ableitung radioaktiver Stoffe.** § 81 S. 2 Nr. 5 und 6 ermächtigen den Verordnungsgeber, Regelungen zu Dosisgrenzwerten für **Ableitungen von „radioaktiven Stoffen"** (so in der Nr. 6) **mit Luft oder Wasser** zu treffen; die entsprechende, in der Praxis sehr bedeutsame Grundregelung ist in **§ 99 StrlSchV** enthalten und verlangt bei der „Ableitung radioaktiver Stoffe" die Einhaltung definierter Dosiswerte für die durch die Ableitungen bedingte Exposition für Einzelpersonen der Bevölkerung (→ § 80 Rn. 27). Der jeweils verwendete Begriff „radioaktive Stoffe" verweist nicht auf die Definition in § 3, da sich die Frage einer Freistellung aus dem Strahlenschutzrecht hier gar nicht stellt, sondern es darum geht, in welcher Höhe Ableitungen aus genehmigten Anlagen zulässig sind; auch passen Ableitungen, bei denen zu jedem gegebenen Zeitpunkt nur geringe Mengen von Nukliden, dafür aber fortwährend, abgegeben werden, nicht zum Konzept des „radioaktiven Stoffes" in § 3. Insofern meint § 99 StrlSchV eigentlich „Radionuklide". Die Bezugnahme auf „radioaktive Stoffe" entspricht der älteren, bis 2000 gültigen Bedeutungsschicht dieses Begriffes (→ Rn. 8).

5. Strahlenquellen. In Art. 2 Nr. 77 RL 2013/59/Euratom ist die „radioaktive **55** Strahlenquelle" (engl. *radioactive source*) definiert als „eine Strahlungsquelle, die radioaktives Material zum Zweck der Nutzung der Radioaktivität enthält"; „radioaktives Material" wiederum ist in Nr. 76 definiert als „Material, das radioaktive Stoffe enthält". Die (radioaktive) Strahlenquelle ist mithin eine Unterkategorie der radioaktiven Stoffe: es ist ein **radioaktiver Stoff, der zum Zweck der Nutzung der Radioaktivität verwendet wird.** In der Praxis des Strahlenschutzes spielt der Begriff der **„Strahlenquelle"** (oft auch kurz **„Strahler"** genannt) eine große Rolle; es geht hierbei zB um medizinische Strahler für diagnostische oder therapeutische Anwendungen, aber auch um Prüfstrahler etwa für Werkstoff- und Schweißnahtprüfung. Solche Strahler, die aktiv gehandhabt werden und hierfür in eine dafür geeignete Hülle eingebaut sind, stellen andere Anforderungen – etwa an die Unversehrtheit und Dichtheit der Umhüllung – als zB radioaktive Abfälle, die in Behältern in einem Lager gelagert werden.

Trotz dieser praktischen Bedeutung gibt es im deutschen Strahlenschutzrecht **56** **keine Definition der Strahlenquelle.** Die Definition der „hochradioaktiven Strahlenquellen" in § 5 Abs. 36 ersetzt das Wort „Strahlenquellen" einfach durch „umschlossene radioaktive Stoffe" und konzentriert sich ansonsten darauf, ab welcher Aktivität das Merkmal „hochradioaktiv" erfüllt ist. Das ist bezeichnend, denn der Begriff „Strahlenquelle", der in der RL 2013/59/Euratom – ebenso wie in den Vorgängerrichtlinien – eine große Rolle spielt, ist seit jeher gleichsam eine **„Baustelle" des deutschen Strahlenschutzrechts.** Der deutsche Verordnungsgeber hat es schon seit der 1. SSVO von 1960 vermieden, den Begriff zu übernehmen; vielmehr hat er die Anforderungen der Richtlinie an Strahlenquellen stattdessen mit den Begriffen des radioaktiven Stoffes bzw. des **umschlossenen radioaktiven Stoffes** verknüpft. Gerade der letztere Begriff ersetzt im deutschen Strahlenschutzrecht mehr oder weniger denjenigen der Strahlenquelle (wie auch die erwähnte Definition in § 5 Abs. 36 zeigt). Nur in zwei spezifischen Zusammenhängen, in denen es sich aufgrund Euratom-Rechts kaum vermeiden ließ, wird der Begriff vom StrlSchG verwendet: die bereits erwähnte „hochradioaktive Strahlenquelle" (§ 5 Abs. 36, § 13 Abs. 4, § 88 und an einigen weiteren Stellen) und die „herrenlose Strahlenquelle" (§ 173 Nr. 3; vgl. dazu auch § 169 Abs. 1 StrlSchV).

Die weitgehende **Ersetzung des Begriffs „Strahlenquelle" durch „(um- 57 schlossener) radioaktiver Stoff"** ist richtlinienkonform, weil der Begriff des (um- schlossenen) radioaktiven Stoffes die „radioaktive Strahlenquelle" im Sinne der Richtlinie jedenfalls abdeckt und letztlich darüber hinausgeht. Für den Begriff des umschlossenen radioaktiven Stoffes ist dies zuletzt noch einmal deutlich geworden durch den 2021 mit der 1. StrlSchG-Novelle eingefügten § 5 Abs. 35 S. 2, wonach „radioaktive Stoffe, die aufgrund ihrer Radioaktivität genutzt werden", nur eine

Unterkategorie der umschlossenen radioaktiven Stoffe darstellen. Diese **überschie-
ßende Tendenz** führt aber umgekehrt zu Schwierigkeiten, wenn bestimmte Vorschriften sich ihrem Wortlaut nach auf umschlossene radioaktive Stoffe beziehen,
aber tatsächlich (nur) Strahlenquellen bzw. „Strahler" meinen. Das trifft etwa auf
§ 89 StrlSchV zu. Die dort geforderte Dichtheitsprüfung bezieht sich – entgegen
dem Wortlaut – nicht auf alle „umschlossenen radioaktiven Stoffe", sondern nur auf
Strahlenquellen; radioaktive Abfälle etwa, die in dichten Transport- und Lagerbehältern gelagert werden und deshalb umschlossene radioaktive Stoffe darstellen
(→ Rn. 52), werden nicht von der Pflicht zur Dichtheitsprüfung nach § 89 StrlSchV
umfasst.

58   **6. Strahlungsquelle.** Der Begriff „Strahlungsquelle" ist im StrlSchG nicht definiert. Aus § 2 Abs. 1 folgt aber, dass der Begriff der Exposition notwendig mit dem
Vorhandensein einer Strahlungsquelle verbunden ist. **Strahlungsquelle** ist also alles, was ionisierende Strahlung verursacht, die auf den menschlichen Körper einwirken kann. Das entspricht auch der Definition in Art. 4 Nr. 75 RL 2013/59/Eu-
ratom, wo die „Strahlungsquelle" (engl. *radiation source*) definiert ist als „ein Objekt,
das – etwa durch Aussenden ionisierender Strahlung oder Freisetzung radioaktiver
Stoffe – eine Exposition verursachen kann". Radioaktive Stoffe sind demnach eine
Untermenge der Strahlungsquellen (→ Rn. 1).

§ 4 Tätigkeiten, Tätigkeitsarten

(1) [1]**Tätigkeiten sind**
1. **der Umgang nach § 5 Absatz 39,**
2. **der Erwerb von künstlich erzeugten radioaktiven Stoffen und von
   natürlich vorkommenden radioaktiven Stoffen, die auf Grund ihrer
   Radioaktivität, als Kernbrennstoff oder zur Erzeugung von Kernbrennstoff genutzt werden, die Abgabe dieser Stoffe an andere, ihre
   Beförderung und ihre grenzüberschreitende Verbringung,**
3. **die Verwahrung von Kernbrennstoffen nach § 5 des Atomgesetzes und
   die Aufbewahrung von Kernbrennstoffen nach § 6 des Atomgesetzes,**
4. **die Errichtung, der Betrieb, die sonstige Innehabung, die Stilllegung,
   der sichere Einschluss einer Anlage sowie der Abbau einer Anlage
   oder von Anlagenteilen nach § 7 des Atomgesetzes,**
5. **die Bearbeitung, Verarbeitung und sonstige Verwendung von Kernbrennstoffen nach § 9 des Atomgesetzes,**
6. **die Errichtung, der Betrieb und die Stilllegung von Anlagen des Bundes zur Sicherstellung und zur Endlagerung radioaktiver Abfälle nach
   § 9b des Atomgesetzes,**
7. **die Errichtung und der Betrieb von Anlagen zur Erzeugung ionisierender Strahlung,**
8. **der Betrieb und die Prüfung, Erprobung, Wartung oder Instandsetzung von Röntgeneinrichtungen oder Störstrahlern,**
9. **der Zusatz radioaktiver Stoffe bei der Herstellung von Konsumgütern,
   von Arzneimitteln im Sinne des Arzneimittelgesetzes, von Pflanzenschutzmitteln im Sinne des Pflanzenschutzgesetzes, von Schädlingsbekämpfungsmitteln und von Stoffen nach § 2 Satz 1 Nummer 1 bis 8
   des Düngegesetzes sowie die Aktivierung der vorgenannten Produkte
   und**

10. Handlungen, die, ohne unter die Nummern 1 bis 9 zu fallen, bei natürlich vorkommender Radioaktivität die Exposition oder Kontamination erhöhen können,
    a) soweit sie im Zusammenhang mit dem Aufsuchen, der Gewinnung,
    Erzeugung, Lagerung, Bearbeitung, Verarbeitung und sonstigen
    Verwendung von Materialien durchgeführt werden,
    b) soweit sie im Zusammenhang mit Materialien durchgeführt wer-
    den, die bei betrieblichen Abläufen anfallen, soweit diese Handlun-
    gen nicht bereits unter Buchstabe a fallen,
    c) soweit sie im Zusammenhang mit der Verwertung oder Beseitigung
    von Materialien durchgeführt werden, die durch Handlungen nach
    Buchstaben a oder b anfallen,
    d) soweit in ihrer Folge natürliche terrestrische Strahlungsquellen ein-
    wirken, ausgenommen die Exposition durch Radon, das aus dem
    Boden in die freie Atmosphäre austritt oder aus dem geogenen Un-
    tergrund herrührt und in Aufenthaltsräume eintritt, und soweit
    diese Handlungen nicht bereits unter die Buchstaben a bis c fallen
    und nicht zu einem unter Buchstabe a genannten Zweck erfolgen,
    oder
11. der Betrieb von Luft- und Raumfahrzeugen im Zusammenhang mit
der Berufsausübung des fliegenden und raumfahrenden Personals.
[2]Zu den Tätigkeiten nach Satz 1 Nummer 1 bis 10 zählen auch die Beschäftigung von Personen, die diese Tätigkeit für Dritte ausüben, sowie
sonstige Handlungen, die im Zusammenhang mit diesen Tätigkeiten die
Exposition oder Kontamination erhöhen können. [3]Nicht als Tätigkeit im
Sinne von Satz 1 Nummer 10 gilt die landwirtschaftliche, forstwirtschaftliche und bautechnische Bearbeitung der Erdoberfläche, soweit diese
Handlungen nicht zum Zweck der Entfernung von Kontaminationen
nach § 64 Absatz 1 erfolgen.

(2) Tätigkeitsart ist die Gesamtheit von Tätigkeiten, die unter dem Aspekt des Grundsatzes der Rechtfertigung wesentlich gleich zu beurteilen
sind.

A. Zweck und Bedeutung der Norm

Abs. 1 nennt die **Tätigkeiten,** auf die das **StrlSchG** anwendbar ist und de- 1
finiert in Abs. 2 den Begriff der **Tätigkeitsart.**

Der Begriff der Tätigkeiten ist wesentlich für die Einstufung eines Sachverhalts 2
als **geplante Expositionssituation** (§ 2 Abs. 2). Die in § 2 Abs. 1 Nr. 1 StrlSchV
2001 zur Bestimmung des Anwendungsbereichs genannten und in § 2 Nr. 23 RöV
definierten Tätigkeiten werden in Abs. 1 S. 1 Nr. 1 bis 9 übernommen. **Hinzu**
kommen in S. 1 Nr. 10 und Nr. 11 die nach § 3 Abs. 1 Nr. 2 StrlSchV 2001 als
„**Arbeiten**" definierten Handlungen, die aufgrund ihrer Einstufung als geplante
Expositionssituation nach Art. 23 iVm Anh. VI RL 2013/59/Euratom nunmehr
auch als Tätigkeiten definiert werden; in Bezug auf das fliegende Personal ist ein
entsprechendes Anliegen des Euratom-Gesetzgebers aus Erwägungsgrund 26
RL 2013/59/Euratom erkennbar. Neu ist in Nr. 11 der Betrieb von Raumfahrzeugen im Zusammenhang mit dem fliegenden Personal. Eine wichtige Bezugnahme

auf die verschiedenen in Abs. 1 S. 1 aufgeführten Tätigkeiten enthalten das Reduzierungsgebot nach § 8 Abs. 2 S. 2 und die grundlegende strahlenschutzrechtliche Verpflichtung des SSV nach § 72 Abs. 1 S. 1, auch iVm S. 2. Beide Bestimmungen fordern, je nach Tätigkeit, die **Beachtung des Standes von Wissenschaft und Technik** (Tätigkeiten nach Abs. 1 S. 1 Nr. 1 bis 7 und 9) **oder des Standes der Technik** (Tätigkeiten nach Abs. 1 S. 1 Nr. 8, 10 und 11) → § 8 Rn. 36.

3   Der Begriff der **Tätigkeitsart** ist im Zusammenhang mit der **Rechtfertigung** von Bedeutung, vgl. §§ 6, 7 und 38, und wird erstmals definiert. § 4 Abs. 1 StrlSchV 2001 und § 2a Abs. 1 RöV verwendeten – ebenfalls im Zusammenhang mit dem Rechtfertigungsgrundsatz – den Begriff „Arten von Tätigkeiten".

B. Tätigkeiten (Abs. 1 S. 1)

I. Umgang (Nr. 1)

4   Der in § 5 Abs. 39 definierte Umgang mit sonstigen radioaktiven Stoffen ist nach Nr. 1 eine Tätigkeit und nach Maßgabe des **§ 12 Abs. 1 Nr. 3, Abs. 4** genehmigungsbedürftig. Zu der Einstufung sog. „kleiner Kernbrennstoffe" als sonstige radioaktive Stoffe für die Anwendung von Genehmigungsvorschriften nach dem StrlSchG → § 3 Rn. 21.

II. Erwerb, Abgabe, Beförderung, grenzüberschreitende Verbringung (Nr. 2)

Nach Nr. 2 sind der Erwerb, die Abgabe an andere, die Beförderung und die grenzüberschreitende Verbringung von **künstlich erzeugten** radioaktiven Stoffen und von **natürlich vorkommenden** radioaktiven Stoffen, die **auf Grund ihrer Radioaktivität** als Kernbrennstoff oder zur Erzeugung von Kernbrennstoff genutzt werden, eine Tätigkeit. Hinsichtlich der natürlich vorkommenden radioaktiven Stoffe ist die Formulierung ähnlich wie § 3 Abs. 2 S. 1 Nr. 3 (dort wird für die Verneinung der Überwachungsbedürftigkeit darauf abgestellt, dass diese Stoffe nicht zu den dort wie hier genannten Zwecken genutzt werden) und § 5 Abs. 39 Nr. 1 lit. b. Werden natürlich vorkommende radioaktive Stoffe auf Grund ihrer Radioaktivität für die genannten Zwecke genutzt, werden sie hinsichtlich der rechtlichen Anforderungen an Tätigkeiten wie künstlich erzeugte radioaktive Stoffe behandelt, sa → § 3 Rn. 47.

5   Die Beförderung sonstiger radioaktiver Stoffe ist nach Maßgabe der **§§ 27, 28,** die von Kernbrennstoffen nach **§ 4 AtG** genehmigungsbedürftig. Die grenzüberschreitende Verbringung sonstiger radioaktiver Stoffe, zu denen HRQ zählen, unterliegt der Genehmigungs- und Anmeldebedürftigkeit nach Maßgabe der **§§ 12 bis 14 StrlSchV.** Die Ein- und Ausfuhr von Kernbrennstoffen bedarf der Genehmigung nach **§ 3 AtG.** Die Abgabe radioaktiver Stoffe ist den Bedingungen des **§ 94 StrlSchV** unterworfen; der Erwerber muss die erforderliche Genehmigung besitzen.

III. Tätigkeiten nach dem AtG (Nr. 3, 4, 5, 6)

6   Zu den vom StrlSchG erfassten Tätigkeiten zählen auch die in Nr. 3 bis 6 genannten Tätigkeiten. Zwar sind die entsprechenden Genehmigungsnormen, die Kernbrennstoffe betreffen, im AtG und nicht im StrlSchG enthalten (→ § 3

Rn. 15). Die **strahlenschutzrechtlichen Vorgaben** an die Ausübung von Tätigkeiten, bspw. die Anforderungen an den betrieblichen Strahlenschutz, die Grenzwerte für beruflich exponierte Personen und für die Exposition der Bevölkerung sowie die va in der StrlSchV enthaltenen Schutzvorschriften, sind jedoch bei Ausübung dieser Tätigkeiten zu beachten.

IV. Errichtung und Betrieb von Anlagen zur Erzeugung ionisierender Strahlung (Nr. 7)

Die Errichtung einer AEiS (§ 5 Abs. 2) ist nach Maßgabe des **§ 10** (Genehmigungsbedürftigkeit nur für bestimmte AEiS) und der Betrieb nach **§ 12 Abs. 1 Nr. 1** genehmigungsbedürftig, sofern keine Anzeigebedürftigkeit nach **§ 17 Abs. 1 S. 1,** auch unter Berücksichtigung der Rückausnahme in **§ 17 Abs. 1 S. 3,** gegeben ist oder die AEiS nach **§ 7 iVm Anl. 3 Teil C StrlSchV** anzeige- und genehmigungsfrei betrieben werden darf.   7

V. Tätigkeiten im Zusammenhang mit Röntgeneinrichtungen oder Störstrahlern (Nr. 8)

Die in Nr. 8 genannten Tätigkeiten sind nach den folgenden Bestimmungen genehmigungs- oder anzeigebedürftig: Der **Betrieb einer Röntgeneinrichtung** (§ 5 Abs. 9 und Abs. 30) ist nach **§ 12 Abs. 1 Nr. 4** genehmigungsbedürftig, sofern keine Anzeigebedürftigkeit nach **§ 19 Abs. 1,** auch unter Berücksichtigung der Rückausnahme in **§ 19 Abs. 2,** besteht. Anders als bei der AEiS ist für den Betrieb einer Röntgeneinrichtung kein genehmigungs- oder anzeigefreier Betrieb vorgesehen.   8

Die **Prüfung, Erprobung, Wartung oder Instandsetzung von Röntgeneinrichtungen** ist nach **§ 22** anzeigebedürftig, sofern keine Anzeigefreiheit nach **§ 9 StrlSchV** vorliegt.   9

Der **Betrieb von Störstrahlern** (§ 5 Abs. 10 und Abs. 37) ist genehmigungsbedürftig nach **§ 12 Abs. 1 Nr. 5,** sofern keine Genehmigungsfreiheit nach **§ 8 iVm Anl. 3 Teil D StrlSchV** vorliegt. Für die Prüfung, Erprobung, Wartung oder Instandsetzung von Störstrahlern gibt es keinen Genehmigungs- oder Anzeigetatbestand.   10

VI. Zusatz radioaktiver Stoffe (Nr. 9)

Der Zusatz radioaktiver Stoffe (§ 5 Abs. 40) bei der Herstellung und bei der Aktivierung der in Nr. 9 genannten Produkte ist nach **§ 40 Abs. 1 S. 1 und 2** genehmigungsbedürftig. **§ 40 Abs. 3** sieht Ausnahmen von der Genehmigungspflicht vor.   11

VII. Handlungen bei natürlich vorkommender Radioaktivität (Nr. 10)

Nr. 10 führt die Tätigkeiten auf, die nach § 3 Abs. 1 Nr. 2 StrlSchV 2001 als „Arbeiten" definiert und als „Handlungen, ohne Tätigkeit zu sein", beschrieben wurden. Durch ihre Einstufung als geplante Expositionssituation nach Art. 23 iVm Anh. VI RL 2013/59/Euratom zählen diese Handlungen nunmehr auch zu den **Tätigkeiten.** Die strahlenschutzrechtliche Relevanz ergibt sich bei diesen Handlungen daraus, dass sie mit natürlich vorkommender Radioaktivität verbunden   12 sind, die die Exposition oder Kontamination erhöhen können. Diese Tätigkeiten sind von denjenigen zu unterscheiden, in denen natürlich vorkommende radioaktive Stoffe aufgrund ihrer Radioaktivität, zur Nutzung als Kernbrennstoff oder zur Erzeugung von Kernbrennstoffen genutzt werden. Solche Tätigkeiten zählen zum Umgang, vgl. § 5 Abs. 39 Nr. 1 lit. b.

13   Bei den in **Nr. 10 lit. a bis c** genannten Handlungen sind **Materialien** (§ 5 Abs. 22) involviert. Lit. b ist ein Auffangtatbestand zu lit. a: Entscheidend ist, dass die Materialien bei betrieblichen Abläufen anfallen. Dies ist konsistent mit § 5 Abs. 22 Nr. 2 und 3, wonach Stoffe, die aus Notfällen stammen und Stoffe, die in der Umwelt vorhanden und auf Grund von Kernwaffenversuchen kontaminiert sind, keine Materialien sind. Lit. c erfasst die Verwertung und Beseitigung von durch nach lit. a oder b angefallenen Materialien. Die Handlung unter lit. d ist ein Auffangtatbestand zu den Handlungen unter lit. a bis c. Des Weiteren stellt **lit. d** klar, dass eine Handlung **keine Tätigkeit** ist, wenn in ihrer Folge die **Exposition durch Radon** einwirkt, das aus dem Boden in die freie Atmosphäre austritt oder aus dem geogenen Untergrund herrührt und in Aufenthaltsräume eintritt. Das aus dem Boden in die freie Atmosphäre austretende Radon ist strahlenschutzrechtlich nicht relevant (BT-Drs. 18/11241, 228). Bei dem aus dem geogenen Untergrund herrührenden und in Aufenthaltsräume (§ 5 Abs. 5) eintretenden Radon handelt es sich um eine bestehende Expositionssituation. Zum Nebeneinander von geplanter und bestehender Expositionssituation → § 2 Rn. 6.

14   Die Vorschriften, die auf die unter Nr. 10 aufgeführten Tätigkeiten anwendbar sind, finden sich in **Teil 2 Kap. 2 Abschn. 8** (§§ 55 ff. für NORM-Arbeitsplätze sowie §§ 60 ff. für Tätigkeiten mit Rückständen und Materialien). In Bezug auf NORM-Arbeitsplätze muss die betreffende Tätigkeit einem in Anl. 3 genannten Tätigkeitsfelder zuzuordnen sein, damit die Pflicht zur Abschätzung der Exposition „direkt" gegeben ist (§ 55 Abs. 1); andernfalls besteht sie, wenn die zust. Behörde dies anordnet (§ 55 Abs. 2).

15   **Nicht** als Tätigkeit nach Nr. 10 gilt gem. Abs. 1 S. 3 die landwirtschaftliche, forstwirtschaftliche und bautechnische Bearbeitung der Erdoberfläche, soweit diese Handlungen nicht zum Zweck der Entfernung von Kontaminationen nach § 64 Abs. 1 erfolgen. Die **übertägige Standorterkundung** eines möglichen Endlagerstandorts ist eine „bautechnische Bearbeitung der Erdoberfläche" und somit **keine Tätigkeit** (BT-Drs. 18/11241, 228).

VIII. Betrieb von Luft- und Raumfahrzeugen (Nr. 11)

16   Neu ist die Aufführung des Betriebs von Luft- und Raumfahrzeugen im Zusammenhang mit der Berufsausübung des fliegenden und raumfahrenden Personals. Die Anzeigebedürftigkeit ist in **Teil 2 Kap. 2 Abschn. 7** (§§ 50 ff.) geregelt.

C. Externe Arbeitskräfte (Abs. 1 S. 2)

17   Nach Abs. 1 S. 2 zählen zu den Tätigkeiten nach S. 1 **Nr. 1 bis 10** auch die Beschäftigung von Personen, die diese Tätigkeit **für Dritte ausüben.** Gemeint sind die genehmigungsbedürftige Beschäftigung sog. externen Personals in fremden Anlagen oder Einrichtungen (§ 25), die anzeigebedürftige Beschäftigung im Zusammenhang mit dem Betrieb fremder Röntgeneinrichtungen oder Störstrahler (§ 26) oder die externe Tätigkeit im Zusammenhang mit NORM-Tätigkeiten (§ 59). Für

die Tätigkeit nach S. 1 **Nr. 11** gilt dagegen, dass der Betreiber des Luft- oder Raumfahrzeugs für alle in seinem Luft- oder Raumfahrzeug arbeitenden Personen verantwortlich sein soll, auch wenn sie in einem Beschäftigungsverhältnis mit einem anderen Unternehmen stehen (BT-Drs. 18/11241, 228).

D. Tätigkeitsarten (Abs. 2)

Eine Tätigkeitsart ist im Zusammenhang mit der **Rechtfertigung** von Bedeutung, vgl. §§ 6, 7 und 38, sa zB § 13 Abs. 1 Nr. 7, § 17 Abs. 3 Nr. 3 oder § 20 Abs. 3 Nr. 4. Sie wird definiert als die Gesamtheit von Tätigkeiten, die unter dem Aspekt des Grundsatzes der Rechtfertigung **wesentlich gleich** zu beurteilen sind. Es zählt zu den Aufgaben des Rechtfertigungsverfahrens nach § 7 und des § 38, das Ausmaß der in diesem Sinne gleichwertig zu beurteilenden Tätigkeiten festzustellen und damit die Breite einer einzelnen Tätigkeitsart festzulegen (BT-Drs. 18/11241, 228/229), sa → § 7 Rn. 7 und → § 38 Rn. 9.

§5 Sonstige Begriffsbestimmungen

(1) [1]**Abfälle: Alle Stoffe und Gegenstände, die Abfälle im Sinne des § 3 Absatz 1 des Kreislaufwirtschaftsgesetzes sind, einschließlich der Abfälle, die nach § 2 Absatz 2 Nummer 1 bis 5 oder 7 bis 15 des Kreislaufwirtschaftsgesetzes vom Geltungsbereich des Kreislaufwirtschaftsgesetzes ausgenommen sind.** [2]**Keine Abfälle im Sinne dieses Gesetzes sind Reststoffe und Anlagenteile, die nach § 9a Absatz 1 dem Atomgesetzes schadlos zu verwerten oder geordnet zu beseitigen sind, sowie andere den Bestimmungen des Standortauswahlgesetzes oder des Atomgesetzes unterliegende radioaktive Abfälle, Rückstände und sonstige radioaktive Stoffe.**

(2) [1]**Anlagen zur Erzeugung ionisierender Strahlung: Vorrichtungen oder Geräte, die geeignet sind, Teilchen- oder Photonenstrahlung mit einer Teilchen- oder Photonenenergie von mindestens 5 Kiloelektronenvolt gewollt oder ungewollt zu erzeugen, insbesondere Elektronenbeschleuniger, Ionenbeschleuniger, Plasmaanlagen, Laseranlagen.** [2]**Eine Anlage zur Erzeugung ionisierender Strahlung umfasst im Zusammenhang mit der Anwendung am Menschen auch Anwendungsgeräte, Zusatzgeräte und Zubehör, die erforderliche Software und die Vorrichtungen zur Überprüfung und Beurteilung der unmittelbaren Ergebnisse der Anwendung.** [3]**Keine Anlagen zur Erzeugung ionisierender Strahlung sind Röntgeneinrichtungen, Störstrahler, kerntechnische Anlagen und Anlagen im Sinne des § 9a Absatz 3 Satz 1 erster Halbsatz des Atomgesetzes.**

(3) **Anwendung ionisierender Strahlung oder radioaktiver Stoffe am Menschen: Technische Durchführung**
1. einer Untersuchung mit ionisierender Strahlung oder radioaktiven Stoffen und die Befundung der Untersuchung oder
2. einer Behandlung mit ionisierender Strahlung oder radioaktiven Stoffen und die unmittelbare Überprüfung und Beurteilung des Ergebnisses der Behandlung.

(4) **Arbeitsplatz: Jeder Ort, an dem sich eine Arbeitskraft während ihrer Berufsausübung regelmäßig oder wiederholt aufhält.**

(5) Aufenthaltsraum: Innenraum, der zum nicht nur vorübergehenden Aufenthalt von Einzelpersonen der Bevölkerung bestimmt ist, zum Beispiel in einer Schule, einem Krankenhaus, einem Kindergarten oder zum Wohnen.

(6) [1]Bauprodukte: Baustoffe, Bausätze, Bauteile und Anlagen, die hergestellt werden, um dauerhaft als Wand-, Boden- oder Deckenkonstruktionen, einschließlich deren Bekleidungen, von Aufenthaltsräumen in Gebäuden eingebaut zu werden. [2]Keine Bauprodukte sind kleinflächig und kleinvolumig verwendete Fertigprodukte wie Flickmörtel und Verfugungen.

(6a) Beförderung sonstiger radioaktiver Stoffe: Vorgang der Ortsveränderung sonstiger radioaktiver Stoffe auf öffentlichen oder der Öffentlichkeit zugänglichen Verkehrswegen, einschließlich des zeitweiligen Aufenthalts im Verlauf der Ortsveränderung, bei dem die sonstigen radioaktiven Stoffe für den Wechsel der Beförderungsart oder des Beförderungsmittels oder aus sonstigen transportbedingten Gründen zeitweilig abgestellt werden.

(7) [1]Beruflich exponierte Person: Eine Person, die eine berufliche Exposition aus Tätigkeiten erhalten kann, die
1. eine effektive Dosis von 1 Millisievert im Kalenderjahr überschreitet,
2. eine Organ-Äquivalentdosis für die Augenlinse von 15 Millisievert im Kalenderjahr überschreitet oder
3. eine Organ-Äquivalentdosis für die Haut, gemittelt über jede beliebige Hautfläche von 1 Quadratzentimeter unabhängig von der exponierten Fläche, von 50 Millisievert im Kalenderjahr überschreitet.
[2]Berufliche Expositionen aus Notfallexpositionssituationen werden dabei nicht berücksichtigt. [3]Eine Person, die eine berufliche Exposition ausschließlich in einer Notfallexpositionssituation oder einer anderen Gefahrenlage erhält, ist keine beruflich exponierte Person.

(8) [1]Bestrahlungsvorrichtung: Gerät mit Abschirmung, das umschlossene radioaktive Stoffe enthält oder Bestandteil einer Anlage zur Spaltung von Kernbrennstoffen ist und das zeitweise durch Öffnen der Abschirmung oder Ausfahren dieser radioaktiven Stoffe ionisierende Strahlung aussendet,
1. die im Zusammenhang mit der Anwendung am Menschen oder der Anwendung am Tier in der Tierheilkunde verwendet wird oder
2. mit der zu anderen Zwecken eine Wirkung in den zu bestrahlenden Objekten hervorgerufen werden soll, wenn die Aktivität der radioaktiven Stoffe 20 Terabecquerel überschreitet.
[2]Eine Bestrahlungsvorrichtung umfasst im Zusammenhang mit der Anwendung am Menschen auch Anwendungsgeräte, Zusatzgeräte und Zubehör, die erforderliche Software sowie die Vorrichtungen zur Befundung einer Untersuchung oder zur Überprüfung und Beurteilung der Ergebnisse einer Behandlung.

(9) [1]Betrieb einer Röntgeneinrichtung: Eigenverantwortliches Verwenden oder Bereithalten einer Röntgeneinrichtung zur Erzeugung von Röntgenstrahlung. [2]Nicht zum Betrieb gehört die Erzeugung von Röntgenstrahlung im Zusammenhang mit der geschäftsmäßigen Prüfung, Er-

probung, Wartung oder Instandsetzung der Röntgeneinrichtung. [3]Röntgeneinrichtungen werden ferner nicht betrieben, soweit sie im Bereich der Bundeswehr oder des Zivilschutzes ausschließlich für den Einsatzfall geprüft, erprobt, gewartet, instand gesetzt oder bereitgehalten werden.

(10) [1]Betrieb eines Störstrahlers: Eigenverantwortliches Verwenden oder Bereithalten eines Störstrahlers. [2]Nicht zum Betrieb gehört die Erzeugung von Röntgenstrahlung im Zusammenhang mit der geschäftsmäßigen Prüfung, Erprobung, Wartung oder Instandsetzung des Störstrahlers. [3]Störstrahler werden ferner nicht betrieben, soweit sie im Bereich der Bundeswehr oder des Zivilschutzes ausschließlich für den Einsatzfall geprüft, erprobt, gewartet, instand gesetzt oder bereitgehalten werden.

(11) Effektive Dosis: Das zur Berücksichtigung der Strahlenwirkung auf verschiedene Organe oder Gewebe gewichtete Mittel von Organ-Äquivalentdosen; die Organe oder Gewebe werden mit den Wichtungsfaktoren berücksichtigt, die in der Rechtsverordnung nach § 175 Absatz 2 Nummer 2 festgelegt sind.

(12) Einrichtungen: Gebäude, Gebäudeteile, einzelne Räume oder vergleichbar abgegrenzte Freiflächen, in denen
1. nach § 5 oder § 9 des Atomgesetzes oder nach § 12 Absatz 1 Nummer 3 dieses Gesetzes mit radioaktiven Stoffen umgegangen wird, außer Zwischenlagerungen im Sinne des § 2 Absatz 3 a Nummer 1 Buchstabe c des Atomgesetzes, oder
2. nach § 12 Absatz 1 Nummer 1 eine Anlage zur Erzeugung ionisierender Strahlung, nach § 12 Absatz 1 Nummer 4 eine Röntgeneinrichtung oder nach § 12 Absatz 1 Nummer 5 ein Störstrahler betrieben wird.

(13) Einsatzkraft: Person, die bei einem Notfall oder einer anderen Gefahrenlage eine festgelegte Aufgabe wahrnimmt und die bei ihrem Einsatz einer Exposition ausgesetzt sein kann.

(14) Einzelperson der Bevölkerung: Person, soweit sie nicht einer beruflichen Exposition oder einer medizinischen Exposition ausgesetzt ist.

(15) Freigrenzen: Werte der Aktivität und spezifischen Aktivität radioaktiver Stoffe, die in einer Rechtsverordnung nach § 24 Satz 1 Nummer 10 festgelegt sind und für Tätigkeiten im Zusammenhang mit diesen radioaktiven Stoffen als Maßstab für die Überwachungsbedürftigkeit nach diesem Gesetz und den auf seiner Grundlage erlassenen Rechtsverordnungen dienen.

(16) Früherkennung: Anwendung von Röntgenstrahlung oder radioaktiven Stoffen im Rahmen einer medizinischen Exposition zur Untersuchung von Personen, die keine Krankheitssymptome und keinen konkreten Krankheitsverdacht aufweisen (asymptomatische Personen), um eine bestimmte Krankheit festzustellen.

(17) Innenräume: Umschlossene ortsfeste Räume innerhalb und außerhalb von Gebäuden, in denen sich Menschen aufhalten können, einschließlich Höhlen und Bergwerken.

(18) Kerntechnische Anlage: Kerntechnische Anlage nach § 2 Absatz 3 a Nummer 1 des Atomgesetzes.

(19) Körperdosis: Oberbegriff für die effektive Dosis und die Organ-Äquivalentdosis.

(20) [1]Konsumgüter: Für den Endverbraucher bestimmte Bedarfsgegenstände im Sinne des Lebensmittel- und Futtermittelgesetzbuches sowie Güter und Gegenstände des täglichen Gebrauchs zur Verwendung im häuslichen und beruflichen Bereich. [2]Keine Konsumgüter sind Bauprodukte und bauartzugelassene Vorrichtungen, wenn diese Bauprodukte oder Vorrichtungen sonstige radioaktive Stoffe enthalten.

(21) Kontamination: Verunreinigung mit Stoffen, die ein Radionuklid oder mehrere Radionuklide enthalten.

(22) [1]Materialien: Stoffe, die natürlich vorkommende Radionuklide enthalten oder mit solchen Stoffen kontaminiert sind. [2]Keine Materialien sind
1. Stoffe, die natürliche und künstliche Radionuklide enthalten, die Gegenstand von Tätigkeiten nach § 4 Absatz 1 Satz 1 Nummer 1 bis 9 und 11 sind oder waren,
2. Stoffe, die natürliche und künstliche Radionuklide enthalten, die aus Notfällen stammen, und
3. Stoffe, die in der Umwelt vorhanden und auf Grund von Kernwaffenversuchen kontaminiert sind.

(23) [1]Medizinische Forschung: Fortentwicklung medizinischer Untersuchungsmethoden, Behandlungsverfahren oder der medizinischen Wissenschaft. [2]Medizinische Forschung liegt nicht vor, wenn die Anwendung radioaktiver Stoffe oder ionisierender Strahlung ausschließlich der Untersuchung oder Behandlung der einzelnen Person dient.

(24) Medizinphysik-Experte: Person mit Masterabschluss in medizinischer Physik oder eine in medizinischer Physik gleichwertig ausgebildete Person mit Hochschulabschluss, die jeweils die erforderliche Fachkunde im Strahlenschutz besitzt.

(25) Nachsorgemaßnahmen: Überwachung, Aufrechterhaltung und Wiederherstellung der Wirksamkeit von Sanierungsmaßnahmen oder von sonstigen Maßnahmen zur Verhinderung oder Verminderung der Exposition bei bestehenden Expositionssituationen.

(26) [1]Notfall: Ereignis, bei dem sich durch ionisierende Strahlung erhebliche nachteilige Auswirkungen auf Menschen, die Umwelt oder Sachgüter ergeben können. [2]Kein Notfall liegt vor, wenn abzusehen ist, dass ein Ereignis, das im Rahmen einer geplanten Tätigkeit eingetreten ist, voraussichtlich durch die für geplante Expositionssituationen geregelten Maßnahmen bewältigt werden kann.
1. Überregionaler Notfall: Ein Notfall im Bundesgebiet, dessen nachteilige Auswirkungen sich voraussichtlich nicht auf das Land beschränken werden, in dem er sich ereignet hat, oder ein Notfall außerhalb des Bundesgebietes, der voraussichtlich innerhalb des Geltungsbereichs dieses Gesetzes nicht nur örtliche nachteilige Auswirkungen haben wird.
2. Regionaler Notfall: Ein Notfall im Bundesgebiet, dessen nachteilige Auswirkungen sich voraussichtlich im Wesentlichen auf das Land beschränken werden, in dem er sich ereignet hat.
3. Lokaler Notfall: Ein Notfall, der voraussichtlich im Geltungsbereich dieses Gesetzes im Wesentlichen nur örtliche nachteilige Auswirkungen haben wird.

(27) [1]Organ-Äquivalentdosis: Ergebnis der Multiplikation der Energie, die durch ionisierende Strahlung in einem Organ oder Gewebe deponiert worden ist, geteilt durch die Masse des Organs oder Gewebes, mit einem zur Berücksichtigung der Wirkung für die Strahlungsart oder -energie gegenüber Photonen- und Elektronenstrahlung durch Rechtsverordnung nach § 175 Absatz 2 Nummer 1 festgelegten Wichtungsfaktor. [2]Bei Vorliegen mehrerer Strahlungsarten oder -energien werden die Beiträge addiert.

(28) Radon: Das Radionuklid Rn-222 und dessen Zerfallsprodukte.

(29) [1]Referenzwert: In bestehenden Expositionssituationen oder Notfallexpositionssituationen ein festgelegter Wert, der als Maßstab für die Prüfung der Angemessenheit von Maßnahmen dient. [2]Ein Referenzwert ist kein Grenzwert.

(30) [1]Röntgeneinrichtung: Eine Vorrichtung oder ein Gerät,
1. in der oder dem Röntgenstrahlung mit einer Grenzenergie von mindestens 5 Kiloelektronenvolt durch beschleunigte Elektronen erzeugt werden kann, wobei die Beschleunigung der Elektronen auf eine Energie von 1 Megaelektronenvolt begrenzt ist, und
2. die oder das zum Zweck der Erzeugung von Röntgenstrahlung betrieben wird.
[2]Eine Röntgeneinrichtung umfasst auch Anwendungsgeräte, Zusatzgeräte und Zubehör, die erforderliche Software sowie Vorrichtungen zur medizinischen Befundung.

(31) Röntgenstrahler: Bestandteil einer Röntgeneinrichtung, der aus einer Röntgenröhre und einem Röhrenschutzgehäuse besteht und bei einem Eintankgerät auch die Hochspannungserzeugung umfasst.

(32) Rückstände: Materialien, die in den in Anlage 1 genannten industriellen und bergbaulichen Prozessen anfallen und die dort genannten Voraussetzungen erfüllen.

(33) Sanierungsmaßnahmen: Maßnahmen, die
1. der Beseitigung oder Verminderung einer Kontamination dienen oder
2. eine Ausbreitung von Radionukliden oder der von ihnen ausgehenden ionisierenden Strahlung langfristig verhindern oder vermindern.

(34) Offene radioaktive Stoffe: Alle radioaktiven Stoffe mit Ausnahme der umschlossenen radioaktiven Stoffe.

(35) [1]Umschlossene radioaktive Stoffe: Radioaktive Stoffe, die ständig von einer allseitig dichten, festen, inaktiven Hülle umschlossen oder in festen inaktiven Stoffen ständig so eingebettet sind, dass bei üblicher betriebsmäßiger Beanspruchung ein Austritt radioaktiver Stoffe mit Sicherheit verhindert wird; eine Abmessung des umschlossenen radioaktiven Stoffes muss mindestens 0,2 Zentimeter betragen. [2]Keine umschlossenen radioaktiven Stoffe sind radioaktive Stoffe, die auf Grund ihrer Radioaktivität genutzt werden und deren Hülle zerstörungsfrei zu öffnen ist.

(36) [1]Hochradioaktive Strahlenquellen: Umschlossene radioaktive Stoffe, deren Aktivität den in einer Rechtsverordnung nach § 24 Satz 1 Nummer 11 festgelegten Werten entspricht oder diese überschreitet. [2]Keine hochradioaktiven Strahlenquellen sind Brennelemente und verfestigte hochradioaktive Spaltproduktlösungen aus der Aufarbeitung von

Kernbrennstoffen sowie ständig dichte und feste Transport- oder Lager-
behälter mit radioaktiven Stoffen.

(37) [1]Störstrahler: Gerät oder Vorrichtung, in der oder dem Röntgenstrahlung mit einer Grenzenergie von mindestens 5 Kiloelektronenvolt
ausschließlich durch beschleunigte Elektronen erzeugt werden kann und
bei dem oder der die Beschleunigung der Elektronen auf eine Energie von
1 Megaelektronenvolt begrenzt ist, ohne dass das Gerät oder die Vorrichtung zu dem Zweck der Erzeugung von Röntgenstrahlung betrieben
wird. [2]Als Störstrahler gilt auch ein Elektronenmikroskop, bei dem die erzeugte Röntgenstrahlung durch Detektoren ausgewertet wird.

(38) Teleradiologie: Untersuchung eines Menschen mit Röntgenstrahlung unter der Verantwortung eines Arztes, der die erforderliche Fachkunde im Strahlenschutz besitzt und der sich nicht am Ort der technischen Durchführung befindet (Teleradiologe).

(39) Umgang:
1. die Gewinnung, Erzeugung, Lagerung, Bearbeitung, Verarbeitung,
   sonstige Verwendung und Beseitigung von
   a) künstlich erzeugten radioaktiven Stoffen und
   b) natürlich vorkommenden radioaktiven Stoffen auf Grund ihrer Ra-
      dioaktivität, zur Nutzung als Kernbrennstoff oder zur Erzeugung
      von Kernbrennstoffen,
2. der Betrieb von Bestrahlungsvorrichtungen und
3. das Aufsuchen, die Gewinnung und die Aufbereitung von radioaktiven
   Bodenschätzen im Sinne des Bundesberggesetzes.

(40) [1]Zusatz radioaktiver Stoffe: Zweckgerichteter Zusatz von Radionukliden zu Stoffen zur Erzeugung besonderer Eigenschaften, wenn
1. der Zusatz künstlich erzeugter Radionuklide dazu führt, dass deren
   spezifische Aktivität im Produkt 500 Mikrobecquerel je Gramm überschreitet, oder
2. der Zusatz natürlich vorkommender Radionuklide dazu führt, dass deren spezifische Aktivität im Produkt ein Fünftel der Freigrenzen, die in
   einer Rechtsverordnung nach § 24 Satz 1 Nummer 10 festgelegt sind,
   überschreitet.
[2]Es ist unerheblich, ob der Zusatz auf Grund der Radioaktivität oder auf
Grund anderer Eigenschaften erfolgt.

Übersicht

A. Zweck und Bedeutung der Norm

1   § 5 enthält **Definitionen** für eine Reihe von Begriffen, die im StrlSchG und in
den auf ihm gestützten Verordnungen verwendet werden. Die StrlSchV 2001 und
die RöV enthielten viele dieser Definitionen in gleicher oder ähnlicher Weise. Weitere Definitionen sind aufgrund der Umsetzung von Art. 4 RL 2013/59/Euratom
hinzugekommen.

B. Die Definitionen im Einzelnen

1. Abfälle (Abs. 1). Abfälle sind definitionsgemäß solche, die die Begriffs- **2** bestimmung von Abfall nach § 3 Abs. 1 KrWG erfüllen. Unter die strahlenschutz-rechtliche Abfalldefinition fallen des Weiteren die Abfälle, die nach § 2 Abs. 2 Nr. 1 bis 4 oder 7 bis 15 KrWG **vom Geltungsbereich des KrWG ausgenommen** sind, bspw. Abwasser iSd § 54 WHG (vgl. § 2 Abs. 2 Nr. 9 KrWG). Satz 2 stellt klar, dass es sich bei dem im StrlSchG verwendeten Begriff der Abfälle nicht um radioaktive Abfälle handelt, die nach Maßgabe des § 9a Abs. 1 AtG endlagerpflichtig sind. Die Entsorgung von Abfällen, die infolge eines radiologischen Notfalls kontaminiert sind, erfolgt deshalb nach dem KrWG nach Maßgabe der besonderen Vorschriften des Strahlenschutzrechts, vgl. § 95 und § 2 Abs. 3 KrWG.

2. Anlagen zur Erzeugung ionisierender Strahlung (Abs. 2). Die Defini- **3** tion greift in S. 1 die Vorgaben nach § 2 Abs. 1 Nr. 1 lit. d und § 3 Abs. 2 Nr. 5 StrlSchV 2001 auf. Durch das 1. ÄndG des StrlSchG ist der ursprüngliche Begriff „Photonengrenzenergie" durch „Photonenenergie" ersetzt worden, da es eine Photonengrenzenergie weder bei Plasmaanlagen noch bei Laseranlagen gibt; ent-scheidendes Kriterium ist vielmehr die Höhe der Photonenenergie (BT-Drs. 19/26943, 37). Zur Bedeutung von Teilchenstrahlung und Photonenstrahlung *Vogt/Vahlbruch,* 7 ff. Bei Anlagen zur Erzeugung ionisierender Strahlung handelt es sich um **Teilchenbeschleuniger,** bei denen Elektronen oder Ionen mithilfe elek-tromagnetischer Felder beschleunigt werden, und um **Plasmaanlagen.** Beschleu-niger werden sowohl in Industrie und Forschung, bspw. zur Sterilisierung von Medizinprodukten oder zur Materialanalyse und -behandlung, als auch in der me-dizinischen Diagnostik und Therapie eingesetzt. Plasmaanlagen erfassen **Laser-anlagen,** die die in S. 1 genannte Strahlung mit der dort genannten Energie erzeu-gen. Die entsprechende Ergänzung durch das 1. ÄndG ist zur Klarstellung erfolgt (BT-Drs. 19/26943, 37). Werden die 5 keV nicht erreicht, handelt es sich um keine AEiS. **S. 2** zählt im Zusammenhang mit der Anwendung am Menschen (→ Rn. 4) Gerätschaften auf, die ebenfalls der Definition unterfallen. Die Errichtung von AEiS ist nach Maßgabe des § 10, der Betrieb nach Maßgabe des § 12 Abs. 1 Nr. 1 und § 17 genehmigungs- oder anzeigebedürftig. Nach **S. 3** sind Röntgeneinrich-tungen (→ Rn. 37), Störstrahler (→ Rn. 44), kerntechnische Anlagen (→ Rn. 22) und Anlagen iSd § 9a Abs. 3 S. 1 Hs. 1 AtG keine AEiS.

3. Anwendung ionisierender Strahlung oder radioaktiver Stoffe am **4** **Menschen (Abs. 3).** Die für die §§ 14, 83, 84 und 86 besonders relevante Defini-tion knüpft an § 2 Nr. 1 RöV an. Die Anwendung umfasst die **technische Durch-führung** der Untersuchung oder der Behandlung, die **Befundung** einer Unter-suchung und die – zur Abgrenzung von der Überprüfung des langfristigen Behandlungserfolgs (BT-Drs. 18/11241, 230) – unmittelbare Überprüfung und Beurteilung des Behandlungsergebnisses.

4. Arbeitsplatz (Abs. 4). Die Definition ist von Relevanz für die §§ 55 ff. und **5** §§ 126 ff. Für das Vorliegen eines Arbeitsplatzes kommt es nicht darauf an, wie lange sich der oder die Beschäftigte an diesem aufhält. Entscheidend ist der **regelmäßige oder wiederholte Aufenthalt.** Dies ermöglicht die Anwendbarkeit der Regelun-gen zum Schutz vor Radon am Arbeitsplatz grundsätzlich auch bei einem kurz-fristigen Aufenthalt (BT-Drs. 18/11241, 230), was angesichts der Tatsache, dass an bestimmten Arbeitsplätzen, beispielsweise in Wasserwerken, ggf. sehr hohe Radon-konzentrationen vorhanden sein können, angezeigt ist. Ein **Heimarbeitsplatz** unterfällt grundsätzlich auch der Definition, erfüllt aber **nicht** die Voraussetzungen für einen Arbeitsplatz mit Exposition durch natürlich vorkommende Radioaktivität nach §§ 55 ff. (NORM-Arbeitsplatz) oder für einen Radon-Arbeitsplatz nach §§ 126 ff. Bei Radon-Arbeitsplätzen folgt dies aus § 127 Abs. 2; diese Regelung macht klar, dass der Arbeitsplatz in der Betriebsstätte des für den Arbeitsplatz Verantwortlichen sein muss. Arbeitsplätze in Wohnungen unterfallen deshalb nur dann den §§ 126 ff., wenn diese eine Betriebsstätte darstellen (BT-Drs. 18/11241, 386). Beim NORM-Arbeitsplatz handelt es sich um einen Arbeitsplatz für eine Tätigkeit, die einem der Tätigkeitsfelder nach Anl. 3 zugeordnet ist oder bei der Expositionen auftreten, die einem der in Anl. 3 genannten Tätigkeitsfelder entsprechen.

6   **5. Aufenthaltsraum (Abs. 5).** Der Begriff ist von besonderer Bedeutung für die Regelungen zum Schutz vor Radon (§§ 121 – 125), aber auch für Bauprodukte (§§ 133 ff.). Sie orientiert sich an § 2 Abs. 5 MBO, stellt aber nicht auf die objektive Geeignetheit zum nicht nur vorübergehenden Aufenthalt, sondern darauf ab, ob dieser Innenraum für den nicht nur vorübergehenden Aufenthalt zB in Bauplänen **vorgesehen** ist oder der Raum **tatsächlich so genutzt wird** (BT-Drs. 18/11241, 230). Der Aufenthaltsraum ist eine **Teilmenge des Innenraums** (→ Rn. 21). Aufenthaltsräume sind etwa Wohnungen oder Schulen. In Aufenthaltsräumen können sich gleichzeitig Arbeitsplätze befinden, z. B. in Klassenzimmern: Aufenthaltsraum hinsichtlich der Schüler, Arbeitsplatz hinsichtlich der Lehrer (BT-Drs. 18/11241, 230). Diese Unterscheidung ist wichtig für die Anwendung der Bestimmungen zu Radon am Arbeitsplatz (§§ 127 ff.)

7   **6. Bauprodukte (Abs. 6).** Die Definition in **S. 1** ist unter Berücksichtigung des Zwecks der §§ 133 bis 135, auch im Zusammenhang mit der Entlassung von Rückständen aus der Überwachung, wenn diese als Bauprodukt verwertet werden sollen (§ 62 Abs. 3, § 62 Abs. 6 Nr. 3), auszulegen. Die an Bauprodukte gestellten Anforderungen zielen auf den Schutz der Bevölkerung in Aufenthaltsräumen vor Radioaktivität in Bauprodukten. Maßstab ist der in § 133 bestimmte Referenzwert für die dort beschriebene Exposition durch Gammastrahlung. Radonexhalationen aus Bauprodukten werden von § 133 StrlSchG nicht erfasst, sondern fallen unter den Referenzwert der Radonaktivitätskonzentration nach § 124 und § 126 StrlSchG. Die Definition erfasst ihrem Sinn und Zweck nach diejenigen Produkte, die zum Zweck ihrer Verwendung in solchen Wand-, Boden- oder Deckenkonstruktionen hergestellt werden, bei denen **davon auszugehen ist,** dass sie eine **äußere Exposition der Bevölkerung in Aufenthaltsräumen in Gebäuden in Größenordnung des Referenzwertes** verursachen. Das wäre bspw. denkbar bei Dachziegeln mit Blick auf eine Dachgeschosswohnung. Die Begriffsbestimmung orientiert sich durch die Bezugnahme auf „Baustoffe, Bausätze, Bauteile und Anlagen" terminologisch an § 2 **Abs. 10 MBO,** der hinsichtlich des Begriffs „Bausätze" wiederum Bezug nimmt auf Art. 2 Nr. 2 VO (EU) Nr. 305/2011. § 2 Abs. 1 S. 3 MBO definiert „Anlagen". Inhaltlich können die Definitionen der MBO herangezogen werden, sofern sie nicht im Widerspruch zu dem Zweck der Definition stehen, den Schutz der Bevölkerung in Aufenthaltsräumen in Gebäuden zu gewährleisten, oder über diesen Zweck hinausgehen. Die MBO, auf denen die LBOen der Länder basieren, stellt bauordnungsrechtliche Anforderungen an verschiedenste bauliche Vorhaben auf, einschließlich des Tiefbaus, Zeltplätzen oder Freizeit- und Vergnügungsparks. Sie erfasst deshalb auch Bauprodukte außerhalb der Herstellung von Gebäuden mit Aufenthaltsräumen. Die in **S. 2** genannten Produkte sind keine Bauprodukte, da wegen ihrer geringen Mengen nicht zu erwarten ist, dass von ihnen nennenswerte Expositionsbeiträge ausgehen (BT-Drs. 18/11241, 231).

6a. Beförderung sonstiger radioaktiver Stoffe (Abs. 6a). Die für die Ge- 8
nehmigungsvorschriften der §§ 27 ff. relevante Definition ist durch das 1. ÄndG
eingefügt worden und dient va der **Abgrenzung zum Umgang** (→ Rn. 46). Die
Bedeutung von „zeitweilig" ergibt sich insbesondere aus dem Zweck des Aufenthalts, der idR 24 Stunden nicht überschreitet (BT-Drs. 19/26943, 37). Dem Begriff unterfallen bspw. das Anbringen oder das Entfernen der Ladungssicherung
oder das Be- und Entladen (BT-Drs. 19/26943, 37). Das Verpacken und Auspacken
ist Umgang, aus diesem Grund keine vollständige Deckung mit § 2 Abs. 2 GGBefG.
Keine Beförderung ist die Ortsveränderung sonstiger radioaktiver Stoffe **ausschließlich auf nicht öffentlichen oder der Öffentlichkeit nicht zugänglichen Verkehrswegen,** zB innerhalb eines abgeschlossenen Betriebsgeländes
(BT-Drs. 19/26943, 37). Diese Vorgänge werden grds. von § 12 Abs. 1 Nr. 3 oder
den §§ 6, 7, 9 oder 9b iVm § 10a AtG (Erstreckungswirkung) erfasst; s. allerdings
§ 27 Abs. 1 S. 4 bei Fehlen einer Umgangsgenehmigung (→ § 27 Rn. 13). Erfolgt
die Ortsveränderung dagegen zumindest auch auf öffentlichen oder der Öffentlichkeit zugänglichen Verkehrswegen, liegt aufgrund des damit verbundenen Wege-
risikos eine genehmigungspflichtige Beförderung vor (vgl. BVerwG Beschl. v.
26.3.2007 – 7 B 72/06, Rn. 13).

7. Beruflich exponierte Person (Abs. 7). Der für den beruflichen Strahlen- 9
schutz maßgebliche Begriff, s. bspw. §§ 77, 78 oder Kap. 6 Abschn. 2 und 3
StrlSchV, knüpft an § 3 Abs. 2 Nr. 23 StrlSchV 2001 und § 2 Nr. 20 RöV an (dort
lautete der Begriff noch „beruflich strahlenexponierte Person") und setzt Art. 4
Nr. 36 RL 2013/59/Euratom um. Auch eine Person, die eine 1 mSv/Kj überschreitende effektive Dosis aus einer Tätigkeit erhält, die **nach alter Rechtslage
als Arbeit** eingestuft worden ist, ist beruflich exponierte Person (anders § 3 Abs. 2
Nr. 23 lit. b StrlSchV 2001 für Arbeitsplätze nach § 95 Abs. 1 StrlSchV 2001:
> 6 mSv/Kj).

Anders als nach früherer Rechtslage **entfällt,** durch den Wegfall der Bezug- 10
nahme auf die Einstufung beruflich exponierter Personen in Kategorien (vgl. § 71
StrlSchV), das zusätzliche Kriterium der **Organ-Äquivalentdosis** der Hände, Unterarme, Füße oder Knöchel; die in S. 1 Nr. 3 festgelegte Schwelle für die Organ-
Äquivalentdosis für die Haut deckt diese Körperteile mit ab (BT-Drs. 18/11241,
231). Zum Begriff berufliche Exposition vgl. § 2 Abs. 7; effektive Dosis → Rn. 15,
zum Begriff Organ-Äquivalentdosis → Rn. 31.

S. 2 und 3 haben lediglich klarstellende Funktion, da eine beruflich exponierte 11
Person nur sein kann, wer eine berufliche Exposition aus einer Tätigkeit (§ 4), d. h.
in einer geplanten Expositionssituation (→ § 2 Rn. 3) erhält.

8. Bestrahlungsvorrichtung (Abs. 8): Die insbesondere für den Genehmi- 12
gungstatbestand nach § 12 Abs. 1 Nr. 2 und für die Sachverständigenbestimmung
nach § 172 Abs. 1 Nr. 3 relevante Definition übernimmt § 3 Abs. 2 Nr. 6 StrlSchV
2001. Zum Begriff des umschlossenen radioaktiven Stoffes → Rn. 42, zum Begriff
der Anwendung am Menschen → Rn. 4. Eine Bestrahlungsvorrichtung zur Anwendung am Menschen schließt die zur Anwendung erforderlichen Geräte und
Vorrichtungen ein (S. 2). Der Betrieb einer Bestrahlungsvorrichtung ist **Umgang**
nach Abs. 39 Nr. 2 (→ Rn. 48).

9. Betrieb einer Röntgeneinrichtung (Abs. 9). Die va für die Genehmi- 13
gungs- und Anzeigebedürftigkeit nach § 12 Abs. 1 Nr. 4 sowie den §§ 19, 20 relevante Definition übernimmt die Begriffsbestimmung nach § 2 Nr. 3 S. 1 bis 3 RöV.
Erstmals sah die RöV 1987 eine Definition von „Betrieb" vor, um Auslegungs-
schwierigkeiten zu beheben (BR-Drs. 348/86, 119). **Eigenverantwortlichkeit**

bedeutet, dass die Person, die die Röntgeneinrichtung verwendet oder bereithält, die rechtliche Verantwortung für den ordnungs- und rechtmäßigen Betrieb trägt. Sie ist SSV (§ 69). Nach S. 2 gehört die geschäftsmäßige Erprobung, Wartung oder Instandsetzung nicht zum Betrieb. Dies ist konsistent zu § 22, der diese Tätigkeiten einer Anzeigepflicht unterwirft. Zum Begriff der Röntgeneinrichtung → Rn. 37.

14   **10. Betrieb eines Störstrahlers (Abs. 10).** Die für die Genehmigungsbedürftigkeit nach § 12 Abs. 1 N. 5 relevante Definition übernimmt § 2 Nr. 3 S. 4 RöV. Störstrahler sind Geräte, in denen Elektronen beschleunigt werden und die Röntgenstrahlung erzeugen, **ohne zu diesem Zweck** betrieben zu werden. Die Erzeugung von Röntgenstrahlung ist also ein unerwünschter Nebeneffekt (eingehend *Vogt/Vahlbruch,* 42).

15   **11. Effektive Dosis (Abs. 11).** Die Definition führt § 3 Abs. 2 Nr. 9 lit. b StrlSchV 2001 und § 2 Nr. 6 RöV fort. Die effektive Dosis ist die grundlegende im Strahlenschutz verwendete **Schutzgröße** (BT-Drs. 18/11241, 232), bspw. für die Grenzwerte (§§ 77, 78, 80) oder Referenzwerte (§§ 93, 114, 133, 136; nicht bei §§ 124, 126, die auf die Radon-222-Konzentration abstellen, vgl. Vor §§ 126 ff. Rn. 7). Die effektive Dosis ist selbst nicht messbar, sondern die Dosis wird über Organe oder Gewebe gemittelt, entsprechend der Definition durch Mittelung der Organ-Äquivalentdosen (→ Rn. 31) der Gewebe oder Organe. Die effektive Dosis bezieht sich nicht auf eine natürliche Person, sondern auf eine sog Referenzperson und berücksichtigt ein Mittel zwischen weiblichen und männlichen Referenzpersonen (BT-Drs. 18/11241, 232 unter Verweis auf ICRP 103, 4.3.5, die die Methodik zur Bestimmung der effektiven Dosis erläutert). Die Berechnung der effektiven Dosis ist auf Grundlage der VO-Erm. des § 175 Abs. 2 Nr. 2 in § 171 iVm Anl. 18 StrlSchV niedergelegt. Zu den verschiedenen Dosisbegriffen im Strahlenschutz, insbesondere der Unterscheidung zwischen Schutz- und Messgrößen s. *Vogt/Vahlbruch,* 71 ff.

16   **12. Einrichtungen (Abs. 12).** Die Definition greift § 3 Abs. 2 Nr. 10 StrlSchV 2001 mit Änderungen auf. Zum einen wird die alte Definition in Nr. 2 ergänzt im Hinblick auf bisher der RöV unterlegenen Tätigkeiten. Die Bezugnahme auf die Aufbewahrung von Kernbrennstoffen nach § 6 AtG ist entfallen, da diese nunmehr der Definition von kerntechnischer Anlage (→ Rn. 22) unterfallen. Die Definition macht außerdem klar, dass eine Einrichtung kein überdachter und umschlossener Raum sein muss; bspw. werden radioaktive Stoffe in Landessammelstellen auch auf abgegrenzten Freiflächen gelagert (BT-Drs. 18/11241, 232). Auf der anderen Seite macht die Bezugnahme auf Gebäude, Gebäudeteile und Freiflächen deutlich, dass eine Einrichtung **ortsfest** ist. Mobile Räume, bspw. ein mobiler Röntgenraum wie etwa eine in einem Lastwagenanhänger fest installierte Röntgeneinrichtung (→ § 19 Abs. 2 Nr. 7), sind keine Einrichtungen.

17   **13. Einsatzkraft (Abs. 13).** Die Definition ist relevant für Teil 3 Kap. 2. Die StrlSchV 2001 enthielt keine Definition, sondern in § 59 Regelungen zum Schutz der „bei Rettungsmaßnahmen eingesetzten Person". Der Begriff der Einsatzkraft ist **weit auszulegen.** Sowohl entgeltlich tätige Personen, als auch ehrenamtlich Wirkende, bspw. von freiwilligen Feuerwehren, können eine Einsatzkraft sein (BT-Drs. 18/11241, 233). Einsatzkräfte sind Angehörige von Werks- und öffentlichen Feuerwehren und von Rettungsdiensten, das beim Räumungsalarm in einem KKW verbleibende Personal, externe Arbeitskräfte wie zB Personal des Kraftwerkherstellers oder des kerntechnischen Hilfsdienstes, die zur Bekämpfung der Gefahr oder der Auswirkungen eines Notfalls mitwirken, Spezialkräfte für Einsätze bei radiologischen Notfällen, Polizei oder Busfahrer, die bspw. bei Evakuierungen mitwirken (BT-Drs. 18/11241, 233). Die Definition umfasst auch Personen, die in einer anderen Gefahrenlage als einem Notfall tätig werden (→ § 116 Rn. 1). Die Exposition einer Einsatzkraft ist eine berufliche Exposition, vgl. § 2 Abs. 7 S. 1 Nr. 5.

14. Einzelperson der Bevölkerung (Abs. 14). Eine Einzelperson der Bevöl- **18** kerung ist **jede Person, soweit** sie **nicht einer beruflichen oder med. Exposition ausgesetzt** ist. Grundlage dieser Negativabgrenzung sind demnach die Begriffsbestimmungen nach § 2 Abs. 7 und Abs. 8. Die Exposition einer Einzelperson der Bevölkerung entspricht stets der Expositionskategorie „Exposition der Bevölkerung" (§ 2 Abs. 6). Eine Person, an der aufgrund nichtmed. Anwendung (§ 83 Abs. 1 Nr. 2) ionisierende Strahlung oder radioaktive Stoffe angewendet werden, ist Einzelperson der Bevölkerung, wobei für diese allerdings nicht der Grenzwert für die Exposition der Bevölkerung gilt (§ 80 Abs. 3). Aufgrund der Definition in § 3 Abs. 2 Nr. 12 StrlSchV 2001 war eine Person, die einer beruflichen Exposition unterlag, aber nicht beruflich exponiert war, eine Einzelperson der Bevölkerung. Dies ist nach der neuen Definition nicht mehr der Fall (BT-Drs. 18/11241, 233).

15. Freigrenzen (Abs. 15). Die Definition übernimmt sinngemäß die Defini- **19** tion nach § 3 Abs. 2 Nr. 16 StrlSchV 2001. Das Erreichen der Freigrenzen hinsichtlich der Aktivität bzw. spezifischen Aktivität entscheidet darüber, ob ein Stoff als „radioaktiver Stoff" der **Überwachung** nach dem StrlSchG unterliegt (§ 3 Abs. 2 S. 1 Nr. 1; → § 3 Rn. 31). Die Radionuklide, für die die Freigrenzen bestehen und die für sie jeweils einschlägigen Freigrenzen sind festgelegt in § 11 iVm Anl. 4 Tab. 1 Sp. 1 bis 3 StrlSchV. Zur Erläuterung der Umsetzung der Vorgaben von Anh. VII RL 2013/59/Euratom und inwieweit sie sich von den Freigrenzen nach der StrlSchV 2001 unterscheiden vgl. BR-Drs. 423/18, 496. Zum Begriff spezifische Aktivität s. **§ 1 Abs. 17 StrlSchV.** Die für die Bestimmung der Freigrenzen konstitutiven Werte können darüber hinaus Anknüpfungspunkt für **Genehmigungserfordernisse oder –voraussetzungen** sein (vgl. § 29 Abs. 1 S. 1 Nr. 6 und 8 zur Beförderungsgenehmigung; für den genehmigungsbedürftigen Zusatz radioaktiver Stoffe oder die genehmigungsbedürftige Aktivierung bei der Herstellung bestimmter verbrauchernaher Produkte vgl. § 40 Abs. 3 Nr. 2, § 41 Abs. 1 Nr. 2 lit. a, Nr. 3 lit. b und Nr. 5 lit. c, Abs. 2 und Abs. 3 Nr. 2 sowie § 42 Abs. 2 Nr. 5 lit. b oder § 39 Abs. 2 für die Bestimmung, unter welchen Voraussetzungen die Aktivierung bestimmter Produkte unzulässig ist). Die Werte der Freigrenzen werden auch herangezogen bei der Bestimmung, ob eine sonstige bestehende Expositionssituation **nicht außer Acht gelassen** werden kann (§ 154 Abs. 2 Nr. 1) oder im Zusammenhang mit dem Fund (§ 173).

16. Früherkennung (Abs. 16). Die insbes. für § 84, aber auch für § 14 Abs. 3 **20** relevante Definition ist neu eingeführt worden, nachdem die RL 2013/59/Euratom in Art. 55 Abs. 2 lit. h die Rahmenbedingungen für die Früherkennung eingeführt hat. Die Legaldefinition von **asymptomatische Person** verdeutlicht den Unterschied zum Patienten (s. § 2 Abs. 8 Nr. 1). Früherkennung ist eine med. Exposition (§ 2 Abs. 8). Die in § 83 Abs. 1 Nr. 2 legaldefinierte **nichtmed.** Anwendung, bspw. nach § 25 Abs. 3 S. 2 Nr. 1 IfSG, ist **keine** Früherkennung.

17. Innenräume (Abs. 17). Der Begriff ist wesentlich für den Schutz vor Ra- **21** don am Arbeitsplatz (§§ 126 ff.). Für den Radonschutz von Einzelpersonen der Bevölkerung wird der Begriff „Aufenthaltsraum" (→ Rn. 6) verwendet. Radonschutz für Arbeitskräfte spielt nicht nur in Gebäuden eine Rolle, sondern auch in Höhlen und Bergwerken (Anl. 8 Nr. 1), weshalb die Definition auch diese Räume umfasst. Nur in ortsfesten Räumen sind relevante Radonkonzentrationen zu erwarten. Nicht ortsfeste Räume sind deshalb nicht erfasst (BT-Drs. 18/11241, 231).

22   **18. Kerntechnische Anlage (Abs. 18).** Aufgrund der erheblichen Relevanz des Strahlenschutzrechts im kerntechnischen Bereich ist das **gleiche Verständnis** dieses Begriffs **im StrlSchG und AtG** von wesentlicher Bedeutung; deshalb erfolgt die Definition im StrlSchG durch eine Verweisung auf die Definition in § 2 Abs. 3a Nr. 1 AtG. Die Aufbewahrung von Kernbrennstoffen nach § 6 AtG, die nach der StrlSchV 2001 – vor der Einführung der Definition in § 2 Abs. 3a Nr. 1 AtG – als „Einrichtung" definiert wurde, unterfällt damit auch nach dem StrlSchG der Definition der kerntechnischen Anlage (BT-Drs. 18/11241, 234); vgl. weiterführend zu § 2 Abs. 3a Nr. 1 AtG *John/Raetzke* in Frenz, § 2 AtG Rn. 14ff.; sa → § 25 Rn. 6.

23   **19. Körperdosis (Abs. 19).** Die von § 3 Abs. 2 Nr. 9 lit. c S. 1 StrlSchV 2001 und § 2 Nr. 6 RöV übernommene Definition fasst die Schutzgrößen effektive Dosis und Organ-Äquivalentdosis unter diesem Sammelbegriff zusammen. Das StrlSchG verwendet den Begriff ua dann, wenn nicht von vornherein bestimmt ist, welcher Art die Exposition ist, vgl. bspw. §§ 167ff. Diese kann entscheidend dafür sein, ob nur die effektive Dosis oder, bei entsprechender Exposition, bspw. auch die Organ-Äquivalentdosis der Augenlinse zu ermitteln ist. Bei rein oberflächlicher Exposition braucht ggf. nur die Organ-Äquivalentdosis der Haut bestimmt werden (BT-Drs. 18/11241, 234).

24   **20. Konsumgüter (Abs. 20).** Die Definition entspricht § 3 Abs. 2 Nr. 18 StrlSchV 2001 Sie ist von Relevanz insbesondere für Teil 2 Kap. 2 Abschn. 6 UAbschn. 1 und 2 sowie für § 188. Bedarfsgegenstände werden in § 2 Abs. 6 LFGB definiert. Endverbraucher sind nicht nur Private, da **auch Güter zur Verwendung im beruflichen Bereich** erfasst werden. Nach S. 2 sind Bauprodukte und bauartzugelassene Vorrichtungen keine Konsumgüter, wenn diese sonstige radioaktive Stoffe enthalten.

25   **21. Kontamination (Abs. 21).** Die Definition greift § 3 Abs. 2 Nr. 19 StrlSchV 2001 auf, stellt aber nicht auf die Verunreinigung mit radioaktiven Stoffen, sondern auf die Verunreinigung mit ein Radionuklid oder mehrere Radionuklide enthaltenden Stoffen ab, da Kontaminationen nicht nur in geplanten, sondern **auch in anderen Expositionssituationen** auftreten können, bspw. im Zusammenhang mit Notfällen oder radioaktiven Altlasten.

26   **22. Materialien (Abs. 22).** Die für die Definition von „Rückstände" nach Abs. 32 und für § 65 relevante Definition entspricht im Wesentlichen der Definition nach § 3 Abs. 2 Nr. 20 StrlSchV 2001. Materialien enthalten **natürlich vorkommende Radionuklide** oder sind mit solchen kontaminiert. S. 2 enthält Ausschlusstatbestände. Da die bisher nach § 3 Abs. 1 Nr. 2 StrlSchV 2001 als **„Arbeiten"** definierten Handlungen aufgrund ihrer Einstufung als geplante Expositionssituation nach Art. 23 iVm Anh. VI RL 2013/59/Euratom nunmehr auch zu den Tätigkeiten gehören, entstehen Materialien im Rahmen von **Tätigkeiten** nach § 4 Abs. 1 Nr. 10. Werden bspw. mit Radionukliden kontaminierte Betontresore auf Schrottplätzen aufgefunden, richtet sich ihre Handhabung nicht nach § 65, sondern es liegt idR eine sonstige bestehende Expositionssituation vor, auf die die §§ 153ff. anwendbar sind.

27   **23. Medizinische Forschung (Abs. 23).** Die für die §§ 31 bis 37 relevante Definition entspricht inhaltlich den Begriffsbestimmungen nach § 3 Abs. 2 Nr. 14 StrlSchV 2001 und § 2 Nr. 8 RöV. Der früher verwendete Begriff der Heilkunde ist durch die Worte „medizinischer Untersuchungsmethoden, Behandlungsverfahren" ersetzt worden, ohne dass damit eine inhaltliche Änderung verbunden ist (BT-Drs. 18/11241, 235). Werden radioaktive Stoffe oder ionisierende Strahlung

ausschließlich zum Zweck der Behandlung oder Untersuchung angewendet, liegt nach S. 2 **keine** med. Forschung vor, sondern eine die rechtfertigende Indikation nach § 83 Abs. 3 erfordernde med. Exposition iSd § 2 Abs. 8 Nr. 1. Auch die Anwendung radioaktiver Stoffe oder ionisierender Strahlung an Patienten, die zwar in einem Forschungsvorhaben eingeschlossen sind, aber auch ohne die Teilnahme an dem Forschungsvorhaben **keine andere Untersuchung oder Behandlung** erfahren hätten, ist **keine** medizinische Forschung. Dies ergibt sich aus dem Sinn und Zweck der §§ 31 bis 37, die die Anwendung ionisierender Strahlung oder radioaktiver Stoffe am Menschen dem dort bestimmten Genehmigungs- oder Anzeigeverfahren unterwerfen, wenn die Anwendung der – wie Abs. 23 S. 1 bestimmt – Fortentwicklung med. Untersuchungsmethoden, Behandlungsverfahren oder der med. Wissenschaft dient. Dagegen genügt die Heranziehung der allgemeinen Vorschriften zur Anwendung am Menschen – insbes. § 83 und Teil 2 Kap. 6 Abschn. 8 UAbschn. 2 StrlSchV – bei einer Anwendung zur Untersuchung oder Behandlung, die eine Person nach Art und Umfang auch dann im Rahmen eines anerkannten Verfahrens nach den Erfordernissen der med. Wissenschaften erhalten könnte, wenn sie nicht an dem Forschungsvorhaben teilnähme. Dies ist unabhängig davon, ob bei der Anwendung gewonnene Daten und Erkenntnisse (auch) wissenschaftlich ausgewertet werden und ob eine solche Auswertung vor der Anwendung geplant ist oder sogar im Rahmen eines systematischen Forschungsvorhabens stattfindet. Von der med. Forschung ist auch der **individuelle Heilversuch** abzugrenzen, vgl. § 119 Abs. 1 StrlSchV; sa BR-Drs. 423/18, 420.

24. Medizinphysik-Experte (Abs. 24). Die Art. 4 Nr. 49 RL 2013/59/Eura- **28** tom umsetzende sowie § 3 Abs. 2 Nr. 21 StrlSchV 2001 und § 2 Nr. 11 RöV aufgreifende Definition stellt zum einen auf das Vorliegen eines Masterabschlusses in med. Physik ab. Damit wird den durch den **Bologna-Prozess** erfolgten Änderungen bei den Studienabschlüssen Rechnung getragen (BT-Drs. 18/11241, 235). MPE kann aber auch eine Person werden, die eine **gleichwertige** Ausbildung mit Hochschulabschluss in med. Physik hat. In beiden Fällen muss die Person die erforderliche Fachkunde im Strahlenschutz haben (§ 74).

25. Nachsorgemaßnahmen (Abs. 25). Die Definition wird in den Regelun- **29** gen zu radioaktiven Altlasten verwendet. Nachsorgemaßnahmen sollen den **erreichten Sanierungserfolg sicherstellen.** Es handelt sich bspw. um die Pflege von aufgebrachten Abdecksystemen oder die Überwachung und ggf. Reparatur von Barrieresystemen (BT-Drs. 18/11241, 235).

26. Notfall (Abs. 26). Die Definition ist der Schlüsselbegriff für **Teil 3.** Nicht **30** jegliche nachteilige Auswirkungen eines Ereignisses begründen einen Notfall, vielmehr müssen sich **erhebliche nachteilige Auswirkungen** ergeben können. Außerdem muss Kausalität vorliegen; diese liegt bspw. nicht vor bci einem med. Notfall im Umfeld einer Strahlenquelle (BT-Drs. 18/11241, 235). Das den Notfall verursachende Ereignis kann auch im Ausland liegen, wenn die erheblichen nachteiligen Auswirkungen in Deutschland auftreten können. **S. 2** stellt klar, dass ein Notfall nicht vorliegt, wenn eine Situation im Rahmen einer geplanten Expositionssituation entstanden ist, die voraussichtlich mit dem für die Expositionssituation bestehenden Instrumentarium bewältigt werden kann. Dies ist etwa bei Ereignissen der Fall, die bereits bei der Planung einer Tätigkeit berücksichtigt wurden und abzusehen ist, dass weitere Maßnahmen des SSV nach § 72 Abs. 3 oder § 107 StrlSchV oder Maßnahmen von Bund und Ländern nach Teil 3 nicht erforderlich werden. Ein Notfall liegt auch nicht vor, wenn es im Rahmen einer geplanten Expositionssituation zu einer unbeabsichtigten Exposition gekommen ist, nach deren Beendigung keine Schutzmaßnahmen mehr erforderlich sind (BT-Drs. 18/11241, 236). Dann ist ein **Vorkommnis** aufgetreten, vgl. § 90 und 1 Abs. 22, §§ 105 ff. StrlSchV. S. iÜ auch die weiteren Ausführungen in BT-Drs. 18/11241, 235/236. Abs. 26 definiert auch den **überregionalen, regionalen** und **lokalen Notfall.** Die Definition vom überregionalen und regionalen Notfall spielt bspw. eine Rolle bei den in § 106 bestimmten Aufgaben des RLZ.

31   **27. Organ–Äquivalentdosis (Abs. 27).** Die von den § 3 Abs. 2 Nr. 9 lit. d StrlSchV 2001, § 2 Nr. 6 lit. d RöV terminologisch abweichende, inhaltlich aber fortführende Definition ist wie die effektive Dosis (→ Rn. 15) eine Schutzgröße und zwar eine **Mittelwertgröße,** die wie in der Definition dargelegt ermittelt wird. Der als Multiplikand heranzuziehende Wichtungsfaktor wird, wie die übrigen näheren Anforderungen an die Bestimmung der Organ-Äquivalentdosis, in § 171 iVm Anl. 18 StrlSchV festgelegt. Für beruflich exponierte Personen (→ Rn. 9) bestehen Grenzwerte (§ 78 Abs. 2 bis 4). Nach S. 2 werden bei Vorliegen mehrerer Strahlungsarten (bspw. Photonen, Elektronen, Myonen oder Protonen und geladene Pionen) oder -energien die Beiträge addiert.

32   **28. Radon (Abs. 28).** Die Definition übernimmt fast wörtlich die Begriffsbestimmung aus Art. 4 Nr. 82 RL 2013/59/Euratom. Auf die in der RL verwendete Formulierung „gegebenenfalls" ist verzichtet worden, weil der wesentliche Teil der bei der Inhalation von Radon aufgenommenen Dosis nicht aus dem Zerfall des Radon-222 selbst, sondern aus dem Zerfall seiner Tochternuklide resultiert (BT-Drs. 18/11241, 237).

33   **29. Referenzwert (Abs. 29).** Der Begriff ist erstmals durch Art. 4 Nr. 84 RL 2013/59/Euratom eingeführt worden. Anders als eine geplante Expositionssituation, in der aufgrund einer Tätigkeit bewusst eine Exposition verursacht wird und die Dosis, die erhalten werden kann, im Voraus berechenbar ist, zeichnen sich eine bestehende und eine Notfallexpositionssituation dadurch aus, dass eine **Exposition vorgefunden** wird, die bewältigt werden muss. Diese ist nicht in gleichem Maße steuerbar wie eine geplante Expositionssituation. Dies zeigt sich bspw. an Radon, das in sehr unterschiedlichen Konzentrationen im Boden vorkommen kann. Der Referenzwert ist ein Instrument des **Optimierungsgrundsatzes,** wonach Expositionen so niedrig wie vernünftigerweise erreichbar gehalten werden sollen. Art. 5 lit. b S. 1 RL 2013/59/Euratom verdeutlicht dies durch die Ausführung, dass Optimierung des Strahlenschutzes für Personen, die der Exposition der Bevölkerung oder einer beruflichen Exposition ausgesetzt sind, bedeutet, „die Höhe der Individualdosen, die Wahrscheinlichkeit einer Exposition sowie die Anzahl der exponierten Personen unter Berücksichtigung des jeweils gegenwärtigen technischen Erkenntnisstandes sowie wirtschaftlicher und gesellschaftlicher Faktoren so niedrig wie vernünftigerweise erreichbar zu halten". Die Einbeziehung wirtschaftlicher und gesellschaftlicher Faktoren verdeutlicht, dass auch nicht-radiologische Kriterien bei der Optimierung Berücksichtigung finden. Art. 7 Abs. 1 S. 2 RL 2013/59/Euratom fordert, prioritär bei Expositionen oberhalb des Referenzwerts zu optimieren und die Optimierung auch bei Expositionen unterhalb des Referenzwerts fortzusetzen. Der Referenzwert ist Aufhänger für die Prüfung von Strahlenschutzmaßnahmen mit dem Ziel, die Exposition auf einen unter ihm liegenden Wert zu senken. Für das Verständnis ist auch die in Ziff. 238 der ICRP 103 getroffene Feststellung bedeutsam, wonach Referenzschwellen **keine Grenze zwischen „sicher" und „gefährlich"** festlegen oder einen sprunghaften Anstieg in dem damit einhergehenden Gesundheitsrisiko darstellen.

S. 2 stellt klar, dass der Referenzwert **kein Grenzwert** ist. Ein Grenzwert ist ein **34** Wert, der nicht überschritten werden darf (sa Art. 4 Nr. 23 RL 2013/59/Euratom). Er dient der Umsetzung des Strahlenschutzgrundsatzes der Dosisbegrenzung (§ 9), der in geplanten Expositionssituationen zum Tragen kommt. Ein Referenzwert ist auch **kein** diagnostischer Referenzwert ($\rightarrow$ § 85 Rn. 5). Diagnostische Referenzwerte beziehen sich nicht auf eine individuelle Exposition und sind in geplanten Expositionssituationen im Zusammenhang mit Untersuchungen von Personen relevant (§ 125 StrlSchV).

Das StrlSchG sieht im Bereich der **bestehenden Expositionssituationen** teil- **35** weise konkrete Handlungspflichten vor, wenn der jeweilige gesetzlich festgelegte Referenzwert überschritten wird. Bei Radon am Arbeitsplatz löst die Überschreitung des in § 126 vorgesehenen Referenzwerts die Pflicht des für den Arbeitsplatz Verantwortlichen aus, Reduzierungsmaßnahmen zu ergreifen (§ 128 Abs. 1). Der Referenzwert für Radon in Aufenthaltsräumen (§ 124) und am Arbeitsplatz (§ 126) ist Grundlage für die Festlegung sog. Radonvorsorgegebiete (§ 121). Überschreiten Bauprodukte, für die das spezifische Aktivität nach § 134 Abs. 1 bestimmt werden muss, den in § 133 festgelegten Referenzwert, ist die zuständige Behörde zu informieren (§ 135 Abs. 2). Der Gesetzgeber hat in diesen Fällen die Prüfung, ob und welche Maßnahmen zu ergreifen sind, auch aufgrund der Umsetzungsvorgaben nach Art. 54 Abs. 3, Art. 103 Abs. 3 und Art. 75 Abs. 3 RL 2013/59/Euratom selbst vorgenommen. In Bezug auf Bestandsgebäude besteht dagegen „nur" eine behördliche Verpflichtung, Maßnahmen zur Ermittlung von Aufenthaltsräumen ($\rightarrow$ Rn. 6), in denen der Referenzwert überschritten wird, anzuregen und technische oder andere Mittel zur Verringerung der Radonexposition zu empfehlen (§ 125 Abs. 2). Der für radioaktive Altlasten bestimmte Referenzwert (§ 136 Abs. 1) ist konstitutiv für die Feststellung, ob eine Altlast vorliegt. Wenn dies zutrifft, kann er im behördlichen Ermessen liegende Anordnungen bewirken (§ 139); abhängig von dem jeweiligen Sachverhalt ist bspw. ermessensleitend, ob und welche Sanierungsmaßnahmen, die mit Expositionen für Arbeitskräfte verbunden sein können, angesichts einer Altlastensituation mit nur geringfügiger Referenzwertüberschreitung, erforderlich sind. In Bezug auf **Notfallexpositionssituationen** ist die Unterschreitung der für den Schutz der Bevölkerung und der Einsatzkräfte gesetzlich festgelegten Referenzwerte (s. § 93 und 114 Abs. 2 und 3) Ausdruck des bei der Notfallvorsorge und -reaktion zu beachtenden Reduzierungsgebots (§ 92 Abs. 2, sa Abs. 3). Der Referenzwert für die effektive Dosis ist Vergleichsmaßstab für die Dosisabschätzung bei einem überregionalem oder regionalem Notfall und Grundlage für die Einschätzung der Wirksamkeit der getroffenen Maßnahmen (§ 111 Abs. 2). Der Referenzwert für die effektive Dosis ist auch Maßstab für Schutzmaßnahmen zur Bewältigung einer nach einem Notfall bestehenden Expositionssituation (§ 118 Abs. 4 und 6).

Das oben gesagte verdeutlicht, dass die konkrete Funktion des Referenzwerts **36** sich **je nach Art und Verbindlichkeit der an ihn geknüpften Maßnahmen** in den jeweiligen Regelungsbereichen unterscheidet (BT-Drs. 18/11241, 237). Sein Zweck, nämlich Expositionen so niedrig wie vernünftigerweise erreichbar zu halten, ist jedoch immer derselbe.

30. Röntgeneinrichtung (Abs. 30). Die Definition greift § 2 Nr. 14 RöV so- **37** wie die den Anwendungsbereich der RöV bestimmenden Merkmale bzgl. der Röntgenstrahlung auf. Anders als ein Störstrahler (Abs. 37) wird eine Röntgeneinrichtung betrieben, **um Röntgenstrahlung zu erzeugen** (Nr. 2). Nach S. 2 zählen Anwendungsgeräte, Zusatzgeräte und Zubehör, die erforderliche Software sowie Vorrichtungen zur medizinischen Befundung zur Röntgeneinrichtung.

38   **31. Röntgenstrahler (Abs. 31).** Die Definition übernimmt die Definition des
§ 2 Abs. 16 RöV, wobei nunmehr der Begriff **„Eintankgerät"** anstelle von „Ein-
kesselgerät" verwendet wird, ohne dass damit eine inhaltliche Änderung verbunden
ist (BT-Drs 18/11241, 238).

39   **32. Rückstände (Abs. 32).** Die für die §§ 60 ff. und für § 134 relevante Definition übernimmt die Definition nach § 3 Abs. 2 Nr. 27 StrlSchV 2001. Rückstände
sind eine „Teilmenge" von Materialien (Abs. 22). Sie enthalten **natürlich vorkommende Radionuklide** oder sind mit solche Stoffen kontaminiert und fallen
in den in **Anl. 1** genannten industriellen und bergbaulichen Prozessen an und erfüllen die dort genannten Voraussetzungen.

40   **33. Sanierungsmaßnahmen (Abs. 33).** Die für die §§ 136 ff. und für § 156 re-
levante Definition umfasst Dekontaminationsmaßnahmen zur Beseitigung oder
Verminderung einer Kontamination (Nr. 1), bspw. Auskofferung kontaminierten
Bodens, sowie Sicherungsmaßnahmen, ohne die Kontamination zu entfernen
(Nr. 2), bspw. Barrieresysteme (BT-Drs. 18/11241, 238).

41   **34. Offene radioaktive Stoffe (Abs. 34).** Offene radioaktive Stoffe können
inkorporiert werden und sich **unkontrolliert** in der Umwelt und auf Oberflächen
ausbreiten (*Vogt/Vahlbruch*, 26). Für die Definition ist, wie bereits nach § 3 Abs. 2
Nr. 29 lit. a StrlSchV 2001, die Definition nach Abs. 35 mit zu betrachten. Die Unterscheidung spielt eine Rolle im Zusammenhang mit den Vorgaben der StrlSchV
zur physikalischen Strahlenschutzkontrolle und zur Sicherheit von Strahlenquellen
(Teil 2 Kap. 6 Abschn. 1 und Abschn. 5 UAbschn. 2). Sie ist auch bei der nach § 8
Abs. 1 S. 1 Nr. 2 iVm Anl. 2 AtDeckV für Umgangsgenehmigungen festzusetzenden Regeldeckungssumme von Bedeutung. Sa → § 3 Rn. 48.

42   **35. Umschlossene radioaktive Stoffe (Abs. 35).** Die Definition in **S. 1** entspricht § 3 Abs. 2 Nr. 29 lit. b aa StrlSchV 2001. Das durch das StrlSchG eingefügte
Merkmal „nicht zerstörungsfrei zu öffnenden" ist durch das 1. ÄndG wieder gestrichen worden. Hintergrund ist, dass nach durchgängiger, aber in der Ursprungsfas-
sung der Norm nicht klar zum Ausdruck gekommenen Auffassung des Gesetzgebers nicht jeder Stoff, der nicht von einer nicht zerstörungsfrei zu öffnenden
Hülle umschlossen ist, – also etwa auch bei Vorliegen einer nicht verschweißten,
sondern **verschraubten oder gedichteten** Umhüllung –, ein offener radioaktiver
Stoff ist. Schon nach der StrlSchV 2001 zählten radioaktive Stoffe in dichten und
festen Transport- oder Lagerbehältern zu umschlossenen radioaktiven Stoffen,
auch wenn sie zerstörungsfrei zu öffnen waren. An dieser Einordnung sollte nichts
geändert werden (BT-Drs. 19/26943, 38). Eine weitere Voraussetzung ist, dass die
Abmessung des umschlossenen radioaktiven Stoffs mindestens 2 mm betragen
muss. Aufgrund des durch das 1. ÄndG neu eingefügten **S. 2** sind bspw. Radiopharmaka keine umschlossenen radioaktive Stoffe, da sie aufgrund ihrer Radioaktivität
genutzt werden (und vorausgesetzt ihre Hülle lässt sich zerstörungsfrei öffnen); **anders radioaktive Abfälle,** denn bei ihnen liegt keine Nutzung aufgrund ihrer Radioaktivität vor, so dass hier nur die Definition in S. 1 gilt. Der Begriff ist von Bedeutung ua im Zusammenhang mit den technischen Anforderungen an die BAZ
einer Vorrichtung, die sonstige radioaktive Stoffe enthält (§ 16 StrlSchV) sowie den
Vorgaben der StrlSchV zur Sicherheit von Strahlenquellen (Teil 2 Kap 6 Abschn. 5
UAbschn. 2).

43   **36. Hochradioaktive Strahlenquellen (Abs. 36).** Die Art. 4 Nr. 41 RL
2013/59/Euratom umsetzende Definition entspricht inhaltlich § 3 Abs. 2 Nr. 29
lit. b bb StrlSchV 2001; zur Gleichsetzung der „Strahlenquelle" mit dem Begriff
„umschlossene radioaktive Stoffe" → § 3 Rn. 56. Die in Bezug genommenen

HRQ-Aktivitätswerte werden in § 83 iVm Anl. 4 Tab. 1 Sp. 4 StrlSchV festgelegt. Sie weichen von denen der StrlSchV 2001 ab. Die **neuen Aktivitätswerte** entsprechen zum einen den in Anh. III RL 2013/59/Euratom bestimmten Werten. Für nicht in Anh. III enthaltene Radionuklide werden die D-Werte der Tab. 1 der Veröffentlichung der Internationalen Atomenergieorganisation IAEA EPR-D-VALUES 2006 „Dangerous quantities of radioactive material (D-values)" aufgenommen. Das Vorliegen von HRQ löst Genehmigungserfordernisse aus (§ 12 Abs. 1 Nr. 3, § 12 Abs. 1 und Abs. 2 Nr. 1 StrlSchV). Die hohe Aktivität resultiert mit Blick auf die Sicherheit sowie die Sicherung der Strahlenquelle in gesonderten Genehmigungsvoraussetzungen (§ 13 Abs. 4) und strahlenschutzrechtlichen Anforderungen (zB § 92 Abs. 1 StrlSchV); daneben gibt es Sonderregelungen im Rahmen der Deckungsvorsorge, s. § 10 Abs. 4 StrlSchV. HRQ werden in einem Register erfasst (§ 88).

37. Störstrahler (Abs. 37). Die Definitionsbestandteile, die iW die des § 2 **44** Nr. 18 RöV übernehmen, entsprechen bis auf den folgenden Unterschied denen der Röntgeneinrichtung (Rn. 37): Ein Störstrahler wird **nicht** betrieben, um Röntgenstrahlung zu erzeugen. Diese entsteht von selbst. Zu Störstrahlern zählen auch Elektronenmikroskope, bei denen die erzeugte Röntgenstrahlung durch Detektoren ausgewertet wird (*Vogt/Vahlbruch,* 324).

38. Teleradiologie (Abs. 38). Die für die Genehmigungsvoraussetzungen nach **45** § 14 Abs. 2 bes. relevante Legaldefinition übernimmt Teile der Definition nach § 2 Nr. 24 RöV. Anders als nach früherer Rechtslage bedarf der Teleradiologe allerdings **nicht mehr** der für das Gesamtgebiet der Röntgenuntersuchung erforderlichen FK im Strahlenschutz. Ausreichend ist die für die Teleradiologie erforderliche FK. Nicht übernommene Definitionsbestandteile nach § 2 Nr. 24 RöV haben sich auf die Durchführung der Teleradiologie bezogen und sind nun in § 123 StrlSchV verankert worden.

39. Umgang (Abs. 39). Die Definition entspricht inhaltlich § 3 Abs. 2 Nr. 34 **46** StrlSchV 2001 und ist insbesondere relevant für den Genehmigungstatbestand nach § 12 Abs. 1 Nr. 3 StrlSchG. Der Umgang ist nach § 4 Abs. 1 S. 1 Nr. 1 eine **Tätigkeit** und ist somit eine geplante Expositionssituation. Zum Umgang zählen eine Reihe von Tätigkeiten, bspw. der Einsatz radioaktiver Stoffe bei der Anwendung am Menschen (OVG Mannheim Urt. v. 15.5.1990 – 10 S 406/90 –, juris Rn. 18), in Industrie und Forschung zB zur Dichtemessung oder zur Überprüfung von Schweißnähten. Zum Umgang zählt auch die Zwischenlagerung sonstiger radioaktiver Abfälle. Handlungen, die **zur Bewältigung einer bestehenden Expositionssituation oder einer Notfallexpositionssituation** erfolgen, bspw. das Auskoffern von Boden oder Sanierungsmaßnahmen bei radioaktiven Altlasten, sind **kein** Umgang (BT-Drs. 18/11241, 239). Dies ergibt sich auch daraus, dass die in Nr. 1 aufgezählten Handlungen sich in lit. a und b auf radioaktive Stoffe beziehen und es sich bei den im Zusammenhang mit bestehenden und Notfallexpositionssituationen auftretenden Stoffen nicht um radioaktive Stoffe handelt (§ 3 Abs. 4).

Nach **Nr. 1** ist Umgang die Gewinnung, Erzeugung, Lagerung, Bearbeitung, **47** Verarbeitung, sonstige Verwendung und Beseitigung von künstlich erzeugten radioaktiven Stoffen und natürlich vorkommenden radioaktiven Stoffen auf Grund ihrer Radioaktivität, zur Nutzung als Kernbrennstoff oder zur Erzeugung von Kernbrennstoffen. Das „und" ist als ein „oder", mithin **nicht** in dem Sinne zu verstehen, dass bei Durchführung der genannten Handlungen sowohl die unter lit. a als auch unter lit. b genannten Stoffe vorhanden sein müssen. Handlungen mit natürlich vorkommenden radioaktiven Stoffen, die **nicht** zu einem der genannten Zwecke genutzt werden, können eine Tätigkeit nach § 4 Abs. 1 S. 1 Nr. 10 sein. Sie sind jedoch **kein** Umgang, weshalb § 12 Abs. 1 Nr. 3 nicht einschlägig ist. Die strahlenschutzrechtliche Vorabkontrolle richtet sich vielmehr nach **Teil 2 Kap. 2 Abschn. 8** (§§ 55 ff. für NORM-Arbeitsplätze sowie §§ 60 ff. für Tätigkeiten mit Rückständen und Materialien).

48   Der **Betrieb von Bestrahlungsvorrichtungen (Nr. 2)** ist Umgang und kein Betrieb einer AEiS, weil in der Bestrahlungsvorrichtung ein **radioaktiver Stoff vorhanden** ist, dessen ionisierende Strahlung durch Öffnen der Abschirmung oder Ausfahren des Stoffs zur Anwendung am Menschen oder zu anderen Zwecken angewendet wird. AEiS, bspw. ein Beschleuniger, oder eine Röntgeneinrichtung enthalten dagegen keinen radioaktiven Stoff. Die Geräte selbst erzeugen die ionisierende Strahlung. Sprachlich ist die Formulierung des „Betriebs" der Bestrahlungsvorrichtung deshalb missverständlich. Die in **Nr. 3** genannten Handlungen sind ebenfalls ein Umgang, aber unter den Voraussetzungen des § 12 Abs. 4 nicht genehmigungsbedürftig (→ § 12 Rn. 88, sa → § 69 Rn. 26).

49   **40. Zusatz radioaktiver Stoffe (Abs. 40).** Die für die Verbraucherschutzregelungen nach den §§ 39 ff. relevante Definition entspricht § 3 Abs. 2 Nr. 38 StrlSchV 2001 und dient der Umsetzung von Art. 21 Abs. 1 RL 2013/59/Euratom. Voraussetzung ist, dass die Radionuklide **zweckgerichtet zugesetzt** werden. „Zusatz" bedeutet hinzufügen, beigeben oder zusetzen (www.duden.de/rechtschreibung/ Zusatz). Eine Auslegung dahingehend, dass ein „Zusatz" nur vorliegt bei einer nachträglichen Bearbeitung eines Produkts, ist aber zu eng. Zum einen spricht Art. 21 Abs. 1 RL 2013/59/Euratom, der den Zusatz radioaktiver Stoffe „bei der Herstellung" der dort genannten Produkt verbietet, gegen eine solche Sichtweise. Für eine weitere Auslegung spricht zudem die dem Verbot der Aktivierung von Konsumgütern zugrunde liegende Überlegung, dass es für den Verbraucher letztlich keinen Unterschied macht, auf welchem Weg die Radioaktivität in einen Gegenstand gelangt (vgl. die Begründung zu § 105 StrlSchV 2001 in BR-Drs. 207/01, 298). Ein „Zusatz" liegt nach der hier vertretenen Auffassung deshalb auch dann vor, wenn ein Konsumgut unter Verwendung eines radioaktiven Stoffs hergestellt wird, zB ein Anhänger, der nur aus natürlichen radioaktiven Stoffen besteht. „Zweckgerichtet" bedeutet, dass der Zusatz auf einen bestimmten Zweck hin ausgerichtet erfolgt (www.duden.de/rechtschreibung/zweckgerichtet). Der Zusatz erfolgt wissentlich, dh in Kenntnis der Radioaktivität (vgl. auch Art. 21 Abs. 1 RL 2013/59/Euratom: „absichtlichen Zusatz"). Der Zweck besteht hier darin, dass mit dem Zusatz von Radionukliden bestimmte Eigenschaften erzeugt werden sollen, zB der – in der Vergangenheit erfolgte, jetzt aber nicht mehr praktizierte – Zusatz von Radionukliden zu lumineszierenden Farben, um die Zifferblätter von Uhren zum Leuchten zu bringen. Ein Zusatz radioaktiver Stoffe liegt nur vor, wenn die in S. 1 Nr. 1 oder 2 genannten spezifischen Aktivitäten überschritten werden. Hintergrund ist, dass es bei einem geringeren Aktivitätsgehalt keiner Schutzregelung bedarf (vgl. BR-Drs. 207/01, 298 zu § 3 Abs. 2 Nr. 38 StrlSchV 2001). Nach S. 2 ist es unerheblich, ob der Zusatz aufgrund der Radioaktivität oder auf Grund anderer Eigenschaften erfolgt.

Teil 2 – Strahlenschutz bei geplanten Expositionssituationen

Kapitel 1 – Strahlenschutzgrundsätze

Vorbemerkung zu §§ 6 ff.

Teil 2 des StrlSchG, der den Strahlenschutz bei geplanten Expositionssituationen **1** regelt, beginnt in Kap. 1 mit den Strahlenschutzgrundsätzen. Ähnlich verfährt die RL 2013/59/Euratom, die die allgemeinen Grundsätze des Strahlenschutzes, für alle drei Expositionssituationen geltend, an den Anfang der RL stellt (Art. 5). Bei den drei Grundprinzipien des Strahlenschutzes handelt es sich um den **Grundsatz der Rechtfertigung,** den **Grundsatz der Optimierung** und den **Grundsatz der Einhaltung von Dosisgrenzwerten.**

Grundsatz der Rechtfertigung: Der Grundsatz der Rechtfertigung bedeutet, **2** dass bei einer Exposition ihr Nutzen das Risiko überwiegt. Dieser Grundsatz kann aber nicht gleichförmig in den drei Expositionssituationen angewendet werden. Bei einer geplanten Expositionssituation, bei der die Exposition eben „planbar" und beeinflussbar ist, bedeutet der Rechtfertigungsgrundsatz, dass **nur solche Tätigkeiten** ausgeübt werden **dürfen,** deren Nutzen – für den Einzelnen und die Gesellschaft – den möglicherweise von ihr ausgehenden gesundheitlichen Schaden überwiegen (BT-Drs. 18/11241, 239). In einer bestehenden Expositionssituation, in der Exposition vorgefunden wird und nicht geplant werden konnte, sowie in einer Notfallexpositionssituation, in der es ebenfalls ungeplant zu einer Exposition kommt und eine schnelle Antwort gefordert ist, sind die Anforderungen an die Rechtfertigung mehr den tatsächlichen Gegebenheiten anzupassen mit Blick darauf, was vorgefunden wird und was zur Bewältigung der Exposition machbar ist. Die RL 2013/59/Euratom sieht das auch und formuliert in Art. 5 lit. a: „Entscheidungen, mit denen eine Tätigkeit eingeführt wird, müssen insofern gerechtfertigt sein, als solche Entscheidungen mit der Absicht getroffen werden, zu gewährleisten, dass der mit der Tätigkeit verbundene Nutzen für den Einzelnen und die Gesellschaft die durch die möglicherweise verursachte gesundheitliche Schädigung überwiegt. Entscheidungen, mit denen ein Expositionspfad für bestehende und Notfall-Expositionssituationen eröffnet oder verändert wird, müssen insofern gerechtfertigt sein, als solche Entscheidungen mehr Nutzen als Schaden mit sich bringen sollten."

Die Entscheidung über die Rechtfertigung ist grundsätzlich übergeordneter Na- **3** tur und wird **im Regelfall vom Gesetzgeber ausgestaltet,** etwa durch die Normierung des Rechtfertigungsgrundsatzes für **Tätigkeiten** nach § 6, der Entscheidung über nichtgerechtfertigte Tätigkeitsarten nach § 2 iVm Anl. 1 StrlSchV auf Grundlage des § 6 Abs. 3, der Normierung von rechtfertigungsbezogenen Genehmigungs- oder Anzeigevoraussetzungen, bspw. § 13 Abs. 1 Nr. 7, § 20 Abs. 3 Nr. 4 oder § 31 Abs. 4 Nr. 1 oder durch die Einführung des neuen Prüfverfahrens für die Rechtfertigung einer Tätigkeitsart nach § 7 und § 38. Der Gesetzgeber hat des Weiteren spezifische Anforderungen an die Rechtfertigung im Zusammenhang mit der Anwendung am Menschen aufgestellt (→ § 83 Rn. 11 ff.), vgl. § 83 Abs. 2 und das Erfordernis der Stellung der rechtfertigenden Indikation nach § 83 Abs. 3.

In **bestehenden Expositionssituationen** kommt der Rechtfertigungsgrundsatz, sofern nicht bereits präzise gesetzgeberische Vorgaben normiert sind (s. bspw. die Vorgaben zu Radioaktivität in Bauprodukten in den §§ 133 ff. in Umsetzung des Art. 75 RL 2013/59/Euratom), bei den Entscheidungen über die jeweils zu bewältigende – sich in jedem Fall grundsätzlich anders darstellende- Expositionssituation zum Ausdruck. Bei der Entscheidung über die Anordnung bestimmter Maßnahmen gegenüber dem Verpflichteten nach § 139 Abs. 1 S. 1 (in Bezug auf radioaktive Altlasten) und § 156 Abs. 3 (in Bezug auf sonstige bestehende Expositionssituationen) muss die zust. Behörde in Bezug auf jede konkrete Maßnahme abwägen, welchen Nutzen und welches Risiko diese Maßnahme mit sich bringt. Zum Rechtfertigungsgrundsatz im Zusammenhang mit einer **Notfallexpositionssituation** vgl. die ausführliche Darlegung in BT-Drs. 18/11241, 347.

4   **Grundsatz der Optimierung:** Dieser Grundsatz bedeutet, dass die Wahrscheinlichkeit, dass eine Exposition auftritt, die Zahl der exponierten Personen und die Höhe der individuellen Dosen so niedrig gehalten werden soll, wie es unter Berücksichtigung wirtschaftlicher und gesellschaftlicher Faktoren vernünftigerweise erreichbar ist (ICRP 103 Ziff. (o)). Das StrlSchG definiert diesen Grundsatz als **Grundpflicht** in § 8 im Zusammenhang mit Tätigkeiten (Vermeidungs- und Reduzierungsgebot) und als Grundsatz im Zusammenhang mit Notfallexpositionssituationen in § 92. Das StrlSchG enthält darüber hinaus eine Reihe von Regelungen, deren Ziel die Verwirklichung des Optimierungsgrundsatzes ist, vgl. zB nur die zentrale Genehmigungsvoraussetzung nach § 13 Abs. 1 Nr. 6 oder § 83 Abs. 5 im Zusammenhang mit der Anwendung am Menschen. Neu durch die RL 2013/59/ Euratom eingeführte und auch im Strahlenschutzrecht vorgesehene Optimierungsinstrumente sind im Zusammenhang mit Tätigkeiten **Dosisrichtwerte** (§ 72 StrlSchV; § 122 Abs. 1 StrlSchV) und **Referenzwerte** im Zusammenhang mit bestehenden und Notfallexpositionssituationen (→ § 5 Rn. 35).

5   **Grundsatz der Einhaltung von Dosisgrenzwerten:** Wie das Vermeidungs- und Reduzierungsgebot normiert das StrlSchG diesen Grundsatz als **Grundpflicht** (§ 9). Diese Pflicht ist nur in den Bereichen relevant, in denen Dosisgrenzwerte bestehen. Im deutschen Strahlenschutzrecht ist dies der Fall in geplanten Expositionssituationen in Bezug auf den Schutz beruflich exponierter Personen (§§ 77, 78), den Schutz von Einzelpersonen der Bevölkerung (§ 80) sowie zum Schutz von Beschäftigten in bestehenden Expositionssituationen, deren Exposition erfordert, dass sie in Bezug auf die Einhaltung von Dosisgrenzwerten denselben Schutz erhalten wie beruflich exponierte Personen (§ 5 Abs. 7), vgl. § 131 Abs. 1 Nr. 3, § 145 Abs. 3 Nr. 2 und § 159 Abs. 3 Nr. 2. Dosisgrenzwerte gelten im StrlSchG **nicht** für Expositionen im Zusammenhang mit der Anwendung am Menschen.

§ 6   Rechtfertigung von Tätigkeitsarten; Verordnungsermächtigung

(1) [1]**Neue Tätigkeitsarten, mit denen Expositionen von Mensch und Umwelt verbunden sein können, müssen unter Abwägung ihres wirtschaftlichen, gesellschaftlichen oder sonstigen Nutzens gegen die möglicherweise von ihnen ausgehende gesundheitliche Beeinträchtigung gerechtfertigt sein.** [2]**Bei der Rechtfertigung sind die berufliche Exposition, die Exposition der Bevölkerung und die medizinische Exposition zu berücksichtigen.** [3]**Expositionen durch die Anwendung am Menschen sind nach Maßgabe des § 83 Absatz 2 zu berücksichtigen.**

(2) **Die Rechtfertigung bestehender Tätigkeitsarten kann überprüft werden, sobald wesentliche neue Erkenntnisse über den Nutzen oder die Auswirkungen der Tätigkeit oder wesentliche neue Informationen über andere Verfahren und Techniken vorliegen.**

(3) **Die Bundesregierung wird ermächtigt, durch Rechtsverordnung mit Zustimmung des Bundesrates zu bestimmen, welche Tätigkeitsarten nicht gerechtfertigt sind.**

A. Zweck und Bedeutung der Norm

§ 6 bestimmt den Strahlenschutzgrundsatz der Rechtfertigung in Bezug auf neue **1** und bestehende Tätigkeitsarten (Abs. 1 und 2) und enthält eine VO-Erm. zur Festlegung nicht gerechtfertigter Tätigkeitsarten (Abs. 3). Die Regelung setzt va Art. 5 lit. a S. 1 Art. 19 Abs. 1 bis 3 RL 2013/59/Euratom um. Siehe auch Vor §§ 6 ff. Rn. 2.

B. Bisherige Regelungen

Die entsprechenden Vorgängerregelungen fanden sich in § 4 Abs. 1 und 3 **2** StrlSchV 2001 und § 2a Abs. 1 und 3 RöV.

C. Rechtfertigung neuer Tätigkeitsarten (Abs. 1)

Abs. 1 bestimmt den Rechtfertigungsgrundsatz in Bezug auf neue Tätigkeits- **3** arten. § 4 Abs. 2 definiert erstmals den Begriff „Tätigkeitsart", der allerdings auch schon in der StrlSchV 2001 und der RöV verwendet worden ist. Bei der „Tätigkeitsart" handelt es sich danach um die **Gesamtheit von Tätigkeiten,** die unter dem Aspekt des Grundsatzes der Rechtfertigung **wesentlich gleich zu beurteilen** sind. S. 1 fordert, dass neue Tätigkeitsarten, mit denen Expositionen von Mensch und Umwelt verbunden sein können, unter Abwägung ihres wirtschaftlichen, gesellschaftlichen oder sonstigen Nutzens gegen die möglicherweise von ihnen ausgehende gesundheitliche Beeinträchtigung gerechtfertigt sein müssen. Nach S. 2 sind bei der Rechtfertigung die drei Expositionskategorien berufliche Exposition, Exposition der Bevölkerung und die med. Exposition zu berücksichtigen. So ist bspw. beim Einsatz ionisierender Strahlung als wirksames Mittel zur Dichtheitsprüfung die damit verbundene Exposition der Personen, die Strahlung anwenden, mit zu berücksichtigen. Durch den Verweis auf § 83 Abs. 2 nimmt S. 3 Bezug auf den dort für die Anwendung am Menschen spezifischer formulierten Rechtfertigungsgrundsatz.

§ 38 operationalisiert den Rechtfertigungsgrundsatz für neue Tätigkeitsarten, **4** indem er eine verpflichtende Rechtfertigungsprüfung vorsieht für neue Tätigkeitsarten mit Konsumgütern oder bauartzugelassenen Vorrichtungen. Auch § 7 kann eine Rechtfertigungsprüfung für neue Tätigkeitsarten auslösen, vgl. die Kommentierung dort. Die Prüfung erfolgt durch das **BfS.**

D. Rechtfertigung bestehender Tätigkeitsarten (Abs. 2)

5   Abs. 2 bestimmt, dass die Rechtfertigung bestehender Tätigkeitsarten überprüft werden **kann,** sobald wesentliche neue Erkenntnisse über den Nutzen oder die Auswirkungen der Tätigkeit oder wesentliche neue Informationen über andere Verfahren und Techniken vorliegen. Anlass für eine Überprüfung der Rechtfertigung können bspw. neue Erkenntnisse über die Geeignetheit von Verfahren mit nichtionisierender Strahlung sein.

6   § 7 operationalisiert den Rechtfertigungsgrundsatz für bestehende Tätigkeitsarten (es wird nicht zwischen neuen und bestehenden Tätigkeitsarten unterschieden), vgl. die Kommentierung dort. Wie im Rahmen des § 38 erfolgt die Prüfung durch das **BfS.**

E. VO-Erm. (Abs. 3)

7   Die VO-Erm. ist durch **§ 2 iVm Anl. 1 StrlSchV** ausgefüllt worden. Zu den nicht gerechtfertigten Tätigkeitsarten gehört bspw. die Verwendung von hochradioaktiven Strahlenquellen bei der Untersuchung von Containern und Fahrzeugen außerhalb der Materialprüfung oder die Anwendung von Röntgenstrahlung am Menschen zur Pneumenzephalographie. Eine Tätigkeit, die auf der Liste der nicht gerechtfertigten Tätigkeitsarten steht, ist nicht genehmigungsfähig, vgl. zB § 13 Abs. 1 Nr. 7, oder kann, wenn sie anzeigebedürftig ist, untersagt werden, vgl. zB § 20 Abs. 3 Nr. 3. Andersherum werden Tätigkeiten, die nicht in der Liste aufgeführt werden, grundsätzlich als gerechtfertigt eingestuft und dürfen – vorbehaltlich einschlägiger Genehmigungs-, Anzeige oder Anmeldeerfordernisse – ausgeübt werden. Das StrlSchG kennt keine Liste „gerechtfertigter Tätigkeitsarten".

§ 7   Verfahren zur Prüfung der Rechtfertigung einer Tätigkeitsart; Verordnungsermächtigung

(1) ¹Liegen der zuständigen Behörde in einem Genehmigungs- oder Anzeigeverfahren nach den §§ 10, 12, 17, 19 Absatz 1 Satz 1 Nummer 1, § 56 oder § 59 Anhaltspunkte vor, die Zweifel an der Rechtfertigung der Tätigkeitsart im Sinne des § 6 Absatz 1 oder 2 aufwerfen, so übermittelt die Behörde, bei Landesbehörden über die für den Strahlenschutz zuständige oberste Landesbehörde, dem Bundesministerium für Umwelt, Naturschutz und nukleare Sicherheit die Unterlagen, die die Anhaltspunkte darlegen. ²Erfordern die Anhaltspunkte eine weitere Untersuchung, so veranlasst dieses eine Prüfung durch das Bundesamt für Strahlenschutz. ³Das Bundesministerium für Umwelt, Naturschutz und nukleare Sicherheit kann auch außerhalb laufender Genehmigungs- und Anzeigeverfahren in entsprechender Anwendung von Satz 2 für Tätigkeitsarten eine Prüfung durch das Bundesamt für Strahlenschutz veranlassen, sofern es aus Sicht des Strahlenschutzes geboten ist.

(2) ¹Das Bundesamt für Strahlenschutz prüft innerhalb von zwölf Monaten nach Eingang der Unterlagen die Rechtfertigung der Tätigkeitsart im Sinne des § 6 Absatz 1 und 2 und veröffentlicht einen wissenschaft-

lichen Bericht. ²In dem Bericht sind Betriebs- und Geschäftsgeheimnisse und personenbezogene Daten unkenntlich zu machen.

(3) Die Bundesregierung wird ermächtigt, durch Rechtsverordnung mit Zustimmung des Bundesrates
1. zu bestimmen, welche Unterlagen vorzulegen sind,
2. Vorgaben über das Prüfungsverfahren zur Rechtfertigung von Tätigkeitsarten zu treffen,
3. zu regeln, auf welche Weise das Bundesamt für Strahlenschutz den wissenschaftlichen Bericht über die Rechtfertigung der Tätigkeitsart veröffentlicht.

Schrifttum: SSK, Kriterien für die Beurteilung von Tätigkeiten und Verfahren im Hinblick auf eine Rechtfertigung, Empfehlung der Strahlenschutzkommission mit Begründung und Erläuterung der Empfehlung, verabschiedet in der 205. Sitzung der Strahlenschutzkommission am 16./17. Februar 2006, urn:nbn:de:101:1−2013101511656.

A. Zweck und Bedeutung der Norm

Mit der in § 7 vorgesehenen Prüfung der Rechtfertigung einer Tätigkeitsart **1** wird, gemeinsam mit § 38, der ein ähnliches Verfahren für Tätigkeitsarten mit Konsumgütern oder bauartzugelassenen Vorrichtungen vorsieht, im deutschen Strahlenschutzrecht **erstmals ein behördliches Verfahren** zur Prüfung der Rechtfertigung im Rahmen eines Genehmigungs- oder Anzeigeverfahrens vorgesehen. Ziel dieses Verfahrens ist, die Tätigkeitsarten zu identifizieren und zu prüfen, die Zweifel an ihrer Rechtfertigung aufwerfen, ohne dass auf ein Tätigwerden des Gesetzgebers gewartet werden muss, der die in Anl. 1 StrlSchV enthaltene Liste der nicht gerechtfertigten Tätigkeitsorten ergänzt. Damit wird einer effektiveren Umsetzung von **Art. 19 Abs. 1 und 2 RL 2013/59/Euratom** Rechnung getragen. § 7 ändert nichts an dem Grundsatz, dass genehmigungs- oder anzeigebedürftige Tätigkeitsarten gerechtfertigt sind, sofern nicht anders geregelt (→ § 6 Rn. 7). Denn die Bewertung der Rechtfertigung erfolgt nur bei tatsächlichen Anhaltspunkten, die Zweifel aufwerfen (BT-Drs. 18/11241, 241).

Die Regelung ist so ausgestaltet, dass auf der einen Seite die tatsächliche Anwendung der Rechtfertigung **operationalisiert** wird, auf der anderen Seite die Fragen der materiellen Rechtfertigung – auch im Interesse eines bundeseinheitlichen Verständnisses der Rechtfertigung von Tätigkeitsarten –aus den einzelnen Anzeige- und Genehmigungsverfahren ferngehalten werden (BT-Drs. 18/11241, 241). **2**

Der **Rechtfertigungsgrundsatz** spielt durch die neue Rechtfertigungsprüfung **3** bei den Genehmigungsvoraussetzungen bzw. bei den Gründen, die der Durchführung einer angezeigten Tätigkeit entgegenstehen könnten, somit **in zweifacher Hinsicht** eine Rolle, vgl. zB § 13 Abs. 1 Nr. 7 oder § 20 Abs. 3 Nr. 4. Zum einen ist das Ergebnis der vom BfS durchgeführten Rechtfertigungsprüfung (→ Rn. 13) von den für die Genehmigungserteilung oder Prüfung der Anzeige zust. Behörden bei ihrer Beurteilung des Vorliegens erheblicher Zweifel an der Rechtfertigung der Tätigkeitsart zu **berücksichtigen**. Außerdem darf es sich – in Fortführung der bisherigen Rechtslage – bei der beantragten oder angezeigten Tätigkeit nicht um eine nicht gerechtfertigte Tätigkeitsart nach § 6 Abs. 3 iVm § 2 iVm Anl. 1 StrlSchV handeln. In letzterem Fall hat die zust. Behörde **keinen Spielraum bei der Beurteilung** des Vorliegens eines Genehmigungsversagungs- oder − bei einer angezeigten Tätigkeit – eines Untersagungsgrundes (auch ihr Untersagungsermessen dürfte im Falle einer nicht gerechtfertigten Tätigkeitsart sehr eingeschränkt sein).

B. Bisherige Regelung

4   Eine Vorgängerregelung existiert nicht.

C. Anwendungsbereich (Abs. 1 S. 1)

5   Das Verfahren nach § 7 kann in den **folgenden Genehmigungs- oder Anzeigeverfahren** zur Anwendung kommen: Genehmigungsverfahren zur Errichtung einer AEiS nach § 10 (vgl. § 10 Abs. 2), Genehmigungsverfahren für die in § 12 Abs. 1 genannten Tätigkeiten (vgl. § 13 Abs. 6), Anzeigeverfahren für den Betrieb einer AEiS nach § 17 (vgl. 18 Abs. 2), Anzeigeverfahren für den Betrieb einer Röntgeneinrichtung nach § 19 Abs. 1 S. 1 Nr. 1 (vgl. § 20 Abs. 2), Anzeigeverfahren in Bezug auf NORM-Arbeitsplätze nach §§ 56 oder 59 (vgl. § 57 Abs. 2 und § 59 Abs. 4 iVm § 57 Abs. 2). Sofern die genannten Genehmigungs- oder Anzeigeverfahren auch im Zusammenhang mit der **Anwendung am Menschen** einschlägig sind, gilt das Verfahren nach § 7 **gleichermaßen,** allerdings unter Berücksichtigung des in diesem Bereich geltenden besonderen Rechtfertigungsgrundsatz des § 83 Abs. 2 (BT-Drs. 18/11241, 240).

6   Das Verfahren nach § 7 gilt hingegen **nicht** für den Bereich der med. Forschung sowie für die Früherkennung. Die für diese beiden Bereiche geltenden spezifischen Regelungen (Genehmigungs- und Anzeigeverfahren bei der med. Forschung sowie Zulassung von Früherkennungsuntersuchungen durch RVO auf Grundlage des § 84 Abs. 2) tragen den sich in diesen beiden Bereichen stellenden sehr spezifischen Aspekten der Rechtfertigung Rechnung (BT-Drs. 18/11241, 240). Das Verfahren nach § 7 kommt ebenfalls nicht bei der Anzeige des Betriebs von Basis-, Hoch- oder Vollschutzgeräten oder Schulröntgeneinrichtungen nach § 19 Abs. 1 S. 1 Nr. 2 zum Tragen.

D. Verfahren (Abs. 1 und 2)

I. Veranlassung durch Landesbehörden

7   **1. Zweifel an der Rechtfertigung; Aussetzung des Genehmigungs- oder Anzeigeverfahrens.** Ergeben sich bei der zust. Behörde bei der Prüfung eines Genehmigungsantrags oder der Unterlagen, die der Anzeige einer Tätigkeit beigefügt worden sind, aufgrund von Anhaltspunkten Zweifel an der Rechtfertigung der Tätigkeitsart, setzt sie das Genehmigungsverfahren (s. zB § 13 Abs. 6) oder das Verfahren zur Prüfung der Anzeige (s. zB § 20 Abs. 2) für die Dauer des Verfahrens zur Prüfung der Rechtfertigung aus. Die Zweifel müssen **ernstlicher Natur** sein und auf Unterlagen beruhen, die bei Einleitung der Rechtfertigungsprüfung weitergegeben werden können. Ein allgemeiner Wunsch nach Prüfung der Rechtfertigung ohne derartige Anhaltspunkte genügt im Kontext eines Genehmigungs- oder Anzeigeverfahrens nicht (BT-Drs. 18/11241, 241). Etwas anderes gilt in diesem Zusammenhang bei Veranlassung der Rechtfertigungsprüfung durch das BMUV nach S. 3 (→ Rn. 12). Die **Tätigkeitsart,** an deren Rechtfertigung Zweifel bestehen, muss die Tätigkeit, die Gegenstand des Genehmigungsantrags oder der Anzeige ist, **umfassen.** Wie eng oder wie weit die Tätigkeitsart letztlich zu betrachten ist, wird abschließend möglicherweise erst im weiteren Verfahren bestimmt werden können (BT-Drs. 18/11241, 241).

2. Übermittlung der Unterlagen; Prüfung durch zust. oberste Landes- 8 **behörden und durch das BMUV.** Handelt es sich bei den von S. 1 genannten Genehmigungs- und Anzeigeverfahren um solche, für die die **Landesbehörden** zust. sind (was der Regelfall sein dürfte, s. aber § 191 Abs. 2 zur Zuständigkeit des BMVg), übermittelt sie die Unterlagen, die die Anhaltspunkte für die Zweifel darlegen, zuerst an die **zust. oberste Landesbehörde.** Nach § 3 Abs. 1 StrlSchV umfassen die zu übermittelnden Unterlagen neben den jeweiligen Genehmigungs- oder Anzeigeunterlagen die Unterlagen nach Anl. 2 Teil A sowie eine **Darlegung der Zweifel** der für das Genehmigungs- oder Anzeigeverfahren zust. Behörde.

Mit der Einbindung der obersten Landesbehörde soll durch eine **zusätzliche** 9 **Kontrollinstanz** sichergestellt werden, dass das Verfahren nur durchgeführt wird, wenn wirkliche Zweifel an der Rechtfertigung der Tätigkeitsart bestehen. Kommt die zust. oberste Landesbehörde zu dem Ergebnis, dass die Zweifel zu Recht bestehen, nimmt sie nach § 3 Abs. 2 StrlSchV zu den Zweifeln der für das Genehmigungs- oder Anzeigeverfahren zust. Behörde schriftlich Stellung und übermittelt die Stellungnahme zusammen mit den Unterlagen unverzüglich an das BMUV.

Sind **Bundesbehörden** für die Genehmigungs- oder Anzeigeverfahren zuständig, werden die Unterlagen direkt an das BMUV übermittelt. 10

Nach S. 2 veranlasst das BMUV eine Prüfung durch das BfS, wenn es zu dem Ergebnis kommt, dass die Anhaltspunkte eine weitere Untersuchung erfordern. Diese zusätzliche Kontrolle – und die damit verbundene Möglichkeit des BMUV, die Rechtfertigungsprüfung abzulehnen – stellt sicher, dass die Rechtfertigungsprüfung **nur in wirklich begründeten Fällen** durchgeführt und das BfS nicht mit zahlreichen Bagatellfällen belastet wird. Insbesondere kann das Rechtfertigungsverfahren nicht die Prüfung der Genehmigung oder Anzeige durch zust. Behörde ersetzen (BT-Drs. 18/11241, 241). 11

II. Veranlassung durch das BMUV

Nach S. 3 kann das BMUV auch außerhalb laufender Genehmigungs- und 12 Anzeigeverfahren entsprechend S. 2 für Tätigkeitsarten eine Prüfung durch das BfS veranlassen, sofern es aus Sicht des Strahlenschutzes geboten ist. Die Veranlassung einer Prüfung auf diesem Weg kommt insbesondere bei **nicht regulierten Tätigkeitsarten** in Betracht. Überprüfungen nach S. 3 können auch auf Anregung Dritter, zB Landesbehörden, ohne ein konkret anstehendes Verfahren eingeleitet werden. Sie gelten für **alle Tätigkeitsarten,** also auch für solche, für die das besondere Verfahren nach § 38 einschlägig wäre (BT-Drs. 18/11241, 241), aber auch zur Überprüfung der Rechtfertigung einer bestehenden Tätigkeitsart bei wesentlichen neuen Erkenntnissen im Zusammenhang mit Konsumgütern oder Bauartzulassungen.

III. Prüfung durch das BfS

Nach Abs. 2 S. 1 prüft das BfS **innerhalb von zwölf Monaten** nach Eingang 13 der Unterlagen die Rechtfertigung der Tätigkeitsart iSd § 6 Abs. 1 und 2. Nach § 3

Abs. 3 StrlSchV beginnt die Frist zur Prüfung mit der Feststellung der Vollständigkeit der Unterlagen durch das BfS; das BfS informiert das BMUV und die für das Genehmigungs- und Anzeigeverfahren zust. Behörde bzw. die zust. oberste Landesbehörde, falls diese zwischengeschaltet ist, über den Beginn der Prüfung. Nach § 3 Abs. 4 StrlSchV kann das BfS auch nach Feststellung der Vollständigkeit für die Prüfung erforderliche Unterlagen nachfordern.

14   **Maßstab** für die Prüfung ist der in **§ 6 Abs. 1 und 2** für neue und bestehende Tätigkeitsarten formulierte Rechtfertigungsgrundsatz. Als fachliche Bewertungsgrundlage kommt bspw. die SSK-Empfehlung „Kriterien für die Beurteilung von Tätigkeiten und Verfahren im Hinblick auf eine Rechtfertigung" in Frage.

15   Das Ergebnis der Prüfung **veröffentlicht** das BfS in einem wissenschaftlichen Bericht (Abs. 2 S. 1). In dem Bericht sind Betriebs- und Geschäftsgeheimnisse und personenbezogene Daten unkenntlich zu machen (Abs. 2 S. 2). Nach § 3 Abs. 5 S. 1 StrlSchV veröffentlicht das BfS den Bericht im BAnz. Nach § 3 Abs. 5 S. 2 StrlSchV informiert das BMUV die für das Genehmigungs- oder Anzeigeverfahren zust. Behörde bzw. die zust. oberste Landesbehörde über das Ergebnis der Prüfung.

E. VO–Erm. (Abs. 3)

16   Auf Grundlage der VO-Erm. des Abs. 3 konkretisiert **§ 3 StrlSchV** das Verfahren zur Prüfung der Rechtfertigung nach § 7. Die Bestimmungen des § 3 werden oben dargelegt.

§ 8 Vermeidung unnötiger Exposition und Dosisreduzierung

(1) **Wer eine Tätigkeit plant, ausübt oder ausüben lässt, ist verpflichtet, jede unnötige Exposition oder Kontamination von Mensch und Umwelt zu vermeiden.**

(2) **¹Wer eine Tätigkeit plant, ausübt oder ausüben lässt, ist verpflichtet, jede Exposition oder Kontamination von Mensch und Umwelt auch unterhalb der Grenzwerte so gering wie möglich zu halten. ²Hierzu hat er unter Berücksichtigung aller Umstände des Einzelfalls**
1. bei Tätigkeiten nach § 4 Absatz 1 Satz 1 Nummer 1 bis 7 und 9 den Stand von Wissenschaft und Technik zu beachten,
2. bei Tätigkeiten nach § 4 Absatz 1 Satz 1 Nummer 8, 10 und 11 den Stand der Technik zu beachten.

Übersicht

Schrifttum: *Basse,* Die Bedeutung der Strahlenschutzgrundsätze, in: Institut für Völkerrecht der Universität Göttingen und Bundesministerium des Innern (Hrsg.), Viertes Deutsches Atomrechts-Symposium, 1976, 87; *Bischof,* Zur Optimierungspflicht im Strahlenschutzrecht, NJW 1991, 2323; *Gemmeke,* Nachträgliche Anordnungen im Atomrecht, 1995; *Götz,* Zur Verfassungsmäßigkeit der Dosisgrenzwerte, in: Institut für Völkerrecht der Universität Göttingen und Bundesministerium des Innern (Hrsg.), Viertes Deutsches Atomrechts-Symposium, 1976, 177; *Lukes/Richter,* Bevölkerungsrisiko und Strahlenminimierungsgebot, NJW 1981, 1401; *Michel/Völkle/Lorenz,* Strahlenschutz heute – Erfolge, Probleme, Empfehlungen für die Zukunft, StrSchPRAXIS 2018, 5; *Roller,* Drittschutz im Atom- und Immissionsschutzrecht, NVwZ 2010, 990; *Schattke,* Grenzen des Strahlenminimierungsgebots im Kernenergierecht, DVBl. 1979, 652; *ders.,* Rechtsfragen im Zusammenhang mit der Konkretisierung der Strahlenschutzgrundsätze, in: Lukes (Hrsg.), Sechstes Deutsches Atomrechts-Symposium, 1980, 101; *Schmidt-Preuß,* Das Atomrecht als Referenzgebiet des Verwaltungsrechts, DVBl. 2000, 767; *Sendler,* Ist das Umweltrecht normierbar?, UPR 1981, 1; *SSK,* Einführung von Dosisrichtwerten (Dose Constraints) zum Schutz vor beruflicher Strahlenexposition bei der Umsetzung der Richtlinie 2013/59/Euratom in das deutsche Strahlenschutzrecht, Empfehlung vom 11./ 12.12.2014, BAnz AT 10.08.2015 B3; *Steinberg,* Atomrechtliche Schadensvorsorge und „Restrisiko", in: Schneider/Steinberg, Schadensvorsorge im Atomrecht zwischen Genehmigung, Bestandsschutz und staatlicher Aufsicht, 1991, 9.

A. Sinn und Zweck der Norm

Das in § 8 normierte **Strahlenminimierungs- oder Optimierungsgebot** 1 (zur Begrifflichkeit → Rn. 6) ist neben der Rechtfertigung (§§ 6 und 7) und der Dosisbegrenzung (§ 9) **einer der drei prägenden Grundsätze des Strahlenschutzrechts.** Es beruht letztlich auf der Annahme einer linearen Dosis-Wirkungs-Beziehung ohne Schwellenwert (→ Einführung Rn. 3), die dem System des Strahlenschutzes zugrundeliegt: der Annahme also, dass kein Dosisgrenzwert existiert, bei dessen Unterschreitung keine Strahlenwirkung mehr auftritt, und dass daher davon ausgegangen werden muss, dass jede noch so geringe Strahlenexposition eine gewisse, wenn auch entsprechend geringe Strahlenwirkung zur Folge hat (amtl. Begründung zur StrlSchV 1976, BR-Drs. 375/76, 34).

Das Optimierungsgebot wird teils als wichtigster der drei Grundsätze bezeichnet 2 (etwa in *Basse* 4. AtRS, 87 und 90): „Oberstes Grundprinzip des Strahlenschutzes" bzw. „Magna Charta des Strahlenschutzes"; letzterer Begriff auch bei *Kramer/Zerlett* § 28 Anm. III. 1.). In juristischer Hinsicht hat es jedoch seit jeher gewisse Schwierigkeiten bereitet. Der **finale Ansatz der Optimierung** („so gering wie möglich") passt nicht recht zu der für die Rechtsanwendung gewohnten konditionalen Tatbestandsstruktur; diese wird vielmehr durch die Dosisgrenzwerte verkörpert (eine Tätigkeit ist zulässig, wenn die Exposition unter dem Wert x bleibt). Insofern ist es folgerichtig, dass Gerichte und Rechtswissenschaft die Dogmatik des Strahlenminimierungsgebotes gerade **in Abgrenzung zu den Dosisgrenzwerten** entwickelt haben (→ Rn. 15).

Die Regelung setzt **Art. 5 lit. b RL 2013/59/Euratom** um. 3

B. Regelungshistorie

4   Das Strahlenminimierungsgebot war der Sache nach bereits in § 21 Nr. 2 1. SSVO 1960 – der Vorgängerregelung des heutigen § 72 Abs. 1 S. 1 Nr. 1 – als Verpflichtung der „für den Strahlenschutz Verantwortlichen" statuiert. Als allgemeines Strahlenschutzprinzip festgeschrieben wurde es erstmals in **§ 28 Abs. 1 StrlSchV 1976. § 6 StrlSchV 2001** übernahm die Regelung praktisch wörtlich, lediglich anders gegliedert. In weitestgehend übereinstimmender Form wurde der Grundsatz auch in **§ 2 c RöV 2003** formuliert. § 8 führt § 6 StrlSchV 2001 praktisch wörtlich fort, mit geringen redaktionellen Anpassungen und einer Aufteilung des Minimierungsgebotes in Abs. 2 in zwei Nummern, die der Anwendung der beiden unterschiedlichen, aus der StrlSchV und der RöV jeweils übernommenen Technikklauseln geschuldet ist (→ Rn. 36). In der amtlichen Begründung (BT-Drs. 18/11241, 242 f.) hat der Gesetzgeber unterstrichen, dass er, obwohl der Wortlaut von Art. 5 lit. b RL 203/59/Euratom etwas anders gefasst ist, die das deutsche Strahlenschutzrecht prägende Struktur und Terminologie der Norm beibehalten wollte, um bei der Rechtsanwendung nicht neue Unsicherheiten zu erzeugen.

C. Begrifflichkeit und Struktur der Regelung

5   Die Norm steht in Teil 2 Kapitel 1, das mit dem Wort „Strahlenschutzgrundsätze" überschrieben ist. Ebenso wie § 9 statuiert sie eine Verpflichtung („wer …, ist verpflichtet, …"). Insofern schwankt die Begrifflichkeit auch in der Literatur zwischen **„Grundsatz/Prinzip"** einerseits und **„Gebot/Verpflichtung"** andererseits; beides trifft zu.

6   Für die in § 8 normierte Pflicht hat sich sowohl in der Rspr. (grundlegend BVerwGE 61, 256 (267); → Rn. 14 ff.; zuletzt jüngst BVerwG, Urt. v. 25.01.2022 – 4 C 2.20, UA, Rn. 21 f.) als auch in der jur. Literatur (siehe nur *Schattke* DVBl. 1979, 652; *Lukes/Richter* NJW 1981, 1401; *Posser* in HMPS AtG/PÜ, § 7 AtG Rz. 116; *Leidinger* in Frenz, § 7 AtG Rn. 166) – meist im Kontext atomrechtlich zu genehmigender Anlagen – ganz überwiegend der zusammenfassende Begriff **„Strahlenminimierungsgebot"** eingebürgert. In der amtl. Begründung (BT-Drs. 18/11241, 242) wird der Grundsatz dagegen als **„Optimierungsprinzip"** bezeichnet; auch *Bischof* NJW 1991, 2323 (2327) plädiert für „Optimierung" statt „Minimierung", da die gesetzliche Verpflichtung gerade keine Minimierung um jeden Preis verlangt (→ Rn. 41). Im Strahlenschutz allgemein ist für den in § 8 verkörperten Grundsatz durchweg der Begriff „Optimierung" gebräuchlich, er wird von der RL 2013/59/Euratom (Art. 5 lit. b) ebenso verwendet wie in ICRP 103 (Ziff. 5.6, S. 89) oder auf der Website des BfS. Insofern wird auch in dieser Kommentierung **idR von „Optimierung" gesprochen;** nur wenn auf die bisherige Rspr. und Literatur Bezug genommen wird, wird weiterhin der Begriff „Strahlenminimierungsgebot" verwendet. Beide Begriffe sind inhaltlich als Synonyme aufgefasst.

7   Der Wortlaut des § 8 unterscheidet zwischen der **Vermeidung unnötiger Exposition** (Abs. 1) und der **Dosisreduzierung** (Abs. 2), die in der amtl. Begründung (BT-Drs. 18/11241, 242) als zwei konkrete Handlungspflichten bezeichnet werden, in denen das Optimierungsgebot sich ausprägt. Bei näherer Betrachtung ist es schwer, die beiden Absätze voneinander abzugrenzen. Wenn etwa durch den

Aufbau einer zusätzlichen Abschirmung die Strahlenexposition von Arbeitern verringert wird, so ist kaum zu entscheiden, ob dies nun das Vermeiden einer unnötigen Exposition oder die Reduzierung der Exposition der Arbeiter darstellt; beides trifft zu. Deshalb ist vertreten worden, die beiden in Abs. 1 und Abs. 2 formulierten Gebote seien logisch kaum zu trennen und meinten im Grunde dasselbe (*Kramer/ Zerlett* § 28 III. 5; *Marburger* Schadensvorsorge, 81 und nochmals 130). Vorzugswürdig erscheint dagegen die ähnliche, aber etwas differenziertere Auffassung, wonach Abs. 2 einen Unterfall von Abs. 1 darstellt (so auch VGH München, Urt. v. 20.12.2018 – 22 A 17.40004, BeckRS 2018, 42327, Rn. 179). Denn jede Maßnahme zur Verringerung einer Exposition nach Abs. 2 lässt sich (siehe das obige Beispiel) zugleich auch als Vermeidung einer unnötigen – nämlich durch die Maßnahme vermeidbaren – Exposition iSd Abs. 1 darstellen. Umgekehrt gibt es jedoch Fälle einer Vermeidung nach Abs. 1, auf die Abs. 2 nicht passt, etwa wenn ein Zahnarzt auf eine Röntgenaufnahme verzichtet, weil der Patient ein aussagefähiges Röntgenbild mitbringt; hier ist die Exposition durch eine neue Röntgenbestrahlung als solche unnötig und kann und muss gänzlich vermieden werden. Insgesamt ist aber festzustellen, dass es sich bei § 8 um ein **einheitliches Gebot** handelt und im Einzelfall die Zuordnung zu Abs. 1 oder Abs. 2 nicht erforderlich ist; auch die Rspr. hat sie bisher nicht vorgenommen.

D. Anwendungsbereich und Adressat

Das Optimierungsgebot gilt in seiner in § 8 festgeschriebenen Gestalt für **Tätig-** **8** **keiten** und bezieht sich somit (vgl. § 2 Abs. 2) nur auf **geplante Expositionssituationen.** Im allgemeinen System des Strahlenschutzes ist es jedoch auch für die anderen Expositionssituationen bedeutsam. Für Notfallexpositionssituationen ist es als Reduzierungsgebot in § 92 Abs. 3 geregelt (→ § 92 Rn. 9). Für bestehende Expositionssituationen finden sich Einzelregelungen in Teil 4, etwa in § 131 Abs. 1 Nr. 1 für den Schutz vor Radon an Arbeitsplätzen, in § 139 Abs. 1 Nr. 3 in Bezug auf die Sanierung radioaktiver Altlasten, in § 145 Abs. 3 Nr. 1 für den Schutz von Arbeitskräften bei radioaktiven Altlasten oder in § 156 Abs. 2 für Maßnahmen bei sonstigen bestehenden Expositionssituationen.

Durch die **Erweiterung des Begriffs der Tätigkeiten** im StrlSchG im Ver- **9** gleich zur StrlSchV 2001, insbesondere durch seine Erstreckung auf die bisherige Kategorie der Arbeiten, hat sich der Anwendungsbereich des § 8 bei gleichbleibendem Wortlaut dem Inhalt nach erweitert; nach Auffassung des Gesetzgebers wird sich dadurch allerdings in der Praxis keine wesentliche Verschärfung ergeben (BT-Drs. 18/11214, 242).

Das Optimierungsgebot gilt für **alle drei Expositionskategorien** (§ 2 Abs. 5). **10** Die **Grenzwerte,** unterhalb derer nach Abs. 2 S. 1 jede Exposition so gering wie möglich zu halten ist, beziehen sich demgemäß auf Einzelpersonen der Bevölkerung (§§ 80 Abs. 1 und 2 StrlSchG, 99 Abs. 1, 104 Abs. 1 StrlSchV) und auf beruflich exponierte Personen (§§ 77 und 78). Für die Anwendung am Menschen, insbesondere für die medizinische Exposition, gibt es dagegen keine Grenzwerte (→ vor §§ 6 ff. Rn. 5); die Optimierung in diesem Bereich ist näher konkretisiert in § 83 Abs. 5 (→ § 83 Rn. 19).

Durch die Norm verpflichtet ist diejenige Person, die „eine Tätigkeit plant, aus- **11** übt oder ausüben lässt", und damit grds. der **SSV.** Da es sich bei § 8 um eine übergeordnete und „grundsätzliche" Verpflichtung handelt, ist das Optimierungsgebot in § 72 Abs. 1 Nr. 1, mit etwas gekürztem Wortlaut, aber mit ausdrücklichem Verweis auf § 8 Abs. 1 und Abs. 2, nochmals als **Sorgepflicht des SSV** (und – im Rahmen der ihm übertragenen Aufgaben und Befugnisse – auch des **SSB**, § 72 Abs. 2 S. 1 Nr. 1 lit. a) verankert. An dieser Stelle ist es auch bußgeldbewehrt (→ Rn. 46). Zu beachten ist das Optimierungsgebot auch als Genehmigungsvoraussetzung, etwa in § 13 Abs. 1 Nr. 6 (→ § 13 Rn. 41).

12 Das Gebot richtet sich – ebenso wie die Dosisgrenzwerte (→ § 80 Rn. 16) und letztlich wie alle verbindlichen Regelungen des Strahlenschutzrechts – zugleich an die zuständigen **Genehmigungs- und Aufsichtsbehörden,** die berufen sind, die Beachtung des Gebotes sicherzustellen (*Bischof* NJW 1991, 2323 (2328)). Es besteht jedoch zumindest für die Genehmigungsbehörden keine objektiv-rechtliche Verpflichtung, z. B. Ableitungswerte (§ 102 Abs. 1 StrlSchV) festzusetzen, die unter den gesetzlichen Grenzwerten liegen (so VGH München, Urt. v. 20.12.2018 – 22 A 17.40004, BeckRS 2018, 42327, Rz. 181 ff.) (→ Rn. 23).

E. Rechtsnatur und Drittschutz

13 Das Gebot der Strahlenminimierung oder Optimierung ist als überragendes Prinzip des Strahlenschutzes anerkannt (→ Rn. 2), bedarf jedoch in juristischer Hinsicht der genauen **Einordnung in die Dogmatik des Strahlenschutzrechts.** Diese Einordnung ist in der Vergangenheit in erster Linie anhand der Frage vorgenommen worden, ob Dritte einen Anspruch auf seine Beachtung geltend machen können **(Drittschutz).** Dies erfolgte in der Praxis anhand von Anfechtungsklagen von Nachbarn kerntechnischer Anlagen gegen entsprechende Genehmigungen, die die atomrechtliche Judikatur geprägt haben (dazu *Sendler* UPR 1981, 1 (4)). Auch wenn die daraus gewonnenen Ergebnisse – die sogleich dargestellt werden – weiter gültig sind, ist es heute an der Zeit, die rechtliche Einordnung des Optimierungsgebots von der atomrechtlichen Dogmatik zu lösen (→ Rn. 25).

I. Die Stade-Rspr. des BVerwG

14 Die Einordnung des damals in § 28 Abs. 1 StrlSchV 1976 verankerten Strahlenminimierungsgebots mit Bezug auf die erforderliche Schadensvorsorge des § 7 Abs. 2 Nr. 3 AtG und die darauf aufbauende Frage des Drittschutzes war in den 1970er Jahren streitig und wurde von Verwaltungs- und Oberverwaltungsgerichten teils unterschiedlich entschieden (ausführlich zu der damaligen Rspr. und ihren divergierenden Tendenzen *Degenhart* KernergieR, 10 ff.; *Schattke* in Lukes (Hrsg.), Sechstes Deutsches Atomrechts-Symposium, 101 (113 ff.)). Vorbereitet durch einige Beiträge in der juristischen Literatur (*Schattke* DVBl. 1979, 652; *Degenhart* KernenergieR, 80 f., 179 f.; *Götz* in 4. AtRS, 177 f.), hat das **BVerwG** im **grundlegenden Urteil von 1980 zum KKW Stade** (BVerwGE 61, 256 (267) = NJW 1981, 1393 (1395)) **das Strahlenminimierungsgebot dem nicht drittschützenden Restrisiko zugeordnet** (seither st. Rspr., zuletzt BVerwGE 131, 129 (136 f.) = NVwZ 2008, 1012 (1014)). Diese Einordnung, die im Stade-Urteil mit Blick auf die Ableitungs-Grenzwerte (heute § 99 Abs. 1 StrlSchV) und damit auf den Normalbetrieb getroffen wurde, wurde vom BVerwG nachfolgend auch auf die Verminderung der Strahlenexposition im Bereich der Störfallplanungswerte des § 104 Abs. 1 StrlSchV erstreckt (BVerwGE 104, 36 (46) = NVwZ 1998, 623 (625f.); BVerwGE 131, 129 (137) = NVwZ 2008, 1012 (1014).

Das BVerwG hat im Stade-Urteil seine Einordnung des Strahlenminimierungs- **15** gebotes im Wesentlichen auf zwei Argumente gestützt. Zum einen hat es sich auf die **grundlegende Systematik des Kalkar-Beschlusses** des BVerfG von 1979 mit ihrer Abgrenzung der aufgrund der Schutzpflicht aus Art. 2 Abs. 2 S. 1 GG erforderlichen Schadensvorsorge vom grundsätzlich hinzunehmenden Restrisiko (→ Einführung Rn. 34) berufen und sie für die Einordnung der Strahlenschutzgrundsätze der Dosisbegrenzung einerseits und des Strahlenminimierungsgebotes andererseits fruchtbar gemacht. Die vom Gesetz- und Verordnungsgeber festgesetzten **Dosisgrenzwerte** für den Schutz von Einzelpersonen der Bevölkerung legten das für die Einzeldosis höchstzulässige Maß der Strahlenexposition und damit die **Grenze** fest, jenseits derer das für die Einzelperson hinzunehmende **Restrisiko** beginne; sie lägen innerhalb der regionalen Schwankungsbreite der natürlichen Strahlenexposition. Wie das BVerwG in späteren Entscheidungen ergänzte (BVerwG, Beschl. v. 23.05.1991 – 7 C 34/90, NVwZ 1991, 1185; BVerwG, Urt. v. 21.05.1997 – 11 C 1/96, BVerwGE 105, 6 = BeckRS 9998, 170941 Rn. 48), zielten die Dosisgrenzwerte für Ableitungen im Normalbetrieb darauf ab, die Strahlenbelastung so gering zu halten, dass sie bei der natürlichen Strahlenbelastung und deren Schwankungsbreite von Ort zu Ort nicht ins Gewicht falle und deshalb **unter Risikogesichtspunkten vernachlässigt werden könne;** es handele sich – anders als bei den weit höheren Störfallplanungswerten – nicht um Grenzwerte, die unter gesundheitlichen Gesichtspunkten zur Vorsorge notwendig wären.

Trotz der damit angesprochenen Unterscheidung zu den **Störfallplanungswer-** **16** **ten** (heute § 104 Abs. 1 StrlSchV) hat das BVerwG die letzteren in seiner weiteren Rspr. ebenfalls als zulässige Grenzziehung zum Restrisiko eingeordnet (→ § 80 Rn. 35). Die zitierte Formulierung wird man so verstehen können, dass der Verordnungsgeber aus Sicht des Gerichts bei den Störfallplanungswerten die ihm eingeräumte Befugnis zur Konkretisierung der Schadensvorsorge gleichsam weiter ausschöpft als bei den Werten für den Normalbetrieb, die konservativ ein weites Vorfeld der Risikovorsorge mit abdecken; er geht mit den Störfallplanungswerten an die Grenze des Notwendigen, beachtet diese Grenze aber und legt insofern auch hier das Ausmaß der Schadensvorsorge in zulässiger Weise fest.

Das zweite wesentliche Argument im Stade-Urteil bezieht sich auf die **Ord-** **17** **nungsfunktion der Dosisgrenzwerte:** wollte man das Strahlenminimierungsgebot im Einzelfall jeweils als maßgeblich ansehen, so wären die Dosisgrenzwerte immer nur nach Maßgabe aller Umstände des Einzelfalles zu unterschreitende Orientierungswerte; damit würde die mit ihnen verbundene Rechtssicherheit praktisch preisgegeben (BVerwG 61, 256 (268) = NJW 1981, 1393 (1395)).

Der Verordnungsgeber der StrlSchV 2001 hat in der amtl. Begründung (BR- **18** Drs. 207/01, 213) die **Rechtsprechung des BVerwG zum Strahlenminimie-** **rungsgebot ausdrücklich anerkannt;** ebenso in der amtl. Begründung zur RöV 2003 (BR-Drs. 230/02, 73). Der Gesetzgeber des StrlSchG hat die „das deutsche Strahlenschutzrecht in den letzten Jahrzehnten … prägend(e)" Struktur der Norm trotz gewisser Abweichungen vom Wortlaut der RL 2013/59/Euratom bewusst beibehalten (BT-Drs. 18/11241, 242; → Rn. 4) und damit offenkundig auch mit Blick auf die dogmatische Einordnung Kontinuität signalisiert.

Auch in der **jur. Literatur** wurde die Stade-Rspr. des BVerwG im Ergebnis **19** weitestgehend zustimmend rezipiert und die dort vorgenommene Einordnung des Strahlenminimierungsgebots ins nicht drittschützende Restrisiko übernommen

(*Lukes/Richter* NJW 1981, 1401 (1407 f.); *Bischof* NJW 1991, 2323 (2328); *Degen-hart* KernenergieR, 1 f.; *Raetzke,* 123 ff.; BHR EnergieR I, Rn. 782; *Posser* in HMPS AtG/PÜ, § 7 AtG Rz. 116; *Leidinger* in Frenz, § 7 AtG Rn. 166; *Schmatz/Nöthlichs* 8023 Anm. 6; ablehnend *Steinberg,* in: Schneider/Steinberg, Schadensvor-sorge, 71). Eine Durchsetzung des Strahlenminimierungsgebotes durch die Be-hörde wurde dabei zumeist im Versagungsermessen des § 7 AtG verortet, das nach damaliger Dogmatik der Restrisikominderung diente (so bei *Raetzke,* S. 124). Eine differenzierende Ansicht stimmte dem nicht drittschützenden Charakter zu, wollte das Strahlenminimierungsgebot jedoch – der durch das nachfolgende Wyhl-Urteil des BVerwG von 1985 (Urt. v. 19. 12. 1985, BVerwGE 72, 300) weiter ausdifferen-zierten Dogmatik der atomrechtlichen Schadensvorsorge folgend – nicht dem Restrisiko, sondern einem nicht drittschützenden, rein **objektiv-rechtlichen Be-reich der Risikovorsorge** innerhalb der erforderlichen Schadensvorsorge zuwei-sen (*Schmidt-Preuß,* DVBl. 2000, 767 (775); im Ergebnis auch *Gemmeke,* Nachträg-liche Anordnungen, 138 und 185, der zwar den Drittschutz zT in den Bereich der Risikovorsorge hinein erstrecken will, das Strahlenminimierungsgebot jedoch aus-drücklich als nicht drittschützend einstuft; im Ergebnis ebenso – als „Gefahrenvor-sorge" – bereits *Marburger* Schadensvorsorge, 78 f.; ihm folgend *Kramer/Zerlett,* Vor-bem. vor §§ 44 ff., Anm. III. 2. b)). Hieraus ergaben sich letztlich keine praktischen Konsequenzen, da der fehlende Drittschutz eine weitere dogmatische Einordnung in der Praxis entbehrlich machte.

20   Die verbindliche, die Grenzen der Schadensvorsorge bezeichnende Festlegung der maßgeblichen Dosisgrenzwerte, die das Strahlenminimierungsgebot in den Be-reich des Restrisikos verweist, steht nach der Rspr. unter der **Bedingung,** dass der Gesetzgeber seine Entscheidung ggf. korrigiert, wenn sich neue Erkenntnisse er-geben. Das BVerfG hat im Kalkar-Beschluss zur atomrechtlichen Schadensvorsorge allgemein ausgeführt, dass der Gesetzgeber zu einem neuerlichen Tätigwerden ver-pflichtet sei, wenn sich in Zukunft Anzeichen dafür einstellen, dass von einer von ihm grds. zugelassenen Tätigkeit Gefahren ausgehen (BVerfGE 49, 89 (132) = NJW 1979, 359 (361)); das BVerwG fordert entsprechend eine „laufende Anpas-sung der für eine Risikobeurteilung maßgeblichen Umstände an den jeweils neues-ten Erkenntnisstand" (BVerwGE 131, 129 (145) = NVwZ 2008, 1012 (1016)). Speziell für die Dosisgrenzwerte hat das BVerwG im Krümmel-Urteil ausgeführt, die staatliche Schutzpflicht aus Art. 2 Abs. 2 S. 1 GG lasse es nicht zu, dass der Ge-setz- und Verordnungsgeber an einem Schutzkonzept festhalte, wenn dieses durch wissenschaftliche Erkenntnisfortschritte überholt sei; er müsse **die Dosisgrenz-werte unter Kontrolle halten und notfalls nachbessern** (BVerwGE 101, 347 (361 f.) = NVwZ 1997, 161 (164 f.)) (→ § 80 Rn. 23).

II. Jüngere Entwicklung der Rechtsprechung

21   Mit Blick auf die seit dem Stade-Urteil von 1980 festgefügte Einordnung des Strahlenminimierungsgebotes hat das **Urteil des BVerwG von 2008 zum Stand-ort-Zwischenlager Brunsbüttel** (7 C 39.07, BVerwGE 131, 129 (145) = NVwZ 2008, 1012 (1016)) zumindest mittelbar neue Fragen aufgeworfen. In diesem Urteil hat das Gericht bei der Beurteilung der Frage, ob ausreichende Vorsorge gegen be-stimmte Störmaßnahmen und sonstige Einwirkungen Dritter (§ 6 Abs. 2 Nr. 4 AtG) getroffen worden war, die Aufteilung der erforderlichen Schadensvorsorge in einen drittschützenden und einen nicht drittschützenden Teil ausdrücklich verworfen und ausgeführt, nach dem Stand von Wissenschaft und Technik erforderliche Si-

cherheitsmaßnahmen gehörten zur Schadensvorsorge und ließen sich nicht unter den Begriff der „Restrisikominimierung" subsumieren, da das Restrisiko durch einen nicht weiter minimierbaren, „unentrinnbaren" Rest gekennzeichnet sei (BVerwGE 131, 129 (145 f.) = NVwZ 2008, 1012 (1016); dazu *Roller* NVwZ 2010, 990 (991 f.)).

Aus der zitierten Formulierung, die das Restrisiko als „unentrinnbaren Rest" **22** definiert, ließe sich bei isolierter Betrachtung folgern, das Gericht müsste folglich nunmehr auch das Strahlenminimierungsgebot, soweit eine Minimierung möglich ist, der – jetzt einheitlich aufgefassten und mit Drittschutz ausgestatteten – Schadensvorsorge zuordnen. Das ist jedoch nicht der Fall, denn an einer anderen Stelle des Urteils (BVerwGE 131, 129 (137) = NVwZ 2008, 1012 (1014)) hat das Gericht **ausdrücklich an seiner Stade-Rechtsprechung festgehalten,** wonach die „äußerste, nicht mehr überschreitbare Grenze der erforderlichen Schadensvorsorge" durch die Dosisgrenzwerte bestimmt werde und das Strahlenminimierungsgebot nicht drittschützend sei. Dies kann angesichts der vom Gericht bekräftigten Übereinstimmung von Schadensvorsorge und Drittschutz nur heißen, dass das Strahlenminimierungsgebot **weiterhin zum Restrisiko gehört** (aA *Roller*, NVwZ 2010, 990 (993), der dahin neigt, die Ausführungen des Gerichts zur Kongruenz von Tatbestand und Drittschutz nur auf die technische Störfallvorsorge, nicht jedoch auf die radiologische Vorsorge zu beziehen, und somit offenbar zu einer Einordnung des Strahlenminimierungsgebots in eine nicht drittschützende Schadensvorsorge gelangt).

Die Zuordnung zum **nicht drittschützenden** Restrisiko hat das Strahlenmini- **23** mierungsgebot in der Vergangenheit praktisch der Prüfung durch die Gerichte entzogen, da die Drittanfechtungsklage durch Nachbarn von kerntechnischen Anlagen lange Zeit die einzige Konstellation war, in deren Rahmen das Gebot hätte geprüft werden können. Angesichts der heute für anerkannte Umweltvereinigungen nach § 2 UmwRG bestehenden Möglichkeit, umweltrelevante Entscheidungen anzufechten, ohne eine Verletzung in eigenen Rechten geltend machen zu müssen, ist jedoch auch die Frage nach der **objektiv-rechtlichen Geltung des Strahlenminimierungsgebots** praktisch relevant geworden. Der VGH München hat in einer solchen Konstellation in seiner Entscheidung zur 1. Stilllegungs- und Abbaugenehmigung des KKW Isar 1 (Urt. v. 20.12.2018 – 22 A 17.40004, BeckRS 2018, 42327, Rz. 181 ff.) ausgeführt, das Minimierungsgebot gebiete oder ermögliche es nicht, dass die Genehmigungsbehörde in einer atomrechtlichen Genehmigung niedrigere Ableitungswerte festlegt (§ 102 Abs. 1 StrlSchV) als zur Einhaltung der Grenzwerte des § 47 Abs. 1 StrlSchV 2001 (heute der Grenzwert der effektiven Dosis in § 99 Abs. 1 StrlSchV) erforderlich sind. Das Gericht stellt auf die **Funktion der Grenzwerte** ab: Würde man – so das Gericht – von einer entsprechenden Verpflichtung der Genehmigungsbehörde ausgehen, so wäre damit die Systematik von § 47 Abs. 1 und 3 StrlSchV 2001 (heute §§ 99 und 102 StrlSchV) gesprengt; die gesetzliche Fiktion gemäß § 47 Abs. 3 Satz 2 StrlSchV 2001 (heute § 102 Abs. 1 S. 2 StrlSchV), wonach der Nachweis der Einhaltung der durch den Verordnungsgeber bestimmten Ableitungsdosiswerte durch Einhaltung der von der Genehmigungsbehörde festgesetzten Ableitungsbegrenzungen als erbracht gilt, wäre weitgehend sinnlos. Damit folgt das Gericht sinngemäß dem bereits im Stade-Urteil des BVerwG formulierten Ansatz (→ Rn. 17).

Der VGH München hat allerdings insofern differenziert, als er zwar – wie be- **24** schrieben – keine Pflicht (ja sogar: keine Befugnis) der Genehmigungsbehörde angenommen hat, niedrigere Grenzwerte festzusetzen, jedoch der **Aufsichts-**

behörde die Aufgabe zugewiesen hat, bei der konkreten Umsetzung der Genehmigung jeweils zu prüfen, in welcher Weise die Planung des Betreibers dem Minimierungsgebot des (damaligen) § 6 Abs. 2 StrlSchV 2001 Rechnung trage (BeckRS 2018, 42327, Rz. 185). Im Rahmen der Anfechtungsklage gegen die Genehmigung war dies aber nicht entscheidend.

III. Die Rechtsnatur des Optimierungsgebots heute

25   Die dogmatische Einordnung des Strahlenminimierungs- oder Optimierungsgebotes ist eine der in Rspr. und Lit. am eingehendsten diskutierten Fragen des Strahlenschutzrechts. Wie vorstehend beschrieben, hat sich die Diskussion historisch jedoch im Rahmen des Atomrechts, im Zusammenhang mit Anfechtungsklagen gegen Genehmigungen für kerntechnische Anlagen, entfaltet. Heute dürfte es an der Zeit sein, sich von der **Einordnung des Strahlenminimierungs- oder Optimierungsgebotes in Bezug auf die atomrechtliche Schadensvorsorge als Genehmigungsvoraussetzung**, wie sie die Rspr. und Literatur der letzten 40 Jahre mitgeprägt hat, zu **lösen.** Mit § 8 ist das Optimierungsgebot nunmehr eigenständig auf Gesetzesebene etabliert. Es verpflichtet jeden, der eine Tätigkeit plant oder ausübt, und gibt den Behörden die Befugnis, in einem durch die Verhältnismäßigkeit bestimmten Rahmen weitere Maßnahmen zur Reduzierung der Strahlenexposition zu fordern und notfalls durchzusetzen. Im Grunde entzieht sich die Optimierungsnorm des § 8 auch von ihrer Struktur her einer Einordnung in atom- und strahlenschutzrechtliche Genehmigungsvoraussetzungen; sie findet ihre Grundlage im allgemeinen Strahlenschutzrecht (so bereits *Raetzke,* S. 124). Es bedarf daher auch nicht mehr der (von *Raetzke* a.a.O. letztlich noch vorgenommenen) Einordnung in die Rechtsfigur des Versagungsermessens nach § 7 AtG (so auch *Roller* NVwZ 2010, 990 (993)), die bei anderen Genehmigungstatbeständen wie § 6 AtG oder § 12 Abs. 1 Nr. 3 StrlSchG ohnehin nicht zur Verfügung steht und die heute auch bei § 7 AtG überholt ist (zu letzterem Aspekt *Posser* in HMPS AtG/PÜ, § 7 AtG Rn. 37; *Leidinger* in Frenz § 7 AtG Rn. 228). Die somit deutlich werdende Eigenständigkeit des in § 8 normierten Gebots spricht auch dafür, den im Strahlenschutz verwendeten Begriff der „Optimierung" dem aus den früheren atomrechtlich geprägten Erörterungen stammenden Begriff der „Minimierung" vorzuziehen (zur Begrifflichkeit → Rn. 6).

26   Die in der bisherigen Rspr. entwickelten Grundsätze erweisen sich jedoch auch bei dieser erweiterten Betrachtung nach wie vor als gültige Grundlage; insbesondere ist die in der Rspr. des BVerwG vor Jahrzehnten vollzogene und bis in die heutige Zeit wiederkehrend bekräftigte **Zuordnung des Strahlenminimierungsgebots zum Restrisiko** im Sinne des für das Atom- und Strahlenschutzrecht gleichermaßen bedeutsamen Kalkar-Beschlusses (→ Rn. 15) auch heute sachgerecht. Mit der Festlegung von Dosisgrenzwerten ist der Gesetz- und Verordnungsgeber seiner aus dem Grundrecht des Art. 2 Abs. 2 S. 1 GG und aus der Staatszielbestimmung des § 20a GG abgeleiteten Schutzpflicht für Mensch und Umwelt nachgekommen. Er hat Expositionsgrenzen festgelegt, innerhalb derer der Eintritt eines Schadens nach menschlichem Ermessen ausgeschlossen ist, und hat damit (aus Sicht des Atomrechts) die Grenzen der Schadensvorsorge und (aus Sicht des Strahlenschutzrechts) die Grenzen des unter gesundheitlichen Gesichtspunkten zur Vorsorge Notwendigen (vgl. BVerwG, Beschl. v. 23.05.1991 – 7 C 34/90, NVwZ 1991, 1185; → Rn. 15 aE) bezeichnet. Mit dieser Vorsorge ist der Schutz von Mensch und Umwelt vor durch ionisierende Strahlung verursachten Schäden nach

dem Stand menschlicher Erkenntnis – vorbehaltlich einer Nachbesserung der Dosisgrenzwerte im Falle neuer Erkenntnisse (→ Rn. 20) – gewährleistet. Das Optimierungsgebot dient damit der **weiteren Minderung des Restrisikos.**

Die Zuordnung zum Restrisiko ist besonders dann einleuchtend, wenn die Dosisgrenzwerte (wie bei § 80 StrlSchG, § 99 StrlSchV) in ihrer Größenordnung **innerhalb der Schwankungsbreite der natürlichen Hintergrundstrahlung liegen.** Die natürliche Exposition ist auf elementare Weise „unentrinnbar" und stellt insofern eine geradezu archetypische Ausprägung des Restrisikos im Sinne des Kalkar-Beschlusses dar („unentrinnbar und insofern als sozial-adäquate Lasten von allen Bürgern zu tragen"; BVerfGE 49, 89 (143)). Da die Wirkung ionisierender Strahlung auf Mensch und Umwelt gerade nicht davon abhängt, ob die Strahlung naturbedingt ist oder durch eine Tätigkeit verursacht wurde, gehört auch eine mit einer Tätigkeit verbundene Strahlenexposition unterhalb der Dosiswerte, auch wenn sie noch weiter vermindert werden könnte, notwendig dem Restrisikobereich an (*Schattke* DVBl. 1979, 652 (658)). Letztlich stellen aber auch die – deutlich höheren – Störfallplanungswerte des § 104 StrlSchV eine zulässige Grenzziehung durch den Verordnungsgeber dar (zur inhaltlichen Begründung der Störfallplanungswerte → § 80 Rn. 35), ebenso wie die Dosisgrenzwerte für beruflich exponierte Personen (→ § 78 Rn. 13). Auch hier ist nach heutiger Erkenntnis ein Schaden nicht zu erwarten.

Allerdings ist das bei Einhaltung der Dosisgrenzwerte verbleibende Restrisiko nicht einfach hinzunehmen, sondern muss gem. § 8 durch Vermeidung und Reduzierung der Exposition weiter verringert werden. Dabei entsteht freilich das Erfordernis einer **Unterscheidung innerhalb des Restrisikobereichs** in eine Exposition, die noch verhältnismäßig verringert werden kann und deshalb verringert werden muss, und eine Exposition, die dann „wirklich" hinzunehmen ist, weil sie keiner weiteren Optimierung bedarf. Dies entspricht einer Einteilung der ICRP (ICRP 60, 36; in ICRP 103, 91 in Bezug genommen) in **„tolerable" Risiken** (unterhalb der Dosisgrenzwerte) und in **„akzeptierbare/hinnehmbare"** *(acceptable)* **Risiken,** die nach Optimierung noch verbleiben und bei denen eine weitere Minderung nicht vernünftigerweise möglich ist. Diese zunächst auf die einzelne Strahlungsquelle bezogene Einteilung kann auch verallgemeinert werden; so hat sie jüngst Eingang gefunden in ein vorgeschlagenes „Ampelmodell" des Strahlenschutzes mit „rot" für inakzeptable Expositionen (oberhalb der Dosisgrenzwerte), „gelb" für tolerable und „grün" für allgemein, also unabhängig von der konkreten Einzelsituation, akzeptable Expositionen (*Michel/Völkle/Lorenz* StrlSchPrax 2018, 40).

Die Alternative zum Konzept der Optimierung als Restrisikominderung – die darin bestünde, die erforderliche Vorsorge auf die auch unterhalb der Dosisgrenzwerte noch vernünftigerweise reduzierbare Exposition auszudehnen und das **Restrisiko auf die nicht weiter optimierbare und somit „wirklich hinzunehmende" Exposition zu beschränken** – widerspräche nicht nur dem praktischen Ansatz des Strahlenschutzes, sondern auch der aktuellen Rspr. des BVerwG (→ Rn. 22); sie würde auch durch die Entwertung der Dosisgrenzwerte unlösbare Probleme aufwerfen (→ Rn. 17 und 23). Das **scheinbare Paradoxon** eines Restrisikos, das einerseits grundsätzlich hinzunehmen ist (Kalkar), andererseits soweit möglich noch verringert werden soll, liegt letztlich dem Strahlenschutz insgesamt zugrunde. Dieser legt Grenzwerte fest, die nach dem heutigen Stand der Erkenntnisse den Eintritt eines Schadens hinreichend ausschließen, geht aber „vorsichtshalber" vom LNT-Modell aus und verlangt daher zusätzlich eine weitere Optimie-

27

28

29

rung, sofern möglich (→ Einführung Rn. 3). Das ist letztlich ein „vernünftiger" und durchaus praktikabler Ansatz.

30   Die Einordnung als **Restrisikominderung** ändert nichts am verpflichtenden Charakter der Optimierung für den SSV und an der Befugnis und Verpflichtung der Behörden, die Einhaltung dieser Pflicht zu überwachen und notfalls durchzusetzen. Sie bedeutet aber, dass die Optimierung unterhalb der Dosisgrenzwerte nicht verfassungsrechtlich geboten ist. Aus der Zuordnung der Optimierung zum Restrisiko ergibt sich, **dass Dritte mangels Klagebefugnis keinen Anspruch** auf Beachtung des Optimierungsgebots in Rechtsbehelfsverfahren geltend machen können. Darüber hinaus ergibt sich daraus, dass **kein materieller Anspruch eines Betroffenen auf Optimierung besteht** (→ Rn. 23). Es handelt sich um eine **objektiv-rechtliche Verpflichtung** desjenigen, der eine Tätigkeit plant oder durchführt.

31   Diese Einordnung gilt auch für den Strahlenschutz bei der **beruflichen Exposition;** auch hier besteht kein Anspruch des Betroffenen auf Optimierung (aA, ohne nähere Begründung, *Kramer/Zerlett* vor § 44 Anm. III. 2. c). Die oben dargestellte Rechtsprechung bezieht sich zwar ausschließlich auf Personen der Bevölkerung (was nicht verwundert, denn es sind kaum Konstellationen denkbar, die zu einer von einer beruflich exponierten Person ausgelösten verwaltungsgerichtlichen Streitigkeit – v. a. einer Anfechtungsklage gegen eine Genehmigung – führen könnten); die Funktion der Grenzwerte als Konkretisierung des erforderlichen Schutzes kann aber nur einheitlich angenommen werden (→ § 9 Rn. 12). Auch für beruflich exponierte Personen hat der Gesetzgeber mit den entsprechenden Grenzwerten in § 78 den erforderlichen Schutz festgelegt. SSV und Behörden sind im Bereich des Schutzes beruflich exponierter Personen aber besonders verpflichtet, auf die weitere Reduzierung der Exposition zu achten, da hier – anders als bei der extrem geringen Exposition der Bevölkerung aus Direktstrahlung und Ableitungen aus kerntechnischen Anlagen – durchaus **relevante Reduzierungen erreicht werden können.** Für die entsprechende Planung und Durchführung des betrieblichen Strahlenschutzes stehen bewährte Regelungen und Instrumente bereit (→ § 78 Rn. 9). Die Werte aus der Praxis zeigen, dass in diesem Bereich die weitere Reduzierung der Exposition auch unterhalb der Grenzwerte erfolgreich umgesetzt wird (→ § 78 Rn. 2).

F. Inhalt und Maßstab der Optimierung

I. Instrumente und Maßnahmen der Optimierung

32   § 8 nennt keine Einzelheiten, mit welchen **Maßnahmen und Vorkehrungen** das Optimierungsgebot konkret umzusetzen ist. § 72 Abs. 1 S. 1, der in Nr. 1 das Optimierungsgebot als Pflicht des SSV konkretisiert (→ Rn. 11), nennt „geeignete Schutzmaßnahmen", insbesondere „Bereitstellung geeigneter Räume, Ausrüstungen und Geräte", „geeignete Regelung des Betriebsablaufs" und die „Bereitstellung ausreichenden und geeigneten Personals" als Mittel, um die dort genannten Pflichten – neben dem Optimierungsgebot auch noch die Einhaltung der Dosisgrenzwerte und die Einhaltung der Schutzvorschriften – zu erfüllen.

33   Wie die Eingangsformulierung beider Absätze klarstellt, ist das Optimierungsgebot nicht erst bei der Ausübung der Tätigkeit, sondern bereits bei ihrer **Planung** zu berücksichtigen, etwa durch bauliche, betriebliche und organisatorische Maßnahmen und durch angemessene apparative Ausstattung. Dem liegt die Erfahrung

zugrunde, dass sich die Minimierung der Strahlenexposition durch entsprechende Planung meistens einfacher erreichen lässt als durch nachträgliche Maßnahmen (BR-Drs. 375/76, 35). So sind etwa schon bei der Planung einer kerntechnischen Anlage gem. § 99 StrlSchV die dort genannten Grenzwerte für die effektive Dosis aus Ableitungen prospektiv einzuhalten (und entsprechend nach § 100 StrlSchV zu berechnen); auch dabei gilt bereits das Minimierungsgebot. Anforderungen an das Verfahren zur Festlegung und Durchführung von Strahlenschutzmaßnahmen und an den Nachweis und die Bewertung der getroffenen organisatorischen und tätigkeitsbezogenen Maßnahmen zur Optimierung des Strahlenschutzes enthält das **untergesetzliche Regelwerk,** etwa die Richtlinie für den Strahlenschutz des Personals bei Tätigkeiten der Instandhaltung, Änderung, Entsorgung und des Abbaus in kerntechnischen Anlagen und Einrichtungen (Teil 1: Die während der Planung der Anlage zu treffende Vorsorge – **IWRS I** vom 10.07.1978, GMBl. S. 418; Teil 2: Die Strahlenschutzmaßnahmen während des Betriebs und der Stilllegung einer Anlage oder Einrichtung – **IWRS II** vom 10.12.2004, GMBl. 2005 S. 258). Vor allem die IWRS II enthält in Ziff. 4.1 einen Katalog von organisatorischen und technischen Anforderungen, die der Umsetzung des Optimierungsgebots dienen.

Als neues Mittel der Optimierung nennt Art. 6 RL 2013/59/Euratom, aufbau- **34** end auf ICRP 103, **Dosisrichtwerte** (engl. *dose constraints*), die allerdings nur fakultativ („gegebenenfalls") vorgeschlagen werden. Ein Dosisrichtwert ist nach der Begriffsbestimmung in Art. 4 Abs. 22 der RL ein Richtwert, der als prospektive obere Schranke von Individualdosen festgesetzt und verwendet wird, um den Bereich der Möglichkeiten festzulegen, die bei der Optimierung für eine bestimmte Strahlungsquelle in einer geplanten Expositionssituation betrachtet werden. Gemeint ist damit, dass für eine bestimmte Tätigkeit aufgrund einer Vorausbestimmung der zu erwartenden Dosen ein Wert unterhalb des einschlägigen Dosisgrenzwerts festgesetzt wird, dessen Überschreitung indizieren soll, dass die Optimierung noch nicht vollzogen ist, und somit weitere Maßnahmen auslöst (in diesem Sinne ICRP 103, 94 unter 5.9.1.). In § 1 Abs. 5 StrlSchV ist der Dosisrichtwert definiert als eine effektive Dosis oder Organ-Äquivalentdosis, die bei der Planung und der Optimierung von Schutzmaßnahmen für Personen in geplanten Expositionssituationen als oberer Wert für die in Betracht zu ziehende Exposition dient.

Für den Bereich der **beruflichen Exposition** hat die SSK in ihrer Empfehlung **35** von 2014 (siehe Schrifttum) eine Einführung von Dosisrichtwerten auf Gesetzes- oder Verordnungsebene zur Umsetzung der RL 2013/59/Euratom **nicht als notwendig angesehen,** jedoch angeregt, eine Pflicht des SSV einzuführen, die darauf gerichtet ist zu prüfen, ob die Festlegung von innerbetrieblichen Dosisrichtwerten für beruflich exponierte Personen ein geeignetes Instrument zur Optimierung des Strahlenschutzes ist. Diese Empfehlung ist in § 72 StrlSchV umgesetzt; die Norm verlangt keine Festlegung von Dosisrichtwerten, sondern nur die Prüfung, ob eine solche Festlegung sinnvoll ist. Eine ähnliche Regelung, **Betreuungs- und Begleitpersonen** betreffend, gibt es in § 122 Abs. 1 S. 2 StrlSchV. Für die **Exposition der Bevölkerung** gibt es dagegen bislang keine Regelung über Dosisrichtwerte; die Verordnungsermächtigung in § 81 S. 2 Nr. 9 soll eine zukünftige Einführung, wenn gewünscht, ermöglichen (→ § 81 Rn. 13). Es bleibt abzuwarten, wie sich dieses Instrument weiterentwickeln wird; in juristischer Hinsicht ist es noch eher ein unbeschriebenes Blatt. Jedenfalls wäre es als **problematisch** anzusehen, wenn sich Dosisrichtwerte als **eine Art verkappter Dosisgrenzwerte** etablierten, da die Dosisgrenzwerte ihre Legitimation gerade daraus ziehen, dass mit ihnen der Gesetz- und Verordnungsgeber den notwendigen Schutz von Mensch und Umwelt definiert und vom Restrisiko abgegrenzt hat (→ Rn. 26). Diese Funktion können individuelle, vom Betreiber (ggf. auf Anforderung der Behörde) festgesetzte, auf eine bestimmte Strahlenquelle (statt auf die Summe der Expositionen) gerichtete Dosisrichtwerte nicht übernehmen. Auch die ICRP betont, dass die *dose constraints* nicht als Grenzwerte verstanden werden sollen (ICRP 103, 95, Ziff. 233).

II. Unbestimmte Rechtsbegriffe als Maßstab (Abs. 2 S. 2)

36   Art. 5 lit. b RL 2013/59 verlangt für die Optimierung die „Berücksichtigung des jeweils gegenwärtigen technischen Erkenntnisstandes"; schon die Vorgängerregelungen zu § 8 haben dies durch Rückgriff auf jeweils einen unbestimmten Rechtsbegriff umgesetzt. In Abs. 2 S. 2 sind je nach Tätigkeiten zwei unterschiedliche unbestimmte Rechtsbegriffe (in der amtl. Begründung, BT-Drs. 18/11241, 243, werden sie „Technikklauseln" genannt) als Maßstäbe aufgestellt, die zu beachten sind: der **Stand von Wissenschaft und Technik (Nr. 1)** und der **Stand der Technik (Nr. 2).** Dies erklärt sich aus der Geschichte der Norm (→ Rn. 4): der Stand von Wissenschaft und Technik war in § 6 StrlSchV 2001 festgeschrieben, der Stand der Technik in § 2c RöV. Die Zuordnung der beiden Maßstäbe zu Tätigkeiten iSd § 4 richtet sich denn auch nach dem jeweiligen bisherigen Anwendungsbereich. Die amtl. Begründung führt zutreffend aus, dass eine Erstreckung der Anforderung des Standes von Wissenschaft und Technik auf die bisher nach der RöV geregelten Tätigkeiten (Betrieb, Prüfung, Erprobung, Wartung oder Instandsetzung von Röntgeneinrichtungen und Störstrahlern, § 4 Abs. 1 S. 1 Nr. 8) angesichts des geringen Risikopotentials nicht angemessen wäre und wohl nicht einmal zu einer tatsächlich relevanten Anhebung des Schutzniveaus führen würde, da sich der technische Schutzstandard in der Röntgentechnik auf hohem Niveau konsolidiert hat (BT-Drs. 18/11241, 243).

37   Die in diesem Zusammenhang **neu zu regelnden,** da erstmals als Tätigkeiten definierten Tätigkeiten mit natürlich vorkommenden radioaktiven Stoffen (§ 4 Abs. 1 S. 1 Nr. 10) und Tätigkeiten in Zusammenhang mit kosmischer Strahlung (§ 4 Abs. 1 S. 1 Nr. 11) hat der Gesetzgeber in Abs. 2 S. 2 Nr. 2 dem Anwendungsbereich des **Standes der Technik** zugewiesen und dies mit dem begrenzten Risiko bzw. der nur begrenzt zu beeinflussenden Exposition begründet (BT-Drs. 18/11241, 244).

38   Inhaltlich werden die beiden „Technikklauseln" des Atom- und Strahlenschutzrechts (die weder im AtG noch im StrlSchG definiert werden) meist mit Blick auf den **Kalkar-Beschluss des BVerfG von 1978** (BVerfG, Beschl. v. 08.08.1978 – 2 BvL 8/77, BVerfGE 49, 89, 135f.) ausgelegt. Hiernach ist der „Stand der Technik" dadurch charakterisiert, dass der rechtliche Maßstab für das Erlaubte oder Gebotene, anders als bei „allgemein anerkannten Regeln der Technik", an die Front der technischen Entwicklung verlagert wird; die Behörde müsse ggf. in die Meinungsstreite der Techniker eintreten, um zu ermitteln, was technisch notwendig, geeignet, angemessen und vermeidbar ist. Durch die im Begriff „Stand von Wissenschaft und Technik" hinzukommende Bezugnahme auf die Wissenschaft werde ein noch höherer Maßstab aufgerichtet: es müsse diejenige Vorsorge gegen Schäden getroffen werden, die nach den neuesten wissenschaftlichen Erkenntnissen für erforderlich gehalten wird. Lasse sie sich technisch noch nicht verwirklichen, dürfe die Genehmigung nicht erteilt werden.

39   Im Kontext des Optimierungsgebots ist diese Auslegung vor allem des „Standes von Wissenschaft und Technik" allerdings mit gewissen **Einschränkungen** zu ver-

wenden. Sowohl im Kalkar-Beschluss als auch in der nachfolgenden Rspr. des BVerwG ist dieser unbestimmte Rechtsbegriff dafür verwendet worden, im atomrechtlichen Genehmigungsverfahren das Ausmaß der erforderlichen Vorsorge gegen Schäden zu definieren (in diesem Sinne auch für Genehmigungsverfahren nach StrlSchG → § 13 Rn. 42). Im Bereich der Strahlenschutzgrundsätze wird die Schadensvorsorge in diesem Sinne jedoch durch die **Dosisgrenzwerte** verkörpert; die weitere Optimierung unterhalb der Grenzwerte gehört dem Restrisiko an (→ Rn. 26). Die zitierte Aussage des BVerfG, wonach die Genehmigung nicht erteilt werden dürfe, wenn eine wissenschaftlich für erforderlich gehaltene Schutzmaßnahme technisch noch nicht möglich sei, passt nicht auf § 8, da ja die Exposition nur „so gering wie möglich" zu halten ist, aber **Unmögliches nicht verlangt wird** (→ Rn. 43). Außerdem müssen die „neuesten wissenschaftlichen Erkenntnisse", deren Berücksichtigung ja gerade den Stand von Wissenschaft und Technik über den Stand der Technik heraushebt, bereits für die **Dosisgrenzwerte** herangezogen werden; diese müssen stets dem aktuellen Erkenntnisstand entsprechen (→ Rn. 20). Sollte die Wissenschaft, etwa aufgrund neuer Erkenntnisse zur biologischen Wirkung von Niedrigstrahlung, zum Ergebnis kommen, dass eine weitere Reduzierung der Exposition unterhalb der Grenzwerte nötig ist, so wären die allgemeingültigen Grenzwerte abzusenken und nicht Einzelmaßnahmen unter § 8 zu treffen.

Insgesamt wird man die beiden „Technikklauseln" so verstehen müssen, dass sie **40** die Verpflichtung der Adressaten des § 8 betonen, bei der Optimierung den **aktuellen Stand technischer, wissenschaftlicher, medizinischer etc. Erkenntnisse** zugrundezulegen.

III. Schranken: Machbarkeit und Verhältnismäßigkeit

Das Gebot in § 8 verlangt keine unmögliche Absenkung der Exposition und **41** auch keine Minimierung bis zum technisch-wissenschaftlich Machbaren „um jeden Preis".

Art. 5 lit. b RL 2013/59/Euratom schreibt vor, die Exposition nicht nur unter **42** Berücksichtigung des jeweils gegenwärtigen technischen Erkenntnisstandes (→ Rn. 36), sondern auch „unter Berücksichtigung (…) wirtschaftlicher und gesellschaftlicher Faktoren so niedrig wie vernünftigerweise erreichbar zu halten". Die englische Fassung (**„as low as reasonably achievable taking into account (…) economic and societal factors"**) entspricht der grundsätzlichen Formulierung, wie sie international (mit der Abkürzung **ALARA**) etabliert ist, etwa in ICRP 103 Ziff. 212. Auch die „Safety Fundamentals" der IAEO, Principle 5, verlangen „the highest level of safety that can reasonably be achieved" – unter Berücksichtigung von „economic, social and environmental factors" (Ziff. 3.23).

Insofern ist zunächst festzuhalten, dass das Optimierungsgebot nur das Mach- **43** bare, **nicht jedoch Unmögliches verlangt** („so gering wie möglich"). Anders als bei der atomrechtlichen Schadensvorsorge und bei der Gewährleistung der Einhaltung der Dosisgrenzwerte wird die weitere Optimierung unterhalb der Dosisgrenzwerte **durch das technisch, physisch, organisatorisch etc. Mögliche begrenzt.**

Bei der Konkretisierung der Optimierungspflicht ist darüber hinaus der **Ver- 44 hältnismäßigkeit** Rechnung zu tragen. Die Formulierung in Abs. 2 S. 1 „so gering wie möglich" verzichtet zwar auf ein temperierendes Adjektiv analog zu dem international verwendeten Begriff „reasonably" („vernünftigerweise") (→ Rn. 42);

dieser in den internationalen Normen enthaltene Maßstab wird aber nach Auffassung des Gesetzgebers durch die Formulierung des Abs. 2 S. 2 „unter Berücksichtigung aller Umstände des Einzelfalls" vollständig abgedeckt. In der amtl. Begründung (BT-Drs. 18/11241, 243) ist ausführlich dargelegt, dass das **Verhältnismäßigkeitsprinzip** oder Übermaßverbot **dem deutschen Verwaltungsrecht immanent** sei; die Formulierung „unter Berücksichtigung aller Umstände des Einzelfalls" erlaube sogar eine Berücksichtigung von noch weiteren Umständen als den in der RL genannten wirtschaftlichen und gesellschaftlichen Faktoren. Jedenfalls hat der Gesetzgeber damit zutreffend zum Ausdruck gebracht, dass das Verhältnismäßigkeitsprinzip vollumfänglich anwendbar ist.

45   Eine **Konkretisierung** ist dann im **Einzelfall** zu leisten. Der finanzielle Aufwand für eine Strahlenschutzmaßnahme, die der weiteren Reduzierung der Exposition unterhalb der Grenzwerte dient, ist bei der Abwägung zu berücksichtigen. Der objektive finanzielle Aufwand muss dem zu erzielenden Nutzen der Dosisreduzierung proportional sein; auf die individuelle finanzielle Leistungskraft kommt es nicht an (*Bischof,* NJW 1991, 2323 (2328); aA *Schmatz/Nöthlichs,* 8023 Anm. 4: wirtschaftliche Probleme des Einzelnen seien durchaus unter „alle Umstände des Einzelfalls" zu subsumieren). Je geringer die Exposition bereits ist und je mehr der Grenzwert unterschritten wird, desto unverhältnismäßiger erscheinen hohe Aufwendungen, mit denen die Strahlenexposition nur noch geringfügig weiter vermindert werden kann (*Basse,* Viertes Atomrechtssymposium, S. 87 (93); ähnlich *Schattke* DVBl. 1979, 652 (653)). *Michel/Völkle/Lorenz,* StrlSchPrax 2018, 5 (24 sowie 36 f.) empfehlen in durchaus bedenkenswerter Weise ein **allgemeingültiges Abschneidekriterium** für weitere Optimierung von 0,1 mSv; dieser Wert verschwinde vollständig in der Variabilität der durch die unterschiedlichen Lebensumstände und Lebensstile bedingten natürlichen Strahlenexposition und gehe „im Rauschen unter".

G. Zuwiderhandlungen

46   Ein Verstoß gegen das Strahlenminimierungsgebot in der in § 8 formulierten grundsätzlichen Form ist als solcher nicht bußgeldbewehrt. Anders verhält es sich mit einem Verstoß gegen die in § 72 Abs. 1 S. 1 Nr. 1 mit weitgehend parallelem Wortlaut normierte Sorgepflicht des SSV bzw. (nach § 72 Abs. 2 S. 1 Nr. 1 lit. a) des SSB, der nach § 194 Abs. 1 Nr. 21 eine **Ordnungswidrigkeit** darstellt.

§ 9 Dosisbegrenzung

Wer eine Tätigkeit plant, ausübt oder ausüben lässt, ist verpflichtet, dafür zu sorgen, dass die Dosisgrenzwerte nicht überschritten werden, die in diesem Gesetz und in den auf Grund dieses Gesetzes erlassenen Rechtsverordnungen festgelegt sind.

A. Sinn und Zweck der Norm

1   Die **Dosisbegrenzung** ist der dritte der drei grundlegenden in Kapitel 1 des Teil 2 niedergelegten **Strahlenschutzgrundsätze** (→ vor §§ 6 ff. Rn. 5). Da die

maßgeblichen **Dosisgrenzwerte** im Einzelnen in besonderen Normen fest-geschrieben sind (→ Rn. 6), für deren Einhaltung der SSV nach § 72 Abs. 1 S. 1 Nr. 2 und 3 zu sorgen hat, beschränkt sich § 9 in seiner Funktion eher darauf, diesen Grundsatz im Rahmen des „einleitenden" Kapitels 1 an hervorgehobener Stelle zu etablieren.

Mit der Regelung wird **Art. 5 lit. c RL 2013/59/Euratom** umgesetzt.   2

B. Bisherige Regelungen

Die Regelung führt inhaltlich **§ 5 StrlSchV 2001** und **§ 2 b RöV** fort.   3

C. In Bezug genommene Dosisgrenzwerte

Das StrlSchG und die StrlSchV legen in verschiedenen Vorschriften **Grenz-**   4
werte für die Dosis von Einzelpersonen der Bevölkerung (§ 5 Abs. 14) und **von beruflich exponierten Personen der** (§ 5 Abs. 7) fest; für die Anwendung am Menschen gibt es keine Dosisgrenzwerte (→ vor §§ 6 ff. Rn. 5). § 9 gebietet dem-jenigen, der eine **Tätigkeit** (§ 4) plant, ausübt oder ausüben lässt, also fast immer dem **SSV** (§ 69), dafür zu sorgen, dass diese **Grenzwerte eingehalten** werden. Darüber hinaus ist er verpflichtet, die Exposition auch unterhalb der Grenzwerte so gering wie möglich zu halten (§ 8 Abs. 2). Durch den Begriff der Tätigkeit wird die Dosisbegrenzung isd § 9 auf **geplante Expositionssituationen** bezogen (vgl. § 2 Abs. 2).

Die Grenzwerte sind in den einschlägigen Vorschriften jeweils festgelegt für ver-   5
schiedene Arten der Dosis, vor allem für die **effektive Dosis** (§ 5 Abs. 11), die sich auf die Person insgesamt bezieht, und für die **Organ-Äquivalentdosis** (§ 5 Abs. 27), bezogen auf bestimmte Organe. Die Dosis wird in mSv pro Zeiteinheit angegeben und meist auf das Kalenderjahr bezogen; es gibt aber Ausnahmen wie etwa die Berufslebensdosis des § 77 oder die Organ-Äquivalentdosis der Gebärmut-ter in § 78 Abs. 4 S. 1, für die ein Wert pro Monat bestimmt wird (→ § 78 Rn. 18).

Anders als die Vorgängernorm § 5 StrlSchV 2001 verzichtet § 9 auf die konkrete   6
Nennung der **Einzelvorschriften mit Dosisgrenzwerten,** was sich schon da-durch erklärt, dass das StrlSchG diese Vorschriften nur zum Teil selbst enthält, sie im Übrigen aber per Verordnungsermächtigung an die StrlSchV delegiert. Im Ein-zelnen sind es **folgende Regelungen:**

– **Beruflich exponierte Personen:** § 77 (Grenzwert für die Berufslebensdosis) und § 78 (Grenzwerte); hinzu kommt – aufgrund der Ermächtigung in § 79 Abs. 1 S. 2 Nr. 1 – § 74 StrlSchV (besonders zugelassene Expositionen).

– **Einzelpersonen der Bevölkerung:** § 80 (Grenzwerte) sowie – aufgrund der Ermächtigung in § 81 S. 2 Nr. 5 – § 99 StrlSchV (Begrenzung der Ableitung ra-dioaktiver Stoffe; → § 80 Rn. 27).

Die sog. **Störfallplanungswerte des § 104 StrlSchV** (→ § 80 Rn. 33) sind   7
keine Dosisgrenzwerte in diesem Sinne. In der VO-Ermächtigung in § 81 S. 2 Nr. 10 werden sie als „Höchstwerte für Expositionen" bezeichnet; nach § 104 Abs. 1 S. 1 StrlSchV sind es Werte der Körperdosen, die bei der Planung von Schutzmaßnahmen gegen Störfälle durch Freisetzung radioaktiver Stoffe „höchs-tens ... zugrunde gelegt werden". Es besteht also keine Verpflichtung, im Falle eines Störfalls tatsächlich unter diesen Dosiswerten zu bleiben; vielmehr ist der SSV ver-

pflichtet, Schutzmaßnahmen gegen Störfälle so zu planen, dass die Exposition unterhalb dieser Dosishöchstwerte bleibt, und dies im Genehmigungsverfahren nachzuweisen.

8   Auch der Grenzwert für die Anwendung am Menschen zum Zweck der medizinischen Forschung in **§ 137 Abs. 2 StrlSchV** (siehe Ermächtigung in § 37 Abs. 1 S. 2 Nr. 5; effektive Dosis 20 mSv) ist kein Dosisgrenzwert im Sinne des § 9, da es sich nicht um eine Tätigkeit iSd § 4 handelt.

9   Im Bereich der **bestehenden Expositionssituationen** gelten keine Dosisgrenzwerte iSd § 9 unmittelbar; die Norm, die sich auf Tätigkeiten bezieht, ist nicht anwendbar. In einigen Vorschriften wird aber die **entsprechende Geltung bestimmter Vorschriften mit Dosisgrenzwerten für beruflich exponierte Personen** angeordnet, so in § 131 Abs. 1 Nr. 3 für Radon-Arbeitsplätze, in § 145 Abs. 3 Nr. 2 für Arbeitskräfte bei radioaktiven Altlasten und in § 159 Abs. 3 Nr. 2 für Arbeitskräfte bei sonstigen bestehenden Expositionssituationen.

10   Abzugrenzen von den Dosisgrenzwerten mit ihrer kategorischen Festlegung zulässiger Expositionen sind andere Werte, die eher Orientierungsfunktion haben. **Referenzwerte** (§ 5 Abs. 29) sind Werte, die in bestehenden Expositionssituationen oder Notfallexpositionssituationen als Maßstab für die Prüfung der Angemessenheit von Maßnahmen dienen; der Gesetzgeber hat in § 5 Abs. 29 S. 2 ausdrücklich bestimmt, dass ein Referenzwert kein Grenzwert ist. Ebenfalls kein Dosisgrenzwert ist der sog. **Richtwert der effektiven Dosis** in § 61 Abs. 1 S. 1 (Anfall und Lagerung überwachungsbedürftiger Rückstände) oder der – davon wiederum zu unterscheidende – **Dosisrichtwert** iSd § 1 Abs. 5 StrlSchV (→ § 8 Rn. 34).

D. Rechtliche Einordnung

11   Für die Einhaltung der Dosisgrenzwerte **hat der SSV zu sorgen** gem. § 72 Abs. 1 S. 1 Nr. 2 bzw. – soweit es um die Grenzwerte in der StrlSchV geht – Nr. 3. Diese Aufgabe kann vom SSV auf den **SSB** übertragen werden, siehe § 72 Abs. 2 S. 1 Nr. 1 lit. a.

12   Nach st. Rspr. des BVerwG seit dem Stade-Urteil von 1980 (BVerwGE 61, 256 (267) = NJW 1981, 1393 (1395)) (→ § 8 Rn. 14) legen die vom Gesetz- und Verordnungsgeber festgesetzten **Dosiswerte** für den Schutz von Einzelpersonen der Bevölkerung das für die Einzeldosis höchstzulässige Maß der Strahlenexposition und damit die **Grenze** fest, jenseits derer das für die Einzelperson hinzunehmende **Restrisiko** beginnt. Betroffene haben also einen Anspruch auf Einhaltung der Dosisgrenzwerte und eine entsprechende Klagebefugnis nach § 42 Abs. 2 VwGO. Diese zugleich zur Abgrenzung gegen das Gebot zur weiteren Optimierung (§ 8) dienende Definition wurde von der Lit. weitestgehend übernommen (→ § 8 Rn. 19). Die im Stade-Urteil mit Blick auf die Ableitungs-Grenzwerte (heute § 99 Abs. 1 StrlSchV) und damit auf den Normalbetrieb getroffene Einordnung wurde vom BVerwG nachfolgend auch auf die Verminderung der Strahlenexposition im Bereich der Störfallplanungswerte des heutigen § 104 Abs. 1 StrlSchV erstreckt (BVerwGE 104, 36 (46) = NVwZ 1998, 623 (625f.); BVerwGE 131, 129 (137) = NVwZ 2008, 1012 (1014)); bei diesen handelt es sich zwar nicht um Dosisgrenzwerte im eigentlichen Sinne (→ Rn. 8), ihre Funktion ist aber vergleichbar. Die vom BVerwG vorgenommene Funktionszuweisung wird man darüber hinaus auch auf die Dosisgrenzwerte für beruflich exponierte Personen erstrecken können, auch

wenn sie praktisch nur für die Grenzwerte für die Bevölkerung relevant geworden ist (→ § 8 Rn. 31).

Diese **grundlegende Abgrenzungsfunktion der Dosisgrenzwerte** wird **13** nicht dadurch in Frage gestellt, dass die Exposition aufgrund des **Optimierungsgebots** nach § 8 Abs. 2 auch unterhalb der Grenzwerte so gering wie unter den Umständen des Einzelfalls möglich zu halten ist. Wollte man die höchstzulässige Dosis in jedem Einzelfall in Anwendung des Strahlenminimierungsgebots bestimmen, so würde sie von Fall zu Fall unterschiedlich festzulegen sein; damit würde die mit den Dosisgrenzwerten verbundene Rechtssicherheit praktisch preisgegeben (BVerwGE 61, 256 (268) = NJW 1981, 1393 (1395)) (→ § 8 Rn. 15 und Rn. 23).

Der Gesetz- und Verordnungsgeber ist verpflichtet, die Festlegung der Dosis- **14** grenzwerte erforderlichenfalls mit Blick auf den aktuellen Stand der Erkenntnisse zu überprüfen; insofern muss er **die Dosisgrenzwerte unter Kontrolle halten** und notfalls nachbessern (→ § 80 Rn. 24; die dort aufgeführte Rspr. ist wiederum nur mit Blick auf Dosisgrenzwerte zum Schutz der Bevölkerung ergangen, dürfte aber für Dosisgrenzwerte für beruflich exponierte Personen ebenso Geltung beanspruchen).

E. Zuwiderhandlungen

Ein Verstoß gegen § 9 ist nicht unmittelbar als Ordnungswidrigkeit geregelt; **15** bußgeldbewehrt ist stattdessen die Sorgepflicht des SSV zur Einhaltung der in Bezug genommenen **Einzelnormen mit Dosisgrenzwerten** nach § 72 Abs. 1 S. 1 Nr. 2 und 3.

Kapitel 2 – Vorabkontrolle

Abschnitt 1 – Errichtung von Anlagen zur Erzeugung ionisierender Strahlung

Vorbemerkung zu §§ 10 ff.

A. Vorabkontrolle bei geplanten Expositionssituationen

1   Das Kapitel 2 des Teils 2 des StrlSchG ist mit „Vorabkontrolle bei radioaktiven Stoffen oder ionisierender Strahlung" überschrieben und umfasst die §§ 10 bis 67, also rund ein Drittel des gesamten Gesetzes. Den Begriff „**Vorabkontrolle**" hat der Gesetzgeber mit dem StrlSchG neu eingeführt; er umfasst Instrumente wie vor allem die Genehmigung und die Anzeige, die eine Kontrolle von Tätigkeiten, die eine geplante Expositionssituation (§ 2 Abs. 2) entstehen lassen, ermöglichen, bevor sie ins Werk gesetzt werden. Der begriffliche Gegenpart zur Vorabkontrolle ist die **Aufsicht** (§§ 178 ff.), die sich im Wesentlichen auf laufende Tätigkeiten bezieht und u. a. sicherstellen soll, dass die gesetzlichen Anforderungen und die Bestimmungen des Genehmigungsbescheides (wenn vorhanden) eingehalten werden.

2   Durch die Verortung des Kapitels 2 im Teil 2 „Strahlenschutz bei **geplanten Expositionssituationen**" ist klargestellt, dass es bei der Vorabkontrolle nicht um Notfallexpositionssituationen oder bestehende Expositionssituationen geht. Auch in diesen beiden Expositionssituationen gibt es Instrumente zur Veranlassung einer grundsätzlichen behördlichen Kontrolle, etwa die Anmeldung eines Arbeitsplatzes im Rahmen des Schutzes vor Radon gem. § 129, die Meldung einer radioaktiven Altlast gem. § 138 Abs. 1 oder (als Sonderfall) die Genehmigung von Stilllegung und Sanierung der Betriebsanlagen und Betriebsstätten des Uranerzbergbaus in § 149; solche Instrumente folgen aber einer anderen Logik als die Vorabkontrolle der §§ 10 ff., da hier ein expositionsrelevanter Zustand nicht erst herbeigeführt wird, sondern bereits eingetreten ist bzw. schon besteht.

B. Das Instrumentarium der Vorabkontrolle

3   Kapitel 2 Teil 2 StrlSchG sieht ein differenziertes Instrumentarium der Vorabkontrolle vor. Zu diesem Instrumentarium gehören vor allem die **Genehmigung** und die **Anzeige** von Tätigkeiten; hinzu kommt die **Anmeldung** von Tätigkeiten sowie ergänzend die **Bauartzulassung** bestimmter Vorrichtungen. Eine entsprechende Differenzierung gibt es im deutschen Strahlenschutzrecht schon lange; bereits die StrlSchV von 1976 enthielt unter der Überschrift „Überwachungsvorschriften" (2. Teil) sowohl Genehmigungs- als auch Anzeigevorbehalte. Die Differenzierung wird aber auch von der **RL 2013/59** vorgegeben. In ihrem **Art. 24** ist ganz allgemein eine „**abgestufte Vorgehensweise bei der regulatorischen Kontrolle**" vorgesehen, abhängig zum einen von der Höhe und der Wahrscheinlichkeit von Expositionen und zum anderen vom Umfang der Sicherheitsverbesserung oder der Reduzierung der Expositionen, der durch eine

engere Kontrolle erreichbar wäre. Art. 24 Abs. 1 RL 2013/59/Euratom nennt als Instrumente der regulatorischen Vorabkontrolle die Anmeldung (engl. *notification*) und die Gestattung *(authorisation);* letztere umfasst nach Art. 24 Abs. 3 die Erteilung einer Genehmigung *(licensing)* und die Anzeige *(registration)*. In Art. 27 Abs. 3 wird festgehalten, dass die Entscheidung des Gesetzgebers zwischen Genehmigung und Anzeige auf die „Erfahrung aus der Regulierungspraxis" gestützt werden könne, wobei dem Ausmaß der erwarteten oder potentiellen Dosen und der Komplexität der Tätigkeit Rechnung zu tragen sei. Das ist im StrlSchG umgesetzt.

Damit folgt die RL − siehe auch ihren Erwägungsgrund 36 − ebenso wie das **4** StrlSchG einem wichtigen Grundsatz des internationalen Strahlenschutzrechts, nämlich der **abgestuften Vorgehensweise** (engl. *graded approach*) bei der regulatorischen Kontrolle in Proportion zum Strahlenrisiko, das von der jeweiligen Tätigkeit ausgeht. Dieser Grundsatz ist festgehalten in den Safety Standards der IAEO zum Strahlenschutz (IAEA, Radiation Protection and Safety of Radiation Sources: International Basic Safety Standards, GSR Part 3, 2014, requirement 6) und zum regulatorischen Rahmen im Atom- und Strahlenschutzrecht (IAEA, Governmental, Legal and Regulatory Framework for Safety, GSR Part 1 (Rev. 1), 2016, requirement 27). Er dient letztlich einer optimalen Zuordnung der Ressourcen der Behörde und des jeweils Verantwortlichen im Dienste eines effektiven Strahlenschutzes.

Die niedrigste Stufe dieses Instrumentariums ist die **Anmeldung,** die in Art. 25 **5** und 26 RL 2013/59 geregelt ist, im StrlSchG für geplante Expositionssituationen aber nur vereinzelt vorkommt (§ 60 Abs. 1 für den Anfall von Rückständen, § 62 Abs. 1 für Verwertung und Beseitigung überwachungsbedürftiger Rückstände und − basierend auf der Verordnungsermächtigung in § 30 − § 13 StrlSchV für die grenzüberschreitende Verbringung). Sie dient dazu, die zuständige Behörde von dem Vorgang in Kenntnis zu setzen und ihr die Möglichkeit der Überwachung zu geben.

Die eigentlichen Instrumente der Vorabkontrolle sind die **Anzeige** und die **Ge- 6 nehmigung.** Mit einem **Genehmigungserfordernis** statuiert der Gesetzgeber ein (präventives) Verbot mit Erlaubnisvorbehalt. Die Behörde erteilt auf Antrag einen VA − die Genehmigung −, der die Gestattung konstitutiv ausspricht und sie meist mit Nebenbestimmungen wie einer Befristung oder Auflagen ausgestaltet. Im **Anzeigeverfahren** dagegen besteht ein (präventives) Verbot mit Anzeigevorbehalt; derjenige, der die Tätigkeit durchführen möchte, ist lediglich verpflichtet, der zuständigen Behörde rechtzeitig (je nach der vom Gesetzgeber vorgegebenen Frist) sein Vorhaben anzuzeigen und die für die Prüfung des Vorhabens notwendigen Unterlagen vorzulegen. Die Behörde erhält damit die Möglichkeit, das Vorhaben auf seine Rechtmäßigkeit zu prüfen und **ggf. zu untersagen.** Die Gestattung der Tätigkeit folgt unmittelbar aus dem Gesetz, nicht aus einem VA; die Untersagung nach Prüfung ist gleichsam das negative Korrelat zur Genehmigung. „Das anzeigepflichtige Vorhaben ist zulässig, wenn es nicht verboten wird; das erlaubnispflichtige Vorhaben ist unzulässig, wenn es nicht erlaubt wird" (*Maurer/ Waldhoff* § 9 Rn. 55).

Die Anzeige ist damit ein Mittel der **Verwaltungsvereinfachung;** sie kommt **7** im Grundsatz − dem Prinzip des abgestuften Ansatzes der regulatorischen Kontrolle (→ Rn. 4) entsprechend − dann zum Tragen, wenn es um Tätigkeiten geht, deren **Gefährdungspotenzial** der Gesetzgeber typisierend als eher **gering** eingeschätzt hat, so dass es eines Genehmigungsverfahrens aus seiner Sicht nicht bedarf. Das wird vor allem dann deutlich, wenn der Gesetzgeber für eine bestimmte Tätigkeitsart nach festgelegten Kriterien entweder eine Genehmigungs- oder eine Anzeigepflicht vorschreibt. Als Beispiel seien die §§ 17 und 19 angeführt, die für den Betrieb von Anlagen zur Erzeugung ionisierender Strahlung oder von Röntgeneinrichtungen mit bestimmten Eigenschaften – etwa einer unterhalb einer bestimmten Grenze liegenden Ortsdosisleistung (§ 17) oder einer definierten, hohe Sicherheit bietenden Ausführung des Geräts (§ 19 Abs. 1 S. 1 Nr. 2) – die Genehmigungspflicht nach § 12 Abs. 1 Nr. 1 oder 4 durch eine bloße Anzeigepflicht ersetzen.

8   Das **Genehmigungsverfahren** nach den verschiedenen Genehmigungstatbeständen des StrlSchG folgt den Grundsätzen solcher Verfahren, wie sie aus dem allgemeinen Verwaltungsrecht und aus anderen Fachgesetzen bekannt sind, und bedarf daher keiner einführenden Erläuterung. Im Strahlenschutzrecht gibt es keine eigene Verfahrensverordnung; das Verfahren ist daher idR als nichtförmliches Verfahren nach den Grundsätzen des § 10 VwVfG durchzuführen, sofern nicht ausnahmsweise die AtVfV Anwendung findet (→ § 16 Rn. 4 ff.). Das in durchaus zahlreichen Fällen im StrlSchG teils nach übereinstimmenden Grundsätzen, teils mit individuellen Besonderheiten geregelte **Anzeigeverfahren** stellt dagegen in dieser Dichte durchaus eine Besonderheit des Strahlenschutzrechts dar und soll daher im Folgenden näher beleuchtet werden.

C. Rechtsfragen des Anzeigeverfahrens

9   Im Anzeigeverfahren hat derjenige, der eine Tätigkeit beabsichtigt – das ist für fast alle Anzeigetatbestände definitionsgemäß der SSV (siehe § 69 Abs. 1 Nr. 3) –, der zuständigen Behörde eine entsprechende **Anzeige** zu erstatten. Er hat der Anzeige **Unterlagen** beizufügen, die in den einzelnen Regelungen katalogförmig aufgeführt werden und dabei fast immer als „**Nachweis,** dass … " bezeichnet werden. Mit der genauen Bezeichnung der erforderlichen Unterlagen bzw. Nachweise definiert der Gesetzgeber zugleich die **Anforderungen** an die anzeigepflichtige Tätigkeit. Die Behörde prüft, ob diese Anforderungen erfüllt sind. Insofern besteht hier eine enge Parallele zu den Genehmigungsvoraussetzungen bei den Genehmigungstatbeständen.

10   Der Gesetzgeber hat für die meisten Anzeigetatbestände eine **Frist,** fast immer eine **Vierwochenfrist,** zwischen Anmeldung und Beginn der Tätigkeit vorgesehen (§§ 17 Abs. 1 S. 1, 19 Abs. 1 S. 1, 50 Abs. 1 S. 1, 56 Abs. 1 S. 2; ähnlich die Anzeige nach § 32, wie sich aus § 33 Abs. 3 S. 1 Nr. 1 ergibt; für die Anzeige nach § 52 Abs. 1 S. 1 gilt eine Zweimonatsfrist). Mit der **Anzeigefrist** und dem damit verbundenen **Aufschub vor Beginn der Tätigkeit** wollte der Gesetzgeber offensichtlich sicherstellen, dass vor Aufnahme der Tätigkeit die Behörde die Möglichkeit hat, eine **effektive Vorabkontrolle** auszuüben, wie sie von Art. 25 Abs. 1 RL 2013/59 gefordert wird; in den Vorgängerregelungen zum StrlSchG war teils eine Anzeige erst nach Beginn der Tätigkeit verpflichtend (siehe etwa § 95 Abs. 1 und 2 StrlSchV 2001 bei NORM-Arbeitsplätzen) oder im Normalfall der Anzeige vor Tätigkeitsbeginn gab es entweder keine Frist (siehe etwa § 12 Abs. 1 StrlSchV 2001) oder die Frist betrug nur zwei Wochen (siehe etwa § 4 Abs. 1 RÖV)). Gleichzeitig ist die Vierwochenfrist zugleich auch eine **Prüffrist für die Behörde,** bei deren Ablauf der Anzeigende davon ausgehen darf, dass er die Nachweise erfolgreich geführt hat, und „bei Aufnahme des Betriebs stärkere **Rechtsklarheit** hat" (amtl. Begründung zu § 17, BT-Drs. 18/11241, 258, und nochmals ebenda zu § 18; siehe auch die amtl. Begründung zu § 66, ebenda S. 303: „… hat die zuständige Behörde zur Prüfung der Unterlagen nur einen begrenzten Zeitraum, um

dem Antragsteller zügig Sicherheit über die Befugnis zur Ausübung der Tätigkeit zu geben"; zum Vertrauensschutz des Anzeigenden nach Fristablauf → Rn. 15). Diese **Doppelfunktion der Frist** spiegelt sich darin wider, dass die Vierwochenfrist in den meisten Tatbeständen einmal mit Bezug zum Anzeigenden (als Anzeigefrist) und zum anderen nochmals mit Bezug auf die Behörde (als Prüffrist) geregelt wird (siehe zB § 17 Abs. 1 einerseits, § 18 Abs. 1 andererseits; entsprechende „Pendants" sind auch §§ 19 Abs. 1/20 Abs. 1, §§ 50 Abs. 1/51 Abs. 1, §§ 52 Abs. 1/53 Abs. 1, §§ 56 Abs. 1/57 Abs. 1). Die Behörde kann die Frist verkürzen und die Rechtsklarheit früher herstellen, indem sie dem Anzeigenden vorher **mitteilt, dass alle Nachweise erbracht sind,** woraufhin der Anzeigende tätig werden darf (siehe etwa §§ 18 Abs. 1 S. 2, 20 Abs. 1 S. 2, 33 Abs. 3 S. 1 Nr. 1 1. Alt., § 57 Abs. 1 S. 2). Ein solche Mitteilung ist ein VA (so zur ähnlich strukturierten sog. Freistellungserklärung nach § 15 Abs. 2 S. 2 BImSchG, die allerdings die zusätzliche Gestaltungswirkung hat, dass sie verbindlich über die fehlende Genehmigungsbedürftigkeit entscheidet, *Jarass* BImSchG § 15 Rn. 38), da sie die gesetzliche Gestaltungswirkung, die an sich erst nach Fristablauf eintritt, nach vorne verlagert und früher eintreten lässt. Auf diese vorübergehende Wirkung beschränkt sich aber ihr Regelungsgehalt; sie verliert nach Fristablauf ihre Bedeutung. Bei einigen Anzeigeverfahren hat der Gesetzgeber keine Frist gesetzt, sondern verlangt lediglich die Anzeigeerstattung „vor Beginn der Tätigkeit" (§§ 22 Abs. 1, 26 Abs. 1 S. 1); hier kam es ihm offenkundig weniger auf die vorlaufende Kontrolle und auf die Klarheit für den Anzeigenden an.

Mit dem Eingang der Anzeige – unabhängig von Vollständigkeit und Qualität **11** der beizufügenden Unterlagen – beginnt das Anzeigeverfahren als Verwaltungsverfahren; die Behörde kann ab diesem Zeitpunkt ihre Prüfung vornehmen und die jeweils für das Anzeigeverfahren geregelten Instrumente, v. a. die Untersagungsverfügung, nutzen. Der **Beginn der Vierwochenfrist als Frist,** nach deren Ablauf zugunsten des Anzeigenden die **gesetzliche Gestaltungswirkung** eintritt, setzt jedoch **den Eingang der Anzeige** mit den in der jeweiligen Fachnorm, etwa § 19 Abs. 3 und 4, aufgeführten **vollständigen Unterlagen** voraus (ähnlich *Schmatz-Nöthlichs* 8213 Anm. 1.2.2 und 1.2.3); die Behörde soll die volle Vierwochenfrist zur Prüfung anhand aller Unterlagen haben. Die Unterlagen sind vollständig, wenn sie es der Behörde ermöglichen, das Vorliegen der Voraussetzungen zu prüfen (so die amtl. Begründung zu § 18 Abs. 3 Nr. 1, BT-Drs. 18/11241, 259). Fehlen die im Gesetz jeweils bezeichneten Unterlagen ganz oder teilweise oder ermöglichen sie nach Auffassung der Behörde keine vollständige inhaltliche Prüfung, so sollte die Behörde den Anzeigenden hiervon innerhalb der Vierwochenfrist in Kenntnis setzen und **entsprechende Unterlagen nachfordern.** Eine solche Mitteilung ist nur in § 33 Abs. 1 S. 2 – der die anzeigepflichtige medizinische Forschung betrifft und mit seinem sehr ausführlich geregelten Verfahren mit Bestätigungs- oder Nachforderungspflichten, für die jeweils Fristen gesetzt werden, überhaupt in diesem Kapitel als Sonderfall dasteht – ausdrücklich vorgesehen, dürfte aber auch in den anderen Fällen nach allgemeinen Grundsätzen sinnvoll oder sogar notwendig sein, um einerseits den Rechtsschein des Eintritts der gesetzlichen Gestaltungswirkung nicht eintreten zu lassen und andererseits dem Anzeigenden die Gelegenheit zu geben, die Unterlagen nachzubessern. Ob eine flankierende vorbeugende Untersagungsverfügung erforderlich ist, ist eine Frage des Einzelfalls.

Eine **Eingangsbestätigung** der Behörde (als bloße Mitteilung des Eingangs **12** oder als Bestätigung, dass die Unterlagen vollständig und damit prüffähig sind) wird im StrlSchG – anders als etwa in § 15 Abs. 1 S. 3 BImSchG – grds. nicht gefordert; der Behörde bleibt unbenommen, eine solche Mitteilung zu versenden, die jedoch mangels rechtlicher Regelung keinen VA darstellt. Eine Ausnahme stellt wiederum § 33 Abs. 1 zur medizinischen Forschung dar; hier ist geregelt, dass die Behörde dem Anzeigenden die Vollständigkeit der Anzeige bestätigt (oder, wenn die Anzeige nicht isd in § 32 geforderten Unterlagen und Nachweise vollständig ist, dem Anzeigenden dies mitteilt).

13   Sind die **„Anzeigevoraussetzungen“,** die der Gesetzgeber in Gestalt von der Anzeige beizufügenden Unterlagen bzw. Nachweise geregelt hat (→ Rn. 7), inhaltlich **erfüllt,** so kann die Behörde passiv bleiben; mit Fristablauf tritt die gesetzliche Gestattungswirkung ohne weiteres ein. Sie kann das positive Prüfergebnis auch schon vor Fristablauf dem Anzeigenden **mitteilen,** woraufhin dieser die Tätigkeit sofort aufnehmen darf (→ Rn. 10). Die bisweilen geübte Behördenpraxis, einen **„bestätigenden VA“** zu erlassen und mit „Auflagen“ zu koppeln, ist dagegen abzulehnen: es handelt sich bei der „Bestätigung“ mangels Regelung nicht um einen VA, da die Gestattungswirkung – jedenfalls ab dem Zeitpunkt des Fristablaufs – kraft Gesetzes besteht; damit fehlt der Bezugspunkt für die vorgeblichen Nebenbestimmungen. Solche „Auflagen“ (dieser Begriff wird auch in BT-Drs. 19/26943, 53 verwendet) sind vielmehr als selbständige aufsichtliche Anordnungen gem. § 179 Abs. 2 zu erlassen bzw., wenn sie unter einer anderen Bezeichnung erlassen wurden, als solche anzusehen. Insgesamt sollte die vom Gesetzgeber mit dem Anzeigevorbehalt ggü. dem Genehmigungsvorbehalt intendierte Vereinfachung nicht unnötig durch aufwendige VAe, die dann letztlich doch einer Genehmigung angenähert sind, unterlaufen werden.

14   Sind die Anzeigevoraussetzungen – auch nach einer ggf. erfolgten Aufforderung zur Nachbesserung der Unterlagen – nicht erfüllt, so kann die Behörde, wenn gleichwohl mit der Tätigkeit begonnen wird, diese nach Ermessen **untersagen;** hierzu stellt das StrlSchG meist jeweils eine spezielle Rechtsgrundlage bereit, wie etwa §§ 18 Abs. 3 und 4, 20 Abs. 3 bis 5, 51 Abs. 2 oder 53 Abs. 2 und 3. Wenn möglich, sollte die Behörde jedoch, als Ausprägung des Verhältnismäßigkeitsprinzips, mit einer **aufsichtlichen Anordnung** etwa zu bestimmten Schutzvorkehrungen oder Ausübungsmodalitäten die Gesetzeskonformität der Tätigkeit sicherstellen. Rechtsgrundlage für eine solche Anordnung ist § 179 Abs. 2, der durch das 1. ÄndG 2021 eingeführt wurde. § 179 Abs. 1 mit seiner Verweisung auf §§ 17 und 19 AtG stellt keine geeignete Rechtsgrundlage dar (→ § 179 Rn. 72), da es im Anzeigeverfahren keinen Verwaltungsakt gibt, dem die Behörde Nebenbestimmungen der in § 17 Abs. 1 AtG genannten Art beifügen kann, und da es bei der aufsichtlichen Anordnung nach § 19 Abs. 3 AtG – wozu auch die Betriebseinstellung zählt – um die Beseitigung eines bereits eingetretenen gesetzeswidrigen oder gefährlichen Zustands geht (BT-Drs. 19/26943, 53 f.).

15   Untersagungen oder sonstige Anordnungen der Behörde können auch **nach Fristablauf und nach Beginn der Tätigkeit** und somit **nachträglich** ergehen. Eine solche nachträgliche Untersagung unterscheidet sich grundlegend von der Untersagung anlässlich der Prüfung, die ein notwendiges Korrektiv innerhalb des – gegenüber der Genehmigung einfacheren – Anzeigeverfahrens darstellt und mit der der Anzeigende rechnen muss; denn bei der nachträglichen Untersagung stellt sich die Frage nach einem **Bestandsschutz der Gestattung der angezeigten Tätigkeit.** Bei Genehmigungen wird ein solcher Bestandsschutz dadurch sichergestellt, dass die Rücknahme oder der Widerruf der einmal erteilten Genehmigung nur unter bestimmten Voraussetzungen möglich ist (§ 179 Abs. 1 Nr. 1 StrlSchG iVm § 17 Abs. 2 bis 5 AtG) und die endgültige Betriebseinstellung die vorhergehende Auf-

hebung der Genehmigung voraussetzt (vgl. § 179 Abs. 1 Nr. 2 StrlSchG iVm § 19 Abs. 3 S. 2 Nr. 3 AtG). Im Anzeigeverfahren entsteht ein vergleichbarer **Vertrauenstatbestand beim Anzeigenden** dann, wenn die Anzeige- und Prüffrist abgelaufen ist, ohne dass die Behörde eine Untersagung oder sonstige Anordnung getroffen oder Unterlagen nachgefordert hat; denn dann darf er davon ausgehen, dass die Behörde keine Einwände hat, so dass insoweit Rechtsklarheit herrscht (→ Rn. 10). Auch hat der Anzeigende, wenn er nach Fristablauf mit der Tätigkeit beginnt, im Vertrauen auf seine Rechtsposition entsprechend disponiert und ggf. Investitionen getätigt.

Eine entsprechende **Differenzierung zwischen der Untersagung innerhalb** 16 **der Prüffrist und der nachträglichen Untersagung** hat der Gesetzgeber nicht systematisch, aber doch an vielen einzelnen Stellen vorgenommen. Gemäß § 18 Abs. 3 Nr. 1 Hs. 2 und Nr. 4 (Anlagen zur Erzeugung ionisierender Strahlung), § 20 Abs. 3 Nr. 1 (Röntgeneinrichtungen) und § 57 Abs. 3 Nr. 1 Hs. 2 (NORM-Arbeitsplätze) muss die Behörde dem SSV vor der nachträglichen Untersagung eine **angemessene Frist zur Abhilfe** gewähren; diese Bestimmungen berücksichtigen den auch vom Gesetzgeber anerkannten höheren Vertrauensschutz nach Fristablauf (BT-Drs. 18/11241, 259 (zu § 18) und 265 (zu § 20)). In § 4 Abs. 6 RÖV war die nachträgliche Untersagung des angezeigten Betriebs einer Röntgeneinrichtung sogar ausdrücklich nur dann für zulässig erklärt, „wenn eine erteilte Genehmigung zurückgenommen oder widerrufen werden könnte"; diese Formulierung ist zwar nicht übernommen worden, weil § 20 die Untersagungstatbestände insgesamt ggü. § 4 Abs. 6 RÖV viel mehr ausdifferenziert hat, das Prinzip ist jedoch geblieben (→ § 20 Rn. 8). Auch § 34 (medizinische Forschung) differenziert in Abs. 1 und Abs. 2 zwischen der Untersagung innerhalb der Prüffrist und der späteren Untersagung. Insgesamt dürfte in allen Fällen einer nachträglichen Untersagung einer angezeigten Tätigkeit der Gesichtspunkt des Vertrauensschutzes in die Ermessensausübung einzubeziehen sein. So sollte die Behörde auch prüfen, ob eine **nachträgliche aufsichtliche Anordnung,** die dem Anzeigepflichtigen eine Weiterführung der Tätigkeit unter bestimmten, die Einhaltung der gesetzlichen Anforderungen gewährleistenden Randbedingungen ermöglicht, nicht ebenfalls geeignet ist und daher als **milderes Mittel** ggü. einer Untersagung eingesetzt werden sollte.

§ 10 Genehmigungsbedürftige Errichtung von Anlagen zur Erzeugung ionisierender Strahlung

(1) **Wer eine Anlage zur Erzeugung ionisierender Strahlung der folgenden Art errichtet, bedarf der Genehmigung:**
1. **Beschleuniger- oder Plasmaanlage, in der je Sekunde mehr als 10^{12} Neutronen erzeugt werden können,**
2. **Elektronenbeschleuniger mit einer Endenergie der Elektronen von mehr als 10 Megaelektronenvolt, sofern die mittlere Strahlleistung 1 Kilowatt übersteigen kann,**
3. **Elektronenbeschleuniger mit einer Endenergie der Elektronen von mehr als 150 Megaelektronenvolt,**
4. **Ionenbeschleuniger mit einer Endenergie der Ionen von mehr als 10 Megaelektronenvolt je Nukleon, sofern die mittlere Strahlleistung 50 Watt übersteigen kann,**

5. **Ionenbeschleuniger mit einer Endenergie der Ionen von mehr als 150 Megaelektronenvolt je Nukleon.**

(2) **Einer Genehmigung bedarf auch, wer die genehmigungsbedürftige Errichtung einer der in Absatz 1 genannten Anlagen wesentlich ändert.**

A. Sinn und Zweck der Regelung

1   Die in § 10 vorgesehene Genehmigung ist die **einzige Errichtungsgenehmigung des StrlSchG.** § 10 stellt die Errichtung von Anlagen zur Erzeugung ionisierender Strahlung unter einen Genehmigungsvorbehalt, wenn die jeweilige Anlage (Beschleuniger oder Plasmaanlage) eine der in Abs. 1 Nr. 1 bis 5 genannten tatbestandlichen Voraussetzungen erfüllt. Diese tatbestandlichen Voraussetzungen bezeichnen Anlagen, bei denen aufgrund der hohen Endenergie der beschleunigten Teilchen oder der hohen Strahlintensität (BT-Drs. 18/11241, 245) eine **Strahlenexposition der Bevölkerung in der Umgebung** durch direkte oder gestreute Strahlung oder durch Ableitungen radioaktiver Stoffe auftreten kann; deshalb hat der Gesetzgeber für diese Anlagen bereits die Errichtung – die ebenso wie der Betrieb eine Tätigkeit darstellt, § 4 Abs. 1 S. 1 Nr. 7 – unter einen Genehmigungsvorbehalt gestellt (amtl. Begründung zur StrlSchV 2001, BR-Drs. 207/01, 218). Obwohl die Errichtung selbst keine Strahlenexposition verursacht, ist das Ergebnis der Errichtung, also die Anlage in ihrer konkreten Gestalt, für die radiologischen Auswirkungen des späteren Betriebes entscheidend, so dass es hier bereits der Prüfung und Genehmigung bedarf (vgl. etwa § 99 StrlSchV, wonach die Ableitungen radioaktiver Stoffe schon anhand von Planung und Errichtung zu beurteilen sind). Damit wird die „Wahrscheinlichkeit des Baus von unzureichend ausgelegten Anlagen verringert" (BT-Drs. 18/11241, 245).

2   Tatsächlich liegt es zumeist im Interesse aller Beteiligten (Errichter, Betreiber und Behörden), bereits vor der Errichtung der Anlage eine abgestimmte Lösung zu erarbeiten, die **alle strahlenschutzrelevanten Aspekte berücksichtigt.** Das Erfordernis einer Errichtungsgenehmigung, die auch mit den je nach Bundesland zu berücksichtigenden baurechtlichen Genehmigungen in Einklang gebracht wurde, ist daher gut begründet. In der Praxis hat es sich dabei als sehr hilfreich erwiesen, wenn denkbare Änderungen und Weiterentwicklungen der Anwendungen möglichst großzügig bereits in der Planungsphase mitgedacht und antizipiert werden, da spätere bauliche Veränderungen zumeist nur mit erheblichem Aufwand umgesetzt werden können.

3   Durch die Regelung wird Art. 27 Abs. 2 **RL 2013/59/Euratom** umgesetzt

B. Regelungshistorie

4   Die Norm übernimmt in Abs. 1 die Regelungen des **§ 11 Abs. 1 StrlSchV 2001** praktisch ohne Änderung (lediglich der Begriff „Elektronvolt" wurde in „Elektronenvolt" geändert). Abs. 2 der Norm wurde durch das 1. ÄndG 2021 eingefügt; er greift einen Teilaspekt des § 11 Abs. 2 StrlSchV 2001 auf. Die Regelung des § 11 Abs. 3 StrlSchV 2001 (Bestrahlungsvorrichtung als Teil einer Anlage nach § 7 AtG) wurde an anderer Stelle fortgeführt, nämlich in § 12 Abs. 1 Nr. 2.

C. Genehmigungsbedürftige Errichtung (Abs. 1)

I. Erfasste Anlagen

Die Definition der **Anlagen zur Erzeugung ionisierender Strahlung** findet 5
sich in § 5 Abs. 2 (→ § 5 Rn. 3). Wenn eine Anlage schon nicht die Merkmale der
Definition in § 5 Abs. 2 (insbesondere die Teilchen- oder Photonenenergie von
mind. 5 Kiloelektronenvolt) erfüllt, dann bedarf sie weder einer Genehmigung
nach § 10 noch sonst einer Genehmigung unter dem StrlSchG. Der in Nr. 1 bis 5
enthaltene Katalog tatbestandlicher Voraussetzungen bezeichnet eine Untermenge
der nach § 5 Abs. 2 definierten Anlagen zur Erzeugung ionisierender Strahlung (solche, bei denen eine Strahlenexposition der Bevölkerung auftreten kann → Rn. 1).
Er ist **abschließend;** für Anlagen zur Erzeugung ionisierender Strahlung, die keines der Tatbestandsmerkmale erfüllen, bedarf es keiner Errichtungsgenehmigung
(wohl aber einer Betriebsgenehmigung nach § 12 Abs. 1 Nr. 1 oder einer Anzeige
des Betriebes nach § 17, sofern nicht auch der Betrieb anzeigefrei ist, § 7 StrlSchV).
Eine „Errichtungsanzeige" als Ausnahme von der Genehmigungsbedürftigkeit gibt
es nicht.

II. Errichtung

Die **Errichtung** einer Anlage zur Erzeugung ionisierender Strahlung umfasst 6
die Aufstellung der Anlage am vorgesehenen Standort und die damit verbundenen
Baumaßnahmen; sie ist abzugrenzen von der Herstellung der Anlage (*Schmatz /
Nöthlichs* 8019 Anm. 2.3.5). Auch das Umsetzen und der Wiederaufbau einer schon
einmal errichteten Anlage ist eine erneute Errichtung. Die Errichtung endet mit
Beginn der Inbetriebnahme, die den Übergang zum Betrieb bezeichnet.

Der **Betrieb** der Anlagen, die der Errichtungsgenehmigung nach Abs. 1 bedür- 7
fen, unterliegt der Genehmigungspflicht gem. § 12 Abs. 1 Nr. 1. Insofern sind immer zwei Genehmigungen erforderlich. Ein lediglich anzeigebedürftiger Betrieb
von Anlagen, die einer Errichtungsgenehmigung bedürfen, ist aufgrund der in
Nr. 1 bis 5 genannten Kriterien nicht denkbar.

III. Anlagen, die einer Errichtungsgenehmigung bedürfen (Nr. 1 bis 5). 8
Die in Nr. 1 bis 5 aufgeführten Anlagen zeichnen sich dadurch aus, dass es auch
beim bestimmungsgemäßen Betrieb zu **Strahlenexpositionen von Personen
außerhalb der betrieblich festgelegten Strahlenschutzbereiche** kommen
kann. Dies gilt insbesondere für die direkte Exposition durch hochenergetische
durchdringende Strahlung wie Photonen oder Neutronen, die durch bauliche
Maßnahmen (Bestrahlungsräume im Untergeschoß, hinreichend dicke und massive
Bauweise von Wänden und Decken) auf ein akzeptables Maß zu reduzieren ist.
Aber auch die Entstehung von Aktivierungsprodukten und damit die Expositionen
durch Ableitungen von radioaktiven Stoffen über den Luft- oder Wasserpfad sind
bei solchen Anlagen bereits bei der Planung dorch entsprechende bauliche Maßnahmen (Überwachungssysteme, Abklingvorrichtungen) und geeignete Personen-
sicherheitssysteme zu berücksichtigen. Die Genehmigung zur Errichtung ist somit
ein Instrument, das bereits vor Baubeginn sicherstellen soll, dass nicht aus Sicht des
Strahlenschutzes schwerwiegende Versäumnisse in der Planungsphase von leis-
tungsstarken Beschleunigern den sicheren Betrieb der Anlage verhindern.

9   Der Kreis der betroffenen Anlagen definiert sich entweder über die **Neutronenflussdichte** oder über die **Endenergie der beschleunigten Teilchen** ggfs. unter Berücksichtigung der **mittleren Strahlleistung.** Hohe Neutronenquellstärken von mehr als 10^{12} Neutronen pro Sekunde führen neben einer direkten Strahlenexposition auch zur Aktivierung von Bauteilen, wobei je nach Bauart alle Komponenten des Beschleunigers inklusive Strahlführung und Target betroffen sein können. Dies gilt ebenso für Beschleuniger, bei denen die beschleunigten Teilchen eine hinreichend große Endenergie (mehr als 10 MeV pro Elektron bzw. Nukleon) **und** bestimmte mittlere Strahlleistungen überschreiten (für Elektronenbeschleuniger 1 kW und für Ionenbeschleuniger 50 W) oder für Beschleuniger, bei denen die beschleunigten Teilchen eine extrem hohe Endenergie aufweisen können (150 MeV pro Elektron bzw. beschleunigten Nukleon). Insbesondere bei Elektronenbeschleunigern ist dabei mit der Entstehung von entsprechend hochenergetischer Bremsstrahlung zu rechnen, die wiederum zur Freisetzung von Neutronen und entsprechender Aktivierung von Stoffen in allen Aggregatzuständen führen kann.

10   In der Praxis bedeutet dies, dass neben **hochspezialisierten Beschleunigeranlagen** in Großforschungseinrichtungen auch medizinisch genutzte Anlagen wie **Zyklotrons** einer Errichtungsgenehmigung bedürfen. Keine Errichtungsgenehmigung wird hingegen in der Regel für gängige technische oder medizinische **Linearbeschleuniger** (so genannte Linacs) benötigt, da entweder die Endenergie der beschleunigten Elektronen von 10 MeV oder die mittlere Strahlleistung von 1 kW nicht überschritten werden.

D. Wesentliche Änderung der Errichtung (Abs. 2)

11   § 11 Abs. 2 StrlSchV 2001 hatte einen Genehmigungsvorbehalt für den Fall enthalten, dass die **Anlage oder ihr Betrieb wesentlich geändert** wird. Diese Regelung sollte im StrlSchG nach Absicht des Gesetzgebers mit § 12 Abs. 2 fortgeführt werden; die dortige Regelung bezieht sich, soweit es um Anlagen zur Erzeugung ionisierender Strahlung geht, aber systematisch nur auf den genehmigungsbedürftigen Betrieb nach § 12 Abs. 1 Nr. 1. Dadurch ergab sich eine **Lücke** mit Blick auf Änderungen der Anlage, die mit Einführung des Abs. 2 durch das Erste Änderungsgesetz zum StrlSchG 2021 und die entsprechende amtl. Begründung geschlossen wurde (BT-Drs. 19/26943, 38; dort wird von einer „Klarstellung" gesprochen).

12   Die Formulierung **„Änderung der Errichtung"** erscheint etwas schief; in Vorschriften des AtG und des BImSchG beziehen sich Änderungen stets auf die „Anlage" oder ihren „Betrieb"; ebenso hatte § 11 Abs. 2 StrlSchV 2001 gelautet. Die Formulierung soll aber zum Ausdruck bringen, dass sich Abs. 2 nach dem Willen des Gesetzgebers nur auf wesentliche Änderungen der Anlage bezieht, die noch **während der Errichtungsphase** vorgenommen werden; Änderungen an der Anlage, die nach der Errichtung erfolgen, sind nach der amtl. Begründung dagegen unter § 12 Abs. 2 zu subsumieren (BT-Drs. 19/26943, 38). Im Wortlaut der zuletzt genannten Norm kommt dies zwar nicht vollständig zum Ausdruck; letztlich ist es aber sachgerecht, nachträgliche Änderungen der Anlage zusammen mit Änderungen des Betriebes einheitlich dem § 12 Abs. 2 zuzuweisen, da Änderungen ab Inbetriebnahme oft nicht eindeutig der „Anlage" oder dem „Betrieb" zugeordnet werden können und ein Änderungsvorhaben oft beides betrifft (z. B. eine Erhöhung der Strahlleistung durch Umbau der Anlage).

Für den Begriff der **wesentlichen Änderung** kann auf die Kommentierung zu **13** § 12 Abs. 2 verwiesen werden (→ § 12 Rn. 70 ff.).

E. Zuwiderhandlungen

Gem. § 194 Abs. 1 Nr. 2 lit. a handelt ordnungswidrig, wer ohne Genehmigung **14** nach § 10 eine dort genannte Anlage errichtet.

§ 11 Voraussetzungen für die Erteilung der Genehmigung; Aussetzung des Genehmigungsverfahrens

(1) ¹Die zuständige Behörde hat die Genehmigung für die Errichtung einer Anlage nach § 10 zu erteilen, wenn
1. keine Tatsachen vorliegen, aus denen sich Bedenken gegen die Zuverlässigkeit des Antragstellers, seines gesetzlichen Vertreters oder, bei juristischen Personen oder sonstigen Personenvereinigungen, der nach Gesetz, Satzung oder Gesellschaftsvertrag zur Vertretung oder Geschäftsführung Berechtigten ergeben,
2. gewährleistet ist, dass für die Errichtung der Anlage ein Strahlenschutzbeauftragter bestellt wird, der die erforderliche Fachkunde im Strahlenschutz besitzt und der die Anlage entsprechend der Genehmigung errichten oder errichten lassen kann; es dürfen keine Tatsachen vorliegen, aus denen sich Bedenken gegen die Zuverlässigkeit des Strahlenschutzbeauftragten ergeben,
3. gewährleistet ist, dass die Exposition von Personen auf Grund des Betriebs der Anlage die für Einzelpersonen der Bevölkerung zugelassenen Grenzwerte in den allgemein zugänglichen Bereichen außerhalb des Betriebsgeländes nicht überschreitet; bei der Ermittlung der Exposition sind die Ableitung radioaktiver Stoffe mit Luft und Wasser und die austretende und gestreute Strahlung zu berücksichtigen,
4. die Vorschriften über den Schutz der Umwelt bei dem beabsichtigten Betrieb der Anlage sowie bei Störfällen eingehalten werden können,
5. der erforderliche Schutz gegen Störmaßnahmen oder sonstige Einwirkungen Dritter gewährleistet ist,
6. es sich nicht um eine nicht gerechtfertigte Tätigkeitsart nach einer Rechtsverordnung nach § 6 Absatz 3 handelt oder wenn unter Berücksichtigung eines nach § 7 Absatz 2 veröffentlichten Berichts keine erheblichen Zweifel an der Rechtfertigung der Tätigkeitsart bestehen.
²Satz 1 Nummer 2 ist nicht anzuwenden, wenn eine der in Satz 1 Nummer 1 genannten Personen die erforderliche Fachkunde im Strahlenschutz besitzt und die Anlage entsprechend der Genehmigung errichten oder errichten lassen kann.

(2) Leitet die zuständige Behörde ein Verfahren zur Prüfung der Rechtfertigung nach § 7 ein, so setzt sie das Verfahren zur Erteilung der Genehmigung für die Dauer des Verfahrens zur Prüfung der Rechtfertigung aus.

Schrifttum: *BMU*, Richtlinie über die im Strahlenschutz erforderliche Fachkunde (Fachkunde-Richtlinie Technik nach Strahlenschutzverordnung) vom 21. Juni 2004, geändert am

19. April 2006 (GMBl. 2006 S. 735); *BMU,* Merkposten zu Antragsunterlagen in den Geneh-migungsverfahren für Anlagen zur Erzeugung ionisierender Strahlen nach § 11 Abs. 1 und 2 StrlSchV vom 12. November 2003 (GMBl. 2004 S. 9); *BMU,* Strahlenschutz in der Medizin – Richtlinie zur Strahlenschutzverordnung (StrlSchV) vom 26. Mai 2011 (GMBl. S. 867), zuletzt geändert durch RdSchr. des BMUB vom 11. Juli 2014 (GMBl. S. 1020).

A. Sinn und Zweck der Regelung

1   Die Regelung schließt eng an den Genehmigungsvorbehalt des § 10 an und nennt in Abs. 1 die dazugehörigen **Genehmigungsvoraussetzungen für die Er-richtung von Anlagen zur Erzeugung ionisierender Strahlung,** die in Form eines Katalogs aufgeführt werden. In Abs. 2 geht es um die **Aussetzung des Ge-nehmigungsverfahrens,** um erforderlichenfalls ein Verfahren zur Prüfung der Rechtfertigung nach § 7 zu ermöglichen.

2   Durch die Regelung wird Art. 29 Abs. 1 und 2 iVm Anhang IX **RL 2013/59** umgesetzt.

B. Bisherige Regelung

3   Die Norm führt, mit kleineren Änderungen, **§ 13 StrlSchV 2001** fort.

C. Genehmigungsvoraussetzungen (Abs. 1)

4   Sind die im Katalog des S. 1 Nr. 1 bis 6 genannten Voraussetzungen für die Ertei-lung einer Genehmigung gegeben und im Genehmigungsverfahren entsprechend nachgewiesen, so hat der Antragsteller einen Anspruch auf die Erteilung. Es handelt sich um eine **gebundene Entscheidung;** ein Rechtsfolgeermessen besteht nicht.

5   Die zum Nachweis erforderlichen **Unterlagen** werden im StrlSchG nicht näher bezeichnet, insbesondere enthält Anlage 2 keinen Abschnitt, der sich auf die Errichtungsgenehmigung nach § 10 bezieht (anders als die Betriebsgenehmigung für AEiS nach § 12 Abs. 1 Nr. 1, für die Anlage 2 Teil A Angaben enthält). Hin-zuweisen ist aber auf die BMU-Merkposten (siehe Schrifttum) und auf die Richt-linie Strahlenschutz in der Medizin. So sieht die Merkpostenliste vor, dass mit Blick auf den für die Betriebsgenehmigung vorzulegenden Sicherheitsbericht eine Reihe von Punkten bereits bei der Beantragung der Errichtungsgenehmigung vorzulegen sind (siehe Abschnitt A., zweiter Absatz), die bereits für die Beantragung der Errich-tungsgenehmigung relevant sind. In der Praxis sind folglich faktisch Elemente aus Anlage 2 Teil A Nr. 1 und 2 bereits an dieser Stelle nachzuweisen. So fordert bei-spielsweise die Merkpostenliste unter 4. (Aufbau der AEiS) Informationen über die Daten, Konstruktion und Funktion zur Erzeugung, Führung und Anwendung des Strahls sowie Angaben zur Errichtung inkl. Baubeschreibung und Bauplänen, die in weiten Teilen mit den Informationen verknüpft sind, die im Sicherheitsbericht ge-fordert werden.

6   Der Katalog der Nr. 1 bis 6 entspricht in seinem Aufbau weitgehend einem **Muster,** das in der zentralen Vorschrift des § 13 Abs. 1 bis 3 für die in § 12 auf-geführten fünf Genehmigungsarten verwendet wird und sich auch in § 29 für die Beförderung sonstiger radioaktiver Stoffe wiederfindet. Insofern kann an vielen Stellen, insbesondere zur Erläuterung der Begrifflichkeiten wie Zuverlässigkeit,

Fachkunde oder Schutz gegen Störmaßnahmen oder sonstige Einwirkungen Dritter und oft auch hinsichtlich der erforderlichen Unterlagen, auf die **ausführliche Kommentierung des § 13** verwiesen werden.

I. Zuverlässigkeit des Antragstellers bzw. seines gesetzlichen Vertreters (S. 1 Nr. 1)

Der Antragsteller ist **SSV** (§ 69 Abs. 1 Nr. 1); zur genauen Bestimmung des SSV 7
oder desjenigen, der die Aufgabe des SSV wahrnimmt, → § 12 Rn. 6 ff. und → § 69
Rn. 28 ff. Zum Rechtsbegriff der **Zuverlässigkeit** → § 13 Rn. 14 ff.; zum Nachweis der Zuverlässigkeit als **Genehmigungsvoraussetzung** → § 13 Rn. 25 ff.
Hiervon gedanklich zu trennen ist die **Zuverlässigkeitsüberprüfung gem.**
§ 12 b AtG und AtZüV (→ § 13 Rn. 28). Sie ist für den **Antragsteller** im Genehmigungsverfahren zur Errichtung einer AEiS zusätzlich durchzuführen (§ 12 b
Abs. 1 S. 1 Nr. 1 AtG). Darüber hinausgehend ist sie grundsätzlich auch für Personen durchzuführen, die bei der Errichtung einer AEiS **tätig sind** (§ 12 b Abs. 1
S. 1 Nr. 2 AtG); allerdings hängt dies von einer Entscheidung der Behörde im Einzelfall ab (§ 1 Abs. 2 S. 1 AtZüV).

II. SSB, Fachkunde, Zuverlässigkeit (S. 1 Nr. 2 und S. 2)

Nr. 2 stellt klar, dass bereits für die Errichtung der Anlage ein SSB bestellt werden muss, der über die erforderliche **Fachkunde** verfügt. Die Fachkunde-Richtlinie Technik nach StrlSchV (siehe Schrifttum) sieht für diese Tätigkeit die Fachkundegruppe S6.4 vor. Der Erwerb der erforderlichen Fachkunde kann nach
erfolgreicher Teilnahme an einem umfangreichen Strahlenschutzkurs mit der
Dauer von mindestens 75 Unterrichtseinheiten erfolgen (Module GH, OH und
BH), wenn darüber hinaus eine zweijährige praktische Erfahrung nachgewiesen
werden kann. Gemäß der Fachkunde-Richtlinie ist als Ausbildungsabschluss mindestens ein Hochschulabschluss in einem naturwissenschaftlich-technischen Bereich oder ein Abschluss als Techniker, Meister oder ein inhaltlich gleichwertiger
Abschluss vorgesehen. Der SSB muss in der Lage sein, die Anlage entsprechend der
Genehmigung zu errichten bzw. errichten zu lassen. Dieses Erfordernis entfällt
gem. **Abs. 1 S 2** nur dann, wenn eine der in S. 1 Nr. 1 genannten Personen – der
Antragsteller selbst oder die Person, die ihn vertritt – die Voraussetzungen **in seiner**
eigenen Person erfüllt. Dabei ist gegenüber der früheren Regelung in § 13 Nr. 1
StrlSchV 2001 klargestellt, dass die Fachkunde nicht notwendig für den Antragsteller gefordert wird, der ja oft eine juristische Person ist, sondern nur einer natürlichen Person zukommt; das kann der Antragsteller selbst sein, sofern er eine natürliche Person ist (insofern etwas missverständlich die Begründung in BT-Drs.
18/11241, 145), anderenfalls die zur Vertretung berufene natürliche Person.

Zur **Zuverlässigkeit des SSB als Genehmigungsvoraussetzung** gilt das- 9
selbe wie für den Antragsteller in S. 1 Nr. 1 (→ Rn. 7). Der SSB dürfte idR als bei
der Errichtung der AEiS tätige Person iSd § 12 b Abs. 1 S. 1 Nr. 2 AtG einzustufen
sein, so dass es einer **Sicherheitsüberprüfung nach § 12 b AtG und AtZüV** bedarf, sofern die Behörde diese im Einzelfall verlangt (§ 1 Abs. 2 S. 1 AtZüV). Die
AtZüV geht hier aber von dem Regelfall aus, dass eine Überprüfung für diese Personen nicht erforderlich ist (BR-Drs 185/99, 25).

III. Einhaltung der Grenzwerte (S. 1 Nr. 3)

10   S. 1 Nr. 3 stellt auf die **Exposition von Einzelpersonen der Bevölkerung** außerhalb des Betriebsgeländes aufgrund der Ableitung radioaktiver Stoffe und aufgrund der ausgetretenen und gestreuten Strahlung ab. Die Norm greift damit den Grund auf, der überhaupt den Genehmigungsvorbehalt für die Errichtung bestimmter leistungsstarker AEiS motiviert hat, nämlich das Potential, eine solche Exposition zu verursachen (→ § 10 Rn. 1). Das **Betriebsgelände** ist definiert in § 1 Abs. 3 StrlSchV; entscheidendes Merkmal ist hiernach, dass der SSV auf dem Betriebsgelände den Zugang oder die Aufenthaltsdauer von Personen beschränken kann.

11   Die **Grenzwerte** für die Exposition von **Einzelpersonen der Bevölkerung** sind in § 80 niedergelegt. Zur **Begrenzung der Ableitung** radioaktiver Stoffe siehe § 99 StrlSchV (→ § 80 Rn. 27). Nähere Hinweise zu den zu betrachtenden Aspekten gibt Ziff. 6.2 der BMU-Merkposten (siehe Schrifttum). Die geforderte **Ermittlung der Exposition** ist in § 100 StrlSchV näher geregelt. § 100 StrlSchV verweist in Abs. 1 S. 2 auf die Allgemeine Verwaltungsvorschrift zu den §§ 100 und 101 der StrlSchV zur Berechnung der Exposition von Einzelpersonen der Bevölkerung durch radioaktive Stoffe und ionisierende Strahlung (AVV Tätigkeiten, BAnz AT 16.06.2020 B3), die der Feststellung im Rahmen des Genehmigungsverfahrens dient, ob der SSV die technische Auslegung und den Betrieb seiner Anlage oder Einrichtung so geplant hat, dass die Exposition der repräsentativen Person die Grenzwerte des § 80 StrlSchG und des § 99 StrlSchV nicht überschreitet. Dabei werden in der AVV Tätigkeiten Modelle und Parameter zur Modellierung so festgelegt, dass die zu erwartenden Expositionen der Einzelperson der Bevölkerung keinesfalls unterschätzt werden, wobei die Körperdosen einer repräsentativen Person so realistisch wie mit vertretbarem Aufwand möglich berechnet werden. Gleichzeitig wird durch die Modelle sichergestellt, dass die Exposition durch die Ableitung von radioaktiven Stoffen wie bislang konservativ abgeschätzt wird.

12   Gegenüber der Vorgängerregelung in § 13 Nr. 3 StrlSchV 2001 ist die Norm redaktionell etwas umgestellt und umformuliert. Eine inhaltlich bedeutsame Änderung ergibt sich dadurch, dass die frühere Bezugnahme auf die Exposition von Personen in allgemein zugänglichen Bereichen **„bei dauerndem Aufenthalt"** entfallen ist. Nach der amtlichen Begründung (BT-Drs. 18/11241, 245) erlaubt dies eine Konkretisierung der Anforderung auf Verordnungsebene unter Berücksichtigung u. a. der Empfehlung der SSK „Umsetzung des Dosisgrenzwertes für Einzelpersonen der Bevölkerung für die Summe der Expositionen aus allen zugelassenen Tätigkeiten" vom 19./20. Februar 2015. Zudem könne durch die Änderung „eine unnötig restriktive Auslegung von Anlagen vermieden werden".

13   Grundsätzlich ist also das Bestreben des Gesetz- und Verordnungsgebers erkennbar, **Strahlenexpositionen konservativ, aber nicht vollkommen unrealistisch abzuschätzen.** So wird in Anlage 11 Teil C Nr. 5 StrlSchV festgelegt, dass grundsätzlich bei der Festlegung von Parameterwerten diese so zu wählen sind, dass im Gesamtergebnis eine Unterschätzung der Exposition der repräsentativen Person nicht zu erwarten ist. Sind dafür allerdings Parameter zu berücksichtigen, die einer Schwankungsbreite unterliegen, dürfen nur in begründeten Ausnahmefällen die Extremwerte dieser Parameterwerte gewählt werden. Auch schreibt die AVV Tätigkeiten bei den Berechnungsvorschriften zur prospektiven Berechnung der Exposition zwar vor, dass ungünstige generische Verhältnisse und ungünstige generische Werte für die Modellparameter zugrunde zu legen sind; unmögliche

Szenarien, wie z. B. der Daueraufenthalt der repräsentativen Person im Freien, sind jedoch auszuschließen (AVV Tätigkeiten, Abschnitt 5.1).

IV. Schutz der Umwelt beim Betrieb und bei Störfällen (S. 1 Nr. 4)

Der **Schutz der Umwelt beim Betrieb** wird gewährleistet durch die Einhal- 14
tung der Vorschriften in Teil 2 Kapitel 6 Abschnitt 6 der StrlSchV, §§ 99 ff. („Schutz der Bevölkerung und der Umwelt"), insbesondere die Begrenzung der Ableitungen; insofern besteht ein enger Zusammenhang mit S. 1 Nr. 3. Der Schutz der Umwelt bei **Störfällen** (Definition in § 1 Abs. 18 StrlSchV) bezieht sich auf die §§ 105 ff. StrlSchV. § 104 StrlSchV (Störfallplanungswerte) ist auf AEiS nicht anwendbar.

V. Schutz gegen Störmaßnahmen oder sonstige Einwirkungen Dritter (S. 1 Nr. 5)

Der Schutz gegen **Störmaßnahmen oder sonstige Einwirkungen Dritter** – 15
oft mit dem Begriff **„SEWD"** zusammengefasst – wird im StrlSchG außer bei der genehmigungsbedürftigen Errichtung einer AEiS noch für den Betrieb solcher Anlagen und den genehmigungsbedürftigen Umgang mit sonstigen radioaktiven Stoffen (beides: § 13 Abs. 3) sowie für die Beförderung sonstiger radioaktiver Stoffe (§ 29 Abs. 1 Nr. 7) verlangt. Für Anforderungen und Maßnahmen kann vollumfänglich auf die Kommentierung zu § 13 verwiesen werden (→ § 13 Rn. 62 ff.). Die Gewährleistung des erforderlichen Schutzes gegen SEWD beruht ganz wesentlich auch auf baulichen Maßnahmen, die dementsprechend schon bei der Planung und Errichtung zu berücksichtigen sind.

VI. Gerechtfertigte Tätigkeitsart (S. 1 Nr. 6)

Diese Genehmigungsvoraussetzung bezieht sich auf die Rechtfertigung von Tä- 16
tigkeitsarten gem. §§ 6 und 7 und kennt **zwei Alternativen** (siehe auch BT-Drs. 18/11241, 245). Eine Genehmigung ist zu versagen, wenn die Tätigkeitsart in der **Liste der nicht gerechtfertigten Tätigkeitsarten in Anlage 1 StrlSchV** – beruhend auf der Ermächtigung in § 6 Abs. 3 StrlSchG – aufgeführt ist. Gegenwärtig enthält diese Liste keine Tätigkeitsart, die sich auf Beschleuniger beziehen ließe. Wenn die Tätigkeitsart, ohne auf der Liste zu stehen, Gegenstand eines Verfahrens zur Prüfung der Rechtfertigung nach § 7 war und der **wissenschaftliche Bericht des BfS** nach Abs. 2 dieser Norm (→ § 7 Rn. 15) veröffentlicht worden ist, dann kommt es darauf an, ob im Lichte dieses Berichtes erhebliche Zweifel an der Rechtfertigung bestehen; hinsichtlich des Vorliegens solcher erheblichen Zweifel besteht ein Beurteilungsspielraum der Behörde (BT-Drs. 18/11241, 250). Wie die amtl. Begründung an derselben Stelle anmerkt, ist diese zweite Alternative insgesamt ein Ausnahmefall gegenüber dem in der ersten Alternative verkörperten Grundsatz, dass „eine Nicht-Rechtfertigung nur durch Rechtsverordnung zu bestimmen ist" (also durch Aufnahme in die Liste der Anlage 1 StrlSchV).

Sofern die Behörde im konkreten Genehmigungsverfahren selbst ein Verfahren 17
nach § 7 einleitet, ordnet Abs. 2 an, dass das Genehmigungsverfahren für die Dauer des Verfahrens **auszusetzen** ist (→ Rn. 18).

D. Aussetzung des Verfahrens (Abs. 2)

18   Die Regelung in Abs. 2 über die **Aussetzung des Genehmigungsverfahrens** ermöglicht es der Behörde, das Ergebnis des von ihr eingeleiteten Verfahrens zur Prüfung der Rechtfertigung nach § 7 abzuwarten, bevor sie über den Genehmigungsantrag entscheidet. Ob die Erteilung einer Genehmigung dann möglich und geboten ist, richtet sich nach Abs. 1 S. 1 Nr. 6 (→ Rn. 16). Die Einleitung eines Prüfverfahrens und die damit verbundene Aussetzung des Genehmigungsverfahrens darf nur bei tatsächlichen Anhaltspunkten für Zweifel erfolgen; ein allgemeiner Wunsch nach Prüfung der Rechtfertigung reicht nicht aus (BT-Drs. 18/11241, 251 f.).

Abschnitt 2 – Betrieb von Anlagen zur Erzeugung ionisierender Strahlung; Umgang mit radioaktiven Stoffen; Betrieb von Röntgeneinrichtungen oder Störstrahlern

§ 12 Genehmigungsbedürftige Tätigkeiten

(1) Einer Genehmigung bedarf, wer

1. eine Anlage zur Erzeugung ionisierender Strahlung betreibt; ausgenommen sind Anlagen, für deren Betrieb, auch unter Berücksichtigung der Genehmigungsbedürftigkeit nach § 17 Absatz 1 Satz 3, eine Anzeige nach § 17 Absatz 1 Satz 1 ausreichend ist oder die nach der Rechtsverordnung nach § 24 Satz 1 Nummer 1 genehmigungs- und anzeigefrei betrieben werden dürfen,

2. ionisierende Strahlung aus einer Bestrahlungsvorrichtung, die Bestandteil einer nach § 7 Absatz 1 Satz 1 des Atomgesetzes genehmigten Anlage zur Spaltung von Kernbrennstoffen ist, im Zusammenhang mit der Anwendung am Menschen oder mit der Anwendung am Tier in der Tierheilkunde verwendet,

3. mit sonstigen radioaktiven Stoffen umgeht; ausgenommen ist der Umgang, der nach der Rechtsverordnung nach § 24 Satz 1 Nummer 1 genehmigungsfrei ist,

4. eine Röntgeneinrichtung betreibt; ausgenommen sind Röntgeneinrichtungen, für deren Betrieb, auch unter Berücksichtigung der Genehmigungsbedürftigkeit nach § 19 Absatz 2, eine Anzeige nach § 19 Absatz 1 ausreichend ist,

5. einen Störstrahler betreibt; ausgenommen ist ein Störstrahler, der nach der Rechtsverordnung nach § 24 Satz 1 Nummer 1 genehmigungsfrei betrieben werden darf.

(2) Einer Genehmigung bedarf auch, wer eine der in Absatz 1 Nummer 1 bis 5, jeweils erster Halbsatz, genannten genehmigungsbedürftigen Tätigkeiten wesentlich ändert.

(3) Eine Genehmigung nach Absatz 1 Nummer 1 kann sich auf einen nach Absatz 1 Nummer 3 genehmigungsbedürftigen Umgang erstrecken.

(4) Eine Genehmigung nach Absatz 1 Nummer 3 ist nicht erforderlich

1. soweit eine Genehmigung nach Absatz 1 Nummer 1, eine Genehmigung nach den §§ 6, 7, 9 oder 9b des Atomgesetzes oder ein Planfeststellungsbeschluss nach § 9b des Atomgesetzes vorliegt, die oder der sich gemäß § 10a Absatz 2 des Atomgesetzes auf den Umgang mit sonstigen radioaktiven Stoffen nach Absatz 1 Nummer 3 erstreckt, und

2. für das Aufsuchen, die Gewinnung oder die Aufbereitung von radioaktiven Bodenschätzen, wenn dies der Betriebsplanpflicht nach § 51 des Bundesberggesetzes unterfällt.

(5) ¹Zwei oder mehr Tätigkeiten, die zu einem gemeinsamen Zweck zusammenhängend ausgeführt werden, können in einer Genehmigung beschieden werden,

1. wenn sie zwei oder mehr Genehmigungstatbestände nach Absatz 1 erfüllen und

2. wenn die Voraussetzungen für alle Genehmigungen erfüllt sind.

[2]Satz 1 gilt entsprechend für Tätigkeiten, die sowohl genehmigungsbedürftig als auch anzeigebedürftig nach diesem Gesetz sind, wenn die
mit der Anzeige einzureichenden Unterlagen im Genehmigungsverfahren
vorgelegt werden und kein Grund für die Untersagung der anzeigebedürftigen Tätigkeit vorliegt. [3]Bei wesentlichen Änderungen gelten die Sätze 1
und 2 entsprechend.

Übersicht

Schrifttum: *Danwitz,* Die Legalisierungswirkung bestandskräftiger Genehmigungen bei wesentlichen Änderungen im Atomrecht, RdE 1997, 55; *Eckerl,* Die neue Strahlenschutzverordnung: Auswirkungen auf den Umgang mit umschlossenen radioaktiven Stoffen, StrlSchPrax 1/2002, 9; *Gerstetter/Duin/Tröltzsch,* Umweltdelikte 2019 – Auswertung von Statistiken, UBA (Hrsg.), Dessau-Roßlau 2021; *Heuel-Fabianek,* Übertragung von atomrechtlichen Genehmigungen bei der Abspaltung und Ausgliederung von Unternehmensteilen, in: Fachverband 2017, S. 31; *Löbner/Gellermann/Küppers,* Umweltschutz im Strahlenschutz – Neue Herausforderungen durch das Strahlenschutzgesetz?, in: Fachverband 2017, S. 155; *Meinberg/Möhrenschlager/Link* (Hrsg.), Umweltstrafrecht: gesetzliche Grundlagen, verwaltungsrechtliche Zusammenhänge und praktische Anwendung, 1989; *Odenthal,* Das Schicksal personenbezogener gewerberechtlicher Erlaubnisse bei der Umwandlung von Gesellschaften, GewArch 2005, 132; *Raetzke,* Die Veränderungsgenehmigung für Kernkraftwerke nach § 7 Atomgesetz, 2001; *Schmidt-Preuß,* Das neue Atomrecht, NVwZ 1998, 553; *Schmidt-Preuß,* Das Atomrecht als Referenzgebiet des Verwaltungsrechts, DVBl. 2000, 767; *Sendler,* Das Krümmel-Urteil des BVerwG – ein Sturm im Wasserglas?, UPR 1997, 161; *Stüer/Spreen,* Ausstieg aus der Atomenergie – Das Beispiel Krümmel, NuR 1999, 16; *Veith,* Strahlenschutzverordnung – Neufassung 2001, Köln 6. Aufl. 2001; *Wasielewski,* Die „wesentliche Änderung" – eine rechtsvergleichende Betrachtung des Atom- und Immissionsschutzrechts, UPR 1998, 420; *Wessels/Beulke/Satzger,* Strafrecht Allgemeiner Teil, München 50. Aufl. 2020; *Wigge/Frigger,* Aktuelle Rechtsfragen der Genehmigungspraxis in der Teleradiologie, RöFo 2015, 66

A. Sinn und Zweck der Norm

Die Vorschrift ist gemeinsam mit § 13 die **zentrale Genehmigungsnorm für** **1** **Betrieb und Umgang** in Teil 2 des StrlSchG (geplante Expositionssituationen) und benennt Tätigkeiten, die strahlenschutzrechtlich genehmigungspflichtig sind. Anders als in den bisherigen Verordnungen (vgl. §§ 7 Abs. 1 u. 11 Abs. 2 StrlSchV 2001, §§ 3 Abs. 1 u. 5 Abs. 1 RöV) sind nun die einzelnen Genehmigungstatbestände übersichtlicher **in einer Norm gebündelt.** Hintergrund hierfür ist, dass die in den §§ 13–15 festgelegten Genehmigungsvoraussetzungen für den Umgang mit sonstigen radioaktiven Stoffen, den Betrieb einer Anlage zur Erzeugung ionisierender Strahlung, den Betrieb einer Röntgeneinrichtung und eines Störstrahlers weitgehend identisch sind (BT-Drs. 18/11241, 246). Zusammen mit den anderen Genehmigungsregelungen in StrlSchG und AtG existiert damit für Tätigkeiten im Sinne des § 4 Abs. 1, soweit eine Zulassungsnotwendigkeit besteht, weiterhin ein „lückenloses System der Genehmigungspflichten" (*Veith,* S. 23).

§ 12 setzt Art. 27 Abs. 1 u. 2 sowie Art. 28 lit. a, b 1. Alt, d, e und f **RL 2013/59/** **2** **Euratom** um. Die Bestimmung legt fest, welche Tätigkeiten strahlenschutzrechtlich genehmigungspflichtig sind.

B. Bisherige Regelung

3   Die neue Regelung ersetzt die §§ 7 Abs. 1, 11 Abs. 2 und 3 der bisherigen StrlSchV 2001 sowie die §§ 3 Abs. 1, 5 Abs. 1 der bisherigen RöV.

C. Die Genehmigung und die genehmigungsbedürftigen Tätigkeiten

I. Grundsätzliches zu Genehmigung und Genehmigungspflicht

4   **1. Genehmigungspflicht.** Die Notwendigkeit einer Vorabkontrolle resultiert aus dem **Gefährdungspotenzial von Tätigkeiten im Zusammenhang mit ionisierender Strahlung.** Je nach Größe dieses Potenzials sind bestimmte Tätigkeiten genehmigungs- oder anzeigebedürftig (→ vor § 10 Rn. 3 f.) bzw. von Genehmigung u Anzeige freigestellt. Die Genehmigung dient damit der Sicherstellung in § 1 genannten Schutzzwecks (zur Diskussion um den Schutz der Umwelt, „soweit es um den langfristigen Schutz der menschlichen Gesundheit geht", s. BT-Drs. 18/11241, 221, sowie *Löbner/Gellermann/Küppers,* S. 156). Die Ausübung einer genehmigungspflichtigen Tätigkeit ist ohne Genehmigung der zuständigen Behörde verboten. Soweit eine Genehmigungspflicht besteht, handelt es sich damit um ein **präventives Verbot mit Erlaubnisvorbehalt** (BVerwGE 112, 123 = NVwZ 2001, 567 (568)); bestimmte Tätigkeitsausübungen sind nicht verboten, weil sie generell unterbleiben sollen, sondern weil vorweg von der Exekutive geprüft werden soll, ob sie im Einzelfall gegen rechtliche Vorgaben verstoßen.

5   **2. Keine Rechtsgrundlage.** § 12 ist **keine Rechtsgrundlage für die Erteilung einer Genehmigung** (das ist § 13), sondern definiert, zusammen mit anderen Regelungen des StrlSchG (§§ 10, 25, 27, 31), welche Tätigkeiten überhaupt der Genehmigungspflicht unterliegen. Ob die Genehmigung erteilt werden kann und muss, hängt davon ab, ob die Genehmigungsvoraussetzungen erfüllt sind (für Tätigkeiten nach § 12 sind hier die §§ 13 ff. einschlägig). Während im AtG die Genehmigungspflicht und die Genehmigungsvoraussetzungen jeweils in derselben Norm, dort als Absatz 1 bzw. Absatz 2, geregelt werden (vgl. §§ 3, 4, 6, 7 und 9 AtG), verfährt das StrlSchG bei den wichtigen Genehmigungsnormen des § 12 und des § 27 (Beförderung sonstiger radioaktiver Stoffe) anders und weist die Genehmigungsvoraussetzungen eigenständigen Paragrafen zu.

6   **3. Normadressat. a) Selbständigkeit der Tätigkeitsausübung.** Eine Genehmigung nach § 12 benötigt **jede natürliche oder juristische Person sowie rechtsfähige Personengesellschaft bzw. Institution,** die eine der genannten Tätigkeiten **selbständig und eigenverantwortlich** ausüben will. § 69 Abs. 1 Nr. 1 setzt fest, dass SSV ist, wer aufgrund einer abschließenden Tatbestandslistung einer Genehmigung bedarf. Das bedeutet, dass der (zukünftige) SSV zunächst selbst prüfen muss, ob sein Vorhaben genehmigungsbedürftig ist; in diesem Fall muss er eine Genehmigung bei der zuständigen Behörde beantragen und die Genehmigungsunterlagen vollständig erstellen und vorlegen. Im Zweifelsfall kann er auf eine Beratung der zuständigen Behörde zurückgreifen. Zu den Voraussetzungen, die ein Antragsteller erfüllen muss um eine Genehmigung zu erhalten, vgl. §§ 13 ff.

Arbeitnehmer, die gem. § 611a BGB durch einen Arbeitsvertrag im Dienste 7 eines anderen zur Leistung weisungsgebundener, fremdbestimmter Arbeit in persönlicher Abhängigkeit verpflichtet sind, oder anderweitig unter Aufsicht Stehende benötigen selbst keine Genehmigung (§ 67).

b) Rechtsfähigkeit. aa) Grundsätzliches. Um an einem Genehmigungsver- 8 fahren teilnehmen und eine Genehmigung erhalten zu können, muss der Antragsteller sowohl **beteiligungs- als auch handlungsfähig** sein. Nach § 11 VwVfG sind natürliche und juristische Personen sowie Vereinigungen, soweit ihnen ein Recht zustehen kann, beteiligungsfähig (zwar sind dies auch **Behörden** mit der Folge, dass sie im Verfahren antragsbefugt sind und Stellungnahmen abgeben können; sie sind allerdings nicht rechtsfähig, weshalb sie nicht Inhaber von Genehmigungen sein können; dies kann nur ihr Rechtsträger sein: *Ramsauer* in Kopp/Ramsauer, § 11 Rn. 14. Einen Antrag für eine Genehmigung nach § 12 Abs. 1 Nr. 3 kann also zB ein Landesumweltamt stellen; die Genehmigung erhält jedoch das Bundesland). Handlungsfähigkeit (§ 12 VwVfG) ist die Fähigkeit, im Verwaltungsverfahren selbst oder durch Bevollmächtigte rechtswirksame Handlungen vornehmen zu können (*Ramsauer* in Kopp/Ramsauer, § 12 Rn. 1). Für die Frage, wer eine Genehmigung erhalten kann, ist somit die mit der Beteiligungsfähigkeit im Wesentlichen deckungsgleiche Rechtsfähigkeit, also die Fähigkeit, Träger von Rechten bzw. Pflichten sein zu können (*Ramsauer* in Kopp/Ramsauer, § 11 Rn. 2; so bereits *Maurer,* Allg. Verwaltungsrecht, 3. Aufl. 1983, § 19 Rn. 13), maßgeblich.

Grundsätzlich wird **Personengesellschaften** zwar Rechtsfähigkeit zuerkannt – 9 also die Fähigkeit, Rechte zu erwerben und Verbindlichkeiten einzugehen (§ 14 Abs. 2 BGB) sowie vor Gericht zu klagen und verklagt zu werden –, aber **keine eigene Rechtspersönlichkeit** (*Odenthal* GewArch 2005, 132). Für den Bereich der gewerberechtlichen Anzeigepflichten (§ 14 Abs. 1 GewO) etwa hat das BVerwG bereits 1965 klargestellt, dass eine Personengesellschaft mangels eigener Rechtspersönlichkeit nicht selbst Gewerbetreibende sein kann, sondern nur die einzelnen Gesellschafter (BVerwGE 22, 16 (19); VGH München Beschl. v. 05.08.2004 – 22 ZB 04.1853, juris, Rn. 9 = BeckRS 2004, 15104; VG Bremen Urt. v. 15.09.2011 – 5 K 3670/07, juris, Rn. 22–25, m. w. N. = BeckRS 2011, 55620). Etwas anderes gilt jedoch, wenn das anzuwendende **speziellere Recht abweichende Regelungen** vorsieht (VGH München Beschl. v. 05.08.2004 – 22 ZB 04.1853, juris, Rn. 8 u., abst. auf § 1 Abs. 1 HwO, Rn. 10 = BeckRS 2004, 15104; VG Bremen Urt. v. 15.09.2011 – 5 K 3670/07, juris, Rn. 24 = BeckRS 2011, 55620; *Moraht* jurisPR-VersR 4/2012 Anm. 3 D, juris). Bestätigt wird dies durch § 69 Abs. 2 S. 1, denn dort ist bestimmt, dass neben natürlichen wie juristischen Personen und rechtsfähige Personengesellschaften – wie OHG und KG – SSV und damit Genehmigungsinhaber sein können (vgl. § 69 Abs. 1 Nr. 1: „wer einer Genehmigung … bedarf"). Aus dem durch das 1. Gesetz zur Änderung des StrlSchG vorgenommenen Austausch der Wörter „nicht rechtsfähigen" durch das Wort „sonstigen" in § 69 Abs. 2 S. 2 bleibt klargestellt, dass eine **nicht rechtsfähige Personenvereinigung kein SSV** (BT-Drs. 19/26943, 47, auch 45) und damit auch **keine Genehmigungsinhaberin** sein kann. Bei nicht rechtsfähigen Personenvereinigungen benötigt jeder einzelne Gesellschafter eine Genehmigung, sofern nicht – konsensual – einer von diesen gegenüber der zuständigen Behörde die Pflichten und Aufgaben des SSV übernimmt; dann erhält nur dieser die Genehmigung. Letzteres Modell ist unter **aufsichtsrechtlichen Aspekten** das bessere, wird auf diese Weise doch verhindert, dass zB in einer Praxisgemeinschaft von mehreren Ärzten mangels interner Koordination in der Arztpraxis ein Mehrfaches der genehmigten Nuklide (worauf der Umgangsort vielleicht überhaupt nicht ausgelegt ist) vorhanden ist. Entsprechendes gilt bei Aufnahme neuer Gesellschafter. Insoweit ist die Rechtslage die gleiche wie in der StrlSchV 2001 und der RöV.

10   **bb) Einzelfälle.** Im Einzelnen können, soweit sie zumindest teilrechtsfähig sind, Inhaber von Genehmigungen nach § 12 und damit SSV sein (nicht abschließend):
 – **natürliche Personen;**
 – **juristische Personen des Privatrechts: GmbH** (umgekehrt genügt es nicht, wenn ein Geschäftsführer einer GmbH bereits eine strahlenschutzrechtliche Genehmigung besitzt; aus Rechtssicherheits- und -klarheitsgründen ist es erforderlich, dass die GmbH als eigene juristische Person die für die Ausübung der Tätigkeit erforderliche Genehmigung auch selbst erwirbt: OVG Hamburg Beschl. v. 20.01.2004 – 1 Bf 387/03, juris, Rn. 4 = BeckRS 2004, 22065), **gGmbH, AG, e.V.** (zB auch bei einer „Freien Christlichen Schule e.V."), **SE** (Societas Europaea = Europäische Aktiengesellschaft);
 – **juristische Personen des öffentlichen Rechts: Gebietskörperschaften** wie **Bund, Länder** (also nicht einzelne Behörden wie RP, Genehmigungsdirektionen oder Staatl. Umweltämter), **Kreise** und **Gemeinden** (nicht jedoch nichtrechtsfähige kommunale Eigenbetriebe – vgl. § 1 Abs. 1 HessEigBGes, Art. 88 Abs. 1 BayGO – oder Landesbetriebe); benötigt zB ein als Eigenbetrieb betriebenes Stadtkrankenhaus eine Umgangsgenehmigung, muss diese der Trägergemeinde erteilt werden. Auch bei Schulen, die im Unterricht mit radioaktiven Stoffen umgehen, benötigt der Schulträger, nicht die einzelne Schule oder der Rektor, die Genehmigung (gem. § 138 Abs. 1 HessSchG ist der Landkreis Schulträger, nicht der Kreisausschuss als gem. § 41 HKO weisungsabhängige Verwaltungsbehörde); weiter können Genehmigungsinhaber sein: sonstige Körperschaften und Anstalten des öffentlichen Rechts wie **Wasser- und Bodenverbände** (§ 1 Abs. 1 WVG), **kommunale Zweckverbände** (vgl. § 6 HessKGG), **Hochschulen** (vgl. § 1 Abs. 1 HessHSchulG), **katholische Bistümer** bzw. **evangelische Landeskirchen** (OVG Münster Urt. v. 26.01.1983 – 11 a NE 53/81, NJW 1983, 2592; zB bei Schulen in kirchlicher Trägerschaft).

11   Auch **ausländische juristische Personen und Gesellschaften** können rechtsfähig und damit Genehmigungsinhaber sein. Die Rechtsfähigkeit einer Vereinigung aus dem **Innenbereich der EU,** die in einer deutschen Niederlassung tätig werden will, richtet sich nach dem Recht des Staates, in dem sie gegründet wurde, und zwar unabhängig von dem Ort ihres tatsächlichen Verwaltungssitzes. Sie kann nach der sog. Gründungstheorie von der Niederlassungsfreiheit Gebrauch machen und der „andere Mitgliedstaat <ist> nach den Artikeln 43 EG und 48 EG verpflichtet, die Rechtsfähigkeit und damit die Parteifähigkeit zu achten, die diese Gesellschaft nach dem Recht ihres Gründungsstaats besitzt" (EuGH Urt. v. 05.11.2002 – C-208/00, juris, LS 2 = NJW 2002, 3614; BGH Urt. v. 13.03.2003 – VII ZR 370/98, juris, Rn. 18 = NJW 2003, 1461; FG Münster Urt. v. 12.04.2019 – 13 K 3645/16 G, juris, Rn. 37 = BeckRS 2019, 13472). Genehmigungsinhaber können zB sein: Société à responsabilité limitée (frz., **S.A.R.L.:** Kapitalgesellschaft, vergleichbar: GmbH); limited partnership (**Ltd.;** Personengesellschaft, vergleichbar: KG); societa per azioni (**s.p.a.,** Kapitalgesellschaft, vergleichbar: AG); Besloten Vennootschap (**BV,** Kapitalgesellschaft, vergleichbar: GmbH); Spółka z ograniczoną odpowiedzialnosci (Sp. z o. o., Kapitalgesellschaft, vergleichbar: GmbH); Kommanditaktiengesellschaft (schweiz. Kapitalgesellschaft, vergleichbar: KGaA).

Ist die Gesellschaft **außerhalb der EU** gegründet worden, gilt die sog. Sitztheo- 12
rie: Ob sie im Inland rechtsfähig ist, richtet sich grundsätzlich nach dem Recht am
Ort ihres tatsächlichen Hauptverwaltungssitzes (FG Münster Urt. v. 12.04.2019 –
13 K 3645/16 G, juris, Rn. 37f. = BeckRS 2019, 13472; VG Frankfurt Beschl. v.
11.12.2012 – 1 L 4060/12.F, juris, Rn. 16 = BeckRS 2013, 45621; *Ramsauer* in
Kopp/Ramsauer, § 11 Rn. 5). Genehmigungsinhaber können zB sein: **Corpora-
tion** (US-amerik. Aktiengesellschaft, Gemeinsamkeiten mit deutscher GmbH);
Limited Liability Company (**LLC,** US-amerik. Kapitalgesellschaft mit Ähnlichkei-
ten zur dt. GmbH); Limited Partnership (**Ltd.,** USA, Merkmale einer Kapital- wie
auch einer Personengesellschaft).
– **Personengesellschaften: OHG** (§ 124 HGB; vgl. *Schmatz/Nöthlichs* 8059, 13
  Anm. 1), **KG** (zur Rechtsfähigkeit: BGH Beschl. v. 23.07.2019 – II ZR 56/18,
  juris, Rn. 7 = BeckRS 2019, 17687; LG Hamburg Urt. v. 14.08.2009 – 406 O
  235/08, juris, Rn. 4 =BeckRS 2009, 88961), **GmbH & Co.KG, KGaA, eG,
  PartG** (zB Nuklearmediziner).
– **Keine Genehmigungsinhaber** können mangels Rechtsfähigkeit sein: **Erben-** 14
  gemeinschaft (BGH Urt. v. 30.06.2017 – V ZR 232/16, juris, Rn. 8 =
  BeckRS 2017, 126360); die **Vorgesellschaft** (Gründungsgesellschaft zwischen
  Zustandekommen des Gesellschaftsvertrags und Eintragung, zB GmbH i.G.,
  AG i.G.).
– Auch die **Gesellschaft bürgerlichen Rechts** (BGB-Gesellschaft = GbR; zB 15
  nuklearmedizinische Gemeinschaftspraxis – mehrere Mediziner betreiben eine
  nach außen als Einheit auftretende Praxis und bedienen sich dabei gemeinsamer
  Räume, Einrichtungen und Abrechnungssysteme. Weiteres Kennzeichen ist,
  dass die einzelnen erbrachten Dienste für den Patienten während der Behandlung von einem wie von den anderen Partnern erbracht werden können; der Be-
  handlungsvertrag kommt zwischen dem Patienten und allen Ärzten der Praxis
  zustande) kann nach hier vertretener Auffassung **nicht Genehmigungsinhaberin** einer Strahlenschutzgenehmigung sein. Die GbR ist zwar teilrechtsfähig
  u. kann grundsätzlich Trägerin von öffentlich-rechtlichen Rechten und Pflichten sein (stRspr. seit BGH Beschl. v. 16.07.2001, NJW 2001, 3121); insoweit ist
  sie auch rechts- und parteifähig (BGH NJW 2002, 1207 = Beschl. v.
  18.02.2002 – II ZR 331/00, juris, Rn. 17: Parteifähigkeit der GbR beschränkt
  sich ausdrücklich auf den Zivilprozess); dies gilt aber nicht im Strahlenschutz-
  Regime, wo die Eigenart der Rechtsstellung als SSV eine **persönliche Verantwortlichkeit** erfordert (zu dieser BGH NJW 2002, 1207 = Beschl. v.
  18.02.2002 – II ZR 331/00, juris, Rn. 13; *Sprau* in Grüneberg, § 705 BGB
  Rdnr. 24a; ferner BGH NJW 2006, 2189: GbR keine Wohnungseigentumsver-
  walterin; BVerwG NZG 2005, 265: keine Verwalterin v. Finanzportfolios; BSG
  v. 12.11.1986, BSGE 61, 15 (17): keine Unternehmerin im sozialrechtlichen
  Sinn; *Marcks* in Landmann/Rohmer GewO § 14, Rn. 55, zur Gewerbanzeige
  gem. § 14 Abs. 1 GewO). Das Strahlenschutzrecht kann nicht davon absehen,
  die persönliche Zuverlässigkeit an den (persönlich haftenden) Gesellschaftern zu
  fixieren (*Odenthal* GewArch 2005, 133 f.d. Gewerberecht).
Die fehlende Rechtsfähigkeit hat zur Folge, dass **jede an der Gemeinschaft** 16
bzw. Gesellschaft teilnehmende Person eine auf sie selbst lautende Genehmigung benötigt, wenn sie eine entsprechende Tätigkeit ausüben will (→ Rn. 6).

4. Charakter der Genehmigung, Umfirmierung und Wechsel des Ge- 17
nehmigungsinhabers. a) Personalkonzession. Aufgrund subjektiver Voraus-

setzungen ist die Genehmigung nach § 12 keine rein sach- bzw. tätigkeitsbezogene (so zB die immissionsschutzrechtliche Genehmigung wegen rein anlagenbezogener Konditionen: *Dietlein* in Landmann/Rohmer UmweltR § 6 BImSchG Rn. 7 m. w. N.), sondern eine **personenbezogene** Genehmigung (*Schmatz/Nöthlichs* 8211, Anm. 5). Sie dient dazu, auch persönliche Erfordernisse bei den Verantwortlichen (SSV, SSB) sicherzustellen (§ 13 Abs. 1 Nrn. 1, 2 u 4). Deswegen muss bei einem Inhaberwechsel geprüft werden, ob eine neue Genehmigung erforderlich ist. Gleichzeitig ist die strahlenschutzrechtliche Genehmigung eine **gebundene Entscheidung.** Liegen die Genehmigungsvoraussetzungen vor, muss sie die Behörde erteilen; eine rechtsfolgenseitige Abwägung darf nicht erfolgen (§ 13 Abs. 1).

18   Die Genehmigung nach § 12 entfaltet **konstitutive Wirkung;** sie stellt nicht nur fest, dass die Tätigkeit „mit den zum Zeitpunkt der Genehmigungserteilung geltenden öffentlich-rechtlichen Vorschriften vereinbar ist", sondern gestattet die Ausübung der Tätigkeit mit bestimmten inhaltlichen Beschränkungen, ggf. befristet, u unter Auflagen (so zum Immissionsschutzrecht BVerwG BeckRS 2008, 40737, Rn. 27 = Urt. v. 23.10.2008 – 7 C 4/08, juris, Rn. 20; *Dietlein* in LR UmweltR § 4 BImSchG Rn. 54 m. w. N).

19   Wie zum gesamten Strahlenschutzrecht gibt es zu dieser Thematik wenig Rechtsprechung. Grundsätzlich bedarf der **Wechsel des SSV** einer genehmigungsbedürftigen Tätigkeit der Genehmigung (BVerwG Beschl. v. 17.04.1990 – 7 B 111/89, NVwZ 1990, 858, LS 4; ob dies ausnahmsweise nicht gilt, wenn sich bei einem Wechsel im Wege der Gesamtrechtsnachfolge aufgrund gesellschaftsrechtlicher Veränderungen die personenbezogenen Genehmigungsvoraussetzungen betreffenden Umstände nicht ändern, hat das BVerwG offengelassen). Bei einem **bloßen Personenwechsel** braucht jedoch keine neue Prüfung aller Genehmigungsvoraussetzungen durchgeführt zu werden, sondern nur die der **personenbezogenen,** denn „die als Sachgenehmigung erscheinenden Bestandteile der Genehmigung" erlöschen „nicht durch einen Wechsel in der Person des Betreibers" (VGH Kassel Urt. v. 01.11.1989 – 8 A 2902/88, NVwZ-RR 1990, 128, nur LS 2; *Heuel-Fabianek,* 32). Insofern scheint es nicht entscheidend, ob eine solche Genehmigung als eine Neu- oder als eine Änderungsgenehmigung (etwa nach § 7 Abs. 1 AtG) erteilt wird (die beiden genannten Entscheidungen verhalten sich dazu nicht; die Bezeichnungen sind in der Praxis hier wohl unterschiedlich); auch im letzten Falle gehören die sachbezogenen Genehmigungsaspekte, die sich in tatsächlicher Hinsicht nicht ändern und daher „die Genehmigungsfrage nicht neu aufwerfen", nicht zum Prüfungs- und Regelungsumfang (→ Rn. 81). In allen diesen Fällen, in denen ein neuer SSV (nicht: eine neue natürliche Person, die die Aufgaben des SSV für die juristische Person wahrnimmt, siehe § 69 Abs. 2) auftritt, bedarf es also einer **auf diesen ausgestellten Neu- oder Änderungsgenehmigung** mit vorheriger **Prüfung der subjektiven Kriterien.**

20   Bei einer bloßen **Umschreibung der Genehmigung,** zB bei Namensänderung des Inhabers (in der Praxis oft als **Genehmigungsänderung** bezeichnet, die aber von der Änderungsgenehmigung streng zu unterscheiden ist), dürfte sich auch eine inzidente Prüfung der „objektiven" Voraussetzungen empfehlen, wenn die Tätigkeit schon seit längerer Zeit nicht mehr überwacht worden ist. Denn es erscheint grundsätzlich bereits aus Haftungsgründen bedenklich, eine Genehmigung umzuschreiben oder zu erteilen ohne Gewissheit, ob die Genehmigungsvoraussetzungen überhaupt noch vorliegen und etwa der erforderliche Schutz gegen Einwirkungen Dritter noch gewährleistet ist (§ 13 Abs. 3; *Odenthal* GewArch 2005, 133). Sollten sich hier Defizite ergeben, wäre der Inhaber der bisherigen Genehmigung zu einer

Antragstellung für eine Neu- oder Änderungsgenehmigung zu veranlassen oder erforderlichenfalls die Genehmigung zu widerrufen oder mit nachträglichen Auflagen zu versehen (§ 179 Abs. 1 Nr. 1 StrlSchG iVm § 17 AtG). Eine einfache Übertragung der Genehmigung ohne Berücksichtigung der „als Sachgenehmigung erscheinenden Bestandteile" ist nicht mehr möglich, wenn damit auch **Änderungen in Betrieb oder Umgang** verbunden sind (*Heuel-Fabianek,* 32 f.).

Eine **Genehmigung** (keine Genehmigungsänderung) ist auch bei der **form-** **21** **wechselnden Umwandlung von Gesellschaften** (zB Personengesellschaft in eine juristische Person; juristische Person in eine andere: GmbH in AG) erforderlich, denn mit der Umwandlung werden, bedingt durch die **neue rechtliche Struktur,** rechtlich andere Zuständigkeiten und Verantwortlichkeiten geschaffen, deren Auswirkungen auf die Genehmigungsvoraussetzungen zumindest geprüft werden müssen (VG Köln Urt. v. 09.02.2007 – 25 K 2425/05, juris, Rn. 21 = BeckRS 2007, 22942). Das Umwandlungsrecht kennt vier Umwandlungsarten: Verschmelzung, Spaltung (Aufspaltung, Abspaltung, Ausgliederung), Vermögensübertragung und Formwechsel (§ 1 Abs. 1 Nr. 1–4 UmwG). Aus strahlenschutzrechtlicher Sicht ist der Grund für einen Rechtsträgerwechsel irrelevant. Die neue Personengesellschaft oder juristische Person, die eine strahlenschutzrelevante Tätigkeit ausüben möchte, muss als Genehmigungsinhaberin und SSV **(wirtschaftlich) zuverlässig** sein, weshalb hier auch eine entsprechende Voraussetzungsprüfung notwendig ist (aA *Odenthal* GewArch 2005, 134, der in einem solchen Fall davon ausgeht, dass der Genehmigungsinhaber derselbe bleibt, weil sich nicht die „Identität des Rechtsträgers ändert"). Es braucht nicht betont zu werden, dass es bei der Beurteilung des Fortbestands strahlenschutzrechtlicher Genehmigungen im Falle einer Umwandlung allein auf öffentlich-rechtliche Aspekte ankommt, denn es würde zB die präventive Kontrolle der persönlichen Zuverlässigkeit – immerhin eine Genehmigungsvoraussetzung gem. § 13 Abs. 1 Nr. 1 – unterlaufen, sollte eine Genehmigung völlig ungeprüft übertragen werden.

Unproblematisch ist, wenn eine natürliche oder juristische Person oder eine **22** rechtsfähige Personengesellschaft als Genehmigungsinhaberin wegen Eheschließung oder bloßer Umfirmierung ihren Namen ändert (X-GmbH wird zur X & Kinder-GmbH); die Genehmigung erlischt nicht, denn es hat **keine Änderung der Rechtsperson** stattgefunden (wenn die Genehmigungsvoraussetzungen weiterhin erfüllt sind, genügt es dann, die vorhandene Genehmigung umzuschreiben u. insoweit eine Genehmigungsänderung vorzunehmen). Wird nur die Person ausgewechselt, die gem. § 69 Abs. 2 für den SSV handelt, ist ebenfalls keine Neugenehmigung notwendig (wohl aber ein Zuverlässigkeitsnachweis und, wenn sie selbst tätig werden will, ein eigener Fachkundenachweis; *Schmatz/Nöthlichs* 8211, Anm. 5).

Die strahlenschutzrechtliche Genehmigung geht im Rahmen einer **Universal-** **23** **sukzession** nicht automatisch auf einen Rechtsnachfolger über (Käufer, Erbe, Nachfolger in einer nuklearmedizinischen Praxis), sondern jener muss ebenfalls die **personenbezogenen Genehmigungsvoraussetzungen** erfüllen, also etwa seine Zuverlässigkeit nachweisen. In der Regel wird in diesen Fällen daher eine eigene Genehmigung notwendig sein, wobei es jedoch auf den Einzelfall ankommt. Entsprechendes gilt für Firmen (verkauft die x-GmbH ihren Betrieb an eine y-KGaA, benötigt diese eine eigene Genehmigung; die der x-GmbH erlischt; *Schmatz/Nöthlichs* 8033, Anm. 3.7.1).

Eine Genehmigung ist dagegen **nicht notwendig,** wenn eine Gesellschaft **in** **24** **einer anderen aufgeht,** die bereits Genehmigungsinhaberin ist (A-GmbH hat

Genehmigung und „schluckt" B-GmbH). Ebenso wenig, wenn eine bisher die Genehmigung innehabende **GmbH bei einer GmbH & Co. KG haftende Komplementär-GmbH** wird (Umschreibung der Genehmigung genügt; *Odenthal* GewArch 2005, 135). Anders sieht die Situation aus, wenn die ursprüngliche Genehmigungsinhaberin **erloschen** oder die bisherige GmbH-Komplementärin **ausgeschieden** ist und nichts mehr mit der Gesellschaft – auch als neue GmbH-Komplementärin – zu tun hat, die die Tätigkeit neu übernehmen möchte; in diesem Fall ist eine Genehmigung notwendig. Wird ein **Konzern** in verschiedene **kleinere Unternehmen aufgeteilt,** werden häufig bestimmte Dienstleistungen (Anfertigen von Genehmigungsanträgen etc.) von einer **Servicegesellschaft** für die anderen, rechtlich selbständigen Gesellschaften erledigt. In solchen Fällen behält bzw. übernimmt nicht etwa der ursprüngliche Konzern bzw. die Servicegesellschaft die Rolle des SSV; vielmehr wird jedes der neugegründeten rechtsfähigen Unternehmen SSV, sofern es einer Genehmigung bedarf.

25   Eine einzelfallbezogene Regelung für den **gesetzlichen Übergang einer Genehmigung** nach § 12 StrlSchG trifft § 3 Abs. 2 Satz 2 Entsorgungsübergangsgesetz (EntsÜG). Im Rahmen der Neuordnung der Entsorgungsvorsorge hat die bundeseigene Gesellschaft für Zwischenlagerung (BGZ) mbH – der „mit der Wahrnehmung der Zwischenlagerung beauftragte Dritte" im Sinne des § 2 Abs. 1 Satz 1 EntsÜG – zum Stichtag 1. Januar 2020 die in Tabelle 2 EntsÜG aufgeführten, nach § 12 Abs. 1 Nr. 3 genehmigten Zwischenlager für schwach- und mittelaktive Abfälle von den bisherigen privatwirtschaftlichen Betreibern übernommen. § 3 Abs. 2 Satz 2 EntsÜG ordnet einen gesetzlichen Übergang der Genehmigung von den bisherigen Inhaberinnen auf die BGZ zu diesem Zeitpunkt an; in HS 2 wird der jeweils zuständigen Aufsichtsbehörde aufgegeben, das Vorliegen der persönlichen Genehmigungsvoraussetzungen im Nachgang „in angemessener Zeit" zu prüfen.

26   **b) Keine Konzentrationswirkung der StrlSch-Genehmigung.** Von der StrlSchG-Genehmigung werden keine anderen behördlichen Entscheidungen wie zB erforderliche Baugenehmigungen, wasserrechtliche Erlaubnisse oder Bewilligungen, immissionsschutzrechtliche bzw. gentechnische Genehmigungen oder Zulassungen aus den Ermächtigungsbereichen von ProdSG und MPDG eingeschlossen (*Schmatz/Nöthlichs* 8033, Anm. 3.4). Die StrlSchG-Genehmigung entfaltet **keine Konzentrationswirkung,** wie dies in begrenztem Umfang etwa der Fall ist bei der immissionsschutzrechtlichen (§§ 4, 13 BImSchG), der gentechnikrechtlichen (§ 22 Abs. 1 GenTG) oder der atomrechtlichen Anlagengenehmigung (§§ 7, 8 Abs. 2 AtG). Sind derartige Genehmigungen neben der strahlenschutzrechtlichen Genehmigung nach § 12 erforderlich, muss sich der Antragsteller eigenverantwortlich um diese bemühen.

27   Wie bisher kann die zuständige Behörde in einer Genehmigung nach § 12 Absatz 1 Nummer 1 bis 3 bereits bestimmte Aspekte des **Freigabeverfahrens** festlegen (§ 41 StrlSchV; vgl. § 29 Abs. 6 S. 3 StrlSchV 2001, ferner *Schmatz/Nöthlichs* 8025, Anm. 2).

28   Umgekehrt wird eine StrlSchG-Genehmigung auch nicht nach § 13 BImSchG oder § 22 Abs. 1 GenTG konzentriert. Die immissionsschutzrechtliche Genehmigung für die Errichtung und den Betrieb einer Anlage entfaltet zwar eine grundsätzliche Konzentrationswirkung. Nicht von dieser Wirkung erfasst werden u. a. personenbezogene Genehmigungen (*Jarass* BImSchG § 13 Rn. 14).

29   Eine Genehmigung nach Abs. 1 Nr. 3 kann jedoch dadurch **entbehrlich werden,** dass eine Genehmigung nach den §§ 6, 7, 9 oder 9b AtG oder ein Planfeststel-

lungsbeschluss nach § 9b AtG auf einen genehmigungsbedürftigen Umgang mit sonstigen radioaktiven Stoffen erstreckt wird (§ 10a Abs. 2 AtG).

5. Formerfordernis, Urkunde, notwendiger Inhalt. Die strahlenschutz- **30** rechtliche Genehmigung kann nur durch einen **förmlichen Verwaltungsakt schriftlich** erteilt werden (§ 182 Abs. 1; zu Genehmigungsantrag und -verfahren → § 16 Rn. 4ff.). Die Option der Genehmigungserteilung auch in **elektronischer Form** ergibt sich aus § 3a VwVfG (siehe § 182). Ein nicht diesen Formerfordernissen entsprechender Genehmigungsbescheid – etwa ein formloser (mündlicher) i. S. d. § 37 Abs. 2 S. 1 VwVfG – leidet unter einem schwerwiegenden Fehler und ist nichtig (*Ramsauer* in Kopp/Ramsauer § 44 Rn. 25). Eine Genehmigung kann weder durch Stillschweigen noch durch Duldung der zuständigen Behörde fingiert werden, und zwar unabhängig davon, ob die Behörde eine zuvor schon bestehende Genehmigungsbedürftigkeit irrtümlich oder bewusst übersehen hat (BVerwG Urt. v. 05. 10. 1990 – 7 C 55/89, BeckRS 1990, 07107, Rn. 17; *Dietlein* in LR UmweltR § 4 BImSchG Rn. 61; *Reinhardt* in Czychowski/Reinhardt § 10 WHG Rn. 10).

Der Genehmigungsbescheid muss – als **notwendigen Inhalt** – mindestens die **31** Angaben enthalten, die notwendig sind, um zu erkennen, welcher Person welche Tätigkeit gestattet wird. Der Verwaltungsakt sollte also eindeutig als Genehmigung benannt werden; er muss den Antragsteller/Genehmigungsinhaber sowie den Gegenstand der Genehmigung eindeutig bezeichnen (vgl. insoweit § 16 AtVfV, der den Mindestinhalt einer Genehmigung nach § 7 AtG regelt). In der Regel wird der Bescheid auch Nebenbestimmungen enthalten (→ Rn. 34). Bei Genehmigungen nach Abs. 1 Nr. 3 ist es im Einzelfall möglich, dass es sich um eine **Kernanlage iSd Pariser Übereinkommens** handelt (→ § 176 Rn. 14); in diesem Falle ist der Genehmigungsinhaber im Genehmigungsbescheid ausdrücklich als Inhaber einer Kernanlage zu bezeichnen (§ 179 Abs. 1 Nr. 1 StrlSchG iVm § 17 Abs. 6 AtG).

Die Genehmigung muss – auch hinsichtlich der Nebenbestimmungen – **inhalt- 32 lich bestimmt** sein; sie ist zudem zu **begründen** (§§ 37 Abs. 1, 39 Abs. 1 VwVfG; vgl. BVerwGE 31, 18; 84, 335; *Ramsauer* in Kopp/Ramsauer, § 37 Rn. 1ff. und 17–17b).

Die Genehmigung stellt eine **Urkunde** im verwaltungsrechtlichen (*Ramsauer* in **33** Kopp/Ramsauer § 26 Rn. 33a) und – weil der Aussteller erkennbar und eine Bedeutung im Rechtsverkehr gegeben ist – auch im strafrechtlichen Sinne dar. Damit kann sie auch Gegenstand einer strafbaren Urkundenfälschung oder Urkundenunterdrückung sein (§§ 267, 274 StGB).

6. Inhaltsbestimmungen und Nebenbestimmungen (außer der Befris- 34 tung). Dem Genehmigungsbescheid können grundsätzlich **Nebenbestimmungen** (§ 179 Abs. 1 Nr. 1 iVm § 17 AtG) beigefügt werden und er kann inhaltlich beschränkt werden (**Inhaltsbestimmungen**), um die Einhaltung der gesetzlichen Schutzziele zu gewährleisten. Es ist wünschenswert, dass Inhalts- und Nebenbestimmungen und die verschiedenen Arten der Nebenbestimmungen in der Genehmigung ausdrücklich ihrer Rechtsnatur nach bezeichnet und entsprechend formuliert werden. Sie haben unterschiedliche Voraussetzungen, aber insbesondere auch unterschiedliche Rechtsfolgen, die spätestens im Streitfall eine genaue Bestimmung fordern. In der Praxis werden Inhaltsbestimmungen, Nebenbestimmungen und bloße, rechtlich nicht konstitutive **Hinweise** leider oft unterschiedslos unter einer unspezifischen Überschrift (z. B. „Inhalts- und Nebenbestimmungen") aufgeführt, so dass es jeweils einer **Auslegung** bedarf, was eigentlich gemeint ist.

35   Die Genehmigung nach § 12 kann **inhaltlich beschränkt** werden (§§ 179 Abs. 1 Nr. 2 StrlSchG iVm 17 Abs. 1 Satz 2 AtG). Eine unumgängliche inhaltliche Beschränkung liegt schon darin, dass der Gegenstand in der Genehmigung beschrieben und damit festgelegt wird (z. B. der Betrieb eines bestimmten Beschleunigers oder der Umgang mit bestimmten sonstigen radioaktiven Stoffen an einem bestimmten Ort). Die Genehmigungsbehörde kann aber, insbesondere auf Antrag, weitere Inhaltsbeschränkungen (auch oft **Inhaltsbestimmungen** genannt) vornehmen, z. B. den Umgang auf eine Höchst-Gesamtaktivität oder eine Höchstanzahl von Behältern mit sonstigen radioaktiven Stoffen beschränken; der Sinn liegt für den Antragsteller darin, dass er die Erfüllung der Genehmigungsvoraussetzungen auch nur innerhalb der so gesetzten Randbedingungen nachweisen muss. Geht der Genehmigungsinhaber nach Erteilung der Genehmigung allerdings über diese Inhaltsbeschränkungen oder -bestimmungen hinaus, ist sein Handeln insoweit von der Genehmigung nicht mehr gedeckt (→ Rn. 96).

36   Eine Strahlenschutzgenehmigung enthält regelmäßig Auflagen (§§ 179 Abs. 1 Nr. 1 StrlSchG iVm 17 Abs. 1 S. 2 AtG). **Auflagen regeln nicht den Genehmigungstatbestand** – die Tätigkeit nach § 12 – selbst, **sondern begründen selbständige Nebenpflichten,** etwa zum Anlagenbetrieb, Umgang usw., also Hilfspflichten bzw. externe Pflichten (zB Entsorgung, Dokumentation). Ihre Einhaltung bzw. Nichteinhaltung wirkt sich auf den Bestand der Genehmigung nicht unmittelbar aus. Sie sind einerseits als Grundverfügungen i. S. des Verwaltungsvollstreckungsrechts mittels **Verwaltungszwang** selbständig durchsetzbar (vgl. etwa §§ 2, 69 HVwVG; *Ramsauer* in Kopp/Ramsauer§ 36, Rn. 96; *Sadler/Tillmanns* § 6 VwVG Rn. 12: Letztere bezeichnen Auflagen nach § 17 Abs. 1 AtG expressis verbis als vollstreckungsfähig); eine bestandskräftige Nebenbestimmung braucht also nicht zusätzlich noch angeordnet zu werden. Andererseits sind Auflagen aber auch mit einer Klage selbständig angreifbar (die Genehmigung an sich kann weiter genutzt werden). Das ist der entscheidende Unterschied zur Inhaltsbestimmung, die die Grenzen der Gestattungswirkung festlegt.

37   Die nach allgemeinem Verwaltungsrecht als Nebenbestimmung zulässige **Bedingung** (vgl. § 36 Abs. 2 Nr. 2 VwVfG) ist bei § 12 **problematisch.** Für die strahlenschutzrechtliche Genehmigung gilt ebenso wie für die nach dem AtG, dass sie im Grundsatz „bedingungsfeindlich" ist (§§ 179 Abs. 1 Nr. 2 StrlSchG iVm 17 Abs. 1 AtG): § 17 Abs. 1 S. 2 bis 4 AtG gibt einen numerus clausus an Nebenbestimmungen vor, in dem Bedingungen nicht genannt sind, und verdrängt damit als spezialgesetzliche Regelung den allgemeinen § 36 Abs. 1 VwVfG (VG Halle Urt. v. 19.11.2019 – 8 A 1/18, BeckRS 2019, 40673, Rn. 56; *Ramsauer* in Kopp/Ramsauer § 36 Rn. 45; aA *Ewer* in HMPS § 17 AtG Rn. 11, m. w. N. zum Stand der Diskussion). Der Gesetzgeber des AtG hat ausgeführt, eine Bedingung wäre schon im Hinblick auf die mit der notwendigerweise eindeutigen Verifizierung ihres Eintritts verbundene Rechtsunsicherheit mit dem Gebot der erforderlichen Beherrschung kerntechnischer Risiken unvereinbar (BT-Drs. 3/759 S. 30); derselbe Gedanke dürfte auch für die Genehmigung nach § 12 gelten. Ausnahmen sind im Bereich des StrlSchG im Einzelfall aber denkbar, wenn das mit der genehmigten Tätigkeit verbundene Risiko nicht mit kerntechnischen Risiken vergleichbar ist. Dabei ist aber immer zu beachten, dass eine Bedingung eine bislang fehlende Genehmigungsvoraussetzung nicht überbrücken darf (→ § 13 Rn. 7). Gegen einen **Widerrufsvorbehalt** gem. § 36 Abs. 2 Nr. 3 VwVfG (z. B. für den Fall der endgültigen Betriebseinstellung) oder einen **Auflagenvorbehalt** gem. § 36 Abs. 2 Nr. 5 VwVfG bestehen, wenn sie im Einzelfall gerechtfertigt sind, dagegen keine Grundsatzbedenken.

7. Befristung und Erlöschen der Genehmigung. Grundsätzlich ist eine **Be-** 38
fristung (zur Definition: § 36 Abs. 2 Nr. 1 VwVfG) bei Genehmigungen nach § 12
nicht vorgeschrieben (anders etwa eine Genehmigung zum probeweisen Betrieb
oder Umgang gem. § 13 Abs. 5 S. 1 oder eine Genehmigung zur Beschäftigung in
fremden Anlagen oder Einrichtungen, die qua Gesetz auf maximal fünf Jahre zu befristen ist, § 25 Abs. 3 S. 2). Die zuständige Behörde kann aber **auf Antrag** oder im
Rahmen der **pflichtgemäßen Ermessensausübung** eine Genehmigung nach
§ 12 befristen (§§ 179 Abs. 1 Nr. 1 StrlSchG iVm 17 Abs. 1 S. 4 AtG). Sofern eine
Befristung nicht vom Antragsteller beantragt wird, dürfte es jedoch selten objektive
Gründe dafür geben, die dafür sprechen, dass eine Befristung geeignet und erforderlich ist, die Einhaltung der Genehmigungsvoraussetzungen zu gewährleisten.
Eine Befristung ist jedenfalls nicht durch den Wunsch der Genehmigungsbehörde
gerechtfertigt, sich anlässlich der allfälligen Neuerteilung eine regelmäßige Überprüfung vorzubehalten, ob die Genehmigungsvoraussetzungen noch vorliegen; das
ist Sache der Aufsicht.

Die Befristung stellt eine eng mit der Genehmigung verbundene, akzessorische 39
Nebenbestimmung dar, die einer auflösenden Bedingung ähnelt (zum Diskussionsstand *Jarass* BImSchG § 18 Rn. 3). **Mit Fristablauf erlischt die Genehmigung**
ohne weiteres; eines eigenen Widerrufs bzw. anderen (aufhebenden oder feststellenden) Verwaltungsakts bedarf es nicht (*Schmatz/Nöthlichs* 8027, Anm. 3.6; *Reinhardt* in
Czychowski/Reinhardt § 14 WHG Rn. 33). Dies hat zur Folge, dass bei einem Ver-
längerungsantrag **nach Ablauf der Befristung** die Genehmigung **rückwirkend**
nicht mehr verlängert werden kann. Es kann nur noch ein Antrag auf Erteilung
einer **Neugenehmigung** gestellt werden. Vor Ablauf der Befristung kann die Geltungsdauer der Genehmigung jedoch verlängert werden (*Schmatz/Nöthlichs* 8027,
Anm. 3.6; zu empfehlen ist in derartigen Fällen, vor allem, wenn die Genehmigung
schon mehrere Jahre alt ist, die inzidente Überprüfung, ob die Genehmigungsvoraussetzungen noch vorliegen). Dies gilt auch, wenn rechtzeitig vor Ablauf der Befristung ein entsprechender Antrag gestellt wurde und die Verlängerung durch die Behörde erst nach Ablauf der Frist stattfindet. § 31 Abs. 7 S. 3 VwVfG, wonach bereits
abgelaufene behördlich gesetzte Fristen rückwirkend verlängert werden können, ist
nicht auf die Befristung von StrlSchG-Genehmigungen anwendbar, denn bei dieser
Vorschrift des allgemeinen Verwaltungsrechts geht es um Fristen zur **Vornahme**
von Verfahrenshandlungen und **nicht um Befristungen** i. S. des § 36 Abs. 2
Nr. 1 VwVfG (*Ramsauer* in Kopp/Ramsauer § 31 Rn. 4). Deswegen kann nach Ablauf der Genehmigungsbefristung auch nicht mit einer Wiedereinsetzung in den vorigen Stand gem. § 32 VwVfG die Genehmigung reanimiert werden.

Eine Befristung der Genehmigung kann **nicht nachträglich** festgesetzt wer- 40
den, weil § 17 Abs. 1 S. 3 AtG nur nachträgliche Auflagen zulässt. Die Behörde
muss sich also bei Erteilung klar darüber werden, ob die Genehmigung befristet
werden soll, und die Gründe für die Befristung benennen (§ 39 Abs. 1 VwVfG).

Zwar kann in einer **länger andauernden Nichtausübung** einer zugelassenen 41
Tätigkeit ein konkludenter **Genehmigungsverzicht** liegen; hat die Behörde allerdings einen derartigen Fall nicht in der Genehmigung geregelt, zB mit einer entsprechenden Anzeigepflicht, kann sie nicht ohne weiteres davon ausgehen (ihr
bleibt dann nur die Möglichkeit eines Widerrufs). Ein Verzicht auf die Genehmigung muss rechtlich bindend, ausdrücklich und eindeutig geschehen (*Schmatz/*
Nöthlichs 8027, Anm. 3.6).

Anders als in anderen Rechtsbereichen existiert im StrlSchG keine Vorschrift, 42
die ein **automatisches Erlöschen** regelt, wenn innerhalb einer bestimmten Frist

nicht mit der Tätigkeit begonnen oder die Tätigkeit während eines bestimmten Zeitraums nicht mehr ausgeübt wird (so zB § 18 Abs. 1 BImSchG). Die §§ 179 Abs. 1 Nr. 1 StrlSchG, 17 Abs. 3 Nr. 1 AtG ermöglichen der zuständigen Behörde jedoch, eine Genehmigung – soweit diese nicht etwas anderes regelt – zu widerrufen, wenn von ihr innerhalb von zwei Jahren kein Gebrauch gemacht worden ist. Da es sich hierbei um eine „kann"-Bestimmung handelt, muss die Behörde beim Widerruf ihr pflichtgemäßes Ermessen ausüben. Da § 179 Abs. 1 Nr. 1 nicht auf § 18 Abs. 1 AtG verweist, hat der Genehmigungsinhaber im Widerrufsfall keinen (strahlenschutzrechtlichen) Entschädigungsanspruch.

43   Ein weiterer Erlöschensgrund – eo ipso – ist der **Wegfall des Genehmigungserfordernisses** (so geregelt in zB § 18 Abs. 2 BImSchG). Dieser eher unwahrscheinliche Fall kann zB eintreten, wenn die Aktivität oder spezifische Aktivität eines Stoffes aufgrund einer Änderung der Freigrenzen außer Acht gelassen werden kann (vgl. § 3 Abs. 2).

44   Bei **endgültiger Einstellung der genehmigten Tätigkeit,** etwa bei Schließung einer nuklearmedizinischen Praxis wegen Ruhestands, sieht das StrlSchG (§ 21) ausdrücklich nur eine **Pflicht zur unverzüglichen Mitteilung** vor; in solchen Fällen erlischt die Genehmigung, denn die Mitteilung nach § 21 stellt einen konkludenten Genehmigungsverzicht dar; ein zusätzlicher actus contrarius (etwa ein Widerruf) ist nicht mehr erforderlich. Mit dem Erlöschen der Genehmigung bzw. der endgültigen Einstellung der genehmigten Tätigkeit sind oft bereits im Genehmigungsbescheid fixierte **Nebenpflichten** als Auflagen verbunden (zB Mitteilung der endgültigen Tätigkeitseinstellung, Nachweis des Verbleibs der radioaktiven Stoffe, Freimessen der Räumlichkeiten, Rückgabe der Genehmigungsurkunde (dieser Vorgang ist nicht konstitutiv für das Erlöschen, sondern die Mitteilung)). Schließlich führen angesichts des personenbezogenen Charakters der Genehmigung der Tod des Inhabers bzw. die Liquidation der juristischen Person oder der rechtsfähigen Personengesellschaft zu deren Erlöschen, sofern keine Weiterführung der Tätigkeit ohne benötigte Neugenehmigung gegeben ist (→ Rn. 23f.; vgl. § 43 Abs. 2 VwVfG „auf andere Weise erledigt"). Die Frei- bzw. Abgabe des gesamten vorhandenen Stoffspektrums stellt dagegen ohne weitere Indizien für den Willen einer endgültigen Einstellung der genehmigten Tätigkeit kein Erlöschen der Genehmigung dar, weil es dem Inhaber unbenommen ist, sich die genehmigten radioaktiven Stoffe erneut zu besorgen.

45   **8. Einzelfragen. a) Bestandsschutz.** Wie einer auf dem AtG beruhenden Genehmigung kommt auch der strahlenschutzrechtlichen ein – von vornherein – **eingeschränkter Bestandsschutz** zu, denn über die §§ 179 Abs. 1 Nr. 1 StrlSchG iVm 17 Abs. 1 S. 3 AtG sind, auch ohne dass im Genehmigungsbescheid darauf hingewiesen wird, **nachträgliche Auflagen** zulässig (*Ewer* in HMPS § 17 AtG Rn. 12; *Heitsch* JbUTR 2001, 450ff.; für den Immissionsschutz vgl. *Dietlein* in LR UmweltR § 4 BImSchG Rn. 55 m.w.N.). Ebenso besteht unter bestimmten Umständen die Möglichkeit, eine Genehmigung zurückzunehmen bzw. zu widerrufen (§§ 179 Abs. 1 Nr. 1 StrlSchG iVm 17 Abs. 2 u. 3 AtG; *Heitsch* JbUTR 2001, 447ff.). Zudem sind im Rahmen der staatlichen Aufsicht (nachträgliche) **Anordnungen** möglich (§§ 179 Abs. 1 Nr. 2 StrlSchG iVm 19 Abs. 3 AtG, § 179 Abs. 2 S. 1; *Heitsch* JbUTR 2001, 452ff.).

45   Für den Bereich des BImSchG ist anerkannt, dass auch eine durch eine Genehmigung eingeräumte Rechtsposition bei späterer Rechtsänderung eingeschränkt werden kann, und zwar auch entschädigungslos (BVerfG Beschl. v. 14.01.2010 –

1 BvR 1627/09, BeckRS 2010, 46095 Rn. 35; BVerwG NVwZ 2009, 647 (648, Rn. 20)). Dabei hat das BVerfG offengelassen, ob die Genehmigung als solche von Art. 14 Abs. 1 GG geschützt wird, diesen Schutz allerdings der auf der Grundlage einer immissionsschutzrechtlichen Genehmigung errichteten und betriebenen Anlage zuerkannt (BVerfG Beschl. v. 14.01.2010 – 1 BvR 1627/09, BeckRS 2010, 46095 Rn. 27 u. 29). Entsprechendes muss vor allem auch vor dem Hintergrund **dynamischer Pflichten** (Stand von Technik, Stand von Wissenschaft und Technik) und angesichts eines vergleichbaren, im Einzelfall sogar höheren Gefahrenpotenzials für strahlenschutzrechtliche Genehmigungen gelten (für das Atomrecht zutr. *Ewer* in HMPS § 17 AtG Rn. 12).

Auch angesichts der genannten, von § 179 Abs. 1 Nr. 1 und § 17 AtG bereit- **46** gestellten Instrumente, mit denen die Behörde in die bestehende Genehmigung nachträglich eingreifen kann, verbleibt aber ein **Bestandsschutz;** denn diese Instrumente sind an bestimmte Voraussetzungen geknüpft (*Ewer* in HMPS § 17 AtG Rn. 13 zur nachträglichen Auflage). Es reicht für einen solchen Eingriff nicht aus, dass die Behörde die Genehmigung heute nicht oder nicht in dieser Form erteilen würde oder erteilen könnte; das Genehmigungsverfahren ist **nicht in diesem Sinne dynamisiert** (*Ossenbühl* S. 25 und, zur Bindungswirkung der erteilten Genehmigung, S. 42 ff.; *Schoch* S. 550).

b) Keine Genehmigung „auf Wunsch". Eine Genehmigung darf nur dann **47** erteilt werden, wenn der Vorschriftengeber dies für erforderlich hält (*Dietlein* in LR UmweltR § 6 BImSchG Rn. 14). Es ist daher nicht möglich, für Tätigkeiten, die gem. § 5 Abs. 1 StrlSchV **genehmigungsfrei** gestellt sind (zB für Verwendung und Lagerung eines Ba-133-Prüfstrahlers, dessen Aktivität deutlich unter der Freigrenze liegt), **auf Antrag dennoch eine Genehmigung zu erteilen.** Dazu fehlt eine Rechtsgrundlage (anders zB § 16 Abs. 4 BImSchG, der dem Betreiber ausdrücklich die Möglichkeit einräumt, unter bestimmten Voraussetzungen auf Antrag anstelle einer Anzeige ein Änderungsgenehmigungsverfahren durchführen zu lassen). Der Gesetz- bzw. Verordnungsgeber hat nicht nur konkret u. abschließend geregelt, wann eine Tätigkeit genehmigungsbedürftig ist, sondern auch, wann ein Umgang keiner Genehmigung bedarf, nämlich in § 12 Abs. 4 StrlSchG und in § 5 Abs. 1 StrlSchV (→ Rn. 87 ff.). Er hat keine Vorschrift aufgenommen, die einen Anspruch auf ein freiwilliges Genehmigungsverfahren auf Antrag begründen könnte. Es spricht allerdings nichts dagegen, Freigrenzpräparate zu Nukliden, die ansonsten nicht von der Genehmigung erfasst sind, klarstellend in die „Inventar-Liste" einer Genehmigung aufzunehmen, wenn diese zusammen mit den genehmigungsbedürftigen anderen radioaktiven Stoffen etwa im gleichen Tresor aufbewahrt oder im gleichen (Abfall)Lager gelagert werden sollen.

Unbedenklich ist ebenfalls, einem Genehmigungsinhaber, der über mehrere **48** Zulassungen aus verschiedenen Zeiten verfügt, aus Gründen der Übersichtlichkeit und letztlich auch der Rechtssicherheit unter Aufhebung dieser Zulassungen eine neue, **umfassende/bündelnde Genehmigung** zu erteilen, soweit die Behörde für diese Konzessionen zuständig ist (aber keine Bündelung mit Genehmigungen anderer Bundesländer).

c) Länderübergreifende/bundesweit geltende Genehmigungen. Nicht 49 ortsgebundene Genehmigungen gelten im gesamten Bundesgebiet. Beispiele: der „mobile" Umgang mit radioaktiven Stoffen an verschiedenen, oft vor Genehmigungserteilung noch nicht festliegenden Orten im Rahmen einer zerstörungsfreien Materialprüfung; der Umgang mit radioaktiven Stoffen an mehreren

Stellen (Wartung, Einbau oder Ausbau von Messgeräten) beim Probebetrieb oder bei der Vorführung für Kunden; der Einsatz von Konditionierungsanlagen zur Behandlung radioaktiver Abfälle; aber auch der Betrieb einer Anlage zur Erzeugung ionisierender Strahlung kann an mehreren Orten erfolgen. In derartigen Fällen beteiligt in der Praxis die Genehmigungsbehörde eines Landes sternförmig die anderen Bundesländer. Diese können Einwände erheben, Stellungnahmen abgeben und Nebenbestimmungen vorschlagen. Nicht möglich ist nach hier vertretener Auffassung allerdings, dass ein beteiligtes Bundesland die Geltung des Genehmigungs-VA für sein Gebiet ausschließt. Bereits in seiner Entscheidung aus dem Jahr 1960 hat das BVerfG klargestellt, dass „der zum Vollzug eines Bundesgesetzes ergangene Verwaltungsakt eines Landes grundsätzlich im ganzen Bundesgebiet Geltung hat" (BVerfG Beschl. v. 15.03.1960 – 2 BvG 1/57, juris, Rn. 40 = NJW 1960, 907 (908); dem folgend BVerwG Beschl. v. 08.03.1967 – V C 23.66, juris, Rn. 4 = BeckRS 1967, 31300983; OVG Schleswig Beschl. v. 13.07.2016 – 4 MR 1/16, BeckRS 2016, 53137, Rn. 21; *Ramsauer* in Kopp/Ramsauer, § 3 Rn. 10). Durch die örtliche und sachliche Zuständigkeitszuweisung an die Genehmigungsbehörde eines Bundeslandes (Sitz der antragstellenden Person) wird die Entscheidungshoheit über den Antrag den anderen Bundesländern entzogen; insoweit besitzen sie mangels Zuständigkeit keine territoriale Verbandskompetenz.

50   Die Herausnahme eines Bundeslands aus dem Geltungsbereich einer bundesweiten Genehmigung ist nur dann möglich, wenn aufgrund der dortigen Gegebenheiten im Einzelfall eine Genehmigungsvoraussetzung nicht erfüllt ist. Ansonsten verbleibt dem Bundesland eine Aufsichtsmöglichkeit, wenn die genehmigte Tätigkeit auf seinem Gebiet stattfindet (üblicherweise enthalten bundesweit geltende Genehmigungen Auflagen, vor Beginn der Tätigkeit die örtlich zuständige Aufsichtsbehörde zu informieren).

51   Ungeachtet der v.g. Beteiligung der anderen Bundesländer kann von der antragstellenden Person Auskunft verlangt werden, ob bereits eine entsprechende Genehmigung in einem anderen Bundesland beantragt oder von einem anderen Bundesland erteilt bzw. abgelehnt worden ist (Amtsermittlung, § 24 VwVfG).

52   **9. Rechtsschutz.** Gegen einen abgelehnten Genehmigungsantrag kann der Antragsteller – jeweils mit Monatsfrist – je nach Landesrechtslage entweder **Widerspruch** einlegen (in Hessen etwa bedarf es eines Vorverfahrens nicht, wenn das RP den Verwaltungsakt erlassen oder diesen abgelehnt hat, § 16a Abs. 2 S. 1 HessAG-VwGO) oder gleich **Verpflichtungsklage** vor dem zuständigen Verwaltungsgericht erheben. Entsprechendes gilt für Nebenbestimmungen, die er für rechtswidrig hält (dann **Anfechtungsklage**) (ausf. *Ewer* in HMPS § 17 AtG Rn. 48–50; *Schmatz/Nöthlichs* 8027 Anm. 4).

53   Für den **Rechtsschutz Dritter** – etwa Personen im Einwirkungsbereich einer Anlage oder Arbeitnehmer – gilt Entsprechendes, soweit drittschützende Vorschriften betroffen sind. Lediglich der Vorsorge dienende Regelungen sind nicht drittschützend (*Ewer* in HMPS § 17 AtG Rn. 51 ff.; *Schmatz/Nöthlichs* 8027 Anm. 5). Die Monatsfrist gilt aber nur dann, wenn die Genehmigung dem Dritten bekanntgegeben worden ist (§§ 70 Abs. 1 Satz 1, 74 Abs. 1 S. 2 VwGO); eine Bekanntgabe der Genehmigung ist im Strahlenschutzrecht aber, anders als bei Genehmigungen nach dem AtG (vgl. §§ 15 Abs. 3, 17 AtVfV), eher die Ausnahme.

II. Die einzelnen Genehmigungstatbestände

1. Anlagen zur Erzeugung ionisierender Strahlung (Abs. 1 Nr. 1). a) 54
Tatbestand. Einer Genehmigung bedarf, wer eine **Anlage zur Erzeugung ionisierender Strahlung** (vgl. § 5 Abs. 2, hauptsächlich Elektronen- und Ionenbeschleuniger sowie Plasmaanlagen) betreibt (Abs. 1 Nr. 1; vgl. § 11 Abs. 2 StrlSchV
2001). Verwendet werden solche Anlagen in Industrie (Bestrahlung von Produkten), Forschung (Materialforschung, physikalische Grundlagenforschung) und Medizin (Anwendung am Menschen: zB in der Strahlentherapie). Der Anwendungsbereich ist weiter als der für die Genehmigungspflicht bei der Errichtung von
Anlagen zur Erzeugung ionisierender Strahlung gem. § 10 Abs. 1, denn die dort unter den Nrn. 1–5 aufgezählten Tatbestände werden in § 12 Abs. 1 Nr. 1 nicht genannt. Von der Pflicht zur Einholung einer Betriebsgenehmigung werden somit
neben den Anlagen, die eine Errichtungsgenehmigung nach § 10 benötigen, auch
andere Anlagen umfasst (BT-Drs. 18/11241, 246; vgl. auch die amtl. Begründung
zu § 11 Abs. 2 StrlSchV 2001, BR-Drs. 207/1, 218).

Soll eine Anlage zur Erzeugung ionisierender Strahlung der in § 10 bezeichneten 55
Art sowohl errichtet als auch betrieben werden, sind somit **zwei Genehmigungen** – eine Errichtungsgenehmigung nach § 10 für den Bau und eine Betriebsgenehmigung nach § 12 – notwendig. Während die Errichtung der Anlage mit deren Aufstellung am zukünftigen Betriebsort beginnt (Beginn der Baumaßnahmen),
setzt der Betrieb mit der ersten Inbetriebnahme der Anlage zum bestimmungsgemäßen Zweck ein und endet mit der endgültigen Stilllegung. Auch der **Probebetrieb** mit seinen Maßnahmen zur Prüfung der Betriebstüchtigkeit (§ 13 Abs. 5)
ist ebenso wie eine **vorübergehende, nicht endgültige Stilllegung** dem Betrieb
zuzurechnen (*Schmatz / Nöthlichs* 8030, Anm. 3.1, u. 8019, Anm. 2.3.5; auch *Jarass*
BImSchG § 4 Rn. 54 u. 57).

b) Ausnahmen von der Genehmigungspflicht. Von der Genehmigungs- 56
pflicht ausdrücklich ausgenommen ist der **anzeigebedürftige Betrieb** von Anlagen zur Erzeugung ionisierender Strahlung gem. § 17 Abs. 1 S. 1. Hier ist allerdings eine durch die Einfügung eines S. 3 in § 17 Abs. 1 durch das 1. ÄndG
geschaffene **Rückausnahme** zu beachten: Der Betrieb einer Anlage zur Erzeugung ionisierender Strahlung bleibt immer nach § 12 Abs. 1 Nr. 1 StrlSchG
genehmigungsbedürftig, wenn er im Zusammenhang mit der **Anwendung am
Menschen** steht (BT-Drs. 19/26943, 39). Zum anderen ist auch der Betrieb ge-
nehmigungs- und anzeigefrei, soweit dies in § 7 StrlSchV – der Rechtsverordnung
nach § 24 S. 1 Nr. 1 – geregelt ist (§ 12 Abs. 1 Nr. 1, 2. HS); die Voraussetzungen für
diese inhaltlich an § 12a StrlSchV 2001 orientierte Genehmigungsfreiheit normiert
Anlage 3 Teil C StrlSchV.

2. Bestrahlungsvorrichtungen (Abs. 1 Nr. 2). Einer Genehmigung bedarf 57
weiter, wer ionisierende Strahlung aus einer **Bestrahlungsvorrichtung** (vgl. insoweit § 5 Abs. 8), die Bestandteil einer nach § 7 Abs. 1 S. 1 AtG genehmigten Anlage
zur Spaltung von Kernbrennstoffen ist, im Zusammenhang mit der Anwendung am
Menschen (vgl. die Legaldefinition in § 5 Abs. 3 sowie die Ausführungen zu § 14
Abs. 1) oder mit der Anwendung am Tier in der Tierheilkunde (vgl. die Ausführungen zu § 15 Abs. 1) verwendet. Betroffen ist hier insbesondere Neutronenstrahlung, die an Forschungsreaktoren erzeugt und zur menschlichen Behandlung angewendet wird. Die amtl. Begründung weist darauf hin, dass nunmehr (gegenüber
der Fassung in § 11 Abs. 3 StrlSchV 2001) klargestellt wird, „dass auch wesentliche

Änderungen der Anwendung, wie z. B. nicht von der Genehmigung nach § 7 des Atomgesetzes abgedeckte Änderungen der Strahlführung, der Strahlintensität oder der baulichen Strahlenschutzmaßnahmen, einer Genehmigung bedürfen" (BT-Drs. 18/11241, 246). § 12 Abs. 1 Nr. 2 gilt nicht für den Betrieb von Röntgeneinrichtungen und Störstrahlern; für diese sind die Nrn. 4 u. 5 einschlägig.

58   **3. Umgang mit sonstigen radioaktiven Stoffen (Abs. 1 Nr. 3). a) Tatbestand.** Genehmigungspflichtig ist grundsätzlich – soweit keine verordnungsrechtliche Ausnahmeregelung besteht (§ 5 StrlSchV) – der **Umgang mit sonstigen radioaktiven Stoffen.** Der Begriff des Umgangs ist in § 5 Abs. 39, der der sonstigen radioaktiven Stoffe, auch in Abgrenzung zu den Kernbrennstoffen, in § 3 Abs. 1 u. 3 legaldefiniert.

59   Den **Umgang mit Kernbrennstoffen** – dem Gegenbegriff zu den sonstigen radioaktiven Stoffen – hat der Gesetzgeber **im AtG geregelt,** und zwar in der zentralen Anlagengenehmigung des § 7 AtG (ortsfeste Anlagen zur Erzeugung, Bearbeitung, Verarbeitung, Spaltung oder Aufarbeitung von Kernbrennstoffen) und in den „Umgangsgenehmigungen" des § 6 AtG (Aufbewahrung von Kernbrennstoffen) und § 9 AtG (Bearbeitung, Verarbeitung und sonstige Verwendung von Kernbrennstoffen außerhalb genehmigungspflichtiger Anlagen). Die Abgrenzung zur Genehmigungsnorm des Abs. 1 Nr. 3 richtet sich unmittelbar nach der Einordnung der radioaktiven Stoffe, mit denen umgegangen wird. Aus § 3 Abs. 3 ergibt sich, dass auch geringe Mengen Kernbrennstoffe, in denen der Anteil der spaltbaren Isotope 15 g oder deren Konzentration 15 Gramm pro 100 Kilogramm nicht überschreitet, für die Anwendung dieser Genehmigungsvorschrift als sonstige radioaktive Stoffe gelten (→ § 3 Rn. 21).

60   Bei der **Zwischenlagerung von radioaktiven Abfällen** ist § 6 AtG einschlägig, wenn Abfallgebinde gelagert werden sollen, die Kernbrennstoffe enthalten; das ist jedenfalls der Fall für abgebrannte Brennelemente und für spaltprodukthaltige Abfälle aus der Wiederaufarbeitung, die hochradioaktive Abfälle darstellen. Die Lagerung von schwach- und mittelaktiven Abfällen ist dagegen idR nach Abs. 1 Nr. 3 zu genehmigen, da solche Abfälle normalerweise – unter Beachtung des in § 3 Abs. 3 genannten Schwellenwerts – keine Kernbrennstoffe darstellen bzw. enthalten. Auch ein **Lager für Natururan oder für abgereichertes Uran** unterliegt der Genehmigung nach § 13 Abs. 1 Nr. 3, da es sich dabei nicht um Kernbrennstoff handelt; anders bei angereichertem Uran. Ein Umgang mit Kernbrennstoffen, der nach § 9 AtG zu genehmigen wäre, liegt etwa dann vor, wenn in einem Labor – das selbst keine Anlage nach § 7 AtG darstellt – Kernbrennstoffe analysiert werden. Die hier genannten Genehmigungsnormen gelten ohne Weiteres auch für **Landessammelstellen** nach § 9a Abs. 3 S. 1 AtG, wie § 9e AtG klarstellt.

61   Abs. 1 Nr. 3 differenziert nicht nach der Art der sonstigen radioaktiven Stoffe, also etwa nach offenen und umschlossenen radioaktiven Stoffen (§ 5 Abs. 34 und 35) oder nach hochradioaktiven Strahlenquellen (§ 5 Abs. 36). Eine konkrete Genehmigung wird jedoch nie pauschal für den „Umgang mit sonstigen radioaktiven Stoffen" erteilt, sondern bedarf **konkreter Festlegungen,** die überhaupt die Prüfung der Genehmigungsvoraussetzungen ermöglichen (so bereits *Fischerhof,* § 1 1. SSVO 1960, Rn. 3). Die Genehmigung wird idR nur für bestimmte, vom Antragsteller benannte Isotope erteilt; sie enthält normalerweise eine Obergrenze der Gesamtmasse oder Gesamtaktivität und ist beschränkt auf genau bezeichnete Arten des Umgangs, meist in einer bestimmten Einrichtung oder Anlage. Für umschlossene und offene radioaktive Stoffe werden meist, unter Berücksichtigung der

unterschiedlichen Anforderungen der StrlSchV, differenzierte Regelungen getroffen.

b) Ausnahmen. Ausgenommen von der Genehmigungspflicht ist der nach der 62 Rechtsverordnung nach § 24 S. 1 Nr. 1 **genehmigungsfrei** gestellte Umgang, der, inhaltlich die Regelungen in § 8 Abs. 1 u 2 der StrlSchV 2001 übernehmend, jetzt in § 5 StrlSchV normiert ist.

Nach § 5 Abs. 1 S. 1 StrlSchV ist eine Umgangsgenehmigung in den in **Anlage 3** 63 **Teil A und B StrlSchV** genannten Fällen nicht erforderlich. Hierzu gehören u. a. die Anwendung von Stoffen am Menschen, wenn die spezifische Aktivität der Stoffe 500 Mikrobecquerel je Gramm nicht überschreitet (Teil A) und der Umgang mit Stoffen, deren Aktivität bzw. spezifische Aktivität bestimmte Freigrenzen nicht überschreitet (Teil B Nrn. 1 u 2, die wiederum auf die **Freigrenzen** in Anlage 4 Tab. 1 StrlSchV verweisen, die dadurch eine Doppelfunktion bekommen; → § 3 Rn. 34). § 5 Abs. 1 S. 2 StrlSchV stellt klar, dass bei der Prüfung der Voraussetzungen nach Anlage 3 Teil B Nr. 1 oder 2 die mit den Tätigkeiten nach Anlage 3 Teil A oder Teil B Nrn. 3 bis 9 verbundenen radioaktiven Stoffe außer Betracht bleiben müssen.

§ 5 Abs. 2 S. 1 StrlSchV bestimmt (wie bisher, vgl. § 8 Abs. 2 StrlSchV 2001), dass 64 ein zusätzlicher genehmigungsfreier Umgang mit solchen Stoffen, die bereits Bestandteil einer Genehmigung, auch in Form einer Änderungsgenehmigung, sind, unterhalb der Freigrenzen nicht zulässig ist. Diese Regelung soll eine **Umgehung der Genehmigungsvorschriften**, etwa mittels „Salamitaktik", verhindern und sicherstellen, dass „für die Beurteilung der Gefährdungssituation „und den zu ergreifenden Schutzmaßnahmen immer die gesamte Aktivität der bei einem Genehmigungsinhaber vorhandenen radioaktiven Stoffe zu Grunde gelegt wird, soweit ein Zusammenwirken der radioaktiven Stoffe nicht ausgeschlossen werden kann" (amtl. Begründung zu § 8 StrlSchV 2001, BR–Drs. 207/01, 214f.). Soweit ein **Zusammenwirken der radioaktiven Stoffe ausgeschlossen** werden kann, greift § 5 Abs. 2 S. 2 StrlSchV: Wenn in einem einzelnen Betrieb oder selbständigen Zweigbetrieb, bei Nichtgewerbetreibenden am Ort der Tätigkeit des Genehmigungsinhabers, mit radioaktiven Stoffen in mehreren, räumlich voneinander getrennten Gebäuden, Gebäudeteilen, Anlagen oder Einrichtungen umgegangen wird und ausreichend sichergestellt ist, dass die radioaktiven Stoffe aus den einzelnen Gebäuden, Gebäudeteilen, Anlagen oder Einrichtungen nicht zusammenwirken können, ist ein nicht genehmigungsbedürftiger Umgang, zB unterhalb der Freigrenzen, zulässig.

4. Röntgeneinrichtungen (Abs. 1 Nr. 4). Ebenfalls genehmigungspflichtig 65 ist der Betrieb von Röntgeneinrichtungen i. S. d. § 5 Abs. 30. Die Vorschrift übernimmt die Regelungen des § 3 Abs. 1 RöV. Nicht genehmigungspflichtig ist die **Herstellung** einer Röntgeneinrichtung, solange keine Röntgenstrahlung erzeugt wird. Ebenso wenig erfüllt die **Errichtung** einer Röntgeneinrichtung (Aufstellung und Installation am Verwendungsort) den Genehmigungstatbestand. Handelt es sich bei der Röntgeneinrichtung um ein Medizinprodukt, sind die Betreiberpflichten der MPBetreibV zu beachten (*Schmatz/Nöthlichs* 8211, Anm. 1).

Ausgenommen von der Genehmigungspflicht sind Röntgeneinrichtungen, für 66 deren Betrieb eine **Anzeige** nach § 19 Abs. 1 ausreichend ist, etwa Einrichtungen, deren Röntgenstrahler nach § 45 Abs. 1 Nr. 2 eine Bauartzulassung haben, oder bauartzugelassene Röntgeneinrichtungen als Basis-, Hoch- oder Vollschutzgeräte oder Schulröntgeneinrichtungen (vgl. jedoch die Rückausnahmen in § 19 Abs. 2; → § 19 Rn. 17ff.).

67   **5. Störstrahler (Abs. 1 Nr. 5).** Genehmigungspflichtig ist schließlich auch der Betrieb von **Störstrahlern** i. S. d. § 5 Abs. 37. Die Vorschrift übernimmt die Regelungen des § 5 Abs. 1 S. 1 RöV. Nicht genehmigungsbedürftig sind Herstellung und Errichtung eines Störstrahlers (*Schmatz/Nöthlichs* 8217, Anm. 1.1). Von der Genehmigungspflicht ausgenommen sind Störstrahler, die nach der Rechtsverordnung nach § 24 S. 1 Nr. 1 genehmigungsfrei betrieben werden dürfen. Hierzu verweist § 8 StrlSchV auf Anlage 3 Teil D StrlSchV. Damit werden die Bestimmungen des § 5 Abs. 2 bis 4 und 6 RöV fortgeführt.

68   **6. Übergangsregelungen.** § 197 enthält Übergangsvorschriften für genehmigungsbedürftige Tätigkeiten gem. § 12, um einen bereits genehmigen Bestand zu gewährleisten. In der Praxis wird diese **Weitergeltung** bei passender Gelegenheit oft klargestellt, etwa wenn eine Änderungsgenehmigung ergeht („Ihre Genehmigung nach den §§ 7 u. 8 StrlSchV (2001), die gem. § 197 Abs. 2 S. 1 StrlSchG als Genehmigung nach § 12 Abs. 1 Nr. 3 StrlSchG fortgilt,…"). Die gesetzliche Frist bis Ende 2020 kann behördlicherseits nicht verlängert werden (arg. § 31 Abs. 7 S. 1 VwVfG: *Ramsauer* in Kopp/Ramsauer § 31 Rn. 38). Soweit § 197 bestimmte Voraussetzungen einfordert und diese nicht fristgerecht dargelegt worden sind, gilt die Genehmigung als erloschen.

III. Änderungsgenehmigungen (Abs. 2)

69   **1. Betroffene Tätigkeiten (Abs. 1 Nrn. 1 bis 5, jeweils erster Halbsatz).** Wie schon bisher (vgl. zB § 7 Abs. 1 S. 2, § 11 Abs. 2, 2. u 3. Alt. StrlSchV 2001, § 3 Abs. 1 RöV) sieht Abs. 2 für Tätigkeiten nach Abs. 1 eine Genehmigungspflicht bei wesentlichen Änderungen vor. Diese **Änderungsgenehmigung,** bei der die Änderung bei der Tätigkeit ansetzt, etwa bei einer Erhöhung der bislang zugelassenen Lagermenge an radioaktiven Stoffen, ist von der sog. **Genehmigungsänderung** abzugrenzen, bei der – wie schon die Bezeichnung sagt – der Genehmigungs-VA abgeändert wird (zB wegen **offensichtlichen Unrichtigkeiten,** § 42 VwVfG).

70   **2. Wesentliche Änderung.** Die Prüfung, ob eine wesentliche Änderung vorliegt, erfolgt in zwei Schritten. Eine **Änderung** liegt vor, wenn der Genehmigungsinhaber von der Tätigkeit, so wie sie in der Genehmigung beschrieben und gestattet wird, abweichen will (vgl. den Wortlaut der Vorgängerregelung hinsichtlich des Umgangs mit sonstigen radioaktiven Stoffen, des § 7 Abs. 2 S. 2 StrlSchV 2001: „Einer Genehmigung bedarf ferner, wer von dem in der Genehmigungsurkunde festgelegten Umgang wesentlich abweicht"). Maßstab für die **einzelfallbezogene Beurteilung,** ob eine (wesentliche) Änderung vorliegt, sind daher der (ggf. auszulegende) Genehmigungsbescheid und die zugrundeliegenden Genehmigungsunterlagen (*Schmatz/Nöthlichs* 8025, Anm. 4, u 8030, Anm. 3.2; 8211, Anm. 4; 8217, Anm. 1.2; *Wasielewski* UPR 1998, 422). Eine faktische Änderung, die aber keine Festlegung der Genehmigung berührt, ist also keine Änderung im Sinne des Abs. 2.

71   Die **Wesentlichkeit** einer so bestimmten Änderung ist im StrlSchG, wie auch im AtG, nicht näher definiert. Das BVerwG hat sich in seinem **Krümmel–Urteil von 1996** (BVerwG Urt. v. 21.08.1996, 11 C 9/95, BVerwGE 101, 347) in grundlegender Weise mit der Änderungsgenehmigung befasst. Dabei hat das BVerwG ausgeführt, dass Änderungen wesentlich sind, „wenn sie Anlaß zu einer erneuten Prüfung geben, weil sie mehr als nur offensichtlich unerhebliche Auswirkungen auf das Sicherheitsniveau der Anlage haben können", und festgestellt: „Wesentlich

sind diejenigen Änderungen, die nach Art und/oder Umfang geeignet erscheinen, die in den Genehmigungsvoraussetzungen angesprochenen Sicherheitsaspekte zu berühren, und deswegen ‚sozusagen die Genehmigungsfrage neu aufwerfen'" (BVerwG Urt. v. 21.08.1996, 11 C 9/95, juris, Rn. 29 u. 38 = BVerwGE 101, 347; BVerfGE 53, 30 (61); VGH Kassel Beschl. v. 21.10.2020, 6 B 2381/20, BeckRS 2020, 27530, Rn. 76; zum Krümmel-Urteil *Raetzke,* S. 33 ff.; *Sendler* UPR 1997, 163; *Schmidt-Preuß* NVwZ 1998, 553 ff.; DVBl. 2000, 767 (777 f.)).

Die vom BVerwG aufgestellten Grundsätze zur wesentlichen Änderung gelten **72** mangels konkreter Regelungen im neuen StrlSchG auch nach Loslösung des Strahlenschutzes vom Regime des AtG. Wesentlich im Sinne des Abs. 2 sind also alle Änderungen, die **geeignet erscheinen, die in den Genehmigungsvoraussetzungen angesprochenen Strahlenschutzaspekte zu berühren,** und deshalb einer erneuten Prüfung bedürfen („die Genehmigungsfrage neu aufwerfen"). Das ist auch logisch: denn die Behörde ist bei Prüfung und Erteilung der ursprünglichen Genehmigung von einer bestimmten, im Antrag definierten Gestalt der zu genehmigenden Tätigkeit ausgegangen (ebenso *Kramer/Zerlett* § 16 II.3); ändert sich daran etwas und kann diese Änderung Auswirkungen auf die Beurteilung haben, ob die Genehmigungsvoraussetzungen (noch) vorliegen, muss die Behörde neu prüfen.

Bei **unwesentlichen, also nicht genehmigungsbedürftigen Änderungen 73** kommt es auf die Bestimmungen in der Genehmigung an, ob sie zumindest im aufsichtlichen Verfahren behandelt werden. Dies ist in kerntechnischen Anlagen und in Einrichtungen meist in Gestalt einer Betriebsordnung oder durch Festlegungen in der Genehmigung geregelt. Hiernach müssen unwesentliche Änderungen, die bestimmte Kriterien erfüllen, der Aufsichtsbehörde angezeigt oder zur Zustimmung vorgelegt werden. Dieses aufsichtliche Verfahren ist aber streng zu unterscheiden von der Änderungsgenehmigung nach Abs. 2.

3. Abgrenzung zum Begriff der wesentlichen Änderung im Immis- 74 sionsschutz. Soweit das BVerwG „mangels einer abweichenden Regelung" von einer Übertragbarkeit der im Immissionsschutzrecht entwickelten Grundsätze zu Änderungsgenehmigungen – jetzt gem. §§ 15 f BImSchG – auf die wesentliche Änderung im Atomrecht hinweist (BVerwG Urt. v. 21.08.1996 – 11 C 9/95, juris, Rn. 36 = BVerwGE 101, 347; VGH Kassel Beschl. v. 21.10.2020 – 6 B 2381/20, BeckRS 2020, 27530, Rn. 71, nimmt als Maßstab „vergleichbare Regelungen in anderen Gesetzen"; *Sendler* UPR 1997, 163), kann dies, mit Blick auf das Regime des § 12 Abs. 2 StrlSchG nicht mehr uneingeschränkt gelten. Die vollständige Übertragung der immissionsschutzrechtlichen Wesentlichkeitsdogmatik scheitert an der seit 1996 geänderten Rechtslage (krit. zur Übertragbarkeit bereits *Danwitz* RdE 1997, 56 f.; s. auch *Posser* in HMPS § 7 AtG Rn. 11). Denn in der jetzt gültigen Fassung fordert § 16 Abs. 1 S. 1 BImSchG für eine wesentliche Änderung ein Hervorrufen nachteiliger Auswirkungen und verlangt zusätzlich, dass diese für die Prüfung nach § 6 Abs. 1 Nr. 1 BImSchG erheblich sein können. Positive Auswirkungen bleiben außer Betracht; sie führen nicht zu einer Durchführungspflicht eines Änderungsgenehmigungsverfahrens (*Jarass* BImSchG § 16 Rn. 10 ff.). Darüber hinaus besteht nur dann eine Genehmigungspflicht, wenn eine im Einzelfall zu bestimmende Bagatellgrenze überschritten wird (§ 16 Abs. 1 S. 2 BImSchG: „offensichtlich gering"; *Jarass* BImSchG § 16 Rn. 16). Im Gegensatz dazu fordert das BVerwG für das Atomrechtsregime für die Wesentlichkeit einer Änderung gerade **keine Unterscheidung zwischen positiven und negativen Auswirkungen auf das Sicherheitsniveau** (BVerwG Urt. v. 21.08.1996 – 11 C 9/95, juris,

Rn. 29 = BVerwGE 101, 347). Es ist aber zu berücksichtigen, dass bei verwandten Rechtsmaterien ohne konkrete Regelungen eine unterschiedliche Handhabung eine sachliche Begründung braucht (BVerwG Urt. v. 21.08.1996 – 11 C 9/95, juris, Rn. 36 = BVerwGE 101, 347).

75   **4. Abgrenzung zur Neugenehmigung.** Die Änderungsregelung des Abs. 2 setzt das Vorliegen eines die Tätigkeit – das Betreiben einer Anlage zur Erzeugung ionisierender Strahlung, den Umgang mit sonstigen radioaktiven Stoffen etc. – zulassenden Genehmigungsbescheids voraus. Eine Änderungsgenehmigung kann also **nur auf der Basis einer bereits vorhandenen „Grundgenehmigung"** erteilt werden. Soll demgegenüber eine bisher noch nicht genehmigte Tätigkeit zugelassen werden, ist eine Neugenehmigung nötig. Die Neugenehmigung steht somit im Raum, wenn erstmals etwas erlaubt werden soll, also dort, „wo die Modifikation nach Ausmaß und Umfang eine Dimension erreicht, die die Identität mit dem bisherigen Vorhaben in Frage stellt" (VGH Kassel Beschl. v. 21.10.2020 – 6 B 2381/20, BeckRS 2020, 27530, Rn. 73; *Sendler* UPR 1997, 163).

76   **5. Beispiele für wesentliche Änderungen.** Eine **wesentliche Änderung** mit der Folge einer notwendigen Änderungsgenehmigung kann zB in folgenden Fällen vorliegen: Änderung des Umgangsortes (zB von Lager- und Bestrahlungsräumlichkeiten, die üblicherweise als Inhaltsbestimmungen in der Genehmigung festgelegt sind; denn für den Strahlenschutz sind auch Räume und deren Ausstattung relevant. Ergeben sich daraus mit Blick auf die bislang genehmigten maximalen Aktivitäten keine Auswirkungen auf den genehmigten Bestand, liegt keine wesentliche Änderung vor; *Schmatz/Nöthlichs* 8211 Anm. 4); Änderung bei Strahlenschutzbereichen; Umgruppierung von Anlagenteilen; Umbaumaßnahmen; Änderungen des Umgangszwecks; Änderung der Aktivität bereits genehmigter radioaktiver Stoffe (*Schmatz/Nöthlichs* 8025, Anm. 4)

77   Bei **Anlagen zur Erzeugung ionisierender Strahlung** umfasst die Änderung des nach Abs. 1 Nr. 1 genehmigungsbedürftigen Betriebes iSd Abs. 2 nicht nur betriebliche Änderungen, sondern auch Änderungen der Anlage selbst, die nach Abschluss der Errichtung vorgenommen werden; nur für Änderungen während der Errichtungsphase gilt § 10 Abs. 2 (→ § 10 Rn. 11 f.). Zu weiteren Beispielen für wesentliche Änderungen bei Anlagen zur Erzeugung ionisierender Strahlen vgl. Nr. 2.4 sowie Anlage A 13 der **RL Strahlenschutz in der Medizin** (RdSchr. d. BMU v. 17.10.2011 – RS II 4 – 11432/1, geändert durch RdSchr. d. BMUB v. 11.07.2014, GMBl 2014 S. 1020 – RS II 4 – 11432/1. Missverständlich dort allerdings Z 11: die „neue Versions-Nr." hat an sich rein deklaratorischen Charakter; sie ist jedoch ein Indikator, dass das Steuerprogramm modifiziert worden ist, was eine wesentliche Änderung sein kann). Ferner die bereits zugelassene Aufbewahrung radioaktiver Stoffe, wenn sich die Aufbewahrungsbehälter ändern bzw. in einer anderen Bauart zugelassen waren (VGH Kassel Beschl. v. 21.10.2020, 6 B 2381/20, BeckRS 2020, 27530 Rn. 71).

78   Keine wesentliche Änderung einer bestehenden Genehmigung, sondern Sachverhalt für eine **Neugenehmigung** ist die Erhöhung der Anzahl von Prüfstrahlern.

79   Keine wesentliche, sondern eine **unwesentliche, nicht genehmigungspflichtige Änderung** sind: Reparatur-, Unterhaltungs- u Reinigungsarbeiten, soweit sie keinen Einfluss auf den genehmigten Bestand haben bzw. der genehmigte Zustand unverändert wiederhergestellt wird (*Schmatz/Nöthlichs* 8025, Anm. 4; *Jarass* BImSchG § 15, Rn. 16), auch nicht der Austausch baugleicher Teile zu Reparaturzwecken (*Schmatz/Nöthlichs* 8211, Anm. 4).

Nicht geregelt ist der eher hypothetische Fall des **Ersetzens bzw. Austauschens** 80
einer defekten oder zerstörten Anlage zur Erzeugung ionisierender Strahlung,
Bestrahlungsvorrichtung oder Röntgeneinrichtung bzw. von Anlagenteilen oder
Laboren. Erfolgt dies im Rahmen einer bestehenden Genehmigung, bedarf es keiner
weiteren Zulassung (zur Diskussion im Immissionsschutz *Jarass* BImSchG § 15
Rn. 17, § 16 Rn. 19; dort existiert aber in § 16 Abs. 5 BImSchG eine konkrete
Regelung eines solchen Sachverhalts). Es besteht jedoch eine **Obliegenheit des
SSV, dies der Behörde mitzuteilen,** damit sie ihren Aufsichtspflichten nach-
kommen kann (wenn ihr – weil radioaktive Stoffe andernorts zwischengelagert
oder freigegeben werden müssen – der Tatbestand nicht bereits ohnehin bekannt ist).

6. Prüfungs- und Regelungsumfang. Wenn feststeht, dass eine wesentliche 81
Änderung vorliegt und eine Änderungsgenehmigung erforderlich ist, dann darf die
Behörde nicht automatisch sämtliche Genehmigungsvoraussetzungen neu abprüfen
und die bisherige Genehmigung gleichsam vollständig neu auf den Prüfstand stellen. Denn die Änderungsgenehmigung verlangt und gestattet eine **Prüfung nur
insoweit, als durch die Änderung die „Genehmigungsfrage neu aufgeworfen wird";** darüber hinaus verbleibt es bei der bestehenden Genehmigung. Die
Frage der Reichweite der Prüfung, und damit auch ggf. der Neuregelung in der
Änderungsgenehmigung, ist damit zugleich – umgekehrt betrachtet – eine Frage
des **Bestandsschutzes** der bestehenden Genehmigung, ähnlich wie bei den der
Behörde eingeräumten Möglichkeiten, die Genehmigung von sich aus zu ändern
oder aufzuheben (→ Rn. 45).

Auch hier hat das BVerwG im **Krümmel-Urteil** die wesentlichen Kriterien 82
entwickelt. Hiernach ist der Gegenstand der Prüfung nicht auf die zu ändernden
Anlagenteile oder betrieblichen Verfahrensschritte beschränkt; er bezieht sich darüber hinaus auf diejenigen Anlagenteile und Verfahrensschritte der genehmigten
Anlage, auf die sich die Änderung auswirkt. Dort liegt aber auch die Grenze. Wo
die bisherige Genehmigung faktisch nicht berührt wird, endet auch der Prüf- und
Regelungsumfang der Änderungsgenehmigung. Das Gericht stellt fest, dass es nicht
Sinn der Änderungsgenehmigung sei, ohne sachliches Erfordernis den Prüfungsauf-
wand für die Gesamtanlage erneut auszulösen; die Bindungswirkung der Ausgangs-
genehmigung entfalle nur, soweit die Auswirkungen der Änderung reichen
(BVerwG Urt. v. 21.08.1996 – II C 9.95, E 101, 347, 355 f.; *Raetzke* S. 65).

Für die Praxis heißt dies, dass es der Behörde **verwehrt ist, anlässlich** des Än- 83
derungsgenehmigungsverfahrens Änderungen in die Genehmigung einzuführen,
die mit der beantragten Änderung und ihren Auswirkungen nichts zu tun haben
(*Sendler* UPR 1997, 166; *Raetzke* S. 74). Einen entsprechenden Eingriff in die Genehmigung kann sie (nur) mit dem Instrument der **nachträglichen Auflage** nach
§ 179 Abs. 1 Nr. 2 StrlSchG iVm § 17 Abs. 1 Satz 3 AtG vornehmen, sofern dessen
Voraussetzungen vorliegen (→ Rn. 45 f.).

7. Maßstab für die Prüfung der Genehmigungsfähigkeit. Soweit sich der 84
Prüf- und Regelungsumfang der Änderungsgenehmigung erstreckt, muss die Genehmigungsbehörde die **Genehmigungsvoraussetzungen in ihrer aktuellen
Gestalt** – und nicht etwa bezogen auf die Anforderungen zur Zeit der ursprünglichen Genehmigung – prüfen und anwenden; so ist etwa bei der Prüfung der Änderung und ihrer Auswirkungen anhand des § 13 Abs. 1 Nr. 6 grundsätzlich der aktuelle Stand der Technik bzw. der aktuelle Stand von Wissenschaft und Technik
zugrundezulegen (so zu § 7 AtG BVerwG Urt. v. 21.08.1996 – II C 9.95, E 101,
347, 359 f.; *Raetzke,* S. 163 ff.). Im Rahmen einer Änderungsgenehmigung ist aber

die **Verhältnismäßigkeit** besonders zu beachten (*Sendler* UPR 1997, 165; *Raetzke,* S. 183 ff.); die Änderung muss sich, bei grundsätzlicher Berücksichtigung aktueller Anforderungen, auch **in den Altbestand einfügen;** das kann im Einzelfall die Erteilung einer Änderungsgenehmigung gebieten, die in bestimmten Punkten von aktuellen Anforderungen abweicht (Beispiele für kerntechnische Anlagen: *Raetzke,* S. 194 ff.).

IV. Erstreckungswirkung auf den genehmigungsbedürftigen Umgang nach Abs. 1 Nr. 3 (Abs. 3)

85   § 12 Abs. 3 sieht vor, dass sich eine **Betriebsgenehmigung** für eine Anlage zur Erzeugung ionisierender Strahlung (Abs. 1 Nr. 1) auch auf den beim Betrieb dieser Anlage stattfindenden **Umgang** erstrecken kann. Zweck dieser Vorschrift ist die **Vermeidung doppelter Genehmigungen und Zuständigkeiten.** Die strahlenschutzrechtliche Genehmigung erhält durch dieses Erstrecken **keine Konzentrationswirkung** i. S. des § 13 BImSchG, sondern es kommt lediglich zu einer Verfahrensvereinfachung: Eine eigene Umgangsgenehmigung nach Abs. 1 Nr. 3 ist in diesen Fällen nicht erforderlich, wie Abs. 4 Nr. 1 klarstellt (diese Folge war in § 7 Abs. 2, 2. HS StrlSchV 2001 noch direkt nach der Erstreckungs-Regelung aufgenommen). Es empfiehlt sich jedoch aus Gründen der rechtlichen Klarheit in der Betriebsgenehmigung § 12 Abs. 1 Nr. 1 festzustellen, dass der Umgang mit umfasst wird.

86   Die **Erstreckung einer atomrechtlichen Genehmigung** nach den §§ 6, 7, 9 oder 9b AtG sowie für Planfeststellungsbeschlüsse nach § 9b AtG auf den genehmigungsbedürftigen Umgang nach Abs. 1 Nr. 3 ist nun in § 10a Abs. 2 AtG geregelt (früher: § 7 Abs. 2, 1. HS StrlSchV 2001).

V. Freistellung von der Genehmigungspflicht (Abs. 4)

87   Abs. 4 Nr. 1 übernimmt § 7 Abs. 2, 2. HS StrlSchV 2001 und stellt klar, dass bei der Erstreckung einer der bezeichneten Genehmigungen oder eines Planfeststellungsbeschlusses nach § 9b AtG auf einen genehmigungsbedürftigen Umgang nach Abs. 1 Nr. 3 eine **gesonderte Umgangsgenehmigung nicht erforderlich** ist (BT-Drs. 18/11241, 247).

88   Abs. 4 Nr. 2, der den bisherigen § 7 Abs. 3 StrlSchV 2001 übernimmt, stellt den Umgang mit radioaktiven Bodenschätzen von einer strahlenschutzrechtlichen Genehmigungspflicht frei, wenn die entsprechenden Tatbestände der Betriebsplanpflicht nach § 51 BBergG unterliegen. Dann wird den Anforderungen des StrlSchG im Rahmen des **bergrechtlichen Betriebsplanverfahrens** Rechnung getragen, da § 55 BBergG entsprechende Vorschriften für den Umgang enthält (BT-Drs. 18/11241, 247).

89   Keine Genehmigungspflicht besteht ferner im Kontext von **Fund und Erlangung** (§ 168 Abs. 4 StrlSchV genannten Fällen).

VI. Kumulierende Tätigkeiten (Abs. 5)

90   Abs. 5 behandelt den Fall kumulierender Tätigkeiten und ermöglicht es nun der zuständigen Behörde, abweichend von der bisherigen Rechtslage der StrlSchV 2001, „eine Genehmigung für mehrere nach dem Strahlenschutzgesetz genehmigungs- oder anzeigebedürftige Tätigkeiten gemeinsam zu erteilen, soweit diese

Tätigkeiten für die vorgesehene Anwendung in einem engen Zusammenhang stehen. Anwendungsbeispiele sind beispielsweise die Genehmigung eines Positronen-Emissions-Tomographie-Geräts mit Computertomographen (PET–CT), eines Strahlentherapie-Linearbeschleunigers mit integrierter Röntgeneinrichtung zur Lagerungskontrolle oder der Umgang mit einem Prüfstrahler zur Kalibrierung von Messgeräten, die für die sichere Durchführung einer anderen Tätigkeit benötigt werden" (BT-Drs. 18/11241, 247). Die jetzige **Ermessensregelung** („kann") dient der **Verfahrensvereinfachung,** weil nicht mehr mehrere Genehmigungs- bzw. Anzeigeverfahren, z. T. von verschiedenen Behörden, geführt werden müssen, aber auch, durch die Konzentration auf eine Behörde, der **Schutzoptimierung.** Hier liegt es nun an den Ländern, in ihren Zuständigkeitsverordnungen zu regeln, welche von mehreren in Frage kommenden Behörden in derartigen Fällen die „zuständige Behörde" ist. S. 3 stellt klar, dass die Sätze 1 u. 2 analog für Änderungsgenehmigungen gelten, d. h. auch wesentliche Änderungen bei kumulierenden Tätigkeiten können unter den oben geregelten Voraussetzungen in einem Bescheid genehmigt werden. Die Aussage in der amtlichen Begründung (BT-Drs. 18/11241, 241), Satz 3 stelle klar, „dass es stets einer Änderungsgenehmigung bedarf", ist in diesem Zusammenhang unverständlich: Abs. 5 regelt, wann die Genehmigung für mehrere Tätigkeiten in einem Bescheid erteilt werden kann, und nicht, wann eine Genehmigung für eine Tätigkeit erforderlich ist; das Erfordernis einer Änderungsgenehmigung richtet sich selbstverständlich auch hier nach Abs. 2, also nach dem Vorliegen einer wesentlichen Änderung (→ Rn. 70 ff.).

D. Zuwiderhandlungen

Die Ausübung von genehmigungspflichtigen Tätigkeiten ohne entsprechende Zulassungen kann Folgen auf unterschiedlichen Ebenen nach sich ziehen. **91**

I. Verwaltungsrecht

Verwaltungsrechtlich kommt die **ermessensgelenkte Anordnung von Maßnahmen** in Betracht (§§ 179 Abs. 1 Nr. 2 StrlSchG iVm 19 Abs. 3 AtG), u. a. in Form von Stilllegung und Untersagung (die Befugnis zur Anordnung einer Betriebseinstellung ist nicht abschließend („insbesondere"), BVerwG Urt. v. 25.10.2000 – 11 C 1/00, juris, Rn. 52 = NVwZ 2001, 567 (568)), die auch – ungeachtet eines ggf. verhängten Bußgeldes – mit kostenpflichtigen **Zwangsmaßnahmen** (Zwangsgeld, Ersatzvornahme) versehen werden können. Die Anordnungsbefugnis der Aufsichtsbehörde ist nach Auffassung des BVerwG bereits ermöglicht, wenn die Ausübung einer Tätigkeit „wegen Fehlens der erforderlichen Genehmigung lediglich formell rechtswidrig ist, ohne dass es darauf ankommt, ob sie materiellrechtlich genehmigungsfähig wäre" (BVerwG Urt. v. 25.10.2000 – 11 C 1/00, juris, Rn. 52 = NVwZ 2001, 567 (568)).

II. Ordnungswidrigkeitenrecht, Strafrecht

Ordnungswidrig handelt, wer vorsätzlich oder fahrlässig ohne Genehmigung nach § 12 Abs. 1 Nrn. 1–5 tätig wird (§ 194 Abs. 1 Nrn. 2 b)–f)) bzw. nach § 12 Abs. 2 eine genehmigungsbedürftige Tätigkeit ändert (§ 194 Abs. 1 Nrn. 2 g)). In diesen Fällen beträgt die Geldbuße bis zu fünfzigtausend Euro (§ 194 Abs. 2). **92**

93   **Strafbar** macht sich, wer ohne die erforderliche Genehmigung oder wer entgegen einer vollziehbaren Untersagung sonstige radioaktive Stoffe, die nach Art, Beschaffenheit oder Menge geeignet sind, durch ionisierende Strahlen den Tod oder eine schwere Gesundheitsschädigung eines anderen oder erhebliche Schäden an Tieren oder Pflanzen, Gewässern, der Luft oder dem Boden herbeizuführen, herstellt, aufbewahrt, bearbeitet, verarbeitet oder sonst verwendet bzw. wer unter Verletzung verwaltungsrechtlicher Pflichten beim Betrieb einer Anlage, insbesondere einer Betriebsstätte oder technischen Einrichtung, radioaktive Stoffe lagert, bearbeitet, verarbeitet oder sonst verwendet (§ 328 Abs. 1 Nr. 2, Abs. 3 Nr. 1 StGB; BR-Drs. 58/11, S. 25). Das Geeignetsein kennzeichnet § 328 Abs. 1 Nr. 2 StGB als **abstraktes Gefährdungsdelikt.** Es braucht insoweit kein konkreter Schaden eingetreten zu sein, sondern es reicht aus, wenn die Tathandlung sich für den Taterfolg eignet (*Wessels/Beulke/Satzger,* Strafrecht AT, Rn. 44. Zum Delikt vgl. auch *Gerstetter/Duin/Trötzsch,* S. 67–70).

94   Bei Vorsatz gilt ein Strafrahmen von einer Freiheitsstrafe bis zu fünf Jahren oder Geldstrafe, bei Fahrlässigkeit bis zu drei Jahren oder Geldstrafe. Ein höheres Strafmaß sieht ein besonders schwerer Fall einer Umweltstraftat vor (§ 330 StGB).

95   „**Ohne Genehmigung**" bedeutet in allen diesen Fällen, dass es nicht ausreicht, einen Antrag gestellt zu haben. Eine Genehmigung gilt erst als erteilt und ist wirksam, wenn sie dem Antragsteller bekanntgegeben worden ist, § 43 Abs. 1 S. 1 VwVfG (unscharf *Schmatz/Nöthlichs* 8025, Anm. 5; die dortigen Ausführungen, nach der auch derjenige ohne Genehmigung handele, der eine aufschiebende Bedingung nicht einhalte, sind allerdings unzutreffend, weil das über § 179 Abs. 1 Nr. 2 StrlSchG anwendbare atomrechtliche Genehmigungsregime „bedingungsfeindlich" ist, § 17 Abs. 1 AtG ermächtigt nicht zur Aufnahme von Bedingungen: zutr. *Ewer* in HMPS § 17 AtG Rn. 11; → Rn. 37). Wegen des Suspensiveffekts einer Anfechtungsklage (§ 80 Abs. 1 S. 1 VwGO, i. d. R. durch Dritte; dabei ist aber zu beachten, dass die Rechtsnorm, auf deren Verletzung der Dritte sich beruft, drittschützend sein muss) ist das Tätigwerden in diesem Falle **einem Tätigwerden ohne Genehmigung gleichgestellt,** solange keine sofortige Vollziehung gem. § 80 Abs. 2 S. 1 Nr. 4 VwGO angeordnet worden ist.

96   Ein Handeln „ohne Genehmigung" liegt auch dann vor, wenn zwar eine vollziehbare Genehmigung vorliegt, der Genehmigungsinhaber jedoch die **Grenzen dessen, was genehmigt ist, überschreitet** (wenn er etwa im Rahmen einer bestehenden Umgangsgenehmigung mit einem nicht in der Genehmigung behandelten Nuklid umgeht). Ein Verstoß gegen eine Auflage bedeutet dagegen kein Überschreiten des Genehmigten, sondern vermag allenfalls ein aufsichtliches Einschreiten zu begründen.

§ 13 **Allgemeine Voraussetzungen für die Erteilung der Genehmigung; Aussetzung des Genehmigungsverfahrens**

(1) **Die zuständige Behörde hat eine Genehmigung für Tätigkeiten nach § 12 Absatz 1 zu erteilen, wenn**
1. **keine Tatsachen vorliegen, aus denen sich Bedenken gegen die Zuverlässigkeit des Antragstellers, seines gesetzlichen Vertreters oder, bei juristischen Personen oder sonstigen Personenvereinigungen, der nach Gesetz, Satzung oder Gesellschaftsvertrag zur Vertretung oder Geschäftsführung Berechtigten ergeben und, falls ein Strahlenschutz-**

beauftragter nicht notwendig ist, eine der genannten natürlichen Personen die erforderliche Fachkunde im Strahlenschutz besitzt,

2. keine Tatsachen vorliegen, aus denen sich Bedenken gegen die Zuverlässigkeit der Strahlenschutzbeauftragten ergeben und diese die erforderliche Fachkunde im Strahlenschutz besitzen,

3. die für eine sichere Ausführung der Tätigkeit notwendige Anzahl von Strahlenschutzbeauftragten bestellt ist und ihnen die für die Erfüllung ihrer Aufgaben erforderlichen Befugnisse eingeräumt sind,

4. gewährleistet ist, dass die bei der Tätigkeit sonst tätigen Personen das notwendige Wissen und die notwendigen Fertigkeiten im Hinblick auf die mögliche Strahlengefährdung und die anzuwendenden Schutzmaßnahmen besitzen,

5. keine Tatsachen vorliegen, aus denen sich Bedenken ergeben, ob das für die sichere Ausführung der Tätigkeit notwendige Personal vorhanden ist,

6. gewährleistet ist, dass die Ausrüstungen vorhanden und die Maßnahmen getroffen sind,
   a) die, bei einer Tätigkeit nach § 12 Absatz 1 Nummer 1 bis 3, nach dem Stand von Wissenschaft und Technik erforderlich sind, damit die Schutzvorschriften eingehalten werden, oder
   b) die, bei einer Tätigkeit nach § 12 Absatz 1 Nummer 4 oder 5, nach dem Stand der Technik erforderlich sind, damit die Schutzvorschriften eingehalten werden,

7. es sich nicht um eine nicht gerechtfertigte Tätigkeitsart nach einer Rechtsverordnung nach § 6 Absatz 3 handelt oder wenn unter Berücksichtigung eines nach § 7 Absatz 2 veröffentlichten Berichts keine erheblichen Zweifel an der Rechtfertigung der Tätigkeitsart bestehen sowie

8. sonstige öffentlich-rechtliche Vorschriften nicht entgegenstehen.

(2) Die Genehmigung für eine Tätigkeit nach § 12 Absatz 1 Nummer 1, 2 oder 3 wird nur erteilt, wenn die erforderliche Vorsorge für die Erfüllung gesetzlicher Schadensersatzverpflichtungen getroffen ist.

(3) Die Genehmigung für eine Tätigkeit nach § 12 Absatz 1 Nummer 1 oder 3 wird nur erteilt, wenn der erforderliche Schutz gegen Störmaßnahmen oder sonstige Einwirkungen Dritter gewährleistet ist; für die Genehmigung nach § 12 Absatz 1 Nummer 1 gilt dies nur, wenn die Errichtung der Anlage der Genehmigung nach § 10 bedarf.

(4) Die Genehmigung nach § 12 Absatz 1 Nummer 3 für den Umgang mit hochradioaktiven Strahlenquellen wird nur erteilt, wenn Verfahren für den Notfall und geeignete Kommunikationsverbindungen vorhanden sind.

(5) [1]Lässt sich erst während eines probeweisen Betriebs oder Umgangs beurteilen, ob die Voraussetzungen der Absätze 1 und 3 vorliegen, so kann die zuständige Behörde die Genehmigung für eine Tätigkeit nach § 12 Absatz 1 Nummer 1 oder 3 befristet erteilen. [2]Der Strahlenschutzverantwortliche hat zu gewährleisten, dass die Vorschriften über die Dosisgrenzwerte, über die Sperrbereiche und Kontrollbereiche sowie zur Begrenzung der Ableitung radioaktiver Stoffe während des probeweisen Betriebs oder Umgangs eingehalten werden. [3]Während des probeweisen Betriebs oder Umgangs ist eine Anwendung am Menschen nicht zulässig.

(6) **Leitet die zuständige Behörde ein Verfahren zur Prüfung der Rechtfertigung nach § 7 ein, so setzt sie das Verfahren zur Erteilung einer Genehmigung nach § 12 Absatz 1 für die Dauer des Verfahrens zur Prüfung der Rechtfertigung aus.**

(7) **[1]Die zuständige Behörde kann von dem Inhaber einer Genehmigung nach § 12 Absatz 1 Nummer 3 eine Sicherheitsleistung für die Beseitigung von aus dem Umgang stammenden radioaktiven Stoffen verlangen. [2]Satz 1 findet keine Anwendung, wenn Genehmigungsinhaber der Bund, ein oder mehrere Länder oder ein Dritter ist, der vom Bund, von einem oder mehreren Ländern oder vom Bund gemeinsam mit einem oder mehreren Ländern vollständig finanziert wird.**

Übersicht

Schrifttum: *Badura,* Der atomrechtliche Funktionsvorbehalt der Genehmigungsbehörde für die Ermittlung und Bewertung des Risikos einer nuklearen Anlage, DVBl 1998, 1197; *Conca,* Practical Response to a Dirty Bomb, atw 2021, 22; *Feldmann,* Haftung und Deckung im Strahlenschutzrecht, StrlSchPrax 2/2010, 13; *Heitsch,* Widerruf, nachträgliche Auflagen und aufsichtsbehördliche Anordnungen nach Atomrecht, JbUTR (58), 2001, 431; *Huhn,* Fachkunde und Kenntnisse nach StrlSchV und RöV bei medizinischen Anwendungen, StrlSchPrax 3/2003, 18; *Ossenbühl,* Bestandsschutz und Nachrüstung von Kernkraftwerken, 1994; *Pelzer,* Norbert, Die geplante Neukonzeption der atomrechtlichen Deckungsvorsorge, DVBl. 2000, 13; *Pottschmidt,* Rechtliche Anforderungen an den Schutz von Anlagen und Tätigkeiten vor kriminellen Angriffen – Bemessungsmaßstab und Drittschutz, StrlSchPrax 2/2010, 16; *Schoch,* Rechtsfragen der Entschädigung nach dem Widerruf atomrechtlicher Genehmigungen, DVBl. 1990, 549; *Schwiering,* SEWD-Richtlinie „Sicherung sonstige radioaktive Stoffe", StrlSchPrax 2022, 35; *Sellner,* In-camera-Verfahren bei dem Gericht der Hauptsache?, EurUP 2018, 100; *Sendler,* Nochmals: Terroristische Angriffe auf Kernkraftwerke, NVwZ 2002, 681; *Sondermann/Knorpp,* Die Deponieverordnung, ZUR 2003, S. 198; *UBA* (Hrsg.), Recht der Rohstoffgewinnung – Reformbausteine für eine Stärkung des Umwelt- und Ressourcenschutzes im Berg-, Abgrabungs-und Raumordnungsrecht. Instrumente zur umweltverträglichen Steuerung der Rohstoffgewinnung – INSTRO Abschlussbericht Teil 1 v. Keimeyer/Gailhofer/Westphal/Sanden/Schomerus/Teßmer; *Veith,* Strahlenschutzgesetz mit Verordnungen, Textausgabe mit einer erläuternden Einführung, 11. Auflage 2019; *Vorwerk,* Rechtliche Einordnung des Schutzes vor Störmaßnahmen oder sonstigen Einwirkungen Dritter, in: BMU/Koch-Roßnagel (Hrsg.), 12. Deutsches Atomrechtssymposium 2003 in Köln, 2004, S. 240; *Wigge/Frigger,* Radiologie & Recht – Anforderungen an die Qualifikation und die Überwachung von nichtärztlichem Personal im Strahlenschutz, RöFo 2014, 91.

A. Zweck und Bedeutung der Norm

1　　§ 13 ist Grundlage für die Erteilung einer Genehmigung durch die Behörde (→ § 12). Ob eine Genehmigung nach § 12 Abs. 1 erteilt werden kann hängt davon ab, ob die Genehmigungsvoraussetzungen des § 13 Abs. 1–4 sowie – je nach Tätigkeit – auch der §§ 14 f. erfüllt sind.

2　　§ 13 setzt Art. 29 Abs. 2 iVm Anhang IX der RL 2013/59/Euratom um. Die Bestimmung legt fest, welche Voraussetzungen für die Erteilung einer Genehmigung nach § 12 Abs. 1 erfüllt werden müssen.

B. Bisherige Regelung

3　　Die neue Regelung ersetzt die §§ 9 und 14 der bisherigen StrlSchV 2001 sowie § 3 Abs. 2 bis 5, auch iVm § 5 Abs. 1 S. 2, der bisherigen RöV.

C. Die Genehmigungsvoraussetzungen

I. Grundsätzliches zu den Genehmigungsvoraussetzungen

4　　**1. Keine Ermessensentscheidung.** Eine Genehmigung nach § 12 Abs. 1 stellt eine **gebundene Entscheidung** dar. Liegen die formellen und materiellen Voraussetzungen vor, muss die Genehmigung erteilt werden; die Behörde hat auf der Rechtsfolgenseite kein Ermessen (*Veith,* S. 40). Zwar wäre es grundsätzlich möglich gewesen, bei der Genehmigung der entscheidenden Behörde auch einen Ermessenspielraum einzuräumen (etwa vergleichbar dem Bewirtschaftungsermessen in § 12 Abs. 2 WHG), denn weder Art. 29 Abs. 2 noch Anhang IX der RL 2013/59/ Euratom verlangen eine gebundene Entscheidung. Dies hätte jedoch einen vehementen Bruch mit der bisherigen Rechtslage bedeutet (im Übrigen ist die strahlenschutzrechtliche Genehmigung auch in anderen EU-Staaten eine gebundene Entscheidung, vgl. etwa § 17 Abs. 1 d. österreichischen StrlSchG i. d. F.v. 31. 12. 2020, ÖBGBl. I Nr. 50/2020).

5　　Wie auch bei anderen gebundenen Zulassungsentscheidungen darf aber nicht übersehen werden, dass durch die zahlreichen **unbestimmten Rechtsbegriffe** im Fachrecht –StrlSchG, StrlSchV und sonstige öffentlich-rechtliche Vorschriften i. S. v. § 13 Abs. 1 Nr. 8 – **Auslegungs- und Anwendungsspielräume** auf der Tatbestandsebene eröffnet werden (zum sog. Beurteilungsspielraum bzw. Funktionsvorbehalt der Exekutive → Rn. 48 ff.). Diese führen jedoch nicht zu einer generellen Abwägung (*Jarass* § 6 BImSchG Rn. 46).

6　　Mit dem Genehmigungscharakter einer gebundenen Entscheidung korrespondiert ein Rechtsanspruch des Antragstellers auf Erteilung bei Vorliegen der Genehmigungsvoraussetzungen (vgl. *Dietlein* in LR UmweltR § 4 BImSchG Rn. 53).

7　　**2. Keine Substitution einer Genehmigungsvoraussetzung durch Nebenbestimmungen.** Alle Genehmigungsvoraussetzungen müssen bei Erteilung der Genehmigung erfüllt sein (Ausnahme: Abs. 5). Eine Genehmigungsvoraussetzung kann nicht mit Nebenbestimmungen (Bedingung, Auflage, vgl. § 36 Abs. 1 VwVfG) „herbeigebogen" werden. Zur grundsätzlichen **Bedingungsfeindlichkeit** der strahlenschutzrechtlichen Genehmigungen siehe Erläuterungen zu § 12,

Rn. 37. Eine Auflage, bestimmte Nachweise oder Informationen innerhalb einer Frist nachzuliefern oder bestimmte Vorkehrungen noch nach Genehmigungserteilung zu treffen, ist in der Praxis für Umstände, die für die Genehmigungsvoraussetzungen nicht entscheidend sind, aber nicht ganz selten und erscheint in diesem Rahmen auch vertretbar.

Es ist jedoch nicht zulässig, die Genehmigung zu erteilen, wenn noch nicht alle **8** Genehmigungsvoraussetzungen zur Überzeugung der Behörde erfüllt sind, und die Aufnahme der Tätigkeit stattdessen mittels einer Auflage von einer zusätzlichen „Freigabe" der Genehmigungsbehörde unter Nachholung der fehlenden Prüfungen abhängig zu machen (so für die Genehmigung nach § 7 AtG BVerwG, Urt. v. 9.9.1988, BVerwGE 80, 207/212). Ein solcher Sachverhalt ist zu unterscheiden von einer Auflage, die es der Aufsichtsbehörde ermöglicht zu prüfen, ob die beantragte und – nach erschöpfender Prüfung – genehmigte Tätigkeit auch so wie genehmigt umgesetzt wird; das ist ohne weiteres zulässig, ja in vielen Fällen geboten.

3. Zeitpunkt des Vorliegens der Genehmigungsvoraussetzungen. Die **9** Genehmigungsvoraussetzungen müssen **bei Erteilung der Genehmigung erfüllt** sein. Was konkret erfüllt sein muss, ergibt sich aus dem **Voraussetzungstatbestand.** Bei den Nrn. 1 u. 2 zB dürfen zum Zeitpunkt der Entscheidung keine Tatsachen vorliegen, aus denen sich Bedenken gegen die Zuverlässigkeit von SSV bzw. SSB ergeben. Es ist **Aufgabe des Antragstellers,** die entsprechenden Belege herbeizubringen und in das Genehmigungsverfahren einzuführen.

Gemäß § 13 Abs. 1 Nr. 6 muss dagegen gewährleistet sein, dass nach dem Stand **10** von Wissenschaft und Technik bzw. dem Stand der Technik erforderliche Ausrüstungen vorhanden bzw. Maßnahmen getroffen sind. Der erforderliche Schutz muss also **nach Aktenlage sichergestellt** sein; es dürfen daran keine vernünftigen Zweifel bestehen, eine **hohe Wahrscheinlichkeit** ist notwendig, aber auch ausreichend. Ähnlich wie bei Immissionsbeurteilungen – vor Anlagenbetrieb können diese naturgemäß nicht gemessen werden – ist die Beurteilung, ob die Einhaltung der Voraussetzung gewährleistet ist, **prognostisch** (vgl. *Jarass* BImSchG §6 Rn. 11, 13).

Es liegt in der Natur der Sache, dass einige Genehmigungsvoraussetzungen zum **11** Zeitpunkt der Antragstellung bzw. Entscheidung **noch nicht (technisch/baulich) umgesetzt sein können.** Bei einem Antragsteller, der überhaupt noch nicht weiß, ob sein Vorhaben genehmigt wird bzw. der vielleicht noch eine Baugenehmigung einholen muss, wird der Safe zur Verwahrung der radioaktiven Stoffe häufig noch nicht vorhanden sein. Es reicht aus, wenn er mit einem **schlüssigen Konzept** darlegt, an welcher Stelle er einen Safe bestimmter Diebstahlschutzklasse positionieren will. Ob er ihn dann wirklich einbaut, ist eine Frage der **behördlichen Überwachung,** bei der festgestellt wird, ob die tatsächliche Umsetzung dem Genehmigungsbescheid inkl. Antragsunterlagen entspricht. Die Erfüllung aller Pflichten muss deshalb (erst) für den Zeitpunkt der Genehmigungsnutzung und für die gesamte Dauer der Nutzung sichergestellt sein (arg. *Jarass* BImSchG §6 Rn. 11, m.w. N.).

II. Die einzelnen (allgemeinen) Genehmigungsvoraussetzungen (Abs. 1)

12   Der Antragsteller hat einen **gerichtlich überprüfbaren Anspruch auf Erteilung einer Genehmigung** für Tätigkeiten nach § 12 Abs. 1, wenn die in den Nrn. 1 bis 8 des Abs. 1 genannten allgemeinen Voraussetzungen erfüllt sind (*Schmatz/Nöthlichs* 8027, Anm. 1). Diese Genehmigungsvoraussetzungen umfassen (anders als zB bei immissionsschutzrechtlichen Genehmigungen oder wasserrechtlichen Bewilligungen und Erlaubnissen, die allein objektive Anforderungen an die Zulassungsfähigkeit stellen) **subjektive Anforderungen** an den späteren Genehmigungsinhaber sowie an die Personen, die bei der Tätigkeitausführung beteiligt sind (Nrn. 1 bis 5), **objektive Anforderungen** an die Tätigkeitarten u -ausführung (Nrn. 6 u 7) sowie Aspekte sonstiger öffentlich-rechtlicher Vorschriften (Nr. 8). Das Vorliegen der Voraussetzungen ist vom Antragsteller mittels Vorlage **geeigneter Unterlagen nachzuweisen** (§ 16). Gelingt ihm dies nicht, ist der Genehmigungsantrag **abzulehnen.** Die in Abs. 1 aufgelisteten Voraussetzungen sind mit Blick auf bestimmte Tätigkeiten nicht abschließend. Für diese (etwa für Anwendungen am Menschen) sind in den Folgeabsätzen bzw. Folgeparagrafen weitere, besondere Anforderungen formuliert.

13   **1. Zuverlässigkeit und Fachkunde im Bereich des SSV (Nr. 1). a) Zuverlässigkeit. aa) Zusammenhang mit § 69.** Die in Nr. 1 bei der Frage nach der Zuverlässigkeit vorgegebene Systematik korrespondiert mit den in § 69 genannten Vorgaben für die **betriebliche Strahlenschutzorganisation.** Der Antragsteller ist regelmäßig nach Genehmigungserteilung der spätere Genehmigungsinhaber und damit SSV (zum Genehmigungsinhaber → § 12 Rn. 6 ff.; zum gesetzlichen Vertreter und nach Gesetz, Satzung oder Gesellschaftsvertrag zur Vertretung oder Geschäftsführung Berechtigten → § 69, Rn. 28 ff.).

14   **bb) Generelles zur Zuverlässigkeit.** Angesichts des von den in § 12 genannten strahlenschutzrechtlichen Tätigkeitsformen ausgehenden **Gefährdungspotenzials** kann nur dann eine Genehmigung erteilt werden, wenn keine Tatsachen vorliegen, aus denen sich Bedenken gegen die Zuverlässigkeit des künftigen SSV bzw. denjenigen, der seine Aufgaben übernehmen soll, ergeben. An die **persönliche Integrität** sind deswegen gerade im Zusammenhang mit radioaktiven Stoffen oder der Erzeugung ionisierender Strahlung **besonders hohe Anforderungen** zu stellen. Die Sicherstellung des Strahlenschutzes für einzelne Beschäftigte, aber auch für die Bevölkerung erfordert die **konsequente Akzeptanz und Einhaltung der einschlägigen Vorschriften.** Es müssen deswegen Personen „unbedingt fern gehalten werden …, die nicht die Gewähr bieten, dass sie die zum Schutz der Allgemeinheit erlassenen Vorschriften unter allen Umständen einhalten werden" (VGH München Urt. v. 11.04.2000 – 22 A 99.40013, 22 A 99.40015, juris, Rn. 20 = BeckRS 9998, 91913, i.B. auf die amtl. Begründung zum AtG, BT-Drs. 3/759, 23).

15   Kein Zuverlässigkeitsnachweis – weder für den SSV noch für die SSB – wird für den **anzeigebedürftigen Betrieb** von Anlagen zur Erzeugung ionisierender Strahlung und von Röntgeneinrichtungen sowie für die **anzeigebedürftige Prüfung, Erprobung, Wartung und Instandsetzung** von Röntgeneinrichtungen oder Störstrahlern verlangt – er fehlt in den jeweiligen Auflistungen der notwendigen Anzeigeunterlagen (§§ 17 Abs. 2 u. 3, 19 Abs. 3 u. 4, 22 Abs. 2), was dem geringen Gefährdungspotenzial zuzuschreiben ist (BT-Drs. 18/11241, 257). Dies suspen-

diert den SSV aber nicht von seiner Pflicht zur Bestellung von zuverlässigen SSB (→ § 70 Rn. 37). Erst bei der Frage eines Betriebs- bzw Tätigkeits-**Untersagung** wird in diesen Fällen die Zuverlässigkeitsbeurteilung relevant (§§ 18 Abs. 3 Nr. 2 u. Abs. 4 Nr. 1, 20 Abs. 3 Nr. 2 u. Abs. 5, 22 Abs. 3 Nr. 1). Bedarf eine Röntgeneinrichtung gem. § 19 Abs. 2 jedoch einer Genehmigung nach § 12 Abs. 1 Nr. 4, sind die üblichen Genehmigungsvoraussetzungen nachzuweisen, also auch die Zuverlässigkeit von SSV und SSB gem. § 13 Abs. 1 Nr. 1 u. 2.

Zuverlässigkeit ist am **konkreten Einzelfall** zu beurteilen (BVerwG Beschl. v. **16** 17. 04. 1990 – 7 B 111/89, juris, Rn. 7 = NVwZ 1990, 858 (859)). Ihr Fehlen setzt in diesem Zusammenhang nicht unbedingt ein vorwerfbares, schuldhaftes Fehlverhalten oder einen Charakterfehler voraus. Auch eine Person, die wegen Krankheit, fehlender finanzieller Möglichkeiten oder unzureichender Ausbildung die Tätigkeit nicht oder nur mangelhaft durchführen bzw. – auch in organisatorischer Hinsicht – nicht den betrieblichen Strahlenschutz gewährleisten kann, kann unzuverlässig sein. Unzuverlässigkeit ist somit gleichbedeutend mit einer **fehlenden persönlichen Eignung,** wobei sowohl ein **Mangel an persönlichen Eigenschaften** als auch **in den persönlichen Verhältnissen** ausreicht (*Jarass* BImSchG § 20 Rn. 60). Der Mangel an ersteren muss sich nicht allein auf Umweltdelikte beschränken; eine fehlende persönliche Eignung kann sich zB auch aus arbeitsrechtlichen Verstößen, Insolvenzverschleppung, Neigung zur Gewalt usw. ergeben. Anderseits kommt es nicht auf jeden strafrechtlichen Tatbestand an; Straßenverkehrsdelikte müssen bei einem Beschleunigerbetrieb keine prognostische Unzuverlässigkeit begründen. Soweit die AtZüV nicht einschlägig ist, braucht eine **vertiefte Zuverlässigkeitsprüfung** nur zu erfolgen, wenn **entsprechende Anhaltspunkte vorliegen** (*Schmatz / Nöthlichs* 8027, Anm. 2.1).

Es kommt auf eine **Gesamtschau des Verhaltens** an, mit der **prognostischen 17 Bewertung,** ob die zukünftige ordnungsgemäße Ausübung der Tätigkeit gewährleistet ist (VGH München Beschl. v. 17. 08. 2018 – 22 ZB 18.581, BeckRS 2018, 20037, Rn. 23). Wer Verstöße trotz behördlichen Hinweises nicht abstellt, ist **unzuverlässig** (*Jarass* BImSchG § 20 Rn. 60). Ohne Zweifel ist die Grenze zur Unzuverlässigkeit überschritten, wenn ein „Nuklearmediziner, der über Jahre hinweg die Qualitätssicherung nicht ausreichend betrieben, Vorgaben der Ärztlichen Stelle ignoriert und wiederholt und beharrlich sofort vollziehbare und/oder bestandskräftige Anordnungen nicht befolgt hat und sogar durch Zwangs- und Bußgelder, die mittels Vollstreckung hätten beigetrieben werden müssen, nicht zur vollständigen Erfüllung seiner Pflichten angehalten werden konnte, obwohl ihm mehrmals und insgesamt ausreichend Gelegenheit zur Abhilfe gewährt worden ist" (VGH München Beschl. v. 17. 08. 2018 – 22 ZB 18.581, BeckRS 2018, 20037, Rn. 23).

Es führt also nicht jeder Verstoß gegen strahlenschutzrechtliche Vorgaben gleich **18** zur Einstufung als unzuverlässig; vielmehr ist eine solche Bewertung erst dann gerechtfertigt, wenn eine prognostische Überprüfung auf ein **Fortwirken personenbezogener Defizite** hindeutet; es muss also ein **erhöhtes Risiko zu künftigem Fehlverhalten** gegeben sein (BVerwG Beschl. v. 17. 04. 1990 – 7 B 111/89, juris, Rn. 7 = NVwZ 1990, 858 (859); VGH München Urt. v. 11. 04. 2000 – 22 A 99.40013, 22 A 99.40015, juris, Rn. 20, m. w. N. = BeckRS 9998, 91913).

Die Prognose muss sich auf – nachprüfbare – **Tatsachen** stützen, aus denen sich **19** Bedenken gegen die Zuverlässigkeit ergeben. Diese Tatsachen können auch aus einer früheren Zeit stammen, in der der Antragsteller noch keine strahlenschutzrechtliche Tätigkeit oder überhaupt einen Beruf ausgeübt hat. **Vermutungen, Nachreden u Gerüchte reichen nicht aus** (BVerwG Urt. v. 29. 03. 1966 – I C

62.65, juris, Rn. 7 = BeckRS 1966, 30433301; *Schmatz/Nöthlichs* 8027, Anm. 2.1). Der Wahrscheinlichkeitsgrad einer künftig drohenden Rechtsverletzung ist im **Einzelfall** zu beurteilen; er hängt vom **drohenden Gefahrenausmaß** ab (*Jarass* BImSchG § 20 Rn. 60 m. w. N.). Grundsätzlich können Störungen des bestimmungsgemäßen Betriebs und betriebliche Unfälle bei einer Anlage oder im Umgang mit radioaktiven Stoffen in der Vergangenheit ein Anhaltspunkt für künftige mangelnde Zuverlässigkeit in Verfahren für Neu- bzw. Änderungsgenehmigungen sein (BVerwG Beschl. v. 17.04.1990 – 7 B 111/89, juris, LS 2 = NVwZ 1990, 858, für Störfälle i. S.d AtG; *Schmatz/Nöthlichs* 8027, Anm. 2.1). Nach der Rspr. ist aber prognostisch positiv zu verbuchen, wenn die Tätigkeiten über lange Zeit hinweg tadellos ausgeübt worden sind. Zu berücksichtigen ist ferner, welches **Gewicht** den Verstößen zukommt, etwa ob sie nur in einem abgegrenzten Teilbereich der Genehmigungspflichten ohne erhöhtes Expositionsrisiko bzw. ohne erhöhte Strahlenbelastung der Bevölkerung und des Personals stattfanden. „**Lernprozesse**" sind ebenfalls in die Prognose einzubeziehen (VGH München Urt. v. 11.04.2000 – 22 A 99.40013, 22 A 99.40015, juris, Rn. 21 ff. = BeckRS 9998, 91913).

20   Natürliche Personen und Unternehmen müssen **wirtschaftlich zuverlässig** sein, also über ausreichend finanzielle Mittel verfügen, um die Tätigkeit ordnungsgemäß ausüben und die rechtlichen Verpflichtungen langfristig erfüllen zu können. Zwar brauchen die wirtschaftlichen Verhältnisse nicht bis ins letzte Detail geprüft zu werden, es sind aber auch die **wirtschaftlichen Risiken** zu berücksichtigen. Maßgeblich ist letztlich, „ob im Einzelfall Tatsachen vorliegen, aus denen sich Bedenken gegen die wirtschaftliche Zuverlässigkeit des Antragstellers ergeben", etwa Hinweise auf eine schwache Bonität im Jahresabschlussbericht. Evtl. können **Sicherheiten** (zB eine unkündbare Patronatserklärung) eine wirtschaftliche Zuverlässigkeit untermauern helfen. Durch Nebenbestimmungen in der Genehmigung können allerdings nicht Zweifel an einer wirtschaftlichen Zulässigkeit ausgeräumt werden (VG Halle Urt. v. 19.11.2019 – 8 A 1/18, BeckRS 2019, 40673, Rn. 53–56).

21   Ein gerichtlich wegen einer Straftat ausgesprochenes **Berufsverbot** führt dazu, dass – solange das Verbot wirksam ist – die betroffene Person den Beruf bzw. das Gewerbe – im Hinblick auf die Terminologie des StrlSchG also die Tätigkeit – nicht ausüben darf, auch nicht für einen anderen; sie darf die Tätigkeit auch nicht durch eine von ihren Weisungen abhängige Person für sich ausüben lassen (§ 70 Abs. 3 StGB); insoweit gilt diese Person auch als unzuverlässig. Straftat und beendetes Berufsverbot sind später bei der Zuverlässigkeitsprognose zu berücksichtigen. Entspr. gilt bei einer **Gewerbeuntersagung wegen Unzuverlässigkeit** gem. § 35 GewO.

22   Delegiert der SSV seine Aufgaben auf einen **SSBV,** muss dessen Zuverlässigkeit nicht nachgewiesen werden (→ § 69 Rn. 65 f.).

23   **Maßgeblicher Zeitpunkt** für die Beurteilung der Zuverlässigkeit ist der der **behördlichen Entscheidung** (Ablehnung d. Genehmigungsantrags, Erlassen eines Genehmigungswiderrufs usw.: BVerwG Urt. v. 29.03.1966 – I C 62.65, juris, Rn. 7 = BeckRS 1966, 30433301; VGH München Urt. v. 11.04.2000 – 22 A 99.40013, 22 A 99.40015, juris, Rn. 20; VG Bayreuth Urt. v. 01.12.2017 – B 1 K 15.666, BeckRS 2017, 151037, Rn. 47), bei einer **Fortsetzungsfeststellungsklage** der Eintritt des erledigenden Ereignisses (VG Halle Urt. v. 19.11.2019 – 8 A 1/18, BeckRS 2019, 40673, Rn. 52). Ob Bedenken gegen die Zuverlässigkeit **drittschützenden Charakter** haben und damit eine Klagebefugnis Dritter vermitteln, ist umstritten (BVerwG Beschl. v. 17.04.1990 – 7 B 111/89, juris, Rn. 5 f.:

offengelassen, aber zutreffend: „In der Tat spricht vieles dafür, mit den subjektiven Genehmigungsvoraussetzungen der Zuverlässigkeit … bezwecke das Gesetz auch den Schutz Dritter vor den Gefahren der Kernenergie"; VGH München Urt. v. 11.04.2000 – 22 A 99.40013, 22 A 99.40015, juris, Rn. 16: „kann … nicht ausgeschlossen werden"; aa VGH Mannheim Beschl. v. 26.06.1992 – 10 S 1350/92, juris, Rn. 3, m.w.N. = NVwZ 1993, 196; Urt. v. 21.04.1989 – 10 S 492/87, juris, Rn. 44f.: personenbezogenen Genehmigungsvoraussetzungen kommt kein Drittschutz zu).

Eine **Schuldunfähigkeit** bzw. **verminderte Schuldfähigkeit** i.S.d. §§ 20f. **24** StGB (krankhafte seelische oder andere schwere Störung, tiefgreifende Bewusstseinsstörung, Intelligenzminderung) führen zur **strahlenschutzrechtlichen Unzuverlässigkeit.** Eine derartige Diagnose kann die zuständige Behörde allerdings nicht selbst treffen; hier ist sie auf die Aussagen des **Führungszeugnisses** gem. § 30 Abs. 5 BZRG (→ Rn. 25) bzw. auf entspr. **Fachgutachten** angewiesen.

cc) **Nachweis der Genehmigungsvoraussetzung „Zuverlässigkeit".** Wie **25** die Zuverlässigkeit der in Abs. 1 Nr. 1 genannten Personen bzw. Personenvereinigungen nachzuweisen ist, ist im Regime des StrlSchG nicht konkret geregelt. Die über § 16 anwendbare **Anlage 2** benennt als **erforderliche Antragsunterlagen** etwa für den Betrieb einer Anlage zur Erzeugung ionisierender Strahlung oder eine Umgangsgenehmigung lediglich Angaben, die es ermöglichen zu prüfen, ob der SSV u die SSB zuverlässig sind (Anlage 2, Teil A Nr. 4 bzw. Teil B Nr. 4).

Grundsätzlich wird der Nachweis der Zuverlässigkeit mit einem **Auszug aus 26 dem Bundeszentralregister** – dem aktuellen Führungszeugnis zur Vorlage bei einer Behörde nach § 30 Abs. 5 BZRG – erbracht, das der zuständigen Behörde unmittelbar von der Registerbehörde übersendet wird. Rechtsgrundlage hierfür ist § 31 Abs. 1 BZRG, wonach die strahlenschutzrechtliche Genehmigungsbehörde zur Prüfung der Zuverlässigkeit des Antragstellers und ggf. weiterer Personen ein **Führungszeugnis** verlangen kann, soweit sie es zur Erledigung ihrer hoheitlichen Aufgaben benötigt. Beantragt wird das Führungszeugnis allerdings vom Antragsteller selbst (§ 30 Abs. 1 BZRG); dies gehört zu seinen **Obliegenheiten** bei der Zusammenstellung der Antragsunterlagen. Im Führungszeugnis zur Vorlage bei einer Behörde sind neben **rechtskräftigen strafgerichtlichen Verurteilungen** auch Aussagen zur **Schuldunfähigkeit** (zB Einstellung in Strafverfahrens wegen erwiesener oder nicht auszuschließender Schuldunfähigkeit oder auf psychischer Krankheit beruhender Verhandlungsunfähigkeit, § 11 Abs. 1 BZRG, § 20 StGB) aufgeführt (vgl. im Einzelnen § 32, bes. Abs. 3 BZRG).

Wegen der eingeschränkten Aussagekraft zu rechtskräftigen strafgerichtlichen 27 Verurteilungen ist eine Auskunft aus dem **Gewerbezentralregister** bei Gewerbetreibenden (§§ 149, 150 Abs. 5 GewO) zur Dokumentation der strahlenschutzrechtlichen Zuverlässigkeit **nicht ausreichend.** Eine solche Auskunft zur Vorlage bei einer Behörde kann jedoch als zusätzliche **Erkenntnisquelle** dienen (*Schmatz/Nöthlichs* 8027, Anm. 2.1).

dd) **Die Zuverlässigkeitsüberprüfung nach § 12b AtG, AtZüV und § 75. 28** Strikt zu trennen von der **Genehmigungsvoraussetzung der Zuverlässigkeit** in § 13 Abs. 1 Nr. 1 (aber auch in den §§ 25 Abs. 3 S. 1 Nr. 1 oder 29 Abs. 1 Nr. 1) ist die **Zuverlässigkeitsüberprüfung** nach § 12b AtG und der AtZüV. Der Antragsteller in den Fällen des § 12 Abs. 1 hat in Bezug auf seinen Zuverlässigkeitsnachweis eine „Bringschuld"; die Behörde führt das Genehmigungsverfahren durch, nimmt aber keine Überprüfung der Zuverlässigkeit im Sinne des § 12b AtG und der At-

ZüV vor. § 12b AtG fordert für einen bestimmten, konkret benannten Personenkreis eine zusätzliche Überprüfung zum Schutz gegen unbefugte Handlungen, die – mit Blick auf SEWD – zu einer Entwendung oder Freisetzung radioaktiver Stoffe führen können (Abs. 1 S. 1 Nr. 1 bis 4; auf die Kommentierung zu § 75 wird verwiesen) und ist Ermächtigungsgrundlage für die AtZüV (Abs. 9). Es geht hier also nicht um die Erfüllung einer genuinen Genehmigungsvorgabe, sondern um **Anforderungen an die Integrität beruflich exponierter Personen,** die auch im „Rahmen des Genehmigungsbescheids oder im Rahmen der Aufsicht" nach behördlichem Ermessen erfolgen kann (BR-Drs. 185/99 v. 17.03.1999 zu dem seinerzeit einschlägigen § 4 Abs. 2 AtZüV, S. 24f).

29   Aus dem Regime des strahlenschutzrechtlichen Genehmigungs- und Aufsichtsverfahren werden nur Antragsteller oder Genehmigungsinhaber und sonstige als Verantwortliche benannte Personen (§ 12b Abs. 1 Nr. 1 AtG) im Hinblick auf Anlagen zur Erzeugung ionisierender Strahlung nach § 5 Abs. 2 (sowohl Errichtung als auch Betrieb), Personen, die bei der Errichtung oder dem Betrieb dieser Anlagen tätig sind (§ 12b Abs. 1 Nr. 2 AtG) sowie Personen, die beim Umgang mit radioaktiven Stoffen oder bei der Beförderung von radioaktiven Stoffen tätig sind (§ 12b Abs. 1 Nr. 3 AtG) genannt. Im Umkehrschluss bedeutet das, dass Antragsteller bzw Genehmigungsinhaber aus den Bereichen des Umgangs (§ 12 Abs. 1 Nr. 3) oder der Beförderung (§ 27 StrlSchG) nur dann **zuverlässigkeitsüberprüfungspflichtig** werden, wenn sie **selbst tätig** sind und wenn dies **behördlicherseits verlangt** wird (§ 1 Abs. 2 S. 1 AtZüV). Nicht in den Anwendungsbereich des § 12b Abs. 1 Nr. 1 AtG fallen ferner Betreiber von Röntgeneinrichtungen und Personen – auch SSV –, die in fremden Anlagen tätig sind. Entsprechend ist der Verantwortliche für einen Radon-Arbeitsplatz (§ 127 StrlSchG), der grundsätzlich Verantwortlicher im Aufsichtsverfahren ist, nicht in § 12b Abs. 1 Nr. 1 AtG genannt. § 3 AtZüV baut auf der in den §§ 12b AtG und § 1 AtZüV vorgegebenen Einteilung auf und schafft hinsichtlich des „Ob" der Überprüfungspflicht keine neue Kategorisierung, sondern nur in Bezug auf das „Wie" (umfassend, erweitert, einfach).

30   **ee) Sonderfälle.** Europäisierung und Globalisierung führen immer häufiger zu verfahrensrechtlichen Unsicherheiten. Für **Antragsteller aus der EU** (zB: eine rumänische Societate pe actiuni (S. A.) beantragt in Deutschland eine Umgangsgenehmigung) muss für die sie vertretende natürliche Person zur Beurteilung der Zuverlässigkeit ein **Europäisches Führungszeugnis** zur Vorlage bei einer Behörde beantragt werden (§§ 30b, 30 Abs. 5 BZRG). Neben dem deutschen Führungszeugnis enthält dieses seit 2012 eingeführte Zeugnis die Mitteilung über Eintragungen im Strafregister des betr. Herkunftsmitgliedstaates, letzteres allerdings in der nicht übersetzten Ausgangssprache nur dann, wenn das Recht des Herkunftslandes eine Übermittlung vorsieht. Ablauf: Das Bundesamt für Justiz ersucht den Herkunftsmitgliedstaat um Übermittlung des dortigen Registerinhalts, damit dieser in das Führungszeugnis aufgenommen werden kann (Frist: 20 Arbeitstage). Im Strafregister des Herkunftsstaats sind entspr. der europarechtlichen Vorgaben alle strafgerichtlichen Verurteilungen der betr. Person innerhalb der gesamten EU eingetragen, allerdings nicht die außerhalb der EU ergangenen Entscheidungen (Näheres https://www.bundesjustizamt.de).

31   Aufgrund der vorläufigen Anwendung des zwischen der EU und Großbritannien ausgehandelten Handels- und Kooperationsabkommens gelten diese Regelungen ab dem 01.01.2021 entsprechend auch für **britische Staatsangehörige.** In der **Schweiz** sind Strafregisterauszüge für ausländische Behörden bzw. Privatper-

sonen in den Art. 23f der Verordnung vom 29.09.2006 über das Strafregister (VOSTRA-Verordnung; SR 331). geregelt. Trotzdem kann es vorkommen, dass die Zuverlässigkeit ausländischer natürlicher Personen (zB bei nichtdeutschen Gesellschaftsformen wie einer US-amerikanischen Limited Liability Company) ohne die Rückgriffsmöglichkeit auf dem BZR vergleichbare Informationen beurteilt werden muss. Es braucht nicht eigens betont zu werden, dass eine Zuverlässigkeitsbescheinigung der Firma, für die diese Person auftritt, dazu nicht ausreicht. Notwendig ist ein offizielles, am besten amtliches Dokument mit Aussagekraft analog dem BZR-Führungszeugnis, zB ein – plausibles – **polizeiliches oder gemeindliches Attest;** auch hier ist wieder auf den **Einzelfall** zu verweisen.

b) Fachkunde. Falls ein SSB nicht notwendig ist, muss eine der in Abs. 1 Nr. 1 **32** genannten natürlichen Personen die erforderliche Fachkunde im Strahlenschutz besitzen. Ihre Fachkunde muss die sichere, vorschriftenkonforme Ausübung der jeweiligen Tätigkeit sicherstellen. Erfüllt sie das nicht, weil das notwendige Fachkundespektrum nicht abgedeckt wird, weil der Antragsteller (der ggf. zwar selbst ausreichende Fachkunde besitzt) nicht beabsichtigt, selbst tätig zu werden oder aus anderen Gründen, dann ist mindestens ein SSB mit der erforderlichen Fachkunde zu bestellen (*Schmatz/Nöthlichs* 8027, Anm. 2.4). Der notwendige **Fachkundenachweis** wird in der Regel erbracht durch eine Trias aus einer für den jeweiligen Tätigkeitsbereich **geeigneten Ausbildung, praktischer Erfahrung** und der Teilnahme an **anerkannten Fachkundekursen** (§ 74 Abs. 1).

2. Zuverlässigkeit und Fachkunde beim SSB (Nr. 2). § 13 Abs. 1 Nr. 2 for- **33** dert, die alte Rechtslage übernehmend, dass keine Tatsachen vorliegen dürfen, aus denen sich Bedenken gegen die Zuverlässigkeit der SSB ergeben und diese die erforderliche Fachkunde im Strahlenschutz besitzen müssen (zur Person des SSB und seiner Rolle im betrieblichen Strahlenschutz siehe § 70). Die Erläuterungen zur Zuverlässigkeit beim SSV gem. Nr. 1 gelten entsprechend (zu Zuverlässigkeit des SSB und dessen erforderlichen Fachkunde im Strahlenschutz siehe §§ 74, 75). Beim **Betrieb einer AEiS** (§ 12 Abs. 1 Nr. 1), beim **Umgang mit radioaktiven Stoffen** (§ 12 Abs. 1 Nr. 3) und bei einer **Tätigkeit gem. § 12 Abs. 1 Nr. 2** ist der SSB regelmäßig als tätige Person iSd § 12b Abs. 1 S. 1 Nr. 2 oder 3 AtG einzustufen, so dass es neben einem Zuverlässigkeitsnachweis einer **Sicherheitsüberprüfung** nach § 12b AtG und AtZüV bedarf, sofern die Behörde diese im Einzelfall verlangt (§ 1 Abs. 2 S. 1 AtZüV). Die AtZüV geht hier von dem Regelfall aus, dass eine Überprüfung für diese Personen nicht erforderlich ist (BR-Drs 185/99, 25).

3. Anzahl der SSB und deren Befugnisse (Nr. 3). a) Notwendige An- 34 zahl. § 13 Abs. 1 Nr. 3 fordert, dass die für eine sichere Ausführung der Tätigkeit notwendige Anzahl von SSB bestellt ist und ihnen die für die Erfüllung ihrer Aufgaben erforderlichen Befugnisse eingeräumt sind. Anders als nach der StrlSchV 2001 (§§ 9 Abs. 1 Nr. 3, 14 Abs. 1 Nr. 3) und der RöV (§§ 3 Abs. 2 Nr. 2, auch iVm 5 Abs. 1 S. 2), nach denen ein „Vorhandensein" von SSB gefordert war, ist jetzt klargestellte Voraussetzung, dass SSB **bestellt** sein müssen (vgl. insoweit § 70, der im Rahmen der Strahlenschutzorganisation ebenfalls von „bestellen" spricht). Inhaltliche Änderungen ergeben sich dadurch nicht.

Bezugspunkt der „sicheren Ausführung der Tätigkeit" ist die **Einhaltung aller 35 einschlägigen Vorschriften** des Strahlenschutzregimes, und zwar hinsichtlich der Sicherheit, des praktischen Strahlenschutzes und des Schutzes vor Störmaßnahmen und sonstigen Einwirkungen Dritter. Diese Aspekte hat der Antragsteller und spätere **SSV zu gewährleisten** und bei der Beurteilung, wieviel SSB er bestellen muss, zugrundezulegen. Dabei kann er auch berücksichtigen, ob eine der in Nr. 1 genannten Personen die erforderliche Fachkunde im Strahlenschutz besitzt und als SSB tätig werden kann (BT-Drs. 18/11241, 248). Er muss auch **Vertretungsfälle** (Urlaub, Erkrankung) einkalkulieren. Wieviel SSB konkret bestellt werden müssen, hängt von den **Umständen der jeweiligen Tätigkeit** und damit vom Einzelfall ab (zB Größe des Betriebs, Zweigbetriebe an verschiedenen Orten, Anzahl der strahlenexponierten Personen, Umfang des Umgangs; *Kramer/Zerlett* § 4 Anm. 20). So müssen zB bei Tätigkeiten im Zusammenhang mit der Anwendung von Menschen in den Fällen des § 14 Abs. 1 Nr. 3 lit. b mindestens zwei SSB bestellt sein.

36   Die pauschalen Auflistungen in Anlage 2 (zu § 16) helfen in der Praxis allerdings ebenso wenig weiter wie ihre Vorgänger in Anlage II StrlSchV 2001. Die **untergesetzlichen Regelwerke** können jedoch als Orientierungshilfen bei der Bestimmung der notwendigen Anzahl von SSB dienen (etwa Nr. 2.1.2 RL Strahlenschutz in der Medizin).

37   Wie bei allen anderen Genehmigungsvoraussetzungen muss die zuständige Behörde die Angaben des Antragstellers am **konkreten Einzelfall** überprüfen und die angegebene notwendige SSB-Anzahl verifizieren, wobei aber eine größere Anzahl als notwendig unschädlich ist, solange die Entscheidungsbereiche und Befugnisse **klar geregelt** sind und **keine Überschneidungen und Kompetenzwirrnisse** auftreten können. Benennt der SSV zu wenige SSB, wird ihm die Genehmigungsbehörde in der Praxis zur Aufstockung raten. Kann oder will er die notwendige Anzahl an SSB nicht benennen, ist die Genehmigungsvoraussetzung nicht erfüllt und der Antrag muss abgelehnt werden, jedenfalls insoweit die Behörde mit der „angebotenen" SSB-Anzahl eine sichere strahlenschutzrechtliche Tätigkeit als nicht gewährleistet bewertet. Evtl. ist aber mit der präsentierten SSB-Anzahl mittels Inhaltsbeschränkungen oder Auflagen (→ § 12 Rn. 34 ff.) die Zulassung eines „beantragten Minus" möglich, unter Ablehnung des Genehmigungsantrags im Übrigen. Fehlende Genehmigungsvoraussetzungen können jedoch grundsätzlich nicht generell durch Nebenbestimmungen bzw. Inhaltsbeschränkungen kompensiert werden (→ Rn. 7).

38   **b) Erforderliche Befugnisse.** Jedem der notwendigen SSB müssen die für die Erfüllung seiner Aufgaben erforderlichen Befugnisse eingeräumt sein (→ § 70 Rn. 27 ff.). Dies hat **schriftlich** zu erfolgen (§ 70 Abs. 2 S. 1). Unklarheiten gehen zu Lasten des Antragstellers.

39   **4. Tätigkeit sonst tätiger Personen (Nr. 4). a) Personenkreis.** Nach § 13 Abs. 1 Nr. 4 ist in den Antragsunterlagen die Gewährleistung zu belegen, dass die bei der Tätigkeit sonst tätigen Personen das notwendige Wissen und die notwendigen Fertigkeiten im Hinblick auf die mögliche Strahlengefährdung und die anzuwendenden Schutzmaßnahmen besitzen. Als „sonst tätige Personen" gelten alle bei der jeweiligen Tätigkeit tätigen Personen, die nicht SSB sind (BT-Drs. 18/11241, 248), aber unter dessen Aufsicht stehen. Hierzu zählen zB MTRA im Radionuklidlabor, aber auch Mediziner, Chemikanten, Laboranten, Techniker, Werkstoffprüfer, Lagerarbeiter usw.

40   **b) Wissen und Fertigkeiten.** Im Gegensatz zur bisherigen Formulierung „notwendige Kenntnisse" (in § 9 Abs. 1 Nr. 4 StrlSchV 2001) wird nun der Begriff „notwendiges Wissen und notwendige Fertigkeiten" verwendet, ohne dass aber eine inhaltliche Änderung damit verbunden ist. Dadurch soll eine klare Abgren-

zung zum Begriff der „erforderlichen Kenntnisse im Strahlenschutz" (vgl. § 74 Abs. 2) erreicht werden. Nach der amtl. Begründung soll unter den jetzigen Begriff „notwendiges Wissen und notwendigen Fertigkeiten" „je nach Personenkreis sowohl die erforderliche Fachkunde im Strahlenschutz als auch die erforderlichen Kenntnisse im Strahlenschutz sowie das im Rahmen einer Unterweisung vermittelte Wissen" fallen (BT-Drs. 18/11241, 249). Jede dieser Personen braucht somit nur über das Wissen und die Fertigkeiten zu verfügen, die sie für die Durchführung ihrer Aufgabe benötigt. Dazu gehört auch, dass sie die mit der Tätigkeit verbundenen Gefahren sowie die Schutz- u Verhaltensregeln kennen muss. Vertiefte rechtliche Kenntnisse sind nicht nötig (*Schmatz/Nöthlichs* 8027, Anm. 2.8).

Die Tatsache, dass sich die Genehmigungsvoraussetzung des § 13 Abs. 1 Nr. 4 **41** nicht in Anlage 2, Teile A bis D, widerspiegelt, bedeutet nicht, dass sie nicht in den **Antragsunterlagen nachzuweisen** ist (aA wohl *Schmatz/Nöthlichs* 8027, Anm. 2.8, die die Auffassung vertreten, es könne unterstellt werden, der SSV beschäftige nur Personen mit notwendigem Wissen und notwendigen Fertigkeiten (bzw., früher, mit notwendigen Kenntnissen). Die Genehmigung könne schließlich „als letztes Mittel" widerrufen werden. Dem ist nicht zu folgen, denn diese Ansicht übersieht, dass vor Erteilung einer Genehmigung sämtliche Voraussetzungen gegeben sein müssen; ein derartiges Vorgehen würde letztlich eine Genehmigungsvoraussetzung zur Beliebigkeit degradieren, die Entstehung von Gefährdungslagen fördern u zudem die Behörde bzw. ihre Bediensteten ggf. unter Rechtfertigungsdruck bringen). Auch wenn hier eine vertiefte Prüfung oft nicht notwendig sein wird, muss der Antragsteller doch plausible Unterlagen vorlegen, wie er eine Erfüllung dieser Voraussetzung sicherzustellen gedenkt, zB Ausbildungsnachweise von bereits vorhandenem Personal, eine Dokumentation über Belehrungsinhalte u -intervalle, Fortbildungen oder Grundsätze seines Personalmanagements. Als **Erkenntnishilfe** können **untergesetzliche Regelwerke** herangezogen werden (etwa Nr. 3.2 RL Strahlenschutz in der Medizin).

5. Vorhandensein des notwendigen Personals (Nr. 5). § 13 Abs. 1 Nr. 5 **42** verlangt wie auch schon früher (vgl. §§ 9 Abs. 1 Nr. 6, 14 Abs. 1 S. 1 Nr. 6 StrlSchV 2001), dass keine Tatsachen vorliegen, aus denen sich Bedenken gegen das Vorhandensein des die sichere Ausführung der Tätigkeit notwendigen Personals ergeben. Diese Voraussetzung korrespondiert mit Nr. 3, nach der nachzuweisen ist, dass die für diese sichere Ausführung der Tätigkeit notwendige Anzahl von SSB bestellt ist. Mit „Tätigkeit" ist das Spektrum des § 12 Abs. 1 gemeint, nämlich der Betrieb von Anlagen zur Erzeugung ionisierender Strahlung, der Umgang mit radioaktiven Stoffen sowie der Betrieb von Röntgeneinrichtungen und Störstrahlern. Notwendig ist **zusätzliches Personal,** wenn SSV bzw. SSB allein oder mit dem vorhandenen Personalkörper eine sichere Tätigkeitsausübung nicht gewährleisten können. Beseitigen kann der Antragsteller etwaige Bedenken zB durch Vorlage von nachvollziehbaren Organigrammen und Stellenplänen. Durch diese Voraussetzung soll der Strahlenschutz im Falle enger finanzieller Spielräume des SSV und daraus evtl. folgender Einsparmaßnahmen auf Kosten der Personalausstattung sichergestellt werden (*Schmatz/Nöthlichs* 8027, Anm. 2.10).

6. Vorhandene Ausrüstung und getroffene Maßnahmen (Nr. 6). a) 43 Grundsätzliches. Abs. 1 Nr. 6 entspricht den bisherigen Regelungen (§§ 9 Abs. 1 Nr. 5, 14 Abs. 1 S. 1 Nr. 5 StrlSchV 2001, § 3 Abs. 2 Nr. 5, auch iVm § 5 Abs. 1 S. 2 RöV). Diese Vorschrift wird vom Gesetzgeber als „zentrale objektive Genehmigungsvoraussetzung" bewertet (BT-Drs. 18/11241, 249). Sie findet eine Parallele, wenn auch mit deutlichen Unterschieden, in den Vorschriften zur atomrechtlichen Schadensvorsorge, die dort die meistdiskutierten Elemente der Genehmigungsnormen sind (v. a. § 7 Abs. 2 Nr. 3 AtG, § 6 Abs. 2 Nr. 2 AtG). Abs. 1 Nr. 6 spricht jedoch, anders als die AtG-Normen, nicht von der „erforderlichen Vorsorge gegen Schäden", sondern von den Ausrüstungen und Maßnahmen, die erforderlich sind, damit die „Schutzvorschriften eingehalten werden". Mit den **„Schutzvorschriften"** sind die **zentralen Vorschriften** des Gesetzes gemeint, die den größtmöglichen Strahlenschutz gewährleisten wollen, vor allem die Gebote der Vermeidung unnötiger Exposition und der Dosisreduzierung (§ 8) und Dosisbegrenzung (§ 9) sowie die in den Kapiteln 4 bis 6 des Teils 2 gesetzten Vorgaben einschließlich der darauf bezogenen Regelungen in der StrlSchV (BT-Drs. 18/11241, 249).

44   Hinsichtlich des Maßstabes für die Erforderlichkeit unterscheidet die Norm zwei Tätigkeitsgruppen. Bei einer Tätigkeit nach § 12 Absatz 1 Nummer 1 bis 3 ist zu gewährleisten, dass der **Stand von Wissenschaft und Technik** eingehalten wird (lit. a); bei einer Tätigkeit nach § 12 Absatz 1 Nummer 4 oder 5 muss dies (nur) der **Stand der Technik** sein (lit. b). Anders als beispielsweise im Immissionsschutz (§ 3 Abs. 6 BImSchG definiert den Stand der Technik) existiert im Strahlenschutzrecht – wie auch bisher schon unter dem Regime des AtG – **keine Legaldefinition** der Begriffe Stand von Wissenschaft und Technik und Stand der Technik. Insofern ist hier nach wie vor auf die entsprechenden beschreibenden Passagen des **Kalkar-Beschlusses des BVerfG** von 1978 (BVerfG, Beschl. v. 08.08.1978 – 2 BvL 8/77, BVerfGE 49, 89, 135 f.) zurückzugreifen. Hiernach ist der „Stand der Technik" dadurch charakterisiert, dass der rechtliche Maßstab für das Erlaubte oder Gebotene, anders als bei „allgemein anerkannten Regeln der Technik", an die Front der technischen Entwicklung verlagert wird, da die allgemeine Anerkennung und die praktische Bewährung allein für den Stand der Technik nicht ausschlaggebend sind; die Behörde muss ggf. in die Meinungsstreite der Techniker eintreten, um zu ermitteln, was technisch notwendig, geeignet, angemessen und vermeidbar ist. Durch die im Begriff „Stand von Wissenschaft und Technik" hinzukommende Bezugnahme auf die Wissenschaft wird ein noch **höherer Maßstab** aufgerichtet: es muss diejenige Vorsorge gegen Schäden getroffen werden, die nach den neuesten wissenschaftlichen Erkenntnissen für erforderlich gehalten wird. Lässt sie sich technisch noch nicht verwirklichen, darf die Genehmigung nicht erteilt werden.

45   Die „Zweigleisigkeit" des Standes der Technik für Tätigkeiten nach § 12 Abs. 1 Nr. 4 und 5 (Röntgeneinrichtungen und Störstrahler) und des Standes von Wissenschaft und Technik für Tätigkeiten nach § 12 Abs. 1 Nr. 1 bis 3 (Anlagen zur Erzeugung ionisierender Strahlung und Umgang mit sonstigen radioaktiven Stoffen) kommt aus den Vorgängervorschriften zur heutigen Regelung in der StrlSchV 2001 und der RÖV und ist im deutschen Strahlenschutzrecht seit jeher fest etabliert; die – theoretisch – geringere Anforderung im Bereich von Röntgeneinrichtungen und Störstrahler ist auch inhaltlich gerechtfertigt und bedeutet letztlich kein geringeres Schutzniveau (→ § 8 Rn. 36 ff.; siehe auch amtl. Begründung, BT-Drs. 18/11241, 237).

46   **b) Regelwerke.** Die unbestimmten Rechtsbegriffe der nach dem Stand der Technik bzw. nach dem Stand von Wissenschaft und Technik erforderlichen Ausrüstungen und Maßnahmen werden, wie bei der atomrechtlichen Schadensvorsorge auch, **konkretisiert durch andere Vorschriften des StrlSchG,** durch die **StrlSchV** sowie durch **untergesetzliches Regelwerk.** Zu letzterem gehören **Richtlinien, Rundschreiben, Empfehlungen etc. des BMUV und des BfS**

als Fachbehörde. Eine erhebliche Rolle spielen ferner Richtlinien und Empfehlungen der **SSK**. Soweit bei Genehmigungen nach § 12 Abs. 1 Nr. 3 mit radioaktiven Abfällen umgegangen wird, spielen auch entsprechende Anforderungen der **ESK** eine Rolle (z. B. die ESK-Leitlinien für die Zwischenlagerung von radioaktiven Abfällen mit vernachlässigbarer Wärmeentwicklung, rev. Fassung vom 10.06.2013). Schließlich sind **technische Normen,** wie etwa **DIN-Normen,** zu beachten.

c) Aspekte der Prüfung. Die amtl. Begründung weist, je nach beantragter Tä-   **47** tigkeit, auf einige, die Tatbestandsmerkmale „vorhandene Ausrüstung" und „getroffene Maßnahmen" ausfüllende – nicht abschließende – Aspekte der Prüfung hin (BT-Drs. 18/11241, 249):

„– *Dosis: Dosisabschätzung für Personal und Bevölkerung, Einhaltung der Grenzwerte, Aktivierungen, Ableitungen, baulicher Strahlenschutz*

– *Technische Anforderungen: Bauliche Gegebenheiten der Räumlichkeiten, Vorhandensein von und Anforderungen an Geräte, Sicherheitstechnik der Geräte, operative Sicherheitstechnik für Schutzzwecke, Personenschutz(-anlagen), Eigenschaften der Strahlungsquellen (radioaktive Strahlenquellen, Röntgeneinrichtungen, Beschleuniger usw.)*

– *Organisation und Management: Organisationsstruktur; Verantwortungsverteilung / Verantwortlichkeiten; Betriebsvorschriften*

– *Radioaktive Abfälle: Anfall nach Art und Menge, Entsorgungswege*

– *Arbeitsschutz (und weitere Teile des operativen Strahlenschutzes): Strahlenschutzbereiche; Strahlenschutzanweisung; Vorhandensein und Eignung von persönlicher Schutzausrüstung; Abschirmungen; Vorkehrungen zur dosimetrischen Überwachung (interne/externe Exposition)*

– *Vorkommnisse und Störfälle: Umgang mit sicherheitstechnisch bedeutsamen Ereignissen; Störfallvorsorge; Beherrschung von Störfällen; Brandschutz*

– *Qualitätsanforderungen bei Anwendung am Menschen: Technik; Arbeitsanweisungen; Protokoll-/Archivsysteme. "*

d) Beurteilungsspielraum. Bei der Bewertung und ggf. der Festsetzung im   **48** Genehmigungsbescheid, welche Ausrüstungen vorhanden sein und welche Maßnahmen getroffen werden müssen, steht der zuständigen Behörde eine **Einschätzungsprärogative** (auch **Beurteilungsspielraum oder Funktionsvorbehalt** genannt) zu mit der Folge, dass sich eine **gerichtliche Überprüfung** nur darauf erstreckt, ob die Bewertung auf **willkürfreien Annahmen und ausreichenden Ermittlungen** beruht (BVerfG Beschl. v. 08.08.1978, 2 BvL 8/77, juris, Rn. 105 = NJW 1979, 359 (361); BVerwG Beschl. v. 15.09.2016 – 9 B 13/16, BeckRS 2016, 53502, Rn. 6; Urt. v. 21.11.2013 – 7 C 40/11, BeckRS 2014, 47371, Rn. 15; Urt. v. 16.05.2007 – 3 C 8/06, juris, Rn. 26 = BeckRS 2007, 24814; Urt. v. 19.01.1989 – 7 C 31/87, juris, Rn. 19, zu § 7 Abs. 2 Nrn. 3 u 5 AtG 1989; dies ist auch auf den Strahlenschutz übertragbar, vgl. *Schmatz/Nöthlichs* 8027, Anm. 2.9.1 zu § 9 Abs. 1 Nr. 5 StrSchV 2001).

Die durch die Gerichte nur eingeschränkt überprüfbare Konkretisierung un-   **49** bestimmter Rechtsbegriffe mit wertenden Elementen (hier: „Stand der Technik" bzw. „Stand von Wissenschaft und Technik") durch die zuständigen Fachbehörden ist dadurch gerechtfertigt, „daß im technischen Sicherheitsrecht, vor allem bei Anlagen mit außergewöhnlich hohem Gefährdungspotential für einzelne wie für die Allgemeinheit, nur eine laufende Anpassung der für eine Risikoermittlung maßgeblichen Umstände an den jeweils neuesten Erkenntnisstand dem Grundsatz einer bestmöglichen Gefahrenabwehr und Risikovorsorge zu genügen" vermag. Die Ausfüllung dieser **dynamischen Rechtspflichten,** die auch prognostische Einschätzungen über künftige Entwicklungen und Geschehensabläufe umfassen, wird am ehesten durch das verwaltungsrechtliche Handlungsinstrumentarium unter Heranziehung aller wissenschaftlich und technisch vertretbaren Erkenntnisse gewährleistet (BVerwG Urt. v. 16.05.2007 – 3 C 8/06, juris, Rn. 27 = BeckRS 2007, 24814; Urt. v. 19.01.1989 – 7 C 31/87, juris, Rn. 19 u 21; BVerfG Beschl. v. 31.05.2011 – 1 BvR 857/07, juris, Rn. 74 f. = NVwZ 2011, 1062 (1065)). Maßgeblich für die Zuerkennung eines Beurteilungsspielraums sind **fehlende normkonkretisierende Maßstäbe für Einschätzungen und Bewertungen,** was bei den Begriffen „Stand der Technik" bzw. „Stand von Wissenschaft und Technik" der Fall ist. Die Einschätzungsprärogative leitet sich nicht aus einer bestimmten Verfahrensart oder Entscheidungsform ab, sondern aus der Erkenntnis, dass außerrechtliche Fragestellungen aufgeworfen werden, „zu denen es jedenfalls nach dem derzeitigen Erkenntnisstand keine eindeutigen Antworten gibt" (BVerwG Urt. v. 27.06.2013 – 4 C 1/12, BeckRS 2013, 54737, Rn. 15 – naturschutzfachliche Einschätzungsprärogative; VGH München Urt. v. 18.09.2015 – 22 B 14.1263, juris, Rn. 49–51 = BeckRS 2015, 54740; *Badura* DVBl. 1998, 1200 ff.).

50   **e) Besondere Anforderungen für den Umgang mit radioaktiven Abfällen.** Bei Genehmigungen nach § 12 Abs. 1 Nr. 3 für den Umgang mit sonstigen radioaktiven Stoffen können im Einzelfall sicherheitsbezogene Pflichten des AtG relevant werden. **§ 9h Nr. 2 AtG** erklärt für den Fall, dass solche Genehmigungen zum Zweck der Lagerung, Bearbeitung oder Verarbeitung als radioaktive Abfälle, mit dem Ziel, diese radioaktiven Abfälle zu beseitigen, erteilt werden, die für kerntechnische Anlagen (Def. in § 2 Abs. 3 a Nr. 1 AtG) geltenden **Pflichten des Genehmigungsinhabers nach § 7 c AtG** (Abs. 1: Verantwortung für die Sicherheit; Abs. 2: bestimmte materielle Pflichten; Abs. 3: anlageninterner Notfallschutz) und **nach § 19a Abs. 3 und 4 AtG** (periodische Sicherheitsüberprüfung) für anwendbar. Das betrifft etwa **Zwischenlager** – auch in der Form von **Landessammelstellen** –, sofern nicht die Ausnahme in § 9h Nr. 2 HS 2 AtG greift, oder **Konditionierungseinrichtungen** für radioaktive Abfälle (BT-Drs. 18/5865, S. 20). Die in § 9h Nr. 2 AtG eigens erwähnte Zielsetzung der Beseitigung – die gem. § 9a Abs. 1 HS 1 AtG ohnehin zur Definition radioaktiver Abfälle gehört – soll in diesem Kontext dafür sorgen, dass Einrichtungen und Institutionen wie **Krankenhäuser, Ärzte, Prüfingenieure etc.,** die nach § 5 Abs. 4 AtEV ihre Abfälle an eine Landessammelstelle abliefern, nicht von § 9h Nr. 2 AtG erfasst werden (BT-Drs. 18/5865, S. 20). Für Einzelheiten zum § 9h AtG kann auf die Kommentierung von Mann in HMPS, AtG/PÜ, § 9h AtG verwiesen werden.

51   **7. Rechtfertigung (Nr. 7).** § 13 Abs. 1 Nr. 7 stellt auf die Voraussetzung einer gerechtfertigten Tätigkeit ab und unterscheidet zwei Alternativen: Die Genehmigung für Tätigkeiten nach § 12 Abs. 1 ist zu versagen, wenn die Tätigkeitsart nicht gerechtfertigt ist, aber auch, wenn unter Berücksichtigung eines nach § 7 Abs. 2 veröffentlichten Berichts erhebliche Zweifel an der Rechtfertigung der Tätigkeitsart bestehen.

a) Erste Alternative: nicht gerechtfertigte Tätigkeitsart. Nr. 7, 1. Alt., 52 greift die bisherige Systematik auf: Die Prüfung, ob eine gerechtfertigte Tätigkeitsart vorliegt, erfolgt nach § 2 StrlSchV – der Rechtsverordnungsregelung auf Grundlage des § 6 Abs. 3 –, der wiederum auf Anlage 1 StrlSchV verweist; dort sind die nicht gerechtfertigten Tätigkeitsarten genannt, die nicht ausgeübt werden dürfen und die folglich auch nicht genehmigungsfähig sind (die frühere Prüfungskette: §§ 9 Abs. 1 Nr. 10 und 14 Abs. 1 S. 1 Nr. 10 StrlSchV 2001 verwiesen auf § 4 Abs. 3 StrlSchV 2001 u. dieser wiederum auf Anl. XVI; analog im Röntgenrecht). Damit setzt Abs. 1 Nr. 7, 1. Alt., Art. 19 Abs. 1 RL 2013/59/Euratom um.

b) Zweite Alternative: erhebliche Zweifel an der Rechtfertigung der 53 **Tätigkeitsart aufgrund des BfS-Berichts.** Nach Nr. 7, 2. Alt., muss die Behörde den Genehmigungsantrag ablehnen, wenn unter Berücksichtigung eines nach § 7 Abs. 2 veröffentlichten Berichts des BfS erhebliche Zweifel an der Rechtfertigung der Tätigkeitsart bestehen (zum BfS-Bericht → § 7 Rn. 15). Insoweit ist die amtl. Begründung, nach der die Behörde bei sich durch den Bericht erhärtenden Zweifeln an der Rechtfertigung „Genehmigungen verweigern kann" (BT-Drs. 18/11241, 250) und dieser damit ein Entscheidungsermessen einzuräumen scheint, gemessen am Gesetzeswortlaut und dem generellen Zweck von Genehmigungsvoraussetzungen missverständlich. Denn wenn das Tatbestandsmerkmal „keine erheblichen Zweifel an der Rechtfertigung" als Genehmigungsvoraussetzung nicht vorliegt, dann kann keine Genehmigung erteilt werden.

Nr. 7, 2. Alt., setzt erhebliche Zweifel voraus. Nach der amtl. Begründung sind 54 das „solche, die die Erteilung einer Genehmigung nach dem Inhalt des Berichts unzumutbar erscheinen lassen (der Maßstab ist also strenger als zur Einleitung eines Verfahrens nach § 7)" (BT-Drs. 18/11241, 250). Bestehen also lediglich Zweifel, die nicht die **Erheblichkeitsschwelle** erreichen, ist die Genehmigung zu erteilen. Der BfS-Bericht gem. § 7 Abs. 2 ist dabei in die Erheblichkeitsprüfung durch die Genehmigungsbehörde einzustellen; er führt nicht automatisch zur Bejahung bzw. Verneinung der Erheblichkeit. Diese Bewertung muss – ähnlich wie bei den erheblichen nachteiligen Umweltauswirkungen der Umweltverträglichkeitsvorprüfung (§ 7 Abs. 1 S. 3 UVPG) – von der Behörde vorgenommen werden. Insoweit hat sie – auf der Tatbestandsseite – einen **Beurteilungsspielraum** (BT-Drs. 18/11241, 250: „Maßstab für die Zweifel ist der administrativ eingeschränkte Maßstab des § 6 Absatz 1 und 2 (nur neue Tätigkeitsarten oder neue Erkenntnisse). Es handelt sich insgesamt gegenüber der ersten Alternative um einen Ausnahmefall.").

Liegen der Behörde weitere Erkenntnisse zur Rechtfertigungsfrage vor, die sich 55 (bislang) weder in Anlage 1 zu § 2 StrlSchV noch in einem BfS-Bericht nach § 7 Abs. 2 niedergeschlagen haben, führt das allein nicht zur Ablehnung eines Genehmigungsantrags. Vielmehr muss ggf. ein **Verfahren nach § 7 zur Prüfung der Rechtfertigung einer Tätigkeitsart** eingeleitet und solange das Genehmigungsverfahren nach Abs. 6 ausgesetzt werden.

8. Sonstige öffentlich-rechtliche Vorschriften (Nr. 8). a) Der Tatbe- 56 **stand.** Schließlich dürfen sonstige öffentlich-rechtliche Vorschriften einer Genehmigungserteilung nicht entgegenstehen (§ 13 Abs. 1 Nr. 8). Die Formulierung „sonstige öffentlich-rechtliche Vorschriften" führt zur Vereinheitlichung mit den Zulassungsvoraussetzungen in anderen Fachgesetzen (vgl. §§ 6 Abs. 1 Nr. 2 BImSchG, 12 Abs. 1 Nr. 2, 68 Abs. 3 Nr. 2 WHG. Während § 3 Abs. 2 Nr. 8 RöV ebenfalls diesen Terminus gebrauchte, verlangten noch die §§ 9 Abs. 1 Nr. 9, 14 Abs. 1 Nr. 9 StrlSchV 2001, dass „überwiegende öffentliche Interesse … dem Um-

gang nicht entgegenstehen"; vgl. auch § 7 Abs. 2 Nr. 6 AtG). Der Gesetzgeber geht
davon aus, dass die bisher zu berücksichtigenden öffentlichen Interessen durch die
Begrifflichkeit der öffentlich-rechtlichen Vorschriften umfasst werden (BT-Drs.
18/11241, 250). Der Wegfall des in der StrlSchV 2001 vorhandenen Zusatzes „insbesondere im Hinblick auf die Umweltauswirkungen" bedeutet keine qualitative
Änderung. Der seinerzeit verwendete weite Begriff der Umweltauswirkungen
zielte auf einen Umweltgüterschutz ab und umfasste den gesamten Naturhaushalt
(Boden, Luft, Wasser, Mensch, Tiere, Pflanzen), Landschaft, Kultur- und sonstige
Sachgüter inklusive deren Wechselwirkungen (*Schmatz/Nöthlichs* 8027, Anm. 2.13;
Kramer/Zerlett § 4, Anm. 24). Da diese Güter ohnehin durch die einzelnen Fach-
rechte, auf die jetzt Nr. 8 verweist, repräsentiert und geschützt werden, ist eine
„Insbesondere"-Regelung überflüssig. Wie auch in der alten Interessen-Fassung
sind mit den öffentlich-rechtlichen Vorschriften **nicht nur diejenigen des Um-
weltbereichs** gemeint. Durch den Austausch des Interessenbegriffs gegen den der
Vorschriften erübrigt sich auch ein tatbestandliches Abwägungserfordernis: Während die frühere Version mit den „überwiegenden öffentlichen Interessen" (im Übrigen ein ausfüllungsbedürftiger, der gerichtlichen Überprüfung unterliegender
unbestimmter Rechtsbegriff) im Zweifel einen Schritt verlangte, in dem deren
Vorrang vor den Interessen des Antragstellers und betroffener Dritter, etwa Patienten, zu prüfen war (*Schmatz/Nöthlichs* 8027, Anm. 2.13), reicht es nun aus, dass
fachrechtliche Regelungen entgegenstehen. Beispiel: Einem nach § 12 Abs. 1
Nr. 3 genehmigungspflichtigen Zwischenlager für (schwach) radioaktive Abfälle
aus kerntechnischen Anlagen im Gewerbegebiet steht § 8 BauNVO entgegen
(BVerwG Urt. v. 25.01.2022, 4 C 2.20, Rn. 12ff.).

57   Die Prüfung des Entgegenstehens sonstiger öffentlich-rechtlicher Vorschriften
führt nicht dazu, dass die strahlenschutzrechtliche Genehmigung eine Konzentrationswirkung entfaltet (wie etwa die immissionsschutzrechtliche Genehmigung,
§ 13 BImSchG). Die amtl. Begründung weist darauf hin, dass damit auch nicht
zwingend eine vollständige Beteiligung aller für möglicherweise entgegenstehende
Vorschriften zuständigen Behörden verlangt wird (BT-Drs. 18/11241, 251). Dies
wird sich aber dann empfehlen, wenn der Genehmigungsbehörde die zur Beurteilung notwendigen speziellen Fach- u. Rechtskenntnisse fehlen (mangels konkreter
verfahrensrechtlicher Vorgaben – zur ausnahmsweisen Geltung der AtVfV für die
Genehmigung von Vorhaben, die der Durchführung einer UVP bedürfen, → § 181
Rn. 13; zur Behördenbeteiligung via Stellungnahme in anderen Verfahrensregimes
vgl. § 73 Abs. 2 VwVfG u. § 10 Abs. 5 S. 1 BImSchG – wird das im Rahmen der
Amtshilfe (§§ 4ff. VwVfG) geschehen, weil eine Genehmigung nach § 12 **kein
mehrstufiger Verwaltungsakt** ist, an dem mehrere Behörden mitwirken, vgl.
Ramsauer in Kopp/Ramsauer VwVfG § 4 Rn. 18, § 35 Rn. 127f).

58   **b) Allgemeines zu sonstigen öffentlich-rechtlichen Vorschriften.** Dass
eine behördliche Entscheidung auf einem Rechtsgebiet nicht anderen öffentlich-
rechtlichen Vorschriften widersprechen darf, ergibt sich bereits aus dem **allgemeinen Rechtsstaatsgebot** des Art. 20 Abs. 3 GG. Insoweit kommt Abs. 1 Nr. 8 nur
ein **klarstellender Charakter** zu. Somit kann die Genehmigungsbehörde ohne
konkrete Ausnahmeregelung keine Tätigkeit zulassen, die zwar nicht die engere strahlenschutz- bzw. atomrechtliche Zielsetzung verstößt, die jedoch durch andere öffentlich-rechtliche Vorschriften untersagt ist (arg. *Reinhardt* in Czychowski/
Reinhardt WHG § 12 Rn. 29). Der Begriff der „anderen öffentlich-rechtlichen
Vorschriften" umfasst sowohl **europa-, bundes- als auch landesrechtliche** Vor-

schriften sowie zB auch Bebauungspläne der Kommunen und fordert eine **umfassende Sach- und Rechtsprüfung** ein. Relevant sind aber nur solche öffentlich-rechtlichen Vorschriften, die **gleichberechtigt** in einem Verhältnis zum Strahlenschutzrecht und dessen Zweck stehen (nicht also etwa sozialrechtliche Vorschriften oder Regelungen zum produkt- (10., 32., 36., 41 BImSchV) bzw. gebietsbezogenen Immissionsschutz (16., 18. 34. BImSchV, TA Lärm)).

c) Entgegenstehen. Die öffentlich-rechtlichen Vorschriften dürfen der jewei- 59 ligen Tätigkeit nicht entgegenstehen, die Einhaltung dieser Vorschriften muss **ohne Zweifel sichergestellt** sein (*Jarass* BImSchG § 6 Rn. 25). „Entgegenstehen" bedeutet **„unzumutbar beeinträchtigen"** und **„nicht hinnehmbar gefährden"** (OVG Lüneburg Beschl. v. 21.07.2011, 12 ME 201/10, juris, Rn. 12 = BeckRS 2011, 52857).

9. Drittschutz. Der Rechtsschutz Dritter – etwa der Nachbarn einer Anlage 60 zur Lagerung sonstiger radioaktiver Stoffe – bemisst sich nach der Schutznormtheorie danach, ob die relevanten Vorschriften zumindest auch dem Schutz Dritter zu dienen bestimmt sind. Für §§ 6 und 7 AtG hat die Rspr dies bejaht, sofern hiernach die **Schadensvorsorge** (§§ 7 Abs. 2 Nr. 3, 6 Abs. 2 Nr. 2 AtG) und der Schutz gegen Störmaßnahmen und sonstige Einwirkungen Dritter (§§ 7 Abs. 2 Nr. 5, 6 Abs. 2 Nr. 4 AtG) zu gewährleisten ist. Nach diesen Maßstäben dürfte auch die **Genehmigungsvoraussetzung in Abs. 1 Nr. 6 grundsätzlich Drittschutz vermitteln.** Zwar wird dort der Begriff „erforderliche Vorsorge gegen Schäden" nicht verwendet (→ Rn. 41), an den die atomrechtliche Rechtsprechung vorrangig anknüpft (vgl. BVerwG Urt. v. 14.03.2013 – 7 C 34/11, BeckRS 2013, 52948, Rn. 32); der Begriff der Ausrüstungen und Maßnahmen, die „erforderlich sind, damit die Schutzvorschriften eingehalten werden", dürfte aber ebenso wie die „Vorsorge gegen Schäden" auf den Schutz eines abgrenzbaren Kreises Dritter zielen, zumal er – analog zur Schadensvorsorge – mit einem unbestimmten Rechtsbegriff („Stand von Wissenschaft und Technik" in Nr. 6 lit. a bzw. „Stand der Technik" in lit b) verknüpft ist. Zu beachten ist jedoch, dass ein Dritter im gerichtlichen Verfahren einen **hinreichend wahrscheinlichen und konkreten Geschehensablauf** darlegen muss, aus dem sich eine mögliche Verletzung der Schutzanforderungen und damit z. B. eine unzulässige Exposition ergeben kann (*Posser* in HMPS § 7 AtG Rn. 117). Während etwa eine große Freisetzung bei kerntechnischen Anlagen, insbesondere Kernkraftwerken, aufgrund des idR erheblichen Inventars und der Möglichkeit einer unkontrollierten Kritikalität und Wärmeentwicklung fast immer zumindest theoretisch darlegbar erscheint, müsste ein Kläger bei den nach § 12 genehmigungsbedürftigen Anlagen konkret darlegen können, aus welchem Szenario sich angesichts meist geringer Inventare oder geringer Ortsdosisleistungen eine Verletzung seiner Rechte ergeben könnte. Zum Drittschutz beim Schutz gegen Störmaßnahmen und sonstigen Einwirkungen Dritter (Abs. 3) → Rn. 75 ff.

III. Besondere Genehmigungsvoraussetzungen für einzelne Tätigkeiten (Abs. 2 bis 4)

1. Deckungsvorsorge (Abs. 2). Für Tätigkeiten nach § 12 Abs. 1 Nr. 1 (Be- 61 treiben einer Anlage zur Erzeugung ionisierender Strahlung), Nr. 2 (Anwendung ionisierender Strahlung aus einer Bestrahlungsvorrichtung) oder Nr. 3 (Umgang mit sonstigen radioaktiven Stoffen) ist weitere Genehmigungsvoraussetzung, dass die erforderliche Vorsorge für die Erfüllung **gesetzlicher Schadensersatzver-**

pflichtungen getroffen ist. Maßgeblich hierfür sind aufgrund der Verweisung des § 177 wie bisher die §§ 13 bis 15 AtG sowie die **AtDeckV** (→ § 177 Rn. 4 ff.).

62 **2. Schutz gegen Störmaßnahmen oder sonstige Einwirkungen Dritter (Abs. 3). a) Der Tatbestand.** Zusätzliche Genehmigungsvoraussetzung für Beschleuniger, soweit sie einer Errichtungsgenehmigung nach § 10 bedürfen, und für den Umgang mit sonstigen radioaktiven Stoffen ist wegen des erhöhten Gefahrenpotentials, dass der erforderliche **Schutz gegen Störmaßnahmen oder sonstige Einwirkungen Dritter** gewährleistet ist (§ 13 Abs. 3). Für nur betriebsgenehmigungspflichtige Beschleunigeranlagen gilt diese Voraussetzung nicht. Der Gesetzgeber stuft auch bei den anderen genehmigungsbedürftigen Tätigkeiten des § 12 Abs. 1 die „Gefahr einer missbräuchlichen Nutzung als deutlich geringer ein" mit der Folge, dass eine entsprechende Voraussetzung entbehrlich ist (BT-Drs. 18/11241, 251). Abzugrenzen ist diese Genehmigungsvoraussetzung von der Vorgabe für den SSV für die Durchführung von Sicherung und Lagerung radioaktiver Stoffe in **§ 87 StrlSchV** (→ § 89 Rn. 5).

63 Der **Schutz gegen Störmaßnahmen oder sonstige Einwirkungen Dritter** (in der Praxis oft mit **SEWD** abgekürzt) ist mit identischem Wortlaut auch in den Genehmigungsvorschriften des AtG, die sich auf Anlagen und Tätigkeiten mit Kernbrennstoffen beziehen, als Genehmigungsvoraussetzung enthalten (§§ 4 Abs. 2 Nr. 5, 6 Abs. 2 Nr. 4, 7 Abs. 2 Nr. 5 und 9 Abs. 2 Nr. 5 AtG). Dort weist er seit jeher eine erhebliche Bedeutung auf, die sich nach den Terroranschlägen in den USA vom 11. September 2001 noch verstärkt hat. Diese Bedeutung hat sich in mehreren Gerichtsentscheidungen zu Kernkraftwerken und zu Zwischenlagern für abgebrannte Brennelemente sowie in zahlreichen Literaturbeiträgen manifestiert. Hierfür kann auf die Kommentierungen für das Atomrecht verwiesen werden (*Vorwerk* in HMPS AtG § 7 Abs. 2 Nr. 5; *Leidinger* in Frenz § 7 AtG).

64 Die entsprechende Genehmigungsvoraussetzung für den Umgang mit sonstigen radioaktiven Stoffen und für Beschleuniger, die inhaltlich schon in den Vorgängerregelungen zum heutigen Abs. 3 (zuletzt §§ 9 Abs. 1 Nr. 8, 14 Abs. 1 Nr. 8 StrlSchV 2001) enthalten war, stand früher weniger im Blickpunkt, was angesichts der gegenüber Kernbrennstoffen geringeren Risiken verständlich ist. In den letzten Jahren, auch als Konsequenz aus den genannten **Anschlägen von 2001** und den seither verstärkten internationalen Bemühungen zur **Bekämpfung des Terrorismus,** sind die hinter dem unbestimmten Rechtsbegriff des „erforderlichen Schutzes gegen Störmaßnahmen und sonstige Einwirkungen Dritter" stehenden Anforderungen aber auch für den Bereich der **sonstigen radioaktiven Stoffe** inhaltlich verschärft worden. Hierfür ist die Überlegung maßgeblich, dass Kernbrennstoffe zwar das höchste Risikopotential aufweisen, da sie bei Vorliegen entsprechender Voraussetzungen zum Bau einer Nuklearwaffe verwendet werden könnten, dass aber Terroranschläge auch mit sonstigen radioaktiven Stoffen verübt werden können. So könnten etwa entwendete sonstige radioaktive Stoffe mit einem konventionellen Sprengstoff verbunden und durch eine Explosion freigesetzt werden; eine solche Vorrichtung wird international als radiological dispersal device (RDD) oder kurz als „dirty bomb" bezeichnet (dazu etwa *Conca* atw 2021, S. 22). Da eine Entwendung von sonstigen radioaktiven Stoffen für solche Zwecke ein Risiko nicht nur für den betroffenen Staat, sondern für die gesamte Staatengemeinschaft darstellt, sind international beachtete Anforderungen in Empfehlungen der IAEO (engl. IAEA) enthalten (IAEA, Security of Radioactive Material in Use and Storage and of Associated Facilities, NSS No. 11-G (Rev. 1), 2019); im Rahmen der IAEO

wurde auch eine entsprechende Erklärung mit Anforderungen erarbeitet, die viele IAEO-Mitgliedstaaten, darunter Deutschland, im Wege der Selbstverpflichtung für sich übernommen haben (Code of Conduct on the Safety and Security of Radioactive Sources, 2004).

Die Pflicht, Schutzvorkehrungen gegen Störmaßnahmen oder sonstige Einwir- 65 kungen Dritter zu treffen, gilt nicht nur in Bezug auf Terrorakte, sondern **grundsätzlich für alle aus der missbräuchlichen Nutzung sonstiger radioaktiver Stoffe resultierenden Gefahren** (zB Entwendung radioaktiver Substanzen aus Laboren der Chemie- oder Pharmaforschung oder Manipulationen bei zerstörungsfreien Werkstoffprüfungen im Außenbereich, etwa zur Feststellung von Rissen in unterirdischen Rohrleitungen, Pipelines, Druckbehältern usw.); auch Ir-192-, Se-75- und Co-60-Nuklide können, unsachgemäß verwendet, zu Personenschäden führen.

b) Störmaßnahmen oder sonstige Einwirkungen Dritter – unbefugte 66 Personen. Zu gewährleisten ist der erforderliche Schutz gegen Störmaßnahmen oder sonstige Einwirkungen Dritter. **Oberbegriff** sind dabei Einwirkungen. Diese untergliedern sich in die beispielhaft genannten Störmaßnahmen und in die sonstigen Einwirkungen. Der Einwirkungsbegriff ist, bedingt durch das hohe Risikopotential strahlenschutzrechtlicher Tätigkeiten sowohl für die Allgemeinheit aber auch für Einzeln, und mit Blick auf den Normzweck – Schutz vor der schädlichen Wirkung ionisierender Strahlen – **sehr weit auszulegen.** Dies folgt bereits aus dem Gebot eines **dynamischen Grundrechtschutzes** (vgl. BVerfG Urt. v. 08.08.1978 – 2 BvL. 8/77, BVerfGE 49, 89 (137)), der das Anpassungserfordernis an immer wieder neue Handlungsformen und -möglichkeiten zu berücksichtigen hat (hins. d. §7 Abs. 2 Nr. 5 AtG: BVerfG, Urt. v. 08.08.1978 – 2 BvL 8/77, BVerfGE 49, 89 (139 f.); BVerwG, Urt. v. 10.04.2008 – 7 C 39/07, BeckRS 2008, 34948, Rn. 16; VGH Mannheim Urt. v. 25.09.2012 – 10 S 731/12, juris, Rn. 57 = BeckRS 2012, 57802). Neben terroristischen Anschlägen umfasst er Sabotageakte, Brandstiftung und Diebstahl, aber auch Ereignisse, die aus anderen zivilisatorischen Gefahren ohne böswilligen Hintergrund resultieren können wie Flugzeugabstürze, Explosionen, Brände oder aus dem Transport gefährlicher Güter auf an der Anlage vorbeiführenden Verkehrswegen (hins. d. AtG-Tatbestände mit Schutz derselben Formulierung „gegen Störmaßnahmen oder sonstige Einwirkungen Dritter": BVerwG Urt. v. 10.04.2008 – 7 C 39/07, BeckRS 2008, 34948, Rn. 15–17; Urt. v. 19.01.1989 – 7 C 31.87, BVerwGE 81, 185 (192); VGH Mannheim Urt. v. 30.10.2014 – 10 S 3450/11, juris, Rn. 106 = BeckRS 2014, 58691; Urt. v. 25.09.2012 – 10 S 731/12, juris, Rn. 56 f. = BeckRS 2012, 57802; VGH München Urt. v. 07.10.2004 – 22 A 03.40036, juris, Rn. 20 = BeckRS 2004, 25110; *Sendler* NVwZ 2002, 681; *Kramer/Zerlett* §6 Anm. 21, die auch Kriegseinwirkungen hierunter subsumieren; letzteres offengelassen von BVerwG Urt. v. 10.04.2008 – 7 C 39/07, BeckRS 2008, 34948, Rn. 17 m.w.N.). Seine **Grenze** findet die Verpflichtung, den erforderlichen Schutz gegen Störmaßnahmen oder sonstige Einwirkungen Dritter zu gewährleisten, und damit auch der Schutzanspruch Drittbetroffener in dem bekannten **Maßstab der „praktischen Vernunft";** ein **Restrisiko** ist hinzunehmen (BVerfG Beschl. v. 10.11.2009 – 1 BvR 1178/07, BeckRS 2009, 41739, Rn. 49).

Dritte sind alle Personen, die **nicht Genehmigungsinhaber** sind. Allein vom 67 Wortlaut des Abs. 3 her kann nicht geschlossen werden, dass mit Dritten nicht die in den Genehmigungsvoraussetzungen Genannten gemeint sein sollen. Störmaßnahmen und sonstige Einwirkungen können auch von auf ihre Zuverlässigkeit überprüften **SSB** ausgehen, ebenso von den „**sonst tätigen Personen**" des Abs. 1 Nr. 4 und von **Reparatur- bzw. Wartungspersonal** im Rahmen einer Beschäftigung Firmenfremder gem. §§ 25 f. Insoweit ist auch der Begriff der „Unbefugten" nicht zur Konkretisierung der Dritten tauglich, weil eine böswillige Gefährdung auch durch für die Tätigkeit befugte Mitarbeiter verursacht werden kann. Auch unbeabsichtigte rechtswidrige Beeinträchtigungen sind sonstige Einwirkungen (*Schmatz/Nöthlichs* 8027, Anm. 2.12; *Kramer/Zerlett* § 4, Anm. 22).

68   **c) Anforderungen an Schutzmaßnahmen.** In welchem **Umfang** der Schutz gegen Störmaßnahmen oder sonstige Einwirkungen Dritter erforderlich i. S. d. Abs. 3 ist, ist im StrlSchG nicht geregelt. Im Atom- und Strahlenschutzrecht sind Anforderungen an Schutzmaßnahmen bisher im **untergesetzlichen Regelwerk konkretisiert** worden. Auf der Grundlage von Tatszenarien, die in den sog. **Lastannahmen** festgeschrieben sind (dazu *Vorwerk* in HMPS AtG § 7 Rn. 75, 80 ff.; die Lastannahmen sind aufgrund der Einstufung als Verschlusssache nicht veröffentlicht), sind Anforderungen an jeweils bestimmte Kategorien von Anlagen oder Tätigkeiten in einer Reihe sog. **SEWD-Richtlinien konkretisiert** (*Leidinger* in Frenz § 7 AtG Rn. 209). Für das AtG hat der 17. Novelle vom 10.08.2021 (BGBl. I 3528) in §- § 41–44 erstmals gesetzliche Schutzziele und allgemeine Maßgaben für den Umfang des erforderlichen Schutzes gegen Störmaßnahmen oder sonstige Einwirkungen Dritter, einschließlich eines – für Einzelpersonen der Bevölkerung geltenden – Richtwertes für die effektive Folgedosis von 100 Millisievert bis zum 70. Lebensjahr als Summe von Inhalation und sieben Tagen äußerer Bestrahlung (§ 44 Abs. 2 S. 3 AtG), festgeschrieben und in § 44 Abs. 1 und 2 AtG erstmals die Lastannahmen und die SEWD-Richtlinien ausdrücklich in Bezug genommen. Diese Vorschriften gelten jedoch nur für die nach dem AtG genehmigungspflichtigen Anlagen, sind also für Abs. 3 nicht relevant. Das ergibt sich aus dem Fehlen jeglicher Bezugnahme auf das StrlSchG und vor allem aus der abschließenden Aufzählung der relevanten Genehmigungstatbestände des AtG, die den erforderlichen Schutz gegen Störmaßnahmen oder sonstige Einwirkungen Dritter vorschreiben, in § 43 Abs. 1 S. 1 und nochmals in § 44 Abs. 3 AtG.

69   Für den Bereich der nach StrlSchG zu genehmigenden Tätigkeiten verbleibt es daher bei der (teilweisen) Konkretisierung des erforderlichen Schutzes gegen Störmaßnahmen oder sonstige Einwirkungen Dritter im **untergesetzlichen Regelwerk.** Insbesondere zu nennen sind hier die **DIN 25422** (Aufbewahrung und Lagerung sonstiger radioaktiver Stoffe – Anforderungen an Aufbewahrungseinrichtungen und deren Aufstellungsräume zum Strahlen-, Brand- und Diebstahlschutz) vom Mai 2021 und die „Richtlinie für den Schutz gegen Störmaßnahmen und sonstige Einwirkungen Dritter beim Umgang mit und bei der Beförderung von sonstigen radioaktiven Stoffen (SEWD-Richtlinie sonstige radioaktive Stoffe)" (**SEWD-RL;** inoffiziell auch kurz als SisoraSt-RL bezeichnet), die seit dem 1. Januar 2021 anzuwenden ist. Beide Regelwerke definieren ihren Anwendungsbereich selbst und sind hinsichtlich ihrer Anforderungen miteinander verzahnt.

70   Die **DIN 25422** orientiert sich hinsichtlich Freigrenzensystematik und Gefährdungseinstufung an § 87 Abs. 1 StrlSchV. Sie verlangt ein System geeigneter, aufeinander abgestimmter baulich-technischer sowie administrativ-organisatorischer Schutzmaßnahmen mit fest definierten Verantwortlichkeiten, die nach einem abgestuften Ansatz entsprechend dem radiologischen Gefährdungspotenzial erfolgen sollen. Sie definiert zB einzelne Diebstahlschutzklassen mit Mindestanforderungen, die auch für die höheren Sicherungsstufen der SEWD-RL einschlägig sind.

Die SEWD-Richtlinie ist – wie alle solche Richtlinien – als **Verschlusssache** 71
des Geheimhaltungsgrades VS-NfD eingestuft; ihr Text ist daher nicht veröffentlicht. Die Verlautbarung in GMBl 2020 Nr. 14, S. 286 enthält Hinweise zum
Anwendungsbereich der Richtlinie und zum Umgang mit ihr. Die Richtlinie gilt
hiernach für den nach § 12 Abs. 1 Nr. 3 genehmigungsbedürftigen Umgang und
für die nach § 27 Abs. 1 genehmigungsbedürftige Beförderung auf der Straße und
Schiene von sonstigen radioaktiven Stoffen nach § 3 Abs. 1 und Kernbrennstoffen
nach § 3 Abs. 3. Die RL findet Anwendung, wenn die Aktivität der radioaktiven
Stoffe mindestens dem Wert für HRQ in Anl. 4 Tab. 1 Sp. 4 StrlSchV entspricht
(*Schwiering,* StrlSchPrax 2022, 37). Hinsichtlich der in der SEWD-RL enthaltenen
Anforderungen ist zu beachten, dass alle SEWD-Richtlinien dem sog. **integrierten Sicherungs- und Schutzkonzept** folgen, das auf einer Verzahnung betrei-
berseitiger und staatlicher Maßnahmen beruht. Der Betreiber muss im Genehmigungsverfahren nicht den Nachweis führen, dass er den praktischen Ausschluss von
Schäden allein durch seine eigenen Maßnahmen erreicht; das wäre auch kaum
möglich. Ihm obliegt der Nachweis, dass er die in der SEWD-RL konkretisierten
Sicherungsmaßnahmen vorgesehen hat und damit die nach diesem Regelwerk zu
erreichenden Schutzziele – im Regelfall bis zum Eingreifen staatlicher Kräfte – erreicht werden (*Vorwerk* in HMPS, § 7 AtG Rn. 78).

Die nach der DIN 25422 und nach der SEWD-RL für den **Schutz gegen** 72
Störmaßnahmen oder sonstige Einwirkungen Dritter i. S. d. Abs. 3 erforderlichen Maßnahmen richten sich im Sinne eines **abgestuften Ansatzes** (engl. *graded
approach*) nach einer **Kategorisierung der Tätigkeit nach ihrem Gefährdungspotenzial.** Im unteren Aktivitäts- bzw. Toxizitätsbereich angesiedelte radioaktive
Stoffe benötigen weniger Sicherungsmechanismen; hier kann ein Maßstab entspr.
dem des Schutzes eigenen Eigentums vor Diebstahl oder Missbrauch angelegt werden. Mit aufsteigender Aktivität bzw. Toxizität der radioaktiven Stoffe erhöhen sich
die Anforderungen und es kommen baulich-technische (Zäune, Schließsysteme,
Sicherungsbehälter, besondere Räumlichkeiten, Alarmierungs- und Videosysteme
usw.), personelle (Zugangskontrollen, Sicherheitsdienste, ggf. bewaffneter Werk-
schutz (hierzu BVerwG Urt. v. 19.01.1989 – 7 C 31/87, NVwZ 1989, 864; in diesem Urteil wird auch klargestellt, dass behördliche Bewertungen über den erforderlichen Schutz gegen Störmaßnahmen und sonstige Einwirkungen Dritter aufgrund
der behördlichen **Einschätzungsprärogative** der gerichtlichen Überprüfung nur
daraufhin unterliegen, ob sie auf willkürfreien Annahmen und ausreichenden Ermittlungen beruhen) und organisatorische Maßnahmen (Kontroll- u. Organisati-
onspläne, Unterrichtungen/Belehrungen, Meldepflichten) in Betracht (*Schmatz/
Nöthlichs* 8027, Anm. 2.12; *Kramer/Zerlett* § 4, Anm. 23; allg. *Pottschmidt* StrlSchPrax
2/2010, 16 f.).

Mit Blick auf die Begrenzung der **Auswirkungen** von Störmaßnahmen sind die 73
Störfallplanungswerte des § 104 StrlSchV nicht maßgeblich, da es sich bei solchen
Ereignissen nicht um Störfälle im Sinne dieser Norm handelt (zum Atomrecht:
BVerwG, Beschl. v. 24.8.2006 – 7 B 38.06, NVwZ 2007, 88 (91); BVerwG, Urt.
v. 10.04.2008 – 7 C 39/07, BVerwGE 131, 129 (141) = BeckRS 2008, 34948,
Rn. 26). Die „Berechnungsgrundlage zur Ermittlung der Strahlenexposition infolge von Störmaßnahmen oder sonstigen Einwirkungen Dritter (SEWD) zur
kerntechnische Anlagen und Einrichtungen **(SEWD-Berechnungsgrundlage)**"
vom 28. Oktober 2014 (veröffentlicht; GMBl. 2014, Nr. 64, S. 1315) gilt ausweislich ihrer Ziff. 1 nur für Genehmigungs-, Planfeststellungs- und Aufsichtsverfahren,
die sich auf Anlagen oder Tätigkeiten nach den §§ 5, 6, 7 und 9 AtG beziehen, und

ist daher für Abs. 3 ebenfalls nicht relevant. Im Bereich des Abs. 3 werden, soweit im Rahmen des abgestuften Ansatzes (→ Rn. 69) ein entsprechender Schutz gefordert wird, zur Bestimmung des Schutzzieles von den Behörden die für den Notfallschutz relevanten Dosiswerte der auf der VO-Ermächtigung in § 94 Abs. 2 basierenden NDWV herangezogen, die als radiologisches Kriterium für die Angemessenheit bestimmter Schutzmaßnahmen dienen (in den Radiologischen Grundlagen der SSK als **Eingreifrichtwerte** bezeichnet → § 94 Rn. 4) (*Pottschmidt* StrlSchPrax 2/2010, 16 (17); zum Atomrecht: *Vorwerk* in HMPS § 7 AtG Rn. 79). Maßgeblich ist hier der **Evakuierungswert** gem. § 4 NDWV (effektive Dosis von 100 mSv, die betroffene Personen ohne Schutzmaßnahmen bei einem Daueraufenthalt im Freien innerhalb von sieben Tagen erhalten würden). Die noch vom OVG Schleswig (U.v. 19.6.2013, BeckRS 2013, 56408, Rn. 163ff.) zu Unrecht getroffene Bezugnahme auf die sog. **Umsiedlungswerte** der (damaligen) Radiologischen Grundlagen der SSK hat sich schon dadurch erledigt, dass die 2014 veröffentlichte Neufassung der Radiologischen Grundlagen gemäß dem aktuellen Stand von Wissenschaft und Technik auf die Nennung von Umsiedlungswerten verzichtet (VGH München, Urt. v. 20.12.2018, BeckRS 2018, 42327, Rn. 143); ebensowenig sind Umsiedlungswerte 2018 in die neugeschaffene NDWV aufgenommen worden.

74   Ein **Anschlag mittels eines herbeigeführten Flugzeugabsturzes** muss – anders als bei bestimmten AtG-Anlagen wie Kernkraftwerken oder Zwischenlagern für abgebrannte Brennelemente – im Rahmen des Abs. 3 **grundsätzlich nicht berücksichtigt** werden. Für dieses Szenario hat die Exekutive im Rahmen ihrer **Einschätzungsprärogative** (→ Rn. 69) die Anforderungen in Gestalt von Beschlüssen formuliert, die die maßgeblichen Atombehörden des Bundes und der Länder im Länderausschuss für Atomkernenergie erstmals 2003 und zuletzt 2016 gefasst haben (Beschlüsse des Länderausschusses für Atomkernenergie (LAA) – Hauptausschuss – zum Thema „Rechtlicher Rahmen der Beurteilung des Szenarios ‚Terroristischer Flugzeugabsturz‘ durch die Exekutive", BAnz AT vom 07.09.2016 B5; zu dem Ursprungsbeschluss von 2003 ausführlich *Vorwerk* S. 237ff.). In Ziffer 6 der LAA-Beschlüsse ist festgehalten, dass in Verfahren zur Genehmigung von Tätigkeiten nach dem damaligen § 7 StrlSchV 2001 – heute § 12 Abs. 1 Nr. 3 StrlSchG – das Szenario „terroristischer Flugzeugabsturz" nicht berücksichtigt werden muss. Hintergrund ist die Überlegung, dass solche Tätigkeiten und Einrichtungen für Terroristen als Ziel aufgrund des geringen Schadenspotentials nicht hinreichend attraktiv sind. Der LAA macht in Ziff. 6 eine Ausnahme für solche Tätigkeiten, die in direktem Zusammenhang mit einer kerntechnischen Anlage nach § 7 Abs. 1 AtG oder nach § 6 Abs. 1 oder Abs. 3 AtG stehen, weil solche Einrichtungen im Falle eines gezielten Flugzeugabsturzes auf das Kernkraftwerk unbeabsichtigt getroffen werden könnten; die Behörde solle daher unter Einbeziehung des jeweiligen konkreten Gefährdungspotentials der sonstigen radioaktiven Stoffe prüfen, ob und ggf. welche Maßnahmen zur Minimierung bzw. Begrenzung der Strahlenexposition im Ereignisfall „gezielter Flugzeugabsturz" in Frage kommen.

75   Das BVerwG hat in seinem Urteil vom 21. Januar 2021 zur 1. Stilllegungs- und Abbaugenehmigung nach § 7 Abs. 3 AtG für das Kernkraftwerk Isar 1 die Zuordnung des gezielten Flugzeugabsturzes auf Pufferlagerflächen für schwachradioaktive Abfälle, die im Rahmen des Abbaus im Maschinenhaus und auf dem freien Anlagengelände eingerichtet wurden, zum **Restrisiko** gebilligt (ZUR 2021, 364 (367)); die Einschätzung der Behörde und des Erstgerichts, die Pufferlagerflächen wiesen nur ein **geringes Gefahrpotenzial** und einen allenfalls nur noch **geringen Symbolwert** für terroristische Angriffe auf und stellten daher kein abwehrbedürf-

tiges Szenario dar, sei nicht zu beanstanden. Die vom LAA (→ vorige Rn.) statuierte Ausnahme für Tätigkeiten in direktem Zusammenhang mit einer kerntechnischen Anlage wird durch das Urteil im Ergebnis nicht gestützt; denn dort wird das Vorhandensein größerer, „symbolträchtigerer" und leichter anzusteuernder Ziele am Standort (das noch in Betrieb befindliche KKW Isar 2 sowie das Lager für abgebrannte Brennelemente) nicht als Begründung einer erhöhten Gefährdung, sondern umgekehrt als zusätzliches Argument dafür angeführt, dass der gezielte Absturz auf die Pufferlager praktisch ausgeschlossen werden könne.

Flankiert wird die Genehmigungsvoraussetzung des § 13 Abs. 3 durch eine **Mit** **76** **teilungspflicht nach § 167 Abs. 1 StrlSchV:** Danach muss der bisherige Inhaber der tatsächlichen Gewalt über einen radioaktiven Stoff nach § 3 StrlSchG der atom- oder strahlenschutzrechtlichen Aufsichtsbehörde oder der nach Landesrecht zuständigen Polizeibehörde das **Abhandenkommen** – hierzu gehören auch Diebstahl oder sonstige widerrechtliche Entwendung – dieses Stoffes unverzüglich mitteilen (S. 1; die genannten Behörden haben sich gegenseitig zu informieren, S. 4). Eine Mitteilung ist zudem zu machen, wenn der radioaktive Stoff wieder aufgefunden wird (S. 3). Zusätzlich zu dieser Mitteilung hat der SSV dafür zu sorgen, dass sowohl das Abhandenkommen als auch das evtl. Wiederauffinden einer hochradioaktiven Strahlenquelle unverzüglich dem **Register über hochradioaktive Strahlenquel** **len beim BfS** in gesicherter elektronischer Form (zB direkt in das HRQ-Register oder per Fax: BR-Drs. 423/18, 476) entsprechend Anlage 9 Nummer 11 mitgeteilt und zudem die zuständige Behörde über diese Mitteilung unverzüglich informiert wird (§ 167 Abs. 2 StrlSchV).

Die Regelung des Schutzes gegen Störmaßnahmen oder sonstige Einwirkungen **77** Dritter sowie gegen das Abhandenkommen von radioaktiven Stoffen als im Betrieb zu beachtende Schutzmaßnahmen müssen in der **Strahlenschutzanweisung** aufgeführt sein (§ 45 Abs. 2 S. 2 Nr. 8 StrlSchV).

d) Drittschutz und Rechtsprechung. Für die **Vorsorge- und Schutzstan** **78** **dards** vermittelnden Nrn. 3 und 5 des § 7 Abs. 2 AtG und die Nrn. 2 und 4 des § 6 Abs. 2 AtG ist anerkannt, dass sie **Drittschutz** entfalten, der auch gerichtlich eingefordert werden kann (BVerwG Urt. v. 14.03.2013 – 7 C 34/11, BeckRS 2013, 52948, Rn. 43; Urt. v. 10.04.2008 – 7 C 39/07, BeckRS 2008, 34948, Rn. 21; VGH Mannheim Urt. v. 30.10.2014 – 10 S 3450/11, juris, Rn. 106). Wegen der gleichlautenden Formulierung („Schutz gegen Störmaßnahmen oder sonstige Einwirkungen Dritter") ist es unumgänglich, diesen ggf. einklagbaren Drittschutz im Grundsatz auch für § 13 Abs. 3 zu bejahen.

Als eines der Hauptprobleme der atomrechtlichen Judikatur in den letzten Jah **79** ren hat sich der Umstand erwiesen, dass sowohl die Lastannahmen und SEWD- Richtlinien als auch die für den Genehmigung für die einzelne kerntechnische Anlage konkretisierten Vorgaben dem **Geheimschutz** unterliegen und deshalb dem erkennenden Gericht nicht oder nur mit Schwärzung der geheimschutzrelevanten Passagen vorgelegt werden können, so dass die richterliche Überzeugungsbildung erschwert ist (hierzu ausführlich *Vorwerk* in HMPS AtG § 7 Rn. 64 ff.; *Sellner* EurUP 2018, 100 ff.; *Franßen,* in: BMU/Burgi (Hrsg.), 15. Deutsches Atomrechtssymposium, 161 ff.). Die 17. AtG-Novelle vom 10.08.2021 (→ Rn. 65) hat zum Ziel, diese Problematik für den Bereich des AtG durch die Normierung des Funktionsvorbehalts der Exekutive in § 44 Abs. 3 AtG zu überwinden (BT-Drs. 19/27659, 18). Für den Bereich der Genehmigungen nach § 12 ist diese Problematik bisher aufgrund des idR geringeren Risikopotenzials und der geringeren Anforderungen nicht virulent geworden; im Übrigen gilt auch hier, auch ohne eine ausdrückliche Bezugnahme im StrlSchG, der Funktionsvorbehalt der Exekutive.

80 Zu berücksichtigen ist dabei auch, dass der Drittschutz in der atomrechtlichen Judikatur stets auf solche Angriffs- und Sabotageszenarien bezogen wurde, die zu einer **Freisetzung radioaktiver Stoffe am Ort** der Anlage führen, wie etwa der gezielte Absturz eines Verkehrsflugzeugs oder der Beschuss von Lagerbehältern mit Hohlladungsgeschossen. Hier ließe sich grundsätzlich, je nach Umständen, auch im Bereich des Abs. 3 im Rahmen des **nachbarbezogenen Drittschutzes** ein abgrenzbarer Kreis von möglicherweise Betroffenen bestimmen. Soweit jedoch der Schutz gegen Störmaßnahmen und sonstige Einwirkungen Dritter gem. Abs. 3 sich darauf bezieht, eine **Entwendung** sonstiger radioaktiver Stoffe zu verhindern, ist ein **Drittschutz nicht gegeben,** da das Risiko der späteren, nicht ortsgebundenen missbräuchlichen Verwendung oder Freisetzung der entwendeten radioaktiven Stoffe keinen eingrenzbaren Personenkreis, sondern die (weltweite) **Allgemeinheit** betrifft.

81 **3. Vorhandensein von Verfahren für den Notfall u. geeigneter Kommunikationsverbindungen (Abs. 4).** Zusätzliche Genehmigungsvoraussetzung für den **Umgang mit hochradioaktiven Strahlenquellen** gem. Abs. 1 Nr. 3 ist das Vorhandensein von **Verfahren für den Notfall** und **geeignete Kommunikationsverbindungen** (§ 13 Abs. 4). Diese neu eingeführte Voraussetzung, die auf Art. 88 lit. d RL 2013/59/Euratom zurückzuführen ist, gilt nur für den Umgang mit hochradioaktiven Strahlenquellen (Definition: § 5 Nr. 36) und sanktioniert das hohe Gefahrenpotenzial derartiger Strahlenquellen. Es soll damit eine **schnelle Kommunikation mit Einsatzkräften** sichergestellt werden. Der Antragsteller hat u. a. die notwendigen Kommunikationswege darzulegen, zB welche Personen bzw. Institutionen bei einem Notfall in welchem Zeitraum und auf welche Weise innerhalb u außerhalb seiner Organisation benachrichtigt werden müssen. Zudem muss er nachweisen, dass die für die Alarmierung notwendigen technischen Voraussetzungen am Ort des Umgangs vorhanden sind (etwa geeignete Telefon- oder Mobilfunkverbindungen; BT-Drs. 18/11241, 251). Welche Verfahren für den Notfall und welche Kommunikationsverbindungen geeignet sind, ist einzelfallbezogen zu beurteilen. Grundsätzlich ist die Genehmigungsvoraussetzung jedoch mit konventioneller Telefon- und Mobilfunktechnik sowie geeigneten Alarmierungsplänen umsetzbar.

IV. Probeweiser Betrieb oder Umgang (Abs. 5)

82 Abs. 5 greift die bewährte Regelung zum **Probebetrieb bei Beschleunigern** auf (bisheriger § 14 Abs. 5 StrlSchV 2001) und erstreckt sie zusätzlich auf den **Umgang mit radioaktiven Stoffen.** Zweck des Probebetriebs, den die zuständige Behörde befristet genehmigen kann, ist festzustellen, ob die Genehmigungsvoraussetzungen der Abs. 1 und 3 vorliegen. Gerade bei Beschleunigern, die nicht „en gros" hergestellt werden, ist die Erprobung von Anlagenteilen häufig notwendig. Ob sie die befristete Probegenehmigung erteilt, liegt im **pflichtgemäßen Ermessen der Behörde;** ein Rechtsanspruch auf Erteilung besteht nicht.

83 Der SSV muss die Einhaltung der Vorschriften über die Dosisgrenzwerte, über die Sperrbereiche und Kontrollbereiche sowie zur Begrenzung der Ableitung radioaktiver Stoffe während des probeweisen Betriebs oder Umgangs sicherstellen (§ 13 Abs. 5 S. 2; *Schmatz/Nöthlichs* 8033, Anm. 4). Wie er das gewährleistet, muss

er im Verfahren zur Erteilung der Probegenehmigung darlegen. Ggf. muss die zuständige Behörde die Genehmigung für den probeweisen Betrieb oder Umgang mit entspr. Inhaltsbestimmungen und Auflagen (→ § 12 Rn. 34 ff.) versehen.

Nach Ablauf der für den Probebetrieb eingeräumten Frist **erlischt die Genehmigung automatisch.** Ist eine endgültige Beurteilung des sicheren Betriebs zu diesem Zeitpunkt noch nicht möglich, kann ein weiterer Probebetrieb zugelassen werden (*Schmatz/Nöthlichs* 8033, Anm. 3.7.1); **„Ketten–Probebetriebe" sind allerdings nicht zulässig;** sie würden das reguläre Genehmigungserfordernis umgehen. **84**

Satz 3 verbietet im Rahmen des Probebetriebs bzw. –umgangs eine Anwendung am Menschen. **85**

V. Aussetzung des Genehmigungsverfahrens (Abs. 6)

Damit ein nach § 7 eingeleitetes Verfahren zur **Prüfung der Rechtfertigung** durchgeführt werden kann, muss die zuständige Behörde das anhängige Genehmigungsverfahren für die Dauer der Rechtfertigungsprüfung aussetzen; das Interesse des Antragstellers an einer zügigen Entscheidung im Genehmigungsverfahren muss zurücktreten. Die Vorschrift gilt für alle genehmigungsbedürftigen Tätigkeiten nach § 12 Abs. 1. Eine Aussetzung erübrigt sich, wenn es sich bei der in Frage stehenden Tätigkeit um eine nicht gerechtfertigte Tätigkeitsart gem. § 2 StrlSchV iVm Anlage 1 zu § 2 StrlSchV handelt. Dann ist der Genehmigungsantrag ohne zwischengeschaltete Rechtfertigungsprüfung abzulehnen (BT-Drs. 18/11241, 252). **86**

VI. Sicherheitsleistung (Abs. 7)

1. Der Tatbestand. Der auf Initiative des BR eingebrachte Abs. 7 (BT-Drs. 18/11622; dort auch ausf. zu den Anregungen des BR, u. a. zu einer Verordnungsermächtigung, und der Gegenäußerung der Bundesregierung) räumt der zuständigen Behörde die Befugnis ein, im Rahmen des Ermessens vom Inhaber einer **Umgangsgenehmigung** nach § 12 Abs. 1 Nr. 3 eine Sicherheitsleistung für die Beseitigung von aus dem Umgang stammenden radioaktiven Stoffen zu verlangen (Ausnahmen in Abs. 7 S. 2). Die neue Regelung soll u. a. die gesetzliche Pflicht zur kostenpflichtigen Abgabe von radioaktiven Abfällen an die Landessammelstellen sicherstellen und im Abfallbereich eine homogene Vorgabe schaffen, wie sie bspw. bereits nach den §§ 36 Abs. 3, 43 Abs. 4 KrWG iVm § 18 DepV und §§ 12 Abs. 1 S. 2, 17 Abs. 4a BImSchG für konventionelle Abfälle bzw. Deponien existieren (vgl. auch die Sicherheitsleistung-Vorschriften im Berg- u. Bodenschutzrecht: § 56 Abs. 2 S. 1 BBergG, § 10 Abs. 1 BBodSchG). Hintergrund für diese Bestimmung sind Fälle, in denen die **Beseitigungskosten nach Insolvenz** des Genehmigungsinhabers an den öffentlichen Haushalten hängengeblieben sind. Zudem wird Art. 87 lit. b RL 2013/59/Euratom umgesetzt. Vgl. zur Übergangsvorschrift → § 197 Rn. 4. **87**

Den Vorschlägen des BR, auch festzulegen, ab welcher Aktivität, in welcher Höhe sowie in welcher Art eine Sicherheitsleistung zu leisten ist, wurde von der Bundesregierung mit Hinweis auf das behördliche Ermessen nicht gefolgt. Dies ist misslich, weil gerade diese drei Aspekte bei den Vollzugsbehörden (etwa des KrW-Regimes und für den Rückbau von Windenergieanlagen) erfahrungsgemäß zu Schwierigkeiten und Unsicherheiten führen und einige konkrete Vorgaben, auch **88** wenn es sich um wenige Fälle handelt, einer einheitlichen Handhabe innerhalb der einzelnen Bundesländer und des Bundes sicher nicht abträglich gewesen wären.

89   **2. Anwendungsbereich.** Klar ist, dass die Festsetzung von Sicherheitsleistungen **verhältnismäßige Einzelfallentscheidungen** sein müssen. Nach Ansicht des BR soll die Ermessen einräumende „Regelung … nur für Genehmigungsinhaber gelten, die mit überdurchschnittlichen Mengen von radioaktiven Stoffen umgehen wie zum Beispiel Firmen, die radioaktive Stoffe konditionieren oder in größerem Umfang lagern, nicht hingegen für Krankenhäuser, Labore etc., soweit der Umgang eine bestimmte Aktivitätsgrenze nicht überschreitet" (BT-Drs. 18/11622).

90   Die Forderung einer Sicherheitsleistung hängt **nicht von Zweifeln an der Finanzkraft** des Sicherungsverpflichteten ab. Ein solcher Ansatz berücksichtigt nicht den **Zeitfaktor,** denn die Sicherungsmaßnahme muss für die **ganze Zeit des Umgangs** mit radioaktiven Stoffen gewährleistet sein. Eine Koppelung der Sicherheitsleistung an die wirtschaftlichen Verhältnisse des Antragstellers steht dem Sinn und Zweck einer Sicherheitsleistung entgegen, dass die erforderlichen finanziellen Mittel „sogleich und unabhängig von der aktuellen wirtschaftlichen Leistungsfähigkeit des Verpflichteten zur Verfügung stehen," wenn sie benötigt werden (VG Köln Urt. v. 12.05.2009 – 14 K 4650/07, juris, Rn. 17 u. 19 = BeckRS 2011, 52185; zust. *UBA,* Recht der Rohstoffgewinnung, S. 273 f.).

91   **3. Begünstigter u Nachfolger im Umgang.** Begünstigter der Sicherheitsleistung (zB als Bürgschaftsgläubiger) ist der jeweilige **Träger der zuständigen Genehmigungsbehörde** (etwa das Bundesland als öffentlich-rechtliche Körperschaft), nicht die Behörde selbst (zB RP, Struktur- und Genehmigungsdirektion, Umweltministerium usw.). Hinterlegt wird die **Bürgschaftsurkunde,** sofern keine konkreten Regelungen bestehen, bei der jeweiligen Genehmigungsbehörde. Sie muss **unverzüglich zurückgegeben** werden, wenn der Umgang eingestellt worden ist und sich die zuständige Behörde überzeugt hat, dass die Beseitigung der aus dem Umgang stammenden radioaktiven Stoffen ordnungsgemäß abgeschlossen ist. Da die strahlenschutzrechtliche Genehmigung personenbezogen ist, benötigt eine andere Rechtsperson, die eine bisherige Umgangstätigkeit fortsetzen will, nicht nur eine eigene Genehmigung (*Schmatz/Nöthlichs* 8033, Anm. 3.7.1), sondern sie muss auch selbst Sicherheit leisten (die Bürgschaftsurkunde zB muss auf sie ausgestellt sein).

92   **4. Sicherungsform.** Die zuständige Behörde hat grundsätzlich ein **Auswahlermessen hinsichtlich der Form der Sicherheitsleistung.** § 232 BGB listet bestimmte Arten der Sicherheitsleistung auf. Zwar gibt das Rechtsregime des Strahlenschutzes hier keine weiteren Hinweise; es spricht jedoch nichts dagegen, die in **anderen (Umwelt-)Rechtsbereichen übliche Praxis** zugrundezulegen, soweit nicht spezielle strahlenschutzrechtliche Vorgaben entgegenstehen. So lässt zB § 18 Abs. 2 S. 2 DepV neben den in § 232 Abs. 1 BGB aufgelisteten Sicherheitsarten die Stellung eines **tauglichen Bürgen, Garantien** oder **Zahlungsversprechen eines Kreditinstituts** zu. In der Praxis sind etwa – da insolvenzsicher und leichter verwertbar – selbstschuldnerische, unbefristete, unwiderrufliche und auf erstes Anfordern ausgestaltete **Bank- oder Versicherungsbürgschaften** mit Unterwerfung unter die sofortige Zwangsvollstreckung unter Verzicht auf sämtliche Einreden (Anfechtung, Aufrechnung, Vorausklage) üblich. Bei privaten Bürgen ist die notarielle Beurkundung der Bürgschaftserklärung sinnvoll. Daneben begegnen **Konzernbürgschaften,** wobei bei einer umfassenden Bonitätsprüfung des Konzerns die Behörde überfordert sein dürfte. Deswegen **reichen Indizien für die Insolvenzsicherheit der Bürgschaft** aus (zB mehrere Tochterunternehmen, Börsennotierung des Konzerns, Bewertung durch Rating-Agenturen, Testat amtlich bestellter und vereidigter Wirtschaftsprüfer, Jahresabschluss, bereits übernommene Konzernbürgschaften, Pressemeldungen usw). Im Übrigen sollten Konzernbürgschaften wie andere Bürgschaften beschaffen sein. Im Zweifel ist es Aufgabe des Antragstellers, der Behörde die Insolvenzsicherheit der Bürgschaft darzulegen bzw. diese Informationen zu besorgen. Weniger zweckmäßig ist die Hinterlegung von Bargeld, Wertsachen oder Wertpapieren. Wegen komplizierter Wertermittlungs- und Verwertungsmöglichkeiten sind Grundschulden und Hypotheken als Sicherheiten ebenso unzweckmäßig – und ob sich die zuständige Behörde tatsächlich mit einer Schiffshypothek herumschlagen möchte, sei angezweifelt.

5. Sicherungshöhe. Die Höhe der Sicherheitsleistung bestimmt sich durch die **93** **voraussichtlichen Beseitigungskosten** einschließlich derjenigen für **Verpackung, Dekontamination, Transport** und notwendige **Messungen.** Zudem ist zu berücksichtigen, dass eine zu niedrig bemessene Sicherheitsleistung uU nicht mit dem in Art. 191 Abs. 2 UAbs. 1 AEUV verankerten **Verursacherprinzip** harmoniert (*UBA,* Recht der Rohstoffgewinnung, S. 277). Da eine – auch durch Veränderungen im Lauf der Zeit (Inflationsausgleich) – zu niedrig angesetzte Sicherungshöhe ihren Zweck nicht erfüllt, sollte sie in bestimmten Zeitabständen überprüft und ggf. angepasst werden (vgl. § 18 Abs. 3 DepV). Andererseits muss die zuständige Behörde eine auch in Teilen nicht mehr erforderliche Sicherheitsleistung zurückgeben (*Sondermann/Knorpp* ZUR 2003, 202).

6. Nur Auflage oder Anordnung. Im Gegensatz zu anderen Fachrechten **94** (Kreislaufwirtschafts-, Immissionsschutz-, Baurecht; krit. aber VG Kassel Urt. v. 22.03.2018, 7 K 122/15.KS, S. 9ff. (Windkraft), soweit Verhältnismäßigkeitsaspekte zu beachten sind) kann die Forderung einer Sicherheitsleistung für die Beseitigung von aus dem Umgang stammenden radioaktiven Stoffen in der Umgangsgenehmigung wegen des Verweises in § 179 Abs. 1 Nr. 1 auf § 17 Abs. 1 S. 2–4 AtG nicht als Bedingung verankert werden; auch nach der Abkoppelung vom Regime des AtG sind Genehmigungen aus dem StrlSchG-Weichbild bedingungsfeindlich (*Ewer* in HMPS AtG § 17 Rn. 11; → § 12 Rn. 37). Es bleibt nur, die Sicherheitsleistung im Genehmigungsbescheid über Auflagen zu fixieren oder durch Verwaltungsakt anzuordnen.

7. Arbeitshilfen. Die Leitfäden, VwV und Erlasse aus anderen Rechtsgebieten **95** können erste **Erkenntnisquellen** für die Forderung einer Sicherheitsleistung im Strahlenschutz sein (zB Leitfaden für die Verwaltungspraxis der Immissionsschutzbehörden des Landes Rheinland-Pfalz bei der Auferlegung von Sicherheitsleistungen zur Sicherstellung der Nachsorgepflichten bei Abfallentsorgungsanlagen (Stand: Januar 2014), https://mkuem.rlp.de; Sächsisches Oberbergamt, Merkblatt zur Erhebung und Verwertung von Sicherheitsleistungen gem. § 56 Abs. 2 BBergG – Merkblatt Sicherheitsleistungen – (Stand: 11/2010), www.oba.sachsen.de; Gemeinsamer Erlass des Hess. Ministeriums für Wirtschaft, Energie, Verkehr und Wohnen und des Hess. Ministeriums für Umwelt, Klimaschutz, Landwirtschaft und Verbraucherschutz zur Umsetzung der bauplanungsrechtlichen Anforderungen zur Rückbauverpflichtung und Sicherheitsleistung nach § 35 Abs. 5 Satz 2 und 3 BauGB bei der Genehmigung von Windenergieanlagen im Außenbereich v. 27.08.2019, StAnz. 2019, 850).

§ 14 Besondere Voraussetzungen bei Tätigkeiten im Zusammenhang mit der Anwendung am Menschen

(1) Die Genehmigung für eine Tätigkeit nach § 12 Absatz 1 Nummer 1, 2, 3 oder 4 im Zusammenhang mit der Anwendung ionisierender Strahlung oder radioaktiver Stoffe am Menschen wird nur erteilt, wenn neben dem Vorliegen der jeweiligen Voraussetzungen des § 13

1. der Antragsteller oder der von ihm bestellte Strahlenschutzbeauftragte als Arzt oder Zahnarzt approbiert oder ihm die vorübergehende Ausübung des ärztlichen oder zahnärztlichen Berufs erlaubt ist,

2. gewährleistet ist, dass
   a) bei einer Behandlung mit radioaktiven Stoffen oder ionisierender Strahlung, der ein individueller Bestrahlungsplan zugrunde liegt, ein Medizinphysik-Experte zur engen Mitarbeit nach der Rechtsverordnung nach § 86 Satz 2 Nummer 10 hinzugezogen werden kann,
   b) bei einer Behandlung mit radioaktiven Stoffen oder ionisierender Strahlung, der kein individueller Bestrahlungsplan zugrunde liegt (standardisierte Behandlung), und bei einer Untersuchung mit radioaktiven Stoffen oder ionisierender Strahlung, die mit einer erheblichen Exposition der untersuchten Person verbunden sein kann, ein Medizinphysik-Experte zur Mitarbeit nach der Rechtsverordnung nach § 86 Satz 2 Nummer 10 hinzugezogen werden kann,
   c) bei allen weiteren Anwendungen mit ionisierender Strahlung oder radioaktiven Stoffen am Menschen sichergestellt ist, dass ein Medizinphysik-Experte zur Beratung hinzugezogen werden kann, soweit es die jeweilige Anwendung erfordert,

3. gewährleistet ist, dass
   a) bei einer Behandlung nach Nummer 2 Buchstabe a Medizinphysik-Experten in ausreichender Anzahl als weitere Strahlenschutzbeauftragte bestellt sind,
   b) bei einer Behandlung oder Untersuchung nach Nummer 2 Buchstabe b ein Medizinphysik-Experte als weiterer Strahlenschutzbeauftragter bestellt ist, sofern dies aus organisatorischen oder strahlenschutzfachlichen Gründen geboten ist,

4. gewährleistet ist, dass das für die sichere Ausführung der Tätigkeit notwendige Personal in ausreichender Anzahl zur Verfügung steht,

5. gewährleistet ist, dass die Ausrüstungen vorhanden und die Maßnahmen getroffen sind, die erforderlich sind, damit die für die Anwendung erforderliche Qualität
   a) bei Untersuchungen mit möglichst geringer Exposition erreicht wird,
   b) bei Behandlungen mit der für die vorgesehenen Zwecke erforderlichen Dosisverteilung erreicht wird.

(2) [1]Die Genehmigung für eine Tätigkeit nach § 12 Absatz 1 Nummer 4 zur Teleradiologie wird nur erteilt, wenn neben dem Vorliegen der Voraussetzungen des Absatzes 1 und des § 13 Absatz 1

1. die Verfügbarkeit des Teleradiologen während der Untersuchung gewährleistet ist,

2. gewährleistet ist, dass die technische Durchführung durch eine Person erfolgt, die die erforderliche Fachkunde im Strahlenschutz besitzt und die nach der Rechtsverordnung nach § 86 Satz 2 Nummer 6 zur technischen Durchführung der Untersuchung in der Teleradiologie berechtigt ist,

3. gewährleistet ist, dass am Ort der technischen Durchführung ein Arzt mit den erforderlichen Kenntnissen im Strahlenschutz anwesend ist,

4. ein Gesamtkonzept für den teleradiologischen Betrieb vorliegt, das
   a) die erforderliche Verfügbarkeit des Teleradiologiesystems gewährleistet,
   b) eine im Einzelfall erforderliche persönliche Anwesenheit des Teleradiologen am Ort der technischen Durchführung innerhalb eines für eine Notfallversorgung erforderlichen Zeitraums ermöglicht; in begründeten Fällen kann auch ein anderer Arzt persönlich anwesend sein, der die erforderliche Fachkunde im Strahlenschutz besitzt,
   c) eine regelmäßige und enge Einbindung des Teleradiologen in den klinischen Betrieb des Strahlenschutzverantwortlichen gewährleistet.

²Die Genehmigung für den Betrieb einer Röntgeneinrichtung zur Teleradiologie wird auf den Nacht-, Wochenend- und Feiertagsdienst beschränkt. ³Sie kann über den Nacht-, Wochenend- und Feiertagsdienst hinaus erteilt werden, wenn ein Bedürfnis im Hinblick auf die Patientenversorgung besteht. ⁴Die Genehmigung nach Satz 3 wird auf längstens fünf Jahre befristet.

(3) ¹Die Genehmigung für eine Tätigkeit nach § 12 Absatz 1 Nummer 3 und 4 im Zusammenhang mit der Früherkennung wird nur erteilt, wenn neben dem Vorliegen der jeweiligen Voraussetzungen des § 13 sowie des Absatzes 1

1. die Früherkennung nach § 84 Absatz 1 oder 4 zulässig ist und
2. die Einhaltung derjenigen Maßnahmen gewährleistet ist, die unter Berücksichtigung der Erfordernisse der medizinischen Wissenschaft erforderlich sind, damit bei der Früherkennung die erforderliche Qualität mit möglichst geringer Exposition erreicht wird.

²Die Genehmigung wird auf längstens fünf Jahre befristet.

Übersicht

Schrifttum: *Hunger/Nekolla/Griebel/Brix,* Wissenschaftliche Bewertung und rechtliche Zulassung von Früherkennungsuntersuchungen in Deutschland, Der Radiologe 2021, 21; *Rosenberg,* Rechtsfragen der Telemedizin am Beispiel der Teleradiologie im Rahmen von E-Health, 2016; *Wigge/Tönner,* Vereinbarkeit der Genehmigungsvoraussetzungen zur Teleradiologie mit der Berufsfreiheit nach Art. 12 Abs. 1 GG, Radiologie und Recht 2012, RöFo-Beitrag 2, 176.

A. Zweck und Bedeutung der Norm

1   § 14 enthält **besondere Genehmigungsvoraussetzungen** im Zusammenhang mit der **Anwendung am Menschen.** Diese müssen **zusätzlich zu den in § 13 genannten Genehmigungsvoraussetzungen** vorliegen. Abs. 1 enthält die „allgemeinen" Genehmigungsvoraussetzungen, die für den Betrieb von AEiS, den Umgang mit radioaktiven Stoffen einschließlich der Verwendung von ionisierender Strahlung aus einer Bestrahlungsvorrichtung sowie den Betrieb von Röntgeneinrichtungen bei der Anwendung der Strahlung am Menschen erfüllt sein müssen. Abs. 2 enthält zusätzlich zu § 13 Abs. 1 zu erfüllende Genehmigungsvoraussetzungen für den Betrieb einer Röntgeneinrichtung zur **Teleradiologie.** Abs. 3 enthält zusätzlich zu § 13 und Abs. 1 zu erfüllende Genehmigungsvoraussetzungen für den Umgang mit sonstigen radioaktiven Stoffen oder den Betrieb einer Röntgeneinrichtung zur **Früherkennung.**

2   Die besonderen Genehmigungsvoraussetzungen kommen nur zum Tragen, wenn die Tätigkeit selbst nach § 12 Abs. 1 genehmigungsbedürftig ist. Das ist bei Röntgeneinrichtungen, die zur Untersuchung von Menschen betrieben werden und für die eine Anzeige nach § 19 Abs. 1 ausreichend ist, nicht der Fall (§ 12 Abs. 1 Nr. 4 Hs. 2). Da allerdings § 19 Abs. 3 Nr. 1 lit. d sowie Nr. 6 ebenfalls auf § 14 Abs. 1 verweist, ist ein Großteil der hier genannten Voraussetzungen auch bei der **Anzeige** des Betriebes einer Röntgeneinrichtung zur Anwendung am Menschen anwendbar. Der Betrieb einer Röntgeneinrichtung zur Teleradiologie oder im Zusammenhang mit der Früherkennung ist aufgrund der in § 19 Abs. 2 geregelten Rückausnahmen immer genehmigungsbedürftig.

3   Die Anforderungen, die bei der Ausführung der Tätigkeit, wenn sie genehmigt ist, zu beachten sind, werden in den §§ 83 ff. aufgegriffen. Besondere Genehmigungsvoraussetzungen und Anzeigeanforderungen im Zusammenhang mit der med. Forschung enthält Teil 2 Abschn. 5 (§§ 31 ff.).

4   Liegen die Genehmigungsvoraussetzungen vor, ist die Genehmigung zu erteilen. Es handelt sich also um eine **gebundene Entscheidung.** Dies ergibt sich bereits aus der Anbindung an die Genehmigung nach § 12, die ebenfalls eine gebundene Entscheidung ist (→ § 13 Rn. 4). Zweck der in Abs. 1, 2 und 3 verwendeten Formulierung „wird nur erteilt, wenn neben dem Vorliegen der (jeweiligen) Voraussetzungen des (…)" ist, deutlich zu machen, dass es sich bei den Genehmigungsvoraussetzungen nach § 14 um **zusätzliche** Voraussetzungen handelt, die erfüllt werden müssen. Eine Vergleichbarkeit mit der in § 7 Abs. 3 AtG verwendeten Formulie-

rung „darf nur erteilt werden, wenn", die der Genehmigungsbehörde ein Versagungsermessen einräumt (dazu *Posser* in HMPS, AtG/PÜ, § 7 Rn. 37), liegt nicht vor.

B. Bisherige Regelung

Die hier in einem Paragraphen zusammengefassten Regelungen fanden sich an **5** **diversen Stellen** der RöV und der StrlSchV 2001. So greift Abs. 1 die Regelungen des § 9 Abs. 3 StrlSchV 2001, § 14 Abs. 2 StrlSchV 2001 sowie des § 3 Abs. 3 RöV auf. Die Regelungen des Abs. 2 führen § 3 Abs. 4 RöV fort, die des Abs. 3 § 3 Abs. 4a RöV.

Als wesentliche Änderung gegenüber dem alten Recht seien hier zum einen die Notwendigkeit der Verfügbarkeit eines **MPE** bei der diagnostischen Anwendung von Röntgenstrahlung, die mit **einer erheblichen Exposition für die untersuchte Person** einhergeht (zB CT/Interventionsradiologie), vgl. Abs. 1 Nr. 2 lit. b, sowie die Erweiterung der Anwendung im Rahmen der **Früherkennung** (§ 5 Abs. 16) genannt, die bisher nur für **Röntgenreihenuntersuchungen** zulässig war (vgl. § 3 Abs. 4a RöV), auch um die grds. Anwendung radioaktiver Stoffe in diesem Bereich, vgl. Abs. 3.

C. Allgemeine Genehmigungsvoraussetzungen im Zusammenhang mit der Anwendung am Menschen (Abs. 1)

Abs. 1 nennt die Genehmigungsvoraussetzungen, die für den Betrieb einer AEiS **6** (§ 12 Abs. 1 Nr. 1), die Verwendung von ionisierender Strahlung aus einer Bestrahlungsvorrichtung (§ 12 Abs. 1 Nr. 2), den Umgang mit sonstigen radioaktiven Stoffen (§ 12 Abs. 1 Nr. 3) sowie den Betrieb einer Röntgeneinrichtung (§ 12 Abs. 1 Nr. 4) im Zusammenhang mit der Anwendung am Menschen erfüllt sein müssen. Der Begriff der **„Anwendung am Menschen"** umfasst sowohl die med. Exposition (§ 2 Abs. 8) als auch die nichtmed. Anwendung (§ 83 Abs. 1 Nr. 2).

I. Approbation (Nr. 1)

Der **SSV** – als Antragsteller – **oder der SSB** muss als **Arzt oder Zahnarzt ap- 7 probiert** sein oder eine **Erlaubnis zur vorübergehenden Ausübung des ärztlichen Berufes besitzen.** Eine solche Erlaubnis wird auf Antrag idR Ärzten erteilt, die ihre Ausbildung in einem Nicht-EU-Land abgeschlossen haben und bei denen die Feststellung der Gleichwertigkeit ihres Ausbildungsstandes im Rahmen eines Approbationsverfahrens noch aussteht.

II. Medizinphysik-Experte (Nr. 2 und 3)

Bei der Hinzuziehung des MPE wird zwischen **enger Mitarbeit, Mitarbeit 8** und **Beratung** unterschieden. Die in Nr. 2 lit. a und b in Bezug genommene VO-Regelung bezieht sich auf § 131 StrlSchV, der gleichlautende, teilweise konkretisierende Vorgaben für die Hinzuziehung des MPE bei Durchführung der jeweiligen Tätigkeit enthält. Ziff. 2 setzt eine entsprechende Vorgabe aus Art. 58 lit. d RL 2013/59/Euratom um.

9   Die **enge Mitarbeit** nach Nr. 2 lit. a ist gefordert, wenn im Rahmen einer Behandlung **individuelle Bestrahlungspläne** zu erstellen sind. In diesem Fall sind MPE außerdem in ausreichender Anzahl als **weitere SSB** zu bestellen (Nr. 3 lit. a).

10   Ist im Rahmen einer Behandlung kein individueller Bestrahlungsplan zu erstellen **(standardisierte Behandlung)** oder handelt es sich um eine Untersuchung, die mit einer **erheblichen Exposition der untersuchten Person** einhergehen kann, ist der MPE nach Nr. 2 lit. b zur **Mitarbeit** hinzu zu ziehen. Welche Untersuchungen unter diesen Punkt fallen, wird in § 131 Abs. 2 StrlSchV konkretisiert (→ § 86 Rn. 14). Er muss zur Verfügung stehen, was im Genehmigungs- oder Anzeigeverfahren durch einen entsprechenden Vertrag belegt werden kann. In diesem Fall ist die Bestellung eines MPE als weiterer SSB erforderlich, sofern dies aus organisatorischen oder strahlenschutzfachlichen Gründen geboten ist (Nr. 3 lit. b). Im Bereich der Röntgendiagnostik stellt diese Notwendigkeit viele Anwender zurzeit (Stand: Februar 2022) vor große Probleme, weil nur wenige MPE im Besitz der für diesen Anwendungsbereich erforderlichen FK im Strahlenschutz sind. Zurzeit werden in der Bundesrepublik unterschiedliche Programme durchgeführt, die zum Ziel haben, die FK der MPE, die bereits im Besitz einer FK aus dem Bereich Strahlentherapie und/oder Nuklearmedizin sind, um den Bereich der Röntgendiagnostik zu erweitern.

11   In allen anderen Fällen muss sichergestellt sein, dass ein MPE zur **Beratung** hinzugezogen werden kann, soweit die jeweilige Anwendung es erfordert (Nr. 2 lit. c). Die Bestellung eines MPE als SSB ist in diesen Fällen nicht vorgesehen.

III. Vorhandensein des notwendigen Personals (Nr. 4)

12   Aufgrund des Gefährdungspotentials der Anwendung ionisierender Strahlung am Menschen wird ergänzend zu § 13 Abs. 1 Nr. 5 – demgemäß keine Tatsachen vorliegen dürfen, aus denen sich Bedenken ergeben, dass das notwendige Personal nicht vorhanden ist – eine zusätzliche aktive Prüfung der Genehmigungsbehörde gefordert, dass das notwendige **Personal in ausreichender Anzahl** zur Verfügung steht (vgl. BT-Drs. 18/11241, 254).

IV. Vorhandene Ausrüstung und getroffene Maßnahmen (Nr. 5)

13   Nr. 5 fordert, dass die Ausrüstungen, etwa die apparative Ausstattung, vorhanden und die Maßnahmen getroffen sind, die erforderlich sind, damit **die für die Anwendung erforderliche Qualität** bei Untersuchungen mit möglichst geringer Exposition erreicht (lit. a) und bei Behandlungen mit der für die vorgegebenen Zwecke erforderlichen Dosisverteilung (lit. b) erreicht wird. Die Anforderung erfasst für bildgebende Verfahren insbesondere auch die **erforderliche Bildqualität** und dass bei einer Behandlung Maßnahmen getroffen sind, um die **erforderliche Dosisverteilung** mit **möglichst geringer Gesamtdosis** zu erreichen (sa BT-Drs. 18/11241, 254, 255). Zu den weiteren Maßnahmen zählen bspw. Verfahrensanweisungen.

D. Teleradiologie (Abs. 2)

14   Soll eine **Röntgeneinrichtung** im Rahmen der **Teleradiologie** (§ 5 Abs. 38) eingesetzt werden, sind zusätzliche personelle und technische Voraussetzungen zu erfüllen. Bei der Teleradiologie befindet sich der Arzt, der die **rechtfertigende In-**

dikation (s. Legaldefinition in § 83 Abs. 3 S. 1) stellt, nicht persönlich am Ort der technischen Durchführung. Bei der Anwendung von Röntgenstrahlung am Menschen außerhalb der Teleradiologie muss der Arzt mit der erforderlichen FK, der die rechtfertigende Indikation stellt, **den Patienten** dagegen **vor Ort persönlich untersuchen können** (→ § 83 Rn. 15), was gleichbedeutend ist mit einer persönlichen Anwesenheit in der Einrichtung, in der die Untersuchung technisch durchgeführt wird. Die Teleradiologie gibt somit Einrichtungen, die nicht über eine permanente Besetzung der radiologischen Abteilung mit Ärzten mit erforderlicher FK im Strahlenschutz verfügen, die Möglichkeit, dennoch auch diese Untersuchungen durchzuführen. IdR betrifft dieses computertomographische Untersuchungen, ist aber auch für jede andere Art von Röntgenuntersuchungen möglich. Zum Ablauf der Teleradiologie sa § 123 StrlSchV (→ § 86 Rn. 10). IdR beschränkt sich das Verfahren der Teleradiologie aber auf den **Nacht-, Wochenend- und Feiertagsdienst** (→ Rn. 24). Grds. ist die Teleradiologie ein genehmigungsbedürftiger Sonderfall der Anwendung von Röntgenstrahlung am Menschen. Der Regelfall bleibt, dass der die rechtfertigende Indikation stellende Arzt den Patienten vor Ort persönlich untersucht (BT-Drs. 18/11241, 255); sa OVG NRW, Beschl. v. 18.12.2007 – 20 A 943/07, BeckRS 2010, 50400).

Die aufgrund der Besonderheit der Teleradiologie fehlende Anwesenheit des für **15** die Anwendung verantwortlichen Arztes wird durch erhöhte Anforderungen, die sich in den Genehmigungsvoraussetzungen widerspiegeln, ausgeglichen. Dies begegnet **keinen verfassungsrechtlichen Bedenken,** insbesondere liegt kein Eingriff in die Berufsausübungsfreiheit (Art. 12 GG) vor, da diese Anforderungen der Strahlensicherheit und letztlich dem Gesundheitsschutz des Menschen dienen (VGH München Urt. v. 14.04.2008 – 9 B 08.91, BeckRS 2008, 27809 Rn. 37, 38).

I. Genehmigungsvoraussetzungen (S. 1)

1. Verfügbarkeit des Teleradiologen (Nr. 1). Bei der Teleradiologie wird **die 16 Verfügbarkeit des Teleradiologen während der Untersuchung** gefordert. Er muss dem Arzt am Untersuchungsort für Rückfragen zur Verfügung stehen. Eine **persönliche Anwesenheit** am Ort der technischen Durchführung ist nicht verlangt, die Verfügbarkeit ist hier durch **telekommunikative Wege** sicher zu stellen.

2. Personelle Voraussetzungen (Nr. 2 und 3). Die **technische Durchführ- 17 rung** der Untersuchung (Lagern des Patienten unter Berücksichtigung der Einstelltechnik, Durchführung von Strahlenschutzmaßnahmen, Eingeben und Ablesen von Daten an der Röntgeneinrichtung und Auslösen der Strahlung) darf nur von Personen mit der erforderlichen FK im Strahlenschutz erfolgen, die gemäß des auf Grundlage des § 86 S. 2 Nr. 6 (→ § 86 Rn. 11) erlassenen **§ 145 Abs. 2 Nr. 2 oder 3 (iVm § 123) StrlSchV** zur technischen Durchführung der Untersuchung in der Teleradiologie berechtigt sind. Danach beschränkt sich der Kreis der berechtigten Personen in der Teleradiologie auf MTRAs und Personen mit einer staatlich geregelten, staatlich anerkannten oder staatlich überwachten erfolgreich abgeschlossenen Ausbildung, wenn die technische Durchführung Gegenstand ihrer Ausbildung und Prüfung war und sie die erforderliche FK im Strahlenschutz besitzen.

Dass außerhalb des teleradiologischen Ansatzes mögliche Konstrukt, dass eine **18** Person mit einer erfolgreich abgeschlossenen sonstigen medizinischen Ausbildung (zB MFA), die im Besitz der erforderlichen Kenntnisse im Strahlenschutz ist („Röntgenschein") unter ständiger Aufsicht und Verantwortung eines Arztes mit der erforderlichen FK im Strahlenschutz ebenfalls die technische Durchführung vornehmen darf (§ 145 Abs. 2 Nr. 5 StrlSchV), greift im Falle der Teleradiologie nicht, da § 123 Abs. 3 StrlSchV **nicht** auf diesen Personenkreis Bezug nimmt. Des Weiteren hat der BayVGH, Urt. v. 14.4.2008 – 9 B 08.81, BeckRS 2008, 27809 Rn. 27 festgestellt, dass zur technischen Durchführung der Einsatz anderen Personals als das in der einschlägigen Genehmigungsvoraussetzung genannte (seinerzeit § 3 Abs. 4 Nr. 2 RöV; jetzt § 14 Abs. 2 Nr. 2 iVm § 123 Abs. 3 iVm § 145 Abs. 2 Nr. 2 oder 3 StrlSchV) unzulässig sei, bspw. Ärzte ohne die erforderliche FK im Strahlenschutz, im Fall einer computertomographischen teleradiologischen Untersuchung die FK „Computertomographie". Eine FK „Notfalldiagnostik" reichte nicht aus. Vgl. auch die parallelen Urteile des BayVGH 9 B 08.80 und 9 B 08.94.

19   Der Arzt am Untersuchungsort hat mindestens über die erforderlichen Kenntnisse im Strahlenschutz zu verfügen. Die Anforderungen an die Kenntnisse sind in der RL „Fachkunde und Kenntnisse im Strahlenschutz bei dem Betrieb von Röntgeneinrichtungen in der Medizin oder Zahnmedizin" v. 22. Dezember 2005 (GMBl 2006, Nr. 22, 414) zuletzt geändert durch RdSchr. v. 27. Juni 2012 (GMBl. 2012, 724; ber. 1204) dargelegt. Diese unterscheidet zwischen den Kenntnissen für Ärzte, die unter Aufsicht und Verantwortung eines Arztes mit der erforderlichen FK im Strahlenschutz Röntgenstrahlung am Menschen **anwenden** dürfen (§ 145 Abs. 1 Nr. 2 StrlSchV) und solchen, die als **Arzt am Untersuchungsort** im Rahmen der Teleradiologie mitwirken. Im zweitgenannten Fall sollen Erfahrungen insbesondere zu den Abläufen der Röntgenanwendung und der Teleradiologie erworben werden, um den Patienten in Kombination mit den durch den Teleradiologen bereitgestellten Informationen aufklären, den Untersuchungsablauf (einschließlich Kontrastmittelgabe) vor Ort überwachen und kurzfristig beeinflussen sowie die für die Teleradiologie spezifischen Komponenten und evtl. notwendige Ausfallkonzepte einsetzen zu können.

20   **3. Gesamtkonzept für den teleradiologischen Betrieb (Nr. 4).** Der Genehmigungsbehörde ist ein **Konzept** vorzulegen, aus dem hervorgeht, dass auch bei der teleradiologischen Anwendung von Röntgenstrahlung am Menschen ein optimaler Ablauf der Kette „Stellen der rechtfertigen Indikation, technische Durchführung der Untersuchung und Befundung" gewährleistet ist, da die Teleradiologie idR institutionsübergreifend oder überregional praktiziert wird (BT-Drs. 18/11241, 256). Im Gegenzug sind technische und organisatorische Voraussetzungen obligatorisch.

21   Zum einen muss die erforderliche Verfügbarkeit des Teleradiologiesystems gewährleistet sein (lit. a). Technisch hat das **Teleradiologiesystem** dem **Stand der Technik** zu entsprechen. Zum Teleradiologiesystem gehört neben den jeweiligen **Endgeräten** auch die **Datenübertragungsstrecke.** Für die in der Genehmigung zum Betrieb der Röntgeneinrichtung im Rahmen der Teleradiologie genannten Zeiträume ist eine **hohe Verfügbarkeit** des Teleradiologiesystems nachzuweisen; dazu gehört auch ein **Ausfallkonzept** (BT-Drs. 18/11241, 256). Durch regelmäßige Qualitätssicherung (vgl. DIN 6868-159) aller Komponenten inklusive der Datenübertragungsrate und der Bildwiedergabegeräte („Befundungsmonitore") am Ort der Befundung ist die Leistungsfähigkeit ständig zu überprüfen.

22   Organisatorisch ist sicher zu stellen, dass eine **im Einzelfall** erforderliche persönliche Anwesenheit des Teleradiologen **innerhalb eines für eine Notfallver-**

sorgung erforderlichen **Zeitraums** möglich ist; in begründeten Fällen kann auch ein anderer Arzt persönlich anwesend sein (lit. b). Diese Vorgabe führt das in § 3 Abs. 4 S. 1 Nr. 6 RöV erstmals verankerte Regionalprinzip fort (sa BT-Drs. 18/11241, 256). Zur **Verfassungsmäßigkeit** des Regionalprinzips – bejahend – *Rosenberg*, 140 ff. (aA VG Köln, Urt. v. 28.01.2010 – 13 K 1158/06). Das Abstellen auf den „Einzelfall" soll klarstellen, dass im Regelfall davon auszugehen sein wird, dass die persönliche Anwesenheit des Teleradiologen nicht erforderlich sein wird. Bei dem „für eine Notfallversorgung erforderlichen Zeitraum" handelt es sich um einen unbestimmten Rechtsbegriff (*Rosenberg*, 121, 122 ff. zur Auslegung des Begriffs „Notfallversorgung"). Der Begriff der „Notfallversorgung" umfasst im teleradiologischen Kontext jegliche problematische Untersuchungssituation, die die persönliche Anwesenheit des Teleradiologen erfordert, bspw. bei Unverträglichkeit eines Kontrastmittels, bei Notwendigkeit der Durchführung akut indizierter CT-geführter Interventionen oder anderer weitergehenden Untersuchungen oder bei unvorhergesehenen technischen Problemen im Teleradiologienetzwerk (*Rosenberg*, 120, 121). Der erforderliche Zeitraum für das Eintreffen des Teleradiologen sollte **grds. nicht mehr als 45 Minuten** betragen, um die Notfallversorgung zu gewährleisten (vgl. BR-Drs. 230/02, 76 zu § 3 Abs. 3 S. 1 Nr. 6 RöV). Ein „begründeter Fall" (ebenfalls ein unbestimmter Rechtsbegriff), der die persönliche Anwesenheit eines anderen Arztes mit der erforderlichen FK im Strahlenschutz zulässt, liegt bspw. vor, wenn der Teleradiologe bspw. wegen unvorhergesehener Unabkömmlichkeit aufgrund einer anderweitig vorrangigen Untersuchung eines Patienten (*Rosenfeld*, 130) ausfällt oder unerwartet die technische Verbindung zwischen dem Ort der technischen Durchführung und dem Ort, an dem sich der Teleradiologe befindet, zusammenbricht. Das Vorliegen eines „begründeten Falls" aufgrund der zu großen Entfernung zwischen dem Ort der technischen Durchführung und dem des Teleradiologen ist dagegen eher zurückhaltend zu beurteilen. Sie dürfte gerechtfertigt sein, wenn bspw. in einem dünn bewohntem Gebiet der Teleradiologe nicht nah genug zum Ort der technischen Durchführung wohnt, ein „Ausfallarzt" verfügbar ist und die radiologische Versorgung gefährdet wäre, wenn die Teleradiologie in diesem Fall nicht genehmigt würde. Ein begründeter Fall liegt dagegen nicht vor allein bei zu großer Entfernung zwischen dem Ort der technischen Durchführung und dem des Teleradiologen. Andernfalls würde der Grundsatz, dass der Arzt den Patienten persönlich untersuchen können muss, allein durch die Tatsache, dass der Teleradiologie „zu weit weg wohnt", ausgehebelt.

Der Teleradiologe ist **eng und regelmäßig in den klinischen Betrieb ein- 23 zubinden.** Er muss die Röntgeneinrichtungen des SSV sowie die klinischen Abläufe und die beteiligten Personen kennen. Damit wird die erforderliche Untersuchungsqualität auch bei komplexen und seltenen Untersuchungen sichergestellt (BT-Drs. 18/11241, 256).

II. Beschränkung und Befristung der Genehmigung (S. 2 bis 4)

Die **Anwendung von Röntgenstrahlung im Rahmen der Teleradiologie** 24 ist durch die Kette „Untersuchung des Patienten (Ort der technischen Durchführung) – Stellen der rechtfertigenden Indikation (Teleradiologe) – Durchführung der Untersuchung (Ort der technischen Durchführung) – Befundung (Teleradiologe) – klinische Konsequenzen (Ort der technischen Durchführung)" **ein zeitlich aufwendiges Verfahren,** das nicht in der **täglichen Routine** eingesetzt werden sollte. Im Regelfall sollten Ärzte mit der erforderlichen FK im Strahlenschutz am

Ort der technischen Durchführung anwesend sein. Aus diesem Grund wird die Genehmigung zum Betrieb einer Röntgeneinrichtung im Rahmen der Teleradiologie grds. auf den **Nacht-, Wochenend- und Feiertagsdienst** beschränkt (S. 2). Eine Befristung der Genehmigung ist in diesem Fall nicht vorgesehen. Nur wenn ein Bedürfnis im Hinblick auf die Patientenversorgung besteht, kann die **Genehmigung über diese Zeiten hinaus** erteilt werden (S. 3). In diesen Fällen wird die Genehmigung auf längstens fünf Jahre befristet (S. 4), um das Bedürfnis der Patientenversorgung im Bedarfsfall nach diesem Zeitraum zu überprüfen zu können. Nach alter Rechtslage (§ 3 Abs. 4 S. 2 RöV) war die Genehmigung auf drei Jahre zu befristen.

25   Das VG Aachen entschied in seinem Urt. v. 08.02.2007 – 6 K 276/06 (bestätigt durch OVG NRW, Beschl. v. 18.12.2007 – 20 A 943/07, BeckRS 2010, 50400) dass die Teleradiologie **nicht zum Normalfall** werden und nicht dazu führen dürfe, dass Krankenhäuser und Kliniken – insbesondere aus **Kostengründen** – keine Ärztinnen und Ärzte mit der erforderlichen FK im Strahlenschutz mehr beschäftigen. In dem zu entscheidenden Fall wollte ein Krankenhaus seine bestehende Genehmigung über den Nacht- Wochenend- und Feiertagsdienst hinaus auch für die computertomographische Notfallversorgung am Tage erweitern lassen. Da aber an zwei Tagen ohnehin Ärztinnen oder Ärzte mit der für diesen Fall erforderlichen FK im Strahlenschutz vor Ort und um das besagte Krankenhaus herum genügend andere entsprechend ausgestattete Krankenhäuser und Praxen ansässig waren, wurde diese Begründung nicht anerkannt. Vielmehr wurde dazu geraten, die Anwesenheit der Ärzte mit der erforderlichen FK im Strahlenschutz auf mehr als zwei Tage zu erhöhen oder eine Kooperation mit den umliegenden Häusern einzugehen, um so im Tagdienst eine ständige Anwesenheit entsprechend fachkundiger Ärztinnen und Ärzte zu gewährleisten.

E. Früherkennung (Abs. 3)

26   Die Anwendung ionisierender Strahlung zur **Früherkennung** (§ 5 Abs. 16) von Krankheiten ist eine med. Exposition, die strengen Voraussetzungen unterliegt, weil hier Strahlung am Menschen angewendet wird, die keine Krankheitssymptome aufweisen und bei denen kein konkreter Krankheitsverdacht besteht **(asymptomatische Personen).** Im Gegensatz zu der Exposition von Patienten, also Personen, bei denen ein Krankheitsverdacht besteht, zieht nur ein geringer Teil der untersuchten asymptomatischen Personen einen Nutzen, während alle Teilnehmer die Risiken der Strahlenanwendung tragen (*Hunger/Nekolla/Griebel/ Brix,* Der Radiologe 2021, 21 (25)). Dieser Umstand rechtfertigt die hohen Anforderungen an die Früherkennung, vgl. auch § 84.

27   War die Früherkennung bisher auf die **freiwillige Röntgenreihenuntersuchung,** wie das Mammographie-Screening, beschränkt, erfasst das StrlSchG grds. auch die Früherkennung im Rahmen einer **individuellen Anwendung.** Des Weiteren wird neben der Anwendung von Röntgenstrahlung auch die **Anwendung radioaktiver Stoffe** umfasst, vgl. § 5 Abs. 16 sowie die Bezugnahme in Abs. 4 auf die Genehmigungstatbestände des § 12 Abs. 1 Nr. 3 und 4. Das stellt eine wesentliche Änderung zum bisherigen Strahlenschutzrecht dar.

I. Genehmigungsvoraussetzungen (Abs. 3 S. 1)

1. Zulässigkeit der Früherkennung (Nr. 1). Die Früherkennungsunter- 28
suchung muss nach § 84 Abs. 1 oder Abs. 4 zulässig sein. § 84 Abs. 1 betrifft Früherkennung zur Erkennung nicht übertragbarer, § 84 Abs. 4 die Früherkennung zur
Erkennung übertragbarer Krankheiten. Die **Zulässigkeit** einer Früherkennungsuntersuchung, die zur Erkennung **nicht übertragbarer Krankheiten** führen
kann, wird vom BMUV in einer Rechtsverordnung geregelt (→ § 84 Rn. 5). Für
die Erkennung **übertragbarer Krankheiten** kann die Zulässigkeit des Verfahrens
von der zust. obersten Gesundheitsbehörde eines Bundeslandes in Zusammenarbeit
mit der obersten Strahlenschutzbehörde dieses Bundeslandes zugelassen werden
(§ 84 Abs. 4).

2. Qualitätssicherung (Ziff. 2). Weitere Genehmigungsvoraussetzung ist, 29
dass die Einhaltung derjenigen Maßnahmen gewährleistet ist, die unter Berücksichtigung der Erfordernisse der med. Wissenschaft erforderlich sind, damit bei der
Früherkennung die erforderliche Qualität mit möglichst geringer Exposition erreicht wird. Zum einen betrifft dies **physikalisch-technischen Qualitätssicherungsmaßnahmen.** Zu den Maßnahmen, die der **med. Wissenschaft** Genüge
tun, zählt bspw. bei der Brustkrebs-Früherkennung die übliche Doppelbefundung
durch zwei Ärzte (vgl. auch § 7 Abs. 1 BrKrFrühErkV). So soll erreicht werden,
dass möglichst viele Krankheiten erkannt, aber gleichzeitig falsch-positive Befunde
minimiert werden. Das führt zu einer **hohen Qualität der Untersuchungen** bei
möglichst geringer Strahlenexposition.

II. Befristung der Genehmigung (S. 2)

Die Genehmigung wird auf **längstens fünf Jahre** beschränkt. Dieses trägt der 30
Tatsache Rechnung, dass sich laufend Anpassungen an den Stand der Technik ergeben und medizinische Erkenntnisse laufend erweitert werden.

F. Übergangsvorschriften

Vgl. die Kommentierung zu § 198. 31

---

§ 15   Besondere Voraussetzungen bei Tätigkeiten im Zusammenhang
mit der Anwendung am Tier in der Tierheilkunde

**Die Genehmigung für eine Tätigkeit nach § 12 Absatz 1 Nummer 1, 2, 3
oder 4 im Zusammenhang mit der Anwendung am Tier in der Tierheilkunde wird nur erteilt, wenn neben dem Vorliegen der jeweiligen Voraussetzungen des § 13 der Antragsteller oder der von ihm bestellte Strahlenschutzbeauftragte als Tierarzt, Arzt oder Zahnarzt approbiert oder zur
vorübergehenden Ausübung des tierärztlichen, ärztlichen oder zahnärztlichen Berufs berechtigt ist.**

A. Zweck und Bedeutung der Norm

1   § 15 enthält eine **besondere Genehmigungsvoraussetzung** für den Betrieb von AEiS, den Umgang mit radioaktiven Stoffen einschließlich der Verwendung von ionisierender Strahlung aus einer Bestrahlungsvorrichtung sowie den Betrieb von Röntgeneinrichtungen im Zusammenhang mit der **Anwendung am Tier in der Tierheilkunde.** Für die Anwendung am Tier in der **Forschung** ist § 15 dagegen **nicht einschlägig;** es gibt keine besonderen Genehmigungsvoraussetzungen für den Forschungsbereich. Die Genehmigungsvoraussetzung muss **zusätzlich zu den in § 13 genannten Genehmigungsvoraussetzungen** vorliegen. Es handelt sich um eine gebundene Entscheidung (→ § 14 Rn. 4). Die nach Genehmigungserteilung bei Durchführung der Tätigkeit zu beachtenden Vorgaben sind in §§ 144 und 146 StrlSchV geregelt, vgl. die Kommentierung zu § 87.

B. Bisherige Regelungen

2   Die hier in einem Paragraphen zusammengefassten Regelungen fanden sich in § 3 Abs. 5 RöV sowie in § 9 Abs. 4 StrlSchV 2001 und § 14 Abs. 3 StrlSchV 2001. Es haben sich gegenüber dem alten Strahlenschutzrecht keine Veränderungen ergeben.

C. Genehmigungsvoraussetzungen im Zusammenhang mit der Anwendung am Tier in der Tierheilkunde

3   § 15 fordert als besondere Genehmigungsvoraussetzung, dass der Antragsteller oder der SSB als **Tierarzt, Arzt oder Zahnarzt approbiert** ist oder eine Erlaubnis zur **vorübergehenden Ausübung des tierärztlichen, ärztlichen oder zahnärztlichen Berufes** besitzt. Eine solche Erlaubnis wird auf Antrag idR Ärzten erteilt, die ihre Ausbildung in einem Nicht-EU-Land abgeschlossen haben und bei denen die Feststellung der Gleichwertigkeit ihres Ausbildungsstandes im Rahmen eines Approbationsverfahrens noch aussteht.

4   Des Weiteren müssen die Voraussetzungen des § 13 StrlSchG erfüllt sein (→ Rn. 1). Für den Bereich der Tierheilkunde sind in diesem Zusammenhang folgende Punkte von besonderer Bedeutung: Die Anforderungen an die erforderliche FK bzw. Kenntnisse im Strahlenschutz konkretisiert die **RL „Strahlenschutz in der Tierheilkunde"** v. 25. September 2014 (GMBl. 2014, Nr. 76/77, 1581). Es ist eine ausreichende Zahl von SSB mit der erforderlichen FK im Strahlenschutz zu bestellen. Im Falle kleinerer Praxen oder Klinken wird im Bereich der Tierheilkunde idR der SSV selbst im Besitz einer FK sein. Wenn in diesem Fall sichergestellt ist, dass die Anwendung ionisierender Strahlung oder radioaktiver Stoffe nur erfolgt, wenn der SSV anwesend ist, kann auf die Bestellung eines weiteren SSB verzichtet werden. In allen anderen Fällen, zB bei großen Praxen oder Tierkliniken sollten mindestens zwei Personen als SSB bestellt sein, um die Vertreterregelung zu gewährleisten. Der bauliche und apparative Strahlenschutz muss gewährleistet sein, es sind Hilfsmittel und Schutzausrüstungen, wie zB Halterungssysteme, Bleischürzen oder –kanzeln bereit zu stellen, um das Gebot der **Dosisreduktion gemäß § 8 StrlSchG** erfüllen zu können.

§ 16 Erforderliche Unterlagen

Einem Genehmigungsantrag für eine Tätigkeit nach § 12 Absatz 1 sind die zur Prüfung erforderlichen Unterlagen, insbesondere die Unterlagen nach Anlage 2, beizufügen.

A. Sinn und Zweck der Norm

§ 16 ist **verfahrensrechtlicher Natur** und bestimmt, dass einem **Genehmi-** **1** **gungsantrag** für eine Tätigkeit nach § 12 Abs. 1 die erforderlichen Unterlagen beigefügt werden müssen. Zusammen mit **Anlage 2 zum StrlSchG,** auf die sie – nicht abschließend („insbesondere"), aber doch typisierend – verweist, legt die Norm fest, welche Unterlagen konkret erforderlich sind. Diese Vorgaben ermöglichen der Behörde die Vorbereitung der Entscheidung über den Genehmigungsantrag und dienen der bundesweiten Vereinheitlichung des Genehmigungsverfahrens.

Die Regelung setzt Art. 29 Abs. 1 RL 2013/59/Euratom um; Art. 29 Abs. 2 der **2** RL verweist auf deren Anhang IX, der eine entsprechende Liste für einzureichende Genehmigungsunterlagen enthält.

B. Bisherige Regelung

Die neue Regelung ersetzt die **§§ 9 Abs. 6 und 14 Abs. 4 StrlSchV 2001** so- **3** wie **§ 3 Abs. 7 RöV.** Das System der StrlSchV 2001, die zur Prüfung der Genehmigungsanträge notwendigen Unterlagen in einer Anlage aufzulisten (Anlage II StrlSchV 2001; in der RöV waren erforderliche Unterlagen direkt in § 3 Abs. 7 aufgeführt) wurde beibehalten; in Anlage 2 werden diese nun nach Genehmigungs- bzw. Zulassungstatbeständen getrennt aufgeführt.

C. Die Regelung

I. Genehmigungsantrag und Genehmigungsverfahren

Mit Eingang des **Antrags** wird das Genehmigungsverfahren **in Gang gesetzt;** **4** es **endet mit der Zustellung** der behördlichen Entscheidung (*Ramsauer* in Kopp/ Ramsauer VwVfG § 9 Rn. 29 u. 34, § 22 Rn. 18; *Reinhardt* in Czychowski/Reinhardt WHG § 11 Rn. 17). Diese kann dem Antrag in vollem Umfang oder auch nur teilweise stattgeben oder ihn abweisen.

Die strahlenschutzrechtliche Genehmigungsbehörde darf **nur auf Antrag tätig** **5** werden. Eine Genehmigungsentscheidung ohne Antrag bzw. trotz zurückgenommenen Antrags ist unwirksam (*Schmatz/Nöthlichs* 8027, Anm. 3.1). Die Behörde kann bei Ausübung einer ungenehmigten Tätigkeit nach § 12 niemand zwingen, eine Genehmigung zu beantragen (eine Pflicht zur Antragstellung muss im Fachrecht normiert sein, vgl. zB § 176 Abs. 1 BauGB; § 8 Abs. 7 HWG); sie kann aber auf das **Aufsichtsinstrumentarium des § 179** zurückgreifen.

Anders als das AtG (mit der AtVfV) und das BImSchG (mit der 9. BImSchV) **6** ordnet das StrlSchG **kein förmliches Verfahren** für bestimmte Genehmigungen an und enthält keine Ermächtigung für eine entsprechende Verfahrensverordnung. Genehmigungen nach § 12 werden daher im Grundsatz in einem einfachen Verwaltungsverfahren erteilt, das zweckmäßig und zügig durchzuführen ist (§ 10 VwVfG). Eine Ausnahme ergibt sich für Genehmigungen nach § 12 Abs. 1 Nr. 3, wenn nach dem UVPG für das Vorhaben die **Verpflichtung zur Durchführung einer UVP** besteht; dann ist das Genehmigungsverfahren nach der AtVfV durchzuführen (§ 181 Abs. 1 S. 2; → § 181 Rn. 13).

7   Da anders als zB bei der medizinischen Forschung (§ 31 Abs. 3 S. 3 f.) und in anderen Rechtsgebieten (vgl. § 10 Abs. 6 a BImSchG, 20 Abs. 1 S. 1 d. 9. BImSchV; 10 Abs. 5 u. 6 GenTG – Arbeiten in gentechnischen Anlagen –, 16 Abs. 3 GenTG – Freisetzung) in § 12 konkrete gesetzlich normierte **Genehmigungsfristen fehlen,** ist das Genehmigungsverfahren in **angemessener Zeit** abzuschließen (BVerfG Beschl. v. 26.02.1985 – 2 BvR 1145/83, BeckRS 9998, 100677, OS 1 u. 2; **Ramsauer** in Kopp/Ramsauer, § 10 Rn. 18); es gelten die Regeln des allgemeinen Verwaltungsrechts.

II. Die Antragsunterlagen

8   **1. Erforderlichkeit.** § 16 konstatiert eine generelle Pflicht, einem Antrag für eine Tätigkeit nach § 12 Abs. 1 die zur Prüfung erforderlichen Unterlagen beizufügen. Anlage 2 zum StrlSchG präzisiert in den Teilen A bis D, auf die jeweiligen Tätigkeiten zugeschnitten, welche Unterlagen das mindestens sein müssen. Im Verhältnis zur alten Rechtslage wurde die Auflistung um das Erfordernis der **Vorlage einer SSAnw** erweitert (zB Teil B Nr. 4).

9   Die Listen in Anlage 2 sind allerdings **nicht abschließend;** erforderlich iSd § 16 können auch noch weitere, dort nicht genannte Unterlagen sein („insbesondere"), die – allgemein – von den Ländern über VwV (*Dietlein* in Landmann/Rohmer UmweltR § 4 d. 9. BImSchV, Rn. 4) oder – im Einzelfall – von der Genehmigungsbehörde eingefordert werden können.

10   Der Erforderlichkeitsbegriff hat insoweit zwei Facetten: Er bezieht sich einerseits auf den **Umfang der beizufügenden Unterlagen** und andererseits **auf die Detaillierungsschärfe** der darin enthaltenen Angaben. Erforderlich ist, was die Behörde einzelfallbezogen und im Rahmen der an der zu treffenden Entscheidung gemessenen Verhältnismäßigkeit für notwendig ansieht. Obwohl der Begriff „erforderlich" an sich ein unbestimmter Rechtsbegriff ist, hat die Behörde hier einen **gerichtlich nur eingeschränkt überprüfbaren Beurteilungsspielraum,** „der sich aus der Zielrichtung der Norm selbst erklärt, der Behörde die notwendigen Entscheidungsgrundlagen zu verschaffen" (OVG Lüneburg Beschl. v. 18.07.2012 – 12 LA 114/11, BeckRS 2012, 53657 II.1; *Dietlein* in Landmann/Rohmer UmweltR § 4 d. 9. BImSchV, Rn. 3, ferner Rn. 9 u. 12; es ist kein Grund ersichtlich, warum dieser für das immissionsschutzrechtliche Genehmigungsverfahren aufgestellte Grundsatz nicht auch für das strahlenschutzrechtliche Genehmigungsregime gelten sollte). Ob zu bestimmten Fragen Unterlagen, auch in Form von Gutachten, vorzulegen sind, hängt darüber hinaus davon ab, „ob insoweit unter Berücksichtigung der Besonderheiten des jeweiligen Vorhabens und seiner Auswirkungen Zweifel an der Genehmigungsfähigkeit bestehen und sinnvoll Nebenbestimmungen zur Genehmigung geboten sein können" (OVG Magdeburg Urt. v. 20.4.2016 – 2 L 64/14, BeckRS 2016, 47610, Rn. 56; *Jarass* BImSchG § 10, Rn. 31). Nicht erforderlich sind Unterlagen, die der Behörde bereits vorliegen (zB, soweit sie noch aktuell sind, aus früheren Verfahren). Nicht gefolgt werden kann

der Auffassung, dass auch Unterlagen, die durch die Behörde leichter beschafft werden können, nicht erforderlich sein sollen (so *Jarass* BImSchG § 10, Rn. 31 a), denn es ist nicht Obliegenheit der Behörde, die Antragsunterlagen beizubringen, sondern die des Antragstellers; die Beschaffung von Unterlagen für ein Verfahren, das letztlich dem Antragsteller dient und finanzielle Vorteile bringt, kann nicht zu (Kosten-) Lasten der Allgemeinheit führen.

Weitere konkrete Erkenntnisquellen zu notwendigen Antragsunterlagen enthält **11** das **untergesetzliche Regelwerk** (zB Nr. 2.3.5 RL Strahlenschutz in der Medizin, die auf die Merkposten zu Antragsunterlagen in den Genehmigungsverfahren für Anlagen zur Erzeugung ionisierender Strahlen nach § 11 Abs. 1 und 2 StrlSchV (GMBl 2004 S. 9) – Anlage B Nr. 4.5 – verweist).

Das grundsätzlich nichtförmliche Genehmigungsverfahren gem. § 10 VwVfG **12** bedeutet zum einen, dass die Unterlagen **nicht allgemeinverständlich** sein müssen – es findet keine Öffentlichkeitsbeteiligung statt. Zum anderen hat auch bei dieser Verfahrensart der Antragsteller einen Anspruch auf **behördliche Unterstützung**, etwa auf Beratung im Genehmigungsverfahren (Art, Umfang und Vollständigkeit der Antragsunterlagen; Überlassen von Daten, über die nur die Behörde verfügt usw.; § 25 VwVfG). Behördliche Unterstützung bedeutet allerdings nicht, dass die zuständige Behörde dem SSV die Antragsunterlagen (teil)formuliert oder notwendige Gutachten für ihn ausarbeitet.

2. Unvollständigkeit. Anders als in anderen Genehmigungsregimes (vgl. § 3 **13** Abs. 5 AtVfV, § 7 d. 9. BImSchV) ist im Strahlenschutzrecht die Frage nach dem **Umgang mit unvollständigen Antragsunterlagen** im Anwendungsbereich des § 16 und auch sonst nicht geregelt (eine Ausnahme stellen nur §§ 31 Abs. 3 und 33 Abs. 1 für die genehmigungs- bzw. anzeigebedürftige Anwendung am Menschen zum Zweck der med. Forschung dar). Die Behörde kann, sinnvollerweise mit Fristsetzung, **Unterlagen nachfordern,** wenn die eingereichten qualitativ oder quantitativ nicht zur Prüffähigkeit des Antrags (nicht: zur Genehmigungsfähigkeit; das **Verfahren ist ergebnisoffen zu führen**) ausreichend sind. Werden die Unterlagen nicht fristgerecht ergänzt, kann der Antrag **kostenpflichtig abgewiesen** werden (*Schmatz / Nöthlichs* 8027, Anm. 3.1). Im Einzelfall kann die Genehmigungsbehörde jedoch zur Klärung von Einzelfragen von ihr ausgewählte und beauftragte **Sachverständige** zum Genehmigungsverfahren **auf Kosten des Antragstellers hinzuziehen** (§§ 179 Abs. 1 Nr. 3 StrlSchG iVm 20 AtG analog).

3. Sonstiges. Eine Privilegierung bei der Beibringung von Antragsunterlagen **14** für Tätigkeiten in Betrieben, die Teil eines eingetragenen Standortes einer nach der **EMAS–Verordnung** (EG) Nr. 1221/2009 vom 25.11.2009 (geändert durch die EMAS Verordnung (EU) 2017/1205) registrierten Organisation sind, ist im strahlenschutzrechtlichen Genehmigungsregime nicht vorgesehen (anders etwa § 4 Abs. 1 S. 2 d. 9. BImSchV).

III. Form der Antragsunterlagen

Die Unterlagen sind, ebenso wie der Antrag selbst, entweder **schriftlich** (zu **15** § 115 StrlSchV 2001: *Schmatz / Nöthlichs* 8033, Anm. 3.2; dies ergibt sich im Hinblick auf die beizufügenden Unterlagen gem. Anlage 2 bereits aus der Natur der Sache) oder **elektronisch** (§ 182 Abs. 4, § 3a VwVfG) einzureichen. Die Genehmigungsbehörde kann die Übermittlung von Papierausfertigungen der elektronisch übermittelten Unterlagen verlangen (§ 182 Abs. 4).

§ 17 Anzeigebedürftiger Betrieb von Anlagen zur Erzeugung ionisierender Strahlung

(1) [1]Wer beabsichtigt, eine der folgenden Anlagen zur Erzeugung ionisierender Strahlung zu betreiben, hat dies der zuständigen Behörde spätestens vier Wochen vor dem beabsichtigten Beginn schriftlich anzuzeigen:
1. eine Plasmaanlage, bei deren Betrieb die Ortsdosisleistung von 10 Mikrosievert durch Stunde im Abstand von 0,1 Metern von den Wandungen des Bereichs, der aus elektrotechnischen Gründen während des Betriebs unzugänglich ist, nicht überschritten wird,
2. einen Ionenbeschleuniger, bei dessen Betrieb die Ortsdosisleistung von 10 Mikrosievert durch Stunde im Abstand von 0,1 Metern von der berührbaren Oberfläche nicht überschritten wird,
3. eine Laseranlage, bei deren Betrieb die Ortsdosisleistung von 10 Mikrosievert durch Stunde im Abstand von 0,1 Metern von der berührbaren Oberfläche nicht überschritten wird, oder
4. eine nach § 45 Absatz 1 Nummer 7 bauartzugelassene Vollschutzanlage.
[2]Nach Ablauf dieser Frist darf der Anzeigende die Anlage zur Erzeugung ionisierender Strahlung betreiben, es sei denn, die zuständige Behörde hat das Verfahren nach § 18 Absatz 2 ausgesetzt oder den Betrieb untersagt. [3]Abweichend von Satz 1 bedarf einer Genehmigung nach § 12 Absatz 1 Nummer 1, wer beabsichtigt, eine der in Satz 1 genannten Anlagen zur Erzeugung ionisierender Strahlung im Zusammenhang mit der Anwendung am Menschen zu betreiben.

(2) Der Anzeige nach Absatz 1 Satz 1 Nummer 1, 2 oder 3 sind die folgenden Unterlagen beizufügen:
1. Nachweis, dass die Anlage den Anforderungen des Absatzes 1 Satz 1 Nummer 1, 2 oder 3 entspricht,
2. Nachweis, dass die für eine sichere Ausführung des Betriebs notwendige Anzahl von Strahlenschutzbeauftragten bestellt ist und ihnen die für die Erfüllung ihrer Aufgaben erforderlichen Befugnisse eingeräumt sind,
3. Nachweis, dass jeder Strahlenschutzbeauftragte die erforderliche Fachkunde im Strahlenschutz besitzt oder, falls ein Strahlenschutzbeauftragter nicht notwendig ist, die zur Anzeige verpflichtete Person, ihr gesetzlicher Vertreter oder, bei juristischen Personen oder sonstigen Personenvereinigungen, die nach Gesetz, Satzung oder Gesellschaftsvertrag zur Vertretung oder Geschäftsführung berechtigte Person die erforderliche Fachkunde im Strahlenschutz besitzt.

(3) Der Anzeige nach Absatz 1 Satz 1 Nummer 4 sind die folgenden Unterlagen beizufügen:
1. Abdruck des Zulassungsscheins nach § 47 für die Bauart der Vollschutzanlage,
2. Nachweis über die auf Grund einer Rechtsverordnung nach § 49 Nummer 4 durchgeführte Qualitätskontrolle mit dem Ergebnis, dass die Vollschutzanlage den für den Strahlenschutz wesentlichen Merkmalen der Bauartzulassung entspricht.

(4) [1]Bei einer wesentlichen Änderung einer Anlage nach Absatz 1 Satz 1 Nummer 1, 2 oder 3 oder ihres Betriebs sind die Absätze 1 und 2 entspre-

chend anzuwenden. ²Bei einer wesentlichen Änderung des Betriebs einer Anlage nach Absatz 1 Satz 1 Nummer 4 sind die Absätze 1 und 3 entsprechend anzuwenden.

Übersicht

Schrifttum: BMU, Anforderungen an die Prüfung von Laseranlagen als Anlagen zur Erzeugung ionisierender Strahlung, Rundschreiben vom 15.12.2021 mit Anlage „Anforderungen an die Prüfung von Laseranlagen als Anlagen zur Erzeugung ionisierender Strahlung sowie zum Nachweis des anzeige- und genehmigungsfreien Betriebs, Stand: 19. Oktober 2021", GMBl. 2022 S. 105; BMU, Richtlinie über die im Strahlenschutz erforderliche Fachkunde (Fachkunde-Richtlinie Technik nach Strahlenschutzverordnung) vom 21. Juni 2004, geändert am 19. April 2006 (GMBl. 2006 S. 735).

A. Zweck und Bedeutung der Norm

Der Betrieb von Anlagen zur Erzeugung ionisierender Strahlung ist im Grund- **1** satz genehmigungsbedürftig nach §12 Abs. 1 Nr. 1; für Anlagen, deren Gefährdungspotential der Gesetzgeber typisierend als geringer eingeschätzt hat, genügt allerdings eine reduzierte Form der behördlichen Vorabkontrolle, nämlich die Anzeige (→ vor §10 Rn. 6); diesen **Anzeigevorbehalt** regelt §17. Für bestimmte Anlagen zur Erzeugung ionisierender Strahlung hat der Gesetz- und Verordnungsgeber nach §7 StrlSchV den Betrieb sogar genehmigungs- und anzeigefrei gestellt, so dass sich insgesamt ein dreistufiges System ergibt, bei dem die Anzeigepflicht gleichsam in der Mitte steht.

Gegenüber §12 StrlSchV 2001 wurde der Anwendungskreis auf bestimmte **2** Laseranlagen und die neu eingeführten bauartzugelassenen Vollschutzanlagen erweitert. Insgesamt hat der Gesetzgeber eine deutliche Parallelität zu dem anzeigebedürftigen Betrieb von Röntgeneinrichtungen in §§19 und 20, deren Vorgängerregelungen in der RöV standen, hergestellt und **beide Regelungskomplexe stark aneinander angeglichen.** So ist auch die Frist zur Anzeige vor Inbetriebnahme analog zu den Regelungen für Röntgeneinrichtungen auf vier Wochen festgesetzt worden.

Die Regelung setzt Artikel 27 und Artikel 29 Absatz 1 der **RL 2013/59/Eura-** **3** **tom** um.

B. Regelungshistorie

4　　Die Vorschrift führt inhaltlich **§ 12 Abs. 1 und 2 StrlSchV 2001** fort, wenn auch in deutlich erweiterter Form. Das **1. ÄndG 2021** brachte gewichtige Änderungen in die Norm ein, v. a. wurden Laseranlagen (UKP-Laser) und bauartzugelassene Vollschutzanlagen in die Regelung aufgenommen und die Anforderungen an die der Anzeige beizufügenden Unterlagen entsprechend ergänzt.

C. Erstattung der Anzeige

5　　Die **Anzeige** hat schriftlich zu erfolgen; unter den Voraussetzungen des § 182 Abs. 3 kann die Anzeigepflicht in elektronischer Form erfüllt werden. Anzeigepflichtig ist der **SSV** (vgl. § 69 Abs. 1 Nr. 3). Dazu, wer im Einzelnen SSV ist, → § 12 Rn. 10 ff. Für eine AEiS kann es mehrere anzeigepflichtige SSV geben, wenn sie von mehreren Strahlenschutzverantwortlichen betrieben wird. In einem solchen Fall existieren für die Anlage dann mehrere SSV, denen auch alle Aufgaben und Pflichten des SSV gemäß §§ 70–72 StrlSchG sowie die speziellen Pflichten bei Nutzung einer gemeinsamen Anlage nach § 44 StrlSchV obliegen (→ § 69 Rn. 45).

6　　Nach Einreichen einer vollständigen Anzeige und Ablauf der Frist ist der Anzeigende **zum Beginn des Betriebes berechtigt;** eines zustimmenden Verwaltungsaktes bedarf es nicht. Der Beginn der **Vierwochenfrist,** deren Ablauf die Gestattungswirkung herbeiführt, setzt den Eingang der Anzeige mitsamt den in Abs. 3 und 4 aufgeführten, in prüffähiger Form vorgelegten Unterlagen voraus (→ vor § 10 Rn. 11). Eine Bestätigung der Behörde über die Vollständigkeit der Unterlagen ist in der Regelung nicht vorgesehen, aber selbstverständlich möglich; sie erhöht die Rechtssicherheit für den Anzeigenden (in diesem Sinne auch *Schmatz / Nöthlichs* 8213 Anm. 1.2.2). Ist die Prüfung vor Ablauf der vier Wochen mit positivem Ergebnis abgeschlossen, so kann die prüfende Behörde das Ergebnis der Prüfung dem Anzeigenden auch früher mitteilen, so dass dieser den Betrieb auch früher beginnen kann (§ 18 Abs. 1 S. 2).

D. Anzeigepflichtige Tatbestände (Abs. 1)

I. Allgemeines

7　　Zur **Definition der Anlagen zur Erzeugung ionisierender Strahlung** (umgangssprachlich gerne als „Beschleuniger" bezeichnet) siehe § 5 Abs. 2; hierzu gehört das Tatbestandsmerkmal, dass diese Anlagen geeignet sind, Teilchen- oder Photonenstrahlung mit einer Teilchen- oder Photonenenergie von mindestens 5 Kiloelektronenvolt zu erzeugen. Zu den AEiS, für die Abs. 1 einen **Anzeigevorbehalt** regelt, gehören Anlagen, die aufgrund des baulichen und technischen Strahlenschutzes bestimmte Kriterien der Dosisleistung garantiert einhalten, so dass ein weniger aufwändiges Verfahren im Vergleich zur Genehmigung vor der Inbetriebnahme angemessen ist. Da die Anzeige vier Wochen vor Beginn des Betriebes zu erfolgen hat, knüpft die Anzeigepflicht an die **Absicht des SSV** an, die Einrichtung künftig zu betreiben. Eine Anzeige hat auch dann zu erfolgen, wenn eine bereits angezeigte AEiS künftig von einem anderen SSV betrieben werden soll; aus diesem

Grunde hat der Gesetzgeber den in § 12 Abs. 1 StrlSchV 2001 verwendeten Begriff der „Inbetriebnahme" nicht übernommen (BT-Drs. 18/11241, 257).

Steht der Betrieb einer AEiS im Zusammenhang mit der **Anwendung am** 8 **Menschen,** so ist dieser nach der Abs. 1 S. 3 statuierten Ausnahme vom Anzeigevorbehalt des Abs. 1 **genehmigungsbedürftig** nach § 12 Abs. 1 Nr. 1; die Genehmigungsvoraussetzungen nach § 14 müssen dann erfüllt werden.

II. Plasmaanlagen, Ionenbeschleuniger, Laseranlagen (Abs. 1 S. 1 Nr. 1 bis 3)

Abs. 1 nennt in S. 1 Nr. 1 bis 3 **Plasmaanlagen, Ionenbeschleuniger** und (mit 9 dem 1. ÄndG 2021 neu eingeführt) **Laseranlagen,** wenn bei deren Betrieb jeweils sichergestellt ist, dass die Ortsdosisleistung von 10 Mikrosievert durch Stunde im Abstand von 0,1 Metern von der berührbaren Oberfläche (bei Plasmaanlagen: von „den Wandungen des Bereichs, der aus elektrotechnischen Gründen des Betriebs unzugänglich ist") nicht überschritten wird. Nach § 7 StrlSchV iVm Anlage 3 Teil C S. 1 StrlSchV ist der Betrieb von Anlagen zur Erzeugung ionisierender Strahlung **genehmigungs- und anzeigefrei,** deren Potenzialdifferenz nicht mehr als 30 Kilovolt beträgt und bei denen unter normalen Betriebsbedingungen die Ortsdosisleistung in 0,1 Meter Abstand von der berührbaren Oberfläche 1 Mikrosievert durch Stunde nicht überschreitet.

Da in Abs. 1 S. 1 Nr. 1 bis 3 als Grenze der tatsächlich beim Betrieb zu erwarten 10 den Ortsdosisleistungen maximal 10 Mikrosievert pro Stunde im Abstand von 0,1 Metern von der berührbaren Oberfläche zugrunde gelegt wird, ist eine **Überschreitung** des Grenzwertes der effektiven Dosis von **20 mSv im Kalenderjahr** für beruflich exponierte Personen (§ 78 Abs. 1 S. 1) faktisch **unmöglich,** da selbst bei einer (unrealistischen) jährlichen Arbeitszeit von 2000 Stunden in 0,1 Meter Abstand im Kalenderjahr maximal 20 mSv erreicht werden könnten. Bei Vollschutzanlagen (Nr. 4) sind sogar nur maximal 3 Mikrosievert pro Stunde im gleichen Abstand gestattet (§ 23 StrlSchV), so dass bei 2000 Arbeitsstunden eine Dosis von 6 mSv nicht überschritten werden kann (BT-Drs. 19/26943, 60).

Grund für die Aufnahme von **Laseranlagen** in die Norm (→ Rn. 4) ist die tech 11 nische Weiterentwicklung bei speziellen Laseranlagen, den so genannten Ultrakurzpulslasern **(UKP-Lasern),** deren Einsatz im industriellen und forschungsnahen Umfeld deutlich zugenommen hat. Nach der Definition des BMU-Rundschreibens „Anforderungen an die Prüfung von Laseranlagen als Anlagen zur Erzeugung ionisierender Strahlung", Anl. S. 4, sind Laseranlagen Anlagen zur Erzeugung ionisierender Strahlung, wenn durch das Auftreffen künstlicher optischer Strahlung (Laserstrahlung) auf Material ionisierende Strahlung iSd Strahlenschutzrechts, d.h. Teilchen- oder Photonenstrahlung mit einer Energie von mindestens 5 Kiloelektronenvolt erzeugt werden kann. Während die Laserstrahlung selbst im Rechtssinne als nicht-ionisierende Strahlung anzusehen ist (BT-Drs. 19/26943, 39), kann bei dem Betrieb von UKP-Lasern aufgrund der sehr kurzen Pulsdauer (im Bereich von Piko- oder Femtosekunden) bei hinreichend großen Bestrahlungsstärken aufgrund von Wechselwirkungsprozessen der Laserstrahlung mit dem Material ionisierende Strahlung in Form von Photonen entstehen. Obwohl die bei den Laseranlagen indirekt erzeugte ionisierende Strahlung durch beschleunigte Elektronen erzeugt wird und es sich damit physikalisch in gewisser Weise um eine Art Röntgenstrahlung handelt, wurden diese Laseranlagen den Anlagen zur Erzeugung ionisierender Strahlung zugeordnet und nicht als Röntgeneinrichtungen eingestuft, da für die energetische Verteilung dieser ionisierenden Strahlung anders als beim Röntgen keine sichere obere Grenze angegeben werden kann. Da die ionisierende Strahlung in diesen Fällen auch nicht genutzt wird, könnten diese Anlagen umgangssprachlich als „Störanlagen" (in Analogie zu „Störstrahlern") bezeichnet werden.

12   Maßgeblich für die **Möglichkeit der Erzeugung von ionisierender Strahlung** ist die Bestrahlungsstärke dieser UKP-Laseranlagen, wobei die tatsächliche Dosisleistung komplex von vielen unterschiedlichen Parametern wie Pulsdauer, Repetitionsrate, Bestrahlungsstärke, Fokus, bearbeitetem Material u. a. abhängt. Nennenswerte Dosisleistungen sind insbesondere bei solchen Anlagen zu erwarten, bei denen Bestrahlungsstärken von mehr als 10^{13} Watt pro Quadratzentimeter überschritten werden können. Messbar sind dann an solchen Anlagen in den (sehr kurzen) Pulsen durchaus Dosisleistungen in der Größenordnung von bis zu einigen Sv/h.

13   Als Folge dessen ergibt sich für den Betrieb von UKP-Lasern folgende **dreistufige Einordnung für die Vorabkontrolle:** Wenn die Bestrahlungsstärke 1×10^{13} Watt pro Quadratzentimeter oder die Ortsdosisleistung 1 µSv pro Stunde in 0,1m Abstand von der berührbaren Oberfläche nicht überschreitet, so ist der Betrieb gemäß § 7 StrlSchV in Verbindung mit Anlage 3 Teil C S. 2 StrlSchV **genehmigungs- und anzeigefrei.** Liegt die Bestrahlungsstärke oberhalb von 1×10^{13} Watt pro Quadratzentimeter und ist allerdings sichergestellt, dass die Ortsdosisleistung von 10 Mikrosievert pro Stunde in 0,1m Abstand von der berührbaren Oberfläche nicht überschritten wird, greift die in Abs. 1 S. 1 Nr. 3 mit dem 1. ÄndG neu eingeführte **Anzeigepflicht;** nach Auffassung des Gesetzgebers sind hier, bei Einhaltung des Ortsdosisleistungskriteriums, „die erhöhten Anforderungen eines Genehmigungsverfahrens … nicht angemessen" (BT-Drs. 19/26943, 39). Die Vollzugsbehörden sollten diese Wertung des Gesetzgebers anerkennen und das Anzeigeverfahren einfach und zweckmäßig durchführen (zur Problematik von „bestätigenden VA" mit „Auflagen" → vor § 10 Rn. 13). Nur wenn das Ortsdosisleistungskriterium nicht erfüllt ist, bedarf der Betrieb des UKP-Lasers der **Genehmigung** nach § 12 Abs. 1 Nr. 1.

III. Vollschutzanlagen (Abs. 1 S. 1 Nr. 4)

14   Die mit dem 1. ÄndG 2021 eingefügte Regelung betrifft einen weiteren Sachverhalt: Analog zum Vollschutz*gerät* als bauartzugelassene Röntgeneinrichtung (siehe § 45 Abs. 1 Nr. 5) wurde in § 45 Abs. 1 Nr. 7 die Möglichkeit einer neuen Bauartzulassung, der als **Vollschutz*anlage*,** eingeführt, deren Anforderungen per Verordnungsermächtigung (§ 49) in § 23 StrlSchV festgelegt wurde (→ § 45 Rn. 21). Genau wie beim Betrieb eines Vollschutzgeräts beim Röntgen ist durch die Bauartzulassung ein Schutzniveau gewährleistet, das ein Genehmigungsverfahren für den Betrieb der Anlage entbehrlich macht (BT-Drs. 19/26943, 39). Aus demselben Grund kann eine Vollschutzanlage betrieben werden, ohne dass ein SSB bestellt wurde und dementsprechend auch ohne die Anwesenheit einer Person, die über die erforderliche Fachkunde im Strahlenschutz verfügt (→ Rn. 18).

E. Unterlagen, die der Anzeige beizufügen sind (Abs. 2 und 3)

I. Plasmaanlagen, Ionenbeschleuniger und Laseranlagen (Abs. 2)

Die mit der Anzeige beizufügenden **Unterlagen** korrespondieren im Grundsatz **15** mit den Unterlagen, die im Bereich der Röntgeneinrichtungen beim Betrieb von Hochschutz- und Basisschutzgeräten sowie Schulröntgeneinrichtungen einzureichen sind (§ 19 Abs. 4). Dies ist sachgerecht, da in beiden Fällen als **Obergrenze der zulässigen Ortsdosisleistung** in 1m Abstand von der berührbaren Oberfläche 10 Mikrosievert pro Stunde als Kriterium festgeschrieben wurden. Neben dem Nachweis, dass dieser Wert beim Betrieb tatsächlich nicht überschritten wird, ist durch die einzureichenden Unterlagen darüber hinaus der Nachweis zu erbringen, dass die für den sicheren Betrieb notwendige Anzahl an **SSB** bestellt und ihnen die notwendigen Befugnisse eingeräumt wurden. Zusätzlich ist zu belegen, dass diese SSB oder, falls ein SSB nicht notwendig ist, die zur Anzeige verpflichtete Person bzw. ihr gesetzlicher Vertreter die erforderliche **Fachkunde** im Strahlenschutz besitzen. Gemäß der Fachkunde-Richtlinie Technik nach StrlSchV (siehe Schrifttum) wird in diesem Fall eine Fachkunde gemäß Fachkundegruppe S6.1 gefordert, wenn es sich um Ionenbeschleuniger oder Plasmaanlagen handelt. Beim anzeigebedürftigen Betrieb von Laseranlagen wird eine gesonderte Fachkundegruppe als sinnvoll erachtet, da die laserspezifischen Charakteristika besonderer Kursinhalte bedürfen.

Anders als beim Betrieb von anzeigebedürftigen Röntgeneinrichtungen fordert **16** § 17 nicht den Nachweis, dass die beim Betrieb sonst tätigen Personen das **notwendige Wissen und die notwendigen Fertigkeiten** im Hinblick auf die mögliche Strahlengefährdung und die anzuwendenden Sicherheits- und Schutzmaßnahmen besitzen. Allerdings entbindet dies in keinem Fall von der Pflicht zur Unterweisung gemäß § 63 StrlSchV, da die Inhalte der Unterweisung über Kenntnisse im Strahlenschutz hinausgehen und zB auch organisatorische Aspekte (Wer ist SSB? Wie erreiche ich diesen?) abdecken.

Bei der Erstellung der Unterlagen für **Laseranlagen** ist das BMU-Rundschrei- **17** ben „Anforderungen an die Prüfung von Laseranlagen als Anlagen zur Erzeugung ionisierender Strahlung" (siehe Schrifttum) mit dem in seiner Anlage enthaltenen Prüfkonzept zu beachten. Dieses ist zugrunde zu legen, um im Fall des anzeigebedürftigen Betriebs sicherzustellen, dass der maximal zulässige Wert der Ortsdosisleistung von 10 μSv/h in 0,1m Abstand von der berührbaren Oberfläche in keinem Fall überschritten wird. Darüber hinaus ist es aber auch beim genehmigungsbedürftigen Betrieb gemäß § 12 Abs. 1 Nr. 1 für die erforderlichen Prüfungen anzuwenden und soll zusätzlich beim Nachweis der Voraussetzungen für den anzeige- und genehmigungsfreien Betrieb (→ Rn. 13) zugrunde gelegt werden. Dabei ist eine Prüfung anhand dieses Prüfkonzeptes für solche Laseranlagen vorzusehen, bei denen aufgrund der technischen Parameter mit der Erzeugung von ionisierender Strahlung zu rechnen ist. Aufgrund der komplexen Abhängigkeit der Bestrahlungsstärke von vielen Parametern (→ Rn. 11) kann die Unsicherheit bei deren Bestimmung erheblich sein. Daher sollte in Erwägung gezogen werden, das Prüfkonzept bereits dann anzuwenden, wenn die Bestrahlungsstärken 10^{12} Watt/ cm^2 überschreiten können, um sicherzustellen, dass der anzeige- und genehmigungsfreie Betrieb rechtens ist. Für Laseranlagen, bei denen die Erzeugung ionisierender Strahlung ausgeschlossen werden kann, ist eine Prüfung anhand des Konzepts entbehrlich.

II. Vollschutzanlagen (Abs. 3)

18   Da mit der Einführung der Bauartzulassung als **Vollschutzanlage** eine in Bezug auf den technischen und baulichen Strahlenschutz äquivalente Bauartzulassung für AEiS neu eingeführt wurde, sind die Anforderungen an die vor dem Betrieb von Vollschutzanlagen einzureichenden Unterlagen **identisch** zu denen, die beim Betrieb von **Vollschutzeinrichtungen** eingereicht werden müssen (→ § 19 Rn. 39 ff.). So sind in Analogie zu § 19 Abs. 4 Nr. 1 und 2 ebenfalls ein Abdruck des Zulassungsscheins und ein Nachweis über die Stückprüfung der Anlage vorzulegen. Wie auch beim Betrieb von Vollschutzeinrichtungen sind beim Betrieb von Vollschutzanlagen keine Nachweise über die Bestellung von SSB einzureichen.

19   Wie beim Betrieb von anzeigepflichtigen Anlagen gemäß Abs. 1 Nr. 1 bis 3 wird auch beim Betrieb von Vollschutzanlagen **kein Nachweis** über das **notwendige Wissen und die notwendigen Fertigkeiten der sonst tätigen Personen** gefordert. Das ist hier sachgerecht, da das Schutzniveau beim Betrieb von Vollschutzanlagen noch höher einzustufen ist. Entsprechend der bis zum 1. ÄndG 2021 bestehenden Rechtslage bestimmt auch § 147 S. 2 StrlSchV, dass beim Betrieb von Vollschutz*geräten* nach § 45 Abs. 1 Nr. 5 die Pflicht entfällt, dass nur solche Personen Röntgenstrahlen anwenden, die über die erforderlichen Kenntnisse im Strahlenschutz verfügen; für Vollschutz*anlagen* konnte diese Regelung bislang nicht in der StrlSchV aufgegriffen werden, da Vollschutzanlagen erst neu im StrlSchG definiert wurden. Es ist denkbar und wäre konsequent, dass bei einer Novellierung der StrlSchV die Regelung aus § 147 StrlSchV auch auf Vollschutzanlagen ausgeweitet werden wird. Allerdings bleibt auch hier die Notwendigkeit einer Unterweisung nach § 63 StrlSchV bestehen, da eine anzeigebedürftige Tätigkeit ausgeübt wird.

F. Wesentliche Änderungen (Abs. 4)

20   Im Rahmen des anzeigebedürftigen Betriebs von AEiS sind **wesentliche Änderungen** ebenfalls anzeigepflichtig. Hinsichtlich des Gegenstands der wesentlichen Änderung hat der Gesetzgeber differenziert: bei den in Abs. 1 S. 1 Nr. 1 bis 3 genannten Anlagen ist die Änderung sowohl des **Betriebes** als auch der **Anlage** selbst anzeigepflichtig; bei den Vollschutzanlagen nach Abs. 1 S. 1 Nr. 4 bezieht sich die Änderung nur auf den **Betrieb,** denn eine wesentliche Änderung der Beschaffenheit einer solchen Anlage würde der erteilten Bauartzulassung die Grundlage entziehen (BT-Drs. 19/26943, 66; zur selben Differenzierung bei § 19 Abs. 5 → § 19 Rn. 42).

21   Die **Definition der wesentlichen Änderung** entspricht derjenigen bei der Genehmigungsnorm des § 12 Abs. 2; auf die dortige Kommentierung kann daher verwiesen werden (→ § 12 Rn. 69 ff.).

22   Aus der in Abs. 4 S. 1 und S. 2 jeweils angeordneten entsprechenden Anwendung des Abs. 1 folgt, dass die wesentliche Änderung nicht eine Anzeige-, sondern eine **Genehmigungspflicht** nach § 12 Abs. 1 Nr. 1, Abs. 2 auslöst, wenn durch die Änderung die in Abs. 1 genannten Parameter überschritten werden.

23   Bei der Anzeige der wesentlichen Änderung sind die nach Abs. 2 bzw. Abs. 3 jeweils erforderlichen **Unterlagen** beizufügen. Dabei genügt es in der Regel, die für die wesentlichen Änderungen relevanten Unterlagen einzureichen, wenn damit erkennbar wird, dass alle Anforderungen an den Strahlenschutz erfüllt sind.

G. Zuwiderhandlungen

Wer eine Anzeige nach Abs. 1 S. 1 nicht, nicht richtig, nicht vollständig, nicht in **24** der vorgeschriebenen Weise oder nicht rechtzeitig erstattet, handelt **ordnungs-widrig** (§ 194 Abs. 1 Nr. 3).

§ 18 Prüfung des angezeigten Betriebs einer Anlage zur Erzeugung ionisierender Strahlung

(1) ¹Die zuständige Behörde prüft die Unterlagen innerhalb von vier Wochen nach Eingang der Anzeige. ²Teilt die Behörde dem Anzeigenden vor Ablauf der Frist schriftlich mit, dass alle Nachweise nach § 17 Absatz 2 oder 3 erbracht sind, darf der Anzeigende die Anlage zur Erzeugung ionisierender Strahlung bereits mit Erhalt der Mitteilung betreiben.

(2) Leitet die zuständige Behörde innerhalb der Frist nach Absatz 1 ein Verfahren zur Prüfung der Rechtfertigung nach § 7 ein, so setzt sie das Verfahren zur Prüfung der Anzeige für die Dauer des Verfahrens zur Prüfung der Rechtfertigung aus.

(3) Die zuständige Behörde kann den Betrieb der Anlage zur Erzeugung ionisierender Strahlung nach § 17 Absatz 1 Satz 1 Nummer 1, 2 oder 3 oder die Änderung des Betriebs untersagen, wenn
1. eine der nach § 17 Absatz 2 nachzuweisenden Anforderungen nicht oder nicht mehr erfüllt ist; dies gilt nach Ablauf der Frist nach Absatz 1 nur, wenn nicht in angemessener Zeit Abhilfe geschaffen wird,
2. Tatsachen vorliegen, aus denen sich Bedenken gegen die Zuverlässigkeit der zur Anzeige verpflichteten Person, ihres gesetzlichen Vertreters oder, bei juristischen Personen oder sonstigen Personenvereinigungen, der nach Gesetz, Satzung oder Gesellschaftsvertrag zur Vertretung oder Geschäftsführung berechtigten Person oder des Strahlenschutzbeauftragten ergeben,
3. es sich um eine nicht gerechtfertigte Tätigkeitsart nach einer Rechtsverordnung nach § 6 Absatz 3 handelt oder wenn unter Berücksichtigung eines nach § 7 Absatz 2 veröffentlichten Berichts erhebliche Zweifel an der Rechtfertigung der Tätigkeitsart bestehen,
4. gegen die Vorschriften dieses Gesetzes oder der auf Grund dieses Gesetzes erlassenen Rechtsverordnungen oder gegen die hierauf beruhenden Anordnungen und Verfügungen der Aufsichtsbehörden erheblich oder wiederholt verstoßen wird und nicht in angemessener Zeit Abhilfe geschaffen wird oder
5. dies wegen einer erheblichen Gefährdung der Beschäftigten, Dritter oder der Allgemeinheit erforderlich ist.

(4) Die zuständige Behörde kann den Betrieb der Vollschutzanlage nach § 17 Absatz 1 Satz 1 Nummer 4 untersagen, wenn
1. Tatsachen vorliegen, aus denen sich Bedenken gegen die Zuverlässigkeit des Strahlenschutzverantwortlichen ergeben, oder
2. der Anzeige nicht die nach § 17 Absatz 3 geforderten Unterlagen beigefügt wurden.

A. Zweck und Bedeutung der Norm

1   Neben Vorgaben zur **Prüfung** einer gem. § 17 erstatteten Anzeige für den Betrieb von Anlagen zur Erzeugung ionisierender Strahlung (Abs. 1 und 2) finden sich in der Norm Regelungen zur **Untersagung** des anzeigebedürftigen Betriebs von Plasmaanlagen, Ionenbeschleunigern und Laseranlagen (Absatz 3) und des Betriebs von Vollschutzanlagen (Absatz 4). Aufbau und Formulierung dieses Paragraphen entspricht in weiten Teilen und zum Großteil wörtlich § 20 (Prüfung des angezeigten Betriebs einer Röntgeneinrichtung); zu der vom Gesetzgeber des StrlSchG hergestellten **Parallelität der §§ 17, 18 einerseits und 19, 20 andererseits** → § 17 Rn. 1. Auf die Kommentierung zu § 20 kann daher in weiten Teilen verwiesen werden.

2   Die Regelung setzt Artikel 27 und Artikel 29 Absatz 1 der **RL 2013/59/Euratom** um.

B. Bisherige Regelung

3   Die Norm führt den Inhalt von **§ 12 Abs. 3 StrlSchV 2001** in wesentlich erweiterter Form fort.

C. Prüfung der Unterlagen (Abs. 1)

4   Die Regelung entspricht praktisch wörtlich **§ 20 Abs. 1;** auf die dortige Kommentierung kann vollumfänglich verwiesen werden (→ § 20 Rn. 4f.). Zu der für Anlagen zur Erzeugung ionisierender Strahlung neu eingeführten Anzeigefrist von vier Wochen → § 17 Rn. 6.

D. Aussetzung bei Prüfung der Rechtfertigung (Abs. 2)

5   Bei Zweifeln an der Rechtfertigung der Tätigkeitsart, der der nach § 19 angezeigte Betrieb einer AEiS zuzuordnen ist (vgl. § 7 Abs. 1), wird gem. Abs. 2 das Anzeigeverfahren von der zuständigen Behörde **ausgesetzt.** Die Aussetzung erfolgt nur bei tatsächlichen Anhaltspunkten für Zweifel, ein allgemeiner Wunsch nach Prüfung der Rechtfertigung ohne derartige Anhaltspunkte genügt nicht (BT-Drs. 18/11241, 258). Aufgrund der Aussetzung kann das Ergebnis des Rechtfertigungsverfahrens nach § 7 abgewartet werden; auf die dortige Kommentierung wird verwiesen.

E. Untersagung des Betriebs (Abs. 3 und 4)

6   **Abs. 3,** der die **Untersagungsgründe** für den anzeigebedürftigen Betrieb von **Plasmaanlagen, Ionenbeschleunigern und Laseranlagen** aufführt, korrespondiert im Wesentlichen mit § 20 Abs. 4, der Untersagungsgründe für den anzeigebedürftigen Betrieb von Basis- oder Hochschutzgeräten oder Schulröntgeneinrichtungen bestimmt (→ § 20 Rn. 13ff.). Dies ist sachgerecht, da bei Basis- und Hochschutzgeräten (vgl. §§ 19 Nr. 2, 20 Nr. 2 StrlSchV) ebenso wie bei den ge-

nannten AEiS (§ 17 Abs. 1 S. 1 Nr. 1–3) beim Betrieb die maximale Ortsdosisleistung in 0,1m Abstand von 10 µSv/h nicht überschritten werden darf. Als einziger Unterschied muss festgehalten werden, dass anders als beim Betrieb von anzeigebedürftigen Röntgeneinrichtungen hier auch als Untersagungsgrund aufgeführt wird, dass gegen die Vorschriften des StrlSchG oder einer Verordnung oder gegen Anordnungen der Behörden erheblich oder wiederholt verstoßen wird und nicht in angemessener Zeit Abhilfe geschaffen wird (Abs. 3 Nr. 4; zum Fehlen dieses Untersagungsgrundes bei Röntgeneinrichtungen → § 20 Rn. 15).

Abs. 4 führt die **Untersagungsgründe** für den Betrieb einer **Vollschutz-** 7 **anlage** auf. Diese entsprechen wörtlich den Untersagungsgründen für den Betrieb einer Vollschutzeinrichtung in § 20 Abs. 5, was aufgrund des identischen Schutzniveaus (→ § 17 Rn. 9) folgerichtig ist. Insofern kann vollumfänglich auf die Kommentierung zu § 20 verwiesen werden (→ § 20 Rn. 16).

§ 19 Genehmigungs- und anzeigebedürftiger Betrieb von Röntgeneinrichtungen

(1) [1]**Wer beabsichtigt,**
1. **eine Röntgeneinrichtung zu betreiben,**
   a) **deren Röntgenstrahler nach § 45 Absatz 1 Nummer 2 bauartzugelassen ist,**
   b) **deren Herstellung und erstmaliges Inverkehrbringen unter den Anwendungsbereich desbMedizinproduktegesetzes in der bis einschließlich 25. Mai 2021 geltenden Fassung fällt,**
   c) **deren Herstellung und Inverkehrbringen unter den Anwendungsbereich der Verordnung (EU) 2017/745 des Europäischen Parlaments und des Rates vom 5. April 2017 über Medizinprodukte, zur Änderung der Richtlinie 2001/83/EG, der Verordnung (EG) Nr. 178/2002 und der Verordnung (EG) Nr. 1223/2009 und zur Aufhebung der Richtlinien 90/385/EWG und 93/42/EWG des Rates (ABl. L 117 vom 5. 5. 2017, S. 1; L 117 vom 3. 5. 2019, S. 9; L 334 vom 27. 12. 2019, S. 165), die durch die Verordnung (EU) 2020/561 (ABl. L 130 vom 24. 4. 2020, S. 18) geändert worden ist, in der jeweils geltenden Fassung fällt,**
   d) **die nach den Vorschriften des Medizinproduktegesetzes in der bis einschließlich 25. Mai 2021 geltenden Fassung erstmalig in Verkehr gebracht worden ist und nicht im Zusammenhang mit medizinischen Expositionen eingesetzt wird oder**
   e) **die nach den Vorschriften der Verordnung (EU) 2017/745 in Verkehr gebracht worden ist und nicht im Zusammenhang mit medizinischen Expositionen eingesetzt wird,**
2. **ein Basis-, Hoch- oder Vollschutzgerät oder eine Schulröntgeneinrichtung zu betreiben,**

hat dies der zuständigen Behörde spätestens vier Wochen vor dem beabsichtigten Beginn schriftlich anzuzeigen, sofern der Betrieb nicht nach Absatz 2 der Genehmigungspflicht unterliegt. [2]Nach Ablauf dieser Frist darf der Anzeigende die Röntgeneinrichtung betreiben, es sei denn, die zuständige Behörde hat das Verfahren nach § 20 Absatz 2 ausgesetzt oder den Betrieb untersagt.

(2) Abweichend von Absatz 1 Satz 1 Nummer 1 bedarf einer Genehmigung nach § 12 Absatz 1 Nummer 4, wer eine Röntgeneinrichtung
1. in der technischen Radiographie zur Grobstrukturanalyse in der Werkstoffprüfung betreibt,
2. zur Behandlung von Menschen betreibt,
3. zur Teleradiologie betreibt,
4. im Zusammenhang mit der Früherkennung betreibt,
5. außerhalb eines Röntgenraumes betreibt, es sei denn, der Zustand der zu untersuchenden Person oder des zu untersuchenden Tieres oder dessen Größe erfordert im Einzelfall zwingend, dass die Röntgeneinrichtung außerhalb des Röntgenraumes betrieben wird,
6. in einem Röntgenraum betreibt, der nicht Gegenstand einer Prüfung durch einen behördlich bestimmten Sachverständigen für diese Röntgeneinrichtung war, oder
7. in einem mobilen Röntgenraum betreibt.

(3) [1]Der Anzeige nach Absatz 1 Satz 1 Nummer 1 sind die folgenden Unterlagen beizufügen:
1. ein Abdruck der Bescheinigung eines behördlich bestimmten Sachverständigen nach § 172 einschließlich des Prüfberichtes, in der
   a) die Röntgeneinrichtung und der vorgesehene Betrieb beschrieben sind,
   b) festgestellt ist, dass der Röntgenstrahler bauartzugelassen oder die Röntgeneinrichtung als Medizinprodukt nach dem Medizinproduktegesetz in der bis einschließlich 25. Mai 2021 geltenden Fassung oder nach den Vorschriften der Verordnung (EU) 2017/745 gekennzeichnet ist,
   c) festgestellt ist, dass für den vorgesehenen Betrieb die Ausrüstungen vorhanden und die Maßnahmen getroffen sind, die nach dem Stand der Technik erforderlich sind, damit die Schutzvorschriften eingehalten werden,
   d) bei einer Röntgeneinrichtung zur Anwendung von Röntgenstrahlung am Menschen festgestellt ist, dass die Voraussetzungen nach § 14 Absatz 1 Nummer 5 Buchstabe a vorliegen und die nach einer Rechtsverordnung nach § 86 Satz 2 Nummer 13 erforderliche Abnahmeprüfung durchgeführt wurde,
   e) bei einer Röntgeneinrichtung zur Untersuchung, deren Betrieb gemäß Absatz 2 Nummer 5 außerhalb eines Röntgenraums im Einzelfall zwingend erforderlich ist, festgestellt ist, dass besondere Vorkehrungen zum Schutz Dritter vor Röntgenstrahlung getroffen worden sind;
2. bei einer Röntgeneinrichtung nach Absatz 1 Satz 1 Nummer 1 Buchstabe a ein Abdruck des Zulassungsscheins nach § 47 für die Bauart des Röntgenstrahlers,
3. der Nachweis, dass die für den sicheren Betrieb der Röntgeneinrichtung notwendige Anzahl von Strahlenschutzbeauftragten bestellt ist und ihnen die für die Erfüllung ihrer Aufgaben erforderlichen Befugnisse eingeräumt sind,
4. der Nachweis, dass jeder Strahlenschutzbeauftragte die erforderliche Fachkunde besitzt oder, falls ein Strahlenschutzbeauftragter nicht notwendig ist, die zur Anzeige verpflichtete Person, ihr gesetzlicher Vertre-

ter oder, bei juristischen Personen oder sonstigen Personenvereinigungen, der nach Gesetz, Satzung oder Gesellschaftsvertrag zur Vertretung oder Geschäftsführung Berechtigte die erforderliche Fachkunde im Strahlenschutz besitzt,

5. der Nachweis, dass die beim Betrieb der Röntgeneinrichtung sonst tätigen Personen das notwendige Wissen und die notwendigen Fertigkeiten im Hinblick auf die mögliche Strahlengefährdung und die anzuwendenden Schutzmaßnahmen besitzen,

6. bei einer Röntgeneinrichtung zur Anwendung am Menschen der Nachweis, dass die in § 14 Absatz 1 Nummer 1, 2 Buchstabe b oder c, Nummer 3 Buchstabe b und Nummer 4 genannten Voraussetzungen erfüllt sind und

7. bei einer Röntgeneinrichtung zur Anwendung am Tier in der Tierheilkunde der Nachweis, dass die in § 15 genannten Voraussetzungen erfüllt sind.

²Verweigert der Sachverständige die Erteilung der Bescheinigung nach Satz 1 Nummer 1, so entscheidet auf Antrag die zuständige Behörde, ob die nach Satz 1 Nummer 1 nachzuweisenden Anforderungen erfüllt sind. ³Sie kann in diesem Fall Auflagen für den Betrieb vorsehen.

(4) Der Anzeige nach Absatz 1 Satz 1 Nummer 2 sind die folgenden Unterlagen beizufügen:

1. der Abdruck des Zulassungsscheins nach § 47 für die Bauart der Röntgeneinrichtung,

2. der Nachweis über die auf Grund einer Rechtsverordnung nach § 49 Nummer 4 durchgeführte Qualitätskontrolle mit dem Ergebnis, dass die Röntgeneinrichtung den für den Strahlenschutz wesentlichen Merkmalen der Bauartzulassung entspricht, und

3. bei einem Basis- oder Hochschutzgerät oder einer Schulröntgeneinrichtung die Nachweise nach Absatz 3 Satz 1 Nummer 4 bis 6.

(5) ¹Bei einer wesentlichen Änderung des Betriebs einer nach Absatz 1 Satz 1 Nummer 1 angezeigten Röntgeneinrichtung sind die Absätze 1 bis 3 entsprechend anzuwenden. ²Bei einer wesentlichen Änderung des Betriebs einer nach Absatz 1 Satz 1 Nummer 2 angezeigten Röntgeneinrichtung sind die Absätze 1 und 4 entsprechend anzuwenden.

Übersicht

Schrifttum: *BMU,* Jahresbericht „Umweltradioaktivität und Strahlenbelastung" 2018; *BMU,* Fachkunde-Richtlinie Technik nach der Röntgenverordnung (FK-RL Technik RöV): Richtlinie über die im Strahlenschutz erforderliche Fachkunde und Kenntnisse beim Betrieb von Röntgeneinrichtungen zur technischen Anwendung und genehmigungsbedürftigen Störstrahlern sowie über Anforderungen an die Qualifikation von behördlich bestimmten Sachverständigen vom 21.11.2011, geändert durch Rundschreiben vom 23.6.2014 (GMBl. 2014 S. 918); *BMU,* Sachverständigen-Prüfrichtlinie (SV-RL): Richtlinie für die technische Prüfung von Röntgeneinrichtungen und genehmigungsbedürftigen Störstrahlern durch Sachverständige nach dem Strahlenschutzgesetz und der Strahlenschutzverordnung vom 01.07.2020 (GMBl. 2020 S. 562), geändert durch Rundschreiben vom 07.06.2021 (GMBl. 2021 S. 912); *PTB,* Sicherheitsvorrichtungen von Basisschutzgeräten, Hochschutzgeräten, Vollschutzgeräten und Schulröntgeneinrichtungen – Anforderungen für die Bauartprüfung nach der Röntgenverordnung –, Leitfaden für Hersteller und Gutachter, PTB-DOS-59, Rev. 1.0, Dombrowski et. al., Juli 2017.

A. Zweck und Bedeutung der Norm

1   Die Norm mit ihrem **Anzeigevorbehalt** adressiert unter dem Aspekt der behördlichen Vorabkontrolle den Betrieb von bestimmten Röntgeneinrichtungen (zur Definition siehe § 5 Abs. 30); gesetzestechnisch wird die Anzeigepflicht als Ausnahme von der Genehmigungspflicht des § 12 Abs. 1 Nr. 4 (mit Gegenausnahmen, die wieder zur Genehmigungspflicht führen) geregelt. In der Praxis stellt der anzeigebedürftige Betrieb (anders als beim Umgang mit radioaktiven Stoffen oder auch beim Betrieb von Beschleunigern) jedoch nicht eine relativ seltene Ausnahme vom genehmigungsbedürftigen Betrieb dar, sondern beschreibt eher den **Normalfall**. So weist der BMU-Jahresbericht 2018 (Tabelle V.23, S. 329) im Fall der Humanmedizin über 34.000 anzeigepflichtig betriebene Röntgeneinrichtungen aus, denen knapp 3.000 genehmigungsbedürftig betriebene Röntgeneinrichtungen gegenüberstehen. Noch deutlicher wird das Verhältnis in der Zahnmedizin, wo

2018 92.225 Geräte anzeigebedürftig und 3.398 genehmigungsbedürftig betrieben wurden (BMU Jahresbericht 2018, Tabelle V.24, S. 330). Auch in der Tiermedizin (2.386 Röntgeneinrichtungen genehmigungspflichtig, 6.374 anzeigepflichtig) überwiegt die Anzeige (BMU Jahresbericht 2018 a. a. O.). Lediglich bei der technischen Anwendung von Röntgeneinrichtungen und –strahlern gestaltet sich das Verhältnis aus anzeige- und genehmigungsbedürftigem Betrieb ausgeglichen. Hier stehen 11.629 genehmigten Röntgeneinrichtungen (davon 2.358 in der technischen Radiographie) 6.304 angezeigte Röntgenstrahler mit Bauartzulassung und 4.930 angezeigte Röntgeneinrichtungen mit Bauartzulassung (Vollschutz-, Hochschutz- oder Basisschutzgeräte sowie Schulröntgeneinrichtungen) gegenüber (BMU Jahresbericht 2018, Tabelle V.25, S. 331).

§ 19 gilt nicht für den Betrieb von **Störstrahlern.** Dieser ist entweder nach § 12 **2** Abs. 1 Nr. 5 genehmigungsbedürftig oder nach § 8 StrlSchV genehmigungsfrei; eine Anzeigepflicht hat der Gesetzgeber hier nicht vorgesehen. Ebenfalls nicht von der Norm erfasst wird die anzeigebedürftige **Prüfung, Erprobung, Wartung und Instandsetzung** von Röntgeneinrichtungen und Störstrahlern, die keinen Betrieb darstellt und in § 22 geregelt wird.

Die Regelung setzt Artikel 27 und Artikel 29 Abs. 1 der **RL 2013/59/Euratom** um. **3**

B. Entstehungsgeschichte

Die Norm führt, mit Änderungen, Regelungen zum anzeige- und genehmigungsbedürftigen Betrieb von Röntgeneinrichtungen in **§§ 3 und 4 RöV** fort. **4** Die Vorschrift ist seit Inkrafttreten des StrlSchG bereits zweimal geändert worden, nämlich durch Artikel 3b des Medizinprodukte-EU-Anpassungsgesetzes **(MPEU-AnpG)** vom 28.4.2020 (BGBl. I S. 960) und durch das **1. ÄndG** von 2021 (BGBl. I S. 1194); dabei haben sich jeweils Verschiebungen der Nummerierung in Abs. 3 ergeben.

C. Anzeige- und Genehmigungspflicht (Abs. 1 und 2)

I. Struktur

Im Unterschied zur Genehmigung stellt die Anzeige eine **reduzierte Form der** **5** **behördlichen Vorabkontrolle** dar (→ vor § 10 Rn. 6 f.). Ausgangspunkt der gesetzlichen Systematik ist die grundsätzliche Genehmigungspflicht für den Betrieb von Röntgeneinrichtungen in § 12 Abs. 1 Nr. 4. In Abs. 1 bestimmt der Gesetzgeber jedoch, dass der Betrieb der dort aufgeführten Röntgeneinrichtungen lediglich einer Anzeigepflicht unterliegt; damit trägt er dem Umstand Rechnung, dass diese Röntgeneinrichtungen aufgrund ihrer Merkmale ein geringeres Gefährdungspotential aufweisen (→ vor § 10 Rn. 7). In Abs. 2 wird jedoch eine **Gegenausnahme** statuiert, die bei Vorliegen bestimmter Merkmale, die das Gefährdungspotential erhöhen, doch wieder zur Genehmigungspflicht nach § 12 Abs. 1 Nr. 4 zurückführt.

Anders als in der RöV ist das **Anzeigeverfahren nun vollständig vom Ge-** **6** **nehmigungsverfahren getrennt,** so dass der Betrieb einer Röntgeneinrichtung entweder genehmigungsbedürftig nach § 12 Abs. 1 Nr. 4 oder anzeigebedürftig nach Abs. 1 ist. Eine Wahlmöglichkeit, wie sie noch in der RöV bestand, existiert folglich nicht mehr. Damit unterscheidet sich in diesem Punkt der Betrieb von Röntgeneinrichtungen von der Beschäftigung in fremden Einrichtungen oder Anlagen, wo gemäß § 25 bzw. § 26 für die Beschäftigung im Zusammenhang mit dem Betrieb von fremden Röntgeneinrichtungen oder Störstrahlern eine Wahlmöglichkeit zwischen Anzeige (§ 26) und Genehmigung (§ 25) besteht. Gemäß der amtl. Begründung dient die klare Trennung zwischen Anzeige und Genehmigung der Rechtsvereinfachung und sorgt gleichzeitig dafür, dass bei Unterlassen der erforderlichen Anzeige nicht gleichzeitig gegen eine Genehmigungspflicht verstoßen wird (BT-Drs 18/11241, 260).

II. Erstattung der Anzeige (Abs. 1 S. 1 und 2)

7   Die **Anzeige** hat schriftlich zu erfolgen; unter den Voraussetzungen des § 182 Abs. 3 kann die Anzeigepflicht in elektronischer Form erfüllt werden. Anzeigepflichtig ist der **SSV** (vgl. § 69 Abs. 1 Nr. 3). Dazu, wer im Einzelnen SSV ist, → § 12 Rn. 10 ff. Für eine Röntgeneinrichtung kann es mehrere anzeigepflichtige SSV geben, wenn sie von mehreren Strahlenschutzverantwortlichen betrieben wird, was für medizinische Anwendungen durchaus üblich ist. In einem solchen Fall existieren für die Röntgeneinrichtung dann mehrere SSV, denen auch alle Aufgaben und Pflichten des SSV gemäß §§ 70–72 sowie die speziellen Pflichten bei Nutzung einer Röntgeneinrichtung nach § 44 StrlSchV obliegen (→ § 69 Rn. 45).

8   Die Erstattung der Anzeige muss spätestens – korrespondierend mit der Prüffrist nach § 20 Abs. 1 (→ § 20 Rn. 4) – vier Wochen vor Betriebsbeginn erfolgen, anstelle der früher in der RöV vorgegebenen zwei Wochen. Der Beginn der **Vierwochenfrist** setzt den Eingang der Anzeige mit den in Abs. 3 und 4 aufgeführten Unterlagen voraus (→ vor § 10 Rn. 11). Nach Ablauf der Frist ist der Anzeigende zum Beginn des Betriebes berechtigt; einer behördlichen Bestätigung bedarf es nicht. Eine Bestätigung erhöht jedoch die Rechtssicherheit für den Anzeigenden (in diesem Sinne auch *Schmatz/Nöthlichs* 8213 Anm. 1.2.2). Ist die Prüfung vor Ablauf der vier Wochen abgeschlossen, so kann die prüfende Behörde das Ergebnis der Prüfung dem Anzeigenden auch früher mitteilen, so dass dieser bei Erfüllung aller Voraussetzungen den Betrieb auch früher beginnen kann (§ 20 Abs. 1 S. 2).

III. Anzeigepflichtige Tatbestände (Abs. 1)

9   Die Anzeigepflicht bezieht sich auf den **Betrieb** der in S. 1 Nr. 1 und 2 aufgeführten Röntgeneinrichtungen. Da die Anzeige vier Wochen vor Beginn des Betriebes zu erfolgen hat, knüpft die Anzeigepflicht an die **Absicht des SSV** an, die Einrichtung künftig zu betreiben. Eine Anzeige hat auch dann zu erfolgen, wenn eine bereits angezeigte Röntgeneinrichtung künftig von einem anderen SSV betrieben werden soll; aus diesem Grunde hat der Gesetzgeber den in § 4 Abs. 1 RöV verwendeten, insoweit missverständlichen Begriff der „Inbetriebnahme" nicht übernommen (BT-Drs. 18/11241, 260).

10   **1. Betrieb von Röntgeneinrichtungen mit bauartzugelassenem Röntgenstrahler (S. 1 Nr. 1 lit. a).** S. 1 Nr. 1 lit. a adressiert Röntgeneinrichtungen, deren **Röntgen*strahler*** nach § 45 Abs. 1 **Nr. 2 bauartzugelassen** ist (zu unterscheiden von bauartzugelassenen Röntgen*einrichtungen,* die in Nr. 2 erfasst werden).

Gemäß § 5 Abs. 31 ist ein **Röntgenstrahler** der Bestandteil einer Röntgenein- 11
richtung, der aus einer Röntgenröhre und einem Röntgenschutzgehäuse besteht.
Gemäß § 45 Abs. 1 Nr. 2 kann die Bauart eines Röntgenstrahlers zugelassen werden, wenn die strahlenschutztechnischen Eigenschaften den genehmigungsfreien
Betrieb einer Röntgeneinrichtung mit diesem Röntgenstrahler gemäß einer RVO
auf Grundlage der Ermächtigung nach § 49 Nr. 1 und 2 erlauben. Dies ist in § 18
StrlSchV erfolgt, wo detaillierte Anforderungen an die Bauart eines Röntgenstrahlers in Bezug auf die zu erfüllenden Sicherheitsanforderungen und an die resultierende Ortsdosisleistung in bestimmten Abständen für verschiedene Anwendungs-
zwecke (keine Anwendung am Menschen!) gestellt werden. Zuständige Behörde
für die Bauartzulassungen von Röntgenstrahlern ist die Physikalisch-Technische
Bundesanstalt (§ 187 Abs. 1 Nr. 1).

2. Betrieb von Röntgeneinrichtungen mit Bezug zum MPG oder der 12
EU-Medizinprodukte-VO (S. 1 Nr. 1 lit. b und c). Diese Regelungen beziehen sich auf Röntgeneinrichtungen, die auch vom Anwendungsbereich des **Medi-**
zinprodukterechts erfasst werden und bei denen daher unter dem Regime des
Strahlenschutzrechts eine Anzeigepflicht als ausreichend angesehen wird. Die Differenzierung in lit. b und c bezieht sich darauf, dass das Medizinproduktegesetz in
der Fassung der Bekanntmachung vom 7. August 2002 (BGBl. I S. 3146) am
26.5.2021 außer Kraft getreten ist; seither gilt die in lit. c genannte, unmittelbar anwendbare EU-Verordnung über Medizinprodukte, im deutschen Recht flankiert
durch das Medizinprodukterecht-Durchführungsgesetz (MPDG) (BGBl. I 2020
S. 960).

3. Betrieb von Röntgeneinrichtungen mit Bezug zum MPG oder der 13
EU-Medizinprodukte-Verordnung, die nicht im Zusammenhang mit me-
dizinischen Expositionen eingesetzt werden (S. 1 Nr. 1 lit. d und e). Diese
Regelungen adressieren Röntgeneinrichtungen, die nach den Vorschriften des
ehemaligen MPG oder der Verordnung (EU) 2017/745 in Verkehr gebracht worden sind (zum Hintergrund dieser Differenzierung → Rn. 12) und **nicht im Zu-**
sammenhang mit medizinischen Expositionen eingesetzt werden.

Die Anzeigebedürftigkeit der hier genannten Röntgeneinrichtung greift die 14
Regelungen aus § 4 Abs. 1 Nr. 3 RöV 2003 auf. Die dort verwendete Formulierung „außerhalb der Heilkunde und Zahnheilkunde" ist durch die Formulierung
„nicht im Zusammenhang mit medizinischen Expositionen" ersetzt worden. Es
werden somit medizinische Röntgeneinrichtungen erfasst, deren **erstmaliges In-**
Verkehr-Bringen nach dem Medizinprodukterecht erfolgt ist, die nunmehr
aber **nicht im Zusammenhang mit medizinischen Expositionen** eingesetzt
werden. Der Betrieb erfolgt dann in sonstigen Fällen, in denen die Anwendung
von ionisierender Strahlung am Menschen gesetzlich vorgesehen ist (sogenannte
nichtmedizinische Bildgebung), in der Tierheilkunde oder im Rahmen technischer
Anwendungen. Der Betrieb „im Zusammenhang mit medizinischen Expositionen" im Sinne dieses Gesetzes entspricht dabei denjenigen Zweckbestimmungen,
nach denen Röntgeneinrichtungen Medizinprodukte im Sinne von § 3 Nr. 1 des
Medizinproduktegesetzes sind (BT-Drs 18/11241, 260).

4. Betrieb von Basis-, Hoch- oder Vollschutzgeräten oder Schulrönt- 15
geneinrichtungen (S. 1 Nr. 2). Ebenfalls nur anzeigepflichtig ist der Betrieb von
Basis-, Hoch- oder Vollschutzgeräten sowie **Schulröntgeneinrichtungen.**
Gemäß § 45 Abs. 1 Nr. 3 bis 6 kann die Bauart dieser Röntgeneinrichtungen (nicht:

Röntgenstrahler) zugelassen werden, wenn das hohe Schutzniveau der jeweiligen Bauart den genehmigungsfreien Betrieb der Röntgeneinrichtungen nach einer Rechtsverordnung erlaubt. Von dieser Möglichkeit hat der Verordnungsgeber Gebrauch gemacht, indem er die technischen Anforderungen an die Bauartzulassung von Basisschutzgeräten in § 19 StrlSchV, von Hochschutzgeräten in § 20 StrlSchV, von Vollschutzgeräten in § 21 StrlSchV und von Schulröntgeneinrichtungen in § 22 StrlSchV detailliert festgelegt hat. Alle diese Röntgeneinrichtungen zeichnen sich durch ein **hohes Maß an baulichen und technischen Schutzvorkehrungen** aus, so dass beim Betrieb eine Strahlenexposition, die zu einer Einstufung als beruflich exponierte Person (mehr als 1 mSv effektive Dosis im Kalenderjahr, siehe § 5 Abs. 7) führen könnte, in der Praxis nahezu ausgeschlossen ist.

16   Zuständig für die Erteilung der **Bauartzulassung** ist, wie bei Röntgenstrahlern, die Physikalisch-Technische Bundesanstalt (PTB) (§ 187 Abs. 1 Nr. 1). Tatsächlich gehen die von der PTB im Rahmen der Zulassung durchgeführten Prüfungen weit über die ausschließliche Prüfung der in der StrlSchV geforderten Parameter hinaus und sind daher sehr umfangreich und detailliert. Details können dem PTB-Bericht PTB-DOS 59 (siehe Schrifttum) entnommen werden, der sich explizit an Hersteller und Gutachter dieser Röntgeneinrichtungen wendet und in dem die grundlegenden Prinzipien bei der erforderlichen Schaffung einer Sicherheitsarchitektur nach DIN EN 62061 beschrieben werden. Diese Sicherheitsarchitektur, die die Sicherheitsanforderungen und die Prinzipien der Gestaltung und Integration sicherheitsbezogener Teile von Steuerung mit programmierbaren elektronischen Systemen beschreibt und die die Sicherheitsvorrichtungen grundsätzlich beurteilt, ist notwendig, um das hohe bauliche und technische Schutzniveau zu gewährleisten (PTB-DOS 59). Dieses in der Praxis sehr aufwändige (und dadurch durchaus kostenintensive) Verfahren führt dazu, dass Hersteller von Röntgeneinrichtungen inzwischen häufig **auf das Beantragen einer Bauartzulassung verzichten** – zumal Änderungen an diesen bauartzugelassenen Röntgeneinrichtungen, die den Strahlenschutz betreffen können, ein neues Bauartzulassungsverfahren erfordern. Selbst wenn Röntgeneinrichtungen, für die aus oben genannten Gründen keine Bauartzulassung beantragt wird, in Konstruktion und Eigenschaft einer bauartzugelassenen Röntgeneinrichtung entsprechen, ist der Betrieb immer mangels Bauartzulassung genehmigungspflichtig. Die Fachkunde-Richtlinie Technik nach RöV (siehe Schrifttum) greift diesen Umstand auf, in dem sie so beschaffene Röntgeneinrichtungen als Geräte bezeichnet, die „in Konstruktion und Eigenschaften Hochschutzgeräten bzw. Vollschutzgeräten" **entsprechen.** In beiden Fällen (anzeige- oder genehmigungsbedürftiger Betrieb) ist für den jeweils geforderten SSB die erforderliche Fachkunde gemäß Fachkundegruppe R3 nachzuweisen. Ebenfalls in beiden Fällen ist in der Praxis das Einrichten von Strahlenschutzbereichen gemäß § 52 StrlSchV ebensowenig erforderlich wie die personendosimetrische Überwachung, so dass beim Betrieb solcher Röntgeneinrichtungen die Bestellung von externen SSB, die nicht notwendigerweise ständig vor Ort sein müssen, grundsätzlich sinnvoll möglich ist (→ § 70 Rn. 11).

IV. Der genehmigungsbedürftige Betrieb (Abs. 2)

17   Abs. 2 bestimmt, welcher Betrieb von Röntgeneinrichtungen, die grundsätzlich unter Abs. 1 Nr. 1 subsumiert werden könnten, aufgrund besonderer Umstände, die in Abs. 2 aufgelistet werden, **genehmigungsbedürftig bleibt.** Analoge Regelungen fanden sich in § 4 Abs. 4 Nr. 1, 2, 3 und 5 RöV. Die Ausnahmeregelung, die wieder zur Genehmigungspflicht zurückführt, gilt nicht für die in Abs. 1 S. 1 Nr. 2 genannten bauartzugelassenen Röntgeneinrichtungen (Basis-, Hoch- oder Vollschutzgeräte sowie Schulröntgeneinrichtungen); bei diesen verbleibt es also in jedem Falle bei der Anzeigepflicht des Abs. 1.

1. Technische Radiographie zur Grobstrukturanalyse in der Werkstoffprüfung (Nr. 1). Die Norm entspricht den Regelungen aus § 4 Abs. 4 Nr. 1 RöV. Der Betrieb in der technischen Radiographie zur Grobstrukturanalyse in der Werkstoffprüfung ist häufig aufgrund der verwendeten großen Potentialdifferenzen und der daraus resultierenden großen Energien der Röntgenstrahlung mit **erheblichen Ortsdosisleistungen** verbunden, so dass aufgrund des erhöhten Gefährdungspotentials eine bloße Anzeige nicht angemessen wäre. **18**

2. Behandlung von Menschen (Nr. 2). Ebenfalls unverändert übernommen wurden die Regelungen aus § 4 Abs. 4 Nr. 2 RöV, die den anzeigebedürftigen Betrieb von Röntgeneinrichtungen zur Behandlung am Menschen aufgrund der in der Regel **hohen lokalen Strahlenexposition der behandelten Person** ausschließt. Dieser Betrieb ist also weiterhin immer genehmigungspflichtig. **19**

3. Teleradiologie (Nr. 3). Auch der Betrieb einer Röntgeneinrichtung zur Teleradiologie bleibt genehmigungsbedürftig. Damit wurde die Regelung aus § 4 Abs. 4 Nr. 3 RöV übernommen. Generell gilt, dass der Gesetzgeber die **Regelungen zur Teleradiologie strenger ausgestaltet** hat als bei der Anwendung von Röntgenstrahlung am Menschen in sonstigen Fällen, da der Arzt den Patienten nicht persönlich untersuchen und die technische Durchführung der Untersuchung nicht unmittelbar beaufsichtigen kann (amtl. Begr. zur RöV 2003, BR-Drs. 230/02, 75; → § 14 Rn. 15). **20**

4. Betrieb im Zusammenhang mit der Früherkennung (Nr. 4). Diese Norm weitet die in § 4 Abs. 4 Nr. 5 RöV 2003 enthaltene Regelung, die an den Betrieb von Röntgeneinrichtungen zur Untersuchung im Rahmen freiwilliger Röntgenreihenuntersuchungen anknüpfte, auf **alle Anwendungen im Zusammenhang mit der Früherkennung** von Krankheiten aus. Jeder Betrieb einer Röntgeneinrichtung im Zusammenhang mit der Früherkennung von Krankheiten, ob im Rahmen eines Früherkennungsprogramms wie z.B. das Mammographie-Screening-Programm oder ob im Rahmen von individuellen Untersuchungen, ist mithin genehmigungsbedürftig (BT-Drs. 18/11241, 261). **21**

5. Betrieb außerhalb eines Röntgenraumes (Nr. 5). Diese Norm entspricht sinngemäß § 4 Abs. 4 Nr. 4 iVm § 20 Abs. 2 S. 1 Nr. 5 RöV und bestimmt, dass der Betrieb von Röntgeneinrichtungen, die außerhalb eines Röntgenraums betrieben werden, grundsätzlich genehmigungsbedürftig bleibt; die Genehmigungsbedürftigkeit entfällt nur dann – so dass es beim **Anzeigevorbehalt** des Abs. 1 bleibt –, wenn die Untersuchungen außerhalb eines Röntgenraums den **Ausnahmefall** darstellen. Gemäß der amtl. Begründung soll die Ausnahmeregelung etwa dann zur Anwendung kommen, wenn ein Patient in einem Krankenhaus eilig untersucht werden muss, aber eine Verlegung in den Röntgenraum z.B. aufgrund des allgemeinen Gesundheitszustandes nicht möglich ist und daher die Untersuchung am derzeitigen Aufenthaltsort durchgeführt wird; in einem solchen Fall muss die medizinische Versorgung Vorrang vor dem Interesse haben, Röntgenuntersuchungen grundsätzlich nur in Röntgenräumen durchzuführen. Wird hingegen die Röntgeneinrichtung – wie dies etwa in der Tiermedizin bei Untersuchungen von Großtieren vor- **22**

kommt – regelhaft oder gar ständig außerhalb von Röntgenräumen betrieben, so ist der Betrieb genehmigungsbedürftig (BT-Drs. 18/11241, 261).

23   **6. Betrieb in einem Röntgenraum, der nicht Gegenstand einer Prüfung war (Nr. 6).** Die Regelung stellt klar, dass in Fällen, in denen der Betrieb in Röntgenräumen geplant ist, der verwendete **Röntgenraum** bzw. die Röntgenräume allerdings **noch nicht exakt bezeichnet** werden können, dieser Betrieb nicht anzeige-, sondern genehmigungsbedürftig ist. Dies ist z. B. der Fall, wenn Vorführ- oder Leihgeräte stationär in verschiedenen Röntgenräumen, die zum Zeitpunkt der Anzeige noch nicht bekannt sein können, betrieben werden sollen. Das Genehmigungsverfahren ist im beschriebenen Fall auch für den SSV ein sinnvolles Vorgehen, da sich die Betriebsorte bzw. die Röntgenräume, in denen betrieben werden soll, in der Regel über mehrere Bundesländer (bzw. die örtlichen Zuständigkeitsbereiche mehrerer Behörden) erstrecken wird. Im Gegensatz zur Anzeige kann die nach dieser Vorschrift erforderliche Genehmigung **länderübergreifend** erteilt werden, so dass die Zulassung des Betriebs in einem Verfahren möglich ist (BT-Drs. 18/11241, 262).

24   **7. Betrieb in einem mobilen Röntgenraum.** Diese Regelung betrifft den Betrieb einer Röntgeneinrichtung in einem mobilen Röntgenraum, d. h. der Betrieb erfolgt zwar in einem Röntgenraum, der in einem Prüfbericht eines behördlich bestimmten Sachverständigen benannt werden kann, findet jedoch **nicht ortsfest,** auch nicht beschränkt auf ein Firmengelände, statt. Als Beispiel gibt die amtliche Begründung die zahnmedizinische Versorgung von Obdachlosen oder den Betrieb von Computertomographen an, die in Lastwagenanhängern fest installiert sind. Auch in solchen Fällen ist es sachgerecht, für die Zulassung des Betriebes eine Genehmigung vorzusehen, da **besondere Anforderungen an den Schutz der Bevölkerung,** z. B. an der Außenseite des Fahrzeugs, bestehen. Überdies ist auch für den Antragsteller eine Genehmigung in vielen dieser Fälle vorteilhafter, da sie länderübergreifend erteilt werden kann (BT-Drs. 18/11241, 262).

D. Unterlagen, die der Anzeige beizufügen sind

I. Unterlagen zur Anzeige nach Abs. 1 S. 1 Nr. 1 (Abs. 3)

25   Abs. 3 legt fest, welche **Unterlagen** der Anzeige nach Abs. 1 S. 1 Nr. 1 beizufügen sind, und definiert dadurch zugleich die **Anforderungen** an den Betrieb der Röntgeneinrichtung, deren Vorliegen von der Behörde **geprüft** wird (→ vor § 10 Rn. 9).

26   **1. Bescheinigung eines behördlich bestimmten Sachverständigen (S. 1 Nr. 1 und S. 2).** Nach S. 1 Nr. 1 ist im Falle des anzeigebedürftigen Betriebs von Röntgeneinrichtungen nach Abs. 1 S. 1 Nr. 1 (also nicht für die dort in Nr. 2 genannten Röntgeneinrichtungen) der Abdruck der **Bescheinigung eines behördlich bestimmten Sachverständigen** nach § 172 einschließlich des dazu gehörigen **Prüfberichtes** beizufügen. Der Prüfung der Röntgeneinrichtung durch einen behördlich bestimmten Sachverständigen kommt beim anzeigebedürftigen Betrieb eine **zentrale Bedeutung zur Sicherstellung des Strahlenschutzes** zu. Durch sie soll sichergestellt werden, dass die sicherheitstechnische Auslegung, die baulichen Gegebenheiten und die Funktion und Sicherheit der Röntgeneinrichtung oder des Störstrahlers den Schutz des Personals, der Bevölkerung und der untersuchten Personen gewährleisten. Nach § 182 Abs. 3 StrlSchV ist dabei der Stand der Technik zu beachten.

Der **notwendige Inhalt der Bescheinigung** wird in lit. a bis e beschrieben. 27

Die Formulierung „der vorgesehene Betrieb" in lit. a bedeutet, dass die Erlaub- 28
niswirkung des Anzeigeverfahrens sich nur auf den **in dem Prüfbericht genannten Betriebsumfang** beziehen kann. Die Prüfung des Sachverständigen sowie die
Dokumentation im Prüfbericht müssen diesen Betriebsumfang vollständig abdecken (BT-Drs. 18/11241, 262).

Eine Besonderheit ergibt sich mit Blick auf lit. b; hiernach muss die Beschei- 29
gung die Feststellung enthalten, dass die Röntgeneinrichtung bauartzugelassen
(Abs. 1 S. 1 Nr. 1 lit. a) oder (Abs. 1 S. 1 Nr. 1 lit. b bis e) als Medizinprodukt nach
dem MPG in der bis einschließlich 25. Mai 2021 geltenden Fassung oder nach den
Vorschriften der Verordnung (EU) 2017/745 gekennzeichnet ist. Es genügt folg-
lich, dass der Sachverständige im Rahmen der Prüfung lediglich feststellt, dass die
Röntgeneinrichtung **als Medizinprodukt gekennzeichnet** ist. Bislang war im
Rahmen der Sachverständigenprüfung zu bescheinigen, dass eine medizinische
Röntgeneinrichtung nach den Vorschriften des MPG erstmalig in Verkehr gebracht
worden war. Dafür benötigten die Sachverständige allerdings die Qualifikation als
Sachverständige nach Medizinprodukterecht, was von ihnen im Rahmen der Bestimmung als Sachverständige nach Strahlenschutzrecht nicht zwingend gefordert
werden kann. Deshalb beschränkt sich die Bescheinigung im Rahmen der Sachverständigenprüfung nunmehr auf die Kennzeichnung der Röntgeneinrichtungen als
Medizinprodukt nach Medizinproduktegesetz (BT-Drs. 19/26943, 67).

Darüber hinaus werden die **Belange des Medizinprodukterechts** in den 30
strahlenschutzrechtlichen Regelungen insofern berücksichtigt, als sonstige öffentlich-rechtliche Vorschriften dem Betrieb einer Röntgeneinrichtung nicht
entgegenstehen dürfen. Diese Anforderungen finden sich als Genehmigungsvoraussetzung in § 13 Abs. 1 Nr. 8 (→ § 13 Rn. 56 ff.) und als Voraussetzung der
Untersagung einer angezeigten Tätigkeit in § 20 Abs. 1 Nr. 7 (→ § 20 Rn. 12).
Zusätzlich ist die Schnittstelle zwischen Strahlenschutz- und Medizinprodukterecht im § 23 StrlSchG (→ § 23 Rn. 2) definiert (BT-Drs. 19/26943, 68).

Die Regelung in lit. e fordert, dass bei der Anzeige des Betriebs einer Röntgen- 31
einrichtung zur Untersuchung, die aus zwingenden Gründen im Einzelfall außer-
halb eines Röntgenraums betrieben werden muss, der behördlich bestimmte
Sachverständige auch zu prüfen und zu bescheinigen hat, dass **besondere Vorkeh-
rungen zum Schutz Dritter** vor Röntgenstrahlung getroffen worden sind. Der
SSV hatte bereits eine entsprechende Verpflichtung gemäß § 20 Abs. 2 S. 2 RöV.
Nunmehr ist die Erfüllung dieser Anforderung bei der Anzeige nachzuweisen (BT-
Drs. 18/11241, 262).

Weitere Details zur Sachverständigen-Prüfung regelt die **SV-RL** (siehe Schrift- 32
tum). Sie gilt für die Durchführung von Sachverständigenprüfungen von genehmi-
gungs- und anzeigebedürftigen Röntgeneinrichtungen nach § 12 Abs. 1 Nr. 4 und
§ 19 Abs. 1 sowie von Störstrahlern, deren Betrieb nach § 12 Abs. 1 Nr. 5 genehmigungsbedürftig ist, mit dem Ziel, eine bundeseinheitliche Durchführung der
Sachverständigenprüfungen sicherzustellen.

Für die Beauftragung des behördlich bestimmten Sachverständigen (§ 172) ist 33
der **SSV** als die Person unmittelbar verantwortlich, die die Anzeige zu erstatten hat.
Der Sachverständige wird dabei im Rahmen eines zivilrechtlichen Dienst- oder
Werkvertrages tätig (SV-RL, 1.4.1, S. 8).

Verweigert der Sachverständige die Erteilung der Bescheinigung, so entscheidet 34
auf Antrag die zuständige Behörde, ob die nachzuweisenden Anforderungen erfüllt
sind. Sie kann in diesem Fall **Auflagen für den Betrieb** vorsehen (Abs. 3 S. 3).

Dies kommt zum Beispiel dann in Frage, wenn Uneinigkeit über die Notwendigkeit von bestimmten Schutzeinrichtungen besteht. Die Regelung entspricht § 4 Abs. 2 S. 3 RöV. Bejahendenfalls entscheidet die Behörde – wie bisher – per Verwaltungsakt, dass die Anforderungen nach S. 1 Nr. 1 erfüllt sind. In diesem Fall darf die Röntgeneinrichtung in Betrieb genommen werden. Anders als nach den Regelungen der RöV wird im Fall der Verweigerung der Erteilung der Bescheinigung also nicht mehr ein Genehmigungsverfahren eingeleitet. Dies hat seinen Grund darin, dass das Anzeigeverfahren nunmehr vom Genehmigungsverfahren entkoppelt ist (BT-Drs. 18/11241, 263).

35   **2. Sonstige Unterlagen.** Nach der **Nr. 2** ist im Falle einer Röntgeneinrichtung mit zugelassenem Röntgenstrahler (Abs. 1 S. 1 Nr. 1 lit. a) der Abdruck des **Zulassungsscheins nach § 47** für die Bauart des Röntgenstrahlers beizufügen.

36   Die **Nr. 3 bis 5** betreffen Nachweise in Bezug auf die **personelle Organisation des Strahlenschutzes** und auf die **Qualifikation** der handelnden Personen, die analog zum genehmigungsbedürftigen Betrieb (§ 13 Abs. 1 Nr. 1 bis 4) formuliert sind; auf die dortige Kommentierung kann verwiesen werden (→ § 13 Rn. 12 ff.).

37   Ebenfalls der Anzeige beigefügt werden muss bei einer **Röntgeneinrichtung zur Anwendung am Menschen** (die *Behandlung* von Menschen ist im Anzeigetatbestand nicht enthalten, sondern bedarf der Genehmigung, Abs. 2 Nr. 2; → Rn. 19) der Nachweis, dass die in § 14 Abs. 1 Nr. 1, 2 lit. b oder c, Nr. 3 lit. b und Nr. 4 genannten Voraussetzungen erfüllt sind (Nr. 6). Der Verweis auf § 14 Abs. 1 Nr. 1 entspricht der Anforderung nach § 4 Abs. 2 Nr. 4 in Verbindung mit § 3 Abs. 3 Nr. 1 RöV. Der Verweis auf § 14 Abs. 1 Nr. 2 lit. b oder c knüpft an § 4 Abs. 2 Nr. 4 in Verbindung mit § 3 Abs. 3 Nr. 2 lit. c oder d RöV an. Das Vorliegen der in § 14 Abs. 1 Nr. 3 lit. b und Nr. 4 genannten Voraussetzung ist bei dem anzeigebedürftigen Betrieb einer Röntgeneinrichtung zur Anwendung am Menschen in gleicher Weise erforderlich wie bei dem genehmigungsbedürftigen Betrieb einer Röntgeneinrichtung (BT-Drs. 19/26943, 68).

38   Besonderer Bedeutung kommt beim Betrieb von medizinisch genutzten Röntgeneinrichtungen der **Abnahmeprüfung** zu, die in § 115 StrlSchV geregelt ist. Der Sachverständige stellt in seiner Bescheinigung gem. Abs. 3 Nr. 1 lit. d fest, dass die Abnahmeprüfung vorgenommen wurde. Die Abnahmeprüfung ist vor der Inbetriebnahme durch eine entsprechend qualifizierte Person des jeweiligen Herstellers oder Lieferanten sowohl für die einzelnen Komponenten als auch für das Gesamtsystem durchzuführen, um sicherzustellen, dass die für die Anwendung erforderliche Qualität im Sinne des § 14 Abs. 1 Nr. 5 erreicht wird. Dies gilt ebenfalls für Änderungen an der Röntgeneinrichtung, die die erforderliche Qualität beeinflussen können. Nach § 115 Abs. 4 StrlSchV genügt in diesen Fällen eine **Teilabnahmeprüfung,** die sich auf die Änderung und deren Auswirkung beschränken kann. Ist im Falle der Änderung die Abnahmeprüfung durch den Hersteller oder Lieferanten nicht möglich, etwa weil es das Unternehmen nicht mehr gibt, so hat der SSV sicherzustellen, dass eine gleichwertige Prüfung durch eine fachkundige Person durchgeführt wird. Im Rahmen der Sachverständigenprüfungen können die Ergebnisse der Abnahmeprüfung berücksichtigt und einzelne Parameter messtechnisch zur Kontrolle der Abnahmeprüfung überprüft werden. Weitere Details zur Bedeutung und Durchführung der Qualitätssicherung bei medizinisch genutzten RöE können der SV-RL (siehe Schrifttum) entnommen werden.

II. Unterlagen zur Anzeige nach Abs. 1 S. 1 Nr. 2 (Abs. 4)

Abs. 4 benennt die Unterlagen, die einer Anzeige nach Abs. 1 S. 1 Nr. 2 (Basis-, **39** Hoch- oder Vollschutzgerät oder Schulröntgeneinrichtung, also **bauartzugelassene Röntgeneinrichtungen**) beizufügen sind. Zusätzlich zu dem Abdruck des **Zulassungsscheins** (Nr. 1) muss gemäß Nr. 2 ein Nachweis über die durchgeführte **individuelle Qualitätskontrolle** der Röntgeneinrichtung mit dem Ergebnis, dass die Röntgeneinrichtung den für den Strahlenschutz wesentlichen Merkmalen der Bauartzulassung entspricht, der Anzeige beigefügt werden. Hintergrund ist, dass die Informationen aus dem Abdruck des Zulassungsscheins nicht ausreichen, um zu beurteilen, ob das konkrete Einzelgerät, dessen Betrieb angezeigt wurde, den wesentlichen Merkmalen der Bauartzulassung entspricht. Aus diesem Grund war es bisher schon gängige Praxis, dass eine konkrete **Stückprüfung** durchgeführt und bescheinigt wurde. Durch Abs. 4 S. 1 Nr. 2 ist diese gängige Praxis nun auch im StrlSchG verankert (BT-Drs 19/26943, 40).

Nach Nr. 3 sind beim Betrieb eines Basis- oder Hochschutzgerätes oder einer **40** Schulröntgeneinrichtung die für die **Strahlenschutzorganisation** und für die **Qualifikation** der handelnden Personen notwendigen Nachweise nach Abs. 3 S. 1 Nr. 4 bis 6 ebenfalls der Anzeige beizufügen. Die Verweisung auf „Nummer 4 bis 6" ist **richtigerweise als „Nummer 3 bis 5" zu lesen,** da ersichtlich auf die dort formulierten Anforderungen an SSB und sonst tätige Personen verwiesen werden soll, Abs. 3 S. 1 Nr. 6 hingegen für die hier genannten Geräte, die sämtlich nicht für die Anwendung am Menschen bestimmt sind (vgl. §§ 19 ff. StrlSchV), von vornherein nicht relevant ist. Der fehlerhafte Bezug erklärt sich daraus, dass die Verweisung auf „Absatz 3 Satz 1 Nummer 4 bis 6" in der zunächst in Kraft getretenen Fassung des StrlSchG korrekt war, die Nummerierung in Abs. 3 S. 1 sich jedoch durch zwei nachfolgende Gesetzesänderungen verschoben hat (→ Rn. 4), ohne dass dies in Abs. 4 Nr. 3 nachvollzogen wurde.

Im Tatbestand der Nr. 3 fehlt das **Vollschutzgerät,** so dass der anzeigepflichtige **41** Betrieb eines Vollschutzgerätes auch ohne den Nachweis über die Bestellung eines SSB mit der erforderlichen Fachkunde und ohne den Nachweis, dass die sonst tätigen Personen über das notwendige Wissen und die notwendigen Fertigkeiten verfügen, möglich ist (siehe auch § 147 S. 2 StrlSchV). Hintergrund ist das „besonders hohe Schutzniveau" dieser Geräte (siehe § 47 Abs. 1 Nr. 5).

E. Wesentliche Änderungen (Abs. 5)

Abs. 5 stellt klar, dass auch bei **wesentlichen Änderungen des Betriebs** die **42** Regelungen dieser Norm anzuwenden sind, also vor allem die nach Abs. 3 bzw. 4 zu führenden Nachweise erbracht werden müssen. Im Falle des Abs. 1 S. 1 Nr. 1 gelten die Absätze 1 bis 3 entsprechend; die Verweisung auf Abs. 2 stellt klar, dass eine Änderung des Betriebes einer ursprünglich anzeigepflichtigen Röntgeneinrichtung, durch die der Tatbestand des Abs. 2 nunmehr erfüllt wird, eine Genehmigungspflicht auslöst. Bei Vollschutz-, Hochschutz-, Basisschutzgeräten und Schulröntgeneinrichtungen (Abs. 1 S. 1 Nr. 2) sind die Absätze 1 und 4 entsprechend anzuwenden; Abs. 2 gilt von vornherein nicht für diese Geräte. Die Formulierung „Änderungen des Betriebs" bezieht sich nach Auffassung des Gesetzgebers bei den nach Abs. 1 S. 1 Nr. 1 angezeigten Röntgeneinrichtungen auch auf eine **Änderung der Beschaffenheit der Röntgeneinrichtung;** für die nach Abs. 1 S. 1 Nr. 2 angezeigten bauartzugelassenen Röntgeneinrichtungen gilt dies wiederum nicht, da im Falle einer wesentlichen Änderung der Beschaffenheit die Voraussetzungen der Bauartzulassung nicht mehr erfüllt wären; insofern kommt hier nur eine wesentliche Änderung des Betriebs (im eigentlichen Sinne) in Betracht (BT-Drs. 19/26943, 84).

43   Zur **Definition der wesentlichen Änderung** kann grundsätzlich auf die Erläuterungen zu § 12 Abs. 2 verwiesen werden (→ § 12 Rn. 70 ff.). Dabei ist die Frage, was eine wesentliche Änderung des Betriebes einer nach Abs. 1 angezeigten Röntgeneinrichtung darstellt, in der Praxis nicht immer einfach zu beantworten. Wertvolle Hinweise diesbzgl. finden sich in der **SV-RL** (→ Rn. 32). So wird dort festgehalten, dass der Wechsel des SSV keine wesentliche Änderung des Betriebs darstellt. Wird der Betrieb seitens des bisherigen SSV beendet, so ist dies gemäß § 21 der Behörde mitzuteilen. Soll unter einem anderen SSV der Betrieb wiederaufgenommen werden, so hat eine erneute Anzeige zu erfolgen bzw. bedarf es einer neuen Genehmigung (→ Rn. 9).

44   Anlage II der SV-RL liefert **Beispiele** für Änderungen an Röntgeneinrichtungen (Anlage II.1 für Röntgeneinrichtungen für die Anwendung am Menschen inklusive Mammographie, Anlage II.2 Röntgeneinrichtungen für die technische Anwendung, für die Anwendung am Tier/Rechtsmedizin/Pathologie/Anatomie und für die Anwendung zu technischen Schulungszwecken) und gibt Hinweise darauf, ob diese Änderungen jeweils als wesentliche Änderungen nach § 12 Abs. 2 oder § 19 Abs. 5 anzusehen sind. Darüber hinaus kann Anlage II der SV-RL entnommen werden, ob nach der Änderung – die keine wesentliche Änderung zu sein braucht – ggfs. eine **Teil-/Abnahmeprüfung** durch den Hersteller oder Lieferanten erforderlich ist (→ Rn. 38).

45   Wird auf Grund einer wesentlichen Änderung eine Sachverständigenprüfung erforderlich, so reicht es aus, die Prüfung und den **Prüfbericht** auf die wesentliche Änderung und ihre Auswirkungen zu beschränken, wenn der Bezugsprüfbericht vorliegt. Als Bezugsprüfbericht gelten der Bericht über die Erstinbetriebnahme und alle weiteren Berichte über wesentliche Änderungen, die an dieser betreffenden Einrichtung durchgeführt worden sind (SV-RL, 1.4.3., S. 9).

46   Da **ältere Anzeigen** des Betriebs einer Röntgeneinrichtung nach den Übergangsvorschriften als Anzeigen nach Abs. 1 fortgelten, bezieht sich die Vorschrift auch auf die Änderung eines vor dem Inkrafttreten dieses Gesetzes angezeigten Betriebes (BT-Drs 18/11241, 264).

F. Zuwiderhandlungen

47   Wer eine Anzeige nach Abs. 1 S 1 nicht, nicht richtig, nicht vollständig, nicht in der vorgeschriebenen Weise oder nicht rechtzeitig erstattet, handelt **ordnungswidrig** (§ 194 Abs. 1 Nr. 3).

§ 20 Prüfung des angezeigten Betriebs einer Röntgeneinrichtung

(1) ¹Die zuständige Behörde prüft die Unterlagen innerhalb von vier Wochen nach Eingang der Anzeige. ²Teilt die Behörde dem Anzeigenden vor Ablauf der Frist schriftlich mit, dass alle Nachweise nach § 19 Absatz 3 oder 4 erbracht sind, darf der Anzeigende die Röntgeneinrichtung bereits mit Erhalt der Mitteilung betreiben.

(2) Leitet die zuständige Behörde im Falle einer Anzeige nach § 19 Absatz 1 Satz 1 Nummer 1 innerhalb der Frist nach Absatz 1 ein Verfahren zur Prüfung der Rechtfertigung nach § 7 ein, so setzt sie das Verfahren zur Prüfung der Anzeige für die Dauer des Verfahrens zur Prüfung der Rechtfertigung aus.

(3) Die zuständige Behörde kann den Betrieb einer Röntgeneinrichtung nach § 19 Absatz 1 Satz 1 Nummer 1 oder die Änderung des Betriebs nach § 19 Absatz 5 untersagen, wenn
1. eine der nach § 19 Absatz 3 nachzuweisenden Anforderungen nicht oder nicht mehr erfüllt ist; dies gilt nach Ablauf der Frist nach Absatz 1 nur, wenn nicht in angemessener Zeit Abhilfe geschaffen wird,
2. Tatsachen vorliegen, aus denen sich Bedenken gegen die Zuverlässigkeit der zur Anzeige verpflichteten Person, ihres gesetzlichen Vertreters oder, bei juristischen Personen oder sonstigen Personenvereinigungen, der nach Gesetz, Satzung oder Gesellschaftsvertrag zur Vertretung oder Geschäftsführung berechtigten Person oder des Strahlenschutzbeauftragten ergeben,
3. Tatsachen vorliegen, aus denen sich Bedenken ergeben, ob das für die sichere Ausführung der Tätigkeit notwendige Personal vorhanden ist,
4. es sich um eine nicht gerechtfertigte Tätigkeitsart nach einer Rechtsverordnung nach § 6 Absatz 3 handelt oder wenn unter Berücksichtigung eines nach § 7 Absatz 2 veröffentlichten Berichts erhebliche Zweifel an der Rechtfertigung der Tätigkeitsart bestehen,
5. gegen die Vorschriften dieses Gesetzes oder der auf Grund dieses Gesetzes erlassenen Rechtsverordnungen oder gegen die hierauf beruhenden Anordnungen und Verfügungen der Aufsichtsbehörden erheblich oder wiederholt verstoßen wird und nicht in angemessener Zeit Abhilfe geschaffen wird,
6. dies wegen einer erheblichen Gefährdung der Beschäftigten, Dritter oder der Allgemeinheit erforderlich ist oder
7. sonstige öffentlich-rechtliche Vorschriften der beabsichtigten Tätigkeit entgegenstehen.

(4) ¹Die zuständige Behörde kann den Betrieb eines Basis- oder Hochschutzgerätes oder einer Schulröntgeneinrichtung nach § 19 Absatz 1 Satz 1 Nummer 2 oder die Änderung des Betriebs nach § 19 Absatz 5 untersagen, wenn eine der nach § 19 Absatz 4 nachzuweisenden Anforderungen nicht oder nicht mehr erfüllt ist. ²Dies gilt nach Ablauf der Frist nach Absatz 1 nur, wenn nicht in angemessener Zeit Abhilfe geschaffen wird. ³Im Übrigen gilt Absatz 3 Nummer 2, 4 und 7 entsprechend.

(5) Die zuständige Behörde kann den Betrieb eines Vollschutzgerätes nach § 19 Absatz 1 Satz 1 Nummer 2 untersagen, wenn

1. **Tatsachen vorliegen, aus denen sich Bedenken gegen die Zuverlässigkeit des Strahlenschutzverantwortlichen ergeben, oder**
2. **der Anzeige nicht die nach § 19 Absatz 4 Nummer 1 und 2 geforderten Unterlagen beigefügt wurden.**

A. Zweck und Bedeutung der Norm

1   Die Norm enthält Bestimmungen über die **Prüfung des angezeigten Betriebs von Röntgeneinrichtungen** und regelt dabei Verfahrensabläufe, die zur **Untersagung** des angezeigten Betriebs führen können. Bei einem anzeigepflichtigen Sachverhalt ist die Möglichkeit der Untersagung das notwendige Gegenstück zu der Verfahrenserleichterung, die durch die Anzeige- anstelle einer Genehmigungspflicht gewährt wird (→ vor § 10 Rn. 6).

2   Inhaltlich entsprechen die **Untersagungsgründe** im Wesentlichen, ins Negative gespiegelt, den Genehmigungsvoraussetzungen beim genehmigungspflichtigen Betrieb (§ 13). Damit soll grundsätzlich sichergestellt werden, dass nach der durch das StrlSchG bewirkten Entkoppelung von anzeige- und genehmigungsbedürftigem Betrieb (→ § 19 Rn. 6) in beiden Fällen die gleichen Voraussetzungen gewährleistet sein müssen; insofern wird die bisherige Rechtslage fortgeführt (BT-Drs. 18/11241, 264).

3   Die Regelung setzt Artikel 27 und Artikel 29 Abs. 1 der **RL 2013/59/Euratom** um.

B. Regelungshistorie

Die Norm führt Regelungen des **§ 4 RöV**, im Wesentlichen dessen **Abs. 6,** in erweiterter Form fort.

C. Prüfung des angezeigten Betriebs einer Röntgeneinrichtung (Abs. 1)

4   Korrespondierend zu der in § 19 Abs. 1 bestimmten **Vierwochenfrist** für die Anzeige, bezogen auf den Beginn des Betriebes, hat die zuständige Behörde innerhalb von vier Wochen die mit der Anzeige nach § 19 eingereichten Unterlagen zu **prüfen**. Die Zwei-Wochen-Frist des § 4 Abs. 1 RöV hatte sich in der Vergangenheit bei umfangreichen Prüfungen als nicht immer ausreichend herausgestellt, so dass der Gesetzgeber zu einer Vierwochenfrist übergegangen ist (BT-Drs. 18/11241, 265). Die vierwöchige Prüffrist ist das logische Gegenstück zu der in § 19 Abs. 1 geregelten Anzeigefrist; der Ablauf der Vierwochenfrist führt dazu, dass die gesetzliche Gestattungswirkung eintritt. Die Anzeige löst allerdings erst dann die Frist in diesem Sinne aus, wenn die nach § 19 Abs. 3 und 4 erforderlichen Unterlagen in prüffähiger Form beigefügt sind (→ vor § 10 Rn. 11).

5   Wurden die nach § 19 einzureichenden Unterlagen bereits vor Ablauf der vier Wochen vollständig geprüft und sind alle Voraussetzungen für die Inbetriebnahme erfüllt, so kann die Röntgeneinrichtung in Betrieb genommen werden, wenn die Behörde dies dem Anzeigenden **schriftlich mitteilt** (Abs. 1 S. 2). Durch diese Regelung kann in der Praxis bei guter Vorbereitung der Unterlagen durch den Betrei-

ber und vertrauensvoller Kommunikation mit der Behörde verhindert werden, dass es zu unnötigen Verzögerungen bei der Inbetriebnahme der Röntgeneinrichtung kommt, was insbesondere für medizinisch genutzte Röntgeneinrichtungen von Bedeutung sein kann.

D. Aussetzung bei Prüfung der Rechtfertigung (Abs. 2)

Bei Zweifeln an der **Rechtfertigung der Tätigkeitsart,** der der nach § 19 an- **6** gezeigte Betrieb einer Röntgeneinrichtung zuzuordnen ist (vgl. § 7 Abs. 1), wird gem. Abs. 2 das Anzeigeverfahren von der zuständigen Behörde **ausgesetzt.** Die Aussetzung erfolgt nur bei tatsächlichen Anhaltspunkten für Zweifel, ein allgemeiner Wunsch nach Prüfung der Rechtfertigung ohne derartige Anhaltspunkte genügt nicht (BT-Drs. 18/11241, 265). Aufgrund der Aussetzung kann das Ergebnis des Rechtfertigungsverfahrens nach § 7 abgewartet werden; auf die dortige Kommentierung wird verwiesen.

E. Untersagung des Betriebs (Abs. 3 bis 5)

I. Allgemeines

Unter bestimmten Voraussetzungen kann der Betrieb oder die Änderung des Be- **7** triebs **untersagt** werden; es handelt sich um eine Entscheidung, die im pflichtgemäßen Ermessen der zuständigen Behörde liegt. Die Untersagung kommt zunächst dann in Betracht, wenn die Behörde bei ihrer Prüfung der Anzeige feststellt, dass einer der in Abs. 3 bis 5 aufgeführten Untersagungsgründe vorliegt; mit der Untersagung wird dann, im Sinne der Vorabkontrolle, der **Beginn des Betriebes** vorübergehend (bis zur Klärung zB fehlender Nachweise) oder endgültig **verhindert.**

Die Regelungen in Abs. 3 bis 5 sind jedoch nicht auf die Erstprüfung einer ein- **8** gegangenen Anzeige beschränkt; die Untersagung ist auch dann möglich, wenn der Betrieb bereits begonnen hat und uU schon seit Jahren besteht; in solchen Fällen kann man von einer **nachträglichen Untersagung** sprechen. Bei der Ermessensübung ist in diesen Fällen darauf Rücksicht zu nehmen, dass sich der Anzeigende nach Ablauf der Vierwochenfrist und nach Beginn des Betriebes auf einen **Vertrauenstatbestand** berufen kann (BT-Drs. 18/11241, 265) und insoweit eine Parallele zum **Bestandsschutz** bei der Rücknahme oder dem Widerruf einer Genehmigung besteht; diese Parallele war in § 4 Abs. 6 S. 1 2. Hs. RöV ausdrücklich gezogen worden (→ vor § 10 Rn. 16). Dieser Vertrauensschutz spiegelt sich auch in Einzelformulierungen der Norm wider, etwa in den Regelungen zur Untersagung aufgrund fehlenden Nachweises der Anforderungen in Abs. 3 Nr. 1 und Abs. 4 S. 2, die nach Ablauf der Frist die Untersagung nur dann zulassen, wenn **nicht in angemessener Zeit Abhilfe geschaffen wird.** Ähnlich ist der Wortlaut in Abs. 3 Nr. 5 gestaltet, der inhaltlich nur auf eine nachträgliche Untersagung passt. Die Setzung einer Frist zur Abhilfe stellt im Sinne der Verhältnismäßigkeit klassischerweise ein milderes Mittel dar. Aber auch bei den sonstigen Untersagungsgründen dürfte die Verhältnismäßigkeit nach Fristablauf aus den oben genannten Gründen eine gewichtigere Rolle spielen.

II. Untersagung bei einer Röntgeneinrichtung nach § 19 Abs. 1 S. 1 Nr. 1 (Abs. 3)

9   Nach **Nr. 1** ist ein Untersagungsgrund dann gegeben, wenn die nachzuweisenden Anforderungen nach § 19 Abs. 3 nicht oder nicht mehr erfüllt sind. Der Untersagungsgrund ist im Falle einer **anfänglichen Untersagung** (anlässlich der Prüfung einer eingegangenen Anzeige) bereits erfüllt, wenn die einzureichenden **Unterlagen unvollständig** sind; die Unterlagen sind vollständig, wenn sie es der Behörde ermöglichen, das Vorliegen der nachzuweisenden Anforderungen zu prüfen (BT-Drs. 18/11241, 265). Allerdings wäre es idR unverhältnismäßig, den Anzeigenden nicht vorher zur Vervollständigung der Unterlagen aufzufordern. Zum zusätzlichen Erfordernis (Hs. 2), eine **nachträgliche Untersagung** erst dann auszusprechen, wenn vorher dem SSV eine angemessene Frist zur Abhilfe eingeräumt wurde, → Rn. 8.

10   Nach **Nr. 2 und 3** kann die Behörde den Betrieb oder die Änderung des Betriebs untersagen, wenn Voraussetzungen nicht erfüllt werden, die sinngemäß mit den in § 13 Abs. 1 Nr. 1 und 2 (zur **Zuverlässigkeit**; → § 13 Rn. 13 ff.) und Nr. 5 (zum **notwendigen Personal**; → § 13 Rn. 42) formulierten Voraussetzungen für die Erteilung von Genehmigungen korrespondieren. Ebenfalls korrespondierend zu § 13, dort zu Abs. 1 Nr. 7, angelegt ist die in **Nr. 4** geregelte Untersagung aufgrund der **fehlenden Rechtfertigung** (→ § 13 Rn. 51 ff.).

11   Die Untersagung des Betriebs aufgrund des erheblichen oder wiederholten Verstoßes gegen Vorschriften oder Anordnungen der Behörde und wegen der **erheblichen Gefährdung der Beschäftigten, Dritter oder der Allgemeinheit (Nr. 5 und 6)** ist eine spezialgesetzliche Ausprägung der allgemeinen aufsichtlichen Untersagungsbefugnis gem. § 179 Abs. 1 Nr. 2 StrlSchG iVm § 19 Abs. 3 AtG. Dieser Untersagungstatbestand kann sich inhaltlich nur auf eine **nachträgliche Untersagung** beziehen (BT-Drs. 18/11241, 265 unter Verweisung auf S. 259; → Rn. 8).

12   Mit der **Nr. 7** schließlich wird wiederum an § 13 (dort Abs. 1 Nr. 8) angeschlossen: die Behörde kann den Betrieb oder dessen Änderung untersagen, wenn **sonstige öffentlich-rechtliche Vorschriften** der beabsichtigten Tätigkeit **entgegenstehen** (→ § 13 Rn. 56 ff.).

III. Untersagung bei Basisschutz- und Hochschutzgeräten sowie Schulröntgeneinrichtungen und Vollschutzgeräten (Abs. 4 und 5)

13   Aufgrund des besonders hohen Niveaus des baulichen und technischen Strahlenschutzes beim Betrieb von **bauartzugelassenen Röntgeneinrichtungen** (§ 19 Abs. 1 S. 1 Nr. 2) wurden die Untersagungsgründe für diese Fälle in den Absätzen 4 und 5 weiter, und zwar in einem restriktiven Sinne, spezifiziert.

14   Im Falle eines **Basisschutz- oder Hochschutzgerätes** sowie einer **Schulröntgeneinrichtung (Abs. 4)** kann der Betrieb oder die wesentliche Änderung des Betriebs untersagt werden, wenn die in § 19 Abs. 4 aufgeführten Anforderungen nicht oder nicht mehr erfüllt sind. Zusätzlich kann der Betrieb (oder die wesentliche Änderung) untersagt werden, wenn Bedenken gegen die Zuverlässigkeit der zur Anzeige verpflichtenden Person oder des SSB bestehen, wenn die Tätigkeit nicht gerechtfertigt ist oder wenn sonstige öffentlich-rechtliche Vorschriften der beabsichtigten Tätigkeit entgegenstehen (Verweisung auf Abs. 3 Nr. 2, 4 und 7).

15   Aus dem Fehlen einer Verweisung auf Abs. 3 Nr. 3 folgt, dass Bedenken, ob das für die sichere Ausführung der Tätigkeit **notwendige Personal** vorhanden ist, keinen Untersagungsgrund darstellen. Das entspricht der Absicht des Gesetzgebers, da ein Mangel an notwendigem Personal bei diesen Geräten mit Bauartzulassung aufgrund der bauartbedingten Sicherheitsmerkmale nicht zu einem nicht sicheren Betrieb führt (BT-Drs. 18/11241, 266). Das Fehlen einer Verweisung auf Abs. 3 Nr. 6 **(erhebliche Gefährdung der Beschäftigten, Dritter oder der Allgemeinheit)** dürfte sich aus demselben Grund erklären. Etwas merkwürdig mutet dagegen an, dass auch eine Verweisung auf Abs. 3 Nr. 5 **(Verstoß gegen Rechtsnormen oder Anordnungen und Verfügungen der Aufsichtsbehörde)** fehlt. In solchen Fällen wird die Behörde unmittelbar auf die allgemeine aufsichtliche Untersagungsbefugnis gem. § 179 Abs. 1 Nr. 2 StrlSchG iVm § 19 Abs. 3 AtG zurückgreifen können.

Der Betrieb von **Vollschutzgeräten (Abs. 5)** kann aufgrund ihres besonders **16** hohen Schutzniveaus nur untersagt werden, wenn sich Bedenken gegen die Zuverlässigkeit des SSV ergeben (Nr. 1) oder die für die Anzeige geforderten Unterlagen nicht beigefügt wurden (Nr. 2). Zu diesen gehört neben dem Abdruck des Zulassungsscheins als Nachweis der Bauartzulassung nunmehr auch der Nachweis über die erfolgreich durchgeführte Qualitätskontrolle (Stückprüfung; → § 19 Rn. 39).

§ 21 Beendigung des genehmigten oder angezeigten Betriebs oder Umgangs

Wer den genehmigten oder angezeigten Betrieb einer Anlage zur Erzeugung ionisierender Strahlung, einer Röntgeneinrichtung oder eines Störstrahlers oder den genehmigten Umgang mit radioaktiven Stoffen beendet, hat dies der zuständigen Behörde unverzüglich mitzuteilen.

Schrifttum: *BMU,* Sachverständigen-Prüfrichtlinie (SV-RL): Richtlinie für die technische Prüfung von Röntgeneinrichtungen und genehmigungsbedürftigen Störstrahlern durch Sachverständige nach dem Strahlenschutzgesetz und der Strahlenschutzverordnung vom 01.07.2020 (GMBl. 2020 S. 562), geändert durch Rundschreiben vom 07.06.2021 (GMBl. 2021 S. 912).

A. Zweck und Bedeutung der Norm

Die hier geregelte Pflicht zur **Mitteilung der Beendigung** des genehmigten **1** oder angezeigten Betriebs oder Umgangs hat ihren Zweck darin, dass für die zuständigen Behörden das Interesse besteht, einen Überblick zu behalten, welche Anlagen, Einrichtungen oder Tätigkeiten der in der Norm genannten Art noch betrieben werden. Die Mitteilung kann in der Praxis auch für den Betreiber insofern von Bedeutung sein, da eine Mitteilung über die Beendigung des Betriebs z. B. von dem Verdacht befreien kann, dass notwendige Sachverständigenprüfungen nicht oder nicht rechtzeitig innerhalb der vorgegebenen Fristen durchgeführt wurden. Die Norm dient auch der Umsetzung von Artikel 24 Abs. 1 der **RL 2013/59/Euratom,** die festlegt, dass zum Zwecke des Strahlenschutzes Tätigkeiten einer behördlichen Kontrolle und Aufsicht unterworfen werden. Um diese auszuüben, ist der zuständigen Behörde auch die Beendigung des Betriebs oder Umgangs mitzuteilen (BT-Drs. 18/11241, 266).

B. Bisherige Regelungen

2   Die Norm greift die bisherigen Regelungen in **§ 3 Abs. 8 RöV** (Röntgenein-richtungen) und **§ 5 Abs. 1 S. 2 RöV** (Störstrahler) unter Erweiterung ihres An-wendungsbereichs auf.

C. Beendigung des Betriebs oder Umgangs

3   Die Pflicht, die Beendigung des genehmigten oder angezeigten Betriebs der zu-ständigen Behörde mitzuteilen, gilt nunmehr, neben **Röntgeneinrichtungen** (ge-nehmigt nach § 12 Abs. 1 Nr. 4 oder angezeigt nach § 19 Abs. 1) und **Störstrahlern** (genehmigt nach § 12 Abs. 1 Nr. 5), auch für den Betrieb von **Anlagen zur Erzeu-gung ionisierender Strahlung** (genehmigt nach § 12 Abs. 1 Nr. 1 oder angezeigt nach § 17 Abs. 1) und für die Beendigung des nach § 12 Abs. 1 Nr. 3 genehmigten **Umgangs mit sonstigen radioaktiven Stoffen**. Die amtl. Begründung führt dazu aus, dass auch in diesen Fällen das Interesse besteht, einen Überblick zu behal-ten, welche Anlagen zur Erzeugung ionisierender Strahlung noch betrieben wer-den bzw. welcher Umgang noch ausgeübt wird. Bei Anlagen zur Erzeugung ionisierender Strahlung besteht dieses Interesse – vergleichbar bei Röntgeneinrich-tungen – unabhängig davon, ob es sich um den anzeige- oder genehmigungs-bedürftigen Betrieb handelt (BT-Drs. 18/11241, 266).

4   Beendigung bedeutet die **endgültige Einstellung des Betriebs oder Um-gangs;** die vorübergehende Einstellung aus technischen oder wirtschaftlichen Gründen ist keine Beendigung in diesem Sinne (*Schmatz/Nöthlichs* 8211 Anm. 8). Gibt der bisherige SSV dagegen eine Röntgeneinrichtung an einen **nachfolgen-den Nutzer** ab, so erfüllt dies, auch wenn der Betrieb an sich „weitergeht", den Tatbestand des § 21. Der bisherige SSV ist meldepflichtig; der neue SSV hat eine Genehmigung zu beantragen bzw. eine Anzeige zu erstatten (SV-RL – siehe Schrifttum – Ziff. 1.4.3; → § 19 Rn. 43; aA zur Mitteilungspflicht noch *Schmatz/ Nöthlichs* 8211 Anm. 8: wer eine Röntgeneinrichtung abgebe, beende nicht den Betrieb). Das dürfte auch auf Störstrahler und AEiS zu übertragen sein. Im Falle des Umgangs mit sonstigen radioaktiven Stoffen löst die **Abgabe des gesamten Inventars** jedoch für sich genommen keine Pflicht zur Mitteilung nach § 21 aus, da unter der bestehenden Genehmigung neues Inventar beschafft werden und der Umgang weitergeführt werden kann (→ § 12 Rn. 44); hinzukommen muss deshalb die Absicht, den Umgang zu beenden.

5   Die Beendigung des Betriebs bzw. Umgangs ist ggf. mit weiteren **Nebenpflich-ten** verbunden, die darauf zielen, dass der Schutz vor der schädigenden Wirkung ionisierender Strahlung auch nach Beendigung gewährleistet bleibt (→ § 12 Rn. 44); dazu gehört z. B. die Freimessung von möglicherweise kontaminierten oder aktivierten Gebäuden, Räumen und Einrichtungen. Röntgeneinrichtungen, AEiS oder Störstrahler müssen gegen eine erneute Einschaltung durch Dritte ge-sichert werden, etwa durch eine dauerhafte Trennung von der Stromversorgung (*Schmatz/Nöthlichs* 8211 Anm. 8). Solche **nachsorgenden Maßnahmen** sind meist schon als Auflagen im Genehmigungsbescheid enthalten oder können von der Behörde im Bedarfsfall angeordnet werden.

D. Mitteilung der Beendigung

Die Mitteilungspflicht ist an den **SSV** adressiert, da der SSV derjenige ist, der den **6** Betrieb oder den Umgang beendet. Die Mitteilung hat **unverzüglich** zu erfolgen, also ohne schuldhaftes Zögern (vgl. § 121 BGB). Ist die Beendigung, was der Normalfall sein dürfte, vorher geplant, sollte die Mitteilung spätestens zum Zeitpunkt der Beendigung erfolgen.

Die Mitteilung der Beendigung des Betriebs bzw. des Umgangs ist an die „**zu- 7 ständige Behörde**" zu richten, also die Genehmigungs- oder Anzeigebehörde. Diese Bezeichnung des Empfängers ist enger als der in § 3 Abs. 8 RöV verwendete Begriff „zuständige Stellen", der verdeutlichen sollte, dass die Beendigung des Betriebes auch sonstigen Stellen mitzuteilen war, die Aufgaben der Überwachung oder der Qualitätssicherung zu erfüllen haben, wie zum Beispiel den ärztlichen oder zahnärztlichen Stellen. Solche zusätzlichen Mitteilungspflichten sind vom Gesetzgeber nunmehr aber der Verordnungsebene zugeteilt worden (siehe § 129 Abs. 2 StrlSchV), um eine Trennung der Anmeldungs- und Abmeldungspflicht auf verschiedene Ebenen der Rechtsetzung zu vermeiden (BT-Drs. 18/11241, 266).

Die Mitteilung nach § 21 ist idR zugleich der (konkludente) **Verzicht auf die 8 Genehmigung** bzw. auf die durch die Anzeige vermittelte Rechtsposition (→ § 12 Rn. 44).

E. Zuwiderhandlungen

Das Unterlassen der Mitteilung stellt, ebenso wie die nicht fristgerechte Mitteilung, **9** nach § 194 Abs. 1 Nr. 5 eine **Ordnungswidrigkeit** dar.

§ 22 Anzeigebedürftige Prüfung, Erprobung, Wartung und Instandsetzung von Röntgeneinrichtungen oder Störstrahlern

(1) **Wer**
1. **geschäftsmäßig Röntgeneinrichtungen oder Störstrahler prüft, erprobt, wartet oder instand setzt oder**
2. **Röntgeneinrichtungen oder Störstrahler im Zusammenhang mit ihrer Herstellung prüft oder erprobt,**

hat dies der zuständigen Behörde vor Beginn der Tätigkeit schriftlich anzuzeigen.

(2) **Der Anzeige sind die folgenden Unterlagen beizufügen:**
1. **Nachweis, dass jeder Strahlenschutzbeauftragte die erforderliche Fachkunde im Strahlenschutz besitzt oder, falls ein Strahlenschutzbeauftragter nicht notwendig ist, dass die zur Anzeige verpflichtete Person, ihr gesetzlicher Vertreter oder, bei juristischen Personen oder sonstigen Personenvereinigungen, der nach Gesetz, Satzung oder Gesellschaftsvertrag zur Vertretung oder Geschäftsführung Berechtigte die erforderliche Fachkunde im Strahlenschutz besitzt,**
2. **Nachweis, dass die bei der Prüfung, Wartung, Erprobung oder Instandsetzung der Röntgeneinrichtung sonst tätigen Personen das notwendige Wissen und die notwendigen Fertigkeiten im Hinblick auf die mögliche**

Strahlengefährdung und die anzuwendenden Schutzmaßnahmen besitzen,

3. Nachweis, dass bei der Prüfung, Wartung, Erprobung oder Instandsetzung der Röntgeneinrichtung die Ausrüstungen vorhanden und die Maßnahmen getroffen sind, die nach dem Stand der Technik erforderlich sind, damit die Schutzvorschriften eingehalten werden und

4. Nachweis, dass die für die sichere Prüfung, Erprobung, Wartung oder Instandsetzung notwendige Anzahl von Strahlenschutzbeauftragten bestellt ist und ihnen die für die Erfüllung ihrer Aufgaben erforderlichen Befugnisse eingeräumt sind.

(3) Die zuständige Behörde kann Tätigkeiten nach Absatz 1 untersagen, wenn

1. Tatsachen vorliegen, aus denen sich Bedenken gegen die Zuverlässigkeit der zur Anzeige verpflichteten Person, ihres gesetzlichen Vertreters oder, bei juristischen Personen oder sonstigen Personenvereinigungen, der nach Gesetz, Satzung oder Gesellschaftsvertrag zur Vertretung oder Geschäftsführung berechtigten Person oder des Strahlenschutzbeauftragten ergeben,

2. eine der nach Absatz 2 nachzuweisenden Anforderungen nicht oder nicht mehr erfüllt ist oder

3. Tatsachen vorliegen, aus denen sich Bedenken ergeben, ob das für die sichere Ausführung der Tätigkeit notwendige Personal vorhanden ist.

Schrifttum: *BMU,* Fachkunde-Richtlinie Technik nach der Röntgenverordnung (FK-RL Technik RöV): Richtlinie über die im Strahlenschutz erforderliche Fachkunde und Kenntnisse beim Betrieb von Röntgeneinrichtungen zur technischen Anwendung und genehmigungsbedürftigen Störstrahlern sowie über Anforderungen an die Qualifikation von behördlich bestimmten Sachverständigen vom 21.11.2011, geändert durch Rundschreiben vom 23.6.2014 (GMBl. 2014 S. 918).

A. Zweck und Bedeutung der Norm

1   In § 5 Abs. 9 wird der **Betrieb von Röntgeneinrichtungen** abgegrenzt von der **geschäftsmäßigen Prüfung, Erprobung, Wartung und Instandsetzung** eben dieser Einrichtungen; eine analoge Regelung findet sich in § 5 Abs. 10 für Störstrahler. Um auch dieser Tätigkeit (siehe § 4 Abs. 8) eine behördliche Vorabkontrolle zuzuweisen, hat der Gesetzgeber auf das Instrument der **Anzeige** zurückgegriffen, wobei die Anzeige gegenüber der Genehmigung die weniger aufwendige Form der Vorabkontrolle darstellt (→ vor § 10 Rn. 3 f.). Eine Vorabkontrolle ist notwendig, da die geschäftsmäßige Prüfung, Erprobung, Wartung und Instandsetzung sich sowohl von den handelnden Personen als auch von der Tätigkeit her deutlich vom Betrieb einer Röntgeneinrichtung oder eines Störstrahlers unterscheiden kann. So werden bei der Prüfung, Erprobung, Wartung und Instandsetzung Schutzmechanismen, die beim Betrieb der Einrichtungen selbstverständlich sind, durchaus beabsichtigt außer Kraft gesetzt, um Wartungsarbeiten überhaupt erst zu ermöglichen, oder sind noch gar nicht etabliert, da das Gerät erst entwickelt wird. Es ist deswegen von Bedeutung, dass diese Tätigkeit den zuständigen Behörden bekannt ist und alle für den Strahlenschutz notwendigen Maßnahmen ergriffen wurden. Ähnliches gilt für die Prüfung und Erprobung von Röntgeneinrichtungen

und Störstrahlern im Zusammenhang mit ihrer **Herstellung** (Abs. 1 Nr. 2), die in § 5 Abs. 9 und 10 aus nicht näher ersichtlichen Gründen nicht genannt wird.

§ 22 ist **abzugrenzen von § 26,** der sich ausschließlich mit dem **Betrieb** im Zu- 2 sammenhang mit fremden Röntgeneinrichtungen oder Störstrahlern beschäftigt. Servicetätigkeiten im hier definierten Sinne fallen deswegen nicht unter den § 26 und das Führen von Strahlenpässen ist deswegen bei diesen Tätigkeiten nicht erforderlich, selbst wenn das Dosiskriterium von 1 mSv überschritten werden könnte (→ § 26 Rn. 10 und 22).

Die Regelung setzt die allgemeinen Zulassungsvorschriften in **Art. 27 und** 3 **Art. 29 Abs. 1 RL 2013/59** um; die RL nimmt nicht speziell Bezug auf Prüfung, Erprobung, Wartung oder Instandsetzung.

B. Entstehungsgeschichte

Die Norm führt mit redaktionellen Anpassungen die früheren Regelungen aus 4 **§§ 6 und 7 RöV** fort, wobei nun der zur Anzeige Verpflichtete als SSV behandelt wird (siehe § 69 Abs. 1 Nr. 3). Damit ergeben sich die Aufgaben und Pflichten des SSV und SSB aus den Vorgaben zur betrieblichen Organisation des Strahlenschutzes (BT-Drs 18/11241, 266f.), so dass diese, anders als in der RöV, nicht explizit aufgezählt werden müssen (siehe § 6 Abs. 2 S. 2 bis 4 RöV).

C. Anzeigetatbestand: Prüfung, Erprobung, Wartung und Instandsetzung von Röntgeneinrichtungen oder Störstrahlern (Abs. 1)

Abs. 1 **Nr. 1** adressiert die **geschäftsmäßige Prüfung, Erprobung, Wartung** 5 **oder Instandsetzung von Röntgeneinrichtungen oder Störstrahlern. Geschäftsmäßig** bedeutet dabei, dass die Tätigkeit auf wiederkehrende Durchführung angelegt ist und für andere erfolgt; anders als bei der Gewerbsmäßigkeit bedarf es keiner (finanziellen) Gewinnabsicht (*Schmatz/Nöthlichs* 8218 Anm. 2.1.1; *Bischof* RöV § 6 S. 74). Gleichgültig ist, ob es sich um eine haupt- oder nebenberufliche Tätigkeit handelt. Unter den Kreis der Betroffenen fallen also in erster Linie Unternehmen oder Einzelpersonen, die Röntgeneinrichtungen oder Störstrahler im Rahmen von Servicetätigkeiten prüfen, erproben, warten oder instandsetzen. Die Anzeige bezieht sich auf die Tätigkeit insgesamt; sie soll eine (unpraktikable) Genehmigung oder Anzeige für jede einzelne Inbetriebnahme im Rahmen der Wartung etc. entbehrlich machen (so die amtl. Begründung zur RöV 1973, BR-Drs. 550/72, 11). Unternehmen und Institutionen, die ihre **eigenen** Röntgeneinrichtungen oder Störstrahler **selbst warten,** sind von der Norm nicht erfasst, da dies nicht als „geschäftsmäßig" zu qualifizieren ist (so auch *Bischof* RöV § 6 S. 74); hier ist wichtig, sicherzustellen, dass solche Tätigkeiten in der Genehmigung für den Betrieb der jeweiligen Geräte mit abgedeckt sind oder, wenn der Betrieb lediglich der Anzeige bedarf, im Rahmen der Aufsichtstätigkeit mitberücksichtigt werden.

Abs. 1 **Nr. 2** adressiert die Prüfung und Erprobung von Röntgeneinrichtungen 6 und Störstrahlern im Zusammenhang mit der **Herstellung.** Hier wird keine Geschäftsmäßigkeit verlangt, geschweige denn Gewerbsmäßigkeit; Normadressat ist deshalb zB auch der Wissenschaftler, Forscher oder Arzt (*Schmatz/Nöthlichs* 8218 Anm. 2.2.1).

7   Die Anzeigepflicht nach Abs. 1 ist **unabhängig** davon, ob der Betrieb der jew. Röntgeneinrichtung oder des jew. Störstrahlers **der Genehmigung bedarf** oder ob er (bei Röntgeneinrichtungen) anzeigepflichtig bzw. (bei Störstrahlern) genehmigungsfrei ist; der Tatbestand enthält keine diesbezüglichen Differenzierungen. So besteht diese Anzeigepflicht etwa auch dann, wenn Störstrahler gewartet werden, die gemäß § 8 StrlSchV genehmigungsfrei betrieben werden (wie z. B. Rasterelektronenmikroskope in Forschungseinrichtungen).

8   Der **behördlich bestimmte Sachverständige nach § 172** bedarf, wenn er eine der in Abs. 1 genannten Handlungen als Sachverständigentätigkeit vornimmt, keiner Anzeige (§ 172 Abs. 1 S. 2).

9   Nach **§ 9 StrlSchV** muss **keine Anzeige nach Abs. 1 erstatten,** wer geschäftsmäßig Störstrahler nach Anlage 3 Teil D Nr. 3 StrlSchV erprobt, wartet oder instandsetzt oder wer, ohne Röntgenstrahlung einzuschalten, Tätigkeiten nach Abs. 1 an Anwendungsgeräten, Zusatzgeräten und Zubehör, der erforderlichen Software sowie an Vorrichtungen zur medizinischen Befundung durchführt, die keine Strahlenschutzmaßnahmen erfordern.

D. Erstattung der Anzeige

10   Die Anzeige ist bei der zuständigen Behörde vor Beginn der Tätigkeit **schriftlich** zu erstatten; **zur Anzeige verpflichtet ist der SSV** (§ 69 Abs. 1 Nr. 3). Ähnlich wie im Fall einer Anzeige nach § 26 im Zusammenhang mit dem Betrieb von fremden Röntgeneinrichtungen oder Störstrahlern ist **eine vorlaufende Frist,** anders als beim anzeigebedürftigen Betrieb, **nicht vorgeschrieben;** der Normadressat darf also nach Eingang der Anzeige bei der Behörde die Tätigkeit beginnen. Eine Bestätigung der Behörde über den Eingang der Anzeige ist nicht erforderlich, aber zulässig. Wird die Tätigkeit beendet, ist, wiederum im Gegensatz zu §§ 21 und 54, keine entsprechende Anzeige vorgesehen (→ § 26 Rn. 12).

E. Beifügen von Unterlagen (Abs. 2)

11   Abs. 2 zählt die der Anzeige beizufügenden **Unterlagen** auf. Die mittels dieser Unterlagen zu führenden **Nachweise** korrespondieren mit denen, die beim anzeigebedürftigen Betrieb von Röntgeneinrichtungen oder Störstrahlern einzureichen sind, so dass an dieser Stelle auf die Kommentierung von § 19 verwiesen werden kann. Nr. 1 entspricht wörtlich den Anforderungen aus § 19 Abs. 3 Nr. 4, Nr. 2 korrespondiert mit den Regelungen in § 19 Abs. 3 Nr. 5. Die in Nr. 3 geforderten Nachweise entsprechen denen, die für den Betrieb in § 19 Abs. 3 Nr. 1 lit. c formuliert werden und die Nachweise aus Nr. 4 finden sich entsprechend für den Betrieb im § 19 Abs. 3 Nr. 3. Zusammenfassend sind durch diese Regelungen die Nachweise zu erbringen, dass die Strahlenschutzorganisation mit der Bestellung einer **hinreichenden Anzahl von fachkundigen SSB** gewährleistet wird, die sonst tätigen Personen über das **notwendige Wissen und die notwendigen Fertigkeiten** verfügen und alle Maßnahmen getroffen wurden, um die **Schutzvorschriften einzuhalten.** Dabei ist, wie beim anzeigebedürftigen Betrieb, der Stand der Technik zugrunde zu legen. Das Hinzuziehen eines Sachverständigen ist nicht vorgesehen.

F. Fachkunde

Für die zu bestellenden **SSB** sieht die Fachkunde-Richtlinie Technik nach RöV **12** (siehe Schrifttum) **zwei separate Fachkundegruppen** vor. So wird differenziert nach Tätigkeiten an ausschließlich technisch genutzten Röntgeneinrichtungen und an Röntgeneinrichtungen, bei denen Röntgenstrahlung am Menschen angewendet wird und die daher einer besonderen Qualitätskontrolle (Abnahmeprüfung, Konstanzprüfung) unterliegen. Während im ersten Fall für den Erwerb der erforderlichen Fachkunde gemäß Fachkundegruppe R5.1 der Besuch eines Kurses entsprechend dem Modul RH der FK-RL Technik RöV ausreicht, muss im zweiten Fall aufgrund der Anwendung von Röntgenstrahlung am Menschen zusätzlich noch das Modul QS für den Erwerb der erforderlichen Fachkunde gemäß der Fachkundegruppe R6.1 erfolgreich besucht werden.

Zusätzlich wurden in der FK-RL Technik RöV **zwei weitere Fachkunde-** **13** **gruppen** R5.2 und R6.2 definiert, deren Umfang geringer ist und deren Erwerb nicht zur Bestellung als SSB qualifiziert. Ziel dieser Fachkunde war es, **Service-technikern,** die alleine und selbstständig beim Kunden Röntgeneinrichtungen oder Störstrahler warten oder reparieren, die Anwendung von Röntgenstrahlung zu ermöglichen – was unvermeidlich notwendig ist, da eine Überprüfung des Wartungs- oder Reparaturerfolgs ohne das Auslösen von Röntgenstrahlung nicht möglich ist. Da die RöV in § 30 vorsah, dass Röntgenstrahlung außerhalb der Medizin nur von fachkundigen Personen angewendet werden durfte, benötigten diese Personen beim Auslösen von Röntgenstrahlung beim Kunden eine eigene Fachkunde. Die Regelung des § 30 RöV ist in **§ 147 StrlSchV** aufgegriffen und abgeschwächt worden, indem nun der SSV dafür zu sorgen hat, dass in anderen Fällen als zur Anwendung am Menschen oder zur Anwendung am Tier in der Tierheilkunde nur solche Personen Röntgenstrahlung anwenden, die die erforderliche Fachkunde im Strahlenschutz besitzen **oder** auf ihrem Arbeitsgebiet über die für den Anwendungsfall erforderlichen Kenntnisse im Strahlenschutz verfügen. Folglich genügen also in diesem Fall die erforderlichen Kenntnisse, die wiederum über eine Einweisung (§ 98 StrlSchV) und eine Unterweisung (§ 63 StrlSchV) erworben werden können, wobei der Erwerb der erforderlichen Fachkunde sicherlich als bester Weg angesehen werden kann, um insbesondere eigenständig agierende Servicetechniker optimal auszubilden.

G. Untersagung der Tätigkeit (Abs. 3)

Die **Untersagungsgründe** Nr. 1 bis 3 im Abs. 3 entsprechen denen, die in § 20 **14** Abs. 3 Nr. 1 bis 3 für den anzeigebedürftigen Betrieb formuliert wurden. So ist nach Nr. 2 ein Untersagungsgrund dann gegeben, wenn die nachzuweisenden Anforderungen nach Abs. 2 nicht oder nicht mehr erfüllt sind. Nr. 1 und 3 beziehen sich im Wesentlichen auf Voraussetzungen, die im Zusammenhang mit der Zuverlässigkeit des SSV bzw. des SSB und dem Vorhandensein des notwendigen Personals erfüllt sein müssen. Liegen Tatsachen vor, aus denen sich diesbezüglich Bedenken ergeben, kann die zuständige Behörde ebenfalls die Tätigkeit untersagen. Auf die

Kommentierung zu § 20 Abs. 3 Nr. 1 bis 3 wird verwiesen (→ § 20 Rn. 10). Da die Tätigkeit selbst durch die konkrete Formulierung des § 22 („Prüfung, Erprobung, Wartung und Instandsetzung") eng umrissen wird, stellt sich die Frage der Rechtfertigung hier nicht, so dass, abweichend vom anzeigebedürftigen Betrieb nach § 20, die fehlende Rechtfertigung auch keinen Untersagungsgrund darstellen kann.

H. Zuwiderhandlungen

15   Wer eine Anzeige nach Abs. 1 nicht, nicht richtig, nicht vollständig, nicht in der vorgeschriebenen Weise oder nicht rechtzeitig erstattet, handelt **ordnungswidrig** (§ 194 Abs. 1 Nr. 3). Nach § 194 Abs. 1 Nr. 4 gilt dasselbe für denjenigen, der einer vollziehbaren Anordnung nach Abs. 3 zuwiderhandelt.

§ 23   Verhältnis zur Verordnung (EU) 2017/745

[1]**Die Anforderungen an die Beschaffenheit von Bestrahlungsvorrichtungen, von radioaktiven Stoffen, von Anlagen zur Erzeugung ionisierender Strahlung und von Röntgeneinrichtungen, die Medizinprodukte oder Zubehör im Sinne der Verordnung (EU) 2017/745 sind, richten sich nach den jeweils geltenden Anforderungen der Verordnung (EU) 2017/745.** [2]**Anforderungen der Verordnung (EU) 2017/745 an die Beschaffenheit von Geräten und Einrichtungen zur Aufzeichnung, Speicherung, Auswertung, Wiedergabe und Übertragung von Röntgenbildern und digitalen Untersuchungs- und Behandlungsdaten bleiben unberührt.**

A. Zweck und Bedeutung der Norm

1   § 23 StrlSchG ist eine **deklaratorische Regelung** zum Verhältnis des StrlSchG zum Medizinprodukterecht, das va durch die in allen EU-MS unmittelbar geltende VO (EU) 2017/745 geregelt wird. Die VO (EU) 2017/745 legt Regeln für das Inverkehrbringen, die Bereitstellung auf dem Markt und die Inbetriebnahme von für den menschlichen Gebrauch bestimmten Medizinprodukten und deren Zubehör fest und soll dem reibungslosen Funktionieren des europäischen Binnenmarktes dienen.

2   S. 1 stellt klar, dass die Anforderungen an die Beschaffenheit von Bestrahlungsvorrichtungen, radioaktiven Stoffen, AEiS und von Röntgeneinrichtungen, die **Medizinprodukte oder Zubehör iSd VO (EU) 2017/745** sind, sich nach den jeweils geltenden Anforderungen dieser VO richten. S. 2 enthält eine Unberührtheitsklausel in Bezug auf die Anforderungen der VO 2017/745 an die Beschaffenheit von Geräten und Einrichtungen zur Aufzeichnung, Speicherung, Auswertung, Wiedergabe und Übertragung von Röntgenbildern und digitalen Untersuchungs- und Behandlungsdaten. Aus § 23 ergibt sich im Rahmen eines strahlenschutzrechtlichen Genehmigungs- oder Anzeigeverfahrens **keine zusätzliche Prüfpflicht** (BT-Drs. 18/11241, 268).

B. Bisherige Regelung

§ 23 greift die Regelungen des § 9 Abs. 5 und § 14 Abs. 1 Satz 2 StrlSchV 2001 **3**
sowie des § 3 Abs. 6 und § 28 Abs. 7 RöV auf. Diese werden hier um die **digitalen Untersuchungs- und Behandlungsdaten** erweitert.

C. Abgrenzung

Das **Medizinprodukterecht** enthält Anforderungen an das **Inverkehrbringen** **4**
von Medizinprodukten, zu denen bspw. auch Röntgeneinrichtungen oder Bestrahlungsvorrichtungen zählen, während das **Strahlenschutzrecht** die Voraussetzungen für die **Inbetriebnahme** der Geräte durch Genehmigungs- und Anzeigepflichten und die **Anforderungen beim Betrieb** regelt.

§24 Verordnungsermächtigungen

[1]Die Bundesregierung wird ermächtigt, durch Rechtsverordnung mit Zustimmung des Bundesrates zu bestimmen,

1. dass Ausnahmen von der Genehmigungs- oder Anzeigebedürftigkeit einer Tätigkeit zugelassen werden können, soweit wegen der Menge oder Beschaffenheit der radioaktiven Stoffe, Eigenschaften der Geräte oder wegen bestimmter Schutzmaßnahmen nicht mit Schäden infolge der Wirkung ionisierender Strahlung zu rechnen ist,
2. unter welchen Voraussetzungen die erforderliche Vorsorge für die Erfüllung gesetzlicher Schadensersatzverpflichtungen für die Genehmigung nach § 12 Absatz 1 Nummer 3 nicht getroffen werden muss,
3. unter welchen Voraussetzungen der Hersteller oder Einführer einen Störstrahler einem anderen überlassen darf,
4. welche Röntgeneinrichtungen in Schulen betrieben werden dürfen, mit welchen radioaktiven Stoffen in Schulen umgegangen werden darf, welche bauartzugelassenen Vorrichtungen, die radioaktive Stoffe enthalten, in Schulen verwendet werden dürfen und welche besonderen Anforderungen bei Tätigkeiten in Schulen gelten,
5. dass und in welcher Weise und in welchem Umfang der Inhaber einer kerntechnischen Anlage, einer Anlage im Sinne des § 9a Absatz 3 Satz 1 zweiter Satzteil des Atomgesetzes oder einer Anlage zur Erzeugung ionisierender Strahlung, in der mit radioaktiven Stoffen umgegangen wird oder umgegangen werden soll, verpflichtet ist, der Aufsichtsbehörde mitzuteilen, ob und welche Abweichungen von den Angaben zum Genehmigungsantrag einschließlich der beigefügten Unterlagen oder von der Genehmigung eingetreten sind,
6. dass in den Fällen, in denen der Umgang mit radioaktiven Stoffen oder der Betrieb einer Anlage zur Erzeugung ionisierender Strahlung, einer Röntgeneinrichtung oder eines Störstrahlers in der Verantwortung mehrerer Strahlenschutzverantwortlicher liegt, dies den zuständigen Behörden mitzuteilen ist, durch wen dies zu erfolgen hat und welche Unterlagen dabei vorzulegen sind,

7. dass radioaktive Stoffe
   a) in bestimmter Art und Weise oder für bestimmte Zwecke nicht verwendet oder nicht in Verkehr gebracht werden dürfen oder
   b) nicht grenzüberschreitend verbracht werden dürfen,
   soweit das Verbot zum Schutz von Leben und Gesundheit der Bevölkerung vor den Gefahren radioaktiver Stoffe oder zur Durchsetzung von Beschlüssen internationaler Organisationen, deren Mitglied die Bundesrepublik Deutschland ist, erforderlich ist,
8. dass und in welcher Weise der Schutz von radioaktiven Stoffen, von Anlagen zur Erzeugung ionisierender Strahlung, von Röntgeneinrichtungen und von Störstrahlern gegen Störmaßnahmen und sonstige Einwirkungen Dritter zu gewährleisten ist,
9. unter welchen Voraussetzungen eine Genehmigung nach § 12 Absatz 1 Nummer 3
   a) für eine Zwischenlagerung von radioaktiven Abfällen, die von der Ablieferungspflicht von radioaktiven Abfällen an die Landessammelstellen und an die Anlagen des Bundes nach § 9a Absatz 3 des Atomgesetzes im Hinblick auf das Ausmaß der damit verbundenen Gefahr abweicht, erteilt werden kann oder
   b) unter Zulassung sonstiger Ausnahmen von der Ablieferungspflicht erteilt werden kann,
10. welche Werte der Aktivität und spezifischen Aktivität radioaktiver Stoffe als Freigrenzen gelten,
11. ab welcher Aktivität ein umschlossener radioaktiver Stoff eine hochradioaktive Strahlenquelle ist.
[2]Die Rechtsverordnung kann auch diejenigen Vorschriften der Rechtsverordnung festlegen, für deren Einhaltung die Strahlenschutzverantwortliche zu sorgen hat.

A. Zweck und Bedeutung der Norm

1   § 24 S. 1 enthält diverse VO-Erm. für Regelungen im Zusammenhang mit geplanten Expositionssituationen.

B. Bisherige Rechtslage

2   Auf Grundlage der VO-Erm. des § 24 S. 1 werden viele Regelungen der StrlSchV 2001 und der RöV weitergeführt. Die Verortung im alten Recht wird bei der nachfolgenden Kommentierung der einzelnen Nummern dargelegt.

C. VO-Erm. (S. 1)

I. Ausnahmen von Genehmigungs- oder Anzeigebedürftigkeit (Nr. 1)

3   Auf der VO-Erm. in S. 1 Nr. 1 beruhen die §§ 5 bis 9 StrlSchV. § 5 StrlSchV betrifft den genehmigungsfreien Umgang (Ausnahme von § 12 Abs. 1 Nr. 3), § 6

StrlSchV den genehmigungsfreien Betrieb von Kernbrennstoffen (Ausnahme von § 5 Abs. 2 bis 4 AtG; Ermächtigungsgrundlage für diese Bestimmung ist auch § 10 AtG), § 7 StrlSchV den genehmigungs- und anzeigefreien Betrieb von AEiS (Ausnahme von § 12 Abs. 1 Nr. 1 und von § 17 Abs. 1), § 8 StrlSchV den genehmigungsfreien Betrieb von Störstrahlern (Ausnahme von § 12 Abs. 1 Nr. 5) und § 9 die anzeigefreie Prüfung, Erprobung, Wartung und Instandsetzung von Röntgeneinrichtungen und Störstrahlern (Ausnahme von § 22). Entsprechende Regelungen enthielten §§ 7, 8, 12a, 17, 21 iVm Anl. 1 StrlSchV 2001 sowie § 5 Abs. 2 bis 4 RöV.

II. Ausnahme von Deckungsvorsorgepflicht bei genehmigungsbedürftigem Umgang (Nr. 2)

Auf dieser VO-Erm. beruht § 10 StrlSchV. § 10 StrlSchV wird wegen des Bezugs **4** auf § 6 Abs. 2 Nr. 3 (Genehmigung zur Aufbewahrung von Kernbrennstoffen) und § 9 Abs. 2 Nr. 4 AtG (Bearbeitung, Verarbeitung, sonstige Verwendung von Kernbrennstoffen außerhalb genehmigungspflichtiger Anlagen) auch auf § 10 AtG gestützt. Die Regelung führt § 10 StrlSchV 2001 weiter.

III. Überlassung eines Störstrahlers (Nr. 3)

Auf dieser VO-Erm. beruht **§ 96 StrlSchV.** Die Bestimmung regelt, unter wel- **5** chen Voraussetzungen ein Störstrahler einem anderen zum genehmigungsfreien Betrieb überlassen werden darf. Ebenso wird geregelt, unter welchen Voraussetzungen ein Störstrahler, dessen Betrieb genehmigungsbedürftig ist, einem anderen überlassen werden darf. Die Regelung führt § 5 Abs. 5 und 7 RöV weiter.

IV. Strahlenschutz in Schulen (Nr. 4)

Diese VO-Erm. schafft die Grundlage für spezielle Regelungen für den Strah- **6** lenschutz in Schulen. Damit sollen §§ 4 Abs. 3 S. 3 und § 13 Abs. 4 RöV und § 45 Abs. 3 StrlSchV 2001 fortgeführt werden. Auf der VO-Erm. beruhen **§ 82 Abs. 1 und 2 StrlSchV.** § 82 Abs. 1 StrlSchV regelt, dass Röntgeneinrichtungen im Unterricht in allgemeinbildenden Schulen nur betrieben werden dürfen, wenn sie Schulröntgeneinrichtungen sind. § 82 Abs. 2 StrlSchV bestimmt, dass Schüler und Auszubildende nur unter Aufsicht einer Lehrkraft beim Betrieb der dort näher genannten Einrichtungen und beim Umgang mit sonstigen radioaktiven Stoffen unmittelbar mitwirken dürfen. § 82 Abs. 3 StrlSchV verpflichtet den für ein Lehr- oder Ausbildungsverhältnis Verantwortlichen, dafür zu sorgen, dass durch geeignete Schutzmaßnahmen eine innere Exposition durch Stoffe, bei denen der Umgang nach dort genannter Maßgabe genehmigungsfrei ist, ausgeschlossen wird. § 82 Abs. 3 StrlSchV beruht auf § 79 Abs. 1 S. 1 und 2 Nr. 3.

V. Mitteilungspflicht bei Abweichungen vom Genehmigungsantrag oder von der Genehmigung (Nr. 5)

Diese VO-Erm., die in ähnlicher Formulierung in § 12 Abs. 1 S. 1 Nr. 4 AtG **7** festgelegt ist, ist aufgrund der gleichermaßen gegebenen **Relevanz** für den Strahlenschutz in das StrlSchG übernommen worden. Eine konkretisierende Regelung enthält die StrlSchV bisher nicht.

VI. Mitteilungspflicht bei mehreren SSVen (Nr. 6)

8   Auf dieser VO-Erm. beruht § 44 StrlSchV. Eine Vorgängerregelung enthielten
die StrlSchV 2001 und die RöV nicht. Die Vollzugspraxis hat gezeigt, dass es ver-
mehrt rechtliche Konstruktionen gibt, bei denen ein Gerät unter der Verantwortung mehrerer SSVer betrieben wird, bspw. wenn Röntgeneinrichtungen an Beleg-
ärzte vermietet oder von diesen mitbenutzt werden. Für die zust. Behörde ist es
aufwändig, die Verantwortlichkeiten zu ermitteln (BT-Drs. 18/11241, 268). § 44
Abs. 1 StrlSchV sieht deshalb vor, dass wenn eine weitere Person eine Anlage oder
Röntgeneinrichtung, deren Betrieb genehmigt oder angezeigt ist, oder sonstige ra-
dioaktive Stoffe, deren Umgang genehmigt ist, eigenverantwortlich nutzt, die zust.
Behörde unverzüglich unterrichtet wird. Die Pflicht dieser weiteren Person, eine
Genehmigung zu beantragen oder eine Anzeige zu erstatten, bleibt unberührt.
Nach § 44 Abs. 2 haben der SSV und die weitere Person ihre Pflichten sowie die
Pflichten ihrer jeweiligen SSBs, MPEs und sonst unter ihrer Verantwortung tätigen
Personen vertraglich eindeutig gegeneinander abzugrenzen. Der Vertrag ist der zust.
Behörde auf Verlangen vorzulegen.

VII. Verbot bestimmter Verwendung radioaktiver Stoffe (Nr. 7)

9   Diese VO-Erm., die auch in § 11 Abs. 1 Nr. 3 AtG enthalten ist, ist aufgrund der
gleichermaßen gegebenen **Relevanz** für den Strahlenschutz in das StrlSchG übernommen worden (BT-Drs. 18/11241, 269). Eine konkretisierende Regelung enthält die StrlSchV bisher nicht.

VIII. Schutz vor Störmaßnahmen und sonstige Einwirkungen Dritter (Nr. 8)

10   Diese VO-Erm. ist ebenfalls vom AtG (vgl. § 12 S. 1 Nr. 8 AtG) übernommen
und an den Regelungsbereich des StrlSchG angepasst worden durch die Bezugnahme auf Röntgeneinrichtungen und Störstrahler.

IX. Umgangsgenehmigung bei abweichender Zwischenlagerung oder sonstigen Ausnahmen von der Ablieferungspflicht (Nr. 9)

11   Die VO-Erm. greift die VO-Erm. des § 12 S. 1 Nr. 6 AtG auf und ist Grundlage
für eine Regelung, die § 9 Abs. 2 StrlSchV 2001 entspricht. Bei der abweichenden
Zwischenlagerung sowie den sonstigen Ausnahmen von der Ablieferungspflicht
handelt es sich um einen nach § 12 Abs. 1 Nr. 3 **genehmigungsbedürftigen Umgang** (BT-Drs. 18/11241, 269). Konkretisierende Regelungen enthalten §§ 5 und
6 AtEV.

X. Freigrenzen (Nr. 10)

12   Die VO-Erm. für die Festlegung der Freigrenzen der Aktivität und der spezifischen Aktivität ist Grundlage für **§ 11 iVm Anl. 4 Tab. 1 Sp. 1 bis 3 StrlSchV.**
Die Werte der Anl. III Tab. 1 Sp. 2 und 3 StrlSchV 2001 sind übernommen und –
im Lichte von Anh. VII Tab. A und Tab. B Sp. 3 RL 2013/59/Euratom – aktualisiert worden. Ob es auf die Freigrenzen der Aktivität oder der spezifischen Aktivi-

tät ankommt, ergibt sich aus den jeweiligen strahlenschutzrechtlichen Regelungen, in denen Freigrenzen eine Rolle spielen (BR-Drs. 423/18, 355).

XI. HRQ (Nr. 11)

Die VO-Erm. zu den Aktivitäten, ab denen ein umschlossener radioaktiver **13** Stoffe eine HRQ ist, ist Grundlage für **§ 83 iVm Anl. 4 Tab. 1 Sp. 4 StrlSchV.** Die dort angegebenen Aktivitätswerte aktualisieren die in Anl. III Tab. 1 Sp. 3a StrlSchV 2001 angegebenen Werte. Die neuen Werte beruhen auf Art. 4 Nr. 41 iVm Anh. III RL 2013/59/Euratom, sa BR-Drs. 423/18, 500.

D. Einhaltung durch den SSV (S. 2)

S. 2 ermöglicht iVm § 72, die frühere Rechtslage nach § 33 StrlSchV 2001 und **14** § 15 RöV fortzuführen. Es wird klargestellt, dass in Ergänzung zu § 72 Abs. 1 S. 1 Nr. 3 in der RVO nach S. 1 festgelegt werden kann, dass der **SSV für die Einhaltung bestimmter Vorschriften der RVO zu sorgen hat.** Nach § 72 Abs. 2 S. 1 Nr. 1 lit. b kann die Pflicht in einem solchen Fall dann grds. auch dem SSB obliegen (BT-Drs. 18/11241, 269).

D. Zuwiderhandlungen

Nach **§ 194 Abs. 1 Nr. 1 lit. a** handelt ordnungswidrig, wer vorsätzlich oder **15** fahrlässig einer RVO nach § 24 S. 1 Nr. 3, 4, 7 lit. a oder 8 oder S. 2 zuwiderhandelt, soweit die RVO für einen bestimmten Tatbestand auf § 194 verweist. Insoweit ergeben sich Ordnungswidrigkeiten aus § 184 Abs. 1 Nr. 30, 31 und 44 StrlSchV in Ansehung der dort aufgeführten Pflichten nach § 82 Abs. 1 und 2 und § 96 Abs. 1 und 2 StrlSchV. Die Höhe der Geldbuße richtet sich nach § 194 Abs. 2 und kann bis zu 50.000 EUR betragen.

Nach **§ 194 Abs. 1 Nr. 1 lit. b** handelt ordnungswidrig, wer vorsätzlich oder **16** fahrlässig einer RVO nach § 24 S. 1 Nr. 1, 2, 5, 6 oder 9 zuwiderhandelt, soweit die RVO für einen bestimmten Tatbestand auf § 194 verweist. Insoweit ergibt sich eine Ordnungswidrigkeit aus § 184 Abs. 2 Nr. 2 StrlSchV in Ansehung der dort aufgeführten Pflicht nach § 44 Abs. 1 S. 1 StrlSchV. Die Höhe der Geldbuße richtet sich nach § 194 Abs. 2 und kann bis zu 10.000 EUR betragen.

**Abschnitt 3 – Beschäftigung in fremden Anlagen oder Einrichtungen
oder im Zusammenhang mit dem Betrieb
fremder Röntgeneinrichtungen oder Störstrahler**

§ 25 Genehmigungsbedürftige Beschäftigung in fremden Anlagen oder
Einrichtungen

(1) [1]Wer in fremden kerntechnischen Anlagen, Anlagen im Sinne des
§ 9 a Absatz 3 Satz 1 zweiter Satzteil des Atomgesetzes, Anlagen zur Erzeugung ionisierender Strahlung oder Einrichtungen Personen beschäftigt,
die unter seiner Aufsicht stehen, oder Aufgaben selbst wahrnimmt, bedarf
der Genehmigung, wenn dies bei den beschäftigten Personen oder bei ihm
selbst zu einer effektiven Dosis von mehr als 1 Millisievert im Kalenderjahr
führen kann. [2]Im Zusammenhang mit fremden Einrichtungen, in denen
Röntgeneinrichtungen oder Störstrahler betrieben werden, ist eine Genehmigung nach Satz 1 entbehrlich, wenn eine Anzeige nach § 26 Absatz 1
erstattet wird.

(2) Dem Genehmigungsantrag sind die zur Prüfung erforderlichen Unterlagen, insbesondere die Unterlagen nach Anlage 2 Teil E, beizufügen.

(3) [1]Die zuständige Behörde hat die Genehmigung zu erteilen, wenn
1. die Voraussetzungen nach § 13 Absatz 1 Nummer 1 bis 4 und 6 Buchstabe a erfüllt sind und
2. gewährleistet ist, dass die in den Anlagen und Einrichtungen beschäftigten Personen den Anordnungen der Strahlenschutzverantwortlichen
und der Strahlenschutzbeauftragten dieser Anlagen oder Einrichtungen
Folge zu leisten haben, die diese in Erfüllung ihrer Pflichten nach diesem Gesetz und nach den auf Grund dieses Gesetzes erlassenen Rechtsverordnungen treffen.
[2]Die Genehmigung wird auf längstens fünf Jahre befristet.

Übersicht

Schrifttum: *Hoegl,* Der Strahlenschutzbeauftragte in fremden Anlagen – ein Kommentar, StrSchPrax 3/1998, 44; *Roth,* Problemfälle bei Tätigkeiten in fremden Anlagen und Einrichtungen [§ 15 StrlSchV], StrSchPrax 1/2002, 14; *Vogt,* Der Strahlenschutzbeauftragte für Tätigkeiten in fremden Anlagen, StrSchPrax 1/1998, 37.

A. Zweck und Bedeutung der Norm

§ 25 ist ein Genehmigungstatbestand, der die **Beschäftigung von Personal** **1** **oder das eigene Tätigwerden in fremden Anlagen oder Einrichtungen** umfasst. Die Genehmigung wird in der Praxis oft auch als „**Entsendegenehmigung**" bezeichnet. Da externe Arbeitskräfte beim Betrieb und bei der Wartung von Anlagen und Einrichtungen eine große Rolle spielen, auch durch die zunehmende Tendenz zur Spezialisierung und zum Outsourcing, hat die Norm eine hohe praktische Bedeutung. Dem Gesetzgeber geht es darum, dass Unternehmen, die in Anlagen und Einrichtungen Dritter Arbeiten wie Reparatur- oder Wartungsarbeiten durchführen und deren Personal hierbei einer Gefährdung durch ionisierende Strahlung ausgesetzt werden kann, einer staatlichen Überwachung unterworfen werden (so die Begründung der StrlSchV von 1976 zum damaligen § 20a; zit. nach *Kramer/Zerlett* § 20 unter I.). Die Regelung ist auch außerhalb gewerblicher Tätigkeiten von Bedeutung, etwa im Bereich von Universitäten und Forschungseinrichtungen mit ihrem Austausch von Studierenden und Wissenschaftlern.

Die Genehmigung weist gegenüber den anderen Genehmigungstatbeständen in **2** Kapitel 2 und gegenüber denen des AtG insofern eine Besonderheit auf, als sie die Beschäftigung oder die Aufgabenwahrnehmung **im Rahmen von anderen,** „**fremden" Tätigkeiten** abdeckt, die ihrerseits einer Genehmigung oder Anzeige nach AtG oder StrlSchG bedürfen. Die Genehmigung nach § 25 ist allerdings nicht in dem Sinne akzessorisch, dass sie sich notwendig auf eine konkrete Anlagen- oder Einrichtungsgenehmigung bezieht; sie ist so strukturiert, dass es ihrem Inhaber gestattet ist, seine Mitarbeiter in eine unbestimmte Vielzahl von Anlagen oder Einrichtungen zu entsenden bzw. selbst Aufgaben dort wahrzunehmen, sofern die Genehmigung nicht ausnahmsweise auf eine bestimmte Fremdanlage Bezug nimmt.

Damit die Systematik der Vorabkontrolle des StrlSchG, die sich auf Tätigkeiten **3** bezieht, nicht durchbrochen wird, ist die Entsendung in § 4 Abs. 1 S. 2 selbst als **Tä-**

tigkeit im Sinne der Haupttätigkeit, also des Betriebs der jeweiligen Anlage oder Einrichtung, bestimmt (vgl. die amtl. Begründung zu § 4 in BT-Drs. 18/11241, 228).

4   Eine Genehmigungspflicht für das Tätigwerden in fremden Anlagen ist in der **RL 2013/59/Euratom** nicht enthalten oder vorgeschrieben. Die Mitgliedstaaten dürfen jedoch nach Art. 27 Abs. 2 der RL andere Arten von Tätigkeiten einer Anzeige oder Tätigkeit unterwerfen.

B. Entstehungsgeschichte

5   § 25 übernimmt im Wesentlichen die Inhalte des **§ 15 StrlSchV 2001.** Die Norm war der Sache nach erstmals als § 20a in der StrlSchV 1976 enthalten. In der RöV gab es mit § 6 Abs. 1 Nr. 3 einen ähnlich strukturierten Tatbestand, der aber nur als Anzeige ausgestaltet war und im StrlSchG von § 26 fortgeführt wird.

C. Genehmigungstatbestand: Beschäftigung oder Aufgabenwahrnehmung in fremden Anlagen oder Einrichtungen (Abs. 1)

I. Fremde Anlagen oder Einrichtungen (Abs. 1 S. 1)

6   **1. Von § 25 erfasste Anlagen und Einrichtungen.** § 25 erfasst vier verschiedene Arten von Anlagen oder Einrichtungen. **Kerntechnische Anlagen** sind definiert in § 5 Abs. 18 StrlSchG iVm § 2 Abs. 3a Nr. 1 AtG. Bei lit. c der letztgenannten Norm (Zwischenlager für radioaktive Abfälle) kommt es im Kontext des § 25 nicht auf die genaue Auslegung des dortigen Tatbestandsmerkmals des „Zusammenhangs" an, da Zwischenlager für radioaktive Abfälle anderenfalls als „Einrichtungen" (s. u.) erfasst werden. Anlagen im Sinne des § 9a Abs. 3 S. 1 zweiter Satzteil AtG sind die **Bundesendlager.** Für die Definition der **Anlagen zur Erzeugung ionisierender Strahlung** siehe § 5 Abs. 2. **Einrichtungen** sind definiert in § 5 Abs. 12. Die dort in Nr. 1 enthaltene Ausklammerung von „Zwischenlagerungen" im Sinne des § 2 Abs. 3a Nr. 1 lit. c AtG ist hier ohne Bedeutung, da diese unter dem Begriff „kerntechnische Anlagen" erfasst werden (s. o.).

7   **2. „Fremde" Anlagen oder Einrichtungen.** Für das Tatbestandsmerkmal der „fremden" Anlagen oder Einrichtungen kommt es nicht auf die Eigentumsverhältnisse an, sondern darauf, dass eine **andere Person** als diejenige, die die Genehmigung nach § 25 beantragt oder innehat, **Genehmigungsinhaber und SSV für die Anlage oder Einrichtung** ist (*Kramer/Zerlett* § 20 Anm. 1). Um eine fremde Anlage handelt es sich mithin auch dann, wenn etwa das Betreiberunternehmen eines Kernkraftwerks eine Service-GmbH ausgründet, deren Mitarbeiter im konzerneigenen Kernkraftwerk tätig werden; die Service-GmbH bedarf dann der Genehmigung.

8   Keine „fremde" Einrichtung i. S. des § 25 liegt demnach vor, wenn bei der Nutzung einer Einrichtung mehrere Personen **im Rahmen einer eigenen Genehmigung** tätig werden. Dies ist z. B. der Fall, wenn eine Klinik als SSV in ihren Räumen und mit ihrem Personal eine genehmigte nuklearmedizinische Praxis betreibt und Einrichtung und Personal auch von anderen SSV auf Basis eigener Genehmi-

gungen genutzt werden (siehe dazu auch § 44 StrlSchV; → § 69 Rn. 45 ff.). Auch bei einem bestellten **externen SSB** liegt keine „fremde Anlage oder Einrichtung" vor. Ihm werden Befugnisse und innerbetriebliche Entscheidungsbereiche schriftlich zugewiesen, was eine entsprechende Kenntnis der Anlage bzw. Einrichtung und der relevanten Betriebsabläufe zwingend voraussetzt.

Die Genehmigung nach § 25 wird ihrer Systematik nach **nicht** für die Beschäfti- **9** gung oder die Aufgabenwahrnehmung **in einer bestimmten Anlage oder Einrichtung** erteilt (→ Rn. 2); das schließt nicht aus, dass sie auf Antrag nur für einen Einsatz an einem bestimmten Ort erteilt wird. Trifft die letztgenannte Ausnahme nicht zu, kann der Genehmigungsinhaber seine Mitarbeiter in jede Anlage oder Einrichtung entsenden oder dort selbst tätig werden, sofern die Genehmigungsvoraussetzung des Abs. 3 S. 1 Nr. 2 mit Bezug auf die jeweilige fremde Anlage oder Einrichtung erfüllt ist.

II. Beschäftigung von Personen (Abs. 1 S. 1)

Die Genehmigung bezieht sich in der ersten Variante darauf, dass Personen in **10** fremden Anlagen oder Einrichtungen **beschäftigt** werden, die **unter der Aufsicht des Antragstellers bzw. Genehmigungsinhabers** stehen, aus Sicht des Anlagenbetreibers also **externe Arbeitskräfte** sind; in der „Mustergenehmigung" (→ Rn. 22) werden sie **„Bezugspersonen"** genannt. Der Genehmigung bedarf derjenige, der Personen in diesem Sinne beschäftigt; die Person selbst, die beschäftigt wird, bedarf keiner Genehmigung (§ 67).

Das Verb **„beschäftigt"** dürfte zunächst auf den Beschäftigungsbegriff des So- **11** zial- und Arbeitsrechts hindeuten, wie er etwa in § 7 Abs. 1 SBG IV Ausdruck findet; hiernach ist die **Beschäftigung** die nichtselbständige Arbeit, insbesondere in einem Arbeitsverhältnis. Hauptanwendungsfall sind daher **Arbeitnehmer,** die von ihrem Unternehmen in eine fremde Anlage oder Einrichtung entsandt werden; auf sie zielt auch die amtliche Begründung (→ Rn. 1). Mit Blick auf den Schutzzweck des StrlSchG (§ 1 Abs. 1) und auf die Zielrichtung der Norm, die eine „lückenlose Überwachung" (amtl. Begr. zur StrlSchV 1976 → Rn. 1) und einen „umfassenden Schutz" (amtl. Begr. zur StrlSchV 2001, BR-Drs. 207/01, S. 220) sicherstellen will, kann das Merkmal der „Beschäftigung" in Abs. 1 S. 1 im Einzelfall aber auch dann erfüllt sein, wenn kein Arbeitsverhältnis zwischen einem Unternehmer und einem Beschäftigten vorliegt, sondern ein **anderes Rechtsverhältnis** besteht, in dessen Rahmen die betreffende Person in einer fremden Anlage oder Einrichtung tätig wird und das analog zum Arbeitsverhältnis eine Pflicht des „Entsenders" begründet, den Strahlenschutz im Sinne der Genehmigung nach § 25 zu gewährleisten. Zum Beschäftigungsverhältnis im Übrigen auch → § 2 Rn. 10.

Das Merkmal des „Beschäftigens" reicht jedoch nicht aus; es muss hinzukom- **12** men, dass die betreffenden Personen auch während ihres Tätigwerdens in fremden Anlagen oder Einrichtungen **unter der Aufsicht** des Antragstellers bzw. Genehmigungsinhabers stehen. Da beim Tätigwerden in fremden Anlagen auch immer ein Weisungsrecht des Anlagenbetreibers besteht (Abs. 3 S. 1 Nr. 2), kann dies nur so gemeint sein, dass bei demjenigen, der die Bezugsperson beschäftigt, zumindest ein restliches Direktionsrecht verbleibt. Wie die Formulierung „Arbeitnehmer oder Arbeitnehmerin oder anderweitig unter Aufsicht stehend" in § 67 zeigt, ist auch hier in erster Linie an Arbeitnehmer gedacht. Das Merkmal trifft auch auf die **Arbeitnehmerüberlassung im Sinne des AÜG** zu, da das Direktionsrecht nicht vollständig auf den Entleiher übergeht und deshalb die Leiharbeitnehmer weiterhin auch unter der Aufsicht des Verleihers tätig werden (*Schmatz/Nöthlichs* 8034 Anm. 2; BT-Drs. 18/11241, 270 unter Abs. 3 Nr. 2). AÜG-Sachverhalte sind insbesondere im medizinischen Bereich zunehmend anzutreffen, wenn z. B. OP-Personal von einer Zeitarbeitsfirma für einen bestimmten Zeitraum an ein Klinikum oder eine Praxis entsendet wird und dort in Kontrollbereichen arbeitet.

13   Dagegen ist der Tatbestand des Abs. 1 S. 1 dann **nicht** erfüllt, wenn der Unternehmer eine beschäftigte Person in einer Weise dem Betreiber der fremden Anlage oder Einrichtung zur Verfügung stellt, dass diese während der Einsatzzeit in der Fremdanlage **ausschließlich dem Weisungsrecht des dortigen Betreibers** unterliegt (*Schmatz/Nöthlichs* 8034 Anm. 2). In diesem Sinne ist etwa auch das Tätigwerden von Medizinstudenten in fremden Kliniken im Rahmen von Famulaturen und Praktika und während des Praktischen Jahrs zu beurteilen; selbst wenn man das Verhältnis von Studenten zur Universität, an der sie immatrikuliert sind, als ein der Beschäftigung insoweit vergleichbares Rechtsverhältnis ansieht (→ Rn. 11), hat die Universität hinsichtlich dieses Tätigwerdens keinerlei Weisungsrecht, da die Studenten sich den Einsatzort selbst aussuchen und während des Praktikums bzw. Praktischen Jahrs vollständig in den Betrieb der fremden Klinik eingegliedert sind.

14   (Unter-)Auftragnehmer, also **selbständig tätige Personen,** stehen nicht unter der Aufsicht des jeweiligen Auftraggebers; sie werden zwar im Auftrag, aber eigenverantwortlich tätig und bedürfen daher selber einer Genehmigung nach § 25 (dazu sogleich).

III. Eigene Aufgabenwahrnehmung (Abs. 1 S. 1)

15   In der zweiten Variante bezieht sich Abs. 1 S. 1 auf Personen, die Aufgaben in fremden Anlagen selbst wahrnehmen. Das betrifft jeden, der **eigenverantwortlich und nicht unter Aufsicht stehend** in fremden Anlagen tätig wird. Hauptanwendungsfall dürften Selbständige sein (etwa technische oder Strahlenschutz-Experten, Prüfingenieure, aber auch Handwerker oder sonstige selbständige Fachkräfte), die im Auftrag entweder des Betreibers der Anlage oder Einrichtung oder eines zwischengeschalteten Unternehmens in der Anlage oder Einrichtung tätig werden.

IV. Expositionskriterium (Abs. 1 S. 1)

16   Das Genehmigungserfordernis wird nach Abs. 1 S. 1 ausgelöst, wenn die Beschäftigung oder die Aufgabenwahrnehmung in fremden Anlagen bei den beschäftigten Personen oder bei dem selbst tätigen SSV zu einer **effektiven Dosis von mehr als 1 Millisievert im Kalenderjahr führen kann.** Damit werden die Beschäftigten bzw. der SSV zu **beruflich exponierten Personen** (§ 5 Abs. 7 S. 1 Nr. 1). Wie das Wort „kann" anzeigt, muss der potentielle SSV eine **Abschätzung** anstellen, ob diese Dosis durch das Tätigwerden in fremden Anlagen oder Einrichtungen voraussichtlich erreicht werden wird.

17   Bei dieser Abschätzung hat der (potentielle) SSV idR zwei verschiedene Umstände zu berücksichtigen. Zum einen geht es darum, wie häufig bzw. wie lange die Bezugsperson in einer fremden Anlage oder Einrichtung tätig werden wird. Die amtl. Begr. zur StrlSchV 2001 (BR-Drs. 207/01, S. 220) spricht von einer Abschätzung der **geplanten Aufenthaltszeit,** wobei auch „weitere derartige Leistungen" oder „weitere Wiederholungen" mitberücksichtigt werden müssen, sofern diese „nicht ausgeschlossen werden" können. Bei einer Arbeitnehmerüberlassung über lange Zeiträume oder bei einem festen Wartungs- oder Reinigungsvertrag

wird dies leichter kalkulierbar sein als bei wechselnden Einsätzen je nach Auftragslage; jedenfalls aber – das wird in der amtlichen Begründung deutlich – ist hier konservativ vorzugehen.

Zum anderen muss der potentielle SSV die **Dosis** abschätzen, die die Bezugs- **18** person pro Zeiteinheit in den fremden Anlagen oder Einrichtungen erhalten wird. Die Überschreitung des Wertes von 1 Millisievert im Kalenderjahr muss nicht sicher sein; sie muss nur realistisch möglich erscheinen (noch restriktiver *Schmatz / Nöthlichs* 8034 Anm. 3: sie müsse bei dem objektiv zu erwartenden Geschehen wahrscheinlich sein). Andererseits entsteht die Genehmigungspflicht nicht schon dann, wenn die Überschreitung „nicht ausgeschlossen" werden kann. Es obliegt dem Unternehmer, eine Abschätzung vorzunehmen, die nicht unrealistisch, aber konservativ vorsichtig sein sollte. Im Zweifel sollte er den Antrag stellen.

Ergibt eine nach diesen Maßstäben vorgenommene, gut nachvollziehbare Ab- **19** schätzung jedoch, dass eine effektive Dosis von 1 Millisievert im Kalenderjahr mit hoher Wahrscheinlichkeit nicht überschritten wird, **bedarf der Unternehmer keiner Genehmigung.** Ändert sich die Einschätzung später, etwa weil der Arbeitnehmer häufiger/länger als angenommen in einer Fremdanlage tätig werden soll, ist ein Antrag rechtzeitig zu stellen bzw. eine vorhandene §-25-Genehmigung auf den betreffenden Arbeitnehmer anzuwenden. Erweist sich **nachträglich,** dass die Abschätzung im konkreten Fall nicht zutreffend war, etwa weil ein Vorkommnis zu einer unerwarteten Exposition geführt hat, so wird die auf eine nachvollziehbare Prognose *ex ante* gestützte Annahme, dass eine Genehmigung nicht erforderlich war, nicht rückblickend *(ex post)* widerlegt oder gar rechtswidrig; erst ab diesem Zeitpunkt tritt das Genehmigungserfordernis ein und ist ein Antrag zu stellen. Bis zur Erteilung der Genehmigung ist das Tätigwerden einstweilen einzustellen.

V. Entbehrlichkeit der Genehmigung (Abs. 1 S. 2)

Wenn die Beschäftigung oder Aufgabenwahrnehmung in fremden Einrichtun- **20** gen, in denen Röntgeneinrichtungen oder Störstrahler betrieben werden, erfolgt, ist eine Genehmigung nach Abs. 1 S. 2 entbehrlich, wenn eine **Anzeige nach § 26 Absatz 1** erstattet wird. Damit hat derjenige, der in solchen Fällen Personen beschäftigt oder selbst Aufgaben wahrnimmt, eine **Wahlmöglichkeit zwischen Genehmigung und Anzeige;** so kann vermieden werden, dass beides erforderlich ist (BT-Drs. 18/11241, 270).

VI. Inhalt der Genehmigung

Der Gestattungsumfang der Genehmigung erfasst, dem Genehmigungstat- **21** bestand folgend, die Beschäftigung von Personen, die unter Aufsicht des Genehmigungsinhabers stehen, oder die eigene Aufgabenwahrnehmung durch den Genehmigungsinhaber in fremden Anlagen. Eine weitere **Konkretisierung des Gestattungsumfangs** ist möglich, aber nicht erforderlich und nicht die Regel. Wie oben ausgeführt (→ Rn. 2), ist es nicht der Regelfall, dass in der Genehmigung die fremde(n) Anlage(n) oder Einrichtung(en) benannt wird bzw. werden; eine solche Benennung, mit der die Genehmigung auf diese Anlage(n) beschränkt wird, ist aber zulässig, wenn sie beantragt wurde. Die Genehmigung kann auch Bestimmungen enthalten, die die Art des Tätigwerdens in fremden Anlagen eingrenzen (z. B. „Dekontaminations- und Strahlenschutzmaßnahmen" oder „Instandhaltungsmaßnahmen").

22   Als Hilfestellung für die Gestaltung der Genehmigung gibt es eine „**Mustergenehmigung zur Beschäftigung in fremden Anlagen oder Einrichtungen gemäß § 15 StrlSchV**" (gemeint ist § 15 StrlSchV 2001) (GMBl 2017, Nr. 21, S. 385), die vom Fachausschuss Strahlenschutz des Länderausschusses für Atomkernenergie verabschiedet wurde. Sie umfasst neben der allgemeinen Gestattung (s. o.) und der Benennung des SSV insbesondere sehr detaillierte **Auflagen** zur Sicherstellung der Genehmigungsvoraussetzungen, etwa Vorliegen und Inhalt eines Abgrenzungsvertrages (→ Rn. 39). Die „Mustergenehmigung" ist nicht verbindlich; die Behörde kann die Genehmigung samt Auflagen auch anders gestalten. Insbesondere außerhalb der Kerntechnik kann es im Einzelfall zweckmäßig sein, die Auflagen kürzer zu halten, weil uU nicht alle Regelungen der „Mustergenehmigung" erforderlich sind (zu Auflage 1 → Rn. 38).

23   In Fällen, in denen die Genehmigung der fremden Anlage oder Einrichtung den vollen Umfang der geplanten Tätigkeit nicht abdeckt, darf die Tätigkeit dort nur erfolgen, wenn dafür eine entsprechende **zusätzliche Genehmigung** (z. B. nach § 12 Abs. 1) vorliegt bzw. eine entsprechende Anzeige erstattet wurde. Wenn etwa ein Werkstoffprüfer mit einer eigenen Strahlenquelle in einen fremden Kontrollbereich geht und die dortige Genehmigung den Umgang nicht abdeckt, muss sichergestellt sein, dass der Werkstoffprüfer über eine Genehmigung verfügt, die den Umgang mit dem betreffenden radioaktiven Stoff gestattet (BT-Drs. 18/11241, 270); das gilt natürlich auch und erst recht, wenn er mit seinem Prüfstrahler nicht nur in fremden Anlagen und Einrichtungen iSd Abs. 1, sondern auch an Orten, die gar nicht unter strahlenschutzrechtlicher Aufsicht stehen, tätig wird. Im Gegensatz dazu bedarf ein Umgang mit radioaktiven Stoffen in einer fremden Anlage oder Einrichtung – abgesehen von der Genehmigung nach § 25 – keiner zusätzlichen Genehmigung oder Anzeige, wenn er **vollständig durch die Genehmigung der fremden Anlage oder Einrichtung abgedeckt** ist und unter Verantwortung und Aufsicht des Inhabers der Genehmigung für die fremde Anlage oder Einrichtung erfolgt. Die amtl. Begründung nennt als Beispiel den Mitarbeiter oder Inhaber einer Schlosserei, der im Kontrollbereich einer fremden Anlage eine kontaminierte Armatur repariert (BT-Drs. 18/11241, 270).

VII. Örtliche Zuständigkeit und Geltungsbereich der Genehmigung

24   Die **örtliche Zuständigkeit** ergibt sich aus den allgemeinen Regeln des Verwaltungsverfahrensrechts (§ 3 Abs. 1 Nr. 2 VwVfG bzw. die entsprechenden Ländergesetze). Maßgeblich ist, von wo aus der Antragsteller/Genehmigungsinhaber sein Personal tätig werden lässt, in der Regel also der Sitz seines Betriebes (*Kramer/Zerlett* § 20 Anm. 14). Entsprechend der Systematik des § 25 ist nicht maßgeblich, wo die „fremden" Anlagen und Einrichtungen sich befinden, wo das Personal also tatsächlich eingesetzt wird.

25   Die Genehmigung nach § 25 deckt die Entsendung bzw. eigene Aufgabenwahrnehmung **im gesamten Geltungsbereich des StrlSchG** ab, entsprechend dem Grundsatz, dass der VA eines Landes, mit dem Bundesrecht vollzogen wird, im gesamten Bundesgebiet gilt (*Schmitz* in SBS-VwVfG, § 3 Rn. 12). Deshalb kommt es häufig zu der Konstellation, dass das externe Personal in fremden Anlagen oder Einrichtungen tätig wird, bei denen Genehmigung und Aufsicht bei der Behörde eines anderen Bundeslandes oder bei einer Bundesbehörde (dem BASE) liegt. Die für die Anlage oder Einrichtung zuständige Behörde hat sich bei ihrer eigenen Aufsichts-

tätigkeit in der Anlage oder Einrichtung nach dem in der Genehmigung ggf. formulierten Umfang der gestatteten Tätigkeit (Entsendung) zu richten. Bei Auslegungsfragen zur Genehmigung ist es geraten, dass die für die Anlage zuständige Behörde bei der Behörde, die die Genehmigung nach § 25 erteilt hat, nachfragt.

Eine Genehmigung nach § 25 erfasst mangels ausdrücklicher Regelung nicht die **26** Fälle der Beschäftigung in einer fremden Anlage oder Einrichtung, die **außerhalb des Hoheitsgebietes der Bundesrepublik Deutschland** liegt (zum Hoheitsgebiet der Bundesrepublik Deutschland gehören im Sinne des StrlSchG auch die AWZ und der Festlandsockel gemäß SRÜ, § 1 Abs. 3; → § 1 Rn. 15 ff.). Eine ausdrückliche Erstreckung auf das Tätigwerden im Ausland gibt es etwa in der Schweiz: Nach Art. 9 lit. f der dortigen Strahlenschutzverordnung (StSV) vom 26.4.2017 unterliegt der Bewilligungspflicht der Einsatz von beruflich strahlenexponierten Personen im eigenen oder in einem anderen Betrieb im In- oder Ausland. Im deutschen Strahlenschutzrecht ist dies aber nicht vorgesehen. Ein deutsches Unternehmen muss für einen Auslandseinsatz eine Genehmigung nach dem jeweils anwendbaren ausländischen Recht einholen, sofern dieses eine solche Genehmigung vorsieht (was meist nicht der Fall ist: *Roth* StrlSchPrax 2002, 14; dazu, dass die RL 2013/59 eine entsprechende Genehmigung nicht vorschreibt → Rn. 4.). Die bei einer Beschäftigung in fremden Anlagen oder Einrichtungen außerhalb des räumlichen Geltungsbereiches des StrlSchG erhaltenen beruflichen Strahlenexpositionen sind aber gemäß § 166 Abs. 2 bei der Ermittlung der beruflichen Exposition zu berücksichtigen (→ § 166 Rn. 7).

Wenn umgekehrt ein **ausländisches Unternehmen** Bezugspersonen in einer **27** Anlage oder Einrichtung in Deutschland tätig werden lassen möchte, so ist eine Genehmigung nach § 25 erforderlich, und zwar auch dann, wenn das Unternehmen bereits eine vergleichbare Genehmigung nach dem eigenen Landesrecht hat. Wenn das Unternehmen in Deutschland eine(n) rechtsfähige(n) Niederlassung oder Zweigbetrieb hat, so ist die Niederlassung oder der Zweigbetrieb SSV (zum analogen Fall bei der Genehmigung nach § 12 → dort Rn. 11 f.). Ist dies nicht der Fall, so steht der Erteilung der Genehmigung auch an ein ausländisches Unternehmen grundsätzlich nichts im Wege, wenn die Genehmigungsvoraussetzungen dargelegt werden; Schwierigkeiten können sich uU bei der Durchsetzung der Pflichten des Genehmigungsinhabers ergeben. **Örtlich zuständig** (§ 3 Abs. 1 Nr. 4 VwVfG) ist die Behörde, in deren Bezirk sich die Anlage oder Einrichtung befindet, in der das Personal erstmals eingesetzt werden soll (so auch *Kramer/Zerlett* § 20 Anm. 15); die einmal erteilte Genehmigung gilt dann, wie in den sonstigen Fällen auch, im gesamten Bundesgebiet.

D. Genehmigungsantrag und Unterlagen (Abs. 2)

Abs. 2 bestimmt, dass dem Genehmigungsantrag **die zur Prüfung erforder-** **28** **lichen Unterlagen,** insbesondere die Unterlagen nach Anlage 2 Teil E, beizufügen sind. Der Hinweis auf die Beifügung der „zur Prüfung erforderlichen Unterlagen" sagt Selbstverständliches. Auch die „insbesondere" zu berücksichtigende Anlage 2 Teil E hat nur teilweise eine eigene Relevanz; von den dort aufgeführten drei Nummern geben die ersten zwei lediglich den Wortlaut der Genehmigungsvoraussetzungen wieder, wie sie in Abs. 3 mit einer Verweisung auf einzelne Genehmigungsvoraussetzungen des § 13 bezeichnet werden. Die einzige wirklich relevante Aussage findet sich in Anlage 2 Teil E Nr. 3, wo die in Abs. 3 S. 1 Nr. 2 enthaltene

Genehmigungsvoraussetzung (Weisungsrecht des SSV der Anlage oder Einrichtung) anders, nämlich so formuliert wird, dass es um die Aufgabenverteilung zwischen den beiden SSV geht. Dazu wird gesagt, der entsprechende Nachweis könne „beispielsweise" durch den Entwurf eines Abgrenzungsvertrages geführt werden (→ Rn. 38).

E. Genehmigungsvoraussetzungen (Abs. 3)

I. Genereller Ansatz

29   Einer Genehmigung nach Abs. 1 S. 1 bedarf, wer in fremden Anlagen und Einrichtungen unter seiner Aufsicht stehende Personen – also idR eigene Arbeitnehmer – einsetzt oder selber Aufgaben wahrnimmt. Der Entsender in diesem Sinne kann aber keine Verantwortung für die fremde Anlage oder Einrichtung übernehmen; diese liegt allein beim dortigen SSV. Folgerichtig bestimmt Abs. 3 S. 1 Nr. 1, dass die **nicht anlagenbezogenen Genehmigungsvoraussetzungen** des § 13 Abs. 1 Nr. 1 bis 4 (Zuverlässigkeit, Fachkunde, notwendige Anzahl der SSB, notwendiges Wissen und notwendige Fertigkeiten der sonst tätigen Personen) und Nr. 6 lit. a (Ausrüstungen und Maßnahmen zur Einhaltung der Schutzvorschriften, soweit sie nicht dem SSV der fremden Anlage obliegen; → Rn. 34) für die Genehmigung nach Abs. 1 S. 1 Anwendung finden. Die **anlagenbezogenen Genehmigungsvoraussetzungen** des § 13 dagegen – etwa Schutz gegen Störmaßnahmen oder sonstige Einwirkungen Dritter (§ 13 Abs. 3) oder Deckungsvorsorge (§ 13 Abs. 2) – werden nicht für § 25 übernommen. Für die Gewährleistung dieser Genehmigungsvoraussetzungen ist der Genehmigungsinhaber und SSV für die jeweilige Anlage oder Einrichtung verantwortlich, in der die Arbeitnehmer des § 25-Genehmigungsinhabers bzw. er selbst tätig werden. Um die beiden Verantwortungsbereiche lückenlos zu verknüpfen, verlangt Abs. 3 S. 1 Nr. 2 die Gewährleistung, dass der SSV der fremden Anlage oder Einrichtung und die dort bestellten SSB ein **Weisungsrecht** in allen Belangen des Strahlenschutzes gegenüber den Bezugspersonen haben (→ Rn. 36).

II. Verweisung auf bestimmte Genehmigungsvoraussetzungen in § 13 (Abs. 3 S. 1 Nr. 1)

30   Die in S. 1 Nr. 1 angesprochenen Genehmigungsvoraussetzungen in § 13 sind in **Anlage 2 Teil E** nochmals – im Wesentlichen redundant (→ Rn. 28) – als Inhalt der Unterlagen aufgeführt, die im Genehmigungsverfahren vorzulegen sind. Es kann vorab allgemein auf die Kommentierung zu § 13 verwiesen werden.

31   **1. S. 1 Nr. 1 iVm § 13 Abs. 1 Nr. 1 und 2 (Zuverlässigkeit und Fachkunde des SSV und der SSB).** Siehe Anlage 2 Teil E Nr. 2. Hier geht es um die **Zuverlässigkeit und Fachkunde** (des SSB; des SSV nur dann, wenn ein SSB nicht notwendig ist). Die Einleitung des Verfahrens zur Überprüfung der **Zuverlässigkeit** des Fremdpersonals obliegt dem für die fremde Anlage oder Einrichtung verantwortlichen Genehmigungsinhaber vor dem konkreten Arbeitseinsatz bzw. der Erteilung der Zutrittsgestattung (*Schmatz/Nöthlichs* 8034 Anm. 4). Anforderungen an die **Fachkunde** des SSB werden in der Fachkunde-Richtlinie Technik nach StrlSchV (GMBl. 2006, Nr. 38, S. 735) geregelt. Bei Nachweis eines Ausbildungsabschlusses im naturwissenschaftlich-technischen Bereich ist keine, ansonsten eine

dreimonatige praktische Erfahrung als Teil der Fachkunde nachzuweisen. Der obligatorische Kurs zur Erlangung der Fachkunde beinhaltet in insgesamt 20 Unterrichtseinheiten neben dem Grundmodul GG ein Aufbaumodul FA, in dem alle relevanten Aspekte der Tätigkeit eines solchen SSBs behandelt werden. Kritisch zu den aus seiner Sicht grundsätzlich zu geringen Anforderungen an die Fachkunde des §-25-SSB *Vogt* StrlSchPrax 1/1998, 37; dagegen *Hoegl* StrlSchPrax 3/1998, 44: die vergleichsweise geringen Anforderungen seien sachlich durch das eingeschränkte Aufgabengebiet des §-25-SSB gerechtfertigt.

2. S. 1 Nr. 1 iVm § 13 Abs. 1 Nr. 3 (Anzahl und Befugnisse der SSB). 32
Siehe auch Anlage 2 Teil E Nr. 1 lit. a.

3. S. 1 Nr. 1 iVm § 13 Abs. 1 Nr. 4 (Wissen und Fertigkeiten der sonst tä- 33
tigen Personen). Der Genehmigungsinhaber nach § 25 hat dafür Sorge zu tragen, dass die unter seiner Aufsicht stehenden Personen über das **notwendige Wissen** und die **notwendigen Fertigkeiten** verfügen. Deshalb ist eine **Unterweisung gemäß § 63 StrlSchV** durchzuführen, die sich inhaltlich mit den in der Genehmigung nach § 25 festgelegten Maßnahmen beschäftigt. Von besonderer Bedeutung sind dabei organisatorische Regelungen bzgl. der amtlichen Dosimetrie, für die in den allermeisten Fällen der SSV der entsendenden Firma Sorge zu tragen hat. Aber auch andere grundlegende Aspekte des Strahlenschutzes, wie organisatorische Fragen zur Handhabung des Strahlenpasses, besondere Anforderungen an den Schutz des ungeborenen Lebens, für die entsendete Person bedeutende Informationen aus dem Abgrenzungsvertrag und vor allem die Aufklärung darüber, dass den Anweisungen des SSB der fremden Anlage in jedem Fall Folge zu leisten ist, sind unabdingbarer Bestandteil dieser Unterweisung (Auflistung nicht vollständig). In keinem Fall ersetzt diese Unterweisung zur Vermittlung der notwendigen Fertigkeiten und des notwendigen Wissens die Unterweisung, die von der fremden Anlage zur Einführung in die notwendigen Strahlenschutzmaßnahmen vor Ort ebenfalls durchzuführen ist. Somit muss die entsendete Person (mindestens) **zweimal unterwiesen** werden: einmal durch den §-25-Genehmigungsinhaber und einmal durch den SSV der fremden Anlage.

4. S. 1 Nr. 1 iVm § 13 Abs. 1 Nr. 6 lit. a (Ausrüstungen und Maßnah- 34
men). Die Verweisung auf § 13 Abs. 1 Nr. 6 lit. a – Gewährleistung, dass die Ausrüstungen vorhanden und die Maßnahmen getroffen sind, die nach dem Stand von Wissenschaft und Technik erforderlich sind, damit die Schutzvorschriften eingehalten werden – bezieht sich angesichts der Systematik des § 25 nur auf diejenigen **Ausrüstungen und Maßnahmen,** die der Inhaber der Genehmigung nach § 25 für „seine" Leute oder für sich selbst (im Falle der eigenen Aufgabenwahrnehmung) bereitstellen bzw. treffen kann. Für Ausrüstungen und Maßnahmen, die zum Betrieb der fremden Anlage oder Einrichtung gehören, ist der dortige SSV verantwortlich. Die genaue Aufteilung ist, falls erforderlich, im Abgrenzungsvertrag festzuhalten (→ Rn. 38).

In den allermeisten Fällen ist vom §-25-Genehmigungsinhaber dafür zu sorgen, 35
dass die entsendete Person einen behördlich registrierten **Strahlenpass** besitzt, der ordnungsgemäß zu führen ist (→ Rn. 48), und dass diese Person mit einem **amtlichen Dosimeter** ausgestattet ist. Ebenfalls zu beachten ist, dass je nach Tätigkeit durchaus eine Einstufung der entsendeten Person als beruflich exponierte Person der Kategorie A gemäß § 71 StrlSchV und damit Maßnahmen zur **ärztlichen Überwachung** gemäß § 77 StrlSchV notwendig sein können. Eine nicht innerhalb

eines Jahres (§ 77 Abs. 1 StrlSchV) vor der Arbeitsaufnahme durchgeführte ärztliche Untersuchung kann deswegen für den Genehmigungsinhaber erhebliche wirtschaftliche Konsequenzen nach sich ziehen, wenn aufgrund fehlender Zugangsberechtigungen zu Kontrollbereichen möglicherweise vertraglich vereinbarte Leistungen nicht erbracht werden können. Die Untersuchung durch den ermächtigten Arzt ist im Strahlenpass zu dokumentieren (→ Rn. 49). Unter Umständen, z. B. bei Beschäftigung in kerntechnischen Anlagen, hat als zusätzliche Maßnahme eine Untersuchung der Atemschutztauglichkeit für das Tragen von Atemschutzgeräten der Gruppe 2 und 3 gemäß der „Handlungsanleitung für arbeitsmedizinische Untersuchungen nach dem DGUV Grundsatz G26 („Atemschutzgeräte“)", BGI/GUV-I 504-26, stattzufinden. Auch diese ist im Strahlenpass zu dokumentieren. Eine weitere vom Genehmigungsinhaber umzusetzende Maßnahme ist in der Regel das Führen einer **Strahlenschutzdatei,** in der alle relevanten Angaben bzgl. des Führens des Strahlenpasses und der notwendigen Unterweisungen dokumentiert werden.

III. Weisungsrecht des SSV und der SSB der fremden Anlage oder Einrichtung; Abgrenzungsvertrag (Abs. 3 S. 1 Nr. 2)

36   **1. Allgemeines.** S.1 Nr. 2 verlangt die **Gewährleistung,** dass die in den Anlagen und Einrichtungen beschäftigten Personen **den Anordnungen der SSV und SSB dieser Anlagen oder Einrichtungen Folge zu leisten haben.** Das ist eine „zentrale Vorschrift" (BT-Drs. 18/11241, 270) für die Beschäftigung externen Personals. Der SSV, der die Genehmigung nach § 25 innehat, kann keine Verantwortung für den Strahlenschutz beim Betrieb der fremden Anlage oder Einrichtung übernehmen; diese liegt beim dortigen SSV (ggf. delegiert zu SSB). Da allerdings zwischen den externen Arbeitskräften und dem Anlagen-SSV kein Arbeitsverhältnis oder sonstiges Aufsichtsverhältnis besteht, auf Grundlage dessen Weisungen erteilt werden könnten, ist ein solches Weisungsrecht auf andere Weise zu gewährleisten. Durch den Begriff „beschäftigte Personen" ist klargestellt, dass sich diese Anforderung **nicht auf den Genehmigungsinhaber bezieht,** der iSd Abs. 1 S. 1 „Aufgaben selbst wahrnimmt"; da dieser selber SSV ist, ergibt sich die Aufgaben- und Pflichtenverteilung direkt aus dem von ihm gestalteten Rechtsverhältnis mit dem Betreiber der fremden Anlage oder Einrichtung (z. B. Dienst- oder Werkvertrag).

37   In der Vorgängerregelung des § 15 StrlSchV 2001 war (Abs. 3 S. 1) noch unmittelbar bestimmt, dass den Anordnungen des SSV oder SSB der fremden Anlage sei Folge zu leisten (**öffentlich-rechtliche Verpflichtung,** siehe *Schmatz/Nöthlichs* 8034 Anm. 6); zusätzlich war in Satz 2 eine Sorgepflicht des Inhabers der Entsendegenehmigung statuiert, dass seine Mitarbeiter den Anordnungen Folge leisten. S. 1 Nr. 2 formuliert nunmehr anders. Die Norm verzichtet darauf, die Pflicht zur Befolgung der Anordnungen selbst festzuschreiben; es muss stattdessen „gewährleistet" sein, dass die Beschäftigten den Anordnungen des SSV oder SSB der fremden Anlage Folge zu leisten haben. Damit wird betont, dass die Anordnungsbefugnis aus einer von den betroffenen Parteien selbst getroffenen **Regelung** folgt. Anlage 2 Teil E Nr. 3 StrlSchG verlangt ergänzend als Bestandteil der Antragsunterlagen die Darlegung einer **„Aufgabenverteilung"** zwischen den beiden SSV.

38   Für eine entsprechende Regelung stehen **mehrere Instrumente** zur Verfügung. Anlage 2 Teil E Nr. 3 StrlSchG nennt als Beispiel für eine Unterlage zur Darlegung einer Aufgabenverteilung im Genehmigungsverfahren den „Entwurf

eines Abgrenzungsvertrags". Nach der amtl. Begründung zu § 25 (BT-Drs. 18/11241, 270) kann der Antragsteller „insbesondere auf Regelungen in seiner Strahlenschutzanweisung, auf Musterverträge oder Entwürfe von sog. ‚Abgrenzungsverträgen' verweisen". Insofern kann es – je nach Umständen des Einzelfalles – ausreichen, dass eine **Strahlenschutzanweisung** (§ 45 StrlSchV), in der die Weisungsbefugnis des Anlagen-SSV bzw. -SSB verankert ist, die in Abs. 3 S. 1 Nr. 2 verlangte Gewährleistung erbringt. In vielen Fällen wird jedoch kraft Auflage in der Genehmigung (→ Rn. 43) die Vorlage eines **Abgrenzungsvertrages** verlangt; insofern wird von den Behörden oft einfach die entsprechende Auflage 1 der „Mustergenehmigung" (→ Rn. 22) übernommen. Dabei ist jedoch zu beachten, dass die „Mustergenehmigung" abdeckend mit Blick vor allem auf eine Anwendung in der Kerntechnik formuliert ist; für andere Bereiche, etwa bei Krankenhäusern, Universitäten und Forschungseinrichtungen, kann es **unverhältnismäßig** sein, wenn die Behörde einen Abgrenzungsvertrag verlangt.

2. Der Abgrenzungsvertrag. Eine Vereinbarung der beiden SSV über die **39** Weisungsbefugnis des Anlagen-SSV oder -SSB iSd Abs. 3 S. 1 Nr. 2 und über die Aufgabenverteilung zwischen den beiden SSV iSv Anlage 2 Teil E Nr. 3 muss nicht ausdrücklich als **„Abgrenzungsvertrag"** bezeichnet werden; der in der Praxis oft verwendete, aber vom Gesetzgeber bis zum StrlSchG nicht eingeführte Begriff wird jetzt aber immerhin in Anlage 2 Teil E Nr. 3 und in der amtl. Begründung zu § 25 (→ Rn. 38) beispielhaft erwähnt. Die „Mustergenehmigung" (→ Rn. 22) spricht von einer „schriftlichen Vereinbarung über die organisatorischen und administrativen Maßnahmen zur Gewährleistung des Strahlenschutzes der Bezugspersonen". Die entsprechenden Regelungen können im Übrigen auch unselbständiger Bestandteil eines anderen Vertrages sein.

Der Abgrenzungsvertrag muss **nicht vor Erteilung der Genehmigung vor-** **40** **liegen;** auch wenn er von der Behörde mit einer Auflage der Genehmigung verbindlich vorgeschrieben wird (→ Rn. 43), wird sein Vorhandensein erst vor Beginn des jeweiligen Tätigwerdens in einer fremden Anlage oder Einrichtung gefordert (so zB in Aufl. 1 der „Mustergenehmigung" → Rn. 22). Inhalt der Genehmigung nach § 25 ist ja meist die Beschäftigung in verschiedenen fremden Anlagen oder Einrichtungen, die bei Antragstellung oft noch nicht bekannt sind und für die entsprechend **mehrere Abgrenzungsverträge** abgeschlossen werden müssen. Hat der Antragsteller im Genehmigungsverfahren den in Anl. 2 Teil E Nr. 3 beispielhaft als Antragsunterlage genannten „Entwurf eines Abgrenzungsvertrages" vorgelegt, so ist er damit **nicht auf diesen Entwurf festgelegt.** Die Abgrenzungsverträge, die er später mit den einzelnen Anlagen abschließt, können von diesem Muster in Aufbau und Darstellung abweichen (insbesondere, wenn sie vom jeweiligen Anlagenbetreiber bei der Ausschreibung oder Auftragsvergabe vorgegeben werden).

In der Praxis ergibt sich ein gern verwendetes Muster für einen Abgrenzungsver- **41** trag daraus, dass die **Auflage 1 der „Mustergenehmigung"** (→ Rn. 22) wörtlich für den Vertrag übernommen wird (ggf. ergänzt durch weitere Passagen aus den anderen Auflagen der „Mustergenehmigung"). Das ist aber nicht zwingend. Zum einen ist die „Mustergenehmigung" naturgemäß eine (unverbindliche) Vorlage für die Genehmigung und nicht – oder jedenfalls nur mittelbar – für den Abgrenzungsvertrag; sie formuliert in Auflage 1 Anforderungen, denen der Vertrag insgesamt entsprechen muss; dem Antragsteller bzw. Genehmigungsinhaber ist es aber letztlich überlassen, wie er diese Anforderungen einhält. Zum anderen ist die sehr ausführliche Auflage der „Mustergenehmigung" offenkundig so formuliert, dass sie die

Fälle mit dem größten Regelungsbedarf, etwa in kerntechnischen Anlagen, abdeckt; für andere Bereiche kann uU auch eine **schlankere Vereinbarung** die geforderte Gewährleistung erfüllen (dazu, dass eine Abgrenzungsvereinbarung schon an sich nicht immer erforderlich ist, → Rn. 38). Für Abgrenzungsvereinbarungen existieren auch Vorlagen von Verbänden wie etwa dem VGB.

42 Der Abgrenzungsvertrag regelt die **Weisungsbefugnis des SSV der fremden Anlage oder Einrichtung** gegenüber den externen Beschäftigten und grenzt sie von der Weisungsbefugnis ab, die der SSV der Genehmigung nach § 25 über seine Beschäftigten hat. Damit ist sichergestellt, dass alle Belange des Strahlenschutzes durch die Weisungsbefugnis eines der beiden SSV abgedeckt sind; gleichzeitig kann vermieden werden, dass die Befugnisse sich überschneiden und widersprüchliche Anordnungen ergehen können.

43 In der Praxis sollten in einem Abgrenzungsvertrag je nach Erfordernis zudem **alle relevanten organisatorischen und administrativen Maßnahmen zur Gewährleistung des Strahlenschutzes** geregelt werden. Gemäß der Auflage 1 der „Mustergenehmigung" (→ Rn. 22) gehört dazu die Verpflichtung des SSV der fremden Anlage oder Einrichtung,
– den §-25-Genehmigungsinhaber über die in der fremden Anlage oder Einrichtung geltenden Genehmigungsauflagen, Strahlenschutzanweisungen und sonstigen wesentlichen Anordnungen zu unterrichten,
– die Beschäftigten nur dann in der fremden Anlage tätig werden zu lassen, wenn sie entsprechend unterwiesen wurden und diese Unterweisung in einer verständlichen Form und Sprache erfolgt ist,
– jeden SSB der fremden Anlage oder Einrichtung über die entsendeten Personen zu unterrichten,
– die erforderliche Schutzkleidung und -ausrüstung zu stellen,
– dafür zu sorgen, dass die erforderlichen amtlichen und jederzeit ablesbaren Dosimeter vorhanden sind und deren Benutzung erläutert wurde sowie
– sicherzustellen, dass die potentielle Dosis durch Inkorporation abgeschätzt wurde und ggfs. entsprechende Maßnahmen eingeleitet wurden.

44 Des Weiteren soll lt. Auflage 1 der „Mustergenehmigung" in dem Abgrenzungsvertrag vereinbart werden, dass der Inhaber der §-25-Genehmigung **unverzüglich zu unterrichten** ist über Verstöße gegen die Anweisungen des SSV oder der SSB der fremden Anlage bzw. gegen die Strahlenschutzanweisungen, über eine Überschreitung der Dosisgrenzwerte, wenn dauerhafte Kontaminationen aufgetreten sind, über Inkorporationsmessungen aus besonderem Anlass und deren Ergebnisse sowie über weitere bedeutsame Vorkommnisse, wenn die entsendete Person davon betroffen oder gar Verursacher ist. Ebenso sind **Dosiswerte** vom SSV der fremden Anlage unverzüglich dem SSV der Genehmigung nach § 25 **mitzuteilen,** sofern diese nach Beendigung der Tätigkeit nicht in den Strahlenpass eingetragen werden konnten.

45 Die „Mustergenehmigung" sieht vor, dass der SSV der Genehmigung nach § 25 neben der amtlichen Dosimetrie für äußere Strahlenexposition auch für die Durchführung von **Inkorporationsmessungen** durch eine bestimmte Messstelle verantwortlich ist, sofern diese Messungen nicht bereits vom Betreiber der fremden Anlage oder Einrichtung veranlasst worden sind. Da eine Abschätzung der Notwendigkeit von Inkorporationsmessungen maßgeblich von den tatsächlichen Gegebenheiten in der fremden Anlage abhängt und in vielen Fällen die Fachkenntnisse des SSB oder SSV der §-25-Genehmigung nicht ausreichen, um diese Abschätzung vorzunehmen, kann zweckmäßigerweise diese Aufgabe im Rahmen des Ab-

grenzungsvertrages an den SSV der fremden Anlage oder Einrichtung übertragen werden.

IV. Befristung (Abs. 3 S. 2)

Die Genehmigung ist **auf längstens fünf Jahre zu befristen.** Als gesetzliche 46 Regelung ist das neu, entspricht aber der bisherigen Verwaltungspraxis und wurde auch schon vor Inkrafttreten des StrlSchG in den amtlichen Mustergenehmigungen, zuletzt der Mustergenehmigung von 2017 (→ Rn. 22), so vorgegeben. Wie die amtl. Begründung zum StrlSchG weiter ausführt, habe die Verwaltungspraxis gezeigt, dass es bei den Genehmigungsinhabern eine hohe Personalfluktuation gibt und auch die Einsatzorte wechseln. Daher sei eine Überprüfung der Voraussetzungen nach Ablauf einer Frist angemessen (BT-Drs. 18/11241, 270).

Bei der Fünfjahresfrist des § 25 Abs. 3 S. 2 StrlSchG handelt es sich um eine ge- 47 setzliche Frist. Da das StrlSchG keine eigene Regelung zu Fristverlängerungen enthält, gilt § 31 Abs. 7 S. 1 VwVfG, wonach nur Fristen, die von einer Behörde gesetzt sind, verlängert werden können. Daher ist **nach Ablauf der Frist eine Neugenehmigung zu erteilen.** In Richtung Neugenehmigung deutet auch die oben zitierte amtl. Begründung, die von einer Überprüfung der Genehmigungsvoraussetzungen nach Ablauf der Frist ausgeht.

F. Strahlenpass

§ 68 StrlSchV bestimmt, dass im Grundsatz der SSV einer Genehmigung nach 48 § 25 (oder einer Anzeige nach § 26 Abs. 1 oder § 59 Abs. 2) dafür zu sorgen hat, dass die unter seiner Aufsicht stehenden Personen in fremden Strahlenschutzbereichen nur beschäftigt werden, wenn jede einzelne beruflich exponierte Person im Besitz eines **vollständig geführten und bei der zuständigen Behörde registrierten Strahlenpasses** ist. Diese Pflicht stellt eine „besondere Schutzvorschrift" zugunsten der nach § 25 (und § 26) Beschäftigten dar (BR-Drs. 207/01, S. 220); diese sind der **Hauptanwendungsfall** der Regelungen zum Strahlenpass. Zum Strahlenpass siehe im Übrigen → § 171 Rn. 5 ff.

Sinn und Zweck des **Strahlenpasses** ist es, in einem Dokument die für den 49 Strahlenschutz wichtigsten radiologischen Informationen zu bündeln und sowohl für die betroffene Person als auch für die beteiligten SSV und SSB einfach zugänglich zu machen. Zu den **im Strahlenpass zu dokumentierenden Informationen** gehören neben Angaben zum Inhaber des Strahlenpasses inklusive der eindeutigen Strahlenschutzregister-Nummer gemäß § 170 Abs. 3 Angaben zur Ausstellung des Strahlenpasses, Angaben zum Arbeitgeber des Strahlenpassinhabers, Angaben zur ärztlichen Überwachung nach § 77 StrlSchV und zur Atemschutz-Vorsorgeuntersuchung, die amtlichen Dosisaufzeichnungen bis zum Datum der Registrierung, die Daten zur Bilanzierung der amtlichen und betrieblichen Dosiswerte aus einer beruflichen Exposition, Angaben zur Überschreitung von Grenzwerten der Körperdosis sowie Angaben zu strahlenschutzrelevanten Unterweisungen.

Die **Gültigkeit des Strahlenpasses** ist auf sechs Jahre begrenzt (→ § 171 50 Rn. 15) und kann auf Antrag verlängert werden, wenn der Strahlenpass genügend Raum für die Eintragungen lässt. Er ist Eigentum der Person, auf die er ausgestellt wurde, und nicht übertragbar. Seit dem 1. 10. 2020 ist eine **bilinguale Version des**

Strahlenpasses in Deutschland zu verwenden (siehe das Muster in Anlage 2 der Allgemeinen Verwaltungsvorschrift zum Strahlenpass nach § 174 der Strahlenschutzverordnung (**AVV Strahlenpass**), BAnz AT 23.06.2020 B6), wobei bereits bestehende Strahlenpässe bis zum Ablauf der Registrierung weiterverwendet werden dürfen. Der bilinguale Strahlenpass basiert auf einem **europäischen Muster der Heads of the European Radiological Competent Authorities (HERCA).** Ein außerhalb des Geltungsbereichs des StrlSchG registrierter Strahlenpass kann verwendet werden, wenn er die notwendigen Voraussetzungen für die Registrierung bei der zuständigen Behörde erfüllt (§ 174 Abs. 7 StrlSchV). Umgekehrt sind Expositionen, die außerhalb des Geltungsbereiches des StrlSchG erfolgten, und die gemäß § 166 Absatz 2 bei der Ermittlung der beruflichen Exposition zu berücksichtigen sind, ebenfalls im Strahlenpass zu dokumentieren.

G. Zuwiderhandlungen

51   Eine Entsendung Beschäftigter bzw. ein eigenes Tätigwerden in fremden Anlagen und Einrichtungen ohne Genehmigung, obwohl der Tatbestand des Abs. 1 erfüllt ist, ist eine **Ordnungswidrigkeit,** siehe § 194 Abs. 1 Nr. 2 lit. h. Zur Rolle der Prognose hinsichtlich des Expositionskriteriums → Rn. 19.

§ 26 Anzeigebedürftige Beschäftigung im Zusammenhang mit dem Betrieb fremder Röntgeneinrichtungen oder Störstrahler

(1) [1]Wer im Zusammenhang mit dem Betrieb einer fremden Röntgeneinrichtung oder eines fremden Störstrahlers Personen beschäftigt, die unter seiner Aufsicht stehen, oder Aufgaben selbst wahrnimmt, hat dies der zuständigen Behörde vor Beginn der Tätigkeit schriftlich anzuzeigen, wenn dies bei den beschäftigten Personen oder bei ihm selbst zu einer effektiven Dosis von mehr als 1 Millisievert im Kalenderjahr führen kann. [2]Von der Anzeigepflicht ausgenommen sind Inhaber einer Genehmigung nach § 25 für die Tätigkeit nach Satz 1.

(2) Der Anzeige sind die folgenden Unterlagen beizufügen:
1. Nachweis, dass jeder Strahlenschutzbeauftragte die erforderliche Fachkunde im Strahlenschutz besitzt oder, falls ein Strahlenschutzbeauftragter nicht notwendig ist, die zur Anzeige verpflichtete Person, ihr gesetzlicher Vertreter oder, bei juristischen Personen oder sonstigen Personenvereinigungen, der nach Gesetz, Satzung oder Gesellschaftsvertrag zur Vertretung oder Geschäftsführung Berechtigte die erforderliche Fachkunde im Strahlenschutz besitzt,
2. Nachweis, dass die beim Betrieb der Röntgeneinrichtung sonst tätigen Personen das notwendige Wissen und die notwendigen Fertigkeiten im Hinblick auf die mögliche Strahlengefährdung und die anzuwendenden Schutzmaßnahmen besitzen und
3. Nachweis, dass die im Zusammenhang mit dem Betrieb der fremden Röntgeneinrichtung oder des fremden Störstrahlers beschäftigten Personen den Anordnungen der dortigen Strahlenschutzverantwortlichen und Strahlenschutzbeauftragten Folge zu leisten haben, die diese in Er-

füllung ihrer Pflichten nach diesem Gesetz und nach den auf Grund dieses Gesetzes erlassenen Rechtsverordnungen treffen.

(3) **Die zuständige Behörde kann Tätigkeiten nach Absatz 1 Satz 1 untersagen, wenn**

1. **eine der Anforderungen nach Absatz 2 nicht oder nicht mehr erfüllt ist,**
2. **Tatsachen vorliegen, aus denen sich Bedenken gegen die Zuverlässigkeit der zur Anzeige verpflichteten Person, ihres gesetzlichen Vertreters oder, bei juristischen Personen oder sonstigen Personenvereinigungen, der nach Gesetz, Satzung oder Gesellschaftsvertrag zur Vertretung oder Geschäftsführung berechtigten Person oder des Strahlenschutzbeauftragten ergeben.**

Übersicht

Schrifttum: *BMU,* Fachkunde-Richtlinie Technik nach der Röntgenverordnung (FK-RL Technik RöV): Richtlinie über die im Strahlenschutz erforderliche Fachkunde und Kenntnisse beim Betrieb von Röntgeneinrichtungen zur technischen Anwendung und genehmigungsbedürftigen Störstrahlern sowie über Anforderungen an die Qualifikation von behördlich bestimmten Sachverständigen vom 21.11.2011, geändert durch Rundschreiben vom 23.6.2014 (GMBl. 2014 S. 918); *SSK,* Organisatorische Voraussetzungen für einen erfolgreichen betrieblichen Strahlenschutz, Empfehlung vom 11./12.02.2020 (305. Sitzung), BAnz AT 21.07.2020 B4.

A. Zweck und Bedeutung der Norm

§ 26 ist ein spezieller **Anzeigetatbestand,** der im Wesentlichen einen Ausschnitt des Genehmigungstatbestandes des § 25 erfasst und die Anzeige als Alternative zur Genehmigung anbietet. Es geht dabei um die Beschäftigung von Personal oder das eigene Tätigwerden beim Betrieb von zwei bestimmten Arten von fremden Einrichtungen, nämlich von Röntgeneinrichtungen und Störstrahlern. **1**

Die Anzeige ist gegenüber der Genehmigung die **weniger aufwendige Form der Vorabkontrolle** (→ vor § 10 Rn. 4). Die Rechtmäßigkeit der Ausübung der Tätigkeit wird hier nicht durch einen gestatteten VA, die Genehmigung, bewirkt, sondern durch die Erstattung der Anzeige seitens des für die Tätigkeit Verantwortlichen (derjenige, der den Tatbestand des Abs. 1 erfüllt und demgemäß eine Anzeige zu erstatten hat, sofern er keine Genehmigung nach § 25 beantragt oder innehat, ist SSV, siehe § 69 Abs. 1 Nr. 3). Aufgrund der Anzeige hat die Behörde Gelegenheit, die angezeigte Tätigkeit zu überprüfen und sie ggf. zu untersagen (Abs. 3). Der Ge- **2** setzgeber hat das Anzeigeverfahren für angemessen gehalten angesichts des **eingeschränkten Gefährdungspotentials** für externe Arbeitskräfte beim Betrieb von Röntgeneinrichtungen und Störstrahlern (BT-Drs. 18/11241, S. 271). Das ist sicherlich gerechtfertigt: Die betreffenden Einrichtungen sind häufig bauartzugelassen bzw. von behördlich bestimmten Sachverständigen nach § 172 geprüft und oft Vollschutzgeräte; wenn sie ausgeschaltet sind, entsteht – anders als bei radioaktiven Stoffen – keine Strahlung; auch eine Inkorporation ist ausgeschlossen. Dennoch gibt es in der Praxis Unfälle mit Röntgeneinrichtungen, etwa wenn Personen mit einem Körperteil in den Nutzstrahl eines Feinstrukturgerätes oder Röntgenspektrometers gelangen und dadurch sogar deterministische Schäden wie Hautverbrennungen eintreten können. Auch wenn § 26 als Anzeigeverfahren ausgestaltet ist, mindert dies daher nicht die Relevanz der Einhaltung der Strahlenschutzvorschriften.

3   Eine dem § 26 entsprechende Anzeigepflicht wird in der **RL 2013/59/Euratom** nicht verlangt; in Art. 27 Abs. 2 der RL ist es den Mitgliedstaaten aber freigestellt, für andere Tätigkeitsarten als die in Abs. 1 genannten eine Genehmigung oder Anzeige einzuführen.

B. Entstehungsgeschichte

4   § 26 übernimmt inhaltlich im Wesentlichen die Regelungen in **§ 6 Abs. 1 Nr. 3** (Anzeigepflicht) und **Abs. 3** (Voraussetzungen und Nachweise) sowie **§ 7 Abs. 2** (Untersagung) **RöV**. Diese Regelungen waren 2003 neu in die RöV aufgenommen worden, entsprechend der „schon seit langem im Bereich der Strahlenschutzverordnung bewährten Regelung" (die dem heutigen § 25 entspricht) (BR-Drs. 230/02, S. 79).

C. Anzeigetatbestand: Beschäftigung oder Aufgabenwahrnehmung beim Betrieb fremder Röntgeneinrichtungen oder Störstrahler (Abs. 1)

I. Betrieb fremder Röntgeneinrichtungen oder Störstrahler

5   Der **die Anzeigepflicht auslösende Tatbestand in Abs. 1** ist parallel aufgebaut zum Genehmigungstatbestand des § 25 Abs. 1. Es geht um die Beschäftigung oder eigene Aufgabenwahrnehmung im Zusammenhang mit dem **Betrieb einer fremden Röntgeneinrichtung** oder eines **fremden Störstrahlers.** Zur Definition der Röntgeneinrichtung siehe § 5 Abs. 30, zur Definition des Störstrahlers siehe § 5 Abs. 37. Sofern der Betrieb der Röntgeneinrichtungen und Störstrahler genehmigungspflichtig nach § 12 Abs. 1 Nr. 4 bzw. Nr. 5 ist, werden sie als Einrichtungen im Sinne des § 5 Abs. 12 Nr. 2, 2. und 3. Alt auch vom Tatbestand des § 25 Abs. 1 erfasst, so dass sich der Tatbestand des § 26 im Wesentlichen als eine Untermenge desjenigen des § 25 und insoweit als „Alternative" zu letzterem darstellt. Abs. 1 S. 2 macht, ebenso wie § 25 Abs. 1 S. 2, deutlich, dass in den von § 26 erfassten Fällen ein **Wahlrecht** besteht. Der SSV kann für den in S. 1 genannten Tatbestand eine Genehmigung nach § 25 beantragen; wird sie ihm erteilt, entfällt gem. Abs. 1 S. 2 die Anzeigepflicht. Nach der amtlichen Begründung (BT-Drs. 18/11241, 271) dient dies der Verwaltungsvereinfachung, da die Genehmigung

nach § 25 länderübergreifend erteilt wird, während eine Anzeige bei jeder zuständigen Behörde eines Bundeslandes zu erstatten ist (→ Rn. 12).

Der Tatbestand kann in **sehr unterschiedlichen Bereichen** erfüllt sein. So **6** nennt die amtl. Begr. zur RÖV 2003 als Beispiel Anästhesisten, die in fremden Arztpraxen oder Krankenhäusern tätig sind, ohne zum dortigen Stammpersonal zu gehören (BR–Drs. 230/02, S. 79). Genauso betroffen sein können aber auch Zeitarbeitsfirmen, die medizinisches Personal an Kliniken verleihen, oder Forschende, die in Kooperationen an anderen Forschungseinrichtungen fremde Röntgeneinrichtungen oder Störstrahler nutzen.

§ 26 bezieht sich ausschließlich auf Personen, die im Zusammenhang mit dem **7** **Betrieb** einer fremden Röntgeneinrichtung oder eines fremden Störstrahlers beschäftigt sind. Steht die Tätigkeit hingegen im Zusammenhang mit der geschäftsmäßigen Prüfung, Erprobung, Wartung oder Instandsetzung von Röntgeneinrichtungen oder Störstrahlern bzw. im Zusammenhang mit ihrer Herstellung, so ist keine Anzeige gemäß § 26, sondern eine Anzeige gemäß § 22 erforderlich.

Eine **fremde Einrichtung** liegt vor, wenn der Genehmigungsinhaber/SSV eine **8** andere Person ist (→ § 25 Rn. 7). Das Tatbestandsmerkmal ist daher nicht erfüllt, wenn eine Röntgeneinrichtung von **mehreren Strahlenschutzverantwortlichen** betrieben wird, was für medizinische Anwendungen durchaus üblich ist. In einem solchen Fall existieren für die Röntgeneinrichtung dann mehrere SSV, denen auch alle Aufgaben und Pflichten des SSV gemäß §§ 70 – 72 StrlSchG sowie die speziellen Pflichten bei Nutzung einer Röntgeneinrichtung nach § 44 StrlSchV obliegen (→ § 69 Rn. 45 ff.).

Für den Abs. 1 erfassten **Personenkreis** – Personen, die unter der Aufsicht **9** des SSV stehen und im Zusammenhang mit dem Betrieb der fremden Einrichtung beschäftigt werden, bzw. der SSV, der Aufgaben selbst wahrnimmt – kann auf die Erläuterungen zu § 25 verwiesen werden (→ § 25 Rn. 10 ff.).

II. Expositionskriterium

Auch für das Expositionskriterium der **effektiven Dosis von mehr als 1 Mil–** **10** **lisievert im Kalenderjahr,** insbesondere zu der erforderlichen Abschätzung durch den (potentiellen) Antragsteller, kann auf die Erläuterung zu § 25 verwiesen werden (→ § 25 Rn. 16 ff.). Da es beim Betrieb von Röntgeneinrichtungen und Störstrahlern bei ausgeschaltetem Gerät nicht zu einer Strahlenexposition kommen kann, besteht z. B. für Reinigungspersonal häufig die Möglichkeit, das Erreichen einer effektiven Dosis von mehr als einem Millisievert im Kalenderjahr auszuschließen. Dies kann uU durch geeignete technische und bauliche Maßnahmen sichergestellt werden, wenn z. B. mit Hilfe von Schutzschaltern dafür gesorgt wird, dass das Betreten des Röntgenraums bei eingeschaltetem Strahl ausgeschlossen ist. Hier kann also auf die Anzeige verzichtet werden. In diesen Fällen gelten gemäß § 52 Abs. 3 StrlSchV diese Bereiche auch nicht als Strahlenschutzbereiche, so dass auch keine Personendosimetrie vorgeschrieben ist.

Anders verhält sich die Situation häufig im **medizinischen Bereich,** wenn ent– **11** weder Fachkräfte anderer medizinischer Einrichtungen tätig werden oder z. B. von Zeitarbeitsfirmen zeitlich befristet eingeliehen werden. In solchen Fällen wird das externe Personal häufig in Strahlenschutzbereichen eingesetzt, so dass das Überschreiten einer effektiven Dosis von einem Millisievert pro Kalenderjahr je nach Umständen nicht unwahrscheinlich erscheint. In diesem Fall ist eine Anzeige nach § 26 StrlSchG erforderlich, sofern keine Genehmigung nach § 25 StrlSchG vorliegt. In der Praxis kann gerade im Zusammenhang mit medizinischen Röntgeneinrichtungen auch der Fall eintreten, dass der Grenzwert der effektiven Dosis zwar mit großer Wahrscheinlichkeit nicht erreicht wird, dass es aber zu **Expositionen von Extremitäten oder der Augenlinse** kommen kann, die zur Einstufung als beruflich exponierte Person führen würden. Allerdings werden, anders als in § 5 Abs. 7, in § 26 keine Organ-Äquivalentdosen als Expositionskriterium genannt, so dass der Anzeigetatbestand als solcher nicht erfüllt ist. In solchen Fällen sollte der Arbeitgeber dennoch eine Anzeige erstatten, um dem Sinn der Regelung Rechnung zu tragen.

D. Erstattung der Anzeige

12   **Örtlich zuständig** (nach § 3 Abs. 1 Nr. 2 VwVfG bzw. den entsprechenden Ländergesetzen) für den Empfang und die Prüfung der Anzeige ist die Behörde, in deren Bezirk sich die fremde Röntgeneinrichtung oder der fremde Störstrahler befindet. Diese Zuordnung weicht von derjenigen bei der Genehmigung gem. § 25 ab, die an den Sitz des Antragstellers anknüpft (→ § 25 Rn. 24). Sie erschließt sich nicht unmittelbar aus der Norm, wird aber in der amtl. Begründung vorausgesetzt, die bei Tätigwerden in mehreren Bundesländern auf die Vorteile der „länderübergreifend" gültigen Genehmigung nach § 25 hinweist (→ Rn. 5). Daraus folgt zugleich, dass die Anzeige sich, anders als die Genehmigung nach § 25, idR auf konkrete Röntgeneinrichtungen bzw. Störstrahler bezieht. Die Anzeige ist **schriftlich** zu erstatten (*Schmatz/Nöthlichs* 8218 Anm. 3.1); zur elektronischen Form siehe § 182 Abs. 3. Eine vorlaufende **Frist** ist in § 26 nicht vorgeschrieben. Der Normadressat darf nach Eingang der Anzeige bei der Behörde mit der Tätigkeit beginnen. Eine **Bestätigung** der Behörde über den Eingang der Anzeige ist nicht erforderlich (*Schmatz/Nöthlichs* 8218 Anm. 3.1), aber zulässig; die Behördenpraxis ist hier offenbar unterschiedlich. Wird die **Tätigkeit beendet,** ist – anders als etwa bei den §§ 21 und 54 – keine entsprechende Anzeige vorgesehen.

E. Beifügung von Unterlagen (Abs. 2)

13   Abs. 2 bestimmt, dass der Anzeige bestimmte **Unterlagen** beizufügen sind. Da Unterlagen dem Nachweis des Vorliegens der relevanten Voraussetzungen dienen, sind damit auch zugleich die **Anforderungen** (so ausdrücklich in Abs. 3 Nr. 1) bezeichnet, die der Gesetzgeber an die anzuzeigende Tätigkeit stellt. Insofern besteht eine Parallele sowohl zu § 25 Abs. 2, der durch Verweisung auf Anlage 2 Teil E die dem Genehmigungsantrag beizufügenden Unterlagen benennt, als auch zugleich zu den Genehmigungsvoraussetzungen des § 25 Abs. 3. Die Unterlagen bzw. Anforderungen bei § 26 sind allerdings – der geringeren Gefährlichkeit der Tätigkeit entsprechend – weniger umfangreich.

14   Nach Abs. 2 Nr. 1 muss jeder SSB oder, falls ein SSB nicht notwendig ist, der SSV die erforderliche **Fachkunde** im Strahlenschutz besitzen. Da für den anzeige- oder genehmigungspflichtigen Betrieb der fremden Röntgeneinrichtung bzw. des fremden Störstrahlers der Strahlenschutz vor Ort bereits mit allen Aufgaben und Pflichten, die sich aus dem Betrieb ergeben, etabliert sein muss, überwiegen für den SSV, der einer Anzeige für Beschäftigung in Zusammenhang mit dem Betrieb fremder Röntgeneinrichtungen oder Störstrahler bedarf, administrative Aufgaben und Pflichten. So beschränken sich dann auch die Inhalte der erfolgreich zu besuchenden anerkannten Fachkundekurse auf ein Grundverständnis der für den Strahlenschutz notwendigen Begriffe und Maßnahmen sowie auf administrative Aufgaben und Pflichten (Fachkunde-Richtlinie Technik RöV). Aufgrund der großen inhaltlichen Überlappung und aufgrund der geringen Anzahl an Anzeigen werden dabei die administrativen Pflichten, die im Zusammenhang mit der Entsendung von Personal stehen (z. B. das Führen des Strahlenpasses), im selben Kursmodul vermittelt (Modul FA) wie beim Erwerb der Fachkunde für eine §-25-Genehmigung. Besondere Anforderungen an den Berufsabschluss werden nicht gestellt und ein Nachweis der praktischen Erfahrung ist für diese Fachkundegruppe entbehrlich (Fachkunde-Richtlinie Technik RöV).

Abs. 2 Nr. 2 verlangt den Nachweis, dass die beim Betrieb der Röntgeneinrich- **15** tung sonst tätigen Personen **das notwendige Wissen und die notwendigen Fertigkeiten** im Hinblick auf die mögliche Strahlengefährdung und die anzuwendenden Schutzmaßnahmen besitzen. Analog zu § 25 erfolgt auch hier die Vermittlung des notwendigen Wissens und der notwendigen Fertigkeiten durch eine Unterweisung nach § 63 StrlSchV, die sich inhaltlich mit den wesentlichen Inhalten der Anzeige auseinandersetzen muss. Besondere Bedeutung kommt dabei neben dem Führen des Strahlenpasses vor allem den Regelungen zur Personendosimetrie sowie zum Schutz des ungeborenen Lebens zu. Keinesfalls kann diese Unterweisung eine ortsspezifische Unterweisung vor Ort ersetzen, in der im Hinblick auf die mögliche Strahlengefährdung alle notwendigen Informationen (siehe § 63 StrlSchV) behandelt werden müssen. Darüber hinaus ist gemäß § 98 StrlSchV eine Einweisung erforderlich.

Abs. 2 Nr. 3 schließlich verlangt den Nachweis, dass die im Zusammenhang mit **16** dem Betrieb der fremden Röntgeneinrichtung oder des fremden Störstrahlers beschäftigten Personen den **Anordnungen der dortigen SSV und SSB Folge zu leisten haben,** die diese in Erfüllung ihrer strahlenschutzrechtlichen Pflichten treffen. Diese Anforderung entspricht weitgehend dem Wortlaut des § 25 Abs. 3 S. 1 Nr. 2. Bei § 26 fehlt jedoch die Verweisung auf Anlage 2 Teil E, die § 25 Abs. 2 ausspricht; insofern gilt die Anforderung in Anlage 2 Teil E Nr. 3 nicht, wonach Angaben zur Aufgabenverteilung zwischen dem entsendenden SSV und dem Anlagen-SSV, etwa durch Vorlage des Entwurfs eines Abgrenzungsvertrages, zu machen sind. Der SSV, der die Anzeige nach Abs. 1 S. 1 erstattet, hat hier also einen **weiten Spielraum.** Er kann zum Nachweis des Umstandes, dass sein Personal den Weisungen des Anlagen-SSV bzw. -SSB zu folgen hat, auch auf Regelungen in seiner Strahlenschutzanweisung verweisen; das kommt ebenso in Betracht wie die Vorlage von Musterverträgen oder von Entwürfen zu Abgrenzungsverträgen (BT-Drs. 18/11241, S. 271).

Damit sind die Nachweisanforderungen **abschließend geregelt.** Nachweise **17** mit Bezug auf die für eine sichere Ausführung der Tätigkeit notwendige **Anzahl von SSB** (vgl. § 25 Abs. 3 S. 1 Nr. 1 iVm § 13 Abs. 1 Nr. 3) und auf das Vorhandensein von **Ausrüstungen und Maßnahmen** zur Einhaltung der Schutzvorschriften (vgl. § 25 Abs. 3 S. 1 Nr. 1 iVm § 13 Abs. 1 Nr. 6 lit. a) werden von Abs. 2 **nicht verlangt.** Diese reduzierten Anforderungen sind offensichtlich durch die schon für die Einführung des Anzeige- statt des Genehmigungstatbestandes maßgebliche Überlegung des Gesetzgebers (→ Rn. 2) motiviert, dass das Tätigwerden im Zusammenhang mit dem Betrieb von Röntgeneinrichtungen und Störstrahlern im Regelfall eine geringere Gefährlichkeit aufweist. Bedenken gegen die Zuverlässigkeit des SSV bzw. der SSB können nach Abs. 3 Nr. 2 zur Untersagung führen (→ Rn. 19).

F. Untersagung der Tätigkeit (Abs. 3)

18   Die Befugnis der Behörde, die anzeigepflichtige Tätigkeit zu **untersagen,** ist in der Systematik der Anzeige das notwendige Gegenstück zu der Vereinfachung, die durch den Verzicht auf ein Genehmigungserfordernis und damit auf einen vorlaufenden gestattenden VA für den Anzeigeerstatter eintritt.

19   Nach Abs. 3 kann die zuständige Behörde Tätigkeiten nach Abs. 1 S. 1 aus zwei Gründen untersagen. Nach Abs. 3 Nr. 1 besteht diese Befugnis, wenn die in Absatz 2 aufgeführten **Anforderungen nicht oder nicht mehr erfüllt sind.** Indem die Bezugnahme auch Abs. 2 Nr. 3 (Weisungsbefugnis des SSV oder SSB der fremden Einrichtung) umfasst, geht sie weiter als die bisherige Regelung in § 7 Abs. 2 RöV (BT-Drs. 18/11241, S. 271). Vom Sinn und Zweck her ermächtigt Abs. 1 S. 1 auch dann zu einer (vorläufigen) Untersagung, wenn entgegen Abs. 1 S. 1 **keine Anzeige** erstattet wurde oder wenn die **vorgelegten Unterlagen lückenhaft** sind und die in Abs. 2 vorgeschriebenen Inhalte nicht abdecken. In diesen Fällen besteht die Befugnis selbst dann, wenn die Anforderungen tatsächlich erfüllt sind; es obliegt dann dem SSV, die Anzeige nachzuholen oder die Unterlagen zu ergänzen, woraufhin die Behörde die Untersagungsverfügung wieder aufheben wird. Nach Abs. 1 Nr. 2 kann die Behörde die Tätigkeit außerdem untersagen, wenn Tatsachen vorliegen, aus denen sich **Bedenken gegen die Zuverlässigkeit des SSV oder des SSB** ergeben.

20   Darüber hinaus besteht die **allgemeine Anordnungsbefugnis** der Behörde nach § 179 Abs. 1 Nr. 2 StrlSchG iVm § 19 Abs. 3 AtG. Nach dieser allgemeinen Befugnis statt auf der Grundlage von Abs. 3 kann eine (vorläufige) Untersagung etwa dann gerechtfertigt sein, wenn die Tätigkeit aus Gründen, die in Abs. 3 nicht genannt sind, einen Zustand herbeiführt, aus dem sich Gefahren ergeben können.

G. Strahlenpass

21   § 68 Abs. 1 StrlSchV bestimmt, dass im Grundsatz der SSV u. a. einer Anzeige nach § 26 Abs. 1 dafür zu sorgen hat, dass die unter seiner Aufsicht stehenden Personen in fremden Strahlenschutzbereichen nur beschäftigt werden, wenn jede einzelne beruflich exponierte Person im Besitz eines vollständig geführten und bei der zuständigen Behörde registrierten **Strahlenpasses** ist; das gilt (nach S. 2 der Norm) nicht für Strahlenschutzbereiche, in denen auf die Ermittlung der Körperdosis verzichtet werden kann. Wenn ein SSV selbst in fremden Strahlenschutzbereichen tätig wird, gelten diese Regelungen entsprechend. Für Einzelheiten kann auf die Kommentierung zu § 25 verwiesen werden (→ § 25 Rn. 48 ff.).

H. Zuwiderhandlungen

22   Wer eine erforderliche Anzeige nach § 26 nicht, nicht richtig, nicht vollständig, nicht in der vorgeschriebenen Weise oder nicht rechtzeitig erstattet, handelt **ordnungswidrig** (§ 194 Abs. 1 Nr. 3).

Abschnitt 4 – Beförderung radioaktiver Stoffe; grenzüberschreitende Verbringung

§ 27 Genehmigungsbedürftige Beförderung sonstiger radioaktiver Stoffe

(1) [1]Wer sonstige radioaktive Stoffe befördert, bedarf der Genehmigung. [2]Die Genehmigung kann dem Absender oder Beförderer im Sinne der Vorschriften über die Beförderung gefährlicher Güter, dem Abgebenden oder demjenigen erteilt werden, der es übernimmt, die Versendung oder Beförderung zu besorgen. [3]Sie ist für den einzelnen Beförderungsvorgang zu erteilen; sie kann jedoch einem Antragsteller allgemein für längstens drei Jahre für eine Vielzahl von Beförderungen erteilt werden. [4]Die Genehmigung erstreckt sich auch auf die Teilstrecken eines Beförderungsvorgangs, der nicht auf öffentlichen oder der Öffentlichkeit zugänglichen Verkehrswegen stattfindet, soweit für diese Teilstrecken keine Genehmigung für den Umgang mit radioaktiven Stoffen vorliegt.

(2) Eine Genehmigung nach Absatz 1 ist nicht erforderlich, soweit eine Genehmigung nach § 4 Absatz 1 des Atomgesetzes vorliegt, die sich gemäß § 10a Absatz 3 des Atomgesetzes auf eine genehmigungsbedürftige Beförderung sonstiger radioaktiver Stoffe nach Absatz 1 erstreckt.

(3) [1]Bei der Beförderung ist eine Ausfertigung oder eine amtlich beglaubigte Abschrift des Genehmigungsbescheides mitzuführen. [2]Die Ausfertigung oder Abschrift des Genehmigungsbescheides ist der für die Aufsicht zuständigen Behörde oder den von ihr Beauftragten auf Verlangen vorzuzeigen.

(4) Die Bestimmungen des Genehmigungsbescheides sind bei der Ausführung der Beförderung auch vom Beförderer, der nicht selbst Inhaber der Genehmigung ist, zu beachten.

(5) Die für die jeweiligen Verkehrsträger geltenden Rechtsvorschriften über die Beförderung gefährlicher Güter bleiben unberührt.

Übersicht

Schrifttum: *Brand/Kosbadt,* Radioaktive Stoffe, 2011; *Huck,* Das Who is Who der Begriffe, Gefährliche Ladung, 1991, 433; *ders.,* Haftung und Deckung beim Transport radioaktiver Stoffe unter besonderer Berücksichtigung des atomrechtlichen Genehmigungsverfahrens, TranspR 1994, 129; *ders.,* Transport radioaktiver Stoffe, 1992; *Posser,* Rechtsfragen des Transports abgebrannter Brennelemente, DVBl. 2001 609; *Schwarz,* Beförderung radioaktiver Stoffe: Rechtsvorschriften, Sicherheits- und Sicherungskonzept, atw 2012, 476; *Sellner/Hennenhöfer* Atom- und Strahlenschutzrecht in Rehbinder/Schink, Grundzüge des Umweltrechts, 5. Auflage 2018. Siehe auch die Literatur zu § 29.

A. Zweck und Bedeutung der Norm

1   § 27 Abs. 1 regelt einen **Genehmigungsvorbehalt** für die Beförderung sonstiger radioaktiver Stoffe. Bereits die 1. SSVO vom 24.6.1960 bestimmte eine Genehmigungspflicht für die Beförderung sonstiger radioaktiver Stoffe. Der damalige Verordnungsgeber sah sich auf Grund der Größe der Gefahren, die durch die Beförderung radioaktiver Stoffe verursacht werden kann, und unter Berücksichtigung des im Art. 3 RL 59/221/Euratom vom 2.2.1959 (Abl. EG 1959 L11/221) verankerten Grundsatzes der regulatorischen Kontrolle der unter die Richtlinie fallenden Tätigkeiten, wozu nach deren Art. 2 auch die Beförderung gehört, veranlasst, eine Genehmigungspflicht vorzusehen (BR-Drs. 121/60, 22). Diese Erwägungen gelten weiterhin. Auch die **RL 2013/59/Euratom** vom 5.12.2013 (Abl. EU 2014 L 13/1) verlangt von den Mitgliedstaaten für die in ihren Anwendungsbereich fallende Tätigkeiten, zu denen nach Art. 2 Abs. 2 lit. a nach wie vor die Beförderung zählt, die Gewährleistung einer regulatorischen Kontrolle im Wege der Anmeldung, der Zulassung und geeigneter Inspektionen in Abhängigkeit von der Höhe und der Wahrscheinlichkeit möglicher Expositionen infolge der Tätigkeit und abhängig von den Auswirkungen der regulatorischen Kontrolle. Indem der Gesetzgeber die Beförderung radioaktiver Stoffe einer grundsätzlichen Genehmigungspflicht (Ausnahmen in → § 28) unterworfen hat, ist eine **regulatorische Vorab-Kontrolle** mit dem Genehmigungsverfahren sichergestellt. Zu diesem Zweck enthält § 27 ein **präventives Verbot mit Erlaubnisvorbehalt.**

B. Bisherige Regelungen

2   Die Vorschrift führt inhaltlich § 16 StrlSchV 2001 fort. Der Anwendungsbereich hat sich im Vergleich zur alten Fassung nicht geändert (BT-Drs. 18/11241, 272).

C. Genehmigungsgegenstand

3   Der Genehmigungsvorbehalt bezieht sich sowohl auf die Beförderung sonstiger radioaktiver Stoffe iSd § 3 Abs. 1 S. 1 als auch auf Kernbrennstoffe, die auf Grund der Mengenregel des § 3 Abs. 3 S. 1 als sonstige radioaktive Stoffe gelten (→ § 3 Rn. 21). Mit dem **1. ÄndG vom 20.5.2021** (BGBl. I 1194) hat der Gesetzgeber die amtliche Überschrift sprachlich durch die Ergänzung der Worte **„sonstiger ra-**

dioaktiver Stoffe" an die ebenfalls durch das 1. ÄndG in § 5 Abs. 6 a (→ § 5 Rn. 8)
eingeführte Definition der Beförderung sonstiger radioaktiver Stoffe angepasst (BT-
Drs. 19/26943, 429).

I. Mögliche Genehmigungsadressaten (Abs. 1 S. 2)

Nach Abs. 1 S. 2 kann Inhaber der **Beförderungsgenehmigung** der Absender, 4
der Beförderer, der Abgebende sowie derjenige sein, der es übernimmt, die Versendung oder Beförderung zu besorgen. Nur diese Personen sind damit antragsbefugt.
In Anlehnung an den atomrechtlichen Genehmigungstatbestand des § 4 Abs. 1 AtG
sah bereits § 8 Abs. 3 der StrlSchV 1976 vor, dass nur der Absender, der Beförderer
oder derjenige, der die Versendung oder Beförderung besorgt, als Inhaber einer Beförderungsgenehmigung in Betracht kommt (vgl. BR-Drs. 375/76, Begründung
23); wobei § 4 AtG eine Genehmigungserteilung an den Beförderer, wiederum in
Angleichung an die international vereinheitlichten gefahrgutrechtlichen Vorschriften, ausschloss (BT-Drs. 5/4071, 5). Erst die Verordnung zur Änderung strahlenschutzrechtlicher Verordnungen vom 4.10.2011 (BGBl. I 2000 (2002)) erweiterte
§ 16 StrlSchV 2001 um den Abgebenden.

Absender. Der Begriff des Absenders ist iSd Vorschriften des Gefahrgutrechts zu 5
verstehen (BR-Drs. 266/11, 125). Nach der daher heranzuziehenden Definition des
**§ 2 Nr. 1 S. 1 und S. 2 der Gefahrgutverordnung Straße, Eisenbahn und Bin-
nenschifffahrt (GGVSEB)** idF der Bekanntmachung vom 26.3.2021 (BGBl. I
481) (→ Rn. 16) ist der Absender „das Unternehmen, das selbst oder für einen Dritten gefährliche Güter versendet. Erfolgt die Beförderung auf Grund eines Beförde-
rungsvertrages, gilt als Absender der Absender nach diesem Vertrag". Wortgleich ist
der Begriff des Absenders in den internationalen Übereinkommen über die Beförderung gefährlicher Güter auf der Straße, im Eisenbahnverkehr und auf Binnengewässern definiert (vgl. Begriffsbestimmung „Absender" in Abschnitt 1.2.1 ADR/
RID/ADN (→ Rn. 16). Die Begrifflichkeiten des Gefahrgutrechts stimmen wiederum mit denen des Handelsrechts überein (*Posser,* Rechtsfragen des Transports abgebrannter Brennelemente, DVBl. 2001 609 (613); *Thienel* in Frenz § 4 AtG Rn. 4
für § 4 AtG). Mit einem Unternehmen, das „für einen Dritten gefährliche Güter
versendet", ist daher der **Spediteur** iSd §§ 453ff HGB gemeint. Sein Auftraggeber
wird als **Versender** bezeichnet (vgl. § 453 Abs. 2 HGB). Der Spediteur befördert die
radioaktiven Stoffe nicht selbst, sondern hat deren Versendung zu organisieren,
§ 454 HGB. Dazu schließt der Spediteur regelmäßig einen Beförderungsvertrag mit
einem Beförderer. Handelsrechtlich wird dieser Beförderungsvertrag als Frachtvertrag bezeichnet, der **Beförderer** als Frachtführer. Die Beförderung des Gutes zum
Bestimmungsort und die Ablieferung an den Empfänger ist dann Aufgabe des
Frachtführers, § 407 Abs. 1 HGB. Alternativ steht es dem Spediteur frei, im Wege
des Selbsteintritts nach § 458 HGB die Beförderung selbst auszuführen. Auch in diesem Fall ist der Spediteur Absender des Gutes. Beauftragt der Besitzer der radioaktiven Stoffe einen Frachtführer unmittelbar mit der Beförderung, ohne dass ein Spediteur zwischengeschaltet ist, handelt er als Absender (*Huck,* Transport radioaktiver
Stoffe, 1992, S. 119). Gleiches gilt, wenn er die Beförderung durch eigenes Personal
selbst durchführt (*Brand/Kosbadt,* Radioaktive Stoffe, 2011, S. 26). Im Seehandels-
recht (§§ 476ff HGB) wird demgegenüber ein Seefrachtvertrag vom Befrachter mit
dem Verfrachter geschlossen. Dabei entspricht der Befrachter dem Absender und
der Verfrachter dem Frachtführer des allgemeinen Frachtrechts (*Huck,* Das Who is
Who der Begriffe, Gefährliche Ladung, 1991, 433 (435)).

6   **Beförderer.** Als Beförderer im Sinne der Vorschriften über die Beförderung gefährlicher Güter ist unter Heranziehung der entsprechenden Begriffsbestimmung in Abschnitt 1.2.1 ADR/RID/ADN (→ Rn. 16) das Unternehmen, das die Beförderung mit oder ohne Beförderungsvertrag durchführt, zu verstehen. Nach § 2 Abs. 1 Nr. 3 GGVSee (→ Rn. 16) ist Beförderer, wer auf Grund eines Seefrachtvertrages als Verfrachter die Ortsveränderung gefährlicher Güter mit einem ihm gehörenden oder ganz oder teilweise gecharterten Seeschiff durchführt. Beförderer ist also stets derjenige, der den Vorgang der Ortsveränderung durch die hierfür erforderlichen Beförderungsmittel und durch Einsetzung des hierzu notwendigen Personals vornimmt (*Brand/Kosbadt*, Radioaktive Stoffe, 2011, S. 25).

7   **Abgebender** ist derjenige, der nach § 94 StrlSchV radioaktive Stoffe abgibt und sie zur Beförderung bereitstellt (vgl. BR-Drs. 266/11, 124). Für diese Alternative besteht dann ein Anwendungsbereich, wenn der Abgebende nicht bereits als Absender handelt.

8   **Derjenige, der es übernimmt, die Versendung oder Beförderung zu besorgen.** Neben den in den Alt. 1–3 bezeichneten potentiellen Genehmigungsempfängern hat die 4. Alt. keine erkennbare Bedeutung mehr (vgl. auch *Thienel* in Frenz § 4 Rn. 4 für § 4 AtG). „Derjenige, der es übernimmt, die Versendung oder Beförderung zu besorgen" ist als Spediteur iSd §§ 453 ff HGB bereits regelmäßig Absender iSd 1. Alt. Die ältere Literatur sah teilweise den im handelsrechtlichen Sinn als Absender bezeichneten Spediteur von dieser Alternative umfasst und folgerte daraus, dass die Begrifflichkeiten des Atom- und Strahlenschutzrechts anders als diejenigen des Gefahrgut- und Handelsrechts seien auszufüllen seien (*Huck*, Transport radioaktiver Stoffe, 1992, S. 118; BHR EnergieR I Rn. 1174). Auf Grund der ausdrücklichen Bezugnahme auf die Vorschriften des Gefahrgutrechts hinsichtlich des Absenders und des Beförderers bereits in § 16 Abs. 1 S. 2 StrlSchV 2001 durch die Änderungsverordnung vom 4.10.2011 (BGBl. I 2000 (2002)) kann dem nicht gefolgt werden.

II. Reichweite der Genehmigung: Einzelgenehmigungen und Allgemeingenehmigungen (Abs. 1 S. 3)

9   Das StrlSchG geht in Abs. 1 S. 3 Hs. 1 von dem Grundsatz aus, dass jeder Beförderungsvorgang einer Genehmigung bedarf. Gerade in Fällen gleichartiger Beförderungsvorgänge widerspricht eine solche Vorgehensweise den Anforderungen der Praxis, wenn einem Antragsteller hierfür eine Vielzahl gleichartiger Genehmigungen erteilt werden müsste. Nach Abs. 1 S. 3 kann die Genehmigung daher auch mit einer Gültigkeitsdauer von **bis zu drei Jahren** und für eine **Vielzahl von Beförderungen** erteilt werden. Bereits die 1. SSVO vom 24.6.1960 sah in § 4 Abs. 1 vor, dass eine Genehmigung einem Antragsteller „auf jeweils längstens drei Jahre für jede Art oder für bestimmte Arten der Beförderung erteilt werden kann". Diese Erleichterung sah der Verordnungsgeber auf Grund der oftmals zu befördernden geringen Mengen und der dabei weniger streng anzulegenden Maßstäbe im Vergleich zur Genehmigung der Beförderungen von Kernbrennstoffen nach dem Atomgesetz, das in seiner damaligen Fassung grds. nur Einzelgenehmigungen erlaubte, als gerechtfertigt an (BR-Drs. 121/60, 22). Nachdem die **Befristung** zwischenzeitlich als entbehrlich angesehen wurde (BR-Dr. 228/65, 3) und deshalb in der Neufassung der 1. SSVO vom 15.10.1965 entfiel (BGBl. I 1653 (1656)), sah die StrlSchV vom 13.10.1976 (BGBl. I 2905 (2909)) wieder die Erteilung einer für bis zu drei Jahre gültigen Allgemeingenehmigung vor, um der Genehmigungsbehörde die erneute Prüfung des Vorliegens der Genehmigungsvoraussetzungen zu ermöglichen (BR-Drs. 375/76, Begründung 23). Diese Befristung wurde auch vom StrlSchG aufgegriffen. Der Gesetzgeber lässt damit weite Gestaltungsmöglichkeiten der Genehmigung zu. Eine solche allgemeine Genehmigung kann daher z. B. verschiedene Empfänger, je nach Verkehrsträger unterschiedliche Beförderungsmittel und mehrere Beförderungsstrecken vorsehen. Der Nachweis der Genehmigungsvoraussetzungen muss aber alle zu genehmigenden Beförderungsvorgänge abdecken. Zudem bildet auch die Zuständigkeit der Genehmigungsbehörde die Grenze des Genehmigungsrahmens (→ Rn. 18).

III. Räumlicher Geltungsbereich der Genehmigung (§ 5 Abs. 6 a und Abs. 1 S. 4)

Das Genehmigungserfordernis besteht für eine **Beförderung auf öffentlichen** 10 **oder der Öffentlichkeit zugänglichen Verkehrswegen.** Durch das 1. ÄndG vom 20. 5. 2021 (BGBl. I 1194) wurde die so vorgenommene sachliche Bestimmung der Reichweite der Genehmigungsbedürftigkeit aus § 27 herausgelöst und in eine Definition der Beförderung in § 5 Abs. 6 a (→ § 5 Rn. 8) überführt. Als Beförderung ist jeder Vorgang einer Ortsveränderung zu verstehen, unabhängig davon, mit welchem Beförderungsmittel dieser durchgeführt wird (BHR EnergieR I Rn. 1172). Als Verkehrswege kommen solche des Straßen-, des Eisenbahn-, des Binnenschifffahrts-, des See- und des Luftverkehrs in Betracht (*Huck,* Transport radioaktiver Stoffe, 1992, 111; *Kramer/Zerlett,* § 8 Anm. 3). Verkehrswege werden vielfach erst durch Widmung zu **öffentlicher Verkehrsweg** zu einem solchen. So sehen sowohl das Bundesfernstraßengesetz als auch die landesrechtlichen Straßengesetze regelmäßig eine durch den Träger der Straßenbaulast auszusprechende Widmung für den öffentlichen Verkehr als Voraussetzung dafür vor, dass eine Straße die Eigenschaft einer öffentlichen Straße erhält. Soweit **Verkehrswege lediglich faktisch für die Öffentlichkeit zugänglich** sind, bedarf eine Beförderung auf ihnen ebenfalls einer Genehmigung. So besteht auch für eine Beförderung, die ausschließlich auf einer Privatstraße durchgeführt werden soll, eine Genehmigungspflicht, wenn die Straße für jedermann zugänglich ist (BHR EnergieR I Rn. 1206; *Kramer/Zerlett,* § 8 Anm. 5).

Mit dem 1. ÄndG vom 20. 5. 2021 (BGBl. I 1194) erfolgte eine weitgehende 11 Anpassung des strahlenschutzrechtlichen Begriffes der Beförderung an denjenigen des Gefahrgutrechts. Wie nach § 2 Abs. 2 GBefG (BGBl. 1975 I 2121 (2121)) umfasst die in § 5 Abs. 6 a (→ § 5 Rn. 8) definierte Beförderung auch **Aufenthalte** für den Wechsel der Beförderungsart, des Beförderungsmittels oder sonstige **transportbedingte Aufenthalte.** Dabei dürften zeitweilige Aufenthalte eine Dauer von regelmäßig 24 Stunden nicht überschreiten (BT-Drs. 19/26943, 37). In begründeten Einzelfällen kann ein zeitweiliger Aufenthalt auch bei einem länger als 24 Stunden dauernden Aufenthalt angenommen werden (BT-Drs. 19/26943, 37). Diese Zeitdauer wird in Abgrenzung zur Lagerung auch im Gefahrgutrecht zugrunde gelegt (vgl. OVG NRW UPR 2006 115 (119) mit der Heranziehung des § 3 Abs. 4 Gefahrstoffverordnung idF vom 23. 12. 2004 (BGBl. I 3758 (3761)) als Orientierungsgröße). Der zeitweilige Aufenthalt selbst muss nicht zwangsläufig auf einem öffentlichen Verkehrsweg oder einem öffentlich zugänglichen Verkehrsweg erfolgen, sondern kann auch auf einem abgeschlossenen und für die Öffentlichkeit nicht zugänglichen Gelände erfolgen, was bspw. regelmäßig bei einem **Umschlag** (z. B. in einem Hafen oder auf einem Flughafen) der Fall ist (→ Rn. 13). Auch Tätigkeiten wie das **Be- und Entladen** des Beförderungsmittels, das Anbringen oder das Entfernen der Ladungssicherung oder das händische Transportieren der sonstigen radioaktiven Stoffe durch den Fahrzeugführer oder durch Begleitpersonen sind grundsätzlich Teil des Beförderungsvorgangs (BT-Drs. 19/26943, 37). Anders als nach § 2 Abs. 2 GBefG ist das **Verpacken** und das **Auspacken** der radioaktiven Stoffe nicht von der Beförderung umfasst (BT-Drs. 19/26943, 37; **aA** *Kramer/Zerlett,* § 8 Anm. 1). Diese Tätigkeiten bedürfen als Umgang iSd § 5 Abs. 39 (→ § 5 Rn. 46) einer Genehmigung nach § 12 Abs. 1 Nr. 3 (→ § 12 Rn. 58).

12   **Keine** Beförderung radioaktiver Stoffe liegt bei einer Ortsveränderung vor, die **ausschließlich auf nicht öffentlichen oder nicht der Öffentlichkeit zugänglichen Wegen,** z. B. innerhalb eines abgeschlossenen Betriebsgeländes, stattfindet (BT-Drs. 19/26943, 37). Solche Ortsveränderungen bedürfen einer Umgangsgenehmigung nach § 12 Abs. 1 Nr. 3 (→ § 12 Rn. 58) oder sind im Falle einer Erstreckung nach § 10a Abs. 2 AtG von Zulassungen nach den §§ 6, 7, 9,9b AtG umfasst (vgl. BT-Drs. 19/26943, 37).

13   Abs. 1 S. 4 bestimmt, dass sich eine Beförderungsgenehmigung **auf nicht öffentliche oder nicht öffentlich zugängliche Teilstrecken erstreckt.** Die sich aus der Beförderungsgenehmigung ergebenden Anforderungen gelten dann auch innerhalb des für die Öffentlichkeit nicht zugänglichen Geländes (BR-Drs. 207/1/01, 13). Mit dieser bereits in § 16 Abs. 1 S. 4 StrlSchV 2001 vorgesehenen Erstreckung sollte eine Annäherung an das Gefahrgutrecht vorgenommen werden, nach dem die Beförderung auch den Vorgang der Übernahme und der Ablieferung umfasst (BR-Drs. 207/1/01, 13). Die Erstreckung greift aber nur für Bereiche, für die keine strahlenschutzrechtliche oder atomrechtliche Genehmigung vorliegt, die den Umgang mit sonstigen radioaktiven Stoffen gestattet (vgl. BT-Drs. 19/26943, 37).

IV. Erstreckung atomrechtlicher Beförderungsgenehmigungen nach § 10a Abs. 3 AtG (Abs. 2)

14   Eine Genehmigung zur Beförderung sonstiger radioaktiver Stoffe ist nicht erforderlich, sofern eine Genehmigung zur Beförderung von Kernbrennstoffen iSv § 2 Abs. 1 S. 2 AtG nach § 4 AtG erteilt wurde, die sich nach § 10a Abs. 3 AtG auf die Beförderung sonstiger radioaktiver Stoffe **erstreckt.** Die Möglichkeit der Erstreckung dient der Vermeidung von Doppelzuständigkeiten und –verfahren und damit der Verwaltungsvereinfachung (*Brandmaier* in HMPS AtG/PÜ § 10a AtG Rn. 1; BHR EnergieR I Rn. 1207). Eine Erstreckung der atomrechtlichen Beförderungsgenehmigung auf die Beförderung von sonstigen radioaktiven Stoffen ist nach § 10a Abs. 3 AtG allerdings nur möglich wenn es sich um **denselben Beförderungsvorgang** handelt. Dies setzt voraus, dass die Kernbrennstoffe und die sonstigen radioaktiven Stoffe in einem Beförderungsmittel oder zumindest in im Verbund stehenden Beförderungsmitteln befördert werden (*Brandmaier* in HMPS AtG/PÜ § 10a AtG Rn. 7).

V. Mitführungs- und Ausweispflichten (Abs. 3)

15   Bei der Beförderung ist eine Ausfertigung oder eine amtlich beglaubigte Abschrift des Genehmigungsbescheides mitzuführen und auf Verlangen vorzuzeigen. Dadurch soll sichergestellt werden, dass die für die Kontrollen zuständigen Stellen sofort nachprüfen können, ob die Beförderung genehmigt ist und entsprechend der Genehmigung durchgeführt wird (vgl. BT-Drs. 3/759, 45). Da die Genehmi-

gung für mehrere Beförderungsvorgänge erteilt werden kann, muss diese Pflicht auch durch Mitführen und Vorzeigen einer Ausfertigung oder einer amtlich beglaubigten Abschrift der Urschrift (dem schriftlichen Original mit Unterschrift) erfüllt werden können (vgl. BT-Drs. 4/966, 3). Die **Ausfertigung** tritt als Zweitschrift der Urschrift an deren Stelle (*Danker* in FKS § 2 VwZG Rn. 4). Sie ist mit dem Dienstsiegel und einem vom Urkundsbeamten der Behörde unterzeichneten Ausfertigungsvermerk zu versehen. Übersendet die Behörde statt oder neben einer Ausfertigung dem Antragsteller die **Urschrift** des Bescheides, kann auch diese statt einer Ausfertigung mitgeführt und vorgelegt werden. Die **amtlich beglaubigte Abschrift** der schriftlichen Urschrift oder einer Ausfertigung hat den Anforderungen des § 33 VwVfG zu entsprechen. Die Befugnis zur Ausstellung von amtlich beglaubigten Abschriften steht nach § 33 Abs. 1 Satz 1 VwVfG der Genehmigungsbehörde als die die Urkunde ausstellende Stelle zu. Die Befugnis zur amtlichen Beglaubigung sog. Fremdurkunden ergibt sich für Bundesbehörden aus der Beglaubigungsverordnung vom 13.3.2003 (BGBl. I 361). Die Befugnis für Landesbehörden ergibt sich aus dem jeweiligen Landesrecht (Überblick bei *Kallerhoff/ Stamm* in SBS VwVfG § 33 Rn. 40). Im Gegensatz zu § 4 Abs. 5 S. 1 AtG bedarf es **keiner öffentlich beglaubigten Abschrift,** diese kann aber eine amtlich beglaubigte Abschrift ersetzen (*Mattes* in MSU VwVfG § 33 Rn. 18; *Ritgen* in Knack/ Henneke VwVfG Vorb. zu § 33 Rn. 9).

VI. Rechtsvorschriften über die Beförderung gefährlicher Güter (Abs. 5)

Durch Abs. 5 wird klargestellt, dass die für die jeweiligen Verkehrsträger geltenden Rechtsvorschriften über die Beförderung gefährlicher Güter zu beachten sind. Im deutschen Recht ergeben sich diese aus der **Verordnung über die innerstaatliche und grenzüberschreitende Beförderung gefährlicher Güter auf der Straße, mit Eisenbahnen und auf Binnengewässern (GGVSEB)** idF vom 26.3.2021 (BGBl. I 481) und der **Verordnung über die Beförderung gefährlicher Güter mit Seeschiffen (GGVSee)** idF vom 21.10.2019 (BGBl. I 1475), die auf Grundlage des **Gesetzes über die Beförderung gefährlicher Güter (GGBefG)** vom 6.8.1975 (BGBl. I 2121) erlassen worden sind. In diesen Verordnungen werden verkehrsträgerspezifische internationale Übereinkommen für anwendbar erklärt.

Diese Übereinkommen regeln detailliert die Anforderungen für die Beförderung gefährlicher Güter. Für die Beförderung radioaktiver Stoffe im Straßenverkehr sind dies die **Anlagen A und B zu dem Übereinkommen vom 30. September 1957 über die internationale Beförderung gefährlicher Güter auf der Straße** (Agreement concerning the International Carriage of Dangerous Goods by Road – **ADR**) idF der Bekanntmachung der Neufassung der Anlagen A und B vom 4.7.2019 (BGBl. II 756; Anlagen als Anlageband zum BGBl. Nr. 14 v. 19.7.2019); bis 31.12.2020 noch Europäisches Übereinkommen vom 30. September 1957 über die internationale Beförderung gefährlicher Güter auf der Straße. Bei der Beförderung im Eisenbahnverkehr sind die Vorschriften der **Anlage der Ordnung über die internationale Eisenbahnbeförderung gefährlicher Güter** (Règlement concernant le transport international ferroviaire de marchandises Dangereuses – **RID) – Anhang C des Übereinkommens über den internationalen Eisenbahnverkehr** (Convention relative aux transport internationaux ferroviaires – **COTIF**) vom 9.5.1980 idF der Bekanntmachung der Neufassung vom

16

16.5.2008 (BGBl. II 475, 899; Anlage als Anlageband zum BGBl. Nr. 12 v. 5.6.2008) maßgebend. In der Binnenschifffahrt sind die Vorschriften der **Anlage des Europäischen Übereinkommens über die internationale Beförderung gefährlicher Güter auf Binnenwasserstraßen** (Accord européen relatif au transport international des marchandises dangereuses par voie de navigation intérieure – **ADN**) vom 26.5.2000 (BGBl. 2007 II 1906, 1908; Anlage als Anlageband zum BGBl. II Nr. 38 v. 30.11.2007) das maßgebliche Regelwerk. Bei der Beförderung radioaktiver Stoffe mit Seeschiffen ist der **Internationale Code für die Beförderung gefährlicher Güter mit Seeschiffen** (International Maritime Dangerous Goods Code – **IMDG-Code**), in der Fassung des Amendment 40−20, in amtlicher deutscher Übersetzung bekannt gegeben am 16.11.2020 (VkBl. 2020, 781), der Internationalen Seeschifffahrts-Organisation (International Maritime Organization – **IMO**) zu beachten. Eine Verordnung, die die im Luftverkehr maßgebenden **Technischen Anweisungen für die sichere Beförderung gefährlicher Güter im Luftverkehr** (Technical Instructions for the Safe Transport of Dangerous Goods by Air – **ICAO-TI**) der Internationalen Zivilluftfahrtorganisation (International Civil Aviation Organization – **ICAO**) für anwendbar erklärt, besteht nicht. Eine Bezugnahme erfolgt vielmehr im Genehmigungsbescheid (→ § 29 Rn. 21).

D. Zuständigkeit

I. Sachliche Zuständigkeit

17   Über Anträge auf Genehmigungserteilung zu entscheiden, liegt nach § 184 Abs. 2 (→ § 184 Rn. 12) in der **Zuständigkeit der Länder,** die diese Aufgabe im Wege der Bundesauftragsverwaltung wahrnehmen. Innerhalb der Landesverwaltungen ist die Zuständigkeit idR auf Landesoberbehörden oder auf Mittelbehörden übertragen (zu den Zuständigkeitsregelungen der Länder siehe *Mann,* Atomrecht und Strahlenschutz, S. 952 ff). Abweichend davon ist durch § 190 S. 1 (→ § 190 Rn. 4) iVm § 24 Abs. 1 S. 2 AtG dem **Eisenbahn-Bundesamt** die Zuständigkeit für Genehmigungen zur Beförderung sonstiger radioaktiver Stoffe im Schienen- und Schiffsverkehr der Eisenbahnen zugewiesen, wovon die Beförderung mit nicht bundeseigenen Eisenbahnen im eigenen Schienennetz allerdings ausgenommen ist. Ausschließlich zuständig für die Genehmigung der Beförderung von Großquellen, und damit auch im Eisenbahnverkehr, ist nach §§ 186 Abs. 1 S. 1, 190 S. 2 das **Bundesamt für die Sicherheit der nuklearen Entsorgung** (→ § 186 Rn. 3).

II. Örtliche Zuständigkeit

18   Die örtliche Zuständigkeit bestimmt sich nach § 3 Abs. 1 Nr. 2 VwVfG, wonach der **Ort der tatsächlichen Ausübung der Tätigkeit** den für die örtliche Zuständigkeit maßgeblichen Anknüpfungspunkt bildet (*Ramsauer* in Kopp/Ramsauer VwVfG § 3 Rn. 22). Zuständig ist damit die Behörde, in deren Bezirk die Beförderung stattfindet (OVG Berlin-Brandenburg, Beschl. v. 15.8.2008 – OVG 1 N 22.01). Der nach § 3 Abs. 1 Nr. 3 lit. b VwVfG die Zuständigkeit ebenfalls begründbare **Sitz des Antragstellers** ist demgegenüber nachrangig, da die Zuständigkeitsbestimmungen des § 3 Abs. 1 VwVfG in der Reihenfolge ihrer Aufzählung zu prüfen sind und frühere Alternativen spätere ausschließen (*Ramsauer* in Kopp/Ramsauer VwVfG § 3 Rn. 18; *Schmitz* in SBS VwVfG § 3 Rn. 17). Eine Beförderungsgenehmigung besitzt bundesweite Geltung (vgl. BVerfG NJW 1960 907 (907)), so dass es für den Regelfall einer sich über die Bezirke mehrerer Behörden erstreckende Beförderung nicht der Genehmigung mehrerer Behörden bedarf. Die allerdings daraus resultierende **Mehrfachzuständigkeit** ist nach den in § 3 Abs. 2 VwVfG vorgesehenen Regeln zur Lösung von Zuständigkeitskonflikten zu lösen. In der Praxis haben solche Verständigungen dazu geführt, die Zuständigkeit der Behörde zuzuweisen, in deren Bezirk der Beförderungsvorgang beginnt.

E. Rechtsschutz

Genehmigungen für die Beförderung von Kernbrennstoffen nach § 4 AtG **19** waren bereits mehrfach Gegenstand gerichtlicher Auseinandersetzungen (vgl. BVerwG NVwZ 2013, 1407; OVG Berlin-Brandenburg, ZUR 2018, 32; OVG Lüneburg NdsVBl. 2012, 11). Die in diesen Klageverfahren entwickelten Grundsätze zum Rechtsschutz gelten grds. auch für Genehmigungen nach § 27.

Die ältere Rechtsprechung verneinte den drittschützenden Charakter der Ge- **20** nehmigungsvoraussetzungen des § 4 Abs. 2 AtG, da ua das im Gefahrgutrecht geltende Schutzkonzept (→ § 29 Rn. 24f), das der Genehmigung über § 4 Abs. 2 Nr. 3 Hs. 1 AtG zugrunde liegt, nicht auf den Schutz eines individualisierbaren Personenkreises abziele und sich ein solcher Kreis bei einem, durch seine Dynamik geprägten Beförderungsvorgang auch nicht von der Allgemeinheit abgrenzen ließe (OVG Lüneburg BeckRS 2015, 42150; VG Braunschweig BeckRS 2013, 53035). Das BVerwG hat unter Aufhebung der vg. Urteile den drittschützende mittlerweile die drittschützende Wirkung der mit § 29 Abs. 1 Nr. 5 und Nr. 7 identischen Genehmigungsvoraussetzungen des § 4 Abs. 2 Nr. 3 und Nr. 5 AtG angenommen (BVerwG NVwZ 2013, 1407), da diese Voraussetzungen den gleichen Regelungsgehalt wie die entsprechenden und unstreitig als drittschützende Normen zu qualifizierenden Genehmigungsvoraussetzungen der §§ 6, 7 AtG aufweisen (BVerwG NVwZ 2013, 1407 (1410)). Einen sich von der Allgemeinheit abhebenden und damit klagebefugten Personenkreis nahm das BVerwG für Anlieger bei bescheidmäßig nicht festgelegten Beförderungsstrecken an, wenn diese in räumlicher Nähe zu zwangsläufig zu passierenden, wiederholt genutzten Teilen der Beförderungsstrecke ihren Wohn-, Arbeits- oder Aufenthaltsort haben (BVerwG NVwZ 2013, 1407 (1410); kritisch hierzu *Kalz* in HMPS AtG/PÜ § 4 AtG Rn. 45 und Leidinger/Ruttloff, NVwZ 2013, 1369 (1371 f.)). Das BVerwG hat damit die Klagebefugnis von kumulativ vorliegenden Voraussetzungen abhängig gemacht, die den Kreis potentiell Betroffener letztendlich erheblich einschränken. Für eine infolge eines vorgetragenen Freisetzungsszenarios für eine individuelle Betroffenheit ausreichende räumliche Nähe zu einer für die Beförderung hochradioaktiver Abfälle genutzten Strecke nahm das BVerwG bei einer Distanz von ca. 650 m zwischen dem Wohnhaus eines Klägers zu einer Einrichtung für den Umschlag von der Schiene auf die Straße an (BVerwG NVwZ 2013, 1407 (1410)). Eine sich auf Grundlage eines Vortrages zu einer möglichen Dosisgrenzwertüberschreitung infolge eines Unfalls oder einer Störmaßnahme oder sonstige Einwirkung Dritter bemessende Entfernung dürfte bei der Beförderung sonstiger radioaktiver Stoffe auf Grund des im Vergleich zur Beförderung von Kernbrennstoffen oft niedrigeren Gefahrenpotentials in vielen Fällen geringer anzusetzen sein, was insbesondere dann zutrifft, wenn sich die Entfernung nicht zu einem Ort eines transportbedingten Aufenthalts bemisst, sondern es sich um eine Vorbeifahrt handelt.

21   Soweit eine räumliche und zeitliche Nähebeziehung besteht, können auch **Gemeinden** unter Berufung auf eine Verletzung ihrer kommunalen Selbstverwaltungsgarantie des Art. 28 Abs. 2 GG Rechtsbehelfe einlegen. Die kommunale Selbstverwaltungsgarantie kann betroffen sein, wenn infolge einer Freisetzung radioaktiver Stoffe auf Grund eines Unfalls oder einer Störmaßnahme oder sonstigen Einwirkung Dritter die Funktionsfähigkeit kommunaler Einrichtungen der Daseinsvorsorge beeinträchtigt wird (VG Berlin ZUR 2017, 617 (618)). Dies verlangt aber eine entsprechende Substantiierung (vgl. VG Berlin ZUR 2017, 617 (618)). Den von einem Beförderungsvorgang betroffenen **Bundesländern** wird die Rechtsprechung im Hinblick auf § 4 Abs. 2 Nr. 6 AtG keine Klagebefugnis zugesprochen (OVG Lüneburg NVwZ-RR 2005, 538; vgl. auch *Sellner/Hennenhöfer* in Rehbinder/Schink, Grundzüge des Umweltrechts, Rn. 294).

22   Nach § 2 Abs. 1 UmwRG können auch nach § 3 UmwRG **anerkannte Umweltvereinigungen** unter den in § 2 Abs. 1 UmwRG genannten Voraussetzungen Rechtsbehelfe nach Maßgabe der VwGO gegen Entscheidungen nach § 1 Abs. 1 S. 1 UmwRG oder deren Unterlassung einlegen, ohne eine Verletzung in eigenen Rechten geltend machen zu müssen. Beförderungsgenehmigungen sind allerdings nicht von dem für die Eröffnung des Anwendungsbereichs des UmwRG einzig in Betracht kommenden **§ 1 Abs. 1 S. 1 Nr. 5 UmwRG** erfasst (vgl. *Schieferdecker* in HBK UVPG § 1 UmwRG Rn. 65; **aA** *Bunge* UmwRG § 1 Rn. 139). Der als Auffangnorm konzipierte § 1 Abs. 1 S. 1 Nr. 5 UmwRG sollte sich nach der Vorstellung des Gesetzgebers am **Vorhabenbegriff des § 2 Abs. 2 UVPG** (seit Inkrafttreten des Gesetzes zur Modernisierung des Rechts der Umweltverträglichkeitsprüfung am 29.7.2017 (BGBl. I 2808) § 2 Abs. 4 UVPG) orientieren (BT-Drs. 18/9526, 36). Dies zugrunde gelegt, stellt ein Beförderungsvorgang kein „Vorhaben" dar, da es sich dabei weder um eine „technische Anlage" oder „sonstige Anlage" iSv § 2 Abs. 4 Nr. 1 lit. a und b UVPG (hierzu *Fellenberg/Schiller* in LR UmweltR § 1 UmwRG Rn. 105f) noch um eine „sonstige in Natur und Landschaft eingreifende Maßnahme" iSv § 2 Abs. 4 Nr. 1 lit. c UVPG handelt. Zwar wird der Vorhabenbegriff der Norm in Teilen der Rechtsprechung weit ausgelegt und soll in Umsetzung des Art. 9 Abs. 3 der Aarhus-Konvention sämtliche Zulassungsentscheidungen erfassen, für die umweltbezogene Rechtsvorschriften anzuwenden sind und die nicht bereits von § 1 Abs. 1 Nr. 1–2b UmwRG erfasst sind (OVG Lüneburg BeckRS 2020, 14927 Rn. 13, VGH München BeckRS 2019, 30423 Rn. 28). Eine solche von der Begriffsbestimmung des § 2 Abs. 4 UVPG gänzlich losgelöste Betrachtungsweise würde aber § 1 Abs. 1 Nr. 5 UmwRG den Charakter einer Generalklausel verleihen (VG Frankfurt BeckRS 2021, 2910 Rn. 44). Durch die Bezugnahme auf den Vorhabenbegriff des UVPG wird allerdings deutlich, dass ein solches Verständnis nicht dem Willen des Gesetzgebers entspricht (vgl. VGH Mannheim BeckRS 2021, 26014 Rn. 82; VG Frankfurt BeckRS 2021, 2910 Rn. 44).

F. Zuwiderhandlungen

23   Die Beförderung sonstiger radioaktiver Stoffe ohne die erforderliche Genehmigung ist nach **§ 328 Abs. 1 Nr. 2 StGB** eine **Straftat** und kann mit einer Freiheitsstrafe von bis zu fünf Jahren oder mit einer Geldstrafe bestraft werden. Strafbewehrt ist aber nur die Beförderung solcher sonstiger radioaktiver Stoffe, die nach Art, Beschaffenheit oder Menge geeignet sind, durch ionisierende Strahlen den Tod oder eine schwere Gesundheitsschädigung eines anderen oder erhebliche Schäden an Tieren oder Pflanzen, Gewässern, der Luft oder dem Boden herbeizuführen. Wird der radioaktive Stoff in einer mangelfreien Verpackung befördert (→ § 29 Rn. 24), kann dies die Geeignetheit zur Schädigung ausschließen (BGH NJW 1994 672 (672); *Alt* in MüKoStGB StGB § 328 Rn. 12). Es steht einem Befördern ohne Genehmigung gleich, wenn von der genehmigten Beförderung wesentlich abgewichen wird (*Alt* in MüKoStGB StGB § 328 Rn. 16). Besonders schwere Fälle können nach § 330 StGB mit einer Freiheitsstrafe von sechs Monaten bis zu zehn Jahren bestraft werden.

Die Beförderung sonstiger radioaktiver Stoffe auf öffentlichen oder der Öffent- **24** lichkeit zugänglichen Verkehrswegen ohne eine hierfür erforderliche Genehmigung ist nach **§ 194 Abs. 1 Nr. 2 lit. i** eine **Ordnungswidrigkeit.** Bei der Beförderung von Großquellen ist die zuständige Verwaltungsbehörde nach § 194 Abs. 3 Nr. 1 iVm § 186 Abs. 1 S. 1 das Bundesamt für die Sicherheit der nuklearen Entsorgung (→ § 186 Rn. 3). Im Übrigen ist nach § 36 Abs. 1 Nr. 2 lit. a OWiG die fachlich zuständige oberste Landesbehörde für die Verfolgung und Ahndung der Ordnungswidrigkeit zuständig, soweit nicht nach dem jeweiligen Landesrecht die Zuständigkeit nach § 36 Abs. 2 OWiG auf eine andere Behörde übertragen wurde.

§ 28 Genehmigungsfreie Beförderung

(1) ¹**Keiner Genehmigung nach § 4 Absatz 1 des Atomgesetzes oder § 27 Absatz 1 dieses Gesetzes bedarf, wer folgende Stoffe befördert:**
1. **Stoffe, für die der Umgang nach einer nach § 24 Satz 1 Nummer 1 erlassenen Rechtsverordnung genehmigungsfrei ist,**
2. **Stoffe, die von der Anwendung der für radioaktive Stoffe geltenden Vorschriften für die Beförderung gefährlicher Güter befreit sind,**
3. **sonstige radioaktive Stoffe**
   a) **unter den Voraussetzungen für freigestellte Versandstücke nach den Vorschriften für die Beförderung gefährlicher Güter,**
   b) **nach den Vorschriften der Gefahrgutverordnung See oder**
   c) **mit Luftfahrzeugen und der hierfür erforderlichen Erlaubnis nach § 27 des Luftverkehrsgesetzes.**

²**Satz 1 gilt nicht für die Beförderung von Großquellen im Sinne des § 186 Absatz 1 Satz 2. ³Satz 1 Nummer 3 Buchstabe a gilt nicht für die Beförderung hochradioaktiver Strahlenquellen.**

(2) ¹**Wer radioaktive Erzeugnisse oder Abfälle befördert, die Kernmaterialien im Sinne von § 2 Absatz 4 Satz 1 des Atomgesetzes sind, ohne hierfür der Genehmigung nach § 27 Absatz 1 zu bedürfen, darf die Kernmaterialien zur Beförderung oder Weiterbeförderung nur dann übernehmen, wenn ihm gleichzeitig eine Bescheinigung der zuständigen Behörde darüber vorgelegt wird, dass sich die Vorsorge der Person, die ihm die Kernmaterialien übergibt, auch auf die Erfüllung gesetzlicher Schadensersatzverpflichtungen im Zusammenhang mit der Beförderung oder Weiterbeförderung erstreckt. ²Die Vorlage ist entbehrlich, falls er nicht selbst den Nachweis der erforderlichen Vorsorge für die Erfüllung gesetzlicher Schadensersatzverpflichtungen nach § 4b des Atomgesetzes zu erbringen hat.**

A. Zweck und Bedeutung der Norm

1   Mit § 28 wird bestimmt, in welchen Fällen die Beförderung radioaktiver Stoffe von der Genehmigungspflicht befreit ist. Sie bezieht sich auf die Beförderung von **Kernbrennstoffen** (→ § 3 Rn. 17 ff.) und **sonstigen radioaktiven Stoffen** (→ § 3 Rn. 7 ff.) und bestimmt als Rechtsfolge, dass deren Beförderung keiner Genehmigung nach § 4 Abs. 1 AtG für die Beförderung von Kernbrennstoffen oder nach § 27 Abs. 1 für die Beförderung von sonstigen radioaktiven Stoffen iSv § 5 Abs. 1 bedarf. Die Freistellung von der Genehmigungspflicht bewegt sich im Rahmen des nach Anhang VII Nr. 3 RL 2013/59/Euratom Zulässigen (vgl. BT-Drs. 18/11241, 272).

B. Bisherige Regelungen

2   § 28 führt im Wesentlichen die Regelung des § 17 StrlSchV 2001 fort. Neu hinzugekommen ist die sich auf die genehmigungsfreie Beförderung freigestellter Versandstücke beziehende Rückausnahme des Abs. 1 S. 3 (→ Rn. 10).

C. Fälle genehmigungsfreier Beförderung

I. Genehmigungsfreie Beförderung umgangsgenehmigungsfreier radioaktiver Stoffe (Abs. 1 S. 1 Nr. 1)

3   Nach **Abs. 1 S. 1 Nr. 1** bedarf die Beförderung von **Stoffen, „für die der Umgang** nach einer nach § 24 S. 1 Nr. 1 erlassenen Rechtsverordnung" – gemeint ist die StrlSchV – **genehmigungsfrei ist,** auch keiner Beförderungsgenehmigung. Die auf § 17 Abs. 1 S. 1 Nr. 1 Alt. 1 StrlSchV 2001 (BGBl. I 1714, (1726)) zurückgehende Ausnahme von der Genehmigungspflicht besteht für die Beförderung von radioaktiven Stoffen, für deren Umgang es nach § 12 Abs. 1 Nr. 3 Hs. 2 ebenfalls keiner Genehmigung bedarf (→ § 12 Rn. 62 f.). § 5 Abs. 1 StrlSchV iVm **Anlage 3 Teil A und B der StrlSchV** bezeichnet die Fälle, in denen es keiner Genehmigung für den Umgang nach § 12 Abs. 1 S. 1 Nr. 3 und damit nach Abs. 1 S. 1 Nr. 1 auch keiner Genehmigung nach § 27 Abs. 1 bedarf. Die in Anlage 3 Teil A und Teil B Nr. 1–7 der StrlSchV genannten Fälle entsprechen denen der Anlage I Teil A und Teil B Nr. 1–7 StrlSchV 2001 (BGBl. I 1714, (1766)). Neu in die StrlSchV hinzugekommen ist Anlage 3 Teil B Nr. 8, der den genehmigungsfreien Umgang mit natürlichen radioaktiven Stoffen zu Ausbildungszwecken regelt, sowie Anlage 3 Teil B Nr. 9, der den Umgang mit abgereichertem Uran von der Genehmigungspflicht freistellt (vgl. BR-Drs. 423/18, 495).

II. Genehmigungsfreie Beförderung gefahrgutrechtlich freigestellter Stoffe (Abs. 1 S. 1 Nr. 2)

4   Genehmigungsfrei ist nach **Abs. 1 S. 1 Nr. 2** die Beförderung radioaktiver Stoffe, die „von der Anwendung der für radioaktive Stoffe geltenden Vorschriften für die Beförderung gefährlicher Güter befreit" sind. Die Vorschrift führt inhaltlich § 17 Abs. 1 S. 1 Nr. 1 Hs. 2 StrlSchV 2001 (BGBl. I 1714, (1726)) fort. Maßgeblich

sind durch den Verweis in Nr. 2 die spezifischen Aktivitätskonzentrationsgrenzwerte für freigestellte Stoffe und die Aktivitätsgrenzwerte für eine freigestellte Sendung der Tabelle 2.2.7.2.2.1 ADR/RID/ADN (→ § 27 Rn. 16). Ist einer der dort aufgeführten Aktivitätsgrenzwerte eingehalten, sind die Stoffe von der Anwendung der Gefahrgutvorschriften befreit. Allerdings kann für die Beförderung auf Grund anderer Gefährlichkeitsmerkmale als die Radioaktivität das Gefahrgutrecht einschlägig sein. Mit der Formulierung „von der Anwendung der für radioaktive Stoffe geltenden Vorschriften" befreit, hat der Gesetzgeber aber deutlich gemacht, dass es in diesen Fällen dennoch keiner strahlenschutzrechtlichen Genehmigung bedarf (BT-Drs. 18/11241, 272).

III. Genehmigungsfreie Beförderung sonstiger radioaktiver Stoffe (Abs. 1 S. 1 Nr 3 lit. a bis c)

Die Fälle des § 28 Abs. 1 S. 1 Nr. 3 lit. a bis c beziehen sich nur auf die Beför- 5
derung sonstiger radioaktiver Stoffe iSv § 3 Abs. 1 S. 1, Abs. 3 S. 1 (→ § 3 Rn. 7 ff. und 21).

1. Genehmigungsfreie Beförderung freigestellter Versandstücke (Abs. 1 6
S. 1 Nr 3 lit. a). Von einer behördlichen Vorabkontrolle ist nach Abs. 1 S. 1 Nr. 3 lit. a die Beförderung **sonstiger radioaktiver Stoffe** unter den **Voraussetzungen für freigestellte Versandstücke** (→ § 29 Rn. 24) ausgenommen. Freigestellte Versandstücke sind Versandstücke, die nur geringe Mengen radioaktiver Stoffe enthalten und auf Grund des damit einhergehend geringen Gefahrenpotentials von bestimmten Auslegungs- und Verwendungsvorschriften des Gefahrgutrechts freigestellt sind (*Ewen/Holte,* Die neue Strahlenschutzverordnung, 2003, S. 75). Die für freigestellte Versandstücke geltenden Vorschriften bestimmt Unterabschnitt 1.7.1.5 ADR/RID/ADN.

2. Genehmigungsfreie Beförderung sonstiger radioaktiver Stoffe mit 7
Seeschiffen (Abs. 1 S. 1 Nr. 3 lit. b). Die Beförderung sonstiger radioaktiver Stoffe mit Seeschiffen im Geltungsbereich der Verordnung über die Beförderung gefährlicher Güter mit Seeschiffen **(Gefahrgutverordnung See – GGVSee)** idF vom 21.10.2019 (BGBl. I 1475) bedarf nach Abs. 1 S. 1 Nr. 3 lit. b keiner Genehmigung. Die GGVSee gilt auf Seeschiffen, die unter deutscher Flagge fahren, und auf Seeschiffen unter fremder Flagge, die sich im Geltungsbereich der Verordnung, also in deutschen Hoheitsgewässern, aufhalten (vgl. BR-Drs. 535/03, 20). Dieser bereits auf die 1. SSVO vom 24.6.1960 (BGBl. I 430 (433)) zurückgehenden Ausnahme lag die Überlegung zu Grunde, dass im Interesse einer reibungslosen und schnellen Beförderung auf eine Genehmigung verzichtet werden kann, wenn auf Grund anderer Rechtsvorschriften der Strahlenschutz sichergestellt ist (BR-Drs. 121/60, Begründung, 31). Solche Rechtsvorschriften finden sich im **Internationalen Code für die Beförderung gefährlicher Güter mit Seeschiffen (IMDG-Code)** der Internationalen Seeschifffahrts-Organisation **(IMO)** (→ § 29 Rn. 20).

3. Genehmigungsfreie Beförderung sonstiger radioaktiver Stoffe mit 8
Luftfahrzeugen (Abs. 1 S. 1 Nr. 3 lit. c). Nach dem bereits in der 1. SSVO vom 24.6.1960 (BGBl. I 430 (433)) vorgesehenen Ausnahmetatbestand ist die Beförderung **sonstiger radioaktiver Stoffe mit Luftfahrzeugen** von der Genehmigungspflicht nach dem StrlSchG freigestellt, wenn diese mit Luftfahrzeugen und

der hierfür erforderlichen Erlaubnis nach § 27 des **Luftverkehrsgesetzes** (LuftVG) idF vom 10.5.2007 (BGBl. I 698 (710)) befördert werden. Nach § 27 Abs. 1 LuftVG bedarf die Beförderung von Kernbrennstoffen und „anderen radioaktiven Stoffen"- gemeint sind wohl sonstige radioaktive Stoffe – der Erlaubnis, die allgemein oder im Einzelfall erteilt und mit Nebenbestimmungen verbunden werden kann. Diese Erlaubnis nimmt wiederum die **Technische Anweisungen für die sichere Beförderung gefährlicher Güter im Luftverkehr (ICAO-TI)** der Internationale Zivilluftfahrt-Organisation **(ICAO)** in Bezug (Bekanntmachung über die Beförderung gefährlicher Güter im Luftverkehr vom 1.8.2019, NfL 2-488-19, 2). Da die Anforderungen des Strahlenschutzes in dem nach LuftVG durchzuführenden Genehmigungsverfahren geprüft werden, kann auf eine strahlenschutzrechtliche Genehmigung verzichtet werden (BR-Drs. 121/60, Begründung 31) (→ § 29 Rn. 21).

D. Ausnahmen von der Genehmigungsfreistellung (Abs. 1 S. 2 und 3)

9   Abweichend von Abs. 1 S. 1 ist nach **Abs. 1 S. 2** die Beförderung von **Großquellen** iSv 186 Abs. 1 S. 2 (→ § 186 Rn. 3) auf Grund der aus der hohen Aktivität resultierenden potentiellen Gefahren dieser radioaktiven Stoffe stets genehmigungspflichtig.

10   Die Vorschrift des **Abs. 1 S. 3** hat keine Vorgängerregelung in der StrlSchV 2001 (BGBl. I 1714, 2002 I 1459). Mit ihr soll ausgeschlossen werden, dass entgegen der Forderung des Art. 28 lit. d RL 2013/59/Euratom **hochradioaktive Strahlenquellen iSd § 5 Abs. 36** (→ § 5 Rn. 43) auf Grund von Abs. 1 S. 1 Nr. 3 lit. a als freigestellte Versandstücke genehmigungsfrei befördert werden dürfen (BT-Drs. 18/11241, 273). Diese Regelung ist auf Grund von Abweichungen zwischen den Aktivitätswerten für hochradioaktive Strahlenquellen der StrlSchV (§ 83 StrlSchV iVm Anlage 4 Tabelle 1 Spalte 4) und den für freigestellte Versandstücke geltenden nuklidspezifischen Aktivitätsgrenzwerten des Gefahrgutrechts (Tabelle 2.2.7.2.2.1 ADR/RID/ADN) erforderlich geworden. In der StrlSchV 2001 basierten die Werte der Anlage III Tabelle 1 Spalte 3a noch auf den A_1-Werten der Tabelle 2.2.7.2.2.1 ADR/RID/ADN. Nunmehr sind nach Anhang III RL 2013/59/Euratom die D-Werte der **IAEA** (International Atomic Energy Agency, Dangerous quantities of radioactive material (D-Values), IAEA, Vienna (2006), https://www.iaea.org; zul abgerufen am 23.2.2022) maßgebend (vgl. BT-Drs. 18/11241, 273). Da sich die Vorschrift nur auf die Genehmigungsfreistellung nach Abs. 1 S. 1 Nr. 3 lit. a bezieht und damit eine Genehmigungsfreistellung nach Abs. 1 S. 1 Nr. 3 lit. b möglich bleibt, ist das Ziel des Gesetzgebers nicht vollständig gelungen.

E. Bescheinigung der Deckungsvorsorge bei der genehmigungsfreien Beförderung radioaktiver Erzeugnisse und Abfälle (Abs. 2)

11   Die Regelung des **Abs. 2 S. 1** bezieht sich auf die genehmigungsfreie **Beförderung von radioaktiven Erzeugnissen und Abfällen,** die „Kernmaterialien" iSd § 2 Abs. 4 S. 1 AtG sind. § 2 Abs. 4 S. 1 AtG enthält allerdings keine entsprechende Begriffsbestimmung, sondern verweist hierfür auf die Begriffsbestimmung des Art. 1 Abs. (a) des **Übereinkommens vom 29. Juli 1960 über die Haftung gegenüber Dritten auf dem Gebiet der Kernenergie (Pariser Übereinkommen – PÜ)** idF der Bekanntmachung vom 15. 7. 1985 (BGBl. II 964) und des Änderungsprotokolls vom 12. 2. 2004 (BGBl. 2008 II 902). Der Begriff „Kernmaterialien" ist in Art. 1 Abs. (a) UAbs. (v) PÜ definiert. Danach sind Kernmaterialien Kernbrennstoffe und radioaktive Erzeugnisse und Abfälle. Die Begriffsdefinition für „radioaktive Erzeugnisse oder Abfälle" findet sich wiederum in Art. 1 Abs. (a) UAbs. (iv) PÜ. Das PÜ regelt die innerstaatliche und grenzüberschreitende Haftung für nukleare Schäden, die durch nukleare Ereignisse verursacht worden sind, die in einer Kernanlage eingetreten oder auf diese zurückzuführen sind. (Zu den Begriffen „nukleares Ereignis", „Kernanlage" und „nuklearer Schaden" siehe die entsprechenden Begriffsbestimmungen in Art. 1 Abs. (a) UAbs. (i), (ii) und (vii) PÜ). Dabei geht das PÜ in Art. 4 (a) von dem Grundsatz aus, dass der Inhaber einer Kernanlage auch für nukleare Schäden haftet, die durch ein nukleares Ereignis außerhalb seiner Anlage eingetreten sind und das auf von seiner Anlage aus beförderte Kernmaterialien zurückzuführen ist. Die Haftung geht nach Art. 4 Abs. (a) und (b) PÜ durch schriftlichen Vertrag oder bei tatsächliche Übernahme der Kernmaterialien vom absendenden auf den empfangenden Inhaber einer Kernanlage über. Das PÜ ist in Deutschland unmittelbar anwendbar (*Raetzke* in Frenz § 25 AtG Rn. 1 f). Durch § 176 (→ § 176 Rn. 1) werden darüber hinaus die §§ 25 ff AtG für anwendbar erklärt. Entsprechend der den Vertragsstaaten in Art. 4 Abs. (c) PÜ eingeräumten Ermächtigung sieht § 25 Abs. 2 AtG die Möglichkeit vor, dass auch der Beförderer (Zu dem Begriff des Beförderers im Anwendungsbereich des PÜ siehe → § 29 Rn. 32) die Haftung vom Inhaber der Kernanlage übernehmen kann.

In diesem Anwendungsbereich soll durch Abs. 2 S. 1 verhindert werden, dass **12** sonstige radioaktive Stoffe iSv § 3 Abs. 1 S. 1, die zugleich Kernmaterialien in Form von radioaktiven Erzeugnissen und Abfällen sind, ohne Deckungsvorsorgenachweis (→ § 29 Rn. 27) genehmigungsfrei befördert werden dürfen. Der für die Haftung bei der Beförderung maßgebende Art. 4 Abs. (a) und (b) PÜ geht unabhängig von einer Genehmigungspflicht im Falle der Beförderung von Kernmaterialien grds. von einer Haftung und Art. 4 Abs. (d) iVm Art. 10 PÜ von einer Pflicht zur Deckungsvorsorge aus (eine Ausnahme besteht für kleine Mengen von Kernmaterialien, die aufgrund der auf Grundlage von Art. 1 Abs. (b) PÜ getroffenen Entscheidung des Direktionsausschusses der Europäischen Kernenergieagentur vom 3. 11. 2016 von der Anwendung des PÜ ausgenommen sind (→ § 29 Rn. 33)). In Fällen, in denen die Beförderung keiner Genehmigungspflicht unterliegt, erfolgt auch keine Festsetzung der Deckungsvorsorge nach § 177 Abs. 1 StrlSchG ivm § 13 Abs. 1 AtG in einem Genehmigungsverfahren. Diesem Umstand trägt Abs. 2 S. 1 Rechnung, indem der Beförderer von demjenigen, der ihm die Kernmaterialien zur Beförderung übergibt, eine Bescheinigung der zuständigen Behörde verlangen muss, aus der sich ergibt, dass sich die Deckungsvorsorge auch auf die genehmigungsfreie Beförderung oder Weiterbeförderung erstreckt (BR-Drs. 375/76, Begründung, 24). Ist infolge einer Haftungsübernahme (→ § 29 Rn. 32) der Beförderer selbst nach § 4b Abs. 1 AtG zum Nachweis der Deckungsvorsorge verpflichtet, bedarf es nach **Abs. 2 S. 2** dieser Bescheinigung nicht.

Mit Art. 2 des Gesetzes zur Neuordnung des Rechts zum Schutz vor der schäd- **13** lichen Wirkung ionisierender Strahlung vom 27. 6. 2017 (BGBl. 1966 (2058)) wurde Abs. 2 bereits an die geänderte Rechtslage angepasst, die seit dem Inkrafttreten des Gesetzes zur Änderung haftungsrechtlicher Vorschriften des Atomgesetzes und zur Änderung sonstiger Rechtsvorschriften vom 29.8.2008 (BGBl. I 1793) am 1.1.2022 (BGBl. I 14) besteht. Bei der seit dem 1.1.2022 geltenden Formulierung des Abs. 2 S. 2 „falls er *nicht* selbst den Nachweis […] zu erbringen hat" dürfte es sich allerdings um ein redaktionelles Versehen handeln. Es sind keine Gründe dafür erkennbar, dass der Gesetzgeber den durch Art. 1 des Gesetzes vom 27.6.2017 (BGBl. I 1966 (1984)) vorgesehenen Wortlaut „falls er selbst den Nachweis […] zu erbringen hat", wie er bis zum 31.12.2021 galt, wieder ändern wollte, zumal eine solche Änderung auch keinen Sinn ergeben würde.

F. Zuwiderhandlungen

14   Nach § 194 Abs. 1 Nr. 6 handelt ordnungswidrig, wer entgegen § 28 Abs. 2 S. 1 Kernmaterialien zur Beförderung oder Weiterbeförderung übernimmt. Die Zuständigkeit zur Verfolgung und Ahndung bestimmt sich entsprechend derjenigen für die Beförderung ohne Genehmigung (→ § 27 Rn. 24).

§ 29 Voraussetzungen für die Erteilung der Genehmigung

(1) **Die zuständige Behörde hat die Genehmigung nach § 27 Absatz 1 zu erteilen, wenn**
1. **keine Tatsachen vorliegen, aus denen sich Bedenken gegen die Zuverlässigkeit des Abgebenden, des Absenders, des Beförderers und der die Versendung und Beförderung besorgenden Personen, ihrer gesetzlichen Vertreter oder, bei juristischen Personen oder sonstigen Personenvereinigungen, der nach Gesetz, Satzung oder Gesellschaftsvertrag zur Vertretung oder Geschäftsführung Berechtigten ergeben, und, falls ein Strahlenschutzbeauftragter nicht notwendig ist, eine der genannten natürlichen Personen die erforderliche Fachkunde im Strahlenschutz besitzt,**
2. **keine Tatsachen vorliegen, aus denen sich Bedenken gegen die Zuverlässigkeit der Strahlenschutzbeauftragten ergeben und wenn diese die erforderliche Fachkunde im Strahlenschutz besitzen,**
3. **die für eine sichere Ausführung der Beförderung notwendige Anzahl von Strahlenschutzbeauftragten bestellt ist und ihnen die für die Erfüllung ihrer Aufgaben erforderlichen Befugnisse eingeräumt sind,**
4. **gewährleistet ist, dass die Beförderung durch Personen ausgeführt wird, die das für die beabsichtigte Art der Beförderung notwendige Wissen und die notwendigen Fertigkeiten im Hinblick auf die mögliche Strahlengefährdung und die anzuwendenden Schutzmaßnahmen besitzen,**
5. **gewährleistet ist, dass die sonstigen radioaktiven Stoffe unter Beachtung der für den jeweiligen Verkehrsträger geltenden Rechtsvorschriften über die Beförderung gefährlicher Güter befördert werden oder, soweit solche Vorschriften fehlen, auf andere Weise die nach dem Stand von Wissenschaft und Technik erforderliche Vorsorge gegen Schäden durch die Beförderung der sonstigen radioaktiven Stoffe getroffen ist,**
6. **die erforderliche Vorsorge für die Erfüllung gesetzlicher Schadensersatzverpflichtungen getroffen ist bei der Beförderung**

a) von sonstigen radioaktiven Stoffen nach § 3 Absatz 1, deren Aktivität je Versandstück das 10^9fache der in einer nach § 24 Satz 1 Nummer 10 erlassenen Rechtsverordnung festgelegten Freigrenzen der Aktivität oder 10^{15} Becquerel überschreitet, oder

b) von Kernbrennstoffen nach § 3 Absatz 3, deren Aktivität je Versandstück das 10^5fache der in einer nach § 24 Satz 1 Nummer 10 erlassenen Rechtsverordnung festgelegten Freigrenzen der Aktivität oder 10^{15} Becquerel überschreitet,

7. der erforderliche Schutz gegen Störmaßnahmen oder sonstige Einwirkungen Dritter gewährleistet ist,

8. gewährleistet ist, dass bei der Beförderung von sonstigen radioaktiven Stoffen mit einer Aktivität von mehr als dem 10^{10}fachen der in einer nach § 24 Satz 1 Nummer 10 erlassenen Rechtsverordnung festgelegten Freigrenzen der Aktivität nach Maßgabe einer nach § 82 Absatz 1 Nummer 1 erlassenen Rechtsverordnung das erforderliche Personal und die erforderlichen Hilfsmittel vorgehalten werden, um Gefahren einzudämmen und zu beseitigen, die in Zusammenhang mit der Beförderung durch Störfälle oder Notfälle entstehen können,

9. die Wahl der Art, der Zeit und des Weges der Beförderung dem Schutz der Bevölkerung vor der schädlichen Wirkung ionisierender Strahlung nicht entgegensteht.

(2) Dem Genehmigungsantrag sind die zur Prüfung erforderlichen Unterlagen beizufügen.

(3) Bei der Beförderung von Kernmaterialien im Sinne des § 2 Absatz 4 des Atomgesetzes ist eine Deckungsvorsorge auch dann zu erbringen, wenn die Aktivitätswerte des Absatzes 1 Nummer 6 nicht überschritten werden.

Übersicht

Schrifttum: *Brand/Kosbadt,* Radioaktive Stoffe, 2011; *Bundesministerium für Verkehr, Bau und Stadtentwicklung,* Die Beförderung radioaktiver Stoffe, 18. Auflage 2013; *Huck,* Transport gefährlicher Güter auf der Straße, 1993; *Johlige,* Beförderungsgenehmigung und –überwachung in 4. Deutsches Atomrechtssymposium, 1976, S. 189; *Kosbadt,* Die SEWD-Richtlinie zur Sicherung von sonstigen radioaktiven Stoffen – Was bedeutet dies für die Radiographie?, 2017; *Schwarz,* Beförderung radioaktiver Stoffe: Rechtsvorschriften, Sicherheits- und Sicherungskonzept, atw 2012, 476.

A. Zweck und Bedeutung der Norm

1   § 29 bestimmt abschließend die Genehmigungsvoraussetzungen für die Beförderung sonstiger radioaktiver Stoffe. Liegen die Voraussetzungen vor, ist die Genehmigung zu erteilen. Es handelt sich um eine **gebundene Entscheidung;** der Genehmigungsbehörde steht kein Ermessen zu.

B. Bisherige Regelungen

2   Die in § 29 Abs. 1 vorgesehenen Genehmigungsvoraussetzungen entsprechen im Wesentlichen denjenigen des § 18 Abs. 1 StrlSchV 2001. Neben Änderungen, die aus der Herauslösung aus der Verordnungsebene und der Regelung im StrlSchG resultieren, sind insbesondere die Voraussetzungen in Nr. 2 und 3 (→ Rn. 12) hinzugekommen und es wurden durch Nr. 8 weitergehende Nachweismöglichkeiten im Hinblick auf die Vorsorge zur Schadensbekämpfung im Vergleich zur vorhergehenden Regelung in § 18 Abs. 1 Nr. 6 StrlSchV 2001 zugelassen (→ Rn. 40).

C. Genehmigungsvoraussetzungen

I. Zuverlässigkeit und Fachkunde (Abs. 1 Nr. 1)

3   Es dürfen keine Tatsachen vorliegen, aus denen sich **Bedenken gegen die Zuverlässigkeit** des Abgebenden, des Absenders, des Beförderers und der die Versendung und Beförderung besorgenden Personen ergeben. Die Zuverlässigkeit ist im StrlSchG nicht näher definiert. Ausgehend von der im Gewerberecht geforderten Zuverlässigkeit besitzt diese, wer die Gewähr dafür bietet, das von ihm betriebene Gewerbe ordnungsgemäß zu betreiben (BVerwG BeckRS 1965, 30425633; BVerwG NJW 1976 986 (988)). Dieser Maßstab bildet auch im Atom- und Strahlenschutzrecht die Beurteilungsgrundlage (vgl. VG Bayreuth BeckRS 2017, 151037; BHR EnergieR I Rn. 891). (Grundlegend zur Zuverlässigkeit siehe auch → § 13 Rn. 14)

4   Bereits aus dem Wortlaut, wonach eine Genehmigung nur dann zu erteilen ist, „wenn keine Tatsachen vorliegen, aus denen sich Bedenken gegen die Zuverlässigkeit […] ergeben", wird deutlich, dass die Genehmigungsbehörde eine Prognoseentscheidung über ein zukünftiges Verhalten auf Basis von in der Vergangenheit liegenden Tatsachen anzustellen hat (vgl. auch *Näser/Paul* in Theobald/Kühling § 4 AtG Rn. 40). Das StrlSchG selbst bietet hier keine Konkretisierungen, wie die Überprüfung der Zuverlässigkeit erfolgen kann. Ausgangspunkt ist regelmäßig, dass sich die Behörde einen Auszug aus dem **Bundeszentralregister** oder dem **Gewerbezentralregister** vorlegen lässt (→ § 13 Rn. 25f). Dem Antragsteller

kommt hier eine Obliegenheit zur Mitwirkung zu (→ Rn. 42 und § 13 Rn. 26). Soweit es allerdings um die Überprüfung der Zuverlässigkeit von Personen zum Schutz gegen unbefugte Handlungen, die zu einer Entwendung oder Freisetzung radioaktiver Stoffe führen können, geht, bestimmt sich das für die Zuverlässigkeitsüberprüfung einzuhaltende Verfahren, der Umfang der zu ermittelnden Tatsachen und die Kriterien zur Beurteilung der Zuverlässigkeit hingegen nach **§ 12b AtG** und nach der auf Grundlage der Ermächtigung in §§ 12b Abs. 9, 54 Abs. 1 S. 1, Abs. 2 S. 1 AtG erlassenen **Atomrechtlichen Zuverlässigkeitsüberprüfungs-Verordnung (AtZüV) vom 1.7.1999** (BGBl. I 1525). Diese Regelungen sind nach § 75 (→ § 75 Rn. 1) auch bei der Überprüfung der Zuverlässigkeit für die Beförderung sonstiger radioaktiver Stoffe anzuwenden. Die Überprüfung nach § 12b AtG iVm der AtZüV kommt auch für den Antragsteller in Betracht, sofern er bei der Beförderung radioaktiver Stoffe selbst tätig ist (§ 12b S. 1 Nr. 3 AtG). Allein die Eigenschaft als Antragsteller begründet eine solche Überprüfung indes nicht, wie sich aus § 12b Abs. 1 S. 1 Nr. 1 AtG ergibt, der den Antragsteller für eine Genehmigung nach § 27 StrlSchG nicht nennt.

Da die Zuverlässigkeit an die persönliche Eigenschaft einer natürlichen Person **5** anknüpft, ist im Falle von **Antragstellern** in Form von **juristischen Personen oder rechtsfähigen Personengesellschaften** die Zuverlässigkeit der natürlichen Personen entscheidend, denen die Vertretung im Rechtsverkehr durch Gesetz, Satzung oder Vertrag zugewiesen ist. Bei Gesellschaften mit eigener Rechtspersönlichkeit sind dies im Falle einer GmbH die Geschäftsführer (§ 35 GmbHG) und bei AG die Mitglieder des Vorstands (§ 78 AktG). Bei den rechtsfähigen Personengesellschaften (GbR, KG, oHG) sind es die Gesellschafter, soweit es sich bei diesen um natürliche Personen handelt. Ansonsten sind die die Gesellschaft vertretenden natürlichen Personen zu überprüfen. (Zur Überprüfung der Zuverlässigkeit nicht deutscher Staatsangehöriger siehe auch → § 13 Rn. 30 f.).

Für **Personen, die bei der Beförderung sonstiger radioaktiver Stoffe tätig 6 werden** (§ 12b S. 1 Nr. 3 AtG), was neben dem Beförderungspersonal auch weitere Personen, die Sicherungsaufgaben wahrnehmen, umfasst, gilt in Abweichung des in § 12b Abs. 1 S. 1 AtG aufgestellten Grundsatzes der obligatorischen Durchführung einer Überprüfung der Zuverlässigkeit, dass es einer Überprüfung nach § 1 Abs. 2 S. 1 AtZüV dann bedarf, wenn sie von der zuständigen Behörde verlangt wird. Die AtZüV geht hier von dem Regelfall aus, dass eine **Überprüfung** für diese Personen **nicht erforderlich** ist (BR-Drs 185/99, 25). Die Behörde hat damit nach pflichtgemäßem Ermessen zu entscheiden, ob der Schutzzweck des § 12b Abs. 1 S. 1 AtG, der Schutz gegen unbefugte Handlungen, die zu einer Entwendung oder Freisetzung radioaktiver Stoffe führen können, eine Überprüfung erforderlich macht. Für die Beförderung von **Großquellen** iSv § 186 Abs. 1 S. 2 (→ § 186 Rn. 3) ist abweichend davon nach § 1 Abs. 2 S. 2 AtZüV stets eine Zuverlässigkeitsüberprüfung durchzuführen.

Die nach § 1 Abs. 2 S. 1 AtZüV durchzuführende Zuverlässigkeitsüberprüfung **7** erfolgt nach **§ 5 Abs. 5 S. 1 AtZüV** grds. in **einem vereinfachten Verfahren,** in dem sich die Behörde ein **Führungszeugnis** nach **§ 30 Abs. 5 BZRG** vorlegen lässt. Die Erteilung des Führungszeugnisses hat der Betroffene nach § 30 Abs. 1 BZRG bei der zuständigen Meldebehörde zu beantragen, was auch Gegenstand der Belehrung des amtlichen Formulars nach § 6 Abs. 5 AtZüV zu sein hat (BR-Drs. 185/99, 29). Die Übersendung erfolgt unmittelbar an die zuständige Behörde. Wird ein Antrag vom Betroffenen nicht gestellt, ist die Durchführung der Zuverlässigkeitsüberprüfung mit der Folge abzulehnen (BR-Drs 185/99, 29), dass eine Zuverlässigkeit nicht festgestellt werden kann. In Einzelfällen kann die Behörde nach § 5 Abs. 5 S. 2 AtZüV eine **weitergehende Zuverlässigkeitsüberprüfung** nach § 2 AtZüV durchführen, wenn dies der Schutz gegen Störmaßnahmen oder sonstige Einwirkungen Dritter erfordert (→ Rn. 9 und 36 ff).

8   Die AtZüV bestimmt in § 2 **drei Kategorien der Zuverlässigkeitsüberprüfung** (umfassende, erweiterte und einfache Zuverlässigkeitsüberprüfung), die an die Stellung einer Person bzw. an die von ihr wahrzunehmenden Aufgaben in einer kerntechnischen Einrichtung sowie an die Zutrittsbefugnisse innerhalb der Einrichtung anknüpfen (§ 3 AtZüV) und abgestufte Kataloge an Ermittlungsmaßnahmen vorsehen (§ 5 AtZüV). Für die Beförderung radioaktiver Stoffe, wo eine solche Einteilung nicht möglich ist, erfolgt die Zuordnung unter Berücksichtigung der in **§ 3 Abs. 5 AtZüV genannten Kriterien.**

9   Zur Gewährleistung eines bundeseinheitlichen Vollzuges haben die Genehmigungs- und Aufsichtsbehörden nach dem Rundschreiben des Bundesministeriums für Umwelt, Naturschutz und nukleare Sicherheit vom 2. 3. 2020 – S II 3 – 13151/ VS NfD die **Richtlinie für den Schutz gegen Störmaßnahmen und sonstige Einwirkungen Dritter beim Umgang mit und bei der Beförderung von sonstigen radioaktiven Stoffen (SEWD-Richtlinie sonstige radioaktive Stoffe)** (GMBl. 2020 Nr. 14, 286) ab dem 1. 1. 2021 für Neu- und Änderungsgenehmigungen zugrunde zu legen. Die Richtlinie sieht für die an der Beförderung beteiligten Personen anhand einer Einteilung der zu befördernden radioaktiven Stoffe in Sicherungsstufen und anknüpfend an die konkret wahrzunehmenden Aufgaben die Durchführung einer bestimmten Kategorie einer Zuverlässigkeitsüberprüfung nach § 2 AtZüV, die Zuverlässigkeitsüberprüfung auf Grundlage eines Führungszeugnisses für Behörden nach § 30 Abs. 5 BZRG oder auch keine Zuverlässigkeitsüberprüfung vor.

10   Regelmäßig kommt es vor, dass der **Gültigkeitszeitraum der Genehmigung und die Geltungsdauer der Zuverlässigkeitsüberprüfung** der an der Beförderung beteiligten Personen nicht übereinstimmen oder zum Zeitpunkt der Genehmigungserteilung noch nicht klar ist, welche Personen für die Beförderung eingesetzt werden sollen. Um dennoch die Genehmigungsvoraussetzung nachweisen zu können, werden in der Genehmigungspraxis des BASE sog. **autorisierte Namenslisten** geführt, in der die Namen des zuverlässigkeitsüberprüften Personals aufgeführt sind. Die Genehmigung wird sodann mit der Auflage erteilt, dass nur in dieser Liste genannte Personen mit einer gültigen Zuverlässigkeitsüberprüfung die Beförderung ausführen dürfen. Für die Namensliste gelten dann auch die Mitführungs- und Ausweispflichten des § 27 Abs. 3 (→ § 27 Rn. 15).

11   Abs. 1 Nr. 1 verlangt zudem, dass eine der dort genannten natürlichen Personen die **erforderliche Fachkunde im Strahlenschutz** besitzen muss. Bei juristischen Personen oder rechtsfähigen Personengesellschaften sind dies deren vertretungsberechtigte natürliche Personen, die die Aufgaben des SSV wahrnehmen (→ Rn. 5). Der Fachkunde bedarf es nicht, wenn ein oder ggf. mehrere SSB bestellt sind (→ Rn. 13).

II. Bestellung von Strahlenschutzbeauftragten; Zuverlässigkeit und Fachkunde des SSB (Abs. 1 Nr. 2 und 3)

12   Für diese Genehmigungsvoraussetzungen bestanden keine Vorgängerregelungen in der StrlSchV 2001. Sie dienen der Umsetzung der RL 2013/59/Euratom, in deren Anwendungsbereich auch die Beförderung radioaktiver Stoffe fällt (Art. 2

Abs. 2 lit. a RL 2013/59/Euratom). Bei der Beförderung radioaktiver Stoffe handelt es sich um eine **Tätigkeit iSv Art. 4 Nr. 65 RL 2013/59/Euratom,** die als **geplante Expositionssituation iSv Art. 4 Nr. 62** zu behandeln ist (vgl. BT-Drs. 18/11241, 273). Die Richtlinie verpflichtet die Mitgliedstaaten in Art. 82, dafür Sorge zu tragen, dass sich Unternehmen bei der Ausübung von Tätigkeiten von **Strahlenschutzexperten** zu Fragen des Schutzes strahlenexponierter Arbeitskräfte und hinsichtlich des Schutzes der Bevölkerung vor Expositionen beraten lassen. Darüber hinaus spricht auch der umfängliche Katalog an Beratungsleistung in Art. 82 RL 2013/59/Euratom aus Sicht des Gesetzgebers dafür, für die Beförderung eine im Strahlenschutz fachkundige Person vorzusehen (BT-Drs. 18/11241, 273). In Deutschland wird die Funktion des Strahlenschutzexperten grds. durch den **SSB** wahrgenommen (BT-Drs. 18/11241, 274; (→ § 70 Rn. 2).

Wer radioaktive Stoffe befördert und hierfür einer Genehmigung nach § 27 bedarf, ist nach § 69 Abs. 1 Nr. 1 und damit kraft Gesetzes **SSV** (→ § 69 Rn. 16). **13** Handelt es sich um eine juristische Person oder rechtsfähige Personengesellschaft, ist der SSV eine der in § 69 Abs. 2 genannten natürlichen Personen. Besitzt der SSV nicht selbst die erforderliche Fachkunde oder erfordert die sichere Ausübung der Tätigkeit weitere fachkundige Personen, hat er nach § 70 Abs. 1 S. 1 (→ § 70 Rn. 13ff.) die erforderliche Anzahl an **SSBen** zu bestellen. Ist die Bestellung von SSBen notwendig, dürfen nach Abs. 1 Nr. 2 und § 70 Abs. 3 keine Zweifel an deren **Zuverlässigkeit** (→ Rn. 3) bestehen. Die Anforderungen an die **erforderliche Fachkunde** des SSV bzw. des SSB richten sich nach § 74 Abs. 1 und den auf Grundlage der Verordnungsermächtigung in § 74 Abs. 3 und 4 erlassenen §§ 47ff. StrlSchV.

III. Notwendiges Wissen und Fertigkeiten der die Beförderung ausführenden Personen (Abs. 1 Nr. 4)

Mit **Abs. 1 Nr. 4** wird von dem die Beförderung ausführenden Personal eine auf **14** die konkrete Aufgabenstellung bezogene Qualifikation gefordert (so auch *Kalz* in HMPS AtG/PÜ § 4 AtG Rn. 16 zu § 4 Abs. 2 Nr. 2 AtG: „tätigkeitsangemessene Fachkunde").

Anforderungen an das zu erwerbende Fachwissen ergeben sich ua aus der **15** **SEWD-Richtlinie sonstige radioaktive Stoffe** (→ Rn. 9 und 36ff.): Das Beförderungspersonal ist vor einer erstmaligen Beförderung und sodann regelmäßig wiederkehrend zu Sicherungsaspekten zu unterweisen. Soweit Personen mit Sicherungsaufgaben betraut werden, haben diese das notwendige Fachwissen in der Sicherung und die Grundkenntnisse im Strahlenschutz durch den Besuch von Kursen zu erwerben, deren Inhalte einer Lernzielkontrolle unterliegen. Die Lerninhalte sind durch das Rundschreiben des Bundesministeriums für Umwelt, Naturschutz und nukleare Sicherheit v. 5.5.2020 **„Anforderungen an den Erwerb und die Aktualisierung der erforderlichen Fachkunde für die mit Sicherungsaufgaben betraute Person"** (GMBl. 2020 Nr. 19, 373) konkretisiert.

Anforderungen an Fachwissen und Kenntnisse für die Beförderung gefährlicher **16** Güter auf der Straße ergeben sich für die Fahrzeugbesatzungen zudem aus **Kapitel 8.2. ADR.** So müssen Fahrzeugführer besondere Kenntnisse im Zusammenhang mit der Beförderung gefährlicher Güter nachweisen, die im Rahmen von Schulungen durch Basiskurse (Absatz 8.2.2.3.2 ADR) und sich auf die Beförderung radioaktiver Stoffe beziehende Aufbaukurse (Absatz 8.2.2.3.5 ADR) vermittelt werden (sog. **„ADR-Schulungsbescheinigung").** Die Schulungskurse müssen von der Industrie- und Handelskammer anerkannt sein, § 14 Abs. 3 Nr. 1 GGVSEB. Andere an der Beförderung beteiligte Personen müssen, entsprechend ihrer Verantwortlichkeiten und Funktion, eine Unterweisung erhalten haben (Abschnitt 8.2.3 ADR ivm Kap. 1.3 ADR). Vergleichbare Anforderungen finden sich in Kapitel 8.2 ADN.

IV. Vorsorge gegen Schäden durch die Beförderung radioaktiver Stoffe (Abs. 1 Nr. 5)

17   Die Genehmigungsvoraussetzung des Abs. 1 Nr. 5 verdeutlicht die Prägung der Beförderungsgenehmigung sowohl durch das Atom- und Strahlenschutzrecht als auch durch das Gefahrgutrecht und bildet den wesentlichen materiell-rechtlichen Kreuzungspunkt dieser Rechtsgebiete: Sind die in der 1. Alt. angesprochenen „für den jeweiligen Verkehrsträger geltenden Rechtsvorschriften über die Beförderung gefährlicher Güter" beachtet, ist damit die von der 2. Alt. geforderte „nach dem Stand von Wissenschaft und Technik erforderliche Vorsorge gegen Schäden durch die Beförderung" gewährleistet. Beide Alternativen sind damit am Schutzstandard des aktuellen Standes von Wissenschaft und Technik ausgerichtet (BVerwG NVwZ 2013, 1407 (1408)). Praxisrelevant ist indes nur die 1. Alt. Die 2. Alt. geht auf den Umstand zurück, dass zum Zeitpunkt der Verkündung der 1. SSVO am 30. 6. 1960 (BGBl. I 430) noch nicht für alle Verkehrsträger Gefahrgutvorschriften existierten (BR-Drs. 121/60, Begründung, 23; *Johlige,* Beförderungsgenehmigung und –überwachung in 4. Deutsches Atomrechtssymposium, 1976, S. 189). Mittlerweile bestehen für alle Verkehrsträger entsprechende Regelwerke (dazu auch *Huck,* Transport gefährlicher Güter auf der Straße, 1993, S. 1 ff.).

18   An der Spitze des deutschen Gefahrgutrechts steht das **Gesetz über die Beförderung gefährlicher Güter (GGBefG)** vom 6. 8. 1975 (BGBl. I 2121), das für das BMDV in § 3 Abs. 1 eine Verordnungsermächtigung vorsieht, auf deren Grundlage die **Verordnung über die innerstaatliche und grenzüberschreitende Beförderung gefährlicher Güter auf der Straße, mit Eisenbahnen und auf Binnengewässern (GGVSEB)** idF vom 26. 3. 2021 (BGBl. I 481) erlassen wurde. Die GGVSEB erklärt in § 1 Abs. 3 Nr. 1 die Vorschriften der Teile 1 bis 9 der Anlagen A und B zu dem **Übereinkommen vom 30. September 1957 über die internationale Beförderung gefährlicher Güter auf der Straße (ADR)** (→ § 27 Rn. 16) für die Beförderung gefährlicher Güter im Straßenverkehr, in § 1 Abs. 3 Nr. 2 die Vorschriften der Teile 1 bis 7 der Anlage der **Ordnung über die internationale Eisenbahnbeförderung gefährlicher Güter (RID) – Anhang C des Übereinkommens über den internationalen Eisenbahnverkehr (COTIF)** vom 9. 5. 1980 (→ § 27 Rn. 16) für die Beförderung gefährlicher Güter im Eisenbahnverkehr und in § 1 Abs. 3 Nr. 3 die Vorschriften der Teile 1 bis 9 der Anlage zu dem **Europäischen Übereinkommen über die internationale Beförderung gefährlicher Güter auf Binnenwasserstraßen (ADN)** vom 26. 5. 2000 (→ § 27 Rn. 16) für Beförderungen gefährlicher Güter auf schiffbaren Binnengewässern, jeweils unter Verweis auf weitere Bestimmungen der Anlagen 2 und 3 der GGVSEB, für anwendbar.

19   Diese verkehrsträgerspezifischen, aber weitgehend identischen Regelwerke werden regelmäßig, idR alle zwei Jahre, aktualisiert. Zuletzt wurde das ADR durch die 28. ADR-Änderungsverordnung vom 14. 10. 2020 (BGBl. II 757) **(ADR 2021),** das RID durch die 22. RID-Änderungsverordnung vom 26. 10. 2020 (BGBl. II 856) **(RID 2021)** und das ADN durch die 8. ADN-Änderungsverordnung vom

23.11.2020 (BGBl. II 1035) (**ADN 2021**) geändert, die jeweils am **1.1.2021 in Kraft** traten.

Bei der Beförderung radioaktiver Stoffe mit **Seeschiffen** sind nach der ebenfalls 20 auf Grundlage von § 3 Abs. 1 GGBefG erlassenen **Verordnung über die Beförderung gefährlicher Güter mit Seeschiffen (GGVSee)** idF vom 21.10.2019 (BGBl. I 1475) die für den Seeschiffsverkehr spezifischen Vorschriften des **Internationalen Code für die Beförderung gefährlicher Güter mit Seeschiffen (IMDG-Code)** der Internationalen Seeschifffahrts-Organisation (IMO) einzuhalten. Rechtsverbindlich wird die jeweils aktuelle Fassung des IMDG-Code durch Anpassung des Verweises in der GGVSee (vgl. VkBl. 2020, 781). Allerdings bedarf es für die Beförderung sonstiger radioaktiver Stoffe nach den Vorschriften der GGVSee auf Grund von § 28 Abs. 1 S. 1 Nr. 3 lit. b keiner Genehmigung (→ § 28 Rn. 7). Eine Ausnahme von dieser Genehmigungsfreistellung gilt nach § 28 Abs. 1 S. 2 für die Beförderung von Großquellen iSv § 186 Abs. 1 S. 2 (→ § 28 Rn. 9).

Der Geltungsbereich des GGBefG erstreckt sich auch auf die **Beförderung ge- 21 fährlicher Güter mit Luftfahrzeugen.** Von der Möglichkeit des Erlasses einer entsprechenden Gefahrgutverordnung wurde bislang kein Gebrauch gemacht (zu den Gründen BR-Drs. 235/01, 9). Für die Beförderung radioaktiver Stoffe in Luftfahrzeugen bedarf es nach § 27 Abs. 1 LuftVG einer allgemeinen oder für den Einzelfall zu erteilenden Erlaubnis, für deren Erteilung nach § 78 Abs. 1 Luftverkehrs-Zulassungs-Ordnung (LuftVZO) idF vom 10.7.2008 (BGBl I 1229 (1256)) das Luftfahrt-Bundesamt zuständig ist. Die Erlaubnis ergeht unter der Maßgabe, dass die Bestimmungen der jeweils gültigen **Technischen Anweisungen für die sichere Beförderung gefährlicher Güter im Luftverkehr (ICAO-TI)** (→ 27 Rn. 16) der Internationalen Zivilluftfahrtorganisation (International Civil Aviation Organization – **ICAO**) eingehalten werden. Unterstützend können die Gefahrgutschriften (Dangerous Goods Regulations – **DGR**) der Internationalen Luftverkehrs-Vereinigung (International Air Transport Association – **IATA**), dem Branchenverband der Luftfahrtgesellschaften, herangezogen werden (Bekanntmachung des Luftfahrt-Bundesamtes v. 1.8.2019, NfL 2-488-19, 2; vgl auch *Veith,* S. 42). Eine Genehmigung nach § 27 Abs. 1 ist in diesen Fällen nach § 28 Abs. 1 S. 1 Nr. 3 lit. c bis auf den in § 28 Abs. 1 S. 2 geregelten Ausnahmefall der Beförderung von Großquellen nicht erforderlich (→ § 28 Rn. 8).

Grundlage dieser verkehrsträgerspezifischen Abkommen sind die **UN Empfeh- 22 lungen über den Transport gefährlicher Güter** (**UN Recommendations on the Transport of Dangerous Goods,** ST/SG/AC.10/1/Rev. 21/Corr.1, United Nations publication, Sales No. E. 19:VIII.1, sog. **„Orange Book",** dessen Anhänge die **UN-Modellvorschriften (Model Regulations on the Transport of Dangerous Goods)** und das **Handbuch über Prüfungen und Kriterien (Manual of Tests and Criteria)** bilden. Mit den Modellvorschriften wird den Nationalstaaten und den zwischenstaatlichen Organisationen ein Regelwerk zur Verfügung gestellt, welches das Ziel hat, eine harmonisierte Entwicklung nationaler und internationaler Vorschriften für die verschiedenen Verkehrsträger zu fördern. Auf Grund des Charakters als Musterregelungen ist eine unmittelbare Übernahme in nationales bzw. zwischenstaatliches Recht möglich. Dennoch wird so Raum für spezifischen Regelungsbedarf gelassen (UNECE, About the Recommendations, https://unece.org; zul. abgerufen am 27.9.2021). Das Handbuch über Prüfungen und Kriterien enthält Kriterien, Testmethoden und Verfahren zur Klassifizierung gefährlicher Güter gemäß den UN-Empfehlungen (UNECE, About the Manual of Tests and Criteria; https://unece.org; zul. abgerufen am 27.9.2021). In diesem

System zur Einteilung von gefährlichen Gütern in Gefahrgutklassen nehmen radioaktive Stoffe die **Gefahrgutklasse 7** ein.

23   Soweit es sich bei den zu befördernden gefährlichen Gütern um radioaktive
Stoffe handelt, sind im Orange Book die **„Regulations for the Safe Transport
of Radioactive Material"**, **2018 Edition, IAEA Safety Standards Series
SSR-6,** umgesetzt, die von der **Internationalen Atomenergie-Organisation**
(International Atomic Energy Agency – **IAEA**) herausgegeben werden. Diese Her-
ausgabe erfolgt mit dem Ziel, durch Festlegung grundlegender Sicherheitsstandards
Personen, Sachgüter und die Umwelt vor den mit der Beförderung radioaktiver
Stoffe verbundenen Gefahren zu schützen (IAEA SSR-6, 2018 Edition, Para. 104).
Dieses Schutzziel wird durch die Umschließung der radioaktiven Stoffe, die Einhal-
tung von Dosisleistungsgrenzwerten, die Verhinderung der Kritikalität und die Ver-
hinderung von Schäden durch Wärmeentwicklung sichergestellt (IAEA SSR-6,
Edition, Para. 104).

24   Zur Erreichung dieses Schutzziels kommt dem **„Konzept sicherer Versandstücke"** eine maßgebliche Bedeutung zu. Als Versandstück wird das versandfertige
Endprodukt des Verpackungsvorgangs, bestehend aus der Verpackung und ihrem
Inhalt, dem zu befördernden radioaktiven Stoff, dem sog. Inventar, bezeichnet
(vgl. Begriffsbestimmung „Versandstück" in Abschnitt 1.2.1 ADR/RID/ADN).
Nach diesem Konzept sind in Abhängigkeit von dem Gefahrenpotential auf Grund
der radiologischen Eigenschaften und ggf. auf Grund weiterer Gefährlichkeits-
merkmale (zB giftig, ätzend), das sich nach Art und Menge des zu befördernden
Stoffes bestimmt, verschiedene Arten von Versandstücktypen zu verwenden, für
die wiederum unterschiedliche sicherheitstechnische Anforderungen bestehen.
Das Gefahrgutrecht kennt dabei fünf Typen von Versandstücken: **Freigestellte
Versandstücke,** in denen so geringe Mengen radioaktiver Stoffe enthalten sind,
dass sie lediglich die allgemeinen Vorschriften erfüllen müssen (Abschnitt 6.4.2
ADR/RID), von weiteren Anforderungen des Gefahrgutregelwerkes über die
Auslegung und Verwendungen von Versandstücken aber weitgehend freigestellt
sind (vgl. Unterabschnitt 1.7.1.5 ADR/RID/ADN). Auf Grund des geringen
Gefahrenpotentials ist die Beförderung sonstiger radioaktiver Stoffe mit freigestell-
ten Versandstücken genehmigungsfrei (→ § 28 Rn. 6). **Industrieversandstücke**
(Typ IP-1, Typ IP-2 und Typ IP-3) werden für radioaktive Stoffe verwendet, die als
„Stoffe mit geringer spezifischer Aktivität" („Low Specific Activity"; sog. LSA-
Stoffe) oder als „Oberflächenkontaminierte Gegenstände" („Surface Contaminated
Objects"; sog. SCO-Gegenstände) (siehe Abschnitt 4.1.9.2 ADR/RID) klassifiziert
sind (vgl. Die Beförderung radioaktiver Stoffe, BMVBS, 2013, S. 12). Als LSA-Stoff
wird zB natürliches Uran befördert. SCO-Gegenstände sind bspw. Lappen aus
Wischtests, die als radioaktive Abfälle zu entsorgen sind. Für diese Versandstücktypen gelten die allgemeinen Vorschriften (Typ IP-1: siehe Unterabschnitt 6.4.5.1
ADR/RID) bzw. weitere Anforderungen für Auslegung und Verwendung
(Typ IP-2: siehe Unterabschnitt 6.4.5.2 ADR/RID; Typ IP-3: siehe Unterabschnitt
6.4.5.3 ADR/RID). Die Anforderungen an **Typ A-Versandstücke** ergeben sich
aus Abschnitt 6.4.7 ADR/RID. Typ A-Versandstücke werden zB für die Beförderung radiopharmazeutischer Produkte eingesetzt (vgl. Die Beförderung radioaktiver Stoffe, BMVBS, 2013, 12). **Typ B** und die äußerst selten vorkommenden,
für den Luftverkehr entwickelten **Typ C-Versandstücke** werden für radioaktive
Stoffe mit hoher Aktivität genutzt und müssen daher eine hohe Widerstandsfähig-
keit gegen äußere Einwirkungen aufweisen, deren Nachweis im Rahmen eines
Zulassungsverfahrens für die jeweilige Bauart zu führen ist. Zuständig für die Zulas-

sung einer Bauart von Versandstücken ist das BASE. Das Verfahren bestimmt sich nach der „Richtlinie für das Verfahren der Bauart-Zulassung von Versandstücken zur Beförderung radioaktiver Stoffe, von radioaktiven Stoffen in besonderer Form, von gering dispergierbaren radioaktiven Stoffen und von freigestellten spaltbaren Stoffen – R 003" **(Richtlinie R 003),** (VkBl. 2019, 618). Typ B-Versandstücke werden zB für Großquellen (→ § 186 Rn. 3) oder hochradioaktive Abfälle genutzt (zu den Verpackungstypen: *Schwarz,* Beförderung radioaktiver Stoffe, atw 2012, 476, (479)).

Der Schutz der die Beförderung ausführenden Personen wie auch der von in der **25** Nähe der Beförderungsstrecke befindlicher Dritter (*Kalz* in HMPS, AtG/PÜ § 4 AtG Rn. 22; *Näser/Paul* in Theobald/Kühling § 4 AtG Rn. 96 und → § 27 Rn. 19 ff) wird durch eine Begrenzung der Dosisleistung an der Außenfläche des Versandstücks, des Fahrzeugs bzw. in einem bestimmten Abstand davon gewährleistet. Dazu wird für das Versandstück eine Transportkennzahl, als Produkt der mit 100 multiplizierten, messbaren Dosisleistung in mSv/h in einem Meter Abstand von der Versandstückoberfläche, sowie die Oberflächendosisleistung in mSv/h ermittelt. Auf Grundlage der Transportkennzahl (transport index – TI) erfolgt eine Einordnung des Versandstücks in eine von drei Kategorien (vgl. Abschnitt 5.1.5.3 ADR/RID/ADN). Führt die Oberflächendosisleistung zu einer höheren Kategorie, ist das Versandstück dieser zuzuordnen. Je nach Kategorie, mit der das Versandstück durch einen Gefahrzettel zu kennzeichnen ist, darf die **Oberflächendosisleistung** maximal 5 µSv/h (Kategorie I-WEISS; TI: 0), 0,5 mSv/h (Kategorie II-GELB; TI: > 0 und ≤ 1) oder 2 mSv/h (Kategorie III-GELB TI: > 1 und ≤ 10) betragen (5.1.5.3.4 ADR/RID/ADN). Unter bestimmten Voraussetzungen ist eine Oberflächendosisleistung von mehr als 2 mSv/bis zu 10 mSv/h in der Kategorie III-GELB (TI > 10) zulässig. Freigestellte Versandstücke, für die keine Transportkennzahlen ermittelt werden, dürfen an keinem Punkt der Außenfläche des Versandstücks einen Wert von 5 µSv/h überschreiten (Absatz 2.2.7.2.4.1.2 ADR/RID/ADN). Darüber hinaus darf die Dosisleistung an der **Außenseite des Fahrzeugs 2 mSv/h** und in einem **Abstand von zwei Metern zum Fahrzeug 0,1 mSv/h** nicht überschreiten (Kapitel 3.2 Tabelle A Spalte 18 jeweils mit Verweis auf die Sondervorschrift CV 33 (3.3) b) Unterabschnitt 7.5.11 ADR/RID, mit Ausnahmen für Sendungen unter ausschließlicher Verwendung nach (3.5) a) bis c) des Unterabschnitts 7.5.11 ADR/RID). Die Einhaltung der Oberflächen- und Abstandsdosisleistungswerte wird wiederum dadurch erreicht, dass die Menge radioaktiver Stoffe in einem Versandstück bestimmte Aktivitätsgrenzwerte nicht überschreiten darf und/oder im Versandstück, insbesondere bei den Typen B und C, (unter gewissen Voraussetzungen auch auf dem Beförderungsmittel) bauliche Maßnahmen zur Abschirmung der Strahlung ergriffen werden. Dabei ist insbesondere die Tabelle 2.2.7.2.2.1 ADR/RID/ADN mit den Aktivitätsgrenzwerten A_1 und A_2 relevant, die ua zur Begrenzung der Aktivitätsmengen in Typ A-Versandstücken oder freigestellten Versandstücken verwendet werden (siehe *Brand/Kosbadt,* Radioaktive Stoffe, 2011, S. 90).

Das Konzept sicherer Versandstücke unterscheidet sich damit wesentlich von **26** dem dem Strahlenschutz zugrundeliegenden Schutzkonzept der §§ 80, 81 iVm §§ 99 ff. StrlSchV (vgl. BVerwG NVwZ 2013, 1407 (1408); OVG Lüneburg, DVBl. 2011, 1487; → § 80 Rn. 17 ff.): Während § 80 eine effektive Dos. von 1 mSv für eine fiktive „repräsentative Person" der Bevölkerung (vgl. BT-Drs. 18/11241, 327) innerhalb eines Kalenderjahres an einer bestimmten Einwirkstelle zugrunde legt und damit einen immissionsbezogenen Ansatz aufweist, gehen die gefahrgutrechtlichen Regelungen von den Emissionen der Versandstücke aus. Dies darf jedoch nicht zu dem Schluss führen, dass der Grenzwert des § 80 für die Beförderung radioaktiver Stoffe keine Bedeutung hat. Vielmehr sind grundsätzlich auch die Expositionen aus genehmigungsbedürftigen Beförderungen radioaktiver Stoffe zu betrachten (BT-Drs 18/11241, 328). Dies verlangt auch Art. 12 RL 2013/59/ Euratom. Letztlich ist aber davon auszugehen, dass bei Einhaltung der Grenzwerte der gefahrgutrechtlichen Regelwerke auch derjenige des § 80 abgedeckt ist (BR-Drs. 423/18, 405). Die **Störfallplanungswerte** der Strahlenschutzverordnung sind indes nach § 104 Abs. 5 StrlSchV bei der Beförderung radioaktiver Stoffe von vornherein nicht zu betrachten. Insoweit stellt das Gefahrgutrecht das speziellere und auch nach der Systematik des Abs. 1 Nr. 5 vorrangig anzuwendende Recht dar (*Ewen/Holte,* Die neue Strahlenschutzverordnung, 2003, S. 177).

V. Vorsorge für die Erfüllung gesetzlicher Schadensersatzverpflichtungen (Deckungsvorsorge) (Abs. 1 Nr. 6 und Abs. 3)

27   Die Beförderung sonstiger radioaktiver Stoffe iSv § 3 Abs. 1 S. 1 darf bei Überschreiten der in Abs. 1 Nr. 6 lit. a bestimmten Aktivitätswerte und die Beförderung kleiner Mengen Kernbrennstoffe iSv § 3 Abs. 3, die als sonstige radioaktive Stoffe gelten, bei Überschreiten der in Abs. 1 Nr. 6 lit. b bestimmten Aktivitätswerte nur genehmigt werden, wenn die erforderliche Vorsorge für die Erfüllung gesetzlicher Schadensersatzverpflichtungen **(Deckungsvorsorge)** getroffen ist. Für die Beförderung sonstiger radioaktiver Stoffe beider Kategorien gelten nach § 176 (→ § 176 Rn. 1 ff) die Haftungsvorschriften des AtG.

28   Die Regelung des Abs. 1 Nr. 6 führt inhaltlich § 18 Abs. 1 Nr. 4 StrlSchV 2001 fort und nimmt über die Verordnungsermächtigung in § 24 S. 1 Nr. 10 Bezug auf **§ 11 StrlSchV iVm Anlage 4 Tabelle 1 Spalte 1 StrlSchV** und die dort bestimmten nuklidspezifischen Freigrenzen, deren Überschreiten um das 10^9fache je Versandstück mit sonstigen radioaktiven Stoffen iSv § 3 Abs. 1 bzw. um das 10^5fache je Versandstück mit Kernbrennstoffen iSv § 3 Abs. 3 zur **Deckungsvorsorgepflicht** führt. Überschreitet die Aktivität je Versandstück 10^{15} Bq bedarf es in jedem Falle des Nachweises der Deckungsvorsorge.

29   Unabhängig von der Aktivität des zu befördernden radioaktiven Stoffes ist nach **§ 29 Abs. 3** eine Deckungsvorsorge in den Fällen der Beförderung von **Kernmaterialien iSv § 2 Abs. 4 AtG iVm Art. 1 Abs. (a) UAbs. (v) des Pariser Übereinkommens (PÜ)** stets zu erbringen. Mit Abs. 3 soll verhindert werden, dass Kernmaterialien, deren Aktivität die in Abs. 1 Nr. 6 lit. a und b bestimmten Aktivitätsgrenzwerte nicht überschreiten, ohne Nachweis einer Deckungsvorsorge befördert werden können. Der Vorschrift liegen damit die gleichen Erwägungen wie § 28 Abs. 2 S. 1 zugrunde (→ § 28 Rn. 12).

30   Über den Verweis in § 177 S. 1 (→ § 177 Rn. 1 ff) gelten für die Deckungsvorsorge die Regelungen der §§ 13–15 AtG und die auf Grundlage der Ermächtigung in §§ 13 Abs. 3 S. 1, 54 Abs. 1 und 2 AtG erlassene **Atomrechtliche Deckungsvorsorge-Verordnung (AtDeckV)** (BGBl. 2022 I 118).

31   § 13 Abs. 1 S. 1 AtG geht vom Regelfall aus, dass Art, Umfang und Höhe der Deckungsvorsorge im laufenden Genehmigungsverfahren von der Genehmigungsbehörde durch einen **selbstständig anfechtbaren Verwaltungsakt festgesetzt** werden (vgl. *Raetzke* in Frenz § 13 AtG Rn. 10; *Pelzer* in HMPS AtG/PÜ § 13 AtG Rn. 4) und sodann ein der Festsetzung entsprechender Nachweis vorgelegt wird, der der Genehmigungsentscheidung zugrunde liegt. Dies schließt aber

nicht aus, dass die Festsetzung erst im Genehmigungsbescheid erfolgt und ein bereits zuvor erbrachter Nachweis der Deckungsvorsorge der Genehmigung unmittelbar zugrunde gelegt wird, wenn alle Beteiligten die Höhe der Deckungsvorsorge ohne weiteres ermitteln können (*Raetzke* in Frenz §13 AtG Rn. 10), was in Beförderungsgenehmigungsverfahren regelmäßig der Fall ist.

Den Nachweis der Deckungsvorsorge hat nach §13 Abs. 1 S. 1 AtG der Antragsteller zu treffen. Ihm gegenüber hat daher auch die Festsetzung zu erfolgen. Für die **Beförderung von Kernmaterialien** geht Art. 4 Abs. (a) des **Pariser Übereinkommens** (PÜ) (→ §28 Rn. 11) von dem Grundsatz der **Haftung des Inhabers der absendenden Kernanlage** aus. Dies gilt auch im Falle eines nuklearen Ereignisses, das auf Kernmaterialien zurückzuführen ist, die von seiner Anlage aus befördert worden sind. (Zu den Begriffen „nukleares Ereignis", „Kernanlage", „Kernmaterialien" und „nuklearer Schaden" siehe die entsprechenden Begriffsbestimmungen in Art. 1 Abs. (a) UAbs. (i), (ii), (v) und (vii) PÜ und → §176 Rn. 6ff.). Bei vertraglicher Übernahme der Haftung oder nach tatsächlicher Übernahme der Kernmaterialien haftet der **Inhaber der empfangenden Kernanlage** (Art. 4 Abs. (b) PÜ). Durch §176 iVm §25 Abs. 2 AtG besteht zudem die durch Art. 4 Abs. (e) PÜ zugelassene Möglichkeit einer **Haftungsübernahme durch den Beförderer.** Der Begriff des Beförderers ist an dieser Stelle allerdings weiter als in §27 Abs. 1 S. 2 zu verstehen (→ §27 Rn. 6), wie sich aus §25 Abs. 2 S. 4 AtG ergibt, und umfasst neben dem Frachtführer iSd §407 Abs. 1 HGB auch den Spediteur iSd §§453ff HGB. Besteht zwischen Antragsteller und haftendem Inhaber der Kernanlage keine Personenidentität – wenn etwa der Beförderer den Antrag stellt, aber die Haftung nicht übernommen hat –, hat der Antragsteller daher einen Nachweis vorzulegen, aus dem sich ergibt, dass der Inhaber der Kernanlage die Deckungsvorsorge getroffen hat.

Die Genehmigungsbehörde hat bei der Festsetzung der Höhe der Deckungsvorsorge nach §7 Abs. 1 AtDeckV eine für den Regelfall festzusetzende Deckungssumme als **Regeldeckungssumme** zu bestimmen. Im Anwendungsbereich des PÜ (→ §28 Rn. 11) ist für die **Beförderung von Kernmaterialien** iSv Art. 1 Abs. (a) UAbs. (v) PÜ die Regeldeckungssumme nach den seit dem 2.1.2022 geltenden §§8a, 8b AtDeckV (BGBl. I 73 (74)) festzusetzen. Mit §8a AtDeckV setzte der Verordnungsgeber die Anforderungen des Art. 10 Abs. (a) und (b) PÜ idF des Änderungsprotokolls vom 12.2.2004 um (vgl. BR–Drs. 614/21, 36), das am 1.1.2022 in Kraft getreten ist (BGBl. II 10). Dabei darf nach §7 Abs. 2 Nr. 1 iVm §8a Abs. 1 AtDeckV die Regeldeckungssumme **nicht weniger als 80 Mio. EUR** betragen. Dieser Betrag ist anhand der Masse der zu befördernden Kernmaterialien (Anlage 3 AtDeckV) und der Gesamtaktivität (Anlage 4 AtDeckV) zu erhöhen und dieser Erhöhungsbetrag mit der Regeldeckungssumme zusammenzurechnen. Die so ermittelte Regeldeckungssumme darf **125 Mio. EUR nicht überschreiten.** Unter den Voraussetzungen des §8a Abs. 2 AtDeckV sind allerdings kleinere Mengen Kernmaterialien von der Anwendung des Pariser Übereinkommens ausgenommen. Mit dieser Ausnahme wurde eine Entscheidung des Direktionsausschusses für Kernenergie der OECD vom 3.11.2016 übernommen, nach der das Ausmaß der von kleinen Mengen ausgehenden Gefahren als so gering erachtet wurde, dass ein Ausschluss vom Anwendungsbereich des PÜ als gerechtfertigt angesehen wurde (BT–Drs. 614/21, 36). Liegen die nach §8a Abs. 2 und Anlage 5 AtDeckV zu ermittelnden Voraussetzungen vor, bestimmt sich die Regeldeckungssumme nach §8a Abs. 3 iVm §8 Abs. 4 und 5 AtDeckV (→ Rn. 35).

In den Fällen, in denen das Pariser Übereinkommen nicht anwendbar ist und sonstige radioaktive Stoffe befördert werden, richtet sich die Haftung nach §176 iVm § 26 AtG (→ § 176 Rn. 9 ff.). Dabei haftet nach **§ 26 Abs. 6 S. 2 AtG** im Falle der Beförderung der **Absender** (→ § 27 Rn. 5). Dies ist jeder, der die Stoffe zur Beförderung bestimmt und ihre Übergabe an den Beförderer veranlasst (*Fischerhof* § 26 AtG Rn. 8; *Raetzke* in Frenz § 26 AtG Rn. 12). Ausschlaggebende Erwägung des Gesetzgebers ist dabei, dass der Absender für die Verpackung der radioaktiven Stoffe zuständig ist, die für die Sicherheit der Beförderung von entscheidender Bedeutung ist (BT-Drs. 5/4071, 8, *Haedrich* § 26 AtG Rn. 8; *Pelzer* in HMPS AtG/PÜ § 7 AtG, Rn. 27). Eine Haftung des Beförderers schließt § 26 Abs. 6 S. 1 AtG hingegen aus.

35   Außerhalb des Anwendungsbereichs der PÜ, ergibt sich die Regeldeckungssumme für die Beförderung aus § 8 Abs. 4 iVm Abs. 1 iVm Anlage 2 Spalte 2 AtDeckV. Danach bestimmt sich die Regeldeckungssumme anhand der Aktivität des zu befördernden Stoffes. Für die Beförderung sonstiger radioaktiver Stoffe ist dabei nach § 8 Abs. 4 Hs. 2 AtDeckV die Höhe der Summe anhand der Anlage 2 Spalte 2 für umschlossene radioaktive Stoffe zu ermitteln. § 8 Abs. 5 AtDeckV sieht vor, dass die Deckungssumme bei der Beförderung **35 Mio. EUR** nicht überschreiten soll.

VI. Erforderlicher Schutz gegen Störmaßnahmen und sonstige Einwirkungen Dritter (Abs. 1 Nr. 7)

36   Mit Abs. 1 Nr. 7 wird die Gewährleistung des erforderlichen **Schutzes gegen Störmaßnahmen und sonstige Einwirkungen Dritter (SEWD)** gefordert. Der Schutz gegen SEWD zielt auf den Schutz vor einer Instrumentalisierung des von einem Beförderungsvorgang ausgehenden radiologischen Gefahrenpotentials zu kriminellen oder terroristischen Zwecken ab (vgl. *Vorwerk* in HMPS AtG/PÜ § 7 AtG, Rn. 56 ff.). Die Abwehr solcher Gefahren ist allerdings zuvorderst eine staatliche Aufgabe, so dass der nach Nr. 7 zu gewährleistende Schutz nur übergangsweise, bis zum Eintreffen staatlicher Sicherheitskräfte, durch den Genehmigungsinhaber bzw. die Beförderung ausführenden Personen zu besorgen ist (BVerwG NVwZ 1989, 684, (685)). Allein hierbei handelt es sich um den von den an der Beförderung beteiligten Personen zu gewährleistenden und vom Antragsteller im Genehmigungsverfahren nachzuweisenden und damit erforderlichen Schutz gegen SEWD (vgl. BayVGH BeckRS 2004, 25110 Rn. 26). Diese von der die Beförderung ausführenden Personen zu ergreifenden Maßnahmen sind eng mit den staatlichen Maßnahmen aufeinander abgestimmt, was als sog. **integriertes Sicherungs- und Schutzkonzept** bezeichnet wird. Welche Sicherungsanforderungen für die Beförderung gelten und welche Sicherungsmaßnahmen zur Erfüllung dieser Anforderungen bei der Beförderung umzusetzen sind, ergibt sich insbesondere aus der Richtlinie für den Schutz gegen Störmaßnahmen und sonstige Einwirkungen Dritter beim Umgang mit und bei der Beförderung von sonstigen radioaktiven Stoffen **(SEWD-Richtlinie sonstige radioaktive Stoffe)** (GMBl. 2020 Nr. 14, 286), die nach dem Rundschreiben des Bundesministeriums für Umwelt, Naturschutz und nukleare Sicherheit vom 2.3.2020 – S II 3 – 13151/VS NfD seit dem 1.1.2021 von den Genehmigungsbehörden für Neu- und Änderungsgenehmigungen zugrunde zu legen ist. Die SEWD-Richtlinie sonstige radioaktive Stoffe gilt für den genehmigungsbedürftigen Umgang nach § 12 Abs. 1 Nr. 3 (→ § 13 Rn. 69) sowie für die genehmigungsbedürftige Beförderung sonstiger radioaktiver Stoffe nach § 3 Abs. 1 S. 1 und von kleinen Mengen Kernbrennstoffen nach § 3 Abs. 3, die als sonstige radioaktive Stoffe gelten, auf der Straße und im Schienenverkehr. Sie ist sinngemäß für die Beförderung auf Binnenwasserstraßen anzuwenden.

Schutzziel der SEWD-Richtlinie ist zum einen, eine **Entwendung** radioaktiver 37
Stoffe, die mit der Absicht erfolgt, Leben und Gesundheit von Menschen durch
eine **Freisetzung an einem anderen Ort** zu gefährden, entsprechend des jeweiligen Gefahrenpotentials zu verhindern, zu erschweren oder ausreichend zu verzögern. Zum anderen ist eine Gefährdung von Leben und Gesundheit infolge einer
Freisetzung radioaktiver Stoffe vor Ort entsprechend des jeweiligen Gefahrenpotentials zu verhindern, zu erschweren oder ausreichend zu verzögern. Dabei verfolgt die SEWD-Richtlinie einen abgestuften Ansatz, mit dem die zu befördernden
radioaktiven Stoffe anhand der beantragten Aktivität und ggf. weiterer Randbedingungen einer Sicherungsstufe A, B oder C zugeordnet werden, wobei A die
höchste und C die niedrigste Sicherungsstufe ist. Je nach Sicherungsstufe ergeben
sich unterschiedlich hohe Sicherungsanforderungen, für die jeweils entsprechende
Sicherungsmaßnahmen zu treffen sind. Unterhalb der niedrigsten Sicherungsstufe
ist nur ein Grundschutz zu gewährleisten (siehe zum Ganzen *Kosbadt,* Die SEWD-
Richtlinie zur Sicherung von sonstigen radioaktiven Stoffen – Was bedeutet dies für
die Radiographie?, 2017, https://www.dgzfp.de; zul. abgerufen am 21.2.2022).

Die SEWD-Richtlinie ist in den Geheimhaltungsgrad **VS–Nur für den** 38
Dienstgebrauch eingestuft und ist deshalb im Wortlaut nicht veröffentlicht. Dies
dient der Wahrung der Effektivität der Maßnahmen und damit sowohl dem Schutz
der Allgemeinheit als auch von potentiell Drittbetroffenen (vgl. *Leidinger,* in: Frenz
§ 7 AtG Rn. 209 zu SEWD-Richtlinien für Kernkraftwerke und Zwischenläger).
Sie darf an nichtöffentliche Stellen weitergegeben werden, wenn die Kenntnis ihres
Inhalts für deren Aufgabenerfüllung im öffentlichen Interesse erforderlich ist
(GMBl. 2020 Nr. 14, 286 (287)). Damit sind zuvorderst die Antragsteller bzw. Genehmigungsinhaber aber auch Kursstätten und Sachverständige angesprochen.

Unberührt von der SEWD-Richtlinie sonstige radioaktive Stoffe bleiben die 39
nach dem Gefahrgutrecht geforderten Sicherungsmaßnahmen des Gefahrgutrechts
(vgl. Kapitel 1.10 ADR/RID/ADN 2021 und Kapitel 1.4 IMDG-Code 2020).

VII. Erforderliche Hilfsmittel und Personal zur Schadens- bekämpfung (Abs. 1 Nr. 8)

Über die mit Abs. 1 Nr. 5 und Nr. 7 geforderten Vorsorgemaßnahmen hinaus 40
wird mit **Abs. 1 Nr. 8** verlangt, dass der Genehmigungsinhaber personelle und
sachliche Vorkehrungen trifft, um bei der Beförderung radioaktiver Stoffe mit höheren Aktivitäten **Maßnahmen zur Schadensbekämpfung infolge von Stör-
oder Notfällen** durchführen zu können. Eines entsprechenden Nachweises bedarf
es aber erst, wenn radioaktive Stoffe befördert werden sollen, die das 10^{10}fache der
jeweiligen radionuklidspezifischen **Freigrenze der Anlage 4 Tabelle 1 Spalte 2
der StrlSchV** überschreiten. Die Regelung greift die entsprechende Voraussetzung
aus § 18 Abs. 1 Nr. 6 StrlSchV 2001 auf. Der Begriff des „Notfalls" ist in § 5 Abs. 26
($\rightarrow$ § 5 Rn. 30) definiert und ersetzt als insoweit abdeckender Begriff den in der
vormaligen Regelung noch verwendeten Begriff des „Unfalls" (BT-Drs. 18/11241,
274). Über den Verweis auf die Verordnungsermächtigung in § 82 Abs. 1 Nr. 1 gilt
nach § 106 Abs. 2 StrlSchV, dass der SSV entweder selbst geschultes Personal und die
erforderlichen Hilfsmittel bereithalten hat oder eine Vereinbarung mit einer hierfür
die Erfüllung dieser Aufgabe geeigneten Institution geschlossen haben muss. § 106
Abs. 2 StrlSchV entspricht § 53 Abs. 1 StrlSchV 2001. Die noch in § 18 Abs. 1 Nr. 6
der StrlSchV 2001 vorgesehene Einschränkung, dass dieser Nachweis ausschließlich
durch eine Vorlage einer Vereinbarung mit einer Institution erfolgen kann, die sich

zur Eindämmung und Beseitigung verpflichtet hat, besteht nicht mehr (kritisch zur damaligen Einschränkung: *Ewen/Holte,* Die neue Strahlenschutzverordnung, 2003, S. 81).

VIII. Kein Entgegenstehen weiterer strahlenschutzspezifischer Belange (Abs. 1 Nr. 9)

41   Nach **Abs. 1 Nr. 9** darf die Wahl der Art, der Zeit und des Weges der Beförderung dem Schutz der Bevölkerung vor der schädlichen Wirkung ionisierender Strahlung nicht entgegenstehen. War diese Voraussetzung in § 18 Abs. 1 Nr. 7 StrlSchV 2001 in der Weise allgemeiner gefasst, dass „überwiegende öffentliche Interessen der Wahl der Art, der Zeit und des Weges der Beförderung nicht entgegenstehen dürfen", sind in der jetzigen Fassung nur **strahlenschutzspezifische Interessen** relevant. Die Frage, ob öffentliche Interessen nur solche sind, die mit der Zweckbestimmung des Gesetzes in Zusammenhang stehen, oder aber ob jedwedes öffentliches Interesse in Betracht kommt, ist damit geklärt (vgl. dazu noch OVG Lüneburg NJW-RR 2005 538 (538)). Bei Vorliegen der übrigen Genehmigungsvoraussetzungen kommt der Regelung aber nur eine eingeschränkte Bedeutung zu, da der Schutz der Bevölkerung vor den schädlichen Wirkungen ionisierender Strahlung mit Vorliegen der anderen Genehmigungsvoraussetzungen bereits festgestellt wurde (so auch *Kalz* in HMPS AtG/PÜ § 4 AtG Rn. 32 zu § 4 Abs. 2 Nr. 6 AtG; *Näser/Paul* in Theobald/Kühling § 4 AtG Rn. 130 zu § 4 Abs. 2 Nr. 6 AtG). Nach der Gesetzesbegründung „ergänzt die Anforderung die weiteren Voraussetzungen im Hinblick auf eine erhöhte Sicherheit der Allgemeinheit" (BT-Drs. 18/11241, 275). Auch in der Neufassung dient die Vorschrift damit ausschließlich dem Schutz der Allgemeinheit und vermittelt keinen Drittschutz (BT Drs. 18/11241, 275).

D. Mitwirkung des Antragstellers im Verfahren (Abs. 2)

42   Mit **Abs. 2** wird die im Rahmen der Leistungsverwaltung ohnehin bestehende Obliegenheit zur **Mitwirkung** klargestellt (dazu *Engel/Pfau* in MSU VwVfG § 26 Rn. 56). Zur Beschleunigung und Vereinfachung des Verfahrens sind die erforderlichen Unterlagen bereits mit der Antragstellung einzureichen. Dies schließt selbstverständlich nicht aus, dass im Laufe des Verfahrens weitere Unterlagen nachgefordert werden können, wenn dies seitens der Behörde für notwendig erachtet wird. Soweit dies erforderlich ist, hat die Behörde den zukünftigen Antragsteller aber bereits im Vorfeld der Antragstellung über die von diesem zu erbringenden Nachweise und Unterlagen zu beraten, § 25 Abs. 2 VwVfG. Die Regelung in Abs. 2 begründet keine ggf. mit Zwangsmitteln durchsetzbare Mitwirkungsverpflichtung. Vielmehr ist der Antrag auf Erteilung der Genehmigung abzulehnen, wenn trotz Belehrung und Fristsetzung keine oder nur eine unvollständige Unterlageneinreichung erfolgt und deshalb das Vorliegen der Genehmigungsvoraussetzungen nicht festgestellt werden kann (*Kallerhoff/Fellenberg* in SBS VwVfG § 26 Rn. 64; *Engel/Pfau* in MSU VwVfG § 26 Rn. 56: Abschluss des Verfahrens durch Ablehnung der weiteren Bearbeitung).

§30 Verordnungsermächtigung für die grenzüberschreitende
Verbringung radioaktiver Stoffe

[1]Die Bundesregierung wird ermächtigt, durch Rechtsverordnung mit
Zustimmung des Bundesrates zu bestimmen, dass die grenzüberschreitende Verbringung radioaktiver Stoffe einer Genehmigung, Anzeige oder
Anmeldung bedarf. [2]In der Rechtsverordnung können insbesondere festgelegt werden:
1. die Voraussetzungen für die Erteilung der Genehmigung,
2. Art, Inhalt und Umfang der vorzulegenden Unterlagen oder beizubringenden Nachweise,
3. die Art und Weise der Abgabe dieser Unterlagen und Nachweise sowie
4. die Anforderungen an die Person, die die eingeführten radioaktiven
   Stoffe erstmals erwirbt.
[3]In der Rechtsverordnung kann ebenfalls festgelegt werden, unter welchen
Voraussetzungen die grenzüberschreitende Verbringung genehmigungsfrei ist.

A. Zweck und Bedeutung der Norm

Die Norm ermächtigt die Bundesregierung, die grenzüberschreitende Verbrin- **1**
gung radioaktiver Stoffe im Verordnungswege zu regulieren. Die auf ihrer Grundlage erlassenen Regelungen dienen wiederum der Umsetzung des Art. 2 Abs. 2
lit. a, 12 Abs. 1 RL 2013/59/Euratom, wonach die Mitgliedstaaten die Ein- und
Ausfuhr radioaktiver Stoffe in und aus der Gemeinschaft einer regulatorischen
Kontrolle zu unterwerfen haben. Die **Umsetzung erfolgte mit den §§ 12–15
StrlSchV** vom 29.11.2018 (BGBl. I 2034, (2043)), die inhaltlich im Wesentlichen
den §§ 19–22 StrlSchV 2001 (BGBl. I 1704, (1726)) entsprechen.

B. Reichweite der Ermächtigung

Entsprechend der RL 2013/59/Euratom ist eine **grenzüberschreitende Ver-** **2**
bringung radioaktiver Stoffe eine solche **aus oder in einen Staat, der nicht
Mitgliedstaat der Europäischen Union** ist. Die Ermächtigungsgrundlage bezieht sich daher nicht auf den Erlass von regulatorischen Maßnahmen hinsichtlich
der Verbringung innerhalb der Europäischen Union. Diese richten sich ausschließlich nach der **VO (EAG) Nr. 1493/93** vom 8.6.1993 über die Verbringung radioaktiver Stoffe zwischen den Mitgliedstaaten (Abl. EG 1993 Nr. L 148/1). Die noch
in § 21 Abs. 4 StrlSchV 2001 vorgesehene Klarstellung wurde nicht in die aktuelle
StrlSchV übernommen. Auf Grundlage der Ermächtigungsnorm soll lediglich eine
Vorabkontrolle der **Ein- und Ausfuhr radioaktiver Stoffe in bzw. aus sog.
Drittstaaten** sichergestellt werden.
Fälle genehmigungsbedürftiger Verbringung bestimmt § 12 StrlSchV. Danach **3**
besteht nach Abs. 1 eine Genehmigungspflicht für die **Verbringung hochradio-
aktiver Strahlenquellen** iSv § 5 Abs. 36 (→ § 5 Rn. 43) **in Drittstaaten,** wenn
eine der in § 12 Abs. 1 Nr. 1–3 StrlSchV genannten Voraussetzungen vorliegt.
Abs. 2 bestimmt das entsprechende Erfordernis für die Verbringung **hochradio-**

aktiver Strahlenquellen aus Drittstaaten in das Hoheitsgebiet der Bundesrepublik Deutschland und für **sonstige radioaktive Stoffe** iSv § 3 Abs. 1, Abs. 3 S. 1 (→ § 3 Rn. 7 ff. und 21), deren Aktivität je Versandstück das 10^8fache der Freigrenze (Anlage 4 Tabelle 1 Spalte 4 StrlSchV) beträgt oder überschreitet. Eine Genehmigung ist nicht erforderlich, soweit eine Genehmigung zur Ein- oder Ausfuhr von Kernbrennstoffen nach § 3 AtG vorliegt und diese sich auf die grenzüberschreitende Verbringung in oder aus einem Drittstaat erstreckt. Entsprechend des in Art. 12 Abs. 1 RL 2013/59/Euratom vorgesehenen abgestuften Ansatzes beinhaltet § 13 StrlSchV Fälle, bei denen die grenzüberschreitende Verbringung lediglich anzumelden ist. Neu in § 13 StrlSchV im Vergleich zu § 20 StrlSchV 2001 (BGBl. I 1714 (1727) ist, dass die grenzüberschreitende Verbringung elektronisch anzumelden ist.

4   Zuständig für die Erteilung der Genehmigung und für die Annahme der Anmeldung ist nach § 188 Abs. 1 S. 2 das **Bundesamt für Wirtschaft und Ausfuhrkontrolle** (→ § 188 Rn. 3).

C. Ausnahmen und weitere Regelungen

5   Fälle von Verbringungen, die sowohl keiner Genehmigung für die Ein- und Ausfuhr nach § 3 Abs. 1 AtG als auch keiner Genehmigung nach § 12 StrlSchV oder vorherigen Anmeldung nach § 13 StrlSchV bedürfen, finden sich in § 14 Abs. 1 StrlSchV. Hierunter fällt die Verbringung der in **Anlage 3 Teil E StrlSchV** genannten Stoffe und Vorrichtungen (**Nr. 1**), die zollamtlich überwachte **Durchfuhr (Nr. 2)** sonstiger radioaktiver Stoffe iSv § 3 Abs. 1, Abs. 3 S. 1. und das **Mitführen (Nr. 3)** dieser Stoffe im Rahmen von Servicetätigkeiten, zB in Form von Prüfstrahlern zum Einsatz beim Kunden, sofern es sich dabei nicht um hochradioaktive Strahlenquellen iSv § 5 Abs. 36 handelt. Eine weitere Ausnahme stellt nach **Nr. 4** die **Verbringung von Konsumgütern** iSv § 5 Abs. 20 (→ § 5 Rn. 24), denen radioaktive Stoffe zugesetzt oder die aktiviert worden sind, dar. Hierfür finden sich in den §§ 42 ff. spezielle Regelungen (→ § 42 Rn. 1 ff.). Diese Vorschriften gehören damit zu den „anderen Vorschriften über die Verbringung" iSv § 14 Abs. 3 StrlSchV, die unberührt bleiben (vgl. BR. Drs- 423/18, 356).

6   Ebenfalls dem § 14 Abs. 3 StrlSchV unterfällt die **Verbringung radioaktiver Abfälle iSd Atomrechtlichen Abfallverbringungsverordnung (AtAV)** vom 30. 4. 2009 (BGBl. I 1000), die auf Grundlage der Ermächtigung des § 11 Abs. 1 Nr. 4 AtG erlassen wurde (BR. Drs. 423/18, 356). Eine Genehmigung oder Anmeldung der grenzüberschreitenden Verbringung radioaktiver Abfälle iSd AtAV erfordert keine Genehmigung bzw. Anmeldung nach §§ 12,13 StrlSchV, wie auch in § 2 Abs. 2 AtAV bestimmt ist.

7   Unberührt von dem Erfordernis einer Genehmigung bzw. Anzeige bleiben zudem „**zollrechtliche Vorschriften und aus dem Außenwirtschaftsrecht stammende Vorschriften,** die die Handelsbeziehungen zu einzelnen Staaten pauschal oder auf bestimmte Güter bezogen reglementieren" (BR. Drs. 423/18, 356 mit Verweis auf BR. Drs. 266/11, 126). Relevant ist dies insbesondere für solche radioaktiven Gegenstände, deren grenzüberschreitende Verbringung zugleich das Erfordernis zur Einholung einer Genehmigung nach den §§ 8 ff. der **Außenwirtschaftsverordnung** (AWV) vom 2. 8. 2013 (BGBl. I 2865; 2021 I 4304) auslöst. Zum Verhältnis der Genehmigungen zueinander: *Veith,* Strahlenschutzgesetz mit Verordnungen, 2019, S. 45.

Abschnitt 5 – Medizinische Forschung

Vorbemerkung zu §§ 31 ff.

Schrifttum: *Böse/Jansen,* Radiologische Begleitdiagnostik zu Forschungszwecken – Inkonsistenzen des vereinfachten Genehmigungsverfahrens nach der Novellierung der Strahlenschutz- und Röntgenverordnung, MedR 2012, 720; *Minkov/Klammer/Brix,* Strahlenschutz in der medizinischen Forschung, Der Radiologe 2017, 548; *Nölling,* Das neue Strahlenschutzgesetz – Auswirkungen auf die radioonkologische Forschung in Deutschland, Strahlenther. Onkol 2017, 275; *Simon et al,* Genehmigungsverfahren klinischer Studien im Bereich der Radioonkologie, Strahlenther Onkol 2015, 909.

Im Strahlenschutzrecht gibt es schon seit Jahrzehnten Regelungen zur Geneh- **1** migungsbedürftigkeit der Anwendung ionisierender Strahlung oder radioaktiver Stoffe in der med. Forschung (vgl. § 41 StrlSchV 1976; zu den Gründen der Einführung der Vorgaben vgl. BR-Drs. 375/76, 41 ff.). Die Ausgangsregelungen sahen ein **Genehmigungsverfahren** mit einheitlichen Genehmigungsvoraussetzungen vor. Ursprünglich waren die Länder für die Genehmigungserteilung zuständig, mit der StrlSchV 2001 ist die Zuständigkeit auf das **BfS** übertragen worden (zu den Gründen vgl. BR-Drs. 207/01, 224). Die Novelle der StrlSchV und der RöV 2011 führte für die Verfahren der sog **Begleitdiagnostik** ein **vereinfachtes Genehmigungsverfahren** ein (BR-Drs. 266/11, 127). Bei der Begleitdiagnostik werden ionisierende Strahlung oder radioaktive Stoffe angewendet, um die Sicherheit und Wirksamkeit der Anwendung eines nichtradioaktiven Arzneimittels an bestimmten Personengruppen im Rahmen der klinischen Prüfung nach AMG zu bewerten. Gegenstand des Forschungsvorhaben ist also nicht die Anwendung ionisierender Strahlung oder radioaktiver Stoffe als solches. Das vereinfachte Genehmigungsverfahren bezweckte die schnellere Durchführung des Genehmigungsverfahrens und sollte dem Umstand Rechnung tragen, dass die Genehmigungsverfahren für die klinische Prüfung nach AMG fristgebunden erfolgten. Ziel war, das vereinfachte Genehmigungsverfahren bis zum Fristlauf des Prüfverfahrens nach AMG abgeschlossen zu haben, um den Beginn der klinischen Prüfung nach AMG nicht zu verzögern. Zu diesem Zweck wurde im vereinfachten Genehmigungsverfahren von dem Nachweis des überwiegenden Teils der Genehmigungsvoraussetzungen abgesehen (vgl. § 24 Abs. 2 StrlSchV 2011 und § 28b Abs. 2 RöV). Eine wichtige Rolle kam der Ethikkommission zu, deren zustimmende Stellungnahme ebenfalls Genehmigungsvoraussetzung war. Zur weiteren Straffung des Verfahrens im Hinblick auf das oben beschriebene Ziel ist das vereinfachte Genehmigungsverfahren mit dem StrlSchG durch die Einführung eines neuen **Anzeigeverfahrens** (§ 32) abgelöst worden. Zu den weiteren Neuerungen im Vergleich zu der früheren Rechtslage vgl. die nachfolgende Kommentierung dieses Abschnitts.

§ 31   Genehmigungsbedürftige Anwendung radioaktiver Stoffe oder ionisierender Strahlung am Menschen zum Zweck der medizinischen Forschung

(1) [1]Wer zum Zweck der medizinischen Forschung radioaktive Stoffe oder ionisierende Strahlung am Menschen anwendet, bedarf der Genehmigung, sofern die Anwendung radioaktiver Stoffe oder ionisierender Strahlung am Menschen zum Zweck der medizinischen Forschung nicht nach § 32 Absatz 1 anzeigebedürftig ist. [2]Einer Genehmigung bedarf ferner, wer von einer nach dieser Vorschrift genehmigten Anwendung wesentlich abweicht.

(2) Dem Genehmigungsantrag sind die zur Prüfung erforderlichen Unterlagen beizufügen.

(3) [1]Die zuständige Behörde soll die zur Prüfung erforderlichen Unterlagen innerhalb von 21 Kalendertagen nach Eingang des Genehmigungsantrages auf Vollständigkeit prüfen. [2]Sind die Unterlagen unvollständig, so soll die zuständige Behörde den Antragsteller auffordern, die von ihr benannten Mängel innerhalb einer Frist von 21 Kalendertagen nach Zugang der Aufforderung zu beheben. [3]Die zuständige Behörde entscheidet über den Antrag auf Erteilung der Genehmigung innerhalb von 90 Kalendertagen nach Eingang der vollständigen Antragsunterlagen. [4]Die zuständige Behörde kann die Frist um 90 Kalendertage verlängern, wenn dies wegen der Schwierigkeit der Prüfung erforderlich ist. [5]Die Fristverlängerung ist zu begründen und rechtzeitig mitzuteilen. [6]Die Genehmigung gilt als erteilt, wenn die zuständige Behörde nicht innerhalb der verlängerten Frist über den Genehmigungsantrag entschieden hat.

(4) Die zuständige Behörde darf die Genehmigung nur erteilen, wenn
1. die strahlenbedingten Risiken, die für die in das Forschungsvorhaben eingeschlossene Person mit der Anwendung verbunden sind, gemessen an der voraussichtlichen Bedeutung der Ergebnisse für die Fortentwicklung medizinischer Untersuchungsmethoden oder Behandlungsverfahren oder der medizinischen Wissenschaft, gegebenenfalls unter Berücksichtigung des medizinischen Nutzens für die Person, ärztlich gerechtfertigt sind,
2. die für die medizinische Forschung vorgesehenen radioaktiven Stoffe oder Anwendungsarten ionisierender Strahlung dem Zweck des Forschungsvorhabens entsprechen und nicht durch andere Untersuchungs- und Behandlungsarten ersetzt werden können, die zu keiner oder einer geringeren Exposition für die Person führen,
3. die bei der Anwendung auftretende Exposition und die Aktivität der anzuwendenden radioaktiven Stoffe nach dem Stand von Wissenschaft und Technik nicht weiter herabgesetzt werden können, ohne die Erfüllung des Zwecks des Forschungsvorhabens zu gefährden,
4. die Anzahl der in das Forschungsvorhaben eingeschlossenen Personen auf das für die Erfüllung des Zwecks des Forschungsvorhabens notwendige Maß beschränkt wird,
5. die zustimmende Stellungnahme einer Ethikkommission nach § 36 zu dem Forschungsvorhaben vorliegt,
6. die Anwendungen von einem Arzt geleitet werden, der die erforderliche Fachkunde im Strahlenschutz und mindestens zwei Jahre Erfahrung in

der Anwendung radioaktiver Stoffe oder ionisierender Strahlung am Menschen besitzt,

7. die erforderliche Vorsorge für die Erfüllung gesetzlicher Schadensersatzverpflichtungen getroffen ist und

8. eine Genehmigung nach § 12 Absatz 1 Nummer 1 bis 4 zur Anwendung am Menschen vorliegt oder der Betrieb einer nach § 19 Absatz 1 zur Anwendung am Menschen angezeigten Röntgeneinrichtung zulässig ist.

(5) ¹Die Vorsorge zur Erfüllung gesetzlicher Schadensersatzverpflichtungen im Sinne des Absatzes 4 Nummer 7 ist für den Zeitraum vom Beginn der Anwendung bis zum Ablauf von zehn Jahren nach Beendigung des Forschungsvorhabens zu treffen. ²Absatz 4 Nummer 7 findet keine Anwendung, soweit die Vorgaben der Atomrechtlichen Deckungsvorsorge-Verordnung durch die getroffene Vorsorge zur Erfüllung gesetzlicher Schadensersatzverpflichtungen nach den entsprechenden Vorschriften des Arzneimittelgesetzes oder des Medizinprodukterecht-Durchführungsgesetzes dem Grunde und der Höhe nach erfüllt sind.

(6) Sieht der Antrag die Anwendung radioaktiver Stoffe oder ionisierender Strahlung in mehreren Einrichtungen vor (Multi-Center-Studie), so erteilt die zuständige Behörde eine umfassende Genehmigung für alle Einrichtungen, für die die Voraussetzungen nach Absatz 4 Nummer 6 und 8 erfüllt sind.

(7) Die zuständige Behörde übermittelt der für das Forschungsvorhaben zuständigen Aufsichtsbehörde einen Abdruck des Genehmigungsbescheids.

Schrifttum: s. Vorbemerkung zu §§ 31 ff.

A. Zweck und Bedeutung der Norm

§ 31 regelt die – von der Anzeigebedürftigkeit nach § 32 abzugrenzende – **Geneh-** 1 **migungsbedürftigkeit** der Anwendung radioaktiver Stoffe oder ionisierender Strahlung am Menschen zum Zweck der med. Forschung (Abs. 1), das Erfordernis der Beifügung der zur Antragsprüfung erforderlichen Unterlagen (Abs. 2), Fristenregelungen beim Prüfverfahren (Abs. 3), die Genehmigungsvoraussetzungen (Abs. 4 und Abs. 5 in Bezug auf die zu treffende Schadensvorsorge), die Genehmigungserteilung bei einer sog. Multi-Center-Studie (Abs. 6) sowie die Informierung der zust. Aufsichtsbehörde (Abs. 7). Die – iSd von der RL 2013/59/Euratom vorgesehenen Systems der abgestuften regulatorischen Kontrolle – von der Anzeigebedürftigkeit nach § 32 abzugrenzende Genehmigungsbedürftigkeit nach § 31 setzt Art. 28 lit. a und Art. 29 iVm 24 Abs. 1, Abs. 27 Abs. 2 sowie Art. 55 Abs. 2 lit. e RL 2013/59/Euratom um.

B. Bisherige Regelungen

Die Genehmigungsbedürftigkeit und -voraussetzungen waren in § 23 Abs. 1 und 2 § 24 Abs. 1 StrlSchV 2001 sowie § 28a Abs. 1 und § 28b Abs. 1 RöV geregelt. **Fristenregelungen** wie in Abs. 2 sah das alte Recht nicht vor, diese sind **durch das StrlSchG neu** eingeführt worden. Regelungen zur Schadensvorsorge sahen § 91

S. 1 und 2 StrlSchV 2001 und § 28b Abs. 5 S. 1 und 2 RöV vor. Die Genehmigungserteilung bei Multi-Center-Studien war Gegenstand von § 24 Abs. 4
StrlSchV 2001 und § 28b Abs. 4 RöV.

C. Genehmigungsbedürftigkeit (Abs. 1)

3   Nach Abs. 1 S. 1 bedarf der Genehmigung, wer zum Zweck der med. Forschung
radioaktive Stoffe oder ionisierende Strahlung am Menschen anwendet, sofern die
Anwendung nicht nach § 32 Abs. 1 anzeigebedürftig ist. Des Weiteren bedarf nach
Abs. 1 S. 2 derjenige einer Genehmigung, der von einer nach Abs. 1 S. 2 genehmigten Anwendung wesentlich abweicht. Das Erfordernis der Genehmigungsbedürftigkeit der med. Forschung ergibt sich daraus, dass es sich um potentiell besonders
risikoreiche Anwendungen **(Strahlenanwendung ist selbst Forschungsgegenstand)** handelt und aus der **Schutzbedürftigkeit der einbezogenen Personen**
(gesunde Personen; nicht volljährige Personen), vgl. Gegenäußerung der BReg in
BT-Drs. 18/11622, 37. Wie auch die in § 12 normierte Genehmigungsbedürftigkeit der dort genannten Tätigkeiten dient die Genehmigungsbedürftigkeit in
§ 1 zum Ausdruck kommenden Schutzzweck. **Antragsteller** ist bei einer monozentrischen Studie der SSV als Hauptverantwortlicher für die Studie, bei einer
Multi-Center-Studie (Abs. 6) der Studienkoordinator.

I. Begriff der med. Forschung

4   Nach § 5 Abs. 23 S. 1 ist med. Forschung die **Fortentwicklung medizinischer
Untersuchungsmethoden, Behandlungsverfahren oder der medizinischen
Wissenschaft.** Die Anwendung zu diesen Zwecken ist von der diagnostischen
und therapeutischen Anwendung und vom individuellen Heilversuch abzugrenzen.
Med. Forschung liegt **nicht** vor, wenn radioaktive Stoffe oder ionisierende Strahlung ausschließlich zum Zweck der Behandlung oder Untersuchung angewendet
werden (§ 5 Abs. 23 S. 2). Ebenso ist die Anwendung radioaktiver Stoffe oder ionisierender Strahlung an Patienten, die zwar in ein Forschungsvorhaben eingeschlossen sind, aber auch ohne die Teilnahme an dem Forschungsvorhaben keine
andere Untersuchung oder Behandlung erfahren hätten, keine medizinische Forschung, da der Zweck der Anwendung primär in der Untersuchung oder Behandlung der einzelnen Patienten liegt; sa → § 5 Rn. 27. Liegt der Zweck dagegen in der
Fortentwicklung von Untersuchungsmethoden, Behandlungsverfahren oder der
med. Wissenschaft, liegt med. Forschung. Vor der med. Forschung ist auch
der – nicht genehmigungsbedürftige – individuelle Heilversuch abzugrenzen, vgl.
§ 119 Abs. 1 StrlSchV. Der individuelle Heilversuch ist ein Sonderfall der Behandlung im Einzelfall. In diesem wird ein Verfahren eingesetzt, das nicht für die konkrete Indikation, sondern für andere etabliert ist (BR-Drs. 423/18, 420).

II. Keine Anzeigebedürftigkeit nach § 32 Abs. 1

5   Ausgenommen von der Genehmigungspflicht ist die Anwendung zum Zweck
der med. Forschung, die nach § 32 Abs. 1 anzeigebedürftig ist (→ § 32 Rn. 1).
Nicht anzeigefähig, und deshalb **immer genehmigungsbedürftig** ist die med.
Forschung an gesunden Personen oder an Kindern oder wenn die Strahlenanwendung selbst Gegenstand der med. Forschung ist.

III. Wesentliche Änderung

Nach S. 2 ist eine Genehmigung auch wenn erforderlich, wenn von der nach **6** Abs. 1 genehmigten Anwendung wesentlich abgewichen werden soll. Eine Abweichung ist insbes. dann wesentlich, wenn die Änderung eine **Genehmigungsvoraussetzung oder den Strahlenschutz der Probanden** betrifft, bspw. bei einer Anpassung der Rahmenbedingungen des Forschungsvorhabens (BT-Drs. 18/11241, 275).

D. Antragsunterlagen (Abs. 2)

Nach Abs. 2 sind dem Genehmigungsantrag die zur Prüfung erforderlichen **7** Unterlagen beizufügen. Anders als bei einem Genehmigungsantrag für eine Tätigkeit nach § 12 Abs. 1 (vgl. § 16) konkretisiert das StrlSchG zwar nicht, welche Unterlagen insbesondere erforderlich sind. Allerdings ergibt sich aus den Genehmigungsvoraussetzungen nach Abs. 3, welche Unterlagen dem BfS vorgelegt werden müssen; **ausführliche Informationen** zu den Antragsunterlagen enthält die Internetseite **www.bfs.de.** Die Unterlagen werden entweder schriftlich oder elektronisch (§ 182 Abs. 4) eingereicht. Zum Umgang mit unvollständigen Antragsunterlagen → Rn. 8.

E. Fristenregelungen (Abs. 3)

Das StrlSchG hat erstmals Fristenregelungen für die Prüfung des Genehmi- **8** gungsantrags eingeführt, um für eine verbesserte Planbarkeit für den Start von nach § 31 genehmigungsbedürftigen Forschungsvorhaben zu sorgen. **Fristen** sind im Zusammenhang mit der Prüfung der Vollständigkeit der Antragsunterlagen und der inhaltlichen Prüfung des Antrags vorgesehen. Für die **Vollständigkeitsprüfung** sehen S. 1 und 2 vor, dass die zust. Behörde die zur Prüfung erforderlichen Unterlagen innerhalb von 21 Kalendertagen nach Eingang des Genehmigungsantrags auf Vollständigkeit prüfen und bei Unvollständigkeit der Unterlagen den Antragsteller auffordern **soll**, die von ihr benannten Mängel innerhalb einer Frist von 21 Kalendertagen nach Zugang der Aufforderung zu beheben. Mit der Einführung der Soll-Vorschriften anstelle von bindenden Vorgaben hat die BReg das Ziel verfolgt, dem Interesse des Antragstellers an der Planbarkeit der klinischen Studie wie auch dem besonders hohen Schutzniveau der Studienteilnehmer, deren Schutz die sorgfältige Prüfung der Genehmigungsanträge erfordert, Rechnung zu tragen. Die Soll-Vorgaben würden der Genehmigungsbehörde darüber hinaus einen vertieften Austausch mit dem Antragsteller erlauben; dieses „beratungsorientierte Vorgehen" komme nicht nur den Studienteilnehmern, sondern auch den Antragstellern zugute (BT-Drs. 18/11622). In Bezug auf die **inhaltliche Prüfung** der Antragsunterlagen ist der Gesetzgeber der BReg allerdings nicht gefolgt. Der RegE sah die Entscheidung über den Antrag innerhalb von 90 Kalendertagen nach Eingang der vollständigen Antragsunterlagen auch als Soll-Vorgabe vor. Demgegenüber hat der Gesetzgeber entschieden, dass die zust. Behörde über den Genehmigungsantrag innerhalb dieses Zeitraums entscheiden **muss** (S. 3). Allerdings kann die zust. Behörde nach S. 4 die Frist um 90 weitere Kalendertage verlängern, wenn dies wegen der Schwierigkeit der Prüfung erforderlich ist, bspw. bei neuartigen Therapieansätzen. Die Einführung der verbindlichen 90-tägigen Prüffrist mit der behördlichen Möglichkeit, diese um weitere 90 Tage zu verlängern, ist als Grundlage für akzeptable Bearbeitungszeiten gesehen worden (BT-Drs. 18/12151, 20). Die zust. Behörde muss diese Fristverlängerung begründen und dem Antragsteller rechtzeitig mitteilen (S. 5). S. 6 sieht schließlich eine **Genehmigungsfiktion** vor. Danach gilt die Genehmigung als erteilt, wenn nicht innerhalb der verlängerten Frist über den Genehmigungsantrag entschieden wird. Die Genehmigungsfiktion tritt also 180 Tage nach Eingang der vollständigen Antragsunterlagen ein. Mit Eintritt der Genehmigungsfiktion ist der Sachverhalt so zu beurteilen, als hätte das BfS das Forschungsvorhaben genehmigt (*Nölling*, Strahlenther Oncol 194 (2018), 273/280, der dazu rät, die Studie erst nach Ablauf der 3-Tages-Fiktion des § 41 Abs. 2 VwVfG zu beginnen; dort auch Erörterung, ob die fingierte Genehmigung zurückgenommen oder widerrufen werden kann). Die Genehmigungsfiktion verschafft dem Antragsteller Planbarkeit (BT-Drs. 18/12151, 20).

F. Genehmigungsvoraussetzungen (Abs. 4)

9   Abs. 4 nennt acht Genehmigungsvoraussetzungen, die vorliegen müssen, damit die Genehmigung erteilt werden kann. Anders als bei den nach § 12 genehmigungsbedürftigen Tätigkeiten besteht auf die Genehmigung nach § 31 kein Anspruch. Dies ergibt sich aus dem Wortlaut des Abs. 4 („darf die Genehmigung nur erteilen, wenn"). Wie bei der Anlagengenehmigung nach § 7 Abs. 2 AtG verfügt die zust. Behörde über ein **Versagungsermessen,** dem allerdings deutlich engere Grenzen gesetzt sind als im „Ermessensnormalfall". IdR wird die Genehmigung bei Vorliegen der Genehmigungsvoraussetzungen erteilt werden müssen, wenn keine besonderen und unvorhergesehenen Umstände der Genehmigungserteilung entgegenstehen (so auch *Nölling*, Strahlenther Oncol 184 (2018), 275 (280); zum Versagungsermessen nach § 7 Abs. 2 AtG *Posser* in HMPS AtG/PÜ § 7 Rn. 37).

I. Rechtfertigung (Nr. 1)

10   Die Berücksichtigung des med. Nutzens einer Anwendung radioaktiver Stoffe oder ionisierender Strahlung am Menschen ist wesentliches Abwägungskriterium beim Stellen der rechtfertigenden Indikation nach § 83 Abs. 3 S. 1 durch den fachkundigen Arzt. Es ist zwingend, diesen Aspekt auch bei der Frage der ärztlichen Rechtfertigung einer Anwendung radioaktiver Stoffe oder ionisierender Strahlung zum Zweck der med. Forschung zu berücksichtigen (BT-Drs. 18/11241, 276). Aus diesem Grund fordert die Genehmigungsvoraussetzung nach Nr. 1, dass die mit der Anwendung verbundenen strahlenbedingten Risiken für die in das Forschungsvorhaben eingeschlossenen Personen gemessen an der voraussichtlichen Bedeutung der Ergebnisse für die med. Forschung **ärztlich gerechtfertigt** sein müssen. Bei der Prüfung der ärztlichen Rechtfertigung kann neben der voraussichtlichen Bedeutung der Forschungsergebnisse auch ein med. Individualnutzen für die in das Forschungsvorhaben eingeschlossene Person in die Abwägung einbezogen werden (BT-Drs. 18/11241, 276).

II. Zweck des Forschungsvorhabens; keine Alternative (Nr. 2)

Die für die med. Forschung vorgesehenen radioaktiven Stoffe oder Anwen- **11**
dungsarten ionisierender Strahlung müssen dem **Zweck des Forschungsvorhabens** entsprechen und **nicht** durch andere Untersuchungs- und Behandlungsarten mit **weniger oder geringerer Exposition** ersetzt werden können. Mit dem
zweiten Teil dieser Genehmigungsvoraussetzung wird auf das Vermeidungs- und
Reduzierungsgebot (§ 8) abgestellt. Es dürfen also keine Alternativverfahren ohne
oder mit geringerer Exposition zur Verfügung stehen.

III. Minimierung der Exposition bzw. Aktivität; Begrenzung der Zahl der Studienteilnehmer (Nr. 3 und 4)

Weitere Genehmigungsvoraussetzung ist, dass die bei der Anwendung auftre- **12**
tende Exposition und die Aktivität der anzuwendenden radioaktiven Stoffe nach
dem Stand von Wissenschaft und Technik **nicht weiter herabgesetzt werden
können,** ohne den Zweck des Forschungsvorhabens zu gefährden. Das Reduzierungsgebot kommt hier im Rahmen der „einzig möglichen" Untersuchungs- oder
Behandlungsart (vgl. Nr. 2) zum Tragen.

Außerdem muss die Anzahl der in das Forschungsvorhaben eingeschlossenen **13**
Personen auf das notwendige Maß beschränkt sein, das **für die Erfüllung des
Zwecks des Forschungsvorhabens notwendig** ist. Bei Stellung des Genehmigungsantrags ist also zB die geschätzte Anzahl der Studienteilnehmer bei Beginn
und – da Studienteilnehmer ihre Teilnahme möglicherweise während des Studien-
verlaufs abbrechen – bei vollständigem Abschluss des Forschungsvorhabens für den
Erhalt verwertbarer Ergebnisse anzugeben.

IV. Zustimmende Stellungnahme einer Ethikkommission (Nr. 5)

Die zustimmende Stellungnahme einer Ethikkommission nach § 36 zu dem For- **14**
schungsvorhaben muss **vorliegen,** dh wenn sie dem Genehmigungsantrag nicht
beiliegt, sind die Unterlagen nicht vollständig. Mit der neu eingeführten Forderung
der **zustimmenden** Stellungnahme einer Ethikkommission wird den ethischen
Grundsätzen für die medizinische Forschung am Menschen Rechnung getragen,
die auf die **Deklaration von Helsinki** zurückgehen und sowohl in standesrecht-
lichen Regelungen als auch in den international anerkannten Standards für die Planung, Durchführung und Dokumentation von klinischen Prüfungen verankert sind
(BT-Drs. 18/11241, 277). Die frühere Rechtslage (§ 24 Abs. 1 Nr. 8 StrlSchV 2001
und § 28b Abs. 1 Nr. 8 RöV) hatte das Vorliegen einer Stellungnahme einer Ethikkommission verlangt. Zu Inhalt und Umfang der Prüfung der Ethikkommission
vgl. § 36 Abs. 3.

V. Leitung durch Arzt mit Fachkunde und Anwendungserfahrung (Nr. 6)

Die jeweiligen Anwendungen müssen von einem Arzt mit der erforderlichen **15**
Fachkunde im Strahlenschutz (§ 74) und mit mindestens zweijähriger Erfahrung in
der Anwendung radioaktiver Stoffe oder ionisierender Strahlung geleitet werden.
Erfolgt die Anwendung in mehreren Einrichtungen **(Multi-Center-Studie),**
muss diese Anforderung für **jede** Einrichtung dargelegt werden. Zur ständigen Er-
reichbarkeit des die Anwendung leitenden Arztes vgl. § 138 Abs. 2 StrlSchV.

VI. Deckungsvorsorge (Nr. 7; Abs. 5)

16   Die erforderliche Vorsorge für die Erfüllung gesetzlicher Schadensersatzverpflichtungen muss getroffen sein. Die Anforderungen richten sich, wie nach bisheriger Rechtslage, nach den **§§ 13 bis 15 AtG und der AtDeckV.** Das stellt § 177 klar. Der Deckungsvorsorgenachweis wird zB durch die Vorlage einer (Zusatz-)Strahlen-Haftpflichtversicherung erbracht. Die Festsetzung der Deckungssumme richtet sich nach § 15 AtDeckV (→ § 177 Rn. 19). Nach Abs. 5 S. 1 ist die Deckungsvorsorge für den Zeitraum vom Beginn der Anwendung bis zum Ablauf von zehn Jahren nach Beendigung des Forschungsvorhabens zu treffen. Zur Vermeidung von Doppelregelungen tritt das Erfordernis der Deckungsvorsorge hinter denen des AMG oder des Medizinprodukterechts zurück, wenn diese Regelungen nicht zu einer materiellen Schlechterstellung der Forschungsteilnehmer führen (amtl. Begr. zum fast gleichlautend formulierten § 91 StrlSchV 2001, BR-Drs. 207/01, 281).

VII. Vorliegen einer Grundgenehmigung oder einer Anzeige (Nr. 8)

17   Schließlich müssen eine **Genehmigung nach § 12 Abs. 1 Nr. 1 bis 4 oder** eine **Anzeige nach § 19 Abs. 1** vorliegen, auf deren Grundlage das Forschungsvorhaben durchgeführt wird.

G. Multi-Center-Studie (Abs. 6)

18   Abs. 6 enthält eine **Legaldefinition** des Begriffs Multi-Center-Studie und bestimmt, dass die Genehmigungsbehörde im Falle einer Multi-Center-Studie eine **umfassende Genehmigung für alle beteiligten Einrichtungen** erteilt. Die Bezugnahme auf die Genehmigungsvoraussetzungen des Abs. 4 Nr. 6 und 8 stellt klar, dass für jede beteiligte Einrichtung der Nachweis erforderlich ist, dass die Anwendung von einem Arzt mit den in Abs. 4 Nr. 6 genannten Qualifikationen geleitet wird und dass für jede Einrichtung die jeweils erforderlichen „Grundgenehmigungen" erteilt bzw. die Anzeige nach § 19 Abs. 1 erstattet sein muss.

H. Genehmigungsbescheid an Aufsichtsbehörde (Abs. 7)

19   Die Pflicht zur Übermittlung des Genehmigungsbescheids an die zust. Aufsichtsbehörde erfolgt zu dem Zweck, dass diese Behörde in Kenntnis des Inhalts der Genehmigung die strahlenschutzrechtliche **Aufsicht sachgerecht ausüben** kann (BT-Drs. 18/11241, 277).

> **§ 32   Anzeigebedürftige Anwendung radioaktiver Stoffe oder ionisierender Strahlung am Menschen zum Zweck der medizinischen Forschung**
>
> (1) ¹**Wer beabsichtigt, radioaktive Stoffe oder ionisierende Strahlung am Menschen zum Zweck der medizinischen Forschung anzuwenden, hat dies der zuständigen Behörde vorher schriftlich oder elektronisch anzuzeigen, wenn**

1. das Forschungsvorhaben die Prüfung von Sicherheit oder Wirksamkeit eines Verfahrens zur Behandlung volljähriger, kranker Menschen zum Gegenstand hat und
2. die Anwendung radioaktiver Stoffe oder ionisierender Strahlung selbst nicht Gegenstand des Forschungsvorhabens ist.

[2]Anzeigepflichtig ist ferner, wer beabsichtigt, von einer nach dieser Vorschrift angezeigten Anwendung wesentlich abzuweichen.

(2) Im Rahmen der Anzeige ist nachvollziehbar darzulegen, dass
1. die Art der Anwendung anerkannten Standardverfahren zur Untersuchung von Menschen entspricht,
2. der Zweck des Forschungsvorhabens Art und Häufigkeit der Anwendung rechtfertigt,
3. gewährleistet ist, dass ausschließlich volljährige Personen in das Forschungsvorhaben eingeschlossen werden, bei denen eine Krankheit vorliegt, deren Behandlung im Rahmen des Forschungsvorhabens geprüft wird und
4. eine Genehmigung nach § 12 Absatz 1 Nummer 1 bis 4 zur Anwendung am Menschen vorliegt oder der Betrieb einer nach § 19 Absatz 1 zur Anwendung am Menschen angezeigten Röntgeneinrichtung zulässig ist.

(3) [1]Der Anzeige ist der Nachweis beizufügen, dass die erforderliche Vorsorge für die Erfüllung gesetzlicher Schadensersatzverpflichtungen nach Maßgabe des § 35 getroffen ist. [2]Einrichtungen des Bundes und der Länder sind nicht zur Vorlage dieses Nachweises verpflichtet, soweit das Prinzip der Selbstversicherung der jeweiligen Körperschaft zur Anwendung kommt.

(4) [1]Ist das Forschungsvorhaben als Multi-Center-Studie vorgesehen, so kann die Anwendung radioaktiver Stoffe oder ionisierender Strahlung am Menschen zum Zweck der medizinischen Forschung für alle beteiligten Einrichtungen gemeinsam angezeigt werden. [2]In diesem Fall hat der Anzeigende darzulegen, dass die Anforderungen nach Absatz 2 Nummer 4 in Bezug auf jede teilnehmende Einrichtung erfüllt sind.

A. Zweck und Bedeutung der Norm

§ 32 regelt die – von der Genehmigungsbedürftigkeit nach § 31 abzugrenzende – **1** **Anzeigebedürftigkeit** der Anwendung radioaktiver Stoffe oder ionisierender Strahlung am Menschen zum Zweck der med. Forschung. Abs. 1 bestimmt, für welche Forschungsvorhaben die Erstattung einer Anzeige ausreicht, Abs. 2 bestimmt die inhaltlichen Anforderungen an die Anzeige mit einer entsprechenden Darlegungspflicht, Abs. 3 enthält spezifische Anforderungen an den Nachweis der Deckungsvorsorge und Abs. 4 besondere Vorgaben bei Multi-Center-Studien. Die Regelung trägt dem von der RL 2013/59/Euratom vorgesehenen System der abgestuften regulatorischen Kontrolle (Art. 24 und 27 RL 2013/59/Euratom) Rechnung.

Die für die Anzeige zust. Behörde ist, wie auch bei § 31, das **BfS** (§ 185 Abs. 1 **2** Nr. 2). Die Anzeige wird bei einer monozentrischen Studie vom SSV als Hauptverantwortlichen der Studie, bei einer Multi-Center-Studie vom Studienkoordinator erstattet.

B. Bisherige Regelungen

3   Das Anzeigeverfahren ersetzt das vereinfachte Genehmigungsverfahren nach § 24 Absatz 2 StrlSchV 2001 und § 28b Abs. 2 RöV.

C. Anzeigepflicht (Abs. 1)

4   Die Anzeige ist eine **reduzierte Form der behördlichen Vorabkontrolle** (→ vor § 10 Rn. 6 f.). Ausgangspunkt der gesetzlichen Systematik ist die grundsätzliche Genehmigungspflicht in § 31 Abs. 1 („sofern … nicht nach § 32 Abs. 1 anzeigebedürftig"). Für die in Abs. 1 beschriebenen Forschungsvorhaben hat der Gesetzgeber jedoch bestimmt, dass für diese eine Anzeige ausreichend ist.

I. Verfahren

5   Die **Anzeige** muss **vor** Beginn des Forschungsvorhabens erstattet werden, damit die zust. Behörde die Möglichkeit hat, diese im Rahmen der gesetzlich vorgesehenen Fristen (§ 33) zu prüfen und eventuelle Mängel dem Antragsteller mitzuteilen, damit er diese beheben kann und eine mögliche Untersagung des angezeigten Vorhaben abwendet. Die Anzeige muss **schriftlich oder elektronisch** erfolgen. In Bezug auf die elektronische Anzeige stellt Abs. 1 eine Sonderregelung zu § 182 Abs. 3 dar. Die dort genannten speziellen Anforderungen an die Datenübermittlung gelten bei der Anzeige nach § 32 nicht (→ § 182 Rn. 8).

II. Anzeigebedürftigkeit; Abgrenzung von der Genehmigungsbedürftigkeit

6   Das Forschungsvorhaben ist anzeigebedürftig, wenn das Forschungsvorhaben die Prüfung von Sicherheit oder Wirksamkeit eines Verfahrens zur Behandlung volljähriger kranker Menschen zum Gegenstand hat (S. 1 Nr. 1) und die Anwendung radioaktiver Stoffe oder ionisierender Strahlung selbst nicht Gegenstand des Forschungsvorhaben ist (S. 1 Nr. 2). Diese Voraussetzungen müssen **kumulativ** vorliegen. Anhand dieser Voraussetzungen ist abprüfbar, ob ein Forschungsvorhaben anzeige- oder doch genehmigungsbedürftig ist. Genehmigungsbedürftigkeit liegt vor, wenn eine der nachfolgenden Fragen **verneint** wird:
Dient das Forschungsvorhaben der Prüfung von Sicherheit oder Wirksamkeit eines **therapeutischen** Verfahrens?
Werden in das Forschungsvorhaben ausschließlich **volljährige** Personen eingeschlossen?
Werden in das Forschungsvorhaben ausschließlich Personen eingeschlossen, bei denen eine **Krankheit** vorliegt, deren therapeutische Behandlung durch das Forschungsvorhaben geprüft wird?
Handelt es sich um ein sog. Verfahren der **Begleitdiagnostik,** dh ist die Anwendung radioaktiver Stoffe oder ionisierender Strahlung selbst nicht Gegenstand des Forschungsvorhaben?
Im Umkehrschluss wären danach Forschungsvorhaben **genehmigungsbedürftig,** wenn das Vorhaben der Prüfung von Sicherheit und Wirksamkeit eines diagnostischen Verfahrens – für gesunde oder kranke Personen – dient, in das For-

schungsvorhaben minderjährige Personen oder gesunde Personen eingeschlossen sind oder die Anwendung radioaktiver Stoffe oder ionisierender Strahlung selbst Forschungsgegenstand ist.

Für die Zulässigkeit des Anzeigeverfahrens – und im Unterschied zu dem verein- **7** fachten Genehmigungsverfahren nach StrlSchV 2001 und RöV – kommt es **nicht** auf die **Einwilligungsfähigkeit** der teilnehmenden Personen an. Die Personen, die an dem anzeigebedürftigen Forschungsvorhaben teilnehmen, müssen nicht einwilligungsfähig sein. Dies ist von Bedeutung für die Durchführung arzneimittelrechtlicher klinischer Prüfungen, die nach Art. 31 VO (EU) Nr. 536/2014 auch mit nicht einwilligungsfähigen Prüfungsteilnehmern zulässig sind und in denen gleichzeitig die Anwendung radioaktiver Stoffe oder ionisierender Strahlung für die Begleitdiagnostik notwendig ist (BT-Drs. 18/11241, 278). Besondere Vorschriften zum Schutz nicht einwilligungsfähiger Personen sowie von minderjährigen Personen enthält **§ 136 StrlSchV**.

Nach S. 2 ist ferner anzeigepflichtig, wer beabsichtigt, von einer angezeigten An- **8** wendung **wesentlich abzuweichen**. Nach **§ 141 Abs. 4 StrlSchV** ist eine Mitteilung zudem notwendig, wenn sich eine Änderung in Bezug auf den Nachweis der erforderlichen Deckungsvorsorge ergeben hat.

D. Darlegungspflicht; Deckungsvorsorge (Abs. 2; 3)

Abs. 2 regelt, welche Angaben der Anzeigende **nachvollziehbar darzulegen** **9** hat. Die Regelung bezweckt, dass der zust. Behörde aussagekräftige Informationen zur Verfügung gestellt werden, anhand derer sie prüfen und bewerten kann, dass der Schutz der betroffenen Personen gewährleistet ist (BT-Drs. 18/11241, 278 f.).

Neben der nachvollziehbaren Darlegung der nachfolgend genannten Aspekte **10** muss **bis zum Beginn der Anwendung** auch die **zustimmende Stellungnahme einer Ethikkommission** nach § 36 Abs. 3 vorliegen. Vorher darf mit der Anwendung nicht begonnen werden, vgl. § 33 Abs. 3 Nr. 2. Das Vorliegen des positiven Votums der Ethikkommission ist aber nicht Voraussetzung dafür, dass das BfS die angezeigte Anwendung inhaltlich prüft. Das Verfahren beim BfS und das Verfahren bei der Ethikkommission können beim Anzeigeverfahren – anders als beim Genehmigungsverfahren – parallel laufen.

I. Standardverfahren (Nr. 1)

Die Anwendung ionisierender Strahlung oder radioaktiver Stoffe muss in ihrer **11** Art **anerkannten Standardverfahren** zur Untersuchung von Menschen entsprechen.

II. Art und Häufigkeit der Anwendung (Nr. 2)

Die Anforderung stellt Art und Häufigkeit der vorgesehenen Anwendung in **12** Zusammenhang mit der **Rechtfertigung** und dem **Reduzierungsgebot** (BT-Drs. 18/11241, 279).

III. Anforderungen an Studienteilnehmer (Nr. 3)

13   Bei den Studienteilnehmern muss es sich ausschließlich um volljährige Personen handeln, bei denen eine Krankheit vorliegt, deren Behandlung im Rahmen des Forschungsvorhabens geprüft wird. In das Forschungsvorhaben können auch nicht einwilligungsfähige Personen einbezogen werden (→ Rn. 7).

IV. Vorliegen einer Grundgenehmigung oder Anzeige (Nr. 4)

14   Entsprechend der Genehmigungsvoraussetzung nach § 31 Abs. 4 Nr. 8 muss auch bei der Anzeige eine Genehmigung nach § 12 Abs. 1 Nr. 1 bis 4 oder eine Anzeige nach § 19 Abs. 1 vorliegen.

V. Deckungsvorsorge (Abs. 3)

15   Nach Abs. 3 S. 1 ist der Anzeige auch der Nachweis beizufügen, dass die erforderliche **Vorsorge** für die Erfüllung gesetzlicher Schadensersatzverpflichten nach Maßgabe des § 35 getroffen ist. Anders als die entsprechende Regelung in § 31 nimmt die Regelung zur Deckungsvorsorge im Zusammenhang mit der Anzeige nach § 32 nicht Bezug auf atomrechtliche Vorschriften. Vielmehr gibt es hierfür eine eigene Regelung in § 35, vgl. die Kommentierung dort. Nach S. 2 sind Einrichtungen des Bundes und der Länder nicht zur Vorlage dieses Nachweises verpflichtet, soweit das Prinzip der Selbstversicherung der jeweiligen Körperschaft zur Anwendung kommt. Dieser Nachweis der Deckungsvorsorgebefreiung ist im Anzeigeverfahren vorzulegen.

E. Multi-Center-Studie (Abs. 4)

16   Abs. 4 S. 1 erlaubt die Erstattung **nur einer Anzeige** für alle beteiligten Einrichtungen, wenn das Forschungsvorhaben als Multi-Center-Studie (→ § 31 Rn. 18) vorgesehen ist. Nach Abs. 4 S. 2 ist in diesem Fall die Darlegung erforderlich, dass für jede teilnehmende Einrichtung nach Abs. 2 Nr. 4 die jeweils erforderliche Grundgenehmigung vorliegt bzw. Anzeige erstattet ist.

§ 33 Prüfung der Anzeige durch die zuständige Behörde

(1) ¹Ist die Anzeige nach § 32 vollständig, so bestätigt die zuständige Behörde dies dem Anzeigenden innerhalb von 14 Kalendertagen nach Eingang der Anzeige und teilt ihm das Eingangsdatum der Anzeige mit. ²Ist die Anzeige unvollständig, so fordert die zuständige Behörde den Anzeigenden innerhalb von 14 Kalendertagen nach Eingang der Anzeige einmalig auf, die von ihr benannten Mängel innerhalb einer Frist von zehn Kalendertagen nach Zugang der Aufforderung zu beheben. ³Innerhalb von zwölf Kalendertagen nach Eingang der ergänzenden Angaben oder Unterlagen schließt die zuständige Behörde im Falle von Satz 2 die Vollständigkeitsprüfung ab und teilt dem Anzeigenden das Ergebnis der Vollständigkeitsprüfung sowie das Eingangsdatum der ergänzenden Angaben oder Unterlagen mit.

(2) [1]Die zuständige Behörde schließt die inhaltliche Prüfung der Anzeige innerhalb von 28 Kalendertagen nach der Bestätigung gemäß Absatz 1 Satz 1 oder der Mitteilung nach Absatz 1 Satz 3 ab. [2]Hat die zuständige Behörde Einwände gegen die angezeigte Anwendung, so übermittelt sie dem Anzeigenden einmalig innerhalb des in Satz 1 genannten Zeitraums ihre mit Gründen versehenen Einwände und fordert ihn auf, seine Anzeige innerhalb von 21 Kalendertagen nach Zugang der Aufforderung entsprechend zu ändern. [3]Im Falle von Satz 2 schließt die zuständige Behörde die inhaltliche Prüfung der Anzeige innerhalb von 21 Kalendertagen nach Eingang der geänderten oder ergänzten Anzeigeunterlagen ab.

(3) [1]Mit der angezeigten Anwendung radioaktiver Stoffe oder ionisierender Strahlung am Menschen zum Zweck der medizinischen Forschung darf begonnen werden, wenn
1. der Zeitraum zur inhaltlichen Prüfung der Anzeige nach Absatz 2 verstrichen ist oder die zuständige Behörde dem Anzeigenden mitgeteilt hat, dass sie auf die Ausschöpfung dieser Frist verzichtet,
2. die zuständige Behörde dem Anzeigenden den Eingang einer zustimmenden Stellungnahme einer Ethikkommission nach § 36 Absatz 1 bis 3 zu dem Forschungsvorhaben bestätigt hat und
3. die Anwendung nicht nach § 34 Absatz 1 untersagt wurde.
[2]Die zuständige Behörde hat dem Anzeigenden den Eingang einer zustimmenden Stellungnahme einer Ethikkommission nach § 36 zu dem Forschungsvorhaben unverzüglich zu bestätigen.

(4) Sobald nach Absatz 3 mit der Anwendung begonnen werden darf, gibt die für die Anzeige zuständige Behörde der zuständigen Aufsichtsbehörde den wesentlichen Inhalt der Anzeige unverzüglich zur Kenntnis.

A. Zweck und Bedeutung der Norm

§ 33 regelt den **Ablauf des Anzeigeverfahrens.** Abs. 1 betrifft das Verfahren **1** der Prüfung der Vollständigkeit der eingereichten Unterlagen, Abs. 2 das Verfahren der inhaltlichen Prüfung. In beiden Fällen hat der Anzeigende die Möglichkeit, je einmalig nachzubessern. Abs. 3 legt fest, welche Voraussetzungen kumulativ erfüllt sein müssen, damit mit der angezeigten Anwendung begonnen werden darf, Abs. 4 regelt eine Mitteilungspflicht an die zust. Aufsichtsbehörde.

B. Bisherige Regelungen

Eine Vorgängerregelung, insbesondere im Hinblick auf die vorgesehenen Fris- **2** ten, gibt es **nicht,** da das Anzeigeverfahren mit dem StrlSchG neu eingeführt worden ist. Das in § 24 Abs. 2 StrlSchV 2001 und § 28b Abs. 2 RöV vorgesehene vereinfachte Genehmigungsverfahren für begleitdiagnostische Forschungsvorhaben diente zwar ebenfalls dem Zweck, das Verfahren deutlich zu erleichtern (BR-Drs. 266/11, 127), es blieb aber trotzdem ein Genehmigungsverfahren. Besondere Fristen waren nicht vorgesehen. Die Erleichterung bestand darin, dass dem Antragsteller auferlegt wurde, die entsprechenden Genehmigungsvoraussetzungen nachvollziehbar darzulegen und die Behörde von dem Nachweis des überwiegenden Teils der Genehmigungsvoraussetzungen, die für das „normale" Genehmigungsverfahren galten, absehen konnte (BR-Drs. 266/11, 127).

C. Vollständigkeitsprüfung (Abs. 1)

3   Nach Eingang der Anzeige ist die **zust. Behörde** verpflichtet, **innerhalb von 14 Kalendertagen,** zu prüfen, ob die Anzeige nach § 32 vollständig ist. Ist dies der Fall, so bestätigt sie dies dem Anzeigenden innerhalb dieser Frist, gerechnet ab dem Eingang der Anzeige, und teilt ihm das Eingangsdatum der Anzeige mit (S. 1). Ist die Anzeige unvollständig, fordert die zust. Behörde den Anzeigenden ebenfalls innerhalb dieser Frist **einmalig** auf, die von ihr benannten Mängel zu beheben (S. 2). Der **Anzeigende** verfügt über **10 Kalendertage** nach Zugang der Aufforderung, die Anzeige zu vervollständigen (S. 2). Danach besteht keine Möglichkeit mehr der Vervollständigung. Sind die ergänzenden Unterlagen eingegangen, verfügt die **zust. Behörde** über **12 Kalendertage** nach Eingang, die Vollständigkeit zu prüfen. Innerhalb dieser 12 Kalendertage muss die zust. Behörde ihre Vollständigkeitsprüfung abschließen und dem Anzeigenden – neben dem Eingangsdatum der ergänzenden Unterlagen – das Ergebnis der Vollständigkeitsprüfung mitteilen.

4   Sind die Unterlagen trotz Nachbesserung des Antragstellers immer noch unvollständig, kann die zust. Behörde die angezeigte Anwendung **nach § 34 Abs. 1 untersagen,** wenn aufgrund der unvollständigen Unterlagen nach ihrer Einschätzung eine der in § 32 Abs. 2 bis 4 genannten Anforderungen nicht erfüllt ist.

D. Inhaltliche Prüfung (Abs. 2)

5   Auch für die inhaltliche Prüfung sind Fristen vorgesehen. Die zust. Behörde verfügt über **28 Kalendertage,** gerechnet ab dem Datum der Bestätigung der Vollständigkeit der Anzeige nach Abs. 1 S. 1 oder dem Datum der Mitteilung des Ergebnisses der Vollständigkeitsprüfung nach Abs. 1 S. 3, um die Anzeige inhaltlich zu prüfen (S. 1). Innerhalb dieses 28-Tage-Zeitraums hat sie dem Antragsteller, wenn sie Mängel feststellt, ihre mit Gründen versehenen Einwände zu übermitteln und ihn aufzufordern, seine Anzeige innerhalb von **21 Kalendertagen** nach Zugang der Aufforderung entsprechend zu ändern (S. 2). Die Mängelmitteilung erfolgt **nur einmal,** und der Antragsteller hat entsprechend auch nur einmal die Möglichkeit, durch Änderung der Anzeige die Mängel zu beheben. Nach Eingang der geänderten oder ergänzten Anzeigeunterlagen schließt die zust. Behörde die inhaltliche Prüfung innerhalb von **21 Kalendertagen** ab (S. 3).

6   Bei inhaltlichen Mängeln kann die angezeigte Anwendung nach Maßgabe des **§ 34 Abs. 1 oder § 34 Abs. 2 Nr. 1 untersagt** werden.

E. Voraussetzungen für den Beginn der angezeigten Anwendung (Abs. 3)

7   Abs. 3 S. 1 bestimmt, welche Voraussetzungen **kumulativ** erfüllt sein müssen, damit mit der angezeigten Anwendung begonnen werden darf. Das ist der Fall, wenn der Zeitraum zur inhaltlichen Prüfung der Anzeige verstrichen ist oder die

zust. Behörde dem Anzeigenden mitgeteilt hat, dass sie auf die Ausschöpfung der Frist verzichtet (Nr. 1), die zust. Behörde dem Anzeigenden den Eingang einer zustimmenden Stellungnahme der Ethikkommission bestätigt hat (Nr. 2) und die Anwendung nicht nach § 34 Abs. 1 untersagt worden ist (Nr. 3). S. 2 bestimmt, dass die zust. Behörde dem Anzeigenden den Eingang der zustimmenden Stellungnahme der Ethikkommission unverzüglich bestätigen muss. Die Bestätigung des Eingangs der zustimmenden Stellungnahme der Ethikkommission ist „nur" eine Voraussetzung für die Zulässigkeit des Beginns der Anwendung und keine in § 32 bestimmte Anzeigevoraussetzung als solche, weil dadurch eine zeitlich parallele Prüfung des Forschungsvorhabens durch die zust. Behörde und Ethikkommission ermöglicht wird (BT-Drs. 18/11241, 280).

F. Mitteilungspflicht an Aufsichtsbehörde (Abs. 4)

Damit die jeweils zust. Landesaufsichtsbehörde ihre Aufsichtsfunktion wahrnehmen kann, gibt das BfS als für die Anzeige zust. Behörde dieser unverzüglich den **wesentlichen Inhalt** der Anzeige zur Kenntnis, sobald der Anzeigende nach Abs. 3 mit der Anwendung beginnen darf. **8**

§34 **Untersagung der angezeigten Anwendung radioaktiver Stoffe oder ionisierender Strahlung am Menschen zum Zweck der medizinischen Forschung**

(1) Innerhalb des Zeitraums der inhaltlichen Prüfung der Anzeige nach § 33 Absatz 2 Satz 1, auch in Verbindung mit den Sätzen 2 und 3, kann die zuständige Behörde die angezeigte Anwendung untersagen, wenn eine der in § 32 Absatz 2 bis 4 genannten Anforderungen nicht erfüllt ist.

(2) Nach Ablauf des Zeitraums der inhaltlichen Prüfung kann die zuständige Behörde die angezeigte Anwendung untersagen, wenn
1. eine der in § 32 Absatz 2 bis 4 genannten Anforderungen nicht oder nicht mehr erfüllt ist und nicht in angemessener Zeit Abhilfe geschaffen wird,
2. der zuständigen Behörde nach Ablauf einer dem Anzeigenden mitgeteilten angemessenen Frist eine zustimmende Stellungnahme einer Ethikkommission nach § 36 Absatz 1 Satz 1 zu dem Forschungsvorhaben nicht vorliegt oder
3. gegen die Vorschriften dieses Gesetzes oder der auf Grund dieses Gesetzes erlassenen Rechtsverordnungen oder gegen die hierauf beruhenden Anordnungen und Verfügungen der Aufsichtsbehörden erheblich oder wiederholt verstoßen wird und nicht in angemessener Zeit Abhilfe geschaffen wird.

A. Zweck und Bedeutung der Norm

§ 34 regelt, unter welchen Voraussetzungen die zust. Behörde die angezeigte Anwendung untersagen kann. Es handelt sich um eine Entscheidung, die im pflichtgemäßen **Ermessen** der zust. Behörde liegt. Die Untersagungsgründe wer- **1** den danach unterschieden, ob innerhalb des Zeitraums der inhaltlichen Prüfung der Anzeige nach § 33 Abs. 2 S. 1 (Abs. 1) oder nach Ablauf diese Zeitraums die angezeigte Anwendung untersagt wird (Abs. 2). Bei der Untersagung nach Ablauf des Zeitraums der inhaltlichen Prüfung spielt der **Vertrauensschutz** eine größere Rolle. Dies spiegelt sich auch in Einzelformulierungen des Abs. 2 wider, bei Nr. 1 und 3 durch die Vorgabe, dass eine Untersagung nur zulässig ist, wenn nicht in angemessener Zeit Abhilfe geschaffen wird und bei Nr. 2 durch die Vorgabe, dass es dem Anzeigenden möglich gewesen sein muss, innerhalb einer ihm mitgeteilten angemessenen Frist die zustimmende Stellungnahme der Ethikkommission beizubringen.

2   Zust. Behörde für die Untersagung der Anwendung ist das **BfS** (§ 185 Abs. 1 Nr. 2).

B. Untersagung im Zeitraum der inhaltlichen Prüfung (Abs. 1)

3   Nach Abs. 1 kann die zust. Behörde innerhalb des Zeitraums der inhaltlichen Prüfung der Anzeige nach § 33 Abs. 2 S. 1, auch in Verbindung mit S. 2 und 3, die angezeigte Anwendung untersagen, wenn eine der in **§ 32 Abs. 2 bis 4** genannten Anforderungen nicht erfüllt ist. Der Zeitraum der inhaltlichen Prüfung ist der gesamte in § 33 Abs. 2 genannte Zeitraum, also insgesamt maximal **70 Tage** (28+21 +21), wenn der Anzeigende zur einmaligen Nachbesserung aufgefordert worden ist. Dies ergibt sich aus der Bezugnahme auch auf die S. 2 und 3.

4   Untersagungsgründe liegen vor, wenn eine der in § 32 Abs. 2 genannten Anforderungen nicht nachvollziehbar dargelegt worden ist, der Nachweis der den Anforderungen des § 35 entsprechenden Deckungsvorsorge nicht beigefügt worden ist (§ 32 Abs. 3) oder im Fall einer Multi-Center-Studie nicht dargelegt worden ist, dass für jede teilnehmende Einrichtung die jeweils erforderliche Genehmigung nach § 12 Abs. 1 Nr. 1 bis 4 vorliegt oder Anzeige nach § 19 Abs. 1 erstattet worden ist (§ 32 Abs. 4).

C. Untersagung nach Ablauf des Zeitraums der inhaltlichen Prüfung (Abs. 2)

5   Nach Ablauf des Zeitraums der inhaltlichen Prüfung kann die angezeigte Anwendung untersagt werden, wenn eine der in § 32 Abs. 2 bis 4 genannten Anforderungen nicht oder nicht mehr erfüllt ist und nicht in angemessener Zeit Abhilfe geschaffen wird **(Nr. 1)**, der zust. Behörde die zustimmende Stellungnahme einer Ethikkommission zu dem Forschungsvorhaben nicht vorliegt, nachdem dem Anzeigenden eine angemessene Frist zur Beibringung der Stellungnahme gesetzt worden ist **(Nr. 2)** oder ein erheblicher oder wiederholter Verstoß gegen die Vorschriften des StrlSchG oder darauf beruhender RVOen oder gegen darauf stützte Anordnungen und Verfügungen der Aufsichtsbehörden vorliegt und nicht in angemessener Zeit Abhilfe geschaffen wird **(Nr. 3)**. Der in Nr. 3 genannte Untersagungsgrund ist relevant, wenn die Anwendung begonnen worden ist. Seine Handhabbarkeit erfordert, dass die zust. Aufsichtsbehörde, bei der es sich um eine Landesbehörde handelt, das BfS von dem Sachverhalt, der den Untersagungsgrund

begründet, in Kenntnis setzt. Zum vergleichbar formulierten Untersagungsgrund beim anzeigebedürftigen Betrieb einer Röntgeneinrichtung → § 20 Rn. 11.

§ 35 **Deckungsvorsorge bei der anzeigebedürftigen Anwendung radioaktiver Stoffe oder ionisierender Strahlung am Menschen zum Zweck der medizinischen Forschung**

(1) [1]Im Anzeigeverfahren ist der Nachweis über die erforderliche Deckungsvorsorge zu erbringen durch die Vorlage einer Bestätigung über eine bestehende Versicherung, die für den Fall, dass bei der Anwendung radioaktiver Stoffe oder ionisierender Strahlung am Menschen zum Zweck der medizinischen Forschung ein Mensch getötet oder der Körper oder die Gesundheit eines Menschen verletzt oder beeinträchtigt wird, auch Leistungen gewährt, wenn kein anderer für den Schaden haftet. [2]Die Versicherung muss zugunsten der Personen, an denen die radioaktiven Stoffe oder die ionisierende Strahlung angewendet werden, bei einem in einem Mitgliedstaat der Europäischen Union oder einem anderen Vertragsstaat des Abkommens über den Europäischen Wirtschaftsraum zum Geschäftsbetrieb zugelassenen Versicherer genommen werden.

(2) [1]Der Umfang der Versicherung muss in einem angemessenen Verhältnis zu den Risiken stehen, die mit den Anwendungen verbunden sind. [2]Er muss auf der Grundlage der Risikoabschätzung so festgelegt werden, dass für den Fall des Todes oder der dauernden Erwerbsunfähigkeit einer jeden Person, an der die radioaktiven Stoffe oder die ionisierende Strahlung angewendet werden, mindestens 500 000 Euro zur Verfügung stehen.

(3) Abweichend von Absatz 1 kann der Nachweis über die erforderliche Deckungsvorsorge durch den Nachweis des Bestehens einer Versicherung zugunsten der von der klinischen Prüfung betroffenen Personen nach dem Arzneimittelgesetz oder nach dem Medizinprodukterecht-Durchführungsgesetz erbracht werden.

A. Zweck und Bedeutung der Norm

Anders als im Genehmigungsverfahren nach § 31, in dem Art, Umfang und 1 Höhe der Deckungsvorsorge von der Genehmigungsbehörde festgesetzt werden (→ § 31 Rn. 16), werden bei einer anzeigebedürftigen Anwendung **Art, Umfang und Höhe der Deckungsvorsorge gesetzlich** durch § 35 geregelt. Die Regelung lehnt sich an die Vorgaben zur Versicherung der Teilnehmer an klinischen Prüfungen nach dem AMG an (§ 40a AMG).

B. Bisherige Regelung

Die Regelung greift teilweise § 91 StrlSchV 2001 und § 28b Abs. 5 S. 3 RöV auf. 2

C. Nachweis über die erforderliche Deckungsvorsorge (Abs. 1 und 3)

3   Im Anzeigeverfahren (vgl. § 32 Abs. 3) wird der Nachweis über die erforderliche Deckungsvorsorge nach Abs. 1 S. 1 erbracht durch die Vorlage einer Bestätigung über eine bestehende Versicherung, die für den Fall, dass bei der Anwendung zum Zweck der med. Forschung ein Mensch getötet oder der Körper oder die Gesundheit eines Menschen verletzt oder beeinträchtigt wird, auch **Leistungen gewährt, wenn kein anderer für den Schaden haftet.**

4   Nach S. 2 muss die Versicherung zugunsten der Studienteilnehmer bei einem **Versicherer** abgeschlossen werden, der in einem Mitgliedstaat der **EU** oder einem anderen Vertragsstaat des **EWR** zum Geschäftsbetrieb zugelassen ist.

5   Abweichend von Abs. 1 kann nach Abs. 3 bei Forschungsvorhaben, für die eine **Probandenversicherung nach dem AMG oder dem MPDG** besteht, diese Versicherung als ausreichender Versicherungsnachweis erbracht werden. Besteht keine Versicherungspflicht nach dem AMG oder dem MPDG, ist eine Strahlenhaftpflichtversicherung als Deckungsvorsorgenachweis notwendig.

D. Umfang der Versicherung (Abs. 2)

6   Nach S. 1 muss der Umfang der Versicherung in einem **angemessenen Verhältnis** zu den mit den Anwendung verbundenen Risiken stehen. Nach S. 2 ist der Umfang der Versicherung auf Grundlage der Risikoabschätzung so festzulegen, dass für den Fall des Todes oder der dauernden Erwerbsunfähigkeit **einer jeden Person,** die an dem Forschungsvorhaben teilnimmt, **mind. 500.000 EUR** zur Verfügung stehen.

§ 36   Ethikkommission

(1)   **¹Eine im Anwendungsbereich dieses Gesetzes tätige Ethikkommission muss unabhängig, interdisziplinär besetzt, nach Landesrecht gebildet und bei der zuständigen Behörde registriert sein. ²Die Ethikkommission muss aus medizinischen Sachverständigen und nichtmedizinischen Mitgliedern bestehen, die die jeweils erforderliche Fachkompetenz aufweisen. ³Eine Registrierung erfolgt nur, wenn die Mitglieder, das Verfahren und die Anschrift der Ethikkommission in einer veröffentlichten Verfahrensordnung aufgeführt sind. ⁴Veränderungen der Zusammensetzung der Kommission, des Verfahrens oder der übrigen Festlegungen der Verfahrensordnung sind der für die Registrierung zuständigen Behörde unverzüglich mitzuteilen.**

(2)   **¹Aufgabe der Ethikkommission ist es, auf Veranlassung des Antragstellers oder des Anzeigenden das Forschungsvorhaben nach ethischen und rechtlichen Gesichtspunkten mit mindestens fünf Mitgliedern mündlich zu beraten und innerhalb von 60 Kalendertagen nach Eingang der erforderlichen Unterlagen eine schriftliche Stellungnahme dazu abzugeben. ²Bei Multi-Center-Studien genügt die Stellungnahme einer Ethikkommission. ³Wird das Forschungsvorhaben durch eine Ethikkommission sowohl**

nach Arzneimittelrecht oder Medizinprodukterecht als auch nach diesem Gesetz geprüft, soll die Stellungnahme sowohl die arzneimittelrechtliche oder medizinprodukterechtliche als auch die strahlenschutzrechtliche Bewertung enthalten.

(3) [1]Die Ethikkommission prüft und bewertet, ob das Forschungsvorhaben ethisch vertretbar ist. [2]Sie gibt eine Stellungnahme dazu ab, ob

1. das Forschungsvorhaben geeignet ist, nach dem Stand der Wissenschaft einem wissenschaftlichen Erkenntnisgewinn zu dienen,
2. das Forschungsvorhaben, einschließlich der Anzahl der in das Forschungsvorhaben eingeschlossenen Personen, zur Beantwortung der wissenschaftlichen Fragestellung geeignet ist,
3. das Risiko für die einzelne Person im Hinblick auf den potentiellen Nutzen für die Gesellschaft vertretbar ist,
4. die Einbeziehung vertretbar ist, soweit eine besonders schutzbedürftige Personengruppe in das Forschungsvorhaben einbezogen werden soll, und
5. die schriftliche Information über das Forschungsvorhaben, die die in das Forschungsvorhaben eingeschlossene Person, ihr gesetzlicher Vertreter oder der Bevollmächtigte erhält, ausreichend über Nutzen und Risiken aufklärt und somit eine informierte Einwilligung ermöglicht.

(4) Rechtsbehelfe gegen Stellungnahmen der Ethikkommission können nur gleichzeitig mit den gegen die Sachentscheidung zulässigen Rechtsbehelfen geltend gemacht werden.

A. Zweck und Bedeutung der Norm

Sowohl eine genehmigungs- als auch eine anzeigebedürftige Anwendung radioaktiver Stoffe oder ionisierender Strahlung am Menschen zum Zweck der med. Forschung bedürfen einer **zustimmenden Stellungnahme** einer Ethikkommission. § 36 legt die Anforderungen an die Besetzung, Bildung und Registrierung der Ethikkommission fest (Abs. 1), beschreibt ihre Aufgaben (Abs. 2) und konkretisiert die Aspekte, zu denen sie ihre Stellungnahme abgibt (Abs. 3). Abs. 4 enthält eine klarstellende Regelung in Bezug auf Rechtsbehelfe gegen Stellungnahmen der Ethikkommission. **1**

B. Bisherige Regelungen

Regelungen zur Ethikkommission trafen § 92 StrlSchV 2001 und § 28g RöV. Neuerungen im Vergleich zur früheren Rechtslage sind, dass eine **zustimmende** Stellungnahme und nicht mehr nur eine Stellungnahme der Ethikkommission vorliegen muss (§ 31 Abs. 4 Nr. 5; § 33 Abs. 3 S. 1 Nr. 2), die Ethikkommission **nach Landesrecht gebildet** sein muss (Abs. 1), „**eine**" **Stellungnahme** abgegeben werden soll, wenn ein Forschungsvorhaben durch eine Ethikkommission sowohl nach Arzneimittel- oder Medizinprodukterecht als auch nach Strahlenschutzrecht geprüft wird (§ 36 Abs. 2 S. 3) und dass § 36 Abs. 3 Vorgaben zum **Inhalt der Stellungnahme** macht. **2**

C. Anforderungen an die Ethikkommission (Abs. 1)

3   Abs. 1 S. 1 bestimmt die Anforderungen an die Ethikkommission. Zum einen muss sie **im Inland tätig** sein („im Anwendungsbereich dieses Gesetzes"). Des Weiteren muss sie **unabhängig, interdisziplinär besetzt, nach Landesrecht gebildet** und bei der zust. Behörde **registriert** sein. Die Anforderung an die interdisziplinäre Besetzung wird durch S. 2 konkretisiert, wonach die Ethikkommission aus med. Sachverständigen und nichtmed. Mitgliedern bestehen muss, die die jeweils erforderliche Fachkompetenz besitzen. Die Anforderung, dass die Ethikkommission nach Landesrecht gebildet sein muss, ist eingeführt worden, um eine Harmonisierung mit den Anforderungen des Arzneimittel- und Medizinprodukterechts zu erreichen (BT-Drs. 18/11241, 281). **Registrierungsbehörde** ist das **BfS** (§ 185 Abs. 1 Nr. 7). Nach Abs. 1 S. 3 erfolgt eine Registrierung nur, wenn die Mitglieder, das Verfahren und die Anschrift der Ethikkommission in einer veröffentlichten Verfahrensordnung aufgeführt sind. S. 4 bestimmt eine unverzügliche Mitteilungspflicht bei Veränderungen der Zusammensetzung der Kommission, des Verfahrens oder der übrigen Festlegung der Verfahrensordnung.

D. Aufgaben der Ethikkommission (Abs. 2)

4   Aufgabe der Ethikkommission ist, auf Veranlassung des Antragstellers oder des Anzeigenden das Forschungsvorhaben nach **ethischen und rechtlichen** Gesichtspunkten mit **mind. fünf Mitgliedern mündlich** zu beraten und **innerhalb von 60 Kalendertagen** nach Eingang der erforderlichen Unterlagen eine **schriftliche Stellungnahme** dazu abzugeben (S. 1). Bei Multi-Center-Studien reicht die Stellungnahme einer Ethikkommission aus (S. 2).

E. Prüfung der ethischen Vertretbarkeit des Forschungsvorhabens (Abs. 3)

5   Die Ethikkommission prüft und bewertet die ethische Vertretbarkeit des Forschungsvorhabens. S. 2 konkretisiert den Umfang ihrer Prüfung und führt auf, wozu ihre schriftliche Stellungnahme sich äußern muss. So muss das Forschungsvorhaben geeignet sein, nach dem Stand der Wissenschaft einen **wissenschaftlichen Erkenntnisgewinn** zu dienen **(Nr. 1)**. Auf ein „zwingendes Bedürfnis", auf das § 92 S. 2 StrlSchV 2001 und § 28g S. 2 RöV abstellten und das auch Genehmigungserfordernis nach § 24 Abs. 1 Nr. 1 StrlSchV 2001 und § 28b Abs. 1 Nr. 1 RöV war, kommt es nicht mehr an. Weiterhin muss das Forschungsvorhaben, einschließlich der Anzahl der in das Forschungsvorhaben eingeschlossenen Personen, **zur Beantwortung der wissenschaftlichen Fragen geeignet** (Nr. 2) und das Risiko für die einzelne Person im Hinblick auf den potentiellen Nutzen für die Gesellschaft **vertretbar** (Nr. 3) sein. Soweit eine **besonders schutzbedürftige Personengruppe** in das Forschungsvorhaben einbezogen werden soll, muss die **Einbeziehung vertretbar** sein (Nr. 4). Außerdem muss die **schriftliche Information** über das Forschungsvorhaben, die die in das Forschungsvorhaben eingeschlossene Person, ihr gesetzlicher Vertreter oder der Bevollmächtigte erhält, **aus-**

reichend **über Nutzen und Risiken aufklären** und somit eine informierte Einwilligung ermöglichen (Nr. 5).

F. Geltendmachung von Rechtsbehelfen (Abs. 4)

Abs. 4 bestimmt, dass Rechtsbehelfe gegen Stellungnahmen der Ethikkommission nur gleichzeitig mit den gegen die Sachentscheidung zulässigen Rechtsbehelfen geltend gemacht werden können. Damit wird klargestellt, dass Rechtsschutz gegen die Stellungnahme der Ethikkommission entsprechend § 44a VwGO **gemeinsam mit der Sachentscheidung** zu gewähren ist (BT-Drs. 18/11241, 282). **6**

§ 37 Verordnungsermächtigung

(1) [1]**Die Bundesregierung wird ermächtigt, durch Rechtsverordnung mit Zustimmung des Bundesrates zu bestimmen, welche besonderen Anforderungen bei der Anwendung radioaktiver Stoffe oder ionisierender Strahlung zum Zweck der medizinischen Forschung einzuhalten sind, um die ordnungsgemäße Durchführung eines Forschungsvorhabens und den Schutz der in das Forschungsvorhaben eingeschlossenen Personen zu gewährleisten.** [2]**In der Rechtsverordnung können insbesondere Regelungen getroffen werden über**
1. **Aufklärungspflichten und Einwilligungserfordernisse,**
2. **Verbote und Beschränkungen der Anwendung an einzelnen Personengruppen,**
3. **ärztliche oder zahnärztliche Untersuchungen der in das Forschungsvorhaben eingeschlossenen Personen vor Beginn der Anwendung,**
4. **die Befugnis der zuständigen Behörde, bei Überschreitung genehmigter oder angezeigter Dosiswerte für die Anwendung ärztliche oder zahnärztliche Untersuchungen der in das Forschungsvorhaben eingeschlossenen Personen anzuordnen,**
5. **Grenzwerte und Maßnahmen zur Einhaltung der Grenzwerte,**
6. **Maßnahmen zur Beschränkung und Überwachung der Exposition der in das Forschungsvorhaben eingeschlossenen Personen,**
7. **Aufzeichnungs- und Aufbewahrungspflichten,**
8. **Mitteilungs- und Berichtspflichten.**
[3]**Die Rechtsverordnung kann auch diejenigen Vorschriften der Rechtsverordnung festlegen, für deren Einhaltung der Strahlenschutzverantwortliche zu sorgen hat.**

(2) **Das Grundrecht auf körperliche Unversehrtheit (Artikel 2 Absatz 2 Satz 1 des Grundgesetzes) wird nach Maßgabe des Absatzes 1 Satz 2 Nummer 3 und 4 eingeschränkt.**

A. Zweck und Bedeutung der Norm

§ 37 enthält eine VO-Erm. zur Festlegung besonderer Anforderungen im Zusammenhang mit der genehmigten oder angezeigten Anwendung radioaktiver Stoffe oder ionisierender Strahlung zum Zweck der med. Forschung. Abs. 1 S. 2 **1**

enthält eine nicht abschließende Aufzählung der möglichen verordnungsrecht-
lichen Festlegungen. Auf dieser VO-Erm. stützen sich die §§ 133 bis 143
StrlSchV. Diese enthalten zu beachtende Vorgaben bei der Anwendung. Zu
Abs. 1 S. 3 → § 24 Rn. 14.

B. Bisherige Regelungen

2   Die §§ 133 bis 144 StrlSchV greifen iW § 87 bis § 90 StrlSchV 2001 und § 28 c
bis § 28 f RöV auf.

C. §§ 133 bis 143 StrlSchV

3   **§ 133 StrlSchV** bestimmt, dass die Anwendung radioaktiver Stoffe oder ionisierender Strahlung am Menschen zum Zweck der med. Forschung **nur mit Einwilligung nach Aufklärung und Befragung** nach Maßgabe der §§ 134, 135 und
§ 136 Abs. 1 S. 1 Nr. 4, Abs. 2 und 3 StrlSchV erfolgt. Eine Einwilligung ohne oder
vor einer Aufklärung berechtigt nicht zur Anwendung (BR-Drs. 423/18, 437).
§ 134 StrlSchV regelt **Anforderungen an die Einwilligung** in das Forschungsvorhaben eingeschlossener Personen. **§ 135 StrlSchV** enthält **Anforderungen an die Aufklärung und Befragung.** **§ 136 StrlSchV** enthält besondere
Anforderungen an die Anwendung **zum Schutz nicht einwilligungsfähiger
und minderjähriger Forschungsteilnehmer.** **§ 137 StrlSchV** enthält **weitere
Anwendungsverbote und -beschränkungen,** bspw. das Anwendungsverbot an
schwangeren Personen oder einen Dosisgrenzwert von 20 mSv für gesunde
Forschungsteilnehmer. **§ 138 StrlSchV** fasst weitere zu beachtenden **Schutzvorschriften** zusammen, bspw. das Erfordernis der vorherigen ärztlichen oder
zahnärztlichen Untersuchung der in das Forschungsvorhaben eingeschlossenen
Personen. **§ 139 StrlSchV** enthält grundlegende Festlegungen zur **Qualitätssicherung,** bspw. dass der zur med. Forschung Berechtigte dafür zu sorgen hat,
dass die Anwendungen radioaktiver Stoffe oder ionisierender Strahlung so konzipiert sind, dass zuverlässige und belastbare Ergebnisse zur Erreichung der Forschungszwecke gewonnen werden können. **§ 140 StrlSchV** bestimmt Fristen für
Aufbewahrungspflichten und enthält zusätzliche **Aufzeichnungspflichten.**
§ 141 StrlSchV enthält **Mitteilungspflichten** an die Genehmigungs- und Anzeigebehörde und an die aufsichtführende Landesbehörde. **§ 142 StrlSchV** enthält
Anforderungen an den **Abschlussbericht,** der der zust. Aufsichtsbehörde vorzulegen ist. **§ 143 StrlSchV** regelt die **behördliche Schutzanordnung** im Falle
einer gesundheitlichen Schädigung einer in das Forschungsvorhaben eingeschlossenen Person.

D. Zitiergebot (Abs. 2)

4   Abs. 2 trägt dem **Zitiergebot** nach Art. 19 Abs. 1 S. 2 GG Rechnung. Vgl. auch
§ 79 Rn. 5.

E. Zuwiderhandlungen

Nach **§ 194 Abs. 1 Nr. 1 lit. a** handelt ordnungswidrig, wer vorsätzlich oder 5
fahrlässig einer RVO nach § 37 Abs. 1 S. 1, 2 Nr. 2 bis 5 oder 6 oder S. 3 zuwiderhandelt, soweit die RVO für einen bestimmten Tatbestand auf § 194 verweist. Insoweit ergeben sich Ordnungswidrigkeiten aus § 184 Abs. 1 Nr. 56, 57, 58, 59, 61, 61
und 62 StrlSchV in Ansehung der dort aufgeführten Pflichten nach § 136 Abs. 1
S. 1, § 137 Abs. 1, § 137 Abs. 2, § 137 Abs. 3, § 138 Abs. 3 S. 1, § 138 Abs. 4 S. 1 und
§ 138 Abs. 5 S. 2 StrlSchV. Die Höhe der Geldbuße richtet sich nach § 194 Abs. 2
und kann bis 50.000 EUR betragen.

Nach **§ 194 Abs. 1 Nr. 1 lit. b** handelt ordnungswidrig, wer vorsätzlich oder 6
fahrlässig einer RVO nach § 37 Abs. 1 S. 2 Nr. 1, 7 oder 8 zuwiderhandelt, soweit
die RVO für einen bestimmten Tatbestand auf § 194 verweist. Insoweit ergeben
sich Ordnungswidrigkeiten aus § 184 Abs. 2 Nr. 7, 27, 28, 29, 30 und 31 StrlSchV
in Ansehung der dort aufgeführten Pflichten nach § 133, § 134 Abs. 1 S. 1, auch
iVm § 136 Abs. 1 S. 1 Nr. 4, § 135 Abs. 1, auch iVm § 136 Abs. 1 S. 1 Nr. 4, § 135
Abs. 2 S. 1, auch iVm § 136 Abs. 1 S. 1 Nr. 4, § 138 Abs. 4 S. 2, § 138 Abs. 5 S. 3
und § 142 Abs. 1, auch iVm Abs. 2, StrlSchV. Die Höhe der Geldbuße richtet sich
nach § 194 Abs. 2 und kann bis zu 10.000 EUR betragen.

Abschnitt 6 – Schutz des Verbrauchers bei Zusatz radioaktiver Stoffe und Aktivierung; bauartzugelassene Vorrichtungen

Unterabschnitt 1 – Rechtfertigung

§ 38   Rechtfertigung von Tätigkeitsarten mit Konsumgütern oder bauartzugelassenen Vorrichtungen; Verordnungsermächtigung

(1) ¹Das Bundesamt für Strahlenschutz prüft innerhalb von zwölf Monaten nach Eingang eines von der zuständigen Behörde gemäß § 41 Absatz 5, § 43 Absatz 2 oder § 46 Absatz 3 weitergeleiteten Antrags die Rechtfertigung der Tätigkeitsart im Sinne des § 6 Absatz 1 und veröffentlicht eine Stellungnahme. ²Die Stellungnahme enthält eine Feststellung über die Rechtfertigung der Tätigkeitsart. ³In der Stellungnahme sind Betriebs- und Geschäftsgeheimnisse und personenbezogene Daten unkenntlich zu machen.

(2) Die Bundesregierung wird ermächtigt, durch Rechtsverordnung mit Zustimmung des Bundesrates

1. zu bestimmen, welche Unterlagen die Antragsteller dem Bundesamt für Strahlenschutz vorzulegen hat,
2. Vorgaben über das Prüfungsverfahren nach Absatz 1, einschließlich der Beteiligung von Behörden, zu treffen,
3. zu bestimmen, welche Bewertungskriterien das Bundesamt für Strahlenschutz im Verfahren nach Absatz 1 besonders zu berücksichtigen hat,
4. zu regeln, dass die zuständigen Behörden dem Bundesamt für Strahlenschutz Informationen über erteilte Genehmigungen für Konsumgüter nach § 40 oder § 42 sowie Bauartzulassungen nach § 45 Absatz 1 Nummer 1, 3, 4, 5, 6 oder 7 übermitteln und auf welche Weise das Bundesamt für Strahlenschutz eine Liste mit den Angaben, für welche Tätigkeitsarten solche Genehmigungen oder Bauartzulassungen bereits erteilt wurden, veröffentlicht,
5. zu regeln, auf welche Weise das Bundesamt für Strahlenschutz die Stellungnahme über die Rechtfertigung der Tätigkeitsart veröffentlicht und
6. festzulegen, auf welche Weise das Bundesamt für Strahlenschutz die Stellungnahme an die zuständigen Behörden anderer Mitgliedstaaten der Europäischen Atomgemeinschaft sowie Drittstaaten weitergibt.

A. Zweck und Bedeutung der Norm

1   § 38 sieht ein Verfahren zur Prüfung der Rechtfertigung speziell von Tätigkeitsarten mit Konsumgütern (§ 5 Abs. 20) oder bauartzugelassenen Vorrichtungen (vgl. § 45; allerdings keine bauartzugelassenen Röntgenstrahler, vgl. § 46 Abs. 3) vor. Gemeinsam mit der in § 7 vorgesehenen Prüfung der Rechtfertigung einer Tätigkeitsart wird im deutschen Strahlenschutzrecht **erstmals ein behördliches Verfahren zur Prüfung der Rechtfertigung** im Rahmen eines Genehmigungsverfahrens oder Verfahrens der Bauartzulassung vorgesehen.

§ 38 setzt **Art. 20 RL 2013/59/Euratom** um, der die Prüfung der Rechtfer- 2
tigung eines **Verbraucherprodukts** fordert, dessen beabsichtigte Verwendung
voraussichtlich eine neue Tätigkeitsart darstellt. Gemäß der Definition nach Art. 4
Nr. 17 RL 2013/59/Euratom ist ein Verbraucherprodukt dadurch gekennzeichnet,
dass es bewusst hinzugefügte oder durch Aktivierung erzeugte Radionuklide enthält oder ionisierende Strahlung erzeugt und dass es nach dem Verkauf oder zur
Verfügungstellung an eine Einzelperson der Bevölkerung (vgl. die Definition in
Art. 4 Nr. 53) keiner besonderen Überwachung oder regulatorischen Kontrolle
mehr unterliegt. Für die Definition ist nicht entscheidend, dass das Produkt für
einen privaten Endverbraucher bestimmt ist. Bei den Verbraucherprodukten in diesem Sinne handelt es sich um Produkte, deren Verwendung oder Betrieb zu einer
Exposition führen kann, die Verwendung oder der Betrieb allerdings selbst nicht
der behördlichen Vorabkontrolle durch Genehmigungs- oder Anzeigeverfahren
unterliegen, in denen die Rechtfertigung geprüft werden könnte (BT-Drs.
18/11241, 283). Allerdings unterliegen diese Produkte vor ihrer Abgabe an den
„Verbraucher" einem Verfahren der behördlichen Vorabkontrolle, das die spätere
Nutzung betrachtet (Verwendung oder Betrieb des Konsumguts oder der bauartzugelassenen Vorrichtung). Verbraucherprodukte iSd Art. 4 Nr. 17 RL 2013/59/
Euratom sind im StrlSchG zum einen **Konsumgüter** iSd § 5 Abs. 20, deren behördliche Vorabkontrolle auf §§ 40 bis 43 gestützt wird, und **bauartzugelassene
Vorrichtungen,** die dem Verfahren der Bauartzulassung nach § 46 unterliegen.

§ 38 knüpft die Prüfung der Rechtfertigung an das Bauartzulassungsverfahren 3
nach § 46 bzw. an das Genehmigungsverfahren vor dem Zusatz radioaktiver Stoffe
oder der Aktivierung von Konsumgütern (§§ 40–43) an, vgl. auch Erwägungsgrund 34 RL 2013/59/Euratom, nach dem der Nachweis der Rechtfertigung
frühzeitig geführt werden soll.

Wie bei § 7 und wie von Art. 20 RL 2013/59/Euratom gefordert, ist § 38 so aus- 4
gestaltet, dass die tatsächliche Anwendung der Rechtfertigung **operationalisiert**
wird. Auf der anderen Seite werden die Fragen der materiellen Rechtfertigung der
neuen Tätigkeitsart – auch im Interesse eines bundeseinheitlichen Verständnisses –
aus den einzelnen Genehmigungs- oder Bauartzulassungsverfahren ferngehalten.
Und ebenso wie bei § 7 spielt der Rechtfertigungsgrundsatz im Genehmigungs-
bzw. Bauartzulassungsverfahren nunmehr **in zweifacher Hinsicht** eine Rolle,
vgl. § 41 Abs. 1 Nr. 7 und 8, auch iVm § 43 Abs. 1 und § 46 Abs. 4 Nr. 4 und 5:
Zum einen ist das Ergebnis der vom BfS durchgeführten Rechtfertigungsprüfung
(→ Rn. 11) von den für die Genehmigungserteilung oder Bauartzulassung zust. Behörden zwingend zu beachten (nicht nur, wie bei § 7, zu berücksichtigen); hat das
BfS festgestellt, dass es sich um eine nicht gerechtfertigte Tätigkeitsart handelt, ist
die Genehmigung oder Bauartzulassung zu versagen. Des Weiteren darf es sich
nicht um eine nicht gerechtfertigte Tätigkeitsart nach § 6 Abs. 3 iVm § 2 iVm
Anl. 1 StrlSchV handeln.

B. Bisherige Regelung

Eine Vorgängerregelung existiert nicht.   5

C. Anwendungsbereich (Abs. 1 S. 1)

6   Das Verfahren nach § 38 kommt in den folgenden Genehmigungs- oder Bauartzulassungsverfahren zur Anwendung: **Genehmigungsverfahren für den Zusatz radioaktiver Stoffe bei der Herstellung von Konsumgütern oder für die Aktivierung von Konsumgütern** nach § 40; außerdem in Bauartzulassungsverfahren nach § 45 Abs. 1 Nr. 1, 3, 4, 5, 6 oder 7 **(Vorrichtung, die sonstige radioaktive Stoffe enthält; Störstrahler; Röntgeneinrichtung als Basisschutzgerät, Hochschutzgerät, Vollschutzgerät oder als Schulröntgeneinrichtung; Vollschutzanlagen).**

7   Das Verfahren nach § 38 kommt hingegen in den folgenden Genehmigungsoder Bauartzulassungsverfahren **nicht** zur Anwendung: Genehmigungsverfahren für Arzneimittel, Pflanzenschutzmittel, Schädlingsbekämpfungsmittel oder Düngemittel, denen radioaktive Stoffe zugesetzt werden oder die aktiviert werden sollen (§ 40 Abs. 1), weil deren Genehmigungsanforderungen (§ 41 Abs. 3) sich nur auf den Zusatz bzw. die Aktivierung selbst beziehen und nicht die spätere Verwendung berücksichtigen (BT-Drs. 18/11241, 284); Bauartzulassung eines Röntgenstrahlers (§ 45 Abs. 1 Nr. 2), da der Röntgenstrahler allein die mit der Röntgeneinrichtung auszuführenden Tätigkeitsarten nicht festlegt (BT-Drs. 18/11241, 284).

D. Verfahren (Abs. 1)

I. Neue Tätigkeitsart; Aussetzung des Genehmigungs- oder Bauartzulassungsverfahren

8   Nach **§ 41 Abs. 5** übermittelt die zust. Behörde den Genehmigungsantrag an das BfS, sofern die beabsichtigte Verwendung oder Lagerung des Konsumguts, für dessen Herstellung der Zusatz von radioaktiven Stoffen oder dessen Aktivierung beantragt worden ist, eine **neue Tätigkeitsart** darstellt. Bis zu dem Abschluss des Verfahrens nach § 38 setzt die zust. Behörde das Verfahren aus. Im Zusammenhang mit dem Verfahren der Bauartzulassung findet sich eine inhaltlich gleiche Regelung in **§ 46 Abs. 3.**

9   „Neue Tätigkeitsart" ist **eng auszulegen.** Bereits eine (einzige) erteilte Bauartzulassung oder Genehmigung im Hinblick auf Konsumgüter schließt die Anwendbarkeit des Verfahrens nach § 38 aus (BT-Drs. 18/11241, 285). Auf der anderen Seite ist für den Fall, dass ähnliche Tätigkeiten bereits im Rahmen einer Umgangs- oder Betriebsgenehmigung ausgeübt wurden und nunmehr unter Nutzung eines Konsumguts oder mittels Betriebs einer bauartzugelassenen Vorrichtung erfolgen sollen, wegen der grundlegend anderen Umstände der Ausübung regelmäßig von einer neuen Tätigkeitsart auszugehen (BT-Drs. 18/11241, 285). Zur Überprüfung der Rechtfertigung einer **bestehenden** Tätigkeitsart bei wesentlichen neuen Erkenntnissen im Zusammenhang mit Konsumgütern oder Bauartzulassungen kommt nicht das Verfahren nach § 38, sondern nach **§ 7 Abs. 1 S. 3** zur Anwendung.

II. Vorzulegende Unterlagen

10   Nach § 41 Abs. 5 bzw. § 46 Abs. 3 übermittelt die zust. Behörde den Genehmigungsantrag bzw. Antrag auf Bauartzulassung an das BfS. Des Weiteren hat die zust.

Behörde gem. **§ 4 Abs. 1 S. 1 StrlSchV** dem BfS eine Darlegung, warum – in Bezug auf Konsumgüter – die beabsichtigte Verwendung, die beabsichtigte Lagerung oder – in Bezug auf bauartzugelassene Vorrichtungen – der beabsichtigte Betrieb eine neue Tätigkeitsart darstellt, sowie die Unterlagen, die zur Prüfung der Rechtfertigung der Tätigkeitsart erforderlich sind, insbesondere die in Anl. 2 der StrlSchV genannten Unterlagen, vorzulegen. Das BfS kann nach § 4 Abs. 1 S. 2 StrlSchV weitere erforderliche Unterlagen nachfordern.

III. Prüfung durch das BfS

Nach § 38 Abs. 1 S. 1 prüft das BfS **innerhalb von zwölf Monaten** nach Ein- **11** gang des von der zust. Behörde weitergeleiteten Antrags die Rechtfertigung der Tätigkeitsart iSd § 6 Abs. 1. Gem. § 4 Abs. 2 StrlSchV informiert es das BMUV und die für die Erteilung der Genehmigung nach § 40 oder § 42 oder der Bauartzulassung zust. Behörde sowie die für den Strahlenschutz zust. obersten Landesbehörden über den Beginn der Rechtfertigungsprüfung. **Maßstab** für die Prüfung ist der in **§ 6 Abs. 1** für neue Tätigkeitsarten formulierte Rechtfertigungsgrundsatz. § 4 Abs. 3 StrlSchV formuliert die vom BfS bei seiner Prüfung insbesondere zu betrachtenden Aspekte, zB ob die Leistungsfähigkeit die beabsichtigte Verwendung rechtfertigt oder die Auslegung geeignet ist, um sicherzustellen, dass Expositionen bei normaler Verwendung so gering wie möglich sind.

Das BfS **veröffentlicht** nach Abschluss seiner Prüfung eine Stellungnahme über **12** die Rechtfertigung der Tätigkeitsart (Abs. 1 S. 1 und 2). Die Veröffentlichung erfolgt unverzüglich nach Fertigstellung der Stellungnahme im BAnz. (§ 4 Abs. 4 StrlSchV). Nach S. 2 sind Betriebs- und Geschäftsgeheimnisse und personenbezogene Daten unkenntlich zu machen. Das BfS übermittelt seine Stellungnahme zudem unverzüglich dem BMUV, der für das ausgesetzte Genehmigungs- oder Zulassungsverfahren zust. Behörde sowie anderen MS im Fall der Prüfung der Rechtfertigung einer neuen Tätigkeitsart in Bezug auf Konsumgüter (§ 4 Abs. 5 StrlSchV).

E. VO-Erm. (Abs. 2)

Auf Grundlage der VO-Erm. des Abs. 3 konkretisiert **§ 4 StrlSchV** das Verfah- **13** ren zur Prüfung der Rechtfertigung nach § 38. Die Bestimmungen des § 4 werden oben dargelegt. Die in Abs. 2 Nr. 4 zu Transparenzzwecken vorgesehene VO-Erm. ist in § 4 Abs. 5 S. 2 und 3 StrlSchV umgesetzt worden.

Unterabschnitt 2 – Schutz des Verbrauchers beim Zusatz radioaktiver Stoffe und bei der Aktivierung

§ 39   Unzulässiger Zusatz radioaktiver Stoffe und unzulässige Aktivierung

(1) [1]Der Zusatz radioaktiver Stoffe bei der Herstellung folgender Produkte ist unzulässig:

1. Spielwaren im Sinne des § 2 Absatz 6 Nummer 5 des Lebensmittel- und Futtermittelgesetzbuchs,
2. Schmuck,
3. Lebensmittel, einschließlich Trinkwasser und Lebensmittelzusatzstoffe, im Sinne des Lebensmittel- und Futtermittelgesetzbuchs,
4. Futtermittel im Sinne des Lebensmittel- und Futtermittelgesetzbuchs,
5. Erzeugnisse im Sinne von § 2 Nummer 1 des Tabakerzeugnisgesetzes,
6. Mittel zum Tätowieren einschließlich vergleichbarer Stoffe und Gemische aus Stoffen, die dazu bestimmt sind, zur Beeinflussung des Aussehens in oder unter die menschliche Haut eingebracht zu werden und dort, auch vorübergehend, zu verbleiben,
7. kosmetische Mittel,
8. Gasglühstrümpfe, soweit diese nicht zur Beleuchtung öffentlicher Straßen verwendet werden sollen,
9. Blitzschutzsysteme und
10. Lebensmittelbedarfsgegenstände im Sinne des § 2 Absatz 6 Nummer 1 des Lebensmittel- und Futtermittelgesetzbuchs.

[2]Die grenzüberschreitende Verbringung nach § 42 Absatz 1 von Produkten nach Satz 1, denen radioaktive Stoffe zugesetzt worden sind, sowie das Inverkehrbringen von solchen Produkten sind ebenfalls unzulässig. [3]Die Sätze 1 und 2 gelten nicht für den Zusatz von Radionukliden, für die keine Freigrenzen festgelegt sind.

(2) Absatz 1 Satz 1 und 2 gilt entsprechend für die Aktivierung derartiger Produkte, wenn dies zu einer spezifischen Aktivität im Produkt von mehr als 500 Mikrobecquerel je Gramm führt oder wenn bei Schmuck die in einer Rechtsverordnung nach § 24 Satz 1 Nummer 10 festgelegten Freigrenzen für die spezifische Aktivität überschritten werden.

(3) Im Übrigen bleiben die Rechtsvorschriften für die in Absatz 1 Satz 1 Nummer 1 bis 10 genannten Produkte unberührt.

Übersicht

A. Zweck und Bedeutung der Norm

Bei § 39 sowie den folgenden §§ 40 bis 44 des Uabschn. 2 handelt es sich um **1** **verbraucherschützende Vorschriften des materiellen Produktsicherheitsrechts im Sinne spezieller Stoffverbote für bestimmte Produkte.** Aufgrund der besonderen Nähe der Produkte zum Verbraucher ist der **Zusatz radioaktiver Stoffe sowie die Aktivierung im Anwendungsbereich des § 39 untersagt.** Dabei handelt es sich letztlich um eine Rechtfertigungsentscheidung des Gesetzgebers. Der Nutzen dieser Zusätze ist nicht so hoch bzw. bedeutend, als dass er eine hierdurch entstehende zusätzliche Exposition von Bevölkerung und Arbeitskräften aufwiegen könnte (BR-Drs. 207/01, 298). Der Zusatz radioaktiver Stoffe lässt sich bei derartigen Produkten folglich nicht rechtfertigen. Die Vorschrift ist damit auch Ausdruck des strahlenschutzrechtlichen Rechtfertigungsgebots.

B. Vorherige Regelungen

Die Norm entspricht inhaltlich weitgehend § 105 StrlSchV 2001. Der Verbots- **2** tatbestand des Abs. 1 wurde mit der Aufnahme von Tätowiermitteln (Abs. 1 S. 1 Nr. 6) im Zuge der Einführung des StrlSchG um weitere Produkte einschließlich vergleichbarer Stoffe und Gemische erweitert.

C. Unzulässiger Zusatz radioaktiver Stoffe und unzulässige Aktivierung

Der **Zusatz radioaktiver Stoffe** bei den in Abs. 1 S. 1 genannten Produkten ist **3** unzulässig. Maßgeblich ist die Begriffsbestimmung **„Zusatz radioaktiver Stoffe" gem. § 5 Abs. 40** (→ § 5 Rn. 49). Hierunter fällt der zweckgerichtete Zusatz künstlich erzeugter oder natürlich vorkommender Radionuklide, wenn die in § 5 Abs. 40 S. 1 Nr. 1 oder Nr. 2 genannten spezifischen Aktivitäten überschritten werden. Für künstlich erzeugte Radioaktivität reichen bereits sehr geringfügige Zusätze aus (BT-Drs. 18/11241, 287). Unerheblich ist, ob der Zusatz aufgrund der Radioaktivität oder aufgrund anderer Eigenschaften erfolgt (§ 5 Abs. 40 S. 2).

§ 39 verbietet nicht nur den Zusatz, sondern auch die **Aktivierung** dieser Pro- **4** dukte (Abs. 2) und setzt damit § 105 S. 2 StrlSchV 2001 fort. Denn es macht für den Verbraucher letztlich keinen Unterschied, ob einem Gegenstand ein radioaktiver Stoff zugesetzt oder dieser Gegenstand **durch Bestrahlung radioaktiv geworden ist (Aktivierung)** (BR-Drs. 207/01, 298). Die Aktivierung ist unzulässig, wenn die in Abs. 2 genannten spezifischen Aktivitäten überschritten werden. Es gilt einheitlich die **Aktivierungsgrenze** für künstlich erzeugte Radionuklide von **500 Mikrobecquerel je Gramm,** da die durch Aktivierung entstehenden Radionuklide stets künstlich erzeugt sind (BT-Drs. 18/11241, 287). Bei einem Wert von unter 500 Mikrobecquerel je Gramm geht der Gesetzgeber vielmehr von einer Verunreinigung als von einer konkreten Aktivierung aus; unter 500 Mikrobecquerel je Gramm bedarf es aufgrund des geringen Aktivitätsgehalts keiner Schutzregelung (vgl. BR-Drs. 207/01, 298). Die Aktivierungsgrenze von Mikrobecquerel je Gramm gilt als messtechnisch jedoch schwer nachweisbar, sodass die Vorschrift im Ergebnis zu einer faktischen vollständigen Untersagung jeder Aktivierung führt (vgl. BT-Drs. 18/11241, 287).

5   Bei **Schmuck** dürfen die in einer Rechtsverordnung nach § 24 S. 10 Nr. 10 festgelegten Freigrenzen für die spezifische Aktivität (festgelegt in § 11 iVm Anl. 4 Tabelle 1 Spalte 1 bis 3 StrlSchV) nicht überschritten werden. Ein praktischer Anwendungsfall ist die Bestrahlung von Schmucksteinen, um die Farbe der Steine zu verändern oder zu intensivieren. Ein bekanntes Beispiel ist der blaue Topas, der in seiner in der Natur vorkommenden Form farblos ist und erst durch die Bestrahlung seine charakteristische blaue Farbe erhält (https://www.bfs.de/SharedDocs/FAQs/BfS/DE/ion/ion/schmucksteine.html).

D. Abs. 1 S. 1 Nr. 1 bis 10

6   Abs. 1 setzt Art. 21 Abs. 1, 2 und 4 RL 2013/59/Euratom um. Das Verbot des Abs. 1 S. 1 betrifft die **Herstellung,** also das Anfertigen, Erzeugen, Erschaffen oder Bearbeiten der in Nr. 1 bis Nr. 10 angeführten Produkte, die sich alle durch eine besondere Verbrauchernähe auszeichnen. Zum **Begriff des Herstellers** (→ § 41 Rn. 4 und § 153 Rn. 4).

I. Spielwaren (Nr. 1)

7   Die Vorschrift verweist auf **§ 2 Abs. 6 Nr. 5 LFGB.** Dadurch soll der Begriff in einen bereits bestehenden verbraucherschützenden Kontext eingeordnet werden (BT-Drs. 18/11241, 287). Eine gesetzliche Definition des Begriffs der Spielwaren enthält das LFGB nicht. Jedoch sind unter Spielwaren iSd LFGB **alle Waren zu verstehen, die üblicherweise dem Zwecke der Unterhaltung und der Belustigung dienen und vom Hersteller oder Verkäufer zu diesem Zweck bestimmt sind** (*Rathke* in Zipfel/Rathke § 2 Rn. 25). Spiele für Erwachsene sind ebenfalls vom Begriff umfasst (*Ballke* in Streinz/Meisterernst § 2 Rn. 92). Der Begriff ist in diesem Zusammenhang also weiter zu verstehen als nach Art. 2 Abs. 1 Uabschn. 1 RL 2009/48/EG des Europäischen Parlaments und des Rates vom 18.6.2009 über die Sicherheit von Spielzeug, die hierunter nur Produkte versteht, „die – ausschließlich oder nicht ausschließlich – dazu bestimmt oder gestaltet sind, von Kindern unter 14 Jahren zum Spielen verwendet zu werden". Für den Schutzzweck des StrlSchG kann es auch nicht von Relevanz sein, ob es sich um reines „Erwachsenenspielzeug" oder „Kinderspielzeug" handelt. Die Ausnahmen nach Art. 2 Abs. 1 Uabsch. 2 iVm Anh. I RL 2009/48/EG dürfte hingegen auch im Rahmen des StrlSchG heranzuziehen sein, da die dort geannten Gegenstände insgesamt keinen Spielzeugcharakter im engeren Sinne haben und daher klarstellend normiert sein dürften.

Das StrlSchG nimmt lediglich auf den Begriff der „Spielwaren" Bezug und nicht **8** zum ebenfalls in § 2 Abs. 6 Nr. 5 LFGB erwähnten Begriffs der **„Scherzartikel"**. Daraus ließe sich schließen, dass Nr. 1 auf „Scherzartikel" im Sinne des § 2 Abs. 6 Nr. 5 LFGB nicht anwendbar ist. Die Frage, ob die Vorschrift Scherzartikel vom Anwendungsbereich ausnimmt, dürfte zum einen allerdings kaum von praktischer Relevanz sein, da eine eindeutige Zuordnung mangels einer trennscharfen Unterstreichung zwischen den beiden Begriffen kaum möglich ist (vgl. *Ballke* in Streinz/ Meisterernst § 2 Rn. 92). So wird man Scherzartikel zumeist auch unter die Definition der Spielwaren fassen können. Zum anderen ist insbesondere vor dem Hintergrund der verbraucherschützenden Intention der Vorschrift ist grundsätzlich von einem weiten Begriffsverständnis der Spielwaren auszugehen, das im Zweifel auch Scherzartikel mitumfasst.

II. Schmuck (Nr. 2)

Die Regelung dient der Umsetzung des Art. 21 Abs. 3 bzw. 4 RL 2013/59/Eu- **9** ratom, die von „persönlichen Schmuckgegenständen" sprechen. Das StrlSchG spricht hingegen schlicht von „Schmuck". Beide Fälle beschreiben aber gleichermaßen **sämtlich Gegenstände, die bestimmungsgemäß zur Zierde am Körper getragen werden** (vgl. Dudendefinition zum Körperschmuck; https://www. duden.de/rechtschreibung/Schmuck, Bedeutung). **Armbanduhren** werden trotz ihres schmückenden Charakters neben ihrem primär funktionalen Einsatz zur Zeitmessung nicht dem Schmuckbegriff untergeordnet. Das BfS geht bei diesen von genehmigungsbedürftigen Konsumgütern iSv § 41 aus (https://www.bfs.de/DE/ themen/ion/anwendung-alltag/uhren/uhren_node.html).

III. Lebensmittel (Nr. 3)

Das StrlSchG verweist hier auf das LFGB, das seit 2021 keine Definition des Be- **10** griffs „Lebensmittel" mehr enthält. Der vormalige Verweis im LFGB auf die VO (EG) 178/2002 wurde gestrichen, wenngleich deren **Begriffsdefinition in Art. 2 VO (EG) 178/2002** weiterhin gelten soll (vgl. BT-Drs. 19/25319, 46). Lebensmittel sind danach **„alle Stoffe oder Erzeugnisse, die dazu bestimmt sind oder von denen nach vernünftigem Ermessen erwartet werden kann, dass sie in verarbeitetem, teilweise verarbeitetem oder unverarbeitetem Zustand von Menschen aufgenommen werden"** einschließlich Lebensmittelzusatzstoffen und Trinkwasser mit Ausnahme von einzeln in der Norm aufgeführten Stoffen.

IV. Futtermittel (Nr. 4)

Das LFGB enthält seit 2021 keinen Hinweis mehr auf die maßgebliche **Defini-** **11** **tion des Futtermittels der VO (EG) 178/2002.** Diese wurde mit der Begründung gestrichen, der Begriff sei bereits in der unmittelbar geltenden VO (EG) 178/2002 enthalten und damit obsolet (vgl. BT-Drs. 19/25319, 46). Demnach gilt also weiterhin die Begriffsbestimmung in Art. 3 Nr. 4 VO (EG) 178/2002, wonach Futtermittel definiert werden als **„Stoffe oder Erzeugnisse, auch Zusatzstoffe, verarbeitet, teilweise verarbeitet oder unverarbeitet, die zur oralen Tierfütterung bestimmt sind"**.

V. Tabakerzeugnisse (Nr. 5)

12   Tabakerzeugnisse sind vor allem durch das TabakerzG reguliert. Daher verweist das StrlSchG auf Erzeugnisse im Sinne von § 2 Nr. 1 TabakerzG. Das TabakerzG verweist auf die **Begriffsbestimmung des Art. 2 Nr. 4 RL 2014/40/EU**, wonach ein Tabakerzeugnis definiert wird als ein **„Erzeugnis, das konsumiert werden kann und das, auch teilweise, aus genetisch verändertem oder genetisch nicht verändertem Tabak besteht"**. Tabak sind gem. Art. 2 Nr. 4 RL 2014/40/EU „Blätter und andere natürliche verarbeitete oder unverarbeitete Teile der Tabakpflanze, einschließlich expandierten und rekonstituierten Tabaks". Darüber hinaus sind Erzeugnisse im Sinne von § 2 Nr. 1 TabakerzG neben Tabakerzeugnissen auch verwandte Erzeugnisse, die ihrerseits in § 2 Nr. 2 TabakerzG definiert werden als „elektronische Zigaretten, Nachfüllbehälter und pflanzliche Raucherzeugnisse". Auch diese sind demnach erfasst.

VI. Mittel zum Tätowieren (Nr. 6)

13   Der Gesetzgeber hält diese Regelung aus rein präventiven Gründen für geboten; ein derartiger Zusatz hat in Deutschland bisher nicht stattgefunden, ist aber auch unter Verbraucherschutzgesichtspunkten nicht zu vertreten (BT-Drs. 18/11241, 287). Tätowiermittel und vergleichbare Stoffe und Gemische aus Stoffen sind entsprechend der Definition in Nr. 6 **sämtliche Stoffe, die dazu bestimmt sind, zur Beeinflussung des Aussehens in oder unter die menschliche Haut eingebracht zu werden und dort, auch vorübergehend, zu verbleiben.** Vergleichbare Mittel sind etwa Permanent-Make-up-Farben, wenn man diese nicht schon gemeinsam mit den Tätowierfarben den „Mittel zum Tätowieren" zuordnet (vgl. BT-Drs. 15/3657, 60).

14   Unter die Haut eingebracht ist ein Stoff nur, wenn er unter Verwendung eines Hilfsmittels, etwa einer Nadel, durch die Oberhaut hindurch in die Haut eindringt. So reicht es – anders als beim Aufbringen – nicht aus, wenn der Stoff auf der Haut angebracht wird und anschließend in die Haut einzieht (*Rathke* in Zipfel/Rathke § 4 Rn. 11).

VII. Kosmetische Mittel (Nr. 7)

15   Die Regelung setzt Art. 21 Abs. 1 RL 2013/59/Euratom um. Der explizite Verweis auf kosmetische Mittel war bereits in der StrlSchV 2001 enthalten, wurde aber mit dem Gesetz zur Neuordnung des Lebensmittel- und Futtermittelrechts gestrichen, da sich ein Verbot des Zusatzes bereits aus Anl. 1 Teil A Nr. 293 der Kosmetikverordnung ergab (BT-Drs. 15/3657, 71). Auch nach der aktuellen Fassung der Kosmetikverordnung VO (EG) 1223/2009 (ABl. EU L 342/59; zuletzt geändert durch Art. 1 VO (EU) 2022/135 vom 31.1.2022) dürfen kosmetische Mittel gem. Anh. II Nr. 293 weiterhin keine radioaktiven Stoffe enthalten. Im Gegensatz zum StrlSchG enthält die Verordnung allerdings keine Aktivitätsgrenzen, sondern verweist auf die Definition der radioaktiven Stoffe der RL 96/29/Euratom, die sich in § 3 Abs. 1 S. 1 wiederfindet. Das Verbot nach Nr. 7 bei dem der „Zusatz radioaktiver Stoffe" gem. § 5 Abs. 40 maßgeblich ist (→ § 5 Rn. 49), ist daher grundsätzlich enger gefasst.

16   Die VO (EG) 1223/2009 definiert in Art. 2 Abs. 1 lit. a „kosmetisches Mittel" als **„Stoffe oder Gemische, die dazu bestimmt sind, äußerlich mit den Teilen des menschlichen Körpers (Haut, Behaarungssystem, Nägel, Lippen und äußere intime Regionen) oder mit den Zähnen und den Schleimhäuten**

der Mundhöhle in Berührung zu kommen, und zwar zu dem ausschließlichen oder überwiegenden Zweck, diese zu reinigen, zu parfümieren, ihr Aussehen zu verändern, sie zu schützen, sie in gutem Zustand zu halten oder den Körpergeruch zu beeinflussen".

VIII. Gasglühstrümpfe (Nr. 8)

Ein Gasglühstrumpf ist Teil einer Gaslampe, für dessen leuchtende Funktion ein **17** mit einer Lösung getränktes Gewebe durch brennendes Gas zum Glühen gebracht wird. Die Regelung wurde durch Art. 1 Nr. 46 lit. c der Verordnung zur Änderung strahlenschutzrechtlicher Verordnungen vom 4.10.2011 (BGBl. I 2000) eingeführt. Ziel war es, die ohne strahlenschutzrechtliche Kenntnisse nicht vertretbare Handhabung derartiger Produkte in Privathaushalten auszuschließen (BR-Drs. 266/11, 145). Der Einsatz von Gasglühstümpfen durch Kommunen zur Beleuchtung öffentlicher Straßen sollte hingegen nicht beschränkt werden und ist auch im Geltungsbereich des StrlSchG weiterhin zulässig.

IX. Blitzschutzsysteme (Nr. 9)

Die Regelung wurde durch Art. 1 Nr. 48 lit. c der Verordnung zur Änderung **18** strahlenschutzrechtlicher Verordnungen vom 4.10.2011 (BGBl. I 2000) eingeführt. Hiermit sollten Kontaminationen durch sog. ESE-Systeme *(early streamer emission devices)* vermieden werden, deren Wirkprinzip darauf basierte, die Effektivität des Schutzes durch Vor-Ionisation der Luft in der Nähe einer Fangeinrichtung zu erhöhen (BR-Drs. 266/11, 145). Zu diesem Zweck wird auf die Spitze der Fangeinrichtung ein radioaktiver Stoff – meist Ra-226 oder Am-241- aufgebracht. Allerdings existieren im Bereich der ESE-Systeme nicht radioaktive Alternativen, auf die zurückgegriffen werden kann (vgl. BR-Drs. 266/11, 145). Der Zusatz radioaktiver Stoffe bei ESE-Systemen ist daher nicht gerechtfertigt.

X. Lebensmittelbedarfsgegenstände (Nr. 10)

Die Regelung erweitert § 105 Nr. 8 StrlSchV 2001 auf alle Lebensmittelbedarfs- **19** gegenstände iSd LFGB. § 105 Nr. 8 StrlSchV 2001 erfasste bislang nur Glaswaren, soweit ein Kontakt des Produkts mit Lebensmitteln nicht auszuschließen war und diente insbesondere der Beschränkung des Einsatzes von Uranglas als Geschirr für Lebensmittel (BR-Drs. 266/11, 145f.). Mit dem Verweis auf § 2 Abs. 1 Nr. 6 LFGB sind nun alle Materialien und Gegenstände iSd Art. 1 Abs. 2 VO (EG) Nr. 1935/2004 (über Materialien und Gegenstände, die dazu bestimmt sind, mit Lebensmitteln in Berührung zu kommen und zur Aufhebung der RL 80/590/ EWG und 89/109/EWG (ABl. EU L 338/4), die durch die VO (EG) Nr. 596/2009 (ABl. EU L 188/14) geändert worden ist) von den Verbotstatbeständen des § 39 erfasst. Damit wird zugleich, ohne dass der Gesetzgeber dies hier ausdrücklich ausführt, die Regelung wie unter Nr. 1 in ein existierendes Schutzsystem eingeordnet.

E. Abs. 1 S. 2

Nach Abs. 2 S. 2 ist auch die **grenzüberschreitende Verbringung nach § 42** **20** **Abs. 1** von Produkten nach Abs. 1, dh die Verbringung in den Geltungsbereich dieses Gesetzes oder aus demselben heraus, in einen Staat, der nicht Mitgliedsstaat der EU ist, untersagt (vgl. zum Begriff der „Verbringung" auch § 1 Abs. 21 StrlSchV).

21   Auch das **Inverkehrbringen** der Produkte nach Abs. 1 S. 1, denen radioaktive Stoffe zugesetzt wurden oder die aktiviert wurden, ist verboten. Den Begriff des „Inverkehrbringens" definiert das StrlSchG nicht. Im Geltungsbereich des StrlSchG existiert ferner auch kein allgemeines und vor allem einheitliches Begriffsverständnis, das zur Festlegung dieses Begriffs herangezogen werden könnte. Denn der Begriff wird in unterschiedlichen Gesetzen und Verordnungen verwendet und je nach Zielrichtung der Vorschriften unterschiedlich definiert. Bei der Auslegung des Begriffs iSd AtG (vgl. § 11 Abs. 1 Nr. 3 AtG) wird aufgrund der vergleichbaren Zielsetzung des ChemG auf dessen Definition nach § 3 Nr. 9 ChemG zurückgegriffen (*Brandmair* in HMPS AtG/PÜ §§ 11, 12 AtG Rn. 16). Aufgrund der Nähe zum AtG und zum ChemG scheint dies auch im Regelungsbereich des StrlSchG dem Sinn und Zweck des StrlSchG entsprechend. Somit ist unter Inverkehrbringen **jede Abgabe an Dritte oder die Bereitstellung für Dritte zu verstehen** (vgl. auch *Ewen/Holte* § 25 StrlSchV S. 97).

F. Ausnahme nach Abs. 1 S. 3

22   Ausgenommen von den Verbotsregelungen des Abs. 1 S. 1 und S. 2 sind Radionuklide, für die keine Freigrenzen festgelegt sind (zum Begriff der Freigrenzen → § 5 Rn. 19).

G. Abs. 3

23   Abs. 3 stellt klar, dass einschlägige Vorschriften anderer Rechtsgebiete, die gegebenenfalls abweichende oder weitergehende Anforderungen stellen, neben dem StrlSchG uneingeschränkt weiter gelten müssen (BT-Drs. 18/11241, 288).

H. Zuwiderhandlungen

24   Wer entgegen § 39 Abs. 1 S. 1, auch iVm Abs. 2, radioaktive Stoffe zusetzt oder entgegen § 39 Abs. 1 S. 2, auch iVm Abs. 2, eine dort genannte Ware verbringt oder in Verkehr bringt handelt gem. § 194 Abs. 1 Nr. 7 bzw. 8 ordnungswidrig.

§ 40 **Genehmigungsbedürftiger Zusatz radioaktiver Stoffe und genehmigungsbedürftige Aktivierung**

(1) ¹**Wer bei der Herstellung von Konsumgütern, von Arzneimitteln im Sinne des § 2 des Arzneimittelgesetzes mit Ausnahme von radioaktiven Arzneimitteln im Sinne des § 4 Absatz 8 des Arzneimittelgesetzes, von Schädlingsbekämpfungsmitteln, von Pflanzenschutzmitteln im Sinne des § 2 des Pflanzenschutzgesetzes oder von Stoffen nach § 2 Satz 1 Nummer 1 bis 8 des Düngegesetzes, die im Geltungsbereich dieses Gesetzes erworben oder an andere abgegeben werden sollen, radioaktive Stoffe zusetzt, bedarf der Genehmigung. ²Satz 1 gilt entsprechend für die Aktivierung der dort genannten Produkte. ³§ 39 bleibt unberührt.**

(2) Die Genehmigung nach Absatz 1 ersetzt keine Genehmigung nach § 12 Absatz 1 Nummer 1 oder 3.

(3) Eine Genehmigung nach Absatz 1 ist nicht erforderlich für den Zusatz von
1. aus der Luft gewonnenen Edelgasen, wenn das Isotopenverhältnis im Zusatz demjenigen in der Luft entspricht, oder
2. Radionukliden, für die keine Freigrenzen nach der Rechtsverordnung nach § 24 Satz 1 Nummer 10 festgelegt sind.

(4) Dem Genehmigungsantrag sind die zur Prüfung erforderlichen Unterlagen, insbesondere die in Anlage 2 Teil B genannten Unterlagen, sowie bei der Herstellung von Konsumgütern die in Anlage 2 Teil F genannten Unterlagen, beizufügen.

Übersicht

A. Zweck und Bedeutung der Norm

Unbeschadet des Verbots des § 39 ist der zweckgerichtete Zusatz radioaktiver 1 Stoffe bzw. die zweckgerichtete Aktivierung bei der Herstellung von **Konsumgütern, Arzneimitteln, Schädlingsbekämpfungsmitteln, Pflanzenschutzmitteln und Stoffen nach bestimmten Vorschriften des DüngG** unter bestimmten Voraussetzungen nach vorheriger Genehmigung zulässig. Es handelt sich insofern um präventive Stoffverbote mit Genehmigungsvorbehalt.

Der Genehmigungsvorbehalt für den Zusatz radioaktiver Stoffe bei der Herstel- 2 lung von Konsumgütern trägt dem Umstand Rechnung, dass diese wegen ihrer **Verbrauchernähe besonders sensiblen Produkte der staatlichen Kontrolle unterworfen** und nur unter **restriktiven Voraussetzungen** zugelassen werden sollen. Bei den nach dieser Norm genehmigungspflichtigen Arzneimitteln, Düngern und vergleichbaren Produkten soll das Vorkommen von Radionukliden bereits unterhalb der üblichen Freigrenzen unter Kontrolle behalten werden, sofern die Produkte im Geltungsbereich des Gesetzes erworben oder an andere abgegeben werden sollen, ohne dass die Produkte bzw. deren Verwendung selbst dem Strahlenschutz unterliegen (BT-Drs. 18/11241, 288). Demgegenüber ist § 40 **nicht auf radioaktive Arzneimittel anwendbar,** da diese durchgängig nur bei Vorliegen einer entsprechenden Umgangsgenehmigung gehandhabt werden dürfen (vgl. BT-Drs. 18/11241, 288) und es somit keiner Genehmigung nach § 40 mehr bedarf.

B. Entstehungsgeschichte

3   Ursprünglich war das Genehmigungserfordernis für den Zusatz radioaktiver Stoffe zum Schutz des Verbrauchers in der Vorschrift des § 4 Abs. 4 StrlSchV 1976 geregelt.

4   In der StrlSchV 2001 wurden die neu gestalteten Vorschriften über den Zusatz radioaktiver Stoffe wegen der Besonderheiten dieser Vorschriften im Hinblick auf den Verbraucherschutz in einen eigenen Teil aufgenommen (§§ 105 bis 110 StrlSchV 2001; vgl. BR-Drs. 207/01, 298). Den genehmigungsbedürftigen Zusatz radioaktiver Stoffe regelte hier § 106 StrlSchV 2001. In der ursprünglichen Fassung der StrlSchV 2001 waren als Produkte, für welche der Zusatz von radioaktiven Stoffen als genehmigungsbedürftig galt, Konsumgüter sowie Arzneimittel genannt.

5   Mit Änderung des § 106 Abs. 1 S. 1 StrlSchV 2001 mWv 1.7.2002 durch VO v. 18.6.2002 (BGBl. I 1869) wurden **zusätzlich Pflanzenschutzmittel, Schädlingsbekämpfungsmittel und Stoffe nach bestimmten Vorschriften des DüngG** in die Vorschrift eingefügt. Gleichzeitig wurde der Anwendungsbereich der StrSchV 2001 nach § 2 Abs. 1 Nr. 1 lit. e StrlSchV 2001 auf den Zusatz von radioaktiven Stoffen bei der Herstellung dieser Produkte erweitert. Diese Änderung wurde durch Art. 5 des Zweiten Gesetzes zur Änderung des Medizinproduktegesetzes (BGBl. I 3586) ermöglicht, da § 11 Abs. 1 Nr. 8 AtG dahingehend geändert wurde, dass jetzt ausdrücklich die Möglichkeit bestand, auch den Zusatz radioaktiver Stoffe bei der Herstellung von Pflanzenschutzmitteln, Schädlingsbekämpfungsmitteln und Stoffen nach bestimmten Vorschriften des DüngG unter eine strahlenschutzrechtliche Genehmigungspflicht zu stellen. Hiervon wurde Gebrauch gemacht, um diese Stoffe demselben Regelungssystem zu unterwerfen wie Konsumgüter und Arzneimittel (vgl. BR-Drs. 230/02, 111).

C. Abs. 1

6   Abs. 1 entspricht § 106 Abs. 1 StrlSchV 2001. Die Verweise auf andere Rechtsgebiete wurden aktualisiert.

I. Genehmigungsbedürftiger Zusatz bei der Herstellung (Abs. 1 S. 1)

7   Zur Umsetzung von Art. 28 lit. c RL 2013/59/Euratom stellt Abs. 1 S. 1 ein Genehmigungserfordernis für den absichtlichen Zusatz radioaktiver Stoffe bei der Herstellung bestimmter Produkte auf. Die Anwendung der Grundsätze des Strahlenschutzes auf Verbraucherprodukte macht es erforderlich, die regulatorische Kontrolle der Tätigkeiten bereits in der Phase der Herstellung solcher Produkte zu beginnen (Erwägungsgrund Nr. 34 RL 2013/59/Euratom). Genehmigungsbedürftig ist danach der Zusatz **bei der Herstellung.** Herstellen ist in diesem Zusammenhang der Prozess der Anfertigung, Erzeugung, Erschaffung oder der Bearbeitung eines Produkts nach Abs. 1. Ein Zusatz liegt dabei nicht nur bei einer nachträg-

lichen Bearbeitung des Produkts vor (→ § 5 Rn. 48). **Zum Begriff des Herstellers** → § 41 Rn. 4.

Zusatz meint den zweckgerichteten („absichtlichen") Zusatz radio- **8** **aktiver Stoffe iSd § 5 Abs. 40** (→ § 5 Rn. 49 und § 39 Rn. 3). Auch der Zusatz natürlicher radioaktiver Stoffe bei der Herstellung von Konsumgütern, zB von thorierten Schweißelektroden, von thorierten Glasglühstrümpfen oder bei der Herstellung von Triplesuperphosphat-Düngemittel ist nach dieser Vorschrift genehmigungspflichtig. Hingegen ist das Vermischen von Produkten, zB von Düngemitteln, grundsätzlich nicht als Zusatz radioaktiver Stoffe iSd § 5 Abs. 40 anzusehen (vgl. BR-Drs. 207/01, 299 und → § 5 Rn. 49).

1. Konsumgüter. Genehmigungspflichtig ist der zweckgerichtete Zusatz bei **9** **Konsumgütern iSd § 5 Abs. 20 S. 1** (→ § 5 Rn. 24). Darunter fallen für den Endverbraucher **bestimmte Bedarfsgegenstände des LFGB** (s. zu den Bedarfsgegenständen § 2 Abs. 6 LFGB; jedoch mit Ausnahme der Lebensmittelbedarfsgegenstände iSd § 2 Abs. 6 Nr. 1 LFGB und der Spielwaren iSd § 2 Abs. 6 Nr. 5 LFGB, bei welchen der Zusatz radioaktiver Stoffe bei der Herstellung bereits gem. § 39 Abs. 1 S. 1 verboten ist) sowie **Güter und Gegenstände des täglichen Gebrauchs zur Verwendung** im häuslichen und beruflichen Bereich.

Nicht als Konsumgüter angesehen werden nach § 5 Abs. 20 S. 2 **Bauprodukte und bauartzugelassene Vorrichtungen,** wenn diese Bauprodukte oder **10** Vorrichtungen sonstige radioaktive Stoffe enthalten. Diese unterfallen jeweils einem eigenen Regelungsregime nach §§ 134f. bzw. §§ 45ff.

Unter Konsumgüter, denen bei der Herstellung radioaktive Stoffe zugesetzt **11** werden, fallen zB Ionisationsrauchmelder sowie Gegenstände aus dem Outdoor-Bereich (Kompasse etc.).

2. Arzneimittel. Arzneimittel iSd § 2 AMG fallen unter das Genehmigungs- **12** erfordernis nach Abs. 1 S. 1. **Ausgenommen sind radioaktive Arzneimittel iSd** **§ 4 Abs. 8 AMG.** Diese Ausnahme wurde durch das 1. ÄndG ergänzt. Die Ergänzung diente lediglich der Klarstellung: Bereits aus der Gesetzesbegründung zum StrlSchG (vgl. BT-Drs. 18/11241, 288) ergibt sich, dass die Herstellung von radioaktiven Arzneimitteln nicht von der Genehmigungspflicht des § 40 erfasst werden sollte, da diese nicht dem Sinn und Zweck der Norm unterfällt. Abweichend von den anderen von der Genehmigungspflicht nach § 40 erfassten Fällen, können radioaktive Arzneimittel nach ihrer Herstellung durchgängig nie ohne Genehmigung gehandhabt werden, für ihre Verwendung oder Lagerung ist stets eine Umgangsgenehmigung gem. § 12 Abs. 1 Nr. 3 erforderlich. Daher genügt auch für die Herstellung dieser radioaktiven Arzneimittel eine Umgangsgenehmigung und es ist keine weitere Genehmigung nach § 40 erforderlich (BT-Drs. 19/27918, 18). Die Anwendung der radioaktiven Arzneimittel am Menschen selbst kann auch schon wegen der besonderen Freigrenze des § 5 Abs. 1 iVm Anl. 3 Teil A StrlSchV nicht allein aufgrund einer Genehmigung nach § 40 erfolgen.

3. Schädlingsbekämpfungsmittel. Eine Definition der Schädlingsbekämp- **13** fungsmittel ist im Pflanzenschutzgesetz nicht enthalten. Sie finden jedoch Erwähnung in § 9 Abs. 1 S. 1 Nr. 1 LFGB. Hier fallen Mittel zur Schädlingsbekämpfung unter die Kategorie der Pflanzenschutz- oder sonstigen Mittel. Unter Schädlingsbekämpfungsmitteln werden allgemein **Stoffe und Mittel zur Prävention, Vernichtung und Vertreibung von für den Menschen schadhaften Organismen** verstanden.

14   **4. Pflanzen- und Düngemittel.** § 2 PflSchG verweist für die Begriffsbestimmung der **Pflanzenschutzmittel** auf Art. 2 Abs. 1 VO (EG) Nr. 1107/2009. Pflanzenschutzmittel sind hiernach Produkte, die aus Wirkstoffen, Safenern oder Synergisten bestehen oder diese enthalten oder bspw. Pflanzen oder Pflanzenerzeugnisse vor Schadorganismen schützen oder deren Einwirkung vorbeugen (vgl. Art. 2 Abs. 1 lit. a VO (EG) Nr. 1107/2009).

15   **Stoffe nach § 2 S. 1 Nr. 1 bis 8 des DüngG** sind bspw. Düngemittel, Wirtschaftsdünger, Bodenhilfsstoffe und Pflanzenhilfsmittel.

II. Genehmigungsbedürftige Aktivierung (Abs. 1 S. 2)

16   Abs. 1 S. 2 begründet für die Aktivierung der in Abs. 1 S. 1 genannten Produkte ein Genehmigungserfordernis. Bereits gem. § 106 Abs. 1 S. 2 StrlSchV 2001 bedurfte die Aktivierung einer Genehmigung. Diese Regelung ging noch über die Anforderungen der damals umzusetzenden RL 96/29/Euratom hinaus (vgl. BR-Drs. 207/01, 298). Dies hat sich jedoch mit Erlass der RL 2013/59/Euratom geändert. Laut Art. 21 Abs. 2 dieser Richtlinie gelten unbeschadet der RL 1999/2/EG Tätigkeiten, die eine Aktivierung von Material bewirken und dadurch zu einer Zunahme der Aktivität in einem Verbraucherprodukt führen, als genehmigungsbedürftig.

17   Der Genehmigungspflicht für die Erzeugung von Radioaktivität durch Aktivierung liegen dieselben Strahlenschutzerwägungen wie beim Zusatz radioaktiver Stoffe zu Grunde. Für den Verbraucher macht es letztlich keinen Unterschied, ob einem Produkt ein radioaktiver Stoff zugesetzt oder ob dieser **Gegenstand durch Bestrahlung radioaktiv geworden ist (Aktivierung)** (vgl. BR-Drs. 207/01, 298).

III. Abs. 1 S. 3

18   Abs. 1 S. 3 stellt klar, dass § 40 die in § 39 getroffene Verbotsregelung für die dort genannten Produkte nicht berührt.

D. Verhältnis zu anderen Genehmigungen (Abs. 2)

19   Abs. 2 entspricht § 106 Abs. 2 StrlSchV 2001. Abs. 2 bringt zum Ausdruck, dass die nach Abs. 1 erforderliche Genehmigung **keine Konzentrationswirkung** entfaltet. Die Genehmigung nach Abs. 1 **ersetzt nicht eine Genehmigung nach § 12 Abs. 1 Nr. 1 oder 3,** wonach der Genehmigung bedarf, wer eine Anlage zur Erzeugung ionisierender Strahlung betreibt (Nr. 1) oder mit sonstigen radioaktiven Stoffen umgeht (Nr. 3).

E. Ausnahmen von der Genehmigungspflicht (Abs. 3)

20   Abs. 3 entspricht § 106 Abs. 3 StrlSchV 2001. Der Absatz bestimmt die zwei Ausnahmen, in denen es keiner Strahlenschutzregelung bedarf, dh das mit dem Zusatz bzw. mit der Aktivierung verbundene Risiko unter Strahlenschutzgesichtspunkten vernachlässigbar ist. Nach **Nr. 1** dürfen radioaktive Stoffe bei der Herstellung zweckgerichtet zugesetzt werden, wenn es sich um aus **der Luft gewonnene Edelgase handelt, sofern das Isotopenverhältnis im Zusatz demjenigen der**

Luft entspricht. Diese Regelung betrifft hauptsächlich in Isolierglasfenstern verwendete Edelgase aus der Luft (zB Krypton-Zusatz in Mehrfachverglasungen) (BR-Drs. 207/01, 300; *Ewen/Holte* § 106 StrlSchV S. 301). Unter **Nr. 2** fallen die **Radionuklide,** für die in § 11 iVm. Anl. 4 Tabelle 1 Spalte 1 bis 3 StrlSchV **keine Freigrenzen festgelegt sind** (vgl. § 39 Abs. 1 S. 3).

F. Genehmigungsantrag (Abs. 4)

Zur Prüfung der Genehmigungsanforderungen hat der Antragsteller der jeweils **21** zuständigen Behörde (zur Zuständigkeit → § 41 Rn. 5) **aussagekräftige Unterlagen einzureichen (s. Anl. 2 Teil B).** Der Verweis auf Anl. 2 Teil B dient ua der Nachvollziehbarkeit der Erfüllung der Voraussetzungen für die Umgangsgenehmigung nach § 13 Abs. 1 bis 3 (vgl. § 41 Abs. 1 Nr. 7 und Abs. 3 Nr. 3). Sämtliche in Anl. 2 Teil B genannten Unterlagen müssen auch im Falle eines Antrags auf Genehmigung nach § 12 Abs. 1 Nr. 3 vorgelegt werden. Die Regelung entspricht hinsichtlich der für alle Genehmigungen geltenden Anforderungen dem § 107 Abs. 5 StrlSchV 2001. Im Falle der **Herstellung von Konsumgütern** müssen zusätzliche Unterlagen vorgelegt werden **(s. Anl. 2 Teil F).** Die dort geforderten Unterlagen dienen der tatsächlichen Umsetzung bzw. des Nachweises der in § 41 festgelegten Genehmigungsvoraussetzungen (→ § 41 Rn. 1) und spiegeln diese daher inhaltlich wider.

G. Zuwiderhandlungen

Nach § 194 Abs. 1 Nr. 2 lit. k handelt ordnungswidrig, wer vorsätzlich oder fahr- **22** lässig ohne Genehmigung nach § 40 Abs. 1 S. 1, auch iVm S. 2, bei der Herstellung von Konsumgütern, Arzneimitteln, Schädlingsbekämpfungsmitteln, Pflanzenschutzmitteln oder von Stoffen nach § 2 S. 1 Nr. 1 bis 8 des DüngG radioaktive Stoffe zusetzt oder solche Waren aktiviert.

H. Übergangsvorschriften

Gem. § 206 Abs. 1 gilt eine Genehmigung für den Zusatz radioaktiver Stoffe und **23** die Aktivierung, die vor dem 31.12.2018 erteilt worden ist, als Genehmigung nach § 40 Abs. 1 mit allen Nebenbestimmungen fort. Bedarf es jedoch zur Erteilung einer Genehmigung ab dem 31.12.2018 eines Rücknahmekonzepts nach § 41 Abs. 1 Nr. 3, das vor dem 31.12.2018 noch nicht erforderlich war, gilt die Genehmigung nur fort, wenn für Konsumgüter, die ab dem 31.12.2019 hergestellt werden, bis zu diesem Zeitpunkt ein Rücknahmekonzept erstellt wurde.

Nach § 206 Abs. 2 bedarf die Verwendung, Lagerung und Beseitigung von Kon- **24** sumgütern, die vor dem 1.8.2001 oder aufgrund des § 117 Abs. 6 S. 1 StrlSchV 2001 genehmigungsfrei hergestellt wurden, weiterhin keiner Genehmigung. Insofern gilt Bestandsschutz für bereits hergestellte Produkte. Allerdings kann dennoch im Einzelfall die Verwendung, Lagerung und Beseitigung nach allgemeinen produktsicherheitsrechtlichen Maßstäben ein Einschreiten erfordern, wenn von diesen eine relevante Produktgefahr ausgeht.

§ 41 Voraussetzungen für die Erteilung der Genehmigung des Zusatzes radioaktiver Stoffe oder der Aktivierung

(1) Die zuständige Behörde hat die Genehmigung nach § 40 bei der Herstellung von Konsumgütern zu erteilen, wenn
1. die Aktivität der zugesetzten radioaktiven Stoffe nach dem Stand der Technik so gering wie möglich ist,
2. nachgewiesen ist, dass
   a) in dem Konsumgut die in einer Rechtsverordnung nach § 24 Satz 1 Nummer 10 festgelegten Freigrenzen der Aktivität nicht überschritten werden oder
   b) für Einzelpersonen der Bevölkerung nur eine effektive Dosis im Bereich von 10 Mikrosievert im Kalenderjahr auftreten kann,
3. in einem Rücknahmekonzept dargelegt ist, dass das Konsumgut nach Gebrauch kostenlos dem Antragsteller oder einer von ihm benannten Stelle zurückgegeben werden kann, wenn
   a) die spezifische Aktivität der zugesetzten künstlichen radioaktiven Stoffe in dem Konsumgut die in einer Rechtsverordnung nach § 24 Satz 1 Nummer 10 festgelegten Freigrenzen der spezifischen Aktivität überschreitet oder
   b) die spezifische Aktivität der zugesetzten natürlichen radioaktiven Stoffe in dem Konsumgut 0,5 Becquerel je Gramm überschreitet,
4. das Material, das die radioaktiven Stoffe enthält, berührungssicher abgedeckt ist oder der radioaktive Stoff fest in das Konsumgut eingebettet ist und die Ortsdosisleistung im Abstand von 0,1 Metern von der berührbaren Oberfläche des Konsumguts 1 Mikrosievert durch Stunde unter normalen Nutzungsbedingungen nicht überschreitet,
5. gewährleistet ist, dass dem Konsumgut eine Information beigefügt wird, die
   a) den radioaktiven Zusatz erläutert,
   b) den bestimmungsgemäßen Gebrauch beschreibt und
   c) auf die Rückführungspflicht nach § 44 und die zur Rücknahme verpflichtete Stelle hinweist,
falls die spezifische Aktivität der zugesetzten künstlichen radioaktiven Stoffe in dem Konsumgut die in einer Rechtsverordnung nach § 24 Satz 1 Nummer 10 festgelegten Freigrenzen der spezifischen Aktivität oder die spezifische Aktivität der zugesetzten natürlichen radioaktiven Stoffe in dem Konsumgut 0,5 Becquerel je Gramm überschreitet,
6. es sich bei dem Zusatz um sonstige radioaktive Stoffe nach § 3 Absatz 1 handelt,
7. beim Zusetzen die Voraussetzungen für eine Genehmigung des Umgangs nach § 13 Absatz 1 bis 3 erfüllt sind,
8. es sich bei der Verwendung des Konsumguts nicht um eine nicht gerechtfertigte Tätigkeitsart nach einer Rechtsverordnung nach § 6 Absatz 3 handelt und
9. das Bundesamt für Strahlenschutz nicht in einer Stellungnahme nach § 38 Absatz 1 festgestellt hat, dass die beabsichtigte Verwendung oder Lagerung des Konsumguts eine nicht gerechtfertigte Tätigkeitsart darstellt.

(2) Die zuständige Behörde kann bei Konsumgütern, die überwiegend im beruflichen, nicht häuslichen Bereich genutzt werden, Abweichungen von Absatz 1 Nummer 2 Buchstabe a und Nummer 4 gestatten, sofern das Zehnfache der in einer Rechtsverordnung nach § 24 Satz 1 Nummer 10 festgelegten Freigrenze in einem einzelnen Konsumgut nicht überschritten wird.

(3) Die zuständige Behörde hat die Genehmigung nach § 40 bei der Herstellung von Arzneimitteln im Sinne des § 2 des Arzneimittelgesetzes, von Schädlingsbekämpfungsmitteln, von Pflanzenschutzmitteln im Sinne des § 2 des Pflanzenschutzgesetzes und von Stoffen nach § 2 Satz 1 Nummer 1 bis 8 des Düngegesetzes zu erteilen, wenn

1. es sich bei dem Zusatz um sonstige radioaktive Stoffe nach § 3 Absatz 1 handelt,
2. nachgewiesen ist, dass in dem Arzneimittel im Sinne des § 2 des Arzneimittelgesetzes, dem Schädlingsbekämpfungsmittel, dem Pflanzenschutzmittel im Sinne des § 2 des Pflanzenschutzgesetzes oder dem Stoff nach § 2 Satz 1 Nummer 1 bis 8 des Düngegesetzes die in einer Rechtsverordnung nach § 24 Satz 1 Nummer 10 festgelegten Freigrenzen der Aktivität oder der spezifischen Aktivität nicht überschritten sind und
3. beim Zusetzen die Voraussetzungen des § 13 Absatz 1 bis 3 für eine Umgangsgenehmigung erfüllt sind.

(4) Die Absätze 1 bis 3 gelten entsprechend für die Aktivierung der in diesen Absätzen genannten Produkte.

(5) [1]Die zuständige Behörde übermittelt den Genehmigungsantrag an das Bundesamt für Strahlenschutz, sofern die beabsichtigte Verwendung oder Lagerung des Konsumguts, für dessen Herstellung der Zusatz von radioaktiven Stoffen oder dessen Aktivierung beantragt worden ist, eine neue Tätigkeitsart darstellt. [2]Das Verfahren nach § 38 ist anzuwenden; bis zu dessen Abschluss setzt die zuständige Behörde das Genehmigungsverfahren aus.

Übersicht

A. Zweck und Bedeutung der Norm

1   § 41 nennt **abschließend die Genehmigungsvoraussetzungen für den Zusatz radioaktiver Stoffe bzw. für die Aktivierung nach § 40.** Konsumgüter, die die Anforderungen erfüllen und eine Genehmigung nach dieser Vorschrift erhalten, dürfen idR ohne weitere Strahlenschutzmaßnahmen verwendet und unter den Voraussetzungen des § 42 Abs. 2 Nr. 3 genehmigungsfrei verbracht werden. Um dem übergeordneten Ziel der Vorschrift, dem Verbraucherschutz, gerecht zu werden, sind die Genehmigungsanforderungen sehr stringent angelegt (BT-Drs. 18/11241, 288).

B. Bisherige Regelungen

2   Die Genehmigungsvoraussetzungen für den Zusatz von radioaktiven Stoffen und die Aktivierung waren bisher in § 107 StrlSchV 2001 festgelegt.

C. Allgemeines

I. Struktur

3   **Abs. 1** stellt in den Nr. 1 bis 9 die Anforderungen für die Erteilung einer Genehmigung für den Zusatz radioaktiver Stoffe bei der Herstellung von Konsumgütern auf. Diese Voraussetzungen haben kumulativ vorzuliegen. **Abs. 2** gestattet Ausnahmen bei der Genehmigung für Konsumgüter, welche überwiegend im beruflichen, nicht häuslichen Bereich genutzt werden. **Abs. 3** regelt die Voraussetzungen für eine Genehmigung bei der Herstellung der übrigen in § 40 genannten Produkte. Auch hier müssen die Voraussetzungen der Nr. 1 bis 3 kumulativ erfüllt sein. **Abs. 4** stellt klar, dass die Voraussetzungen der Abs. 1 bis 3 auch für die Aktivierung der dort genannten Produkte gelten. **Abs. 5** stellt Anforderungen für den Fall auf, dass die beabsichtigte Verwendung oder Lagerung des Konsumguts, für dessen Herstellung der Zusatz von radioaktiven Stoffen oder dessen Aktivierung beantragt worden ist, eine neue Tätigkeitsart darstellt.

II. Verpflichteter Hersteller

4   Der **Hersteller** bedarf der Genehmigung nach §§ 40, 41 (vgl. § 44: „**Wer als Hersteller** eines Konsumguts einer Genehmigung nach § 40 bedarf"). Eine eigene Definition des Herstellers enthält das StrlSchG nicht. Zum Begriff des Herstellers → § 153 Rn. 4, wobei hier ein weiter Herstellerbegriff zu Grunde gelegt wird, der auch denjenigen erfasst, der sich selbst als Hersteller ausgibt, etwa durch Anbringen seines Namens auf dem Produkt (sog. Quasi-Hersteller). Mit Blick auf die Formu-

lierung „die zuständige Behörde hat die Genehmigung nach § 40 **bei der Herstellung** von Konsumgütern zu erteilen" adressieren die §§ 40, 41 vor allem denjenigen als Hersteller, der die genehmigungspflichtige Tätigkeit, also den Zusatz oder die Aktivierung, auch tatsächlich in seinem Verantwortungsbereich vornimmt bzw. diese verantwortet, dh der Quasi-Hersteller wäre hiervon jedenfalls regelmäßig schon aus faktischen Gründen nicht umfasst. Der Gesetzgeber schweigt hierzu.

III. Zuständige Behörde

Die Erteilung der Genehmigung nach Abs. 1 und 3, die Gestattung von Abwei- 5 chungen bei beruflich genutzten Konsumgütern nach Abs. 2 sowie die Übermittlung des Antrags an das BfS bei einer neuen Tätigkeitsart nach Abs. 5 werden durch die zuständigen Behörden vorgenommen. Grundsätzlich wird das StrlSchG weitgehend von den Ländern in Bundesauftragsverwaltung vollzogen (→ § 184 Abs. 2). Die zuständigen Behörden sind somit nach dem **jeweilig einschlägigen Landesrecht** zu bestimmen.

IV. Rücknahme, Widerruf, Nebenbestimmungen

Nach § 179 Abs. 1 Nr. 1 sind **§ 17 Abs. 1 S. 2 bis 4 und Abs. 2 bis 6 AtG** über 6 inhaltliche Beschränkungen, Auflagen, Befristung, Rücknahme, Widerruf und die Bezeichnung als Inhaber einer Kernanlage entsprechend anzuwenden. Sie verdrängen insoweit die allgemeinen verwaltungsrechtlichen Vorschriften des VwVfG als *leges speciales*.

V. Rechtsschutz

Für den Fall, dass die zuständige Behörde die Genehmigung abgelehnt hat oder 7 die Behörde es trotz Antrags unterlassen hat, über die Genehmigung zu entscheiden, kann eine **Verpflichtungsklage** gem. § 42 Abs. 1 Alt. 2 VwGO, ggf. in Form einer Untätigkeitsklage nach § 75 VwGO, auf den Erlass der Genehmigung als Verwaltungsakt iSd § 35 S. 1 VwVfG erhoben werden.

D. Einzelne Genehmigungsvoraussetzungen bei Konsumgütern (Abs. 1)

I. Minimierung der zugesetzten Dosis (Nr. 1)

Nr. 1 entspricht dem bisherigen § 107 Nr. 1 StrlSchV 2001 und konkretisiert als 8 Genehmigungsvoraussetzung das **Dosisreduzierungsgebot** (BR-Drs 207/01, 300). Maßgeblich ist der Stand der Technik (→ zum Stand der Technik auch § 8 Rn. 36 ff.).

II. Nachweis über die Einhaltung der Grenzwerte (Nr. 2)

Nach **Nr. 2 lit. a** setzt die Genehmigung voraus, dass die Werte der in einer 9 Rechtsverordnung festgelegten **Freigrenzen der Aktivität im Konsumgut nicht überschritten** werden. Die Freigrenzen der spezifischen Aktivität werden festgelegt in § 11 iVm Anl. 4 Tabelle 1 Spalte 1 bis 3 StrlSchV. Die in Bezug genommenen Freigrenzen der Aktivität bleiben gegenüber der StrlSchV 2001 unverändert – bilden nun aber eine eigenständige Genehmigungsanforderung (BT-Drs. 18/11241, 289).

10   Alternativ zu Nr. 2 lit. a („oder") kann bei einer Aktivität oberhalb der Freigrenze nach **Nr. 2 lit b** nachgewiesen werden, dass für **Einzelpersonen der Bevölkerung nur eine effektive Dosis im Bereich von 10 Mikrosievert** im Kalenderjahr auftreten kann. Dieser Nachweis ist idR anhand der dem Strahlenschutzbericht Nr. 65 der Europäischen Kommission zugrundeliegenden Expositionsszenarien zu führen (BR-Drs, 207/01, 297). Die dortigen Szenarien sind auch noch mehrere Jahre nach ihrer Aufstellung für den Bewertungszweck geeignet und bedürfen auch angesichts der Fortentwicklung des EU-Rechts durch die RL 2013/59/Euratom keiner Überarbeitung (vgl. Ressortforschungsbericht Strahlenschutz 2016; BfS; Band 4, S. ii/36).

III. Erstellung eines Rücknahmekonzeptes (Nr. 3)

11   Die Regelung greift inhaltlich § 107 Abs. 1 Nr. 1 lit. a Hs. 2 StrlSchV 2001 auf. Die verpflichtende Darlegung eines Rücknahmekonzepts ist nun von den Freigrenzen der spezifischen Aktivität abhängig, die den Werten der vormals in Bezug genommenen Werte der Anl. III Tabelle 1 Spalte 5 (Werte der spezifischen Aktivität für die unbeschränkte Freigabe) idR ungefähr entsprechen (BT-Drs. 18/11241, 289). Bedurfte es nach der vormaligen Regelung (§ 107 Abs. 1 Nr. 1 lit. b StrlSchV 2001) bei einer nachweislichen Einhaltung der effektiven Dosis von unter 10 Mikrosievert keiner Darlegung eines Rücknahmekonzepts, besteht diese Möglichkeit nun nicht mehr. Dadurch wird sichergestellt, dass Konsumgüter mit radioaktiven Stoffen oberhalb der Freigrenzen der spezifischen Aktivität einer geregelten Rücknahme unterfallen. Grund ist die Zusammenführung von Freigrenzen und (unbeschränkten) Freigabewerten der spezifischen Aktivität durch RL 2013/59/Euratom, die die bisherigen Optionen bei spezifischen Aktivitäten zwischen der Freigrenze und dem Freigabewert hinfällig werden lassen (BT-Drs. 18/11241, 289).

12   Das nach Nr. 3 vorausgesetzte **Rücknahmekonzept** erfordert vom Antragsteller eine **schlüssige Darlegung der Möglichkeit der Rückführung** (BR-Drs. 207/01, 300). Es ist somit eine Spezialbestimmung des Abfall- und Kreislaufwirtschaftsrechts. Das Rücknahmekonzept muss mindestens Angaben dazu enthalten, wo und bei wem (beim Antragsteller oder einer von ihm benannten Stelle) das Konsumgut nach Gebrauch kostenlos zurückgegeben werden kann. Zur obligatorischen Information über die Rückführung → Rn. 15. Es muss eine konkrete Ausgestaltung der geschaffenen Rückgabemöglichkeiten beschrieben werden, was zB ggf. bereits bestehende Entsorgungsvereinbarungen mit zertifizierten Erstbehandlungsanlagen sowie die Möglichkeit des Endnutzers zur Abgabe des Konsumguts umfasst. Es sollte dargelegt werden, wie der zur Rückgabe Verpflichtete auf die jeweilige Rückgabemöglichkeit zugreifen kann. Zu den Pflichten hinsichtlich der Rückführung → § 44.

13   Einer **gesonderten Regelung für das Radionuklid H-3 bedarf es nicht mehr,** da Anl. 4 Tabelle 1 StrlSchV als Freigrenze für das Radionuklid H-3 nun eine spezifische Aktivität von 100 Becquerel je Gramm festlegt (vgl. BT-Drs. 18/11241, 289). Die Regelung § 107 Abs. 1 S. 2 StrlSchV 2001 wurde daher nicht übernommen. Tritiumgaslichtquellen (GTGS) werden bzw. wurden bspw. für Uhren, Kompasse, Schlüsselringanhänger („glow rings") und zunehmend im Outdoorbereich verwendet (vgl. BR-Drs. 266/11, 146).

IV. Schutz vor Kontamination (Nr. 4)

Die Regelung Nr. 4 entspricht der bisherigen § 107 Abs. 1 Nr. 2 StrlSchV 2001 **14**
und regelt die bereits in der Anl. III Teil A Nr. 5.3 und 7.3 getroffenen Anforderungen zum Schutz vor Strahlung und Kontamination (BR-Drs. 207/01, 300). Das
Material, das die radioaktiven Stoffe enthält, muss entweder berührungssicher abgedeckt oder der radioaktive Stoff fest eingebettet sein, um die Anforderungen
zum Schutz vor Kontamination sicher zu erfüllen. Zum Schutz gegen unzulässige
Bestrahlung darf die Ortsdosisleistung im Abstand von 0,1 m von der berührbaren
Oberfläche des Konsumgutes 1 Mikrosievert pro Stunde unter normalen Nutzungsbedingungen nicht überschreiten. Die Einhaltung dieser Voraussetzungen ist
zB durch Berechnungen, Messungen und Zeichnungen nachzuweisen (vgl. *Ewen/
Holte* § 107 StrlSchV S. 303).

V. Beifügen einer Information (Nr. 5)

Inhaltlich entspricht Nr. 5 der bisherigen § 107 Abs. 1 Nr. 3 StrlSchV. Anstelle **15**
des Verweises auf Anl. III Tabelle 1 Spalte 5 der StrlSchV 2001 wird nun auf die
Freigrenzen der spezifischen Aktivität verwiesen, die den vormals in Bezug genommenen Werten idR entsprechen (BT-Drs. 18/11241, 289). Dem Konsumgut ist
dann eine Information nach Nr. 5 beizufügen, wenn ein Rücknahmekonzept für
das Konsumgut nach Nr. 3 (→ Rn. 11 ff.) erforderlich ist. Der Verbraucher ist zu informieren über (i) den radioaktiven Zusatz, (ii) den bestimmungsgemäßen Gebrauch und (iii) die Rückführungspflicht nach § 44 einschließlich eines Hinweises
auf die zur Rücknahme verpflichtete Stelle. Je nach Größe und Form des Konsumguts kann der Hinweis in Form eines beigefügten Merkblatts oder durch einen Auf-
druck auf der Verpackung oder dem Konsumgut selbst erfolgen (BR-Drs. 207/01,
300). Das Merkmal „Beifügen" dürfte hier in vergleichbarere Weise wie bei § 3
Abs. 4 ProdSG das „Mitliefern" der Gebrauchsanleitung zu verstehen sein, was bislang als Pflicht zur physischen Mitgabe interpretiert wurde und neben der Papier-
form auch durch elektronische Datenträger (zB CD-Rom, USB-Stick) geschehen
kann (vgl. *Klindt* in Klindt ProdSG § 3 Rn. 48). Zumindest beim Onlinekauf dürfte
es ausreichend sein, dem Erwerber vor der Lieferung eine entsprechende PDF-Da-
tei per E-Mail zur Verfügung zu stellen (so im Zusammenhang mit § 3 Abs. 4
ProdSG: OLG Frankfurt, Urt. v. 28.2.2019 – 6 U 181/17, Rn. 52). Mangels der
erforderlichen Nähe zum konkreten Produkt, das der jeweilige Erwerber erhält,
reicht es nach hier vertretener Ansicht hingegen nicht aus, den Verbraucher lediglich durch einen Hinweis auf die Website des Herstellers zu informieren ohne, dass
eine erneute Information mit der Lieferung des Produkts selbst erfolgt.

VI. Kein Zusatz von Kernbrennstoffen (Nr. 6)

Die Voraussetzung nach Nr. 6 stellt, wie es bereits nach der vorherigen Rechts- **16**
lage (vgl. § 107 Abs. 1 Nr. 4 StrlSchV 2001) der Fall war, sicher, dass Konsumgütern
keine Kernbrennstoffe zugesetzt werden (BR-Drs. 207/01, 300). Durch den
Verweis auf § 3 Abs. 1 wird klargestellt, dass § 3 Abs. 3 für die Genehmigung nach
§§ 40, 41 keine Anwendung findet, auch wenn der zugesetzte Stoff auf Grund eines
geringeren Anteils der in § 3 Abs. 3 aufgeführten Isotope für die Genehmigungsvorschriften als sonstiger radioaktiver Stoff gilt (vgl. BR-Drs. 207/01, 300).

VII. Anforderungen an den Umgang (Nr. 7)

17   Nr. 7 entspricht inhaltlich § 107 Abs. 1 Nr. 5 StrlSchV 2001. Die Regelung bestimmt, dass beim Zusetzen die **Voraussetzungen für eine Genehmigung nach § 13 Abs. 1 bis 3 erfüllt sein müssen.** Zu den einzelnen Anforderungen → § 13 Rn. 4 ff. Hierdurch soll ein umfassender Schutz beim Zusetzen selbst gewährleistet werden. Denn einer gesonderten Umgangsgenehmigung, die eben diesem Schutz dient, bedarf es nur, wenn die Gesamtmenge der Radionuklide die Freigrenzen überschreitet. Da dies nicht immer der Fall ist, kommt es hier allein auf die Erfüllung der Voraussetzungen für eine Genehmigung nach § 13 Abs. 1 bis 3 und nicht auf das Vorliegen der Genehmigung selbst an (BT-Drs. 18/11241, 289).

VIII. Verwendung oder Lagerung gerechtfertigt (Nr. 8 und 9)

18   Nr. 8 dient der Klarstellung, dass ein Zusatz radioaktiver Stoffe zu Konsumgütern nur dann zulässig ist, wenn es sich bei der Verwendung oder Lagerung des Konsumguts um eine gerechtfertigte Tätigkeit handelt. Nicht gerechtfertigte Tätigkeitsarten werden in § 2 iVm Anl. 1 StrlSchV festgelegt. Die Vorschrift setzt inhaltlich § 107 Abs. 1 Nr. 6 StrlSchV 2001 fort, aber präzisiert im Gegensatz zur Vorgängervorschrift den Anknüpfungspunkt der Rechtfertigung, nämlich die Verwendung oder Lagerung des Konsumguts, die als solche besonders gerechtfertigt sein muss.

19   Die Erteilung der Genehmigung setzt nach Nr. 9 ferner voraus, dass das BfS nicht in einer Stellungnahme nach § 38 Abs. 1 festgestellt hat, dass die beabsichtigte Verwendung oder Lagerung des Konsumguts eine nicht gerechtfertigte Tätigkeitsart darstellt. Der Stellungnahme des BfS kommt an dieser Stelle die Funktion einer „vorwirkende(n) Feststellung" zu (vgl. BT-Drs. 18/11241, 290). Dies ist auf die Umsetzung von Art. 20 Abs. 2 RL 2013/59/Euratom und Art. 20 Abs. 4 Hs. 2 RL 2013/59/Euratom zurückzuführen, wonach es erforderlich ist, dass die Stellungnahme des BfS hinsichtlich der Rechtfertigung für die zuständige Behörde verbindlich ist, wenngleich eine abschließende Einordnung als nicht gerechtfertigte Tätigkeitsart nur durch Rechtsverordnung nach § 6 Abs. 3 erfolgt. Solange dies nicht geschehen ist, sind weitere Zulassungsanträge, welche dieselbe Tätigkeitsart betreffen, ebenfalls abzulehnen (vgl. BT-Drs. 18/11241, 290).

E. Ausnahmen für den beruflichen Bereich (Abs. 2)

20   Abs. 2 entspricht § 107 Abs. 2 StrlSchV 2001. Konsumgüter, die überwiegend im beruflichen, nicht häuslichen Bereich genutzt werden, können unter von Abs. 1 Nr. 2 lit. a und Nr. 4 abweichenden Voraussetzungen genehmigt werden, sofern das Zehnfache der in einer Rechtsverordnung nach § 24 S. 1 Nr. 10 festgelegten Freigrenze in einem einzelnen Konsumgut nicht überschritten wird.

21   Vom **beruflichen Bereich umfasst ist dabei alles, was nicht dem häuslichen – im Sinne von privaten – Bereich** zuzuordnen ist. So unterfällt in jedem Fall der industrielle Bereich dem beruflichen Bereich, aber auch der nicht (private) Freizeitbereich wird dem beruflichen Bereich zugeordnet (vgl. BR-Drs. 207/01, 301). Als Beispiel eines Konsumguts für den (nicht privaten) Freizeitbereich nennt der Gesetzgeber Fluchtlichtanlagen für Stadien (BR-Drs. 207/01, 301).

Der Antragsteller muss im Falle seines Ausnahmebegehrens nach Abs. 2 gegen- 22
über der Behörde darlegen, dass das betreffende Konsumgut für die Verwendung
im rein häuslichen Bereich bestimmt und dafür konzipiert ist. Ist die Verwendung
im rein beruflichen Bereich aus Sicht der Behörde sichergestellt, darf die Behörde
die Genehmigung auch unter Abweichung der Voraussetzung des Abs. 1 Nr. 2 lit. a
und Nr. 4 gestatten, sofern das Zehnfache der Freigrenze für die spezifische Aktivität in einem einzelnen Konsumgut nicht überschritten wird. Bei der Entscheidung
über die Gestattung der Abweichung nach Abs. 2 steht der Behörde ein **Ermessensspielraum** zu („kann"); der Antragsteller hat keinen Anspruch auf die Gestattung, sondern lediglich einen Anspruch auf ermessensfehlerfreie Entscheidung.

F. Genehmigungsvoraussetzungen nach Abs. 3

Abs. 3 enthält gesondert die Genehmigungsvoraussetzungen für den Zusatz von 23
Arzneimitteln im Sinne des § 2 AMG, von Schädlingsbekämpfungsmitteln, von
Pflanzenschutzmitteln im Sinne des § 2 PflSchG und von Stoffen nach § 2 S.1 Nr. 1
bis 8 DüngG.

Vom Anwendungsbereich ausgenommen sind radioaktive Arzneimittel iSd § 4 24
Abs. 8 AMG. Auch wenn der Gesetzgeber den Ausschluss von radioaktiven Arzneimitteln im Zuge der ersten Änderung des StrlSchG bislang lediglich in § 40 Abs. 1
S. 1 ausdrücklich klargestellt hat (→ § 40 Rn. 12), ohne die entsprechende redaktio-
nelle Anpassung in Abs. 3 vorzunehmen, muss diese Ausnahme selbstverständlich
auch für § 41 gelten.

Neu eingefügt wurde, im Unterschied zu § 107 Abs. 3 StrlSchV 2001, die Vor- 25
aussetzung nach Nr. 2, wonach nachgewiesen werden muss, dass in dem Produkt
die festgelegten Freigrenzen der Aktivität oder der spezifischen Aktivität nicht
überschritten sind. Denn anderenfalls würde die Genehmigung ihren Zweck ver-
fehlen und im Vergleich zur Genehmigung nach Abs. 1 ein geringeres Schutzniveau
für den Verbraucher aufweisen. Würden die Freigrenzen nicht eingehalten, so bestünde die Gefahr der Verbreitung der Radioaktivität in den Wirtschaftskreislauf
bzw. in die Umwelt oberhalb der festgelegten Maßstäbe (BT-Drs. 18/11241, 290).
Eine wesentliche Änderung ist mit der Ergänzung der Nr. 2 nicht verbunden. Der
Gesetzgeber verweist darauf, dass diese Freigrenzen auch bisher eingehalten werden
(BT-Drs. 18/11241, 290).

Die Freigrenzen werden hier **auch auf natürliche Radioaktivität** angewandt, 26
obwohl diese eigentlich für künstliche Radionuklide gelten. Sie liegen für diese
Radionuklide auch durchweg höher als 100 Becquerel je Gramm als üblicher Maßstab für künstliche Radioaktivität in der Umwelt (BT-Drs. 18/11241, 290).

Sofern die in Abs. 3 aufgeführten Genehmigungsvoraussetzungen erfüllt sind, 27
hat die Behörde die Genehmigung zu erteilen. Ihr steht **kein Ermessen** zu. Es
handelt sich wie bei der Entscheidung über die Genehmigung nach Abs. 1 um eine
gebundene Entscheidung.

G. Genehmigungspflichtige Aktivierung (Abs. 4)

Die **Abs. 1 bis 3 gelten entsprechend für die Aktivierung** der in diesen Ab- 28
sätzen genannten Produkte. Wie auch beim Verbot des Zusatzes radioaktiver Stoffe
nach § 39 spielt es auch im Rahmen des genehmigungspflichtigen Zusatzes für den

Verbraucher im Ergebnis keine Rolle, ob dem Konsumgut ein radioaktiver Stoff zugesetzt wurde oder ob die in dem Konsumgut enthaltenen Isotope aktiviert wurden (BR-Drs. 207/01, 301).

H. Aussetzung des Verfahrens (Abs. 5)

29   Abs. 5 dient der Umsetzung von Art. 20 Abs. 2 RL 2013/59/Euratom. Hierfür muss das Genehmigungsverfahren bis zum Abschluss der Rechtfertigungsprüfung ausgesetzt werden; vorausgesetzt die beabsichtigte Verwendung oder Lagerung des Konsumguts stellt eine neue Tätigkeitsart dar (hierzu → § 38 Rn. 2).

§ 42   Genehmigungsbedürftige grenzüberschreitende Verbringung von Konsumgütern

(1) **Wer Konsumgüter, denen radioaktive Stoffe zugesetzt oder die aktiviert worden sind,**
1. **in den Geltungsbereich dieses Gesetzes oder**
2. **aus dem Geltungsbereich dieses Gesetzes in einen Staat, der nicht Mitgliedstaat der Europäischen Union ist, verbringt, bedarf der Genehmigung.**

(2) **Absatz 1 gilt nicht für**
1. **die Verbringung von Waren im Reiseverkehr, die weder zum Handel noch zur gewerblichen Verwendung bestimmt sind,**
2. **die zollamtlich überwachte Durchfuhr,**
3. **Konsumgüter, deren Herstellung nach § 40 genehmigt ist und dabei nach § 41 Absatz 1 Nummer 2 Buchstabe b nachgewiesen wurde, dass für Einzelpersonen der Bevölkerung nur eine effektive Dosis im Bereich von 10 Mikrosievert im Kalenderjahr auftreten kann,**
4. **Produkte, in die Konsumgüter eingebaut sind, wenn die Herstellung der Konsumgüter nach § 40 oder deren Verbringung nach Absatz 1 genehmigt ist,**
5. **Konsumgüter, denen**
   a) **aus der Luft gewonnene Edelgase zugesetzt sind, wenn das Isotopenverhältnis im Zusatz demjenigen in der Luft entspricht, oder**
   b) **Radionuklide zugesetzt sind, für die keine Freigrenzen nach der Rechtsverordnung nach § 24 Satz 1 Nummer 10 festgelegt sind.**

(3) **Dem Genehmigungsantrag sind die zur Prüfung erforderlichen Unterlagen, bei Verbringung in den Geltungsbereich dieses Gesetzes insbesondere die in Anlage 2 Teil F genannten Unterlagen, beizufügen.**

A. Zweck und Bedeutung der Norm

1   Die Vorschrift dient ebenfalls dem Verbraucherschutz. Sie setzt Art. 28 lit. c RL 2013/59/Euratom um. Der Regelungsbereich ist auf die **Verbringung von Konsumgütern** beschränkt. Für die Beförderung und die Verbringung radioaktiver Stoffe sowie radioaktiver Abfälle gelten gesonderte Regelungen (vgl. zB §§ 27 ff.).

Bei der Verbringung von Konsumgütern nach § 42 bedarf es gem. § 14 Abs. 1 **2**
Nr. 4 StrlSchV keiner Genehmigung nach § 3 Abs. 1 AtG und § 12 StrlSchV sowie
keiner Anmeldung nach § 13 StrlSchV.

B. Vorherige Regelungen

Die genehmigungsbedürftige grenzüberschreitende Verbringung war erstmals in **3**
der StrlSchV 2001 enthalten (vgl. § 108 StrlSchV 2001) und diente der Umsetzung
des Art. 4 Abs. 1 lit. c RL 96/29/Euratom. Mit der Verordnung zur Änderung der
Röntgenverordnung und anderer atomrechtlicher Verordnungen vom 18.6.2002
(BGBl. I 1869) wurden weitere Ausnahmen von der Genehmigungspflicht klarstellend aufgenommen (BR.-Drs. 230/02, 113), die in Abs. 2 inhaltlich fortgesetzt
werden.

C. Genehmigungsbedürftige grenzüberschreitende Verbringung (Abs. 1)

Abs. 1 stellt die **grenzüberschreitende Verbringung von Konsumgütern,** **4**
denen radioaktive Stoffe zugesetzt oder die aktiviert worden sind, **in die Bundesrepublik Deutschland sowie von der Bundesrepublik Deutschland in einen
Drittstaat, der nicht Mitgliedsstaat der EU** ist, unter präventiven Erlaubnisvorbehalt.

Nr. 1 dient der Gleichbehandlung des nationalen Herstellers eines Konsum- **5**
guts mit dem Importeur. Für den Importeur sollen die gleichen Anforderungen
gelten, wie für den Hersteller in der Bundesrepublik. Um dies sicherzustellen, ist
sowohl die **Verbringung von Konsumgütern aus einem Drittstaat als auch
aus einem EU-Mitgliedsstaat in den Geltungsbereich des StrlSchG genehmigungspflichtig.** Denn das deutsche Strahlenschutzrecht stellt teilweise
strengere Anforderungen an den Hersteller (wie zB die Rücknahmevorausset-
zungen), als die Rechtsordnungen anderer Mitgliedsstaaten (BT-Drs. 18/11241,
291).

Der Genehmigung bedarf der **Verbringer** der Konsumgüter („**Wer** Konsum- **6**
güter (…) **verbringt**“). Auf diesen „Verbringer“ wird nicht näher eingegangen (im
Gegensatz zu § 27 Abs. 1 S. 2, der den Genehmigungspflichtigen konkret benennt).
Sinn und Zweck der §§ 42, 43 lassen es nicht erforderlich scheinen, alle beim Ver-
bringungsvorgang tätigen Personen, wie zB den Spediteur, zu einer individuellen
Genehmigung zu verpflichten. Ebenso liegt aber auch nahe, dass der Verbringer
iSd § 42 letztlich nicht selbstständig den Vorgang der Ortsveränderung auslösen
muss. In Anlehnung an die Definition aus § 2 Abs. 20 AWG ist daher als genehmigungspflichtiger Verbringer anzusehen, **wer über die Verbringung bestimmt
und nicht nur die Beförderung in fremdem Auftrag durchführt.** Wer tatsächlich handelsrechtlich Beförderer der Güter ist, ergibt sich aus den Umständen
(ua der vertraglichen Gestaltung), ist jedoch für die dem Strahlen- und insbesondere
dem Verbraucherschutz dienende Genehmigung nach §§ 42, 43 ohne Belang (vgl.
Ewen/Holte, § 19 StrlSchV S. 83). Der **Begriff des Verbringers iSd 42** ist weiter-
gefasst als derjenige in § 153, der ausschließlich auf die Verbringung in den Geltungsbereich des Gesetzes zielt (→ § 153 Rn. 6).

D. Ausnahmen (Abs. 2)

I. Waren im Reiseverkehr (Nr. 1)

7   Waren im Reiseverkehr, die weder zum Handel noch zur gewerblichen Verwendung bestimmt sind, bedürfen keiner Genehmigung. Dh genehmigungsfrei sind solche Konsumgüter, die ein Reisender mit sich führt und die für den persönlichen Ge- und Verbrauch bestimmt sind, einschließlich der Bestimmung als (unentgeltliches) Geschenk. Letztlich handelt es sich hierbei eine de-minimis-Regelung für den höchstpersönlichen Gebrauch.

II. Durchfuhr (Nr. 2)

8   Genehmigungsfrei ist auch die zollamtlich überwachte Durchfuhr. Dass die Durchfuhr zollamtlich überwacht sein muss, um genehmigungsfrei zu sein, wurde im Zuge der Verordnung zur Änderung strahlenschutzrechtlicher Verordnungen klargestellt (BR-Drs. 266/11, 147). Zur Zuständigkeit und den Befugnissen der Zollbehörden für die Überwachung der grenzüberschreitenden Verbringung → § 188.

III. Genehmigte Konsumgüter und Produkte, in die Konsumgüter eingebaut sind (Nr. 3 und 4)

9   Bei nach § 40 genehmigten Konsumgütern, bei denen die effektive Dosis nur im Bereich von unter 10 Mikrosievert im Kalenderjahr auftreten kann, sieht der Gesetzgeber von weiteren Überwachungsmaßnahmen, insb. in Form einer Genehmigung für die Verbringung ab.

10   Auch wenn die nach § 40 genehmigten Produkte in anderen Produkten eingebaut sind, wird das zusammengesetzte Produkt dadurch nicht überwachungsbedürftig.

IV. Genehmigungsfreier Zusatz (Nr. 5)

11   Für Konsumgüter, denen radioaktive Stoffe nach § 40 Abs. 3 genehmigungsfrei zugesetzt wurden, ist auch für die grenzüberschreitende Verbringung keine Genehmigung erforderlich. Im Gegensatz zur Vorgängerregelung in § 108 Abs. 3 formuliert Nr. 5 die Voraussetzungen anstelle eines Verweises auf die Regelung des genehmigungsfreien Zusatzes der Übersichtlichkeit halber aus (BT-Drs. 18/11241, 291).

E. Genehmigungsantrag (Abs. 3)

12   Dem Antrag sind die zur Prüfung erforderlichen Unterlagen beizufügen. Wird die Genehmigung für eine Verbringung nach Deutschland beantragt (Abs. 1 Nr. 1), ist insb. die hierzu passende Liste in Anl. 2 Tabelle F heranzuziehen.

F. Übergangsvorschriften

Ist die Genehmigung für die grenzüberschreitende Verbringung von Konsum- **13**
gütern vor dem 31.12.2018 erteilt worden, gilt sie als Genehmigung nach § 42 mit
allen Nebenbestimmungen fort (→ § 207). § 206 Abs. 1 S. 2 findet entsprechende
Anwendung.

G. Zuwiderhandlungen

Nach § 194 Abs. 1 Nr. 2 lit. l handelt ordnungswidrig, wer vorsätzlich oder fahr- **14**
lässig ein Konsumgut ohne Genehmigung nach § 42 Abs. 1 verbringt. Diese Ordnungswidrigkeit kann mit einer Geldbuße von bis zu 50.000 EUR geahndet werden (vgl. § 194 Abs. 2).

§ 43 **Voraussetzungen für die Erteilung der Genehmigung der
grenzüberschreitenden Verbringung von Konsumgütern**

(1) ¹**Die zuständige Behörde hat die Genehmigung nach § 42 zu erteilen, wenn die Voraussetzungen für die Genehmigung der grenzüberschreitenden Verbringung radioaktiver Stoffe nach Maßgabe der Rechtsverordnung nach § 30 erfüllt sind. ²Bei Verbringung in den Geltungsbereich
dieses Gesetzes müssen zusätzlich die Voraussetzungen des § 41 Absatz 1
Nummer 1 bis 6, 8 und 9 erfüllt sein. ³§ 41 Absatz 2 und § 44 Satz 1 gelten
entsprechend; dabei tritt der Verbringer an die Stelle des Herstellers im
Sinne des § 44 Satz 1.**

(2) ¹**Die zuständige Behörde übermittelt einen Genehmigungsantrag
für die Verbringung in den Geltungsbereich dieses Gesetzes dem Bundesamt für Strahlenschutz, sofern die beabsichtigte Verwendung oder Lagerung des Konsumguts, dem radioaktive Stoffe zugesetzt sind oder das
aktiviert ist und für dessen grenzüberschreitende Verbringung die Genehmigung beantragt worden ist, eine neue Tätigkeitsart darstellt. ²Das Verfahren nach § 38 ist anzuwenden; bis zu dessen Abschluss setzt die zuständige Behörde das Genehmigungsverfahren aus.**

A. Zweck und Bedeutung der Norm

Die Vorschrift des § 43 legt die **Voraussetzungen für die Erteilung der Ge-** **1**
nehmigung der grenzüberschreitenden Verbringung nach § 42 abschließend
fest.

B. Entstehungsgeschichte

Abs. 1 setzt inhaltlich § 109 StrlSchV 2001 fort, der bis zur Einführung des **2**
StrlSchG die Voraussetzungen für die Erteilung der Genehmigung für die grenzüberschreitende Verbringung von Konsumgütern regelte (BT-Drs. 18/11241,

291). Abs. 2 dient der Umsetzung von Art. 20 Abs. 2 RL 2013/59/Euratom, wonach eine neue Tätigkeitsart einer gesonderten Rechtfertigungsprüfung bedarf, die im StrlSchG über das Verfahren nach § 38 gewährleistet wird.

C. Genehmigungsvoraussetzungen (Abs. 1)

3   Liegen die Voraussetzungen für die Erteilung der Genehmigung nach Abs. 1 vor, so hat der Antragsteller einen Anspruch auf die Erteilung der Genehmigung. Der zuständigen Behörde steht **kein Ermessensspielraum** zu. Dementsprechend ist die Behörde bei ihrer Entscheidung gebunden (sog. gebundene Entscheidung). Nach § 188 Abs. 1 S. 1 ist das **BAFA für die Genehmigungserteilung bei der grenzüberschreitenden Verbringung von Konsumgütern iSv § 42 zuständig.**

4   Sowohl bei der Verbringung in den Geltungsbereich als auch aus dem Geltungsbereich dieses Gesetzes müssen die Voraussetzungen für die Genehmigung der grenzüberschreitenden Verbringung radioaktiver Stoffe nach Maßgabe der Rechtsverordnung nach § 30 erfüllt sein. Somit müssen insb. die Voraussetzungen nach § 15 Abs. 1 Nr. 1 StrlSchV gegeben sein, wonach keine Tatsachen vorliegen dürfen, aus denen sich Bedenken gegen die Zuverlässigkeit des Verbringers ergeben.

5   Für die Verbringung in den Geltungsbereich dieser Verordnung gelten zusätzlich die Voraussetzungen, die für die Erteilung der Genehmigung des Zusatzes radioaktiver Stoffe oder der Aktivierung erfüllt sein müssen (§ 41 Nr. 1 bis 6, 8 und 9). Zu den einzelnen Voraussetzungen → § 41 Rn. 8 ff. Lediglich die Voraussetzung nach § 41 Nr. 7 (Erfüllung der Voraussetzung für eine Umgangsgenehmigung nach § 13 Abs. 1 bis 3) ist nicht zu gewährleisten.

6   Die Erleichterungen des § 41 Abs. 2 für den beruflichen, nicht häuslichen Bereich gelten entsprechend (Abs. 1 S. 3). Ferner muss in entsprechender Anwendung des § 44 S. 1 sichergestellt sein, dass das Konsumgut kostenlos zurückgenommen wird. Der Verbringer tritt dabei an die Stelle des Herstellers als Pflichtenadressat.

D. Rechtfertigungsprüfung (Abs. 2)

7   Das Genehmigungsverfahren muss bis zum Abschluss der Rechtfertigungsprüfung ausgesetzt werden. Die richtlinienbedingte Aussetzung des Verfahrens für die Zeit der Rechtfertigungsprüfung verläuft entsprechend zu anderen behördlichen Genehmigungs- bzw. Zulassungsverfahren, in denen die beabsichtigte Nutzung des Gegenstandes nach Art. 20 Abs. 2 RL 2013/59/Euratom einer Rechtfertigungsprüfung bedarf, ua § 41 Abs. 5 und § 46 Abs. 6. Zur diesbezüglich relevanten Frage, wann eine neue Tätigkeitsart iSd Norm vorliegt → § 38 Rn. 2.

E. Übergangsregelung

8   Vor dem 31.12.2018 erteilte Genehmigungen iSv § 42 gelten nach § 207 vorbehaltlich der entsprechenden Anwendung des § 206 Abs. 1 S. 2 fort.

Unterabschnitt 3 – Bauartzulassung

§44 Rückführung von Konsumgütern

[1]Wer als Hersteller eines Konsumguts einer Genehmigung nach §40 bedarf und nach §41 Absatz 1 Nummer 3 ein Rücknahmekonzept zu erstellen hat, hat sicherzustellen, dass das Konsumgut kostenlos zurückgenommen wird. [2]Der Letztverbraucher hat das Konsumgut nach Beendigung des Gebrauchs unverzüglich der in der Information nach §41 Absatz 1 Nummer 5 angegebenen Stelle zurückzugeben.

A. Zweck und Bedeutung der Norm

Die Norm stellt sowohl **Rücknahmepflichten für den Hersteller bzw. eine durch ihn benannte Stelle** als auch **Rückgabepflichten für den Letztverbraucher** auf. Dadurch soll sichergestellt werden, dass Konsumgüter, welche radioaktive Stoffe oberhalb gewisser Freigrenzen enthalten, nicht im gewöhnlichen Hausmüll entsorgt werden, sondern an dafür vorgesehenen Sammelstellen abgegeben werden. Es ist somit eine Spezialbestimmung des Abfall- und Kreislaufwirtschaftsrechts. **1**

B. Vorherige Regelung

Die Regelung entspricht §110 StrlSchV 2001. **2**

C. Rücknahme und Rückgabe des Konsumguts

Falls die spezifische Aktivität der zugesetzten künstlichen radioaktiven Stoffe **3** in einem Konsumgut die festgelegten Freigrenzen der spezifischen Aktivität (vgl. zu den Freigrenzen Anl. 4 Tabelle 1 Spalte 1 bis 3 StrlSchV) oder die spezifische Aktivität der zugesetzten natürlichen radioaktiven Stoffe in dem Konsumgut 0,5 Becquerel je Gramm überschreitet, bestimmt §44 die Pflicht, der in der dem Konsumgut beigefügten Information genannten Stelle (vgl. §41 Abs. 1 Nr. 5), zur **kostenlosen Rücknahme** und korrespondierend hierzu die Pflicht des Letztverbrauchers zur **Rückgabe des Konsumgutes** nach Beendigung der Nutzung.

Speziell für Elektro- und Elektronikgeräte regelt §5 Abs. 2 Elektro- und **4** Elektronik-Altgeräte-Behandlungsverordnung (BGBl. I 1841), dass Bauteile aus Konsumgütern, die radioaktive Stoffe enthalten und die unter einer Genehmigung nach §40 Abs. 1 hergestellt wurden und für die ein Rücknahmekonzept nach §41 Abs. 1 Nr. 3 gefordert ist, vom Letztverbraucher nach §44 S. 2 an die in der Information nach §41 Abs. 1 Nr. 5 angegebene Stelle zurückzugeben sind.

§ 45 Bauartzugelassene Vorrichtungen

(1) Die Bauart folgender Vorrichtungen kann auf Antrag des Herstellers oder Verbringers der Vorrichtung zugelassen werden (bauartzugelassene Vorrichtungen):

1. die Bauart einer Vorrichtung, die sonstige radioaktive Stoffe nach § 3 Absatz 1 enthält, oder eines Störstrahlers, wenn Strahlenschutz und Sicherheit der Vorrichtung eine genehmigungs- und anzeigefreie Verwendung nach der Rechtsverordnung nach § 49 Nummer 1 und 2 erlaubt,

2. die Bauart eines Röntgenstrahlers, wenn die strahlenschutztechnischen Eigenschaften den genehmigungsfreien Betrieb einer Röntgeneinrichtung mit diesem Röntgenstrahler nach der Rechtsverordnung nach § 49 Nummer 1 und 2 erlaubt,

3. die Bauart einer Röntgeneinrichtung als Basisschutzgerät, wenn das hohe Schutzniveau der Bauart, einschließlich möglicher Öffnungen im Schutzgehäuse zum Ein- und Ausbringen von Gegenständen, den genehmigungsfreien Betrieb der Röntgeneinrichtung nach der Rechtsverordnung nach § 49 Nummer 1 und 2 erlaubt,

4. die Bauart einer Röntgeneinrichtung als Hochschutzgerät, wenn das hohe Schutzniveau der Bauart den genehmigungsfreien Betrieb der Röntgeneinrichtung nach der Rechtsverordnung nach § 49 Nummer 1 und 2 erlaubt,

5. die Bauart einer Röntgeneinrichtung als Vollschutzgerät, wenn das besonders hohe Schutzniveau der Bauart den genehmigungsfreien Betrieb der Röntgeneinrichtung ohne Beaufsichtigung durch eine Person nach der Rechtsverordnung nach § 49 Nummer 1 und 2 erlaubt, die die erforderliche Fachkunde im Strahlenschutz besitzt,

6. die Bauart einer Röntgeneinrichtung als Schulröntgeneinrichtung, wenn die strahlenschutztechnische Funktion der Bauart den Betrieb der Röntgeneinrichtung in Zusammenhang mit dem Unterricht in Schulen nach der Rechtsverordnung nach § 49 Nummer 1 und 2 erlaubt,

7. die Bauart einer Anlage zur Erzeugung ionisierender Strahlung als Vollschutzanlage, wenn das besonders hohe Schutzniveau der Bauart den genehmigungsfreien Betrieb der Anlage ohne Beaufsichtigung durch eine Person, die die erforderliche Fachkunde im Strahlenschutz besitzt, nach der Rechtsverordnung nach § 49 Nummer 1 und 2 erlaubt.

(2) ¹Absatz 1 ist nicht auf Medizinprodukte oder Zubehör im Sinne der Verordnung (EU) 2017/745 anzuwenden. ²Absatz 1 Nummer 1 ist nicht auf Vorrichtungen anzuwenden, die hochradioaktive Strahlenquellen enthalten.

Übersicht

A. Zweck und Bedeutung der Norm

Die §§ 45 bis 49 regeln das Bauartzulassungsverfahren von Vorrichtungen. **§ 45** **1** **regelt als Bauartzulassungstatbestand,** welche Arten von **Vorrichtungen bauartzulassungsfähig** sind und damit unter **erleichterten Voraussetzungen betrieben bzw. verwendet** werden können.

Grundsätzlich ist der Betrieb von Anlagen zur Erzeugung ionisierender Strah- **2** lung (§ 12 Abs. 1 Nr. 1), von Röntgeneinrichtungen (§ 12 Abs. 1 Nr. 4), von Stör- strahlern (§ 12 Abs. 1 Nr. 5) sowie der Umgang mit sonstigen radioaktiven Stoffen (§ 12 Abs. 1 Nr. 3) genehmigungsbedürftig. **Ist jedoch die Bauart einer Vorrich- tung zugelassen, so ist die Verwendung bzw. der Betrieb der Vorrichtung unter bestimmten Voraussetzungen genehmigungs- und teilweise sogar anzeigefrei** (Vorrichtungen mit sonstigen radioaktiven Stoffen und Störstrahler: genehmigungs- und anzeigefrei; Röntgeneinrichtungen und Anlagen zur Erzeu- gung ionisierender Strahlung als Vollschutzanlagen: genehmigungsfrei und mit stark vereinfachtem Anzeigeverfahren). Die Bauartzulassung erleichtert also die Verwen- dung bestimmter Vorrichtungen, die besonders hohen strahlenschutztechnischen Anforderungen unterliegen.

Das Bauartzulassungsverfahren ist auch in anderen Rechtsgebieten anzutreffen **3** (vgl. zB § 33 BImSchG) und zielt auf **Erleichterungen im Bereich von serien- mäßig hergestellten Produkten ab** (vgl. auch *Rosenbaum* S. 48). Könnten die Vorrichtungen ansonsten nur mit einer für jede Vorrichtung gesondert zu beantra- genden Umgangs- oder Betriebsgenehmigung verwendet werden, führt die Bau- artzulassung zu einer genehmigungs- und/oder anzeigefreien Verwendung. Die Verwendung bauartzugelassener Vorrichtungen unterliegt damit einer **geringeren regulatorischen Kontrolle.** Dies stellt nicht nur eine **zeitliche und finanzielle Entlastung für den Betreiber** dar, der kein Genehmigungs- und/oder Anzeige- verfahren durchlaufen muss, sondern bietet wegen den strengen Anforderungen an die Bauartzulassung auch **ein hohes Niveau an Strahlenschutz** (vgl. BT-Drs. 19/26943, 44). Der Gesetzgeber spricht in diesem Zusammenhang auch von einem „Gewinn für den Strahlenschutz" (BT-Drs. 18/11241, 291).

4   Der mit der Bauartzulassung verfolgte Zweck eines effizienten und beschleunigten Verwaltungsverfahrens wird allerdings nur erreicht, wenn der antragsberechtigte Hersteller oder Verbringer (→ Rn. 11) die spätere Verwendung der Vorrichtung über den Weg der Bauartzulassung beabsichtigt und es nicht dem jeweiligen Verwender überlässt, jeweils einzelne Genehmigungen für die Verwendung der Vorrichtungen zu beantragen. Der **Antrag auf die Bauartzulassung ist fakultativ,** dh die Bauartzulassung ist freiwilliger Natur, der Hersteller oder Verbringer ist nicht zur Beantragung einer Bauartzulassung verpflichtet (vgl. zur Bauartzulassung im Immissionsschutzrecht *Mast* in BeckOK Umweltrecht § 33 BImSchG Rn. 4).

5   Das Verfahren im Rahmen der Bauartzulassung dient auch der Umsetzung der durch Art. 24 Abs. 1 RL 2013/59/Euratom vorgeschriebenen, am Expositionsrisiko orientierten, abgestuften regulatorischen Kontrolle (vgl. BT-Drs. 19/26943, 44).

B. Entstehungsgeschichte

6   Bereits in der RöV 1973 bestand die Möglichkeit der Bauartzulassung bestimmter Vorrichtungen (vgl. § 7 RöV 1973). Die Bauartzulassung ist seit jeher Bestandteil des strahlenschutzrechtlichen Regelungsregimes in Bezug auf die Verwendung strahlenschutzrelevanter Vorrichtungen. Die Vorschrift des § 45 sowie die folgenden Vorschriften des Unterabschnitts 3 zur Bauartzulassung enthalten im Wesentlichen die Vorgaben aus den bisherigen strahlenschutzrechtlichen Verordnungen (vgl. §§ 25 ff. StrlSchV 2001 und §§ 8 ff. RöV).

7   Der jetzige Inhalt des § 45 Abs. 1 war vormals geregelt in § 25 Abs. 1 iVm. Anl. 5 StrlSchV 2001 und § 8 Abs. 1 S. 1 iVm Anl. 1 und 2 RöV. § 45 Abs. 2 ist eine Fortführung der § 25 Abs. 6 StrlSchV 2001 und § 8 Abs. 1 S. 3 RöV.

8   Mit dem 1. ÄndG hat auch der Anwendungsbereich in Abs. 1 eine Änderung erfahren. In § 45 Abs. 1 Nr. 1 wurde die zweite Alternative des Zulassungstatbestands „Anlage zur Erzeugung ionisierender Strahlung" gestrichen und durch Nr. 7 „die Bauart einer Anlage zur Erzeugung ionisierender Strahlung als Vollschutzanlage" ersetzt (→ Rn. 23 und § 17 Rn. 14).

C. Rechtsnatur der Bauartzulassung

9   Die Bauartzulassung soll bei Serienprodukten sicherstellen, dass bestimmte sicherheitsrelevante Eigenschaften vorhanden sind und später nicht in jedem Einzelfall erneut überprüft werden müssen (*Rosenbaum* S. 48). Sie dient der präventiven Kontrolle potentiell gefährlicher Einrichtungen (vgl. *Hansmann/Röckinghausen* in LR UmweltR § 33 BImSchG Rn. 1). Die Regelungswirkung der Bauartzulassung erstreckt sich ganz konkret auf die bestimmte Bauart einer Vorrichtung. Ob dieser Konkretheit ist die Zulassung ungeachtet ihrer Geltung in einer unbestimmten Anzahl von Einzelfällen ein – begünstigender – **Verwaltungsakt iSv § 35 VwVfG** (vgl. *Rosenbaum* S. 49; *Hansmann/Röckinghausen* in LR UmweltR § 33 BImSchG Rn. 8; *Mast* in BeckOK Umweltrecht § 33 BImSchG Rn. 11). Die Bauartzulassung legt nach außen für jedermann verbindlich fest, dass eine bestimmte Anlage oder Vorrichtung den strahlenschutzrechtlichen Anforderungen entspricht. Sie entfaltet folglich eine unmittelbare Regelungswirkung (vgl. *Mast* in BeckOK Umweltrecht § 33 BImSchG Rn. 11).

Als **Adressat** des Verwaltungsakts gilt der individuelle Antragsteller (vgl. *Jarass* in 10
Jarass BImSchG § 33 Rn. 18 mwN; *Hansmann/Röckinghausen* in LR UmweltR § 33
BImSchG Rn. 8).

D. Antrag auf Bauartzulassung

Antragsberechtigt ist sowohl der **Hersteller** als auch der **Verbringer** einer 11
Vorrichtung nach Abs. 1. Zum Begriff des Herstellers und des Verbringers → § 153
Rn. 4 und Rn. 6. Die Antragsformulare sind online auf den Seiten des BfS abrufbar
(www.bfs.de).

E. Bauartzugelassene Vorrichtungen (Abs. 1)

Die bauartzulassungsfähigen Vorrichtungen sind in den Nr. 1 bis 7 näher ge- 12
regelt. Alle Tatbestände haben gemein, dass als Kernelement ein bestimmter geneh-
migungs- und anzeigefreier oder genehmigungsfreier Betrieb im Hinblick auf den
Strahlenschutz vertretbar ist. Diese Eigenschaften „erlauben" letztlich die entsprechende Verwendung (vgl. BT-Drs. 18/11241, 292).

Der Gesetzgeber beschränkt sich seit der Einführung des StrlSchG auf den **Be-** 13
griff der „Vorrichtungen" und differenziert nicht weiter zwischen „Geräten
und sonstigen Vorrichtungen" (vgl. § 25 Abs. 1 S. 1 StrlSchV 2001), welche dem
Begriff der „Vorrichtungen" unterfallen (vgl. BT-Drs. 18/11241, 292). Die rein
sprachliche Anpassung wirkt sich inhaltlich nicht auf den Bauartzulassungstatbestand aus.

I. Vorrichtungen, die sonstige radioaktive Stoffe nach § 3 Abs. 1 enthalten oder Störstrahler (Nr. 1)

Die technischen Anforderungen, die erfüllt sein müssen, damit **Vorrichtungen,** 14
die sonstige radioaktive Stoffe enthalten (Nr. 1 Alt. 1) bauartzugelassen werden können, bestimmt **§ 16 Abs. 1 StrlSchV.** Durch den Verweis auf sonstige radioaktive Stoffe nach § 3 Abs. 1 soll ausgeschlossen werden, dass bauartzugelassene
Vorrichtungen Kernbrennstoffe enthalten, auch wenn der enthaltene Stoff aufgrund eines geringeren Anteils der in § 3 Abs. 3 aufgeführten Isotope für die Genehmigungsvorschriften als sonstiger radioaktiver Stoff gilt.

Nr. 1 Alt. 2 regelt die **Bauartzulassung von Störstrahlern.** Die technischen 15
Anforderungen an die Bauartzulassung von **Störstrahlern sind in § 17 StrlSchV**
festgelegt. Störstrahler sind Anlagen, Geräte oder Vorrichtungen, in denen ausschließlich Elektronen beschleunigt werden und die dabei Röntgenstrahlung erzeugen, ohne dass sie zu diesem Zweck betrieben werden, dh ohne dass die entstehende Röntgenstrahlung verwendet wird. Dazu zählen zB Elektronenmikroskope.

II. Röntgenstrahler (Nr. 2)

Nach Nr. 2 kann die Bauart eines Röntgenstrahlers zugelassen werden, wenn die 16
strahlenschutztechnischen Eigenschaften den genehmigungsfreien Betrieb einer
Röntgeneinrichtung mit diesem Röntgenstrahler erlauben. Die technischen Anforderungen an die Bauartzulassung von Röntgenstrahlern regelt **§ 18 StrlSchV.**

Der Betrieb einer Röntgeneinrichtung, die einen solchen Röntgenstrahler enthält, ist dann lediglich anzeigebedürftig nach § 19 Abs. 1 S. 1 Nr. 1 lit. a. Zur Bauartzulassung beim Röntgenstrahler auch → § 19 Rn. 10.

III. Röntgeneinrichtung als Basisschutzgerät (Nr. 3)

17   § 19 **StrlSchV** bestimmt die technischen Voraussetzungen an die Röntgeneinrichtung als Basisschutzgerät. Nr. 3 legt fest, dass die Bauart einer Röntgeneinrichtung als Basisschutzgerät zugelassen werden kann, wenn das hohe Schutzniveau der Bauart, einschließlich möglicher Öffnungen im Schutzgehäuse zum Ein- und Ausbringen von Gegenständen, den genehmigungsfreien Betrieb der Röntgeneinrichtung erlaubt. Ihr Betrieb ist dann anzeigebedürftig nach § 19 Abs. 1 S. 1 Nr. 2 (→ § 19 Rn. 15).

IV. Röntgeneinrichtung als Hochschutzgerät (Nr. 4)

18   Die Bauart einer Röntgeneinrichtung als Hochschutzgerät kann nach Nr. 4 zugelassen werden, wenn das hohe Schutzniveau der Bauart den genehmigungsfreien Betrieb der Röntgeneinrichtung erlaubt. Der Betrieb ist dann anzeigebedürftig nach § 19 Abs. 1 S. 1 Nr. 2. Die technischen Voraussetzungen legt **§ 20 StrlSchV** fest. Zur Bauartzulassung beim Hochschutzgerät auch → § 19 Rn. 15.

V. Röntgeneinrichtung als Vollschutzgerät (Nr. 5)

19   Die technischen Anforderungen an die Bauartzulassung regelt **§ 21 StrlSchV**. Der Betrieb ist nach § 19 Abs. 1 S. 1 Nr. 2 anzeigebedürftig (→ § 19 Rn. 15).

VI. Röntgeneinrichtung als Schulröntgengerät (Nr. 6)

20   Die technischen Anforderungen an die Bauartzulassung bestimmt **§ 22 StrlSchV**. Zur Bauartzulassung beim Schulröntgengerät auch → § 19 Rn. 15.

VII. Bauartzulassung einer Anlage zur Erzeugung ionisierender Strahlung als Vollschutzanlage (Nr. 7)

21   Der Betrieb einer Anlage zur Erzeugung ionisierender Strahlung als bauartzugelassene Vollschutzanlage ist anzeigebedürftig nach § 17 Abs. 1 S. 1 Nr. 4. Die technischen Anforderungen an diese Bauartzulassung enthält **§ 23 StrlSchV.**

22   In der ursprünglichen Fassung des StrlSchG fiel die allgemeine Zulassung der Bauart von Anlagen zur Erzeugung ionisierender Strahlung unter § 45 Abs. 1 Nr. 1. Durch das 1. ÄndG wurde die Anlage zur Erzeugung ionisierender Strahlung aus § 45 Abs. 1 Nr. 1 StrlSchG gestrichen und in Nr. 7 ergänzt, welche nun für die Bauartzulassung einer Anlage zur Erzeugung ionisierender Strahlung **als Vollschutzanlage** gilt und zwar **ebenfalls die Genehmigungs-, nicht aber die Anzeigefreiheit** zur Folge hat.

23   Die Möglichkeit der Bauartzulassung von Anlagen zur Erzeugung ionisierender Strahlung nach § 45 Abs. 1 Nr. 1 Alt. 2 wurde aus Gründen der Verbesserung des Strahlenschutzes sowie mangels praktischer Relevanz gestrichen. Bis zur Änderung des StrlSchG gab es keine erteilte Bauartzulassung für eine Anlage zur Erzeugung ionisierender Strahlung (BT-Drs. 19/26943, 44). Grund hierfür war, dass der für die genehmigungs- und anzeigefreie Verwendung erforderliche Strahlenschutz und die Sicherheit der Anlage in der Praxis nur schwierig zu gewährleisten waren. Trotz der technischen Voraussetzungen gem. § 17 StrSchV für die Zulassung nach § 45 Abs. 1 Nr. 1 Alt. 2 haben die Anlagen ein erhöhtes Risikopotential, zB durch eine hohe Dosisleistung im Inneren der Anlage oder eine sich aufbauende Aktivierung (BT-Drs. 19/26943, 44). Die technischen Vorgaben nach § 17 genügten auch insofern nicht, als die notwendigen Voraussetzungen des § 17 zudem über die gesamte Lebensdauer sicherzustellen sind. Die dauernde Erfüllung der technischen Voraussetzungen ist aber nur schwierig umzusetzen (zB durch wiederkehrende Prüfung durch einen Sachverständigen, vgl. BT-Drs. 19/26943, 44). Aus diesem Grund wurde die Zulassung nach § 45 Abs. 1 Nr. 1 Alt. 2 durch die Zulassung einer Anlage zur Erzeugung ionisierender Strahlung **als Vollschutzanlage** nach Nr. 7 ersetzt. Hierdurch ist die bauartzugelassene Anlage zwar weiterhin genehmigungsfrei, aber nicht anzeigefrei. Die Anzeigepflicht führt laut dem Gesetzgeber dazu, dass die technischen Anforderungen an die Bauartzulassung nun erreichbarer ausgestaltet werden können (s. zu dieser Gesetzesänderung ausführlich BT-Drs. 19/26943, 44).

F. Ausnahmen für Medizinprodukte oder Zubehör (Abs. 2 S. 1) sowie Vorrichtungen, die hochradioaktive Strahlenquellen enthalten (Abs. 2 S. 2)

Nicht bauartzulassungsfähig sind **Medizinprodukte oder Zubehör im Sinne** **24** **der Verordnung (EU) 2017/745** (Abs. 2 S. 1), die speziellen Zulassungsbedingungen nach dem Medizinprodukterecht unterfallen. Ebenfalls nicht bauartzulassungsfähig sind **Vorrichtungen, die hochradioaktive Strahlenquellen enthalten** (Abs. 2 S. 2). Für sie gelten die erleichterten Vorschriften für bauartzugelassene Vorrichtungen nicht.

G. Entscheidung über Bauartzulassung und Rechtsschutz

Die Zulassung der Bauart wird von der Zulassungsbehörde durch Verwaltungs- **25** akt erteilt (s. *Rosenbaum* S. 49). Abs. 1 bestimmt, dass die Bauart zugelassen werden „kann". Dh die **Entscheidung über die Bauartzulassung steht im Ermessen der Behörde** (→ § 46 Rn. 24) Ein Anspruch des Herstellers oder Verbringers auf Zulassung der Bauart besteht also nicht, sondern grds. nur ein **Anspruch auf fehlerfreie Ausübung des Ermessens.** Es ist jedoch anzunehmen, dass bei Nichtvorliegen von Versagungsgründen die Genehmigung regelmäßig zu erteilen und von einem zumindest intendierten Ermessen auszugehen ist (→ § 46 Rn. 24).

Der Anspruch kann vor den Verwaltungsgerichten mit der **Verpflichtungs-** **26** **klage** (§ 42 Abs. 1 Alt. 2 VwGO) geltend gemacht werden.

H. Änderungen/Aufhebung der Bauartzulassung

Nach § 179 Abs. 1 Nr. 1 sind § 17 Abs. S. 2 bis 4 und Abs. 2 bis 6 AtG über **in-** **27** **haltliche Beschränkungen, Auflagen, Befristung Rücknahme, Widerruf und die Bezeichnung als Inhaber** einer Kernanlage entsprechend anzuwenden. Sie verdrängen insoweit die allgemeinen verwaltungsrechtlichen Vorschriften des VwVfG als *leges specialis*.

28   Eine **Änderung der Bauartzulassung** muss vom Inhaber der Bauartzulassung mit einem **formlosen schriftlichen Antrag** beim BfS eingereicht werden. Diesem sind technische Unterlagen, in denen die geplanten Änderungen eindeutig und ausreichend beschrieben sind, beizufügen. Die Zulassungsbehörde entscheidet dann, ob die geänderte Vorrichtung einer erneuten gegenständlichen Prüfung zu unterziehen ist, um die Übereinstimmung mit den Zulassungsvoraussetzungen festzustellen.

29   Eine **einzelne bauartzugelassene Vorrichtung,** die schon in Betrieb genommen wurde, darf in ihren **strahlenschutzrelevanten Merkmalen nicht geändert werden.** Ansonsten verliert die Bauartzulassung ihre Regelungswirkung im Hinblick auf die konkrete Vorrichtung und der Betrieb muss eingestellt werden (vgl. § 25 Abs. 3 Nr. 1 StrlSchV). In diesem Fall lebt die Genehmigungs- und/oder Anzeigepflicht der jeweiligen Vorrichtung wieder auf. **Strahlenschutzrelevante Merkmale sind die Merkmale, die für die Entscheidung über die Bauartzulassung maßgeblich waren.** Dies sind vor allem die Anforderungen, die nach den §§ 16 bis 23 StrlSchV erfüllt sein müssen, aber auch andere Kriterien, die für die Beurteilung der Bauartzulassung von Bedeutung waren (vgl. auch *Hansmann/Röckinghausen* in LR UmweltR § 33 BImSchG Rn. 7). Bei der Einordnung, ob ein strahlenschutzrelevantes Merkmal vorliegt, ist der Sinn und Zweck der Bauartzulassung zu berücksichtigen. Vorrangiges Ziel neben der Einräumung verfahrensrechtlicher Erleichterungen ist der Strahlenschutz und nicht die Absicht, die Gleichförmigkeit aller auf den Markt gelangenden Vorrichtungen herzustellen (vgl. auch *Hansmann/Röckinghausen* in LR UmweltR § 33 BImSchG Rn. 7). Eine unwesentliche Abweichung kann zB bei einer Differenz in der Farbgebung angenommen werden, soweit die Farbwahl neben der Optik keinem weitergehenden Zwecke dient (vgl. *Scheuing/Ingerowski* in GK-BImSchG § 33 Rn. 37). **Ausführlich zu den Rechtswirkungen der Bauartzulassung** → § 48 Rn. 9.

30   Änderungen der Firmenbezeichnung des Zulassungsinhabers, der Wechsel verantwortlicher Personen und Ähnliches sind der Zulassungsbehörde ebenfalls umgehend mitzuteilen und durch Dokumente (zB Handelsregisterauszug oder Qualifikationsnachweise) zu bestätigen.

I. Übergangsvorschriften

31   **§ 208 normiert Übergangsregelungen** für solche Vorrichtungen, deren Bauart schon vor Inkrafttreten des StrlSchG zugelassen wurde. Dabei soll die begünstigende Zulassungswirkung grds. erhalten bleiben, doch gilt es auch den sich ggf. verändernden Strahlenschutzanforderungen und -erkenntnissen Rechnung zu tragen.

32   Weitere Übergangsbestimmungen zur Bauartzulassung sind in **§ 185 StrlSchV** geregelt.

§ 46 Verfahren der Bauartzulassung

(1) Dem Antrag auf Zulassung einer Bauart sind die zur Prüfung erforderlichen Unterlagen, insbesondere die in Anlage 2 Teil G genannten Unterlagen, beizufügen.

(2) [1]Der Antragsteller hat der für die Zulassung der Bauart zuständigen Behörde auf Verlangen die zur Prüfung erforderlichen Baumuster zu überlassen. [2]Bei einer Bauart einer Vorrichtung, die radioaktive Stoffe enthält, hat die zuständige Behörde vor ihrer Entscheidung die Bundesanstalt für Materialforschung und -prüfung zu Fragen der Dichtheit, der Werkstoffauswahl und der Konstruktion der Geräte oder Vorrichtungen sowie der Qualitätssicherung zu beteiligen.

(3) [1]Die für die Zulassung der Bauart zuständige Behörde übermittelt den Antrag gemäß § 45 Absatz 1 Nummer 1, 3, 4, 5, 6 oder 7 dem Bundesamt für Strahlenschutz, sofern die beabsichtigte Verwendung oder der beabsichtigte Betrieb der Vorrichtungen, Anlagen, Röntgeneinrichtungen oder Störstrahler, deren Bauartzulassung beantragt worden ist, eine neue Tätigkeitsart darstellt. [2]Das Verfahren nach § 38 ist anzuwenden; bis zu dessen Abschluss setzt die für die Zulassung der Bauart zuständige Behörde das Verfahren der Bauartzulassung aus.

(4) Die zuständige Behörde darf die Bauartzulassung nur erteilen, wenn
1. die Vorrichtung die in der Rechtsverordnung nach § 49 Nummer 1 und 2 festgelegten Anforderungen erfüllt,
2. keine Tatsachen vorliegen, aus denen sich Bedenken ergeben
   a) gegen die Zuverlässigkeit des Herstellers oder Verbringers oder des für die Leitung der Herstellung Verantwortlichen oder
   b) gegen die für die Herstellung erforderliche technische Erfahrung des für die Leitung der Herstellung Verantwortlichen,
3. überwiegende öffentliche Interessen der Bauartzulassung nicht entgegenstehen,
4. es sich bei der Verwendung oder dem Betrieb der bauartzuzulassenden Vorrichtung nicht um eine nicht gerechtfertigte Tätigkeitsart nach der Rechtsverordnung nach § 6 Absatz 3 handelt oder
5. das Bundesamt für Strahlenschutz nicht in einer Stellungnahme nach § 38 Absatz 1 festgestellt hat, dass die beabsichtigte Verwendung oder der Betrieb der nach § 45 Absatz 1 Nummer 1, 3, 4, 5, 6 oder 7 bauartzuzulassenden Vorrichtung, der Anlage zur Erzeugung ionisierender Strahlung, der Röntgeneinrichtung oder des Störstrahlers eine nicht gerechtfertigte Tätigkeitsart darstellt.

(5) [1]Die Bauartzulassung wird auf längstens zehn Jahre befristet. [2]Sie kann auf Antrag jeweils maximal um zehn Jahre verlängert werden.

(6) [1]Die zuständige Behörde soll über den Antrag auf Zulassung innerhalb von zwölf Monaten nach Eingang der vollständigen Antragsunterlagen entscheiden. [2]Hat der Antragsteller der zuständigen Behörde auf deren Verlangen die zur Prüfung erforderlichen Baumuster überlassen, soll die zuständige Behörde über den Antrag innerhalb von zwölf Monaten nach Eingang der vollständigen Antragsunterlagen und des zur Prüfung erforderlichen Baumusters entscheiden.

Übersicht

A. Zweck und Bedeutung der Norm

1 § 46 normiert das **Verfahren zur Erteilung einer Bauartzulassung** für die in § 45 aufgeführten Vorrichtungen. Da für bauartzugelassene Vorrichtungen erhebliche Erleichterungen in ihrer Verwendung gelten, müssen für die Zulassung im Rahmen der Bauartprüfung die technischen Voraussetzungen detailliert nachgewiesen und behördlich geprüft werden (BT-Drs. 19/26943, 44). Die Norm regelt nicht nur **verfahrensrechtliche Anforderungen** an die Bauartzulassung, sondern auch **materiell-rechtliche Voraussetzungen** für die Erteilung der Bauartzulassung durch die zuständige Behörde. Mit der Zulassung einer Vorrichtung ihrer Bauart nach ist die **Verwendung und Lagerung** der entsprechend hergestellten einzelnen Anlagen grundsätzlich genehmigungsfrei (vgl. § 5 Abs. 1 S. 1 StrlSchV und dortige Anl. 3 Teil B Nr. 4 und 5). Davon ist jedoch der Ein- und Ausbau wie auch die Wartung der Vorrichtungen ausgenommen.

2 Ungeachtet der in § 46 Abs. 4 normierten Erteilungsvoraussetzungen steht die **Zulassung im Ermessen der zuständigen Behörde,** das sich daran orientiert, ob ein bestimmter genehmigungs- und anzeigefreier oder genehmigungsfreier Betrieb aus Sicht des Strahlungsschutzes verantwortet werden kann (BT-Drs. 18/11241, 291 f.; s. auch → Rn. 24).

3 Im Jahr 2019 sind insgesamt 38 Anträge auf Bauartzulassung gestellt worden. Davon betrafen sechs Anträge die Bauartzulassung eines Störstrahlers und jeweils 16 Anträge die Bauartzulassung eines Röntgenstrahlers bzw. Vollschutzgerätes (BT-Drs. 19/26943, 35).

B. Entstehungsgeschichte

4 Das Verfahren zur Erteilung der Bauartzulassung war mit § 25 StrlSchV 2001 und § 8 RöV vor dem StrlSchG nach Vorrichtungsart getrennt geregelt. Die

StrlSchV 2001 beanspruchte für Geräte und andere Vorrichtungen, in die radioaktive Stoffe eingefügt sind, sowie Anlagen zur Erzeugung ionisierender Strahlen
Geltung. Die RöV erfasste Röntgenstrahler, Schulröntgeneinrichtungen, Basisschutzgeräte, Hochschutzgeräte, Vollschutzgeräte und Störstrahler. Aus Anlass der
Umsetzung der RL 2013/59/Euratom wurde diese vormalige Doppelregelung in
§ 46 einheitlich auf einem den Richtlinienzielen entsprechenden Stand normiert.
Dadurch soll das deutsche Strahlenschutzrecht nicht nur fortentwickelt, sondern
auch vollzugsfreundlicher werden (vgl. BT-Drs. 18/11241, 2).

Abs. 1 konkretisiert die für einen Antrag erforderlichen Unterlagen und ent- **5**
spricht somit § 25 Abs. 1 S. 1 StrlSchV 2001 und § 8 Abs. 1 S. 1 und 2 RöV. Die in
Abs. 2 geregelte Bauartprüfung vereint die Regelungen des § 25 Abs. 2 StrlSchV
2001 und § 8 Abs. 2 Hs. 2 RöV. Abs. 3 dient wie Abs. 4 Nr. 5 der Umsetzung von
Art. 20 Abs. 2 RL 2013/59/Euratom. Abs. 4 vereint die technischen und übrigen
Erteilungsvoraussetzungen aus § 25 Abs. 1 S. 1 und Abs. 3 StrSchV und § 8 Abs. 1
S. 1 und Abs. 3 RöV zu einer einheitlichen Regelung. Mit Abs. 5 wurden die vorherigen Regelungen betreffend die Befristung der Bauartzulassung (§ 25 Abs. 4
StrlSchV und § 8 Abs. 4 RöV) konkretisiert. Der auf Vorschlag des Bundesrates eingefügte Abs. 6 gibt der zuständigen Behörde für die Erteilung der Zulassung einen
zeitlichen Rahmen von zwölf Monaten vor, innerhalb dessen eine Entscheidung
getroffen werden sollte (BT-Drs. 18/11622, 8).

C. Zulassungsverfahren

I Zuständigkeit

Die vormals in § 25 Abs. 7 StrlSchV 2001 und § 8 Abs. 6 RöV normierte Zu- **6**
ständigkeit des BfS für die Bauartzulassung teilt sich nun in die **Zuständigkeit des
BfS nach § 185 Abs. 1 Nr. 4** (für Vorrichtungen, die sonstige radioaktive Stoffe
enthalten und für Anlagen zur Erzeugung ionisierender Strahlung) und der **PTB
nach § 187 Abs. 1 Nr. 1** (für Störstrahler, Röntgenstrahler, Basis-, Hoch- und
Vollschutzgeräte). Diese Zuständigkeitsteilung nimmt Bezug auf die früheren getrennten Regelungen der RöV und StrlSchV 2001. Mit dem StrlSchG ist die PTB
nicht mehr nur für die Bauartprüfung zuständig, sondern kann ohne Beteiligung
des BfS eigenständig die Bauart einer ihr zugewiesenen Vorrichtung zulassen
(→ § 187 Rn. 3).

II. Antrag

Abs. 1 ordnet an, dass **die zur Prüfung erforderlichen Unterlagen** bereits **7**
mit dem Antrag einzureichen sind. Dem Antrag sind **insbesondere** die in Anl. 2
Teil G genannten Unterlagen beizufügen. Die Auflistung der in Anl. 2 genannten
Unterlagen ist ausweislich des Wortlaut sowie der Gesetzesbegründung nicht
abschließend, sondern diese stellen lediglich die **mindestens notwendigen Unterlagen** dar (vgl. BT-Drs. 18/11241, 293). Nicht aufgezählte Unterlagen, die zur
Prüfung der Bauart gleichfalls unerlässlich sind, hat der Antragsteller ebenfalls bereits mit dem Antrag einzureichen. Die Behörde kann die aus ihrer Sicht für die
Prüfung der Bauartzulassung fehlenden Unterlagen nachfordern.

III. Bauartprüfung

8 **Abs. 2 S. 1** legt fest, dass der Antragsteller der für die Zulassung der Bauart zuständigen Behörde **auf Verlangen die zur Prüfung erforderlichen Baumuster** überlassen muss. **Abs. 2 S. 1** übernimmt weitgehend die Regelung des § 25 Abs. 2 S. 2 StrlSchV 2001 und § 8 Abs. 2 S. 2 RöV. Im Zuge dieser Bauartprüfung ist festzustellen, ob das Baumuster den technischen Bauartvoraussetzungen des Abs. 4 Nr. 1 entspricht (vgl. *Ewen/Holte* § 25 StrlSchV S. 96). Die anfallenden Kosten hat der Antragsteller zu tragen.

IV. Beteiligung weiterer Stellen

9 Gem. Abs. 2 S. 2 bedarf es bei Vorrichtungen, die radioaktive Stoffe enthalten, der Beteiligung der BAM zu Fragen der Dichtheit, Werkstoffauswahl und Konstruktion der Geräte und Vorrichtungen.

10 Nach Art. 20 Abs. 2 RL 2013/59/Euratom ist es erforderlich, dass das Bauartzulassungsverfahren bis zum Abschluss der Rechtfertigungsprüfung ausgesetzt wird (BT-Drs. 18/11241, 293). Abs. 3 setzt diese Anforderung um, indem **bei neuen Tätigkeitsarten,** also solchen, für die eine Rechtfertigungsprüfung noch nicht durchgeführt und nach § 38 veröffentlicht wurde, das **Verfahren ausgesetzt** wird und die Unterlagen von Amts wegen zur **Rechtfertigungsprüfung** (→ § 38) an das **BfS** weitergeleitet werden. Wenn das BfS der beabsichtigten Nutzung eine Rechtfertigung iRd § 38 verwehrt, begründet dies gem. **Abs. 4 Nr. 5 einen Ablehnungsgrund.**

11 Die Beteiligung des BfS nach Abs. 3 ist bei Röntgenstrahlern iSv § 45 Abs. 1 Nr. 2 nicht erforderlich. Die Rechtfertigung hinsichtlich der beabsichtigten Nutzung wird diesbezüglich einschränkungslos im Anzeigeverfahren (§ 19) für den Betrieb dieser Röntgeneinrichtungen geprüft (vgl. BT-Drs. 18/11241, 285).

V. Entscheidungsfrist der Behörde

12 Die zuständige Behörde soll über den **Antrag innerhalb von zwölf Monaten** nach Eingang der vollständigen Antragsunterlagen entscheiden **(Abs. 6).** Verlangt die Behörde ein Prüfmuster nach Abs. 2 S. 1 hat die Entscheidung des Antrags binnen zwölf Monaten nach Eingang der vollständigen Unterlagen und des zur Prüfung erforderlichen Baumusters zu erfolgen. Im Interesse der Rechtssicherheit für den Antragssteller und der Verfahrensbeschleunigung soll die zuständige Behörde gem. § 25 Abs. 2 S. 2 VwVfG, der als allgemeines Verwaltungsvorschrift ergänzend Anwendung findet, dem Antragsteller nach Eingang des Antrags unverzüglich (also ohne schuldhaftes Zögern iSv § 121 BGB) **Auskunft über die Vollständigkeit der Unterlagen** geben. Als Verfahrenshandlungen iSv § 44a VwGO sind diese Auskunftspflichten grundsätzlich nicht selbständig einklagbar (VG Düsseldorf Urt. v. 30.10.2003 – 4 K 61/01, BeckRS 2003, 31146606). An die **Überschreitung der Entscheidungsfrist von zwölf Monaten werden jedoch keine direkten Rechtsfolgen geknüpft,** eine etwaige Zulassungsfiktion wäre aus Strahlenschutzgesichtspunkten auch nicht zu verantworten und daher wurde auch keine Bezugnahme auf § 42a VwVfG eingefügt. Ab dem Zeitpunkt der Überschreitung der Entscheidungsfrist kommt allerdings eine Untätigkeitsklage nach § 75 VwGO in Betracht, sofern die weiteren Voraussetzungen hierfür vorliegen. Ferner kann eine nicht fristgerechte Entscheidung über den Antrag als Verletzung einer drittgerichteten Amtspflicht zu Amtshaftungsansprüchen des Antragstellers nach Art. 34 S. 2 GG iVm § 839 BGB führen.

VI. Kosten

Für die **Bearbeitung eines Antrags werden Kosten (Gebühren und Aus-** **13** **lagen)** erhoben. Dies betrifft nicht nur den Fall eines erfolgreichen (Erst-)Antrags, sondern unter anderem auch den Fall der Ablehnung oder der Zurücknahme eines Antrags (nach Beginn der sachlichen Bearbeitung) (→ § 183).

D. Zulassungsentscheidung

I. Zulassungsvoraussetzungen/Versagungsgründe (Abs. 4)

Die zuständige Behörde kann die beantragte Bauartzulassung erteilen, wenn die **14** Vorrichtungen den kumulativen Voraussetzungen des Abs. 4 genügt. Liegt einer oder liegen mehrere der in Abs. 4 aufgeführten Voraussetzungen nicht vor, so darf die Behörde die Zulassung der Bauart nicht erteilen. Daher kann in diesem Zusammenhang auch von **Versagungsgründen** gesprochen werden. Selbst bei Nichtvorliegen eines Versagungsgrundes soll nach der Gesetzesbegründung die Behörde das ihr zustehende Ermessen dahingehend ausüben können, die Bauartzulassung zu versagen (BT-Drs. 18/11241, 293). Insbesondere, wenn die mit der Bauartzulassung verbundene Erleichterung der regulatorischen Kontrolle unter Strahlenschutzgesichtspunkten nicht verantwortet werden kann; ein solches Versagungsermessen muss jedoch als rechtsdogmatisch überholt gelten (→ Rn. 24).

Ausdrücklich nicht übernommen wurde der Versagungsgrund des § 25 Abs. 3 **15** Nr. 1 StrlSchV 2001, nach dem die Zulassung versagt werden musste, wenn Gründe vorliegen, die gegen einen genehmigungsfreien Umgang sprechen, da dieser Aspekt laut Gesetzgeber bereits im Rahmen der übrigen Versagungsgründe und bei Ausübung des Ermessens zu berücksichtigen ist (BT-Drs. 18/11241, 293).

1. Technische Anforderungen (Nr. 1). Nr. 1 verweist hinsichtlich der tech- **16** nischen Anforderungen der Bauartzulassung einer Vorrichtung auf die StrlSchV. In den dortigen §§ 16 bis 23 sind die technischen Voraussetzungen nach Vorrichtungsart unterteilt. Mittels den ua an Konstruktion, Betriebsabläufe, Strahlungsquelle und Sicherheitseinrichtung gestellten Anforderungen soll ein hohes Strahlenschutzniveau sichergestellt werden. Die Vorgaben sind grds. zwingend. Einzig iRv § 16 Abs. 2 StrlSchV kann die Zulassungsbehörde im Einzelfall bestimmte Abweichungen zulassen.

2. Persönliche Anforderungen (Nr. 2). Gem. Nr. 2 hat die zuständige Be- **17** hörde bei ihrer Zulassungsentscheidung nicht nur die Vorrichtung als solche, sondern auch die individuelle Persönlichkeit des Herstellers, Verbringers und des für die Leitung der Herstellung Verantwortlichen in den Blick zu nehmen. Damit soll vermieden werden, dass trotz bester technischer Vorkehrungen die Gewährleistung eines ausreichenden Strahlenschutzes am Verhalten der beteiligten Personen scheitert. Demnach ist die Zulassung zu verweigern, wenn Tatsachen vorliegen, aus denen sich **Bedenken gegen die Zuverlässigkeit** dieser Personen ergeben (lit. a). Zusätzlich dürfen sich keine tatsachengestützten Bedenken gegen die für die **Herstellung erforderliche technische Erfahrung** des für die Leitung der Herstellung Verantwortlichen ergeben (lit. b). Die persönlichen Voraussetzungen werden ua anhand der Vorlage eines aktuellen Handelsregisterauszugs und Führungszeugnisses wie auch Qualifikationsnachweises beurteilt (vgl. Angaben BfS unter https://www.bfs.de/DE/themen/ion/anwendung-alltag/bauartzulassungen/bfs-strschv/strlschv-hin weise.html).

18   Auf Grundlage der ihr vorliegenden Unterlagen muss die zuständige Behörde einschätzen, ob die natürlichen Personen, die die bauartzugelassene Vorrichtung später herstellen und mit ihr umgehen, fähig und willens sind, ein ausreichendes Strahlenschutzniveau zu gewährleisten. Personen, bei denen die Einhaltung der gesetzlichen Vorschriften nicht sichergestellt ist, kann angesichts der für die Beteiligten, Dritte und die Allgemeinheit drohenden Gefahren der Umgang mit den Vorrichtungen nicht gestattet werden (vgl. BR-Drs. 207/01, 215 f.). Die **Unzuverlässigkeit muss gerade im Hinblick auf die Beachtung des Strahlenschutzrechts** bestehen und ist zB indiziert, wenn die Person schon gegen dessen Normen verstoßen hat. Ein **Verstoß gegen sonstiges Recht** indiziert nicht gleichermaßen die strahlenschutzrechtliche Unzuverlässigkeit, kann jedoch unter Umständen auch ein Indiz für eine Gesetzen gegenüber negative Einstellung sein, die den Betreffenden auch in Bezug auf die Einhaltung von Strahlenschutzvorschriften als unzuverlässig erscheinen lässt (*Kramer/Zerlett* § 4 StrlSchV II.22; s. auch für die Zuverlässigkeit nach dem AtG *Winters* Atom- und Strahlenschutzrecht S. 22). Entscheidend ist der Gesamteindruck unter Berücksichtigung und Bewertung der Umstände **im konkreten Einzelfall.** Zur Zuverlässigkeit auch → § 13 Rn. 14 ff.

19   Für die Annahme der Zuverlässigkeit des Betroffenen bedarf es keiner positiven Feststellung, sondern vielmehr einer **Prognoseentscheidung** (vgl. *Schwabenbauer/Kling* VerwArch Bd. 101, 2010, 231, (247 f.)). Im Rahmen dieser Prognoseentscheidung muss basierend auf **Erkenntnissen** aus der Vergangenheit beurteilt werden, ob das **zukünftige Verhalten** der betroffenen Person Anlass für Bedenken und damit verbundene Risiken oder Gefahren geben könnte (vgl. *Näser/Paul* in Theobald/Kühling § 4 AtG Rn. 40). Die Zuverlässigkeit als unbestimmter Rechtsbegriff unterliegt folglich ungeachtet der erforderlichen Prognoseentscheidung der vollständigen gerichtlichen Kontrolle (s. auch *Kramer/Zerlett* § 4 StrlSchV II.23).

20   **3. Keine entgegenstehenden überwiegenden öffentlichen Interessen (Nr. 3).** Nach Nr. 3 dürfen der Bauartzulassung keine überwiegenden öffentlichen Interessen entgegenstehen. Die zuständige Behörde soll die Zulassung nach Nr. 3 verweigern, wenn trotz Erfüllung der technischen Voraussetzungen eine genehmigungs- und anzeigefreie Verwendung bzw. ein genehmigungs- oder anzeigefreier Betrieb aus anderen als den o. g. strahlenschutzfachlichen Gründen nicht verantwortet werden kann (BT-Drs. 18/11241, 293).

21   Angesichts des offenen Wortlauts und der Gesetzesbegründung, die auf andere als die genannten strahlenschutzfachlichen Gründe Bezug nimmt, ist nicht eindeutig, ob nur Belange des Strahlenschutzes ein entgegenstehendes öffentliches Interesse iSd Norm begründen können oder sämtliche öffentliche Interessen berücksichtigungsfähig sind. Auf den ersten Blick ist es naheliegend, dass die Bauartzulassung nicht für solche Vorrichtungen erteilt werden darf, denen irgendwelche gewichtigen öffentlichen Belange entgegenstehen. Zum ähnlich lautenden § 7 Abs. 2 Nr. 6 AtG wird vertreten, dass iRd öffentlichen Interesses nicht ausschließlich nuklearspezifische Belange beachtlich sind (vgl. ua VG Würzburg NJW 1977, 1649 (1651)). Allerdings ist diese Auffassung im Bereich des Strahlenschutzrechts auf Ablehnung gestoßen, da die Anwendung mitunter zu Zuständigkeitskonflikten

führen kann, etwa wenn eine strahlenschutzrechtliche Genehmigung aus nicht-strahlenschutzrechtlichen Gründen versagt wird, obwohl aus Sicht der zuständigen Fachbehörde die angeführten Gründe nicht derart gewichtig sind (vgl. *Kramer/Zerlett* § 6 StrlSchV II.25 und *Ewen/Holte* § 25 StrlSchV S. 96, 81). Im Gegensatz zum StrlSchG ist im AtG deshalb eine Beteiligung aller Behörden vorgesehen, deren Zuständigkeitsbereich berührt wird (vgl. § 7 Abs. 4 S. 1 AtG). Um derartige Zuständigkeitskonflikte im Strahlenschutzrecht zu vermeiden, hat die zuständige Behörde bei Erteilung der Bauartzulassung nur strahlenschutzfachliche Aspekte in die Prüfung miteinzubeziehen. Somit sind iRd öffentlichen Interessen gem. Nr. 3 eben nur Belange des Strahlenschutzes beachtlich, die nicht schon in den Nr. 1 und 2 vom Gesetzgeber ausdrücklich bestimmt wurden und die vom Zweck des StrlSchG (→ § 1) gedeckt sind.

4. Keine nicht gerechtfertigte Tätigkeitsart (Nr. 4 und 5). Nr. 4 stellt klar, 22 dass die Verwendung oder der Betrieb der bauartzuzulassenden Vorrichtung keine Tätigkeitsart sein darf, deren fehlende Rechtfertigung bereits mittels Rechtsverordnung nach § 6 Abs. 3 festgestellt wurde. Wenn schon die mit der Vorrichtung intendierte Tätigkeitsart an sich aus übergeordneten Gründen unzulässig ist, kann die Bauart einer entsprechenden Vorrichtung nicht zugelassen werden. Eine konkrete Prüfung der technischen und persönlichen Zulassungsvoraussetzungen erübrigt sich.

Nr. 5 nimmt Bezug auf die in Abs. 3 zur Umsetzung von Art. 20 Abs. 2 23 RL 2013/59/Euratom vorgeschriebene Prüfung des BfS bzgl. der beabsichtigten Verwendung und des beabsichtigten Betriebes im Verfahren nach § 38, sofern dies eine neue Tätigkeitsart darstellt. Eine Bauartzulassung ist zu versagen, wenn zum Abschluss dieser Prüfung in einer Stellungnahme nach § 38 Abs. 1 festgestellt wird, dass die beabsichtigte Verwendung oder der Betrieb der Vorrichtung eine nicht gerechtfertigte Tätigkeitsart darstellt. Die Stellungnahme des BfS ist hinsichtlich der Rechtfertigung für die Bauartzulassungsbehörde verbindlich, sodass der Zulassungsantrag abzulehnen ist (BT-Drs. 18/11241, 294).

II. Folge: Ermessensentscheidung

Die Entscheidung über die Bauartzulassung steht grds. **im Ermessen der** 24 **zuständigen Behörde.** Im Zuge der behördlichen Ermessensentscheidung soll solchen Vorrichtungen die Zulassung verweigert werden können, bei denen die mit der Bauartzulassung verbundene Erleichterung der regulatorischen Kontrolle unter Strahlenschutzgesichtspunkten nicht verantwortet werden kann (BT-Drs. 18/11241, 293). Auf die Zulassungserteilung besteht nach dieser Auffassung auch bei Erfüllung der geschriebenen Anforderungen kein Rechtsanspruch (*Ewen/Holte* § 25 StrlSchV S. 96). Der Antragsteller kann nur die **fehlerfreie Ermessensausübung** beanspruchen. Diese Auffassung muss aus den gleichen Gründen wie im atomrechtlichen Zusammenhang als überholt gelten. Das Versagungsermessen wurde ursprünglich auf die fehlende Erfahrung mit der atom- und strahlenschutzbezogenen Materien zurückgeführt; dies ist ein heute nicht mehr tragfähiger Begründungsansatz (vgl. hierzu *Leidinger* in Frenz § 7 AtG Rn. 244 ff.). Jenseits der ausdrücklich normierten Versagungsgründe dürfte daher kaum ein Sachverhalt denkbar sein, der unter Strahlenschutzgesichtspunkten nicht verantwortet werden kann. Es ist also zumindest von einem stark intendierten Ermessen in Bezug auf die Erteilung der Bauartzulassung bei Nichtvorliegen von Versagungsgründen auszugehen.

25   Die Ermessensausübung hat sich daran zu orientieren, ob eine genehmigungs- und anzeigefreie Verwendung bzw. ein solcher Betrieb aus strahlenschutzfachlichen Gründen verantwortet werden kann. In der Gesetzesbegründung wird beispielhaft dargestellt, dass die Zulassungsbehörden insbesondere bei Vorrichtungen mit radioaktiven Stoffen besondere Sorgfalt hinsichtlich Expositions- und Kontaminationsmöglichkeiten sowie des Risikos für den Austritt von Radioaktivität in die Umwelt oder den Wirtschaftskreislauf anzuwenden haben (BT-Drs. 18/11241, 293).

E. Frist der Bauartzulassung

26   Die Bauartzulassung ist aus Strahlenschutzgründen (vgl. BR-Drs. 207/01, 228) auf **höchstens zehn Jahre** zu befristen. Auch die gesetzlich vorgesehene Möglichkeit der **antragsgemäßen Verlängerung** der Bauartzulassung ist mit Abs. 5 nun ausdrücklich auf **jeweils maximal zehn Jahre** begrenzt worden. Die Entscheidung über die Verlängerung (einschließlich des Zeitraums der Verlängerung bis maximal 10 Jahre) steht ebenfalls, wie die Erteilung der Bauartzulassung, im Ermessen der Behörde. Mittels eines **formlosen Antrags** bei der zuständigen Behörde kann die Zulassung entsprechend Abs. 5 S. 2 verlängert werden. Der Antrag auf Verlängerung sollte **mindestens drei Monate vor Ablauf der Zulassungsfrist** gestellt werden. Nach Fristablauf ist die Verlängerung der Bauartzulassung grds. nicht mehr möglich und ggf. ein Antrag auf Neuerteilung einer Bauartzulassung erforderlich (vgl. Angaben BfS unter https://www.bfs.de/DE/themen/ion/anwendung-alltag/bauartzulassungen/bfs-strschv/strlschv-fragen.html).

27   Die **Befristung der Zulassung bezieht sich nur auf das Inverkehrbringen** und nicht auf die Verwendung bzw. den Betrieb der bauartzugelassenen Vorrichtung (vgl. auch *Rosenbaum* S. 49). So dürfen gem. § 48 S. 2 schon in den Verkehr gebrachte Vorrichtungen grds. (Ausnahme: § 48 S. 3) auch nach Ablauf der Frist des Abs. 5 verwendet und betrieben werden (→ § 48 Rn. 12).

§ 47 Zulassungsschein

[1]Wird die Bauart einer Vorrichtung nach § 45 zugelassen, so erteilt die für die Zulassung der Bauart zuständige Behörde einen Zulassungsschein. [2]Der Zulassungsschein enthält die folgenden Angaben:
1. die für den Strahlenschutz wesentlichen Merkmale der bauartzugelassenen Vorrichtung,
2. den zugelassenen Gebrauch der bauartzugelassenen Vorrichtung,
3. die Bezeichnung der dem Strahlenschutz dienenden Ausrüstungen der bauartzugelassenen Vorrichtung,
4. inhaltliche Beschränkungen, Auflagen und Befristungen der Bauartzulassung,
5. das Bauartzeichen und die Angaben, mit denen die bauartzugelassene Vorrichtung zu versehen ist,
6. einen Hinweis auf die Pflichten des Inhabers der bauartzugelassenen Vorrichtung nach der Rechtsverordnung nach § 49 Nummer 5 und

7. bei einer Vorrichtung, die radioaktive Stoffe enthält, Anforderungen an die Rückführung der Vorrichtung an den Inhaber der Bauartzulassung oder an die Entsorgung der Vorrichtung nach der Rechtsverordnung nach § 49 Nummer 4 und 5.

A. Zweck und Bedeutung der Norm

§ 47 richtet sich an die Zulassungsbehörde. Der Zulassungsschein wird für den **1** Inhaber der Bauartzulassung erstellt und dient diesem als **Nachweis über die Bauartzulassung.** Der Zulassungsschein enthält die für die **Verwendung der Vorrichtung maßgeblichen Angaben** (BT-Drs. 18/11241, 294). Dem Erwerber ist ein Abdruck vom Zulassungsschein zu erteilen. Durch ihn wird der **Erwerber** über die **Eigenschaften und den zugelassenen Gebrauch der Vorrichtung** **informiert** und auf seine Pflichten, inhaltliche Beschränkungen der Zulassung, Auflagen und Befristungen der Bauartzulassung hingewiesen (vgl. *Ewen/Holte* § 26 StrlSchV S. 98). Zudem informiert der Zulassungsschein eine später kontrollierende Behörde über etwaige Auflagen der Zulassung bzgl. der Verwendung der Vorrichtung und ermöglicht dadurch die Prüfung der Einhaltung dieser Vorgaben (vgl. *Rosenbaum* S. 49).

Der Zulassungsschein ist zu unterscheiden von der **Urkunde über die Bauart-** **2** **zulassung** einschließlich aller Nebenbestimmungen, die beim Inhaber der Zulassung verbleibt (vgl. BT-Drs. 18/11241, 294) und nicht wie der Zulassungsschein primär der Information Dritter dient.

B. Bisherige Regelungen

Die Vorschrift entspricht weitgehend § 26 Abs. 1 StrlSchV 2001 (Vorgänger- **3** regelung hierzu war § 25 StrlSchV 1976) und § 10 RöV. Ergänzend zu § 26 Abs. 1 StrlSchV 2001 wurde in Übereinstimmung mit § 10 Nr. 3 RöV zusätzlich die Nr. 3 eingefügt. Die Nr. 7 wurde zusätzlich zur RöV und in Übereinstimmung mit § 26 Abs. 1 Nr. 6 StrlSchV 2001 eingefügt.

C. Zulassungsschein

I. Allgemein (S. 1)

Sofern die zuständige Behörde die Bauart einer Vorrichtung nach § 45 zugelassen **4** hat, besteht für sie die Verpflichtung, dem Antragsteller (Zulassungsinhaber) den Zulassungsschein zu erteilen, der den in § 47 S. 2 Nr. 1 bis 7 vorgeschriebenen Inhalt hat. Der Zulassungsschein legt die wesentlichen Merkmale der Bauart der Vorrichtung und ihre zulässige Verwendung fest (BR-Drs. 207/01, 229). Der **Zulassungs-** **inhaber der Bauart hat einen Anspruch auf die Ausstellung des Zulassungs-** **scheins** durch die zuständige Behörde (*Kramer/Zerlett*, § 25 StrlSchV II.1).

Der Zulassungsinhaber hat wiederum dem Erwerber einer bauartzugelassenen **5** Vorrichtung zusammen mit der Vorrichtung und den technischen Unterlagen einen Abdruck des Zulassungsscheins auszuhändigen (§ 24 Nr. 5 lit. a StrlSchV). Der **Erwerber bzw. der Inhaber der bauartzugelassenen Vorrichtung** hat den Abdruck des Zulassungsscheins bei der Vorrichtung bereitzuhalten (§ 25 Abs. 1

S. 1 Nr. 1 StrlSchV), sodass alle in der Zulassung enthaltenen Informationen jederzeit verfügbar sind (vgl. BR-Drs. 207/01, 230).

6   Der **Inhaber der Bauartzulassung** (antragsberechtiger Hersteller oder Verbringer → § 45 Rn. 11) ist zu unterscheiden vom **Inhaber der bauartzugelassenen Vorrichtung** (idR der Erwerber). Inhaber einer bauartzugelassenen Vorrichtung ist, wer die tatsächliche Sachherrschaft über die Vorrichtung ausübt, die Vorrichtung also in Besitz hat (vgl. BR-Drs. 207/01, 230).

II. Zu den einzelnen Angaben (S. 2)

7   Der Zulassungsschein muss folgende Angaben enthalten: die für den Strahlenschutz wesentlichen Merkmale der bauartzugelassenen Vorrichtung (hierzu auch unter → § 45 Rn. 12 ff. und § 48 Rn. 3 ff.), wie zB Aufbau und Aktivität der Strahlenquelle, Gehäuseabschirmungen etc. (Nr. 1), den zugelassenen Gebrauch der Vorrichtung (Nr. 2) sowie die Bezeichnung ihrer dem Strahlenschutz dienenden Ausrüstungen (Nr. 3). Außerdem sind im Zulassungsschein Angaben zu inhaltlichen Beschränkungen, Auflagen und Befristungen der Bauartzulassung zu machen (Nr. 4) und das Bauartzeichen sowie die Angaben, mit denen die bauartzugelassene Vorrichtung zu versehen ist, müssen enthalten sein (Nr. 5). Darüber hinaus hat der Zulassungsschein einen Hinweis auf die Pflichten des Inhabers der bauartzugelassenen Vorrichtung zu enthalten (Nr. 6). Diese Pflichten werden in § 25 StrlSchV aufgeführt.

8   Weitergehend müssen bei einer Vorrichtung, die radioaktive Stoffe enthält, Anforderungen an die Rückführung der Vorrichtung an den Inhaber der Bauartzulassung oder an die Entsorgung der Vorrichtung im Zulassungsschein enthalten sein (Nr. 7).

D. Zuwiderhandlungen

9   Ist in dem Zulassungsschein eine vollziehbare Auflage nach § 47 S. 2 Nr. 4 aufgeführt, handelt gemäß § 194 Abs. 1 Nr. 9 ordnungswidrig, wer vorsätzlich oder fahrlässig dieser Auflage zuwiderhandelt. Die Ordnungswidrigkeit kann nach § 194 Abs. 2 mit einer Geldbuße bis zu 50.000 EUR geahndet werden.

10   Ferner handelt nach § 184 Abs. 1 Nr. 4 bzw. Nr. 5 StrlSchV ordnungswidrig iSv § 194 Abs. 1 Nr. 1, wer entgegen § 24 Nr. 5 lit. a StrlSchV dem Erwerber den Abdruck des Zulassungsscheins nicht richtig, nicht vollständig oder nicht rechtzeitig aushändigt oder als Erwerber der Vorrichtung den Abdruck des Zulassungsscheins nicht gem. § 25 Abs. 1 S. 1 StrlSchV bereithält.

§ 48   Verwendung oder Betrieb bauartzugelassener Vorrichtungen

[1]**Eine bauartzugelassene Vorrichtung darf**
1. **bei einer Bauart nach § 45 Absatz 1 Nummer 1 nach Maßgabe der Voraussetzungen, die die Rechtsverordnung nach § 24 Satz 1 Nummer 1 festlegt, genehmigungs- und anzeigefrei verwendet werden,**
2. **bei einer Bauart nach § 45 Absatz 1 Nummer 2, 3, 4, 5 oder 6 nach Maßgabe der Voraussetzungen, die für den anzeigebedürftigen Betrieb von Röntgeneinrichtungen nach § 19 gelten, betrieben werden oder**

3. bei einer Bauart nach § 45 Absatz 1 Nummer 7 nach Maßgabe der Voraussetzungen, die für den anzeigebedürftigen Betrieb von Anlagen zur Erzeugung ionisierender Strahlung nach § 17 gelten, betrieben werden.

[2]Ist die bauartzugelassene Vorrichtung vor Ablauf der Frist der Bauartzulassung in Verkehr gebracht worden, so darf sie auch nach Ablauf dieser Frist verwendet oder betrieben werden. [3]Satz 2 gilt nicht, wenn die für die Zulassung der Bauart zuständige Behörde bekannt gemacht hat, dass die Vorrichtung nicht weiter betrieben werden darf, weil ein ausreichender Schutz gegen Strahlenschäden nicht gewährleistet ist.

A. Zweck und Bedeutung der Norm

§ 48 regelt schließlich die Wirkung der in den §§ 45 ff. normierten Bauartzulassung. Die Vorschrift legt fest, dass die Verwendung bauartzugelassener Vorrichtungen entweder vollständig verfahrensfrei ist oder lediglich der Anzeige bedarf. Mit dieser Vorschrift wird die Bedeutung der Bauartzulassung erst deutlich. **1**

B. Vorherige Regelungen

Die Vorschrift knüpft inhaltlich an § 25 Abs. 5 StrlSchV 2001 und § 8 Abs. 5 RöV an (BT-Drs. 18/11241, 294). **2**

C. Verwendung bauartzugelassener Vorrichtungen (S. 1)

S. 1 normiert die Voraussetzungen, nach denen eine der in § 45 Abs. 1 aufgeführten bauartzugelassenen Vorrichtungen vollständig verfahrensfrei oder anzeigepflichtig verwendet oder betrieben werden darf. **3**

I. Bauart nach § 45 Abs. 1 Nr. 1 (Nr. 1)

Nr. 1 bezieht sich auf die **genehmigungs- und anzeigefreie Verwendung** einer Bauart nach § 45 Abs. 1 Nr. 1. Die Festlegung in Nr. 1 ist ausweislich der Gesetzesbegründung (und im Gegensatz zu Nr. 2 und Nr. 3) konstitutiv, dh die Wirkung der Bauartzulassung, die genehmigungs- und anzeigefreie Verwendung der Vorrichtung, wird durch die Regelung in Nr. 1 erst begründet (vgl. BT-Drs. 18/11241, 294). Die weiteren Voraussetzungen für die genehmigungsfreie Verwendung (der Gesetzgeber spricht hier von „Umständen") werden durch die StrlSchV festgelegt. S. hier insbesondere § 5 Abs. 1 S. 1 iVm Anl. 3 Teil A und B StrlSchV. **4**

II. Bauart nach § 45 Abs. 1 Nr. 2, 3, 4, 5 oder 6 (Nr. 2)

Nr. 2 bezieht sich auf den **anzeigepflichtigen Betrieb** von Röntgeneinrichtungen iSd § 45 Abs. 1 Nr. 2, 3, 4, 5 und 6 und verweist diesbezüglich auf das gesetzliche Anzeigeverfahren nach § 19 (zu den Einzelheiten des Verfahrens → § 19). Aufgrund des existierenden gesetzlichen Anzeigeverfahrens ist die Regelung rein deklaratorischer Natur. **5**

III. Bauart nach § 45 Abs. 1 Nr. 7 (Nr. 3)

6   Vergleichbar zu Nr. 2 regelt Nr. 3 den **anzeigepflichtigen Betrieb** einer bauartzugelassenen Vorrichtung nach § 45 Abs. 1 Nr. 7 mit Verweis auf das gesetzliche Anzeigeverfahren, das gem. § 17 für Anlagen zur Erzeugung ionisierender Strahlung gilt (zu den Einzelheiten des Verfahrens → § 17).

D. Pflichten des Inhabers

7   Zentrale Norm der **Pflichten des Inhabers einer Bauzulassung** ist § 24 **StrlSchV.** Danach hat der Inhaber einer Bauzulassung unter anderem ein Qualitätssicherungssystem zu betreiben, vor Abgabe einer bauartzugelassenen Vorrichtung eine Qualitätskontrolle durchzuführen, die bauartzugelassene Vorrichtung den Bestimmungen der Vorschrift entsprechend zu kennzeichnen und dem Erwerber die nach § 24 Nr. 5 StrlSchV notwendigen Unterlagen auszuhändigen.

8   Der **Inhaber einer bauartzugelassenen Vorrichtung** obliegt nach § 25 **StrlSchV** unter anderem folgenden Pflichten: Er hat die in § 25 Abs. 1 StrlSchV bestimmten Unterlagen bereit zu halten, es dürfen keine Änderungen an für den Strahlenschutz wesentliche Merkmale (→ Rn. 9 und § 45 Rn. 29) vorgenommen werden und in den unter § 25 Abs. 3 StrlSchV genannten Fällen hat der Betreiber die Vorrichtung unverzüglich stillzulegen und Schutzmaßnahmen zur Vermeidung von Strahlenschäden zu treffen.

E. Rechtswirkungen der Bauartzulassung

9   Die Wirkung der Bauartzulassung – die verfahrenserleichterte Verwendung der Vorrichtung – besteht nur bei **Konformität zwischen den im Zulassungsschein (→ § 47) angegebenen und den tatsächlichen (strahlenschutzrelevanten) Merkmalen der hergestellten Bauart.** Nicht jede Abweichung der Spezifikationen einer Vorrichtung von den Vorgaben der Bauart führt dazu, dass es der Vorrichtung an der notwendigen Betriebserlaubnis fehlt. Ein Verbot jeglicher Abweichung von dem bauartzugelassenen Muster ist nach Sinn und Zweck der Bauartzulassung bezogen auf die Einhaltung der Bestimmungen der Rechtsverordnungen und deren Schutzzweck zu weit gegriffen. Die Abweichung darf sich damit nur nicht auf solche Merkmale der Bauart beziehen, die für die Erteilung der Bauartzulassung maßgeblich waren (zum **Begriff der strahlenschutzrelevanten Merkmale→** § 45 Rn. 29). Eine Übereinstimmung ist hingegen dann nicht mehr gegeben, wenn durch die Abweichung die Bauartzulassungsfähigkeit des Produktes berührt wird oder berührt werden *kann.* Darauf, ob sich die Abweichung im Ergebnis tatsächlich negativ auswirkt und ob die Bauartzulassung in diesem Zustand von vornherein nicht hätte erteilt werden dürfen, kommt es nicht entscheidend an. Ausreichend ist bereits die Möglichkeit des Einflusses des betroffenen Merkmals auf die Einhaltung der in der Verordnung bestimmten Anforderungen (vgl. *Scheuing/ Ingerowski* in GK-BImSchG § 33 Rn. 37; *Hansmann/Röckinghausen* in LR Umweltrecht § 33 BImSchG Rn. 7). Im Ergebnis unterliegen damit alle Merkmale eines bauartzugelassenen Musters, die die Behörde in ihrem Entscheidungsprozess über den Antrag einer Bauartzulassung zu berücksichtigen hat einem Abweichungsverbot, also alle entscheidungserheblichen Merkmale (→ § 45 Rn. 29).

Abzugrenzen ist das **Erlöschen der (formalen) Bauartzulassung vom Ent-** 10
fallen der Rechtswirkung im Falle von Änderungen an der bauartzugelassenen
Vorrichtung. Im Zeitpunkt der strahlenschutzrelevanten Abweichung **erlischt die**
begünstigende Wirkung der Bauartzulassung, ohne dass es hierfür eines ausdrücklichen Rechtsaktes bedarf. Die **(formale) Bauartzulassung erlischt hin-**
gegen nicht automatisch, also ohne eine behördliche Mitwirkungshandlung,
wenn die hergestellte Vorrichtung nicht den Angaben im Zulassungsschein entspricht. Die einschlägigen Regelungswerke zum Strahlenschutz enthalten keine
ausdrückliche Vorschrift, die in diesen Fällen das Erlöschen der Bauartzulassung unmittelbar kraft Gesetzes anordnet (vgl. zB im Zusammenhang mit der Betriebserlaubnis eines Fahrzeugs § 19 Abs. 2 StVZO, der in den dort genannten Fällen
zum Erlöschen der Betriebserlaubnis unmittelbar kraft Gesetzes, ohne Zutun der
Behörde führen kann). Dafür, dass die Bauartzulassung bei Abweichung oder nachträglicher Änderung automatisch erlischt, bestehen weder gesetzliche noch sonstige
begründete Anhaltspunkte. Vielmehr stehen den zuständigen Behörden durch die
Möglichkeit einer Rücknahme oder eines Widerrufs einer Bauartzulassung bis hin
zu deren Aufhebung ausreichende Mittel zur Verfügung, um angemessen reagieren
zu können.

Bei Nichtübereinstimmung der Vorrichtung mit den strahlenschutzrelevanten 11
Merkmalen der Bauartzulassung ist der Betrieb der Vorrichtung damit nicht
zwangsläufig dauerhaft unzulässig, es ist aber nach § 25 Abs. 3 Nr. 2 StrlSchV der
Betrieb unverzüglich einzustellen bzw. die Vorrichtung stillzulegen. Im Gegensatz
zu § 25 Abs. 2 StrlSchV beschränkt sich § 25 Abs. 3 Nr. 2 StrlSchV nicht ausdrücklich auf Merkmale mit Strahlenschutzrelevanz, sondern umfasst nach dem Wortlaut
alle im Zulassungsschein angegebenen Merkmale. Vor dem Hintergrund des § 25
Abs. 2 StrlSchV sowie dem Schutzzweck der Vorschrift – die Gewährleistung eines
hohen Strahlenschutzniveaus – führt trotz des weit gefassten Wortlauts des § 25
Abs. 3 Nr. 2 StrlSchV jedoch nicht jede Abweichung von einem im Zulassungsschein genannten Merkmal zu einer Betriebseinstellung bzw. Stilllegung. Denn
dem Sinn und Zweck des nachträglichen Änderungsverbots, die Aufrechterhaltung
des Strahlenschutzniveaus, wird bereits durch die Beschränkung auf die wesentlichen Merkmale des Strahlenschutzes ausreichend Rechnung getragen. Das bedeutet im Umkehrschluss aber auch, dass Änderungen bzgl. Merkmalen ohne wesentliche Bedeutung für den Strahlenschutz zulässig sind. Die vorstehenden
Erwägungen werden vor allem dann relevant, wenn der Zulassungsschein über
§ 47 S. 1 Nr. 1 hinaus nicht nur die für den Strahlenschutz wesentlichen Merkmale
enthält, sondern weitere – für den Strahlenschutz weniger bedeutende – Angaben
zur bauartzugelassenen Vorrichtung. Ob ein im Zulassungsschein angegebenes
Merkmal tatsächlich für den Strahlenschutz wesentlich ist, bedarf im Zweifelsfall
einer einzelfallbezogenen Betrachtung der Gesamtumstände.

F. Betrieb nach Fristablauf (S. 2 und 3)

Nach **Ablauf der Bauartzulassung darf die Verwendung der bauartzuge-** 12
lassenen Vorrichtung nach S. 2 grds. uneingeschränkt nach Maßgabe der entsprechenden Bauartzulassung **fortgesetzt werden,** sofern diese **vor Ablauf der Frist**
der Bauartzulassung in Verkehr gebracht worden ist. Es handelt sich somit
um eine Art Bestandsschutz für bereits in Verkehr gebrachte Vorrichtungen.

13   Nach Ablauf ihrer Befristung dürfen die Vorrichtungen nicht weiter als „**bauartzugelassen neu in Verkehr**" gebracht, aber in der bisherigen Weise weiter verwendet werden, was eine Weitergabe an Dritte nicht allgemein ausschließt (s. FAQs des BfS „Bauartzulassungen für Vorrichtungen, in die radioaktive Stoffe eingefügt sind, oder für Anlagen zur Erzeugung ionisierender Strahlung", https://www.bfs. de). Bei einem **Eigentums- oder Besitzwechsel** ist die Vorrichtung **nicht** als bauartzugelassen neu in Verkehr gebracht, wenn die Vorrichtung zulässig hergestellt worden ist, kein Ortswechsel der Vorrichtung vorgenommen wird und sie in gleicher Weise verwendet wird (vgl. BR–Drs. 207/01, 228). In diesem Fall kann die Verwendung vorbehaltlich S. 3 fortgeführt werden.

14   S. 3 räumt der Zulassungsbehörde die **Befugnis ein, den Betrieb für unzulässig zu erklären,** sobald sich bei der Vorrichtung in der Folge strahlenschutztechnische Mängel zeigen und ein ausreichender Schutz gegen Strahlenschäden nicht mehr gewährleistet ist. Es handelt sich dabei letztlich um eine Stilllegungsanordnung. Dies ist von der Behörde bekanntzugeben. Betroffen sein kann dabei zB die Befestigungsweise, die Abdeckung oder die Dichtheit einer Vorrichtung mit radioaktiven Stoffen (BT-Drs. 18/11241, 294).

15   Nach Beendigung der Nutzung hat der Inhaber einer bauartzugelassenen Vorrichtung diese unverzüglich an den Zulassungsinhaber zurückzugeben (→ § 44).

§ 49   Verordnungsermächtigung

Die Bundesregierung wird ermächtigt, durch Rechtsverordnung mit Zustimmung des Bundesrates
1. **die technischen Anforderungen an die Bauartzulassung von Vorrichtungen festzulegen, die eine genehmigungs- und anzeigefreie Verwendung oder einen genehmigungsfreien Betrieb der bauartzugelassenen Vorrichtung erlauben,**
2. **festzulegen, unter welchen Voraussetzungen die für die Zulassung der Bauart zuständige Behörde Ausnahmen von den technischen Anforderungen nach Nummer 1 zulassen kann,**
3. **zu bestimmen, dass und auf welche Weise**
   a) **Angaben über eine Bauartzulassung bekannt zu machen sind und**
   b) **die Festlegung, dass eine bauartzugelassene Vorrichtung nicht weiter betrieben werden darf, bekannt zu machen ist,**
4. **die Pflichten des Inhabers einer Bauartzulassung festzulegen, einschließlich der Pflicht, die bauartzugelassene Vorrichtung, die radioaktive Stoffe enthält, nach Beendigung der Nutzung zurückzunehmen, und**
5. **die Pflichten des Inhabers einer bauartzugelassenen Vorrichtung festzulegen, einschließlich der Pflicht, die bauartzugelassene Vorrichtung nach Beendigung der Nutzung dem Inhaber zurückzugeben oder sie zu entsorgen.**

A. Zweck und Bedeutung der Norm

1   **§ 49 ermächtigt die Bundesregierung zum Erlass einer Rechtsverordnung** für nähere Anforderungen, die an die bauartzuzulassende Vorrichtung zu stellen sind und an die Möglichkeit, Abweichungen von diesen Vorschriften durch die Behörde zuzulassen sowie mit Anforderungen an die Bekanntmachung der Bauartzulassung, an die Bekanntmachung diese nicht mehr betreiben zu dürfen und an Pflichten des Inhabers einer Bauartzulassung sowie des Inhabers einer bauartzugelassenen Vorrichtung (BT-Drs. 18/11241, 294). Hinsichtlich Vorrichtungen, die radioaktive Stoffe enthalten, können insbesondere auch Rücknahme-, Rückgabe- und Entsorgungspflichten durch Rechtsverordnung geregelt werden. Es bedarf der Zustimmung des Bundesrates.

Von dieser Verordnungsermächtigung wurde durch den **Erlass der §§ 16–26** 2 **StrlSchV** Gebrauch gemacht.

B. Vorgängerregelungen

Bisher waren die Anforderungen, welche nun in der auf Grundlage des § 49 er- 3 lassenen Rechtsverordnung aufgestellten werden, in § 26 Abs. 2 und § 27 StrlSchV 2001 sowie §§ 9, 11 und 12 RöV sowie in Anl. V Teil A und B StrlSchV 2001 und Anl. 1 und 2 RöV geregelt.

C. Verordnungsermächtigung

Die einzelnen Verordnungsermächtigungen betreffen die Festlegung der tech- 4 nischen Anforderungen (Nr. 1) sowie die Zulassung von Ausnahmen davon (Nr. 2), Bekanntmachungen (Nr. 3), die Festlegung der Pflichten des Inhabers einer Bauartzulassung (Nr. 4) sowie der Pflichten des Inhabers einer bauartzugelassenen Vorrichtung (Nr. 5).

I. Festlegung der technischen Anforderungen (Nr. 1 und 2)

Nach Nr. 1 wird die Bundesregierung dazu ermächtigt, die technischen Anfor- 5 derungen an die Bauartzulassung von Vorrichtungen festzulegen und nach Nr. 2 die Voraussetzungen aufzustellen, unter welchen die für die Bauartzulassung zuständige Behörde Ausnahmen von diesen technischen Anforderungen zulassen kann.

Auf Grundlage dieser Ermächtigung wurden die technischen Anforderungen 6 nach **§§ 16–23 StrlSchV** geschaffen.

II. Bekanntmachungen (Nr. 3)

Nr. 3 enthält eine Verordnungsermächtigung bzgl. der Bekanntmachung der 7 Angaben über eine Bauartzulassung sowie des Umstandes, dass eine bauartzugelassene Vorrichtung nicht weiter betrieben werden darf.

Ausgefüllt wird diese Ermächtigungsgrundlage durch **§ 26 StrlSchV,** wonach 8 die für die Zulassung der Bauart zuständige Behörde den wesentlichen Inhalt der Bauartzulassung, ihre Änderungen, ihre Rücknahme, ihren Widerruf, die Verlängerung der Zulassungsfrist sowie die Erklärung, dass eine bauartzugelassene Vorrichtung nicht weiter betrieben werden darf, im Bundesanzeiger bekannt zu machen hat.

III. Festlegung der Pflichten des Inhabers einer Bauartzulassung (Nr. 4)

9   Nach Nr. 4 wird zur Festlegung der Pflichten des Inhabers einer Bauartzulassung ermächtigt. Auf dieser Grundlage wurde **§ 24 StrSchV** erlassen. Zu den Pflichten des Inhabers → § 48 Rn. 7.

IV. Festlegung der Pflichten des Inhabers einer bauartzugelassenen Vorrichtung (Nr. 5)

10   Nr. 5 ist die Verordnungsermächtigung für die Festlegung der Pflichten des Inhabers einer bauartzugelassenen Vorrichtung. Von ihr wurde durch Erlass des **§ 25 StrlSchV** Gebrauch gemacht (→ § 48 Rn. 8).

Abschnitt 7 – Tätigkeiten im Zusammenhang mit kosmischer Strahlung

Vorbemerkung zu §§ 50 ff.

Die RL 2013/59/Euratom gewichtet den **Schutz beruflich exponierter Per-** 1
sonen vor kosmischer Strahlung beim Betrieb von Luft- und Raumfahrzeugen
stärker als ihre Vorgänger RL 96/29/Euratom. Zum einen erfasst der Anwendungsbereich der RL erstmals auch den Betrieb von Raumfahrzeugen; des Weiteren zeigt sich in Erwägungsgrund 26, dass der europäische Gesetzgeber die Einstufung der Exposition des fliegenden Personals gegenüber kosmischer Strahlung
als geplante Expositionssituation, mithin mit behördlicher Vorabkontrolle, favorisiert. Der RL-Text indes lässt auch eine Ausgestaltung als bestehende Expositionssituation zu, vgl. Art. 2 Abs. 2 lit. c i „menschliche Betätigungen" und Art. 35. Das
StrlSchG stuft den Betrieb von Luft- und Raumfahrzeugen im Zusammenhang mit
der Berufsausübung des fliegenden und raumfahrenden Personals als Tätigkeit ein,
vgl. § 4 Abs. 1 Nr. 11.

Die **praktische Relevanz** der Regelungen des Abschn. 7 bezieht sich gegen- 2
wärtig hauptsächlich auf den **Betrieb von Luftfahrzeugen.** Die stärkere Gewichtung des Schutzes des fliegenden Personals ist gerechtfertigt, da das fliegende Personal zu den beruflich am stärksten exponierten Personengruppen zählt (vgl. Die
berufliche Strahlenexposition in Deutschland 2020: Bericht des Strahlenschutzregisters, 2022; BfS 39–22; urn:nbn:de:0221–2022030331668). Die Regelungen
zum Schutz des raumfahrenden Personals könnten in der Zukunft, falls touristische
Flüge ins Weltall stattfinden werden, praktisch bedeutsam werden. Gegenwärtig gelangen deutsche Raumfahrer nur als Astronauten der ESA im Rahmen von ESA-
Programmen in den Weltraum. Aufgabe der ESA ist es, das gemeinsame europäische Weltraumprogramm zu konzipieren und umzusetzen. Zwar befindet sich das
Europäische Astronautenzentrum der ESA, in dem Astronauten ausgebildet werden, in Köln. Allerdings unterliegen die Astronauten, wenn sie ins All fliegen, den
besonderen Rechtsstatuten der ESA und nicht dem deutschen Recht ($\rightarrow$ § 52
Rn. 3).

§ 50 Anzeigebedürftiger Betrieb von Luftfahrzeugen

(1) [1]Wer beabsichtigt, ein Luftfahrzeug zu betreiben, das in der deutschen Luftfahrzeugrolle nach § 3 Absatz 1 des Luftverkehrsgesetzes vom
10. Mai 2007 in der jeweils geltenden Fassung eingetragen ist, hat dies der
zuständigen Behörde vier Wochen vor der beabsichtigten Aufnahme des
Betriebs anzuzeigen, wenn die effektive Dosis, die das fliegende Personal
während des Fluges, einschließlich der aufgewendeten Zeit für die Positionierung nach § 13 Satz 1 der Zweiten Durchführungsverordnung zur
Betriebsordnung für Luftfahrtgerät (Dienst-, Flugdienst-, Block- und
Ruhezeiten von Besatzungsmitgliedern in Luftfahrtunternehmen und
außerhalb von Luftfahrtunternehmen bei berufsmäßiger Betätigung) vom
6. April 2009 (BAnz. S. 1327), die durch Artikel 180 des Gesetzes vom
29. März 2017 (BGBl. I S. 626) geändert worden ist, durch kosmische

Strahlung erhält, 1 Millisievert im Kalenderjahr überschreiten kann. [2]Satz 1 gilt entsprechend für den Betrieb von Luftfahrzeugen, die in einem anderen Land registriert sind, wenn der Betreiber deutscher Staatsangehöriger oder eine juristische Person oder rechtsfähige Personengesellschaft mit Sitz im Geltungsbereich dieses Gesetzes ist und fliegendes Personal einsetzt, das in einem Beschäftigungsverhältnis nach dem deutschen Arbeitsrecht steht.

(2) Absatz 1 gilt entsprechend, wenn ein der Anzeigepflicht zuvor nicht unterfallender Betrieb eines Luftfahrzeugs derart geändert wird, dass die effektive Dosis, die das fliegende Personal während des Fluges, einschließlich der aufgewendeten Zeit für die Positionierung nach § 13 Satz 1 der Zweiten Durchführungsverordnung zur Betriebsordnung für Luftfahrtgerät (Dienst-, Flugdienst-, Block- und Ruhezeiten von Besatzungsmitgliedern in Luftfahrtunternehmen und außerhalb von Luftfahrtunternehmen bei berufsmäßiger Betätigung), durch kosmische Strahlung erhält, 1 Millisievert im Kalenderjahr überschreiten kann.

(3) Der Anzeige sind die folgenden Unterlagen beizufügen:
1. Nachweis, dass die für die sichere Durchführung der Tätigkeit notwendige Anzahl von Strahlenschutzbeauftragten bestellt ist und ihnen die für die Erfüllung ihrer Aufgaben erforderlichen Befugnisse eingeräumt sind,
2. Nachweis, dass jeder Strahlenschutzbeauftragte die erforderliche Fachkunde im Strahlenschutz besitzt oder, falls ein Strahlenschutzbeauftragter nicht notwendig ist, die zur Anzeige verpflichtete Person, ihr gesetzlicher Vertreter oder, bei juristischen Personen oder sonstigen Personenvereinigungen, der nach Gesetz, Satzung oder Gesellschaftsvertrag zur Vertretung oder Geschäftsführung Berechtigte die erforderliche Fachkunde im Strahlenschutz besitzt,
3. Nachweis, dass die bei der Tätigkeit sonst tätigen Personen das notwendige Wissen und die notwendigen Fertigkeiten im Hinblick auf die mögliche Strahlengefährdung und die anzuwendenden Schutzmaßnahmen besitzen,
4. Benennung eines von der zuständigen Behörde anerkannten Rechenprogramms oder der Nachweis, dass geeignete Messgeräte genutzt werden, die jeweils zur Ermittlung der Körperdosis verwendet werden und den Anforderungen der auf Grund des § 76 Absatz 1 Satz 2 Nummer 11 erlassenen Rechtsverordnung genügen.

(4) Bei einer wesentlichen Änderung des angezeigten Betriebs sind die Absätze 1 und 3 entsprechend anzuwenden.

(5) Die Anzeigepflicht gilt auch für Luftfahrzeuge, die im Geschäftsbereich des Bundesministeriums der Verteidigung betrieben werden.

A. Zweck und Bedeutung der Norm

1   § 50 sieht für Betreiber von Luftfahrzeugen eine Anzeigepflicht vor, sofern das eingesetzte **fliegende Personal** durch kosmische Strahlung eine **effektive Dosis von mehr als 1 mSv/Kj** erreichen kann. Damit wird die Exposition des fliegenden Personals durch kosmische Strahlung erstmals eingereiht in die Systematik der

geplanten Expositionssituationen, wodurch dem Anliegen des europäischen Gesetzgebers Rechnung getragen wird, die Exposition des fliegenden Personals gegenüber kosmischer Strahlung als geplante Expositionssituation zu behandeln, vgl. Ewgr. (26) RL 2013/59/Euratom. Dies ist auch sachgerecht und konsistent mit dem in Art. 24 Abs. 2 und 3 iVm Anh. VII Nr. 3 Buchst. e S. 2 Hs. 1 der RL niedergelegten Ansatz, bei Vorhandensein beruflich exponierter Personen (Art. 4 Nr. 36: Möglichkeit des Erhalts einer Strahlendosis, die 1 mSv im Jahr übersteigen kann, sa § 5 Abs. 7) eine behördliche Vorabkontrolle vorzusehen. Die StrlSchV 2001 ordnete die Exposition des fliegenden Personals durch kosmische Strahlung dem Bereich der Arbeiten zu.

Die Norm regelt detailliert die Voraussetzungen der Anzeigepflicht sowie die Anforderungen an die Anzeige selbst. Die Anzeige ist bei dem nach § 189 Nr. 1 zust. **LBA** zu erstatten. Der zur Anzeige Verpflichtete ist **SSV,** vgl. § 69 Abs. 1 Nr. 3.

B. Bisherige Regelungen

Die bisherigen Regelungen zum Schutz des fliegenden Personals vor kosmischer Strahlung waren in **§ 103 StrlSchV 2001** enthalten.   **2**

C. Anzeigebedürftiger Betrieb von Luftfahrzeugen

Die Anzeigepflicht richtet sich an den Betreiber eines Luftfahrzeugs; sie bezieht   **3** sich auf das fliegende Personal, welches er einsetzt.

I. Voraussetzungen für die Anzeigepflicht (Abs. 1)

1. Betrieb eines Luftfahrzeugs. Abs. 1 S. 1 stellt auf den Betrieb eines in der   **4** **deutschen Luftfahrzeugrolle nach § 3 Abs. 1 LuftVG** eingetragenen Luftfahrzeugs ab. Abs. 1 S. 2 erstreckt die Anwendbarkeit des S. 1 auch auf den Betrieb von Luftfahrzeugen, welche **in einem anderen Land registriert** und somit nicht in der deutschen Luftfahrzeugrolle eingetragen sind, wenn der Betreiber deutscher Staatsangehöriger oder eine juristische Person oder Personengesellschaft mit Sitz in der Bundesrepublik Deutschland ist und er fliegendes Personal einsetzt, welches in einem Beschäftigungsverhältnis nach **deutschem Arbeitsrecht** steht. Dies ist regelmäßig bei sog Werksflugverkehren der Fall, dh Unternehmen, deren Unternehmenszweck nicht der gewerbliche Flugverkehr ist, die jedoch zB für Reisezwecke eigene Luftfahrzeuge unterhalten, welche – anders als in Luftfahrtunternehmen – oft in anderen Ländern registriert sind.

Der Begriff des Luftfahrzeuges einschließlich seiner möglichen Ausprägungen   **5** (dh unterschiedliche Arten von Luftfahrzeugen) wird in **§ 1 Abs. 2 LuftVG** definiert und umfasst neben Flugzeugen bspw. Luftschiffe, Segelflugzeuge und Motorsegler. Aufgrund der flugbetrieblichen Eigenschaften beschränkt sich die strahlenschutzrechtliche Betrachtung allerdings idR auf Flugzeuge.

2. Fliegendes Personal. Das fliegende Personal umfasst nicht nur die aus den   **6** Piloten bestehende Flugbesatzung sowie die aus den Flugbegleitern bestehende Kabinenbesatzung, sondern vielmehr **jede Person,** welche während eines Fluges eine **dienstliche Funktion** ausübt (BT-Drs. 18/11241, 295). Auch muss das fliegende Personal nicht notwendiger Weise in einem Beschäftigungsverhältnis zum Betreiber des Luftfahrzeugs stehen (→ § 2 Rn. 11), was die Norm u. a. auch auf freiberuflich tätiges, fliegende Personal erstreckt (sog. Freelancer). Auch bei im Rahmen der AN-Überlassung eingesetztem fliegendem Personal trifft die Verpflichtung des § 50 den Betreiber des Luftfahrzeugs. Dies erstreckt sich zB auch auf med. fliegendes Personal, welches vom Betreiber des Luftfahrzeugs eingesetzt wird und in einem Beschäftigungsverhältnis zu einem Drittunternehmen steht. Gleiches gilt, wenn das Luftfahrzeug mitsamt dem eingesetzten fliegenden Personal im Auftrag eines anderen Unternehmens betrieben wird (sog. WetLease), selbst wenn dieses andere Unternehmen selbst der Anzeigepflicht nach § 50 unterliegt. Anders verhält es sich, wenn zB iRd med. Versorgung Flüge mit oder im Auftrage für Ambulanzunternehmen oder entsprechende Dienstleister durchgeführt werden (ggf. als sog Charter) und diese Drittunternehmen eigenes, medizinisches Personal einsetzen. In diesem Fall bezieht sich die Anzeigepflicht lediglich auf jenes fliegende Personal, welches der Betreiber des Luftfahrzeugs tatsächlich einsetzt.

7   **3. Möglichkeit der Überschreitung einer effektiven Dosis von 1mSv/Kj.** Die Anzeigepflicht besteht, wenn das fliegende Personal während des Fluges einer Exposition durch kosmische Strahlung ausgesetzt ist, die 1 mSv/Kj Millisievert im Kj überschreiten kann. Dabei kommt es nicht allein auf die Zeit des aktiven Flugdienstes an, sondern es werden **auch die Beförderungszeiten des fliegenden Personals in Luftfahrzeugen zum und vom aktiven Flugdienst** einbezogen. Dies wird durch die durch das 1. ÄndG erfolgte Bezugnahme auf § 13 S. 1 2. DV LuftBO klargestellt (vgl. auch § 2 Abs. 5 2. DV LuftBO, der den in § 13 S. 1 verwendeten Begriff der „Positionierung" definiert). Unerheblich ist, ob diese Beförderung mit Luftfahrzeugen des eigenen Unternehmens oder von Drittunternehmen durchgeführt wird.

II. Zeitpunkt der Anzeige

8   Die Anzeige des Betriebs von Luftfahrzeugen **vier Wochen vor dessen beabsichtigter Aufnahme** soll die zust. Behörde in die Lage versetzen, eine Vorabprüfung hinsichtlich der in § 50 genannten Voraussetzungen ordnungsgemäß durchzuführen.

III. Nachträgliche Anzeigepflicht (Abs. 2)

9   Abs. 2 enthält eine Regelung für eine nachträgliche Anzeigepflicht entsprechend Abs. 1. Die Anzeigepflicht wird ausgelöst, wenn der zuvor nicht anzeigepflichtige Betrieb eines Luftfahrzeugs derart geändert wird, dass die effektive Dosis, die das das fliegende Personal während des Fluges, einschließlich der Beförderungszeiten zum und vom aktiven Flugdienst (→ Rn. 7) durch kosmische Strahlung erhält, nunmehr 1 mSv/Kj überschreiten kann. Mögliche Szenarien sind dabei ein erhöhtes Flugaufkommen, eine Reduzierung des fliegenden Personals bei gleichbleibendem Flugaufkommen sowie die Verwendung leistungsfähigerer Luftfahrzeuge.

IV. Vorzulegende Unterlagen und Nachweise (Abs. 3)

10   Abs. 3 legt fest, welche Unterlagen im Zuge der Anzeige nach § 50 Abs. 1 beizufügen sind. **Nr. 1** fordert den Nachweis, dass die notwendige Anzahl an SSB bestellt ist und ihnen die für die Erfüllung ihrer Aufgaben erforderlichen Befugnisse eingeräumt sind (vgl. die gleichlautende Genehmigungsvoraussetzung in § 13

Abs. 1 Nr. 3 → § 13 Rn. 34, 38). Die erforderliche Anzahl an SSB richtet sich nach der Unternehmensgröße und der Art des Flugbetriebs (vgl. auch → § 70 Rn. 7). Die Aufgaben und Befugnisse werden bei der Bestellung zum SSB nach § 70 Abs. 2 S. 1 schriftlich festgelegt **Nr. 2** fordert den Nachweis, dass jeder SSB oder – falls ein SSB nicht erforderlich ist – der SSV, sein gesetzlicher Vertreter oder – bei juristischen Personen oder sonstigen Personenvereinigungen, der zur Vertretung oder Geschäftsführung Berechtigte die erforderliche FK im Strahlenschutz besitzt (→ § 13 Rn. 32).

Bei Kleinstunternehmen oder Unternehmen mit sehr geringem Flugaufkommen kann ein einzelner SSB oder sogar die Wahrnehmung der Aufgaben durch den – dann fachkundigen – SSV erfolgen, während ansonsten selbst bei kleineren Unternehmen zwei SSB die Regel sind. Bei größeren Unternehmen kann eine Vielzahl an SSB erforderlich sein. Eine Skalierung ist aufgrund der o. g. Einflussfaktoren nicht möglich.

Nr. 3 fordert den Nachweis, dass bei der Tätigkeit sonst tätige Personen – gemeint sind Personen, die nicht SSB oder fachkundiger SSV sind – das notwendige Wissen und die notwendigen Fertigkeiten im Hinblick auf die mögliche Strahlengefährdung und die anzuwendenden Schutzmaßnahmen besitzen (vgl. die gleichlautende Genehmigungsvoraussetzung in § 13 Abs. 1 Nr. 4 → § 13 Rn. 40). Der Kreis der sonst tätigen Personen, deren individuelle Aufgaben sowie ggf. deren Einbindung in den Strahlenschutz des fliegenden Personals ist stark vom jeweiligen Unternehmen abhängig, sodass auch das notwendige Wissen sowie die notwendigen Fertigkeiten durch die zust. Behörde individuell bewertet werden müssen. Eine Möglichkeit des Nachweises besteht bspw. in der Durchführung der Unterweisung nach § 63 StrlSchV. **11**

Nr. 4 fordert die Benennung eines von der zust. Behörde **anerkannten Rechenprogramms** oder den Nachweis der Verwendung **geeigneter Messgeräte** zur Ermittlung der Körperdosis. Weitere Konkretisierungen enthält **§ 67 StrlSchV.** In der Praxis spielt die Verwendung von Messgeräten regelmäßig keine Rolle, so dass an deren Stelle die Verwendung der o. g. Rechenprogramme tritt. Sofern ein Betreiber dennoch die Verwendung eines Messgerätes in Betracht zieht, so ist eine frühzeitige Abstimmung mit der zust. Behörde erforderlich, um dessen Eignung festzustellen. **12**

V. Wesentliche Änderungen des angezeigten Betriebs (Abs. 4)

Der durch das 1. ÄndG eingeführte neue Abs. 4 soll sicherstellen, dass bei wesentlichen Änderungen des angezeigten Betriebs das **Schutzniveau aufrechterhalten** wird. Die entsprechende Anwendung von Abs. 1 verpflichtet den Betreiber von Luftfahrzeugen dazu, solche wesentlichen Änderungen der zust. Behörde anzuzeigen, die Auswirkungen auf die Anzeigevoraussetzungen haben können (BT-Drs. 19/26943, 45). Vergleichbare Regelungen enthalten andere Anzeigetatbestände, vgl. zB § 17 Abs. 4 oder § 19 Abs. 5. Wesentliche Änderungen können insbes. flugbetriebliche Änderungen hinsichtlich Art und Umfang der betriebenen Luftfahrzeuge sowie des Flugaufkommens und der -routen, aber auch des Einsatzes von fliegendem Personal sein. **13**

VI. Im Geschäftsbereich des BMVg betriebene Luftfahrzeuge (Abs. 5)

14   Abs. 5 erstreckt die Anwendbarkeit des § 50 auch auf Luftfahrzeuge, welche im Geschäftsbereich des BMVg betrieben werden. Dadurch soll nach dem Willen des Gesetzgebers erreicht werden, dass – in Fortschreibung des § 103 StrlSchV 2001 – das durch die Norm etablierte Sicherheitsniveau auch für fliegendes Personal im Geschäftsbereich des BMVg sichergestellt ist.

VII. Zuwiderhandlung

15   Ein Verstoß gegen die Anzeigepflicht nach § 50 Abs. 1, auch in Verbindung mit Abs. 2, kann nach § 194 Abs. 1 Nr. 3 als Ordnungswidrigkeit geahndet werden.

---

§ 51   Prüfung des angezeigten Betriebs von Luftfahrzeugen

(1) [1]**Die zuständige Behörde prüft die Unterlagen innerhalb von vier Wochen nach Eingang der Anzeige. [2]Teilt die Behörde dem Anzeigenden vor Ablauf der Frist schriftlich mit, dass alle Nachweise nach § 50 Absatz 3 erbracht sind, so darf der Anzeigende die Tätigkeit bereits mit Erhalt der Mitteilung aufnehmen.**

(2) **Die zuständige Behörde kann den angezeigten Betrieb untersagen, wenn**

1. **eine der nachzuweisenden Anforderungen nicht oder nicht mehr erfüllt ist; dies gilt nach Ablauf der Frist nach Absatz 1 nur, wenn nicht in angemessener Zeit Abhilfe geschaffen wird,**
2. **Tatsachen vorliegen, aus denen sich Bedenken gegen die Zuverlässigkeit der zur Anzeige verpflichteten Person, ihres gesetzlichen Vertreters oder, bei juristischen Personen oder sonstigen Personenvereinigungen, der nach Gesetz, Satzung oder Gesellschaftsvertrag zur Vertretung oder Geschäftsführung berechtigten Person oder des Strahlenschutzbeauftragten ergeben, oder**
3. **gegen die Vorschriften dieses Gesetzes oder der auf Grund dieses Gesetzes erlassenen Rechtsverordnungen oder gegen die hierauf beruhenden Anordnungen und Verfügungen der Aufsichtsbehörden erheblich oder wiederholt verstoßen wird und nicht in angemessener Zeit Abhilfe geschaffen wird.**

A. Zweck und Bedeutung der Norm

1   § 51 enthält **Verfahrensregeln** für die behördliche Vorabprüfung der Anzeige nach § 50. Darüber hinaus regelt die Bestimmung, unter welchen Voraussetzungen die zust Behörde den angezeigten Betrieb von Luftfahrzeugen untersagen kann. Damit wurde im StrlSchG erstmals eine Regelung geschaffen, auf deren Grundlage der Betrieb von Luftfahrzeugen bei Vorliegen bestimmter Voraussetzungen aus strahlenschutzrechtlicher Sicht untersagt werden kann.

B. Bisherige Regelungen

§ 103 StrlSchV 2001 sah keine Anzeigepflicht und somit auch keine § 51 ent- 2
sprechenden Verfahrensregelungen vor.

C. Prüfung des anzeigebedürftigen Betriebs von Luftfahrzeugen

I. Prüfung der vorgelegten Unterlagen und Nachweise; Frist (Abs. 1)

Abs. 1 gibt der zust. Behörde die Randbedingungen für die Prüfung der Anzeige 3
nach § 50 vor. Die Prüffrist von **vier Wochen** korrespondiert mit der Frist in § 50
Abs. 1. Insgesamt stellt diese Fristdauer sicher, dass die zuständige Behörde hinreichend Zeit zur Prüfung der Anzeige hat. Zugunsten des Anzeigenden legt die Bestimmung fest, dass der Betrieb bereits vor Ablauf der o. g. Frist begonnen werden
darf, sofern die Nachweise nach § 50 Abs. 3 gem. schriftlicher Bestätigung der zust.
Behörde zu diesem Zeitpunkt bereits vollständig erbracht sind, sa die Parallelvorschrift in § 18 Abs. 1. Eine solche schriftliche Bestätigung könnte bspw. erfolgen,
wenn das Vorgehen bereits im Vorfeld der Anzeigeerstattung mit der zuständigen
Behörde **abgestimmt** worden ist – insbesondere im Hinblick auf die gem. § 50
Abs. 3 Nr. 1 erforderliche Anzahl an SSB.

II. Untersagung des angezeigten Betriebs (Abs. 2)

Abs. 2 enthält jene Tatbestände, unter welchen der angezeigte Betrieb von Luft- 4
fahrzeugen untersagt werden kann. Die Untersagung liegt im Ermessen der Behörde, vgl. → § 20 Rn. 7.

Nr. 1 zielt auf die nicht bzw. nicht mehr gegebene Erfüllung der gem. § 50 5
Abs. 3 nachzuweisenden Anforderungen ab. Im Rahmen der Prüffrist kann dieser
Untersagungsgrund bereits erfüllt sein, wenn die vorzulegenden Nachweise unvollständig sind (BT-Drs. 18/11241, 297). Dies kann insbesondere dann gegeben sein,
wenn nicht die erforderliche Anzahl an SSB bestellt ist, diese nicht die erforderliche
FK besitzen oder aber zur Ermittlung der Körperdosis des fliegenden Personals ein
nicht von der zuständigen Behörde anerkanntes Rechenprogramm verwendet
wird.

Nach Aufnahme der angezeigten Tätigkeit kann ein Untersagungsgrund bspw. 6
vorliegen, wenn aufgrund flugbetrieblicher Veränderungen nicht mehr die erforderliche Anzahl an SSB vorhanden ist, diese aufgrund personeller Veränderungen
nicht mehr in der erforderlichen Anzahl zur Verfügung stehen oder aber zur Dosisermittlung des fliegenden Personals nicht länger ein anerkanntes Rechenprogramm
zur Anwendung kommt. In diesem Fall hat die zust. Behörde zunächst eine angemessene Frist zur Abhilfe zu setzen. Eine solche Untersagung vorgeschaltete Gelegenheit zur Abhilfe ist vor dem Hintergrund zu sehen, dass der Anzeigende nach
Fristablauf eher davon ausgehen kann, dass die Anzeige beanstandungsfrei sein
würde (BT-Drs. 18/11241, 297); außerdem dient sie der Wahrung der Verhältnismäßigkeit behördlicher Maßnahmen.

7 **Nr. 2** eröffnet die Möglichkeit, den Betrieb von Luftfahrzeugen zu untersagen, wenn Tatsachen vorliegen, aus denen sich Bedenken gegen die Zuverlässigkeit der zur Anzeige verpflichteten Person, ihres gesetzlichen Vertreters bzw. im Fall juristischer Personen oder nicht rechtsfähiger Personengesellschaften, der zur Vertretung oder Geschäftsführung berechtigten Person, oder des SSB ergeben. Ziel der Regelung ist nicht der Nachweis der Zuverlässigkeit durch die v.g. Personenkreise zB im Rahmen einer Zuverlässigkeitsüberprüfung; vielmehr kann deren Zuverlässigkeit bei Vorliegen entsprechender Tatsachen durch die zust. Behörde in Frage gestellt werden und ist bis dahin als gegeben anzusehen (→ § 20 Rn. 10; → § 13 Rn. 13ff.).

8 **Nr. 3** ermöglicht die Untersagung des Betriebs, wenn erheblich oder wiederholt gegen Vorschriften des StrlSchG, der StrlSchV oder auf deren Grundlage beruhende Anordnungen und Verfügungen der zust. Behörde verstoßen wurde, sofern nicht in angemessener Zeit Abhilfe geschaffen wurde (vgl. auch → § 18 Rn. 6; § 20 Rn. 9). Solche Verstöße können zB bestehen in der Missachtung der Vorschriften über die Grenzwerte (§§ 77, 78 StrlSchG), die Aufzeichnungs- Aufbewahrungs- und behördlichen Mitteilungspflichten (§ 167 StrlSchG), die Übermittlung der Ergebnisse der Ermittlung der Körperdosis (168 StrlSchG) sowie in der Missachtung der Vorschriften über die Ermittlung der Körperdosis des fliegenden Personals (§ 67 StrlSchV). Die gleiche Sanktionsmöglichkeit besteht ausweislich der Norm auch bei Nichtbefolgung behördlicher Anordnungen und Anweisungen; diese können bereits mit dem Ziel ergangen sein, ihrerseits Abhilfe zu schaffen bei festgestellten Verstößen. In diesem Zusammenhang erlassene Anordnungen und Verfügungen sind somit als milderes Mittel zur Untersagung des Betriebs zu sehen und dieser – für einen angemessenen Zeitraum – vorzuziehen (→ Rn. 6).

D. Zuwiderhandlung

9 Nach **§ 194 Abs. 1 Nr. 4** kann die Zuwiderhandlung gegen eine vollziehbare Anordnung nach § 51 Abs. 2 als Ordnungswidrigkeit geahndet werden.

§ 52 Anzeigebedürftiger Betrieb von Raumfahrzeugen

(1) **Wer mit Sitz im Geltungsbereich dieses Gesetzes beabsichtigt, Raumfahrzeuge zu betreiben und dafür raumfahrendes Personal einzusetzen, das in einem Beschäftigungsverhältnis nach dem deutschen Arbeitsrecht steht, hat dies der zuständigen Behörde zwei Monate vor der beabsichtigten Aufnahme der Tätigkeit anzuzeigen, wenn die effektive Dosis, die das raumfahrende Personal durch kosmische Strahlung während des Betriebs des Raumfahrzeugs erhält, 1 Millisievert im Kalenderjahr überschreiten kann.**

(2) **Der Anzeige sind die folgenden Unterlagen beizufügen:**
1. **Nachweis, dass die für die sichere Durchführung der Tätigkeit notwendige Anzahl von Strahlenschutzbeauftragten bestellt ist und ihnen die für die Erfüllung ihrer Aufgaben erforderlichen Befugnisse eingeräumt sind,**
2. **Nachweis, dass jeder Strahlenschutzbeauftragte die erforderliche Fachkunde im Strahlenschutz besitzt oder, falls kein Strahlenschutzbeauftragter notwendig ist, die zur Anzeige verpflichtete Person, ihr gesetz-**

licher Vertreter oder, bei juristischen Personen oder sonstigen Personenvereinigungen, der nach Gesetz, Satzung oder Gesellschaftsvertrag zur Vertretung oder Geschäftsführung Berechtigte die erforderliche Fachkunde im Strahlenschutz besitzt,

3. Nachweis, dass die bei der Tätigkeit sonst tätigen Personen das notwendige Wissen und die notwendigen Fertigkeiten im Hinblick auf die mögliche Strahlengefährdung und die anzuwendenden Schutzmaßnahmen besitzen und

4. plausible Darlegung der beabsichtigten Vorgehensweise zur Ermittlung der Körperdosis nach den Anforderungen der auf Grund von § 76 Absatz 1 Satz 2 Nummer 11 erlassenen Rechtsverordnung.

(3) [1]Ist zu erwarten, dass die Exposition des raumfahrenden Personals den Dosisgrenzwert nach § 78 Absatz 1 Satz 1 überschreitet, so ist zusätzlich eine gesonderte Anzeige der erhöhten Exposition spätestens zwei Monate vor dem Einsatz des raumfahrenden Personals erforderlich. [2]In diesem Fall gelten die Grenzwerte nach den §§ 77 und 78 für die berufliche Exposition von raumfahrendem Personal durch kosmische Strahlung nicht.

(4) Der gesonderten Anzeige sind die folgenden Unterlagen beizufügen:
1. Darlegung, dass die erhöhte Exposition gerechtfertigt ist,
2. Nachweis, dass die erhöhte Exposition mit dem einzusetzenden raumfahrenden Personal und dem ermächtigten Arzt erörtert worden ist,
3. Nachweis, dass das einzusetzende raumfahrende Personal über die zu erwartenden Dosen, die mit der erhöhten Exposition verbundenen Risiken und die zu ergreifenden Vorsorgemaßnahmen unterrichtet worden ist,
4. Einwilligung des einzusetzenden raumfahrenden Personals zu der erhöhten Exposition.

Schrifttum: UNSCEAR, Sources and effects of ionizing radiation, Volume I Annex B, 2008, 283 ff.; *Berger/Matthiä,* Strahlenfelder in verschiedenen Expositionsszenarien, Strahlenschutzpraxis 4/2021, 8 ff.; *dies.,* Messungen der Strahlenexposition auf der ISS, Strahlenschutzpraxis 4/2021, 12 ff.; *Wimmer-Schweingruber/Guo,* Messung der Strahlenexposition im interplanetaren Raum – Mond und Mars, Strahlenschutzpraxis 4/2021, 17 ff.; *Reitz,* Strahlenschutzmaßnahmen der Raumfahrtorganisation auf der ISS, Strahlenschutzpraxis 4/2021, 39 ff.

A. Zweck und Bedeutung der Norm

§ 52 sieht für Betreiber von Raumfahrzeugen eine Anzeigepflicht vor, sofern das **1** eingesetzte raumfahrende Personal durch kosmische Strahlung eine effektive Dosis von mehr als 1 mSv/Kj erreichen kann. Damit wird die Exposition des raumfahrenden Personals durch kosmische Strahlung nicht nur wie beim fliegenden Personal erstmals eingereiht in die Systematik der geplanten Expositionssituationen, sondern findet vielmehr **erstmals Berücksichtigung im Strahlenschutzrecht.** Die Einführung der Anzeigepflicht trägt dem Anliegen des europäischen Gesetzgebers Rechnung, den Schutz des raumfahrenden Personals strahlenschutzrechtlich zu erfassen, vgl. Art. 2 Abs. 2 lit. c i und Art. 52 RL 2013/59/Euratom. Die behördliche Vorabkontrolle durch Einführung einer Anzeigepflicht ist vor dem Hintergrund sachgerecht, dass das raumfahrende Personal einer erhöhten Strahlenbelastung ausgesetzt wird und steht im Einklang mit der Wertung der RL, vgl. → § 50 Rn. 1. Die Norm regelt – weitgehend korrespondierend mit den in § 50 enthaltenen Vorschriften für das fliegende Personal – die Voraussetzungen der Anzeigepflicht, einschließlich der Anzeigepflicht bei zu erwartender erhöhter Exposition, sowie die Anforderungen an die Anzeige selbst. Zust. Behörde ist nach § 185 Abs. 1 Nr. 3 das **BfS**.

B. Bisherige Regelungen

2   Eine Vorgängerregelung hat es nicht gegeben.

C. Anzeigebedürftiger Betrieb von Raumfahrzeugen

I. Voraussetzungen für die Anzeigepflicht (Abs. 1)

3   **1. Betreiber mit Sitz im Geltungsbereich des StrlSchG.** Die Anzeigepflicht richtet sich an den Betreiber der Raumfahrzeuge **mit Sitz im Geltungsbereich des StrlSchG.** Anders als beim Betrieb von Luftfahrzeugen gibt es derzeit keine der Eintragung in die Luftfahrzeugrolle (§ 50 Abs. 1) vergleichbare, verbindliche Registrierung von Raumfahrzeugen. Die Anzeigepflicht wird praktische Relevanz erlangen, wenn Astronauten künftig außerhalb von ESA-Missionen eingesetzt werden sollten, etwa im Rahmen von großen Forschungskollaborationen oder von kommerziellen Fahrten (BT-Drs. 18/11241, 297). In Deutschland wird raumfahrendes Personal derzeit nur im Rahmen von ESA-Programmen eingesetzt. Dieses Personal unterliegt bei Tätigkeiten außerhalb Deutschlands nicht deutschem Recht, sondern den einschlägigen Bestimmungen der in Anl. 1 Art. XXII der ESA-Konvention genannten Vorschriften.

4   **2. Raumfahrzeuge.** Das StrlSchG enthält keine eigene Definition. Deshalb ist die Definition nach Art. 4 Nr. 95 RL 2013/59/Euratom heranzuziehen, wonach Raumfahrzeuge iSd Bestimmung bemannte Fahrzeuge sind, welche für den Betrieb in einer Höhe von über 100 km über dem Meeresspiegel ausgelegt sind.

5   **3. Raumfahrendes Personal; Möglichkeit der Überschreitung einer effektiven Dosis von 1mSv/Kj.** Das raumfahrende Personal muss zur Begründung der Anzeigepflicht in einem Beschäftigungsverhältnis **nach deutschem Arbeitsrecht** stehen; wie auch beim fliegenden Personal, muss es sich dabei nicht zwangsläufig um ein Beschäftigungsverhältnis zum Betreiber der Raumfahrzeuge handeln (BT-Drs. 18/11241, 297; vgl. auch § 2 Abs. 7). Des Weiteren setzt die Anzeigepflicht voraus, dass die effektive Dosis, die das raumfahrende Personal durch kosmische Strahlung während des Betriebs des Raumfahrzeugs erhält, **1 mSv/Kj** überschreiten kann. Dies wird aufgrund der erhöhten Dosen, denen raumfahrende Personal im All ausgesetzt sein wird, regelmäßig der Fall sein.

II. Zeitpunkt der Anzeige

6   Abweichend von den Regelungen für das fliegende Personal in § 50 ist der Betrieb von Raumfahrzeugen der zuständigen Behörde **zwei Monate** vor der beabsichtigten Aufnahme des Betriebs anzuzeigen statt vier Wochen. Diese Regelung

trägt dem Umstand Rechnung, dass der Betrieb von Raumfahrzeugen hinsichtlich der Komplexität jenen von Luftfahrzeugen deutlich überragt; die zuständige Behörde soll in die Lage versetzt werden, eine dieser Komplexität entsprechende Vorabprüfung der in § 52 genannten Voraussetzungen ordnungsgemäß vorzunehmen.

III. Vorzulegende Unterlagen (Abs. 2)

Abs. 2 bestimmt, welche Unterlagen der Anzeige beizufügen sind. Die Vorgaben 7 in **Nr. 1 bis 3** entsprechen denen des § 50 Abs. 3 Nr. 1 bis 3. Auf die dortige Kommentierung wird Bezug genommen. **Nr. 4** fordert die plausible Darlegung der Vorgehensweise zur Ermittlung der Körperdosis nach Maßgabe der aufgrund § 76 Abs. 1 S. 2 Nr. 11 erlassenen Rechtsverordnung (s. **§ 76 StrlSchV**). Damit unterscheidet sich die Regelung wesentlich von den Vorschriften für das fliegende Personal in § 50 Abs. 3 Nr. 4: Anstatt der Benennung eines anerkannten Rechenprogramms oder des Nachweises, dass geeignete Messgeräte zur Ermittlung der Körperdosis genutzt werden, lässt die Regelung hinsichtlich der Ermittlung der Körperdosis des raumfahrende Personal sowohl dem Betreiber von Raumfahrzeugen als auch der zuständigen Behörde einen gewissen (Beurteilungs-)Spielraum, was eine Abstimmung mit der zuständigen Behörde sinnvoll macht. Dem Betreiber von Raumfahrzeugen wird dadurch die Möglichkeit eröffnet, eine geeignete Vorgehensweise zur Ermittlung der Körperdosis plausibel darzulegen, ohne ihm wie beim fliegenden Personal zwei feste Alternativen zur Auswahl vorzugeben. Dadurch wird zB dem Umstand Rechnung getragen, dass die herkömmlichen Berechnungsmethoden zur Ermittlung der Körperdosis des fliegenden Personals nicht unmittelbar auf raumfahrendes Personal übertragbar sind. So wird beim fliegenden Personal von einer konstanten Dosisleistung an jedem Ort des Luftfahrzeuges ausgegangen, was zu identischen Körperdosen für das gesamte fliegende Personal innerhalb des jeweiligen Luftfahrzeuges führt. Messungen auf der ISS haben jedoch gezeigt, dass dort die Dosis bereits innerhalb einzelner Module erheblich variieren kann, was eine genauere Betrachtung ratsam erscheinen lässt. Der Betreiber von Raumfahrzeugen hat deshalb den besonderen Umständen beim Betrieb gebührend Rechnung zu tragen.

IV. Gesonderte Anzeige bei zu erwartender, erhöhter Exposition (Abs. 3)

Abs. 3 unterscheidet sich grundlegend von den Regelungen für fliegendes Personal und auch für weitere, beruflich exponierte Personenkreise: Während bei diesen Personen die Einhaltung der Grenzwerte nach § 77 und § 78 die Regel und deren – idR unerwartete – Überschreitung die Ausnahme darstellt, eröffnet die Norm für das raumfahrende Personal unter den Voraussetzungen des § 52 Abs. 3 die Möglichkeit des Betriebs von Raumfahrzeugen bei zu erwartender Überschreitung des Grenzwerts nach § 78 Abs. 1 Satz 1 **(20 mSv/Kj)**. Bei anderen Tätigkeiten sind die Grenzwerte für beruflich exponierte Personen nach § 78 Abs. 1, 2 und 4 S. 1 überschreitende, besonders zugelassene Expositionen nach § 74 StrlSchV nur zur Durchführung notwendiger spezifischer Arbeitsvorgänge und nur unter bestimmten Voraussetzungen zulässig; ua bedarf es der behördlichen Zulassung. Die Regelung trägt dem Umstand Rechnung, dass der Betrieb von Raumfahrzeugen naturgemäß mit einer höheren Exposition verbunden ist als zB der Betrieb von Luftfahrzeugen und – abhängig von der jeweiligen Mission – die Einhaltung der

o. g. Grenzwerte mit dem eigentlichen Missionsziel kollidieren kann. So wurde zB für die Mission Euromir'94 eine Äquivalentdosisleistung von ~0,86 mSv/Tag ermittelt, was bei der Missionsdauer von 756 Stunden (31,5 Tage) zu einer Äquivalentdosis von ~27 mSv führte (s. UNSCEAR, 2008, 283 ff.). Messungen des DLR an Bord der ISS im europäischen Forschungsmodul Columbus haben eine durchschnittliche Äquivalentdosisleistung von 0,8 mSv/Tag ergeben, wobei diese selbst innerhalb des Forschungsmoduls um bis zu 50 % variiierte. Bei ISS-Missionen handelt es sich idR um Langzeitmissionen (erster Raumflug des deutschen Astronauten Alexander Gerst: insgesamt ~180 Tage), mit entsprechenden Effekten auf die Exposition. Für diese Fälle schafft die Norm im Rahmen einer gesonderten und va zusätzlichen Anzeigepflicht auch eine Vorabprüfung dieser zu erwartenden, erhöhten Exposition durch die zuständige Behörde.

9　　Die gesonderte Anzeige ist **spätestens zwei Monate** vor dem Einsatz des raumfahrenden Personals zu erstatten. Mit der gesonderten Anzeigepflicht wird auch der Vorgabe in Art. 52 Abs. 1 und 3 RL 2013/59/Euratom Rechnung getragen, die bei der Exposition des raumfahrenden Personals von einer gesondert zugelassenen Exposition ausgeht.

10　　Darüber hinaus legt **Abs. 3 S. 2** fest, dass im Fall einer zu erwartenden Überschreitung des Grenzwertes nach § 78 Abs. 1 weder die Grenzwerte nach § 78 noch die Grenzwerte nach § 77 einzuhalten sind und somit auch der Grenzwert von 400 mSv für die Berufslebensdosis unter den Voraussetzungen des § 52 Abs. 3 überschritten werden darf.

V. Bei der gesonderten Anzeige vorzulegende Unterlagen (Abs. 4)

11　　Abs. 4 legt fest, welche Unterlagen der gesonderten Anzeige nach § 52 Abs. 3 S. 1 beizufügen sind. Der Umfang dieser Nachweise verdeutlicht, dass eine Überschreitung der Dosisgrenzwerte zwar nach Maßgabe des § 52 Abs. 3 zulässig ist, sich dieser Betrieb von Raumfahrzeugen dann jedoch deutlich abhebt von jenem nach § 52 Abs. 1 und somit besondere, **erhöhte Anforderungen** an diesen zu stellen sind. Durch diese erhöhten Anforderungen soll trotz der zu erwartenden, erhöhten Exposition dennoch ein angemessenes Schutzniveau geschaffen werden (→ Rn. 12).

12　　**Nr. 1** fordert eine Darlegung darüber, dass die erhöhte Exposition **gerechtfertigt** ist (vgl. für andere Tätigkeiten § 74 Abs. 3 S. 1 StrlSchV, wonach der SSV dafür zu sorgen hat, dass eine besonders zugelassene Exposition im Voraus auf ihre Rechtfertigung geprüft wird). **Nr. 2** fordert den Nachweis, dass die zu erwartende, erhöhte Exposition mit dem einzusetzenden, raumfahrenden Personal und einem ermächtigten Arzt **erörtert** wurde. Diese Konsultation eines ermächtigten Arztes hat gesondert neben der ärztlichen Überwachung gem. § 77 StrlSchV stattzufinden. **Nr. 3** fordert den Nachweis, dass das raumfahrendes Personal über die bei der erhöhten Exposition zu erwartenden Dosen, die damit einhergehenden Risiken sowie die zu ergreifenden Vorsorgemaßnahmen **unterrichtet** wurde. Auch diese Unterrichtung hat gesondert von der Unterweisung nach § 63 StrlSchV zu erfolgen. **Nr. 4** fordert die **Einwilligung** des raumfahrenden Personals in die zu erwartende, erhöhte Exposition. Dadurch soll sichergestellt werden, dass das raumfahrende Personal sich der Bedeutung seines bevorstehenden Einsatzes für die zu erwartende Exposition bewusst und sich dieser erhöhten Exposition unter Abwägung aller damit einhergehenden Risiken freiwillig aussetzt.

D. Zuwiderhandlung

Ein Verstoß gegen die Anzeigepflicht nach § 52 Abs. 1, auch in Verbindung mit **13**
Abs. 3 Satz 1, kann nach § **194 Abs. 1 Nr. 3** als Ordnungswidrigkeit geahndet werden.

§ 53 Prüfung des angezeigten Betriebs von Raumfahrzeugen

(1) ¹Die zuständige Behörde prüft die Unterlagen innerhalb von zwei
Monaten nach Eingang der Anzeige. ²Teilt die Behörde dem Anzeigenden
vor Ablauf der Frist schriftlich mit, dass alle Nachweise nach § 52 Absatz 2
oder 4 erbracht sind, so darf der Anzeigende die Tätigkeit bereits mit Erhalt der Mitteilung aufnehmen.

(2) Die zuständige Behörde kann im Falle einer Anzeige nach § 52
Absatz 1 den Einsatz des Personals untersagen, wenn
1. eine der nach § 52 Absatz 2 nachzuweisenden Anforderungen nicht oder
   nicht mehr erfüllt ist; dies gilt nach Ablauf der Frist nach Absatz 1 nur,
   wenn nicht in angemessener Zeit Abhilfe geschaffen wird,
2. Tatsachen vorliegen, aus denen sich Bedenken gegen die Zuverlässigkeit
   der zur Anzeige verpflichteten Person, ihres gesetzlichen Vertreters
   oder, bei juristischen Personen oder sonstigen Personenvereinigungen,
   der nach Gesetz, Satzung oder Gesellschaftsvertrag zur Vertretung
   oder Geschäftsführung berechtigten Person oder des Strahlenschutzbeauftragten ergeben, oder
3. gegen die Vorschriften dieses Gesetzes oder der auf Grund dieses Gesetzes erlassenen Rechtsverordnungen oder gegen die hierauf beruhenden
   Anordnungen und Verfügungen der Aufsichtsbehörden erheblich oder
   wiederholt verstoßen wird und nicht in angemessener Zeit Abhilfe geschaffen wird.

(3) Im Falle einer gesonderten Anzeige nach § 52 Absatz 3 Satz 1 kann
die zuständige Behörde den Einsatz des raumfahrenden Personals zusätzlich untersagen, wenn eine der nach § 52 Absatz 4 nachzuweisenden Anforderungen nicht erfüllt ist.

A. Zweck und Bedeutung der Norm

§ 53 enthält **Verfahrensregeln** für die behördliche Vorabprüfung der Anzeige **1**
nach § 52. Darüber hinaus regelt die Norm, unter welchen Voraussetzungen die zuständige Behörde den angezeigten Betrieb von Raumfahrzeugen untersagen kann.

B. Bisherige Regelungen

Eine Vorgängerregelung hat es nicht gegeben.   **2**

C. Prüfung des anzeigebedürftigen Betriebs von Raumfahrzeugen (Abs. 1)

3   Die Vorgaben in Abs. 1 entsprechen denen des § 51 Abs. 1, mit dem einzigen Unterschied, dass die **Frist** für die behördliche Vorabprüfung **zwei Monate** statt vier Wochen beträgt. Auf die dortige Kommentierung wird Bezug genommen.

D. Untersagung des angezeigten Betriebs (Abs. 2)

4   Die Vorgaben in Abs. 2 entsprechen denen des § 51 Abs. 2, mit dem einzigen Unterschied, dass sich eine **mögliche Untersagung gegen den Einsatz des raumfahrenden Personals richtet** und nicht gegen den Betrieb von Raumfahrzeugen an sich. Auf die dortige Kommentierung wird Bezug genommen.

E. Untersagung im Fall einer gesonderten Anzeige § (Abs. 3)

5   Nach Abs. 3 kann die zust. Behörde im Fall einer gesonderten Anzeige nach § 52 Abs. 3 S. 1 den Einsatz des raumfahrenden Personals zusätzlich untersagen, sofern eine der nach § 52 Absatz 4 nachzuweisenden Anforderungen nicht erfüllt ist. Dadurch wird für eine mögliche Untersagung dieses besonderen Einsatzes des raumfahrenden Personals eine separate Rechtsgrundlage neben den Untersagungstatbeständen gem. Abs. 2 geschaffen. Somit kann gem. Abs. 3 der Einsatz des raumfahrenden Personals nach § 52 Abs. 3 S. 1 untersagt werden, ohne dabei dessen grundsätzlichen Einsatz nach § 52 Abs. 1 zu untersagen.

F. Zuwiderhandlung

6   Nach **§ 194 Abs. 1 Nr. 4** kann die Zuwiderhandlung gegen eine vollziehbare Anordnung nach § 53 Abs. 2 oder Abs. 3 als Ordnungswidrigkeit geahndet werden.

§ 54   **Beendigung der angezeigten Tätigkeit**

Wer eine nach § 50 Absatz 1 oder § 52 Absatz 1 angezeigte Tätigkeit beendet oder derart verändert, dass die effektive Dosis, die das fliegende oder raumfahrende Personal durch kosmische Strahlung erhält, 1 Millisievert im Kalenderjahr nicht mehr überschreiten kann, hat dies der zuständigen Behörde unverzüglich mitzuteilen.

A. Zweck und Bedeutung der Norm

1   Durch § 54 wird hinsichtlich des anzeigebedürftigen Betriebs sowohl von Luftfahrzeugen (§ 50 Abs. 1 StrlSchG) als auch von Raumfahrzeugen (§ 52 Abs. 1 StrlSchG) eine **Mitteilungspflicht** normiert für den Fall, dass aufgrund veränderter Tatsachen eine Anzeigepflicht nicht länger besteht.

B. Bisherige Regelungen

Eine Vorgängerregelung hat es nicht gegeben. 2

C. Beendigung der angezeigten Tätigkeit

Die durch § 54 normierte Pflicht zur unverzüglichen, dh ohne schuldhaftes Zö- 3
gern erfolgenden Mitteilung der Beendigung der angezeigten Tätigkeit soll die
zuständige Behörde in die Lage versetzen, jederzeit über einen **aktuellen Stand**
hinsichtlich derjenigen Betreiber von Luftfahrzeugen oder Raumfahrzeugen zu
verfügen, deren Betrieb der Anzeigepflicht nach § 50 Abs. 1 bzw. § 52 Abs. 1 und
somit der Strahlenschutzüberwachung unterliegt. Dies dient der Sicherstellung
einer ordnungsgemäßen, behördlichen Aufsicht.

Ausweislich der Norm beschränkt sich die Mitteilungspflicht nicht auf eine et- 4
waige, vollständige Einstellung des Betriebs sondern umfasst vielmehr alle Veränderungen des selbigen, durch welche eine Pflicht zur Anzeige nach § 50 Abs. 1
bzw. § 52 Abs. 1 zukünftig **nicht mehr besteht,** da eine Dosis von 1 mSv/Kj nicht
mehr erreicht werden kann. Dies kann zB eintreten durch eine Reduzierung der
Flugstundenanzahl des fliegenden bzw. raumfahrenden Personals oder durch Per-
sonalzuwachs des fliegenden bzw. raumfahrenden Personals bei gleichbleibender
Flugstundenanzahl. Auch kommt bei fliegendem Personal der Einsatz anderer Luftfahrzeuge in Betracht, welche eine geringere Dienstgipfelhöhe aufweisen (sa BT-
Drs. 18/11241, 299).

D. Zuwiderhandlung

Der Verstoß gegen die Mitteilungspflicht kann nach **§ 194 Abs. 1 Nr. 5** als Ord- 5
nungswidrigkeit geahndet werden.

Abschnitt 8 – Tätigkeiten im Zusammenhang mit natürlich vorkommender Radioaktivität

Unterabschnitt 1 – Arbeitsplätze mit Exposition durch natürlich vorkommende Radioaktivität

Vorbemerkung zu §§ 55 ff.

1   §§ 55 regeln Tätigkeiten an Arbeitsplätzen mit Expositionen durch natürlich vorkommende Radioaktivität. In Zusammenhang mit natürlich vorkommender Radioaktivität sind die aus den damit verbundenen Tätigkeiten entstehenden beruflichen Expositionen abzuschätzen und ggf. der regulatorischen Kontrolle zu unterwerfen. Die Tätigkeitsarten werden in der Praxis unter dem Begriff „NORM-Arbeitsplätze" zusammengefasst (engl. *naturally-occurring radioactive material, NORM*). Der Schutz der Bevölkerung ist Thema der Regelungen in §§ 60 ff.; der Anwendungsbereich beider Regelungskomplexe überschneidet sich nur wenig, so dass der Gesetzgeber die schon in der StrlSchV 2001 angelegte Aufteilung beibehalten hat (BT-Drs. 18/11241, 299).

2   Nach den Erläuterungen in BT-Drs. 18/11241, 299, wird der Begriff der „natürlich vorkommenden Radioaktivität" genutzt, weil nach den Regelungen dieses Abschnitts nicht die Radionuklide enthaltenden Stoffe selbst, sondern **die Arbeitsplätze der Überwachung unterliegen**. Die Regelungen beziehen sich auf den Arbeitsschutz bei Handlungen mit Stoffen, die nicht unbedingt auch radioaktive Stoffe iSd § 3 StrlSchG sind. Im StrlSchG wurden iW die **§§ 95 f. iVm Anlage XI Teil B StrlSchV 2001 inhaltlich übernommen**. Die in der RL 96/29/Euratom festgelegte Unterscheidung zwischen „Tätigkeiten" bei der zweckgerichteten Nutzung ionisierender Strahlung und radioaktiver Stoffe und „Arbeiten" im Zusammenhang mit natürlichen Strahlungsquellen wird in der RL 2013/59/Euratom aufgegeben.

3   Das StrlSchG sieht zwei wesentliche Änderungen gegenüber der bisherigen StrlSchV (2001) vor. Zum einen sind für die Ermöglichung der behördlichen Vorabkontrolle auf den **Arbeitsplatz bezogene Abschätzungen der Körperdosis vor Beginn der Tätigkeiten** durchzuführen, die in der StrlSchV (2001) noch innerhalb von sechs Monaten nach Beginn der dort benannten Arbeiten zu erbringen waren. Zum anderen wurde durch die Anforderungen in Art. 35 Abs. 1 RL 2013/Euratom der **Anwendungsbereich der betroffenen Arbeitsplätze auf den niedrigeren Dosisbereich ab 1 mSv/Kj.** erweitert. In der StrlSchV 2001 lag diese Schwelle bei 6 mSv/Kj.

4   Die zu beachtenden Tätigkeitsfelder mit möglichen Expositionen oberhalb des genannten Dosiskriteriums von 1 mSv/Kj. beinhaltet Anl. 3 in Form einer Positivliste, die gegenüber der Anlage XI Teil B StrlSchV 2001 um einige Tätigkeitsfelder, darunter auch im Zusammenhang mit überwachungsbedürftigen Rückständen, erweitert worden ist.

5   Die in §§ 55 beinhalteten Regelungen gelten – anders als §§ 95 f. iVm Anlage XI Teil A StrlSchV 2001 – nicht für Arbeitsplätze mit erhöhten Radon-222-Aktivitätskonzentrationen. Diese Arbeitsplätze sind im StrlSchG den bestehenden Expositionssituationen (§§ 126 ff.) zugeordnet.

§ 55 **Abschätzung der Exposition**

(1) ¹Wer in seiner Betriebsstätte eine Tätigkeit nach § 4 Absatz 1 Satz 1 Nummer 10 ausübt oder ausüben lässt, die einem der in Anlage 3 genannten Tätigkeitsfelder zuzuordnen ist, hat vor Beginn der Tätigkeit eine auf den Arbeitsplatz bezogene Abschätzung der Körperdosis durchzuführen. ²Die Abschätzung ist unverzüglich zu wiederholen, wenn der Arbeitsplatz so verändert wird, dass eine höhere Exposition auftreten kann.

(2) ¹Liegen Anhaltspunkte dafür vor, dass bei einer Tätigkeit nach § 4 Absatz 1 Satz 1 Nummer 10, die keinem der in Anlage 3 genannten Tätigkeitsfelder zuzuordnen ist, Expositionen auftreten, die denen der in Anlage 3 genannten Tätigkeitsfelder entsprechen, so kann die zuständige Behörde anordnen, dass eine Abschätzung nach Absatz 1 Satz 1 unverzüglich durchzuführen ist. ²Wird der Arbeitsplatz so verändert, dass eine höhere Exposition auftreten kann, so kann die zuständige Behörde anordnen, dass die Abschätzung unverzüglich zu wiederholen ist.

(3) ¹Der zur Abschätzung Verpflichtete hat die Ergebnisse der Abschätzung unverzüglich aufzuzeichnen. ²Er hat die Aufzeichnungen bis zum Ende der Tätigkeit oder bis zum Vorliegen einer neuen Abschätzung aufzubewahren und der zuständigen Behörde auf Verlangen vorzulegen.

A. Sinn und Zweck der Norm

Die Verpflichtung zur **Abschätzung der Körperdosis vor Aufnahme der** 1
Tätigkeit trägt Art. 25 Abs. 1 Satz 2 RL 2013/59/Euratom Rechnung, der die **behördliche Vorabkontrolle** vor Aufnahme einer zumindest anmeldebedürftigen Tätigkeit bezweckt. Aus der Abschätzung nach § 55 ergibt sich, ob eine Anzeige nach § 56 erforderlich ist. Die Pflichten für die Expositionsabschätzungen gelten in Hinblick auf die berufliche Exposition zunächst nur für bestimmte NORM-Arbeitsplätze, bei denen eine effektive Dosis von 1 mSv/Kj. oder mehr überhaupt auftreten kann. Die Tätigkeitsfelder, bei denen nach vorliegenden Erkenntnissen die Möglichkeit besteht, dass dort Expositionen oberhalb des genannten Dosiskriteriums möglich sind, beinhaltet die Anl. 3 in Form einer Positivliste; zu dieser Liste → vor §§ 55–59 Rn. 3.

B. Bisherige Regelungen

Die Pflicht zur Expositionsabschätzung wurde vorher in **§ 95 Abs. 1 und 2** so- 2 wie **§ 96 Abs. 5 StrlSchV 2001** geregelt und wird im StrlSchG fortgesetzt. In Anl. XI StrlSchV 2001 waren Arbeitsfelder festgelegt, für die nach § 95 Abs. 1 StrlSchV 2001 innerhalb von sechs Monaten nach Beginn der Arbeiten eine auf den Arbeitsplatz bezogene Expositionsabschätzung durchgeführt werden sollte. Gemäß § 95 Abs. 2 StrlSchV 2001 waren die Arbeiten der zuständigen Behörde innerhalb von drei Monaten nach Durchführung der Expositionsabschätzung anzuzeigen, wenn im Ergebnis eine Überschreitung von 6 mSv im Kalenderjahr möglich war.

C. Pflicht zur Abschätzung der Körperdosis (Abs. 1)

3   Diese Regelung fordert in Bezug auf die in Anl. 3 genannten Tätigkeitsfelder eine **Abschätzung der arbeitsplatzbezogenen Strahlenexposition.** Für die Umsetzung sind insbesondere der Arbeitgeber, sein gesetzlicher Vertreter oder das vertretungsberechtigte Organ einer juristischen Person verantwortlich. Der Verpflichtete nach Abs. 1 ist (noch) kein SSV; er wird erst dann SSV, wenn er eine Anzeige nach § 56 zu erstatten hat (vgl. § 69 Abs. 1 Nr. 3). Für die Bestimmung des Verpflichteten kann dennoch auf die Kommentierung zu § 69 verwiesen werden (→ § 69 Rn. 4).

4   Die effektive Dosis ist nach Satz 1 bereits **vor dem Beginn der Tätigkeit abzuschätzen.** Bei der Dosisabschätzung sollten konsequenterweise, wie für die Ermittlung von Expositionen bei Rückständen gemäß Anl. 6 StrlSchV, die **realistisch auftretenden Expositionspfade** und **realen Expositionsszenarien** berücksichtigt werden. In vielen Fällen sind aus Gründen anderer Regelungen im Arbeitsschutz bereits Schutzmaßnahmen wie z. B. das Tragen von Atemschutzmasken oder Schutzanzügen erforderlich, denen bei der Abschätzung Rechnung getragen werden soll. Insbesondere die effektive Teildosis durch den Expositionspfad „Inhalation von Staub" ist durch Atemschutzmaßnahmen deutlich reduziert. Im Vergleich zu den Regelungen in der StrlSchV 2001 erweist sich die verpflichtende Abschätzung bereits vor der Tätigkeitsaufnahme aus Sicht der Praxis als Nachteil, da nicht reale Messdaten, sondern nur Modelldaten für die Expositionsabschätzungen verwendet werden können.

5   Wenn der Arbeitsplatz hinsichtlich der Strahlenschutzsituation **wesentlich verändert** wird, ist die Abschätzung der Körperdosis nach S. 2 zu wiederholen.

D. Anordnungsbefugnis der zuständigen Behörde für Expositionsabschätzungen (Abs. 2)

6   Die zuständige Behörde hat die Möglichkeit, Strahlenschutzmaßnahmen auch bei **anderen als den in der Anl. 3 genannten Tätigkeitsfeldern** anzuordnen. Damit hat der Gesetzgeber sichergestellt, dass auch bei bisher nicht erkannten oder sich neu entwickelnden radiologisch relevanten Tätigkeitsfeldern eine Eingriffsmöglichkeit und damit eine Anordnungsbefugnis der Behörde besteht, wenn Erkenntnisse hinsichtlich einer bestimmten Exposition vorliegen (BT-Drs. 18/11241, 300). Sobald eine Anordnung in Bezug auf eine bereits ausgeübte Tätigkeit ergeht, ist die Exposition unverzüglich abzuschätzen.

7   Die zuständige Behörde kann damit bei einer **einzelnen, konkreten Tätigkeit** bereits handeln, ohne dass ein ganzes Tätigkeitsfeld in die Anl. 3 sofort aufgenommen werden muss. Der Gesetzgeber geht bei der Anordnungsbefugnis der zuständigen Behörde davon aus, dass der Verpflichtete das Vorkommen natürlicher Radioaktivität bei der von ihm ausgeübten Tätigkeit kennen kann und grundsätzlich damit rechnen muss, dass eine entsprechende Abschätzung der Exposition erforderlich sein könnte (BT-Drs. 18/11241, 300). Sofern nachgewiesen wird, dass die Expositionen nicht erheblich sind, folgen keine weiteren Pflichten. Wenn im Ergebnis der Abschätzung die Körperdosis von 1 mSv im Kalenderjahr allerdings überschritten wird, bestehen die weitere Pflichten nach den folgenden Vorschriften, wie insbesondere die Anzeigepflicht gemäß § 56 Abs. 1 und die daran anknüpfende Strahlenschutzüberwachung.

Kommt der Verpflichtete der Anordnung nicht nach, kann die Behörde die Tä- 8
tigkeit ganz oder teilweise bis zur Erfüllung der Anordnung **untersagen** (§ 57 Abs. 4).

E. Aufzeichnungspflichten (Abs. 3)

Die Ergebnisse der Abschätzung sind **unverzüglich aufzuzeichnen.** Sie müs- 9
sen aufbewahrt und der Behörde auf Verlangen vorgelegt werden. So muss die Abschätzung für die zuständige Behörde zugänglich sein, um die Erfüllung der Pflichten nach §§ 55 und 56 überprüfen zu können. Abs. 3 wurde mit dem 1. ÄndG eingefügt, offenkundig weil § 167 hier – mangels Vorhandenseins eines SSV (→ Rn. 3) – nicht greift und es daher einer eigenständigen Regelung bedarf (anders noch BT-Drs. 18/11241, 300).

F. Zuwiderhandlungen

Nach § 194 Abs. 1 Nr. 10 handelt der Verpflichtete **ordnungswidrig,** wenn er 10
die auf den Arbeitsplatz bezogene Abschätzung der Körperdosis vorsätzlich oder fahrlässig nicht, nicht richtig oder nicht rechtzeitig durchführt.

§ 56 Anzeige

(1) ¹Ergibt die Abschätzung, dass die Körperdosis einen der Werte für die Einstufung als beruflich exponierte Person überschreiten kann, so hat der zur Abschätzung Verpflichtete der zuständigen Behörde die Tätigkeit schriftlich anzuzeigen. ²Die Anzeige auf Grund einer Abschätzung nach § 55 Absatz 1 Satz 1 hat spätestens vier Wochen vor der beabsichtigten Aufnahme der Tätigkeit zu erfolgen; nach Ablauf dieser Frist darf der Anzeigende die Tätigkeit aufnehmen, es sei denn, die zuständige Behörde hat das Verfahren nach § 57 Absatz 2 ausgesetzt oder die Tätigkeit untersagt. ³Die Anzeige auf Grund einer Abschätzung nach § 55 Absatz 1 Satz 2 oder nach § 55 Absatz 2 hat unverzüglich nach der Abschätzung zu erfolgen.

(2) ¹Der Anzeige sind die folgenden Unterlagen beizufügen:
1. Prüfbericht eines behördlich bestimmten Sachverständigen nach § 172, in dem
   a) die angezeigte Tätigkeit und die vorgesehenen Strahlenschutzmaßnahmen beschrieben sind,
   b) die mögliche Körperdosis der beruflich exponierten Personen bestimmt ist und
   c) nachgewiesen ist, dass bei der Tätigkeit die Ausrüstungen vorhanden und die Maßnahmen getroffen sind, die nach dem Stand der Technik erforderlich sind, damit die Schutzvorschriften eingehalten werden,

2. Nachweis, dass die für die sichere Durchführung der Tätigkeit notwendige Anzahl von Strahlenschutzbeauftragten bestellt ist und ihnen die für die Erfüllung ihrer Aufgaben erforderlichen Befugnisse eingeräumt sind,

3. Nachweis, dass jeder Strahlenschutzbeauftragte die erforderliche Fachkunde im Strahlenschutz besitzt oder, falls ein Strahlenschutzbeauftragter nicht notwendig ist, der Anzeigende, sein gesetzlicher Vertreter oder, bei juristischen Personen oder sonstigen Personenvereinigungen, der nach Gesetz, Satzung oder Gesellschaftsvertrag zur Vertretung oder Geschäftsführung Berechtigte die erforderliche Fachkunde im Strahlenschutz besitzt und

4. Nachweis, dass die bei der Tätigkeit sonst tätigen Personen das notwendige Wissen und die notwendigen Fertigkeiten im Hinblick auf die mögliche Strahlengefährdung und die anzuwendenden Schutzmaßnahmen besitzen.

²Erfolgt die Anzeige auf Grund einer Abschätzung nach § 55 Absatz 1 Satz 2 oder nach § 55 Absatz 2, so kann die zuständige Behörde im Einzelfall eine Frist für eine spätere Vorlage aller oder einzelner Unterlagen bestimmen.

(3) Die Absätze 1 und 2 sind entsprechend anzuwenden, wenn die angezeigte Tätigkeit wesentlich verändert wird.

Schrifttum: *BfS,* Ermittlung und Bewertung der Strahlenexposition an Arbeitsplätzen mit natürlich vorkommenden radioaktiven Materialien (NORM), Juli 2018 – BfS-RESFOR-136/18, urn:nbn:de:0221- 2018071915620; *BMU,* Anforderungen an den Erwerb und die Aktualisierung der Fachkunde für Tätigkeiten an Arbeitsplätzen mit natürlich vorkommenden radioaktiven Stoffen und für die Sanierung von radioaktiven Altlasten (Fachkunde-Anforderungen NORM und Altlasten), GMBl. G 3191 A vom 10.12.2019.

A. Sinn und Zweck der Norm

1   Mit der Verpflichtung zur Anzeige wird für noch nicht begonnene Tätigkeiten im Bereich der natürlichen Radioaktivität ein Verfahren der behördlichen Vorabkontrolle eingeführt. Im Sinne der abgestuften Vorgehensweise bei der regulatorischen Kontrolle für geplante Tätigkeiten (RL 2013/59/Euratom) bewertet der Gesetzgeber eine Anzeige auf Grund des radiologischen Risikos der NORM-Tätigkeiten und der zu erwartenden Auswirkungen bzgl. der behördlichen Vorabkontrolle als ausreichend (→ vor §§ 10–67 Rn. 7). Die Expositionsabschätzungen der angezeigten Tätigkeiten sollen bereits vor deren Beginn überprüft werden können. Das Anzeigeverfahren soll eine hinreichende inhaltliche Substanz in der Prüfung des Strahlenschutzes aufweisen (BT-Drs. 18/11241, 300f.).

B. Bisherige Regelungen

2   Die Anzeigepflicht war bisher in **§ 95 Abs. 2 Satz 1 und 2 StrlSchV 2001** festgelegt. Dort gab es eine Anzeigepflicht, wenn die Expositionsabschätzung eine Strahlenexposition von mehr als 6 mSv im Kalenderjahr ergab; nach der jetzigen Regelung ist der Wert von 1 mSv im Kalenderjahr maßgeblich. Außerdem hat der

Gesetzgeber die Pflicht zur Abschätzung und Anzeige zeitlich nunmehr vor Beginn der Tätigkeit geregelt (→ vor §§ 55–59 Rn. 3).

C. Schriftliche Anzeige vor Aufnahme der Tätigkeit (Abs. 1)

Durch die Anzeige wird der zuständigen Behörde die Möglichkeit der **Vor-** **3** **abkontrolle** eröffnet. Der Verpflichtete hat der zuständigen Behörde die Tätigkeit anzuzeigen, wenn im Ergebnis der nach § 55 Abs. 1 (→ § 55 Rn. 1) durchzuführenden Abschätzung eine **effektive Dosis von 1 mSv im Kalenderjahr,** bezogen auf den Arbeitsplatz, überschritten wird; der Wert ergibt sich aus der Definition der beruflich exponierten Person in § 5 Abs. 7. Nach den praktischen Erfahrungen aus der Umsetzung der Anforderungen der StrlSchV 2001 und vorliegenden wissenschaftlichen Erkenntnissen (zB BfS-RESFOR-136/18) wurde dargelegt, dass bei NORM-Arbeitsplätzen idR nur der Maßstab des Dosiskriteriums von 1 mSv im Kalenderjahr von Bedeutung ist. Organ-Äquivalentdosiswerte, wie sie in § 5 Abs. 7 ebenfalls festgelegt sind, sind nur in Ausnahmefällen zu betrachten.

Die Tätigkeiten sind jeweils **vier Wochen vor dem Beginn** anzuzeigen; zur **4** Vierwochenfrist → vor §§ 10–67 Rn. 10ff. Bei bereits vor dem 31.12.2018 ausgeübten Tätigkeiten war eine derartige Vorabkontrolle nicht mehr möglich. Entsprechend der Übergangsvorschrift gemäß § 210 Abs. 2 war die Abschätzung nach § 55 Abs. 1 S. 1 (→ Rn. 3) bis zum 31. Dezember 2020 durchzuführen und anzuzeigen.

Der Verpflichtete wird, sobald sich aus der Abschätzung die Pflicht zur Erstat- **5** tung der Anzeige ergibt, zum **SSV** (§ 69 Abs. 1 Nr. 3).

D. Beizufügende Unterlagen (Abs. 2)

Der Anzeige sind für den Strahlenschutz relevante Informationen beizufügen **6** (dazu allgemein → vor §§ 10–67 Rn. 11). Eine Reihe von Anforderungen soll nicht von der zuständigen Behörde, sondern von einem nach § 172 Abs. 1 Nr. 2 (→ Rn. 7) **behördlich bestimmten Sachverständigen geprüft** werden. Das entspricht nach Auffassung des Gesetzgebers (BT-Drs. 18/11241, 301) der Vereinfachung, die mit dem Anzeigeverfahren ggü. einem Genehmigungsverfahren erreicht werden soll; Vorbild für diesen Regelungsansatz mit einer „standardisierten Verfahrensdurchführung" waren die Vorschriften zum anzeigebedürftigen Betrieb von Röntgeneinrichtungen (§ 19 Abs. 3). Dieser **„NORM-Sachverständige"** wurde mit dem Inkrafttreten neu eingeführt, da aus Sicht des Gesetzgebers ein besonderes Vertrauensverhältnis zwischen Behörde und Sachverständigen unabdingbar ist. Der NORM-Sachverständige hat die sachgerechten Schutz- und Überwachungsmaßnahmen festzustellen und deren Umsetzung zu begutachten (BT-Drs. 18/11241, 301). Ebenfalls neu wurde auch der **SSB** mit der dafür erforderlichen **„NORM-Fachkunde"** für die Umsetzung der Strahlenschutzmaßnahmen eingeführt. Die sonstigen Arbeitskräfte an den NORM-Arbeitsplätzen sollen das notwendige Wissen und die notwendigen Fertigkeiten besitzen.

Da sich der Gesetzgeber bei der Ausgestaltung des Abs. 2 an die Systematik der **7** Regelungen zum anzeigebedürftigen Betrieb von Röntgeneinrichtungen (§ 19 Abs. 3) angelehnt hat (BT-Drs. 18/11241, 301), kann hinsichtlich **des Katalogs**

von Unterlagen in Abs. 2 S. 1 im Übrigen sinngemäß auf die entsprechende Kommentierung zu § 19 (→ § 19 Rn. 25 ff.) verwiesen werden.

8   Der Verpflichtete (SSV) hat nach Maßgabe von Abs. 1 S. 2 die Möglichkeit, Unterlagen zu den Expositionsabschätzungen für bereits zulässigerweise ausgeübte Tätigkeiten **nachzureichen,** wenn die Abschätzung erst durch eine **behördliche Anordnung** (§ 55 Abs. 2) hinsichtlich des Strahlenschutzes erforderlich wurde. In diesem Fall hat der Verpflichtete ggf. auch weitere Nachweise der für den Strahlenschutz erforderlichen Ausrüstungen in Abstimmung mit der Behörde nach angemessener Frist nachzuliefern. Die amtl. Begründung (BT-Drs. 18/11241, 302) betont, dass hier angesichts der ggf. notwendigen Umstellungen des Betriebes mit Blick auf den Strahlenschutz ggf. eine längere Zeitdauer angemessen sein kann.

E. Anforderung bei Veränderungen des Arbeitsplatzes (Abs. 3)

9   Bei einer **wesentlichen Änderung der angezeigten Tätigkeit** können sich Expositionssituationen an den Arbeitsplätzen verändern. Der Verpflichtete hat demzufolge eine neue Expositionsabschätzung durchzuführen und die Ergebnisse der Behörde anzuzeigen. Das kann dazu führen, dass erstmals eine Anzeigepflicht entsteht; umgekehrt kann sich bei einer angezeigten NORM-Tätigkeit jedoch auch ergeben, dass die strahlenschutzrechtliche Kontrolle nicht mehr erforderlich ist; in diesem Falle ist die Mitteilungspflicht nach § 58 zu beachten.

F. Übergangsvorschriften

10   Anzeigen, die bereits vor dem 31. 12. 2018 nach altem Recht für eine Tätigkeit iSd. § 4 Abs. 1 S. 1 Nr. 10 erfolgt waren, gelten nach § 210 Abs. 1 als Anzeigen gem. § 56 Abs. 1 StrlSchG fort, wenn bis zum 31. 12. 2020 die nach § 56 Abs. 1 Satz 1 über die bisherige Anzeige hinaus erforderlichen Unterlagen nachgereicht wurden. Verantwortliche für bereits vor dem 31. 12. 2018 begonnene, aber bis dahin nicht anzeigepflichtige Tätigkeiten waren nach § 210 Abs. 2 Satz 1 StrlSchG zu einer nachträglichen Expositionsabschätzung nach § 55 Abs. 1 und der Anzeige bis zum 31. 12. 2020 verpflichtet. Nach § 210 Abs. 2 Satz 2 wurden bereits zu einem früheren Zeitpunkt durchgeführte Abschätzungen berücksichtigt, die ebenfalls bis zum 31. 12. 2020 anzuzeigen waren.

G. Zuwiderhandlungen

11   Nach § 194 Abs. 1 Nr. 3 handelt **ordnungswidrig,** wer eine Anzeige nach Abs. 1 nicht, nicht richtig, nicht vollständig, nicht in der vorgeschriebenen Weise oder nicht rechtzeitig erstattet.

§ 57 **Prüfung der angezeigten Tätigkeit**

(1) ¹Die zuständige Behörde prüft die Anzeige innerhalb von vier Wochen nach Eingang der Unterlagen. ²Teilt die Behörde dem Anzeigenden im Falle einer Abschätzung nach § 55 Absatz 1 Satz 1 vor Ablauf dieser Frist schriftlich mit, dass alle erforderlichen Nachweise erbracht sind, darf der Anzeigende die Tätigkeit bereits mit Erhalt der Mitteilung aufnehmen.

(2) Leitet die zuständige Behörde innerhalb der Frist nach Absatz 1 Satz 1 ein Verfahren zur Prüfung der Rechtfertigung nach § 7 ein, so setzt sie das Verfahren zur Prüfung der Anzeige für die Dauer des Verfahrens zur Prüfung der Rechtfertigung aus.

(3) Die zuständige Behörde kann die Tätigkeit untersagen, wenn
1. eine der nach § 56 Absatz 2 Satz 1 nachzuweisenden Anforderungen nicht oder nicht mehr erfüllt ist; dies gilt nach Ablauf der Frist nach Absatz 1 nur, wenn nicht in angemessener Zeit Abhilfe geschaffen wird,
2. Tatsachen vorliegen, aus denen sich Bedenken gegen die Zuverlässigkeit der zur Anzeige verpflichteten Person, ihres gesetzlichen Vertreters oder, bei juristischen Personen oder sonstigen Personenvereinigungen, der nach Gesetz, Satzung oder Gesellschaftsvertrag zur Vertretung oder Geschäftsführung berechtigten Person oder des Strahlenschutzbeauftragten ergeben,
3. Tatsachen vorliegen, aus denen sich Bedenken ergeben, ob das für die sichere Ausführung der Tätigkeit notwendige Personal vorhanden ist,
4. es sich um eine nicht gerechtfertigte Tätigkeitsart nach einer Rechtsverordnung nach § 6 Absatz 3 handelt oder wenn unter Berücksichtigung eines nach § 7 Absatz 2 veröffentlichten Berichts erhebliche Zweifel an der Rechtfertigung der Tätigkeitsart bestehen,
5. gegen die Vorschriften dieses Gesetzes oder der auf Grund dieses Gesetzes erlassenen Rechtsverordnungen oder gegen die darauf beruhenden Anordnungen und Verfügungen der Aufsichtsbehörden erheblich oder wiederholt verstoßen wird und nicht in angemessener Zeit Abhilfe geschaffen wird oder
6. dies wegen einer erheblichen Gefährdung der Beschäftigten, Dritter oder der Allgemeinheit erforderlich ist.

(4) Kommt der auf Grund von § 55 Absatz 2 zur Abschätzung Verpflichtete der vollziehbaren behördlichen Anordnung nicht nach, so kann die zuständige Behörde die Tätigkeit ganz oder teilweise bis zur Erfüllung der Anordnung untersagen.

A. Sinn und Zweck der Norm

Die zuständige Behörde hat die mit der Anzeige einzureichenden **Unterlagen** 1 **zu überprüfen.** Sofern die Inhalte der Unterlagen die Anforderungen nicht erfüllen, kann die Behörde im Anzeigeverfahren weitere Unterlagen oder Nachweise (etwa zu den Schutzmaßnahmen) nachfordern. Sie kann außerdem die Tätigkeit **untersagen.**

Mit dieser Regelung werden die Anforderung an Anzeigeverfahren nach Art. 4 Nr. 86 RL 2013/59/Euratom umgesetzt.

B. Bisherige Regelungen

2   Die StrlSchV 2001 enthielt keine entsprechende Regelung.

C. Prüfung durch die zuständige Behörde (Abs. 1)

3   Die zuständige Behörde hat die Unterlagen in einem begrenzten Zeitraum zu prüfen, um dem Verpflichteten eine zeitnahe Ausübung der Tätigkeit zu ermöglichen. Die **Frist von vier Wochen** entspricht der **Anzeigefrist in § 56 Abs. 1 S 2** (zur Doppelfunktion der Frist → vor §§ 10–67 Rn. 10; dort auch vertiefende Hinweise zur Frist). Nach Ablauf der Frist, aber auch bei einer früheren Mitteilung der Behörde zum positiven Abschluss der Prüfung (Abs. 1 S. 2), darf der Antragsteller die Tätigkeit aufnehmen (→ vor §§ 10–67 Rn. 13).

D. Prüfung der Rechtfertigung einer Tätigkeit nach § 7 (Abs. 2)

4   Bei Vorliegen konkreter Anhaltspunkte für Zweifel an der **Rechtfertigung** der Tätigkeitsart wird das Anzeigeverfahren ausgesetzt; auf die Kommentierung zum analogen § 18 Abs. 2 kann verwiesen werden (→ § 18 Rn. 5).

E. Untersagung einer Tätigkeit bei fehlenden Nachweisen (Abs. 3)

5   Die zuständige Behörde kann die angezeigte Tätigkeit unter bestimmten Voraussetzungen **untersagen**. Bei NORM-Tätigkeiten sind nach Auffassung des Gesetzgebers (BT-Drs. 18/11241, 303) allerdings **nur Ausnahmefälle denkbar.** Wenn z. B. einzelne Unterlagen vom Antragsteller zügig nachgereicht oder die Verbesserung einzelner Schutzmaßnahmen erwirkt werden, wird die zuständige Behörde im Ergebnis idR eine Anzeige akzeptieren.

6   Die Tätigkeiten können untersagt werden, wenn strahlenschutzrelevante **Anforderungen nicht nachgewiesen** oder die einzureichenden **Unterlagen unvollständig** sind; die Unterlagen sind vollständig, wenn sie es der Behörde ermöglichen, das Vorliegen der nachzuweisenden Anforderungen zu erfüllen (BT-Drs. 18/11241, 303; zur Unvollständigkeit von Unterlagen → vor §§ 10–67 Rn. 11). Außerdem können auch Bedenken gegen die Zuverlässigkeit des SSV oder des SSB zu einer Untersagung führen, oder wenn kein ausreichendes Personal vorhanden ist und damit ein ausreichender Strahlenschutz nicht sichergestellt werden kann. Mit Bezug auf Abs. 2 (→ Rn. 4) können nach Nr. 4 auch nicht gerechtfertigte Tätigkeiten untersagt werden.

7   Zu diesen und den weiteren Untersagungsvoraussetzungen in Abs. 3 kann auf die Kommentierungen zu den vergleichbar aufgebauten §§ 18 Abs. 3 und insbesondere 20 Abs. 3 verwiesen werden (→ § 20 Rn. 7 ff.).

F. Untersagung einer Tätigkeit bei Nicht-Erfüllung einer Anordnung nach § 55 Abs. 2 (Abs. 4)

Wenn die zuständige Behörde gem. § 55 Abs. 2 bei Tätigkeiten, die nicht in **8** Anl. 3 erfasst sind, die Abschätzung der Exposition angeordnet hat, kann sie, wenn der Verpflichtete dieser Anordnung nicht nachkommt, die Tätigkeit ganz oder teilweise untersagen, bis die Anordnung erfüllt ist.

G. Zuwiderhandlungen

Nach § 194 Abs. 1 Nr. 4 handelt **ordnungswidrig,** wer einer vollziehbaren Un- **9** tersagungsanordnung nach Abs. 3 oder 4 zuwiderhandelt.

---

§ 58 Beendigung der angezeigten Tätigkeit

Wer eine nach § 56 Absatz 1 Satz 1 angezeigte Tätigkeit beendet oder derart verändert, dass eine Abschätzung nach § 55 Absatz 1 Satz 2 ergibt, dass die Körperdosis die Werte für die Einstufung als beruflich exponierte Person nicht mehr überschreiten kann, hat dies der zuständigen Behörde unverzüglich mitzuteilen.

A. Sinn und Zweck der Norm

Die zuständige **Behörde** muss von der Beendigung ausgeübten anzeigebedürfti- **1** gen Tätigkeit **informiert werden.** Damit unterliegt die Tätigkeit nicht mehr der behördlichen Vorabkontrolle und den daran anknüpfenden Schutzvorschriften.

B. Bisherige Regelungen

In der StrlSchV 2001 gab es keine entsprechende Regelung.   **2**

C. Mitteilungspflicht

Die **Mitteilungspflicht** lehnt sich an die Regelung des § 21 an; auf die dortige **3** Kommentierung kann daher verwiesen werden. Sie gilt auch für NORM-Arbeitsplätze, bei denen z. B. durch die Optimierung von Strahlenschutzmaßnahmen eine Expositionsabschätzung ergibt, dass die effektive Dosis von 1 mSv im Kalenderjahr nicht mehr überschritten wird. Der Verpflichtete hat in diesem Fall allerdings zu beachten, dass bei weiteren Veränderungen der Arbeitsplatzsituation erneut die Exposition abgeschätzt werden muss.

D. Zuwiderhandlungen

4   Nach § 194 Abs. 1 Nr. 5 handelt **ordnungswidrig,** wer die Mitteilung nicht, nicht richtig, nicht vollständig oder nicht rechtzeitig macht.

§ 59   Externe Tätigkeit

(1) [1]Die Pflicht zur Abschätzung der Körperdosis nach § 55 Absatz 1 gilt entsprechend für denjenigen, der die dort genannten Tätigkeiten in einer fremden Betriebsstätte in eigener Verantwortung ausübt oder von Personen ausüben lässt, die unter seiner Aufsicht stehen. [2]Liegt für die fremde Betriebsstätte eine auf dem Arbeitsplatz bezogene Abschätzung vor, so hat der Inhaber der Betriebsstätte eine Abschrift der Aufzeichnungen über die Abschätzung an den nach Satz 1 Verpflichteten unverzüglich zu übermitteln. [3]§ 55 Absatz 2 und 3 gilt entsprechend.

(2) Ergibt die Abschätzung nach Absatz 1 Satz 1 oder 3, dass die Körperdosis einen der Werte für die Einstufung als beruflich exponierte Person überschreiten kann, so hat der nach Absatz 1 Satz 1 oder 3 Verpflichtete die Tätigkeit der zuständigen Behörde entsprechend § 56 Absatz 1 anzuzeigen.

(3) Der Anzeige nach Absatz 2 sind das Ergebnis der Abschätzung nach § 55 Absatz 1 und die folgenden Unterlagen beizufügen:
1. Nachweis, dass jeder Strahlenschutzbeauftragte die erforderliche Fachkunde im Strahlenschutz besitzt oder, falls ein Strahlenschutzbeauftragter nicht notwendig ist, der Anzeigende, sein gesetzlicher Vertreter oder, bei juristischen Personen oder sonstigen Personenvereinigungen, der nach Gesetz, Satzung oder Gesellschaftsvertrag zur Vertretung oder Geschäftsführung Berechtigte die erforderliche Fachkunde im Strahlenschutz besitzt,
2. Nachweis, dass die bei der Tätigkeit sonst tätigen Personen das notwendige Wissen und die notwendigen Fertigkeiten im Hinblick auf die mögliche Strahlengefährdung und die anzuwendenden Schutzmaßnahmen besitzen,
3. Nachweis, dass die beschäftigten Personen den Anordnungen der Strahlenschutzverantwortlichen und Strahlenschutzbeauftragten derjenigen Betriebsstätten, in denen eine nach § 56 Absatz 1 angezeigte Tätigkeit ausgeübt wird, Folge zu leisten haben, die diese infolge ihrer Pflichten nach diesem Gesetz und der auf Grund dieses Gesetzes erlassenen Rechtsverordnungen treffen und
4. Nachweis, dass für die Beschäftigung in denjenigen Betriebsstätten, für die eine Anzeige nach § 56 Absatz 1 nicht erstattet ist, die Ausrüstungen vorhanden und die Maßnahmen getroffen sind, die nach dem Stand der Technik erforderlich sind, damit die Schutzvorschriften eingehalten werden.

(4) § 56 Absatz 3 und die §§ 57 und 58 gelten für die nach Absatz 2 angezeigte Tätigkeit entsprechend.

Flesch

Schrifttum: *BMU,* Anforderungen an den Erwerb und die Aktualisierung der Fachkunde für Tätigkeiten an Arbeitsplätzen mit natürlich vorkommenden radioaktiven Stoffen und für die Sanierung von radioaktiven Altlasten (Fachkunde-Anforderungen NORM und Altlasten), GMBl. G 3191 A vom 10.12.2019.

A. Sinn und Zweck der Norm

Die Pflicht zur Dosisabschätzung trifft auch die Verpflichteten, die ihre Mitarbei- **1** ter in **fremden Betriebsstätten** insbesondere von § 55 Abs. 1 erfasste Tätigkeiten ausführen lassen oder diese selbst dort ausüben.

Das Erfordernis für die Pflichten für die Expositionsabschätzung von Arbeitskräften in fremden Betriebsstätten ergibt sich aus Art. 31 Abs. 2 i.V. m. mit Art. 51 RL 2013/59/Euratom. Generell liegt den Regelungen der RL das Ziel zugrunde, dass externe Arbeitskräfte denselben Schutz erhalten wie die im Betrieb beschäftigte Arbeitskräfte.

B. Bisherige Regelungen

In der **StrlSchV 2001** regelte **§ 95 Abs. 1 Satz 3** die Verpflichtung für denjeni- **2** gen, der in einer fremden Betriebsstätte in eigener Verantwortung Arbeiten nach Satz 1 ausübt oder unter seiner Aufsicht stehende Personen Arbeiten ausüben lässt.

C. Zwei Grundfälle

Bei der externen Beschäftigung an NORM-Arbeitsplätzen sind zwei Fälle zu **3** unterscheiden (vgl. BT-Drs. 18/11241, 305):

Regelfall: Bei den „vor Ort" tätigen Arbeitskräften wurde eine mögliche effek- **4** tive Dosis oberhalb von 1 mSv im Kalenderjahr abgeschätzt, so dass für die Betriebsstätte **bereits eine Anzeige nach § 55 Abs. 1 erstattet** ist. In diesem Fall hat der „externe Arbeitgeber" seine Arbeitskräfte der bestehenden Strahlenschutzorganisation vor Ort unterzuordnen.

Alternativer Fall: Die Abschätzung „vor Ort" hat ergeben, dass erhöhte Exposi- **5** tionen nicht möglich sind. Für externe Arbeitskräfte ergibt sich eine mögliche Überschreitung der effektiven Dosis von 1 mSv im Kalenderjahr durch die **Durchführung vergleichbarer Tätigkeiten** wie. z. B. bei Wartungs- oder Reparaturarbeiten **in mehreren Betriebsstätten.**

Die Unterscheidung wirkt sich vor allem bei den gem. Abs. 3 vorzulegenden **6** Unterlagen aus.

D. Abschätzung der Körperdosis durch den externen Unternehmer/Arbeitgeber (Abs. 1)

Für den **„externen Unternehmer"** ordnet Abs. 1 S. 1 die entsprechende An- **7** wendung der Pflicht zur Abschätzung nach § 55 Abs. 1 an.

Die Verpflichtung des **Inhabers der Betriebsstätte (Abs. 1 S. 2)** soll dem externen Unternehmer/Arbeitgeber die Möglichkeit geben, dass er die nötigen Informationen für eine Expositionsabschätzung erhält, sofern an der Betriebsstätte eine Abschätzung vorgenommen wurde; in Anwendung des § 55 Abs. 3 müssten die Ergebnisse der Abschätzung dann in dokumentierter und übermittelbarer Form beim Inhaber der Betriebsstätte vorliegen. Damit soll der Aufwand für den externen Unternehmer/Arbeitgeber so weit wie möglich reduziert werden.

E. Anzeige der externen Tätigkeit (Abs. 2)

8   Wenn bei externen Beschäftigungen auf Grund möglicher Überschreitungen der effektiven Dosis von mehr als 1 mSv im Kalenderjahr der externe Unternehmer (sofern er selbst tätig wird) oder die von ihm beschäftigten externen Arbeitskräfte als beruflich exponierte Person einzustufen sind, ist eine **Anzeige** an die Behörde erforderlich; Abs. 2 ordnet die entsprechende Geltung von § 56 Abs. 1 an. Diese Arbeitskräfte sollen denselben Schutz wie die „vor Ort" tätigen Arbeitskräfte erhalten. Der externe Unternehmer/Arbeitgeber wird, sobald aufgrund der Abschätzung die Anzeigepflicht eintritt, zum **SSV** (§ 69 Abs. 1 Nr. 3).

F. Zu erbringende Nachweise in der Anzeige (Abs. 3)

9   Wie bei § 56 Abs. 1 sind nach Abs. 3 entsprechende Nachweise **als Unterlagen mit der Anzeige vorzulegen,** dass die beschäftigten Personen den Anordnungen der SSV und SSB, in denen eine nach § 56 Abs. 1 (→ Rn. 8) angezeigte Tätigkeit ausgeübt wird, Folge zu leisten haben Die Pflicht der Übergabe eines Prüfberichts eines behördlich bestimmten Sachverständigen (§ 172 Abs. Nr. 2) gemäß § 56 Abs. 1 wurde vom Gesetzgeber im vorliegenden Zusammenhang als nicht sachgerecht beurteilt (BT-Drs. 18/11241, 305).

10   Allerdings gelten auch die Anforderungen zur **Fachkunde NG bzw. S 9.1** bei externer Beschäftigung (Nr. 1) (BMI, Fachkunde-Anforderungen NORM und Altlasten, siehe Schrifttum). Die in Nr. 2 formulierte Anforderung an die **Qualifikation** der extern tätigen Personen entspricht derjenigen für das vor Ort tätige Personal.

11   Hinsichtlich der Nrn. 3 und 4 ist nach den beiden Grundfällen für die externe Beschäftigung bei NORM-Arbeitsplätzen (→ Rn. 4) zu unterscheiden. Die externen Arbeitskräfte sollen bei dem **Regelfall** (örtliche Betriebsstätte unterliegt der Anzeige gem. § 56 Abs. 1) nach Nr. 3 **in die vor Ort bestehende Strahlenschutzorganisation eingegliedert** werden. Für die in Nr. 3 festgelegte Weisungsbefugnis des örtlichen SSV/SSB kann sinngemäß auf die entsprechende Kommentierung zu § 25 verwiesen werden (→ § 25 Rn. 36 ff.). Für den **Ausnahmefall** (Anzeigepflicht des externen Unternehmers aufgrund der Kumulation der Expositionen aus verschiedenen örtlichen Betriebsstätten, die selber nicht anzeigepflichtig sind) ist nach Nr. 4 sicherzustellen, dass für die Beschäftigung an solchen Betriebsstätten, an denen es mangels Anzeigepflicht keine Strahlenschutzorganisation gibt, die entsprechenden Ausrüstungen und Maßnahmen vorhanden bzw. getroffen sind. Wenn der externe Unternehmer in fremden Betriebsstätten selbst oder durch seine Arbeitnehmer tätig wird und wenn diese fremden Betriebsstätten teils anzeigepflichtig sind, dann sind Unterlagen nach Nr. 3 und nach Nr. 4 vorzulegen (in diesem Sinne die amtl. Begründung, BT-Drs. 18/11241, 305 f.).

G. Änderungen, Untersagung, Beendigung (Abs. 4)

Abs. 4 ordnet die entsprechende Geltung von § 56 Abs. 3 und §§ 57 und 58 an; **12**
auf die jeweilige Kommentierung wird verwiesen.

H. Zuwiderhandlungen

Gemäß § 194 Abs. 1 Nr. 10 und Nr. 11 handelt **ordnungswidrig,** wer entgegen **13**
Abs. 1 Satz 1 eine Abschätzung nicht, nicht richtig oder nicht rechtzeitig durchführt
oder sie entgegen Abs. 1 Satz 2 nicht oder nicht rechtzeitig übermittelt. Auch der
Verstoß gegen die Anzeigepflicht nach Abs. 2 ist gem. § 194 Abs. 1 Nr. 3 eine Ordnungswidrigkeit. Nach § 194 Abs. 1 Nr. 4 handelt ordnungswidrig, wer einer vollziehbaren Anordnung nach Abs. 4 iVm § 57 Abs. 3 (Untersagung) oder Abs. 4 (Anordnung zur Abschätzung) zuwiderhandelt.

Vor §§ 60 ff. Teil 2 – Strahlenschutz bei geplanten Expositionssituationen

Unterabschnitt 2 – Tätigkeiten mit Rückständen; Materialien

Vorbemerkung zu §§ 60 ff.

1   §§ 60–66 beziehen sich auf **Rückstände,** also (vgl. die Definition in § 5 Abs. 32 sowie die Definition der „Materialien" in § 5 Abs. 22) auf Stoffe, die natürlich vorkommende Radionuklide enthalten oder mit solchen Stoffen kontaminiert sind, und die in den in Anlage 1 genannten industriellen und bergbaulichen Prozessen anfallen (z. B. Schlämme aus der Gewinnung von Erdöl und Erdgas oder Kiese aus der Grundwasseraufbereitung) und die dort genannten Voraussetzungen erfüllen (→ Anl. 1 Rn. 3 ff.). Die in §§ 60 ff. angesprochenen Handlungen sind **Tätigkeiten nach § 4 Abs. 1 Nr. 10 a) bis c).** Während es bei den Regelungen zu NORM-Arbeitsplätzen (§§ 55–59) um den Schutz der dort beschäftigten Personen geht, sind die Regelungen in §§ 60 ff. dadurch motiviert, dass diese Tätigkeiten – die Lagerung, Verwertung oder Beseitigung von Rückständen – zu einer **Exposition von Einzelpersonen der Bevölkerung** führen können, die unter Strahlenschutzgesichtspunkten nicht außer Acht gelassen werden kann.

2   Als grundsätzlicher Maßstab gilt ein **Richtwert für die effektive Dosis von Einzelpersonen der Bevölkerung im Bereich von 1 mSv im Kalenderjahr.** Dieser Richtwert ist in der amtl. Begründung in BT-Drs. 18/11241, 306, ebenso wie bereits in der amtl. Begründung zur StrlSchV 2001 in BR-Drs. 207/01, 288 f., ausführlich begründet; hiernach musste eine praktikable Abgrenzung der zu überwachenden Tätigkeiten und Materialien von der vom Menschen unbeeinflussten Natur, also von dem nicht zu überwachenden „natürlichen Hintergrund" gefunden werden. Der Richtwert soll im Rahmen der Toleranzgrenzen von Mess- und Bewertungsunsicherheiten eingehalten werden; wie in der amtl. Begründung ausdrücklich festgehalten ist (BT-Drs. 18/11241, 309), ist der Richtwert **kein Grenzwert.** Er ist deshalb auch nicht drittschützend (vgl. BR-Drs. 207/01, 288).

3   Die §§ 61 ff. sehen ein gestuftes System von Anmelde-, und Anzeigepflichten vor, das anhand des Kriteriums gestaffelt ist, ob es sich um überwachungsbedürftige Rückstände handelt (§ 61) und wenn ja, ob sie nach § 62 aus der Überwachung entlassen werden können oder nach § 63 in der Überwachung verbleiben müssen. Dieses System entspricht den Vorgaben der RL 2013/59/Euratom. Nach Art. 23 der RL müssen die Mitgliedstaaten Tätigkeiten ermitteln, die mit natürlich vorkommendem radioaktivem Material verbunden sind und die zu einer Exposition von Arbeitskräften (NORM-Arbeitsplätze, §§ 55 ff.) oder Einzelpersonen der Bevölkerung führen, die unter Strahlenschutzgesichtspunkten nicht außer Acht gelassen werden kann. Solche Tätigkeiten müssen dann den in Art. 24 ff. der RL genannten abgestuften Instrumenten der regulatorischen Kontrolle – von der Freistellung über eine Anmeldung oder Anzeige bis hin zur Genehmigung, die hier aber nicht einschlägig ist – unterworfen werden.

4   Im Rahmen der Verpflichtung aus Art. 23 RL 2013/59/Euratom hat der Gesetzgeber auch untersucht, ob die eigentlichen industriellen und bergbaulichen Prozesse, bei denen Rückstände anfallen, über die damit verbundenen Ableitungen zu einer relevanten Exposition von Einzelpersonen der Bevölkerung führen können. Die Untersuchungen ergaben aber, dass in diesem Bereich die Ableitungen nur zu Expositionen führen, die deutlich unter dem Dosisrichtwert bleiben und die Freistellungkriterien in Anlage VII der RL erfüllen (BT-Drs. 18/11241, 308). Insoweit verbleibt es dabei, dass nur Handlungen, die das Anfallen der Rückstände

370   *Flesch*

betreffen, ggf. als Tätigkeiten eingestuft und der Kontrolle unterworfen werden; siehe aber auch § 65 Abs. 1, der es im Einzelfall der Behörde ermöglicht, Anordnungen auch zu industriellen und bergbaulichen Prozessen zu treffen.

§ 60 Anfall, Verwertung oder Beseitigung von Rückständen

(1) [1]Wer in seiner Betriebsstätte industrielle und bergbauliche Prozesse durchführt oder durchführen lässt, bei denen jährlich mehr als insgesamt 2 000 Tonnen an Rückständen anfallen werden und verwertet oder beseitigt werden sollen, hat dies bei der zuständigen Behörde und der nach § 47 Absatz 1 Satz 1 des Kreislaufwirtschaftsgesetzes zuständigen Behörde zu Beginn jedes Kalenderjahrs anzumelden. [2]Die Anmeldepflicht gilt entsprechend für denjenigen, der überwachungsbedürftige Rückstände, die im Ausland angefallen und ins Inland verbracht worden sind, verwertet oder zur Verwertung annimmt.

(2) [1]Der zur Anmeldung nach Absatz 1 Verpflichtete hat ein Konzept über die Verwertung und Beseitigung der Rückstände (Rückstandskonzept) zu erstellen und der zuständigen Behörde auf Verlangen vorzulegen. [2]Das Rückstandskonzept hat Folgendes zu enthalten:
1. Angaben über Art, Masse, spezifische Aktivität und Verbleib der Rückstände, einschließlich Schätzungen der in den nächsten fünf Jahren anfallenden Rückstände, und
2. eine Darstellung der getroffenen und für die nächsten fünf Jahre geplanten Beseitigungs- oder Verwertungsmaßnahmen.

(3) Das Rückstandskonzept ist alle fünf Jahre oder auf Verlangen der zuständigen Behörde zu einem früheren Zeitpunkt fortzuschreiben.

(4) [1]Der zur Anmeldung nach Absatz 1 Verpflichtete hat jährlich für das vorangegangene Jahr eine Bilanz über Art, Masse, spezifische Aktivität und Verbleib der verwerteten und beseitigten Rückstände (Rückstandsbilanz) zu erstellen, fünf Jahre lang aufzubewahren und der zuständigen Behörde auf Verlangen vorzulegen. [2]Ergänzend kann die zuständige Behörde die Vorlage entsprechender Nachweise nach § 21 des Kreislaufwirtschaftsgesetzes verlangen.

(5) Die zuständige Behörde kann verlangen, dass Form und Inhalt des Rückstandskonzeptes und der Rückstandsbilanz bestimmten Anforderungen genügen, und die sachliche Richtigkeit überprüfen.

A. Sinn und Zweck der Norm

§ 60 etabliert eine generelle Anmeldepflicht für Unternehmen, bei denen **er-** **1** **hebliche Mengen an Rückständen** anfallen, und verpflichtet solche Unternehmen dazu, bestimmte **Planungs- und Erfassungsinstrumente** zu benutzen (ein in die Zukunft gerichtetes Rückstandskonzept und eine das jeweils vergangene Jahr umfassende Rückstandsbilanz). In der RL 2013/59 ist dies nicht vorgegeben, der Gesetzgeber hat es jedoch weiterhin als sinnvoll empfunden und daher die bestehende Regelung fortgeführt (BT-Drs. 18/11241, 308).

B. Bisherige Regelungen

2   Die Regelung wurde ohne wesentliche Veränderungen aus **§ 100 Abs. 1 bis 4 StrlSchV 2001** übernommen. Der dort verwendete Begriff der Arbeiten wurde durch „industrielle und bergbauliche Prozesse" ersetzt. Statt einer Mitteilungspflicht ist jetzt eine Anmeldepflicht vorgeschrieben (ohne dass damit eine materielle Änderung verbunden sein sollte, BT-Drs. 18/11241, 309). Neu ist auch die Lage der Norm innerhalb des Unterabschnitts zu Rückständen. Sie steht jetzt am Anfang, vor den Regelungen zur eigentlichen Vorabkontrolle in §§ 61 ff.

C. Anmeldung von Rückständen (Abs. 1)

3   Unternehmen, bei denen jährlich mehr als insgesamt 2.000 Mg an Rückständen iSd Definition in § 5 Abs. 32 iVm Anl. 1 anfallen und verwendet oder beseitigt werden sollen, müssen dies der zust. Behörde in Form einer **Anmeldung** mitteilen. Der Gesetzgeber sah es aus Strahlenschutzgründen und auf Grund der Belange der Abfallwirtschaftsplanung als nicht weiter erforderlich an, kleinere Unternehmen in die Regelungen einzubeziehen (amtl. Begründung zur StrlSchV 2001, BR-Drs. 207/01, 294). Die Anmeldepflicht gilt nach S. 2 auch für Unternehmen, die überwachungsbedürftige Rückstände, die im Ausland angefallen und ins Inland verbracht worden sind, verwertet oder zur Verwertung annimmt. Zur Definition der überwachungsbedürftigen Rückstände siehe § 61 Abs. 2 StrlSchG sowie § 27 iVm Anl. 5 StrlSchV. S. 2 spricht nur von Verwertung, da die Verbringung von Rückständen ins Inland zur Beseitigung nach § 61 Abs. 7 verboten ist.

Durch diese Anmeldepflicht können Behörden ihre **Aufsichtspflicht** wahrnehmen. Außerdem können sie ggf. geeignete Maßnahmen zum Strahlenschutz festlegen. Die Unternehmen müssen die Rückstände zu Beginn jedes Kalenderjahres wieder neu anmelden.

D. Rückstandskonzept (Abs. 2 und 3)

4   Die betroffenen Unternehmen müssen ein **Rückstandskonzept** erstellen und der zuständigen Behörde auf Verlangen vorlegen. Diese Regelung ist angelehnt an das Abfallwirtschaftskonzept des § 21 KrWG; dies ist ein Wirtschaftskonzept öffentlich-rechtlicher Entsorgungsträger über die Verwertung, insbesondere die Vorbereitung zur Wiederverwendung und das Recycling, und die Beseitigung der in ihrem Gebiet anfallenden und ihnen zu überlassenden Abfälle.

5   Das Konzept hat einen **planenden Charakter.** Es muss Art, Masse, spezifische Aktivität und Verbleib der Rückstände inkl. Schätzungen der in den nächsten fünf Jahren anfallenden Rückstände dokumentieren und die geplanten Beseitigungs- oder Verwertungsmaßnahmen darstellen. Die Norm hat eine wesentliche Bedeutung für die Wahrnehmung der Strahlenschutzaufsicht (BR-Drs. 207/01, 294); der Gesetzgeber sieht das Rückstandskonzept darüber hinaus als ein internes Planungsinstrument und als Instrument zur Stärkung der Eigenverantwortung. Darüber hinaus gibt es den zuständigen Behörden eine Planungsmöglichkeit für erforderliche Aufsichtshandlungen.

Das Rückstandskonzept ist alle fünf Jahre oder auf Verlangen der zuständigen 6
Behörde schon früher **fortzuschreiben** (Abs. 3). Die regelmäßige Fortschreibung
trägt dem Charakter als Planungsinstrument Rechnung.

E. Rückstandsbilanz (Abs. 4)

Die von den betroffenen Unternehmen zu erstellenden **Rückstandsbilanzen** 7
entsprechen den „Abfallbilanzen" nach § 21 KrWG, auf den Abs. 4 S. 2 auch ausdrücklich verweist Sie bilden ein zusätzliches Planungs- und Überwachungsinstrument, das die Rückstandskonzepte ergänzt. Auch hier hat die zuständige Behörde
die Möglichkeit, die Vorlage der Unterlagen zu fordern.

F. Anforderungen der zuständigen Behörde (Abs. 5)

Die Behörden sind nicht darauf beschränkt, sich das Rückstandskonzept oder die 8
Rückstandsbilanz vorlegen zu lassen; sie können im Rahmen ihrer Aufsichtspflichten ggf. auch **Anpassungen** fordern, damit die Rückstandskonzepte bzw. -bilan-
zen sachlich richtig geprüft werden können.

G. Zuwiderhandlungen

Nach § 194 Abs. 1 Nr. 12 bzw. Nr. 13 handelt der Verpflichtete **ordnungswid-** 9
rig, wenn er entgegen Abs. 1 Satz 1 eine Anmeldung oder entgegen Abs. 2 Satz 1
oder Abs. 4 Satz 1 ein Rückstandskonzept oder eine Rückstandsbilanz nicht, nicht
richtig, nicht vollständig oder nicht rechtzeitig macht bzw. vorlegt.

§ 61 Anfall und Lagerung überwachungsbedürftiger Rückstände;
Verordnungsermächtigung

(1) [1]**Wer in eigener Verantwortung industrielle und bergbauliche Prozesse durchführt oder durchführen lässt, bei denen überwachungsbedürftige Rückstände anfallen, durch deren Lagerung, Verwertung oder Beseitigung für Einzelpersonen der Bevölkerung der Richtwert der effektiven
Dosis von 1 Millisievert im Kalenderjahr überschritten werden kann, hat
Maßnahmen zum Schutz der Bevölkerung zu ergreifen, um sicherzustellen, dass der Richtwert nicht überschritten wird, und sich hierzu von einer
Person mit der erforderlichen Fachkunde im Strahlenschutz beraten zu
lassen.** [2]**Satz 1 gilt entsprechend für denjenigen, der überwachungsbedürftige Rückstände, die im Ausland angefallen und ins Inland verbracht worden sind, verwertet oder zur Verwertung annimmt.**

(2) [1]**Rückstände sind überwachungsbedürftig, wenn nicht sichergestellt
ist, dass bei ihrer Beseitigung oder Verwertung die durch Rechtsverordnung nach Satz 2 festgelegten Überwachungsgrenzen und Verwertungs-
und Beseitigungswege eingehalten werden.** [2]**Die Bundesregierung wird ermächtigt, durch Rechtsverordnung mit Zustimmung des Bundesrates die**

für Rückstände geltenden Überwachungsgrenzen und heranzuziehenden Verwertungs- und Beseitigungswege festzulegen.

(3) [1]Anfallende Rückstände dürfen vor der beabsichtigten Beseitigung oder Verwertung nicht vermischt oder verdünnt werden, um die Überwachungsgrenzen gemäß Absatz 2 einzuhalten. [2]Satz 1 gilt auch für im Ausland angefallene und zur Verwertung ins Inland verbrachte Rückstände.

(4) [1]Werden die überwachungsbedürftigen Rückstände auf dem Betriebsgelände des nach Absatz 1 Verpflichteten gelagert, so hat dieser die Lagerung bei der zuständigen Behörde anzumelden. [2]Die Beendigung der Lagerung ist der zuständigen Behörde unverzüglich mitzuteilen.

(5) [1]Die zuständige Behörde kann verlangen, dass für die Rückstände, die nicht überwachungsbedürftig sind, die Einhaltung der durch Rechtsverordnung nach Absatz 2 Satz 2 bestimmten Überwachungsgrenzen und Verwertungs- und Beseitigungswege nachgewiesen wird. [2]Sie kann hierfür technische Verfahren, geeignete Messverfahren und sonstige Anforderungen, insbesondere solche zur Ermittlung repräsentativer Messwerte der spezifischen Aktivität, festlegen.

(6) [1]Der nach Absatz 1 Verpflichtete hat Rückstände vor ihrer Beseitigung oder Verwertung gegen Abhandenkommen und vor dem Zugriff durch Unbefugte zu sichern. [2]Sie dürfen an andere Personen nur zum Zweck der Beseitigung oder Verwertung abgegeben werden.

(7) Die grenzüberschreitende Verbringung von Rückständen ins Inland zur Beseitigung ist verboten.

Schrifttum: *BfS*, Berechnungsgrundlagen zur Ermittlung der Strahlenexposition infolge bergbaubedingter Umweltradioaktivität (Berechnungsgrundlagen – Bergbau), BfS-SW-07/10, 2010; *BMU*, Richtlinie über die im Strahlenschutz erforderliche Fachkunde (Fachkunde-Richtlinie Technik nach Strahlenschutzverordnung) vom 21. Juni 2004, geändert am 19. April 2006 (GMBl. 2006 S. 735).

A. Sinn und Zweck der Norm

1   § 61 ist iVm Anl. 1 eine der **zentralen Regelungen im Bereich der Rückstände;** die Norm verpflichtet betroffene Unternehmen zu Maßnahmen zum Schutz der Bevölkerung und für die sichere Handhabung von überwachungsbedürftigen Rückständen. Der Schutz der Bevölkerung steht im Vordergrund. Mit diesen Regelungen wird die kontrollierte Verwertung oder Beseitigung von überwachungsbedürftigen Rückständen angestrebt, um erhöhte Expositionen für Einzelpersonen der Bevölkerung zu vermeiden. Damit werden auch die Vorgaben in Art. 23 ff. RL 2013/59/Euratom umgesetzt (→ § 60 Rn. 3).

B. Bisherige Regelungen

2   Die Regelungen wurden inhaltlich mit kleineren Änderungen und Ergänzungen bzw. einer neuen Aufteilung in mehrere Absätze aus **§ 97 Abs. 1 bis 5 StrlSchV 2001** übernommen.

C. Maßnahmen zum Schutz der Bevölkerung (Abs. 1)

Diese Regelung weist die **strahlenschutzrechtliche Verantwortlichkeit für** 3 **überwachungsbedürftige Rückstände** demjenigen zu, der die damit verbundenen Tätigkeiten **eigenverantwortlich** ausübt oder ausüben lässt. Die Pflicht knüpft bereits an die industriellen und bergbaulichen Prozesse an. Diese sind selber keine Tätigkeiten (→ § 60 Rn. 4), verursachen jedoch die überwachungsbedürftigen Rückstände, deren Lagerung, Verwertung oder Beseitigung der strahlenschutzrechtlichen Kontrolle bedarf. Die Formulierung „in eigener Verantwortung" unterstreicht, dass die strahlenschutzrechtlichen Pflichten den Inhaber der betrieblichen Entscheidungs- und Weisungsbefugnis treffen sollen und nicht die Arbeitskräfte, die diese Tätigkeiten praktisch durchführen (amtl. Begründung zur StrlSchV 2001, BR-Drs. 207/01, 289). Damit knüpft der Gesetzgeber an die Regelungen zum SSV und seine betriebliche Verantwortlichkeit an, obgleich der nach Abs. 1 Verpflichtete kein SSV ist (vgl. § 69 Abs. 1, wo die §§ 60 ff. nicht aufgeführt sind). Konsistent ist dieser Ansatz auch mit § 67, wonach Arbeitnehmer keine Genehmigung einholen und keine Anzeige erstatten müssen.

Der Begriff der **überwachungsbedürftigen Rückstände** ist in Abs. 2 anhand 4 von standardisierten Kriterien näher ausgestaltet (→ Rn. 8). Die Feststellung der Überwachungsbedürftigkeit nach diesen Kriterien obliegt dem nach Abs. 1 S. 1 Verpflichteten; der Gesetzgeber hat dem Gedanken der Selbstüberwachung breiten Raum gegeben (BR-Drs. 207/01, 287). Die Behörde kann nach Abs. 5 (→ Rn. 14) im Einzelfall einen entsprechenden Nachweis verlangen.

Neben der Verwertung und Beseitigung müssen auch bei der **Lagerung** von 5 überwachungsbedürftigen Rückständen Maßnahmen zum Schutz der Bevölkerung ergriffen werden; die Lagerung war zwar in den bisherigen Regelungen implizit mitenthalten, aber nicht ausdrücklich genannt, so dass nunmehr eine Klarstellung erfolgt ist (BT-Drs. 18/11241, 309). Neu ist auch die Anmeldepflicht zur Lagerung in Abs. 4. Auch hinsichtlich der Lagerung sieht der Gesetzgeber den Dosiswert von 1 mSv im Kalenderjahr als sinnvolle Orientierungsgröße und damit als ein handhabbares Konzept für den Schutz von Einzelpersonen der Bevölkerung an. Dieser Regelungsansatz geht davon aus, dass durch die Lagerung auf dem Betriebsgelände keine radiologisch relevanten und langfristig wirkenden Expositionen der Bevölkerung verursacht werden, da z. B. längere Aufenthalte im Nahbereich der Rückstände durch Spaziergänger oder spielende Kinder praktisch ausgeschlossen werden; insofern könne – im Gegensatz zur Verwertung oder Beseitigung – auf weiterführende Regelungen hinsichtlich einer Strahlenschutzüberwachung der Lagerung verzichtet werden (BT-Drs. 18/11241, 309).

Der Verpflichtete muss sich durch eine Person mit der **erforderlichen Fach-** 6 **kunde im Strahlenschutz** (Fachkunde S 9.2 nach der Fachkunde-RL, siehe Schrifttum) beraten lassen; diese Neuregelung war zur Umsetzung von Art. 68 lit d RL 2013/59/Euratom erforderlich.

Die Pflichten des S. 1 gelten nach **S. 2** auch für Unternehmen, die über- 7 wachungsbedürftige Rückstände, die **im Ausland angefallen** und ins Inland verbracht worden sind, verwertet oder zur Verwertung annimmt. S. 2 spricht nur von Verwertung, da die Verbringung von Rückständen ins Inland zur Beseitigung nach Abs. 7 verboten ist.

D. Festlegung von Überwachungsgrenzen und Verwertungs- und Beseitigungswege (Abs. 2)

8   Durch die Festlegung von **Überwachungsgrenzen** und **Verwertungs- und Beseitigungswegen** wird der Anwendungsbereich der Regelung definiert. Die durch die VO-Erm. festzulegenden Überwachungsgrenzen sowie Verwertungs- und Beseitigungswege beinhaltet – über die Verweisung in § 27 StrlSchV – die Anl. 5 StrlSchV. Sie wurde bis auf wenige Ausnahmen aus der Anl. XII Teil B StrlSchV 2001 unverändert übernommen. Lediglich die Vorgaben für die Bauprodukte und die Verwertung von Rückständen in Bauprodukten wurden gestrichen, da es hierfür nunmehr eigene Regelungen in §§ 133 ff. gibt. Die in der Anl. 5 StrlSchV enthaltenen Maßgaben wurden so bestimmt, dass Einzelpersonen der Bevölkerung und die mit definierten Verwertungs- oder Beseitigungsprozessen tätigen Personen keine effektiven Dosen von mehr als 1 mSv im Kalenderjahr zu erwarten haben.

9   Die Grundlagen für die Feststellung einer Überwachungsbedürftigkeit von Rückständen beruhen auf generischen Betrachtungen mit der Festlegung der Überwachungsgrenzen. Die in der Anl. 5 StrlSchV aufgeführten Überwachungsgrenzen beziehen sich auf **bestimmte, vorgegebene Verwertungs- oder Beseitigungswege**, die dabei so gewählt sind, dass es in aller Regel nicht zu Strahlenexpositionen für Einzelpersonen der Bevölkerung über 1 mSv effektive Dosis im Kalenderjahr kommen kann. Für die Ermittlung dieser Überwachungsgrenzen wurden bei der Erarbeitung von Anl. XII Teil B StrlSchV 2001 definierte Expositionsszenarien zu Grunde gelegt. Die berücksichtigten „Standardwege" betreffen u. a. drei spezielle Verwertungswege, denen für die Entsorgung der in Bergbau und Industrie anfallenden Rückstände traditionell große Bedeutung zukommt, nämlich die Verwertung als Tragschicht im Straßen- und Wegebau, im Landschaftsbau und zur Geländegestaltung, die Verwertung in Baustoffen sowie die untertägige Verwertung, beispielsweise als Bau- oder Versatzmaterial (BR-Drs. 207/01, 291).

10   Für diese Szenarien wurden als Ergebnis einer im Jahr 1999 für die Novellierung der StrlSchV (2001) bearbeiteten Studie **Expositionszeiten von 2.000 Stunden im Jahr** für die Verwertung oder Beseitigung im Bereich von einigen Tausend Megagramm angesetzt. In der Praxis liegen bei **sehr großer Massen** in den meisten Fällen jedoch deutlich geringere Arbeitszeiten vor oder es werden auch kleinere Massen der überwachungsbedürftigen Rückstände gehandhabt, sodass die in der Anl. 5 StrlSchV aufgeführten Überwachungsgrenzen als **sehr restriktive** Maßstäbe einzuschätzen sind.

11   Einige mittlerweile in der Praxis gängige Wege zur Beseitigung wie z. B. die Verbrennung von Rückständen sind **in der Anl. 5 StrlSchV nicht als Szenario enthalten.** Diese Beseitigungswege sind ohne weiteres zulässig, wenn die spezifische Aktivität für jedes Radionuklid der U-238- und der Th-232-Zerfallsreihen unterhalb von 0,2 Bq/g liegt, da es sich nach Anlage 1 Satz 3 Nr. 1 nicht um Rückstände handelt. Bei Überschreitung der in der Anlage 5 StrlSchV festgelegten Überwachungsgrenzen für definierte Verwertungs- oder Beseitigungswege sind die Rückstände als überwachungsbedürftig einzustufen; somit ist mit den nach § 28 StrlSchV iVm. Anl. 6 StrlSchV festgelegten Grundsätzen die Exposition zu ermitteln und der Nachweis zu führen, dass der Richtwert von 1 mSv im Kalenderjahr eingehalten wird.

E. Vermischungs- und Verdünnungsverbot (Abs. 3)

Durch dieses Verbot soll verhindert werden, dass die Einhaltung der in der Anl. 5   **12**
StrlSchV aufgeführten Überwachungsgrenzen für bestimmte Verwertungs- und
Beseitigungswege **umgangen** werden kann. Eine parallele Regelung für die Frei-
gabe findet sich in § 34 StrlSchV.

F. Anmeldung der Lagerung von Rückständen (Abs. 4)

Für die zuständigen Behörden bilden die Anmeldungen der Lagerung eine   **13**
Grundlage, um den **aufsichtlichen Pflichten** nachkommen zu können. Damit
die Behörden mit Bezug auf die jeweiligen Unternehmen auf aktuellem Stand bleiben können, muss auch die Beendigung der Lagerung mitgeteilt werden.

G. Nachweis der Einhaltung von Überwachungsgrenzen (Abs. 5)

Durch diesen Nachweis können die zuständigen Behörden sicherstellen, dass   **14**
Rückstände **tatsächlich nicht überwachungsbedürftig** sind, weil die Überwachungsgrenzen nach Anl. 5 StrlSchV eingehalten werden. Die Behörden können
für diesen Nachweis ggf. auch technische Verfahren, geeignete Messverfahren und
Anforderungen z. B. zur Ermittlung repräsentativer Messwerte der spezifischen Aktivität festlegen.

Bisher gibt es keine Vorgaben durch Richtlinien oder in Form eines Leitfadens.   **15**
In § 28 iVm Anl. 6 StrlSchV ist festgelegt, dass die Expositionen von Einzelpersonen
der Bevölkerung und von beruflich tätigen Personen jeweils mit **realistischen Ex-
positionspfaden und Expositionsannahmen** ermittelt werden sollen und dabei
die Expositionspfade nach Anl. 11 Teil A StrlSchV iVm den Annahmen der Anl. 11
Teil B Tab. 1 Sp. 1 bis 7 und Tab. 2 anzuwenden sind. Außerdem sind für die zu beachtenden Expositionspfade auch Modellannahmen aus den Berechnungsgrundlagen Bergbau (BfS 2010) anwendbar, die eine realistische Expositionsermittlung
ermöglichen.

H. Sicherung von Rückständen (Abs. 6)

Mit dieser Regelung soll vorgebeugt werden, dass Personen die tatsächliche Ge-   **16**
walt über überwachungsbedürftige Rückstände erlangen können, bei denen die
Befolgung der in diesem Gesetz vorgegebenen Verpflichtungen nicht sichergestellt
wäre. Überwachungsbedürftige Rückstände dürfen nur für eine **geordnete Verwertung oder Beseitigung** an Dritte abgegeben werden. Die Sicherungsmaßnahmen sollen auch zur Verhinderung eines Abhandenkommens oder eines Zu-
griffs unbefugter Personen getroffen werden.

I. Verbot der grenzüberschreitenden Verbringung ins Inland zur Beseitigung (Abs. 7)

17   Durch dieses Verbot soll erreicht werden, dass der in Deutschland verfügbare Deponieraum für die Beseitigung von überwachungsbedürftigen Rückständen **nicht überlastet** wird und die Deponiekapazitäten nachhaltig genutzt werden.

K. Zuwiderhandlungen

18   Nach § 194 Abs. 1 Nr. 14 bis 17 handelt der Verpflichtete **ordnungswidrig,** wenn er den Pflichten oder Verboten aus Abs. 3 (Vermischung und Verdünnung), Abs. 6 S. 1 (Sicherung von Rückständen), Abs. 6 S. 2 (Abgabe nur zum Zweck der Verwertung oder Beseitigung) und Abs. 7 (Verbringung ins Inland zur Beseitigung) zuwiderhandelt. Ordnungswidrig handelt nach § 194 Abs. 1 Nr. 4 auch, wer einer vollziehbaren Anordnung nach Abs. 5 S. 1 (Nachweis des Vorliegens der Kriterien einer fehlenden Überwachungsbedürftigkeit) zuwiderhandelt; dasselbe gilt nach § 194 Abs. 1 Nr. 5, wenn die Mitteilung nach Abs. 4 S. 2 (Beendigung der Lagerung) nicht richtig, nicht vollständig oder nicht rechtzeitig erfolgt. Die Anmeldung der Lagerung nach Abs. 4 S. 1 ist dagegen in § 194 Abs. 1 Nr. 12, der vergleichbare Anmeldpflichten aufführt, nicht enthalten, so dass eine Zuwiderhandlung keine Ordnungswidrigkeit darstellt. Von der Möglichkeit in § 194 Abs. 1 Nr. 1 lit a, die Zuwiderhandlung gegen eine Verordnung nach Abs. 2 S. 2 (Überwachungsgrenzen und heranzuziehende Verwertungs- und Beseitigungswege) als Ordnungswidrigkeit einzuordnen, hat die StrlSchV keinen Gebrauch gemacht.

§ 62   **Entlassung von Rückständen aus der Überwachung; Verordnungsermächtigung**

(1) **¹Der nach § 61 Absatz 1 Satz 1 Verpflichtete hat unter Angabe von Art, Masse und spezifischer Aktivität die beabsichtigte Verwertung oder Beseitigung der Rückstände bei der zuständigen Behörde unverzüglich anzumelden, sobald er deren Überwachungsbedürftigkeit nach § 61 Absatz 2 festgestellt hat. ²Eine Anmeldung nach Satz 1 ist entbehrlich, wenn wegen der Art und spezifischen Aktivität der überwachungsbedürftigen Rückstände eine Anzeige nach § 63 Absatz 1 erstattet wird.**

(2) **¹Die zuständige Behörde entlässt auf Antrag des nach § 61 Absatz 1 Satz 1 Verpflichteten überwachungsbedürftige Rückstände zum Zweck einer bestimmten Verwertung oder Beseitigung aus der Überwachung, wenn**

1. auf Grund der für die Verwertung oder Beseitigung getroffenen Maßnahmen der erforderliche Schutz der Bevölkerung vor Expositionen sichergestellt ist,

2. bei der Beseitigung oder Verwertung die Körperdosis der beruflich tätigen Personen die Werte für die Einstufung als beruflich exponierte Person nicht überschreiten kann und

3. keine Bedenken gegen die abfallrechtliche Zulässigkeit des vorgesehenen Verwertungs- oder Beseitigungsweges und seine Einhaltung bestehen.

[2]Die Entlassung aus der Überwachung erfolgt durch schriftlichen Bescheid.

(3) [1]Maßstab für den Schutz der Bevölkerung ist, dass als Richtwert für die Exposition von Einzelpersonen der Bevölkerung, die durch die Beseitigung oder Verwertung bedingt ist, eine effektive Dosis von 1 Millisievert im Kalenderjahr auch ohne weitere Maßnahmen nach Abschluss der Verwertung oder Beseitigung nicht überschritten wird. [2]Sollen die überwachungsbedürftigen Rückstände als Bauprodukt verwertet werden, so ist Maßstab für den Schutz der Bevölkerung, dass die Anforderungen der §§ 133 bis 135 erfüllt sind.

(4) [1]Die Exposition bei Rückständen ist unter Anwendung der Grundsätze der Rechtsverordnung nach Absatz 6 Nummer 1 zu ermitteln. [2]Eine abfallrechtliche Verwertung oder Beseitigung überwachungsbedürftiger Rückstände ohne Entlassung aus der Überwachung ist nicht zulässig.

(5) [1]Die Absätze 1 bis 4 gelten entsprechend für die Verbringung überwachungsbedürftiger Rückstände, die im Ausland angefallen sind. [2]Wer beabsichtigt, im Ausland angefallene Rückstände zur Verwertung ins Inland zu verbringen, muss zuvor der zuständigen Behörde nachweisen, dass
1. die durch Rechtsverordnung nach § 61 Absatz 2 Satz 2 bestimmten Überwachungsgrenzen und Verwertungswege eingehalten werden oder
2. die Voraussetzungen der Entlassung aus der Überwachung zum Zweck einer bestimmten Verwertung vorliegen.

(6) Die Bundesregierung wird ermächtigt, durch Rechtsverordnung mit Zustimmung des Bundesrates
1. Grundsätze für die Ermittlung von Expositionen bei Rückständen festzulegen,
2. zu bestimmen, unter welchen Voraussetzungen die zuständige Behörde bei der Entlassung von Rückständen aus der Überwachung zur gemeinsamen Deponierung mit anderen Rückständen und Abfällen davon ausgehen kann, dass für die Exposition von Einzelpersonen der Bevölkerung, die durch die Beseitigung oder Verwertung bedingt ist, eine effektive Dosis im Bereich von 1 Millisievert im Kalenderjahr auch ohne weitere Maßnahmen nach Abschluss der Deponierung nicht überschritten wird und
3. zu bestimmen, in welchem Verfahren eine Entlassung überwachungsbedürftiger Rückstände aus der Überwachung erfolgt, insbesondere, wenn überwachungsbedürftige Rückstände als Bauprodukt verwertet werden sollen oder eine Verwertung oder Beseitigung in einem anderen Bundesland vorgesehen ist.

(7) Sofern eine Entlassung überwachungsbedürftiger Rückstände aus der Überwachung nach diesem Gesetz, dem Atomgesetz oder nach einer auf Grund dieses Gesetzes oder des Atomgesetzes erlassenen Rechtsverordnung die Beseitigung nach den Vorschriften des Kreislaufwirtschaftsgesetzes oder den auf dessen Grundlage oder auf der Grundlage des bis zum 1. Juni 2012 geltenden Kreislaufwirtschafts- und Abfallgesetzes erlas-

senen Rechtsverordnungen vorsieht, dürfen diese Rückstände nach den genannten Vorschriften nicht wieder verwendet oder verwertet werden.

A. Sinn und Zweck der Norm

1   In § 62 wird die behördliche Kontrolle von überwachungsbedürftigen Rückständen geregelt. Kernstück ist das Verfahren zur **Entlassung von Rückständen aus der Überwachung,** das sicherstellen soll, dass die Verwertung oder Beseitigung nicht zu Expositionen führt, die den Richtwert von 1 mSv pro Kalenderjahr für Einzelpersonen der Bevölkerung überschreiten oder beruflich tätige Personen zu beruflich exponierten Personen machen. Insofern kann man die Entlassung als das für natürlich vorkommende radioaktive Stoffe geltende Gegenstück zur Freigabe von radioaktiven Stoffen aus Kontrollbereichen (§ 68 StrlSchG, §§ 31–42 StrlSchV) ansehen.

2   Mit den Regelungen in § 62 werden die Anforderungen zur Gewährleistung einer regulatorischen Kontrolle gemäß **Art. 24 bis Art. 30 RL 2013/59/Euratom** umgesetzt (→ § 60 Rn. 3).

B. Bisherige Regelungen

3   Im StrlSchG wurde die Anmeldepflicht für die beabsichtigte Verwertung oder Beseitigung von Rückständen in Abs. 1 neu eingeführt. Die weiteren Absätze entsprechen inhaltlich den Regelungen im **§ 98 Abs. 1 und Abs. 2 StrlSchV 2001.** Durch die Verordnungsermächtigung in Abs. 6 werden die Regelungen des **§ 98 Abs. 3 iVm Anl. XII Teile B und C StrlSchV 2001** auf die neue StrlSchV verlagert.

C. Anmeldung nach Feststellung der Überwachungsbedürftigkeit (Abs. 1)

4   Wenn der nach § 61 Abs. 1 S. 1 Verpflichtete festgestellt hat, dass die bei seinen industriellen oder bergbaulichen Prozessen anfallenden Rückstände überwachungsbedürftig sind iSd § 61 Abs. 2, hat er die beabsichtigte Verwertung oder Beseitigung bei der zuständigen Behörde **unverzüglich,** dh ohne schuldhaftes Zögern, **anzumelden.** Ab diesem Zeitpunkt beginnt die regulatorische Kontrolle. Mit dem weiteren Vorgehen wird die Entlassung der Rückstände für eine Verwertung oder eine Beseitigung aus der Überwachung (Abs. 2) angestrebt. Dazu sind durch den Verpflichteten die in Abs. 2 und ggf. Abs. 3 vorgegebenen Kriterien zu prüfen, ob eine Entlassung durch die zuständige Behörde möglich ist.

5   Wenn eine **Entlassung nicht möglich** ist, weil die hierfür vorgesehenen Kriterien nicht eingehalten werden können, und die Behörde eine Entlassung nach Abs. 2 abgelehnt hat, müssen die Rückstände und die vorgesehene Verwertung oder Beseitigung, die dann im Regime der Strahlenschutzüberwachung erfolgen, nach § 63 angezeigt werden. In S. 2 wird dem Verantwortlichen die Option eingeräumt, gleich eine Anzeige nach § 63 zu erstatten und auf die Anmeldung nach Abs. 1 S. 1 zu verzichten.

D. Entlassung aus der Überwachung durch die zuständige Behörde (Abs. 2 und 3)

Die zuständige Behörde **entlässt** die Rückstände auf **Antrag** des nach §61 **6** Abs. 1 S. 1 Verpflichteten (S. 1) durch einen **schriftlichen Bescheid** (S. 2) aus der Überwachung. Der Verpflichtete hat für den Antrag bei der Behörde die in §29 Abs. 1 Nr. 1 bis Nr. 3 StrlSchV aufgeführten **Unterlagen** vorzulegen. Bei dem Bescheid handelt es sich um einen **VA mit rechtsgestaltender Wirkung** (BR-Drs. 207/01, 292); insofern besteht eine Parallele zur Freigabe nach §33 Abs. 2 StrlSchV. Infolge der Entlassung sind die betreffenden Rückstände gem. §3 Abs. 2 S. 1 Nr. 3 **keine radioaktiven Stoffe iSd §3 Abs. 1 mehr**; sie verlieren die Eigenschaft als radioaktive Stoffe (so ausdrücklich BR-Drs. 207/01, 287) und sind auf ihrem weiteren Weg unter dem Kreislaufwirtschafts- und Abfallrecht zu behandeln. Wie Abs. 4 S. 2 (wenn auch an einer systematisch nicht recht passenden Stelle) klarstellt, dürfen überwachungsbedürftige Rückstände deshalb nicht ohne Entlassung abfallrechtlich verwertet oder beseitigt werden.

Voraussetzung sind **strahlenschutzfachliche Einschätzungen** hinsichtlich der **7** beabsichtigten Verwertungs- oder Beseitigungswege nach den Vorgaben des Abs. 2 und ggf. des Abs. 3, die von dem Verpflichteten in seinem Antrag formuliert werden müssen. Durch die Einschätzungen muss nachgewiesen werden, dass die in S. 1 Nr. 1 bis 3 genannten Voraussetzungen vorliegen.

Nach Abs. 2 S. 1 **Nr. 1** muss der **Schutz der Bevölkerung** vor Expositionen si- **8** chergestellt sein; das relevante Dosiskriterium einer Exposition einer Einzelperson der Bevölkerung von 1 mSv pro Kalenderjahr ist in Abs. 3 festgehalten. Der Richtwert ist eine **Orientierungsgröße**, die der Gesetzgeber als ein handhabbares Schutzkonzept eingeführt hat. Es handelt sich damit nicht um einen Grenzwert (→ §60 Rn. 2). Voraussetzung ist, dass die Einhaltung des Richtwerts auch ohne Strahlenschutzmaßnahmen gewährleistet sein muss; eine Entlassung käme nicht in Betracht, wenn eine höhere Exposition nur durch Vorkehrungen und Maßnahmen vermieden werden könnte, die speziell aus Strahlenschutzgründen betrieben werden, wie z. B. Wasserreinigungsanlagen oder Filter (BR-Drs. 207/01, 292). Das in Abs. 3 formulierte Dosiskriterium gilt nicht für Bauprodukte; hier verweist die Norm auf §§ 133 bis 135.

Des Weiteren darf die Exposition der bei der Beseitigung oder Verwertung **be- 9 ruflich tätigen Personen** die Werte für die Einstufung als beruflich exponierte Personen (§5 Abs. 7) nicht überschreiten (Abs. 2 S. 1 **Nr. 2**); relevant ist also in erster Linie die Schwelle einer effektiven Dosis von 1 mSv im Kalenderjahr (§5 Abs. 7 S. 1 Nr. 1). Diese Regelung wurde aufgrund von Anlage VII Nr. 3 lit. e S. 2 1. Alt. RL 2013/59/Euratom eingeführt.

Schließlich sind im Zusammenhang mit der strahlenschutzfachlichen Einschät- **10** zung auch die **abfallrechtlichen Vorschriften** zu beachten und sie dürfen mit der beabsichtigten Verwertung oder Beseitigung nicht im Konflikt stehen (Abs. 2 S. 1 **Nr. 3**). Hier sind die Vorgaben des §29 StrlSchV zu beachten, die sicherstellen sollen, dass der Entsorgung der Rückstände, die nach der Entlassung ausschließlich nach dem Kreislaufwirtschaftsrecht erfolgt, nichts entgegensteht (→ Rn. 19).

E. Expositionsermittlung (Abs. 4)

11   Für die Ermittlung der zu erwartenden Expositionen wurden aufgrund der Ermächtigung in Abs. 6 Nr. 1 (→ Rn. 16) und der Verweisung in § 28 StrlSchV die in der **Anl. 6 StrlSchV** aufgeführten Grundsätze für den Nachweis der Einhaltung des Richtwerts formuliert. Die Formulierungen sind mit denen der Anl. XII Teil D StrlSchV 2001 identisch.

12   Im Gegensatz zu der generischen Betrachtung, die der Festlegung der Überwachungsgrenzen (§ 61 Abs. 2) zugrunde liegt, geht es hier, im nächsten Schritt, um die Überprüfung der Expositionsbedingungen unter den **konkreten Umständen des Einzelfalls** (BR-Drs. 207/01, 292). Für eine konkrete Expositionsabschätzung sind realistische Expositionspfade und -szenarien zu betrachten. Die Expositionsabschätzungen sollen alle Teilschritte eines bergbaulichen oder industriellen Prozesses wie z. B. der Entstehung von Zwischenprodukten bis zu Prozessschritten auf späteren Etappen einbeziehen. Bei den vorgesehenen Beseitigungswegen von Rückständen sind bei den Expositionsabschätzungen von Einzelpersonen der Bevölkerung und von beruflich tätigen Personen dementsprechend auch alle durch eine Behandlung, Lagerung und Ablagerung auftretenden Expositionen einzubeziehen.

13   **Satz 2,** wonach eine abfallrechtliche Verwertung oder Beseitigung überwachungsbedürftiger Rückstände nicht ohne Entlassung aus der Überwachung zulässig ist, sagt im Grunde Selbstverständliches. Systematisch hätte er eher in Abs. 2 gepasst, um die rechtsgestaltende Wirkung des Entlassungs-VA (→ Rn. 6) zu unterstreichen.

F. Verwertung von im Ausland angefallenen Rückstände (Abs. 5)

14   Wenn ein Verpflichteter beabsichtigt, **im Ausland entstandene Rückstände** in das Inland zu verbringen, muss er schon vor der Verbringung nachweisen, dass nur Rückstände verwertet werden, die bei Einhaltung der Überwachungsgrenzen für die spezifischen Verwertungs- und Beseitigungswege nicht überwachungsbedürftig sind (S. 2 Nr. 1) oder die zwar überwachungsbedürftig sind, bei denen jedoch die Voraussetzungen für eine Entlassung aus der Überwachung zur Verwertung dargelegt werden können (S. 2 Nr. 2).

15   Die Informationspflicht bzw. Nachweisführung ist somit iSd Abs. 1 (→ Rn. 1) eine **vorgezogene Anmeldung,** bevor die beabsichtigte Verwertung oder Beseitigung der Rückstände tatsächlich begonnen wird. Damit soll erreicht werden, dass Rückstände, die auf Grund ihrer Eigenschaften (Art, Masse und spezifische Aktivität) in der Überwachung verbleiben müssten, **gar nicht erst nach Deutschland verbracht werden** und dort zusätzlichen Verwaltungs- und Entsorgungsaufwand oder gar Entsorgungsprobleme verursachen (BT-Drs. 18/11241, 311).

G. Verordnungsermächtigungen (Abs. 6)

16   Aufgrund der Verordnungsermächtigung in **Nr. 1** dieses Absatzes werden die Grundsätze für die Ermittlung von Expositionen, die von Rückständen bei ihrer

Lagerung, Verwertung oder Beseitigung ausgehen können, in **§ 28 iVm Anl. 6 StrlSchV** vorgegeben, die ohne Änderungen aus der StrlSchV 2001 übernommen wurden. Die Vorgaben zielen auf konkrete Expositionsbetrachtungen ab. Dazu sind realistische Expositionspfade und Expositionsannahmen zu Grunde zu legen (Anl. 6 Nr. 1 StrlSchV).

Die in der Verordnungsermächtigung in **Nr. 2** dieses Absatzes angesprochenen 17 Voraussetzungen für eine Entlassung überwachungsbedürftiger Rückstände aus der Überwachung zur gemeinsamen Deponierung mit anderen Rückständen und Abfällen, sind in **§ 29 Abs. 4 iVm Anlage 7 StrlSchV** umgesetzt. Sie entsprechen ebenfalls unverändert den Regelungen der StrlSchV 2001. Es kann idR davon ausgegangen werden, dass der Dosisrichtwert von 1 mSv im Kalenderjahr bei gemeinsamen Deponierungen mit anderen Abfällen nicht überschritten wird, wenn die mittlere spezifische Aktivität aller auf der Deponie in den zurückliegenden zwölf Monaten beseitigten Massen und die durch die anstehenden Beseitigungsvorgänge hinzukommenden Rückstände die in Anl. 7 StrlSchV genannten Werte einhalten. Wenn diese Voraussetzungen erfüllt sind, können die Rückstände aus der Überwachung entlassen und mit anderen Rückständen und Abfällen in Abfallbeseitigungsanlagen nach dem KrWG gemeinsam deponiert werden.

Die Ermächtigung zur Regelung des Verfahrens einer Entlassung von über- 18 wachungsbedürftigen Rückständen aus der Überwachung nach **Nr. 3** wird in **§ 29 Abs. 1–3 StrlSchV** umgesetzt. Dies umfasst die Auflistung der Unterlagen, die in einem Entlassungsantrag für überwachungsbedürftige Rückstände aus der Überwachung der zuständigen Behörde vorzulegen sind, sowie Einvernehmensregelungen mit der für die Verwertungs- oder Beseitigungsanlage nach dem KrWG zuständigen Behörde. Außerdem ist in **§ 29 Abs. 5 StrlSchV** festgelegt, dass die Bestimmungen des KrWG und der auf Grund dieses Gesetzes erlassenen Verordnungen zur Führung von Nachweisen über die ordnungsgemäße Entsorgung von Abfällen unberührt bleiben.

H. Ausschluss einer nachträglichen Verwertungsentscheidung nach KrWG (Abs. 7)

Die Entlassung von Rückständen erfolgt nach einer strahlenschutzfachlichen 19 Bewertung und Nachweisführung mit Blick auf einen spezifischen Verwertungs- oder Beseitigungsweg (→ Rn. 7). Für den Fall, dass hiernach eine Beseitigung erfolgen soll und die Bewertungen und Nachweise für diesen Weg geführt wurden, soll die Regelung in Abs. 7 verhindern, dass nach der Entlassung aufgrund des nunmehr geltenden KrWG, insbesondere aufgrund des in § 7 Abs. 2 KrWG geregelten Vorrangs der Verwertung vor der Beseitigung, eine geänderte Entscheidung zugunsten einer Wiederverwendung oder Verwertung erfolgt. Mit der Regelung soll das **Ergebnis des Entlassungsverfahrens abgesichert werden;** allerdings wird bereits bei der Antragstellung sichergestellt, dass eine Annahmeerklärung des Verwerters oder des Beseitigers vorliegen muss (§ 29 Abs. 1 Nr. 2 StrlSchV). Für die Erstellung dieser Annahmeerklärung müssen auch bereits die abfallrechtlichen Voraussetzungen geprüft werden.

I. Zuwiderhandlungen

20　　Nach § 194 Abs. 1 Nr. 12 handelt der Verpflichtete **ordnungswidrig,** wenn er entgegen Abs. 1 Satz 1 die unverzüglich auszuführende Anmeldung nach Feststellung der Überwachungsbedürftigkeit von Rückständen nicht, nicht richtig, nicht vollständig oder nicht rechtzeitig macht; das gilt auch für die Verbringung ins Inland nach Abs. 5. Der Verpflichtete handelt nach § 194 Nr. 18 auch ordnungswidrig, wenn er entgegen Abs. 4 Satz 2, auch in Verbindung mit Abs. 5 Satz 1, überwachungsbedürftige Rückstände unzulässig, nämlich ohne Entlassung aus der Überwachung, verwertet oder beseitigt. Von der Möglichkeit in § 194 Abs. 1 Nr. 1 lit a, die Zuwiderhandlung gegen eine Verordnung nach Abs. 6 Nr. 3 (Verfahren zur Entlassung, siehe § 29 StrlSchV) als Ordnungswidrigkeit einzuordnen, hat die StrlSchV keinen Gebrauch gemacht.

§ 63　**In der Überwachung verbleibende Rückstände; Verordnungsermächtigung**

(1)　¹Ist eine Entlassung aus der Überwachung nach § 62 Absatz 2 nicht möglich, so hat der nach § 61 Absatz 1 Satz 1 Verpflichtete der zuständigen Behörde Art, Masse und spezifische Aktivität der in der Überwachung verbleibenden Rückstände sowie eine geplante Beseitigung oder Verwertung dieser Rückstände oder die Abgabe zu diesem Zweck innerhalb der Frist nach Satz 2 anzuzeigen. ²Die Anzeige hat nach Ablehnung eines Antrags nach § 62 Absatz 2 innerhalb eines Monats, anderenfalls unverzüglich, nachdem der Verpflichtete die Überwachungsbedürftigkeit nach § 61 Absatz 2 festgestellt hat, zu erfolgen.

(2)　Die zuständige Behörde kann anordnen, dass und welche Schutzmaßnahmen zu treffen sind und wie die in der Überwachung verbleibenden Rückstände bei einer von ihr zu bestimmenden Stelle weiter zu behandeln oder zu lagern sind.

(3)　Die Bundesregierung wird ermächtigt, durch Rechtsverordnung mit Zustimmung des Bundesrates festzulegen, auf welche Weise in der Überwachung verbleibende Rückstände zu beseitigen sind.

A. Sinn und Zweck der Norm

1　　In § 63 wird die behördliche Kontrolle von Rückständen geregelt, für die eine Entlassung nach § 62 Abs. 2 nicht möglich ist und die deshalb **in der Überwachung verbleiben müssen,** bis sie ggf. beseitigt oder verwertet worden sind. Damit werden auch die Vorgaben in den Art. 24 ff. RL 2013/59/Euratom der regulatorischen Kontrolle nach einer Anzeigepflicht umgesetzt. Als Maßstab gilt für den Schutz der Bevölkerung die Einhaltung des Grenzwerts von 1 mSv im Kalenderjahr.

Wenn es keinen Verpflichteten und daher **keinen Antragsteller** gibt und die Rückstände deshalb nicht aus der Überwachung entlassen werden können (BR-Drs. 207/01, 293), gelangt die Behörde in den Besitz dieser Rückstände und übernimmt die Verantwortung für die weiteren Tätigkeiten zur Verwertung oder Beseitigung.

In der Praxis sind in Deutschland bisher **keine Fälle** aufgetreten, bei denen 2 Rückstände in der Überwachung bleiben mussten und die Regelungen des § 63 angewendet wurden.

B. Bisherige Regelungen

Diese Regelungen wurden inhaltlich unverändert aus **§ 99 StrlSchV 2001** 3 übernommen.

C. Anzeigepflicht bei in der Überwachung bleibenden Rückständen (Abs. 1)

Der nach § 61 Abs. 1 S. 1 Verpflichtete hat innerhalb eines Monats nach Ableh- 4 nung eines Entlassungsantrags mögliche Verwertungs- und Beseitigungswege oder die Möglichkeit einer Abgabe der Rückstände mit dem Zweck der Verwertung oder Beseitigung zu prüfen und die geplante Vorgehensweise, zusammen mit Angaben zu Art, Masse und spezifischer Aktivität der Rückstände, der zuständigen Behörde in einer **Anzeige** darzustellen.

Wenn bereits direkt erkannt wurde, dass Rückstände nicht aus der Überwachung entlassen werden können und sie deshalb von vornherein nicht nach § 62 Abs. 1 angemeldet wurden (→ § 62 Rn. 1), gilt eine **unverzügliche Anzeigefrist** nach der Feststellung der Überwachungsbedürftigkeit.

Abs. 1 spricht zwar von **Beseitigung** und **Verwertung;** letztere dürfte jedoch 5 kaum in Frage kommen, da davon auszugehen ist, dass die Rückstände auf Grund ihrer Art und Aktivität dem Wirtschaftskreislauf auf Dauer entzogen werden sollen (vgl. BR-Drs. 207/01, 293); folgerichtig wird in der Verordnungsermächtigung in Abs. 3 auch nur die Beseitigung genannt.

Die Beseitigung (oder, falls ausnahmsweise doch zutreffend, Verwertung) ist eine 6 geplante **Tätigkeit nach § 4;** insbesondere dürfte hier § 4 Abs. 1 S. 1 Nr. 10 lit. c einschlägig sein. Daher ist der Grenzwert für den Schutz der Bevölkerung in Höhe von 1 mSv im Kalenderjahr aus der Summe aller Expositionen aus zugelassenen Tätigkeiten (§ 80) einzuhalten.

D. Anordnungsbefugnis der zuständigen Behörde (Abs. 2)

Die in Abs. 2 geregelte **Anordnungsbefugnis** der Behörde bezieht sich auf ggf. 7 erforderlich werdende Maßnahmen wie etwa eine messtechnische Überwachung. Außerdem kann die Behörde damit eigene Vorgaben zur Behandlung und Lagerung der überwachungsbedürftigen Rückstände durchsetzen, wenn sie den Planungen des Verpflichteten nicht folgen will. Die Anordnungsbefugnis bezieht sich nicht auf die Beseitigung derjenigen überwachungsbedürftigen Rückstände, für die eine behördliche Anordnung zur Behandlung oder Lagerung ergangen ist; hierfür sind die Regelungen auf Verordnungsebene heranzuziehen (BT-Drs. 18/11241, 312). Diese gibt es allerdings aktuell nicht (→ Rn. 8).

E. Verordnungsermächtigung (Abs. 3)

8   Diese Verordnungsermächtigung wurde in der StrlSchV bislang **nicht umgesetzt.** Ein Grund ist sicherlich fehlende praktische Relevanz. Bisher sind keine Fälle bekannt, bei denen in der Überwachung verbleibende Rückstände zu beseitigen sind (→ Rn. 2).

F. Zuwiderhandlungen

9   Nach § 194 Abs. 1 Nr. 3 handelt der Verpflichtete **ordnungswidrig,** wenn er entgegen Abs. 1 Satz 1 die Anzeige über Art, Masse und spezifische Aktivität der in der Überwachung verbleibenden Rückstände sowie eine geplante Beseitigung oder Verwertung dieser Rückstände oder die Abgabe zu diesem Zweck nicht, nicht richtig, nicht vollständig, nicht in der vorgeschriebenen Weise oder nicht rechtzeitig erstattet. Nach § 194 Abs. 1 Nr. 4 handelt ordnungswidrig, wer einer vollziehbaren Anordnung nach Abs. 2 zuwiderhandelt.

§ 64   **Entfernung von Kontaminationen von Grundstücken**

(1) ¹**Wer industrielle oder bergbauliche Prozesse, bei denen überwachungsbedürftige Rückstände angefallen sind, beendet, hat Kontaminationen durch überwachungsbedürftige Rückstände vor Nutzung des Grundstücks durch Dritte, spätestens jedoch fünf Jahre nach Beendigung der Nutzung, so zu entfernen, dass die Rückstände keine Einschränkung der Nutzung begründen. ²Maßstab für eine Grundstücksnutzung ohne Einschränkungen ist, dass die Exposition, der Einzelpersonen der Bevölkerung durch die nicht entfernten Rückstände ausgesetzt sind, den Richtwert einer effektiven Dosis von 1 Millisievert im Kalenderjahr nicht überschreitet.**

(2) ¹**Der nach Absatz 1 Satz 1 Verpflichtete hat der zuständigen Behörde den Abschluss der Entfernung der Kontaminationen unter Beifügung geeigneter Nachweise nach Satz 2 innerhalb von drei Monaten mitzuteilen. ²Der Nachweis nach Satz 1 ist unter Anwendung der Grundsätze, die in einer Rechtsverordnung nach § 62 Absatz 6 Nummer 1 festgelegt werden, zu erbringen. 3Die Behörde kann verlangen, dass der Verbleib der entfernten Kontaminationen nachgewiesen wird.**

(3) ¹**Die zuständige Behörde kann im Einzelfall ganz oder teilweise von der Pflicht nach Absatz 1 befreien, wenn die vorgesehene Nutzung des Grundstücks oder Schutzmaßnahmen eine Exposition von mehr als 1 Millisievert effektive Dosis im Kalenderjahr für Einzelpersonen der Bevölkerung auch ohne Entfernung der Kontaminationen verhindern. ²Sie kann die Durchführung der Pflicht nach Absatz 1 auch zu einem späteren Zeitpunkt gestatten, wenn auf dem Grundstück weiterhin industrielle oder bergbauliche Prozesse nach § 61 Absatz 1 durchgeführt werden sollen.**

A. Sinn und Zweck der Norm

Mit dieser Regelung wird angestrebt, industrielle oder bergbauliche Prozesse ge- **1**
ordnet zu beenden, um die **Entstehung von Altlasten** durch Verunreinigungen,
die von verbliebenen Rückständen verursacht werden, zu **vermeiden.** Mit diesem
Ziel ergänzt die Regelung die Vorgabe zum Schutz der Bevölkerung aus § 61
Abs. 1, um Grundstücke uneingeschränkt nach der Entfernung der Rückstände
nutzen zu können. Damit werden auch die Vorgaben in Art. 24 ff. RL 2013/59/
Euratom zur regulatorischen Kontrolle übernommen.

B. Bisherige Regelungen

Diese Regelungen wurden inhaltlich unverändert aus **§ 101 StrlSchV 2001** **2**
übernommen.

C. Entfernungspflicht von überwachungsbedürftigen Rückständen (Abs. 1)

Aus überwachungsbedürftigen Rückständen resultierende **Verunreinigungen,** **3**
die im Zusammenhang mit industriellen und bergbaulichen Prozessen entstanden
sind, müssen so entfernt werden, dass Grundstücke nach strahlenschutzrechtlichen
Gesichtspunkten wieder **uneingeschränkt genutzt werden können.** Für die
neue Nutzung ist die Einhaltung des Richtwertes von 1 mSv im Kalenderjahr gemäß § 62 Abs. 6 Nr. 1 (→ § 62 Rn. 13) nachzuweisen (Abs. 1 S. 2).
Die Regelung betrifft **Kontaminationen,** die durch überwachungsbedürftige **4**
Rückstände verursacht worden sind. Mit den **überwachungsbedürftigen Rückständen** selbst ist nach §§ 61–63 zu verfahren.

D. Mitteilungspflicht (Abs. 2)

Der Verpflichtete hat der zuständigen Behörde die ordnungsgemäß durch- **5**
geführte Entfernung der Rückstände unter Beifügung geeigneter Nachweise innerhalb von drei Monaten nach Abschluss der Entfernung **mitzuteilen.** Es sind
die zu erwartenden Expositionen nach den in Anl. 6 Nr. 4 StrlSchV genannten
Grundsätzen auf der Grundlage realistischer Nutzungsannahmen unter Berücksichtigung der natürlichen Standortverhältnisse **abzuschätzen. Es sollen die poten-
ziellen Nutzungsmöglichkeiten des Grundstücks** unabhängig von aktuellen
planungsrechtlichen Festlegungen auf Grund seiner natürlichen Prägung und Umgebung zu Grunde gelegt werden. Der planungsrechtlichen Einordnung des
Grundstücks (z. B. als Gewerbe- oder Industriegebiet) soll nach der Auffassung des
Gesetzgebers (BR-Drs. 207/01, 295) keine entscheidende Bedeutung zukommen.
Der Verpflichtete hat nach S. 2 auf Verlangen der Behörde auch den **Verbleib** **6**
der entfernten Rückstände nachzuweisen.

E. Befreiung von der Entfernungspflicht (Abs. 3)

7   Die zuständige Behörde kann unter bestimmten Voraussetzungen im Einzelfall den Verpflichteten von der Pflicht zur Entfernung von Verunreinigungen ganz oder teilweise **befreien.** Die Behörde kann auch erforderliche Maßnahmen auf einen späteren Zeitpunkt verschieben, wenn bzw. solange aufgrund der vorgesehenen Nutzung der Richtwert von 1 mSv im Kalenderjahr für Einzelpersonen der Bevölkerung auch ohne bestimmte Schutzmaßnahmen eingehalten wird, vor allem wenn auf dem Grundstück weiterhin ähnliche Tätigkeiten durchgeführt werden.

F. Zuwiderhandlungen

8   Nach § 194 Abs. 1 Nr. 19 handelt **ordnungswidrig,** wer vorsätzlich oder fahrlässig entgegen Abs. 1 Satz 1 eine Kontamination von einem Grundstück nicht, nicht richtig, nicht vollständig, nicht in der vorgeschriebenen Weise oder nicht rechtzeitig entfernt. Ordnungswidrig handelt nach § 194 Abs. 1 Nr. 4 auch, wer einer vollziehbaren Anordnung nach Abs. 2 S. 3 zuwiderhandelt.

§ 65 Überwachung sonstiger Materialien; Verordnungsermächtigung

(1) [1]**Kann durch Tätigkeiten nach § 4 Absatz 1 Satz 1 Nummer 10 mit Materialien, die im Inland oder im Ausland angefallen und die keine Rückstände sind oder durch die Ausübung von industriellen oder bergbaulichen Prozessen, bei denen solche Materialien anfallen, die Exposition von Einzelpersonen der Bevölkerung so erheblich erhöht werden, dass Strahlenschutzmaßnahmen notwendig sind, kann die zuständige Behörde Anordnungen treffen.** [2]**Sie kann insbesondere anordnen,**
1. **dass und welche Schutzmaßnahmen zu ergreifen sind,**
2. **dass und wie die Materialien bei einer von ihr zu bestimmenden Stelle weiter zu behandeln oder zu lagern sind oder**
3. **dass derjenige, der Materialien angenommen hat, die im Ausland angefallen und ins Inland verbracht worden sind, diese an den ursprünglichen Besitzer im Versandstaat zurückführt.**

(2) **Die Bundesregierung wird ermächtigt, durch Rechtsverordnung mit Zustimmung des Bundesrates festzulegen, auf welche Weise Materialien zu beseitigen sind.**

A. Sinn und Zweck der Norm

1   Die Regelung beinhaltet einen **Auffangtatbestand** und bezieht sich auf Tätigkeiten nach § 4 Abs. 1 S. 1 Nr. 10 mit **sonstigen Materialien,** also mit Materialien (§ 5 Abs. 22), die keine Rückstände sind (Satz 1, 1. Alt.), oder auf die Ausübung von industriellen oder bergbaulichen Prozessen, bei denen solche Materialien anfallen. Werden bspw. auf Schrottplätzen entsorgte, natürliche Radionuklide enthaltende zirkonhaltige Materialien vorgefunden, die in Feuerfestmaterialien vorkommen und iW Th-232 enthalten, ist § 65 nicht einschlägig, da die Materialien nicht wie in § 4 Abs. 1 S. 1 Nr. 10 lit. a bis c beschrieben verwendet, angefallen etc. sind. Vielmehr dürfte es sich um eine sonstige bestehende Expositionssituation handeln, für die die §§ 153 ff. gelten (→ vor §§ 153 ff. Rn. 1).

B. Bisherige Regelungen

Diese Regelungen wurden inhaltlich nur mit kleinen Änderungen aus **§ 102** 2
StrlSchV 2001 übernommen. In Nr. 2 wurden die Verben „aufbewahren" und
„verwahren" durch die Verben „weiter behandeln" und „lagern" ersetzt, ohne dass
damit eine inhaltliche Änderung beabsichtigt war (BT-Drs. 18/11241, 313).

C. Anordnungsbefugnis der zuständigen Behörde (Abs. 1)

Die **Anordnungsbefugnis** kommt zum Tragen, wenn die zust. Behörde fest- 3
stellt, dass durch Tätigkeiten nach § 4 Abs. 1 S. 1 Nr. 10 mit sonstigen Materialien,
also mit Materialien, die keine Rückstände sind (Satz 1, 1. Alt.), oder durch die
Ausübung von industriellen oder bergbaulichen Prozessen, bei denen solche Materialien anfallen (S. 1 Alt. 2), die Exposition von Einzelpersonen der Bevölkerung so
erheblich erhöht werden kann, dass Strahlenschutzmaßnahmen notwendig sind.
Diese **Feststellung** unterliegt der Beurteilung der Behörde im Einzelfall. Wie der
Gesetzgeber bereits in der Begründung zur StrlSchV 2001 formuliert hat (BR-Drs.
207/01, 295 f.), muss die Behörde dies positiv feststellen. Solange die Behörde diese
Feststellung nicht getroffen hat, sind die Materialien keine radioaktiven Stoffe nach
§ 3 Abs. 2 S. 1 Nr. 3.

Die „sonstigen Materialien" sind vom Gesetzgeber gegenüber den über- 4
wachungsbedürftigen Rückständen bewusst als **eigenständig zu behandelnde
Kategorie** ausgestaltet (BR-Drs. 207/01, 295 f.). Das Vorhandensein einer erheblich erhöhten Exposition soll deshalb nicht unter schematische Übernahme der
für die überwachungsbedürftigen Rückstände geltenden Maßstäbe begründet
werden. Die zuständige Behörde kann sich bei materiell vergleichbaren Bewertungssachverhalten im Rahmen der von ihr zu treffenden Einzelbeurteilung an bestimmten Schutzprinzipien der Rückstandsregelungen orientieren. Jedoch sollte
beispielsweise eine Orientierung an den in der Anl. 5 StrlSchV aufgeführten Überwachungsgrenzen immer sachgerecht unter Berücksichtigung von Expositionszeiten und den anfallenden Massen der „sonstigen Materialien" erfolgen, um verhältnismäßige Strahlenschutzmaßnahmen anzuordnen.

Wegen der Vielfältigkeit der bei den „sonstigen Materialien" denkbaren Szena- 5
rien sieht § 65 hier auch auf der Rechtsfolgenseite ein **offenes und flexibles
Handlungsinstrumentarium** vor, das der Behörde im Einzelfall situationsangepasste Maßnahmen zur Herbeiführung eines strahlenschutzgerechten Zustandes ermöglicht (BR-Drs. 207/01, 296).

D. Verordnungsermächtigung (Abs. 2)

Festlegungen, auf welche Weise Materialien zu beseitigen sind, wurden bisher in 6
der StrlSchV **nicht umgesetzt.**

E. Zuwiderhandlungen

7   Nach § 194 Abs. 1 Nr. 4 handelt **ordnungswidrig,** wer einer vollziehbaren Anordnung nach Abs. 1 zuwiderhandelt.

§ 66 Mitteilungspflichten zur Betriebsorganisation

[1]**Besteht bei juristischen Personen das vertretungsberechtigte Organ aus mehreren Mitgliedern oder sind bei sonstigen Personenvereinigungen mehrere vertretungsberechtigte Personen vorhanden, so ist der zuständigen Behörde mitzuteilen, wer von ihnen die Verpflichtungen nach diesem Unterabschnitt wahrnimmt.** [2]**Die Gesamtverantwortung aller Organmitglieder oder vertretungsberechtigter Mitglieder der Personenvereinigung bleibt hiervon unberührt.**

A. Sinn und Zweck der Norm

1   Diese Regelung folgt dem Muster der in § 69 Abs. 2 getroffenen Bestimmung über die **Wahrnehmung der Aufgaben des SSV.** Eine eigenständige Regelung ist deshalb erforderlich, weil der Gesetzgeber dem Verantwortlichen bzw. Verpflichteten nach den §§ 60 ff. weiterhin nicht die Stellung eines SSV verliehen hat; die §§ 60 ff. werden in der abschließenden Aufzählung in § 69 Abs. 1 nicht genannt (siehe auch → § 61 Rn. 3). § 69 Abs. 2 ist daher selbst nicht anwendbar.

B. Bisherige Regelungen und Umsetzung der Richtlinie 2013/59/Euratom

2   Diese Regelungen wurden inhaltlich nur mit kleinen Änderungen aus **§ 104 StrlSchV 2001** übernommen.

C. Mitteilungspflicht

3   Bei juristischen Personen und bei sonstigen Personenvereinigungen soll die Wahrnehmung der sich aus Teil 2 Kapitel 2 Abschnitt 8 Unterabschnitt 2 ergebenden strahlenschutzrechtlichen Aufgaben jeweils einer **bestimmten natürlichen Person** innerhalb des Leitungsgefüges zugeordnet werden können, die dann Verantwortungsträger und Ansprechpartner der Behörde ist. Da sich diese Regelung wörtlich an § 69 Abs. 2 anlehnt, kann für die Auswahl der entsprechenden Person und für die Mitteilungspflicht vollumfänglich auf die Kommentierung zu § 69 verwiesen werden (→ § 69 Rn. 28 ff.).

Abschnitt 9 – Ausnahme

§ 67 Ausnahme von dem Erfordernis der Genehmigung und der Anzeige

Wer als Arbeitnehmer oder Arbeitnehmerin oder anderweitig unter der Aufsicht stehend im Rahmen einer nach diesem Gesetz genehmigungs- oder anzeigebedürftigen Tätigkeit beschäftigt wird, bedarf weder einer Genehmigung noch hat er oder sie eine Anzeige zu erstatten.

A. Zweck und Bedeutung der Norm

§ 67 ist die letzte Norm im Kapitel 2 „Vorabkontrolle" des StrlSchG und bildet **1** einen eigenen Abschnitt 9 dieses Kapitels. Die Norm stellt klar, dass diejenigen natürlichen Personen, die **als Arbeitnehmer oder sonst weisungsgebunden** eine Tätigkeit ausüben, selbst **keine Adressaten der Genehmigungs- oder Anzeigetatbestände des Kapitels 2** sind; vielmehr ist es die (natürliche oder juristische) Person, die die Tätigkeit eigenverantwortlich ausübt und die genannten Personen beschäftigt, die eine Genehmigung beantragen oder eine Anzeige erstatten muss. Damit trifft die Norm eine wichtige Grundsatzregelung zu den Personen, die der Vorabkontrolle unterworfen sind.

B. Regelungshistorie

§ 67 führt inhaltlich – wenn auch knapper formuliert – die Regelung des **§ 28** **2** **StrlSchV 2001** fort; in der RöV 2003 gab es dazu kein Pendant. Die Norm an sich ist seit der 1. SSVO von 1960 (dort als § 6) Bestandteil des deutschen Strahlenschutzrechts. Anlässlich der Schaffung des StrlSchG wurde auch in das AtG eine entsprechende Regelung für die dortigen Genehmigungstatbestände eingeführt (§ 10a Abs. 4 AtG).

C. Inhalt der Regelung

§ 67 statuiert – so seine Überschrift – eine Ausnahme von dem Erfordernis der **3** Genehmigung und der Anzeige. Die Norm stellt klar, dass Personen, die in **weisungsgebundener Position** im Rahmen von genehmigungs- oder anzeigebedürftigen Tätigkeiten beschäftigt werden, selbst **keiner Genehmigungs- oder Anzeigepflicht unterliegen,** da sie für diese Tätigkeiten aufgrund ihrer Weisungsgebundenheit nicht die Verantwortung tragen (so die amtl. Begr. zu § 28 StrlSchV 2001, BR-Drs. 207/01, 230 f.). Im Grunde ist dies keine eigens statuierte Ausnahme, sondern folgt **systemimmanent** aus dem **Ansatz des deutschen Strahlenschutzrechts,** wonach die Verantwortlichkeit für Tätigkeiten auf eine einzige Person konfiguriert ist, den **SSV,** der einer Genehmigung bedarf oder eine Anzeige erstatten muss (§ 69 Abs. 1). Der SSV bzw. derjenige, der die Aufgaben des SSV für die juristische Person wahrnimmt (§ 69 Abs. 2), setzt, sofern er nicht selber tätig wird, zur Verrichtung der Tätigkeit Personen ein, die seiner Leitungsmacht unterstehen. Für die Praxis bedeutet dies in der Regel, dass diejenigen Personen, die im tatsächlichen Sinne mit radioaktiven Stoffen umgehen oder beim Betrieb von Anlagen und Einrichtungen tätig sind, meist keiner Genehmigung bedürfen, sondern die Genehmigungspflicht meist bei einer Person liegt, die selber nicht unmittelbar tätig wird (vgl. VGH BW Urt. v. 15.5.1990 – 10 S 406/90, juris, Rn. 18).

4 Von § 67 erfasst sind **alle Arbeitnehmer unabhängig von ihrer Position in der betrieblichen Hierarchie,** also auch **Betriebsleiter** oder **SSB** (*Schmatz-Nöthlichs,* 8054). Das gilt auch für den **Geschäftsführer** einer GmbH oder das **Vorstandsmitglied** einer AG, und zwar auch dann, wenn diese Person die Aufgaben des SSV für die Gesellschaft wahrnimmt (§ 69 Abs. 2); denn die GmbH oder AG bedarf als SSV iSd § 69 Abs. 1 der Genehmigung, nicht der Geschäftsführer oder das Vorstandsmitglied. Nicht von § 67 erfasst, sondern selber SSV und genehmigungsbedürftig ist der **Selbständige,** etwa der Inhaber eines Unternehmens oder der Arzt mit eigener radiologischer Praxis.

5 Bei **Tätigkeiten in fremden Anlagen oder Einrichtungen** ist zu unterscheiden: wer eigenverantwortlich, etwa als freiberuflicher Ingenieur oder Handwerker, im Rahmen eines Dienst- oder Werkvertrags in einer fremden Anlage tätig wird, bedarf der Genehmigung nach § 25 bzw. muss eine Anzeige nach § 26 erstatten. Wer dagegen im Rahmen eines Arbeitsverhältnisses oder anderweitig unter Aufsicht stehend in eine fremde Anlage oder Einrichtung entsandt wird, bedarf selbst weder einer Genehmigung nach § 25 bzw. Anzeige nach § 26 (diese muss der Arbeitgeber einholen bzw. erstatten) noch einer anderen Genehmigung.

6 Nach § 28 S. 3 StrlSchV 2001 war die Regelung nicht auf **Heimarbeiter und Hausgewerbetreibende** im Sinne des Heimarbeitergesetzes anzuwenden, so dass diese Personen eine Genehmigung einholen bzw. eine Anzeige erstatten mussten. Diese Bestimmung ist nicht in das StrlSchG übernommen worden, weil sie nicht mehr relevant erschien.

Kapitel 3 – Freigabe

§ 68 Verordnungsermächtigung; Verwendungs- und Verwertungsverbot

(1) [1]Die Bundesregierung wird ermächtigt, durch Rechtsverordnung mit Zustimmung des Bundesrates zu bestimmen,

1. unter welchen Voraussetzungen und mit welchen Nebenbestimmungen sowie in welchem Verfahren eine Freigabe radioaktiver Stoffe zum Zweck der Entlassung aus der Überwachung nach diesem Gesetz oder einer auf Grund dieses Gesetzes erlassenen Rechtsverordnung erfolgt,
2. wer die Freigabe beantragen kann und
3. welche Pflichten im Zusammenhang mit der Freigabe zu beachten sind, insbesondere, dass und auf welche Weise über diese Stoffe Buch zu führen und der zuständigen Behörde Mitteilung zu erstatten ist.

[2]In der Rechtsverordnung können auch das Verfahren und die Mitteilungspflichten für die Fälle geregelt werden, in denen die Voraussetzungen für die Freigabe nicht mehr bestehen.

(2) Sofern eine Freigabe radioaktiver Stoffe nach einer auf Grund dieses Gesetzes erlassenen Rechtsverordnung die Beseitigung nach den Vorschriften des Kreislaufwirtschaftsgesetzes oder den auf dessen Grundlage oder auf der Grundlage des bis zum 1. Juni 2012 geltenden Kreislaufwirtschafts- und Abfallgesetzes erlassenen Rechtsverordnungen vorsieht, dürfen diese Stoffe nach den genannten Vorschriften nicht wieder verwendet oder verwertet werden.

Schrifttum: *Feldmann,* Das neue Strahlenschutzrecht und die Freigabe: Alles neu macht der Mai?; atw 2018, 296; *IAEA,* Safety Series No. 89: Principles for the Exemption of Radiation Sources and Practices from Regulatory Control; *Niehaus,* Entlassung von Gegenständen aus der atomrechtlichen Überwachung beim Abbau von Kernkraftwerken, 15. Deutsches Atomrechtssymposium, 247; *Raetzke,* Die Entsorgung von Rückbaumassen aus kerntechnischen Anlagen – eine rechtliche Bestandsaufnahme, atw 2020, 207; *Röller,* Freigabe und Erfahrungen bei der Entsorgung freigegebener Stoffe, in: Feldmann/Raetzke/Ruttloff (Hrsg.), Atomrecht in Bewegung – Nuclear Law in Motion, 2019, 145; *Schirra/Nüsser,* Freigabe radioaktiver Stoffe, Rechts- und Vollzugsfragen aus Betreibersicht, 15. Deutsches Atomrechtssymposium, 265; *Spohn,* Die Freigaberegelung des § 29 StrlSchV – Das „Missinglink" zwischen Atom- und Abfallrecht, DVBl. 2003, 893; *Ullrich,* Nochmals: „Die Freigaberegelung des § 29 StrlSchV – „Missinglink" zwischen Atom- und Abfallrecht", DVBl. 2004, 227.

A. Normzweck

§ 68 Abs. 1 StrlSchG enthält eine **Ermächtigung der Bundesregierung** zum 1 Erlass von Regelungen für die Entlassung radioaktiver Stoffe aus der strahlenschutzrechtlichen Überwachung im Wege der RVO. Gleichzeitig umreißt die Vorschrift die grundsätzlichen Regelungsinhalte der Freigabe, die in den §§ 31–42 StrlSchV sowie § 86 StrlSchV umgesetzt wurden. Weiterhin beinhaltet § 68 Abs. 2 StrlSchG als **Schnittstellenregelung** eine **Ausnahme vom Vorrang der Verwertung** im Bereich des KrWG, soweit für den freigegebenen Stoff ein spezifischer Entsorgungspfad, nämlich der der Beseitigung gewählt wird.

B. Regelungshistorie

2   Der Regelung des StrlSchG zur Freigabe sowie deren Umsetzung in den Vorschrif-
ten der StrlSchV liegen die Anforderungen des **Art. 30 der Richtlinie 2013/59/
Euratom** zugrunde. Die Vorschrift des Art. 30 Abs. 1 der Richtlinie verpflichtet die
Mitgliedstaaten dafür zu sorgen, dass für die sich aus einer zugelassenen Tätigkeit er-
gebende Beseitigung, Wiederverwertung oder Wiederverwendung von radioaktivem
Material eine Zulassung vorgeschrieben ist. Die übrigen Vorschriften des Art. 30 der
Richtlinie betreffen die Voraussetzungen der Freigabe (Abs. 2, 3) sowie das Ver-
mischungsverbot (Abs. 4) und werden näher in der StrlSchV umgesetzt.

3   § 68 StrlSchG führt darüber hinaus in Abs. 1 die bis zum Erlass des StrlSchG bestehende Rechtslage des **§ 11 Abs. 1 Nr. 1 AtG** fort und ergänzt teilweise. Die
Schnittstellenregelung des Abs. 2 führt die Regelung des **§ 11 Abs. 3 AtG** nahezu
wortidentisch weiter.

C. Verordnungsermächtigung für das Freigabeverfahren, Freigabebegriff und Überblick über den Regelungsbestand (Abs. 1)

4   Abs. 1 beinhaltet eine Verordnungsermächtigung zur Regelung der Anforderungen, des Verfahrens und der Rechtswirkungen im Zusammenhang mit der Freigabe. Gleichzeitig, auch wenn diese nicht als Legaldefinition gekennzeichnet ist, erfolgt durch die Regelung eine erste **Bestimmung des Begriffs der Freigabe** (so
soll es jedenfalls aufgefasst werden, da eine ausdrückliche Begriffsbestimmung der
Freigabe wie etwa § 3 Abs. 2 Nr. 15 StrlSchV a. F. nicht in das Strahlenschutzrecht
aufgenommen wurde, vgl. BR-Drs. 423/18, 362). Mit der Freigabe im Sinne des
§ 68 Abs. 1 ist das Verfahren zum Zweck der Entlassung von Sachen iSd § 90 BGB
(bewegliche und unbewegliche), die als radioaktive Stoffe behandelt werden (§ 31
Abs. 1 StrlSchV), aus der strahlenschutzrechtlichen Überwachung gemeint. Bei der
Freigabe, also der Festlegung des Verfahrens zur Erlangung der Freigabewirkung,
handelt es sich unverändert zur bis zum Erlass des StrlSchG und der Neufassung
der StrlSchV geltenden Rechtslage weiterhin um einen Verwaltungsakt, der schriftlich erteilt wird (vgl. BR-Drs. 423/18, 363).

5   Die **Regelungsinhalte zur Freigabe** werden von der VO-Ermächtigung des
Abs. 1 umrissen. Diese sind dabei weiter gefasst als die Vorgängerregelung des § 11
Abs. 1 Nr. 1 AtG a. F. Neben der Bestimmung der Voraussetzungen, den möglichen
Nebenbestimmungen und der Ausgestaltung des Freigabeverfahrens (Abs. 1 S. 1
Nr. 1) kann die Bundesregierung nun in einer RVO festlegen, wer die Freigabe be-
antragen kann (Abs. 1 S. 1 Nr. 2) und welche Pflichten im Zusammenhang mit der
Freigabe zu beachten sind, insbesondere, dass und auf welche Weise über diese
Stoffe Buch zu führen und der zuständigen Behörde Mitteilung zu erstatten ist
(Abs. 1 S. 1 Nr. 3). Ferner können in der RVO auch das Verfahren und die Mittei-
lungspflichten für die Fälle geregelt werden, in denen die Voraussetzungen für die
Freigabe nicht mehr bestehen (Abs. 1 S. 2). Die Umsetzung der Ermächtigungs-
grundlage des § 68 Abs. 1 ist durch den Neuerlass der StrlSchV im Jahr 2018 erfolgt.
Voraussetzung der Freigabe ist die Einhaltung des sog. Dosiskriteriums als Voraus-
setzung für die Außerachtlassung der Aktivität der jeweiligen Sache (→ § 3 Rn. 40;

§ 31 StrlSchV Rn. 7); Rechtsfolge der Freigabe ist, dass die Sache kein radioaktiver Stoff mehr ist (§ 3 Abs. 2 S. 1 Nr. 2; → § 3 Rn. 38 ff.). Hinsichtlich des Freigabe-gegenstandes stellt die Begründung zu § 68 Abs. 1 (BR-Drs. 423/18, 364) klar, dass die Freigaberegelungen iSd § 90 a BGB auch auf Tiere entsprechend anzuwenden sind.

Die Anforderungen an die Freigabe sowie die Regelung zu den Nebenbestim- **6** mungen enthalten sodann die §§ 32 ff. StrlSchV. Die Umsetzung des Abs. 1 S. 2 Nr. 2 erfolgt dabei in § 32 Abs. 1 StrlSchV, die Dokumentations- und Informations-pflichten des Inhabers der Freigabe (Abs. 1 S. 1 Nr. 3, Abs. 1 S. 2) werden in § 42 Abs. 2 und 3 StrlSchV und § 86 StrlSchV geregelt.

D. Verwendungs- und Verwertungsverbot spezifisch freigegebener Stoffe (Abs. 2)

Durch die Freigabe werden radioaktive Stoffe und Gegenstände, die mit radio- **7** aktiven Stoffen kontaminiert oder aktiviert sind, aus dem Bereich der strahlen-schutzrechtlichen Überwachung entlassen, wenn sie die Voraussetzungen der §§ 31 ff., insbesondere die des § 33 Abs. 1 StrlSchV, nämlich das sog. Dosiskriterium, erfüllen (s. u. → § 31 StrlSchV Rn. 13 ff., → § 33 StrlSchV Rn. 4 ff.). Damit ergibt sich für den Fall, dass nach der Freigabe des Stoffes keine Anforderungen an die weitere Verwendung bestehen (dies ist insbes. der Fall bei der **uneingeschränkten Freigabe,** vgl. § 32 Abs. 2 StrlSchV, 35 StrlSchV,→ § 32 StrlSchV Rn. 6 ff.), die grundsätzlich klare rechtliche Situation, dass vor dem Freigabevollzug die Verwen-dungs- und Entsorgungsregelungen des StrlSchG und nach einer Entlassung aus dem Anwendungsbereich des Strahlenschutzrechts die Bestimmungen des konven-tionellen Entsorgungsrechts (KrWG) Anwendung finden.

Bei bestimmten Freigabepfaden werden allerdings weiter Anforderungen an die **8** künftige Verwendung, Verwertung, Beseitigung, das Innehaben der freizugebenen Stoffe und Gegenstände oder deren Weitergabe an Dritte gestellt (**spezifische Freigabe,** vgl. § 36 Abs. 1 Nr. 3, 4, 6, 7,→ § 32 StrlSchV Rn. 9 ff.). Die spezifische Freigabe kann so etwa die Beseitigung des freigegebenen Stoffes oder Gegenstandes vorsehen. In dieser Hinsicht bewirkt § 68 Abs. 2 eine **Durchbrechung der** vor-genannten **Trennung** der Rechtsgebiete. Die Regelung bestimmt, dass, sofern eine Freigabe radioaktiver Stoffe nach der StrlSchV die Beseitigung nach dem KrWG vorsieht, diese Stoffe nach diesen Vorschriften nicht wiederverwendet oder verwertet werden dürfen.

Die Notwendigkeit der Regelung ist dadurch begründet, dass das KrWG zwi- **9** schen Abfällen zur Verwertung und Abfällen zur Beseitigung unterscheidet und der Verwertung gem. § 7 Abs. 2 KrWG grds. den Vorrang einräumt (vgl. *Raetzke,* atw 2020, 207, 211; BT-Drs. 14/2443, S. 12 zum gleichlautenden § 11 Abs. 3 AtG). Aufgrund der Erkenntnisse des Freigabeverfahrens, das in der spezifischen Freigabe des Stoffes endet, steht aber fest, dass eine Wiederverwendung des Stoffes aufgrund dessen radiologischen Eigenschaften nicht erfolgen kann. In dieser Situa-tion sichert § 68 Abs. 2 StrlSchG das Ergebnis des Freigabevorgangs ab, indem schon innerhalb des Freigabeverfahrens der Entsorgungsweg mit Wirkung für das KrWG, nämlich durch einen Ausschluss der Wiederverwendung, festgelegt wird (BT-Drs. 14/2443, S. 12). Aus normenhierarchischen Gründen erfolgt dabei die Regelung des strahlenschutzrechtlichen Verwertungsverbotes auf Gesetzesebene.

Anhang zu § 68

Kommentierung der §§ 31 bis 42 StrlSchV

1 § 31 StrlSchV Freigabe radioaktiver Stoffe; Dosiskriterium

(1) [1]Nur nach einer Freigabe dürfen als nicht radioaktive Stoffe verwendet, verwertet, beseitigt, innegehalten oder an einen Dritten weitergegeben werden:
1. radioaktive Stoffe, die aus Tätigkeiten nach § 4 Absatz 1 Satz 1 Nummer 1 in Verbindung mit § 5 Absatz 39 Nummer 1 oder 2, oder aus Tätigkeiten nach § 4 Absatz 1 Satz 1 Nummer 3 bis 7 des Strahlenschutzgesetzes stammen, und
2. bewegliche Gegenstände, Gebäude, Räume, Raumteile und Bauteile, Bodenflächen, Anlagen oder Anlagenteile (Gegenstände), die mit radioaktiven Stoffen, die aus Tätigkeiten nach § 4 Absatz 1 Satz 1 Nummer 1 in Verbindung mit § 5 Absatz 39 Nummer 1 oder 2, oder aus Tätigkeiten nach § 4 Absatz 1 Satz 1 Nummer 3 bis 7 des Strahlenschutzgesetzes stammen, kontaminiert sind oder durch die genannten Tätigkeiten aktiviert wurden.

[2]Einer Freigabe bedürfen insbesondere Stoffe und Gegenstände, die aus Kontrollbereichen stammen, in denen
1. mit offenen radioaktiven Stoffen umgegangen wird oder wurde,
2. offene radioaktive Stoffe vorhanden sind oder waren, oder
3. die Möglichkeit einer Aktivierung bestand.

(2) Dosiskriterium für die Freigabe ist, dass für Einzelpersonen der Bevölkerung durch die freizugebenden Stoffe und Gegenstände nur eine effektive Dosis im Bereich von 10 Mikrosievert im Kalenderjahr auftreten kann.

(3) Eine Freigabe ersetzt keine Genehmigung nach § 7 Absatz 3 des Atomgesetzes.

(4) § 58 Absatz 2 und die §§ 99 bis 102 bleiben unberührt.

(5) [1]Die zuständige Behörde soll Ausnahmen von Absatz 1 Satz 2 erteilen, wenn durch geeignete beweissichernde Messungen nachgewiesen wird, dass keine Kontamination oder Aktivierung vorliegt. [2]Satz 1 gilt nicht für Tätigkeiten nach § 4 Absatz 1 Satz 1 Nummer 4 des Strahlenschutzgesetzes. [3]Die Vorgehensweise zum Nachweis, dass keine Kontamination oder Aktivierung vorliegt, ist in einer betrieblichen Unterlage zu beschreiben und durch Angaben zu Art und Umfang der Tätigkeit darzulegen.

Übersicht

Schrifttum: *siehe § 68 StrlSchG*

A. Normzweck

Die Vorschriften zur Freigabe verfolgen den Zweck, Stoffe, die einer Freigabe- **1**
pflicht unterliegen, die also als radioaktive Stoffe aus Tätigkeiten stammen oder aufgrund dieser mit radioaktiven Stoffen kontaminiert oder aktiviert sein können (vgl.
§ 31 Abs. 1 S. 1 StrlSchV) – also insbesondere Stoffe, die aus einem Kontrollbereich
stammen (§ 31 Abs. 1 S. 2 StrlSchV) – **aus der strahlenschutzrechtlichen Überwachung zu entlassen** (zur Rechtsfolge der Freigabe → Rn. 4 ff.). Die Freigabe ist
zwar nicht auf den Bereich des **Rückbaues von kerntechnischen Anlagen iSd
§ 7 AtG** beschränkt, spielt dort allerdings eine besondere Rolle. Denn nach **§ 2
Abs. 5 EntsorgÜG** besteht hier eine Verpflichtung für die Betreiber, die in
Anhang 1 des Entsorgungsfondsgesetzes aufgeführt sind, hinsichtlich der freigabe-
fähigen Massen die Freigabe zu erwirken – womit letztlich auch der Entsorgungsweg der Endlagerung, der nach § 9a AtG für radioaktive Abfälle vorgesehen ist,
entlastet wird (s. hierzu auch unter dem Aspekt der Ressourcenschonung *Niehaus,*
248).

Im Rahmen des Freigabeverfahrens wird nachgewiesen, dass die betroffenen **2**
Stoffe oder Gegenstände nur in einem solchen Maße radioaktiv aktiviert und/oder
kontaminiert sind, dass die durch diese resultierende potentielle Strahlenexposition
zu vernachlässigen ist (§ 3 Abs. 1, 2 StrlSchG, wortidentisch auch § 2 AtG). Hierzu
beinhaltet Abs. 2 die Festlegung des sog. Dosiskriteriums. Die Einhaltung des Dosiskriteriums stellt insoweit die zentrale Voraussetzung für die Erteilung der Freigabe
dar. Die Vorschrift enthält sodann weitere Regelungen zum Verhältnis zur Still-
legungs- und Abbaugenehmigungen nach § 7 Abs. 3 AtG (Abs. 3) sowie zu Einzelfällen, in denen keine Freigabe des Stoffes erforderlich ist (Abs. 4 und 5). Übergeordnet stellt die Freigabe somit sicher, dass keine radioaktiven Stoffe (oberhalb
der Freigabewerte) in die Umwelt gelangen können.

B. Regelungshistorie

Die Regelung beruht auf der Ermächtigungsgrundlage des § 68 Abs. 1 S. 1 Nr. 1. **3**
Dabei regelt die Vorschrift den Bereich der Freigabewirkung, den Anwendungs-
bereich der Freigabe sowie das Dosiskriterium als Aspekte der Ermächtigungs-
grundlage. Aus europarechtlicher Perspektive setzt die Regelung damit Art. 30
Abs. 1 der Richtlinie 2013/59/Euratom um. Daneben wird auch zT die bis zum
Neuerlass der StrlSchV 2018 bestehende Regelung des § 29 Abs. 1 und Abs. 2
StrlSchV aF aufgegriffen.

C. Gegenstand und Rechtsfolge der Freigabe (Abs. 1)

I. Rechtsfolge der Freigabe, Systemüberblick (Abs. 1 S. 1)

4   Abs. 1 Satz 1 bestimmt, dass die in dieser Vorschrift genannten Stoffgruppen (radioaktive Stoffe und Gegenstände → Rn. 8 ff.) nur nach einer Freigabe als nicht radioaktive Stoffe verwendet, verwertet, beseitigt, innegehabt oder an Dritte weitergegeben werden dürfen. Die StrlSchV stellt damit die **Rechtsfolge der Freigabe** dem Regelungskomplex voran. Mit der Freigabe wird ein **Rechtswechsel** im Hinblick auf den freizugebenden Stoff bezweckt. Der vormals als radioaktiv behandelte Stoff ist nach Abschluss des Freigabeverfahrens als nicht radioaktiver Stoff anzusehen und kann – je gewählten Freigabepfad (§ 32 StrlSchV) – als solcher weitergenutzt oder entsorgt werden. Für den umgekehrten Fall, dass die Freigabe noch nicht durchgeführt wurde, stellt die Regelung darüber hinaus durch das Wort *nur* klar, dass sich die weitere Verwendung und Behandlung des radioaktiven Stoffes ausschließlich nach den Bestimmungen des Strahlenschutzrechtes richtet. Zusammen mit der Bußgeldandrohung des § 184 Abs. 1 Nr. 9 StrlSchV verbietet die Norm sogar die Nutzung des radioaktiven Stoffes entgegen der Bestimmung des § 31 Abs. 1 S. 1 StrlSchV (→ Rn. 31). Für radioaktive Stoffe, die aufgrund ihrer radiologischen Eigenschaften nicht freigegeben werden können, ist die Entsorgung als radioaktiver Abfall einschlägig (→ § 3 Rn. 56).

5   Als ein **aus der atom- und strahlenschutzrechtlichen Praxis gewachsenes Verfahren** weist das Freigabeverfahren einige Besonderheiten im Vergleich zu gewöhnlichen Verwaltungsverfahren auf. So handelt es sich bei der **behördlichen Handlung der „Freigabe"** um den Verwaltungsakt (vgl. § 33 Abs. 2 StrlSchV – Freigabebescheid), mit dem die Behörde das **Verfahren zur Erlangung der Freigabewirkung** für den Antragsteller verbindlich festschreibt (s. für einen Überblick über den Regelungsbestand auch *Raetzke,* atw 2020, 207, 210). MaW folgt aus dem Erlass des Freigabebescheides kein Rechtswechsel in Bezug auf den freizugebenden Stoff. Die Freigabewirkung, d. h. die Entlassung von Stoffen aus der strahlenschutzrechtlichen Aufsicht und der Rechtswechsel, tritt vielmehr erst mit dem Vollzug des Freigabebescheides ein. Der Vollzug erfolgt durch weitere Verfahrensschritte, nämlich grds. der sog. Freimessung (§ 42 Abs. 2 StrlSchV) sowie der Bestätigung der Übereinstimmung des Freimessergebnisses mit den Anforderungen des Freigabebescheides durch den SSV bzw. dessen Vertreter (regelmäßig der SSB, § 42 Abs. 1 StrlSchV). Die Behörde kann hier im Übrigen die erforderlichen Schritte zur Erlangung der Freigabewirkung allerdings auch im Freigabebescheid durch Nebenbestimmungen ausgestalten (§ 33 StrlSchV). Als Besonderheit des Freigabeverfahrens liegt die Verantwortung über den Freigabevollzug und damit über den Zeitpunkt des Rechtswechsels beim SSV, soweit die Behörde nichts Anderes bestimmt. In der Vollzugspraxis hat somit idR der SSV, also die Antragstellerseite, in Bezug auf die Freigabewirkung das letzte Wort. Dieses Vorgehen ist im Hinblick auf die engmaschige Überwachung im Bereich des Strahlenschutzrechtes mit ihren weitreichenden Befugnissen vertretbar. In dieser Hinsicht finden selbstverständlich auch die Aufsichtsregelungen der §§ 178 ff. StrlSchG Anwendung.

6   Allerdings ist festzustellen, dass bzgl. des **Maßes der Eigenverantwortung** im Freigabevollzug jedenfalls im kerntechnischen Bereich eine durchaus heterogene Vollzugspraxis besteht. So wird in einigen Bundesländern (z. B. Schleswig-Holstein) regelmäßig von der Option des § 33 Abs. 3 StrlSchV Gebrauch gemacht. Nach dieser Vorschrift kann die Behörde die Freigabe unter der aufschiebenden Bedingung erteilen, dass sie den von dem SSV erbrachten Nachweis der Übereinstimmung mit dem Inhalt des Freigabebescheides bestätigt.

Zentrale Voraussetzung für die Freigabe ist der Nachweis, dass im Hinblick **7** auf die freizugebenden Stoffe bestimmte Anforderungen an die von diesen ausgehenden potentiellen Strahlenexpositionen (Dosiskriterium, § 31 Abs. 2 StrlSchV) eingehalten werden. Das Regelungskonzept folgt damit der Begriffsbestimmung des radioaktiven Stoffes nach § 3 Abs. 1 S. 1 und Abs. 2 S. 1 Nr. 2 StrlSchG. Nach dieser Regelung sind radioaktive Stoffe solche, die ein oder mehrere Radionuklide enthalten und deren Aktivität nicht außer Acht gelassen werden kann. Da das erste Tatbestandsmerkmal der Legaldefinition lediglich beschreibenden Charakter hat – praktisch jeder Stoff enthält seit 1945 ein Radionuklid (vgl. *Niehaus*, S. 249) – wird mit der Freigabe nachgewiesen, dass die vom Stoff ausgehende potentielle Strahlenexposition zu vernachlässigen ist. Dieser Nachweis dient der Verwirklichung der Definition des radioaktiven Stoffs und des dem Regelungskomplex der Freigabe innewohnenden **de minimis-Prinzips,** nach dem der Staat sich nicht um Nebensächlichkeiten zu kümmern hat (de minimis non curat lex; → § 3 Rn. 28; *Niehaus*, S. 248; BR-Drs. 423/18, 363). Die Freigabe hat damit in Bezug auf den freizugebenden Stoff durch die negative Feststellung einen konstituierenden Charakter.

II. Freigabeerfordernis (Abs. 1 S. 1 Nr. 1 und 2)

§ 31 Abs. 1 S. 1 Nr. 1 und 2 StrlSchV konkretisieren, **welche Stoffe der Frei-** **8** **gabe bedürfen.** Hierbei handelt es sich zum einen um radioaktive Stoffe, die aus den hier aufgeführten genehmigungsbedürftigen Tätigkeiten stammen (Nr. 1) oder um Sachen iSd § 90 BGB (bewegliche oder unbewegliche), die mit solchen radioaktiven Stoffen in Kontakt gekommen sind und dadurch kontaminiert (§ 5 Abs. 21 StrlSchG) oder aktiviert wurden (Nr. 2, zum mit dieser Formulierung zusammenhängenden Herausgabeverfahren siehe → Rn. 27). Die Regelung des § 3 Abs. 2 S. 1 Nr. 2 StrlSchG verwendet für beide Kategorien zusammen den Begriff des im Rahmen einer Tätigkeit angefallenen Stoffes (→ § 3 Rn. 39), praktisch-inhaltlich ergeben sich hieraus allerdings keine Differenzen.

Der Kreis der Tätigkeiten, die zur Auslösung eines Freigabeerfordernisses für die **9** weitere Verwendung des Stoffes führen, ist **weit gefasst.** Hierzu gehören insbesondere die Tätigkeiten nach § 4 Abs. 1 Nr. 1 StrlSchG iVm § 5 Abs. 39 StrlSchG. Mit dem Verweis auf den Umgangsbegriff des § 5 Abs. 39 StrlSchG wird klargestellt, dass die Regelungen der Freigabe auch beim **Umgang mit natürlich vorkommenden radioaktiven Stoffen** Anwendung finden, soweit hierbei ihre Radioaktivität genutzt wird oder mit ihnen zur Nutzung als Kernbrennstoff oder zur Erzeugung von Kernbrennstoffen umgegangen wird. Die Regelung setzt damit auch die Anforderung des Art. 30 Abs. 3 der Richtlinie 2013/59/Euratom um (BR-Drs. 423/18, 362). Daneben werden die **Tätigkeiten im Zusammenhang mit kerntechnischen Anlagen und Kernbrennstoffen** über die Benennung von § 4 Abs. 1 Nr. 3–7 StrlSchG erfasst. Hierbei bilden die Tätigkeiten nach Nr. 3–6 in der Praxis einen Schwerpunkt.

Von den Fallgruppen des Abs. 1 S. 1 Nr. 2 kommt der Tatbestandsvariante der **10** Kontamination insbes. in der kerntechnischen Praxis besondere Bedeutung zu. Dabei decken die Fallgruppen des Abs. 1 S. 1 Nr. 2 gemeinsam nahezu das gesamte Spektrum der Stoffe ab, die den Anwendungsbereich einer § 7 AtG-Genehmigung als nicht radioaktive Stoffe verlassen können. Gemeinsam mit den Entsorgungsverfahren für radioaktive Stoffe decken sie den gesamten gegenständlichen Bereich einer § 7 AtG Anlage ab, so dass im Ergebnis die Entsorgung von kerntechnischen Anlagen lückenlos geregelt ist (vgl. *Niehaus*, 253 f.).

III. Freigabeerfordernis für Stoffe aus Kontrollbereichen (Abs. 1 S. 2)

11   Mit der im Rahmen der Novellierung der StrlSchV 2018 eingeführten Regelung des Abs. 1 S. 2 wird eine allgemeine Freigabeverpflichtung für Stoffe und Gegenstände formuliert, die aus **Kontrollbereichen** (§ 52 Abs. 2 StrlSchV) stammen, in denen mit offenen radioaktiven Stoffen umgegangen wurde, offene radioaktive Stoffen vorhanden waren, oder die Möglichkeit einer Aktivierung bestand. Bei diesen Stoffen und Gegenständen wird demnach unterstellt, dass sie radioaktive Stoffe im Sinne der Begriffsdefinition des § 3 Abs. 1 StrlSchG sind, weil sie entweder von sich aus Radionuklide enthalten oder es infolge des Aufenthalts im Kontrollbereich zu einer Kontamination oder Aktivierung gekommen ist (→ § 3 Rn. 39; vgl. Abs. 1 S. 1 Nr. 1 und 2). Die Vorschrift griff bei Erlass dabei das bereits in der damaligen Fassung des sog. *Stilllegungsleitfaden* bestehende grundsätzliche Freigabeerfordernis für Stoffe aus Kontrollbereichen auf, die im Zusammenhang mit kerntechnischen Anlagen eingerichtet worden sind (*Leitfaden zur Stilllegung, zum sicheren Einschluss und zum Abbau von Anlagen oder Anlagenteilen nach § 7 des Atomgesetzes a. F.,* vom 23.06.2016, BAnz AT 19.07.2016 B7, Ziff. 6.1; BR-Drs. 423/18, 366). In der aktuellen Fassung des *Stilllegungsleitfadens* (*Leitfaden zur Stilllegung, zum sicheren Einschluss und zum Abbau von Anlagen oder Anlagenteilen nach § 7 des Atomgesetzes vom 16. September 2021, BAnz AT 23.11.2021 B2, Ziff. 6.2*) wird zum generellen Freigabeerfordernis konkretisierend ausgeführt, dass in den von § 31 Abs. 1 S. 2 StrlSchV benannten Kontrollbereichen eine Kontamination oder Aktivierung aus einer Tätigkeit nicht ausgeschlossen werden kann.

12   Die Regelung des Abs. 1 S. 2 greift nur dann nicht, soweit in § 31 eine ausdrückliche Ausnahme vom Freigabeerfordernis vorgesehen ist. Dies ist zum einen nach Abs. 4 hinsichtlich der Regelungen zum Herausbringen und den Ableitungen der Fall. Zum anderen sieht Abs. 5 eine Ausnahme von der Regelung für solche Kontrollbereiche vor, die nicht im Zusammenhang mit Anlagen, die nach § 7 AtG genehmigt werden eingerichtet worden sind (gesetzlicher Fall der sog. Herausgabe, → Rn. 26 ff.). Ferner sollen von der Regelung solche Strahlenschutzbereiche nicht erfasst sein, deren Einrichtung die zuständige Behörde bei Tätigkeiten mit natürlich vorkommenden radioaktiven Stoffen angeordnet hat (BR-Drs. 423/18, 366).

D. Dosiskriterium (Abs. 2)

13   **§ 31 Abs. 2 StrlSchV** regelt i. V. m. **§ 33 Abs. 1 StrlSchV** als Voraussetzung der Erteilung der Freigabe die Einhaltung des sog. **Dosiskriteriums.** Das Dosiskriterium bestimmt damit, wann die spezifische Aktivität eines Stoffes iSd § 3 Abs. 2 S. 1 Nr. 2 StrlSchG und § 2 Abs. 1 AtG außer Acht gelassen werden kann. Die Festlegung des Dosiskriteriums folgt dem international anerkannten **Zehn-Mikrosievert-Konzept** (beschrieben in *IAEA,* Safety Series No. 89: Principles for the Exemption of Radiation Sources and Practices from Regulatory Control) und ist gleichfalls mit dem europarechtlichen Freigabekonzept des Art. 30 iVm Nr. 3 des

Anhangs VII der Richtlinie 2013/59/Euratom vereinbar (vgl. BR-Drs. 423/18, 363).

Diesem Konzept folgend ist für die freizugebenden Stoffe nachzuweisen, dass für **14** eine Einzelperson der Bevölkerung durch diese nur eine effektive Dosis im **Bereich von zehn Mikrosievert im Kalenderjahr** auftreten kann. Der Begriff „**im Bereich von** zehn Mikrosievert im Kalenderjahr" bedeutet, dass die Modellrechnungen zur Herleitung einzelner Freigabewerte, einschließlich der bei der Freigabe im Einzelfall anzunehmenden Randbedingungen nach Anlage 8 Teil A Nr. 2 zur StrlSchV, tatsächlich auch Werte der effektiven Dosis für Einzelpersonen der Bevölkerung bis ca. 20 Mikrosievert im Kalenderjahr nicht ausschließen. Der Mittelwert der statistischen Dosisverteilung muss dabei unter oder höchstens bei 10 Mikrosievert liegen (BR-Drs. 423/18, 363). MaW bedeutet dies, dass es sich bei dem Dosis-*kriterium* gerade um **keinen Dosis***grenzwert* handelt, wie dies etwa bei § 80 StrlSchG der Fall ist (*Schirra/Nüsser,* 272). Die Freigabewerte in Anlage 4 Tabelle 1 StrlSchV sind Werte der spezifischen Aktivität, bei denen nach den Berechnungen des Verordnungsgebers unter Beachtung der in Anlage 8 genannten sonstigen Randbedingungen sichergestellt ist, dass das Dosiskriterium für die Einzelperson der Bevölkerung eingehalten wird.

Zur Begründung des Dosiskriteriums muss zunächst darauf hingewiesen wer- **15** den, dass für die schädliche Wirkung von ionisierenden Strahlen nach derzeitigem Wissensstand keine Wirkungsschwelle besteht. Deshalb muss davon ausgegangen werden, dass grundsätzlich jede noch so geringe Dosis mit einer − je nach Dosis abnehmenden − Wahrscheinlichkeit einen Gesundheitsschaden auslösen kann (Informationspapier der Entsorgungskommission vom 16.07.2018, Freigabe radioaktiver Stoffe und Herausgabe nicht radioaktiver Stoffe aus dem Abbau von Kernkraftwerken abrufbar unter https://www.entsorgungskommission.de/sites/default/files/reports/Informationspapier_ESK67_16072018_hp.pdf; siehe auch *MELUND-SH:* Abschlussbericht zur Entsorgung freigegebener Abfälle aus Kernkraftwerken der *AG Entsorgung freigegebener Abfälle,* S. 3 abrufbar unter https://www.schleswig-holstein.de/DE/Fachinhalte/A/atomausstieg/Downloads/abschlussbericht2018.pdf?__blob=publicationFile&v=2). Vor diesem Hintergrund hat der VO-Geber einen Dosiswert gewählt, für den er das von der verbleibenden ionisierenden Strahlung ausgehende Gefährdungspotential für hinnehmbar erachtet, dies ist auch der Inhalt des de-minimis Konzeptes, das dem Freigaberegime zugrunde liegt. Nach der *amtl. Begr.* sei die aus einer Freigabe maximal resultierende zusätzliche effektive Dosis einer Einzelperson der Bevölkerung durch die Anwendung des Zehn-Mikrosievert-Kriteriums so weit reduziert, dass sie im Vergleich zu den Dosisschwankungen, die eine Einzelperson pro Jahr aufgrund ihres Lebenswandels im Umfeld natürlicher Umgebungsstrahlung zwangsläufig erfährt, nicht identifizierbar ist (vgl. BR-Drs. 423/18, 363). In Deutschland variiere die jährliche effektive Dosis aufgrund der Exposition durch natürliche Strahlung um etwa 1000 Mikrosievert zwischen rund 2000 und 3000 Mikrosievert. Die Veränderung des Aufenthaltsortes einer Person über eine Zeit von ca. einer Woche pro Jahr innerhalb Deutschlands könne den Dosisbeitrag um 10 Mikrosievert verändern (BR-Drs. 423/18, 363). Je nach Wohnort einer Person können zwei Tage Wohnen in einem Gebäude zu einer weiteren Veränderung der jährlichen effektiven Dosis um 10 Mikrosievert führen. Für Personen auf Flugreisen werde eine zusätzliche effektive Dosis von 10 Mikrosievert im Mittel schon nach etwa einer Flugstunde erreicht. Deutlich größere jährliche Dosen resultierten zudem aus medizinischen Anwendungen und künstlicher Radioaktivität. Diese relativ hohe Variabilität zeige, warum im Vergleich dazu die aus der

Freigabe resultierende Dosis von Einzelpersonen vernachlässigbar sei (BR-Drs. 423/18, 363).

E. Keine Ersetzung einer Genehmigung nach § 7 Abs. 3 AtG (Abs. 3)

16   § 31 Abs. 3 StrlSchV verdeutlicht, dass die Freigabe eine Stilllegungs- und Abbaugenehmigung (SAG) nach § 7 Abs. 3 AtG nicht ersetzt. Im Rahmen der Stilllegung und des Abbaus von kerntechnischen Anlagen verlangt das AtG eine genehmigungsrechtliche Vorabkontrolle des Stilllegungs- und Abbauvorgangs hinsichtlich der gesamten Anlage (*Niehaus*, S. 253). Die mit der Freigabe bezweckte Entlassung der Stoffe aus der atom- und strahlenschutzrechtlichen Überwachung kann demnach erst dann erfolgen, soweit dies im Rahmen der Erteilung der SAG nach § 7 Abs. 3 AtG bestätigt wird. Die Freigabe findet damit innerhalb des Regimes der Genehmigung nach § 7 Abs. 3 AtG statt und ersetzt dieses nicht (*Niehaus,* 253, *Spohn* DVBl. 2003, 893, 894). So handelt es sich nach den Bestimmungen des Stilllegungsleitfadens bei den Freigaberegelungen um ein Element des zu genehmigenden Stilllegungsregimes (nach Ziff. Nr. 3.4 Abs. 3 lit. i des *Stilllegungsleitfaden*s ist den Antragsunterlagen nach § 7 Abs. 3 AtG etwa eine Beschreibung der Vorgehensweise zur Freigabe radioaktiver Stoffe und ihrer Verwertung beizufügen; der Stand von Wissenschaft und Technik wird im Hinblick auf die Freigabe im Rahmen der Stilllegung kerntechnischer Anlagen ergänzt durch die Empfehlung der Entsorgungskommission vom 05. 11. 2020 „Leitlinien zur Stilllegung kerntechnischer Anlagen", Ziff. 7.3, abrufbar unter https://www.entsorgungskommission.de/sites/default/files/reports/ESK_Empfehlung_LL-ST_ESK84_05.11.2020.pdf – im Folgenden: *ESK-LL-Stilllegung;* s. auch *Niehaus,* 254). Mit der Klarstellung soll ferner verhindert werden, dass Voraussetzungen für die Stilllegung, wie etwa eine Umweltverträglichkeitsprüfung, umgangen werden (vgl. BR-Drs. 207/01, 235).

F. Ausnahmen für die Regelungen des Herausbringens und der Ableitung radioaktiver Stoffe (Abs. 4)

I. Herausbringen, § 58 Abs. 2 StrlSchV

17   Nach § 31 Abs. 4 StrlSchV erfasst das Freigaberegime nicht den Anwendungsfall des Herausbringens von beweglichen Gegenständen aus Kontrollbereichen nach § 58 Abs. 2 StrlSchV. Nach dieser Vorschrift können Gegenstände wie Arbeitsgeräte, Messeinrichtungen, Anlagenteile oder Kleidungsstücke aus Strahlenschutzbereichen zum Zweck einer sonstigen Verwendung mit dem Ziel einer Wiederverwendung oder Reparatur außerhalb von Strahlenschutzbereichen herausgebracht werden, soweit an diesen eine Kontamination oder Aktivierung oberhalb der Werte der Anlage 4 Tabelle 1 Spalten 3 und 5 nicht festgestellt wird. Es gelten in Bezug auf die einzuhaltenden Werte insoweit die gleichen Anforderungen wie an die uneingeschränkte Freigabe, ohne dass hierzu ein Freigabeverfahren nach den §§ 31 ff. StrlSchV durchgeführt werden muss. Für diese arbeitstäglich vorkommenden Herausnahmen sei das Freigabeverfahren weder angemessen noch praktikabel (vgl. BR-Drs. 207/01, 232). Das Herausbringen hat einen stark abgegrenzten Anwendungsbereich, der davon geprägt wird, dass ein weiterer Umgang mit den erfassten

Sachen vorgesehen ist. Für Gegenstände, die dem Herausbringen nach § 58 Abs. 2 StrlSchV unterliegen, tritt für diesen Nutzungszweck daher nicht das Erfordernis der Freigabe im Sinne des § 31 Abs. 1 S. 1 StrlSchV ein. Soweit aber der Stoff oder Gegenstand für einen anderen Zweck als von § 58 Abs. 2 StrlSchV genutzt werden soll ersetzt das Herausbringen keine Freigabe oder Herausgabe (vgl. *Stilllegungsleitfaden,* Ziff. 6.1).

II. Ableitung radioaktiver Stoffe, §§ 99 ff. StrlSchV

Ebenso wird von den Freigaberegelungen der Bereich der Ableitung radioakti- **18** ver Stoffe nach §§ 99 – 102 StrlSchV nicht berührt. Bei der Ableitung handelt es sich um den Vorgang der Abgabe von Radionukliden (→ § 3 Rn. 59) im Rahmen der Ausübung der in § 99 Abs. 1 StrlSchV benannten Tätigkeiten über die Luft oder das Wasser in die Umgebung. Die Exposition von Einzelpersonen der Bevölkerung durch Ableitungen mit Luft und Wasser aus den o. g. Tätigkeiten wird hier auf eine effektive Dosis von 0,3 mSv im Kalenderjahr pro Ableitungspfad begrenzt. Die über diesen Pfad in die Umgebung abgegebenen Stoffe bedürfen demnach zuvor keiner gesonderten Freigabe.

StrlSchG und StrlSchV regeln dabei nicht, ob und inwieweit bei einer Kon- **19** tamination von Gegenständen außerhalb des jeweiligen Strahlenschutzbereichs mit Radionukliden, die aus Ableitungen stammen, hinsichtlich des kontaminierten Stoffes eine Freigabe zur weiteren Verwendung erforderlich ist. Formal handelt es sich hierbei um einen Sachverhalt, der die Voraussetzungen des § 31 Abs. 1 StrlSchV erfüllt. Denn jedenfalls liegt im angenommenen Fall eine Kontamination mit radioaktiven Stoffen, die aus einer Tätigkeit i. S. v. § 31 Abs. 1 S. 1 Nr. 2 StrlSchV stammen, vor. Eine Einschränkung über den Kreis der Antragsberechtigten scheidet indes auch aus, da jedenfalls auch eine Freigabe von Amts wegen in Frage käme, vgl. § 38 StrlSchV. Gleichwohl erscheint es widersinnig, genehmigte Ableitungen zunächst von einem weiteren aktiven regulatorischen Kontrollschritt zu befreien, um die Kontamination durch Ableitungen dann wieder – jedenfalls mittelbar – einer regulatorischen Kontrolle zu unterwerfen.

Einer denkbaren Freigabebedürftigkeit von durch Ableitungen kontaminierten **20** Stoffen ist entgegenzuhalten, dass der Verordnungsgeber mit den für die Strahlenexposition aus Ableitungen festgelegten Grenzwerten zu erkennen gegeben hat, dass er diese mit Blick auf Einzelpersonen der Bevölkerung für verantwortbar und zulässig hält. Im Rahmen der Genehmigung wird die Ableitung radioaktiver Stoffe geprüft, bewertet und die jeweiligen Ableitungen, die zur Kontamination anderer Stoffe führen, mit der Genehmigungserteilung erlaubt. Soweit die Grenzwerte eingehalten werden, bedarf es aus Sicht des Verordnungsgebers demnach keiner weiteren Überprüfung dieser Stoffe zum Schutz der Bevölkerung vor radiologischen Belastungen. Dieser Gedankengang wird auch von Art. 25 Abs. 4 der Richtlinie 2013/59/Euratom getragen. Dort heißt es: *„Menschliche Betätigungen, die mit Materialien verbunden sind, die aufgrund zugelassener Freisetzungen radioaktiv kontaminiert sind, oder mit gem. Artikel 30 freigegebenen Materialien verbunden sind, sind nicht als geplante Expositionssituationen zu behandeln und unterliegen somit nicht der Anmeldepflicht."* Mit Blick auf den englischen RL-Text ergibt sich, dass es sich bei Ableitungen auch um die in Art. 25 Abs. 4 der RL handelt. Dort besagt Art. 25 Abs. 4: *Human activities involving radioactively contaminated materials resulting from authorised releases [...].* In Art. 29 Abs. 4 der RL findet sich die folgende Formulierung *„in accordance with the requirements laid down in Chapter VIII for the authorisation of the release* *of radioactive effluent into the environment"*. Im Chapter VIII wiederum finden sich insbesondere Regelungen zu Ableitungen, sodass diese als eine Form der *releases* anzusehen sind. Demnach unterliegt die Betätigung mit Materialien, die durch Ableitungen kontaminiert wurden, aus europarechtlicher Sicht keiner Anmeldepflicht und damit auch keiner anderweitigen regulatorischen Kontrolle.

G. Ausnahmen bei nachgewiesener Kontaminationsfreiheit in Kontrollbereichen außerhalb kerntechnischer Anlagen (Abs. 5), Herausgabe im Zusammenhang mit kerntechnischen Anlagen

I. Herausgabeverfahren im Zusammenhang mit kerntechnischen Anlagen

21   Neben der Freigabe radioaktiver Stoffe hat sich in der atom- und strahlenschutzrechtlichen Praxis das Instrument der sog. **Herausgabe** für die Entlassung von Stoffen und Gegenständen aus der staatlichen Überwachung etabliert (vgl. *Niehaus,* 256). Die Herausgabe ist im untergesetzlichen kerntechnischen Regelwerk im Stilllegungsleitfaden (*Stilllegungsleitfaden,* Ziff. 6.3) sowie in Empfehlungen der ESK (*ESK-LL-Stilllegung,* Ziff. 7.3 → Rn. 16) beschrieben und findet damit insbesondere beim **Rückbau kerntechnischer Anlagen** im sog. Restbetrieb Anwendung. Für den (auslaufenden) **Leistungs- und Nachbetrieb** von Kernkraftwerken ist das Herausgabeverfahren im untergesetzlichen Regelwerk dagegen nicht ausdrücklich geregelt. Eine Beschränkung des Herausgabeverfahrens auf die Restbetriebsphase erscheint allerdings jedenfalls – auch mit Blick auf die Regelung des § 31 Abs. 5 StrlSchV (→ Rn. 27) – inkonsequent. Mit der Herausgabe wird die Entlassung von Stoffen und Gegenständen aus der strahlenschutzrechtlichen Überwachung bewirkt, bei denen aufgrund der Betriebshistorie sowie der damit einhergehenden betrieblichen Nutzung des Stoffes bzw. Gegenstandes eine Kontamination oder Aktivierung sicher ausgeschlossen werden kann und deshalb die Durchführung eines Freigabeverfahrens nicht erforderlich ist.

22   Die Herausgabe ist – mit Ausnahme von § 31 Abs. 5 StrlSchV (→ Rn. 26 ff.) – nicht ausdrücklich gesetzlich geregelt. Gleichwohl ist das Rechtsinstitut **implizit von den Tatbeständen des § 31 Abs. 1 StrlSchV mitumfasst.** Denn nach dem Wortlaut der Vorschrift besteht das Freigabeerfordernis für den Hauptanwendungsfall des § 31 Abs. 1 S. 1 Nr. 2 StrlSchV nur dann, wenn die jeweiligen Gegenstände mit radioaktiven Stoffen, die aus Tätigkeiten nach § 4 Absatz 1 Satz 1 Nummer 1 in Verbindung mit § 5 Absatz 39 Nummer 1 oder 2, oder aus Tätigkeiten nach § 4 Absatz 1 Satz 1 Nummer 3 bis 7 des Strahlenschutzgesetzes stammen, *kontaminiert sind* oder *aktiviert wurden.* Im Umkehrschluss bedeutet dies, dass Stoffe nach § 31 Abs. 1 S. 1 Nr. 2 StrlSchV, die weder aktiviert noch kontaminiert sind, einer Freigabe nicht bedürfen. MaW käme unter ausschließlicher Zugrundelegung des Wortlauts der Norm das Freigabeverfahren nur dann zur Anwendung, wenn positiv feststeht, dass ein Stoff kontaminiert oder aktiviert ist. Diese Feststellung kann im Einzelfall schwierig sein und lässt sich möglicherweise erst im Rahmen eines Freigabeverfahrens, dh durch umfangreiche Messungen, klären. In diesen Fällen gebietet es der Sinn und Zweck des Strahlenschutzrechts, den Stoff oder Gegenstand im Rahmen der strahlenschutzrechtlichen Aufsicht – insbesondere unter dem Ge-

sichtspunkt der strahlenschutzrechtlichen Generalklausel des § 179 Abs. 2 –einem Prüfverfahren zu unterziehen, dass eine Aussage darüber trifft, ob es sich hierbei um einen radioaktiven Stoff iSd § 3 handelt oder nicht. Denn insbesondere der Sinn und Zweck der §§ 31 ff. StrlSchV besteht darin sicherzustellen, dass keine radioaktiven Stoffe in die Umwelt gelangen. Diese Prüfung kann, soweit dies zulässig ist (→ Rn. 23), im Wege des Herausgabeverfahrens erfolgen. Hier wird geprüft, hinsichtlich welcher Stoffgruppen eine Aktivierung oder Kontamination aufgrund der Betriebshistorie bzw. einer Plausibilitätskontrolle (→ Rn. 24) sicher ausgeschlossen werden kann. Wenn dieser Nachweis im Rahmen der Herausgabe geführt ist, kann der Stoff oder Gegenstand als nicht radioaktiver Stoff genutzt werden: Es handelt sich dann – und nur dann – von **vornherein** nicht um einen radioaktiven Stoff iSd § 3 (→ § 3 Rn. 43). Insbesondere steht in diesem Fall fest, dass diese Stoffe oder Gegenstände nicht iSd § 3 Abs. 2 S. 1 Nr. 2 bei der genehmigungspflichtigen Tätigkeit angefallen sind (→ § 3 Rn. 43). Ein Freigabeverfahren muss deshalb in diesem Fall nicht durchgeführt werden. Bei einer verbliebenen Unsicherheit über die radiologischen Eigenschaften des Stoffes oder Gegenstandes ist dagegen zwingend ein Freigabeverfahren zu durchlaufen.

Die Durchführung eines Herausgabeverfahrens ist nicht immer zulässig. Nach **23** der Regelung des *Stilllegungsleitfadens* (Ziff. 6.3) ist eine Herausgabe von Stoffen und Gegenständen ausgeschlossen, wenn diese aus Kontrollbereichen stammen, die – entsprechend des Anwendungsbereiches des Leitfadens – in Anlagen nach § 7 AtG eingerichtet sind. Dieser Gedankengang des Ausschlusses der Herausgabe aus Kontrollbereichen liegt auch der Regelung des § 31 Abs. 1 S. 2 StrlSchV zugrunde (→ Rn. 11). Diese Vorschrift formuliert für Stoffe und Gegenstände aus Kontrollbereichen ein eigenständiges Freigabeerfordernis, soweit dort mit offenen radioaktiven Stoffen umgegangen wurde, offene radioaktive Stoffe dort vorhanden waren, oder die Möglichkeit der Aktivierung bestand. In diesen Fällen wird also **vermutet,** dass Stoffe und Gegenstände aus Kontrollbereichen stets kontaminiert sind oder aktiviert wurden. Diese Vermutung des § 31 Abs. 1 S. 2 StrlSchV ist außerhalb des Freigabeverfahrens im Wege der Herausgabe nur dann widerlegbar, wenn dies qua Gesetz ausdrücklich zugelassen wird. Diesen Zweck verfolgt die Ausnahmeregelung des § 31 Abs. 5 StrlSchV. Hiernach soll die Behörde Ausnahmen von der Freigabepflicht nach § 31 Abs. 1 S. 2 StrlSchV erteilen, wenn durch geeignete beweissichernde Messungen nachgewiesen wird, dass keine Kontamination oder Aktivierung vorliegt und der Kontrollbereich nicht in im Zusammenhang mit einer Anlage nach § 7 AtG eingerichtet ist.

Für die **Führung des Nachweises** zum Ausschluss der Möglichkeit einer Kon- **24** tamination oder Aktivierung enthält der *Stilllegungsleitfaden* grundsätzliche Anforderungen. Hiernach ist der Nachweis der Kontaminations- und Aktivierungsfreiheit bei der Herausgabe nicht kontaminierter und nicht aktivierter Stoffe bzw. von Bodenflächen unter Berücksichtigung der Betriebshistorie durch geeignete Messungen zu bestätigen (*Stilllegungsleitfaden,* Ziff. 6.3). Die *ESK-LL-Stilllegung* (Ziff. 7.3), die in Entscheidungen regelmäßig als Stand von Wissenschaft und Technik zugrunde gelegt wird, formuliert hier etwas präzisere Anforderungen. Hiernach ist die Kontaminations- und Aktivierungsfreiheit von Stoffen, die einer Herausgabe zugeführt werden sollen, über **Plausibilitätsbetrachtungen** unter Berücksichtigung der Historie der Einrichtung sowie über stichprobenartige Beweissicherungsmessungen zu belegen. Die Vorgehensweise für die Herausgabe ist in einer Genehmigungsunterlage zu beschreiben, wobei Art und Umfang der Messungen im Einzelfall im atomrechtlichen Aufsichtsverfahren festgelegt werden können (*Stilllegungsleitfaden, Ziff.* 6.4), sowie in betrieblichen Regelungen, die der behördlichen Zustimmung unterliegen, festzulegen (vgl. *ESK-LL-Stilllegung,* Ziff. 7.3). Bei der Nachweisführung kann auch die Herkunft einer möglichen Kontamination eine Rolle spielen, etwa bei einer nicht aus dem Reaktorbetrieb stammenden Kontamination aus dem **Fallout** von Atomwaffenversuchen (idR Strontium-90) oder des Reaktorunfalls von Tschernobyl (idR Cäsium-137) (*Raetzke,* atw 2020, 207, 209 mit Verweis auf *Entsorgungskommission (ESK),* Freigabe radioaktiver Stoffe und Herausgabe nicht radioaktiver Stoffe aus dem Abbau von Kernkraftwerken, Informationspapier vom 16.07.2018, Langfassung, S. 18, abrufbar unter https://www.entsorgungskommission.de/sites/default/files/reports/Informa tionspapier_ESK67_16072018_hp.pdf). Im Anwendungsbereich des *Stilllegungsleitfadens* dürfen diese Kontaminationen, die nicht aus Tätigkeiten nach § 4 Abs. 1 S. 1 Nr. 4 stammen, im Herausgabeverfahren unberücksichtigt bleiben (sog. „Untergrundabzug", *Stilllegungsleitfaden* Ziff. 6.3).

25   Detailliertere Anforderungen an die Festlegung des Herausgabeverfahrens werden vom kerntechnischen Regelwerk nicht formuliert, sodass in der Praxis die individuellen Festlegungen der Behörde in der vom *Stilllegungsleitfaden* benannten Genehmigungsunterlage für das jeweilige maßgebend sind. In der Regel erfolgt eine Festlegung der Vorgehensweise im Herausgabeverfahren im Rahmen der Erteilung einer **Stilllegungs- und Abbaugenehmigung (SAG) nach § 7 Abs. 3 AtG** (vgl. *Niehaus,* 257; s. hierzu etwa Genehmigungsbescheid des *Ministeriums für Energiewende, Klimaschutz, Umwelt und Natur des Landes Schleswig-Holstein (MEKUN)* für das Kernkraftwerk Brunsbüttel (KKB) Stilllegung und Abbau – Phase 1, S. 2, 521 ff. abrufbar unter https://www.schleswig-holstein.de/DE/Fachin halte/R/reaktorsicherheit/Downloads/181221_KKB_Genehmigungsbescheid_Still legung.pdf?__blob=publicationFile&v=1).

II. § 31 Abs. 5 StrlSchV

26   § 31 Abs. 5 StrlSchV sieht eine Ausnahmeregelung zur Freigabepflicht für Stoffe und Gegenstände vor, für die die gesetzliche Vermutungsregelung des § 31 Abs. 1 S. 2 StrlSchV für Stoffe aus Kontrollbereichen greift. Nach § 31 Abs. 5 S. 1 StrlSchV *soll* die zuständige Behörde Ausnahmen von § 31 Abs. 1 S. 2 StrlSchV erteilen, wenn durch geeignete beweissichernde Messungen nachgewiesen wird, dass keine Kontamination oder Aktivierung vorliegt. Hiermit soll für diese Fälle die Möglichkeit eröffnet werden, Stoffe und Gegenstände aus Kontrollbereichen ohne die Durchführung eines Freigabeverfahrens aus der strahlenschutzrechtlichen Überwachung entlassen zu können (vgl. BR-Drs. (Beschl.) 423/18, S. 4). Die Ausnahmeregelung findet nach § 31 Abs. 5 S. 2 StrlSchV grundsätzlich für alle Tätigkeiten Anwendung, die eine Freigabepflicht nach § 31 Abs. 1 S. 2 StrlSchV begründen können, mit Ausnahme von Tätigkeiten nach § 4 Abs. 1 S. 1 Nr. 4, also Tätigkeiten, deren Genehmigung sich nach § 7 AtG richtet.

27   Mit der Formulierung dieser Anforderungen übernimmt die Ausnahmeregelung des § 31 Abs. 5 StrlSchV die Grundzüge des Herausgabeverfahrens im Zusammenhang mit kerntechnischen Anlagen nach § 7 AtG (→ Rn. 21 ff.) und wendet dieses hier für den Spezialfall der Herausgabe aus Kontrollbereichen für die hier benannten Tätigkeiten an. Dies ist regelungstechnisch nicht ganz stringent: Das Herausgabeverfahren ist ausschließlich im untergesetzlichen kerntechnischen Regelwerk für die Stilllegung von Anlagen nach § 7 AtG beschrieben und wird in der diesbezüglichen Praxis gelebt (*Stilllegungsleitfaden,* Ziff. 6.3.; *ESK-LL-Stilllegung*

Ziff. 7.3; → Rn. 21). Im Bereich der Kerntechnik ist allerdings eine Herausgabe für Stoffe und Gegenstände, die aus Kontrollbereichen stammen, ausgeschlossen (vgl. *Stilllegungsleitfaden,* Ziff. 6.3, → Rn. 23). Vielmehr ist die Herausgabe dort ausschließlich für Stoffe und Gegenstände vorgesehen, die gerade nicht aus Kontrollbereichen, d. h. aus Überwachungsbereichen oder weiteren Teilen des Anlagengeländes stammen. Für den Strahlenschutz außerhalb des Anwendungsbereichs des *Stilllegungsleitfadens,* also außerhalb von Anlagen nach § 7 AtG, besteht dagegen kein gesetzliches oder untergesetzliches Regelwerk, das eine Herausgabe, d. h. ein Verfahren zur Feststellung des Nichtbestehens einer Freigabepflicht nach § 31 Abs. 1 StrlSchV, für Überwachungsbereiche beschreibt. Hier erschöpft sich die gesetzliche Regelung der Herausgabe in der Ausnahmeregelung des § 31 Abs. 5 StrlSchV für Stoffe aus Kontrollbereichen. Die Herausgabe von Stoffen aus Überwachungsbereichen wird somit regelungstechnisch gewissermaßen übersprungen. Gleichzeitig gilt aber auch hier, dass der Schutzzweck der Freigaberegelungen auch im Bereich des Strahlenschutzes außerhalb kerntechnischer Anlagen die Stoffe und Gegenstände einer wie unter Rn. 22 f. beschriebenen (widerlegbaren) Vermutung unterstellt, dass es sich bei diesen um radioaktive Stoffe handelt. In systematischer Hinsicht muss deshalb auch hier folgendes gelten: Wenn eine Widerlegung des Generalverdachts für Kontrollbereiche durch § 31 Abs. 5 StrlSchV ermöglicht wird, so muss dies **erst recht für Überwachungsbereiche** möglich sein, die im Zusammenhang mit den hier vorgesehenen Tätigkeiten eingerichtet sind. Mangels eines für diesen Bereich bestehenden gesetzlichen oder untergesetzlichen Regelwerkes bietet es sich deshalb an, die Regelungen aus dem kerntechnischen Regelwerk und den zugehörigen Empfehlungen *(Stilllegungsleitfaden, ESK-LL-Stilllegung)* zu übertragen und entsprechend unter Berücksichtigung der spezifischen Randbedingungen der konkreten Tätigkeit anzuwenden.

Das Herausgabeverfahren ist damit im Bereich des Strahlenschutzes außerhalb **28** von Anlagen nach § 7 AtG deutlich weiter gefasst. Diese damit einhergehende Privilegierung von Tätigkeiten, die nicht aufgrund von § 7 AtG genehmigt werden, war im ursprünglichen Entwurf der StrlSchV nicht vorgesehen, sondern wurde erst durch Beschluss des Bundesrats in den Verordnungstext aufgenommen (BR-Drs. (Beschl.) 423/18, 3 f.). Die Notwendigkeit der Ausnahmeregelung wurde zunächst mit der damaligen Definition des umschlossenen radioaktiven Stoffes in § 5 Absatz 35 StrlSchG begründet: mit dem novellierten Strahlenschutzrecht wurde in § 5 Absatz 35 StrlSchG die Begriffsdefinition für umschlossenen radioaktiven Stoff ursprünglich um den Passus „nicht zerstörungsfrei zu öffnenden" erweitert. Dies hätte bedeutet, dass ein radioaktiver Stoff, der nicht von einer nicht zerstörungsfrei zu öffnenden Hülle umschlossen ist, als offener radioaktiver Stoff hätte betrachtet werden müssen. Dies hätte etwa auch mit Schrauben verschlossene Fässer mit radioaktivem Abfall eingeschlossen (BR-Drs. (Beschl.) 423/18, 4). Diese weitreichende Begriffsfassung hätte eine umfassende Vermutung nach § 31 Abs. 1 S. 2 StrlSchV bedeutet. Daneben, so die Begründung, würden viele Anwender aus den unterschiedlichsten Gründen ihre Räume großzügig als Kontrollbereiche deklarieren. Eine Abstufung in Überwachungsbereichen erfolge nur in seltenen Fällen, womit sich in vielen Kontrollbereichen keine Stoffe und Gegenstände befänden, die kontaminiert oder aktiviert sind; diese einem Freigabeverfahren mit dem Problem geringer Massen und damit ggf. hohen Scheinaktivitäten zu unterziehen, sei radiologisch nicht notwendig und praktisch nicht sinnvoll (vgl. BR-Drs. (Beschl.) 423/18, 4). Die Begründung führt sodann weitere Beispiele zur vorgenannten Argumentation an (vgl. BR-Drs. (Beschl.) 423/18, 4). Infolge des 1. ÄndG wurde der

Zusatz „*nicht zerstörungsfrei zu öffnen*" innerhalb der Begriffsdefinition des umschlossenen radioaktiven Stoffes **nach § 5 Abs. 35 S. 2 StrlSchG neu verortet** und umfasst richtigerweise nur noch Fälle, in denen der Stoff aufgrund der Radioaktivität genutzt wird; damit stellen etwa verschraubte Fässer mit radioaktiven Abfällen umschlossene radioaktive Abfälle dar. Die neue Rechtslage gestaltet sich damit wieder wie unter dem Regime der StrlSchV 2001, wodurch sich nunmehr vor dem Hintergrund der Verordnungsbegründung nur noch ein eingeschränkter Anwendungsbereich der Ausnahmeregelung ergeben dürfte.

29   **Voraussetzung** für die Zulassung der Ausnahme durch die Behörde ist der Nachweis der Kontaminations- bzw. Aktivierungsfreiheit des jeweiligen Stoffes oder Gegenstandes, § 31 Abs. 5 S. 1 StrlSchV. Das Nachweisverfahren ist ferner nach § 31 Abs. 5 S. 3 StrlSchV in einer betrieblichen Unterlage zu beschreiben und durch Angaben zu Art und Umfang der Tätigkeit darzulegen. Die Gewährung der Ausnahme nach § 31 Abs. 5 StrlSchV unterliegt, wie die Freigabe insgesamt, dem Antragsgrundsatz des § 32 Abs. 1 StrlSchV (→ § 32 StrlSchV, Rn. 3). Es obliegt der zuständigen Behörde, sich die betriebliche Unterlage im Rahmen der Prüfung der Zulassung der Ausnahme nach § 31 Abs. 5 StrlSchV vorlegen zu lassen und bei ihrer Entscheidung heranzuziehen. In der betrieblichen Unterlage ist nach § 31 Abs. 5 S 3 StrlSchV die Art und der Umfang der Tätigkeit, d. h. insbesondere die auszuschließende Kontaminations- und Aktivierungshistorie *(Betriebshistorie)* der Stoffe und Gegenstände, die unter den Anwendungsbereich § 31 Abs. 5 StrlSchV fallen sollen, zu beschreiben. Zur Beschreibung der Vorgehensweise gehört nach § 31 Abs. 5 S 3 StrlSchV ebenso die Art und der Umfang der nach § 31 Abs. 5 S 1 StrlSchV durchzuführenden *beweissichernden* Messungen. Nur mit der Beschreibung der Betriebshistorie und der Art und des Umfangs der beweissichernden Messungen kann die geforderte Eignung des Messungen nachgewiesen werden. Die Messungen können nicht dem Zweck des Nachweises der Kontaminations- und Aktivierungsfreiheit, sondern – wie in § 31 Abs. 5 S 1 StrlSchV genannt – lediglich der Beweissicherung dienen; sie untermauern damit gewissermaßen die betriebshistorische Betrachtung. Dieses Vorgehen entspricht den Vorgaben des *Stilllegungsleitfadens* und der *ESK-LL-Stilllegung* (→ Rn. 24 f.).

30   Bei § 31 Abs. 5 StrlSchV handelt es sich um eine **Soll-Vorschrift**, d. h. die Zulassung von Ausnahmen steht hier im intendierten Ermessen der Behörde. MaW soll die Ermöglichung einer Ausnahme von der Freigabepflicht nach § 31 Abs. 1 S. 2 StrlSchV den Regelfall im Anwendungsbereich der Vorschrift bilden. In diesem Zusammenhang gilt nach den allgemeinen Grundsätzen, dass die Behörde die Entscheidung über die Befreiung von der Freigabepflicht angesichts des konkreten Einzelfalles zu treffen hat. In die Bewertung einzubeziehen sind hier insbesondere die Art der zugrundeliegenden Tätigkeit, die Beschaffenheit des Kontrollbereiches sowie die Art und Weise des stattfindenden Umganges mit radioaktiven Stoffen. Hinsichtlich einzelner Tätigkeitsarten hat der Verordnungsgeber schon eine erste Bewertung vorgenommen, für welche Fälle eine Ausnahmeregelung nicht in Betracht kommt, weil dort die Vermutungsregelung des Abs. 1 S. 2 umfassend greifen soll. Dies ist mit der Herausnahme von Anlagen, die nach § 7 AtG genehmigt werden, erfolgt. In dieser Hinsicht wird also unwiderleglich vermutet, dass das Kontaminations- oder Aktivierungsrisiko so hoch ist, dass eine diesbezügliche Ausnahme von der Freigabepflicht nicht vertretbar und damit ausgeschlossen ist. Diese Bewertung lässt auch Rückschlüsse auf andere Kontrollbereiche zu, die im Zusammenhang mit dem Betrieb oder der Stilllegung von Kernkraftwerken eingerichtet sind. Hierzu gehören bspw. Kontrollbereiche, die in Lagereinrichtungen oder sonstigen Anlagen eingerichtet sind, deren Genehmigung sich etwa nach § 6 AtG oder § 12 Abs. 1 Nr. 3

StrlSchG richtet. Unter Umständen besteht hier im Kontrollbereich ein vergleichbares generelles Kontaminations- oder Aktivierungsrisiko, insbesondere, wenn dort der Umgang mit offenen radioaktiven Stoffen erfolgt ist; entsprechend sollte für diese Tätigkeiten nur zurückhaltend Gebrauch von der Ausnahmeregelung des Abs. 5 gemacht werden. Diese Anwendungsfälle im Zusammenhang mit kerntechnischen Anlagen scheinen auch nicht den Anlass der Regelung des § 31 Abs. 5 StrlSchV zu bilden, denn in der Begründung wird in Form von Beispielen auf Anlagen Bezug genommen, die nicht in Verbindung mit Kernkraftwerken stehen (BR-Drs. (Beschl.) 423/18 4). Konkret wird hier Bezug genommen auf den Anwendungsfall in einem Nuklidlabor und eine Strahlentherapiepraxis. Für diese Anwendungsfälle dürften die zuvor formulierten Bedenken nicht greifen.

H. Zuwiderhandlung, Drittschutz

Nach § 184 Abs. 1 Nr. 9 StrlSchV handelt derjenige ordnungswidrig, der entgegen § 31 Abs. 1 S. 1 StrlSchV einen dort genannten Stoff oder Gegenstand als nicht radioaktiven Stoff verwendet, verwertet, beseitigt, innehält oder weitergibt. **31**

Die Vorschriften zur Freigabe sind nicht drittschützend (*VGH München,* Gerichtsbescheid vom 17-08-1994 – 22 A 93.40047 = NVwZ-RR 1995, 136, 138, *VGH Mannheim,* Urteil vom 30. Oktober 2014 – 10 S 3450/11). **32**

§ 32 StrlSchV   Antrag auf Freigabe

(1) Eine Freigabe kann beantragt werden vom Inhaber
1. einer Genehmigung nach § 6, § 7 oder § 9 des Atomgesetzes,
2. eines Planfeststellungsbeschlusses oder einer Genehmigung nach § 9b des Atomgesetzes oder
3. einer Genehmigung nach § 12 Absatz 1 Nummer 1 bis 3 des Strahlenschutzgesetzes.

(2) Eine uneingeschränkte Freigabe bedarf keiner Festlegungen zur künftigen Verwendung, Verwertung, Beseitigung, des Innehabens der freizugebenden Stoffe und Gegenstände oder deren Weitergabe an Dritte.

(3) Bei einer spezifischen Freigabe ist die künftige Verwendung, Verwertung, Beseitigung, das Innehaben der freizugebenden Stoffe und Gegenstände oder deren Weitergabe an Dritte eingeschränkt
1. auf Grund der materiellen Eigenschaften der freizugebenden Stoffe und Gegenstände oder
2. durch Anforderungen an die künftige Verwendung, Verwertung, Beseitigung, das Innehaben der freizugebenden Stoffe und Gegenstände oder deren Weitergabe an Dritte.

(4) ¹Eine Freigabe im Einzelfall ist nur dann eine uneingeschränkte Freigabe, wenn bei der Nachweisführung zur Einhaltung des Dosiskriteriums für die Freigabe alle möglichen künftigen Nutzungen, Verwendungen, Verwertungen, Beseitigungen, Innehaben der freizugebenden Stoffe und Gegenstände oder deren Weitergabe an Dritte beachtet wurden. ²Abweichend von Satz 1 kommt für eine wässrige Lösung eine uneingeschränkte Freigabe im Einzelfall in Betracht, wenn zusätzlich zum Dosiskriterium der Freigabe die radiologischen Parameter für Tritium und Radon-222 der Anlage 3a der Trinkwasserverordnung in der Fassung der Bekanntmachung vom 10. März 2016 (BGBl. I S. 459) in der jeweils geltenden Fassung eingehalten werden.

Schrifttum: *siehe § 68 StrlSchG*

A. Normzweck

1   § 32 Abs. 1 StrlSchV enthält Regelungen zur Person des Antragstellers im Rahmen des Freigabeverfahrens. Zudem formuliert die Vorschrift die grundlegenden Anforderungen an die Ausgestaltung der im Freigabebescheid für die jeweiligen Stoffgruppen festzulegenden Freigabepfade. Für die Freigabepfade der uneingeschränkten, spezifischen und Einzelfallfreigabe bestimmt die Vorschrift so, welche Festlegungen die zuständige Behörde in Bezug auf den weiteren Verbleib des jeweiligen Stoffes treffen kann (Abs. 2–4).

B. Regelungshistorie

2   Abs. 1 der Vorschrift beruht als Umsetzung des Antragsgrundsatzes auf der Ermächtigungsgrundlage des § 68 Abs. 1 S. 1 Nr. 2 StrlSchG und führt gleichzeitig die bis zum Neuerlass der StrlSchV 2018 geltende Rechtslage des § 29 Abs. 1 S. 1 Teilsatz 1 StrlSchV a. F. weiter (BR-Drs. 423/18, 366). Die Regelungen bzgl. der Freigabepfade greifen die bisherigen Regelungen der StrlSchV nur teilweise auf. So wurde der Begriff der uneingeschränkten Freigabe aus der Anlage IV Teil B S. 1 zu § 29 StrlSchV a. F. übernommen (BR-Drs. 423/18, 366). Im Übrigen handelt es sich bei den Abs. 3 und 4 um Neuregelungen der Novellierung 2018 (BR-Drs. 423/18, 366). Mit den Regelungen des § 32 StrlSchV werden zudem die Anforderungen des Art. 30 der Richtlinie 2013/59/Euratom umgesetzt.

C. Antragsgrundsatz (Abs. 1), Freigabe von Amts wegen, § 38 StrlSchV

3   § 32 Abs. 1 StrlSchV bestimmt, dass derjenige die Freigabe für die nach § 31 StrlSchV freigabepflichtigen Stoffe beantragen kann, der Inhaber einer hier benannten Genehmigung bzw. eines Planfeststellungsbeschlusses ist. Für den Bereich des Strahlenschutzrechts ist der Inhaber einer Genehmigung nach § 12 Abs. 1 Nr. 1 – 3 StrlSchV benannt. Gleichwohl wird auch auf die in der Praxis bedeutsamen Genehmigungstatbestände des AtG verwiesen. In der Gesamtheit decken die von § 32 Abs. 1 StrlSchV erfassten Genehmigungstatbestände die Aufzählung der Tätigkeiten in § 31 Abs. 1 S. 1 StrlSchV ab. Mit der Novelle der StrlSchV 2018 wurde zudem der Kreis der Antragsberechtigten um den Inhaber einer Plangenehmigung nach § 9b AtG erweitert, da § 9b AtG neben der Planfeststellung im Absatz 1a auch eine Genehmigung vorsieht (BR-Drs. 423/18, 367).

4   Soweit hinsichtlich der zugrundeliegenden Tätigkeit keine zur Antragstellung berechtigte Person nach § 32 Abs. 1 StrlSchV vorhanden ist, der jeweilige Stoff aber nach § 31 StrlSchV freigabepflichtig ist, weil sich zB die Genehmigung durch Zeitablauf erledigt hat, oder diese nach §§ 179 StrlSchG iVm § 17 Abs. 3 AtG widerrufen wurde, kann die Behörde gem. § 38 StrlSchV auch von Amts wegen tätig werden.

D. Die Freigabepfade (Abs. 2−4)

Die Vorschriften der Abs. 2 bis 4 beinhalten Regelungen zu den Pfaden, auf de- **5** nen eine Erteilung der Freigabe erfolgen kann. Die Normen unterscheiden dabei die uneingeschränkte und spezifische Freigabe (Abs. 2 und 3) sowie die Freigabe im Einzelfall (Abs. 4). Die Freigabepfade unterscheiden sich hierbei durch die zu treffenden Anforderungen an die zukünftige Nutzung und Verbleib des freizugebenden Stoffes; hiervon ausgehend werden die Regelungen des § 32 durch die der §§ 35−37 StrlSchV ergänzt, die Vorschriften zur Nachweisführung enthalten. Ziel der Nachweisführung ist stets sicherzustellen, dass das Dosiskriterium (§ 31 Abs. 2 StrlSchV) eingehalten wird. Dieser Nachweis erfolgt dabei regelmäßig über die Einhaltung der Freigabewerte nach Anlage 4 Tabelle 1 StrlSchV für den jeweiligen Freigabepfad. Hierzu nachfolgend im Einzelnen:

I. Festlegungen bei uneingeschränkter Freigabe (Abs. 2), § 35 StrlSchV

§ 32 Abs. 2 StrlSchV bestimmt das Vorgehen der Behörde für Festlegungen im **6** Bereich der uneingeschränkten Freigabe. Hiernach bedarf es bei der uneingeschränkten Freigabe **keiner Festlegungen zur künftigen Verwendung, Verwertung, Beseitigung, des Innehabens der freizugebenden Stoffe und Gegenstände oder deren Weitergabe an Dritte.** Dies bedeutet auch, dass nach erfolgtem Vollzug der uneingeschränkten Freigabe (§ 42 Abs. 1 und 2 StrlSchV) die strahlenschutzrechtliche Aufsicht aufgrund der Eigenschaft des Stoffes (kontaminiert oder aktiviert) endet und so auch keine Anforderungen des Strahlenschutzrechts iS eines „Vermächtnisses" mehr bestehen (vgl. hierzu die Darstellung bei *Raetzke,* atw 2020, 207, 210). Die zu betrachtenden Nutzungsarten werden von § 32 Abs. 2 StrlSchV abschließend aufgezählt. Die Aufzählung soll alle denkbaren Nutzungsarten von Mobilien und Immobilien abdecken (BR-Drs. 423/18, 367). Dies schließt insbesondere auch das Verbleiben des Stoffes an Ort und Stelle sowie den endgültigen Verbleib in einer Entsorgungsanlage ein (BR-Drs. 423/18, 367).

Die **Anforderungen an den Nachweis** der Einhaltung des Dosiskriteriums im **7** Rahmen der uneingeschränkten Freigabe werden von **§ 35 StrlSchV** näher bestimmt. Nach dieser Vorschrift kann die Behörde davon ausgehen, dass das Dosiskriterium für die uneingeschränkte Freigabe eingehalten wird, wenn der Antragsteller nachweist, dass für eine uneingeschränkte Freigabe die in § 35 Nr. 1−3 StrlSchV benannten Randbedingungen der Anlagen 4 und 8 erfüllt werden (zur Rechtsnatur der Freigabewerte in Abhängigkeit zum Freigabepfad siehe → § 33 StrlSchV Rn. 8 − bei Zweifeln an dem Nachweis der Einhaltung des Dosiskriteriums ist die Behörde grds. berechtigt, weitergehende Nachweise zu verlangen).

Gem. § 35 Nr. 1 StrlSchV sind die in der Anlage 4 Tabelle 1 Spalte 3 StrlSchV **8** benannten **Freigabewerte** einzuhalten, wobei diese gem. § 35 Nr. 2 i.V.m. Anlage 8 Teil B nur für die dort benannten Stoffgruppen gelten. Diese umfassen
− feste Stoffe,
− Bauschutt einschließlich anhaftenden Bodens, wenn die freizugebende Masse nicht mehr als 1000 MG im Kalenderjahr beträgt sowie
− Öle und ölhaltige Flüssigkeiten, organische Lösungs- und Kühlmittel.

§ 35 Nr. 2 i. V. m. Anlage 8 Teil A StrlSchV enthält daneben allgemeine Festlegungen für das Freimessverfahren. Schließlich sind im Rahmen der uneingeschränkten Freigabe die Bestimmungen des § 35 Nr. 3 i. V. m. Anlage 4 Tabelle 1 Spalte 5 StrlSchV zu Oberflächenkontaminationen zu beachten, soweit der freizugebende Stoff eine feste Oberfläche aufweist.

II. Festlegungen bei spezifischer Freigabe (Abs. 3), § 36 StrlSchV

9   § 32 Abs. 3 StrlSchV bestimmt das Erfordernis von Festlegungen im Bereich der spezifischen Freigabe. Hierbei handelt es sich um ein von der uneingeschränkten Freigabe abzugrenzendes Freigabeverfahren, das genaugenommen eine Vielzahl von Pfaden bündelt. Bei der spezifischen Freigabe wird entweder aufgrund der stofflichen Eigenschaften der freizugebenden Stoffe (§ 32 Abs. 3 Nr. 1 StrlSchV) oder durch Anforderungen an den künftigen Nutzungs- oder Beseitigungsweges und den endgültigen Verbleib (§ 32 Abs. 3 Nr. 2 StrlSchV) die künftige Verwendung, Verwertung, Beseitigung, das Innehaben der freizugebenden Stoffe und Gegenstände oder deren Weitergabe an Dritte eingeschränkt. Aufgrund dieser eingeschränkten Betrachtungsweise sind hier anders als im Bereich der uneingeschränkten Freigabe nicht alle möglichen Expositionsszenarien zu unterstellen (BR-Drs. 423/18, 367).

10   Die näheren Anforderungen an die Nachweisführung im Rahmen der spezifischen Freigabe werden von § 36 StrlSchV bestimmt. § 36 Abs. 1 StrlSchV sieht dabei die folgenden spezifischen Freigabeoptionen vor:

– Bauschutt bei einer zu erwartenden Masse von mehr als 1 000 MG im Kalenderjahr, § 36 Abs. 1 Nr. 1,
– Bodenflächen, § 36 Abs. 1 Nr. 2,
– Feste Stoffe zur Beseitigung auf Deponien, § 36 Abs. 1 Nr. 3,
– Stoffe zur Beseitigung in einer Verbrennungsanlage, § 36 Abs. 1 Nr. 4,
– Gebäude, Räume, Raumteile und Bauteile zur Wieder- und Weiterverwendung, § 36 Abs. 1 Nr. 5,
– Gebäude, Räume, Raumteile und Bauteile zum Abriss § 36 Abs. 1 Nr. 6,
– die Freigabe von Metallschrott zum Recycling § 36 Abs. 1 Nr. 7,

11   Für die anhand der Stoffgruppe und des Entsorgungswegs definierten Fallgruppen enthält die Regelung jeweils individuelle Freigabewerte und sonstige Anforderungen, bei deren Einhaltung die Freigabebehörde davon ausgehen kann, dass das Dosiskriterium eingehalten ist, vgl. § 36 Abs. 1 StrlSchV (zur Rechtsnatur der jeweiligen Freigabeanforderungen → § 33 StrlSchV Rn. 8). Dabei wird auf die entsprechenden Werte der Anlage 4 Tabelle 1 zur StrlSchV sowie die allgemeinen und besonderen Bestimmungen der Anlage 8 zur StrlSchV verwiesen.

12   § 36 Abs. 2 enthält zudem erweiterte Anforderungen an die spezifische Freigabe zur Beseitigung und die spezifische Freigabe von Metallschrott zum Recycling. In diesen Fällen dürfen der Behörde keine Anhaltspunkte vorliegen, dass das Dosiskriterium für die Freigabe am Standort der Entsorgungsanlage nicht eingehalten wird. Schließlich eröffnet § 36 Abs. 3 StrlSchV der Aufsichtsbehörde die Möglichkeit, in bestimmten Fällen des Abs. 2 auf eine dezidierte Nachweisführung zu verzichten (soweit es sich um eine Oberflächenkontamination handelt). Zu Vollzugsfragen im Zusammenhang mit der spezifischen Freigabe, insbesondere hinsichtlich des Zeitpunkts der Beendigung der strahlenschutzrechtlichen Aufsicht (s. u., → § 33 StrlSchV Rn. 18 ff.)

III. Festlegungen bei Freigaben im Einzelfall (Abs. 4)

§ 32 Abs. 4 StrlSchV bestimmt sodann die Anforderungen an die Festlegungen **13**
bei der Freigabe im Einzelfall. Hiernach sind die Regelungen zur uneingeschränkten Freigabe dann anzuwenden, wenn die Nachweisführung für das Dosiskriterium
für alle denkbaren Nutzungsarten ermöglicht ist, § 32 Abs. 4 S. 1 StrlSchV. Daraus
ergibt sich, dass die Freigabe im Einzelfall keine dritte Form der Freigabe ist, sondern eine Variante der uneingeschränkten Freigabe bzw. der spezifischen Freigabe
mit der Besonderheit, dass die Nachweisführung im Einzelfall erfolgt (so auch *Stilllegungsleitfaden* Ziff. 6.2). Abweichend von den Festlegungen der § 32 Abs. 2 und
§ 35 StrlSchV enthält § 32 Abs. 4 S. 2 StrlSchV weitere Nachweiserfordernisse für
die uneingeschränkte Freigabe wässriger Lösungen.

Nähere Anforderungen an die Freigabe im Einzelfall außerhalb des Anwen- **14**
dungsbereiches der Festlegungen zur uneingeschränkte Freigabe enthält sodann
§ 37 StrlSchV. Hier wird zunächst festgelegt, dass eine **Nachweisführung hinsichtlich des Dosiskriteriums auch im Einzelfall** erfolgen kann, § 37 Abs. 1
S. 1 StrlSchV. Hierzu benennt § 37 Abs. 1 S. 2 StrlSchV abschließend Fallgruppen,
für welche Anwendungsfälle das Verfahren vorgesehen ist. Verkürzt kann festgestellt
werden, dass eine Freigabe im Einzelfall immer dann in Betracht kommt, wenn die
Anlage 4 zur StrlSchV für den konkret freizugebenden Stoff keine Vorgaben trifft.
Dies kann sich etwa daraus ergeben, dass für das jeweilige Nuklid keine Freigabewerte vorgesehen sind (§ 37 Abs. 1 S. 2 Nr. 2 StrlSchV), oder die für eine spezifische
Freigabe erforderlichen Anforderungen und Festlegungen im Einzelfall nicht vorliegen (§ 37 Abs. 1 S. 2 Nr. 1 StrlSchV).

§ 33 StrlSchV Erteilung der Freigabe

(1) **Die zuständige Behörde erteilt die Freigabe, wenn das Dosiskriterium für die
Freigabe eingehalten wird.**

(2) **Die Freigabe wird schriftlich in einem Freigabebescheid erteilt.**

(3) **Die zuständige Behörde kann die Freigabe unter der aufschiebenden Bedingung erteilen, dass sie den von dem Strahlenschutzverantwortlichen, der Inhaber
der Freigabe ist, erbrachten Nachweis der Übereinstimmung mit dem Inhalt des
Freigabebescheides bestätigt.**

(4) **¹§ 17 Absatz 1 Satz 2 bis 4 des Atomgesetzes über inhaltliche Beschränkungen,
Auflagen und Befristung ist in der jeweils geltenden Fassung entsprechend anzuwenden. ²Die Freigabe kann darüber hinaus mit einer Bedingung, einem Vorbehalt des
Widerrufs oder einem Vorbehalt der nachträglichen Aufnahme, Änderung oder Ergänzung einer Auflage erteilt werden.**

Übersicht

Schrifttum: *siehe § 68 StrlSchG*

A. Normzweck

1 § 33 StrlSchV bestimmt als eine Kernvorschrift der Freigaberegelungen die Voraussetzungen für die Erteilung der Freigabe, die Form des Freigabebescheids und enthält insbesondere Regelungen zur Verbindung der Freigabeentscheidung mit Nebenbestimmungen.

B. Regelungshistorie

2 § 33 Abs. 1 und Abs. 2 übernehmen den Regelungsinhalt des § 29 Abs. 2 Satz 1 StrlSchV a. F. Die Nebenbestimmungsregelung des Abs. 3 wurde erstmalig durch die Neufassung der StrlSchV 2018 eingeführt, um die bisherige Vollzugspraxis der Länder abzubilden; Abs. 4 S. 1 ordnet dabei die entsprechende Anwendung der Nebenbestimmungsregelungen des § 17 Abs. 1 S. 1 bis 4 AtG für den Bereich der Freigabe an und erweitert den Nebenbestimmungskatalog durch S. 2 um den Auflagen- und Widerrufsvorbehalt für die Freigabeentscheidung.

3 Die Nebenbestimmungen zur Freigabe wurden zuvor über eine – nach der ganz herrschenden Auffassung in der Vollzugspraxis – direkte Anwendung des § 17 AtG abgedeckt, da die StrlSchV a. F. eine aufgrund des AtG erlassene Rechtsverordnung darstellte.

C. Erteilung der Freigabe (Abs. 1)

I. Allgemeines

4 § 33 Abs. 1 StrlSchV benennt die Voraussetzung für die Erteilung der Freigabe durch die Behörde. Hiernach ist die Freigabe zu erteilen, wenn das Dosiskriterium (§ 31 Abs. 2 StrlSchV) im Hinblick auf den freizugebenden Stoff eingehalten wird. Der Wortlaut der Norm stellt klar, dass es sich bei der Entscheidung über die Erteilung der Freigabe um eine **gebundene Entscheidung** handelt, soweit der entsprechende Nachweis geführt ist.

5 Als Besonderheit des Freigabeverfahrens tritt die Rechtsfolge, nämlich der Rechtswechsel nach § 31 Abs. 1 StrlSchV, nicht mit Erlass des Freigabebescheides ein, sondern erst mit dem Vollzug desselben (→ § 31 StrlSchV Rn. 5). Der Freigabevollzug richtet sich nach § 42 Abs. 1 und 2 StrlSchV sowie ggf. den ergänzenden Bestimmungen des Freigabebescheides. Der Freigabebescheid legt damit das Freigabeverfahren für den Antragsteller verbindlich fest und formuliert so Anforderungen an die Vollzugshandlung nach § 42 Abs. 1 und 2 StrlSchV (Freimessung und Bestätigung). Als **Nachweis der Erfüllung der Tatbestandsvoraussetzung** hat der Antragsteller grds. den freizugebenden Stoff zu beschreiben und darzulegen, inwieweit das Dosiskriterium eingehalten wird. Hierzu führt der Antragsteller idR Voruntersuchungen zur radiologischen Charakterisierung der freizugebenden Stoffe durch, die im Rahmen des Freigabeverfahrens der behördlichen Festlegung zugrunde gelegt werden können (näheres zu erforderlichen Antragsunterlagen s. u. a. *Leitfaden zur Freigabe nach Teil 2 Kapitel 3 der StrlSchV, des Ministerium für Umwelt, Klima und Energiewirtschaft Baden-Württemberg,* S. 16 ff., abrufbar unter: https:// um.baden-wuerttemberg.de/de/umwelt-natur/kernenergie-und-radioaktivitaet/ entsorgung/freigabe/leitfaden-zur-freigabe-nach-29-strlschv/).

Anders als der ursprüngliche Entwurf der StrlSchV (BR-Drs. 423/18, 368) ent- **6** hält die vorliegende Regelung keine nähere Bestimmung zum Amtsermittlungs-grundsatz: Nach der ursprünglichen Entwurfsfassung erteilte die Behörde die Freigabe, wenn keine Anhaltspunkte dafür vorliegen, dass das Dosiskriterium für die Freigabe nicht eingehalten wird. Aus diesem Wortlaut hätte sowohl eine Beweiserleichterung zugunsten des Antragstellers abgeleitet werden können als auch das Erfordernis für zusätzliche Untersuchungen durch die Freigabebehörde (so Beschlussdrs. BR-423/18, 5). Mit der im Rahmen des BR-Verfahrens aufgenommenen Formulierung soll der Nachweisweg der StrlSchV a. F. fortgesetzt werden (Beschlussdrs. BR-423/18, 5; nach der BR-Drs. 423/18, 368, sollte aber auch mit dem ursprünglichen Wortlaut die geltende Rechtslage fortgesetzt werden. Mit der Formulierung sollte betont werden, dass auch die Einhaltung der Anforderungen und Randbedingungen aus Rechenmodellen zu prüfen sind, wenn Anhaltspunkte für Abweichungen vorliegen). **Beweispflichtig** hinsichtlich der Einhaltung des Dosiskriteriums ist damit weiterhin der Antragsteller.

II. Anforderungen an den Nachweisweg, Rechtsnatur der Regelungen in §§ 35 f. StrlSchV

Die Einhaltung des Dosiskriteriums ist unter den Randbedingungen des jewei- **7** ligen Freigabpfades nach § 32 Abs. 2 – 3 und §§ 35 – 36 StrlSchV darzulegen. Der Antragsteller hat also bei der Vorlage der Nachweise den zu wählenden Freigabepfad zu benennen und die Voruntersuchungen entsprechend auszugestalten. Die Freigabebehörde hat unter diesen Randbedingungen die beigebrachten Nachweise zu bewerten, dies kann gem. auch § 179 Abs. 1 Nr. 3 StrlSchV iVm § 20 AtG unter Hinzuziehung von Sachverständigen erfolgen.

Nach § 35 Abs. 1 und § 36 Abs. 1 „kann" die Behörde „davon ausgehen", dass **8** das Dosiskriterium des § 31 Abs. 2 StrlSchV eingehalten wird, wenn der Antragsteller den Nachweis anhand der jeweils in der Regelung benannten Kriterien und Randbedingungen führt. Die in den §§ 35 – 36 StrlSchV benannten Randbedingungen stellen Regelbeispiele dar, bei deren Vorliegen die Behörde davon ausgehen kann, dass der Nachweis der Einhaltung des Dosiskriteriums geführt ist (Beschlussdrs. BR-423/18, S. 5). Die Regelbeispiele sollen dabei den Gestaltungsspielraum der Behörde hinsichtlich der Anforderungen an die Nachweisführung einschränken (BR-Drs. 423/18, 365). Damit ist die Behörde bei der Ausgestaltung der erforderlichen Nachweisführung an die Bestimmungen in den §§ 35 – 36 StrlSchV in Verbindung mit den Anlagen 4 und 8 zur StrlSchV grundsätzlich gebunden. Denn mit der Festlegung der Freigabewerte in den vorbenannten Anlagen hat der Verordnungsgeber detaillierte Rahmenbedingungen an den Freigabenachweis innerhalb des jeweiligen Freigabepfades geschaffen, von denen Kredit genommen werden kann. Eine Abweichung von den hier aufgeführten Regelbeispielen ist dagegen nur im Ausnahmefall zulässig; dies gebietet auch der Vertrauensschutz auf Antragstellerseite, da dieser im Grundsatz von einer Bindung an die Tabellenwerte ausgeht und auch entsprechende Antragsunterlagen vorzubereiten hat (s. zu diesen Aspekten auch *Schirra/Nüsser*, 267 ff. mwN). In dieser Hinsicht verlangt auch die amtl. Begr. unter Bezug auf die Werte zur spezifischen Freigabe, dass ein „tatsachenbasierter Anfangsverdacht" für die mögliche Nichteinhaltung des Dosiskriteriums bestehen muss, um die Randbedingungen der Modellrechnungen für diesen Freigabepfad zu überprüfen (BR-Drs. 423/18, 365); soweit hier die Behörde Zweifel an der vom Antragsteller vorgelegten Nachweisführung hat, wird sie regelmäßig weitere Auskünfte verlangen. Auch in diesem Stadium verbleibt indes die Beweispflicht nach den allgemeinen Regelungen beim Antragsteller (→ Rn. 6)

9   Soweit die Behörde von den o. g. Regelbeispielen abweichen und eine dezidiertere Nachweisführung verlangen möchte, muss sie dies entsprechend den allgemeinen Grundsätzen begründen. Dies kann etwa mit einer Argumentation hinsichtlich der konkreten Stoffeigenschaften erfolgen. Denkbar wäre bspw., dass aufgrund eines atypisch gelagerten Sachverhaltes nach den Erkenntnissen der Behörde durch die von der Antragstellerin vorgeschlagene Herangehensweise der Nachweis an das Dosiskriterium nicht zu vollständigen Überzeugung geführt werden kann. Von den atypisch gelagerten Sachverhalten der uneingeschränkten und spezifischen Freigabe ist die Freigabe im Einzelfall nach § 32 Abs. 4 StrlSchV i. V. m. § 37 StrlSchV abzugrenzen. Hierbei handelt es sich um Fälle, in denen von vornherein eine alternative Nachweisführung erfolgt, weil diese besondere Schwierigkeiten aufweisen und daher unter den Fallgruppenkatalog des § 37 Abs. 1 S. 2 StrlSchV fallen (→ § 32 StrlSchV Rn. 13). Die Ausgestaltung des Nachweisverfahrens steht hier im pflichtgemäßen Ermessen der Behörde.

D. Form und Rechtsnatur der Freigabe (Abs. 2)

10   § 33 Abs. 2 StrlSchV erfasst zwei Regelungen. Zunächst wird festgestellt, dass die Freigabe in einem Freigabebescheid erteilt wird. Es handelt sich damit um die rein deklaratorische Feststellung, dass es sich bei dem Regelungsgegenstand um einen Verwaltungsakt handelt. Zum anderen legt § 33 Abs. 2 StrlSchV fest, dass der Freigabebescheid der Schriftform bedarf. Damit sind die Regelungen des StrlSchG zu den Formerfordernissen (§ 182 StrlSchG) vollumfänglich anwendbar. Dies gilt auch insbesondere für die Vorschriften zur Ersetzung der Schriftform durch die elektronische Form (§ 182 Abs. 2 StrlSchG).

E. Bestätigung der Übereinstimmung mit dem Freigabebescheid (Abs. 3)

11   § 33 Abs. 3 StrlSchV eröffnet der Aufsichtsbehörde die Möglichkeit, die Freigabe unter der **aufschiebenden Bedingung** zu erteilen, dass sie die vom SSV, der Inhaber der Freigabe ist, gem. § 42 Abs. 1 StrlSchV festgestellte Übereinstimmung mit dem Inhalt des Freigabebescheides bestätigt. Damit wird der Spielraum der Behörde zur Ausgestaltung des Freigabeverfahrens mit der Neufassung der StrlSchV

auch ausdrücklich erweitert. Mit der Regelung wird die teilw. langjährige Vollzugs-ausgestaltung der Aufsichtsbehörden im Bereich der Freigabe aufgegriffen.

Die Vollzugspraxis war indes auch in der Vergangenheit nicht zu beanstanden: **12** auch wenn die bis zum Erlass der StrlSchV direkt anwendbare Regelung des § 17 Abs. 1 AtG zu Nebenbestimmungen eine Bedingung des Verwaltungsakts nicht ausdrücklich vorsieht, bestehen nach der überwiegenden Auffassung gegen eine **ergänzende Anwendung** der allgemeinen Nebenbestimmungsregelung **des § 36 VwVfG** keine Bedenken (vgl. Frenz/*Roller*, § 17 AtG, Rn. 11; *Ewer* in HMPS, AtG/PÜ, § 17 AtG, Rn. 11, jeweils mwN zur aA). Mit der ausdrücklichen Aufnahme der Bedingungsmöglichkeit ist die weitere Auseinandersetzung an dieser Stelle hinfällig.

Die Einordnung der **Rechtsnatur des Bestätigungsaktes** wird durch den **13** Verordnungsgeber offengelassen; auch die Verordnungsbegründung schweigt hierzu (vgl. BR-Drs. 423/18, 368). Die Ausgestaltung der Bestätigung in Form einer aufschiebenden Bedingung wird allerdings zT als Indiz für die Einordnung als schlichtes Verwaltungshandeln gesehen, da der Handlung kein eigenständiger Regelungscharakter zukomme (so *Schirra/Nüsser*, 280, mwN). Gleichwohl wird der Vollzugsbehörde vom Verordnungsgeber bei der Ausgestaltung des Freigabe- und Nachweisverfahrens ein Ermessensspielraum zugebilligt, der eine Ausgestaltung der behördlichen Bestätigung als feststellenden Verwaltungsakt nicht von vornherein ausschließen dürfte; diese Praxis der Ausgestaltung wird auch zT von zuständigen Behörden verfolgt.

F. Nebenbestimmungen zum Freigabebescheid (Abs. 4)

I. Entsprechende Anwendung von § 17 Abs. 1 S. 2 bis 4 des Atomgesetzes (S. 1)

§ 33 Abs. 4 StrlSchV enthält ausdrückliche Bestimmungen zu der Anwendung **14** von Regelungen zur **Ausgestaltung des Freigabebescheides,** insbesondere durch Nebenbestimmungen. § 33 Abs. 4 S. 1 StrlSchV greift dabei die vergleichbare Verweisnorm des § 179 Abs. 1 Nr. 1 StrlSchG teilweise auf und ordnet die entsprechende Anwendbarkeit des § 17 Abs. 1 S. 2 bis 4 AtG auch im Bereich der Freigabe an.

Ausdrücklich verweist die Vorschrift auf die **Anwendbarkeit des AtG** hinsicht- **15** lich der inhaltlichen Beschränkung, der Verbindung mit Auflagen sowie der Möglichkeit der Befristung des Freigabebescheides. Hervorzuheben ist auch hier die Möglichkeit, nachträgliche Auflagen zum Freigabebescheid erlassen zu können, § 17 Abs. 1 S. 3 AtG. Mit der vorliegenden ausdrücklichen Anordnung der Anwendbarkeit der Nebenbestimmungsregelungen ist die in der Literatur zur StrlSchV a. F. geführte Auseinandersetzung, inwieweit die Freigabe eine Genehmigung oder Zulassung iSd § 17 Abs. 1 AtG darstellt, hinfällig (vgl. hierzu *Spohn,* DVBl. 2003, 893; *Ullrich* DVBl. 2004, 227).

II. Ergänzende Nebenbestimmungen (S. 2)

§ 33 Abs. 4 S. 2 StrlSchV regelt, mit welchen **weiteren Nebenbestimmungen 16** der Freigabebescheid verbunden werden kann, die nicht ausdrücklich von § 17 Abs. 1 S. 2 bis 4 AtG erfasst werden. Dies umfasst zum einen den **Auflagenvor-**

behalt und zum anderen – besonders hervorzuheben – den **Widerrufsvorbehalt.** Von § 33 Abs. 4 S. 2 StrlSchV wird dabei nicht geregelt, unter welchen Voraussetzungen der Freigabebescheid widerrufen werden kann. Insbesondere scheint der Verordnungsgeber die Widerrufsvoraussetzungen des § 17 Abs. 3 AtG für den Bereich der Freigabe jedenfalls nicht ausdrücklich heranziehen zu wollen. Denn anders als § 179 Abs. 1 Nr. 1 StrlSchG verweist § 33 Abs. 4 S. 1 StrlSchV nicht auf die entsprechenden Widerrufsvorschriften des AtG (eine Begründung hierzu fehlt allerdings, vgl. BR-Drs. 423/18, 368).

17   Mangels entsprechender spezieller Regelungen ist daher auf die allgemeinen Regelungen des VwVfG (§ 36 Abs. 2 Nr. 3 i. V. m. § 49 VwVfG) zurückzugreifen. Die Freigabe kann daher gem. § 49 Abs. 2 Nr. 1 VwVfG durch einen nachfolgenden Aufhebungsbescheid widerrufen werden, der sich auf die im Rahmen des behördlichen Ermessens bestimmten **Voraussetzungen** im **Widerrufsvorbehalt** stützt (aA für eine analoge Anwendbarkeit der Widerrufsvorschriften des AtG *Schirra/Nüsser,* S. 267). Gleichwohl liegt es nahe, dass sich die strahlenschutzrechtliche Aufsichtsbehörde bei der Ausgestaltung des Widerrufsvorbehalts an den Widerrufsvoraussetzungen des § 17 Abs. 3 AtG orientiert. Der Widerruf der Freigabe soll nach Auffassung des Verordnungsgebers allerdings nur möglich sein, soweit die Freigabe „noch nicht abgeschlossen ist" (BR-Drs. 423/18, 368). Als Beispiel für den *Abschluss* der Freigabe benennt die *amtl. Begr.* hierzu das Erreichen des Endpunktes der Entsorgung im Rahmen der spezifischen Freigabe (BR-Drs. 423/18, 368). Der Verordnungsgeber zeigt damit an dieser Stelle, dass der Abschluss der Freigabe nach seinem Verständnis nicht deckungsgleich mit dem Eintritt der Freigabewirkung ist, also dem Rechtswechsel zum nicht radioaktiven Stoff, der durch den Vollzug des Freigabebescheides eintritt. Denn der Vollzug erfordert lediglich die Freimessung und die Feststellung der Übereinstimmung des Freimessergebnisses mit den Festlegungen des Freigabebescheides, § 42 Abs. 1, Abs. 2 StrlSchV (zur anschließenden Frage der Reichweite der strahlenschutzrechtlichen Aufsicht im Rahmen der spezifischen Freigabe → Rn. 19 ff.).

G. Durchsetzung, Aufsicht über den Vollzug von Nebenbestimmungen nach der Freimessung

18   Das Freigabeverfahren unterliegt der **staatlichen Aufsicht nach §§ 178, 179 StrlSchG.** Insbesondere kann die zuständige Behörde bei Abweichungen und Zuwiderhandlungen über den gesamten Zeitraum des Freigabeverfahrens von der Anordnungsbefugnis des § 179 Abs. 1 Nr. 2 StrlSchG iVm § 19 Abs. Abs. 3 AtG Gebrauch machen.

19   Mit der Freigabe werden zwei Rechtsfolgen bezweckt. Zum einen erfolgt mit Vollzug der Freigabe ein konstituierender Rechtswechsel hinsichtlich des vormals radioaktiven Stoffes zum nicht radioaktiven Stoff, § 31 Abs. 1 S. 1 StrlSchV; siehe auch § 3 Abs. 1 S. 1 Nr. 2. Daneben bezweckt die Freigabe die **Entlassung** ebendieser Stoffe **aus der strahlenschutzrechtlichen Überwachung** (zum Aspekt des *Zwecks* s. auch *Niehaus,* 253). Im Bereich der uneingeschränkten Freigabe treten beide Rechtsfolgen mit dem Vollzugsakt nach § 42 Abs. 1 iVm Abs. 2 StrlSchV ein (Freimessung und Feststellung der Übereinstimmung mit dem Freigabebescheid). Denn in diesem Bereich bestehen nach der Natur der Sache keine weiteren Anforderungen an die künftige Nutzungsart des Stoffes, wie auch § 32 Abs. 2 StrlSchV betont. Die strahlenschutzrechtliche Aufsicht endet an dieser Stelle schlicht aus dem Grund, dass es nichts zu überwachen gibt (vgl. *Niehaus*, S. 252). Auch besteht bei Vollzug der uneingeschränkten Freigabe grds. keine weitere Informationspflicht des Strahlenschutzverantwortlichen nach § 42 Abs. 3 StrlSchV (BR-Drs. 423/18, 373). Die Behörde ist allerdings befugt, hierzu Abweichendes, bspw. innerhalb der Festlegung des Entsorgungsregimes zur Betriebsgenehmigung, zu regeln.

Im Bereich der spezifischen Freigabe und der Freigabe im Einzelfall nach § 32 **20** Abs. 3 und 4 StrlSchV bestehen nach der Freimessung und der Feststellung der Übereinstimmung mit dem Freigabebescheid nach § 42 Abs. 1 StrlSchV, also nach Eintritt des Rechtswechsels hinsichtlich des Stoffes, aber typischerweise weitere Anforderungen an die weitere Nutzung oder den weiteren Verbleib des – nun nicht mehr radioaktiven – Stoffes, ggf. hat die Behörde hier auch den Freigabebescheid mit Nebenbestimmungen verbunden. Die *amtl. Begr.* suggeriert im Zusammenhang mit der Begründung zur Einführung des Widerrufsvorbehalts, dass die **strahlenschutzrechtliche Aufsicht** auch im Rahmen der spezifischen Freigabe, also auch bei Festlegung von weiteren **Nebenbestimmungen** und Festlegungen, mit der Feststellung der Übereinstimmung des Freimessergebnisses mit dem Freigabebescheid nach § 42 Abs. 1 StrlSchV ende. Damit müsse der Stoff bei Verletzung dieser Anforderungen wieder der strahlenschutzrechtlichen Aufsicht unterworfen werden (vgl. BR-Drs. 423/18, 368). Dieses Ergebnis ist jedenfalls zu hinterfragen, denn in dieser Konsequenz wäre die strahlenschutzrechtliche Aufsichtsbehörde für die Überwachung des weiteren Verwendungsweges nach der Freimessung und Feststellung nach § 42 Abs. 1 StrlSchV, dies bedeutet auch für die Überwachung des Vollzugs der eigens gesetzten Nebenbestimmungen, nicht mehr zuständig. Dieses Ergebnis führt dazu, dass eine strahlenschutzrechtliche Überwachung nur dann angenommen werden kann, wenn es sich bei dem Stoff um einen radioaktiven Stoff iSd § 3 handelt. Dies läuft aber dem von § 33 Abs. 4 StrlSchV verfolgten Zweck entgegen, der letztlich das Freimessergebnis in dem Zwischenzustand bis zum Abschluss des Entsorgungswegs absichern soll, und führt zu Folgeproblemen, denen bei dieser Annahme nur schwer Abhilfe geschaffen werden kann.

Denkbar ist etwa der Fall, der auch von der *amtl. Begr.* benannt wird (vgl. BR- **21** Drs. 423/18, 368, 373), dass ein Stoff nach den Vorschriften des § 32 Abs. 3 i. V. m. § 36 StrlSchV spezifisch zur Deponierung freigegeben wird, der **Abschluss des Verfahrens aber scheitert,** weil etwa der Einbau in die Deponie misslingt. In diesem Fall müsste erst die strahlenschutzrechtliche Aufsicht wieder „aufleben", damit etwa in Hinsicht auf den Stoff bspw. Anordnungen nach §§ 179 StrlSchG i. V. m. § 19 Abs. 3 AtG getroffen werden können. Dies soll nach der Vorstellung des Verordnungsgebers durch den Widerrufsvorbehalt ermöglicht werden, was dann zu einem erneuten Rechtswechsel vom freigemessenen radioaktiven Stoff hin zum Status „radioaktiver Stoff" iSd § 3 führen würde. Dies führt wiederum zur Folgeproblematik, dass in diesem Fall der Transporteur für den möglichen Abtransport des wieder als radioaktiv zu behandelnden Stoffes unter Umständen eine Genehmigung benötigen würde. Dieses Problem wird auch dadurch verstärkt, dass mit der Neuregelung der StrlSchV das Prinzip der sog. **Deckelung der Freigrenzen** entfallen ist (s. auch *Raetzke,* atw 2020, 207, 211). Nach diesem Prinzip konnten die Werte für die spezifische bzw. zielgerichtete Freigabe niemals höher liegen als die Freigrenzen, die entscheidend für das Erfordernis einer Umgangsgenehmigung nach § 12 Abs. 1 Nr. 3 StrlSchV sind. In der heutigen StrlSchV ist dieses Prinzip nicht mehr durchgeführt, d. h. Werte der spezifischen Freigabe können über den Freigrenzen liegen. Vor diesem Hintergrund erscheint es **erforderlich, die strah-**

lenschutzrechtliche Überwachung auf den „Schwebezustand" zwischen Freimessung bzw. Feststellung der Übereinstimmung mit den Bestimmungen des Freigabebescheides (§ 42 Abs. 1 und 2 StrlSchV) und dem Abschluss des Entsorgungsweges auszudehnen. Der strahlenschutzrechtlichen Aufsichtsbehörde ist für die Fälle des Auftretens von Abweichungen vom vorgesehenen Entsorgungsweg eine Anordnungsbefugnis zuzubilligen, womit die beschriebenen Friktionen vermieden werden und eine sachgerechte Handhabung des Stoffes erreicht werden kann, ohne dass ein (erneuter) Rechtswechsel im Hinblick auf die Radioaktivitätseigenschaft stattfindet (für dieses Ergebnis ebenfalls: *Feldmann,* 298; *Niehaus,* 252f., *Raetzke,* 211, *Röller,* 53, *Schirra/Nüsser,* 274).

H. Zuwiderhandlung

22   Nach § 184 Abs. 1 Nr. 10 StrlSchV handelt derjenige ordnungswidrig, der einer vollziehbaren Auflage nach § 33 Absatz 4 Satz 1 in Verbindung mit § 17 Absatz 1 Satz 2 oder 3 des Atomgesetzes zuwiderhandelt.

§ 34 StrlSchV   Vermischungsverbot

Derjenige, der einen Antrag auf Freigabe stellen kann, und der Strahlenschutzverantwortliche, der Inhaber der Freigabe ist, dürfen die Anforderungen, von denen die Erteilung der Freigabe abhängt, und die Übereinstimmung mit dem Inhalt des Freigabebescheides nicht zielgerichtet durch Vermischen oder Verdünnen herbeiführen, veranlassen oder ermöglichen.

A. Normzweck

1   Das Vermischungsverbot des § 34 StrlSchV bezweckt die Verhinderung der Umgehung von Pflichten, die aus dem Recht zur Entsorgung von radioaktiven Abfällen folgen. Insbesondere wird hier das Erfordernis der direkten Endlagerung von radioaktiven Abfällen (§ 9a Abs. 1 S. 1 AtG) abgesichert. Die Zweckbestimmung wird auch durch eine ausdrückliche Normierung des Umgehungsverbots hinsichtlich der Entsorgung radioaktiver Abfälle in § 8 AtEV, ehem. § 79 StrlSchV a. F. verdeutlicht (vgl. hierzu auch BR-Drs. 423/18, 234). Nach § 8 S. 2 AtEV bleibt das strahlenschutzrechtliche Vermischungsverbot neben den weitergehenden Verbotstatbeständen des S. 1 unberührt. Daneben soll das Vermischungsverbot ebenfalls die missbräuchliche Ausnutzung der Freigabewerte und damit zugleich eine Umgehung des Reduzierungsgebotes nach § 8 StrlSchG verhindern (vgl. BR-Drs. 423/18, 234).

B. Regelungshistorie

2   Die Norm führt die bis Novellierung des Strahlenschutzrechts bestehende Rechtslage des § 29 Abs. 2 S. 4 StrlSchV a. F. fort und dient gleichzeitig der Umsetzung des Art. 30 Abs. 4 S. 1 der Richtlinie 2013/59/Euratom, wonach die Mitgliedsstaaten die absichtliche Verdünnung von radioaktivem Material für den Zweck der Entlassung aus der regulatorischen Kontrolle nicht zu gestatten haben.

C. Norminhalt

I. Verbotsadressat

§ 34 StrlSchV verbietet das zielgerichtete Herbeiführen der Anforderungen für **3** die Erteilung der Freigabe nach § 33 Abs. 1 i. V. m. § 31 Abs. 2 StrlSchV durch eine Vermischung oder Verdünnung des freigabebedürftigen Stoffes. Die Norm adressiert hier sowohl den zur Antragsstellung nach § 32 StrlSchV Berechtigten, als auch den SSV als Adressat der Pflichten in Bezug auf den Vollzug der Freigabe nach § 42 Abs. 1 und 2 StrlSchV. Da die Pflichten im Rahmen des Freigabevollzugs auf die SSB delegierbar sind (vgl. § 42 StrlSchV Rn. 4), hat die betriebliche Organisation des Strahlenschutzes damit im Bereich der Freigabe die Gewährleistung des Vermischungsverbotes abzubilden.

II. Verbotstatbestand

1. Die Begriffe des Vermischens und Verdünnens, Handlungsformen. **4** Auf Tatbestandsebene verbietet § 34 StrlSchV das gezielte Herbeiführen, Veranlassen oder Ermöglichung des Vermischens oder Verdünnen von Stoffen. Eine Legaldefinition der Begriffe des Vermischens und Verdünnens existiert im Bereich des Strahlenschutzrechts sowohl auf nationalrechtlicher als auch europarechtlicher Ebene nicht. Mit Blick auf Vermischungsverbote in anderen Rechtsgebieten, insbesondere im Kreislaufwirtschaftsrecht (§ 9a KrWG) kann angenommen werden, dass unter dem Vorgang des Vermischens und Verdünnens ein Vorgang zu verstehen ist, bei dem durch das Zusammenführen mehrerer Abfälle ein Gemisch entsteht, welches ohne größeren Aufwand nicht wieder getrennt werden kann (vgl. *Kopp-Assenmacher* in: Kopp-Assenmacher, KrWG, § 9 Rn. 40 mwN). Die Verdünnung ist dabei als ein Unterfall des Vermischens zu verstehen. Eine Verdünnung liegt nach der Lit. zum KrWG dann vor, wenn gefährliche Abfälle mit Nicht-Abfällen vermengt werden mit der Zielrichtung, die Schadstoffkonzentration des Abfalls zu herabzusetzen (vgl. *Beckmann* in LR-Umweltrecht, § 9a KrWG, Rn. 8; vgl. *Kopp-Assenmacher* in: Kopp-Assenmacher, KrWG, § 9 Rn. 42 mwN).

Die Grundsätze des konventionellen Abfallrechts hinsichtlich der Begriffs- **5** bestimmung der Vermischung und Verdünnung können auf die Begrifflichkeiten des § 34 übertragen werden. Denn mithilfe der vorgenannten Definition kann das Schutzziel des § 34 vollständig abgedeckt werden. Mit dem Vermischungsverbot soll verhindert werden, dass die spezifische Aktivität des Stoffes reduziert und damit die Einhaltung des Dosiskriteriums als Voraussetzung der Freigabe oder der weiteren Anforderungen der Festlegungen im Freigabebescheid hergestellt wird. Anders als die a. F. der StrlSchV nimmt § 34 nicht nur Bezug auf die Herstellung der Voraussetzungen der Freigabe (Dosiskriterium), sondern auch auf die Anforderungen an die Feststellung der Übereinstimmung mit dem Freigabebescheid und damit auch die spezifischen Voraussetzungen, die durch diesen festgelegt werden.

Auf Handlungsebene verdeutlicht § 34 StrlSchV, dass das Vermischungsverbot **6** sowohl ein aktives Vermischungshandeln des Verpflichteten als auch eine Anweisung des Verpflichteten innerhalb der Organisationsstruktur erfassen soll. Auch Mängel in der Organisationsstruktur können ein gezieltes Vermischen ermöglichen, bspw. durch eine mangelhafte Überwachung des Angestellten, der die Vermischungshandlung ausführt. Für diesen Fall stellt auch die Regelung des § 184

Abs. 1 Nr. 11 StrlSchV klar, dass hierbei auch fahrlässige Verstöße als Ordnungswidrigkeiten verfolgt werden (→ Rn. 9). Voraussetzung ist hier aber jeweils, dass für die Vermischungshandlung selbst auch die Voraussetzungen des subjektiven Tatbestandes (→ Rn. 7 f.) erfüllt werden.

7   **2. Zielgerichtetheit der Handlung, subjektiver Tatbestand.** In subjektiver Hinsicht verlangt § 34 ein *zielgerichtetes* Vermischungshandeln, bzw. eine Anweisung zum zielgerichteten Vermischen der Stoffe. Eine andere Formulierung zum subjektiven Tatbestand wählt dabei die europarechtliche Grundlage des Vermischungsverbots in Art. 30 Abs. 4 S. 1 der Richtlinie 2013/59/Euratom. Hier wird eine absichtliche Verdünnungshandlung untersagt. Soweit hiermit ein absichtliches Handeln iS eines dolus directus 1. Grades untersagt wird, ist anzunehmen, dass dieses auch mit der nationalrechtlichen Formulierung der Zielgerichtetheit abgedeckt wird. Der subjektive Tatbestand hat damit bei dieser strafrechtlichen Betrachtungsweise ein Wissens- und Wollenselement zu enthalten (so auch *Spohn*, DVBl. 2003, 893, 894).

8   Der Begriff der Zielgerichtetheit in § 34 StrlSchV ist zudem unter Heranziehung des Art. 30 Abs. 4 S. 2 der Richtlinie 2013/59/Euratom auszulegen. Nach dieser Regelung gilt das Vermischungsverbot nicht für die Vermischungshandlung von Materialien, die im Normalbetrieb erfolgt, wenn die Radioaktivität nicht von Belang ist. Bei Übertragung auf das Vermischungsverbot des § 34 StrlSchV bedeutet dies in der Praxis, dass eine Zielgerichtetheit der Vermischungshandlung jedenfalls dann anzunehmen ist, wenn die Vermischung zur Herstellung des Dosiskriteriums stattfindet, nachdem eine radiologische Charakterisierung der Stoffe bereits erfolgt ist. Im Falle der fehlenden radiologischen Charakterisierung würde ansonsten die Vermischung „ins Blaue hinein", also ohne Absicht auf das Ziel der Herstellung des Freigabekriteriums erfolgen. Diese Handlungsform ist vom Vermischungsverbot des § 34 StrlSchV nicht erfasst.

D. Zuwiderhandlung

9   Nach § 184 Abs. 1 Nr. 11 StrlSchV handelt derjenige ordnungswidrig, der entgegen § 34 eine dort genannte Anforderung oder Übereinstimmung durch Vermischen oder Verdünnen herbeiführt, veranlasst oder ermöglicht.

§ 39 StrlSchV   Einvernehmen bei der spezifischen Freigabe zur Beseitigung

(1) **Die zuständige Behörde stellt bei einer beabsichtigten Freigabe zur Beseitigung von Massen von mehr als 10 Megagramm im Kalenderjahr das Einvernehmen mit der für den Vollzug dieser Verordnung zuständigen obersten Landesbehörde her, in deren Zuständigkeitsbereich die freizugebenden Massen beseitigt werden sollen.**

(2) **¹Das Einvernehmen gilt als erteilt, wenn es nicht innerhalb von 30 Kalendertagen nach Eingang des Ersuchens der für die beabsichtigte Freigabe zuständigen Behörde versagt wird. ²Ist auf Grund einer Abschätzung nicht auszuschließen, dass mit der beabsichtigten Freigabe das Dosiskriterium für die Freigabe am Standort der Entsorgungsanlage nicht eingehalten wird, so versagt die für den Vollzug dieser Verordnung zuständige oberste Landesbehörde, in deren Zuständigkeitsbereich die freizugebenden Massen beseitigt werden sollen, das Einvernehmen.**

Schrifttum: *siehe § 68 StrlSchG*

A. Normzweck

Die Regelung des § 39 StrlSchV dient der Herstellung eines Einvernehmens bei **1** der spezifischen Freigabe zur Beseitigung, soweit mehrere für den Freigabevorgang und die strahlenschutzrechtliche Aufsicht zuständige Behörden bestehen. Hauptanwendungsfall bildet hier die Beseitigung von spezifisch freigegebenen Stoffen in anderen Bundesländern (s. BR-Drs. 266/11, 129f.). Die Norm enthält hierzu u. a. Regelungen zum Erfordernis (Abs. 1) und den Voraussetzungen der Herstellung und Versagung des Einvernehmens (Abs. 2).

B. Regelungshistorie

§ 39 StrlSchV übernimmt nahezu wortidentisch die bis zum Neuerlass der **2** StrlSchV (VO vom 29.11.2018 BGBl. I S. 2034, 2036) geltende Regelung des § 29 Abs. 2 S. 6 und 7 StrlSchV a. F.

C. Einvernehmen mit der obersten Landesbehörde bei der spezifischen Freigabe zur Beseitigung (Abs. 1)

Nach Abs. 1 hat die für die Freigabe zuständige Behörde bei einer beabsichtigten **3** (spezifischen) Freigabe zur Beseitigung von Massen von mehr als 10 Mg im Kalenderjahr das Einvernehmen mit der obersten Landesbehörde herzustellen, die zum einen für den Vollzug der StrlSchV zuständig ist und in deren Zuständigkeitsbereich die freizugebenden Massen beseitigt werden sollen. Die Vorschrift kommt damit immer dann zu tragen, wenn die Zuständigkeiten der Freigabebehörde mit der für den Vollzug der StrlSchV im Übrigen zuständigen obersten Landesbehörde, in deren Zuständigkeitsbereich die Entsorgung stattfinden soll, auseinanderfallen.

Diese Trennung kann sich zum einen aus verwaltungsorganisatorischen Umstän- **4** den, also durch die organisatorische Auftrennung der für den Vollzug der StrlSchV zuständigen Behörden in untere, obere oder oberste Landesbehörden, ergeben. Zum anderen können sich unterschiedliche Zuständigkeiten auch dann ergeben, wenn die Beseitigung der freigegebenen Stoffe in einem anderen Bundesland erfolgen soll. Diesen Anwendungsfall soll die Regelung primär erfassen (BR-Drs. 266/11, 129f.). MaW darf nach dieser Regelung ein bestimmter, in ein anderes Bundesland führender Entsorgungspfad nur dann gewählt werden, wenn die Behörde, in deren Zuständigkeitsbereich der Stoff freigegeben werden soll, das Einvernehmen mit der zuständigen Behörde am Standort der Entsorgungsanlage hergestellt hat (BR-Drs. 266/11, 129f.). Hiermit stellt der Verordnungsgeber in der amtl. Begr. auch klar, dass die Entsorgung (spezifisch) freigegebener Stoffe und Gegenstände nicht zwangsläufig in dem Bundesland erfolgen muss, in dem die Freigabe erteilt werden soll.

D. Fristenregelung, Voraussetzungen der Versagung (Abs. 2)

Abs. 2 der Vorschrift enthält sodann Regelungen zur Herstellung des Einverneh- **5** mens und den Gründen, aus denen ein Einvernehmen durch die zuständige oberste

Landesbehörde zu versagen ist. Zunächst ist gem. Abs. 2 S. 1 die Versagung des Einvernehmens durch die ersuchte Behörde binnen 30 Kalendertagen mitzuteilen. Nach Ablauf der Frist gilt das Einvernehmen als erteilt, d. h. die ersuchende Behörde kann unter diesen Umständen davon ausgehen, dass Versagungsgründe nach Abs. 2 S. 2 nicht vorliegen, mithin das Dosiskriterium am Beseitigungsstandort eingehalten wird (s. BR–Drs. 266/11, 129f.). Das Einvernehmen ist von der ersuchten Behörde nach Abs. 2 S. 2 zu versagen, soweit auf Grund einer Abschätzung nicht auszuschließen ist, dass mit der beabsichtigten Freigabe das Dosiskriterium am Standort der Entsorgungsanlage nicht eingehalten wird. Bei der hier genannten Abschätzung sind grds. alle Umstände des Einzelfalles einzubeziehen; dies gilt auch für Erkenntnisse der abschätzenden Behörde über voraussichtlich anfallende Stoffströme zu einzelnen Entsorgungsanlagen, die dort unter Hinzuziehung des freizugebenden Stoffes zu einer Überschreitung des Dosiskriteriums führen könnten. Da die in Anlagen 4 und 8 der StrlSchV festgelegten Freigabewerte und Randbedingungen unter normalen Umständen die Einhaltung des Dosiskriteriums gewährleisten (→ § 33 StrlSchV Rn. 8), dürfte der Hauptgrund für eine Versagung – neben dem Vorliegen eines atypischen Einzelfalls – in der (beabsichtigten) Nutzung einer Entsorgungseinrichtung für Abfallströme aus mehreren Tätigkeiten oder Anlagen liegen.

6   Bei der Versagungsentscheidung handelt es sich um eine gebundene Entscheidung, die sich allein auf die hier genannten Gründe zu stützen hat. Die Tatbestandsvoraussetzung des Abs. 2 S. 2 erfordert dabei eine Abschätzung der ersuchten Behörde. Eine dezidierte Nachweisführung hinsichtlich des Dosiskriteriums ist demnach als Grundlage der Versagung nicht erforderlich.

§ 40 StrlSchV Abfallrechtlicher Verwertungs- und Beseitigungsweg

(1) Bei einer spezifischen Freigabe zur Beseitigung, bei einer spezifischen Freigabe von Metallschrott zum Recycling und bei einer spezifischen Freigabe im Einzelfall dürfen bei der für die Freigabe zuständigen Behörde keine Bedenken gegen die abfallrechtliche Zulässigkeit des vorgesehenen Verwertungs- oder Beseitigungsweges und seine Einhaltung bestehen.

(2) ¹Der Antragsteller hat der für die Freigabe zuständigen Behörde vor Erteilung der Freigabe eine Erklärung über den Verbleib des künftigen Abfalls und eine Annahmeerklärung des Betreibers der Verwertungs- oder Beseitigungsanlage oder eine anderweitige Vereinbarung zwischen dem Antragsteller und dem Betreiber der Verwertungs- oder Beseitigungsanlage vorzulegen. ²Der Antragsteller hat der für die Verwertungs- oder Beseitigungsanlage nach dem Kreislaufwirtschaftsgesetz zuständigen Behörde gleichzeitig eine Kopie der Annahmeerklärung oder der Vereinbarung zuzuleiten und dies der für die Freigabe zuständigen Behörde nachzuweisen.

(3) Die für die Verwertungs- und Beseitigungsanlage nach dem Kreislaufwirtschaftsgesetz zuständige Behörde kann von der für die Freigabe zuständigen Behörde innerhalb einer Frist von 30 Kalendertagen nach Zugang der Kopie verlangen, dass Einvernehmen hinsichtlich der Anforderungen an den Verwertungs- oder Beseitigungsweg hergestellt wird.

(4) Die Bestimmungen des Kreislaufwirtschaftsgesetzes sowie der auf Grund dieses Gesetzes erlassenen Verordnungen über die ordnungsgemäße Entsorgung von Abfällen bleiben unberührt.

Schrifttum: *siehe § 68 StrlSchG*

Eckhoff

A. Normzweck

§ 40 StrlSchV trifft ergänzende Regelungen hinsichtlich der Schnittstellen zwi- **1** schen Strahlenschutzrecht und konventionellem Abfallrecht, insbes. im Hinblick auf das KrWG. So ist in den Fällen des Abs. 1 zu prüfen, ob im Anschluss zur be- absichtigten Freigabe Bedenken gegen die abfallrechtliche Zulässigkeit des vor- gesehenen Verwertungs- oder Beseitigungsweges und seine Einhaltung bestehen. Hierzu regelt die Vorschrift auch, welche Nachweise zu erbringen sind (Abs. 2) und wie die Beteiligung von Behörden ausgestaltet wird (Abs. 3). Die Norm dient damit dazu, die Entsorgungsfähigkeit von spezifisch freigegebenen Stoffen schon im Vorfeld sicherzustellen und so Fälle zu vermeiden, in denen eine Entsorgung ver- weigert werden könnte (bspw wie im von *Spohn*, DVBl. 2003, 894, 896 geschilder- ten Fall).

B. Regelungshistorie

Die Regelungen des § 40 StrlSchV entsprechen denjenigen des § 29 Abs. 5 **2** StrlSchV a. F. Dabei entspricht Abs. 1 der bisherigen Regelung des § 29 Abs. 5 S. 1 StrlSchV a. F., Abs. 2 § 29 Abs. 5 S. 2 und 3 StrlSchV a. F., Abs. 3 § 29 Abs. 5 S. 4 StrlSchV a. F. sowie Abs. 4 § 29 Abs. 5 S. 5 StrlSchV a. F. (vgl. BR-Drs. 423/18, 371 f.).

C. Keine Bedenken gegen Zulässigkeit des Verwertungs- oder Beseitigungsweges (Abs. 1), Unberührtheit abfallrechtlicher Vorschriften (Abs. 4)

Nach Abs. 1 dürfen im Falle der spezifischen Freigabe zur Beseitigung, der spe- **3** zifischen Freigabe von Metallschrott zum Recycling und bei der spezifischen Frei- gabe im Einzelfall bei der Freigabebehörde keine Bedenken gegen die abfallrecht- liche Zulässigkeit des vorgesehenen Verwertungs- oder Beseitigungsweges und seine Einhaltung bestehen.

Bei Auslegung der Vorschrift ist zu beachten, dass diese – anders als § 68 Abs. 2 **4** StrlSchG – keine Durchbrechung der Trennung von Strahlenschutz- und Abfall- recht bewirken soll. Nach diesem Grundsatz finden, solange eine Entlassung des Stoffes aus der strahlenschutzrechtlichen Überwachung nicht erfolgt ist, hinsichtlich der Entsorgung allein die Regelungen des Strahlenschutzrechts Anwendung. Da- gegen richtet sich die Behandlung des Stoffes nach Vollzug der Freigabe ausschließ- lich nach dem konventionellen Abfallrecht. Die Regelung des Abs. 1 stellt auch keinen Ausschlussgrund für die Erteilung der spezifischen Freigabe dar. Die Vor- schriften des KrWG schlagen insoweit nicht auf die strahlenschutzrechtliche Be- urteilung durch und umgekehrt. Dies gebietet auch die Ausschlussnorm des § 2 Abs. 2 Nr. 6 KrWG. Demnach gelten die Vorschriften des KrWG nicht für Kern- brennstoffe und sonstige radioaktive Stoffe iSd AtG oder StrlSchG. Gleichwohl ist für die Zeit nach dem Vollzug der Freigabe, also mit erfolgten Rechtswechsel nach § 31 Abs. 1 StrlSchV, sicherzustellen, dass die Entsorgung des nun nicht mehr radio- aktiven Stoffes entsprechend den Vorschriften des konventionellen Abfallrechts er- folgen kann. Hierauf bezieht sich die Prüfung des Abs. 1. MaW handelt es sich bei der Beurteilung nach Abs. 1 um eine Vorausbeurteilung, die vor der Erteilung Freigabe stattfindet und eine Prognose der abfallrechtlichen Eigenschaften des Stoffes nach dem erfolgten Rechtswechsel zum nicht radioaktiven Stoff – also dem Eintritt der Freigabewirkung – zum Gegenstand hat. Dies betont auch der Wortlaut der Vorschrift. Denn es geht hierbei um die Beurteilung des *vorgesehenen* Verwertungs- oder Beseitigungsweges sowie seine Einhaltung. Die *amtl. Begr. zur StrlSchV 2001* weist in diesem Zusammenhang auch ausdrücklich darauf hin, dass der fragliche Stoff natürlich – abgesehen von der möglichen Durchführung eines eigenständigen Nachweisverfahrens der Freigabe – nach der Freigabe ggf. auch zusätzlich als besonders überwachungsbedürftiger Abfall dem abfallrechtlichen Nachweisverfahren unmittelbar unterfallen kann. Bei diesem Verfahren kann auf die Erklärungen, die im Rahmen des Freigabeverfahrens bereits abgegeben worden sind, zurückgegriffen werden (BR–Drs. 423/18, 234f.). Dies wird auch durch die Regelung des Abs. 4 aufgegriffen, die klarstellt, dass die Vorschriften des KrWG im Übrigen unberührt bleiben.

D. Vorlage einer Annahmeerklärung des Betreibers der Verwertungs- oder Beseitigungsanlage (Abs. 2)

5   Abs. 2 der Vorschrift regelt sodann die Pflicht des Antragstellers zur Beibringung von Nachweisen zur Klärung der o. g. Fragestellung. Hiernach ist gem. Abs. 2 S. 1 der für die Freigabe zuständigen Behörde vor Erteilung der Freigabe eine Erklärung über den Verbleib des künftigen Abfalls und eine Annahmeerklärung des Betreibers der Verwertungs- oder Beseitigungsanlage oder eine anderweitige Vereinbarung zwischen dem Antragsteller und dem Betreiber der Verwertungs- oder Beseitigungsanlage vorzulegen.

6   Hinsichtlich des Zeitpunktes der Beibringung der Annahmeerklärung benennt die Vorschrift den Zeitpunkt **vor Erteilung der Freigabe.** In praktischer Hinsicht ist hierbei allerdings insbesondere hinsichtlich des Rückbaus von kerntechnischen Anlagen zu beachten, dass die Freigabe im Freigabebescheid (§ 33 Abs. 1 StrlSchV) regelmäßig deutlich im Vorfeld von Abbaumaßnahmen erteilt wird. Typischerweise wird die Festlegung des Freigabeverfahrens mit der Stilllegungs- und Abbaugenehmigung (SAG) nach § 7 Abs. 3 AtG verbunden oder erfolgt in einem frühen, auf die SAG folgenden Bescheid. Dies ist gleichfalls im untergesetzlichen Regelwerk, insbesondere im *Stilllegungsleitfaden* so vorgesehen. Es ist deshalb nicht auszuschließen, dass der Antragsteller die nach Abs. 2 S. 1 notwendigen Nachweise erst im Verlauf des Verfahrens beibringen kann, wenn er nämlich eine genauere Aussage über die abfallrechtlichen Eigenschaften der spezifisch freigegebenen Massen treffen kann. In diesem Fall muss es der Behörde möglich sein, durch geeignete Maßnahmen, insbesondere durch Auflagen nach § 33 Abs. 4 AtG, die Vorlage der Unterlagen nach § 40 Abs. 2 S. 1 AtG erst in einem späteren Verfahrensstadium zu verlangen. Ansonsten würde die Erteilung der Freigabe für bestimmte Stoffgruppen bspw. von dem Stand der Deponieinfrastruktur abhängig gemacht werden.

7   Nach Abs. 2 S. 2 hat der Antragsteller darüber hinaus der für die Verwertungs- oder Beseitigungsanlage nach dem KrWG zuständigen Behörde gleichzeitig eine Kopie der Unterlage nach Abs. 2 S. 1 zuzuleiten und dies der für die Freigabe zuständigen Behörde nachzuweisen.

E. Einvernehmen hinsichtlich der Anforderungen an den Verwertungs- oder Beseitigungsweg (Abs. 3)

Schließlich kann die für die Verwertungs- und Beseitigungsanlage nach dem **8** KrWG zuständige Behörde innerhalb einer Frist von 30 Kalendertagen nach Zugang der Kopie verlangen, dass hinsichtlich der Anforderungen an den Verwertungs- oder Beseitigungsweg ein Einvernehmen hergestellt wird. Soweit sodann die Frist verstreicht, kann die Freigabebehörde davon ausgehen, dass keine abfallrechtlichen Bedenken bestehen.

§ 41 StrlSchV Festlegung des Verfahrens

(1) Die zuständige Behörde kann in einer Genehmigung nach § 6, § 7 oder § 9 des Atomgesetzes, in einem Planfeststellungsbeschluss oder einer Genehmigung nach § 9b des Atomgesetzes, in einer Genehmigung nach § 12 Absatz 1 Nummer 1 bis 3 des Strahlenschutzgesetzes oder in einem gesonderten Bescheid das Verfahren festlegen
1. zur Erfüllung der Anforderungen und Festlegungen zum Nachweis für
    a) eine uneingeschränkte Freigabe,
    b) eine spezifische Freigabe oder
    c) eine Freigabe im Einzelfall und
2. zur Feststellung der Übereinstimmung mit dem Inhalt des Freigabebescheids.
(2) Die zuständige Behörde kann auf Antrag desjenigen, der eine Freigabe beantragen kann, feststellen, ob bestimmte Anforderungen, von denen die Erteilung der Freigabe abhängig ist, bereits erfüllt sind.
(3) ¹Die Feststellung der Erfüllung bestimmter Anforderungen kann aufgenommen werden
1. in einer Genehmigung nach § 6, § 7 oder § 9 des Atomgesetzes,
2. in einem Planfeststellungsbeschluss oder einer Genehmigung nach § 9b des Atomgesetzes,
3. in einer Genehmigung nach § 12 Absatz 1 Nummer 1 bis 3 des Strahlenschutzgesetzes oder
4. in einem gesonderten Bescheid.
²Die Feststellung ist dem Freigabeverfahren zu Grunde zu legen.

Schrifttum: *siehe § 68 StrlSchG*

A. Normzweck

§ 41 eröffnet der für die Freigabe zuständigen Behörde die Möglichkeit, die Fest- **1** legungen für das Freigabeverfahren in die zu erteilende Genehmigung einzubinden und so ein einheitliches Regelwerk für die jeweilige Tätigkeit zu schaffen. Gleichzeitig ermöglicht die Regelung alternativ auch die Festlegung des Freigabeverfahrens in einem separaten Bescheid (Abs. 1). Darüber hinaus ermöglichen es die Abs. 2 und 3, auf Antrag der nach § 32 Abs. 1 berechtigten Person einen Freigabevorbescheid hinsichtlich der Erfüllung von Freigabevoraussetzungen vor Beantragung der Freigabe zu erlassen und in die Genehmigungsunterlage einzubinden.

B. Regelungshistorie

2   § 41 Abs. 1 StrlSchV entspricht der bis zum Neuerlass 2018 bestehenden Rechtslage des § 29 Abs. 4 StrlSchV. § 41 Abs. 2 und Abs. 3 StrlSchV entsprechen der bisherigen Regelung des § 29 Abs. 6 StrlSchV (vgl. BR-Drs. 423/18, 372).

C. Festlegung des Freigabeverfahrens (Abs. 1)

3   Abs. 1 enthält eine Regelung zur Festlegung des Verfahrens zur Erlangung der Freigabewirkung. Hiernach kann die zuständige Behörde das Verfahren zur Erfüllung der Anforderungen und Festlegungen zum Nachweis der Freigabevoraussetzungen (Abs. 1 Nr. 1) sowie die Anforderungen an das Verfahren zur Feststellung der Übereinstimmung mit dem Inhalt des Freigabebescheids (Abs. 1 Nr. 2) in einer Genehmigungsunterlage, Planfeststellungsbeschluss oder einem separaten Bescheid festlegen. Die Festlegungsbefugnis nach Abs. 1 gilt damit nach Abs. 1 Nr. 1 für sämtliche Freigabepfade und ist nach Abs. 1 für alle Tätigkeitsformen, die ein Freigabeerfordernis nach § 31 Abs. 1 StrlSchV auslösen kann, zulässig. Die Festlegung des Verfahrens zum Nachweis des Dosiskriteriums nach § 33 Abs. 1 iVm § 31 Abs. 2 StrlSchV ist bereits notwendiger Inhalt des Freigabebescheides (→ § 31 StrlSchV Rn. 5). Die besondere Funktion des § 41 Abs. 1 StrlSchV besteht darüber hinausgehend darin, dass hiermit der zuständigen Behörde die Möglichkeit eröffnet wird, übergeordnete Aspekte des Freigabeverfahrens als Rahmen innerhalb einer Genehmigung oder eines gesonderten Bescheides festzulegen („Freigaberahmenbescheid"). Der Rahmenbescheid kann für nachfolgende Freigabebescheide, die sich auf einzelne Freigabechargen beziehen, nutzbar gemacht werden.

D. Vorbescheid, Einbeziehung in die Genehmigungsunterlage (Abs. 2), Aufnahme der Feststellung nach Abs. 2 in einer atom- oder strahlenschutzrechtlichen Genehmigung (Abs. 3)

4   Die Regelung des Abs. 2 ermöglicht es der zur Antragstellung berechtigten Person (§ 32 Abs. 1 StrlSchV), gleichfalls einen Vorbescheid in Form eines feststellenden Verwaltungsakts über das Vorliegen der Freigabevoraussetzungen nach § 33 Abs. 1 StrlSchV vor Beantragung der Freigabe zu erwirken. Die Feststellung der Behörde kann hierbei nach Abs. 3 S. 2 auch in einer Genehmigung oder einem Planfeststellungsbeschluss erfolgen, wobei die Feststellung für die Freigabeentscheidung nach Abs. 3 S. 2 zugrunde zu legen ist. Abs. 2 S. 2 stellt somit klar, dass die Entscheidung der Freigabebehörde bindend ist.

§ 42 StrlSchV   Pflichten des Inhabers einer Freigabe

(1) **Der Strahlenschutzverantwortliche, der Inhaber der Freigabe ist, hat für jede Masse oder Teilmasse, die aufgrund der Freigabe als nicht radioaktiver Stoff verwendet, verwertet, beseitigt, innegehabt oder an Dritte weitergegeben werden soll, zuvor die Übereinstimmung mit dem Inhalt des Freigabebescheids festzustellen.**

(2) Messungen der spezifischen Aktivität (Freimessungen), die zur Feststellung der Übereinstimmung mit dem Inhalt des Freigabebescheids erforderlich sind, und ihre Ergebnisse sind von dem Strahlenschutzverantwortlichen, der Inhaber der Freigabe ist, zu dokumentieren.

(3) Der Strahlenschutzverantwortliche, der Inhaber der Freigabe ist, hat die zuständige Behörde unverzüglich zu informieren, wenn eine der Anforderungen, von denen die Erteilung der Freigabe abhängt, nicht mehr erfüllt ist.

Schrifttum: *siehe § 68 StrlSchG*

A. Normzweck

§ 42 StrlSchV enthält grundsätzliche Regelungen zum Vollzug der Freigabe, **1** durch den die Wirkung der Freigabe erst eintritt (→ § 31 StrlSchV Rn. 5). Hierzu gehören die Regelungen zur Feststellung der Übereinstimmung mit dem Freigabebescheid (Abs. 1), die Regelung der Freimessung sowie der Dokumentation des Vollzugsvorganges (Abs. 2). Schließlich enthält Abs. 3 Informationspflichten des SSV für den Fall, dass die Voraussetzungen der Freigabe nicht mehr erfüllt werden.

B. Regelungshistorie

§ 42 setzt in den Abs. 1 und 2 die bis zum Neuerlass der StrlSchV 2018 geltende **2** Rechtslage des § 29 Abs. 3 fort. Die Informationsregelung des § 42 Abs. 3 wurde mit dem Neuerlass der der StrlSchV erstmals in den Regelungskomplex aufgenommen. Die Gesamtvorschrift beruht dabei auf der Verordnungsermächtigung des § 68 Abs. 1 S. 1 Nr. 3 StrlSchG.

C. Feststellung der Übereinstimmung durch den Strahlenschutzverantwortlichen (Abs. 1)

Abs. 1 regelt die für den Eintritt der Wirkung der Freigabe (§ 31 Abs. 1 StrlSchV) **3** maßgebliche Vollzugshandlung. Hiernach hat der SSV, der Inhaber der Freigabe ist, für jede Masse oder Teilmasse, die Gegenstand des Freigabeverfahrens ist, die Übereinstimmung mit dem Inhalt des Freigabebescheides festzustellen. Die Feststellung der Übereinstimmung erfolgt anhand des Ergebnisses der Freimessung nach Abs. 2. Mit der hier vorgesehenen Handlung tritt die Rechtswirkung der Freigabe ein, also der konstituierende Rechtswechsel im Hinblick auf den freizugebenden Stoff. Dies gilt freilich nur dann, wenn die Behörde den Freigabevollzug nicht mit weiteren Nebenbestimmungen, wie etwa einer Bedingung nach § 33 Abs. 3 StrlSchV, verknüpft hat.

Aufgrund der besonderen Systematik der Freigaberegelungen erfolgt die Vor- **4** nahme der Vollzugshandlung durch den SSV, also grds. durch den Adressaten des Freigabebescheides. Die Vorschrift stellt dies auch klar, indem sie den SSV als Inhaber der Freigabe bezeichnet. Der Begriff des Inhabers der Freigabe ist hier zum einen so zu verstehen, dass hiermit die Berechtigung zur Vornahme der Vollzugshandlung gemeint ist. Gleichzeitig, so stellt es die Überschrift der Norm und auch die amtl. Begr. klar, gehen mit der Benennung als Inhaber der Freigabe auch Verpflichtungen im Rahmen des Freigabeverfahrens einher (BR-Drs. 423/18, 372). Diese bestehen zunächst darin, das Freimessergebnis in rechtmäßiger Form, also korrekterweise zu bestätigen; zum anderen formuliert die Vorschrift in § 42 Abs. 2 S. 2 sowie Abs. 3 Dokumentations- und Informationspflichten des Verantwortlichen nach Abs. 1 (vgl. BR-Drs. 423/18, 372f.). Im Rahmen der betrieblichen Organisation des Strahlenschutzes ist hier auch eine Übertragung der Pflichten aus § 42 auf den SSB zulässig (vgl. BR-Drs. 423/18, 372).

D. Freimessung, Dokumentationspflichten (Abs. 2)

5   Die Regelung des Abs. 2 beinhaltet zunächst eine Legaldefinition der Freimessung, die die Grundlage für die Feststellung der Übereinstimmung nach Abs. 1 bildet. Bei der Freimessung handelt es sich ausweislich des Wortlautes um die Messung der spezifischen Aktivität des freizugebenden Stoffes. Diese Definition ist allerdings ungenau und umfasst nicht unbedingt das tatsächliche Vorgehen in der Praxis. Denn hier erfolgen zur Freimessung auch Messungen der Oberflächenkontamination und ggf. Messungen der oberflächenspezifischen Aktivität – bei einzelnen Freigabepfaden ist dies sogar ausschließlich der Fall (etwa Gebäude zur Wieder- bzw. Weiterverwendung und Bodenflächen mit Umrechnung nach Anlage 8 zur StrlSchV). Das konkrete Vorgehen bei der Freimessung hat dabei den von der Behörde im Freigabebescheid festgelegten Nachweisverfahren zu entsprechen. Das Freimessergebnis ist sodann entsprechend der Regelung des Abs. 2 in geeigneter Form zu dokumentieren.

E. Informationspflichten bei Fehlschlag der Freigabe (Abs. 3)

6   Abs. 3 beinhaltet schließlich eine Informationspflicht des SSV als Inhaber der Freigabe, wonach dieser die zuständige Behörde unverzüglich zu informieren hat, wenn eine der Anforderungen, von denen die Erteilung der Freigabe abhängt, nicht mehr erfüllt ist. Nach der amtl. Begr. ist die Informationspflicht für Fälle vorgesehen, in denen ein Freigabevorgang fehlschlägt oder die Aussicht besteht, dass er fehlschlagen wird (BR-Drs. 423/18, 373). Die hiernach zuständige Behörde ist in diesen Fällen zu informieren, um durch eine Prüfung hinsichtlich der Erfüllung der Anforderungen bzw. Nebenbestimmungen entscheiden zu können, ob die erteilte Freigabe hinfällig ist oder ob zusätzliche Nebenbestimmungen erforderlich werden (BR-Drs. 423/18, 372).

7   Die Informationspflicht bezieht auf sämtliche Umstände, aus denen sich ein Fehlschlag des Freigabevorgangs ergeben könnte, dies können etwa die gesetzlichen Voraussetzungen der Freigabe nach § 33 Abs. 1 StrlSchV, oder die mit dem Freigabebescheid verbundenen Nebenbestimmungen. Im Bereich der spezifischen Freigabe oder der Freigabe im Einzelfall, die sich nach den Bestimmungen der spezifischen Freigabe richtet, gilt dies insbesondere für sämtliche Festlegungen hinsichtlich des Entsorgungsweges gem. § 32 Abs. 3 iVm §§ 36f. StrlSchV. Eine Informationspflicht besteht in diesen Fällen auch nach dem Vollzug der Freigabe nach den § 42 Abs. 1 und 2 StrlSchV (*vgl.* BR-Drs. 423/18, 373, zur umstrittenen Frage, inwieweit in diesem Zeitraum die strahlenschutzrechtliche Aufsicht greift, → § 33 StrlSchV Rn. 18 ff.). Ein solches Fehlgehen des Entsorgungspfades könnte sich etwa aus der Annahmeverweigerung einer Beseitigungsanlage, aus einem Unfall oder aus einer Behinderung des Transportes zu einer Beseitigungsanlage ergeben (BR-Drs. 423/18, 373 mit weiteren Beispielen). Für Stoffe, die uneingeschränkt freigegeben worden sind, besteht nach Freigabevollzug dagegen keine Informationspflicht (BR-Drs. 423/18, 373).

Kapitel 4 – Betriebliche Organisation des Strahlenschutzes

§ 69 Strahlenschutzverantwortlicher

(1) **Strahlenschutzverantwortlicher ist, wer**

1. **einer Genehmigung nach § 10, § 12 Absatz 1, § 25 oder § 27, einer Genehmigung nach den §§ 4, 6, 7 oder 9 des Atomgesetzes, der Planfeststellung nach § 9b des Atomgesetzes oder der Genehmigung nach § 9b Absatz 1a des Atomgesetzes bedarf,**
2. **eine Tätigkeit nach § 5 des Atomgesetzes ausübt,**
3. **eine Anzeige nach den §§ 17, 19, 22, 26, 50, 52, 56 oder 59 zu erstatten hat oder**
4. **auf Grund des § 12 Absatz 4 keiner Genehmigung nach § 12 Absatz 1 Nummer 3 bedarf.**

(2) [1]Handelt es sich bei dem Strahlenschutzverantwortlichen um eine juristische Person oder um eine rechtsfähige Personengesellschaft, so werden die Aufgaben des Strahlenschutzverantwortlichen von der durch Gesetz, Satzung oder Gesellschaftsvertrag zur Vertretung berechtigten Person wahrgenommen. [2]Besteht das vertretungsberechtigte Organ aus mehreren Mitgliedern oder sind bei sonstigen Personenvereinigungen mehrere vertretungsberechtigte Personen vorhanden, so ist der zuständigen Behörde mitzuteilen, welche dieser Personen die Aufgaben des Strahlenschutzverantwortlichen wahrnimmt. [3]Die Gesamtverantwortung aller Organmitglieder oder Mitglieder der Personenvereinigung bleibt hiervon unberührt.

Übersicht

Schrifttum: *Blum/Buchholz/Dittmann-Schnabel/Jopen/Schneider,* Erforschung eines methodischen Ansatzes zur Bestimmung der für den sicheren Rückbau von KKW notwendigen personellen Ressourcen, Gesellschaft für Anlagen- und Reaktorsicherheit (GRS) gGmbH, März 2021; *Brinkmann,* Der Strahlenschutzverantwortliche – Wer ist das überhaupt?, StrlSchPrax 1/1998, 43; *ders.,* Novellen von StrlSchV und RöV: Auswirkungen auf die Strahlenschutzorganisation, StrlSchPrax 4/2002, 46; *Eckerl,* Organisation des Strahlenschutzes in einem Großunternehmen – Ein Beitrag zur Sicherheitskultur, in: Fachverband 1997; *Ellerkmann,* Die Rechtsstellung des Strahlenschutzverantwortlichen, in: 4. Dt. Atomrechts-Symposium, Köln 1976, S. 99; *Feldhaus,* Umweltschutzsichernde Betriebsorganisation, NVwZ 1991, 927; *Geisler/Kiermaier/Morawitz,* Organisation des Strahlenschutzes in der Forschung, StrlSchPrax 2/2020, 18; *Hoegl* (Hrsg.), Empfehlungen des Arbeitskreises Rechtsfragen zur Strahlenschutzorganisation, Köln 2. Aufl. 2002; *Juditzki,* Beauftragte im Krankenhaus (II), das Krankenhaus 12/2002, 1024; *Kiefer/v. Pückler/Hellige/Ludewig/Köhler,* Das neue Strahlenschutzrecht – Informationen für Tierärzte, die Röntgenstrahlung in der Diagnostik anwenden, in: Deutsches Tierärzteblatt 2019, S. 950; *Knopp/Striegl,* Umweltschutzorientierte Betriebsorganisation zur Risikominimierung, BB 1992, 2009; *Koletzko/Kloska/Dischinger,* Organisation des Strahlenschutzes in der Röntgendiagnostik, StrlSchPrax 2/2020, 12; *Peinsipp,* Deutschland: Was ändert die Umsetzung der EURATOM-Grundnormen in deutsches Recht im Strahlenschutz?, StrlSchPrax 4/1997, 23; *Reinhardt/Hasche,* Wasserverbandsgesetz – Kommentar, München 2. Aufl. 2021; *Remmert,* Die Zulässigkeit der Übertragung von managementaufgaben auf Chefärzte, in: Radiologie & Recht, 11/2015; *Roth/Schröder,* Der Strahlenschutzbeauftragte – Tätigkeiten in fremden Anlagen oder Einrichtungen gemäß § 20 Strahlenschutzverordnung, Landsberg 1994; *Schattke,* Rechtsfragen im Zusammenhang mit der Konkretisierung der Strahlenschutzgrundsätze, in: Lukes (Hrsg.), 6. Dt. Atomrechts-Symposium 8./9. Oktober 1979 in Münster, Köln 1980, S. 101; *Schlösser/Graetz/Kaden/Sauerbrey,* Die Strahlenschutzorganisation des Forschungsstandortes Rossendorf, StrlSchPrax 2/2020, 21; *Schmidt,* Die „strahlende" Insolvenzschuldnerin – Haftungsrisiken und Gefahren für den Insolvenzverwalter im Bereich des Strahlenschutzes, ZinsO 2011, 614; *Severitt,* Gesichter des Strahlenschutzes, in Fachverband 2008, 28; *Severitt/Kaulard/Küppers,* Personelle Organisation des Strahlenschutzes in Deutschland – grundlegende Aspekte, StrlSchPrax 2/2020, 5; *Spindler,* Unternehmensorganisationspflichten – Zivilrechtliche und öffentlich-rechtliche Regelungskonzepte, Göttingen 2. Aufl. 2011; *Sowa/Langenhorst,* Der zentrale Strahlenschutz bei thyssenkrupp Steel Europe,

StrlSchPrax 2/2020, 28; *Spang,* Die Rechtsstellung des Strahlenschutzverantwortlichen in der Praxis, in: 4. Dt. Atomrechts-Symposium, Köln 1976, S. 107; *Spohn,* Der Strahlenschutzbevollmächtigte – Rechtsstellung und Tätigkeitsbild, StrlSchPrax 3/1999, 56; *SSK,* Organisatorische Voraussetzungen für einen erfolgreichen betrieblichen Strahlenschutz, Empfehlung der Strahlenschutzkommission vom 11./12.02.2020, BAnz AT 21.07.2020 B4; *Vogt,* Der Strahlenschutzbeauftragte für Tätigkeiten in fremden Anlagen – Ausbildung und Stellung im Vergleich mit anderen Beauftragten, StrlSchPrax 1/1998, 37; *ders.,* StrlSchPrax 3/1998, S. 46; *Wigge/Kirsch,* Das neue Strahlenschutzrecht – Der Medizinphysik-Experte, RöFo 2019, 382; *Wigge/Frigger,* Radiologie & Recht – Anforderungen an die Qualifikation und die Überwachung von nichtärztlichem Personal im Strahlenschutz, RöFo 2014, 91.

A. Sinn und Zweck der Norm

Der SSV ist eine **Zentralgestalt des deutschen Strahlenschutzrechts.** SSV **1** und SSB sind die Hauptadressaten des StrlSchG und der StrlSchV (*Kramer/Zerlett,* § 29 III.1) bei geplanten Expositionssituationen. Die §§ 69–72, die Regelungen enthalten, wer SSV und SSB ist bzw. sein kann, welche Befugnisse und welche Pflichten sie haben, sind daher ein wichtiger Bestandteil des StrlSchG. § 69 legt fest, wer SSV ist (Abs. 1), wer bei juristischen Personen und rechtsfähigen Personengesellschaften die Aufgaben des SSV wahrnimmt und welche Informationen in diesem Zusammenhang der zuständigen Behörde mitzuteilen sind (Abs. 2).

§ 69 setzt inhaltlich Art. 4 Nr. 98 der **RL 2013/59/Euratom** um, auch wenn **2** die Figur des SSV im Wesentlichen im deutschen Strahlenschutzrecht entwickelt wurde (→ Rn. 11).

B. Bisherige Regelung

Die neue Regelung ersetzt § 31 Abs. 1 der StrlSchV 2001 sowie § 13 Abs. 1 der **3** RöV.

C. Der Strahlenschutzverantwortliche (SSV)

I. Die Verantwortungshierarchie im Strahlenschutz

1. Allgemeines. Das StrlSchG basiert, wie auch bereits seine Vorgängerverord- **4** nungen, auf dem **Prinzip der persönlichen Verantwortungsträgerschaft.** Hauptadressaten des Gesetzes und somit Protagonisten bei der Durchsetzung des inner- und außerbetrieblichen Strahlenschutzes in **geplanten Expositionssituationen** sind die Rechtsfiguren des **SSV** und **SSB** (zu letzterem siehe § 70). Als dritte, gesetzlich nicht geregelte Verantwortungsinstitution tritt der **SSBV** hinzu (→ Rn. 55 ff.). Bei **bestehenden Expositionssituationen** und **Notfallexpositionssituationen** verwendet das StrlSchG die Termini „Verantwortliche" (§§ 115 Abs. 2, 153 Abs. 1) und „Verpflichtete" (zB. § 131 Abs. 1). Dem im Verwaltungs- und vor allem im Arbeitsschutz- und Umweltrecht maßgeblichen Verursacherprinzip folgend (zu diesem *Ramsauer* in Koch et al. § 3 Rn. 38 ff.) ist auch im Regime des Strahlenschutzes, wenn es um die Einhaltung der Schutzvorschriften geht, eine klare Verantwortungsstruktur notwendig. Durch die Umsetzung der RL 2013/59/Euratom ändert sich nichts an der Systematik der Verantwortlichkeiten im deutschen Strahlenschutzrecht (zu dieser instruktiv bereits *Peinsipp,* StrlSchPrax 4/1997, 23 ff.).

5　**2. SSV.** Hauptverantwortungsträger ist, ähnlich dem immissionsschutzrechtlichen Betreiber und dem wasserrechtlichen Unternehmer, derjenige, der **bestimmenden Einfluss** auf die Durchführung strahlenschutzrechtlicher Tätigkeiten ausübt bzw. den sonstige, im Gesetz **normierte Pflichten** treffen und der somit verantwortlich für die Einhaltung der strahlenschutzrechtlichen Bestimmungen ist. Diese Person ist in geplanten Expositionssituationen der SSV (zu den Verantwortlichen bzw. Verpflichteten in bestehenden Expositionssituationen und in Notfallexpositionssituationen → Rn. 7). Maßgeblich ist somit eine **starke Position,** etwa als Arbeitgeber, aus der heraus **Entscheidungen getroffen, Weisungen erteilt und über arbeitstechnische, wirtschaftliche bzw. finanzielle Mittel verfügt werden** können. Hierzu gehört auch eine innerbetriebliche **Organisationshoheit.** Diese „Herrschaftsstellung" korrespondiert mit der Rolle des SSV als prominenter Ansprechpartner der Behörden (Aufsichtsbehörde, Staatsanwaltschaft), sei es als Antragsteller oder Anzeigeerstatter in strahlenschutzrechtlichen Genehmigungs- und Anzeigeverfahren, sei es als Adressat von Anordnungen, Bußgeldern oder auch Strafverfahren.

6　An die Figur des SSV als desjenigen, der „den Hut aufhat", knüpfen zahlreiche Vorschriften des StrlSchG und der StrlSchV an (vgl. insoweit die Kommentierung zu den einzelnen Paragrafen), die ihr Pflichten auferlegen, aber auch gewisse Rechte gewähren. Das StrlSchG hat den Kreis der SSV **erweitert** (BT-Drs. 18/11241, 314 f.), indem es nunmehr auch denjenigen zum SSV bestimmt, der eine **Beförderungsgenehmigung** für sonstige radioaktiver Stoffe benötigt (§§ 69 Abs. 1 Nr. 1, 27; → Rn. 19) oder der bestimmte **Anzeigen** zu erstatten hat, die bislang den Anzeigepflichtigen nicht zum SSV machten (→ Rn. 23 f.). Damit sind genehmigungs- oder anzeigepflichtige Tätigkeiten iSd § 4 sehr weitgehend mit der Funktion des SSV verbunden; es gibt nur noch wenige Ausnahmen, etwa die grenzüberschreitende Verbringung radioaktiver Stoffe (§ 30; Tätigkeit gem. § 4 Abs. 1 S. 1 Nr. 2) und der genehmigungsbedürftige Zusatz radioaktiver Stoffe bzw. Aktivierung (§ 40; Tätigkeit gem. § 4 Abs. 1 S. 1 Nr. 9).

7　Umgekehrt besteht die Eingrenzung, dass die Rechtsschöpfung des SSV **nur bei geplanten Expositionssituationen** existiert, nicht dagegen bei bestehenden Expositionssituationen. So spricht § 127 Abs. 1 S. 1 im Rahmen der Radonkonzentrationsmessung von einem „für einen Arbeitsplatz in einem Innenraum" **Verantwortlichen.** Diese Person mag zwar auch Arbeitgeber sein, sie ist jedoch **kein SSV** i. S. d. § 69, was sich auch aus der Verantwortlichen-Definition des § 127 Abs. 2 ergibt (entspr. ist der für eine radioaktive Altlast gem. § 137 Verantwortliche kein SSV). Das gilt auch dann, wenn der Verantwortliche in der in §§ 129 f. statuierten Stufenfolge zu einem zur Anmeldung (§ 129) und zur Abschätzung der Exposition (§ 130) Verpflichteten wird. Ebenso wenig ist nach § 135 Abs. 1 S. 1 zur Bestimmung der spezifischen Aktivität **Verpflichtete** (Bauprodukte) SSV iSd § 69. Die Position des Verantwortlichen bzw. Verpflichteten kann je nach gesetzlicher Regelung im Einzelfall aber der Position des SSV angenähert sein (siehe § 131: der zur Abschätzung der Exposition Verpflichtete).

8　**3. SSB.** Soweit ein **SSB** nötig ist (weil der SSV nicht die notwendige Fachkunde besitzt oder weil es mehrerer fachkundiger Personen bedarf), stellt er einen weiteren Darsteller auf der strahlenschutzrechtlichen Verantwortlichkeitsleiter dar, allerdings **auf niedrigerer Stufe.** Er wird vom SSV bestellt und ist in der Regel aufgrund seines Arbeitsvertrags oder seines Auftragsverhältnisses an Weisungen des SSV als Arbeitgeber, Dienstherrn oder Auftraggeber gebunden und nicht unternehmerisch unabhängig (zum SSB siehe die Erläuterung zu § 70).

4. Andere Verantwortungsträger. Gerade bei größeren Unternehmen oder **9** Institutionen ist in der Hierarchiekette zwischen SSV und SSB oft ein **SSBV** zwischengeschaltet (→ Rn. 55 ff.). Außerdem kommt, soweit existent, dem **Betriebsrat** (bzw. **Personalrat**) eine wichtige Rolle bei der Gewährleistung des innerbetrieblichen Strahlenschutzes zu (→ § 71 Rn. 8).

Andere Personen wie **MTRA, MPE** (interne und externe) und **Sachverstän- 10 dige** tragen ebenfalls eine nicht zu vernachlässigende Verantwortung im Strahlenschutz, allerdings, soweit sie nicht als SSB eingesetzt werden, nicht in gleicher Qualität wie SSV, SSBV oder SSB. Das AtG kennt die Rechtsfigur der „für die Errichtung, Leitung und Beaufsichtigung des Betriebs der Anlage verantwortlichen Personen" (§ 7 Abs. 2 Nr. 1 AtG; ähnlich in § 4 Abs. 2 Nr. 1, § 6 Abs. 2 Nr. 1, § 9 Abs. 2 Nr. 1 AtG).

5. Verantwortungsträger nach der RL 2013/59/Euratom. Die Richtlinie **11** etabliert ein etwas abweichendes, jedoch dem deutschen System nicht widersprechendes Konzept. Hier ist zunächst der Begriff des **„Unternehmens"** zu nennen: Nach Art. 4 Abs. 98 der RL ist dies jede natürliche oder juristische Person, die nach dem nationalen Recht die rechtliche Verantwortung für die Durchführung einer Tätigkeit oder für eine Strahlungsquelle trägt. Diese Definition wird im StrlSchG mit dem **SSV** umgesetzt (BT-Drs. 18/11241, 314). Im Rahmen der betrieblichen Organisation führt die RL die Funktionen des **„Strahlenschutzexperten"** (engl. **radiation protection expert, RPE**) (Art. 4 Abs. 73) und des **„Strahlenschutzbeauftragten"** (engl. **radiation protection officer, RPO**) (Art. 4 Abs. 74) ein. Nach deutschem Verständnis werden diese **beiden Funktionen durch den SSB wahrgenommen** (→ § 70 Rn. 2).

Die Bundesrepublik „hat sich bei der Diskussion der europäischen Richtlinie **12** letztlich erfolgreich dafür eingesetzt, dass der RPE <= Radiation Protection Expert, SSB> auch die Funktion des RPO <= Radiation Protection Officer, SSE> wahrnehmen kann. Das war der Weg, den deutschen SSB in seiner bewährten Form beibehalten zu können und das ist dann auch mit dem StrlSchG so erfolgt" (*Lorenz/Tachlinski* in Fachverband 2017, S. 100). Sicher ist das Argument nicht unplausibel, die Funktion eines beratenden RPE könne sinnvoll sein, weil die Qualifikation zum SSB nicht immer in die Lage versetze, das Unternehmen bzw. den Betriebs- oder Personalrat in Strahlenschutzangelegenheiten kompetent zu beraten (*Hoyler* in Fachverband 2017, S. 91 f.). Hier stellt sich aber die Frage, ob ein SSV dann nicht ohnehin verpflichtet ist, sich **Beratungskompetenz von außen** zu besorgen. Die Schaffung eines weiteren Verantwortungspostens kann angesichts der tatsächlich schon vorhandenen Beauftragten- und Expertenansammlung (Immissionsschutz-, Abfall-, Gewässerschutzbeauftragter, Beauftragte für Medizinprodukte- und Arbeitssicherheit usw.), die im Betrieb nicht immer in einer Person konzentriert ist, schnell zu Unstimmigkeiten, Kompetenzgerangel und Konflikten mit Aufsichtsbehörden führen, womit letzten Endes dem Strahlenschutz weniger gedient ist.

II. Kreis der Strahlenschutzverantwortlichen (Abs. 1)

13 **1. Eignung zum SSV.** SSV kann nur sein, wer **rechtsfähig** ist. Das sind zunächst **natürliche Personen** wie der Nuklearmediziner in der Einpersonenpraxis oder der Einzelgewerbetreibende. § 69 Abs. 2 S. 1 nennt noch **juristische Personen** (des öffentlichen oder privaten Rechts) und **rechtsfähige Personengesellschaften.** Nicht rechtsfähige Personenvereinigungen können nicht SSV sein (*Brinkmann* StrlSchPrax 1/1998, 44; *Bischof/Pelzer*, S. 149).

14 Soweit ältere, heute offensichtlich nicht mehr vertretene Literaturansichten die organschaftlichen Vertreter anstelle der vorgenannten Vereinigungen als SSV qualifizieren wollten (*Schattke*, S. 103 u. *Roth/Schröder*, S. 14: bei Kapitalgesellschaften das vertretungsberechtigte Organ; *Ewen/Lucks/Wendorff* § 29, S. 90: bei juristischen Personen die Gesamtheit der vertretungsberechtigten Mitglieder oder Gesellschafter), widersprach das bereits damals dem Wortlaut der Norm („… wer für die Gesellschaft die Aufgaben des Strahlenschutzverantwortlichen wahrnimmt", § 29 Abs. 1 S. 2 StrlSchV 1989). Ebenso nicht von der Rechtslage gedeckt sind Bestrebungen, einen radiologischen Chefarzt als SSV zu benennen (*Remmert*, S. 1). Heute ist durch die Formulierung in § 69 Abs. 2 S. 1 klargestellt, wer SSV ist.

15 Zur **Zuverlässigkeit,** die der SSV in Genehmigungsverfahren nachweisen muss, siehe §§ 11 Abs. 1 Nr. 1 (→ Rn. 7); 13 Abs. 1 Nr. 1 (→ Rn. 13 ff.), auch iVm 25 Abs. 3 Nr. 1; 29 Abs. 1 Nr. 1; ferner § 4, 6 u. 7 AtG, jeweils Abs. 2 Nr. 1, letzt. auch iVm § 9 b Abs. 1 a S. 2 AtG (*Kalz* in HMPS § 4 AtG Rn. 11 ff.; *Posser* in HMPS § 7 AtG Rn. 42).

16 **2. Tatbestand des § 69 Abs. 1. a) Allgemeines.** § 69 Abs. 1 legt, der bisherigen Verordnungslage entsprechend, kraft Gesetzes fest, wer SSV ist. Wie auch schon bisher ist der **Begriff des SSV nicht deckungsgleich mit dem des Genehmigungsinhabers, sondern weiter gefasst** (§§ 31 Abs. 1 S. 1 StrlSchV 2001, 13 Abs. 1 S. 1 RöV). SSV sind zB auch Personen, die, ohne einer Genehmigungspflicht zu unterliegen, gesetzlich zur **Anzeigenerstattung** verpflichtet sind. Die Ausweitung des SSV-Kreises setzt somit auch die Begriffsbestimmung „Unternehmen" nach Art. 4 Nr. 98 RL 2013/59/Euratom um, die darauf abzielt „mehr Betätigungen als nach bisheriger Rechtslage zu „Tätigkeiten" zu zählen" (BT-Drs. 18/11241, 314 f.; hält ganz zutreffend die Ansicht von *Kiefer et al.,* Dt. Ärzteblatt 2019, 952, es habe „sich in Bezug auf die Einhaltung des Strahlenschutzes der Adressat weitgehend geändert").

17 Für die Qualifikation als SSV ist nicht entscheidend, dass jemand Genehmigungsinhaber ist oder die Anzeige tatsächlich erstattet. Auch wer keine Genehmigung besitzt, aber eine **bräuchte,** und wer pflichtwidrig nicht angezeigt hat – Verschulden spielt in beiden Fällen keine Rolle –, ist SSV; auch in diesen Fällen müssen die Schutzpflichten beachtet werden (*Kramer/Zerlett,* § 29 III.6).

18 **b) SSV als Genehmigungsinhaber (Nr. 1).** Die Funktion als SSV nimmt wahr, wer einer der in Nr. 1 abschließend genannten Genehmigungen bedarf (→ § 12 Rn. 6 ff.). Wie bisher ist die Figur des SSV auch für Genehmigungen nach dem AtG relevant.

19 Neu ist die **Erweiterung des SSV-Kreises:** Zum einen ist jetzt auch derjenige SSV, der einer **Beförderungsgenehmigung** nach § 27 oder § 4 AtG bedarf. Diese Genehmigung zeichnet sich dadurch aus, dass als Antragsteller mehrere Personen in Frage kommen können (Absender, Beförderer, Abgebender, Versender). Daraus resultiert ein weiteres Charakteristikum: Solange die erforderliche Beförderungsgenehmigung nicht erteilt worden ist, gelten alle diese Personen als SSV. Wurde sie einer Person erteilt, ist diese SSV; die anderen der in Frage kommenden Personen bedürfen der Genehmigung nicht mehr und scheiden als SSV aus (BT-Drs. 18/11241, 314).

Die Aufnahme des **Inhabers einer Genehmigung nach § 9b Abs. 1 a AtG** 20 (zu dieser *Hainz/Hippler* in HMPS § 9b AtG Rn. 7–9) in den SSV-Tatbestand ist einer Änderung im AtG durch das StandAG geschuldet, „das die Genehmigung anstelle der Planfeststellung für die Zulassung eines Endlagers für Wärme entwickelnde radioaktive Abfälle, das zuvor das Standortauswahlverfahren durchlaufen muss, vorsieht (vgl. i. e. BT-Drs. 17/13471)“, BT-Drs. 18/11241, 314).

Bei den Tatbeständen zur Stilllegung und Sanierung der Betriebsanlagen und 21 Betriebsstätten des Uranerzbergbaus steht für den beruflichen Strahlenschutz die Person, die einer Genehmigung bedarf, dem SSV nach § 69 gleich (§ 149 Abs. 1 und Abs. 5 Nr. 2).

c) SSV bei Tätigkeit nach § 5 AtG (Nr. 2). SSV ist – wie bisher – auch, wer 22 eine Tätigkeit nach § 5 AtG ausübt (Nr. 2).

d) Anzeigepflichtiger als SSV (Nr. 3). § 69 Abs. 1 Nr. 3 listet mehrere An- 23 zeigetatbestände auf, deren Verpflichtete ebenfalls kraft Gesetzes SSV sind. Die Einführung eines SSV für die beiden Tätigkeiten gem. §§ 22 und 26 (anzeigebedürftige Prüfung, Erprobung, Wartung und Instandsetzung von Röntgeneinrichtungen bzw. Störstrahlern sowie anzeigebedürftige Beschäftigung im Zusammenhang mit dem Betrieb fremder Röntgeneinrichtungen oder Störstrahler) ist neu; da jedoch die entsprechende Geltung des § 13 RöV sowie der für die anzeigebedürftigen Tätigkeiten einschlägige Schutzvorschriften bereits in § 6 Absatz 3 RöV vorgesehen war, ist damit faktisch keine Änderung verbunden (BT-Drs. 18/11241, S. 314).

Die Einführung eines SSV für den **anzeigebedürftigen Betrieb von Luft-** 24 **und Raumfahrzeugen** (§§ 50, 52) ist ebenfalls neu. Zwar gab es für den Betrieb von Flugzeugen bereits bisher einen Verpflichteten für die Einhaltung relevanter Vorgaben und eine Mitteilungspflicht zur Betriebsorganisation (§§ 103 f. StrlSchV 2001). Durch die jetzige Neuregelung wird der ehemals Verpflichtete zum SSV und muss die Anforderungen der §§ 69 ff. erfüllen, u. a. SSB bestellen und deren Aufgaben, innerbetriebliche Entscheidungsbereiche und erforderlichen Befugnisse schriftlich festlegen.

Auch der zur Anzeige im Rahmen von arbeitsplatzbezogenen Expositions- 25 abschätzungen bei natürlich vorkommender Radioaktivität Verpflichtete (§§ 56 u. 59) gilt jetzt als SSV. Einen entspr. Verpflichteten gab es bereits vorher (§ 95 StrlSchV 2001). Die „Ummünzung“ zum SSV war im Hinblick auf das Verständnis von „Unternehmen“ in Artikel 4 Nummer 98 der RL 2013/59/Euratom notwendig (BT-Drs. 18/11241, 315), va aber, weil NORM-Tätigkeiten nach der RL 2013/59/Euratom den geplanten Expositionssituationen zuzurechnen sind (Art. 23 iVm Anh. V der RL).

e) Nicht-Genehmigungsinhaber als SSV (Nr. 4). SSV ist ferner, wer auf 26 Grund des § 12 Abs. 4 keiner Genehmigung nach § 12 Abs. 1 Nr. 3 bedarf. Soweit § 12 Abs. 4 Nr. 1 betroffen ist, ergibt sich das bereits aus § 69 Abs. 1 Nr. 1, denn die Genehmigungen bzw. Planfeststellungsbeschlüsse, die gem. der erstgenannten Regelung eine Umgangsgenehmigung entbehrlich machen, sind in Nr. 1 ohnehin aufgelistet. Im Übrigen entspricht die Regelung den bisherigen §§ 31 Absatz 1 Satz 1 i. V. m. 7 Abs. 1 u. 2 StrlSchV 2001, wonach SSV auch die Person ist, die keine Umgangsgenehmigung beim Aufsuchen, Gewinnen oder Aufbereiten von radioaktiven Bodenschätzen brauchte, wenn die Vorschriften des BBergG angewendet wurden (BT-Drs. 18/11241, 247 u. 315).

27 **f) Abgrenzung zu anderen Verantwortlichen im Strahlenschutz.** Das StrlSchG kennt – außerhalb des Bereichs der geplanten Expositionssituationen und damit der Tätigkeiten (→ Rn. 7) – auch **Verantwortliche, die nicht SSV** sind. Aufgrund der tatsächlichen Hintergründe sind auch sie Verantwortungs- und damit Pflichtenträger. Hierzu zählen etwa Personen, die – ohne SSV zu sein – für den Schutz von Einsatzkräften bei Notfalleinsätzen (§ 115) und für den Schutz vor Radon an Arbeitsplätzen in Innenräumen verantwortlich sind (§ 127 Abs. 2) oder denen das Gesetz Verantwortlichkeiten bei radioaktiven Altlasten (§ 137) und für sonstige bestehende Expositionssituationen (als Hersteller, Lieferant, Verbringer oder Eigentümer der Strahlungsquelle, § 153) zuweist.

28 **3. Person, die die Aufgaben des Strahlenschutzverantwortlichen wahrnimmt (Abs. 2).** Damit die zuständige Behörde eine **natürliche Person als Ansprechpartnerin** hat und die strahlenschutzrechtliche Verantwortung auf eine lebendige Person konfiguriert wird, ist für diese Fälle vorgesehen, dass die **Aufgaben des SSV von der durch Gesetz, Satzung oder Gesellschaftsvertrag zur Vertretung berechtigten Person wahrgenommen werden** (Abs. 2 S. 1). Besteht das hiernach vertretungsberechtigte Organ aus mehreren Mitgliedern (Organwaltern) oder sind bei sonstigen Personenvereinigungen mehrere vertretungsberechtigte Personen vorhanden, so ist das Ziel, die Verantwortung auf eine einzige Person zu konfigurieren, noch nicht erreicht und ein zweiter Schritt erforderlich: in solchen Fällen ist der **Behörde mitzuteilen, welche dieser Personen die Aufgaben des SSV wahrnimmt** (Abs. 2 S. 2).

29 In der Praxis wird die natürliche Person, die nach Abs. 2 die Aufgaben des SSV für die juristische Person wahrnimmt, gern kurz als „der oder die SSV" bezeichnet. Diese Verkürzung ist letztlich für die alltägliche Kommunikation auch nicht zu beanstanden. Auch im Regelwerk wird, wenn es um konkrete Anforderungen oder Handlungsempfehlungen geht, mit „SSV" meist diejenige natürliche Person angesprochen, die entweder tatsächlich SSV oder die – in den Fällen des Abs. 2 – die Aufgaben des SSV für den „eigentlichen" SSV (juristische Person oder sonstige Personenvereinigung) wahrnimmt; es wäre auch zu umständlich, dies jeweils klarzustellen. Auch in dieser Kommentierung wird insofern oft umstandslos von „dem SSV" gesprochen. In juristischer Hinsicht ist aber immer wieder darauf hinzuweisen, dass die nach § 69 Abs. 2 bestimmte natürliche Person nicht selbst der SSV ist, sondern die Aufgaben des SSV für die juristische Person bzw. rechtsfähige Personengesellschaft wahrnimmt.

30 Beispiele für die zur Vertretung berechtigten Personen, welche die Aufgaben des SSV wahrnehmen (im Falle einer Personenmehrheit tritt die Pflicht nach Abs. 2 S. 2 ein, eine dieser Personen zu bestimmen und der Behörde mitzuteilen):
– **GmbH/gGmbH/GmbH i.G.:** Geschäftsführer (§ 35 Abs. 1 GmbHG; die gGmbH ist keine eigenständige Rechtsform, sie unterliegt aufgrund ihrer Gemeinnützigkeit lediglich steuerrechtlichen Vergünstigungen);
– **KG:** vertretungsberechtigter Gesellschafter (Komplementär, nicht: Kommanditist; § 170, § 161 Abs. 2 i.V. m. § 125 Abs. 1 HGB); **GmbH & Co.KG:** Geschäftsführer der Komplementär-GmbH (161 Abs. 2 i.V. m. § 125 Abs. 1 HGB);
KGaA: vertretungsberechtigter Gesellschafter (Komplementär, nicht Kommanditist; § 278 Abs. 2 AktG i.V. m. § 170, § 161 Abs. 2 i.V. m. § 125 Abs. 1 HGB);

– **AG:** Vorstand (Mitglied; eine ausdrückliche Regelung für eine herausgehobene Position des Vorstandsvorsitzenden gibt es im deutschen Aktienrecht nicht. Vielmehr geht das AktG von einer gemeinsamen Geschäftsführung (§ 77 AktG) und Vertretung (§ 78 AktG) der Gesellschaft durch alle Vorstandsmitglieder aus. § 78 Abs. 1 S. 1 AktG);
– **OHG:** vertretungsberechtigter Gesellschafter (125 Abs. 1 HGB);
– **e. V.:** Vorstand (Mitglied) § 26 Abs. 1 S. 2 BGB);
– **PartG:** vertretungsberechtigter Partner (§ 7 Abs. 3 PartGG i. V. m. § 125 Abs. 1 HGB);
– **SE** (Societas Europaea): im dualistischen System: Mitglied des Leitungsorgans (Art. 39 Abs. 1 Verordnung (EG) Nr. 2157/2001); im monistischen System: geschäftsführender Direktor (Art. 43 Abs. 1 Verordnung (EG) Nr. 2157/2001 i. V. m. § 41 Abs. 1 SEAG);
– **Bundesland:** Ministerpräsident oder der zuständige Minister (zB Hessen: Art. 103 Abs. 1, Art. 104 Abs. 2 Verf HE i. V. m. Beschluss über die Zuständigkeit der einzelnen Ministerinnen und Minister nach Art. 104 Abs. 2 der Verfassung des Landes Hessen v. 04.04.2019 (GVBl. S. 350) i. V. m. Geschäftsverteilung d. Ressorts; Nds.: Art. 35 Abs. 1, 38 Abs. 1 Verf Nds.; Aufgaben des Landes werden vom zuständigen Fachminister als der zur Vertretung berechtigten Person wahrgenommen; er kann Bevollmächtigte bestellen (*Brinkmann,* Strahlenschutzpraxis 1/1998, 44 f; *Rosenbaum* S. 57, der eine Vertretungskette bildet und dem Fachminister noch den Ministerpräsidenten vorschaltet);
– **Stadt/Gemeinde:** Mitglied des Magistrats/Gemeindevorstands bzw. der kommunale Leitungsfunktionär (zB Hessen: § 71 Abs. 1 S. 1, 65 Abs. 1 HGO; *Brinkmann* StrlSchPrax 1/1998, 44; *Ewen/Lucks/Wendorff* § 29, S. 91);
– **Landkreis:** Mitglied des Kreisausschusses bzw. Landrat (zB Hessen: 45 Abs. 1 S. 1, § 36 Abs. 1 S. 1 HKO);
– **Behörde** (kein SSV!): Vertreter des Rechtsträgers;
– **Hochschule** als juristische Person des öffentlichen Rechts: Präsident oder Rektor (zB für Hessen: §§ 2, 37, 38 HHG (der Kanzler hat keine Richtlinienkompetenz und ist dem Präsidium gegenüber weisungsabhängig, § 41 Abs. 1 HHG; *Dorner* in Hoegl, 23; *Brinkmann* StrlSchPrax 1/1998, 45). **Private Hochschule** (etwa als Kapitalgesellschaft): Vorstand oder Geschäftsführung (*Dorner* in Hoegl, 23);
– **Schule** (die „Schule" ist kein SSV, sondern ihr **Rechtsträger** als Sachkostenträger (RiSU Anh. StrlSch 8.4.1; Bayern: gem. Bekanntmachung Strahlenschutz in Schulen v. 27.07.2016, KWMBl. 2016, 201, 3.1.5; so noch in § 31 Abs. 4 StrlSchV 1989 geregelt) nach dem jeweiligen Landesrecht (Beispiel Hessen: in der Regel kreisfreie Städte und Landkreise (§ 138 HessSchulG)): zur Vertretung berechtigte Personen, welche die Aufgaben des Landes wahrnehmen sind Oberbürgermeister bzw. Landrat). Die Schulleitung ist SSBV (→ Rn. 57). In Niedersachsen geregelt durch den „Erlass Strahlenschutz an Schulen", AuG-40 183/1-1 vom 19.03.2014. Dort wird empfohlen, die Schulleitung zum SSBV zu bestellen;
– **Schulen freier Rechtsträger:** freier Rechts- (Schul-) Träger, juristische Person des privaten oder öffentlichen Rechts, entspr. Angaben zu → natürliche Person oder entspr. Angaben zu juristischer Person; Schulleiter;
– **konfessionelle Schule:** Rechtsträger bei katholischen Schulen sind meist das Bistum als Körperschaft des öffentlichen Rechts oder ein Orden; zur Vertretung berechtigte Personen: Ortsbischof bzw. Ordensoberer;

– **Kommunaler Zweckverband, Wasser- und Bodenverband:** Mitglied des
  Verbandsvorstands (nicht: Geschäftsführer, da dieser idR weisungsabhängig sein
  wird, insoweit von Satzung abhängig; § 16 Abs. 2 S. 1 KGG; § 55 Abs. 1 S. 1
  WVG: ein Wasserverband ist Kollegialorgan: *Brüning* in Reinhardt/Hasche
  WVG § 55, Rn. 1).

31   Abs. 2 S. 2 greift eine seit 1989 bestehende Bestimmung auf und verpflichtet zur
Mitteilung, welche Person die Aufgaben des SSV wahrnimmt, wenn das vertretungsberechtigte Organ isd S. 1 aus mehreren Mitgliedern (Organwaltern) besteht
oder wenn bei sonstigen Personenvereinigungen mehrere vertretungsberechtigte
Personen vorhanden sind (zum Ersetzen der „nicht rechtsfähigen Personenvereinigungen" durch die „sonstigen Personenvereinigungen" durch das 1. Gesetz zur Änderung des StrlSchG s. BT-Drs. 19/26943, 47: Damit ist klargestellt, dass eine nicht
mit Rechtsfähigkeit ausgestattete Personenvereinigung kein SSV und damit auch
keine Genehmigungsinhaberin sein kann).

32   Die Norm verpflichtet zu einer **Bestimmung dieser natürlichen Person
durch eine Mitteilung an die zuständige Behörde.** Eine solche Mitteilung setzt
logisch voraus, dass das vertretungsberechtigte Organ bzw. die Gesamtheit der vertretungsberechtigten Personen eine entsprechende Willensbildung getätigt haben
(manifestiert etwa in Form eines **Vorstands- oder Geschäftsführungsbeschlus-
ses**). Das ist aber nicht als rechtliche Voraussetzung ausgestaltet; die Pflichtenstel-
lung der natürlichen Person, die die Aufgaben des SSV wahrnimmt, gründet auf
der Mitteilung an die Behörde; die Behörde muss nicht prüfen, ob eine korrekte
interne Beschlussfassung des SSV vorliegt. Die Mitteilung muss allerdings durch
die gesetzliche Vertretungsmacht gedeckt sein. Wenn etwa mehrere Geschäftsführer
nur gemeinsam die GmbH vertreten können, reicht es nicht aus, wenn einer von
ihnen der Behörde mitteilt, dass er (oder ein anderer Geschäftsführer) die Aufgaben
des SSV wahrnimmt. Verpflichtet zu der Mitteilung ist im ersten Fall der SSV in
Form der juristischen Person oder rechtsfähigen Personengesellschaft, im Fall der
rechtsfähigen Personenvereinigung jedes ihrer Mitglieder. So ist etwa eine GmbH
mit drei Geschäftsführern verpflichtet mitzuteilen, wer von diesen verantwortlich
i. S. der StrSchV ist (der Betriebsleiter, der nicht Geschäftsführer ist, kann nicht für
die Gesellschaft die Aufgaben eines SSV wahrnehmen).

33   § 69 Abs. 2 S. 2 will **Klarheit und Handlungskontinuität** schaffen, aber **nicht
in die interne Betriebsorganisation eingreifen.** Mit dieser Regelung wird u. a.
die Verantwortungsverteilung im mehrfach besetzten Organ transparent gehalten
sowie ein gegenseitiges Zuschieben von Verantwortung und Zuständigkeiten verhindert. Hinzu kommt, dass bei der konkret benannten Zuständigkeit einer leitenden Person für die Mitarbeiter – auch SSB – die **innerbetrieblichen Weisungs-
und Informationswege klar nachvollziehbar** sind. Es kann auch nicht gegenüber Behörden zu einer Wiederholung von möglicherweise sogar untereinander
widersprüchlichen Anträgen kommen (*Ewen/Lucks/Wendorff* § 29, S. 90 f.). Von
Wortwahl und Zielsetzung her entspricht diese Bestimmung anderen umwelt-
rechtlichen Mitteilungspflichten zur Betriebsorganisation wie etwa § 52 b Abs. 1
BImSchG (*Jarass* BImSchG § 52 b Rn. 1–5) und § 58 KrWG. Die Norm des
BImSchG will nicht nur den Behörden ein **besseres Überwachungsinstrument**
zur Hand geben, sie möchte vor allem auch die **Betreiberverantwortung** fördern;
der Anlagenbetreiber ist gehalten, sich **über seine interne Überwachungsorga-
nisation, über Delegationsstränge und Aufgabenverteilung Gedanken zu
machen** (*Feldhaus* NVwZ 1991, 928; *Knopp/Striegl* BB 1992, 2009); diese Gründe
sind ohne Weiteres auch auf den SSV übertragbar. Um eine gesellschaftsrechtliche

Konstellation nachvollziehen und die innerbetrieblichen Verantwortungsstränge verifizieren zu können, kann sich die zuständige Behörde neben Handelsregisterauszügen im Einzelfall auch Gesellschafts- und Arbeitsverträge vorlegen lassen.

Anwendungsfälle für die Mitteilung einer Einzelperson: Bei einer GmbH sind **34** **mehrere Geschäftsführer** bestellt, gleich ob einzeln oder gemeinschaftlich zur Vertretung der Gesellschaft befugt (§ 35 Abs. 2 GmbHG); AG, e. V., Komm. Zweckverband, Wasser- oder Bodenverband mit **mehreren Vorstandsmitgliedern;** OHG oder GbR mit **mehreren vertretungsberechtigten Gesellschaftern** (125 Abs. 1 HGB); nuklearmedizinische Partnerschaft: vertretungsberechtigter Partner.

Ein Genehmigungsantrag bzw. eine Anzeige bei der Behörde muss vom SSV ge **35** stellt werden (arg. ex § 69 Abs. 1); das Schriftstück muss folglich im Falle einer juristischen Person oder einer Personenvereinigung **von der Person gezeichnet sein, die die Aufgaben des SSV wahrnimmt.** Eine Unterzeichnung etwa durch einen Prokuristen, der nach Gesellschaftsrecht zur Vertretung des SSV berechtigt ist, reicht nicht aus; ausreichend ist dagegen in dieser Hinsicht die Unterschrift des SSBV, da er insofern gerade in Belangen des Strahlenschutzes bevollmächtigt ist (→ Rn. 55).

Soweit keine entsprechende behördliche Anordnung besteht, erfüllt ein Verstoß **36** gegen die Mitteilungspflicht des Abs. 2 S. 2 keinen Ordnungswidrigkeittatbestand.

4. Gesamtverantwortung. Trotz der Regelungen zur Wahrnehmung der **37** SSV-Aufgaben in Abs. 2 stellt dessen S. 3 klar, dass die Gesamtverantwortung aller Organmitglieder oder Mitglieder der Personenvereinigung unberührt bleibt.

III. Einzelfragen zur Person des Strahlenschutzverantwortlichen

1. Mehrheit von Strahlenschutzverantwortlichen. Es kann für eine ge **38** gebene genehmigungs- oder anzeigepflichtige Tätigkeit **nur einen einzigen SSV geben** (ein SSV kann dagegen mehrere Genehmigungen haben). Das Gesetz ist hier eindeutig: Für eine Tätigkeit, eine Anzeige etc. kann immer nur eine rechtsfähige Person verantwortlich sein (natürliche oder juristische Person, rechtsfähige Personengesellschaft). Entsprechendes gilt für die Person, welche die Aufgaben des SSV wahrnimmt, wenn das vertretungsberechtigte Organ – die nicht rechtsfähige Personenvereinigung sowieso – aus mehreren Personen besteht (Abs. 2); es können sich nicht mehrere Personen die Funktion des SSV „aufteilen". Die Konzentration der Verantwortlichkeit auf eine natürliche Person kann nicht zur Disposition stehen; eine **„Verantwortungsgemengelage" muss ausgeschlossen sein** (*Roth/ Schröder*, S. 20). Gerade um **eindeutige Verantwortungs- und Zuständigkeitszuordnungen** zu gewährleisten, fordert zB eine genehmigungsbedürftige Beschäftigung in fremden Anlagen oder Einrichtungen für das Zusammenspiel von SSV zweier Betriebe konkrete Angaben zur klaren Aufgabenverteilung, etwa in Form eines Abgrenzungsvertrages (§ 25 Abs. 2 i. V. m. Anlage 2 Teil E Nr. 3; *Roth/Schröder*, S. 20; *Borchardt*, S. 5 f.).

Das Prinzip „ein einziger SSV für eine genehmigungs- oder anzeigepflichtige **39** Tätigkeit" wird nicht dadurch tangiert, dass es für eine gegebene Einrichtung mehrere SSV geben kann; denn dies setzt voraus, dass die Einrichtung von mehreren Genehmigungsinhabern jeweils in eigener Verantwortung genutzt wird (vgl. § 44 StrlSchV; → Rn. 6 ff.).

40   **2. Keine Delegation der SSV-Verantwortung.** Im Gegensatz zu einer Delegation bestimmter Pflichten und Aufgaben auf SSBV bzw. SSB ist ein „**Abwälzen**" der SSV-Funktion insgesamt auf eine andere Person, gar unterhalb der betrieblichen Führungsebene, nicht möglich. Der SSV muss in seiner Entscheidungsgewalt unabhängig sein. Er soll über die organisatorischen und wirtschaftlichen Erfordernisse bestimmen können, um den sicheren Umgang mit radioaktiven Stoffen gewährleisten oder um betriebliche Missstände schnellstmöglich abstellen zu können. Diese Intention wäre bedroht und würde unterlaufbar werden, müsste eine weisungsabhängige Person, welcher die gesamte Strahlenschutzverantwortung übertragen worden ist, bei der Betriebsleitung eigens um finanzielle Mittel, um Unterstützung oder um Erlaubnis bei der Durchsetzung der Strahlenschutzgrundsätze nachsuchen (*Borchardt,* S. 4). Auch auf dritte, externe Personen kann nicht die Funktion eines SSV übertragen werden (anders beim SSB; → § 70 Rn. 33f.). § 69 Abs. 1 bestimmt **abschließend,** wer SSV ist, ohne die Möglichkeit einer Delegation der Gesamtverantwortung zu eröffnen.

41   In diesem Zusammenhang ist darauf hinzuweisen, dass auch ein **Prokurist nicht SSV** bzw. die Person, die dessen Aufgaben nach § 69 Abs. 2 wahrnimmt, sein kann. Die Prokura (die Unterscheidung zwischen einzelnen Formen – Einzel-, Gesamt-, Filialprokura – ist hier irrelevant) ist eine besondere Handlungsvollmacht, die zu allen gerichtlichen und außergerichtlichen Geschäften und Handlungen ermächtigt, die der Betrieb eines Handelsgewerbes beinhaltet (§§ 48–50 HGB). Aus den genannten Gründen kommt ein Prokurist jedoch nicht als SSV in Frage, da er persönlich weder einer Strahlenschutzgenehmigung i. S. des § 69 Abs. 1 StrlSchV bedarf noch vertretungsberechtigtes Organ bzw. vertretungsberechtigter Gesellschafter oder Geschäftsführer einer Gesellschaft ist. Aus diesen Gründen kann auch ein **Handlungsbevollmächtigter,** dem unter Kaufleuten im Rahmen eines Handelsgewerbes die Ermächtigung zu allen Geschäften und Rechtshandlungen, die der Betrieb mit sich bringt, erteilt wurde (§§ 54 ff HGB), weder SSV noch die Person, die dessen Aufgaben wahrnimmt, sein.

IV. Pflichten und Rechte des Strahlenschutzverantwortlichen

42   **1. Pflichten.** Schon 1975 stellte *Spang,* zumindest zu Großbetrieben, fest: „Vom gesetzlichen StV <= SSV> ist im Alltag des Strahlenschutzes nicht viel festzustellen. Es sind sogar Zweifel berechtigt, ob dieser Adressat der VO <= StrlSchV> seine Verpflichtung wirklich kennt" (*Spang,* S. 109). Diese Feststellung korrespondiert mit einer neuen Feststellung der SSK, häufig meinten SSV, verantwortungsbezogen entlastet zu sein, wenn sie SSB bestellt haben. Sie folgert aus dieser in der Praxis häufig anzutreffenden Unkenntnis zutreffend, dass es „daher für einen erfolgreichen betrieblichen Strahlenschutz erforderlich <ist>, dass der Strahlenschutzverantwortliche sich mit den Themen Aufgaben und Pflichten im Strahlenschutz, aber auch mit dem Thema Verantwortung im Strahlenschutz angemessen auseinandergesetzt hat", wobei der SSB unterstützen könnte (*SSK,* Organisatorische Voraussetzungen S. 11 f.).

43   **a) Pflichtenkanon.** Der Aufgaben- und Pflichtenkanon des SSV ist äußerst umfangreich (und unübersichtlich geregelt). In den §§ 70 und 71 werden die grundsätzliche Pflicht zur Bestellung von SSB und Pflichten im Verhältnis zum SSB festgelegt. In § 72 folgt dann ein detaillierter Katalog inhaltlicher Pflichten, darunter – über die Verweisung in § 72 Abs. 1 Nr. 3 – auch auf zahlreiche Schutzvorschriften der StrlSchV. Auf die jeweiligen Kommentierungen kann hier verwiesen werden.

Ganz allgemein obliegt es dem SSV (oder der Person, die für ihn die Aufgaben **44** wahrnimmt) beispielsweise, die gesetzlichen, verordnungsrechtlichen und sonstigen Anforderungen zu erfüllen, die erforderlichen Genehmigungen bei der zuständigen Behörde zu beantragen und dazu die entsprechenden Genehmigungsunterlagen vollständig zusammenzubringen. Er hat (nicht nur) die nach dem Strahlenschutzrecht erforderlichen Anzeigen und Mitteilungen zu erstatten, ausreichende Betriebsmittel bereitzuhalten, SSB in der erforderlichen Anzahl zu bestellen und sich von ihnen berichten zu lassen, er muss sie auch selbst über relevante Vorgänge (Verwaltungsakte, Maßnahmen) unverzüglich informieren (§ 71). Bei ihm sind Organisations- und Kooperationsfähigkeit gefragt, muss er doch den Strahlenschutz in seinem Betrieb organisieren und dabei mit Behörden, Mitarbeitern – auch Betriebs- bzw. Personalrat – und Ärzten zusammenarbeiten (*Roth/Schröder*, S. 15). Der SSV ist regelmäßig der Adressat für behördliche Anordnungen (gem. § 179 Abs. 1 Nr. 2 StrlSchG iVm § 19 AtG oder, zum Schutz vor der schädlichen Wirkung ionisierender Strahlung oder radioaktiver Stoffe, gem. 179 Abs. 2 StrlSchG; BT-Drs. 19/26943, S. 54 zum 1. ÄndG). An dieser Stelle muss nicht betont werden, dass der SSV daneben Pflichten aus diesen und anderen Verwaltungsakten (Genehmigungsauflagen) sowie öffentlich-rechtlichen Verträgen zu erfüllen hat.

b) Pflichten bei Nutzung durch weitere SSV, § 44 StrlSchV. Weitere **45** Pflichten legt § 44 StrlSchV einem SSV, der Inhaber einer Genehmigung nach § 12 Abs. 1 Nr. 1,3, 4 oder 5 ist oder der eine Anzeige nach § 17 Abs. 1 S. 1 oder § 19 Abs. 1 S. 1 erstattet hat, auf, sofern eine **weitere Person** die Anlage zur Erzeugung ionisierender Strahlung, die radioaktiven Stoffe, die Röntgeneinrichtung oder den Störstrahler **eigenverantwortlich mit nutzt.** Er hat dann – und zwar unabhängig von der Verpflichtung dieser weiteren Person, als SSV nach den o. g. Vorschriften eine Genehmigung zu beantragen oder eine Anzeige zu erstatten – dafür zu sorgen, dass die **zuständige Behörde unverzüglich unterrichtet** wird (§ 44 Abs. 1 StrlSchV).

Diese neue Regelung soll der zuständigen Behörde eine effektivere Kontrolle **46** ermöglichen. Sie berücksichtigt die Entwicklung hin zu häufiger vorkommenden rechtlichen Konstellationen, bei denen mehrere SSV eigenverantwortlich, d. h. ohne Weisungsabhängigkeit durch einen anderen SSV, ein Gerät etc. nutzen. Die **eigene Abrechnung der erbrachten Leistungen** ist ein wichtiges Indiz für die eigenverantwortliche Nutzung. Dies geschieht schwerpunktmäßig im medizinischen Bereich, wo eigene „Röntgeneinrichtungen, Anlagen zur Erzeugung ionisierender Strahlen oder Bestrahlungsvorrichtungen, die radioaktive Stoffe enthalten (Brachytherapie), an Beleg- oder Konsiliarärzte, Arztpraxen oder Medizinischen Versorgungszentren vermietet oder von diesen mitbenutzt" und entsprechende, häufig sehr komplexe Miet- oder Nutzungsverträge abgeschlossen werden. Durch die Unterrichtungspflicht, die den überlassenden bzw. vermietenden SSV trifft, sollen aufwändige Ermittlungen der Behörde vermieden werden (BR-Drs. 423/18, S. 373 f.).

Anwendungsfall ist zB die **Praxisgemeinschaft** von Nuklearmedizinern: Jeder **47** Mediziner betreibt seine Praxis mit eigenem Patientenkreis selbst, d. h. die einzelnen Praxen sind selbständig und treten nach außen nicht als Einheit auf. Im Rahmen einer kostengünstigen Gerätenutzung teilen sie sich ein gemeinsames Radionuklidlabor. Es besteht lediglich eine **„Apparategemeinschaft";** ansonsten ändert sich am Charakter der Einzelpraxis nichts. Jeder Arzt arbeitet auf eigene Rechnung; hierarchische Verhältnisse bestehen nicht. Jeder einzelne Arzt bedarf einer Genehmigung und muss die Pflichten eines SSV erfüllen. Die Regelung deckt auch Fälle in nichtmedizinischen Bereichen ab (Beispiele bei *SSK*, Organisatorische Voraussetzungen S. 30 f.).

48   Die an der gemeinsamen aber eigenverantwortlichen Nutzung beteiligten SSV müssen ihre Pflichten sowie die Pflichten ihrer jeweiligen SSB, MPE und sonst unter ihrer Verantwortung tätigen Personen **vertraglich eindeutig gegeneinander abgrenzen;** das kann auch im Gesellschaftsvertrag geschehen (SSK, Organisatorische Voraussetzungen S. 12). Der Vertrag ist der zuständigen Behörde auf Verlangen vorzulegen (§ 44 Abs. 2 StrlSchV; zur Begr. s. BR-Drs. 423/18, 374).

49   Zwei oder mehr SSV an einem Standort sind unter diesen Umständen zwar zulässig, aber aus Sicht der strahlenschutzrechtlichen Aufsicht auch bei oder gerade wegen komplizierten Abgrenzungsverträgen problematisch (es kommt vor, dass letztlich doch keine Absprachen untereinander stattfinden und jeder SSV radioaktive Stoffe besorgt mit der Folge, dass dann die doppelte Menge als genehmigt vor Ort vorhanden ist). Deswegen existiert seit Jahren ein **Alternativmodell**, bei dem man sich auf einen Arzt, zweckmäßigerweise durch schriftliche Vereinbarung, einigt, der die Pflichten und Aufgaben des SSV für die Praxisgemeinschaft oder Gemeinschaftspraxis wahrnimmt und dem das Weisungsrecht in Strahlenschutzangelegenheiten gegenüber den anderen Ärzten, die SSB sein können, eingeräumt wird (*Giessing* in Hoegl, 72).

50   Ein **Verstoß** gegen die unverzügliche (ohne schuldhaftes Verzögern) Unterrichtung der zuständigen Behörde nach § 44 Abs. 1 S. 1 StrlSchV stellt eine **Ordnungswidrigkeit** dar (§ 184 Abs. 2 Nr. 2 StrlSchV i. V. m. § 194 Abs. 1 Nr. 1 lit. b StrlSchG).

51   **c) Pflichten bei sonstigen Betriebsänderungen.** Pflichten des SSV können sich nicht nur aus den in Abs. 1 genannten Tatbeständen (bei Nr. 1 auch im Hinblick auf **wesentliche Änderungen** i. S. d. § 12 Abs. 2) und den aus ihrer Umsetzung resultierenden Auflagen und Anordnungen ergeben. Auch bei einer **Betriebsänderung,** die sich nicht unmittelbar auf diese Tatbestände bezieht, können sich strahlenschutzrechtliche Pflichten für den SSV oder die Person, die dessen Aufgaben wahrnimmt, ergeben, zB beim Verkauf wesentlicher Betriebsteile, bei schrittweisem Personalabbau sowie bei Änderungen in der Ausgestaltung von Arbeitsorganisation und Arbeitsabläufen, etwa bei der Einführung sogenannter „flacher Hierarchien", der Einführung von Gruppen-/Projektarbeit oder der Dezentralisierung einer Arbeitseinheit. Diese betrieblichen **Organisationsänderungen** können auf den Strahlenschutz Auswirkungen haben, zB, wenn fachkundiges Strahlenschutzpersonal ohne entsprechende Kompensation der entstandenen Lücken entlassen wird oder wenn eine Projektarbeit den SSB zeitlich derart bindet, dass er seine eigentlichen Strahlenschutzaufgaben nicht mehr erfüllen kann. Deswegen muss auch bei derartigen Vorgängen gelten, dass die geplanten Maßnahmen **nicht zu Lasten des Strahlenschutzes** gehen dürfen, dieser also immer sichergestellt ist. Bevor solche Änderungen umgesetzt werden, muss sich der SSV darüber Gedanken machen, wie er Defizite vermeiden bzw. ausgleichen kann. Ist die Änderung wesentlich i. S. d. §§ 10 Abs. 2 bzw. 12 Abs. 2, ist zudem eine Genehmigung erforderlich (→ § 12 Rn. 69 ff.). Die Bewältigung derartiger Fragestellungen, bei der der SSV auch den SSB einzubeziehen hat (§ 71 Abs. 1), kann **Auswirkungen auf eine Beurteilung seiner Zuverlässigkeit** haben.

d) Delegation von Aufgaben und deren Grenzen. Im Gegensatz zur Ver- 52
antwortung des SSV insgesamt (also der Gesamtfunktion des SSV) können seine
meisten **Pflichten** gem. § 70 Abs. 2 **auf SSB übertragen werden** (§ 43 Abs. 1
S. 1 StrlSchV). § 70 Abs. 1 S. 2 StrlSchG sowie § 43 Abs. 1 S. 2 StrlSchV stellen dabei
klar, dass der **SSV trotz Delegation grundsätzlich neben dem SSB verantwortlich** bleibt (*Roth/Schröder*, S. 16; *Hinrichs* § 29 Fn. 63). Solche Situationen können sowohl bei Mängeln bei der Ausübung der Organisationspflicht als auch der
Aufsichtspflicht gegeben sein, wenn etwa der SSV einen SSB mit „unzureichender
Stellung im Betrieb" oder mit defizitärer fachlicher und persönlicher Eignung bzw.
trotz Unzuverlässigkeit bestellt oder ihm zu wenig Befugnisse einräumt (etwa bei
einem fehlenden Weisungsrecht), aber auch, wenn er nachlässig bei der Kontrolle
ist (*Hattig* in Hoegl, 13). Der SSV trägt bei diesen Delegierungsvorgängen die **Beweislast,** dass er seine Pflichten nicht vernachlässigt hat: Verstößt eine Person, die
mit der Durchführung bestimmter Tätigkeiten beauftragt wurde, gegen eine
Schutzvorschrift, wird grundsätzlich vermutet, dass er seiner Auswahl- oder Überwachungspflicht nicht nachgekommen ist (*Ziegler,* S. 16). Reicht die Fachkunde des
SSV für die Durchführung einer bestimmten Tätigkeit nicht aus, muss er die entsprechenden Pflichten auf SSB übertragen. Zu beachten ist auch das **Übertragungsverbot des § 43 Abs. 2 StrlSchV** (→ § 70 Rn. 28).

2. Innerbetriebliche Entscheidungskompetenz. Mit seinen Pflichten kor- 53
respondieren bestimmte Rechte des SSV. Hier relevant sind weniger die arbeits-
und dienstrechtlichen, sondern die im Verhältnis zur zuständigen Behörde.

Das Strahlenschutzrecht lässt bei aller notwendigen Reglementierung dem SSV 54
noch eine Vielzahl an **Gestaltungsmöglichkeiten.** Er kann im Rahmen der
rechtlichen und fachlichen Vorgaben, wo immer Spielräume existieren, entscheiden, welche Maßnahmen er zur Sicherstellung des Strahlenschutzes ergreift. In diesem Zusammenhang gehört die Organisation des innerbetrieblichen Strahlenschutzes zu seinen Aufgaben. Er entscheidet über den organisatorischen Zuschnitt seines
Betriebes, seiner Praxis oder seines Konzerns, über die Anzahl der zu bestellenden
SSB (solange jeweils die Voraussetzung des § 13 Abs. 1 Nr. 3 erfüllt ist) und über den
Umfang ihrer innerbetrieblichen Entscheidungsbereiche (*Bischof/Pelzer*, S. 151). Es
ist seine Entscheidung, ob er SSBV ernennt oder nicht. Wie er sein Personal vertraglich bindet, wie er es entlohnt oder entlässt, ist eine Frage des Tarif- und Arbeitsrechts und strahlenschutzrechtlich im Normalfall nicht von Belang (zum Kündigungsschutz des SSB siehe § 70 Abs. 6 S. 2 u. 3).

D. Der Strahlenschutzbevollmächtigte (SSBV)

I. Bestellung und Aufgaben

1. Bewährte Rechtsfigur – Einsatzgebiete. Zu seiner Unterstützung kann 55
der SSV Dritte bevollmächtigen, bestimmte Aufgaben wahrzunehmen. Gerade
bei Konzernen, Universitäten, Kliniken und Forschungszentren, bei Einrichtungen mit mehreren Niederlassungen oder sonstiger komplizierter Organisationsstruktur, aber auch bei Behörden usw. spielen diese SSBV eine nicht mehr aus der
Landschaft des praktischen Strahlenschutzes wegzudenkende Rolle (*Severitt et al.*
StrlSchPrax 2/2020, 6; *Koletzko et al.* StrlSchPrax 2/2020, 14 (speziell zur Organisation i. d. Röntgendiagnostik); *Severitt,* Fachverband 2008, 31; *Juditzki* Krankenhaus 12/2002, 1024; *Brinkmann* StrlSchPrax 4/2002, 49; ders. StrlSchPrax 1/1998,

45). Angesichts dieser Einsatzbreite sind die **Aufgabenzuschnitte und übertragenen Befugnisse der SSBV alles andere als homogen.** Ein SSBV kann zur Abwicklung reiner Formalien wie dem Organisieren von Unterlagen und Stellen von Genehmigungsanträgen bevollmächtigt werden (wenn der SSV letztere unterschreibt, ist eine Unterschrift des SSBV nicht mehr nötig), aber auch zur Wahrnehmung von Koordinationsaufgaben, zur Bestellung, Steuerung und Kontrolle von SSB und zur Entscheidung in Strahlenschutzfachfragen (zu Forschung u. Lehre: SSBV zB alle Institutsleiter oder ein SSBV für gesamte Hochschule: *Schlösser et al.* StrlSchPrax 2/2020, 23 f. mit entspr. Schaubildern; *Geisler et al.* StrlSchPrax 2/2020, 19; *Dorner* in Hoegl, 24 u. 27 f.; zu Krankenhäusern: *Franz* in Hoegl, 50 u. 52 f.; Beispiele aus der Industrie: *Sowa/Langenhorst* StrlSchPrax 2/2020, 30; *Eckerl* Fachverband 1997, 41). Grundsätzlich besitzt der SSBV **im Rahmen des ihm übertragenen betrieblichen Verantwortungszuschnitts ein Weisungsrecht** gegenüber der Mitarbeiterschaft (*Severitt et al.* StrlSchPrax 2/2020, 6 sowie die dort. schematische Darstellung). Ein **strahlenschutzfachliches Direktionsrecht gegenüber dem** fachkundigen und selbst weisungsbefugten **SSB** besteht nur, wenn es dem SSBV **eingeräumt** worden ist. Verfügt letzterer dabei nicht über die entsprechende persönliche **Fachkunde,** kann sich der SSB an den SSV wenden. Ist jedoch eine Kompetenzklärung **unaufschiebbar,** muss die Fachkunde den Ausschlag geben: Der **fachunkundige SSBV kann den SSB nicht anweisen;** letzterem kann es dann nicht zur Last gelegt werden, wenn er den Vorgaben des SSBV nicht nachkommt (→ § 70 Rn. 31).

56   Tatsächlich ist die Figur des SSBV weder im StrlSchG noch in der StrlSchV geregelt. Deswegen besteht, anders als bei SSB, **keine öffentlich-rechtliche Verpflichtung zur Bestellung eines SSBV.** Soweit sie in der Kritik steht (*Vogt* StrlSchPrax 1/1998, 40, u. 3/1998, 46: „überflüssige Konstruktion"; im Hinblick auf kleinere Institutionen: *Hattig* in Hoegl, 14) ist dieser entgegenzuhalten, dass das **Rechtsinstitut der Bevollmächtigung bereits im Privatrecht verankert** ist (§§ 164–181 BGB; → Rn. 58). Da die Bevollmächtigtenstellung des § 14 VwVfG sich auf die Beteiligung im Verwaltungsverfahren und das Verhältnis zur Verwaltungsbehörde bezieht (*Ramsauer* in Kopp/Ramsauer VwVfG § 14 Rn. 7 u. 9), also keine innerbetrieblichen Beziehungen reguliert, stellt sich die Frage nach der Rechtsheimat des SSBV. Da sich eine Bevollmächtigung nicht im rechtlosen Raum bewegen kann, bleiben als maßgebliche Regelungen für das (Innen-) Verhältnis zwischen SSV und SSBV nur die zivilrechtlichen der §§ 164 ff. BGB.

57   Somit **steht es jedem Unternehmer frei,** sich, von wem auch immer, vertreten zu lassen und Aufgaben zu delegieren (*Spohn* StrlSchPrax 3/1999, 57), beispielsweise durch Handlungsbevollmächtigte im kaufmännischen Verkehr oder bei der Organisation von Verwaltungsangelegenheiten. Es ist kein Grund ersichtlich, warum ein SSV dieses Recht nicht auch im Bereich des Strahlenschutzes nutzen sollte. Zum andern ist zu berücksichtigen, dass auch der Normgeber die Notwendigkeit von Entlastungsstrukturen für den SSV gesehen (BT-Drs. 18/11241, 313 f., wo das Institut des **SSBV ausdrücklich genannt** und als „bewährte Praxis" bezeichnet wird, die mit den Regelungen der §§ 69 ff. vereinbar sei; auch bereits die amtl. Begr. zu §§ 29, 30 StrlSchV 1989, abgedr. bei *Kramer/Zerlett,* § 30 I.) und diese an einigen Stellen via Erlass o. ä. verankert hat. So wird zB von der Kultusministerkonferenz für Schulen empfohlen (RiSU Anh. StrlSch 8.4.1 f.) und in Bayern bestimmt, die Schulleiterin oder den Schulleiter als SSBV zu benennen (Gem. Bekanntmachung Strahlenschutz in Schulen v. 27.07.2016, KWMBl. 2016, 201, 3.1.5 f.; zu Aufgaben der Schulleitung als SSBV *Baumann* in Hoegl, 37 f.).

2. Bestellung des SSBV, Erlöschen der Vollmacht. Grundsätzlich ist die 58
Erteilung einer Vollmacht formfrei (§ 167 Abs. 2 BGB). Allein schon aus Be-
weisgründen empfiehlt sich aber eine **schriftliche Bevollmächtigung mit genauer Beschreibung der Pflichten, Aufgaben (ggf. auch Beratung des
SSV) und Befugnisse.** Wegen der Breite des Einsatzspektrums eines SSBV reicht
der Satz „Sie werden zum SSBV bestellt" allein nicht aus (*Hattig* in Hoegl, 15f.).

Im Gegensatz zur Bestellung des SSB (§ 70 Abs. 4 S. 1) ist rechtlich nicht vor- 59
geschrieben, dass der SSV die Bevollmächtigung des SSBV schriftlich der zuständigen Behörde mitteilen muss. Hierzu ist aber im Hinblick auf die **Organisations-
transparenz und Verantwortungsteilhabe** zu raten, ebenso bei Änderung des
Aufgabenbereichs oder beim Ausscheiden des SSBV aus seiner Funktion. Teilt der
SSV die Bevollmächtigung der Behörde nicht mit, bleibt er Ansprechpartner; die
Behörde kann dann Verfahrenshandlungen des SSBV zurückweisen. Umgekehrt
geht es zu Lasten des SSV, wenn er der Behörde nicht mitteilt, dass die Vollmacht
erloschen ist und diese weiterhin mit dem SSBV korrespondiert oder dieser gegenüber der Behörde entsprechend auftritt (Rechtsgedanke des § 170 BGB). Im Innenverhältnis zwischen SSV und dem ehemaligen SSBV gelten dann die Grundsätze
der **Geschäftsführung ohne Auftrag** (§§ 677 ff. BGB). Die zuständige Behörde
ist jederzeit berechtigt einen Bevollmächtigungsnachweis einzufordern bzw. von
ihrem Auskunftsrecht Gebrauch zu machen.

Ein Konflikt ergibt sich, wenn ein SSBV **unberechtigt,** etwa durch einen 60
GmbH-Geschäftsführer entgegen den Regelungen des Gesellschaftsvertrags oder
der Gesellschafterbeschlüsse, **bevollmächtigt wird** (vgl. § 37 Abs. 1 GmbHG).
Auch in diesem Fall kann sich die „gutgläubige" Behörde auf die mitgeteilte Bevollmächtigung verlassen (arg. § 37 Abs. 2 GmbHG; zur Haftung des Geschäftsfüh-
rers § 43 GmbHG).

Eine Bevollmächtigung kann nur **im Einvernehmen** mit der Person, die die 61
Aufgaben des SSBV übernehmen soll, geschehen. Eine Bevollmächtigung ohne
Rücksprache oder gegen ihren Willen, möglicherweise auch unter der Drohung
mit arbeits- oder dienstrechtlichen Konsequenzen im Falle einer Ablehnung (Kündigung, Abstufung), ist unwirksam (§§ 134, 138 BGB). Besteht dagegen eine **ar-
beitsvertragliche oder sonstige Verpflichtung** der betroffenen Person, zB weil
sie eigens zur Übernahme der Funktion eines SSBV eingestellt wurde, muss sie diese
Aufgabe übernehmen (*Spohn* StrlSchPrax 3/1999, 57).

Zur Erfüllung seiner Aufgaben muss dem SSBV vom SSV das **notwendige per-** 62
sonelle und sachliche Instrumentarium zur Verfügung gestellt werden. Ihm
sind zB **Fortbildungen** zu ermöglichen und notwendige **Informationstech-
nologie und Literatur** zu beschaffen. Er muss vom SSV ausreichend über die **innerbetrieblichen Abläufe und Kompetenzverteilungen aufgeklärt** worden
sein. Wie auch der SSB (§ 71 Abs. 1) ist der SSBV vom SSV unverzüglich über alle
Verwaltungsakte und Maßnahmen, die seine Aufgaben und Befugnisse betreffen, zu
unterrichten (*Spohn* StrlSchPrax 3/1999, 57; *Borchardt,* S. 3; *Ewen/Lucks/Wendorff*
§ 29, S. 90). Umgekehrt hat der SSBV eine **Informationspflicht gegenüber
dem SSV** (*Eckerl* Fachverband 1997, 43). Diese Anforderungen ergeben sich zwar
nicht unmittelbar aus dem StrlSchG, liegen aber in der Natur der Sache: Der SSBV
kann den SSV nur dann **wirkungsvoll und schadensfrei** vertreten, wenn er über
die notwendige Unterstützung und Informationen verfügt. Alles andere wäre eine
Pro-forma-Bevollmächtigung. Letztlich wird man hier auf das zugrundeliegende
Rechtsverhältnis zwischen SSV und SSBV bzw den Grundsatz von Treu und Glauben abstellen können.

63   Grundsätzlich bestimmt sich das **Erlöschen der Vollmacht** nach dem ihrer Erteilung zugrundeliegenden Rechtsverhältnis (§ 168 S. 1 BGB). Der SSV kann also die Vollmacht des SSBV zeitlich beschränken oder ihr Ende von einem bestimmten Ereignis abhängig machen. Daneben kann er ohne Begründung die Vollmacht **widerrufen** (§ 168 S. 1 BGB, einseitig empfangsbedürftige Willenserklärung).

64   **3. Keine Suspendierung der Verantwortung des SSV.** SSBV können entweder Personen sein, die selbst SSB sind, Fachkunde besitzen und zB selbst mit radioaktiven Stoffen umgehen (Betriebsleiter, Ärzte), oder Personen mit rein betrieblicher Verantwortung am Standort (Verwaltungs-, Institutsleiter, Prokuristen; BT-Drs. 18/11241, 313f.). Insoweit **entscheidet der SSV** selbst, was diesbezüglich für sein Unternehmen oder seinen Betrieb die beste Lösung ist. Die Delegation seiner Aufgaben auf einen oder mehrere SSBV suspendiert den SSV allerdings nicht von seiner Verantwortung. Seine **Kontroll- und Aufsichtspflicht, auch im Hinblick auf die Aufgabenausführung des SSBV,** besteht fort (*Hattig* in Hoegl, 15; *Eckerl* Fachverband 1997, 41). Der Umfang der beim SSV verbleibenden Aufgaben ist vom Umfang der dem SSBV erteilten Vollmacht abhängig. Die Bevollmächtigung schränkt den SSV nicht in seiner Handlungsfreiheit ein, er kann also Angelegenheiten an sich ziehen, weiterhin Anweisungen geben, innerbetriebliche Richtlinien erlassen, den SSBV wieder entpflichten usw. Daneben besitzt er einen Auskunftsanspruch gegenüber dem SSBV, der sich zwar nicht aus dem Strahlenschutzrecht selbst, aber aus dem zugrundeliegenden Rechtsverhältnis zwischen SSV und SSBV (zB Arbeitsvertrag) bzw aus dem im gesamten Rechtsleben geltenden Grundsatz von Treu und Glauben ergibt (*Spohn* StrlSchPrax 3/1999, 57; *Brinkmann* StrlSchPrax 1/1998, 45). Tun und Unterlassen des SSBV werden über § 164 Abs. 1 BGB **dem SSV zugerechnet** (*Kramer/Zerlett*, § 29 III.13), **ordnungswidrigkeitsrechtlich** über §§ 9, 130 OWiG (*Severitt et al.* StrlSchPrax 2/2020, 6). Kommt ein SSBV seinen Aufgaben nicht nach und werden deswegen Vorschriften des Strahlenschutzregimes nicht eingehalten, muss die Behörde, unbeschadet einer möglichen ordnungswidrigkeitsrechtlichen Ahndung gegenüber dem SSBV, Anordnungen gegen den SSV als Inhaber der Genehmigung erlassen; unberührt bleiben Arbeits- und schadensrechtliche Konsequenzen des SSV gegen den SSBV.

II. Einzelfragen

65   **1. Zuverlässigkeit und Fachkunde.** Die **Zuverlässigkeit** des SSBV wird **gesetzlich nicht gefordert** – weder im StrlSchG, das die Rechtsfigur des SSBV ohnehin nicht erwähnt hat, noch in den einschlägigen Bestimmungen des Zivilrechts. Trotzdem ist der SSV gut beraten, nur eine zuverlässige Person zum SSBV zu bestellen (bei SSBV im öffentlichen Dienst, etwa bei Schulleitern, die bereits bei der Übernahme in das Dienstverhältnis überprüft worden sind, wird die Zuverlässigkeit ohnehin unterstellt, *Baumann* in Hoegl, 37). Die Behörde hat auf die Bevollmächtigung selbst keinen Einfluss; deswegen besteht, solange keine begründeten Zweifel gegeben sind, für sie kein Grund zu einer vertieften Zuverlässigkeitsprüfung des SSBV.

66   Wird ein erkennbar unzuverlässiger SSBV mitgeteilt oder treten im Laufe späterer Verwaltungsverfahren begründete Zweifel an der Zuverlässigkeit des SSBV auf, kann die zuständige Behörde zwar verlangen, dass dieser ausgetauscht wird. Da es sich bei der Bevollmächtigung jedoch um einen betriebsinternen, nicht im StrlSchG geregelten Vorgang handelt, kann die Behörde dies allerdings nicht mittels dem Arsenal des Verwaltungs- bzw. Ordnungswidrigkeitenrechts durchsetzen, wenn der SSV der behördlichen Aufforderung nicht nachkommt. Nicht in Frage kommt außerdem die Ablehnung eines anhängigen Genehmigungsantrags oder der Widerruf einer Genehmigung, denn die Zuverlässigkeit eines SSBV ist − im Gegensatz zu SSV und SSB − **keine Genehmigungsvoraussetzung.** Ein SSV, der auf ein solches behördliches Ersuchen nicht reagiert, setzt sich allerdings evtl. selbst der Frage nach seiner Zuverlässigkeit aus.

Der SSBV benötigt für die Durchführung seiner Tätigkeiten als „verlängerter **67** Arm" des SSV grundsätzlich **keine eigene Fachkunde.** Im Zweifelsfall kann er sich von fachkundigen SSB beraten lassen (*Hattig* in Hoegl, 15). Etwas anderes gilt jedoch, wenn er neben seinen Steuerungs- und Überwachungsaufgaben noch **fachliche** Aufgaben ausüben soll, die sonst von einem SSB übernommen werden würden; in einem derartigen Fall benötigt auch ein SSBV Fachkunde (*Spohn* StrlSchPrax 3/1999, 58).

2. „Personalunionen". Ein SSBV mit der nötigen Fachkunde kann **gleich- 68 zeitig zum SSB bestellt** werden (*Schmatz/Nöthlichs* 8059 Anm. 1; Borchardt S. 2). Die Gefahr auftretender hierarchischer Probleme (*Kramer/Zerlett* § 29 III.13f. zum Problem des „Oberstrahlenschutzbeauftragten", das auch bei dem hierarchisch exponierten SSBV auftreten kann) kann vom SSV im Rahmen der Vollmacht verhindert werden. Zudem ist zu berücksichtigen, dass auch der fachkundige SSV selbst neben seinen SSB tätig sein kann und hier dann ohnehin eine Hierarchie besteht. Darüber hinaus unterliegt es der unternehmerisch-zivilrechtlichen Entscheidungsfreiheit des SSV, Bevollmächtigungen auszusprechen; wenn er es für richtig hält, auch einen von mehreren SSB. Sollte es **Kompetenzkonflikte** zwischen einem zum SSB bestellten SSBV und anderen SSB kommen, können zur Lösung zudem Betriebs- oder Personalrat sowie die zuständige Behörde einbezogen werden. Soweit die amtl. Begründung bereits schon früher formuliert, der SSV könne „die Durchführung der Aufgaben als Verantwortlicher auf einen Bevollmächtigten (zB einen Betriebsleiter) delegieren, der nicht Strahlenschutzbeauftragter zu sein braucht" (StrlSchV 1989, abgedr. bei *Kramer/Zerlett*, § 30 I.), geht schließlich im Umkehrschluss auch der Vorschriftengeber davon aus, dass sich SSB und SSBV in einer Person nicht ausschließen (*Spohn* StrlSchPrax 3/1999, 58).

3. Mehrheit und Vertretung von SSBV. Grundsätzlich ist es möglich, **meh- 69 rere SSBV** zu bestellen. Will der SSV, wenn der SSBV ausfällt, nicht wieder selbst die delegierten Aufgaben wahrnehmen, muss er ohnehin einen **Vertreter** bevollmächtigen. Es müssen zur **Vermeidung von Unklarheiten und Konflikten** jedoch die gegenseitigen Vertretungsbefugnisse (wer ist SSBV, wer ist Vertreter des SSBV) festgelegt sein. Sollen zwei oder mehrere SSBV nebeneinander gleichberechtigt bestellt werden, ohne dass der eine lediglich den anderen vertritt, müssen die einzelnen Zuständigkeiten genau festgelegt bzw. gegeneinander abgegrenzt werden.

Auch eine **Untervollmacht** ist möglich: Der SSBV kann, wenn es ihm seine ei- **70** gene Vollmacht gestattet, einen weiteren Vertreter bevollmächtigen. Jedoch darf die Untervollmacht nicht weiter gehen als die Hauptvollmacht (*Spohn* StrlSchPrax 3/1999, 58; *Brinkmann* StrlSchPrax 1/1998, 46; *Eckerl* Fachverband 1997, 41; *Henrichs* in Hoegl, 107, allerdings den Begriff SSBV meidend; kritisch *Vogt* StrlSchPrax 1/1998, 40).

§ 70   Strahlenschutzbeauftragter

(1) [1]Der Strahlenschutzverantwortliche hat für die Leitung oder Beaufsichtigung einer Tätigkeit die erforderliche Anzahl von Strahlenschutzbeauftragten unverzüglich schriftlich zu bestellen, soweit dies für die Gewährleistung des Strahlenschutzes bei der Tätigkeit notwendig ist. [2]Der Strahlenschutzverantwortliche bleibt auch im Falle einer solchen Bestellung für die Einhaltung der Pflichten, die ihm durch dieses Gesetz und durch die auf seiner Grundlage erlassenen Rechtsverordnungen auferlegt sind, verantwortlich.

(2) [1]Der Strahlenschutzverantwortliche hat bei der Bestellung eines Strahlenschutzbeauftragten dessen Aufgaben, dessen innerbetrieblichen Entscheidungsbereich und die zur Aufgabenwahrnehmung erforderlichen Befugnisse schriftlich festzulegen. [2]Dem Strahlenschutzbeauftragten obliegen die Pflichten, die ihm durch dieses Gesetz und durch die auf dessen Grundlage ergangenen Rechtsverordnungen auferlegt sind, nur im Rahmen seiner Befugnisse.

(3) Es dürfen nur Personen zu Strahlenschutzbeauftragten bestellt werden, bei denen keine Tatsachen vorliegen, aus denen sich Bedenken gegen ihre Zuverlässigkeit ergeben und die die erforderliche Fachkunde im Strahlenschutz besitzen.

(4) [1]Die Bestellung eines Strahlenschutzbeauftragten hat der Strahlenschutzverantwortliche der zuständigen Behörde unter Angabe der festgelegten Aufgaben und Befugnisse unverzüglich schriftlich mitzuteilen. [2]Der Mitteilung ist die Bescheinigung über die erforderliche Fachkunde im Strahlenschutz beizufügen. [3]Dem Strahlenschutzbeauftragten und dem Betriebsrat oder dem Personalrat ist je eine Abschrift der Mitteilung zu übermitteln. [4]Die Sätze 1 und 3 gelten entsprechend im Falle der Änderung der Aufgaben oder Befugnisse eines Strahlenschutzbeauftragten sowie im Falle des Ausscheidens des Strahlenschutzbeauftragten aus seiner Funktion. [5]Satz 2 gilt im Falle der Änderung entsprechend, falls es eine Erweiterung der Aufgaben oder Befugnisse eines Strahlenschutzbeauftragten gibt.

(5) Die zuständige Behörde kann gegenüber dem Strahlenschutzverantwortlichen feststellen, dass eine Person nicht als Strahlenschutzbeauftragter anzusehen ist, wenn die Person auf Grund unzureichender Befugnisse, unzureichender Fachkunde im Strahlenschutz, fehlender Zuverlässigkeit oder aus anderen Gründen ihre Pflichten als Strahlenschutzbeauftragter nur unzureichend erfüllen kann.

(6) [1]Der Strahlenschutzbeauftragte darf bei der Erfüllung seiner Pflichten nicht behindert und wegen deren Erfüllung nicht benachteiligt werden. [2]Steht der Strahlenschutzbeauftragte in einem Arbeitsverhältnis mit dem zur Bestellung verpflichteten Strahlenschutzverantwortlichen, so ist die Kündigung des Arbeitsverhältnisses unzulässig, es sei denn, es liegen Tatsachen vor, die den Strahlenschutzverantwortlichen zur Kündigung aus wichtigem Grund ohne Einhaltung einer Kündigungsfrist berechtigen. [3]Nach der Abberufung als Strahlenschutzbeauftragter ist die Kündigung

innerhalb eines Jahres nach der Beendigung der Bestellung unzulässig, es sei denn, der Strahlenschutzverantwortliche ist zur Kündigung aus wichtigem Grund ohne Einhaltung einer Kündigungsfrist berechtigt.

(7) Strahlenschutzbeauftragte, die für das Aufsuchen, das Gewinnen oder das Aufbereiten radioaktiver Bodenschätze zu bestellen sind, müssen als verantwortliche Person zur Leitung oder Beaufsichtigung des Betriebes oder eines Betriebsteiles nach § 58 Absatz 1 Nummer 2 des Bundesberggesetzes bestellt sein, wenn auf diese Tätigkeiten die Vorschriften des Bundesberggesetzes Anwendung finden.

Übersicht

Schrifttum: vgl. auch die Angaben zu § 69; *Backherms,* Die Rechtsstellung des Strahlenschutzbeauftragten, BB 1978, 1697; *Bährle,* Die arbeitsrechtliche Stellung der Umweltschutzbeauftragten, UPR 1995, 93; *Bertinetti/Holl/Melzer/Pottschmidt/Stange,* Das neue Strahlenschutzgesetz leicht verständlich – „Externe Tätigkeiten", StrlSchPrax 1/2018, 30; *Böse,* Die Garantenstellung des Betriebsbeauftragten, NStZ 2003, 636; *Borowski/Hartmann/Müller/Stamm/Pirl,* Leitfaden zum Umgang mit Vorkommnissen in Röntgendiagnostik und Nuklearmedizin (Hrsg. BfS), Salzgitter 2020; *Brinkmann,* Wer ist „oder sonst"? Teil 3, StrlSchPrax 4/1999, 63; *Caspar,* Bestellung und Abberufung von Betriebsbeauftragten am Beispiel von Universitätskliniken und Krankenhäusern, KJ 1995, 390; *Eberbach/Eberbach,* Das Strahlenschutzgesetz und die Luftfahrt – Zurück (oder) in die Zukunft?, in: Fachverband 2017, 178; *Fachverband für Strahlenschutz,* FS-Stellungnahme „Anwesenheit eines Strahlenschutzbeauftragten beim Umgang mit technischen Röntgeneinrichtungen ohne betretbare Strahlenschutzbereiche", verabsch. 09.12.2019, ergänzt 06.03.2020, s. www.fs-ev.org; *Geisler/Kiermaier/Morawitz,* Organisation des Strahlenschutzes in der Forschung, StrlSchPrax 2/2020, 18; *Hacke,* Stör. und Unfälle: Verhalten des Strahlenschutzbeauftragten vor Ort, in: Hacke/Kaul/Neider/Rühle (Hrsg.), Strahlenschutz. Wissenschaftliche Grundlagen – rechtliche Regelungen – praktische Abwendungen, Berlin 1985, 1; *Hoegl,* Der Strahlenschutzbeauftragte in fremden Anlagen – ein Kommentar, StrlSchPrax 3/1998, 44; *Hüting/Hopp,* Strafbarkeit von Amtsträgern in Umweltüberwachungsbehörden, LKV 2014, 337; *Kaster,* Die Rechtsstellung der Betriebsbeauftragten für Umweltschutz, GewArch 1998, 129; *Kloepfer,* Betrieblicher Umweltschutz als Rechtsproblem, DB 1993, 1225; *Kronenberg,* Der Strahlenschutzbeauftragte für die Beförderung – eine neue Funktion, StrlSchPrax 1/2020, 17; *Mehle/Neumann,* Die Bestellung von Betriebsbeauftragten, NJW 2011, 361; *Lambotte,* Schutzzielorientierung: Ein Lösungsansatz bei komplexen Aufgabenstellungen im Arbeits- und Strahlenschutz, in: Fachverband 2008, 279; *Lang,* Die Zuverlässigkeit von Personen- und Kapitalgesellschaften im Umweltrecht. Dargestellt unter besonderer Berücksichtigung der Entstehungsgeschichte und des Regelungsgehalts von § 35 der Gewerbeordnung, Berlin 1997; *Lorenz/Tachlinski,* Die neue Rolle des Strahlenschutzbeauftragten im Strahlenschutzgesetz, in: Fachverband 2017, 100; *Niklas/Faas,* Der Datenschutzbeauftragte nach der Datenschutz-Grundverordnung, NZA 2017, 1091; *Severitt,* Strahlenschutz und Arbeitssicherheit, in: Fachverband 2008, 265; *Severitt,* Wer ist „oder sonst"?, StrlSchPrax 1/1999, 56; *SSK,* Organisatorische Voraussetzungen für einen erfolgreichen betrieblichen Strahlenschutz, Empfehlung der Strahlenschutzkommission vom 11./12.02.2020, BAnz AT 21.07.2020 B4; *Winters,* Zur Novellierung des Strahlenschutzrechts, DVBl. 1977, 331.

A. Sinn und Zweck der Norm

1   Der SSB ist neben dem SSV (§ 69) eine **weitere Zentralgestalt** des deutschen Strahlenschutzrechts in geplanten Expositionssituationen. Die Bestimmung, die die Bestellung eines SSB nunmehr in einer eigenen Vorschrift regelt, stellt – in Verbindung mit den Genehmigungs- und Anzeigevorschriften, wonach die Bestellung von fachkundigen SSB im Regelfall zu den **Genehmigungsvoraussetzungen** gehört bzw. **bei der Anzeige nachzuweisen** ist – sicher, dass immer eine Person mit Fachkunde die Tätigkeit durchführt bzw. beaufsichtigt; das kann unter bestimmten Umständen der SSV selber sein, meist aber ist die Bestellung von SSB erforderlich. Sie beschreibt die Rechte und Pflichten des SSB, auch in Bezug auf einen **besonderen Kündigungsschutz.**

2   § 70 setzt Art. 84 RL 2013/59/Euratom um (Begriffsbestimmung des „Strahlenschutzbeauftragten", engl. *radiation protection officer (RPO),* in Art. 4 Nr. 74 RL 2013/59/Euratom). Der Aufgabenzuschnitt des SSB nach deutschem Strahlenschutzrecht geht über den in der RL 2013/59/Euratom genannten hinaus. Der SSB nimmt auch Aufgaben des in der RL vorgesehenen Strahlenschutzexperten wahr (engl. *radiation protection expert (RPE),* vgl. Art. 82 RL 2013/59/Euratom sowie die Begriffsbestimmung dort in Art. 4 Nr. 73); die hiernach für

den Strahlenschutzexperten erforderliche „Sachkenntnis, Ausbildung und Erfahrung" wird durch das Erfordernis der Fachkunde nach Abs. 3 gewährleistet (BT-Drs. 18/11242, 316); insofern bezeichnet die amtl. Begründung den SSB im Sinne der RL geradezu als „Strahlexperten [sic] und -beauftragten" (BT-Drs. 18/11242, 319 zu § 74). Der SSV dagegen nimmt keine der beiden in der RL genannten Funktionen wahr, sondern leitet sich, was die RL angeht, aus dem Begriff des **„Unternehmens"** in Art. 4 Abs. 98 der RL ab, also derjenigen Person, die nach dem nationalen Recht die rechtliche Verantwortung für die Durchführung einer Tätigkeit oder für eine Strahlungsquelle trägt (→ § 69 Rn. 11).

B. Bisherige Regelung

Die Regelung ersetzt § 31 Abs. 2 bis 5 der StrlSchV 2001 sowie § 13 Abs. 2 bis 5 **3** der RöV und führt diese, soweit die Stellung des SSB betroffen ist, mit den § 32 und § 14 der v.g. Regelungen zusammen.

C. Der Strahlenschutzbeauftragte (SSB)

I. Grundsätzliches zum SSB

Soweit dies für die Gewährleistung des Strahlenschutzes bei der Tätigkeit not- **4** wendig ist, muss der SSV für die **Leitung oder Beaufsichtigung** dieser Tätigkeit die **erforderliche Anzahl von SSB unverzüglich schriftlich bestellen** (Abs. 1 S. 1). Dies ist zugleich eine Genehmigungsvoraussetzung (siehe etwa § 13 Abs. 1 Nr. 3) bzw. bei anzeigebedürftigen Tätigkeiten ein Bestandteil der Anzeige (siehe etwa § 17 Abs. 2 Nr. 2).

Grundsätzlich kann ein SSV bei eigener Fachkunde die SSB-Aufgaben selbst **5** wahrnehmen – was in der Praxis auch so gelebt wird (*Ewen/Lucks/Wendorff,* 92; aA *Spindler,* 45, der, mit nichtzutreffendem Verweis auf *Kramer/Zerlett* § 29 I.13, „wegen des erforderlichen Vorschlags- bzw. Vortragsrechts des Beauftragten" den SSV nicht gleichzeitig die Funktion eines SSB wahrnehmen lassen möchte). Der SSV muss nur dann, wenn er selbst keine Fachkunde für die Tätigkeit besitzt oder nicht dessen Aufgaben selbst wahrnehmen will, einen oder mehrere SSB bestellen. Das gleiche gilt, wenn er selbst die Tätigkeit ausüben möchte und zwar fachkundig ist, es aber noch einer weiteren Anzahl von SSB bedarf. „Unverzüglich" bedeutet dabei „ohne schuldhaftes Zögern" i. S. d. § 121 Abs. 1 S. 1 BGB.

Grundsätzlich ist der **SSV frei im Aufbau seiner Strahlenschutzorganisa- 6 tion** (→ § 69 Rn. 33 und 55; *Hattig* in Hoegl, 1; zur Übertragung von Aufgaben und Pflichten in Anlagen und beim Umgang in der Kerntechnik SSK, Organisatorische Voraussetzungen 26 ff., in der Medizin ebd., 29 ff.; zum SSB in der Forschung: *Geisler et al.* StrlSchPrax 2/2020, 19; *Schlösser et al.* StrlSchPrax 2/2020, 21 ff.; im Konzern mit 170 SSB: *Sowa/Langenhorst* StrlSchPrax 2/2020, 28 ff.). Er kann sich auch dafür entscheiden, SSB nur für bestimmte Aufgabenbereiche zu bestellen, zB nur für die Personendosimetrie oder den radiologischen Bereich (*Juditzki,* 1025). Angesichts der Einsatzbreite im Strahlenschutz sind die **Aufgabenzuschnitte und übertragenen Befugnisse der SSB sehr inhomogen.** Grundsätzlich gehören **Beratungs-, Aufklärungs-, Kontroll- und Überwachungsaufgaben sowie Unterweisungen** dazu, regelmäßig auch die **Verwaltung der**

Strahlenpässe (*Hoegl* StrlSchPrax 3/1998, 44). Sie bewerten eingetretene **Vorkommnisse** und steuern den weiteren internen Bearbeitungsprozess, entwickeln Konzepte zur zukünftigen Verhinderung derartiger Vorkommnisse und sorgen für deren Umsetzung. Ein SSB ist aber kein Pressebeauftragter (der SSV muss einplanen, wer bei Vorkommnissen mit den Medien agiert); damit keine später kaum mehr korrigierbaren Fehler verbreitet werden, sollte eine betriebliche Pressemeldung jedoch vor Veröffentlichung vom SSB überprüft werden (*Hacke*, S. 7).

7   Grundsätzlich hat der SSV im Rahmen der rechtlichen Vorschriften freie Hand bei der Entscheidung, wie viele SSB er bestellt (*Severitt* in Fachverband 2008, S. 29f.; *Bischof/Pelzer*, S. 151); welche Anzahl ausreichend ist, hängt vom **Einzelfall** ab. Kriterien für die Bemessung der erforderlichen SSB-Anzahl sind u. a. Betriebsgröße, Anzahl der zum Betrieb gehörenden Standorte, Tätigkeitsart und -umfang, Anzahl der strahlenexponierten Personen, Betriebsorganisation (Schichten, Urlaub) usw Jedenfalls muss es so viele SSB geben, dass die Erfüllung der einschlägigen Schutzgrundsätze und Pflichten gewährleistet ist; es darf also keine Entscheidungsbereiche mit **Sicherheitslücken** oder **Kompetenzüberschneidungen** geben (*Hattig* in Hoegl, 16f.; *Dorner* in Hoegl, 29; zu SSB in ärztlichen Praxen *Giessing* in Hoegl, 73).

8   Da für die Ausübung der Tätigkeit ausreichende **Vertretungsregelungen** getroffen werden müssen, sind – unabhängig von der Verpflichtung, eine ausreichende Zahl von SSB zu bestellen – mit Blick auf Urlaubs- oder Krankheitsfälle ggf. zusätzliche Personen zu beauftragen (*Roth/Schröder*, S. 18; *Kramer/Zerlett*, § 4 III.20). Andernfalls ist die Tätigkeit während der vakanten Zeit einzustellen.

9   Beim Aufbau seiner Strahlenschutzorganisation sollte der SSV eine **Organisationsblase vermeiden.** Bei einem kleinen Handwerksbetrieb mit einer Genehmigung zur Beschäftigung in fremden Anlagen oder Einrichtungen nach § 25 reicht meistens die Bestellung eines SSB aus (*Hoegl* StrlSchPrax 3/1998, 45, führt etwa das Beispiel von zwei SSB an: einer vor Ort und einer mit Gesamtverantwortung).

10   Da nunmehr auch SSV ist, wer eine **Beförderungsgenehmigung** für sonstige radioaktiver Stoffe benötigt (§§ 69 Abs. 1 Nr. 1, 27) oder im Zusammenhang mit **kosmischer Strahlung** (§§ 69 Abs. 1 Nr. 3, 50, 52) oder mit **natürlicher Radioaktivität am Arbeitsplatz** eine Anzeige zu erstatten hat (§§ 69 Abs. 1 Nr. 3, 59) (→ § 69 Rn. 19ff.), müssen auch in diesen Bereichen SSB bestellt werden (hierzu *Lorenz et al.* in Fachverband 2017, S. 25; *Eberbach/Eberbach* in Fachverband 2017, S. 178; *Melzer* in Bertinetti et al. StrlSchPrax 1/2018, 30; *Kronenberg* StrlSchPrax 1/2020, 17f., auch zu Abgrenzungsverträgen zwischen Speditionen u. Subunternehmern im Hinblick auf klare Regelungen zum SSB).

11   Ob ein SSB immer vor Ort zu sein braucht, ist im **Einzelfall** zu beantworten. Zum Betrieb einer Röntgenanlage kann es ausreichen, dass er „innerhalb von 30 Minuten am Ort des Geschehens sein kann. Ist dieses nicht der Fall, so darf die Anlage nicht betrieben werden" (*Kiefer et al.*, S. 952). Ist beim Betrieb von technisch genutzten Röntgenanlangen durch bauliche oder technische Maßnahmen sichergestellt, dass keine Strahlenschutzbereiche entstehen können und damit auch eine Personendosimetrie nicht notwendig ist, haben sich sowohl der FS als auch die SSK dafür ausgesprochen, auch (unter Umständen weit entfernte) **externe SSB** zuzulassen. Dies begründet sich in diesem Fall durch das **geringe Gefährdungspotential** beim Betrieb dieser Einrichtungen, das im Wesentlichen durch technische und bauliche Schutzmaßnahmen erzeugt wird, und ist auch bereits gängige Praxis (*SSK*, Organisatorische Voraussetzungen S. 7f.; *FS-Stell.* www.fs-ev. org). Ähnlich kann auch für andere Genehmigungstatbestände argumentiert wer-

den, die sich durch ein geringes Gefährdungspotential auszeichnen, wie zB der Umgang mit fest eingebauten umschlossenen radioaktiven Stoffen (ohne dabei entstehende Strahlenschutzbereiche), den Betrieb von anzeigebedürftigen Anlagen zur Erzeugung ionisierender Strahlung oder bei der Beschäftigung in fremden Anlagen oder Einrichtungen (zumal bei letzterer die Hauptaufgaben des SSB administrativer Natur sind).

Die Übergangsregelung des § 211 bestimmt, dass die Bestellung eines SSB, die **12** nach altem Recht vor dem 31.12.2018 erfolgt ist, als Bestellung nach § 70 Absatz 1 fort gilt.

II. Bestellung, Anforderungen, Befugnisse

1. Bestellung (Abs. 1 S. 1). Die Bestellung des (zukünftigen) SSB erfolgt **auf-** **13** **grund** einer Vertragsbeziehung zwischen diesem und dem SSV – in der Regel einem **Arbeits- oder Werkvertrag (Grundverhältnis)** – und ist von dieser zu unterscheiden. Erstere ist eine **einseitige empfangsbedürftige Willenserklä-** **rung** und bedarf neben der Zustimmung der Beauftragten (*Bährle* UPR 1995, S. 93; zum Immissionsschutzbeauftragten: *Jarass* § 55 BImSchG, Rn. 1) der **Schrift-** **form;** sie sollte neben der Unterschrift des SSV bzw. des SSBV (§ 126 Abs. 1 BGB) auch die Gegenzeichnung des SSB enthalten. Gegen dieses Formerfordernis verstoßende Bestellungen sind nach § 125 S. 1 BGB **nichtig** (BAG Urt. v. 26.03.2009 – 2 AZR 633/07, BeckRS 2009, 67396, Rn. 21; *Kramer/Zerlett*, § 29 III.8; *Kaster* GewArch 1998, S. 132).

Bestellungen gegen den Willen, möglicherweise noch unter der Drohung **14** mit arbeits- oder dienstrechtlichen Konsequenzen im Falle einer Ablehnung (Kündigung, Herabstufung), sind nach §§ 134, 138 Abs. 1 BGB **unwirksam.** Besteht dagegen eine vertragliche Verpflichtung des Betroffenen, zB weil er eigens zur Übernahme der Funktion eines SSB eingestellt wurde, kann er sich nicht ohne Konsequenzen – Kündigung, Schadensersatz, dienstrechtliche Maßnahmen etc. – weigern, diese Aufgabe zu übernehmen.

Rechtswirksam bestellen kann **nur der SSV oder sein Bevollmächtigter,** **15** kein anderer SSB. In einem Industriepark darf nicht die „Service"-Gesellschaft die SSB für andere, rechtlich selbständige Unternehmen bestellen. Auch die Konzern-Muttergesellschaft darf dies nicht, sondern allein die Gesellschaft, die SSV ist. Es spricht aber nichts dagegen, wenn SSB der ersteren, falls sie auch SSV ist, bei der Tochtergesellschaft, die ebenfalls SSV ist, als externe tätig werden.

Faktisch muss, auch wenn das im StrlSchG nicht expressis verbis geregelt ist, der **16** SSV dafür sorgen, dass der SSB im Betrieb, und dort gerade bei den beruflich exponierten Personen, **namentlich und persönlich bekannt** ist. Erforderlich ist auch, dass die einzelnen Betriebsbeauftragten sich untereinander kennen und zusammenarbeiten (*Koletzko et al.* StrlSchPrax 2/2020, 13; *Severitt* in Fachverband 2008, S. 266f., dort (S. 269) auch Beispiele: Optimierung von Arbeitsplätzen und -verfahren, Durchführung von Mitarbeiterunterweisungen, Überwachung von Maßnahmen usw). Derartige Aspekte können auch in der Strahlenschutzanweisung geregelt werden.

Die Bestellung kann auch **im Grundverhältnis (Arbeits-, Werkvertrag) be-** **17** **reits enthalten** sein (dann schriftlich), ist rechtlich aber von diesem zu trennen. Falls die Tätigkeit durch einen öffentlich-rechtlichen Träger (Landesumweltamt, Wasserverband) ausgeübt wird, kann die Bestellung auch öffentlich-rechtlichen Charakter haben.

18   Um wirksam zu werden, muss die Bestellung ferner **dem Beauftragten zugehen** (*Jarass* BImSchG § 55, Rn. 1 f u. 4.). Sie dient dem SSB nach innen und außen zum Nachweis seiner Bestellung sowie innerbetrieblich als **Beweismittel für seine Zuständigkeit und Weisungsbefugnis** (für den Abfallbeauftragten: BAG Urt. v. 26.03.2009 – 2 AZR 633/07, BeckRS 2009, 67396, Rn. 21). Bereits vor dem Hintergrund der Bestellung – wie meist – im privatrechtlichen Raum, die ohne einen besonderen öffentlich-rechtlichen Akt geschieht, ergibt sich, dass der SSB nicht Beliehener der Behörde ist und damit auch **keine Verwaltungskompetenzen** besitzt (BAG Urt. v. 26.03.2009 – 2 AZR 633/07, BeckRS 2009, 67396, Rn. 20 (zum Abfallbeauftragten); *Kramer/Zerlett,* § 29 III.7; *Kloepfer* DB 1993, S. 1126; *Bischof/Pelzer,* S. 150; zu der inzwischen obsoleten Diskussion der Rolle des SSB als Beliehener vgl. *Backherms* BB 1978, S. 1697, und *Winters* DVBl 1977, S. 335 f.).

19   Aus einem Tätigwerden allein kann **nicht konkludent** auf eine Bestellung zum SSB geschlossen werden. Eine bloße Regelung der Mitbenutzung nuklearmedizinischer Geräte durch einen Nuklearmediziner in einer ärztlichen Gemeinschaftspraxis reicht deswegen nicht für diesen Bestellung zum SSB aus; es bedarf einer innerbetrieblichen „Rechtsmacht". Nicht notwendig für die Bestellung zum SSB ist, dass ein Arbeitnehmer- oder arbeitnehmerähnliches Verhältnis besteht; es gibt „**vielfältige Möglichkeiten der Vertragsgestaltung** ohne Begründung einer persönlichen oder wirtschaftlichen Abhängigkeit ..., aus denen der Strahlenschutzverantwortliche gleichwohl einen Anspruch darauf herleiten könne, daß der Strahlenschutzbeauftragte die ihm zu übertragenden Aufgaben erfüllt, und die gewährleisten, daß er diese Aufgaben erfüllen könne" (BVerwG Beschl. v. 11.01.1991 – 7 B 103/90, juris, Rn. 4 = NJW 1991, 1557 (1558)).

20   Der SSV kann den dem SSB übertragenen Aufgabenzuschnitt jederzeit schriftlich **ändern.** Die Zustimmung des SSB ist nur erforderlich, wenn sich die übertragene Verantwortung mehrt. Die Änderung der Bestellung muss dem SSB ebenfalls zugehen.

21   Bestellt werden kann auch eine **hierarchisch gleichgestellte Person:** ZB kann bei einer GmbH als SSV mit zwei Geschäftsführern der eine derjenige sein, der i. S. § 69 Abs. 2 S. 2 die Aufgaben des SSV wahrnimmt; der andere, der die nötige Fachkunde besitzt, kann SSB sein.

22   Auch die **natürliche Person,** die bei juristischen Personen und rechtsfähigen Personengesellschaften die Aufgaben des SSV i. S. des § 69 Abs. 2 S. 1 wahrnimmt, kann ebenso SSB sein wie die der zuständigen Behörde gem. § 69 Abs. 2 S. 2 mitgeteilte natürliche Person, Zwar sind in diesen Konstellationen **Interessenskonflikte** nicht von vornherein ausgeschlossen. Zum einen ist diese Person aber nicht SSV, sondern die Gesellschaft. Zum andern kann auch eine natürliche Person als SSV mit Fachkunde auch ohne SSB strahlenschutzrechtliche Tätigkeiten ausüben.

23   Ein **Anspruch,** zum SSB bestellt zu werden, **existiert nicht.** Dem SSV steht hierfür ein **gerichtlich nur einschränkt überprüfbarer Ermessensspielraum** zu, der nur dann justiziabel ist, wenn sein Auswahl- und Organisationsermessen stark reduziert ist. Das Recht der Freiheit von Forschung und Lehre (Art. 5 Abs. 3 S. 1 GG) rechtfertigt keinen derartigen Anspruch. Ein Hochschullehrer kann seinen Aufgaben nachkommen, auch wenn er nicht zum SSB bestellt worden ist bzw., nach den organisatorischen Vorstellungen des SSV, mit einem zum SSB bestellten Dritten zusammenarbeiten muss (BVerwG Beschl. v. 13.02.2003 – 7 B 123/02, juris, OS 1 u. 2 = BeckRS 2003, 31352354; ausf. VGH München Urt. v. 11.06.2002 – 7 B 01.783, juris, Rn. 25 u. 27 = BeckRS 2002, 31511).

**2. Festlegung von Aufgaben und Befugnissen durch den SSV (Abs. 2). 24
a) Festlegung als Bestandteil der Bestellung.** Im Bestellungsdokument müssen, zweckmäßigerweise so **präzise** wie möglich, die **Aufgaben** des SSB, dessen **innerbetrieblicher Entscheidungsbereich** und die zur Aufgabenwahrnehmung erforderlichen **Befugnisse** einschließlich der **Weisungsbefugnis** schriftlich festgelegt werden (Abs. 2 S. 1). Im Umkehrschluss bedeutet das, dass dem SSB „die Pflichten nach § 72 Absatz 2 nur im Umfang der nach Satz 1 festgelegten Befugnisse obliegen" (BT-Drs. 18/11241, 316). Wenn ihm bestimmte Aufgaben nicht übertragen worden sind, braucht der SSB sie auch nicht zu erfüllen und er kann deswegen auch nicht verantwortlich gemacht werden. Lücken in der Bestellung gehen somit zu Lasten des SSV.

Die Festlegung des Aufgabenfeldes des Beauftragten enthält **lokale** (Örtlichkei- 25 ten, räumlicher Umfang, Abteilung, Anlage usw), **zeitliche** (zB Schicht, Vertretung) **funktionale** (inhaltlicher Umfang, Weisungsrechte usw) und **administrative** (zB Hierarchien, Einbindung in die Betriebsorganisation) Komponenten (*Brinkmann* StrlSchPrax 4/1999, 65 f.; *Roth/Schröder,* S. 18; *Bischof/Pelzer,* S. 151. u. 153). Gegebenenfalls ist durch Auslegung der Umfang des innerbetrieblichen Entscheidungsbereichs zu ermitteln. Unbeschadet der originären Verantwortlichkeit des SSV sind u. U. alle tätigkeitsrelevanten Aufgaben als übertragen einzustufen, wenn die Festlegung des innerbetrieblichen Entscheidungsbereichs keinen Bezug auf die in § 72 Abs. 2 normierten Pflichten nimmt (zur alten Rechtslage *Ewen/ Lucks/Wendorff,* S. 101). Die bloße Bestellung des SSB ohne weitere konkrete Angaben („Sie werden zum SSB bestellt") ist allerdings nicht ausreichend.

b) Keine Befreiung des SSV von der Verantwortung (Abs. 1 S. 2). Durch 26 die Bestellung eines oder mehrerer SSB wird der SSV nicht seiner Verantwortung für die Einhaltung der gesetzlichen und verordnungsrechtlichen Pflichten ledig (Abs. 1 S. 2). Mit diesem Satz soll ausgedrückt werden, dass **der SSV für die Einhaltung der Pflichten verantwortlich bleibt, für deren Einhaltung er nach dem StrlSchG und der auf seiner Grundlage ergangenen RVOen sorgen muss.** Mit der Bestellung eines SSB werden lediglich die Aufgaben des SSV übertragen, nicht sein Verantwortlichenstatus. Durch die Übertragung hat der SSV, selbst wenn er nicht fachkundig ist, immer noch Führungsverantwortung in Bezug auf Organisations- und Überwachungsaufgaben (*Brinkmann* StrlSchPrax 4/2002, 48 f.; *ders.* StrlSchPrax 4/1999, 66).

Abs. 2 S. 2, nach dem einem SSB die **Pflichten nur im Rahmen seiner Be-** 27 **fugnis** obliegen, die ihm auferlegt sind, und der korrespondierende § 43 Abs. 1 S. 1 StrlSchV, der dem SSB die Einhaltung der dem SSV durch die StrlSchV zugewiesenen Pflichten auferlegt, soweit ihm die entsprechenden Aufgaben und Befugnisse nach § 70 Abs. 2 übertragen wurden, haben im Hinblick auf Abs. 2 S. 1 klarstellenden Charakter. § 43 Abs. 1 S. 2 StrlSchV stellt durch den Verweis auf § 70 Abs. 1 S. 2 klar, dass der SSV trotz Delegation grundsätzlich neben dem SSB verantwortlich bleibt.

c) Übertragungsverbot (§ 43 Abs. 2 StrlSchV). § 43 Abs. 2 StrlSchV enthält 28 eine Auflistung von Pflichten des SSV, die nach dem Wortlaut der Norm **nicht auf den SSB übertragen werden dürfen.** Dazu zählt u. a. der Erlass einer Strahlenschutzanweisung (§§ 45 Abs. 1 S. 1 und Abs. 3 und 4 StrlSchV), die Aufbewahrung der ärztlichen Bescheinigung nach § 77 StrlSchV für beruflich exponierte Personen (§ 79 Abs. 5 StrlSchV) und die Sorge für die Einhaltung der Körperdosen und Schaffung von Schutzmaßnahmen zur Expositionsbegrenzung in den in § 104

Abs. 1 S. 1, Abs. 3 S. 1 und Abs. 4 StrlSchV genannten Fällen. Dieses Übertragungsverbot kann aber nicht bedeuten, dass der SSV – der, gerade in größeren Unternehmen oder Institutionen, selten in eigener Person über die erforderliche Fachkunde
verfügt – etwa die Berechnung von Ableitungen (§ 99 Abs. 3 StrlSchV) selbst
durchführen oder Aufzeichnungen (etwa nach § 117 StrlSchV) eigenhändig aufbewahren muss. Solche Aufgaben muss er ggf. von fachkundigen oder in der Betriebsorganisation dafür zuständigen Dritten – oft einem SSB – durchführen lassen.
Das Übertragungsverbot kann hier nur den Sinn haben, dem SSV eine **gesteigerte
Verantwortung zuzuweisen:** er muss sich darum kümmern, dass diese Aufgaben
tatsächlich von den damit beauftragten Personen erledigt werden; eine **pauschale
Delegation reicht nicht** aus.

29   **d) Weisungsrecht.** Der SSB muss nicht nur **unabhängig** und, soweit seine Beauftragung betroffen ist, **weisungsfrei** sein (*Schmatz/Nöthlichs* 8060 Anm. 7). Ihm
muss im Rahmen seiner Leitungs- und Beaufsichtigungsfunktion im Bestellungsdokument zudem ein **uneingeschränktes und unabdingbares Weisungsrecht
gegenüber anderen in seinem Bereich tätigen Personen** eingeräumt werden
(*Koletzko et al.* StrlSchPrax 2/2020, 12; *Sowa/Langenhorst* StrlSchPrax 2/2020, 30;
Hattig in Hoegl, S. 17; *Roth/Schröder*, S. 16; *Kramer/Zerlett*, § 29, III.9), etwa im medizinischen Bereich gegenüber anderen Ärzten, die keine SSB sind, MTRA und
Pflegepersonal. Im Rahmen einer erfolgreichen Gefahrenabwehr (vgl. § 71 Abs. 3)
ist ihm eine Kompetenz zur Einleitung von Sofortmaßnahmen zuzusprechen; er
muss zudem befugt sein, im Rahmen der Gesetze allein und abschließend Maßnahmen treffen zu dürfen (*Juditzki*, 1024; *Bischof/Pelzer*, S. 152, bes. Fn. 344). Die Weisungsbefugnis berechtigt ihn dazu, rechtswidriges Verhalten abzustellen, also **Entscheidungen** zu treffen und **Anweisungen** zu erteilen (auch gegenüber Dritten:
zB Betretungsverbote von Strahlenschutzbereichen). Vorteilhaft ist eine Konstellation, bei der das strahlenschutzrechtliche Weisungsrecht des SSB in einer Person
kombiniert wird mit dem des Betriebsteilleiters aus seiner Dienststellung (*Roth/
Schröder*, S. 16 f.). Ist dem SSB selbst ein Delegationsrecht eingeräumt worden, ist
eine weitere Übertragung seiner Pflichten auf fachkundige Personen möglich, die
damit aber nicht selber zum SSB werden; der Umfang seines Verantwortungs-
bereichs wird – ähnlich wie beim SSV – dadurch allerdings nicht berührt (*Ellerkmann*, S. 104; *Schmatz/Nöthlichs* 8060 Anm. 7).

30   Die Weisungsbefugnis ist allgemein aus dem Rechtsgebilde „SSB" abzuleiten,
dessen Konstruktion ohne diese Befugnis sinnlos wäre. Konkret ergibt sich das Weisungsrecht zudem aus § 72 Abs. 3, nach dem SSV und SSB dafür zu sorgen haben,
dass bei Gefahr für Mensch und Umwelt unverzüglich geeignete Maßnahmen zur
Gefahrenabwendung getroffen werden. Ohne Weisungsbefugnis ist das nicht möglich. Maßgebend ist die Gleichung: Innerbetrieblicher Entscheidungsbereich
= Aufgabenverpflichtung + Weisungsbefugnis (*Brinkmann* StrlSchPrax 4/1999, 65).

31   Ob das Weisungsrecht des SSB auch gegenüber einem **fachunkundigen SSV**
gilt, ist umstritten (dafür *Ellerkmann*, S. 103; aA *Hattig* in Hoegl, S. 18, der auf das
sog. Konfliktlösungsmodell, jetzt in § 71 Abs. 2 S. 2f., verweist). Grundsätzlich erscheint letztere Auffassung zutreffend, doch muss zwischen unaufschiebbaren und
anderen Maßnahmen unterschieden werden. Da in der ersten Konstellation die
Pflicht des unverzüglichen Tätigwerdens gem. § 72 Abs. 3 angesichts der ggf. lang-
wierigen „Schreiblastigkeit" der Konfliktlösungsregelung leerlaufen würde, ist in
solchen Fällen ein SSB-Weisungsrecht gegenüber seinem Arbeit-, Auftraggeber
oder Dienstherrn zu bejahen.

e) SSB mit weiteren Beauftragungen. Solange dem SSB keine Überlastung 32 droht und er seine strahlenschutzrechtlichen Pflichten uneingeschränkt ausüben kann, ist eine **Mehrfachbeauftragung mit anderen Funktionen möglich** (*Schmatz/Nöthlichs* 8060 Anm. 4; allg. *Mehle/Neumann* NJW 2011, 361). In Industriebetrieben ist es gängige Praxis, einen einzelnen Arbeitnehmer, sofern er die rechtlichen Voraussetzungen erfüllt, zum Beauftragten für Immissionsschutz, Wasser, Abfall usw zu bestellen. Der SSV hat bei einer solchen Beauftragtenkonstellation jedoch kontinuierlich zu prüfen, ob die Aufgaben des SSB noch erfüllt und die Strahlenschutzgrundsätze eingehalten werden können. **Betriebliche Einsparzwänge dürfen nicht zu Lasten des Strahlenschutzes gehen.** Sollte letzteres der Fall sein, ist mindestens die Anwendbarkeit des Abs. 5 (→ Rn. 61) gegeben.

f) Externe SSB. Zum SSB können sowohl **betriebsinterne als auch externe** 33 **Personen** bestellt werden. Bei beiden Kategorien gibt es entsprechende vertragliche Grundverhältnisse (Arbeits-/Werkvertrag; *SSK,* Organisatorische Voraussetzungen S. 14 f.; *Eckerl* in Hoegl, 92; *Hoegl* StrlSchPrax 3/1998, 45; allg. *Mehle/Neumann* NJW 2011, 361. Der alte Streit über die Legalität eines externen SSB – *Ewen/Lucks/Wendorff,* S. 92; *Borchardt,* S. 2 – ist praktisch überholt). Dies ergibt sich bereits aus dem verfassungsrechtlich manifestierten Grundsatz der Verhältnismäßigkeit: Für kleinere Betriebe (zB Brauereien mit Flaschenabfüllanlagen) ist es nicht zumutbar, mit hohen Personalkosten eine zusätzliche fachkundige Person vorzuhalten. Auch das Gesetz selbst geht von der – gleichrangigen – Möglichkeit der Bestellung auswärtiger SSB aus (vgl. Abs. 6 S. 2: „Steht der Strahlenschutzbeauftragte in einem Arbeitsverhältnis mit dem zur Bestellung verpflichteten Strahlenschutzverantwortlichen …"). Der beauftragte Externe muss allerdings neben den übrigen Voraussetzungen über genügend **innerbetriebliche Kenntnisse und Befugnisse** verfügen. Die Zusammenarbeitspflicht mit Betriebs- bzw. Personalrat bleibt unangetastet.

Die SSK geht allerdings davon aus, dass mit „steigendem radiologischem Gefähr- 34 dungspotenzial … der Einsatz eines externen Strahlenschutzbeauftragten zunehmend kritischer zu bewerten" ist (zB bei Tätigkeiten gem. §§ 6, 7 und 9 sowie 9b AtG, dem Umgang mit radioaktiven Stoffen in Radionuklidlaboratorien, dem genehmigungsbedürftigen Umgang mit umschlossenen radioaktiven Stoffen, wenn der Umgang auch den Ein- und Ausbau von umschlossenen radioaktiven Stoffen umfasst, dem Umgang mit hochradioaktiven Strahlenquellen sowie dem Betrieb von Anlagen zur Erzeugung ionisierender Strahlung mit Beschleunigungsspannungen > 500 kV und von Röntgeneinrichtungen, die in ihrer Bauart keinem Hoch-, Voll- oder Basis- Schutzgerät entsprechen, und genehmigungsbedürftigen Störstrahlern, der Anwendung ionisierender Strahlung und radioaktiver Stoffe am Menschen). Der Einsatz eines externen SSB sei dann **nur noch in Ausnahmefällen sinnvoll** (*SSK,* Organisatorische Voraussetzungen S. 8 u. 15 f.).

g) Hierarchie von SSB. Problematisch kann in diesem Zusammenhang die in 35 der Praxis z. T. anzutreffende Konstellation einer Hierarchie von SSB werden. Ein solches Rangverhältnis kommt zB dadurch zustande, dass einem Betriebsleiter, der gleichzeitig SSB für einen größeren Betriebsbereich ist, weitere SSB, die für kleinere Betriebsbereichsteile zuständig sind, unterstellt werden. In diesen Fällen muss der SSV **klare Regelungen** treffen; seine „Bestellungspolitik" darf sich nicht widersprechen, die von ihm festgelegten Zuständigkeiten (keine Doppelzuständigkeiten und sich überlappende Entscheidungsbereiche) und (Weisungs-)befugnisse der SSB müssen aufeinander abgestimmt sein (*Schmatz/Nöthlichs* 8092 Anm. 4.1; *Bi-*

schof/Pelzer, S. 152; aA *Winters,* S. 337: eine hierarchische Ordnung unter den SSB widerspricht dem Institut des SSB). Solchen SSB-Hierarchien schaffen zwar „Oberbeauftragte", aber keine „minderwertigen" SSB. Jeder bestellte SSB ist vollwertig und besitzt die vollen SSB-Rechte, zB darf ihm nicht ein direkter Zugang zu SSV oder SSBV verwehrt werden. Ggf. kann der SSV konkrete **Abstimmungs- und Zusammenarbeitsvorgaben** in den Bestellungsschreiben machen.

36 **3. SSB als verantwortliche Person i. S. d. Bergrechts (Abs. 7).** Wie schon bisher (§ 31 Abs. 5 StrlSchV 2001) müssen SSB, die für das Aufsuchen, das Gewinnen oder das Aufbereiten radioaktiver Bodenschätze zu bestellen sind, als verantwortliche Person zur Leitung oder Beaufsichtigung des Betriebes oder eines Betriebsteiles nach § 58 Abs. 1 Nr. 2 BBergG bestellt sein, wenn auf diese Tätigkeiten die Vorschriften des Bundesberggesetzes Anwendung finden (Abs. 7).

37 **4. Zuverlässigkeit und Fachkunde (Abs. 3). a) Zuverlässigkeit.** Der SSV darf nur Personen zu SSB bestellen, die zuverlässig sind und die über die erforderliche Fachkunde im Strahlenschutz verfügen (§ 70 Abs. 3). Zuverlässigkeit beinhaltet eine **einzelfallbezogene Prognoseentscheidung** im Hinblick auf die betroffene Person. Diese muss aufgrund ihrer subjektiven Eigenschaften, ihres Verhaltens und ihrer Fähigkeiten geeignet sein, die ihr obliegenden Aufgaben im Sinne der Strahlenschutzgrundsätze ordnungsgemäß zu erfüllen (*Lang,* S. 45). Die Bejahung der Unzuverlässigkeit ist keine Ahndung vergangenen Fehlverhaltens; solches wird durch die bußgeld- und strafrechtlichen Tatbestände geregelt. Das „historische" Fehlverhalten ist jedoch Grundlage für die – zukunftsgerichtete – Prognose. Von Unzuverlässigkeit muss bereits dann ausgegangen werden, wenn Tatsachen vorliegen, aus denen sich lediglich Bedenken gegen die Zuverlässigkeit ergeben (so ausdrücklich Abs. 3). Somit reichen schon **durch Tatsachen begründete Zweifel** an der Zuverlässigkeit eines SSB aus, um einen Genehmigungsantrag zurückzuweisen (zur Zuverlässigkeit als Voraussetzung einer Genehmigung nach § 12 → § 13 Rn. 14 ff.) oder die Feststellung nach Abs. 5 zu treffen (→ Rn. 61).

38 **b) Fachkunde.** Die Voraussetzung, dass ein zu bestellender SSB fachkundig sein muss, spiegelt nicht nur die entsprechenden Genehmigungs- bzw. Anzeigevoraussetzungen für Tätigkeiten (zB §§ 11 Abs. 1 Nr. 2, 13 Abs. 1 Nr. 2, 17 Abs. 2 Nr. 3, 22 Abs. 2 Nr. 1, 56 Abs. 2 Nr. 3). Sie zeigt auch die Qualifikation des SSB im dt. Strahlenschutzrecht, welche Art. 4 Nr. 73 RL 2013/59/Euratom dem RPE zuschreibt, nämlich, dass er „über die erforderliche Sachkenntnis, Ausbildung und Erfahrung verfügen [muss], um in Fragen des Strahlenschutzes Rat geben zu können, um den wirksamen Schutz von Einzelpersonen zu gewährleisten und [dessen] diesbezügliche Befähigung von der zuständigen Behörde anerkannt ist" (BT-Drs. 18/11241, 316). Der Erwerb der erforderlichen Fachkunde im Strahlenschutz basiert in der Regel auf drei Säulen: der für das jeweilige Anwendungsgebiet **geeigneten Ausbildung, praktische Erfahrung und erfolgreiche Teilnahme an von der zuständigen Stelle anerkannten Kursen** (§ 74).

39 Der Umfang der Fachkunde bestimmt sich nach dem einem SSB zugeteilten **innerbetrieblichen Entscheidungsbereich.** Umfasst dieser nicht die gesamte genehmigte bzw. angezeigte Tätigkeit oder ist aufgrund des eingeschränkten Entscheidungsbereichs nur ein Teil der nach § 71 Abs. 2 genannten Pflichten wahrzunehmen, kann sich der Umfang des Nachweises entsprechend reduzieren (BVerwG, Urt. v. 22.12.1994 – 3 C 8/93, Rn. 38 = NJW 1996, 798 (799); *Schmatz/Nöthlichs* 8027 Anm. 2.3 u. 8060 Anm. 2). Grundsätzlich setzt die erforderliche Fachkunde Kenntnisse über physikalische Eigenschaften, Messung und Abschirmung ionisierender Strahlen, den praktischen Umgang mit radioaktiver Strahlung, Strahlenschäden und Schutzmaßnahmen sowie die einschlägigen gesetzlichen Regelungen voraus, bei Tätigkeiten im Zusammenhang mit der Anwendung am Menschen auch besondere medizinische Fachkenntnisse (BVerwG, Urt. v. 22.12.1994 – 3 C 8/93, juris, Rn. 36 = NJW 1996, 798 (799)). Im Einzelnen gelten die Regelungen der Richtlinien über die Fachkunde im Strahlenschutz. Die Vorgabe des Abs. 3 stellt an den SSV zugleich die Anforderung dafür zu sorgen, dass die Fachkunde seiner SSB – ungeachtet deren diesbezüglichen eigenen Verpflichtung – auf dem neuesten Stand gehalten, also alle fünf Jahre aktualisiert wird.

Mit Recht weisen allerdings *Koletzko et al.* (StrlSchPrax 2/2020, 13) darauf hin, **40** dass neben der Fachkunde, je nach SSB-Einsatzbereich, etwa auch **Kenntnisse im organisatorischen Strahlenschutz** notwendig sind. Der SSB kann darüber hinaus nur sinnvolle Entscheidungen treffen, wenn er einfache Grundkenntnisse über die Wirkung ionisierender Strahlung und deren medizinische Folgen besitzt. Er muss genaue Ortskenntnisse (zB Anlage und Umfeld) haben und wissen, ob im konkreten Fall nur mit interner oder auch mit externer Strahlenexposition zu rechnen ist (*Hacke*, S. 2f.). In diesem Zusammenhang ist es empfehlenswert, dass dem SSB auch beratende Hilfe zuteil wird, in den Bereichen Röntgendiagnostik und Nuklearmedizin zur Erkennung und Bearbeitung von Vorkommnissen zB durch MPE oder eine entsprechenden Strahlenschutz-Stabsstelle (*Borowski et al.*, S. 9).

III. Stellung des SSB

1. Grundsätzliches. Zu SSB können „nur Personen bestellt werden, die inner- **41** halb der Betriebshierarchie eine entsprechende **Durchsetzungskraft** haben" (*SSK*, Organisatorische Voraussetzungen S. 8; *Hattig* in Hoegl, 8 u. 17: krit. zu neu eingestelltem Laborant und Lehrling als SSB). Sie sind eine betriebliche Einrichtung und müssen deshalb, auch als externe SSB, **in die Betriebsorganisation eingegliedert** sein (*Hattig* in Hoegl, S. 17; *Schmatz/Nöthlichs* 8060 Anm. 6; *Hansmann/Maciejewski* in Landmann/Rohmer UmweltR, vor §53 BImSchG, Rn. 9; allg. *Mehle/Neumann* NJW 2011, 361).

Durch die Bestellung werden für den SSB nur im Verhältnis zum SSV und den **42** Mitbestimmungsorganen sowie den Fachkräften für Arbeitssicherheit und dem ermächtigten Arzt **Pflichten** begründet (vgl. §71 Abs. 3), nicht aber gegenüber der zuständigen Behörde. Es besteht **kein Beliehenenstatus** (→ Rn. 18; zum Abfallbeauftragten: BAG Urt. v. 26.03.2009 – 2 AZR 633/07, BeckRS 2009, 67396, Rn. 20; *Hansmann/Maciejewski* in Landmann/Rohmer UmweltR, vor §53 BImSchG, Rn. 11). Deswegen ist die Rechtsfigur des SSB, obgleich er mit Wahrnehmung seiner Aufgaben auch öffentlich-rechtliche Pflichten erfüllt (*Remmert*, S. 2), weniger zur Unterstützung der behördlichen Aufsicht und zur Durchsetzung geschaffen worden, sondern vielmehr als Bestandteil eines abgestimmten innerbetrieblichen Systems der Eigenverantwortung mit dem **Ziel einer besseren Vorsorge** gegen die von Tätigkeiten im Zusammenhang mit radioaktiven Stoffen ausgehenden Gefahren und damit der Sicherstellung des Strahlenschutzes (*Hansmann/Maciejewski* in Landmann/Rohmer UmweltR, vor §53 BImSchG, Rn. 8).

Der SSB muss nicht direkt dem SSV unterstellt sein (zB in Form einer Stabs- **43** stelle), er muss aber jederzeit von seinem **Vortragsrecht beim SSV** gem. §71

Abs. 2 S. 1 Gebrauch machen können (*Hoegl* StrlSchPrax 3/1998, 45; *Schmatz/ Nöthlichs* 8060 Anm. 6).

44   Für arbeitsrechtliche Streitigkeiten zwischen dem SSV, soweit er im privatwirtschaftlichen Bereich als Arbeitgeber auftritt, und dem SSB als Arbeitnehmer ist der Rechtsweg zu den **Arbeitsgerichten** gegeben (§ 2 ArbGG, *Kramer/Zerlett,* § 30 III.10 m. w. N.).

45   **2. Sonderrolle im Vergleich mit anderen Betriebsbeauftragten.** Der SSB ist ein Mitglied der inzwischen sehr unübersichtlich gewordenen umwelt- und unfallschutzrechtlichen Landschaft der in Einzelgesetzen geregelten **Betriebsbeauftragten** (*Lambotte* in Fachverband 2008, S. 279; kritisch –aber letztlich ohne Auswirkungen – zur Einordnung des SSB in die Reihe der Betriebsbeauftragten *Kaster* GewA 1998, S. 129; Übersicht über Betriebsbeauftragte zB *IHK Hochrhein-Bodensee* (Hrsg.), Beauftragte nach Arbeits-und Umweltschutzrecht, Konstanz 2021).

46   Es existieren im Anwendungsbereich der radioaktiven Stoffe (nicht abschließend) kerntechnische Sicherheitsbeauftragte (KSB) gem. § 2 AtSMV, Objektsicherungsbeauftragte und IT-Sicherheitsbeauftragte gem. der SEWD-Richtlinie, Managementsystembeauftragte (KTA 1402 „Integriertes Managementsystem zum sicheren Betrieb von Kernkraftwerken", Fassung 2017-11), Brandschutzbeauftragte (KTA 2101 „Brandschutz in Kernkraftwerken, Grundsätze des Brandschutzes"), ggf. Notfallschutzbeauftragte im Sinne des AtG (§ 7c Abs. 3), Gefahrgutbeauftragte (GbV, GGVSEB), Beauftragte für Arbeits- und Gesundheitsmanagement (freiwillig für Zertifizierung nach DIN ISO 45001:2018/06 „Managementsysteme für Sicherheit und Gesundheit bei der Arbeit"), Qualitätsmanagementbeauftragte (freiwillig für Zertifizierung nach DIN EN ISO 9001:2008-12 „Qualitätsmanagementsysteme – Anforderungen", in der neuen Version DIN EN ISO 9001:2015-11 wird die Funktion des Beauftragten nicht mehr explizit gefordert), Beauftragte für Umweltschutzmanagement (freiwillig für Zertifizierung nach DIN EN ISO 14001:2009-11 „Umweltmanagementsysteme – Anforderungen mit Anleitung zur Anwendung", in der neuen Version DIN EN ISO 9001:2015-11 wird die Funktion des Beauftragten nicht mehr explizit gefordert). Bei Chemiekonzernen beispielsweise, die auch Umgang mit radioaktiven Stoffen haben, begegnen ImSchB (§ 58 Abs. 2 BImSchG) und StörfallB (§§ 58d i. V. m. 58 Abs. 2 BImSchG), Abfallbeauftragte (§§ 60 Abs. 3 S. 1 KrWG i. V. m. 58 Abs. 2 BImSchG) und Gewässerschutzbeauftragte (§§ 65, 66 WHG i. V. m. 58 Abs. 2 BImSchG), Fachkräfte für Arbeitssicherheit (§ 5 ASiG) sowie ggf. Beauftragte für biologische Sicherheit (§ 6 Abs. 4 GenTG).

47   Gemeinsam ist allen Beauftragten, dass es sich um „**Funktionsträger des Unternehmens,** die vom Gesetzgeber im Wege des Organisationszwanges institutionalisiert worden sind", handelt (*Kloepfer* DB 1993, 1226). Die Beweggründe für die Schaffung dieser Beauftragten waren vielschichtig. Neben dem **Schutz der Umwelt** ist vor allem auch der **Schutz von Allgemeinheit, Nachbarn und Arbeitnehmern,** auch durch Information, und Beratung der verantwortlichen Stellen zu nennen. Die Installation einer kompetenten, von unternehmerisch-wirtschaftlichen Zwängen freien Stelle ist ein weiterer Gesichtspunkt. Durch die Schaffung der Betriebsbeauftragten im Umweltbereich wurde schließlich auch die häufig geäußerte Forderung nach mehr **Betreiberverantwortlichkeit** beim Wort genommen. Ziel des „Betriebsbeauftragten" ist es, vor Ort eine mit entsprechenden Kompetenzen ausgestattete Person zu installieren, die, von wirtschaftlichen Überlegungen weitgehend unabhängig, für einen bestmöglichen

Umweltschutz und für Sicherheit sorgt (BT-Drs. 18/11241, 317; *Backherms,* S. 1698; *Jarass* BImSchG § 53, Rn. 2; *Hansmann/Maciejewski* in Landmann/Rohmer UmweltR, vor § 53 BImSchG, Rn. 14).

Durch einige wesentliche Unterschiede hebt sich der SSB allerdings von den 48 meisten dieser Beauftragten ab: Während bei strahlenschutzrelevanten Tätigkeiten, die einen SSV voraussetzen, grundsätzlich mindestens ein SSB vorhanden sein muss (Abs. 1 S. 1), sind ImSchB nur bei bestimmten Anlagenarten (Anhang I zu § 1 Abs. 1 der 5. BImSchV deckt nicht das ganze Spektrum der in Anhang 1 zur 4. BImSchV aufgelisteten genehmigungsbedürftigen Anlagenarten ab) und Gewässerschutzbeauftragte nur bei der Einleitung von Abwasser (§ 64 Abs. 1 WHG, ungeachtet der Anordnungsmöglichkeiten nach §§ 64 Abs. 2 oder § 13 Abs. 2 Nr. 3 WHG; *Reinhardt* in Czychowski/Reinhardt WHG § 64, Rn. 7) vorgeschrieben.

Maßgebliche Aufgabe von ImSchB und StörfallB ist die Beratung; sie besitzen 49 eine „Initiativfunktion", indem sie technische Verbesserungen vorschlagen, und haben gewisse Kontrollmöglichkeiten (§ 54 Abs. 1 S. 2 Nr. 3 BImSchG: Besichtigung, Messung usw). Sie sollen Garanten „des Sachverstandes und das Immissionsschutzgewissen des Betriebes", mithin das „Sicherheitsgewissen" sein (*Hansmann/Maciejewski* in Landmann/Rohmer UmweltR, vor § 53 BImSchG, Rn. 13, § 54 BImSchG, Rn. 2a, 3–7 u. 11; § 58b Rn. 4, 6).

Sogar der StörfallB besitzt nicht allein durch seine betriebliche Bestellung und 50 Funktion Entscheidungsbefugnisse – immerhin geht es um die Anlagensicherheit und damit um den Schutz von Umwelt und Allgemeinheit vor Gefahren durch Störfallstoffe – sondern nur dann, wenn sie ihm vom Betreiber übertragen werden (§ 58c Abs. 3 BImSchG). Während der ImSchB und mit ihm die Beauftragten, deren Rechtsgrundlagen auf ihn verweisen, also lediglich Vorschlags-, Aufklärungs-, „Hinwirkungs-", Kontroll-/Überwachungs- sowie Berichtsrechte bzw. -pflichten, jedoch per se keine Entscheidungsbefugnisse haben (*Hansmann/Maciejewski* in Landmann/Rohmer UmweltR, vor § 53 BImSchG, Rn. 13; § 54 BImSchG, Rn. 2a; für den Gewässerschutzbeauftragten §§ 64–66 WHG), besitzt der **SSB in seinem innerbetrieblichen Entscheidungsbereich sehr wohl Weisungsrecht und Entscheidungskompetenz** (*Juditzki,* S. 1024; *Lambotte* in Fachverband 2008, S. 280; *Kloepfer,* S. 1226; *Spindler,* 44).

Hinzu kommt, dass der ImSchB gem. § 57 S. 1 BImSchG seine Vorschläge oder 51 Bedenken nur dann unmittelbar der Geschäftsleitung vortragen kann, wenn er sich mit dem zuständigen Betriebsleiter nicht einigen konnte (entspr. für die Fachkräfte für Arbeitssicherheit, nur leitende Fachkräfte haben gleich direktes Vorschlagsrecht, § 8 Abs. 3 ASiG); ein direktes Vortragsrecht, wie es dem SSB zusteht, existiert im BImSchG-Regime ebenso wenig wie ein dem § 71 Abs. 2 entsprechendes Modell zur Konfliktlösung. Am ehesten ist der SSB noch mit der verantwortlichen Person im Bergrecht zu vergleichen, die für die Erfüllung der bergrechtlichen Pflichten zu sorgen haben (§ 58 Abs. 1 BBergG) und deswegen ebenfalls ein **Weisungsrecht** besitzen (vgl. zB die Weisungs-Tatbestände in der BayBergV).

IV. Mitteilung an die Behörde, Information der Beschäftigtenvertretung (Abs. 4)

Die Bestellung eines SSB hat der SSV der zuständigen Behörde unter Angabe 52 der festgelegten Aufgaben und Befugnisse **unverzüglich schriftlich mitzuteilen** und die **Bescheinigung über die erforderliche Fachkunde im Strahlenschutz beizufügen** (Abs. 4 S. 1 u. 2). Im Gegensatz zur bisherigen Regelung in

§ 31 Abs. 4 S. 1 StrlSchV 2001 ist jetzt – entsprechend der Vollzugspraxis – klargestellt, dass die Mitteilung schriftlich zu erfolgen hat (in § 13 Abs. 5 RöV war das bereits so geregelt). „**Unverzüglich**" bedeutet „**ohne schuldhaftes Zögern**" (§ 121 Abs. 1 S. 1 BGB). Im Genehmigungs- bzw. Anzeigeverfahren kann der SSV, sofern die Fachkunde noch gültig ist, auf seine Mitteilung an die Behörde verweisen.

53   Mitgeteilt werden müssen der Behörde neben den notwendigen Personalien des bestellten SSB Nachweise über seine Aus- und Weiterbildung sowie seine Zuverlässigkeit, sein Fachkundenachweis, sein Aufgaben- und Befugniszuschnitt mit innerbetrieblichem Entscheidungsbereich und – falls es um die Anwendung am Menschen geht und der SSV selbst kein approbierter Arzt oder Zahnarzt ist – einen Nachweis, dass der SSB zur Ausübung des ärztlichen Berufs berechtigt ist (vgl. § 14 Abs. 1 Nr. 1, auch iVm § 19 Abs. 3 Nr. 6). Sinnvollerweise wird das Bestellungsdokument selbst bei der Behörde eingereicht.

54   Besteht beim SSV ein **Betriebs- oder Personalrat,** ist diesem und dem SSB selbst eine Abschrift der Mitteilung an die Behörde zu übermitteln (Abs. 4 S. 3). Diese Bestimmung sagt allerdings nichts darüber aus, ob die Mitarbeitervertretungen auch bei der Bestellung selbst involviert sein müssen (dafür *Caspar* KJ 1995, S. 392 f., 396 f.); dies regelt sich nach dem **Betriebsverfassungsrecht** (der StrlSchG-Gesetzgeber hat nicht von einer Regelung wie in § 9 Abs. 3 ASiG Gebrauch gemacht, nach dem Betriebsärzte und Fachkräfte für Arbeitssicherheit mit Zustimmung des Betriebsrats zu bestellen und abzuberufen sind). Im Gegensatz zur Regelung im StrlSchG hat der immissionsschutzrechtliche Betreiber den Betriebs- oder Personalrat vor der Bestellung des ImSchB unter Bezeichnung der ihm obliegenden Aufgaben zu unterrichten (§ 55 Abs. 1 a S. 1 BImSchG), und zwar so rechtzeitig, dass die Beschäftigtenvertretung sich damit beschäftigen und Stellung nehmen kann. Anders als im StrlSchG ist dort also eine Anhörungspflicht vor Bestellung vorgesehen, deren Verletzung diese rechtswidrig macht (*Jarass* BImSchG § 55, Rn. 5). Zur größeren Festigung von Stellung und Akzeptanz des SSB könnte die Regelung im BImSchG insoweit zukünftig Vorbild sein.

55   Schriftlich mitgeteilt werden müssen der zuständigen Behörde auch eine **Änderung** der SSB-Aufgaben bzw. -Befugnisse sowie das **Ausscheiden** des SSB aus seiner Funktion. Immer dann ist der Beschäftigtenvertretung und dem SSB selbst eine Abschrift der Mitteilung an die Behörde zu übermitteln (Abs. 4 S. 4). Falls durch die Änderung die Aufgaben oder Befugnisse des SSB erweitert und ggf. eine **höhere Fachkunde** im Strahlenschutz erforderlich wurde, ist nach Abs. 4 S. 5 die Fachkundebescheinigung an die Behörde zu übermitteln.

V. Abberufung des SSB

56   Die Bestellung zum SSB endet einmal mit der **Abberufung** durch den SSV. Diese kann – in den Grenzen des Benachteiligungsverbots (→ Rn. 63) – **jederzeit** geschehen (BAG Urt. v. 26.03.2009 – 2 AZR 633/07, BeckRS 2009, 67396, Rn. 21), muss nicht begründet werden und hat **keine Auswirkungen auf das zugrundeliegende Grundverhältnis (Arbeits-/Werkvertrag, Beamtenverhältnis).** Sie ist wie die Bestellung ein einseitiges **Rechtsgeschäft rein privatrechtlicher Natur** und muss **schriftlich** erfolgen (BAG Urt. v. 26.03.2009 – 2 AZR 633/07, BeckRS 2009, 67396, Rn. 20 f.; *Jarass* BImSchG § 55, Rn. 8).

57   Eine weitere Beendigungsmöglichkeit der Bestellung ist der **Widerruf seiner Zustimmung durch den SSB,** und zwar unabhängig davon, ob er nach dem zu-

grundeliegenden Vertragsverhältnis dazu berechtigt ist oder nicht. Jarass weist mit Recht darauf hin, dass „ein unwilliger Beauftragter die ihm zugedachten Aufgaben nicht erfüllen kann". Allerdings kann er sich schadensersatzpflichtig machen. Ist die Bestellung nur befristet, endet sie mit **Zeitablauf** (*Jarass* BImSchG § 55, Rn. 9).

Wenn der fachunkundige SSV die strahlenschutzrechtliche Tätigkeit weiter aus- **58** üben möchte, bleibt ihm nur die nahtlose Bestellung eines neuen SSB. Will er dabei eine zumindest zeitweise illegale Tätigkeitsausübung mit möglicherweise strengen Folgen vermeiden (mit Abberufung des SSB ist eine Genehmigungs- bzw. Anzeigevoraussetzung nicht mehr erfüllt, wenn diese nicht eine weiteres von anderen vorhandenen SSB kompensiert werden kann), muss er dabei allerdings auch den Zeitbedarf berücksichtigen, den eine Vorbereitung (Zuverlässigkeits-, Fachkundebescheinigung) und die Mitteilung an die Behörde (Abs. 4) benötigen.

Wechselt ein SSB seinen Arbeitsplatz, hat das allein Auswirkungen auf das **59** Grundverhältnis; die Bestellung bleibt bestehen. Auch hier ist es am SSV, vorausschauend zu disponieren. Dasselbe gilt, wenn das Arbeitsverhältnis endet, etwa durch Ablauf einer Befristung oder durch Kündigung; evtl. kann der bestellte SSB als externer weiter tätig sein; anderenfalls muss der SSV rechtzeitig für eine Abberufung und für die Bestellung eines neuen SSB sorgen.

Mit der Einstellung der strahlenschutzrechtlich relevanten Tätigkeit insgesamt **60** endet auch die Bestellung des SSB. Beim Wechsel des SSV – zB durch Verkauf der Firma (→ § 12 Rn. 23) – endet auch die SSB-Bestellung, weil sie eine Willenserklärung des ehemaligen SSV ist. Wenn die Genehmigung nicht übertragen werden kann, muss der neue SSV nicht nur eine neue beantragen, sondern auch den SSB neu bestellen.

VI. Ablehnung des SSB durch die Behörde (Abs. 5)

Auf Bestellung und Abberufung eines SSB selbst hat die zuständige Behörde kei- **61** nen Einfluss (*Bischof/Pelzer*, S. 150); dies liegt, solange die rechtlichen Vorgaben eingehalten werden, in der innerbetrieblichen Organisationskompetenz des SSV (VGH München Urt. v. 11.06.2002 – 7 B 01.783, juris, Rn. 25 = BeckRS 2002, 31511). Ebenso entscheidet der SSV, ob er einen auswärtigen SSB bestellt. Abs. 5 ermöglicht der zuständigen Behörde aber die Feststellung gegenüber dem SSV, dass eine Person nicht als SSB anzusehen ist, wenn diese auf Grund unzureichender Befugnisse, unzureichender Fachkunde im Strahlenschutz, fehlender Zuverlässigkeit oder aus anderen Gründen ihre Pflichten als SSB nur unzureichend erfüllen kann. Maßstab für die Beurteilung, ob die Befugnisse unzureichend sind, bilden die Regelungen des Abs. 2.

Ein SSB, dessen Beauftragtenverhältnis mangelhaft ist, wird nicht automatisch **62** von der Beauftragten-Eigenschaft entbunden, sondern erst aufgrund eines **behördlichen Tätigwerdens** (*Kramer/Zerlett,* § 30 III.11). Ob die zuständige Behörde eine solche Feststellung trifft, liegt in ihrem pflichtgemäßen, gerichtlich überprüfbaren **Ermessen** („kann"). Das StrlSchG regelt nicht die Form der Feststellung; angesichts des Gewichts der Tatsache, dass eine bestellte Person ihre Pflichten als SSB nur unzureichend erfüllen kann, geschieht dies sinnvollerweise als **feststellende Anordnung** (*Schmatz/Nöthlichs* 8059 Anm. 9; – nicht in Form der in der Praxis so gerne verwendeten „Revisionsschreiben" ohne weitere Bindungswirkung). Für diese Anordnung ist **Abs. 5 unmittelbare Rechtsgrundlage.** Eine solche Anordnung geht als **milderes Mittel** (Verhältnismäßigkeitsgrundsatz) einem Genehmigungs(teil)widerruf bzw. einer (Teil)untersagung der Tätigkeit vor. Besteht die unverzügliche Möglichkeit einer Mängelheilung oder eines Austauschs des SSB nicht, muss der SSV die Tätigkeit vorübergehend einstellen oder die Genehmigung beschränkt werden (VGH München Urt. v. 11.06.2002 – 7 B 01.783, juris, Rn. 28 = BeckRS 2002, 31511).

VII. Schutz der SSB-Tätigkeit – Behinderungs-, Benachteiligungs- und Kündigungsverbot (Abs. 6)

63   **1. Allgemeines.** Abs. 6 stellt sicher, dass der SSB bei seiner Tätigkeit **keinen drohenden Nachteilen ausgesetzt** ist, was letztlich auf Kosten des betrieblichen Strahlenschutzes gehen würde. Denn seine Tätigkeit steht häufig im Kontrast zu betriebspolitischen und ökonomischen Interessen des SSV (für den Immissionsschutz: *Jarass* BImSchG § 58, Rn. 1).

64   Für das Immissionsschutz- und Abfallrecht ist anerkannt, dass **Benachteiligungsverbot** und **Kündigungsschutz** nur **bei wirksamer Bestellung** des Beauftragten greifen. Auf die Wirksamkeit des Grundverhältnisses (Arbeits-/Werkvertrag) kommt es dagegen nicht an (BAG Urt. v. 26.03.2009 – 2 AZR 633/07, juris, LS 1 = BeckRS 2009, 67396; *Jarass* BImSchG § 58, Rn. 1a). Dies gilt entsprechend auch beim SSB. In den v.g. Rechtsgebieten besteht jedoch Unklarheit, ob Benachteiligungsverbot und Kündigungsschutz auch für bestellte Beauftragte ohne die notwendigen Fachkenntnisse gelten (*Jarass* BImSchG § 58, Rn. 1a). Zwar besteht, übertragen auf die Rolle des SSB, in derartigen Konstellationen das Recht, die Bestellung aufzuheben bzw. behördlicherseits tätig zu werden (Abs. 5). Dies reicht jedoch nicht immer aus, um problematische Entscheidungen des SSB aufgrund nicht ausreichender Fachkunde rechtzeitig zu verhindern. Deswegen erscheint in dringenden Fällen ein der grundsätzlichen Weisungsbefugnis des SSB entgegenstehendes **Verweigerungsrecht** von betroffenen, selbst fachkundigen Mitarbeitern opportun.

65   **2. Behinderungs- und Benachteiligungsverbot.** Innerbetrieblich hat der SSB eine vergleichsweise **starke Rechtsstellung.** Abs. 6 S. 1 verbietet allgemein, den SSB bei der Erfüllung seiner Pflichten zu behindern und ihn wegen deren Erfüllung zu benachteiligen. Behinderungs- und Benachteiligungsverbot sind nicht allein an den SSV adressiert, sondern auch an andere Personen, etwa an Mitarbeiter im Tätigkeitsbereich, aber auch an Arbeitgeber eines betriebsexternen SSB (*Jarass* BImSchG § 58, Rn. 1).

66   Von einer **Behinderung** ist auszugehen, wenn dem SSB die notwendige Unterstützung seitens des SSV bzw. der Betriebsleitung versagt wird, er also beispielsweise nicht die erforderlichen Personen-, Sach- oder Fortbildungsmittel zur Aufgabenerfüllung erhält. Eine Behinderung liegt auch vor, wenn der Arbeitgeber dem SSB zu wenig Zeit für die Durchführung seiner strahlenschutzrechtlichen Pflichten einräumt. Ebenso ist psychischer Druck, gleich ob von Seiten des Arbeitgebers bzw. des SSV oder anderer Arbeitnehmer als Verstoß gegen das Behinderungsverbot zu qualifizieren, solange er nicht dazu dient, den SSB an seine Pflichten zu erinnern. Das Behinderungsverbot gilt auch in Bezug auf externe SSB.

67   Eine **Benachteiligung** ist gegeben, wenn er wegen seiner Tätigkeit als SSB von betrieblichen Vergünstigungen oder Beförderungsmöglichkeiten ausgeschlossen wird, auch wenn dies nicht schuldhaft geschieht. Weitere Beispiele sind die Versetzung auf einen schlechteren Arbeitsplatz oder eine Gehaltskürzung. Maßgeblich ist allerdings ein – im Zweifel schwer nachweisbarer – Kausalzusammenhang zwischen SSB-Tätigkeit und Benachteiligung (*Kramer/Zerlett,* § 30 III.9; *Schmatz/Nöthlichs*

8060 Anm. 11; *Jarass* BImSchG § 58, Rn. 2 f. u. 5; diese Aspekte sind allerdings für den externen SSB weitgehend irrelevant). Die Entpflichtung eines SSB ist für sich genommen keine Benachteiligung; unter bestimmten Voraussetzungen – seine innerbetriebliche berufliche Stellung etwa wird aus Anlass der Abberufung verschlechtert – kann jedoch eine Benachteiligung vorliegen. Dem Behinderungs- oder dem Benachteiligungsverbot **zuwiderlaufende Rechtsgeschäfte** – etwa derart gestaltete Arbeitsverträge – sind nach § 134 BGB **nichtig.**

3. Kündigungsschutz. Wenn der SSB in einem Arbeitsverhältnis mit dem zur   **68** Bestellung verpflichteten SSV steht, ist eine Kündigung des Arbeitsverhältnisses grundsätzlich unzulässig. Zulässig ist eine Kündigung ausnahmsweise dann, wenn Tatsachen vorliegen, die den SSV zur **Kündigung aus wichtigem Grund** ohne Einhaltung einer Kündigungsfrist berechtigen (Abs. 6 S. 2). Von einem einjährigen Kündigungsschutz nach Beendigung der SSB-Bestellung hat der StrlSchG-Gesetz- geber ebenfalls Gebrauch gemacht (Abs. 6 S. 3). Mit der Aufnahme des Kündigungsschutzes für SSB in das StrlSchG wurde der Rechtsschutz des SSB endlich dem anderer Betriebsbeauftragter, zB des ImSchB (§ 58 Abs. 2 BImSchG) und Störfall B (§§ 58 d i. V. m. 58 Abs. 2 BImSchG), des Abfallbeauftragten (§§ 60 Abs. 3 S. 1 KrWG i. V. m. 58 Abs. 2 BImSchG) und des Gewässerschutzbeauftragten (§§ 66 WHG i. V. m. 58 Abs. 2 BImSchG) angepasst (BT-Drs. 18/11241, 316 f.).

Bereits vor dieser gesetzlichen Regelung bestand ein gewisser Kündigungsschutz   **69** zugunsten des SSB. Denn schon 1972 billigte das BAG einem SSB, dem als Arbeit- nehmer die Verantwortung über die Sicherheit von betrieblichen Einrichtungen übertragen war, nicht nur das Recht zu, seine Bedenken gegen den sicheren Zu- stand der Einrichtung allen zuständigen Stellen, also auch der Aufsichtsbehörde, vorzutragen, sondern auch, dass seine Bedenken widerlegt werden. Erst wenn die Zweifel des SSB nach objektiven Maßstäben ausgeräumt sind, kann die Fortsetzung seiner Kritik als Grund für eine ordentliche Kündigung (nach damaliger Rechts- lage) in Betracht kommen (BAG Urt. v. 14.12.1972 – 2 AZR 115/72, juris, Rn. 15 f.). Der SSV kann also nicht lästige SSB auf einfachem Wege loswerden; er muss erst ihre Argumente anhören, sich mit ihnen auseinandersetzen und sie, im fachlichen Diskurs, ggf. widerlegen.

Das Kündigungsverbot greift grundsätzlich auch in den Fällen, die nicht mit der   **70** SSB-Tätigkeit zusammenhängen (*Jarass* BImSchG § 58, Rn. 6). Kündigungsschutz besteht jedoch nicht, wenn ein **Grund zur fristlosen Kündigung** (insbesondere nach § 626 BGB, zB Straftat gegen den Arbeitgeber, vorgetäuschte Krankheit, Ar- beitsverweigerung, Verlassen des Arbeitsplatzes für längeren Zeitraum, öffentliche oder rassistische Beleidigung) existiert. Ausnahmsweise kann der Grund für die fristlose Kündigung auch einen (äußerlichen) Zusammenhang mit der SSB-Tätig- keit aufweisen, etwa, wenn ein SSB aus persönlichen Motiven eine Strafanzeige wegen (vorgeblicher) Strahlenschutzmängel erstattet und dabei wissentlich oder leichtfertig falsche Angaben macht (zum pflichtwidrigen Verhalten des Arbeit- nehmers, wenn eine Anzeige eine unverhältnismäßige Reaktion auf Vorgänge im Unternehmen darstellt, siehe BAG. Urt. v. 03.07.2003, 2 AZR 235/02, juris, Rn. 29 ff. = BeckRS 2004, 40387). Die für solche Fälle in der Rechtsprechung grds. verlangte vorherige interne Klärung ist für den SSB in § 71 Abs. 2 geregelt (→ § 71 Rn. 7).

Ist der SSB extern, „ist eine Kündigung des Werkvertrags (ebenso wie die Nicht-   **71** verlängerung des Vertrags) am Benachteiligungsverbot zu messen" (*Jarass* BImSchG § 58, Rn. 6).

72   **4. Folgen eines Verstoßes gegen das Behinderungs-, Benachteiligungs- und Kündigungsverbot.** Aussagen in Literatur und Judikatur zu den Folgen eines Verstoßes gegen das Behinderungs-, Benachteiligungs- und Kündigungsverbot im Strahlenschutz sind kaum vorhanden. Deswegen ist es auch hier wieder nötig, Anleihen bei benachbarten Rechtsgebieten zu nehmen und, soweit keine triftigen Gründe dagegensprechen, auf das Strahlenschutzregime zu übertragen. So sind diese Verbote **nicht durch Vereinbarung, etwa im Arbeits- oder Werkvertrag abdingbar.** Gegen diese Verbote verstoßende privatrechtliche Rechtsgeschäfte (zB Beendigungs- oder Änderungskündigungen) sind nach § 134 BGB **unwirksam;** der SSB kann Rechtsschutz vor den zuständigen Gerichten (hier meist den Arbeitsgerichten) erlangen. Unabhängig von eventuellen Ansprüchen aus dem zugrundeliegenden Grundverhältnis (Arbeits- oder Werkvertrag) kann der SSB bei einem Verstoß gegen Abs. 6 Schadensersatzansprüche gem. § 823 Abs. 2 BGB (§ 70 Abs. 6 ist ein Schutzgesetz in diesem Sinne) bzw. ein Unterlassungsanspruch gem. § 1004 BGB i.V.m. § 823 Abs. 2 BGB haben (*Jarass* BImSchG § 58, Rn. 6–8 m.w.N.).

73   Auch die zuständige Behörde kann mit einer **Anordnung** gem. § 179 gegen einen die Behinderungs-, Benachteiligungs- und Kündigungsverbote verletzenden SSV (auch wenn der Verletzer ist) vorgehen, soweit sie dabei nicht in rein privatrechtliche Verhältnisse eingreift (zum Diskussionsstand im Immissionsschutz vgl. *Jarass* BImSchG § 58, Rn. 9f. m.w.N.).

VIII. Zuwiderhandlungen

74   **1. Verwaltungs- und Ordnungswidrigkeitenrecht.** Die zuständige Behörde kann die Pflichten des SSV mittels **Anordnung** durchsetzen (§ 179).

75   Die Verpflichtung des SSV, die Bestellung eines SSB der zuständigen Behörde unter Angabe der festgelegten Aufgaben und Befugnisse unverzüglich schriftlich mitzuteilen, ist bußgeldbewehrt (§§ 194 Abs. 1 Nr. 5 i.V.m. 70 Abs. 4 S. 1). Ordnungswidrig handelt auch ein SSV, der entgegen Abs. 1 S. 1 einen SSB nicht, nicht richtig, nicht in der vorgeschriebenen Weise oder nicht rechtzeitig bestellt (§ 194 Abs. 1 Nr. 20). Beide Ordnungswidrigkeiten können vorsätzlich oder fahrlässig begangen und jeweils mit einer Geldbuße bis zu zehntausend Euro geahndet werden (§ 194 Abs. 2).

76   **2. Strafrecht – SSB als Garant.** Ein SSB kann sich nicht nur durch Erfüllung der einschlägigen Straftatbestände (zB § 311 StGB, Freisetzen ionisierender Strahlen) strafbar machen. Das StGB kennt zudem ein „Begehen durch Unterlassen" (§ 13 Abs. 1 StGB; bei sog. „unechten Unterlassungsdelikten"). Eine Unterlassensstrafbarkeit erfordert das Vorliegen einer **Garantenstellung** mit entsprechender Pflicht zum Einschreiten, um zu verhindern, dass ein strafrechtlich relevanter Erfolg eintritt (ausf. zur Dogmatik *Hüting/Hopp* LKV 2014, 340f.). Eine solche Garantenstellung nimmt auch der SSB ein (BGH, Urteil vom 17.7.2009 – 5 StR 394/08, NJW 2009, 3173 (3174); *Niklas/Faas* NZA 2017, 1096; *Böse* NStZ 2003, 638–640).

§ 71 Betriebliche Zusammenarbeit im Strahlenschutz

(1) Der Strahlenschutzverantwortliche hat den Strahlenschutzbeauftragten unverzüglich über alle Verwaltungsakte und Maßnahmen, die Aufgaben oder Befugnisse des Strahlenschutzbeauftragten betreffen, zu unterrichten.

(2) ¹Der Strahlenschutzbeauftragte hat dem Strahlenschutzverantwortlichen unverzüglich alle Mängel mitzuteilen, die den Strahlenschutz beeinträchtigen. ²Kann sich der Strahlenschutzbeauftragte über eine von ihm vorgeschlagene Maßnahme zur Behebung von aufgetretenen Mängeln mit dem Strahlenschutzverantwortlichen nicht einigen, so hat dieser dem Strahlenschutzbeauftragten die Ablehnung des Vorschlages schriftlich mitzuteilen und zu begründen; dem Betriebsrat oder dem Personalrat sowie der zuständigen Behörde hat der Strahlenschutzverantwortliche je eine Abschrift der Mitteilung einschließlich der Begründung zu übermitteln. ³Unterbleibt die Mitteilung oder die Übermittlung an die zuständige Behörde, so kann der Strahlenschutzbeauftragte sich direkt an die zuständige Behörde wenden.

(3) ¹Der Strahlenschutzverantwortliche und der Strahlenschutzbeauftragte haben bei der Wahrnehmung ihrer Aufgaben mit dem Betriebsrat oder dem Personalrat, den Fachkräften für Arbeitssicherheit und dem ermächtigten Arzt nach § 79 Absatz 1 Satz 2 Nummer 9 Buchstabe a zusammenzuarbeiten und sie über wichtige Angelegenheiten des Strahlenschutzes zu unterrichten. ²Der Strahlenschutzbeauftragte hat den Betriebsrat oder Personalrat auf dessen Verlangen in Angelegenheiten des Strahlenschutzes zu beraten.

Schrifttum: vgl. auch die Angaben zu den §§ 69 f.; *Bonvie,* Whistleblowing in der radiologischen Praxis, RöFo 2021, 978; *SSK,* Organisatorische Voraussetzungen für einen erfolgreichen betrieblichen Strahlenschutz, Empfehlung der Strahlenschutzkommission vom 11./ 12.02.2020, BAnz AT 21.07.2020 B4.

A. Sinn und Zweck der Norm

§ 71 baut auf den Regelungen der §§ 69 und 70 auf und enthält **weitere Pflich-** 1
ten für SSV und SSB. Er regelt Aspekte der **betrieblichen Zusammenarbeit** zwischen SSV, SSB sowie anderen Beteiligten (Betriebs-/Personalrat, Fachkräfte für Arbeitssicherheit, ermächtigter Arzt nach § 79 Abs. 1 S. 2 Nr. 9 lit. a im Strahlenschutz. Schließlich normiert er den **Umgang mit Konfliktfällen** zwischen SSV und SSB. Insgesamt will § 71, ebenso wie § 70, die Position des SSB untermauern (siehe die in Abs. 2 S. 3 neu geschaffene Möglichkeit des SSB, die Behörde in ungeklärten Streitfällen einzuschalten, sowie den in § 70 Abs. 6 S. 2 und 3 neu geregelten Kündigungsschutz) und somit eine **starke betriebliche Sicherheitskultur** **schaffen.**

B. Bisherige Regelung

2   Die Norm führt einen Teil der Regelungen in § 32 StrlSchV 2001 und § 14 RöV fort. Sie enthält aus den dortigen Bestimmungen nur noch die Regelungen, die Mitteilungs- und Zusammenarbeitspflichten – sowohl des SSV und des SSB untereinander als auch gegenüber Dritten – zum Gegenstand haben. Die Regelungen, die Aussagen zur Stellung des SSB treffen, finden sich wegen des engeren inhaltlichen Zusammenhangs zu der Bestellung nunmehr in § 70 (BT-Drs. 18/11241, 317).

C. Betriebliche Zusammenarbeit im Strahlenschutz

I. Gegenseitige Informationspflichten (Abs. 1 u. 2 S. 1)

3   Abs. 1 und Abs. 2 S. 1 legen eine gegenseitige Informationspflicht fest. Der SSV muss den SSB **unverzüglich** – d. h. ohne schuldhaftes Zögern iSd. § 121 Abs. 1 S. 1 BGB – über alle **Verwaltungsakte und Maßnahmen,** die dessen Aufgaben oder Befugnisse betreffen, unterrichten. Gewissermaßen als Spiegelbild hat der SSB dem SSV **unverzüglich alle Mängel mitzuteilen,** die den Strahlenschutz beeinträchtigen. Zu derartigen Mängeln zählt auch, wenn der SSB feststellt, dass seine Kompetenzen nicht ausreichend sind (*Brinkmann* StrlSchPrax 4/1999, 67). Von einer Benachrichtigung kann nur abgesehen werden, wenn es sich um minimale Mängel handelt, die der Beauftragte selbst kurzfristig beheben kann (*Roth/Schröder*, S. 46).

4   Der **Maßnahmenbegriff** in Abs. 1 ist **weit zu fassen.** Er umgreift nicht nur hoheitliche Maßnahmen wie die genannten Verwaltungsakte, sondern auch innerbetriebliche und von auswärtigen Dritten veranlasste. Die Mitteilung, dass das Budget gekürzt oder ein Insolvenzverfahren eröffnet worden ist, ist für die Aufgabenerfüllung des SSB ebenso wichtig wie die Unterrichtung über den Termin eines geplanten Streiks, einen erhöhten Krankenstand beim Strahlenschutzpersonal und einen Eingriff Unbefugter (Einbruch, Terrorakt usw.). Nur in genauer Kenntnis der Fakten kann der SSB gegensteuern und den Strahlenschutz sicherstellen.

5   Ein durchgängiger Informationsfluss muss gewährleistet sein, **regelmäßige gemeinsame Statusgespräche, Planungen und Besprechungen** sind unbedingt empfehlenswert, ggf. auch unter Einbeziehung anderer Betriebsbeauftragter und Funktionsträger. Die SSK befürwortet, sich jährlich und zusätzlich anlassbezogen zusammenzusetzen und die „erforderlichen finanziellen Mittel (z. B. für Strahlenschutzhilfsmittel) und Zeitbudgets" (zu ergänzen ist: Personal), unter Berücksichtigung eines angemessenen Anteils für Weiterbildung und Erfahrungsaustausch, abzustimmen, schriftlich festzuhalten und entsprechend zur Verfügung zu stellen (*SSK,* Organisatorische Voraussetzungen S. 7).

6   Mit der Pflicht des SSB, dem SSV ohne schuldhaftes Verzögern Mängel anzuzeigen, korrespondiert ein **Vorschlagsrecht zur Mängelbehebung** (Abs. 2 S. 1 u. 2). Bei beiden Vorgängen kann der Beauftragte sich unmittelbar an den SSV wenden, ohne Umweg über evtl. vorhandene Zwischeninstanzen (Betriebs-, Abteilungsleiter, direkte Vorgesetzte im öffentlichen Dienst usw.; *Schmatz/Nöthlichs* 8060, Anm. 8; anders z. B. beim ImSchB, der gem. § 57 S. 1 BImSchG seine Vorschläge oder Bedenken nur dann unmittelbar der Geschäftsleitung vortragen kann, wenn er sich mit dem zuständigen Betriebsleiter nicht einigen konnte und er wegen der besonderen Bedeutung der Sache eine Entscheidung der Geschäftsleitung für erforderlich hält).

II. Konfliktfälle zwischen SSV und SSB (Abs. 2 S. 2 und 3)

Für den Fall, dass sich SSV und SSB nicht über eine von letzterem vorgeschlagene Maßnahme zur Behebung von aufgetretenen Mängeln einigen können, sieht Abs. 2 S. 2 und 3 ein **Konfliktmanagementmodell** vor. Wie bisher schon muss der SSV dann gegenüber dem SSB die Ablehnung des Vorschlages schriftlich mitteilen und begründen (S. 2 Hs. 1). Zusätzlich hat der SSV dem Betriebs- oder Personalrat sowie der zust. Behörde jeweils eine Abschrift der Mitteilung einschließlich der Begründung zu übermitteln (S. 2 Hs. 2). Damit wird der SSB entlastet und das festgefahrene Problem zur Lösung auf eine andere Ebene gehoben, ohne dass der SSB selbst eine entsprechende Mitteilung oder Anzeige machen und sich damit exponieren müsste (*Kramer/Zerlett*, § 30 III.4: ein dem SSB aufgebürdete Anzeige bei der Behörde „würde in der Praxis wohl mehr Konflikte schaffen als lösen", ohne die Anzeige werde der SSB entlastet, ohne dass der Betriebsfrieden bedroht sei). 7

Grundsätzlich muss sich der SSV mit dem Vorschlag des SSB seriös auseinandersetzen. Der Begriff „(nicht) einigen" setzt voraus, dass zwischen SSV und SSB, soweit notwendig, eine **fachliche Diskussion** stattfindet. Ein bloßes „Abmeiern" ist also nicht zulässig. Erst wenn nach einem Diskurs keine Lösung gefunden worden ist, fehlt es an einer Einigung. Dann, sei es, dass dem SSV die vorgeschlagenen Maßnahmen nicht gefallen, sei es, dass er überhaupt keinen Mangel erkennt, muss er nach S. 2 verfahren. Die beiden Institutionen **„Betriebsrat oder Personalrat"** bzw. **„zuständige Behörde"** werden dann **informiert** und können ggf. im Rahmen der betriebsverfassungsrechtlichen bzw. aufsichtsrechtlichen Möglichkeiten tätig werden. 8

Zu einer Einigung kommt es allerdings auch dann nicht, wenn der SSV den Vorschlag ignoriert oder eine Antwort bzw. Entscheidung ungebührlich hinauszögert. Dann kann der SSB mit einer angemessenen Frist den SSV zur Entscheidung auffordern (*Kramer/Zerlett,* § 30 III.5). Reagiert der SSV auch dann noch nicht, eröffnet sich der in der durch das StrlSchG neu eingeführten Regelung des S. 3 (1. Alt.: Unterbleiben der Mitteilung) vorgesehene Weg: Der SSB kann sich **direkt an die zuständige Behörde wenden.** Entsprechend kann der SSB aktiv werden, wenn der SSV die Abschrift nicht an die zuständige Behörde (S. 22 Hs. 2 i. V. m. S. 3, 2. Alt.) übermittelt. Durch die in Abs. 2 S. 3 eröffnete Möglichkeit, sich an die zuständige Behörde zu wenden, wird der SSB nicht zu deren „langem Arm" oder Beliehener (→ § 70 Rn. 18). Der SSB ist nicht dazu verpflichtet, die Behörde einzuschalten, sondern hat hier Ermessen („kann"). S. 3 wurde geschaffen, um in Fällen pflichtwidrigen Verhaltens des SSV den SSB besser abzusichern (BT-Drs. 18/11241, 317). Die praktische Bedeutung von S. 3 wird sich zeigen; bereits unter der alten Rechtslage war die zuständige Behörde verpflichtet, im Rahmen ihrer **Amtsermittlungspflicht** gem. § 24 VwVfG (auch anonymen) Hinweisen nachzugehen. 9

Hält sich der SSV nicht an die Vorgaben des Abs. 2 S. 2, ist das für ihn nicht risikolos, denn wenn er den SSB gewissermaßen zwingt, die Behörde einzuschalten, wirft er ggf. die **Frage nach seiner Zuverlässigkeit** auf (*Schmatz/Nöthlichs* 8060 Anm. 8). Was den SSB angeht, so sollte auch er sich an die in Abs. 2 vorgesehene Reihenfolge der „Eskalationsstufen" halten; die neue Regelung gibt ihm zwar unter bestimmten Umständen das Recht, sich direkt an die Behörde zu wenden, 10 macht aber zugleich die Wertung des Gesetzgebers deutlich, dass **Konflikte vorher innerbetrieblich** angesprochen und diskutiert werden sollen; der SSV soll die Gelegenheit haben, die Mängel selber zu beheben. Macht ein SSB eine Meldung an die Behörde, ohne vorher den in S. 1 und 2 beschriebenen Weg zu gehen, kann sich dies je nach Umständen als eine **Verletzung der arbeitsvertraglichen Rücksichtnahmepflicht** darstellen; allerdings ist der SSB durch das Benachteiligungs- und Kündigungsverbot des § 70 Abs. 6 geschützt. In Extremfällen, wenn weitere Umstände dazukommen, etwa eine bewusst wahrheitswidrige Meldung an die Behörde oder eine eindeutig sachfremde (persönliche) Motivation, könnte sich dennoch die Frage einer – zulässigen – fristlosen Kündigung stellen (→ § 70 Rn. 70). Ein modifiziertes Modell des Konfliktmanagements existiert im Bereich der Fachkraft für Arbeitssicherheit (§ 8 Abs. 3 ASiG; vgl. auch § 89 BetrVG), nicht dagegen bei anderen Betriebsbeauftragten wie ImSchB, StörfallB, Abfall- oder Gewässerschutzbeauftragtem.

III. Zusammenarbeit mit Dritten (Abs. 3)

11   Abs. 3 verpflichtet SSV und SSB zur Zusammenarbeit mit dem **Betriebsrat/ Personalrat,** den **Fachkräften für Arbeitssicherheit** und – im Hinblick auf § 32 Abs. 4 StrlSchV 2001 ist das neu – dem **ermächtigten Arzt** nach § 79 Abs. 1 S. 2 Nr. 9 lit. a sowie zur Unterrichtung über wichtige Angelegenheiten des Strahlenschutzes (S. 1). Darüber hinaus hat der SSB den Betriebs- oder Personalrat auf dessen Verlangen in Angelegenheiten des Strahlenschutzes zu **beraten** (S. 2).

12   S. 1 ergänzt damit die **Zusammenarbeits- und Unterrichtungspflichten von Betriebsärzten und den Arbeitssicherheits-Fachkräften untereinander** (§ 10 S. 1 und 2 ASiG) sowie hinsichtlich des Betriebsrats (§ 9 Abs. 1 und 2 ASiG, §§ 89 f. BetrVG). Konkret hinzuweisen ist auf die mit § 71 Abs. 3 S. 1 korrespondierende Regelung des § 10 S. 3 ASiG, nach dem Betriebsärzte und Fachkräfte für Arbeitssicherheit mit den anderen im Betrieb für Angelegenheiten der technischen Sicherheit, des Gesundheits- und des Umweltschutzes beauftragten Personen zusammenarbeiten. Die Beratungspflicht des SSB gegenüber dem Betriebsrat (§ 71 Abs. 3 S. 2) findet ihr Pendant in § 10 Abs. 2 S. 2 ASiG. Die Unterrichtungspflicht von SSV und SSB gegenüber dem Betriebs- bzw. Personalrat beschränkt sich auf wichtige Angelegenheiten des Strahlenschutzes. Die Räte haben allerdings keinen Anspruch, dass ihnen generell und losgelöst von einem bestimmten und konkreten Anlass alle schriftlichen Vorschläge zur Kenntnisnahme weitergeleitet werden (OVG Münster Beschl. v. 22.05.1996 – 1 A 1864/93.PVL, BeckRS 1996, 13804, LS 1).

13   Zu den Aufgaben des SSB zählt auch die **Informationsbeschaffung** für eine sachgerechte Beratung. Um seine Beratungspflicht iSd. Abs. 3 – aber auch gegenüber dem SSV gem. Abs. 2 – erfüllen zu können, muss er die für seine Tätigkeit wichtigen **Entwicklungen in Wissenschaft und Technik verfolgen;** er muss immer auf dem neuesten Stand sein. Ein wichtiges Instrument, um dies zu gewährleisten, ist die **obligatorische Aktualisierung der Fachkunde** gem. § 48 StrlSchV (→ § 74 Rn. 42). Weitere Voraussetzung des Beratungs- und Mitteilungspflicht ist, dass der SSB die innerbetrieblichen Abläufe und Kompetenzverteilungen kennt; auch hierüber ist er vom SSV zu informieren.

IV. Zuwiderhandlungen

Die zuständige Behörde kann die Pflichten des § 71 mittels **Anordnung** gem.   **14**
§ 179 Abs. 2 gegen den SSV und, in dringenden Fällen, auch gegen den SSB durchsetzen (BT-Drs. 19/26943, 54; vgl. *Schmatz/Nöthlichs* 8060 Anm. 12 u. 8157
Anm. 2.1).

Die Verpflichtung des SSB, dem SSV unverzüglich alle Mängel mitzuteilen, die
den Strahlenschutz beeinträchtigen, ist **bußgeldbewehrt** (§§ 194 Abs. 1 Nr. 5
i. V. m. 71 Abs. 2 S. 1). Die Ordnungswidrigkeit kann vorsätzlich oder fahrlässig begangen und mit einer Geldbuße bis zu zehntausend Euro geahndet werden (§ 194
Abs. 2).

§ 72   **Weitere Pflichten des Strahlenschutzverantwortlichen und des
Strahlenschutzbeauftragten; Verordnungsermächtigung**

(1) ¹Der **Strahlenschutzverantwortliche hat bei Tätigkeiten nach § 4
Absatz 1 Satz 1 Nummer 1 bis 7 und 9 unter Beachtung des Standes von
Wissenschaft und Technik, bei Tätigkeiten nach § 4 Absatz 1 Satz 1
Nummer 8, 10 und 11 unter Beachtung des Standes der Technik, zum
Schutz des Menschen und der Umwelt vor den schädlichen Wirkungen
ionisierender Strahlung durch geeignete Schutzmaßnahmen, insbesondere durch Bereitstellung geeigneter Räume, Ausrüstungen und Geräte,
durch geeignete Regelung des Betriebsablaufs und durch Bereitstellung
ausreichenden und geeigneten Personals, dafür zu sorgen, dass**
1. **im Sinne des § 8 Absatz 1 jede unnötige Exposition oder Kontamination
von Mensch und Umwelt vermieden wird und im Sinne des § 8 Absatz 2
jede Exposition oder Kontamination von Mensch und Umwelt unter
Berücksichtigung aller Umstände des Einzelfalls auch unterhalb der
Grenzwerte so gering wie möglich gehalten wird;**
2. **die folgenden Vorschriften eingehalten werden:**
   a) **§ 27 Absatz 3, § 77 Satz 1, § 78 Absatz 1 bis 4, § 80 Absatz 1 und 2, § 83
   Absatz 1, 3 Satz 1 und 4 und Absatz 5 und § 166 sowie nach Maßgabe
   des § 115 Absatz 1 Nummer 1 und Absatz 2 Nummer 1 die Vorschriften der §§ 113, 114 und 116 und**
   b) **§ 76 Absatz 2, § 85 Absatz 1 bis 3, § 90 Absatz 2, die §§ 167 und 168;**
3. **die Vorschriften und Schutzvorschriften einer auf Grund der §§ 24, 37
Absatz 1, von § 68 Absatz 1, der §§ 73, 76 Absatz 1, von § 79 Absatz 1,
der §§ 81, 82, 85 Absatz 4, der §§ 86, 87, 89, 90 Absatz 1, von § 170
Absatz 9, § 171 erlassenen Rechtsverordnung eingehalten werden, soweit die Rechtsverordnung dies bestimmt, und**
4. **die erforderlichen Maßnahmen gegen ein unbeabsichtigtes Kritischwerden von Kernbrennstoffen getroffen werden.**
²**Für Tätigkeiten nach § 4 Absatz 1 Satz 2 gilt Satz 1 entsprechend.**

(2) ¹**Der Strahlenschutzbeauftragte hat dafür zu sorgen, dass**
1. **im Rahmen der ihm nach § 70 Absatz 2 übertragenen Aufgaben und Befugnisse**
   a) **die in Absatz 1 Satz 1 Nummer 1 und 2 genannten Vorschriften eingehalten werden,**

b) die in Absatz 1 Satz 1 Nummer 3 genannten Vorschriften und Schutzvorschriften eingehalten werden,

soweit nicht auf Grund der Rechtsverordnung nach Satz 2 allein der Strahlenschutzverantwortliche für die Einhaltung zu sorgen hat, und

2. die Bestimmungen des Bescheides über die Genehmigung, Freigabe oder Bauartzulassung und die von der zuständigen Behörde erlassenen Anordnungen und Auflagen eingehalten werden, soweit ihm deren Durchführung und Erfüllung nach § 70 Absatz 2 übertragen worden sind.

²Die Bundesregierung wird ermächtigt, durch Rechtsverordnung mit Zustimmung des Bundesrates festzulegen, dass für die Einhaltung bestimmter in Absatz 1 Satz 1 Nummer 3 genannter Vorschriften und Schutzvorschriften allein der Strahlenschutzverantwortliche zu sorgen hat. ³Die Bundesregierung wird ermächtigt, durch Rechtsverordnung mit Zustimmung des Bundesrates festzulegen, wie die Befugnisse des nach § 29 Absatz 1 Satz 1 Nummer 3 erforderlichen Strahlenschutzbeauftragten auszugestalten sind.

(3) Der Strahlenschutzverantwortliche und der Strahlenschutzbeauftragte haben dafür zu sorgen, dass bei Gefahr für Mensch und Umwelt unverzüglich geeignete Maßnahmen zur Abwendung dieser Gefahr getroffen werden.

Übersicht

Schrifttum: vgl. auch die Angaben zu den §§ 69–71; *Bischof,* Zur Optimierungspflicht im Strahlenschutzrecht, NJW 1991, 2323; *Roller,* Der Gefahrenbegriff im atomrechtlichen Aufsichtsverfahren, DVBl. 1993, 20.

A. Sinn und Zweck der Norm

Die Regelung bestimmt weitere Pflichten des SSV und des SSB. Während die **1** voranstehenden §§ 69–71 grundsätzliche Vorgaben und Pflichten im Innenverhältnis bzw. zur betrieblichen Zusammenarbeit im Strahlenschutz beinhalten, legt § 72 – den ehemaligen §§ 33 StrlSchV 2001 und 15 RöV folgend – **kataloghaft die inhaltlichen Pflichten** mit Blick auf Bestimmungen zum Schutz des Menschen und der Umwelt vor den schädlichen Wirkungen ionisierender Strahlung durch geeignete Schutzmaßnahmen fest. Es werden Ziele und die Mittel zu deren Verwirklichung beschrieben. Die Regelung des § 43 StrlSchV ergänzt § 72 (BR-Drs. 423/18, 373).

B. Bisherige Regelung

Die Inhalte des § 72 waren bisher in den §§ 33 StrlSchV 2001 und 15 RöV ge- **2** regelt. Die wichtigsten Änderungen gegenüber diesen Vorschriften folgen aus der Ausweitung des Begriffs der Tätigkeiten (→ Rn. 5) und aus der Verweisung auf die StrlSchV (→ Rn. 3).

C. Weitere Pflichten

I. Weitere Pflichten des Strahlenschutzverantwortlichen (Abs. 1)

1. Grundsätzliches. Der Absatz benennt in Satz 1 in vier Ziffern die „wei- **3** teren" Pflichten des SSV; „weitere" deshalb, weil die §§ 69 und 70 grundlegende organisatorische Pflichten des SSV, vor allem die Bestellung von SSB und die Zusammenarbeit mit ihnen, regeln. Die eigentlichen inhaltlichen Pflichten, die den SSV treffen, sind jedoch in Abs. 1 enthalten, der daher eine hohe Bedeutung aufweist. Der **„Pflichtenkatalog"** in Abs. 1 ist etwas **inhomogen.** Während die Ziff. 1 und 4 selbständige Pflichten statuieren, enthalten die Ziff. 2 und 3 einen Katalog von Verweisungen auf konkrete Vorschriften des StrlSchG (Nr. 2) und – pauschaler – auf einschlägige Vorschriften der StrlSchV (Nr. 3). In den bisherigen §§ 33 StrlSchV 2001, 15 RÖV war die Verweisungen auf Rechtsvorschriften, für deren Einhaltung der SSV zu sorgen hat, in einer abschließenden konkreten Auflistung enthalten. Im StrlSchG war dies aufgrund der Aufteilung der Materie auf das StrlSchG und die StrlSchV nicht mehr möglich; Abs. 1 Nr. 3 verweist daher auf Vorschriften der StrlSchV, „soweit die Rechtsverordnung dies bestimmt". In der neuen StrSchV existieren dazu sehr viele an SSV und SSB adressierte entsprechende Stellen (*Blum et al.,* S. 11), die stets an der Einleitung kenntlich sind: „Der Strahlenschutzverantwortliche hat dafür zu sorgen, dass …".

2. Anforderungen, Ziele und Mittel der Sorgepflicht des Abs. 1. Abs. 1 **4** S. 1 benennt zunächst generelle Anforderungen, Schutzziele und Maßnahmen, die für die Sorgepflicht des SSV maßgeblich sind, die in den sich anschließenden Nrn. 1 bis 4 konkretisiert wird. Der SSV hat bei Tätigkeiten nach § 4 Abs. 1 S. 1 Nr. 1 bis 7 und 9 unter Beachtung des **Standes von Wissenschaft und Technik** bzw. bei Tätigkeiten nach § 4 Abs. 1 S. 1 Nr. 8, 10 und 11 unter Beachtung des **Standes der Technik** geeignete Maßnahmen zum Schutz des Menschen und der Umwelt vor den schädlichen Wirkungen ionisierender Strahlung zu treffen. Die Differenzierung der beiden Maßstäbe geht auf die aus der StrlSchV 2001 bzw. der RöV übernommene Rechtslage zurück (BT-Drs. 18/11241, 318; → § 8 Rn. 36 ff.).

5   Wie die amtl. Begr. ausführt (BT-Drs. 18/11241, 318), gilt die Zugrundelegung des Standes der Technik im Zusammenhang mit Tätigkeiten nach § 4 Abs. 1 S. 1 Nr. 10 für Tätigkeiten im Zusammenhang mit sogenannten **NORM-Arbeitsplätzen,** weil nur bei diesen ein SSV gefordert wird. Die Zugrundelegung des Standes der Technik bei Tätigkeiten nach § 4 Abs. 1 S. 1 Nr. 10 und 11 ist eine Neuerung im Vergleich zu der bisherigen Rechtslage: diese Tätigkeiten wurden nach bisherigem Recht als Arbeiten qualifiziert; § 94 SSV 2001 forderte „geeignete Maßnahmen (…), um unter Berücksichtigung aller Umstände des Einzelfalls die Exposition so gering wie möglich zu halten". Wie die amtl. Begr. weiter ausführt, wurden die Formulierungsunterschiede zwischen § 33 Abs. 1 StrlSchV 2001 und § 15 Abs. 1 RöV bei der Neufassung beseitigt, wobei ersterer Norm gefolgt wurde. Der Hinweis in § 15 Abs. 1 RöV, dass „erforderlichenfalls durch Außerbetriebsetzung" von Röntgeneinrichtungen die Pflichten zu erfüllen seien, hatte einen erläuternden und keinen regelnden Charakter und konnte somit entfallen.

6   Bei der Auslegung der Begrifflichkeit **„Mensch und Umwelt"** ist auf den Anwendungsbereich des StrlSchG abzustellen (§ 1 Abs. 1). Geschützt ist nicht die Umwelt als solche, sondern nur, soweit es um den langfristigen Schutz der menschlichen Gesundheit geht (BT-Drs. 18/11241, 221 → § 1 Rn. 6).

7   Der SSV hat **„geeignete Schutzmaßnahmen"** zu treffen; „insbesondere" werden genannt die Bereitstellung geeigneter Räume, Ausrüstungen und Geräte, Regelung des Betriebsablaufs, Bereitstellung ausreichenden und geeigneten Personals. Weitere Schutzmaßnahmen sind denkbar und müssen im Einzelfall ggf. vom SSV ergriffen werden. So sind etwa radioaktive Stoffe bei Nichtverwendung in geschützten Räumen oder Schutzbehältern zu lagern (§ 87 Abs. 1 StrlSchV, DIN 25422). Die Pflicht zur diebstahlsicheren Aufbewahrung – Absicherung derart, dass keine unbefugten Personen Zugriff haben können – unterfällt § 72 Abs. 1. Eng verbunden mit der Pflicht zur Sorge für Schutzmaßnahmen ist das Vorhalten der erforderlichen Finanzmittel für die Dauer der Tätigkeitsausübung und der Nachsorge.

8   Der SSV muss diese Pflichten nicht selbst erfüllen. Er kann sie auf Dritte – zB SSBV oder SSB – **delegieren,** bleibt aber **letztendlich verantwortlich.** Die zuständige Behörde kann nur gegen ihn eine Anordnung erlassen (*Schmatz/Nöthlichs,* 8061 Anm. 1.2).

9   **3. Die einzelnen Sorgetatbestände. a) Vermeidung unnötiger Exposition und Dosisreduzierung (Abs. 1 S. 1 Nr. 1).** Der SSV hat im Sinne des § 8 unter Berücksichtigung des jeweiligen Standes von Wissenschaft und Technik bzw. des Standes der Technik geeignete Schutzmaßnahmen zu ergreifen, damit jede unnötige Exposition oder Kontamination von Mensch und Umwelt vermieden wird und jede Exposition oder Kontamination von Mensch und Umwelt unter Berücksichtigung aller Umstände des Einzelfalls auch unterhalb der Grenzwerte so gering wie möglich gehalten wird. Die Verpflichtung des SSV – und gem. Abs. 2 auch des SSB im Rahmen des ihm eingeräumten innerbetrieblichen Entscheidungsbereichs – besteht also darin, nicht nur auf die Einhaltung von Werten zu achten, sondern auch dafür zu sorgen, dass sie weitmöglichst unterschritten werden (*Bischof* NJW 1991, 2327). Im Übrigen kann auf die Kommentierung zu § 8 verwiesen werden.

b) Vorschriften des StrlSchG (Abs. 1 S. 1 Nr. 2). Die amtliche Begründung **10** führt aus: „Zu den vom Strahlenschutzverantwortlichen einzuhaltenden Pflichten, die auf formell-gesetzlicher Ebene geregelt sind, zählen u. a. die Einhaltung der Grenzwerte für beruflich exponierte Personen und für Einzelpersonen der Bevölkerung, die Pflicht zur Stellung der rechtfertigenden Indikation und gesetzliche Vorschriften zum Schutz eigener Einsatzkräfte bei Notfällen" (BT-Drs. 18/11241, 318). Der SSV hat somit dafür zu sorgen, dass die genannten Vorschriften, die ihn z. T. auch selbst direkt verpflichten (Abs. 1 Nr. 2 lit. b), eingehalten werden (vgl. die Kommentierung zu den einzelnen §§).

c) Vorschriften der StrlSchV (Abs. 1 S. 1 Nr. 3). Abs. 1 Nr. 3 verweist auf **11** die Vorschriften, für deren Einhaltung der SSV nach den Vorgaben der StrlSchV verantwortlich ist (BT-Drs. 18/11241, 319). Im Hinblick auf die in Nr. 3 genannten Vorschriften und Schutzvorschriften gilt dies, soweit die StrlSchV dies bestimmt, indem sie Regelungen mit der Standardformulierung einleitet, der SSV habe dafür zu sorgen, dass (…) (→ Rn. 3).

Der Verweis auf „§ 68 Absatz 1," (Freigabe) in Nr. 3 wurde auf Vorschlag des BR **12** aufgenommen, der eine Erforderlichkeit damit begründete, im Prozess der Freigabe seien bis zur endgültigen Entlassung von Stoffen, Räumen etc. diverse vorbereitende Handlungen unter Verantwortung des Adressaten des Freigabebescheides erforderlich, die unbedingt durch eine mit entsprechendem Wissen und den erforderlichen Befugnissen ausgestattete Person vorgenommen oder beaufsichtigt werden sollen. Daher solle der SSV auch befugt sein, dem SSB Aufgaben, die sich aus Vorschriften und Schutzvorschriften auf Grund der Verordnung über die Freigabe nach § 68 ergeben, zu übertragen (BT-Drs. 18/11622, 8 f. u. 38).

d) Kritischwerden von Kernbrennstoffen (Abs. 1 S. 1 Nr. 4). Schließlich **13** hat der SSV wie schon bisher dafür zu sorgen, dass die erforderlichen Maßnahmen gegen ein unbeabsichtigtes Kritischwerden von Kernbrennstoffen getroffen werden.

4. Erstreckung auf Tätigkeiten nach § 4 Abs. 1 S. 2 (Abs. 1 S. 2). Abs. 1 **14** S. 2 ordnet die entsprechende Geltung des S. 1 für Tätigkeiten nach § 4 Abs. 1 S. 2 an, also auf die Beschäftigung von Personen, die die in § 4 Abs. 1 S. 1 Nr. 10 bis 11 genannten Tätigkeiten für Dritte ausüben, und auf sonstige Handlungen, die im Zusammenhang mit diesen Tätigkeiten die Exposition oder Kontamination erhöhen können.

II. Weitere Pflichten des Strahlenschutzbeauftragten (Abs. 2 S. 1); Verordnungsermächtigung (Abs. 2 S. 2)

1. Weitere Pflichten des Strahlenschutzbeauftragten (Abs. 2 S. 1). Abs. 2 **15** S. 1 enthält, analog zu Abs. 1 für den SSV, eine Auflistung der **eigentlichen Pflichten des SSB** neben denen, die er gem. §§ 70 und 71 im Verhältnis zum SSV hat. Gem. Nr. 1 muss er im Rahmen der ihm nach § 70 Abs. 2 übertragenen Aufgaben und Befugnisse, entsprechend dem SSV, dafür Sorge tragen, dass die in Abs. 1 Nr. 1 bis 3 genannten Vorschriften und Schutzvorschriften eingehalten werden, soweit es sich nicht um Pflichten handelt, die der StrlSchV allein dem SSV zugewiesen sind (→ § 70 Rn. 28). Durch die Formulierung „hat dafür zu sorgen" wird wie beim SSV in Abs. 1 klargestellt, dass der SSB sich **nicht höchstpersönlich um die Einhaltung kümmern** muss; er kann die genannten Aufgaben auf Dritte übertragen.

16   Nr. 2 betrifft die Einhaltung des jeweiligen Genehmigungs-, Freigabe oder Bau- artzulassungsbescheides und der von der zuständigen Behörde erlassenen Anord- nungen und Auflagen. Auch hier ist der SSB nur dann verpflichtet, wenn ihm diese Aufgaben gem. § 70 Abs. 2 vom SSV übertragen worden sind. Im Pflichtenkanon des SSV (Abs. 1) fehlt die Pflicht zur Einhaltung der genannten Bescheide, Anord- nungen und Auflagen; sie ergibt sich unmittelbar daraus, dass der SSV Genehmi- gungsinhaber ist.

17   **2. Verordnungsermächtigung (Abs. 2 S. 2).** S. 2 enthält eine Ermächtigung, die es ermöglicht, den SSB hinsichtlich bestimmter in Abs. 1 S. 1 Nr. 3 genannter Vorschriften und Schutzvorschriften per Verordnung zu ent- und allein den SSV zu verpflichten. Umgesetzt wurde diese Ermächtigung in **§ 43 Abs. 2 StrlSchV,** der im Wortlaut ein Verbot enthält, die dort genannten Pflichten dem SSB zu über- tragen, was allerdings einschränkend ausgelegt werden muss (→ § 70 Rn. 28).

18   S. 3 ermächtigt in einer RVO mit Zustimmung des BR festzulegen, wie die Be- fugnisse des nach § 29 Abs. 1 S. 1 Nr. 3 (Beförderung sonstiger radioaktiver Stoffe) erforderlichen SSB auszugestalten sind. Die VO-Erm. in S. 3 wurde auf Betreiben des BR aufgenommen, der eine Erforderlichkeit damit begründete, in der gesamten Prozesskette der Beförderung könnten bis zu fünf Personen mit unternehmerischer Verantwortung beteiligt sein, von denen nur eine Person die Genehmigung nach § 27 erhält bzw. innehat; dies erfordere entsprechende über den innerbetrieblichen Entscheidungsbereich hinausgehende Weisungsbefugnisse des SSB auch in den fremden Unternehmen außerhalb des eigenen Unternehmens (BT-Drs. 18/11622, 9 f. u. 38). Diese Ermächtigung ist bislang nicht umgesetzt.

III. Gefahrenabwehr (Abs. 3)

19   Abs. 3 nimmt sowohl den SSV als auch den SSB in die Pflicht. Beide haben dafür zu sorgen, dass bei Gefahr für Mensch und Umwelt unverzüglich geeignete Maß- nahmen zur Abwendung dieser Gefahr getroffen werden. Von einer **Gefahr** ist dann auszugehen, wenn eine Sachlage gegeben ist, die bei **objektiv zu erwarten- dem, ungehinderten Geschehensablauf mit (hinreichender) Wahrschein- lichkeit zu einem Schaden,** nämlich zu einer nicht unerheblichen Beeinträchti- gung eines rechtlich geschützten Gutes führt (VGH Kassel Urt. v. 25.03.1997 – 14 A 3083/89, juris, Rn. 154 = BeckRS 1997, 22815; *Schmatz / Nöthlichs* 8061 Anm. 2 (zur wortgleichen Regelung in § 33 Abs. 3 StrlSchV 2001); *Roller* DVBl. 1993, 21; ferner OLG Frankfurt a. M. Urt. v. 10.10.1996 – 1 U 46/95).

20   Abs. 3 begründet eine eigenständige, über Abs. 1 und 2 hinausgehende Schutz- pflicht; er bezieht sich nicht lediglich auf Gefahren, die aus Verstößen gegen die vorgenannten Abs. resultieren (so aber – ohne Begründung – *Schmatz / Nöthlichs* 8061 Anm. 2). Bei Abs. 3 geht es darum, dass in einer Gefahrenlage **unverzüglich die erforderlichen Maßnahmen getroffen** werden, und nicht darum, ob vorher „alles richtig" gemacht worden ist (eine entsprechende Prüfung wäre in einer sol- chen Lage auch verfehlt). Die Gefahr kann dabei etwa auch durch Ereignisse her- beigeführt worden sein, gegen die nach den Rechtsvorschriften, nach dem Regel- werk und nach dem Genehmigungsbescheid keine Vorsorgemaßnahmen zu treffen waren, oder aus einem nicht vorhersehbaren Versagen der pflichtgemäß getroffenen Schutzvorkehrungen resultieren.

21   In einer Gefahrenlage (bei einer „Gefahr für Leben, Gesundheit und Sachgüter") besteht eine Befugnis der **Aufsichtsbehörde,** die Beseitigung des gefahrbringenden Zustandes **anzuordnen** (§ 179 Abs. 1 Nr. 2 StrlSchG iVm § 19 Abs. 3 AtG). SSB und SSV müssen solchen Anordnungen Folge leisten; Abs. 3 verpflichtet sie jedoch, **eigenverantwortlich** für die Einleitung von Maßnahmen zu sorgen. Das wird etwa in der Anfangsphase einer Gefahrensituation von Bedeutung sein, in der nicht auf behördliche Anordnungen „gewartet" werden darf.

Verlangt wird, dass die Maßnahmen **unverzüglich,** d. h. ohne schuldhaftes Zögern, getroffen werden. Maßstab hierfür ist § 121 Abs. 1 S. 1 BGB; „ohne schuldhaftes Zögern" bedeutet, sobald es den Verantwortungsträgern nach den Umständen des Falles möglich und zumutbar ist, die geeigneten Maßnahmen zu ergreifen; eine **angemessene Frist ist also einzukalkulieren.** Die Maßnahmen der Gefahrenabwehr richten sich nach Art und Ausmaß der Gefahr, sind also am Einzelfall auszurichten (*Kramer/Zerlett,* § 31 III.8 f.). Zu den geeigneten Maßnahmen zählt auch die Einrichtung eines in der Regel durch Auflagen im Genehmigungsbescheid usw vorgegebenen **Meldewegs** im Falle bedeutsamer Vorkommnisse (vgl. BayLfU, Leitfaden für Meldungen – Besondere Vorkommnisse bei Umgang mit radioaktiven Stoffen gemäß § 12 StrlSchG, Stand 1/2019, https://www.lfu. bayern.de). 22

Flankiert wird Abs. 3 durch die Bestimmungen in den §§ 107 und 152 StrlSchV (BR-Drs. 423/18, 457). Nach § 107 StrlSchV hat der SSV über § 72 Absatz 3 hinaus dafür zu sorgen, dass bei einem **Notfall** (Legaldefinition in § 5 Abs. 26) oder **Störfall** (Legaldefinition in § 1 Abs. 18 StrlSchV) unverzüglich alle notwendigen Maßnahmen zur Verringerung der Not- bzw. Störfallfolgen getroffen werden. § 152 StrlSchV verpflichtet den SSV bei Notfallexpositionssituationen zur Hilfeleistung und Beratung von Behörden, Hilfsorganisationen und Einsatzkräften usw. 23

IV. Zuwiderhandlungen

Die zuständige Behörde kann die Pflichten des § 72 durch **Anordnungen** durchsetzen (§ 179). 24

Ein Verstoß gegen Pflichten des § 72 ist bußgeldbewehrt. **Ordnungswidrigkeiten** begeht (jeweils auch in Verbindung mit § 72 Abs. 1 S. 2), wer nicht dafür sorgt, dass entgegen § 72 Abs. 1 Nr. 1 oder Abs. 2 Nr. 1 lit. a eine dort genannte Exposition oder Kontamination vermieden oder so gering wie möglich gehalten wird (§ 194 Abs. 1 Nr. 21), dass entgegen § 72 Abs. 1 S. 1 Nr. 2 lit. a oder Abs. 2 Nr. 1 lit a eine dort genannte Vorschrift eingehalten wird (§ 194 Abs. 1 Nr. 22) oder dass entgegen § 72 Abs. 1 S. 1 Nr. 4 die erforderlichen Maßnahmen gegen ein Kritischwerden von Kernbrennstoffen getroffen werden (§ 194 Abs. 1 Nr. 23). Soweit sich die Bußgeldtatbestände nur an den SSV richten, können sie über § 9 Abs. 2 OWiG auch auf SSBV und SSB angewendet werden (*Schmatz/Nöthlichs,* 8061 Anm. 1.2). Die Ordnungswidrigkeit kann vorsätzlich oder fahrlässig begangen und mit einer Geldbuße bis zu fünfzigtausend Euro geahndet werden (§ 194 Abs. 2). 25

Die Verknüpfung der Pflichten des SSV und SSB mit Ordnungswidrigkeitstatbeständen ist systematisch stringent und unterstreicht die Bedeutung der Pflichten; in der Praxis werden OWi-Verfahren aber selten eröffnet. Das Strahlenschutzrecht basiert auf der Erwartung, dass SSV und SSB aufgrund der an sie gestellten Anforderungen (Zuverlässigkeit, Fachkunde für den SSB, etc.) den gesetzlichen Pflichten in eigener Regie – unter begleitender Aufsicht der zuständigen Behörde – und aus Einsicht in deren Notwendigkeit nachkommen. Ein Fall, in dem ein SSV oder die SSB eines Unternehmens mehrfach durch OWi-Verfahren zu ihren Pflichten an- 26 gehalten werden müssten, verriete letztlich eine **mangelnde Sicherheitskultur** und wäre aus Sicht des Schutzzwecks des StrlSchG eine äußerst missliche Situation; hier drängte sich dann auch schnell die **Frage der Zuverlässigkeit** vor allem des SSV auf. Handelt ein SSB wiederholt pflichtwidrig, so besteht die Möglichkeit seiner Entpflichtung.

§ 73 Verordnungsermächtigung für den Erlass einer Strahlenschutzanweisung

Die Bundesregierung wird ermächtigt, durch Rechtsverordnung mit Zustimmung des Bundesrates festzulegen, dass der Strahlenschutzverantwortliche eine Strahlenschutzanweisung zu erlassen hat und welchen Inhalt die Strahlenschutzanweisung haben muss.

Schrifttum: *BGHM 2019* Berufsgenossenschaft Holz und Metall (Hrsg.), Sicherheit durch Betriebsanweisungen, Mainz 2019; *FS 2019* Fachverband für Strahlenschutz (Hrsg.), Muster-Strahlenschutzanweisungen für den Betrieb und die Prüfung, Erprobung, Wartung und Instandsetzung von Röntgeneinrichtungen und Störstrahlern nach §§ 19 und 22 StrlSchG, o.O. 2019.

A. Sinn und Zweck der Norm

1   § 73 schafft die Ermächtigungsgrundlage dafür, durch RVO die Pflicht des SSV zum Erlass einer SSAnw und den Inhalt der SSAnw festzulegen. Eine SSAnw ist als **Betriebsanweisung** ein wichtiges innerbetriebliches Instrument zur **Sicherstellung des Strahlenschutzes**. Sie ist im Hinblick auf den jeweiligen Tätigkeitsbereich des SSV abzufassen, soll das sicherheitsadäquate Verhalten der Beschäftigten bewirken und hilft somit, Menschen und Umwelt vor möglichen Gefahren durch ionisierende Strahlung zu schützen. Nicht zuletzt soll eine SSAnw **menschliches Fehlverhalten vermeiden** helfen. Gerade im Umgang mit Technik spielt menschliches Versagen eine prominente Rolle (nach Auswertungen der Zentrale Melde- und Auswertestelle für Störfälle und Störungen (ZEMA) ist es eine der bedeutsamsten Gefahrenquellen in störfallrechtlichen Betriebsbereichen, *Hansmann/König* in Landmann/Rohmer UmweltR § 6 12. BImSchV, Rn. 6f.).

B. Bisherige Regelung

2   Die Ermächtigung und ihre Umsetzung in § 45 greifen die §§ 34 der bisherigen StrlSchV 2001 und 15a der bisherigen RöV auf.

C. Strahlenschutzanweisung (§ 45 StrlSchV)

I. Allgemeines

3   **1. Ermächtigungsgrundlage.** Die Ermächtigungsgrundlage des § 73 ist in § 45 StrlSchV umgesetzt worden. Entsprechend der bisherigen Vollzugspraxis (vgl. § 15a S. 1 RöV) ist jetzt eine SSAnw auch beim **genehmigungsbedürftigen Betrieb**

von Röntgeneinrichtungen sowie, wegen „des infolge der Richtlinie 2013/59/ Euratom weitergehenden Anwendungsbereichs der Regelungen zu geplanten Expositionssituationen", auch für weitere Tätigkeiten verpflichtend (zB beim angezeigten Betrieb eines Luftfahrzeugs, BR-Drs. 423/18, 374).

SSAnw sind das Ergebnis einer in der Regel bereits vor bzw. während des Ge- **4** nehmigungsverfahrens stattgefundenen **Gefährdungsanalyse;** bei betrieblichen Änderungen sowie aufgrund behördlicher Auflagen oder Anordnungen sind sie fortzuschreiben. SSAnw sind erforderliche Unterlagen zur Prüfung von Genehmigungsanträgen (vgl. Anl. 2 zu § 16, § 25 Abs. 2, § 40 Abs. 4, § 46 Abs. 1, Teile A (§ 12 Abs. 1 Nr. 1 u. 2), B (§ 12 Abs. 1 Nr. 3 u. § 40) und C (§ 12 Absatz 1 Nr. 4; hier nur, wenn der Erlass einer SSAnw erforderlich ist).

2. Adressat der Norm; Form und Inhalt der SSAnw. Der SSV ist dafür ver- **5** antwortlich, dass eine SSAnw schriftlich erlassen wird (§ 45 Abs. 1 S. 1 StrlSchV). In der Praxis wird die SSAnw regelmäßig vom SSB – im Rahmen der ihm übertragenen Befugnisse – erstellt. Die SSAnw muss **vom SSV unterschrieben** werden, was sich aus § 43 StrlSchV ergibt, nach dem das Erlassen einer SSAnw zu den Aufgaben gehört, die er nicht delegieren kann.

Um ihre Schutzfunktion zu erfüllen, muss die SSAnw den Strahlenschutzvor- **6** schriften entsprechen und **inhaltlich vollständig** sein. Aufgenommen werden auch die einschlägigen Auflagen aus behördlichen Genehmigungen und Vorgaben von Anordnungen sowie innerbetriebliche Regelungen des SSV und des SSB (*Kramer/Zerlett*, § 4 II.2). Die SSAnw muss den Beschäftigten **verständliche Verhaltensanweisung** geben und sollte **jederzeit einsehbar** bereitgehalten werden (vgl. BGHM 2019, 26).

3. Fortschreibungspflicht (§ 45 Abs. 3 StrlSchV). Abs. 3 stellt klar, dass die **7** SSAnw bei wesentlichen Änderungen **unverzüglich zu aktualisieren** ist. „Unverzüglich" bedeutet dabei „ohne schuldhaftes Zögern" i. S. d. § 121 Abs. 1 S. 1 BGB. Der Begriff der **wesentlichen Änderungen** in Abs. 3 ist nicht identisch mit Begriff aus § 12 Abs. 2. Letzterer ist für die Frage nach der Genehmigungspflicht bedeutsam (→ § 12 Rn. 70 ff.) und bezieht sich auf **genehmigungsbedürftige Tätigkeiten.** Ohne Frage können derartige wesentliche Änderungen i. S. des § 12 Abs. 2 Gründe für eine Aktualisierung der SSAnw darstellen. Die in § 45 Abs. 3 StrlSchV genannten „wesentlichen Änderungen" gehen aber weiter und können bei Rechtsänderungen, aber auch bei nicht genehmigungspflichtigen Änderungen in der Betriebsorganisation, etwa bei Änderung der Rufnummer eines SSB oder Austausch einer Person mit der erforderlichen Fachkunde im Strahlenschutz, die sofort erreichbar sein muss (§ 45 Abs. 2 Nr. 1) relevant werden. Aktualisierungsgründe können zB die Aufstockung der Anzahl von Feuerlöschern (neue Standorte; relevant i. S. von Abs. 2 Nr. 6) oder Änderungen bei Zutrittsregelungen zu Strahlenschutzbereichen sein.

4. Mitbestimmungsrecht des Betriebsrats. Die inhaltliche Gestaltung von **8** Betriebsanweisungen unterliegt dem **Mitbestimmungsrecht des Betriebsrates** nach § 87 Abs. 1 Nr. 7 BetrVG. Mitbestimmungspflichtig sind betriebsinterne Regelungen über die Verhütung von Arbeitsunfällen, Berufskrankheiten und Gesundheitsschutz im Rahmen der gesetzlichen Vorschriften (§ 87 Abs. 1 Nr. 7 BetrVG; *BGHM* 2019, 7). Da auch eine SSAnw nach § 45 StrlSchV diese Ziele verfolgt, besitzt auch hier der Betriebsrat ein Mitbestimmungsrecht (BAG Beschl. v. 11.12.2012 – 1 ABR 81/11, juris, Rn. 17; *Schmatz/Nöthlichs*, 8063 Anm. 6). Entsprechendes gilt für den Personalrat.

III. Darstellung der betrieblichen Schutzmaßnahmen (§ 45 Abs. 2 StrlSchV)

9   § 45 Abs. 2 StrlSchV regelt, dass in der SSAnw die in dem Betrieb zu beachtenden organisatorischen und technischen Schutzmaßnahmen aufzuführen sind (BT-Drs. 19/22252, 147) und benennt beispielhaft eine Liste von einerseits nicht zwingend, andererseits auch nicht abschließend genannten Maßnahmen („können insbesondere gehören"). Die SSAnw ist auf den eigenen Betrieb und die dort stattfindenden Tätigkeiten **konkret zuzuschneiden.** Vorgaben zu Erstellung und Inhalt von SSAnw finden sich im nachgeordneten Regelwerk, wie etwa in der RL Strahlenschutz in der Medizin (v. 26.05.2011, GMBl. S. 867, geändert am 11.07.2014, GMBl. S. 1020) oder in der DIN 6843. Die in Literatur und Netz zahlreich zur Verfügung stehenden Muster-SSAnw bzw. SSAnw für bestimmte Sparten dürfen nicht einfach abgeschrieben oder unbesehen übernommen werden (*FS 2019,* 2). Sie können zur Hilfestellung und als Merkposten dienen.

IV. Ausnahmen von der Erstellungspflicht (§ 45 Abs. 4 StrlSchV)

10   Von der generellen Verpflichtung zum Erlass einer SSAnw suspendiert Abs. 4. Entsprechend der bisherigen Regelung in § 15a S. 1 RöV ist beim **anzeigebedürftigen Betrieb von Röntgeneinrichtungen** und beim **Betrieb von Störstrahlern** eine SSAnw nur erforderlich, wenn die zuständige Behörde den SSV dazu im Einzelfall verpflichtet (Abs. 4, 1. Alt.). Diese Regelung trägt den vielfältigen Gerätetypen bei Störstrahlern Rechnung (BR-Drs. 423/18, 375). Auch bei einer Anzeige nach §§ 56 oder 59, also bei **NORM-Arbeitsplätzen,** muss eine SSAnw nur auf Verlangen der zuständigen Behörde erlassen werden (Abs. 4, 2. Alt.). Handlungsinstrument der **Behörde** ist in diesen Fällen, soweit die Inhalte der SSAnw nicht bereits im Genehmigungsbescheid geregelt wurden, eine **Anordnung,** die jedoch nur dem SSV adressiert werden kann.

V. Folgen der Nichtbeachtung der SSAnw durch Beschäftigte

11   Die SSAnw ist von den Beschäftigten des Betriebs, aber auch vom fremden Personal eines Inhabers einer Genehmigung nach § 25 zu beachten und einzuhalten (vgl. § 15 ArbSchG; *Schmatz/Nöthlichs,* 8063 Anm. 4). Ein Verstoß gegen die SSAnw kann **arbeits- bzw. dienstrechtliche Folgen** nach sich ziehen.

VI. Zuwiderhandlungen

12   **1. Verwaltungsrecht.** Kommt ein SSV seiner Pflicht zum Erlassen einer SSAnw nicht nach, kann er mit einer behördlichen **Anordnung** (ggf. inkl. Maßnahmen der Verwaltungsvollstreckung, i. d. Regel Festsetzung eines Zwangsgelds) dazu gezwungen werden. Die Vollstreckung nach den einschlägigen Bundes- bzw. Landesvorschriften (zB HessVwVG) greift auch, wenn der SSV einer entspr. Auflage im Genehmigungsbescheid nicht nachkommt. Das VG Minden hat entschieden, dass eine **Genehmigung** zum Umgang mit radioaktiven Stoffen **widerrufen** werden kann, wenn die erforderliche Fachkunde nicht vorliegt. Ein verstärkender Aspekt war hierbei auch, dass eine SSAnw nicht vorgelegt werden konnte (Beschl. v. 07.03.2014 – 1 L 67/14, juris, Rn. 9).

2. Ordnungswidrigkeitenrecht. Ordnungswidrig handelt der SSV, der vor- 13
sätzlich oder fahrlässig den Verpflichtungen aus § 45 StrlSchV (als Rechtsverordnung nach § 73) zuwiderhandelt (§ 194 Abs. 1 Nr. 1 lit. b). Die Ordnungswidrigkeit
kann mit einer Geldbuße bis zu zehntausend Euro geahndet werden (§ 194 Abs. 2).
Ein mit der Erstellung beauftragter SSB kann, kommt er dem Auftrag nicht nach,
gem. §§ 194 Abs. 1 Nr. 1 lit. b StrlSchG, 45 StrlSchV u. 9 Abs. 2 OWiG belangt
werden (*Schmatz/Nöthlichs,* 8063 Anm. 7).

§ 74 **Erforderliche Fachkunde und Kenntnisse im Strahlenschutz;**
Verordnungsermächtigungen

(1) **Die erforderliche Fachkunde im Strahlenschutz wird in der Regel
durch eine für das jeweilige Anwendungsgebiet geeignete Ausbildung,
durch praktische Erfahrung und durch die erfolgreiche Teilnahme an von
der zuständigen Stelle anerkannten Kursen erworben.**

(2) **¹Die erforderlichen Kenntnisse im Strahlenschutz werden in der Regel durch eine für das jeweilige Anwendungsgebiet geeignete Einweisung
und durch praktische Erfahrung erworben. ²Die in einer Rechtsverordnung nach Absatz 4 Nummer 5 bestimmten Personen erwerben in der Regel die erforderlichen Kenntnisse im Strahlenschutz durch eine geeignete
Ausbildung, durch praktische Erfahrung und durch die erfolgreiche Teilnahme an von der zuständigen Stelle anerkannten Kursen.**

(3) **Die Bundesregierung wird ermächtigt, durch Rechtsverordnung
mit Zustimmung des Bundesrates Näheres über die erforderliche Fachkunde und die erforderlichen Kenntnisse im Strahlenschutz in Abhängigkeit von dem Anwendungsgebiet und den Aufgaben der Person, die
die erforderliche Fachkunde im Strahlenschutz oder die erforderlichen
Kenntnisse im Strahlenschutz besitzen muss, festzulegen.**

(4) **Die Bundesregierung wird auch ermächtigt, durch Rechtsverordnung mit Zustimmung des Bundesrates zu bestimmen,**
1. **welche Nachweise über die erforderliche Fachkunde im Strahlenschutz
oder die erforderlichen Kenntnisse im Strahlenschutz zu erbringen
sind,**
2. **dass und auf welche Weise das Vorliegen der erforderlichen Fachkunde
im Strahlenschutz oder der erforderlichen Kenntnisse im Strahlenschutz geprüft und bescheinigt wird,**
3. **welche Anforderungen an die Anerkennung von Kursen zum Erwerb
der erforderlichen Fachkunde im Strahlenschutz oder der erforderlichen Kenntnisse im Strahlenschutz, an die Anerkennung einer Berufsausbildung, die den Erwerb der erforderlichen Fachkunde im Strahlenschutz oder der erforderlichen Kenntnisse im Strahlenschutz beinhaltet,
sowie an Kurse zu ihrer Aktualisierung zu stellen sind,**
4. **welche Inhalte in den Kursen zum Erwerb der erforderlichen Fachkunde im Strahlenschutz oder der erforderlichen Kenntnisse im Strahlenschutz und zu ihrer Aktualisierung zu vermitteln sind,**
5. **welche Personen die erforderlichen Kenntnisse im Strahlenschutz nach
Absatz 2 Satz 2 zu erwerben haben,**

6. dass, in welchen Abständen und auf welche Weise Personen die erforderliche Fachkunde oder Kenntnisse im Strahlenschutz zu aktualisieren haben,

7. unter welchen Voraussetzungen eine vergleichbare Fachkunde im Strahlenschutz oder vergleichbare Kenntnisse im Strahlenschutz, die außerhalb des Geltungsbereichs dieses Gesetzes erworben wurden, oder die Teilnahme an einem Kurs, der außerhalb des Geltungsbereichs dieses Gesetzes stattgefunden hat, anerkannt werden können,

8. unter welchen Voraussetzungen die zuständige Stelle eine Bescheinigung über die erforderliche Fachkunde im Strahlenschutz oder die erforderlichen Kenntnisse im Strahlenschutz entziehen kann, die Fortgeltung der Bescheinigung mit Auflagen versehen kann oder eine Überprüfung der Fachkunde oder der Kenntnisse veranlassen kann und

9. welche Pflichten für Kursanbieter in Bezug auf die Zusammenarbeit mit den zuständigen Stellen und Behörden gelten.

Übersicht

Schrifttum: *Boersma et al:* "Learning Outcomes for Education & Training Programs for Radiation Protection Officers responsible for open radioactive sources – a German – Dutch comparison", Proceedings of 6th International Conference on Education and Training in Radiological Protection (ETRAP), 2017, Valencia (Spain); *ENETRAP III:* ENETRAP III – final publishable summary report; *EQF* EMPFEHLUNG DES RATES vom 22. Mai 2017 über den Europäischen Qualifikationsrahmen für lebenslanges Lernen und zur Aufhebung der Empfehlung des Europäischen Parlaments und des Rates vom 23. April 2008 zur Einrichtung des Europäischen Qualifikationsrahmens für lebenslanges Lernen (2017/C 189/03); *IRPA 2016:* IRPA Guidance on Certification of a Radiation Protection Expert, Edition 2016; *Vahlbruch* „Strahlenschutzausbildung in Pandemiezeiten (und danach)", StrlSchPrax 03/2021.

A. Zweck und Bedeutung der Norm

Die Norm definiert die Anforderungen an die erforderliche FK sowie die erfor- 1
derlichen Kenntnisse im Strahlenschutz. Sie bildet den **rechtlichen Rahmen** sowohl für den Erwerb also auch für die Aktualisierung der erforderlichen FK und der erforderlichen Kenntnisse im Strahlenschutz und setzt damit Art. 14 RL 2013/59/ Euratom um. Adressaten dieser Norm sind damit va die in Art. 14 Abs. 2 und 3 RL 2013/59/Euratom definierten Funktionsträger wie der Radiation Protection Expert und der Radiation Protection Officer, die in Deutschland häufig in der Funktion des SSB tätig werden (→ § 70 Rn. 2), der MPE und der ermächtigte Arzt zur ärztlichen Überwachung beruflich exponierter Personen. Zusätzlich regelt die Norm die Anforderungen an die erforderliche FK und die erforderlichen Kenntnisse im Strahlenschutz in Bezug auf das med. Personal. Somit setzt die Bestimmung auch Art. 79 Abs. 1 lit. a, c und d sowie Abs. 2 und Art. 18 RL 2013/59/Euratom um (BT-Drs. 18/11241, 319 f.).

Zur praktischen Umsetzung des Strahlenschutzes ist neben den baulichen und 2
technischen Schutzvorrichtungen die Kompetenz aller handelnden Personen von essentieller Bedeutung. Dabei kommt der erforderlichen FK und den erforderlichen Kenntnissen im Strahlenschutz ein besonderer Stellenwert zu, da durch sie sichergestellt wird, dass alle Personen über das Wissen, die Fertigkeiten und die Kompetenzen verfügen, die notwendig sind, um den Strahlenschutz zu gewährleisten. Somit definiert die erforderliche FK die **zentrale Qualifikation** insbes. des SSB, damit dieser seiner Verantwortung als SSB gerecht werden kann. Da die Entscheidungsbereiche, Aufgaben und Pflichten des fachkundigen SSB je nach Tätigkeitsfeld in Bezug auf Gefährdungspotential und Komplexität der Aufgaben stark variieren können, hat sich in der deutschen Strahlenschutzgesetzgebung auf Richtlinienebene ein ausdifferenziertes System von unterschiedlichen Fachkundegruppen mit sehr unterschiedlichen Anforderungen entwickelt. Darüber hinaus ist die erforderliche FK in weiteren Bereichen von Bedeutung. So dürfen nur Ärztinnen und Ärzte mit der erforderlichen FK im Strahlenschutz die rechtfertigende Indikation stellen (→ § 83 Rn. 13). Außerdem ist die erforderliche FK im Strahlenschutz Voraussetzung für die Ermächtigung von Ärztinnen und Ärzten zur ärztlichen Überwachung beruflich exponierter Personen (→ § 79 Rn. 3) sowie für die Bestimmung als Sachverständiger (→ § 172 Rn. 14)

B. Bisherige Regelungen

Die bisherigen Regelungen aus § 30 StrlSchV 2001 und § 18a RöV wurden 3
weitgehend fortgeführt. Die Übergangsbestimmungen in § 189 Abs. 1 bis 4 StrlSchV tragen dafür Sorge, dass bereits vor Inkrafttreten des StrlSchG erworbene erforderliche FKen und erforderliche Kenntnisse im Strahlenschutz weiter als geprüft und bescheinigt gelten.

C. Betroffener Personenkreis

Zum betroffenen Personenkreis zählen zunächst einmal **SSBs,** da der Besitz der 4
erforderlichen FK als Voraussetzung für die Bestellung zum SSB gefordert wird

(→ § 70 Rn. 38). Bestellt der SSV keine SSB, so muss er selbst fachkundig sein (→ § 71 Rn. 67). Durch die Novellierung des Strahlenschutzrechts hat sich der Kreis der Tätigkeiten, für die im Rahmen einer Anzeige oder eines Genehmigungsverfahrens die Bestellung der erforderlichen Anzahl an SSB nachzuweisen ist, erweitert. Dazu gehören die Beförderung von sonstigen radioaktiven Stoffen (→ § 29 Rn. 11), der anzeigebedürftige Betrieb von Luft- und Raumfahrzeugen (→ § 50 Rn. 10; (→ § 52 Rn. 7), die anzeigebedürftige Tätigkeit an Arbeitsplätzen mit Expositionen durch natürlich vorkommende Radioaktivität (→ § 56 Rn. 6) und die anzeigepflichtige externe Tätigkeit an Arbeitsplätzen mit Expositionen durch natürlich vorkommende Radioaktivität (→ § 59 Rn. 10). Für diese Tätigkeiten war in der StrlSchV 2001 die Bestellung von SSB mit der erforderlichen FK nicht vorgesehen.

5   Ebenfalls neu gefordert wird die erforderliche FK für Personen, die im Zusammenhang mit dem Anfall und der Lagerung überwachungsbedürftiger **Rückstände** denjenigen **beraten,** der in eigener Verantwortung industrielle und bergbauliche Prozesse durchführt oder durchführen lässt, bei denen überwachungsbedürftige Rückstände anfallen (→ § 61 Rn. 6). Auch im Bereich der bestehenden Expositionssituationen wird erstmalig die erforderliche FK im Strahlenschutz gefordert. So hat gem. § 165 Abs. 3 S. 1 StrlSchV der nach § 145 Abs. 2 zur Anmeldung Verpflichtete bei der Durchführung von Maßnahmen im Zusammenhang mit der Bewältigung radioaktiver Altlasten Personen zur Beratung hinzuziehen, die die erforderliche FK im Strahlenschutz besitzen (→ § 145 Rn. 10). Gleiches gilt für Personen, die nach § 166 Abs. 3 S. 1 StrlSchV einen nach § 153 Abs. 1 für eine sonstige bestehende Expositionssituation Verantwortlichen beraten (→ § 159 Rn. 11).

6   Auch behördlich bestimmte **Sachverständige** müssen die erforderliche FK im Strahlenschutz besitzen (→ § 172 Rn. 14).

7   Darüber hinaus ist der Besitz der erforderlichen FK für den MPE (→ § 5 Rn. 28) sowie für jeden Arzt oder Zahnarzt unabdingbar erforderlich, der die **rechtfertigende Indikation** bei der Anwendung ionisierender Strahlung oder radioaktiver Stoffe am Menschen stellt (→ § 83 Rn. 13).

8   Weitere Regelungen zur erforderlichen FK und zu den erforderlichen Kenntnissen im Zusammenhang mit der **Anwendung ionisierender Strahlung oder radioaktiver Stoffe am Menschen** finden sich in § 145 StrlSchV, der den Kreis der berechtigten Personen bei der Anwendung in der Medizin definiert. So ist nach § 145 Abs. 1 StrlSchV die Anwendung nur Personen gestattet, die als Ärzte oder Zahnärzte approbiert sind oder denen die vorübergehende Ausübung des ärztlichen oder zahnärztlichen Berufs erlaubt ist und die entweder selbst die für die Anwendung erforderliche FK im Strahlenschutz besitzen (§ 145 Abs. 1 Nr. 1 StrlSchV) oder auf ihrem speziellen Arbeitsgebiet über die für die Anwendung erforderlichen Kenntnisse verfügen und unter ständiger Aufsicht und Verantwortung einer Person nach § 145 Abs. 1 Nr. 1 StrlSchV tätig sind (§ 145 Abs. 1 Nr. 2 StrlSchV). Die technische Durchführung bei der Anwendung ionisierender Strahlung und radioaktiver Stoffe am Menschen wiederum darf ausschließlich von den in § 145 Abs. 2 StrlSchV genannten Personen vorgenommen werden.

9   Vergleichbare Regelungen für die berechtigten Personen in der **Tierheilkunde** finden sich in § 146 StrlSchV.

10   Welche Personen **außerhalb der Anwendung am Menschen oder der Tierheilkunde** berechtigt sind, Röntgenstrahlung anzuwenden, regelt § 147 StrlSchV. Hier unterscheidet sich die StrlSchV insbes. zu der Regelung in § 30 RöV, wonach Röntgenstrahlung in anderen Fällen als zur Anwendung am Menschen oder in der

Tierheilkunde nur von Personen angewendet werden durfte, die entweder selbst die erforderliche FK besaßen oder auf ihrem Arbeitsgebiet über die für den Anwendungsfall erforderlichen Kenntnisse verfügten, wenn sie unter Aufsicht und Verantwortung einer fachkundigen Person tätig wurden. Dieser letzte Halbsatz in § 30 S. 1 Nr. 2 RöV ist nicht in die aktuelle StrlSchV übernommen worden, was verschiedene Implikationen mit sich bringt. So ist zum einen nun ein externer SSB eher denkbar, da nicht in jedem Fall eine fachkundige Person Aufsicht führen muss (→ § 70 Rn. 33). Zum anderen entfällt hiermit auch die zwingende aus § 30 RöV resultierende Notwendigkeit für Personen, die eigenverantwortlich z. B. als Servicetechniker Röntgengeräte prüfen, erproben, warten oder Instand setzen ohne die Notwendigkeit, die erforderliche FK zu besitzen (→ § 22). Gemäß § 147 StrlSchV genügen nun die erforderlichen Kenntnisse, die in diesem Fall über eine Einweisung und Unterweisung vermittelt werden können.

Des Weiteren fordert § 14 Abs. 2 S. 1 Nr. 2, dass Personen über die erforderliche **11** FK im Strahlenschutz verfügen, die im Rahmen einer Genehmigung zur **Teleradiologie** die Untersuchung technisch durchführen. Der am Ort der technischen Durchführung anwesende Arzt muss nach § 14 Abs. 2 S. 1 Nr. 3 über die erforderlichen Kenntnisse im Strahlenschutz besitzen. Außerdem muss nach § 14 Abs. 2 S. 1 Nr. 4 lit. b ein Arzt, der in begründeten Fällen anstatt des Teleradiologen persönlich am Ort der technischen Durchführung anwesend sein kann, über die erforderliche Fachkunde verfügt (→ § 14 Rn. 17).

Leitet ein Arzt im Zusammenhang mit der genehmigungsbedürftigen Anwen- **12** dung radioaktiver Stoffe oder ionisierender Strahlung zum Zweck der **med. Forschung** die Anwendungen, fordert § 31 Abs. 4 Nr. 6 neben mindestens zwei Jahren Erfahrung ebenfalls die erforderliche FK im Strahlenschutz. Ebenso muss bei genehmigungsbedürftigen Anwendungen in der med. Forschung der von dem leitenden Arzt oder Zahnarzt mit der Aufklärung und Befragung beauftragte Arzt oder Zahnarzt die erforderliche FK im Strahlenschutz besitzen (§ 135 Abs. 2 S. 2 StrlSchV). Auch bei der anzeigebedürftigen Anwendung radioaktiver Stoffe oder ionisierender Strahlung am Menschen zum Zweck der med. Forschung (→ § 32 Rn. 1) muss der leitende Arzt oder Zahnarzt die erforderliche FK im Strahlenschutz besitzen (§ 138 Abs. 1 StrlSchV).

Im Regelungsbereich der StrlSchV findet sich an weiteren Stellen die erforder- **13** liche FK als Anforderung an verschiedene Personen. So hat der SSV dafür zu sorgen, dass zur **Vorbereitung der Brandbekämpfung** gemeinsam mit den nach Landesrecht zuständigen Behörden festgelegt wird, an welchen Orten die Feuerwehr nur unter Hinzuziehung einer Person mit der erforderlichen FK tätig werden kann (§ 54 StrlSchV). Ferner muss beim **Betreten von Kontrollbereichen** durch Patienten, Betreuungs- oder Begleitpersonen oder Tierbegleitpersonen eine zur Ausübung des ärztlichen, zahnärztlichen oder tierärztlichen Berufes berechtigte Person, die die erforderliche FK im Strahlenschutz besitzt, zustimmen. Im Fall des **Betretens eines Sperrbereiches** hat diese Zustimmung schriftlich zu erfolgen. Betritt eine Person den Sperrbereich, weil sie dort aus zwingenden Gründen tätig werden muss oder vorgesehene Betriebsvorgänge durchgeführt werden müssen, so muss sie unter der Kontrolle eines SSB oder einer von diesem beauftragten Person stehen, die die erforderliche FK im Strahlenschutz besitzt (§ 55 StrlSchV).

Lässt die zust. Behörde Ausnahmen für **Auszubildende und Studierende** im **14** Alter zwischen 16 und 18 Jahren dahingehend zu, dass diese mit offenen radioaktiven Stoffen, deren Aktivität und spezifische Aktivität die Freigrenzen der Anlage 4 Tabelle 1 Spalte 2 und 3 StrlSchV überschreitet, auch umgehen dürfen, wenn der

Umgang genehmigungsbedürftig ist, muss eine ständige Aufsicht und Anleitung durch eine Person, die die erforderliche FK im Strahlenschutz besitzt, gewährleistet sein (§ 70 Abs. 2 StrlSchV).

15   Wirken an Schulen **Schüler oder Auszubildende** beim Betrieb einer Röntgeneinrichtung (mit Ausnahme einer Schulröntgeneinrichtung oder eines Vollschutzgeräts), beim Betrieb eines genehmigungsbedürftigen Störstrahlers oder beim genehmigungsbedürftigen Umgang mit radioaktiven Stoffen unmittelbar mit, hat der SSV dafür zu sorgen, dass die aufsichtführende Lehrkraft die erforderliche FK im Strahlenschutz besitzt (§ 82 Abs. 2 S. 2 StrlSchV).

16   Ebenfalls die erforderliche FK im Strahlenschutz muss diejenige Person besitzen, die eine zur **Abnahmeprüfung** gleichwertige Prüfung dann durchführen muss, wenn die Abnahmeprüfung durch den Hersteller oder Lieferanten nicht mehr möglich ist (115 Abs. 4 S. 3 StrlSchV).

17   In § 175 Abs. 1 S. 2 StrlSchV wird festgelegt, dass die zust. Behörde nur Ärzte zur Durchführung der **ärztlichen Überwachung bei beruflicher Exposition** ermächtigen darf, die die erforderliche FK im Strahlenschutz nachweisen.

18   Die VO-Erm. in § 82 im Zusammenhang mit Störfällen und Notfällen sieht vor, dass die BReg mit Zustimmung des BR festlegen kann, welche Anforderungen an das erforderliche Personal bzgl. der erforderlichen FK oder Kenntnisse im Strahlenschutz zu stellen sind. Von dieser VO-Erm. ist bisher kein Gebrauch gemacht worden.

19   Die erforderliche FK und die erforderlichen Kenntnisse im Strahlenschutz können Bestandteil des notwendigen Wissens und der notwendigen Fertigkeiten sein, die von der zuständigen Behörde im Genehmigungs- und Anzeigeverfahren geprüft werden (→ § 13 Rn. 40, → § 19 Rn. 36).

D. Erwerb der erforderlichen Fachkunde (Abs. 1)

20   Abs. 1 bestimmt die für den Erwerb der erforderlichen FK im Strahlenschutz notwendigen Bausteine, nämlich eine für das jeweilige Anwendungsgebiet **geeignete Ausbildung, praktische Erfahrung** (häufig auch als Sachkunde bezeichnet) und die **erfolgreiche Teilnahme an von der zust. Stelle anerkannten Kursen.** „In der Regel" bedeutet, dass die erforderliche FK im Strahlenschutz zum Beispiel auch im Studium erworben werden kann. Dies ist zB der Fall beim Studium der Zahnmedizin (BT-Drs. 18/11241, 320; vgl. auch die Regelung in § 47 Abs. 5 StrlSchV, → Rn. 37). Der Erwerb der erforderlichen FK im Strahlenschutz wird gem. § 47 Abs. 1 S. 1 StrlSchV von der zust. Stelle geprüft und bescheinigt (→ Rn. 34 ff.). Die Bescheinigung der FK ist aber keine Voraussetzung für deren Erwerb. Dies ergibt sich schon aus dem Wortlaut von § 47 Abs. 1 S. 1 StrlSchV, wonach „der Erwerb" bescheinigt wird. Dieser richtet sich ausschließlich nach § 74 Abs. 1. Mit der Bescheinigung wird vielmehr nur der Erwerb der FK bestätigt (→ Rn. 35). Dementsprechend ist der Besitz der FK Voraussetzung für die Bescheinigung und nicht umgekehrt (vgl. BVerwG NJW 1996, 798 (799)).

21   Grundsätzlich ist das Gefährdungspotential der verschiedenen Anwendungen von ionisierender Strahlung bzw. des unterschiedlichen Umgangs mit radioaktiven Stoffen je nach Anwendung und Umständen sehr verschieden. Da für jeden anzeige- und genehmigungsbedürftigen Betrieb bzw. Umgang SSB zu bestellen sind (mit Ausnahme des Betriebs von Vollschutzgeräten und -anlagen), variieren die Anforderungen an die Aufgaben und Pflichten eines SSB ebenfalls über einen weiten

Bereich. Daraus ergibt sich unmittelbar die Notwendigkeit, die verschiedenen Anwendungsgebiete nach Art des Umgangs und nach Gefährdungspotential zu sortieren und differenzierte Anforderungen an die erforderliche FK zu stellen. Umgesetzt wurde dies in Deutschland durch ein **sehr ausdifferenziertes Regelwerk auf Richtlinienebene,** wo für zahlreiche Fachkundegruppen die unterschiedlichen Anforderungen in Bezug auf die geeignete Ausbildung, die praktische Erfahrung und die erfolgreiche Kursteilnahme beschrieben werden.

I. Geeignete Ausbildung

Für den Erwerb der erforderlichen FK ist zunächst eine für das jeweilige Anwendungsgebiet geeignete Ausbildung erforderlich. Die geeignete Ausbildung ist durch ein Abschlusszeugnis zu belegen. Nach § 30 Abs. 1 S. 2 StrlSchV 2001 war die Ausbildung durch Zeugnisse zu belegen. Diese Forderung wurde nicht in das StrlSchG bzw. die StrlSchV (vgl. § 47 Abs. 1 S. 2 Nr. 1 StrlSchV) übernommen. Gleichwohl kann auch mit der aktuellen Formulierung nur eine Ausbildung gemeint sein, die erfolgreich abgeschlossen wurde, da ansonsten eine Vergleichbarkeit der tatsächlich im Rahmen der Ausbildung erworbenen Fähigkeiten nicht gegeben ist. **22**

Im **med. Bereich** ist gem. der RL Strahlenschutz in der Medizin vom 26.5.2011 (GMBl. 867), geändert durch Rundschreiben des BMUB vom 11.7.2014 (GMBl. 1020), eine für die jeweiligen Aufgaben im med. Bereich geeignete Berufsausbildung Voraussetzung. IdR erwerben dabei Ärzte die erforderliche FK nach Bestehen der ärztlichen Prüfung und während der Weiterbildung im entsprechenden med. Fachgebiet (vgl. RL Fachkunde und Kenntnisse im Strahlenschutz bei dem Betrieb von Röntgeneinrichtungen in der Medizin oder Zahnmedizin vom 22.12.2005 (GMBl. 2006, 414), geändert durch Rundschreiben des BMU vom 27.6.2012 (GMBl. 724) und korrigiert durch Rundschreiben des BMU vom 28.11.2012 (GMBl. 1204)). Im Zuge des Inkrafttretens des neuen Strahlenschutzrechts am 31.12.2018 sind für MPE die Fachkundeanforderungen, die bisher in den genannten RLen enthalten waren, in dem Richtlinienmodul zur StrlSchV „Erforderliche Fachkunden im Strahlenschutz für Medizinphysik-Experten (MPE)" – Anforderungen an den Erwerb – vom 1.2.2021 (GMBl. 428) aktualisiert worden. Diese ersetzen die Ausführungen in der RL Strahlenschutz in der Medizin und der RL FK und Kenntnisse im Strahlenschutz bei dem Betrieb von Röntgeneinrichtungen in der Medizin oder Zahnmedizin. Als geeignete Ausbildung wird hier ein Masterabschluss in med. Physik oder eine gleichwertige Ausbildung mit Hochschulabschluss gefordert (vgl. § 5 Abs. 24). **23**

Für den Bereich der **Tierheilkunde** wird als geeignete Ausbildung gem. der RL Strahlenschutz in der Tierheilkunde vom 25.9.2014 (GMBl. 1581) idR die Approbation als Tierarzt oder die vorübergehende Erlaubnis zur Ausübung des tierärztlichen Berufs vorausgesetzt. **24**

II. Praktische Erfahrung

Als zweite Voraussetzung für den Erwerb der erforderlichen FK verlangt Abs. 1 praktische Erfahrung. Anforderungen an den Erwerb der praktischen Erfahrung und an deren Nachweis enthält § 47 Abs. 2 StrlSchV. Insbes. sind Dauer, Art und Umfang der zu erwerbenden praktischen Erfahrung abhängig von der Ausbildung und dem jeweiligen Anwendungsgebiet (§ 47 Abs. 2 S. 3 StrlSchV). **Detaillierte Anforderungen finden sich** insoweit **in den FK-Richtlinien.** Im technischen **25**

Bereich wird die nachzuweisende Mindestdauer der praktischen Erfahrung in Abhängigkeit von der Ausbildung zumeist in Zeiträumen von Monaten angegeben. Von Bedeutung sind hier die FK-RL Technik nach der RöV vom 21.11.2011 (GMBl. 1039), die FK-RL Technik nach StrlSchV vom 18.6.2004 (GMBl. 799), geändert durch Rundschreiben des BMU vom 19.4.2006 (GMBl. 735), und die FK-Anforderungen NORM und Altlasten vom 18.11.2019 (GMBl. 1321). Grds. wird für die praktische Erfahrung ein umso kürzerer Zeitraum vorgesehen je höherwertiger der Berufsabschluss eingestuft wird. Ausnahmen sind möglich; so kann bspw. im Fall des Betriebs von handgehaltenen mobilen Röntgen-Fluoreszenzanalysatoren die praktische Erfahrung auch durch eine Schulung des Herstellers oder Lieferanten erworben werden.

26   Im **med. Bereich** beinhaltet die praktische Erfahrung (Sachkunde) theoretische Kenntnisse und praktische Erfahrungen in der Verwendung und Anwendung radioaktiver Stoffe oder ionisierender Strahlung auf dem jeweiligen med. Anwendungsgebiet. Die Sachkunde von Ärzten wird gem. RL Strahlenschutz in der Medizin (→ Rn. 13) unter Leitung einer aufgrund ihrer bisherigen Tätigkeit und fachlichen Kompetenz geeigneten Person mit der erforderlichen FK im Strahlenschutz unter der speziellen Berücksichtigung des Strahlenschutzes vermittelt. Ähnlich werden die Anforderungen beim Betrieb von Röntgeneinrichtungen in der Medizin oder Zahnmedizin definiert. Hier fordert die einschlägige RL (→ Rn. 23), dass die Einrichtung auf Grund ihrer technischen und personellen Ausstattung und die Person mit der erforderlichen FK im Strahlenschutz aufgrund ihrer bisherigen Fähigkeit und ihrer fachlichen Kompetenz in der Lage sein müssen, die praktische Anwendung von Röntgenstrahlung den Erfordernissen des Strahlenschutzes entsprechend zu vermitteln. Die Sachkunde von MPE wird gem. Richtlinienmodul zur StrlSchV „Erforderliche Fachkunden im Strahlenschutz für Medizinphysik-Experten" (→ Rn. 23) unter Aufsicht und Verantwortung eines MPE mit der erforderlichen FK im Strahlenschutz erworben, wobei der die Sachkunde vermittelnde MPE eine mindestens dreijährige Erfahrung auf dem jeweiligen Anwendungsgebiet besitzen soll. Der Erwerb der Sachkunde außerhalb Deutschlands kann auf Antrag ganz oder in Teilen anerkannt werden (→ Rn. 39). Da sich die praktische Erfahrung im med. Bereich aufgrund ähnlicher Anwendungen und der Verwendung von vergleichbaren Geräten grds. besser eingrenzen lässt, wird hier anders als bei technischen Anwendungen je nach Anwendungsgebiet eine Anzahl von mindestens zu dokumentierenden Untersuchungen und eine Mindestzeit in den RL benannt (vgl. Anlage A1 RL Strahlenschutz in der Medizin, Kapitel 3 Richtlinienmodul zur StrlSchV „Erforderliche Fachkunden im Strahlenschutz für Medizinphysik-Experten" und Tabellen in Kapitel 4 RL Fachkunde und Kenntnisse im Strahlenschutz bei dem Betrieb von Röntgeneinrichtungen in der Medizin oder Zahnmedizin sowie RL Arbeitsmedizinische Vorsorge beruflich strahlenexponierter Personen durch ermächtigte Ärzte; → Rn. 23). Entsprechende Vorgaben für den Sachkundeerwerb im Bereich der **Tierheilkunde** enthält die RL Strahlenschutz in der Tierheilkunde (→ Rn. 24).

III. Teilnahme an anerkannten Kursen

27   Letztlich ist Voraussetzung für den Erwerb der erforderlichen FK im Strahlenschutz die **erfolgreiche Teilnahme an anerkannten Kursen.** Allgemeine Anforderungen an Kurse zum Erwerb der erforderlichen FK enthält § 47 Abs. 3 StrlSchV. Gem. den einschlägigen FK-RL gilt ein Kursbesuch zumeist dann als erfolgreich,

wenn mindestens 70 Prozent der Prüfungsaufgaben richtig beantwortet wurden. Darüber hinaus finden sich weitere detaillierte Regelungen in diesen FK-RL, in denen je nach FK-Gruppe die einzelnen Lehrinhalte sowie die Mindestzeitdauer der Lerneinheiten angegeben und weitere Details, wie maximal erlaubte Fehlzeiten, definiert werden. Ebenfalls vorgegeben werden in den FK-RL Muster für die Bescheinigung der erfolgreichen Teilnahme an einem anerkannten Kurs zum Erwerb der erforderlichen FK.

E. Erwerb der erforderlichen Kenntnisse (Abs. 2)

Die erforderlichen Kenntnisse im Strahlenschutz werden auf verschiedene Arten 28 erworben. Entweder durch eine für das jeweilige Anwendungsgebiet geeignete Einweisung und durch praktische Erfahrung, oder für den in § 49 Abs. 1 StrlSchV bestimmten Personenkreis durch eine geeignete Ausbildung, durch praktische Erfahrung und durch die erfolgreiche Teilnahme an von der zuständigen Stelle anerkannten Kursen. Dieser Personenkreis umfasst in erster Linie das med. Personal.

I. Erwerb durch geeignete Einweisung und durch praktische Erfahrung

Abs. 2 S. 1 richtet sich an Personen, die **außerhalb der Anwendung am Menschen** 29 ionisierende Strahlung anwenden oder mit radioaktiven Stoffen umgehen und legt fest, dass diese Personen idR die erforderlichen Kenntnisse im Strahlenschutz durch eine für das jeweilige Anwendungsgebiet geeignete Einweisung und durch praktische Erfahrung erwerben.

Die Anforderungen an die **Einweisung bei der Anwendung ionisierender** 30 **Strahlung am Menschen** oder am Tier in der Tierheilkunde sind in § 98 StrlSchV beschrieben, wo festgelegt wird, dass Personen, die beim Betrieb einer AEiS, einer Bestrahlungsvorrichtung oder einer Röntgeneinrichtung beschäftigt werden, anhand einer deutschsprachigen Betriebsanleitung durch eine entsprechend qualifizierte Person in die sachgerechte Handhabung einzuweisen sind. Diese Einweisung ist zu dokumentieren und die Aufzeichnungen für die Dauer des Betriebs aufzubewahren. Dies gilt auch für die Anwendung von Röntgenstrahlung außerhalb der Anwendung am Menschen oder am Tier in der Tierheilkunde sowie beim Betrieb von Störstrahlern.

In anderen Fällen stellt das Strahlenschutzrecht keine Anforderungen an die Ein- 31 weisung. Allerdings ist im Zusammenhang mit dem genehmigungsbedürftigen Umgang mit radioaktiven Stoffen oder dem anzeige- oder genehmigungsbedürftigen Betrieb von Beschleunigern immer eine **Unterweisung** der Personen notwendig, die mit den radioaktiven Stoffen umgehen (→ § 76 Rn. 7 sowie § 63 StrlSchV) oder am Beschleuniger arbeiten. Durch diese Unterweisung wird sichergestellt, dass die sonst tätigen Personen über die notwendigen Fertigkeiten und das notwendige Wissen verfügen (→ § 13 Rn. 40). Da diese Unterweisung vor der Aufnahme der Betätigung zu erfolgen hat, ist sie in jedem Fall auch vor dem Erwerb der praktischen Erfahrung durchzuführen. Sie ist ebenfalls beim anzeige- oder genehmigungsbedürftigen Betrieb von Röntgeneinrichtungen vorgeschrieben.

II. Erwerb durch geeignete Ausbildung, praktische Erfahrung und erfolgreiche Teilnahme an anerkannten Kursen

32   Bei dem in § 49 Abs. 1 StrlSchV bestimmten Personenkreis handelt es sich in erster Linie um **med. Personal**. Diese Personengruppen sollen die Kenntnisse unter vergleichbaren Bedingungen erwerben wie sie für den Erwerb der FK gestellt werden, d. h. auch sie müssen ggü. der zust. Stelle den erfolgreichen Kenntniserwerb belegen. Insoweit gelten die Regelungen zur FK entsprechend (§ 49 Abs. 2 S. 1 StrlSchV; → Rn. 34 ff.). Details dazu finden sich in den entsprechenden FK-RL (→ Rn. 23).

F. Verordnungsermächtigungen (Abs. 3 und 4)

33   Von den VO-Erm. in Abs. 3 und 4 hat der Gesetzgeber mit den §§ 47 bis 51 StrlSchV Gebrauch gemacht.

I. Prüfung und Bescheinigung

34   Der Erwerb der erforderlichen FK im Strahlenschutz wird gem. § 47 Abs. 1 S. 1 StrlSchV von der zust. Stelle geprüft und bescheinigt. Dazu sind der zuständigen Stelle nach § 47 Abs. 1 S. 2 StrlSchV idR **Nachweise** über die Erfüllung der Voraussetzungen nach Abs. 1 vorzulegen. Die Formulierung „in der Regel" eröffnet die Möglichkeit, im Einzelfall, wenn aufgrund der vorgelegten Nachweise nicht abschließend über die Erfüllung der Anforderungen entschieden werden kann, den Erwerb der FK auch auf andere Weise nachzuweisen, zB im Rahmen von Fachgesprächen (BR-Drs. 423/18, 376). Die Kursteilnahme darf zum Zeitpunkt der Beantragung der Bescheinigung insgesamt nicht länger als fünf Jahre zurückliegen (§ 47 Abs. 1 S. 3 StrlSchV). Wird die Bescheinigung nicht innerhalb von fünf Jahren nach der erfolgreichen Teilnahme an den erforderlichen Kursen beantragt, muss bei späterer Beantragung die komplette erneute Kursteilnahme nachgewiesen werden. Der bloße Besuch eines Aktualisierungskurses während der Frist nach § 47 Abs. 1 S. 3 StrlSchV reicht nicht aus, um sich die FK bescheinigen zu lassen.

35   Mit der **Bescheinigung** wird der Erwerb der **FK bestätigt**. Sie stellt einen feststellenden VA dar (vgl. VG Potsdam, Beschl. v. 5. 1. 2005 – 3 L 1089/04 –, juris Rn. 5), der ua Anknüpfungspunkt für den Widerruf der Anerkennung der FK und die Erteilung von Auflagen für die Fortgeltung der Anerkennung ist (vgl. § 50 Abs. 1 StrlSchV; → Rn. 48). Darüber hinaus fungiert die Bescheinigung als Nachweis über den Besitz der erforderlichen FK. Aus dem Wortlaut („wird bescheinigt") ergibt sich, dass auf die Bescheinigung der erforderlichen FK ein **Anspruch** besteht, wenn die Erfüllung der Voraussetzungen für deren Erwerb nachgewiesen worden ist. Bei der Bescheinigung der erforderlichen FK handelt es sich somit um eine gebundene Entscheidung. Sie gilt bundesweit.

36   Die **Zuständigkeit** für die Prüfung und Bescheinigung der erforderlichen FK ist auf Länderebene unterschiedlich geregelt. Im Bereich der med. FK sind häufig die Ärzte- und Zahnärztekammern die zust. Stellen (vgl. zB § 5 Sächsische Atom- und Strahlenschutzausführungsverordnung vom 8. 10. 2019 (SächsGVBl. 706)). Ausnahmen bilden die Zuständigkeiten für die Bescheinigung der erforderlichen FK im Strahlenschutz im Zusammenhang mit dem Betrieb von Luft- und Raum-

fahrzeugen; hier sind bundesweit das LBA (→ § 189 Rn. 6) bzw. das BfS (→ § 185 Rn. 9) zust. Behörde.

II. Erwerb im Rahmen einer Berufsausbildung

Nach § 47 Abs. 5 S. 1 StrlSchV wird die erforderliche FK im Strahlenschutz mit **37** **Bestehen der Abschlussprüfung** einer staatlichen oder staatlich anerkannten Berufsausbildung erworben, wenn die zust. Behörde zuvor festgestellt hat, dass in dieser Ausbildung die für das jeweilige Anwendungsgebiet erforderliche FK im Strahlenschutz vermittelt wird. Dies ist zB nach § 16 Abs. 1 ZApprO iRd zahnärztlichen Ausbildung möglich. Gem. § 47 Abs. 5 S. 2 StrlSchV erteilt die nach der jeweiligen Ausbildungs- und Prüfungsordnung oder Approbationsordnung für das Prüfungswesen zust. Stelle die Bescheinigung über die erforderliche FK im Strahlenschutz. Eine diesbezügliche Regelung enthält zB § 81 ZApprO.

III. Medizinisch-technische Radiologieassistenten

Für MTRA enthält § 47 Abs. 6 StrlSchV eine spezielle Regelung, wonach der **38** Nachweis der erforderlichen FK für die der MTRA vorbehaltenen Tätigkeiten mit der **Erlaubnis zur Führung der Berufsbezeichnung** als erbracht gilt.

IV. Anerkennung von im Ausland erworbenen Qualifikationen

Auf Grundlage von Abs. 4 Nr. 7 wird in § 47 Abs. 4 S. 1 StrlSchV festgelegt, dass **39** die zust. Stelle eine im Ausland erworbene Qualifikation im Strahlenschutz vollständig oder teilweise als erforderliche FK im Strahlenschutz anerkennen kann, wenn diese mit der für das jeweilige Anwendungsgebiet erforderlichen FK im Strahlenschutz vergleichbar ist. Nach dem Wortlaut („kann") steht die Anerkennung im **Ermessen** der zust. Stelle. Nach § 47 Abs. 4 S. 2 StrlSchV sind der zust. Stelle zur Feststellung der Vergleichbarkeit im Ausland erworbene Ausbildungsnachweise und Nachweise über einschlägige Berufserfahrung und sonstige Befähigungsnachweise vorzulegen, sofern diese zur Feststellung der Vergleichbarkeit erforderlich sind.

Detaillierte Regelungen zB auf RL-ebene liegen bislang nicht vor, so dass diese **40** Fälle individuell zu betrachten und zu bewerten sind. Häufig kann festgestellt werden, dass das erforderliche Wissen in Bezug auf die naturwissenschaftlichen Grundlagen, den apparativen und baulichen Strahlenschutz sowie in Bezug auf die Strahlenschutztechnik und – messtechnik den Anforderungen nach deutschem Recht entspricht. Wissenslücken sind hingegen häufig im administrativen Strahlenschutz und insbes. bei den Aufgaben und Pflichten des SSB sowie im deutschen Strahlenschutzrecht zu schließen. Dies wiegt umso schwerer als dass auch **innerhalb der EU** eine **große Unterschiedlichkeit** in der Organisation des Strahlenschutzes und damit auch in Bezug auf die jeweils etablierten Ausbildungssysteme konstatiert werden muss. Deutschland weist dabei im Gegensatz zu vielen Ländern ein sehr ausdifferenziertes System von Fachkunden und Kenntnissen auf, das sich in wenigen Fällen einfach mit dem anderer europäischer Länder vergleichen lässt. Qualifikationen aus Österreich und der Schweiz lassen sich leichter anerkennen, da die Sprachbarriere zumeist entfällt und insbes. die Schweiz ein dem deutschen ähnliches System von sehr ausdifferenzierten Anforderungen an die Qualifikation etabliert hat. Trotzdem ist auch hier Vorsicht geboten, da Begrifflichkeiten unterschiedlich verwendet werden. So wird z. B. in der Schweiz die Position des SSB als Strahlenschutzsachverständiger bezeichnet und die der deutschen FK entsprechende Qualifikation als Sachkunde benannt. Um trotz dieser Schwierigkeiten eine möglichst einheitliche Richtschnur für die Ermessensausübung zu definieren, kann auf Abschlussberichte unterschiedlicher Gremien und Projekte verwiesen werden. So hat die IRPA einen Leitfaden zur Anerkennung von Radiation Protection Experts in zehn verschiedenen Ländern zusammengestellt (IRPA2016) und in EU-geförderten Projekten wie ETRAP I – III wurden die Ausbildungssysteme im Strahlenschutz in den unterschiedlichen MS der EU verglichen (ETRAP). Konkrete Vergleiche liegen zB bzgl. der Strahlenschutzausbildung in Deutschland und den Niederlanden vor, so dass hier die jeweiligen Wissenslücken bereits vorab identifiziert werden können (Boersma et. al.).

41   § 47 Abs. 4 StrlSchV gestattet sowohl **Einzelfallentscheidungen** als auch die **generelle Anerkennung** von zB Kursen oder Qualifikationen, so dass diesbezüglich eine Prüfung im Einzelfall entfiele (vgl. BR-Drs. 423/18, 377).

V. Aktualisierung

42   Unverändert zu den bisherigen Regelungen wird in § 48 Abs. 1 S. 1 StrlSchV, der auf der VO-Erm. in Abs. 4 Nr. 6 beruht, festgelegt, dass die erforderliche FK im Strahlenschutz mindestens alle fünf Jahre durch eine erfolgreiche Teilnahme an einem von der zust. Stelle anerkannten Kurs oder anderen von der zust. Stelle als geeignet anerkannten Fortbildungsmaßnahmen aktualisiert werden muss. Die **Frist zur erstmaligen Aktualisierung** der erforderlichen FK beginnt mit dem Zeitpunkt, in dem alle Voraussetzungen für den Erwerb nach Abs. 1 erfüllt sind. Dies wird idR entweder mit der erfolgreichen Teilnahme an den erforderlichen anerkannten Kursen oder mit dem Erwerb der praktischen Erfahrung der Fall sein. Dass an einen anderen Zeitpunkt anzuknüpfen wäre, zB den der Bescheinigung nach § 47 Abs. 1 S. 1 StrlSchV, lässt sich § 48 Abs. 1 StrlSchV nicht entnehmen, zumal die Bescheinigung auch keine Voraussetzung für den Erwerb der FK ist (→ Rn. 20). Gem. § 48 Abs. 2 StrlSchV kann die erforderliche FK im Strahlenschutz abweichend von § 48 Abs. 1 StrlSchV **im Einzelfall auf andere geeignete Weise** aktualisiert werden. Die Aktualisierung auf andere geeignete Weise soll insbes. Fälle abdecken, in denen auf Grund einer umfangreichen Beschäftigung mit Fragen des Strahlenschutzes auch ohne Teilnahme an einem Aktualisierungskurs ein Wissensstand erreicht wird, der demjenigen nach der erfolgreichen Teilnahme an einem Aktualisierungskurs entspricht (vgl. BR-Drs. 423/18, 377). Diese Anforderungen gelten gem. § 49 Abs. 3 StrlSchV für die Aktualisierung der erforderlichen Kenntnisse im Strahlenschutz entsprechend.

VI. Strahlenschutzkurse

43   Kurse zum Erwerb und zur Aktualisierung der erforderlichen FK oder der erforderlichen Kenntnisse im med. Bereich sind nach § 51 StrlSchV von der für die Kursstätte zust. Stelle anzuerkennen, wenn die Kursinhalte geeignet sind, die für das jeweilige Anwendungsgebiet notwendigen Fertigkeiten und das notwendige Wissen im Strahlenschutz entsprechend § 47 Abs. 3 StrlSchV zu vermitteln. Weiterhin muss die Qualifikation des Lehrpersonals, die verwendeten Lehrmaterialien und die Ausstattung der Kursstätte eine ordnungsgemäße Wissensvermittlung gewährleisten und eine Erfolgskontrolle stattfinden. Bei der **Anerkennung** eines

Kurses handelt es sich um eine **gebundene Entscheidung,** wie sich bereits aus dem Wortlaut der Norm („sind […] anzuerkennen") ergibt (vgl. zur Vorgänger-regelung in § 18a Abs. 4 RöV OVG NRW, Beschl. v. 21.9.2018 – 13 A 300/17 –, juris Rn. 11 ff.: § 18a Abs. 4 RöV vermittle der zust. Stelle trotz des Wortlauts ledig-lich eine Entscheidungskompetenz und räume ihr kein Ermessen ein). Der zust. Stelle kommt jedoch bei der Prüfung des Vorliegens der Anerkennungsvorausset-zungen ein gerichtlich nur eingeschränkt überprüfbarer **Beurteilungsspielraum** zu (vgl. BR-Drs. 423/18, 378; vgl. auch VG Sigmaringen, Urt. v. 20.10.2021 – 8 K 6301/19 –, juris Rn. 42).

Welche die für die Kursstätte zust. Stelle ist, ist in den Bundesländern unter- **44** schiedlich geregelt. Im med. Bereich können die zust. Stellen, ähnlich wie bei der Bescheinigung der erforderlichen FK, die jeweiligen Ärztekammern sein. Im Gegensatz dazu ist für die Anerkennung von Fachkundekursen für das fliegende Personal das LBA (→ § 189 Rn. 7) und für das raumfahrende Personal das BfS (→ § 185 Rn. 8) bundesweit zust. Behörde. Entscheidend für die **Zuständigkeit** nach § 51 StrlSchV ist der **Ort der Kursstätte,** womit der Veranstaltungsort und nicht der Sitz des Kursveranstalters gemeint ist. Aufgrund der Anknüpfung an den Ort der Kursstätte hat die Anerkennung eines Kurses **keine bundesweite Gel-tung,** da die Entscheidung über eine hinreichende Ausstattung der Kursstätte nur für den Zuständigkeitsbereich Wirkung entfalten kann, in dem die Kursstätte sich befindet. Bieten folglich Kursveranstalter identische Kurse (in Bezug auf Inhalt, Personal und mit vergleichbaren Rahmenbedingungen) in unterschiedlichen Bun-desländern an, so ist für jedes Bundesland die Anerkennung einzeln zu beantragen. Dies kann zu einem erheblichen Verwaltungsaufwand für die Kursanbieter führen. Bei Kursen mit einem E-Learning Anteil ist der Durchführungsort der physischen Präsenzphase für die Frage, welche Stelle für die Anerkennung örtlich zust. ist, ent-scheidend.

Im Zuge der **Corona-Pandemie** wurden per Rundschreiben des BMU befris- **45** tet für die Dauer der Corona-Krise reine **Online-Kurse** (in Form von so genann-ten virtuellen Klassenzimmern) zunächst zur Aktualisierung der FK (BMU Rund-schreiben vom 1.4.2020, S II 3 – 15 040/3) und später auch zum Erwerb der FK zur Anerkennung durch die zust. Stellen zugelassen, soweit in den einschlägigen FK-RL für den jeweiligen Kurs keine Praktika ausgewiesen waren (BMU Rundschrei-ben vom 18.12.2020, S II 3 – 1512/006-2020.000). Von dieser Möglichkeit wurde vielfach Gebrauch gemacht, um den Bedarf an Kursen zum Erwerb und zur Aktua-lisierung der erforderlichen FK zu decken. Dies war bedingt durch die Pandemie notwendig und sachgerecht. Ob jenseits dieser Ausnahmesituation reine Online-Kurse zulässig sind, bedarf weiterer Klärung. Der Wortlaut von § 51 StrlSchV schließt dies nicht zwingend aus (aA zum insoweit gleichlautenden § 18a Abs. 4 RöV OVG NRW, Beschl. v. 21.9.2018 – 13 A 300/17 –, juris Rn. 20: aus dem Er-fordernis der ordnungsgemäßen Ausstattung der Kursstätte ergebe sich, dass Kurse Präsenzanteile enthalten müssen). Auswertungen der in der Corona-Pandemie ge-machten Erfahrungen mit reinen Online-Kursen zeigen jedoch, dass insbes. für die Aktualisierung der FK auch reine Online-Kurse geeignet sein können, das notwen-dige Wissen im Strahlenschutz zu vermitteln, wenn hinreichend auf die Umsetzung von Qualitätskriterien in Bezug auf die technische und organisatorische Gestaltung eines reinen Online-Kurses geachtet wird (Vahlbruch, 6.). In diesem Sinn ist das Verständnis des Begriffs „Kursstätte" auch aufgrund nun weit verbreiteter und verfügbarer digitaler Techniken im Online-Bereich neu zu diskutieren. Neben der Ausstattung der (virtuellen oder physisch realen) Kursstätte sind für die Beantwortung der Frage, ob die Kurse zum Erwerb oder Aktualisierung der erforderlichen FK ganz oder zu einem erheblichen Anteil online durchgeführt werden dürfen, noch weitere Aspekte zu berücksichtigen. Dazu gehören die Anteile der synchronen und asynchronen Lernphase, die Kontrolle der Anwesenheit der Kursteilnehmenden und die Durchführung von Prüfungen im reinen Online-Format. Insoweit ist vielmehr das Gesamtkonzept eines Kurses zu betrachten, statt unumstößlich an dem Erfordernis von Präsenzteilen festzuhalten.

46   Um sicherzustellen, dass die Kursinhalte geeignet sind, die für das jeweilige Anwendungsgebiet notwendigen Fertigkeiten und das notwendige Wissen zu vermitteln, werden in den entsprechenden FK-RL **Lehrinhalte** detailliert aufgelistet und der für den Unterricht vorgesehene **Mindestzeitbedarf** definiert. Verzichtet wird bislang noch auf die Ausformulierung von Lernzielen mit Operatoren (Deskriptoren), was eine Vergleichbarkeit von Kenntnissen, Fertigkeiten und Kompetenzen erleichtern würde (*EQF*, Empfehlung des Rates 2017/C 189/03).

47   Eine **Übergangsvorschrift** enthält § 189 Abs. 5 StrlSchV, wonach vor dem 31.12.2018 von der zust. Stelle anerkannte Kurse zur Vermittlung der erforderlichen FK oder der erforderlichen Kenntnisse bis zum 31.12.2023 als anerkannt nach § 51 StrlSchV fortgelten, soweit die Anerkennung keine kürzere Frist enthält.

VII. Überprüfung und Entzug der FK

48   Abs. 4 Nr. 8 enthält die Ermächtigungsgrundlage für Regelungen über den Entzug der Bescheinigung über die erforderliche FK oder die erforderlichen Kenntnisse im Strahlenschutz, für Regelungen über die Fortgeltung der Bescheinigung mit Auflagen und für Regelungen zur Überprüfung der FK oder Kenntnisse. Von dieser VO-Erm. hat der Gesetzgeber mit § 50 StrlSchV Gebrauch gemacht. § 50 Abs. 1 StrlSchV verwendet allerdings – anders als Abs. 4 Nr. 8 – den Begriff der Anerkennung und nicht den der Bescheinigung. Inhaltliche Abweichungen ergeben sich daraus nicht, da die Anerkennung der FK durch die Bescheinigung erfolgt. Somit bildet auch die Bescheinigung als feststellender VA den Anknüpfungspunkt für den Widerruf und die Erteilung von Auflagen (→ Rn. 35).

49   § 50 Abs. 1 StrlSchV räumt der zust. Stelle **Ermessen** ein. Dem Verhältnismäßigkeitsgrundsatz entsprechend ist bei der Ermessensausübung stets zu prüfen, ob die Erteilung von Auflagen ggü. dem Widerruf ein milderes, gleich geeignetes Mittel darstellt, um einen umfassenden Strahlenschutz zu gewährleisten, insbes. um drohende erhebliche Gesundheitsgefahren abzuwenden, die sich durch den Umgang mit ionisierender Strahlung oder radioaktiven Stoffen ohne die erforderliche FK im Strahlenschutz ergeben könnten. Sind die im Rahmen einer Überprüfung nach § 50 Abs. 2 StrlSchV (→ Rn. 50) festgestellten Mängel von bes. Schwere und bes. Umfang, kann auch der sofortige Widerruf gerechtfertigt sein (vgl. OVG NRW, Urt. v. 24.11.2016 – 13 A 293/15 –, juris Rn. 51). Ist davon auszugehen, dass die Ausübung der Tätigkeit ohne die erforderliche FK zu erheblichen Gesundheitsgefährdungen führt, wird das Widerrufsermessen zudem regelmäßig auf Null reduziert sein (vgl. VG Potsdam, Beschl. v. 5.1.2005 – 3 L 1089/04 –, juris Rn. 28f.).

50   Bestehen **begründete Zweifel** an der erforderlichen FK oder den erforderlichen Kenntnissen, kann die zust. Behörde nach § 50 Abs. 2 StrlSchV eine **Überprüfung** der FK oder der Kenntnisse veranlassen. Begründete Zweifel können sich zB aus von der ärztlichen Stelle im Rahmen ihrer Prüfung zur Qualitätssicherung festgestellten Mängeln ergeben (vgl. VG Münster, Urt. v. 23.4.2015 – 5 K

1213/14 –, juris Rn. 17; VG Potsdam, Beschl. v. 5.1.2005 – 3 L 1089/04 –, juris Rn. 18). Auch eine nicht fristgerechte Aktualisierung kann bereits Zweifel an der erforderlichen FK auslösen (vgl. VG Minden, Urt. v. 30.9.2015 – 7 K 1490/14 –, juris Rn. 37). Für die Überprüfung der FK oder Kenntnisse kommt ua die Durchführung eines Fachkundegesprächs in Betracht (vgl. zu den Anforderungen an ein Fachkundeüberprüfungsverfahren OVG NRW, Urt. v. 24.11.2016 – 13 A 293/15 –, juris Rn. 31 ff.).

§ 75 Überprüfung der Zuverlässigkeit

Für die Überprüfung der Zuverlässigkeit von Personen zum Schutz gegen unbefugte Handlungen, die zu einer Entwendung oder Freisetzung sonstiger radioaktiver Stoffe führen können, sind § 12b des Atomgesetzes und die Atomrechtliche Zuverlässigkeitsüberprüfungs-Verordnung anzuwenden.

A. Zweck und Bedeutung der Norm

§ 75 enthält eine Verweisregelung bzgl. der Vorschriften des AtG und der AtZüV **1** zum Zweck der Durchführung von Zuverlässigkeitsüberprüfungen. Durch die Übernahme der Regelungen zur Zuverlässigkeitsüberprüfung in den Anwendungsbereich des StrlSchG werden letztlich auch die mit § 12b AtG und der AtZüV verfolgten Schutzziele des § 1 Nr. 2 und 3 AtG übertragen (zum Schutzzweck s. *Rosin* in BHR EnergieR I, Rn. 891, *VGH Mannheim,* Urt. v 22.12.1987, RdE, 1988, 104, 105 f.).

B. Entstehungsgeschichte

Die Regelung führt die bis zum Erlass des StrlSchG geltende Rechtslage fort. Bis **2** dahin verwies § 12b AtG auf die Zuständigkeitsregelungen des § 23d AtG sowie § 24 AtG, die auch für die für das Strahlenschutzrecht zuständigen Behörden Anwendung fanden.

C. Inhalt der Norm

§ 75 bestimmt, dass für die Überprüfung von Personen zum **Schutz gegen un- 3 befugte Handlungen,** die zu einer Entwendung oder Freisetzung sonstiger radioaktiver Stoffe führen können, § 12b AtG und die AtZüV anzuwenden sind. Die Vorschrift legt damit das **Verfahren für die Zuverlässigkeitsüberprüfungen im Bereich des StrlSchG** fest; es gelten hier grundsätzlich dieselben Anforderungen, die auch das AtG an die im Zusammenhang mit kerntechnischen Anlagen tätige Personen stellt. Zum Begriff der Zuverlässigkeit siehe → § 13 Rn. 14 ff.

I. Überprüfungspflichtiger Personenkreis, § 12 b Abs. 1 AtG, § 1 AtZüV

4   **1. Überprüfungspflichtiger Personenkreis nach § 12 b Abs. 1 AtG.** Die Zuverlässigkeit von verantwortlichen Personen stellt im Bereich des StrlSchG, wie auch im AtG, eine **wesentliche Tatbestandsvoraussetzung** für die Erteilung von bestimmten Genehmigungen dar. So legen in diesem Zusammenhang etwa § 11 Abs. 1 S. 1 Nr. 1 und 2 für die genehmigungsbedürftige Errichtung und § 13 Abs. 1 S. 1 Nr. 1 und 2 für den genehmigungsbedürftigen Betrieb einer AEiS und den genehmigungsbedürftigen Umgang mit sonstigen radioaktiven Stoffe den überprüfungspflichtigen Personenkreis fest. Hierzu gehören der Antragsteller bzw. dessen (gesetzlicher oder satzungsmäßiger) Vertreter (jeweils Nr. 1) und der SSB (jeweils Nr. 2). Die Prüfung der vorgenannten Tatbestandsvoraussetzungen ist von der Zuverlässigkeitsprüfung nach § 12 b AtG und der AtZüV strikt zu trennen, da diese gerade nicht im Hinblick auf die Sicherung erfolgt (→ Rn. 5; § 13 Rn. 28 f.)

5   Über den vorgenannten Personenkreis hinaus erweitert § 12 b AtG den Anwendungsbereich einer Zuverlässigkeitsüberprüfung unter dem Aspekt der **Sicherung** (als Tatbestandvoraussetzung nach bspw. **§ 11 Abs. 1 Nr. 5 und § 13 Abs. 3**). Hierbei handelt es sich außerhalb des Anwendungsbereichs des AtG mit Blick auf das StrlSchG gem. § 12 b Abs. 1 S. 1 Nr. 1 und 2 AtG zunächst um Personen, die im Zusammenhang mit Anlagen zur Erzeugung ionisierender Strahlung nach § 5 Abs. 2 tätig sind, sowie die vorbenannten Genehmigungsinhaber und Antragsteller. Besonders relevant für den Bereich des StrlSchG ist ferner die Überprüfungspflicht für Personen, die beim Umgang mit radioaktiven Stoffen oder der Beförderung von radioaktiven Stoffen tätig sind, § 12 b Abs. 1 S. 1 Nr. 3 AtG.

6   Daneben unterliegen auch **Sachverständige** nach § 20 AtG, der im Strahlenschutzrecht über § 179 Abs. 1 Nr. 3 entsprechend anwendbar ist, der Überprüfungspflicht, § 12 b Abs. 1 S. 1 Nr. 4 AtG. Nach § 12 b Abs. 1 S. 2 AtG sind die Bediensteten der Genehmigungs- und Aufsichtsbehörden und die Bediensteten anderer Behörden mit gesetzlichen Zutrittsrechten zu den jeweiligen Anlagen und Einrichtungen von der Überprüfungspflicht ausgenommen.

7   **2. Einschränkung des überprüfungspflichtigen Personenkreises gem. § 1 AtZüV.** Der Anwendungsbereich der Zuverlässigkeitsüberprüfungen im Bereich des StrlSchG wird über § 1 AtZüV **eingeschränkt.** Nach § 1 Abs. 2 S. 1 AtZüV bedarf es nur dann einer Zuverlässigkeitsüberprüfung von Personen des o. g. Kreises, wenn die zuständige Behörde die Überprüfung verlangt, weil der Schutz gegen unbefugte Handlungen, die zu einer Entwendung oder Freisetzung radioaktiver Stoffe führen können, die Überprüfung erfordert. Die Festlegung der Pflicht zur Durchführung von Zuverlässigkeitsüberprüfungen erfolgt regelmäßig durch die zuständigen Genehmigungsbehörden durch anfängliche oder nachträgliche Auflagen zum Genehmigungsbescheid nach § 179 Abs. 1 Nr. 1 iVm § 17 AtG. Die Grundlage der Beurteilung der Behörde bildet regelmäßig das einschlägige untergesetzliche **SEWD-Regelwerk,** insbesondere die Richtlinien des BMUV. Hervorzuheben ist dabei die Richtlinie für den Schutz gegen Störmaßnahmen oder sonstige Einwirkungen Dritter beim Umgang mit und bei der Beförderung von sonstigen radioaktiven Stoffen („SisoraSt").

8   Die Ausnahmevorschrift des § 1 Abs. 2 S. 1 AtZüV gilt nach S. 2 allerdings nicht bei der Beförderung von **Großquellen nach § 186 Abs. 1 S. 2** sowie für den Um-

gang mit umschlossenen radioaktiven Stoffen im nichtmedizinischen Bereich mit einem Aktivitätswert, der 1000 TBq übersteigt.

Ferner kann gem. § 1 Abs. 4 AtZüV eine Zuverlässigkeitsüberprüfung unterblei- **9** ben, wenn eine Person **unaufschiebbare Arbeiten** durchführen soll, für die keine überprüften Personen zur Verfügung stehen oder eine Person nur kurzzeitig, regelmäßig höchstens einen Tag, Zutritt zu einer Anlage oder Einrichtung erhalten soll. Schließlich kann die zuständige Behörde von einer Zuverlässigkeitsüberprüfung absehen, wenn das mit der Anlage verbundene Risiko für eine Entwendung oder Freisetzung radioaktiver Stoffe gering ist. Dies gilt für die Beförderung radioaktiver Stoffe entsprechend, § 1 Abs. 5 S. 1–2 AtZüV.

II. Zuständigkeiten und Befugnisse der Überprüfungsbehörde, § 12b AtG iVm AtZüV

Nach § 12b Abs. 1 AtG sind die nach §§ 184–186 sowie §§ 189–191 zuständigen **10** Genehmigungs- und Aufsichtsbehörden ebenfalls für die Durchführung der Zuverlässigkeitsüberprüfung zuständig. Die Befugnisse der überprüfenden Behörde ergeben sich sodann aus § 12b Abs. 3, Abs. 4 und Abs. 7 AtG. Diese Prüfbefugnisse und die damit einhergehende Prüftiefe stehen nach der Systematik der Regelungen im AtG und der AtZüV grds. in einem **abgestuften System** zueinander. Übergeordnet gilt allerdings zunächst für die Tätigkeiten nach dem StrlSchG, die in den Anwendungsbereich des § 1 Abs. 2 AtZüV fallen, dass sich die Behörde nach § 5 Abs. 5 S. 1 AtZüV im Regelfall das Führungszeugnis nach § 30 Abs. 5 des Bundeszentralregisters vorlegen lässt, soweit nicht im Einzelfall eine eingehendere Prüfung erforderlich ist, § 5 Abs. 5 S. 2 AtZüV. Der Anwendungsbereich des § 5 Abs. 5 S. 2 AtZüV – also die Fallgruppen, die eine eingehende Prüfung erforderlich machen – wird durch das einschlägige untergesetzliche Regelwerk konkretisiert („SisoraSt" → Rn. 7).

Im Rahmen der umfassenden Zuverlässigkeitsüberprüfung ist die zust. Behörde **11** befugt, Informationen bei den in § 12b Abs. 3 S. 1 benannten Behörden abzufragen. Hierzu gehören insbesondere Erkenntnisse der Polizeivollzugs- und Verfassungsschutzbehörden, sowie erforderlichenfalls solche der Nachrichtendienste (MAD, BND). Bei tatsächlichen Anhaltspunkten für Zweifel an der Zuverlässigkeit des Betroffenen ist die zuständige Behörde weiterhin befugt, zusätzliche Anfragen an die in § 12b Abs. 4 benannten Behörden zu richten. Hierbei handelt es insbesondere um die Strafverfolgungsbehörden, Strafgerichte und für Steuerstrafverfahren zuständige Finanzbehörden (Abs. 4 Nr. 1), die Aufsichtsbehörden nach Abs. 4 Nr. 2 sowie das KBA (Fahreignungsregister, Abs. 4 Nr. 3). Ein Nachberichtserfordernis für die auskunftspflichtigen Behörden besteht zudem nach § 12b Abs. 7 AtG.

Die Überprüfungsbehörde hat ferner ihre Überprüfungen nach Art der Anlage **12** oder Einrichtung, insbesondere der Art und Menge der vorhandenen radioaktiven Stoffe, der Art der Tätigkeit, des Umfangs der Zutrittsberechtigung und der Verantwortung des Betroffenen **verhältnismäßig inhaltlich abzustufen,** § 12b Abs. 3 S. 2 AtG. Die Umsetzung dieser Anforderungen an das Überprüfungsverfahren erfolgt entsprechend der VO-Ermächtigung des § 12b Abs. 9 AtG anhand von §§ 5 ff. AtZüV; die Abstufungsregelungen enthalten §§ 2 f. AtZüV.

III. Rechte der betroffenen Person

13   Die Zuverlässigkeitsüberprüfung erfolgt nur nach vorheriger schriftlicher Zustimmung des Betroffenen, § 12b Abs. 2 AtG. Die Umsetzung der **Zustimmungspflicht** erfolgt hier in der Praxis über den von BMUV und Ländern erarbeiteten Erklärungsbogen, der auch die diesbezüglichen weiteren Anforderungen des § 6 Abs. 3 und 5 AtZüV an die Datenerhebung umsetzt. Im Verfahren besteht zudem eine Anhörungspflicht, § 12b Abs. 5 AtG. Ferner bestehen Einschränkungen in der Verarbeitung personenbezogener Daten und Löschfristen, § 12b Abs. 6, Abs. 8 AtG.

Kapitel 5 – Anforderungen an die Ausübung von Tätigkeiten

§ 76 Verordnungsermächtigungen für die physikalische Strahlenschutzkontrolle und Strahlenschutzbereiche; Aufzeichnungs- und
Mitteilungspflichten der Daten der Körperdosis

(1) Die Bundesregierung wird ermächtigt, durch Rechtsverordnung mit Zustimmung des Bundesrates Anforderungen an die physikalische Strahlenschutzkontrolle festzulegen sowie Vorgaben für Überwachungsbereiche, Kontrollbereiche und Sperrbereiche als Teil des Kontrollbereichs (Strahlenschutzbereiche) und den Schutz von Personen, die sich in Strahlenschutzbereichen aufhalten, zu machen. In der Rechtsverordnung kann insbesondere festgelegt werden,

1. wann Strahlenschutzbereiche einzurichten sind und welche Merkmale sie erfüllen müssen,
2. wie Strahlenschutzbereiche abzugrenzen, zu sichern und zu kennzeichnen sind,
3. unter welchen Bedingungen Personen der Zutritt zu Strahlenschutzbereichen erlaubt wird,
4. dass Personen vor dem Zutritt zu Strahlenschutzbereichen, vor dem Einsatz als fliegendes oder raumfahrendes Personal oder vor dem Umgang mit radioaktiven Stoffen oder vor dem Betrieb von Anlagen zur Erzeugung ionisierender Strahlung, Röntgeneinrichtungen oder Störstrahlern oder vor der Beförderung radioaktiver Stoffe zu unterweisen sind, welchen Inhalt die Unterweisungen haben müssen, in welchen Zeitabständen die Unterweisung zu erfolgen hat,
5. dass aufzuzeichnen ist, wer an der Unterweisung nach Nummer 4 teilgenommen hat, wie lange die Aufzeichnung aufzubewahren und unter welchen Voraussetzungen sie der zuständigen Behörde vorzulegen ist,
6. dass persönliche Schutzausrüstungen zu verwenden sind und welche persönlichen Schutzausrüstungen zu verwenden sind,
7. dass und wie die messtechnische Überwachung zu erfolgen hat, einschließlich der Verwendung bestimmter Strahlungsmessgeräte,
8. wie Personen, die sich in Strahlenschutzbereichen aufhalten oder aufgehalten haben, zu überwachen sind, einschließlich der Pflicht dieser Personen, Dosimeter zu tragen,
9. dass aufzuzeichnen ist, wer sich in Strahlenschutzbereichen aufgehalten hat und welche Ergebnisse die Überwachung hat, dass und wie lange die Aufzeichnungen aufzubewahren sind, dass und unter welchen Voraussetzungen sie der zuständigen Behörde vorzulegen sind und unter welchen Voraussetzungen die Ergebnisse der Überwachung ermächtigten Ärzten und Arbeitgebern mitzuteilen sind,
10. dass und in welchem Umfang Personen, die einer beruflichen Exposition ausgesetzt sein können oder die sich in einem Strahlenschutzbereich aufhalten oder aufgehalten haben, verpflichtet sind, sich Messungen zur Bestimmung der Körperdosis, ärztlicher Untersuchung und, soweit zum Schutz anderer Personen oder der Allgemeinheit erforderlich, ärztlicher Behandlung zu unterziehen, und dass die Untersuchung oder die Behandlung durch ermächtigte Ärzte vorzunehmen ist,

11. dass, wie und durch wen die Körperdosis zu ermitteln ist,
12. welche technischen und organisatorischen Anforderungen für die nach Abs. 2, nach § 85 Abs. 1 Nummer 3 Buchstabe b sowie nach den §§ 167 und 168 erforderliche Aufzeichnung, Aufbewahrung, Weitergabe und Übermittlung der ermittelten Daten zur Körperdosis gelten,
13. welche Dosimeter zur Messung der beruflichen Exposition verwendet werden dürfen und dass sie der zu überwachenden Person zur Verfügung zu stellen sind,
14. welche Anforderungen an die Anerkennung eines Rechenprogramms zur Ermittlung der Körperdosis des fliegenden Personals zu stellen sind,
15. welche Schutzmaßnahmen in Strahlenschutzbereichen und beim Verlassen von Strahlenschutzbereichen zu ergreifen sind, um Kontaminationen von Personen und Gegenständen festzustellen und zu beseitigen sowie Aktivierungen von Gegenständen festzustellen und welche Werte der oberflächenspezifischen und spezifischen Aktivität hierfür heranzuziehen sind sowie welche Anforderungen an mit der Dekontamination betraute Personen zu stellen sind,
16. welche Vorkehrungen zum Schutz der Feuerwehr vor der schädlichen Wirkung ionisierender Strahlung bei der Brandbekämpfung zu treffen sind und
17. welche weiteren Aufzeichnungs-, Aufbewahrungs-, Mitteilungs- und Vorlagepflichten im Zusammenhang mit den Pflichten nach den Nummern 1 bis 16 bestehen.

Die Rechtsverordnung kann auch diejenigen Vorschriften der Rechtsverordnung festlegen, für deren Einhaltung der Strahlenschutzverantwortliche zu sorgen hat.

(2) Der Strahlenschutzverantwortliche hat dafür zu sorgen, dass die Ergebnisse der nach der Rechtsverordnung nach Abs. 1 Satz 2 Nummer 11 ermittelten Daten zur Körperdosis von Personen, die der physikalischen Strahlenschutzkontrolle unterliegen oder sich in Strahlenschutzbereichen aufgehalten haben und weder einer beruflichen Exposition unterliegen noch Betreuungs- und Begleitpersonen sind, unverzüglich aufgezeichnet werden. Die Aufzeichnungen sind zehn Jahre ab dem Zeitpunkt der Erstellung aufzubewahren und der zuständigen Behörde auf Verlangen vorzulegen.

(3) Das Grundrecht auf körperliche Unversehrtheit (Artikel 2 Abs. 2 Satz 1 des Grundgesetzes) wird nach Maßgabe des Abs.es 1 Satz 2 Nummer 10 eingeschränkt.

A. Zweck und Bedeutung der Norm

1   Mit den in § 76 aufgeführten Verordnungsermächtigungen wird im Wesentlichen die Grundlage für die Fortführung der Regelungen der §§ 36 bis 42 und 44 StrlSchV 2001 und der §§ 19 bis 22 sowie 35 und 36 RöV geschaffen. Die auf diese Ermächtigungen gestützten Verordnungsregelungen haben für die Umsetzung des betrieblichen Strahlenschutzes enorme Bedeutung, da sie **zentrale Aspekte des praktischen Strahlenschutzes** betreffen. Dazu gehören neben der Definition

von **Strahlenschutzbereichen** auch die **Unterweisung** von sonst tätigen Personen, die Verwendung von **persönlicher Schutzausrichtung**, die **messtechnische und dosimetrische Überwachung** und die damit verbundenen **Aufzeichnungs-, Aufbewahrungs-, Mitteilungs – und Vorlagepflichten**.

Dabei erstreckt sich der Geltungsbereich der Verordnungsermächtigungen nicht **2** ausschließlich auf Strahlenschutzbereiche, sondern sie sind auch für Regelungen relevant, bei denen keine Strahlenschutzbereiche existieren, wie zB bei der Beförderung von radioaktiven Stoffen oder bei der Beschäftigung von fliegendem Personal (BT-Drs. 18/11241, 321).

Die Verordnungsermächtigungen dienen auch der Umsetzung von Artikel 36 bis 39 der Richtlinie 2013/59/Euratom.

B. Bisherige Rechtslage

Die auf die Verordnungsermächtigung des § 76 gestützten Regelungen fanden **3** sich vor Inkrafttreten des neuen Strahlenschutzrechts in den §§ 36 (Strahlenschutzbereiche), 37 (Zutritt zu Strahlenschutzbereichen), 38 (Unterweisung), 39 (Messtechnische Überwachung in Strahlenschutzbereichen), 40 (Zu überwachende Personen), 41 (Ermittlung der Körperdosis), 42 (Aufzeichnungs- und Mitteilungspflicht) und 44 (Kontamination und Dekontamination) StrlSchV 2001. Weitere relevanten Regelungen enthielten die §§ 19 (Strahlenschutzbereiche), 20 (Röntgenräume), 21 (Schutzvorkehrungen), 22 (Zutritt zu Strahlenschutzbereichen), 35 (Zu überwachende Personen und Ermittlung der Körperdosis) und 36 (Unterweisung) der RöV.

C. Verordnungsermächtigungen (Abs. 1)

Auf den Verordnungsermächtigungen in Abs. 1 S. 2 **Nr. 1** beruhen die Regelun- **4** gen in den §§ 52, 59, 60, 61 und 62 StrlSchV. Damit werden die Regelungen entsprechend § 36 Abs. 1 und 3 StrlSchV 2001 und § 19 Abs. 1, 3, 4 und 5 RöV fortgeführt. Dies beinhaltet die **Definition der Strahlenschutzbereiche** in § 52 StrlSchV, die Möglichkeit, bei einer nach § 56 oder 59 angezeigten Tätigkeit im Zusammenhang mit NORM das Einrichten von Strahlenschutzbereichen anzuordnen (§ 59 StrlSchV), Regelungen zu **Röntgenräumen** (§ 60 StrlSchV), **Bestrahlungsräumen** (§ 61 StrlSchV) sowie **Räumen für den Betrieb von Störstrahlern** (§ 62 StrlSchV). Anders als im alten Strahlenschutzrecht existieren nun auch bei der Anwendung von Röntgenstrahlung Sperrbereiche, wobei die Regelung aus der RöV, dass Bereiche, in denen nur Röntgeneinrichtungen oder Störstrahler betrieben werden, nur während der Einschaltzeit als Strahlenschutzbereiche gelten, übernommen wurde.

Die Ermächtigung in Abs. 1 S. 2 **Nr. 2** ist die Grundlage für § 53 StrlSchV (**Ab- 5 grenzung, Kennzeichnung und Sicherung von Strahlenschutzbereichen**). Dort werden die Regelungen aus § 36 Abs. 2 und 4 StrlSchV 2001 und § 19 Abs. 2 und 6 RöV übernommen und, entsprechend § 36 Abs. 2. S. 3 StrlSchV 2001, Ausnahmen von der Abgrenzungs-, Sicherungs- und Kennzeichnungspflicht gewährt.

Auf Grundlage der Ermächtigung in Abs. 1. S. 2 **Nr. 3** wird in § 55 StrlSchV der **6 Zutritt zu Strahlenschutzbereichen** geregelt. Auch hier werden ohne inhaltliche Veränderungen Regelungen aus dem bisherigen Strahlenschutzrecht über-

nommen und fortgeführt (§ 37 StrlSchV 2001 bzw. § 22 RöV). So kann gemäß § 55
Abs. 1 S. 2 StrlSchV auch weiterhin die zuständige Behörde gestatten, dass auch an-
deren Personen (z. B. Besuchern, denen nach Abs. 1. Nr. 2 der Zutritt zu Kontroll-
bereichen grundsätzlich nicht erlaubt ist) der Zutritt zu Strahlenschutzbereichen er-
laubt wird, wenn ein angemessener Schutz dieser Personen gewährleistet ist.
Änderungen ergaben sich hier auf Verordnungsebene nur durch eine sprachliche
Präzisierung, da der Begriff „Betreuungs- und Begleitperson" (legaldefiniert in § 2
Abs. 8 Nr. 3) den Begriff der „helfenden Person" ersetzt hat.

7   Die Regelungen des § 63 StrlSchV zur **Unterweisung** beruhen auf den Ermächtigungen in Abs. 1. S. 2 **Nr. 4 und 5.** Damit werden die Regelungen zur Unterweisung entsprechend § 38 Abs. 1 bis 4 sowie § 103 Abs. 6 StrlSchV 2001 und
§ 36 Abs. 1 bis 4 RöV fortgeführt und gleichzeitig ist sie die Grundlage für die Umsetzung des Artikels 15 der Richtlinie 2013/59/Euratom. Inhaltlich ergeben sich
keine grundlegenden Veränderungen; allerdings ist die Unterweisung nun, anders
als früher, **unverzüglich** aufzuzeichnen.

Neu und für die praktische Durchführung von großer Relevanz sind die Bestimmungen aus § 63 Abs. 3 StrlSchV, die die **Durchführung der Unterweisung** konkretisieren. Zum einen wird nun explizit klargestellt, dass die Unterweisung in einer
für die Unterwiesenen **verständlichen Form und Sprache** erfolgen muss (§ 63
Abs. 3 S. 1 StrlSchV). Desweitern hat die Unterweisung **mündlich** zu erfolgen
(§ 63 Abs. 3 S. 2 StrlSchV). Dabei **kann die zuständige Behörde zulassen,** dass
die Unterweisung unter Nutzung von **E-Learning-Angeboten** oder von **audio-
visuellen Medien** erfolgt, wenn dabei eine **Erfolgskontrolle** durchgeführt wird
und die **Möglichkeit für Nachfragen** gewährleistet ist (§ 63 Abs. 3 S. 3 StrlSchV).
Sollten also E-Learning-Angebote oder audiovisuelle Medien eingesetzt werden,
bedarf es der Zulassung durch die zuständige Behörde; für diese Regelung gibt es
keine Übergangsfrist.

8   Die Vorgaben zu § 70 StrlSchV **(Schutz beim Umgang mit offenen radioaktiven Stoffen; Beschäftigungsverbote)** haben ihre Grundlage in Abs. 1 S. 2
Nr. 6, womit die Regelungen entsprechend § 43 Abs. 3 S. 1 StrlSchV 2001 und
§ 21 Abs. 1 S. 2 RöV fortgeführt werden.

9   Die Vorschrift in § 56 StrlSchV **(Messtechnische Überwachung in Strahlenschutzbereichen)** beruht auf der Ermächtigung in Abs. 1 S. 2 **Nr. 7.** Durch sie
werden die Regelungen entsprechend § 39 und 67 Abs. 1, 3 und 4 StrlSchV 2001
sowie § 34 Abs. 1 S. 1 und Abs. 3 RöV fortgeführt.

10   Die Ermächtigungen in Abs. 1 S. 2 **Nr. 8 bis 14** sowie **Nr. 17** bilden die Grund-
lage für Regelungen rund um die Dosimetrie, die sich in den §§ 64 bis 67 und 69
StrlSchV wiederfinden. So regelt § 64 StrlSchV die **Pflicht zur Ermittlung der
Körperdosis sowie den Kreis der zu überwachenden Personen** und § 65
StrlSchV konkretisiert das **Vorgehen bei der Ermittlung der Körperdosis.** § 66
StrlSchV regelt die **Messung der Personendosis,** § 67 StrlSchV die **Ermittlung
der Körperdosis des fliegenden Personals** und § 69 StrlSchV **den Schutz von
schwangeren und stillenden Personen.**

Im Wesentlichen werden auch hier Regelungen fortgeführt, die sich bereits in
der bisherigen StrlSchV 2001 bzw. in der RöV wiedergefunden haben (§§ 40 und
41 StrlSchV 2001 und § 35 RöV).

In **Nr. 10** wird die Verordnungsermächtigung des – aufgehobenen – § 12 Abs. 1
S. 1 Nr. 4 AtG a. F. teilweise aufgriffen (BT-Drs. 18/11241, 322). Erfasst werden
hier von den Regelungen nicht nur Personen, die sich in Strahlenschutzbereichen
aufhalten, sondern jetzt auch beruflich exponierte Personen, Damit wird berück-

sichtigt, dass eine berufliche Exposition nicht mit dem Aufenthalt in einem Strahlenschutzbereich verbunden sein muss, beispielsweise bei der Beförderung oder bei der Exposition von Einsatzkräften oder bei Radonarbeitsplätzen. Des Weiteren kann in der Rechtsverordnung auch die Überwachung anderer Personen in Strahlenschutzbereichen geregelt werden. Dies betrifft beispielsweise Besucher in Kontrollbereichen und Begleitpersonen im medizinischen Bereich. Die berufliche Exposition umfasst dabei auch die Exposition von Auszubildenden und Studierenden sowie die Exposition von Einsatzkräften (§ 2 Abs. 7).

Für die praktische Umsetzung der physikalischen Strahlenschutzkontrolle ist die Regelung aus § 64 Abs. 1 S. 1 StrlSchV von Bedeutung, die die **Ermittlung der Körperdosis auf alle Strahlenschutzbereiche** (nicht nur, wie früher, für den Kontrollbereich) **ausweitet**. Auf die Ermittlung der Körperdosis kann im Überwachungsbereich nach § 64 Abs. 1 S. 2 StrlSchV nur dann verzichtet werden, wenn zu erwarten ist, dass im Kalenderjahr eine effektive Dosis von 1 Millisievert oder höhere Organ-Äquivalentdosen von 15 Millisievert für die Augenlinse oder eine lokale Hautdosis von 50 Millisievert nicht erreicht werden.

Auf Grundlage von Abs. 1 S. 2 **Nr. 15** wurden in den §§ 57 und 58 Regelungen **11** zur **Kontamination und Dekontamination** sowie zum **Verlassen von und Herausbringen aus Strahlenschutzbereichen** getroffen. Damit wurden Regelungen entsprechend § 44 StrlSchV 2001 fortgeführt und eine Grundlage für die Werte in Anlage 3 Tabelle 1 StrlSchV gelegt.

Die Regelung in § 54 StrlSchV zur **Vorbereitung der Brandbekämpfung** be- **12** ruhen auf der Ermächtigung in Abs. 1 S. 2 **Nr. 16**. Sie soll den Regelungen aus § 52 StrlSchV 2001 entsprechen und bildet die Grundlage für Regelungen zum Schutz der Feuerwehr, wenn sie in einem Brandfall tätig wird.

Abs. 1 S. 3 ermöglicht iVm § 72 StrlSchV die Fortführung der Rechtslage nach § 33 **13** StrlSchV 2001 und § 15 RöV. Es wird klargestellt, dass in Ergänzung zu § 72 Abs. 1 S. 1 Nr. 3 in der RVO nach S. 1 und 2 festgelegt werden kann, dass der SSV für die Einhaltung bestimmter Vorschriften der RVO zu sorgen hat; nach § 72 Abs. 2 S. 1 Nr. 1 lit. b kann die Pflicht in einem solchen Fall dann grds. auch dem SSB obliegen (BT-Drs. 18/11241, 323).

D. Aufzeichnungs- und Aufbewahrungspflicht der Daten zur Körperdosis (Abs. 2)

Abs. 2 regelt, dass der SSV dafür Sorge zu tragen hat, dass die gemäß Abs. 1 S. 2 **14** Nr. 11 zu ermittelnde **Körperdosis** auch von Personen, die zwar der physikalischen Strahlenschutzkontrolle unterliegen oder sich in Strahlenschutzbereichen aufgehalten haben aber **weder einer beruflichen Exposition unterliegen noch Betreuungs- und Begleitpersonen** sind, unverzüglich **aufgezeichnet** werden und diese Aufzeichnungen 10 Jahre aufzubewahren sind.

E. Grundrechtseinschränkung (Abs. 3)

Mit Abs. 3 befolgt der Gesetzgeber das Zitiergebot in Art. 19 Abs. 1 S. 2 GG mit **15** Blick auf die in Abs. 1 S. 1 Nr. 10 angeordnete Einschränkung des Grundrechts auf körperliche Unversehrtheit (Art. 2 Abs. 2 S. 1 GG).

F. Zuwiderhandlungen

16   Nach § 194 Abs. 1 Nr. 1 lit a handelt **ordnungswidrig,** wer vorsätzlich oder fahrlässig einer RVO nach § 76 Abs. 1 S. 1, S. 2 Nr. 1, 2, 6, 7, 8, 10, 11, 13, 15 oder 16 oder Satz 3 zuwiderhandelt, soweit die RVO für einen bestimmten Tatbestand auf § 194 verweist. Für die insoweit sich ergebenden Ordnungswidrigkeiten siehe § 184 Abs. 1 Nr. 12 bis 26 in Ansehung der dort aufgeführten Pflichten.

Die Höhe der Geldbuße richtet sich nach § 194 Abs. 2 und kann bis zu 50.000 Euro betragen.

§ 77   Grenzwert für die Berufslebensdosis

[1]Der Grenzwert für die Summe der in allen Kalenderjahren ermittelten effektiven Dosen beruflich exponierter Personen beträgt 400 Millisievert. [2]Die zuständige Behörde kann im Benehmen mit einem ermächtigten Arzt eine zusätzliche berufliche Exposition zulassen, wenn diese nicht mehr als 10 Millisievert effektive Dosis im Kalenderjahr beträgt und die beruflich exponierte Person einwilligt. [3]Die Einwilligung ist schriftlich zu erteilen.

Schrifttum: BfS-39/22: Die berufliche Strahlenexposition in Deutschland 2020, Bericht des Strahlenschutzregisters, urn:nbn:de:0221–2022030331668; SSK, Grundlagen zur Begründung von Grenzwerten für beruflich strahlenexponierte Personen, Empfehlung der Strahlenschutzkommission mit wissenschaftlicher Begründung, verabschiedet im Umlaufverfahren am 07. September 2018, Bekanntmachung im BAnz AT 14.11.2019 B5 (SSK Empfehlung 2018).

A. Zweck und Bedeutung der Norm

1   § 77 bestimmt den Grenzwert der **Berufslebensdosis** und übernimmt die §§ 56, 95 Abs. 5 und § 103 Abs. 3 StrlSchV 2001 sowie § 31b RöV. Die RL 2013/59/Euratom sieht keinen Grenzwert für die Berufslebensdosis vor. Auf nationaler Ebene darf ein solcher trotzdem vorgesehen werden, da die RL nur Mindeststandards vorgibt (→ Einf. Rn. 13). Der Grenzwert für die Berufslebensdosis soll Beschäftigte in besonders dosisintensiven Einsatzfeldern davor schützen, dass der Jahresdosisgrenzwert alljährlich ausgeschöpft wird (BT-Drs. 18/11241, 324).

B. Bisherige Regelungen

2   → Rn. 1.

C. Höhe des Grenzwerts der Berufslebensdosis (S. 1)

3   S. 1 bestimmt, dass der Grenzwert für die Summe der in allen Kalenderjahren ermittelten effektiven Dosen beruflich exponierter Personen (§ 5 Abs. 7) **400 Millisievert** beträgt. Die Höhe dieses Grenzwerts ist im Hinblick auf die Höhe des Jahresdosisgrenzwerts von 20 mSv (§ 78 Abs. 1 S. 1) angemessen und entspricht einem

Lebenszeitrisiko von etwa 4% für eine zusätzliche Krebserkrankung (SSK Empfehlung 2018, 9). Zudem bewirkt die Pflicht zur Dosisvermeidung und -reduzierung, dass der Berufslebensdosisgrenzwert nur für einen kleinen Teil der beruflich exponierten Personen von Bedeutung ist (BT-Drs. 18/11241, 324). So weist der Bericht des Strahlenschutzregisters für das Jahr 2020 bei insgesamt 432.268 überwachten Personen eine einzige Überschreitung des Grenzwertes der Berufslebensdosis aus (BfS-39/22, 24); diese stand im Zusammenhang mit einer Tätigkeit im Bereich der Kerntechnik. Werden alle bekannten Überschreitungen der Berufslebensdosis (nicht nur aus 2020) betrachtet, so ergeben sich seit Beginn der Dosiserfassung im Strahlenschutzregister bis Ende 2020 im medizinischen Bereich insgesamt 70 Grenzwertüberschreitungen, was bei mehr als einer Million erfassten Personen einem sehr kleinen Bruchteil entspricht. In der Kerntechnik wurden bis Ende 2020 insgesamt 140, in der Industrie 163 und in der Forschung und Lehre 15 Grenzwertüberschreitungen erfasst (BfS-39/22, 37).

Zusätzlich sind allerdings auch Fälle denkbar, bei denen Personal aus (nicht euro- **4** päischen) Ländern tätig wird, in denen der Grenzwert der effektiven Dosen im Kalenderjahr bei 50 mSv liegt und ein Grenzwert für die Berufslebensdosis nicht existiert. Solche Personen könnten bereits vor Aufnahme der Tätigkeit in Deutschland mehr als 400 mSv effektive Dosis erhalten haben, so dass der Grenzwert bei Aufnahme der Tätigkeit nicht mehr eingehalten werden kann. In solchen Fällen kann diese Person die Tätigkeit nicht ausüben, es sei denn, eine weitere Exposition wird zugelassen (→ Rn. 6).

2018 hat die SSK empfohlen, das Konzept der Begrenzung der Berufslebensdosis **5** zu **erhalten,** da diese der Objektivierung und Nachprüfbarkeit der gesundheitlichen Risiken dient und es den Vollzugsbehörden ermöglicht, bei Grenzwertüberschreitungen angemessen vorzugehen (SSK Empfehlung 2018, 10).

D. Zulassung weiterer Expositionen (S. 2 und 3)

S. 2 sieht vor, dass die zust. Behörde im Benehmen mit einem ermächtigten Arzt **6** (§ 175 StrlSchV), also unter dessen Einbeziehung (seine Zustimmung ist nicht erforderlich), eine zusätzliche berufliche Exposition zulassen kann, wenn diese **nicht mehr als 10 Millisievert** effektive Dosis im Kalenderjahr beträgt, und die beruflich exponierte Person einwilligt. Sie muss die **Einwilligung** nach S. 3 **schriftlich** erteilen. Diese Möglichkeit, auch nach Erreichen des Berufslebensgrenzwertes weitere Expositionen zuzulassen, vermeidet ungerechtfertigte Härten bei der Berufsausübung (BT-Drs. 18/11241, 324).

§ 78 Grenzwerte für beruflich exponierte Personen

(1) [1]**Der Grenzwert der effektiven Dosis beträgt für beruflich exponierte Personen 20 Millisievert im Kalenderjahr.** [2]**Die zuständige Behörde kann im Einzelfall für ein einzelnes Jahr eine effektive Dosis von 50 Millisievert zulassen, wobei in fünf aufeinander folgenden Jahren insgesamt 100 Millisievert nicht überschritten werden dürfen.**

(2) [1]**Der Grenzwert der Organ-Äquivalentdosis beträgt für beruflich exponierte Personen**
1. für die Augenlinse 20 Millisievert im Kalenderjahr,

2. für die Haut, gemittelt über jede beliebige Hautfläche von einem Quadratzentimeter, unabhängig von der exponierten Fläche, (lokale Hautdosis) 500 Millisievert im Kalenderjahr und
3. für die Hände, die Unterarme, die Füße und Knöchel jeweils 500 Millisievert im Kalenderjahr.

²Für die Organ-Äquivalentdosis der Augenlinse gilt Absatz 1 Satz 2 entsprechend.

(3) ¹Für beruflich exponierte Personen unter 18 Jahren beträgt der Grenzwert der effektiven Dosis 1 Millisievert im Kalenderjahr. ²Der Grenzwert der Organ-Äquivalentdosis beträgt
1. für die Augenlinse 15 Millisievert im Kalenderjahr,
2. für die lokale Hautdosis 50 Millisievert im Kalenderjahr,
3. für die Hände, die Unterarme, die Füße und Knöchel jeweils 50 Millisievert im Kalenderjahr.

³Abweichend davon kann die zuständige Behörde für Auszubildende und Studierende im Alter zwischen 16 und 18 Jahren einen Grenzwert von 6 Millisievert im Kalenderjahr für die effektive Dosis und jeweils 150 Millisievert im Kalenderjahr für die Organ-Äquivalentdosis der Haut, der Hände, der Unterarme, der Füße und Knöchel zulassen, wenn dies zur Erreichung des Ausbildungszieles notwendig ist.

(4) ¹Bei gebärfähigen Frauen beträgt der Grenzwert für die Organ-Äquivalentdosis der Gebärmutter 2 Millisievert im Monat. ²Für ein ungeborenes Kind, das auf Grund der Beschäftigung der Mutter einer Exposition ausgesetzt ist, beträgt der Grenzwert der effektiven Dosis vom Zeitpunkt der Mitteilung über die Schwangerschaft bis zu deren Ende 1 Millisievert.

(5) Die Befugnis der zuständigen Behörde nach der Rechtsverordnung nach § 79 Absatz 1 Satz 2 Nummer 1, unter außergewöhnlichen, im Einzelfall zu beurteilenden Umständen zur Durchführung notwendiger spezifischer Arbeitsvorgänge Expositionen zuzulassen, die von den Grenzwerten der Absätze 1 und 2 und Absatz 4 Satz 1 abweichen, bleibt unberührt.

Übersicht

Schrifttum: *Rühm 2019 et al:* Rühm W, Breckow J, Dietze G, Friedl A, Greinert R, Jacob P, Kistinger S, Michel R, Müller W-U, Otten H, Streffer C, Weiss W, Dose limits for occupational exposure to ionising radiation and genotoxic carcinogens: a German perspective, Radiat Environ Biophys. 2020 Mar; 59(1), S. 9–27; doi: 10.1007/s00411-019-00817-x. Epub 2019 Nov 1; *SSK 2004:* Strahlenschutz für das ungeborene Kind, Empfehlung der Strahlenschutzkommission und Wissenschaftliche Begründung (197. Sitzung am 16./17. Dezember 2004); *SSK 2018:* Grundlagen zur Begründung von Grenzwerten für beruflich strahlenexponierte Personen, Empfehlung der Strahlenschutzkommission mit wissenschaftlicher Begründung (7. September 2018); *SSK 2020:* Grenzwerte der Organ-Äquivalentdosen für die berufliche Strahlenexposition, Empfehlung der Strahlenschutzkommission mit wissenschaftlicher Begründung (309. Sitzung am 10. Dezember 2020); *Michel/Völkle/Lorenz,* Strahlenschutz heute – Erfolge, Probleme, Empfehlungen für die Zukunft, StrlSchPrax 4/2018, S. 5; *BfS-39/22:* Die berufliche Strahlenexposition in Deutschland 2020, Bericht des Strahlenschutzregisters.

A. Zweck und Bedeutung der Norm

Die Norm setzt Dosisgrenzwerte (§ 9) für **beruflich exponierte Personen** (zur **1** Definition siehe § 5 Abs. 7) und damit für einen Personenkreis, für den der Strahlenschutz eine besondere Bedeutung aufweist und auf den der Strahlenschutz historisch ausgerichtet war, bevor auch der Schutz der Bevölkerung in den Fokus rückte (→ § 80 Rn. 17). In Abs. 1 S. 1 wird der Grenzwert der effektiven Dosis auf 20 mSv im Kalenderjahr festgesetzt. In Abs. 2 wird die zulässige Organ-Äquivalentdosis für bestimmte Organe und Körperteile festgelegt. Die Absätze 3 und 4 bringen restriktive Sonderregelungen für Personen unter 18 Jahren sowie für gebärfähige Personen und bei Schwangerschaft für das ungeborene Kind. Abs. 5 schließlich ermöglicht Ausnahmen unter besonderen Umständen.

Die **Überschreitung** der in dieser Norm gesetzten Grenzwerte stellt in Deutsch- **2** land eine **seltene Ausnahme** dar. Gemäß dem Bericht des Strahlenschutzregisters des BfS sind 2020 bei insgesamt über 420.000 beruflich exponierten Personen, die dosimetrisch überwacht wurden, insgesamt 44 Grenzwertüberschreitungen festgestellt worden. Dabei wurde der Jahresgrenzwert der effektiven Dosis viermal überschritten (dreimal für Erwachsene, einmal für Personen unter 18 Jahren; zwei Überschreitungen im Zusammenhang mit Radon, zwei im Bereich der Medizin), ebenso wie der Jahresgrenzwert der Organ-Äquivalentdosis der Hand (zweimal im medizinischen und zweimal im technischen Kontext). Die (mit Abstand) häufigste Verletzung eines Grenzwerts ist mit 35 Überschreitungen die des Monatsgrenzwerts von 2 mSv bei der Organ-Äquivalentdosis der Gebärmutter bei gebärfähigen Personen (Radon 7, Medizin 22, Industrie 5, Forschung und Lehre 1) (BfS-39/22, 24). Auch in den vergangenen Jahren lag die Anzahl der Grenzwertüberschreitungen auf einem vergleichbaren (sehr niedrigen) Niveau.

Die Regelung setzt **Art. 9 RL 2013/59/Euratom** um. **3**

B. Bisherige Regelungen

Die Regelung führt im Wesentlichen **§ 55 StrlSchV 2001** und **§ 31a RöV** fort. **4** Aufgrund des erweiterten Tätigkeitsbegriffs erfasst die Regelung jetzt auch unmittelbar NORM-Arbeitsplätze (§§ 55 ff.), bei denen die Dosisgrenzwerte in **§ 95 Abs. 4 StrlSchV 2001** noch separat geregelt waren; dasselbe gilt für Tätigkeiten im Zusammenhang mit kosmischer Strahlung (§§ 50 ff; Dosisgrenzwerte früher geregelt in **§ 103 Abs. 2 StrlSchV 2001,** Grenzwerte für das fliegende Personal). Die amtliche Begründung (BT-Drs. 18/11241, 324 f.) betont an mehreren Stellen, dass der Gesetzgeber von einer geringen praktischen Relevanz dieser Erstreckung auf NORM-Arbeitsplätze und auf das fliegende Personal ausgeht.

C. Grundsätzliches

I. Anwendungsbereich

5   § 78 befindet sich im Teil 2 des StrlSchG, der **geplante Expositionssituationen** umfasst. Die in § 78 festgesetzten Dosisgrenzwerte gelten für **beruflich exponierte Personen iSd § 5 Abs. 7.** Dies sind nur solche Personen, deren berufliche Exposition (§ 2 Abs. 7) aus **Tätigkeiten** – also (§ 2 Abs. 2) aus geplanten Expositionssituationen – die in § 5 Abs. 7 festgesetzten Dosen (effektive Dosis von 1 mSv im Kalenderjahr oder bestimmte Organ-Äquivalentdosen) überschreiten kann.

6   Für bestimmte Expositionen aus **bestehenden Expositionssituationen** gelten bestimmte Dosisgrenzwerte des § 78 jeweils entsprechend; siehe § 131 Abs. 1 Nr. 3 (Schutz vor Radon am Arbeitsplatz), § 145 Abs. 3 Nr. 2 (Sanierungs- und sonstige Maßnahmen im Zusammenhang mit radioaktiven Altlasten) und § 159 Abs. 3 Nr. 2 (anmeldebedürftige sonstige bestehende Expositionssituationen). Hier ergeben sich bei einer Mehrfachexposition Überschneidungen, die auch die Anwendung des § 78 betreffen: Ist eine Person aufgrund einer Exposition aus Tätigkeiten als beruflich exponierte Person einzustufen, so sind gem. § 166 Abs. 1 zusätzlich hinzukommende Expositionen aus den genannten bestehenden Expositionssituationen bei der Ermittlung der Expositionen, für die der Grenzwert gilt, zu berücksichtigen; die Summe der Expositionen muss also unterhalb der Dosisgrenzwerte des § 78 liegen. Bei **Notfalleinsätzen** ist gem. § 114 Abs. 1 anzustreben, dass die Exposition von Einsatzkräften in dieser Expositionssituation unterhalb der Werte des § 78 bleibt; hier findet aber keine Zusammenrechnung nach § 166 statt.

II. Rechtsnatur

7   Die Dosisgrenzwerte des § 78 sind – vorbehaltlich der vom Gesetz- und Verordnungsgeber zugelassenen Ausnahmen – **zwingend einzuhalten.** Mit den Dosisgrenzwerten des StrlSchG hat der Gesetzgeber allgemein das für die Einzeldosis höchstzulässige Maß der Strahlenexposition für eine Person und damit die Grenze festgelegt, unterhalb derer das für die betroffene Person hinzunehmende Restrisiko beginnt (→ § 9 Rn. 12). Die in § 78 festgelegten Dosisgrenzwerte für beruflich exponierte Personen definieren somit Werte, unterhalb derer **deterministische Schäden** sicher vermieden werden (→ Rn. 13) und ein **tolerables Maß des Risikos für stochastische Strahlenschäden** (*SSK 2020*, S. 4) erreicht wird, wohingegen eine höhere Strahlenexposition nicht akzeptabel ist. Durch die in § 8 als Strahlenschutzgrundsatz festgeschriebene Dosisoptimierung soll darüber hinaus auch unterhalb der Grenzwerte die Reduktion dieses Risikos auf ein **akzeptables Maß** erreicht werden (*Rühm et al.* 2019). Als akzeptabel gilt dabei ein Risiko, das nach Optimierung von Strahlenschutzmaßnahmen unterhalb des tolerablen Risikos vernünftigerweise erreicht werden kann (*SSK 2018*, S. 4) (→ § 8 Rn. 28).

8   Die Einhaltung der Dosisgrenzwerte ist dem **SSV** in § 72 Abs. 1 S. 1 Nr. 2 lit a noch einmal eigens als **Sorgepflicht** aufgegeben; dasselbe gilt nach § 72 Abs. 2 S. 1 Nr. 1 lit. a für den **SSB**, sofern dies im Rahmen der ihm übertragenen Aufgaben und Befugnisse liegt.

III. Maßnahmen zur Dosisbegrenzung und -reduzierung

§ 72 Abs. 1 S. 1, der in Nr. 2 lit. a die Einhaltung der Dosisgrenzwerte des § 78 **9** als Pflicht des SSV konkretisiert (→ Rn. 8), nennt **„geeignete Schutzmaßnahmen"**, insbesondere „Bereitstellung geeigneter Räume, Ausrüstungen und Geräte", „geeignete Regelung des Betriebsablaufs" und die „Bereitstellung ausreichenden und geeigneten Personals" als Mittel, um die dort genannten Pflichten zu erfüllen. Die Gewährleistung, dass die Dosisgrenzwerte eingehalten werden, ist schon bei der **Planung** von Tätigkeiten maßgeblich zu berücksichtigen, etwa durch bauliche, betriebliche und organisatorische Maßnahmen und durch angemessene apparative Ausstattung. Für bestimmte Tätigkeiten gibt es im **untergesetzlichen Regelwerk** Anforderungen an das Verfahren zur Festlegung und Durchführung von Strahlenschutzmaßnahmen und an den Nachweis und die Bewertung der getroffenen organisatorischen und tätigkeitsbezogenen Maßnahmen zur Optimierung des Strahlenschutzes, etwa die Richtlinie für den Strahlenschutz des Personals bei Tätigkeiten der Instandhaltung, Änderung, Entsorgung und des Abbaus in kerntechnischen Anlagen und Einrichtungen, Teil 1 und 2 (IWRS I und II).

Auch unterhalb der Dosisgrenzwerte müssen SSV und SSB die Exposition unter **10** Berücksichtigung aller Umstände des Einzelfalls so gering wie möglich halten (**Optimierungsgebot** des § 8 Abs. 2; siehe auch die entsprechende Pflichtenregelung in § 72 Abs. 1 Nr. 1 und Abs. 2 S. 1 Nr. 1 lit. a). Ein Instrument hierfür können uU Dosisrichtwerte sein (§ 72 StrlSchV; → § 8 Rn. 35).

D. Die Regelung im Einzelnen

I. Grenzwert der effektiven Dosis (Abs 1)

Zur **Definition der effektiven Dosis** siehe § 5 Abs. 11 (→ § 5 Rn. 15). Der **11** heutige Grenzwert der effektiven Dosis von 20 mSv im Kalenderjahr ist erstmals in § 55 Abs. 1 StrlSchV 2001 festgesetzt worden; bis dahin lag der Wert – § 49 Abs. 1 iVm Anlage X StrlSchV 1976 – bei 5 rem entsprechend 50 mSv.

Eine **Dosis von bis zu 50 mSv im Kalenderjahr** darf nach Abs. 1 **S. 2** auch **12** heute noch in Einzelfällen – aufgrund einer Zulassung durch die Behörde – erreicht werden, sofern ein „Ausgleich" dadurch erfolgt, dass in anderen Jahren geringere Dosen anfallen, so dass sich der Durchschnitt über fünf Jahre gemittelt bei höchstens 20 mSv pro Jahr einpendelt. Die Norm sagt nicht, in welchem zeitlichen Verhältnis die „fünf aufeinander folgenden Jahre" zum einzelnen Jahr der höheren Dosis stehen müssen (anders als etwa § 73 StrlSchV → Rn. 22); insofern kann das Ausnahmejahr am Ende der Reihe stehen (was angesichts vorhandener Dosiswerte für die vorausgegangenen Jahre den Nachweis erleichtert), aber die Fünfjahresfolge kann sich auch in die Zukunft erstrecken und erst mit dem Ausnahmejahr beginnen; dann wird die Zulassung durch die Behörde gleichsam auf Kredit gewährt und es obliegt allen Beteiligten, in den folgenden vier Jahren die Gesamtdosis von 100 mSv im Blick zu behalten.

Bei Einhaltung des Grenzwertes der effektiven Dosis von 20 mSv im Kalender- **13** jahr ist sichergestellt, dass **deterministische Schäden** (direkte Gewebeschäden wie z. B. das akute Strahlensyndrom) vermieden werden, da diese auch im ungünstigen Fall einer kurzzeitigen Ganzkörperexposition erst ab einer Schwellendosis von ca. 250 mSv effektive Dosis beobachtet werden können. Deterministische Strahlenschäden sind somit nur nach einer deutlichen Grenzwertüberschreitung zu erwarten. Anders verhält es sich bei **stochastischen Strahlenschäden** wie bösartigen Tumoren, Blutkrebs oder Erbkrankheiten. Hier nimmt das Risiko eines Schadens mit zunehmender effektiver Dosis zu, wobei Schwelleneffekte sowie die genaue Dosis-Risiko-Beziehung zum Teil kontrovers diskutiert werden. Die ICRP hat in ICRP 60 die Grenze zwischen einer tolerablen und einer nicht akzeptablen Strahlenexposition bei einem strahleninduzierten Todesfall pro 1000 Personen gezogen (*SSK 2018,* 31). Dies führt insbesondere aufgrund der epidemiologischen Untersuchungen an den Überlebenden der Atombombenexplosionen von Hiroshima und Nagasaki unter der Annahme einer linearen Dosis-Risiko-Beziehung ohne Schwelle (LNT-Hypothese, engl. Linear No Threshold; → Einl. Rn. 3 und 36) zu dem Grenzwert der effektiven Dosis von 20 mSv pro Kalenderjahr. Weitere Details und eine ausführliche wissenschaftliche Diskussion der Begründung des Grenzwertes können *SSK 2018* (siehe Schrifttum) entnommen werden.

II. Grenzwerte der Organ–Äquivalentdosis (Abs. 2)

14   Zur **Definition der Organ-Äquivalentdosis** siehe § 5 Abs. 27 (→ § 5 Rn. 31). Im Vergleich zu den Vorgängernormen sind einige Organe (etwa die Lunge, der Dickdarm oder die Schilddrüse) in der Auflistung entfallen; sie enthält jetzt nur noch – entsprechend der Vorgabe in Art. 9 Abs. 3 RL 2013/59 – die Augenlinse, die Haut und die Extremitäten. Zur wissenschaftlichen Begründung für den Verzicht auf Dosisgrenzwerte für weitere Organe siehe *SSK 2020*.

15   In Abs. 2 S. 1 Nr. 1 ist der Grenzwert der Organ-Äquivalentdosis für die **Augenlinse** gegenüber der Vorgängerregelung in § 55 Abs. 2 Nr. 1 StrlSchV 2001 **von 150 mSv auf 20 mSv abgesenkt worden.** Diese Absenkung beruht auf neuen wissenschaftlichen Erkenntnissen, die insbesondere von der ICRP aufgegriffen wurden (BT-Drs. 18/11241, 324). So hat sich herausgestellt, dass, anders als früher vermutet, für den zu betrachtenden Schaden, nämlich die Trübung der Augenlinse, wenn überhaupt eine sehr viel niedrigere Dosisschwelle anzunehmen ist. So hat die ICRP in ICRP 103 eine Schwellendosis von 500 mSv vermutet und deswegen empfohlen, den Grenzwert von 150 mSv auf 20 mSv zu senken, was wiederum in Art. 9 Abs. 3 lit. a RL 2013/59/Euratom umgesetzt wurde. Allerdings gibt es durchaus Kritik an dieser Absenkung, da die nun notwendigen Maßnahmen in der Praxis einen vor allem administrativen Aufwand bedeuten, obwohl nur ein relativ kleiner Anteil der beruflich exponierten Personen betroffen ist (vor allem in der interventionellen Radiologie), die Schäden durch einfache Schutzmaßnahmen vermieden werden können (Schutzbrillen) und der Schaden (Katarakt der Augenlinse) in der Regel leicht und mit gutem Erfolg behandelt werden kann (*Michel/Völkle/Lorenz,* S. 44).

16   Nach Abs. 2 **S. 2** gilt für die Organ-Äquivalentdosis der Augenlinse die **Fünfjahresregel** des Abs. 1 S. 2 entsprechend, d. h. eine Dosis von bis zu 50 mSv in einem einzelnen Jahr kann zugelassen werden, wenn in fünf Jahren 100 mSv insgesamt nicht überschritten werden. Diese Ausnahme entspricht Art. 9 Abs. 3 lit. a RL 2013/59/Euratom.

III. Beruflich exponierte Personen unter 18 Jahren (Abs. 3)

17   Abs. 3 legt für minderjährige beruflich exponierte Personen im Sinne eines besonderen Schutzes geringere Dosisgrenzwerte fest. S. 1 bezieht sich auf die effektive

Dosis (1 mSv im Kalenderjahr), S. 2 auf Organ-Äquivalentdosen. S. 3 erlaubt im Wege der Einzelzulassung durch die zuständige Behörde für **Auszubildende und Studierende** etwas höhere Dosen (u. a. effektive Dosis 6 mSv im Kalenderjahr), wenn dies zur Erreichung des Ausbildungszieles notwendig ist. Für **minderjährige Arbeitskräfte** gibt es diese Möglichkeit nicht. Diese Differenzierung entspricht Art. 8 (minderjährige Arbeitskräfte) und Art. 11 (Auszubildende und Studierende) RL 2013/59/Euratom, wobei Art. 11 die in Abs. 3 S. 3 genannten höheren Dosisgrenzwerte ohne weiteres vorsieht; in dieser Hinsicht ist der deutsche Gesetzgeber mit dem Erfordernis der Zulassung durch die Behörde im Einzelfall etwas restriktiver.

IV. Gebärfähige Frauen und ungeborenes Kind (Abs. 4)

Abs. 4 regelt den **Schutz des ungeborenen Kindes** und erfasst dabei auch den **18** Zeitraum einer noch nicht erkannten Schwangerschaft (BT-Drs. 11/241, 325). Letzterem Aspekt wird in S. 1 Rechnung getragen, indem dort ein **Monatswert** – und nicht, wie in sonstigen Fällen, ein Jahreswert – für die **Organ-Äquivalentdosis der Gebärmutter** angegeben wird. Dieser Dosisgrenzwert wird in der RL 2013/59/Euratom nicht vorgegeben, der Gesetzgeber hat ihn aber aus den Vorgängerregelungen weitergeführt und hält ihn weiterhin für praktisch relevant, auch deshalb, weil es in Einzelfällen in der Vergangenheit zu Überschreitungen gekommen sei (BT-Drs. 18/11241, 325). Siehe allgemein zum Strahlenschutz für das ungeborene Kind auch *SSK 2004*.

S. 2 mit dem Grenzwert der **effektiven Dosis für das ungeborene Kind** wäh- **19** rend des gesamten Zeitraums der Schwangerschaft, ab der Mitteilung derselben, entspricht den bisherigen Regelungen sowie Art. 10 Abs. 1 RL 2013/59. Nach § 63 Abs. 5 StrlSchV muss im Rahmen der erforderlichen Unterweisungen darauf hingewiesen werden, dass eine Schwangerschaft im Hinblick auf die Risiken einer Exposition für das ungeborene Kind **so früh wie möglich mitzuteilen ist;** eine Unterrichtungspflicht besteht jedoch nicht (*Schmatz/Nöthlichs* 8092 Anm. 7). Nach § 15 MuSchG soll die schwangere Frau ihrem Arbeitgeber – also idR dem SSV – die Schwangerschaft mitteilen, sobald sie weiß, dass sie schwanger ist. Den Schutz von schwangeren (und stillenden) Personen regelt im Übrigen § 69 StrlSchV. In § 69 Abs. 2 StrlSchV ist geregelt, dass die berufliche Exposition einer schwangeren Person, sobald der SSV von der Schwangerschaft Kenntnis erhält, arbeitswöchentlich ermittelt wird und dieser Person jeweils unverzüglich mitgeteilt wird. Darüber hinaus ist bei einer schwangeren Person dafür zu sorgen, dass eine innere berufliche Exposition ausgeschlossen ist (§ 69 Abs. 1 StrlSchV).

V. Zulassung abweichender Expositionen (Abs. 5)

Für die Zulassung abweichender Expositionen trifft – basierend auf der VO-Er- **20** mächtigung in § 79 Abs. 1 S. 2 Nr. 1 – § 74 StrlSchV nähere Regelungen. Hiernach kann unter außergewöhnlichen, im Einzelfall zu beurteilenden Umständen die **zuständige Behörde** zur Durchführung notwendiger spezifischer Arbeitsvorgänge **berufliche Expositionen abweichend von Abs. 1, 2 und 4 S. 1 zulassen.** Die Regelung setzt hierfür Grenzwerte (eine effektive Dosis von 100 mSv sowie Werte für Organ-Äquivalentdosen) fest, bezogen auf das Berufsleben der jeweiligen Person. Die Zulassung abweichender Expositionen setzt jedoch voraus, dass es sich um vorausplanbare Aktivitäten im Rahmen einer geplanten Expositionssituation handelt. Solche Arbeitsvorgänge liegen zB vor bei der Beseitigung von Störfallfolgen (*Schmatz / Nöthlichs* 8092 Anm. 2), nicht jedoch bei der akuten Bewältigung eines Notfalls; hierfür ist § 114 einschlägig.

21   Zur Zulassung einer höheren Dosis nach Abs. 1 S. 2 (→ Rn. 12) und nach Abs. 2 S. 2 (→ Rn. 16) steht die Zulassung abweichender Expositionen in einer Art **Stufenfolge**. Wenn der SSV für einen bestimmten Zweck mit einer effektiven Dosis (bzw. einer Organ-Äquivalentdosis für das Auge) für die beruflich exponierte Person von bis zu 50 mSv in einem Einzeljahr „auskommt", wird er die Zulassung nach den genannten, bereits im Tatbestand der Norm verankerten Regelungen beantragen, zumal dort tatbestandlich keine außergewöhnlichen Umstände oder dgl. vorausgesetzt werden.

E. Überschreitung von Grenzwerten

22   Für den Fall einer **Überschreitung der in § 78 festgesetzten Grenzwerte** trifft § 73 StrlSchV – völlig unabhängig von einer Sanktionierung des Verstoßes (→ Rn. 23) – eine Regelung, die mit Blick auf den Schutz der betroffenen Person einen **Ausgleich durch Verringerung der Exposition in den folgenden Jahren** vorsieht. Hiernach ist eine Weiterbeschäftigung als beruflich exponierte Person nur zulässig, wenn die Expositionen in den folgenden vier Kalenderjahren unter Berücksichtigung der erfolgten Grenzwertüberschreitung so begrenzt werden, dass die Summe der Dosen das Fünffache des jeweiligen Grenzwertes nicht überschreitet. Ist dies im Rahmen der jeweiligen Beschäftigung nicht möglich, kann die Behörde im Benehmen mit einem ermächtigten Arzt Ausnahmen zulassen.

F. Zuwiderhandlungen

23   Der SSV und – falls die Einhaltung der Dosisgrenzwerte zu den übertragenen Aufgaben und Befugnissen gehört – der SSB handeln **ordnungswidrig,** wenn sie ihrer Sorgepflicht (→ Rn. 8) zur Einhaltung der Dosisgrenzwerte aus § 72 Abs. 1 S. 1 Nr. 2 lit a (SSV) bzw. Abs. 2 S. 1 Nr. 1 lit. a (SSB) nicht nachkommen (§ 194 Abs. 1 Nr. 22).

§ 79 Verordnungsermächtigung für die berufliche Exposition;
        Führung einer Gesundheitsakte

(1) ¹**Die Bundesregierung wird ermächtigt, durch Rechtsverordnung mit Zustimmung des Bundesrates festzulegen, welche Vorsorge- und Überwachungsmaßnahmen für den Schutz von Personen, die einer beruflichen Exposition unterliegen, zu treffen sind. ²In der Rechtsverordnung kann insbesondere festgelegt werden,**
    1. **unter welchen Voraussetzungen eine Weiterbeschäftigung als beruflich exponierte Person bei Grenzwertüberschreitung zulässig ist und unter welchen Voraussetzungen von den Grenzwerten abweichende Expositionen zugelassen werden können,**
    2. **in welchen Fällen, auf welche Weise und durch wen Dosisrichtwerte für berufliche Expositionen festgelegt werden können und wer diese**

Dosisrichtwerte bei der Durchführung von Strahlenschutzmaßnahmen zu berücksichtigen hat,

3. dass und wie Schutzvorkehrungen vor äußerer und innerer Exposition getroffen werden, welche Beschäftigungsverbote und Beschäftigungsbeschränkungen für Personen unter 18 Jahren gelten sowie Ausnahmen von diesen Verboten und Beschränkungen,

4. welche besonderen Schutzmaßnahmen für eine schwangere oder stillende Frau und ihr Kind zu treffen sind,

5. dass Personen zum Zweck der Kontrolle und ärztlichen Überwachung Kategorien zugeordnet werden,

6. in welchen Fällen Personen nur nach Vorlage einer Bescheinigung ermächtigter Ärzte so beschäftigt werden dürfen, dass sie einer beruflichen Exposition ausgesetzt sind, und dass die zuständige Behörde bei gesundheitlichen Bedenken gegen eine solche Beschäftigung nach Einholung eines Gutachtens ärztlicher Sachverständiger entscheidet, dass die ärztliche Untersuchung in regelmäßigen Abständen zu wiederholen ist und auch in kürzeren Abständen sowie nach Beendigung des Arbeitsverhältnisses angeordnet werden kann,

7. welche Unterlagen, einschließlich der Gesundheitsakte nach Nummer 10, ein ermächtigter Arzt für die Anfertigung der Bescheinigung nach Nummer 6 heranzuziehen hat, welche Angaben die Bescheinigung enthalten muss und welches Verfahren bei der Ausstellung der Bescheinigung zu beachten ist,

8. in welchen Fällen bei einer Person eine besondere ärztliche Überwachung durchzuführen ist und wie diese durchzuführen ist,

9. dass und unter welchen Voraussetzungen
   a) die zuständige Behörde Ärzte zur ärztlichen Überwachung exponierter Personen ermächtigen darf (ermächtigte Ärzte),
   b) die Ermächtigung befristet werden kann,

10. welche Aufgaben und Verpflichtungen, einschließlich der Pflicht zur Führung von Gesundheitsakten, die ermächtigten Ärzte haben,

11. dass und unter welchen Voraussetzungen ein ermächtigter Arzt
   a) die Bescheinigung nach Nummer 6 dem Strahlenschutzverantwortlichen, der untersuchten Person, einem anderen ermächtigten Arzt und der zuständigen Behörde zu übermitteln hat,
   b) die Gesundheitsakte einem anderen ermächtigten Arzt und, bei Beendigung der Ermächtigung, einer von der zuständigen Behörde benannten Stelle zu übermitteln hat,

12. dass bei der Aufstellung der Arbeitspläne für das fliegende Personal der ermittelten Exposition im Hinblick auf eine Verringerung der Dosen Rechnung zu tragen ist,

13. welche weiteren Aufzeichnungs-, Aufbewahrungs-, Mitteilungs- und Vorlagepflichten im Zusammenhang mit den Pflichten nach den Nummern 1 bis 12 bestehen.

³Die Rechtsverordnung kann auch diejenigen Vorschriften der Rechtsverordnung festlegen, für deren Einhaltung der Strahlenschutzverantwortliche zu sorgen hat.

(2) Die Gesundheitsakte nach der Rechtsverordnung nach Absatz 1 Satz 2 Nummer 10 hat die folgenden Angaben zu enthalten:

1. Angaben über die Arbeitsbedingungen,
2. Angaben über die Ergebnisse der ärztlichen Überwachung,
3. die ärztliche Bescheinigung nach Absatz 1 Satz 2 Nummer 6,
4. Angaben über die Ergebnisse der besonderen ärztlichen Überwachung nach Absatz 1 Satz 2 Nummer 8,
5. Angaben über die Entscheidung der zuständigen Behörde auf Grund der Rechtsverordnung nach Absatz 1 Satz 2 Nummer 6,
   a) dass die ärztliche Überwachung innerhalb eines kürzeren Zeitraums als dem in der Rechtsverordnung festgelegten Zeitraum durchzuführen ist,
   b) bei gesundheitlichen Bedenken gegen eine Beschäftigung, einschließlich des Gutachtens des ärztlichen Sachverständigen, und
6. Angaben über die erhaltene Körperdosis.

(3) ¹Die Gesundheitsakte ist während der Tätigkeit der beruflich exponierten Person auf dem neuesten Stand zu halten. ²Sie ist so lange aufzubewahren, bis die Person das 75. Lebensjahr vollendet hat oder vollendet hätte, mindestens jedoch 30 Jahre nach Beendigung der Wahrnehmung von Aufgaben als beruflich exponierte Person. ³Sie ist spätestens 100 Jahre nach der Geburt der überwachten Person zu vernichten.

(4) ¹Der ermächtigte Arzt nach Absatz 1 Satz 2 Nummer 9 Buchstabe a ist verpflichtet, die Gesundheitsakte auf Verlangen der zuständigen Behörde einer von ihr bestimmten Stelle zur Einsicht vorzulegen und bei Beendigung der Ermächtigung zu übergeben. ²Dabei ist durch geeignete Maßnahmen sicherzustellen, dass die Wahrung des Patientengeheimnisses durch die bestimmte Stelle gewährleistet ist. ³Der ermächtigte Arzt hat der untersuchten Person auf ihr Verlangen Einsicht in ihre Gesundheitsakte zu gewähren.

(5) Das Grundrecht auf körperliche Unversehrtheit (Artikel 2 Absatz 2 Satz 1 des Grundgesetzes) wird nach Maßgabe des Absatzes 1 Satz 2 Nummer 6 und 8 eingeschränkt.

Schrifttum: Zum Zitiergebot in Abs. 5: Werkmeister, Das verfassungsrechtliche Zitiergebot, BRJ 01/2012, S. 41; Wissenschaftliche Dienste Dt. BT, Verfassungsrechtliche Fragen zur Regelung des Einsatzes von Quellen-Telekommunikationsüberwachung durch Nachrichtendienste – Entwurf eines Gesetzes zur Anpassung des Verfassungsschutzrechts der Bundesregierung, Bonn 2021; Zeiml, Die Verfassungsmäßigkeit von Ausgangssperren anlässlich der Corona-Pandemie, Rechtswissenschaftliche Beiträge der Hamburger Sozialökonomie, Heft 44/2021, S. 20.

A. Sinn und Zweck der Norm

1   § 79 ermächtigt dazu, in einer RVO nähere Anforderungen für den Schutz von Personen, die einer beruflichen Exposition (→ § 2 Rn. 9 ff.) unterliegen, vorzugeben. Dieser Personenkreis ist weiter als der nach der StrlSchV 2001 und der RöV (BT-Drs. 18/11241, 325). Die VO-Erm, die unter Teil 2 des Kapitels 5 – Anforderungen an die Ausübung von Tätigkeiten – firmiert, behandelt beide Sujets „berufliche Exposition" und „Führung einer Gesundheitsakte". Sie bereitet den Weg für Vorgaben zu **Vorsorge- und Überwachungsmaßnahmen** zum Schutz

der o. g. Personen (Abs. 1 S. 1) und benennt eine Auswahl („insbesondere") von Vorgaben, die in der RVO näher festgelegt werden können (Abs. 1 S. 2).

B. Bisherige Regelung

Die auf der Grundlage des § 79 ergangenen Regelungen in der StrlSchV (va **2** §§ 71 ff. StrlSchV) sowie die Vorgaben in Abs. 2 bis 4 lösen die einschlägigen §§ der bisherigen StrlSchV 2001 sowie der bisherigen RöV ab; zudem sind sie Grundlage für die Umsetzung einzelner Art. der RL 2013/59/Euratom (vgl. im Einzelnen die Erläuterungen in BT-Drs. 18/11241, 325–327).

C. Verordnungsermächtigungen (Abs. 1)

Die nachfolgenden Ausführungen gehen auf einige VO-Erm. im Besonderen **3** ein: Nr. 1 (Weiterbeschäftigung als beruflich exponierte Person bei Grenzwertüberschreitung und Zulassung von Expositionen abweichend von den Grenzwerten) gilt **nicht für berufsbedingte Notfallexpositionen;** für diese sind die Regelungen des § 109 einschlägig (BT-Drs. 18/11241, 325). Die Ermächtigung für die Festlegungen im Zusammenhang mit **Dosisrichtwerten für berufliche Expositionen** (Nr. 2) stellt eine Neuerung dar, die Art. 6 Abs. 1 lit. a RL 2013/59/Euratom umsetzt. Im untergesetzlichen Regelwerk sollen zur Optimierung des Beschäftigtenschutzes zukünftig ebenfalls Dosisrichtwerte eingeführt werden (zB in der „Richtlinie für den Strahlenschutz des Personals bei Tätigkeiten der Instandhaltung, Änderung, Entsorgung und des Abbaus in kerntechnischen Anlagen und Einrichtungen – Teil 2" vom 17. Januar 2005 (GMBl 2005, Nr. 13, S. 258); BT-Drs. 18/11241, 325 f.). Die amtl. Begründung weist darauf hin, dass bei der Prüfung von Schutzmaßnahmen am Arbeitsplatz für **schwangere und stillende Frauen** sowie für das **Kind** unabhängig von der RVO nach Nr. 4 auch weitere Regelungen, insbesondere die des **MuSchG** relevant sind. Die Verwendung des neuen Begriffs der **„ärztlichen Überwachung"** in Nr. 5, 8 und 9 dient zur Abgrenzung gegen den früher verwendeten Begriff „arbeitsmedizinische Vorsorge", der auch in berufsgenossenschaftlichen Regelungen gebraucht wird, und damit der klaren Trennung der beiden Rechtsbereiche (BT-Drs. 18/11241, 326). Bereits im Rahmen des 1. ÄndG ist aus Klarstellungs- und Anpassungsgründen in Nr. 9 lit. a das Wort „Untersuchung" durch „Überwachung" ersetzt worden (BT-Drs. 19/26943, 26). Zu S. 3 → §§ 24 Rn. 14, 89 Rn. 15.

D. Regelungen zur Gesundheitsakte (Abs. 2 bis 4)

Hinsichtlich der Gesundheitsakte wird ein **obligatorisches Grundgerüst** vor- **4** gegeben (Abs. 2–4). Der RVO wird überlassen, welche Aufgaben und Verpflichtungen, einschließlich der Pflicht zur Führung von Gesundheitsakten, die **ermächtigten Ärzte** haben (Abs. 1 S. 2 Nr. 10). Damit werden im Wesentlichen die bereits bekannten Anforderungen der §§ 64 Abs. 3 bis 5 StrlSchV 2001 und § 41 Abs. 3 bis 5 RöV übernommen (zu diesen *Schmatz/Nöthlichs* 8099, Anm. 4–6); zudem wird Art. 52 Abs. 1 RL 2013/59/Euratom umgesetzt. **§ 175 Abs. 3 StrlSchV** setzt die Ermächtigung um und verpflichtet den ermächtigten Arzt, für jede Person, die der ärztlichen Überwachung unterliegt, eine Gesundheitsakte nach § 79 Abs. 2 zu führen.

E. Zitiergebot (Abs. 5)

5   Nach Art. 19 Abs. 1 S. 2 GG muss ein Gesetz, das ein **Grundrecht einschränken** will, den betroffenen GG-Artikel nennen. Diesem **Zitiergebot** wird Abs. 5 im Hinblick auf Abs. 1 S. 2 Nr. 6 und 8 gerecht, indem es auf die in Art. 2 Abs. 2 S. 1 GG garantierte körperliche Unversehrtheit hinweist. Dem Zitiergebot liegt einerseits eine „Besinnungsfunktion" für die Legislative zugrunde; ungewollte und unverhältnismäßige Eingriffe in Grundrechte sollen verhindert werden. Andererseits kommt dem Zitiergebot durch die Aufklärung über das Ausmaß der Grundrechtseinschränkung eine **Warn- und Hinweisfunktion** zu; es dient damit auch der **Rechtsklarheit** (BVerfG Urt. v. 27.2.2008, 1 BvR 370/07, Rn. 301; *Werkmeister* S. 41; *Zeiml* S. 27; Wissenschaftliche Dienste Dt. BT, 7 ff.). Bei einem Verstoß gegen das Zitiergebot ist ein Gesetz **formell verfassungswidrig.**

F. Zuwiderhandlungen

6   Eine vorsätzlich oder fahrlässig begangene Zuwiderhandlung gegen die RVO (StrlSchV) nach § 79 Abs. 1 S. 1, 2 Nr. 1 bis 3 oder 4, 6, 8 oder 12 oder S. 3 stellt eine **Ordnungswidrigkeit** dar (§ 194 Abs. 1 Nr. 1 lit. a), soweit diese RVO für einen bestimmten Tatbestand auf § 194 verweist (zB: Der SSV sorgt nicht dafür, dass die Arbeitsbedingungen einer beruflich exponierten schwangeren oder stillenden Frau so gestaltet werden, dass eine innere berufliche Exposition ausgeschlossen ist, §§ 184 Abs. 1 Nr. 23, 69 Abs. 1 StrlSchV iVm §§ 194 Abs. 1 Nr. 1 lit. a, 79 Abs. 1 S. 1, 2 Nr. 4 StrlSchG). Die Bußgeldhöhe kann bis zu 50.000 Euro betragen (§ 194 Abs. 2).

Die vorsätzlich oder fahrlässig begangene Zuwiderhandlung gegen die RVO (StrlSchV) nach § 79 Abs. 1 S. 2 Nr. 5, 7, 10, 11 oder 12 stellt eine **Ordnungswidrigkeit** dar (§ 194 Abs. 1 Nr. 1 lit. b), soweit diese RVO für einen bestimmten Tatbestand auf § 194 verweist (zB: Der ermächtigte Arzt führt keine Gesundheitsakte, §§ 184 Abs. 2 Nr. 36, 175 Abs. 3 StrlSchV iVm §§ 194 Abs. 1 Nr. 1 lit. b, 79 Abs. 1 S. 1, 2 Nr. 10 StrlSchG). Die Bußgeldhöhe kann bis zu 10.000 Euro betragen (§ 194 Abs. 2).

§ 80   **Grenzwerte für die Exposition der Bevölkerung**

(1) **Für Einzelpersonen der Bevölkerung beträgt der Grenzwert der Summe der effektiven Dosen 1 Millisievert im Kalenderjahr durch Expositionen aus**

1. **genehmigungs- oder anzeigebedürftigen Tätigkeiten nach diesem Gesetz oder dem Atomgesetz,**
2. **der staatlichen Verwahrung von Kernbrennstoffen nach § 5 Absatz 3 Satz 1 des Atomgesetzes,**
3. **der planfeststellungsbedürftigen Errichtung, dem planfeststellungsbedürftigen Betrieb oder der planfeststellungsbedürftigen Stilllegung**

der in § 9a Absatz 3 des Atomgesetzes genannten Anlagen des Bundes und

4. dem Aufsuchen, Gewinnen oder Aufbereiten von radioaktiven Boden-schätzen, wenn dies der Betriebsplanpflicht nach § 51 des Bundesberg-gesetzes unterliegt.

(2) Der Grenzwert der Summe der Organ-Äquivalentdosen für Einzel-personen der Bevölkerung beträgt

1. für die Augenlinse 15 Millisievert im Kalenderjahr und

2. für die lokale Hautdosis 50 Millisievert im Kalenderjahr.

(3) Expositionen auf Grund nichtmedizinischer Anwendung nach § 83 Absatz 1 Nummer 2 werden bei den Grenzwerten für Einzelpersonen der Bevölkerung nicht berücksichtigt.

(4) Die zuständige Behörde hat darauf hinzuwirken, dass bei mehreren zu betrachtenden genehmigungs- oder anzeigebedürftigen Tätigkeiten die in den Absätzen 1 und 2 genannten Grenzwerte insgesamt eingehalten werden.

Übersicht

Schrifttum: *ICRP* (1956), Report on Amendments during 1956 to the Recommendations of the International Commission on Radiological Protection (ICRP), Radiation Research 8, 539–542 (1958); www.ICRP.org; *ICRP* 26, Recommendations of the International Commission on Radiological Protection, ICRP Publication 26, 1977, www.ICRP.org.; *ICRP* 60, Recommendations of the International Commission on Radiological Protection, ICRP Publication 60, 1990, www.ICRP.org.; *Lukes/Richter,* Bevölkerungsrisiko und Strahlenminimie-rungsgebot, NJW 1981, 1401; *Michel/Ritzel/Vahlbruch* (2006) Natürliche Strahlenexposition: Horrorszenario oder alles ganz normal? in: Fachverband 2006, S. 3; *Michel/Völkle/Lorenz* (2018), Geschichte des Strahlenschutzes – der Weg zu mehr Sicherheit, StrlSchPrax 4/2018, S. 10; *Schattke,* Rechtsfragen im Zusammenhang mit der Konkretisierung der Strahlenschutz-grundsätze, in: Lukes (Hrsg.), Sechstes Deutsches Atomrechts-Symposium, 1980, S. 101; *Vahl-bruch,* Über den Transfer von natürlichen Radionukliden in terrestrischen Ökosystemen und die realistische Modellierung der natürlichen Strahlenexposition in Norddeutschland, Disserta-tion, Leibniz Universität Hannover, 2004.

A. Zweck und Bedeutung der Norm

1   § 80 bestimmt den Grenzwert der Summe der effektiven Dosen (Definition: § 5 Abs. 11) und den Grenzwert für die Summe der Organ-Äquivalentdosen (Definition: § 5 Abs. 27) für bestimmte Organe für Einzelpersonen der Bevölkerung bei Tätigkeiten; er ist damit ein ganz **wesentlicher Baustein des Strahlenschutzrechts.** Die Norm legt fest, welche Exposition Einzelpersonen z. B. als Nachbarn einer Anlage oder Einrichtung zu dulden haben. Die übergeordneten Grenzwerte sind aufgrund ihrer Bedeutung auf Gesetzesebene geregelt; § 81 enthält die dazugehörigen Ermächtigungen für eine nähere Ausgestaltung in der StrlSchV. Die Einhaltung der Grenzwerte zu gewährleisten, obliegt sowohl demjenigen, der die Tätigkeit plant, ausübt oder ausüben lässt (§ 9), als auch den Behörden im Rahmen der Vorabkontrolle und der Aufsicht.

2   Die Vorschrift setzt **Art. 12 RL 2013/59/Euratom** um.

B. Entstehungsgeschichte

3   Die Norm führt in Abs. 1 bis 3 inhaltlich die Regelung des **§ 46 StrlSchV 2001** fort; Abs. 4 führt **§ 47 Abs. 5 StrlSchV 2001** fort.

C. Anwendungsbereich (Abs. 1 bis 3)

I. Tätigkeiten und gleichgestellte Aktivitäten (Abs. 1 und 2)

4   Die in Abs. 1 und 2 statuierten Grenzwerte beziehen sich auf **geplante Expositionssituationen.** Das folgt aus der systematischen Stellung der Norm in Teil 2 („Strahlenschutz bei geplanten Expositionssituationen") Kapitel 5 („Anforderungen an die Ausübung von Tätigkeiten"). Geplante Expositionssituationen entstehen durch **Tätigkeiten** (§ 2 Abs. 2). Bei Notfallexpositionssituationen und bei bestehenden Expositionssituationen gelten Referenzwerte, die keine Grenzwerte sind, sondern Werte, die als Maßstab für die Prüfung der Angemessenheit von Maßnahmen dienen (§ 5 Abs. 29).

5   Abs. 1 zählt die Aktivitäten auf, die Expositionen verursachen, für welche der Grenzwert der Summe der effektiven Dosen gilt. Die Grenzwerte der Summe der Organ-Äquivalentdosen in Abs. 2 gelten ebenfalls nur für die in Abs. 1 genannten Aktivitäten; das ergibt sich eindeutig aus dem Zusammenhang der Norm, auch wenn Abs. 2 nicht ausdrücklich auf Abs. 1 verweist.

6   Der Katalog des Abs. 1 beginnt in **Nr. 1** mit **Expositionen aus genehmigungs- und anzeigebedürftigen Tätigkeiten** nach dem StrlSchG oder dem AtG. Zu betrachten sind also – so die amtl. Begr. (BT-Drs. 18/11241, 328) – insbesondere Genehmigungen nach den §§ 4, 6, 7, 9 und 9b AtG und den §§ 10, 12 Absatz 1, § 27 StrlSchG sowie Anzeigen oder Genehmigungen nach §§ 17, 19 oder 22 StrlSchG; dasselbe gilt für anzeigebedürftige NORM-Tätigkeiten (§§ 56 und 59). Anders als bei § 46 StrlSchV 2001, der einfach von „Tätigkeiten" sprach, werden **nicht anzeige- oder genehmigungsbedürftige Tätigkeiten,** wie etwa der Betrieb von bauartzugelassenen Vorrichtungen und Anlagen zur Erzeugung ionisierender Strahlung sowie Störstrahler mit geringer Beschleunigungsspannung oder der Umgang mit Radioisotopen unterhalb der Freigrenzen, **nicht erfasst;** nach der amtl. Begr. (BT-Drs. 18/11241, 328) ist davon auszugehen, dass sie keinen nennenswerten Beitrag zur Exposition der Bevölkerung liefern und daher ohne Verlust an Schutzniveau von der Grenzwertbetrachtung ausgenommen werden können.

Die Nummern 2 bis 4 bezeichnen Vorhaben, die keine genehmigungs- oder an- **7** zeigepflichtigen Tätigkeiten darstellen, diesen jedoch mit Blick auf die Einhaltung des Dosisgrenzwerts ähneln und ihnen deshalb in dieser Hinsicht – in Übereinstimmung mit dem bisherigen Recht – gleichgestellt werden. In **Nr. 2** handelt es sich um die **staatliche Verwahrung von Kernbrennstoffen** nach § 5 Abs. 3 S. 1 AtG; diese ist zwar eine Tätigkeit nach § 4 Abs. 1 S. 1 Nr. 3, bedarf jedoch keiner Genehmigung und wird daher nicht von Nr. 1 erfasst. **Nr. 3** spricht Errichtung, Betrieb und Stilllegung der in § 9a Abs. 3 AtG genannten **Bundesendlager** an (Tätigkeiten gem. § 4 Abs. 1 S. 1 Nr. 6), sofern sie – was nach § 9b Abs. 1 S. 1 AtG der Regelfall ist – der Planfeststellung bedürfen (anders das Endlager für hochradioaktive Abfälle nach dem StandAG, das gem. § 9b Abs. 1a S. 1 AtG der Genehmigung unterliegt und daher unter die Nr. 1 und nicht unter die Nr. 3 fällt). **Nr. 4** schließlich nennt das Aufsuchen, Gewinnen oder Aufbereiten von radioaktiven Bodenschätzen, wenn dies der Betriebsplanpflicht nach § 51 BBergG unterliegt.

Die Grenzwerte in Abs. 1 und 2 gelten bei Anlagen und Einrichtungen nur für **8** den **Normalbetrieb** einschließlich geringfügiger Vorkommnisse, die unter Kontrolle gehalten werden können (vgl. Art. 4 Abs. 56 RL 2013/59/Euratom), nicht dagegen für Störfälle (→ Rn. 33) und in Notfallexpositionssituationen (→ Rn. 4).

II. Exposition der Bevölkerung (Abs. 1 und 2)

Der Grenzwert bezieht sich unter den drei in § 2 Abs. 5 genannten Expositions- **9** kategorien nur auf die **Exposition der Bevölkerung.** Das ergibt sich aus dem Tatbestandsmerkmal „Einzelpersonen der Bevölkerung" in Abs. 1 und 2; die **Einzelperson der Bevölkerung** ist in § 5 Abs. 14 definiert als „Person, soweit sie nicht einer beruflichen oder einer medizinischen Exposition ausgesetzt ist". Damit sind die beiden letztgenannten Expositionskategorien ausgeschlossen.

Bei der **medizinischen Exposition** gibt es, ihrer Natur nach, keine allgemein- **10** gültigen Grenzwerte (→ vor §§ 6 ff. Rn. 5); hier wird der Schutz der Patienten maßgeblich durch die individuelle rechtfertigende Indikation (§ 83 Abs. 3) gewährleistet, die durch diagnostische Referenzwerte (siehe § 86 S. 2 Nr. 7) gesteuert werden kann.

Für die **berufliche Exposition** gelten die Grenzwerte der §§ 77 und 78, sofern **11** es sich um beruflich exponierte Personen (§ 5 Abs. 7) handelt. Der Begriff der beruflichen Exposition, auf die § 80 nicht anwendbar ist, ist gegenüber dem bisherigen Recht jedoch ausgedehnt worden, so dass der Anwendungsbereich des § 80 umgekehrt eingeschränkt wird. Die berufliche Exposition geht **nunmehr über die Exposition beruflich exponierter Personen hinaus:** nach der Definition in § 2 Abs. 7 umfasst der Begriff eine beruflich veranlasste Exposition ohne Rücksicht darauf, ob der Betreffende dadurch zur beruflich exponierten Person wird; auch wenn berufliche Expositionen nicht zu ermitteln sind, sind es keine Expositionen von Einzelpersonen der Bevölkerung (amtl. Begründung zu § 5 Abs. 14, BT-Drs. 18/11241, 233). Damit sind auch etwa Angestellte eines Betreibers, die **keine beruflich exponierten Personen** sind, zB Kantinenpersonal, einer beruflichen Exposition ausgesetzt und daher weder von den Grenzwerten der §§ 77 und 78 noch – anders als bisher – von den Grenzwerten in Abs. 1 und Abs. 2 erfasst (zur alten Rechtslage unter § 46 StrlSchV 2001 siehe etwa *Schmatz-Nöthlichs* 8078 Anm. 2). Diese Personen werden stattdessen dadurch geschützt, dass sie als beruflich exponierte Person eingestuft werden, wenn die Werte des Abs. 1 und Abs. 2 überschritten werden (BT-Drs. 18/11241, 327); insofern entsteht keine Schutzlücke.

12   Zu beachten ist auch, dass das Merkmal „Einzelpersonen der Bevölkerung" von einer Person immer dann erfüllt wird, wenn es sich in der **konkreten Situation** nicht um eine medizinische oder berufliche Exposition handelt. So sind etwa beruflich exponierte Personen außerhalb ihrer Arbeitszeit Einzelpersonen der Bevölkerung; dasselbe gilt für einen Patienten, der im Wartezimmer sitzt und dabei einer Exposition aufgrund der Bestrahlung eines anderen Patienten ausgesetzt ist (Beispiele nach BT-Drs. 18/11241, S. 233).

13   Unter der Dosis einer Einzelperson der Bevölkerung iSd Absätze 1 und 2 ist nicht die individuelle Dosis einer jeden Person zu verstehen, sondern die Dosis einer fiktiven **„repräsentativen Person",** für die die Dosis aufgrund konservativ (mit Blick auf die Exposition) angesetzter Lebensgewohnheiten nach den Vorgaben der StrlSchV bestimmt wird (BT-Drs. 18/11241, 327; → Rn. 29).

III. Ausschluss für Expositionen aufgrund nichtmedizinischer Anwendung (Abs. 3)

14   Abs. 3 enthält eine weitere Einschränkung: **Expositionen aufgrund nichtmedizinischer Anwendung an Menschen nach § 83 Abs. 1 Nr. 2,** die eine geplante Expositionssituation und – mit Blick auf die Expositionskategorien – eine Exposition der Bevölkerung (so ausdrücklich § 83 Abs. 1 Nr. 2) darstellen und auf die die Grenzwerte des Abs. 1 und Abs. 2 daher an sich Anwendung finden würden, werden bei den Grenzwerten nicht berücksichtigt. Die amtl. Begründung (BT-Drs. 18/11241, 328 f.) betont, dass für die Ausrüstung, Geräte und Vorrichtungen, die für die nichtmedizinische Bildgebung eingesetzt werden, dieselben Anforderungen gelten wie bei der medizinischen Bildgebung, und verweist auf die Verordnungsermächtigung in § 86 Abs. 1. Auch ist darauf hinzuweisen, dass auch für die nichtmedizinische Anwendung eine rechtfertigende Indikation im Einzelfall erforderlich ist (§ 83 Abs. 3 S. 1 und 3). Daraus erklärt sich, dass diese Expositionen parallel zur medizinischen Exposition dem Anwendungsbereich der Grenzwerte des Abs. 1 und Abs. 2 entzogen werden.

IV. Adressat der Norm

15   Die Norm ist in ihrem Wortlaut an keinen bestimmten Adressaten gerichtet. Aus § 9 („wer eine Tätigkeit plant ...") und § 72 Abs. 1 Nr. 2 lit. a ergibt sich jedoch, dass der **SSV** verpflichtet ist, dafür zu sorgen, dass die Dosisgrenzwerte nicht überschritten werden. Die Aufgabe kann vom SSV auf den **SSB** übertragen werden, siehe § 72 Abs. 2 S. 1 Nr. 1 lit. a. Die Verpflichtung bezieht sich nicht nur auf den Betrieb oder Umgang, sondern beginnt schon bei der **Planung** und geht bis zur **Stilllegung** und zum **Abbau** der Anlage oder Einrichtung (vgl. § 99 Abs. 1 StrlSchV).

16   Adressat ist zugleich die **Genehmigungsbehörde,** denn die Einhaltung der Dosisgrenzwerte ist Bestandteil der erforderlichen Schadensvorsorge nach §§ 7 Abs. 2 Nr. 3, 6 Abs. 2 Nr. 2 AtG und gehört auch zu den Schutzvorschriften iSd § 13 Abs. 1 Nr. 6; sie ist somit eine Genehmigungsvoraussetzung, deren Einhaltung von der Behörde zu prüfen ist (*Schattke* in 6. AtRS, S. 104). Hinzu kommt, dass im

Falle mehrerer Tätigkeiten an einem Ort nur die Behörde sicherstellen kann, dass die aus allen Tätigkeiten insgesamt resultierende Exposition unterhalb der Grenzwerte bleibt (Abs. 4; → Rn. 39). Dasselbe gilt für die **Aufsichtsbehörde,** die die Einhaltung der Vorschriften des StrlSchG und der StrlSchV zu überwachen hat (§ 178 S. 1, § 179 Abs. 1 Nr. 2 StrlSchG iVm § 19 Abs. 1 S. 2 AtG).

D. Die Dosisgrenzwerte (Abs. 1 und 2)

I. Geschichte und wissenschaftlicher Hintergrund

Bis Mitte des letzten Jahrhunderts wurde Strahlenschutz im Wesentlichen als **17** Strahlenschutz der Beschäftigten konzipiert und umgesetzt. Erst mit der Untersuchung der Überlebenden der Atombombenexplosionen in Hiroshima und Nagasaki und der Freisetzung von radioaktiven Stoffen in die Atmosphäre als Folge von überirdischen Kernwaffentest wurde die Frage des Strahlenschutzes der allgemeinen Bevölkerung und später der Umwelt allgemein als relevant betrachtet *(Michel et al.).* So nennt die ICRP zum ersten Mal **1956** die **allgemeine Bevölkerung als eine Zielgruppe des Strahlenschutzes** (ICRP 1956). Gleichzeitig wurde in den folgenden Jahrzehnten durch die Errichtung von kerntechnischen Anlagen die Frage der Strahlenexposition durch Ableitungen relevant. Mit zunehmender technischer Entwicklung der Schutzmaßnahmen und infolge eines vertieften Verständnisses der biologischen Prozesse im Hinblick auf deterministische und stochastische Strahlenschäden ist der maßgebliche Grenzwert für die Einzelperson der Bevölkerung im Laufe der Jahre immer weiter abgesenkt worden. Während die Euratom-Grundnormen 1959 noch einen Grenzwert von 50 mSv kumuliert bis zum Alter von 30 Jahren für die Gesamtbevölkerung festlegten *(Michel et al.),* schlug die ICRP 1977 einen Grenzwert der Äquivalentdosis von 5 mSv pro Jahr für einzelne Personen der Bevölkerung („kritische Gruppe") vor (ICRP 26, S. 23). In der StrlSchV 1976 wurde in § 44 Abs. 1 für die Direktstrahlung ein Grenzwert von 1,5 mSv pro Jahr festgeschrieben (nach Zustimmung der Behörde 5 mSv pro Jahr) und ebendort in § 45 erstmals das „**30-mrem-Konzept**" formuliert, das die effektive Dosis durch Ableitungen über den Luft- bzw. Wasserpfad auf 0,3 mSv pro Jahr beschränkte und bis heute gilt (§ 99 StrlSchV; → Rn. 26f.). Mit ICRP 60 wurden dann 1990 die heute noch gültigen Grenzwerte der effektiven Dosis von 1 mSv pro Kalenderjahr, 15 mSv für die Organ-Äquivalentdosis der Augenlinse und 50 mSv für die Organ-Äquivalentdosis der Haut vorgeschlagen, die 2001 in der StrlSchV (2003 in der RöV) als Grenzwerte implementiert wurden.

Gemäß der **AVV Tätigkeiten** (→ Rn. 28) zeigen Modellrechnungen dabei, **18** dass die Organ-Äquivalentdosen der repräsentativen Person für die Augenlinse und die Haut kleiner als die Grenzwerte in § 80 Absatz 2 StrlSchG sind, wenn der Grenzwert für die effektive Dosis von 1 mSv pro Kalenderjahr und die Grenzwerte für die effektive Dosis infolge von Ableitungen radioaktiver Stoffe mit Luft oder Wasser in § 99 Absatz 1 StrlSchV, jeweils 0,3 mSv im Kalenderjahr, nicht überschritten werden (AVV Tätigkeiten, 3.2, S. 8). **Gesonderte Modellierungen** für die Einhaltung der Grenzwerte für die Organ-Äquivalentdosis sind daher **nicht erforderlich,** solange die Grenzwerte für die effektive Dosis eingehalten werden.

Der Grenzwert der effektiven Dosis von 1 mSv im Kalenderjahr lässt sich **wis-** **19** **senschaftlich nicht exakt begründen,** da das mit einer so geringen Strahlenexposition assoziierte Risiko nicht sicher quantifizierbar ist. Im Strahlenschutz akzeptierte Dosis-Risiko-Beziehungen wie die LNT-Hypothese (→ Einl. Rn. 3 und 36) gehen zwar von einer linearen Dosis-Risiko-Beziehung ohne Schwellenwert aus, sind aber nur geeignet, um Strahlenschutzmaßnahmen zu planen, und beschreiben insbesondere bei Dosen unterhalb von 100 mSv nicht notwendigerweise das tatsächliche Verhältnis von Dosis zu Risiko. Tatsächlich ist eine effektive Dosis von 1 mSv pro Jahr so klein, dass sie **im Bereich der Schwankungsbreite der natürlichen Strahlenexposition enthalten** ist. So kann in Deutschland davon ausgegangen werden, dass 95 Prozent der Bevölkerung aus der natürlichen Strahlenexposition eine jährliche effektive Dosis im Bereich von ca. 1 bis 5 mSv erhält, wobei der Median bei ungefähr 2 mSv pro Jahr liegt (*Michel et al.* 2006, *Vahlbruch* 2004).

II. Rechtliche Einordnung der Grenzwerte

20   Die in Abs. 1 und Abs. 2 genannten Grenzwerte sind **verbindlich** und dürfen nicht überschritten werden (§ 9). Sie konkretisieren die für den Schutz der Bevölkerung bestimmten Genehmigungsvoraussetzungen: die nach den Genehmigungsvorschriften des AtG, vor allem nach §§ 7 Abs. 2 Nr. 3 und 6 Abs. 2 Nr. 2 AtG, sowie nach § 29 Abs. 1 Nr. 5 **erforderliche Vorsorge gegen Schäden** und die in § 13 Abs. 1 Nr. 6 angesprochenen **Schutzvorschriften** nach dem Stand von Wissenschaft und Technik bzw. dem Stand der Technik; in § 11 Abs. 1 S. 1 Nr. 3 wird ihre Einhaltung direkt zur Genehmigungsvoraussetzung gemacht. Über Genehmigungsanforderungen hinaus wird ihre Verbindlichkeit für das gesamte Atom- und Strahlenschutzrecht nicht nur generell in § 9 statuiert, sondern dem SSV noch einmal in § 72 Abs. 1 S. 1 Nr. 2 lit. a vorgeschrieben (bzw. dem SSB über § 72 Abs. 2 S. 1 Nr. 1 lit. a). Aufgrund dieser Verbindlichkeit zum Schutze betroffener Dritter vermitteln die Grenzwerte **Drittschutz** (→ § 9 Rn. 12).

21   Kläger sind allerdings nur dann in eigenen Rechten verletzt, wenn die Dosisgrenzwerte an einem für sie bedeutsamen **Standort,** also an ihrem Wohn-, Arbeitsoder Aufenthaltsort, überschritten werden (BVerwGE 61, 256 (268); BVerwG, Beschl. v. 30.12.1997 – 11 B 3/97, NVwZ 1998, 634).

22   Da die Grenzwerte des § 80 bzw. – basierend auf der Verordnungsermächtigung in § 81 S. 2 Nr. 5 – des § 99 StrlSchV innerhalb der Schwankungsbreite der natürlichen Strahlenexposition liegen, bezeichnen sie nach st. Rspr. des BVerwG **die äußerste Grenze der erforderlichen Schadensvorsorge** (→ § 8 Rn. 14ff.; § 9 Rn. 12f.). Zwar können und müssen Expositionen in Anwendung des **Optimierungsgebotes** aus § 8 wenn möglich weiter verringert werden; dies spielt sich jedoch im Bereich des **Restrisikos** ab; es besteht daher kein Anspruch Dritter auf weitere Verringerung der Exposition unterhalb dieser Werte (→ § 8 Rn. 30).

23   Das setzt allerdings voraus, dass der Gesetz- und Verordnungsgeber die **Dosisgrenzwerte auf aktuellem Stand hält.** Das BVerwG hat im Krümmel-Urteil von 1996 (BVerwGE 101, 347 (362) = NVwZ 1997, 161 (164f.)) anlässlich der Leukämiefälle in der Elbmarsch festgehalten, das Gebot der Schadensvorsorge (§ 7 Abs. 2 Nr. 3 AtG) und die staatliche Schutzpflicht aus Art. 2 Abs. 2 GG ließen es nicht zu, dass der Verordnungsgeber an einem Schutzkonzept wie den Ableitungs-Dosisgrenzwerten des heutigen § 99 StrlSchV festhalte, wenn dieses durch wissenschaftliche Erkenntnisfortschritte überholt sei; der Verordnungsermächtigung in § 12 Abs. 1 S. 1 N. 2 AtG sei „insofern ein an den Verordnungsgeber gerichteter gesetzlicher **Auftrag** zu entnehmen, die **Dosisgrenzwerte unter Kontrolle zu halten und notfalls nachzubessern**". Im konkreten Fall sah das BVerwG allerdings keinen Anhaltspunkt für eine Lücke im Schutzkonzept (BVerwGE 101, 347 (362) = NVwZ 1997, 161 (164f.); bestätigt durch BVerwG NVwZ 1998, 631). Das BVerwG hat die Kontroll- und Nachbesserungspflicht bald darauf, im Obrigheim-Urteil von 1997, konsequenterweise auch auf die **Störfallplanungswerte** und das damit verbundene Konzept der Störfallbeherrschung erstreckt (BVerwGE 104, 36 (49) = NVwZ 1998, 623 (626)). Der in dieser Rechtsprechung festgestellte Auftrag an den Verordnungsgeber lässt sich auf den (heutigen) **Gesetzgeber des StrlSchG übertragen,** da er letztlich auf der staatlichen Verpflichtung beruht, Leben und körperliche Unversehrtheit gem. Art. 2 Abs. 2 S. 1 GG zu schützen.

Die Zuordnung zur tatbestandlichen und drittschützenden Schadensvorsorge ist **24** in der Rspr. (seit dem Urteil des BVerwG von 1980 zum KKW Stade, BVerwGE 61, 256 = NJW 1981, 1393) und Literatur (→ § 8 Rn. 14ff.) mit Bezug auf die **Dosisgrenzwerte für Ableitungen mit Luft und Wasser,** wie sie heute in § 99 StrlSchV festgeschrieben sind (das früher sog. **30-mrem-Konzept,** → Rn. 17), getroffen worden, die in Gerichtsverfahren um Kernkraftwerke im Vordergrund standen; dasselbe muss aber auch für den logisch übergeordneten **Grenzwert der Summe der effektiven Dosen in Abs. 1** gelten (in BVerwG, Beschl. v. 30.12.1997 – 11 B 3/97, NVwZ 1998, 634, wird dies vorausgesetzt) und ebenso für die **Grenzwerte der Organ-Äquivalentdosen in Abs. 2.** Die Rspr. hat diese Zuordnung auch auf die Störfallplanungswerte des § 104 StrlSchV (→ Rn. 33) erstreckt (→ § 9 Rn. 12).

III. Exposition aus Direktstrahlung und aus der Ableitung radioaktiver Stoffe

Die maßgeblichen Pfade für die Exposition einer Einzelperson der Bevölkerung **25** durch Tätigkeiten sind die Strahlenexposition aus **Direktstrahlung** und die Strahlenexposition aus **Ableitungen** (sofern letztere relevant ist, siehe § 99 StrlSchV). Die Direktstrahlung an einem bestimmten Ort kann im Grundsatz gemessen werden, allerdings besteht die Notwendigkeit, Beiträge aus anderen Strahlungsquellen aus den Messergebnissen „herauszurechnen". Die Exposition aus Ableitungen kann nicht gemessen werden, sondern muss unter Zugrundelegung verschiedener Faktoren und Annahmen berechnet werden. Der Grenzwert aus Abs. 1 gilt dann für die Summe der Strahlenexpositionen aus Direktstrahlung und aus Ableitungen. Das war in § 46 Abs. 3 StrlSchV 2001 ausdrücklich so bestimmt; diese Regelung ist in § 80 nicht übernommen worden, weil die Exposition aus Ableitungen nunmehr auf Verordnungsebene geregelt ist. Der Aspekt findet sich konsequenterweise jetzt in der Verordnungsermächtigung in § 81 S. 2 Nr. 4 wieder und liegt den Regelungen der StrlSchV zugrunde, etwa in Anlage 11 StrlSchV.

Bei Kernkraftwerken wird die Exposition von Einzelpersonen der Bevölkerung **26** ganz maßgeblich von den **Ableitungen** bestimmt, so dass in der wissenschaftlichen Diskussion und in den juristischen Auseinandersetzungen die entsprechenden Grenzwerte (heute § 99 StrlSchV) mit ihrem **„30-mrem-Konzept"** im Vordergrund standen (vgl. *Kramer/Zerlett* § 44 III. 3, die den übergeordneten Dosisgrenzwert des § 44 StrlSchV 1989 – heute § 80 Abs. 1 – aufgrund des Vorherrschens des Beitrags aus Ableitungen als einen „mehr oder minder theoretischen Parameter" bezeichnen; ebenso BHR EnergieR I, Rn. 768). Das kann aber bei anderen Anlagen und Einrichtungen anders sein, etwa bei Zwischenlagern für radioaktive Abfälle, wo es im Normalbetrieb keine Ableitungen gibt.

27   Dennoch haben die **Dosisgrenzwerte für die Exposition aus Ableitungen,** die § 99 StrlSchV aufgrund der Ermächtigung in § 81 S. 2 Nr. 5 festlegt (Grenzwert der effektiven Dosis: 0,3 mSv/a jeweils für Ableitungen mit Luft und Wasser; auf die bisher in § 47 Abs. 1 StrlSchV 2001 enthaltenen Werte der Organdosis für bestimmte Organe hat der Verordnungsgeber der StrlSchV nunmehr verzichtet, siehe die Begründung in BR-Drs. 423/18, 403f.), idR eine entscheidende Bedeutung für die Gewährleistung, dass der Grenzwert der effektiven Dosis aus Abs. 1 eingehalten wird. Nach § 99 Abs. 3 StrlSchV hat der SSV für die Einhaltung der Ableitungs-Dosisgrenzwerte zu sorgen; diese Sorgepflicht beginnt schon mit der Planung der von § 99 erfassten Anlagen und Einrichtungen (§ 99 Abs. 1 StrlSchV). Für den Betrieb der Anlage oder Einrichtung legt dann die zuständige Behörde die zulässigen Ableitungen radioaktiver Stoffe mit Luft oder Wasser durch Begrenzung der Aktivitätskonzentrationen oder Aktivitätsmengen fest (§ 102 Abs. 1 S. 1 StrlSchV); dadurch werden die **empfängerbezogenen Expositionsgrenzwerte** gleichsam **in handhabbare Emissionswerte übersetzt** (VGH München, Urt. v. 20.12.2018 – 22 A 17.40004, BeckRS 2018, 42327, Rn. 178). Der Verordnungsgeber sichert dies mit einer unwiderleglichen Vermutung ab: der Nachweis der Einhaltung der Expositionsgrenzwerte gilt als erbracht, wenn die von der Behörde festgelegten Begrenzungen nicht überschritten werden (§ 102 Abs. 1 S. 2 StrlSchV). Aus dieser gesetzlichen Fiktion hat der VGH München (a. a. O., Rn. 181) abgeleitet, dass die Genehmigungsbehörde keine niedrigeren Emissionswerte festsetzen darf, als zur Gewährleistung der Dosisgrenzwerte notwendig sind.

IV. Dosisermittlung

28   Ein weiterer wichtiger Regelungskomplex der StrlSchV im Zusammenhang mit dem Dosisgrenzwert für die Exposition von Einzelpersonen der Bevölkerung betrifft die Dosisermittlung. Eine **prospektive Dosisermittlung** (§ 100 StrlSchV) ist notwendig, wenn im Rahmen des Genehmigungs- oder Anzeigeverfahrens für eine Tätigkeit festgestellt werden muss, dass der SSV die technische Auslegung und den Betrieb seiner Anlage oder Einrichtung so geplant hat, dass die o. g. Dosisgrenzwerte nicht überschritten werden können. Zuständig für die prospektive Ermittlung ist der SSV. Details sind in der Allgemeinen Verwaltungsvorschrift zur Ermittlung der Exposition von Einzelpersonen der Bevölkerung durch genehmigungs- oder anzeigebedürftige Tätigkeiten **(AVV Tätigkeiten)** vom 8. Juni 2020 geregelt (die allgemeine Verwaltungsvorschrift nach § 100 Abs. 3 S. 1 StrlSchV). Damit wird der Nachweis erbracht, dass **sowohl die Grenzwerte des § 80 StrlSchG als auch diejenigen des § 99 StrlSchV eingehalten** sind (§ 100 Abs. 1 S. 2 StrlSchV).

29   Maßgeblich für diese Abschätzung ist dabei die Exposition der **„repräsentativen Person".** Diese ist gemäß AVV Tätigkeiten definiert als eine hypothetische Person, die aufgrund ihrer Lebensgewohnheiten für höher exponierte Bevölkerungsgruppen in der jeweiligen Altersgruppe repräsentativ ist. Extreme individuelle Lebensgewohnheiten werden bei der Modellierung nicht berücksichtigt (BVerwG, Beschl. v. 23.5.1991 – 7 C 34/90, NVwZ 1991, 1185 = BeckRS 9998, 47851: überdurchschnittlicher Konsum der Milch einer Kuh, die im 2-km-Umkreis um das KKW weidet). Um altersabhängige Unterschiede im Modell angemessen abzubilden, wurde die repräsentative Person für sechs Altersgruppen definiert. Bei der prospektiven Berechnung der Exposition sind ungünstige Szenarien zu verwenden, unmögliche Szenarien, wie z. B. der Daueraufenthalt der repräsentativen Person im Freien, jedoch auszuschließen (AVV Tätigkeiten, 5.1, S. 13).

Ist hingegen nachzuweisen, dass die o. g. Dosisgrenzwerte in der Vergangenheit **30** eingehalten wurden, so ist eine **retrospektive Ermittlung der Dosis** für die repräsentative Person durchzuführen (§ 101 StrlSchV). Zuständig hierfür ist die Behörde (§ 101 Abs. 1 StrlSchV), die hierfür Angaben vom SSV abfordern kann (§ 101 Abs. 4 StrlSchV). Bei der retrospektiven Berechnung der Exposition sind die standortspezifischen Verhältnisse, gegebenenfalls auch standortspezifische Modellparameter sowie aktuelle repräsentative statistische Daten, im betrachteten Zeitraum zu berücksichtigen (AVV Tätigkeiten, 5.2, S. 14).

In beiden Fällen enthält die AVV Tätigkeiten **komplexe Modellierungsvor- 31 schriften,** um die Dosisbeiträge durch Ableitungen mit der Luft (Kapitel 6 und 8 der AVV) oder mit dem Wasser (Kapitel 7 und 9) abzuschätzen. Auch die Exposition durch ionisierende Strahlung aus der Anlage oder Einrichtung direkt kann mithilfe der AVV Tätigkeiten abgeschätzt werden (Kapitel 10).

Da die Dosisgrenzwerte sicher eingehalten werden müssen, wird die Exposition **32** für die repräsentative Person an den ungünstigsten Einwirkungsstellen berechnet. Die AVV Tätigkeiten führt dazu aus, dass damit die Einwirkungsstellen in der Umgebung einer Anlage oder Einrichtung gemeint sind, bei denen aufgrund der Verteilung der abgeleiteten radioaktiven Stoffe in der Umwelt und der ionisierenden Strahlung aus der Anlage oder Einrichtung durch Aufenthalt oder durch den Verzehr dort erzeugter Lebensmittel die **höchsten Expositionen der repräsentativen Person zu erwarten sind.** Zum Nachweis, dass die Exposition der repräsentativen Person den Grenzwert für Ableitungen nach § 99 StrlSchV nicht überschreitet, ist die Exposition infolge der Ableitung radioaktiver Stoffe mit Luft oder Wasser jeweils getrennt zu betrachten. Zum Nachweis, dass die Exposition der repräsentativen Person die Grenzwerte der Einzelperson der Bevölkerung nach § 80 nicht überschreitet, sowie bei der retrospektiven Ermittlung der erhaltenen Exposition der repräsentativen Person nach § 101 StrlSchV ist die Summe der Expositionen infolge der Ableitungen radioaktiver Stoffe mit Luft und Wasser und durch die ionisierende Strahlung aus der Anlage oder Einrichtung zu betrachten (AVV Tätigkeiten, 3.4, S. 8).

V. Störfallplanungswerte

Für Kernkraftwerke setzt § 104 Abs. 1 StrlSchV – gestützt auf die Ermächtigung **33** in § 81 S. 2 Nr. 10 – Werte für Körperdosen fest, die bei der Planung der Anlage mit Blick auf Störfälle (definiert in § 1 Abs. 18 StrlSchV) nicht überschritten werden dürfen, die sog. **Störfallplanungswerte;** maßgeblich ist vor allem der Grenzwert der effektiven Dosis von 50 mSv. Diese Werte gelten nach § 104 Abs. 2 StrlSchV auch für Standort-Zwischenlager für Kernbrennstoffe und für Bundesendlager. Ein Störfall ist **kein Notfall** iSd § 5 Abs. 26, gerade weil er „durch die für geplante Expositionssituationen geregelten Maßnahmen bewältigt werden kann" (§ 5 Abs. 26 S. 2); insofern handelt es sich, wenn ein Störfall iSd § 99 StrlSchV eintritt, nicht um eine Notfallexposition (§ 2 Abs. 3). Die Störfälle, von denen bei der Planung und bei der Berechnung der Exposition auszugehen ist, werden gem. § 104 Abs. 1 S. 3 bestimmt durch die veröffentlichten Sicherheitsanforderungen an Kernkraftwerke und die Interpretationen zu den Sicherheitsanforderungen an Kernkraftwerke.

Die Störfallplanungswerte sind **keine Dosisgrenzwerte iSd § 9** (→ § 9 Rn. 7), **34** haben jedoch in der Gesamtregelung des Schutzes der Bevölkerung und der Umwelt (§§ 80, 81) eine hohe Bedeutung. Sie werden von der Rspr. im Ergebnis ebenso eingeordnet wie die Dosisgrenzwerte aus Abs. 1 und Abs. 2: sie sind verbindlich, gehören zur **Schadensvorsorge** und sind **drittschützend** (BVerwG, Urt. v. 22.01.1997 – 11 C 7/95, BVerwGE 104, 36 (46) = NVwZ 1998, 623 (625 f.); BVerwGE 131, 129 (137) = NVwZ 2008, 1012 (1014); aus der Literatur: *Raetzke,* S. 123; *Lukes/Richter,* NJW 1981, 1401 (1408); *Posser* in HMPS AtG/PÜ, § 7 AtG Rn. 52; *Leidinger* in Frenz, § 7 AtG Rn. 165). Eine weitere Verringerung der Exposition unterhalb der Störfallplanungswerte ist aufgrund des Optimierungs-gebots in § 8 unter den dafür geltenden Voraussetzungen geboten; sie ist aber dem Bereich des (nicht drittschützenden) Restrisikos zuzuordnen (→ § 8 Rn. 26).

35   Gerechtfertigt werden die Störfallplanungswerte, die naturgemäß deutlich höher sind als die Grenzwerte in Abs. 1 und 2 und nicht mehr innerhalb der Schwan-kungsbreite der natürlichen Strahlungsexposition liegen, damit, dass sie bei der Pla-nung der kerntechnischen Anlage nur bei den **schwersten Störfällen,** für deren Beherrschung die Anlage gerade noch ausgelegt ist, zugrunde gelegt werden dürfen (vgl. die amtl. Begründung zur StrlSchV 1976, BR-Drs. 375/76, 35). Auch liegen die Störfallplanungswerte immer noch im Bereich kleiner bzw. kleinster Strahlen-expositionen, für den der Nachweis von Schäden nicht geführt werden kann (→ Rn. 19; so auch *Lukes/Richter,* NJW 1981, 1401 (1408)). Das BVerwG schließ-lich stellt darauf ab, dass die Störfallplanungswerte zwar – anders als die sehr konser-vativen Dosisgrenzwerte für den Normalbetrieb – zur Vorsorge notwendig, aber zugleich auch (noch) ausreichend sind (→ § 8 Rn. 16).

36   Die amtl. Begründung zur StrlSchV 1976 verweist zusätzlich darauf, dass diese Dosisgrenzwerte mit **denjenigen für beruflich exponierte Personen ver-gleichbar** seien (dieser Begründungsansatz auch bei *Kramer/Zerlett* § 28 Anm. 18); der Wert für die effektive Dosis dieser Personen lag damals – § 49 Abs. 1 iVm Anlage X StrlSchV 1976 – bei 5 rem entsprechend 50 mSv. Die Vergleichbarkeit besteht zwar in dieser durchgehenden Form seit der StrlSchV 2001 nicht mehr, da der Grenzwert für beruflich exponierte Personen in § 55 Abs. 1 StrlSchV 2001 auf 20 mSv/a heruntergesetzt wurde (eine entsprechende Herabsetzung des Störfallpla-nungswertes der effektiven Dosis auf diesen Wert, die von der Bundesregierung ur-sprünglich ebenfalls vorgesehen war, kam nicht zustande, da der Bundesrat keine wissenschaftliche Begründung für eine solche Absenkung sah, siehe BR-Drs. 207/01 (Beschluss), 20). Allerdings kann auch heute noch (§ 78 Abs. 1 S. 2) eine Ex-position beruflich exponierter Personen von 50 mSv für ein einzelnes Jahr im Ein-zelfall unter bestimmten Voraussetzungen zugelassen werden, so dass eine gewisse Parallele auch weiterhin gegeben ist.

37   Nach § 104 Abs. 3 und 4 StrlSchV hat der SSV dafür zu sorgen, dass bei der Pla-nung von anderen nach AtG genehmigten Anlagen, bei der nach AtG genehmigten Stilllegung von Anlagen und bei bestimmten **Anlagen, die dem genehmigten Umgang mit sonstigen radioaktiven Stoffen (§ 12 Abs. 1 Nr. 3) dienen,** bau-liche oder technische Schutzmaßnahmen getroffen werden, um die Exposition bei Störfällen durch die Freisetzung radioaktiver Stoffe in die Umgebung zu begrenzen. Die Genehmigungsbehörde legt Art und Umfang der Schutzmaßnahmen unter Berücksichtigung des Einzelfalls, insbesondere des Gefährdungspotenzials der Anlage und der Wahrscheinlichkeit des Eintritts eines Störfalls, fest.

38   Für **Notfälle** iSd § 5 Abs. 26, also etwa Unfälle bei kerntechnischen Anlagen, gelten die Dosisgrenzwerte in Abs. 1 und 2 und der auf der Ermächtigung in § 81 beruhenden weiteren Dosisgrenzwerte der StrlSchV von vornherein nicht; stattdes-sen gelten eigene **Referenzwerte für Notfallexpositionssituationen** (§ 93). Die Störfallplanungswerte gelten auch **nicht für den Schutz gegen Störmaßnah-men oder sonstige Einwirkungen Dritter** (→ § 13 Rn. 73).

E. Mehrere Tätigkeiten (Abs. 4)

Die Norm legt der zuständigen Behörde die Pflicht auf, darauf hinzuwirken, dass **39** bei mehreren Tätigkeiten die Grenzwerte in Abs. 1 und 2 insgesamt eingehalten werden. Der SSV für jede einzelne Tätigkeit kann nur die Expositionen aus der von ihm geplanten oder ausgeführten Tätigkeit beeinflussen und berechnen; insofern obliegt es in solchen Fällen einer **Überlagerung der Expositionen aus mehreren Tätigkeiten** der Behörde, alle zusammenwirkenden Tätigkeiten zu betrachten. Die notwendige Steuerung der Expositionen kann die Behörde durch Festsetzung zulässiger Ableitungen (siehe § 99 Abs. 2 StrlSchV) oder durch Auflagen zur Begrenzung der Direktstrahlung bewirken (BT-Drs. 18/11241, S. 329).

Die Vorgängerregelung in § 47 Abs. 5 StrlSchV 2001 bezog sich nur auf Ablei- **40** tungen (so wie jetzt § 99 Abs. 2 StrlSchV). Insofern war es methodisch richtig, die Regelung jetzt auch auf die Ebene des Gesamt-Dosisgrenzwerts zu heben, um z. B. eine Vorbelastung aus einer mit einer Tätigkeit verbundenen Direktstrahlung berücksichtigen zu können (amtl. Begründung zu § 81 S. 2 Nr. 1, BT-Drs. 18/11241, 329), auch wenn in der Praxis in vielen Fällen die Exposition maßgeblich von Ableitungen geprägt wird (→ Rn. 26).

Kriterien für die Berücksichtigung anderer Tätigkeiten sind ebenfalls in der AVV **41** Tätigkeiten (→ Rn. 28) enthalten (siehe § 100 Abs. 3 S. 2 StrlSchV). Nach § 100 Abs. 4 StrlSchV kann die zuständige Behörde zur Ermittlung der zu erwartenden Exposition bei anderen Behörden Angaben zu anderen, bereits genehmigten oder angezeigten Tätigkeiten sowie zu Tätigkeiten in anderen laufenden Genehmigungs- oder Anzeigeverfahren anfordern; dies ist eine wichtige Regelung, um der Behörde die Wahrnehmung ihrer Koordinierungsfunktion aus Abs. 4 zu ermöglichen (BT-Drs. 18/11241, 329).

Bei der Anwendung der Dosisgrenzwerte des § 99 StrlSchV sind Belastungen **42** **nicht mitzurechnen,** die durch **Störfälle oder Unfälle** wie den Tschernobyl-Unfall bedingt sind (BVerwG, Beschl. v. 23.05.1991 – 7 C 34/90, NVwZ 1991, 1185).

F. Zuwiderhandlungen

Der SSV und – falls die Einhaltung der Dosisgrenzwerte zu den übertragenen **43** Aufgaben und Befugnissen gehört – der SSB handeln **ordnungswidrig,** wenn sie ihrer Sorgepflicht zur Einhaltung der Dosisgrenzwerte aus § 72 Abs. 1 S. 1 Nr. 2 lit. a (SSV) bzw. Abs. 2 S. 1 Nr. 1 lit. a (SSB) (→ Rn. 15) nicht nachkommen (§ 194 Abs. 1 Nr. 22).

§ 81 Verordnungsermächtigung für den Schutz der Bevölkerung und der Umwelt

[1]Die Bundesregierung wird ermächtigt, durch Rechtsverordnung mit Zustimmung des Bundesrates festzulegen, welche Vorsorge- und Überwachungsmaßnahmen für den Schutz von Einzelpersonen der Bevölkerung in Zusammenhang mit geplanten Expositionssituationen zu treffen sind, damit bestimmte Körperdosen und bestimmte Konzentrationen radioaktiver Stoffe in Luft und Wasser nicht überschritten werden. [2]In der Rechtsverordnung kann insbesondere festgelegt werden,

1. bei der Planung oder bei der Ausübung welcher Tätigkeiten die zu erwartende Exposition von Einzelpersonen der Bevölkerung zu ermitteln ist und welche Expositionen aus weiteren Tätigkeiten bei der Ermittlung zu berücksichtigen sind sowie welche Angaben der zuständigen Behörde zur Wahrnehmung der Aufgabe nach § 80 Absatz 4 zu übermitteln sind,

2. für welche genehmigten oder angezeigten Tätigkeiten die erhaltene Exposition von Einzelpersonen der Bevölkerung zu ermitteln ist und welche Angaben der Strahlenschutzverantwortliche hierzu der zuständigen Behörde zu übermitteln hat,

3. dass und auf welche Weise die Ermittlung der erhaltenen Exposition zu dokumentieren ist,

4. auf welche Weise und unter welchen Annahmen die Exposition von Einzelpersonen der Bevölkerung zu ermitteln ist und welche Beiträge bei der Bildung der Summe der § 80 Absatz 1 und 2 zu berücksichtigen sind,

5. welche Dosisgrenzwerte für Ableitungen mit Luft oder Wasser bei Planung, Errichtung, Betrieb, Stilllegung, sicherem Einschluss und Abbau von kerntechnischen Anlagen, Anlagen im Sinne des § 9a Absatz 3 Satz 1 zweiter Satzteil des Atomgesetzes, Anlagen zur Erzeugung ionisierender Strahlung und Einrichtungen gelten,

6. dass und auf welche Weise die zuständige Behörde in Zusammenhang mit kerntechnischen Anlagen, Anlagen im Sinne des § 9a Absatz 3 Satz 1 zweiter Satzteil des Atomgesetzes, Anlagen zur Erzeugung ionisierender Strahlung und Einrichtungen zulässige Ableitungen radioaktiver Stoffe mit Luft und Wasser festlegt sowie unter welchen Voraussetzungen die zuständige Behörde davon ausgehen kann, dass die Dosisgrenzwerte nach Nummer 5 eingehalten werden,

7. welche Vorgaben zur Emissions- und Immissionsüberwachung, die auch die Überwachung der Exposition durch Direktstrahlung umfasst, von kerntechnischen Anlagen, Anlagen im Sinne des § 9a Absatz 3 Satz 1 zweiter Satzteil des Atomgesetzes, Anlagen zur Erzeugung ionisierender Strahlung und Einrichtungen einzuhalten sind,

8. für welche Tätigkeiten eine allgemeine Untersuchung zur Einhaltung von Umweltkriterien für einen langfristigen Schutz der menschlichen Gesundheit durchzuführen ist und welche Verfahren hierzu zu verwenden sind,

9. in welchen Fällen, auf welche Weise und durch wen Dosisrichtwerte festgelegt werden können und wer diese Dosisrichtwerte bei der

Durchführung von Strahlenschutzmaßnahmen zu berücksichtigen hat und

10. bei der Planung welcher Tätigkeiten bauliche oder sonstige technische Schutzmaßnahmen zur Begrenzung der Exposition durch Störfälle zu treffen und welche Grundsätze und welche Höchstwerte für Expositionen dabei zu beachten sind.

[3]In der Rechtsverordnung können Verwaltungsbehörden des Bundes Aufgaben zur Qualitätssicherung, zur Verfahrensentwicklung für Probenahme, Analyse und Messung sowie zur Behandlung der Daten zugewiesen werden. [4]Die Rechtsverordnung kann auch diejenigen Vorschriften der Rechtsverordnung festlegen, für deren Einhaltung der Strahlenschutzverantwortliche zu sorgen hat.

A. Zweck und Bedeutung der Norm

§ 81 enthält **Verordnungsermächtigungen** zum Schutz von **Einzelpersonen** 1 **der Bevölkerung** in Zusammenhang mit geplanten Expositionssituationen; die Norm öffnet damit den Weg zu einer Konkretisierung der in § 80 festgesetzten Grenzwerte, vor allem durch Regelungen zur Begrenzung von Ableitungen aus Anlagen und Einrichtungen, zur Emissions- und Immissionsüberwachung sowie zur Begrenzung der Exposition durch Störfälle. Die Ermächtigungen sind umgesetzt in den §§ 99 bis 104 StrlSchV.

B. Entstehungsgeschichte

Die Ermächtigungen decken im Wesentlichen inhaltlich die Regelungen der 2 **§§ 47 bis 50 StrlSchV 2001** ab, deren Weiterführung in der heutigen StrlSchV damit gewährleistet ist. Die Ermächtigungen in S. 2 Nr. 8 und 9 sind dagegen neu und unmittelbar aus der **RL 2013/59/Euratom** abgeleitet.

C. Die Regelung im Einzelnen

I. Struktur der Ermächtigungsnorm

In S. 1 wird die Bundesregierung in allgemeiner Form ermächtigt, festzulegen, 3 welche **Vorsorge- und Überwachungsmaßnahmen für den Schutz von Einzelpersonen der Bevölkerung** in Zusammenhang mit geplanten Expositionssituationen zu treffen sind, damit bestimmte **Körperdosen** (zur Definition: § 5 Abs. 19) und bestimmte **Konzentrationen radioaktiver Stoffe in Luft und Wasser** nicht überschritten werden. Die Ermächtigung zielt also letztlich darauf ab, die Einhaltung der Grenzwerte des § 80 zu gewährleisten. Im Sinne der üblichen „Aufgabenteilung" zwischen Gesetz und Verordnung ist die Festlegung der übergeordneten Grenzwerte dem Gesetz vorbehalten, während die der Einhaltung dieser Grenzwerte dienenden Maßnahmen und Anforderungen (darunter finden sich weitere Grenzwerte, nämlich die Ableitungs-Grenzwerte in § 99 StrlSchV) in der Verordnung näher ausgestaltet werden. In S. 2 folgt dann ein Katalog näher definierter Anforderungen zur Konkretisierung der in S. 1 ausgesprochenen Ermächtigung; er wird mit „insbesondere" eingeleitet, lässt also Raum für weitere Regelungen in der Verordnung nach Satz 1. Sätze 3 und 4 gestalten die Ermächtigung weiter aus.

4 Die Verordnungsermächtigungen dienen im Wesentlichen der Fortführung und Weiterentwicklung bewährter **Regelungen der bisherigen StrlSchV.** Aufgrund der Erweiterung des Kreises der genehmigungs- und anzeigebedürftigen Tätigkeiten durch das StrlSchG wird der **bisherige Anwendungsbereich** dieser Verordnungsbestimmungen je nach Umständen aber auch **ausgeweitet.**

II. Die Ermächtigungen im Einzelnen (S. 2 bis 4)

5 Die Ermächtigung in **S. 2 Nr. 1** bezieht sich auf die **prospektive Dosisermittlung** (→ § 80 Rn. 28) und ist umgesetzt in § 100 StrlSchV (analog zu § 47 Abs. 2 und 5 StrlSchV 2001).

6 Die Ermächtigung in **S. 2 Nr. 2** bezieht sich auf die **retrospektive Dosisermittlung** (→ § 80 Rn. 30); sie ist umgesetzt in § 101 StrlSchV, der sich als Fortentwicklung des § 48 StrlSchV 2001 darstellt.

7 **S. 2 Nr. 3** betrifft die **Dokumentation der retrospektiven Dosisermittlung;** dazu gehört auch die Veröffentlichung der berechneten erhaltenen Expositionen durch bestimmte Anlagen und Einrichtungen (BT-Drs. 18/11241, 330). Die Umsetzung findet sich in § 101 Abs. 5 StrlSchV, der insoweit § 48 Abs. 2 StrlSchV 2001 ablöst und fortentwickelt.

8 Die Ermächtigung in **S. 2 Nr. 4** betrifft die **Modalitäten und Annahmen für die Ermittlung** der Exposition von Einzelpersonen der Bevölkerung (→ § 80 Rn. 29 ff.), die bisher in §§ 47 Abs. 2, 46 Abs. 3 und 98 Abs. 2 S. 1 iVm Anlage VII und Anlage XII Teil D StrlSchV 2001 geregelt waren. Sie ist umgesetzt in § 100 Abs. 1 iVm Anlage 6 und Anlage 11 Teil A bis C, Abs. 3 StrlSchV (dort auch die Verweisung auf die AVV Tätigkeiten).

9 **S. 2 Nr. 5** betrifft die – praktisch sehr wichtigen – **Dosisgrenzwerte für Ableitungen mit Luft oder Wasser,** die – in Fortführung des § 47 Abs. 1 StrlSchV – nunmehr in § 99 Abs. 1 StrlSchV festgelegt werden (→ § 80 Rn. 27).

10 Die Ermächtigung in **S. 2 Nr. 6** umfasst die zur Sicherstellung der Einhaltung der Ableitungs-Dosiswerte überaus wichtige **Festsetzung der zulässigen Ableitungen radioaktiver Stoffe mit Luft und Wasser** durch die zuständige Behörde sowie die gesetzliche Vermutung, dass bei Einhaltung der damit gesetzten Begrenzungen die Ableitungs-Dosisgrenzwerte eingehalten werden (→ § 80 Rn. 27). Das regelt – in Fortführung des § 47 Abs. 3 und 4 StrlSchV 2001 – § 102 StrlSchV.

11 **S. 2 Nr. 7** betrifft die **Vorgaben zur Emissions- und Immissionsüberwachung,** die früher in § 48 Abs. 1, 2 und 4 StrlSchV 2001 enthalten waren und nunmehr Gegenstand der Regelungen in § 103 StrlSchV sind. Der Begriff der Emissions- und Immissionsüberwachung bezieht sich sowohl auf Ableitungen als auch auf die Direktstrahlung, die zu einer Exposition der Bevölkerung führen können (BT-Drs. 18/11241, 331).

12 Die Ermächtigung in **S. 2 Nr. 8** hat keinen Vorläufer im bisherigen deutschen Strahlenschutzrecht; sie betrifft die **allgemeine Untersuchung zur Einhaltung von Umweltkriterien** für einen langfristigen Schutz der menschlichen Gesundheit, die in Art. 65 Abs. 2 S. 2 RL 2013/59/Euratom fakultativ vorgegeben wird. Wie die amtl. Begründung ausführt (BT-Drs. 18/11241, 331), hat der Gesetzgeber industrielle und bergbauliche Prozesse mit NORM unter diesem Aspekt bewertet, ist aber zu dem Ergebnis gekommen, dass hierfür keine entsprechende Regelung

erforderlich ist; auch für kerntechnische Anlagen sei eine Regelung aufgrund der Konservativität des derzeitigen Verfahrens für die Berechnung der zulässigen Ableitungen nicht erforderlich. Insofern hat der Verordnungsgeber von der Ermächtigung bisher keinen Gebrauch gemacht; die Ermächtigung ist vorbeugend aufgenommen worden für den Fall, dass sich zukünftig relevante Fälle ergeben.

Die Ermächtigung in **S. 2 Nr. 9** ist ebenfalls inhaltlich neu und beruht auf Art. 6 **13** Abs. 1 lit. b RL 2013/59/Euratom, der fakultativ („ggf.") **Dosisrichtwerte für die Exposition der Bevölkerung** vorsieht. Solche Dosisrichtwerte (→ § 8 Rn. 34) sind in der StrlSchV – anders als für beruflich exponierte Personen (§ 79 Abs. 1 S. 2 Nr. 2 StrlSchG, § 72 StrlSchV; dazu → § 78 Rn. 10, § 8 Rn. 34 f.) – bislang nicht vorgesehen; die Ermächtigung soll eine etwaige zukünftige Einführung ermöglichen (BT-Drs. 18/11241, 331).

Die Ermächtigung in **S. 2 Nr. 10** betrifft Schutzmaßnahmen zur **Begrenzung 14 der Exposition durch Störfälle** und ist – in Fortführung der §§ 49 und 50 StrlSchV 2001 – umgesetzt in § 104 StrlSchV mit seinen **Störfallplanungswerten** (→ § 80 Rn. 33).

Gemäß der Ermächtigung in **S. 3** können Bundesbehörden bestimmte Auf- **15** gaben bei der **Ermittlung von und dem Umgang mit Daten** zugewiesen werden; dies dient der Sicherstellung eines bundeseinheitlichen Qualitätsstandards. Umgesetzt ist die Ermächtigung in § 103 Abs. 3 StrlSchV, der insoweit § 48 Abs. 4 StrlSchV 2001 fortführt.

Die Ermächtigung in **S. 4** schließlich betrifft keinen inhaltlich abgegrenzten Re- **16** gelungskomplex, sondern ergänzt die in Satz 1 ausgesprochene, in den Sätzen 2 und 3 („insbesondere") näher ausgestaltete Ermächtigung um den Aspekt, dass in der Verordnung jeweils die **Sorgepflicht des SSV** geregelt werden kann (vgl. § 72 Abs. 1 S. 1 Nr. 3 a. E.: „soweit die Rechtsverordnung dies bestimmt").

§ 82 Verordnungsermächtigung für Pflichten des Strahlenschutzverantwortlichen im Zusammenhang mit Störfällen und Notfällen

(1) **Die Bundesregierung wird ermächtigt, durch Rechtsverordnung mit Zustimmung des Bundesrates festzulegen, welche Pflichten der Strahlenschutzverantwortliche zur Vorbereitung angemessener Reaktionen auf Störfälle, mögliche Notfälle sowie bei einem Notfall zu erfüllen hat, insbesondere**

1. **dass das erforderliche Personal und die erforderlichen Hilfsmittel vorzuhalten sind, um Gefahren, die im Zusammenhang mit der Tätigkeit des Strahlenschutzverantwortlichen durch Störfälle oder Notfälle entstanden sind, einzudämmen und zu beseitigen, und welche Anforderungen an die erforderliche Fachkunde oder die erforderlichen Kenntnisse im Strahlenschutz und die Hilfsmittel zu stellen sind,**

2. **dass und auf welche Weise die Bevölkerung über die Schutzmaßnahmen und die Empfehlungen für das Verhalten bei möglichen Notfällen zu informieren ist,**

3. **dass bei Notfällen unverzüglich alle angemessenen Maßnahmen zu treffen sind, um Gefahren für Mensch und Umwelt abzuwenden oder die nachteiligen Auswirkungen zu beschränken,**

4. **dass und auf welche Weise bestimmte Behörden unverzüglich über den Eintritt eines Notfalls zu unterrichten sind, dass diesen unverzüglich**

eine vorläufige erste Bewertung der Umstände und Abschätzung der Folgen des Notfalls zu übermitteln ist und dass den zuständigen Behörden und Hilfsorganisationen bei deren Entscheidungen und Schutzmaßnahmen Hilfe zu leisten ist, insbesondere durch die notwendigen Informationen und die erforderliche Beratung.

(2) Unberührt bleiben Pflichten der Strahlenschutzverantwortlichen auf Grundlage anderer Rechtsvorschriften des Bundes und der Länder zur Abwehr von Gefahren für die menschliche Gesundheit, die Umwelt oder für die öffentliche Sicherheit oder auf Grundlage unmittelbar anwendbarer Rechtsakte der Europäischen Union oder der Europäischen Atomgemeinschaft, soweit diese Rechtsvorschriften und Rechtsakte auch bei radiologischen Gefahren anwendbar sind.

A. Zweck und Bedeutung der Norm

1   § 82 ermächtigt die BReg, durch RVO mit BR-Zustimmung **Pflichten des SSV zur Vorbereitung** angemessener Reaktionen auf **Störfälle und mögliche Notfälle** sowie **bei einem Notfall** vorzusehen. Die Aufzählung in Abs. 1 bis 4 ist nicht abschließend („insbesondere"). Im VO-Weg kann festgelegt werden, dass der SSV das erforderliche Personal und die erforderlichen Hilfsmittel vorzuhalten hat, um Gefahren durch Störfälle oder Notfälle einzudämmen und zu beseitigen sowie welche Anforderungen an die erforderliche Fachkunde oder Kenntnisse im Strahlenschutz und an die Hilfsmittel zu stellen sind (Nr. 1), dass und wie er die Bevölkerung über Schutzmaßnahmen zu informieren und Verhaltensempfehlungen zu geben hat (Nr. 2), dass er Maßnahmen treffen muss, um Gefahren für Mensch und Umwelt abzuwenden oder die nachteiligen Auswirkungen zu beschränken (Nr. 3) und dass, wie und mit welchem Inhalt er Behörden informieren und ihnen sowie Hilfsorganisationen bei deren Entscheidungen und Schutzmaßnahmen Hilfe leisten muss (Nr. 4). Auf der Grundlage des § 82 Abs. 1 sind die **§ 106 bis 108 und § 152 StrlSchV** erlassen worden. Abs. 2 enthält eine Unberührtheitsklausel. Die auf Grundlage des § 82 ergangenen Regelungen dienen der Umsetzung von Art. 69 und 70 RL 2013/59/Euratom.

B. Bisherige Regelungen

2   Entsprechende Regelungen enthielten § 51 Abs. 1 sowie § 53 Abs. 1, 2, 4 und 5 StrlSchV 2001.

C. §§ 106–108 und § 152 StrlSchV

3   **§ 106 StrlSchV** regelt die Pflichten des SSV zu **vorbereitenden Maßnahmen** für Notfälle und Störfälle. Dies umfasst die Bereitstellung notwendiger Informationen und Beratung für die Planungen der für den Katastrophenschutz und den für die öffentliche Sicherheit zust. Behörden zur Gefahrenabwehr durch ionisierende Strahlung und zur Begrenzung oder Beseitigung der nachteiligen Auswirkungen eines Notfalls oder Störfalls sowie Informierung und Beratung der für den Schutz von Notfalleinsatzkräften zust. Behörden und Organisationen zu Aspekten, die

diese für die Unterrichtung, Aus- und Fortbildung der Notfalleinsatzkräfte benötigen. Des Weiteren muss der SSV dafür sorgen, dass zur Eindämmung und Beseitigung der durch Not- oder Störfälle auf dem Betriebsgelände entstandenen Gefahren des erforderliche geschulte Personal und die erforderlichen Hilfsmittel vorgehalten werden. § 106 StrlSchV sieht auch die Pflicht des SSV vor, bei Vorliegen eines externen Notfallplans nach § 101 die Bevölkerung zu informieren. **§ 107 StrlSchV** verpflichtet den SSV dafür zu sorgen, dass bei einem Notfall oder Störfall unverzüglich alle **notwendigen Maßnahmen zur Verringerung der Folgen des Notfalls oder Störfalls** getroffen werden. **§ 108 StrlSchV** sieht Meldepflichten im Fall eines bedeutsamen Vorkommnisses vor, zu dem auch der Notfall oder Störfall zählen. S. allerdings § 112 Abs. 2 StrlSchV, wonach § 108 (und § 109 und § 110) im Anwendungsbereich der AtSMV nicht anwendbar ist. **§ 152 StrlSchV** betrifft die Pflichten des SSV zu Hilfeleistung und Beratung von Behörden, Hilfsorganisationen und Einsatzkräften bei einem Notfall.

D. Unberührtheitsklausel (Abs. 2)

Abs. 2 stellt klar, dass Pflichten des SSV, die sich aus anderen einschlägigen **4** Rechtsvorschriften von Bund und Ländern zur Abwehr von Gefahren für die menschliche Gesundheit, die Umwelt oder für die öffentliche Sicherheit oder die sich auf Grundlage unmittelbar anwendbarer Rechtsakte der EU oder EAG ergeben, unbeschadet der aufgrund des Abs. 1 ergangenen Rechtsvorschriften unberührt bleiben.

E. Zuwiderhandlungen

Nach **§ 194 Abs. 1 Nr. 1 lit. b** handelt ordnungswidrig, wer vorsätzlich oder **5** fahrlässig einer RVO nach 82 Abs. 1 Nr. 2 oder 4 zuwiderhandelt, soweit die RVO für einen bestimmten Tatbestand auf § 194 verweist. Insoweit ergeben sich Ordnungswidrigkeiten aus **§ 184 Abs. 2 Nr. 22 StrlSchV** in Ansehung der dort aufgeführten Pflichten nach § 108 Abs. 1 S. 1, Abs. 3 S. 2 oder § 108 Abs. 4 S. 1 oder 2 StrlSchV. Die Höhe der Geldbuße richtet sich nach § 194 Abs. 2 und kann bis zu 10.000 Euro betragen. Die übrigen o. a. Bestimmungen der StrlSchV sind nicht bußgeldbewehrt.

§ 83 **Anwendung ionisierender Strahlung oder radioaktiver Stoffe am Menschen**

(1) **Ionisierende Strahlung und radioaktive Stoffe dürfen am Menschen nur angewendet werden**
1. im Rahmen einer medizinischen Exposition oder
2. im Rahmen der Exposition der Bevölkerung zur Untersuchung einer Person in durch Gesetz vorgesehenen oder zugelassenen Fällen oder nach Vorschriften des allgemeinen Arbeitsschutzes oder nach Einwanderungsbestimmungen anderer Staaten (nichtmedizinische Anwendung).

(2) [1]Die Anwendung muss einen hinreichenden Nutzen erbringen. [2]Bei der Bewertung, ob die Anwendung einen hinreichenden Nutzen erbringt, ist ihr Gesamtpotential an diagnostischem oder therapeutischem Nutzen, einschließlich des unmittelbaren gesundheitlichen Nutzens für den Einzelnen und des Nutzens für die Gesellschaft, gegen die von der Exposition möglicherweise verursachte Schädigung des Einzelnen abzuwägen.

(3) [1]Die Anwendung darf erst durchgeführt werden, nachdem ein Arzt oder Zahnarzt mit der erforderlichen Fachkunde im Strahlenschutz entschieden hat, dass und auf welche Weise die Anwendung durchzuführen ist (rechtfertigende Indikation). [2]Die rechtfertigende Indikation erfordert bei Anwendungen im Rahmen einer medizinischen Exposition die Feststellung, dass der gesundheitliche Nutzen der einzelnen Anwendung gegenüber dem Strahlenrisiko überwiegt. [3]Die rechtfertigende Indikation erfordert bei nichtmedizinischen Anwendungen die Feststellung, dass der mit der jeweiligen Untersuchung verbundene Nutzen gegenüber dem Strahlenrisiko überwiegt. [4]Die rechtfertigende Indikation darf nur gestellt werden, wenn der Arzt oder Zahnarzt, der die Indikation stellt, die Person, an der ionisierende Strahlung oder radioaktive Stoffe angewendet werden, vor Ort persönlich untersuchen kann, es sei denn, es liegt ein Fall der Teleradiologie nach § 14 Absatz 2 vor.

(4) Absatz 3 gilt nicht für Untersuchungen mit Röntgenstrahlung nach dem Infektionsschutzgesetz und für Anwendungen am Menschen zum Zweck der medizinischen Forschung nach § 31 Absatz 1 oder § 32 Absatz 1.

(5) [1]Die Exposition durch eine Untersuchung mit ionisierender Strahlung oder radioaktiven Stoffen ist so weit einzuschränken, wie dies mit den Erfordernissen der medizinischen Wissenschaft zu vereinbaren ist. [2]Bei der Anwendung ionisierender Strahlung oder radioaktiver Stoffe zur Behandlung von Menschen ist die Dosis außerhalb des Zielvolumens so niedrig zu halten, wie dies unter Berücksichtigung des Behandlungsziels möglich ist. [3]Satz 1 gilt entsprechend für nichtmedizinische Anwendungen.

Übersicht

Schrifttum: *Beckmann,* Radiologische Altersbestimmung, RöFo 2020, 596; *Jahresbericht des BfS,* Umweltradioaktivität und Strahlenbelastung v. 11. Januar 2021, http://nbn-resolving.de/urn:nbn:de:0221–2021011124821; *Wigge/Loose,* Ärztliche Aufklärungspflichten bei diagnostischen Röntgenuntersuchungen, MedR 2016, 318; *Wigge/Steuwer,* Informations- und Aufklärungspflichten des Radiologen vor Durchführung einer einzelnen Röntgenaufnahme, RöFo 2021, 607.

A. Zweck und Bedeutung der Norm

§ 83 regelt die Umsetzung der in Teil 2 Kap. 1 genannten wesentlichen **Strah-** **1** **lenschutzgrundsätze** im Rahmen der Anwendung ionisierender Strahlung am Menschen: Die **Rechtfertigung** (vgl. § 6) sowie die **Dosisreduzierung** (vgl. § 8). Die Regelung setzt Art. 22 Abs. 2 und Art. 55 RL 2013/59/Euratom um.

B. Bisherige Regelungen

Der Paragraph greift die an unterschiedlichen Stellen der RöV und der StrlSchV **2** 2001 aufgeführten Regelungen auf und führt sie fort. Die Regelungen des Abs. 1 finden sich in § 25 Abs. 1 S. 1 RöV sowie in § 86 StrlSchV 2001. Der Strahlenschutzgrundsatz gem. § 2a Abs. 2 RöV sowie § 4 Abs. 2 StrlSchV 2001 wird in Abs. 2 fortgeführt. Abs. 3 beinhaltet die Begriffsbestimmung des § 2 Nr. 10 RöV und § 3 Abs. 2 Nr. 17 StrlSchV 2001 sowie § 23 Abs. 1 S. 1 und 2 RöV und § 80 Abs. 1 S. 1 und 2 StrlSchV 2001. Außerdem werden die Regelungen des § 80 Abs. 1 S. 5 und § 86 StrlSchV 2001 sowie des § 25 Abs. 1 S. 3 RöV fortgeführt. Abs. 4 greift § 25 Abs. 1 S. 3 RöV auf, Abs. 5 § 81 Abs. 1 S. 1 und Abs. 3 S. 2 StrlSchV 2001 sowie § 25 Abs. 2 S. 1 und 2 RöV.

C. Zulässige Anwendung (Abs. 1)

Abs. 1 stellt klar, welche Anwendungen am Menschen zulässig sind. Neben der **3** Anwendung im Rahmen einer **med. Exposition** nach Nr. 1, zu der neben der Untersuchung und Behandlung eines Patienten auch die Anwendung im Rahmen der Früherkennung (§ 5 Abs. 16) und die Anwendung im Rahmen der med. Forschung (§ 5 Abs. 23) zählt (vgl. § 2 Abs. 8 StrlSchG), ist in Nr. 2 auch die Anwendung im Rahmen der Exposition der Bevölkerung (→ § 2 Rn. 8) zur Untersuchung einer Person in durch Gesetz vorgesehenen oder zugelassenen Fällen oder nach Vorschriften des allgemeinen Arbeitsschutzes oder nach Einwanderungsbestimmungen anderer Staaten **(nichtmed. Anwendung)** aufgeführt.

Für die Anwendung am Menschen gelten die **gleichen Anforderungen** so- **4** wohl in Bezug auf die medizinisch-radiologische Ausrüstung als auch hinsichtlich aller Durchführungsschritte, ohne Unterscheidung danach, ob die Anwendung zu med. oder nichtmed. Zwecken erfolgt (vgl. Teil 2 Kap. 6 Abschn. 8 StrlSchV). Die Zuordnung der nichtmed. Anwendung zu der Kategorie der Exposition der Bevölkerung aufgrund der entsprechenden Vorgaben in Art. 4 Nr. 48 und Art. 22 RL 2013/59/Euratom führt auch zu keiner unterschiedlichen Behandlung. Der Bevölkerungsgrenzwert von 1 mSv/Kj ist hier nicht maßgebend. Anwendungen sind nicht anwendbar (§ 80 Abs. 3 StrlSchG). Lediglich bei der Stellung der rechtfertigenden Indikation unterscheiden sich die anzustellenden Nutzen-Risiko-Erwägungen (→ Rn. 11 und 12).

I. Anwendung iR einer med. Exposition (Abs. 2 Nr. 1)

5   Vgl. → Rn. 3.

II. Nichtmed. Anwendung (Abs. 2 Nr. 2)

6   **1. Durch Gesetz vorgesehene oder zugelassene Fälle.** Die durch Gesetz „vorgesehenen" Fälle beziehen sich auf Bestimmungen, die die Anwendung ionisierender Strahlung oder radioaktiver Stoffe **ausdrücklich** vorsehen. Die Anwendung von Röntgenstrahlung wird in den folgenden Bestimmungen erlaubt: § 25 Abs. 3 S. 1 Nr. 1 IfSG (Ermittlung übertragbarer Krankheiten nach IfSG), § 36 Abs. 5 S. 3 IfSG (Infektionsschutz bei Aufnahme in eine JVA), § 11 S. 1 SeeArbG iVm § 4 Abs. 1 und Anl. 2 MarimedV (Untersuchung auf Seediensttauglichkeit), § 62 Abs. 1 S. 1 AsylG (Gesundheitsuntersuchung), § 17a Abs. 3 SG (ärztliche Untersuchung von Soldaten), § 17 Abs. 4 und 6 WPflG (Musterung von Wehrpflichtigen) und § 39 Abs. 2 ZDG (ärztliche Untersuchung von Kriegsdienstverweigerern).

7   Bei den durch Gesetz „zugelassenen" Fällen handelt es sich um solche, die die Anwendung ionisierender Strahlung oder radioaktiver Stoffe zulassen, diese aber **nicht ausdrücklich benennen.** Die Bestimmungen sehen ärztliche Untersuchungen vor, mit denen ein bestimmter Untersuchungszweck erreicht werden soll. Hierunter fällt grds. auch die Anwendung ionisierender Strahlung, da sie zu den anerkannten ärztlichen Untersuchungsmethoden gehört; die Anwendung radioaktiver Stoffe spielt in diesem Zusammenhang dagegen eher keine Rolle. Ionisierende Strahlung darf aber nur angewendet werden, wenn ihre Anwendung **mit Blick auf den Gesetzeszweck geboten** ist. Hierüber entscheidet der Arzt mit der erforderlichen FK im Strahlenschutz bei Stellung der rechtfertigenden Indikation (Abs. 3). Die Unterscheidung zwischen „vorgesehenen" und „zugelassenen" Fällen ist erstmals durch die RöV 1973 vorgesehen worden. Hintergrund war insbes., dass der VO-Geber die Anwendung von Röntgenstrahlung im Rahmen etwa von Strafverfahren oder bei Untersuchungen nach dem WPflG als gesetzlich zugelassenen Fall ansah und sie dadurch legitimieren wollte (BR-Drs. 550/72, 24, 25). Die StPO sah und sieht auch gegenwärtig Röntgenuntersuchungen nicht ausdrücklich als Untersuchungsmaßnahme vor, auch wenn sie nach hergebrachtem Verständnis zu den üblichen strafprozessualen Eingriffsmöglichkeiten gehört. Zu den durch Gesetz zugelassenen Fällen zählen: § 81a StPO (körperliche Untersuchung eines Beschuldigten; radiologische Untersuchung denkbar zum Auffinden von im Körper verborgenen Gegenständen) oder Untersuchungen zur Feststellung, ob ein Anspruch auf bestimmte Sozialleistungen besteht (§ 62 SGB I; zur radiologischen Altersbestimmung → Rn. 8).

8   Diverse Gerichtsurteile beschäftigen sich mit der Frage, ob die **Anwendung von Röntgenstrahlung auf Menschen zur Altersbestimmung** vermeintlich minderjähriger unbegleiteter Flüchtlinge zulässig ist (Hamburgisches OVG, Beschl. v. 9.2.2011 – 4 Bs 9/11; VG Köln, Beschl. v. 3.12.2019 – 26 L 2393/19; OVG Bremen, Urt. v. 10.5.2019 – 1 B 56/19; OVG Bremen, Urt. v. 4.6.2018 – 1 B 82/18). Sämtliche Urteile und Beschlüsse kommen zu dem Schluss, dass die Anwendung von Röntgenstrahlung zu diesem Zweck zulässig ist (vgl. dazu auch *Beckmann,* RöFo 2020, 596). Grundlage ist § 42f SGB VIII, der eine gesetzliche Ermächtigung im Sinne des § 83 Abs. 1 S. Nr. 2 darstellt. Anders liegt der Fall im zivilprozessrechtlichen Bereich. Hier ist eine derartige Ermächtigung nicht vorgesehen und eine

Anwendung zur Altersbestimmung nicht zulässig ($\rightarrow$ AG Schöneberg, Urt. v. 23.5.2014 – 85 F 106/14).

2. Vorschriften des allgemeinen Arbeitsschutzes. Zu den Vorschriften des **9** **allgemeinen Arbeitsschutzes,** die ärztliche Untersuchungen vorsehen und, sofern zur Erreichung des Untersuchungszwecks geboten, auch die Anwendung von Röntgenstrahlung grds. erlauben, zählen §§ 77 und 78 StrlSchV (ärztliche Überwachung beruflich exponierter Personen), die Bestimmungen der ArbmedVV zur arbeitsmed. Vorsorge, §§ 31 und 32 JArbSchG für die Beschäftigung von Personen unter 18 Jahren und Unfallverhütungsvorschriften auf Grundlage des § 15 Abs. 1 SGB VII.

3. Einwanderungsbestimmungen anderer Staaten. Die Anwendung io- **10** nisierender Strahlung oder radioaktiver Stoffe am Menschen ist auch erlaubt, wenn dies durch die **Einwanderungsbestimmungen anderer Staaten** verlangt wird, etwa wenn bei Stellung eines Einwanderungsantrags ein medizinisches Dossier vorzulegen ist mit einer aktuellen Röntgenaufnahme der Lunge.

D. Rechtfertigung (Abs. 2)

Der Rechtfertigungsgrundsatz verlangt bei einer **med. Exposition,** dass die **11** Anwendung ionisierender Strahlung am Menschen sowohl im diagnostischen als auch im therapeutischen Bereich einen **hinreichenden Nutzen für die Person,** an der die Strahlung angewendet wird, **bringen** und das **mögliche Risiko einer Schädigung** überwiegen muss. Um diese Abwägung zu vollziehen, sind Kenntnisse über die mit der Anwendung verbundene Exposition nötig und die Umsetzung dieser Dosis in ein mögliches Strahlenrisiko. Hier bietet sich ein Vergleich mit der Strahlenexposition der Bevölkerung durch natürliche Quellen an. Gemäß des Jahresberichtes des BfS „Umweltradioaktivität und Strahlenbelastung" v. 11. Januar 2021 liegt die natürliche Strahlenexposition in der Bundesrepublik Deutschland bei 2,1mSv pro Jahr. Das entspricht ca. 6μSv pro Tag. Vergleicht man diesen Wert mit der effektiven Dosis einer Röntgenuntersuchung des Brustkorbes (Thorax), die im Bereich von 40 μSv liegt, kommt man schnell zu dem Schluss, dass die Röntgenuntersuchung zwar ein gewisses Strahlenrisiko beinhaltet, diese Untersuchung aber zB für eine präoperative Überprüfung der Narkosefähigkeit eines Patienten sicher gerechtfertigt ist, während eine Computertomographie des Thorax', die mit einer effektiven Dosis von bis zu 6.000 μSv einhergehen kann, für diese beispielhaft aufgeführte Fragestellung aus strahlenschutzfachlicher Sicht nicht das Verfahren der Wahl darstellt (Dosiswerte ebenfalls aus „Umweltradioaktivität und Strahlenbelastung").

Bei der **nichtmed.** Anwendung dient der Nutzen der Anwendung nicht un- **12** mittelbar der Gesundheit der Person, an der die Anwendung erfolgt, sondern der **Allgemeinheit** (zB § 81a StPO das öffentliche Interesse an der Strafverfolgung) **oder bestimmten Personengruppen** (zB bei § 35 Abs. 5 S. 3 IfSG den Insassen der JVA).

E. Stellen der rechtfertigenden Indikation (Abs. 3 und Abs. 4)

13   Nach Abs. 3 S. 1 darf die Anwendung erst durchgeführt werden, nachdem ein Arzt oder Zahnarzt mit der erforderlichen FK im Strahlenschutz entschieden hat, dass und auf welche Weise die Anwendung durchzuführen ist **(rechtfertigende Indikation).** Der Begriff der „erforderlichen FK" macht deutlich, dass es eine große Anzahl verschiedener FK im Zusammenhang mit der Anwendung am Menschen im Strahlenschutz gibt und je nach Anwendung die richtige, erforderliche FK vorliegen muss. Eine Auflistung der möglichen FK samt Konkretisierungen der in § 74 bestimmten Voraussetzungen für ihren Erwerb findet sich in der RL „Strahlenschutz in der Medizin" von 2011 bzw. in der RL „Fachkunde und Kenntnisse im Strahlenschutz bei dem Betrieb von Röntgeneinrichtungen in der Medizin oder Zahnmedizin" v. 22. Dezember 2005 (GMBl 2006, Nr. 22, 414, zuletzt geändert durch RdSchr. v. 27. Juni 2012 (GMBl. 2012, 724; ber. 1204).

14   Der Arzt, der die rechtfertigende Indikation stellt, hat eine Nutzen-Risiko-Abwägung vorzunehmen. Unterschieden wird hier zwischen dem **gesundheitlichen Nutzen** im Rahmen einer med. Exposition (S. 2) und dem **Nutzen** im Rahmen einer nichtmed. Exposition (S. 3). Im zweiten Fall wird also nicht auf den gesundheitlichen Nutzen des Einzelnen abgestellt, sondern auf den Nutzen für die Gesellschaft oder für eine bestimmte Personengruppe (→ Rn. 12).

15   Der Arzt, der die rechtfertigende Indikation stellt, muss den Patienten nach S. 4 vor Ort persönlich untersuchen **können** (zu der Frage, ob der Arzt den Patienten persönlich untersuchen muss vgl. *Wigge/Steuwer,* RöFo 2021, 607 (609)). Das impliziert, dass er persönlich in der Einrichtung ist. Auch im Nachtdienst muss eine genügende Anzahl Ärzte mit der erforderlichen FK im Strahlenschutz in der Einrichtung sein, in der die Anwendung technisch durchgeführt wird. Es reicht nicht, den Arzt mit der erforderlichen FK zu Hause anzurufen und um das Stellen der rechtfertigenden Indikation zu bitten. Eine **Ausnahme** bildet hier der Anwendungsfall der **Teleradiologie** (§ 5 Abs. 38 → § 14 Rn. 14).

16   Das **nachträgliche Stellen der rechtfertigenden Indikation** stellt nicht nur einen **Verstoß** gegen Abs. 3 dar, der für den SSV und ggfs. SSB mit einer Geldbuße belegt werden kann (→ Rn. 21), sondern führt auch dazu, dass die Untersuchung nicht abgerechnet werden darf. Das LG Saarbrücken verurteilte aus diesem Grund einen Arzt zu einer **Haftstrafe** von 12 Monaten auf Bewährung wegen **Abrechnungsbetruges** (LG Saarbrücken, Urt. v. 19. 11. 2019 – 2 KLs 5/18).

17   Weitere Anforderungen im Zusammenhang mit der rechtfertigenden Indikation enthält **§ 119 StrlSchV** (→ § 86 Rn. 3).

18   Nach **Abs. 4** gilt Abs. 3 nicht für Untersuchungen mit Röntgenstrahlung nach dem IfSG und für Anwendungen am Menschen im Rahmen der **med. Forschung.** Bei der med. Forschung erfolgt die Nutzen-Risiko-Abwägung im Genehmigungsverfahren, vgl. § 31 Abs. 4 Nr. 1, bzw. Anzeigeverfahren, vgl. § 32 Abs. 2 Nr. 2.

F. Optimierung (Abs. 5)

19   Der Abs. enthält die wichtigsten auf den Strahlenschutzgrundsatz der „Optimierung" bezogenen Anwendungsgrundsätze. Eine strahlenschutzfachliche Besonderheit bei der Anwendung am Menschen ist, dass sich ebenso wie das Rechtfertigungsprinzip in Abs. 3 auch das Optimierungsprinzip auf jede einzelne Anwendung bezieht. Zu unterscheiden ist hierbei aber noch zwischen Untersuchung (S. 1) und Behandlung (S. 2) (BT-Drs. 18/11241, 334).

Zur konkreten Ausformung des Vermeidungs- und Reduzierungsgebots bei der   **20** Anwendung am Menschen in Bezug auf die einzelne Untersuchung und Behandlung vgl. §§ 119 ff. StrlSchV (→ § 86 Rn. 3 ff.).

G. Zuwiderhandlungen

Der SSV ist nach § 72 Abs. 1 S. 1 Nr. 2 lit. a zur Einhaltung des § 83 Abs. 1, 3 S. 1   **21** und 4 und Abs. 5 verpflichtet; der SSB hat nach § 72 Abs. 2 S. 1 Nr. 1 lit. a im Rahmen der ihm übertragenen Aufgaben und Befugnisse dafür zu sorgen, dass diese Bestimmungen eingehalten werden. Diese Pflichten sind nach **§ 194 Abs. 1 Nr. 22** bußgeldbewehrt.

§ 84   Früherkennung; Verordnungsermächtigung

(1) **Früherkennung zur Ermittlung nicht übertragbarer Krankheiten ist nur zulässig, wenn die Rechtsverordnung nach Absatz 2 dies vorsieht.**

(2) **¹Das Bundesministerium für Umwelt, Naturschutz und nukleare Sicherheit wird ermächtigt, durch Rechtsverordnung ohne Zustimmung des Bundesrates festzulegen, welche Früherkennungsuntersuchung unter welchen Voraussetzungen zur Ermittlung einer nicht übertragbaren Krankheit für eine besonders betroffene Personengruppe zulässig ist. ²In der Rechtsverordnung darf nur die Zulässigkeit solcher Früherkennungsuntersuchungen geregelt werden, bei denen mit einem wissenschaftlich anerkannten Untersuchungsverfahren eine schwere Krankheit in einem Frühstadium erfasst werden kann und so die wirksamere Behandlung einer erkrankten Person ermöglicht wird. ³Die Ergebnisse der wissenschaftlichen Bewertung nach Absatz 3 sind zu berücksichtigen.**

(3) **¹Früherkennungsuntersuchungen zur Ermittlung nicht übertragbarer Krankheiten werden durch das Bundesamt für Strahlenschutz unter Beteiligung von Fachkreisen wissenschaftlich bewertet, wobei Risiko und Nutzen der Früherkennungsuntersuchung gegeneinander abzuwägen sind. ²Die wissenschaftliche Bewertung ist zu veröffentlichen. ³Das Bundesministerium für Umwelt, Naturschutz und nukleare Sicherheit regelt das weitere Verfahren der wissenschaftlichen Bewertung und ihrer Veröffentlichung im Einvernehmen mit dem Bundesministerium für Gesundheit durch allgemeine Verwaltungsvorschriften.**

(4) **Früherkennung zur Ermittlung übertragbarer Krankheiten in Landesteilen oder für Bevölkerungsgruppen mit überdurchschnittlicher Erkrankungshäufigkeit ist nur zulässig, wenn die zuständige oberste Landesgesundheitsbehörde im Einvernehmen mit der obersten Strahlenschutzbehörde des Landes eine Früherkennungsuntersuchung zur öffentlichen Gesundheitsvorsorge zugelassen hat.**

(5) **Erfolgt die Früherkennungsuntersuchung im Rahmen eines Früherkennungsprogramms, so kann die Rechtsverordnung nach Absatz 2**

oder die Zulassung nach Absatz 4 Ausnahmen von der Pflicht zur rechtfertigenden Indikation zulassen, soweit Art und Umfang der Einschlusskriterien für das Früherkennungsprogramm eine Entscheidung darüber, ob oder auf welche Weise die Anwendung durchzuführen ist, entbehrlich machen.

Schrifttum: *Brix/Nekolla/Griebel,* Früherkennung von Krankheiten mittels radiologischer Bildgebung: Neue Rechtslage und Bewertung von Leistungsangeboten am Beispiel von CT-Untersuchungen, RöFo 2020, 139; *Empfehlung der Strahlenschutzkommission,* Anforderungen an die Rechtfertigung von individuellen Früherkennungsuntersuchungen, verabschiedet in ihrer 208. Sitzung am 11./12.07.2006, enthalten in Band 61: Empfehlungen und Stellungnahmen der Strahlenschutzkommission 2006; *Hunger/Nekolla/Griebel/Brix,* Wissenschaftliche Bewertung und rechtliche Zulassung von Früherkennungsuntersuchungen in Deutschland, Der Radiologe 2021, 21.

A. Zweck und Bedeutung der Norm

1   § 84 regelt, unter welchen Voraussetzungen die Anwendung ionisierender Strahlung am Menschen im Rahmen von Früherkennungen (§ 5 Abs. 16) zur Ermittlung übertragbarer und nicht übertragbarer Krankheiten zulässig ist und welche Behörden an diesem Verfahren beteiligt sind. Die Bestimmung setzt Art. 55 Abs. 2 lit. f und h RL 2013/59/Euratom um. Aus der Public-Health-Perspektive handelt es sich bei der Früherkennung um einen Prozess, der augenscheinlich gesunde Personen identifiziert, bei denen eine bestimmte Erkrankung mit hoher Wahrscheinlichkeit vorliegt und die von weiteren Untersuchungen oder kurativen Maßnahmen profitieren können. Im Gegensatz zu der Exposition von Patienten, also Personen, bei denen ein Krankheitsverdacht besteht, zieht nur **ein geringer Teil** der untersuchten asymptomatischen Personen einen **Nutzen,** während **alle Teilnehmer die Risiken** der Strahlenanwendung tragen (*Hunger/Nekolla/Griebel/Brix,* Der Radiologe 2021, 21 (25)). Aus diesem Grund sind **hohe Anforderungen** an Früherkennungen zu stellen; ihre Zulassung bedarf einer soliden wissenschaftlichen Grundlage (*Hunger/Nekolla/Griebel/Brix* aaO). Die Anwendung radioaktiver Stoffe oder ionisierender Strahlung zur Früherkennung ist nach § 12 Abs. 1 Nr. 3 und 4, § 14 Abs. 4 genehmigungsbedürftig (→ § 14 Rn. 1).

B. Bisherige Regelungen

2   § 84 erweitert § 25 Abs. 1 Satz 2 RöV, der nur **freiwillige Röntgenreihenuntersuchungen** zur Ermittlung übertragbarer Krankheiten sowie Untersuchungen zur Früherkennung von Krankheiten von bes. betroffenen Personengruppen, wie das Mammographie-Screening, vorsah. Außerdem fällt die Beschränkung auf die Anwendung von Röntgenstrahlung weg und die Möglichkeit, sonstige radioaktive Stoffe einzusetzen, ist vorgesehen, sofern durch RVO zugelassen (→ Rn. 5). Dies trägt der wachsenden Bedeutung der Nuklearmedizin bei der Früherkennung, wie zB bei der Alzheimerdemenz, Rechnung.

C. Allgemeines

Die Früherkennung stellt einen besonderen Fall der Anwendung ionisierender **3** Strahlung und sonstiger radioaktiver Stoffe am Menschen dar, da **asymptomatische Personen** (legal definiert in §5 Abs. 16) betroffen sind. An die Zulässigkeit sind daher bes. hohe Anforderungen zu stellen (→ Rn. 5). Unterschieden wird zwischen der Anwendung zur Ermittlung **nicht übertragbarer Krankheiten** und der Anwendung zur Ermittlung **übertragbarer Krankheiten.** Beiden Anwendungen ist gemein, dass bei der Beurteilung der Zulässigkeit eine gründliche Abwägung von Nutzen und Risiko der Untersuchung durchgeführt wird.

D. Früherkennung zur Ermittlung nicht übertragbarer Krankheiten (Abs. 1)

Abs. 1 bestimmt, dass die Früherkennung zur Ermittlung nicht übertragbarer **4** Krankheiten **nur** zulässig ist, wenn eine auf Grundlage des Abs. 2 erlassene **RVO** dies vorsieht.

I. Zulässigkeit durch RVO (Abs. 2)

Abs. 2 ermächtigt das **BMUV,** in einer RVO ohne BR-Zustimmung fest- **5** zulegen, welche Früherkennungen zur Ermittlung **einer nicht übertragbaren Krankheit** unter welchen Voraussetzungen für eine bes. betroffene Personengruppe zulässig sind. Zulässig sind nur solche Untersuchungen, denen ein wissenschaftlich anerkanntes Untersuchungsverfahren zugrunde liegt und bei denen eine schwere Erkrankung in einem so frühen Stadium erkannt werden kann, dass eine **kurative Behandlung** der asymptomatischen Person ermöglicht wird. Diese Vorgaben lehnen sich an die SSK-Empfehlung „Anforderungen an die Rechtfertigung von individuellen Früherkennungsuntersuchungen" an. Dabei ist das mögliche Risiko durch die Exposition diesem Nutzen gegenüber zu stellen. Eine **wissenschaftliche Bewertung** ist durch das BfS vorab durchzuführen und zu veröffentlichen (→ Rn. 7) und vom VO-Geber nach Abs. 1 S. 3 zu **berücksichtigen.** „Berücksichtigen" bedeutet, dass der VO-Geber die wissenschaftliche Bewertung des BfS sorgfältig prüfen muss, aber nicht verpflichtet ist, jegliche Elemente der Bewertung in die RVO einfließen zu lassen, insbesondere wenn rechtliche Gründe der Übernahme entgegenstehen.

Die bisher einzige auf Grundlage des Abs. 2 erlassene RVO ist die „Verordnung **6** über die Zulässigkeit der Anwendung von Röntgenstrahlung zur Früherkennung von Brustkrebs bei Frauen" **(BrKrFrühErkV)** v. 17. Dezember 2018 (BGBl. I S. 2660). Die in dieser VO aufgestellten Anforderungen hinsichtlich der technischen Ausrüstung sowie an das Wissen und die Fertigkeiten der beteiligten Personen sind sehr vielfältig. Es werden bspw. hohe Anforderungen an die Qualitätssicherung der technischen Ausstattung gestellt, die Befunder der Röntgenaufnahmen müssen mindestens 5000 Aufnahmen pro Jahr befunden und dokumentieren (vgl. § 2 Abs. 1 Nr. 2 BrKrFrühErkV). Zulässig ist die Röntgenuntersuchung zur Früherkennung von Brustkrebs nur für Frauen, die das 50., aber noch nicht das 70. Lebensjahr vollendet haben und bei denen die letzte Röntgenuntersuchung der Brust im Rahmen der Früherkennung mindestens 22 Monate und außerhalb der Früherkennung mindestens 12 Monate zurückliegt (vgl. § 1 Abs. 1 BrKrFrühErkV).

II. Wissenschaftliche Bewertung durch das BfS (Abs. 3)

7   Vor dem Erlass einer VO nach Abs. 2 hat das **BfS** eine **wissenschaftliche Bewertung** unter Einbeziehung von Sachverständigen und Beteiligung von Fachkreisen durchzuführen und zu veröffentlichen. Die genaue Vorgehensweise zur Durchführung dieser Bewertung ist in der „Allgemeinen Verwaltungsvorschrift zur wissenschaftlichen Bewertung von Früherkennungsuntersuchungen zur Ermittlung nicht übertragbarer Krankheiten **(StrlSchGVwV–Früherkennung)** v. 12. Dezember 2018 (BAnz AT 14.12.2018 B6) niedergelegt, die nach Abs. 3 S. 4 im Einvernehmen mit dem BMG ergangen ist.

8   Die StrlSchGVwV–Früherkennung sieht ein **zweistufiges Verfahren** vor: Zunächst wird eine **Vorprüfung** durchgeführt, welche Untersuchungen prinzipiell geeignet erscheinen, in einer VO nach Abs. 2 vorgesehen zu werden (Schritt 1). Die Vorprüfung erfolgt auf Grundlage einer orientierenden Durchsicht der jeweils aktuellen wissenschaftlichen Literatur (Nr. 3.1 StrlSchGVwV–Früherkennung). Damit eine Früherkennung für die nächste Stufe – die ausführliche Begutachtung – in Betracht kommt, werden bestimmte grundlegende Voraussetzungen auf Plausibilität geprüft, wie zB die Feststellbarkeit einer schweren Krankheit im Frühstadium und die Verfügbarkeit einer etablierten Therapieform. Die Vorprüfung hat anlassbezogen, mindestens aber einmal kalenderjährlich zu erfolgen. Kommt das BfS zum Ergebnis, dass die grundlegenden Voraussetzungen nicht erfüllt sind, fällt die Vorprüfung also negativ aus, erfolgt keine ausführliche Begutachtung mehr. Das Ergebnis der negativen Vorprüfung wird im BAnz. veröffentlicht (Nr. 6.1 StrlSchGVwV–Früherkennung). Kommt die Vorprüfung zu einem positiven Ergebnis, folgt eine **ausführliche Begutachtung** (Schritt 2), die eine Nutzen-Risiko-Analyse auf Grundlage einer systematischen Literaturrecherche, die sich an Standards der evidenzbasierten Medizin orientiert, vornimmt. Des Weiteren werden die Bedingungen und Anforderungen an die Früherkennung dargelegt, durch geeignete Einschlusskriterien die Zielgruppe definiert, Anforderungen an die Aus- und Weiterbildung des untersuchenden Personals, an die Ausrüstung und die Maßnahmen bei der Anwendung dargelegt und Aspekte der Qualitätssicherung zu beschreiben, vgl. iE Nr. 3.2 StrlSchGVwV–Früherkennung. Nach Beteiligung diverser Fachkreise erstellt das BfS seine **abschließende wissenschaftliche Bewertung.** Diese wird im BAnz. veröffentlicht und bildet die Entscheidungsgrundlage für das BMUV, eine Früherkennung zur Ermittlung nicht übertragbarer Krankheiten per VO nach Abs. 2 zuzulassen. Mindestens **alle fünf Jahre** überprüft das BfS die nach Abs. 2 zugelassene Früherkennung dahin, ob sich der Stand der wissenschaftlichen Erkenntnisse weiterentwickelt hat. Ist das der Fall, entscheidet das BfS, ob seine in der wissenschaftlichen Bewertung erfolgte ausführliche Begutachtung zu überprüfen ist (vgl. Nr. 7.1 StrlSchGVwV–Früherkennung).

III. Prüfung der Kostenübernahme durch gesetzliche Krankenkassen

9   Im Zusammenhang mit der Schaffung des neuen Rechtsrahmens für die Früherkennung nicht übertragbarer Krankheiten ist § 25 SGB V um einen neuen Abs. 4a ergänzt worden. Danach prüft der Gemeinsame Bundesausschuss innerhalb von 18 Monaten nach Inkrafttreten der RVO, ob die danach zugelassene Untersuchung nach § 25 Abs. 1 oder 2 SGB V zu Lasten der Krankenkasse zu erbringen ist.

E. Früherkennungsuntersuchungen zur Ermittlung übertragbarer Krankheiten (Abs. 4)

Übertragbare Krankheiten können regional begrenzt oder in Bevölkerungs- **10** gruppen überdurchschnittlich häufig auftreten und bedürfen dann einer raschen Diagnostik. Beschränkt sich das Vorkommen der übertragbaren Krankheit auf Landesteile, muss zudem regionalen Besonderheiten Rechnung getragen werden können (BT-Drs. 18/11241, 336). Daher sieht Abs. 4, der im Prinzip eine Fortführung des § 25 Abs. 1 Satz 2 RöV darstellt, bei der Beurteilung der Zulässigkeit **eine regionale Lösung** vor. Gegenüber der alten Regelung wird nach neuem Recht neben der zust. obersten **Landesgesundheitsbehörde** auch die **oberste Strahlenschutzbehörde** des Landes mit in das Zulassungsverfahren einbezogen; diese muss ihr Einvernehmen erteilen. Beide Behörden entscheiden also zusammen über die **Zulässigkeit von Früherkennungsuntersuchungen** zur Ermittlung übertragbarer Krankheiten.

Abs. 4 ist **nicht** anwendbar auf Untersuchungen mit Röntgenstrahlung nach **11** dem IfSG, da es sich bei diesen nicht um medizinische Expositionen, sondern um nichtmedizinische Anwendungen (→ § 83 Rn. 3) und damit nicht um Früherkennung (§ 2 Abs. 8 Nr. 1) handelt (BT-Drs. 18/11241, 336).

F. Früherkennungsprogramme (Abs. 5)

Abs. 5 greift die Ausnahmeregelung für **Röntgenreihenuntersuchungen** nach **12** § 25 Abs. 1 RöV auf und wendet diese auf den nun dafür verwendeten Begriff des **Früherkennungsprogramms** an. Der Begriff Früherkennungsprogramm wird aus der RL 2013/59/Euratom übernommen, wo er insbesondere in Abgrenzung zu individuellen Untersuchungen asymptomatischer Personen verwendet wird (Art. 55 Abs. 2 lit. h RL 2013/59/Euratom). Er bezieht sich auf Früherkennungen, die durch eine Behörde oder das Gesundheitssystem eines Landes organisiert und durchgeführt werden und auf eine große Gruppe der Bevölkerung ausgerichtet sind (BT-Drs. 18/11241, 336).

Die Anwendung ionisierender Strahlung oder radioaktiver Stoffe am Menschen **13** darf gemäß § 83 Abs. 3 StrlSchG grundsätzlich erst erfolgen, nachdem ein Arzt mit der erforderlichen FK im Strahlenschutz die rechtfertigende Indikation für die Anwendung gestellt hat. Von diesem Grundsatz kann **abgewichen werden,** wenn die Früherkennung im Rahmen eines Früherkennungsprogrammes erfolgt. Dieses ist in der RVO nach Abs. 2 (→ Rn. 5) oder der Zulassung nach Abs. 4 (→ Rn. 10) festzulegen. Voraussetzung ist, dass die Einschlusskriterien für die Teilnahme an dem Früherkennungsprogramm eindeutig sind. Die BrKrFrühErkV setzt dieses in § 1 Abs. 4 vor. Hat die Frau das 50., aber noch nicht das 70. Lebensjahr vollendet und liegt die letzte Röntgenuntersuchung der Brust im Rahmen der Früherkennung mindestens 22 Monate und außerhalb der Früherkennung mindestens 12 Monate zurück, gilt die rechtfertigende Indikation für die Anwendung von Röntgenstrahlung in einem Programm nach § 1 Abs. 3 BrKrFrühErkV als gestellt.

G. Zuwiderhandlungen/Übergangsvorschriften

14   Im Zusammenhang mit § 84 gibt es derzeit keine Bußgeldvorschriften. § 194 Abs. 1 Nr. 1 lit. a iVm § 84 Abs. 2 kommt nicht zum Tragen, da die BrKrFrühErkV keine Bußgeldvorschriften vorsieht.

15   § 213 StrlSchG erlaubt eine **Fortführung** aller nach § 25 Abs. 1 Satz 2 RöV zugelassenen freiwilligen Röntgenreihenuntersuchungen zur Ermittlung übertragbarer Krankheiten oder für Bevölkerungsgruppen mit überdurchschnittlicher Erkrankungshäufigkeit. Sie gelten als Zulassung gemäß § 84 Abs. 4 fort.

16   Einer Übergangsregelung für Zulassungen für Röntgenreihenuntersuchungen zur Ermittlung nicht übertragbarer Krankheiten bedarf es nicht, da die auf Grundlage des § 25 Abs. 1 S. 2 RöV ergangenen landesrechtlichen Allgemeinverfügungen mit Auslaufen der Genehmigungen zum Betrieb einer Röntgeneinrichtung zur Untersuchung von Menschen im Rahmen freiwilliger Röntgenreihenuntersuchungen ihren Bezugspunkt verlieren (vgl. auch die Übergangsvorschrift in § 198 Abs. 3). Die neuen Genehmigungen bedürfen nach § 14 Abs. 3 der Verordnung nach § 84 Abs. 2 (BT-Drs. 18/11241, 447).

§ 85   Aufzeichnungs-, Aufbewahrungs- und behördliche Mitteilungspflichten von Daten und Bilddokumenten bei der Anwendung am Menschen; Verordnungsermächtigung

(1) ¹Der Strahlenschutzverantwortliche hat dafür zu sorgen, dass über die Anwendung ionisierender Strahlung oder radioaktiver Stoffe am Menschen unverzüglich Aufzeichnungen angefertigt werden. ²Die Aufzeichnungen müssen Folgendes enthalten:
1. Angaben zur rechtfertigenden Indikation und den Zeitpunkt der Indikationsstellung,
2. den Zeitpunkt und die Art der Anwendung,
3. Angaben zur Exposition
    a) der untersuchten oder behandelten Person oder zur Ermittlung dieser Exposition sowie
    b) von Betreuungs- und Begleitpersonen, sofern nach der Rechtsverordnung nach § 86 Satz 2 Nummer 3 ihre Körperdosis zu ermitteln ist,
4. den erhobenen Befund einer Untersuchung,
5. den Bestrahlungsplan und das Bestrahlungsprotokoll einer Behandlung.
³Die Aufzeichnungen sind gegen unbefugten Zugriff und unbefugte Änderung zu sichern.

(1 a) Der Strahlenschutzverantwortliche hat dafür zu sorgen, dass eine Überschreitung diagnostischer Referenzwerte sowie die Gründe für diese Überschreitung aufgezeichnet werden.

(2) ¹Der Strahlenschutzverantwortliche hat dafür zu sorgen, dass die Aufzeichnungen sowie Röntgenbilder, digitale Bilddaten und sonstige Untersuchungsdaten aufbewahrt werden, und zwar
1. im Falle von Behandlungen für eine Dauer von 30 Jahren,
2. im Falle von Untersuchungen

a) einer volljährigen Person für eine Dauer von zehn Jahren,
b) bei einer minderjährigen Person bis zur Vollendung ihres 28. Lebensjahres.

[2]Die zuständige Behörde kann verlangen, dass im Falle der Praxisaufgabe oder sonstigen Einstellung des Betriebes die Aufzeichnungen sowie die Röntgenbilder, die digitalen Bilddaten und die sonstigen Untersuchungsdaten unverzüglich bei einer von ihr bestimmten Stelle zu hinterlegen sind; dabei ist durch geeignete Maßnahmen sicherzustellen, dass die Wahrung des Patientengeheimnisses durch die bestimmte Stelle gewährleistet ist.

(3) [1]Der Strahlenschutzverantwortliche hat
1. der zuständigen Behörde auf Verlangen die Aufzeichnungen vorzulegen; dies gilt nicht für medizinische Befunde,
2. der ärztlichen oder zahnärztlichen Stelle auf Verlangen die Aufzeichnungen sowie die Röntgenbilder, die digitalen Bilddaten und die sonstigen Untersuchungsdaten zur Erfüllung ihrer nach der Rechtsverordnung nach § 86 Satz 2 Nummer 9 festgelegten Aufgaben vorzulegen,
3. einem weiter untersuchenden oder behandelnden Arzt oder Zahnarzt Auskünfte über die Aufzeichnungen zu erteilen und ihm die Aufzeichnungen sowie die Röntgenbilder, die digitalen Bilddaten und die sonstigen Untersuchungsdaten vorübergehend zu überlassen.

[2]Bei der Weitergabe oder Übermittlung sind geeignete Maßnahmen zur Einhaltung der ärztlichen Schweigepflicht zu treffen. [3]Der untersuchten oder behandelten Person ist auf deren Wunsch eine Abschrift der Aufzeichnungen zu überlassen.

(4) [1]Die Bundesregierung wird ermächtigt, durch Rechtsverordnung mit Zustimmung des Bundesrates festzulegen,
1. dass einer Person, die unter Anwendung von ionisierender Strahlung oder radioaktiven Stoffen untersucht wurde, Informationen über die durchgeführte Untersuchung anzubieten sind, welchen Inhalt diese Informationen haben müssen und in welcher Form diese Informationen zur Verfügung zu stellen sind,
2. welche Anforderungen an die Aufbewahrung von Aufzeichnungen, Röntgenbildern, digitalen Bilddaten und sonstigen Untersuchungsdaten zu stellen sind, insbesondere zur Sicherung ihrer Verfügbarkeit und Verhinderung von Datenverlusten,
3. welche Anforderungen an die Weitergabe und Übermittlung von Aufzeichnungen, Röntgenbildern, digitalen Bilddaten und sonstigen Untersuchungsdaten zu stellen sind.

[2]Die Rechtsverordnung kann auch diejenigen Vorschriften der Rechtsverordnung festlegen, für deren Einhaltung der Strahlenschutzverantwortliche zu sorgen hat.

Übersicht

A. Zweck und Bedeutung der Norm

1   In § 85 wird geregelt, welche **Aufzeichnungen** über die Anwendung ionisierender Strahlung oder radioaktiver Stoffe am Menschen **anzufertigen,** wie lange, wie und wo sie **aufzubewahren** sind und in welcher Form sie welchen Stellen oder Personen **weiterzugeben** sind bzw. welchen Stellen und Personen **Einsicht** zu gewähren ist. Detaillierte Angaben zu den Aufzeichnungspflichten sind in der „Richtlinie Aufzeichnungen nach RöV" v. 19. Juni 2006 (GMBl. Nr. 53 v. 05. 10. 2006, 1051) zu finden. Zum Zeitpunkt der Drucklegung dieses Kommentars lag noch keine Anpassung dieser RL an das neue Strahlenschutzrecht vor.

B. Bisherige Regelungen

2   Im Wesentlichen werden die Regelungen des § 28 RöV sowie des § 85 StrlSchV 2001 nahezu unverändert übernommen und in einem Paragraphen zusammengeführt. Änderungen gegenüber den bisherigen Formulierungen ergeben sich va aus dem Fortschritt der digitalen Bildgebung.

C. Aufzeichnungspflichten (Abs. 1)

3   Abs. 1 S. 1 fordert die **unverzügliche** Anfertigung der Aufzeichnungen, dh ohne schuldhaftes Zögern. Mit dieser, durch den BR im Gesetzgebungsverfahren zum 1. ÄndG eingebrachten Vorgabe soll insbesondere verhindert werden, dass zwischen der Stellung der rechtfertigenden Indikation und ihrer Dokumentation ein zeitlicher größerer Abstand liegt (vgl. die Ausführungen in BR-Drs. 24/21 (Beschluss), 8).

In Bezug auf den Inhalt der Aufzeichnungspflichten ist im Vergleich zu der früheren Rechtslage neu, dass der **Zeitpunkt der Indikationsstellung** – ebenfalls durch den BR eingebracht im Zuge des 1. ÄndG (BR-Drs. 24/21 aaO) – und auch für **Betreuungs- und Begleitpersonen** (legaldefiniert in § 2 Abs. 8 Nr. 3) die Exposition zu dokumentieren ist, sofern ihre Körperdosis ermittelt werden muss. Das ist der Fall, wenn sich die Betreuungs- oder Begleitperson im Kontrollbereich aufhält (vgl. § 64 Abs. 1 S. 1 iVm § 55 Abs. 1 S. 2 Nr. 2 lit. b) StrlSchV). Weggefallen ist an dieser Stelle die Notwendigkeit, die **untersuchte Körperregion** explizit aufzuzeichnen. Dieses ergibt sich bereits aus den Angaben zur rechtfertigenden Indikation und den Angaben zur Art der Anwendung.

Nach Abs. 1 S. 3 sind die Aufzeichnungen gegen unbefugten Zugriff und unbefugte Änderung zu sichern. 4

D. Überschreitung der diagnostischen Referenzwerte (Abs. 1 a)

Dieser Abs. verlangt vom SSV, eine **Überschreitung der diagnostischen Referenzwerte inklusive der Begründung** dieser Überschreitung aufzuzeichnen. Eine Definition von „diagnostischen Referenzwerten" enthält § 1 Abs. 4 StrlSchV. Gemäß § 125 Abs. 1 S. 1 StrlSchV ermittelt, erstellt und veröffentlicht das BfS diagnostische Referenzwerte für Untersuchungen mit ionisierender Strahlung und radioaktiven Stoffen. Diagnostische Referenzwerte bestehen für diagnostische und interventionelle Röntgenanwendungen (vgl. BAnz. AT 15.07.2016 B8 sowie BAnz. AT 03.09.2018 B8) und für nuklearmedizinische Untersuchungen (vgl. BAnz AT 06.07.2021 B4) 5

Abs. 1a ist durch das 1. ÄndG eingefügt worden, um klarzustellen, dass die Überschreitung der DRW **nicht in jedem Einzelfall** zu begründen und dokumentieren ist (zuvor war die diesbezügliche Aufzeichnungspflicht in Abs. 1 S. 2 Nr. 3 lit. a geregelt). Diagnostische Referenzwerte sind keine Grenzwerte für Patienten und gelten auch **nicht für individuelle Strahlenwendungen**" (vgl. „Erläuterungen" in BAnz AT 15.07.2016 B8). Vielmehr ist der Mittelwert der letzten zehn identischen Anwendungen an einem Gerät zu bilden und mit den diagnostischen Referenzwerten zu vergleichen, vgl. „Erläuterungen" in BAnz AT 15.07.2016 B8. Je nach Höhe der Überschreitung kann hier ggf. sogar ein **bedeutsames Vorkommnis gemäß Anl. 14 Abschn. I Nr. 1 StrlSchV** zugrunde liegen, welches der zust. Behörde zu melden ist (§ 108 StrlSchV). 6

E. Aufbewahrungsfristen (Abs. 2)

Dieser Abs. führt § 28 Abs. 3 S. 1 und 2 RöV sowie § 85 Abs. 3 StrlSchV 2001 fort. Ergänzt wurden die Begriffe **„digitale Bilddaten"** sowie **„sonstige Untersuchungsdaten".** „Digitale Bilddaten" wird als Oberbegriff für die Daten verwendet, die das **Ergebnis einer Untersuchung mit digitalen Aufnahmeverfahren** sind. Liegen bei einem Untersuchungsverfahren Ergebnisse lediglich in Form von Messwerten oder berechneten Größen vor (zB bei Knochendichtemessung mittels Röntgenstrahlung oder in der Nuklearmedizin in Form von parametrischen Bildern oder Funktionsdarstellungen), so bezieht sich die Pflicht zur Aufbewahrung und Weitergabe auch auf diese („sonstigen") Untersuchungsdaten (BT-Drs. 18/11241, 337). 7

Im Falle einer **Untersuchung** beträgt die Aufbewahrungsfrist bei einer volljährigen Person **10 Jahre,** bei einer minderjährigen Person bis zur **Vollendung des 28. Lebensjahres.** 8

Im Falle einer **Behandlung** beträgt die Aufbewahrungsfrist **30 Jahre.** Dies trägt dem Umstand Rechnung, dass das Risiko von durch die Anwendung der ionisierenden Strahlung hervorgerufenen Folgeerkrankungen im Falle einer Behandlung deutlich höher anzusehen ist, als bei einer Untersuchung und diese Folgeerkrankungen oftmals erst nach einigen Jahrzehnten auftreten. 9

10   Im Falle einer **Praxisaufgabe oder sonstigen Einstellung** des Betriebes kann die zust. Behörde verlangen, dass die Aufzeichnungen, Röntgenbilder, digitalen Bilddaten und sonstigen Untersuchungsdaten unverzüglich, dh ohne schuldhaftes Zögern, bei einer von ihr bestimmten Stelle hinterlegt werden. Diese Stelle, bei der es sich bspw. um die zust. Landesärztekammer handelt, führt die Aufbewahrung unter Wahrung des Patientengeheimnisses weiter. Fordert die Behörde die Hinterlegung nicht, hat der SSV diese Aufbewahrungspflicht weiterhin **selbst** zu erfüllen. Im Falle des Todes geht diese Pflicht auch auf die Erben über. Ein in der Praxis übliches Verfahren sieht vor, dass die Landesärztekammer die Aufbewahrung der Aufzeichnungen der gesetzlich Versicherten übernimmt, während die Unterlagen der Privatpatienten bei dem Erzeuger der Aufzeichnungen verbleiben.

F. Weitergabe der Aufzeichnungen, Röntgenbilder, digitaler Bilddaten und sonstiger Untersuchungsdaten (Abs. 3)

11   Abs. 3 S. 1 regelt, wem die Aufzeichnungen, Röntgenbilder, digitale Bilddaten und sonstige Untersuchungsdaten vorzulegen bzw. vorübergehend zu überlassen sind. Nach S. 2 sind bei der Weitergabe oder Übermittlung geeignete Maßnahmen zur Einhaltung der ärztlichen Schweigepflicht zu treffen.

12   Die nach Abs. 1 und Abs. 1a gefertigten Aufzeichnungen sind gem. S. 1 Nr. 1 der zust. Behörde **auf Verlangen vorzulegen.** Nicht dazu gehören die medizinischen Befunde. Dieses dient als Maßnahme zur Einhaltung der ärztlichen Schweigepflicht.

13   Der ärztlichen oder zahnärztlichen Stelle sind nach S. 1 Nr. 2 hingegen **sämtliche** Daten **auf Verlangen vorzulegen,** weil zu ihren nach § 130 StrlSchV festgelegten Aufgaben, die auf Grundlage der VO-Erm. nach § 86 S. 2 Nr. 9 erlassen worden sind, auch das Prüfen der rechtfertigen Indikation (§ 83 Abs. 3 S. 1) sowie die korrekte technische Durchführung (zB die korrekte Einblendung einer Röntgenaufnahme auf das für die Untersuchung maximal nötige Format) gehören. Nach § 130 Abs. 5 StrlSchV unterliegen die ärztlichen und zahnärztlichen Stellen im Hinblick auf personenbezogene Daten der untersuchten oder behandelten Person der ärztlichen Schweigepflicht.

14   Schließlich wird in S. 1 Nr. 3 noch die **Weitergabe** an einen **weiter untersuchenden oder behandelnden Arzt oder Zahnarzt** geregelt. Allein aus Gründen des Strahlenschutzes sind diesem die Aufzeichnungen sowie die Röntgenbilder, digitalen Bilddaten oder sonstigen Untersuchungsdaten **vorübergehend zu überlassen,** um so eine eventuelle weitere unnötige Anwendung ionisierender Strahlung zu vermeiden. Das Wort „vorübergehend" verliert dabei bei zunehmender Digitalisierung praktisch an Bedeutung.

15   **Digitale Daten** werden idR als Kopie weitergegeben. Der weiter untersuchende oder behandelnde Arzt unterliegt selbst der Einhaltung der ärztlichen Schweigepflicht

16   Dass auch **der untersuchten oder behandelten Person** eine Abschrift der Aufzeichnungen zu überlassen ist, wie in Abs. 3 S. 3 beschrieben, ergibt sich bereits aus § 630g BGB. Dieser gewährt der untersuchten oder behandelten Person unverzügliches **Einsichtsrecht** auf die **vollständige** sie betreffende Patientenakte sowie ein **Recht auf elektronische Abschriften** dieser vollständigen Akte **gegen Kostenerstattung** gegenüber dem behandelnden oder untersuchenden Arzt. § 85

Abs. 3 Satz 3 StrlSchG sieht dagegen die Überlassung einer Abschrift der Aufzeichnungen **ohne Kostenerstattung** vor.

G. Verordnungsermächtigung (Abs. 4)

I. Nr. 1

Die VO-Erm. regelt, welche Informationen mit welchem Inhalt und welcher 17
Form einer Person, die unter Anwendung ionisierender Strahlung oder radioaktiven Stoffen untersucht worden ist, anzubieten sind. Von der Ermächtigung ist bisher nicht Gebrauch gemacht worden. Das Recht, eine Abschrift der Aufzeichnungen zu bekommen, ist bereits in Abs. 3 (→ Rn. 16) festgelegt. Die in der RöV vorgesehene **Pflicht,** einen **Röntgenpass anzubieten** bzw. in diesen Eintragungen vorzunehmen, **besteht nicht mehr.**

II. Nr. 2

Die VO-Erm. ist durch **§ 127 Abs. 1 bis 3 StrlSchV** umgesetzt worden. Nach- 18
folgend werden einige Vorgaben dieser Bestimmungen skizziert: Aufzeichnungen nach Abs. 1 S. 1, Röntgenbilder, digitale Bilddaten und sonstige Untersuchungsdaten müssen für den Zeitraum der Aufbewahrungsfrist (→ Rn. 8 f.) **jederzeit in angemessener Zeit verfügbar** sein und bei elektronischer Aufbewahrung unmittelbar lesbar gemacht werden können (§ 127 Abs. 1 Nr. 1 StrlSchV). Im Zuge des schnellen Fortschreitens der digitalen Welt bedeutet das, dass es nötig sein wird, elektronisch gespeicherte Daten von Zeit zu Zeit auf aktuelle Medien **umzukopieren** bzw. die Medien, auf denen die Daten gespeichert wurden, regelmäßig auf Funktion zu überprüfen. **Informationsveränderungen oder –verluste** dürfen nicht auftreten (§ 127 Abs. 1 Nr. 2 StrlSchV). Urheber, Entstehungsort und –zeitpunkt der Aufzeichnungen müssen eindeutig sowie eventuell Urheber und Zeitpunkt nachträglicher Änderungen als solche erkennbar sein (§ 127 Abs. 2 Nr. 1 und 2 StrlSchV). Es muss immer eine Verknüpfung der aufgezeichneten Informationen (zB persönliche Daten, Bilddaten, Befund) hergestellt werden können (§ 127 Abs. 2 Nr. 3 StrlSchV). Im Falle der elektronischen Speicherung zB ganzer **Aufnahmeserien** sind die Bilddaten aufzubewahren, die zur **Befundung** genutzt wurden oder für eine **Verlaufskontrolle** nötig sind. Wird die Fragestellung, die dem Stellen der rechtfertigen Indikation zugrunde lag, beantwortet und gleichzeitig bei der Beurteilung der Bilder ein **Nebenbefund** erarbeitet, sind auch diese für den Nebenbefund nötigen Bilddaten aufzubewahren, weil dadurch eine erneute Untersuchung mit anderer Fragestellung und entsprechend anderer rechtfertigender Indikation vermieden werden kann (vgl. § 127 Abs. 3 S. 1 Nr. 1 StrlSchV).

III. Nr. 3

Die VO-Erm. ist in § 127 Abs. 4 StrlSchV umgesetzt worden. Bei der Übermitt- 19
lung oder Weitergabe der Daten nach § 85 Abs. 3 StrlSchG (→ Rn. 11 ff.) muss sichergestellt sein, dass sie mit den Ursprungsdaten übereinstimmen und für den Empfänger **lesbar und zur Befundung geeignet** sind. **Papierausdrucke** sind idR nicht zur Befundung geeignet. Auf **elektronischen Datenträgern** weitergegebene Informationen sind für den Empfänger nur dann zur Befundung geeignet, wenn dieser über einen entsprechenden **Befundungsmonitor** verfügt. Ver-

fügt die weiter untersuchende oder behandelnde Person oder dessen Einrichtung nicht über die Möglichkeit der digitalen Bildgebung, wird ein solcher Monitor nicht vorhanden sein. Hier hätte der Adressat der Daten dann Anrecht auf einen Ausdruck der digitalen Bilder auf **zur Befundung geeigneter Folie.**

IV. Satz 2

20   S. → § 24 Rn. 14.

H. Zuwiderhandlungen

21   Der Verstoß gegen die **Aufzeichnungspflicht** nach Abs. 1 S. 1 kann nach § 194 Abs. 1 Nr. 24, der Verstoß gegen die **Sicherungspflicht** nach Abs. 1 S. 3 kann nach § 194 Abs. 1 Nr. 25 sowie der Verstoß gegen die **Vorlagepflicht** nach Abs. 3 Satz 1 Nummer 1 erster Halbsatz oder Nummer 2 kann nach § 194 Abs. 1 Nr. 26 als Ordnungswidrigkeit geahndet werden.

> **§ 86** Verordnungsermächtigungen zum Schutz von Personen bei der Anwendung ionisierender Strahlung oder radioaktiver Stoffe am Menschen
>
> [1]Die Bundesregierung wird ermächtigt, durch Rechtsverordnung mit Zustimmung des Bundesrates festzulegen, welche Maßnahmen, einschließlich Vorsorge- und Überwachungsmaßnahmen, für den Schutz von Personen, an denen ionisierende Strahlung und radioaktive Stoffe angewendet werden, sowie für den Schutz von Einzelpersonen der Bevölkerung bei oder nach der Anwendung ionisierender Strahlung oder radioaktiver Stoffe am Menschen zu treffen sind. [2]In der Rechtsverordnung kann insbesondere festgelegt werden,
>
> 1. auf welche Weise jede einzelne Exposition zu rechtfertigen ist,
> 2. auf welche Weise bei der Anwendung die medizinische Exposition und die Exposition der Personen, an denen ionisierende Strahlung oder radioaktive Stoffe im Rahmen einer nichtmedizinischen Anwendung angewendet werden, zu beschränken ist,
> 3. dass und auf welche Weise bei der Anwendung die medizinische Exposition und die Exposition der Personen, die im Rahmen nichtmedizinischer Anwendungen untersucht werden, zu ermitteln und zu bewerten ist,
> 4. welche Maßnahmen vor, bei und nach der Anwendung zu ergreifen sind, damit die für den Strahlenschutz erforderliche Qualität unter Berücksichtigung der Erfordernisse der medizinischen Wissenschaften eingehalten wird,
> 5. auf welche Weise Teleradiologie durchzuführen ist und welche Anforderungen an die Qualität von Teleradiologiesystemen zu stellen sind,
> 6. welche Personen berechtigt sind, radioaktive Stoffe und ionisierende Strahlung am Menschen anzuwenden oder bei der technischen Durchführung der Anwendung tätig zu werden, und welche Kriterien für die Bemessung der ausreichenden Anzahl des notwendigen Personals nach § 14 Absatz 1 Nummer 4 zugrunde gelegt werden sollen,

7. dass und auf welche Weise diagnostische Referenzwerte ermittelt, erstellt und veröffentlicht werden,

8. dass und auf welche Weise für die Bevölkerung die medizinische Exposition ermittelt wird und dazu Erhebungen durchgeführt werden,

9. dass und auf welche Weise ärztliche und zahnärztliche Stellen zur Sicherung der Qualität bei der Anwendung radioaktiver Stoffe oder ionisierender Strahlung am Menschen tätig werden und dass die zuständigen Behörden ärztliche und zahnärztliche Stellen zu diesem Zweck bestimmen,

10. dass und in welchem Umfang ein Medizinphysik-Experte entsprechend dem radiologischen Risiko der Strahlenanwendung hinzuzuziehen ist sowie welche Untersuchungen mit radioaktiven Stoffen oder ionisierender Strahlung mit einer erheblichen Exposition der untersuchten Person verbunden sein können,

11. dass und auf welche Weise zu gewährleisten ist, dass die Bevölkerung vor einer Exposition durch eine Person, an der radioaktive Stoffe angewendet worden sind, geschützt wird,

12. welche Anforderungen an die eingesetzten Ausrüstungen, Geräte und Vorrichtungen, insbesondere im Hinblick auf das Qualitätsziel des § 14 Absatz 1 Nummer 5, zu stellen sind,

13. dass, durch wen und auf welche Weise bei den eingesetzten Ausrüstungen, Geräten und Vorrichtungen Maßnahmen zur Qualitätssicherung, insbesondere Überprüfungen der physikalisch-technischen Parameter durch Abnahme- und Konstanzprüfungen, im Hinblick auf das Qualitätsziel des § 14 Absatz 1 Nummer 5, durchzuführen sind,

14. dass und auf welche Weise im Zusammenhang mit der Behandlung von Menschen die eingesetzten Verfahren auf Risiken für unbeabsichtigte Expositionen zu untersuchen sind und wie die Ergebnisse dieser Untersuchung bei der Ausübung der Tätigkeit zu berücksichtigen sind,

15. dass der Behandlungserfolg nach der Behandlung zu prüfen ist und in welchen Zeiträumen er zu prüfen ist,

16. dass und auf welche Weise eine Person, an der ionisierende Strahlung oder radioaktive Stoffe angewendet werden, und ihre Betreuungs- oder Begleitperson vor und nach der Anwendung über die Risiken aufzuklären sind,

17. dass und auf welche Weise Aufzeichnungen über die Anwendung radioaktiver Stoffe oder ionisierender Strahlung einschließlich der eingesetzten Ausrüstungen, Geräte und Vorrichtungen sowie ein Verzeichnis der eingesetzten Ausrüstungen, Geräte und Vorrichtungen anzufertigen und aufzubewahren sind,

18. dass und auf welche Weise der zuständigen Stelle Informationen und Aufzeichnungen über die Anwendung radioaktiver Stoffe oder ionisierender Strahlung zur Verfügung zu stellen sind und

19. auf welche Weise Früherkennung durchzuführen ist und welche besonderen Anforderungen an die Ausrüstung, Geräte und Vorrichtungen sowie an das notwendige Wissen und die notwendigen Fertigkeiten im Hinblick auf die mögliche Strahlengefährdung und die anzuwendenden Schutzmaßnahmen des Personals zu stellen und Maßnahmen zur Qualitätssicherung erforderlich sind.

³In der Rechtsverordnung kann auch bestimmt werden, welche Informationen und personenbezogenen Daten der Strahlenschutzverantwortliche der ärztlichen und zahnärztlichen Stelle zur Wahrnehmung ihrer Aufgabe nach Satz 2 Nummer 9 zur Verfügung zu stellen hat sowie ob und unter welchen Voraussetzungen die ärztliche und die zahnärztliche Stelle diese Informationen und personenbezogenen Daten verarbeiten und aufbewahren und der zuständigen Behörde und anderen ärztlichen und zahnärztlichen Stellen übermitteln dürfen. ⁴In der Rechtsverordnung kann auch bestimmt werden, dass und auf welche Weise die ärztliche oder zahnärztliche Stelle die Ergebnisse ihrer Prüfungen, einschließlich des Namens und der Anschrift des Strahlenschutzverantwortlichen, an die Stelle übermitteln darf, die für die Qualitätsprüfung nach dem Neunten Abschnitt des Vierten Kapitels des Fünften Buches Sozialgesetzbuch zuständig ist; personenbezogene Daten der untersuchten oder behandelten Personen dürfen nicht übermittelt werden. ⁵Die Rechtsverordnung kann auch diejenigen Vorschriften der Rechtsverordnung festlegen, für deren Einhaltung der Strahlenschutzverantwortliche zu sorgen hat.

Übersicht

A.   Zweck und Bedeutung der Norm

1   § 86 enthält eine Vielzahl von VO-Erm. zum Schutz von Personen bei der **Anwendung ionisierender Strahlung oder radioaktiver Stoffe am Menschen.** **S. 1** ermächtigt die BReg., mit Zustimmung des BR Maßnahmen, einschließlich Vorsorge- und Überwachungsmaßnahmen, für den Schutz von Personen an denen ionisierende Strahlung und radioaktive Stoffe angewendet werden, sowie für den Schutz von Einzelpersonen der Bevölkerung bei oder nach der Anwendung ionisierender Strahlung oder radioaktiver Stoffe am Menschen festzulegen. Die Bezugnahme auf „Einzelpersonen der Bevölkerung" erfolgt vor dem Hintergrund, dass die nichtmed. Anwendung der Kategorie der Exposition der Bevölkerung zugeordnet ist (→ § 83 Rn. 3 und 4); dieser Exposition ist die „Einzelperson der Bevölkerung" (§ 5 Abs. 14) ausgesetzt; außerdem wird der VO-Erm. nach S. 2 Nr. 11 Rechnung getragen (→ Rn. 15). S. 2 ist eine „insbesondere"-Regelung zur Konkretisierung der in S. 1 bestimmten VO-Erm. S. 3 und 4 geben dem VO-Geber den Rahmen für die Regelung der Verarbeitung von Daten im Zusammenhang mit der Tätigkeit der ärztlichen und zahnärztlichen Stellen. Die auf VO-Ebene erlassenen Regelungen setzen eine Reihe der Anforderungen des Kap. VII, auch iVm Art. 22 Abs. 4 lit. c i (aufgrund der unterschiedslosen Anwendung der Bestimmungen im Hinblick auf die med. oder nichtmed. Anwendung am Menschen) der RL 2013/59/Euratom. S. 5 stellt klar, dass die VO-Regelungen festlegen können, dass der SSV für die Einhaltung der Vorgaben zu sorgen hat.

B. Bisherige Regelungen

Auf die Regelungen des früheren Strahlenschutzrechts wird bei der folgenden **2** Kommentierung der jeweiligen VO-Erm. eingegangen.

C. VO-Erm.

I. Nr. 1

Diese VO-Erm. dient der **Konkretisierung der Rechtfertigung jeder ein-** **3** **zelnen Anwendung** und ist in § 119 und § 120 Abs. 1 StrlSchV umsetzt worden. § 119 StrlSchV enthält konkretisierende Anforderungen an die Stellung der rechtfertigenden Indikation, in Abs. 1 bspw. die Prüfpflicht, ob es sich bei der vorgesehenen Anwendung um ein anerkanntes Verfahren oder um einen bes. zu begründenden **Heilversuch** handelt (sa Art. 55 Abs. 2 lit. c RL 2013/59/Euratom). Vor der Anwendung ist die zu untersuchende oder behandelnde Person nach früheren Anwendungen zu befragen (§ 119 Abs. 3 StrlSchV, der § 23 Abs. 2 S. 2 RöV und § 80 Abs. 2 S. 2 StrlSchV 2001 fortführt; sa Art. 55 Abs. 2 lit. d RL 2013/59/Euratom). Eventuell kann mit Hilfe dieser Informationen auf eine erneute Anwendung ionisierender Strahlung oder radioaktiver Stoffe verzichtet werden, wenn auf die bereits vorliegenden Untersuchungsdaten zurückgegriffen werden kann. Zur Pflicht, Aufzeichnungen, Röntgenbilder, digitale Bilddaten oder sonstige Untersuchungsdaten einem weiter untersuchenden oder behandelnden Arzt lesbar und zur Befundung geeignet zur Verfügung zu stellen→ § 85 Rn. 19. Gebärfähige Personen sind nach einer eventuell bestehenden Schwangerschaft zu befragen (§ 120 Abs. 1 S. 1 StrlSchV). Während nach § 23 Abs. 3 RöV bzw. § 80 Abs. 3 StrlSchV 2001 noch gebärfähige Frauen zu befragen waren, ist dieses jetzt bewusst auf gebärfähige Personen ausgeweitet worden. Bei bestehender oder nicht auszuschließender Schwangerschaft ist die Dringlichkeit der Anwendung zu prüfen (§ 120 Abs. 1 S. 2 StrlSchV).

II. Nr. 2 und 3

4   Auf der VO-Erm. nach Nr. 2 beruht § 120 StrlSchV ebenfalls (→ Rn. 3), der Vorgaben zur **Beschränkung der Exposition zum Schutz bestimmter Personengruppen** enthält. Diesem Zweck dienen die in Abs. 1 geregelten Befragungspflichten. § 120 Abs. 2 StrlSchV verpflichtet den anwendenden Arzt, in den Fällen, in denen eine Anwendung trotz bestehender oder nicht auszuschließender Schwangerschaft geboten ist, alle Möglichkeiten zur Herabsetzung der Exposition der Person und insbesondere des ungeborenen Kindes auszuschöpfen. § 23 Abs. 3 RöV und § 81 Abs. 1 StrlSchV 2001 werden übernommen. § 120 Abs. 3 StrlSchV verpflichtet den SSV zur Verfügbarkeit und dem Einsatz von geeigneten Verfahren und Ausrüstungen, Geräten und Vorrichtungen, um der besonderen Strahlenempfindlichkeit von Personen unter 18 Jahren Rechnung zu tragen; damit wird eine Vorgabe von Art. 61 Abs. 1 lit. a RL 2013/59/Euratom umgesetzt.

5   Auf der VO-Erm. nach Nr. 2 und 3 beruht § 122 Abs. 1 und 2 StrlSchV, der weitere Vorgaben zur Beschränkung der Exposition enthält und Art. 56 Abs. 4 und 5 RL 2013/59/Euratom umsetzt. § 25 Abs. 5 S. 2 und § 35 Abs. 1 S. 1 RöV sowie § 81 Abs. 5 S. 2 und § 40 Abs. 1 S. 1 StrlSchV 2001 werden aufgegriffen. § 122 Abs. 1 StrlSchV betrifft den Schutz von Betreuungs- und Begleitpersonen. So ist zu prüfen, ob es der Optimierung des Strahlenschutzes dient, Dosisrichtwerte (→ § 79 Rn. 3) auch für Betreuungs- oder Begleitpersonen festzulegen. Nach § 122 Abs. 2 StrlSchV ist die Exposition der untersuchten oder behandelten Personen **regelmäßig auszuwerten und zu bewerten** Wird dabei eine Überschreitung der **diagnostischen Referenzwerte** ermittelt (→ § 85 Rn. 5), sind entsprechende Konsequenzen zu ziehen.

III. Nr. 4

6   Die VO-Erm. betrifft **Maßnahmen zur Qualitätssicherung bei der Anwendung** und ist in § **121 StrlSchV** umgesetzt worden. §§ 18 Abs. 2 und 27 Abs. 1 RöV sowie §§ 81 Abs. 3 und 82 Abs. 3 StrlSchV 2001 werden aufgegriffen bzw. fortgeführt. Für Untersuchungen und Behandlungen sind **Arbeitsanweisungen** zu erstellen, die den beteiligten Personen jederzeit zur Einsicht bereit zu halten und der zuständigen Behörde bzw. der ärztlichen oder zahnärztlichen Stelle auf Verlangen vorzulegen sind (§ 121 Abs. 1 StrlSchV). Der genaue Inhalt der Arbeitsanweisungen im Falle von Untersuchungen mit Röntgenstrahlen ist in der RL „Aufzeichnungen nach RöV" v. 19. Juni 2006 (GMBl. Nr. 53 v. 05.10.2006, 1051) dargelegt. Bei Drucklegung dieses Kommentars lag eine novellierte RL noch nicht vor.

7   Im Falle individueller Behandlungen ist vom Arzt mit der erforderlichen FK im Strahlenschutz und einem MPE ein **schriftlicher Bestrahlungsplan** zu erstellen, unter Berücksichtigung der aktuellen medizinischen Wissenschaft eine für den jeweiligen Patienten optimale Dosis im Zielvolumen bedingt (§ 121 Abs. 2 StrlSchV). Genauere Hinweise zur Bestrahlungsplanung in der Tele- und Brachytherapie sowie bei der Anwendung radioaktiver Stoffe zur Behandlung finden sich in der RL „Strahlenschutz in der Medizin" v. 26. Mai 2011 (GMBl. 2011, Nr. 44–47, 867) zuletzt geändert durch RdSchr. d. BMUB v. 11.07.2014 (GMBl. 2014, Nr. 49, 1020). Bei Drucklegung dieses Kommentars lag auch hier eine novellierte RL noch nicht vor.

Die **Einhaltung** der im Bestrahlungsplan festgelegten Parameter ist vor der erst- 8
malig en Bestrahlung durch einen Arzt mit der erforderlichen FK im Strahlenschutz
und einen MPE, vor jeder weiteren Bestrahlung entweder durch einen Arzt mit der
erforderlichen FK im Strahlenschutz oder durch fachkundige medizinisch-technische Radiologieassistenten (Personen mit einer Erlaubnis nach § 1 Abs. 1
Nummer 2 des MTA-Gesetzes) sowie Personen mit einer staatlich geregelten, staatlich anerkannten oder staatlich überwachten erfolgreich abgeschlossenen Ausbildung, wenn die technische Durchführung Gegenstand ihrer Ausbildung und Prüfung war und sie die erforderliche FK im Strahlenschutz besitzen, zu überprüfen
(§ 121 Abs. 3 StrlSchV).

Nr. 4 ist auch Ermächtigungsgrundlage für § 122 Abs. 3 StrlSchV, wonach der 9
SSV dafür zu sorgen hat, dass die **diagnostischen Referenzwerte** bei Unter-
suchungen mit Personen zugrunde gelegt werden. Die Regelung führt § 16 Abs. 1
S. 2 RöV und § 81 Abs. 2 S. 1 StrlSchV 2001 weiter.

IV. Nr. 5

DieVO-Erm. betrifft die **Teleradiologie** und ist Grundlage für § 123 StrlSchV, 10
der die entsprechenden Regelungen des § 3 Abs. 4 RöV sowie § 18 Abs. 3 RöV
fortführt. § 123 StrlSchV bestimmt den Ablauf einer teleradiologischen Untersuchung (zu den Genehmigungsvoraussetzungen zum Betrieb einer Röntgeneinrichtung zur Teleradiologie → § 14 Rn. 14 ff.). Der Teleradiologe (§ 5 Abs. 36
StrlSchG) hat nach eingehender Beratung mit dem Arzt am Untersuchungsort, der
mindestens im Besitz der erforderlichen Kenntnisse im Strahlenschutz Teleradiologie sein muss, die rechtfertigende Indikation zu stellen und die Untersuchungsergebnisse zu befunden. Der Befund geht dann zurück zum Ort der technischen
Durchführung. Der Teleradiologe steht dabei mit Hilfe elektronischer Datenübertragung und Telekommunikation unmittelbar in Verbindung mit dem Arzt am Untersuchungsort sowie der Person, die die Untersuchung technisch durchführt, vgl.
§ 123 Abs. 1 StrlSchV. Dieses darf nur durch fachkundige medizinisch-technische
Radiologieassistenten (Personen mit einer Erlaubnis nach § 1 Abs. 1 Nummer 2
MTAG) sowie Personen mit einer staatlich geregelten, staatlich anerkannten oder
staatlich überwachten erfolgreich abgeschlossenen Ausbildung, wenn die technische Durchführung Gegenstand ihrer Ausbildung und Prüfung war und sie die
erforderliche FK im Strahlenschutz besitzen, geschehen, vgl. § 123 Abs. 2 StrlSchV.
Dieses ist unumgänglich, denn weder der Arzt am Untersuchungsort noch die Person mit abgeschlossener medizinischer Ausbildung (zB MFA) und Kenntnissen im
Strahlenschutz dürfen bei der Anwendung von Röntgenstrahlen auf Menschen
ohne Aufsicht und Verantwortung durch den verantwortlichen Arzt mit der erforderlichen FK im Strahlenschutz technisch mitwirken, vgl. § 145 Abs. 2 StrlSchV. Da
dieser im Falle der teleradiologischen Untersuchung nicht vor Ort ist, muss die Untersuchung durch fachkundiges Assistenzpersonal technisch durchgeführt werden.
Aufzeichnungen über die Qualitätssicherung aller beteiligten Komponenten (zB
Röntgeneinrichtung und Befundungsmonitore) sowie Aufzeichnungen über die
Sachverständigenprüfungen der Röntgeneinrichtung sind der jeweils anderen Einrichtung analog oder digital zur Verfügung zu stellen (§ 123 Abs. 4 StrlSchV).

V. Nr. 6

11   Die VO-Erm. ist Grundlage für § 145 StrlSchV, der auch der Umsetzung von Art. 57 RL 2013/59/Euratom dient. Es werden die Regelungen des § 24 RöV sowie des § 82 StrlSchV 2001 fortgeführt. § 145 StrlSchV bestimmt, **welcher Personenkreis** ionisierende Strahlung und radioaktive Stoffe am Menschen **anwenden,** vgl. die Definition in § 5 Abs. 3, und die Anwendung **technisch durchführen** darf.

VI. Nr. 7 und 8

12   Die VO-Erm. sind Grundlage für die in § 125 StrlSchV geregelten **diagnostischen Referenzwerte** und der **Ermittlung der med. Exposition der Bevölkerung.** § 125 Abs. 1 S. 1 StrlSchV, der § 81 Abs. 2 S. 3 StrlSchV 2001 und § 16 Abs. 1 S. 1 RöV aufgreift, bestimmt, dass das BfS diagnostische Referenzwerte (vgl. die Definition in § 1 Abs. 4 StrlSchV) für Untersuchungen mit ionisierender Strahlung ermittelt, erstellt und veröffentlicht. Nach § 125 Abs. 1 S. 2 und 3 kann das BfS bei der Festlegung der diagnostischen Referenzwerte auf die Daten zur Exposition zurückgreifen, die die ärztlichen und zahnärztlichen Stellen (vgl. § 128 StrlSchV) erhoben haben. Diese Daten werden dem BfS von den zust. Behörden übermittelt. Der technische Fortschritt führt zu einer ständigen Reduktion der für ein gleichbleibendes Untersuchungsergebnis nötigen Strahlenexposition der Patienten. Dieses spiegelt sich auch in den o. g. Daten der ärztlichen und zahnärztlichen Stellen wider. Nach § 125 Abs. 2 prüft das BfS spätestens drei Jahre nach der letzten Veröffentlichung, ob die diagnostischen Referenzwerte aktualisiert werden müssen und aktualisiert sie ggf. Durch die Festlegung der diagnostischen Referenzwerte und der Notwendigkeit der Begründung einer Überschreitung werden die Anwender gehalten, auf dem aktuellen Stand der Technik zu sein und die Exposition der Patienten in angemessenem Rahmen zu halten. Mit § 125 Abs. 1 und 2 StrlSchV wird Art. 56 Abs. 2 RL 2013/59/Euratom umgesetzt. Nach § 125 Abs. 3 StrlSchV ermittelt das BfS mindestens alle zwei Jahre die med. Exposition der Bevölkerung und ausgewählter Bevölkerungsgruppen. Damit werden § 28 Abs. 9 RöV und § 85 Abs. 5 StrlSchV 2001 fortgeführt und Art. 64 RL 2013/59/Euratom umgesetzt.

VII. Nr. 9

13   Die VO-Erm. ist Grundlage für Regelungen der StrlSchV zu Bestimmung und Tätigkeit der **ärztlichen und zahnärztlichen Stellen.** §§ 128 ff. StrlSchV führt § 17a Abs. 1 und 2 RöV sowie § 83 Abs. 1 und 2 StrlSchV 2001 fort. § 128 StrlSchV regelt, dass die zuständige Behörde für ihren Zuständigkeitsbereich ärztliche und zahnärztliche Stellen bestimmt. Daraus folgt, dass ärztliche und zahnärztliche Stellen für jedes Bundesland gesondert bestimmt werden. Die zur Bestimmung zur ärztlichen oder zahnärztlichen Stelle erforderlichen **Voraussetzungen** werden in § 128 StrlSchV ebenfalls genannt. Diese werden in der RL „Qualitätssicherung durch ärztliche und zahnärztliche Stellen" v. 23. Juni 2015 (GMBl. 2015, 1026) näher ausgeführt. § 129 StrlSchV, der auf die VO-Erm. nach Nr. 9 iVm S. 3 gestützt ist, verlangt vom SSV eine unverzügliche **Mitteilung der Aufnahme bzw. der Beendigung** einer genehmigungs- oder anzeigedürftigen Tätigkeit im Zusammenhang mit der Anwendung ionisierender Strahlung oder radioaktiver Stoffe auf Menschen an die ärztliche oder zahnärztliche Stelle. Ein Abdruck dieser Mitteilung ist der **zuständigen Behörde** zu übersenden. Die Übersendung der Mitteilung über die Aufnahme der Tätigkeit erfolgt idR bereits im Genehmigungs- bzw.

Anzeigeverfahren. § 130 StrlSchV benennt **die zu prüfenden Positionen** und regelt, wem welche Inhalte der Überprüfungen mitzuteilen sind (Ermächtigungsgrundlagen in S. 3 und 4). Zur Vorlage personenbezogener Daten an die ärztliche Stelle vgl. VG Frankfurt a. M. Urt. v. 13.2.2008 – 4 E 1892/07, BeckRS 2009, 35714.

VIII. Nr. 10

Die VO-Erm. ist Grundlage für Regelungen zum **MPE,** die in §§ 131 und 132 **14** StrlSchV umgesetzt worden sind und auch der Umsetzung des Art. 58 lit. d und des Art. 83 RL 2013/59/Euratom dienen. Die Bestimmungen greifen va § 82 Abs. 4 StrlSchV 2001, aber auch des § 27 und § 3 Abs. 3 Nr. 2 lit. c und d RöV auf. § 131 Abs. 1 StrlSchV fordert, dass bei einer Behandlung mit radioaktiven Stoffen oder ionisierender Strahlung, der ein individueller Behandlungsplan zugrunde liegt, wie zB bei der Radiojodtherapie, ein MPE „zu enger Mitarbeit hinzuzuziehen ist". In den in § 131 Abs. 2 S. 1 StrlSchV genannten Fällen, bspw. bei standardisierten Behandlungen, muss der MPE dagegen „zur Mitarbeit hinzugezogen" werden; S. 2 bestimmt die Kriterien zum Umfang der Hinzuziehung; sa § 14 Abs. 1 Nr. 2 StrlSchG (→ § 14 Rn. 8 ff.). Unter den von § 131 Abs. 2 S. 1 StrlSchV genannten Anwendungen fallen Untersuchungen mit einem Computertomographen oder mit Geräten zur dreidimensionalen Bildgebung von Objekten mit niedrigem Röntgenkontrast mit Ausnahme der Tomosynthese sowie Interventionen, bei denen die Röntgeneinrichtung zur Durchleuchtung eingesetzt wird. § 132 StrlSchV beschreibt die Aufgaben des MPE.

IX. Nr. 11

Diese VO-Erm. ist Grundlage für Regelungen zum **Schutz der Bevölkerung** **15** vor einer Exposition durch eine Person, an der radioaktive Stoffe angewendet werden, vgl. § 122 Abs. 4 und § 124 Abs. 3 StrlSchV. Nach § 122 Abs. 4 S. 1 StrlSchV hat der SSV dafür Sorge zu tragen, dass eine Person, die mit radioaktiven Stoffe behandelt worden ist, aus dem Strahlenschutzbereich erst entlassen werden darf, wenn davon ausgegangen werden kann, dass hierdurch für Angehörige und Dritte eine effektive Dosis von nicht mehr als 1 Millisievert auftreten kann. Aus diesem sehr theoretischen Wert lassen sich durch Berechnung bei der Entlassung maximal zulässige Ortsdosisleistungen ermitteln. So darf eine Person, die eine Behandlung der Schilddrüse mit **Jod-131** erhalten hatte, erst entlassen werden, wenn in zwei Meter Abstand eine maximale Dosisleistung von 3,5 µSv durch Stunde gemessen werden kann. Unter Berücksichtigung der **Halbwertzeit von acht Tagen,** resultiert für eine Person, die sich 24 Stunden am Tag ein Jahr lang in zwei Metern Abstand zu der so entlassenen Person aufhält, eine maximale Dosis von 1 Millisievert. Für Nuklide mit anderer Halbwertzeit sind entsprechend andere Entlassungsdosisleistungen zu ermitteln. Ist im Einzelfall eine Entlassung aus med. Gründen vor diesem Zeitpunkt erforderlich, ist dies nach § 122 Abs. 4 S. 2 StrlSchV schriftlich zu begründen und der **zust. Behörde** mitzuteilen.

Nach § 124 Abs. 3 S. 1 StrlSchV sind der mit radioaktiven Stoffen behandelten **16** oder untersuchten Person sowie Betreuungs- oder Begleitpersonen schriftliche Hinweise auszuhändigen, in denen Verhaltensregeln genannt werden. Eine Konkretisierung dieser Hinweise findet sich in der RL „Strahlenschutz in der Medizin"

v. 26. Mai 2011 (GMBl. 2011, Nr. 44–47, 867) zuletzt geändert durch RdSchr. v. 11.07.2014 (GMBl. 2014, Nr. 49, 1020).

X. Nr. 12 und 13

17　Diese VO-Erm. erlauben, auf VO-Ebene konkretisierende **Anforderungen an die eingesetzten Ausrüstungen, Geräte und Vorrichtungen,** insbes. im Hinblick auf das in § 14 Abs. 1 Nr. 5 festgelegte Qualitätsziel festzulegen und dass, durch wen und auf welche Weise Maßnahmen zur Qualitätssicherung durchzuführen sind. Die §§ 114 bis 116 StrlSchV basieren auf diesen VO-Erm. und setzen Art. 60 RL 2013/59/Euratom um. Die Regelungen sind teilweise neu, teilweise greifen sie Vorgaben nach § 3 Abs. 3 Nr. 2, §§ 16 und 17 RöV sowie 83 Abs. 5 und 6 StrlSchV 2001 auf. Ein Schwerpunkt ist die Dosisoptimierung. Dazu ist es nötig, dass die Exposition bzw. die Daten, mit denen eine Exposition ermittelt werden kann, ständig angezeigt, elektronisch aufgezeichnet und für die Qualitätssicherung elektronisch nutzbar gemacht werden können. Da nicht alle im Betrieb befindlichen Röntgeneinrichtungen oder AEiS über entsprechende Einrichtungen verfügen, muss teilweise nachgerüstet werden. § 195 StrlSchV enthält eine Übergangsvorschrift in Bezug auf die Anforderungen nach § 114 StrlSchV.

XI. Nr. 14

18　Diese VO-Erm. betrifft die **Untersuchung von Risiken für unbeabsichtigte Expositionen bei der Behandlung von Menschen** und ist Grundlage für § 126 StrlSchV, der auch Art. 63 lit. b RL 2013/59/Euratom umsetzt. Danach ist vor einer Behandlung oder einer wesentlichen Änderung des Behandlungsverfahrens mit radioaktiven Stoffen oder ionisierender Strahlung eine **Risikoanalyse** zu erstellen. Deren Ergebnisse sind aufzuzeichnen, 10 Jahre aufzubewahren und der zuständigen Behörde auf Verlangen vorzulegen. Ziel der Regelung ist, die Risiken etwa für „Fehlbestrahlungen" und ähnliche Ereignisabläufe zu ermitteln und bei der weiteren Ausübung der Tätigkeit angemessen zu berücksichtigen (BT-Drs 18/11241, 340). Nr. 14 ist auch Ermächtigungsgrundlage für § 105 StrlSchV, der Maßnahmen zur Vermeidung, zum Erkennen und zur Eindämmung der Auswirkungen eines Vorkommnisses bei der Anwendung am Menschen betrifft (→ § 90 Rn. 9).

XII. Nr. 15

19　Diese VO-Erm. betrifft die **Überprüfung des Behandlungserfolgs.** Diese VO-Erm. ist bisher nicht ausgefüllt worden. § 124 Abs. 4 StrlSchV, der eine Informationspflicht über geeignete Zeitabstände zur Überprüfung des Behandlungserfolgs vorsieht, basiert auf der VO-Erm. nach Nr. 16.

XIII. Nr. 16

20　Die VO-Erm. betrifft **Aufklärungspflichten** ist Grundlage für § 124 StrlSchV. Die Regelung setzt Art. 57 Abs. 1 lit. d RL 2013/59/Euratom um. § 25 Abs. 5 S. 1 RöV sowie § 81 Abs. 5 S. 1 StrlSchV 2001 werden fortgeführt und um die Pflicht ergänzt, die Person, an der ionisierende Strahlung oder radioaktive Stoffe angewendet werden, vor der Anwendung über mögliche Risiken der Anwendung aufzuklären. § 124 Abs. 4 StrlSchV verpflichtet den SSV, den behandelten Patienten über geeignete Zeitabstände der Nachsorge zu informieren. Konkretisierende Ausführungen finden sich in der RL „Strahlenschutz in der Medizin" v. 26. Mai 2011 (GMBl. 2011, Nr. 44–47, 867) zuletzt geändert durch RdSchr. v. 11.07.2014 (GMBl. 2014, Nr. 49, 1020) Ziff. 6.3.3 und 7.3.3 sowie in der Empfehlung der SSK „Nachsorge als Teil der Qualitätssicherung in der Strahlentherapie zur Überprüfung des Behandlungserfolges" (BAnz. 2012, 967).

XIV. Nr. 17

21 Diese VO-Erm. betrifft **Aufzeichnungspflichten** und ist Grundlage für § 118 StrlSchV, der Art. 60 Abs. 1 lit. b RL 2013/59/Euratom umsetzt. § 118 StrlSchV führt § 18 Abs. 1 Nr. 6 RöV sowie § 85 Abs. 6 StrlSchV 2001 zum **Bestandsverzeichnis** nahezu unverändert weiter.

XV. Nr. 18

22 Die VO-Erm. bezieht sich auf die **Vorlage von Informationen und Aufzeichnungen an die zust. Stelle.** Die StrlSchV enthält entsprechende Vorgaben in § 127, der auch auf § 85 StrlSchV gestützt wird, sowie in § 130 Abs. 6 StrlSchV in Bezug auf die ärztlichen und zahnärztlichen Stellen (→ § 85 Rn. 11 ff.).

XVI. Nr. 19

23 Diese VO-Erm. ist Grundlage für weitere Regelungen auf VO-Ebene zur **Konkretisierung der allgemeinen Anforderunge**n an den Betrieb von Röntgeneinrichtungen und den Umgang mit sonstigen radioaktiven Stoffen im Rahmen der **Früherkennung.** Sie ist von der VO-Erm. nach § 84 Abs. 2, auf deren Grundlage und unter Berücksichtigung der wissenschaftlichen Bewertung nach § 84 Abs. 3 die Zulässigkeit und die Voraussetzungen einer Früherkennung zur Ermittlung einer nicht übertragbaren Krankheit für eine bes. betroffene Personengruppe geregelt werden, zu **trennen** (sa BT-Drs. 18/11241, 340). Die BrKrFrühErkV ist auf Grundlage des § 84 Abs. 2 erlassen worden. Von der VO-Erm. nach Nr. 19 ist bisher kein Gebrauch gemacht worden.

XVII. S. 3 bis 5

24 S. 3 und 4 enthalten Ermächtigungen zur Regelung des **Datenumgangs bei der Tätigkeit der ärztlichen und zahnärztlichen Stellen** iRd Qualitätssicherung sowie zu Zulässigkeit und Grenzen der Weitergabe an die zust. Behörden (vgl. § 130 Abs. 3 StrlSchV), an andere ärztliche und zahnärztliche Stellen und an die Qualitätsprüfungsstellen nach SGB V (vgl. § 130 Abs. 4 StrlSchV). Die entsprechenden Regelungen in § 130 StrlSchV führen § 17a RöV sowie § 83 StrlSchV 2001 fort, einschließlich die Unterwerfung der ärztlichen und zahnärztlichen Stellen unter die **ärztliche Schweigepflicht** hinsichtlich der personenbezogenen Daten der untersuchten oder behandelten Personen. Zu S. 5 → § 24 Rn. 14.

D. Zuwiderhandlungen

25 Nach § 194 Abs. 1 Nr. 1 lit. a handelt ordnungswidrig, wer vorsätzlich oder fahrlässig einer RVO nach § 86 S. 1, 2 Nr. 2, 4, 5, 6, 9 bis 14 oder 14 oder 15 oder 19 oder S. 5 zuwiderhandelt, soweit die RVO für einen bestimmten Tatbestand auf

§ 194 verweist. Ordnungswidrigkeiten ergeben sich aus § 184 Abs. 1 Nr. 53, 54 und 55 StrlSchV in Ansehung der dort aufgeführten Pflichten. Die Höhe der Geldbuße richtet sich nach § 194 Abs. 2 und kann bis zu 50.000 Euro betragen.

26   Nach § 194 Abs. 1 Nr. 1 lit. b handelt ordnungswidrig, wer vorsätzlich oder fahrlässig einer RVO nach § 86 S. 2 Nr. 1, 3, 7, 8, 16, 17 oder 18 oder S. 3 oder 4 zuwiderhandelt, soweit die RVO für einen bestimmten Tatbestand auf § 194 verweist. Ordnungswidrigkeiten ergeben sich aus § 184 Abs. 2 Nr. 25 und 26 StrlSchV in Ansehung der dort aufgeführten Pflichten. Die Höhe der Geldbuße richtet sich nach § 194 Abs. 2 und kann bis zu 10.000 Euro betragen.

§ 87   **Verordnungsermächtigungen zum Schutz von Personen bei der Anwendung radioaktiver Stoffe oder ionisierender Strahlung am Tier in der Tierheilkunde**

[1]**Die Bundesregierung wird ermächtigt, durch Rechtsverordnung mit Zustimmung des Bundesrates zum Schutz der bei der Anwendung radioaktiver Stoffe oder ionisierender Strahlung in der Tierheilkunde anwesenden Personen festzulegen,**

1. **welche Personen radioaktive Stoffe oder ionisierende Strahlung in der Tierheilkunde anwenden dürfen oder die Anwendung technisch durchführen dürfen und**

2. **dass und auf welche Weise die Exposition von Tierbegleitpersonen zu beschränken ist.**

[2]**Die Rechtsverordnung kann auch diejenigen Vorschriften der Rechtsverordnung festlegen, für deren Einhaltung der Strahlenschutzverantwortliche zu sorgen hat.**

A. Bedeutung der Norm

1   § 87 S. 1 enthält eine VO-Erm., die dem Schutz der anwesenden Personen bei der Anwendung ionisierender Strahlung oder radioaktiver Stoffe in der Tierheilkunde dient. Zu S. 2 → § 24 Rn. 14.

B. Bisherige Regelungen

2   Auf die Regelungen des alten Strahlenschutzrechts wird bei der folgenden Kommentierung der jeweiligen Verordnungsermächtigung eingegangen.

C. VO-Erm.

I. Nr. 1

3   Diese VO-Erm. wurde in § 146 StrlSchV umgesetzt und führt § 92b StrlSchV 2001 sowie § 29 RöV nahezu unverändert fort. Wie im humanmedizinischen Bereich wird auch hier zwischen der „**Anwendung**" und der „**technischen Durchführung bei der Anwendung**" unterschieden (→ § 86 Rn. 11). Die Anwendung ist nur Tierärzten, Zahnärzten oder Ärzten erlaubt, wenn sie über die erforderliche

FK bzw. Kenntnisse im Strahlenschutz verfügen. Liegen nur die erforderlichen Kenntnisse vor, so ist die Anwendung nur unter ständiger Aufsicht und Verantwortung eines ärztlichen Kollegen mit der erforderlichen FK im Strahlenschutz zulässig. Die technische Durchführung ist grds. den gleichen Personen gestattet, die auch zur technischen Durchführung bei der Anwendung auf Menschen berechtigt sind (vgl. § 145 Abs. 2 StrlSchV). Zusätzlich dürfen Personen mit den erforderlichen Kenntnissen im Strahlenschutz technisch durchführen, wenn sie unter ständiger Aufsicht und Verantwortung, eines Tierarztes, Zahnarztes oder Arztes mit der erforderlichen FK im Strahlenschutz tätig sind (§ 146 Abs. 2 Nr. 5 StrlSchV). Während bei der Anwendung auf Menschen zwingend eine erfolgreich abgeschlossene medizinische Ausbildung gefordert wird, ist dieses bei der Anwendung auf Tiere nicht von Nöten. Es könnte also jeder die Kenntnisse im Strahlenschutz für den Bereich der Tierheilkunde erwerben. Außerdem dürfen MPEs technisch durchführen, ohne hierbei unter ständiger Aufsicht und Verantwortung zu stehen (vgl. § 146 Abs. 2 Nr. 4 StrlSchV im Vergleich zu § 145 Abs. 2 Nr. 6 StrlSchV).

Die **RL „Strahlenschutz in der Tierheilkunde"** v. 25. September 2014 **4** (GMBl. 2014, Nr. 76/77, S. 1581) konkretisiert die in § 74 bestimmten Voraussetzungen für den Erwerb der erforderlichen FK und der erforderlichen Kenntnisse im Strahlenschutz Bezug auf die Tierheilkunde, bspw. in Bezug auf den Fachkundeerwerb mit Abschluss des tiermedizinischen Studiums (vgl. auch § 47 Abs. 5 StrlSchV). So erhalten idR **Tierärzte** mit Abschluss ihres Studiums die für den Bereich der „einfachen" Anwendung von Röntgenstrahlen auf Tiere erforderliche FK im Strahlenschutz. Für weitergehende Verfahren, wie zB die Computertomographie, wird in der Regel noch der Besuch eines Zusatzkurses verlangt. Für **tiermedizinische Fachangestellte** gilt Entsprechendes für den Erwerb der erforderlichen Kenntnisse im Strahlenschutz. Für die Anwendung radioaktiver Stoffe oder den Betrieb von AEiS zur Anwendung am Tier sind zusätzliche Kurse unabdingbar.

II. Nr. 2

Diese VO-Erm. ist in § 144 StrlSch umgesetzt worden und setzt § 29 Abs. 4 RöV **5** sowie § 92a StrlSchV 2001 fort. **Tierbegleitpersonen** dürfen danach bei der Anwendung radioaktiver Stoffe oder ionisierender Strahlung nur anwesend sein, wenn es zwingend notwendig ist. Zur Definition der Tierbegleitperson s. § 1 Abs. 19 StrlSchV. Zum Schutz der Tierbegleitperson ist bei der Planung des betrieblichen Strahlenschutzes für diese Tierbegleitperson ein **Dosisrichtwert** von 100 μSv (effektive Dosis) je Anwendung festzulegen. Zur Definition des Dosisrichtwertes s. § 1 Abs. 5 StrlSch. Wird dieser bei einer Anwendung überschritten, liegt keine Dosisgrenzwertüberschreitung vor. Der Dosisgrenzwert der Einzelperson der Bevölkerung liegt weiterhin bei 1 mSv/Kj (§ 80 Abs. 1). Aber es zeigt, dass eine **Optimierung des Strahlenschutzes** von Nöten ist. Auch die **Entlassung eines Tieres** nach Anwendung radioaktiver Stoffe ist so zu planen, dass für die Tierbegleitperson nur eine effektive Dosis im Bereich von 100 Mikrosievert zu erwarten ist.

D. Zuwiderhandlungen

Nach § 194 Abs. 1 Nr. 1 lit. a handelt ordnungswidrig, wer vorsätzlich oder **6** fahrlässig einer RVO nach § 87 zuwiderhandelt, soweit die RVO für einen bestimmten Tatbestand auf § 194 verweist. Eine Ordnungswidrigkeit ergibt sich aus

§ 184 Abs. 1 Nr. 63 StrlSchV in Ansehung der dort aufgeführten Pflicht. Die Höhe der Geldbuße richtet sich nach § 194 Abs. 2 und kann bis zu 50.000 Euro betragen.

§ 88   Register über hochradioaktive Strahlenquellen; Verordnungs-ermächtigungen

(1) Die Daten über hochradioaktive Strahlenquellen, die auf Grund dieses Gesetzes oder einer Rechtsverordnung nach § 89 Satz 1 Nummer 1 erhoben werden, werden zum Zweck der Sicherheit und Kontrolle von Strahlenquellen zum Schutz von Leben und Gesundheit in einem beim Bundesamt für Strahlenschutz eingerichteten Register erfasst.

(2) In das Register werden insbesondere folgende Angaben über die hochradioaktive Strahlenquelle, deren Kontrolle und über erteilte Genehmigungen nach diesem Gesetz, dem Atomgesetz oder einer Rechtsverordnung nach § 30 dieses Gesetzes oder § 11 Absatz 1 Nummer 6 des Atomgesetzes eingetragen:

1. Inhaber der Genehmigung, Ausstellungsdatum und Befristung der Genehmigung,
2. Identifizierungsnummer der hochradioaktiven Strahlenquelle,
3. Eigenschaften, Kontrollen und Verwendung der hochradioaktiven Strahlenquelle,
4. Ort des Umgangs mit der hochradioaktiven Strahlenquelle oder Ort ihrer Lagerung,
5. Erlangung oder Aufgabe der Sachherrschaft über die hochradioaktive Strahlenquelle,
6. Verlust, Diebstahl oder Fund der hochradioaktiven Strahlenquelle.

(3) ¹Lesenden Zugriff auf das Register haben die nach den §§ 184, 185, 188, 190 und 191 zuständigen Behörden, die nach § 24 des Atomgesetzes zuständigen Behörden, das Bundesministerium für Umwelt, Naturschutz und nukleare Sicherheit und das Bundesamt für Bevölkerungsschutz und Katastrophenhilfe. ²Lesenden Zugriff haben zum Zweck der sofortigen Ermittlung eines Inhabers und der Eigenschaften einer hochradioaktiven Strahlenquelle auf Grund von Fund, Verlust oder der Gefahr missbräuchlicher Verwendung und bei Hinweisen und Ermittlungen im Zusammenhang mit der Bekämpfung des Nuklearterrorismus oder der Nuklearkriminalität sowie des Nuklearschmuggels oder des sonstigen illegalen grenzüberschreitenden Verbringens hochradioaktiver Strahlenquellen auch das Bundeskriminalamt und die Landeskriminalämter, die in der Rechtsverordnung nach § 58 Absatz 1 des Bundespolizeigesetzes bestimmte Bundespolizeibehörde, das Zollkriminalamt und die Verfassungsschutzbehörden des Bundes und der Länder gemäß ihren jeweiligen gesetzlichen Zuständigkeiten.

(4) Auskünfte aus dem Register dürfen erteilt werden
1. den sonstigen Polizeibehörden der Länder, den Zollbehörden, dem Militärischen Abschirmdienst und dem Bundesnachrichtendienst, soweit es für die Wahrnehmung der jeweiligen Aufgaben erforderlich ist,

2. Behörden anderer Staaten mit vergleichbaren Aufgaben und internationalen Organisationen, soweit es für die Wahrnehmung der jeweiligen Aufgaben erforderlich ist und bindende Beschlüsse der Europäischen Union dies vorsehen oder dies auf Grund sonstiger internationaler Vereinbarungen geboten ist.

(5) Die im Register gespeicherten Daten sind nach der letzten Aktualisierung der Angaben über eine hochradioaktive Strahlenquelle 30 Jahre lang aufzubewahren.

(6) Die Bundesregierung wird ermächtigt, durch Rechtsverordnung mit Zustimmung des Bundesrates das Nähere festzulegen über
1. Inhalt und Form der Datenerhebung und der Eintragung, über Zugriffsrechte und das Verfahren der Erteilung von Auskünften,
2. Zugriffsrechte der Genehmigungsinhaber auf die sie betreffenden Daten und
3. die Übermittlung, Berichtigung, Einschränkung der Verarbeitung und Löschung von Daten.

Schrifttum: *Motzkus/Häusler/Dollan,* Wissenswertes über hochradioaktive Strahlenquellen, Salzgitter 2012 (BfS-SG-17/12).

A. Sinn und Zweck der Norm

§ 88, der Art. 90 und, im Hinblick auf Abs. 6 Nr. 1 und 3, Art. 86 Abs. 3 sowie **1** Art. 89 RL 2013/59/Euratom umsetzt, ist die rechtliche Basis des seit dem 01.07.2006 beim BfS betriebenen HRQ-Registers. Das HRQ-Register dient der **Gefahrenprävention,** indem es alle radioaktiven Einzelquellen ab einer definierten, isotopabhängigen Aktivität, also mit einem **hohen Gefährdungspotential,** erfasst. Auf diese Weise kann der Verbleibnachweis geführt, eine lückenlose Rückverfolgung durch die Aufsichts- und Ermittlungsbehörden gewährleistet und damit einer **missbräuchlichen Verwendung vorgebeugt** werden. Bei HRQ kann bei einem Fund leichter der ehemalige Besitzer bestimmt werden als bei sonstigen radioaktiven Stoffen bzw Strahlenquellen mit geringerer Aktivität.

B. Bisherige Regelung

Aufgrund des Gesetzes zur Kontrolle hochradioaktiver Strahlenquellen vom **2** 12.08.2005 (BGBl. I S. 2365; Umsetzung der RL 2003/122/Euratom, ABl. EU Nummer L 346 Seite 57; zu internationalen Regelungen *Motzkus et al.,* S. 9f.) werden HRQ schon länger bundesweit in einem Register erfasst. Die nunmehrige Regelung entspricht dem ehemaligen § 12d AtG und ermächtigt zu Regelungen entsprechend des § 70a StrlSchV 2001. Abs. 6 Nr. 2 ergänzt die bisherigen Regelungen.

C. Regelungsinhalt

I. Das HRQ-Register

3   Abs. 1 bestimmt die Einrichtung eines **HRQ-Registers** beim BfS, das **Daten über HRQ,** die auf Grund des StrlSchG oder der RVO nach § 89 S. 1 Nr. 1 – der StrlSchV – erhoben werden, zum Schutz von Leben und Gesundheit **zentral erfasst** (zum Betrieb des HRQ-Registers: www.bfs.de und hrq.bfs.de; ferner *Motzkus et al.,* S. 11 ff.). HRQ (§ 5 Abs. 36) kommen in verschiedenen Bereichen zum Einsatz, zB in der Krebstherapie, in der Transfusionsmedizin zur Blutbestrahlung, in der zerstörungsfreien Werkstoffprüfung (auch im Freien) und in Dichtemess- oder Füllstandseinrichtungen bei gewerblichen Produktionsprozessen (*Motzkus et al.,* S. 13 f.).

4   Abs. 2 listet die **Informationen über die HRQ,** deren Kontrolle und über bestimmte Genehmigungen auf, die in das HRQ-Register einzutragen sind (ua → 173 Rn. 13). Abs. 3 regelt, welche Behörden eine **„Leseberechtigung"** für das HRQ-Register haben; dies sind zunächst die zuständigen strahlenschutz- bzw. atomrechtlichen Behörden. Hervorzuheben sind ferner das BKA, die LKA, die Bundespolizeibehörden gem. § 58 Abs. 1 BPolG und BPolZV (gem. § 1 Abs. 3 Nr. 1 lit. c BPolZV war dies für den alten § 12d AtG das Bundespolizeipräsidium), das Zollkriminalamt sowie die Bundes- und Landes-Verfassungsschutzbehörden (S. 2). Hintergrund ist, wie auch bereits bei § 12d AtG, die reale terroristische Bedrohungslage (**Nuklearterrorismus** – „schmutzige Bombe") sowie die Gefahr sonstiger **Nuklearkriminalität,** des **Nuklearschmuggels** bzw des sonstigen illegalen grenzüberschreitenden Verbringens von Strahlenquellen (BT-Drs. 18/11241, S. 341).

5   Abs. 4 benennt weitere, allerdings **lediglich auskunftsberechtigte Behörden** ohne lesenden Zugriff; darunter fallen unter bestimmten Umständen auch Behörden anderer Staaten und internationale Organisationen. Abs. 5 regelt die **Aufbewahrungsdauer** der im Register gespeicherten Daten (30 Jahre nach der letzten Aktualisierung der Angaben über eine HRQ).

II. VO-Erm. (Abs. 6)

6   Die VO-Erm. in Abs. 6 ist Grundlage für § 84 und Anl. 9 StrlSchV. § 84 StrlSchV regelt zusammen mit **Anl. 9** (Liste der Daten über HRQ) Details zum HRQ-Register. Die StrlSchV enthält weitere Vorschriften mit Bezug zu HRQ: Ab welcher **Aktivität** ein umschlossener radioaktiver Stoff eine HRQ ist, ergibt sich aus **Anl. 4 Tab. 1 Sp. 4** (§ 83 StrlSchV). § 85 Abs. 4 StrlSchV legt dem **SSV** bei HRQ **zusätzliche Sorgepflichten zur Buchführung und Mitteilung** auf, die auch „weitere Pflichten" des SSV gem. § 72 Abs. 1 S. 1 Nr. 3 StrlSchG darstellen. § 167 Abs. 2 StrlSchV regelt bei **Abhandenkommen** bzw **Wiederauffinden einer HRQ** eine weitere Sorgepflicht des SSV zur Mitteilung an das HRQ-Register in gesicherter elektronischer Form nebst Information der zuständigen Behörde (→ 173 Rn. 13). § 168 Abs. 2 StrlSchV verpflichtet die Behörde, dem HRQ-Register den **Fund oder die Erlangung einer HRQ** mitzuteilen (→ 173 Rn. 13). Vgl. im Einzelnen BT-Drs. 423/18, 395–397.

7   Hervorzuheben ist die neue Ermächtigung in Abs. 6 Nr. 2, die ermöglicht, **Genehmigungsinhabern begrenzte Zugriffsrechte der auf die sie betreffenden**

Daten über HRQ einzuräumen, damit sie ihren Meldestatus und ihren Quellenbestand überprüfen und ggf. aktualisieren können. Zweck ist die **Verbesserung der Datenqualität** und die **erhöhte Nutzerfreundlichkeit** des HRQ-Registers (BT-Drs. 18/11241, 342).

D. Zuwiderhandlungen

Eine vorsätzlich oder fahrlässig begangene Zuwiderhandlung gegen die RVO 8 (StrlSchV) nach § 88 Abs. 6 stellt eine **Ordnungswidrigkeit** dar (§ 194 Abs. 1 Nr. 1 lit. b). Deshalb handelt tatbestandsmäßig, wer entgegen

- § 85 Abs. 4 S. 2 StrlSchV nicht dafür sorgt, dass eine Unterrichtung oder Information erfolgt (§ 184 Abs. 2 Nr. 2 StrlSchV);
- § 85 Abs. 1 S. 1 Nr. 1 StrlSchV, auch iVm S. 2, oder entgegen § 85 Abs. 4 S. 1 Nr. 1 oder 2 StrlSchV nicht dafür sorgt, dass eine Mitteilung erfolgt (§ 184 Abs. 2 Nr. 11 StrlSchV);
- § 85 Abs. 3 Nr. 1 StrlSchV nicht dafür sorgt, dass eine Unterlage 30 Jahre aufbewahrt oder hinterlegt wird (§ 184 Abs. 2 Nr. 12 StrlSchV);
- § 85 Abs. 3 Nr. 2 StrlSchV nicht dafür sorgt, dass eine Unterlage übergeben wird (§ 184 Abs. 2 Nr. 13 StrlSchV).

Ordnungswidrig handelt auch, wer im Kontext von **Fund und Erlangung** bei HRQ vorsätzlich oder fahrlässig **nicht dafür sorgt** (§§ 194 Abs. 1 Nr. 1 lit. b StrlSchG, 184 Abs. 2 Nr. 2 bzw. 11 StrlSchV), dass

- entgegen § 167 Abs. 2 S. 1 StrlSchV, auch iVm S. 2, eine Unterrichtung oder Information erfolgt,
- entgegen § 167 Abs. 2 S. 1 oder 2 StrlSchV eine Mitteilung erfolgt.

Die Bußgeldhöhe kann jeweils **bis zu 10.000 Euro** betragen (§ 194 Abs. 2).

§ 89 **Verordnungsermächtigungen zu der Sicherheit von Strahlungsquellen**

[1]**Die Bundesregierung wird ermächtigt, durch Rechtsverordnung mit Zustimmung des Bundesrates zum Schutz von Menschen vor der schädlichen Wirkung ionisierender Strahlung und zur Kontrolle und Sicherung radioaktiver Stoffe zu bestimmen,**

1. **dass und auf welche Weise Buch zu führen ist über die Erzeugung, die Gewinnung, den Erwerb, den Besitz, den Standort, die Abgabe und den sonstigen Verbleib von radioaktiven Stoffen und über Messungen von Dosis und Dosisleistungen, dass Meldungen zu erstatten und Unterlagen aufzubewahren, zu hinterlegen und zu übergeben sind sowie auf welche Weise die zuständige Behörde die übermittelten Daten prüft,**

2. **welche Anforderungen an die Sicherung und Lagerung radioaktiver Stoffe zu stellen sind,**

3. **welche Anforderungen an die Wartung und Überprüfung von Ausrüstungen, Geräten und sonstigen Vorrichtungen zu stellen sind und wer die Wartung und Überprüfung durchzuführen hat,**

4. welche Anforderungen an die Dichtheitsprüfung von umschlossenen radioaktiven Stoffen zu stellen sind und wer die Dichtheitsprüfung durchzuführen hat,

5. welche Strahlungsmessgeräte zu verwenden sind und welche Anforderungen an sie zu stellen sind,

6. welche Bereiche, Räume, Geräte, Vorrichtungen, Behälter, Umhüllungen, Anlagen zur Erzeugung ionisierender Strahlung und welche bauartzugelassenen Vorrichtungen zu kennzeichnen sind, auf welche Weise und unter welchen Voraussetzungen die Kennzeichnung zu erfolgen hat sowie in welchen Fällen Kennzeichnungen zu entfernen sind,

7. welche Anforderungen an die Abgabe radioaktiver Stoffe zu stellen sind,

8. welche Anforderungen an die Rücknahme hochradioaktiver Strahlenquellen zu stellen sind,

9. in welchen Fällen bei Tätigkeiten mit Strahlungsquellen Röntgenräume oder Bestrahlungsräume zu nutzen sind und welche Anforderungen an Röntgenräume und Bestrahlungsräume zu stellen sind,

10. welche Personen bei Tätigkeiten mit Strahlungsquellen die Strahlung anwenden oder die Anwendung technisch durchführen dürfen, dass und wie Personen bei Tätigkeiten mit Strahlungsquellen einzuweisen sind und welche Unterlagen bei der Ausübung dieser Tätigkeiten verfügbar sein müssen, dass über die Einweisungen Aufzeichnungen anzufertigen und diese der Behörde auf Verlangen vorzulegen sind,

11. dass weitere Vorsorge- und Überwachungsmaßnahmen für eine Kontrolle radioaktiver Stoffe zum Schutz Einzelner und der Allgemeinheit zu treffen sind und welche solcher Maßnahmen zu treffen sind,

12. welche weiteren Aufzeichnungs-, Aufbewahrungs-, Mitteilungs-, Vorlage- und Hinterlegungspflichten im Zusammenhang mit den Pflichten nach den Nummern 1 bis 11 bestehen.

²Die Rechtsverordnung kann auch diejenigen Vorschriften der Rechtsverordnung festlegen, für deren Einhaltung der Strahlenschutzverantwortliche zu sorgen hat.

A. Zweck und Bedeutung der Norm

1   Mit den in § 89 aufgeführten Verordnungsermächtigungen wird im Wesentlichen die Grundlage für die Fortführung der Regelungen der §§ 65 bis 70 StrlSchV 2001 und von großen Teilen der Regelungen der §§ 18, 20, 30 und 34 RöV geschaffen. Die auf diese Ermächtigungen gestützten Verordnungsregelungen zB zu Buchführungs- und Mitteilungspflichten sind von enormer Bedeutung für die lückenlose Kontrolle radioaktiver Stoffe und sollen es der zust. Behörde erlauben, ihren Aufsichtspflichten umfänglich nachzukommen. Darüber hinaus sollen die Anforderungen an zB die Sicherung und Lagerung radioaktiver Stoffe, an die Wartung und Prüfung, an die Kennzeichnung und an die Abgabe radioaktiver Stoffe die Sicherheit ua beim Umgang mit radioaktiven Stoffen und beim Betrieb von Geräten und Vorrichtungen gewährleisten. Gleichzeitig dienen die Verordnungsermächtigungen zusammen mit den Regelungen auf Verordnungsebene der

Umsetzung mehrerer Vorgaben der RL 2013/59/Euratom, ua aus Art. 34, 68 und 85 bis 91.

§ 89 bezieht sich seiner Überschrift nach auf die Sicherheit von **Strahlungs-** 2 **quellen.** Dieser umfassende Begriff (→ 3 Rn. 58) wurde gewählt, weil die Norm zwar hauptsächlich Ermächtigungen hinsichtlich der Sicherheit radioaktiver Stoffe enthält, wozu auch Strahlenquellen als Unterkategorie der radioaktiven Stoffe gehören (→ § 3 Rn. 55), jedoch auch – etwa in S. 1 Nr. 9 und 10 – andere Strahlungsquellen wie Röntgeneinrichtungen anspricht.

B. Bisherige Rechtslage

Die auf die Verordnungsermächtigungen des § 89 gestützten Regelungen fanden 3 sich vor Inkrafttreten des neuen Strahlenschutzrechts in den §§ 35 (Auslegung oder Aushang der Verordnung), 65 (Lagerung und Sicherung radioaktiver Stoffe), 66 (Wartung, Überprüfung und Dichtheitsprüfung), 67 (Strahlungsmessgeräte), 68 (Kennzeichnungspflicht), 69 (Abgabe radioaktiver Stoffe), 69a (Rücknahme hochradioaktiver Strahlenquellen), 70 (Buchführung und Mitteilung) und 84 (Bestrahlungsräume) StrlSchV 2001. Weitere in diesem Zusammenhang relevante Regelungen enthielten § 18 Abs. 1 S. 1 Nr. 1 bis 5 sowie S. 2 bis 4, § 20, § 21 Abs. 2, § 30 und § 34 Abs. 2 bis 4 RöV.

C. Verordnungsermächtigungen

Auf den Verordnungsermächtigungen in S. 1 Nr. 1 und 12, auch iVm S. 2, beru- 4 hen die Regelungen in § 85 StrlSchV. Grundlage für die Vorschriften des § 86 StrlSchV ist hingegen § 68 Abs. 1 S. 1 Nr. 3 (→ § 68 Rn. 5). Die Regelungen der §§ 85 und 86 StrlSchV entsprechen inhaltlich im Wesentlichen § 70 StrlSchV 2001. Wie die Vorgängerregelungen enthalten auch sie Buchführungspflichten ua hinsichtlich der Entwicklung des Bestandes radioaktiver Stoffe. Zusammen mit den weiteren Pflichten des SSV, insbes. im Hinblick auf zu erstattende Mitteilungen, soll es der zust. Behörde ermöglicht werden, ihren Aufsichtspflichten nachzukommen. Gleichzeitig dienen die Regelungen der Umsetzung von Art. 85 Abs. 2 und Art. 86 Abs. 2 RL 2013/59/Euratom. Die Regelungen in § 85 Abs. 4 und 5 StrlSchV in Bezug auf HRQ dienen darüber hinaus der Umsetzung von Art. 89 und 90 RL 2013/59/Euratom.

Die Ermächtigung in S. 1 Nr. 2, auch iVm S. 2, ist Grundlage für § 87 StrlSchV 5 **(Sicherung und Lagerung radioaktiver Stoffe)**, die auch inhaltlich § 65 StrlSchV 2001 fortführt. Wie die Vorgängerregelung legt auch § 87 StrlSchV die Anforderungen fest, die zum Schutz vor Schäden durch ionisierende Strahlung oder radioaktive Stoffe an eine strahlenschutzgerechte Sicherung und Lagerung zu stellen sind. § 87 Abs. 1 StrlSchV ist dabei zweistufig aufgebaut. Die Sicherung radioaktiver Stoffe gegen Abhandenkommen, missbräuchliche Verwendung und den Zugriff durch Unbefugte ist gem. § 87 Abs. 1 Nr. 1 StrlSchV immer dann notwendig, wenn die Aktivität und die spezifische Aktivität die festgelegten Freigrenzen überschreiten. Zusätzlich ist eine geschützte Lagerung gem. § 87 Abs. 1 Nr. 2 StrlSchV dann erforderlich, wenn die spezifische Aktivität die festgelegte Freigrenze um das Hundertfache überschreitet. Dies trägt dem Problem Rechnung, dass aufgrund der Absenkung der Freigrenze der spezifischen Aktivität auf die Werte der uneingeschränkten Freigabe sonst auch erhöhte Schutzmaßnahmen bei der Lagerung für radioaktive Stoffe ergriffen werden müssten, die einer eingeschränkten Freigabe zugeführt werden sollen oder bei denen die Freigabeentscheidung noch aussteht. Der Verordnungsgeber hat es daher als sinnvoll erachtet, erhöhte Schutzmaßnahmen erst ab dem Hundertfachen der Freigrenze der spezifischen Aktivität zu fordern (BR-Drs. 423/18, 397). Die Regelungen dienen der Umsetzung von Art. 85 Abs. 1 und Art. 86 Abs. 1 RL 2013/59/Euratom.

6   Die Regelungen des § 88 StrlSchV **(Wartung und Prüfung)** beruhen auf den Ermächtigungen in S. 1 Nr. 3 und 12, auch iVm S. 2. Sie führen inhaltlich die Regelungen von § 66 Abs. 2, 3 und 6 StrlSchV 2001 und § 18 Abs. 1 S. 1 Nr. 5 RöV fort und dienen ebenfalls der Umsetzung von Art. 85 Abs. 1 und Art. 86 Abs. 1 RL 2013/59/Euratom. Nach § 66 Abs. 6 S. 1 StrlSchV 2001 und § 18 Abs. 1 S. 1 Nr. 5 RöV war der SSV verpflichtet, der zust. Behörde die Prüfberichte des Sachverständigen vorzulegen. Da aber gem. § 183 Abs. 1 S. 1 Nr. 6, ggf. iVm Abs. 3 S. 1, StrlSchV nunmehr generell der Sachverständige zur Vorlage des Prüfberichts verpflichtet ist (→ § 172 Rn. 19), sieht § 88 Abs. 1 S. 1 Nr. 2 und Abs. 4 Nr. 2 StrlSchV die Vorlage des Prüfberichts durch den SSV nur noch auf Verlangen der zust. Behörde vor. Neu ist die Regelung in § 88 Abs. 3 StrlSchV, nach der unter gewissen Voraussetzungen von der Pflicht zur Sachverständigenprüfung befreit werden kann (BR-Drs. 423/18, 398). § 88 Abs. 5 StrlSchV ermöglicht die Anordnung von Sachverständigenprüfungen für Störstrahler, deren Betrieb genehmigungsbedürftig ist, und für anzeigebedürftige AEiS. Dadurch soll zum einen der unterschiedlichen Komplexität und dem unterschiedlichen Gefährdungspotential von Störstrahlern Rechnung getragen und zum anderen die Möglichkeit eröffnet werden, auch bei neuen technischen Entwicklungen Sachverständigenprüfungen anordnen zu können, wenn dies erforderlich erscheint (BR-Drs. 423/18, 399).

7   Die Vorgaben zur Dichtheitsprüfung in § 89 StrlSchV haben ihre Grundlage in S. 1 Nr. 4 und 12, auch iVm S. 2. Damit werden inhaltlich die Regelungen aus § 66 Abs. 4 und 5 StrlSchV 2001 übernommen. Im Gegensatz zur Vorgängerregelung, nach der es im pflichtgemäßen Ermessen der Behörde stand, den SSV zur Dichtheitsprüfung zu verpflichten, sieht § 89 Abs. 1 S. 1 StrlSchV nunmehr eine generelle Verpflichtung des SSV vor. Dafür hat nunmehr gem. § 89 Abs. 1 S. 5 StrlSchV die zust. Behörde die Möglichkeit, im Einzelfall ganz oder teilweise von der Pflicht zur Dichtheitsprüfung zu befreien, wenn dadurch keine Gefährdung von Mensch und Umwelt eintreten kann. Der Zusatz „oder war sie einem Brand ausgesetzt" in § 89 Abs. 3 StrlSchV dient der Umsetzung der Anforderung in Anh. XV lit. d RL 2013/59/Euratom.

8   Auf der Ermächtigung in S. 1 Nr. 5, auch iVm S. 2, beruhen die Vorschriften in § 56 Abs. 3 und in § 90 StrlSchV (Strahlungsmessgeräte), wobei § 90 Abs. 4 und 5 S. 2 StrlSchV auch auf § 68 Abs. 1 S. 1 Nr. 3 gestützt werden kann. Mit diesen Regelungen wird der Inhalt von § 67 StrlSchV 2001 und § 34 Abs. 2 bis 4 RöV fortgeführt. Sie dienen auch der Umsetzung von Art. 34 lit. a und d sowie von Art. 68 lit. b und c RL 2013/59/Euratom.

9   Grundlage für die Regelungen in § 91 (Kennzeichnungspflicht), § 92 (Besondere Kennzeichnungspflichten) und § 93 (Entfernen von Kennzeichnungen) sowie für Anl. 10 StrlSchV ist S. 1 Nr. 6 und 12, auch iVm S. 2. Diese Regelungen übernehmen den Inhalt von § 68 und Anl. IX StrlSchV 2001. § 91 StrlSchV führt konkret § 68 Abs. 1, 2 und 3 StrlSchV 2001 fort. Die Pflicht zur Kennzeichnung von bauartzugelassenen Vorrichtungen, die sonstige radioaktive Stoffe enthalten (→ § 45 Rn. 14), und von bauartzugelassenen AEiS (→ § 45 Rn. 21 ff.) ist allerdings nun-

mehr unmittelbar bei den Pflichten des Inhabers der Bauartzulassung in § 24 Nr. 4
lit. b StrlSchV geregelt. Der Inhalt von § 68 Abs. 6 StrlSchV 2001 findet sich in § 24
Nr. 4 lit. c StrlSchV. Mit § 92 StrlSchV wird inhaltlich § 68 Abs. 1a, 1b und 5
StrlSchV 2001 übernommen. Neu ist § 92 Abs. 2 S. 1 Nr. 6 StrlSchV. Danach muss
die Kennzeichnung auch den Namen desjenigen enthalten, der die radioaktiven
Stoffe abgefüllt hat. Diese Information ist in einem Notfall für die Einsatzkräfte
wichtig, da der Abfüller am besten über das jeweilige Behältnis Auskunft geben
kann (BR-Drs. 423/18, 401). Schließlich übernimmt § 93 StrlSchV inhaltlich § 68
Abs. 4 StrlSchV 2001. Die Regelungen der §§ 91 bis 93 StrlSchV dienen der Umsetzung von Art. 86 Abs. 1 RL 2013/59/Euratom. In Bezug auf HRQ wird zusätzlich Art. 88 lit. c und e sowie Art. 91 Abs. 2 RL 2013/59/Euratom umgesetzt.
Ebenfalls auf S. 1 Nr. 6, auch iVm S. 2, lassen sich die Regelungen in § 53 StrlSchV
zur Kennzeichnung von Strahlenschutzbereichen stützen.

Die Vorschriften des § 94 StrlSchV **(Abgabe radioaktiver Stoffe)** beruhen auf **10**
den Ermächtigungen in S. 1 Nr. 7 und 11, auch iVm S. 2, und führen inhaltlich § 69
StrlSchV 2001 fort. Neu ist § 94 Abs. 3 S. 2 StrlSchV, der im Bundesratsverfahren in
die StrlSchV aufgenommen wurde. Dadurch soll die Möglichkeit eröffnet werden,
auch bei nachweislich nicht vorliegender Herstellerdokumentation HRQ abgeben
zu können (BR-Drs. 423/18 (Beschluss), 12). Ebenfalls aufgrund des Beschlusses
des BR wurde § 94 Abs. 6 S. 3 StrlSchV eingefügt, der die diesbezügliche Vollzugspraxis auf Verordnungsebene festschreibt (BR-Drs. 423/18 (Beschluss), 13). Die
Regelungen dienen auch der Umsetzung von Art. 88 lit. a sowie von Art. 91 Abs. 1
iVm Anh. XV lit. f RL 2013/59/Euratom.

Die Regelung des § 95 StrlSchV **(Rücknahme hochradioaktiver Strahlen-** **11**
quellen) hat ihre Grundlage in S. 1 Nr. 8. Sie übernimmt den Inhalt von § 69a
StrlSchV 2001 und setzt Art. 87 lit. a sowie Art. 88 lit. g RL 2013/59/Euratom um.
Die Pflicht zur Rücknahme besteht auch für ausgediente Strahlenquellen, die nicht
mehr hochradioaktiv isv § 5 Abs. 36 sind, für die aber gleichwohl weiterhin ein sicherer Umgang erforderlich ist (BR-Drs. 423/18, 402).

Die Ermächtigung in S. 1 Nr. 9, auch iVm S. 2, ist Grundlage für die Regelun- **12**
gen in den §§ 60 bis 62 StrlSchV zu **Röntgen- und Bestrahlungsräumen.** Sie
übernehmen den Inhalt von § 84 StrlSchV 2001 sowie § 20 und § 21 Abs. 2 RöV.
In § 61 Abs. 1 StrlSchV wird nunmehr klargestellt, dass die Regelung auch bei der
Anwendung am Tier in der Tierheilkunde gilt. Für die Beurteilung, wann Bestrahlungsvorrichtungen in Bestrahlungsräumen zu betreiben sind, stellt § 61 Abs. 1
Nr. 3 StrlSchV nicht mehr auf die Aktivität, sondern auf die Verwendung von
HRQ ab. Damit wird dem von der Strahlenquelle ausgehenden Gefahrenpotential
besser Rechnung getragen (BR-Drs. 423/18, 383). Außerdem wird berücksichtigt,
dass in einer Vorrichtung mehrere einzelne Quellen enthalten sein können, deren
Gesamtaktivität für die Anwendung der Regelung maßgeblich ist (BR-Drs.
423/18, 383). Die Regelung des § 20 Abs. 5 S. 3 RöV wird nunmehr durch die entsprechende Regelung zum Sperrbereich in § 53 Abs. 3 S. 2 StrlSchV abgedeckt.
Weitere Festlegungen zu Bestrahlungsräumen finden sich im untergesetzlichen Regelwerk, namentlich in der RL „Strahlenschutz in der Medizin" vom 26. 5. 2011
(GMBl. 2011, 867), geändert am 7. 7. 2014 (GMBl. 1020).

Auf den Verordnungsermächtigungen in S. 1 Nr. 10 und 11, auch iVm S. 2, be- **13**
ruhen die Regelungen in § 46 und § 76 S. 3 sowie in den §§ 97, 98 und 147
StrlSchV. Sie dienen der inhaltlichen Fortführungen der Regelungen in § 35
StrlSchV 2001 sowie § 18 Abs. 1 S. 1 Nr. 1 bis 4 und S. 2 bis 4 sowie § 30 RöV. Die
Pflicht zum Bereithalten von StrlSchG und StrlSchV kann auch durch das Vorhalten

einer elektronischen Fassung erfüllt werden (BR-Drs. 423/18, 375). Beim anzeigebedürftigen Betrieb eines Luft- oder Raumfahrzeugs ist es ausreichend, Gesetz und Verordnung ständig zur Einsicht am Boden verfügbar zu halten (BR-Drs. 423/18, 375). Im Zuge der Zusammenführung der StrlSchV 2001 und der RöV wurde in § 97 StrlSchV die Pflicht zur **Aufbewahrung und zum Bereithalten von Unterlagen** auf alle genehmigungsbedürftigen Tätigkeiten nach § 12 Abs. 1 erweitert. Auch die Pflicht nach § 98 StrlSchV zur **Einweisung in Tätigkeiten mit Strahlungsquellen** gilt nunmehr ebenso für den Betrieb von AEiS und Bestrahlungsvorrichtungen. § 147 StrlSchV übernimmt inhaltlich § 30 RöV. Unter den Personen, die Röntgenstrahlung anwenden, sind auch diejenigen zu verstehen, die die Anwendung technisch durchführen (BR-Drs. 423/18, 453). Die Einschränkung aus § 30 S. 1 Nr. 2 letzter Hs. RöV wurde nicht übernommen, da bei vielen genehmigungs- und anzeigebedürftigen Tätigkeitsarten eine direkte Aufsicht nicht erforderlich ist (BR-Drs. 423/18, 453).

14   Die Verordnungsermächtigung in S. 1 Nr. 11 dient der Umsetzung von Art. 85 Abs. 1 und Art. 86 Abs. 1 RL 2013/59/Euratom zu offenen und umschlossenen Strahlenquellen und hat lediglich **Auffangwirkung**, indem sie zum Erlass von Verordnungsregelungen ermächtigt, die sonstige Anforderungen im Zusammenhang mit der Nutzung radioaktiver Stoffe und ionisierender Strahlung aus der StrlSchV 2001 übernehmen (BT-Drs. 18/11241, 343).

15   S. 2 ermöglicht iVm § 72 die Fortführung der Rechtslage nach § 33 StrlSchV 2001 und § 15 RöV. Es wird klargestellt, dass in Ergänzung zu § 72 Abs. 1 S. 1 Nr. 3 in der RVO nach S. 1 festgelegt werden kann, dass der SSV für die Einhaltung bestimmter Vorschriften der RVO zu sorgen hat; nach § 72 Abs. 2 S. 1 Nr. 1 lit. b kann die Pflicht in einem solchen Fall dann grds. auch dem SSB obliegen (BT-Drs. 18/11241, 343).

D. Zuwiderhandlungen

16   Nach **§ 194 Abs. 1 Nr. 1 lit. a** handelt ordnungswidrig, wer vorsätzlich oder fahrlässig einer RVO nach § 89 S. 1 Nr. 2, 3, 4, 5, 7, 8, 9 oder 11 oder S. 2 zuwiderhandelt, soweit die RVO für einen bestimmten Tatbestand auf § 194 verweist. Insoweit ergeben sich Ordnungswidrigkeiten aus § 184 Abs. 1 Nr. 19, 21 und 36 bis 44 StrlSchV in Ansehung der dort aufgeführten Pflichten nach § 60 Abs. 1, § 61 Abs. 1, § 87 Abs. 1 Nr. 1 und 2 sowie Abs. 2 und 3, § 88 Abs. 1 S. 1 Nr. 1 lit. b, Abs. 4 Nr. 1 und Abs. 5 S. 1, § 89 Abs. 1 S. 2, auch iVm Abs. 2 S. 2, Abs. 2 S. 1 und Abs. 3 Nr. 1, § 90 Abs. 3, § 94 Abs. 1 und 2 S. 1 sowie Abs. 3 und 4 StrlSchV. Die Höhe der **Geldbuße** richtet sich nach § 194 Abs. 2 und kann bis zu **50.000 Euro** betragen.

17   Nach **§ 194 Abs. 1 Nr. 1 lit. b** handelt ordnungswidrig, wer vorsätzlich oder fahrlässig einer RVO nach § 89 S. 1 Nr. 1, 6, 10 oder 12 zuwiderhandelt, soweit die RVO für einen bestimmten Tatbestand auf § 194 verweist. Insoweit ergeben sich Ordnungswidrigkeiten aus § 184 Abs. 2 Nr. 2, 7, 11 bis 20 und 32 StrlSchV in Ansehung der dort aufgeführten Pflichten nach § 85 Abs. 1 S. 1 Nr. 1, auch iVm S. 2, Abs. 3 Nr. 1 und 2, Abs. 4 S. 1 Nr. 1 und 2 sowie S. 2, § 88 Abs. 1 S. 1 Nr. 2, Abs. 4 Nr. 2 und Abs. 5 S. 2, § 89 Abs. 1 S. 3, auch iVm Abs. 2 S. 2, Abs. 3 Nr. 2 und Abs. 4, § 90 Abs. 5 S. 1 Nr. 3, § 91 Abs. 1 und 3 § 92 Abs. 1 S. 1 Nr. 1 und 3 sowie Abs. 2, auch iVm Abs. 3, § 97 Abs. 1, 2 und 3, § 98 S. 1 Nr. 3 und 4, jeweils auch iVm S. 2, sowie § 147 S. 1 StrlSchV. Die Höhe der **Geldbuße** richtet sich nach § 194 Abs. 2 und kann bis zu **10.000 Euro** betragen.

Kapitel 6 – Melde- und Informationspflichten

§ 90 Verordnungsermächtigung für Pflichten, Aufgaben und Befugnisse bei Vorkommnissen; Aufzeichnungs-, Übermittlungs- und Aufbewahrungspflichten

(1) [1]Die Bundesregierung wird ermächtigt, durch Rechtsverordnung mit Zustimmung des Bundesrates im Hinblick auf Vorkommnisse in geplanten Expositionssituationen Pflichten des Strahlenschutzverantwortlichen sowie behördliche Aufgaben und Befugnisse festzulegen. [2]In der Rechtsverordnung kann insbesondere festgelegt werden,

1. dass und welche Maßnahmen der Strahlenschutzverantwortliche einzuleiten hat, damit Expositionen bei einem solchen Vorkommnis so gering wie möglich gehalten werden,
2. dass und welche Maßnahmen der Strahlenschutzverantwortliche zu treffen hat, um solche Vorkommnisse zukünftig zu vermeiden,
3. dass und auf welche Weise der Strahlenschutzverantwortliche ein Vorkommnis aufzuzeichnen und zu untersuchen hat, dass und für welchen Zeitraum er diesbezügliche Aufzeichnungen aufzubewahren hat,
4. dass und auf welche Weise der Strahlenschutzverantwortliche der Aufsichtsbehörde
   a) ein Vorkommnis zu melden hat,
   b) Informationen und Erkenntnisse über Ursachen und Auswirkungen des Vorkommnisses sowie Maßnahmen zur Behebung oder Begrenzung der Auswirkungen des Vorkommnisses zu melden hat und
   c) Maßnahmen zur Vermeidung von Vorkommnissen zu melden hat,
5. dass und auf welche Weise die Aufsichtsbehörde Meldungen nach Nummer 4 erfasst, prüft und bewertet,
6. dass und wie im Bundesamt für Strahlenschutz eine zentrale Stelle zur Erfassung, Verarbeitung und Auswertung von Informationen und Erkenntnissen über Vorkommnisse im Zusammenhang mit der Anwendung radioaktiver Stoffe oder ionisierender Strahlung am Menschen einzurichten ist, welche Aufgaben die zentrale Stelle im Einzelnen wahrnimmt und wie sie diese Aufgaben wahrnimmt,
7. dass und auf welche Weise die Aufsichtsbehörde der zentralen Stelle Informationen und Erkenntnisse über ein Vorkommnis im Zusammenhang mit der Anwendung radioaktiver Stoffe oder ionisierender Strahlung am Menschen sowie ihre diesbezügliche Bewertung übermittelt,
8. unter welchen Voraussetzungen und in welcher Weise die Aufsichtsbehörde und die zentrale Stelle Informationen und Erkenntnisse über Vorkommnisse veröffentlichen.

(2) [1]Der Strahlenschutzverantwortliche hat dafür zu sorgen, dass bei einem Vorkommnis, das der Rechtsverordnung nach Absatz 1 unterliegt, Name, Vornamen, Geburtsdatum und -ort, Geschlecht und Anschrift sowie Daten zur Exposition einer durch das Vorkommnis exponierten Person sowie zu den gesundheitlichen Folgen der Exposition unverzüglich aufgezeichnet werden. [2]Sofern der Strahlenschutzverantwortliche das Vorkommnis nach der Rechtsverordnung nach Absatz 1 zu melden hat

und Maßnahmen zum Schutz der exponierten Person erforderlich sind, übermittelt er die Daten unverzüglich der zuständigen Behörde. [3]Die Daten sind vor dem Zugriff Unbefugter durch technisch-organisatorische Maßnahmen zu sichern. [4]Sie sind der zuständigen Behörde in anderen Fällen als in Satz 2 auf Verlangen zu übermitteln. [5]Die Daten sind 30 Jahre lang aufzubewahren und nach Ablauf dieser Frist unverzüglich zu löschen.

Schrifttum: *Bohrer/Schäfer/Krombach,* Die neue Strahlenschutzgesetzgebung – Teil 1 – Änderungen für die arbeitstägliche Routine in der Radiologie, Der Radiologe 2020, 721; *Borowski/ Pirl/Hartmann/Müller,* Betrieblicher Umgang mit (bedeutsamen) Vorkommnissen bei medizinischen Anwendungen radioaktiver Stoffe in der Nuklearmedizin und praktische Erprobung der Meldekriterien, Salzgitter 2020; *Borowski/Hartmann/Müller/Singer/Stamm/Pirl,* Leitfaden zum Umgang mit Vorkommnissen in Röntgendiagnostik und Nuklearmedizin, Salzgitter 2020; *Brix/Griebel/Czarwinski,* Melde- und Informationssystem für bedeutsame Vorkommnisse bei Strahlenanwendungen in der Medizin: Struktur, Zuständigkeiten und Meldekriterien, Zft. für Medizinische Physik 29, 1/2019, 66; *Günther,* Erfassung und Auswertung von Vorkommnissen bei der Beförderung radioaktiver Stoffe, StrlSchPrax 3/2021, 12; *Hartmann/Müller/Singer/ Stamm,* Betrieblicher Umgang mit (bedeutsamen) Vorkommnissen bei medizinischen Anwendungen ionisierender Strahlung in der Röntgendiagnostik und interventionellen Radiologie und praktische Erprobung der Meldekriterien, Salzgitter 2020; *Lorenz/Honolka,* Umsetzung der Richtlinie 2013/59 Euratom aus Sicht einer Landesbehörde, Fachverband 2016, 51; *Walz/ Wucherer/Loose,* Was bringt die neue Strahlenschutzverordnung?, Der Radiologe 2019, 457; *Wigge,* Das neue Strahlenschutzgesetz – Überblick über die Auswirkungen auf das Fachgebiet der Radiologie, RöFo 2017, 1010.

A. Sinn und Zweck der Norm

1 § 90, durch den Art. 63 lit. a, c, e und f sowie Art. 96 RL 2013/59/Euratom umgesetzt werden, ermächtigt dazu, in einer RVO – der StrlSchV – nähere Anforderungen im Hinblick auf Vorkommnisse in geplanten Expositionssituationen, Pflichten des SSV sowie behördliche Aufgaben und Befugnisse festzulegen. Durch die präzise Definition und eine einheitliche Verwendung des Begriffs des „Vorkommnisses" übergreifend bei allen strahlenschutzrelevanten Tätigkeiten soll, verbunden mit der Übertragung von Aufzeichnungs-, Übermittlungs- und Aufbewahrungspflichten an den SSV sowie der Etablierung entsprechender Systeme zum Umgang mit Vorkommnissen, eine erhöhte Vollzugstauglichkeit im Vergleich zur alten Rechtslage, ein effektiver, qualitätsgesicherter Schutz und damit eine Verbesserung des Strahlenschutzes insgesamt herbeigeführt werden (BT-Drs. 18/11241, 344; BT-Drs. 423/18, 411). Vorkommnisse gibt es zB beim Umgang mit sonstigen radioaktiven Stoffen, beim Betrieb von Beschleunigern, bei der Beförderung sonstiger radioaktiver Stoffe und beim Betrieb von Röntgeneinrichtungen. Angesichts einer wachsenden Anzahl und Kompliziertheit gerade medizinischer Strahlenanwendungen am Menschen soll mit der Verordnungsermächtigung den Risiken von gesundheitsschädigenden Strahlenexpositionen, bedingt durch technische Mängel oder menschliches Versagen, begegnet werden. Die Vorschriften verfolgen letztlich die Ziele, Vorkommnisse im Rahmen der Aufsicht im Einzelfall zu bewältigen, aber auch durch einen „systematischen Erfahrungsrückfluss innerhalb einer Einrichtung und (bei medizinischen Vorkommnissen) bundesweit" einen Lernprozess in Lauf zu setzen (BT-Drs. 18/11241, 344).

B. Bisherige Regelung

Das alte Strahlenschutzrecht kannte nicht den „Vorkommnis"-Begriff, sondern **2** lediglich die entsprechenden Termini „sicherheitstechnisch bedeutsames Ereignis" (§ 51 Abs. 1 S. 2 StrlSchV 2001) und „außergewöhnliche Ereignisabläufe oder Betriebszustände" (§ 42 Abs. 1 RöV; ausf. BT-Drs. 18/11241, 343 f.).

C. Verordnungsermächtigungen

I. Verordnungsermächtigungen in § 90

Abs. 1 S. 1 iVm S. 2 Nr. 1 bis 4 ermöglichen die Schaffung **konkreter Vorgaben 3 für den SSV,** Nr. 5 bis 8 **für Behörden.** Die nach Nr. 6 beim BfS einzurichtende **zentrale Stelle** nimmt nur Aufgaben – die zentrale Auswertung von Vorkommnissen – im Hinblick auf Vorkommnisse im Zusammenhang mit der **Anwendung** radioaktiver Stoffe oder ionisierender Strahlung **am Menschen** wahr (vgl. auch § 185 Abs. 2 Nr. 4 StrlSchG u. § 111 StrlSchV). Die Festlegung nach Nr. 8 (Veröffentlichung von Informationen und Erkenntnisse über Vorkommnisse) lässt die Vorschriften der Umweltinformations- und Informationsfreiheitsrechte von Bund und Ländern unberührt (BT-Drs. 18/11241, 345); zu denken ist hier etwa an § 10 UIG. Abs. 2 regelt Aufzeichnungs-, Aufbewahrungs- und Mitteilungspflichten in Bezug auf personenbezogene Daten (ausführlich dazu BT-Drs. 18/11241, 345 f.).

II. Umsetzung in der StrlSchV

Umgesetzt werden die Ermächtigungen in Teil 2 Kapitel 6 Abschnitt 7 der **4** StrlSchV, wobei die § 105 und 109 StrlSchV für alle Vorkommnisse und die §§ 108 und 110 f. StrlSchV für bedeutsame Vorkommnisse gelten. Die §§ 106 und 107 regeln (vorbereitende) Maßnahmen konkret im Hinblick auf Notfälle oder Störfälle.

1. Vorkommnis. a) Begriff. Legaldefiniert wird der Begriff des **Vor- 5 kommnisses** in § 1 Abs. 22 StrlSchV. Danach ist ein Vorkommnis ein Ereignis in einer **geplanten Expositionssituation,** das zu einer **unbeabsichtigten Exposition** geführt hat, führen könnte oder geführt haben könnte (S. 1), wobei es im letztgenannten Fall, dem **„Beinahe-Vorkommnis",** um einen Ablauf geht, bei dem es ohne einen rechtzeitig abwendenden Eingriff o. ä. zu einer tatsächlichen Exposition gekommen wäre (*Borowski/Hartmann et al.,* S. 4; BT-Drs. 423/18, 351). Im Umkehrschluss ist ein Ereignis, das zu einer **beabsichtigten** Exposition geführt hat, kein Vorkommnis in diesem Sinne. Hierzu zählen etwa Ereignisse aufgrund böswilliger Handlungen (Diebstahl, Sabotage). Kein Vorkommnis liegt ferner vor, wenn das Ereignis für den Strahlenschutz **nicht relevant** ist (S. 2). Der Begriff der **strahlenschutzrechtlichen Relevanz** ist weder im StrlSchG noch in der StrlSchV definiert, sondern muss **einzelfallbezogen** ausgefüllt werden. Das ist vom Schutzgedanken her misslich, weil die erste Stufe der Definitionshoheit über den Vorkommnis-Begriff somit beim SSV liegt (→ Rn. 14). Eine Relevanz ist, orientiert am **Vorsorgeprinzip,** gegeben, wenn das Ereignis „aus Strahlenschutzgesichtspunkten **nicht außer Acht gelassen** werden kann"; auf eine konkrete Gefahrenlage kommt es nicht an (arg. BT-Drs. 18/11241, 413).

6   Damit entspricht dieser Begriff den signifikanten bzw bedeutsamen Ereignissen der Art. 63 und 96 der RL 2013/59/Euratom. Er umfasst auch **Notfälle** iSd § 5 Abs. 26, **Störfälle** isd § 1 Abs. 18 StrlSchV und **Unfälle** isd bisherigen StrlSchV 2001 und beinhaltet Vorkommnisse mit potentiellen Auswirkungen (BT-Drs. 18/11241, 344; BT-Drs. 423/18, 351 f.; instruktiv auch das Schaubild bei *Borowski/Hartmann et al.*, S. 4).

7   **Beispiele** für Vorkommnisse: Fehlbestrahlung, Patientenverwechslung, beruflicher Einsatz einer schwangeren Person im Sperrbereich, fehlerhafte Software, Applikation des falschen Radiopharmakons oder der falschen Aktivität, Nuklidapplikation ohne Bildgebung wegen Geräteausfalls (weitere Beispiele bei *Borowski/Pirl et al.*, S. 18). Transport- und Handhabungsunfälle mit Versandstücken, die radioaktives Material enthalten, sind nicht per se relevant; ein Verkehrsunfall dürfte – auch bei schweren Schadensfolgen – für den Strahlenschutz irrelevant isd § 1 Abs. 22 S. 2 StrlSchV sein, wenn zB nichts an der radioaktiven Ladung passiert, etwa keine Behältnisse beschädigt werden oder keine Stoffe auslaufen. Dagegen liegt eine strahlenschutzrechtliche Relevanz vor, wenn sich die Strahlendosis einer beruflich exponierten Person durch einen nicht regelkonformen Betrieb erhöht. Denn der regelmäßige Betrieb findet unter allen Vorsorgebedingungen statt. Jede darüber hinausgehende Exposition widerspricht dem Minimierungsgrundsatz, unabhängig davon, dass die Behörde im Einzelfall für ein einzelnes Jahr eine höhere effektive Dosis zulassen kann (§ 78 Abs. 1 S. 2 StrlSchG). Ob das **Vorkommnis bedeutsam** und damit meldepflichtig ist, ist vor allem anhand der Kriterien nach den Anlagen 14 und 15 zu § 108 StrlSchV zu prüfen.

8   Unabhängig von der Einstufung, ob ein Vorkommnis (auch als „Beinahe-Vorkommnis, → Rn. 5) oder ein bedeutsames Vorkommnis vorliegt, müssen vorbeugende bzw. Aufarbeitungsmaßnahmen ergriffen werden.

9   **b) Vorbereitende Maßnahmen (§ 105 StrlSchV).** § 105 Abs. 1 StrlSchV verpflichtet den SSV bereits im Vorfeld („vorbereitend") zum Ergreifen von Vorkommnisse vermeidenden und erkennenden sowie zu auswirkungsminimierenden Maßnahmen **bei der Anwendung ionisierender Strahlung oder radioaktiver Stoffe am Menschen** (eine entsprechende Konstellation sehen die Betreiberpflichten in § 3 Abs. 1 u. 3 StörfallV vor). Dies muss zielgerichtet und strukturiert, unter Berücksichtigung aller Tätigkeitsaspekte geschehen („in systematischer Weise"). Maßstab für die zu ergreifenden Maßnahmen ist das von der Tätigkeit ausgehende Risiko (Abs. 2), das nach objektiven Maßstäben einzuschätzen ist (BT-Drs. 423/18, 412); es muss also ein **vorausschauendes Risikomanagement** (Risikoidentifikation, -analyse, -bewertung und -bewältigung) stattfinden. Im Kontext der Behandlung von Menschen ist zB die prospektive Risikountersuchung als vorbereitende Maßnahme zu qualifizieren, weil diese darauf abzielt, anhand identifizierter Risikokonstellationen Minimierungsmaßnahmen zu ergreifen (BT-Drs. 423/18, 412).

10   **c) Untersuchung, Aufzeichnung und Aufbewahrung (§ 109 StrlSchV).** § 109 legt dem SSV **Untersuchungs-, Aufzeichnungs- und Aufbewahrungspflichten** (Archivierung für 30 Jahre) auf. Die in systematischer Weise durchzuführende Untersuchung von Ursachen und Auswirkungen des Vorkommnisses hat unverzüglich zu geschehen (Abs. 1), ebenso die Aufzeichnungen (Abs. 2). Bei der Untersuchung hat der SSV auch dafür zu sorgen, dass ein **MPE** mitwirkt (§§ 132 Nr. 5). Auch hier sollen sich Umfang und Komplexität des einzurichtenden Systems nach den **Tätigkeitsrisiken** richten (BT-Drs. 423/18, 415). Abs. 3 dient dem **Schutz personenbezogener Daten.**

Da der SSV der von der **ärztlichen bzw zahnärztlichen Stelle** durchzufüh- 11 renden **Qualitätssicherungsprüfung** unterliegt, prüfen diese – in Rückkoppe- lung zur zuständigen Behörde – ob ein Verfahren vorliegt, mit dem Vorkommnisse bei der Anwendung ionisierender Strahlung oder radioaktiver Stoffe am Menschen in systematischer Weise erkannt und bearbeitet werden (§ 130 Abs. 1 S. 2 Nr. 5 StrlSchV).

d) Ausnahme (§ 113 StrlSchV). Die Vorschriften zu Vorkommnissen gelten 12 nicht im Zusammenhang mit dem **anzeigebedürftigen Betrieb von Luft- und Raumfahrzeugen** (§ 113 StrlSchV).

2. Bedeutsames Vorkommnis. a) Begriff. Die „Steigerung" eines Vor- 13 kommnisses ist das **eine Meldepflicht auslösende bedeutsame Vorkommnis,** dessen Inhalt der Rechtsanwender allerdings ebenfalls weitgehend allein ausfüllen muss. Das bedeutsame Vorkommnis firmiert als **Oberbegriff** für Notfälle und Störfälle – diese sind nicht nur Vorkommnisse, sondern qua definitionem sogar be- deutsame – und **„sonstige bedeutsame Vorkommnisse"** (§ 108 Abs. 1 S. 1 StrlSchV). Letztere liegen vor, wenn mindestens ein in den **Anlagen 14 und 15** zu § 108 StrlSchV genanntes Kriterium – die Auflistung ist jeweils nicht abschließend – erfüllt ist (§ 108 Abs. 1 S. 2 StrlSchV; instruktiv zu Anlage 14 die FAQ unter www. bfs.de; *Walz et al.* Radiologe 2019, S. 461; krit. hinsichtlich der Expositionswerte für Einzelpersonen in Anlage 14 iB auf die besondere Strahlenempfindlichkeit von Minderjährigen – vgl. § 120 StrlSchV – *Bohrer et al.* Radiologe 2020, S. 726). Aus der begrifflichen Differenzierung zwischen „Notfällen" und „Störfällen" einerseits und „sonstigen bedeutsamen Vorkommnissen" andererseits folgt, dass der Eintritt der ersteren, ohne zusätzliche Prüfung anhand der Kriterien der Anlagen 14 und 15 zu § 108 StrlSchV, immer ein für den Strahlenschutz bedeutsames und daher meldepflichtiges Vorkommnis zu qualifizieren ist (BT-Drs. 423/18, 413).

b) Meldepflicht bei bedeutsamen Vorkommnissen (§ 108 StrlSchV). Der 14 **SSV** muss dafür sorgen, dass der Eintritt eines **bedeutsamen Vorkommnisses** (das sind Notfälle, Störfälle und sonstige bedeutsame Vorkommnisse → Rn. 13), unverzüglich und mit den erforderlichen Angaben, der zuständigen Behörde ge- meldet werden. Ebenso unverzüglich müssen dieser ergänzende Angaben und – spätestens sechs Monate nach Eintritt des bedeutsamen Vorkommnisses – eine voll- ständige und zusammenfassende (abschließende) Darstellung einschließlich der Be- schreibung der Auswirkungsbehebungs- und -vermeidungsmaßnahmen vorgelegt werden (§ 108 Abs. 1 bis Abs. 3 StrlSchV; zu weiteren Meldepflichten vgl. Abs. 4; ausf. BT-Drs. 423/18, 413f.). Der SSV kann die Erfüllung der Meldepflicht im Rahmen seiner betrieblichen Organisation auf Dritte übertragen (zB SSBV, SSB; *Schmatz/Nöthlichs* 8276 Anm. 1). Die Krux dieser Verpflichtung ist, dass der SSV oder der v.g. Dritte selbst die Einstufung vornehmen muss, ob ein bedeutsames Vorkommnis vorliegt oder nicht. Dabei besteht die Gefahr, dass einige dieser Ereig- nisse nie bekannt werden (angedeutet in BT-Drs. 18/11241, 345; *Wigge,* RöFo 2017, 1013). Soweit zudem die Ansicht vertreten wird, mit **„unverzüglich"** um- schreibe „das deutsche Recht üblicherweise ein<en> Zeitraum von 14 Tagen" (*Bohrer et al.* Radiologe 2020, S. 726), ist zur Vermeidung von behördlichen Maß- nahmen auf § 121 Abs. 1 S. 1 BGB zu verweisen: „Unverzüglich" bedeutet **ohne schuldhaftes Zögern,** ist also am **konkreten Einzelfall** zu bemessen, was –

idR – zu einer deutlich kürzeren Meldefrist führen wird. Die Meldepflicht nach § 108 StrlSchV besteht unabhängig davon, ob die Tätigkeit genehmigungs- oder anzeigebedürftig ist (*Schmatz/Nöthlichs* 8276 Anm. 2).

15   **c) Aufgaben der zuständigen Aufsichtsbehörden (§ 110 StrlSchV).** Die Meldung eines **bedeutsamen Vorkommnisses nach § 108** wird von der zuständigen **Aufsichtsbehörde erfasst, geprüft und bewertet,** um ein vollständiges Bild des Sachverhalts zu bekommen. Für die Prüfung kann sie weitere Stellen – etwa die ärztliche Stelle – hinzuziehen. Sie informiert – ggf. über ihre oberste Landesbehörde – das **BMU** und, bei einem bedeutsamen Vorkommnis **bei medizinischer Exposition und bei Exposition der untersuchten Person bei einer nichtmedizinischen Anwendung,** hier pseudonymisiert, die **zentrale Stelle** beim BfS (siehe § 111 StrlSchV). Betrifft ein bedeutsames Vorkommnis **bei medizinischer Exposition** eine **Anwendung radioaktiver Stoffe oder ionisierender Strahlung zum Zweck der medizinischen Forschung,** ist zusätzlich die für die Anwendung zuständige Genehmigungs- bzw Anzeigebehörde zu informieren. Dies alles hat wiederum unverzüglich zu geschehen.

16   **d) Die zentrale Stelle (§ 111 StrlSchV).** In § 111 StrlSchV sind die Aufgaben der **beim BfS eingerichteten zentralen Stelle** normiert. Diese hat u. a. ein **elektronisches System** einzurichten und zu betreiben, das die pseudonymisierten Informationen über bedeutsame Vorkommnisse bei Strahlenanwendungen am Menschen erfasst, verarbeitet und auswertet. Zweck dieser übergeordneten, systematisch-wissenschaftlich aufgearbeiteten Auswertung ist eine **fortwährende Verbesserung des praktischen Strahlenschutzes;** gewonnene Erkenntnisse können für andere Sachverhalte relevant sein und werden als „**Erfahrungsrückfluss** der Öffentlichkeit zur Verfügung gestellt" (BT-Drs. 423/18, 416; Näheres zum **webbasierten System BeVoMed** – Bedeutsame Vorkommnisse in der Medizin – des BfS unter www.bfs.de). Die Aufgaben der zentralen Stelle sind somit denen der beim UBA eingerichteten Zentralen Melde- und Auswertestelle für Störfälle und Störungen (ZEMA) im immissionsschutzrechtlichen Störfallrecht – dort geht es um die Weiterentwicklung des Standes der Sicherheitstechnik – nicht unähnlich.

17   **e) Meldung und Erfassung von Vorkommnissen nach anderen Rechtsvorschriften (§ 112 StrlSchV). § 112 StrlSchV** stellt klar, dass die Vorschriften zur Meldung und Erfassung von Vorkommnissen nach **Arzneimittel- und Medizinprodukterecht** unberührt bleiben (Abs. 1) und dass die Pflichten aus den §§ 108 bis 110 StrlSchV **nicht für Anlagen und Aufbewahrungen, die dem Anwendungsbereich der AtSMV unterfallen,** besteht (Abs. 2).

D. Zuwiderhandlungen

18   Eine vorsätzlich oder fahrlässig begangene Zuwiderhandlung gegen die RVO (StrlSchV) nach § 90 Abs. 1 S. 2 Nr. 3 oder 4 stellt eine **Ordnungswidrigkeit** dar (§ 194 Abs. 1 Nr. 1 lit. b). Deshalb handelt tatbestandsmäßig, wer entgegen § 109 Abs. 2 StrlSchV nicht dafür sorgt, dass eine Aufzeichnung angefertigt wird (§ 184 Abs. 2 Nr. 7 StrlSchV); wer entgegen § 108 Abs. 1 S. 1, Abs. 3 S. 2 oder Abs. 4 S. 1 oder 2 StrlSchV nicht dafür sorgt, dass eine Meldung erfolgt (§ 184 Abs. 2 Nr. 22 StrlSchV); wer entgegen § 109 Abs. 4 S. 1 StrlSchV nicht dafür sorgt, dass eine Aufzeichnung die entsprechende Zeit aufbewahrt oder vorgelegt wird (§ 184 Abs. 2

Nr. 23 StrlSchV). Die Bußgeldhöhe kann jeweils bis zu **10.000 Euro** betragen (§ 194 Abs. 2).

§ 91 **Verordnungsermächtigung für Informationspflichten des Herstellers oder Lieferanten von Geräten**

[1]Die Bundesregierung wird ermächtigt, durch Rechtsverordnung mit Zustimmung des Bundesrates zu bestimmen, dass der Hersteller oder Lieferant von Anlagen zur Erzeugung ionisierender Strahlung, Röntgeneinrichtungen, Störstrahlern, Bestrahlungsvorrichtungen und weiteren im Zusammenhang mit Tätigkeiten eingesetzten Ausrüstungen, Geräten und Vorrichtungen dem Strahlenschutzverantwortlichen Informationen über diese Geräte zur Verfügung zu stellen hat. [2]In der Rechtsverordnung kann insbesondere festgelegt werden,
1. zu welchem Zeitpunkt der Hersteller oder Lieferant dem Strahlenschutzverantwortlichen für welche der genannten Geräte Informationen zur Verfügung zu stellen hat,
2. welche Angaben und Unterlagen zur Verfügung gestellt werden müssen,
3. für welche Zwecke die Unterlagen geeignet sein müssen und welchen Anforderungen sie genügen müssen,
4. dass die Informationen auch demjenigen zur Verfügung zu stellen sind, der beabsichtigt, Strahlenschutzverantwortlicher zu werden.

A. Zweck und Bedeutung der Norm

§ 91 enthält eine **VO-Erm.** zur Informierung von Betreibern von Strahlungs- 1 quellen oder anderen Geräten über diese Gerätschaften durch den Hersteller oder Lieferanten (zum Verständnis von Hersteller oder Lieferant im Zusammenhang mit sonstigen bestehenden Expositionssituationen → § 153 Rn. 4, 5). Diese VO-Erm. ist durch **§ 148 StrlSchV** ausgefüllt und damit eine entsprechende Vorgabe nach Art. 78 RL 2013/59/Euratom umgesetzt worden.

B. Bisherige Regelungen

Eine Vorgängerregelung im Strahlenschutzrecht gibt es nicht.   2

C. Informationspflichten

Nach § 148 Abs. 1 S. 1 StrlSchV hat der Hersteller eines der in S. 1 genannten 3 Geräte dafür zu sorgen, dass dem Gerät bei der Übergabe an den SSV Unterlagen beigefügt sind, die geeignete Informationen zu den möglichen radiologischen Gefahren im Zusammenhang mit dem Betrieb oder der Verwendung des Gerätes und zur ordnungsgemäßen Nutzung, Prüfung, Wartung und Instandsetzung (Nr. 1) sowie den Nachweis, dass es die Auslegung des Gerätes ermöglicht, die Exposition auf ein Maß zu beschränken, das nach dem Stand der Technik so niedrig wie vernünftigerweise erreichbar ist (Nr. 2), enthalten. Die Informationen müssen **geeignet** sein, in einem Genehmigungs- oder Anzeigeverfahren gerätebezogene Strahlenschutzanforderungen nachzuweisen (BR-Drs. 423/18, 454). Die Nachweispflicht nach Nr. 2 gilt nach § 148 Abs. 1 S. 2 StrlSchV nicht für Störstrahler, deren Betrieb keiner Genehmigung bedarf, und auch nicht für Anlagen zur Erzeugung ionisierender Strahlung, die genehmigungs- und anzeigefrei betrieben werden dürfen. Nach § 148 Abs. 2 StrlSchV müssen, wenn die in S. 1 genannten Geräte zum Einsatz bei der Anwendung am Menschen bestimmt sind, zusätzlich geeignete Informationen einschließlich verfügbarer Ergebnisse der klinischen Bewertung beigefügt werden, die eine Bewertung der Risiken für untersuchte oder behandelte Personen ermöglichen. Die Informationen müssen so aussagekräftig sein, dass sie im Zusammenhang mit der Nutzen-Risiko-Abwägung des anwendenden Arztes bei der Stellung der rechtfertigenden Indikation verwendet werden können (BR-Drs. 423/18, 454). Nach § 148 Abs. 3 StrlSchV müssen die Unterlagen in deutscher oder in einer anderen für den Anwender des Gerätes leicht verständlichen Sprache abgefasst sein.

D. Zuwiderhandlungen

4   Ein Verstoß gegen § 148 StrlSchV ist nicht bußgeldbewehrt.

Teil 3 – Strahlenschutz bei Notfallexpositionssituationen

Kapitel 1 – Notfallmanagementsystem des Bundes und der Länder

Abschnitt 1 – Notfallschutzgrundsätze

Vorbemerkung zu §§ 92 ff.

Schrifttum: *Kracht,* Das ressortübergreifende Notfallmanagementsystem des Bundes und der Länder, in Fachverband 2017, 49; *Mann/Hundertmark,* Das neue Strahlenschutzgesetz und seine Schnittstellen zum Umwelt-, Bau- und Katastrophenschutzrecht, NVwZ 2019, 825; *Roewer,* Strahlenschutzvorsorgegesetz, 1988; *SSK,* Radiologische Grundlagen für Entscheidungen über Maßnahmen zum Schutz der Bevölkerung bei Ereignissen mit Freisetzungen von Radionukliden, Empfehlung der Strahlenschutzkommission, verabschiedet in ihrer 268. Sitzung am 13./14. Februar 2014, urn:nbn:de:101:1-2014111925770 (SSK Radiologische Grundlagen); *SSK,* Planungsgebiete für den Notfallschutz in der Umgebung von Kernkraftwerken, verabschiedet in ihrer 268. Sitzung am 13./14. Februar 2014, urn:nbn:de:101:1-201403101200; *Zähringer/Gering,* Neuordnung des Notfallschutzes nach dem neuen StrlSchG – Handlungsfelder und Perspektiven, in Fachverband 2017, 56.

Teil 3 (§§ 92–117) regelt den Strahlenschutz bei Notfallexpositionssituationen **1** und dient va der Umsetzung von Art. 97 bis 99 sowie Anh. XI und XII RL 2013/59/Euratom.

Vor Inkrafttreten des Teils 3 am 1. Oktober 2017 wurde der radiologische Not- **2** fallschutz im Wesentlichen auf die **Katastrophenschutzgesetze der Länder** und auf das **StrVG** gestützt. Daneben enthielt die **StrlSchV 2001** in den §§ 51 bis 53, § 59 und Anl. XIII einige ergänzende Vorschriften, die ua der Umsetzung der RL 96/29/Euratom und der RL 89/619/Euratom dienten.

Maßnahmen zur Bewältigung eines schweren kerntechnischen Unfalls in **3** Deutschland oder im grenznahen Ausland sollten auf der Grundlage der **Katastrophenschutzgesetze** der Länder getroffen werden. Der Vollzug dieser Regelungen erfolgte für den Katastrophenschutz in der Umgebung kerntechnischer Anlagen im Wesentlichen auf Grundlage verschiedener SSK-Empfehlungen, vgl. auch Anl. 4.

Das **StrVG** regelte die Überwachung der Umweltradioaktivität und ermächtigte **4** die zuständigen Bundesministerien, durch RVO Dosis- und Kontaminationswerte (§ 6 StrVG) sowie Verbote und Beschränkungen bei Lebens-, Futter- und Arzneimitteln und Abfällen (§ 7 StrVG) festzulegen. Das StrVG regelte außerdem Befugnisse im grenzüberschreitenden Verkehr (§ 8 StrVG) sowie die Befugnis des BMU zu Verhaltensempfehlungen (§ 9 StrVG). Diese Handlungsmöglichkeiten wurden unter dem Begriff der **Strahlenschutzvorsorgemaßnahmen** zusammengefasst.

Nach den Erfahrungen aus Fukushima zeigte sich aber, dass im Bundes- und **5** Landesrecht für zahlreiche Lebens- und Wirtschaftsbereiche **weitere Rechtsvorschriften zur Gefahrenabwehr** existieren, die **auch bei Gefahren durch ionisierende Strahlung** herangezogen werden können. Die Anwendung der fachgesetzlichen Regelungen, bspw. des Lebens- und Produktsicherheitsrechts, erfordert aber das Vorhandensein **radiologischer Bewertungsmaßstäbe,** bspw. Kontaminationswerte, damit die jeweiligen Fachbehörden entscheiden können, welche Maßnahmen zum Schutz der Bevölkerung bei einem radiologischen Notfall erforderlich sind. Diese Maßstäbe waren auf der Grundlage des StrVG bisher nicht festgelegt worden.

6   Das **StrlSchG gibt die fach- und strahlenschutzrechtliche Trennung nun auf** und sieht in **Teil 3 Kap. 1** stattdessen ein Konzept vor, bei dem der Bund für die Notfallvorsorge und -reaktion strahlenschutzspezifische Vorgaben im bzw. auf Grundlage des StrlSchG trifft, die beim Vollzug der fachrechtlichen Vorschriften zur Gefahrenabwehr und -vorsorge, dh beim Vollzug anderer Fachgesetze des Bundes, der Landeskatastrophenschutzgesetze und anderer Rechtsvorschriften zu beachten sind. Es handelt sich um den **Verzahnungsansatz.** Nach dem Verzahnungsansatz behalten alle zust. Behörden des Bundes und der Länder, die Aufgaben der Gefahrenabwehr in einem bestimmten Lebens- oder Wirtschaftsbereich wahrnehmen, diese Aufgaben und Zuständigkeiten auch bei radiologischen Notfällen. Allerdings erhalten sie von der bzw. den Stellen, die über die erforderliche strahlenschutzfachliche Expertise verfügen, die radiologischen Informationen, die sie benötigen, um auf Grundlage ihrer auch im radiologischen Notfall anwendbaren Fachgesetze die passenden Schutzmaßnahmen zu treffen. So lassen sich einerseits Doppelstrukturen verhindern und andererseits die in den Sachbereichen vorhandene Expertise und etablierte Strukturen im Sinne eines „All-Hazard-Approach" auch für den Bevölkerungsschutz bei radiologischen Notfällen nutzen. Der Bund verfügt über die erforderliche **Gesetzgebungskompetenz** für den in Teil 3 festgelegten Verzahnungsansatz (→ Einl. Rn. 27).

7   Der Verzahnungsansatz **durchzieht** Teil 3 Kap. 1, das **das Notfallmanagementsystem von Bund und Ländern** regelt: Abschn. 1 enthält die Notfallschutzgrundsätze, die von den zust. Akteuren bei der Notfallvorsorge (bspw. beim Erlass von Notfallplänen) und bei der Notfallreaktion zu berücksichtigen sind. Abschn. 2 enthält – neben der Regelung eines Referenzwertes für den Schutz der Bevölkerung (§ 93 Abs. 1 S. 1) VO-Erm. für den Erlass von weiteren Referenzwerten sowie Dosis- und Kontaminationswerten. Hier wird der in den §§ 6 und 7 StrVG bestimmte Ansatz weiterverfolgt, allerdings mit einem größeren Anwendungsbereich und einer anderen Rechtsfolge (*Kracht,* 51). Abschn. 3 enthält die Vorgaben zur Notfallvorsorge. **Herzstück** sind die Notfallpläne von Bund und Ländern (§§ 97–101, § 103), die nach § 109 Abs. 1 S. 2 von den zust. Behörden bei Entscheidungen über Schutzmaßnahmen zu beachten sind. Daneben enthält Abschn. 3 Vorgaben zu Notfallübungen (§ 102), der Beschaffung von Schutzwirkstoffen (§ 104) und die Pflicht zur Information der Bevölkerung (§ 105). Abschn. 4 enthält Vorgaben zur Notfallreaktion (§§ 109 bis 112) und zur radiologischen Lage (§§ 106 bis 108). Mit seinen Verweisen auf andere Bestimmungen innerhalb und außerhalb des StrlSchG ist **§ 109 die Kernvorschrift** des neuen Rechtsrahmens für den radiologischen Notfallschutz (*Kracht,* 51). In einem Kap. 2 regelt Teil 3 zudem den **Schutz der Einsatzkräfte** (§§ 113–117).

8   Das neue Regelungskonzept für den radiologischen Notfallschutz mit Teil 3 des StrlSchG und seiner Verzahnung mit den einschlägigen Fachgesetzen des Bundes und – in Bezug auf die Landesgesetzgebung – mit den Katastrophenschutzgesetze setzt die Verpflichtung aus **Art. 97 Abs. 1** RL 2013/59/Euratom um, ein **Notfallmanagementsystem** einzurichten und geeignete Vorkehrungen zur Aufrechterhaltung eines solchen Systems zu treffen. Art. 4 Nr. 28 RL 2013/59/Euratom de-

finiert „Notfallmanagementsystem" als einen rechtlichen oder administrativen Rahmen, mit dem die Verantwortlichkeiten für die Notfallvorsorge und -reaktion sowie Vorkehrungen für die Entscheidungsfindung in einer Notfallexpositionssituation festgelegt werden. Nach Art. 97 Abs. 2 ist das Notfallmanagementsystem entsprechend der Ergebnissen einer Bewertung möglicher Notfallexpositionssituationen auszulegen, und es muss es ermöglichen, wirksam auf Notfallexpositionssituationen im Zusammenhang mit Tätigkeiten oder unvorhergesehenen Ereignissen zu regieren. Das Ziel dieser Vorgaben ist die Gewährleistung eines möglichst umfassenden Schutzes der Bevölkerung im Falle eines Notfalls. Das bedeutet, dass das Notfallmanagementsystem grundsätzlich alle Sachverhalte erfassen muss, für die in einem radiologischen Notfall möglicherweise Entscheidungen getroffen werden müssen. Die RL macht keine Vorgaben zur Organisation des Notfallmanagementsystems, sondern **überlässt den MS die Umsetzung.**

Das im StrlSchG vorgesehene Notfallmanagementsystem betrifft va den **anla** 9 **genexternen Notfallschutz.** Der anlageninterne Notfallschutz bezieht sich auf die vom Genehmigungsinhaber innerhalb einer Anlage zu treffenden technischen und organisatorischen Vorkehrungen, um im Ereignisfall eine Freisetzung von Radioaktivität zu vermeiden oder so gering wie möglich zu halten, vgl. auch § 7c Abs. 3 AtG (dazu *Posser* in HMPS AtG/PÜ § 7c Rn. 16ff.) sowie § 82 und §§ 106 Abs. 2 und 107 StrlSchV.

Teil 3 Kap. 2 enthält Regelungen zum Schutz der bei der Notfallreaktion vor 10 gesehenen Einsatzkräfte. Die Regelungen **ergänzen** weitere anwendbare bundes- oder landesrechtliche Schutz- und Unterweisungsvorgaben, wie zB aus dem Arbeitsschutzrecht oder dem Katastrophenschutzrecht (BT-Drs. 18/11241, 371, 372). Auf **untergesetzliche Ebene** ergänzen insbesondere die Unfallverhütungsvorschriften der Berufsgenossenschaften, die Feuerwehr-Dienstvorschrift 500 „Einheiten im ABC-Einsatz" und der Polizei-Leitfaden 450 „Gefahren durch chemische, radioaktive und biologische Stoffe" die Bestimmungen des StrlSchG (BT-Drs. 18/11241, 372).

Der Referentenentwurf des BMUV eines Allgemeinen Notfallplans des Bundes 11 nach § 98 des Strahlenschutzgesetzes **(ANoPl Bund)** vom 15.3.2022 (www.bmuv. de) konkretisiert und erläutert in weiten Teilen die Notfallschutzbestimmungen des Teils 3.

§ 92 Notfallschutzgrundsätze

(1) **Die Vorschriften der folgenden Absätze (Notfallschutzgrundsätze) sind als Vorgaben bei der Bewertung von Gefahren, die bei Notfällen durch ionisierende Strahlung entstehen können, in den folgenden Fällen zu berücksichtigen:**
1. **bei dem Erlass, der Überprüfung und der Änderung von Notfallplänen und von Rechtsverordnungen nach diesem Kapitel und nach § 117,**
2. **bei der Notfallreaktion von den zuständigen Behörden und den bei der Notfallreaktion mitwirkenden Behörden und Organisationen auf der Grundlage dieses Gesetzes, insbesondere in Nummer 1 genannten Rechtsverordnungen sowie von Rechtsvorschriften des Bundes und der Länder zur Abwehr von Gefahren für die menschliche Gesundheit, die Umwelt oder die öffentliche Sicherheit, soweit sie auch bei radiologischen Gefahren anwendbar sind, und unmittelbar anwendbarer Rechtsakte der**

Europäischen Union und der Europäischen Atomgemeinschaft, soweit diese den Mitgliedstaaten für radiologische Gefahren keine abschließenden Vorgaben machen.

(2) Die Referenzwerte, die in diesem Gesetz und in den auf Grund dieses Gesetzes erlassenen Rechtsverordnungen für den Schutz der Bevölkerung und der Einsatzkräfte bei Notfällen festgelegt sind, sollen möglichst unterschritten werden.

(3) Die Exposition der Bevölkerung und der Einsatzkräfte sowie die Kontamination der Umwelt sind bei Notfällen unter Beachtung des Standes der Wissenschaft und unter Berücksichtigung aller Umstände des jeweiligen Notfalls durch angemessene Maßnahmen auch unterhalb der Referenzwerte so gering wie möglich zu halten.

Schrifttum: s. Vorbemerkung zu §§ 92 ff.

A. Zweck und Bedeutung der Norm

1   § 92 bestimmt die sowohl bei der Notfallplanung als auch bei der Notfallreaktion zu berücksichtigenden **Notfallschutzgrundsätze** (Abs. 2 und 3). Abs. 1 führt detailliert auf, in welchen Fällen die Notfallschutzgrundsätze zu berücksichtigen sind. Die Regelung setzt va Art. 5 lit. a S. 2 und lit. b S. 1 und 3 sowie Art. 7 Abs. 1 und 2 RL 2013/59/Euratom um.

B. Bisherige Regelung

2   § 1 Nr. 2 StrVG adressierte das Reduzierungsgebot als Zweckbestimmung.

C. Geltung der Notfallschutzgrundsätze (Abs. 1)

3   Die in Abs. 2 und 3 aufgeführten Grundsätze sind sowohl bei der Notfallplanung als auch bei der Notfallreaktion (sa § 111 Abs. 2) sowie bei Verordnungsgebungsverfahren **zu berücksichtigen,** dh
1. beim Erlass, bei der Überprüfung und Änderung
   a. des allgemeinen Notfallplans nach § 98 (sa Anl. 5 Nr. 8 lit. a) und der besonderen Notfallpläne nach § 99,
   b. der allgemeinen und besonderen Notfallpläne nach § 100,
   c. der externen Notfallpläne nach § 101 durch die für den Katastrophenschutz oder die für die öffentliche Sicherheit zust. Behörden der Länder,
   d. der RVOen auf Grundlage des § 93 Abs. 2 und 3, § 94, § 95, § 96 und des § 117 durch den jeweiligen VO-Geber;
2. nach Eintritt eines Notfalls bei der Notfallreaktion von den zust. Behörden und den mitwirkenden Behörden und Organisationen auf der Grundlage
   a. des StrlSchG oder der oben genannten RVOen oder
   b. anderer bundes- oder landesrechtlicher Vorschriften zur Gefahrenabwehr für die menschliche Gesundheit, Umwelt oder die öffentliche Sicherheit, soweit auch anwendbar bei radiologischen Gefahren oder

c. unmittelbarer Rechtsakte der EU und der EAG, soweit diese den MS für radiologische Gefahren keine abschließenden Vorgaben machen.

Die Notfallschutzgrundsätze gelten somit **auch bei der Anwendung des Katastrophenschutzrechts** der Länder aufgrund eines radiologischen Notfalls. Angesichts der erheblichen Gesundheitsgefahren infolge eines an Ländergrenzen nicht Halt machenden Notfalls ist eine einheitliche Berücksichtigung der in Abs. 2 und 3 bestimmten Notfallschutzgrundsätze, die Ausdruck des dem Strahlenschutz zugrunde liegenden Optimierungs- und Reduzierungsgrundsatzes sind, bei der Notfallvorsorge und -reaktion zwingend geboten. 4

Beim Erlass der **NDWV** ist der Notfallschutzgrundsatz nach Abs. 2 berücksichtigt worden durch die fachliche Einschätzung des VO-Gebers, dass der in §93 Abs. 1 S. 1 bestimmte Referenzwert nicht überschritten wird, wenn Schutzmaßnahmen auf Grundlage der in der NDWV bestimmten Dosiswerte, die als radiologisches Kriterium für die Angemessenheit dieser Maßnahmen dienen, ergriffen werden. Bei Berücksichtigung der in der NDWV bestimmten Notfalldosiswerte bei der Planung von Schutzmaßnahmen ist davon auszugehen, dass der Referenzwert nicht überschritten wird, wenn diese Schutzmaßnahmen im Notfall ergriffen werden. Es kann aber nicht ausgeschlossen werden, dass aufgrund der dynamischen Entwicklung in einem Notfall eine **andere** Schutzmaßnahme zu ergreifen ist (→ Rn. 8). 5

C. Referenzwerte (Abs. 2)

Referenzwerte zum Schutz der Bevölkerung sind in **§93 Abs. 1 S. 1** und zum Schutz der Einsatzkräfte in **§114 Abs. 2 und 3** vorgesehen. Von den VO-Erm. in §93 Abs. 1 S. 2, Abs. 2 und 3 ist bisher kein Gebraucht gemacht worden. 6

Die Vorgabe in Abs. 2, wonach die zum Schutz der Bevölkerung und der Einsatzkräfte festgelegen Referenzwerte **möglichst unterschritten** werden sollen, verdeutlicht, dass ein Referenzwert ein Instrument des **Optimierungsgrundsatzes** ist, wonach Expositionen so niedrig wie vernünftigerweise erreichbar gehalten werden sollen (→ §5 Rn. 33). Schutzstrategien (→ §98 Rn. 6) sind deshalb so zu planen, dass betroffene Personen bei ihrer Durchführung so weit wie möglich eine effektive Dosis erhalten, die die gesetzlich oder auf Verordnungsebene bestimmten Referenzwerte (§93) unterschreiten (sa ICRP 103 Ziff. 277). 7

Es kann aber nicht ausgeschlossen werden, dass im Notfall eine **andere** Schutzmaßnahme ergriffen wird, wenn aufgrund der **Dynamik des Notfalls** eine ursprünglich geplante Schutzmaßnahme, bspw. eine rechtzeitige Evakuierung, nicht mehr möglich ist, zB weil ein schnellerer Durchzug einer radioaktiven Wolke erfolgt als zu Beginn des Notfalls berechnet. In diesem Fall kann die Schutzmaßnahme „Verbleiben im Haus" geeigneter sein, die Bevölkerung zu schützen, auch wenn möglicherweise die Referenzwerte nicht mehr unterschritten werden. 8

D. Reduzierungsgebot (Abs. 3)

Abs. 3 bestimmt das bei der Notfallvorsorge und -reaktion zu beachtende Reduzierungsgebot, das ebenfalls dem Optimierungsgrundsatz zuzuordnen ist. Die Bestimmung ist der Zweckbestimmung des **§1 Nr. 2 StrVG nachgebildet** (sa → §161 Rn. 10). Die Vorgabe, neben der Exposition der Bevölkerung und der 9

Einsatzkräfte auch die Kontamination der Umwelt so gering wie möglich zu halten, ist auf den langfristigen Schutz der menschlichen Gesundheit ausgerichtet (→ § 1 Rn. 6) und wird mit diesem Verständnis auch in den Art. 35, 36 EAGV in Bezug auf die Überwachung der Umweltradioaktivität adressiert (→ § 161 Rn. 8). Das Reduzierungsgebot gilt unter **Beachtung des Standes der Wissenschaft;** in diesem Zusammenhang werden va einschlägige SSK-Empfehlungen von Bedeutung sein.

10   **Alle Umstände des jeweiligen Notfalls** sind zu berücksichtigen, dh auch **nicht-radiologische Kriterien.** Eine Maßnahme, die sich aus strahlenschutzfachlicher Hinsicht als „die beste" darstellt, kann aus anderen Gründen mit schwer vertretbaren Risiken verbunden sein, bspw. wenn eine Evakuierung schwerstkranker Personen mit Lebensgefahren für diese verbunden ist oder bei Durchführung einer bestimmten Maßnahme die Einsatzkräfte aus anderen als radiologischen Gründen unvertretbaren Gefahren ausgesetzt werden. Deshalb sind die Maßnahmen zu identifizieren, die unter den gegebenen Bedingungen den bestmöglichen Schutz gewähren können (sa SSK Radiologische Grundlagen, 37, 38). Das Abstellen auf die **Angemessenheit** der Maßnahme greift die Berücksichtigung wirtschaftlicher und gesellschaftlicher Faktoren, wie zB die Akzeptanz der Maßnahme in der betroffenen Bevölkerung, bei der Anwendung des Optimierungsgrundsatzes nach Art. 5 lit. b S. 1 der RL 2013/59/Euratom auf.

11   Der Strahlenschutzgrundsatz, die Exposition **auch unterhalb der Referenzwerte so gering wie möglich** zu halten, verdeutlicht, dass es nicht allein auf die Unterschreitung der Referenzwerte ankommt. Die Referenzwerte gelten unabhängig vom Referenzszenario (§ 98 Abs. 2 Nr. 1) und von der Schwere des Notfalls. Sie sind der Maßstab für die Planung und Durchführung von Schutzmaßnahmen und für die Einschätzung ihrer Wirksamkeit, wenn sie im Notfall ergriffen worden sind (Dosisabschätzung → § 111 Rn. 5). Der Bezug zu konkreten Maßnahmen wird aber durch die szenarienspezifischen Schutzstrategien (vgl. Anl. 5 Nr. 6) hergestellt, bei deren Planung und Durchführung der Strahlenschutzgrundsatz nach Abs. 3 anzuwenden ist.

Abschnitt 2 – Referenz-, Dosis- und Kontaminationswerte; Abfälle und Anlagen

§ 93 Referenzwerte für den Schutz der Bevölkerung; Verordnungsermächtigungen

(1) [1]Für den Schutz der Bevölkerung gilt bei der Planung von Schutzmaßnahmen und bei den Entscheidungen über ihre Durchführung in einem Notfall ein Referenzwert von 100 Millisievert für die effektive Dosis, die betroffene Personen jeweils durch den Notfall innerhalb eines Jahres über alle Expositionspfade erhalten würden, wenn die vorgesehenen Schutzmaßnahmen durchgeführt würden. [2]Das Bundesministerium für Umwelt, Naturschutz und nukleare Sicherheit wird ermächtigt, durch Rechtsverordnung mit Zustimmung des Bundesrates Verfahren und Annahmen zur Abschätzung, inwieweit dieser Referenzwert unterschritten, eingehalten oder überschritten wird, festzulegen.

(2) [1]Das Bundesministerium für Umwelt, Naturschutz und nukleare Sicherheit wird ermächtigt, durch Rechtsverordnung mit Zustimmung des Bundesrates für mögliche Notfälle oder für einen bereits eingetretenen Notfall ergänzend angemessene Referenzwerte für Organ-Äquivalentdosen festzulegen. [2]Dies gilt insbesondere zur Erleichterung der Zusammenarbeit mit anderen Mitgliedstaaten der Europäischen Union und der Europäischen Atomgemeinschaft oder Drittstaaten beim Schutz der Bevölkerung.

(3) Das Bundesministerium für Umwelt, Naturschutz und nukleare Sicherheit wird ermächtigt, für einen bereits eingetretenen Notfall durch Rechtsverordnung mit Zustimmung des Bundesrates einen niedrigeren Referenzwert für die effektive Dosis, bezogen auf ein Jahr oder eine einmalige Exposition, festzulegen.

Schrifttum: s. Vorbemerkung zu §§ 92 ff.

A. Zweck und Bedeutung der Norm

Die Regelung legt den für den **Schutz der Bevölkerung** geltenden Referenz- **1** wert (§ 5 Abs. 29) fest. VO-Erm. erlauben spezifischere Festlegungen auf Verordnungsebene, bspw. Referenzwerte für Organ-Äquivalentdosen oder die Festlegung eines niedrigeren Referenzwerts; zur Anhörung beteiligter Kreise nach § 97 Abs. 4 → § 97 Rn. 11. Der VO-Geber hat von den VO-Erm. bisher keinen Gebrauch gemacht. § 93 setzt Art. 7 iVm Anh. I RL 2013/59/Euratom um.

Zum Referenzwert zum Schutz von **Notfalleinsatzkräften** s. § 114 Abs. 2 und **2** 3; zur Festlegung von Referenzwerten für **nach einem Notfall bestehende Expositionssituationen** s § 118 Abs. 4 (nach überregionalem oder regionalem Notfall) und Abs. 6 (nach lokalem Notfall).

B. Bisherige Regelung

3   Es gab **keine** entsprechende Regelung im StrVG oder in der StrlSchV 2001.

C. Referenzwert (Abs. 1 S. 1)

4   Abs. 1 S. 1 bestimmt einen Referenzwert von **100 mSv** für die effektive Dosis (§ 5 Abs. 11), die betroffene Personen infolge eines Notfalls in der Folgezeit von einem Jahr über alle Expositionspfade erhalten würden, wenn die zur Bewältigung des Notfalls vorgesehenen Schutzmaßnahmen durchgeführt würden. Der Wert orientiert sich an der Empfehlung der SSK Radiologische Grundlagen (8) und hält sich innerhalb des von Art. 7 Abs. 2 iVm Anh. I Nr. 1 der RL 2013/59/Euratom vorgegebenen Rahmens. Da der Wert sich auf die Dosis bezieht, die sich ergeben würde, wenn Schutzmaßnahmen durchgeführt würden, wird er von der SSK, in Anlehnung an ICRP 103 Ziff. 276, auch als **verbleibende Dosis** bezeichnet.

D. Verordnungsermächtigungen (Abs. 1 S. 2; Abs. 2, 3)

I. Konkretisierungen des Referenzwerts

5   Abs. 1 S. 2 ermächtigt das BMUV, durch RVO mit Zustimmung des Bundesrates **Verfahren und Annahmen** zur Abschätzung festzulegen, inwieweit der Referenzwert von 100 mSv **unterschritten, eingehalten oder überschritten** wird.

II. Referenzwerte für Organ-Äquivalentdosen

6   Abs. 2 S. 1 ermächtigt das BMUV, durch RVO mit Zustimmung des Bundesrates **ergänzend** angemessene **Referenzwerte für Organ-Äquivalentdosen** für mögliche Notfälle oder für einen bereits eingetretenen Notfall festzulegen. Dies soll nach S. 2 insbes. die internationale Zusammenarbeit zum Schutz der Bevölkerung erleichtern.

III. Niedrigerer Referenzwert

7   Abs. 3 S. 1 ermächtigt das BMUV, durch RVO mit Zustimmung des Bundesrates für einen bereits eingetretenen Notfall einen **niedrigeren Referenzwert** für die effektive Dosis als den in Abs. 1 vorgesehenen, bezogen auf ein Jahr oder eine einmalige Exposition, festzulegen. Zweck dieser VO-Erm. ist, einen Referenzwert festzulegen, der für eine den Notfallschutzgrundsätzen entsprechende Priorisierung und Optimierung der Schutzmaßnahmen bei dem jeweiligen Notfall geeigneter ist oder der eine angemessene internationale Koordinierung der Schutzmaßnahmen erleichtert (BT-Drs. 18/11241, 348). Zu berücksichtigende Aspekte sind dabei ua die radiologische Lage, die Ergebnisse des Informationsaustausches und der koordinierenden Tätigkeiten des RLZ nach § 106 Abs. 2 Nr. 5 und 6 sowie die Abschätzung der Dosis und der Wirksamkeit der Schutzmaßnahmen nach § 111 (BT-Drs. 18/11241, 348).

     Akbarian

§ 94 Dosiswerte und Kontaminationswerte für den Schutz der Bevölkerung; Verordnungsermächtigungen

(1) ¹Das Bundesministerium für Umwelt, Naturschutz und nukleare Sicherheit legt für mögliche Notfälle durch Rechtsverordnung mit Zustimmung des Bundesrates Dosiswerte fest, die als radiologisches Kriterium für die Angemessenheit folgender Schutzmaßnahmen dienen:
1. Aufforderung zum Aufenthalt in Gebäuden,
2. Verteilung von Jodtabletten oder Aufforderung zur Einnahme von Jodtabletten und
3. Evakuierung.
²Diese Werte beziehen sich auf die Dosis, die betroffene Personen in einem bestimmten Zeitraum nach Eintritt des Notfalls ohne Schutzmaßnahmen erhalten würden.

(2) ¹Das Bundesministerium für Umwelt, Naturschutz und nukleare Sicherheit wird ermächtigt, für mögliche Notfälle, für einen bereits eingetretenen Notfall und für eine nach einem Notfall bestehende Expositionssituation durch Rechtsverordnung mit Zustimmung des Bundesrates Grenzwerte für notfallbedingte Kontaminationen oder Dosisleistungen festzulegen
1. für Einzelpersonen der Bevölkerung,
2. für das Trinkwasser,
3. für Lebensmittel, Futtermittel, Bedarfsgegenstände, kosmetische Mittel und Erzeugnisse im Sinne von § 2 Nummer 1 des Tabakerzeugnisgesetzes,
4. für Arzneimittel und deren Ausgangsstoffe sowie für Medizinprodukte,
5. für sonstige Produkte, Gegenstände und Stoffe,
6. für Fahrzeuge, Güter oder Gepäck und
7. für kontaminierte Gebiete, insbesondere für kontaminierte Grundstücke und Gewässer,
bei deren Überschreitung davon auszugehen ist, dass eine Gefahr für Einzelpersonen der Bevölkerung durch ionisierende Strahlung besteht. ²Diese Grenzwerte dienen der Durchführung optimierter Schutzstrategien nach § 98 Absatz 3 Satz 1 Nummer 1.

(3) Das Bundesministerium für Umwelt, Naturschutz und nukleare Sicherheit wird ermächtigt, durch Rechtsverordnung ohne Zustimmung des Bundesrates Rechtsverordnungen nach Absatz 2 aufzuheben, zeitlich befristet für unanwendbar zu erklären oder in ihrem Wortlaut einem verbleibenden Anwendungsbereich anzupassen, soweit sie durch den Erlass entsprechender Vorschriften in unmittelbar geltenden Rechtsakten der Europäischen Atomgemeinschaft oder der Europäischen Union unbefristet oder befristet unanwendbar geworden sind.

(4) In den Rechtsverordnungen nach den Absätzen 1 und 2 können auch
1. Verfahren und Annahmen zur Messung, Berechnung oder Abschätzung der Dosiswerte, Kontaminationswerte oder Dosisleistungswerte festgelegt werden oder
2. Voraussetzungen festgelegt werden, unter denen diese Werte gelten.

(5) **Rechtsverordnungen nach Absatz 2 ergehen im Einvernehmen mit dem Bundesministerium für Gesundheit, dem Bundesministerium für Ernährung und Landwirtschaft, dem Bundesministerium für Wirtschaft und Energie, dem Bundesministerium für Arbeit und Soziales, dem Bundesministerium für Verkehr und digitale Infrastruktur, dem Bundesministerium des Innern, für Bau und Heimat und dem Bundesministerium der Finanzen.**

Schrifttum: s. Vorbemerkung zu §§ 92 ff.

A. Zweck und Bedeutung der Norm

1   § 94 enthält **VO–Erm.** zur Festlegung von **Dosiswerten** (Abs. 1), die als radiologisches Kriterium für die Angemessenheit der in Abs. 1 S. 1 aufgeführten Schutzmaßnahmen dienen, sowie VO-Erm. zur Festlegung von **Grenzwerten für notfallbedingte Kontaminationen** oder **Dosisleistungen** (Abs. 2) in Bezug auf Einzelpersonen der Bevölkerung oder bestimmte enumerativ aufgeführte Sachverhalte bzw. Produkte, (Abs. 2) einschl. weiterer Konkretisierungen (Abs. 4). Bei Überschreitung der Grenzwerte für notfallbedingte Kontaminationen und Dosisleistungen gilt die **gesetzliche Vermutung,** dass eine Gefahr für Einzelpersonen der Bevölkerung durch ionisierende Strahlung besteht. Abs. 3 bestimmt, unter welchen Voraussetzungen die – mit Zustimmung des Bundesrates – ergangene Verordnung nach Abs. 2 ohne Zustimmung des Bundesrats abgeändert werden kann. Abs. 5 enthält das Erfordernis des Einvernehmens. Zur Anhörung beteiligter Kreise nach § 97 Abs. 4 → § 97 Rn. 11. Der VO-Geber hat von den VO-Erm. bisher keinen Gebrauch gemacht.

2   Eine auf Grundlage von § 94 erlassene VO dient der Umsetzung von Anh. XI Teil B Nr. 4 – unter „Zur Notfallvorsorge" – RL 2013/59/Euratom. Bei den Grenzwerten für notfallbedingte Kontaminationen und Dosisleistungen handelt es sich um im Rahmen eines Notfallplans zu berücksichtigende **„zuvor festgelegte allgemeine Kriterien für bestimmte Schutzmaßnahmen"** isd Nr. 4.

B. Bisherige Regelung

3   Eine ähnlich formulierte VO-Erm. in Bezug auf Dosiswerte und Kontaminationswerte enthielt **§ 6 StrVG.** Nach dem Reaktorunglück von Fukushima erging auf Grundlage des § 6 Abs. 1 Nr. 2 StrVG die **Luftfahrzeuge-EilVO,** die einen Kontaminationswert für eine Oberflächenkontamination an Luftfahrzeugen festlegte. Die Luftfahrzeuge-EilVO trat am 23. 3. 2011 in Kraft und galt 2 Monate.

C. Dosiswerte

4   Nach Abs. 1 S. 1 legt das BMUV durch RVO mit Zustimmung des BR Dosiswerte fest, die als **radiologisches Kriterium für die Angemessenheit** der in Nr. 1 bis 3 genannten **Schutzmaßnahmen** dienen. Die Dosiswerte beziehen sich nach Abs. 1 S. 2 auf die Dosen, die betroffene Personen in einem bestimmten Zeitraum nach Eintritt des Notfalls ohne Schutzmaßnahmen erhalten würden. Sie wer-

den von der SSK (Radiologische Grundlagen, 8) – angelehnt an ICRP 103 Ziff. 276 – zu den Kriterien gezählt, die zu der **zu erwartenden Dosis** gehören und sind von ihr als **Eingreifrichtwerte** für Schutzmaßnahmen bezeichnet worden (Radiologische Grundlagen, 8, 29).

Mit dem **Erlass der NDWV** ist das BMUV diesem Auftrag nachgekommen. 5 Damit ist den jeweils zust. Behörden eine wichtige **Grundlage** für die Entscheidung über das Ergreifen der genannten Schutzmaßnahmen gegeben worden. Wird der jeweilige Dosiswert erreicht, ist das Ergreifen der betreffenden Schutzmaßnahmen aus radiologischer Sicht angemessen. Weitere Aspekte, wie zB die Realisierbarkeit der Maßnahme oder auch die Verhältnismäßigkeit ieS bei hoher Grundrechtsintensität sind in die Entscheidung mit einzubeziehen.

Die NDWV legt für die in Abs. 1 S. 1 genannten drei Schutzmaßnahmen Werte 6 fest, die die jeweils zust. Behörde als **radiologische Kriterien** zugrunde legt für ihre Entscheidung, eine oder mehr der genannten Schutzmaßnahmen anzuordnen. Die Verordnung sieht für jede der drei Schutzmaßnahmen einen eigenen Dosiswert vor.

§ 2 Abs. 1 NDWV legt als radiologisches Kriterium für die Angemessenheit der 7 Schutzmaßnahme „**Aufforderung zum Aufenthalt in Gebäuden**" eine effektive Dosis von 10 mSv fest, die betroffene Personen ohne Schutzmaßnahmen bei einem Daueraufenthalt im Freien innerhalb von sieben Tagen erhalten würden. § 2 Abs. 2 NDWV konkretisiert, wie der Dosiswert abzuschätzen ist. § 2 Abs. 3 NDWV bestimmt, dass der Dosiswert ohne Berücksichtigung sonstiger Schutzfaktoren, wie bspw. der abschirmenden Wirkung verschiedener Gebäudetypen iVm üblichen Aufenthaltszeiten (BR-Drs. 423/18, 516), abgeschätzt wird.

§ 3 Abs. 1 NDWV legt als radiologisches Kriterium für die Angemessenheit der 8 Schutzmaßnahme „**Aufforderung zur Einnahme von Jodtabletten**" für Kinder und Jugendliche unter 18 Jahren sowie für Schwangere eine Folge-Organ-Äquivalentdosis der Schilddrüse von 50 mSv und für Personen von 18 bis 45 Jahren eine Folge-Organ-Äquivalentdosis der Schilddrüse von 250 mSv fest, die diese jeweiligen Personen ohne Schutzmaßnahmen bei einem Daueraufenthalt im Freien innerhalb von sieben Tagen erhalten würden. Diese Schutzmaßnahme bezieht Personen über 45 Jahren nicht mit ein, da davon ausgegangen wird, dass diese Personen durch die übrigen in den Notfallplanungen von Bund und Ländern vorgesehenen Schutzmaßnahmen ausreichend geschützt werden und das mit der Einnahme von Jodtabletten verbundene Risiko möglicher Nebenwirkungen vor diesem Hintergrund nicht gerechtfertigt ist (BR-Drs. 423/18, 517). § 3 Abs. 2 NDWV konkretisiert, wie der Dosiswert abzuschätzen ist. § 3 Abs. 3 NDWV bestimmt, wie § 2 Abs. 3, dass der Dosiswert ohne Berücksichtigung sonstiger Schutzfaktoren abgeschätzt wird.

§ 4 Abs. 1 legt als radiologisches Kriterium für die Angemessenheit der Schutz- 9 maßnahme „**Evakuierung**" eine effektive Dosis von 100 mSv fest, die betroffene Personen ohne Schutzmaßnahmen bei einem Daueraufenthalt im Freien innerhalb von sieben Tagen erhalten würden. § 4 Abs. 2 konkretisiert, wie der Dosiswert abzuschätzen ist. § 4 Abs. 3 NDWV entspricht § 2 Abs. 3 und § 3 Abs. 3 NDWV.

Die in der NDWV festgelegten Dosiswerte sind nach § 109 Abs. 1 S. 2 iVm § 98 10 Abs. 3 S. 1 Nr. 2 und Anl. 5 Nr. 6 lit. b **auch von der für den Katastrophenschutz zuständigen Landesbehörde** bei der Entscheidung zB über die Evakuierungen **zu beachten.** Es gilt somit bundesweit ein einheitlicher Maßstab, durch den ein einheitlicher Vollzug sichergestellt und verhindert wird, dass bei der Notfallreaktion unterschiedliche Standards gelten (*Mann/Hundertmark,* NVwZ 2019, 825 (830). Zur Regelungsbefugnis des Bundes → Einf. Rn. 27, 28.

D. Grenzwerte für notfallbedingte Kontaminationen oder Dosisleistungen

11   Abs. 2 S. 1 sieht eine an das BMUV gerichtete VO-Erm. vor, für mögliche oder bereits eingetretene Notfälle oder für eine nach einem Notfall bestehende Expositionssituation mit Zustimmung des BR Grenzwerte für notfallbedingte Kontaminationen oder Dosisleistungen für die in den Nr. 1 bis 7 genannten Personen, Produkte oder Sachverhalte festzulegen. Von der VO-Erm. ist bisher kein Gebrauch gemacht worden.

12   Bei Überschreiten der Grenzwerte müssen die für die Schutzmaßnahmen jeweils zust. Behörden (vgl. § 109) davon ausgehen, dass eine polizeirechtliche **Gefahr** vorliegt; sie können dann die entsprechenden gefahrenabwehrrechtlichen Maßnahmen treffen, die in den jeweiligen Fachgesetzen vorgesehen sind (BT-Drs. 18/11241, 349). Aber auch andere betroffene Teilnehmer am Rechtsverkehr haben den für sie einschlägigen Grenzwert, wenn er erlassen ist, zu beachten, zB bei Anwendung des § 3 Abs. 2 S. 1 ProdSG, wonach ein Produkt nur auf dem Markt bereitgestellt werden darf, wenn es bei bestimmungsgemäßer oder vorhersehbarer Verwendung die Sicherheit und Gesundheit von Personen nicht gefährdet.

13   Ein **Grenzwert für notfallbedingte Kontaminationen** ist **nicht gleichzusetzen mit einem Dosisgrenzwert** nach §§ 77, 78 und 80. Ersterer bezieht sich auf die Verunreinigung mit Radionukliden mit der oben beschriebenen Rechtsfolge. Der Grenzwert nach §§ 78, 80 bezieht sich dagegen auf die erhaltene Dosis aufgrund einer Kontamination. Seine Überschreitung ist mit anderen Rechtsfolgen verbunden (bspw. Vorliegen eines meldepflichtigen besonderen Vorkommnisses nach § 108 iVm Anl. 15 Nr. 1 oder 2 StrlSchV; Dosisbegrenzung nach § 73 StrlSchV; ggf. besonders zugelassene Exposition nach § 74 StrlSchV; besondere ärztliche Überwachung nach § 81 StrlSchV).

14   Auch **Dosisleistungen unterscheiden sich** von einem **Dosisgrenzwert** nach §§ 77, 78 und 80. Die in diesen Bestimmungen genannten Grenzwerte beziehen sich auf die Berufslebens- (§ 77) oder Jahresdosis (§§ 78, 80). Die Dosisleistung, die angibt, wieviel Dosis ionisierender Strahlung innerhalb einer bestimmten Zeitspanne aufgenommen wird, bezieht sich dagegen auf einen kurzen Zeitraum.

15   Gemäß § 94 Abs. 2 S. 1 dienen die Grenzwerte der Durchführung **optimierter Schutzstrategien** nach § 98 Abs. 3 S. 1 Nr. 1. Sie können also maßgebend sein für die Ergreifung der Schutzmaßnahmen durch die zust. Behörden, die im allgemeinen Notfallplan und den besonderen Notfallplänen des Bundes im Zusammenhang mit den szenarienspezifischen optimierten Schutzstrategien beschriebenen werden.

16   **Abs. 3** regelt, dass die nach Abs. 2 ergangenen Verordnungsregelungen **ohne Zustimmung des Bundesrates** aufgehoben, zeitlich befristet für unanwendbar erklärt oder in ihrem Wortlaut einem verbleibenden Anwendungsbereich angepasst werden können, wenn eine entsprechende, unmittelbar anwendbare gemeinschaftsrechtliche Vorgabe ergeht. Die Bestimmung ist § 70 Abs. 7 LFGB nachgebildet worden (vgl. BT-Drs. 18/11241, 349).

17   **Abs. 5** greift § 6 Abs. 1 S. 2 StrVG auf. RVOen nach Abs. 2, die Grenzwerte für notfallbedingte Kontaminationen oder Dosisleistungen festlegen, ergehen im **Einvernehmen** mit den für den jeweiligen Sachbereich zust. Ressorts, es sei denn, es liegen die Voraussetzungen für eine Eilverordnung nach § 96 vor.

E. Weitere Spezifizierungen

Abs. 4 bestimmt, dass die RVOen nach Abs. 1 und 2 Verfahren und Annahmen **18** zur Messung, Berechnung oder Abschätzung der in Abs. 1 und 2 genannten Werte (der Begriff „Kontaminationswerte" ist identisch mit den in Abs. 2 genannten Grenzwerten für notfallbedingte Kontaminationen) festlegen sowie die Voraussetzungen bestimmen dürfen, unter denen diese Werte gelten. Diese Ergänzungen sind notwendig; gerade dosisbezogene Kriterien für die in Abs. 1 genannten Schutzmaßnamen sind keine Messgrößen, sondern – anders als ein Referenzwert – abhängig von konkreten Rahmenbedingungen (BT-Drs. 18/11241, 349). § 2 Abs. 2, § 3 Abs. 2, § 4 Abs. 2 sowie § 5 NDWV enthalten Vorgaben zur Schätzung der jeweiligen Dosiswerte.

§ 95 **Bewirtschaftung von Abfällen, die infolge eines Notfalls kontaminiert sein können, Errichtung und Betrieb von Anlagen; Verordnungsermächtigungen**

(1) ¹**Die Bundesregierung legt für mögliche Notfälle, für einen bereits eingetretenen Notfall und für eine nach einem Notfall bestehende Expositionssituation durch Rechtsverordnung mit Zustimmung des Bundesrates Kontaminationswerte für Abfälle und sonstige Gegenstände oder Stoffe, die durch einen Notfall kontaminiert sind oder kontaminiert sein können, fest.** ²**Werden diese Kontaminationswerte unterschritten, so ist davon auszugehen, dass der erforderliche Schutz von Mensch und Umwelt vor der schädlichen Wirkung ionisierender Strahlung bei der Bewirtschaftung dieser Abfälle sowie der Errichtung und dem Betrieb oder der Benutzung der nachfolgend genannten Anlagen nach Maßgabe des Kreislaufwirtschaftgesetzes und der sonstigen für Abfälle und für die Anlagen geltenden Bundesgesetze und der auf diese Gesetze gestützten Rechtsverordnungen ohne zusätzliche spezielle Schutzmaßnahmen sichergestellt ist:**
1. **Anlagen, in denen diese Abfälle entsorgt werden,**
2. **Abwasseranlagen, die Abwasser aufnehmen, das durch einen Notfall kontaminiert ist oder kontaminiert sein kann,**
3. **Anlagen, in denen diese Abfälle oder diese sonstigen Gegenstände oder Stoffe insbesondere als Brennstoff, Rohstoff, Material, Vorprodukt, Schmier-, Löse- oder sonstiges Hilfsmittel gelagert, eingesetzt oder behandelt werden oder gelagert, eingesetzt oder behandelt werden können.**

(2) ¹**Um den Schutz des Menschen und der Umwelt vor der schädlichen Wirkung ionisierender Strahlung sicherzustellen, regelt die Bundesregierung durch Rechtsverordnung mit Zustimmung des Bundesrates für die Vermeidung, Verwertung, Beseitigung oder sonstige Bewirtschaftung von Abfällen, die infolge eines Notfalls radioaktiv kontaminiert sind oder radioaktiv kontaminiert sein können, für die Errichtung und den Betrieb der in Absatz 1 Satz 2 genannten Anlagen sowie für die Gewässeraufsicht ergänzende Anforderungen und Ausnahmen zu nachfolgenden Rechtsvorschriften oder lässt die Erteilung von Ausnahmen zu diesen Rechtsvorschriften durch die zuständigen Behörden zu:**

1. zum Kreislaufwirtschaftsgesetz und zu den sonstigen für Abfälle geltenden Bundesgesetzen und zu den auf diese Gesetze gestützten Rechtsverordnungen und

2. zu Bundesgesetzen, die für die Errichtung und den Betrieb der in Absatz 1 Satz 2 genannten Anlagen gelten, und zu den auf diese Gesetze gestützten Rechtsverordnungen.

[2]Ausnahmen dürfen nur geregelt, zugelassen oder erteilt werden, soweit Gefahren für die menschliche Gesundheit hierdurch nicht zu erwarten sind und Rechtsakte der Europäischen Union oder der Europäischen Atomgemeinschaft nicht entgegenstehen. [3]Bei solchen Ausnahmen sind erhebliche Nachteile für die Allgemeinheit oder die Nachbarschaft zu vermeiden oder zu vermindern, soweit dies unter Berücksichtigung der radiologischen Lage und der anderen für die Ausnahme erheblichen Umstände des jeweiligen Notfalls möglich und angemessen ist. [4]Bei den Ausnahmen und den ergänzenden Regelungen sind Anforderungen an die Vorsorge gegen schädliche Umwelteinwirkungen und sonstige Gefahren sowie gegen erhebliche Nachteile und erhebliche Belästigungen zu berücksichtigen, insbesondere dadurch, dass die dem Stand der Technik entsprechenden Maßnahmen ergriffen werden.

(3) Die Regelungen nach Absatz 2 beziehen sich insbesondere auf

1. die Rangfolge der Maßnahmen zur Abfallvermeidung und zur Abfallbewirtschaftung,

2. Anforderungen an die Schadlosigkeit der Verwertung,

3. die Ordnung und Durchführung der Abfallbeseitigung,

4. Anforderungen an die Errichtung und den Betrieb von Deponien sowie deren Zulassung einschließlich des Zulassungsverfahrens,

5. Anforderungen an die Überwachung der Abfallwirtschaft,

6. Anforderungen an Sammler, Beförderer, Händler und Makler von Abfällen sowie deren jeweilige Zulassung einschließlich des Zulassungsverfahrens,

7. Anforderungen an die Errichtung, die Beschaffenheit, den Betrieb und die wesentliche Änderung der in Absatz 1 Satz 2 genannten Anlagen, an die Zulassung dieser Anlagen einschließlich des Zulassungsverfahrens sowie an den Zustand der Anlage und des Anlagengrundstücks nach Betriebseinstellung,

8. Anforderungen an die Benutzung der in Absatz 1 Satz 2 Nummer 2 genannten Abwasseranlagen,

9. Anforderungen an die Benutzung von Gewässern, insbesondere an das Einbringen und Einleiten von Stoffen in ein Gewässer; die Anforderungen können auch für den Ort des Anfalls von Abwasser oder vor seiner Vermischung festgelegt werden,

10. Anforderungen an die Erfüllung der Abwasserbeseitigungspflicht,

11. Anforderungen an die Überwachung der Gewässereigenschaften,

12. Messmethoden und Messverfahren, insbesondere im Rahmen der Abwasserbeseitigung und der Überwachung von Gewässereigenschaften,

13. Pflichten der Betreiber der in Absatz 1 Satz 2 genannten Anlagen,

14. die Voraussetzungen, unter denen die zuständigen Behörden Ausnahmen auf Grund einer Verordnung nach Absatz 2 zulassen können und

15. die Anforderungen, die zur Erfüllung der sich aus Absatz 2 Satz 2 und
3 ergebenden Pflichten zu erfüllen sind.

(4) **Die Länder legen fest, welche juristischen Personen als öffentlich-
rechtliche Entsorgungsträger im Sinne des § 17 des Kreislaufwirtschaftsgesetzes zur Entsorgung solcher Abfälle aus privaten Haushaltungen und
aus anderen Herkunftsbereichen verpflichtet sind, die auf Grund ihrer notfallbedingten Kontamination nicht in den für die Beseitigung anderer Abfälle vorgesehenen Anlagen oder Einrichtungen behandelt, gelagert oder
abgelagert werden können.**

(5) **Für Rechtsverordnungen nach den Absätzen 1 bis 3 gilt § 94 Absatz 3
und 4 entsprechend.**

Schrifttum: s. Vorbemerkung zu §§ 92 ff.

A. Zweck und Bedeutung der Norm

§ 95 setzt den Rahmen für eine **Ergänzung** der **Bestimmungen außerhalb** 1
des StrlSchG auf Verordnungsebene, die anwendbar sind (a) auf die Bewirtschaftung von Abfällen, sonstigen Gegenständen oder Stoffen, die durch einen Notfall
kontaminiert sind oder kontaminiert sein können, sowie (b) auf die Errichtung,
den Betrieb oder die Benutzung bestimmter Anlagen, in denen Abfälle oder Abwässer bewirtschaftet werden. Damit sollen Lücken im **Kreislaufwirtschafts-,
Immissionsschutz- und Wasserrecht** geschlossen werden, deren Regelungen
nicht auf die Gefahren und Risiken durch die schädliche Wirkung ionisierender
Strahlung infolge eines Notfalls zugeschnitten sind (BT-Drs. 18/11241, 350).

Abfälle, die infolge eines radiologischen Notfalls anfallen, sind **kein radioakti-** 2
ver Abfall. Sie unterliegen deshalb nicht der Entsorgungspflicht nach § 9a Abs. 1
AtG (vgl. § 5 Abs. 1 S. 2). Vielmehr werden sie nach dem KrWG nach Maßgabe
der besonderen Bestimmungen des StrlSchG entsorgt, vgl. **§ 2 Abs. 3 KrWG.** Zu
diesen besonderen Maßgaben gehören u.a. die auf Grundlage der VO-Erm. nach
§ 95 zu erlassenden Kontaminationswerte nach Abs. 1, bei deren Unterschreitung
keine besonderen strahlenschutzrechtlichen Anforderungen auf Grundlage der
RVO nach Abs. 2 gälten oder die ergänzenden Anforderungen und Ausnahmen
nach Abs. 2. Das KrWG und die einschlägigen Notfallschutzbestimmungen des
StrlSchG werden miteinander **verzahnt** (→ § 109 Rn. 1) und nicht mehr, wie
nach früherer Rechtslage, strikt voneinander abgegrenzt (BT-Drs. 18/11241,
462).

Zur Anhörung beteiligter Kreise nach § 97 Abs. 4 → § 97 Rn. 11. Abs. 1 und 2 3
enthalten einen Handlungsauftrag an die BReg., entsprechende Vorgaben in einer
RVO vorzusehen. Aus dem VO-Zweck ergibt sich, dass nur solche Regelungen getroffen werden müssen, die unter Berücksichtigung der **in den Notfallplänen**
nach §§ 98, 99 Abs. 2 Nr. 9 und 100 **enthaltenen Regelungen** sowie der **Erkenntnisse,** die **bei Erstellung und Abstimmung** der Notfallpläne gewonnen
werden, geeignet, erforderlich und angemessen sind, den Schutz vor der schädlichen Wirkung ionisierender Strahlung sicherzustellen (BT-Drs. 18/11241, 351).
Der Verordnungsgeber hat von den VO-Erm. bisher keinen Gebrauch gemacht.

Die RL 2013/59/Euratom enthält keine spezifischen Schutzmaßgaben im Zu- 4
sammenhang mit der Entsorgung von durch einen radiologischen Notfall kon-

taminierten Abfälle. Die Entsorgung von Abfällen, die durch einen Notfall kontaminiert sind, ist aufgrund der weitläufigen und vielfältigen Auswirkungen, die ein radiologischer Notfall auf verschiedenste Lebensbereiche haben kann, ein **bedeutender Bestandteil** des von Art. 97 RL 2013/59/Euratom geforderten **Notfallmanagementsystems.** Dem wird – neben dem für die Abfall- und Abwasserentsorgung nach § 99 Abs. 2 Nr. 3 geforderten besonderen Notfallplan – auch durch die besonderen Maßgaben, die auf Grundlage des § 95 vorgesehen werden können, Rechnung getragen. Abs. 5 dient der Umsetzung von Anh. XI Teil A Nr. 2 RL 2013/59/Euratom, der die klare Festlegung der Verantwortlichkeit von Personen und Organisationen, die an der Notfallvorsorge und -reaktion beteiligt sind, fordert.

B. Bisherige Regelung

5   **§ 7 Abs. 3 StrVG** enthielt eine VO-Erm., zur Einhaltung der – auf Grundlage des § 6 StrVG erlassenen – Dosis- oder Kontaminationswerte die Verwertung oder Verwendung von Gegenständen, Reststoffen oder sonstigen Stoffen zu verbieten oder zu beschränken oder die Beseitigung von Abfall zu regeln.

C. Kontaminationswerte (Abs. 1)

6   Nach Abs. 1 S. 1 legt die BReg durch RVO mit Zustimmung des BR für mögliche Notfälle für einen bereits eingetretenen Notfall oder für eine nach einem Notfall bestehende Expositionssituation **Kontaminationswerte** für Abfälle (§ 5 Abs. 1) und sonstige Gegenstände und Stoffe, die durch einen Notfall kontaminiert sind oder sein können, fest. **„Sonstige Gegenstände und Stoffe"** sind Produkte, die jedenfalls zu den in S. 2 Nr. 3 genannten Zwecken verwendet werden können.

7   **S. 2** bestimmt die **gesetzliche Vermutung,** dass bei **Unterschreitung** der Kontaminationswerte der erforderliche Schutz von Mensch und Umwelt vor der schädlichen Wirkung ionisierender Strahlung **ohne zusätzliche spezielle strahlenschutzrechtliche Schutzmaßnahmen** sichergestellt ist, wenn die Abfälle oder sonstigen Gegenstände oder Stoffe nach Maßgabe der einschlägigen Bestimmungen des KrWG bewirtschaftet und die in den Nr. 1 bis 3 genannten Anlagen nach den einschlägigen Fachgesetzen (va BImSchG, WHG) errichtet, betrieben oder genutzt werden. Mit den Kontaminationswerten werden also **Unbedenklichkeitsschwellen** festgelegt.

D. Ergänzende Anforderungen und Ausnahmen (Abs. 2, 3)

8   Werden dagegen die festgelegten Kontaminationswerte für die Abfälle oder sonstigen Gegenstände oder Stoffe überschritten, ist die Festlegung **ergänzender Anforderungen** zu oder von **Ausnahmen** von den in Abs. 2 S. 1 Nr. 1 und 2 erfassten Gesetzen und RVOen im Verordnungsweg nach Abs. 2 S. 1 vorgesehen.

9   Bedenken gegen die Zulässigkeit, formalgesetzliche Vorgaben im Verordnungsweg zu ändern, bestehen nicht. Der parlamentarische Gesetzgeber darf den Verordnungsgeber ermächtigen, formalgesetzliche Regelungen zu ändern, sofern dadurch das verfassungsrechtliche Gefüge der Gewaltenteilung nicht beeinträchtigt wird

(BVerfG NJW 1959, 235 (236): keine „Gewichtsverschiebung zwischen gesetzgebender Gewalt und Verwaltung"; sa BVerfG NJW 1998, 669 (670)). Der parlamentarische Gesetzgeber hat den **Rahmen,** der die Ausnahmen im Verordnungsweg erlaubt, **klar festgelegt.** Zum einen bestimmt Abs. 2 S. 1 den mit der Verordnungsermächtigung verfolgten **Zweck,** den Schutz von Mensch und Umwelt vor der schädlichen Wirkung ionisierender Strahlung sicherzustellen. Der Gesetzgeber hat dies vor dem Hintergrund getan, dass die einschlägigen Regelungen der betroffenen Fachgesetze auf die bei radiologischen Notfällen bestehenden Gefahren und Risiken durch die schädliche Wirkung ionisierender Strahlung nicht zugeschnitten sind (BT-Drs. 18/11241, 350) und es deshalb ergänzender Regelungen bedarf, die eine **risikoadäquate Steuerung gewährleisten** (BT-Drs. 18/11241, 351). Die Ausnahmen oder ergänzenden Anforderungen im Verordnungsweg beziehen sich auf Bestimmungen des KrWG und sonstige für **Abfälle** geltenden Bundesgesetze und auf sie gestützten RVOen sowie auf Bundesgesetze und darauf gestützte RVOen, die für die **Errichtung und den Betrieb der in Abs. 1 S. 2 genannten Anlagen** gelten. Abs. 3 konkretisiert die hiervon besonders betroffenen Regelungen. Aus der Zusammenschau mit § 95a StrlSchG folgt, dass neben dem KrWG va das BImSchG und das WHG betroffen sind.

Dem von Art. 80 Abs. 1 S. 2 GG geforderten **Bestimmtheitsgrundsatz wird** 10 **genügt.** Aus dem Bestimmtheitsgrundsatz folgt, dass das Parlament sich seiner Verantwortung als gesetzgebende Körperschaft nicht dadurch entäußern darf, dass es einen Teil seiner Gesetzgebungsmacht auf die Exekutive überträgt, ohne die Grenzen dieser Kompetenzen bedacht und diese nach Tendenz und Programm so genau umrissen zu haben, dass der Bürger schon aus der gesetzlichen Ermächtigung erkennbar und vorhersehbar ist, was ihm gegenüber zulässig sein soll und welchen möglichen Inhalt die Verordnungsregelungen haben können (BVerfG NJW 1970, 2155 (2156); BVerfG NJW 1982, 921 (924)). Das bedeutet aber nicht, dass die VO-Erm. ihrem Wortlaut nach so genau wie irgendwie möglich formuliert sein muss; von Verfassung wegen hat sie hinreichend bestimmt zu sein. Dazu genügt es, dass die gesetzlichen Vorgaben sich unter Heranziehung allgemeiner Auslegungsregeln – Zweck, Sinnzusammenhang und Entstehungsgeschichte der Norm – erschließen lassen (BVerfGE 8, 274 (307); 80, 1 (20f.); 106, 1 (19); 113, 167 (269); BVerfG Beschl. v. 21.9.2016 – 2 BvL 1/15, Rn. 55)). Welche Anforderungen an das Maß der Bestimmtheit zu stellen sind, lässt sich nicht allgemein festlegen, sondern bestimmt sich nach der Intensität der Auswirkung der Regelung auf die Grundrechtsstellung betroffener Personen (BVerfGE 58, 257 (277); 80, 1 (20f.); 113, 167 (269)), aber auch danach, inwiefern der zu regelnde Sachverhalt einer genaueren Umschreibung zugänglich ist (BVerfGE 56, 1 (13); BVerfG Beschl. v. 21.9.2016 – 2 BvL 1/15, Rn. 57; OVG BB Beschl. v. 11.2.2021– 11 S 11/21, Rn. 53)). Der zuletzt genannte Aspekt ist von besonderer Bedeutung beim radiologischen Notfallschutz, da sich ein Notfall hinsichtlich des Umfangs seiner örtlichen und sächlichen Auswirkungen unterschiedlich darstellen und eine jeweils angepasste **risikoadäquate Steuerung** erfordern kann, insbesondere wenn die Lage den Erlass einer Eilverordnung erfordert (sa BVerfG Beschl. v. 21.9.2016 aaO, Rn. 57 dazu, dass der VO-Geber Regelungen einfacher und rascher auf dem neuesten Stand zu halten vermag). Der parlamentarische Gesetzgeber hat festgelegt, dass die Verordnungsregelungen sich auf die für Abfälle und die für die Errichtung und den Betrieb der in Abs. 1 S. 2 genannten Anlagen beziehen müssen. Gleichzeitig hat er den Verordnungsgeber in die Pflicht genommen, die einschlägigen Regelungen, von denen Ausnahmen oder für die Ergänzungen vorgesehen werden sollen, zu identifizieren mit Blick auf den den Regelungsbedarf auslösenden Notfall. Die genaue Benennung der potentiell betroffenen gesetzlichen Vorschriften war mit Blick auf den Bestimmtheitsgrundsatz nicht erforderlich (zur Diskussion in Bezug auf § 5 Abs. 2 S. 1 Nr. 4, 7, 8 und 10 IfSG *Hollo* in Kießling IfSG § 5 Rn. 20ff.). Des Weiteren unterwirft **Abs. 2 S. 2 bis 4** die Regelung von Ausnahmen den dort genannten **Bedingungen.** Nach **S. 2** dürfen Ausnahmen von den fachgesetzlichen Regelungen, bspw. von den Bestimmungen des KrWG zur Abfallvermeidung oder -verwertung (BT-Drs. 18/11241, 351) keine anderweitig entstehenden Gefahren für die menschliche Gesundheit erwarten lassen und nicht in Widerspruch zu zwingendem europäischen Gemeinschaftsrecht stehen. **S. 3** fordert, dass im Fall einer solchen Ausnahme erhebliche Nachteile für die Allgemeinheit oder die Nachbarschaft zu vermeiden oder zu vermindern sind, soweit unter Berücksichtigung der radiologischen Lage und der anderen für die Ausnahme erheblichen Umstände des jeweiligen Notfalls möglich und angemessen. Schließlich bestimmt **S. 4,** dass bei den Ausnahmen und auch den ergänzenden Regelungen Anforderungen an die Vorsorge gegen schädliche Umwelteinwirkungen und sonstige Gefahren sowie gegen erhebliche Nachteile und erhebliche Belästigungen zu berücksichtigen sind, insbesondere indem die dem Stand der Technik entsprechenden Maßnahmen ergriffen werden. Schließlich hat der parlamentarische Gesetzgeber durch die – nicht abschließende – „insbesondere"-Aufzählung in **Abs. 3** aufgeführt, von welchen Bestimmungen der betroffenen Fachgesetze Ausnahmen im Verordnungsweg ergehen bzw. welche Bestimmungen ergänzt werden können. Damit hat er die Verordnungsermächtigung konkretisiert und die grundsätzlich notwendigen Elemente für die risikoadäquate Steuerung radiologischer Risiken **selbst benannt** (BT-Drs. 18/11241, 351).

E. Entsprechende Anwendung des § 94 Abs. 3 und 4

11   **Abs. 5** sieht die entsprechende Anwendung des § 94 Abs. 3 und 4 für die auf Verordnungsebene festelegten Kontaminationswerte nach Abs. 1 oder ergänzenden Anforderungen nach Abs. 2 vor. Diese Verordnungsregelungen werden also **ohne Zustimmung des BR** aufgehoben, zeitlich befristet für unanwendbar erklärt oder in ihrem Wortlaut einem verbleibenden Anwendungsbereich angepasst werden können, wenn eine entsprechende, unmittelbar anwendbare gemeinschaftsrechtliche Vorgabe ergeht (§ 94 Abs. 3). Infolge der entsprechenden Anwendbarkeit des § 94 Abs. 4 können insbesondere für die zu entsorgenden Abfälle, Abfallentsorgungsanlagen und die bei der Entsorgung entstehenden Rückstände in den Verordnungen auch die heranzuziehenden Verfahren und Annahmen zur Messung, Berechnung oder Abschätzung der Dosiswerte, Kontaminationswerte, Dosisleistungswerte oder andere Parameter festgelegt werden, wie auch die Voraussetzungen für die Geltung dieser Werte (BT-Drs. 18/11241, 352).

F. Träger der Entsorgung

12   Abs. 4 verpflichtet die Länder, festzulegen, welche juristischen Personen als öffentlich-rechtliche Entsorgungsträger zur Entsorgung von Abfällen aus privaten Haushaltungen und anderen Herkunftsbereichen verpflichtet sind, die aufgrund ih-

rer **durch einen Notfall verursachten Kontamination nicht** in den normalerweise für die Beseitigung von konventionellen Abfällen bestehenden Entsorgungsanlagen entsorgt werden können. Die Bestimmung **ergänzt §§ 17 und 20 KrWG**
(BT-Drs. 18/11241, 351).

§ 95a Auskunftsverlangen, Betretensrechte, Mitwirkungs- und Duldungspflichten

(1) **Auskunft über Abfälle und sonstige Gegenstände oder Stoffe, die
durch einen Notfall kontaminiert sind oder kontaminiert sein können,
über Errichtung, Betrieb und Benutzung der in § 95 Absatz 1 Satz 2 genannten Anlagen, über Grundstücke, auf denen sich solche Abfälle, sonstige Gegenstände oder Stoffe oder solche Anlagen befinden können, sowie
über andere der Aufsicht nach § 178 Satz 2 unterliegende Gegenstände
oder Stoffe haben den Bediensteten und Beauftragten der für die Aufsicht
nach § 178 Satz 2 zuständigen Behörde auf Verlangen zu erteilen**
1. **Erzeuger und Besitzer von Abfällen oder von sonstigen Gegenständen
oder Stoffen, die durch einen Notfall kontaminiert sind oder kontaminiert sein können,**
2. **zur Entsorgung von Abfällen, die durch einen Notfall kontaminiert sind
oder kontaminiert sein können, Verpflichtete,**
3. **Eigentümer und Betreiber sowie frühere Betreiber**
   a) **von Unternehmen, die solche Abfälle entsorgen oder entsorgt haben,**
   b) **der in § 95 Absatz 1 Satz 2 genannten Anlagen, auch wenn diese Anlagen stillgelegt sind,**
4. **Eigentümer und Besitzer von Grundstücken, auf denen die in § 95
Absatz 1 Satz 2 genannten Anlagen betrieben werden oder wurden, sowie**
5. **Sammler, Beförderer, Händler und Makler von Abfällen, die durch
einen Notfall kontaminiert sind oder kontaminiert sein können.**

(2) **[1]Die nach Absatz 1 zur Auskunft verpflichteten Personen haben den
Bediensteten und Beauftragten der für die Aufsicht nach § 178 Satz 2 zuständigen Behörde zur Prüfung der Einhaltung ihrer Verpflichtungen nach
§ 95, den Verordnungen nach § 95 oder den Eilverordnungen nach § 96 das
Betreten der Grundstücke sowie der Geschäfts- und Betriebsräume zu den
üblichen Geschäftszeiten, die Einsicht in Unterlagen und die Vornahme
von technischen Ermittlungen und Prüfungen, einschließlich der Ermittlung von Emissionen und Immissionen, zu gestatten. [2]Die nach Absatz 1
zur Auskunft verpflichteten Personen sind ferner verpflichtet, zu diesen
Zwecken das Betreten von Geschäfts- und Betriebsgrundstücken und -räu-
men außerhalb der üblichen Geschäftszeiten sowie das Betreten von Wohnräumen zu gestatten, wenn dies zur Verhütung dringender Gefahren für die
öffentliche Sicherheit oder Ordnung erforderlich ist. [3]Das Grundrecht auf
Unverletzlichkeit der Wohnung (Artikel 13 Absatz 1 des Grundgesetzes)
wird insoweit eingeschränkt.**

(3) **Betreiber der in § 95 Absatz 1 Satz 2 genannten Anlagen haben diese
Anlagen den Bediensteten oder Beauftragten der zuständigen Behörde zugänglich zu machen, die zur Überwachung erforderlichen Arbeitskräfte,
Werkzeuge, Hilfsmittel, insbesondere Treibstoffe und Antriebsaggregate,
und Unterlagen zur Verfügung zu stellen und nach Anordnung der zustän-**

digen Behörde Zustand und Betrieb der Anlage auf eigene Kosten prüfen zu lassen.

(4) **Die behördlichen Befugnisse nach den Absätzen 1 bis 3 erstrecken sich auch auf die Prüfung, ob bestimmte Stoffe oder Gegenstände**
1. **nicht oder nicht mehr als Abfall anzusehen sind oder**
2. **als Abfälle, sonstige Gegenstände oder Stoffe anzusehen sind, bei denen der für solche Abfälle, sonstige Gegenstände oder Stoffe in einer Verordnung nach § 95 Absatz 1 festgelegte Kontaminationswert unterschritten wird.**

(5) **Für die nach dieser Vorschrift zur Auskunft verpflichteten Personen gilt § 55 der Strafprozessordnung entsprechend.**

(6) ¹**Auf die nach den Absätzen 1 bis 3 erlangten Kenntnisse und Unterlagen sind die §§ 93, 97, 105 Absatz 1, § 111 Absatz 5 in Verbindung mit § 105 Absatz 1 sowie § 116 Absatz 1 der Abgabenordnung nicht anzuwenden.** ²**Dies gilt nicht, soweit die Finanzbehörden die Kenntnisse für die Durchführung eines Verfahrens wegen einer Steuerstraftat sowie eines damit zusammenhängenden Besteuerungsverfahrens benötigen, an deren Verfolgung ein zwingendes öffentliches Interesse besteht, oder soweit es sich um vorsätzlich falsche Angaben des Auskunftspflichtigen oder der für ihn tätigen Personen handelt.**

A. Zweck und Bedeutung der Norm

1   § 95a ist auf Initiative des BR durch das 1. ÄndG in das StrlSchG eingefügt worden und soll den zust. Behörden die Überwachung des Vollzugs des § 95 und der auf der Grundlage der §§ 95 und 96 erlassenen RVOen erleichtern (BT-Drs. 19/27918, 19). Die Bestimmung orientiert sich an den entsprechenden Regelungen des § 47 Abs. 3 bis 6 KrWG, § 52 Abs. 2 und 7 BImSchG und § 101 Abs. 1, 3 und 4 WHG. Zwar enthalten die einschlägigen Fachgesetze im Zusammenhang mit der Bewirtschaftung notfallbedingt kontaminierter Abfälle entsprechende Regelungen (va § 47 KrWG; § 52 BImSchG, § 101 WHG). Die Länder haben allerdings die Befürchtung geäußert, dass diese Grundlagen nicht ausreichend sein könnten, da die Verordnungen nach §§ 95 und 96 nicht nur Vorschriften zur Konkretisierung der Fachgesetze, sondern auch **ergänzende Anforderungen und Ausnahmen** zu den Fachgesetzen enthalten könnten (BR-Drs. 24/21 (Beschl.), 12). Außerdem bestand die Sorge, dass die in § 179 Abs. 1 Nr. 2 iVm § 19 Abs. 2 AtG geregelten Auskunfts- und weiteren Pflichten nicht die speziellen Gegebenheiten und Erfordernisse bei der Überwachung radioaktiv kontaminierter Abfälle oder Anlagen im Sinne des § 95 Absatz 1 Satz 2 bei radiologischen Notfällen berücksichtigen würden (BR-Drs. 24/21 (Beschluss), 12). Der BT ist dem Anliegen gefolgt und hat den entsprechenden Vorschlag des Bundesrates (BR-Drs. 24/21 (Beschluss), Nr. 10) mit einigen Modifizierungen übernommen (BT-Drs. 19/27918, 19). Im Verhältnis zu § 179 Abs. 1 Nr. 2 iVm § 19 Abs. 2 AtG ist § 95a eine spezielle Befugnisnorm der Behörde, die für die Aufsicht nach § 178 S. 2 iVm § 95 und den auf Grundlage des § 96 ergangenen RVOen zuständig ist. Aufgrund der sehr hohen Grundrechtssensibilität insbesondere hinsichtlich der Pflicht zur Gewährung von Betretensrechten (Art. 13 GG) und der Unsicherheit, wie weit die entsprechende Anwendbarkeit des § 179 Abs. 1 Nr. 2 iVm § 19 Abs. 2 AtG im besonderen Fall der Bewirtschaftung von Abfällen, die infolge eines Notfalls kontaminiert sein können, reicht, auch im Hinblick auf den Verzahnungsansatz (→ Einf. Teil 3 Rn. 6), ist die Einführung des § 95a nachvollziehbar.

B. Auskunftspflichten (Abs. 1 und 5)

Die in Abs. 1 geregelte **Auskunftspflicht** bezieht sich auf 2
- Abfälle und sonstige Gegenstände und Stoffe, die durch einen radiologischen Notfall kontaminiert sind oder kontaminiert sein können;
- die Errichtung, den Betrieb und die Benutzung der in § 95 Abs. 1 S. 2 Nr. 1 bis 3 genannten Anlagen;
- Grundstücke, auf denen sich die genannten Abfälle, sonstigen Gegenstände und Stoffe sowie Anlagen befinden können sowie
- andere der Aufsicht nach § 178 S. 2 unterliegende Gegenstände und Stoffe.

Zweck der Auskunftspflicht ist, der zust. Behörde die Prüfung zu ermöglichen, 3 ob die jeweils Auskunftspflichtigen die sie betreffenden Pflichten nach den RVOen auf Grundlage der §§ 95 und 96 einhalten, bspw. die Einhaltung ergänzender strahlenschutzrechtlicher Anforderungen an die Abfallbewirtschaftung nach KrWG. Die Auskunft ist **auf Verlangen** zu erteilen. **Rechtsgrundlage** für eine Auskunftsanordnung ist § 95a Abs. 1 iVm § 179 Abs. 2 S. 1.

Die Behörde ist verpflichtet, ihr Auskunftsverlangen **konkret** zu formulieren. 4 Ein pauschales Auskunftsverlangen, damit die Behörde alle für ihre Aufgabenerfüllung erforderlichen Informationen erhält, ist nicht zulässig (*Ewer* in HMPS AtG/ PÜ, § 19 Rn. 44; *Klein* in Jarass/Petersen KrWG, § 47 Rn. 19: keine allgemeine Berichtspflicht; sa VG Düsseldorf Urt. v. 21.2.2017 − 3 K 3004/15, BeckRS 2017, 124081, Rn. 21 mwN: fehlende Bestimmtheit eines Auskunftsverlangens nach § 52 Abs. 2 BImSchG). Generell hat sich das behördliche Auskunftsverlangen am **Verhältnismäßigkeitsgrundsatz** messen zu lassen: es muss im Hinblick auf den mit dem Auskunftsverlangen verfolgten Überwachungszweck geeignet, erforderlich und angemessen sein. Wenn Informationen von Dritten eingeholt werden müssen, macht dies das Auskunftsverlangen nicht bereits unverhältnismäßig (VGH Mannheim Beschl. v. 30.3.2001 − 10 S 1184/00, BeckRS 9998, 31810. Auf das spezifizierte behördliche Auskunftsverlangen ist die konkrete Auskunft, erforderlichenfalls unterstützt durch die zusätzliche Vorlage von Unterlagen, zu erteilen.

Der Kreis der in den Nr. 1 bis 5 genannten **Auskunftspflichtigen** entspricht 5 denen des § 47 Abs. 3 S. 1 KrWG und § 52 Abs. 2 S. 1 BImSchG mit der Anpassung, dass es sich um Erzeuger, Besitzer, Verpflichtete, Sammler etc. von Abfällen oder sonstigen Gegenständen oder Stoffen handelt, die durch einen Notfall kontaminiert sind bzw. um Eigentümer und − auch frühere − Betreiber von Unternehmen, die solche Abfälle entsorgen oder entsorgt haben oder von − auch stillgelegten − Anlagen nach § 95 Abs. 1 S. 2 Nr. 1 bis 3.

Die Auskunftspflicht besteht gegenüber den **Bediensteten und Beauftragten** 6 **der zust. Behörde,** die gemäß **§ 178 S. 2** für die Aufsicht über die Bestimmungen zust. sind, die auf Grundlage der §§ 95 und 96 in Rechtsverordnungen erlassen worden sind (→ § 178 Rn. 12). Bei den Bediensteten handelt es sich um Beamte oder Angestellte der nach § 178 S. 2 zust. Behörde. Bei den Beauftragten kann es sich entweder um Angehörige anderer Behörden handeln, die die nach § 178 S. 2 zust. Behörde herangezogen hat, aber auch um Private, bspw. Sachverständige. Hoheitlich dürfen sie gegenüber den nach § 95a Verpflichteten nur tätig werden, wenn sie Beliehene sind.

7   Aufgrund der in **Abs. 5** bestimmten entsprechenden Geltung des **Auskunfts-verweigerungsrechts** nach § 55 StPO kann eine zur Auskunft verpflichtete Person die Auskunft auf solche Fragen verweigern, deren Beantwortung ihr selbst oder einem der in § 52 Abs. 1 StPO bezeichneten Angehörigen die Gefahr zuziehen würde, wegen einer Straftat oder einer Ordnungswidrigkeit verfolgt zu werden. Eine Belehrung über das Auskunftsverweigerungsrecht hat zu erfolgen.

8   § 95a macht keine Vorgaben zur Form der Auskunftserteilung. Sie unterliegt der näheren behördlichen Bestimmung.

C. Gestattungspflichten (Abs. 2)

9   Abs. 2 sieht Gestattungspflichten bei Grundstücken, Betriebs- und Geschäftsräumen vor. Sie sind den § 47 Abs. 3 S. 2 bis 4 KrwG, § 52 Abs. 2 S. 1 und 2 BImSchG und § 101 Abs. 1 S. 1 Nr. 4 bis 6 WHG nachgebildet (BT-Drs. 19/26943, 74). Der **Kreis der Verpflichteten** entspricht denen nach Abs. 1.

10   Den Bediensteten und Beauftragten der für die Aufsicht nach § 178 S. 2 zust. Behörden sind zur Prüfung der Einhaltung der Verpflichtungen nach § 95 und der Rechtsverordnungen nach §§ 95 und 96 die **Einsicht in Unterlagen** und die **Vornahme von technischen Ermittlungen und Prüfungen,** einschließlich der Ermittlung von Emissionen und Immissionen zu gestatten. Ihnen ist das **Betreten der Grundstücke sowie der Geschäfts- und Betriebsräume** zu den üblichen Geschäftszeiten, zur Verhütung dringender Gefahren für die öffentliche Sicherheit und Ordnung auch außerhalb der üblichen Geschäftszeiten zu gestatten. Abs. 2 S. 3 enthält das grundrechtliche Zitiergebot des Art. 19 Abs. 1 S. 2 GG.

11   Aus diesen Gestattungspflichten ergeben sich die entsprechenden **Eingriffs-ermächtigungen,** also nicht bloße Berechtigungen, der zust. Behörde (VG Würzburg, Gerichtsbescheid v. 7.12.2020 – W 10 K 19.1529, juris Rn. 48; VG München Urt. v. 30.8.2016 – M 17 K 15.3371, BeckRS 2016, 51323; *Beckmann* in LR UmweltR, § 47 KrWG Rn. 62 zum Betretungsrecht der Behörde auf das Grundstück). Ein aktives Mitwirken der verpflichteten Person kann geboten sein, um Hindernisse zu beseitigen, bspw. das Öffnen von Türen oder die Sicherstellung von ausreichender Beleuchtung. Das Betreten, die Einsichtnahme und die Vornahme der technischen Ermittlungen und Prüfungen sind **Realakte.**

12   Eine **Vorankündigung** durch die Behörde kann jedenfalls dann nicht gefordert werden, wenn die Gefahr besteht, dass eine effektive Überprüfung ohne eine überraschende Kontrolle ins Leere laufen würde (ähnlich für die Betretungs- und Prüfbefugnisse nach § 19 Abs. 2 S. 1 AtG *Ewer* in HMPS AtG/PÜ, § 19 AtG Rn. 40; aA für § 47 Abs. 2 KrWG *Klein* in Jarass/Petersen, § 47 KrWG Rn. 24: vorherige Anmeldung nicht geboten, bei großen Betriebsgeländen vorheriger Benachrichtigung zweckmäßig; *Schomerus* in VMS KrWG, § 47 Rn. 21: vorherige Anmeldung nicht zwingend erforderlich; Anmeldung beim Erscheinen kann ausreichen).

13   Mit den **„üblichen Geschäftszeiten"** sind gewöhnliche Betriebs-, Büro- und Verkaufszeiten gemeint, wobei diese sich je nach Situation und zu überwachender Person unterschiedlich darstellen können (*Klein* in Jarass/Petersen, § 47 KrWG Rn. 25). Zur Verhütung **dringender Gefahren für die öffentliche Sicherheit und Ordnung** ist ein Zutritt auch **außerhalb** der üblichen Geschäftszeiten zu gestatten, dh idR nach Betriebsschluss oder an Sonn- und Feiertagen. Das Betretensrecht bezieht sich in diesem besonderen Fall auch auf **Wohnräume.** Das Vorliegen einer **dringenden** Gefahr für die öffentliche Sicherheit und Ordnung bedeutet, dass bei ungehindertem Ablauf des objektiv zu erwartenden Geschehens eine hinreichend hohe Wahrscheinlichkeit eines Schadens für ein Rechtsgut von bedeutendem Gewicht besteht (BVerwG NJW 1975, 130 (132)).

Die **Einsicht in Unterlagen** soll der Behörde die Prüfung ermöglichen, ob die **14** Pflichten nach § 95 und nach den Verordnungsregelungen, die auf Grundlage der Rechtsverordnungen nach §§ 95 und 96 festgelegt wurden, eingehalten werden. Unterlagen sind auch auf elektronischen Datenträgern gespeicherte Dateien. Die Gestattung der Unterlageneinsicht bedeutet, dass der zust. Behörde ausreichend Zeit gegeben werden muss, um die Dokumente einsehen zu können; sie beinhaltet allerdings nicht die Fertigung von Kopien oder die Herausgabe der Originalunterlagen (*Klein* in Jarass/Petersen, § 47 KrWG Rn. 26). Die Vornahme von **technischen Ermittlungen und Prüfungen** umfasst die Ermittlung von Emissionen und Immissionen.

D. Mitwirkungspflichten (Abs. 3)

Die in Abs. 3 geregelten Mitwirkungspflichten, die sich an die Betreiber der in **15** § 95 Abs. 1 S. 2 Nr. 1 bis 3 genannten Anlagen richten, sind den entsprechenden Pflichten aus § 47 Abs. 4 KrWG und § 52 Abs. 2 S. 4 BImSchG nachgebildet. Der Betreiber ist verpflichtet, seine Anlage der zust. Behörde **zugänglich zu machen** und die zur Überwachung erforderlichen Arbeitskräfte, Werkzeuge, Hilfsmittel, insbes. Treibstoffe, Antriebsaggregate, und Unterlagen **zur Verfügung zu stellen.** Des Weiteren ist er verpflichtet, aufgrund entsprechender behördlicher Anordnung Zustand und Betrieb der Anlage **auf eigene Kosten** prüfen zu lassen. Diese Mitwirkungspflichten bezwecken, die behördliche Prüfung der Einhaltung der festgelegten Kontaminationswerte oder Anforderungen nach § 95 Abs. 2 umfassend durchführen zu können. Die Inanspruchnahme der genannten sachlichen Hilfsmittel ist insbesondere erforderlich, wenn Anlagen bei der Prüfung in Betrieb gesetzt oder zur Abfallentsorgung genutzt werden sollen.

Der BR hatte die **behördliche Anordnungsbefugnis** nicht auf die Prüfpflicht **16** des Betreibers von Zustand und Betrieb der Anlage auf eigene Kosten beschränkt. Vielmehr sollte es der zust. Behörde auch ermöglicht werden anzuordnen, dass der Betreiber die Beseitigung der angefallenen Abfälle nach § 95 Abs. 1 bis 3 gegen angemessenes Entgelt vorzunehmen hat (BR-Drs. 24/21 (Beschluss), Nr. 10). Gemäß eines neuen Abs. 7 sollte der Betreiber das angemessene Entgelt nach Landesrecht geltend machen, soweit keine Entschädigung durch den Verursacher des Ereignisfalles oder aufgrund anderer Vorschriften möglich sei (BR-Drs. aaO). Die BReg. ist diesem Anliegen in ihrer Gegenäußerung nicht gefolgt. Sie hat ihre Auffassung begründet mit dem Hinweis auf die noch nicht abgeschlossenen fachlichen und rechtlichen Prüfungen der im März 2019 einberufenen länderoffenen Arbeitsgruppe der LAGA, deren Aufgabe es sei, die Schnittstellen der besonderen Notfallpläne des Bundes und der Länder für kontaminierte Abfälle zu identifizieren mit dem Ziel der Harmonisierung des weiteren Vorgehens und der Erarbeitung der fachlichen Grundlagen für die Entwürfe dieser besonderen Notfallpläne (BT-Drs. 19/26943, 85). Die nach Auffassung der BReg. zunächst von den Ländern vorzunehmende Analyse der Regelungen der Katastrophenschutz-, der Polizei- und der Enteignungsgesetze der Länder stehe noch aus; sollten sich nach dem Ergebnis der Prüfung Regelungslücken ergeben, die durch bundesrechtliche Regelungen zu schließen seien, würden unverzüglich Entwürfe für angemessene gesetzliche Regelungen solcher zusätzlichen Eingriffsbefugnisse in der BReg. abgestimmt werden (BT-Drs. 19/26943, 86). Die bisherige Prüfung der bundesrechtlichen Regelungen habe dagegen zu dem Ergebnis geführt, dass die übrigen, nun in § 95a StrlSchG vorgesehenen Ergänzungen für den Bereich der strahlenschutzrechtlichen Aufsicht sinnvoll seien (s. dagegen die teilweise noch andere Bewertung der BReg. in ihrer Gegenäußerung zu Ziff. 25 der Stellungnahme des BR vom 10. März 2017 im Rechtsetzungsverfahren für das StrlSchG: BT-Drs. 18/11622, 39; sa BT-Drs. 19/19373, 116: GÄ der BReg. zu Ziff. 29 der Stellungnahme des BT zum Entwurf eines Gesetzes zur Umsetzung der Abfallrahmenrichtlinie der EU).

E. Umfang der behördlichen Prüfung (Abs. 4)

17   Der in Abs. 4 **Nr. 1** bestimmte Umfang der behördlichen Prüfung ist angelehnt an § 47 Abs. 6 KrWG. Mit der ausdrücklichen Erlaubnis an die Behörde zu prüfen, ob Stoffe oder Gegenstände nicht oder nicht mehr als Abfall anzusehen sind, wird verhindert, dass sich ein Abfallbesitzer der behördlichen Überwachung mit dem Argument entziehen kann, dass es sich bei den Stoffen oder Gegenständen nicht um Abfall handele (BR-Drs. 24/21 (Beschluss) Nr. 10, S. 14). Die Überprüfung des Endes der Abfalleigenschaft wird in die strahlenschutzrechtliche Aufsicht einbezogen, weil bei dieser Prüfung nach § 5 Abs. 1 iVm §§ 3 und 5 Abs. 1 Nr. 3 und 4 KrWG mit Blick auf den Schutz des Menschen und der Umwelt vor der schädlichen Wirkung ionisierender Strahlung va die Regelungsinhalte der RVO nach § 95 StrlSchG und andere radiologische Kriterien zu berücksichtigen sind (BR-Drs. 24/21 (Beschluss) Nr. 10, S. 14)

18   Die in **Nr. 2** vorgesehene Erstreckung der behördlichen Prüfung, ob bestimmte Stoffe oder Gegenstände als Abfälle, sonstige Gegenstände oder Stoffe anzusehen sind, bei denen der nach § 95 Abs. 1 festgelegte Kontaminationswert unterschritten wird, dient der Klärung, ob diese ausschließlich nach KrWG entsorgt werden können (→ § 95 Rn. 7) oder zusätzliche, dem Strahlenschutz dienende Schutzmaßnahmen nach Maßgabe der auf Grundlage des § 95 Abs. 2 ergangenen Regelungen erforderlich sind (BR-Drs. 24/21 (Beschl.) Nr. 10, S. 15).

F. Weitergabe der Kenntnisse und Unterlagen an Finanzbehörden (Abs. 6)

19   Die Regelung ist angelehnt an § 52 Abs. 7 BImSchG und § 101 Abs. 4 WHG. Sie enthält das grundsätzliche Verbot der Weitergabe der nach Abs. 1 bis 4 gewonnenen behördlichen Erkenntnisse und erlangten Unterlagen an die Finanzbehörden, sofern nicht einer der in S. 2 genannten Fälle vorliegt. Mit der Regelung soll ein Anreiz geschaffen werden, dass die zur Auskunft oder Mitwirkung Verpflichteten mit der zust. Behörde kooperieren. Die gesetzliche Abwägung zwischen dem öffentlichen Interesse an der richtigen Erfassung steuerrechtlich relevanter Tatbestände und der gesetzmäßigen Besteuerung einerseits und dem öffentlichen Interesse eines möglichst weitreichenden Informationsaustauschs zwischen dem Verpflichteten und der zust. Behörde geht hier **zugunsten des Schutzes vor der schädlichen Wirkung ionisierender Strahlung** aus. Damit soll erreicht werden, dass die der strahlenschutzrechtlichen Überwachung unterliegenden Personen und

Unternehmen mit den zust. Behörden in – schnelles Handeln erfordernde – Notfallsituationen kooperieren (s. BR-Drs. 24/21 (Beschl.) Nr. 10, S. 15).

G. Zuwiderhandlungen

Ein Verstoß gegen die Mitwirkungspflichten nach § 95 a ist nicht bußgeldbewehrt. **20**

---

§ 96 Eilverordnungen

(1) **Bei Eilbedürftigkeit nach Eintritt eines Notfalls kann**
1. **das Bundesministerium für Umwelt, Naturschutz und nukleare Sicherheit Regelungen nach den §§ 93, 94 und 95 Absatz 1 und**
2. **das Bundesministerium für Umwelt, Naturschutz und nukleare Sicherheit oder das Bundesministerium, das jeweils für abfallwirtschaftliche Regelungen außerhalb des Geltungsbereichs des Kreislaufwirtschaftsgesetzes oder für Regelungen über die Errichtung und den Betrieb der in § 95 Absatz 1 Satz 2 Nummer 2 genannten Anlagen zuständig ist, Regelungen nach § 95 Absatz 2 und 3**

durch Rechtsverordnung ohne die Zustimmung des Bundesrates und ohne das Einvernehmen der zu beteiligenden Bundesministerien erlassen (Eilverordnungen), soweit noch keine entsprechenden Regelungen bestehen oder die bestehenden Regelungen nicht angemessen sind.

(2) ¹**Eilverordnungen treten spätestens sechs Monate nach ihrem Inkrafttreten außer Kraft.** ²**Ihre Geltungsdauer kann nur durch eine Rechtsverordnung mit Zustimmung des Bundesrates und im Einvernehmen mit den zu beteiligenden Bundesministerien verlängert werden.** ³**Eilverordnungen, die bestehende Regelungen ändern, sind unverzüglich aufzuheben, wenn der Bundesrat dies verlangt.**

Schrifttum: s. Vorbemerkung zu §§ 92 ff.

A. Zweck und Bedeutung der Norm

§ 96 regelt die Zulässigkeit, die Verordnungsregelungen auf Grundlage der §§ 93, **1** 94 und 95 Abs. 1 sowie die in Abs. 1 Nr. 2 näher konkretisierten Verordnungsregelungen auf Grundlage des § 95 Abs. 2 und 3 als EilVOen ohne Zustimmung des BR und ohne das Einvernehmen der zu beteiligenden Bundesministerien zu erlassen. Dadurch soll die **schnelle Handlungsfähigkeit des ressortverantwortlichen BMUV** bei einem Notfall gewährleistet werden. Diese wird auch von der RL 2013/59/Euratom gefordert. Anh. XI Teil B. letzter Satz unter dem Abschn. „Zur Notfallvorsorge" verpflichtet die MS, im Voraus Vorkehrungen zu treffen, um die vorstehenden unter Punkt 1 bis 7 genannten Aspekte ggf. während einer Notfallexpositionssituation an die sich während des Notfalleinsatzes weiterentwickelnden jeweiligen Bedingungen anpassen zu können.

Die fehlende Zustimmung des BR ist **verfassungsrechtlich unproblematisch,** Art. 80 Abs. 2 GG schränkt das Zustimmungserfordernis durch den Vor- **2** behalt anderweitiger bundesgesetzlicher Regelung selbst ein (BVerfG Beschl. v. 1.4.2014 – 2 BvF 1/12, Rn. 74, 75). Zudem wird die Geltungsdauer der EilVOen auf sechs Monate befristet. Sollen sie verlängert werden, lebt das Zustimmungserfordernis – wie auch das Einvernehmenserfordernis mit den anderen zu beteiligenden Ressorts – wieder auf. Außerdem kann der BR die unverzügliche Aufhebung von EilVOen verlangen, die bestehende – mit seiner Zustimmung ergangene – Regelungen ändern.

B. Bisherige Regelung

3   § 96 entspricht im Wesentlichen § 6 Abs. 2 S. 2 StrVG.

C. EilVOen (Abs. 1)

4   Nach Abs. 1 kann das BMUV **bei Eilbedürftigkeit nach Eintritt eines Notfalls** ohne Zustimmung des BR und ohne Einvernehmen der zu beteiligenden Bundesministerien EilVOen auf Grundlage der o. a. Verordnungsermächtigungen erlassen, **soweit noch keine entsprechenden Regelungen bestehen oder die bestehenden Regelungen nicht angemessen sind.**

5   Anders als § 111 Abs. 6 definiert § 96 Eilbedürftigkeit nicht. Von Eilbedürftigkeit wird auszugehen sein, wenn mit Blick auf den eingetretenen Notfall die erfassten Verordnungsregelungen rasch zu erlassen oder anzupassen sind, um die mit ihnen verbundenen **Maßnahmen der Notfallreaktion schnell und so effektiv wie möglich** durchführen zu können. So bedarf es bspw. der Kontaminationswerte nach § 95 Abs. 1 zur schnellen Bestimmung, ob durch einen Notfall kontaminierte Abfälle nur nach Maßgabe des KrWG entsorgt werden müssen.

6   Grundsätzlich liegt Eilbedürftigkeit umso eher vor, **je erheblicher die nachteiligen Auswirkungen** des den Notfall auslösenden Ereignisses auf den Menschen, die Umwelt oder Sachgüter sein können. **Anpassungsbedarf** kann sich ergeben, wenn die für den jeweiligen eingetretenen Notfall zu ergreifenden Schutzmaßnahmen die Zugrundelegung anderer als die vor einem Notfall festgelegten Werte erfordern. Bspw. kann eine Anpassung der in der NDWV festgelegten Dosiswerte erforderlich werden, wenn für den eingetretenen Notfall andere Dosiswerte als radiologisches Kriterium für die Angemessenheit der in § 94 Abs. 1 S. 1 genannten Schutzmaßnahmen zugrunde zu legen sind.

D. Geltungsdauer (Abs. 2)

7   Nach Abs. 2 S. 1 ist die Geltungsdauer von EilVOen auf **höchstens sechs Monate** nach ihrem Inkrafttreten beschränkt. Eine **Verlängerung** ist nur durch eine RVO möglich, die mit Zustimmung des BR und im Einvernehmen mit den zu beteiligenden Bundesministerien ergangen ist. EilVOen, die **bestehende Regelungen geändert** haben, sind nach S. 2 **auf Verlangen des BR** unverzüglich aufzuheben.

Abschnitt 3 – Notfallvorsorge

§ 97 Gemeinsame Vorschriften für die Notfallpläne

(1) [1]Bund und Länder stellen Notfallpläne nach den §§ 98, 99, 100 und 101 auf. [2]In diesen Notfallplänen sind die geplanten angemessenen Reaktionen auf mögliche Notfälle anhand bestimmter Referenzszenarien darzustellen. [3]Die darzustellenden Notfallreaktionen umfassen

1. die Schutzmaßnahmen, die Folgendes beinhalten:
   a) Maßnahmen zur Vermeidung oder Verringerung einer Exposition und Kontamination von Mensch oder Umwelt und
   b) Maßnahmen zur medizinischen Behandlung oder Vorsorge nach einer Exposition,
2. andere Maßnahmen, die bei einem Notfall von den beteiligten Behörden und sonstigen Organisationen ergriffen werden sollen, um nachteilige Auswirkungen des Notfalls für die menschliche Gesundheit oder die Umwelt zu verhindern oder so gering wie möglich zu halten, insbesondere Maßnahmen zur Prüfung, Vorbereitung, Durchführung, Überwachung, Änderung oder Aufhebung von Schutzmaßnahmen sowie zur Zusammenarbeit und Abstimmung bei Notfällen.

(2) Die Notfallpläne sollen die an der Notfallreaktion beteiligten Behörden und Organisationen in die Lage versetzen, im Notfall unverzüglich abgestimmte Entscheidungen zu treffen und die angemessenen Maßnahmen rechtzeitig durchzuführen.

(3) Die für Ausarbeitung der Notfallpläne zuständigen Behörden

1. stimmen ihre Notfallpläne aufeinander ab, soweit dies zur Vorbereitung einer koordinierten Notfallreaktion erforderlich ist, und
2. bemühen sich im Rahmen ihrer Zuständigkeiten um eine entsprechende Abstimmung ihrer Notfallpläne mit anderen Mitgliedstaaten der Europäischen Union und der Europäischen Atomgemeinschaft sowie nach den Grundsätzen der Gegenseitigkeit und Gleichwertigkeit mit Drittstaaten.

(4) [1]Zu den Entwürfen der Notfallpläne des Bundes, der Rechtsverordnungen nach den §§ 93 bis 95 und 117 Absatz 1 und zu den Entwürfen wesentlicher Änderungen dieser Notfallpläne und Rechtsverordnungen soll ein jeweils auszuwählender Kreis von Vertretern der Wissenschaft, der betroffenen Wirtschaft, der Umweltvereinigungen, der Gemeinden und Gemeindeverbände, der an der Notfallvorsorge und -reaktion beteiligten Organisationen sowie der sonstigen Interessenträger und der für den jeweiligen Bereich zuständigen obersten Landesbehörden angehört werden. [2]Satz 1 gilt nicht für den Erlass von Eilverordnungen nach den §§ 93 bis 95 und 117 Absatz 2 sowie für den Erlass, die Änderungen und Ergänzungen von Rechtsverordnungen und Notfallplänen für einen eingetretenen Notfall nach den §§ 94 und 111. [3]Zu den Entwürfen der allgemeinen und besonderen Notfallplanungen der Länder und wesentlichen Änderungen dieser Notfallplanungen soll ein vom Land jeweils auszuwählender Kreis von Interessenträgern angehört werden. [4]Die Länder können die Anhörung auf relevante landes- oder bereichsspezifische Konkretisierungen oder Er-

gänzungen der in den Notfallplänen des Bundes vorgesehenen optimierten Schutzstrategien und -maßnahmen beschränken.

(5) ¹Bis zum Erlass von Notfallplänen des Bundes oder von Rechtsverordnungen nach den §§ 93 bis 95 gelten entsprechende Festlegungen und Darstellungen in den in Anlage 4 genannten Dokumenten vorläufig als Notfallpläne des Bundes. ²Bis zum Erlass von Notfallplänen der Länder nach § 100 gelten entsprechende Festlegungen und Darstellungen in Plänen, Konzepten und Erlassen der Länder, die dem Katastrophenschutz oder der sonstigen Abwehr von Gefahren für die menschliche Gesundheit, die Umwelt oder die öffentliche Sicherheit dienen, vorläufig als allgemeine und besondere Notfallpläne der Länder.

Schrifttum: s. Vorbemerkung zu §§ 92 ff.

A. Zweck und Bedeutung der Norm

1   § 97 fasst die Vorgaben in einer Vorschrift zusammen, die bei der Erarbeitung der Notfallpläne von Bund und Ländern zu beachten sind. Diese Vorgaben sind **„vor die Klammer" gezogen;** die §§ 98 bis 101 enthalten spezifische Vorgaben für die jeweils in diesen Bestimmungen adressierten Notfallpläne. Die in Abs. 4 vorgesehene Anhörung beteiligter Kreise bezieht sich nicht nur auf die Erarbeitung und Änderung der Notfallpläne, sondern auch auf RVOen nach den §§ 93 bis 95 und § 117 Abs. 1.

2   Die gesetzliche Verpflichtung zur Erarbeitung von Notfallplänen ist **erstmals** durch die RL 2013/59/Euratom festgelegt worden, vgl. va Art. 98, Art. 97 Abs. 3, Anh. XI Teil A Nr. 1 und 3 und Teil B sowie Art. 69 Abs. 4 lit. a. Die in Abs. 4 vorgesehene Anhörung beteiligter Kreise setzt Art. 97 Abs. 1 iVm Anh. XI Teil A Nr. 9 um, der die Einbeziehung von Interessenträgern fordert.

B. Bisherige Regelung

3   § 97 hat **keine Vorläuferregelung.**

C. Notfallpläne (Abs. 1 und 2)

I. Zu erarbeitende Notfallpläne

4   Abs. 1 S. 1 verpflichtet Bund und Länder zur Erstellung von Notfallplänen nach den §§ 98 bis 101 und legt gleichzeitig fest, dass für die Erarbeitung dieser Notfallpläne die Vorgaben des § 97 zu beachten sind. Nach § 98 ist der Bund verpflichtet, den allgemeinen Notfallplan zu erstellen; nach § 99 hat er in Ergänzung und Konkretisierung des allgemeinen Notfallplans besondere Notfallpläne in den in § 99 Abs. 2 genannten Bereichen zu erstellen. Die allgemeinen und besonderen Notfallpläne des **Bundes** werden als **AVVen mit Zustimmung des BR** erlassen (§ 98 Abs. 1 S. 2, § 99 Abs. 1 S. 2).

5   §§ 100 und 101 verpflichten die **Länder.** Nach § 100 stellen die Länder allgemeine und besondere Notfallpläne auf, die die Notfallpläne des Bundes ergänzen

und konkretisieren. Nach § 101 sind die für den Katastrophenschutz oder für die öffentliche Sicherheit zust. Behörden verpflichtet, externe Notfallpläne für ortsfeste Anlagen oder Einrichtungen mit besonderem Gefahrenpotential zu erstellen.

II. Funktion der Notfallpläne (Abs. 2)

Die Funktion der Notfallpläne ist, Behörden und Organisationen im Notfall in die Lage zu versetzen, **kurzfristig** die für ihren jeweiligen Entscheidungsbereich erforderlichen Schutzmaßnahmen vorzubereiten, mit anderen an der Notfallreaktion beteiligten Organisationen und Behörden abzustimmen und rechtzeitig durchzuführen (BT-Drs. 18/11241, 354). Die Adressaten der Notfallpläne sollen im Notfall also schnell erfassen können, welche Maßnahmen zu treffen sind. **6**

Gemäß **§ 109 Abs. 1 S. 2** sind die Notfallpläne bei den Entscheidungen über die zu treffenden Schutzmaßnahmen zu beachten. **7**

D. Darzustellende Notfallreaktionen anhand von Referenzszenarien (Abs. 1)

Abs. 1 S. 2 bestimmt, dass die Notfallpläne die geplanten angemessenen Reaktionen auf mögliche Notfälle anhand bestimmter Referenzszenarien darstellen. Grundlage der Notfallplanungen sind **Referenzszenarien,** die im allgemeinen Notfallplan genannt werden, bspw. eine kerntechnische Anlage im Inland oder im Ausland (→ § 98 Rn. 7). Zum Umfang der darzustellenden Notfallreaktionen in den Notfallplänen der Länder, abhängig von dem Grad der Detaillierung der Notfallpläne des Bundes → § 100 Rn. 4. **8**

Bezogen auf diese Referenzszenarien bestimmen die Notfallpläne die jeweils geplanten angemessenen Reaktionen, dh die zu treffenden Maßnahmen nach Maßgabe von Abs. 1 S. 3 Nr. 1 und 2. Die in Nr. 1 genannten **Schutzmaßnahmen** greifen die Merkmale der entsprechenden Definition nach Art. 4 Nr. 68 RL 2013/59/Euratom auf und nennen zusätzliche Aspekte, wie etwa Maßnahmen der med. Vorsorge nach einer Exposition, mit denen Maßnahmen zum Schutz der Bevölkerung nach einer Exposition gemeint sind, die mit den Maßnahmen der arbeitsmed. Vorsorge nach Kap. 6 Abschn. 3 StrlSchV vergleichbar sind (BT-Drs. 18/11241, 352). Die Notfallpläne stellen aber nicht nur Schutzmaßnahmen, sondern auch **andere Maßnahmen** als angemessene geplante Reaktion mit Blick auf ein Referenzszenario dar (Nr. 2). Bei diesen „anderen Maßnahmen" handelt es sich um solche, die darauf abzielen, nachteilige Auswirkungen des Notfalls für die menschliche Gesundheit oder die Umwelt zu verhindern oder so gering wie möglich zu halten. Um was für Maßnahmen es sich handeln könnte, zählt Nr. 2 beispielhaft auf. **9**

E. Abstimmung der Notfallpläne (Abs. 3)

Abs. 3 Nr. 1 verpflichtet die für die Ausarbeitung der Notfallpläne zust. Behörden, ihre Notfallpläne aufeinander abzustimmen, soweit dies zur Vorbereitung einer koordinierten Notfallreaktion erforderlich ist. Dies soll verhindern, dass im Notfall bspw. Kompetenzkonflikte ausgetragen werden und eine rasche Notfallreaktion verzögert wird. Abs. 3 Nr. 2 verpflichtet die Behörden des Weiteren, sich im Rahmen ihrer Zuständigkeiten um eine entsprechende Abstimmung ihrer Notfallpläne **10** mit anderen MS der EU und der EAG sowie nach den Grundsätzen der Gegenseitigkeit und Gleichwertigkeit mit Drittstaaten zu bemühen. Gemeint ist hinsichtlich der Abstimmung mit Drittstaaten, dass eine Abstimmung auch seitens des jeweiligen Drittstaats („Gegenseitigkeit") und in gleichwertiger Weise erfolgt wie seitens der deutschen Behörden.

F. Verfahrensanforderungen bei der Erarbeitung (Abs. 4)

I. Anhörung beteiligter Kreise

11   Abs. 4 sieht die Anhörung beteiligter Kreise vor. Die Regelung entspricht iW den Regelungen zur Anhörung der beteiligten Kreise in anderen Umweltgesetzen des Bundes (bspw. § 23 Abs. 3 WHG, § 68 KrWG oder § 51 BImSchG; § 20 BBodSchG). Allerdings ist Abs. 4, im Gegensatz bspw. zu § 68 KrWG oder § 51 BImSchG, eine **Sollvorschrift.**

12   Die **zu beteiligenden Kreise** sind **unterschiedlich,** je nachdem ob es um Notfallpläne des Bundes oder der Länder geht. Zu den Entwürfen der Notfallpläne des **Bundes** sowie zu den Entwürfen der RVOen nach den §§ 93 bis 95 und § 117 sowie zu den jeweiligen Entwürfen wesentlicher Änderungen soll nach S. 1 ein jeweils auszuwählender Kreis von Vertretern der Wissenschaft, der betroffenen Wirtschaft, der Umweltvereinigungen, der Gemeinden und Gemeindeverbände, der an der Notfallvorsorge und -reaktion beteiligten Organisationen, sowie der sonstigen Interessenträger und der für den jeweiligen Bereich zust. obersten Landesbehörden angehört werden.

13   Zu den Entwürfen der allgemeinen und besonderen Notfallplanungen der **Länder** und zu deren wesentlichen Änderungen soll nach S. 3 ein vom Land jeweils auszuwählender Kreis von Interessenträgern angehört werden. Der Referentenentwurf der BReg hatte ursprünglich den gleichen zu beteiligenden Kreis wie für die Rechtsakte des Bundes vorgesehen. Der BR hatte sich dagegen erfolgreich gewehrt und vorgebracht, dass in der Praxis der Länder die Gefahrenabwehrpläne mit den berührten Behörden und gegebenenfalls weiteren Stellen im Bedarfsfall abgestimmt würden. Diese Vorgehensweise ermögliche eine flexible und sachgerechte Einbindung der in Betracht kommenden zu beteiligenden Stellen (BT-Drs. 18/11622, 19). Nach S. 4 können die Länder die Anhörung auf die in den Planentwürfen enthaltenen landes- oder bereichsspezifischen Konkretisierungen oder Ergänzungen der in den Bundesplänen vorgesehenen optimierten Schutzstrategien und -maßnahmen beschränken. Der Grund dafür ist, dass, soweit die Notfallpläne des Bundes Vorgaben für den Vollzug materiell-rechtlicher Vorschriften des Bundesrechts enthalten, die Länder von diesen aufgrund von Art. 84 Abs. 2 GG nicht abweichen dürfen (BT-Drs. 18/11241, 356).

14   Eine Anhörung zu den Entwürfen von Notfallplänen und RVOen des Bundes **braucht** nach S. 2 **nicht** durchgeführt werden beim Erlass der RVOen nach den §§ 93 bis 95 und § 117 Abs. 1 als Eilverordnungen oder beim Erlass oder der Änderung von RVOen und Notfallplänen je für einen eingetretenen Notfall nach §§ 94 und 111. In diesen Fällen ist schnelles Handeln des Bundes im Hinblick auf die sich fortentwickelnden Umstände des Notfalls gefordert; eine vorherige Anhörung der beteiligten Kreise könnte zu unangemessenen Verzögerungen führen (BT-Drs. 18/11241, 356).

Die Einbeziehung der beteiligten Kreise in den Implementierungsprozess dient **15** primär der Nutzung ihrer besonderen Erfahrungen und Kenntnisse (BT-Drs. 18/11241, 355) und damit der **Verbesserung der Normqualität** (zum parallelen § 68 KrWG *Jarass* in Jarass/Petersen KrWG, § 68 Rn. 1). Die jeweils zust. Stellen von Bund und Ländern wählen die jeweiligen Vertreter der genannten Gruppen aus und verfügen diesbezüglich über einen Auswahlspielraum. Maßgebend ist ein möglichst hoher Erkenntnisgewinn aufgrund der besonderen Sachnähe und Kenntnisse der beteiligten Kreise (*Jarass* in Jarass/Petersen KrWG, § 68 Rn. 8).

Besondere Verfahrensanforderungen bestehen nicht. Die **Sollvorschrift** ist als **16** eine **deutliche Aufforderung** des Gesetzgebers zu verstehen, die beteiligten Kreise anzuhören, zumal der Gesetzgeber selbst in S. 2 festgelegt hat, in welchen Fällen die Anhörung aufgrund der notfallbedingten Zeitkritikalität nicht durchgeführt werden braucht. Der behördliche Entscheidungsspielraum wird durch die Sollbestimmung deshalb stärker eingeschränkt als im Fall einer Ermessensbestimmung. Mit Blick auf ihren Zweck ist die Anhörung, abgesehen von den Fällen nach S. 2, **nur dann verzichtbar,** wenn ein **Erkenntnisgewinn** oder die Nutzbarkeit der Erfahrungen der beteiligten Kreise **in jedem Fall nicht zu erwarten** ist. In Bezug auf die Notfallpläne der Länder kann das bspw. der Fall sein, wenn diese keine landes- oder bereichsspezifischen Konkretisierungen oder Ergänzungen der in den Notfallplänen des Bundes beschriebenen optimierten Schutzstrategien und -maßnahmen enthalten, sondern sich auf eine Darstellung der Rechtsgrundlagen, Aufgaben, Zuständigkeiten und Verfahren der Landesbehörden und Hilfsorganisationen sowie auf Verweise auf die maßgeblichen Vorgaben in den Bundesplänen beschränken. (BT-Drs. 18/11241, 356). In Bezug auf Verordnungsgebungsverfahren kann die Anhörung in den Fällen des § 94 Abs. 3 entbehrlich sein, wenn Rechtsverordnungen angepasst werden müssen, soweit sie durch den Erlass entsprechender unmittelbar geltender gemeinschaftsrechtlicher Vorschriften unbefristet oder befristet unanwendbar geworden sind.

Zum Diskussionsstand zu den **Rechtsfolgen** einer unterlassenen Anhörung, die **17** verbindlich vorgegeben ist, vgl. *Jacobj* in VMS KrWG § 68 Rn. 11.

Die Anhörung ist **kein Instrument zur Öffentlichkeitsbeteiligung** (BT-Drs. **18** 18/11241, 355). Die Anhörung bezweckt keine individuelle Beteiligung betroffener Dritter oder der Öffentlichkeit, so dass „betroffenen" Personen bei Nichtanhörung **mangels subjektiven Rechts** auf Anhörung kein Klagerecht zustehen würde (*Jacobj* in VMS KrWG § 68 Rn. 11). Das in Abs. 4 verankerte Anhörungsrecht beteiligter Kreise unterscheidet sich auch von der Beteiligung Dritter und anderer Behörden etwa nach der AtVfV, weshalb deren Vorschriften zur Auslegung des Abs. 4 nicht herangezogen werden können (BT-Drs. 18/11241, 356).

II. Zur SUP-Pflicht

Für die in **Anl. 5 Nr. 2.8 und 2.9 UVPG** genannten Notfallpläne und Pläne **19** des Bundes oder der Länder für die Entsorgung von Abfällen bei möglichen Notfällen nach § 99 Abs. 2 Nr. 9 oder § 100 oder nach § 118 Abs. 2 oder 5 würde eine SUP-Pflicht – bei Vorliegen der entsprechenden Voraussetzungen – auf § 35 Abs. 1 Nr. 2 UVPG gestützt werden. Für die übrigen Notfallpläne ergäbe sich eine mögliche SUP-Pflicht nur unter den Voraussetzungen des § 35 Abs. 2 UVPG.

G. Vorläufige Notfallpläne (Abs. 5)

20   Abs. 5 enthält eine **Übergangsvorschrift.** S. 1 sieht vor, dass die entsprechenden Festlegungen und Darstellungen in den in **Anl.** 4 aufgeführten Dokumenten **vorläufig** als Notfallpläne des **Bundes** gelten bis zum Erlass der Bundes-Notfallpläne oder von RVOen nach §§ 93 bis 95. S. 2 enthält eine ähnliche Festlegung für die Notfallpläne der **Länder,** s. → § 100 Rn. 5.

§ 98   Allgemeiner Notfallplan des Bundes

(1) ¹Das Bundesministerium für Umwelt, Naturschutz und nukleare Sicherheit bewertet mögliche Notfallexpositionssituationen. ²Auf seinen Vorschlag erlässt die Bundesregierung einen allgemeinen Notfallplan des Bundes. ³Der allgemeine Notfallplan des Bundes wird als allgemeine Verwaltungsvorschrift mit Zustimmung des Bundesrates beschlossen.

(2) Im allgemeinen Notfallplan des Bundes sind
1. Referenzszenarien festzulegen, die dem Bund und den Ländern als Grundlage ihrer Planungen für Notfallreaktionen dienen, und
2. folgende allgemeine Planungen für mögliche Notfälle innerhalb oder außerhalb des Geltungsbereichs dieses Gesetzes darzustellen:
   a) die Planungen des Bundes,
   b) die Planungen der Europäischen Union und der Europäischen Atomgemeinschaft, ihrer Mitgliedstaaten und von Drittstaaten sowie
   c) die Planungen internationaler Organisationen und die Planungen im Rahmen internationaler Verträge.

(3) ¹Der allgemeine Notfallplan des Bundes umfasst insbesondere
1. auf das jeweilige Referenzszenario optimal abgestimmte Strategien zum Schutz der Bevölkerung und der Einsatzkräfte, die auch besonders schutzbedürftige Personen berücksichtigen (optimierte Schutzstrategien), und
2. die weiteren in Anlage 5 genannten Elemente.

²Der allgemeine Notfallplan des Bundes kann auch Hinweise auf die Notfallpläne der Länder, von Gemeinden und Gemeindeverbänden sowie von weiteren Organisationen, die an der Notfallvorsorge und -reaktion beteiligt sind, enthalten oder diese Notfallpläne zusammenfassend darstellen.

Schrifttum: s. Vorbemerkung zu §§ 92 ff.

A. Zweck und Bedeutung der Norm

1   Die Erarbeitung eines allgemeinen Notfallplans des Bundes ist das **Kernstück der Notfallplanung** (*Kracht*, 49 (53)). Er ist die Grundlage für die nach §§ 99 bis 101 zu erarbeitenden besonderen Notfallpläne des Bundes und der Länder. Die besonderen Notfallpläne des Bundes ergänzen und konkretisieren den allgemeinen Notfallplan. Die gesetzliche Verpflichtung zur Erarbeitung von Notfallplänen ist **erstmals** durch die RL 2013/59/Euratom festgelegt worden, vgl. va Art. 98,

Art. 97 Abs. 3, Anh. XI Teil A Nr. 1 und 3 sowie Art. 69 Abs. 4 lit. a. Sa → vor
§§ 92 ff. Rn. 11.

B. Bisherige Regelung

Eine Vorgängerregelung existiert nicht. **Bisherige** Notfallplanungen sind **va** in   2
SSK-Empfehlungen niedergelegt worden, die teilweise auch von den Ländern
für Maßnahmen des Katastrophenschutzes übernommen worden sind (sa die Übergangsvorschrift in § 97 Abs. 5, wonach die in Anl. 4 genannten Dokumente vorläufig als Notfallpläne des Bundes gelten).

C. Zuständigkeit und Verfahren (Abs. 1)

Abs. 1 S. 1 normiert die gesetzliche **Aufgabe des BMUV,** welches das für den   3
radiologischen Notfallschutz federführende Ressort innerhalb der BReg ist, mögliche Notfallexpositionssituationen zu bewerten. Dies schließt die Bewertung möglicher Notfälle nicht nur im In-, sondern auch im Ausland ein (*Kracht,* 49 (53)).
S. 2 bestimmt, dass auf Vorschlag des BMUV die BReg einen allgemeinen Not-   4
fallplan erlässt, der gem. des – aufgrund von Art. 84 Abs. 2 GG deklaratorischen –
S. 3 als AVV **mit Zustimmung des BR** beschlossen wird. Die Beteiligung des
BR ist geboten, weil der allgemeine Notfallplan – wie auch die übrigen Bundes-
pläne – wesentliche inhaltliche Vorgaben für die Landespläne und die Maßnahmen
der zust. Landesbehörden zur Bewältigung eines Notfalls enthält. Die **Wahl der**
Rechtsform für den allgemeinen Notfallplan konnte der Gesetzgeber im Rahmen
seines gesetzgeberischen Ermessens festlegen; die Entscheidung für eine AVV lag
nahe, da die Notfallvorsorge vom Bund und den Ländern wahrgenommen wird.
Die RL 2013/59/Euratom hat keine bestimmte Rechtsform für die aufzustellen-
den Notfallpläne aufgegeben, vgl. auch die weit gefasste Definition von „Notfallplan" in Art. 4 Nr. 30. Zur SUP-Pflicht → § 97 Rn. 19.

D. Inhalt (Abs. 2, 3; Anl. 5)

Die im allgemeinen Notfallplan aufzunehmenden Elemente werden in Abs. 2   5
und 3 iVm Anl. 5 beschrieben.

I. Referenzszenarien; optimierte Schutzstrategien

Im allgemeinen Notfallplan sind nach Abs. 2 Nr. 1 Referenzszenarien fest-   6
zulegen, die Bund und Ländern als **Planungsgrundlage** für Notfallreaktionen
dienen. Der allgemeine Notfallplan hat nach Abs. 3 S. 1 Nr. 1 auf das jeweilige Referenzszenario optimal abgestimmte Strategien zum Schutz der Bevölkerung und
der Einsatzkräfte, die auch besonders schutzbedürftige Personen berücksichtigen,
vorzusehen. Unter Umständen können Schutzstrategien für mehrere Referenzszenarien vorgesehen werden.
Für die Notfallschutzplanungen sind va die folgenden **Referenzszenarien**   7
identifiziert worden (*Zähringer/Gering,* 56 (57)):
Unfall in einem deutschen KKW oder in einem KKW im grenznahen Ausland
(< 100 km); Transportunfall; Absturz eines Satelliten (sa den Referentenentwurf

eines Allgemeinen Notfallplan des Bundes nach § 98 des Strahlenschutzgesetzes auf www.bmuv.de).

8   Die Darstellung der **optimierten Schutzstrategien** für jedes einzelne Referenzscenario soll alle an der Notfallreaktion beteiligten Behörden in die Lage versetzen, im Notfall schnell und angemessen auf die jeweilige Notfallsituation reagieren zu können. Die Darstellung muss insbesondere die in **Anl. 5 Nr. 6** genannten Elemente enthalten. Des Weiteren muss der allgemeine Notfallplan nach **Anl. 5 Nr. 8** Angaben zur Anwendung der jeweiligen optimierten Schutzstrategie unter Berücksichtigung der tatsächlichen Lage enthalten sowie nach **Anl. 5 Nr. 9** Vorgaben zur Überprüfung und Anpassung der Schutzstrategie und -maßnahmen (§ 111 und § 109 Abs. 3). Der Verweis auf die Notfallpläne der Länder sowie weiterer am Notfallmanagement beteiligten Akteuren oder deren zusammenfassende Darstellung ist nach S. 3 fakultativ.

II. Allgemeine Planungen für mögliche Notfälle

9   Zur Vorbereitung einer **effektiven Zusammenarbeit** (BT-Drs. 18/11241, 357) sind nach Abs. 2 Nr. 2 neben den Planungen des Bundes auch die Planungen der EU und der EAG, ihrer MS und von Drittstaaten sowie die Planungen internationaler Organisationen und die Planungen im Rahmen internationaler Verträge darzustellen.

III. Weitere Elemente nach Anl. 5

10   Der allgemeine Notfallplan muss die übrigen **in Anl. 5 genannten Elemente** enthalten. Hierzu gehören ua eine allgemeine Darstellung der Rechtsgrundlage, Aufgaben und Zuständigkeiten aller beteiligten Behörden und Institutionen, idealerweise dargestellt in Form von Flussdiagrammen; der Plan soll inhaltlich und formal so gestaltet werden, dass alle Beteiligte unverzüglich ihre konkreten Maßnahmen zur Bewältigung der akuten Notfallsituation einleiten und koordinieren können (BT-Drs. 18/11241, 451).

§ 99   Besondere Notfallpläne des Bundes

(1) [1]**Auf Vorschlag der für die jeweiligen Sachbereiche zuständigen Bundesministerien ergänzt und konkretisiert die Bundesregierung den allgemeinen Notfallplan des Bundes durch besondere Notfallpläne des Bundes.** [2]**Die besonderen Notfallpläne des Bundes werden als allgemeine Verwaltungsvorschriften mit Zustimmung des Bundesrates beschlossen.**

(2) **In den besonderen Notfallplänen des Bundes sind die Planungen insbesondere für die folgenden Anwendungsbereiche darzustellen:**
1. **für den Katastrophenschutz, die allgemeine Gefahrenabwehr und Hilfeleistung sowie für die medizinische Behandlung und Vorsorge nach einer Exposition der Bevölkerung und der Einsatzkräfte,**
2. **für die Trinkwassergewinnung und -versorgung,**
3. **für die Produktion pflanzlicher und tierischer Erzeugnisse, für Lebensmittel, Futtermittel, Bedarfsgegenstände, kosmetische Mittel und Erzeugnisse im Sinne von § 2 Nummer 1 des Tabakerzeugnisgesetzes,**
4. **für Arzneimittel und deren Ausgangsstoffe sowie für Medizinprodukte,**

5. für sonstige Produkte, Gegenstände und Stoffe,
6. für die Beförderung von Gütern,
7. für den grenzüberschreitenden Verkehr von Personen, Fahrzeugen, Gütern und Gepäck,
8. für kontaminierte Gebiete, insbesondere für kontaminierte Grundstücke und Gewässer,
9. für die Entsorgung von Abfällen und für die Beseitigung von Abwasser sowie für die Errichtung und den Betrieb der in § 95 Absatz 1 Satz 2 genannten Anlagen.

(3) ¹Die besonderen Notfallpläne umfassen insbesondere die in Anlage 6 genannten Elemente. ² § 98 Absatz 3 Satz 2 gilt entsprechend.

Schrifttum: s. Vorbemerkung zu §§ 92 ff.

A. Zweck und Bedeutung der Norm

§ 99 sieht die Erarbeitung besonderer Notfallpläne durch die Bundesregierung **1** vor. Diese besonderen Notfallpläne **ergänzen und konkretisieren den allgemeinen Notfallplan,** um eine sachgerechte Verzahnung der jeweiligen sachbereichsspezifischen Regelungen und Vorkehrungen zur Gefahrenabwehr mit den radiologischen Bewertungsmaßstäben und Regelungen zum radiologischen Notfallschutz zu gewährleisten. § 99 dient der Umsetzung der in der RL 2013/59/Euratom vorgesehenen Verpflichtung zur Erarbeitung von Notfallplänen, vgl. va Art. 98, Art. 97 Abs. 3, Anh. XI Teil A Nr. 3 sowie Art. 69 Abs. 4 lit. a.

B. Bisherige Regelung

Eine Vorgängerregelung existiert nicht. **2**

C. Verfahren (Abs. 1)

Abs. 1 S. 1 sieht zunächst vor, dass die für die jeweiligen Sachbereiche **zuständi- 3 gen Bundesressorts Vorschläge** für besondere Notfallpläne machen. Die Zuständigkeit der jeweiligen Bundesressorts richtet sich nach § 9 GO BReg und ggf. auf ihrer Grundlage ergangenen Organisationserlassen. Wie der allgemeine Notfallplan werden die besonderen Notfallpläne gem. S. 2 durch die **BReg** als **AVV mit Zustimmung des BR** beschlossen. Zur Erforderlichkeit der BR-Beteiligung → § 98 Rn. 4. Die im Zusammenhang mit dem allgemeinen Notfallplan erfolgten Erwägungen gelten auch hier. Zur Wahl der Rechtsform → § 98 Rn. 4. Zur **SUP-Pflicht** → § 97 Rn. 19.

D. Besondere Notfallpläne (Abs. 2)

Abs. 2 zählt die Sachbereiche auf, für die Notfallschutzmaßnahmen in besonde- **4** ren Notfallplänen darzustellen sind. Es handelt sich um keine abschließende Aufzählung. Genannt werden die Bereiche, in denen Maßnahmen zum Schutz der Bevölkerung und der Einsatzkräfte vor den notfallbedingten Gefahren ionisierender Strahlung **erforderlich werden können** (BT-Drs. 18/11241, 358). Teilweise sind diese identisch mit den in § 7 StrVG genannten Bereichen, für die § 7 StrVG Verordnungsermächtigungen zum Erlass von Verboten, Beschränkungen und anderen Regelungen zum Schutz des Menschen infolge eines Notfalls vorsah, und den in § 94 Abs. 2 aufgeführten Bereichen.

5   **Zu Nr. 1:** Die Kompetenz des Bundes, im Rahmen der Notfallvorsorge für einen radiologischen Notfall einen besonderen Notfallplan für den Katastrophenschutz und die allgemeine Gefahrenabwehr zu erarbeiten, folgt aus seiner **ausschließlichen Gesetzgebungskompetenz** nach Art. 73 Abs. 1 Nr. 14 GG. Dem Bund steht, soweit er für ein bestimmtes Sachgebiet die Gesetzgebungskompetenz hat, auch die Gesetzgebungsbefugnis für die damit in einem notwendigen Zusammenhang stehenden Regelungen zur Aufrechterhaltung von Sicherheit und Ordnung in diesem Bereich zu (→ Einl. Rn. 27). Der notwendige Zusammenhang ist vor dem Hintergrund der Notwendigkeit einheitlicher Standards bei der Notfallplanung und -reaktion zweifelsohne zu bejahen. Unterschiedliche Länderstandards bei identischer Gefahrenlage würden erhebliche negative Folgen für die Gesundheit der betroffenen Bevölkerung mit sich bringen. Vor diesem Hintergrund hat die BReg im Rechtsetzungsverfahren in ihrer Gegenäußerung zu Recht das Anliegen des BR abgelehnt, nach dem Wort „Hilfeleistung" die Worte „nach Maßgabe der Vorkehrungen in den Ländern" einzufügen (BT-Drs. 18/11622, 43). Der BR war hier fälschlicherweise davon ausgegangen, dass der Bund keine Regelungskompetenz beim Katastrophenschutz und der allgemeinen Gefahrenabwehr im Zusammenhang mit dem Notfallmanagement für einen radiologischen Notfall habe (BT-Drs. 18/11622, 18).

6   **Zu Nr. 5:** Mit „sonstigen Produkten, Gegenstände und Stoffe" sind solche gemeint, die nicht bereits von den Nrn. 3 und 4 erfasst sind.

7   **Zu Nr. 6:** Der besondere Notfallplan wird insbesondere darzustellen haben, ob und in welcher Weise die Bestimmungen des Gefahrgutrechts auf die Beförderung kontaminierter Produkte und sonstiger Güter und auf kontaminierte Fahrzeuge anwendbar ist (BT-Drs. 18/11241, 358).

8   **Zu Nr. 7:** Der besondere Notfallplan wird insbesondere die Zuständigkeiten und Befugnisse der in den grenzüberschreitenden Verkehr involvierten Fachbehörden und ihre Zusammenarbeit bei einem Notfall darstellen.

9   **Zu Nr. 9:** Der Anwendungsbereich dieses besonderen Notfallplans wird insbes. durch die Definition von „Abfall" nach § 5 Abs. 1 bestimmt. § 5 Abs. 1 S. 2 stellt klar, dass Reststoffe und Anlagenteile die nach § 9a Abs. 1 AtG zu verwerten oder zu beseitigen sind, keine Abfälle iSd StrlSchG sind. Daher ist in dem besonderen Notfallplan für die Entsorgung notfallbedingt kontaminierter Abfälle **nicht die Entsorgung von radioaktiven Abfällen,** die durch einen Notfall in einem KKW oder in einer anderen kerntechnischen Anlage angefallen sind, zu regeln (BT-Drs. 18/11241, 359).

E. Wesentliche Elemente (Abs. 3)

10   Die besonderen Notfallpläne müssen insbesondere die **in Anl. 6 genannten Elemente** enthalten. Sie sollen von der Struktur her dem allgemeinen Notfallplan des Bundes folgen (BT-Drs. 18/11241, 451). Auch hier sind Rechtsgrundlagen, Aufgaben und Zuständigkeiten darzustellen ebenso wie anwendbare Verfahren und

Vorkehrungen für den Informationsaustausch, Zusammenarbeit, Hilfeleistung und Koordinierung auf Bundes- und Bund-Länder-Ebene wie auch auf internationaler Ebene. Eine Darstellung in Form von Flussdiagrammen wäre auch hier ideal (BT-Drs. 18/11241, 451). § 98 Abs. 3 S. 2 gilt entsprechend, dh die besonderen Notfallpläne können auf die Notfallpläne der Länder hinweisen oder diese zusammenfassend darstellen und auf weitere am Notfallmanagement beteiligte Akteure hinweisen.

§ 100 Allgemeine und besondere Notfallpläne der Länder

[1]Die Länder stellen allgemeine und besondere Notfallpläne auf. [2]Diese Notfallpläne der Länder ergänzen und konkretisieren den allgemeinen Notfallplan des Bundes und die besonderen Notfallpläne des Bundes, soweit die Länder für die Planung oder Durchführung von Schutzmaßnahmen zuständig sind.

A. Zweck und Bedeutung der Norm

§ 100 trägt insbesondere der Vorgabe in Anh. XI Teil A Nr. 3 RL 2013/59/Eu- **1** ratom Rechnung, wonach Notfallpläne auf der jeweils geeigneten Ebene vorzusehen sind. Die Notfallpläne ergänzen und konkretisieren den allgemeinen Notfallplan und die besonderen Notfallpläne des Bundes, soweit die Länder für die Planung und Durchführung von Schutzmaßnahmen zuständig sind.

B. Bisherige Regelung

Eine Vorgängerregelung existiert nicht. **2**

C. Verfahren

Die Zuständigkeit für die Erarbeitung der allgemeinen und besonderen Notfall- **3** pläne bestimmt sich nach den jeweiligen **Zuständigkeitsregelungen** der Länder, vgl. bspw. StrlNotÜwZuVO BW. Hinsichtlich der **Rechtsform** der Notfallpläne macht § 100 keine Vorgaben. Zum **Verfahren** → § 97 Abs. 3 bzgl. Abstimmungen und → § 97 Abs. 4 S. 3 und 4 bzgl. der Anhörung eines jeweils auszuwählenden Kreises von Interessenträgern. Zu einer möglichen **SUP-Pflicht** → § 97 Rn. 19.

D. Zum Inhalt

Nach § 97 Abs. 1 S. 2 müssen die Notfallpläne der Länder – wie die des Bundes – **4** Notfallreaktionen nach Maßgabe des S. 3 darstellen. Wie inhaltsreich dies ausfallen wird, wird sich danach bestimmen, wie detailliert der allgemeine Notfallplan und die besonderen Notfallpläne des Bundes sein werden. Regelt ein Bundesplan wesentliche Aspekte verbindlich für alle Bundes- und Landesbehörden, brauchen die korrespondierenden Pläne der Länder nur noch **landesspezifische Aspekte,** va die zust. Behörden festlegen (BT-Drs. 18/11241, 359). Darüber hinausgehende

Akbarian 617

Darstellungen sind va in den Bereichen zu erwarten, in denen nach § 109 – auch – nach Maßgabe der Katastrophenschutzgesetze, der allgemeinen Vorschriften über die Gefahrenabwehr oder anderer landesrechtlicher Vorschriften zu entscheiden ist, ob und welche Maßnahmen im Notfall zum Schutz der Bevölkerung getroffen werden sollen (BT-Drs. 18/11241, 359). Der Aufbau der Notfallpläne der Länder sollte so weit wie möglich der Systematik der Notfallpläne des Bundes folgen, um allen im Notfall Beteiligten rasch die notwendige Orientierung zu verschaffen (BT-Drs. 18/11241, 360).

E. Übergangsvorschrift (§ 97 Abs. 5)

5   § 97 Abs. 5 S. 2 bestimmt, dass Festlegungen und Darstellungen in Plänen, Konzepten und Erlassen der Länder, die dem Katastrophenschutz oder der sonstigen Abwehr von Gefahren für die menschliche Gesundheit, die Umwelt oder die öffentliche Sicherheit dienen, **vorläufig** als allgemeine und besondere Notfallpläne der Länder gelten, bis die Länder die Notfallpläne erlassen haben. Diese Übergangsvorschrift dient der Sicherstellung der Umsetzung der RL-Vorgaben zur Erarbeitung der Notfallpläne, da die Erarbeitung bis zum Ablauf der Umsetzungsfrist noch nicht abgeschlossen werden konnte.

§ 101   Externe Notfallpläne für ortsfeste Anlagen oder Einrichtungen mit besonderem Gefahrenpotential

(1) **Die für den Katastrophenschutz oder für die öffentliche Sicherheit zuständigen Behörden stellen nach Maßgabe ihrer landesrechtlichen Bestimmungen Sonderschutzpläne (externe Notfallpläne) auf für die Umgebung von kerntechnischen Anlagen, Anlagen im Sinne des § 9a Absatz 3 Satz 1 zweiter Satzteil des Atomgesetzes, Anlagen zur Erzeugung ionisierender Strahlung oder Einrichtungen im Sinne des § 5 Absatz 12 dieses Gesetzes, soweit Notfälle in der Anlage oder Einrichtung für eine nicht unerhebliche Personenzahl in der Umgebung der Anlage oder Einrichtung zu schwerwiegenden Gesundheitsbeeinträchtigungen führen können.**

(2) ¹**Die externen Notfallpläne ergänzen und konkretisieren die in den allgemeinen und besonderen Notfallplänen des Bundes und der Länder enthaltenen Planungen.** ²**Sie berücksichtigen dabei die örtlichen Gegebenheiten sowie die Verfahren und Vorkehrungen der Strahlenschutzverantwortlichen für den anlageninternen Notfallschutz.**

Schrifttum: Rahmenempfehlungen für den Katastrophenschutz in der Umgebung kerntechnischer Anlagen – vom 19. Februar 2015, verabschiedet in der 274. Sitzung der SSK am 19./20. Februar 2015, vom Hauptausschuss des Länderausschusses für Atomkernenergie am 25./26. Juni 2015 zustimmend zur Kenntnis genommen, von der Ständigen Konferenz der Innenminister und -senatoren der Länder in deren 203. Sitzung am 3./4. Dezember 2015 zur Kenntnis genommen.

A. Zweck und Bedeutung der Norm

Notfallschutzplanungen in der **Umgebung** bestimmter radiologisch gefähr- 1
licher Anlagen und Einrichtungen sind erforderlich für den Fall, dass anlagen- oder
einrichtungsinterne Notfallschutzmaßnahmen im Fall eines Notfalls nicht greifen
sollten. § 101 ist den katastrophenschutzrechtlichen Regelungen zur Umsetzung
der Seveso-III-Richtlinie 2012/18/EU nachgebildet und übernimmt den in den
Katastrophenschutzgesetzen der Länder verwendeten Begriff der „externen Notfallpläne" (BT-Drs. 18/11241, 360). Wie die übrigen Notfallpläne der Länder ergänzen und konkretisieren die externen Notfallpläne den allgemeinen Notfallplan
und die besonderen Notfallpläne des Bundes. Die Bestimmung dient, wie die §§ 97
bis 100, der Umsetzung der in der RL 2013/59/Euratom vorgesehenen Verpflichtung, Notfallpläne zu erarbeiten, s. Anh. XI Teil A Nr. 3 RL 2013/59/Euratom
(„im Zusammenhang mit bestimmten Anlagen").

B. Bisherige Regelung

Eine Vorgängerregelung existiert nicht. 2

C. Verfahren (Abs. 1)

Die externen Notfallpläne sind von den für den Katastrophenschutz oder für die 3
öffentliche Sicherheit zuständigen Behörden aufzustellen. Zum Verfahren → § 100
Rn. 3. Der Zusatz **„nach Maßgabe ihrer landesrechtlichen Bestimmungen"**
in Abs. 1 bedeutet, dass bei der Aufstellung der externen Notfallpläne gegebenenfalls hierzu bestehende einschlägige landesrechtliche Vorschriften beachtet werden
müssen. Inspiriert ist diese Regelung von den Bestimmungen bspw. in den Katastrophenschutzgesetzen der Länder, die zur Umsetzung der Seveso-III-RL die
Aufstellung externer Notfallpläne für schwere Unfälle mit gefährlichen Stoffen vorsehen, bspw. § 48 HBKG. Die Bezeichnung „externe Notfallpläne" ist auch für
§ 101 gewählt worden.

Bedenken im Hinblick auf die ausschließliche Gesetzgebungskompetenz des 4
Bundes nach Art. 73 Abs. 1 Nr. 14 GG bestehen nicht. Die Gesetzgebungskompetenz verleiht dem Bund auch die Kompetenz, zum radiologischen Notfallschutz
Regelungen zur Aufrechterhaltung der öffentlichen Sicherheit und Ordnung zu erlassen, die in die Länderzuständigkeit zum Katastrophenschutz hineinwirken
(→ Einf. Rn. 27). Bei der Wahrnehmung dieser Kompetenz ist es **unbedenklich,**
dass der Bundesgesetzgeber hinsichtlich bestimmter Aspekte – hier die landesrechtlichen Vorgaben zur Erarbeitung der externen Notfallpläne – auf die Anwendbarkeit der landesrechtlichen Vorgaben Bezug nimmt.

D. Gegenstand der externen Notfallpläne (Abs. 1, 2)

Externe Notfallpläne sind aufzustellen für die **Umgebung** von kerntechnischen 5
Anlagen (§ 5 Abs. 18, nach dem die Definition in § 2 Abs. 3a Nr. 1 AtG auch im
StrlSchG gilt), von Endlagern des Bundes im Sinne des § 9a Abs. 3 S. 1 zweiter Hs.

AtG, von AEiS (§ 5 Abs. 2) und von Einrichtungen (§ 5 Abs. 12), soweit Notfälle in der Anlage oder Einrichtung für eine **nicht unerhebliche Personenzahl** in der Umgebung der Anlage oder Einrichtung zu **schwerwiegenden Gesundheitsbeeinträchtigungen** führen können. Die Entscheidung, auf welche Anlagen oder Einrichtungen dies zutrifft, trifft die nach § 101 zust. Behörde, soweit Rechts- oder Verwaltungsvorschriften hierzu nichts vorsehen (BT-Drs. 18/11241, 360). Die externen Notfallpläne ergänzen und konkretisieren die Planungen, die in den allgemeinen und besonderen Notfallplänen von Bund und Ländern vorgesehen werden. Nach Abs. 2 S. 2 berücksichtigen sie dabei die **örtlichen Gegebenheiten** sowie die Verfahren und Vorkehrungen der SSV für den **anlageninternen Notfallschutz.**

§ 102 Notfallübungen

(1) **Die Behörden und Organisationen, die gemäß den Notfallplänen des Bundes und der Länder an der Notfallreaktion beteiligt sind, sowie die nach § 115 Absatz 1 für die Aus- und Fortbildung der Einsatzkräfte Verantwortlichen führen regelmäßig Notfallübungen durch.**

(2) **[1]Die Notfallübungen sind nach Art der Übung, Umfang, Notfallszenarien und Beteiligten angemessen zu differenzieren. [2]Zu erproben und zu üben sind insbesondere**
1. die organisatorischen Vorkehrungen für die Notfallreaktion und
2. entsprechend den Notfallplänen der Informationsaustausch und die Zusammenarbeit der an der Notfallreaktion beteiligten Behörden, Organisationen und Strahlenschutzverantwortlichen bei
a) der Lageerfassung und Lagebewertung,
b) der Abstimmung der Entscheidungen der zuständigen Behörden und
c) der Durchführung von angemessenen Schutzmaßnahmen.

Schrifttum: s. Vorbemerkung zu §§ 92 ff.

A. Zweck und Bedeutung der Norm

1 § 102 verpflichtet zur regelmäßigen Durchführung von Notfallübungen und setzt die Eckpunkte, wie und insbesondere was zu üben ist. Die Regelung setzt Art. 98 Abs. 4 iVm Anh. XI Teil B Nr. 6 RL 2013/59/Euratom um.

B. Bisherige Regelung

2 Eine Vorgängerregelung existiert nicht.

C. Verpflichtete (Abs. 1)

3 Abs. 1 verpflichtet diejenigen **Behörden und Organisationen,** die nach den Notfallplänen von Bund und Ländern **an der Notfallreaktion beteiligt** sind sowie die nach § 115 Abs. 1 **für die Aus- und Fortbildung von Einsatzkräften Verantwortlichen** zur regelmäßigen Durchführung von Notfallübungen. „Re-

gelmäßig" bedeutet, dass die Notfallübungen grundsätzlich in festen Abständen wiederkehrend durchzuführen sind.

D. Gegenstand der Notfallübungen (Abs. 2)

Abs. 2 S. 1 bestimmt, dass die Notfallübungen nach Art der Übung, Umfang, **4** Notfallszenarien (§ 98 Abs. 2 Nr. 1) und Beteiligten **angemessen zu differenzieren** sind. Das bedeutet bspw., dass Übungsgegenstand Szenarien sind, die sich auf die Anwendungsbereiche der besonderen Notfallpläne beziehen (zB Ergreifung von Maßnahmen zu Lebensmitteln), dass die Übungen sich auf unterschiedliche Notfallphasen beziehen können (zB auf die Frühphase eines Notfalls) oder dass mit unterschiedlichen Betroffenen geübt wird (zB Übung mit Bundes- und Landesbehörden oder nur mit Bundesbehörden). Beispiele für die „Art der Übung" sind – angelehnt an die Katastrophenschutzübungen der Länder – die Vollübung, die auf die Schulung und Überprüfung der Einsatz- und Leistungsfähigkeit der eingesetzten Kräfte und Mittel anhand eines konkreten Schadensszenarios zielt, die Planübung, die der Lagebeurteilung und Entscheidungsfindung anhand eines konkreten Plans dient, oder die Alarmierungsübung, die der Überprüfung der Alarmierungskriterien dient.

Abs. 2 S. 2 gibt die **insbesondere zu übenden Elemente** vor. Diese beziehen **5** sich va auf vorbereitende organisatorische Maßnahmen für die Notfallreaktion (Nr. 1) und die Zusammenarbeit der an der Notfallreaktion beteiligten Akteure (Nr. 2). Ein reibungsloses Miteinander trägt wesentlich dazu bei, dass bei der Notfallreaktion so wenig Zeit wie möglich verloren geht.

Die aus den Notfallübungen gewonnenen **Erfahrungen** fließen nach § 103 **6** Abs. 1 in die Überprüfung der Notfallpläne ein.

§ 103 Überprüfung und Änderung der Notfallpläne

(1) **Die Notfallpläne des Bundes und der Länder werden regelmäßig unter Berücksichtigung der Erfahrungen aus den Notfallübungen, den Erkenntnissen aus Notfällen im In- oder Ausland sowie den Veränderungen des Standes der Wissenschaft und der Rechtslage überprüft und gegebenenfalls geändert.**

(2) **¹Die die Notfallpläne ergänzenden Informationen, wie die Kontaktdaten der zuständigen Behörden und mitwirkenden Organisationen oder die Verzeichnisse der geltenden Rechtsvorschriften, werden bei Änderungen aktualisiert und regelmäßig überprüft. ²Die Stichtage für die Überprüfungen sind in den Notfallplänen festzulegen.**

Schrifttum: s. Vorbemerkung zu §§ 92 ff.

A. Zweck und Bedeutung der Norm

§ 103 enthält die Verpflichtung zur regelmäßigen Überprüfung und gegebenen- **1** falls Aktualisierung der Notfallpläne. Die Regelung setzt Art. 98 Abs. 4 iVm Anh. XI Teil B Nr. 7 RL 2013/59/Euratom um.

B. Bisherige Regelung

2   Eine Vorgängerregelung existiert nicht.

C. Überprüfung und ggf. Anpassung (Abs. 1)

3   Abs. 1 sieht vor, dass die **Notfallpläne des Bundes und der Länder regelmäßig** unter Berücksichtigung der Erfahrungen aus den Notfallübungen (→ § 102 Rn. 4), den Erkenntnissen aus Notfällen im In- und Ausland sowie den Veränderungen des Standes der Wissenschaft und der Rechtslage **überprüft und gegebenenfalls geändert** werden. Abs. 1 verpflichtet die Behörden, die auch für die Erarbeitung der jeweiligen Notfallpläne zuständig gewesen sind. „Regelmäßig" bedeutet, dass die Überprüfung wiederkehrend und in festen Abständen erfolgt. Die Stichtage für die Überprüfungen sind gem. Abs. 2 S. 2 in den Notfallplänen festzulegen.

4   **SSK-Empfehlungen** können Hinweise auf Veränderungen des Standes der Wissenschaft ergeben, wenn diese zu einem spezifischen Thema den jeweils wissenschaftlichen Erkenntnisstand wiedergeben. **Veränderungen der Rechtslage** wirken sich auf die Notfallpläne aus, da nach Anl. 5 und 6 die Darstellung der einschlägigen Rechtsgrundlagen zu den wesentlichen Elementen des allgemeinen Notfallplans und der besonderen Notfallpläne des Bundes gehört. Da die Notfallpläne der Länder so weit wie möglich der Systematik der Notfallpläne des Bundes folgen sollten (→ § 100 Rn. 4), werden auch sie eine Darstellung der einschlägigen landesrechtlichen Grundlagen enthalten, deren Änderung eine Anpassung der jeweiligen Notfallpläne erfordern wird.

D. Aktualisierung ergänzender Informationen (Abs. 2)

5   Abs. 2 S. 1 sieht vor, dass die die Notfallpläne **ergänzenden Informationen** bei Änderungen aktualisiert und regelmäßig überprüft werden. Zu den ergänzenden Informationen zählen die Informationen, die **keine planerischen Entscheidungen** beinhalten. Zu letzteren zählen bspw. die Darstellungen nach Anl. 5 Nr. 6 und Anl. 6 Nr. 4 (szenarienspezifische optimierte Schutzstrategien). Ergänzende Informationen sind zB Kontaktdaten der zust. Behörden und mitwirkenden Organisationen. Diese Informationen sind von enormer Bedeutung, da in einem Notfall eine Kontaktaufnahme **ohne Zeitverlust** mit den an der Notfallreaktion beteiligten Behörden und Organisationen erfolgen muss. Die Überprüfung und Aktualisierung der Verzeichnisse der geltenden Rechtsvorschriften ist im Hinblick darauf wichtig, dass die an der Notfallreaktion beteiligten Behörden und Organisationen die **Rechtsgrundlagen ihres Handelns** „parat" haben müssen, ohne dass diese Informationen mit Unsicherheiten behaftet sind.

§ 104 Beschaffung von Schutzwirkstoffen

(1) ¹Die nach § 192 Absatz 1 zuständige Behörde beschafft Schutzwirkstoffe in dem zur Versorgung der Bevölkerung im Bundesgebiet bei möglichen Notfällen erforderlichen Umfang. ²Sie stellt diese Schutzwirkstoffe den Ländern für den Katastrophenschutz zur Bevorratung, Verteilung und Abgabe an die Bevölkerung zur Verfügung.

(2) Schutzwirkstoffe sind Arzneimittel,
1. die zur Verhinderung der Aufnahme radioaktiven Jods in die menschliche Schilddrüse geeignet sind oder
2. die zur Verhinderung der Aufnahme von Radionukliden in den menschlichen Körper oder zur Entfernung von Radionukliden aus dem menschlichen Körper geeignet sind.

Schrifttum: s. Vorbemerkung zu §§ 92 ff.

A. Zweck und Bedeutung der Norm

§ 104 enthält eine an das BfS als nach § 192 Abs. 1 zust. Behörde gerichtete Aufgabennorm. Danach beschafft das BfS Schutzwirkstoffe in dem Umfang, der zur Versorgung der Bevölkerung im Bundesgebiet bei möglichen Notfällen erforderlich ist. Die Pflicht zur Beschaffung der Schutzwirkstoffe und ihre Finanzierung obliegt damit erstmals dem **Bund.** Das BfS stellt die Schutzwirkstoffe den Ländern für den Katastrophenschutz zur Bevorratung, Verteilung und Abgabe an die Bevölkerung zur Verfügung. Die Regelung dient der Umsetzung von Art. 69 Abs. 3 und Art. 97 RL 2013/59/Euratom.   **1**

B. Bisherige Regelung

Eine Vorgängerregelung existiert nicht.   **2**

C. Zuständige Behörde

Nach Abs. 1 beschafft die nach § 192 Abs. 1 zust. Behörde die Schutzwirkstoffe   **3** in dem zur Versorgung der Bevölkerung im Bundesgebiet bei möglichen Notfällen erforderlichen Umfang und stellt sie den Ländern für den Katastrophenschutz zur Bevorratung, Verteilung und Abgabe an die Bevölkerung zur Verfügung. Gemäß § 192 Abs. 1 ist zust. Behörde das **BfS,** soweit keine andere Zuständigkeit durch Gesetz oder aufgrund eines Gesetzes festgelegt ist. Eine andere Zuständigkeit ist bisher nicht festgelegt worden. In welchem Umfang das BfS Jodtabletten beschafft, entscheidet der Bund in Abstimmung mit den Ländern auch unter Berücksichtigung der fachlichen Beratung der SSK.

Nach S. 2 erfolgt die **Bevorratung, Verteilung und Abgabe** an die Bevölke-   **4** rung **durch die Länder.** Dies ist rechtlich konsequent, da diese Handlungen Teil der Katastrophenschutzmaßnahme „Jodblockade" sind und der Katastrophenschutz in der Zuständigkeit der Länder liegt.

Akbarian   623

D. Schutzwirkstoffe (Abs. 2)

5   Abs. 2 enthält eine **Legaldefinition**. Danach sind Schutzwirkstoffe Arzneimittel, die nach **Nr. 1** zur Verhinderung der Aufnahme radioaktiven Jods in die menschliche Schilddrüse geeignet sind. Sie sättigen die Schilddrüse mit nicht-radioaktivem Jod und verhindern damit bei rechtzeitiger Einnahme die Anreicherung von radioaktivem Jod in der Schilddrüse (sog Jodblockade). Es handelt sich um **Jodtabletten**. Schutzwirkstoffe sind nach **Nr. 2** auch Arzneimittel, die zur Verhinderung der Aufnahme von Radionukliden in den menschlichen Körper oder zur Entfernung von Radionukliden aus dem menschlichen Körper geeignet sind.

§ 105 Information der Bevölkerung über die Schutzmaßnahmen und Empfehlungen für das Verhalten bei möglichen Notfällen

(1) **Die zuständigen Stellen des Bundes veröffentlichen die Notfallpläne des Bundes nach Maßgabe des § 10 des Umweltinformationsgesetzes.**

(2) **Die zuständigen Stellen des Bundes**
1. **informieren die Bevölkerung nach Maßgabe des § 10 des Umweltinformationsgesetzes in geeigneter Weise**
   a) **über die Grundbegriffe der Radioaktivität und die Auswirkungen der Radioaktivität auf den Menschen und die Umwelt,**
   b) **über die in den Notfallplänen berücksichtigten Notfälle und ihre Folgen für Bevölkerung und Umwelt,**
   c) **über geplante Maßnahmen zur Warnung und zum Schutz der Bevölkerung bei möglichen Notfällen**
   und
2. **geben der Bevölkerung Empfehlungen für das Verhalten bei möglichen Notfällen.**

(3) **Die Länder informieren die Bevölkerung über die in Absatz 2 Nummer 1 genannten Angelegenheiten nach Maßgabe der landesrechtlichen Vorschriften und geben der Bevölkerung Empfehlungen für das Verhalten bei möglichen Notfällen, die die Empfehlungen nach Absatz 2 Nummer 2 ergänzen und konkretisieren.**

(4) **[1]Die Informationen und die Verhaltensempfehlungen sind regelmäßig und bei wesentlichen Änderungen zu aktualisieren und in aktualisierter Fassung unaufgefordert zu veröffentlichen. [2]Sie müssen der Öffentlichkeit ständig zugänglich sein.**

Schrifttum: Mitteilung der Kommission betreffend die Durchführung der Richtlinie 89/618/Euratom des Rates vom 27. November 1989 über die Unterrichtung der Bevölkerung über die bei einer radiologischen Notstandssituation geltenden Verhaltensmaßregeln und zu ergreifenden Gesundheitsschutzmaßnahmen (91/C 103/03) (ABlEG Nr. C 103/12).

A. Zweck und Bedeutung der Norm

Die Regelung verpflichtet zum einen die zust. Stellen des Bundes zur Veröffent-   1
lichung der Notfallpläne. Die zust. Stellen von Bund und Ländern werden außerdem verpflichtet, die Bevölkerung notfallspezifisch zu informieren (Auswirkung
von Radioaktivität, Folgen der in den Notfallplänen berücksichtigten Notfälle, geplante Maßnahmen) und Verhaltensempfehlungen bei möglichen Notfällen zu geben. Diese Informationspflicht besteht **unabhängig von** dem tatsächlichen Eintritt
eines Notfalls. Die Regelung dient der Umsetzung von Art. 70 und Anh. XII Teil A
RL 2013/59/Euratom.

B. Bisherige Regelung

Eine entsprechende Informationspflicht enthielt **§ 53 Abs. 5 iVm Anl. XIII**   2
Teil B StrlSchV 2001. Die Regelung knüpfte die dort geregelte Informationspflicht an die Bevölkerung über Sicherheitsmaßnahmen und das richtige Verhalten
in einer radiologischen Notstandssituation an das Vorhandensein besonderer
Schutzpläne durch die für die öffentliche Sicherheit oder Ordnung bzw. die für
den Katastrophenschutz zust. Behörden. Die **Katastrophenschutzgesetze der**
Länder zählen zu den vorbereitenden Maßnahmen die Erstellung und Fortschreibung von Katastrophenschutzplänen (vgl. z. B. § 29 Abs. 1 Nr. 4 HBKG; § 10
NKatSG). Die Rahmenempfehlungen für den Katastrophenschutz in der Umgebung kerntechnischer Anlagen der SSK vom 19.2.2015, die von der Ständigen
Konferenz der Innenminister und -senatoren zustimmend zur Kenntnis genommen
worden sind, sehen, wie auch die Vorgängerrahmenempfehlung von 2008, die Erarbeitung besonderer Katastrophenschutzpläne für die Umgebung kerntechnischer
Anlagen vor.

C. Veröffentlichung der Notfallpläne (Abs. 1)

Abs. 1 verpflichtet zur Veröffentlichung der Notfallpläne „nach Maßgabe des   3
§ 10 des Umweltinformationsgesetzes". Auf § 10 UIG wird va im Hinblick auf die
Art und Weise der Veröffentlichung, die in § 10 Abs. 3 und 4 spezifiziert wird,
und auf **mögliche entgegenstehende Belange bzw. Ausschlussgründe** nach
§ 10 Abs. 6 iVm §§ 8 und 9 Bezug genommen.

D. Informationen und Empfehlungen (Abs. 2, 3)

Abs. 2 enthält die Verpflichtung der zust. Stellen des Bundes, die Bevölkerung   4
nach Maßgabe des § 10 UIG in geeigneter Weise über die in Nr. 1 lit. a, b und c
genannten Angaben zu informieren und Verhaltensempfehlungen bei möglichen
Notfällen zu geben. Mit der Bezugnahme auf § 10 UIG sind va die Modalitäten
der Informierung nach § 10 Abs. 3 und 4 UIG wie auch die möglichen Ausschlussgründe gemeint (BT-Drs. 18/11241, 362). Die in Nr. 1 lit. a, b und c genannten
Angaben entsprechen im wesentlichen Anh. I Nrn. 1 bis 3 der – aufgehobenen –
RL 89/618/Euratom. Die zu dieser RL ergangene **Mitteilung der Kommis-**

sion konkretisiert den Inhalt dieser Informationen und kann zum Verständnis weiterhin herangezogen werden. Zu den in lit. a genannten Grundbegriffen der Radioaktivität zählt bspw. die Erläuterung, was „Aktivität" und „Dosis" bedeuten; die Informierung über die Auswirkungen der Radioaktivität auf den Menschen und die Umwelt sollte ihre unmittelbaren Wirkungen und mögliche Spätfolgen darlegen. Die in lit. b vorgesehene Informierung bezweckt, der Bevölkerung deutlich zu machen, dass es unterschiedlich schwere Notfälle mit unterschiedlichen Auswirkungen gibt und deshalb nicht bei jedem Notfall das Gleiche zu tun ist. Die in lit. c genannten Informationen enthalten bspw. Angaben zur Art der Alarmierung der Bevölkerung.

5   **Abs. 3** enthält eine entsprechende Informationsverpflichtung der **Länder.** Die Verhaltensempfehlungen ergänzen und konkretisieren die des Bundes insbesondere für die Umgebung von Anlagen mit einem besonderen Gefährdungspotential, sa § 101. Hinzuweisen ist auch auf die Informationspflicht des SSV an die Bevölkerung nach **§ 106 Abs. 4 StrlSchV.**

E. Aktualisierung und Veröffentlichung (Abs. 4)

6   Abs. 4 S. 1 verpflichtet Bund und Länder, die Informationen und Verhaltensempfehlungen **regelmäßig,** dh wiederkehrend und in festen Abständen (sa → § 103 Rn. 3), und bei wesentlichen Änderungen zu aktualisieren. Die Änderungen sind bspw. dann „wesentlich", wenn sie sich praktisch auf die Bevölkerung auswirken, bspw. bei einer Änderung der Warnmittel oder der Schutzmaßnahmen (sa Mitteilung der Kommission betreffend die Durchführung der Richtlinie 89/618/ Euratom, II.A.8). Des Weiteren sind sie in aktualisierter Fassung **unaufgefordert** zu veröffentlichen. Die Informationen und Verhaltensempfehlungen müssen der Öffentlichkeit ständig zugänglich sein.

Abschnitt 4 – Radiologische Lage, Notfallreaktion

§ 106 Radiologisches Lagezentrum des Bundes

(1) Das Bundesministerium für Umwelt, Naturschutz und nukleare Sicherheit richtet ein radiologisches Lagezentrum des Bundes ein.

(2) Das radiologische Lagezentrum des Bundes hat folgende Aufgaben:
1. Sammlung, Auswertung und Dokumentation von Daten über regionale und überregionale Notfälle,
2. Erstellung des radiologischen Lagebildes nach § 108 Absatz 2 Satz 1 und 3,
3. Bereitstellung oder Übermittlung dieses radiologischen Lagebildes an die Länder und an das Gemeinsame Melde- und Lagezentrum von Bund und Ländern im Bundesamt für Bevölkerungsschutz und Katastrophenhilfe,
4. Bereitstellung oder Übermittlung dieses radiologischen Lagebildes an die im allgemeinen Notfallplan des Bundes festgelegten obersten Bundesbehörden,
5. Informationsaustausch über die radiologische Lage und über deren Bewertung innerhalb der Bundesregierung und mit den Ländern sowie mit anderen Mitgliedstaaten, mit Organen und Einrichtungen der Europäischen Union und der Europäischen Atomgemeinschaft, mit Drittstaaten und mit internationalen Organisationen, soweit keine andere Zuständigkeit durch ein Gesetz oder auf Grund eines Gesetzes festgelegt ist,
6. Koordinierung der Schutzmaßnahmen und der Maßnahmen zur Information der Bevölkerung sowie von Hilfeleistungen bei Notfällen innerhalb der Bundesregierung und mit den Ländern sowie mit anderen Mitgliedstaaten, mit Organen und Einrichtungen der Europäischen Union und der Europäischen Atomgemeinschaft, mit Drittstaaten und mit internationalen Organisationen, soweit keine andere Zuständigkeit durch ein Gesetz oder auf Grund eines Gesetzes festgelegt ist,
7. Information der Bevölkerung und Empfehlungen für das Verhalten bei Notfällen gemäß § 112 Absatz 3,
8. Koordinierung der Messungen des Bundes und der Länder und anderer an der Bewältigung des Notfalls beteiligten Organisationen zur Vervollständigung des radiologischen Lagebildes und der Datenbasis zur Dosisabschätzung.

(3) Das Bundesministerium für Umwelt, Naturschutz und nukleare Sicherheit wird bei der Wahrnehmung seiner Aufgaben vom Bundesamt für Strahlenschutz, vom Bundesamt für die Sicherheit der nuklearen Entsorgung, von der Gesellschaft für Anlagen- und Reaktorsicherheit und vom Bundesamt für Bevölkerungsschutz und Katastrophenhilfe unterstützt.

Schrifttum: s. Vorbemerkung zu §§ 92 ff.

A. Zweck und Bedeutung der Norm

Ein wesentlicher Baustein des Notfallschutzes ist die Einrichtung des RLZ. Ihm **1** kommt eine **zentrale Rolle bei der Notfallreaktion** bei **regionalen und überregionalen Notfällen** zu, va bei der Erstellung des radiologischen Lagebildes bei einem überregionalem Notfall (§ 5 Abs. 26 Nr. 1) nach § 108 Abs. 2 S. 1; dieses ist nach § 109 Abs. 2 maßgeblich für die Bewertung der radiologischen Lage, die wiederum nach § 109 Abs. 1 S. 2 von den Behörden zu berücksichtigen ist, die bei einem Notfall Entscheidungen über Schutzmaßnahmen treffen müssen. Daneben übernimmt das RLZ Koordinierungs- und Informationsaufgaben. Das RLZ trifft selbst **keine Entscheidungen** über zu treffende Maßnahmen (*Zähringer/Gering*, 59).

B. Bisherige Regelungen

2   Das RLZ ist durch das StrlSchG **neu** geschaffen worden. Die RL 2013/59/Euratom verpflichtet nicht ausdrücklich zu der Einrichtung eines Krisenstabs, das vergleichbar mit dem RLZ ist. Die Einrichtung des RLZ fügt sich vielmehr in die durch das StrlSchG bewirkte veränderte Aufgabenverteilung zwischen Bund und Ländern ein, die nicht mehr zwischen Katastrophenschutz- und Strahlenschutzvorsorgemaßnahmen differenziert und dient insgesamt der Umsetzung des Artikels 69 sowie der Artikel 97 bis 99 und Anh. XI (BT-Drs. 18/11241, 363).

C. Einrichtung beim BMUV (Abs. 1)

3   Das RLZ ist beim BMUV eingerichtet worden. Das BMUV sorgt durch Rufbereitschaften dafür, dass das RLZ rund um die Uhr einsatzbereit ist. Bei einem Notfall tritt es als besonderer **Krisenstab** unter der Ägide des BMUV zusammen. Das RLZ ist **keine eigenständige Behörde**.

D. Aufgaben des RLZ (Abs. 2)

I. Nr. 1

4   Aufgabe des RLZ sind die **Sammlung, Auswertung und Dokumentation** von Daten über regionale und überregionale Notfälle (zur Verwendung des Entscheidungshilfe- und Prognosemodells RODOS („Realtime Online Decision Support System"), das in einem radiologischen Notfall die zukünftige Umweltkontamination und die zu erwartenden Dosen der betroffenen Menschen berechnet → § 161 Rn. 35).

5   Von der Verpflichtung nach Nr. 1 zu trennen ist die Erfassung und Dokumentation meldepflichtiger Ereignisse nach der AtSMV durch die beim BASE angesiedelte Störfallmeldestelle. Allerdings hat der Meldepflichtige nach § 6 Abs. 1 AtSMV nach **§ 6 Abs. 3 AtSMV** den Eintritt eines meldepflichtigen Ereignisses – neben der zust. Aufsichtsbehörde – ua auch dem RLZ unverzüglich anzuzeigen, soweit dies zum Schutz der Bevölkerung vor Lebens- und Gesundheitsgefahren erforderlich ist. Die direkte, nicht über die Aufsichtsbehörde eines Landes laufende Meldung ermöglicht dem RLZ, die ihm obliegenden Aufgaben, insbesondere die Erstellung eines radiologischen Lagebildes nach Nr. 2, früher wahrzunehmen (BR-Drs. 423/18, 540). **Bei Anwendbarkeit der AtSMV** besteht – aufgrund von § 112 Abs. 2 StrlSchV – **keine Meldepflicht** des SSV an das RLZ nach **§ 108 Abs. 4 S. 2 StrlSchV,** wonach der SSV dafür zu sorgen hat, dass der Eintritt eines bedeutsamen Vorkommnisses, das zu einem überregionalen oder regionalen Notfall

führen kann oder geführt hat, unverzüglich nach Kenntnis auch dem RLZ gemeldet wird. Ist die AtSMV dagegen nicht einschlägig, ist der SSV nach § 108 Abs. 4 S. 2 StrlSchV meldepflichtig.

II. Nr. 2

Das RLZ erstellt das **radiologische Lagebild** nach § 108 Abs. 2 S. 1 und 3. **6** Nach § 108 Abs. 2 S. 1 ist das RLZ für die Erstellung des radiologischen Lagebildes bei einem überregionalen Notfall zust.; Abs. 2 S. 3 bestimmt, dass die – nach S. 2 – grundsätzlich vorgesehene Zuständigkeit des Landes, in dem sich ein regionaler Notfall ereignet hat, für die Erstellung des radiologischen Lagebildes im Einvernehmen mit dem BMUV an das RLZ abgegeben werden kann und das RLZ die Aufgabe im Einzelfall im Benehmen mit dem Land an sich ziehen kann. Zum Inhalt des radiologischen Lagebildes → § 108 Rn. 5.

III. Nr. 3 und 4

Das RLZ stellt das radiologische Lagebild bereit bzw. übermittelt es an die Län- **7** der, an das GMLZ von Bund und Ländern im BBK sowie an die im allgemeinen Notfallplan des Bundes festgelegten obersten Bundesbehörden. Dies erfolgt idR mittels des webbasierten Informationssystems **ELAN** (Elektronische Lagedarstellung für den Notfallschutz), wobei allerdings auch alternative Übermittlungsmöglichkeiten im Falle von System- oder Kommunikationsstörungen zu bedenken sind (BT-Drs. 18/11241, 364).

IV. Nr. 5 und 6

Als **erster Ansprechpartner** für Informationen zur radiologischen Lage jeden- **8** falls bei überregionalen Notfällen tauscht das RLZ sich innerhalb der Bundesregierung und mit den Ländern aus, darüber hinaus mit Organen und Einrichtungen der EU und der EAG sowie mit Drittstaaten und internationalen Organisationen. Der Austausch mit internationalen Organisationen erfolgt bspw. mit der IAEA, der WHO oder der OECD.

Die Notwendigkeit der **Koordinierung** der Schutz- und Informationsmaß- **9** nahmen sowie von Hilfeleistungen besteht vor dem Hintergrund, dass ein radiologischer Notfall **Auswirkungen auf zahlreiche ganz unterschiedliche Lebensbereiche** haben kann, bspw. bei der medizinischen Versorgung, bei der Lebensmittelerzeugung und beim Personenverkehr, und deshalb verschiedene Fachbehörden auf Bundes- und Landesebene betroffen sein können. Die Koordinierung an einer Stelle – beim RLZ – zielt darauf ab, für möglichst große Konsistenz der behördlichen Maßnahmen zu sorgen. Die Koordinierung mit anderen MS oder Drittstaaten, mit Organen und Einrichtungen der EU und der EAG sowie mit internationalen Organisationen ist besonders relevant bei einem Notfall mit Auslandsbezug. Die koordinierende Funktion des RLZ ergänzt die Pflicht der Behörden nach § 110 zur Zusammenarbeit und Abstimmung.

V. Nr. 7

Das RLZ informiert die Öffentlichkeit und macht Verhaltensempfehlungen bei **10** Notfällen gem. § 112 Abs. 3, soweit nicht die für den Katastrophenschutz zust. Behörden zuständigkeitshalber nach § 112 Abs. 2 tätig werden. Zweck dieser Zuordnung ist, dass die Information durch eine Stelle erfolgen (One-Voice-Prinzip) und die Gefahr widersprüchlicher Informationen dadurch vermieden werden soll (BT-Drs. 18/11241, 364).

VI. Nr. 8

11   Es bedarf der Koordinierung der Messungen, um eine **verlässliche Datenbasis** zur Dosisabschätzung (§ 111 Abs. 1) zu haben sowie um das radiologische Lagebild zu vervollständigen. Gemäß Ziff. 3.3 der AVV IMIS, die nach § 97 Abs. 5 ivm Anl. 4 Nr. 6 als vorläufiger Notfallplan des Bundes bis zum Erlass von Notfallplänen nach den §§ 93 bis 95 gilt, kann das BMUV bei radiologischen Notfällen das Messnetz zur Überwachung von Gamma-Ortsdosisleistungen (ODL-Messnetz), das zur Überwachung der Umweltradioaktivität eingesetzt wird (§ 161 Abs. 1 Nr. 1 lit. e), vom Routine- in den Intensivbetrieb versetzen, dh für eine verdichtete Datenerhebung sorgen. Gemäß Ziff. 3.4 S. 1 der AVV IMIS kann der Intensivbetrieb vom BMUV regional begrenzt, auf bestimmte Umweltbereiche oder die Art der durchzuführenden Messungen eingeschränkt und je nach Lage wieder aufgehoben werden. Die Messungen des ODL-Messnetzes können durch bspw. mobile Messungen ergänzt werden. So können Daten aus der kleinräumigen Ermittlung der Radioaktivität in der Luft oder in Niederschlägen, die von den im Katastrophenschutz tätigen Behörden ermittelt werden, in bestimmten Notfallszenarien zur Vervollständigung des radiologischen Lagebildes erforderlich sein (BT-Drs. 18/11241, 364).

D. Unterstützung durch andere Stellen (Abs. 4)

12   Nach Abs. 4 wird das BMUV bei seiner Aufgabe, das RLZ zu führen, vom BfS und vom BASE, von der GRS und vom BBK unterstützt. Diese Regelung ermöglicht dem BMUV die Unterstützung va durch das BBK, das dem Geschäftsbereich des BMI unterliegt. Hinsichtlich des BfS sieht § 2 Abs. 2 BAStrlSchG bereits die fachliche und wissenschaftliche Unterstützung des BMUV durch das BfS auf den Gebieten des Strahlenschutzes einschließlich des Notfallschutzes vor; Abs. 4 hebt die **besondere Kompetenz** des BfS – neben den anderen genannten Behörden und der GRS – im Zusammenhang mit dem RLZ besonders hervor. Im Notfall greifen diese Stellen auf ihre eigenen Infrastrukturen zurück. Das BMUV führt dieses **Netzwerk** technisch und organisatorisch im RLZ zusammen.

§ 107   **Aufgaben der Länder bei der Ermittlung und Auswertung der radiologischen Lage**

Die Länder übermitteln dem radiologischen Lagezentrum des Bundes unverzüglich

1. Daten, die nach § 162 Absatz 2 an die Zentralstelle des Bundes zur Überwachung der Umweltradioaktivität übermittelt werden,

2. Mitteilungen des Strahlenschutzverantwortlichen über einen überregionalen oder regionalen Notfall in ihrem Landesgebiet oder ein Ereignis in ihrem Landesgebiet, das zu einem solchen Notfall führen kann, oder

3. sonstige Erkenntnisse über einen überregionalen oder regionalen Notfall in ihrem Landesgebiet,

4. bei einem **überregionalen oder regionalen Notfall in ihrem Landesgebiet die für die radiologische Lage relevanten Daten zur Anlage oder Strahlungsquelle, zum radiologischen Inventar und zu Freisetzungen sowie Freisetzungsabschätzungen und -prognosen,**
5. bei einem **überregionalen oder regionalen Notfall im Bundesgebiet oder im grenznahen Ausland anlagenbezogene Messdaten, die aus anlagenbezogenen Messprogrammen zur Immissionsüberwachung oder aus lageabhängig durchgeführten weiteren Immissionsmessungen stammen,**
6. bei **überregionalen oder regionalen Notfällen Mitteilungen über die von den zuständigen Landesbehörden getroffenen Schutzmaßnahmen sowie über Informationen der Bevölkerung und Verhaltensempfehlungen gemäß § 112 Absatz 2 und**
7. **Mitteilungen über die Wirksamkeit dieser Schutzmaßnahmen und Verhaltensempfehlungen.**

Schrifttum: s. Vorbemerkung zu §§ 92 ff.

A. Zweck und Bedeutung der Norm

Für die Erstellung des radiologischen Lagebildes durch das RLZ bedarf es **möglichst aller relevanten Informationen,** um die Auswirkungen eines Notfalls auf die Umwelt zu erfassen und ihren weiteren Verlauf vorherzusagen. § 107 regelt, welche Informationen die **Länder** dem RLZ zu diesem Zweck übermitteln. **1**

Zusätzlich zu diesen Informationen kann nach § 108 Abs. 4 durch Verwaltungsvereinbarung zwischen BMUV und einem Land festgelegt werden, dass bei einem Notfall in einer kerntechnischen Anlage oder Einrichtung, die nach §§ 6, 7, oder 9 AtG einer Genehmigung oder nach § 9b AtG der Planfeststellung bedarf, das Land dem RLZ eine Aufbereitung seiner regionalen Daten zur Verfügung stellt. **2**

Die Regelung steht in engem Zusammenhang mit der Erstellung des radiologischen Lagebildes durch das RLZ und dient, wie die §§ 106 und 108, insgesamt der Umsetzung des Artikels 69 sowie der Artikel 97 bis 99 und Anh. XI (BT-Drs. 18/11241, 363). **3**

B. Bisherige Regelung

Eine Vorgängerregelung gibt es nicht. **4**

B. Übermittlung; Zuständigkeit

Die Informationen sind **„unverzüglich"** zu übermitteln, d. h. ohne schuldhaftes Zögern. Sie sollen in der Regel durch Kopfstellen in den Ländern in ein elektronisches System eingestellt werden (BT-Drs. 18/11241, 365). In Deutschland ist das Kommunikationssystem ELAN („Elektronische Lagedarstellung für den Notfallschutz") im Einsatz. ELAN ist eine Informationsplattform, in die die im Notfallschutz beteiligten Institutionen ihr Wissen eingeben können. Die Zuständigkeit innerhalb der Länder für die Einspeisung in ELAN wird in den landesrechtlichen Zuständigkeitsregelungen vorgesehen. **5**

C. Zu übermittelnde Informationen

I. Nr. 1

6   Bei den nach § 162 Abs. 2 an das BfS als Zentralstelle des Bundes zur Überwachung der Umweltradioaktivität (§ 163) zu übermittelnden Daten handelt es sich um solche, die die Länder nach § 162 Abs. 1 zur Ermittlung der **Umweltradioaktivität** erhoben haben (→ § 162 Rn. 1).

II. Nr. 2 und 3

7   Hat der SSV nach § 6 Abs. 1 und 3 AtSMV Unfälle, Störfälle oder sonstige für die kerntechnische Sicherheit bedeutsame Ereignisse (meldepflichtige Ereignisse) der Aufsichtsbehörde gemeldet, leitet die zust. Stelle im Land diese Information nach Nr. 2 dem RLZ weiter. Nr. 2 geht aber darüber hinaus, indem es das Land verpflichtet, **jegliche Mitteilung des SSV** mit dem in Nr. 2 beschriebenen Inhalt dem RLZ zu übermitteln. Der damit möglicherweise verbundene Aufwand für das Land wird dadurch kompensiert, dass das Land das vom RLZ erstellte radiologische Lagebild als Entscheidungsgrundlage für die Erfüllung seiner Aufgaben zugrunde legen kann (BT-Drs. 18/11241, 365). Zur Meldepflicht des SSV nach § 108 Abs. 4 StrlSchV → § 106 Rn. 5. Handelt es sich um ein Ereignis, das aufgrund der damit verbundenen radionuklearen Gefahr eine gesundheitliche Notlage von internationaler Tragweite darstellen könnte, ergibt sich eine entsprechende Informationspflicht an das BMUV bereits auf § 4 Abs. 2 iVm Abs. 1 Nr. 3 IGV-DG. Entsprechendes gilt für die Weiterleitung **sonstiger Erkenntnisse** über einen überregionalen oder regionalen Notfall im jeweiligen Landesgebiet (Nr. 3).

III. Nr. 4

8   Diese Informationspflicht weitet eine entsprechende, im untergesetzlichen Regelwerk enthaltene (vgl. BT-Drs. 18/11241, 365/366) Vorgabe in Bezug auf kerntechnische Anlagen auf den Fall aus, dass ein **überregionaler oder ein regionaler Notfall** im Landesgebiet eingetreten ist. Die in Nr. 4 genannten Daten hat der SSV gemäß § 152 Abs. 3 S. 1 StrlSchV den in § 152 Abs. 2 S. 1 genannten Landesbehörden und bei einem überregionalen oder regionalen Notfall dem RLZ zu melden. Von Bedeutung ist, ob das Land, wenn es gemäß Nr. 4 die Information dem RLZ weiterleitet, sich der Bewertung des SSV anschließt oder ob es zu einer abweichenden Bewertung kommt. Die Informationspflicht nach Nr. 4 besteht auch dann, wenn der SSV seiner Informationspflicht gegenüber dem RLZ nach § 152 Abs. 2 S. 1 Nr. 4 StrlSchV nachgekommen ist.

IV. Nr. 5

9   Nach Nr. 5 sind anlagenbezogene Messdaten, die aus anlagenbezogenen Messprogrammen zur Immissionsüberwachung (gemäß der REI) oder aus lageabhängig durchgeführten weiteren Immissionsmessungen stammen, bei einem überregionalen oder regionalen Notfall entweder im Bundesgebiet oder im grenznahen Ausland dem RLZ zu übermitteln. Es sind nur die Messdaten zu übermitteln, die vorhanden sind oder die nach anderen bundesrechtlichen Vorgaben zu ermitteln sind;

eine weitergehende Pflicht zur Erhebung von Messungen ergibt sich aus Nr. 5 **nicht** (BT-Drs. 18/11241, 366).

V. Nr. 6 und 7

Die in Nr. 6 genannte Information ist wichtig, damit das RLZ seine Aufgabe **10** nach § 106 Abs. 2 Nr. 6 wahrnehmen kann, die Schutzmaßnahmen und die Maßnahmen zur Information der Bevölkerung mit den dort genannten Behörden, Stellen und Organen auf internationaler Ebene zu **koordinieren.** Des Weiteren ist die Information wichtig, damit widersprüchliche Aussagen bei der Informierung der Bevölkerung und bei Verhaltensempfehlungen, die das RLZ nach § 106 Abs. 2 Nr. 7 macht, **vermieden** werden. Nach Nr. 7 macht das RLZ dem Land auch Angaben zur Wirksamkeit der getroffenen Schutzmaßnahmen und der Verhaltensempfehlungen.

§ 108 Radiologisches Lagebild

(1) ¹Nach Eintritt eines überregionalen oder regionalen Notfalls wird ein radiologisches Lagebild erstellt. ²In dem radiologischen Lagebild werden die Informationen nach den §§ 106, 107 und 161 bis 163 und weitere relevante Informationen zu Art, Umfang und zu erwartender Entwicklung der radiologischen Lage aufbereitet, dargestellt und bewertet. ³Das radiologische Lagebild ist entsprechend der weiteren Entwicklung des Notfalls und der relevanten Informationen zu aktualisieren. ⁴Soweit eine Dosisabschätzung nach § 111 Absatz 1 vorliegt, ist auch diese in das radiologische Lagebild aufzunehmen.

(2) ¹Das radiologische Lagebild wird bei einem überregionalen Notfall vom radiologischen Lagezentrum des Bundes erstellt. ²Bei einem regionalen Notfall erstellt das Land, in dem sich der Notfall ereignet hat, das radiologische Lagebild. ³Das Land kann diese Aufgabe allgemein oder im Einzelfall im Einvernehmen mit dem Bundesministerium für Umwelt, Naturschutz und nukleare Sicherheit an das radiologische Lagezentrum des Bundes abgeben; das radiologische Lagezentrum des Bundes kann die Aufgabe im Einzelfall im Benehmen mit dem Land an sich ziehen. ⁴Wenn das radiologische Lagezentrum des Bundes für die Erstellung des radiologischen Lagebildes zuständig ist, kann es im Einvernehmen mit der zuständigen obersten Landesbehörde die Aufgabe der Fortschreibung des radiologischen Lagebildes an das Land abgeben, in dem sich der Notfall ereignet hat, wenn sich die weiteren Auswirkungen dieses Notfalls voraussichtlich im Wesentlichen auf dieses Land beschränken werden.

(3) Die Bundesregierung kann im allgemeinen Notfallplan des Bundes mit Zustimmung des Bundesrates insbesondere anhand der darin festgelegten Referenzszenarien bestimmen, wann von einem überregionalen, regionalen oder lokalen Notfall auszugehen ist.

(4) Durch Verwaltungsvereinbarung des Bundesministeriums für Umwelt, Naturschutz und nukleare Sicherheit mit der zuständigen obersten Landesbehörde kann festgelegt werden, dass bei einem Notfall in einer kerntechnischen Anlage oder Einrichtung, die nach den §§ 6, 7 oder 9 des Atomgesetzes einer Genehmigung oder nach § 9b des Atomgesetzes

der Planfeststellung bedarf, das Land, in dem sich die kerntechnische Anlage oder die Einrichtung befindet, dem radiologischen Lagezentrum des Bundes zusätzlich zu den Daten nach § 107 eine Aufbereitung seiner regionalen Daten zur Verfügung stellt, und zwar bis zu der Entfernung von der kerntechnischen Anlage oder Einrichtung, die die verfahrensmäßige und technische Ausstattung des Landes prognostisch und diagnostisch zulässt.

Schrifttum: s. Vorbemerkung zu §§ 92 ff.

A. Zweck und Bedeutung der Norm

1   Die Bestimmung regelt, **bei welchem Notfall** ein radiologisches Lagebild erstellt wird, **welche Informationen** es enthält, **wer** das radiologische Lagebild erstellt und wie das Zusammenspiel zwischen Bund und Ländern in diesem Zusammenhang ist. Absatz 4 sieht vor, dass zusätzlich zu den Daten nach § 107 auch eine Aufbereitung regionaler Daten zur Verfügung gestellt werden kann.

2   Die Regelung steht in engem Zusammenhang mit der Einrichtung des RLZ und den Aufgaben der Länder bei Ermittlung und Auswertung der radiologischen Lage und setzt, wie die §§ 106 und 107, Art. 69 und die Art. 97 bis 99 und Anh. XI um (BT-Drs. 18/11241, 366).

B. Bisherige Regelung

3   Eine Vorgängerregelung gibt es nicht.

C. Erstellung des radiologischen Lagebildes (Abs. 1 S. 1)

4   Ein radiologisches Lagebild wird nach Abs. 1 S. 1 nach Eintritt eines **überregionalen** (§ 5 Abs. 26 Nr. 1) oder **regionalen** Notfalls (§ 5 Abs. 26 Nr. 2) erstellt. Nach Eintritt eines lokalen Notfalls (§ 5 Abs. 26 Nr. 3) wird kein radiologisches Lagebild erstellt. Aufgrund der voraussichtlich nur örtlich nachteiligen Auswirkungen des Notfalls ist es den in der Notfallbewältigung involvierten Behörden und Feuerwehren eher als nicht vor Ort befindlichen Bundesbehörden möglich, die eingetretene radiologische Lage – auch mit Hilfe der für den Strahlenschutz örtlich zust. Behörde sowie ggf. mit der vom Bund zur Verfügung gestellten Ausstattung nach § 13 ZSKG – zu bewerten und darauf gestützt die Schutzmaßnahmen zu ergreifen, sa *Kracht,* 49 (55).

D. Inhalt des radiologischen Lagebildes (Abs. 1 S. 2 bis 4)

5   Im radiologischen Lagebild werden die Informationen nach §§ 106, 107 (Informationserfassung des RLZ und der Länder zur radiologischen Lage) und § 161 bis § 163 (Informationen aus der Überwachung der Umweltradioaktivität) dargestellt. Das radiologische Lagebild enthält va Informationen zum Eintritt und Verlauf eines Notfalls. Verfügbare relevante Informationen werden in ihm aufbereitet und bewertet, um die aktuelle radiologische Situation zu erfassen und ihren weiteren Ver-

lauf zu prognostizieren. Soweit wie möglich, ist das den Notfall begründende Ereignis im radiologischen Lagebild einem der in den Notfallplänen festgelegten **Referenzszenarien** (§ 98 Abs. 2 Nr. 1) und spezifischen Schutzstrategie (§ 98 Abs. 3 S. 1 Nr. 1; Anl. 5 Nr. 6; Anl. 6 Nr. 4) **zuzuordnen** (*Kracht,* 49, (54)). Dies ermöglicht den zust. Behörden, die nach § 109 Abs. 1 auf Basis auch des radiologischen Lagebildes über zu treffende Schutzmaßnahmen zu entscheiden haben, schnell die zu ergreifenden Maßnahmen zu identifizieren.

Die diagnostischen und prognostischen Darstellungen im radiologischen La- **6** gebild sollten für die Behörden **leicht nachvollziehbar** sein, bspw. mittels Karten, die darstellen, in welchen Gebieten die radiologische Kriterien im Voraus festgelegten Dosiswerte oder Auslösekriterien bereits erfüllt sind oder wann sie dort möglicherweise überschritten werden (Kracht aaO).

Das radiologische Lagebild nimmt den zust. Behörden, die nach § 109 Abs. 1 auf **7** Grundlage der für ihren Verantwortungsbereich einschlägigen Fachgesetze über Schutzmaßnahmen zu entscheiden haben, die Aufgabe ab, die radiologische Lage zu ermitteln und zu bewerten. Vielmehr sind sie nach § 109 Abs. 2 sogar verpflichtet, bei überregionalen oder regionalen Notfällen das radiologische Lagebild für die Bewertung der radiologischen Lage zugrunde zu legen. Die Maßgeblichkeit des radiologischen Lagebildes nach § 109 Abs. 2 ist Ausdruck des dem radiologischen Notfallschutzrechts zugrunde liegenden **Verzahnungsansatzes,** wonach die Behörde, die über die strahlenschutzfachliche Expertise verfügt, den Behörden die Informationen zur Verfügung stellt, die sie benötigen, um auf Grundlage ihrer auch im radiologischen Notfall anwendbaren Fachgesetze die passenden Schutzmaßnahmen nach § 109 Abs. 1 StrlSchG zu treffen.

Nach Abs. 1 S. 3 ist das radiologische Lagebild entsprechend der weiteren Ent- **8** wicklung des Notfalls und der relevanten Informationen zu **aktualisieren.** Soweit eine **Dosisabschätzung** nach § 111 Abs. 1 vorliegt, ist auch diese nach Abs. 1 S. 4 in das radiologische Lagebild aufzunehmen.

E. Zuständigkeiten (Abs. 2, 3)

Abs. 2 regelt, in welchen Fällen der Bund und in welchen Fällen das Land für die **9** Erstellung des radiologischen Lagebildes zust. ist. Bei einem **überregionalen** Notfall wird das radiologische Lagebild vom **RLZ** erstellt.

Für die Erstellung des radiologischen Lagebildes bei einem **regionalen** Notfall **10** ist **grundsätzlich** das **Land** zust., in dem sich der Notfall ereignet hat. Dies gilt auch dann, wenn möglicherweise Bundesbehörden für die in Betracht kommenden Schutzmaßnahmen zust. sind (BT-Drs. 18/11241, 367). Das Land kann diese Aufgabe nach Abs. 2 S. 3 allerdings allgemein oder im Einzelfall im Einvernehmen mit dem BMUV an das RLZ abgeben. Diese dem Land eröffnete Möglichkeit trägt dem Umstand Rechnung, dass idR nur die Länder über die Kapazitäten zur Erstellung eines radiologischen Lagebildes verfügen, in deren Gebiet kerntechnische Anlagen betrieben werden oder in der Vergangenheit betrieben wurden (BT-Drs. 18/11241, 367). Andererseits kann das RLZ im Einzelfall die Erstellung des radiologischen Lagebilds bei einem regionalen Notfall im Benehmen mit dem Land an sich ziehen, bspw. wenn nicht klar ist, ob sich die Auswirkungen des Notfalls auf das Gebiet des Landes beschränken werden oder wenn trotz einer regionalen Begrenzung des Notfalls wesentliche Schutzmaßnahmen, wie zB der Erlass von Kontaminationshöchstwerten für Lebens- oder Futtermittel, auf europäischer Ebene getroffen werden sollen (BT-Drs. 18/11241, 367). Nach Abs. 2 S. 4 kann das **RLZ** im Einvernehmen mit der zust. obersten Landesbehörde die Aufgabe der **Fortschreibung** des radiologischen Lagebildes an das Land abgeben, in dem sich der Notfall ereignet hat, wenn sich die weiteren Auswirkungen dieses Notfalls voraussichtlich im Wesentlichen auf dieses Land beschränken werden.

11   Insbesondere zur **Vermeidung,** dass nach Eintritt eines Notfalls wertvolle Zeit zum Ergreifen von Schutzmaßnahmen verloren geht, weil zuvor zu klären ist, ob ein überregionaler oder ein regionaler Notfall vorliegt und – damit verbunden – ob das RLZ oder das Land für die Erstellung des radiologischen Lagebildes zust. ist, bestimmt Abs. 3, dass die BReg im allgemeinen Notfallplan des Bundes mit Zustimmung des Bundesrates insbesondere anhand der darin festgelegten Referenzszenarien bestimmen kann, wann von einem überregionalen, regionalen oder lokalen Notfall auszugehen ist.

F. Aufbereitung regionaler Daten (Abs. 4)

12   Abs. 4 eröffnet die Option, durch **Verwaltungsvereinbarung** zwischen BMUV und der zust. obersten Landesbehörde festzulegen, dass bei einem Notfall in einer kerntechnischen Anlage oder Einrichtung, die nach den §§ 6, 7 oder 9 AtG einer Genehmigung oder nach § 9b AtG der Planfeststellung bedarf, das Land, in dem sich die kerntechnische Anlage oder Einrichtung befindet, dem RLZ zusätzlich zu den Daten nach § 107 eine Aufbereitung seiner regionalen Daten zur Verfügung stellt, und zwar bis zu der Entfernung von der kerntechnischen Anlage oder Einrichtung, die die verfahrensmäßige und technische Ausstattung des Landes prognostisch und diagnostisch zulässt. Aufgrund der Existenz einer kerntechnischen Anlage oder Einrichtung verfügt das Land möglicherweise über die Kapazitäten, entsprechende **regionale radiologische Daten** zu erheben und zu bewerten. Diese Daten fließen in die Erstellung und Fortschreibung des radiologischen Lagebildes nach Abs. 1 S. 1 ein.

§ 109 Entscheidungen über Schutzmaßnahmen durch die zuständigen Behörden

(1) ¹Ob bei einem Notfall Schutzmaßnahmen getroffen werden und welche Schutzmaßnahmen bei diesem Notfall angemessen sind, entscheiden die zuständigen Behörden nach Maßgabe der Rechtsverordnungen auf Grundlage der §§ 94 bis 96 und, soweit sich aus diesen nichts anderes ergibt, auf Grundlage

1. der für derartige Maßnahmen geltenden Rechtsvorschriften des Bundes und der Länder zur Abwehr von Gefahren für die menschliche Gesundheit, für die Umwelt oder für die öffentliche Sicherheit und

2. unmittelbar anwendbarer Rechtsakte der Europäischen Union und der Europäischen Atomgemeinschaft,

soweit diese Rechtsvorschriften und Rechtsakte auch bei radiologischen Gefahren anwendbar sind. ²Bei den Entscheidungen sind die Notfallpläne zu beachten sowie die radiologische Lage und die anderen entscheidungserheblichen Umstände des jeweiligen Notfalls zu berücksichtigen.

(2) **Für die Bewertung der radiologischen Lage ist bei überregionalen und regionalen Notfällen das radiologische Lagebild nach § 108 maßgeblich.**

(3) [1]**Im weiteren Verlauf des Notfalls prüfen die zuständigen Behörden, ob die Schutzmaßnahmen geändert, ergänzt oder beendet werden sollen.** [2]**Sie berücksichtigen dabei die Wirksamkeit der getroffenen Schutzmaßnahmen sowie Veränderungen der radiologischen Lage und der anderen Umstände des Notfalls.**

Schrifttum: s. Vorbemerkung zu §§ 92 ff.

A. Zweck und Bedeutung der Norm

§ 109 ist das **Herzstück des Verzahnungsansatzes.** Die Bestimmung legt zum **1** einen fest, dass bei einem radiologischen Notfall die Behörden Schutzmaßnahmen auf Grundlage der Bestimmungen treffen, die der Gefahrenabwehr dienen und auf deren Grundlage sie auch zuständigkeitshalber tätig werden, wenn kein radiologischer Notfall vorliegt, bspw. die Lebensmittelbehörde auf Grundlage des LFGB oder die für die Marktüberwachung zust. Behörde auf Grundlage der EU-MarktüberwachungsVO (VO (EU) 2019/1020) und des MÜG oder des ProdSG. Voraussetzung ist, dass diese Rechtsvorschriften auch bei radiologischen Gefahren anwendbar sind. Auf der anderen Seite sieht § 109 vor, dass die Behörden, wenn sie auf Grundlage ihrer Fachgesetze tätig werden, Entscheidungen über Schutzmaßnahmen auf Grundlage von strahlenschutzfachlichen Vorgaben und Bewertungen treffen. Dies entlastet diese Behörden, da sie erforderliche radiologische Ermittlungen und Bewertungen nicht selbst vornehmen müssen. Der Verzahnungsansatz verhindert somit einerseits Doppelstrukturen, da Strahlenschutz- und andere fachgesetzliche Behörden nicht parallel tätig werden müssen, und nutzt andererseits die vorhandene Expertise und etablierte Strukturen in den fachgesetzlichen Sachbereichen im Sinne eines „All-Hazard-Approach" auch für den Bevölkerungsschutz bei radiologischen Notfällen (→ Vor §§ 92 ff. Rn. 6). Die in § 109 genannten strahlenschutzrechtlichen Vorgaben **verdrängen nicht** die anderen fachgesetzlichen Bestimmungen zur Gefahrenabwehr, sondern ergänzen, modifizieren und konkretisieren sie, bspw. durch Zugrundelegung der auf Verordnungsebene nach § 94 Abs. 2 vorgesehenen Grenzwerte für notfallbedingte Kontaminationen für die Entscheidung über das Vorliegen einer Gefahr, sa *Kracht,* 49 (51).

Mit der Wahl des Verzahnungsansatzes werden Art. 69 Abs. 4 lit. a und Art. 97 **2** iVm Anh. XI lit. A Nr. 2 umgesetzt. § 109 Abs. 4 setzt zudem Anh. XI Teil B Uabs. 2 zu „Notfallvorsorge" und Nr. 2 bis 4 zu „Notfalleinsatz" um.

B. Bisherige Regelungen

Eine Vorgängerregelung gibt es nicht. **3**

C. Ausgestaltung des Verzahnungsansatzes (Abs. 1)

I. Rechtsgrundlagen der Schutzmaßnahmen (Abs. 1 S. 1)

4 Nach Abs. 1 S. 1 entscheiden die zust. Behörden, ob bei einem Notfall Schutzmaßnahmen getroffen werden und welche Schutzmaßnahmen bei diesem Notfall angemessen sind, **nach den Maßgaben der RVOen nach den §§ 94 bis 96 auf Grundlage der für diese Maßnahmen geltenden** landes- oder bundesrechtlicher **Rechtsvorschriften** zur Abwehr von Gefahren für die menschliche Gesundheit, die Umwelt und die öffentliche Sicherheit und auf Grundlage unmittelbar anwendbarer EU- oder Euratom-Rechtsakte, **soweit** diese Rechtsvorschriften und Rechtsakte auch bei radiologischen Gefahren anwendbar sind. Da die zust. Behörden die Maßnahmen also auf Grundlage ihrer Fachgesetze oder, wenn subsidiär eingreifend, der allgemeinen Polizeigesetze treffen, erweitert § 109 Abs. 1 die Befugnisse der zust. Behörde nicht (BT-Drs. 18/11241, 367). § 109 Abs. 1 ist eine **Rechtsgrundverweisung** auf die anderen Bestimmungen zur Gefahrenabwehr (Kracht, 51).

5 **1. Vorschriften zur Gefahrenabwehr.** Abs. 1 S. 1 Nr. 1 bezieht sich auf alle Rechtsvorschriften von Bund und Ländern zur Gefahrenabwehr. Für die Frage, **welche** Rechtsvorschriften insbesondere betroffen sein könnten, gibt § 99, der die „insbesondere"-Sachbereiche für die besonderen Notfallpläne regelt, eine Orientierung. Nach Anl. 6 Nr. 1 hat der jeweilige besondere Notfallplan auch die anwendbaren Rechtsgrundlagen darzustellen. Zu den heranzuziehenden Rechtsvorschriften als Grundlage für die bei einem Notfall zu treffenden Schutzmaßnahmen zählen **bspw.** in Bezug auf die **Gesetze der Länder** die jeweiligen Katastrophenschutzgesetze, die jeweiligen Gesetze zur polizeilichen und nichtpolizeilichen Gefahrenabwehr (Polizei, Katastrophenschutz, Feuerwehr, Rettungsdienste), die Krankenhausgesetze, in Bezug auf die **Gesetze des Bundes** das BPolG, die TrinkwV, das WHG, das DünG, das LFGB, das TabakerzG, das AMG und das MPG, das ProdSG, das MÜG, das GGBefG, das KrWG oder das BImSchG.

6 **2. Europäische Rechtsakte.** Relevant ist va die **VO (Euratom) 2016/52** für den Lebensmittel- und Futtermittelbereich („HöchstwerteVO"). Eine Rolle können aber auch die **VO (EG) 178/2002** zur Festlegung allgemeiner Grundsätze und Anforderungen des Lebensmittelrechts, die **VO (EG) 1223/2009** für kosmetische Mittel oder die **VO (EU) 2019/1020** über die Marktüberwachung spielen.

II. Maßgaben des Strahlenschutzes (Abs. 1 S. 1, 2; Abs. 2)

7 Nach Abs. 1 S. 1 treffen die zust. Behörden die Entscheidung über das „Ob" und „Wie" von Schutzmaßnahmen bei einem Notfall **nach Maßgabe der RVOen** auf Grundlage der **§§ 94 bis 96 StrlSchG**. Nach Abs. 1 S. 2 sind bei den Entscheidungen die **Notfallpläne zu beachten** sowie die **radiologische Lage** und die anderen entscheidungserheblichen Umstände des jeweiligen Notfalls **zu berücksichtigen**. Diese Vorgabe stellt sicher, dass den zust. Behörden, die sich auch bei einem radiologischen Notfall im Rahmen ihres jeweils fachgesetzlichen oder subsidiär im Rahmen des allgemeinen polizeirechtlichen Zuständigkeitsbereichs bewegen, die erforderlichen radiologischen Bewertungs- und Handlungsmaßstäbe zur Verfügung stehen.

1. Rechtsverordnungen nach §§ 94 bis 96. Die Verordnungsregelungen auf 8 Grundlage der §§ 94 und 95 sehen die **Festlegung diverser radiologischer Bewertungsmaßstäbe** vor (s. die Kommentierungen zu §§ 94 und 95). Bisher ist nur die VO-Erm. nach § 94 Abs. 1 ausgefüllt worden. § 96 regelt die Bedingungen, diese Verordnungen als Eilverordnungen zu erlassen.

2. Beachtung der Notfallpläne. Nach **Abs. 1 S. 2** sind die Notfallpläne bei 9 den Entscheidungen über die zu treffenden Schutzmaßnahmen zu beachten. Dadurch wird sichergestellt, dass die nach dem StrlSchG erlassenen Notfallpläne auch von den Behörden zu beachten sind, die für den Vollzug anderer Gesetze zuständig sind (BT-Drs. 18/11241, 368). Durch die Notfallpläne soll ein harmonisierter und abgestimmter Vollzug der genannten Rechtsvorschriften unter Beachtung der bundesweit geltenden radiologischen Bewertungsmaßstäbe erreicht werden.

3. Berücksichtigung der radiologischen Lage und der anderen entschei- 10 **dungserheblichen Umstände des jeweiligen Notfalls.** Für die Berücksichtigung der radiologischen Lage ist bei einem überregionalen oder regionalen Notfall nach Abs. 2 das **radiologische Lagebild** nach § 108 erheblich. Die zust. Behörden brauchen also keine eigene radiologische Ermittlung und Bewertung vornehmen, was ihnen mangels strahlenschutzfachlicher Kenntnisse, Informationen und Entscheidungshilfesystemen auch nur schwer möglich wäre. Bei einem lokalen Notfall kann den zust. Behörden dagegen zugemutet werden, die kleinräumige radiologische Lage mit der ihnen zur Verfügung stehenden Ausstattung, zB CBRN-Zügen und mit der Unterstützung strahlenschutzfachlicher Behörden oder Sachverständigen zu ermitteln (BT-Drs. 18/11241, 369). Zu den von der jeweils zust. Behörde zu berücksichtigenden weiteren **nicht radiologischen** entscheidungserheblichen Umständen des jeweiligen Notfalls zählen bspw. im Katastrophenfall die Kapazitäten der Einsatzkräfte oder die Machbarkeit und Dauer von Evakuierungen, sa → § 92 Rn. 10.

D. Überprüfung der Schutzmaßnahmen (Abs. 3)

Nach Abs. 3 prüfen die zust. Behörden im weiteren Verlauf des Notfalls, ob die 11 Schutzmaßnahmen geändert, ergänzt oder beendet werden sollen. Dabei berücksichtigen sie die **Wirksamkeit der getroffenen Schutzmaßnahmen** sowie **Veränderungen der radiologischen Lage** und der anderen Umstände des Notfalls. Die Regelung trägt dem Umstand Rechnung, dass ein radiologischer Notfall **dynamischen Entwicklungen** unterliegt, die eine Überprüfung der Schutzmaßnahmen, die auch mit Eingriffen in grundrechtlich geschützte Positionen der Bürger verbunden sein können, notwendig machen. Die Berücksichtigung der Veränderungen der radiologischen Lage kann auf der anderen Seite zu einer Neubewertung führen, ob ein Notfall noch vorliegt und die bisherige Notfallexpositionssituation eine nach einem Notfall bestehende Expositionssituation überführt werden kann (§ 118). Auch wenn im Außenverhältnis zum Bürger häufig Landesbehörden zust. sind, erfolgen die Entscheidungen bei überregionalen oder regionalen Notfällen aufgrund der Koordinierung der zust. obersten Landes- und Bundesbehörden, vgl. § 106 Abs. 2 Nr. 6 und § 110, und der Anpassung der Notfallplanungen nach § 111.

§ 110   Zusammenarbeit und Abstimmung bei Notfällen

¹Die Behörden und Organisationen, die an Entscheidungen über Schutzmaßnahmen oder deren Durchführung beteiligt sind, arbeiten nach Maßgabe der Notfallpläne zusammen. ²Die Entscheidungen und Schutzmaßnahmen sind im erforderlichen Umfang aufeinander abzustimmen, soweit die rechtzeitige Durchführung angemessener Schutzmaßnahmen dadurch nicht verhindert oder unangemessen verzögert wird.

Schrifttum: s. Vorbemerkung zu §§ 92 ff.

A. Zweck und Bedeutung der Norm

1   § 110 regelt die Zusammenarbeit der Behörden und deren Abstimmung bei Notfällen. Das **effiziente und schnelle Zusammenwirken** der bei einem Notfall involvierten Behörden ist von herausragender Bedeutung für die Bewältigung eines Notfalls mit möglichst wenig Zeit- und Reibungsverlusten. Die Regelung setzt Art. 97 Abs. 1 und Art. 98 Abs. 2 iVm Anh. XI Teil A Nr. 2 und 4 und Teil B Nr. 6 RL 2013/59/Euratom um.

B. Bisherige Regelung

2   Eine Vorgängerregelung hat es nicht gegeben.

C. Zusammenarbeit nach Maßgabe der Notfallpläne

3   Nach S. 1 arbeiten die Behörden und Organisationen, die an Entscheidungen über Schutzmaßnahmen oder deren Durchführung beteiligt sind, nach Maßgabe der Notfallpläne zusammen. Anl. 6 Nr. 2 lit. a bestimmt für die besonderen Notfallpläne des Bundes, dass diese die im Anwendungsbereich des jeweiligen Notfallplans anwendbaren Verfahren und Vorkehrungen für den Informationsaustausch, die Zusammenarbeit, Hilfeleistung und Koordinierung bei der Notfallreaktion auf Bundesebene, zwischen Bund und Ländern, mit Organen, Dienststellen, Einrichtungen und anderen MS der EU, mit Drittstaaten und mit internationalen Organisationen darstellen müssen. Eine vergleichbare Vorgabe enthält Anl. 5 Nr. 2 lit. a für den allgemeinen Notfallplan des Bundes. Mit der entsprechenden Vorgabe in § 110 S. 1 wird die Verpflichtung zur Zusammenarbeit in einem Notfall **auch der nach anderen Fachgesetzen zust. Behörden** sichergestellt.

D. Abstimmungen von Entscheidungen und Schutzmaßnahmen

4   S. 2 bestimmt, dass die Entscheidungen und Schutzmaßnahmen im erforderlichen Umfang aufeinander abzustimmen sind, soweit die rechtzeitige Durchführung angemessener Schutzmaßnahmen dadurch nicht verhindert oder unangemes-

sen verzögert wird. Dies gilt auch für die Behörden, die in verschiedenen Phasen eines Notfalls **sukzessiv** und nicht gleichzeitig **zust.** werden. Vor einem Zuständigkeitsübergang haben sie abzustimmen, ob und welche Entscheidungen und Schutzmaßnahmen aufrechterhalten, neu getroffen, geändert oder aufgehoben werden sollen. Die Abstimmung von sukzessive zust. Behörden ist besonders bei der **Aufhebung eines Katastrophenalarms** von Relevanz, da dieser nach Landesrecht zu einer Änderung der Zuständigkeiten und der Rechtsgrundlagen der Schutzmaßnahmen führen kann (BT-Drs. 18/11241, 370). Vgl. auch die koordinierende Funktion des RLZ nach § 106 Abs. 2 Nr. 6 bei einem überregionalen oder regionalen Notfall.

§ 111   Dosisabschätzung, Abschätzung der Wirksamkeit der Schutzmaßnahmen, Anpassung der Notfallplanungen bei überregionalen und regionalen Notfällen

(1) **Bei einem überregionalen oder regionalen Notfall schätzt die für die Erstellung des radiologischen Lagebildes zuständige Behörde oder Stelle für betroffene Bevölkerungsgruppen die Dosis ab, die diese infolge des Notfalls bereits aufgenommen haben und voraussichtlich noch aufnehmen werden (Dosisabschätzung).**

(2) **¹Das Bundesministerium für Umwelt, Naturschutz und nukleare Sicherheit vergleicht bei einem überregionalen oder regionalen Notfall die Ergebnisse der Dosisabschätzung mit dem Referenzwert und schätzt die Wirksamkeit der Schutzmaßnahmen, der Verhaltensempfehlungen und der angewandten Schutzstrategien ab. ²Es prüft, ob die Referenzwerte für den Schutz der Bevölkerung, die Dosiswerte und die Grenzwerte für notfallbedingte Kontaminationen oder Dosisleistungen an die radiologische Lage und die anderen relevanten Umstände des jeweiligen Notfalls oder an eingetretene oder zu erwartende Veränderungen dieser Umstände angepasst werden sollen. ³Es berücksichtigt dabei die Notfallschutzgrundsätze, die Ergebnisse der Dosisabschätzung sowie die Informationen über die getroffenen und noch vorgesehenen Schutzmaßnahmen und Verhaltensempfehlungen, die von den zuständigen Bundes- und Landesbehörden nach den §§ 106 und 107 bereitgestellt worden sind.**

(3) **¹Die zuständigen Bundesministerien prüfen bei einem überregionalen oder regionalen Notfall im Rahmen ihrer in den §§ 98, 99 und § 96 Absatz 1 genannten Zuständigkeiten, ob die Schutzstrategien, die Schutzmaßnahmen, die Verhaltensempfehlungen und sonstigen Regelungen, die in den Notfallplänen des Bundes und in Rechtsverordnungen nach § 95 festgelegt sind, an die radiologische Lage und die anderen relevanten Umstände des jeweiligen Notfalls oder an eingetretene oder zu erwartende Veränderungen dieser Umstände angepasst werden sollen. ²Sie berücksichtigen dabei die Ergebnisse der Abschätzung der Wirksamkeit der Schutzmaßnahmen, Verhaltensempfehlungen und angewandten Schutzstrategien.**

(4) **Soweit es bei einem überregionalen oder regionalen Notfall für abgestimmte und angemessene Entscheidungen über die erforderlichen Schutzmaßnahmen oder für deren Durchführung erforderlich ist, ändert**

oder ergänzt die Bundesregierung auf Vorschlag der zuständigen Bundesministerien durch allgemeine Verwaltungsvorschriften mit Zustimmung des Bundesrates die Notfallpläne des Bundes für diesen Notfall.

(5) Die Bundesregierung wird ermächtigt, bei einem überregionalen oder regionalen Notfall bei Eilbedürftigkeit durch Einzelweisungen nach Artikel 84 Absatz 5 des Grundgesetzes für diesen Notfall

1. zu bestimmen, welche der in den Notfallplänen für bestimmte Referenzszenarien festgelegten optimierten Schutzstrategien ganz oder teilweise entsprechend anzuwenden sind, wenn dieser Notfall möglicherweise wesentlich von den Referenzszenarien abweicht oder die Erkenntnisse über diesen Notfall noch nicht ausreichen, um ihn einem bestimmten Referenzszenario zuzuordnen oder

2. Richtwerte für notfallbedingte Kontaminationen oder Dosisleistungen festzulegen.

(6) Eilbedürftigkeit liegt vor, wenn

1. die in den bestehenden Notfallplänen des Bundes festgelegten optimierten Schutzstrategien oder die in diesen Notfallplänen und in Rechtsverordnungen nach diesem Kapitel festgelegten Schutzmaßnahmen unter Berücksichtigung der Abschätzungen nach den Absätzen 1 und 2 sowie der internationalen Zusammenarbeit und Koordinierung nicht angemessen oder ausreichend sind und

2. Rechtsverordnungen nach diesem Kapitel oder Notfallpläne des Bundes für diesen Notfall voraussichtlich nicht rechtzeitig erlassen oder geändert werden können.

Schrifttum: s. Vorbemerkung zu §§ 92 ff.

A. Zweck und Bedeutung der Norm

1   § 111 verpflichtet im Falle eines **überregionalen oder regionalen Notfalls** aufgrund des damit verbundenen Koordinierungsbedarfs die zust. Behörden des Bundes, aufgrund der einem Notfall inhärenten **Dynamik** die **Wirksamkeit** von vorgesehenen und ergriffenen Schutzinstrumente zu **prüfen** und diese gegebenenfalls **anzupassen** (Abs. 2 bis 4). Bei Anpassungsbedarf der Notfallpläne ändert oder ergänzt die BReg diese mit Zustimmung des BR (Abs. 4); bei Eilbedürftigkeit (s. Abs. 6) kann die BReg auch durch Einzelweisung tätig werden (Abs. 5). Die für die Erstellung des radiologischen Lagebildes zust. Behörde oder Stelle wird zudem verpflichtet, eine **Dosisabschätzung** vorzunehmen (Abs. 1), deren Ergebnis das BMUV mit dem Referenzwert zu vergleichen hat (Abs. 2).

2   § 111 **ergänzt § 109 Abs. 3,** der die zust. Behörden zur Überprüfung der Schutzmaßnahmen verpflichtet. **§ 111 gilt nicht bei einem lokalen Notfall.** Bei einem lokalen Notfall prüfen die zust. Behörden die Wirksamkeit der Schutzmaßnahmen unter Berücksichtigung der radiologischen Lage und der anderen Umstände des Notfalls auf Grundlage des § 109 Abs. 3.

3   Die Pflicht zur Dosisabschätzung und ihr Vergleich mit dem Referenzwert setzt Anh. XI lit. B Nr. 3 unter „Zum Notfalleinsatz" der RL 2013/59/Euratom um. Ansonsten setzt die Regelung die Art. 69 Abs. 4, 97 und 98 iVm Anh. XI lit. B S. 2

unter „Zur Notfallvorsorge" und Nr. 2 und 4 unter „Zum Notfalleinsatz" der RL 2013/59/Euratom um.

B. Bisherige Regelung

Eine Vorgängerregelung gibt es nicht. 4

C. Dosisabschätzung; Vergleich mit Referenzwert; Wirksamkeitsprüfung (Abs. 1, Abs. 2 S. 1)

Abs. 1 verpflichtet die bei einem überregionalen oder regionalen Notfall für die 5 Erstellung des radiologischen Lagebildes zust. Behörde oder Stelle, für **betroffene Bevölkerungsgruppen** die **Dosis abzuschätzen,** die diese infolge des Notfalls bereits aufgenommen haben und voraussichtlich noch aufnehmen werden. Der auch in § 106 Abs. 2 Nr. 8, § 108 Abs. 1 S. 4 und Anl. 5 Nr. 9 lit. a und b verwendete Begriff der Dosisabschätzung wird hier **legaldefiniert.** Nach § 106 Abs. 2 Nr. 8 koordiniert das RLZ zudem die Datenbasis zur Dosisabschätzung. Liegt eine Dosisabschätzung vor, ist sie nach § 108 Abs. 1 S. 4 in das radiologische Lagebild aufzunehmen.

Bei einem überregionalen Notfall ist zust. Behörde gem. § 108 Abs. 2 S. 1 das 6 **RLZ,** bei einem regionalen Notfall die nach den Zuständigkeitsregelungen **des Landes,** in dem der Notfall sich ereignet hat, für die Erstellung des radiologischen Lagebildes **zust. Behörde** (§ 108 Abs. 2 S. 2); → § 108 Rn. 10 zur Abgabe der Aufgabe der Erstellung des radiologischen Lagebildes vom Land an das RLZ (§ 108 Abs. 2 S. 3) bzw. vom RLZ an das Land (§ 108 Abs. 2 S. 4).

Nach Abs. 2 S. 1 vergleicht das BMUV die Ergebnisse der Dosisabschätzung mit 7 dem **Referenzwert nach § 93.** An dem Referenzwert – nach § 93 Abs. 1 100 mSv für die effektive Dosis, die betroffene Personen jeweils durch den Notfall innerhalb eines Jahres über alle Expositionspfade erhalten würden, wenn die vorgesehenen Schutzmaßnahmen durchgeführt würden – orientiert sich die Planung der Schutzmaßnahmen und ihre Durchführung bei einem Notfall. Der Vergleich zwischen dem Ergebnis der Dosisabschätzung und dem Referenzwert ermöglicht dem BMUV, wie in Abs. 2 S. 1 auch verlangt, die Wirksamkeit der Schutzmaßnahmen (s. ua § 94 Abs. 1 S. 1), Verhaltensempfehlungen (§ 112 iVm Anl. 7) und der angewandten Schutzstrategie (§ 98 Abs. 3 iVm Anl. 5 Nr. 6) abzuschätzen (**Wirksamkeitsprüfung,** sa § 118 Abs. 1 S. 1). Nach Anl. 5 Nr. 9 lit. c enthält der allgemeine Notfallplan Vorgaben zur Abschätzung der Schutzstrategien und -maßnahmen.

D. Prüfung des Anpassungsbedarfs

I. Werte nach den §§ 93, 94 (Abs. 2)

Abs. 2 S. 2 verpflichtet das **BMUV** zur Prüfung des Anpassungsbedarfs der Refe- 8 renzwerte nach § 93, der Dosiswerte nach der auf Grundlage des § 94 Abs. 1 erlassenen NDWV, der Grenzwerte für notfallbedingte Kontaminationen oder der Dosisleistungen auf Grundlage des § 94 Abs. 2. Bisher gibt es den Referenzwert von 100 mSv nach § 93 Abs. 1 sowie die in der NDWV festgelegten Dosiswerte. Der allgemeine Notfallplan enthält nach Anl. 5 Nr. 9 lit. e und f Vorgaben zu Kriterien und Verfahren für die Änderung von Referenzwerten und zur Anpassung der Schutzstrategien und -maßnahmen an einen geänderten Referenzwert oder andere geänderte oder neue Rechtsvorschriften.

9   Nach Abs. 2 S. 3 berücksichtigt das BMUV bei seiner Prüfung die **Notfallschutzgrundsätze** nach § 92, die Ergebnisse der Dosisabschätzung sowie Informationen über getroffene und noch vorgesehene Schutzmaßnahmen und Verhaltensempfehlungen der zust. Bundes- und Landesbehörden. Der Verweis auf die Notfallschutzgrundsätze stellt klar, dass bei der Prüfung der möglichen Anpassung der Schutzmaßnahmen eine bloße Einhaltung der Referenzwerte im Hinblick auf den Optimierungsgrundsatz gegebenenfalls nicht ausreichend ist (BT-Drs. 18/11241, 370).

10   Abs. 2 adressiert das BMUV, da es – insbesondere auch aufgrund der Unterstützung des bei ihm angesiedelten RLZ – über die erforderliche **strahlenschutzfachliche Kompetenz** verfügt, die Wirksamkeit der in Abs. 2 genannten Maßnahmen und Strategien einzuschätzen und möglichen Anpassungsbedarf zu identifizieren. Das Ergebnis seiner Bewertung ist **nach Abs. 3 S. 2** von den zust. Bundesministerien bei der auch ihrerseits durchzuführenden Prüfung des möglichen Anpassungsbedarfs zu berücksichtigen. Außerdem erlässt bzw. ändert das BMUV die in Abs. 2 genannten Werte, sofern diese nicht bereits gesetzlich vorgesehen sind, und Dosisleistungen als Verordnungsgeber mit Zustimmung des BR (s. §§ 93 und 94).

II. Notfallpläne; RVO nach § 95 (Abs. 3)

11   Abs. 3 S. 1 verpflichtet die für die jeweiligen Sachbereiche zust. Bundesministerien, die die Vorschläge für den allgemeinen Notfallplan nach § 98 und die besonderen Notfallpläne nach § 99 erarbeitet haben oder die eine EilVO nach § 96 Abs. 1 erlassen haben, zur Prüfung des Anpassungsbedarfs der Schutzstrategien, der Schutzmaßnahmen, Verhaltensempfehlungen und sonstigen Regelungen, die in den Notfallplänen und den auf Grundlage des § 95 erlassenen RVOen festgelegt sind. Das Ergebnis der vom BMUV durchgeführten Prüfung nach Abs. 2 S. 1 ist dabei zu berücksichtigen.

E. Anpassung der Notfallplanungen (Abs. 4 bis 6)

I. Anpassung der Notfallpläne

12   Im Falle der in Abs. 4 beschriebenen Erforderlichkeit ändert die BReg mit Zustimmung des BR die Notfallpläne des Bundes für den betreffenden Notfall.

II. Einzelweisung bei Eilbedürftigkeit

13   Bei Eilbedürftigkeit ermächtigt **Abs. 5** die BReg, für den jeweils vorliegenden Notfall **Einzelweisungen** nach Art. 84 Abs. 5 GG mit dem in Nr. 1 oder 2 bestimmten Inhalt zu erlassen. Sie wird aufgrund der Eilbedürftigkeit **ohne die Beteiligung des BR** tätig. **Nr. 1** kommt entweder zum Tragen, wenn ein Notfall vorliegt, der möglicherweise wesentlich von den in den Notfallplänen bestimmten Referenzszenarien abweicht (§ 98 Abs. 2 Nr. 1) und deshalb ggf. keine der für die Referenzszenarien festgelegten optimierten Schutzstrategien (§ 98 Abs. 3 S. 1 Nr. 1) „greift", oder wenn – etwa in einer frühen Phase – noch nicht klar ist, welches Referenzszenario eintreten wird. Die BReg kann in der Einzelweisung bestimmen, **welche der Schutzstrategien ganz oder teilweise entsprechend anzuwenden** sind und damit den an der Notfallreaktion beteiligten Behörden und Stellen Orientierung geben. Da die Einzelweisung nur bei Eilbedürftigkeit aufgrund eines konkret vorliegenden Notfalls ergeht, braucht sie, entsprechend der in Art. 84 Abs. 5 S. 2 GG vorgesehenen Ausnahme, nicht nur an die obersten Landesbehörde gerichtet werden. Nach **Nr. 2** kann die BReg durch Einzelweisung Richtwerte für notfallbedingte Kontaminationen oder Dosisleistungen festlegen. Sie verfügt damit über ein wirksames Instrument, schnell die in dem allgemeinen Notfallplan bestimmten Richtwerte oder Dosisleistungen (vgl. Anl. 5 Nr. 6 lit. d) an den jeweiligen Notfall anzupassen ohne den in Abs. 4 beschriebenen Weg (Änderungsverfahren mit BR-Beteiligung) gehen zu müssen.

Abs. 6 definiert die Voraussetzungen für das Vorliegen der Eilbedürftigkeit.   **14**

§ 112 Information der betroffenen Bevölkerung und Empfehlungen für das Verhalten bei Notfällen

(1) **Die nach Landesrecht zuständigen Behörden informieren bei einem lokalen Notfall unverzüglich die möglicherweise betroffene Bevölkerung über den Notfall und geben ihr angemessene Empfehlungen für das Verhalten bei diesem Notfall.**

(2) **Die für den Katastrophenschutz zuständigen Behörden unterrichten bei überregionalen und regionalen Notfällen, die in ihrem Zuständigkeitsbereich zu einer Katastrophe geführt haben oder führen können, unverzüglich die in ihrem Zuständigkeitsbereich möglicherweise betroffene Bevölkerung über den eingetretenen Notfall und geben ihr angemessene Empfehlungen für das Verhalten in diesem Notfall.**

(3) **Das Bundesministerium für Umwelt, Naturschutz und nukleare Sicherheit unterrichtet unverzüglich bei überregionalen und regionalen Notfällen die möglicherweise betroffene Bevölkerung und gibt ihr angemessene Empfehlungen für das Verhalten bei diesem Notfall, soweit nicht die für den Katastrophenschutz zuständigen Behörden nach Absatz 2 für die Unterrichtung der Bevölkerung und Verhaltensempfehlungen zuständig sind.**

(4) **Die Informationen, Aufforderungen und Verhaltensempfehlungen umfassen die in Anlage 7 aufgeführten Punkte, die für den jeweiligen Notfall relevant sind.**

Schrifttum: s. Vorbemerkung zu §§ 92 ff.

A. Zweck und Bedeutung der Norm

§ 112 verpflichtet, die in der Bestimmung adressierten Behörden, die Bevölkerung   **1** über den Notfall zu informieren und angemessene Verhaltensempfehlungen zu geben. Die Informationen müssen die in Anl. 7 genannten Aspekte enthalten. Die Bestimmung unterscheidet sich von § 105 darin, dass die hier geregelte Informationspflicht sich auf einen **konkreten Notfall** bezieht, während die Informationspflicht nach § 105 unabhängig von dem Eintritt eines solchen besteht (→ § 105 Rn. 1). Die Regelung setzt Art. 71 und Anh. XII Teil B der RL 2013/59/Euratom um.

B. Bisherige Regelungen

2   § 112 führt die Regelungsbereiche des **§ 51 Abs. 2 StrlSchV 2001** und des **§ 9 StrVG** zusammen (BT-Drs. 18/11241, 371) Eine Informationspflicht der zust. Behörden mit Verhaltensempfehlungen sah § 51 Abs. 2 StrlSchV bei radiologischen Notstandssituationen vor. Die Informationen hatten die in Anl. XIII Teil A aufgeführten Angaben zu enthalten. § 9 StrVG sah Verhaltensempfehlungen durch das BMU sowie – bei Ereignissen in einem Landesgebiet mit ausschließlich örtlichen Auswirkungen – der zust. obersten Landesbehörde vor. Die in § 9 Abs. 1 an das BMU gerichteten Einvernehmens- und Benehmenserfordernisse sind nicht übernommen worden, da die betroffenen Bundesressorts sowie die zust. Behörden der Länder sowohl bei der Aufstellung der Notfallpläne als auch im Notfall nach § 106 Abs. 2 allgemein zur Koordinierung und Abstimmung ihrer geplanten Schutzmaßnahmen verpflichtet sind (vgl. BT-Drs. 18/11241, 371).

C. Informationen und Empfehlungen (Abs. 1 bis 4)

3   § 112 verpflichtet die jeweils adressierten Behörden, die **möglicherweise betroffene Bevölkerung unverzüglich,** dh ohne schuldhaftes Zögern, über den eingetretenen Notfall zu informieren und angemessene Verhaltensempfehlungen zu machen. Diese Pflicht bezieht sich dabei auf die für den Schutz der Bevölkerung **wesentlichen Informationen und Empfehlungen** nach Maßgabe der **Anl. 7** (sa BT-Drs. 18/11241, 371). Mithilfe der staatlichen Informationen soll die möglicherweise betroffene Bevölkerung über die Tatsache, dass ein radiologischer Notfall eingetreten ist sowie, wenn möglich, über dessen Hintergrund und seine voraussichtliche Entwicklung, **aufgeklärt** werden (bspw. Anl. 7 Nr. 1 lit. a). Die Empfehlungen enthalten **Ratschläge** zum Verhalten der Bevölkerung (*Kloepfer* Umweltrecht, § 5 Rn. 1308). Die in Anl. 7 Nr. 1 lit. b aa vorgesehenen Empfehlungen können mit speziellen **Warnhinweisen** für bestimmte Bevölkerungsgruppen verbunden werden, die weitergehen als bloße Ratschläge und ein bestimmtes Verhalten der betroffenen Adressaten bezwecken (*Kloepfer* aaO).

D. Zuständigkeiten (Abs. 1 bis 3)

4   Die Zuständigkeit für die Informierung der möglicherweise betroffenen Bevölkerung liegt auf drei Schultern. Nach **Abs. 1** sind die **nach Landesrecht zust. Behörden** zuständig im Falle eines **lokalen Notfalls.**

5   Nach **Abs. 2** sind die **für den Katastrophenschutz zust. Behörden** zuständig bei einem **überregionalen oder regionalen Notfall,** die in ihrem Zuständigkeitsbereich **zu einer Katastrophe geführt haben oder führen können.**

6   **Abs. 3** sieht im Falle eines überregionalen oder regionalen Notfalls zudem die Zuständigkeit des **BMUV** vor, sofern keine Zuständigkeit der für den Katastrophenschutz zust. Behörden nach Abs. 2 vorliegt. Dadurch soll der Gefahr sich widersprechender Informationen entgegengewirkt werden. Die Informationen und Verhaltensempfehlungen werden vom RLZ nach § 106 Abs. 2 Nr. 6 erarbeitet und koordiniert (BT-Drs. 18/11241, 371).

Kapitel 2 – Schutz der Einsatzkräfte

§ 113 **Unterrichtung, Aus- und Fortbildung der Einsatzkräfte im Rahmen der Notfallvorsorge**

(1) Personen, die in den Notfallplänen des Bundes oder der Länder oder in internen Planungen der Strahlenschutzverantwortlichen
1. als Einsatzkräfte vorgesehen sind,
2. als Fachkräfte für die Mitwirkung an Entscheidungen über Aufgaben und Maßnahmen von Einsatzkräften vorgesehen sind oder
3. für die Unterrichtung der Einsatzkräfte im Notfalleinsatz vorgesehen sind,

sind über die gesundheitlichen Risiken, die ein Einsatz bei einem Notfall mit sich bringen kann, und über die bei einem Einsatz zu treffenden Schutz- und Überwachungsmaßnahmen angemessen zu unterrichten und entsprechend aus- und fortzubilden.

(2) [1]Die Unterrichtung, Aus- und Fortbildung berücksichtigt die in den Notfallplänen berücksichtigten Notfälle sowie die entsprechenden Arten des Einsatzes oder der Mitwirkungs- oder Unterrichtungsaufgaben. [2]Die Inhalte der Unterrichtung, Aus- und Fortbildung und die Lehr- und Lernmittel werden regelmäßig auf den neuesten Stand gebracht. [3]Soweit es zweckdienlich ist, soll die Aus- und Fortbildung auch die Teilnahme an Notfallübungen umfassen.

A. Zweck und Bedeutung der Norm

§ 113 sieht angemessene Unterrichtungspflichten für Personen vor, für die eine **1** Rolle bei der Notfallbewältigung vorgesehen ist sowie darauf angepasste Aus- und Fortbildungspflichten. Die Bestimmung setzt Art. 17 RL 2013/59/Euratom um.

B. Bisherige Regelung

Ähnliche Vorgaben enthielt **§ 53 Abs. 1 bis 3 StrlSchV** 2001. **2**

C. Erfasste Personen (Abs. 1)

Die Pflicht zur Unterrichtung und Aus- und Fortbildung bezieht sich auf die in **3** den **Notfallplänen von Bund und Ländern** oder in den **internen Planungen der SSVen** vorgesehenen Personen nach Abs. 1 Nr. 1 bis 3. Anders als bei der Unterrichtungspflicht nach § 114 Abs. 2 S. 2 und 3, die sich auf alle im konkreten Notfall grds. zum Einsatz kommende Einsatzkräfte bezieht, werden nach Abs. 1 nur diejenigen Personen iRd Notfallvorsorge unterrichtet und entsprechend aus- und fortgebildet, die aufgrund der Festlegungen in den Notfallplänen bzw. internen SSV-Planungen **bestimmt oder bestimmbar** sind. Zu den in **Nr. 1** vorgesehenen **Einsatzkräften** nach § 5 Abs. 13 → § 5 Rn. 17. Es handelt sich bspw. um Kraftwerkspersonal, Personal des Kerntechnischen Hilfsdienstes, Einsatzkräfte der

Werks- und öffentlichen Feuerwehren oder Rettungsdienste in der Umgebung von Anlagen, für die ein externer Notfallplan nach § 101 aufgestellt worden ist (BT-Drs. 18/11241, 372). Die von **Nr. 2** erfassten Personen sind als **Fachkräfte** dafür vorgesehen, **an Entscheidungen** über Aufgaben und Maßnahmen von Einsatzkräften **mitzuwirken.** Die Erfassung dieses Personenkreises orientiert sich an § 14 ZSKG und ist Basis dafür, dass der Schutz der Einsatzkräfte auch bei Einsatzentscheidungen angemessen berücksichtigt wird (vgl. BT-Drs. 18/11241, 372). Eine durch Unterrichtung und Aus- und Fortbildung gewährleistete Qualifizierung der von **Nr. 3** erfassten Personen ist deshalb von besonderer Bedeutung, weil die Einsatzkräfte in engem zeitlichen Zusammenhang mit einem Notfall unterrichtet werden und die spezielle Einsatzsituation dabei zu berücksichtigen ist (BT-Drs. 18/11241, 372).

D. Inhalt von Unterrichtung, Aus- und Fortbildung (Abs. 1, 2)

4   Gegenstand der Unterrichtung sind die **Gesundheitsrisiken,** die mit einem Notfalleinsatz verbunden sein können, sowie die im Einsatz zu treffenden **Schutz- und Überwachungsmaßnahmen.** Dabei sind die in den Notfallplänen berücksichtigten Notfälle, dh insbesondere die im allgemeinen Notfallplan bestimmten Referenzszenarien (§ 98 Abs. 2 Nr. 1), sowie die entsprechenden Arten des Einsatzes oder der Mitwirkungs- oder Unterrichtungsaufgaben zu berücksichtigen (Abs. 1, 2 S. 1). Lern- und Lehrinhalte und -mittel sind **regelmäßig,** dh wiederkehrend und in festen Abständen, auf den **neuesten Stand** zu bringen (Abs. 2 S. 2). Sofern zweckdienlich, soll auch die Teilnahme an **Notfallübungen** ermöglicht werden, die von den für die Aus- und Fortbildung Verantwortlichen regelmäßig durchzuführen sind (§ 102). Der Gegenstand der Aus- und Fortbildungsmaßnahmen orientiert sich an den dargestellten Aspekten der Unterrichtung („entsprechend aus- und fortzubilden").

E. Verantwortlichkeit für die Unterrichtung sowie Aus- und Fortbildung

5   Verantwortlich für die Unterrichtung, Aus- und Fortbildung sind nach **§ 115 Abs. 1** der **SSV** sowie die **Behörden,** die nach den Notfallplänen von Bund und Ländern für Maßnahmen der Notfallreaktion zuständig sind oder an diesen mitwirken oder **Organisationen,** die an der Notfallreaktion mitwirken (→ § 115 Rn. 4).

F. Zuwiderhandlungen

6   Der SSV ist nach § 72 Abs. 1 S. 1 Nr. 2 lit. a nach Maßgabe des § 115 Abs. 1 Nr. 1 zur Einhaltung des § 113 verpflichtet; der SSB hat nach § 72 Abs. 2 S. 1 Nr. 1 lit. a im Rahmen der ihm übertragenen Aufgaben und Befugnisse dafür zu sorgen, dass diese Bestimmung eingehalten wird. Diese Pflicht ist nach **§ 194 Abs. 1 Nr. 22** bußgeldbewehrt.

§ 114 Schutz der Einsatzkräfte bei Notfalleinsätzen

(1) Bei Notfalleinsätzen ist durch dem jeweiligen Einsatzzweck angemessene Schutz- und Überwachungsmaßnahmen anzustreben, dass die Exposition von Einsatzkräften in dieser Expositionssituation unterhalb der Werte bleibt, die in § 78 bei geplanten Expositionssituationen als Dosisgrenzwerte festgesetzt sind.

(2) [1]Sofern der Einsatz dem Schutz des Lebens oder der Gesundheit dient und einer der Werte nach Absatz 1 bei Einsätzen zum Schutz des Lebens oder der Gesundheit auch durch angemessene Schutz- und Überwachungsmaßnahmen nicht eingehalten werden kann, ist anzustreben, dass die Exposition der Einsatzkräfte den Referenzwert für die effektive Dosis von 100 Millisievert nicht überschreitet. [2]Die Einsatzkräfte müssen vor dem jeweiligen Einsatz über die mit ihm verbundenen gesundheitlichen Risiken und die zu treffenden Schutz- und Überwachungsmaßnahmen angemessen unterrichtet werden. [3]Bei Einsatzkräften, die bereits im Rahmen der Notfallvorsorge unterrichtet, aus- und fortgebildet wurden, ist deren allgemeine Unterrichtung entsprechend den Umständen des jeweiligen Notfalls zu ergänzen. [4]Schwangere und Personen unter 18 Jahren dürfen nicht in Situationen nach Satz 1 eingesetzt werden.

(3) [1]Sofern der Einsatz der Rettung von Leben, der Vermeidung schwerer strahlungsbedingter Gesundheitsschäden oder der Vermeidung oder Bekämpfung einer Katastrophe dient und die effektive Dosis 100 Millisievert auch bei angemessenen Schutz- und Überwachungsmaßnahmen überschreiten kann, ist anzustreben, dass die Exposition von Notfalleinsatzkräften den Referenzwert für die effektive Dosis von 250 Millisievert nicht überschreitet. [2]In Ausnahmefällen, in denen es auch bei angemessenen Schutz- und Überwachungsmaßnahmen möglich ist, dass die effektive Dosis den Wert von 250 Millisievert überschreitet, kann die Einsatzleitung einen erhöhten Referenzwert von 500 Millisievert festlegen. [3]Die Einsätze nach den Sätzen 1 und 2 dürfen nur von Freiwilligen ausgeführt werden, die vor dem jeweiligen Einsatz über die Möglichkeit einer solchen Exposition informiert wurden. [4]Absatz 2 Satz 2 bis 4 gilt entsprechend.

(4) Es ist anzustreben, dass Einsatzkräfte, die bei einem Notfall bereits eine effektive Dosis von mehr als 250 Millisievert erhalten haben oder bei denen der Grenzwert der Berufslebensdosis nach § 77 erreicht ist, bei weiteren Notfällen nicht in Situationen nach Absatz 3 eingesetzt werden.

(5) [1]Bei der Ermittlung oder Abschätzung der Exposition einer Einsatzkraft in einer Notfallexpositionssituation sind die ermittelten oder abgeschätzten Körperdosen aus allen Einsätzen zu addieren, die von der Einsatzkraft in dieser Notfallexpositionssituation ausgeführt werden. [2]Die Exposition einer Einsatzkraft während ihres Einsatzes in einer Notfallexpositionssituation ist hinsichtlich des Grenzwertes für die Berufslebensdosis nach § 77 zu berücksichtigen.

A. Zweck und Bedeutung der Norm

1   § 114 enthält Vorgaben zum Schutz der Einsatzkräfte bei Einsätzen im Notfall, die von den in § 115 Abs. 2 genannten Verantwortlichen zu beachten sind. Die Regelung wird **ergänzt** durch weitere Schutzvorgaben in §§ 150, 151 StrlSchV. § 114 setzt Art. 53 Abs. 1 bis 4 RL 2013/59/Euratom um.

B. Bisherige Regelung

2   § 114 greift **§ 59** StrlSchV 2001 mit Modifikationen auf, etwa indem die Regelung nicht mehr darauf abstellt, dass die dort festgelegten Dosen nur einmal im Kalenderjahr oder nur einmal im Leben überschritten werden, sondern diese als Referenzwerte bestimmt.

C. Exposition unterhalb der Grenzwerte für beruflich exponierte Personen; Referenzwerte (Abs. 1, 2 S. 1; Abs. 3)

3   § 114 enthält **gestufte Vorgaben** zur Exposition der Notfalleinsatzkräfte auch in Abhängigkeit der Schwere der Gefahrenlage und der zu schützenden Rechtsgüter: Erstes Ziel ist, dass die Exposition der Notfalleinsatzkräfte unterhalb der Werte bleibt, die in § 78 als Grenzwerte für beruflich exponierte Personen in geplanten Expositionssituationen festgelegt sind. Ist dieses Ziel nicht erreichbar und dient der Einsatz dem Schutz von Leben und Gesundheit, ist das zweite Ziel, dass die Exposition der Einsatzkräfte einen Referenzwert für die effektive Dosis von 100 Millisievert nicht überschreitet. Ist auch dieses Ziel nicht erreichbar und dient der Einsatz der Rettung von Leben, der Vermeidung schwerer strahlungsbedingter Gesundheitsschäden oder der Vermeidung oder Bekämpfung einer Katastrophe, ist als drittes Ziel anzustreben, dass ein Referenzwert für die effektive Dosis von 250 Millisievert nicht überschritten wird. Die Werte gelten nicht pro einzelnen Einsatz, sondern für die Gesamtheit der Einsätze einer Einsatzkraft in einer bestimmten Notfallexpositionssituation (BT-Drs. 18/11241, 374, sa → Rn. 12).

4   Abs. 1 verpflichtet die in § 115 Abs. 2 genannten Verantwortlichen, durch Schutz- und Überwachungsmaßnahmen, die dem jeweiligen Einsatzzweck angemessen sind, **anzustreben,** dass die Exposition der Einsatzkräfte **unterhalb der Werte bleibt, die in § 78** für beruflich exponierte Personen als Grenzwerte festgelegt sind. Dieses Ziel gilt **für jeden Notfalleinsatz.** Mit der Formulierung wird der Vorgabe des Art. 53 Abs. 1 RL 2013/59/Euratom Rechnung getragen, die Exposition „wo immer dies möglich ist" unterhalb der Grenzwerte nach Art. 9 zu halten. Eine stärkere Inpflichtnahme der Verantwortlichen ist aufgrund des nicht planbaren Charakters eines Notfalls nicht möglich. Die in Bezug genommenen Werte gelten hier also nicht als Grenzwerte sondern als **Orientierungswerte** (BT-Drs. 18/11241, 373).

5   Kann **einer der in § 78 bestimmten Werte** auch durch angemessene Schutz- und Überwachungsmaßnahmen **nicht eingehalten** werden und dient der Notfalleinsatz dem **Schutz von Leben und Gesundheit,** ist nach Abs. 2 S. 1 anzustreben, dass die Exposition der Einsatzkräfte den **Referenzwert** für die effektive Dosis von

100 Millisievert nicht überschreitet. Schwangere und Personen und 18 Jahren dürfen nicht als Einsatzkräfte eingesetzt werden (→ Rn. 9).

Kann der Referenzwert von **100 Millisievert** auch bei angemessenen Schutz- **6** und Überwachungsmaßnahmen **überschritten werden** und dient der Notfalleinsatz der **Rettung von Leben, der Vermeidung schwerer strahlungsbedingter Gesundheitsschäden oder der Vermeidung oder Bekämpfung einer Katastrophe,** ist nach Abs. 3 S. 1 anzustreben, dass die Exposition der Einsatzkräfte den **Referenzwert** für die effektive Dosis von **250 Millisievert nicht überschreitet.** Der Einsatz darf nur von Freiwilligen ausgeführt werden (→ Rn. 10).

In Ausnahmefällen, in denen der Referenzwert von 250 Millisievert auch bei **7** angemessenen Schutz- und Überwachungsmaßnahmen überschritten werden kann, kann die Einsatzleistung einen erhöhten Referenzwert von **500 Millisievert** festlegen.

D. Unterrichtung (Abs. 2 S. 2, 3)

Die Unterrichtungspflicht nach Abs. 2 S. 2 kommt den Einsatzkräften zugute, **8** die **noch nicht** im Rahmen der Notfallvorsorge allgemein über die gesundheitlichen Risiken und die zu treffenden Schutz- und Überwachungsmaßnahmen unterrichtet wurden (BT-Drs. 18/11241, 373). Die Unterrichtungspflicht nach Abs. 2 S. 3 bezieht sich auf die bereits nach § 113 unterrichteten Einsatzkräfte; deren Unterrichtung ist entsprechend den Umständen des jeweiligen Notfalls zu **ergänzen.**

E. Einsatz von Schwangeren und Personen unter 18 Jahren (Abs. 2 S. 4)

Der **besonderen Schutzbedürftigkeit** von Schwangeren und Personen unter **9** 18 Jahren, die als Einsatzkräfte tätig werden, wird in Abs. 2 S. 4 Rechnung getragen. Danach dürfen diese nicht in Notfällen eingesetzt werden, in denen der Einsatz dem Schutz von Leben und Gesundheit dient – was in der Regel immer der Fall ist – und in denen die Grenzwerte für beruflich exponierte Personen nach § 78 nicht eingehalten werden können. Damit scheidet ein möglicher Einsatz auch in den nach Abs. 3 S. 1 und 2 vorgesehenen Situationen aus; der Anordnung der entsprechenden Geltung von Abs. 2 S. 4 in Abs. 3 S. 4 bedurfte es nicht. Die Vorgabe stellt sicher, dass Schwangere und Personen unter 18 Jahren **keiner höheren Exposition** ausgesetzt sind als wenn sie **als beruflich exponierte Person in einer geplanten Expositionssituation** tätig würden.

F. Einsatz von Freiwilligen (Abs. 3 S. 3)

Bei Notfalleinsätzen, in denen Einsatzkräfte einer Exposition ausgesetzt werden, **10** die eine effektive Dosis von 100 Millisievert überschreiten kann, dürfen **nur Freiwillige** eingesetzt werden, die über die Möglichkeit einer solchen Exposition informiert worden sind. Unbeachtlich ist, ob es sich um ehren- oder hauptamtlich tätig werdende Einsatzkräfte handelt (BT-Drs. 18/11241, 374). Die in Abs. 2 S. 2 und 3 vorgesehenen Unterrichtungspflichten gelten entsprechend.

G. Vermeidungsgebot (Abs. 4)

11   Abs. 4 enthält das sog. **Vermeidungsgebot.** Nach diesem ist anzustreben, dass Einsatzkräfte, die bei einem Notfall bereits eine effektive Dosis von mehr als 250 Millisievert erhalten haben oder bei denen der Grenzwert der Berufslebensdosis von 400 Millisievert nach § 77 erreicht ist, bei weiteren Notfällen nicht in Situationen nach Abs. 3 eingesetzt werden. Die Regelung bezweckt zum einen, dass eine Einsatzkraft nur einmal im Leben einer effektiven Dosis von mehr als 250 Millisievert ausgesetzt wird, zum anderen soll verhindert werden, dass eine Einsatzkraft infolge wiederholter Einsätze Expositionen ausgesetzt wird, die zu einer deutlichen Überschreitung des Grenzwerts der Berufslebensdosis führen (BT-Drs. 18/11241, 374).

H. Ermittlung oder Abschätzung der Exposition (Abs. 5)

12   Nach Abs. 5 S. 1 sind bei der Ermittlung oder Abschätzung der Exposition einer Einsatzkraft die ermittelten oder abgeschätzten Körperdosen **aus allen Einsätzen zu addieren,** die von der Einsatzkraft **in dieser Notfallexpositionssituation** ausgeführt werden. S. 2 bestimmt, dass die Exposition der Einsatzkraft bei der Ermittlung des Grenzwertes – nur – für die Berufslebensdosis nach § 77 zu berücksichtigen ist. Sie ist dagegen nicht bei der Ermittlung der Grenzwerte für beruflich exponierte Personen nach § 78 zu berücksichtigen. Ein Grund hierfür ist, dass aufgrund der Dringlichkeit einer Einsatzsituation die Prüfung, ob und welche beruflichen Expositionen es gegeben hat, die die Einsatzkraft zu einer beruflich exponierten Person machte, nicht angemessen erscheint (BT-Drs. 18/11241, 374 mit weiteren Ausführungen).

I. Zuwiderhandlungen

13   Der SSV ist nach § 72 Abs. 1 S. 1 Nr. 2 lit. a nach Maßgabe des § 115 Abs. 2 Nr. 1 zur Einhaltung des § 114 verpflichtet; der SSB hat nach § 72 Abs. 2 S. 1 Nr. 1 Buchst. a im Rahmen der ihm übertragenen Aufgaben und Befugnisse dafür zu sorgen, dass diese Bestimmung eingehalten wird. Diese Pflicht ist nach **§ 194 Abs. 1 Nr. 22** bußgeldbewehrt.

§ 115   **Verantwortlichkeit für den Schutz der Einsatzkräfte**

(1) **Verantwortlich für die Unterrichtung, Aus- und Fortbildung ihrer eigenen Einsatzkräfte sind**
1. **die Strahlenschutzverantwortlichen,**
2. **die Behörden, die gemäß den Notfallplänen des Bundes und der Länder für Maßnahmen der Notfallreaktion zuständig sind oder an diesen Maßnahmen mitwirken und**
3. **die an der Notfallreaktion mitwirkenden Organisationen.**

(2) **Verantwortlich für den Schutz der Einsatzkräfte im Notfalleinsatz sind**

1. die Strahlenschutzverantwortlichen hinsichtlich ihrer eigenen und der in ihrem Auftrag tätigen Einsatzkräfte,
2. hinsichtlich der anderen Einsatzkräfte
   a) die Behörde, die den Notfalleinsatz mehrerer Behörden oder mitwirkender Organisationen leitet oder
   b) die Behörden und Organisationen, die für Maßnahmen der Notfallreaktion zuständig sind oder an diesen Maßnahmen mitwirken, soweit die Einsatzkräfte nicht einer den Notfalleinsatz leitenden Behörde unterstellt sind.

A. Zweck und Bedeutung der Norm

§ 115 regelt, wer für die in § 113 vorgesehene Unterrichtung, Aus- und Fortbildung und den in § 114 vorgesehenen Schutz der Einsatzkräfte verantwortlich ist. Die Bestimmung setzt Art. 31 Abs. 3 S. 1 lit. a und S. 2 RL 2013/59/Euratom um. **1**

B. Bisherige Regelungen

§ 115 knüpft an **§ 53 Abs. 1 bis 3 und § 59** StrlSchV 2001 an. **2**

C. Verantwortlichkeit für Unterrichtung, Aus- und Fortbildung (Abs. 1)

Abs. 1 bestimmt die natürlichen oder juristischen Personen, Behörden und Organisationen, die **nach § 113** für die Unterrichtung, Aus- und Fortbildung verantwortlich sind. Die Verantwortlichkeit bezieht sich nur auf die **eigenen Einsatzkräfte**. Der Begriff „Einsatzkräfte" bezieht sich allerdings auf alle in § 113 Abs. 1 Nr. 1 bis 3 genannten Personen, da ansonsten eine nicht gewollte Verantwortungslücke für die nicht ausdrücklich als Einsatzkräfte in Bezug genommenen Personen entstünde. **3**

Die in Nr. 1 genannten SSVen sind etwa für die bei ihnen beschäftigten Personen verantwortlich, die zur Bekämpfung eines Notfalls eingesetzt werden, aber nicht für Personen, die in ihrem Auftrag im Notfall tätig werden, zB Beschäftigte eines anderen Unternehmens, das vom SSV beauftragt worden ist, bauliche Notfallmaßnahmen durchzuführen (für diese besteht aber nach Abs. 2 eine Verantwortlichkeit im Notfalleinsatz → Rn. 5f.). Zu den an der Notfallreaktion mitwirkenden Organisationen nach Nr. 3 können sowohl öffentlich-rechtliche, bspw. das Bayerische Rote Kreuz oder die Bundesanstalt Technisches Hilfswerk, als auch private Hilfsorganisationen, wie zB der Deutsche Caritasverband, oder auch ehrenamtlich tätige Organisation, wie zB die freiwilligen Feuerwehren gehören (BT-Drs. 18/11241, 374, 375). **4**

D. Verantwortlichkeit für den Schutz im Notfalleinsatz (Abs. 2)

5   Abs. 2 regelt die Verantwortlichkeiten für den Schutz der Einsatzkräfte im Notfalleinsatz. Die Verantwortung bezieht sich auf die Vorgaben nach § 114. Die nach Abs. 2 Verantwortlichen haben im Übrigen auch die Aufzeichnungs- und Übermittlungspflichten nach § 167 Abs. 1 und § 168 Abs. 1.

6   Anders als in Abs. 1 ist der **SSV** nach Nr. 1 nicht nur für seine eigenen Einsatzkräfte, sondern auch für die Einsatzkräfte verantwortlich, die **in seinem Auftrag** tätig werden.

7   **Für die anderen Einsatzkräfte** ist nach Nr. 2 lit. a die Behörde verantwortlich, die den Notfalleinsatz mehrerer Behörden oder mitwirkender Organisationen **leitet.** Die Regelung berücksichtigt, dass in den Fällen, in denen bei der Bekämpfung von Notfällen mehrere Behörden oder Organisationen tätig werden, Einsatzkräfte zB nach den Katastrophenschutzgesetzen unter einer einheitlichen Leitung tätig werden (BT-Drs. 18/11241, 375). Nach Nr. 2 lit. b bleibt für den Fall, dass die Einsatzkräfte im Notfall nicht der Leitung einer anderen Behörde oder Organisation unterstehen, die Verantwortung bei der Behörde oder Organisation, die für Maßnahmen der Notfallreaktion verantwortlich ist oder an diesen Maßnahmen mitwirkt.

§ 116   Schutz der Einsatzkräfte bei anderen Gefahrenlagen

Bei der Vorbereitung und Durchführung von Einsätzen, die nicht der Bekämpfung eines Notfalls im Sinne dieses Gesetzes, sondern der Bekämpfung einer anderen Gefahrenlage dienen, und bei denen die Einsatzkräfte ionisierender Strahlung ausgesetzt sein können, sind die §§ 113 bis 115 entsprechend anzuwenden.

A. Zweck und Bedeutung der Norm

1   § 116 erweitert den Schutz der Einsatzkräfte bei Vorliegen einer **anderen Gefahrenlage** als einem Notfall, indem es die entsprechende Anwendung der §§ 113 bis 115 anordnet.

B. Bisherige Regelung

2   § 116 greift **§ 59** StrlSchV 2001 auf, der nicht auf radiologische Notstandssituationen nach § 3 Abs. 2 Nr. 22 StrlSchV 2001 beschränkt war (BT-Drs. 18/11241, 376).

C. Bekämpfung einer anderen Gefahrenlage

3   Eine „andere Gefahrenlage" ist kein Notfall im Sinne des § 5 Abs. 26. Bei einer anderen Gefahrenlage werden zwar ebenfalls die Gesundheit oder das Leben einer

Person oder Sachgüter gefährdet, die Gefährdung wird aber **nicht oder zumindest nicht in erster Linie durch ionisierende Strahlung verursacht** (BT-Drs. 18/11241, 376). Allerdings können die Einsatzkräfte bei ihrem Einsatz ionisierender Strahlung ausgesetzt sein. Ein Beispiel für eine andere Gefahrenlage ist ein medizinischer Notfall in einem Kontrollbereich (BT-Drs. 18/11241, 376). Die Gefahrenlage muss von der Dringlichkeit der gebotenen Reaktion zu ihrer Bewältigung mit einem Notfall vergleichbar sein. Dies folgt va aus der systematischen Verankerung des § 116 in Teil 3 Kapitel 2. § 116 und damit auch die in § 114 verankerten Referenzwerte gelten deshalb nicht für Personen, die zur Bewältigung einer bestehenden Expositionssituation tätig werden (BT-Drs. 18/11241, 376).

D. Zuwiderhandlungen

Der SSV ist nach § 72 Abs. 1 S. 1 Nr. 2 lit. a nach Maßgabe des § 115 Abs. 1 Nr. 1 **4** und Abs. 2 Nr. 1 zur Einhaltung des § 116 verpflichtet; der SSB hat nach § 72 Abs. 2 S. 1 Nr. 1 lit. a im Rahmen der ihm übertragenen Aufgaben und Befugnisse dafür zu sorgen, dass diese Bestimmung eingehalten wird. Diese Pflicht ist nach **§ 194 Abs. 1 Nr. 22** bußgeldbewehrt.

§ 117 Verordnungsermächtigungen zum Schutz der Einsatzkräfte

(1) [1]Das Bundesministerium für Umwelt, Naturschutz und nukleare Sicherheit wird ermächtigt, durch Rechtsverordnung
1. wesentliche Inhalte der in § 113 vorgeschriebenen Unterrichtung, Aus- und Fortbildung zu regeln,
2. Art und Inhalte der in § 114 Absatz 2 und 3 vorgeschriebenen Unterrichtung zu regeln,
3. die in § 76 Absatz 1 und § 79 genannten weiteren Regelungen über die physikalische Strahlenschutzkontrolle, Schutzbereiche, Schutz-, Vorsorge- und Überwachungsmaßnahmen zum Schutz der Einsatzkräfte zu treffen,
4. zu bestimmen, welche Personen, Behörden oder Organisationen für die nach Nummer 3 geregelten Maßnahmen zum Schutz der Einsatzkräfte verantwortlich sind.
[2]Rechtsverordnungen nach Satz 1 Nummer 2 bis 4 bedürfen der Zustimmung des Bundesrates.

(2) [1]Bei Eilbedürftigkeit nach Eintritt eines Notfalls kann das Bundesministerium für Umwelt, Naturschutz und nukleare Sicherheit Regelungen nach Absatz 1 Satz 1 Nummer 2 bis 4 durch Rechtsverordnung ohne die Zustimmung des Bundesrates erlassen (Eilverordnungen), soweit noch keine entsprechenden Regelungen bestehen. [2]Eilverordnungen treten spätestens sechs Monate nach ihrem Inkrafttreten außer Kraft. [3]Ihre Geltungsdauer kann nur durch eine Rechtsverordnung mit Zustimmung des Bundesrates und im Einvernehmen mit den zu beteiligenden Bundesministerien verlängert werden. [4]Eilverordnungen, die bestehende Regelungen ändern, sind unverzüglich aufzuheben, wenn der Bundesrat dies verlangt.

(3) **Das Landesrecht regelt, ob und inwieweit Rechtsverordnungen nach Absatz 1 Satz 1 Nummer 1 auch für die Beschäftigten der zuständigen Behörden der Länder, Gemeinden und sonstigen Körperschaften, Anstalten und Stiftungen des öffentlichen Rechts der Länder sowie privater Hilfsorganisationen gelten, die beim Katastrophenschutz oder beim Vollzug anderer landesrechtlicher Vorschriften zur Gefahrenabwehr und Hilfeleistung mitwirken.**

(4) **Das Grundrecht auf körperliche Unversehrtheit (Artikel 2 Absatz 2 Satz 1 des Grundgesetzes) wird nach Maßgabe des Absatzes 1 Satz 1 Nummer 3 eingeschränkt.**

A. Zweck und Bedeutung der Norm

1   § 117 enthält VO-Erm. zur Konkretisierung der §§ 114 bis 116.

B. Gegenstand der Verordnungsermächtigung (Abs. 1)

2   Auf VO-Ebene können nach Abs. 1 S. 1 Nr. 1 die **wesentlichen Inhalte der in § 113 vorgeschriebenen Unterrichtung, Aus- und Fortbildung** und nach Nr. 2 **Art und Inhalte der in § 114 Abs. 2 und 3 vorgeschriebenen Unterrichtung** geregelt werden. Von diesen VO-Erm. ist bisher kein Gebrauch gemacht worden, so dass allein auf § 113 und § 114 Abs. 2 und 3 abzustellen ist.

3   Die in Abs. 1 S. 1 Nr. 3 und 4 vorgesehenen VO-Erm. erlauben die Regelung auf Verordnungsebene, welche der in geplanten Expositionen geltenden **Schutzvorschriften** über die physikalische Strahlenschutzkontrolle, Schutzbereiche, Schutz-, Vorsorge- und Überwachungsmaßnahmen zum Schutz der Einsatzkräfte gelten einschließlich der **Verantwortlichkeit** für diese Maßnahmen. Der VO-Geber hat von diesen Ermächtigungen durch den Erlass der **§§ 150 und 151 StrlSchV** Gebrauch gemacht. § 150 StrlSchV regelt Anforderungen an die **Dosimetrie**, § 151 StrlSchV bestimmt, unter welchen Bedingungen eine **besondere ärztliche Überwachung** von Einsatzkräften sicherzustellen ist.

Nach Abs. 1 S. 2 bedürfen Rechtsverordnungen nach S. 1 **Nr. 2 bis 4** der **Zustimmung des BR, es sei denn,** es liegt **Eilbedürftigkeit** vor (Abs. 2).

C. Eilbedürftigkeit (Abs. 2)

4   Abs. 2 ist § 96 eng nachgebildet. Zum Begriff der Eilbedürftigkeit → § 96 Rn. 5 und 6. Von Eilbedürftigkeit wird auszugehen sein, wenn angesichts des eingetretenen Notfalls **dringlicher Konkretisierungsbedarf** im Hinblick auf die in § 114 Abs. 2 und 3 vorgesehene Unterrichtung besteht (wie muss die Unterrichtung erfolgen, welche Inhalte müssen im Hinblick auf diesen Notfall vermittelt werden?) wie auch **dringender Klärungsbedarf,** welche weiteren als die in §§ 150 und 151 vorgesehenen **Schutzvorschriften** zum Schutz der Einsatzkräfte unter wessen Verantwortung anwendbar sind.

5   Grundsätzlich liegt Eilbedürftigkeit umso eher vor, **je erheblicher sich die nachteiligen Auswirkungen** des den Notfall auslösenden Ereignisses auf die Einsatzkräfte auswirken können

D. Geltung für Einsatzkräfte der Länder (Abs. 3)

Abs. 3 stellt klar, dass die Länder die Verordnungsregelung, die die wesentlichen **6**
Inhalte der in § 113 vorgeschriebenen Unterrichtung, Aus- und Fortbildung regelt,
für die in Abs. 3 genannten Beschäftigten übernehmen können. Die Regelung ist
angelehnt an § 20 Abs. 1 ArbSchG und trägt der **Gesetzgebungszuständigkeit
der Länder** Rechnung. Den Ländern soll mit dieser Regelung insbesondere ermöglicht werden, Aus- und Fortbildungsinhalte, die den Schutz ihrer Einsatzkräfte
betreffen, in ein umfassenderes Aus- und Fortbildungskonzept zu integrieren, das
auch die zum Schutz der Bevölkerung erforderlichen Kenntnisse und Fähigkeiten
umfasst (BT-Drs. 18/11241, 377).

E. Grundrechtliches Zitiergebot (Abs. 4)

Abs. 4 enthält das grundrechtliche Zitiergebot des Art. 19 Abs. 1 S. 2 GG. Die **7**
dosimetrische Überwachung wie auch die besondere ärztliche Überwachung sind
mit einer Einschränkung des Grundrechts auf körperliche Unversehrtheit nach
Art. 2 Abs. 2 S. 1 GG verbunden.

Teil 4 – Strahlenschutz bei bestehenden Expositionssituationen

Kapitel 1 – Nach einem Notfall bestehende Expositionssituationen

§ 118 Übergang zu einer bestehenden Expositionssituation; Verordnungsermächtigungen

(1) ¹Wenn sich bei einem überregionalen oder regionalen Notfall die radiologische Lage im Wesentlichen stabilisiert hat, schätzt das Bundesministerium für Umwelt, Naturschutz und nukleare Sicherheit im Rahmen der Wirksamkeitsprüfung nach § 111 Absatz 2 auch ab, ob die effektive Dosis bei der betroffenen Bevölkerung infolge des Notfalls voraussichtlich im folgenden Jahr im Bundesgebiet oder in Teilen des Bundesgebietes noch den Wert von 1 Millisievert im Jahr überschreiten wird. ²Soweit der Wert von 1 Millisievert voraussichtlich im folgenden Jahr im Bundesgebiet oder in Teilen des Bundesgebietes noch überschritten wird, erstrecken sich die von den zuständigen Bundesministerien nach § 111 Absatz 3 und 4 vorzunehmenden Prüfungen

1. auch darauf, ob und wie lange angemessene Schutzmaßnahmen und andere Maßnahmen nach Teil 3 im Bundesgebiet oder Teilen des Bundesgebietes noch erforderlich sind, um sicherzustellen, dass die effektive Dosis bei der betroffenen Bevölkerung so bald wie möglich den Wert von 20 Millisievert unterschreitet sowie

2. darauf, ob und ab welchem Zeitpunkt bei Anwendung der Rechtsvorschriften über bestehende Expositionssituationen durch angemessene Schutz-, Sanierungs- oder andere Maßnahmen erreicht werden kann, dass die effektive Dosis weiter reduziert wird und den nach Absatz 4 festzusetzenden Referenzwert so weit wie möglich unterschreitet.

(2) ¹Wenn eine Reduzierung der effektiven Dosis möglich ist, erlässt die Bundesregierung in entsprechender Anwendung der §§ 92 und 97 Absatz 1 bis Absatz 4 Satz 1 bis 3 sowie des § 98 auf Vorschlag des Bundesministeriums für Umwelt, Naturschutz und nukleare Sicherheit einen Plan des Bundes zum Schutz der Bevölkerung in der nach dem Notfall bestehenden Expositionssituation. ²Dieser Plan wird als allgemeine Verwaltungsvorschrift mit Zustimmung des Bundesrates beschlossen.

(3) ¹Auf Vorschlag der für die jeweiligen Sachbereiche zuständigen Bundesministerien kann die Bundesregierung den Plan des Bundes nach Absatz 2 bei Bedarf durch besondere Pläne des Bundes ergänzen und konkretisieren, in denen für bestimmte der in § 99 Absatz 2 genannten Anwendungsbereiche die besonderen Planungen für Maßnahmen nach Absatz 1 Satz 2 Nummer 2 dargestellt werden. ²Diese besonderen Pläne des Bundes werden als allgemeine Verwaltungsvorschriften mit Zustimmung des Bundesrates beschlossen.

(4) ¹Das Bundesministerium für Umwelt, Naturschutz und nukleare Sicherheit legt durch Rechtsverordnung mit Zustimmung des Bundesrates

für eine nach einem überregionalen oder regionalen Notfall nach Absatz 1 Satz 2 Nummer 2 bestehende Expositionssituation einen Referenzwert für die effektive Dosis fest, die betroffene Personen infolge des Notfalls über alle Expositionspfade erhalten, wenn die vorgesehenen Schutzmaßnahmen durchgeführt werden. [2]Der Referenzwert darf 20 Millisievert im Jahr nicht überschreiten. [3]In der Rechtsverordnung ist des Weiteren festzulegen, in welchen Gebieten und ab welchem Zeitpunkt die Referenzwerte, die §§ 119, 120 und 152 sowie Pläne nach Absatz 2 und 3 anzuwenden sind.

(5) Soweit dies für einen angemessenen Schutz der Bevölkerung erforderlich ist, stellen die Länder, soweit die Länder für die Planung oder Durchführung von Maßnahmen nach Absatz 1 Satz 2 Nummer 2 zuständig sind, Landespläne auf, welche die Pläne des Bundes nach den Absätzen 2 und 3 für diese bestehende Expositionssituation ergänzen und konkretisieren.

(6) [1]Wenn sich bei einem lokalen Notfall die radiologische Lage im Wesentlichen stabilisiert hat, die effektive Dosis bei der betroffenen Bevölkerung infolge des Notfalls aber den Wert von 1 Millisievert im Jahr noch überschreitet, legt die zuständige Behörde durch Allgemeinverfügung einen Referenzwert für die effektive Dosis fest, die betroffene Personen infolge des Notfalls über alle Expositionspfade erhalten, wenn die vorgesehenen Schutzmaßnahmen durchgeführt werden. [2]Der Referenzwert darf 20 Millisievert im Jahr nicht überschreiten. [3]Die zuständige Behörde kann ergänzend angemessene Referenzwerte für Organ-Äquivalentdosen festlegen.

Übersicht

A. Zweck und Bedeutung der Norm

1   § 118 regelt den **Übergang** von einer Notfallexpositionssituation **in eine nach einem Notfall bestehende Expositionssituation.** Das RLZ (bei einem überregionalen oder regionalen Notfall) bzw. die zuständigen Behörden prüfen im Rahmen der wiederkehrenden Bewertung der radiologischen Lage (§ 111 Abs. 1 bis 3; § 109 Abs. 3), ob ein Notfall noch vorliegt. Bei stabiler Lage, wenn keine erheblichen nachteiligen Auswirkungen mehr zu erwarten sind und der Schutz vor der infolge des Notfalls entstandenen ionisierenden Strahlung durch Schutzmaßnahmen gewährleistet werden kann, kann der Notfall beendet werden und es erfolgt ein Übergang in die nach einem Notfall bestehende Expositionssituation.

Hiervon ist die – von § 118 nicht geregelte – **Beendigung des Notfalls ohne** 2 **Überführung in eine nach einem Notfall bestehende Expositionssituation** zu unterscheiden, bspw. wenn ein Notfall durch einen Fehlalarm ausgelöst wurde oder eine andere Situation vorgelegen hat, die keine Ergreifung weiterer Schutzmaßnahmen erfordert zur Sicherstellung, dass die durch den Notfall verursachte effektive Dosis von Einzelpersonen der Bevölkerung den Wert von 1 mSv nicht überschreitet (BT-Drs. 18/11241, 378; vgl. auch Abs. 1 S. 2). In diesem Fall sind der Notfall und die Notfallexposition **schlicht beendet** (BT-Drs. aaO). Bei Zuständigkeit mehrerer Behörden für die Notfallbewältigung stimmen diese sich ggf. über den Zeitpunkt der Aufhebung ihrer Schutzmaßnahmen ab. Erfolgt die Abstimmung zwischen obersten Bundes- oder Landesbehörden, informieren diese ggf. durch Rundschreiben die nachgeordneten Behörden über die Ergebnisse der Abstimmung (BT-Drs. aaO). Anders als bei der Beendigung eines Notfalls, der in eine nach einem Notfall bestehende Expositionssituation übergeht (→ Rn. 9 und 11), sieht das StrlSchG einen formellen Rechtsakt zur Beendigung des Notfalls in diesem Fall nicht vor. Grund ist, dass das StrlSchG grundsätzlich weder spezielle Befugnisnormen für die Bewältigung von Notfällen enthält, noch selbst zu einer Verlagerung oder Begründung von Zuständigkeiten führt, wie dies bei den landesrechtlichen Regelungen über Katastrophenfälle etwa der Fall ist (BT-Drs. aaO).

Der Übergang ist nach **Art. 97 iVm Anh. XI Teil A Ziff. 10** RL 2013/59/ 3 Euratom ein dem Notfallmanagementsystems zu berücksichtigender Aspekt. Der Erlass der in den Abs. 2, 3 und 5 vorgesehenen Pläne dient der Umsetzung von **Art. 101 und 102** RL 2013/59/Euratom. Die in Abs. 4 und 6 vorgesehene Festlegung von Referenzwerten setzt Art. 101 Abs. 2 lit. b iVm Anh. I RL 2013/59/Euratom um. Ein besonderer Maßstab für die Regelungen des § 118 sind die die Anh. I RL 2013/59/Euratom bestimmten Referenzwerte. Nach Nr. 1 liegt die Bandbreite der für bestehende Expositionssituationen festgelegten Referenzwerte im Bereich von 1 bis 20 mSv pro Jahr und für Notfallexpositionssituationen im Bereich von 20 bis 100 mSv. Bei einem Referenzwert von weniger als 1 mSv pro Jahr erlaubt Anh. I grds., nicht mehr von einer bestehenden Expositionssituation auszugehen (vgl. aber Nr. 2 lit. b).

B. Bisherige Regelung

Eine Vorgängerregelung gibt es nicht. 4

C. Prüfung, ob ein Notfall noch vorliegt

I. Bei einem überregionalen oder regionalen Notfall (Abs. 1)

Zuerst ist festzustellen, ob die **radiologische Lage sich im Wesentlichen sta-** 5 **bilisiert** hat. Bei der Abstimmung dieser Frage stimmen sich das BMUV und die anderen beteiligten Behörden und Organisationen nach Maßgabe des § 110 ab.

6   Hat sich die radiologische Lage nicht stabilisiert, ist weiterhin von einem Notfall auszugehen. Hat die Lage sich aber stabilisiert, schätzt das BMUV, wenn es die Wirksamkeitsprüfung nach § 111 Abs. 2 durchführt, auch ab, ob die **effektive Dosis bei der betroffenen Bevölkerung voraussichtlich im folgenden Jahr** im Bundesgebiet oder in Teilen des Bundesgebietes noch den Wert von **1 mSv im Jahr überschreiten** wird (S. 1).

7   Ergibt die Abschätzung, dass 1mSv im Jahr **voraussichtlich unterschritten** wird, ist die **Prüfung nach S. 2 nicht erforderlich;** es brauchen keine Planungen nach Abs. 2, 3 und 5 erfolgen und auch die Festlegung eines neuen Referenzwerts erübrigt sich. Grund ist, dass die Notfallexpositionssituation nicht in eine nach einem Notfall bestehende Expositionssituation übergeht (unterhalb 1 mSv im Jahr keine bestehende Expositionssituation → Rn. 2 und 3)

8   Wird die effektive Dosis von 1 mSv im Jahr dagegen **voraussichtlich überschritten,** ist der Übergang zu einer nach einem Notfall bestehenden Expositionssituation zu bewerten. Die zust. **Bundesministerien** prüfen gemäß Abs. 1 S. 2 im Rahmen der Bewertung des Anpassungsbedarfs der Schutzstrategien und -maßnahmen nach § 111 Abs. 3, ob und wie lange angemessene Schutzmaßnahmen oder sonstige Maßnahmen noch erforderlich sind, um sicherzustellen, dass die effektive Dosis so bald wie möglich den Wert von **20 mSv unterschreitet** (Nr. 1) sowie ob und ab welchem Zeitpunkt bei Anwendung der Bestimmungen über bestehende Expositionssituationen durch angemessene Schutz-, Sanierungs- oder andere Maßnahmen erreicht werden kann, dass die effektive Dosis weiter reduziert wird und **den nach Abs. 4 festzusetzenden Referenzwert,** der 20 mSv im Jahr nicht überschreiten darf, **so weit wie möglich unterschreitet** (Nr. 2). Unterschreitet die effektive Dosis bereits den Wert von 20 mSv, ist eine Überführung in eine nach einem Notfall bestehende Expositionssituation durch eine RVO nach Abs. 4 S. 3 grds. bereits möglich.

9   **Die Notfallexpositionssituation wird durch RVO nach Abs. 4 S. 3 für beendet erklärt.** Nach Abs. 4 S. 2 ist festzulegen, in welchen Gebieten und ab welchem Zeitpunkt die für die nach einem Notfall bestehende Expositionssituation geltenden Referenzwerte, Bestimmungen sowie Pläne anzuwenden sind.

II. Bei einem lokalen Notfall (Abs. 6)

10   Auch bei einem lokalen Notfall ist festzustellen, ob sich die **radiologische Lage im Wesentlichen stabilisiert** hat. Ist das der Fall, überschreitet die effektive Dosis bei der betroffenen Bevölkerung infolge des Notfalls aber noch den Wert von 1 mSv im Jahr, legt die zust. Behörde durch Allgemeinverfügung einen Referenzwert fest, den betroffene Personen infolge des Notfalls über alle Expositionspfade erhalten, wenn die vorgesehenen Schutzmaßnahmen durchgeführt werden. Der **Referenzwert darf 20 mSv im Jahr nicht überschreiten** (→ Rn. 3). Nach S. 3 können ergänzend angemessene Referenzwerte für Organ-Äquivalentdosen festgelegt werden.

11   Die **Notfallexpositionssituation** wird durch eine **Allgemeinverfügung** der zust. Behörde **nach Abs. 6 beendet.** Für das lokal betroffene Gebiet gelten nun die Regelungen für die nach einem Notfall bestehende Expositionssituation.

D. Pläne für nach einem Notfall bestehende Expositionssituation (Abs. 2, 3 und 5)

I. Unterschiede zu den Notfallplänen

Bei einer – auch nach einem Notfall – bestehenden Expositionssituation ist ein **12** sofortiges Handeln nicht mehr erforderlich. Handlungsbedarf kann trotzdem noch bestehen. Auch für eine nach einem Notfall bestehende Expositionssituation ist deshalb der Erlass von Plänen vorgesehen. Diese bezwecken, die **Bewältigung der bestehenden Expositionssituation,** die sich je nach vorausgegangenem Notfall individuell darstellen kann, einschließlich der anzuwendenden Schutzmaßnahmen sicherzustellen. Die Rahmenbedingungen für die Erstellung dieser Pläne unterscheiden sich allerdings von den Notfallplänen in Bezug auf die Pflicht zur Erstellung und auf die zu regelnden Sachbereiche und Festlegungen. Im Einzelnen:

Zur Pflicht zur Erstellung: Zur Gewährleistung einer effektiven Notfallreak- **13** tion sind der Bund und die Länder nach § 97 Abs. 1 S. 1 im Rahmen der Notfallvorsorge zur Erstellung der Notfallpläne nach den §§ 98, 99, 100 und 101 verpflichtet. Bei einer nach einem Notfall bestehenden Expositionssituation besteht diese Pflicht für den in Abs. 2 vorgesehenen Plan, der das „Pendant" zum allgemeinen Notfallplan nach § 98 ist, nur, wenn eine Reduzierung der effektiven Dosis möglich ist. Ist eine Reduzierung nicht möglich, dann ist ein Übergang in eine nach einem Notfall bestehende Expositionssituation nicht möglich. Der Erlass der Pläne nach Abs. 3, die das „Pendant" zu den besonderen Notfallplänen nach § 99 sind, steht dagegen im Ermessen der Bundesregierung. Nach Abs. 5 sind die Länder zur Erstellung von Plänen, die die Pläne des Bundes nach Abs. 2 und 3 ergänzen und konkretisieren, nur dann verpflichtet, soweit dies für einen angemessenen Schutz der Bevölkerung erforderlich ist.

Zu den Sachbereichen: Es unterliegt der Einschätzung der jeweils zuständigen **14** Bundesressorts, für welche der in § 99 Abs. 2 genannten Anwendungsbereiche es eines Plans bedarf. In der Phase des Übergangs von der Notfallexposition zu einer bestehenden Expositionssituation ist idR bereits absehbar, in welchen der in § 99 Absatz 2 genannten Sachbereiche noch Schutz- oder Sanierungsmaßnahmen erforderlich sein können. Deshalb sind in der Übergangsphase nur noch Planungen für die nach dem Notfall tatsächlich noch betroffenen Sachbereiche erforderlich (BT-Drs. 18/11241, 379).

Zu den Festlegungen: Die Pläne für die nach einem Notfall bestehende Ex- **15** positionssituation schreiben ggf. die in der Spätphase eines Notfalls geltenden Notfallpläne weiter und legen Maßnahmen in Kenntnis der Umstände des jeweiligen Notfalls für die zu bewältigenden Aufgaben fest (BT-Drs. 18/11241, 379). Sie unterscheiden sich deshalb von den Notfallplänen, die Festlegungen für künftig mögliche Notfälle treffen, bspw. Referenzszenarien als Planungsgrundlage für die Notfallreaktion (§ 98 Abs. 2 Nr. 1).

II. Plan nach Abs. 2

Die Bundesregierung ist zum Erlass des Plans nach Abs. 2 verpflichtet, wenn eine **16** Reduzierung der effektiven Dosis möglich ist. Ist dies nicht möglich, erfolgt kein Übergang in eine nach einem Notfall bestehende Expositionssituation. Die Notfallschutzgrundsätze nach § 92, die für Notfallpläne geltenden gemeinsamen Vorschriften nach § 97 Abs. 1 bis Abs. 4 S. 1 bis 3 sowie § 98, der den allgemeinen Notfallplan des Bundes regelt, sind entsprechend anwendbar. Nach S. 2 wird der Plan als AVV mit Zustimmung des BR erlassen. Zur SUP-Pflicht → § 97 Rn. 19.

III. Pläne nach Abs. 3

17   Das für die Erstellung der besonderen Notfallpläne des Bundes beschriebene Verfahren gilt für die Pläne nach Abs. 3 in gleicher Weise → § 99 Rn. 3. Der Plan nach Abs. 2 wird konkretisiert und ergänzt durch die Darstellung der besonderen Planungen für die in Abs. 1 S. 2 Nr. 2 aufgeführten Schutz-, Sanierungs- und anderen Maßnahmen. Die Pläne nach Abs. 3 beziehen sich auf die in § 99 Abs. 2 genannten Anwendungsbereiche. Die Pläne, deren Erarbeitung im Ermessen der BReg steht, brauchen nur für die Anwendungsbereiche erarbeitet werden, die von dem Notfall tatsächlich betroffen waren. Die Pläne werden als AVV mit Zustimmung des BR erlassen.

IV. Pläne nach Abs. 5

18   Nach Abs. 5 stellen die Länder, soweit sie für die Planung oder Durchführung von Schutz-, Sanierungs- oder andere Maßnahmen nach Abs. 1 S. 2 Nr. 2 zuständig sind, Landespläne auf, die die Pläne des Bundes nach den Abs. 2 und 3 ergänzen und konkretisieren. Sie sind zur Erarbeitung verpflichtet, soweit dies für einen angemessenen Schutz der Bevölkerung erforderlich ist. Die Beurteilung der Erforderlichkeit unterliegt der Einschätzungsprärogative der Länder. Hinsichtlich der besonderen Sachbereiche nach Abs. 3 iVm § 99 Abs. 2 besteht die Pflicht zur Erarbeitung der Landespläne nur für die Bereiche, für die der Bund nach pflichtgemäßem Ermessen auch tätig wird bzw. tätig geworden ist. Wie bei den Notfallplänen nach § 100 äußert Abs. 5 sich nicht zur Rechtsform der Pläne. Zur SUP-Pflicht → § 97 Rn. 19.

E. Referenzwerte für die nach einem Notfall bestehende Expositionssituation

19   Anh. I Nr. 3 RL 2013/59/Euratom verpflichtet die MS, für den Übergang von einer Notfallexpositionssituation zu einer bestehenden Expositionssituation geeignete Referenzwerte festzulegen. Dem wird durch Abs. 4 und Abs. 6 Rechnung getragen.

I. Nach einem überregionalen oder regionalen Notfall

20   **Abs. 4 S. 1** verpflichtet das BMUV zum Erlass eines Referenzwerts durch RVO für die nach einem Notfall bestehende Expositionssituation. Die Bezugnahme auf Abs. 1 S. 2 Nr. 2 bedeutet, dass ein Referenzwert festzulegen ist für eine Situation, in der die in Abs. 1 S. 2 Nr. 2 genannten Voraussetzungen vorliegen (durch weitere Schutz-, Sanierungs- und andere Maßnahmen ist eine Reduzierung der effektiven Dosis weiter möglich) und die zu einer nach einem Notfall bestehenden Expositionssituation wird. Nach S. 2 darf der Referenzwert **20 mSv im Jahr nicht überschreiten** (da sonst keine sonstige bestehende Expositionssituation → Rn. 3). Der örtliche und zeitliche Geltungsbereich des Referenzwerts ist nach S. 3 ebenfalls in der RVO festzulegen.

II. Nach einem lokalen Notfall

Nach Abs. 6 S. 1 legt die zust. Behörde nach einem lokalen Notfall einen Refe- 21
renzwert für die effektive Dosis fest, die betroffene Personen infolge des Notfalls
über alle Expositionspfade erhalten, wenn die vorgesehenen Schutzmaßnahmen
durchgeführt werden. Die Verpflichtung zur Festlegung des Referenzwerts besteht,
wenn sich die **radiologische Lage im Wesentlichen stabilisiert** hat, die effektive
Dosis bei der betroffenen Bevölkerung infolge des Notfalls aber den Wert von
1 mSv im Jahr noch überschreitet (unterhalb 1 mSv läge auch eine nach einem
Notfall bestehende Expositionssituation nicht vor). Gem. S. 2 darf der Referenzwert 20 mSv im Jahr nicht überschreiten (sonst noch Notfallexpositionssituation).
Nach S. 3 kann die zust. Behörde ergänzend angemessene Referenzwerte für Organ-Äquivalentdosen festlegen.

§119 Radiologische Lage, Maßnahmen, Zusammenarbeit und
Abstimmung in einer nach einem Notfall bestehenden
Expositionssituation

[1]In einer nach einem Notfall bestehenden Expositionssituation sind die
§§ 92 und 106 bis 111 entsprechend anzuwenden. [2]An Stelle der Referenzwerte nach § 93 gelten für den Schutz der Bevölkerung die nach § 118
Absatz 4 oder 6 festgelegten Referenzwerte; an Stelle der Notfallpläne
nach den §§ 98 bis 100 gelten die Pläne nach § 118 Absatz 2, 3 und 5.

A. Zweck und Bedeutung der Norm

§ 119 regelt die **entsprechende Anwendbarkeit der Notfallschutzgrund-** 1
sätze nach § 92 sowie der für die **Bewertung der radiologischen Lage,** einschließlich der damit verbundenen Aufgaben des RLZ und der Länder, und der
Notfallreaktion geltenden §§ 106 bis 111 in einer nach einem Notfall bestehenden Expositionssituation. Nach S. 2 gelten, wenn die genannten Bestimmungen
entsprechend angewendet werden, anstelle der in oder auf Grundlage des § 93 festgelegten Referenzwerte die **Referenzwerte,** die **nach § 118 Abs. 4 oder 6** festgelegt worden sind sowie die **Pläne nach § 118 Abs. 2, 3 und 5** anstelle der Notfallpläne nach den §§ 98 bis 100.

Die Regelung setzt die Vorgaben nach Art. 102 RL 2013/59/Euratom um, die 2
ua die Zuweisung von Zuständigkeiten (vgl. hierzu §§ 106 und 107), eine geeignete
Koordinierung zwischen an der Umsetzung von Sanierungs- und Schutzmaßnahmen beteiligten Akteuren (s. hierzu § 110), die Optimierung ua von Schutzmaßnahmen (hierzu die entsprechende Anwendbarkeit von § 92), die Ermittlung der
Verteilung der Dosen nach Durchführung der Maßnahmen zur Bewältigung der
Expositionssituation (vgl. § 111) und die Bewertung verfügbarer Maßnahmen und
der Wirksamkeit geplanter und umgesetzter Maßnahmen (aufgegriffen durch die
entsprechende Anwendbarkeit des § 108) verlangen.

B. Bisherige Regelung

Eine Vorgängerregelung gibt es nicht. 3

§ 120 Information der Bevölkerung und Verhaltensempfehlungen

(1) Pläne des Bundes nach § 118 Absatz 2 und 3 werden von den zuständigen Stellen des Bundes nach Maßgabe des § 10 des Umweltinformationsgesetzes veröffentlicht.

(2) [1]Das Bundesministerium für Umwelt, Naturschutz und nukleare Sicherheit informiert die betroffene Bevölkerung über eine nach einem überregionalen oder regionalen Notfall überörtlich bestehende Expositionssituation. [2]§ 105 Absatz 2 gilt entsprechend.

(3) [1]Bei einem überregionalen oder regionalen Notfall ergänzen und konkretisieren die zuständigen Behörden der Länder die Informationen und Verhaltensempfehlungen des Bundes. [2]§ 105 Absatz 3 gilt entsprechend.

(4) [1]Die nach Landesrecht zuständigen Behörden informieren die betroffene Bevölkerung über eine nach einem lokalen Notfall bestehende Expositionssituation, über die Referenzwerte nach § 118 Absatz 6 sowie über die getroffenen und vorgesehenen Schutz-, Sanierungs- und anderen Maßnahmen. [2]Sie geben der betroffenen Bevölkerung angemessene Empfehlungen für das Verhalten in dieser Expositionssituation.

(5) § 105 Absatz 4 gilt entsprechend.

A. Zweck und Bedeutung der Norm

1   § 120 verpflichtet das BMUV und nach Maßgabe des Abs. 3 und 4 die Länder zur **Information der Bevölkerung über eine nach einem Notfall bestehende Expositionssituation** und sich daraus ergebenden Verhaltensempfehlungen sowie zur Veröffentlichung der Pläne nach § 118 Abs. 2 und 3. Die Regelung ist im Wesentlichen § 105 nachempfunden, der allerdings, als Bestandteil der Notfallvorsorge, unabhängig von dem tatsächlichen Eintritt eines Notfalls gilt. Der „Natur der Sache" entsprechend verpflichtet § 120 die zust. Stellen von Bund und Ländern zur Veröffentlichung der Pläne und zur Information, wenn tatsächlich der Übergang von einer Notfallexpositionssituation in eine nach einem Notfall bestehende Expositionssituation erfolgt ist. § 120 ist nicht einschlägig, wenn ein Notfall beendet ist und ein Übergang in eine nach einem Notfall bestehende Expositionssituation nicht stattgefunden hat. Die Regelung dient der Umsetzung des Art. 102 Abs. 1 und 4 lit. c und des Art. 73 Abs. 2 RL 2013/59/ Euratom.

B. Bisherige Regelung

2   Eine Vorgängerregelung gibt es nicht.

C. Veröffentlichung der Pläne (Abs. 1)

Abs. 1 verpflichtet die zust. Stellen des Bundes zur Veröffentlichung der Pläne für **3** eine nach einem Notfall bestehende Expositionssituation, die nach § 118 Abs. 2 und 3 erlassen worden sind. Zu der Bedeutung der Formulierung „nach Maßgabe des § 10 des Umweltinformationsgesetzes" → § 105 Rn. 4.

D. Informationen und Empfehlungen

I. Nach einem überregionalen oder regionalen Notfall (Abs. 2, 3)

Abs. 2 S. 1 verpflichtet das **BMUV** zur **Informierung der betroffenen Bevöl-** **4** **kerung** über eine nach einem überregionalen oder regionalen Notfall überörtlich bestehende Expositionssituation. Nach S. 2 gilt § 105 Abs. 2 entsprechend, sa → § 105 Rn. 4. Nach Abs. 3 S. 1 ergänzen und konkretisieren die zust. Behörden der **Länder** die Informationen und Verhaltensempfehlungen des Bundes. Nach S. 2 gilt § 105 Abs. 3 entsprechend.

II. Nach einem lokalen Notfall (Abs. 4)

Abs. 4 S. 1 knüpft an § 118 Abs. 6 an und verpflichtet **die nach Landesrecht** **5** **zust. Behörden,** die betroffene Bevölkerung über eine nach einem lokalen Notfall bestehende Expositionssituation, über die durch Allgemeinverfügung festgelegten Referenzwerte nach § 118 Abs. 6 sowie über die getroffenen und vorgesehenen Schutz-, Sanierungs- und anderen Maßnahmen zu informieren. Nach S. 2 geben sie der betroffenen Bevölkerung angemessene Empfehlungen für das Verhalten in dieser Expositionssituation.

E. Aktualisierung und Veröffentlichung (Abs. 5)

Die in Abs. 5 vorgesehene **entsprechende Geltung des § 105 Abs. 4** bedeutet, **6** dass die Informationen und Verhaltensempfehlungen nach den Abs. 2 bis 4 regelmäßig und bei wesentlichen Änderungen zu aktualisieren und die Aktualisierungen unaufgefordert zu veröffentlichen sind. Des Weiteren müssen sie der Öffentlichkeit ständig zugänglich sein. Sa → § 105 Rn. 6.

Kapitel 2 – Schutz vor Radon

Abschnitt 1 – Gemeinsame Vorschriften

Vorbemerkung zu §§ 121 ff.

1   Radon ist ein **natürlich vorkommendes radioaktives Edelgas.** Es entsteht im Boden als Folge des radioaktiven Zerfalls von natürlichem Uran; es ist farb-, geruchs- und geschmacklos. Radon gelangt aus dem Boden, bspw. durch Risse in der Bodenplatte, in Gebäude und kann sich dort anreichern. Mit zunehmender Konzentration steigt das Risiko, an Lungenkrebs zu erkranken (BfS-Radon-Handbuch, S. 7 f.).

2   **Vor Inkrafttreten des StrlSchG** war Radon Regelungsgegenstand nur in Bezug auf den Schutz von Arbeitskräften, an deren Arbeitsplatz Radon potentiell in erhöhter Konzentration auftrat (**§ 95 StrlSchV 2001).** Der Schutz der Allgemeinheit aufgrund von Radonkonzentrationen in Gebäuden wurde nicht geregelt.

3   Die **RL 2013/59/Euratom,** die das Augenmerk verstärkt auch auf Expositionssituationen richtet, in denen Strahlung vorgefunden wird, ohne dass dies geplant worden ist, verpflichtet die MS zu **weitergehenden Maßnahmen** zum Schutz vor Radon. Neben spezifischen Vorgaben zum Schutz vor Radon am Arbeitsplatz (Art. 35 Abs. 2, Art. 54) fordert die RL, einen Referenzwert für die Radonkonzentration in Aufenthaltsräumen (Art. 74 Abs. 1) und am Arbeitsplatz (Art. 54 Abs. 1) festzulegen, die Bevölkerung über die mit Radon verbundenen Risiken und Abhilfemaßnahmen zu informieren (Art. 74 Abs. 3), sog. Radonvorsorgegebiete festzulegen (Art. 103 Abs. 3), geeignete Maßnahmen zu treffen, um bei neuen Gebäuden einen Radoneintritt zu verhindern (Art. 103 Abs. 2) und einen Radonmaßnahmenplan zu erstellen (Art. 100 Abs. 1 iVm Anh. XVIII, sa Art. 74 Abs. 2). Zuvor war Radon auf gemeinschaftsrechtlicher Ebene lediglich Gegenstand der Empfehlung 90/143/Euratom (Abl. EG 1990 L 80/26). Das StrlSchG und die StrlSchV haben die Anforderungen der RL 2013/59/Euratom umgesetzt. Der **Bevölkerungsschutz** wird adressiert durch Schutzvorgaben bei Neubauten, Informationspflichten und die Anregung von Reduzierungsmaßnahmen, der **Schutz von Arbeitskräften** ua durch Mess- und Reduzierungspflichten und ggf. entsprechende Anwendung der für geplante Expositionssituationen geltenden Anforderungen des beruflichen Strahlenschutzes (s. Vor §§ 126 ff. und die Kommentierung zu den §§ 126–132).

4   Die Regelungen beziehen sich auf die **Radon-222-Aktivitätskonzentration.** Die Aktivitätskonzentration gibt Auskunft über die Anzahl der Zerfälle eines Radionuklids pro Sekunde und Volumen. Die Einheit ist Becquerel pro Kubikmeter (Bq/m). Die Radon-222-Aktivitätskonzentration bezieht sich auf Zerfälle des Isotops Rn-222 (vgl. Glossar zu Radon am Arbeitsplatz ($\rightarrow$ Vor §§ 126 ff. Rn. 7).

5   Die Bestimmungen in **Abschn. 1 (§§ 121 bis 123)** betreffen sowohl den Schutz der Bevölkerung als auch der Arbeitskräfte. Infolge der Festlegung von **Radonvorsorgegebieten** nach Maßgabe des § 121 sind besondere Vorgaben bei der Errichtung von **Neubauten** mit Aufenthaltsräumen oder Arbeitsplätzen zu beachten (vgl. § 123 Abs. 1 S. 1 Nr. 2); außerdem gelten dort die spezifischen Anforderungen für Radon am Arbeitsplatz (§§ 126 ff.). Der **Radonmaßnahmenplan** (§ 122) enthält

Ziele zur Bewältigung der mit einer Radon-Exposition verbundenen langfristigen Risiken in Aufenthaltsräumen und an Arbeitsplätzen in Innenräumen. Bei der Errichtung von **Neubauten** mit Aufenthaltsräumen oder Arbeitsplätzen sind **auch außerhalb von Radonvorsorgegebieten** geeignete Maßnahmen zum Schutz vor Radon zu treffen (§ 123).

Die Bestimmungen des **Abschn. 2 (§§ 124 und 125)** betreffen den Schutz vor 6 Radon in Aufenthaltsräumen, konkret die Festlegung des Referenzwerts, eine Berichtspflicht des BMU über die Entwicklung der Schutzmaßnahmen für die Allgemeinbevölkerung, eine VO-Erm. über das Wie der Messung der Radonkonzentration in Aufenthaltsräumen sowie über Informationspflichten und die Pflicht zur Anregung von Reduzierungsmaßnahmen.

Zu den Bestimmungen des **Abschn. 3 (§§ 126–132)** zu Radon am Arbeitsplatz 7 vgl. → Vor §§ 126 ff.

§ 121 Festlegung von Gebieten; Verordnungsermächtigung

(1) [1]**Die zuständige Behörde legt durch Allgemeinverfügung innerhalb von zwei Jahren nach Inkrafttreten einer Rechtsverordnung nach Absatz 2 die Gebiete fest, für die erwartet wird, dass die über das Jahr gemittelte Radon-222-Aktivitätskonzentration in der Luft in einer beträchtlichen Zahl von Gebäuden mit Aufenthaltsräumen oder Arbeitsplätzen den Referenzwert nach § 124 oder § 126 überschreitet.** [2]**Sie veröffentlicht die Festlegung der Gebiete.** [3]**Die Festlegung der Gebiete ist mindestens alle zehn Jahre zu überprüfen.**

(2) **Die Bundesregierung wird ermächtigt, durch Rechtsverordnung mit Zustimmung des Bundesrates zu bestimmen, unter welchen Umständen die zuständige Behörde davon ausgehen kann, dass in einem Gebiet in einer beträchtlichen Zahl von Gebäuden mit Aufenthaltsräumen oder Arbeitsplätzen die Referenzwerte nach den §§ 124 und 126 überschritten werden und welche Verfahren und Kriterien für die Festlegung der Gebiete heranzuziehen sind.**

Schrifttum: *Akbarian,* Die Vorgaben des neuen Strahlenschutzrechts zum Schutz vor Radon in Gebäuden, ZfBR 2019, 647; *Ziekow,* Frühe Öffentlichkeitsbeteiligung, NVwZ 2013, 754.

A. Zweck und Bedeutung der Norm

Die Pflicht zur Ausweisung von Radonvorsorgegebieten setzt Art. 103 Abs. 3 1 RL 2013/59/Euratom um. Die RL-Vorgabe hat eine entsprechende Empfehlung der ICRP 103 aufgegriffen, nach der die **Definierung radongefährdeter Gebiete** eine Fokussierung der Aufmerksamkeit auf Radon dort ermögliche, wo dies am dringendsten sei und Maßnahmen dort zu konzentrieren, wo sie am ehesten Wirksamkeit entfalten würden (ICRP 103 Ziff. 297). Das Vorgehen zur Ermittlung von Radonvorsorgegebieten wird in **§ 153 StrlSchV** auf Grundlage der **VO-Erm. des Abs. 2** bestimmt. In Radonvorsorgegebieten gelten besondere Pflichten zum Radonschutz bei der Errichtung von Neubauten (§ 123 Abs. 2, § 154 StrlSchV) sowie Mess- und ggf. Sanierungspflichten an Arbeitsplätzen im Erd- oder Kellergeschoss (§§ 127 ff.).

B. Bisherige Rechtslage

2   Die Pflicht zur Ausweisung von Radonvorsorgegebieten ist neu eingeführt worden.

C. Zuständigkeit und Verfahren (Abs. 1; § 153 StrlSchV)

I. Zust. Behörde; Allgemeinverfügung

3   Die Ausweisung wird **von den Ländern im Auftrag des Bundes** durchgeführt (§ 184 Abs. 1 Nr. 4). Die für die Ausweisung zust. Behörde wird in den jeweiligen Zuständigkeitsverordnungen der Länder bestimmt. Das zu beachtende Verfahren richtet sich nach den einschlägigen Bestimmungen der Verwaltungsverfahrensgesetze der Länder.

4   Der Gesetzgeber hat die Ausweisung durch **Allgemeinverfügung** gemäß § 35 S. 2 VwVfG vorgesehen (zu der Freiheit des Gesetzgebers, den Rechtscharakter bestimmter Verwaltungsentscheidungen auszugestalten BVerwGE 70, 77 (79) zu § 2 SchBerG). Es handelt sich um eine sachbezogene Allgemeinverfügung iSd Alt. 2 (*Kopp/Ramsauer* VwVfG § 35 Rn. 161, 165 ff., auch zur Abgrenzung zur personenbezogenen Allgemeinverfügung; *SBS VwVfG,* § 35 Rn. 304 zur Abgrenzung zur Rechtsnorm bei raumbezogenen Regelungen), da sie die Eigenschaft der jeweiligen Verwaltungseinheit als Radonvorsorgegebiet festlegt und diese Festlegung gegenüber Personen unabhängig davon gilt, ob sie gegenwärtig oder möglicherweise zukünftig von der Festlegung betroffen sein werden (→ §§ 123, 127).

5   Wird kein Radonvorsorgegebiet ausgewiesen, sieht das StrlSchG keine Verpflichtung vor, für diesen Fall eine Allgemeinverfügung zu erlassen; eine auf anderem Weg erfolgende Informierung der Öffentlichkeit wäre aus Gründen der **Transparenz** allerdings sinnvoll.

II. Festlegung innerhalb Verwaltungsgrenzen

6   Gemäß § 153 Abs. 3 StrlSchV erfolgt die Festlegung der Gebiete innerhalb der in einem Land bestehenden **Verwaltungsgrenzen.** Verwaltungsgrenzen können eine Stadt, eine Gemeinde oder ein Kreis sein. Die Wahl der Verwaltungsgrenzen für die Ausweisung hat jedes Bundesland für sich getroffen. Eine Ausweisung auf Landkreisebene ist grundsätzlich geeignet für Gebiete mit überwiegend homogener Geologie, in denen keine bekannten besonderen Gegebenheiten in Bezug auf Radon vorliegen, bspw. bekannte „hotspots". Eine Ausweisung auf Gemeindeebene ist dagegen geeigneter bei Gebieten mit einer eher heterogenen Geologie, die mit der Möglichkeit von lokal erhöhtem Radonpotential verbunden ist.

III. Keine SUP-Pflicht

7   Die Ausweisung ist **nicht SUP-pflichtig** nach § 35 Abs. 2 UVPG (§ 35 Abs. 1 UVPG ist nicht einschlägig, da die Festlegung von Radonvorsorgegebieten nicht in Anl. 5 Nr. 1 oder 2 UVPG aufgeführt wird).

8   Selbst wenn die Gebietsausweisung der Definition von „Pläne und Programme" nach § 2 Abs. 7 S. 1 Nr. 1 UVPG unterfallen sollte, hat sie **keine rahmensetzende Wirkung** nach § 35 Abs. 3 UVPG, da sie lediglich die besondere Radonsituation beschreibt (BT-Drs. 18/11622, 31). Auch bei Bejahung einer rahmensetzenden Wirkung, da infolge der Ausweisung besondere Anforderungen zum Schutz vor Radon bei der Errichtung von Neubauten gelten (→ § 123, § 154 StrlSchV), wären die damit – aufgrund ihrer ausschließlich positiven Auswirkungen auf die Gesundheit– verbundenen erheblichen Umweltauswirkungen im Sinne des § 35 Abs. 4 S. 1 iVm Anl. 6 UVPG **nicht** gemäß § 43 Abs. 2 UVPG **im weiteren Aufstellungsverfahren zu berücksichtigen** (zur Erfassung ausschließlich positiver Auswirkungen *PBH* UVPG, § 35 Rn. 21 mwN).

Eine planerische Abwägung der genannten positiven Umweltauswirkungen mit **9** anderen Gesichtspunkten würde den gesetzlichen Rahmenbedingungen für die Gebietsausweisung widersprechen. Die Festlegung von Radonvorsorgegebieten hat **allein nach dem Ergebnis der Prognose** gemäß § 121 Abs. 1 S. 1 iVm § 153 StrlSchV zu erfolgen. Für die Festlegung sind nicht die Umweltauswirkungen dieser Festlegung, sondern die **Gegebenheiten vor Ort maßgeblich.**

Zur SUP-Pflicht der in Anl. 5 Nr. 2.10 UVPG genannten Maßnahmen zum **10** Schutz vor Radon bei der Errichtung von Neubauten in Radonvorsorgegebieten → § 123 Rn. 12 (SUP-Pflicht wird verneint).

IV. Keine Pflicht zur Öffentlichkeitsbeteiligung

Das StrlSchG gibt keine verbindliche Öffentlichkeitsbeteiligung vor. Die Vor- **11** aussetzungen für eine frühe Öffentlichkeitsbeteiligung entsprechend § 25 Abs. 3 VwVfG nach den VwVfGen der Länder liegen auch nicht vor. Die Festlegung von Radonvorsorgegebieten ist **kein Vorhaben iSd § 25 Abs. 3 VwVfG.** Selbst wenn man den Vorhabenbegriff nicht auf genehmigungs- und planfeststellungsbedürftige Vorhaben beschränkt, sondern darunter alle Ergebnisse von Verwaltungsverfahren erfasst, die sich in einer Veränderung der Gestaltung und/oder Nutzung des Raumes niederschlagen (*Ziekow* NVwZ 2013, 754 (755) mit Beispielen wie Verkehrsprojekten und anderen Infrastrukturvorhaben, Vorhaben iSd § 29 BauGB oder baulichen Anlagen gemäß den Bauordnungen der Länder; differenzierend *SBS* VwVfG, § 35 Rn. 68: baugenehmigungspflichtige Vorhaben nur im Ausnahmefall), umfasst er **nicht die Festlegung von Radonvorsorgegebieten.** Die Festlegung wirkt sich nicht auf eine Änderung der Nutzung des Raumes – hier des Radonvorsorgegebiets – als solches aus, sondern auf die Art und Weise, wie der Raum genutzt wird, dh bei der Errichtung eines Neubaus, welche spezifischen Schutzanforderungen gem. § 153 StrlSchV zu erfüllen oder am Arbeitsplatz, dass Reduzierungsmaßnahmen gem. § 128 zu ergreifen sind.

D. Kriterien für die Ausweisung (Abs. 1; § 153 Abs. 1 und 2 StrlSchV)

I. Überschreitung des Referenzwerts in beträchtlicher Anzahl von Gebäuden

Kriterium für die Festlegung von Radonvorsorgegebieten ist die Erwartung, dass **12** die über das Jahr gemittelte Radon-222-Aktivitätskonzentration in der Luft in einer **beträchtlichen Anzahl** von Gebäuden mit Aufenthaltsräumen oder Arbeitsplätzen den für Aufenthaltsräume oder Arbeitsplätze geltenden **Referenzwert** von 300 Bq/m^3 **überschreitet.**

II. Prognose auf Grundlage einer wissenschaftlich basierten Methode

13   Auf Grundlage der **VO–Erm. des Abs.** 2 konkretisiert **§ 153 StrlSchV** die zugrunde zu legende Vorgehensweise. Nach § 153 Abs. 1 StrlSchV hat die zuständige Behörde die Gebietsfestlegung auf Grundlage einer **wissenschaftlich basierten Methode** vorzunehmen, die unter Zugrundelegung geeigneter Daten Vorhersagen zur Überschreitung des Referenzwerts ermöglicht; geeignete Daten sind insbesondere geologische Daten, Messdaten in der Bodenluft oder der Bodenpermeabilität, Messdaten zur Radonkonzentration in Aufenthaltsräumen oder Arbeitsplätzen oder Fernerkundungsdaten. Das Abstellen auf eine wissenschaftlich basierte Methode berücksichtigt, dass es **verschiedene** wissenschaftlich basierte Ansätze gibt, erhöhtes Radonvorkommen festzustellen. Gemäß § 153 Abs. 4 StrlSchV erhebt die zust. Behörde die erforderlichen Daten und führt hierzu die erforderlichen Messungen und Probenahmen durch oder zieht vorhandene Daten heran.

14   Die Ermittlung erfolgt auf Grundlage einer **Prognose,** da nicht für jedes Gebäude oder Grundstück in dem betroffenen Gebiet Messdaten bestehen; deshalb ist eine ausschließlich auf Tatsachen erfolgende Ermittlung faktisch nicht möglich. Das BfS hat im Rahmen seiner fachlichen und wissenschaftlichen Unterstützung des BMUV nach § 2 Abs. 2 BAStrlSchG ihm selbst vorliegende Daten zu Radon in Innenräumen und der Bodenluft und Messdaten, die die Länder dem BfS zur Verfügung gestellt haben, in eine sog Radonprognosekarte für das Bundesgebiet zusammengeführt. Die Karte erlaubt Vorhersagen, in welchen Gebieten mit welcher Häufigkeit Überschreitungen des Referenzwerts in Gebäuden möglich sind. Die Länder haben sie bei der Ermittlung als eine Informationsquelle hinzuziehen können. Die Karte unterliegt der ständigen Weiterentwicklung und ist deshalb auch für die Evaluierung nach § § 121 Abs. 1 S. 3 hilfreich. Die Hinzuziehung der Radonprognosekarte lässt die **Zuständigkeit der Länder,** Radonvorsorgegebiete zu ermitteln und diese auszuweisen, **unberührt.** Sie ist lediglich eine Hilfestellung bei der Ermittlung der Voraussetzungen für die Gebietsfestlegung.

15   Auch die Entscheidung, **kein(e) Radonvorsorgegebiet(e)** festzulegen, muss auf Grundlage einer nach § 153 Abs. 1 iVm Abs. 4 StrlSchV erfolgten Ermittlung getroffen werden. § 121 verlangt aber nicht, dass die Entscheidung mittels Allgemeinverfügung ergeht.

III. Vermutung der Überschreitung

16   Nach § 153 Abs. 2 StrlSchV kann die Behörde davon ausgehen, dass in einer beträchtlichen Gebäudezahl der Referenzwert überschritten wird, wenn Ergebnis der Vorhersage ist, dass **10 Prozent der Gebäude auf 75 Prozent der Fläche einer Verwaltungseinheit** den Referenzwert überschreiten. Im Rahmen des ihm zustehenden Einschätzungsspielraums hat der VO–Geber damit eine gesetzliche Vermutung aufgestellt, auf die sich die zust. Behörde stützen kann. Die zust. Behörde kann aber auch auf Grundlage anderer Erkenntnisse, die sie nach Maßgabe des § 153 Abs. 1 StrlSchV gewonnen hat, zu dem Ergebnis kommen, dass die Voraussetzungen für die Gebietsausweisung vorliegen.

17   Das Kriterium der Überschreitung des Referenzwerts in 10% der Gebäude entspricht in etwa einer **dreimal häufigeren** – und somit beträchtlicheren – Überschreitungswahrscheinlichkeit gegenüber dem Bundesdurchschnitt im Jahr 2018 und ist auch vergleichbar mit derjenigen in anderen MS (BR-Drs. 423/18, 460).

Das Abstellen auf 75 Prozent der Fläche bezweckt, auszuweisende bzw. nicht auszuweisende Gebiete **eindeutiger** festzustellen (iE BR-Drs. 423/18 Beschl. Anl. Nr. 37; der Entwurf der Bundesregierung hatte auf 50 Prozent der Fläche abgestellt, BR-Drs. 423/18, 108).

E. Evaluation (Abs. 1 S. 3)

Nach Abs. 1 S. 3 ist die Festlegung der Gebiete **mindestens alle zehn Jahre** zu   18
überprüfen. Die zur Verfügung stehenden Datengrundlagen sollen kontinuierlich durch hinzukommende Daten verbessert werden (BT-Drs. 18/11241, 380), und es ist sachgerecht, die Ausweisung anzupassen, sobald wesentliche neue Erkenntnisse zum Radonvorkommen in dem betreffenden Gebiet vorliegen (BT-Drs. 19/26943, 49). Diesem Ziel dient auch die Möglichkeit, auf Grundlage des § 132 S. 2 Nr. 4 in der StrlSchV die Übermittlung von Informationen an das BfS vorzusehen, die sich aus Messdaten nach §§ 127, 128 ergeben haben und für die wissenschaftliche Beurteilung der Radonverteilung in Deutschland bedeutsam sind (vgl. § 155 Abs. 5 StrlSchV → § 132 Rn. 5).

§ 122 Radonmaßnahmenplan

(1) ¹**Das Bundesministerium für Umwelt, Naturschutz und nukleare Sicherheit erstellt einen Radonmaßnahmenplan. ²Der Radonmaßnahmenplan wird unter Beteiligung der Länder erstellt. ³Er erläutert die Maßnahmen nach diesem Gesetz und enthält Ziele für die Bewältigung der langfristigen Risiken der Exposition durch Radon in Aufenthaltsräumen und an Arbeitsplätzen in Innenräumen hinsichtlich sämtlicher Quellen, aus denen Radon zutritt, sei es aus dem Boden, aus Bauprodukten oder aus dem Wasser.**

(2) **Das Bundesministerium für Umwelt, Naturschutz und nukleare Sicherheit macht den Radonmaßnahmenplan im Bundesanzeiger bekannt.**

(3) **Der Radonmaßnahmenplan wird vom Bundesministerium für Umwelt, Naturschutz und nukleare Sicherheit unter Beteiligung der Länder regelmäßig aktualisiert, jedoch mindestens alle zehn Jahre.**

(4) ¹**Die zuständige Behörde entwickelt für ihren Zuständigkeitsbereich an die jeweiligen Bedingungen angepasste Strategien zum Umgang mit langfristigen Risiken der Exposition durch Radon. ²Sie berücksichtigt dabei den Radonmaßnahmenplan. ³Sie erhebt die erforderlichen Daten. ⁴Das Bundesministerium für Umwelt, Naturschutz und nukleare Sicherheit koordiniert die Entwicklung der Strategien.**

A. Zweck und Bedeutung der Norm

Art. 103 Abs. 1 RL 2013/59/Euratom verpflichtet die MS, nationale Maßnah-   1
menpläne zur Bewältigung der langfristigen Risiken durch Radon zu erlassen. Ziel des Maßnahmenplans ist, dass der MS eine auf einen längeren Zeitraum angelegte **Strategie** entwickelt, die zum Ziel hat, das Radonvorkommen überall dort, wo Menschen exponiert sein können – die Richtlinie bezieht sich deshalb auf Wohn-

räume, öffentlich zugängliche Gebäude und Arbeitsplätze –, **langfristig zu senken.** Jegliche Quelle für den Radonzutritt, „sei es aus dem Boden, aus Baustoffen oder aus dem Wasser" ist dabei zu berücksichtigen.

B. Bisherige Rechtslage

2   Die StrlSchV 2001 enthielt keine Pflicht, einen Radonmaßnahmenplan zu erstellen. Die entsprechende Vorgabe ist erst durch die RL 2013/59/Euratom eingeführt worden.

C. Radonmaßnahmenplan

I. Erarbeitung; Aktualisierung (Abs. 1 S. 1 und 2; Abs. 3)

3   Der Radonmaßnahmenplan wird vom **BMUV** erstellt und regelmäßig, mindestens alle **zehn Jahre,** aktualisiert. Der Zehn-Jahres-Turnus erklärt sich daraus, dass es sich bei dem Ziel, die Exposition durch Radon dauerhaft zu reduzieren, um eine **langfristige Aufgabe** handelt (BT-Drs. 18/11241, 380). Die Wirksamkeit von im Maßnahmenplan dargestellten Maßnahmen kann, wenn sie ergriffen werden, nicht kurzfristig bewertet werden, sondern es muss eine gewisse Zeitdauer ins Land gehen, bevor die Maßnahmen evaluiert werden können.

4   Die Länder sind zu beteiligen. Dies bedeutet, dass sie nicht nur zur Stellungnahme aufzufordern, sondern **aktiv** in die Erarbeitung des Radonmaßnahmenplans **einzubeziehen** sind. Allerdings besteht kein Einvernehmenserfordernis.

II. Zur SUP-Pflicht

5   Gemäß § 35 Abs. 1 Nr. 2 iVm Anl. 5 Nr. 2.11 UVPG bedarf der Radonmaßnahmenplan einer **Strategischen Umweltprüfung,** wenn er für Entscheidungen über die Zulässigkeit von in Anl. 1 UVPG aufgeführte UVP-pflichtige oder UVP-vorprüfungspflichtige Vorhaben oder von Vorhaben, die nach Landesrecht einer UVP oder eine Vorprüfung des Einzelfalls bedürfen, einen Rahmen iSd § 35 Abs. 3 UVPG setzt. Dies ist idR **auszuschließen,** weil der Radonmaßnahmenplan aufgrund seiner **bloßen strategischen Ausrichtung** keinen Rahmen setzt. Von einer rahmensetzenden Wirkung ist erst auszugehen, wenn die Festlegungen im Plan oder Programm bei einer späteren Zulassungsentscheidung zu berücksichtigen sind, dh die Verpflichtung besteht, die Festlegungen in einer Abwägungs- oder Ermessensentscheidung oder bei der Auslegung eines unbestimmten Rechtsbegriffs einzubeziehen (*PBH* OVPG, § 35 Rn. 9).

III. Inhalt (Abs. 1 S. 3)

6   Nach Abs. 1 S. 3 erläutert der Radonmaßnahmenplan die Maßnahmen nach dem StrlSchG und enthält Ziele für die Bewältigung der langfristigen Risiken der Exposition durch Radon in Aufenthaltsräumen und an Arbeitsplätzen in Innenräumen hinsichtlich sämtlicher Quellen, aus denen Radon zutritt, sei es aus dem Boden, aus Bauprodukten oder aus dem Wasser. Bei der Erarbeitung des Radonmaßnahmenplans ist die Aufnahme der in der **Indikativliste** des Anh. XVIII RL 2013/59/Euratom genannten Punkte in Betracht zu ziehen; ihre Aufnahme ist

aber nicht verpflichtend (BT-Drs. 18/11241, 380). Zu den in Anh. XVIII genannten Punkten zählen bspw. Strategien für die Durchführung von Erhebungen zu Radonkonzentrationen, für die Verringerung der Radon-Exposition in Wohnräumen, für die Ermöglichung von Sanierungsmaßnahmen bei Bestandsgebäuden und für die Vermeidung des Radonzutritts in Neubauten, Kommunikationsstrategien, Kriterien für die Identifizierung von Radonvorsorgegebieten oder die Ermittlung von Kategorien von eine Radonmessung erfordernden Arbeitsplätzen und Gebäuden.

Der im April 2019 veröffentlichte Radonmaßnahmenplan enthält einen Maß- 7
nahmenkatalog mit mehr als zwanzig Maßnahmen, der das beabsichtigte Vorgehen des BMUV und den Ländern darlegt. Die Maßnahmen betreffen die **Öffentlichkeitsarbeit** (bspw. die Erarbeitung von Grundlagen zum leichteren Verständnis der gesundheitlichen Auswirkungen von Radon oder die Entwicklung landesspezifischer Strategien zur Öffentlichkeitsarbeit), die **Erhebung der Radonsituation** (bspw. die Entwicklung einheitlicher Messstrategien), Maßnahmen zur Verhinderung oder erheblichen Erschwerung des Radonzutritts in **Neubauten** (bspw. die Untersuchung der Wirksamkeit von bautechnischen Maßnahmen zum Radonschutz), Maßnahmen zur Reduzierung der Radonkonzentration in **Bestandsbauten** (zB Entwicklung technischer Sanierungsmöglichkeiten), die Erarbeitung von Verfahren zur Messung von **Radon am Arbeitsplatz** und **Forschungsmaßnahmen.**

IV. Bekanntmachung (Abs. 2)

Der Radonmaßnahmenplan ist **im BAnz.** bekannt zu machen. Mit dieser Vor- 8
gabe wird auch Art. 74 Abs. 3 RL 2013/59/Euratom umgesetzt, wonach die Bevölkerung nationale Informationen über die Risiken einer Radon-Exposition, Messungen und die verfügbaren technischen Mittel zur Expositionsverringerung erhalten muss. Die Veröffentlichung des aktuellen Radonmaßnahmenplans ist im Bundesanzeiger am 24. April 2019 erfolgt (BAnz AT 24.04.2019 B2).

V. Rechtsnatur

Es handelt sich bei dem Radonmaßnahmenplan um ein Strategiepapier ohne 9
rechtsverbindliche Wirkung; er ist **keine Rechtsnorm.** Dies ergibt sich bereits aus seiner Zielsetzung: Nach Abs. 1 S. 3 **erläutert** der Radonmaßnahmenplan die gesetzlichen Maßnahmen zum Radonschutz und **enthält Ziele** für die Bewältigung der langfristigen Risiken aufgrund der Exposition von Radon. Er dient sowohl Fachleuten als auch weiteren interessierten Personen zur Information über Maßnahmen von Bund und Ländern zum Schutz vor Radon in Deutschland.

D. Rolle der Länder (Abs. 4)

Abs. 4 sieht vor, dass die zust. Behörden für ihren Zuständigkeitsbereich und un- 10
ter Berücksichtigung des Radonmaßnahmenplans an die jeweiligen Bedingungen angepasste Strategien zum Umgang mit den durch die Radon-Exposition verursachten langfristigen Risiken entwickeln; sie erheben die erforderlichen Daten. Die Entwicklung der Strategien werden durch das BMUV koordiniert.

§ 123 Maßnahmen an Gebäuden; Verordnungsermächtigung

(1) [1]Wer ein Gebäude mit Aufenthaltsräumen oder Arbeitsplätzen errichtet, hat geeignete Maßnahmen zu treffen, um den Zutritt von Radon aus dem Baugrund zu verhindern oder erheblich zu erschweren. [2]Diese Pflicht gilt als erfüllt, wenn

1. die nach den allgemein anerkannten Regeln der Technik erforderlichen Maßnahmen zum Feuchteschutz eingehalten werden und
2. in den nach § 121 Absatz 1 Satz 1 festgelegten Gebieten zusätzlich die in der Rechtsverordnung nach Absatz 2 bestimmten Maßnahmen eingehalten werden.

[3]Die Pflicht nach Satz 1 kann auch auf andere Weise erfüllt werden.

(2) Die Bundesregierung wird ermächtigt, durch Rechtsverordnung mit Zustimmung des Bundesrates weitere Maßnahmen zum Schutz vor Radon für zu errichtende Gebäude innerhalb der nach § 121 Absatz 1 Satz 1 festgelegten Gebiete zu bestimmen.

(3) [1]Die zuständige Behörde kann von der Pflicht nach Absatz 1 Satz 1 auf Antrag befreien, soweit die Anforderungen im Einzelfall durch einen unangemessenen Aufwand oder in sonstiger Weise zu einer unbilligen Härte führen. [2]Eine unbillige Härte kann insbesondere vorliegen, wenn eine Überschreitung des Referenzwerts in dem Gebäude auch ohne Maßnahmen nicht zu erwarten ist.

(4) Wer im Rahmen der baulichen Veränderung eines Gebäudes mit Aufenthaltsräumen oder Arbeitsplätzen Maßnahmen durchführt, die zu einer erheblichen Verminderung der Luftwechselrate führen, soll die Durchführung von Maßnahmen zum Schutz vor Radon in Betracht ziehen, soweit diese Maßnahmen erforderlich und zumutbar sind.

Schrifttum: *Akbarian,* Die Vorgaben des neuen Strahlenschutzrechts zum Schutz vor Radon in Gebäuden, ZfbR 2019, 647; *Mann/Hundertmark,* Das neue Strahlenschutzgesetz und seine Schnittstellen zum Umwelt-, Bau- und Katastrophenschutzrecht, NVwZ 2019, 825.

A. Zweck und Bedeutung der Norm

1   Vor dem Hintergrund, dass Radon aus dem Boden in Gebäude gelangen und sich dort anreichern kann, sind entsprechende Maßnahmen, die dies verhindern, von herausragender Bedeutung für den Radonschutz. Für die **Errichtung von Neubauten** sieht Art. 103 Abs. 2 RL 2013/59/Euratom deshalb die Verpflichtung der MS vor, geeignete Maßnahmen zu treffen, um den Radonzutritt zu verhindern.

2   Für **Bestandsbauten** gibt es **keine** entsprechende **Sanierungspflicht.** Vielmehr setzt die RL 2013/59/Euratom auf Freiwilligkeit, flankiert durch Informierung und Setzung von Anreizen (Art. 74 Abs. 2 und 3), vgl. aber Abs. 4. Der Grund für diese Zurückhaltung liegt darin, dass die Radonsanierung von Bestandsbauten mit einem erheblichen finanziellen Aufwand verbunden sein kann, der für Gebäudeeigentümer eine unverhältnismäßige Belastung mit sich bringt.

3   Das StrlSchG hat die gemeinschaftsrechtlichen Vorgaben entsprechend umgesetzt und sieht verbindliche Vorgaben nur für die Errichtung von Neubauten

vor. Für **Bestandsbauten** ist allerdings eine dem Verhältnismäßigkeitsgrundsatz Rechnung tragende **Sollvorschrift** in Abs. 4 vorgesehen.

B. Bisherige Rechtslage

Die StrlSchV 2001 enthielt **keine** Anforderungen zum Radonschutz bei der **4** Errichtung von Neubauten. Die entsprechende Vorgabe ist erst durch die RL 2013/59/Euratom eingeführt worden.

C. Gesetzgebungskompetenz des Bundes

Die kompetenzielle Befugnis des Bundes, bauliche Anforderungen zum Schutz **5** vor Radon in Neubauten festzulegen, folgt aus seiner ausschließlichen Gesetzgebungszuständigkeit nach **Art. 73 Abs. 1 Nr. 14 GG** betreffend den Schutz gegen Gefahren, die durch ionisierende Strahlen entstehen (eingehend *Mann/Hundertmark* NVwZ 2019, 825 (832)). Der Begriff der „Gefahr" ist weit auszulegen, er umfasst nicht nur Gefahren im polizeirechtlichen Sinn, sondern auch Maßnahmen der Gefahren- und Risikovorsorge (→ Einf. Rn. 25).

D. Radonschutz in Neubauten

I. Geeignete Maßnahmen (Abs. 1)

§ 123 Abs. 1 enthält die Verpflichtung, bei der Errichtung eines Gebäudes mit **6** Aufenthaltsräumen oder Arbeitsplätzen geeignete Maßnahmen zu treffen, um den Zutritt von Radon aus dem Baugrund zu verhindern oder erheblich zu erschweren. Diese Pflicht **gilt bundesweit** unabhängig von der lokalen Radonsituation und unabhängig von einer vorherigen Messung (BT-Drs. 18/11241, 381). Die Entscheidung über die Geeignetheit der Maßnahmen trifft der Bauherr.

Satz 2 enthält eine **Fiktion,** dass wenn die dort genannten Maßnahmen ergriffen **7** worden sind, die Pflicht nach Satz 1 als erfüllt gilt. Der Grund ist, dass aus fachlicher Sicht davon ausgegangen wird, dass die Referenzwerte nach § 124 und § 126 unterschritten werden, wenn die in Satz 2 genannten Maßnahmen durchgeführt werden (BT-Drs. 18/11241, 381). Eine Erfolgskontrolle etwa durch Radonmessungen ist nicht erforderlich. Der Bauherr hat gegenüber der zust. Behörde nur darzulegen, dass er die in Satz 2 vorgesehenen Maßnahmen durchgeführt hat.

Die Erfüllung der Pflicht nach S. 1 ist **auch auf andere Weise** als wie in S. 2 vor- **8** gesehen möglich. Der durch das 1. ÄndG neu aufgenommene S. 3 stellt dies klar. Die Fiktionswirkung beschränkt sich auf die in S. 2 beschriebenen Maßnahmen.

Die Pflicht, geeignete Maßnahmen zu treffen, zielt nach § 123 darauf ab, den **9** Zutritt von Radon zu **verhindern oder erheblich zu erschweren,** wohingegen Art. 103 Abs. 2 RL 2013/59/Euratom seinem Wortlaut nach nur auf die Verhinderung des Radoneintritts zielt. Inhaltlich ist aber das Gleiche gemeint. Die Bewältigung des Radonzutritts aus dem Erdreich in Gebäude ist gerade keine planbare Tätigkeit, bei der dafür gesorgt werden muss, jede unnötige Exposition zu vermeiden (§ 8 Abs. 1StrlSchG). Der **vollständige** Ausschluss des Radonzutritts kann sich – auch in Abhängigkeit von der lokalen Radonsituation –als eine **unmöglich** zu bewältigende Aufgabe herausstellen; streng genommen dürfte Radon in der

Raumluft nicht nachweisbar sein. Dem Verpflichteten würde somit eine unverhält-nismäßige Pflicht auferlegt. Auch mit Blick auf dem im Gemeinschaftsrecht gelten-den **Verhältnismäßigkeitsgrundsatz** (vgl. *Calliess* in *Calliess/Ruffert*, Art. 5 EUV Rn. 44) ist Art. 103 Abs. 2 RL 2013/59/Euratom nach seinem Sinn und Zweck deshalb dahingehend auszulegen, dass bei Neubauten der Zutritt von Radon er-heblich erschwert wird.

II. Allgemein anerkannte Regeln der Technik (Abs. 1 S. 1 Nr. 1)

10   In Gebieten, die **nicht Radonvorsorgegebiet** sind, greift die Fiktion der Erfül-lung der Pflicht nach Abs. 1 S. 1 bereits, wenn die nach den **allgemein anerkann-ten Regeln der Technik erforderlichen Maßnahmen zum Feuchteschutz** eingehalten werden (Abs. 1 S. 2 Nr. 1). Gemeint werden damit insbesondere die Vorgaben der DIN 18195 „Bauwerksabdichtungen" (vgl. BT-Drs. 18/11241, 381, 382 auch mwA zu der auf die DIN 18195 Bezug nehmenden DIN 18336).

III. Besondere Vorgaben in Radonvorsorgegebieten (Abs. 1 S. 2 Nr. 2; Abs. 2, § 154 StrlSchV)

11   In Radonvorsorgegebieten greift die Fiktion, wenn **zusätzlich** zu den zur Ein-haltung der allgemein anerkannten Regeln der Technik erforderlichen Maßnah-men die auf Grundlage der Rechtsverordnung nach Abs. 2 bestimmten Maßnah-men eingehalten werden. **§ 154 StrlSchV** führt fünf Maßnahmen auf, von denen mindestens eine durchgeführt werden muss. Zu diesen Maßnahmen zählt bspw. die Verringerung der Radon-222-Aktivitätskonzentration unter dem Gebäude oder die Absaugung von Radon an Randfugen oder unter Abdichtungen.

12   Gemäß § 35 Abs. 1 Nr. 2 iVm Anl. 5 Nr. 2.10 UVPG bedarf die Bestimmung von Maßnahmen durch Rechtsverordnung nach § 123 Abs. 2 einer **Strategischen Umweltprüfung,** wenn sie für Entscheidungen über die Zulässigkeit von in Anl. 1 UVPG aufgeführt UVP-pflichtige oder UVP-vorprüfungspflichtige Vorhaben oder von Vorhaben, die nach Landesrecht einer UVP oder eine Vorprüfung des Einzelfalls bedürfen, einen Rahmen iSd § 35 Abs. 3 UVPG setzt. Dies ist idR **aus-zuschließen,** weil die Bestimmung der Maßnahmen **keinen Rahmen setzt.** Es handelt sich um Anforderungen an die konkrete Bauausführung für ein Gebäude, die den Vorgaben nach den Bauordnungen der Länder vergleichbar sind. Diese An-forderungen enthalten keine Festlegungen mit Bedeutung für spätere Zulassungs-entscheidungen iSd § 35 Abs. 3 UVPG.

IV. Befreiung im Härtefall (Abs. 3)

13   Zum Schutz des Verpflichteten vor einer unverhältnismäßigen Inpflichtnahme kann die zust. Behörde von der Erfüllung der Pflicht nach Abs. 1 auf Antrag be-freien, wenn diese im Einzelfall durch einen unangemessenen Aufwand zu einer unbilligen Härte führt. S. 2 **konkretisiert** den unbestimmten Rechtsbegriff der unbilligen Härte, indem er bestimmt, dass eine solche insbesondere vorliegen kann, wenn eine Überschreitung des Referenzwerts auch ohne Maßnahmen nicht zu erwarten ist. Dies ist bspw. der Fall, wenn vor Baubeginn durchgeführte Boden-luftmessungen entsprechende Schlussfolgerungen zulassen (BT-Drs. 18/11241, 382).

E. Radonschutz in Bestandsbauten (Abs. 4)

Weder die RL 2013/59/Euratom noch das StrlschG verpflichten Eigentümer **14** oder Bewohner von Bestandsbauten, Maßnahmen zu ergreifen, um das Eindringen von Radon zu erschweren. Abs. 4 appelliert allerdings an die **Eigenverantwortung** des Bauherrn, erforderliche und zumutbare Maßnahmen zum Schutz vor Radon in Betracht zu ziehen, wenn im Rahmen der baulichen Veränderung eines Gebäudes mit Aufenthaltsräumen oder Arbeitsplätzen Maßnahmen durchgeführt werden, die zu einer erheblichen Verminderung der Luftwechselrate führen. Hintergrund ist, dass Radon sich infolge der Verminderung des Luftaustauschs verstärkt in der Raumluft anreichern kann.

Abschnitt 2 – Schutz vor Radon in Aufenthaltsräumen

§ 124 Referenzwert; Verordnungsermächtigung

[1]Der Referenzwert für die über das Jahr gemittelte Radon-222-Aktivitätskonzentration in der Luft in Aufenthaltsräumen beträgt 300 Becquerel je Kubikmeter. [2]Spätestens zehn Jahre nach Inkrafttreten dieses Gesetzes legt das Bundesministerium für Umwelt, Naturschutz und nukleare Sicherheit einen Bericht über die Entwicklung der Schutzmaßnahmen für die Allgemeinbevölkerung gegenüber Radonexpositionen, über deren Wirksamkeit und Kosten auf Bundes- und Länderebene vor. [3]Die Bundesregierung wird ermächtigt, durch Rechtsverordnung mit Zustimmung des Bundesrates festzulegen, wie die Messung der Radon-222-Aktivitätskonzentration in der Luft in Aufenthaltsräumen zu erfolgen hat.

Schrifttum: *Akbarian*, Die Vorgaben des neuen Strahlenschutzrechts zum Schutz vor Radon in Gebäuden, ZfbR 2019, 647; *Finzel*, Radon in Gebäuden – ein Haftungsrisiko?, BauR 2018, 1943.

A. Zweck und Bedeutung der Norm

1   Die Regelung setzt in Bezug auf die **Festlegung des Referenzwerts** Art. 74 Abs. 1 RL 2013/59/Euratom um. Die in S. 2 vorgesehene Berichtspflicht des BMUV ist dem ersten Anschein nach nicht mit dem Referenzwert verknüpft, sie ist jedoch va aufgrund des Referenzwerts eingeführt worden (s. u.). S. 3 enthält eine VO-Erm. zu den Modalitäten der Messung der Radonkonzentration in der Luft in Aufenthaltsräumen. Diese VO-Erm. ist bisher nicht ausgefüllt worden. Allerdings sieht der Radonmaßnahmenplan (§ 122) die Entwicklung einheitlicher Messstrategien und Verfahren zur qualitätsgesicherten Bestimmung der Radonaktivitätskonzentration in der Innenraumluft durch das BfS und die Länder vor.

B. Bisherige Rechtslage

2   Die StrlSchV 2001 enthielt keine entsprechenden Vorgaben.

C. Referenzwert für Aufenthaltsräume (S. 1)

3   S. 1 legt für die über das Jahr gemittelte Radonkonzentration in der Luft in Aufenthaltsräumen (§ 5 Abs. 5) einen Referenzwert von **300 Bq/m³** fest und hält sich damit innerhalb der Vorgabe von Art. 74 Abs. 1 S. 2 RL 2013/59/Euratom, dass der Referenzwert 300 Bq/m³ nicht überschreiten darf.

4   Das Überschreiten des Referenzwerts in einem konkreten Aufenthaltsraum hat **keine unmittelbaren strahlenschutzrechtlichen Konsequenzen,** wie bspw. eine Sanierungspflicht zur Reduzierung der Radonkonzentration. Nach § 125 Abs. 2 werden lediglich Maßnahmen zur Ermittlung von Aufenthaltsräumen, in denen der Referenzwert überschritten wird, angeregt und technische oder andere Mittel zur Verringerung der Radonexposition empfohlen. Der Referenzwert für

Aufenthaltsräume ist zudem ein relevantes Kriterium für die Festlegung von Radonvorsorgegebieten (§ 121). Anders bei Überschreitung des Referenzwerts nach § 126 an Arbeitsplätzen in Innenräumen, vgl. die Kommentierung v. §§ 126 ff.

Im zivilrechtlichen Mängelgewährleistungsrecht bei Kauf- oder Mietverträgen 5 kann die Überschreitung des Referenzwerts als ein **mögliches Indiz** für das Vorliegen eines Mangels herangezogen werden (*Akbarian*, ZfBR 2019, 647 (648); weitergehend *Finzel*, BauR 2018, 1943 (1946 f.): der gesetzliche Referenzwert dürfe auf keinen Fall überschritten werden; insbesondere bei nach Inkrafttreten der RL 2013/59/Euratom erstellten, umfassend umgebauten oder sanierten Immobilien, bei denen ein wirksamer Radonschutz möglich und zumutbar sei, sei für die Frage des Vorliegens eines Sachmangels ein Referenzwert von 100 Bq/m³ zugrunde zu legen). Die Annahme eines Sachmangels bei Überschreiten des gesetzlichen Referenzwerts verkennt die Bedeutung und den Unterschied des Referenzwerts im Vergleich zu einem strahlenschutzrechtlichen Grenzwert. Der Referenzwert ist ein Instrument zur Optimierung des Strahlenschutzes (→ § 5 Rn. 33). Seine Unterschreitung soll unter Berücksichtigung aller Umstände des Einzelfalls (vgl. Art. 5 Buchst. b S. 1 RL 2013/59/Euratom) angestrebt werden mit dem Ziel, die Exposition auch unterhalb des Referenzwerts so niedrig wie möglich zu halten (vgl. Art. 7 Abs. 1 S. 2 RL 2013/59/Euratom). Dagegen markiert der Referenzwert **keine Grenze zwischen „sicher" und „gefährlich"** (ICRP 103 Ziff. 238). Aus diesem Grund ist in jedem Einzelfall neu zu betrachten, ob die Überschreitung des gesetzlichen Referenzwerts einen Sachmangel begründen kann.

D. Berichtspflicht des BMUV (S. 2)

Die in S. 2 bestimmte Berichtspflicht des BMUV – spätestens zehn Jahre nach 6 Inkrafttreten des StrlSchG – ist **auf Initiative des BR** aufgenommen worden. Maßgebende Erwägung war der Wunsch, die Schutzmaßnahmen insbesondere mit Blick auf den in S. 1 festgelegten Referenzwert einer Bewertung zu unterziehen (vgl. Stellungnahme des BR in BT-Drs. 18/11622, 19).

§ 125 Unterrichtung der Bevölkerung; Reduzierung der Radonkonzentration

(1) **Das Bundesministerium für Umwelt, Naturschutz und nukleare Sicherheit sowie die zuständigen Behörden der Länder unterrichten die Bevölkerung in geeigneter Weise über die Exposition durch Radon in Aufenthaltsräumen und die damit verbundenen Gesundheitsrisiken, über die Wichtigkeit von Radonmessungen und über die technischen Möglichkeiten, die zur Verringerung vorhandener Radon-222-Aktivitätskonzentrationen verfügbar sind.**

(2) **Das Bundesministerium für Umwelt, Naturschutz und nukleare Sicherheit sowie die zuständigen Behörden der Länder regen Maßnahmen zur Ermittlung von Aufenthaltsräumen an, in denen die über das Jahr gemittelte Radon-222-Aktivitätskonzentration in der Luft den Referenzwert nach § 124 überschreitet, und empfehlen technische oder andere Mittel zur Verringerung der Exposition durch Radon.**

A. Zweck und Bedeutung der Norm

1   Die Regelung setzt Art. 74 Abs. 2 und 3 RL 2013/59/Euratom um und verpflichtet sowohl das BMUV als auch die Länder zur **Informierung der Bevölkerung** über die mit Radon verbundenen Risiken, die Bedeutsamkeit von Radonmessungen und die verfügbaren technischen Möglichkeiten zur Verringerung der Radonkonzentration (Abs. 1). Des Weiteren werden das BMUV und die Länder verpflichtet, **Maßnahmen anzuregen** zur Ermittlung von Aufenthaltsräumen, in denen der Referenzwert von 300 bq/m^3 überschritten wird, und technische oder andere Möglichkeiten zur Verringerung der Radon-Exposition zu **empfehlen** (Abs. 2).

2   § 125 greift den in Art. 74 Abs. 2 und 3 RL 2013/59/Euratom verfolgten Weg auf, beim Radonschutz insbesondere bei Bestandsbauten durch Informierung und Anreize an die Eigenverantwortung von Gebäudeeigentümern und sonstigen Verantwortlichen zu appellieren und sie dazu zu bewegen, freiwillig für Radonschutz zu sorgen.

B. Bisherige Rechtslage

3   Die StrlSchV 2001 enthielt keine entsprechende Regelung.

C. Unterrichtung (Abs. 1)

4   Die Unterrichtungspflicht nach Abs. 1 ist eine praktische Ausprägung der staatlichen Verpflichtung, Bürgerinnen und Bürger vor der schädlichen Wirkung ionisierender Strahlung zu schützen, vor allem in einem Lebensbereich – dem privaten Wohnen –, in dem die Vorgabe verbindlicher Schutzmaßnahmen, wie bspw. eine Sanierungspflicht, aufgrund damit verbundener möglicher finanzieller Härten schwierig sein kann. Wie auch bei „klassischen" Umweltfragen gehört die Information der Öffentlichkeit zum Strahlenschutz zu den **„Aufgaben des modernen Staates"** (*Kloepfer* Umweltrecht, § 5 Rn. 1355 zu Umweltfragen) und kann sich auf praktische Einzelfragen beziehen (*Kloepfer* aaO, der als Beispiele umweltverträgliche Fahrweisen oder energiesparendes Heizen nennt). Der Zweck der Unterrichtung, die ein Synonym für „Informierung" ist, ist die **Aufklärung** der Bevölkerung zu dem Zweck, sie für das Thema Radon zu sensibilisieren und sie in die Lage zu versetzen, informierte Entscheidungen zum Ob und Wie eines möglichen Radonschutzes zu treffen.

5   Das BMUV und die Länder kommen dieser Verpflichtung auch durch die Umsetzung der Maßnahme 1.1. des **Radonmaßnahmenplans** nach, der die Identifizierung von Zielgruppen, Multiplikatoren und zielgruppengerechten Kommunikationswegen vorsieht, um über das Thema Radon zu informieren. Daneben bieten die zust. Behörden der Länder eine Fülle von Informationen zu Radon auf ihren Internetseiten und teilweise auch bei speziell eingerichteten Radonberatungsstellen an.

D. Anregung und Empfehlung von Maßnahmen (Abs. 2)

Nach Abs. 2 regen das BMUV sowie die zust. Behörden der Länder Maßnah- **6**
men zur Ermittlung von Aufenthaltsräumen an, in denen die über das Jahr gemittelte Radon-222-Aktivitätskonzentration in der Luft den Referenzwert nach § 124
überschreitet und empfehlen technische oder andere Mittel zur Verringerung der
Exposition durch Radon. Während mit **Empfehlungen** Ratschläge gegeben werden, wie die Exposition durch Radon verringert werden kann, wird mit den **Anregungen** der Zweck verfolgt, die Bevölkerung dazu zu bewegen, die Exposition
durch Radon, der sie ausgesetzt ist, zu ermitteln. Zur Grundrechtsrelevanz staatlichen Informationshandelns vgl. *Kloepfer* Umweltrecht, § 5 Rn. 1320 ff.

Abschnitt 3 – Schutz vor Radon an Arbeitsplätzen in Innenräumen

Vorbemerkung zu §§ 126 ff.

A. Zweck und Bedeutung des 3. Abschnitts

1   Bei der Exposition durch Radon am Arbeitsplatz handelt es sich um eine **bestehende Expositionssituation** (BT-Drs. 18/11241, 383; Erwägungsgrund 25 RL 2013/59/Euratom; → Rn. 9 ff.; → § 2 Rn. 5 f.). Ziel der Regelungen des 3. Abschn. ist es, durch **arbeitsplatzbezogene Maßnahmen** in der Breite der betroffenen Arbeitsplätze die Radon-222-Aktivitätskonzentration so zu senken, dass die Situation im Ergebnis strahlenschutzrechtlich außer Acht oder bei wenig eingriffsintensiven Verpflichtungen belassen werden kann (BT-Drs. 18/11241, 384). **Arbeitskraftbezogene Maßnahmen** werden nur dann erforderlich, wenn dieses Vorgehen für einzelne Arbeitsplätze nicht zum Ziel führt. Das **StrlSchG** enthält die wesentlichen und grundrechtsrelevanten Aspekte des Strahlenschutzes. Aufgrund der Verordnungsermächtigung in § 132 können ergänzende und konkretisierende materielle Aspekte auf Ebene der **RVO** geregelt werden (BR-Drs. 423/18, 1).

2   Die Vorschriften des 3. Abschn. folgen einem in der RL 2013/59/Euratom angelegten stufenweisen Vorgehen (Stufenkonzept → Rn. 8; BT-Drs 18/11241, 384). Die Regelungen der **Stufen 1 und 2** (arbeitsplatzbezogene Maßnahmen) verpflichten den **Verantwortlichen für den Arbeitsplatz** (→ § 127 Rn. 15 ff.) unmittelbar zu einer **eigenverantwortlichen Umsetzung** der Regelungen zum Schutz vor Radon an Arbeitsplätzen. Eine **zwingende Behördenbeteiligung** ist erst auf den **Stufen 3 und 4** (arbeitskraftbezogene Maßnahmen) des Regelungskonzepts vorgesehen. Gleichwohl unterliegen auch die Maßnahmen auf Ebene der Stufen 1 und 2 gem. § 178 S. 1 der **Aufsicht** durch die zust. Strahlenschutzbehörde (→ § 178 Rn. 4 ff.). Erforderliche **Maßnahmen** können, soweit die Regelungen dieses Abschnittes keine speziellen Anordnungsbefugnisse enthalten, von der zust. Behörde gem. § 179 Abs. 2 Satz 1 (BT-Drs. 19/26943, 54; → § 179 Rn. 73 ff.), 179 Abs. 1 Nr. 2 iVm § 19 Abs. 3 AtG (→ § 179 Rn. 46 ff.) **angeordnet** werden.

B. Entstehungsgeschichte

3   Die Regelungen der Stufen 1 und 2 folgen als **Neuregelungen** dem in der **RL 2013/59/Euratom** angelegten Stufenkonzept (→ Rn. 8). Die Vorschriften der Stufen 3 und 4 lehnen sich eng an **Teil 3 Kap. 2 der StrlSchV 2001** an (BT-Drs. 18/11241, 384 → Rn. 8), gelten jedoch **für alle Arbeitsplätze in Innenräumen** unabhängig von der **Art, Natur und Ursache des Radonzutritts** (BT-Drs. 18/11241, 383, Erwägungsgrund 25 RL 2013/59/Euratom). Die inhaltliche Beschränkung der Regelungen des Teil 3 Kap. 2 StrlSchV 2001 auf Arbeitsplätze, die den Arbeitsfeldern der der Anlage XI Teil A StrlSchV 2001 zuzuordnen waren, konnte aufgrund der Maßgaben der RL 2013/59/Euratom nicht aufrecht erhalten bleiben (BT-Drs. 18/11241, 383). Die Arbeitsfelder der **Anl. XI Teil A StrlSchV**

Vor §§ 126 ff.

2001 wurden in **Anl. 8** (→ Anl. 8 Rn. 2), die Arbeitsfelder der **Anl. XI Teil B StrlSchV 2001** in **Anl. 3** überführt (→ Anl. 3 Rn. 2).

Die Regelungen des 3. Abschn. setzen die Vorgaben aus **Art 54, Art, 25 Abs. 2 4 und Art. 35 Abs. 2 RL 2013/59/Euratom** um. Hiermit sind erstmals **arbeitsplatzbezogene Mess- und Maßnahmeverpflichtungen** geregelt (Stufen 1 und 2 des Stufenkonzepts (→ Rn. 8). Nach Maßgabe der RL 2013/59/Euratom sind Expositionen durch Radon am Arbeitslatz unabhängig von der Art, Natur und Ursache des Radonzutritts als **bestehende Expositionssituationen** zu behandeln (Erwägungsgrund 25 sowie Art. 100 Absatz 1 i. V. m. Anhang XVII Buchst. b Ziffer i) RL 2013/59/Euratom).

C. Häufig verwendete Begriffe

Arbeitsplatz: § 5 Abs. 4 (→ § 5 Rn. 5)   5
Berufliche Exposition in bestehenden Expositionssituationen: § 2 Abs. 7 Nr. 4 (→ § 2 Rn. 13)
Effektive Dosis: § 5 Abs. 11 (→ § 5 Rn. 15.)
Expositionssituationen: § 2 Abs. 2−4 (→ § 2 Rn. 3 ff.)
Expositionskategorien: § 2 Abs. 5, 6 (→ § 2 Rn. 7 ff.)
Innenräume: § 5 Abs. 17 (→ § 5 Rn. 21)
Körperdosis: § 5 Abs. 19 (→ § 5 Rn. 23)
Radon: § 5 Abs. 28 (→ § 5 Rn. 32)
Radonvorsorgegebiete: § 121 Abs. 1 S. 1 (→ § 121 Rn. 1 ff.)
Referenzwert: 5 Absatz 29 (→ § 5 Rn. 33.)
Unverzüglich: → ohne schuldhaftes Zögern (§ 121 Abs. 1 S. 1 BGB)
Beruflicher Strahlenschutz: Soweit im 3. Abschn. auf die „**Anforderungen 6 des beruflichen Strahlenschutzes**" verwiesen wird, sind die **Parallelvorschriften für Tätigkeiten** aus Teil 2 des StrlSchG gemeint. Soweit für Tätigkeiten eine Festlegung durch Verordnung erfolgt, ist die Verweisung in der Rechtsverordnung nach § 132 Nr. 6 maßgeblich (→ § 131 Rn. 4).
Radon-222-Aktivitätskonzentration: Die Aktivitätskonzentration gibt Aus- 7 kunft über die Anzahl der Zerfälle eines Radionuklids pro Sekunde und Volumen. Die Einheit ist **Becquerel pro Kubikmeter (Bq/m^3).** Die Radon-222-Aktivitätskonzentration bezieht sich auf Zerfälle des Isotops Radon- 222. Für weitere Erläuterungen der o. a. Begriffe vgl. Radon-Handbuch S. 6 und den BfS-Leitfaden Radon an Arbeitsplätzen S. 7−9.

D. Stufenkonzept

Die Regelungen des 3. Abschn. folgen dem in der **RL 2013/59/Euratom** an- 8 gelegten **Stufenkonzept** (BT-Drs. 18/11241, 384).

Stufe 0: Festlegung des **Referenzwertes (§ 126),** Festlegung der **Gebiete,** in denen in einer beträchtlichen Anzahl von Gebäuden eine Überschreitung des Referenzwertes erwartet wird **(§ 121 Abs. 1 S. 1),** Definition der Arbeitsfelder, in denen − auch außerhalb der festgelegten Gebiete − besonders von einer Radon-Exposition betroffene Arten von Arbeitsplätzen anzutreffen sind **(Anl. 8).**

Stufe 1: Verpflichtung zur **Messung der Radon-222-Aktivitätskonzentration** an Arbeitsplätzen im Erd- oder Kellergeschoss in den gem. § 121 Absatz 1

Satz 1 StrlSchG identifizierten Gebieten sowie den gem. Anl. 8 festgelegten Arten von Arbeitsplätzen (**§ 127**)

Stufe 2: Verpflichtung zu **Maßnahmen zur Reduktion der Radon-222-Aktivitätskonzentration,** sofern die Messung auf Stufe 1 eine Überschreitung des Referenzwertes ergibt (enge Ausnahme möglich), **Erfolgskontrolle** durch erneute Messung der Radon-222-Aktivitätskonzentration (**§ 128**)

Stufe 3: Verpflichtung zur **Anmeldung des Arbeitsplatzes,** wenn trotz der auf Stufe 2 ergriffenen Maßnahmen der Referenzwert weiterhin überschritten wird (**§ 129**), **Abschätzung der möglichen Dosis** der Arbeitskräfte durch Radon (**§ 130**)

Stufe 4: Verpflichtung zu **Maßnahmen des beruflichen Strahlenschutzes,** sofern die Abschätzung auf Stufe 3 ergibt, dass eine effektive Dosis **über 6 mSv/Kj** auftreten kann (**§ 131**)

E. Bestehende Expositionssituation

9 Die Exposition durch **aus dem Boden austretendes Radon am Arbeitsplatz** ist in Umsetzung der Vorgaben der RL 2013/59/Euratom (→ Rn. 4, BT-Drs. 18/11241, 299) stets als **bestehende Expositionssituation** zu behandeln (§ 4 Abs. 1 Ziff. 10 Buchst. d) → § 4 Rn. 13). Um eine bestehende Expositionssituation handelt es sich auch, wenn die berufliche Betätigung zwar in Zusammenhang mit dem Radon oder der Radonquelle steht, ohne dass die Radonquelle selbst der strahlenschutzrechtlichen Kontrolle unterliegt (z. B. Radon-Exposition in Wasserwerken, Radon-Heilbädern und -Heilstollen, BT-Drs. 18/11241, 383) bzw. wenn die Betätigung zwar den Expositionspfad geschaffen hat, das Radon aber unabhängig von der Exposition zutritt und die Betätigung unabhängig vom Radon oder der Radonquelle erfolgt (z. B. Bergwerke, Besucherbergwerke, Schächte und Höhlen, BT-Drs, 18/11241, 383 f.).

10 Die Behandlung als **bestehende Expositionssituaion** wirkt sich auf die **regulatorische Ausgestaltung** der Regelungen des 3. Abschn. aus (BT-Drs. 18/11241, 384). Sie rechtfertigt es, ein Eingreifen der Regelungen des beruflichen Strahlenschutzes und der damit verbundenen Anwendung der Parallelvorschriften für Tätigkeiten ab einer möglichen Exposition von **6 mSv/Kj** vorzusehen (Erwägungsgrund 25 und Art. 35 Abs. 2 S. 1 RL 2013/59/Euratom).

11 Erfolgt die Exposition durch Radonkonzentrationen, die im Rahmen von **Tätigkeiten** aus Materialien oder Rückständen austreten, handelt es sich um eine **geplante Expositionssituation** (BT-Drs. 18/11241, 299, 383, 451).

12 **Geplante** und **bestehende Expositionssituationen** können **gleichzeitig** auftreten (z. B. Betrieb einer Anlage gem. § 9a Abs. 3 AtG oder Umgang mit radioaktiven Stoffen in nuklearmedizinischer Praxis im Radonvorsorgegebiet; → § 2 Rn. 6). Sind auf Stufe 4 die Vorgaben des beruflichen Strahlenschutzes zu beachten, sind diese Expositionen mit der beruflichen Exposition aus Tätigkeiten zu **addieren** (§ 131 Absatz Nr. 3 i. V. m. § 166; → § 131 Rn. 14; zum Stufenkonzept Rn. 8).

§ 126   Referenzwert

**Der Referenzwert für die über das Jahr gemittelte Radon-222-Aktivi-
tätskonzentration in der Luft an Arbeitsplätzen beträgt 300 Becquerel je
Kubikmeter.**

Schrifttum: ICRP, 2014. Radiological Protection against Radon Exposure. Publication 126
(ICRP 126)

A. Zweck und Bedeutung der Norm

Die Vorschrift setzt auf **Stufe 0** des Regelungskonzepts (→ Vor §§ 126 ff. Rn. 8)   **1**
den **Referenzwert** für die **über das Kalenderjahr gemittelte Radon-222-
Aktivitätskonzentration** in der Luft an Arbeitsplätzen in Innenräumen auf
300 Bq/m³; fest. Der Wert von 300 Bq greift die Empfehlung der ICRP in ihrer
Veröffentlichung 126 auf (BT-Drs. 18/11241, 385; ICRP 126 executive summary
lit. s).

B. Entstehungsgeschichte

Die Festsetzung eines Referenzwertes für die Radon-222-Aktivitätskonzentra-   **2**
tion setzt die Verpflichtung aus **Art. 54 Abs. 1 RL 2013/59/Euratom** um und
wurde in das Strahlenschutzrecht neu aufgenommen.

C. Der Referenzwert

Der Begriff des **Referenzwerts** ist in § 5 Abs. 29 legaldefiniert (→ § 5 Rn. 33) als   **3**
Maßstab für die Prüfung der Angemessenheit von Maßnahmen des Radonschutzes.
Der Referenzwert gilt für alle Arbeitsplätze in Innenräumen unabhängig von Art,
Natur und Ursache des Radonzutritts (BT-Drs. 18/11241 S. 383). Er ist ein Instrument des **Optimierungsgrundsatzes** (→ § 5 Rn. 33), an dessen Überschreitung in
Bezug auf Radon an Arbeitsplätzen die Verpflichtung zu **Maßnahmen zur Redu-
zierung der Radon-222-Aktivitätskonzentration** geknüpft ist (§ 128 Abs. 1
→ § 128 Rn. 3 ff.) Mit der Radon-222-Aktivitätkonzentration (→ Vor §§ 126 ff.
Rn. 7) in der Raumluft wurde eine messtechnisch einfach zu erfassende Größe gewählt, die es ermöglicht, durch den **Vergleich von Konzentrationen** (Messung
und Referenzwert) das Überschreiten des Referenzwertes unmittelbar festzustellen
(BT-Drs. 18/11241, 385).

Die separate Ausweisung eines Referenzwertes für Arbeitsplätze in Innenräumen   **4**
entspricht der in der RL 2013/59/Euratom angelegten Trennung der Regelungen
zum Radonschutz an **Arbeitsplätzen** (Art. 54 Abs. 1 RL 2013/59/Euratom) und in
Aufenthaltsräumen (Art. 74 Abs. 1 RL 2013/59/Euratom) und trägt den **unterschiedlichen Regelungsmechanismen** Rechnung. Anders als bei Aufenthaltsräumen bestehen für bestimmte, in § 127 Abs. 1 S. 1 StrlSchG definierte Arbeitsplätze
konkrete Messpflichten. Wird bei einer Messung der Radon-222-Aktivitätskon-
zentration eine Überschreitung des Referenzwertes festgestellt, sind hieran **unmittelbare Rechtsfolgen** geknüpft (→ § 124 Rn. 4; Vor §§ 126 ff. Rn. 2, 8).

§ 127   Messung der Radonkonzentration

(1) [1]Wer für einen Arbeitsplatz in einem Innenraum verantwortlich ist, hat innerhalb der Frist nach Satz 2 Messungen der Radon-222-Aktivitätskonzentration in der Luft zu veranlassen, wenn

1. sich der Arbeitsplatz im Erd- oder Kellergeschoss eines Gebäudes befindet, das in einem nach § 121 Absatz 1 Satz 1 festgelegten Gebiet liegt, oder
2. die Art des Arbeitsplatzes einem der Arbeitsfelder nach Anlage 8 zuzuordnen ist.

[2]Im Falle des Satzes 1 Nummer 1 muss die Messung innerhalb von 18 Monaten nach der Festlegung des Gebiets und Aufnahme der beruflichen Betätigung an dem Arbeitsplatz und im Falle des Satzes 1 Nummer 2 innerhalb von 18 Monaten nach Aufnahme der beruflichen Betätigung an dem Arbeitsplatz erfolgt sein. [3]Der für den Arbeitsplatz Verantwortliche hat erneute Messungen der Radon-222-Aktivitätskonzentration in der Luft zu veranlassen, wenn Änderungen am Arbeitsplatz vorgenommen werden, die dazu führen können, dass die Radon-222-Aktivitätskonzentration in der Luft über dem Referenzwert nach § 126 liegt; Satz 2 gilt in diesem Fall entsprechend. [4]Die zuständige Behörde kann anordnen, dass der für den Arbeitsplatz Verantwortliche auch für andere Arbeitsplätze in Innenräumen Messungen der Radon-222-Aktivitätskonzentration in der Luft zu veranlassen hat, wenn Anhaltspunkte dafür vorliegen, dass die Radon-222-Aktivitätskonzentration in der Luft über dem Referenzwert nach § 126 liegt. [5]Die zuständige Behörde kann im Einzelfall die Frist nach Satz 2 um längstens sechs Monate verlängern, wenn die Frist auf Grund von Umständen, die von dem für den Arbeitsplatz Verantwortlichen nicht zu vertreten sind, nicht eingehalten werden kann.

(2) Verantwortlich für einen Arbeitsplatz ist,

1. wer in seiner Betriebsstätte eine Betätigung beruflich ausübt oder ausüben lässt oder
2. in wessen Betriebsstätte ein Dritter in eigener Verantwortung eine Betätigung beruflich ausübt oder von Personen ausüben lässt, die unter dessen Aufsicht stehen.

(3) [1]Der für den Arbeitsplatz Verantwortliche hat die Ergebnisse der Messungen nach Absatz 1 Satz 1, 3 und 4 unverzüglich aufzuzeichnen. [2]Er hat die Aufzeichnungen bis zur Beendigung der Betätigung oder bis zum Vorliegen neuer Messergebnisse aufzubewahren und der zuständigen Behörde auf Verlangen vorzulegen.

(4) [1]Im Falle der Verantwortlichkeit nach Absatz 2 Nummer 1 hat der für den Arbeitsplatz Verantwortliche die betroffenen Arbeitskräfte und den Betriebsrat oder den Personalrat unverzüglich über die Ergebnisse der Messungen zu unterrichten. [2]Im Falle der Verantwortlichkeit nach Absatz 2 Nummer 2 hat der für den Arbeitsplatz Verantwortliche unverzüglich den Dritten zu unterrichten; die Pflicht nach Satz 1 gilt entsprechend für den Dritten.

A. Zweck und Bedeutung der Norm

Die Vorschrift regelt auf **Stufe 1** des Regelungskonzepts, **wo** eine Ver- 1
pflichtung zur **Messung** der **Radon-222-Aktivitätskonzentration** besteht
(Arbeitsplätze gem. Abs. 1 S. 1, behördliche Anordnung gem. Abs. 1 S. 4), **wer**
zur Durchführung dieser Messungen verpflichtet ist („der Verantwortliche für
den Arbeitsplatz" gem. Abs. 2) und **wie** die Messungen auszuführen sind (§ 155
Abs. 1 StrlSchV). Die Messpflicht ist **fristgebunden** (Abs. 1 S. 2, zur Verländer-
barkeit vgl. Abs. 1 S. 5). Änderungen am Arbeitsplatz, die zu einer Überschreitung des Referenzwertes führen können, lösen eine Pflicht zur **Wiederholung**
der Messung aus (Abs. 1 S. 5). Es bestehen **Aufzeichnungs-, Aufbewah-
rungs-, Übermittlungs- und Vorlagepflichten** in Bezug auf die Durchführung der Messungen und ihrer Ergebnisse (Abs. 3, §§ 155 Abs. 2, 155 Abs. 3
S. 3 StrlSchV) sowie weitere **Informationspflichten** (Abs. 4, § 155 Abs. 5
StrlSchV).

Die Durchführung der Maßnahmen auf Stufe 1 und 2 sehen im Regelfall **keine** 2
Behördenbeteiligung vor und sind durch den Verantwortlichen in **Eigenverantwortung** auszuführen. Gleichwohl unterliegen die Maßnahmen der Stufen 1 und
2 der **behördlichen Aufsicht** (→ Vor §§ 126 ff. Rn. 2).

B. Entstehungsgeschichte

3   Die **Messung der arbeitsplatzbezogenen Radon-222-Aktivitätskonzen-tration** ohne Berücksichtigung von Aufenthaltszeiten (→ Rn. 12) stellt eine **Neuregelung** dar. **§ 95 Abs. 1.S. 1 StrlSchV 2001** verpflichtete den Arbeitgeber in Bezug auf Arbeitsplätze, die der **Anl. XI Teil A StrlSchV 2001** zuzuordnen waren, zu einer auf den Arbeitsplatz bezogenen **Abschätzung der Radon-222-Exposition** anhand von Messwerten der Ortsdosisleistung und der Arbeits- und Aufenthaltszeiten (Schmatz/Nöthlichs § 95 S.4). Eine solche Abschätzung ist nach dem nunmehr geltendem Regelungskonzept erst auf Stufe 3 vorgesehen (→ Vor §§ 126 ff. Rn. 8). Mit **Anl. 8** wird **Anl. XI Teil A StrlSchV 2001** fortgeschrieben (BT-Drs. 18/11241, 451) und die dieser Anl. zuzuordnenden Arbeitsplätze der **Messverpflichtung** unterworfen (Abs. 1 S. 1 Nr. 2). **Anl. XI Teil B StrlSchV 2001** wurde in die **Anl. 3** überführt (→ Anl. 3 Rn. 2).

4   Abs. 1 S. 1 Nr. 1 und 2 setzen die Messverpflichtungen aus **Art. 54 Abs. lit. a) und b) der RL 2013/59/Euratom** um. Anl. 8 greift **Anl. XVIII Nr. 3 RL 2013/59/Euratom** auf (→ § 214 Rn. 2).

C. Die Messverpflichtung (Abs. 1)

I. Betroffene Arbeitsplätze (S. 1 Nr. 1 und Nr. 2)

5   Die **Messverpflichtung** besteht an Arbeitsplätzen in Innenräumen, die sich im **Erd- oder Kellergeschoss** von Gebäuden in **Radonvorsorgegebieten** (S. 1 Nr. 1) befinden bzw. einem der **Arbeitsfelder nach Anl. 8** zuzuordnen sind (S. 1 Nr. 2). Vom Begriff des **Innenraums** (§ 5 Abs. 17 → § 5 Rn. 21) werden ortsfeste Räume innerhalb als auch außerhalb von Gebäuden erfasst, so dass auch Höhlen und Bergwerke eingeschlossen sind. **Arbeitsplätze im Erd- oder Kellergeschoss** gem. S. 1 Nr. 1 sind Arbeitsplätze, die in Räumen liegen, deren **Außenflächen (Boden, Außenwände)** unmittelbar in Kontakt mit dem Baugrund des Gebäudes stehen oder in Räumen liegen, die sich unmittelbar über dem Kellergeschoss befinden (BT-Drs. 18/11241, 385). Radon in Innenräumen tritt vor allem aus dem Untergrund ein, so dass erhöhte Radonkonzentrationen idR in Räumen mit Bodenkontakt oder in Bodennähe (Kellergeschosse, nicht unterkellerte Hausbereiche, Hanglagen), aber auch in Räumen über Kellern und Hohlräumen auftritt (BfS-Radon Handbuch S. 14, 26).

II. Fristen

6   **1. Fristgerechte Messung (S. 2, § 214 Abs. 2, § 155 Abs. 1 S. 1 StrlSchV).** Die Messung muss innerhalb von **18 Monaten** erfolgt sein (Abs. 1 S. 2). Dies gilt auch für die Wiederholungsmessung nach S. 3 (→ Rn. 11). An Arbeitsplätzen nach S. 1 Nr. 1 beginnt die Frist zu dem Zeitpunkt zu laufen, an dem die Merkmale „Gebietsfestlegung" (Ausweisung der Radonvorsorgegebiete, § 121 Rn. 1 ff.) und „Aufnahme der beruflichen Betätigung" erstmals **kumulativ** gegeben sind. An Arbeitsplätzen nach S. 1 Nr. 2 beginnt die Frist mit der **Aufnahme der beruflichen Betätigung am Arbeitsplatz.** (BT-Drs. 18/11241, 385).

Die Messung ist über eine **Gesamtdauer von 12 Monaten** durchzuführen 7
(§ 155 Abs. 1 S. 1 StrlSchV), um jahreszeitliche **Temperaturschwankungen** oder
jahreszeitbedingt unterschiedliches **Lüftungsverhalten** zu erfassen. Es ist nicht
zwingend eine einzelne, durchgängige Messung über 12 Monate durchzuführen.
Die Messung kann auch in Form von Einzelmessungen oder mehreren gestückel-
ten oder ggf. überlappende Messungen erfolgen, sofern dabei gewährleistet ist, dass
der Jahresverlauf der Aktivitätskonzentration abgebildet wird (BR-Drs. 423/18,
462; BfS-Leitfaden Radon an Arbeitsplätzen S. 21 mwA).

Eine **vor dem 31. Dezember 2018** im Rahmen einer Abschätzung nach **§ 95** 8
Abs. 1 StrlSchV 2001 durchgeführte Messung der Radon-222-Aktivitätskonzen-
tration erfüllt die Pflicht nach Abs. 1 (§ 214 Abs. 2→§ 214 Rn. 3).

2. Fristverkürzung (§ 155 Abs. 1 S. 2 StrlSchV). § 155 Abs. 1 S. 3 StrlSchV 9
erlaubt eine **Verkürzung der Messzeit** an Arbeitsplätzen, bei denen von einer
über den Jahresverlauf **hohen** Radon-222-Aktivitätskonzentration ausgegangen
werden kann und somit auch bei einer kürzeren Messdauer eine Überschreitung
des Referenzwertes sicher zu prognostizieren ist (BR-Drs. 423/18, 462, BfS-Leitfaden Radon an Arbeitsplätzen, S. 20 mwA). Hiermit soll es den Verantwortlichen
(→ Rn. 15 ff.) ermöglicht werden, bereits zu einem früheren Zeitpunkt Reduzierungsmaßnahmen einzuleiten.

3. Fristverlängerung (S. 5). Die Verlängerungsmöglichkeit der Frist nach S. 2 10
um **längstens 6 Monate** kommt nur in Betracht, wenn der **Grund** der Fristver-
säumnis vom Verantwortlichen **nicht zu vertreten** ist. Dies ist der Fall, wenn **un-
vorhersehbare Umstände,** die vom Verantwortlichen nicht zu vertreten bzw.
diesem nicht zurechenbar sind, ursächlich für Verzögerungen im Messablauf sind,
wie z.B. erforderliche Wiederholungsmessungen infolge eines fehlerhaften Mess-
geräts (BT-Drs. 19/27918, 19).

III. Wiederholungsmessung (S. 3)

Änderungen am Arbeitsplatz, die zu einer Überschreitung des Referenzwer- 11
tes (→ § 126) führen können, lösen gem. S. 3 Hs. 1 eine **erneute Messpflicht** aus.
Änderungen in diesem Sinne sind bspw. bauliche Eingriffe in die Gebäudestruktur,
energetische Sanierungsmaßnahmen, die mit einer Reduzierung des Luftaustau-
sches einhergehen oder allgemein Eingriffe in die Belüftung des Arbeitsplatzes
(BT-Drs. 19/26943, 49). Die Messergebnisse der Wiederholungsmessung müssen
18 Monate nach der wesentlichen Änderung vorliegen (S. 3 Hs. 2; BT-Drs.
19/26943, 49).

IV. Messung der Radon-222-Aktivitätskonzentration (§ 155 Abs. 1 S. 1, Abs. 3 StrlSchV)

1. Durchführung der Messung (§ 155 Abs. 1 S. 1 StrlSchV). Mit der von 12
§ 127 Abs. 1 und § 128 Abs. 2 geforderten Messung soll die **Radonsituation** an
den gem. § 127 Abs. 1 S. 1, 4 der Messpflicht unterliegenden **Arbeitsplätzen** abgebildet werden. Um dies zu ermöglichen, sind Konzentrationsmessungen an allen
innerhalb eine Jahres relevanten tatsächlichen **Arbeitsorten ohne** Berücksichtigung der tatsächlichen **Aufenthaltszeiten** von Arbeitskräften durchzuführen
(BR-Drs. 423/18, 462; BfS-Leitfaden Radon an Arbeitsplätzen, S. 17 ff., 21, mwA;
S. 19 zu selten genutzten Arbeitsplätzen). Die Messungen sind nach den allgemein

anerkannten **Regeln der Technik** durchzuführen, der sich in bundeseinheitlichen Messanleitungen, Leitfäden oder in technischen Normen abbildet (BfS-Leitfaden Radon an Arbeitsplätzen S.18 mwA).

13   **2. Qualitätssicherung (§ 155 Abs. 3, 4 StrlSchV).** Die Regelung in § 155 Abs. 3 StrlSchV fordert den **Bezug geeigneter Geräte** von einer durch das BfS **anerkannten Stelle** und den Einsatz nach **deren Vorgaben.** Dies ist auf den Stufen 1 und 2, die regelhaft keine Behördenbeteiligung vorsehen, wesentliches Element der **Qualitätssicherung** für die Messungen. § 155 Abs. 4 StrlSchV regelt die **grundlegenden Anforderungen** an diejenige Stelle, die vom BfS für die Messung der Radon-222-Aktivitätskonzentration anerkannt werden kann (BR-Drs. 423/18, 463).

V. Messverpflichtung durch behördliche Anordnung (S. 4)

14   Nach Abs. 1 S. 4 hat die Behörde die Möglichkeit, bei Vorliegen entsprechender Anhaltspunkte an von S. 1 nicht erfassten Arbeitsplätzen **Messungen anzuordnen.** So kann auch darauf reagiert werden, dass lokal sehr stark erhöhte Radonpotentiale wegen Kleinräumigkeit nicht zur Festlegung eines Radonvorsorgegebiets geführt haben (BT-Drs. 18/11241, 385). Anhaltspunkte können sich auch aus bereits durchgeführten freiwilligen oder verpflichtenden Messungen ergeben und so eine Messverpflichtung an von S. 1 nicht erfassten Arbeitsplätzen sinnvoll machen (BfS-Leitfaden Radon an Arbeitsplätzen S. 17, BfS-Radon-Handbuch S. 26 mwA).

D. Der Verantwortliche für den Arbeitsplatz (Abs. 2)

15   Abs. 2 regelt, **wer für Arbeitsplätze verantwortlich** ist und damit den Pflichten nach § 127 Abs. 1, 3 und 4 sowie nach § 128 unterliegen kann (BT-Drs. 18/11241, 386). Abweichend zu § 95 Abs. 1 S. 1 StrlSchV 2001 ist dies bei der beruflichen Beschäftigung von Arbeitskräften in **fremden Betriebsstätten** derjenige, dessen **Betriebsstätte** betroffen ist (Nr. 2). Die Verantwortlichkeit ist unabhängig von den Eigentumsverhältnissen dem **Inhaber der Betriebsstätte** zugeordnet (BT-Drs. 18/11241, 386).

16   Der Begriff der **Betriebsstätte** umfasst **alle Innenräume** (→ § 5 Rn. 21), an denen sich **Arbeitsplätze** befinden. Arbeitsplätze außerhalb von Betriebsstätten sind nicht erfasst (BT-Drs. 18/11241, 386 mwA).

17   In Umsetzung der Vorgaben aus Art. 31 Abs. 3 RL 2013/59/Euratom umfasst die **berufliche Betätigung** iSd Abs. 2 jede Form der nicht nur privaten Ausübung einer Betätigung, insbes. den gewerblichen, freiberuflichen, wissenschaftlichen, öffentlichen und sozialen Bereich und ist unabhängig von der Art der Beschäftigung als selbständig, abhängig, freiwillig, auszubildend ua (BT-Drs. 18/11241, 386). Die Exposition durch Radon am Arbeitsplatz nach den Vorschriften des 3. Abschn. ist eine **berufliche Exposition gem. § 2 Abs. 7 Nr. 4,** so dass diese Vorschrift zur Auslegung des Begriffs der „beruflichen Betätigung" herangezogen werden kann (→ § 2 Rn. 13). Nach § 2 Abs. 7 S. 2 steht ein Ausbildungsverhältnis oder eine freiwillige oder ehrenamtliche Ausübung vergleichbarer Handlungen dem Beschäftigungsverhältnis gleich (→ § 2 Rn. 15).

E. Weitere Pflichten

I. Des Verantwortlichen für den Arbeitsplatz

1. Aufzeichnung, Aufbewahrung, Übermittlung und Vorlage (Abs. 3, 18 §155 Abs. 2, Abs. 3, S 3 StrlSchV). Der Verantwortliche gem. Abs. 2 (→Rn. 15 ff.) ist zur **unverzüglichen Aufzeichnung** der **Ergebnisse** (Abs. 2) und zur **Aufzeichnung** der **Durchführung der Messung** (§ 155 Abs. 2 S. 1 StrlSchV) verpflichtet. § 155 Abs. 2 S. 2 StrlSchV **konkretisiert** die Aufzeichnungspflicht bezüglich der **Durchführung der Messung,** wobei dem Verantwortlichen bzgl. der nach 155 Abs. 2 S. 3 Nr. 3 und 5 StrlSchV aufzuzeichnenden Informationen keine Nachforschungs- und Untersuchungspflichten treffen (BR-Drs. 640/21, 8 f.).

Der Verantwortliche gem. Abs. 2 muss die Aufzeichnungen über die **Durchfüh- 19 rung der Messung** (§ 155 Abs. 2 S. 1, 2 StrlSchV) mit den Aufzeichnungen über die **Ergebnisse der Messung** (Abs. 3 S. 1) gem. Abs. 3 S. 2 **aufbewahren.** Dies folgt aus der **Vorlagepflicht** gegenüber der zust. Behörde, die sich auf die Durchführung und die Ergebnisse der Messungen bezieht (→ Rn. 20) und ergibt sich auch aus **Sinn und Zweck** der Regelung: Unterlagen über die Messungen sind verfügbar zu halten, um der zust. Behörde die aufsichtliche Tätigkeit zu ermöglichen (BT-Drs. 18/11241, 386) und hierbei sicherzustellen, dass die Behörde eine Bewertung der Eignung der Vorgehensweise und der Repräsentativität der Messungen vornehmen kann (BR-Drs. 423/18, 463).

Die Aufzeichnungen über die Durchführung und die Ergebnisse der Messungen 20 sind der **zust. Behörde** auf deren Verlangen hin **vorzulegen** (Abs. 3 S. 2, § 155 Abs. 2 S. 3 StrlSchV).

Die Informationen nach § 155 Abs. 2 S. 2 über die Durchführung der Messung 21 sind der **anerkannten Stelle** zum Zweck der Weiterleitung an das BfS (→ Rn. 21) **nach der Messung** zusammen mit den Messgeräten zu **übermitteln** (§ 155 Abs. 3 S. 3 StrlSchV).

2. Information (Abs. 4). Der Verantwortliche muss die betroffenen **Arbeits- 22 kräfte** und den **Betriebs-** bzw. **Personalrat** unverzüglich (→ Vor §§ 126 ff. Rn. 5) über die Ergebnisse der Messungen unterrichten. Im Fall der Beschäftigung von Arbeitskräften in **fremden Betriebsstätten** muss der gem. § 127 Abs. 2 Nr. 2 für den Arbeitsplatz Verantwortliche (→ Rn. 15) den **Dritten** informieren, der wiederum gegenüber den betroffenen **Arbeitskräften** und dem **Betriebs-** bzw. **Personalrat** auskunftspflichtig ist.

II. Der anerkannten Stellen (§ 155 Abs. 5 StrlSchV)

§ 155 Abs. 5 StrlSchV regelt eine **Informationsweitergabe** durch die aner- 23 kannten Stellen an das **BfS.** Hiermit sollen Informationen aus den Arbeitsplatzmessungen für wissenschaftliche Untersuchungen und Auswertungen nutzbar gemacht werden (BR-Drs. 640/21, 1).

F. Zuwiderhandlungen

24   Der Verstoß gegen die **Messverpflichtung** nach Abs. 1 S. 1 oder 3 kann nach § 194 Abs. 1 Nr. 27, der Verstoß gegen die **Aufzeichnungspflichten** nach Abs. 3 nach § 194 Abs. 1 Nr. 28 als Ordnungswidrigkeit geahndet werden.

§ 128   Reduzierung der Radonkonzentration

(1) Überschreitet die Radon-222-Aktivitätskonzentration in der Luft an einem Arbeitsplatz den Referenzwert nach § 126, so hat der für den Arbeitsplatz Verantwortliche unverzüglich Maßnahmen zur Reduzierung der Radon-222-Aktivitätskonzentration in der Luft zu ergreifen.

(2) [1]Der für den Arbeitsplatz Verantwortliche hat den Erfolg der von ihm getroffenen Maßnahmen durch eine Messung der Radon-222-Aktivitätskonzentration in der Luft zu überprüfen; die Messung muss innerhalb von 30 Monaten erfolgt sein, nachdem die Überschreitung des Referenzwerts bekannt geworden ist. [2]Die zuständige Behörde kann im Einzelfall die Frist nach Satz 1 verlängern, wenn die Frist auf Grund von Umständen, die von dem für den Arbeitsplatz Verantwortlichen nicht zu vertreten sind, nicht eingehalten werden kann. [3]Der für den Arbeitsplatz Verantwortliche hat das Ergebnis der Messung unverzüglich aufzuzeichnen. [4]Er hat die Aufzeichnungen bis zur Beendigung der Betätigung oder bis zum Vorliegen neuer Messergebnisse aufzubewahren und der zuständigen Behörde auf Verlangen vorzulegen.

(3) [1]Im Falle der Verantwortlichkeit nach § 127 Absatz 2 Nummer 1 hat der für den Arbeitsplatz Verantwortliche die betroffenen Arbeitskräfte und den Betriebsrat oder den Personalrat unverzüglich über die Ergebnisse der Messungen zu unterrichten. [2]Im Falle der Verantwortlichkeit nach § 127 Absatz 2 Nummer 2 hat der für den Arbeitsplatz Verantwortliche unverzüglich den Dritten zu unterrichten; die Pflicht nach Satz 1 gilt entsprechend für den Dritten.

(4) [1]Der für den Arbeitsplatz Verantwortliche muss keine Maßnahmen zur Reduzierung der Radon-222-Aktivitätkonzentration in der Luft ergreifen, wenn die Maßnahmen nicht oder nur mit unverhältnismäßig hohem Aufwand möglich sind, und zwar aus besonderen Gründen, die sich ergeben
1. aus überwiegenden Belangen des Arbeits- oder Gesundheitsschutzes oder
2. aus der Natur des Arbeitsplatzes.
[2]Im Falle der Verantwortlichkeit nach § 127 Absatz 2 Nummer 2 hat der für den Arbeitsplatz Verantwortliche den Dritten unverzüglich nach Bekanntwerden der Gründe darüber zu unterrichten.

Schrifttum: Sächsisches Staatsministerium für Energie, Klimaschutz, Umwelt und Landwirtschaft (SMEKUL): Radonschutzmaßnahmen – Planungshilfe für Neu- und Bestandsbauten SMEKUL: Minderung der Radonaktivitätskonzentration in denkmalgeschützten Gebäuden – Leitfaden.

A. Zweck und Bedeutung der Norm

Die Norm setzt **Stufe 2** des Regelungskonzepts um (→ Vor §§ 126 ff. Rn. 8). Sie **1** verpflichtet den Verantwortlichen bei Überschreitung des Referenzwertes (§ 126), eigenverantwortlich Maßnahmen zur **Reduzierung der Radon-222-Aktivitäts-konzentration** zu treffen (Abs. 1) und den **Erfolg** der Maßnahme innerhalb der (verlängerbaren, Abs. 2 S. 2) gesetzlich festgelegten **Frist** zu **kontrollieren.** Die Verpflichtung richtet sich auf die **Reduktion der Konzentration,** um so auf brei-ter Basis und nicht nur für einzelne, besonders betroffene Arbeitskräfte die Exposi-tion durch Radon am Arbeitsplatz zu verringern (BT-Drs. 18/11241, 387; → Vor §§ 126 ff. Rn. 1). Darüber hinaus treffen den Verantwortlichen **Aufzeichnungs-, Aufbewahrungs-, Übermittlungs- und Vorlagepflichten** (Abs. 2 S. 3 u. 4, §§ 155 Abs. 2, 155 Abs. 3 S. 3 StrlSchV) sowie **Informationspflichten** (Abs. 3). In bestimmten Einzelfällen kann diese Stufe bei Unverhältnismäßigkeit **übersprun-gen** werden (Abs. 4). Eine Befassung der **Behörden** ist auf Stufe 2 grundsätzlich **nicht** vorgesehen, gleichwohl unterliegen die Maßnahmen der Stufen 1 und 2 der **behördlichen Aufsicht** (→ Vor §§ 126 ff. Rn. 2).

B. Entstehungsgeschichte

Die konkrete Verpflichtung zu **arbeitsplatzbezogenen Maßnahmen,** die **2** allein auf Grundlage des **Vergleichs von Konzentrationen** (Messung und Refe-renzwert) beruhen, stellt eine **Neuregelung** dar. Hiermit wird die Verpflichtung aus **Art. 54 Abs. 3 RL 2013/59/Euratom,** der mit dem Optimierungsgrundsatz in Einklang stehende Maßnahmen fordert, umgesetzt.

C. Reduzierungsmaßnahmen (Abs. 1)

Die Verpflichtung, **unverzüglich** (→ Vor §§ 126 ff. Rn. 5) und **eigenverant- 3 wortlich Maßnahmen zur Reduzierung der Radon-222-Aktivitätskon-zentration** zu treffen, trifft den **Verantwortlichen** im Sinne von **§ 127 Abs. 2** (→ Rn. 5; → § 127 Rn. 15 ff.). Eine **Konkretisierung** der in der Vorschrift adres-sierten **Maßnahmen** soll außerhalb des formellen Rechts erfolgen (BT-Drs. 18/11241, 387) Radonschutzmaßnahmen sind zB im Radon-Handbuch des BfS (S. 25 ff., S. 52, 53) oder in den im Schrifttum benannten Veröffentlichungen des SMEKUL beschrieben. In Betracht kommen zB Maßnahmen zum Luftaustausch durch geeignete Lüftungsmaßnahmen oder Einbau von Lüftungsanlagen, Abdich-tungsmaßnahmen, mit denen der Radonzutritt ins Gebäude verhindert bzw. Ra-donwege im Gebäude versperrt werden oder Maßnahmen, mit denen die Druck-verhältnisse im und am Gebäude beeinflusst werden (DIN/TS 18117, Radon-Handbuch, S. 25 ff., 52, 53 mwA, Planungshilfe für Neu- und Bestandsbauten des SMEKUL S. 26 ff. mwA, Leitfaden Minderung der Radonaktivitätskonzentration in denkmalgeschützten Gebäuden des SMEKUL S. 13 ff. mwA).

Für das Eingreifen der Pflicht nach Abs. 1 ist **die Überschreitung des Refe- 4 renzwerts gem. § 126** maßgeblich. Unbeachtlich ist, ob die Kenntnis hiervon durch eine nach § 127 Abs. 1 verpflichtende oder eine freiwillig durchgeführte Messung, durch eine auf Grund anderer Anforderungen durchgeführten Messung oder auf Grund des Wissens über weitere Charakteristika des Arbeitsplatzes erlangt wird (BT-Drs. 18/11241, 387).

5   Die Verantwortlichkeit ist unabhängig von den Eigentumsverhältnissen dem **Inhaber der Betriebsstätte** zugeordnet (→ § 127 Rn. 15). Ist der Inhaber der Betriebsstätte nicht zugleich Eigentümer und sind gebäudebezogene Maßnahmen erforderlich, so darf sich eine fehlende Zustimmung nicht zum Nachteil der betroffenen Arbeitskräfte auswirken (BT-Drs. 18/11241, 387; Zur Anwendbarkeit der Ausnahmeregelung gem. Abs. 4 → Rn. 15).

6   Eine **Frist** für die **Durchführung der Maßnahmen** ergibt sich indirekt über die Pflicht zur Kontrollmessung gem. Abs. 2 S. 1 (→ Rn. 7), die gem. § 155 Abs. 1 S. 1 StrlSchV grundsätzlich über einen Zeitraum von **12 Monaten** zu erfolgen hat (→ § 127 Rn. 7). Hieraus ergibt sich, dass die Maßnahmen idR nach **18 Monaten** abgeschlossen sein müssen, um die Frist gem. Abs. 2 S. 1 einzuhalten (BT-Drs. 18/11241, 387, BT-Drs. 19/27918, 19, 20). Eine **Fristverlängerung** ist ebenfalls indirekt durch Verlängerung der Frist für die Erfolgskontrolle gem. Abs. 2 S. 2 möglich (→ Rn. 8).

D. Erfolgskontrolle (Abs. 2 S. 1 und 2)

7   Innerhalb von **30 Monaten** nachdem die Überschreitung des Referenzwertes bekannt geworden ist, muss der Verantwortliche den **Erfolg** der getroffenen Maßnahmen durch **Messung der Radon-222-Aktivitätskonzentration** überprüfen. Aufgrund der 12-monatigen Dauer der Messung (§ 155 Abs. 1 StrlSchV → § 127 Rn. 7) muss mit der Messung somit **18 Monate** nach dem erstmaligen Bekanntwerden der Überschreitung des Referenzwertes begonnen werden.

8   Die zust. Behörde kann die Frist nach Maßgabe von Abs. 2 S. 2 **verlängern**. Neben den Erwägungen für die Verlängerung gem. § 127 Abs. 1 S. 5 (→ § 127 Rn. 10) können hier auch solche Gründe Berücksichtigung finden, die sich aus der **Komplexität der Maßnahme** (Eingriff in die Gebäudesubstanz), aufgrund anderer einzuhaltender **Fristen** (z. B. Ausschreibungsfristen) oder anderen **objektiv** vom Verantwortlichen **nicht zu vertretenden Gründen** ergeben. (BT-Drs. 19/27918, 20 mwA).

E. Weitere Pflichten

I. Des Verantwortlichen für den Arbeitsplatz

9   **1. Aufzeichnung, Aufbewahrung, Übermittlung und Vorlage (Abs. 2 S. 3 u. 4, § 155 Abs. 2 StrlSchV).** Die Verpflichtungen zur **Aufzeichnung** und **Aufbewahrung der Aufzeichnungen** über die **Durchführung** und **Ergebnisse der Messungen** (Abs. 2 S. 3, 4, § 155 Abs. 2 S. 1, 2 StrlSchV) entsprechen den Verpflichtungen in Zusammenhang mit der Messung nach § 127 Abs. 1 und dienen dazu, ein aufsichtliches Tätigwerden der Behörden sicherzustellen. (→ § 127 Rn. 18 f.). Wie bei der Messung nach § 127 Abs. 1 sind die Informationen nach § 155 Abs. 2 S. 2 StrlSchV der anerkannten Stelle zu übermitteln (§ 155 Abs. 3 S. 3 StrlSchV → § 127 Rn. 21). Die Aufzeichnungen über die Durchführung und die Ergebnisse der Messungen sind **der zust. Behörde** auf deren Verlangen hin **vorzulegen** (Abs. 2 S. 4, § 155 Abs. 2 S. 3 StrlSchV; → § 127 Rn. 20).

2. Information (Abs. 3). Der Verantwortliche muss die betroffenen Arbeits- 10
kräften und den **Betriebs-** bzw. **Personalrat** unverzüglich (→ Vor §§ 126 ff. Rn. 5
über die Ergebnisse der Messungen unterrichten. Im Fall der Beschäftigung von Arbeitskräften in **fremden Betriebsstätten** muss der gem. § 127 Abs. 2 Nr. 2 für den
Arbeitsplatz Verantwortliche (→ § 127 Rn. 15) den **Dritten** informieren, der wiederum gegenüber den betroffenen **Arbeitskräften** und dem **Betriebs-** bzw. **Personalrat** auskunftspflichtig ist.

II. Der anerkannten Stellen (§ 155 Abs. 5 StrlSchV)

§ 155 Abs. 5 StrlSchV regelt eine **Informationsweitergabe** durch die aner- 11
kannten Stellen an das **BfS.** Hiermit sollen Informationen aus den Arbeitsplatzmessungen für wissenschaftliche Untersuchungen und Auswertungen nutzbar gemacht
werden (BR-Drs. 640/21, 1).

F. Ausnahmeregelung (Abs. 4)

Wenn Maßnahmen zur Reduzierung der Radon-222-Konzentration **nicht** 12
oder nur mit **unverhältnismäßigem Aufwand** möglich sind, kann aus Gründen
der **Verhältnismäßigkeit** Stufe 2 des Regelungskonzepts **übersprungen** werden
(BT-Drs. 18/11241, 388). Dies ist mit der Vorgabe des Art. 54 Abs. 3 RL 2013/59/
Euratom, der mit dem Optimierungsgrundsatz in Einklang stehende Maßnahmen
fordert, vereinbar (BT-Drs. 18/11241, 388). Abs. 4 ist eine **Ausnahmeregelung**
(BT-Drs. 18/11241, 389), die mit Hinweis auf Sinn und Zweck der Norm, durch
arbeitsplatzbezogene Maßnahmen die Exposition durch Radon am Arbeitsplatz
auf breiter Basis zu senken, **eng auszulegen** ist (BT-Drs. 18/11241, 389). Die Regelung kann somit nur dann zur Anwendung kommen, wenn **keine angemessenen Maßnahmen** zur Verfügung stehen (BT-Drs. 18/11241, 387, 388 mwA zur
Anwendbarkeit der Ausnahmeregelung;).

Das Überspringen der Stufe 2 führt zum unmittelbaren Eingreifen der Stufe 3. 13
Im Rahmen der Anmeldung gem. § 129 Abs. 2 prüft die zust. Behörde auch das
Vorliegen der **Voraussetzungen des Abs. 4** (→ § 129 Rn. 9) und ordnet erforderlichenfalls gem. § 129 Abs. 2 S. 3 **Maßnahmen zur Reduzierung der Radon-
222-Konzentration an** (→ § 129 Rn. 10).

I. Belange des Arbeits- oder Gesundheitsschutzes (Ziff. 1)

Hierunter sind außerhalb des Strahlenschutzrechts gelegene **fachliche Gründe** 14
zu fassen, die gegen Maßnahmen zur Reduzierung sprechen, wie z. B. Anforderungen an die Hygiene bei der Trinkwasseraufbereitung (BT-Drs. 18/11241, 388).

II. Natur des Arbeitsplatzes (Ziff. 2)

Bauliche Gegebenheiten können Maßnahmen erheblich erschweren oder un- 15
möglich machen, so dass Reduzierungsmaßnahmen **unverhältnismäßig** wären.
Hierunter zu fassen ist zB die seltene Belegung von Arbeitsplätzen und kurze Aufenthaltszeiten bei Versorgungstunneln oder Zugangsschächten im Bereich der Wasserversorgung. Auch können Reduzierungsmaßnahmen mit der **Natur der Betätigung** (bspw. in Radon-Heilstollen) unvereinbar sein (BT-Drs. 18/11241, 388).

16   Die **fehlende Zustimmung des Eigentümers** zu Reduzierungsmaßnahmen gem. Abs. 1 kann im begründeten Einzelfall die Anwendung der Ausnahmeregelung des Abs. 4 rechtfertigen. Um dem Charakter der Ausnahmeregelung des Abs. 4 gerecht zu werden, kommt dies nur dann in Betracht, wenn dem Inhaber der Betriebsstätte **keine angemessenen Maßnahmen** zur Reduzierung der Radon-222-Aktivitätskonzentrationzur Verfügung stehen (BT-Drs. 18/11241, 387; → Rn. 5; zum Referenzwert als Instrument des Optimierungsgrundsatzes → § 5 Rn. 33).

G. Zuwiderhandlungen

17   Nach § 194 Abs. 1 Nr. 28–30 können der Verstoß gegen die **Unterrichtungspflicht** nach Abs. 2 S. 3 und 4 (Nr. 28), der Verstoß gegen die Verpflichtung, **Maßnahmen nach Abs. 1 zu ergreifen** (Nr. 29) und der Verstoß gegen die **Überprüfungspflicht** nach Abs. 2 S. 1 (Nr. 30) als Ordnungswidrigkeit geahndet werden.

§ 129   Anmeldung

(1) [1]Der Verantwortliche nach § 128 Absatz 1 hat den Arbeitsplatz bei der zuständigen Behörde unverzüglich anzumelden, wenn eine Messung nach § 128 Absatz 2 Satz 1 keine Unterschreitung des Referenzwerts nach § 126 ergibt. [2]Der Anmeldung sind beizufügen:
1. Informationen über die Art des Arbeitsplatzes und die Anzahl der betroffenen Arbeitskräfte,
2. die Ergebnisse der Messungen nach § 127 Absatz 1,
3. Informationen über die ergriffenen Maßnahmen zur Reduzierung der Radon-222-Aktivitätskonzentration sowie die Ergebnisse der Messungen nach § 128 Absatz 2 und
4. die weiteren vorgesehenen Maßnahmen zur Reduzierung der Exposition.

(2) [1]Ergreift der für den Arbeitsplatz Verantwortliche auf Grund des § 128 Absatz 4 keine Maßnahmen, so hat er den Arbeitsplatz unverzüglich nach Bekanntwerden der besonderen Gründe bei der zuständigen Behörde anzumelden. [2]Der Anmeldung sind die Unterlagen nach Absatz 1 Satz 2 beizufügen; abweichend von Absatz 1 Satz 2 Nummer 3 ist zu begründen, warum keine Maßnahmen zur Reduzierung ergriffen wurden. [3]Soweit die vorgetragenen Gründe den Verzicht auf Maßnahmen nicht rechtfertigen, kann die zuständige Behörde Maßnahmen zur Reduzierung der Radon-222-Aktivitätskonzentration in der Luft an diesem Arbeitsplatz anordnen.

(3) [1]Ein Dritter, der in fremden Betriebsstätten eine Betätigung eigenverantwortlich beruflich ausübt oder ausüben lässt, hat diese Betätigung unverzüglich anzumelden, sobald sie an mehreren Arbeitsplätzen ausgeübt wird, die nach Absatz 1 Satz 1 anzumelden sind. [2]Der Anmeldung sind Unterlagen entsprechend Absatz 1 Satz 2 beizufügen; die für die Arbeitsplätze Verantwortlichen haben dem Dritten die dafür erforderlichen Auskünfte zu erteilen.

(4) **Für den zur Anmeldung Verpflichteten gilt die Pflicht zur betrieblichen Zusammenarbeit nach § 71 Absatz 3 entsprechend.**

A. Zweck und Bedeutung der Norm

Diese Vorschrift regelt das **Anmeldeverfahren** der Arbeitsplätze, an denen **1** **trotz der ergriffenen Maßnahmen** der Referenzwert des § 126 **nicht unterschritten** wird (Abs. 1) bzw. bei denen aufgrund der **Ausnahmeregelung** des § 128 Abs. 4 die Stufe 2 des Regelungskonzepts übersprungen wurde (Abs. 2). § 129 sieht eine **zwingende Behördenbeteiligung** vor und bildet zusammen mit § 130 Abs. 1 und 2 **Stufe 3** des Regelungskonzepts. **Anordnungsbefugnisse** in Zusammenhang mit der Ausnahmeregelung des § 128 Abs. 4 regelt Abs. 2 S. 3.

B. Entstehungsgeschichte

Das Anmeldeverfahren nach § 129 ist eng an das Anzeigeverfahren gem. **§ 95** **2** **Abs. 2 StrlSchV 2001** angelehnt (BT-Drs. 18/11241, 388). Jedoch sah **§ 95** **Abs. 2 StrlSchV 2001** eine Anzeigepflicht erst **nach** durchgeführter Dosisabschätzung vor und war auf Arbeitsplätze der Arbeitsfelder der **Anl. XI StrlSchV 2001** beschränkt (→ Vor §§ 126 ff. Rn. 3). Neu im StrlSchG geregelt ist, dass die Anmeldung von Arbeitsplätzen bereits **vor** der Dosisabschätzung gem. § 130 und unabhängig von ihrem Ausgang allein **aufgrund Überschreitung des Referenzwerts** nach § 126 durchzuführen ist. Die Spezifizierung der mit der Anmeldung einzureichenden Unterlagen orientiert sich an der Regelung des **§ 95 Abs. 2 S. 2** **StrlSchV 2001.** Die Pflicht zur betrieblichen Zusammenarbeit gem. § 71 Abs 3, auf die in Abs. 4 verwiesen wird, entspricht **§ 14 Abs. 4 RöV** und im Wesentlichen **§ 32 Abs. 3 StrlSchV 2001.**

Stufe 3 des Regelungskonzepts setzt die Vorgaben aus **Art. 54 Abs. 3 und** **3** **Art. 35 Abs. 2 RL 2013/59//Euratom** um.

C. Anmeldung von Arbeitsplätzen (Abs. 1)

Die Pflicht zur unverzüglichen (→ Vor §§ 126 ff. Rn. 5) **Anmeldung des Ar-** **4** **beitsplatzes** durch den **Verantwortlichen** nach § 128 (Inhaber der Betriebsstätte→ § 128 Rn. 3,5) knüpft allein an die **Überschreitung des Referenzwerts** nach § 126 an. Bei der beruflichen Beschäftigung von Arbeitskräften in **fremden Betriebsstätten** trifft diese Verpflichtung denjenigen, dessen **Betriebsstätte** betroffen ist (§ 127 Abs, 2 Nr. 2 → § 127 Rn. 15). Eine zusätzliche **Anmeldepflicht des Dritten** regelt Abs. 3 (→ Rn. 11).

Da ab der Stufe 3 **arbeitskraftbezogene Pflichten** zu erfüllen sind, wird in **5** Anlehnung an die Terminologie der **§§ 95, 96 StrlSchV 2001** derjenige, den die Pflichten treffen, als **Verpflichteter** bezeichnet (BT-Drs. 18/11241, 388).

Anders als bei der **Anzeige einer Tätigkeit** (§§ 17 ff., § 26), bei der die Behörde **6** innerhalb einer Vorlagefrist prüft und ggf. den Betrieb untersagt, dient die Anmeldung nach dieser Vorschrift dazu, die Behörde **in Kenntnis zu setzen** und so ein **aufsichtliches Tätigwerden** zu ermöglichen.

7 Die der Anmeldung beizufügenden **Unterlagen** sollen es der zust. Behörde ermöglichen, sich einen Überblick über das **Ausmaß der möglichen Exposition** zu verschaffen (S. 2 Nr. 1) und eine **Einschätzung der bereits getroffenen Maßnahmen** zur Reduzierung der Radon-222-Aktivitätskonzentration sowie **ihres Erfolgs** zu treffen (S. 2 Nr. 2 und 3; BT-Drs. 18/11241, 388, 389). Die Information über weiter vorgesehene Maßnahmen zur **Reduzierung der Exposition** (S. 2 Nr. 4) steht in Zusammenhang mit den auf Stufe 3 bestehenden Pflichten zur Dosisabschätzung (§ 130 Abs. 1→ § 130 Rn. 4 ff.) und Reduzierung der Exposition (§ 130 Abs. 2→ § 130 Rn. 12; BT Drs. 18/11241, 389).

D. Anmeldung nach Überspringen der Stufe 2 (Abs. 2 iVm § 128 Abs. 4)

8 Der **Verzicht auf Maßnahmen** gem. § 128 Abs. 4 stellt eine Durchbrechung der Zielsetzung des Regelungsansatzes, die Radonkonzentration auf breiter Basis zu senken, dar und ist daher **als Ausnahme eng auszulegen** (BT-Drs. 18/11241, 389 → § 128 Rn. 12). Sie führt zu einer **bleibenden Überschreitung** iSv Art. 54 Abs. 3 RL 2013/59/Euratom mit der Folge, dass die betroffenen Arbeitsplätze **unverzüglich** (→ Vor §§ 126 ff. Rn. 5) nach dem Bekanntwerden der besonderen Gründe bei der zust. Behörde **anzumelden** sind (S. 1).

9 Abweichend von Abs. 1 S. 2 Nr. 3 sind mit der Anmeldung die **Gründe für das Absehen von Maßnahmen** vorzulegen (Abs. 2 S. 1), um die Behörde in die Lage zu versetzen, **das Eingreifen der Ausnahmeregelung** zu überprüfen. Die weiteren der Anmeldung beizufügenden Unterlagen entsprechen den Anforderungen nach Abs. 1 S. 2. Insbesondere sind auch Angaben nach Abs. 1 S. 2 Nr. 4 erforderlich, die sich jedoch auf organisatorische Maßnahmen und die Reduzierung von Aufenthaltszeiten konzentrieren werden (BT-Drs. 18/11241, 389).

10 Reicht die Begründung nach Abs. 2 S. 2 nicht aus oder ist unzutreffend, ermächtigt Abs. 2 S. 3 **die zuständige Behörde, Maßnahmen anzuordnen.** Diese können bis hin zu solchen reichen, die bei vollständiger Geltung des § 128 Abs. 1 StrlSchG geboten sind (Abs. 2 S. 3; BT-Drs. 18/11241, 389).

E. Anmeldepflicht von Dritten (Abs. 3)

11 Abs. 3 regelt **zusätzlich** zur Anmeldung nach Abs. 1 eine **Anmeldepflicht des Dritten,** wenn Arbeitskräfte an anmeldepflichtigen Arbeitsplätzen in **mehreren Betriebsstätten** tätig sind. Um den Aufwand auf das unabdingbare Maß zu begrenzen sowie unter Verweis darauf, dass sich die **Anmeldepflicht des Inhabers der Betriebsstätte** auf beide Fälle des § 127 Abs. 2 bezieht (**interne und externe Beschäftigung,** BT-Drs. 18/11241, 387) greift die Anmeldepflicht des Dritten erst dann, wenn die Arbeitskräfte in **mehreren externen Betriebsstätten** beschäftigt werden (BT-Drs. 18/11241, 389). So soll sichergestellt werden, dass mögliche hohe Expositionen, die dadurch entstehen können, dass die hiervon betroffenen Arbeitskräfte in **mehreren fremden Betriebsstätten** tätig sind, nicht unerkannt bleiben (BT-Drs. 18/11241, 389). Der **Inhaber der Betriebsstätte** ist nach § 127 Abs. 4 (→ § 127 Rn. 22) und § 128 Abs. 3 (→ § 128 Rn. 10) gegenüber dem **Dritten** nach Abs. 3 zur **Information** verpflichtet. Der **Dritte** muss die Unterlagen **zusammenzuführen** und an die **zust. Behörde weitergeben.**

F. Pflicht zur betrieblichen Zusammenarbeit (Abs. 4)

Über die bestehenden gesetzlichen Informationspflichten hinaus soll eine **syste-** **12**
matischere Zusammenarbeit etabliert werden, in deren Zuge der zur Anmeldung Verpflichtete die Unterrichtung und Beratung von **Betriebs-** und **Personal-**
rat sowie der **Fachkraft für Arbeitssicherheit** in allen Fragen des radiologischen
Arbeitsschutzes hinsichtlich Radon-222-Exposition sicherzustellen hat. Hiermit
kommt der hohe Stellenwert der Zusammenarbeit mit den betriebsintern vorhandenen Gremien und Stellen zum Ausdruck (BT-Drs. 18/11241, 389). Konkrete
Anforderungen an die Betriebsorganisation des Verpflichteten setzen erst ein,
wenn auf Stufe 4 die betroffen Arbeitskräfte der strahlenschutzrechtlichen Kontrolle des beruflichen Strahlenschutzes unterworfen sind (BT-Drs. 18/11241, 389;
→ § 131 Rn. 23).

G. Zuwiderhandlungen

Der Verstoß gegen die **Auskunftspflicht** nach Abs. 3 S. 2 Hs. 2 kann nach § 194 **13**
Abs. 1 Nr. 31 als Ordnungswidrigkeit geahndet werden.

§ 130 Abschätzung der Exposition

(1) ¹Der zur Anmeldung Verpflichtete hat innerhalb von sechs Monaten
nach der Anmeldung eine auf den Arbeitsplatz bezogene Abschätzung der
Radon-222-Exposition, der potentiellen Alphaenergie-Exposition oder
der Körperdosis durch die Exposition durch Radon durchzuführen; im
Falle der Anmeldung durch den Dritten nach § 129 Absatz 3 Satz 1 ist die
Abschätzung bezogen auf die gesamte Betätigung durchzuführen. ²Die
Abschätzung ist unverzüglich zu wiederholen, sobald der Arbeitsplatz so
verändert wird, dass eine höhere Exposition auftreten kann. ³Die Ergebnisse der Abschätzungen sind aufzuzeichnen und der zuständigen Behörde
unverzüglich vorzulegen. ⁴Die Ergebnisse der Abschätzung sind fünf Jahre
lang aufzubewahren.

(2) ¹Ergibt die Abschätzung, dass die effektive Dosis 6 Millisievert im
Kalenderjahr nicht überschreiten kann, so hat der zur Abschätzung Verpflichtete die Exposition durch Radon regelmäßig zu überprüfen. ²Er hat
die Exposition durch geeignete Strahlenschutzmaßnahmen auf der Grundlage von Vorschriften des allgemeinen Arbeitsschutzes und unter Berücksichtigung aller Umstände des Einzelfalls so gering wie möglich zu halten.
³Die zuständige Behörde kann die Vorlage entsprechender Nachweise verlangen.

(3) Ergibt die Abschätzung, dass die effektive Dosis 6 Millisievert im
Kalenderjahr überschreiten kann, so sind Anforderungen des beruflichen
Strahlenschutzes nach Maßgabe des § 131 und der Rechtsverordnung nach
§ 132 Satz 2 Nummer 6 zu erfüllen.

A. Zweck und Bedeutung der Norm

1   § 130 Abs. 1 und 2 bildet mit § 129 **Stufe 3** des Regelungskonzepts (→ § 129 Rn. 1). Abs. 3 setzt mit § 131 **Stufe 4** des Regelungskonzepts um (→ § 131 Rn. 1). Aufgrund der **Abschätzung der Exposition** (Abs. 1 S. 1) kann beurteilt werden, ob an nach § 129 anmeldepflichtigen Arbeitsplätzen Maßnahmen des **beruflichen Strahlenschutzes** erforderlich sind. Diese Pflicht trifft gem. Abs. 1 S. 1 Hs. 2 auch **Dritte** gem. § 129 Abs. 3 S. 1. Bei möglicher Erhöhung der Exposition durch **Veränderung des Arbeitsplatzes** ist die Abschätzung zu **wiederholen** (Abs. 1 S. 2). Kann im Ergebnis der Abschätzung ein Überschreiten der effektiven Dosis von **6 mSv/Kj** ausgeschlossen werden, verpflichtet Abs. 2 zur regelmäßigen **Überprüfung der Exposition** und Einhaltung eines **Reduzierungsgebots**. Durch **Aufzeichnungspflichten** (Abs. 1 S. 3, 4) und **Vorlagepflichten** (Abs. 1 S. 3, Abs. 2 S. 3) wird die **behördliche Aufsicht** sichergestellt. Kann nach dem Ergebnis der Abschätzung die effektive Dosis von **6 mSv/Kj** überschritten werden, sind gem. Abs. 3 die Anforderungen des **beruflichen Strahlenschutzes** zu erfüllen.

B. Entstehungsgeschichte

2   Abs. 1 S. 1 (Verpflichtung zur Expositionsabschätzung) übernimmt sinngemäß § 95 Abs. 1 S. 1 und 3 StrlSchV 2001. Abs. 1 S. 2 (Wiederholung der Abschätzung) führt § 95 Abs. 1 S. 2 StrlSchV 2001 fort. Abs. 2 S. 2 (Reduzierungsgebot) führt § 94 und § 95 Abs. 12 StrlSchV 2001 fort und setzt für diese Arbeitsplätze zugleich **Art. 5 lit. b RL 2013/59/Euratom** (Optimierungsgrundsatz) um (BT-Drs. 18/11241, 390).

3   Die **Kenntnis der möglichen Dosis** (Abs. 1 S. 1, 2) ist Voraussetzung für die Umsetzung der Verpflichtung gem. **Art. 35 Abs. 2 S. 1 RL 2013/59/Euratom,** Arbeitsplätze gem. **Art. 54 Abs. 3 RL 2013/59/Euratom,** an denen die Exposition der Arbeitskräfte eine effektive Dosis von **6 mSv/Kj** überschreiten kann, wie eine **geplante Expositionssituation** zu behandeln. Der Umsetzung dieser Verpflichtung dient Abs. 3 mit § 131 (Stufe 4 des Regelungskonzepts). Die **Überprüfungspflicht** gem. Abs. 2 S. 1 für Arbeitsplätze, an denen eine Überschreitung einer effektiven Dosis von 6 mSv/Kj ausgeschlossen werden kann, setzt **Art. 35 Abs. 2 S. 2 RL 2013/59/Euratom** um.

C. Abschätzung der Exposition (Abs. 1)

I. Zur Expositionsabschätzung Verpflichteter

4   Der zur **Anmeldung Verpflichtete** muss gem. S. 1 Hs. 1 eine **Expositionsabschätzung** (→ Rn. 5 ff.) durchführen. Diese Pflicht gilt für **alle Anmeldungen nach § 129** (BT-Drs. 18/11241, 390) und trifft somit den **§ 129 Abs. 1. S. 1 Verpflichteten** (→ § 129 Rn. 4) sowie den **Dritten gem. Abs. 3 S. 1** im Fall der Anmeldung von Arbeitsplätzen nach dieser Vorschrift (→ § 129 Rn. 11). Die Verpflichtung des **Dritten** nach § 129 Abs. 3 S. 1 wird durch Abs. 1 S. 1 Hs. 2 **konkretisiert.** Hiermit wird dem Umstand Rechnung getragen, dass bei der Beschäftigung in mehreren fremden Betriebsstätten nur der Dritte den Überblick über die insgesamt mögliche Exposition haben kann (BT-Drs. 18/11241, 390).

II. Durchführung der Expositionsabschätzung

Da die **effektive Dosis** selbst nicht messbar ist (→ § 5 Rn. 15), werden **opera-** 5 **tionelle Größen (Messgrößen)** verwendet, die messbar sind und mit denen die effektive Dosis abgeschätzt werden kann (ICRP 103 Ziff. 4.1).

Welche **Messgrößen** zur Ermittlung der Körperdosis durch Radon-222 und seiner Folgeprodukte geeignet sind (Radon-Exposition, Alphaenergie-Exposition, Körperdosis), wird durch S. 1 Hs. 1 vorgegeben. In Fortführung des § 95 Abs. 1 StrlSchV 2001 enthält die StrlSchV selbst keine konkretisierenden Vorgaben zur Abschätzung der Exposition. Details zur Abschätzung, soweit nicht in der Verordnung nach § 132 Nr. 5 geregelt (§ 156 StrlSchV → Rn. 9) sollen weiterhin im untergesetzlichen Regelwerk festgelegt werden (BT-Drs. 18/11241, 390).

Die Abschätzung der Exposition muss innerhalb einer Frist von **6 Monaten** er- 6 folgt sein. Sie muss sich jeweils auf **eine Einzelperson** an allen für sie gem. **§ 129 angemeldeten Arbeitsplätzen** beziehen (BT-Drs. 18/11241, 390; BfS-Leitfaden Radon an Arbeitsplätzen S. 24; → Rn. 4; → § 129 Rn. 4 ff., 11). Sucht eine Arbeitskraft während ihrer Arbeitszeit **mehrere angemeldete Arbeitsplätze** auf oder wird sie an **mehreren Arbeitsorten** (→ § 132 Rn. 3) tätig, so wird die Exposition einer Arbeitskraft aus der **Summe der verschiedenen Teilexpositionen** ermittelt, für die wiederum die verschiedenen Expositionsszenarien einer Arbeitskraft gemäß ihren Zeitanteilen betrachtet werden (BfS-Leitfaden Radon an Arbeitsplätzen S. 25 mwA).

Aufgrund der während des Abschätzungszeitraums gewonnenen Expositions- 7 daten ist die **im Kalenderjahr zu erwartende Exposition** abzuschätzen. Somit sind auch **außergewöhnliche** oder **nicht routinemäßige Arbeiten** entsprechend ihrem Zeitanteil einzubeziehen, wenn **diese im Laufe eines Kalenderjahres** anfallen können, aber nicht in dem der Abschätzung zugrunde liegenden Zeitraum durchgeführt werden (BfS-Leitfaden Radon am Arbeitsplätzen S. 25, 26 mwA zum praktischen Vorgehen bei der Abschätzung).

Gründe für eine Verpflichtung zur unverzüglichen **Wiederholung** der Abschät- 8 zung gem. S. 2 können sich z. B. aus bauliche Maßnahmen, veränderten Arbeitsabläufen oder Aufenthaltszeiten ergeben (BT-Drs. 18/11241, 390).

III. Behördliche Vorgaben (§ 132 Nr. 5 iVm § 156 StrlSchG)

In Umsetzung der VO-Erm. gem. § 132 Nr. 5 StrlSchG ermöglicht § 156 9 StrlSchV **behördliche Vorgaben** für die **Durchführung der Abschätzung** nach § 130 Abs. 1, um die **erforderliche Qualität** sicherzustellen, enthält aber keine weiteren konkretisierenden Vorgaben zur Abschätzung der Exposition. Dies soll entsprechend der Verwaltungspraxis zu § 95 Abs. 1 StrlSchV 2001 weiterhin durch **behördliche Vorgaben** und **Empfehlungen** erfolgen (BR-Drs. 423/18, 464), z. B. durch die Anordnung, einen Sachverständigen einzubeziehen, durch Vorgaben zu den einzusetzenden Messgeräten oder zur Durchführung der Abschätzung (BfS Leitfaden Radon an Arbeitsplätzen S. 25).

IV. Weitere Pflichten (S. 3, 4)

10   Die Pflicht zur Aufzeichnung, Aufbewahrung und unverzüglichen Vorlage der **Ergebnisse der Abschätzung** ermöglichen es der zust. Behörde, die Einhaltung der weiteren Pflichten nach Abs. 2 bzw. Abs. 3 und § 131 zu **überwachen.**

D. Maßnahmen bei Unterschreiten der effektiven Dosis von 6 mSv/Kj (Abs. 2)

11   Sofern die Abschätzung eine Überschreitung einer effektiven Dosis von **6mSv/Kj ausschließt,** unterliegen diese Arbeitskräfte nicht der strahlenschutzrechtlichen Kontrolle des beruflichen Strahlenschutzes. Die **regelmäßige Überprüfung** der Exposition durch Radon dient der Umsetzung von Art. 35 Abs. 2 S. 2 RL 2013/59/Euratom. **Art und Umfang** der Überprüfung richtet sich nach der **Art der Arbeitsplätze** und wird durch den **zur Abschätzung Verpflichteten** festgelegt. Hierbei muss zumindest sichergestellt sein, dass Umstände, die zu einer Überschreitung einer effektiven Dosis von 6 mSv/Kj führen können oder eine erneute Abschätzung nach Abs. 3 S. 2 erforderlich machen würden, erkannt werden können (BT-Drs. 18/11242, 390).

12   Das in S. 2 enthaltene **Reduzierungsgebot** ist durch geeignete Strahlenschutzmaßnahmen auf Basis der Vorgaben des **allgemeinen Arbeitsschutzes** und unter Berücksichtigung aller Umstände des Einzelfalls zu erfüllen. S. 2 trägt auch dem Umstand Rechnung, dass es sich um eine bestehende Expositionssituation handelt, indem er – anders als das Reduzierungsgebot nach § 8 Abs. 2 bei Tätigkeiten – den Verpflichteten nicht auf die Einhaltung des Standes der Technik oder des Standes von Wissenschaft und Technik verpflichtet (BT-Drs 18/11241, 390; → § 131 Rn. 6).

13   Die zust. Behörde kann gem. S. 3 Rechenschaft vom zur Anzeige Verpflichteten über die Anwendung von S. 1 und 2 verlangen (BT-Drs. 18/1241, 390).

E. Anwendung der Regelungen des beruflichen Strahlenschutzes (Abs. 3)

14   Die Vorschrift setzt Art. 35 Abs. 2 S. 1 RL 2013/59/Euratom um und bildet im Zusammenhang mit § 131 **Stufe 4** des Regelungskonzepts. Art. 35 Abs. 2 S. 1 RL 2013/59/Euratom fordert für Arbeitsplätze, an denen die effektive Dosis von **6 mSv/Kj überschritten** werden kann, die **"Behandlung wie eine geplante Expositionssituation".** Dies wird durch Verweis auf die Parallelvorschriften des **beruflichen Strahlenschutzes bei Tätigkeiten** im **StrlSchG** erreicht und durch die Regelungen in § 131 sowie Rechtsverordnung nach § 132 Nr. 6 **präzisiert** (BT-Drs. 18/11241, 391; → § 131 Rn. 1, 4; § 132 Rn. 8).

F. Zuwiderhandlungen

15   Ein Verstoß gegen die Pflichten aus § 130 ist gem. § 194 nicht bußgeldbewehrt.

§ 131 Beruflicher Strahlenschutz

(1) Erfordert das Ergebnis der Abschätzung nach § 130 Absatz 3 die Einhaltung von Anforderungen des beruflichen Strahlenschutzes, so hat der zur Abschätzung Verpflichtete

1. geeignete Maßnahmen zu treffen, um unter Berücksichtigung aller Umstände des Einzelfalls die Exposition durch Radon so gering wie möglich zu halten,
2. die Radon-222-Exposition, die potenzielle Alphaenergie-Exposition oder die Körperdosis der an anmeldungsbedürftigen Arbeitsplätzen beschäftigten Arbeitskräfte auf geeignete Weise durch Messung zu ermitteln,
3. dafür zu sorgen, dass die Dosisgrenzwerte nicht überschritten werden und die Körperdosen nach § 166 ermittelt werden; die Regelungen und Grenzwerte der §§ 77 und 78 Absatz 1 und 3 Satz 1 und 3 gelten insoweit entsprechend,
4. dafür zu sorgen, dass die Anforderungen des beruflichen Strahlenschutzes nach der nach § 132 Satz 2 Nummer 6 erlassenen Rechtsverordnung eingehalten werden.

(2) Handelt es sich bei dem Verpflichteten um eine juristische Person oder um eine rechtsfähige Personengesellschaft, so gilt § 69 Absatz 2 entsprechend.

Übersicht

A. Zweck und Bedeutung der Norm

Die Vorschrift setzt gemeinsam mit § 130 Abs. 3 (→ § 130 Rn. 1, 14) **Stufe 4** des **1** Regelungskonzepts (→ Vor §§ 126 ff. Rn. 8) um. Die **Ermittlung der Dosis** gem. Nr. 2 durch Messung als eine **Kernpflicht des beruflichen Strahenschutzes** (BT-Drs. 18/11241 S. 391) ist Voraussetzung für die Kontrolle der Einhaltung der **Dosisgrenzwerte** nach Nr. 3. Aus der Behandlung wie eine geplante Expositionssituation folgt auch nach Nr. 1 ein **Reduzierungsgebot.** Nr. 4 verpflichtet zur

Einhaltung der durch die RVO nach **§ 132 Nr. 6** für anwendbar erklärten **Anforderungen des beruflichen Strahlenschutzes** nach der StrlSchV. **Aufzeichnungs-, Aufbewahrungs- und Mitteilungspflichten** regeln § 167 und § 157 Abs. 4 StrlSchV. **Anordnungsbefugnisse** der zust. Behörden ergeben sich **aus § 158 Abs. 4 StrlSchV** sowie **§ 179 Abs. 2 S. 1** (→ § 179 Rn. 73 ff.).

B. Entstehungsgeschichte

2   In § 131 werden die in **Art. 35 Abs. 2 S. 1 RL 2013/59/Euratom** geforderten **angemessenen Anforderungen** festgelegt. **Konkretisierungen** erfolgt durch die Regelungen der §§ 157, 158 StrlSchV, mit denen der Verordnungsgeber von den Ermächtigungen gem. § 132 Nr. 6, 7, 8 und **9** Gebrauch gemacht hat (→ § 132 Rn. 9 ff.). **Nr. 3** setzt **Artikel 9 Abs. 2, 11 Abs. 2 RL 2013/59/Euratom** um.

3   Die Regelungen der Stufe 4 knüpfen an die Vorschriften des **Teils 3 der StrlSchV 2001** für Arbeitsplätze an, gelten nunmehr aber für alle Arbeitsplätze, an denen nach **Maßgabe der § 130 Abs. 3**, 131 die Anforderungen des **beruflichen Strahlenschutzes** zu erfüllen sind (→ Vor §§ 126 ff. Rn. 3). **Nr. 1** führt **§ 94 StrlSchV 2001, Nr. 2** die Regelung aus **§ 95 Abs. 10 StrlSchV 2001** fort. **Nr. 3** greift **§ 95 Abs. 5 und 7 StrlSchV 2001** auf. **§ 157 Abs. 3 StrlSchV** knüpft an die Regelungen der **StrlSchV 2001** zur Ermittlung der Körperdosis in geplanten Expositionssituationen an, abweichend jedoch das in § 157 Abs. 3 Nr. 2 geregelte Vorgehen (BR-Drs. 423/18, 464). §§ 157 Abs. 4, 5, 158 StrlSchV greifen Regelungen der **§§ 95, 96 StrlSchV 2001** auf (BR-Drs. 423/18, 464, 465).

C. Anforderungen des beruflichen Strahlenschutzes (Abs. 1)

4   Mit „**Anforderungen des beruflichen Strahlenschutzes**" sind die **Parallelvorschriften für Tätigkeiten** aus Teil 2 des StrlSchG gemeint. Soweit für Tätigkeiten eine Festlegung nach den §§ 76 Abs. 1, 79 durch **Verordnung** erfolgt, ist die Verweisung auf diese Vorschriften in der **Rechtsverordnung nach § 132 Nr. 6** maßgeblich (BT-Drs. 18/11241 S: 391, 393; → Rn. 15 ff.; → § 132 Rn. 8).

5   Zur Einhaltung der Anforderungen des beruflichen Strahlenschutzes verpflichtet ist der gem. § 130 Abs. 1 S. 1 **zur Abschätzung Verpflichtete** (→ § 130 Rn. 4). Die Pflicht trifft zunächst den **Inhaber der Betriebsstätte** für beide Fälle des § 127 Abs. 2 (→ § 127 Rn. 15 ff.) Besteht eine **Anmeldepflicht des Dritten** nach § 129 Abs. 3 S. 1 (→ § 129 Rn. 9), so hat vorrangig der **Dritte** für die Einhaltung der Anforderungen des beruflichen Strahlenschutzes zu sorgen (sa BT-Drs. 18/11241, 391).

I. Reduzierungsgebot Nr. 1)

6   Mit der **Reduzierungsverpflichtung** wird dem **Optimierungsgrundsatz** nach Artikel 5 lit. b RL 2013/59/Euratom Rechnung getragen. Anders als im Fall des § 130 Abs. 2 S. 2 wird das Gebot durch **konkrete strahlenschutzrechtliche Pflichten** untersetzt und entspricht somit dem Gedanken der „Behandlung wie eine geplante Expositionssituation" gem. Art. 35 Abs. 2 S. 1 RL 2013/59/Euratom. Da es sich um eine **bestehende Expositionssituation** handelt, wurde darauf verzichtet, den Verpflichteten auf die Einhaltung der Regeln der Technik, des Standes

der Technik oder des Standes der Wissenschaft (sog. Technikklausel; →§8 Rn. 36ff.) zu verpflichten (BT-Drs. 18/11241, 391).

Eine Reduzierung der Radon-Exposition kann durch **bauliche, technische** **7** oder **organisatorische Maßnahmen** erreicht werden (BfS Leitfaden Radon an Arbeitsplätzen S. 28, 33 mwA). Gem. § 158 Abs. 4 StrlSchV (→Rn. 17) kann die **zuständige Behörde** erforderlichenfalls Maßnahmen zur Verringerung der Exposition **anordnen.**

II. Verpflichtung zur Ermittlung der Dosis (Nr. 2, § 157 Abs. 1–3 StrlSchV)

Abweichend zu der auf Stufe 3 durchzuführenden Abschätzung der Exposition **8** muss die **tatsächlich erhaltene Exposition** festgestellt werden. Der Verpflichtete muss für jede betroffene Arbeitskraft die **durch Radon erhaltene Dosis** durch Messung ermitteln (BfS-Leitfaden Radon an Arbeitsplätzen in Innenräumen S. 28, 29 mwA). Die konkrete Ausgestaltung ist durch RVO gem. § 132 S. 2 Nr. 7, 8 in **§ 157 Abs. 1–3 StrlSchV** erfolgt.

Die **Durchführung der Ermittlung** ist den nach § 169 **behördlich be- 9 stimmten Messstellen** vorbehalten (**§ 157 Abs. 1 StrlSchV**) und dient der **Gleichbehandlung** mit beruflich exponierten Personen in geplanten Expositionssituationen (BR-Drs. 423/18, 464).

Abweichend zur Rechtslage nach § 95 Abs. 10 S. 4 StrlSchV 2011 ist die Einbin- **10** dung einer nach § **169 behördlich bestimmten Messstelle** bei der Messung der Exposition nunmehr **verbindlich (§ 157 Abs. 2 StrlSchV).** Die Messung erfolgt mit Messgeräten, die von Messstelle bezogen werden (Nr. 1). Bei Zustimmung der Messstelle kann die zuständige Behörde genehmigen, dass unter Verantwortung des Verpflichteten gemessen wird (BfS-Leitfaden Radon am Arbeitsplatz, S. 28, 29 mwA).

Der Verpflichtete muss für die **Aufzeichnung der Expositionsbedingungen 11** sorgen (**§ 157 Abs. 3 S. 1 StrlSchV).** Zu den **Expositionsbedingungen** zählen klimatische Bedingungen (Luftdruck, Temperatur, Luftfeuchtigkeit), die Konzentration von Stäuben und Aerosolpartikeln in der Luft, auftretende Nässe, mechanische Einflüsse, elektromagnetische Felder, die Ventilationsrate und alle Expositionen, die nicht Gegenstand der Messung sind, aber das Messergebnis beeinflussen können wie z. B. der Einfluss durch natürliche Umgebungsstrahlung (BfS Leitfaden Radon am Arbeitsplatz S. 28, 29 mwA).

Der Verpflichtete muss die **Aufzeichnungen** nach § 157 Abs. 3 S. 1 StrlSchV im **12** Fall der Messung nach Abs. 2 Nr. 1 mit den **Messgeräten** (Nr. 1) und im Fall der Messung nach Abs. 2 Nr. 2 mit den **Aufzeichnungen** (Nr. 2) der **Messstelle** innerhalb der innerhalb der **Fristen** des **§ 157 Abs. 3 S. 2** bzw. **S. 3** zur Verfügung stellen.

III. Dosisgrenzwerte und Ermittlung der Körperdosis (Nr. 3, §§ 77, 78 Abs. 1, 3 S. 1 und 3, 166)

Die Regelung greift § 95 Abs. 5 und 7 StrlSchV 2001 auf und setzt Art. 9 Abs. 2, **13** 11 Abs. 2 RL 2013/59/Euratom um. Die Anwendung der **Grenzwertregelungen für die effektive Dosis** (**§ 77**→ § 77 Rn. 1ff.), § 78 Abs. 1(→ § 78 Rn. 11ff.) § 78 Abs. 3 S. 1 und S. 3 (→ § 78 Rn. 17) zählt als **Eckpfeiler des beruflichen Strahlenschutzes** zu den von Art. 35 Abs. 2 S. 1 RL 2013/59/Euratom geforderten

„angemessenen Anforderungen" (BT-Drs. 18/11241 S. 391). Da die Expositionen der Augenlinse und der Haut beim Schutz vor Radon keine Rolle spielen, beschränkt sich die entsprechende Anwendung von § 78 Abs. 3 S. 3 auf die **effektive Dosis** (BT-Drs. 18/11241, 391). Da die Exposition durch Radon ganz überwiegend die Lunge bzw. den Atemtrakt trifft, sind auch keine besonderen Grenzwerte bzw. Vorschriften für Schwangere zum Schutz des Ungeborenen erforderlich (BT-Drs. 18/11241, 391, 392).

14   Nach Maßgabe des **§ 166** sind die Körperdosen einer Person aus beruflicher Exposition **aus Tätigkeiten** und aus **bestehenden Expositionssituationen,** bei denen die Pflicht zur Dosisermittlung greift und die somit **wie Tätigkeiten behandelt** werden, zu **addieren** (BT-Drs. 18/11241, 420, 421; → § 166 Rn. 1, 4).

IV. Anforderungen des beruflichen Strahlenschutzes nach der StrlSchV (Nr. 4, § 132 Nr. 6 iVm 157 Abs. 5, 158 StrlSchV)

15   Von der VO-Erm. des § 132 Nr. 6 hat der VO-Geber mit den Regelungen der §§ 157 Abs. 5, 158 StrlSchV Gebrauch gemacht. Hierbei handelt es sich um sog. „Schutzvorschriften" (→ Einf. Rn. 30), die **Vorsorge- und Überwachungsmaßnahmen** für den Schutz von Personen, die einer beruflichen Exposition unterliegen (**§ 158 Abs. 1–3), Aufzeichnungs- und Mitteilungspflichten** der Daten der Körperdosis (**§ 157 Abs. 5**) sowie **behördliche Anordnungsbefugnisse** (**§ 158 Abs. 4**) regeln.

16   **§ 157 Abs. 5 StrlSchV** regelt in Fortführung von § 95 Abs. 10. S. 6 StrlSchV **2001** die Pflichten und Vorgehensweise bei **fehlerhafter** oder **unterbliebener Messung.** Eine **fehlerhafte Messung** liegt vor, wenn das Messgerät nicht bestimmungsgemäß eingesetzt wurde oder nicht auswertbar ist, wenn das Messverfahren oder die Messmethode ungeeignet war oder die Messung nicht bestimmungsgemäß durchgeführt wurde (BfS-Leitfaden Radon am Arbeitsplatz S. 30 mwA).

17   Die Verpflichtung zum Führen eines **Strahlenpasses** gem. **§ 158 Abs. 1 StrlSchV** greift § 95 Abs. 3 StrlSchV 2001 auf und trifft den nach § 130 Abs. 1 S. 1 Hs. 2 zur Abschätzung Verpflichteten. Voraussetzung ist, dass Arbeitskräfte an anmeldepflichtigen Arbeitsplätzen in **mehreren Betriebsstätten** tätig sind (→ § 129 Rn. 10).

18   **§ 158 Abs. 2 StrlSchV** knüpft an § 95 Abs. 6 StrlSchV 2001 an und regelt die Möglichkeit der **Weiterbeschäftigung bei Überschreitung** der gem. § 131 Abs. 2 Nr. 3 entsprechend geltenden **Dosisgrenzwerte** der §§ 78, 78 Abs. 1 und 3. S. 1 u. 3 (→ Rn. 13) sowie das **Verfahren bei deren Überschreitung.**

19   **§ 158 Abs. 3 StrlSchV** regelt in Fortführung von § 95 Abs. 11 StrlSchV 2001 die Verpflichtung zur **Vorsorgeuntersuchung** durch einen gem. § 175 Abs. 1 S. 1 StrlSchV **ermächtigten Arzt.** Aufgrund der Verweisung in § 158 Abs. 3 S. 3 StrlSchV finden die für Tätigkeiten geltenden Vorschriften der § 77 Abs. 3, 79 und 80 StrlSchV entsprechende Anwendung.

20   **§ 158 Abs. 4** StrlSchV knüpft an § 96 Abs. 4 StrlSchV 2001 an und ermöglicht es der zust. Behörde, im Einzelfall zu prüfen, welche der in geplanten Expositionssituationen vorgesehenen **baulichen oder technischen Maßnahmen** (z. B. Zwangsbelüftung, Ortsmonitoring) oder **organisatorischen Maßnahmen** (z. B. Einrichtung von Strahlenschutzbereichen, Zutrittskontrollen, Strahlenschutzanweisungen, Unterweisung von Arbeitskräften) für den jeweiligen Arbeitsplatz anwendbar und angemessen sind (BR-Drs. 423/18 S. 465; BfS Leitfaden Radon an Arbeitsplätzen S. 28, 32, 33 mwA).

V. Aufzeichnungs- Aufbewahrungs- und Mitteilungspflichten (§ 167, § 157 Abs. 4 StrlSchV)

Den Verpflichteten nach **§ 131 Abs. 1** treffen nach Maßgabe des **§ 167 Auf-** 21 **zeichnungs-, Aufbewahrungs- und behördliche Mitteilungspflichten** für die ermittelte Körperdosis.

§ 157 Abs. 4 StrlSchV regelt in Fortführung von **§ 95 Abs. 10 S. 3 StrlSchV** 22 **2001,** dass die Ergebnisse der Ermittlung der Körperdosis spätestens **9 Monate nach erfolgter Exposition** der an einem anmeldungsbedürftigen Arbeitsplatz beschäftigten Arbeitskraft vorliegen müssen.

D. Vorgaben für jur. Personen und rechtsfähige Personengesellschaften (Abs. 2)

Abs. 2 regelt in Fortführung von **§ 104 StrlSchV 2001,** wer bei **juristischen** 23 **Personen** und **rechtsfähigen Personengesellschaften** die Aufgaben des **Verpflichteten** innehat und ordnet hierzu die entsprechende Geltung der Vorgaben des § 69 Abs. 2 im Bereich der **Betriebsorganisation** an (BT-Drs. 18/11241, 392).

E. Zuwiderhandlungen

Der Verstoß gegen die Pflicht zur **Einhaltung der Dosisgrenzwerte** nach 24 § 131 Abs. 1 Nr. 3 Hs. 1 kann gem. § 194 Abs. 1 Nr. 32 als Ordnungswidrigkeit geahndet werden.

131a Aufgabe oder Änderung des angemeldeten Arbeitsplatzes

Der für den Arbeitsplatz Verantwortliche, der einen Arbeitsplatz nach § 129 angemeldet hat, hat der zuständigen Behörde folgende Änderungen unverzüglich mitzuteilen:
1. **die Aufgabe des Arbeitsplatzes,**
2. **Änderungen, die nachweislich dazu führen, dass die Radon-222-Aktivitätskonzentration in der Luft an dem angemeldeten Arbeitsplatz den Referenzwert nach § 126 nicht länger überschreitet; der Nachweis ist durch Messung entsprechend § 127 Absatz 1 zu erbringen,**
3. **Änderungen, die nachweislich dazu führen, dass eine auf den angemeldeten Arbeitsplatz bezogene Abschätzung der Exposition entsprechend § 130 Absatz 1 ergibt, dass die effektive Dosis 6 Millisievert im Kalenderjahr nicht länger überschreiten kann.**

A. Zweck und Bedeutung der Norm

Die effektive Ausübung der behördlichen Aufsicht setzt voraus, dass die zustän- 1 dige Behörde stets über etwaige **Veränderungen an nach § 129 anmeldepflichtigen Arbeitsplätzen** in Kenntnis gesetzt wird (BT-Drs. 19/26943, 50). Die hieraus folgende Möglichkeit, eine Überwachung zu beenden, dient sowohl der Entlastung der Behörden als auch des Informationspflichtigen.

B. Entstehungsgeschichte

2   Eine entsprechende Regelung war in der **StrlSchV 2001** nicht vorhanden. Die Regelung dient der effektiven Ausübung der behördlichen Aufsicht und somit der konsequenten Umsetzung der Vorgaben der **Art. 54 Abs. 3 iVm Art. 25 Abs. 2 und Art. 35 Abs. 2 RL 2013/59/Euratom** (BT-Drs. 19/26943, 50).

C. Regelungsinhalt

3   § 131 a regelt die Vorgabe, die zuständige unverzüglich Behörde zu informieren, wenn ein angemeldeter Arbeitsplatz **nicht mehr besteht** (Nr. 1) bzw. **keine**r (Nr. 2) oder **weniger strenger** (Nr. 3) **Überwachung** bedarf. Die Informationspflicht trifft **den für den Arbeitsplatz Verantwortlichen** (→ § 127 Rn. 15 ff.), der einen Arbeitsplatz nach § 129 angemeldet hat. Die Kenntnis darüber, dass der Referenz- bzw. Dosiswert nicht mehr überschritten wird, ermöglicht es der zust. Behörde, eine Überwachung zu beenden.

§ 132   Verordnungsermächtigung

[1]Die Bundesregierung wird ermächtigt, durch Rechtsverordnung mit Zustimmung des Bundesrates Anforderungen an den Schutz vor Radon an Arbeitsplätzen festzulegen. [2]In der Rechtsverordnung kann insbesondere festgelegt werden,

1. in welchen Fällen und auf welche Weise mehrere Arbeitsorte als Arbeitsplatz im Sinne dieses Abschnitts zu betrachten sind,
2. wie die Radon-222-Aktivitätskonzentration an Arbeitsplätzen über das Kalenderjahr zu mitteln ist,
3. wie die Messung der Radon-222-Aktivitätskonzentration in der Luft an Arbeitsplätzen nach den §§ 127 und 128 zu erfolgen hat, dass sie von einer anerkannten Stelle auszuführen ist und welche Anforderungen an die Messung und an die Stelle, die die Messung ausführt, sowie an das Verfahren der Anerkennung dieser Stelle zu stellen sind,
4. welche Informationen im Zusammenhang mit den Messungen nach den §§ 127 und 128 der für den Arbeitsplatz Verantwortliche der nach einer Rechtsverordnung nach Nummer 3 anerkannten Stelle zur Verfügung zu stellen hat, dass und auf welche Art und Weise die anerkannte Stelle die Informationen, einschließlich der Messergebnisse, dem Bundesamt für Strahlenschutz zur Erfüllung seiner Amtsaufgaben übermittelt und auf welche Weise das Bundesamt für Strahlenschutz die Informationen zur Erfüllung seiner Amtsaufgaben verarbeitet,
5. wie die arbeitsplatzbezogene Abschätzung der Radon-222-Exposition, der potentiellen Alphaenergie-Exposition oder der Körperdosis durch die Exposition durch Radon nach § 130 Absatz 1 durchzuführen ist und welche Anforderungen an das Verfahren der Abschätzung und an die Person, die die Abschätzung durchführt, zu stellen sind,

6. dass die für Teil 2 dieses Gesetzes geltenden sowie die in § 76 Absatz 1 und § 79 aufgezählten Maßnahmen und Anforderungen des beruflichen Strahlenschutzes zum Schutz der Arbeitskräfte auch im Falle des § 130 Absatz 3 anzuwenden sind,

7. wie die Radon-222-Exposition, die potentielle Alphaenergie-Exposition oder die Körperdosis im Falle des § 131 Absatz 1 Nummer 2 zu ermitteln ist und welche Anforderungen an das Verfahren der Ermittlung zu stellen sind,

8. dass die Ermittlung nach § 131 Absatz 1 Nummer 2 durch eine nach § 169 behördlich bestimmte Messstelle zu erfolgen hat und welche Informationen der Messstelle für die Ermittlung zur Verfügung zu stellen sind und

9. welche Aufzeichnungs-, Aufbewahrungs-, Mitteilungs- und Vorlagepflichten im Zusammenhang mit den Pflichten nach § 131 und nach den Nummern 1 bis 8 bestehen.

A. Zweck und Bedeutung der Norm

Mit dem StrlSchG wurde ein eigenständiges formelles Gesetz zum Schutz vor **1** der schädlichen Wirkung ionisierender Strahlung geschaffen, in dem die wesentlichen und grundrechtsrelevanten Aspekte des Strahlenschutzes geregelt sind.

Die **VO-Erm.** ermöglicht die ergänzende Regelung **spezifischer** und **kon-** **2** **kretisierender materieller Aspekte** auf Ebene der **RVO** (BT-Drs. 18/11241, 177; BR-Drs. 423/18, 1). Die Vorschrift enthält in S. 1 eine VO-Erm. zur Festlegung von Anforderungen an den Schutz vor Radon an Arbeitsplätzen und ermächtigt gem. S. 2 insbesondere zur Konkretisierung der dort genannten Einzelpunkte.

B. Arbeitsort – Arbeitsplatz (Nr. 1)

Der VO-Geber hat von dieser VO-Erm. bislang keinen Gebrauch gemacht. Zur **3** Frage, **welche Orte** oder **Zusammensetzungen der Orte** als „Arbeitsplatz" zu betrachten sind, kann weiterhin auf die „RL für die Überwachung der Strahlenexposition bei Arbeiten nach Teil 3 Kap. 2 Strahlenschutzverordnung" (GMBl. 2004, 418) zurückgegriffen werden (BT-Drs. 18/11241, 392).

C. Ermittlung der Radon-222-Aktivitätskonzentration (Nr. 2)

Die Vorschrift ermächtigt zur Konkretisierung, **wie** die Messung der „über das **4** Kalenderjahr gemittelte Radon-Aktivitätskonzentration" **auszuführen** ist, etwa um jahreszeitlich bedingte Unterschiede der Radon-222-Aktivitätskonzentration auszugleichen (BT-Drs. 18/1241, 392). Von dieser Ermächtigung hat der VO-Geber mit den Regelungen in § **155 Abs. 1, 2 und 3 StrlSchV** (→ § 127 Rn. 6 f., 9, 13) Gebrauch gemacht.

D. Messung der Radon-222-Aktivitätskonzentration (Nr. 3)

5   Die Norm ermächtigt zur Festlegung von Messprotokollen, Messmethodik, Messverfahren, Messzeitdauern usw. der Radon-222-Aktivitätskonzentration, um so ein **einheitliches Vorgehen** im Hinblick auf die Messungen nach §§ 127 **Abs. 1, 128 Abs. 1** zu erreichen (BT-Drs. 18/11241, 392). Weiter ermöglicht die Vorschrift die verbindliche Festlegung von Maßnahmen der **Qualitätssicherung** auf Ebene der RVO (BT-Drs. 18/11241, 392, 393) durch die Einbindung der durch das BfS **anerkannte Stelle** (BR-Drs. 423/18, 463) und die **Anforderungen an deren Anerkennung.** Der VO-Geber hat mit den Regelungen in § 155 **Abs. 1–3 StrlSchV** konkretisierende Regelungen zur Durchführung der Messung und Qualitätssicherung getroffen (→ § 127 Rn. 6 f., 9, 12 ff.) und mit **§ 155 Abs. 4** (→ § 127 Rn. 13) grundlegende Anforderungen für die Anerkennung durch das BfS geregelt (BR-Drs. 423/18, 463).

E. Informationsübermittlung an das BfS (Nr. 4)

6   Die Ermächtigung wurde mit dem 1. ÄndG aufgenommen und ersetzt eine nicht ausgefüllte VO-Erm. zu Dosis- und Messgrößen, die inhaltlich von der umfassenderen VO-Erm. des § 175 Abs. 2 Nr. 2 StrlSchG abgedeckt ist (BT-Drs. 19/19269, 50). Die bei der Messung der Radon-222-Aktivitätskonzentration gewonnenen **Informationen** sollen so für eine weitere Verbesserung des Radon-Schutzes sowie für die wissenschaftliche Untersuchung und Auswertung durch das BfS nutzbar gemacht werden. Von der VO-Erm. wurde mit den Regelungen in **§ 155 Abs. 3 S. 3** (→ § 127 Rn. 21) und **Abs. 5 StrlSchV** (→ § 127 Rn. 23) Gebrauch gemacht.

F. Abschätzung der effektiven Dosis (Nr. 5)

7   Die Regelung ermöglicht es, bei der Abschätzung der möglichen effektiven Dosis von Arbeitskräften durch die Exposition durch Radon **Standards, Konventionen** und **Qualitätsgesicherte Verfahren** einschließlich **persönlicher Anforderungen an den Durchführenden** festzulegen. (BT-Drs. 18/11241, 393). Der VO-Geber hat von der VO-Erm. mit der Regelung in **§ 156 StrlSchV** Gebrauch gemacht (→ § 130 Rn. 9).

G. Anforderungen des beruflichen Strahlenschutzes (Nr. 6)

8   Die in **Artikel 35 Abs. 2 RL 2013/59/Euratom** geforderte „Behandlung wie eine geplante Expositionssituation" wird durch den Verweis in **§ 130 Abs. 3** auf Vorschriften des **beruflichen Strahlenschutzes** erreicht. Die von **Art. 54 Abs. 2 S. 1 RL 2013/59/Euratom** geforderten „angemessenen Anforderungen" werden durch **§ 131** sowie die RVO nach Nr. 6, von der mit den Regelungen in **§§ 157 Abs. 5, 158 StrlSchV** (→ § 131 Rn. 15 ff.) Gebrauch gemacht wurde, konkretisiert.

H. Ermittlung der effektiven Dosis (Nr. 7)

Aufgrund dieser VO-Erm. können nähere Inhalte zur **Dosisermittlung,** etwa 9
welche Messgrößen geeignete Ausgangspunkte sind oder wie die Ermittlung selbst
zu erfolgen hat, festgelegt werden. Der VO-Geber hat von der VO-Erm. mit den
Regelungen **in § 157 Abs. 1, 2 und 5 StrlSchV** (→ § 131 Rn. 9f., 16) zur Konkretisierung von **§ 131 Abs. 1 Nr. 2** (→ § 131 Rn. 8 ff.) Gebrauch gemacht.

I. Einbindung der behördlich bestimmten Messstelle (Nr. 8)

Die Regelung, dass die individuelle Ermittlung der Körperdosis durch eine **be-** 10
hördlich bestimmte und mit entsprechenden Qualitätssicherungsverfahren ausgestattete **Messstelle** zu erfolgen hat, gehört zu den von Art. 35 Abs. 2 S. 1
RL 2013/59/Euratom geforderten **„angemessenen Anforderungen",** die aus
dem Bereich der Tätigkeiten übernommen werden. Dies beinhaltet neben den **An-**
forderungen an die Bestimmung der behördlich bestimmten Messstellen
(§ 169) auch die direkte **Weitergabe ermittelter Dosen** an das **Strahlenschutz-**
register (BT-Drs. 18/11241, 393). Der VO-Geber hat von der VO-Erm. mit den
in **§ 157 Abs. 1, 2 und 3 StrlSchV** zur Konkretisierung von **§ 131 Abs. 1 Nr. 3**
(→ § 131 Rn. 13 ff.) Gebrauch gemacht.

J. Aufzeichnungs- Aufbewahrungs- Mitteilungs- und Vorlagepflichten (Nr. 9)

Der VO-Geber hat von dieser Ermächtigung mit der Regelung in **§§ 155 Abs. 2** 11
(→ § 127 Rn. 18ff.; → § 128 Rn. 9), **§ 157 Abs. 4** (→ § 131 Rn. 22) und **§ 157**
Abs. 5 StrlSchV (→ § 131 Rn. 16) Gebrauch gemacht. Hiermit werden die
Pflichten gem. **§§ 127 Abs. 3, 128 Abs. 2 S. 3 und 4** (§ 155 Abs. 2 StrlSchV),
§ 167 Abs. 1 (§ 157 Abs. 4 StrlSchV) und **§ 131 Abs. 1 Nr. 3** (§ 157 Abs. 5
StrlSchV) konkretisiert.

Kapitel 3 – Schutz vor Radioaktivität in Bauprodukten

§ 133 Referenzwert

Der Referenzwert für die effektive Dosis aus äußerer Exposition von Einzelpersonen der Bevölkerung in Aufenthaltsräumen durch Gammastrahlung aus Bauprodukten beträgt zusätzlich zur effektiven Dosis aus äußerer Exposition im Freien 1 Millisievert im Kalenderjahr.

A. Sinn und Zweck der Norm

1 Für die Bewertung von **Bauprodukten,** die zur Errichtung von **Aufenthaltsräumen** (§ 5 Abs. 5) eingesetzt werden, wird ein Referenzwert (§ 5 Abs. 29) von **1 mSv/Kj** festgelegt. Zu der Bedeutung eines Referenzwerts und seinen teilweise unterschiedlichen Funktionen in den verschiedenen bestehenden Expositionssituationen nach dem StrlSchG → § 5 Rn. 33. Überschreiten Bauprodukte, für die die spezifische Aktivität nach § 134 Abs. 1 bestimmt werden muss, den Referenzwert, ist die zust. Behörde nach § 135 Abs. 2 unverzüglich zu informieren.

Mit der Festlegung des Referenzwertes für Bauprodukte werden die Vorgaben aus Art. 75 Abs. 1 RL 2013/59/Euratom umgesetzt.

B. Bisherige Regelungen

2 In der StrlSchV 2001 gab es keine Regelungen für Bauprodukte im engeren Sinne. In Anl. XII Teil B Nr. 2 lit. b StrlSchV 2001 existierten Überwachungsgrenzen für Rückstände in Baustoffen, die z. B. im Hausbau zugesetzt werden.

C. Referenzwert

3 Nach § 133 beträgt der Referenzwert für die effektive Dosis aus äußerer Exposition von Einzelpersonen der Bevölkerung in **Aufenthaltsräumen** durch Gammastrahlung aus Bauprodukten zusätzlich zur effektiven Dosis aus äußerer Exposition im Freien 1 mSv/Kj. Zur Definition von **„Bauprodukt"** → § 5 Rn. 7. Maßstab für den Referenzwert ist die Exposition durch **Gammastrahlung.** Radonexhalationen aus Bauprodukten werden von § 133 StrlSchG nicht erfasst, sondern fallen unter den Referenzwert der Radonaktivitätskonzentration nach § 124 und § 126 StrlSchG.

Zum Begriff der „effektiven Dosis" vgl. § 5 Abs. 11, zum Begriff der „äußeren Exposition vgl. § 2 Abs. 1, zum Begriff „Einzelpersonen der Bevölkerung" s. § 5 Abs. 14. Anders als die RL 2013/59/Euratom bezieht sich der Referenzwert nicht auf Innenräume, sondern auf Aufenthaltsräume. Dies hat seinen Grund darin, dass die Anforderungen des Art. 75 RL 2013/59/Euratom sich auf den **Bevölkerungsschutz** und insoweit nur auf Aufenthaltsräume (vgl. § 5 Abs. 5) und nicht generell auf Innenräume, die auch Arbeitsplätze umfassen können (vgl. § 5 Abs. 17), beziehen (BT-Drs. 18/11241, 394).

§ 134 Bestimmung der spezifischen Aktivität

(1) **Wer Bauprodukte, die die in Anlage 9 genannten mineralischen Primärrohstoffe oder Rückstände enthalten, herstellt oder ins Inland verbringt, muss vor dem Inverkehrbringen der Bauprodukte die spezifische Aktivität der Radionuklide Radium-226, Thorium-232 oder seines Zerfallsprodukts Radium-228 und Kalium-40 bestimmen.**

(2) **Die Ergebnisse der Bestimmung der nach Absatz 1 bestimmten spezifischen Aktivitäten sind aufzuzeichnen und fünf Jahre lang aufzubewahren.**

(3) **Die zuständige Behörde kann verlangen, dass sie von dem zur Bestimmung der spezifischen Aktivität Verpflichteten über die Ergebnisse der Bestimmung und den gemäß der Rechtsverordnung nach § 135 Absatz 1 Satz 3 ermittelten Aktivitätsindex sowie über andere in der Rechtsverordnung genannte für die Berechnung des Aktivitätsindex verwendete Größen unterrichtet wird.**

A. Sinn und Zweck der Norm

§ 134 den Hersteller oder Inverkehrbringer von **radiologisch grds. relevanten** 1 **Bauprodukten,** vor dem Inverkehrbringen deren spezifische Aktivität zu bestimmen (Abs. 1), die Ergebnisse der Bestimmung aufzuzeichnen und aufzubewahren (Abs. 2) und auf Verlangen der zust. Behörde diese über die Aktivitätsbestimmung zu informieren (Abs. 3). Die nach § 134 prüfpflichtigen Bauprodukte dürfen uneingeschränkt nur in Verkehr gebracht werden, wenn die von ihnen verursachte Exposition den Referenzwert von 1 mSv/nicht überschreitet. Andernfalls ist die zust. Behörde unverzüglich zu informieren, vgl. § 135, der weitere Maßgaben vorsieht. § 134 setzt Art. 75 Abs. 2 RL 2013/59/Euratom um.

B. Bisherige Regelungen

In der StrlSchV (2001) gab es keine Regelungen für Bauprodukte im engeren 2 Sinne (→ § 133, Rn. 2).

C. Bestimmung von spezifischen Aktivitäten der natürlich vorkommenden Radionuklide (Abs. 1)

Abs. 1 verpflichtet denjenigen, der Bauprodukte **herstellt** oder **ins Inland ver-** 3 **bringt,** die die in **Anl. 9 genannten mineralischen Primärrohstoffe** oder die **Rückstände** (§ 5 Abs. 32) enthalten, **vor dem Inverkehrbringen** der Bauprodukte die spezifische Aktivität der in Abs. 1 genannten Nuklide zu bestimmen.

Das StrlSchG definiert den Begriff des **Herstellers** nicht. Anderen Rechtsgebie- 4 ten, die den Hersteller definieren, wie z. B. § 4 Abs. 1 ProdhaftG, § 2 Nr. 15 ProdSG oder auch Art. 2 Nr. 19 EU-BauprodukteVO 305/2011, liegt das Verständnis zugrunde, dass Hersteller derjenige ist, der eine Sache selbst herstellt, also eine Sache verarbeitet, oder herstellen lässt und diese Sache in seinem eigenen Namen oder unter seiner eigenen Handelsmarke vermarktet bzw. sich selbst als Hersteller ausgibt, zB durch Anbringen seines Namens auf dem Produkt. Dieses Verständnis wird auch dem Herstellerbegriff des § 134 Abs. 1 zugrunde gelegt. Zum gleichen Verständnis des Herstellerbegriffs bei sonstigen bestehenden Expositionssituationen → § 153 Rn. 4.

5   Für den Begriff des **„Inverkehrbringens"** ist ein Rückgriff auf andere produktbezogene Rechtsgebiete hilfreich. Art. 2 Nr. 17 EU-BauproduktenVO Nr. 305/2011 definiert „Inverkehrbringen" als die erstmalige Bereitstellung eines Bauprodukts auf dem Markt der Union. Auch nach § 2 Nr. 16 ProdSG ist das Inverkehrbringen die erstmalige Bereitstellung eines Produkts auf dem Unionsmarkt. Nach § 2 Nr. 26 EU-MedizinprodukteVO (EU) 2017/745 wird „Inverkehrbringen" als die erstmalige Bereitstellung eines Produkts, mit Ausnahme von Prüfprodukten, auf dem Unionsmarkt definiert. Im Zusammenhang mit der Regelung des Abs. 1 kann Inverkehrbringen ebenfalls als die **erstmalige Bereitstellung des Bauprodukts auf dem deutschen Markt** definiert werden. Die Vorgaben gelten somit auch für Bauprodukte, die im Ausland hergestellt und ins Inland verbracht werden. Direktlieferungen durch den Hersteller, dh wenn der Hersteller ohne klassische Bereitstellung auf dem Markt direkt anden Verwender liefert oder die Bauprodukte gleich selbst einbaut sind auch umfasst (BT-Drs. 18/11241, 394).

6   In **Anl. 9** sind die für die Herstellung von Bauprodukten radiologisch relevanten mineralischen **Primärrohstoffe** (Natursteine) aufgeführt. Die bei der Bauprodukteherstellung verwendeten radiologisch relevanten **Rückstände** sind unter Berücksichtigung von Anh. XIII RL 2013/59/Euratom in **Anl. 1** aufgeführt. Die Verwendung von Rückständen bei der Herstellung von Bauprodukten spielt in der Praxis allerdings keine relevante Rolle.

7   Die Bestimmung der spezifischen Aktivitäten von Ra-226, Th-232 (oder von Ra-228) und K-40 bezieht sich auf die Bauprodukte mit allen enthaltenen Zuschlagstoffen, einschließlich der Komponenten gem. Anl. 1 und 9 sowie anderer Bestandteile, die nicht in den vorgenannten Anlagen gelistet sind. Unter Berücksichtigung der Anteile der in den Bauprodukten eingesetzten Komponenten kann dabei aus Messungen auf das Gesamtbauprodukt geschlossen werden (vgl. BT-Drs. 18/11241, 394). Wenn die Zuschlagstoffe jeweils aus derselben Herkunft stammen, können vorliegende Analyseergebnisse für mehrere Chargen als repräsentativ beurteilt werden.

8   Die Bestimmung der spezifischen Aktivität ist nicht gefordert, wenn Bauprodukte, denen Primärrohstoffe nach Anl. 9 oder Rückstände zugesetzt sind, nicht für die Herstellung von Aufenthaltsräumen eingesetzt werden sollen. Sie können mit dieser Einschränkung in Verkehr gebracht werden.

D. Aufbewahrung der Ergebnisse (Abs. 2)

9   Der nach Abs. 1 Verpflichtete hat die Analyseergebnisse aufzuzeichnen und für 5 Jahre aufzubewahren, damit sie für eine ggf. behördliche Kontrolle zur Verfügung stehen bzw. damit sie auch Qualitätskontrollen ermöglichen.

E. Unterrichtung der Behörde (Abs. 3)

Die zuständige Behörde kann von dem nach Abs. 1 Verpflichteten die Analyse- **10** ergebnisse, die daraus ermittelten Werte des Aktivitätsindex (→ § 135 Rn. 3) sowie weitere Parameter wie zB Bauproduktdichte zur Kontrolle einfordern. Zust. Behörde ist „überwiegend" das **DIBt.** Per Verwaltungsabkommen haben die Länder Bayern, Brandenburg, Bremen, Hessen, Mecklenburg-Vorpommern, Niedersachsen, Nordrhein-Westfalen, Sachsen, Sachsen-Anhalt, Schleswig-Holstein und Thüringen dem DIBt die Aufgabe übertragen, als zust. Behörde gem. §§ 134, 135 StrlSchG tätig zu werden (vgl. www.dibt.de; für NRW sa MBl. NRW. 2019 S. 382: Bekanntmachung des Verwaltungsabkommens zwischen Bund und Ländern zur Übertragung von weiteren Aufgaben auf das Deutsche Institut für Bautechnik (DIBt) – Bekanntmachung des Ministeriums für Heimat, Kommunales, Bau und Gleichstellung vom 22. August 2019).

F. Zuwiderhandlungen

Nach **§ 194 Abs. 1 Nr. 33** handelt derjenige ordnungswidrig, der entgegen **11** § 134 Abs. 1 vorsätzlich oder fahrlässig die spezifische Aktivität nicht, nicht richtig oder nicht rechtzeitig bestimmt. Nach § 194 Abs. Nr. 28 handelt derjenige ordnungswidrig, der entgegen § 134 Abs. 2 eine dort genannte Aufzeichnung nicht, nicht richtig, nicht vollständig oder nicht rechtzeitig fertigt oder nicht für die vorgeschriebene Dauer aufbewahrt. Nach § 194 Abs. 2 können diese Ordnungswidrigkeiten mit einer Geldbuße bis zu 10.000 Euro geahndet werden.

§ 135 Maßnahmen; Verordnungsermächtigung

(1) ¹**Der zur Bestimmung der spezifischen Aktivität Verpflichtete darf Bauprodukte, die die in Anlage 9 genannten mineralischen Primärrohstoffe oder Rückstände enthalten, uneingeschränkt nur in Verkehr bringen, wenn er nachweist, dass die voraussichtliche Exposition durch von dem Bauprodukt ausgehende Strahlung den Referenzwert nicht überschreitet. ²Der Referenzwert gilt als eingehalten, wenn der gemäß der Rechtsverordnung nach Satz 3 ermittelte Aktivitätsindex die dort festgelegten Werte nicht überschreitet. ³Die Bundesregierung wird ermächtigt, durch Rechtsverordnung mit Zustimmung des Bundesrates festzulegen, wie der Aktivitätsindex zu berechnen ist und welche Werte der Aktivitätsindex nicht überschreiten darf.**

(2) **Überschreitet die voraussichtlich von einem Bauprodukt, das die in Anlage 9 genannten mineralischen Primärrohstoffe oder Rückstände enthält, ausgehende effektive Dosis den Referenzwert, hat derjenige, der das Bauprodukt herstellt oder ins Inland verbringt, die zuständige Behörde unverzüglich zu informieren.**

(3) ¹**Die zuständige Behörde kann innerhalb eines Monats nach Eingang der Information**

1. die Maßnahmen anordnen, die zur Einhaltung des Referenzwerts bei Verwendung des Bauprodukts zur Herstellung von Gebäuden mit Aufenthaltsräumen erforderlich sind, oder

2. die Verwendung des Bauprodukts zur Herstellung von Gebäuden mit Aufenthaltsräumen untersagen, wenn der Referenzwert nicht eingehalten werden kann.

[2]Das Bauprodukt darf erst nach Ablauf der Monatsfrist oder nach Maßgabe der behördlichen Entscheidung in Verkehr gebracht werden.

(4) [1]Der Verpflichtete hat den Bauherrn, den Entwurfsverfasser und den Unternehmer im Sinne der jeweils anwendbaren Landesbauordnungen hinsichtlich der getroffenen Einschränkungen zu informieren. [2]Soweit diese Personen nicht bekannt sind, ist das Bauprodukt mit Begleitpapieren zu versehen, aus denen die Verwendungseinschränkungen hervorgehen.

A. Sinn und Zweck der Norm

1   § 135 regelt, auf welche Weise der Nachweis erbracht wird, dass der **Referenzwert eingehalten** wird und bestimmt die **Rechtsfolgen bei Überschreitung oder Nichtüberschreitung des Referenzwertes** nach § 133 für die Exposition, die durch die von dem geprüften Bauprodukt verursachte Strahlung ausgeht. Die Bestimmung konkretisiert die behördlichen Anordnungsmöglichkeiten und enthält eine VO-Erm. zur Berechnung des für die Ermittlung des Referenzwertes erheblichen Aktivitätsindexes. § 135 setzt Art. 75 Abs. 3 RL 2013/59/Euratom um.

B. Bisherige Regelungen

2   In der StrlSchV (2001) gab es keine Regelungen für Bauprodukte im engeren Sinne (→ § 133 Rn. 2).

C. Ermittlung des Referenzwertes(Abs. 1 S. 3)

3   Auf Grundlage der in Abs. 1 S. 3 enthaltenen VO-Erm. bestimmt **§ 159 StrlSchV,** dass der zur Bestimmung der spezifischen Aktivität Verpflichtete nach Abs. 1 S. 1 – also der Hersteller oder der im Inverkehrbringer – zum Nachweis, dass der Referenzwert nach § 133 nicht überschritten wird, den Aktivitätsindex nach **Anl. 17 StrlSchV** zu berechnen und dafür zu sorgen hat, dass der Aktivitätsindex die in Anl. 17 StrlSchV genannten Werte nicht überschreitet (zum Aktivitätsindex vgl. BR–Drs. 423/18, 511). Nach Abs. 1 S. 2 **gilt** der Referenzwert als eingehalten, wenn der nach § 159 iVm Anl. 17 StrlSchV ermittelte Aktivitätsindex die festgelegten Werte nicht überschreitet, dh wenn der Aktivitätsindex I den Wert 1 nicht überschreitet. Neben den spezifischen Aktivitäten von Radium-226, Thorium-232 (oder seines Zerfallsprodukts Radium-228) und Kalium-40 ist außerdem die Baustoffflächendichte zu berücksichtigen. Der Gesetzgeber hat Abs. 1 S. 2 als Fiktion formuliert.

D. Einhaltung des Referenzwertes (Abs. 1 S. 1)

Wenn der zur Bestimmung der spezifischen Aktivität Verpflichtete mithilfe der **4** Ermittlung nach § 159 iVm Anl. 17 StrlSchV nachweist, dass die voraussichtliche Exposition, die von der Strahlung aus dem Bauprodukt verursacht wird, den Referenzwert von **1 mSv/Kj nicht überschreitet,** darf das betreffende Bauprodukte **uneingeschränkt** in Verkehr gebracht werden.

E. Überschreiten des Referenzwertes (Abs. 2)

Wenn das betreffende Bauprodukt **voraussichtlich den Referenzwert nicht** **5** **einhält,** hat der Hersteller oder Inverkehrbringer ins Inland die **zust. Behörde** hierüber **unverzüglich in Kenntnis zu setzen.**

F. Behördliche Anordnungsbefugnisse (Abs. 3)

Innerhalb eines Monats nach Inkenntnissetzung nach Abs. 2 kann die zust. **6** Behörde Maßnahmen anordnen, die sicherstellen, dass der Referenzwert eingehalten wird. Die Anordnungen können beispielsweise Vorgaben für eine Verwendung nur zu bestimmten Zwecken oder eine Verwendung für die Errichtung von Aufenthaltsräumen vollständig ausschließen, vgl. Abs. 2 Nr. 2. Das Bauprodukt darf dann nur nach Maßgabe der behördlichen Entscheidung in Verkehr gebracht werden (BT-Drs. 18/11241, 395). Die Behörde entscheidet nach **pflichtgemäßen Ermessen,** ob sie entsprechende Anordnungen trifft. Denkbar ist, dass sie keine Anordnungen erlässt, wenn die Referenzwertüberschreitung nur sehr gering ist oder andere Gesichtspunkte mögliche Einschränkungen als unangemessen erscheinen lassen (BT-Drs. 18/11241, 395). Sofern die zuständige Behörde nach der Ein-Monatsfrist keine Anordnung erteilt hat, können Bauprodukte uneingeschränkt in Verkehr gebracht werden.

G. Informationspflicht des Verpflichteten (Abs. 4)

Aufgrund der von der zust. Behörde nach Abs. 3 angeordneten Einschränkun- **7** gen kann es erforderlich werden, **Bauherren, Entwurfsverfasser und Unternehmer** iSd jeweils anwendbaren LBOen je nach Betroffenheit über die einschränkenden Sachverhalte zu informieren (BT-Drs. 18/11241, 395). Dadurch können durch geeignete Maßnahmen die ordnungsgemäßen Verwendungen der betroffenen Bauprodukte gewährleistet werden. Der Hersteller oder der Verbringer ins Inland müssen die genannten Personen informieren. Sind diese Personen nicht bekannt, sind beim Vertrieb der Bauprodukte dementsprechende Begleitpapiere beizufügen, in denen mögliche Verwendungseinschränkungen dokumentiert sind.

H. Zuwiderhandlungen

8   Nach § 194 Abs. 1 Nr. 34 handelt derjenige ordnungswidrig, der entgegen § 135 Abs. 1 Satz 1 oder Abs. 3 Satz 2 vorsätzlich oder fahrlässig ein Bauprodukt in Verkehr bringt. Nach § 194 Abs. 2 kann diese Ordnungswidrigkeit mit einer Geldbuße bis zu 50.000 Euro geahndet werden. Nach § 194 Abs. 1 Nr. 35 handelt derjenige ordnungswidrig, der entgegen § 135 Abs. 2 eine Information nicht, nicht richtig, nicht vollständig oder nicht rechtzeitig übermittelt. Nach § 194 Abs. 2 kann diese Ordnungswidrigkeit mit einer Geldbuße bis zu 10.000 Euro geahndet werden.

Kapitel 4 – Radioaktiv kontaminierte Gebiete

Abschnitt 1 – Radioaktive Altlasten

Vorbemerkung zu §§ 136 ff.

Vor Inkrafttreten des StrlSchG richtete sich die Sanierung auch von radioaktiven 1
Altlasten grds. nach dem BBodSchG und der BBodSchV. Gem. § 3 Abs. 2 S. 1
BBodSchG in der bis zum 31.12.2018 geltenden Fassung fand das BBodSchG allerdings keine Anwendung auf Anlagen, Tätigkeiten, Geräte oder Vorrichtungen,
Kernbrennstoffe und sonstige radioaktive Stoffe, soweit Rechtsvorschriften den
Schutz vor den Gefahren der Kernenergie und der Wirkung ionisierender Strahlen
regeln. Durch diese Regelung sollte dem Umstand Rechnung getragen werden,
dass das Atom- und Strahlenschutzrecht einschließlich der aufgrund Art. 9 Abs. 2
iVm Anl. II Kap. XII Abschn. III Nr. 2 und 3 des Einigungsvertrages vom
31.8.1990 (BGBl. II 885, 889) fortgeltenden Vorschriften der ehemaligen DDR
differenzierte Vorschriften enthielt, die insoweit die Vorsorge gegen Schäden gewährleisten (BT-Drs. 13/6701, 33). Wie sich aus dem Wortlaut von § 3 Abs. 2
S. 1 BBodSchG ergab, war die Anwendung des BBodSchG jedoch nicht gänzlich
ausgeschlossen, sondern nur soweit die Regelungsbereiche des Atom- und Strahlenschutzrechts reichten. Allgemeine Regelungen für die Sanierung von Altlasten
enthielten das AtG und die StrlSchV 2001 nicht (vgl. § 2 Abs. 2 Nr. 1 StrlSchV
2001). Insoweit fanden für die Sanierung von schädlichen Bodenveränderungen
oder Altlasten, die durch radioaktive Stoffe verursacht wurden, die **allgemeinen
Regelungen des BBodSchG** Anwendung (vgl. *Sondermann/Hejma* in Versteyl/
Sondermann BBodSchG § 3 Rn. 84). Diese wurden aber den spezifischen Situationen von radioaktiven Altlasten und den bei der Bewältigung der radioaktiven Altlasten zu beachtenden materiellen Besonderheiten kaum gerecht (*Mann/Hundertmark* NVwZ 2019, 825 (828)).

Aus Anlass der **Umsetzung der RL 2013/59/Euratom** in nationales Recht 2
hat sich der Gesetzgeber dazu entschieden, im StrlSchG **umfassende Regelungen
zur Bewältigung radioaktiver Altlasten** zu schaffen, die den Vorschriften des
BBodSchG als **Spezialregelungen** vorgehen (vgl. *Mann/Hundertmark* NVwZ
2019, 825 (828)). Dementsprechend hat der Gesetzgeber mit Inkrafttreten des
StrlSchG gem. Art. 14 des Gesetzes zur Neuordnung des Rechts zum Schutz vor
der schädlichen Wirkung ionisierender Strahlung vom 27.6.2017 (BGBl. I 1966)
den Anwendungsausschluss in § 3 Abs. 2 S. 1 BBodSchG der Terminologie des
StrlSchG im Zusammenhang mit radioaktiven Altlasten folgend auf Grundstücke,
Teile von Grundstücken, Gewässer und Grubenbaue erweitert. Gleichzeitig traten
gem. Art. 32 Abs. 3 desselben Gesetzes die Vorschriften der ehemaligen DDR außer
Kraft, die bis dahin für die Stilllegung und Sanierung der Betriebsanlagen und Betriebsstätten des Uranerzbergbaus im Bereich der Wismut GmbH Anwendung fanden und zunächst nach Art. 9 Abs. 2 iVm Anl. II Kap. XII Abschn. III Nr. 2 und 3
des Einigungsvertrages vom 31.8.1990 (BGBl. II 885, 889) fortgalten. Damit existieren seit Inkrafttreten des StrlSchG **im gesamten Bundesgebiet einheitliche
Regelungen** speziell für die Bewältigung radioaktiver Altlasten. Aus Gründen der

Harmonisierung und der Vergleichbarkeit der zu regelnden Sachverhalte orientieren sich diese allerdings ganz wesentlich an den grds. konzeptionellen Herangehensweisen des BBodSchG (BT-Drs. 18/11241, 397).

3   Mit den Regelungen des StrlSchG zu radioaktiven Altlasten wird Anhang XVII lit. a Ziffer i RL 2013/59/Euratom aufgegriffen, wonach es sich bei Expositionen, die aufgrund einer Kontamination aus vergangenen Tätigkeiten entstanden sind, die nie der regulatorischen Kontrolle unterlagen oder nicht gem. den in der RL 2013/59/Euratom festgelegten Anforderungen reguliert wurden, um bestehende Expositionssituationen handelt. In Bezug auf diese Gebiete werden mit den §§ 136 ff. die Art. 100 bis 102 RL 2013/59/Euratom in nationales Recht umgesetzt. Darüber hinaus dienen die Regelungen der Implementierung von Art. 73 RL 2013/59/Euratom, der insoweit ergänzende Vorgaben enthält. Die Regelungen für radioaktive Altlasten stellen dabei eine Strategie zur Untersuchung, Bewertung und Bewältigung der radioaktiven Altlastensituationen dar, so wie sie in den Art. 100 bis 102 RL 2013/59/Euratom für bestehende Expositionssituationen gefordert wird (BT-Drs. 18/11241, 396). Wesentliche Instrumentarien hierfür sind die behördliche Anordnung und der Sanierungsplan.

§ 136   Begriff der radioaktiven Altlast; Verordnungsermächtigung

(1) **Radioaktive Altlasten sind durch abgeschlossene menschliche Betätigung kontaminierte Grundstücke, Teile von Grundstücken, Gebäude oder Gewässer, wenn von der Kontamination eine Exposition verursacht wird oder werden kann, durch die für Einzelpersonen der Bevölkerung der Referenzwert der effektiven Dosis von 1 Millisievert im Kalenderjahr überschritten wird.**

(2) **Die Bundesregierung wird ermächtigt, durch Rechtsverordnung mit Zustimmung des Bundesrates die Anforderungen für die Ermittlung der Exposition und Prüfwerte, bei deren Unterschreitung keine radioaktive Altlast vorliegt, festzulegen.**

(3) **¹Bei der Ermittlung der Exposition zur Bestimmung einer radioaktiven Altlast ist die planungsrechtlich zulässige Nutzung der Grundstücke und ihrer Umgebung sowie das sich daraus ergebende Schutzbedürfnis zu beachten. ²Fehlen planungsrechtliche Festsetzungen, so ist die Prägung des Gebiets unter Berücksichtigung der absehbaren Entwicklung zugrunde zu legen. ³Liegen auf Teilflächen gegenüber der nach den Sätzen 1 oder 2 zugrunde zu legenden Nutzung abweichende Nutzungen vor, die zu höheren Expositionen führen können, sind diese zu berücksichtigen.**

(4) **Besteht die Besorgnis, dass eine radioaktive Altlast einen Grundwasserleiter beeinflusst, ist abweichend von Absatz 3 grundsätzlich eine Nutzung des Grundwassers zu unterstellen.**

A. Zweck und Bedeutung der Norm

1   § 136 definiert den Begriff der radioaktiven Altlast und legt die wesentlichen Maßstäbe und **Grundsätze für die Bestimmung einer radioaktiven Altlast** fest. Differenziertere Regelungen werden auf Verordnungsebene getroffen. Die

Regelung stellt die zentrale Norm für die Bestimmung, ob eine radioaktive Altlast vorliegt, dar. Abs. 1 dient auch der Umsetzung von Art. 100 Abs. 1 iVm Anh. XVII lit. a Ziffern i und iii RL 2013/59/Euratom. Darüber hinaus erfüllt der Gesetzgeber mit der Definition in Abs. 1 die Vorgabe aus Art. 101 Abs. 2 lit. b RL 2013/59/Euratom, wonach im Rahmen einer Strategie zum angemessenen Umgang mit bestehenden Expositionssituationen ein Referenzwert festzulegen ist.

B. Begriff der radioaktiven Altlast (Abs. 1)

Die Begriffsbestimmung in Abs. 1 geht auf Anh. XVII RL 2013/59/Euratom **2** zurück, verzichtet aber auf die Nennung von Gründen, die zur Entstehung einer potentiellen radioaktiven Altlast geführt haben, da dies letztendlich für die Frage des Vorliegens einer radioaktiven Altlast keine Rolle spielt (BT-Drs. 18/11241, 398). Entscheidend ist allein, ob eine **durch eine abgeschlossene menschliche Betätigung hervorgerufene Kontamination** isV § 5 Abs. 21 (→ § 5 Rn. 25) vorliegt und der festgelegte Referenzwert iHv 1 mSv/Kj überschritten wird oder überschritten werden kann. Solche Kontaminationen können etwa dadurch entstanden sein, dass eine frühere menschliche Betätigung nicht der strahlenschutzrechtlichen Kontrolle unterlag oder die erfolgte strahlenschutzrechtliche Kontrolle nicht den Anforderungen des StrlSchG entsprochen hat (BT-Drs. 18/11241, 397). Durch das Erfordernis einer abgeschlossenen menschlichen Betätigung werden zudem rein natürliche Phänomene ausgeschlossen (BT-Drs. 18/11241, 398). Der **Referenzwert iHv 1 mSv/Kj** geht auf den bei der Stilllegung und Sanierung der Hinterlassenschaften des Uranerzbergbaus in der ehemaligen DDR zugrunde gelegten Richtwert in gleicher Höhe zurück. Aufgrund der dort gemachten positiven Erfahrungen bei der Altlastensanierung und um Kontinuität zwischen den bisherigen und zukünftigen Maßnahmen herzustellen, hat sich der Gesetzgeber für die Übernahme dieses Wertes in das neue Strahlenschutzrecht entschieden (BT-Drs. 18/11241, 398) und damit gleichzeitig auch für den niedrigsten Referenzwert, den die in Anh. I Nr. 1 RL 2013/59/Euratom festgelegte Spanne für bestehende Expositionssituationen (1 bis 20 mSv/Kj) vorgibt (zum Begriff des Referenzwerts nach § 5 Abs. 29 vgl. → § 5 Rn. 33ff.).

Nach Abs. 1 können nur Grundstücke, Teile von Grundstücken, Gebäude oder **3** Gewässer radioaktive Altlasten sein. Da explizit auch nur **Grundstücksteile** radioaktive Altlasten darstellen können, wird deutlich, dass es – auch im Sinne einer effektiven Altlastenbewältigung – immer nur auf **diejenige konkrete Fläche** ankommt, **bei der tatsächlich der Verdacht auf das Vorliegen einer radioaktiven Altlast besteht.** Ebenso kann auch nur ein **einzelnes Gebäude,** selbst wenn es Bestandteil eines Grundstücks ist, als radioaktive Altlast eingestuft werden. Eine klare Beschränkung auf die tatsächlich betroffenen Gegenstände entspricht auch dem verfassungsrechtlichen Verhältnismäßigkeitsgrundsatz, der es verbietet, über Gebühr in unter das Eigentumsgrundrecht fallende Positionen einzugreifen. Gewässer isV Abs. 1 sind sowohl **Grund- als auch Oberflächengewässer sowie Gewässerbetten,** wenn in diesen trotz ggf. zeitweisen Trockenfallens immer wieder Wasser fließt (BT-Drs. 18/11241, 398). Es kann auf die Begriffsbestimmungen in § 3 Nr. 1 und 3 WHG zurückgegriffen werden. Demgegenüber fallen dauerhaft trockene Gewässerbetten unter den Grundstücksbegriff.

Maßgeblich für das Vorliegen einer radioaktiven Altlast ist, ob von der Kon- **4** tamination eine Exposition verursacht wird oder werden kann, durch die für Ein-

zelpersonen der Bevölkerung iSv § 5 Abs. 14 (→ § 5 Rn. 18) der Referenzwert von
1 mSv/Kj überschritten wird. Eine radioaktive Altlast liegt damit nicht nur dann
vor, wenn die von der Kontamination ausgehende Exposition den Referenzwert
bereits überschreitet, sondern auch dann, wenn der Referenzwert bei ungehindertem Ablauf des objektiv zu erwartenden Geschehens überschritten wird. Insoweit
ist eine **Prognoseentscheidung** erforderlich, wie sie aus dem allgemeinen Gefahrenabwehrrecht bekannt ist (*Mann/Hundertmark* NVwZ 2019, 825 (828f.)). Im
Einklang mit dem dem Strahlenschutz immanenten **Vorsorgegedanken** sind
demnach bei der Beurteilung, ob eine radioaktive Altlast vorliegt, auch die zukünftig zu erwartenden Expositionen zu berücksichtigen. Dies soll verhindern, dass sich
die Ausbreitung der Kontamination ggf. weiter fortsetzt und erst eingegriffen werden darf, wenn der Referenzwert tatsächlich überschritten und damit möglicherweise eine kritische Expositionssituation eingetreten ist (BT-Drs. 18/11241, 399).

C. Verordnungsermächtigung (Abs. 2)

5   Abs. 2 ermächtigt die BReg, durch RVO mit Zustimmung des BR die Anforderungen für die Ermittlung der Exposition und Prüfwerte, bei deren Unterschreitung keine radioaktive Altlast vorliegt, festzulegen. Von dieser VO-Erm. hat der
Gesetzgeber in den §§ 160 und 161 Abs. 1 bis 4 StrlSchV Gebrauch gemacht. Die
in § 161 Abs. 1 und 2 S. 1 StrlSchV festgelegten **Prüfwerte für natürliche Radionuklide** der Zerfallsreihen von Uran-238 und Thorium-232 sollen für typische
Altlastensituationen eine vereinfachte Prüfung ermöglichen, ob tatsächlich eine radioaktive Altlast vorliegt (BT-Drs. 18/11241, 399). In Bezug auf künstliche Radionuklide hat der Gesetzgeber hingegen aufgrund der Verschiedenartigkeiten der Altlastensituationen von der Festlegung von Prüfwerten abgesehen, so dass hier jeder
Einzelfall dahingehend zu untersuchen ist, ob konkrete Anhaltspunkte gegeben
sind, die einen hinreichenden Verdacht für das Vorliegen einer radioaktiven Altlast
begründen (BR-Drs. 423/18, 468).

D. Zulässige Grundstücksnutzung (Abs. 3)

6   Abs. 3 S. 1 stellt die wesentlichen Grundsätze für die Ermittlung der Exposition
zur Bestimmung einer radioaktiven Altlast auf. Ob für Einzelpersonen der Bevölkerung der Referenzwert der effektiven Dosis von 1 mSv/Kj überschritten wird oder
überschritten werden kann, und somit das für das Vorliegen einer radioaktiven Altlast
maßgebliche Kriterium erfüllt ist, hängt vordergründig von der **Grundstücksnutzung** ab. Diese bestimmt, auf welchem Wege die Exposition erfolgt, und somit auch
die Art und Weise sowie die Höhe der Exposition. Insbes. hat die Nutzung eines
Grundstücks **Einfluss darauf, in welchem Umfang und mit welcher Dauer**
eine Person einer Exposition ausgesetzt ist. Demnach ist bei der Ermittlung der Exposition bspw. darauf zu achten, ob sich das Grundstück in einem Wohngebiet befindet oder ob es sich um eine **Verkehrs- oder gewerbliche Nutzungsfläche** handelt, wo sich Personen nur vorübergehend aufhalten und das **Schutzbedürfnis**
dementsprechend **geringer** ist. Sind in einem Wohngebiet Grundstücke betroffen,
auf denen sich vornehmlich **Kleinkinder**, kranke oder alte Menschen aufhalten,
wie zB Kindergärten oder Pflegeheime, sind auch die **bes. Schutzbedürfnisse** dieser Personengruppen zu beachten. Ausweislich des Gesetzeswortlauts ist nicht ent-

scheidend, ob eine bestimmte Nutzung zugelassen, sondern ob sie prinzipiell zulässig ist. Entsprechend der Begründung zu Abs. 3 (BT-Drs. 18/11241, 399) orientiert sich der Gesetzgeber auch hier am Bodenschutzrecht (vgl. daher zur Frage der „planungsrechtlich zulässigen Nutzung" ausführlich *Frenz* BBodSchG § 4 Abs. 4 Rn. 7 ff.; s. auch die Nachweise bei *Sanden* in Koch/Hofmann/Reese § 8 Rn. 60 Fn. 150). Neben der planungsrechtlich zulässigen Nutzung des konkret betroffenen Grundstücks sind auch die Nutzungen in der Umgebung und das Umfeld zu beachten. Befindet sich bspw. eine potentielle radioaktive Altlast in der Nähe eines Wohngebiets, ist auch dies entsprechend zu würdigen, da sich etwa durch Aufenthalte von Personen auf der altlastenverdächtigen Fläche, wie zB spielende Kinder, oder über Fernwirkungspfade spezifische Expositionen von Einzelpersonen der Bevölkerung ergeben können (BT-Drs. 18/11241, 399).

Fehlen planungsrechtliche Festsetzungen, ist gem. Abs. 3 S. 2 die Prägung des 7 Gebiets unter Berücksichtigung der absehbaren Entwicklung zugrunde zu legen. Dies erfordert eine **Prognose** hinsichtlich der in Betracht kommenden Nutzung der betroffenen Fläche, wobei nicht nur die rechtlichen, sondern vor allem auch die **tatsächlichen Gegebenheiten zu beachten** sind (vgl. zur identischen Formulierung im Bodenschutzrecht *Frenz* BBodSchG § 4 Abs. 4 Rn. 27). Dabei gewinnen va die gegenwärtigen Umstände, insbes. die bisherige bzw. derzeitige Nutzung der Fläche, an Bedeutung. Diese können erkennen lassen, ob Grundstücke etwa als Wohnfläche oder für sonstige Nutzungen mit erhöhtem Schutzbedürfnis in Betracht kommen. Letztlich wird es auf eine Vielzahl von Anhaltspunkten ankommen, anhand derer im Wege einer Gesamtschau die potentiellen Nutzungsmöglichkeiten einer Fläche abgeleitet werden können (*Frenz* BBodSchG § 4 Abs. 4 Rn. 29).

Soweit auf **Teilflächen** abweichende Nutzungen vorliegen oder anzunehmen 8 sind, sind im Sinne eines konservativen Ansatzes gem. Abs. 3 S. 3 die Nutzungen heranzuziehen, die zu höheren Expositionen führen können (BT-Drs. 18/11241, 399).

E. Nutzung des Grundwassers (Abs. 4)

Besteht die Besorgnis, dass eine radioaktive Altlast einen Grundwasserleiter be- 9 einflusst, also auf diesen einwirkt bzw. diesen beeinträchtigt, ist gem. Abs. 4 grds. eine Nutzung des Grundwassers zu unterstellen, ohne dass es auf die reale oder planungsrechtlich zulässige Nutzung eines Grundstücks oder die Prägung des Gebiets ankommt. Dadurch soll der **besonderen Schutzbedürftigkeit des Grundwassers** Rechnung getragen und Kontaminationen des Grundwassers dem strahlenschutzrechtlichen Vorsorgegrundsatz entsprechend frühzeitig verhindert oder vermindert werden, unabhängig davon, ob zum Zeitpunkt der Bewertung eine Nutzung vorliegt oder zu erwarten ist (BT-Drs. 18/11241, 399 f.). Abs. 4 stellt damit genau wie Abs. 3, auf den Bezug genommen wird, einen weiteren wichtigen Grundsatz dar, der bei der Ermittlung der Exposition zur Bestimmung einer radioaktiven Altlast zu berücksichtigen ist. Insofern ist die Verwendung des Begriffs der radioaktiven Altlast in Abs. 4 verwirrend, da es, wie in § 136 insgesamt, zunächst darum geht, das Vorliegen einer radioaktiven Altlast zu bestimmen. Das Bestehen einer radioaktiven Altlast kann demzufolge nicht bereits Tatbestandsvoraussetzung für die Anwendung von Abs. 4 sein. Gemeint ist vielmehr eine radioaktive Kontamination (so auch die Begründung, BT-Drs. 18/11241, 399).

10   Tatbestandliche Voraussetzung dafür, dass die Nutzung des Grundwassers zu unterstellen ist, ist die **Besorgnis der radioaktiven Kontamination eines Grundwasserleiters.** Der Begriff der Besorgnis ist hier genauso zu verstehen wie in den §§ 32, 48 und 62 WHG. Eine Besorgnis besteht danach dann, wenn im Rahmen einer sachlich vertretbaren und auf konkreten Feststellungen beruhenden Prognose die Möglichkeit eines Schadenseintritts nicht von der Hand zu weisen ist (BVerwG ZfW 1981, 87 (88 f.); *Meyer* in LR UmwR, § 48 WHG Rn. 7; *Posser* in BeckOK Umweltrecht, § 32 WHG Rn. 39 mwN). Damit kann eine Besorgnis schon weit früher vorliegen als eine konkrete Gefahr im allgemeinen Polizei- und Ordnungsrecht, die eine hinreichende Wahrscheinlichkeit eines Schadenseintritts voraussetzt. Vielmehr genügt für eine Besorgnis schon die **entfernte Wahrscheinlichkeit eines Schadenseintritts** (*Czychowski/Reinhardt*, § 48 WHG Rn. 26). Eine Besorgnis besteht demnach bereits dann, wenn mit einer radioaktiven Kontamination des Grundwassers erst nach einem langen Zeitraum zu rechnen ist. Maßstab der Besorgnis ist insoweit der **langfristige Schutz des Grundwassers** als bedeutendes Gut für das Wohl der Allgemeinheit (*Posser* in BeckOK Umweltrecht, § 48 WHG Rn. 18; *Czychowski/Reinhardt*, § 48 WHG Rn. 26). Ob eine radioaktive Kontamination eines Grundwasserleiters zu besorgen ist, hängt von den konkreten Umständen des Einzelfalls ab. Abzustellen ist insbes. auf die Art des Radionuklids, die Beschaffenheit von Boden und Untergrund sowie die Tiefe und Fließrichtung des Grundwassers (vgl. *Rossi* in SZDK, § 48 WHG Rn. 25; *Posser* in BeckOK Umweltrecht, § 48 WHG Rn. 19).

11   Besteht die Besorgnis der Beeinflussung eines Grundwasserleiters, ist eine **hypothetische Nutzung des Grundwassers zu unterstellen.** Der Wortlaut der Norm („ist") lässt insofern keinen Spielraum. Einschränkend spricht Abs. 4 allerdings davon, dass die Nutzung des Grundwassers nur „grundsätzlich" zu unterstellen ist. Demnach wären dem Verhältnismäßigkeitsgrundsatz entsprechend auch Ausnahmen möglich, wenn auch in engen Grenzen. Typischerweise wäre dies zB der Fall, wenn die Beeinflussung eines Grundwasserleiters höchst unwahrscheinlich oder äußerst geringfügig wäre und damit letztlich die sich aus dem Verdacht des Vorliegens einer radioaktiven Altlast ergebenden Verpflichtungen unverhältnismäßig erschienen. Verhältnismäßigkeitserwägungen dürfen aber nicht schon bei der Beurteilung, ob überhaupt eine radioaktive Altlast vorliegt, eine Rolle spielen. Sie sind erst bei der Frage des Umfangs einer etwaigen Sanierungsverpflichtung von Bedeutung. Alles andere wäre auch nicht mit Sinn und Zweck der Regelung, einen umfassenden Schutz des Grundwassers zu gewährleisten, und dem Begriff der „Besorgnis", wonach schon eine weit entfernte Wahrscheinlichkeit eines Schadenseintritts genügt (→ Rn. 10), vereinbar. Im Ergebnis ist somit bei einer Besorgnis der Beeinflussung eines Grundwasserleiters durch eine radioaktive Kontamination stets eine Nutzung des Grundwassers zu unterstellen. Dies steht auch im Einklang mit der Begründung, der besonderen Schutzbedürftigkeit des Grundwassers entsprechend Kontaminationen des Grundwassers frühzeitig zu verhindern oder zu vermindern (→ Rn. 9). Auch systematisch ist dieses Ergebnis gerechtfertigt. Denn auch Abs. 3, auf den Abs. 4 Bezug nimmt, kennt keine nur grundsätzliche Beachtung der planungsrechtlich zulässigen Nutzung eines Grundstücks und seiner Umgebung sowie des sich daraus ergebenden Schutzbedürfnisses.

§ 137 Verantwortlichkeit für radioaktive Altlasten

(1) **Verantwortlich für eine radioaktive Altlast ist, wer**
1. **die Kontamination verursacht hat,**
2. **einer Person nach Nummer 1 in Gesamtrechtsnachfolge folgt,**
3. **Eigentümer der radioaktiven Altlast ist,**
4. **die tatsächliche Gewalt über die radioaktive Altlast ausübt oder**
5. **das Eigentum an der radioaktiven Altlast aufgibt.**

(2) **Verantwortlich ist auch, wer aus handelsrechtlichem oder gesellschaftsrechtlichem Rechtsgrund für eine juristische Person einzustehen hat, der eine radioaktive Altlast gehört.**

(3) [1]**Verantwortlich ist auch der frühere Eigentümer einer radioaktiven Altlast, wenn er die Kontamination kannte oder kennen musste und wenn das Eigentum nach dem 31. Dezember 2018 übertragen wurde.** [2]**Dies gilt für denjenigen nicht, der beim Erwerb des Grundstücks darauf vertraut hat, dass keine Kontaminationen vorhanden sind, wenn das Vertrauen unter Berücksichtigung der Umstände des Einzelfalls schutzwürdig ist.**

Schrifttum: *Bickel,* Grenzen der Zustandshaftung des Eigentümers für die Grundstückssanierung bei Altlasten, NJW 2000, 2562; *Erbguth/Stollmann,* Verantwortlichkeit im Bodenschutzrecht, DVBl 2001, 601; *Finger,* Neues von den Altlasten, NVwZ 2011, 1288; *Hellriegel,* Unbegrenzte „Ewigkeitshaftung" nach § 4 VI BBodSchG?, NVwZ 2012, 541; *Hullmann/Zorn,* Zeitliche Grenzen der Altlastenhaftung, NVwZ 2010, 1267; *Joachim/Lange,* Haftungsbeschränkung bei bodenschutzrechtliche Sanierungspflichten, ZEV 2011, 53; *Müggenborg,* Die Haftung des früheren Eigentümers nach § 4 VI BBodSchG, NVwZ 2000, 50; *ders.,* Zur Begrenzung der Zustandshaftung bei Altlasten, NVwZ 2001, 39; *Sanden,* Altlastenverantwortlichkeit trotz Dereliktion, NVwZ 2014, 1329; *Schäling,* Zur Haftungsbegrenzung bei Inanspruchnahme des Inhabers der tatsächlichen Gewalt als Verantwortlicher im Sinne des Bundes-Bodenschutzgesetzes, NVwZ 2004, 543; *ders.,* Grenzen der Haftung des Inhabers der tatsächlichen Gewalt für schädliche Bodenveränderungen und Altlasten nach dem Bundes-Bodenschutzgesetz, NuR 2009, 693; *Schwartmann/Vogelheim,* Die Beschränkung der öffentlichrechtlichen Altlastenhaftung des Erben, ZEV 2001, 101; *Spieth/Wolfers,* Die neuen Störer: Zur Ausdehnung der Altlastenhaftung in § 4 BBodSchG, NVwZ 1999, 355; *Tollmann,* Die Zustandsverantwortlichkeit des früheren Grundeigentümers gemäß § 4 Abs. 6 BBodSchG: ein Irrläufer der Geschichte?, ZUR 2008, 512; *Turnit,* Zur Verjährung der Sanierungsverantwortlichkeit für schädliche Bodenveränderungen und Altlasten nach dem Bundes-Bodenschutzgesetz, NVwZ 2001, 1126; *Weber/Otting,* Grenzen der kommunalen Zustandsstörerhaftung nach dem Bundes-Bodenschutzgesetz, NVwZ 2014, 1618.

A. Zweck und Bedeutung der Norm

§ 137 stellt die **zentrale Norm für die Bestimmung der Verantwortlich-** 1
keiten im Zusammenhang mit radioaktiven Altlasten dar. So ist eine nach § 137 für die radioaktive Altlast verantwortliche Person gem. § 139 ggf. Adressat von behördlichen Anordnungen oder kann gem. § 143 zur Vorlage eines Sanierungsplans verpflichtet werden. Die Norm orientiert sich sehr stark an der Regelung in § 4 Abs. 3 BBodSchG, die insoweit vor Inkrafttreten des StrlSchG auch auf radioaktive Altlasten Anwendung fand (→ Vorb. §§ 136 ff. Rn. 1). Beide Regelungen verfolgen das **Ziel der schnellen und effektiven Beseitigung eingetretener Störungen.**

Daneben soll mit der Festlegung der Verantwortlichkeiten von Privatpersonen die öffentliche Hand von finanziellen Lasten möglichst frei gehalten werden (vgl. Frenz BBodSchG § 4 Abs. 3 Rn. 123).

B. Verantwortliche Personen

I. Allgemeines

2   Die **Aufzählung** der potentiell für eine radioaktive Altlast Verantwortlichen in § 137 ist **abschließend.** Aus der Reihenfolge der Aufzählung lässt sich zudem **keine Rangfolge der Inanspruchnahme** durch die zust. Behörde ableiten (vgl. zur identischen Fragestellung bei § 4 Abs. 3 BBodSchG *Giesberts/Hilf* in BeckOK Umweltrecht, § 4 BBodSchG Rn. 54; *Sanden* in Koch/Hofmann/Reese § 8 Rn. 98 mwN). Insbes. bestehen keine verfassungsrechtlichen Gründe, die eine stets nachrangige Haftung des Zustandsstörers verlangen würden (BVerfG NJW 2000, 2573 (2574); BVerwG Beschl. v. 7.8.2013 – 7 B 9/13, Rn. 21). Welche der Personen im konkreten Fall von der Behörde herangezogen wird, beurteilt sich dem **Grundsatz der schnellen und effektiven Gefahrenabwehr** entsprechend allein nach den Umständen des Einzelfalls (BT-Drs. 18/11241, 400), wobei auch dem Grundsatz der gerechten Lastenverteilung Rechnung getragen werden kann (*Giesberts/Hilf* in BeckOK Umweltrecht, § 4 BBodSchG Rn. 54f.). Im Rahmen der **Ermessensausübung** zur Störerauswahl können insbes. Erwägungen wie das möglichst einfache und endgültige Erreichen des gewünschten Erfolges, die örtliche Schadensnähe, der Anteil an der Verursachung, die persönliche und sachliche Leistungsfähigkeit sowie Art und Ausmaß der Nachteile für die Maßnahmenadressaten eine Rolle spielen (vgl. *Dombert* in LR UmwR, § 4 BBodSchG Rn. 17). Die Verantwortlichkeit einer der in § 137 genannten Personen schließt die Verantwortlichkeit der anderen nicht zwingend aus. Anordnungen können auch ggü. mehreren Verantwortlichen zB in der Weise ergehen, dass sie gleichzeitig oder aber anteilig herangezogen werden (vgl. *Dombert* in LR UmwR, § 4 BBodSchG Rn. 16). Maßstab ist immer die Gewährleistung einer schnellen und effektiven Gefahrenabwehr.

II. Verantwortliche nach Abs. 1

3   Als potentielle Störer und damit für eine radioaktive Altlast Verantwortliche kommen nach Abs. 1 in Betracht der Verursacher der Kontamination (Nr. 1), dessen Gesamtrechtsnachfolger (Nr. 2), der Eigentümer der potentiellen radioaktiven Altlast (Nr. 3), der Inhaber der tatsächlichen Gewalt über die potentielle radioaktive Altlast (Nr. 4) und derjenige, der eine potentielle radioaktive Altlast derelinquiert (Nr. 5).

4   **1. Verursacher.** Abs. 1 Nr. 1 benennt den Verursacher der Kontamination als einen für die radioaktive Altlast Verantwortlichen. Es handelt sich um eine Verhaltensverantwortlichkeit. Da es sich bei den Regelungen zur Bewältigung radioaktiver Altlasten um spezielles Gefahrenabwehrrecht handelt, finden die Grundsätze des allgemeinen Polizei- und Ordnungsrechts Anwendung. Unter Zugrundelegung der dort herrschenden **Theorie der unmittelbaren Verursachung** ist demnach diejenige Handlung maßgeblich, infolge derer unmittelbar die **Schwelle überschritten wird,** die zu einer Kontamination führt, die eine Exposition verursacht oder verursachen kann, durch die für Einzelpersonen der Bevölkerung

(→ § 5 Rn. 18) der Referenzwert der effektiven Dosis von 1 mSv/Kj überschritten wird (vgl. zur parallelen Problematik bzgl. § 4 Abs. 3 BBodSchG *Versteyl* in Versteyl/Sondermann BBodSchG § 4 Rn. 43; *Giesberts/Hilf* in BeckOK Umweltrecht, § 4 BBodSchG Rn. 22; *Dombert* in LR UmwR, § 4 BBodSchG Rn. 21; nach aA ist die Verantwortlichkeit vielmehr nach wertenden Kriterien zu bestimmen, vgl. *Sanden* in Koch/Hofmann/Reese § 8 Rn. 74 mwN). Es kommt demnach nicht auf die Verursachung irgendeiner, evtl. auch nur geringfügigen Kontamination an. Der Wortlaut von Abs. 1 Nr. 1 stellt ausdrücklich auf die Kontamination ab. Damit ist eine Kontamination iSv § 136 Abs. 1 gemeint. Die Gefahrenzurechnung setzt allerdings eine bis heute fortwirkende Kausalität voraus, die nicht durch Maßnahmen wie Sanierungen oder andere Kontaminationen unterbrochen worden sein darf (vgl. *Versteyl* in Versteyl/Sondermann BBodSchG § 4 Rn. 43). IdR wird demnach diejenige Handlung als ursächlich angesehen werden müssen, durch die die Radionuklide, die Grund der Sanierung sind, in den Boden, in Gebäude oder in Gewässer gelangt sind. Auf ein Verschulden kommt es nicht an. Wie allgemein im Gefahrenabwehrrecht kann eine Verhaltensverantwortlichkeit auch durch ein **Unterlassen** begründet werden, wenn eine besondere Rechtspflicht zu polizeigemäßem Handeln besteht.

2. Gesamtrechtsnachfolger. Nach Abs. 1 Nr. 2 ist auch derjenige für eine ra- 5 dioaktive Altlast verantwortlich, wer demjenigen, der aufgrund seines Verhaltens für die Kontamination verantwortlich ist, in Gesamtrechtsnachfolge folgt. Gesamtrechtsnachfolger ist dabei diejenige natürliche oder juristische Person, die kraft Gesetzes alle Rechte und Pflichten ihres Rechtsvorgängers übernimmt (*Giesberts/Hilf* in BeckOK Umweltrecht, § 4 BBodSchG Rn. 27). Es handelt sich wie bei § 4 Abs. 3 BBodSchG um eine Gesamtrechtsnachfolge in die abstrakte Polizeipflicht (BVerwG NVwZ 2006, 928; *Frenz* BBodSchG § 4 Abs. 3 Rn. 56). Als Gesamtrechtsnachfolge gelten bspw. die **Erbschaft** und die **umwandlungsrechtliche Verschmelzung von Unternehmen** (*Sanden* in Koch/Hofmann/Reese § 8 Rn. 79). Insofern bestehen keine Unterschiede zur Parallelvorschrift in § 4 Abs. 3 BBodSchG (vgl. hierzu ausführlich *Versteyl* in Versteyl/Sondermann BBodSchG § 4 Rn. 45 ff.; *Frenz* BBodSchG § 4 Abs. 3 Rn. 53 ff.; *Giesberts/Hilf* in BeckOK Umweltrecht, § 4 BBodSchG Rn. 25 ff.; *Dombert* in LR UmwR, § 4 BBodSchG Rn. 34 ff.). Erben des Erben des Verursachers (Erbeserben) können nicht als Gesamtrechtsnachfolger des Verursachers als Handlungsverantwortliche herangezogen werden, da die insoweit für den Erblasser als Verursacher bestehende abstrakte Polizeipflicht zur Gefahrenbeseitigung nur einmal vom verantwortlichen Erblasser als Handlungsstörer auf dessen Erben übergehen kann (OLG München ZEV 2021, 650).

3. Eigentümer. Gem. Abs. 1 Nr. 3 ist auch der Eigentümer einer radioaktiven 6 Altlast für diese verantwortlich (**Zustandshaftung**). Wer Eigentümer eines Gebäudes oder eines Grundstücks ist, bestimmt sich wie im Bodenschutzrecht nach dem Zivilrecht (vgl. zu § 4 Abs. 3 BBodSchG *Dombert* in LR UmwR, § 4 BBodSchG Rn. 24). Erforderlich sind demnach Auflassung und Eintragung im Grundbuch. Nach § 136 Abs. 1 können aber auch Gewässer radioaktive Altlasten sein (→ § 136 Rn. 3). Gem. § 4 Abs. 2 WHG sind das Wasser eines fließenden oberirdischen **Gewässers** sowie das **Grundwasser** allerdings nicht eigentumsfähig (vgl. ausführlich dazu *Faßbender* in LR UmwR, § 4 WHG Rn. 16 ff.). Betrifft die Kontamination daher nur diese Gewässer und geht die Gefahr ausschließlich von diesen aus, begründet dies keine Haftung nach Abs. 1 Nr. 3, da die Haftung nur soweit reicht, wie das Eigentum selbst reicht. Allerdings besteht die Verantwortlichkeit des Grundstückseigentümers dann, wenn die Kontamination dieser Gewässer auf eine Kontamination des Grundstücks zurückzuführen ist (vgl. zu § 4 Abs. 2 WHG *Faßbender* in LR UmwR, § 4 WHG Rn. 19).

7   Im Bodenschutzrecht wird das Ausmaß der Haftung des Eigentümers durch das Kriterium der **Zumutbarkeit** als Ausfluss des allgemeinen Verhältnismäßigkeitsgrundsatzes begrenzt (vgl. BVerfG NJW 2000, 2573). Da die Regelung in Abs. 1 Nr. 3 der Vorschrift des § 4 Abs. 3 BBodSchG nachempfunden ist, können die vom BVerfG aufgestellten Grundsätze auf die Verantwortlichkeit des Eigentümers einer radioaktiven Altlast übertragen werden. Danach kann die Grenze des Zumutbaren erreicht sein, wenn der finanzielle Aufwand zu dem Verkehrswert des Grundstücks nach Durchführung der Sanierung außer Verhältnis steht (*Dombert* in LR UmwR, § 4 BBodSchG Rn. 32). Dies ist idR der Fall, wenn die Kostenbelastung den Verkehrswert des sanierten Grundstücks übersteigt. Abweichungen von dieser Zumutbarkeitsgrenze sowohl nach unten als auch nach oben sind möglich (vgl. zum Ganzen *Giesberts/Hilf* in BeckOK Umweltrecht, § 4 BBodSchG Rn. 69 ff.).

8   **4. Inhaber der tatsächlichen Gewalt.** Neben dem Eigentümer kommt als weiterer Zustandsverantwortlicher nach Abs. 1 Nr. 4 der Inhaber der tatsächlichen Gewalt über die radioaktive Altlast in Betracht. Die tatsächliche Gewalt hat derjenige inne, der die **tatsächliche Möglichkeit der unmittelbaren Einwirkung** auf das kontaminierte Grundstück, Gebäude oder Gewässer hat, was zB bei Mietern oder Pächtern der Fall ist (vgl. *Giesberts/Hilf* in BeckOK Umweltrecht, § 4 BBodSchG Rn. 32). Die Grundsätze zur Begrenzung der Haftung des Eigentümers als Zustandsverantwortlichen (→ Rn. 7) gelten grds. im Fall der Heranziehung des Inhabers der tatsächlichen Gewalt entsprechend (vgl. zu § 4 Abs. 3 BBodSchG *Schäling* NVwZ 2004, 543 (545 ff.)).

9   **5. Derelinquent.** Nach Abs. 1 Nr. 5 ist auch derjenige für eine radioaktive Altlast verantwortlich, der das Eigentum an der radioaktiven Altlast aufgibt, sog. Dereliktion. Der Eigentümer soll sich nicht durch bloße Eigentumsaufgabe zu Lasten der Allgemeinheit seiner Verantwortlichkeit entziehen können (vgl. *Giesberts/Hilf* in BeckOK Umweltrecht, § 4 BBodSchG Rn. 50). Die Voraussetzungen der **Dereliktion** bestimmen sich nach § 928 Abs. 1 BGB (Erklärung des Verzichts ggü. dem Grundbuchamt und Eintragung des Verzichts in das Grundbuch). Da es sich bei der Haftung des Derelinquenten um eine **Verlängerung der Zustandsverantwortlichkeit** handelt, darf dieser nicht schlechter stehen als der Eigentümer, so dass die Grundsätze zur Begrenzung der Zustandsverantwortlichkeit (→ Rn. 7) auch für die Verantwortlichkeit wegen Dereliktion gelten (vgl. *Frenz* BBodSchG § 4 Abs. 3 Rn. 114; *Giesberts/Hilf* in BeckOK Umweltrecht, § 4 BBodSchG Rn. 50). Die Verantwortlichkeit des Derelinquenten soll grds. auf den Zeitraum der Herrenlosigkeit beschränkt bleiben (vgl. *Giesberts/Hilf* in BeckOK Umweltrecht, § 4 BBodSchG Rn. 53).

III. Einstandspflicht aus handels- oder gesellschaftsrechtlichem Grund (Abs. 2)

10   Die **Durchgriffshaftung** nach Abs. 2 ist der Regelung in § 4 Abs. 3 S. 4 BBodSchG nachempfunden. Genau wie dort soll verhindert werden, dass durch bestimmte gesellschaftsrechtliche Konstrukte Sanierungsaufwendungen auf die öffentliche Hand abgewälzt werden (vgl. *Giesberts/Hilf* in BeckOK Umweltrecht, § 4

BBodSchG Rn. 39). Zu den von der Norm erfassten juristischen Personen zählen sowohl solche des Privatrechts (zB GmbH, AG, KGaA) als auch des öffentlichen Rechts (Körperschaften, Anstalten, Stiftungen). Nicht erfasst sind Personengesellschaften (OHG, KG, GmbH & Co. KG), BGB-Gesellschaften und Gesamthandsgemeinschaften. Der juristischen Person muss die radioaktive Altlast „gehören". Es handelt sich somit um einen **Fall der Zustandsverantwortlichkeit** (vgl. *Frenz* BBodSchG § 4 Abs. 3 Rn. 79; *Giesberts/Hilf* in BeckOK Umweltrecht, § 4 BBodSchG Rn. 42). Zentrale Voraussetzung ist das Einstehen aus handels- oder gesellschaftsrechtlichem Rechtsgrund (vgl. hierzu ausführlich *Frenz* BBodSchG § 4 Abs. 3 Rn. 81 ff.; *Giesberts/Hilf* in BeckOK Umweltrecht, § 4 BBodSchG Rn. 43 ff.; *Versteyl* in Versteyl/Sondermann BBodSchG § 4 Rn. 64 ff.).

IV. Verantwortlichkeit des früheren Eigentümers (Abs. 3)

Die Regelung zur Verantwortlichkeit des früheren Eigentümers entspricht § 4 **11** Abs. 6 BBodSchG und verlängert die **Zustandshaftung des ehemaligen Eigentümers.** Dabei gelten die Grundsätze zur Begrenzung des Ausmaßes der Zustandsstörerhaftung (→ Rn. 7) auch für diesen. Voraussetzung nach Abs. 3 S. 1 ist zunächst, dass das Eigentum an der radioaktiven Altlast nach dem 31.12.2018 übertragen worden sein muss, also nach dem vollständigen Inkrafttreten des StrlSchG. Diese Einschränkung dient dem Ausschluss einer verfassungsrechtlich unzulässigen Rückwirkung der Verantwortlichkeit. **Voraussetzungen für die Eigentumsübertragung** an einem Grundstück sind die Einigung des Veräußerers und des Erwerbers über den Eigentumsübergang (Auflassung) sowie die Eintragung im Grundbuch (§§ 873 Abs. 1, 925 BGB). Aus dem Wortlaut („übertragen wurde") ergibt sich, dass es allein darauf ankommt, wann die Eigentumsübertragung abgeschlossen ist. Dies ist mit der Eintragung im Grundbuch der Fall. Abs. 3 greift damit vorbehaltlich des Vorliegens der weiteren Voraussetzungen, wenn die Grundbucheintragung nach dem 31.12.2018 stattgefunden hat, auch wenn die Auflassung bereits davor erfolgt ist.

Weitere Haftungsvoraussetzung ist, dass der frühere Eigentümer die Kontamina- **12** tion kannte oder kennen musste. Kenntnis bedeutet positives Wissen. Ein **„Kennenmüssen"** liegt vor, wenn der Veräußerer zumindest fahrlässig nicht von der Kontamination wusste (vgl. die Legaldefinition in § 122 Abs. 2 BGB). Dies muss insbes. dann angenommen werden, wenn dem früheren Eigentümer tatsächliche Anhaltspunkte für eine Kontamination vorlagen und somit der Verdacht für das Vorliegen einer radioaktiven Altlast bestand (→ § 138 Rn. 4). Einen eindeutigen Hinweis auf den maßgeblichen Zeitpunkt für die Kenntnis oder das Kennenmüssen liefert der Gesetzeswortlaut nicht. Dass es auf den Zeitpunkt der Eigentumsübertragung, also auf die Eintragung im Grundbuch (→ Rn. 11) ankommen soll, lässt sich dem Gesetz nicht entnehmen. Maßgeblich ist vielmehr der Zeitpunkt der Einigung des Veräußerers und des Erwerbers über den Eigentumsübergang. Hierfür spricht die Reihenfolge der in Abs. 3 S. 1 genannten Voraussetzungen. Danach ist zunächst die Frage nach der Kenntnis oder des Kennenmüssens von der Kontamination zu klären. Dabei scheint es sachgerecht, auf den Zeitpunkt der Auflassung abzustellen, da hier die für die Einigung über den Eigentumsübergang maßgeblichen Willenserklärungen abgegeben werden. Wann die Eigentumsübertragung, mithin die Eintragung des Eigentums im Grundbuch erfolgte, ist nach der Systematik in Abs. 3 S. 1 davon losgelöst erst im Anschluss zu ermitteln.

13   Eine Verantwortlichkeit des Voreigentümers besteht nach Abs. 3 S. 2 nicht, wenn dieser beim Erwerb des Grundstücks darauf vertraut hat, dass keine Kontaminationen vorhanden sind und wenn das Vertrauen im konkreten Einzelfall schutzwürdig ist. Der **Haftungsausschluss** setzt damit zunächst ein **Vertrauen** darauf voraus, dass keine Kontaminationen vorhanden sind. Der Erwerber muss guten Glaubens von dem Nichtvorhandensein von Kontaminationen ausgehen. Ihm dürfen mithin keine Anhaltspunkte für das Bestehen von Kontaminationen vorliegen. Das Vertrauen muss „beim Erwerb" des Grundstücks, also **im Erwerbszeitpunkt** bestanden haben. Spätere Bösgläubigkeit schadet nicht. Beim Eigentumserwerb durch Einigung und Eintragung im Grundbuch ist auf den Zeitpunkt abzustellen, ab dem die nach § 873 Abs. 2 BGB bindend erklärte Einigung iSd § 925 BGB nicht mehr beseitigt und somit die Eintragung des Erwerbers als Eigentümer nicht mehr verhindert werden kann (vgl. *Frenz* BBodSchG § 4 Abs. 6 Rn. 27). Maßgeblich ist die Perspektive des Erwerbers. Letztlich muss das Vertrauen im konkreten Einzelfall **schutzwürdig** sein. Dies ist jedenfalls dann zu verneinen, wenn trotz hinreichender Anhaltspunkte für eine Kontamination leichtfertig oder „blind" auf die Zusicherung des damaligen Veräußerers vertraut wurde (vgl. *Giesberts/Hilf* in BeckOK Umweltrecht, § 4 BBodSchG Rn. 36). Liegen Anhaltspunkte für eine Kontamination vor, zB aufgrund einer bestimmten Nutzung des Grundstücks, muss der Erwerber Erkundigungen einholen und sich Gewissheit verschaffen. Dies kann bspw. durch Einsicht in bestehende Kataster, in denen die festgestellten radioaktiven Altlasten und altlastenverdächtigen Flächen erfasst sind (→ § 142 Rn. 8), erfolgen.

14   Die Verantwortlichkeit nach Abs. 3 besteht zeitlich unbegrenzt und gilt nicht nur für den jeweils letzten früheren Eigentümer. Eine solche Einschränkung ist dem Wortlaut („der frühere Eigentümer") nicht zu entnehmen (vgl. *Giesberts/Hilf* in BeckOK Umweltrecht, § 4 BBodSchG Rn. 37; *Sanden* in Koch/Hofmann/ Reese § 8 Rn. 93). Für eine **Verantwortlichkeit aller früheren Eigentümer** spricht auch der Sinn und Zweck der Regelung, Spekulations- und Umgehungsgeschäfte zu verhindern (vgl. *Frenz* BBodSchG § 4 Abs. 6 Rn. 8).

§ 138   Verdacht auf radioaktive Altlasten

(1) **Liegen einer der in § 137 genannten Personen Anhaltspunkte für das Vorliegen einer radioaktiven Altlast vor, so hat sie dies der zuständigen Behörde unverzüglich zu melden.**

(2) **Liegen der zuständigen Behörde Anhaltspunkte für das Vorliegen einer radioaktiven Altlast vor, so soll sie zur Ermittlung des Sachverhalts die geeigneten Maßnahmen treffen.**

(3) **[1]Besteht ein hinreichender Verdacht für das Vorliegen einer radioaktiven Altlast, so kann die zuständige Behörde die in § 137 genannten Personen verpflichten, die erforderlichen Untersuchungen durchzuführen, insbesondere zu Art, Höhe und Ausdehnung der Kontamination und zur Exposition. [2]Ein hinreichender Verdacht liegt in der Regel vor, wenn Untersuchungen eine Überschreitung der in der Rechtsverordnung nach § 136 Absatz 2 festgelegten Prüfwerte ergeben haben oder erwarten lassen oder wenn es auf Grund sonstiger Feststellungen überwiegend wahrscheinlich ist, dass eine radioaktive Altlast vorliegt.**

A. Zweck und Bedeutung der Norm

§ 138 enthält Regelungen, wie im Falle eines Verdachts für das Bestehen einer **1** radioaktiven Altlast zu verfahren ist. Es geht um das „Ob" des Vorliegens einer radioaktiven Altlast. Die Norm verfolgt damit den Zweck, der zust. Behörde die **Feststellung** zu **ermöglichen**, ob tatsächlich eine radioaktive Altlast gegeben ist. Die Regelungen orientieren sich an § 9 BBodSchG, der insoweit vor Inkrafttreten des StrlSchG auch auf radioaktive Altlasten Anwendung fand (→ Vorb. §§ 136 ff. Rn. 1)

B. Meldung eines Verdachts (Abs. 1)

Abs. 1 verpflichtet die in § 137 genannten Personen, Anhaltspunkte für das Vor **2** liegen einer radioaktiven Altlast unverzüglich der zust. Behörde zu melden. Dadurch soll die zust. **Behörde schnellstmöglich Kenntnis** über die Existenz eines potentiell radioaktiv kontaminierten Grundstücks, Teils eines Grundstücks, Gebäudes oder Gewässers **erlangen,** um ihrerseits die zur Ermittlung des konkreten Sachverhalts geeigneten Maßnahmen treffen zu können und so ihrer Pflicht nach Abs. 2 nachzukommen. Konkrete Konsequenzen für diejenige Person, die die Meldung erstattet hat, ergeben sich allein aufgrund der Meldung nicht. Insbes. kann die zust. Behörde diese Person nicht ohne weitere eigene Ermittlungen und ohne Feststellung eines hinreichenden Verdachts für das Vorliegen einer radioaktiven Altlast verpflichten, Untersuchungen iSv Abs. 3 S. 1 durchzuführen.

Abs. 1 beschränkt die Verpflichtung zur unverzüglichen Meldung auf die in **3** § 137 genannten Personen. Zur Meldung verpflichtet sind daher der **potentielle Verursacher** einer Kontamination (→ § 137 Rn. 4), dessen **Gesamtrechtsnachfolger** (→ § 137 Rn. 5) und die von § 137 erfassten **Zustandsverantwortlichen** (→ § 137 Rn. 6 ff.). Ob diese Personen tatsächlich verantwortlich sind, zeigt sich jedoch erst, wenn das Vorliegen einer radioaktiven Altlast feststeht. Da Abs. 1 allgemein auf die § 137 genannten Personen und nicht nur auf die für eine radioaktive Altlast Verantwortlichen abstellt, umfasst die Regelung nach ihrem Wortlaut auch den Voreigentümer, dessen Haftung nach § 137 Abs. 3 S. 2 ausgeschlossen ist (→ § 137 Rn. 13). Dies scheint allerdings vor dem Hintergrund des Bußgeldtatbestands in § 194 Abs. 1 Nr. 36 (→ Rn. 17) nicht gerechtfertigt. Durch den Haftungsausschluss ist der gutgläubige Voreigentümer vielmehr wie ein unbeteiligter Dritter zu behandeln, der keinerlei Bezug zu der radioaktiven Altlast hat und aus diesem Grund auch nicht von Abs. 1 erfasst ist.

Tatbestandlich setzt die Meldepflicht nach Abs. 1 das **Bestehen von Anhalts** **4** **punkten** für das Vorliegen einer radioaktiven Altlast voraus. Zur Beurteilung der Frage, wann derartige Anhaltspunkte gegeben sind, sind die gleichen Maßstäbe anzusetzen wie für die zust. Behörde nach Abs. 2 (→ Rn. 7). Es bedarf somit **tatsächlicher Indizien** für das Vorliegen einer radioaktiven Altlast. So wird auch ein Gleichlauf mit der Ermittlungspflicht der zust. Behörde nach Abs. 2 hergestellt, die sich auch auf eine Meldung nach Abs. 1 stützen kann (→ Rn. 9). Auch wenn es – dem Vorsorgegedanken im Strahlenschutzrecht folgend – ggf. im Interesse der zust. Behörde ist, auch bei bloßen Vermutungen für das Vorliegen einer radioaktiven Altlast informiert zu werden, um uU eine eigenständige Beurteilung des Sachverhalts vornehmen zu können, dürfen va vor dem Hintergrund der Bußgeldbewehrung einer Verletzung der Pflicht nach Abs. 1 (→ Rn. 17) an das Bestehen von Anhaltspunkten nach Abs. 1 keine geringeren Anforderungen gestellt werden als nach Abs. 2 für die zust. Behörde. Denn insoweit wäre zum einen die Ahndung der Nichtmeldung von bloßen Vermutungen unverhältnismäßig und zum anderen ein Verstoß gegen die Pflicht nach Abs. 1 und damit das Vorliegen einer Ordnungswidrigkeit kaum nachprüfbar.

5   Die Meldung von Anhaltspunkten für das Vorliegen einer radioaktiven Altlast hat **unverzüglich,** dh ohne schuldhaftes Zögern (vgl. die Legaldefinition in § 121 Abs. 1 S. 1 BGB) zu erfolgen. Dabei kann als Faustregel angenommen werden, dass, um noch als unverzüglich zu gelten, eine Meldung umso früher erfolgen muss, je wahrscheinlicher aufgrund der bestehenden Anhaltspunkte das Vorliegen einer radioaktiven Altlast ist.

C. Ermittlung der zuständigen Behörde (Abs. 2)

6   Liegen der zust. Behörde Anhaltspunkte für das Vorliegen einer radioaktiven Altlast vor, soll sie nach Abs. 2 zur Ermittlung des Sachverhalts die geeigneten Maßnahmen treffen. Die Regelung entspricht fast wortwörtlich derjenigen in § 9 Abs. 1 S. 1 BBodSchG. Sie stellt eine Konkretisierung des Untersuchungsgrundsatzes nach § 24 VwVfG dar und verpflichtet die zust. Behörde bei Bestehen von Anhaltspunkten für das Vorliegen einer radioaktiven Altlast zum Ergreifen von **Gefahrerforschungsmaßnahmen** (vgl. *Ewer* in LR UmwR, § 9 BBodSchG Rn. 35). Liegen die Voraussetzungen des Abs. 2 vor, wird § 24 VwVfG insoweit verdrängt.

7   Tatbestandlich setzt Abs. 2 das **Bestehen von Anhaltspunkten** für das Vorliegen einer radioaktiven Altlast voraus. Ein Anhaltspunkt besteht schon dann, wenn eine – auch nur geringe – **Tatsachenbasis** gegeben ist, die zu dem Schluss berechtigt, dass das Vorliegen einer radioaktiven Altlast nicht ganz unwahrscheinlich ist (vgl. zu § 9 BBodSchG OVG Hamburg NVwZ-RR 2018, 181 (183); OVG Berlin-Brandenburg BeckRS 2018, 28183 Rn. 27; *Posser* in BeckOK Umweltrecht, § 9 BBodSchG Rn. 12; *Sondermann/Hejma* in Versteyl/Sondermann BBodSchG § 9 Rn. 16). Ausreichend, aber auch erforderlich, sind mithin tatsächliche Indizien; eine „Vorsorge ins Blaue" ist hingegen nicht statthaft (vgl. *Posser* in BeckOK Umweltrecht, § 9 BBodSchG Rn. 12 mwN). Anhaltspunkte für das Vorliegen einer radioaktiven Altlast können sich aus der Nutzung eines Grundstücks in der Vergangenheit oder dessen gegenwärtiger Nutzung ergeben. So zB, wenn auf einem Grundstück über Jahre hinweg mit radioaktiven Stoffen umgegangen wurde (vgl. zur Definition von „Umgang" → § 5 Rn. 46 ff.), ohne entsprechende Schutzmaßnahmen ergriffen zu haben. Ebenso kann zur Beurteilung, ob entsprechende Anhaltspunkte bestehen, § 3 Abs. 1 BBodSchV herangezogen werden, der vor Inkrafttreten der StrlSchG auch bei radioaktiven Altlasten Anwendung fand (→ Vorb. §§ 136 ff. Rn. 1).

8   Bestehen Anhaltspunkte für das Vorliegen einer radioaktiven Altlast, sieht Abs. 2 auf der Rechtsfolgenseite vor, dass die zust. Behörde die zur Ermittlung des Sachverhalts geeigneten Maßnahmen treffen soll. Abs. 2 stellt mithin eine **„Soll-Vorschrift"** dar, was eine strikte Bindung der Behörde für den Regelfall bedeutet und ein Abweichen von der vorgesehen Rechtsfolge nur in atypischen Fällen erlaubt (vgl. *Ramsauer* in: Kopp/Ramsauer VwVfG § 40 Rn. 34). Liegen somit Anhaltspunkte für eine radioaktive Altlast vor, trifft die zust. Behörde idR eine Sachverhaltsermittlungs- und Aufklärungspflicht. Ausnahmefälle können sich zB aus der bes. Nutzungssituation des Grundstücks ergeben (vgl. *Frenz* BBodSchG § 9 Rn. 17).

Zu den von der zust. Behörde zur Sachverhaltsaufklärung **zu treffenden Maß-** 9
nahmen zählen diejenigen Maßnahmen, die geeignet sind, den bestehenden Anfangsverdacht für das Vorliegen einer radioaktiven Altlast auszuräumen oder diesen
so weit zu verdichten, dass ein hinreichender Verdacht iSv Abs. 3 besteht (vgl. *Son-
dermann/Hejma* in Versteyl/Sondermann BBodSchG § 9 Rn. 19). Die Behörde ist
mithin nicht verpflichtet, den Sachverhalt so weit zu ermitteln, bis Art, Höhe und
Ausdehnung der Kontamination vollständig aufgeklärt sind. Diesbezügliche Untersuchungen sind gem. Abs. 3 vielmehr auf Grund entsprechender Anordnung von
den nach § 137 Verantwortlichen durchzuführen (→ Rn. 15). Zu den von der zust.
Behörde zu treffenden Maßnahmen gehören vielmehr insbes. die Überprüfung
und Auswertung der dem Altlastenverdacht zugrunde liegenden Hinweise und
Informationen (vgl. BT-Drs. 18/11241, 400), die auch auf einer Meldung nach
Abs. 1 (→ Rn. 2 ff.) beruhen können, sowie die Entnahme und Untersuchung von
Boden- und Gewässerproben va im Hinblick auf eine Überschreitung der in § 161
Abs. 1 oder 2 S. 1 StrlSchV genannten Prüfwerte. Werden die in § 161 Abs. 1 oder 2
S. 1 StrlSchV genannten Prüfwerte nicht überschritten, kann die zust. Behörde
gem. § 161 Abs. 4 S. 1 StrlSchV davon ausgehen, dass keine radioaktive Altlast vorliegt. Damit ist idR der Anfangsverdacht für das Vorliegen einer radioaktiven Altlast
ausgeräumt. Umgekehrt kann aber bei einer – va nur leichten – Überschreitung der
in § 161 Abs. 1 oder 2 S. 1 StrlSchV genannten Prüfwerte ein Bedürfnis nach weiteren Sachverhaltsermittlungen durch die zust. Behörde bestehen, obwohl ein
Überschreiten der Prüfwerte idR nach Abs. 3 S. 2 einen hinreichenden Verdacht
für das Vorliegen einer radioaktiven Altlast begründet und damit gem. Abs. 3 S. 1
die in § 137 genannten Personen verpflichtet werden könnten, die erforderlichen
Untersuchungen durchzuführen (→ Rn. 13 ff.). Insbes. vor dem Hintergrund des
Risikos der Kostenerstattungspflicht nach § 146 Abs. 1 S. 2 (→ § 146 Rn. 3) kann es
jedoch im Einzelfall angebracht sein, weitere Maßnahmen zur Sachverhaltsaufklärung zu treffen, um einen Verdacht für das Vorliegen einer radioaktiven Altlast zu
erhärten und damit eine Anordnung nach Abs. 3 S. 1 auf eine sichere Grundlage zu
stellen. Insoweit stellen die **Prüfwerte** va eine **Beurteilungshilfe** für die Gefähr-
dungsabschätzung dar und dienen der Entscheidung über weitere Sachverhaltsermittlungen (vgl. *Dombert* in LR UmwR, § 8 BBodSchG Rn. 11).

D. Anordnung von Untersuchungen (Abs. 3)

Nach Abs. 3 S. 1 kann die zust. Behörde die in § 137 genannten Personen ver- 10
pflichten, die erforderlichen Untersuchungen zur Klärung eines Altlastenverdachts
durchzuführen, wenn ein hinreichender Verdacht für das Vorliegen einer radioaktiven Altlast besteht. Die Regelungen des Abs. 3 sind § 9 Abs. 2 S. 1 BBodSchG und
§ 3 Abs. 4 BBodSchV nachempfunden.

I. Hinreichender Verdacht

Auf Tatbestandsseite setzt Abs. 3 S. 1 das **Bestehen eines hinreichenden Ver-** 11
dachts für das Vorliegen einer radioaktiven Altlast voraus. Wann ein hinreichender
Verdacht vorliegt, wird in Abs. 3 S. 2 konkretisiert. Danach ergibt sich ein hinreichender Verdacht idR aus einer (zu erwartenden) Überschreitung der in § 161
Abs. 1 oder 2 S. 1 StrlSchV festgelegten Prüfwerte oder aus sonstigen Feststellungen, die es **überwiegend wahrscheinlich** machen, dass eine radioaktive Altlast

vorliegt. Während § 9 Abs. 2 S. 1 BBodSchG analog zum Gefahrenbegriff hinsichtlich des Grades der Wahrscheinlichkeit eine Differenzierung dahingehend vorsieht,
dass je größer und folgenschwerer der zu befürchtende Schaden ist, desto geringere
Anforderungen sind an die Wahrscheinlichkeit des Vorliegens einer Gefahr zu stellen
(vgl. *Ewer* in LR UmwR, § 9 BBodSchG Rn. 55), gibt Abs. 3 S. 2 den Grad der
Wahrscheinlichkeit vor, der idR einen hinreichenden Verdacht für das Vorliegen
einer radioaktiven Altlast begründet. Im Fall einer **Kontamination mit natürlichen Radionukliden** werden sich dadurch in der Praxis keine Schwierigkeiten
auftun, da eine (zu erwartende) Überschreitung der in § 161 Abs. 1 und 2 S. 1
StrlSchV festgelegten Prüfwerte grds. ausreicht, um die Überschreitung des Referenzwertes nach § 136 Abs. 1 und damit das Vorliegen einer radioaktiven Altlast überwiegend wahrscheinlich zu machen und somit einen hinreichenden Verdacht iSv
Abs. 3 S. 1 zu begründen. Problematischer ist die Vorgabe des erforderlichen Maßes
an Wahrscheinlichkeit in erster Linie bei einer **Kontamination mit künstlichen
Radionukliden.** Für künstliche Radionuklide sind in der StrlSchV keine Prüfwerte
festgelegt (→ § 136 Rn. 5), so dass sich ein hinreichender Verdacht für das Vorliegen
einer radioaktiven Altlast iRd nach § 161 Abs. 4 S. 2 StrlSchV im Einzelfall durchzuführenden Prüfung nur auf Grund sonstiger Feststellungen iSv Abs. 3 S. 2 ergeben
kann. Die danach erforderlichen konkreten Anhaltspunkte müssen es wiederum
überwiegend wahrscheinlich machen, dass der Referenzwert nach § 136 Abs. 1 überschritten wird und damit eine radioaktive Altlast vorliegt. Eine Differenzierung hinsichtlich des Grades der Wahrscheinlichkeit in Abhängigkeit von der Größe und
Schwere des möglicherweise eintretenden Schadens ist damit nur in einem sehr begrenzten Umfang möglich. Ist auf Grund der vorliegenden konkreten Anhaltspunkte
(noch) keine überwiegende Wahrscheinlichkeit für das Vorliegen einer radioaktiven
Altlast feststellbar, kann die zust. Behörde mangels hinreichenden Verdachts auch
nicht die Durchführung von erforderlichen Untersuchungen anordnen, sondern ist
vielmehr darauf angewiesen, den Sachverhalt selbst noch weiter zu ermitteln, um
ggf. weitere konkrete Anhaltspunkte zu sammeln, die zur Annahme einer überwiegenden Wahrscheinlichkeit für das Vorliegen einer radioaktiven Altlast führen. Die
sonstigen Feststellungen müssen zwar nicht zwingend auf Messungen beruhen,
sie müssen aber einen ähnlichen Grad an fachlicher Qualität und Substantiierung
aufweisen, um eine qualitativ vergleichbare Grundlage für die Prüfung eines hinreichenden Verdachts zu haben wie bei den Messungen, die der Feststellung einer (zu
erwartenden) Überschreitung der Prüfwerte dienen. Damit bestehen bei beiden
Alternativen in Abs. 3 S. 2 die gleichen qualitativen Anforderungen an die Feststellung eines hinreichenden Verdachts für das Vorliegen einer radioaktiven Altlast. Ein
vergleichbarer Grad an fachlicher Qualität wie bei den Messungen iRd Ermittlung
einer (zu erwartenden) Überschreitung der Prüfwerte kann erst dann bejaht werden,
wenn detaillierte, spezifisch kontaminationsbezogene Informationen ein prognosti-
sches Urteil hinsichtlich des Vorliegens einer radioaktiven Altlast ermöglichen (vgl.
zu 3 Abs. 4 BBodSchV OVG RhPf. Urt. v. 11.10.2007 – 1 A 10281/07 –, juris
Rn. 23; *Sanden* in Koch/Hofmann/Reese § 8 Rn. 55).

12   Sind die Voraussetzungen des Abs. 3 S. 2 erfüllt, liegt „in der Regel" ein hinreichender Verdacht für das Vorliegen einer radioaktiven Altlast vor. Diese **Regelver-
mutung** lässt es zu, in atypischen Altlastensituationen und Fallgestaltungen das Bestehen eines hinreichenden Verdachts zu verneinen, weil zB trotz (zu erwartender)
Überschreitung der Prüfwerte aufgrund bes. Erkenntnisse keine Überschreitung
des Referenzwertes nach § 136 Abs. 1 zu erwarten ist. Diese eng begrenzte Ausnahme für atypische Fallkonstellationen ist jedoch nur für die Fälle relevant, in de-

nen sich der hinreichende Verdacht auf der (zu erwartenden) Überschreitung der in § 161 Abs. 1 und 2 S. 1 StrlSchV festgelegten Prüfwerte gründet. Basiert der hinreichende Verdacht – wie bei einer Kontamination mit künstlichen Radionukliden – allein auf sonstigen Feststellungen, dürfte diese Ausnahme kaum von Bedeutung sein, da sich hier der hinreichende Verdacht aus im Einzelfall ermittelten konkreten Anhaltspunkten ergibt (→ Rn. 11) und damit schon gar keine typische Fallgestaltung wie bei der (zu erwartenden) Überschreitung von festgelegten Prüfwerten, von der ausnahmsweise abgewichen werden könnte, vorliegt.

II. Verpflichtung zu Untersuchungen

Besteht ein hinreichender Verdacht für das Vorliegen einer radioaktiven Altlast, **13** steht die Entscheidung, die Durchführung der zur Klärung des Altlastenverdachts erforderlichen Untersuchungen anzuordnen, im **pflichtgemäßen Ermessen** der zust. Behörde („kann"). Die Ermessensausübung erfolgt dabei zweistufig. Zunächst ist iRd Entschließungsermessens zu entscheiden, ob überhaupt Untersuchungen angeordnet werden sollen. Wird dies bejaht, ist auf der zweiten Stufe iRd Auswahlermessens unter Berücksichtigung des Grundsatzes der effektiven Gefahrenabwehr darüber zu befinden, welche Anordnungen zu treffen sind und an wen sich diese richten.

Das **Entschließungsermessen** bezieht sich allerdings nur auf die Frage, ob die **14** zust. Behörde die Durchführung von Untersuchungen ggü. einem Pflichtigen anordnet oder ob sie selbst tätig wird. Die Entscheidung, trotz eines hinreichenden Verdachts gänzlich vom Ergreifen von Maßnahmen abzusehen, widerspräche hingegen Sinn und Zweck des Abs. 3 S. 1, den Verdacht für das Vorliegen einer radioaktiven Altlast durch erforderliche Untersuchungen zu bestätigen oder endgültig auszuräumen. Zudem zeigt der Vergleich mit Abs. 2, dass die zust. Behörde, wenn sie schon beim Bestehen bloßer Anhaltspunkte im Regelfall zum Ergreifen von Maßnahmen zur Ermittlung des Sachverhalts verpflichtet ist (→ Rn. 8), erst recht Maßnahmen ergreifen muss, wenn ein hinreichender Verdacht für das Vorliegen einer radioaktiven Altlast besteht (vgl. *Posser* in BeckOK Umweltrecht, § 9 BBodSchG Rn. 23; *Frenz* BBodSchG § 9 Rn. 52). Sieht die zust. Behörde daher von der Inanspruchnahme eines nach § 137 Verantwortlichen ab, ist sie idR selbst verpflichtet, auf Grundlage von Abs. 2 die erforderlichen Untersuchungen durchzuführen.

Adressaten der behördlichen Anordnung zur Durchführung der erforderlichen **15** Untersuchungen sind die in § 137 genannten Personen. Da Abs. 3 S. 1 allgemein auf die in § 137 genannten Personen und nicht nur auf die für eine radioaktive Altlast Verantwortlichen abstellt, könnte die Regelung nach ihrem Wortlaut auch den Voreigentümer, dessen Haftung nach § 137 Abs. 3 S. 2 ausgeschlossen ist (→ § 137 Rn. 13), umfassen. Da dieser jedoch aufgrund des Haftungsausschlusses wie ein unbeteiligter Dritter zu behandeln ist, der keinerlei Bezug zu der radioaktiven Altlast hat (→ Rn. 3), kann er auch nicht Adressat einer Untersuchungsanordnung sein. Dies folgt va aus der Schutzwürdigkeit des gutgläubigen Voreigentümers, die wiederum Ausfluss des Verhältnismäßigkeitsgrundsatzes ist (vgl. *Posser* in BeckOK Umweltrecht, § 9 BBodSchG Rn. 24; *Frenz* BBodSchG § 9 Rn. 54). IÜ richtet sich die Auswahl des Verpflichteten grds. nach den bei § 137 geschilderten Erwägungen (→ § 137 Rn. 2). Allein aus Effektivitätsgründen hinsichtlich der Aufklärung des Altlastenverdachts wird eine Anordnung aber regelmäßig an den aktuellen Eigentümer oder Inhaber der tatsächlichen Gewalt gerichtet werden können. Aufgrund des bloß vorbereitenden Charakters der Untersuchungsmaßnahmen dürfte meist sogar die vorrangige Inanspruchnahme des Inhabers der tatsächlichen Gewalt ermessenfehlerfrei erfolgen können (vgl. *Posser* in BeckOK Umweltrecht, § 9 BBodSchG Rn. 24; *Frenz* BBodSchG § 9 Rn. 56). Dieser trägt dann gem. § 146 Abs. 1 S. 1 auch die mit den Untersuchungen verbundenen **Kosten** (→ § 146 Rn. 2). Ggf. steht ihm aber ein Ausgleichsanspruch ggü. dem Verursacher zu (→ § 146 Rn. 5 ff.). Im Falle des § 146 Abs. 1 S. 2 sind dem zur Untersuchung Herangezogenen allerdings die Kosten der Untersuchungen zu erstatten (→ § 146 Rn. 3).

16   Die von der zust. Behörde **angeordneten Untersuchungen** müssen „erforderlich" sein, dh notwendig, um das Vorliegen einer radioaktiven Altlast zweifelsfrei festzustellen oder ein Sanierungserfordernis endgültig auszuschließen und damit zu einem abschließenden Ergebnis zu kommen (vgl. *Sondermann/Hejma* in Versteyl/ Sondermann BBodSchG § 9 Rn. 43). Außerdem müssen die Untersuchungen grds. geeignet sein, zumindest in groben Zügen festzustellen, welche Maßnahmen nach § 139 Abs. 1 in welchem Umfang ggf. durchzuführen sein könnten. Die inhaltlichen Anforderungen an eine Anordnung konkretisiert Abs. 3 S. 1 dahingehend, dass insbes. Untersuchungen zu Art, Höhe und Ausdehnung der Kontamination und zur Exposition durchzuführen sind. Dabei muss die Anordnung einerseits so **hinreichend bestimmt** sein, dass der Adressat genau weiß, welchen Gegenstand er inwieweit auf welche Radionuklide untersuchen (lassen) soll (vgl. *Ewer* in LR UmwR, § 9 BBodSchG Rn. 77). Andererseits ist dem Verantwortlichen dem Grundsatz der Verhältnismäßigkeit folgend genügend Spielraum bei der Durchführung der Untersuchungen zu gewähren (vgl. *Posser* in BeckOK Umweltrecht, § 9 BBodSchG Rn. 23).

E. Zuwiderhandlungen

17   Nach § 194 Abs. 1 Nr. 36 handelt ordnungswidrig, wer vorsätzlich oder fahrlässig entgegen Abs. 1 eine Meldung nicht, nicht richtig, nicht vollständig oder nicht rechtzeitig macht. Eine Meldung ist insbes. dann nicht vollständig, wenn die zur Meldung verpflichtete Person der zust. Behörde nicht sämtliche ihr bekannte Anhaltspunkte für das Vorliegen einer radioaktiven Altlast mitteilt. Eine rechtzeitige Meldung liegt vor, wenn sie unverzüglich erfolgt (→ Rn. 5). Die Ordnungswidrigkeit kann gem. § 194 Abs. 2 mit einer **Geldbuße bis zu 10.000 Euro** geahndet werden (→ § 194 Rn. 14 f.). Ohne Bußgeldbewehrung liefe die Pflicht nach Abs. 1 weitgehend ins Leere, da andernfalls die potentiell für die radioaktive Altlast verantwortliche Person angesichts einer evtl. drohenden Sanierungsverpflichtung im Zweifel von einer Meldung nach Abs. 1 absehen würde.

§ 139   **Behördliche Anordnungsbefugnisse für Maßnahmen; Verordnungsermächtigung**

(1)   ¹**Liegt eine radioaktive Altlast vor, so kann die zuständige Behörde einen der für die radioaktive Altlast Verantwortlichen verpflichten,**
1. **Untersuchungen zu Art und Ausdehnung der radioaktiven Altlast sowie zur Exposition und zu möglichen Sanierungs- und sonstigen Maßnahmen zur Verhinderung oder Verminderung der Exposition durchzuführen,**

2. der zuständigen Behörde das Ergebnis dieser Untersuchungen mitzuteilen,
3. durch bestimmte Sanierungsmaßnahmen, sonstige Maßnahmen zur Verhinderung oder Verminderung der Exposition oder Nachsorgemaßnahmen dafür zu sorgen, dass der Referenzwert nach § 136 Absatz 1 unterschritten wird,
4. die Exposition der Bevölkerung infolge der Sanierungsarbeiten zu überwachen,
5. auch nach Durchführung von Maßnahmen nach Nummer 3 weitere Maßnahmen durchzuführen, soweit dies zur Sicherung des Ziels von Sanierungs- oder sonstigen Maßnahmen zur Verhinderung oder Verminderung der Exposition notwendig ist, oder
6. die von der radioaktiven Altlast ausgehenden, Radionuklide enthaltenden Emissionen und Immissionen, einschließlich der Direktstrahlung, zu überwachen.
[2]§ 13 Absatz 2 und § 18 Satz 1 des Bundes-Bodenschutzgesetzes gelten entsprechend.

(2) [1]Die nach Absatz 1 Satz 1 Nummer 3 und 5 durchzuführenden Maßnahmen sollen auf wissenschaftlich begründeten, technisch und wirtschaftlich durchführbaren Verfahren beruhen, die in der praktischen Anwendung erprobt und bewährt sind oder die ihre praktische Eignung als gesichert erscheinen lassen. [2]Art, Umfang und Dauer der Maßnahmen sind zu optimieren.

(3) [1]Wird während der Sanierungsmaßnahmen vorübergehend die Exposition erhöht, so soll diese einen Richtwert für die effektive Dosis von 6 Millisievert im Kalenderjahr für Einzelpersonen der Bevölkerung nicht überschreiten. [2]Dabei soll infolge von Einleitungen in oberirdische Gewässer der Richtwert für die effektive Dosis von 1 Millisievert im Kalenderjahr für Einzelpersonen der Bevölkerung nicht überschritten werden.

(4) Die Bundesregierung wird ermächtigt, durch Rechtsverordnung mit Zustimmung des Bundesrates
1. Vorgaben zur Emissions- und Immissionsüberwachung nach Absatz 1 Satz 1 Nummer 6 zu machen und
2. Anforderungen an die Optimierung der Maßnahmen nach Absatz 2 Satz 2 festzulegen.

A. Zweck und Bedeutung der Norm

§ 139 stellt der zust. Behörde eine **breites Spektrum an Maßnahmen** zur Ver- 1 fügung, die einem für die radioaktive Altlast Verantwortlichen im Wege der Anordnung auferlegt werden können. Die Norm bietet der zust. Behörde die **notwendige Flexibilität,** um die jeweils vorliegende Altlastensituation individuell und unter Berücksichtigung der Umstände des jeweiligen Einzelfalls angemessen behandeln und bewältigen zu können (vgl. BT-Drs. 18/11241, 400).

B. Anordnungsbefugnisse (Abs. 1)

I. Maßnahmen nach S. 1

2   Tatbestandlich setzt Abs. 1 S. 1 das Vorliegen einer radioaktiven Altlast iSv § 136 Abs. 1 voraus (→ § 136 Rn. 2ff.). Die Feststellung, dass eine radioaktive Altlast vorliegt, wird dabei regelmäßig das Ergebnis von Untersuchungen nach § 138 Abs. 3 S. 1 sein (→ § 138 Rn. 13ff.). Liegt eine radioaktive Altlast vor, steht es im **pflichtgemäßen Ermessen** der zust. Behörde („kann"), einen für die radioaktive Altlast Verantwortlichen zu verpflichten, die in Abs. 1 S. 1 Nr. 1 bis 6 genannten Maßnahmen zu ergreifen. Die Auswahl des Verpflichteten richtet sich grds. nach den bei § 137 genannten Kriterien (→ § 137 Rn. 2). Maßgeblicher, bei der Störerauswahl zu berücksichtigender Gesichtspunkt, ist die effektive Erfüllung der im Zusammenhang mit der Sanierung der radioaktiven Altlast zu ergreifenden Maßnahmen. Vorrangig wird daher diejenige Person in Anspruch genommen werden können, die die besten Möglichkeiten zur Durchführung der erforderlichen Maßnahmen hat, was va von den Einwirkungsmöglichkeiten auf das betroffene Grundstück und den finanziellen Möglichkeiten abhängt (vgl. *Frenz* BBodSchG § 13 Rn. 32). Ein komplettes **Absehen von der Anordnung von Maßnahmen** iRd Ermessensausübung wird nur in eng begrenzten Ausnahmefällen in Betracht kommen. Zumindest die Durchführung von weiterführenden Untersuchungen nach Abs. 1 S. 1 Nr. 1 und die Mitteilung des Ergebnisses an die zust. Behörde nach Abs. 1 S. 1 Nr. 2 (→ Rn. 3) werden regelmäßig von den für eine radioaktive Altlast Verantwortlichen verlangt werden können, zumal diese Untersuchungsergebnisse auch eine Entscheidungsgrundlage dafür bilden können, ob die Vorlage eines Sanierungsplans nach § 143 Abs. 1 verlangt werden kann (→ § 143 Rn. 3ff.). Etwas anderes kann sich bspw. nur dann ergeben, wenn Untersuchungen nach § 138 Abs. 3 S. 1 (→ § 138 Rn. 13ff.) eine nur geringfügige Überschreitung des Referenzwertes nach § 136 Abs. 1 ergeben haben, durch weitere Untersuchungen nach Abs. 1 S. 1 Nr. 1 keine wesentlichen neuen Erkenntnisse zu erwarten sind und das Ergreifen von Maßnahmen nach Abs. 1 S. 1 Nr. 3 bis 6 unangemessen hohe Kosten oder andere unzumutbare Belastungen oder Nachteile für die Verantwortlichen mit sich bringen würde (vgl. auch BT-Drs. 18/11241, 400f.). In diesen Fällen dürfte es dem Grundsatz der Verhältnismäßigkeit entsprechend vertretbar sein, die vorgefundene Altlastensituation hinzunehmen und keinerlei Anordnungen nach Abs. 1 S. 1 zu treffen. Werden allerdings Anordnungen nach Abs. 1 getroffen, tragen gem. § 146 Abs. 1 S. 1 die zur Durchführung der Maßnahmen Verpflichteten die damit verbundenen Kosten (→ § 146 Rn. 2).

3   Da die Untersuchungen nach § 138 Abs. 1 S. 1 lediglich vorbereitenden Charakter haben, kann die zust. Behörde nach Abs. 1 S. 1 Nr. 1 Anordnungen zu **weiterführenden Untersuchungen** zu Art und Ausdehnung der radioaktiven Altlast sowie zur Exposition und zu möglichen Sanierungs- und sonstigen Maßnahmen zur Verhinderung oder Verminderung der Exposition treffen. Die zust. Behörde wird in diesem Zusammenhänge regelmäßig über den Verlauf und das Ergebnis dieser Untersuchungen nach Abs. 1 S. 1 Nr. 2 anordnen. Ziel dieser Anordnungen ist es, der zust. Behörde auf Grundlage der gewonnenen Erkenntnisse über die Altlastensituation zu ermöglichen, eine Entscheidung darüber herbeizuführen, ob ggf. weitere Anordnungen zur Bewältigung der Altlastensituation getroffen werden müssen, welcher Art die anzuordnenden Maßnahmen sein sollen,

welchen Umfang diese haben müssen und wie lange sie ggf. durchzuführen sind (vgl. auch BT-Drs. 18/11241, 401). Damit können die Ergebnisse der Untersuchungen auch zur Entscheidung beitragen, ob die Vorlage eines Sanierungsplans nach § 143 Abs. 1 verlangt werden kann (→ § 143 Rn. 3 ff.). Mögliche Untersuchungsinhalte in Bezug auf die in Betracht kommenden Sanierungs- und sonstigen Maßnahmen zur Verhinderung oder Verminderung der Exposition können sein: die technische und wirtschaftliche Durchführbarkeit der Maßnahmen, deren Wirksamkeit im Hinblick auf das Sanierungsziel, der erforderliche Zeitaufwand sowie die Prüfung, welche rechtlichen, organisatorischen und finanziellen Gegebenheiten darüber hinaus für die Durchführung der Maßnahmen von Bedeutung sind. Der genaue Inhalt und der Umfang der erforderlichen Untersuchungen hängen nicht zuletzt von den konkreten Umständen des jeweiligen Einzelfalls ab.

Von großer Relevanz für die Praxis sind die Anordnungsbefugnisse nach Abs. 1 **4** S. 1 Nr. 3. Dort wird gleichzeitig das **Sanierungsziel** vorgegeben, die Unterschreitung des Referenzwertes nach § 136 Abs. 1. Dieses Ziel wird in § 164 Abs. 1 S. 2 StrlSchV konkretisiert. Demnach müssen die zu ergreifenden Sanierungsmaßnahmen, sonstige Maßnahmen zur Verhinderung oder Verminderung der Exposition und Nachsorgemaßnahmen (→ Rn. 5) geeignet sein, dass der Referenzwert nach § 136 Abs. 1 dauerhaft unterschritten wird oder, wenn eine dauerhafte Unterschreitung nicht möglich ist, die Exposition dauerhaft so gering wie möglich zu halten. Hier kommt das im Strahlenschutzrecht stets zu beachtende Reduzierungsgebot zum Ausdruck. Eine nähere Bestimmung erhält das Sanierungsziel durch die Regelungen in § 136 Abs. 3 und 4 (→ § 136 Rn. 6 ff.). Wann das Sanierungsziel erreicht ist, hängt somit auch maßgeblich von den danach zu beachtenden Kriterien ab.

Sanierungsmaßnahmen sind eine Teilmenge der in Betracht kommenden **5** Maßnahmen zur Verhinderung oder Verminderung der Exposition. Dies ergibt sich aus der Aufzählung in Abs. 3 S. 1 Nr. 3, wonach es neben Sanierungsmaßnahmen auch „sonstige" Maßnahmen zur Verhinderung oder Verminderung der Exposition gibt. Der Begriff der Sanierungsmaßnahmen wird in § 5 Abs. 33 definiert. Es handelt sich dabei um Dekontaminations- und Sicherungsmaßnahmen (→ § 5 Rn. 40). **Sonstige Maßnahmen zur Verhinderung oder Verminderung der Exposition** stehen dagegen im Einklang mit der Begriffsbestimmung in Art. 4 Nr. 68 RL 2013/59/Euratom insbes. Zutrittsverbote, Absperrungen und andere Nutzungseinschränkungen wie zB das Verbot der gärtnerischen Nutzung bestimmter Flächen oder das Verbot einer Wohnbebauung in der Nähe einer radioaktiven Altlast sowie Zugangsbeschränkungen, um vorgenommene Sanierungsmaßnahmen bzw. installierte Sanierungsbauten gegen Beschädigung zu schützen (vgl. BT-Drs. 18/11241, 401). Der Begriff der **Nachsorgemaßnahmen** ist in § 5 Abs. 25 definiert. Es handelt sich um Maßnahmen zur Sicherstellung des Sanierungserfolgs (→ § 5 Rn. 29). Bei der Anordnung einer Maßnahme muss die zust. Behörde die Balance finden zwischen hinreichender Bestimmtheit der angeordneten Maßnahme und dem der Verpflichteten einzuräumenden Spielräume bei deren Durchführung (→ § 138 Rn. 16).

Nach Abs. 1 S. 1 Nr. 4 kann die zust. Behörde die **Überwachung der Exposi-** **6** **tion der Bevölkerung** infolge der Sanierungsarbeiten anordnen. Damit ist nicht die Überwachung einzelner Personen gemeint, sondern die Betrachtung einer fiktiven repräsentativen Einzelperson auf Grund von Berechnungsmodellen (vgl. BT-Drs. 18/11241, 401). Dies spielt va dann eine Rolle, wenn während der Sanierungsmaßnahmen vorübergehend unvermeidbare Zusatzexpositionen auftreten, die gem. Abs. 3 die dort festgelegten Richtwerte nicht überschreiten sollen (→ Rn. 14 f.).

7   Die Anordnungsbefugnis nach Abs. 1 S. 1 Nr. 5 eröffnet der zust. Behörde die Möglichkeit, **weiterführende Maßnahmen** anzuordnen, wenn sich herausstellt, dass die nach Abs. 1 S. 1 Nr. 3 angeordneten und von den verantwortlichen Personen bereits durchgeführten Maßnahmen (→ Rn. 5) nicht ausreichen, um das Sanierungsziel (→ Rn. 4) nachhaltig zu sichern.

8   Mit der Anordnung einer **Emissions- und Immissionsüberwachung** nach Abs. 1 S. 1 Nr. 6 soll eine Kontrolle der Einhaltung von ggf. festgelegten zulässigen Aktivitätsabgaben und damit eine Beurteilung der aus radioaktiven Ableitungen mit Luft und Abwasser und aus sonstigen Emissionen resultierenden Exposition der Bevölkerung ermöglicht werden (BT-Drs. 18/11241, 401). Eine Überwachung kommt dabei vor, während und nach der Durchführung von Maßnahmen nach Abs. 1 S. 1 Nr. 3 oder 5 in Betracht.

9   Nach dem Wortlaut von Abs. 1 S. 1 stehen die dort genannten Maßnahmen in einem **Alternativverhältnis.** Dies ergibt sich aus dem Wort „oder" am Ende von Abs. 1 S. 1 Nr. 5. Dies darf jedoch nicht dahingehend verstanden werden, dass die zust. Behörde bei ihren Anordnungen ggü. der verantwortlichen Person jeweils nur von einer der aufgeführten Alternativen Gebrauch machen können soll. Diese Einschränkung widerspräche dem Sinn und Zweck der Norm (→ Rn. 1). Auch bauen die in Abs. 1 S. 1 Nr. 1 bis 6 genannten Maßnahmen zu einem Großteil aufeinander auf oder ergeben zum Teil nur in Kombination mit anderen Maßnahmen einen Sinn, so dass sie insgesamt nicht losgelöst voneinander betrachtet werden können. Die Norm ist daher vielmehr so zu interpretieren, dass die zust. Behörde bei ihren Anordnungen entweder nur von einer der in Abs. 1 S. 1 genannten Alternativen oder aber auch von mehreren gleichzeitig Gebrauch machen kann. Dies ist nicht zuletzt von den jeweiligen Umständen des Einzelfalls abhängig.

II. Hinzuziehung eines Sachverständigen (S. 2)

10   Nach Abs. 1 S. 2 gilt zunächst § 13 Abs. 2 BBodSchG entsprechend. D. h., dass die zust. Behörde verlangen kann, dass für die Ausführung der behördlich angeordneten Maßnahmen nach Abs. 1 S. 1 ein **Sachverständiger hinzuziehen ist** (BT-Drs. 18/11241, 401). Die Entscheidung der Behörde, ob und in welchem Umfang sie die Hinzuziehung eines Sachverständigen verlangt, steht in deren pflichtgemäßen Ermessen. Bei dessen Ausübung ist stets der Verhältnismäßigkeitsgrundsatz zu beachten. Das Verlangen, einen Sachverständigen hinzuziehen, muss dementsprechend unter Berücksichtigung der Umstände des Einzelfalls geeignet, erforderlich und angemessen sein, um das Sanierungsziel (→ Rn. 4) zu erreichen. Die zust. Behörde muss zunächst beobachten, ob die verantwortliche Person in der Lage ist, den Anordnungen selbst zu entsprechen (vgl. *Frenz* BBodSchG § 13 Rn. 37). Ist abzusehen, dass dies nicht gewährleistet werden kann, kann die zust. Behörde die Hinzuziehung eines Sachverständigen in dem Umfang anordnen, der erforderlich ist, um das Sanierungsziel zu erreichen. Dabei kann die Behörde jedoch nicht die Hinzuziehung eines konkreten Sachverständigen verlangen (vgl. *Spieth* in BeckOK Umweltrecht, § 13 BBodSchG Rn. 22).

11   Des Weiteren ist § 18 S. 1 BBodSchG entsprechend anwendbar. Da der Bund gem. Art. 73 Abs. 1 Nr. 14 GG die ausschließliche Gesetzgebungskompetenz über den Schutz gegen Gefahren, die durch ionisierende Strahlen entstehen, hat, verweist Abs. 1 S. 2 nicht auch auf § 18 S. 2 BBodSchG. Dies wäre mit der im GG vorgesehenen Kompetenzverteilung zwischen Bund und Ländern unvereinbar. Die erforderliche **Sachkunde** liegt regelmäßig dann vor, wenn der Sachverständige die notwendige fachliche Qualifikation auf dem jeweiligen Fachgebiet vorweisen kann. Dies setzt idR eine qualifizierte Ausbildung, ausreichende praktische Erfahrung und eine stetige Weiterbildung innerhalb des jeweiligen Fachgebiets voraus (vgl. *Versteyl* in Versteyl/Sondermann BBodSchG § 18 Rn. 16). Konkrete Anforderungen an Sachverständige, die iRd Ausführung der Maßnahmen nach Abs. 1 S. 1 tätig werden, sind gesetzlich nicht festgelegt. IdR wird – auch aufgrund häufig vorkommender Mischaltlasten – auf hinreichend qualifizierte Sachverständige aus dem konventionellen Altlastenbereich zurückgegriffen werden können. Von diesen werden allerdings zumindest Kenntnisse und praktische Erfahrungen im Strahlenschutz, die für die Bewältigung radioaktiver Altlasten relevant sind, zu verlangen sein. Neben der Sachkunde muss der Sachverständige auch die erforderliche **Zuverlässigkeit** besitzen (zum Begriff vgl. → § 13 Rn. 14 ff.; zu § 18 BBodSchG vgl. ausführlich *Frenz* BBodSchG § 18 Rn. 13 ff.; *Versteyl* in Versteyl/Sondermann BBodSchG § 18 Rn. 19). Letztlich muss der Sachverständige über die erforderliche **gerätetechnische Ausstattung** verfügen. Die diesbezüglichen Anforderungen richten sich nach der jeweiligen Aufgabe des Sachverständigen im Rahmen seiner Hinzuziehung.

C. Verfahren, Optimierung (Abs. 2)

Abs. 2 S. 1 formuliert **allgemein-qualitative Anforderungen** an die nach **12** Abs. 1 S. 1 Nr. 3 und 5 zu treffenden Maßnahmen statt sich auf feste Anforderungskategorien, wie zB Stand der Technik, zu beziehen. Dadurch wird dem Umstand Rechnung getragen, dass solche festen Kategorien idR für die Altlastenbewältigung nicht existieren bzw. nur schwer zu bestimmen sind und sich häufig kaum eignen, die Schutzziele wirksam, nachhaltig und kosteneffektiv zu erreichen. Vielmehr müssen zumeist sehr spezifische Einzelfalllösungen gefunden werden, um der Altlastensituation angemessen gerecht zu werden (vgl. BT-Drs. 18/11241, 402).

Nach Abs. 2 S. 2 sind Art, Umfang und Dauer der Maßnahmen zu optimieren. **13** Ziel dieser Optimierung ist es, anhand eines **Vergleichs der möglichen Sanierungsalternativen** die bestmögliche Vorgehensweise zu finden und so insgesamt den größtmöglichen Nutzen aus den zu treffenden Maßnahmen zu ziehen (vgl. BT-Drs. 18/11241, 402). Gem. § 163 Abs. 1 StrlSchV, der Grundsätze für die Optimierung von Sanierungsmaßnahmen enthält, sind dabei die **Vor- und Nachteile** der verschiedenen in Betracht kommenden Sanierungs-, Schutz- und Beschränkungsmaßnahmen **abzuwägen.** In § 163 Abs. 2 StrlSchV werden Gesichtspunkte aufgeführt, die idR bei der Abwägung iRd Optimierung zu berücksichtigen sind. Die konkret in die Optimierung einzubeziehenden Aspekte müssen jedoch im Einzelfall festgelegt werden, da diese entscheidend von der Art der radioaktiven Altlast, den bestehenden Sanierungsalternativen und weiteren Randbedingungen abhängen (BR-Drs. 423/18, 469). Insbes. sind auch wirtschaftliche und soziale Gesichtspunkte zu berücksichtigen.

D. Vorübergehende Erhöhung der Exposition (Abs. 3)

Mit der ausdrücklichen Zulassung von vorübergehenden zusätzlichen Expositio- **14** nen nach Abs. 3 wird klargestellt, dass **Zusatzexpositionen** oberhalb des in § 136 Abs. 1 festgelegten Referenzwertes bis zur Höhe der in Abs. 3 genannten Richtwerte vorübergehend akzeptiert werden können, um das Sanierungsziel (→ Rn. 4) mit verhältnismäßigem Aufwand zu erreichen und langfristig zu sichern (vgl. BT-Drs. 18/11241, 402). Derartige zusätzliche Expositionen sind gem. § 163 Abs. 2 Nr. 4 StrlSchV idR bei der Abwägung iRd Optimierung der Sanierungsmaßnahmen zu berücksichtigen. Dadurch soll sichergestellt werden, dass diejenige Sanierungsvariante gewählt wird, bei der, sofern es nicht vermieden werden kann, die Überschreitung des Referenzwertes nach § 136 Abs. 1 während der Sanierung unter Berücksichtigung des Verhältnismäßigkeitsgrundsatzes nur in dem Maße erfolgt, wie dies zur Erreichung des Sanierungsziels erforderlich und zumutbar ist.

15   Für die Festlegung des Richtwertes in Abs. 3 S. 1 wurde die in Anh. 1 RL 2013/59/Euratom für den Bevölkerungsschutz angegebene Spanne für die effektive Dosis von Einzelpersonen der Bevölkerung von 1 bis 20 mSv/Kj herangezogen und auf **praktische Erfahrungen und Vorgehensweisen bei Sanierungsvorhaben in der Vergangenheit** – insbes. im Zusammenhang mit der Stilllegung und Sanierung der Hinterlassenschaften des Uranerzbergbaus – zurückgegriffen (vgl. BT-Drs. 18/11241, 402 f.). Der in Abs. 3 S. 2 festgelegte strengere Richtwert rechtfertigt sich va dadurch, dass über den **Fernwirkungspfad** überwiegend Personen exponiert werden, die keinen unmittelbaren Nutzen aus der Sanierung der Altlast ziehen und denen daher idR die Nachteile, die durch vorübergehende zusätzliche Expositionen entstehen, nicht in gleichem Umfang zugemutet werden können wie demjenigen Personenkreis, der unmittelbar von der Altlastensanierung profitiert. Des Weiteren existieren grds. effektive und mit verhältnismäßigem Aufwand durchführbare technische Möglichkeiten wie zB der Wasseraufbereitung, durch die radioaktive Belastungen durch Einleitung kontaminierter Wässer in Oberflächengewässer vermindert werden können (vgl. BT-Drs. 18/11241, 403).

E. Verordnungsermächtigung (Abs. 4)

16   Von den in Abs. 4 aufgeführten Verordnungsermächtigungen hat der Gesetzgeber nur von Nr. 2 Gebrauch gemacht und in § 163 StrlSchV Anforderungen an die Optimierung von Art, Umfang und Dauer der in Betracht kommenden Sanierungs-, Schutz- und Beschränkungsmaßnahmen festgelegt (→ Rn. 13).

F. Zuwiderhandlungen

17   Nach § 194 Abs. 1 Nr. 4 handelt ordnungswidrig, wer vorsätzlich oder fahrlässig einer vollziehbaren Anordnung nach Abs. 1 S. 1 zuwiderhandelt. Die Ordnungswidrigkeit kann gem. § 194 Abs. 2 mit einer **Geldbuße bis zu 50.000 Euro** geahndet werden (→ § 194 Rn. 14 f.).

§ 140 **Weitere Pflichten im Zusammenhang mit der Durchführung von Maßnahmen**

(1) Der für die radioaktive Altlast Verantwortliche hat der zuständigen Behörde unverzüglich den Beginn und den Abschluss der Maßnahmen mitzuteilen und geeignete Nachweise über die Wirksamkeit der durchgeführten Maßnahmen vorzulegen.

(2) Wer nach Durchführung von Maßnahmen nach § 139 Absatz 1 Satz 1 Nummer 3 und 5 beabsichtigt, Veränderungen an dem betroffenen Grundstück vorzunehmen, insbesondere Änderungen der Nutzung sowie das Aufbringen oder Entfernen von Stoffen, hat dies vier Wochen vor dem beabsichtigten Beginn der zuständigen Behörde mitzuteilen und nachzuweisen, dass infolge der Veränderung die Exposition nicht erhöht wird.

A. Zweck und Bedeutung der Norm

Die Regelungen in § 140 sollen es der zust. Behörde ermöglichen, ihrem aus **1** § 178 S. 1 folgendem **Überwachungsauftrag** iRd strahlenschutzrechtlichen Aufsicht (→ § 178 Rn. 4, 7) in dem erforderlichen Umfang nachzukommen.

B. Mitteilung über Beginn und Abschluss der Maßnahmen (Abs. 1)

Die Mitteilung über den Beginn und den Abschluss der ergriffenen Maßnahmen **2** soll die zust. Behörde insbes. in die Lage versetzen, die **Sanierung** der radioaktiven Altlast **fortwährend zu beobachten** und die einzelnen Schritte der Sanierung nachzuverfolgen. Daher gilt Abs. 1 für jede einzelne iRd Sanierung der radioaktiven Altlast ergriffene Maßnahme, so dass der Verantwortliche für jede Maßnahme deren Beginn und Abschluss mitzuteilen hat. Die bei der Beobachtung der Sanierung gewonnenen Erkenntnisse und Informationen sollen der zust. Behörde insbes. eine Beurteilung erlauben, inwieweit es bereits während der Durchführung der angeordneten Maßnahmen erforderlich werden könnte, weitere Anordnungen ggü. dem Verantwortlichen zu treffen.

Für jede durchgeführte Maßnahme sind **geeignete Nachweise** über deren **3** Wirksamkeit vorzulegen. Anhand der darin enthaltenen Informationen kann die zust. Behörde beurteilen, ob und ggf. in welchem Umfang auch nach Abschluss der Maßnahmen weitere Maßnahmen – ggf. auch behördlicherseits – zu veranlassen sind. Die Nachweise müssen geeignet sein darzulegen, dass die angeordneten und durchgeführten Maßnahmen ihren Zweck erfüllt haben, va im Hinblick auf die Erreichung und nachhaltige Sicherung des Sanierungsziels (→ § 139 Rn. 4). Dies wird regelmäßig auch Nachweise über die gem. § 139 Abs. 2 S. 1 bei der Durchführung der Sanierungsmaßnahmen angewandten Verfahren und Art, Umfang und Dauer der Maßnahmen sowie über die Gesichtspunkte, die bei der Optimierung nach § 139 Abs. 2 S. 2 iVm § 163 StrlSchV in die Abwägung eingeflossen sind, umfassen. Ohne diese Informationen wäre es der zust. Behörde nur schwer möglich zu beurteilen, inwiefern der für die radioaktive Altlast Verantwort-

liche tatsächlich die effektivsten und vorzugswürdigsten Maßnahmen ergriffen und
damit seine Pflichten nach § 139 hinreichend erfüllt hat.

4   Die Mitteilungen über Beginn und Abschluss der jeweilige Maßnahme und die
Vorlage geeigneter Nachweise über die Wirksamkeit der durchgeführten Maßnahmen haben **unverzüglich,** dh ohne schuldhaftes Zögern (vgl. die Legaldefinition
in § 121 Abs. 1 S. 1 BGB) zu erfolgen.

C. Veränderungen am Grundstück (Abs. 2)

5   Mit den Verpflichtungen nach Abs. 2 soll sichergestellt werden, dass der **Sanierungserfolg nicht gefährdet** wird. Verschlechterungen können zB dadurch eintreten, dass zusätzliche Schadstoffpotentiale auf das betroffene Grundstück aufgebracht, das chemische Milieu und damit die Schadstoffmobilität verändert oder
Sanierungsbauten wie zB Abdeckungen beeinträchtigt werden. Auch kann das Entfernen von Stoffen, zB von Abdeckschichten, nachteilige radiologische Auswirkungen haben. Dies gilt ebenso für Nutzungsänderungen, da sich dadurch die Grundlagen für die Altlastenbewertung und für die getroffenen Entscheidungen über
Maßnahmen nach § 139 Abs. 1 S. 1 Nr. 3 und 5 ändern können (vgl. BT-Drs.
18/11241, 403 f.).

6   Abs. 2 setzt voraus, dass Maßnahmen nach § 139 Abs. 1 S. 1 Nr. 3 und 5 bereits
durchgeführt, also abgeschlossen worden sind und das betroffene Grundstück somit
erfolgreich saniert worden ist. Schließlich soll mit den Verpflichtungen nach Abs. 2
der Fortbestand des Sanierungserfolgs gesichert werden. **Adressat** der Norm ist
jede Person, die beabsichtigt, Veränderungen an dem betroffenen Grundstück vorzunehmen. Eine Einschränkung des Adressatenkreises auf diejenigen Personen, die
die Maßnahmen nach § 139 Abs. 1 S. 1 Nr. 3 und 5 durchgeführt haben, stünde
nicht im Einklang mit Sinn und Zweck der Norm (→ Rn. 1). Allerdings setzt die
Absicht, Veränderungen an dem betroffenen Grundstück vorzunehmen, das Wissen
darüber voraus, dass es sich um ein bereits saniertes Grundstück, also eine ehemalige
radioaktive Altlast handelt. Personen, die hierüber keine Kenntnis haben, können
dementsprechend auch nicht Adressat der Verpflichtungen nach Abs. 2 sein. Diese
Personen könnte aber, sofern sie Änderungen am Grundstück vornehmen, die
Pflicht nach § 138 Abs. 1 treffen (→ § 138 Rn. 2 ff.).

7   Die Vornahme der beabsichtigten Veränderungen an dem betroffenen Grundstück ist der zust. Behörde vier Wochen vor deren Beginn mitzuteilen. Außerdem
ist nachzuweisen, dass infolge der Veränderung die Exposition nicht erhöht wird.
Die Vornahme der Veränderungen hängt aber nicht von der Erlaubnis durch die
zust. Behörde ab. Hier fehlt es an der entsprechenden Rechtsgrundlage. Die **Frist
von vier Wochen** soll es der zust. Behörde aber ermöglichen zu prüfen, ob infolge
der beabsichtigten Veränderung die Exposition tatsächlich nicht erhöht wird und
ob ggf. Maßnahmen zu treffen sind. Da es sich aber bei Grundstücken iSv Abs. 2
um bereits sanierte Grundstücke handelt, können keine ggf. erforderlichen Schutz-
und Beschränkungsmaßnahmen nach § 139 angeordnet werden. Auch könnte ein
Verbot, Veränderungen am Grundstück vorzunehmen, nicht auf § 179 Abs. 1 Nr. 2
iVm § 19 Abs. 3 AtG gestützt werden, da es nicht um die Beseitigung, sondern um
die Sicherung eines Zustandes geht. Mangels spezieller Anordnungsbefugnisse können notwendige Maßnahmen der zust. Behörde daher nur aufgrund der allgemeinen Anordnungsbefugnis nach § 179 Abs. 2 getroffen werden. Hierzu zählen grds.
alle Maßnahmen, die verhindern, dass infolge der Veränderung die Exposition er-

höht und damit der Sanierungserfolg gefährdet wird. Ein pauschales Verbot, Veränderungen an dem betroffenen Grundstück vorzunehmen, wäre aber wohl unverhältnismäßig. Denn aus Abs. 2 folgt ja gerade, dass auch die Vornahme von Veränderungen an bereits sanierten Grundstücken möglich sein muss, allerdings mit der Maßgabe, dass infolge der Veränderung die Exposition nicht erhöht wird.

D. Zuwiderhandlungen

Nach § 194 Abs. 1 Nr. 37 handelt ordnungswidrig, wer vorsätzlich oder fahrläs- 8 sig entgegen § 140 eine Mitteilung nicht, nicht richtig, nicht vollständig oder nicht rechtzeitig macht oder einen Nachweis nicht, nicht richtig, nicht vollständig oder nicht rechtzeitig vorlegt. Die Ordnungswidrigkeit kann gem. § 194 Abs. 2 mit einer **Geldbuße bis zu 10.000 Euro** geahndet werden (→ § 194 Rn. 14f.).

§ 141 Anwendung der Vorschriften für Tätigkeiten mit Rückständen

Abweichend von den §§ 138 bis 140 finden die Vorschriften von Teil 2 Kapitel 2 Abschnitt 8 Unterabschnitt 2 dieses Gesetzes entsprechende Anwendung, wenn Rückstände oder sonstige Materialien vom verunreinigten Grundstück, auch zum Zweck der Sanierung des Grundstücks, entfernt werden, es sei denn, die Rückstände oder Materialien werden bei der Sanierung anderer radioaktiver Altlasten verwendet.

A. Zweck und Bedeutung der Norm

Durch die entsprechende Anwendbarkeit der Regelungen über Tätigkeiten mit 1 Rückständen und über sonstige Materialien (§§ 60 ff.), wenn diese vom verunreinigten Grundstück entfernt werden, soll erreicht werden, dass **vergleichbare Materialien** bei der Verwertung und Beseitigung unabhängig von ihrer Herkunft **nach gleichen Maßstäben behandelt** werden (vgl. BT-Drs. 18/11241, 404). Damit wird der Gedanke von § 118 Abs. 5 StrlSchV 2001 sinngemäß fortgeführt.

B. Entsprechende Anwendbarkeit

Bei Vorliegen der Voraussetzungen nach § 141 gelten abweichend von den 2 §§ 138 bis 140 die §§ 60 bis 66 entsprechend. Konkret bedeutet dies, dass die nach § 137 für die radioaktive Altlast verantwortliche Person die **gleichen Verpflichtungen** treffen wie diejenige Person, bei der iRd Durchführung industrieller und bergbaulicher Prozesse Rückstände anfallen, die verwertet oder beseitigt werden sollen. Der Aussage, dass dies auch gilt, wenn die Rückstände oder sonstigen Materialien zum Zweck der Sanierung des verunreinigten Grundstücks entfernt werden, kommt eher weniger nur klarstellende Funktion zu.

Die §§ 60 ff. sind hingegen nicht entsprechend anwendbar, wenn die vom ver- 3 unreinigten Grundstück entfernten Rückstände oder sonstigen Materialien bei der **Sanierung anderer radioaktiver Altlasten** verwendet werden. In diesen Fällen liegt der Fokus nicht auf der Verwertung oder Beseitigung der Rückstände oder sonstigen Materialien, sondern auf der Sanierung einer anderen radioaktiven Altlast, so dass hier uneingeschränkt die Regelungen zur Anwendung kommen, die für die Sanierung dieser radioaktiven Altlast gelten.

§ 142   Information der Öffentlichkeit; Erfassung

(1) **Die zuständige Behörde informiert die betroffene Öffentlichkeit über die radioaktive Altlast und die von ihr ausgehende Exposition sowie über die getroffenen Sanierungsmaßnahmen, sonstigen Maßnahmen zur Verhinderung oder Verminderung der Exposition und Nachsorgemaßnahmen.**

(2) **Die zuständigen Behörden erfassen die festgestellten radioaktiven Altlasten und altlastverdächtigen Flächen.**

A. Zweck und Bedeutung der Norm

1   Die Regelung in Abs. 1 dient der Umsetzung von Art. 102 Abs. 4 lit. b RL 2013/59/Euratom. Durch die Information der betroffenen Öffentlichkeit sollen **Informationsdefizite** über evtl. bestehende Gesundheitsrisiken und die Maßnahmen, die zur Beseitigung oder Verringerung dieser Risiken ergriffen werden, **behoben werden.** Die dadurch hergestellte Transparenz in Bezug auf die Altlastensanierung soll nicht zuletzt die **Akzeptanz** für die getroffenen Maßnahmen zum Schutz der Bevölkerung **erhöhen.** Hierzu trägt auch bei, dass die Information durch die zust. Behörde und damit eine staatliche Stelle erfolgt.

2   Durch die **Erfassung** der festgestellten radioaktiven Altlasten und altlastenverdächtigen Flächen nach Abs. 2 sollen die hierzu vorliegenden Informationen dokumentiert und dauerhaft verfügbar gemacht werden, insbes. auch für die betroffene Öffentlichkeit (vgl. BT-Drs. 18/11622, 45).

B. Information der Öffentlichkeit (Abs. 1)

3   Nach Abs. 1 ist die **betroffene Öffentlichkeit** zu informieren. Wie groß die betroffene Öffentlichkeit ist, ist zunächst abhängig von Art und Ausdehnung der radioaktiven Altlast und der Exposition. Des Weiteren ist die betroffene Öffentlichkeit nicht zwangsläufig auf diejenigen beschränkt, die unmittelbar von der radioaktiven Altlast oder den zu ihrer Bewältigung ergriffenen Maßnahmen betroffen sind. Diese Einschränkung auf diejenigen, die von den von der radioaktiven Altlast ausgehenden Gefahren oder von den getroffenen Maßnahmen in ihren Schutzgütern berührt sein können, stünde im Konflikt mit dem Begriff der Öffentlichkeit. Diese umfasst nämlich den gesellschaftlichen Bereich, der über den privaten, persönlichen und relativ begrenzten Bereich hinausgeht. Die zu informierenden Bevölkerungskreise können somit auch weit über die betroffene Nachbarschaft hinaus reichen. Die Beschränkung auf die „betroffene" Öffentlichkeit begrenzt die Anzahl der zu Informierenden jedoch wiederum auf ein angemessenes Maß. Eine Rolle bei der Bestimmung der zu informierenden Bevölkerungskreise dürfte va das öffentliche Interesse an der Sanierung der radioaktiven Altlast spielen, insbes. auch im Hinblick auf die geplante Flächennutzung oder die Landschaftsgestaltung nach der Sanierung oder die Bedeutung der zu sanierenden Altlast für die Allgemeinheit.

Der Begriff der betroffenen Öffentlichkeit ist dementsprechend im Zweifel **eher weit auszulegen.** Dies steht auch im Einklang mit Sinn und Zweck der Regelung (→ Rn. 1). Denn durch die Einbeziehung eines großen Personenkreises wird auch die Akzeptanz für die getroffenen Maßnahmen erhöht. Der Gesetzgeber geht insoweit über die Vorgabe in Art. 102 Abs. 4 lit. b RL 2013/59/Euratom, der lediglich von „strahlenexponierten Bevölkerungskreisen" spricht, hinaus. Letztlich hängt die Anzahl der zu Informierenden von den Umständen des konkreten Einzelfalls ab. Daneben kommen für die betroffene Öffentlichkeit als auch darüber hinaus grds. Informationsansprüche nach UIG in Betracht.

Adressat der Verpflichtung zur Information der Öffentlichkeit ist die **zust. Be- 4 hörde.** Dies ist auch sachgerecht, denn eine Verpflichtung der für die radioaktive Altlast verantwortlichen Person zur Information der betroffenen Öffentlichkeit stellte aufgrund der potentiell hohen Anzahl der zu Informierenden eine zu starke und aus Verhältnismäßigkeitserwägungen nicht zu rechtfertigende Belastung dar.

Die Art und Weise wie die Informationspflicht erfüllt werden kann, ist va abhän- 5 gig von der Größe des zu informierenden Personenkreises. In Betracht kommen zB die **Auslage von Unterlagen** oder deren Veröffentlichung im Internet sowie die Durchführung von **Informationsveranstaltungen.** Der Zugang zu den Informationen sollte für die betroffene Öffentlichkeit so einfach wie möglich ausgestaltet werden, um nicht zuletzt auch durch die Art und Weise der Zurverfügungstellung der Informationen Transparenz zu schaffen und die Akzeptanz für die getroffenen Maßnahmen zu erhöhen. Daneben sollten auch die Möglichkeiten, Bedenken zu äußern und Anregungen zu geben, entsprechend niederschwellig ausgestaltet werden.

Der **Zeitpunkt** der Informierung der betroffenen Öffentlichkeit ist gesetzlich 6 nicht festgelegt. Dem Sinn und Zweck der Norm entsprechend, der betroffenen Öffentlichkeit die Möglichkeit zu eröffnen, ihre Bedenken und Anregungen vorzubringen und damit zur Akzeptanz der Maßnahmen beizutragen, sollte die Information – soweit mit dem Grundsatz der schnellen und effektiven Gefahrenabwehr vereinbar – jedoch so rechtzeitig vor **Beginn der getroffenen Maßnahmen** erfolgen, dass beim Aufgreifen von Bedenken oder Anregungen behördlicherseits ggf. noch auf die Durchführung der Maßnahmen Einfluss genommen werden kann.

Gegenstand der Informationspflicht sind zunächst die radioaktive Altlast 7 und die von ihr ausgehende Exposition. Dies umfasst ua Informationen zum Standort sowie zu Art und Ausdehnung der radioaktiven Altlast sowie zur Höhe der Exposition. Weiterhin ist die betroffene Öffentlichkeit über die getroffenen Sanierungsmaßnahmen, sonstigen Maßnahmen zur Verhinderung oder Verminderung der Exposition und Nachsorgemaßnahmen (→ § 139 Rn. 5) zu informieren. Nach dem Wortlaut von Abs. 1 besteht die Informationspflicht nur in Hinblick auf „getroffene" Maßnahmen. Damit wird ausgeschlossen, dass die betroffene Öffentlichkeit bereits auf die Planung der Maßnahmen sowie auf die Festlegungen zu deren Art, Umfang und Dauer Einfluss nehmen können soll.

C. Erfassung (Abs. 2)

Nach Abs. 2 erfassen die zust. Behörden die festgestellten radioaktiven Altlasten 8 und altlastenverdächtigen Flächen. Vorrangiges Ziel ist die **Dokumentation** dieser Sachverhalte, um die diesbezüglichen **Informationen dauerhaft verfügbar** zu machen (vgl. BT-Drs. 18/11622, 45). Erfassung beinhaltet neben der Lokalisierung einer altlastenverdächtigen Fläche va das Sammeln aller über sie verfügbaren oder durch ergänzende Ermittlungen erhaltenen Informationen, um sich einen Überblick über die vorhandenen radioaktiven Altlasten und altlastenverdächtigen Flächen zu verschaffen (vgl. *Versteyl* in Versteyl/Sondermann BBodSchG § 11 Rn. 10). Dies umfasst va die Erkenntnisse, die die zust. Behörde aufgrund einer Meldung nach § 138 Abs. 1 (→ § 138 Rn. 2 ff.) oder aufgrund eigener Ermittlungen nach § 138 Abs. 2 (→ § 138 Rn. 6 ff.) gewonnen hat oder die aufgrund von Untersuchungen nach § 138 Abs. 3 S. 1 (→ § 138 Rn. 10 ff.) oder § 139 Abs. 1 S. 1 Nr. 1 (→ § 139 Rn. 3) zur Verfügung stehen. Wie und wo die gewonnenen Erkenntnisse zusammengefasst und dokumentiert werden sollen, regelt Abs. 2 nicht. In Betracht kommen die Nutzung einfacher Datenbanken oder die Erweiterung bereits existierender Fachinformationssysteme im Bereich Strahlenschutz oder konventioneller Altlasten (vgl. BT-Drs. 18/11622, 45) oder die Erfassung in Katastern.

§ 143   Sanierungsplanung; Verordnungsermächtigung

(1) [1]**Bei radioaktiven Altlasten, bei denen wegen der Verschiedenartigkeit der erforderlichen Maßnahmen ein abgestimmtes Vorgehen notwendig ist oder von denen auf Grund von Art oder Ausdehnung der Kontamination in besonderem Maße Risiken für den Einzelnen oder die Allgemeinheit ausgehen, kann die zuständige Behörde einen für die radioaktive Altlast Verantwortlichen verpflichten, einen Sanierungsplan vorzulegen. [2]Der Sanierungsplan hat insbesondere Folgendes zu enthalten:**
1. **eine Darstellung der Ergebnisse der durchgeführten Untersuchungen, von Art und Ausdehnung der radioaktiven Altlast und eine Zusammenfassung der Expositionsabschätzung,**
2. **Angaben über die bisherige und künftige Nutzung der zu sanierenden Grundstücke und**
3. **die Darstellung der vorgesehenen Sanierungsmaßnahmen, sonstigen Maßnahmen zur Verhinderung oder Verminderung der Exposition und Nachsorgemaßnahmen.**

[3]**Die Bundesregierung wird ermächtigt, durch Rechtsverordnung mit Zustimmung des Bundesrates Vorschriften über den Inhalt von Sanierungsplänen zu erlassen.**

(2) [1]**§ 136 Absatz 3 und 4 und § 139 Absatz 2 dieses Gesetzes sowie § 13 Absatz 2 und 4 und § 18 Satz 1 des Bundes-Bodenschutzgesetzes gelten entsprechend. [2]Die zuständige Behörde kann den Sanierungsplan, auch mit Abänderungen oder mit Nebenbestimmungen, für verbindlich erklären.**

A. Zweck und Bedeutung der Norm

1   § 143 statuiert den Vorrang der privaten Sanierungsplanung in Fällen einer qualifizierten Altlast. Die Vorschrift des § 143 ist im Wesentlichen der Regelung in § 13 BBodSchG nachempfunden. Die Vorlage eines Sanierungsplans dient zum einen der **Vorbereitung** von nachfolgenden **behördlichen Anordnungen** und bildet deren fachliche Grundlage (vgl. *Sondermann/Terfehr* in Versteyl/Sondermann BBodSchG § 13 Rn. 1). Zum anderen soll der Sanierungsplan den Sanierungsverpflichteten in die Lage versetzen, auch bei komplexen Altlastensituationen oder einer von der radioaktiven Altlast ausgehenden bes. Gefährlichkeit eine **effektive Sanierung** vorzunehmen (vgl. *Frenz* BBodSchG § 13 Rn. 6). Außerdem soll die Erstellung eines Sanierungsplans zur **Beschleunigung von Sanierungsverfahren** beitragen (vgl. *Dombert* in LR UmwR, § 13 BBodSchG Rn. 1).

B. Gewöhnlicher Sanierungsplanung (Abs. 1)

Genau wie der Sanierungsplan nach § 13 Abs. 1 BBodSchG erfüllt auch der ge- 2 wöhnliche Sanierungsplan nach Abs. 1 in erster Linie eine **Darstellungsfunktion,** indem es va darum geht, die Sachlage abzubilden, die technischen und ökonomischen Voraussetzungen für die Sanierung zu klären sowie weitere Festlegungen zu treffen, die für eine erfolgreiche Bewältigung der konkreten Altlastensituation erforderlich sind (vgl. *Dombert* in LR UmwR, § 13 BBodSchG Rn. 16). Dem gewöhnlichen Sanierungsplan kommt **keine unmittelbare rechtliche Wirkung** zu. Er bildet lediglich die Grundlage für nachfolgende behördliche Anordnungen oder eine Verbindlichkeitserklärung nach Abs. 2 S. 2 (vgl. *Spieth* in BeckOK Umweltrecht, § 13 BBodSchG Rn. 19).

I. Vorlage eines Sanierungsplans (S. 1)

Abs. 1 S. 1 führt die Voraussetzungen auf, unter denen die zust. Behörde einen 3 für die radioaktive Altlast Verantwortlichen zur Vorlage eines Sanierungsplans verpflichten kann. Zunächst muss das Vorliegen einer radioaktiven Altlast iSv § 136 Abs. 1 (→ § 136 Rn. 2 ff.) feststehen. Darüber hinaus bedarf es eines **Planungsbedürfnisses,** das sich aus einem Abstimmungsbedürfnis bzgl. der erforderlichen Maßnahmen (Alt. 1) oder aus einer von der Kontamination ausgehenden bes. Gefährdung (Alt. 2) ergeben kann.

Ein **Abstimmungsbedürfnis** iSv Abs. 1 S. 1 Alt. 1 besteht, wenn wegen der 4 Verschiedenartigkeit der erforderlichen Maßnahmen ein abgestimmtes Vorgehen notwendig ist. Welche Maßnahmen hierbei in Betracht kommen, ergibt sich aus Abs. 1 S. 2 Nr. 3 (zu den einzelnen Maßnahmen vgl. → § 139 Rn. 5). Ein abgestimmtes Vorgehen ist insbes. dann notwendig, wenn für die Gewährleistung des Sanierungserfolges eine **bestimmte Abfolge von unterschiedlichen Maßnahmen** erforderlich ist, weil diese derart aufeinander bezogen sind, dass Art, Umfang und Dauer der weiteren Maßnahmen von den Ergebnissen einer vorher durchzuführenden Maßnahme abhängen (vgl. *Frenz* BBodSchG § 13 Rn. 11 f.). Dabei kommt es allein auf die Verschiedenartigkeit der erforderlichen Maßnahmen an, das bloße Vorhandensein mehrerer Verantwortlicher ist nicht ausreichend, um ein Koordinierungsbedürfnis auszulösen (vgl. *Spieth* in BeckOK Umweltrecht, § 13 BBodSchG Rn. 3). Letztlich hängt die Beantwortung der Frage, ob ein abgestimmtes Vorgehen notwendig ist, von den konkreten Umständen des Einzelfalls und den Besonderheiten der jeweiligen Altlastensituation ab.

Das Bedürfnis zur Vorlage eines Sanierungsplans kann auch auf Grund der **bes.** 5 **Gefährlichkeit der Altlast** iSv Abs. 1 S. 1 Alt. 2 bestehen. Die Gefährdung kann sich alternativ aus der Art oder der Ausdehnung der Kontamination ergeben, oft wird aber eine Kombination von beiden zu der geforderten bes. Gefährlichkeit führen. Ob in bes. Maß Risiken für den Einzelnen oder die Allgemeinheit von der radioaktiven Altlast ausgehen, zeigt idR ein Vergleich zwischen der im jeweiligen

Einzelfall vorliegenden konkreten Altlast und einer typischen Altlastensituation. Dieser Vergleich muss ergeben, dass die radioaktive Altlast auf Grund der Art oder Ausdehnung der Kontamination eine größere Gefahr für den Einzelnen oder die Allgemeinheit begründet, als dies üblicherweise der Fall ist (vgl. *Spieth* in BeckOK Umweltrecht, § 13 BBodSchG Rn. 4).

6   Liegt ein Planungsbedürfnis vor, kann die zust. Behörde einen für die radioaktive Altlast Verantwortlichen zur Vorlage eines Sanierungsplans verpflichten. Die Entscheidung, die Vorlage eines Sanierungsplans zu verlangen, läge damit im **pflichtgemäßen Ermessen** der zust. Behörde. Das hieße, dass die zust. Behörde trotz des Bedürfnisses für die Vorlage eines Sanierungsplans im Rahmen ihrer pflichtgemäßen Ermessensausübung von einer entsprechenden Verpflichtung absehen könnte. Dies dürfte jedoch nicht dem Sinn und Zweck des § 143 (→ Rn. 1) entsprechen, so dass die Norm dahingehend auszulegen ist, dass der zust. Behörde beim Bestehen eines Planungsbedürfnisses nur ein eingeschränktes Ermessen zukommt und sie **im Regelfall** die Vorlage eines Sanierungsplans zu verlangen hat.

7   Hinsichtlich der **Auswahl des Verpflichteten** gelten grds. die bei § 137 dargelegten Kriterien (→ § 137 Rn. 2). Da der Sanierungsplan der Vorbereitung von nachfolgenden behördlichen Anordnungen dient, ist es jedoch sinnvoll, bereits diejenige Person zur Vorlage eines Sanierungsplans zu verpflichten, die später auf Grund entsprechender Anordnungen nach § 139 Abs. 1 die zur Sanierung der radioaktiven Altlast erforderlichen Maßnahmen durchzuführen und die ggf. auf Grund von Untersuchungen nach § 139 Abs. 1 S. 1 Nr. 1 (→ § 139 Rn. 3) die Grundlage für die Erstellung eines Sanierungsplans geschaffen hat. Dies hat den Vorteil, dass Untersuchungen nach § 139 Abs. 1 S. 1 Nr. 1, die Sanierungsplanung und die Durchführung der Sanierung in einer Hand bleiben und die bei der Durchführung der Untersuchungen und iRd Sanierungsplanung gewonnenen Erkenntnisse von derselben Person auch bei der Sanierung der radioaktiven Altlast verwendet werden können (vgl. *Frenz* BBodSchG § 13 Rn. 32). Der zur Vorlage eines Sanierungsplans Verpflichte trägt gem. § 146 Abs. 1 S. 1 die damit verbundenen **Kosten** (→ § 146 Rn. 2).

II. Inhalt des Sanierungsplans (S. 2 und 3)

8   Der Sanierungsplan hat insbes. die in Abs. 1 S. 2 aufgezählten Elemente zu enthalten. Der Wortlaut („hat insbesondere") macht deutlich, dass es sich bei den dort genannten Elementen um **verbindliche Mindestangaben** handelt, die ein Sanierungsplan enthalten muss. Die Aufzählung ist dementsprechend nicht abschließend. Mit den in Abs. 1 S. 2 Nr. 1 in Bezug genommenen Untersuchungen sind va die Untersuchungen nach § 139 Abs. 1 S. 1 Nr. 1 (→ § 139 Rn. 3) gemeint, von deren Ergebnissen es maßgeblich abhängen dürfte, ob das Bedürfnis nach der Erstellung eines Sanierungsplans besteht. Diese Ergebnisse sind dann auch im Sanierungsplan darzustellen. Weitere konkretisierende Regelungen bzgl. des Inhalts von Sanierungsplänen enthält § 164 StrlSchV, der auf der VO-Erm. in Abs. 1 S. 3 beruht. § 164 Abs. 1 StrlSchV konkretisiert die Anforderungen an den Inhalt eines Sanierungsplans im Hinblick auf die nach Abs. 1 S. 2 Nr. 3 darzustellenden Maßnahmen. Diese Angaben sind ebenfalls verbindlich. Nach § 164 Abs. 1 S. 2 StrlSchV ist va das Sanierungsziel darzustellen und darzulegen, dass die vorgesehenen Maßnahmen geeignet sind, dieses Ziel zu erreichen. Darüber hinaus enthält § 164 Abs. 2 StrlSchV weitere Angaben, die ein Sanierungsplan enthalten soll. Hierbei handelt es sich nicht um zwingende Angaben, wie sich aus dem Wortlaut („soll") ergibt.

Welche Angaben tatsächlich in den Sanierungsplan aufzunehmen sind, richtet sich vielmehr nach den Umständen des Einzelfalls, wobei insbes. die Größe der radioaktiven Altlast, die Art und Ausdehnung der Kontamination, die Bedeutung und Empfindlichkeit der betroffenen Schutzgüter sowie die vorgesehenen Maßnahmen zu berücksichtigen sind (BR-Drs. 423/18, 473).

C. Grundsätze und Maßstäbe; verbindlich erklärter Sanierungsplan (Abs. 2)

I. Entsprechend geltende Vorschriften (S. 1)

Nach Abs. 2 S. 1 gelten § 136 Abs. 3 und 4 sowie § 139 Abs. 2 entsprechend. Die **9** dort aufgeführten Grundsätze, Maßstäbe und Herangehensweisen sind damit auch bei der Erstellung eines Sanierungsplans zu beachten, va bei der Darstellung der vorgesehenen Maßnahmen nach Abs. 1 S. 2 Nr. 3, insbes. in Hinblick auf das ebenfalls darzulegende Sanierungsziel.

Ebenfalls entsprechend anwendbar sind § 13 Abs. 2 sowie § 18 S. 1 BBodSchG. **10** Dadurch ist der zust. Behörde möglich, die Erstellung des Sanierungsplans durch einen **Sachverständigen** zu verlangen. Für die Hinzuziehung des Sachverständigen gelten die gleichen Maßstäbe wie iRd § 139 Abs. 1 S. 2 (→ § 139 Rn. 10). Bzgl. der an den Sachverständigen zu stellenden Anforderungen entsprechend § 18 S. 1 BBodSchG wird ebenfalls auf die Ausführungen zu § 139 Abs. 1 S. 2 verwiesen (→ § 139 Rn. 11).

Die entsprechende Anwendbarkeit von § 13 Abs. 4 BBodSchG erlaubt es dem **11** zur Vorlage eines Sanierungsplans Verpflichteten, mit dem Sanierungsplan einen **Entwurf eines Sanierungsvertrages** über die Ausführung des Plans vorzulegen, der die Einbeziehung Dritter vorsehen kann (vgl. ausf. zum Sanierungsvertrag *Spieth* in BeckOK Umweltrecht, § 13 BBodSchG Rn. 26 ff.; *Frenz* BBodSchG § 13 Rn. 85 ff.).

II. Verbindlich erklärter Sanierungsplan (S. 2)

Die Regelung in Abs. 2 S. 2 entspricht § 13 Abs. 6 S. 1 BBodSchG. Die Verbind- **12** lichkeitserklärung steht im **pflichtgemäßen Ermessen** der zust. Behörde. Sie bedarf keines Antrags des Verpflichteten, sondern ist auch **von Amts wegen** möglich (vgl. *Spieth* in BeckOK Umweltrecht, § 13 BBodSchG Rn. 43; *Sondermann/Terfehr* in Versteyl/Sondermann BBodSchG § 13 Rn. 60c; *Frenz* BBodSchG § 13 Rn. 75 f.). Zudem entfaltet durch sie der Sanierungsplan eine gewisse rechtliche Bindungswirkung, va weil nachträgliche Änderungen der Verbindlichkeitserklärung aufgrund ihres Charakters als VA iSv § 35 VwVfG nur unter den Voraussetzungen der §§ 48, 49 VwVfG zulässig sind (vgl. *Sondermann/Terfehr* in Versteyl/Sondermann BBodSchG § 13 Rn. 64). Da die Verbindlichkeitserklärung die **Genehmigung des Sanierungsplans** darstellt (vgl. *Dombert* in LR UmwR, § 13 BBodSchG Rn. 24), hat der Verpflichtete durch sie auch die Gewissheit, dass die Darstellungen im Sanierungsplan sachgerecht sind, der Sanierungsplan eine angemessene Grundlage für die Bewältigung der radioaktiven Altlast bildet und ggf. keine weiteren Maßnahmen erforderlich sind. Die Erklärung stellt daher für den Verpflichteten auch einen begünstigenden VA dar (vgl. *Spieth* in BeckOK Umweltrecht, § 13 BBodSchG Rn. 45). Die Verbindlichkeitserklärung hat allerdings nicht zur Folge, dass der Verpflichtete unmittelbar zur Ausführung der im Sanierungsplan dargestellten Maßnahmen verpflichtet ist. Vielmehr bedarf es auch in diesem Fall einer behördlichen Anordnung auf Grundlage von § 139 Abs. 1, der zentralen Ermächtigungsnorm für die Anordnung von Maßnahmen. Ebenfalls im pflichtgemäßen Ermessen der zust. Behörde steht die Entscheidung, den Sanierungsplan mit Abänderungen oder mit Nebenbestimmungen für verbindlich zu erklären. Die Abänderungen oder Nebenbestimmungen müssen allerdings erforderlich sein, um die Erreichung des Sanierungsziels sicherzustellen (vgl. § 36 Abs. 3 VwVfG).

§ 144   Behördliche Sanierungsplanung

(1) ¹Die zuständige Behörde kann den Sanierungsplan nach § 143 Absatz 1 selbst erstellen oder ergänzen oder durch einen Sachverständigen erstellen oder ergänzen lassen, wenn

1. der Plan nicht, nicht innerhalb der von der Behörde gesetzten Frist oder fachlich unzureichend erstellt worden ist,
2. ein für die radioaktive Altlast Verantwortlicher nicht oder nicht rechtzeitig herangezogen werden kann oder
3. auf Grund der Komplexität der Altlastensituation, insbesondere auf Grund der großflächigen Ausdehnung der Kontamination oder der Anzahl der betroffenen Verpflichteten, ein koordiniertes Vorgehen erforderlich ist.

²Für den Sachverständigen gilt § 18 Satz 1 des Bundes-Bodenschutzgesetzes entsprechend.

(2) Die zuständige Behörde kann den Sanierungsplan, auch mit Abänderungen oder mit Nebenbestimmungen, für verbindlich erklären.

(3) ¹Mit dem Sanierungsplan kann der Entwurf eines Sanierungsvertrages über die Ausführung des Plans vorgelegt werden. ²Der Sanierungsvertrag kann die Einbeziehung Dritter vorsehen.

A. Zweck und Bedeutung der Norm

1   Mit § 144 wird der Grundsatz der privaten Sanierungsplanung nach § 143 durchbrochen, wobei die Kostentragungspflicht gem. § 146 Abs. 1 S. 1 und 3 bei den nach § 137 für eine radioaktive Altlast Verantwortlichen verbleibt. Die Vorschrift ist im Wesentlichen der Regelung in § 14 BBodSchG nachempfunden. Das Handeln der zust. Behörde auf Grundlage des § 144 stellt einen spezialgesetzlich angeordneten Fall der **Verwaltungsvollstreckung** bzw. der Ersatzvornahme dar (vgl. *Sondermann / Terfehr* in Versteyl/Sondermann BBodSchG § 14 Rn. 4).

B. Behördliche Sanierungsplanung (Abs. 1)

2   Abs. 1 S. 1 Nr. 1 bis 3 enthält die Voraussetzungen, unter denen die zust. Behörde einen Sanierungsplan selbst erstellen oder ergänzen oder durch einen Sachverständigen erstellen oder ergänzen lassen „kann". Die Entscheidung über eine Sanierungsplanung steht damit im **pflichtgemäßen Ermessen** der zust. Behörde. Dies umfasst sowohl das „Ob" der Sanierungsplanung als auch das „Wie". Dabei

hat die zust. Behörde stets die konkreten Umstände des Einzelfalls zu berücksichtigen, va Schwere und Nähe der von der Altlast ausgehenden Gefahr. Auf der anderen Seite ist aber auch der grds. Vorrang der privaten Sanierungsplanung zu beachten (vgl. *Frenz* BBodSchG § 14 Rn. 37).

Nach Abs. 1 S. 2 ergeben sich die Anforderungen an einen **Sachverständigen,** 3 der den Sanierungsplan erstellt oder ergänzt, aus der entsprechenden Anwendung von § 18 S. 1 BBodSchG. Diesbezüglich wird auf die Ausführungen zu § 139 Abs. 1 S. 2 verwiesen (→ § 139 Rn. 11).

I. Nichterstellung oder fachlich unzureichend (Nr. 1)

Die behördliche Sanierungsplanung wegen nicht, nicht rechtzeitiger oder fach- 4 lich unzureichender Erstellung des Sanierungsplans setzt stets voraus, dass die verpflichtete Person zuvor durch eine **bestandskräftige** oder für sofort vollziehbar erklärte **Anordnung** nach § 143 Abs. 1 zur Erstellung eines Sanierungsplans aufgefordert wurde (vgl. *Spieth* in BeckOK Umweltrecht, § 14 BBodSchG Rn. 1).

Von einer **Nichterstellung** eines Sanierungsplans kann die zust. Behörde regel- 5 mäßig ausgehen, wenn die verpflichtete Person **ausdrücklich oder konkludent erklärt,** einen Plan nicht erstellen zu wollen (vgl. *Spieth* in BeckOK Umweltrecht, § 14 BBodSchG Rn. 2). Die bloße Nichterfüllung einer nicht befristeten Aufforderung zur Vorlage eines Sanierungsplans reicht hingegen nicht aus, da die verpflichtete Person sonst ggf. von dem behördlichen Tätigwerden überrascht würde und ihr die Vorteile der privaten Planung genommen werden könnten (vgl. *Spieth* in BeckOK Umweltrecht, § 14 BBodSchG Rn. 2 f.). Fehlt es an jeglicher Erklärung der verpflichteten Person, hat die zust. Behörde immer noch die Möglichkeit, die verpflichtete Person unter nachträglicher Fristsetzung zur Vorlage eines Sanierungsplans aufzufordern.

Setzt die zust. Behörde bereits zu Beginn oder auch nachträglich eine **Frist zur** 6 **Sanierungsplanung,** sollte dies mit dem Hinweis verbunden werden, dass bei Ablauf der Frist die Behörde berechtigt ist, selbst einen Sanierungsplan zu erstellen oder erstellen zu lassen (vgl. *Spieth* in BeckOK Umweltrecht, § 14 BBodSchG Rn. 4). Die Frist muss angemessen sein. Dies bestimmt sich nach den Umständen des Einzelfalls. Angesichts der hohen Anforderungen an die Erstellung eines Sanierungsplans (→ § 143 Rn. 8 f.), sollte die Frist allerdings nicht zu kurz bemessen sein. Das Setzen von angemessenen Zwischenfristen für die Erstellung von Teilen des Sanierungsplans oder für die Beauftragung eines Sachverständigen ist zulässig (vgl. *Dombert* in LR UmwR, § 14 BBodSchG Rn. 4).

Von einer **fachlich unzureichenden** Erstellung des Sanierungsplans ist aus- 7 zugehen, wenn die Sanierungsplanung von den ausdrücklichen Vorgaben der zust. Behörde abweicht oder der vorgelegte Sanierungsplan ohne sachlichen Grund hinter den Mindestangaben nach § 143 Abs. 1 S. 2 oder § 164 Abs. 1 StrlSchV (→ § 143 Rn. 8) zurückbleibt (vgl. *Sondermann/Terfehr* in Versteyl/Sondermann BBodSchG § 14 Rn. 7). Ob eine fachlich unzureichende Planung vorliegt, bemisst sich iÜ nach den konkreten Umständen des Einzelfalls. Beurteilungsmaßstab ist, ob die private Sanierungsplanung geeignet ist, das Sanierungsziel auf irgendeine Weise zu verwirklichen. Eine Zweckmäßigkeitsprüfung findet nicht statt (vgl. *Frenz* BBodSchG § 14 Rn. 19). Eine Aufforderung zur Nachbesserung hat grds. Vorrang ggü. der Selbstvornahme durch die zust. Behörde (vgl. *Sondermann/Terfehr* in Versteyl/Sondermann BBodSchG § 14 Rn. 2). Etwas anderes kann sich aus der Nähe und dem Ausmaß der von der Altlast ausgehenden Gefahr ergeben (→ Rn. 2).

II. Heranziehung nicht oder nicht rechtzeitig möglich (Nr. 2)

8   Die Heranziehung eines für die radioaktive Altlast Verantwortlichen kann **aus rechtlichen oder tatsächlichen Gründen nicht möglich** sein. In Betracht kommen fehlende Leistungsfähigkeit oder Unverhältnismäßigkeit der Heranziehung (vgl. *Sondermann/Terfehr* in Versteyl/Sondermann BBodSchG § 14 Rn. 10). Weitere Gründe können sein, dass ein Verantwortlicher nicht ermittelt werden kann oder nicht zu erreichen ist.

9   Ein für die radioaktive Altlast Verantwortlicher kann dann **nicht rechtzeitig** herangezogen werden, wenn eine effektive Gefahrenabwehr ein sofortiges Handeln verlangt, insbes. wenn ein Schadenseintritt unmittelbar bevorsteht oder schon Schäden eingetreten sind, deren Ausbreitung verhindert werden soll (vgl. *Sondermann/Terfehr* in Versteyl/Sondermann BBodSchG § 14 Rn. 11).

10   Die zust. Behörde trifft aber eine gewisse **Nachforschungspflicht** bzgl. potentiell Verantwortlicher, um dem Grundsatz der privaten Sanierungsplanung nach § 143 ausreichend Rechnung zu tragen (vgl. *Spieth* in BeckOK Umweltrecht, § 14 BBodSchG Rn. 9). Der iRd der Nachforschung zu betreibende Aufwand ist abhängig davon, inwieweit durch eine Verzögerung nicht Gefahren auftreten können (vgl. *Frenz* BBodSchG § 14 Rn. 25). Insofern spielen auch hier Nähe und Ausmaß der Gefahr eine entscheidende Rolle.

III. Erforderlichkeit eines koordinierten Vorgehens (Nr. 3)

11   Nach Abs. 1 S. 1 Nr. 3 ist eine behördliche Sanierungsplanung möglich, wenn eine **komplexe Altlastensituation** vorliegt, die ein koordiniertes Vorgehen erforderlich macht. Die Komplexität kann sich dabei insbes. auf Grund der **großflächigen Ausdehnung der Kontamination** ergeben. Die Ausdehnung der Kontamination muss dabei deutlich über das hinaus gehen, aus dem sich nach § 143 Abs. 1 S. 1 überhaupt erst ein Planungsbedürfnis auf Grund der bes. Gefährlichkeit der Altlast ergibt (→ § 143 Rn. 5). Allein die flächenmäßige Größe der Ausdehnung reicht nicht aus, um die behördliche Sanierungsplanung zu rechtfertigen. Maßgeblich ist vielmehr, dass auf Grund der Größe der Fläche erhöhte Anforderungen an die Sanierungsplanung gestellt werden müssen, denen Private auf Grund der von der Altlast ausgehenden Gefahren nicht in der Lage sind nachzukommen (vgl. *Frenz* BBodSchG § 14 Rn. 30). Dies ist insbes. der Fall, wenn die Planung nicht mehr von einem einzigen Verantwortlichen alleine bewerkstelligt werden kann oder eine parallele Planung durch mehrere Verpflichtete nicht mehr sinnvoll wäre (vgl. *Frenz* BBodSchG § 14 Rn. 27). Auch bei einer Kontamination von Gewässern, insbes. des Grundwassers, ist auf Grund der oft schnellen und einfachen Ausbreitung der Kontamination vielfach nur eine koordinierte Planung sinnvoll, da ein getrenntes Vorgehen mehrerer Verpflichteter idR nicht geeignet ist, eine weitere Ausbreitung der Kontamination zu verhindern (vgl. *Spieth* in BeckOK Umweltrecht, § 14 BBodSchG Rn. 13).

12   Auch auf Grund der **Anzahl der betroffenen Verpflichteten** kann eine behördliche Koordinierungsplanung erforderlich sein. Allerdings verbieten sich pauschale Festlegungen. Maßgeblich sind die konkreten Umstände des Einzelfalls. Dabei ist entscheidend, ob eine separate Sanierungsplanung durch die einzelnen Verpflichteten eine effektive Sanierung gewährleisten könnte (vgl. *Spieth* in BeckOK Umweltrecht, § 14 BBodSchG Rn. 14). Einer behördlichen Sanierungsplanung bedarf es nicht, wenn die Verpflichteten glaubhaft machen, dass sie zusammen einen koordinierten Gesamtsanierungsplan erstellen können (vgl. *Frenz* BBodSchG § 14 Rn. 32). Als milderes Mittel ggü. einer umfassenden behördlichen Sanierungsplanung kommt stets eine behördliche Rahmenplanung in Betracht, die dann durch die verschiedenen Verpflichteten konkretisiert und ergänzt wird (vgl. *Frenz* BBodSchG § 14 Rn. 32).

C. Verbindlichkeitserklärung; Sanierungsvertrag (Abs. 2 und 3)

Wird der behördliche Sanierungsplan, auch mit Abänderungen oder mit Ne- **13** benbestimmungen, gem. Abs. 2 für verbindlich erklärt, treten die gleichen Wirkungen ein wie nach § 143 Abs. 2 S. 2 (→ § 143 Rn. 12). Dadurch wird sichergestellt, dass dem Verpflichteten durch die Erstellung oder Ergänzung der Sanierungsplanung durch die Behörde keine rechtlichen Nachteile entstehen (vgl. *Sondermann/ Terfehr* in Versteyl/Sondermann BBodSchG § 14 Rn. 14).

Nach Abs. 3 S. 1 besteht auch im Falle einer behördlichen Sanierungsplanung **14** die Möglichkeit des Abschlusses eines Sanierungsvertrages über die Ausführung des Plans (→ § 143 Rn. 11). Gem. Abs. 3 S. 2 kann der Sanierungsvertrag auch die Einbeziehung Dritter vorsehen.

§ 145 Schutz von Arbeitskräften; Verordnungsermächtigung

(1) ¹Bei Sanierungs- und sonstigen Maßnahmen zur Verhinderung und Verminderung der Exposition bei radioaktiven Altlasten hat derjenige, der die Maßnahmen selbst beruflich durchführt oder durch unter seiner Aufsicht stehende Arbeitskräfte durchführen lässt, vor Beginn der Maßnahmen eine Abschätzung der Körperdosis der Arbeitskräfte durchzuführen. ²Die Abschätzung ist unverzüglich zu wiederholen, sobald die Arbeitssituation so verändert wird, dass eine höhere Exposition auftreten kann. ³Die Ergebnisse der Abschätzung sind aufzuzeichnen, fünf Jahre lang aufzubewahren und der zuständigen Behörde auf Verlangen vorzulegen. ⁴Für sonstige Betätigungen im Zusammenhang mit radioaktiven Altlasten kann die zuständige Behörde verlangen, dass derjenige, der die Betätigungen selbst beruflich durchführt oder durch unter seiner Aufsicht stehende Arbeitskräfte durchführen lässt, eine Abschätzung der Körperdosis der Arbeitskräfte durchführt.

(2) ¹Ergibt die Abschätzung, dass die Körperdosis einen der Werte für die Einstufung als beruflich exponierte Person überschreiten kann, so hat der zur Abschätzung Verpflichtete die Durchführung der Maßnahmen vor deren Beginn bei der zuständigen Behörde anzumelden. ²Der Anmeldung sind beizufügen:

1. Informationen über die durchzuführenden Maßnahmen,
2. die Abschätzung der Körperdosis,
3. die Anzahl der betroffenen Arbeitskräfte und
4. Informationen über die bei der Durchführung der Maßnahmen vorgesehenen Vorkehrungen und Maßnahmen zur Reduzierung der beruflichen Exposition.

(3) Der zur Anmeldung Verpflichtete hat

1. geeignete **Maßnahmen zu treffen, um unter Berücksichtigung aller Umstände des Einzelfalls die berufliche Exposition so gering wie möglich zu halten,**

2. **dafür zu sorgen, dass für die Arbeitskräfte, bei denen die Abschätzung ergeben hat, dass die Körperdosis einen der Werte für die Einstufung als beruflich exponierte Person überschreiten kann, die Dosisgrenzwerte nicht überschritten werden und die Körperdosen nach § 166 ermittelt werden; die Regelungen und Grenzwerte der §§ 77 und 78 gelten insoweit entsprechend,**

3. **dafür zu sorgen, dass die Anforderungen des beruflichen Strahlenschutzes auf Grund der nach Absatz 5 erlassenen Rechtsverordnung eingehalten werden.**

(4) ¹**Für den zur Anmeldung Verpflichteten gilt die Pflicht zur betrieblichen Zusammenarbeit nach § 71 Absatz 3 entsprechend.** ²**Handelt es sich bei dem Verpflichteten um eine juristische Person oder um eine rechtsfähige Personengesellschaft, so gilt § 69 Absatz 2 entsprechend.**

(5) **Die Bundesregierung wird ermächtigt, durch Rechtsverordnung mit Zustimmung des Bundesrates festzulegen,**

1. **dass die in den §§ 73, 76 Absatz 1, §§ 79 und 89 aufgezählten Maßnahmen und Anforderungen des beruflichen Strahlenschutzes zum Schutz der Arbeitskräfte nach Absatz 1 anzuwenden sind und**

2. **dass sich der zur Anmeldung Verpflichtete bei der Durchführung der Maßnahmen von Personen mit der erforderlichen Fachkunde oder den erforderlichen Kenntnissen im Strahlenschutz beraten zu lassen hat.**

A. Zweck und Bedeutung der Norm

1   Mit § 145 wird auf die Regelungen zum Schutz der Arbeitskräfte bei Tätigkeiten, also in geplanten Expositionssituationen, zurückgegriffen. Damit setzt die Norm Art. 100 Abs. 3 RL 2013/59/Euratom in Bezug auf radioaktive Altlasten in deutsches Recht um und führt so die Vorgaben aus § 118 Abs. 4 StrlSchV 2001 im Grundsatz fort und gewährleistet deren Anwendung im gesamten Bundesgebiet (BT-Drs. 18/11241, 405).

B. Abschätzung der Körperdosis (Abs. 1)

2   Die Regelungen des Abs. 1 orientieren sich an § 55, der die Pflicht zur Abschätzung der Exposition bei Tätigkeiten an Arbeitsplätzen mit Exposition durch natürlich vorkommende Radioaktivität regelt (→ § 55 Rn. 3 ff.). Gem. Abs. 1 S. 1 besteht die Pflicht, eine Abschätzung der Körperdosis der Arbeitskräfte durchzuführen, zwingend **bei der Durchführung von Sanierungs- und sonstigen Maßnahmen zur Verhinderung oder Verminderung der Exposition** (zu den Begrifflichkeiten vgl. → § 139 Rn. 5). Die Pflicht besteht für jeden, der die Maßnahmen selbst beruflich durchführt oder durch unter seiner Aufsicht stehende Arbeitskräfte durchführen lässt. Dieser muss nicht unbedingt mit dem für die radioaktive Altlast Verantwortlichen identisch sein. Die Abschätzung ist vor Beginn der Maßnahme durchzuführen und nach Abs. 1 S. 2 unverzüglich zu wiederholen, sobald die Ar-

beitssituation so verändert wird, dass eine höhere Exposition auftreten kann. Abs. 1 S. 3 regelt Aufzeichnungs-, Aufbewahrungs- und Vorlagepflichten. Eine Löschpflicht ist nicht vorgesehen. Damit gelten für die Löschung der Ergebnisse der Abschätzung die allgemeinen datenschutzrechtlichen Bestimmungen, insbes. Art. 17 DSGVO.

Eine Abschätzung der Körperdosis hat nach Abs. 1 S. 4 **bei sonstigen Betäti** **3** **gungen** im Zusammenhang mit radioaktiven Altlasten zu erfolgen, wenn die zust. Behörde dies verlangt. Solche Betätigungen, die mit einer Exposition verbunden sein können, sind zB Bauarbeiten auf betroffenen Flächen oder die Kampfmittelsuche (BT-Drs. 18/11241, 405). Wird die Abschätzung der Körperdosis verlangt, stehen die sonstigen Betätigungen den Maßnahmen nach Abs. 1 S. 1 gleich.

C. Anmeldung; Pflichten (Abs. 2 bis 4)

Abs. 2 S. 1 regelt die Pflicht zur **Anmeldung** der Durchführung der Maßnah **4** men, wenn die Abschätzung nach Abs. 1 ergibt, dass die Körperdosis einen der Werte für die **Einstufung als beruflich exponierte Person** (vgl. § 5 Abs. 7) überschreiten kann. Die Vorschrift orientiert sich an § 56 Abs. 1 S. 1, der die Pflicht zur Anzeige einer Tätigkeit an einem Arbeitsplatz mit Exposition durch natürlich vorkommende Radioaktivität regelt (→ § 56 Rn. 3 f.). Der Anmeldung sind Unterlagen über die in Abs. 2 S. 2 genannten Informationen beizufügen.

Für den nach Abs. 2 S. 1 zur Anmeldung Verpflichteten gelten die in Abs. 3 auf **5** geführten Pflichten. Abs. 3 Nr. 1 regelt die Pflicht zur **Vermeidung unnötiger** **Expositionen** und zur Reduzierung der Exposition. Da diesbezüglich in bestehenden Expositionssituationen nicht ohne Weiteres der Stand der Technik oder von Wissenschaft und Technik als Maßstab herangezogen werden kann, muss unter Berücksichtigung aller Umstände des Einzelfalls geprüft werden, auf welche Weise eine adäquate Reduzierung der beruflichen Exposition erreicht werden kann (BT-Drs. 18/11241, 406).

Nach Abs. 3 Nr. 2 hat der zur Anmeldung Verpflichtete dafür zu sorgen, dass die **6** Dosisgrenzwerte für beruflich exponierte Personen entsprechend §§ 77 und 78 nicht überschritten werden. Der Verweis auf § 166 stellt – in Umsetzung von Art. 9 Abs. 1 RL 2013/59/Euratom – klar, dass die Grenzwerte nicht allein für Maßnahmen und sonstige Betätigungen nach Abs. 1 gelten, sondern summiert mit der beruflichen Exposition aus Tätigkeiten und weiteren beruflichen Expositionen aus bestehenden Expositionssituationen, die wie Tätigkeiten behandelt werden (BT-Drs. 18/11241, 406).

Indem der nach Abs. 2 S. 1 zur Anmeldung Verpflichtete nach Abs. 3 Nr. 3 dafür **7** zu sorgen hat, dass die **Anforderungen des beruflichen Strahlenschutzes** eingehalten werden, wird grds. eine Gleichbehandlung mit beruflich exponierten Personen in geplanten Expositionssituationen hergestellt (BT-Drs. 18/11241, 406).

Für den nach Abs. 2 S. 1 zur Anmeldung Verpflichteten gilt gem. Abs. 4 S. 1 die **8** **Pflicht zur betrieblichen Zusammenarbeit** nach § 71 Abs. 3 (→ § 71 Rn. 11 ff.) entsprechend. Auch wenn Abs. 4 S. 2 nur auf juristische Personen und rechtsfähige Personengesellschaften Bezug nimmt, dürften auch die sonstigen Personenvereinigungen von der Regelung umfasst sein. Letztlich soll auch hier ein Gleichlauf mit den Vorschriften zu geplanten Expositionssituationen hergestellt werden (BT-Drs. 18/11241, 406), so dass Abs. 4 S. 2 dementsprechend erweitert auszulegen ist.

D. Verordnungsermächtigung (Abs. 5)

9   Auf der VO-Erm. in Abs. 5 Nr. 1 beruhen die Regelungen in § 165 Abs. 1 und 2 Nr. 1 StrlSchV. Mit der entsprechenden Geltung der dort genannten Vorschriften soll eine grds. **Gleichbehandlung der Arbeitskräfte** nach Abs. 1 mit den beruflich exponierten Personen in geplanten Expositionssituationen erreicht werden (BR-Drs. 423/18, 473). Die Regelung in § 165 Abs. 2 Nr. 2 StrlSchV beruht auf § 171 Nr. 1.

10   Die Regelung in § 165 Abs. 3 StrlSchV beruht auf der VO-Erm. in Abs. 5 Nr. 2. Die **Beratung** durch Personen mit der erforderlichen FK im Strahlenschutz soll sicherstellen, dass angemessene Schutzmaßnahmen kompetent geplant werden können (BR-Drs. 423/18, 473). Anforderungen an die erforderliche FK für Personen, die nach § 165 Abs. 3 StrlSchV eine Beratung durchführen, sind in den Fachkunde-Anforderungen NORM und Altlasten vom 18.11.2019 (GMBl. 1321) festgelegt.

E. Zuwiderhandlungen

11   Nach **§ 194 Abs. 1 Nr. 10, 12 und 28** handelt ordnungswidrig, wer vorsätzlich oder fahrlässig einer Pflicht nach Abs. 1 S. 1, auch iVm S. 2, nach Abs. 2 S. 1 oder nach Abs. 1 S. 3 zuwiderhandelt. Die Ordnungswidrigkeit kann in diesen Fällen gem. § 194 Abs. 2 mit einer **Geldbuße bis zu 10.000 Euro** geahndet werden (→ § 194 Rn. 14f.).Ebenfalls ordnungswidrig handelt nach **§ 194 Abs. 1 Nr. 32,** wer vorsätzlich oder fahrlässig entgegen Abs. 3 Nr. 2 nicht dafür sorgt, dass ein Dosisgrenzwert nicht überschritten wird. Die Ordnungswidrigkeit kann in diesem Fall gem. § 194 Abs. 2 mit einer **Geldbuße bis zu 50.000 Euro** geahndet werden (→ § 194 Rn. 14f.).

§ 146   Kosten; Ausgleichsanspruch

(1) **¹Die Kosten der nach § 138 Absatz 3, § 139 Absatz 1, den §§ 143 und 144 Absatz 1 Nummer 1 angeordneten Maßnahmen tragen die zur Durchführung Verpflichteten. ²Bestätigen im Falle des § 138 Absatz 3 die Untersuchungen den Verdacht nicht, sind den zur Untersuchung Herangezogenen die Kosten zu erstatten, wenn sie die den Verdacht begründenden Umstände nicht zu vertreten haben. ³In den Fällen des § 144 Absatz 1 Nummer 2 und 3 trägt derjenige die Kosten, von dem die Erstellung eines Sanierungsplans hätte verlangt werden können.**

(2) **¹Mehrere Verantwortliche haben unabhängig von ihrer Heranziehung untereinander einen Ausgleichsanspruch. ²Soweit nichts anderes vereinbart wird, bestimmt sich der Umfang des zu leistenden Ausgleichs danach, inwieweit der die Sanierungspflicht begründende Zustand den einzelnen Verpflichteten zuzuordnen ist; § 426 Absatz 1 Satz 2 des Bürgerlichen Gesetzbuches findet entsprechende Anwendung. ³Der Ausgleichsanspruch verjährt in drei Jahren; die §§ 438, 548 und 606 des Bürgerlichen Gesetzbuches sind nicht anzuwenden. ⁴Die Verjährung beginnt nach der Beitreibung der Kosten, wenn eine Behörde Maßnahmen selbst ausführt,**

im Übrigen nach der Beendigung der Maßnahmen durch den Verpflichteten zu dem Zeitpunkt, zu dem der Verpflichtete von der Person des Er-
satzpflichtigen Kenntnis erlangt. [5]Der Ausgleichsanspruch verjährt ohne
Rücksicht auf diese Kenntnis 30 Jahre nach der Beendigung der Maßnahmen. [6]Für Streitigkeiten steht der Rechtsweg vor den ordentlichen Gerichten offen.

Schrifttum: *Knoche,* Ausgleichsansprüche nach § 24 II BBodSchG ohne behördliche Verpflichtung eines Sanierungsverantwortlichen?, NVwZ 1999, 1198; *Pützenbacher,* Der Ausgleichsanspruch nach § 24 II BBodSchG, NJW 1999, 1137; *Sandner,* Wer sind die Beteiligten
des Anspruchs auf Ausgleich der Sanierungskosten nach § 24 II BBodSchG?, NJW 2001,
2045; *Schönfeld,* Nochmals: Ausgleichsansprüche nach § 24 II BBodSchG ohne behördliche
Verpflichtung eines Sanierungsverantwortlichen?, NVwZ 2000, 648.

A. Zweck und Bedeutung der Norm

Die Norm entspricht § 24 BBodSchG und regelt einerseits die **Pflicht zur Kos-** 1
tentragung für die von der zust. Behörde angeordneten Maßnahmen (Abs. 1), sowie andererseits einen **Ausgleichsanspruch** für den Fall, dass mehrere Verantwortliche vorhanden sind (Abs. 2).

B. Kostentragungspflicht (Abs. 1)

Abs. 1 S. 1 bestimmt, wer verpflichtet ist, die Kosten für die Durchführung der 2
von der zust. Behörde angeordneten Maßnahmen zu tragen. Verpflichtete iSv
Abs. 1 S. 1 sind die nach § 137 **für eine radioaktive Altlast Verantwortlichen.**
Voraussetzung für die Pflicht zur Kostentragung ist die Anordnung einer Maßnahme auf Grundlage einer der in Abs. 1 S. 1 aufgeführten Normen. Damit sind
grds. diejenigen Personen zur Kostentragung verpflichtet, ggü. denen eine entsprechende Anordnung ergangen ist.

Unter den Voraussetzungen des Abs. 1 S. 2 steht demjenigen, ggü. dem nach 3
§ 138 Abs. 3 Gefahrerforschungsmaßnahmen angeordnet worden sind, ein **Erstat-**
tungsanspruch ggü. der öffentlichen Hand zu. Der Verdacht für das Vorliegen
einer radioaktiven Altlast ist dann nicht bestätigt, wenn die Untersuchungen nach
§ 138 Abs. 3 keine Überschreitung des Referenzwerts nach § 136 Abs. 1 ergeben
haben. Der Erstattungsanspruch ist allerdings ausgeschlossen, wenn der zur Untersuchung Herangezogene die den Verdacht begründenden Umstände zu vertreten
hat. Dies ist va dann der Fall, wenn er vorsätzlich oder fahrlässig (vgl. § 276 BGB)
zu dem Eindruck beigetragen hat, es liege eine Kontamination vor, von der eine
Exposition verursacht wird oder werden kann, durch die der Referenzwert nach
§ 136 Abs. 1 überschritten wird.

Nach Abs. 1 S. 3 hat außerdem derjenige die **Kosten der Sanierungsplanung** 4
zu tragen, der in den Fällen des § 144 Abs. 1 Nr. 2 und 3 zur Erstellung eines Sanierungsplans hätte verpflichtet werden können (→ § 144 Rn. 8 ff.). Die Pflicht zur
Kostentragung in den Fällen des § 144 Abs. 1 Nr. 1 richtet sich hingegen nach
Abs. 1 S. 1.

C. Ausgleichsanspruch (Abs. 2)

5   Abs. 2 S. 1 sieht einen Ausgleichsanspruch mehrerer nach § 137 für die radioaktive Altlast Verantwortlicher untereinander vor. Die Vorschrift dient der **gerechten Lastenverteilung** unter mehreren Störern und soll die Ungerechtigkeiten beseitigen, die durch die Inanspruchnahme durch die zust. Behörde entstehen können (vgl. *Dombert* in LR UmwR, § 24 BBodSchG Rn. 15; *Hilf* in BeckOK Umweltrecht, § 24 BBodSchG Rn. 22).

6   Der Ausgleichsanspruch ist zivilrechtlicher Natur (vgl. *Versteyl* in Versteyl/Sondermann BBodSchG § 24 Rn. 16) und besteht **unabhängig von der Heranziehung** der Verantwortlichen. Er hängt somit nicht davon ab, ob der den Anspruch geltend machende Verantwortliche zuvor tatsächlich Adressat einer behördlichen Anordnung gewesen ist; auch der freiwillig sanierende Grundstückseigentümer ist anspruchsberechtigt, wenn die zust. Behörde zumindest ein Verwaltungsverfahren iSv § 9 VwVfG eingeleitet und sich im Zuge dessen mit dem Grundstück beschäftigt hat (vgl. ausf. mwN *Hilf* in BeckOK Umweltrecht, § 24 BBodSchG Rn. 28 ff., insbes. Rn. 32.1).

7   Gem. Abs. 2 S. 2 bestimmt sich der **Umfang des zu leistenden Ausgleichs** vorbehaltlich anderweitiger individualrechtlicher Vereinbarungen (vgl. hierzu ausf. *Hilf* in BeckOK Umweltrecht, § 24 BBodSchG Rn. 33 ff.; *Dombert* in LR UmwR, § 24 BBodSchG Rn. 32 ff.) danach, inwieweit der die Sanierungspflicht begründende Zustand den einzelnen Verpflichteten zuzuordnen ist. Erfasst sind damit sowohl der Handlungsstörer, da dieser durch sein Verhalten die Kontamination verursacht und somit den Zustand erst herbeigeführt hat, als auch die verschiedenen Zustandsstörer (→ § 137 Rn. 3 ff.). Die Ausgleichspflicht des Zustandsstörers ist damit nicht von vornherein ausgeschlossen. Auch dieser kann Schuldner des Ausgleichsanspruchs sein. Die Höhe des Ausgleichsanspruchs richtet sich ausweislich des Wortlauts nicht allein nach dem Verursachungsbeitrag für das Bestehen einer radioaktiven Altlast, was faktisch eine Ausgleichspflicht des Zustandsstörers, der selbst keine Ursache für das Entstehen der radioaktiven Altlast gesetzt hat, ggü. dem Handlungsstörer ausschlösse. Nach dem Wortlaut des Abs. 2 S. 2 wäre der Zustandsstörer im Gegenteil immer ausgleichspflichtig, da diesem der Natur der Sache nach stets der die Sanierungspflicht begründende Zustand zuordenbar ist. Aus diesem Grund liefe es, sofern der Zustandsstörer selbst keinen ursächlichen Beitrag zur Entstehung des die Sanierungspflicht begründenden Zustands geleistet hat, stets auf eine hälftige Lastenverteilung zwischen dem Verursacher, der den Zustand herbeigeführt hat, und dem Zustandsstörer hinaus. Dies widerspräche jedoch dem Sinn und Zweck des Abs. 2 S. 1 (→ Rn. 5). Eine Ausgleichspflicht des Zustandsstörers, der selbst keine Ursache für das Entstehen der radioaktiven Altlast gesetzt hat, ggü. dem Handlungsstörer wäre nicht zu rechtfertigen und mit dem Rechtsgedanken des Abs. 2 S. 1 unvereinbar. Auf der anderen Seite kommt auch ein **Ausgleichsanspruch zwischen mehreren Zustandsstörern** in Betracht. Bei mehreren Eigentümern desselben Grundstücks oder desselben Sanierungsplangebiets kann hinsichtlich der Ausgleichsverpflichtung zB auf die Größe der jeweiligen Eigentumsanteile abgestellt werden (vgl. *Versteyl* in Versteyl/Sondermann BBodSchG § 24 Rn. 26).

8   Abs. 2 S. 3 bis 5 enthält Regelungen zur **Verjährung** des Ausgleichsanspruchs (vgl. hierzu *Hilf* in BeckOK Umweltrecht, § 24 BBodSchG Rn. 46 ff.). Nach

Abs. 2 S. 6 sind Streitigkeiten über den Ausgleichsanspruch den **ordentlichen Gerichten** zugewiesen (vgl. *Hilf* in BeckOK Umweltrecht, § 24 BBodSchG Rn. 55).

§ 147 Wertausgleich; Verordnungsermächtigung

(1) [1]Soweit durch den Einsatz öffentlicher Mittel bei Maßnahmen zur Erfüllung der Pflichten nach § 139 oder § 143 der Verkehrswert des Grundstücks nicht nur unwesentlich erhöht wird und der Eigentümer die Kosten hierfür nicht oder nicht vollständig getragen hat, hat er einen von der zuständigen Behörde festzusetzenden Wertausgleich in Höhe der durch die Maßnahmen bedingten Wertsteigerung an den öffentlichen Kostenträger zu leisten. [2]Die Höhe des Ausgleichsbetrages wird durch die Höhe der eingesetzten öffentlichen Mittel begrenzt. [3]Die Pflicht zum Wertausgleich entsteht nicht, soweit hinsichtlich der auf einem Grundstück vorhandenen radioaktiven Altlasten eine Freistellung erfolgt ist von der Verantwortung oder der Kostentragungspflicht nach Artikel 1 § 4 Absatz 3 Satz 1 des Umweltrahmengesetzes vom 29. Juni 1990 (GBl. I Nr. 42 S. 649), das zuletzt durch Artikel 12 des Gesetzes vom 22. März 1991 (BGBl. I S. 766) geändert worden ist, in der jeweils geltenden Fassung. [4]Soweit Maßnahmen im Sinne des Satzes 1 in förmlich festgelegten Sanierungsgebieten oder Entwicklungsbereichen als Ordnungsmaßnahmen von der Gemeinde durchgeführt werden, wird die dadurch bedingte Erhöhung des Verkehrswerts im Rahmen des Ausgleichsbetrags nach § 154 des Baugesetzbuchs abgegolten.

(2) Die durch Sanierungsmaßnahmen bedingte Erhöhung des Verkehrswerts eines Grundstücks besteht aus dem Unterschied zwischen dem Wert, der sich für das Grundstück ergeben würde, wenn die Maßnahmen nicht durchgeführt worden wären (Anfangswert), und dem Verkehrswert, der sich für das Grundstück nach Durchführung der Erkundungs- und Sanierungsmaßnahmen ergibt (Endwert).

(3) [1]Der Ausgleichsbetrag wird fällig, wenn die Sanierungsmaßnahmen oder sonstigen Maßnahmen zur Verhinderung oder Verminderung der Exposition abgeschlossen sind und der Betrag von der zuständigen Behörde festgesetzt worden ist. [2]Die Pflicht zum Wertausgleich erlischt, wenn der Betrag nicht bis zum Ende des vierten Jahres nach Abschluss der in Satz 1 genannten Maßnahmen festgesetzt worden ist.

(4) [1]Die zuständige Behörde hat von dem Wertausgleich nach Absatz 1 die Aufwendungen abzuziehen, die der Eigentümer für eigene Sanierungsmaßnahmen oder sonstige Maßnahmen zur Verhinderung oder Verminderung der Exposition oder die er für den Erwerb des Grundstücks im berechtigten Vertrauen darauf verwendet hat, dass keine radioaktiven Altlasten vorhanden sind. [2]Kann der Eigentümer von Dritten Ersatz verlangen, so ist dies bei der Entscheidung nach Satz 1 zu berücksichtigen.

(5) [1]Im Einzelfall kann von der Festsetzung eines Ausgleichsbetrages ganz oder teilweise abgesehen werden, wenn dies im öffentlichen Interesse oder zur Vermeidung unbilliger Härten geboten ist. [2]Werden dem öffentlichen Kostenträger Kosten für Sanierungsmaßnahmen oder sonstige Maßnahmen zur Verhinderung oder Verminderung der Exposition erstat-

tet, so muss insoweit von der Festsetzung des Ausgleichsbetrages abgesehen, ein festgesetzter Ausgleichsbetrag erlassen oder ein bereits geleisteter Ausgleichsbetrag erstattet werden.

(6) ¹Der Ausgleichsbetrag ruht als öffentliche Last auf dem Grundstück. ²Das Bundesministerium der Justiz und für Verbraucherschutz wird ermächtigt, durch Rechtsverordnung mit Zustimmung des Bundesrates die Art und Weise, wie im Grundbuch auf das Vorhandensein der öffentlichen Last hinzuweisen ist, zu regeln.

A. Zweck und Bedeutung der Norm

1   Die Norm entspricht § 25 BBodSchG und regelt den Wertausgleich bei Einsatz öffentlicher Mittel im Zusammenhang mit der Bewältigung einer radioaktiven Altlast. Der Wertausgleich zielt auf die **Abschöpfung** einer **ungerechtfertigten Bereicherung** des Eigentümers aufgrund der Sanierung (vgl. *Frenz* BBodSchG § 25 Rn. 3) und dient so der Wahrung der finanziellen Interessen der Allgemeinheit (vgl. *Versteyl* in Versteyl/Sondermann BBodSchG § 25 Rn. 1).

B. Wertausgleich

2   Nach Abs. 1 S. 1 müssen die öffentlichen Mittel bei Maßnahmen zur Erfüllung der Pflichten nach § 139 oder § 143 zum Einsatz gekommen sein. Der Wertausgleichsanspruch steht der zust. Behörde damit vorbehaltlich des Vorliegens der übrigen Voraussetzungen zu, wenn sie öffentliche Mittel für **Maßnahmen zur Bewältigung der radioaktiven Altlast** einsetzt, unabhängig von der Art der jeweiligen Maßnahme. Eine Einschränkung dahingehend, dass der Wertausgleich die Vornahme einer Sanierungs- oder sonstigen Maßnahme zur Verhinderung oder Verminderung der Exposition voraussetzt, lässt sich der Norm angesichts des umfassenden Verweises auf § 139 nicht entnehmen.

3   Da § 147 iÜ inhaltlich nahezu identisch ist mit § 25 BBodSchG, gelten hier die gleichen Grundsätze und Maßstäbe (vgl. insoweit *Hilf* in BeckOK Umweltrecht, § 25 BBodSchG Rn. 1 ff.; *Dombert* in LR UmwR, § 25 BBodSchG Rn. 1 ff.; *Frenz* BBodSchG § 25 Rn. 1 ff.; *Versteyl* in Versteyl/Sondermann BBodSchG § 25 Rn. 1 ff.).

4   Von der VO-Erm. in Abs. 6 S. 2 ist bislang kein Gebrauch gemacht worden.

§ 148   Sonstige bergbauliche und industrielle Hinterlassenschaften

¹Die §§ 136 bis 147 finden entsprechende Anwendung auf Grubenbaue und sonstige nicht von § 136 erfasste Hinterlassenschaften aus abgeschlossenen bergbaulichen und industriellen Betätigungen, von denen eine Exposition verursacht wird oder werden kann, die nicht außer Acht gelassen werden kann, sofern die Kontamination auf abgeschlossene menschliche Betätigungen zurückzuführen ist. ²Satz 1 gilt nicht für die Schachtanlage Asse II, auf die § 57b des Atomgesetzes Anwendung findet.

A. Zweck und Bedeutung der Norm

Mit der Regelung in § 148 soll ein grds. **Gleichlauf** in der rechtlichen Bewer- **1** tung und Behandlung von sonstigen bestehenden Expositionssituationen, die ihrem Charakter nach grds. radioaktiven Altlasten entsprechen, bei denen aber ein enger Grundstücks- oder Gewässerbezug fehlt, mit radioaktiven Altlasten iSv § 136 Abs. 1 hergestellt werden (BT-Drs. 18/11241, 407).

B. Entsprechende Anwendung der Altlastenregelungen

Von der Norm umfasst sind **Grubenbaue** und sonstige nicht von § 136 erfasste **2** **Hinterlassenschaften** aus abgeschlossenen bergbaulichen und industriellen Betäti-gungen. Zu diesen sonstigen Hinterlassenschaften gehören bspw. bewegliche kon-taminierte Gerätschaften und abgebrochene Betriebsanlagen (BT-Drs. 18/11241, 407). Von diesen Hinterlassenschaften muss eine Exposition verursacht werden oder werden können, die nicht außer Acht gelassen werden kann, sofern die Kontamina-tion (→ § 5 Rn. 25) auf abgeschlossene menschliche Betätigungen zurückzuführen ist. Durch das Erfordernis einer abgeschlossenen menschlichen Betätigung spielen wie bei § 136 Abs. 1 Kontaminationen aufgrund rein natürlicher Phänomene keine Rolle (→ § 136 Rn. 2). Eine Exposition kann idR außer Acht gelassen werden, wenn sie den für radioaktive Altlasten geltenden Referenzwert nach § 136 Abs. 1 (→ § 136 Rn. 2) unterschreitet. In Abhängigkeit von den konkreten Umständen des Einzelfalls können aber auch Expositionen oberhalb dieses Referenzwertes außer Acht gelassen werden (BT-Drs. 18/11241, 407).

Nach S. 2 gelten die §§ 136 bis 147 nicht für den Betrieb und die Stilllegung der **3** **Schachtanlage Asse II.** Auf diese findet § 57b AtG als Spezialregelung Anwen-dung. Die Regelungen über radioaktive Altlasten werden vollständig verdrängt.

C. Zuwiderhandlungen

Die in den Bußgeldvorschriften nach § 194 Abs. 1 Nr. 4, 10, 12, 28, 36 und 37 **4** im Zusammenhang mit der Bewältigung radioaktiver Altlasten aufgeführten Pflich-ten gelten jeweils auch iVm § 148 S. 1. Dementsprechend ist auch hier eine vorsätz-liche oder fahrlässige Zuwiderhandlung gegen diese Pflichten bußgeldbewehrt.

§ 149 **Stilllegung und Sanierung der Betriebsanlagen und Betriebs-stätten des Uranerzbergbaus; Verordnungsermächtigung**

(1) **Die Stilllegung und Sanierung von Betriebsanlagen und Betriebs-stätten des Uranerzbergbaus auf Grund des Gesetzes zu dem Abkommen vom 16. Mai 1991 zwischen der Regierung der Bundesrepublik Deutsch-land und der Regierung der Union der Sozialistischen Sowjetrepubliken über die Beendigung der Tätigkeit der Sowjetisch-Deutschen Aktien-gesellschaft Wismut vom 12. Dezember 1991 (BGBl. 1991 II S. 1138, 1142) bedarf der Genehmigung.**

(2) **Die zuständige Behörde hat eine Genehmigung nach Absatz 1 zu erteilen, wenn**

1. **durch die geplanten Sanierungsmaßnahmen, sonstigen Maßnahmen zur Verhinderung oder Verminderung der Exposition und Nachsorgemaßnahmen der Referenzwert nach § 136 Absatz 1 unterschritten werden kann, soweit dies unter Berücksichtigung aller Umstände des Einzelfalls verhältnismäßig ist,**
2. **die Voraussetzungen nach § 139 Absatz 2 und 3 erfüllt sind,**
3. **Maßnahmen getroffen sind, um die von den Betriebsanlagen und Betriebsstätten ausgehenden, Radionuklide enthaltenden Emissionen und Immissionen, einschließlich der Direktstrahlung, zu überwachen und um die Exposition der Bevölkerung infolge der Stilllegungs- und Sanierungsarbeiten zu überwachen, und**
4. **die Ausrüstungen vorgesehen und Maßnahmen geplant sind, die nach dem Stand von Wissenschaft und Technik erforderlich sind, um den Schutz von Arbeitskräften bei beruflichen Expositionen nach Absatz 5 und § 145 Absatz 3 sowie nach der Rechtsverordnung nach § 145 Absatz 5 zu gewährleisten.**

(3) **Dem Genehmigungsantrag sind die zur Prüfung erforderlichen Unterlagen beizufügen.**

(4) **Im Übrigen sind § 136 Absatz 3 und 4 und die §§ 140 bis 142 entsprechend anzuwenden.**

(5) **Für den beruflichen Strahlenschutz**

1. **sind die §§ 8 und 9 entsprechend anzuwenden,**
2. **steht derjenige, der der Genehmigung nach Absatz 1 bedarf, dem Strahlenschutzverantwortlichen nach § 69 gleich und**
3. **sind § 70 Absatz 1 bis 6, § 71 und § 72 Absatz 2 entsprechend anzuwenden.**

(6) **Die Bundesregierung wird ermächtigt, durch Rechtsverordnung mit Zustimmung des Bundesrates**

1. **Prüfwerte festzulegen, bei deren Einhaltung eine Genehmigung nach Absatz 1 nicht erforderlich ist,**
2. **Vorgaben zur Ermittlung der Exposition und zur Emissions- und Immissionsüberwachung zu machen.**

A. Zweck und Bedeutung der Norm

1   Bei den Hinterlassenschaften des Uranerzbergbaus handelt es sich aus Sicht des Strahlenschutzrechts um **bestehende Expositionssituationen,** da diese dadurch entstanden sind, dass geltende Strahlenschutzanforderungen in der Vergangenheit nicht oder nur unzureichend zur Anwendung gekommen und dadurch Expositionssituationen eingetreten sind, für die entschieden werden muss, ob und ggf. welche Maßnahmen zum Bevölkerungsschutz vor den von den Hinterlassenschaften ausgehenden Expositionen ergriffen werden müssen (BT-Drs. 18/11241, 407). Dementsprechend befinden sich die Regelungen zur Stilllegung und Sanierung der Betriebsanlagen und Betriebsstätten des Uranerzbergbaus bei den Vorschriften zur Bewältigung radioaktiver Altlasten in Teil 4 Kap. 4 Abschn. 1 StrlSchG.

Mit der Vorschrift des § 149 wird grds. **Kontinuität** bzgl. des Verfahrens der 2
Stilllegung und Sanierung der Betriebsanlagen und Betriebsstätten des Uranerzbergbaus im Bereich der Wismut GmbH sichergestellt (BT-Drs. 18/11241, 407 f.).
Auch sollen hinsichtlich der materiellen Anforderungen und Herangehensweisen
in Bezug auf die Stilllegung und Sanierung Änderungen und konzeptionelle Brüche weitestgehend vermieden werden.

B. Bisherige Rechtslage

Vor Inkrafttreten des StrlSchG richtete sich die Stilllegung und Sanierung der 3
Betriebsanlagen und Betriebsstätten des Uranerzbergbaus auf dem Gebiet der ehemaligen DDR gem **§ 118 Abs. 1 S. 1 StrlSchV 2001** nach der VO über die Gewährleistung von Atomsicherheit und Strahlenschutz vom 11.10.1984 (GBl. I
Nr. 30, 341) nebst Durchführungsbestimmung zur VO über die Gewährleistung
von Atomsicherheit und Strahlenschutz vom 11.10.1984 (GBl. I Nr. 30, 348; Ber.
GBl. I 1987 Nr. 18, 196) und der Anordnung zur Gewährleistung des Strahlenschutzes bei Halden und industriellen Absetzanlagen und bei der Verwendung darin
abgelagerter Materialien vom 17.11.1980 (GBl. I Nr. 34, 347). Diese **Vorschriften
der ehemaligen DDR** galten gem. Art. 9 Abs. 2 iVm Anl. II Kap. XII Abschn. III
Nr. 2 und 3 des Einigungsvertrages vom 31.8.1990 (BGBl. II 885 (889)) zunächst
fort. Die Fortgeltung dieser Bestimmungen, insbes. der im Vergleich zu den bundesdeutschen Strahlenschutzstandards höheren Grenzwerte, verstieß aber nicht gegen Art. 2 Abs. 2 S. 1 GG und war auch mit dem allgemeinen Gleichheitssatz nach
Art. 3 Abs. 1 GG vereinbar (BVerfG NVwZ 2000, 309). Mit Inkrafttreten des
StrlSchG am 31.12.2018 traten diese Vorschriften gem. Art. 32 Abs. 3 des Gesetzes
zur Neuordnung des Rechts zum Schutz vor der schädlichen Wirkung ionisierender Strahlung vom 27.6.2017 (BGBl. I 1966) außer Kraft, so dass nunmehr ein für
die gesamte Bundesrepublik einheitliches Schutzniveau für die Sanierung radioaktiver Altlasten gilt, das auch die Stilllegung und Sanierung der Betriebsanlagen und
Betriebsstätten des Uranerzbergbaus einschließt.

Für den **beruflichen Strahlenschutz** der Beschäftigten bei der Stilllegung und 4
Sanierung der Betriebsanlagen und Betriebsstätten des Uranerzbergbaus galten
gem. § 118 Abs. 2 StrlSchV 2001 jedoch die einschlägigen Regelungen der
StrlSchV 2001. Nach § 118 Abs. 3 StrlSchV 2001 fand für die **Emissions- und
Immissionsüberwachung** § 48 Abs. 1, 2 und 4 StrlSchV 2001 entsprechende Anwendung. Darüber hinaus enthielt § 118 Abs. 5 StrlSchV 2001 eine § 141 vergleichbare Regelung hinsichtlich der Behandlung von **Rückständen.**

C. Genehmigungspflicht (Abs. 1)

Nach Abs. 1 bedarf die Stilllegung und Sanierung der Betriebsanlagen und Be- 5
triebsstätten des Uranerzbergbaus auf Grund des WismutAGAbkG (sog. Wismut-
Gesetz) der Genehmigung. Es handelt sich dabei um ein Genehmigungsverfahren
im Rahmen und zur Bewältigung bestehender Expositionssituationen (→ Rn. 1).
Mit dieser **Sonderlösung** für eine spezifische bestehende Expositionssituation, die
nicht auf die grds. Instrumentarien der Anordnung und des Sanierungsplanes im
Bereich der radioaktiven Altlasten zurückgreift, sondern ein Genehmigungserfordernis vorsieht, wird der spezifischen Situation bei der Wismut GmbH Rechnung

getragen und **weitgehende Kontinuität** bei der Bewältigung und Beendigung der Aufgaben sichergestellt (BT-Drs. 18/11241, 396). Damit wird es der Wismut GmbH ermöglicht, auch zukünftig ihre Maßnahmen ausgehend von dem Wismut-Gesetz zu planen und entsprechende Anträge für strahlenschutzrechtliche Genehmigungen bei der zust. Behörde zu stellen, die die Genehmigungsvoraussetzungen gem. Abs. 2 (→ Rn. 7 ff.) prüft und den Antrag – ggf. mit Nebenbestimmungen – bescheidet (BT-Drs. 18/11241, 408; vgl. zur Fortgeltung von vor dem 31.12.2018 erteilten Erlaubnissen → § 215 Rn. 1). Auch für die Genehmigungen nach Abs. 1 gelten insoweit die in § 179 Abs. 1 aufgeführten Regelungen des AtG entsprechend.

6   Die Sanierung sog. **Wismut-Altstandorte** richtet sich hingegen grds. nach den allg. Regelungen zur Bewältigung radioaktiver Altlasten (§§ 136 ff., ggf. iVm § 148). Die im Wesentlichen vor dem 31.12.1962 stillgelegten und den örtlichen Kommunen oder anderen Besitzern rückübertragenen Standorte fallen nicht in die Sanierungsverantwortung der Wismut GmbH auf Grund des Wismut-Gesetzes, da diese Standorte nicht zum Stichtag 30.6.1990 der Sowjetisch-Deutschen Aktiengesellschaft Wismut zugeordnet waren (vgl. Art. 6 § 1 WismutAGAbkG). Somit greift auch § 149 in diesen Fällen nicht. Hinsichtlich der Sanierung der sächsischen Wismut-Altstandorte ist allerdings das Verwaltungsabkommen zwischen dem Bund und dem Freistaat Sachsen vom 5.9.2003 zu beachten, das mit Verwaltungsabkommen vom 24.4.2013 und 5.7.2019 ergänzt worden ist. Die Abkommen sehen eine Finanzierungsvereinbarung zwischen dem Bund und dem Freistaat Sachsen vor und dass die Wismut GmbH die Sanierung der Wismut-Altstandorte als Projektträger im Auftrag des Freistaates Sachsen durchführt.

D. Genehmigungsvoraussetzungen (Abs. 2 und 3)

7   Liegen die in Abs. 2 genannten Voraussetzungen vor, hat die zust. Behörde eine Genehmigung für ein Vorhaben iRd Stilllegung und Sanierung der Betriebsanlagen und Betriebsstätten des Uranerzbergbaus zu erteilen. Ausweislich des Wortlauts („hat") handelt es sich um eine **gebundene Entscheidung** der zust. Behörde. Grds. sind die materiellen Anforderungen, die sich in den Genehmigungsvoraussetzungen nach Abs. 2 wiederfinden, mit den bisher bei den Stilllegungs- und Sanierungsvorhaben im Wismut-Bereich herangezogenen Maßstäben kompatibel, so dass sich neben der verfahrensmäßigen Kontinuität auch hinsichtlich der materiellen Anforderungen und Herangehensweisen keine grds. Änderungen oder konzeptionellen Brüche ergeben (BT-Drs. 18/11241, 408).

8   Zentrale Genehmigungsvoraussetzung ist gem. Abs. 2 Nr. 1, dass durch die geplanten Sanierungsmaßnahmen (→ § 5 Rn. 40), sonstigen Maßnahmen zur Verhinderung oder Verminderung der Exposition (→ § 139 Rn. 5) und Nachsorgemaßnahmen (→ § 5 Rn. 29) der **Referenzwert nach § 136 Abs. 1 unterschritten** werden kann. Dabei sind jedoch die Umstände des Einzelfalls zu berücksichtigen und das Gebot der Verhältnismäßigkeit zu beachten. Damit sind im Einzelfall Genehmigungen auch dann zu erteilen, wenn auf Grund der konkreten Umstände unter Ausschöpfung aller zur Verfügung stehenden Mittel keine Unterschreitung des Referenzwertes nach § 136 Abs. 1 erreicht werden könnte oder wenn der Aufwand für die zu ergreifenden Maßnahmen außer Verhältnis zu dem angestrebten Ziel der Referenzwertunterschreitung stünde. Das ausdrückliche Abstellen auf das Gebot der Verhältnismäßigkeit hat dabei nur klarstellende Funktion, da der Verhält-

nismäßigkeitsgrundsatz als generelles Rechtsprinzip auch ohne ausdrückliche Erwähnung Anwendung finden würde.

Nach Abs. 2 Nr. 2 sind auch bei der Stilllegung und Sanierung der Betriebsanla- 9
gen und Betriebsstätten des Uranerzbergbaus die für die Sanierung radioaktiver Altlasten geltenden **allgemein-qualitativen Anforderungen** nach § 139 Abs. 2 S. 1
(→ § 139 Rn. 12) heranzuziehen und der **Optimierungsgrundsatz** nach § 139
Abs. 2 S. 2 (→ § 139 Rn. 13) zu beachten. Außerdem können unter den Voraussetzungen von § 139 Abs. 3 infolge der ergriffenen Maßnahmen vorübergehend auftretende **Zusatzexpositionen** oberhalb des in § 136 Abs. 1 festgelegten Referenzwertes akzeptiert werden (→ § 139 Rn. 14 f.).

Die in Abs. 2 Nr. 3 formulierten Anforderungen entsprechen den Regelungen 10
in § 139 Abs. 1 S. 1 Nr. 4 und 6 (→ § 139 Rn. 6, 8).

Weitere Voraussetzung für die Erteilung einer Genehmigung nach Abs. 1 ist 11
gem. Abs. 2 Nr. 4, dass zum **Schutz der Arbeitskräfte** während der Stilllegungs-
und Sanierungsarbeiten entsprechende Ausrüstungen bereitgestellt und die erforderlichen Maßnahmen geplant werden. Die vorgesehenen Ausrüstungen und die
geplanten Maßnahmen müssen dem Stand von Wissenschaft und Technik entsprechen. Auch für denjenigen, der eine Genehmigung nach Abs. 1 beantragt, gelten
die in § 145 Abs. 3 genannten Pflichten (→ § 145 Rn. 5 bis 8), deren Einhaltung im
Genehmigungsverfahren nachzuweisen ist. Auf Grund des Verweises auf § 145
Abs. 5 gelten auch bei der Stilllegung und Sanierung der Betriebsanlagen und Betriebsstätten des Uranerzbergbaus die in § 165 StrlSchV aufgeführten Regelungen,
insbes. zum Schutz beruflich exponierter Personen.

Nach Abs. 3 sind dem Genehmigungsantrag die zur Prüfung erforderlichen **Un-** 12
terlagen beizufügen. Diese müssen geeignet sein, die Erfüllung der Genehmigungsvoraussetzungen nach Abs. 2 nachzuweisen, insbes. dass durch die geplanten
Maßnahmen nach Abs. 2 Nr. 1 der Referenzwert nach § 136 Abs. 1 unterschritten
werden kann und dass die gewählten Maßnahmen dem Optimierungsgrundsatz genügen und insofern den Vorzug ggü. anderen möglichen Vorgehensweisen genießen. In Bezug auf den Schutz der Arbeitskräfte müssen die einzureichenden Unterlagen grds. denjenigen entsprechen, die nach § 145 Abs. 2 S. 2 einer Anmeldung
iRd Sanierung einer radioaktiven Altlast beizufügen wären (vgl. BT-Drs. 18/11241,
408). Zusätzlich ist nachzuweisen, dass die vorgesehenen Ausrüstungen und die geplanten Maßnahmen zum Schutz der Arbeitskräfte dem Stand von Wissenschaft
und Technik genügen.

E. Entsprechende Anwendung (Abs. 4 und 5)

Nach Abs. 4 ist zunächst § 136 Abs. 3 und 4 entsprechend anzuwenden. Damit 13
ist auch iRd Stilllegung und Sanierung der Betriebsanlagen und Betriebsstätten des
Uranerzbergbaus bei der **Expositionsermittlung** die planungsrechtlich zulässige
Nutzung der jeweiligen Grundstücke zu beachten bzw. die Prägung des Gebiets zugrunde zu legen oder bei Besorgnis der Beeinflussung eines Grundwasserleiters eine
Nutzung des Grundwassers zu unterstellen (vgl. → § 136 Rn. 6 ff.). Des Weiteren
gelten die Pflichten nach § 140 auch im Zusammenhang mit der Stilllegung und
Sanierung der Betriebsanlagen und Betriebsstätten des Uranerzbergbaus (→ § 140
Rn. 2 ff.). Die entsprechende Anwendbarkeit von § 141 ermöglicht eine Gleichbehandlung von Rückständen und sonstigen Materialien, die iRd Stilllegung und
Sanierung der Hinterlassenschaften des Uranerzbergbaus von den betroffenen

Grundstücken entfernt werden, mit Materialien anderen Ursprungs. Schließlich hat die zust. Behörde auch im Fall der Stilllegung und Sanierung der Betriebsanlagen und Betriebsstätten des Uranerzbergbaus die Pflicht zur Information der betroffenen Öffentlichkeit entsprechend § 142 Abs. 1 (vgl. → § 142 Rn. 3 ff.).

14   Durch die entsprechende Anwendung der in Abs. 5 genannten Regelungen soll in Bezug auf den **beruflichen Strahlenschutz** das hohe Schutzniveau aus § 118 Abs. 2 StrlSchV 2001 fortgeführt werden (BT-Drs. 18/11241, 409). Dies bedingt insbes. die Beachtung des bei Tätigkeiten geltenden Reduzierungs- und Vermeidungsgebots sowie die Geltung bestimmter Vorschriften zur Betriebsorganisation wie der Pflicht zur Bestellung von SSB (→ § 70 Rn. 13 ff.), der Regelungen zur betrieblichen Zusammenarbeit (→ § 71 Rn. 3 ff.) und der weiteren Pflichten des SSB (→ § 72 Rn. 15 f.).

F. Verordnungsermächtigung (Abs. 6)

15   Von der VO-Erm. in Abs. 6 Nr. 1 hat der Gesetzgeber mit § 161 Abs. 5 StrlSchV Gebrauch gemacht. Danach ist eine Genehmigung nach Abs. 1 nicht erforderlich, wenn ein **Prüfwert** von 0,2 Becquerel je Gramm Trockenmasse nicht überschritten wird.

16   Auf der VO-Erm. in Abs. 6 Nr. 2 beruht zum einen die Regelung in § 160 Abs. 4 StrlSchV zur **Expositionsermittlung** insbes. bei der Stilllegung und Sanierung der Betriebsanlagen und Betriebsstätten des Uranerzbergbaus, die insoweit auf die vom BfS veröffentlichten Berechnungsgrundlagen-Bergbau verweist. Der ebenfalls auf die VO-Erm. in Abs. 6 Nr. 2 gestützte § 162 StrlSchV enthält Regelungen zur **Emissions- und Immissionsüberwachung** und stellt in diesem Zusammenhang auf die REI-Bergbau ab. Dadurch wird sowohl bei der Expositionsermittlung als auch bei der Emissions- und Immissionsüberwachung den spezifischen Besonderheiten und komplexen Anforderungen iRd der Stilllegung und Sanierung der Hinterlassenschaften des Uranerzbergbaus Rechnung getragen.

§ 150 Verhältnis zu anderen Vorschriften

(1) **Die §§ 136 bis 144 und 146 bis 148 finden keine Anwendung, soweit Vorschriften des Bundesberggesetzes und der auf Grund des Bundesberggesetzes erlassenen Rechtsverordnungen die Einstellung eines Betriebes regeln.**

(2) **¹Anordnungen zur Durchführung von Untersuchungen gemäß § 139 Absatz 1, ein für verbindlich erklärter Sanierungsplan gemäß § 143 Absatz 2 Satz 2, eine behördliche Sanierungsplanung nach § 144, Anordnungen zur Durchführung von Sanierungsmaßnahmen, sonstigen Maßnahmen zur Verhinderung oder Verminderung der Exposition und Nachsorgemaßnahmen gemäß § 139 Absatz 1 Nummer 3 und 5 sowie Genehmigungen gemäß § 149 schließen andere, die radioaktive Altlast betreffende Entscheidungen ein, soweit sie im Einvernehmen mit der jeweils zuständigen Behörde erlassen und in den Anordnungen die miteingeschlossenen Entscheidungen aufgeführt werden. ²Satz 1 gilt nicht für die Entscheidungen, die für die radioaktive Altlast nach dem Bundes-Bodenschutzgesetz getroffen werden, sowie für andere, die radioaktive Altlast betreffende Entscheidungen, wenn**

sie in einer behördlich für verbindlich erklärten Sanierungsplanung gemäß § 13 oder § 14 des Bundes-Bodenschutzgesetzes oder in einer Anordnung zur Sanierung gemäß § 16 des Bundes-Bodenschutzgesetzes mit eingeschlossen sind. ³In den Fällen nach Satz 2 stellen die nach diesem Gesetz und die nach dem Bundes-Bodenschutzgesetz zuständigen Behörden Einvernehmen her.

Schrifttum: *Flesch/Lange,* Koordinierung und Abstimmung zwischen zuständigen Behörden zum Strahlenschutz- und Bodenschutzrecht sowie auch zu anderen betroffenen Rechtsbereichen für die Sanierung radioaktiver Altlasten, in Fachverband für Strahlenschutz e.V., Das neue Strahlenschutzrecht – Expositionssituationen und Entsorgung, 2017, 43.

A. Zweck und Bedeutung der Norm

§ 150 regelt das Verhältnis zu anderen Vorschriften, die im Zusammenhang mit **1** der Bewältigung radioaktiver Altlasten relevant sein können. Die Regelungen sollen va auch dem Umstand Rechnung tragen, dass häufig **Mischaltlasten** anzutreffen sind, die sowohl radioaktive Kontaminationen als auch Verunreinigungen mit konventionellen Schadstoffen aufweisen. Hier sind grds. sowohl die Regelungen des StrlSchG als auch des BBodSchG heranzuziehen, so dass eine Koordinierung und Abstimmung der nach Strahlenschutzrecht auf der einen und nach Bodenschutzrecht auf der anderen Seite zu ergreifenden Maßnahmen essentiell sind.

B. Vorrang des BBergG (Abs. 1)

Nach Abs. 1 finden die Vorschriften über radioaktive Altlasten mit Ausnahme **2** der §§ 145 und 149 keine Anwendung, soweit Vorschriften des BBergG und der darauf beruhenden RVOen die Einstellung eines Betriebes regeln. Die Vorschrift entspricht insoweit § 3 Abs. 1 Nr. 10 BBodSchG. Damit kommen die Regelungen des StrlSchG über radioaktive Altlasten nur dann unmittelbar und uneingeschränkt zur Anwendung, wenn die bergbaulichen Hinterlassenschaften aus der **Bergaufsicht** iSv § 69 Abs. 2 BBergG entlassen sind (vgl. *Frenz* BBodSchG § 3 Rn. 48 f.). Vorher entfalten die strahlenschutzrechtlichen Vorgaben für radioaktive Altlasten nur mittelbare Wirkung über die Konkretisierung der zahlreichen in § 55 BBergG enthaltenen unbestimmten Rechtsbegriffe (vgl. *Erbguth/Schubert* in BeckOK Umweltrecht, § 3 BBodSchG Rn. 18). Von Bedeutung sind hier insbes. die Anforderungen an die Vorsorge zur Wiedernutzbarmachung der Oberfläche nach § 55 Abs. 1 Nr. 7 BBergG und die Vermeidung gemeinschädlicher Einwirkungen gem. § 55 Abs. 1 Nr. 9 BBergG (vgl. *Frenz* BBodSchG § 3 Rn. 47). Letztlich können die strahlenschutzrechtlichen Anforderungen auch als „überwiegende öffentliche Interessen" nach § 48 Abs. 2 S. 1 BBergG zu berücksichtigen sein, soweit sie nicht iRd § 55 BBergG herangezogen werden können (vgl. *Frenz* BBodSchG § 3 Rn. 47; *Erbguth/Schubert* in BeckOK Umweltrecht, § 3 BBodSchG Rn. 18).

Die Regelungen zum **beruflichen Strahlenschutz** gem. § 145 sind nicht vom **3** Ausschluss nach Abs. 1 erfasst, da das Bergrecht keine eigenen Vorgaben im Hinblick auf den Schutz von Arbeitskräften ggü. einer Exposition mit ionisierender Strahlung enthält (vgl. BT-Drs. 18/11241, 409). Ebenfalls vom Anwendungsausschluss ausgenommen sind die Regelungen nach § 149 über die Stilllegung und Sanierung der Betriebsanlagen und Betriebsstätten des **Uranerzbergbaus.** Hier stehen die meisten Vorhaben noch unter bergrechtlicher Aufsicht, so dass bei vorrangiger Geltung des Bergrechts die Regelungen in § 149 überwiegend ins Leere laufen würden (vgl. BT-Drs. 18/11241, 410).

C. Konzentrationswirkung; Verhältnis zum BBodSchG (Abs. 2)

4   Abs. 2 regelt das Verhältnis der Vorschriften des StrlSchG über radioaktive Altlasten zum BBodSchG sowie anderen ggf. für die radioaktive Altlast relevanten Rechtsvorschriften. Ist ein Grundstück sowohl radioaktiv kontaminiert als auch mit konventionellen Schadstoffen belastet, finden grds. die Regelungen des **StrlSchG und** des **BBodSchG parallel** Anwendung, da eine evtl. Konzentrationswirkung nach dem BBodSchG gerade diejenigen Entscheidungen nicht umfasst, die für eine radioaktive Altlast nach dem StrlSchG zu treffen sind (vgl. § 3 Abs. 2 BBodSchG). Für diese Fälle enthält Abs. 2 S. 2 und 3 spezielle Vorschriften.

I. Konzentrationswirkung (S. 1)

5   Die Regelung in Abs. 2 S. 1 entspricht § 13 Abs. 6 S. 2 und § 16 Abs. 2 BBodSchG. Sie eröffnet der zust. Behörde die Möglichkeit, ihre Anordnungen zur Durchführung von Untersuchungen und Maßnahmen zur Bewältigung einer radioaktiven Altlast, einen von einem für die radioaktive Altlast Verantwortlichen erstellten und von der Behörde für verbindlich erklärten Sanierungsplan sowie einen von der Behörde selbst erstellten oder ergänzten Sanierungsplan mit Konzentrationswirkung zu versehen. Ebenso können Genehmigungen nach § 149 Konzentrationswirkung entfalten. Sind die weiteren Voraussetzungen des Abs. 2 S. 1 erfüllt (→ Rn. 6), werden in diesen Fällen andere, die radioaktive Altlast betreffende Entscheidungen mit eingeschlossen. Gründe für die Konzentration sind va die **Bündelung behördlicher Entscheidungen** und die Vermeidung widersprüchlicher Einzelentscheidungen verschiedener Behörden, um im Interesse einer schnellen und effektiven Gefahrenabwehr ein **Sanierungsverfahren zu beschleunigen** (vgl. *Müggenborg* in BeckOK Umweltrecht, § 16 BBodSchG Rn. 4f.; *Ewer* in LR UmwR, § 16 BBodSchG Rn. 18).

6   Voraussetzung für die Konzentrationswirkung ist, dass die anderen, die radioaktive Altlasten betreffenden Entscheidungen im Einvernehmen mit der jeweils zust. Behörde ergehen und die mit eingeschlossenen Entscheidungen in den Anordnungen, in dem für verbindlich erklärten Sanierungsplan oder in der behördlichen Sanierungsplanung aufgeführt werden. Dass am Ende von Abs. 2 S. 1 nur noch Anordnungen genannt werden, muss als redaktionelles Versehen betrachtet werden, da sich Abs. 2 S. 1 eindeutig auch auf für verbindlich erklärte Sanierungspläne und die behördliche Sanierungsplanung bezieht. Andere, die radioaktive Altlast betreffende Entscheidungen können – wie bei konventionellen Altlasten nach dem BBodSchG auch – zB **immissionsschutzrechtliche Genehmigungen** für Bodenbehandlungsanlagen, **abfallrechtliche Genehmigungen, wasserrechtliche Erlaubnisse** und Genehmigungen sowie **bau- und naturschutzrechtlich erforderliche Entscheidungen** sein (vgl. *Müggenborg* in BeckOK Umweltrecht, § 16 BBodSchG Rn. 5; *Ewer* in LR UmwR, § 16 BBodSchG Rn. 20). Ein **Einvernehmen** mit der zu beteiligenden Behörde besteht dann, wenn diese sich mit der Entscheidung ausdrücklich einverstanden erklärt und diese inhaltlich mitträgt (BVerwG NVwZ-RR 2004, 855 (856)). Das Aufführen der mit eingeschlossenen Entscheidungen in den Anordnungen, in dem für verbindlich erklärten Sanierungsplan oder in der behördlichen Sanierungsplanung bewirkt eine rein **verfahrensrechtliche Konzentration,** materiellrechtliche Anforderungen an die mit eingeschlossenen Entscheidungen werden nicht verdrängt (vgl. *Ewer* in LR UmwR, § 16 BBodSchG Rn. 21).

Die Konzentrationswirkung nach Abs. 2 S. 1 erstreckt sich jedoch gem. Abs. 2 **7** S. 2 **nicht** auf **für** die radioaktive Altlast **nach dem BBodSchG zu treffende Entscheidungen** und andere die radioaktive Altlast betreffende Entscheidungen, die bereits von der Konzentrationswirkung nach § 13 Abs. 6 S. 2 (ggf. iVm § 14 S. 2) oder § 16 Abs. 2 BBodSchG erfasst sind. Daher bleibt für die Konzentrationswirkung nach Abs. 2 S. 1 nur in den Fällen Raum, in denen das BBodSchG entweder nicht einschlägig ist oder zwar Anwendung findet, aber bestimmte andere die radioaktive Altlast betreffende Entscheidungen nicht in den Entscheidungen nach BBodSchG eingeschlossen werden (BT-Drs. 18/11241, 410).

II. Verhältnis zum BBodSchG; Einvernehmen (S. 2 und 3)

Abs. 2 S. 2 und 3 regeln das Verhältnis der Vorschriften über radioaktive Altlasten **8** nach dem StrlSchG zum BBodSchG für die Fälle, in denen **Mischkontaminationen** vorhanden sind und damit grds. beide Regelungsbereiche zur Anwendung kommen.

Nach Abs. 2 S. 2 sind von der Konzentrationswirkung der in Abs. 2 S. 1 genann- **9** ten Vorschriften nicht die Entscheidungen betroffen, die für die radioaktive Altlast nach dem BBodSchG getroffen werden, sowie andere, die radioaktive Altlast betreffende Entscheidungen, wenn sie bereits von der Konzentrationswirkung nach § 13 Abs. 6 S. 2 (ggf. iVm § 14 S. 2) oder § 16 Abs. 2 BBodSchG erfasst sind. Konkret bedeutet dies, dass die Entscheidungen, die nach anderen Rechtsgebieten als dem Bodenschutzrecht für die radioaktive Altlast zu treffen sind (→ Rn. 6), in der Sanierungsplanung oder Anordnung nach dem BBodSchG konzentriert werden. Dies gilt auf Grund des Anwendungsausschlusses nach § 3 Abs. 2 BBodSchG aber gerade nicht für Entscheidungen, die nach dem StrlSchG für die radioaktive Altlast zu treffen sind. Folglich gelangen hier das **Bodenschutz- und** das **Strahlenschutzrecht parallel** zur Anwendung. Soweit bestimmte Entscheidungen nicht nach dem BBodSchG konzentriert werden, kann die Konzentrationswirkung nach Abs. 2 S. 1 greifen (→ Rn. 7). Die parallele Anwendbarkeit von Strahlenschutz- und Bodenschutzrecht hat zur Konsequenz, dass sowohl die Bodenschutz- als auch die Strahlenschutzbehörde – jeweils für ihren sachlichen Zuständigkeitsbereich – Anordnungen ggü. dem für die radioaktive Altlast Verantwortlichen treffen können.

Abs. 2 S. 3 sieht vor, dass in den Fällen, in denen das Bodenschutz- und das **10** Strahlenschutzrecht parallel zur Anwendung gelangen, zwischen der Strahlenschutz- und der Bodenschutzbehörde **Einvernehmen** herzustellen ist. Auf Grund der vorrangigen Konzentrationswirkung nach dem BBodSchG (→ Rn. 9) besteht nur noch das Bedürfnis nach einer Einigung zwischen diesen beiden Behörden. Ein Einvernehmen liegt dann vor, wenn sich jede Behörde mit der Entscheidung der jeweils anderen Behörde ausdrücklich einverstanden erklärt und diese inhaltlich mitträgt.

Abschnitt 2 – Infolge eines Notfalls kontaminierte Gebiete

§ 151   Kontaminierte Gebiete in einer Notfallexpositionssituation; Verordnungsermächtigungen

[1]Auf die infolge eines Notfalls kontaminierten Grundstücke, Teile von Grundstücken, Gebäude und Gewässer finden in einer Notfallexpositionssituation die §§ 136 bis 138, 139 Absatz 1, 2 und 4, die §§ 140 bis 144, 146, 147 und 150 entsprechende Anwendung. [2]An Stelle des Referenzwerts nach § 136 Absatz 1 gelten für den Schutz der Bevölkerung der Referenzwert nach § 93 Absatz 1 oder die nach § 93 Absatz 2 oder 3 festgelegten Referenzwerte.

Schrifttum: s. Vorbemerkung zu §§ 92 ff.

A. Zweck und Bedeutung der Norm

1   § 151 **ergänzt** die Regelungen des Teils 3 und sieht für kontaminierte Gebiete in einer Notfallexpositionssituation eine entsprechende Anwendung der in S. 1 genannten Altlastenregelungen vor. S. 2 enthält Vorgaben zum zugrunde zu legenden Referenzwert. Die Überschrift „Verordnungsermächtigung" erklärt sich daraus, dass die Regelungen, die entsprechend gelten, teilweise auch VO-Erm. enthalten.

B. Bisherige Regelung

2   Eine Vorgängerregelung gibt es nicht.

C. Entsprechende Anwendung der Altlastenregelungen

3   In Bezug auf infolge eines Notfalls kontaminierte Gebiete gilt der **Verzahnungsansatz** (→ Vor §§ 92 ff. Rn. 6; → § 109 Rn. 1) **innerhalb des StrlSchG.** Die zust. Behörden werden zur Notfallbewältigung auf Grundlage der entsprechenden Anwendung der in S. 1 genannten Bestimmungen zum Schutz vor radioaktiven Altlasten tätig. Konsequenterweise verwendet S. 1 die gleichen Begriffe wie § 136 Abs. 1, indem er abstellt auf „infolge eines Notfall kontaminierten Grundstücke, Teile von Grundstücken, Gebäude und Gewässer". S. 1 sieht die entsprechende Anwendbarkeit der folgenden Bestimmungen vor: **§ 136,** der maßgeblich bestimmt, was unter einer radioaktiven Altlast zu verstehen ist und wie diese ermittelt wird; **§ 137,** der bestimmt, wer für eine radioaktive Altlasten verantwortlich ist und Adressat behördlicher Maßnahmen sein kann; **§ 138,** der die Vorgehensweise beim Verdacht auf radioaktive Altlasten festlegt; **§ 139 Abs. 1, 2 und 4,** der va behördliche Anordnungsbefugnisse vorsieht; **§ 140,** der weitere Pflichten des für die radioaktive Altlast Verantwortlichen vorsieht; **§ 141,** der die Anwendbarkeit der Rückstandsregelungen vorsieht (§§ 60 ff.), wenn Rückstände oder Materialien von den radioaktiven Altlasten entfernt und anderweitig verwertet oder beseitigt werden sollen; **§ 142,** der eine Informationspflicht der betroffenen Öffentlichkeit und die Erfassung festgestellter oder verdächtiger Altlastenflächen vorsieht; **§§ 143 und**

144, die die – auch behördliche – Sanierungsplanung regeln; **§ 146,** der die Kostentragung sowie Ausgleichsansprüche bei mehreren Verantwortlichen regelt; **§ 147,** der den Wertausgleich beim Einsatz öffentlicher Mittel regelt; **§ 150,** der das Verhältnis der Altlastenregelungen zu anderen Vorschriften, etwa zum BBergG, regelt. Ob und welche dieser Regelungen bei der Notfallbewältigung zur Anwendung kommen, wird sich in Abhängigkeit von der konkreten Notfallexpositionssituation zeigen.

S. 2 bestimmt, dass anstelle des Referenzwerts nach § 136 Abs. 1 für den Schutz **4** der Bevölkerung der Referenzwert nach § 93 Abs. 1 oder die nach § 93 Abs. 2 oder 3 durch RVO festgelegten Referenzwerte gelten. Der in **§ 136 Abs. 1** bestimmte Referenzwert der effektiven Dosis von 1 mSv/Kj für Einzelpersonen der Bevölkerung bezieht sich auf die durch die Kontamination verursachte Exposition und ist Definitionsbestandteil für das Vorliegen einer radioaktiven Altlast. Dieser Referenzwert befindet sich am „unteren Ende" (Bereich von 1 bis 20 mSv pro Jahr) der in Anh. I RL 2013/59/Euratom bestimmten Bandbreite von Referenzwerten für bestehende Expositionssituationen. **§ 93 Abs. 1 S. 1** sieht vor, dass für den Schutz der Bevölkerung bei der Planung von Schutzmaßnahmen und bei Entscheidungen über ihre Durchführung in einem Notfall ein Referenzwert von 100 mSv für die effektive Dosis gilt, die betroffene Personen jeweils durch den Notfall innerhalb eines Jahres über alle Expositionspfade bei Durchführung der vorgesehenen Schutzmaßnahmen erhalten würden. Dieser Referenzwert befindet sich am „oberen Ende" der in Anh. I RL 2013/59/Euratom vorgesehenen Bandbreite von Referenzwerten für Notfallexpositionssituationen und wird auch in der SSK-Empfehlung „Radiologische Grundlagen" (S. 8) für passend gehalten.

S. 2 könnte dahin verstanden werden, dass ein infolge eines Notfalls kon- **5** taminiertes Gebiet nur vorliegt, wenn von ihm eine Kontamination verursacht wird, die 100 mSv überschreitet. Dieses Verständnis ist unzutreffend. Ein infolge eines Notfalls kontaminiertes Gebiet liegt immer vor, wenn infolge eines Notfalls iSd § 5 Abs. 26 das Gebiet kontaminiert ist, dh wenn es mit Stoffen, die ein oder mehrere Radionuklide enthalten, verunreinigt ist (sa § 5 Abs. 21). Es würde dem Schutzzweck des Notfallmanagementsystems zuwiderlaufen, wenn ein infolge eines Notfalls kontaminiertes Gebiet erst vorläge, wenn die von ihm ausgehende Exposition 100 mSv überschreiten würde. Maßnahmen zur Notfallbewältigung entsprechend §§ 136 ff. wären dann nur bei Überschreitung eines solchen hohen Referenzwerts zulässig; außerdem würde das in § 92 Abs. 2 und 3 verfolgte Ziel, die Exposition so weit wie möglich zu senken, ausgehebelt, da bei Unterschreitung des Referenzwertes kein kontaminiertes Gebiet mehr vorläge. S. 2 ist deshalb so zu verstehen, dass **bei der Bewältigung eines infolge eines Notfalls kontaminierten Gebiets** der für den Schutz der Bevölkerung **anzulegende Maßstab** – wie auch bei der Notfallbewältigung anderer Lebensbereiche – **der in § 93 Abs. 1** bzw. nach Abs. 2 oder 3 **festgelegte Referenzwert ist** und nicht der in § 136 Abs. 1 bestimmte Referenzwert von 1 mSv. Dies sieht § 93 zwar schon selbst vor, und aus diesem Grund hat S. 2 nur **klarstellende Funktion.** Die Klarstellung ist aber sinnvoll, da § 151 S. 1 auch auf § 136 und auf Regelungen verweist, die bei ihrer unmittelbaren Anwendung als Grundlage die Überschreitung des in § 136 Abs. 1 für die Altlasten festgelegten Referenzwerts von 1 mSv/Kj haben (vgl. § 139 Abs. 1 S. 1 Nr. 3).

§ 152 **Kontaminierte Gebiete in einer nach einem Notfall bestehenden Expositionssituation; Verordnungsermächtigungen**

[1]Auf die infolge eines Notfalls kontaminierten Grundstücke, Teile von Grundstücken, Gebäude und Gewässer finden in einer bestehenden Expositionssituation die §§ 136 bis 138, 139 Absatz 1, 2 und 4, die §§ 140 bis 147 und 150 entsprechende Anwendung. [2]An Stelle des Referenzwerts nach § 136 Absatz 1 gelten für den Schutz der Bevölkerung die nach § 118 Absatz 4 oder 6 festgelegten Referenzwerte.

A. Zweck und Bedeutung der Norm

1   § 151 ergänzt die Regelungen des Teils 4 Kap. 1 und durch spezifische Regelungen für kontaminierte Gebiete in einer nach einem Notfall bestehenden Expositionssituation.

B. Bisherige Regelung

2   Eine Vorgängerregelung gibt es nicht.

C. Entsprechende Anwendung der Altlastenregelungen

3   Die zu § 151 gemachten Ausführungen gelten im Zusammenhang mit § 152 gleichermaßen. Neben den dort genannten Altlastenregelungen gilt **auch § 145** entsprechend. Dieser regelt den Schutz von Arbeitskräften. § 151 sieht seine entsprechende Anwendung nicht vor, da der Schutz von Arbeitskräften im Notfall anderweitig geregelt ist (§§ 113 ff.). Die zu § 151 S. 2 gemachten Ausführungen gelten entsprechend für die Auslegung des § 152 S. 2; Gründe für eine andere rechtliche Beurteilung sind nicht ersichtlich.

Kapitel 5 – Sonstige bestehende Expositionssituationen

Vorbemerkung zu §§ 153 ff.

§§ 153 ff. regeln „sonstige bestehende Expositionssituationen", also solche, die **1** nicht bereits von den Bestimmungen des Teils 4 Kap. 1 bis 4 erfasst werden. Die Schaffung von „Auffangregelungen" war zur Erfüllung der Umsetzungspflicht der **Art. 100 bis 102 RL 2013/59/Euratom** erforderlich, deren Inhalte im europäischen Strahlenschutzrecht eine Neuerung sind. Deshalb enthielt die StrlSchV 2001 auch keine Regelungen. Bspw. das Auftreten kontaminierter Waren oder Gegenstände im Wirtschaftskreislauf iwS, dh sowohl im Handel als auch auf Schrottplätzen oder in der Abfallwirtschaft, kann eine „sonstige bestehende Expositionssituation" darstellen, vgl. auch Anh. XVII lit. c RL 2013/59/Euratom; sa → § 173 Rn. 14. Aber auch andere, im Vorfeld nicht bestimmbare Sachverhalte können eine „sonstige bestehende Expositionssituation" sein. Entscheidend ist, dass **ionisierende Strahlung vorgefunden** wird, **ohne dass dies geplant oder vorgesehen** worden ist (→ § 2 Rn. 5). Aus diesem Grund richtet sich die Handhabung von Strahlungsquellen, die auf **Schrottplätzen** oder in **Abfallbehandlungsanlagen** gefunden worden sind, nach den §§ 153 ff. und nicht etwa nach § 65. Diese Strahlungsquellen sind im Falle natürlicher Nuklide keine Materialien, die bei Tätigkeiten iSd § 4 Abs. 1 Nr. 10 angefallen sind (→ § 4 Rn. 14; → § 5 Rn. 26).

Die §§ 153 ff. sind grundsätzlich so ausgelegt, dass durch die zust. Behörde bei **2** Anhaltspunkten für eine sonstige bestehende Expositionssituation oder für eine nachgewiesene sonstige bestehende Expositionssituation, die jeweils unter Strahlenschutzgesichtspunkten nicht außer Acht gelassen werden kann, die erforderlichen Maßnahmen angeordnet oder selbst getroffen werden. Der Initiativbeitrag des Verantwortlichen beschränkt sich idR auf die Mitteilung nach § 168 StrlSchV, dass Radionuklide gefunden bzw. Radioaktivität festgestellt worden ist.

Die §§ 153 ff. tragen der Vielfältigkeit möglicher Sachverhalte Rechnung, indem **3** sie recht generischer Natur sind und das „Heft des Handelns" in Bezug auf Ermittlung, Maßnahmen und Information zunächst in die Hände der zust. Behörde legen (BT-Drs. 18/11241, 411).

Vorgefundene ionisierende Strahlungsquellen, die in sonstigen bestehenden Ex- **4** positionssituationen auftreten, sind nach § 3 Abs. 4 keine radioaktive Stoffe.

§ 153 Verantwortlichkeit für sonstige bestehende Expositionssituationen

(1) **Verantwortlich für eine sonstige bestehende Expositionssituation ist, wer Hersteller, Lieferant, Verbringer oder Eigentümer der Strahlungsquelle ist, die die sonstige bestehende Expositionssituation bewirkt, oder wer Inhaber der tatsächlichen Gewalt über diese Strahlungsquelle ist.**

(2) **Verantwortlich für eine sonstige bestehende Expositionssituation ist nicht, wer**
1. **als Hersteller, Lieferant oder Verbringer die tatsächliche Gewalt über die Strahlungsquelle nach den Vorschriften dieses Gesetzes oder der auf Grund dieses Gesetzes erlassenen Rechtsverordnungen einem Dritten**

überlassen hat, wenn dieser bei der Erlangung der tatsächlichen Gewalt Kenntnis von der Eigenschaft als Strahlungsquelle hatte,

2. als Endverbraucher Eigentümer von Konsumgütern oder sonstigen aus dem Wirtschaftskreislauf herrührenden Waren ist, die eine Strahlungsquelle enthalten, welche die sonstige bestehende Expositionssituation bewirkt, oder wer Inhaber der tatsächlichen Gewalt über solche Konsumgüter oder sonstigen Waren ist,

3. als Mieter oder Pächter die tatsächliche Gewalt über eine Strahlungsquelle, die die sonstige bestehende Expositionssituation bewirkt, innehat oder

4. eine Strahlungsquelle, die die sonstige bestehende Expositionssituation bewirkt, gefunden hat oder ohne seinen Willen die tatsächliche Gewalt über sie erlangt hat oder die tatsächliche Gewalt über sie erlangt hat, ohne zu wissen, dass es sich um eine Strahlungsquelle handelt.

A. Zweck und Bedeutung der Norm

1   § 153 regelt, wer für eine sonstige bestehende Expositionssituation verantwortlich ist, ähnlich wie § 137 für die Bestimmung der Verantwortlichkeit im Zusammenhang mit radioaktiven Altlasten. Abs. 1 regelt die Verantwortlichkeit, Ausnahmen werden in Abs. 2 geregelt.

2   Ein nach § 153 Abs. 1 Verantwortlicher kann Adressat von Anordnungen nach § 154 Abs. 3, § 156 Abs. 3 oder § 158 Abs. 2 und kostenpflichtig nach § 157 sein. Der Verantwortliche ist bei Vorliegen der gesetzlichen Voraussetzungen nach § 159 zur Anmeldung der sonstigen bestehenden Expositionssituation verpflichtet und hat für die Einhaltung der einschlägigen Schutzvorschriften zum Schutz der Bevölkerung und zum beruflichen Strahlenschutz zu sorgen.

B. Verantwortliche (Abs. 1)

I. Allgemeines

3   Verantwortlich ist, wer **Hersteller, Lieferant, Verbringer oder Eigentümer** der Strahlungsquelle ist, die die sonstige bestehende Expositionssituation bewirkt oder wer Inhaber der tatsächlichen Gewalt über diese Strahlungsquelle ist. Zum Begriff der Strahlungsquelle → § 3 Rn. 58. Wie bei § 137 ist die Aufzählung abschließend und lässt keine Rangfolge der Inanspruchnahme durch die zust. Behörde zu (→ § 137 Rn. 2). Zu der Frage, welchen Verantwortlichen die zust. Behörde im konkreten Fall in die Pflicht nimmt und welche Erwägungen hierbei ermessensleitend sein sollten vgl. die Ausführungen im Zusammenhang mit der Verantwortlichkeit für (radioaktive) Altlasten, die auch hier herangezogen werden können → § 137 Rn. 2. Anordnungen können auch gegen mehrere Verantwortliche ergehen.

II. Die Verantwortlichen im Einzelnen

4   Das StrlSchG definiert den Begriff des **Herstellers** nicht. Andere Rechtsgebiete, die den Hersteller definieren, wie zB § 4 Abs. 1 ProdhaftG, § 2 Nr. 15 ProdSG oder auch Art. 2 Nr. 19 EU-BauprodukteVO 305/2011, legen das Verständnis zu-

grunde, dass Hersteller derjenige ist, der eine Sache selbst herstellt, also eine Sache verarbeitet, oder herstellen lässt und diese Sache in seinem eigenen Namen oder unter seiner eigenen Handelsmarke vermarktet bzw. sich selbst als Hersteller ausgibt, zB durch Anbringen seines Namens auf dem Produkt. Dieses Verständnis kann wegen der Vergleichbarkeit der zu regelnden Situation (Verantwortlichkeit des Herstellers für eine Sache nach Produktrecht oder für eine Sache, die auch eine Strahlungsquelle ist, nach dem Strahlenschutzrecht) auch § 153 Abs. 1 zugrunde gelegt werden.

Das StrlSchG definiert auch nicht den Begriff des Lieferanten. Als **Lieferant** ist 5 derjenige anzusehen, der die Strahlungsquelle einer anderen Person in der Wirtschaftskette übergibt oder überlässt.

Verbringer ist derjenige, der die Strahlungsquelle, die die sonstige bestehende 6 Expositionssituation bewirkt, aus einem Drittstaat oder aus einem EU-MS ins Inland verbracht hat (sa die Definition von Verbringung in § 1 Abs. 21 StrlSchV). Da es um die Verantwortlichkeit zur Bewältigung einer im Inland aufgetretenen sonstigen bestehenden Expositionssituation geht, kann es für die Verantwortlichkeit des Verbringers keinen Unterschied machen, ob die Strahlungsquelle aus einem EU-MS oder einem Drittstaat nach Deutschland verbracht worden ist.

Wer **Eigentümer** der Strahlungsquelle ist, bestimmt sich nach dem Zivilrecht 7 (so auch bei der Verantwortlichkeit bei radioaktiven Altlasten in Bezug auf unbewegliches Eigentum → § 137 Rn. 6).

Für die Verantwortlichkeit des Herstellers, Lieferanten, Verbringers oder Eigen- 8 tümers ist ausreichend, dass die sonstige bestehende Expositionssituation durch „ihre" Strahlungsquelle bewirkt wird: Eine Verantwortlichkeit liegt bereits dann vor, wenn die in Abs. 1 genannte Person mit ihrer Strahlungsquelle **dazu beigetragen** hat, eine sonstige bestehende Expositionssituation aufrechtzuerhalten oder möglicherweise zu verbreiten. Nicht erforderlich ist dagegen, dass die Strahlungsquelle die Expositionssituation verursacht hat (BT-Drs. 18/11241, 412). Die vorrangige Heranziehung des Verursachers kann allerdings bei Ausübung des behördlichen Auswahlermessen erfolgen.

Inhaber der tatsächlichen Gewalt über die Strahlungsquelle ist derjenige, der die 9 tatsächliche Möglichkeit der unmittelbaren Einwirkung auf die Strahlungsquelle hat (Ausnahme in Abs. 2 Nr. 3 → Rn. 13).

C. Ausnahmen von der Verantwortlichkeit (Abs. 2)

Mit den in Abs. 2 genannten Ausnahmen sollen **unbillige Härten vermieden** 10 werden, die entstehen würden, wenn die dort genannten Personen, die „als letztes Glied in der Kette" idR nicht wissen, dass sie über eine Strahlungsquelle verfügen, verpflichtet würden, Maßnahmen zur Bewältigung der sonstigen bestehenden Expositionssituation zu treffen (BT-Drs. 18/11241, 412).

I. Überlassung an einen Dritten (Nr. 1)

Der Hersteller, Lieferant oder Verbringer ist nicht verantwortlich, wenn er die 11 tatsächliche Gewalt über die Strahlungsquelle nach den Vorschriften des StrlSchG oder auf Grund des StrlSchG erlassenen RVOen einem Dritten überlassen hat, wenn dieser bei Erlangung der tatsächlichen Gewalt **Kenntnis** von der Eigenschaft als Strahlungsquelle hatte. Die Ausnahme soll sicherstellen, dass der Hersteller, Lieferant oder Verbringer nicht verantwortlich gemacht werden, wenn die Strahlungsquelle außerhalb ihres „Herrschaftsbereichs" eine sonstige bestehende Expositionssituation bewirkt, bspw. infolge einer unsachgemäßen Handhabung der Strahlungsquelle beim Dritten (BT-Drs. 18/11241, 412). Die Freistellung von der Verantwortlichkeit erfordert allerdings, dass die Strahlungsquelle dem Dritten im Einklang mit strahlenschutzrechtlichen Vorgaben überlassen worden ist. Außerdem muss der Dritte bei Erlangung der tatsächlichen Gewalt gewusst haben, dass er eine Strahlungsquelle erhalten hat.

II. Endverbraucher (Nr. 2)

12   Nicht verantwortlich ist, wer als Endverbraucher Eigentümer von Konsumgütern oder sonstigen aus dem Wirtschaftskreislauf herrührenden Waren ist, die eine die sonstige bestehende Expositionssituation bewirkende Strahlungsquelle enthalten oder wer als Endverbraucher die tatsächliche Gewalt über diese Konsumgüter oder sonstige Waren hat. Nach der amtlichen Begründung ist der Begriff des „Endverbrauchers" eng auszulegen. Gemeint sei nur der private Erwerber und nicht derjenige, der die Produkte im Rahmen seiner beruflichen Betätigung erwerbe. Auch seien unter Konsumgüter, anders als in der Definition nach § 5 Abs. 20 vorgesehen (es wird irrtümlicherweise auf § 4 Abs. 22 verwiesen), keine Gegenstände des täglichen Bedarfs zur Verwendung im beruflichen Bereich gemeint (BT-Drs. 18/11241, 413). Diese Auslegung überzeugt **nicht** vollständig. Dass nur private Endverbraucher gemeint gewesen sein sollten, hätte sich in der Gesetzesformulierung niederschlagen können („als privater Endverbraucher"); der Begriff des Konsumgutes hätte an dieser Stelle dann entsprechend der Intention des Gesetzgebers einschränkend ausgelegt werden können. Des Weiteren ist nicht einleuchtend, berufliche Endverbraucher, also solche, die keine Weitergabe der Strahlungsquelle planen, immer verantwortlich machen zu können. Sie sind wie private Endverbraucher das letzte Glied der Kette.

III. Mieter oder Pächter (Nr. 3)

13   Auch Mieter oder Pächter, die die tatsächliche Gewalt über die die sonstige bestehende Expositionssituation bewirkende Strahlungsquelle innehaben, sind von der Verantwortlichkeit ausgenommen.

IV. Fund; unwillentliche oder unwissentliche Erlangung der tatsächlichen Gewalt (Nr. 4)

14   Auch wer eine Strahlungsquelle gefunden hat oder die tatsächliche Gewalt über sie ohne seinen Willen oder ohne das Wissen, dass es sich um eine Strahlungsquelle handelt, erlangt hat, ist nicht verantwortlich.

§ 154 **Ermittlung und Bewertung einer sonstigen bestehenden Expositionssituation**

(1) ¹Die zuständige Behörde trifft bei Anhaltspunkten für eine sonstige bestehende Expositionssituation oder für eine nachgewiesene sonstige bestehende Expositionssituation, die jeweils unter Strahlenschutzgesichtspunkten nicht außer Acht gelassen werden kann, die erforderlichen Maßnahmen, um

1. Ursache, nähere Umstände und Ausmaß der sonstigen bestehenden Expositionssituation zu ermitteln,
2. die damit zusammenhängenden beruflichen Expositionen und Expositionen der Bevölkerung zu bestimmen und
3. die gesammelten Erkenntnisse insgesamt zu bewerten.

²§ 53 des Atomgesetzes bleibt unberührt.

(2) Sofern es sich bei der sonstigen bestehenden Expositionssituation um kontaminierte Konsumgüter oder sonstige im Wirtschaftskreislauf befindliche Waren handelt, kann die Expositionssituation nicht außer Acht gelassen werden, wenn diese Konsumgüter oder sonstigen Waren

1. künstlich erzeugte Radionuklide enthalten, deren Aktivität und spezifische Aktivität die Freigrenzen, die in einer Rechtsverordnung nach § 24 Satz 1 Nummer 10 festgelegt sind, überschreiten oder
2. natürlich vorkommende Radionuklide enthalten, die eine effektive Dosis für eine Einzelperson der Bevölkerung von mehr als 1 Millisievert im Kalenderjahr bewirken können.

(3) Die zuständige Behörde kann einen oder mehrere für die sonstige bestehende Expositionssituation Verantwortliche dazu verpflichten, die Maßnahmen nach Absatz 1 durchzuführen und ihr die Ergebnisse mitzuteilen.

A. Zweck und Bedeutung der Norm

Abs. 1 legt die ersten **zu veranlassenden Schritte** bei Anhaltspunkten für eine **1** oder bei einer nachgewiesenen sonstigen bestehenden Expositionssituation, die unter Strahlenschutzgesichtspunkten nicht außer Acht gelassen werden kann, in die Hände der zust. Behörde. Hintergrund ist, dass eine Reihe von Sachverhalten denkbar sind, die einige bestehende Expositionssituation darstellen und in denen entweder kein Verantwortlicher ersichtlich oder, bspw. bei Kontaminationen unklarer Herkunft, eine große Zahl von Verantwortlichen denkbar ist (BT-Drs. 18/11241, 413). Bei Vorliegen der in Abs. 1 S. 1 bestimmten Bedingungen ist die Behörde zum Tätigwerden verpflichtet („Die zuständige Behörde trifft …"). IdR erfährt die zust. Behörde von dem Sachverhalt nur aufgrund einer Fundmeldung nach § 168 StrlSchV. Der Verantwortliche ist nach § 154 nicht verpflichtet, aus eigener Initiative Schutzmaßnahmen zu ergreifen, allerdings trifft ihn bei Vorliegen der entsprechenden Voraussetzungen nach § 159 Abs. 1 die Anmeldepflicht nach § 159 Abs. 2. Nach Abs. 1 S. 2 bleibt § 53 AtG unberührt, wonach eine Registrierungs- und Untersuchungspflicht bei den für die kerntechnische Sicherheit und den Strahlenschutz zust. Bundesministerien besteht für Schäden, die nach dem Stand der wissenschaftlichen Erkenntnis aus der Einwirkung von Strahlen radioaktiver Stoffe herrühren und deren Verursacher nicht festgestellt werden kann. Dieser Satz hat rein klarstellende Funktion; der Anwendungsbereich des § 53 AtG dürfte von § 154 schon deshalb nicht berührt sein, weil er auf die Einwirkung von Strahlen radioaktiver Stoffe abstellt, § 154, wie das gesamte Kap. 5, auf radioaktive Stoffe aber nicht anwendbar ist (§ 3 Abs. 4).

2   Abs. 2 spezifiziert, wann die sonstige bestehende Expositionssituation nicht außer Acht gelassen werden kann, wenn diese sich in Gestalt von kontaminierten Konsumgütern oder sonstigen Waren im Wirtschaftskreislauf darstellt. Die in Abs. 3 vorgesehene Inanspruchnahme der für die sonstige bestehende Expositionssituation Verantwortlichen liegt im behördlichen Ermessen.

B. Behördliche Maßnahmen (Abs. 1 S. 1; Abs. 2)

I. Voraussetzungen

3   Abs. 1 S. 1 setzt Art. 100 Abs. 1 RL 2013/59/Euratom um. Die zust. Behörde ist verpflichtet, bei Anhaltspunkten für eine oder für eine nachgewiesene sonstige bestehende Expositionssituation, die **unter Strahlenschutzgesichtspunkten nicht außer Acht gelassen werden kann,** die erforderlichen Maßnahmen zu ergreifen, um Ursache, nähere Umstände und Ausmaß der sonstigen bestehenden Expositionssituation zu ermitteln, die damit zusammenhängenden beruflichen und Expositionen der Bevölkerung zu bestimmen und die gesammelten Erkenntnisse insgesamt zu bewerten. Eine Pflicht zum Tätigwerden besteht allerdings nur dann, wenn die Behörde im Rahmen des ihr zustehenden Beurteilungsspielraums sowohl über das Vorliegen von Anhaltspunkten bzw. eine nachgewiesene sonstige bestehende Expositionssituation Kenntnis erlangt als auch zu dem Ergebnis kommt, dass diese unter Strahlenschutzgesichtspunkten nicht außer Acht gelassen werden kann (sa Abs. 2). Mit der in der Nr. 3 genannten Anforderung wird auch Art. 100 Abs. 2 Rechnung getragen, wonach die MS entscheiden können, dass Schutz- oder Sanierungsmaßnahmen nicht erforderlich sind, wenn dies dem allgemeinen Rechtfertigungsgrundsatz entspricht. Eine vorherige Bewertung der festgestellten Sachlage ist Grundlage für die Entscheidung über das Ob und ggf. auch das Wie zu treffender Maßnahmen auf Grundlage des § 156 Abs. 1.

II. Nicht-außer-Acht-Lassen

4   Für kontaminierte Konsumgüter und sonstige im Wirtschaftskreislauf befindliche Waren wird das Nicht-außer-Acht-Lassen-Können in Abs. 2 **gesetzlich festgelegt;** hier hat die zust. Behörde keinen Beurteilungsspielraum. Sind die Konsumgüter oder sonstigen Waren mit künstlich erzeugten Radionukliden kontaminiert, kann die Expositionssituation nicht außer Acht gelassen werden, wenn die Aktivität oder spezifische Aktivität die Freigrenzen nach § 11 iVm Anl. 4 Tab. 1 Sp. 1 bis 3 StrlSchV (erlassen auf Grundlage der VO-Erm. nach § 24 S. 1 Nr. 10) überschreiten. Die Freigrenzen beruhen auf dem Konzept, dass bei der Handhabung mit dem Radionuklid für eine Einzelperson der Bevölkerung eine erwartete effektive Dosis im Bereich von 10 Mikrosievert jährlich oder weniger auftritt (BT-Drs. 18/11241, 413). Solche Fälle sind zB das Auftreten von erhöhten spezifischen Cs-137-Aktivitäten, die in Folge des Fallouts aus dem Tschernobyl-Ereignis Teile von Gebäuden kontaminiert haben, deren Abbruchmaterialien bei Abfallverwertern oder -beseiti-

gern angedient werden oder durch Aufkonzentration in Aschen aus Abfallverbrennungsanlagen entstehen können. Sind die Konsumgüter oder sonstigen Waren mit natürlichen Radionukliden kontaminiert, kann dies nicht außer Acht gelassen werden, wenn dadurch eine effektive Dosis für eine Einzelperson der Bevölkerung von mehr als 1 mSv/Kj bewirkt werden kann. Einschlägige Beispiele sind zirkonhaltige Feuerfestmaterialien mit erhöhten Th-232-Aktivitäten, die eine effektive Dosis bewirken können.

C. Inanspruchnahme eines oder mehrere Verantwortlicher (Abs. 3)

Nach Abs. 3 kann die zust. Behörde einen oder mehrere Verantwortliche ver- **5** pflichten, die Maßnahmen nach Abs. 1 durchzuführen und ihr die Ergebnisse mitzuteilen. Die Verursachungsnähe eines Verantwortlichen kann ggf. die Ausübung des **behördlichen Auswahlermessens** lenken (BT-Drs. 18/11241, 414). Bei Anmeldebedürftigkeit nach § 159 kann die zust. Behörde davon ausgehen, dass der zur Anmeldung Verpflichtete die Ermittlung und Bewertung selbst plant und durchführt (BT-Drs. 18/2241, 414). Abs. 3 setzt auch Art. 102 Abs. 1 RL 2013/59/Euratom um, der die Einbeziehung der relevanten Akteure bei der Entwicklung von Durchführung von Strategien fordert.

§ 155 Verordnungsermächtigung für die Festlegung von Referenzwerten

Das Bundesministerium für Umwelt, Naturschutz und nukleare Sicherheit wird ermächtigt, durch Rechtsverordnung mit Zustimmung des Bundesrates Referenzwerte für Arten von sonstigen bestehenden Expositionssituationen festzulegen, die eine angemessene Behandlung, die den Risiken und der Wirksamkeit der zu treffenden Maßnahmen entspricht, ermöglichen.

A. Zweck und Bedeutung der Norm

§ 155 enthält eine VO-Erm., durch MinisterVO mit BR-Zustimmung Refe- **1** renzwerte für Arten von sonstigen bestehenden Expositionssituationen festzulegen. Damit wird Art. 101 Abs. 2 lit. b RL 2013/59/Euratom Rechnung getragen. Die Festlegung der Referenzwerte berücksichtigt den von Anh. I Nr. 1 und 2 RL 2013/59/Euratom festgelegten Rahmen, dh grds. im Bereich von 1 und 20 mSv pro Jahr. Die Festlegung von Referenzwerten auf (Minister)VO-Ebene ist angemessen, um bei Auftreten einer sonstigen bestehenden Expositionssituation, die nicht planbar ist, rasch reagieren zu können. Da sonstige bestehende Expositionssituationen sich zudem **sehr unterschiedlich** darstellen können, ist die Vorabfestlegung eines oder mehrerer Referenzwerte für alle sonstigen bestehenden Expositionssituationen nicht zielführend. Von der VO-Erm. ist bisher kein Gebrauch gemacht worden.

§ 156   Maßnahmen

(1) ¹Auf der Grundlage der Ermittlung und Bewertung der sonstigen bestehenden Expositionssituation kann die zuständige Behörde Art, Umfang, Dauer und Ziel der zu ergreifenden Sanierungs- und sonstigen Maßnahmen zur Verhinderung oder Verminderung der Exposition festlegen. ²Maßnahmen, die auf der Grundlage anderer Rechtsvorschriften getroffen werden können, gehen vor.

(2) Bei der Festlegung der Maßnahmen nach Absatz 1 sind folgende Grundsätze zu beachten:
1. jede unnötige Exposition oder Kontamination von Mensch und Umwelt ist zu vermeiden;
2. die nach § 155 festgelegten Referenzwerte sollen möglichst unterschritten werden;
3. jede Exposition oder Kontamination von Mensch und Umwelt ist auch unterhalb der Referenzwerte so gering wie möglich zu halten.

(3) ¹Die zuständige Behörde kann eine oder mehrere für die Expositionssituation Verantwortliche verpflichten,
1. die festgelegten Sanierungs- und sonstigen Maßnahmen zur Verhinderung oder Verminderung der Exposition durchzuführen und
2. nach Abschluss der Maßnahmen die effektive Dosis der Arbeitskräfte, die einer beruflichen Exposition ausgesetzt waren, und von Einzelpersonen der Bevölkerung zu ermitteln.
²Die zuständige Behörde koordiniert die Maßnahmen nach Satz 1.

(4) ¹Die zuständige Behörde bewertet in regelmäßigen Abständen die ergriffenen Maßnahmen. ²Sie kann von einem oder mehreren für die Expositionssituation Verantwortlichen die Übermittlung von Unterlagen verlangen, die zur Bewertung erforderlich sind.

A. Zweck und Bedeutung der Norm

1   § 156 setzt den Rahmen für die zur Bewältigung der sonstigen bestehenden Expositionssituation zu ergreifenden Maßnahmen und setzt Art. 101 Abs. 1 und 2 lit. b RL 2013/59/Euratom um. Ging es im Rahmen des § 154 darum, die vermutete oder tatsächliche sonstige bestehende Expositionssituation zu ermitteln und zu bewerten, bezwecken die Maßnahmen nach § 156, wenn die Behörde entscheidet, solche zu ergreifen (→ Rn. 2), der Situation Herr zu werden durch Verhinderung oder Reduzierung der Exposition.

B. Behördliche Maßnahmen (Abs. 1 und 2)

2   Nach Abs. 1 S. 1 kann die zust. Behörde auf der Grundlage der Ermittlung und Bewertung der sonstigen bestehenden Expositionssituation Art, Umfang, Dauer und Ziel der zu ergreifenden Sanierungs- und sonstigen Maßnahmen zur Verhinderung oder Verminderung der Exposition festlegen. Anders als bei § 154 Abs. 1 S. 1, der die zust. Behörde bei Vorliegen der dort genannten Voraussetzungen zum

Tätigwerden verpflichtet, unterliegt die Entscheidung über das Ob und das Wie des Tätigwerdens dem behördlichen Ermessen. Dies ist angesichts der Vielzahl von möglichen sonstigen bestehenden Expositionssituationen sachgerecht. Diese Expositionssituationen können sich auf der einen Seite als „Kleinst-Sachverhalte" herausstellen oder andererseits sich nicht leicht beeinflussen lassen, etwa bei natürlich herrührenden Strahlungsquellen. In beiden Fällen könnte sich, abhängig von den konkreten Gegebenheiten, ein Tätigwerden als unverhältnismäßig darstellen (BT-Drs. 18/11241, 415). Ermessenslenkend – im Sinne eines Nichttätigwerdens – könnte sich auch auswirken, wenn mit möglichen Maßnahmen nur ein geringer Effekt erzielt würde und auf der anderen Seite die bei der Bewältigung der sonstigen bestehenden Expositionssituation beruflich involvierten Personen einer nicht unerheblichen Exposition ausgesetzt würden.

Ein Tätigwerden der zust. Behörde kann sich, wenn ein Aktivwerden gefordert **3** ist, auf die bloße Vorgabe von Zielen beschränken, wenn ein Verantwortlicher zur Anmeldung der sonstigen bestehenden Expositionssituation verpflichtet ist (§ 159). Dieser wird idR ein Sanierungs- oder sonstiges Konzept zur Bewältigung der Expositionssituation aufstellen. Denn er ist nach § 159 Abs. 2 S. 2 verpflichtet, der Anmeldung Unterlagen beizufügen zum Nachweis, wie er der Verpflichtung nachkommt, die Exposition oder Kontamination von Mensch und Umwelt so gering wie möglich zu halten und die Arbeitskräfte nach Maßgabe des § 159 Abs. 2 und 3 iVm Abs. 5 iVm § 166 StrlSchV (VO-Erm.: § 159 Abs. 5) zu schützen.

Nach Abs. 1 S. 2 gehen Maßnahmen, die auf Grundlage anderer Rechtsvor- **4** schriften getroffen werden, vor, dh kann aufgrund von Maßnahmen auf Grundlage anderer Gesetze der bestehenden Expositionssituation wirksam begegnet werden, ist ein weiteres Tätigwerden der für den Vollzug des § 156 zust. Behörde entbehrlich (BT-Drs. 18/11241, 414).

Abs. 2 führt die Grundsätze auf, die von der zust. Behörde bei der Festlegung der **5** Maßnahmen nach Abs. 1 zu beachten sind. Der Sache nach handelt es sich um das Vermeidungs- (Nr. 1) und das Reduzierungsgebot (Nr. 2 und 3). Der Grundsatz, die festgelegten Referenzwerte möglichst zu unterschreiten und die Exposition auch unterhalb der Referenzwerte so gering wie möglich zu halten, verdeutlicht, dass nicht damit Genüge getan ist, die Referenzwerte „einzuhalten" oder zu unterschreiten. Die Referenzwerte sind der Maßstab für die Bewältigung der sonstigen bestehenden Expositionssituation und für die Einschätzung der Wirksamkeit der Maßnahmen. Als Instrument des Optimierungsgrundsatzes, wonach Expositionen so niedrig wie vernünftigerweise erreichbar gehalten werden sollen, haben sich die Maßnahmen von dem Ziel leiten zu lassen, die Exposition so gering wie möglich zu halten und die Referenzwerte so weit wie möglich zu unterschreiten (→ § 5 Rn. 33; zu Notfallexpositionssituationen → 92 Rn. 11). In der Praxis werden bei Strahlungsquellen, die bei Abfallverwertern oder -beseitigern angedient werden (bspw. Tresorschränke mit zirkonhaltigen und damit thoriumhaltigen Feuerfestmaterialien), Schutzmaßnahmen festgelegt, die auf möglichst geringe Expositionszeiten (nur mit der weiteren Handhabung beauftragte Arbeitskräfte dürfen sich im Nahbereich aufhalten) und abgegrenzte Lagerflächen mit größeren Abständen zu anderen Arbeitsplätzen (separate Lagerräume oder durch Zäune abgegrenzte Flächen) abzielen. Weitere Schutzmaßnahmen können auch die zügige Handhabung zB bei der Abfallverbrennung sein, um die Expositionszeiten so weit wie möglich zu reduzieren.

C. Inanspruchnahme eines oder mehrerer Verantwortlicher (Abs. 3)

6   Nach S. 1 kann die zust. Behörde eine oder mehrere für die sonstige bestehende Expositionssituation Verantwortliche verpflichten, die behördlich festgelegten Sanierungs- und sonstigen Maßnahmen zur Verhinderung oder Verminderung der Exposition durchzuführen (Nr. 1) und nach Abschluss der Maßnahmen die effektive Dosis der Arbeitskräfte, die einer beruflichen Exposition ausgesetzt waren, und von Einzelpersonen der Bevölkerung zu ermitteln (Nr. 2). Nach S. 2 ist die zust. Behörde zur Koordinierung der Maßnahmen nach S. 1 verpflichtet. Die Heranziehung eines oder mehrerer Verantwortlicher liegt dagegen im behördlichen Ermessen. Ermessenslenkend können sich bei mehreren Verantwortlichen bspw. die Verursachungsnähe und die wirtschaftliche Situation des jeweiligen Verantwortlichen auswirken (BT-Drs. 18/11241, 415). Ist der Verantwortliche zur Anmeldung der sonstigen bestehenden Expositionssituation verpflichtet (§ 159), erübrigt sich die behördliche Verpflichtung der Verantwortlichen ggf. Auch die in S. 2 geforderte Koordinierung würde redundant.

D. Bewertung (Abs. 4)

7   Nach S. 1 bewertet die zust. Behörde in regelmäßigen Abständen die ergriffenen Maßnahmen. Hierfür kann sie nach S. 2 von dem oder den Verantwortlichen die Übermittlung der zur Bewertung erforderlichen Unterlagen verlangen. Die Bewertung bezweckt, ggf. bei neuer Sachlage andere Maßnahmen festzulegen oder im Idealfall die Bewältigung der sonstigen bestehenden Expositionssituation für beendet zu erklären (BT-Drs. 18/11241, 416).

§ 157 Kosten; Ausgleichsanspruch

[1]Die Kosten der nach § 154 Absatz 3 und § 156 Absatz 3 angeordneten Maßnahmen tragen die zur Durchführung der Maßnahmen Verpflichteten. [2]§ 146 Absatz 2 gilt entsprechend.

A. Zweck und Bedeutung der Norm

1   § 157 S. 1 regelt, dass die nach § 154 Abs. 3 und § 156 Abs. 3 behördlich herangezogenen Verantwortlichen die Kosten für die Durchführung der angeordneten Maßnahmen tragen. Die Regelung entspricht § 146 Abs. 1 S. 1; auf die dortige Kommentierung wird Bezug genommen → § 146 Rn. 2. Nach S. 2 gilt § 146 Abs. 2 entsprechend. Die gesetzliche Anordnung der entsprechenden Geltung des § 146 S. 2 ist sachgerecht, da die bei der sonstigen bestehenden Expositionssituation gegebene Sachlage vergleichbar mit der bei radioaktiven Altlasten ist. Auf die Kommentierung zu § 146 Abs. 2 wird deshalb Bezug genommen.

§ 158 Information

(1) Die zuständige Behörde
1. informiert die exponierte und potentiell exponierte Bevölkerung in regelmäßigen Abständen über mögliche Risiken durch die sonstige bestehende Expositionssituation sowie über die verfügbaren Maßnahmen zur Verringerung ihrer Exposition und
2. veröffentlicht Empfehlungen für das individuelle Verhalten oder Maßnahmen auf örtlicher Ebene und aktualisiert diese erforderlichenfalls.

(2) Die zuständige Behörde kann einen oder mehrere für die Expositionssituation Verantwortliche verpflichten, die vorgesehenen Informationen zur Verfügung zu stellen.

A. Zweck und Bedeutung der Norm

§ 158 Abs. 1 verpflichtet die zust. Behörde, die exponierte und potentiell expo 1
nierte Bevölkerung über **mögliche Risiken** sowie über die verfügbaren Maßnahmen zur Verringerung der Exposition zu informieren sowie Empfehlungen zu veröffentlichen und diese erforderlichenfalls zu aktualisieren. Die Regelung setzt Art. 102 Abs. 4 lit. b und c RL 2013/59/Euratom um. Nach Abs. 2 kann die zust. Behörde einen oder mehrere Verantwortliche verpflichten, die vorgesehenen Informationen zur Verfügung zu stellen. Für radioaktive Altlasten gibt es eine ähnliche Regelung in § 142 Abs. 1.

B. Informationen und Empfehlungen (Abs. 1)

Abs. 1 Nr. 1 verpflichtet die zust. Behörde, in regelmäßigen, dh in festen zeitlich 2
wiederkehrenden Abständen über mögliche Risiken durch die sonstige bestehende Expositionssituation sowie über die verfügbaren Maßnahmen zur Verringerung ihrer Exposition zu informieren. Die Verpflichtung besteht nicht nur gegenüber der tatsächlich exponierten, sondern **auch** gegenüber der potentiell exponierten Bevölkerung. Im Einklang mit der Definition von „potentielle Exposition" in Art. 4 Nr. 64 RL 2013/59/Euratom ist eine potentielle Exposition der Bevölkerung gegeben, wenn diese zwar nicht tatsächlich exponiert und die Exposition auch nicht mit Sicherheit zu erwarten ist, aber nicht ausgeschlossen werden kann, dass durch eine bestimmte Ereignisabfolge eine Exposition doch auftritt. Ein Beispiel für die „potentiell exponierte Bevölkerung" ist bei einer sonstigen bestehenden Expositionssituation aufgrund kontaminierter Waren im Handel die Kundschaft, die die betreffende Ware noch nicht gekauft hat, aber noch kaufen könnte. Der Inhalt der Information über die Risiken und über die verfügbaren Maßnahmen zur Verringerung der Exposition hängt von der Art der sonstigen bestehenden Expositionssituation ab.

Abs. 1 Nr. 2 verpflichtet die zust. Behörde, Empfehlungen für das individuelle 3
Verhalten oder Maßnahmen auf örtlicher Ebene zu veröffentlichen und diese erforderlichenfalls, bspw. bei neuem relevanten Sachstand, zu aktualisieren.

C. Inpflichtnahme der Verantwortlichen (Abs. 2)

4   Abs. 2 legt es in das Ermessen der zust. Behörde, einen oder mehrere für die sonstige bestehende Expositionssituation Verantwortliche zu verpflichten, die vorgesehenen Informationen zur Verfügung zu stellen. Die Regelung setzt auch die Maßgabe des Art. 102 Abs. 1 RL 2013/59/Euratom um, involvierte Beteiligte an Entscheidungen über Entwicklung und Durchführung von Strategien für den Umgang mit der sonstigen bestehenden Expositionssituation zu beteiligen.

§ 159 Anmeldung; Anwendung der Bestimmungen zu geplanten Expositionssituationen; Verordnungsermächtigung

(1) **Die Vorschriften der folgenden Absätze sind anzuwenden, wenn**
1. **die sonstige bestehende Expositionssituation aus Sicht des Strahlenschutzes bedeutsam ist, insbesondere, wenn der Referenzwert nach § 155 überschritten werden kann oder, falls kein Referenzwert festgelegt ist, eine effektive Dosis von 1 Millisievert im Kalenderjahr überschritten werden kann, und**
2. **einer der für die Expositionssituation Verantwortlichen zugleich Verursacher der sonstigen bestehenden Expositionssituation ist.**

(2) **¹Der Verantwortliche hat die sonstige bestehende Expositionssituation unverzüglich bei der zuständigen Behörde anzumelden. ²Der Anmeldung sind Unterlagen zum Nachweis beizufügen, wie den Pflichten nach Absatz 3 Nummer 1 und 2 und der Rechtsverordnung nach Absatz 5 nachgekommen wird.**

(3) **Der Verantwortliche hat**
1. **dafür zu sorgen, dass jede Exposition oder Kontamination von Mensch und Umwelt unter Berücksichtigung aller Umstände des Einzelfalls so gering wie möglich gehalten wird,**
2. **dafür zu sorgen, dass für die Arbeitskräfte, die Maßnahmen nach § 156 Absatz 1 durchführen, die Dosisgrenzwerte nicht überschritten werden und die Körperdosen nach § 166 ermittelt werden; die Regelungen und Grenzwerte der §§ 77 und 78 gelten insoweit entsprechend, und**
3. **dafür zu sorgen, dass die Anforderungen der nach Absatz 5 erlassenen Rechtsverordnung eingehalten werden.**

(4) **¹Für den Verantwortlichen gilt die Pflicht zur betrieblichen Zusammenarbeit nach § 71 Absatz 3 entsprechend. ²Handelt es sich bei der verantwortlichen Person um eine juristische Person oder um eine rechtsfähige Personengesellschaft, so gilt § 69 Absatz 2 entsprechend.**

(5) **Die Bundesregierung wird ermächtigt, durch Rechtsverordnung mit Zustimmung des Bundesrates festzulegen,**
1. **dass die in den §§ 73, 76 Absatz 1, §§ 79 und 89 aufgezählten Maßnahmen und Anforderungen des beruflichen Strahlenschutzes für anmeldungsbedürftige sonstige bestehende Expositionssituationen anzuwenden sind und**
2. **dass der Verantwortliche sich bei der Erfüllung seiner Pflichten von Personen mit der erforderlichen Fachkunde oder den erforderlichen Kenntnissen im Strahlenschutz beraten zu lassen hat.**

A. Zweck und Bedeutung der Norm

Nach Art. 100 Abs. 3 RL 2013/59/Euratom unterliegen bestehende Expositi- **1**
onssituationen, die unter Strahlenschutzgesichtspunkten Anlass zu Bedenken geben
und für die eine rechtliche Verantwortung zugewiesen werden kann, den einschlägigen Vorschriften für geplante Expositionssituationen und sind dementsprechend
gem. Art. 25 Abs. 2 anzumelden. Diese Vorgabe stellt sicher, dass in den Fällen, in
denen va der berufliche Strahlenschutz in einer bestehenden Expositionssituation
in grds. gleicher Weise wie in einer geplanten Expositionssituation gewährleistet
werden muss, die **entsprechenden einschlägigen Schutzvorschriften zur Anwendung kommen.** Diese Regelung ist zu begrüßen, denn aus radiologischer
Sicht macht es bei vergleichbarer Exposition keinen Unterschied, ob eine berufliche Exposition aus einer geplanten oder aus einer bestehenden Expositionssituation herrührt. Ähnliche Regelungen gibt es für radiologische Altlasten (§ 145
Abs. 2 bis 5) und für Radon am Arbeitsplatz (§§ 129 ff.).

Dass bestehende Expositionssituationen unter den Voraussetzungen des Art. 100 **2**
Abs. 3 „den einschlägigen Vorschriften für geplante Expositionssituationen" unterliegen, bedeutet nicht, dass es sich um geplante Expositionssituationen handelt. Es
bleiben bestehende Expositionssituationen, auf die bestimmte – die EN-Fassung
der RL spricht von „subject to the relevant requirements for planned exposure
situations – Anforderungen, die für geplante Expositionssituationen gelten, angewendet werden. Es ist also nicht die für Tätigkeiten geforderte betriebliche Strahlenschutzorganisation mit Bestellung eines SSB etc. aufzubauen, und es finden auch
nicht jegliche Anforderungen des beruflichen Strahlenschutzes Anwendung.

B. Anmeldepflicht

I. Voraussetzungen

Eine Anmeldepflicht nach Abs. 2 S. 1 wird ausgelöst, wenn die in Abs. 1 be- **3**
schriebenen Bedingungen vorliegen. Nach Nr. 1 muss die sonstige bestehende Expositionssituation **aus Sicht des Strahlenschutzes bedeutsam** sein und nach
Nr. 2 muss einer der für die Expositionssituation Verantwortlichen zugleich **Verursacher** der sonstigen bestehenden Expositionssituation sein. Diese Bedingungen
entsprechen denen, die in Art. 100 Abs. 3 festgelegt sind. Die Anmeldung dient
dazu, die zust. Behörde in Kenntnis zu setzen, damit sie ihre Aufsichtspflicht ausüben kann. In der Praxis ist der idR allerdings sehr schwer, den Verursacher zu
identifizieren.

1. Bedeutsamkeit aus Sicht des Strahlenschutzes. Die Bedeutsamkeit, bei **4**
der es sich um einen **unbestimmten Rechtsbegriff** handelt, geht über das
Nicht-außer-Acht-Lassen-Können, das die zust. Behörde nach Maßgabe des § 154
Abs. 1 zur Ermittlung und Bewertung verpflichtet, hinaus, da die Anmeldepflicht
und die damit verbundenen einzuhaltenden Pflichten eine weitere Stufe zur Bewältigung der sonstigen bestehenden Expositionssituation darstellen.

Der für die Anmeldung Verantwortliche hat – wie die für die Entgegennahme **5**
der Anmeldung zust. Behörde – zu beurteilen, ob eine Bedeutsamkeit vorliegt.
Der Gesetzgeber hat eine Hilfestellung gegeben: Eine Bedeutsamkeit liegt ins-

besondere vor, wenn der nach § 155 festgelegte Referenzwert überschritten werden kann (es muss also noch keine Überschreitung festgestellt sein!) oder, wenn kein Referenzwert festgelegt ist, eine effektive Dosis von 1 mSv/Kj überschritten werden kann. Das 1 mSv/Kj – Kriterium ist in Anlehnung an die Einstufung als beruflich exponierte Person (§ 5 Abs. 7 S. 1 Nr. 1) und an den Grenzwert für Einzelpersonen der Bevölkerung durch Expositionen aus Tätigkeiten (§ 80 Abs. 1) festgelegt worden (BT-Drs. 18/11241, 417).

6   **2. Verursacher.** Ein Verantwortlicher muss als Verursacher der sonstigen bestehenden Expositionssituation identifiziert werden können. Die RL formuliert es offener, indem sie darauf abstellt, dass „eine rechtliche Verantwortung zugewiesen werden kann". Diese Person ist dann auch zur Anmeldung verpflichtet. Angesichts des in § 153 Abs. 1 bestimmten „größeren" Kreises Verantwortlicher konkretisiert sich die Voraussetzung nach Nr. 2 auf das Vorhandensein eines Verursachers. Wer Verursacher ist, bestimmt sich nach dem jeweiligen Einzelfall. Im Falle kontaminierter Waren könnte neben dem Hersteller auch der Inverkehrbringer als Verursacher in Betracht kommen (BT-Drs. 18/11241, 417). Zur Anmeldepflicht des Verursachers → Rn. 3.

II. Verfahren

7   Nach Abs. 2 hat der Verantwortliche die sonstige bestehende Expositionssituation unverzüglich, dh ohne schuldhaftes Zögern, bei der zust. Behörde anzumelden. Der Anmeldung sind Unterlagen zum Nachweis beizufügen, wie den Pflichten nach Abs. 3 Nr. 1 und 2 und der RVO nach Abs. 5 nachgekommen wird.

8   Obwohl laut Gesetzeswortlaut der Verantwortliche, also jede Person nach § 153 Abs. 1, zur Anmeldung verpflichtet wäre, bezieht sich die Anmeldepflicht nach ihrem Sinn und Zweck in erster Linie auf den Verursacher. Der Anmeldepflichtige ist verpflichtet, die Einhaltung der einschlägigen Schutzvorschriften zum beruflichen Strahlenschutz und zum Schutz der Bevölkerung bei Bewältigung der sonstigen bestehenden Expositionssituation nachzuweisen, was sich je nach Sachverhalt aufwändig gestalten kann. Es wäre unbillig, wenn ein anderer Verantwortlicher als der Verursacher mit diesen Pflichten belastet würde. Außerdem wäre, wenn der Verursacher nicht der gemeinte Adressat der Anmeldepflicht ist, der Sinn von Abs. 1 Nr. 2 nicht erkennbar, da die grundsätzliche Verantwortlichkeit für die sonstige bestehende Expositionssituation bereits in § 153 geregelt ist.

C. Pflichten des Verantwortlichen (Abs. 3 und 4)

I. Reduzierungsgebot (Abs. 3 Nr. 1)

9   Das in Abs. 3 Nr. 1 enthaltene Reduzierungsgebiet trägt dem Optimierungsgrundsatz nach Art. 5 lit. b RL 2013/59/Euratom Rechnung. Im Gegensatz zu den – planbaren – Tätigkeiten (vgl. § 8 Abs. 2) und vor dem Hintergrund, dass verschiedenste Sachverhalte eine sonstige bestehende Expositionssituation darstellen können, für die eine Verpflichtung, den Stand der Technik usw. einzuhalten, nicht umsetzbar ist, ist darauf **verzichtet** worden, den Verantwortlichen auf die Einhaltung der Regeln der Technik, des Standes der Technik oder des Standes der Wissenschaft zu verpflichten (sa → § 131 Rn. 6 in Bezug auf Radon am Arbeitsplatz).

II. Dosisgrenzwerte und Ermittlung der Körperdosis (Abs. 3 Nr. 2)

Die **Grenzwertregelungen** für beruflich exponierte Personen nach den §§ 77 **10** und 78 zählen zu den **Eckpfeilern des beruflichen Strahlenschutzes,** weshalb ihre entsprechende Anwendung sachgerecht ist, auch weil der Einsatz der Arbeits- kräfte zur Bewältigung der sonstigen bestehenden Expositionssituation – wie sonst auch bei einer Tätigkeit – planbar ist. Eine entsprechende Anwendung sieht auch § 131 Abs. 1 Nr. 3 im Zusammenhang mit Radon am Arbeitsplatz sowie § 145 Abs. 3 Nr. 2 im Zusammenhang mit der Bewältigung radioaktiver Altlasten vor. Mit dem Verweis auf § 166 wird klargestellt, dass die Grenzwerte für diese sonstige bestehende Expositionssituation nicht gesondert, sondern **summiert** mit der be- ruflichen Exposition aus Tätigkeiten und weiteren beruflichen Expositionen aus bestehenden Expositionssituationen, die wie eine Tätigkeit behandelt werden, gel- ten (BT-Drs. 18/11241, 418).

III. Anforderungen nach der RVO nach Abs. 5 (Abs. 3 Nr. 3)

Der zur Anmeldung Verpflichtete hat auch für die Einhaltung der auf Grund- **11** lage des Abs. 5 erlassenen VO-Regelungen zu sorgen. Von der VO-Erm. nach Abs. 5 Nr. 1 hat der VO-Geber mit den Regelungen des **§ 166 StrlSchV** ge- macht. Für den Verantwortlichen sind die entsprechend zu beachtenden Vor- gaben in § 166 Abs. 1 Nr. 1 und, sofern behördlich angeordnet, Abs. 2 aufgeführt. Die VO-Erm. nach Abs. 5 Nr. 2 ist durch § 166 Abs. 3 StrlSchV ausgefüllt worden. § 166 StrlSchV entspricht § 165 StrlSchV, der die entsprechende Anwendung be- stimmter für Tätigkeiten geltender Regelungen des beruflichen Strahlenschutzes im Zusammenhang mit der Bewältigung radioaktiver Altlasten anordnet → § 145 Rn. 9.

IV. Betriebliche Zusammenarbeit (Abs. 4)

Die Pflicht zur Erfüllung der Vorgaben des beruflichen Strahlenschutzes erfor- **12** dert auch die systematische Zusammenarbeit mit den betriebsintern vorhandenen Gremien und Stellen, wie in § 71 Abs. 3 bei Tätigkeiten vorgesehen (BT-Drs. 18/11241, 418). Die Vergleichbarkeit der Sachlage rechtfertigt die entsprechende Anwendbarkeit des § 71 Abs. 3, ebenso die entsprechende Anwendbarkeit des § 69 Abs. 2, wenn es sich bei der verantwortlichen Person um eine juristische Person oder eine rechtsfähige Personengesellschaft handelt.

D. VO-Erm. (Abs. 5)

→ Rn. 11 und → § 145 Rn. 9. **13**

§ 160   Verhältnis zu den Kapiteln 1 bis 4

Die Bestimmungen dieses Kapitels gelten nicht für nach einem Notfall bestehende Expositionssituationen, für Radon in Aufenthaltsräumen und am Arbeitsplatz, für radioaktiv kontaminierte Gebiete und für Radioaktivität in Bauprodukten.

1   § 160 verdeutlicht die Subsidiarität des für „sonstige" bestehende Expositionssituationen geltenden Kap. 5, indem er bestimmt, dass die Bestimmungen des Kapitels 5 nicht für nach einem Notfall bestehende Expositionssituationen, für Radon in Aufenthaltsräumen und am Arbeitsplatz, für radioaktiv kontaminierte Gebiete und für Radioaktivität in Bauprodukten gelten. Für diese Expositionssituationen gelten die in den jeweiligen Kapiteln von Teil 4 vorgesehenen Regelungen. Ein ergänzender Rückgriff auf die §§ 153 bis 159 ist nicht möglich.

Teil 5 – Expositionsübergreifende Vorschriften

Kapitel 1 – Überwachung der Umweltradioaktivität

§ 161 Aufgaben des Bundes

(1) Aufgaben des Bundes sind

1. die großräumige Ermittlung
   a) der Radioaktivität in der Luft,
   b) der Radioaktivität in Niederschlägen,
   c) der Radioaktivität in Bundeswasserstraßen und in der Nord- und Ostsee außerhalb der Bundeswasserstraßen sowie in Meeresorganismen,
   d) der Radioaktivität auf der Bodenoberfläche und
   e) der Gamma-Ortsdosisleistung,
2. die Entwicklung und Festlegung von Probenahme-, Analyse-, Mess- und Berechnungsverfahren zur Ermittlung der Umweltradioaktivität sowie die Durchführung von Vergleichsmessungen und Vergleichsanalysen,
3. die Zusammenfassung, Dokumentation und Aufbereitung der vom Bund ermittelten sowie der von den Ländern und von Stellen außerhalb des Geltungsbereichs dieses Gesetzes übermittelten Daten zur Umweltradioaktivität,
4. die Erstellung von Ausbreitungsprognosen,
5. die Entwicklung und der Betrieb von Entscheidungshilfesystemen,
6. die Bewertung der Daten zur Umweltradioaktivität, soweit sie vom Bund oder im Auftrag des Bundes durch die Länder ermittelt worden sind, und
7. die Bereitstellung von Daten und Dokumenten nach den Nummern 1, 3, 4 und 5 für die Länder und die Unterrichtung der Länder über die Ergebnisse der Bewertung der Daten.

(2) Die zuständigen Behörden des Bundes übermitteln der Zentralstelle des Bundes für die Überwachung der Umweltradioaktivität (§ 163) die Daten, die sie gemäß Absatz 1 Nummer 1 ermittelt haben.

(3) Die Länder können weitergehende Ermittlungen der Radioaktivität in den in Absatz 1 Nummer 1 genannten Bereichen durchführen.

(4) Die Messstellen für die Ermittlung der Radioaktivität nach Absatz 1 Nummer 1 legt der Bund im Benehmen mit den zuständigen Landesbehörden fest.

Übersicht

Schrifttum: *Bundesministerium für Umwelt, Naturschutz und Reaktorsicherheit,* Richtlinie zur Emissions- und Immissionsüberwachung kerntechnischer Anlagen, GMBl. Nr. 14–17, S. 253, 2006; *Bundesministerium für Umwelt, Naturschutz und Reaktorsicherheit,* Rahmenempfehlungen für den Katastrophenschutz in der Umgebung kerntechnischer Anlagen, GMBl. Nr. 62/63, S. 1278, 2008; *Bundesministerium für Umwelt, Naturschutz und Reaktorsicherheit,* Jahresbericht „Umweltradioaktivität und Strahlenbelastung" 2011, Hrsg.: BMU; *Dalheimer A., Glaab H., Steinkopff T.,* Die Aufgaben des Deutschen Wetterdienstes; PTB Braunschweig, Mitteilungen 1-2014, 23–26, 2014; *Dersch G., Mundschenk H. u. Wengler P.,* Ein stationäres Warnstellennetz zur kontinuierlichen Überwachung der Radioaktivität in den Bundeswasserstraßen im Normal- und im Ereignisfall, Deutsche Gewässerkundliche Mitteilungen (DGM) 37, 1993; *Der Bundesminister für Umwelt, Naturschutz und Reaktorsicherheit,* Allgemeine Verwaltungsvorschrift zum Integrierten Mess- und Informationssystem zur Überwachung der Radioaktivität in der Umwelt (IMIS) nach dem Strahlenschutzvorsorgegesetz (AVV-IMIS), Bundesanzeiger

Nr. 244a vom 29.12.2006; *Der Bundesminister für Umwelt, Naturschutz und Reaktorsicherheit,* Die Leitstellen zur Überwachung der Umweltradioaktivität nach dem Strahlenschutzvorsorgegesetz und nach den Richtlinien zur Emissions- und Immissionsüberwachung kerntechnischer Anlagen und bei bergbaulichen Tätigkeiten, Historie, Aufgaben und Perspektiven, Dezember 1999; *DIN 25 700:* Oberflächenkontaminationsmessungen an Fahrzeugen und deren Ladungen in strahlenschutzrelevanten Ausnahmesituationen, Berlin: Beuth Verlag, Oktober 1995; *Euratom Empfehlung* 2000/473 der Kommission vom 8. Juni 2000 zur Anwendung des Artikels 36 Euratom-Vertrag betreffend die Überwachung des Radioaktivitätsgehalts der Umwelt zur Ermittlung der Exposition der Gesamtbevölkerung (2000), 1299, Abl. Nr. L 191 vom 27.07.2000, S. 37; Akte 2003 – ABl. Nr. L 236 vom 23.09.2003 S. 33; *Euratom-Empfehlung 2006/715,* Abl. Nr. L 293 vom 24.10.2006 S. 17; *Euratom* Richtlinie 2013/59/Euratom des Rates vom 5. Dezember 2013L 2013/59; *Fay B., Glaab H., Jacobsen I., Klein A.,* Air pollution forecasts of the German Weather Service for IMIS, Kerntechnik 69 (5−6), 209−213 (2004); *Günther, U., Tretschok, D.,* Vom Strahlenschutz zur Informationsherrschaft über Strahlen – Das Strahlenschutzvorsorgegesetz 1986, KJ 1987, 53−59; *ICAO* Manual on Volcanic Ash, Radioactive Material and Toxic Chemical Clouds, Doc 9691 AN/954, FAA AC 120−61B In-Flight Radiation Exposure, Nov 2014; *JRC European Commission,* Environmental Radioactivity in the European Community 2004−2006, ISSN 1018−5593, ISBN 978-92-79-12984-1; *Keil, R., Such, W.,* Gefährdung unseres Trinkwassers durch Radioaktivität? Erkenntnisse − Folgerungen − Vorsorgemaßnahmen, Zivilschutz Magazin 1/1988, S. 19−25; *Krause W. J. u. Speer W.,* Longitudinale Ausbreitung radioaktiver Stoffe in Bundeswasserstraßen, Tagungsband zum 13. Fachgespräch zur Überwachung der Umweltradioaktivität, Bonn, Hrsg: Bundesministerium für Umwelt, Naturschutz und Reaktorsicherheit; *Masson O., Steinhauser G., Zok D., Sauer O., et al.,* Airborne concentrations and chemical considerations of radioactive ruthenium from an undeclared major nuclear release in 2017, PNAS, 116 (34) 16750−1659, 2019; *Möller, U., Klärschlamm,* in: Vogl/Heigl/Schäfer. Handbuch des Umweltschutzes, T 4.4.2; *Mundschenk H., Krause W.J., Dersch G. u. Wengler P.,* Überwachung der Bundeswasserstraßen auf radioaktive Stoffe im Normal- und Ereignisfall, Konzept, Methoden und Ergebnisse, Bundesanstalt für Gewässerkunde, Koblenz 1994, BfG-Bericht BfG-0783, 208 Seiten; *Offermann-Clas Ch.,* Die Klärschlammverordnung in europäischer und deutscher Sicht. Eine Bestandsaufnahme im Europäischen Umweltjahr, DVBl 1988, 328−336; *Peine, F.-J.,* Verfassungsprobleme des Strahlenschutzvorsorgegesetzes, Natur und Recht 1988, 115−121; *Richtlinie für die Überwachung der Umweltradioaktivität nach dem Strahlenschutzvorsorgegesetz,* Teil I: Messprogramm für den Normalbetrieb (Routinemessprogramm), GMBl. 1994, S. 930, Teil II: Messprogramm für den Intensivbetrieb (Intensivmessprogramm), GMBl. 1995, S. 262; *Roewer H.,* Strahlenschutzvorsorgegesetz: Kommentar, Carl Heymans Verlag Köln Bonn Berlin München, 1988; *Schmitt A.* (Hrsg.), Strahlenschutz Vorsorge und Katastrophenschutz-Management. Rechtsnormen, Richtlinien, Rahmenempfehlungen und Leitsätze für den vorsorgenden Schutz der Bevölkerung. Textausgabe aus: Handbuch für Zivilschutz und Zivilverteidigung, Krisenvorsorge und Katastrophenschutz, Köln/Berlin/Bonn/München 1988; *SSK 2007:* Übersicht über Maßnahmen zur Verringerung der Strahlenexposition nach Ereignissen mit nicht unerheblichen radiologischen Auswirkungen, Überarbeitung des Maßnahmenkatalogs Band 1 und 2, verabschiedet in der 220. Sitzung der SSK am 5./6.12.2007, ISBN 978-3-87344-163-7; *SSK 2008:* Rahmenempfehlungen der SSK für den Katastrophenschutz in der Umgebung kerntechnischer Anlagen, verabschiedet in der 274. Sitzung der Strahlenschutzkommission am 19./20. Februar 2015, BAnz AT 04.01.2016; *SSK 2013:* Ermittlung der Strahlenexposition, verabschiedet in der 263. Sitzung der Strahlenschutzkommission am 12. September 2013, BAnz AT 23.05.2014; *SSK 2014:* Radiologische Grundlagen für Entscheidungen über Maßnahmen zum Schutz der Bevölkerung bei Ereignissen mit Freisetzungen von Radionukliden, verabschiedet in der 268. Sitzung der Strahlenschutzkommission am 13./14. Februar 2014, BAnz AT 18.11.2014; *UNSCEAR,* Sources and Effects of Ionizing Radiation: UNSCEAR 2008 Report to the General Assembly and scientific annexes, United Nations, New York (2010); *UNSCEAR,* Sources, Effects and Risks of Ionizing Radiation: UNSCEAR 2013 Report to the General Assembly and scientific annexes, United Nations, New York (2014); *UNS-CEAR*, Sources, Effects and Risks of Ionizing Radiation: UNSCEAR 2020 Report to the General Assembly and scientific annexes, United Nations, New York (2021).

A. Zweck und Bedeutung der Norm; Umsetzung der RL 2013/59/Euratom

1   Die Aufgaben des Bundes zur Überwachung der Umweltradioaktivität gemäß Abs. 1 wurden direkt aus dem 2017 außer Kraft gesetzten § 2 StrVG übernommen. Eine verlässliche Datengrundlage zur natürlichen Strahlenexposition des Menschen ist von grundlegender Bedeutung für die Einschätzung, in welchem Umfang eine Exposition aus künstlichen Strahlungsquellen gerechtfertigt werden kann; eine solche Exposition muss sich „innerhalb der Schwankungsbreite der natürlichen Strahlenexposition" bewegen (→ Einl. Rn. 37). Die Regelungen zur Überwachung der Umwelt auf Radioaktivität dienen dem Erkennen der grundlegenden Zusammenhänge sowie dem Erkennen der Auswirkungen nach Eintritt eines Störfalls oder Notfalls und der Einleitung von Maßnahmen zum Schutze der Bevölkerung bei schädigenden Ereignissen. Veränderungen durch natürliche Prozesse und durch menschliche Aktivitäten sind zu erfassen. Dazu zählen Freisetzungen von Radionukliden in geringen Konzentrationen sowie in höheren Konzentrationen wie z. B. durch die Reaktorkatastrophen in Tschernobyl (26.4.1986) und Fukushima (11.3.2011) verursacht. Zentrales System zur einheitlichen Erfassung der Daten, deren Darstellung und deren Bewertung ist das **„Integrierte Mess- und Informationssystem zur Überwachung der Radioaktivität in der Umwelt (IMIS)** (→ § 163 Rn. 1). Die Überwachung der Umweltradioaktivität ist abzugrenzen von den in der Verantwortung des SSV liegenden Aufgaben zur Umgebungsüberwachung von kerntechnischen Anlagen mit dem Schwerpunkt auf der Überwachung der Einhaltung der genehmigten Emissionen (vgl. § 103 StrlSchV), (→ § 81). Zur allgemeinen Überwachung der Umwelt sind Verwaltungsbehörden des Bundes auf Grundlage der gemäß § 192 erlassenen **IMIS–ZustV** als Leitstellen benannt (→ Rn. 16). Diese sind auch im Rahmen der Umgebungsüberwachung in § 103 Abs. 3 StrlSchV explizit benannt. Im außer Kraft gesetzten StrVG waren die Verwaltungsbehörden direkt auf Gesetzesebene benannt. Mit dem neuen StrlSchG wird eine allgemeine Zuständigkeit des Bundes fest gehalten und die zuständigen Verwaltungsbehörden in der IMIS-ZustV geregelt. Einzig das zum Geschäftsbereich des BMUV gehörende BfS wird auf Gesetzesebene konkret mit zentralen Aufgaben benannt (→ Rn. 16).

2   In § 161 werden die Aufgaben des Bundes zur Ermittlung der Umweltradioaktivität erläutert und abgegrenzt zu den Aufgaben der Bundesländer (→ § 162). Der Bund koordiniert alle Maßnahmen zur Umweltüberwachung für die einzelnen Umweltbereiche, schafft die fachlichen Voraussetzungen zur Datenermittlung, zur Berechnung von Ausbreitungsprognosen, zur Dokumentation der Daten und der Übermittlung der gemäß Abs. 1 Nr. 1 ermittelten Daten an die **ZdB** (→ § 163). Die Aufgaben zur Überwachung der Umweltradioaktivität sind einzelnen Bundesbehörden zugeordnet, die die Expertise in dem zugeordneten Umweltbereich mitbringen, sa die IMIS-ZustV. Die Messaufgaben des Bundes und der Länder sind für einen Normalbetrieb und für einen Intensivbetrieb formuliert. Der Intensivbetrieb steht für eine verdichtete Datenerhebung infolge der Reaktion auf die Freisetzung von Radionukliden in die Umwelt mit einer möglichen erhöhten Strahlenexpo-

sition (→ Rn. 25). Die Daten, die gemäß den §§ 161 und 162 erhoben werden, dienen der Bewertung der radiologischen Lage (→ § 106 Abs. 2 Nr. 1) und der Erstellung des radiologischen Lagebildes (→ § 108).

In Abs. 1 werden die Aufgaben erläutert: Nr. 1 und Nr. 3 betreffen die Daten- 3
ermittlung, Zusammenfassung und Dokumentation, Nr. 2 die Entwicklung und
Festlegung der dort genannten Verfahren sowie Vergleichsmessungen und Analysen, Nr. 4 Ausbreitungsrechnungen, Nr. 5 Entscheidungshilfesysteme, Nr. 6 die
Datenbewertung und Nr. 7 die Bereitstellung der Daten für die Bundesländer.
Abs. 2 sieht vor, dass die ermittelten Daten der ZdB übermittelt werden. Abs. 3 erlaubt den Ländern weitergehende Ermittlungen der Radioaktivität in den in Abs. 1
Nr. 1 genannten Bereichen nach eigenem Ermessen. Die Überwachung der Umweltradioaktivität wird von den Bundesländern grundsätzlich in Bundesauftragsverwaltung wahrgenommen. Nach Abs. 4 legt der Bund die Messstellen für die Ermittlung der Radioaktivität nach Abs. 1 Nr. 1 im Benehmen mit den zuständigen
Landesbehörden fest. Danach können die gemäß IMIS-ZustV benannten Messstellen des Bundes nach Einholen der Stellungnahme der Länder die Messeinrichtungen ihres Bereichs festlegen. Sie sind aber nicht verpflichtet den Vorschlägen zu folgen (→ Rn. 39). § 161 setzt – wie die §§ 162 bis 165 – Art. 72 RL 2013/59/
Euratom um, der die MS zur Einrichtung eines geeigneten Umweltüberwachungs-
programms verpflichtet.

B. Überwachung der Umweltradioaktivität

I. Radioaktivität in der Umwelt

Radioaktive Stoffe im physikalischen Sinn (zum juristischen Verständnis (→ § 3) 4
liegen aufgrund **natürlicher Zerfallsprozesse** vor, werden durch **kosmische
Strahlung** und durch menschliches Wirken erzeugt. Die Umweltradioaktivität resultiert aus der Strahlung dieser Radionuklide. Diese werden durch unterschiedliche Prozesse in der Umwelt verteilt. Im Erdreich bilden sich aus Uran-238 und
aus Thorium-232 über die jeweilige Zerfallsreihen die gasförmigen Radionuklide
Radon-222 bzw. Radon-220, die aus dem Boden austreten und in die Atmosphäre
übergehen (→ § 126 Rn. 7). Radionuklide werden in der hohen Atmosphäre durch
Wechselwirkung von Kohlenstoff- und Stickstoffmolekülen mit energiereicher
kosmischer Strahlung gebildet, werden aber auch durch menschliche Aktivitäten
erzeugt. Dazu gehören künstliche Strahlenquellen wie Kernkraftwerke, Forschungsreaktoren, nuklearmedizinische Anwendungen, technische Anwendungen
wie Radiographie oder auch atmosphärische Tests von Nuklearwaffen.

Die Strahlenexposition aus natürlichen Strahlungsquellen ist in jüngerer Zeit 5
stärker in den Fokus des Strahlenschutzrechts gerückt; das StrlSchG erfasst diesen
Bereich in höherem Maße als die frühere StrlSchV (→ Einführung Rn. 48) und das
außer Kraft gesetzte StrVG. Die Strahlenexposition durch **Radon und Radonfol-
geprodukte** ist ein wesentlicher Teil der natürlichen Umweltradioaktivität. Radon
kann sich in Gebäuden anreichern. Daher sind Schutzmaßnahmen zu ergreifen
(→ §§ 121–132). Auch Baustoffe können Radionuklide enthalten, so dass auch
hier Schutzmaßnahmen festgelegt sind (→ §§ 133–135).

Für die Bewertung der Gefährdung durch ionisierende Strahlung wird die Äqui- 6
valentdosis herangezogen, die sich aus der Aktivität, also der Anzahl von Kernumwandlungen pro Zeiteinheit oder der gemessenen Energiedosis in Gray (Ein-

heit Gy), berechnen lässt oder direkt gemessen werden kann. Die Aktivität wird in **Becquerel (Kernumwandlungen pro Sekunde, Einheit Bq)** gemessen, die **abgeleitete Äquivalentdosis in Sievert (Einheit Sv)**. Die Dosisleistung entspricht einer Dosis pro Zeiteinheit. Aufgrund der natürlichen Radioaktivität kommen in Deutschland Dosisleistungen zwischen 0,05 µSv/h und 0,1 µSv/h vor. Die durchschnittliche jährliche Strahlenexposition durch natürliche Strahlenquellen hat sich seit Beginn der Messungen kaum verändert.

7   Zur Überwachung der natürlichen wie auch zivilisatorischen Strahlenexposition der Bevölkerung werden Strahlenexpositionen infolge medizinischer und technischer Anwendung von ionisierender Strahlung und infolge der Umgebungsstrahlung ermittelt wie auch die spezifischen Aktivitäten in Umweltmedien. Die Dosis resultiert aus der Messung bzw. Berechnung des Wertes einer physikalischen Größe, die zu ihrer Bewertung mit einem vorher festgelegten Wert verglichen wird. Die Messungen der Umweltradioaktivität erfolgen in regelmäßigen Zeitabständen, um Änderungen der Werte der physikalischen Größen zu erfassen. Als Richtwert für die Exposition der Bevölkerung aus natürlicher Umweltradioaktivität dient als globaler Durchschnittswert für die jährliche effektive Dosis ein Wert von ungefähr 2 mSv, **in Deutschland ca. 2,1 mSv.** Der größte Anteil dieser Strahlenexposition resultiert aus der Inhalation von Radon in Innenräumen und dessen kurzlebiger radioaktiver Zerfallsprodukte mit ca. 1,3 mSv (s. Jahresberichte des BMU, Umweltradioaktivität und Strahlenbelastung).

II. Gründe zur Überwachung der Umweltradioaktivität

8   Die Überwachung der Radioaktivität in der Umwelt war zur Untersuchung des radioaktiven Fallouts aus den Kernwaffenversuchen in der Atmosphäre in den 50er und den 60er Jahren des 20. Jahrhunderts notwendig geworden. Mit dem EAGV im Jahr 1957 übernahm die Bundesrepublik Deutschland u. a. die Verpflichtung zur Überwachung der Umweltradioaktivität. In Art. 35 EAGV wird die Überwachung der Radioaktivität der Luft, des Wassers und des Bodens vorgeschrieben. **Art. 36 EAGV** verpflichtet zur regelmäßigen Berichterstattung der Überwachungsergebnisse. Zur Umsetzung dieser Verpflichtungen wurden im Laufe des Jahres 1961 in Verwaltungsvereinbarungen zwischen dem Bund und den Ländern die Überwachungsaufgaben festgelegt. Die Überwachung der Radioaktivität der Luft, der atmosphärischen Niederschläge, der Bundeswasserstraßen und des Meeres erfolgte durch Messstellen des Bundes, die Überwachung der übrigen Umweltbereiche – Lebensmittel, Futtermittel usw. durch Messstellen der Länder. Die Überwachungsaufgaben wurden auf Institute und Behörden übertragen, die in der Charakterisierung der jeweiligen Umweltbereiche Kompetenz erworben hatten. So entstanden die **Leitstellen des Bundes.** Sie hatten für ihren jeweiligen Zuständigkeitsbereich Probenahme-, Analyse- und Messverfahren geprüft und fortentwickelt, Forschungsarbeiten über die verschiedenen Kontaminationsketten durchgeführt, regelmäßig Lageberichte zur Umweltradioaktivität und Strahlenexposition verfasst, sowie Vergleichsanalysen (Ringanalysen) zur Qualitätssicherung der Messungen durchgeführt. In diesen Grundzügen fand diese Aufgabenteilung zunächst Eingang in das StrVG und schließlich über die **IMIS–ZustV** in das StrlSchG (→ Rn. 16).

9   Mit Beginn der großtechnischen friedlichen Nutzung der Kernenergie verschob sich seit Anfang der 1970er Jahre das Schwergewicht der Radioaktivitätsüberwachung von der allgemeinen Umwelt **(Umweltüberwachung)** auf die Überwachung kerntechnischer Anlagen **(Umgebungsüberwachung).** Letztere Über-

wachungsaufgaben sind aus **§ 103 StrlSchV** abzuleiten, konkret beschrieben in der Richtlinie zur Überwachung der Emissionen und Immissionen kerntechnischer Anlagen **(REI)**. In diesem Zusammenhang wurden speziell auch die Leitstellen für die Aufgaben zur Überwachung von „Abluft" und „Abwasser" geschaffen. Die Aufgaben der bereits existierenden Leitstellen wurden entsprechend ihrer Zuständigkeiten hinsichtlich der Umweltbereiche auch auf die Umgebungsüberwachung kerntechnischer Anlagen ausgedehnt.

C. Vorgeschichte der Norm

I. Das Strahlenschutzvorsorgegesetz als Lehre aus Tschernobyl

Das am 31. Dezember 1986 in Kraft getretene StrVG war eine direkte Reaktion **10** auf die auch negativen Erfahrungen der unterschiedlichen Bewertungen der infolge der Reaktorhavarie von Tschernobyl nach Deutschland verfrachteten radioaktiven Luftmassen. Das StrVG bezog sich, im Gegensatz zu den Regelungen zur Umgebungsüberwachung von kerntechnischen Anlagen, auf Situationen, bei denen die Strahlenquelle nicht unter Kontrolle ist bzw. bei denen eine Strahlenexposition nur noch durch kompensatorische Maßnahmen minimiert werden kann. Im StrVG wurde die Überwachung der Umweltradioaktivität neu geregelt, um insbesondere zu erreichen, dass entscheidungsrelevante Daten und Messergebnisse sehr schnell in einheitlicher Qualität und flächendeckend zur Verfügung stehen. Mit dem StrVG wurde die rechtliche Grundlage für eine effektive und koordinierte Datenermittlung durch alle beteiligten Dienststellen des Bundes und der Länder für den Fall einer erhöhten Radioaktivität in der Umwelt geschaffen. Zweck des Gesetzes war nach § 1 Nr. 2 StrVG unter Beachtung des Standes der Wissenschaft und unter Berücksichtigung aller Umstände durch angemessene Maßnahmen die Strahlenexposition des Menschen und die radioaktive Kontaminationen der Umwelt so gering wie möglich zu halten. Um dies zu erreichen, sollten Bund und Länder die erforderlichen Daten gemäß §§ 2 und 3 StrVG ermitteln. Die Daten sollten gemäß § 4 StrVG in ein Informationssystem des Bundes fließen, das **IMIS.** Die gesammelten Daten sollte gemäß § 5 StrVG der Bund bewerten, der nach § 6 StrVG ermächtigt wurde, durch Rechtsverordnungen die Dosiswerte, Kontaminationswerte und Berechnungsverfahren festzulegen und gemäß § 7 StrVG Verbote und Beschränkungen bei Lebensmitteln, Futtermitteln, Arzneimitteln und sonstigen Stoffen zu erlassen sowie gemäß § 9 StrVG Empfehlungen an die Bevölkerung auszusprechen. An den Grenzen wurden gemäß § 8 StrVG die zur Einhaltung des StrVG erforderlichen Maßnahmen getroffen.

Die Durchführung des Gesetzes erfolgte im Auftrag des Bundes und in bundes- **11** eigener Verwaltung. Mit dem Gesetz sollte erreicht werden, dass bundesweit nur noch vom BMU bewertete Daten offiziell verbreitet werden. Unterschiedliche Regelungen in den Ländern sollten ausgeschlossen werden. Der Bundesumweltminister sollte den Grad der Gefährdung der Bevölkerung festlegen und entscheiden, welche Konsequenzen zu ziehen und welche Maßnahmen zu treffen sind. Dazu wurde gemäß § 10 StrVG eine allgemeine Verwaltungsvorschrift zum Integrierten Mess- und Informationssystem zur Überwachung der Umweltradioaktivität **(AVV-IMIS)** (→ § 163) erlassen.

Die durch das StrVG vorgegebenen Zuordnungen mit der Festlegung von Auf- **12** gaben zur Überwachung der Umweltradioaktivität sahen vor, ein Informationssys-

tem zur einheitlichen Bewertung durch Bund und Länder zu schaffen, insbesondere
für einen Katastrophenfall. Der BMU bewertete gemäß § 5 StrVG die vorliegenden
Daten zur Umweltradioaktivität. Er bediente sich dazu der **ZdB** für die Überwachung der Umweltradioaktivität, die von dem nach dem Reaktorunfall von
Tschernobyl neu errichtetem BfS betrieben wurde. Die Länder konnten zudem
Verhaltensempfehlungen nach § 53 Abs. 5 StrlSchV 2001 aussprechen, wenn sie besondere Schutzpläne für radiologische Notlagen aufgestellt hatten. Mit dem Gesetz
sollte erreicht werden, dass bundesweit nur noch vom BMU bewertete Daten kom-
muniziert werden. Im Zusammenwirken von Bund, Ländern und Gemeinden
hatte der Bund ein Bewertungsmonopol. Unterschiedliche Regelungen in
den Ländern sollte es nicht mehr geben. Das BMU bestimmte den Grad der Gefährdung der Bevölkerung und war befugt zu entscheiden, welche Konsequenzen
zu ziehen und welche Maßnahmen zu treffen waren. Kritisch wurde diskutiert,
dass eine solche Monopolisierung auch Kommunikationsrisiken mit sich bringen
kann, insbesondere wenn deutlich wird, dass die Einheitlichkeit eher aufgrund von
rechtlicher und administrativer Kontrolle des Informationsflusses aber nicht aufgrund eines einheitlichen Meinungsbildes der verschiedenen Behörden zustande
kommt (vgl. StrlSchPraxis 1/96, Die Folgen von Tschernobyl – Ein Resümee,
S. 32, 1996).

13   Sofern ein Ereignis ausschließlich örtliche, z. B. auf ein Bundesland begrenzte
Auswirkungen hatte, ging die Kompetenz des BMU, Verhaltensempfehlungen zu
geben, auf die obersten Landesbehörden über (vgl. § 9 Abs. 2 StrVG). In den Jahren
nach Inkrafttreten des StrVG wurden weitere untergesetzliche Regelungen in
Form von Verwaltungsvorschriften, Richtlinien, technischen Regeln und fachlichen Hilfen geschaffen. Die bereits vorliegenden Messanleitungen der Leitstellen
wurden fortgeschrieben und eine Sammlung technischer Anleitungen zur einheitlichen Durchführung von Probeentnahmen, Analysen und Messungen geschaffen.
Diese Messverfahren finden sich in den **„Messanleitungen für die Überwachung radioaktiver Stoffe in der Umwelt und externer Strahlung"** (vgl.:
Messanleitungen für die Überwachung radioaktiver Stoffe in der Umwelt und
externer Strahlung, https://www.bmu.de/themen/atomenergie-strahlenschutz/)
und in der **Loseblattsammlung des Fachverbands für Strahlenschutz** (vgl.
Fachverband für Strahlenschutz e.V.,Empfehlungen zur Überwachung der Umweltradioaktivität, Loseblattsammlung, FS–78–15-AKU, https://www.fs-ev.org/
arbeitskreise/umweltueberwachung). Beide Werke beschreiben die Ziele der
Messungen, die geforderten Nachweisgrenzen, die Durchführung der Arbeiten
sowie die erforderlichen Maßnahmen zur Qualitätssicherung. In der **AVV-IMIS**
(→ § 163) wird die Aufgabenverteilung zwischen Bund und Ländern in einem
Routinemessprogramm und in einem Intensivmessprogramm wie auch allgemein
der Betrieb von **IMIS** einschließlich der Datenübermittlung und -speicherung geregelt. Die Kontaminationskontrollen an den Grenzen wurde durch § 8 StrVG geregelt (vgl. DIN 25 700 „Oberflächenkontaminationsmessungen an Fahrzeugen
und deren Ladungen in strahlenschutzrelevanten Ausnahmesituationen").

II. Maßnahmenkatalog

14   Zur systematischen Auswertung der Erfahrungen bisher bekannter radiologischer Ereignisse erarbeitete eine Arbeitsgruppe der SSK einen **Maßnahmenkatalog** (vgl. SSK2007) Darin waren praktisch die Maßnahmen zusammengefasst und
bewertet worden, die nach der Reaktorkatastrophe in Tschernobyl in Experten-

kreisen diskutiert und empfohlen worden waren. Neben den Maßnahmen, die prinzipiell nach den §§ 7 bis 9 StrVG ergriffen werden konnten, wurden wegen der gleichartigen radiologischen Grundlagen sowie wegen der organisatorischen und personellen Verflechtungen der zust. Bundes- und Landesbehörden auch Maßnahmen des anlagenbezogenen Katastrophenschutzes einbezogen. Grundsätzlich besteht zwischen beiden Bereichen von ihrer Zielsetzung, der Reduzierung der Strahlenexposition in Situationen mit unkontrollierten Strahlenquellen, und von den radiologischen Entscheidungsgrundlagen (vgl. SSK2014) her kein Unterschied. Alle Belange des anlagenbezogenen Katastrophenschutzes fielen in der Bundesrepublik Deutschland in die Zuständigkeit der jeweils betroffenen Bundesländer und wurden in den „Rahmenempfehlungen der SSK für den Katastrophenschutz in der Umgebung kerntechnischer Anlagen" beschrieben (vgl. SSK2008). Entscheidungen über Strahlenschutzvorsorgemaßnahmen fielen im Wesentlichen in die Kompetenz des Bundes. Die Durchführung der Maßnahmen war auf die Mitwirkung der Länder und Gemeinden angewiesen.

Dieses Nebeneinander und Miteinander war schwierig und wurde mit dem neuen StrlSchG verbessert. Der Maßnahmenkatalog gibt Entscheidungshilfen zur Einleitung von Maßnahmen in Form abgeleiteter Richtwerte (das sind von Dosisrichtwerten mit Hilfe von – i. a. radioökologischen – Modellen abgeleitete Werte mit der Eigenschaft, dass sie mit gemessenen Werten unmittelbar verglichen werden können) sowie Hinweise zur Wirkungsweise, Wirksamkeit und zu möglichen Problemen bei der Durchführung von Maßnahmen. Der Maßnahmenkatalog soll in geeigneter Weise in den Notfallplänen nach den §§ 98 ff. eingearbeitet werden.

III. Die Rolle der Strahlenschutzkommission (SSK)

Die SSK wurde als ein Beratungsorgan des zuständigen Bundesministeriums ge- **15** schaffen (s. Bekanntmachung über die Bildung einer Strahlenschutzkommission vom 19. April 1974, BAnz Nr. 92, 1974). Sie wurde aber im StrVG nicht ausdrücklich erwähnt. Aufgrund der Fachkompetenz der Mitglieder der SSK erwies sie sich als ein maßgebliches Entscheidungsgremium bei der Festsetzung von Grenzwerten und Berechnungsverfahren gemäß den Bestimmungen des StrVG (vgl. SSK2013).

D. Festlegung von Zuständigkeiten gemäß IMIS–ZustV

In der IMIS–ZustV werden die zuständigen Bundesbehörden, wie sie im StrVG **16** verankert waren, konkret aufgeführt und ihre Aufgaben nach § 161 Abs. 1 benannt. Nach § 1 Abs. 1 IMIS-ZustV ist das **BfS** zuständig für Aufgaben in der Spurenanalyse (→ § 161 Abs. 1 Nr. 1 lit. a), für Aufgaben der mobilen Ermittlung der Radioaktivität (→ § 161 Abs. 1 Nr. 1 lit. d), für die Ermittlung der Gamma-Ortsdosisleistung (→ § 161 Abs. 1 Nr. 1 lit. e).

Gemäß § 1 Abs. 2 IMIS-ZustV ist das **BfS als Leitstelle** zur Überwachung der Umweltradioaktivität für die Bereiche Radioaktivität auf dem Boden, Gamma-Ortsdosisleistung und Spurenanalyse zuständig (→ § 161 Abs. 1 Nr. 3) sowie für die Bereiche Trinkwasser, Grundwasser, Abwasser, Klärschlamm, Abfälle, Bedarfsgegenstände, Arzneimittel und deren Ausgangsstoffe (→ § 161 Abs. 1 Nr. 2 und 3). Gemäß § 1 Abs. 3 IMIS-ZustV ist das **BfS als Leitstelle** weiter auch für Fragen der Radioaktivitätsüberwachung im Bereich der bergbaulichen Tätigkeiten zuständig (→ § 161 Abs. 1 Nr. 2 und 3).

Gemäß § 2 Abs. 1 IMIS-ZustV ist der **DWD** zuständig für die ständige Überwachung der Radioaktivität in der bodennahen Luft sowie für die Überwachung der Radioaktivität in der hohen Atmosphäre mittels Luftfahrzeugen bei regionalen und überregionalen Notfällen (→ § 161 Abs. 1 Nr. 1 lit. a), für die Ermittlung der Radioaktivität in Niederschlägen (→ § 161 Abs. 1 Nr. 1 lit. b), für die ortsfeste Ermittlung der Radioaktivität auf der Bodenoberfläche (→ § 161 Abs. 1 Nr. 1 lit. d), für die Erstellung von Ausbreitungsprognosen (→ § 161 Abs. 1 Nr. 4). Darüber hinaus ist der DWD gemäß § 4 Abs. 1 Nr. 7 DWD-Gesetz mit der Überwachung der Atmosphäre auf radioaktive Beimengungen und deren Verfrachtung betraut.

Gemäß § 2 Abs. 2 IMIS-ZustV ist der **DWD zuständig als Leitstelle** zur Überwachung der Umweltradioaktivität für die Aufgaben in den Bereichen Luft, außer Spurenanalyse, und Niederschläge (→ § 161 Abs. 1 Nr. 2 und 3).

Gemäß § 2 Abs. 3 IMIS-ZustV ergänzt der **DWD** mit seinen Messeinrichtungen die Spurenanalyse durch das BfS (→ § 161 Abs. 1 Nr. 1 lit. a)

Gemäß § 3 Abs. 1 IMIS-ZustV ist die **PTB** zuständig für die Bereitstellung von Aktivitätsnormalen (→ § 161 Abs. 1 Nr. 2).

Gemäß § 3 Abs. 2 IMIS-ZustV ergänzt die **PTB** mit ihren Messeinrichtungen die Spurenanalyse durch das BfS (→ § 161 Abs. 1 Nr. 1 lit. a)

Gemäß § 4 Abs. 1 IMIS-ZustV ist das **Johann Heinrich von Thünen-Institut Bundesforschungsinstitut für ländliche Räume, Wald und Fischerei** zuständig im Bereich Meeresorganismen in Nord- und Ostsee, einschließlich der Küstengewässer, der ausschließlichen Wirtschaftszone und des Festlandsockels (→ § 161 Abs. 1 Nr. 1 lit. c).

Gemäß § 4 Abs. 2 IMIS-ZustV ist das **Johann Heinrich von Thünen-Institut, Bundesforschungsinstitut für ländliche Räume, Wald und Fischerei als Leitstelle** zur Überwachung der Umweltradioaktivität für die Aufgaben in den Bereichen Fische, Fischprodukte, Krusten- und Schalentiere und Wasserpflanzen zuständig (→ § 161 Abs. 1 Nr. 2 und 3).

Gemäß § 5 Abs. 1 IMIS-ZustV ist die **BfG** für die Aufgaben im Bereich Bundeswasserstraßen außer Küstengewässern zur Ermittlung der Radioaktivität in Wasser, Schwebstoffen und Sediment zuständig (→ § 161 Abs. 1 Nr. 1 lit. c).

Gemäß § 5 Abs. 2 IMIS-ZustV ist die **BfG als Leitstelle** zur Überwachung der Umweltradioaktivität für den Bereich oberirdische Binnengewässer zuständig (→ § 161 Abs. 1 Nr. 2 und 3).

Gemäß § 6 Abs. 1 IMIS-ZustV ist das **BSH** zuständig im Bereich Nord- und Ostsee, einschließlich der Küstengewässer, der ausschließlichen Wirtschaftszone und des Festlandsockels für die Ermittlung der Radioaktivität in Meerwasser, Schwebstoffen und Sediment (→ § 161 Abs. 1 Nr. 1 lit. c).

Gemäß § 6 Abs. 2 IMIS-ZustV ist das **BSH als Leitstelle** zur Überwachung der Umweltradioaktivität zuständig für den Bereich Nord- und Ostsee, einschließlich der Küstengewässer, der ausschließlichen Wirtschaftszone und des Festlandsockels (→ § 161 Abs. 1 Nr. 2 und 3).

Gemäß § 7 Abs. 1 IMIS-ZustV ist das **Max Rubner-Institut, Bundesforschungsinstitut für Ernährung und Lebensmittel als Leitstelle** zur Überwachung der Umweltradioaktivität für die Bereiche Lebensmittel, Futtermittel, Pflanzen als Indikatoren und Boden zuständig (→ § 161 Abs. 1 Nr. 2 und 3). Gemäß § 6 Abs. 2 IMIS-ZustV umfasst seine Zuständigkeit im Bereich Lebensmittel jedoch nicht Fische, Fischprodukte, Krusten- und Schalentiere sowie Wasserpflanzen. Die Bundesoberbehörden sind wie folgt den Ministerien zugeordnet: das BfS dem

BMUV, die BfG, das BSH und der DWD dem BMDV, das Max Rubner-Institut und das Johann Heinrich von Thünen-Institut dem BMEL.

E. Aufgaben des Bundes (Abs. 1)

I. Großräumige Ermittlung von Radioaktivität (Abs. 1 Nr. 1)

1. Zur Definition des Begriffs großräumig (Abs. 1 Nr. 1). Die groß- **17** räumige Ermittlung beinhaltet den Auftrag, aus den Messungen repräsentative Aussagen für eine Region und einen Zeitabschnitt zu treffen. Sie deckt regionale Unterschiede grob ab, berücksichtigt landschaftliche Unterschiede und bevölkerungsreiche und -arme Bereiche. Sie ist unabhängig von der Umgebungsüberwachung kerntechnischer Anlagen durchzuführen. Die Vorgabe hat die Zielsetzung, einen statistisch abgesicherten Überblick zu erhalten.

2. Radioaktivität in der Luft und im Niederschlag (Abs. 1 Nr. 1 lit. a und **18** **b).** Die Messung der Radioaktivität in der Luft hat zum Ziel, möglichst frühzeitig in die Atmosphäre freigesetzte Radionuklide zu erfassen. Es wird davon ausgegangen, dass sich die Zusammensetzung der aerosolpartikelgebundenen Radionuklide während der Verfrachtung kaum ändert, aber deren Konzentration im Verlauf des Transports durch Diffusions- und Depositionsprozesse abnimmt. Als Ergebnis der Messungen der Radionuklide liegen Messwerte als Aktivitätskonzentration in Bq/ m^3 Luft vor, woraus eine Strahlenexposition abgeleitet wird. Die Zuständigkeit für die kontinuierliche ständige Überwachung der Aktivitätskonzentration von Radionukliden in der Luft liegt beim DWD ($\rightarrow$ Rn. 16). Die Zuständigkeit für die **Spurenmessungen** in der Luft ist dem BfS zugeordnet ($\rightarrow$ Rn. 16). Diese besonders empfindlichen Messungen werden an Messeinrichtungen des BfS (Schauinsland), des DWD (Offenbach, Potsdam) und der PTB (Braunschweig) vorgenommen. Es werden sehr geringe Aktivitätskonzentrationen von Radionukliden in Größenordnungen weniger Millionstel Bq pro Kubikmeter Luft erfasst, die in den BMUV-Berichten dokumentiert werden ($\rightarrow$ Rn. 27). Erreicht werden diese niedrigen Messwerte durch lange Probeentnahmezeiten, Anreicherung der Aerosolpartikel auf einem Filter bei hohen Luftdurchsätzen und lange Messzeiten. Beispiele sind die Messungen von wenigen mBq/m^3 des Radionuklids Cäsium-137, nach dem eine radioaktive Cäsium-137 Quelle unbeabsichtigt in einem Stahlwerk eingeschmolzen und freigesetzt wurde (Algeciras 1998) (vgl. Spurensuche: Radioaktive Stoffe in der Luft in PTB Mitteilungen, 124. Jahrgang, Heft 1 März 2014) oder das 2017 europaweit messbare Radionuklid Ruthenium-106, dessen Freisetzungsumstände zwar anhand der Messungen und der Begleitumstände erklärt werden konnten, aber nicht abschließend bestätigt wurden (vgl.: Überwachung der Radioaktivität in der Luft: Spurenmessung und Ausbreitungsrechnung im operationellen Betrieb, StrlSchPraxis 2/2018, S. 37). Ein besonderes Augenmerk liegt auch auf der regelmäßigen Messung der radioaktiven Isotope der Edelgase Krypton und Xenon, die im laufenden Betrieb von Kernkraftwerken und Wiederaufarbeitungsanlagen im genehmigten Umfang freigesetzt werden. Die Verteilung der Aufgaben des BfS, des DWD und der PTB wird in der AVV-IMIS geregelt. Die Überwachung der oberen Atmosphäre mittels flugzeuggestützter Messungen ist Aufgabe des DWD.

Mit dem Niederschlag werden insbesondere die aerosolpartikelgebundenen Ra- **19** dionuklide aus der Atmosphäre ausgewaschen. Diese Radionuklide liegen infolge des Auswaschprozesses im Niederschlag suspendiert und gelöst vor. Der Niederschlag wird gesammelt und die in ihm enthaltenen Radionuklide gemessen. Im Ergebnis der Messungen liegen Messwerte als Becquerel pro Liter Niederschlag in der Einheit Bq/L vor, die über die Niederschlagsmenge auf die beregnete bzw. beschneite Fläche bezogen werden. Die Zuständigkeit für die Überwachung von Radionukliden im Niederschlag liegt ebenfalls beim DWD (→ Rn. 16).

20   **3. Radioaktivität in Bundeswasserstraßen und in der Nord- und Ostsee außerhalb der Bundeswasserstraßen sowie in Meeresorganismen (Abs. 1 Nr. 1 lit. c).** Radionuklide werden aus der Atmosphäre über Nass- und Trockendeposition in die Bundeswasserstraßen eingetragen wie auch über die Abwässer kerntechnischer Anlagen in genehmigten Mengen. Es werden kontinuierlich Wasser- und Schwebstoffproben entnommen und die Aktivitätskonzentration der in den Gewässern gelösten oder schwebstoffgebundenen Radionuklide gemessen. Dazu gibt es feste Vorgaben für die Messorte und die Messintervalle. Die Aufgabe liegt bei der **BfG** (→ Rn. 16).

21   Radionuklide werden über Nass- und Trockendeposition aus der Atmosphäre wie auch über die einmündenden Flussläufe in die Nord- und Ostsee eingetragen. Es werden regelmäßig Proben entnommen und die im Meerwasser enthaltenen Radionuklide gemessen. Dazu gibt es feste Vorgaben für die Messorte und die Messintervalle. Die Aufgabe liegt beim **BSH** (→ Rn. 16).

22   Die Meeresorganismen werden stichprobenartig gemäß den Vorgaben der AVV-IMIS gesammelt und deren Radioaktivität bestimmt. Die Aufgabe liegt beim **Johann Heinrich von Thünen-Institut** (→ Rn. 16).

23   **4. Radioaktivität auf der Bodenoberfläche (Abs. 1 Nr. 1 lit. d).** Die Radioaktivität auf der Bodenoberfläche resultiert aus der trockenen und nassen Deposition von Radionukliden aus der Atmosphäre. Die Messungen werden anhand von fest an Messstellen des DWD installierten Gammaspektrometriemesssystemen durchgeführt. Die Ergebnisse werden als Becquerel pro Quadratmeter in der Einheit Bq/m^2 dargestellt. Die Auswertung und Bewertung liefert den zu erwartenden Beitrag zur Exposition durch Bodenstrahlung. Die Messwerte der Bodenoberflächenkontaminationen dienen auch dem direkten Vergleich mit den am gleichen Ort vorgenommenen Messungen der Luft, des Niederschlags und der Gamma-Ortsdosisleistung. Aus diesen Daten kann durch das BfS eine Abschätzung des Dosisbeitrags der nur schwer direkt messbaren radioaktiven Edelgase erfolgen. Die Zuständigkeit der großräumigen Ermittlung zur Bodenoberflächen-Kontamination liegt beim **DWD** (→ Rn. 16). Die Aufgabe unterscheidet sich von den Messprogrammen des BfS und der Länder, die fahrzeuggestützt mobile Messungen vornehmen. Dabei spielen insbesondere in einem Intensivbetrieb hubschraubergestützte Messungen des BfS für die rasche Lagebewertung großer Flächen eine tragende Rolle.

24   **5. Gamma-Ortsdosisleistung (Abs. 1 Nr. 1 lit. e).** Die Gamma-Ortsdosisleitung definiert die Gammastrahlung, die an einem Ort als Ortsdosis über einen festgelegten Zeitraum gemessen wird. Sie wird bundesweit flächendeckend kontinuierlich überwacht, so dass auch höhere Dosisleistungen bzw. Dosen, die nach einem Unfall auftreten können, schnell erfasst werden. Die Zuständigkeit für diese Messungen liegt beim **BfS** (→ Rn. 16).

II. Entwicklung und Festlegung von Probenahme-, Analyse-, Mess- und Berechnungsverfahren zur Ermittlung der Umweltradioaktivität sowie die Durchführung von Vergleichsmessungen und Vergleichsanalysen (Abs. 1 Nr. 2)

In den Messprogrammen der **AVV-IMIS** (→ §163 Rn. 1) und gemäß den Vor- 25 gaben der **REI** (vgl. REI vom 7. Dezember 2005, GMBl. 2006, Nr. 14–17, S. 254), (vgl. §103 Abs. 1 Nr. 3 StrlSchV) sind zur Lagebewertung für alle relevanten Umweltbereiche die Anzahl der Messungen mit festgelegten Zeitintervallen und Empfindlichkeiten beschrieben. Es wird zwischen dem **Normalbetrieb** und dem **Intensivbetrieb** gemäß AVV-IMIS bzw. **Messungen im bestimmungsgemäßen Betrieb** und **Messungen im Störfall/Unfall gemäß REI** unterschieden. Der Intensivbetrieb ist die Folge eines bekannten oder durch laufende Messungen festgestellten Eintrags von Radionukliden in die Umwelt, wenn die dadurch bedingte zusätzliche Strahlenexposition für die Bevölkerung festgelegte Schwellenwerte überschreitet. Die Probeentnahme- und Probenaufbereitungsverfahren werden je nach Umweltbereich von den zuständigen Leitstellen entwickelt. Die eingesetzten Messverfahren orientieren sich am Stand der Wissenschaft und sind beschrieben in den **Messanleitungen für die Überwachung radioaktiver Stoffe in der Umwelt und externer Strahlung** und in der **Loseblattsammlung des Fachverbands für Strahlenschutz** (→ Rn. 12). Gemäß **AVV-IMIS** sollen die Vorgaben der internationalen Norm **ISO 17025** zur Qualitätssicherung in Prüf- und Kalibrierlabors angewendet werden. Ausdrücklich nicht gefordert ist eine Akkreditierung der für IMIS-Zwecke in den Messlabors anzuwendenden Verfahren. Die fachliche Kompetenz der Leitstellen muss daher nicht von einer externen Institution akkreditiert werden. Gleichwohl wird eine Akkreditierung nach ISO 17025 von den gemäß IMIS-ZustV benannten Behörden als ein zusätzliches Qualitätsmerkmal erachtet. Weitere Messverfahren finden sich als DIN-, DIN EN ISO – oder als ISO-Normen. Die Leitstellen entwickeln gemäß AVV-IMIS für die ihnen zugewiesenen Messaufgaben die erforderlichen Messverfahren, pflegen die Verfahren und sichern die Qualität der Messungen durch regelmäßig organisierte Ringvergleiche.

Zur Kalibrierung der radiometrischen Messverfahren sind radioaktive Standards 26 (metrologisch korrekt: „Aktivitätsnormale") erforderlich. Zur Vorbereitung von Ringversuchen, der Herstellung von Ringversuchsmaterialien oder zur Bestimmung von Ausbeuteberechnungen und Ausbeutekorrekturen, die bei radiochemischen Verfahren erforderlich sind, werden offene radioaktive Stoffe eingesetzt. Die notwendigen Präparate stellt die PTB gegen Gebühren bereit und zertifiziert Ringversuchsmaterialien, die von den Leitstellen selbst hergestellt werden. Durch die Zertifizierung der Ringversuchsmaterialien in der PTB wird die in ISO 17025 geforderte „Metrologische Rückführung" sichergestellt. Diese gilt international, weil die PTB als nationales Metrologieinstitut das „Mutual Recognition Arrangement", das die weltweite Anerkennung aller nationalen Primärnormale sicherstellt, unterzeichnet hat. Die Koordination der internationalen Metrologie im Rahmen der „Meterkonvention" liegt beim „Bureau International des Poids et Mésures" **(BIPM)** in Sèvres bei Paris: https://www.bipm.org/en/home.

III. Zusammenfassung, Dokumentation und Aufbereitung der vom Bund ermittelten sowie der von den Ländern und von Stellen außerhalb des Geltungsbereichs dieses Gesetzes übermittelten Daten zur Umweltradioaktivität (Abs. 1 Nr. 3)

27   Die zuständigen Bundesbehörden bzw. die Leitstellen des Bundes sowie die Bundesländer fassen jährlich die in ihrem Zuständigkeitsbereich kontinuierlich entsprechend den Messprogrammen ermittelten Daten zusammen und übermitteln diese mit einer Zusammenfassung der Expositionssituation dem BfS. Im Dialog mit der jeweiligen Leitstelle nimmt das BfS eine abschließende Bewertung vor. Das betrifft die Daten aus der allgemeinen Überwachung gemäß § 161 und § 162, aber auch die Daten aus der REI nach § 103 Abs. 1. StrlSchV. Das BfS erstellt einen Jahresbericht, der veröffentlicht wird (s. Berichte des BMUV über Umweltradioaktivität und Strahlenbelastung). Für die kontinuierliche Datenpräsentation wird das Rechnersystem IMIS genutzt.

Die Daten werden zudem in den gemäß AVV-IMIS festgelegten Zeitintervallen erhoben, geprüft und in die IMIS-Datenbank eingespeist (→ § 163). Dieser Weg soll eine schnelle einheitlich gestaltete Datenpräsentation sichern.

28   Zusätzlich können unabhängig von den festen Zuordnungen nach AVV-IMIS auch Daten, die aus nicht festgelegten Quellen stammen, bereit gestellt und für die Berichterstattung herangezogen werden, nachdem eine Prüfung der eingesetzten Probeentnahme- und Messverfahren stattgefunden hat. Damit wird ein Weg auch für die Nutzung von Daten geöffnet, die nicht von Bundes- oder Landeseinrichtungen stammen, vorausgesetzt, die Daten erfüllen die für IMIS-Zwecke geforderten Qualitätsansprüche.

IV. Ausbreitungsprognosen (Abs. 1 Nr. 4)

29   **1. Ausbreitung in der Atmosphäre.** Mittels Ausbreitungsprognosen wird nach dem Eintrag von Radionukliden der weitere Transport in der Atmosphäre, in Bundeswasserstraßen oder in der Ost- und Nordsee und ihre Verteilung in den betrachteten Umweltbereichen verfolgt und die zu erwartende Strahlenexposition abgeschätzt. Dabei kann es sich um geringste Konzentrationen von Radionukliden handeln, die auf unbeabsichtigte Freisetzungen aus kerntechnischen Anlagen zurückgeführt werden können, aber auch um unfallbedingt freigesetzte höhere Aktivitäten. Für die drei genannten Umweltbereiche wird mittels Berechnungsverfahren ein Transport ausgehend von einer Freisetzungsquelle simuliert und prognostiziert. Dies dient der Abschätzung einer zukünftig zu erwartenden Strahlenexposition entlang der Transportstrecke und erfolgt noch bevor erste Messungen vorgenommen werden können.

30   Die Vorhersage des Transports von Radionukliden in der Atmosphäre wird für die schnelle Einleitung von Maßnahmen gemäß den Notfallschutzplanungen eingesetzt(→ § 106 Rn. 4). In der Atmosphäre geben dreidimensionale Berechnungserfahren sehr rasch Auskunft über die zu erwartenden Transportrichtungen und -zeiten. Die Berechnungen führt der **DWD** durch. Sie stützen sich auf die numerischen Wettervorhersagesysteme und die darauf basierenden Dispersionsrechnungen. Das **Lagrangesche Partikel-Dispersions-Modell (LPDM)** ist besonders geeignet, die Verfrachtung von Materie, die aus punktförmigen Quellen stammt, zu simulieren. Aus den erhaltenen Daten werden der Transportweg und die an einem gegebenen Ort auf diesem Weg zu erwartende Aktivitätskonzentration in

der Atmosphäre berechnet. Die Genauigkeit dieser Aussagen hängt stark von den zur Verfügung stehenden Informationen über den Quellterm ab, also der Kenntnis, wieviel Aktivität in Becquerel in welchem Zeitraum freigesetzt wird. Aufgrund des Unfallgeschehens lassen sich entsprechende Abschätzungen vornehmen. Auf Basis der Daten der Ausbreitungsrechnungen des DWD berechnet das BfS die zu erwartende Dosis.

Ein weltweiter Austausch von Daten zur Optimierung von Ausbreitungsrech- 31 nungen wird durch das **JRC Ispra** koordiniert. Weitergehend sind im Rahmen einer WMO-Vereinbarung LPDM-Rechnungen auch Bestandteil eines sogenannten „Backtracking-Verfahrens" der **CTBTO** zur Überwachung des Kernwaffenteststoppabkommens. Damit soll nach Bekanntwerden erhöhter Aktivitätskonzentrationen von Radionukliden in der Luft anhand der verfügbaren meteorologischen Daten der Transportweg zurück verfolgt werden.

Abschätzungen der in der oberen Atmosphäre enthaltenen Aktivität aufgrund 32 der Ergebnisse von Ausbreitungsrechnungen können auch Grundlage für Warnungen in der Luftfahrt sein. Hierfür fehlen jedoch noch konkrete nationale Regelungen, die mit den internationalen Regeln der **ICAO** abgestimmt sind. Ziel sollte ein operationelles System sein zur schnellen Abschätzung der Strahlenexpositionen von Luftfahrzeugen und anderer Verkehrsmittel in einem Notfall.

2. Ausbreitung in den Bundeswasserstraßen. Für die Ausbreitung radio- 33 aktiver Stoffe in Gewässern hält die **BfG** Ausbreitungsrechnungen vor. Die Ausbreitung in Gewässern wird maßgeblich von deren Fließgeschwindigkeit, der Diffusion sowie auch von den Sedimentationseigenschaften der eingetragenen Radionuklide bestimmt. Aus den Ergebnissen der Berechnungen lässt sich die Strahlenexposition der Binnenschifffahrt abschätzen und der zu erwartende Eintrag von Radionukliden in Nord- und Ostsee.

3. Ausbreitung in der Nord- und Ostsee. Für Ausbreitungsrechnungen in 34 der Nord- und in der Ostsee ist das **BSH** zuständig. Die Ausbreitungsprozesse sind sehr viel langsamer als in den Bundeswasserstraßen und in der Atmosphäre. Das BSH betreibt ein umfangreiches meteorische Modellsystem zur Berechnung von Meeres-, Ausbreitungs- und Wasserqualitätsvorhersagen in Nord- und Ostsee. Die Ausbreitungsmodelle orientieren sich an Meeresströmungen und an Sedimentationsprozessen. Mit diesem Modellsystem werden mehrmals täglich Vorhersagen von Wasserstand, Strömung, Temperatur, Salzgehalt und Meereis für die nächsten Tage erstellt und archiviert. Auf der Basis dieser Modellergebnisse werden bei Bedarf Ausbreitungsrechnungen durchgeführt.

V. Entscheidungshilfesysteme, Ermittlung und Darstellung radiologischer Konsequenzen (Abs. 1 Nr. 5)

Die radiologischen Konsequenzen für die Bevölkerung als Folge eines erhöhten 35 Eintrags radioaktiver Stoffe in die Umwelt werden aus Dosisprognosen abgeleitet. Dafür steht im IMIS (→ § 163) das **Entscheidungshilfemodell RODOS** zur Verfügung. Das international eingesetzte System RODOS bietet im Notfall Unterstützung auf lokaler, regionaler und überregionaler Ebene in allen Phasen im Nachgang eines kerntechnischen Unfalls. Ausbreitungsrechnungen und Daten fließen ein, die im RLZ zur Bewertung der Lage und zur Empfehlung von Schutzmaßnahmen verwendet werden (→ §§ 106 und 108). RODOS berechnet in einem radiologischen Notfall basierend auf Wetterprognosen des DWD und den Messwerten, die routinemäßig erfasst und kontinuierlich an das **RODOS–Modell** im BfS weitergeleitet werden, die zu erwartenden Dosen der betroffenen Menschen. Ermittelt werden die äußere Exposition des Menschen über die Strahlung aus der radioaktiven Wolke und über die am Boden abgelagerte Aktivität, die interne Exposition aus der Aufnahme von Radionukliden durch Einatmen und die Aufnahme von Radionukliden mit der Nahrung sowie mögliche Kontaminationen in Lebens- und Futtermitteln.

VI. Bewertung der Daten zur Umweltradioaktivität, soweit sie vom Bund oder im Auftrag des Bundes durch die Länder ermittelt worden sind (Abs. 1 Nr. 6)

36   Das BMUV bewertet in Zusammenarbeit mit dem BfS die gemäß den Vorgaben der **AVV-IMIS** (→ § 163) und gemäß den Vorgaben der **REI** (vgl. § 103 Abs. 1 Nr. 2 StrlSchV) ermittelten Daten. Das Parlament wird jährlich schriftlich über die Umweltradioaktivität und Strahlenbelastung informiert (→ § 164 Abs. 2). Gelangen Radionuklide infolge eines Notfalls in die Umwelt, sind die in Teil 3 des StrlSchG bestimmten Mechanismen des Notfallmanagementsystems anzuwenden.

VII. Bereitstellung von Daten und Dokumenten nach den Nummern 1, 3, 4 und 5 für die Länder und die Unterrichtung der Länder über die Ergebnisse der Bewertung der Daten (Abs. 1 Nr. 7)

37   Durch Abs. 1 Nr. 7 wird festgelegt, wie die durch den Bund ermittelten Daten sowie die Ergebnisse der Bewertung gemäß Abs. 1 Nr. 6 bereit gestellt werden. Die Daten wie die Bewertungen werden im Normalbetrieb und im Intensivbetrieb in den dort festgelegten Zeitzyklen im IMIS bereitgestellt (→ § 163 Abs. 2). In einem radiologischen Notfall obliegt dem RLZ nach Maßgabe des § 106 Abs. 2 Nr. 2 die Erstellung eines radiologischen Lagebildes und nach § 106 Abs. 2 Nr. 3 seine Bereitstellung oder Übermittlung an die Länder und an das **GMLZ im BBK.**

F. Aufgabe der ZdB (Abs. 2)

38   Die zuständigen Behörden des Bundes übermitteln der ZdB die Daten (→ § 163), die sie gemäß Abs. 1 Nr. 1 ermittelt haben. Die Aufgaben der ZdB werden durch das BfS wahrgenommen. Die ZdB betreibt IMIS (→ § 163 Abs. 1 S. 1), bei dem unterschiedliche Verarbeitungssysteme miteinander kommunizieren. Mittels dieses rechnergestützten Informationssystems IMIS wird durch die ZdB die rasche elektronische Übermittlung und Prüfung der Messwerte, die Auswertung und Darstellung in Diagrammen, Karten, Tabellen und Texten, die Erstellung von Prognosen mit Hilfe von Modellrechnungen, die Dokumentation und Archivierung der umfangreichen Daten koordiniert und die durch die ZdB aufbereiteten und bewerteten Informationen an das BMUV geleitet.

G. Festlegung von Messstellen (Abs. 4)

Der Bund legt gemäß Abs. 4 die Messstellen im Benehmen mit den Ländern fest. **39** Diese Festlegung orientiert sich an den Vorgaben zur Repräsentativität der Beprobung und der geforderten großräumigen Verteilung der Probeentnahme- bzw. Messstellen. Hier liegt eine gesetzlich vorgeschriebene Form der Mitwirkung der Länder vor. Die Festlegung erfolgt erst dann, wenn sie im Benehmen mit den Bundesländern geschieht oder nach der Anhörung einer Stellungnahme. Der Bund ist dabei jedoch rechtlich nicht an die Stellungnahme der Länder gebunden. Das Benehmen ist vom Einvernehmen abzugrenzen, bei dem eine Einverständniserklärung vorliegen müsste.

§ 162 Aufgaben der Länder

(1) **Die Länder ermitteln die Radioaktivität insbesondere**
1. **in Lebensmitteln, in Futtermitteln und in Bedarfsgegenständen, sofern diese als Indikatoren für die Umweltradioaktivität dienen,**
2. **in Arzneimitteln und deren Ausgangsstoffen,**
3. **im Trinkwasser, im Grundwasser und in oberirdischen Gewässern außer Bundeswasserstraßen,**
4. **in Abwässern, im Klärschlamm und in Abfällen sowie**
5. **im Boden und in Pflanzen.**

(2) **Die Länder übermitteln der Zentralstelle des Bundes für die Überwachung der Umweltradioaktivität (§ 163) die Daten, die sie gemäß Absatz 1 ermittelt haben.**

Schrifttum: s. Literatur zu § 161

A. Zweck und Bedeutung der Norm

§ 162 beschreibt die Aufgaben der Bundesländer, die diese im Rahmen der **1** Überwachung der Umweltradioaktivität durchzuführen haben. Die Aufgaben wurden direkt aus dem außer Kraft gesetzten StrVG übernommen. Zu den in Abs. 1 verwendeten Begriffen vgl. u. a. die Definitionen im LFGB (z. B. zu Bedarfsgegenständen), dem AMG (zu Arzneimitteln), der TrinkwV (zu Trinkwasser), dem WHG (zu oberirdischen Gewässern) oder dem KrWG (zu Abfällen). Konkret ist die Aufgabenzuweisung im Routinemessprogramm und dem Intensivmessprogramm der **AVV-IMIS** festgelegt (→ § 163). Die Anzahl der Messungen und die zu beprobenden Umweltbereiche leiten sich im Wesentlichen aus den Erfahrungen im Umgang mit den Folgen des Reaktorunfalls von Tschernobyl in Deutschland ab (→ § 161 Rn. 1). Von den Bundesländern werden gemäß Routinemessprogramm repräsentativ Daten erhoben, die insbesondere einen Überblick über die Strahlenexposition durch pflanzliche und tierische Lebensmittel geben sollen. Die kontinuierliche Durchführung des Messprogramms sichert die Qualität der eingesetzten Messverfahren. In einem Intensivbetrieb dienen die Messungen der Bundesländer gemäß den detailliert vorliegenden Messplänen für explizit benannte Lebensmittel dazu, eine schnelle flächendeckende Bewertung der zu erwartenden Strahlenexposition bei Ingestion der Nahrungsmittel vorzunehmen und dadurch bei der Empfehlung von Maßnahmen zur Reduzierung der Strahlenexposition (z. B. durch Verkaufseinschränkungen) zu unterstützen (→ § 161 Rn. 13).

B. Leitstellen für Messungen der Bundesländer

2 Die Leitstellen des Bundes entwickeln im Rahmen ihrer Zuständigkeiten nach der **IMIS‑ZustV** die erforderlichen Probeentnahme- und Messverfahren und prüfen entsprechend den Vereinbarungen im IMIS die von den Ländern erhobenen Daten auf Plausibilität (→ § 161 Rn. 16). Das Max Rubner-Institut in Kiel ist als Leitstelle für die Überprüfung der Messungen der Bundesländer von Lebensmitteln und Futtermitteln wie auch für Messungen des Bodens und der Pflanzen zuständig. Das BfS hat in Form von vier Leitstellen die Zuständigkeit für a) Bedarfsgegenstände, sofern diese als Indikatoren für die Umweltradioaktivität dienen, b) Arzneimittel und deren Ausgangsstoffe, c) Trinkwasser, Grundwasser und oberirdische Gewässer außer Bundeswasserstraßen und d) Abwässer, Klärschlamm und Abfälle.

C. Berichterstattung der Länder (Abs. 2)

3 Die Bundesländer kommen ihrer kontinuierlichen Berichtspflicht gemäß Abs. 2 nach, indem ihre Daten entsprechend den Vorgaben der AVV-IMIS in die IMIS Datenbank eingegeben werden (→ § 163). Zudem sind die Bundesländer in einem Notfall gehalten, dem RLZ die nach Abs. 1 ermittelten Daten unverzüglich zuzuführen (→ § 107 Nr. 1).

§ 163 Integriertes Mess- und Informationssystem des Bundes

(1) [1]**Das Bundesamt für Strahlenschutz als Zentralstelle des Bundes für die Überwachung der Umweltradioaktivität betreibt ein integriertes Mess- und Informationssystem für die Überwachung der Umweltradioaktivität. [2]In diesem Mess- und Informationssystem werden die nach § 161 Absatz 1 und § 162 Absatz 1 ermittelten Daten zusammengefasst.**

(2) **Die im integrierten Mess- und Informationssystem zusammengefassten Daten stehen den zuständigen Landesbehörden direkt zur Verfügung.**

Schrifttum: s. auch Literatur zu § 161

A. Zweck und Bedeutung der Norm

1 Mithilfe der im Rahmen des IMIS entwickelten und abgestimmten Strategie werden die Aktivitätskonzentrationen und spezifischen Aktivitäten von Radionukliden in allen Umweltbereichen repräsentativ erfasst, um die Dosis bzw. Dosisleistung der durch die Radionuklide verursachten Strahlung zu ermitteln. IMIS besteht aus Mess- und Laboreinrichtungen bei Bund und Ländern sowie aus einem rechnergestützten Kommunikationssystem zur raschen Übermittlung und Auf-

arbeitung der erfassten Daten nach einem einheitlich konzipierten Prinzip. In der **AVV-IMIS** sind im Messprogramm für den Normalbetrieb (Routinemessprogramm) und im Messprogramm für den Intensivbetrieb (Intensivmessprogramm) die Überwachungsaufgaben des Bundes (→ § 161) und der Länder (→ § 162) für die einzelnen Umweltbereiche detailliert festgelegt. Rechtsgrundlage zur Einrichtung des IMIS war bis zum Inkrafttreten des StrlSchG das StrVG (vgl. § 4 StrVG), (→ § 161 Rn. 10).

B. Aufbau und Funktion von IMIS

IMIS verfolgt die Idee eines einheitlichen Systems zur Erhebung von Messdaten, 2 der Sammlung und Zusammenfassung der Messdaten in einer Datenbank und einer schnellen einheitlichen Präsentation der Daten für alle Entscheidungsträger in Bund und Ländern. Als Daten werden Messwerte, geprüfte Messwerte, prognostizierte Werte, errechnete Werte, geographische Informationen sowie Texte verstanden. Insbesondere in Notfällen mit radiologischer Relevanz soll IMIS einen raschen Informationsfluss sicherstellen und helfen, langwierige Diskussionen zur Bewertung der radiologischen Lage faktenorientiert zu minimieren.

Für den operationellen Betrieb wurde ein rechnergestütztes-System auf- 3 gebaut, das seit 1993 durch das BfS betrieben wird. In diesem System sind die Messstellen und Verwaltungsbehörden des Bundes und der Länder eingebunden (→ § 161 Rn. 16, → § 162 Rn. 1). Im Normalbetrieb der kontinuierlichen Überwachung werden schnell und zuverlässig auch geringfügige Änderungen der Radioaktivität in der Umwelt großräumig erkannt sowie über Langzeit-Messreihen langfristige Trends erfasst. Dazu wurden kontinuierlich arbeitende Messnetze für die Überwachung der Radioaktivität am Boden, in der Atmosphäre, in den Bundeswasserstraßen sowie in Nordsee und Ostsee eingerichtet (→ § 161 Rn. 16). IMIS greift auf die bundesweiten Messnetze der folgenden Behörden zu: das BfS-Messnetz mit etwa 1.800 Messstellen zur Überwachung der bodennahen Gamma-Ortsdosisleistung, das DWD-Messnetz mit 48 Messstellen zur Überwachung der Aktivitätskonzentration von Radionukliden in der Luft, davon 41 Messstellen zur Überwachung der Aktivitätskonzentration von Radionukliden im Niederschlag und davon 38 Messstellen zur Überwachung der auf dem Boden abgelagerten Radionuklide, das BfG-Messnetz mit 40 Messstellen zur Überwachung der Bundeswasserstraßen (Flüsse und Kanäle) und das BSH-Messnetz mit 7 Hochsee-, 6 küstennahen und 3 fahrenden Schiffsstationen zur Überwachung der Küstengewässer von Nord- und Ostsee. Die ZdB sammelt die Daten der Messnetze zur Weiterleitung der bewerteten Daten an das BMU. Die Daten der Messnetze des BfS, des DWD und der Spurenmessstelle der PTB werden im BfS Freiburg vor Weiterleitung an die ZdB zusammengefasst. Die Daten der anderen Bundesbehörden werden direkt, die Daten der Bundesländer über die für die entsprechenden Umweltbereiche zuständigen Leitstellen an die ZdB geleitet.

Das BfS entwickelt das IMIS-System stetig weiter, es führt Schulungen durch 4 und richtet Fachgespräche aus. In regelmäßigen Abständen finden Abstimmungsgespräche zwischen den Vertretern und Vertreterinnen der Bundesbehörden und der Bundesländer statt.

Im Falle des Eintritts eines Ereignissens mit möglichen nicht unerheblichen ra- 5 diologischen Auswirkungen wird vom BMUV der Intensivbetrieb angeordnet.

Das BMUV richtet die Aufforderung zur Aufnahme des Intensivbetriebs direkt sowohl an die Bundesbehörden (→ § 161 Abs. 1) und die Bundesländer (→ § 162 Abs. 1). In einem radiologischen Notfall wird das IMIS ein Instrument zur Erfüllung der Aufgaben des RLZ (→ § 106 Abs. 2 Nr. 1 und 8). Die Messergebnisse und die berechneten Prognosen der zu erwartenden Strahlenbelastung bilden die Grundlage für Entscheidungen des BMUV zum Schutz der Gesundheit der Bevölkerung und der Umwelt.

§ 164   **Bewertung der Daten, Unterrichtung des Deutschen Bundestages und des Bundesrates**

(1) ¹**Das Bundesministerium für Umwelt, Naturschutz und nukleare Sicherheit bewertet die Daten zur Umweltradioaktivität. ²Die Zentralstelle des Bundes für die Überwachung der Umweltradioaktivität unterstützt es bei der Wahrnehmung dieser Aufgabe.**

(2) **Das Bundesministerium für Umwelt, Naturschutz und nukleare Sicherheit leitet dem Deutschen Bundestag und dem Bundesrat jährlich einen Bericht über die Entwicklung der Radioaktivität in der Umwelt zu.**

Schrifttum: s. Literatur zu § 161

A. Zweck und Bedeutung der Norm

1   In § 164 wird die Pflicht zur Dokumentation der ermittelten Daten festgelegt. Die Bewertung der mit IMIS erhobenen Daten setzt voraus, dass die gemäß § 161 und § 162 ermittelten und gemäß § 163 aufbereiteten Daten vollumfänglich fehlerfrei und insbesondere in einem Notfall schnellstmöglich zur Verfügung stehen. Daraus wird die aktuelle und die zu erwartende Strahlenexposition der Bevölkerung abgeleitet. Die Bewertung wird vom BfS zentral vorbereitet und mit bestehenden Expositionen durch natürliche Strahlenquellen verglichen (→ § 161 Rn. 7). Die Bewertung betrifft alle Regel- und Unregelmäßigkeiten der Messungen. Eine Terminierung der Datenübermittlung wird nicht gefordert, aber zur Bewertung bspw. einer Notfallexpositionssituation wird eine rasche Datenübermittlung angezeigt sein. Ein enger Zeittakt der Datenerhebung und der Datenübermittlung ist im Intensivbetrieb des IMIS-Systems vorgegeben (→ § 163).

B. Zuständigkeit für die Bewertung der Daten (Abs. 1)

2   Abs. 1 S. 1 bestimmt die gesetzliche Aufgabe des BMUV, die Daten zur Umweltradioaktivität zu bewerten. Dabei wird es nach Abs. 1 S. 2 unterstützt von der ZdB, die im BfS angesiedelt ist. Entsprechend den zugeordneten Aufgaben als Leitstelle werden Daten aus der allgemeinen Umweltüberwachung (→ § 161 Abs. 1 und § 162 Abs. 2) wie auch Daten der Umgebungsüberwachung kerntechnischer Anlagen (vgl. § 103 Abs. 1 StrlSchV) zusammengefasst, um die Exposition durch ionisierende Strahlung insgesamt bewerten zu können und Maßnahmen abzuleiten.

C. Unterrichtung des deutschen Bundestages und des Bundesrates (Abs. 2)

Der Bundestag und der Bundesrat werden vom BfS jährlich über den aktuellen 3
Stand der Umweltradioaktivität in Kenntnis gesetzt. Die Jahresberichte des BfS
„Umweltradioaktivität und Strahlenbelastung" sind als Informationsquelle öffentlich zugänglich.

§ 165   Betretungsrecht und Probenahme

Die Beauftragten der zuständigen Behörden sind berechtigt, Grundstücke und Betriebs- und Geschäftsräume während der Betriebs- und Arbeitszeit zu betreten, die Radioaktivität zu ermitteln und Proben zu nehmen.

A. Zweck und Bedeutung der Norm

Zum Zwecke der Probenahme gemäß den Vorgaben der **AVV-IMIS** ist den Be- 1
auftragten der zust. Bundes- und Landesbehörden der Zugang zu Grundstücken,
Betriebs- und Geschäftsräumen während der Betriebs- und Arbeitszeit zu gestatten,
um die Radioaktivitätsmessungen gemäß den Vorgaben der AVV-IMIS sowohl im
Normalbetrieb als auch im Intensivbetrieb zu ermöglichen. Welche möglichen
Auswirkungen die Ermittlung der Radioaktivität und die Probeentnahme auf die
genannten Örtlichkeiten haben, lässt sich aus den betreffenden Messanleitungen zu
den Messverfahren ableiten. § 164 trägt dem Gesetzesvorbehalt nach Art. 13 Abs. 7
GG ausreichend Rechnung, da es sowohl den Zweck als auch den Umfang des Betretungsrechts hinreichend darlegt. Das Betretungsrecht besteht nur während der
Betriebs- und Arbeitszeit, also nicht außerhalb dieser Zeiten.

Kapitel 2 – Weitere Vorschriften

§ 166 Festlegungen zur Ermittlung der beruflichen Exposition

(1) ¹Die Körperdosen einer Person aus beruflicher Exposition sind zu addieren, wenn sie nach diesem Gesetz oder einer auf dieses Gesetz gestützten Rechtsverordnung in mehreren der folgenden Bereiche zu ermitteln sind:
1. bei Tätigkeiten als beruflich exponierte Person,
2. im Zusammenhang mit Radon am Arbeitsplatz,
3. bei Sanierungs- und sonstigen Maßnahmen zur Verhinderung und Verminderung der Exposition bei radioaktiven Altlasten sowie sonstigen Betätigungen im Zusammenhang mit radioaktiven Altlasten und
4. bei anmeldebedürftigen sonstigen bestehenden Expositionssituationen.
²Für den Nachweis, dass die jeweils geltenden Grenzwerte nicht überschritten wurden, ist die Summe entscheidend.

(2) Außerhalb des räumlichen Geltungsbereichs dieses Gesetzes erfolgte Expositionen, die denen nach Absatz 1 entsprechen, sind bei der Ermittlung der beruflichen Exposition zu berücksichtigen.

A. Zweck und Bedeutung der Norm

1   § 166 enthält Festlegungen zur Ermittlung der beruflichen Exposition. Abs. 1 erfasst den Fall, dass eine Person im Zusammenhang mit ihrer Berufsausübung Expositionen aus verschiedenen Bereichen ausgesetzt – gewesen- ist (vgl. Abs. 1 S: 1 Nr. 1 bis 4) und die verschiedenen Körperdosen zu ermitteln sind (vgl. zB § 64 Abs. 1 und 2 StrlSchV bei Tätigkeiten; § 131 Abs. 1 Nr. 2 iVm § 157 StrlSchV im Zusammenhang mit Radon am Arbeitsplatz; § 145 Abs. 3 Nr. 2 iVm § 165 Abs. 1 Nr. 1 und 64 Abs. 1 bis 3 StrlSchV im Zusammenhang mit der Sanierung radioaktiver Altlasten – einschließlich der Uranerzbergbausanierung iSd § 149 – und § 159 Abs. 3 Nr. 2 iVm § 166 Abs. 1 Nr. 1 StrlSchV und § 64 Abs. 1 bis 3 StrlSchV im Zusammenhang mit anmeldebedürftigen sonstigen bestehenden Expositionssituationen). Damit wird das in § 111 Abs. 3 StrlSchV 2001 bestimmte und auch in § 31a Abs. 5 RöV angelegte **Additionsgebot** fortgesetzt, allerdings der neuen Struktur insoweit angepasst, dass bisherige „Arbeiten" nach dem StrlSchG zu den Tätigkeiten zählen sowie bestehende Expositionssituationen neu hinzugekommen sind. Die Additionspflicht gilt in den Fällen, in denen eine Pflicht zur **Dosisermittlung** besteht. Ergebnisse von **Dosisabschätzungen** sind dagegen **nicht einzubeziehen**, da diese mit erheblichen Unsicherheiten verbunden sind und in erster Linie dem Zweck dienen herauszufinden, ob eine genauere Dosisermittlung erforderlich ist (BT-Drs. 18/11241, 420).

2   Abs. 2 regelt, wann außerhalb des **räumlichen Geltungsbereichs des StrlSchG** (→ § 1 Rn. 14 ff.) **erfolgte Expositionen** bei der Ermittlung der beruflichen Exposition zu ermitteln sind. Die Regelung greift § 111 Abs. 1 S. 2 und Abs. 2 S: 3 StrlSchV 2001 und § 31a Abs. 5 S. 1 RöV auf.

B. Bisherige Regelungen

→ Rn. 1. 3

C. Addition der Körperdosen (Abs. 1)

Nach Abs. 1 S. 1 sind die Körperdosen einer Person aus beruflicher Exposition 4
(§ 2 Abs. 7) zu addieren, wenn sie nach dem StrlSchG oder der StrlSchV in mehreren der in Nr. 1 bis 4 genannten Bereiche zu ermitteln sind. Zu den Rechtsgrundlagen der Pflicht zur **Ermittlung der Körperdosis** in den genannten Bereichen
→ Rn. 1.

Nach S. 2 ist für den Nachweis, dass die jeweils geltenden Grenzwerte nicht 5
überschritten wurden, die **Summe** der ermittelten Körperdosen entscheidend.
Die Summe der ermittlungspflichtigen Körperdosen ist somit mit den jeweiligen
Grenzwerten zu vergleichen, für die sie jeweils gelten (zur teilweise entsprechenden
Geltung des § 78 im Zusammenhang mit Radon am Arbeitsplatz → § 131 Rn. 13).
Das gilt auch für den Grenzwert der Berufslebensdosis (BT-Drs. 18/11241, 421),
dort zusätzlich mit eventuellen Expositionen als Einsatzkraft (→ § 114 Rn. 12).

Verpflichtet zur Durchführung der Addition ist derjenige, der für die Einhal- 6
tung des jeweiligen Grenzwerts zu sorgen hat.

D. Berücksichtigung von im Ausland erfolgten Expositionen (Abs. 2)

Nach Abs. 2 sind außerhalb des räumlichen Geltungsbereich des StrlSchG er- 7
folgte Expositionen, die denen nach Abs. 1 **entsprechen,** bei der Ermittlung der
beruflichen Exposition zu berücksichtigen. Ziel ist nicht die Anwendung deutscher
Grenzwerte auf ausländische Expositionen, sondern die Berücksichtigung ausländischer Vorbelastungen. Relevant ist die Vorschrift also dann, wenn im Geltungsbereich des StrlSchG weitere Expositionen hinzutreten (oder hinzutreten können).
Berücksichtigungsfähig sind nur solche Expositionen, die der Verpflichtete **kannte**
und für die, wenn diese innerhalb des räumlichen Anwendungsbereichs des
StrlSchG erfolgt wären, eine **Ermittlungspflicht bestanden hätte** (BT-Drs.
18/11241, 421). Nicht (allein) relevant ist hingegen, ob am Expositionsort eine entsprechende Dosisermittlungspflicht oder ein entsprechender Grenzwert bestanden
hat. Sofern die Dosis tatsächlich nicht ermittelt wurde, sind ggfs. Schätzungen heranzuziehen. Insbesondere bei den Expositionen aus bestehenden Expositionssituationen darf kein zu hoher Anspruch an eine entsprechende Ermittlungspflicht gestellt werden, zumal wenn bspw. zum Verfahren nach §§ 127–131 (Radon am
Arbeitsplatz) am Expositionsort kein Analogon besteht. Liegt ein ausländischer
Strahlenpass iSd Nr. 3 der AVV Strahlenpass (BAnz AT 23.06.2020 B6) oder ausländische Eintragungen in einem deutschen Strahlenpass vor, sind diese vorrangig
heranzuziehen. Allein das Fehlen eines solchen Strahlenpasses bzw. solcher Eintragungen heißt aber nicht, dass keine Dosis zu berücksichtigen ist.

§ 167   Aufzeichnungs-, Aufbewahrungs- und behördliche Mitteilungspflichten für die ermittelte Körperdosis bei beruflicher Exposition

(1) Der Strahlenschutzverantwortliche, der Verpflichtete nach § 131
Absatz 1 oder § 145 Absatz 1 Satz 1 sowie der Verantwortliche nach § 115
Absatz 2 oder § 153 Absatz 1 haben für Personen, die einer beruflichen Exposition unterliegen und für die eine Messung, Ermittlung oder Abschätzung der Körperdosis vorgenommen wurde,
1. die Ergebnisse dieser Messungen, Ermittlungen oder Abschätzungen sowie Daten, die zu dieser Messung, Ermittlung oder Abschätzung dienen,
2. Familienname, Geburtsname, Vornamen, Geburtsdatum und -ort, Geschlecht, Staatsangehörigkeit (Personendaten),
3. die persönliche Kennnummer nach § 170 Absatz 3 Satz 1,
4. bei Strahlenpassinhabern die fortlaufende Nummer des Strahlenpasses
   sowie
5. die Beschäftigungsmerkmale und die Expositionsverhältnisse
unverzüglich aufzuzeichnen.

(2) Die zur Aufzeichnung Verpflichteten haben die Aufzeichnungen so
lange aufzubewahren, bis die überwachte Person das 75. Lebensjahr vollendet hat oder vollendet hätte, mindestens jedoch 30 Jahre nach Beendigung der jeweiligen Beschäftigung.

(3) [1]Die zur Aufzeichnung Verpflichteten haben die Aufzeichnungen auf
Verlangen der zuständigen Behörde vorzulegen oder bei einer von dieser zu
bestimmenden Stelle zu hinterlegen. [2] § 168 Absatz 2 bleibt unberührt. [3]Die
zur Aufzeichnung Verpflichteten haben die Ermittlungsergebnisse bei
einem Wechsel des Beschäftigungsverhältnisses dem neuen Arbeitgeber auf
Verlangen mitzuteilen, wenn weiterhin eine Beschäftigung mit beruflicher
Exposition ausgeübt wird. [4]Satz 3 gilt entsprechend für fliegendes Personal,
das in einem Luftfahrzeug eines anderen Strahlenschutzverantwortlichen
tätig wird. [5]Die zur Aufzeichnung Verpflichteten haben die Aufzeichnungen, die infolge einer Beendigung der Beschäftigung nicht mehr benötigt
werden, der nach Landesrecht zuständigen Stelle zu übergeben.

(4) [1]Die zur Aufzeichnung Verpflichteten sind verpflichtet, der zuständigen Behörde Folgendes unverzüglich zu melden:
1. Überschreitungen der Grenzwerte der Körperdosis und
2. die Körperdosen bei besonders zugelassenen Expositionen nach der
   Rechtsverordnung nach § 79 Absatz 1 Satz 2 Nummer 1.
[2]Dabei sind die Personendaten der betroffenen Personen und die ermittelte Körperdosis sowie die Gründe für eine Überschreitung der Grenzwerte der Körperdosis anzugeben. [3]Die zur Aufzeichnung Verpflichteten
sind verpflichtet, den betroffenen Personen unverzüglich die Körperdosis
mitzuteilen.

A. Zweck und Bedeutung der Norm

1   § 167 legt die Daten fest, welche die in Abs. 1 genannten Personen im Zuge der
Ermittlung der Körperdosis bei beruflicher Exposition **aufzuzeichnen** haben und

gibt zudem die Fristen für die Aufbewahrung dieser Daten sowie Mitteilungspflichten gegenüber der zust. Behörde vor. Die Regelung setzt Art. 43 Abs. 1 bis 3 RL 2013/59/Euratom um.

B. Bisherige Regelungen

Die bisherigen Regelungen waren in den §§ 42 und 103 StrlSchV sowie § 35 **2** RöV enthalten.

C. Aufzeichnungs-, Aufbewahrungs- und behördliche Mitteilungspflichten für die ermittelte Körperdosis bei beruflicher Exposition

I. Aufzeichnungspflichten (Abs. 1)

Abs. 1 legt die **Daten** fest, welche der SSV, der Verpflichtete nach § 131 Abs. 1 **3** oder § 145 Abs. 1 S. 1 sowie der Verantwortliche nach § 115 Abs. 2 oder § 153 Abs. 1 für Personen aufzuzeichnen hat, welche einer beruflichen Exposition (§ 2 Abs. 7) unterliegen und für die eine Messung, Ermittlung oder Abschätzung der Körperdosis vorgenommen wurde (zum betroffenen Personenkreis → § 170 Rn. 3 und 4). Nr. 2 enthält eine Legaldefinition von Personendaten, sa → § 170 Rn. 10. Zu der in Nr. 3 vorgesehenen persönlichen Kennnummer nach § 170 Abs. 3 S. 1 → § 170 Rn. 21 bis 31. Zu der in Nr. 4 vorgesehen fortlaufenden Nummer des Strahlenpasses → § 170 Rn. 16. Zu den in Nr. 5 vorgesehenen Beschäftigungsmerkmale und Expositionsverhältnisse → § 170 Rn. 11. Des Weiteren legt die Vorschrift fest, dass diese Daten unverzüglich – d. h. ohne schuldhaftes Verzögern – aufzuzeichnen sind.

II. Aufbewahrungspflichten (Abs. 2)

Die Vorgabe zur **Aufbewahrung** der o. g. Aufzeichnungen bis zur Vollendung **4** des 75. Lebensjahres, jedoch mindestens bis zum Ablauf von 30 Jahren nach Ende der jeweiligen Beschäftigung wurde aus § 42 Abs. 1 und § 103 Abs. 7 StrlSchV sowie § 35 Abs. 9 RöV übernommen.

III. Mitteilungspflichten (Abs. 3)

Die in S. 1 vorgesehene Vorlagepflicht der Aufzeichnungen auf Verlangen der **5** zust. Behörde ermöglicht dieser die strahlenschutzrechtliche Aufsicht und versetzt sie damit in die Lage, die **Wirksamkeit** der Strahlenschutzmaßnahmen zu bewerten (s. BT-Drs. 18/11241, 421). Aufgrund des Hinweises in S. 2, dass § 168 Abs. 2 unberührt bleibt, besteht eine Vorlagepflicht der Daten nach § 170 Abs. 2, die im Wesentlichen die Daten nach § 167 Abs. 1 abdecken, einschließlich der ermittelten Körperdosis gegenüber der zust. Behörde in jedem Fall, also nicht auf behördliches Verlangen, wenn die in Abs. 1 verpflichteten Personen sich zur Ermittlung der beruflichen Exposition keiner Messstelle bedienen. Durch die einem neuen Arbeitgeber nach S. 3 auf Verlangen vorzulegenden Ergebnisse der Ermittlung der Körperdosis soll die Einhaltung der Dosisgrenzwerte sichergestellt werden, sofern die überwachte Person weiterhin einer beruflichen Exposition ausgesetzt sein wird. Die in S. 4 vorgesehene entsprechende Anwendung dieser Vorschrift auf das fliegende Personal hat zur Folge, dass die o. g. Vorlage auch ohne einen Wechsel des Beschäftigungsverhältnisses zu erfolgen hat, sofern das fliegende Personal in einem Luftfahrzeug eines anderen Strahlenschutzverantwortlichen eingesetzt wird; auf die Ausführungen zu § 50 wird Bezug genommen. S. 5 bestimmt, dass die zur Aufzeichnung Verpflichteten die Aufzeichnungen, die infolge der Beschäftigung nicht mehr benötigt werden, der nach Landesrecht zust. Stelle übergeben müssen.

IV. Meldungen an die zust. Behörde (Abs. 4)

6   Die Vorgabe zur Meldung von Überschreitungen der Grenzwerte der Körperdosis an die zust. Behörde dient dieser einerseits zur Wahrnehmung ihrer strahlenschutzrechtlichen Aufsicht und hält andererseits den zur Aufzeichnung Verpflichteten vor Augen, dass Grenzwertüberschreitungen Ausnahmen darstellen und ggf. Konsequenzen nach sich ziehen können; dadurch entsteht bereits auf Seiten der o. g. Personen eine **Eigenmotivation** zur Durchführung von Abhilfemaßnahmen. Die in Satz 3 normierte Vorgabe zur unverzüglichen Mitteilung der Körperdosis an die betroffenen Personen unterstreicht diese Intention; die betroffenen Personen sollen sich der Grenzwertüberschreitung bewusst sein und können auf diese Weise – wenn auch nur eingeschränkt – nachvollziehen, ob in ihrer Angelegenheit wirksame Abhilfemaßnahmen ergriffen werden bzw. wurden.

7   Die Meldung der Körperdosis bei **besonders zugelassenen Expositionen** steht am Ende einer Exposition, welcher die zust. Behörde bereits im Vorfeld zugestimmt hat (§ 74 StrlSchV). Dementsprechend sind der zust. Behörde in diesen Fällen – im Gegensatz zur Überschreitung der Grenzwerte der Körperdosis – die Personendaten sowie Gründe für die erhöhte Exposition bereits bekannt. Die in S. 4 bestimmte Pflicht zur Mitteilung der Körperdosis an die betroffene Person besteht auch hier.

V. Zuwiderhandlungen

8   Die Mitteilung der Ermittlungsergebnisse bei Wechsel des Beschäftigungsverhältnisses nach Abs. 3 S. 3 ist nach **§ 194 Abs. 1 Nr. 5,** die Meldung von Grenzwertüberschreitungen der Körperdosis oder der Körperdosen bei besonders zugelassenen Expositionen nach Abs. 4 S. 1 ist nach § **194 Abs. 1 Nr. 36,** die Fertigung der Aufzeichnung nach Abs. 1 ist nach **§ 194 Abs. 1 Nr. 38** und deren Vorlage oder Hinterlegung nach Abs. 3 S. 1 ist nach **§ 194 Abs. 1 Nr. 39** bußgeldbewehrt.

§ 168   **Übermittlung der Ergebnisse der Ermittlung der Körperdosis**

(1) ¹**Der Strahlenschutzverantwortliche, der Verpflichtete nach § 131 Absatz 1 oder § 145 Absatz 1 Satz 1 sowie der Verantwortliche nach § 115 Absatz 2 oder § 153 Absatz 1 haben, soweit sie sich einer Messstelle nach § 169 Absatz 1 zur Ermittlung der beruflichen Exposition bedienen, dieser Messstelle die Daten nach § 170 Absatz 2 Nummer 1 bis 7 derjenigen Personen zur Verfügung zu stellen, für die die Körperdosis ermittelt werden soll. ²Der zuständigen Behörde sind die Angaben nach Satz 1 sowie die ermittelte Körperdosis auf Verlangen vorzulegen.**

(2) **Soweit sich die nach Absatz 1 zur Übermittlung Verpflichteten zur Ermittlung der beruflichen Exposition keiner Messstelle nach § 169 Absatz 1 bedienen, haben sie die Daten nach § 170 Absatz 2 einschließlich der ermittelten Körperdosis der zuständigen Behörde vorzulegen.**

A. Zweck und Bedeutung der Norm

§ 168 verpflichtet die nach § 167 zur Aufzeichnung Verpflichteten zur **1** **Übermittlung** der in das Strahlenschutzregister einzutragenden Daten über die berufliche Exposition nach § 170 Abs. 2 Nr. 1 bis 7 an die Messstelle (Abs. 1) oder an die zust. Behörde (Abs. 2). Die Qualität der letztlich im Strahlenschutzregister zu speichernden Daten und somit auch das dadurch erreichbare Schutzniveau ist maßgeblich abhängig von der Qualität jener Daten, welche zuvor an die Messstelle bzw. an die zust. Behörde übermittelt werden. Demzufolge ist bereits dieser Übermittlung an die Messstelle bzw. an die zust. Behörde eine besondere Bedeutung beizumessen.

B. Bisherige Regelungen

Die bisherigen Regelungen zur Übermittlung der Daten an die Messstelle bzw. **2** an die zust. Behörde waren in der StrlSchV (2001) in § 41 Abs. 4 und Abs. 6, § 96 Abs. 3 S. 1 sowie § 103 Abs. 8 S. 1 enthalten.

C. Übermittlung der Ergebnisse der Ermittlung der Körperdosis

I. Ermittlung der Körperdosis durch eine Messstelle (Abs. 1)

Abs. 1 S. 1 regelt die Übermittlung der Daten nach § 170 Abs. 2 Nr. 1 bis 7 an die **3** Messstelle, sofern sich der SSV, der Verpflichtete oder der Verantwortliche zur Ermittlung der Körperdosis einer solchen bedient. In diesem Fall stellt die Messstelle **Dosimeter** zur Verfügung, mit denen die Personendosis gemessen wird (die Messung der Personendosis dient der Ermittlung der Körperdosis, vgl. § 65 StrlSchV). 66 Abs. 3 StrlSchV sieht vor, dass die Dosimeter jeweils nach Ablauf eines Monats oder, wenn die zust. Behörde dies gestattet hat, in Zeitabständen bis zu drei Monaten bei der Messstelle einzureichen sind. Die Messstelle übermittelt gemäß § 170 Abs. 4 S. 1 Nr. 1 die Daten dem Strahlenschutzregister. Abs. 1 S. 2 sieht eine Vorlagepflicht an die zust. Behörde auf deren Verlangen vor.

II. Ermittlung der Körperdosis ohne Messstelle (Abs. 2)

Abs. 2 regelt die Übermittlung der Daten nach § 170 Abs. 2 an die zust. Behörde **4** für den Fall, dass sich der nach Abs. 1 zur Übermittlung Verpflichtete **keiner Messstelle** bedient. Dies trifft insbesondere auf das fliegende Personal zu, da zur Ermittlung der Körperdosis des fliegenden Personals ein von der zust. Behörde anerkanntes Rechenprogramm oder ein geeignetes Messgerät verwendet wird (§ 50 Abs. 3 Nr. 4; § 67 Abs. 1 StrlSchV) Die Ermittlungsergebnisse müssen nach § 67 Abs. 3 StrlSchV spätestens sechs Monate nach dem Einsatz vorliegen und unverzüglich, dh ohne schuldhaftes Zögern, dem LBA als zust. Behörde vorgelegt werden. Auch beim raumfahrenden Personal ist die Ermittlung der Körperdosis ohne Heranziehung einer Messstelle denkbar. Nach § 76 S. 1 StrlSchV ist die Körperdosis, die das raumfahrende Personal während des Einsatzes durch kosmische Strahlung erhält, durch ein für die besonderen Expositionsbedingungen geeignetes Verfahren zu ermitteln.

III. Zuwiderhandlungen

5   Die Zurverfügungstellung der Daten an die Messstellen nach Abs. 1 S. 1 ist nach § 194 Abs. 1 Nr. 40, die Vorlagepflicht an die zust. Behörden nach Abs. 1 S. 2 und Abs. 2 nach § 194 Abs. 1 Nr. 41 bußgeldbewehrt.

§ 169   Bestimmung von Messstellen; Verordnungsermächtigung

(1) **Die zuständige Behörde bestimmt Messstellen für die Ermittlung der beruflichen Exposition**
1. **durch äußere Exposition bei Tätigkeiten,**
2. **durch innere Exposition bei Tätigkeiten,**
3. **der Einsatzkräfte durch ihren Einsatz in einer Notfallexpositionssituation oder einer anderen Gefahrenlage,**
4. **durch Radon am Arbeitsplatz,**
5. **im Zusammenhang mit Maßnahmen bei radioaktiven Altlasten und**
6. **bei sonstigen bestehenden Expositionssituationen.**

(2) **Eine Messstelle darf nur bestimmt werden, wenn**
1. **sie über ausreichend Personal zur Ausführung ihrer Aufgaben verfügt und ihr Personal, insbesondere die Leitung der Messstelle und die weiteren leitenden Fachkräfte, die erforderliche Qualifikation, Eignung und Erfahrung besitzt,**
2. **sie über die erforderlichen Verfahren zur Ermittlung der Exposition verfügt,**
3. **sie über die zur Ausführung ihrer Aufgaben erforderliche räumliche und technische Ausstattung, insbesondere die erforderlichen Messgeräte, verfügt,**
4. **sie ein angemessenes Qualitätsmanagementsystem betreibt und**
5. **keine Tatsachen vorliegen, aus denen sich Bedenken gegen die Zuverlässigkeit des Leiters der Messstelle oder der weiteren leitenden Fachkräfte ergeben, und die Messstelle über die erforderliche Unabhängigkeit verfügt.**

(3) ¹**Die Messstelle hat die Ergebnisse der Ermittlung der beruflichen Exposition aufzuzeichnen und sie der jeweiligen Person nach § 168 Absatz 1, die die Messung veranlasst hat, schriftlich mitzuteilen.** ²**Die Messstelle hat die Aufzeichnungen nach der Ermittlung fünf Jahre lang aufzubewahren.** ³**Sie hat der für die Person nach Satz 1 zuständigen Behörde auf Verlangen oder wenn sie es auf Grund der Ergebnisse ihrer Ermittlungen für erforderlich hält, diese Ergebnisse einschließlich der Daten nach § 168 Absatz 1 unverzüglich mitzuteilen.**

(4) **Die Bundesregierung wird ermächtigt, durch Rechtsverordnung mit Zustimmung des Bundesrates festzulegen,**

1. wie die Anforderungen nach Absatz 2 unter Berücksichtigung der verschiedenen Expositionen nach Absatz 1 näher auszugestalten sind,
2. welche Aufgaben die behördlich bestimmten Messstellen im Zusammenhang mit der Ermittlung der Exposition wahrnehmen,
3. dass die behördlich bestimmten Messstellen der Qualitätssicherung unterliegen, welche Stellen diese ausführen und wie diese ausgeführt wird,
4. welche Informationen zusätzlich zu den Informationen nach § 168 Absatz 1 den Messstellen zum Zweck der Ermittlung der Exposition sowie der Überwachung der Dosisgrenzwerte der jeweils überwachten Person und der Beachtung der Strahlenschutzgrundsätze zu Vorsorge- und Überwachungsmaßnahmen zur Verfügung zu stellen sind,
5. welche weiteren Aufzeichnungs-, Aufbewahrungs-, Mitteilungs- und Vorlagepflichten die Messstellen im Zusammenhang mit der Wahrnehmung ihrer Aufgaben haben und
6. dass und unter welchen Voraussetzungen die Bestimmung einer Messstelle befristet werden kann.

Schrifttum: *Bleckmann,* Die Anerkennung der Hoheitsakte eines anderen Landes im Bundesstaat, NVwZ 1986, 1.

A. Zweck und Bedeutung der Norm

Behördlich bestimmte Messstellen spielen eine zentrale Rolle im Bereich des beruflichen Strahlenschutzes. Sie sollen eine mit der erforderlichen Qualität und Unabhängigkeit ausgeführte **Ermittlung der beruflichen Exposition** gewährleisten. Die Regelungen dienen gleichzeitig der Umsetzung von Art. 4 Nr. 24, Art. 35 Abs. 2, Art. 79 Abs. 1 lit. b und Abs. 2, Art. 81 sowie Art. 100 Abs. 3 RL 2013/59/ Euratom. **1**

§ 169 trifft erstmals **bundeseinheitliche Regelungen** zur Bestimmung von Messstellen und legt die an behördlich bestimmte Messstellen zu stellenden Anforderungen einheitlich und verbindlich fest. Damit haben behördliche Bestimmungen von Messstellen **bundesweite Geltung.** Denn es liegt im Wesen des landeseigenen Vollzugs von Bundesgesetzen, dass der zum Vollzug eines Bundesgesetzes ergangene VA eines Landes grds. im ganzen Bundesgebiet Geltung hat (BVerfG NJW 1960, 907 (908 f.)). **2**

B. Bisherige Rechtslage

Vor Inkrafttreten des StrlSchG richtete sich die Bestimmung von Messstellen nach § 41 Abs. 1 S. 4 StrlSchV 2001 bzw. § 35 Abs. 4 S. 2 RöV. Danach „bestimmte" die zust. Behörde Personendosis- und – im Anwendungsbereich der StrlSchV 2001 – auch Inkorporationsmessstellen. Aus der Formulierung „bestimmt" wird nicht deutlich, ob die Entscheidung über die Bestimmung im pflichtgemäßen Ermessen der Behörde stand oder ob es sich um eine gebundene Entscheidung handelte. Laut Begründung zur StrlSchV 2001 sollte mit der gewählten Formulierung klar gestellt werden, dass die zust. Behörde Personendosis- und Inkorporationsmessstellen zu bestimmen hat (BR-Drs. 207/01, 243). Im gleichen Atemzug wurde aber in der Begründung zu § 41 Abs. 3 StrlSchV 2001 ausgeführt, dass die zust. Be- **3**

hörde eine oder mehrere Messstellen bestimmen „kann" und eine Einrichtung nur
als Messstelle bestimmt werden „darf", wenn sie nachweist, dass sie auf Grund ihrer
sachlichen und personellen Ausstattung in der Lage ist, ihren Auftrag sachgerecht zu
erfüllen (BR-Drs. 207/01, 243). Weder Wortlaut noch Begründung sind daher aussagekräftig. Da die Voraussetzungen für die Bestimmung als Messstelle nicht näher
geregelt waren, sondern § 41 Abs. 1 S. 4 StrlSchV 2001 und § 35 Abs. 4 S. 2 RöV
die zust. Behörde lediglich zur Bestimmung von Messstellen ermächtigten, stand
die Entscheidung über die Bestimmung im Zweifel in deren **Ermessen** (vgl. *Ramsauer* in Kopp/Ramsauer VwVfG § 40 Rn. 32 mwN).

4   Abs. 3 entspricht – zumindest teilweise – § 41 Abs. 7 StrlSchV 2001 und § 35
Abs. 7 S. 3 bis 5 RöV. Weitere, § 41 Abs. 1 Nr. 2, Abs. 4 S. 1 Hs. 2, Abs. 6 S. 1,
Abs. 7 S. 1 und 2 sowie Abs. 8 StrlSchV 2001 und § 35 Abs. 7 S. 1 H. 2, S. 3 sowie
Abs. 10 RöV entsprechende Regelungen finden sich auf Verordnungsebene und
beruhen auf der Ermächtigung in Abs. 4 Nr. 2, 3 und 4 (→ Rn. 17).

C. Arten von Messstellen (Abs. 1)

5   Abs. 1 listet Messstellen für die Ermittlung verschiedener Arten beruflicher Expositionen auf. Abs. 1 Nr. 1 regelt die Bestimmung von **Personendosismessstellen** und Abs. 1 Nr. 2 von **Inkorporationsmessstellen.** Insofern wird altes Recht
fortgesetzt. Neu ist die Bestimmung von Messstellen nach Abs. 1 Nr. 3 bis 6. Die
Bestimmung von Messstellen nach Abs. 1 Nr. 3 ist erforderlich, weil der nach
§ 115 Abs. 2 für den Schutz der Einsatzkräfte im Notfalleinsatz Verantwortliche
gem. § 150 Abs. 1 StrlSchV für die Ermittlung oder Abschätzung der Exposition
zu sorgen hat, der eine Einsatzkraft bei **Einsätzen in einer Notfallexpositionssituation** oder zur Bekämpfung einer anderen Gefahrenlage ausgesetzt ist. Erfolgt
die Ermittlung oder Abschätzung der Exposition durch eine Messung der Personendosis der Einsatzkraft nach § 150 Abs. 1 S. 2 Nr. 1 StrlSchV, ist gem. § 150
Abs. 4 S. 1 iVm § 66 Abs. 1 StrlSchV eine nach § 169 bestimmte Messstelle einzubinden. Das Gleiche gilt für die Inkorporationsmessung nach § 150 Abs. 2
StrlSchV. Der Bestimmung einer Messstelle nach Abs. 1 Nr. 4 bedarf es, weil gem.
§ 157 Abs. 1 StrlSchV die Ermittlung der Körperdosis im Zusammenhang mit
einer **Exposition durch Radon am Arbeitsplatz** durch eine Messstelle nach
Abs. 1 Nr. 4 zu erfolgen hat, sofern die Exposition Maßnahmen des beruflichen
Strahlenschutzes erfordert. Messstellen nach Abs. 1 Nr. 5 und 6 sind erforderlich,
weil nach § 165 Abs. 1 Nr. 1 und § 166 Abs. 1 Nr. 1, jeweils iVm § 64 Abs. 1
StrlSchV, zum Schutz der Arbeitskräfte bei **radioaktiven Altlasten** und bei **sonstigen bestehenden Expositionssituationen** die Ermittlung der Körperdosis
vorgeschrieben ist, bei der den Regelungen des beruflichen Strahlenschutzes entsprechend eine nach § 169 bestimmte Messstelle einzubinden ist. Gleiches gilt für
die Inkorporationsmessung. Auch diese ist nach § 165 Abs. 1 Nr. 1 und § 166
Abs. 1 Nr. 1, jeweils iVm § 65 Abs. 4 StrlSchV, von einer nach § 169 bestimmten
Messstelle durchzuführen.

6   Bei den zu bestimmenden Messstellen kann es sich sowohl um **private als auch**
um **öffentlich-rechtliche Einrichtungen** handeln. Möglich ist auch die Bestimmung einer Messstelle für mehrere der Abs. 1 aufgeführte Expositionsbereiche.
Dies dürfte auch der Regelfall sein, da insbes. die Aufgaben nach Abs. 1 Nr. 3 bis 6
keine eigenständigen Messstellen rechtfertigen werden und die erforderliche Ausstattung teilweise identisch ist (BT-Drs. 18/11241, 422).

Aus dem Wortlaut („bestimmt") folgt nicht bereits, dass die Bestimmung einer 7 Messstelle eine gebundene Entscheidung darstellt (vgl. zur parallelen Problematik bei behördlich bestimmten Sachverständigen → § 172 Rn. 4). Verglichen mit Abs. 2, wonach eine Messstelle nur bestimmt werden „darf", wenn die dort genannten Anforderungen erfüllt sind (→ Rn. 9), muss Abs. 1 vielmehr so verstanden werden, dass dieser lediglich die verschiedenen Arten von Messstellen für die Ermittlung der beruflichen Exposition aufzählt, ohne eine Aussage darüber zu treffen, ob die zust. Behörde zur Bestimmung einer Messstelle verpflichtet ist.

D. Bestimmungsvoraussetzungen (Abs. 2)

Abs. 2 legt die Anforderungen, die eine Messstelle erfüllen muss, um von der zust. 8 Behörde bestimmt zu werden, bundeseinheitlich fest (→ Rn. 2). Die Regelung dient der Umsetzung von Art. 79 Abs. 2 iVm Abs. 1 lit. b RL 2013/59/Euratom. Danach ist der nationale Gesetzgeber verpflichtet, die Bestimmungsvoraussetzungen auf gesetzlicher Ebene verbindlich und einheitlich zu regeln. Die Anforderungen gelten abstrakt und **für alle Expositionsarten** nach Abs. 1 gleichermaßen. Sie gewährleisten ein einheitlich hohes Qualitätsniveau der Arbeit der Messstellen. Inhaltlichen Unterschieden soll auf Verordnungsebene Rechnung getragen werden. Hierfür sieht Abs. 4 Nr. 1 eine entsprechende Verordnungsermächtigung vor, von der allerdings bisher kein Gebrauch gemacht wurde.

Fraglich ist, ob Abs. 2 der zust. Behörde Ermessen hinsichtlich der Bestimmung 9 einer Messstelle einräumt. Dies ist durch Auslegung zu ermitteln (vgl. *Aschke* in BeckOK VwVfG § 40 Rn. 34; *Ramsauer* in Kopp/Ramsauer VwVfG § 40 Rn. 30; *Sachs* in SBS VwVfG § 40 Rn. 21 ff.). Der Wortlaut („darf nur") spricht zunächst für eine Ermessensentscheidung. Davon geht auch die Gesetzesbegründung aus (BT-Drs. 18/11241, 423). Bei der Frage, ob die Bestimmung im Ermessen der Behörde steht, sind aber auch Sinn und Zweck der Norm zu berücksichtigen. Durch die Bestimmung von Messstellen soll eine qualitätsgesicherte und mit der erforderlichen Unabhängigkeit ausgeführte Ermittlung der beruflichen Exposition ermöglicht werden (BT-Drs. 18/11241, 422). Um dies zu gewährleisten, werden in Abs. 2 verbindliche und ausdifferenzierte Anforderungen an eine zu bestimmende Messstelle festgelegt, anhand derer die zust. Behörde zu beurteilen hat, ob die Messstelle in der Lage ist, ihre Aufgaben mit der erforderlichen Qualität und Unabhängigkeit durchzuführen. Sind diese Bestimmungsvoraussetzungen und damit der Zweck des Abs. 2 erfüllt, bleibt für Ermessenserwägungen kein Raum. Abs. 2 ist daher vielmehr so zu verstehen, dass der zust. Behörde lediglich die Befugnis eingeräumt wird, eine Messstelle zu bestimmen. Sind die Bestimmungsvoraussetzungen erfüllt, ist die Behörde zur Bestimmung verpflichtet. Es handelt sich um die Befugnisnorm mit strikt verpflichtendem Inhalt (vgl. *Sachs* in SBS VwVfG § 40 Rn. 23 mwN). Dieses Ergebnis steht auch im Einklang mit dem Recht auf freie Berufsausübung. Denn eine **strikte Gesetzesbindung** ist immer dann anzunehmen, wenn das Gesetz – wie hier – die Zulassung eines bereits von den Freiheitsgewährleistungen der Grundrechte erfassten Verhaltens von einer präventiven Zulassungsentscheidung abhängig macht (*Ramsauer* in Kopp/Ramsauer VwVfG § 40 Rn. 33). Somit besteht bei Erfüllung der Bestimmungsvoraussetzungen ein **Anspruch auf Bestimmung.**

In Bezug auf Personendosis- und Inkorporationsmessstellen sind bisher im **un- 10 tergesetzlichen Regelwerk** Anforderungen an die zu bestimmenden Messstellen enthalten, auf die zur Konkretisierung der gesetzlichen Bestimmungsvoraussetzungen in Abs. 2 zurückgegriffen werden kann. So macht die RL über Anforderungen an Personendosismessstellen nach Strahlenschutz- und Röntgenverordnung vom 10. 12. 2001 (GMBl. 2002, 136) in Kap. 7 und 8 Vorgaben zur technischen, personellen und räumlichen Ausstattung sowie zum Qualitätsmanagementsystem von Personendosismessstellen. Für Inkorporationsmessstellen stellt die RL für die physikalische Strahlenschutzkontrolle zur Ermittlung der Körperdosen, Teil 2: Ermittlung der Körperdosis bei innerer Strahlenexposition (Inkorporationsüberwachung) vom 12. 1. 2007 (GMBl. 623) in Kap. 4 Anforderungen an Messstellen sowie an Analysen- und Messverfahren auf. Als untergesetzliches Regelwerk sind diese RL aber weder für die zust. Behörden noch für Dritte verbindlich. Letztlich entscheidet allein die zust. Behörde über das Vorliegen der Bestimmungsvoraussetzungen nach Abs. 2.

11   Es bestehen Bedenken gegen die von Abs. 2 Nr. 5 geforderte **Zuverlässigkeit** des Leiters der Messstelle oder der weiteren leitenden Fachkräfte, wenn Tatsachen vorliegen, aus denen sich Zweifel ergeben, dass diese auf Grund ihrer persönlichen Eigenschaften, ihres Verhaltens oder ihrer Fähigkeiten zur ordnungsgemäßen Erfüllung der ihnen obliegenden Aufgaben geeignet sind (allgemein zur Zuverlässigkeit → § 13 Rn. 16 ff.). Die Zuverlässigkeitsprüfung stellt eine tatsachengestützte Prognoseentscheidung dar und erfordert idR eine Würdigung der Gesamtumstände des Einzelfalls. Um zu beurteilen, ob die Messstelle über die nach Abs. 2 Nr. 5 ebenfalls erforderliche (fachliche) **Unabhängigkeit** verfügt, kann zur Orientierung auf die für Sachverständige nach § 180 Abs. 1 und 3 StrlSchV geltenden Maßstäbe zurückgegriffen werden.

12   **Widerruf und Rücknahme** der Bestimmung einer Messstelle richten sich nach § 179 Abs. 1 Nr. 1 iVm § 17 Abs. 2 bis 5 AtG (→ § 179 Rn. 13 ff.), wobei § 17 Abs. 4 AtG keine Rolle spielt. Von großer Bedeutung dürften in der Praxis die Widerrufsgründe in § 17 Abs. 3 Nr. 2 und 3 AtG sein. Danach ist ein Widerruf ua dann möglich, wenn eine der Bestimmungsvoraussetzungen nach Abs. 2 später weggefallen ist und nicht in angemessener Zeit Abhilfe geschaffen wird. Ein Widerruf der Bestimmung kommt nach § 179 Abs. 1 Nr. 1 iVm § 17 Abs. 3 Nr. 3 AtG insbes. dann in Betracht, wenn die Messstelle erheblich oder wiederholt gegen die ihr nach StrlSchG oder StrlSchV (zB § 172 Abs. 3 S. 1 StrlSchV) obliegenden Pflichten verstößt.

E. Pflichten (Abs. 3)

13   Wie die Vorgängerregelungen (→ Rn. 4) sieht auch Abs. 3 S. 1 eine **Pflicht zur Aufzeichnung** der Ergebnisse der Ermittlung der beruflichen Exposition **und zur Mitteilung** dieser Ergebnisse an die Person, die der Messung veranlasst hat, vor. Die Regelung bildet das Gegenstück zu § 168 Abs. 1. Die Aufzeichnungs- und Mitteilungspflicht umfasst dabei nicht nur die Ergebnisse der Ermittlung der beruflichen Exposition, sondern der guten wissenschaftlichen Praxis entsprechend auch die Festlegungen zu Art, Umfang und Durchführung der Überwachung sowie die das Dosisberechnungsverfahren und die Ergebnisse der Ermittlung der beruflichen Exposition beeinflussenden Informationen. Der Wortlaut von Abs. 3 S. 1 ist insoweit zu eng gefasst. Die Norm ist ihrem Sinn und Zweck entsprechend erweiternd auszulegen. Die beschriebenen Daten sind nämlich die Grundlage dafür, das Ergebnis der Ermittlung der beruflichen Exposition auch zukünftig nachvollziehen zu können. Eine isolierte Aufzeichnung nur des Ergebnisses der Ermittlung der beruflichen Exposition griffe daher zu kurz. Die zusätzlichen Informationen sind letztlich auch für die zust. Behörde von Bedeutung, damit sie ihre Aufsichtspflicht umfassend und effektiv wahrnehmen kann.

Abs. 3 S. 2 sieht eine fünfjährige **Aufbewahrungspflicht** für die Aufzeichnungen vor. Eine Löschpflicht ist explizit nicht vorgesehen (BT-Drs. 18/11241, 423). Damit gelten für die Löschung der Aufzeichnungen nach Abs. 3 S. 1 die allgemeinen datenschutzrechtlichen Bestimmungen, insbes. Art. 17 DSGVO. **14**

Die Mitteilungspflicht nach Abs. 3 S. 3 gilt ggü. der Behörde, die die Aufsicht über die Person nach § 168 Abs. 1, die die Messung veranlasst hat, führt. Durch die **Pflicht zur unverzüglichen Mitteilung** der Ergebnisse der Ermittlungen der beruflichen Exposition einschließlich der Daten nach § 168 Abs. 1, wenn es die Messstelle aufgrund dieser Ergebnisse für erforderlich hält, soll die zust. Behörde zeitnah über erhöhte Expositionen informiert und ihr somit ein aufsichtliches Handeln ermöglicht werden (BT-Drs. 18/11241, 424). Eine von der Messstelle ausgehende Mitteilung an die zust. Behörde kann insbes. bei festgestellten Grenzwertüberschreitungen angezeigt sein oder wenn auf Grund unsachgemäßer Handhabung von Personendosimetern eine Auswertung nicht oder nur unvollständig möglich ist. Konkretisierungen der Mitteilungspflicht enthält zB Kap. 5 der RL über Anforderungen an Personendosismessstellen nach Strahlenschutz- und Röntgenverordnung vom 10. 12. 2001 (GMBl. 2002, 136). Die Mitteilungspflicht umfasst dabei nicht nur das reine Ergebnis der Ermittlung der beruflichen Exposition, sondern auch weitere Informationen, die für die Nachvollziehbarkeit des Ergebnisses von Bedeutung sind (→ Rn. 13). **15**

F. Verordnungsermächtigung (Abs. 4)

Abs. 4 ermächtigt den Gesetzgeber, ergänzende und konkretisierende Regelungen für Messstellen auf Verordnungsebene vorzusehen. Von den Ermächtigungen in Abs. 4 Nr. 1, 5 und 6 wurde allerdings bisher kein Gebrauch gemacht. Mangels einer speziellen gesetzlichen Regelung auf VO-Ebene steht die **Befristung** der Bestimmung – anders als die Bestimmung von Sachverständigen (→ § 172 Rn. 17) – daher nach § 179 Abs. 1 Nr. 1 iVm § 17 Abs. 1 S. 4 AtG im pflichtgemäßen Ermessen der zust. Behörde. **16**

Auf der Ermächtigung in Abs. 4 Nr. 2 beruht ua die Regelung in § 172 Abs. 1 StrlSchV, die zugleich der Umsetzung von Art. 81 RL 2013/59/Euratom dient. § 172 Abs. 1 StrlSchV führt zunächst die Regelung aus § 41 Abs. 7 S. 1 Hs. 1 Alt. 1 StrlSchV 2001 fort und erweitert diese auf den beruflichen Strahlenschutz im Zusammenhang mit der Bewältigung radioaktiver Altlasten und anmeldungsbedürftiger sonstiger bestehender Expositionssituationen sowie vor Radon an Arbeitsplätzen in Innenräumen. Ebenfalls auf Abs. 4 Nr. 2 gestützt ist die Regelung in § 172 Abs. 2 StrlSchV. Abs. 4 Nr. 3 bildet die Ermächtigungsgrundlage für § 172 Abs. 3 StrlSchV, der die Regelungen aus § 41 Abs. 8 StrlSchV 2001 und § 35 Abs. 10 RöV fortführt. Obwohl sich die Zuständigkeit der PTB bereits aus § 187 Abs. 1 Nr. 2 ergibt (→ § 187 Rn. 5), wurde der Vollständigkeit halber eine entsprechende Regelung in § 172 Abs. 3 StrlSchV aufgenommen (BR-Drs. 423/18, 478f.). Die Regelung zur Zuständigkeit des BfS lässt sich neben Abs. 4 Nr. 3 auch auf § 185 Abs. 2 Nr. 6 stützen. Auf die Verordnungsermächtigung in Abs. 4 Nr. 4 sind ua die Regelungen in § 66 Abs. 3 S. 1 Nr. 2 und § 157 Abs. 3 S. 2 Nr. 2 StrlSchV gestützt. **17**

§ 170   Strahlenschutzregister; Verordnungsermächtigung

(1) Daten über berufliche Expositionen, die auf Grund dieses Gesetzes oder einer auf diesem Gesetz gestützten Rechtsverordnung erhoben werden, werden zum Zweck der Überwachung von Dosisgrenzwerten und der Beachtung der Strahlenschutzgrundsätze, zur Prüfung des Bestehens eines Anspruchs gegen einen Träger der gesetzlichen Unfallversicherung sowie zum Zweck der wissenschaftlichen Forschung im Bereich des Strahlenschutzes in einem beim Bundesamt für Strahlenschutz eingerichteten Register (Strahlenschutzregister) erfasst.

(2) In das Strahlenschutzregister werden die folgenden Daten eingetragen:
1. die persönliche Kennnummer nach Absatz 3,
2. die jeweiligen Personendaten,
3. Beschäftigungsmerkmale und Expositionsverhältnisse,
4. die Betriebsnummer des Beschäftigungsbetriebs,
5. Name und Anschrift des Strahlenschutzverantwortlichen, des Verpflichteten nach § 131 Absatz 1 und § 145 Absatz 1 Satz 1 sowie des Verantwortlichen nach § 115 Absatz 2 und § 153 Absatz 1,
6. Angaben über einen nach einer auf dieses Gesetz gestützten Rechtsverordnung registrierten Strahlenpass,
7. Angaben über die zuständige Behörde und
8. die nach diesem Gesetz oder einer auf dieses Gesetz gestützten Rechtsverordnung ermittelte Körperdosis infolge einer beruflichen Exposition, die Expositionsbedingungen sowie die Feststellungen der zuständigen Behörde hinsichtlich dieser Körperdosis und der Expositionsbedingungen.

(3) ¹Zur eindeutigen Zuordnung der Eintragungen nach Absatz 2 vergibt das Bundesamt für Strahlenschutz für jede Person, für die Eintragungen vorgenommen werden, eine persönliche Kennnummer. ²Die persönliche Kennnummer ist mittels nicht rückführbarer Verschlüsselung aus der Versicherungsnummer nach § 147 des Sechsten Buches Sozialgesetzbuch abzuleiten, die der jeweiligen Person zugeordnet ist. ³Die Versicherungsnummer ist nach Ableitung der Kennnummer zu löschen. ⁴Ist einer Person bereits eine andere Identifikationsnummer zugeordnet, die eine zuständige Stelle außerhalb des Geltungsbereichs dieses Gesetzes vergeben hat, und ist diese Identifikationsnummer für die Verwendung im Strahlenschutzregister geeignet, so kann das Bundesamt für Strahlenschutz diese Identifikationsnummer als persönliche Kennnummer verwenden. ⁵Für eine Person, der weder eine Versicherungsnummer noch eine Identifikationsnummer zugeordnet ist, vergibt das Bundesamt für Strahlenschutz auf der Basis der Personendaten eine persönliche Kennnummer.

(4) ¹Die Daten nach Absatz 2 werden dem Strahlenschutzregister übermittelt durch
1. die Messstellen nach § 169,
2. die zuständigen Behörden oder
3. den Strahlenschutzverantwortlichen, den Verpflichteten nach § 131 Absatz 1 oder § 145 Absatz 1 Satz 1, den Verantwortlichen nach § 115 Absatz 2 oder § 153 Absatz 1.

[2]Die Personen nach Nummer 4 übermitteln dem Strahlenschutzregister zur Erzeugung der persönlichen Kennnummer die Versicherungsnummer oder Identifikationsnummer nach Absatz 3 zusätzlich zu den für die Zuordnung erforderlichen Daten nach Absatz 2.

(5) [1]Auskünfte aus dem Strahlenschutzregister werden erteilt, soweit dies für die Wahrnehmung der Aufgaben des Empfängers erforderlich ist,
1. einer zuständigen Behörde,
2. einer Messstelle nach § 169,
3. auf Antrag einem Strahlenschutzverantwortlichen, Verpflichteten nach § 131 Absatz 1 oder § 145 Absatz 1 Satz 1, Verantwortlichen nach § 153 Absatz 1 über Daten, die bei ihm beschäftigte Personen betreffen,
4. auf Antrag einem Verantwortlichen nach § 115 Absatz 2 über Daten für Personen, für die er verantwortlich ist,
5. auf Antrag einem Träger der gesetzlichen Unfallversicherung über Daten, die bei ihm versicherte Personen betreffen.

[2]Das Bundesamt für Strahlenschutz kann den in Satz 1 Nummer 1 und 2 genannten Behörden und Messstellen die Daten nach Absatz 2 sowie Auswertungen aus diesen Daten auch durch automatisierte Abrufverfahren übermitteln, soweit die Daten zur Wahrnehmung der Aufgaben der abrufenden Behörden und Messstellen erforderlich sind. [3]Die in Satz 1 Nummer 1 und 2 genannten Behörden dürfen die Daten nach Satz 2 im automatisierten Verfahren beim Bundesamt für Strahlenschutz abrufen, soweit dies für die Wahrnehmung ihrer Aufgaben erforderlich ist. [4]Die zuständige Behörde kann Auskünfte aus dem Strahlenschutzregister an einen Strahlenschutzverantwortlichen, Verpflichteten oder Verantwortlichen, an deren Strahlenschutzbeauftragten sowie an ermächtigte Ärzte nach § 79 Absatz 1 Satz 2 Nummer 9 Buchstabe a weitergeben, soweit dies zur Wahrnehmung ihrer Aufgaben erforderlich ist.

(6) [1]Die Übermittlung der im Strahlenschutzregister gespeicherten personenbezogenen Daten zu Zwecken der wissenschaftlichen Forschung (Forschungszwecken) an Dritte ist nur unter den Voraussetzungen der Absätze 7 und 8 zulässig. [2]Soweit die betroffenen Personen nicht in die Veröffentlichung der sie betreffenden Daten eingewilligt haben, dürfen Forschungsergebnisse nur anonymisiert veröffentlicht werden. [3]Auch nach dem Tod der betroffenen Personen sind die Bestimmungen des Bundesdatenschutzgesetzes und der Verordnung (EU) 2016/679 des Europäischen Parlaments und des Rates vom 27. April 2016 zum Schutz natürlicher Personen bei der Verarbeitung personenbezogener Daten, zum freien Datenverkehr und zur Aufhebung der Richtlinie 95/46/EG (Datenschutz-Grundverordnung) (ABl. L 119 vom 4.5.2016, S. 1; L 314 vom 22.11.2016, S. 72; L 127 vom 23.5.2018, S. 2) in der jeweils geltenden Fassung einzuhalten.

(7) [1]Für Forschungszwecke im Bereich des Strahlenschutzes dürfen personenbezogene Daten aus dem Strahlenschutzregister mit Einwilligung der betroffenen Personen an Dritte übermittelt werden. [2]Ohne diese Einwilligung dürfen die Daten übermittelt werden, wenn schutzwürdige Belange der betroffenen Personen der Übermittlung oder der beabsichtigten Verarbeitung der Daten nicht entgegenstehen oder wenn das öffentliche Interesse an der Forschungsarbeit das Geheimhaltungsinteresse

der betroffenen Personen erheblich überwiegt. ³Eine Übermittlung personenbezogener Daten für Forschungszwecke ist ausgeschlossen, wenn der Zweck der Forschung mit einem vertretbaren Aufwand durch die Verarbeitung anonymisierter Daten erfüllt werden kann. ⁴Soweit besondere Kategorien von Daten im Sinne von Artikel 9 Absatz 1 der Verordnung (EU) 2016/679 übermittelt werden, sind angemessene und spezifische Maßnahmen zur Wahrung der Interessen der betroffenen Person gemäß § 22 Absatz 2 Satz 2 des Bundesdatenschutzgesetzes zu treffen.

(8) ¹Wird eine Übermittlung personenbezogener Daten zu Forschungszwecken beantragt, so ist die Einwilligung der betroffenen Personen nachzuweisen. ²Soll die Übermittlung ohne Einwilligung der betroffenen Personen erfolgen, sind die für die Prüfung der Voraussetzungen nach Absatz 7 Satz 2 erforderlichen Angaben zu machen; zu Absatz 7 Satz 3 ist glaubhaft zu machen, dass der Zweck der Forschung bei Verarbeitung anonymisierter Daten nicht mit vertretbarem Aufwand erfüllt werden kann. ³Besondere Kategorien von Daten im Sinne von Artikel 9 Absatz 1 der Verordnung (EU) 2016/679 dürfen nur für die Forschungsarbeit verarbeitet werden, für die sie übermittelt worden sind; die Verarbeitung für andere Forschungsarbeiten oder die Übermittlung richtet sich nach den Sätzen 1 und 2 und bedarf der Zustimmung des Bundesamtes für Strahlenschutz.

(9) Die Bundesregierung wird ermächtigt, durch Rechtsverordnung mit Zustimmung des Bundesrates zu bestimmen,
1. auf welche Weise die persönliche Kennnummer nach Absatz 3 erzeugt wird, wie sie beschaffen sein muss und unter welchen Voraussetzungen eine Identifikationsnummer, die außerhalb des Geltungsbereichs dieses Gesetzes vergeben wurde, genutzt werden kann,
2. welche technischen und organisatorischen Maßnahmen für die Übermittlung von Angaben nach Absatz 2 durch die Stellen nach Absatz 4 zum Strahlenschutzregister zu treffen sind,
3. unter welchen Voraussetzungen und in welchem Verfahren zum Zweck der Überwachung von Dosisgrenzwerten, der Beachtung der Strahlenschutzgrundsätze, zur Prüfung des Bestehens eines Auskunftsanspruchs oder zur Qualitätssicherung in erforderlichem Umfang an die Stellen und Personen nach Absatz 5 Auskünfte aus dem Strahlenschutzregister erteilt und weitergegeben und dabei personenbezogene Daten übermittelt werden dürfen.

Übersicht

A. Zweck und Bedeutung der Norm

§ 170 regelt die zentrale **Erfassung von Daten über berufliche Expositio-** **1**
nen (§ 2 Abs. 7) in einem beim BfS eingerichteten Register (Strahlenschutzregister). Weitere Regelungsinhalte betreffen die Auskunftserteilung aus dem Strahlenschutzregister und die wissenschaftliche Verwertung der Daten zusammen mit den
datenschutzrechtlichen Bedingungen. Die Vorschrift dient der Umsetzung von
Art. 44 Abs. 1 lit. b, Abs. 4 und Anh. X Teil A und B RL 2013/59/Euratom.

B. Bisherige Regelungen

Die Vorschrift basiert auf Regelungen des bisherigen AtG (§ 12c AtG aF), der **2**
StrlSchV 2001 (§ 112) und der bisherigen RöV (§ 35a) und entwickelt diese weiter.

C. Betrieb des Strahlenschutzregisters (Abs. 1)

I. Erfasste Daten

Im Strahlenschutzregister werden **Daten über berufliche Expositionen** (§ 2 **3**
Abs. 7) erfasst. Eine berufliche Exposition ist gemäß § 2 Abs. 7 S. 1 Nr. 1 StrlSchG
die Exposition, der eine Person (selbständig oder angestellt) während der Ausübung
einer Tätigkeit im Sinne § 4 StrlSchG ausgesetzt ist. Hierzu zählt auch die Exposition des fliegenden und raumfahrenden Personals (§ 2 Abs. 7 S. 1 Nr. 2), wobei auch
Personal eingeschlossen ist, das nicht beim Betreiber des Luft- oder Raumfahrzeugs
selbst beschäftigt ist (→ § 2 Rn. 9). Die Exposition, die im Rahmen von Aufsichts-,
Gutachter-, Sachverständigenaufgaben anfällt, ist ebenfalls eine berufliche Exposition (§ 2 Abs. 7 S. 1 Nr. 3).

Berufliche Expositionen können jedoch nicht nur in **geplanten,** sondern auch **4**
in **bestehenden** (z. B. Radon am Arbeitsplatz oder im Zusammenhang mit radioaktiven Altlasten) oder in **Notfallexpositionssituationen** (bspw. beim Einsatz von
Angehörigen der – auch – freiwilligen Feuerwehren) auftreten, vgl. § 2 Abs. 7 S. 1
Nr. 4 und 5. Eine berufliche Exposition kann auch im Rahmen eines Ausbildungs-

verhältnisses oder bei freiwilliger oder ehrenamtlicher Betätigung auftreten (§ 2 Abs. 7 S. 2).

II. Zweck der Erfassung

5 Die Erfassung von Daten über berufliche Expositionen dient der **Überwachung von Dosisgrenzwerten**. Ermöglicht wird die Überwachung der beruflichen Grenzwerte, indem die beruflichen Expositionen von allen Personen im gesamten Bundesgebiet zentral im Strahlenschutzregister des BfS zusammengeführt und entsprechend analysiert werden. Ein weiterer Zweck der zentralen Erfassung von Daten über berufliche Exposition ist die damit verbundene Möglichkeit zur wissenschaftlichen Auswertung mit dem Ziel der **Optimierung des beruflichen Strahlenschutzes**. So können durch geeignete Datenanalysen der aktuelle Stand und entsprechende Bedarfe im Bereich des beruflichen Strahlenschutzes abgeleitet und Optimierungsmöglichkeiten aufgezeigt werden.

6 Damit leiten sich die Aufgaben des Strahlenschutzregisters mit der zentralen Erfassung von Daten über berufliche Expositionen im Wesentlichen aus zwei der drei **zentralen Strahlenschutzgrundsätze** ab, und zwar „Begrenzung des Strahlenrisikos" und „Optimierung von Strahlenschutzmaßnahmen". Des Weiteren dienen die im Strahlenschutzregister erfassten Daten der **Prüfung des Bestehens eines Anspruchs gegen einen Träger der gesetzlichen Unfallversicherung** im Rahmen von Verfahren zur Anerkennung von Berufserkrankungen.

D. Einzutragende Daten; übermittelnde Stellen (Abs. 2 und 4)

I. Einzutragende Daten (Abs. 2)

7 In das Strahlenschutzregister werden die in Abs. 2 genannten Daten eingetragen, die alle für die Erfüllung der oben genannten Zwecke **essentiell** sind. In Umsetzung von Anh. X RL 2013/59/Euratom sind, anders als nach der früheren Rechtslage, nunmehr auch die **persönliche Kennnummer**, die **Staatsangehörigkeit** und die **Betriebsnummer** des Beschäftigungsbetriebs einzutragen. Im Folgenden sind die einzeln einzutragenden Daten aufgeführt (zusätzliche Informationen auch auf den Internetseiten des BfS unter www.bfs.de/ssr).

8 **1. Persönliche Kennnummer nach § 170 Abs. 3 StrlSchG.** Die persönliche Kennnummer ist eine eindeutige personenbezogene Nummer zum Zwecke der **eindeutigen personenbezogenen Zuordnung** von Dosisdaten, die in das Strahlenschutzregister eingetragen werden. Sie ersetzt außerdem die Nummer, die nach früherem Recht einem Strahlenpass zugeordnet war (Strahlenpassnummer). In Kombination mit einer fortlaufenden Nummer dient die persönliche Kennnummer somit auch der eindeutigen Zuordnung des Strahlenpasses zum Strahlenpassinhaber.

9 Vor Einführung der persönlichen Kennnummer erfolgte die personenbezogene Zuordnung von Daten über berufliche Expositionen im Strahlenschutzregister allein auf Grundlage der mit jeder Datenübertragung übermittelten Personendaten (Name, Geburtsdatum etc.). Bei unvollständig übermittelten Personendaten, Schreibfehlern oder Namensänderungen bestand stets das Risiko von **Zuordnungsfehlern** des eingehenden Datensatzes zu den bereits im System gespeicherten Daten dieser Person. Die Einführung einer persönlichen Kennnummer im

Strahlenschutzregister, wie in anderen europäischen Ländern bereits seit Langem gebräuchlich, trägt folglich zu einer **relevanten Verbesserung der Zuordnung der Expositionsdaten** zur entsprechenden Person bei. Näheres zur persönlichen Kennnummer wird in Abschn. E ausgeführt (→ Rn. 21 ff.).

2. Personendaten. Die Personendaten, die in das Strahlenschutzregister ein- 10 zutragen sind, ergeben sich auf Grundlage von § 167 Abs. 1 Nr. 2. Demnach handelt es sich um folgende Daten: **Familienname, Geburtsname, Vornamen, Geburtsdatum, Geburtsort, Geschlecht, Staatsangehörigkeit.** Diese Angaben sind verpflichtend. Die Eintragung des akademischen Grades ist ebenfalls möglich, die Angabe ist jedoch optional.

3. Beschäftigungsmerkmale und Expositionsverhältnisse. Zu den Be- 11 schäftigungsmerkmalen zählen jene Angaben, die sich auf die Tätigkeit beziehen, bei der die Person der Strahlenexposition ausgesetzt war. Hierzu hat das BfS eine detaillierte Liste mit sogenannten **Tätigkeitskategorien** definiert, die auf den Internetseiten des BfS unter www.bfs.de/ssr einzusehen ist. Auch die Zuordnung gemäß § 71 StrlSchV zu der Kategorie beruflich exponierter Personen (Kategorie A oder B) ist als Beschäftigungsmerkmal zu verstehen. Als Expositionsverhältnisse gelten Angaben, die die Art der betreffenden Exposition näher charakterisieren. Hierzu zählen Angaben zur zeitlichen Eingrenzung der Exposition (Beginn und Ende des Überwachungsintervalls) und alle Angaben, die auf die exponierte Körperregion (Ganzkörperexposition, Teilkörperexposition), auf die Art des verwendeten Dosimeters sowie auf weitere physikalische Expositionsbedingungen schließen lassen.

4. Betriebsnummer des Beschäftigungsbetriebs. Hier ist die **Betriebs- 12 nummer nach § 18i SGB IV** gemeint (BT-Drs. 18/11241, 425). Diese Nummer hat jeder Arbeitgeber zur Teilnahme an den Meldeverfahren zur Sozialversicherung bei der Bundesagentur für Arbeit für jeden seiner Beschäftigungsbetriebe elektronisch zu beantragen. Nach § 18i Abs. 3 S. 1 ist der Beschäftigungsbetrieb eine nach der Gemeindegrenze und der wirtschaftlichen Betätigung abgegrenzte Einheit, in der Beschäftigte für einen Arbeitgeber tätig sind. Besitzt ein Arbeitgeber unterschiedliche Beschäftigungsbetriebe (da in verschiedenen Gemeinden lokalisiert oder in einer Gemeinde, aber jeder Beschäftigungsbetrieb bildet eine jeweils eigene wirtschaftliche Einheit, vgl. § 18i Abs. 3 S. 2 SGB IV), so liegen folglich auch jeweils eigene Betriebsnummern vor (vgl. § 18i Abs. 3 S. 3 SGB IV).

5. Name und Anschrift des SSV, des Verpflichteten nach § 131 Abs. 1 13 und § 145 Abs. 1 S. 1 sowie des Verantwortlichen nach § 115 Abs. 2 und § 153 Abs. 1. Im Wesentlichen sind hier Name und Anschrift jener Personen gemeint, die die **Verantwortung für den beruflichen Strahlenschutz** der Personen tragen, deren Dosisdaten in das Strahlenschutzregister eingetragen werden.

6. Angaben über einen nach einer auf dieses Gesetz gestützten Rechts- 14 verordnung registrierten Strahlenpass. Der Strahlenpass ist Bestandteil des Datensystems zur individuellen Überwachung von Personen, die einer beruflichen Exposition ausgesetzt sind. Der Strahlenpass dient dem Schutz von Personen, die als **externe Arbeitskräfte** zB in Strahlenschutzbereichen fremder Anlagen oder Einrichtungen oder an nach § 129 Abs. 3 iVm § 130 Abs. 3 StrlSchG anmeldebedürftigen Arbeitsplätzen in fremden Betriebsstätten im In- oder Ausland tätig sind. Die Pflichten im Zusammenhang mit dem Strahlenpass ergeben sich insbesondere aus § 174 StrlSchV iVm § 68, § 158 Abs. 1 S. 1, § 165 Abs. 2 Nr. 2 oder § 166 Abs. 2 Nr. 2 StrlSchV.

15   Für das **Führen des Strahlenpasses** verantwortlich sind SSVe, die gem. § 25 einer Genehmigung bedürfen oder nach § 26 Abs. 1 oder § 59 Abs. 2 iVm § 56 eine Anzeige erstatten müssen, sowie Verpflichtete nach § 158 Abs. 1 S. 1 StrlSchV iVm § 131 Abs. 1 S. 1 Hs. 2 StrlSchG und, wenn die zust. Behörde dies anordnet, Verpflichtete nach § 165 Abs. 2 Nr. 2 StrlSchV iVm § 145 Abs. 2 StrlSchG und Verantwortliche nach § 166 Abs. 2 Nr. 2 StrlSchV iVm § 153 Abs. 1 StrlSchG. Bei Vorliegen der Voraussetzungen hat der für das Führen des Strahlenpasses Verantwortliche dafür zu sorgen, dass jede unter seiner Aufsicht stehende Arbeitskraft einen registrierten Strahlenpass besitzt. Die **Registrierung** des Strahlenpasses erfolgt bei der zust. Behörde, in deren Zuständigkeitsbereich der für das Führen des Strahlenpasses Verantwortliche seinen Sitz hat (§ 174 Abs. 2 S. 1 StrlSchV).

16   Die Informationen über diese **Registriervorgänge** werden dem Strahlenschutzregister mitgeteilt. Hierbei handelt es sich iW um Angaben zur Identifizierung des Strahlenpassinhabers (persönliche Kennnummer und Personendaten) und um Daten, die sich auf den Strahlenpass beziehen (fortlaufende Nummer des Strahlenpasses, Datum der Registrierung bzw. Verlängerung, Datum des letzten Tages der Gültigkeit des Strahlenpasses) sowie die Art des Registriervorgangs charakterisieren (erstmalige Registrierung, Folgepassregistrierung, erneute Registrierung wegen Abhandenkommens, Verlängerung der Gültigkeit).

17   **7. Angaben über die zust. Behörde.** Zu jeder Eintragung von Daten über berufliche Expositionen müssen auch Angaben über die für den jeweiligen Fall zust. Aufsichtsbehörde gemacht werden. Dies dient zur **Identifizierung der Behörde**, die für die betreffende strahlenschutzüberwachte Person die **behördliche Aufsichtspflicht** ausübt. Hierzu werden Name, Bundesland und Postanschrift der entsprechenden Aufsichtsbehörde mit in das Strahlenschutzregister eingetragen. Die Zuständigkeit der Behörde richtet sich in der Regel danach, in wessen Zuständigkeitsbereich die also der Strahlenschutzverantwortliche bzw. entsprechend Verpflichtete oder Verantwortliche für den Strahlenpassinhaber seinen Sitz hat, für die eine Eintragung in das Strahlenschutzregister erfolgt.

18   **8. Körperdosis.** Die Körperdosis ist gemäß § 5 Abs. 19 der Oberbegriff für die **effektive Dosis** und die **Organ–Äquivalentdosis** (→ § 5 Rn. 23) und ist neben den Personendaten und den Angaben zu den Expositionsbedingungen die zentrale Information in Bezug auf die im Strahlenschutzregister erfassten Daten über berufliche Expositionen.

II. Übermittelnde Stellen (Abs. 4)

19   Die nach Abs. 4 an das Strahlenschutzregister zu übermittelnden Daten werden in erster Linie durch die **Messstelle nach § 169** und die **zust. Behörde** an das Strahlenschutzregister gemeldet. Die Messstelle übermittelt dabei die personenbezogenen Daten über berufliche Expositionen, die zust. Behörde insbesondere die Daten im Zusammenhang mit der Registrierung von Strahlenpässen. Zudem übermittelt die zust. Behörde die Ersatzdosis, die sie bei einer unterbliebenen oder fehlerhaften Messung festgelegt hat. Dabei kann sich die zust. Behörde auch einer Messstelle bedienen (§ 65 Abs. 2 S. 4 StrlSchV). Die zur Übermittlung an das Strahlenschutzregister notwendigen Daten erhalten die Messstelle und die zust. Behörde nach § 168 Abs. 1 im Vorfeld von den SSVen, den Verpflichteten nach § 131 Abs. 1

oder §145 Abs. 1 S. 1 sowie den Verantwortlichen nach §115 Abs. 2 oder §153 Abs. 1.

Bedienen sich die SSVen bzw. entsprechend Verpflichteten oder Verantwort- **20** lichen bei der Ermittlung der Körperdosis keiner behördlich bestimmten Messstelle, so werden in **Einzelfällen** die Daten nach §170 Abs. 4 Nr. 3 auch direkt von den SSVen bzw. entsprechend Verpflichteten oder Verantwortlichen an das Strahlenschutzregister übermittelt. Dies geschieht in Absprache mit der zust. Behörde, der die Daten in dem Fall ebenfalls vorzulegen sind (§168 Abs. 2).

E. Vergabe der persönlichen Kennnummer (Abs. 3)

Die Verwendung einer persönlichen Kennnummer im Strahlenschutzregister **21** dient der Umsetzung von Anh. X Teil A Nr. 3 lit. f RL 2013/59/Euratom. Mit einer **dauerhaft korrekten personenbezogenen Zuordnung von Expositionsdaten** über das gesamte Berufsleben kann eine zuverlässige Dosishistorie zur Grenzwertüberwachung und Optimierung sichergestellt werden. Eine eindeutige und richtige Zuordnung von Expositionsdaten ist auch erforderlich, um einen Anspruch gegen eine Unfallversicherung belegen zu können.

Die persönliche Kennnummer wird vom Strahlenschutzregister des BfS ver- **22** geben (S. 1). Sie wird daher im praktischen Sprachgebrauch „**Strahlenschutzregisternummer**" oder kurz „**SSR–Nummer**" genannt. Sie wird durch eine nicht rückführbare Verschlüsselung aus der Versicherungsnummer nach §147 SGB VI (Sozialversicherungsnummer) der jeweiligen Person abgeleitet (S. 2). Die Sozialversicherungsnummer dient als Grundlage der SSR–Nummer, da sie drei essentielle Eigenschaften besitzt. Sie ist eindeutig einer Person zugeordnet, sie bleibt über die gesamte Lebensdauer der Person unverändert und sie ist bei der Person beziehungsweise ihrem Arbeitgeber verfügbar. Nach Ableitung der SSR–Nummer wird die Sozialversicherungsnummer aus Datenschutzgründen im Strahlenschutzregister gelöscht (S. 3).

Die zur Erzeugung der SSR–Nummer erforderlichen Personendaten werden **23** von den nach Abs. 4 S. 1 Nr. 3 genannten Personen an das BfS übermittelt. Benötigt wird die persönliche Kennnummer von **allen Personen, für die Eintragungen ins Strahlenschutzregister des BfS zu erfolgen haben** (insbesondere beruflich exponierte Personen inkl. Inhaber von Strahlenpässen). Im Einzelnen betrifft dies folgende Personen:

Personen, die sich in einem **Überwachungsbereich** aufhalten, außer wenn zu **24** erwarten ist, dass im Kj eine effektive Dosis von 1 mSv, eine höhere Organ-Äquivalentdosis als 15 mSv für die Augenlinse und eine lokale Hautdosis von 50 mSv nicht erreicht wird; in diesem Fall kann auf die Ermittlung der Körperdosis verzichtet werden und es bedarf keiner Erfassung im Strahlenschutzregister (§64 Abs. 1 S. 2 StrlSchV). Die zust. Behörde kann aber die Ermittlung der Dosis verlangen (§64 Abs. 1 S. 3 StrlSchV).

Personen, die sich in einem **Kontrollbereich** aufhalten, außer wenn zu erwar- **25** ten ist, dass im Kj eine effektive Dosis von 1 mSv, eine höhere Organ-Äquivalentdosis als 15 mSv für die Augenlinse und eine lokale Hautdosis von mehr als 50 mSv nicht erreicht wird und die zust. Behörde dem Verzicht auf eine Dosisermittlung zugestimmt hat (§64 Abs. 1 S. 4 StrlSchV).

Personen, die bei der Ausübung einer Tätigkeit, die nicht mit dem Aufenthalt **26** in einem Strahlenschutzbereich verbunden ist, **eine effektive Dosis von mehr**

als 1 mSv, eine höhere Organ-Äquivalentdosis als 15 mSv für die Augenlinse oder eine lokale Hautdosis von mehr als 50 mSv im Kj erhalten können (§ 64 Abs. 2 S. 1 StrlSchV), zB auch Betätigungen im Zusammenhang mit der Sanierung radioaktiver Altlasten (§ 165 Abs. 1 Nr. 1 iVm § 64 Abs. 2 S. 1 StrlSchV) oder Tätigkeiten mit natürlich vorkommenden radioaktiven Stoffen.

27   Personen, die als **fliegendes Personal in der Luft- und Raumfahrt** eingesetzt werden, und die im Kj eine effektive Dosis von mehr als 1 mSv durch kosmische Strahlung erhalten können (§ 64 Abs. 2 S. 2 StrlSchV).

28   Personen, die durch eine **Radon-222-Exposition am Arbeitsplatz** eine effektive Dosis von mehr als 6 mSv im Kj erhalten können (§ 131 Abs. 1 Nr. 2 StrlSchG, sa § 157 StrlSchV).

29   Personen, die im Rahmen eines **Notfalleinsatzes** einer Strahlenexposition ausgesetzt waren und die dabei eine effektive Dosis von mehr als 1 mSv oder eine Organ-Äquivalentdosis für die Augenlinse von mehr als 15 mSv oder eine lokale Hautdosis von mehr als 50 mSv erhalten haben (§ 150 Abs. 5 StrlSchV).

30   Personen, die sich **freiwillig dosimetrisch überwachen** lassen möchten, können die erhobenen Dosiswerte auch in das Strahlenschutzregister eintragen lassen. Folglich wird dann ebenfalls eine persönliche Kennnummer benötigt. Auch die Eintragung von geringen bis sehr geringen Expositionswerten kann sinnvoll sein, zB wenn für den Beschäftigten oder den Strahlenschutzverantwortlichen ein dauerhafter Nachweis über den Ausschluss einer relevanten Strahlenexposition von Interesse ist.

31   **Weiterführende Informationen** und Hinweise zum Beantragungsprozess der persönlichen Kennnummer können auf den Internetseiten des BfS unter www.bfs.de/ssr abgerufen werden.

F. Auskunftserteilung (Abs. 5)

32   Dieser Abs. beschreibt unter Nr. 1 bis 5, welche Stellen Auskünfte aus dem Strahlenschutzregister erhalten dürfen. Auskünfte dürfen nur erteilt werden, wenn diese **für die Wahrnehmung der Aufgaben des Empfängers erforderlich** sind. Zum Beispiel können zust. Behörden beim Auftreten von Grenzwertüberschreitungen die entsprechenden Informationen aus dem Strahlenschutzregister erhalten, so dass die Behörde weitere Maßnahmen im Rahmen der behördlichen Aufsichtspflicht einleiten kann. Zudem ist es der zust. Behörde gestattet, Informationen aus dem Strahlenschutzregister an die Strahlenschutzorganisation eines Betriebs oder an ermächtigte Ärzte weiterzugeben, soweit dies zur Wahrnehmung ihrer Aufgaben erforderlich ist (Abs. 5 S. 4). Insbesondere die Weitergabe an ermächtigte Ärzte ist wichtig, um diesen bei hohen Expositionen Informationen über die genauen Expositionsumstände zur Verfügung zu stellen. Messstellen nach § 169 StrlSchG und zust. Behörden können außerdem Informationen aus dem Strahlenschutzregister erhalten, wenn dies z. B. zur Qualitätssicherung ihres eigenen Datenbestands notwendig ist.

33   Durch das 1. ÄndG ist die Regelung aufgenommen worden, dass das BfS den zust. Behörden und behördlich bestimmten Messstellen durch **automatisierte Abrufverfahren** die im Strahlenschutzregister gespeicherten Daten übermitteln kann (Abs. 5 S. 2) und diese die Daten in diesem Verfahren beim BfS abrufen können, soweit die Daten zur Erfüllung der jeweiligen Aufgabe erforderlich sind (Abs. 5 S. 3). Dabei sind die Grundsätze des Datenschutzes und der Datensicherheit zu beachten;

die Verantwortlichkeit für die abgerufenen Daten liegt insoweit bei den abrufenden Behörden und Messstellen (BT-Drs. 19/26943, 52). Abs. 5 S. 2 und 3 trägt dem sog. **Doppeltürmodell** des BVerfG Rechnung, wonach es sowohl für die Datenübermittlung als auch für den Datenabruf einer eigenen Ermächtigungsgrundlage bedarf (BVerfGE Beschl. v. 24.1.2021 – 1 BvR 1299/05, Rn. 123; zur Verfassungsmäßigkeit des automatisierten Abrufverfahrens BVerfGE aaO Rn. 143 ff., 155 ff.).

Die Möglichkeit des **automatisierten Abrufs** soll dem Abgleich der bei den **34** zust. Behörden oder behördlich bestimmten Messstellen vorhandenen Daten mit denen, die im Strahlenschutzregister enthalten sind, dienen und Fehlzuordnungen von Einträgen vermeiden; außerdem sollen Doppelzuordnungen oder Fehlzuordnungen von Strahlenpässen vermieden werden (BT-Drs. 19/26943, 52).

Im Gegensatz dazu werden Auskünfte an die unter Nr. 3 bis 5 genannten Empfänger nur auf Antrag erteilt. Auch hier muss die **Notwendigkeit der Informationen** für die Wahrnehmung der Aufgaben der Empfänger offensichtlich sein. Bei SSVen bzw. entsprechend Verpflichteten oder Verantwortlichen ist dies der Fall, wenn zB die Kenntnis über die Vordosis oder Berufslebensdosis von Beschäftigten iRd betrieblichen Strahlenschutzorganisation oder für die Beantragung von Strahlenpässen benötigt werden. Bei einem Träger der gesetzlichen Unfallversicherungen besteht so eine Notwendigkeit, wenn die Daten der bei ihm versicherten Person zur Klärung der Anerkennung einer Berufskrankheit benötigt werden.

G. Übermittlung von Daten zu Forschungszwecken (Abs. 6 bis 8)

Abs. 6 bis 8 regeln die Anforderungen an die Übermittlung von im Strahlen- **36** schutzregister gespeicherten Daten zu Forschungszwecken an Dritte (Absätze 6–8). Die im Strahlenschutzregister gespeicherten personenbezogenen Daten gehören zu den **besonderen Kategorien personenbezogener Daten,** denn bei den Angaben zur erhaltenen Körperdosis handelt es sich um von Art. 9 Abs. 1 DSGVO erfasste Gesundheitsdaten. Abs. 6 S. 2 trägt § 27 Abs. 4 BDSG Rechnung, wonach personenbezogene Daten zu Forschungszwecken nur veröffentlicht werden dürfen, wenn die betroffene Person eingewilligt hat oder dies für die Darstellung von Forschungsergebnissen über Ergebnisse der Zeitgeschichte unerlässlich ist. Abs. 6 S. 3, der verdeutlicht, dass ein Forschungsinteresse im Bereich des Strahlenschutzes auch an den Daten von Verstorbenen besteht (BT-Drs. 18/11241, 427), stellt klar, dass auch nach dem Tod der betroffenen Personen die Bestimmungen des BDSG und der DSGVO einzuhalten sind. Relevant wären derzeit nur die Bestimmungen des BDSG, da die DSGVO Regelungen nur für personenbezogene Daten lebender Personen enthält.

I. Übermittlung personenbezogener Daten

Abs. 7 und 8 bestimmen, unter welchen Voraussetzungen **personenbezogene 37 Daten** aus dem Strahlenschutzregister für Forschungszwecke an Dritte übermittelt werden dürfen und welche Nachweise bzw. Anforderungen hierzu bei der Antragstellung zu erbringen sind. Diese Regelungen sahen der Gesetz- bzw. Verordnungsgeber im Wesentlichen bereits bei Schaffung der sog. Forschungsklausel nach § 12c Abs. 3 AtG und der sie konkretisierenden Regelung des § 112 Abs. 5 StrlSchV 2001 vor. Weitere Vorgaben tragen dem Umstand Rechnung, dass es sich um besondere Kategorien personenbezogener Daten nach Art. 9 Abs. 1 DSGVO handelt.

38   Personenbezogene Daten dürfen an Dritte übermittelt werden, wenn die betroffenen Personen eingewilligt haben (Abs. 7 S. 1); in diesem Fall muss der Antragsteller das **Vorliegen der Einwilligung** gegenüber dem BfS **nachweisen** (Abs. 8 S. 1).

39   Eine Übermittlung ist aber auch **ohne Einwilligung** erlaubt, wenn **schutzwürdige Belange** der betroffenen Personen der Übermittlung oder der beabsichtigten Verarbeitung der Daten **nicht entgegenstehen** oder wenn das **öffentliche Interesse** an der Forschungsarbeit das Geheimhaltungsinteresse der betroffenen Personen **erheblich überwiegt** (Abs. 7 S. 2). Eine Übermittlung personenbezogener Daten ist **ausgeschlossen**, wenn der Zweck der Forschung mit einem **vertretbaren Aufwand** durch die Verarbeitung anonymisierter Daten erfüllt werden kann (Abs. 7 S. 3). Wird die Übermittlung personenbezogener Daten ohne Einwilligung der betroffenen Personen beantragt, sind bei Antragstellung die erforderlichen Angaben zu machen, damit das BfS das Vorliegen der Voraussetzungen nach Abs. 7 S. 2 prüfen kann (Abs. 8 S. 2); außerdem ist glaubhaft zu machen, dass die Voraussetzungen des Abs. 7 S. 3 nicht vorliegen, also der Forschungszweck bei Verarbeitung anonymisierter Daten **nicht** mit vertretbarem Aufwand erfüllt werden kann.

II. Weitere Vorgaben aufgrund der Eigenschaft als besondere Kategorie personenbezogenen Daten nach Art. 9 Abs. 1 DSGVO

40   Abs. 7 S. 4 bestimmt, dass, soweit besondere Kategorien von Daten nach Art. 9 Abs. 1 DSGVO – um solche handelt es sich bei den im Strahlenschutzregister gespeicherten Daten – übermittelt werden, angemessene und spezifische **Maßnahmen zur Wahrung der Interessen der betroffenen Person** gem. § 22 Abs. 2 S. 2 BDSG zu treffen sind. Der neue S. 4 ist angelehnt an § 75 Abs. 3 S. 1 SGB X; mit dem Verweis auf die technisch-organisatorischen Maßnahmen nach § 22 Abs. 2 S. 2 BDSG trägt er den Anforderungen Rechnung, die sich aus Art. 9 Abs. 2 lit. j iVm Art. 89 Abs. 1 DSGVO ergeben (BT-Drs. 19/4674, 319). Adressat der Bestimmung ist derjenige, der die Übermittlung der Daten beantragt hat (zum vergleichbaren § 75 Abs. 3 S. 1 SGB X *Herbst* in KKS, § 75 Rn. 85).

41   Nach Abs. 8 S. 3 dürfen besondere Kategorien von Daten iSv Art. 9 Abs. 1 DSGVO nur für die Forschungsarbeit verwendet werden, für die sie übermittelt worden sind; die Verarbeitung für andere Forschungsarbeiten oder die Übermittlung richtet sich nach Abs. 8 S. 1 und 2 und bedarf der **Zustimmung des BfS.** Die Regelung führt die auch in § 112 Abs. 5 S. 3 StrlSchV 2001 und § 35a Abs. 5 S. 4 RöV enthaltene Regelung weiter. Der 1. Hs. der Regelung greift den Art. 5 Abs. 1 lit. b DSGVO zugrundeliegenden Gedanken auf, dass eine Weiterverarbeitung personenbezogener Daten für ua wissenschaftliche Forschungszwecke nach Art. 89 Abs. 1 DSGVO nicht als unvereinbar mit den ursprünglichen Zwecken gilt (BT-Drs. 19/4674, 319).

H. Verordnungsermächtigungen (Abs. 9)

42   Die Abs. 9 enthaltene VO-Erm. ist durch § 173 StrlSchV ausgefüllt worden.

§ 171 Verordnungsermächtigung für Vorgaben in Bezug auf einen Strahlenpass

[1]Die Bundesregierung wird ermächtigt, durch Rechtsverordnung mit Zustimmung des Bundesrates Vorgaben in Bezug auf einen zu führenden Strahlenpass festzulegen. [2]In der Rechtsverordnung kann insbesondere festgelegt werden,

1. wann zum Zweck der Überwachung von Dosisgrenzwerten und der Beachtung der Strahlenschutzgrundsätze ein Strahlenpass zu führen ist, welche Daten nach § 170 Absatz 2 und welche Daten zum Ergebnis der ärztlichen Überwachungsuntersuchung eingetragen werden, welche Form der Strahlenpass hat, wie er zu registrieren oder seine Gültigkeit zu verlängern ist und wer Einträge vornehmen und die Inhalte verwenden darf,
2. unter welchen Bedingungen Strahlenpässe, die außerhalb des Geltungsbereichs dieses Gesetzes ausgestellt wurden, anerkannt werden,
3. unter welchen Voraussetzungen die Behörde einen Strahlenpass vernichten darf.

Übersicht

Schrifttum: *Ewen/Huhn,* Die Möglichkeit behördlicher Einflussnahmen auf strahlenschutztechnische Entwicklungen in der Röntgendiagnostik, in: Fachverband 2013, 203; *Jentjens/Holl,* Der neue Strahlenpass: Beobachtungen und erste Erfahrungen, StrlSchPrax 1/2021, 58; *Knappschneider/Siegfried,* Was Sie schon immer über den Strahlenpaß wissen wollten, StrlSchPrax 2/1998, 48; *Körner/Reifenhäuser,* Radon – Was erwartet uns mit dem neuen Strahlenschutzgesetz?, in: Fachverband 2017, 121; *Lorenz/Holl,* Die neue Allgemeine Verwaltungsvorschrift Strahlenpass, StrlSchPrax 1/2020, 63; *Rosentreter/Oeh,* Berufliche Strahlenschutzüberwachung in Deutschland: Neue gesetzliche Anforderungen an den Strahlenschutz, umid 1/2019, 44; *VGB-Merkblatt* „zum Vorgehen bei Eintragungen im Strahlenpass im Rahmen einer Beschäftigung gemäß § 25 StrlSchG in deutschen Kernkraftwerken – Arbeitskreis „Praktischer Strahlenschutz" v. März 2021 mit dem „Fallbeispiel für Eintragungen in den Strahlenpass".

A. Sinn und Zweck der Norm

Durch die Ermächtigung zu einer Verordnung für Strahlenpass-Vorgaben werden 1 Art. 51 Abs. 4 lit. d und Anh. X Teil C RL 2013/59/Euratom umgesetzt. Im Hinblick auf den Europäischen Strahlenpass schafft Nr. 2 Verfahrenserleichterungen –

relevant für die Fälle, in denen europaweit tätige Spezialisten eingesetzt werden (→ § 25 Rn. 50). Im Übrigen spiegeln die Bestimmungen des § 171 und des darauf aufbauenden § 174 StrlSchV die bewährte Praxis wider. Die durch das 1. ÄndG vorgenommene Neufassung stellt, Erfordernissen der Praxis folgend, klar, dass die in Nr. 1–3 genannten Ermächtigungen nicht abschließend sind („insbesondere"; BT-Drs. 19/26943, 52).

2   Der Strahlenpass ist – zB neben den Pflichten zur Abschätzung der Körperdosis (§ 59 Abs. 1 S. 1) und der Ausstattung mit erforderlicher Schutzkleidung bzw -ausrüstung (§ 70 Abs. 1 S. 1 Nr. 1 StrlSchV) – eines der **zentralen Instrumente des strahlenschutzrechtlichen Arbeitnehmerschutzes.** Zweck des Passes ist, die **gesamte berufliche Strahlenexposition** einer Person in einem Dokument zu erfassen.

3   Die jetzige Regelung führt auch zu einer sinnvollen **terminologischen Vereinheitlichung,** fällt doch der in der Vergangenheit im Regime der RöV parallel bei der Überwachung von externem Personal gebrauchte Begriff des „Röntgenpasses" weg (*Schmatz/Nöthlichs* 8267 Anm. 3).

B. Bisherige Regelung

4   Die Verordnungsermächtigung des § 171 legt die Grundlage für Regelungen entspr. § 40 Abs. 2 u. 3, § 61 Abs. 3 S. 3 u. § 95 Abs. 3 i. V. m. § 112 Abs. 1 u. 2 der StrlSchV 2001 sowie § 35 Abs. 2 u. 3, § 38 Abs. 3 S. 3 i. V. m. § 35a Abs. 1 u. 2 der RöV. Umgesetzt wird die Verordnungsermächtigung in § 174 StrlSchV.

C. Die Umsetzung in § 174 StrlSchV

I. Zweck und historischer Hintergrund des Strahlenpasses

5   Der Zweck des Strahlenpasses wird weder im gesetzlichen noch im verordnungsrechtlichen Regelwerk definiert. Der Strahlenpass ist als **amtliches Dokument** sowohl wesentliches Element des strahlenschutzrechtlichen **Arbeitnehmerschutzes** – zB bei Personen, die als externe Arbeitskräfte in Strahlenschutzbereichen fremder Anlagen oder Einrichtungen als Reinigungs-, Montage- oder Handwerkskräfte oder zu spezialisierten Revisionsaufgaben tätig werden sollen (→ § 25 Rn. 10 ff.) – als auch **Instrument der behördlichen Aufsicht.** Indem der Strahlenpass alle notwendigen radiologischen Informationen über seinen Inhaber enthält, soll er sicherstellen, dass ein an vielen Stellen eingesetzter Beschäftigter den gleichen beruflichen Expositionsschutz erhält wie Personen, die nur an einem Ort arbeiten, er also nicht „verheizt" wird.

6   Es bleibt zu erinnern, dass vor Einführung dieser Regelung 1976 überregional tätige Firmen ihr Personal, nachdem in einem Bundesland die maximal zulässige Dosis ausgeschöpft war, in einem anderen tätig werden ließen. Die Einführung einer Genehmigungspflicht für Tätigkeiten in fremden Anlagen und Einrichtungen sowie die Verpflichtung zum Führen eines Strahlenpasses (vgl. §§ 20 a u. 62 Abs. 2 StrlSchV 1976) sollte dieser Praxis entgegenwirken, die entspr. Betriebe in die Pflicht nehmen, für ihr Personal selbst zu sorgen und dies nicht mehr allein den SSV bzw SSB der fremden Anlage überlassen (amtl. Begr. zu § 62 StrlSchV 1976,

abgedr. bei *Kramer/Zerlett,* § 62 I.; *Ewen/Huhn,* S. 204; *Ewen/Lucks/Wendorff,* S. 171 f.)

Die Ermächtigung, Voraussetzungen für die **Vernichtung** des Strahlenpasses 7 festzulegen (Nr. 3), wurde bislang nicht in der StrlSchV umgesetzt.

II. Grundsätzliches zum Strahlenpass

1. Pflicht zum Führen eines Strahlenpasses – Verantwortliche. § 174 8 Abs. 1 S. 1 StrlSchV legt die Verantwortlichkeit für das Führen des Strahlenpasses fest und verweist auf die entsprechenden Regelungen, die zum Führen eines solchen Passes verpflichten. Verpflichtet sind neben den in § 68 Abs. 1 StrlSchV genannten **SSV** (Genehmigungsinhaber nach § 25 StrlSchG, → § 25 Rn. 48, sowie Anzeigende nach §§ 26 Abs. 1 oder 59 Abs. 2 StrlSchG; *Körner/Reifenhäuser,* S. 122; *Schmatz/Nöthlichs* 8136 Anm. 3.3) die zu Maßnahmen **Verpflichteten,** die in fremden Betriebsstätten eine Beschäftigung an einem **Radon–Arbeitsplatz** eigenverantwortlich beruflich ausüben lassen (§§ 131 Abs. 1, 130 Abs. 1 S. 1, HS 2 StrlSchG iVm 158 Abs. 1 StrlSchV) sowie Adressaten einer entsprechenden behördlichen **Anordnung bei radioaktiven Altlasten** bzw bei sonstigen bestehenden Expositionssituationen (§§ 165 Abs. 2 Nr. 2 bzw 166 Abs. 2 Nr. 2). Der dem § 174 Abs. 1 S. 1 StrlSchV zugrundeliegende Begriff des Verantwortlichen ist somit weiter als der des SSV (kritisch zu dieser „Begriffskollision" *Jentjens/Holl* StrlSchPrax 1/2021, 60). Eine schriftliche **Delegation der Passführungspflicht** auf SSB, SSBV oder sonstige Dritte ist möglich.

Die in den §§ 68 Abs. 1 u. 158 Abs. 1 festgelegte Verpflichtung gilt gegenüber 9 den unter Aufsicht stehenden Personen, die in fremden Strahlenschutzbereichen bzw Betriebsstätten tätig werden. Unter Aufsicht stehen bedeutet, **vertraglichen Vorgaben** (*Schmatz/Nöthlichs* 8070 Anm. 3.1), zB einem Arbeitsvertrag, und einer aus diesen **resultierenden Direktionsbefugnis eines anderen** zu unterliegen. Diese auf vertraglicher Vereinbarung gewissermaßen im Innenverhältnis zwischen Beschäftigtem und Arbeitgeber basierende Aufsicht wird nicht durch das spezielle – zusätzliche – Anordnungsrecht des SSV oder SSB der fremden Anlage oder Einrichtung (§ 25 Abs. 3 S. 1 Nr. 2) suspendiert.

Neu ist die Eintragung einer eindeutigen **persönlichen SSR-Nummer** – die 10 Kennnummer gem. § 170 Abs. 3 (→ Rn. 21 ff.) – in den Strahlenpass, die die individuellen Dosiswerte aus der beruflichen Strahlenexposition optimal zuordnen und bilanzierfähig machen soll und die die bisherige Strahlenpassnummer ersetzt (BR-Drs. 39/20, 3; *Rosentreter/Oeh,* S. 47 f). Diese SSR-Nummer spielt bei der Prüfung zur Registrierung des Passes, beim Besitz mehrerer Strahlenpässe – grundsätzlich darf für **eine Person nur ein gültiger Strahlenpass** registriert sein – und bei der Mitteilung zur Eintragung in das **Strahlenschutzregister** eine Rolle (Nr. 2.1.1, 2.4 AVV Strahlenpass).

Um den Überblick zu behalten, welche Beschäftigten vom Genehmigungsinhaber bzw. Verpflichteten überhaupt eingesetzt werden, können diese per Genehmigungsauflage oder Anordnung verpflichtet werden, jährlich zu einem bestimmten Termin eine Liste der tätigen Beschäftigten vorzulegen, die neben den personenbezogenen Daten (Name, Vorname Geburtsdatum) und der effektiven Dosis des vorausgegangenen Kalenderjahrs auch Länderkennzeichnung, Registriernummer und fortlaufende Nummer des Strahlenpasses bzw Kennzeichnung eines ausländischen Strahlennachweisheftes zu enthalten hat. Diese Verpflichtung ist ein wichtiges, effektives und zeitsparendes **Schutzelement** für die Arbeitnehmer, denn sie zwingt den Arbeitgeber zu prüfen, ob die zulässigen Grenzwerte eingehalten werden bzw die Einsätze der unter seiner Aufsicht beschäftigten Personen so zu **steuern,** dass mögliche **Strahlenexpositionen minimiert werden.**

12   Bei **Abhandenkommen** eines gültigen Strahlenpasses hat der Verantwortliche dafür zu sorgen, dass dies der Behörde unverzüglich mitgeteilt wird (§ 174 Abs. 1 S. 3 StrlSchV). Ein Strahlenpass, der nach Beendigung des Beschäftigungsverhältnisses nicht dem Inhaber zurückgegeben werden kann, ist der Registrierungsbehörde zur **Aufbewahrung** zu übergeben (§ 174 Abs. 6 S. 3 StrlSchV, Nr. 4 AVV Strahlenpass).

13   **Ausnahmen:** Die Verpflichtung zum Führen eines Strahlenpasses gilt nicht für (fremde) Strahlenschutzbereiche, in denen auf die Ermittlung der Körperdosis verzichtet werden kann (§ 68 Abs. 1 S. 2 StrlSchV). Darüber hinaus kann die Behörde im Einzelfall von der Pflicht zum Führen eines Strahlenpasses und von der Pflicht zur Vorlage am fremden Arbeitsplatz befreien, wenn die beruflich strahlenexponierte Person in nicht mehr als einer fremden Anlage oder Einrichtung beschäftigt wird (§ 68 Abs. 4 StrlSchV).

14   Beschäftigte, die bereits die maximale Dosis erhalten haben, **dürfen nicht beschäftigt werden.** Arbeitsrechtlich ergibt sich dieses Verbot zudem aus der **Fürsorgepflicht.** Ist der Pass nicht vollständig geführt oder dokumentiert er andere Hinderungsgründe (etwa eine bereits vorhandene hohe Strahlenbelastung oder gesundheitliche Einschränkungen), ist der **Zutritt zu verwehren.**

15   **2. Registrierung.** Der **sechs Jahre gültige** Strahlenpass wird durch die zuständige Behörde am Sitz des für das Führen des Passes Verantwortlichen **registriert** (§ 174 Abs. 2 u. 3 StrlSchV); die entsprechenden Daten werden dem **Strahlenschutzregister im BfS** gemeldet (Nr. 6.1 AVV Strahlenpass). Die im Zusammenhang mit dem Strahlenpass anfallenden **Kosten** (Kauf, Verwaltungsgebühren für Registrierung usw.) sind vom jeweiligen Arbeitgeber als SSV bzw Verpflichtetem zu tragen, denn die §§ 68 Abs. 1, 158 Abs. 1 S. 1, 165 Abs. 2 Nr. 2 u 166 Abs. 2 Nr. 2 StrlSchV begründen eine öffentlich-rechtliche Verpflichtung (*Schmatz/Nöthlichs* 8070 Anm. 3.1); sie können nicht auf die Arbeitnehmer abgewälzt werden.

16   **3. Der Strahlenpassinhaber und sein Eigentum am Strahlenpass.** Da die Verpflichtung zum Führen eines Strahlenpasses an den Kanon des § 174 Abs. 1 S. 1 StrlSchV gebunden ist, ist die Gruppe der Passinhaber äußerst **inhomogen.** Sie stammen zB aus der Industrie einschl. der Kerntechnik, Medizin, Forschung und Entwicklung sowie, im Hinblick auf natürliche radioaktive Strahlenquellen, auch von Radonarbeitsplätzen (*Rosentreter/Oeh,* S. 48). Hinzu kommt Handwerks-, Reinigungs- und Reparaturpersonal, das aufgrund einer Genehmigung gem. § 25 Abs. 1 in fremden Anlagen und Einrichtungen tätig wird.

17   **Eigentümer des nicht übertragbaren Strahlenpasses ist der Inhaber** (§ 174 Abs. 6 S. 1 StrlSchV); er hat einen Anspruch auf – kostenlose – **Rückgabe** seines Strahlenpasses bei Beendigung des Beschäftigungsverhältnisses (§ 174 Abs. 6 S. 2 StrlSchV). Diese dem Strahlenschutzrecht an sich fremde dinglich-rechtliche, klarstellende Regelung, die als „nicht sehr praktisch" hinterfragt wird (*Jentjens/Holl* StrlSchPrax 1/2021, 60), ist ebenfalls vor dem Hintergrund des **Beschäftigtenschutzes** zu sehen: Als Eigentümer kann der Beschäftigte im Rahmen des geltenden Rechts Dritte von jeder Einwirkung auf den Strahlenpass ausschließen (§ 903 S. 1 BGB). Er kann eigene Ansprüche aus dem Eigentum herleiten, zB einen Herausgabeanspruch gegen den Besitzer des Passes (§ 985 BGB) oder Beseitigungs- und Unterlassungsansprüche (§ 1004 Abs. 1 BGB; zB Beseitigung von Falscheintra-

gungen). Er kann damit wirkungsvoll verhindern, dass ein Unternehmer, etwa bei einem Arbeitsplatzwechsel oder bei Eintritt in den Ruhestand, ihm den Strahlenpass als persönliches Dokument entzieht oder vorenthält, um diesen als Beweismittel zu entwerten oder Missstände zu vertuschen. Behält der Besitzer, zB der ehemalige Arbeitgeber, den Strahlenpass ein, kann die Aufsichtsbehörde allerdings nicht dessen Herausgabe an den Inhaber anordnen; jener muss auf den **Zivilrechtsweg** verwiesen werden; die strahlenschutzrechtliche Anordnungsbefugnis dient nicht zur Klärung possessorischer Ansprüche. Die Aufsichtsbehörde kann allerdings die Vorlage an sie selbst verlangen, wenn Anhaltspunkte für Dosisgrenzwertüberschreitungen bestehen.

Auch **strafrechtlich** ist die Einstufung des Strahlenpasses als Eigentum des Beschäftigten relevant. Dem Tatbestand der Unterschlagung (§ 246 StGB) ist als geschütztes Rechtsgut allein das Eigentum zugeordnet; der Diebstahltatbestand (§ 242 StGB) schützt Eigentum und Gewahrsam (BGHSt Beschl. v. 10.10.2018 – 4 StR 591/17, juris, Rn. 7 = NJW 2018, 3598; BGHSt Urt. v. 17.09.1980 – 2 StR 355/80, juris, Rn. 19 = BeckRS 9998, 162657). Auch die Strafbarkeit einer Sachbeschädigung (§ 303 StGB) setzt als Gegenstand eine fremde, also im Eigentum eines anderen stehenden Sache voraus (BGHSt Beschl. v. 22.05.2018 – 4 StR 598/17, juris, Rn. 8 = NJW 2018, 3598). **18**

4. Anerkennung ausländischer Strahlenpässe. § 174 Abs. 7 StrlSchV setzt § 171 Nr. 2 um. Erfüllt der ausländische Strahlenpass gleiche Voraussetzungen wie der deutsche, ist dessen zusätzliche **Registrierung in Deutschland nicht erforderlich.** Trotz nunmehriger Zweisprachigkeit deutsch/englisch ist der aktuelle Strahlenpass kein europäischer, sondern ein nationaler, deutscher (*Jentjens/Holl* StrlSchPrax 1/2021, 58; *Rosentreter/Oeh,* S. 46; zur Anerkennung ausländischer Strahlenpässe → § 25 Rn. 50). **19**

III. AVV Strahlenpass

Konkrete ergänzende Vorgaben zum Umgang mit dem Strahlenpass gibt die AVV Strahlenpass vom 16. Juni 2020 (BAnz AT 23.06.2020 B6; amtl. Begründung in BR-Drs. 39/20), die ihre Vorgängerin vom 20. Juli 2004 (BAnz 2004, Nr. 142 a) ablöst. Sie legt ua das behördliche Verfahren bei der Registrierung eines Strahlenpasses oder der Anerkennung eines ausländischen Strahlenpasses fest (Nr. 1.1). Weiter enthält sie in der Anlage ein Strahlenpass-Muster i. S. d. § 174 Abs. 2 S. 2 StrlSchV, dessen Inhalt und Form (zweisprachig in Deutsch und Englisch) der Mustervorlage für den Europäischen Strahlenpass folgen (Nr. 1.2). **20**

Wird ein Strahlenpass zum Expositionsnachweis **freiwillig,** ohne normierte Pflicht, geführt (zB im Fall des § 68 Abs. 1 S. 2 StrlSchV), gelten die Anforderungen der AVV Strahlenpass über die Registrierung entsprechend. **21**

IV. Zuwiderhandlungen

Wer einen Strahlenpass nicht, nicht richtig oder nicht vollständig führt, handelt nicht bußgeldrelevant, soweit er nicht gegen eine entsprechende Auflage bzw. Anordnung verstößt. Nach §§ 184 Abs. 1 Nr. 22 StrlSchV i. V. m. 194 Abs. 1 Nr. 1 lit. a StrlSchG handelt ordnungswidrig, wer vorsätzlich oder fahrlässig entgegen § 68 Abs. 3 S. 1 StrlSchV **ohne vorgelegten Strahlenpass beruflich exponierte Personen** – also fremde Beschäftigte oder fremde SSV – in seinem **Strahlenschutzbereich** beschäftigt. Bei der Tatbestandsmäßigkeit kommt es hier nicht darauf an, **22** ob es sich ein Überwachungs-, Kontroll- oder Sperrbereich handelt (vgl. § 52 Abs. 2 StrlSchV); dies kann aber wegen der unterschiedlichen **Gefährdungsintensität** ggf. Einfluss auf die **Bemessung der Bußgeldhöhe** haben. Die Ordnungswidrigkeit kann mit einer Geldbuße bis zu fünfzigtausend Euro geahndet werden (§ 194 Abs. 2 StrlSchG).

§ 172   Bestimmung von Sachverständigen; Verordnungsermächtigung

(1) [1]Die zuständige Behörde bestimmt Sachverständige für die folgenden Sachverständigentätigkeiten:
1. Prüfung von Röntgeneinrichtungen, einschließlich der Erteilung der Bescheinigung, und die Prüfung von Röntgeneinrichtungen oder Störstrahlern gemäß der Rechtsverordnung nach § 89 Satz 1 Nummer 3,
2. Prüfung von Arbeitsplätzen mit Exposition durch natürlich vorkommende Radioaktivität,
3. Prüfung von Anlagen zur Erzeugung ionisierender Strahlung, von Bestrahlungsvorrichtungen und von Geräten für die Gammaradiographie,
4. Dichtheitsprüfung von umschlossenen radioaktiven Stoffen sowie von bauartzugelassenen Vorrichtungen, die radioaktive Stoffe enthalten.

[2]Der behördlich bestimmte Sachverständige bedarf für die Ausübung der Sachverständigentätigkeit weder einer Genehmigung noch muss er sie anzeigen.

(2) [1]Der behördlich bestimmte Sachverständige muss unabhängig sein von Personen, die an der Herstellung, am Vertrieb oder an der Instandhaltung von Anlagen zur Erzeugung ionisierender Strahlung, Bestrahlungsvorrichtungen, Röntgeneinrichtungen, Störstrahlern oder umschlossenen radioaktiven Stoffen beteiligt sind. [2]Der behördlich bestimmte Sachverständige oder, bei juristischen Personen oder sonstigen Personenvereinigungen, die Personen, die Aufgaben als behördlich bestimmte Sachverständige wahrnehmen, müssen die erforderliche Fachkunde im Strahlenschutz besitzen. [3]Der behördlich bestimmte Sachverständige darf keinen fachlichen Weisungen im Hinblick auf die Sachverständigentätigkeit unterliegen.

(3) [1]Für die Sachverständigentätigkeit eines behördlich bestimmten Sachverständigen gelten die Pflichten des Strahlenschutzverantwortlichen nach § 72 Absatz 1 entsprechend. [2]Handelt es sich bei dem behördlich bestimmten Sachverständigen um eine juristische Person oder eine sonstige Personenvereinigung, so gilt für diese Person auch § 70 entsprechend. [3]Übt der behördlich bestimmte Sachverständige die Sachverständigentätigkeit in einem Beschäftigungsverhältnis aus, so gelten die §§ 70 und 72 Absatz 1 abweichend von den Sätzen 1 und 2 entsprechend für diejenige Person, zu der das Beschäftigungsverhältnis besteht.

(4) Die Bundesregierung wird ermächtigt, durch Rechtsverordnung mit Zustimmung des Bundesrates
1. die Anforderungen an die Ausbildung, die beruflichen Kenntnisse und Fähigkeiten, insbesondere hinsichtlich Berufserfahrung und Eignung, der behördlich bestimmten Sachverständigen oder, bei juristischen Personen oder sonstigen Personenvereinigungen, der Personen, die Auf-

gaben als behördlich bestimmte Sachverständige wahrnehmen, festzulegen,

2. festzulegen, welche Anforderungen an die Zuverlässigkeit, Unabhängigkeit und Unparteilichkeit der Sachverständigen und, bei juristischen Personen oder sonstigen Personenvereinigungen, der Personen, die Aufgaben als behördlich bestimmte Sachverständige wahrnehmen, bestehen,

3. festzulegen, wie die Einweisung in die Sachverständigentätigkeit erfolgt, welchen Umfang die Prüftätigkeit umfasst, wie die Prüfmaßstäbe festgelegt werden und welche sonstigen Voraussetzungen und Pflichten, einschließlich der Qualitätssicherung, in Bezug auf die Prüfungen und die Zusammenarbeit mit den zuständigen Behörden für behördlich bestimmte Sachverständige gelten, und

4. festzulegen, welche Voraussetzungen bei der behördlichen Bestimmung eines Sachverständigen zu prüfen sind und dass und unter welchen Voraussetzungen die Bestimmung eines Sachverständigen befristet werden kann.

Schrifttum: *Bleckmann,* Die Anerkennung der Hoheitsakte eines anderen Landes im Bundesstaat, NVwZ 1986, 1.

A. Zweck und Bedeutung der Norm

Den behördlich bestimmten Sachverständigen kommt eine zentrale Bedeu- **1** tung im System des Strahlenschutzes zu, sei es zB iRd Anzeige einer Tätigkeit oder im Zusammenhang mit wiederkehrenden Prüfungen bei bereits ausgeübten Tätigkeiten. Sie tragen durch ihre Prüfungen zu einem funktionierenden Strahlenschutz und einem sicheren Vollzug des Strahlenschutzrechts in Deutschland bei. Die Regelungen zur Bestimmung von Sachverständigen, insbes. auch auf Verordnungsebene, dienen hauptsächlich der **Qualität der Sachverständigenprüfungen** (BT-Drs. 18/11241, 429). Nur wenn diese von besonders qualifizierten und geeigneten Sachverständigen durchgeführt werden, können fehlerhafte Beurteilungen vermieden werden, die ggf. beträchtliche negative Auswirkungen auf den Menschen und die Umwelt nach sich ziehen können. Des Weiteren können Sachverständigenprüfungen Grundlage für Behördenentscheidungen sein, so dass es für die zust. Behörden von essentieller Bedeutung ist, auf die zuverlässige und qualitativ hochwertige Ausführung der Sachverständigentätigkeit vertrauen zu können. Die Möglichkeit der Zuziehung von Sachverständigen im Genehmigungs- und Aufsichtsverfahren nach § 179 Abs. 1 Nr. 3 iVm § 20 AtG bleibt unberührt.

Mit § 172 und den §§ 177 ff. StrlSchV werden erstmals **bundeseinheitliche** **2** **Regelungen** zur Bestimmung von Sachverständigen getroffen und die an Sachverständige zu stellenden Anforderungen einheitlich und verbindlich festgelegt. Damit haben behördliche Bestimmungen von Sachverständigen **bundesweite Geltung.** Denn es liegt im Wesen des landeseigenen Vollzugs von Bundesgesetzen, dass der zum Vollzug eines Bundesgesetzes ergangene VA eines Landes grds. im ganzen Bundesgebiet Geltung hat (BVerfG NJW 1960, 907 (908 f.)).

B. Bisherige Rechtslage

3   Vor Inkrafttreten des StrlSchG richtete sich die Bestimmung von Sachverständigen nach § 4a RöV und § 66 Abs. 1 StrlSchV 2001. Danach stand es im **pflichtgemäßen Ermessen** der zust. Behörde, Anforderungen an einen Sachverständigen festzulegen. Da die Voraussetzungen für die Bestimmung als Sachverständiger somit nicht näher geregelt waren, sondern § 4a RöV und § 66 Abs. 1 StrlSchV 2001 die zust. Behörde lediglich zur Bestimmung von Sachverständigen ermächtigten, stand die Entscheidung über die Bestimmung im Zweifel in deren Ermessen (vgl. *Ramsauer* in Kopp/Ramsauer VwVfG § 40 Rn. 32 mwN). Das Fehlen von bundeseinheitlichen Regelungen bedeutete auch, dass die Bestimmung nur für den Zuständigkeitsbereich der bestimmenden Behörde, also idR für ein Bundesland, galt. Da es im Ermessen der jeweils zust. Landesbehörde stand, welche Anforderungen sie für Sachverständige festlegt, war es den Ländern grds. nicht zuzumuten, auf Grundlage anderer Bestimmungsvoraussetzungen ergangene Sachverständigenbestimmungen der anderen Länder für ihren Zuständigkeitsbereich automatisch anzuerkennen (vgl. *Bleckmann* NVwZ 1986, 1 (5)). Somit kam eine bundesweite Geltung von Sachverständigenbestimmungen grds. nicht in Betracht (vgl. *Schmatz/Nöthlichs* Kommentar zur StrlSchV und RöV, Teil 1, 2. Aufl. 2004, Stand 3/18, § 4a RöV Ziffer 1; aA *dies.* § 66 StrlSchV Ziffer 2). Um dennoch einen bundeseinheitlichen Vollzug zu gewährleisten, wurden für den Röntgenbereich in der FK-RL Technik nach der RöV vom 21. 11. 2011 (GMBl. 1039) in Kap. 7 Anforderungen an die Qualifikation von behördlich bestimmten Sachverständigen hinsichtlich Ausbildung, erforderliche FK im Strahlenschutz und Einweisung in die Sachverständigentätigkeit sowie an den Erhalt der Bestimmung festgelegt. Die RL war zwar dem Vollzug der RöV zu Grunde zu legen, hatte jedoch als untergesetzliches Regelwerk keinen für die zust. Behörden oder Dritte verbindlichen Charakter. In den anderen etablierten Bereichen wie zB für die Prüfung von Beschleunigern und anderen Bestrahlungsvorrichtungen oder für Dichtheitsprüfungen von umschlossenen radioaktiven Stoffen gab es landesspezifische Regelungen, die sich zum Teil an einem länger zurückliegenden Entwurf einer Sachverständigenverordnung orientierten (*Junkersfeld* in Fachverband für Strahlenschutz e. V., Das neue Strahlenschutzrecht – Expositionssituationen und Entsorgung, 2017, 93 (94)).

C. Bestimmung (Abs. 1)

I. Rechtsqualität

4   Die Bestimmung zum Sachverständigen erfolgt gem. § 177 StrlSchV auf Antrag und ist eine **gebundene Entscheidung.** Dies ergibt sich allerdings nicht bereits eindeutig aus dem Wortlaut von Abs. 1 S. 1, auch wenn hier durch die Verwendung des imperativen Präsens („bestimmt") die Verpflichtung der Behörde zur Bestimmung von Sachverständigen nahe liegt (HdR Rn. 83; aA OVG RhPf. Urt. v. 9. 9. 2009 – 6 A 11097/08, Rn. 15 f. zu § 4a RöV). Abs. 1 S. 1 könnte aber auch im Sinne einer bloßen Aufzählung der unterschiedlichen Sachverständigentätigkeiten interpretiert werden, wenn die Betonung auf diese gerichtet wird. Der Anspruch auf Bestimmung ergibt sich jedoch klar aus § 177 Abs. 1 und 2 StrlSchV, wonach die zust. Behörde einen Sachverständigen bei Vorliegen der Bestimmungsvorausset-

zungen zu bestimmen „hat". Die Beschränkung des Antrags sowie der Bestimmung
auf einzelne Prüfbereiche nach Abs. 1 S. 1 oder deren Teile ist möglich. Der Begriff
des Sachverständigen erfasst nach der Definition in § 1 Abs. 16 StrlSchV sowohl
Einzelsachverständige als auch Sachverständigenorganisationen.

Durch die behördliche Bestimmung wird der Sachverständige nicht zum „ver- 5
längerten Arm" der Behörde. Er übt **keine hoheitliche Tätigkeit** aus. Eine Amts-
trägerschaft iSv Art. 34 S. 1 GG wird noch nicht dadurch begründet, dass die betreffende Tätigkeit nur aufgrund einer öffentlich-rechtlichen Anerkennung ausgeübt
werden darf (BGH NJW 2016, 2656 (2658)). Der Sachverständige wird vielmehr
allein auf Grund eines zivilrechtlichen Dienst- oder Werkvertrages mit dem Auftraggeber, also zB mit dem zur Anzeige des Betriebs einer Röntgeneinrichtung
Verpflichteten, tätig. Er agiert ausschließlich in dessen Pflichten- und Verantwortungsbereich. Hieran ändert auch der Umstand nichts, dass sich die Behörde die besondere Sachkunde des Sachverständigen und dessen Feststellungen zu eigen macht
und im Vertrauen darauf ggf. von einer eigenen Prüfung absieht (vgl. BGH
NVwZ-RR 2011, 556 (557)).

II. Sachverständigentätigkeiten

Nach Abs. 1 S. 1 Nr. 1 werden Sachverständige für die **Prüfung von Röntgen-** 6
einrichtungen oder Störstrahlern bestimmt. In diesem Bereich kommt den
Sachverständigen iRd Anzeige des Betriebs einer Röntgeneinrichtung iSv § 19
Abs. 1 S. 1 Nr. 1 eine zentrale Bedeutung zu. Nach § 19 Abs. 3 S. 1 ist der Anzeige nämlich ein Abdruck der Bescheinigung eines behördlich bestimmten Sachverständigen einschließlich des Prüfberichts beizufügen (→ § 19 Rn. 26 ff.). Des
Weiteren werden Sachverständige gem. § 88 Abs. 4 StrlSchV im Rahmen von
wiederkehrenden Prüfungen von Röntgeneinrichtungen und nach § 88 Abs. 5
StrlSchV auf Anordnung der zust. Behörde bei der Prüfung von Störstrahlern, deren
Betrieb genehmigungsbedürftig ist, tätig. Mit dem Ziel der Sicherstellung der bundeseinheitlichen Durchführung von Sachverständigenprüfungen ist die RL für die
technische Prüfung von Röntgeneinrichtungen und genehmigungsbedürftigen
Störstrahlern durch Sachverständige nach StrlSchG und der StrlSchV (Sachverständigen-Prüfrichtlinie – SV-RL) vom 1.7.2020 (GMBl. 562) erarbeitet worden, die ua Prüfberichtsmuster für verschiedene Röntgeneinrichtungen mit umfangreichen Vorgaben zum Prüfumfang, zur Prüftiefe und zu den Prüfkriterien
enthält.

Neu ist die Bestimmung von Sachverständigen nach Abs. 1 S. 1 Nr. 2 für die 7
Prüfung von Arbeitsplätzen mit Exposition durch natürlich vorkom-
mende Radioaktivität. Hier wird der Sachverständige iRd Anzeigeverfahrens
nach § 56 tätig. Nach § 56 Abs. 2 S. 1 Nr. 1 ist der Anzeige der Prüfbericht eines behördlich bestimmten Sachverständigen beizufügen, aus dem die in § 56 Abs. 2 S. 1
Nr. 1 lit. a bis c genannten Angaben hervorgehen müssen (→ § 56 Rn. 6 f.).

Sachverständige werden gem. Abs. 1 S. 1 Nr. 3 für die **Prüfung von AEiS,** von 8
Bestrahlungsvorrichtungen und von **Geräten für die Gammaradiographie**
bestimmt. Dabei werden sie iRd nach § 88 Abs. 1 StrlSchV erforderlichen wiederkehrenden Prüfungen und gem. § 88 Abs. 5 StrlSchV auf Anordnung der zust. Behörde bei der Prüfung von AEiS, deren Betrieb nach § 17 Abs. 1 S. 1 anzeigebedürftig ist, tätig.

Letztlich werden Sachverständige nach Abs. 1 S. 1 Nr. 4 für die **Dichtheitsprü-** 9
fung von umschlossenen radioaktiven Stoffen nach § 89 StrlSchV sowie für

die nach § 25 Abs. 4 S. 1 StrlSchV erforderliche Prüfung von bauartzugelassenen Vorrichtungen, die radioaktive Stoffe enthalten, bestimmt.

10   Nach Abs. 1 S. 2 bedarf der Sachverständige für die Ausübung der Sachverständigentätigkeit weder einer Genehmigung noch muss er sie anzeigen. Grundlage für sein Tätigwerden ist allein die behördliche Bestimmung. Bevor diese erteilt wird, werden von der zust. Behörde alle persönlichen und objektiven Anforderungen geprüft (vgl. § 177 Abs. 1 und 2 StrlSchV). Die normalen Vorabkontrollverfahren sind allerdings dann zu durchlaufen, wenn der Sachverständige mit radioaktiven Stoffen umgeht, bspw. mit eigenen Prüfstrahlern, oder neben der Tätigkeit als behördlich bestimmter Sachverständiger weitere Prüfaufgaben übernimmt (BT-Drs. 18/11241, 430).

III. Widerruf und Rücknahme

11   Widerruf und Rücknahme der Bestimmung eines Sachverständigen richten sich nach § 179 Abs. 1 Nr. 1 iVm § 17 Abs. 2 bis 5 AtG (→ § 179 Rn. 13 ff.), wobei § 17 Abs. 4 AtG für die Sachverständigenbestimmung keine Rolle spielt. Von großer Bedeutung dürften in der Praxis die Widerrufsgründe in § 17 Abs. 3 Nr. 2 und 3 AtG sein. Danach ist ein Widerruf ua dann möglich, wenn eine der **Bestimmungsvoraussetzungen** nach § 177 Abs. 1 oder 2 StrlSchV **später weggefallen** ist und nicht in angemessener Zeit Abhilfe geschaffen wird. Ein Widerruf der Bestimmung kommt nach § 179 Abs. 1 Nr. 1 iVm § 17 Abs. 3 Nr. 3 AtG insbes. dann in Betracht, wenn der Sachverständige **erheblich oder wiederholt gegen** die **Pflichten** nach § 183 StrlSchV **verstößt.**

D. Zentrale Anforderungen (Abs. 2)

12   Abs. 2 beinhaltet die zentralen Anforderungen an einen Sachverständigen, so dass sich der Gesetzgeber entschieden hat, diese auf formell gesetzlicher Ebene zu regeln (BT-Drs. 18/11241, 430).

13   Die **Unabhängigkeit** des Sachverständigen soll sicherstellen, dass Prüfungen gewissenhaft und ordnungsgemäß durchgeführt sowie Gutachten vollständig und objektiv erstellt werden. Das Vertrauen der Behörde in die Arbeit des Sachverständigen beruht auch wesentlich auf dessen Unabhängigkeit. Aufgrund der hohen Bedeutung dieser Bestimmungsvoraussetzung sind die Anforderungen an die Unabhängigkeit in § 180 StrlSchV näher ausgestaltet. Abs. 2 S. 1 stellt zunächst darauf ab, dass der Sachverständige von anderen Personen unabhängig sein muss, die an der Herstellung, am Vertrieb oder an der Instandhaltung von Geräten oder Vorrichtungen oder umschlossenen radioaktiven Stoffen beteiligt sind. Andernfalls wäre eine Einflussnahme auf die Sachverständigentätigkeit und somit auf das Prüfergebnis nicht auszuschließen. In Ergänzung dazu regelt § 180 Abs. 2 StrlSchV, dass auch der Sachverständige selbst nicht an der Entwicklung, der Herstellung, am Vertrieb oder an der Instandhaltung von Geräten oder Vorrichtungen oder von deren Teilen oder von umschlossenen radioaktiven Stoffen, die iRd Sachverständigentätigkeit geprüft werden sollen, beteiligt sein und diese auch nicht selbst betreiben darf. Bei Sachverständigenorganisationen müssen die Organisation selbst, einschließlich der einzelnen prüfenden Personen als Teil der Organisation, sowie die zur Vertretung Berechtigten unabhängig sein.

Im Hinblick auf die fachliche Qualifikation des Sachverständigen ist die **erfor-** 14
derliche Fachkunde im Strahlenschutz von zentraler Bedeutung. Die Voraussetzungen für deren Erwerb sind in § 74 Abs. 1 geregelt (→ § 74 Rn. 20 ff.). Konkretisierungen erfolgen idR im untergesetzlichen Regelwerk auf Richtlinienebene. Im
Zusammenhang mit behördlich bestimmten Sachverständigen sind insbes. die FK-
RL Technik nach der RöV vom 21.11.2011 (GMBl. 1039), die FK-RL Technik
nach StrlSchV vom 18.6.2004 (GMBl. 799), geändert durch Rundschreiben des
BMU vom 19.4.2006 (GMBl. 735), und die FK-Anforderungen NORM und Altlasten vom 18.11.2019 (GMBl. 1321) von Bedeutung.

Letztlich darf der Sachverständige nach Abs. 2 S. 3 **keinen fachlichen Weisun-** 15
gen im Hinblick auf die Sachverständigentätigkeit unterliegen. Diese Anforderung
soll gewährleisten, dass der Sachverständige selbständig zu seiner Beurteilung gelangt und nicht von Dritten beeinflusst wird. Diese Unabhängigkeit ist ebenfalls
zentral für das Vertrauen, das die Behörde in die Arbeit des Sachverständigen hat.

E. Schutzpflichten (Abs. 3)

Abs. 3 soll sicherstellen, dass auch für den behördlich bestimmten Sachverständi- 16
gen und die ihn ggf. begleitenden mitarbeitenden Personen der „operative" Strahlenschutz gleichwertig wie für andere beruflich exponierte Personen gewährleistet
ist (BT-Drs. 18/11241, 430). Daher gelten nach S. 1 für den Sachverständigen die
SSV-Pflichten nach § 72 Abs. 1 entsprechend. Handelt es sich zB um ein Sachver-
ständigenbüro, kann nach S. 2 ggf. zusätzlich die Pflicht zur Bestellung von SSB bestehen. Bei Sachverständigenorganisationen gelten diese Pflichten gem. S. 3 für die
Organisation bzw. die zur Vertretung Berechtigten.

F. Verordnungsermächtigung (Abs. 4)

Abs. 4 ermöglicht es, umfangreiche konkretisierende Regelungen für behörd- 17
lich bestimmte Sachverständige auf Verordnungsebene zu schaffen. Hiervon hat
der Verordnungsgeber in den §§ 177 bis 183 StrlSchV umfassend Gebrauch
gemacht. § 177 StrlSchV regelt nunmehr bundeseinheitlich und verbindlich die
Voraussetzungen für die Bestimmung als Sachverständiger (Zuverlässigkeit, Unabhängigkeit, fachliche Qualifikation, erforderliche technische und organisatorische Ausstattung). Bei Vorliegen der Voraussetzungen besteht ein Anspruch auf Bestimmung (→ Rn. 4). Die Regelungen in § 177 Abs. 1 bis 3 StrlSchV basieren auf
der Ermächtigung in Abs. 4 Nr. 4. Dies gilt auch für § 177 Abs. 4 StrlSchV, wonach
eine generelle **Befristung** der Bestimmung auf fünf Jahre erfolgt. Dies soll der zust.
Behörde ermöglichen, regelmäßig zu überprüfen, ob der Einzelsachverständige
oder die prüfende Person weiterhin die fachliche Eignung zur Ausübung der Sachverständigentätigkeit besitzt und ob die fachlichen Kenntnisse sowie die gerätetechnische Ausstattung dem jeweils aktuellen Stand entsprechen (BR-Drs. 423/18,
484). Da ein Anspruch auf Bestimmung besteht, wenn die Bestimmungsvoraussetzungen weiterhin vorliegen, bringt die Befristung kaum Unwägbarkeiten für den
Sachverständigen im Hinblick auf eine erneute Bestimmung nach Ablauf der Frist
mit sich. § 177 Abs. 4 StrlSchV geht als spezielle gesetzliche Regelung der allgemeinen Vorschrift in § 179 Abs. 1 Nr. 1 iVm § 17 Abs. 1 S. 4 AtG vor, wonach es grds.
im pflichtgemäßen Ermessen der zust. Behörde stünde, die Bestimmung eines

Sachverständigen zu befristen. Dies widerspräche allerdings dem Sinn und Zweck von § 177 Abs. 4 StrlSchV.

18   Die §§ 179 bis 181 StrlSchV konkretisieren die **Anforderungen** an die Zuverlässigkeit, die Unabhängigkeit und die fachliche Qualifikation des Sachverständigen. Insbes. die Anforderungen an die Unabhängigkeit und die fachliche Qualifikation sind nun verbindlich und differenziert ausgestaltet (vgl. zur näheren Begründung BR-Drs. 423/18, 485 ff.). Zu beachten ist va § 181 Abs. 4 StrlSchV, wonach für die **Beantragung einer erneuten Bestimmung** für dieselbe Sachverständigentätigkeit nach Ablauf der Frist in § 177 Abs. 4 StrlSchV lediglich die Durchführung einer geringeren Anzahl an Sachverständigenprüfungen erforderlich ist. Die Regelungen beruhen auf der Ermächtigung in Abs. 4 Nr. 1, 2 und 3. In § 182 StrlSchV wird der vom Sachverständigen anzulegende **Prüfmaßstab** festgelegt. Die Ermächtigung hierfür findet sich in Abs. 4 Nr. 3.

19   Ebenfalls auf Basis der Ermächtigung in Abs. 4 Nr. 3 hat der VO-Geber in § 183 StrlSchV einen umfangreichen und detaillierten **Pflichtenkatalog** für Einzelsachverständige (Abs. 1 und 2) sowie für Sachverständigenorganisationen (Abs. 3 und 4) geschaffen. Hervorzuheben ist § 183 Abs. 1 S. 1 Nr. 6, ggf. iVm Abs. 3 S. 1 StrlSchV, wonach der Sachverständige nunmehr generell verpflichtet ist, der Behörde innerhalb von vier Wochen nach einer Prüfung eine **Kopie des Prüfberichts vorzulegen.** Der RegE enthielt noch eine Ausnahme für die Prüfberichte nach § 19 Abs. 3 S. 1 Nr. 1 und § 56 Abs. 2 S. 1 Nr. 1 (BR-Drs. 423/18, 126), wonach der zur Anzeige Verpflichtete den Sachverständigenprüfbericht der Anzeige beizufügen hat. Diese Ausnahme wurde im Bundesratsverfahren gestrichen (BR-Drs. 423/18 (Beschluss), 27 f.), so dass die zust. Behörde die Prüfberichte nunmehr sowohl von dem zur Anzeige Verpflichteten als auch von dem Sachverständigen bekommt. Die in § 183 Abs. 2 und 4 StrlSchV geregelten **Mitteilungspflichten** sind Folge der jetzt bundesweiten Geltung von Sachverständigenbestimmungen (→ Rn. 2). Die Mitteilung der Aufnahme der Sachverständigentätigkeit an die Behörden, in deren Zuständigkeitsbereich der Einzelsachverständige oder die prüfende Person tätig wird, ist va ordnungsrechtlich geboten, um die zust. Behörden nicht zuletzt in die Lage zu versetzen, ihre Aufsicht über diejenigen Personen, die zur Beauftragung eines Sachverständigen verpflichtet sind, ordnungsgemäß auszuüben (BR-Drs. 423/18, 489).

G. Zuwiderhandlungen

20   Nach § 194 Abs. 1 Nr. 1 lit. b handelt ordnungswidrig, wer vorsätzlich oder fahrlässig einer RVO nach § 172 Abs. 4 zuwiderhandelt, soweit die RVO für einen bestimmten Tatbestand auf § 194 verweist. Insoweit ergeben sich Ordnungswidrigkeiten aus § 184 Abs. 2 Nr. 37 bis 41 StrlSchV in Ansehung der dort iE aufgeführten Pflichten für Einzelsachverständige und Sachverständigenorganisationen. Die Höhe der Geldbuße richtet sich nach § 194 Abs. 2 und kann bis zu 10.000 Euro betragen.

§ 173 Verordnungsermächtigungen für Mitteilungspflichten bei Fund und Erlangung

Die Bundesregierung wird ermächtigt, durch Rechtsverordnung mit Zustimmung des Bundesrates festzulegen, dass, auf welche Weise und durch wen den zuständigen Behörden Folgendes zu melden ist:
1. der Fund, das Abhandenkommen und das Wiederauffinden von Stoffen, sofern zu befürchten ist, dass deren Aktivität oder spezifische Aktivität die nach einer Rechtsverordnung nach § 24 Satz 1 Nummer 10 festgelegten Werte überschreitet,
2. das Vorhandensein von Wasser in einer Wasserversorgungsanlage oder in einer Abwasseranlage, das Radionuklide enthält, deren Aktivitätskonzentration die in der Rechtsverordnung festgelegten Werte oder Grenzen überschreitet,
3. die Vermutung oder die Kenntnis, dass eine herrenlose Strahlenquelle eingeschmolzen oder auf sonstige Weise metallurgisch verwendet worden ist.

Übersicht

Schrifttum: *De Groot/Haneke/Schmidt/Wörlen,* AP4 Zwischenbericht zum Forschungsvorhaben: Experimentelle und theoretische Untersuchungen zu radioaktiven Quellen und Gegenständen im Stahlschrott (i. Auftr. d. BfS), Salzgitter 2019; *Doninger/Neu,* Funde radioaktiver Stoffe, in: Maringer et al. 2009, 453; *Gellermann/Schulze,* Der neue Strahlenschutz – Abhandenkommen und Fund radioaktiver Stoffe, Berlin 2019; *Jossen,* Radioaktive Stoffe im Metallschrott, die Situation in der Schweiz; in: Zuberbühler et al., Strahlenschutz-Aspekte bei der Entsorgung radioaktiver Stoffe, Tagungsband Fachverband Strahlenschutz e. V., Köln 2005, 204; *Kraus/Allinger/Löwer/Müller-Kiemes,* Radioaktive Stoffe in Abfallanlagen, in: Maringer et al. 2009, 149; *Lassalle/Schneider/Greifeneder,* „Kuriositäten" bei Strahlenschutzeinsätzen, in HLNUG (Hrsg.), Jahresbericht 2017, Wiesbaden 2018, 113; *Maringer/Czarwinski/Geringer/Brandl/Steurer* (Hrsg.), Leben mit Strahlung – Von den Grundlagen zur Praxis, Köln 2009; *Schink/Fellenberg,* GK-WHG, Hürth 2021; *VMBG* Vereinigung der Metall-Berufsgenossenschaften (Hrsg.), Überwachung von Metallschrott auf radioaktive Bestandteile (BGI 723), 2006.

A. Sinn und Zweck der Norm

1   § 173 ist die **Ermächtigungsgrundlage** für verschiedene Mitteilungspflichten. Er setzt Art. 93 Abs. 2 RL 2013/59/Euratom um und ist Grundlage für die §§ 167 ff. StrlSchV. Geregelt werden die Pflichten sowohl derjenigen Personen, die radioaktive Stoffe finden, erlangen oder denen solche Stoffe abhandengekommen sind, als auch die der beteiligten Behörden. Zweck ist der **Schutz der Bevölkerung vor den unkontrollierten Auswirkungen ionisierender Strahlung,** etwa durch irrlichternde Strahlenquellen. Die Regelung soll den zuständigen Behörden **frühzeitige Gefahrenabwehrmaßnahmen** ermöglichen und die **Sicherstellung radioaktiver Stoffe** ohne Durchführung eines Genehmigungsverfahrens gewährleisten.

B. Bisherige Regelung

2   Die Verordnungsermächtigung in Nr. 1 und 2 lehnt sich an § 71 StrlSchV 2001 an.

C. Die Mitteilungspflichten des § 173 und ihre Umsetzung in der StrlSchV

I. Meldung von Fund, Abhandenkommen und Wiederauffinden (§ 173)

3   Der zuständigen Behörde sind der Fund, das Abhandenkommen und das Wiederauffinden von Stoffen zu melden, sofern zu befürchten ist, dass deren Aktivität oder spezifische Aktivität die nach der StrlSchV festgelegten Werte überschreitet (§ 173 Nr. 1). Die jetzige Regelung umfasst auch die Meldungspflicht bei Fund oder Erlangung von **natürlich anfallenden radioaktiven Stoffen** (im Regime der StrlSchV 2001 fielen diese unter Teil 3 und nicht unter § 71 StrlSchV 2001). Die Verordnungsermächtigung beschränkt sich allein auf eine Pflicht zur Mitteilung „und ermöglicht keine Anordnungen oder Verfügungen der zuständigen Stellen zur Bewältigung der gemeldeten Funde; das entspricht der derzeitigen Rechtslage. Solche Vorschriften finden sich allerdings im allgemeinen Polizei- und Ordnungsrecht der Länder und wurden auch bisher nach Meldungen nach § 71 der bisherigen Strahlenschutzverordnung angewendet" (BT-Drs. 18/11241, 431). Da zum Schutz der Bevölkerung jeder unzulässige Eintrag von Radioaktivität in die Umwelt soweit möglich verhindert werden soll, tritt die Meldepflicht bereits bei **Besorgnis einer Überschreitung** ein („sofern zu befürchten ist").

Gerade in der Kategorie „Fund" gibt es Konstellationen **strahlenschutzfach-** 4
lich unbedarfter Normadressaten (Mieter, Abfallentsorger usw als Finder), die
weder die physikalischen Eigenschaften der Stoffe noch deren Herkunft aus einer
bestimmten Expositionssituation kennen noch um die Überschreitung von Freigrenzen wissen (BT-Drs. 18/11241, 23 u. 431). Deshalb wird es im Zweifel auf die
zust. Behörde ankommen festzustellen – sofern sie überhaupt informiert wurde –,
ob der **Maßstab für die Meldebedürftigkeit** erfüllt ist.

Die VO-Erm. erstreckt sich weiter auf Mitteilungspflichten beim Vorhandensein 5
von Wasser in einer Wasserversorgungsanlage oder in einer Abwasseranlage, das Radionuklide enthält, deren Aktivitätskonzentration die in der Rechtsverordnung
festgelegten Werte oder Grenzen überschreitet (Nr. 2; § 168 Abs. 3 StrlSchV) sowie
bei der Vermutung oder die Kenntnis, dass eine herrenlose Strahlenquelle eingeschmolzen oder auf sonstige Weise metallurgisch verwendet worden ist (Nr. 3;
§ 174).

II. Umsetzung in der StrlSchV

Konkret umgesetzt werden die Vorgaben zu Fund, Abhandenkommen und 6
Wiederauffinden der potentiell einschlägigen Stoffe in den §§ 167 und 168
StrlSchV. Weder das StrlSchG noch die StrlSchV definieren die Begriffe „Abhan-
denkommen", „Fund" und „Erlangung" näher.

1. Abhandenkommen und Wiederauffinden – Umsetzung in § 167 7
StrlSchV. Der bisherige Inhaber der tatsächlichen Gewalt über einen radioaktiven
Stoff nach § 3 StrlSchG und entsprechend über eine bauartzugelassene Vorrichtung,
die einen radioaktiven Stoff enthält, oder ein Konsumgut, dem ein radioaktiver
Stoff zugesetzt ist, sofern die Aktivität und spezifische Aktivität des enthaltenen
oder zugesetzten radioaktiven Stoffes die Werte der Anlage 4 Tabelle 1 Spalte 2
und 3 überschreitet, hat der atom- oder strahlenschutzrechtlichen Aufsichtsbehörde
oder der nach Landesrecht zuständigen Polizeibehörde das **Abhandenkommen**
dieses Stoffes unverzüglich mitzuteilen (§ 167 Abs. 1 S. 1 u. 2 StrlSchV). Unverzüglich mitzuteilen ist auch das **Wiederauffinden** des abhandengekommenen radioaktiven Stoffes oder der in S. 2 genannten abhandengekommenen Gegenstände
(§ 167 Abs. 1 S. 3 StrlSchV). Regelungen zum Schutz gegen ein Abhandenkommen sind in die **SSAnw** aufzunehmen (§ 45 Abs. 2 S. 2 Nr. 8 StrlSchV). Diese Regelung setzt Art. 85 Abs. 3 sowie Art. 86 Abs. 4 der RL 2013/59/Euratom um, wonach ein **Unternehmen** (der Unternehmensbegriff ist, wie die Legaldefinition des
Art. 4 Nr. 98 der RL 2013/59/Euratom nahelegt, weit zu verstehen) bei **Verlust**
oder Diebstahl einer offenen oder umschlossenen Strahlenquelle zur Unterrichtung der zuständigen Behörde zu verpflichten ist.

Anders als bislang muss nun der fachrechtlichen **Aufsichtsbehörde** oder der 8
nach Landesrecht zuständigen **Polizeibehörde** mitgeteilt werden (§ 71 Abs. 1 S.1
StrlSchV 2001 sah als Adressatin der Mitteilung ua die für die öffentliche Sicherheit
oder Ordnung zust. Behörde vor). Damit ist klargestellt, dass die Mitteilung über
ein Abhandenkommen radioaktiver Stoffe – soweit sie nicht an die atom- oder
strahlenschutzrechtliche Aufsichtsbehörde erfolgt – nicht an Kommunalbehörden
(als ebenfalls für die öffentliche Sicherheit oder Ordnung zust. Behörden, zB Kreis-
verwaltungsbehörden) zu richten ist, und dass das Übertragungsverbot von Aufgaben für die Kommunen durch den Bund nach Art. 84 Abs. 1 S. 7 GG nicht verletzt wird (BR-Drs. 423/18, 475 f.).

9   Das Abhandenkommen ist unverzüglich, also **ohne schuldhaftes Verzögern** (§ 121 Abs. 1 S. 1 BGB), mitzuteilen. Grundsätzlich kann die Mitteilung **alternativ** an eine der genannten Behörden gerichtet werden; auch eine kumulative Mitteilung an alle diese Behörden ist möglich. „Soweit es sich bei Abhandenkommen radioaktiver Stoffe um <vermuteten> Diebstahl oder sonstige widerrechtliche Entwendung handelt und daher Maßnahmen der Strafverfolgung einzuleiten sind oder gegebenenfalls wegen vermuteter missbräuchlicher Verwendung der entwendeten Stoffe Maßnahmen der polizeilichen Gefahrenabwehr in Betracht kommen", ist es empfehlenswert, vorrangig die Polizeibehörde zu informieren (BR-Drs. 423/18, 475 f.).

10   Durch die Verpflichtung der Behörden, sich jeweils **wechselseitig** über entsprechende Mitteilungen unverzüglich zu unterrichten (§ 167 Abs. 1 S. 4 StrlSchV), wird der für die Aufgabenerfüllung notwendige **Informationsfluss** sichergestellt. Informiert die Strahlenschutzbehörde, kann es empfehlenswert sein, bereits vorliegende fachliche Bewertungen und notwendig gewordene oder schon durchgeführte Maßnahmen darzustellen, damit die Polizeibehörde den Sachverhalt zB in **strafrechtlicher Hinsicht** einschätzen kann.

11   Im Gegensatz zur bisherigen Regelung (§ 71 Abs. 1 S. 1 StrlSchV 2001) wird nunmehr nicht mehr erwähnt, dass die Mitteilungspflicht beim Abhandenkommen radioaktiver Stoffe lediglich bei Überschreiten der Freigrenzen gilt; indem § 167 Abs. 1 S. 1 StrlSchV explizit auf den Begriff des radioaktiven Stoffs gem. § 3 StrlSchG abstellt, ist eine **Überschreitung der Freigrenzen bereits berücksichtigt** (BR-Drs. 423/18, 476). Relevant sind bei **natürlich vorkommenden Radionukliden** im Hinblick auf die Nutzungstatbestände in § 3 Abs. 2 S. 1 Nr. 3 StrlSchG nur **überwachungsbedürftige Rückstände** (*Gellermann/Schulze*, 2).

12   Zum **Begriff des Abhandenkommens** kann auf die im Zivilrecht etablierten Grundsätze verwiesen werden. Ein Abhandenkommen setzt voraus, dass der Inhaber die tatsächliche Gewalt über einen radioaktiven Stoff und damit den unmittelbaren Besitz **ohne seinen Willen verloren** hat (zu § 935 Abs. 1 S. 1 BGB: BGH Urt. v. 13.12.2013 – V ZR 58/13, juris, Rn. 8 = BeckRS 2014, 2200; OLG Hamm Urt. v. 12.07.2018 – 5 U 133/17, juris, Rn. 46 = BeckRS 2018, 36557). Inhaber ist zB der SSV (Nuklearmediziner, Firma, Forschungseinrichtung). Ein **vorsätzliches (illegales) Entsorgen oder Wegwerfen** durch den Inhaber erfüllt damit **nicht** den Begriff des Abhandenkommens, wohl aber **versehentlicher, unachtsamer Verlust, ein Vergessen oder ein Verlegen.** Auch **Dritte** können dazu beitragen, dass ein radioaktiver Stoff abhandenkommt, zB durch Diebstahl, Raub, Unterschlagung oder Anwendung von Zwang oder Drohung (Nötigung). Auch **deliktisches Verhalten von Betriebsangehörigen** usw fällt hierunter.

13   Zusätzliche Mitteilungspflichten bestehen bei **HRQ.** Eine zusätzliche Pflicht trifft den SSV, in dessen Einflussbereich ein Umgang mit hochradioaktiven Strahlenquellen stattfindet. Zusätzlich zur unverzüglichen Abhandenkommens- bzw. Wiederauffindensmitteilung an die atom- oder strahlenschutzrechtliche Aufsichtsbehörde oder die Polizeibehörde (§ 167 Abs. 1 StrlSchV) hat er dafür **zu sorgen,** dass eine entsprechende Mitteilung dem **Register über hochradioaktive Strahlenquellen** beim BfS (HRQ-Register; s. § 88 StrlSchG; § 84 StrlSchV) in gesicherter elektronischer Form entsprechend Anl. 9 Nr. 11 der StrlSchV zugeht und dass die zuständige atom- oder strahlenschutzrechtliche Aufsichtsbehörde über diese Mitteilung **informiert** wird; beides hat auch unverzüglich zu erfolgen (§ 167 Abs. 2 StrlSchV). Das BfS unterrichtet unverzüglich sowohl das für die kerntechnische Sicherheit und den Strahlenschutz zuständige **Bundesministerium** und das **Bundeskriminalamt** über den Eingang einer dem HRQ-Register nach § 167 Abs. 2 oder § 168 Abs. 2 StrlSchV übermittelten Mitteilung über Fund, Erlangung, Verlust, widerrechtliche Entwendung oder Wiederauffinden einer hochradioaktiven Strahlenquelle als auch die zuständige Behörde, wenn übermittelte Daten nicht vollständig sind oder eine hochradioaktive Strahlenquelle gefunden wurde (§ 84 Abs. 4 S. 1 StrlSchV).

2. Fund und Erlangung – Umsetzung in § 168 StrlSchV. a) Das Problem. 14
Immer wieder werden von Personen radioaktive Stoffe gefunden oder erlangt, sei es, dass die Portalmessanlage eines Metalleinfuhrbetriebs, einer Wareneingangskontrolle, einer Deponie, einer Hausmüll-Verbrennungsanlage oder eines Schrotthändlers bei Anlieferungen anschlägt (*Kraus et al.* in Maringer et al., 149f.; vgl. ferner Art. 92f. RL 2013/59/Euratom, auch Erwägungsgrund 51); sei es, dass zuhause, auf dem Dachboden, in der Garage oder im Keller, verdächtige Gegenstände, evtl. mit angebrachtem Strahlenzeichen (Anlage 10 zur StrlSchV), entdeckt werden (*Lassalle et al.,* 113ff.). Abfallchargen können Inkontinenzmaterial aus der nuklearmedizinischen Anwendung (etwa kurzlebige Tc-99m-, I-131-, Lu-177-Radionuklide), aber auch Co-60 belastete Stähle, NORM-kontaminierte Metalle, thorierte Schweißelektroden, zirkonhaltige Materialien und illegal entsorgte Strahlenquellen aus Medizin, Forschung oder Industrie enthalten, oft klein und unscheinbar, aber mit hoher Aktivität (und entspr. Ermittlungsaufwand). Privathaushalte bringen etwa Radium-Emanatoren (Ra-226-Trinkbecher) aus dem frühen 20. Jahrhundert, die für Trinkkuren verwendet wurden, zum Vorschein. Daneben wurden seinerzeit weitere Produkte mit Ra-226 vertrieben, zB Radium-Kompressen, -Seifen, -Badesalz, -Zahnpasta und -Kosmetika, -Kondome und -Schokolade, aber auch Schuheinlagen, die nach Generationen wieder das Tageslicht erblicken (instruktiv zB https://www.aerztezeitung.de/Panorama/Strahlen-fuer-die-Gesundheit-2611 37.html; *Doninger/Neu* in Maringer et al. 2009, 454f.). Immer wieder werden radioaktive Strahlenquellen aus militärischen Beständen, vor allem in den östlichen Bundesländern, gefunden, zB Leuchtfarben (Mischung aus Radium und Zinksulfid; https://www.strahlenschutz.sachsen.de/rechtliche-informationen-10030.html).

Einige Landesbehörden haben für Fälle des Verdachts von Funden radioaktiver 15 Stoffe durch Privatpersonen instruktive **Merkblätter** verfasst, die über die Homepage der Behörde verfügbar sind oder bei einer Mitteilung nach § 168 Abs. 1 StrlSchV ausgehändigt werden. Daneben existieren **VwV** der Länder und Informationen von Berufsgenossenschaften, die Vorgaben und Hinweise zum Umgang mit derartigen Fällen beinhalten (VBGM BGI 723 2006; für Hessen: VwV Handlungsanweisung für Fund radioaktiver Stoffe in Abfallanlagen, 2016; Erlass Maßnahmen bei Zwischenfällen mit radioaktiven Stoffen oder ionisierender Strahlung v. 31.07.2019 (StAnz. S. 764); für Sachsen: VwV Nukleare Vorkommnisse v. 29.09.2008 (SächsABl. S. 1501), zuletzt enthalten i. d. VwV v. 27.11.2019 (SächsABl. SDr. S. S 339)).

Sachverhalte um Fund und Erlangung, aber auch um das Abhandenkommen 16 werden häufig unter die Oberbegriffe „Zwischenfälle" bzw. „Vorkommnisse" subsumiert (v.g. hess. Erlass Maßnahmen bei Zwischenfällen, Nr. 2; v.g. sächs. VwV Nukleare Vorkommnisse, Nr. III.1). Sie sind jedoch von dort ebenfalls genannten Geschehnissen wie unkontrollierten Freisetzungen radioaktiver Stoffe oder ionisierender Strahlung, Störungen des bestimmungsgemäßen Betriebs oder Umgangs und Unfällen während der Beförderung radioaktiver Stoffe **dogmatisch zu trennen.**

17   **b) Die Tatbestände.** § 168 Abs. 1 S. 1 StrlSchV mit seinen Mitteilungsvor-
gaben in den Fällen von Fund und Erlangung radioaktiver Stoffe nach § 3
StrlSchG – diese sind hier Merkmal aller Tatbestände – bildet gewissermaßen den
Gegenpol zur Regelung des Abhandenkommens in § 167 StrlSchV. Drei Fallkonstellationen werden unterschieden: der **Fund** (Nr. 1), die **unwillentliche Erlangung der tatsächlichen Gewalt** (Nr. 2) und die **Erlangung der tatsächlichen
Gewalt ohne Wissen über die Radioaktivität** (Nr. 3). In diesen Fällen hat die
betroffene Person der atom- oder strahlenschutzrechtlichen **Aufsichtsbehörde**
oder der zuständigen **Polizeibehörde unverzüglich** Mitteilung zu erstatten, sobald sie von der Radioaktivität des Stoffes Kenntnis erlangt. Erweitert werden diese
Tatbestände durch die **Vermutung** (oder, wie die amtl. Begründung ergänzt, eines
Verdachtsfalles, BR-Drs. 423/18, 477), einen radioaktiven Stoff gefunden oder die
tatsächliche Gewalt über einen radioaktiven Stoff (immer gem. § 3 StrlSchG) erlangt zu haben (§ 168 Abs. 1 S. 2 StrlSchV). Eine Vermutung ist zB gegeben, wenn
die Portalmessanlage eines Recyclingunternehmens alarmiert. § 168 Abs. 1
StrlSchV richtet sich an **jede Person,** nicht nur an solche, die Tätigkeiten i. S. von
§ 4 StrlSchG im Zusammenhang mit radioaktiven Stoffen oder ionisierender Strahlung ausüben. Allerdings erscheint es lebensfremd, dass eine Person, die kuriose,
aber radium- oder thoriumhaltige Produkte auf dem Dachboden findet oder eine
stark „strahlende" Mineraliensammlung besitzt, die Rechtslage kennt bzw. derartige Sachen als prekär erkennt. In den wenigsten Fällen wird hier eine Behörde benachrichtigt werden; oft wandern solche Gegenstände in den Hausmüll oder auf
Flohmärkte und verbleiben damit im Kreislauf. Die Mitteilungspflicht kann nicht
durch das Zuziehen einer Fachfirma im Sinne einer „Bereinigung in Eigenregie"
ersetzt werden.

18   Gem. § 168 Abs. 1 S. 3 StrlSchV sind die genannten Behörden – entsprechend
§ 167 Abs. 1 S. 4 StrlSchV beim Abhandenkommen – verpflichtet, sich jeweils
wechselseitig unverzüglich über die von ihnen entgegengenommene Mitteilung
zu unterrichten. Wie auch beim Abhandenkommen ergibt sich im Bereich von
Fund und Erlangung aus dem Verweis auf den Begriff des radioaktiven Stoffes nach
§ 3 StrlSchG, dass die Mitteilungspflicht erst bei Überschreitung der Freigrenzen
gilt (BR-Drs. 423/18, 477).

19   **c) Die Begriffe Fund und Erlangung. „Finden"** i. S. von Nr. 1 bedeutet ein
Entdecken oder **Bemerken** (*Kramer/Zerlett* § 80 Anm. 2). Der strahlenschutzrechtliche Begriff des Fundes ist nicht völlig deckungsgleich mit dem zivilrechtlichen (§ 965 BGB). Letzterer umfasst zwar gerade auch verlorene Sachen, schließt
einen Fund bei versteckten beweglichen Sachen aber aus; bei diesen liegt keine Be-
sitzlosigkeit i. S. d. Besitzrechts vor, sie können also nicht verloren werden (LG Of-
fenburg Urt. v. 16.06.2021 – 4 O 109/19, juris, Rn. 40 = BeckRS 2021, 30529;
AG München PM v. 05.03.2021 – 111 C 21915/19, juris). Das Strahlenschutzrecht
will mit seiner Fund-Regelung in § 168 Abs. 1 S. 1 Nr. 1 StrlSchV aber nicht – wie
die §§ 973ff. BGB – den Eigentumserwerb des Finders an beweglichen Sachen klären und bezweckt deshalb **keinen Eigentumsschutz** (hierzu VGH Kassel Beschl.
v. 23.11.2017 – 2 A 890/16, juris, Rn. 31 u. 33 = BeckRS 2017, 135515), sondern
dient der **Gefahrenabwehr.** Das Interesse etwaiger Eigentümer an der Erhaltung
und Wiedererlangung verlorener Sachen ist im Hinblick auf Sinn und Zweck des
§ 168 Abs. 1 S. 1 Nr. 1 StrlSchV irrelevant. Deswegen erfasst der Fund i. S. des
Strahlenschutzrechts nicht nur verlorene oder bewusst weggeworfene, sondern
auch **versteckte Sachen** (deren Radioaktivität oberhalb der Freigrenze liegt: *De*

Groot et al., 26). **Unerheblich** ist, ob der Finder nach Nr. 1 früher selbst **Eigentümer** (§ 903 BGB) oder **Besitzer** (§ 854 BGB) des Gegenstands gewesen ist oder überhaupt ein Verhältnis zur gefundenen Sache hatte. Irrelevant ist ferner, ob der Finder den radioaktiven Stoff auch an sich nimmt, also eine **eigene Sachherrschaft** begründet (so noch § 80 Abs. 1 S. 1 Nr. 1 StrlSchV 1989 in Anlehnung an die Formulierung in § 965 Abs. 1 BGB).

„Erlangen" ist das wesentliche Tatbestandsmerkmal in den Nr. 2 und 3. Zwei   **20**
Sachverhalte werden unterschieden (die bereits in § 71 Abs. 2 S. 1 StrlSchV 2001 geregelt waren). In beiden Fällen hat eine Person die **tatsächliche Gewalt** über einen radioaktiven Stoff nach § 3 StrlSchG inne. In Nr. 2 ist ihr diese Gewalt gewissermaßen **aufgedrängt** worden – das **voluntative Element fehlt** („ohne … Willen"). Vorausgesetzt ist in Nr. 2 das **Wissen** der erlangenden Person, dass es sich um einen radioaktiven Stoff handelt. Anwendungsbeispiele: auf einem Grundstück oder in einem Betrieb sind heimlich oder ohne Information des Rechtinhabers erkennbar radioaktive Stoffe deponiert worden (*Kramer/Zerlett* § 80 Anm. 2). Anders ist Nr. 3 ausgestaltet: Hier kann zwar der Wille zur Ausübung der tatsächlichen Gewalt hinsichtlich des Gegenstands gegeben sein, es fehlt dem Besitzer aber zunächst das **Wissen,** dass dieser radioaktiv ist bzw. radioaktive Stoffe beinhaltet („sobald er von der Radioaktivität dieses Stoffes Kenntnis erlangt"; Beispiele: Kauf von Radium-Trinkgefäßen auf dem Flohmarkt; „mitgeerbte/mitgekaufte/mitgemietete" einschlägige Gegenstände).

Tatsächliche Gewalt. Maßgeblich für die Mitteilungspflicht der Nrn. 2 und 3   **21**
ist, dass die tatsächliche Gewalt erlangt, d. h. die betroffene Person **Besitzerin** geworden ist (§ 854 Abs. 1 BGB). Die Beantwortung der Frage nach der tatsächlichen Herrschaftsgewalt hängt von der Verkehrsanschauung ab, d. h. von der zusammenfassenden Wertung aller Einzelfallumstände gemäß den Anschauungen des täglichen Lebens (BGH Urt. v. 02.12.2011 – V ZR 119/11, Rn. 10). Erforderlich ist einerseits „eine erkennbare Zeitdauer des Besitzes in Verbindung mit einer gewissen Festigkeit der Herrschaftsbeziehung". Der Besitzer muss auf die Sache beliebig einwirken und tatsächlich über sie verfügen können (BGH Urt. v.17.03.2017 – V ZR 70/16, Rn. 18). Da es sich im Falle der Nr. 2 um einen **„aufgedrängten Besitz"** ohne erforderlichen Begründungswillen des Besitzers handelt, kann auf die **für das Abfallrecht entwickelten Grundsätze** zurückgegriffen werden (im Kreislaufwirtschaftsrecht bedarf es im Gegensatz zum Zivilrecht **keines Besitzbegründungswillens;** Besitz an Abfällen kann auch unwissentlich und unwillentlich erlangt werden: *Beckmann* in Landmann/Rohmer UmwR § 3 KrWG Rn. 131 m. w. N. Zum Besitzbegründungswillen im Zivilrecht: BGH Urt. v. 02.12.2011 – V ZR 119/11, juris, Rn. 10 = BeckRS 2012, 3583; OLG Hamburg Urt. v. 29.09.2016 – 6 U 218/15, juris, Rn. 41 = BeckRS 2016, 111001). Danach reicht in derartigen Konstellationen, in denen ohne Willen Besitz begründet wurde, ein **Mindestmaß an tatsächlicher Sachherrschaft** aus (BVerwG Urt. v. 11.02.1983 – 7 C 45/80, juris, Rn. 11 = NVwZ 1984, 40).

d) Zusätzliche Mitteilungspflichten bei hochradioaktiven Strahlenquel-   **22**
len. Wie auch beim Komplex des Abhandenkommens sind der Fund bzw. die Erlangung einer hochradioaktiven Strahlenquelle dem **HRQ-Register beim BfS** ausschließlich in gesicherter elektronischer Form entsprechend Anl. 9 Nr. 11 mitzuteilen (§ 167 Abs. 2 StrlSchV; BR–Drs. 423/18, 477). Adressat ist hier aber die **zuständige Behörde,** die diese Mitteilung unverzüglich, spätestens an dem auf die Kenntnisnahme folgenden zweiten Werktag, vorzunehmen hat (§ 168 Abs. 2 StrlSchV).

23   **e) Gefunden, erlangt, mitgeteilt – und dann?** Für das Verfahren nach der
eingegangenen Mitteilung bei der Behörde gibt es keine verbindlichen Vorgaben
im Strahlenschutz-Rechtsregime. Es ist zu vergegenwärtigen, dass die **einzelnen
Sachverhalte sehr inhomogen** sind und sich stark voneinander unterscheiden.
Ein Kellerfund von zwei Uhren mit vermeintlichen Radon-Leuchtziffern erfordert
ein anderes Management als eine sog. Unkonventionelle Spreng- oder Brandvor-
richtung oder ein mit Metallschrott gefüllter Großcontainer, der einen Hotspot
von 25 µSv/h aufweist. In den Bundesländern haben sich teilweise **standardisierte,** am Einzelfall orientierte Vorgehensweisen etabliert (entspr. Ablaufschemata
sind verfügbar: *Kraus et al.* in Maringer et al., 152–154; *Gellermann/Schulze*, 62).

24   Wird ein Stoff gefunden, der **kein radioaktiver Stoff** ist, kann er trotzdem
strahlenschutzrechtlich relevant sein. Die §§ 153 ff. **(sonstige bestehende Expositionssituationen)** sind dann einschlägig und Maßnahmen gem. § 156 sind
möglich.

25   In der Regel stellt es kein Problem dar, den Finder oder Erlanger radioaktiver
Stoffe (mithin also den Besitzer) zur **Herausgabe** zu bewegen. Für den gegentei-
ligen Fall besteht zur Abwehr einer gegenwärtigen Gefahr die Möglichkeit einer Sicherstellung der betreffenden Sache nach **allgemeinem Polizeirecht** (zB §§ 40 ff.
HSOG, §§ 38 ff. ASOG, §§ 43 ff. PolG NRW), auch durch die Strahlenschutzbehörde als Gefahrenabwehrbehörde. Die Sicherstellung von Gegenständen als Beweismittel in Straf- oder Bußgeldverfahren richtet sich nach den §§ 94 ff. StPO. Für
die Sicherstellung im Rahmen der Einziehung gelten die §§ 111 b ff. StPO.

26   **3. Kontaminiertes Wasser (§ 168 Abs. 3 StrlSchV). a) Tatbestand.** Die
Mitteilungspflicht des § 168 Abs. 3 StrlSchV trifft denjenigen, der als Inhaber einer
Wasserversorgungsanlage, die nicht in den Anwendungsbereich der TrinkwV
fällt, oder als Inhaber einer **Abwasseranlage** die **tatsächliche Gewalt** (→ Rn. 21)
über Wasser erlangt, das radioaktive Stoffe enthält, wenn deren Aktivitätskonzentration im Kubikmeter Wasser von Wasserversorgungsanlagen das Dreifache der
Werte der Anlage 11 Teil D Nr. 2 (S. 1 Nr. 1) oder von Abwasseranlagen das 60fa-
che der Werte der Anlage 11 Teil D Nr. 2 übersteigt (S. 1 Nr. 2). Die Mitteilungspflicht richtet sich nach § 168 Abs. 1 S. 1 StrlSchV; unverzüglich zu informieren
sind also die atom- oder strahlenschutzrechtliche Aufsichtsbehörde oder die nach
Landesrecht zuständige Polizeibehörde, die sich jeweils wechselseitig unverzüglich
über die von ihnen entgegengenommene Mitteilung in Kenntnis setzen müssen
(→ Rn. 10).

27   **b) Wasserversorgungsanlage und Abwasseranlage.** Nach der amtlichen
Begründung ist der „Begriff „Wasserversorgungsanlage"… als Sammelbegriff für
die Gesamtheit der technischen Einrichtungen zur Wassergewinnung, -aufberei-
tung und -verteilung von Trink-, Brauch- und Löschwasser zu verstehen" (BR-
Drs. 423/18, 477). Zu **Wasserversorgungsanlagen** – der Begriff ist nicht im
WHG definiert – zählen zB zentrale und dezentrale Wasserwerke einschließlich ihrem Leitungsnetz, mobile Versorgungsanlagen, aber auch Kleinanlagen zur Eigen-
versorgung. Die Begriffsbestimmung in § 3 Nr. 2 TrinkwV kann zugrunde gelegt
werden, ohne dass es auf die dort genannten (wasserrechtlichen) Mengenangaben
ankommt (*Nisipeanu* in Schink/Fellenberg WHG § 94 Rn. 16). Die amtliche Begründung weist darauf hin, dass die „Überwachungs- und Meldepflichten von natürlichen und künstlichen radioaktiven Stoffen in Trinkwasser-Versorgungsanla-
gen" bereits durch die **TrinkwV** geregelt sind. Demgegenüber unterliegen
„Wasserversorgungsanlagen für Brauch- und Löschwasser … nicht den Regelungen

der TrinkwV. Aus diesem Grund wird eine Regelung im Strahlenschutzgesetz allgemein für Wasserversorgungsanlagen als notwendig erachtet, da radioaktive Stoffe auch über das Brauchwasser – beispielsweise bei der Bewässerung von Feldern oder über das Tränkwasser für Tiere – in die Lebensmittelkette gelangen könnten. Um den Anwendungsbereich des Strahlenschutzgesetzes von dem der TrinkwV klar abzugrenzen, wurde die Formulierung des § 71 Absatz 3 der bisherigen Strahlenschutzverordnung in Absatz 3 um den Halbsatz „die nicht in den Anwendungsbereich der Trinkwasserverordnung fällt" erweitert" (BR-Drs. 423/18, 477).

Mangels einer gesetz- bzw. verordnungsrechtlichen Begriffsdefinition einer **Abwasseranlage** (der Begriff ist weder im Rahmen der §§ 173 StrlSchG, 168 StrlSchV noch im WHG definiert), ist auf die allgemeinen, weit gefassten Umschreibungen in der Literatur zu verweisen. Der Abwasseranlagen-Begriff beinhaltet alle technischen Einrichtungen zur Beseitigung von „Abwasser" (Schmutz-, Niederschlagswasser, § 54 Abs. 1 WHG). Er umschließt zudem alle Anlagen zum Sammeln, Fortleiten, Behandeln, Einleiten, Versickern, Verregnen und Verrieseln von Abwasser sowie das Entwässern von Klärschlamm in Zusammenhang mit der **Abwasserbeseitigung,** einschließlich der Beseitigung des in Kleinkläranlagen anfallenden Schlamms (§ 54 Abs. 2 WHG). Irrelevant ist ferner, ob es sich um eine private oder öffentliche (kommunal oder verbandlich betriebene) Abwasseranlage handelt (*Nisipeanu* in Schink/Fellenberg WHG § 94 Rn. 16). **28**

c) Inhaber vs. Betreiber? Mitteilungsverpflichtet ist der **Inhaber** einer (nicht in den Anwendungsbereich der TrinkwV fallenden) Wasserversorgungsanlage oder Abwasseranlage. Zur Vermeidung von Unsicherheiten wäre es empfehlenswert gewesen, endlich von der Begrifflichkeit der alten StrlSchV (§ 71 Abs. 3 StrlSchV 2001, § 80 Abs. 1S. 1 Nr. 4 StrlSchV 1989) abzurücken und die für diese Anlagenbegriffe fachlich einschlägige (Wasserrechts-)Terminologie zu verwenden. Grundsätzlich gilt, dass Anlagen betrieben und dem **Betreiber** bestimmte Pflichten auferlegt werden (zB § 89 Abs. 2 WHG: Betreiber haftet für Änderungen der Wasserbeschaffenheit; ferner § 94 WHG, §§ 5 u. 22 BImSchG, § 3 Nr. 7 GenTG). Der Inhaber-Begriff ist unscharf; es kann sich bei ihm sowohl um den Besitzer als auch – primär – um den Eigentümer einer Sache handeln (in § 168 Abs. 3 StrlSchV heißt es nicht „Inhaber eines Zulassungsbescheids"). Problematisch ist die Formulierung „Inhaber", wenn es sich bei diesem – etwa als Anlageneigentümer – um eine andere Person handelt als diejenige, die Betreiberin ist, also die tatsächliche Verfügungsbefugnis über die Anlage besitzt (*Reinhardt* in Czychowski/Reinhardt WHG § 89 Rn. 81; auch *Jarass* BImSchG § 3 Rn. 89). Zur Mitteilung nach § 168 Abs. 3 StrlSchV verpflichtet ist dann der Inhaber als Eigentümer der Anlage; die tatsächliche Gewalt über das Wasser, das radioaktive Stoffe enthält, hat aber der Betreiber, der auch Mieter sein kann. Allein teleologisch nach Sinn und Zweck der Regelung ausgelegt wird man zum Ergebnis kommen müssen, dass „Inhaber" i. S. d. § 168 Abs. 3 StrlSchV mit „Betreiber" **gleichzusetzen** ist. **29**

Unter diesem Fokus ist gem. § 168 Abs. 3 StrlSchV mitteilungspflichtig, wer als natürliche oder juristische Person oder Personenvereinigung, die Anlage „in ihrem Namen, auf ihre Rechnung und in eigener Verantwortung" führt und den bestimmenden Einfluss, die unmittelbare Entscheidungsgewalt über den Betrieb der Anlage sowie deren Lage und Beschaffenheit innehat und die wirtschaftlichen Risiken des Betriebs trägt und damit die **tatsächliche Verfügungsgewalt** (tatsächliche Sachherrschaft) über die Anlage besitzt (BVerwG Urt. v. 22.11.2018 – 7 C 7.17, NVwZ-RR 2019, 260 (263, Rn. 30); VGH Kassel Urt. v. 10.4.2014 – 8 A **30**

2421/11, BeckRS 2014, 49901, Rn. 35; *Reinhardt* in Czychowski/Reinhardt WHG § 89 Rn. 81 m. w. N.; *Jarass* BImSchG § 3 Rn. 87 m. w. N.). Neben dem Anlagen- oder Grundstückseigentümer können somit auch Pächter, Mieter, Leasingnehmer oder ähnliche Nutzungsberechtigte regelmäßig Anlagenbetreiber sein (OVG Münster Beschl. v. 12. 12. 2016 – 8 B 1095/16, Rn. 41; *Jarass* BImSchG § 3 Rn. 89; *Nisipeanu* in Schink/Fellenberg WHG § 94 Rn. 17).

31   **4. Genehmigungsfreiheit (§ 168 Abs. 4 StrlSchV).** Der Finder und Erlanger des radioaktiven Stoffs unterliegt nach unverzüglicher Mitteilung bis zur Entscheidung der zuständigen Behörde ebenso wenig einer Genehmigungspflicht wie die Person, die aufgrund behördlicher Anordnung den radioaktiven Stoff lagert oder aus zwingenden Gründen zum Schutz von Leben und Gesundheit – also nicht zum Schutz von Sachgütern – diesen befördert oder handhabt (Abs. 4). Entsprechendes gilt für Inhaber einer Wasserversorgungsanlage bzw. Abwasseranlage iSd. Abs. 3. Hintergrund für diese bewährte Regelung (vgl. § 71 Abs. 4 StrlSchV 2001) ist zum einen, dass jemand, der unwillentlich bzw. unwissentlich an den radioaktiven Stoff gekommen ist, **nicht in eine Genehmigungspflicht und ihre Folgen** (Organisationspflichten, Bestellung von SSB, Genehmigungs- und sonstige Kosten) gezwungen werden soll. Zum andern soll mit der Genehmigungsfreiheit – und in einigen Bundesländern kostenfreie Entsorgung durch die zuständige Behörde, zB bei der Landessammelstelle – eine **konstruktive Zusammenarbeit** der betroffenen Firma bzw. Person mit der Behörde erreicht werden (*Kraus et al.* in Maringer et al., 151). Der gefundene bzw. erlangte radioaktive Stoff soll nicht wegen befürchteter Bürokratie oder Unkosten „einfach verschwinden".

32   **5. Meldung bezüglich herrenloser Strahlenquellen (§§ 173 Nr. 3 StrlSchG, 169 StrlSchV).** § 173 Nr. 3 StrlSchG stellt die auf Art. 93 Abs. 2 RL 2013/59/Euratom basierende Grundlage für die Meldungspflicht bei Vermutung oder Kenntnis, dass eine herrenlose Strahlenquelle eingeschmolzen oder auf sonstige Weise **metallurgisch** verwendet worden ist, dar. Umgesetzt wird diese Vorgabe in § 169 StrlSchV. Die unverzügliche Mitteilung kann **alternativ** an die atom- oder strahlenschutzrechtliche Aufsichtsbehörde oder – anders als bei den §§ 167 und 168: dort ist die nach Landesrecht zuständige Polizeibehörde genannt – an die für die **öffentliche Sicherheit zuständige Behörde** gehen (§ 169 Abs. 1 StrlSchV), was auch eine Kommunalbehörde (zB Kreisverwaltungsbehörde) sein kann. Ebenfalls anders als bei den Regelungen zu Abhandenkommen, Fund und Erlangung besteht in den Fällen kontaminierten Metalls **keine zwingende gegenseitige Unterrichtungspflicht** der genannten Behörden, sondern lediglich eine **nach pflichtgemäßem Ermessen,** wenn auch **unverzügliche** (§ 169 Abs. 2 StrlSchV). **Adressaten** dieser Regelungen sind vor allem die **Betreiber metallverarbeitender Betriebe** („z. B. Elektro- und Oxygenstahlwerken und Schredderanlagen", BR-Drs. 423/18, 478). Metallurgische Verwendungsmöglichkeiten neben Einschmelzen („auf sonstige Weise") können zB mechanische und hydrometallurgische Verfahren sein. Flankiert wird die Regelung von den Bestimmungen zum **Inverkehrbringen und Entsorgen von kontaminiertem Metall** (§§ 174 StrlSchG, 169 Abs. 3 StrlSchV).

33   Eine weitere Tatbestandsvoraussetzung ist, dass eine **herrenlose Strahlenquelle** betroffen ist. Dieser zusammengesetzte Begriff ist aus der RL 2013/59/Euratom übernommen, wo er in Art. 4 Nr. 60 definiert ist als „eine radioaktive Strahlenquelle, die weder von der regulatorischen Kontrolle freigestellt wurde noch einer solchen unterliegt, etwa weil sie nie einer regulatorischen Kontrolle unterstellt war oder weil die Quelle aufgegeben wurde, verloren gegangen ist oder verlegt, ent-

wendet oder ohne ordnungsgemäße Zulassung weitergegeben wurde." Eine entsprechende Begriffsbestimmung gibt es weder im StrlSchG noch im StrlSchV; ja selbst eine Definition der „Strahlenquelle" fehlt (→ § 3 Rn. 55 f.); insofern ist auf die Richtliniendefinition abzustellen mit ihrem Fokus auf der fehlenden regulatorischen Kontrolle. Der europarechtlich determinierte Begriff der Herrenlosigkeit in der deutschen StrlSchV ist also – will er dem Zweck des § 169 StrlSchV gerecht werden und verhindern, dass kontaminiertes Material nicht im Wirtschaftskreislauf verbleibt oder sogar verteilt wird – **erheblich weiter** zu verstehen als der **zivilrechtliche Begriff der Herrenlosigkeit** (Aufgabe des Besitzes an einer Sache, § 959 BGB; vgl. *Martinek* in jurisPK–BGB Stand 2020, § 858 BGB Rn. 4); auch Sachverhalte mit **gestohlenen oder verlorenen Strahlenquellen** werden somit erfasst (nach der zivilrechtlichen Dogmatik wird eine Sache nicht durch einen Diebstahl herrenlos, §§ 958 Abs. 2, 959 BGB). Übertragen auf den Anwendungsbereich von § 169 StrlSchV unterliegt also eine herrenlose Strahlenquelle keiner gesetzlichen Kontrolle, „entweder, weil sie nie einer solchen Kontrolle unterstellt war oder weil die Quelle aufgegeben wurde, verloren gegangen ist oder verlegt, entwendet oder ohne ordnungsgemäße Benachrichtigung der zuständigen Behörde oder ohne Unterrichtung des Empfängers an einen neuen Besitzer weitergegeben wurde" (*De Groot et al.,* S. 22). Beispiele: eine Strahlenquelle wird in den Schmelzofen zum unbelasteten Metall geworfen um die Entsorgungskosten zu sparen; importierte Stahle aus dem Ausland sind vor der metallurgischen Verarbeitung bereits kontaminiert.

6. Information des zuständigen Bundesministeriums. Die Pflicht zur **un-** **34** **verzüglichen Information des zuständigen Bundesministeriums** über Mitteilungen nach den §§ 167–169 StrlSchV (§ 170 StrlSchV) führt die bisherige Praxis fort (BR-Drs. 423/18, 478: Rundschreiben des BMU v. 30.03.2015 Az. RS II 3 – 15209/1 zur Durchführung der StrlSchV (2001) u. RöV „Berichterstattung über besondere Vorkommnisse").

III. Zuwiderhandlungen

Ordnungswidrig handelt, wer als SSV entgegen § 167 Abs. 2 S. 1, auch iVm **35** S. 2 StrlSchV, nicht dafür sorgt, dass bei Abhandenkommen bzw. Wiederauffinden einer **hochradioaktiven Strahlenquelle** eine **unverzügliche Information der zuständigen Behörde** über die Mitteilung an das BfS erfolgt (§§ 194 Abs. 1 Nr. 1 lit. b StrlSchG i. V. m. 184 Abs. 2 Nr. 2 StrlSchV). Ebenfalls, wer als SSV vorsätzlich oder fahrlässig entgegen § 167 Abs. 2 S. 1 oder S. 2 StrlSchV nicht dafür sorgt, dass das Abhandenkommen bzw. Wiederauffinden einer hochradioaktiven Strahlenquelle nicht unverzüglich dem **HRQ–Register** beim BfS in gesicherter elektronischer Form entsprechend Anl. 9 Nr. 11 mitgeteilt wird (§§ 194 Abs. 1 Nr. 1 lit. b StrlSchG i. V. m. 184 Abs. 2 Nr. 11 StrlSchV). Auch wer einer **vollziehbaren Anordnung,** zB zur Lagerung von gefundenen oder erlangten radioaktiven Stoffen, zuwiderhandelt, handelt ordnungswidrig (§ 194 Abs. 1 Nr. 42, 179 Abs. 1 Nr. 2 StrlSchG iVm § 168 Abs. 4 StrlSchV). Die Geldbuße bei diesen Sachverhalten, die jeweils vorsätzlich oder fahrlässig erfüllt werden können, beträgt in den beiden ersten Fällen bis zu zehntausend Euro, im Falle des § 194 Abs. 1 Nr. 42 bis zu fünfzigtausend Euro (§ 194 Abs. 2 StrlSchG). Wurde diese Ordnungswidrigkeit vorsätzlich begangen, kann der Bezugsgegenstand, also die hochradioaktive Strahlenquelle, **eingezogen** werden (§ 195 Nr. 1 StrlSchG).

36 Die **Haftung** für aus dem Besitz oder Verlust radioaktiver Stoffe resultierenden Schäden richtet sich, sofern der Stoff – was die Ausnahme sein dürfte – dem Pariser Übereinkommen unterliegt (etwa weil er aus einem KKW stammt), nach dem PÜ ivm § 25 AtG; anderenfalls (also im Regelfall) ergibt sie sich aus § 26 AtG (sog. Isotopen- oder Besitzerhaftung); siehe § 176.

§ 174 **Verordnungsermächtigung für behördliche Befugnisse bei kontaminiertem Metall**

Die Bundesregierung wird ermächtigt, durch Rechtsverordnung mit Zustimmung des Bundesrates festzulegen, dass kontaminiertes Metall nur nach den Vorgaben der zuständigen Behörde verwendet, in Verkehr gebracht oder entsorgt werden darf.

Schrifttum: vgl. die Hinweise zu § 173.

A. Sinn und Zweck der Norm

1 Die VO-Erm. für behördliche Befugnisse bei kontaminiertem Metall ist Grundlage für § 169 Abs. 3 StrlSchV; sie setzt Art. 93 Abs. 2 RL 2013/59/Euratom um und steht in Zusammenhang mit § 173 Nr. 3 (→ Rn. 32). Zweck ist der **Schutz von Luft, Wasser und Boden, vor allem aber der Bevölkerung** vor den unkontrollierten Auswirkungen ionisierender Strahlung, verursacht durch kontaminierte Metallteile. Den Hintergrund beschreibt Erwägungsgrund 51 der RL 2003/122/Euratom: „… es waren signifikante Fälle von Importen von kontaminiertem Metall aus Drittländern zu verzeichnen. Daher sollte die Meldung von Vorkommnissen mit … kontaminiertem Metall vorgeschrieben werden." Kontaminierte Metalle, gleich ob als Konsumgüter oder Anlagenteile, führen zu hohen finanziellen Schäden, da sie nicht wie beabsichtigt verwendet werden können. In der Vergangenheit war die beschriebene Situation mit allen damit verbundenen Ermittlungs- und Maßnahmenschritten für die zuständigen Behörden sehr zeit-, kosten- und personalaufwändig. Funde kontaminierten Metalls bei Abfallentsorgern führte in der Vergangenheit, sofern die Herkunft des Metalls überhaupt rekonstruierbar gewesen ist, z. T. „sternförmig" zu verschiedenen Anlieferern, oft aus dem Heimarbeits- und Nebenerwerbsmilieu, und wiederum zu deren Lieferanten. Als besonderes Handicap haben sich hierbei die Landes- und Zuständigkeitsgrenzen herausgestellt; die Ermittlung und die Sicherstellung dieser kontaminierten Metallteile endete zuständigkeitshalber dort, obwohl der Lieferant nur wenige Kilometer weiter in einem anderen Bundesland seinen Sitz hatte.

B. Bisherige Regelung

2 Die Regelung ist neu in das StrlSchG aufgenommen worden.

C. Regelungsinhalt von § 174 StrlSchG und § 169 Abs. 3 StrlSchV

Von § 174 StrlSchG ermächtigt und durch § 169 Abs. 3 StrlSchV fast gleichlau- **3** tend umgesetzt ist geregelt, dass der Inhaber der tatsächlichen Gewalt über tatsächlich oder möglicherweise kontaminiertes Metall dieses nur nach den Vorgaben der zuständigen Strahlenschutzbehörde verwenden, in Verkehr bringen oder entsorgen darf. § 169 Abs. 3 StrlSchV setzt somit an den Abs. 1 und 2 dieser Norm an. Abs. 3 impliziert also zum einen, dass die betreffende Person überhaupt den kontaminierten Zustand des Metalls kennt bzw eine entsprechende **Vermutung** hat, und zum anderen, dass die Behörde über den Vorgang informiert ist. **Inhaber der tatsächlichen Gewalt** (→ § 173 Rn. 21) können zB Betreiber von Gießereibetrieben, Stahlwerken und Metallhütten, aber auch von kleinen metallverarbeitenden Werkstätten, Deponien und Abfallentsorgungsanlagen sowie aus der Recyclingwirtschaft und von Beförderungsunternehmen sein. Das kontaminierte Metall kann aus **verschiedenen Quellen** stammen (zB Ablagerungen aus der Bergbau-, Erdgas- und Erdölindustrie, Strahler aus medizinischen und technischen Anwendungen, Militär- und KKW-Schrott). Ggf. empfiehlt es sich, den innerbetrieblichen Umgang mit tatsächlich oder möglicherweise kontaminiertem Metall in einer **Betriebsanweisung** zu regeln.

Kontaminiert ist Metall, wenn es mit Stoffen, die ein Radionuklid oder meh- **4** rere Radionuklide enthalten, verunreinigt ist (§ 5 Abs. 21). Mit der Formulierung „**möglicherweise** kontaminiert" greift die Regelung ein aus § 168 Abs. 1 S. 2 StrlSchV bekanntes Tatbestandsmerkmal auf: Neben der definitiven Kenntnis einer Kontamination („tatsächlich") werden auch Fälle erfasst, in denen eine Kontamination lediglich **vermutet** wird (→ § 173 Rn. 17) bzw ein entsprechender **Verdacht** besteht. Ein solcher Fall liegt etwa vor, wenn bei der Durchfahrt eines LKW eine **Portalmessanlage** anschlägt oder wenn eine **orientierende Messung** mit einem Handmessgerät einen entsprechenden Wert anzeigt.

Mit ihren **Vorgaben** regelt die Strahlenschutzbehörde zunächst, ob und in wel- **5** cher Weise mit dem Metall überhaupt noch umgegangen werden darf (Verwendung, Inverkehrbringen, Freigabe, Entsorgung usw.). Darüber hinaus regelt sie die konkreten Modalitäten, etwa in welcher Form bzw. unter welchen Auflagen entsorgt werden muss. Bis zur Entscheidung der Behörde muss der Inhaber der tatsächlichen Gewalt eine **sichere Lagerung** des Metalls gewährleisten.

Unberührt von dieser behördlichen Entscheidung bleiben die **immissions-** **6** **schutzrechtlichen Anforderungen** an den metallverarbeitenden Betrieb (BR-Drs. 423/18, 478). Zu diesen zählen die Pflichten der Betreiber von immissionsschutzrechtlich genehmigungsbedürftigen (§ 5 BImSchG) bzw nicht genehmigungsbedürftigen Anlagen (§ 22 BImSchG), etwa in Bezug auf schädliche Umwelteinwirkungen und sonstige Gefahren, Vorsorge und Abfallbeseitigung. Zu bedenken ist auch, dass eine immissionsschutzrechtliche Genehmigung keine strahlenschutzrechtliche Genehmigung konzentriert. Von § 13 BImSchG werden persönliche Zulassungen nicht erfasst (Jarass § 13 Rn. 14; → § 12 Rn. 26 ff.). Eine **Abstimmung** zwischen Strahlenschutz-, Immissionsschutz- und ggf. Abfallbehörde und anderen betroffenen Behörden empfiehlt sich.

D. Zuwiderhandlungen

7   Eine vorsätzlich oder fahrlässig begangene Zuwiderhandlung gegen die RVO (StrlSchV) nach § 174 stellt eine **Ordnungswidrigkeit** dar (§ 194 Abs. 1 Nr. 1 lit. a). Deshalb handelt tatbestandsmäßig, wer entgegen § 169 Abs. 3 StrlSchV ein Metall verwendet, in Verkehr bringt oder entsorgt (§ 184 Abs. 1 Nr. 64 StrlSchV). Die Bußgeldhöhe kann bis zu **50.000 Euro** betragen (§ 194 Abs. 2).

§ 175   Dosis- und Messgrößen; Verordnungsermächtigung

(1) [1]**Für die Ermittlung der Organ-Äquivalentdosis ist, soweit nicht anders bestimmt, die äußere und innere Exposition zu berücksichtigen; für die innere Exposition ist auch die außerhalb des Bezugszeitraums auftretende Exposition infolge der während des Bezugszeitraums aufgenommenen Radionuklide nach Maßgabe der Rechtsverordnung nach Absatz 2 Nummer 3 zu berücksichtigen.** [2]**Satz 1 gilt entsprechend für die effektive Dosis.**

(2) **Das Bundesministerium für Umwelt, Naturschutz und nukleare Sicherheit wird ermächtigt, durch Rechtsverordnung ohne Zustimmung des Bundesrates**
1. **nähere Anforderungen an die Bestimmung der Organ-Äquivalentdosis und ihre Berechnung festzulegen, insbesondere die für verschiedene Strahlungsarten und Strahlungsenergien zu nutzenden Wichtungsfaktoren sowie Einzelheiten der Mittelung über das Gewebe oder Organ,**
2. **nähere Anforderungen an die Bestimmung der effektiven Dosis sowie ihre Berechnung festzulegen, insbesondere die zu berücksichtigenden Gewebe oder Organe sowie die zu nutzenden Wichtungsfaktoren, und Festlegungen zur Bestimmung der effektiven Dosis des ungeborenen Kindes zu treffen,**
3. **zu bestimmen, auf welche Weise und für welchen Zeitraum bei der inneren Exposition die Dosis durch aufgenommene Radionuklide zu berücksichtigen ist,**
4. **festzulegen, welche Messgrößen im Hinblick auf die Ermittlung der äußeren Exposition zu benutzen sind und wie diese Ermittlung zu erfolgen hat,**
5. **die Daten festzulegen, die bei der Ermittlung der Körperdosis aus Größen des Strahlungsfeldes oder der Aktivität zugrunde zu legen sind, und**
6. **zu bestimmen, welche Einheiten für die Größen im Strahlenschutz zu verwenden sind.**

Schrifttum: SSK, Band 43: Berechnungsgrundlage für die Ermittlung von Körper-Äquivalentdosen bei äußerer Strahlenexposition", 3. Aufl. (2017) (SSK-Berechnungsgrundlage); SSK, Radon-Dosiskoeffizienten, Empfehlung der Strahlenschutzkommission v. 5./6.12.2017, BAnz AT 24.05.2018 B3.

A. Zweck und Bedeutung der Norm

Die Regelung legt Maßgaben für die **Ermittlung der Organ-Äquivalentdo-** 1
sis (§ 5 Abs. 27) und der effektiven Dosis (§ 5 Abs. 11) fest. Die VO-Erm. in Abs. 2
ermöglicht die Regelung von Einzelheiten der **Dosisgrößen und -bestimmung**
auf VO-Ebene. Damit bezweckt die Vorschrift, für die im Strahlenschutz verwendeten Dosisgrößen einheitlich verwendbare und vergleichbare Werte zu schaffen.

B. Bisherige Regelungen

Die Regelung greift Elemente der Vorgängerdefinitionen (§ 2 Nr. 6 lit. b und d 2
RöV und § 3 Abs. 2 Nr. 9 lit. d StrlSchV 2001) des Begriffs der Organäquivalentdo-
sis (damals: Organdosis) auf. Die dosimetrischen Größen, Gewebe- und Strahlungswichtungsfaktoren waren in § 2 Nr. 6 lit. a und e sowie Anl. 3 RöV und § 95 Abs. 13
sowie Anl. VI StrlSchV 2001 geregelt.

C. Ermittlung der Organ-Äquivalentdosis und der effektiven Dosis (Abs. 1)

Abs. 1 ergänzt die Begriffsbestimmungen in § 5. Nach S. 1 Hs. 1 ist für die Er- 3
mittlung der Organ-Äquivalentdosis die **äußere und innere Exposition** (§ 2
Abs. 1) zu berücksichtigen; von diesem Grundsatz kann durch rechtliche Vorgaben
abgewichen werden („soweit nicht anders bestimmt"). Auch ohne solche Bestimmung ist die Betrachtung der inneren Exposition entbehrlich, wenn nach der Art
der Strahlung Radionuklide nicht auftreten können (etwa wenn ausschließlich
Röntgenstrahlung erzeugt wird).

S. 1 Hs. 2 bestimmt, dass für die innere Exposition auch die außerhalb des Be- 4
zugzeitraums auftretende Exposition infolge der während des Bezugzeitraums aufgenommenen Radionuklide nach Maßgabe der RVO nach Abs. 2 Nr. 3 zu berücksichtigen ist. Diese Maßgabe trägt dem Umstand Rechnung, dass bei innerer
Exposition die Radionuklide teilweise im menschlichen Körper verbleiben. Ist die
Organ-Äquivalentdosis auf einen Zeitraum bezogen, soll auch die nach diesem
Zeitraum auftretende Exposition dem Zeitraum der Aufnahme der Radionuklide
in den Körper zugerechnet werden (BT-Drs. 18/11241, 432). Es handelt sich um
die sog. **Folgedosis.** Spezifizierungen enthält § 171 iVm Anl. 18 Teil B Nr. 1 sechs-
ter bis siebter Textsatz und Nr. 2 zweiter bis vierter Textsatz StrlSchV; in
Anl. 18 Teil B Nr. 3, Nr. 4 und Nr. 5 lit. b ist die Folgedosis ebenfalls berücksichtigt.

S. 2 bestimmt die **entsprechende Geltung** des S. 1 für die **effektive Dosis.** 5

D. VO-Erm. (Abs. 2)

Auf Grundlage des Abs. 2 hat der VO-Geber in **§ 171 iVm Anl. 18 StrlSchV** 6
die für die Messungen und Ermittlungen von Expositionen maßgeblichen Messgrößen, Dosisgrößen, Wichtungsfaktoren, Dosiskoeffizienten und die dazugehörigen Berechnungsgrundlagen geregelt. Ohne solche Festlegung wären auch die
Begriffsbestimmungen der effektiven Dosis sowie der Organ-Äquivalentdosis un-

vollständig. Diese Regelungen setzen Art. 13, Art. 4 Nr. 14, 15 und 96 und Anh. II
RL 2013/59/Euratom um (siehe auch die Ewgr. 9–11 der RL). Die hohe Bedeutung der sehr detaillierten Regelungen für den praktischen Strahlenschutz liegt
darin, dass durch die rechtliche Festlegung dieser fachlichen Konventionen derselben Exposition möglichst nach Größe, Zahlenwert und Einheit dieselbe Dosis zugeordnet werden soll. Das ermöglicht einen **konsistenten Strahlenschutz,** durch
die europarechtliche Festlegung insbesondere auch bei grenzüberschreitenden
Sachverhalten (man denke etwa an grenzüberschreitende Notfälle oder Personen
mit beruflicher Exposition in mehreren Ländern; s. u. für eine praktisch bedeutsame
Ausnahme).

7   Die StrlSchV setzt grundsätzlich die in der ICRP 103 empfohlenen und in weiteren Veröffentlichungen der ICRP und ICRU ausgearbeiteten **Änderungen an
den Dosisgrößen** um, die dem fortgeschrittenen wissenschaftlichen Erkenntnisstand auf dem Bereich der Strahlenwirkungen entspricht; das äußert sich insbesondere in den geänderten Wichtungsfaktoren in Anl. 18 Teil C StrlSchV. Zu den Details zu den Messgrößen für die **äußere Exposition** (Anl. 18 Teil A StrlSchV) s.
SSK-Berechnungsgrundlage. Es werden zusätzliche Messgrößen eingeführt, die
sich für die Überwachung der Organ-Äquivalentdosis des Augenlinse eignen.

8   Die auf Basis dieser Änderungen sowie neu modellierter Referenzpersonen zu
berechnenden Dosiskoeffizienten, die insbesondere eine Aktualisierung der in
Anl. 18 Teil B Nr. 4 StrlSchV referenzierten Veröffentlichungen im BAnz. aus dem
Jahr 2001 erlauben würden, liegen allerdings für die **innere Exposition** noch
nicht vor. Damit die Rechtsanwender nicht dazu gezwungen sind, zu den Dosiskoeffizienten inkonsistente Wichtungsfaktoren zu verwenden und damit in fachlich
nicht sinnvoller Weise frühere und neuere Modellierung zu „mischen", sind nach
der Übergangsvorschrift des **§ 197 Abs. 2 StrlSchV** die in Anl. 18 Teil C Nr. 1
und 2 angegebenen Werte des Strahlungs-Wichtungsfaktors und des Gewebe-
Wichtungsfaktors erst ab dem 1.1.2025 zu verwenden. **Ursprünglich** sah die
Übergangsvorschrift die Verwendung dieser Werte ab dem 1.1.2021 vor. Sie war
in der Erwartung formuliert worden, dass die für die Ermittlung der Exposition erforderlichen Daten der ICRP bis dahin vollständig verfügbar sein würden. Die für
die Berechnung der Personendosis erforderlichen Dosiskoeffizienten der ICRP haben zum 1.1.2021 aber nicht vollständig vorgelegen. In der Erwartung, dass sie bis
zum 1.1.2025 vorliegen werden, ist die Übergangsvorschrift durch die 2. ÄndV, bei
der es sich um eine MinisterVO ohne BR-Zustimmung handelt, entsprechend verlängert worden. Bis dahin werden nur die Anl. 18 Teil B Nr. 4 StrlSchV referenzierten, bereits in der StrlSchV 2001 enthaltenen, Dosiskoeffizienten, die noch der alten Modellierung der ICRP folgen, herangezogen.

9   Praktisch wichtig ist noch die Festlegung der **Dosiskoeffizienten für** die Inhalation von **Radon an Arbeitsplätzen** in Anl. 18 Teil B Nr. 3 StrlSchV. Der VO-
Geber führt hier die Konvention aus § 95 Abs. 13 StrlSchV 2001 fort, obwohl die
ICRP inzwischen andere Faktoren vorsieht (ICRP 126, Radiological Protection
against Radon Exposure). Für eine ausführliche Erörterung des fachlichen Hinter-
grunds und in der mit den unterschiedlichen Konventionen verbundenen, national
und international kontrovers diskutierten Belange, wird auf die SSK-Empfehlung
„Radon-Dosiskoeffizienten" verwiesen. Insbesondere ist beim Umgang mit Expositionen durch Radon am Arbeitsplatz außerhalb des Geltungsbereichs des
StrlSchG zu beachten, dass verschiedene Rechtsordnungen, insbesondere auch innerhalb der EU, erheblich abweichende Dosiskoeffizienten vorschreiben und dieselbe Exposition daher mit einer deutlich abweichenden effektiven Dosis bewertet

wird. Dies lässt die RL 2013/59/Euratom zu ("von den Mitgliedsstaaten gebilligte Aktualisierungen" i. S. d. Art. 4 Nr. 96).

§176 Haftung für durch ionisierende Strahlung verursachte Schäden

Im Anwendungsbereich dieses Gesetzes und der auf dieses Gesetz gestützten Rechtsverordnungen richtet sich die Haftung für durch ionisierende Strahlung verursachte Schäden nach den §§ 25 bis 40 des Atomgesetzes.

Übersicht

A. Zweck und Bedeutung der Norm

§ 176 beinhaltet einen dynamischen Verweis auf die Haftungsvorschriften des **1** AtG (BT-Drucks. 18/11241, 433). Mit der Verweisung auf die §§ 25 ff. AtG im Zusammenspiel mit der folgenden Verweisnorm des § 177, die die Vorschriften über die Deckungsvorsorge für anwendbar erklärt, wird somit **ein mit dem AtG einheitliches Haftungs- und Deckungssystem für Tätigkeiten des StrlSchG** geschaffen (zum einheitlichen Deckungssystem → § 177 Rn. 4). Durch den Verweis auf das Haftungssystem des AtG werden damit auch die damit eng verknüpften Schutzzwecke des AtG in den Anwendungsbereich des StrlSchG übernommen und weiterverfolgt. Demnach dienen die Vorschriften auch hier dem Zweck, durch Kernenergie oder ionisierende Strahlen verursachte Schäden auszugleichen, § 1 Nr. 2 aE AtG sowie, sofern sich im Anwendungsbereich des § 176 die Haftung ausnahmsweise (→ Rn. 13 ff.) nach dem Pariser Übereinkommen (Pariser Übereinkommen vom 29.7.1960 über die Haftung gegenüber Dritten auf dem Gebiet der Kernenergie, in der Fassung des Zusatzprotokolls vom 28. Januar 1964, des Protokolls vom 16. November 1982 und des Änderungsprotokolls vom 12. Februar 2004 – PÜ) richtet, die internationalen Verpflichtungen der Bundesrepublik Deutschland auf dem Gebiet der Kernenergie und des Strahlenschutzes zu gewährleisten, § 1 Nr. 4 AtG.

B. Regelungshistorie

2   Mit der Aufnahme des dynamischen Verweises auf die Haftungsregelungen des AtG wird die bis zum Erlass des StrlSchG bestehende Rechtslage fortgesetzt.

C. Das Haftungsregime des Pariser Übereinkommens (PÜ) und § 25 AtG im Anwendungsbereich des StrlSchG im Überblick

I. Vorbemerkung

3   Hinsichtlich der Haftung für durch ionisierende Strahlung verursachte Schäden verweist § 176 zunächst auf die atomrechtliche Haftungsvorschrift des § 25 AtG. § 25 Abs. 1 S. 1 und Abs. 2 AtG bestimmen den nationalrechtlichen Ausgangspunkt für die Haftung für nukleare Schäden, die auf einem von einer Kernanlage oder der Beförderung von Kernmaterialien einschließlich der damit zusammenhängenden Lagerung ausgehenden nuklearen Ereignis beruhen. Die diesbezüglich einschlägigen Vorschriften des AtG **ergänzen** die im **PÜ** enthaltenen **Anspruchsgrundlagen,** (Art. 3, Art 4 PÜ). Das PÜ ist, dies stellt auch § 25 Abs. 1 AtG klar, innerhalb der Bundesrepublik Deutschland selbständig anwendbar (**„self executing"**). Schadensersatzansprüche sind daher bei der Geltendmachung direkt auf das PÜ zu stützen (*Raetzke* in Frenz, § 25 AtG, Rn. 2).

4   Die Haftung nach dem PÜ iVm § 25 AtG stellt im Bereich des Strahlenschutzrechts den **Ausnahmefall** dar, da für die nach dem StrlSchG zugelassenen Tätigkeiten der Anwendungsbereich der Anspruchsgrundlagen des PÜ idR nicht eröffnet ist (→ Rn. 13 ff.). Die strahlenschutzspezifische Haftung richtet sich daher im Regelfall nach der im AtG als Auffangvorschrift konzipierten Regelung des § 176 iVm § 26 AtG – also nach den nationalen Haftungsvorschriften (→ Rn. 21 ff.). Es ist in der **strahlenschutzrechtlichen Praxis** daher entscheidend, nicht zuletzt im Hinblick auf die Festsetzung der Deckungsvorsorge (§ 177), identifizieren zu können, ob im konkreten Fall die Haftung nach den Vorschriften des PÜ iVm § 25 AtG in Betracht kommt. Vor diesem Hintergrund wird nachfolgend der Anwendungsbereich der PÜ-Haftung im StrlSchG benannt und überblicksartig auf die wichtigsten diesbezüglichen Haftungsprinzipien eingegangen (→ Rn. 16 ff.).

II. Anwendungsbereich der Haftungsregelungen des PÜ iVm § 25 AtG

5   Der Anwendungsbereich des PÜ wird über die hierin enthaltenen Anspruchsgrundlagen und deren Tatbestandsmerkmale (Art. 3, Art. 4) konkretisiert. Eine eigenständige Vorschrift über den Anwendungsbereich des PÜ besteht indes nicht

(*Raetzke* in Frenz, § 25 AtG, Rn. 5). Die Tatbestandsmerkmale der Anspruchsgrundlagen verweisen insbesondere auf die zentralen Begriffe des PÜ, die von Art. 1 PÜ legaldefiniert werden.

1. Anwendungsbereich gem. Art. 3 und 4 PÜ. Art. 3 bildet den Grundtat- 6 bestand der Nuklearhaftung nach dem PÜ. Hiernach haftet der Inhaber einer Kernanlage für nukleare Schäden, wenn bewiesen ist, dass dieser Schaden durch ein nukleares Ereignis verursacht wurde, das in der Kernanlage eingetreten oder auf aus der Kernanlage stammende Kernmaterialien zurückzuführen ist. Durch den Wortlaut werden demnach die Grenzen des Anwendungsbereichs insbesondere durch die Benennung der Begriffe des nuklearen Ereignisses und Schadens, des Kernmaterials und der Kernanlage gesetzt. Die Begriffe sollen nachfolgend zur späteren Bestimmung des Anwendungsbereichs der Haftung nach dem PÜ im Strahlenschutzrecht näher erläutert werden:

Zunächst muss der von Art. 3 PÜ auszugleichende Schaden durch ein **nukleares** 7 **Ereignis** verursacht worden sein. Der Begriff des nuklearen Ereignisses wird von Art. 1 Abs. a UAbs. i PÜ näher bestimmt. Demnach umfasst dieser jedes einen nuklearen Schaden verursachende Geschehnis oder jede Reihe solcher aufeinander folgenden Geschehnisse desselben Ursprungs. Die Definition des nuklearen Ereignisses bildet damit einen gemeinsamen Regelungsbereich mit dem Begriff des nuklearen Schadens – erst dieser konstituiert das Ereignis als *nuklear*.

Ein **nuklearer Schaden** liegt nach Art. 1 a UAbs. vii PÜ vor, wenn der eingetre- 8 tene Schaden einer von Nr. 1 – 6 der Regelung genannten Schadenskategorien zuzuordnen ist, also etwa Leben, Gesundheit oder Vermögenswerte geschädigt wurden (ausführlich zu den einzelnen Schadenskategorien *Raetzke* in Frenz, § 25 AtG, Rn. 90 ff. sowie *Pelzer* in HMPS AtG/PÜ, Art 1 PÜ Rn. 40 ff.). Diese Schäden müssen gem. Art. 1 Abs. a UAbs. vii HS 2 PÜ, soweit sie den Schadenskategorien 1 – 5 zuzuordnen sind, von der ionisierenden Strahlung herrühren oder sich daraus (aus der ionisierenden Strahlung) ergeben, die von einer Strahlenquelle innerhalb einer Kernanlage oder von Kernbrennstoffen oder radioaktiven Erzeugnissen oder Abfällen in einer Kernanlage oder von Kernmaterialien, die von einer Kernanlage kommen, dort ihren Ursprung haben oder an sie gesandt werden, ausgeht. Dies gilt unabhängig davon, ob der Verlust oder Schaden von den radioaktiven Eigenschaften solcher Materialien oder einer Verbindung der radioaktiven Eigenschaften mit giftigen, explosiven oder sonstigen gefährlichen Eigenschaften des betreffenden Materials herrührt. MaW muss der Schaden also auf die Radioaktivität zurückzuführen sein, die infolge des Betriebes einer Kernanlage, des Transports von Kernmaterialien oder einer hiermit unmittelbar zusammenhängenden Tätigkeit auftritt, wobei unerheblich ist, ob bei der Schädigung auch andere gefährliche Stoffeigenschaften mitwirken (vgl. *Pelzer* in HMPS AtG/PÜ, Art. 1 PÜ Rn. 38; Exposé des Motifs of the Paris Convention, 2004 No. 61).

Entscheidend für das Verständnis des Begriffs des nuklearen Ereignisses und 9 Schadens ist sodann der Begriff des **Kernmaterials.** Nach Art. 1 Abs. a UAbs. v PÜ umfasst der Begriff des Kernmaterials als **übergeordnete Kategorie** die Stoffgruppen der Kernbrennstoffe und radioaktive Erzeugnisse und Abfälle. Ausdrücklich handelt es sich bei natürlichem und abgereichertem Uran nicht um Kernmaterial.

Kernbrennstoffe im Sinne des PÜ sind nach Art. 1 Abs. a UAbs. iii PÜ spalt- 10 bare Materialien in Form von Uran und Plutonium, wobei diese auch Natururan umfassen – hierin besteht ein Unterschied zur nationalrechtlichen Begriffsdefinition in § 3 Abs. 1 (vom Begriff des Kernbrennstoffes ist wohl abgereichertes Uran nicht umfasst, siehe hierzu *Raetzke* in Frenz, § 25 AtG, Rn. 34). Bei **radioaktiven Erzeugnissen oder Abfällen** handelt es sich nach Art. 1 Abs. a UAbs. iv PÜ um radioaktive Materialien, die dadurch hergestellt oder radioaktiv gemacht werden, dass sie einer mit dem Vorgang der Herstellung oder Verwendung von Kernbrennstoffen verbundenen Bestrahlung ausgesetzt werden. Als wichtige Ausnahme von dieser Begriffsbestimmung sieht die Vorschrift zunächst – systematisch begründet – Kernbrennstoffe vor. Daneben nimmt die Begriffsbestimmung Radioisotope außerhalb einer Kernanlage vom Anwendungsbereich des PÜ aus, die das Endstadium der Herstellung erreicht haben, so dass sie für industrielle, kommerzielle, landwirtschaftliche, medizinische, wissenschaftliche Zwecke oder zum Zweck der Ausbildung verwendet werden können. Über diese negative Begriffsbestimmung werden somit **wesentliche Tätigkeitsbereiche des StrlSchG vom Anwendungsbereich des PÜ ausgenommen.** Ausgenommen vom Anwendungsbereich des PÜ sind ferner solche Kernmaterialien, die durch den Direktionsausschuss benannt werden, soweit er dies wegen des geringen Ausmaßes der damit verbundenen Gefahren für gerechtfertigt erachtet (insbesondere Kleinstmengen von Kernbrennstoffen). In diesem Fall richtet sich die Haftung nach § 26 AtG.

11   Zur Bestimmung des Begriffs der **Kernanlage** enthält Art. 1 Abs. a UAbs. ii PÜ eine Aufzählung von Anlagentypen, die als solche anzusehen sein sollen. Zusammenfassend handelt es sich hierbei um sämtliche Anlagen, die im Zusammenhang mit dem Kernbrennstoffzyklus stehen, ausgenommen die Anfangsstadien vor der Anreicherung von Uran (*Raetzke* in Frenz, § 25 AtG, Rn. 38). Hierunter fallen entsprechend der Darstellung in der Vorschrift Reaktoren, Brennelementfabriken, Anreicherungsanlagen, Wiederaufbereitungsanlagen sowie – für den Bereich des StrlSchG einzig relevant (→ Rn. 13 ff.) – Einrichtungen für die Lagerung von Kernmaterialien.

12   Art 4 PÜ enthält eine Sondervorschrift für den Fall, dass ein nuklearer Schaden durch ein nukleares Ereignis bei der **Beförderung** von Kernmaterialien einschließlich der damit im Zusammenhang stehenden Lagerung außerhalb der Kernanlage eintritt. Die Vorschrift dient dazu, die Haftpflicht nach PÜ dem an der Beförderung des Stoffes beteiligten Inhaber der Kernanlage zuzuweisen.

13   **2. Übertragung des Anwendungsbereiches auf Tätigkeiten des StrlSchG.** Eine Haftung nach dem PÜ im Bereich des StrlSchG kommt nach der vorgenannten Darstellung nur dann in Betracht, wenn eine Tätigkeit iSd § 4 in den Anwendungsbereich der Art 3 und 4 PÜ fällt. Dies ist der Fall, wenn aufgrund einer nach dem StrlSchG zugelassenen Tätigkeit eine Kernanlage nach Art. 1 Abs. a UAbs. ii betrieben wird (Art. 3 PÜ) oder eine Transportgenehmigung nach § 27 StrlSchG die Beförderung von Kernmaterialien (Art. 4 PÜ) umfasst.

14   Die Zulassung von Kernanlagen iSd PÜ richtet sich im Regelfall nach den Vorschriften des AtG. **Ausnahmsweise** kann jedoch auch eine Kernanlage im Anwendungsbereich des StrlSchG zugelassen werden. Den einzig praktisch relevanten Anwendungsfall bildet hier die Fallgruppe der *Einrichtung für die Lagerung von Kernmaterialien* (→ Rn. 11). Da der Umgang mit und die Aufbewahrung von Kernbrennstoffen (insbes. die Zwischen- und Endlagerung von abgebrannten Brennelementen) in den Anwendungsbereich der Genehmigungsvorschriften der §§ 6, 7 und 9 AtG fällt, erschöpft sich der Anwendungsbereich im StrlSchG in der **Aufbewahrung von radioaktiven Erzeugnissen oder Abfällen** iSv Art. 1 Abs. a UAbs. iv PÜ (→ Rn. 10). Im Hinblick auf die Tätigkeiten nach dem StrlSchG ist

dies der Fall, wenn eine zu erteilende Umgangsgenehmigung nach § 12 Abs. 1 Nr. 3 die Zwischenlagerung von radioaktiven Erzeugnissen oder Abfällen betrifft, die aus dem Betrieb einer Anlage nach § 7 AtG stammen (die Endlagerung dieser Abfälle richtet sich ebenfalls nach den Vorschriften des AtG, § 9a ff. AtG). Insbesondere handelt es sich hierbei um Anlagen, die der *Lagerung von radioaktiven Abfällen mit vernachlässigbarer Wärmeentwicklung* dienen. Übrige radioaktive Abfälle, etwa aus der Industrie, Medizin oder Forschung sind vom Anwendungsbereich des PÜ ausdrücklich ausgenommen (→ Rn. 10).

Spiegelbildlich stellt sich die Lage bei der Beförderung von radioaktiven Stoffen **15** nach § 27 StrlSchG dar. Hier richtet sich die Haftung dann nach Art. 4 PÜ, wenn Kernmaterialien transportiert werden. In Abgrenzung zum Anwendungsbereich der Transportgenehmigung nach § 4 AtG, die sich auf Kernbrennstoffe bezieht, erfolgt die Genehmigung einer Beförderung von Kernmaterialien iSd PÜ dann nach den Regelungen des StrlSchG, wenn der Transport radioaktive Erzeugnisse oder Abfälle aus dem Betrieb einer Anlage nach § 7 AtG zum Gegenstand hat, die sonstige radioaktive Stoffe darstellen (§ 3). Wichtig ist hier vor allem die Ausnahme für Isotope, die das Endstadium der Herstellung erreicht haben (→ Rn. 10); dadurch werden grds. alle umschlossenen radioaktiven Stoffe, die aufgrund ihrer Radioaktivität genutzt werden (§ 5 Abs. 35), also etwa Prüfstrahler oder medizinische Isotope, aus der Haftung nach dem PÜ auch dann herausgenommen, wenn sie ursprünglich in einem Reaktor erzeugt wurden. Somit verbleibt als Anwendungsfall der Haftung nach PÜ bei der Beförderung im Bereich des StrlSchG vor allem die Beförderung von radioaktiven Abfällen mit vernachlässigbarer Wärmeentwicklung, die aus Kernkraftwerken und anderen AtG-Anlagen stammen. Ein weiterer denkbarer Anwendungsfall wäre gegeben, wenn Isotope, die in einem Reaktor erzeugt wurden, zu einer Anlage befördert werden, um dort erst zu fertig verwendbaren Strahlenquellen (z. B. Radiopharmaka) verarbeitet zu werden.

III. Überblick über die Haftungsprinzipien des PÜ iVm § 25 AtG

Nach der Darstellung des Anwendungsbereichs der Nuklearhaftung nach dem **16** PÜ seien nachfolgend die Haftungsprinzipien des PÜ skizziert: Im Bereich der Haftung des PÜ erfolgt gem. Art. 3 und Art 6 PÜ eine Haftungskanalisierung auf den **Inhaber einer Kernanlage**. Die Person des Inhabers einer Kernanlage wird dabei von Art. 1 Abs. a UAbs. vi PÜ näher bezeichnet. Hiernach ist derjenige Inhaber einer Kernanlage, der von der Behörde als Inhaber einer solchen bezeichnet oder angesehen wird. Die Inhabereigenschaft ist auch im Bereich des StrlSchG gem. § 179 Abs. 1 Nr. 1 iVm § 17 Abs. 6 AtG innerhalb der Genehmigungsentscheidung festzustellen (vertiefend zum Begriff des Inhabers einer Kernanlage s. *Raetzke* in Frenz, § 25 AtG, Rn. 61 ff.; *Pelzer* in HMPS AtG/PÜ, Art 1 PÜ Rn. 33). Der Inhaber der Kernanlage stellt die **Zentralgestalt** der Nuklearhaftung nach dem PÜ dar (*Raetzke* in Frenz, § 25 AtG, Rn. 47).

Das **Prinzip der Haftungskanalisierung** bedeutet zum einen, dass die Haf- **17** tung für einen durch ein nukleares Ereignis verursachten nuklearen Schaden nach Art. 6 Abs. a PÜ allein auf den Inhaber einer Kernanlage beschränkt ist und grds niemand ansonsten haftet. Im Zusammenhang mit der Schadensverursachung stehende Dritte sind daher von der Nuklearhaftung im Außenverhältnis ausgeschlossen, Art. 6 Abs. b PÜ. Auch ein Rückgriff des Inhabers der Kernanlage ist hier nur im begrenztem Umfang möglich, Art. 6 Abs. f UAbs. 1 PÜ. Zum anderen bedeutet die Haftungskanalisierung nach dem PÜ, dass die Geltendmachung des Schadensersatzes auf Grundlage anderer privatrechtlicher Anspruchsgrundlagen als dem PÜ ausgeschlossen ist, Art. 6 Abs. c UAbs. ii PÜ. Bei der Haftung im Anwendungsbereich des PÜ handelt es sich um eine **Gefährdungshaftung.** Dies bedeutet, dass der Inhaber einer Kernanlage, soweit die Voraussetzungen der Anspruchsgrundlage erfüllt sind, verschuldensunabhängig haftet.

18   Die **Haftung** auf Grundlage des PÜ ist gem Art. 7 Abs. 1 PÜ iVm § 31 Abs. 1 S. 1 AtG **summenmäßig unbegrenzt.** Für die Haftungssumme ist dabei gem. Art. 10 PÜ eine finanzielle Sicherheit zu erbringen (Versicherung oder sonstige finanzielle Sicherheit – Deckungsvorsorge). Für die Erbringung der Deckungsvorsorge sieht das AtG für Kernanlagen ein ausdifferenziertes Deckungssystem vor, §§ 34, 38 AtG, das ebenfalls gem. § 176 im Bereich des StrlSchG Anwendung findet (sog. Deckungsarchitektur, vgl. *Raetzke* in Frenz, § 25 AtG, Rn. 128). Für das StrlSchG enthält § 177 Regelungen zur Deckungsvorsorge.

D. Die Isotopenhaftung nach § 26 AtG im StrlSchG im Überblick

I. Anwendungsbereich und Grundlagen der Haftung nach § 26 AtG

19   **1. Strukturbestimmung, Verhältnis zu § 25 AtG bzw PÜ.** Die Haftung nach § 176 iVm § 26 AtG stellt im Vergleich zur Haftung nach § 25 AtG und dem PÜ den Hauptanwendungsfall der Haftung im Strahlenschutzrecht dar. Die Haftung nach dieser Vorschrift wird auch als **Isotopenhaftung** bezeichnet (*Fischerhof,* Dt AtomG, § 26 Rn. 1; *Raetzke* in Frenz, § 26 AtG, Rn. 2). Diese Bezeichnung ist indes ungenau, da die Vorschrift nicht nur die Haftung für radioaktive Stoffe, sondern auch die Haftung für die Erzeugung ionisierender Strahlen, bspw. in einer Röntgenanlage, erfasst (*Raetzke* in Frenz, § 26 AtG, Rn. 2). Strukturell handelt es sich bei der Haftungsregelung des § 26 AtG im Verhältnis zur Haftung nach Art. 3 und 4 PÜ iVm § 25 AtG um einen Auffangtatbestand (*Fischerhof,* Dt. AtomG, § 26 AtG Rn. 1, *Raetzke* in Frenz, § 26 AtG, Rn. 1). Die Haftung nach § 26 AtG ist demnach einschlägig, wenn kein Anwendungsfall der Art. 3 und 4 PÜ vorliegt; dies formuliert die Vorschrift des § 26 AtG auch ausdrücklich in Abs. 1 S. 1. Der Schaden, der über § 26 AtG ausgeglichen werden soll, darf daher nicht durch ein nukleares Ereignis verursacht worden sein, das in einer Kernanlage eingetreten oder auf aus der Kernanlage stammende Kernmaterialien zurückzuführen ist. Entsprechendes gilt für die Beförderung von Kernmaterialien. Kurzum erfasst die Haftung nach § 26 AtG alle Anlagen und Tätigkeiten die nicht im Zusammenhang mit der Nutzung der Kernenergie stehen. Dies betrifft somit die überwiegende Anzahl von Tätigkeiten, die nach den Vorschriften des StrlSchG zugelassen werden (zur Abgrenzung der Haftungsbereiche → Rn. 13 ff.).

20   **2. Schadensersatzpflichtiger Personenkreis.** Zum Schadensersatz ist nach dem Wortlaut der Vorschrift zunächst der **Besitzer** des von der Kernspaltung betroffenen Stoffes, des radioaktiven Stoffes oder der Anlage zur Erzeugung ionisierender Strahlung verpflichtet. Der Begriff des Besitzers bestimmt sich nach den allgemeinen Regelungen des Zivilrechts (§§ 854 ff. BGB), dabei umfasst dieser sämtliche Besitzarten des BGB (*Raetzke* in Frenz, § 26 AtG, Rn. 9, vgl. auch die detaillierte Darstellung nach Besitzarten bei *Fischerhof,* Dt. AtomG, § 26 Rn. 5). Dies gilt insbesondere auch für den mittelbaren Besitz der Sache nach § 868 BGB – in

diesem Fall haften mittelbarer und unmittelbarer Besitzer als Gesamtschuldner nach § 33 AtG, der hier ebenfalls im Bereich des StrlSchG anwendbar ist. Von der Haftung nach dieser Vorschrift nicht umfasst ist der Besitzdiener iSv § 855 BGB, also regelmäßig der Angestellte des Besitzers. Von der Haftung ist auch derjenige Besitzer ausgeschlossen, der keine Kenntnis von der Radioaktivität des Stoffes hat (*Fischerhof*, Dt. AtomG, § 26 AtG Rn. 10, *Haedrich* AtG § 25 Rn. 4).

Nach § 26 Abs. 3 AtG haftet in diesem Zusammenhang auch ausdrücklich der- **21** jenige, **der den Besitz verloren hat.** Die Beurteilung des Besitzverlustes richtet sich nach der Vorstellung des Gesetzgebers gem der allgemeinen besitzrechtlichen Vorschrift des § 856 Abs. 1 BGB (BT-Drucks 3/759, 37). Danach erfasst § 26 Abs. 3 AtG nach dem weiten Besitzverlustbegriff des § 856 Abs. 1 BGB (dieser tritt nach der Vorschrift ein, wenn der Besitzer die tatsächliche Gewalt über die Sache aufgibt oder in anderer Weise verliert) sowohl die freiwillige Besitzaufgabe als auch den unfreiwilligen Besitzverlust (z. B. Diebstahl) (kritisch hierzu *Fischerhof* Dt. AtomG § 26 Rn. 12; siehe auch *Haedrich* AtG § 26 Rn. 7, *Raetzke* in Frenz, § 26 AtG, Rn. 10, *Pelzer* in HMPS AtG/PÜ, § 26 AtG, Rn. 6). Der Besitzer wird nach dem ausdrücklichen Wortlaut des § 26 Abs. 3 AtG nur dann von der Haftungsverpflichtung frei, wenn er den Besitz auf eine berechtigte Person überträgt. Dieses weitgehende Verständnis von der Reichweite der Haftung nach § 26 AtG ergibt sich aus dem Schutzzweck der Norm. Über die Besitzerhaftung des § 26 AtG soll gewährleistet werden, dass im Falle des Besitzverlusts keine Haftungslücken entstehen, wenn ein neuer berechtigter Besitzer nicht vorhanden ist (vgl. hierzu *Pelzer* in HMPS, AtG/PÜ § 26 AtG, Rn. 6).

Im Falle der **Beförderung von radioaktiven Stoffen** haftet nach § 26 Abs. 6 **22** AtG der **Absender** des Stoffes, also derjenige, für den der Beförderer transportiert ohne Rücksicht darauf, wer Besitzer der Stoffe ist. Die Haftung des Absenders beruht insbesondere auf der Erwägung, dass dieser nach den einschlägigen handelsrechtlichen Vorschriften (Frachtvertrag, §§ 407 ff. HGB) für eine ordnungsgemäße Verpackung zu sorgen hat, § 411 HGB (so BT-Drucks. 5/4071, 8, *Fischerhof*, Dt. AtomG, § 26 AtG Rn. 8, *Pelzer* in HMPS, AtG/PÜ, § 26 AtG Rn. 27). Der Transporteur selbst haftet im Außenverhältnis dagegen nicht nach § 26 AtG, dies stellt Abs. 6 S. 1 klar; eine ggf. bestehende Ersatzpflicht nach den Haftungsvorschriften (BGB, StVG) schließt dies freilich nicht aus (BT-Drucks. 5/4071, 8).

3. Keine Kanalisierung der Isotopenhaftung, § 26 Abs. 7 AtG. Anders als **23** die Haftung im Zusammenhang mit dem PÜ (→ Rn. 17 f.) erfolgt im Bereich der Isotopenhaftung nach § 26 Abs. 1 AtG keine Haftungskanalisierung auf den Haftpflichtigen nach dieser Vorschrift. Nach § 26 Abs. 7 bleiben im Anwendungsbereich des Abs. 1 S. 1 gesetzliche Vorschriften unberührt, nach denen der dort genannte Besitzer und die ihm nach Abs. 3 gleichgestellten Personen in weiterem Umfang haften als nach den Vorschriften dieses Gesetzes oder nach denen ein anderer für den Schaden verantwortlich ist. MaW kann neben der Haftung nach § 26 Abs. 1 AtG der geltend zu machende Schadensersatzanspruch auch auf andere Anspruchsgrundlagen, insbes des allgemeinen Zivilrechts (vertragsrechtliche und deliktrechtliche Anspruchsgrundlagen zB § 823 ff. BGB) gestützt werden. Auch können in diesem Zusammenhang andere Personen als der Besitzer in Anspruch genommen werden (s. hierzu auch *Raetzke* in Frenz, § 26 AtG, Rn. 13 f.).

II. Tatbestandsvoraussetzungen

24 **1. Haftungsbegründendes Ereignis.** Auf Tatbestandsebene setzt § 26 AtG voraus, dass der auszugleichende Schaden von der Wirkung eines Kernspaltungsvorgangs, von den Strahlen eines radioaktiven Stoffs oder durch die von einer Anlage zur Erzeugung ionisierender Strahlen ausgehende Wirkung ionisierender Strahlen verursacht wurde. Hiervon waren nach der ursprünglichen Lesart des Begriffs der Anlage zur Erzeugung ionisierender Strahlen auch im Zusammenhang mit dem Betrieb von Röntgeneinrichtungen verursachte Schäden umfasst (s. bspw. BT-Drs. 14/4617, 5). Der Gesetzgeber hat diesbezüglich bisher nicht die Absicht geäußert, dieses zukünftig ändern zu wollen. Erfasst werden auch in entsprechender Anwendung die schädlichen Wirkungen einer Kernfusion, § 26 Abs. 2 AtG. Den haftungsbegründenden Ereignissen ist gemein, dass der Schaden auf die Wirkung der ionisierenden Strahlung, also Radioaktivität zurückgehen muss. Eine Haftung für Schadensereignisse, die ausschließlich durch andere Stoffeigenschaften zurückzuführen ist, kommt dagegen nicht in Betracht, dies entspricht auch der Ursachedefinition des nuklearen Schadens in Art. 1a UAbs. vii PÜ 2. HS PÜ (→ Rn. 7 f.).

25 Im Anwendungsbereich des StrlSchG spielt das schadensbegründende Ereignis des Kernspaltungsvorgangs praktisch keine Rolle, da diese idR mit kerntechnischen Anlagen iSd AtG Verbindung stehen. Den Regelfall der Haftung nach § 26 AtG im Bereich des StrlSchG bildet der Schaden, der im Rahmen der Nutzung oder Beförderung eines radioaktiven Stoffes entsteht. Ferner relevant für den Anwendungsbereich des StrlSchG ist die Haftung für Schäden, die im Zusammenhang mit einer Anlage für die Erzeugung ionisierender Strahlung entstehen. Der hier vom AtG verwendete Anlagenbegriff entspricht insoweit den Bestimmungen des StrlSchG (→ § 5 Abs. 2).

26 **2. Schaden im Sinne des § 26 Abs. 1 S. 1 AtG, Umfang der Haftung, §§ 27 ff. AtG.** Der Schadensersatzanspruch des § 26 AtG bezieht sich nach dem Wortlaut des Abs. 1 S. 1 nur auf bestimmte Schadensarten. Umfasst ist ausschließlich der Ersatz für die Tötung und Gesundheitsschädigung eines Menschen sowie der Ersatz für die Beschädigung einer Sache. Der Schadensbegriff des § 26 AtG ist damit enger als derjenige des nuklearen Schadens nach Art 1 Abs. a UAbs. vii PÜ. Von § 26 AtG wird insbesondere nicht der erweiterte Schadenskatalog des Art 1 Abs. a UAbs. vii PÜ (Nr. 1 – 6) aufgegriffen (→ Rn. 8). Deckungsgleich ist hier nur der Begriff der Tötung und des Gesundheitsschadens. In dieser Hinsicht decken sich § 26 Abs. 1 S. 1 AtG und Art 1 Abs. a UAbs. vii PÜ mit dem allgemeinen deliktsrechtlichen Verständnis nach § 823 Abs. 1 BGB (*Pelzer* in HMPS, AtG/PÜ, Art. 1 PÜ Rn. 40). Wesentlich enger ist der Schadensbegriff des § 26 Abs. 1 S. 1 hinsichtlich der Schädigung von Vermögenswerten und Umweltschäden (siehe auch *Pelzer* in HMPS, AtG/PÜ, § 26 AtG Rn. 13). Die engere Ausgestaltung des Schadenbegriffes muss indes in der Praxis nicht zu einer insgesamt reduzierten Haftung der verantwortlichen Person führen, da aufgrund der im Anwendungsbereich des § 26 nicht vorhandenen Haftungskanalisierung (→ Rn. 25), der Schadensersatz auch auf andere (deliktsrechtliche) Grundlagen gestützt werden kann (vgl. *Pelzer* in HMPS, AtG/PÜ, § 26 AtG Rn. 14).

27 Der **Umfang** des nach § 26 AtG zu ersetzenden Schadens bestimmt sich nach dem Wortlaut des § 26 Abs. 1 S. 1 AtG nach den §§ 27–30, § 31 Abs. 3, § 32 Abs. 1, 4 und 5 und § 33 AtG, die nach § 176 auch im Bereich des StrlSchG anwendbar

sind. Die Haftung nach § 26 Abs. 1 AtG ist mangels gegenteiliger Regelung in der Höhe unbegrenzt (s. auch *Raetzke* in Frenz, § 26 AtG, Rn. 20).

3. Gefährdungshaftung, Entlastung. § 26 AtG setzt für die Begründung 28 einer Schadensersatzpflicht hinsichtlich der Schadensverursachung kein Verschulden voraus, es handelt sich demnach auch hier – wie schon das Haftungssystem des PÜ – grds. um einen Fall der **Gefährdungshaftung.** Es genügt vielmehr, dass der Schaden durch einen von § 26 Abs. 1 näher bezeichneten Vorgang verursacht wird und sich der verursachende Stoff oder Anlage im Besitz der haftpflichtigen Person befindet (s. o. → Rn. 22 ff.).

Die so vorgesehene Gefährdungshaftung wird durch § 26 Abs. 1 S. 2 AtG da- 29 durch modifiziert, dass in diesem Regelungsbereich eine Entlastungsmöglichkeit für die haftpflichtige Person vorgesehen ist (zum Begriff der modifizierten Gefährdungshaftung s. *Fischerhof,* Dt. AtomG, § 26 Rn. 3; *Raetzke* in Frenz, § 26 AtG, Rn. 14, *Pelzer* in HMPS AtG/PÜ, § 26 AtG, Rn. 3). Nach dieser Regelung tritt die Ersatzpflicht nicht ein, wenn der Schaden durch ein Ereignis verursacht wird, das der Besitzer und die für ihn tätigen Personen auch bei Anwendung jeder nach den Umständen gebotenen Sorgfalt nicht vermeiden konnte und der Schaden weder auf einem Fehler in der Beschaffenheit der Schutzeinrichtung noch auf einem Versagen ihrer Verrichtungen beruht. Der hier vorgesehene Entlastungsnachweis beruht also auf einem personenbezogenen und einem sachbezogenen Kriterium.

In **personenbezogener Hinsicht** hat der Besitzer zu beweisen, dass das Scha- 30 densereignis weder durch ihn, noch durch die für ihn tätigen Personen unter Anwendung jeder nach den Umständen gebotenen Sorgfalt vermeiden werden konnte. Entscheidend ist somit die Bestimmung des Begriffes der nach den Umständen gebotenen Sorgfalt. Nach der ganz hM in der Lit geht der in § 26 Abs. 1 S. 2 AtG verwendete Begriff der erforderlichen Sorgfalt über den allgemeinen Begriff der im Verkehr erforderlichen Sorgfalt nach § 276 BGB hinaus (*Fischerhof,* Dt. AtomG, § 26 AtG, Rn. 20, *Haedrich,* § 26 AtG Rn. 9, *Pelzer* in HMPS AtG/ PÜ, § 26 AtG, Rn. 20, *Raetzke* in Frenz, § 26 AtG, Rn. 15). Nach dem Wortlaut der Vorschrift („nach den Umständen") sind hier insbesondere die Besonderheiten des Einzelfalles, wie bspw. das Maß der konkreten Strahlengefahr etwa bedingt durch die Beschaffenheit der Strahlenquelle zu berücksichtigen (vgl. hierzu auch *Pelzer* in HMPS AtG/PÜ § 26 Rn. 20). Der Maßstab der erforderlichen Sorgfalt ergibt sich im Hinblick auf die konkrete Tätigkeit insbesondere aus dem jeweils einschlägigen gesetzlichen (insbes. StrlSchG, StrlSchV) und untergesetzlichen Regelwerk (Richtlinien, AVV), den Konkretisierungen des Standes von Wissenschaft und Technik in Normen und Empfehlungen, sowie den Anforderungen des Zulassungsbescheides (s. auch *Pelzer* in HMPS, AtG/PÜ, § 26 AtG Rn. 20). Der Maßstab der gebotenen Sorgfalt des § 26 Abs. 1 S. 2 AtG gilt auch für den Verrichtungsgehilfen; hier ist eine weitergehende Exkulpationsmöglichkeit, wie sie etwa nach § 831 BGB vorgesehen ist, ausgeschlossen (BT-Drucks. 3/759, 36 f.). In **sachlicher Hinsicht** tritt kommt die Entlastung nach § 26 Abs. 1 S. 2 AtG nur dann in Betracht, soweit der Schaden nicht auf einem Fehler in der Beschaffenheit der Schutzeinrichtung noch auf einem Versagen ihrer Verrichtungen beruht. Zu den Begriffen sei hier auf die ausführliche Kommentierung bei *Fischerhof* verwiesen (*Fischerhof,* Dt. AtomG, § 26 Rn. 23 ff.). Für das Vorliegen beider Voraussetzungen ist der Haftpflichtige, somit der Besitzer des Stoffes oder der Anlage beweispflichtig.

§ 26 AtG benennt sodann zwei Ausnahmetatbestände, in denen die Entlastung 31 ausgeschlossen sein soll. Zunächst ist die Entlastung nach § 26 Abs. 1 S. 2 gem.

Abs. 1 a ausgeschlossen, wenn Schäden durch radioaktive Stoffe verursacht werden, die bei Anwendbarkeit des PÜ unter die Begriffsbestimmungen des Kernbrennstoffs oder des radioaktiven Erzeugnisses und Abfälle fallen würden (→ Rn. 10). Diese Haftungsverschärfung ist insbesondere für den Fall von Beförderungen von Kernmaterial über deutsches Gebiet vorgesehen, wenn weder der Ausgangsstaat noch der Zielstaat Vertragsstaaten des PÜ oder des Wiener Übereinkommens sind und das PÜ daher keine Anwendung findet (BT-Drs. 14/3950, 6f). Der Ausnahmetatbestand spielt daher im Anwendungsbereich des StrlSchG keine Rolle. Daneben ist der Entlastungsbeweis nach § 26 Abs. 1 S. 2 AtG ebenfalls nach Abs. 5 im Bereich der medizinischen Forschung ausgeschlossen (→ Rn. 35).

III. Ausnahmeregelungen zur Haftung im Bereich von Medizin und Forschung, § 26 Abs. 4, Abs. 5 AtG

32   Für den Anwendungsbereich des StrlSchG besonders relevant sind die Ausnahmeregelungen des § 26 Abs. 4 sowie Abs. 5 AtG für die Bereiche der Anwendung von ionisierender Strahlung in Medizin und Forschung sowie bei einer vorhandenen Einwilligung, hierzu im Einzelnen:

33   Nach **§ 26 Abs. 4 Nr. 1 AtG** sind die Haftungsregelungen der Abs. 1–3 ausgeschlossen, wenn der durch die Anwendung radioaktiver Stoffe oder Anlagen zur Erzeugung ionisierender Strahlung verursachte Schaden im Rahmen der Ausübung der Heilkunde durch oder unter der Aufsicht eines Arztes oder Zahnarztes aufgetreten ist. Dieser Ausschlussgrund setzt weiter voraus, dass die Stoffe, die Anlagen zur Erzeugung ionisierender Strahlen oder die notwenigen Messgeräte nach den Regelungen einer Rechtsverordnung den jeweils geltenden Anforderungen der Verordnung (EU) 2017/745 oder, soweit gesetzliche Anforderungen nicht existieren, dem Stand von Wissenschaft und Technik entsprochen haben. Schließlich darf der hier verursachte Schaden nicht auf eine nicht oder nicht ausreichend durchgeführte Wartung der Stoffe oder Anlage zurückzuführen sein. Der Haftungsausschluss, setzt hier voraus, dass der Schaden im Zusammenhang mit der Ausübung der Heilkunde auftritt. Der von § 26 Abs. 4 Nr. 1 AtG verwendete **Heilkundebegriff** ist entsprechend der Definition des § 1 Abs. 2 HeilprG zu verstehen. Bei der Heilkunde handelt es sich demnach um die berufs- oder gewerbsmäßig vorgenommene Tätigkeit zur Feststellung, Heilung oder Linderung von Krankheiten, Leiden oder Körperschäden bei Menschen. Die Heilkunde isv § 26 Abs. 4 Nr. 1 umfasst demnach den gesamten Bereich der Anwendung radioaktiver Strahlung zum Zwecke der Diagnostik und Therapie (vgl. *Fischerhof*, Dt AtomG, § 26 Rn. 28, *Pelzer* in HMPS AtG/PÜ, § 26 Rn. 29). Die Heilkunde ist dabei durch oder unter Aufsicht eines Arztes oder Zahnarztes, also eines approbierten Berufsträgers auszuüben. Der Begriff der Heilkunde entspricht insoweit zum Teil dem Begriff der medizinischen Exposition des § 2 Abs. 8 Nr. 1, der Teilbereich der medizinischen Exposition bzgl. der medizinischen Forschung wird im haftungsrechtlichen Zusammenhang über § 26 Abs. 5 AtG abgedeckt.

34   Das Vorliegen des Gegenausschlusses ist sodann anhand der **Anforderungen der Verordnung (EU) 2017/745** und den entsprechenden RVOen zu prüfen; der anzulegende Maßstab entspricht hier denjenigen Anforderungen, die bereits im Rahmen des Anzeige- oder Zulassungsverfahrens an die entsprechenden Stoffe und Geräte gestellt werden, dies gilt insbesondere auch für Röntgeneinrichtungen, § 23 StrlSchG(s. auch BT-Drs. 14/4617, 5). Die **Wartung und Überprüfung** der genannten Stoffe oder Anlagen bestimmt sich entsprechend der VO-Ermächtigung

des § 89 nach § 88 StrlSchV. Soweit die Haftung nach § 26 Abs. 1 AtG ausgeschlossen ist, bestimmt sich die Haftung des Behandlers nach den allgemeinen Vorschriften des Arzthaftungsrechts, also insbesondere nach den §§ 630a ff. und §§ 823 ff. BGB.

Nach **§ 26 Abs. 4 Nr. 2 AtG** ist die Haftung nach Abs. 1–3 ausgeschlossen, **35** wenn der Verletzte auf Grund eines Rechtsverhältnisses mit dem Besitzer die von dem Stoff oder der Anlage ausgehende Gefahr in Kauf genommen hat. Die Voraussetzung des Haftungsausschlusses bildet hier die im Rahmen eines Vertragsverhältnisses erteilte ausdrückliche oder konkludente Einwilligung des Geschädigten in die Rechtsgutsverletzung (siehe *Raetzke* in Frenz, § 26 AtG, Rn. 19). Zur Auslegung der Einwilligungserklärung gelten die allgemeinen zivilrechtlichen Bestimmungen der §§ 133, 157 BGB. Der Haftungsausschluss des Abs. 4 Nr. 2 soll allerdings nicht im Falle eines Arbeitsverhältnisses greifen (*Fischerhof*, Dt AtomG, § 26 Rn. 30, *Pelzer* in HMPS AtG/PÜ, § 26 Rn. 32; *Raetzke* in Frenz, § 26 AtG, Rn. 19), hier kommen aber andere Haftungsausschlussvorschriften in Betracht, die die atom- und strahlenschutzrechtliche Haftung nach § 26 Abs. 1–3 verdrängen (insbes. solche der GUV, zB § 104 SGB VII). Eine Verschärfung der Haftung sieht dagegen **§ 26 Abs. 5 S. 1 AtG** für den Bereich der medizinischen Forschung vor. Hiernach ist bei der Anwendung von radioaktiven Stoffen oder ionisierender Strahlen am Menschen in der medizinischen Forschung sowohl der Entlastungsbeweis nach § 26 Abs. 1 S. 2 AtG als auch der gesetzliche Haftungsausschluss der Einwilligung nach § 26 Abs. 4 Nr. 2 AtG aufgrund des erhöhten Gefährdungspotentials nicht anwendbar (vgl. *Haedrich* AtG § 26 Rn. 17). In diesem Bereich handelt es sich bei der Haftung nach § 26 um eine reine Gefährdungshaftung (*Raetzke* in Frenz § 26 AtG Rn. 16, 18). Darüber hinaus ordnet § 26 Abs. 5 S. 2 AtG eine Beweislastumkehr zulasten der nach § 26 Abs. 1 AtG haftpflichtigen Person an.

§ 177 Vorsorge für die Erfüllung gesetzlicher Schadensersatzverpflichtungen

[1]Im Anwendungsbereich dieses Gesetzes und der auf dieses Gesetz gestützten Rechtsverordnungen richtet sich die Vorsorge für die Erfüllung gesetzlicher Schadensersatzverpflichtungen nach den §§ 13 bis 15 des Atomgesetzes und nach der Atomrechtlichen Deckungsvorsorge-Verordnung. [2]§ 35 bleibt unberührt. [3]Abweichend von § 13 Absatz 1 Satz 2 des Atomgesetzes kann die zuständige Behörde bei Tätigkeiten nach § 12 Absatz 1 Nummer 1, 2 oder 3 und § 31 Absatz 1 auf eine erneute Festsetzung der Deckungsvorsorge verzichten, wenn die Überprüfung der Deckungsvorsorge ergeben hat, dass die Deckungssumme noch ausreichend bemessen ist.

Übersicht

A. Zweck und Bedeutung der Norm

1   § 177 beinhaltet einen dynamischen Verweis auf die Vorschriften des AtG und der Atomrechtlichen Deckungsvorsorge-Verordnung (AtDeckV, BT-Drucks. 18/11241, 433). Mit der Regelung wird damit das bestehende System des AtG zur sog. Deckungsvorsorge in das Strahlenschutzrecht übernommen. Die Deckungsvorsorge dient damit auch hier der Verwirklichung des Schutzzwecks des Atom- und Strahlenschutzrecht, durch Kernenergie oder ionisierende Strahlen verursachte Schäden auszugleichen, § 1 Nr. 2 aE AtG. Soweit im Bereich des StrlSchG auch für Schäden nach dem PÜ gehaftet wird (§ 176 StrlSchG iVm Art. 3, 4 PÜ), dient die Deckungsvorsorge gleichzeitig auch dem Zweck der Erfüllung internationaler Verpflichtungen iS des Schutzzwecks des § 1 Nr. 4 AtG (vgl. *Pelzer* in HMPS AtG/PÜ, § 13 AtG, Rn. 1).

2   Mit der Deckungsvorsorge wird eine finanzielle Sicherheit durch den Verpflichteten im Hinblick auf die jeweilige Tätigkeit und der aus dieser resultierenden Haftungsgefahr erbracht. Die Deckungsvorsorge soll damit dazu beitragen, dass im Haftungsfall, also einer Schädigung Dritter durch die schädlichen Wirkungen der ionisierenden Strahlung, die erforderlichen Mittel zur Verfügung stehen, um Schadensersatz leisten zu können (vgl. *Raetzke* in Frenz, § 13 AtG, Rn. 1). Die Regelung des § 177 enthält zudem in S. 2 eine Unberührtheitsregelung für die Deckungsvorsorge im Zusammenhang mit der anzeigebedürftigen Anwendung radioaktiver Stoffe oder ionisierender Strahlung am Menschen zum Zweck der medizinischen Forschung. Schließlich enthält S. 3 eine Modifikation zum Festsetzungsintervall des § 13 Abs. 1 S. 2 AtG für bestimmte Tätigkeiten.

B. Regelungshistorie

3   Die Regelung des § 177 setzt die bis zum Erlass des StrlSchG geltende Rechtslage, nach der die Regelungen zur Deckungsvorsorge des AtG auch für genehmigungspflichtige Tätigkeiten nach der StrlSchV direkt anwendbar waren, fort.

C. Die Deckungsvorsorge (S. 1 iVm §§ 13 ff. AtG und AtDeckV)

I. Zweck und Gegenstand der Deckungsvorsorge

1. Überblick und Funktion der Deckungsvorsorge. Nach S. 1 sind hin- **4** sichtlich der Pflicht zur Erbringung einer Vorsorge für die Erfüllung gesetzlicher Schadensersatzverpflichtungen **(Deckungsvorsorge)** die §§ 13 ff. AtG sowie die Vorschriften der AtDeckV anzuwenden. Demnach bildet das Strahlenschutzrecht mit dem AtG, entsprechend der bis zum Erlass des StrlSchG geltenden Rechtslage, hinsichtlich der Deckungsvorsorge ein einheitliches System. Dies ist auch deshalb notwendig, da das StrlSchG bereits in § 176 auf die Haftungsvorschriften des AtG verweist. Eine eigenständige Struktur der Deckungsvorsorge im StrlSchG würde ansonsten Friktionen zwischen den Rechtsgebieten erzeugen. Der im StrlSchG verwendete Begriff der Deckungsvorsorge stimmt daher auch mit der Legaldefinition des § 13 Abs. 1 S. 1 AtG überein. Durch die Deckungsvorsorge werden die unter → Rn. 1 genannten Zwecke verfolgt, bei der Deckungsvorsorge handelt es sich also um eine finanzielle Sicherheit im Hinblick auf mögliche Haftungspflichten – untechnisch gesprochen ist die Deckungsvorsorge in etwa vergleichbar mit einer Versicherungspflicht für Haftungsfälle.

Die **Haftungshöhe** ist für Schäden sowohl für die Haftung nach dem PÜ iVm **5** § 25 AtG (ausdrücklich, § 31 Abs. 1 S. 1 AtG) als auch (für das Strahlenschutzrecht bedeutender) nach § 26 AtG unbegrenzt (→ § 176 Rn. 18, 27; s. auch *Raetzke* in Frenz, § 26 AtG, Rn. 20). Die Deckungsvorsorge korrespondiert daher in der Höhe nicht zwangsläufig mit der Höhe der in einem Ereignisfall tatsächlich eintretenden Schadensersatzverpflichtungen; vielmehr kann die Höhe der Schadensersatzverpflichtungen in Ausnahmefällen die Deckungsvorsorge auch übersteigen. Die Deckungsvorsorge sorgt allerdings dafür, dass im Schadensfall vor dem Rückgriff auf das übrige Vermögen des Genehmigungsinhabers bzw. des Inhabers der Kernanlage jedenfalls der hierdurch festgelegte Betrag für die Begleichung der Haftungssumme zügig mobilisiert werden kann. Die Höhe der Deckungsvorsorge, die sog. **Deckungssumme,** wird von der Genehmigungsbehörde durch Bescheid auf Grundlage der Detailregelungen der AtDeckV festgesetzt (s. hierzu unten → Rn. 12 ff.).

Aufgrund der zentralen Stellung der Deckungsvorsorge in der sog. **Deckungs-** **6** **architektur** des AtG und des StrlSchG für Schäden, die aus der schädlichen Wirkung von ionisierender Strahlung folgen (→ § 176 Rn. 18; ausführlich *Raetzke* in Frenz, § 13 AtG, Rn. 3, § 25 AtG, Rn. 128 ff.), stellt die Erbringung der Deckungsvorsorge in vielen Bereichen des StrlSchG eine **Voraussetzung für die Zulassung** der jeweiligen Tätigkeit dar. Dies ist nach § 13 Abs. 2 für **genehmigungspflichtige Tätigkeiten nach § 12 Abs. 1 Nr. 1–3,** bei der **Beförderung von radioaktiven Stoffen** nach § 29 Abs. 1 Nr. 6 sowie für die **genehmigungsbedürftige Anwendung radioaktiver Stoffe oder ionisierender Strahlung am Menschen zum Zweck der medizinischen Forschung** nach § 31 Abs. 4 Nr. 1 der Fall. Gem. der VO-Ermächtigung des § 24 S. 1 Nr. 2 sind die Tatbestände, die zu einer Befreiung von der Verpflichtung zur Erbringung der Deckungsvorsorge führen können, in § 10 StrlSchV geregelt.

7   **2. Gegenstand und Umfang der Deckungsvorsorge.** Gegenstand der Deckungsvorsorge ist gem. § 13 Abs. 1 AtG die Erfüllung von **gesetzlichen Schadensersatzverpflichtungen.** Der Begriff der gesetzlichen Schadensersatzverpflichtung wird durch § 13 Abs. 5 S. 1 AtG näher definiert. Hiernach handelt es sich bei gesetzlichen Schadensersatzverpflichtungen um auf *gesetzlichen Haftpflichtbestimmungen privatrechtlichen Inhalts beruhende Schadensersatzverpflichtungen.* Mit dem Begriff der gesetzlichen Haftpflichtbestimmungen isd § 13 Abs. 5 S. 1 AtG sind wohl in erster Linie die atom- und strahlenschutzspezifischen Haftungstatbestände des Art. 3, 4 PÜ iVm § 25 StrlSchG – im Bereich des StrlSchG besonders relevant – § 26 AtG gemeint: Dies erscheint auch mit Blick auf die Umfangsbestimmung der AtDeckV, → Rn. 8, plausibel (vgl. *Raetzke* in Frenz, § 13 AtG, Rn. 5, der ebenso eine Einschränkung des Umfangs des § 13 Abs. 5 S. 1 auf die Haftungstatbestände des PÜ bzw. §§ 25 ff. AtG annimmt, aA *Pelzer* in HMPS AtG/PÜ § 13 AtG, Rn. 12, der auch Schadensersatzansprüche einbezieht, die auf anderen gesetzlichen Anspruchsgrundlagen beruhen, zB nach §§ 823 ff. BGB, WHG und StVG). § 13 Abs. 5 S. 2 AtG sieht zudem ausdrückliche Ausschlüsse von bestimmten gesetzlichen Schadensersatzansprüchen vor.

8   Den **Umfang der Deckungsvorsorge** – also diejenigen Haftungsverpflichtungen, auf die sich die Deckungsvorsorge zu erstrecken hat – konkretisiert **§ 4 AtDeckV.** Hiernach hat sich gem. **§ 4 Abs. 1 AtDeckV** die Deckungsvorsorge auf die gesetzlichen Schadensersatzverpflichtungen zu erstrecken, die sich infolge eines nuklearen Ereignisses (Abs. 1 Nr. 1) und infolge der ionisierenden Strahlen einer Strahlenquelle isd § 25 AtG ergeben (Abs. 1 Nr. 2), maW also wenn eine Haftung nach dem PÜ erfolgt (→ § 176, Rn. 3 ff.). Nach **§ 4 Abs. 2 AtDeckV** hat sich die Deckungsvorsorge für Tätigkeiten, bei denen sich die Haftung nach § 26 AtG (→ § 176, Rn. 19 ff.) richtet, auf solche Schadensersatzansprüche zu erstrecken, die sich infolge von Wirkungen der in § 26 Abs. 1 S. 1 und Abs. 2 AtG bezeichneten Art ergeben. In diesem Zusammenhang erweitert § 4 Abs. 2 auch in den Nr. 1–3 den Kreis der in die Deckungsvorsorge einzuschließenden Personen um den Verrichtungsgehilfen und die sonstigen an der Beförderung beteiligten Personen. Schließlich umfasst die Deckungsvorsorge nach **§ 4 Abs. 3 AtDeckV** auch die Haftung für solche Ereignisse, die im Ausland eintreten oder sich dort auswirken und für die der zur Deckungsvorsorge Verpflichtete nach internationalen Verträgen oder nach den Haftpflichtbestimmungen einer ausländischen Rechtsordnung haftet. **§ 4 Abs. 4 AtDeckV** stellt zudem übergeordnet klar, dass die Deckungsvorsorge bis zur festgesetzten Höhe nicht für andere als in Abs. 1–3 genannte Verpflichtungen verwendet werden darf.

II. Festsetzung und Höhe der Deckungsvorsorge (AtDeckV)

9   **1. Festsetzungsverfahren, Überprüfungsintervall (§ 13 AtG, § 177 S. 3 StrlSchG).** Die erstmalige **Festsetzung der Deckungsvorsorge** für eine Tätigkeit erfolgt nach § 13 Abs. 1 AtG durch einen eigenständigen **Verwaltungsakt,** der grds. im Vorfeld der Zulassung der zugrundeliegenden Tätigkeit erteilt wird. Dies ist insbes. dadurch begründet, dass nach den Genehmigungsvorschriften für die zugrundeliegende Tätigkeit, bspw. nach § 13 Abs. 2, nur dann eine Genehmigung erteilt wird, wenn die erforderliche Deckungsvorsorge getroffen ist (zur parallelen Fragestellung im Bereich des AtG s. *Raetzke* in Frenz, § 13 AtG Rn. 10). So sehen auch die Vorschriften über die zur Prüfung von Genehmigungsanträgen vorzulegenden Unterlagen vor (vgl. insbes. § 16 iVm Anlage 2 Teil A Nr. 6, Teil B

Nr. 5), dass die entsprechenden Nachweise zur Deckungsvorsorge in das Verfahren eingebracht werden. Wie auch im Bereich des AtG (s. hierzu *Raetzke* in Frenz, § 13 AtG, Rn. 10) ist es allerdings auch in einigen strahlenschutzrechtlichen Verfahren üblich, dass die Festsetzung der Deckungsvorsorge im Genehmigungsbescheid erfolgt, wenn die Berechnung der Deckungssumme unproblematisch ist. Im Rahmen der Festsetzung der Deckungsvorsorge hat die Behörde die Entscheidung gem. § 6 AtDeckV mit den **gesetzlich vorgesehenen Auflagen** zu verbinden.

Die Deckungsvorsorge ist nach § 13 Abs. 1 S. 2 AtG iVm § 20 AtDeckV grds. im **10** Abstand von zwei Jahren sowie bei erheblicher Änderung der Verhältnisse erneut festzusetzen. Es erfolgt hier also eine regelmäßige Überprüfung, ob die Deckungsvorsorge im Einzelfall, also hinsichtlich der konkreten Tätigkeit, ausreichend bemessen ist. Die Grundsätze zur regelmäßigen Überprüfung der Deckungsvorsorge gelten ebenfalls im Strahlenschutzrecht. Auch hier hat die Behörde im Abstand von zwei Jahren sowie im Falle der erheblichen Änderung zu prüfen, ob die Deckungsvorsorge ausreichend bemessen ist. Soweit sie zum Ergebnis kommt, dass dies noch der Fall ist, sieht § 177 S. 3 im Vergleich zu der Regelung des AtG eine Aufwandserleichterung vor: In diesem Fall kann die zuständige Behörde bei Tätigkeiten nach § 12 Abs. 1 Nr. 1–3 und § 31 Abs. 1 auf eine erneute Festsetzung der Deckungsvorsorge, d. h. auf eine Neubescheidung, verzichten. Die Ausnahmeregelung trägt dem Umstand Rechnung, dass die wiederkehrende Erstellung eines Festsetzungsbescheids mit hohem Aufwand verbunden ist. Eine alle zwei Jahre erfolgende Überprüfung wird in den genannten Fällen als ausreichend angesehen (vgl. BT-Drs. 18/11241, 433).

2. Adressat des Deckungsvorsorgebescheides. Nach § 13 Abs. 1 S. 1 AtG ist **11** Adressat der Deckungsvorsorge der Antragsteller im zugrundeliegenden Genehmigungsverfahren bzw. bei einer Neufestsetzung der Deckungsvorsorge nach § 13 Abs. 1 S. 2 AtG die zur Deckungsvorsorge verpflichtete Person, also in der Regel der Inhaber der Genehmigung (s. vertiefend zur Kongruenz zwischen Haftung und Verpflichtung zur Deckungsvorsorge auch *Raetzke* in Frenz, § 13 AtG, Rn. 14). Der Bund und die Länder sind nicht zur Deckungsvorsorge verpflichtet, § 13 Abs. 4 AtG (zur Verpflichtung von Unternehmen der öffentlichen Hand zur Erbringung der Deckungsvorsorge siehe vertiefend *Raetzke* in Frenz, § 13 AtG Rn. 37 f.).

3. Festsetzung der Höhe der Deckungsvorsorge (Deckungssumme). **12** **a. Grundsätze, § 13 Abs. 2, Abs. 3 AtG, § 7 AtDeckV.** Die Behörde setzt im Deckungsvorsorgebescheid insbesondere die Höhe der zu erbringenden Deckungsvorsorge, die sog Deckungssumme fest. Die Grundzüge zur Festlegung der Deckungssumme ergeben sich aus § 13 Abs. 2 AtG und insbesondere entsprechend der VO-Erm. des § 13 Abs. 3 S. 1 AtG aus den Detailregelungen der AtDeckV.

In grundsätzlicher Hinsicht bestimmt § 13 Abs. 2 Nr. 1 AtG hier zunächst, dass **13** die Deckungsvorsorge bei der Haftung nach dem PÜ und bei der Haftung nach § 26 Abs. 1 iVm Abs. 1 a AtG in einem angemessenen Verhältnis zur Gefährlichkeit der Anlage zu stehen hat. Nach der novellierten Fassung des AtG mit Inkrafttreten der AtG-Haftungsnovelle von 2008 (BGBl. I 1793) mit Wirkung zum 1. 1. 2022 dürfen bei der Haftung nach dem PÜ zudem die in Art. 7 Abs. a und b PÜ festgelegten Beträge nicht unterschritten werden. Diese **Mindestdeckungssummen** für genehmigungspflichtige Kernanlagen und die Beförderung von Kernmaterialien wurden mit der mit Wirkung zum 2. 1. 2022 in Kraft getretenen Novelle der AtDeckV übernommen. In den übrigen – für das StrlSchG vornehmlich relevanten – Haftungsfällen ist die Deckungsvorsorge nach § 13 Abs. 2 Nr. 2 in dem nach den Umständen gebotenen Ausmaß sicherzustellen; da es hier keine internationalen Übereinkommen mit Mindestsummen gibt, ist der deutsche Verordnungsgeber hier frei, was die Höhe der Deckungsvorsorge angeht. Demgegenüber bestimmt § 13 Abs. 3 S. 2 AtG die absolute **Höchstgrenze der Deckungssumme,** die mit maximal 2,5 Mrd. EUR angegeben wird. Für Anlagen, die nach den Vorschriften des StrlSchG zu genehmigen sind, spielt diese indes keine Rolle, da die Höchstgrenze regelmäßig nur für Tätigkeiten im Zusammenhang mit Reaktoren nach § 7 AtG erreicht wird und die AtDeckV für einzelne Tätigkeitsarten (außer Reaktoren) meist spezifische, deutlich geringere Höchstgrenzen festsetzt.

14   Konkretere Regelungen zur Deckungssumme enthält die AtDeckV zunächst in § 7. Die Vorschrift benennt hier zunächst den Begriff der **Regeldeckungssumme,** der den Ausgangspunkt für die Bestimmung der Deckungssumme bildet. Dieser grundsätzliche Wert wird dann nach den Maßgaben der nachfolgenden Vorschriften im Hinblick auf die jeweilige Tätigkeit **erhöht oder verringert.** Seit der Novellierung der AtDeckV mWv 2.1.2022 (BGBl. I S. 73) legt § 7 Abs. 2 entsprechend der gesetzlichen Vorgaben des § 13 Abs. 2 AtG Mindestdeckungssummen für Tätigkeiten fest, in denen die Haftung nach dem PÜ einschlägig ist.

15   **b. Festsetzung der Deckungsvorsorge im Einzelfall, §§ 8 ff. AtDeckV. aa. Deckungsvorsorge im Zusammenhang mit der Haftung nach dem PÜ.** Nach der Novellierung der AtDeckV mWv 2.1.2022 (BGBl. I S. 73) richtet sich die Bemessung der Deckungssumme im Einzelfall nach der jeweiligen Haftungsart (PÜ oder § 26 AtG). Soweit nach den Vorschriften des PÜ gehaftet wird, die genehmigungspflichtige Tätigkeit also eine **Kernanlage oder die Beförderung von Kernmaterialien** zum Gegenstand hat, richtet sich die Festsetzung der Deckungssumme nach den **§§ 8 a – 12 a AtDeckV.**

16   Durch den weit gefassten Begriff der **Kernanlage** kann dieser auch Tätigkeiten einschließen, die nach dem Strahlenschutzrecht genehmigt werden. Bei diesen handelt es sich typischerweise um Umgangsgenehmigungen nach § 12 Abs. 1 Nr. 3 StrlSchG, die die Aufbewahrung von radioaktiven Abfällen mit vernachlässigbarer Wärmeentwicklung erfassen (→ § 176 Rn. 14). In diesem Fall richtet sich die Festsetzung der Deckungssumme nach **§ 11 Abs. 1 AtDeckV.** Hierbei beträgt die Mindestdeckungssumme entsprechend der Grundregel des § 13 Abs. 2 Nr. 1 AtG und § 7 Abs. 2 Nr. 4 AtDeckV 70 Mio. EUR. Nach § 11 Abs. 1 S. 1 Nr. 1 AtDeckV erhöht sich die Deckungssumme gem. Anl. 3 zur AtDeckV, wenn in der Anlage mit Kernbrennstoffen im Sinne des § 2 Abs. 1 S. 2 AtG mit einer genehmigten Masse von mehr als 250 Kilogramm umgegangen werden darf, bzw. nach § 11 Abs. 1 S. 1 Nr. 2 AtDeckV gem. Anl. 4 zur AtDeckV, wenn die genehmigte Gesamtaktivität der Anlage das 10^{12}fache der Freigrenzen nach Anl. 4 Tabelle 1 Spalte 2 zur StrlSchV überschreitet. Diese Summen werden gem. § 11 Abs. 1 S. 2 AtDeckV getrennt ermittelt und auf die Mindestsumme addiert. Da die Bemessung nach § 11 Abs. 1 S. 1 Nr. 1 AtDeckV im Wesentlichen Anlagen betrifft, die nach § 6 AtG zu genehmigen sind, ermittelt sich die Deckungssumme im Anwendungsbereich des StrlSchG regelmäßig nach § 11 Abs. 1 S. 1 Nr. 2 AtDeckV. Gem. § 11 Abs. 1 S. 2 AtDeckV liegt die Höchstgrenze der Deckungssumme in diesem Zusammenhang bei 500 Mio. EUR. Soweit im Anwendungsbereich des StrlSchG eine Kernanlage stillgelegt wird, gilt hier die erleichterte Ermittlung der Deckungssumme für **Kernanlagen in Stilllegung nach § 12 AtDeckV.** Soweit sich die Kernanlage in **„fortgeschrittener Stilllegung"** befindet, reduziert sich die Deckungssumme

nach **§ 12 a AtDeckV**, der auch die Begriffsbestimmung zur „fortgeschrittenen Stilllegung" enthält. Soweit im Anwendungsbereich des StrlSchG der **Transport von Kernmaterialien** genehmigt wird, richtet sich die Deckungssumme nach **§ 8 a AtDeckV**. Die Mindestdeckungssumme beträgt hier 80 Mio. EUR, § 7 Abs. 2 Nr. 1 AtDeckV. Die Ermittlung der Deckungssumme nach § 8 a Abs. 1 AtDeckV entspricht der Ermittlung der Deckungssumme nach § 11 Abs. 1 AtDeckV.

bb. Deckungsvorsorge bei anderen genehmigungspflichtigen Tätigkei- 17 **ten nach StrlSchG.** Praxisrelevanter als die Ermittlung der Deckungssumme für Kernanlagen ist im Anwendungsbereich des StrlSchG diese für Tätigkeiten, in denen sich die Haftung nicht nach dem PÜ richtet. Hierbei finden für den Umgang mit und die Beförderung von radioaktiven Stoffen die Bemessungsgrundsätze des § 8 Abs. 1 und 4 AtDeckV Anwendung. Anders als bei der Ermittlung der Deckungssumme nach § 11 AtDeckV, (→ Rn. 16) bestehen hier keine Mindestdeckungssummen nach § 7 AtDeckV. Für die Beförderung besteht zudem nur eine intendierte Höchstgrenze von 35 Mio. EUR, § 8 Abs. 5 AtDeckV. Die Berechnung der Deckungssumme nach § 8 Abs. 1 AtDeckV für den Umgang mit radioaktiven Stoffen sowie nach § 8 Abs. 4 AtDeckV für den Transport von radioaktiven Stoffen, die keine Kernmaterialien sind (oder die zwar Kernmaterialien sind, aber nur in geringer Menge befördert werden, siehe § 8 a Abs. 3 AtDeckV) erfolgt anhand der Anlagen 1 und 2 zur AtDeckV und ist im Grundsatz mit der Berechnung nach § 11 AtDeckV (→ Rn. 16) vergleichbar. Zunächst wird hierbei ein Betrag anhand der Kernbrennstoffmasse nach Anl. 1 ermittelt und mit dem Betrag nach Anl. 2 addiert, der sich nach der genehmigten Gesamtaktivität der radioaktiven Stoffe bestimmt. Besondere Regelungen zur Bemessung der Deckungssumme bestehen zudem nach § 8 Abs. 2 AtDeckV für den Umgang mit radioaktiven Stoffen zur Ausübung der Heilkunde am Menschen sowie für den Fall, dass der Umgang darauf gerichtet ist, dass radioaktive Stoffe in die Luft, das Wasser, den Boden oder den Bewuchs gelangen, ohne dass eine weitere Verbreitung verhindert werden kann. Die Ermittlung von Deckungssummen für Landessammelstellen, bei denen es sich um keine Kernanlagen handelt, richtet sich nach § 8 Abs. 4 AtDeckV

Hinsichtlich **Anlagen zur Erzeugung ionisierender Strahlen** nach § 12 18 Abs. 1 Nr. 1 und 2 richtet sich die Festsetzung der Deckungssumme nach § 13 AtDeckV. Nach § 13 Abs. 1 S. 1 AtDeckV beträgt die Regeldeckungssumme 25 Mio. EUR, wenn sowohl für die Errichtung und den Betrieb der Anlage eine Genehmigung erforderlich ist (siehe § 10 StrlSchG); abweichend davon beträgt die Regeldeckungssumme für Ionenbeschleuniger, die für die Erzeugung von Radioisotopen zur Verwendung für die Positronen-Emissions-Tomographie oder Einzel-Photonen-Emissions-Tomograpie betrieben werden, 1,5 Mio. EUR. Soweit nur der Betrieb der Anlage einer Genehmigung bedarf, gelten die gestaffelten Regeldeckungssummen des § 13 Abs. 2 AtDeckV.

Hinsichtlich der **Anwendung radioaktiver Stoffe am Menschen in der me-** 19 **dizinischen Forschung** nach § 31 richtet sich die Festsetzung der Deckungssumme nach § 15 AtDeckV. Hier bestimmt § 15 AtDeckV, dass die Deckungssumme in einem angemessenen Verhältnis zu den hiermit verbundenen Risiken stehen muss; jedenfalls ist diese so zu bemessen, dass im Fall des Todes einer jeden Person, an der die radioaktiven Stoffe oder die ionisierende Strahlung angewendet werden, infolge der Tätigkeit jeweils mindestens 500.000 EUR zur Verfügung stehen.

20   **cc. Ermittlung der Deckungssumme im Einzelfall (§ 16 AtDeckV).** Bei
Ermittlung der Deckungssumme im Einzelfall hat die zuständige Behörde zudem
§ 16 AtDeckV zu beachten. Die Vorschrift eröffnet ihr ein Ermessen, die Höhe der
Deckungssumme unter Berücksichtigung aller Umstände des Einzelfalles anpassen
zu können. Hierzu benennt die Vorschrift in Abs. 1 einen Rahmen, in dem sich
die Deckungssumme im Einzelfall bewegen kann. Nach § 16 Abs. 1 AtDeckV
kann die Regeldeckungssumme, soweit sie angesichts der Umstände des Einzelfalles
unangemessen ist, im Rahmen der Höchstgrenzen von § 13 Abs. 3 S. 2 AtG auf das
Zweifache erhöht oder bis auf ein Drittel ermäßigt werden. Abs. 2 der Vorschrift
benennt sodann einzelne Gründe, die zu einer Erhöhung oder Reduzierung der
Deckungssumme führen können, wobei die Aufzählung nicht abschließend ist
("insbesondere").

III. Erbringungsart und Nachweis der Deckungsvorsorge

21   Ist die Deckungsvorsorge festgesetzt, hat der verpflichtete Adressat innerhalb
einer von der Behörde gesetzten Frist die Erbringung dieser nachzuweisen. Generell gilt für den Nachweis der Erbringung der Deckungsvorsorge der allgemeine
Grundsatz des § 5 Abs. 1 AtDeckV, wonach der Verwaltungsbehörde die Deckungsvorsorge **in geeigneter Form nachzuweisen** ist.

22   Der Nachweis der Deckungsvorsorge ist dabei abhängig von der **Art und
Weise,** wie die Deckungsvorsorge erbracht wird. Die zulässigen Erbringungsarten
konkretisiert § 1 AtDeckV. Demnach kann die Deckungsvorsorge für Anlagen und
Tätigkeiten durch eine **Haftpflichtversicherung** (§ 1 S. 1 Nr. 1 AtDeckV) oder
durch eine **sonstige finanzielle Sicherheit** (§ 1 S. 1 Nr. 2) erbracht werden, wobei die Behörde auch Kombinationen der Arten zulassen kann (§ 1 S. 2 AtDeckV).
Die **Wahl des Erbringungspfades** im Einzelfall ist dabei dem zur Deckungsvorsorge Verpflichteten überlassen (vgl. *Pelzer* in HMPS AtG/PÜ, § 13 AtG Rn. 17).

23   **1. Haftpflichtversicherung.** Der Abschluss einer Haftpflichtversicherung bildet in der Praxis den Regelfall der Erbringung der Deckungsvorsorge. Der **Nachweis** der Erbringung der Deckungsvorsorge erfolgt in diesem Fall idR durch die
Vorlage des Versicherungsvertrages.

24   Weitere Anforderungen an die Erbringung der Deckungsvorsorge durch eine
Haftpflichtversicherung stellt hier **§ 2 AtDeckV.** Insbesondere regelt hier § 2
Abs. 1 S. 1 AtDeckV, dass die Deckungsvorsorge nur dann durch den Abschluss
einer Haftpflichtversicherung erbracht werden darf, wenn sie bei einem im Inland
zum Betrieb der Haftpflichtversicherung befugten Versicherungsunternehmen genommen wird. Die Zulassung des Betriebes der Haftpflichtversicherung im Inland
wird dabei durch das Versicherungsaufsichtsgesetz (VAG) geregelt. In versiche-
rungsrechtlicher Hinsicht gelten auch hier die allgemeinen Regelungen des Ver-
sicherungsvertragsgesetzes (VVG). Für die nach dem AtG und AtDeckV zu ver-
sichernden spezifischen Schäden bestehen zudem, wie im Versicherungsrecht
üblich, allgemeine Versicherungsbedingungen (AVB), die bei Vertragsschluss zugrunde gelegt werden. § 14 AtG ordnet Modifizierungen des VVG für den Bereich
der Haftung nach dem PÜ iVm § 25 AtG, § 25a AtG sowie § 26 Abs. 1a AtG an, die
für die im Bereich des StrlSchG praxisrelevante Haftung nach § 26 AtG nicht gelten.

25   **2. Sonstige finanzielle Sicherheit.** Als zweite Erbringungsmöglichkeit der
Deckungsvorsorge ist die sonstige finanzielle Sicherheit vorgesehen, deren Voraus-

setzungen von § 3 AtDeckV konkretisiert werden. Grundsätzlich ist hierbei die Eigendeckung, also der Nachweis ausreichenden Eigenkapitals zur Erbringung der Deckungssumme im Haftungsfall, oder der Nachweis der Deckungsvorsorge über eine Eintritts- und Garantiezusage Dritter denkbar. Als grundlegende Anforderung an die sonstige finanzielle Sicherheit fordert § 3 Abs. 1 AtDeckV, dass diese, solange mit ihrer Inanspruchnahme gerechnet werden muss, in der Höhe der festgesetzten Deckungsvorsorge zur Verfügung steht und unverzüglich zur Erfüllung gesetzlicher Schadensersatzverpflichtungen der in § 13 Abs. 5 AtG genannten Art herangezogen werden kann. Typischerweise kann bei der Eigendeckung der Nachweis über eine ausreichende finanzielle Ausstattung über das Testat eines Wirtschaftsprüfers und einer ergänzenden Erklärung über die Verwendung der Geldmittel erfolgen. Die Eigendeckung als Mittel der Deckungsvorsorge ist allerdings, insbesondere aufgrund der dauerhaften Kapitalbindung, der Ausnahmefall.

Die Voraussetzungen des § 3 Abs. 1 AtDeckV gelten auch für die Erbringung der **26** Deckungsvorsorge durch die Garantieerklärung eines **Dritten.** Hinsichtlich dieser Erbringungsform formuliert § 3 Abs. 2 AtDeckV weiter strenge Anforderungen für den Fall, dass der Dritte seinen Sitz im Ausland hat, oder ein anderer Staat die finanzielle Sicherheit übernimmt. Außerhalb des Anwendungsbereiches des AtG (dort insbesondere relevant für die Deckungsvorsorge in Bezug auf Kernkraftwerke – Solidarvereinbarung) ist diese Erbringungsform in der Regel nur dann relevant, wenn ein Unternehmen in öffentlicher Hand (insbesondere die BGZ Gesellschaft für Zwischenlagerung mbH) die Deckungsvorsorge durch eine staatliche Garantiezusage erbringt (zur Verpflichtung von Unternehmen der öffentlichen Hand zur Erbringung der Deckungsvorsorge siehe vertiefend *Raetzke* in Frenz, § 13 AtG Rn. 37 f.).

D. Zuwiderhandlung

Erbringt der Verpflichtete im Rahmen eines Genehmigungsverfahrens den **27** Nachweis der Deckungsvorsorge nicht, so wird der entsprechende Genehmigungsantrag von der zuständigen Behörde abgelehnt. Bestehende Genehmigungen sind dagegen gem. § 179 Abs. 1 Nr. 1 iVm § 17 Abs. 4 AtG zu widerrufen, sofern der Verpflichtete die Erbringung der Deckungsvorsorge innerhalb einer von der Behörde gesetzten Frist nicht nachweist; der Widerrufstatbestand ist insbesondere relevant bei Neufestsetzungen nach § 177 iVm § 13 Abs. 1 S. 2 AtG.

Teil 6 – Strahlenschutzrechtliche Aufsicht, Verwaltungsverfahren

§ 178 Strahlenschutzrechtliche Aufsicht

¹Die Durchführung dieses Gesetzes und der auf dieses Gesetz gestützten Rechtsverordnungen unterliegt der Aufsicht durch die zuständigen Behörden. ²Dies gilt nicht für Teil 3 Kapitel 1 und Teil 4 Kapitel 1 mit Ausnahme
1. der §§ 95 und 95 a,
2. der Rechtsverordnungen nach § 95 und
3. der Eilverordnungen nach § 96, soweit sie Regelungen nach § 95 über die Bewirtschaftung von Abfällen oder die Errichtung, den Betrieb oder die Benutzung von Anlagen enthalten.

Schrifttum: *siehe § 179 StrlSchG*

A. Zweck und Bedeutung der Norm

§ 178 bildet die **Ausgangsvorschrift für die Regelung der staatlichen Aufsicht** **1** im Bereich des Strahlenschutzrechts nach Teil 6 des StrlSchG. Die Regelung bestimmt in S. 1 den Begriff der Aufsicht und weist diese dem Aufgabenbereich der zuständigen Behörden zu. S. 2 der Vorschrift nimmt dabei die Ausführung von Aufgaben im Zusammenhang mit Notfallexpositionssituationen (Notfallmanagement des Bundes und der Länder, §§ 92–112, nach einem Notfall bestehende Expositionssituationen, §§ 118–120) zum überwiegenden Teil vom Anwendungsbereich der strahlenschutzrechtlichen Aufsicht nach Teil 6 des StrlSchG aus.

B. Regelungshistorie

Der Begriff und der Umfang der strahlenschutzrechtlichen Aufsicht wurden **2** erstmalig mit der Neuordnung des Strahlenschutzrechts für diesen Rechtsbereich ausdrücklich geregelt. Die staatliche Aufsicht im Strahlenschutz war zuvor von den Bestimmungen des § 19 Abs. 1 S. 1 AtG mitumfasst. Die Vorschriften zu den Befugnissen der Aufsicht nach Teil 6 des StrlSchG (insbes. § 179) verweisen im Übrigen weiterhin auf die bis dahin direkt anwendbaren Regelungen des § 19 AtG. Das bis dahin geltende Aufsichtskonzept wird dadurch hinsichtlich der Aufgaben und Befugnisse der zuständigen Behörde weitergeführt, wodurch unnötige Abweichungen zwischen AtG und StrlSchG vermieden werden sollen (vgl. BT-Drs. 18/11241, 180, hinsichtlich des risikoorientierten Aufsichtsansatzes des StrlSchG im Rahmen des Aufsichtsprogrammes → § 180 Rn. 1). Die Neuregelung im StrlSchG setzt daneben auch Art. 104 Abs. 1 der Richtlinie 2013/59/Euratom um.
§ 178 S. 2 wurde zudem durch das 1. ÄndG (BGBl. I S. 1194) um Fälle erweitert, **3** in denen die strahlenschutzrechtliche Aufsicht im Bereich des Notfallmanagementsystems des Bundes und der Länder sowie des Schutzes vor Notfallexpositionen ausnahmsweise Anwendung findet.

C. Die strahlenschutzrechtliche Aufsicht (S. 1)

I. Struktur der strahlenschutzrechtlichen Aufsicht

4   § 178 S. 1 ordnet an, dass die Durchführung des StrlSchG und der hierauf gestützten RVOen der Aufsicht durch die zuständigen Behörden unterliegen. Die Regelung benennt damit den **Gegenstand der strahlenschutzrechtlichen Aufsicht,** der weit gefasst wird. Anders nämlich als der zuvor anwendbare Aufsichtsvorschrift des § 19 Abs. 1 S. 1 AtG enthält § 178 S. 1 StrlSchG keine Aufzählung einzelner Regelungskomplexe, in denen die staatliche Aufsicht greift, sondern unterstellt ihr grundsätzlich alle Regelungsbereiche des Strahlenschutzrechts (mit Ausnahme der in § 178 S. 2 StrlSchG benannten Regelungskomplexe → Rn. 11 f.). Das Aufsichtskonzept des StrlSchG nähert sich damit anderen Bereichen des besonderen Verwaltungsrechts an, wie etwa § 52 Abs. 1 S. 1 BImSchG oder § 47 Abs. 1 S. 1 KrWG.

5   Eine Konkretisierung des Überwachungsgegenstandes, des Überwachungsmaßstabes und der Instrumente der Ausübung der Aufsicht erfolgt erst durch die Heranziehung der weiteren Befugnisregelungen des § 19 AtG über die Verweisnorm des 179 Abs. 1 Nr. 2 (sowie seit Erlass des 1. ÄndG auch durch die insoweit eigenständige strahlenschutzrechtliche Generalklausel des § 179 Abs. 2). Bei der Regelung des § 178 S. 1 StrlSchG handelt es sich damit um eine **reine Aufgabennorm,** aus der keine Befugnisse im Sinne einer Ermächtigungsgrundlage für Maßnahmen der Aufsicht folgen. Die Regelung benennt vielmehr den Aufgabenbereich der nach § 184 ff. zuständigen Aufsichtsbehörden, wobei regelmäßig die Länder für den Vollzug der strahlenschutzrechtlichen Aufsicht im Rahmen der Bundesauftragsverwaltung nach § 184 Abs. 2 zuständig sind (vgl. hierzu die Kommentierungen der §§ 184 ff.).

6   In materieller Hinsicht ergeben sich bzgl. der Aufsicht von der bis zum Erlass des StrlSchG geltenden Rechtslage des AtG keine wesentlichen Abweichungen. Dies stellt auch gerade die ausdrückliche Absicht des Gesetzgebers dar, der insoweit betont, dass durch die Regelungen zur strahlenschutzrechtlichen Aufsicht und den Verweisen auf die Befugnisnormen des AtG in § 179 Abs. 1 Nr. 2 StrlSchG **Friktionen zwischen den Rechtsbereichen vermieden werden sollen** (vgl. BT-Drs. 18/11241, 180). Dies ergibt auch insoweit Sinn, als dass sich im Bereich der Kerntechnik die Aufsichtsgegenstände des AtG und des StrlSchG oftmals überschneiden und die Aufgaben in diesem Zusammenhang nicht selten durch dieselbe Behörde wahrgenommen werden. So werden etwa im Fall von Betriebsgenehmigungen nach § 7 Abs. 1 AtG oder Stilllegungs- und Abbaugenehmigungen (SAG) nach § 7 Abs. 3 AtG einheitliche Genehmigungen erteilt, in denen die Vorschriften des StrlSchG inkludiert sind. Dies folgt aus dem Umstand, dass in diesen Fällen die zusätzliche Erteilung von Genehmigungen nach § 12 Abs. 1 Nr. 3 StrlSchG gem. § 12 Abs. 4 StrlSchG entbehrlich ist. Ein unterschiedlicher Aufsichtsbegriff im StrlSchG im Vergleich zum AtG würde diesem Regelungskonzept zuwiderlaufen.

7   Zur Aufsicht gehört ausweislich des Wortlauts des § 178 S. 1 die **Überwachung der Durchführung des StrlSchG und der hierauf beruhenden RVOen.** Hieraus folgt zunächst eine Überwachung hinsichtlich der Rechtskonformität im Allgemeinen. Die Grundnorm des § 178 S. 1 knüpft gerade nicht an das Bestehen einer Zulassung an, womit die Aufsichtsbehörde auch ohne eine bestehende Genehmigung tätig werden kann. Dies wird insbesondere durch die durch das

1. ÄndG eingefügte Vorschrift des § 179 Abs. 2 als strahlenschutzrechtliche Generalklausel verdeutlicht, welche die Möglichkeit für die Aufsichtsbehörde vorsieht, Anordnungen für die Gewährleistung der Schutzziele des StrlSchG zu treffen, soweit dies erforderlich ist. Gleichwohl ist die Überwachung der rechtskonformen Ausnutzung von Verwaltungsakten, die aufgrund des StrlSchG und den RVOen erlassen wurden, für die Aufsichtspraxis von überragender Bedeutung. Im Rahmen dieser Überwachung erfolgt eine Prüfung der Behörde nicht nur anhand des Maßstabes des StrlSchG und der RVOen (insbesondere der StrlSchV), sondern auch im Hinblick auf die von der Behörde getroffenen Regelungen in Verwaltungsakten, etwa in Form von Nebenbestimmungen (insbesondere Auflagen). Einen **Schwerpunkt** der Aufsicht bildet die Überwachung von Tätigkeiten im Bereich geplanter Expositionssituationen, die Gegenstand des nach § 180 StrlSchG vorgesehenen Aufsichtsprogramm sind. In diesem Zusammenhang trifft der Bund auch durch § 149 StrlSchV sowie über eine künftige AVV weitgehende Regelungen zur Vereinheitlichung der Vollzugspraxis, wie die Länder Vor-Ort-Prüfungen durchzuführen haben und welche Prüfintervalle einzuhalten sind.

II. Überwachungspflichtiger Personenkreis

Aus der Aufgabennorm des § 178 und auch aus den weiteren Befugnisvor- **8** schriften des § 179 StrlSchG ergibt sich **kein ausdrücklich konkretisierter Adressatenkreis** der staatlichen Aufsicht. Dies unterscheidet die allgemeinen Aufsichtsregelungen des Teil 6 von speziellen Befugnisnormen, wie etwa § 95 a, der den Kreis der Verpflichteten klar benennt. Die aufsichtsverpflichteten Personen werden damit inzident über den Gegenstand der Aufsicht bestimmt. Jede von einer Norm des Strahlenschutzrechts adressierte Person unterliegt damit der staatlichen Aufsicht, unabhängig vom Vorliegen einer Zulassung. Als Hauptadressat der Strahlenschutznormen bei Tätigkeiten führt das Gesetz selbst die Figur des SSV ein (→ § 69 Rn. 4); im Einzelfall können dies aber auch andere Personen sein. Zu den Verpflichteten oder Verantwortlichen im Zusammenhang mit bestehenden Expositionssituationen vgl. bspw. § 127 Abs. 2, § 137 oder § 153 Abs. 1, sowie im Zusammenhang mit einer Notfallexpositionssituation § 115 in Bezug auf die Verantwortlichkeit für den Schutz von Einsatzkräften.

III. Verhältnis von Genehmigungsverfahren und Aufsicht im Bereich des Strahlenschutzrechts

Mit den Regelungen zur staatlichen Aufsicht im Bereich des StrlSchG beabsich- **9** tigt der Gesetzgeber Friktionen zum AtG zu vermeiden. Aufgrund der Einordnung der vom AtG erfassten Tätigkeiten als geplante Expositionssituation ist dies für die Aufsichtstätigkeit in Bezug auf Teil 2 relevant. Wie im Bereich des AtG sind auch im StrlSchG die Regelungskomplexe der **Genehmigungs- und Zulassungsverfahren vom Bereich des Aufsichtsverfahrens voneinander abzugrenzen.** Dabei kann schon aus der Benennung der Regelungskomplexe im StrlSchG und der RL 2013/59/Euratom eine Grundstruktur entnommen werden. Während der Abschnitt 7 der RL ein Durchsetzungssystem für den Aufsichtsbereich vorsieht, das in Teil 6 des StrlSchG übernommen wurde, handelt es sich bei den Zulassungsverfahren um ein System der Vorabkontrolle, vgl. Teil 2 Kap 2 StrlSchG. Diese Struktur entspricht der bis zum Erlass des StrlSchG im Bereich des Strahlenschutzes vorherrschenden Regelungssystematik des AtG. In dieser Struktur hebt die Genehmigung zunächst das präventive Verbot mit Erlaubnisvorbehalt auf und benennt den Bereich des strahlenschutzrechtlich Erlaubten (zu dieser Systematik: *Leidinger* in Frenz, § 19 AtG, Rn. 2, *Hartung,* 95). Die strahlenschutzrechtliche Aufsicht dient nachgelagert – im Sinne der Systematik des StrlSchG – der Nachkontrolle, also einer Repressivkontrolle des Genehmigungs- oder Zulassungsinhabers (*Ewer* in HMPS AtG/PÜ, § 19 Rn. 7, *Leidinger* in Frenz, § 19 AtG, Rn. 2).

10   Genehmigungs- und Aufsichtsbereiche sind damit grundsätzlich voneinander abzugrenzen, womit diese Aufgaben verwaltungsorganisatorisch auch vollständig auseinanderfallen können. Dies kann etwa in Bereichen der Fall sein, in denen bspw. dem Bund **Zuständigkeiten** für die Zulassungs- bzw. Genehmigungsverfahren nach den §§ 185 ff. zugewiesen werden, nicht aber den Bereich der Aufsicht. Diese liegt dann nach der allgemeinen Auffangregelung des § 184 Abs. 2 bei den Ländern und wird im Rahmen der Bundesauftragsverwaltung erfüllt (Näheres zum Bereich des AtG: *Leidinger* in Frenz, § 19 AtG, Rn. 4). Aus diesem Systemverständnis folgt, dass **genehmigungsrelevante Fragestellungen** wie etwa der Widerruf, die Rücknahme und der Erlass von nachträglichen Auflagen ausschließlich von der **Genehmigungsbehörde** zu bearbeiten sind. Ausschließlich sie, die Genehmigungsbehörde, entscheidet damit über das Ob und Wie des Fortbestands einer Genehmigung. Anordnungen der Aufsichtsbehörde in diesem Bereich können allenfalls eine vorübergehende Wirkung entfalten. Dieses Verständnis kommt insbesondere durch die Anordnungsbefugnis im Einzelfall der (vorläufigen) Betriebseinstellung des § 19 Abs. 3 S. 2 Nr. 3 AtG, die gem. § 179 Abs. 1 Nr. 2 im StrlSchG entsprechende Anwendung findet, zum Ausdruck. Hiernach kann die Aufsichtsbehörde nur dann anordnen, den Betrieb einer Anlage dauerhaft einzustellen, soweit die Genehmigung u. a. zuvor rechtskräftig widerrufen worden ist (siehe hierzu *Leidinger* in Frenz, § 19 AtG, Rn. 6 mwN; *Hartung,* S. 95 ff., *Gemmeke,* S. 73 ff.).

D. Reichweite der strahlenschutzrechtlichen Aufsicht (S. 2)

11   § 178 S. 2 enthält Regelungen zur **Reichweite der strahlenschutzrechtlichen Aufsicht.** Nach dieser Vorschrift sind die Aufgaben des Notfallmanagementsystems des Bundes und der Länder nach Teil 3 Kap. 1 (§§ 92 ff.) sowie die Vorschriften über die Aufgaben im Zusammenhang mit Expositionssituationen, die nach einem Notfall bestehen nach Teil 4 Kap. 1 (§§ 118 ff.) grundsätzlich nicht vom Anwendungsbereich der strahlenschutzrechtlichen Aufsicht nach den §§ 178 ff. erfasst. Bei den hier genannten Aufgaben handelt es sich dabei um solche, die ausschließlich als Aufgabennormen an staatliche Stellen gerichtet sind (BT-Drs. 18/11241, 433).

12   S. 2 sieht neben diesen Regelungen **Rückausnahmen** von der Einschränkung der Reichweite der Aufsicht vor. Dies betrifft ausweislich des Wortlauts die Aufgaben- und Befugnisnormen der §§ 95 und 95a sowie die Verordnungen auf Grundlage des § 95 und die Eilverordnungen nach § 96, soweit sie Regelungen nach § 95 über die Bewirtschaftung von Abfällen oder die Errichtung, den Betrieb oder die Benutzung von Anlagen enthalten. Der Gesetzgeber begründet dies mit dem Umstand, dass die Vorschriften in diesen Bereichen nicht nur die Behörden, sondern auch Unternehmen und Bürger adressieren (BT-Drs. 19/26943, 52 f.). Durch die Formulierung des S. 2 StrlSchG werde zudem klargestellt, dass nicht nur die §§ 95 ff. selbst der strahlenschutzrechtlichen Aufsicht unterliegen, sondern dies

auch für die Rechts- und Eilverordnungen nach §§ 95 und 96 gilt (BT-Drs. 19/26943, 53). In diesen Bereichen greifen demnach sowohl die allgemeinen Befugnisregelungen der strahlenschutzrechtlichen Aufsicht (§ 179 Abs. 1 Nr. 2, Abs. 2), als auch die speziellen Befugnisregelungen des § 95 a, die ausschließlich in diesen Expositionssituationen Anwendung finden.

§ 179 Anwendung des Atomgesetzes; Anordnungsbefugnis

(1) **Im Anwendungsbereich dieses Gesetzes und der auf dieses Gesetz gestützten Rechtsverordnungen sind in der jeweils geltenden Fassung entsprechend anzuwenden:**
1. **für Genehmigungen und Bauartzulassungen sowie für Anerkennungen, Bestimmungen und Ermächtigungen § 17 Absatz 1 Satz 2 bis 4 und Absatz 2 bis 6 des Atomgesetzes über inhaltliche Beschränkungen, Auflagen, Befristung, Rücknahme, Widerruf und die Bezeichnung als Inhaber einer Kernanlage,**

2. **§ 19 Absatz 1 Satz 2 bis 4, Absatz 2 Satz 1 bis 3 und Absatz 3 bis 5 des Atomgesetzes über die staatliche Aufsicht und**

3. **§ 20 des Atomgesetzes über Sachverständige.**

(2) ¹**Die zuständige Behörde kann im Einzelfall diejenigen Maßnahmen zur Durchführung der Vorschriften dieses Gesetzes und der auf Grund dieses Gesetzes erlassenen Rechtsverordnungen anordnen, die zum Schutz vor der schädlichen Wirkung ionisierender Strahlung erforderlich sind.** ²**Satz 1 gilt nicht, soweit Absatz 1 Nummer 2 in Verbindung mit § 19 Absatz 3 des Atomgesetzes oder die in diesem Gesetz oder den auf dieses Gesetz gestützten Rechtsverordnungen vorgesehenen speziellen Anordnungsbefugnisse anwendbar sind.** ³**Satz 1 gilt zudem nicht für Teil 3 Kapitel 1 und Teil 4 Kapitel 1 mit Ausnahme**
1. **des § 95,**
2. **der Rechtsverordnungen nach § 95 und**
3. **der Eilverordnungen nach § 96, soweit sie Regelungen nach § 95 über die Bewirtschaftung von Abfällen oder die Errichtung, den Betrieb oder die Benutzung von Anlagen enthalten.**

(3) **Das Grundrecht des Artikels 13 des Grundgesetzes über die Unverletzlichkeit der Wohnung wird eingeschränkt, soweit es den Befugnissen nach Absatz 1 Nummer 2 und 3 entgegensteht.**

Übersicht

Schrifttum: *Böhm,* Nachträgliche Anordnungen und Atomaufsicht in der Restlaufzeit, 10. Deutsches Atomrechtssymposium 2000, 251; *Gemmeke,* Nachträgliche Anordnungen im Atomrecht, 1995; *Hartung,* Die Atomaufsicht, 1992; *Kment,* Herausforderungen an die Rechtsetzung durch untergesetzliches Regelwerk (v. a. Legitimation und Zugänglichkeit), 15. Deutsches Atomrechtssymposium 2019, 177; Kopp/Ramsauer, Verwaltungsverfahrensgesetz, 22. A. 2021; *Lange,* Rechtliche Aspekte eines „Ausstiegs aus der Kernenergie", NJW 1986, 2459; *Leiner,* Nachträgliche Auflagen zur Anlagengenehmigung, NVwZ 1991; *Martin,* Gefahrenverdacht und Nachweislasten im Atomrecht, 10. Deutsches Atomrechtssymposium 2000, 231; *Maurer/Waldhoff,* Allgemeines Verwaltungsrecht, 20. A 2020; *Ossenbühl,* Einstweilige Stilllegung eines Kernkraftwerks, Anm. zu OVG Münster B. v. 02.01.1990 – 21 D 66/89 DVBl. 1990, 600; *Ossenbühl,* Bestandsschutz und Nachrüstung von Kernkraftwerken, 1994; *Rengeling,* Reaktorsicherheit – Vorsorge auch jenseits der praktischen Vernunft?, DVBl 1988, 257; *Schneider,* Die Verantwortung des Staates für den sicheren Betrieb kerntechnischer Anlagen, in Schneider/Steinberg, Schadensvorsorge im Atomrecht zwischen Genehmigung, Bestandsschutz und staatlicher Aufsicht, 1991, 115; *Sellner,* Nachträgliche Auflagen und Widerruf bei Kernenergieanlagen, in FS Sendler, 1991, 339.

A. Zweck und Bedeutung der Norm

§ 179 regelt nach der Bestimmung des Gegenstandes und der Reichweite der **1** staatlichen Aufsicht in § 178 die **zentralen Eingriffsbefugnisse der strahlenschutzrechtlichen Aufsichtsbehörde** (§ 179 Abs. 1 Nr. 2). Daneben richtet sich die Norm mit den Verweisen auf das AtG auch an die strahlenschutzrechtliche **Genehmigungsbehörde** (§ 179 Abs. 1 Nr. 1) und enthält grundsätzliche Bestimmungen zur Stellung des **Sachverständigen** (§ 179 Abs. 1 Nr. 3; gemeint ist nicht der behördlich bestimmte Sachverständige nach § 172 mit den dort definierten Aufgaben). Weiterhin enthält die Norm eine strahlenschutzrechtliche Generalklausel als Auffangtatbestand für Anordnungen im Bereich der strahlenschutzrechtlichen Aufsicht (§ 179 Abs. 2) sowie die Umsetzung des Zitiergebots hinsichtlich der Einschränkung des Grundrechts nach Art. 13 GG (§ 179 Abs. 3). Regelungstechnisch erfolgt die Ausgestaltung der vorgenannten Befugnisse über die Anordnung der entsprechenden Anwendbarkeit der einschlägigen Vorschriften der §§ 17, 19 und 20 AtG in Form eines dynamischen Verweises (BT-Drs. 18/11241, 434).

B. Regelungshistorie

Mit der Verweisung auf die Regelungen auf das AtG führt § 179 Abs. 1 die bis **2** zum Erlass des StrlSchG geltende Rechtslage weiter, dies auch vom Gesetzgeber ausdrücklich so beabsichtigt (BT-Drs. 18/11241, S. 434). Zuvor erfolgte hier eine direkte Anwendung der atomrechtlichen Regelungen (§§ 17, 19, 20), da es sich bei der StrlSchV aF um eine VO handelte, die auf Grundlage des AtG erlassen wurde. Die strahlenschutzrechtliche Generalklausel des § 179 Abs. 2 wurde durch das *1. ÄndG* in das StrlSchG nachträglich aufgenommen.

C. Anwendung des Atomgesetzes (Abs. 1)

I. Anwendung der Regelungen des AtG über inhaltliche Beschränkungen, Auflagen, Befristung, Rücknahme, Widerruf und die Bezeichnung als Inhaber einer Kernanlage (Abs. 1 Nr. 1)

3   **1. Anwendungsbereich.** Nach Abs. 1 Nr. 1 finden die **Vorschriften des § 17 AtG** zu inhaltlichen Beschränkungen, Auflagen, Befristung, Rücknahme, Widerruf und die Bezeichnung als Inhaber einer Kernanlage entsprechende Anwendung, soweit der zu erlassende VA in den Anwendungsbereich der Vorschrift fällt. Abs. 1 Nr. 1 benennt hier zunächst den Anwendungsbereich der Verweisnorm. § 17 AtG findet danach für Genehmigungen, Bauartzulassungen, Anerkennungen, Bestimmungen und Ermächtigungen Anwendung. Soweit andere Entscheidungen auf Grundlage von strahlenschutzrechtlichen Vorschriften ergehen sollen, ist auf das allgemeine Verwaltungsrecht, insbesondere auf § 36 VwVfG, zurückzugreifen. Eine entsprechende Anwendung der Regelungen des § 17 AtG über Abs. 1 Nr. 1 kommt ferner nicht in Betracht, soweit das Strahlenschutzrecht spezielle Vorschriften für die Ausgestaltung des VA vorsieht. Dies ist insbesondere im Bereich der Freigabe (§§ 31 ff. StrlSchV) der Fall, der wiederum in § 33 StrlSchV einen eigenständigen Verweis auf § 17 AtG neben für diesen Bereich spezifische Ausgestaltungsmöglichkeiten vorsieht.

4   **2. Einzelne Inhalts- und Nebenbestimmungen (Abs. 1 Nr. 1 iVm § 17 Abs. 1 S. 2–4 AtG). a) Inhaltsbeschränkungen, Auflagen, Befristungen (Abs. 1 Nr. 1 iVm § 17 Abs. 1 S. 2, 4 AtG).** § 17 Abs. 1 S. 2 AtG bestimmt, dass die Ausgestaltung des VA in Form von **inhaltlichen Beschränkungen und Auflagen** zur Erreichung der in § 1 AtG bezeichneten Zwecke zulässig ist. § 1 AtG benennt die einzelnen **Schutzzwecke des AtG.** Da das Strahlenschutzrecht keine eigene ausdrückliche Regelung zu Zweckbestimmungen vorsieht, sind die Schutzzwecke des § 1 AtG entsprechend anzuwenden, soweit diese Strahlenschutzaspekte betreffen. Dies soll insbesondere für den Schutzzweck des § 1 Nr. 2 AtG gelten (vgl. BT-Drs. 18/11241, 434). Nach § 1 Nr. 2 AtG besteht der Zweck des AtG insbesondere darin, Leben, Gesundheit und Sachgüter vor den Gefahren der Kernenergie und der schädlichen Wirkung ionisierender Strahlen zu schützen und durch Kernenergie oder ionisierende Strahlen verursachte Schäden auszugleichen. Soweit die Tatbestandsvoraussetzungen für den Erlass von Inhaltsbeschränkungen und Auflagen erfüllt sind, räumt der Gesetzgeber der Behörde ein Ermessen zur Ausgestaltung des Bescheides ein. Die Inhalts- und Nebenbestimmungen des § 17 Abs. 1 S. 2 – 4 AtG haben den gesetzlichen Anforderungen an eine hinreichende **Bestimmtheit** nach § 37 Abs. 1 VwVfG zu entsprechen. Die durch den VA vorgesehene Regelung muss danach so vollständig, klar und unzweideutig sein, dass der Adressat ohne weiteres erkennen kann, was von ihm gefordert wird, sodass er sein Verhalten hiernach richten kann (*Tiedemann* in BeckOK VwVfG, 51. Ed. 1.4.2021, VwVfG § 37 Rn. 1f.; *BVerwG* NVwZ 1990, 855; *BVerwG* NVwZ, 2009, 52, 53; *BVerwG* NVwZ 2018, 895).

5   Nach § 17 Abs. 1 S. 2 AtG kann die behördliche Entscheidung inhaltlich beschränkt werden. Die **Inhaltsbeschränkung** ist als inhaltliche Ausgestaltung der Entscheidung vom Instrument der Auflage nach § 17 Abs. 1 S. 2 AtG abzugrenzen, da sie, anders als die Auflage, insbesondere nicht isoliert anfechtbar ist. Eine Inhaltsbeschränkung liegt vor, wenn der Regelungszusatz die Hauptregelungen der Entscheidung betrifft. Diese umfassen die Entscheidungen, die das genehmigte Tun oder Verhalten festlegen und konkretisieren, indem sie die genehmigte Handlung bzw. das genehmigte Vorhaben räumlich und inhaltlich qualitativ und quantitativ bestimmen und damit die „Genehmigung erst ausfüllen" (vgl. *Stelkens* in SBS, VwVfG, §36 Rn. 93 mwN, *BVerwG* NVwZ-RR 2000, 213). Es kommt zur Abgrenzung auch darauf an, ob die Regelung mit der Erlaubnis untrennbare Bestandteile betrifft oder ob sie als zusätzlich zu der Erlaubnis hinzutretendes, selbständiges Handlungs- oder Unterlassungsgebot verstanden werden muss (vgl. *Ewer* in HMPS AtG/PÜ, §17 AtG Rn. 6). Aus praktischer Sicht liegt eine inhaltliche Beschränkung regelmäßig etwa dann vor, wenn in der Genehmigung nach §12 Abs. 1 Nr. 3 StrlSchG der räumliche Bereich des zugelassenen Umgangs mit sonstigen radioaktiven Stoffen beschränkt oder die für den Umgang zulässige Gesamtaktivität begrenzt wird.

Bei einer **Auflage** iSd §17 Abs. 1 S. 2 AtG handelt es sich nach der Legaldefini **6** tion des §36 Abs. 2 Nr. 4 VwVfG um eine Bestimmung, durch die dem Begünstigten ein Tun, Dulden oder Unterlassen vorgeschrieben wird (vgl. zur allgemeinen Begriffsbestimmung *Stelkens* in SBS VwVfG, §36, Rn. 82ff.). Auflagen begründen selbständige, neben der Hauptregelung stehende Betreiberpflichten. In der Praxis ist die Verbindung der strahlenschutzrechtlichen Entscheidung mit Auflagen die Regel. Typische Auflagen betreffen etwa die baulich-technische Ausgestaltung des Betriebs, personelle und organisatorische Pflichten, oder setzen zusätzliche Informationspflichten (vgl. *Roller* in Frenz, §17 AtG, Rn. 14, *BVerwG,* NVwZ 1989, 864, 866; *BVerwG* NVwZ, 2009, 52). Die mit den Auflagen erlassenen Pflichten müssen stets in der Verfolgung der Schutzzwecke des §1AtG (soweit diese in das Strahlenschutzrecht übertragbar sind → Rn. 4) begründet sein und den allgemeinen Anforderungen an eine ermessensfehlerfreie Entscheidung entsprechen. Dabei hat eine individuelle Begründung der jeweiligen Auflage in der behördlichen Entscheidung zu erfolgen. Neben der isoliert anfechtbaren Auflage ist im Rahmen des §17 Abs. 1 S. 2 AtG auch der Erlass einer sog. modifizierenden Auflage zulässig. Diese ist der Inhaltsbeschränkung zuzuordnen, da sie die Hauptbestimmungen des Bescheides verändert (*Roller* in Frenz, §17 AtG, Rn. 15 mwN).

b) Nachträgliche Auflagen (Abs. 1 Nr. 1 iVm §17 Abs. 1 S. 3 AtG). §17 **7** Abs. 1 S. 3 AtG gestattet der Genehmigungsbehörde **nachträgliche Auflagen** zur Entscheidung zu erlassen, soweit dies zur Erreichung der Zwecke des §1 Nr. 2 und 3 erforderlich ist. Über den Erlass von nachträglichen Auflagen können alle Regelungen getroffen werden, die im Genehmigungs- oder Zulassungsbescheid als Auflagen hätten erlassen werden können. Durch nachträgliche Auflagen können damit auch erstmalige Pflichten begründet und Genehmigungsinhalte beschränkt werden (nach der zutreffenden Auffassung von *Roller* in Frenz, §17 AtG, Rn. 16 mwN, bedeutet die nachträgliche Auflage in der Sache die teilweise Aufhebung, verbunden mit dem Erlass eines neuen, inhaltlich beschränkten Verwaltungsaktes – zur hiermit verbundenen Beschränkung des Bestandsschutzes → Rn. 8f.; auf den Inhalt der Genehmigung hat dieser dogmatische Gedankengang keinen Einfluss). Strukturell handelt es sich bei der Befugnis zum Erlass von nachträglichen Auflagen um einen **gesetzlichen Fall des Auflagenvorbehalts** isv §36 Abs. 2 Nr. 5 VwVfG (so zur nachträglichen Auflage im KrWG – *Fellenberg/Schiller* in Jarass/Petersen, §36 KrWG, 1. A. 2014, Rn. 123). Konsequenterweise wird der Auflagenvorbehalt von § 17 Abs. 1 AtG auch nicht als Ausgestaltungsmöglichkeit für die atomrechtliche Zulassungsentscheidung benannt. Das Instrument der nachträglichen Auflage ist dem AtG bzw. StrlSchG nicht exklusiv, sondern findet auch in anderen Bereichen des besonderen Verwaltungsrechts Anwendung (hervorzuheben sind hier § 17 BImSchG sowie § 36 Abs. 4 S. 3 KrWG). Im Bereich des AtG und StrlSchG kommt der nachträglichen Auflage aber eine gewichtige Funktion zur Gewährleistung eines sicheren Anlagenbetriebes und der sicheren Ausführung der jeweiligen Tätigkeit zu. Dies wird vom Gesetzgeber im Hinblick auf die Regelung im AtG damit begründet, dass hinsichtlich des Kernspaltungsvorgangs keine abschließenden wissenschaftlichen Erkenntnisse und technische Erfahrungen vorlägen und somit die Genehmigungsbehörden die Möglichkeit haben müssen, auch nachträgliche durch die fortschreitende Entwicklung der Wissenschaft und Technik gebotene Auflagen festzusetzen (BT-Drs. III/759, 30). Die nachträgliche Auflage ermöglicht es also, dem Fortschritt von Wissenschaft und Technik Rechnung zu tragen und die Betriebsgenehmigung, soweit nach den Schutzzwecken erforderlich, fortlaufend anpassen zu können. Diese Zweckrichtung übernimmt der Gesetzgeber im Bereich des StrlSchG, indem er in der Gesetzesbegründung betont, dass die Regelungsprinzipien des AtG über § 179 Abs. 1 auch in diesem Bereich fortgeführt werden sollen; insbesondere sollen unnötige Abweichungen zwischen AtG und StrlSchG vermieden werden (vgl. BT-Drs. 18/11241, 434). Mit der Möglichkeit zur Beschränkung der Genehmigungsinhalte über die nachträgliche Auflage geht eine Einschränkung des Bestandsschutzes der Genehmigung oder Zulassung einher (vgl. *Ewer* in HMPS AtG/PÜ, § 17 AtG, Rn. 12, mwN).

8   Zur Rechtfertigung **der Einschränkung des Bestandsschutzes** der Zulassung muss die nachträgliche Auflage auf Tatbestandsebene zur Verwirklichung der Zwecke des § 1 Nr. 2 und 3 AtG erforderlich sein (vgl. *Ewer* in HMPS AtG/PÜ, § 17 AtG, Rn. 13). Unter Berücksichtigung der Schutzziele des § 1 Nr. 2 AtG geht die zutreffende hM davon aus, dass nachträgliche Auflagen insbesondere im gesamten Bereich der erforderlichen Schadensvorsorge getroffen werden können, soweit das unterstellte Schadensszenario nicht dem Bereich des hinzunehmenden Restrisikos zuzurechnen ist. Denn letzteres übersteigt den Bereich der erforderlichen Schadensvorsorge gem. § 7 Abs. 2 Nr. 3 und 5 AtG, nach der die Gefahren und Risiken des Anlagenbetriebes nach praktischer Vernunft auszuschließen sind (s. hierzu *Roller* in Frenz, § 17 AtG, Rn. 21 mwN., *Gemmeke,* S. 197, 263ff., *Böhm,* S. 254). Daneben bestimmt auch schon § 8 Abs. 2 im Zusammenhang mit dem Minimierungsgebot, dass die die Tätigkeit ausübende Person dies unter Berücksichtigung des Standes von Wissenschaft und Technik (§ 8 Abs. 2 Nr. 1) bzw. nach dem Stand der Technik (§ 8 Abs. 2 Nr. 2) vornimmt; hieran kann sich die Rechtfertigung der nachträglichen Auflage ebenfalls orientieren.

9   Im ausdrücklichen Zusatz der **Erforderlichkeit** der Regelung besteht der wesentliche Unterschied zu den Anforderungen an die anfängliche Auflage nach § 17 Abs. 1 S. 2 AtG. Die Betonung dieses Begriffs deutet darauf hin, dass es sich bei einer nachträglichen Auflage um eine in besonderer Weise *„unter dem Postulat der Erforderlichkeit"* stehende Nebenbestimmung handelt (BVerwG NVwZ 2009, 52, 54; *Ewer* in HMPS AtG/PÜ, § 17, Rn. 13). Mit der Erforderlichkeit im allgemeinen Sinne ist gemeint, dass das mit der nachträglichen Auflage verfolgte Schutzziel nicht durch weniger eingreifende Maßnahmen erreichbar sein darf; maW muss sich die durch die nachträgliche Auflage gesetzte zusätzliche Betreiberpflicht als mildestes Mittel zur Zweckverfolgung erweisen. Dieser Aspekt ist im Rahmen der Ermessensentscheidung der Behörde zwar ohnehin zu berücksichtigen. Hierbei wird

aber durch den Wortlaut der Norm besonders hervorgehoben, dass im Rahmen der Einzelfallbetrachtung die Betreiberinteressen in die Abwägungsentscheidung einzubeziehen sind (*Leiner* NVwZ 1991, 844, 848, siehe zur Erforderlichkeit der nachträglichen Auflage auch *Rosin* in BHR EnergieR I, Rn. 1024 ff.).

c) Befristungen (Abs. 1 Nr. 1 iVm § 17 Abs. 1 S. 4 AtG). Nach § 17 Abs. 1   **10** S. 4 AtG kann die Zulassungsentscheidung befristet werden. Bei einer **Befristung** handelt es sich gem. § 36 Abs. 2 Nr. 1 VwVfG um eine Bestimmung, nach der eine Vergünstigung oder Belastung zu einem bestimmten Zeitpunkt beginnt, endet oder für einen bestimmten Zeitraum gilt (weitergehend zum Begriff der Befristung bspw. bei *Stelkens* in SBS VwVfG, § 36, Rn. 70 ff.). § 17 Abs. 1 S. 4 AtG formuliert auf Tatbestandsebene keine besonderen Voraussetzungen für den Erlass einer Befristung. Die Befristung des Verwaltungsaktes steht dabei vielmehr ausschließlich im Ermessen der Behörde; die für den Strahlenschutz einschlägigen Schutzziele des AtG können hier gleichwohl zur Begründung der Ermessensentscheidung herangezogen werden. Die in § 17 Abs. 1 S. 4 formulierte Ausnahme – also ein Befristungsverbot – für Genehmigungen nach § 7 AtG ist für das Strahlenschutzrecht nicht relevant.

d) Anwendung sonstiger Nebenbestimmungen nach § 36 VwVfG. § 17   **11** Abs. 1 S. 2 – 4 AtG sehen als zulässige Nebenbestimmungen zum Verwaltungsakt nicht alle Nebenbestimmungen vor, die nach § 36 VwVfG zulässig wären. Dies gilt insbes. hinsichtl. der **auflösenden und aufschiebenden Bedingung** sowie für den **Widerrufsvorbehalt.** In der Literatur zum AtG wird daher diskutiert, ob in dieser Hinsicht ein Rückgriff auf das allgemeine Verwaltungsrecht stattfinden kann. Der historische Gesetzgeber hat diese Frage hinsichtlich des AtG in der zugehörigen Gesetzesbegründung verneint und sonstige Nebenbestimmung in der Norm nicht erwähnt (BT-Drs. III/759, 30, in diesem Sinne auch Erbs/Kohlhaas/ *Steindorf/Häberle,* 236. EL Mai 2021, AtG § 17 Rn. 1; *Haedrich,* AtG, § 17 Rn. 5, *Fischerhof,* Dt. AtG, § 17 AtG, Rn. 4). Er begründete diese Ausgestaltungsweise mit einem besonderen Interesse an der Gewissheit über die Bestandkraft einer atomrechtlichen Genehmigung: Wenn eine Genehmigung oder allgemeine Zulassung von Bedingungen abhängig gemacht würde, könnte Unklarheit bestehen, ob die Genehmigung bzw. allgemeine Zulassung wirksam ist. Um Klarheit zu erhalten, müsste erst geprüft werden, ob die Bedingung eingetreten ist. Mit Rücksicht auf die Gefahren der Kernenergie sei eine solche Unsicherheit nicht erträglich (vgl. BT-Drs. III/759, 30). Gleichzeitig ist festzustellen, dass der Gesetzgeber bei seiner Entscheidung über die Ausgestaltung des § 17 Abs. 1 S. 2 AtG keinen eindeutigen Ausschluss der übrigen Nebenbestimmungen vorgenommen hat. Ein Rückgriff auf die allgemeinen Bestimmungen des VwVfG erscheint daher grundsätzlich möglich. Hierfür spricht im Sinne eines argumentum e contrario auch, dass die nach § 17 Abs. 1 S. 4 AtG vorgesehene Befristung für Genehmigungen nach § 7 AtG ausdrücklich ausgeschlossen wird, ein Rückgriff auf die allgemeinen Bestimmungen des § 36 VwVfG scheidet deshalb aus (vgl. Kopp/*Ramsauer,* § 36 VwVfG, Rn. 34). In diesem Sinne mehren sich Stimmen in der jüngeren Literatur, die eine Anwendbarkeit weiterer Nebenbestimmungen bejahen (vgl. bejahend und zum aktuellen Stand der Diskussion *Ewer* in HMPS AtG/PÜ § 17 Rn. 11; bejahend auch jüngst *Roller* in Frenz, § 17 AtG, Rn. 11). Hierbei wird allerdings darauf hingewiesen, dass zur Begründung von sonstigen Nebenbestimmungen nach § 36 VwVfG die allgemeinen Voraussetzungen dieser Norm heranzuziehen sind. Dies bedeutet, dass die Nebenbestimmungen zur Sicherstellung der Zulassungsvoraussetzungen erforderlich sein müssen, ein alleiniges Abstellen auf eines der Schutzziele des AtG reiche hierfür nicht aus (*Ewer* in HMPS AtG/PÜ, § 17 Rn. 11, *Roller* in Frenz, § 17 AtG, Rn. 11).

12   Für das Strahlenschutzrecht gilt, dass zwar aus einzelnen Tätigkeiten grundsätzlich auch erhebliche Gefährdungen resultieren können, die denen kerntechnischer Anlagen nahekommen könnten, weshalb auch ein grundsätzliches Bedürfnis an einer Gewissheit über die Genehmigungsverhältnisse besteht. Gleichzeitig ist auch festzustellen, dass im Bereich des Strahlenschutzrechtes eine engmaschige Überwachung nach §§ 178 und 180 erfolgt, sodass Unklarheiten in dieser Hinsicht zügig ausgeräumt werden dürften. Der Klarheit über die Bestandskraft von Genehmigungen und Zulassungen dürfte es bspw. auch zuträglich sein, wenn die zuständige Behörde spezielle Widerrufsgründe, wie etwa im Falle einer endgültigen Einstellung des Betriebes durch den Genehmigungsinhaber im Sinne eines Widerrufsvorbehalts ausgestalten dürfte. Insgesamt dürfte deshalb ein zurückhaltendes Gebrauchmachen von sonstigen Nebenbestimmungen des § 36 VwVfG den Bedenken des Gesetzgebers nicht zuwiderlaufen.

13   **3. Rücknahme (Abs. 1 Nr. 1 iVm § 17 Abs. 2 AtG).** § 17 Abs. 2 AtG regelt die **Rücknahme** von VA im Bereich des AtG bzw. StrlSchG. Nach dieser Vorschrift können Genehmigungen und allgemeine Zulassungen zurückgenommen werden, wenn eine ihrer Voraussetzungen bei der Erteilung nicht vorgelegen hat. Als lex specialis verdrängt die Vorschrift die allgemeine Regelung des § 48 VwVfG. Ein Rückgriff auf die allgemeine Vorschrift ist damit aufgrund des nach § 1 Abs. 1 letzter HS VwVfG angeordneten Anwendungsvorranges ausgeschlossen (vgl. *Roller* in Frenz, § 17 AtG, Rn. 33, *Ewer* in HMPS AtG/PÜ, § 17 Rn. 22, *Hansmann/Röckinghausen* in LR, § 21 BImSchG, Rn. 11). Die Rücknahme nach § 17 Abs. 2 AtG kann auch teilweise erfolgen (vgl. *Ewer* in HMPS AtG/PÜ, § 17 Rn. 25).

14   Auf Tatbestandsebene setzt § 17 Abs. 2 AtG die **Rechtswidrigkeit der Zulassungsentscheidung bei Erteilung** des VA voraus. Das bedeutet, dass in diesem Zeitpunkt eine Zulassungsvoraussetzung, bspw. nach § 13, nicht vorgelegen haben darf. Ob dies der Fall ist, beurteilt sich nach der zum Zeitpunkt des Erlasses der Entscheidung geltenden Sach- und Rechtslage (*Roller* in Frenz, § 17 AtG, Rn. 37). Die Vorschrift erfasst damit nicht den Fall, dass eine Zulassungsvoraussetzung nachträglich wegfällt. Eine nachträglich geänderte Rechtslage macht die Zulassungsentscheidung nicht rechtswidrig (*Roller* in Frenz, § 17 AtG, Rn. 37, Kopp/*Ramsauer* VwVfG § 48 Rn. 58 f. – anders aber bei neuen wissenschaftlichen Erkenntnissen für die Beurteilung der Rechtslage ex ante, vgl. Kopp/*Ramsauer* VwVfG § 48, Rn. 61, *Roller* in Frenz, § 17 AtG, Rn. 37, *Lange*, NJW 1986, 2459, 2462). Für diese Fallgruppen ist allerdings der Anwendungsbereich der nachträglichen Auflage nach § 17 Abs. 1 S. 3 AtG bzw., soweit hierdurch keine Abhilfe geschaffen werden kann, der des Widerrufs nach § 17 Abs. 5 AtG eröffnet (vgl. *Ewer* in HMPS AtG/PÜ, § 17 Rn. 23). Die Rücknahme nach § 17 Abs. 2 AtG steht vollständig im Ermessen der zuständigen Behörde.

15   **4. Widerruf (Abs. 1 Nr. 1 iVm § 17 Abs. 3–5 AtG).** § 17 Abs. 3–5 AtG regelt den Widerruf von atom- bzw. in entsprechender Anwendung von strahlenschutzrechtlichen Zulassungen. Strukturell unterscheiden die Widerrufsvorschriften zwischen Fallgruppen, bei denen der Widerruf in das Ermessen der Behörde gestellt wird (Abs. 3) und zwingenden Widerrufsgründen (sog. obligatorischer Widerruf, Abs. 4, 5).

a) Ermessenswiderruf (Abs. 1 Nr. 1 iVm § 17 Abs. 3 AtG). Der Widerruf 16
der Zulassung steht in den von Abs. 3 aufgezählten Fallgruppen im pflichtgemäßen
Ermessen der Behörde. Diese sind, soweit dies der Natur des Widerrufsgrundes
nach möglich ist, im Bereich des StrlSchG entsprechend anzuwenden. Zu den im
StrlSchG anwendbaren Widerrufsgründen zählen damit die Folgenden:
– das fehlende Gebrauchmachen von der Genehmigung oder Zulassung innerhalb
  eines Zeitraums von zwei Jahren (Abs. 3 Nr. 1),
– der nachträgliche Wegfall von Genehmigungsvoraussetzungen (Abs. 3 Nr. 2)
  und
– der erhebliche oder wiederholte Rechtsverstoß oder die Nichteinhaltung einer
  nachträglichen Auflage (Abs. 3 Nr. 3).
Die Vorschrift enthält zudem in Abs. 3 Nr. 4 einen weiteren Widerrufsgrund für 17
den Fall, dass der Entsorgungsvorsorgenachweis nach § 9a Abs. 1a– Abs. 1 e AtG
oder innerhalb einer angemessenen Frist das Ergebnis der Sicherheitsüberprüfung
nach § 19a Abs. 1 AtG nicht vorgelegt wird. Diese rein atomrechtlichen Nachweise
werden vom StrlSchG nicht gefordert, womit der Widerrufsgrund hier nicht zu
übertragen ist.

aa) Fehlendes Gebrauchmachen von der Zulassung (Abs. 1 Nr. 1 iVm 18
§ 17 Abs. 3 Nr. 1 AtG). Nach Abs. 3 Nr. 1 kann eine Zulassung widerrufen werden, wenn von ihr innerhalb einer **Frist von zwei Jahren kein Gebrauch ge-**
macht worden ist. Bei dem vom Tatbestand der Vorschrift erfassten Zeitraum handelt es sich um denjenigen zwischen Erteilung und erstmaligen Gebrauch der
Zulassung (vgl. *Ewer* in HMPS/AtG/PÜ § 17 Rn. 31). Der Fall der nachträglichen
Unterbrechung oder Aufgabe der genehmigten Tätigkeit unterliegt nicht dem Wi-
derrufsregime des Abs. 3 Nr. 1. Soweit diese Fälle vermieden werden sollen, steht es
der Behörde frei, die Zulassung bei Erlass zu befristen. Wenn der Zulassungsinhaber
die zugelassene Tätigkeit unterbricht oder aufgibt, eine Befristung aber nicht ausgesprochen wurde, kann die Behörde bei Vorliegen der Tatbestandsvoraussetzungen die Erledigung des Verwaltungsaktes nach § 43 Abs. 2 VwVfG feststellen.

bb) Nachträglicher Wegfall von Genehmigungsvoraussetzungen (Abs. 1 19
Nr. 1 iVm § 17 Abs. 3 Nr. 2 AtG). Nach Abs. 3 Nr. 2 kann eine Zulassung widerrufen werden, wenn eine ihrer Voraussetzungen später weggefallen ist und nicht in
angemessener Zeit Abhilfe geschaffen wird. Der Widerrufsgrund des Abs. 3 Nr. 2 ist
damit schon nach dem Wortlaut der Vorschrift anderen Maßnahmen, wie dem Erlass von nachträglichen Auflagen, nachrangig, soweit diese in angemessener Zeit erfolgen können (s. hierzu auch *Roller* in Frenz, § 17 AtG, Rn. 43). Die Vorschrift
konkretisiert den Begriff der Angemessenheit dabei nicht näher. Die Angemessenheit ist damit im Einzelfall im Hinblick auf die konkrete weggefallene Genehmigungsvoraussetzung und des hieraus resultierenden Gefährdungspotentials zu beurteilen (weiterführend hierzu *Roller* in Frenz, § 17 AtG, Rn. 50).
Der Widerrufsgrund des Abs. 3 Nr. 2 verlangt den **nachträglichen Wegfall** 20
einer Genehmigungsvoraussetzung. Dies können alle Voraussetzungen der zugrundeliegenden Genehmigungsnorm sein, wobei für den Bereich des StrlSchG die
des § 13 hervorzuheben sind. Inwieweit im Einzelfall ein Defizit insbesondere in
Bezug auf die Sicherheit iSv § 13 Abs. 1 Nr. 6 oder die Sicherung iSv § 13 Abs. 2
vorliegt, liegt im Beurteilungsspielraum der Behörde (vgl. *Roller* in Frenz, § 17
AtG, Rn. 48). Das Ob des Widerrufs liegt sodann im Ermessen der Behörde. Eine
Ermessensreduzierung liegt entsprechend des systematischen Verhältnisses zum
Pflichtwiderruf des § 17 Abs. 5 AtG erst dann vor, soweit sich aus dem Widerrufs-

grund eine erhebliche Gefährdung für die Beschäftigten, Dritte oder die Allgemeinheit entwickelt (vgl. *Ewer* in HMPS AtG/PÜ, § 17 AtG Rn. 33; zum Stufenverhältnis zum § 17 Abs. 5 AtG s. *Sellner* in FS Sendler, S. 343; vgl. auch OVG Münster, Urt. v. 19.12.1988 – 21 AK 8/88 – Ls.).

21   **cc) Erheblicher oder wiederholter Rechtsverstoß oder Nichteinhaltung einer nachträglichen Auflage (Abs. 1 Nr. 1 iVm § 17 Abs. 3 Nr. 3 AtG).** Gem. Abs. 3 Nr. 3 kann die Zulassung widerrufen werden, wenn gegen die Vorschriften des StrlSchG oder der entsprechenden RVOen, gegen hierauf beruhende Anordnungen und Verfügungen der Aufsichtsbehörden oder die Bestimmungen der Genehmigung oder allgemeinen Zulassung **erheblich oder wiederholt verstoßen** wird, oder wenn eine nachträgliche Auflage nicht eingehalten worden ist und nicht in angemessener Zeit Abhilfe geschaffen wird.

22   Tatbestandsvoraussetzung für das Vorliegen des Widerrufsgrundes des Abs. 3 Nr. 3 bildet der erhebliche oder wiederholte Verstoß gegen das Strahlenschutzrecht. Die **Erheblichkeitsschwelle** wird dabei von der Vorschrift nicht konkretisiert, sondern bedarf der Einzelfallbetrachtung durch die Behörde. Aus dem Wortlaut der Norm folgt zudem, dass ein Widerruf auf Grundlage eines wiederholten Verstoßes im Einzelnen keine Erheblichkeit erfordert. Die Erheblichkeit folgt in diesem Fall vielmehr aus der drohenden erneuten Wiederholung der Tathandlung (vgl. *Ewer* in HMPS AtG/PÜ, § 17 Rn. 36). Im Falle einer Zuwiderhandlung oder Nichterfüllung einer nachträglichen Auflage ist der Widerruf wie auch im Bereich des Abs. 3 Nr. 2 subsidiär zu möglichen vorrangigen Abhilfemaßnahmen.

23   **b) Pflichtwiderruf (Abs. 1 Nr. 1 iVm § 17 Abs. 4, Abs. 5 AtG).** Abs. 4 und 5 enthalten Gründe, in denen eine Pflicht zum Widerruf durch die Behörde besteht. Diese Pflicht besteht dann, wenn der Genehmigungsinhaber zum einen die nach § 177 StrlSchG i. V. m. §§ 13 ff. AtG festgesetzte **Deckungsvorsorge** auch nach einer angemessenen Frist nicht erbracht hat (§ 17 Abs. 4 AtG), oder wenn von der zugelassenen Tätigkeit eine **erhebliche Gefährdung** ausgeht (Abs. 5). Den Schwerpunkt des Bereichs des Pflichtwiderrufs bildet in der Praxis Abs. 5.

24   Nach § 17 Abs. 5 AtG sind Genehmigungen oder allgemeine Zulassungen zu widerrufen, wenn dies wegen einer erheblichen Gefährdung der Beschäftigten, Dritter oder der Allgemeinheit erforderlich ist und nicht durch nachträgliche Auflagen in angemessener Zeit Abhilfe geschaffen werden kann. Der Widerrufsgrund des § 17 Abs. 5 AtG erfasst damit nicht alle Schutzgüter der Schutzzweckbestimmung des § 1 Nr. 2 AtG. Namentlich werden vom Widerrufsgrund des § 17 Abs. 5 AtG insbesondere Sachgüter ausgenommen. Die Vorschrift schützt damit ausschließlich Leben und Gesundheit des adressierten Personenkreises (vgl. hierzu *Rosin* in BHR EnergieR I, Rn. 1035). Zu den Widerrufsgründen des § 17 Abs. 3 AtG steht Abs. 5 in einem Stufenverhältnis (→ Rn. 20, *Sellner* in FS Sendler, S. 343; vgl. auch OVG Münster, Urt. v. 19.12.1988 – 21 AK 8/88 – Ls.). Für die Annahme eines Widerrufsgrundes nach Abs. 5 muss von der zugelassenen Tätigkeit eine **erhebliche Gefährdung** für den genannten Personenkreis ausgehen. Die Auslegung des Begriffs der *erheblichen Gefährdung* ist in der atomrechtlichen Literatur und Rechtsprechung umstritten.

25   Einerseits wird vertreten, dass der Gefahrenbegriff des § 17 Abs. 5 AtG unter Heranziehung des zunächst im Zusammenhang mit § 7 Abs. 2 Nr. 3 AtG entwickelten Begriffs der bestmöglichen Gefahrenabwehr und Risikovorsorge (BVerfGE 49, 89, 143- Kalkar), den das BVerwG später in prinzipieller Gleichsetzung beider Aufgabenbereiche zu einem einheitlichen Vorsorgebegriff weiterentwickelt hat (BVerwGE 72, 300, 315 – Wyhl), auszulegen sei (so insbesondere vertreten durch OVG Schleswig, Urt. v. 3.11.1999 – 4 K 26/95, BeckRS 2009, 23046 – Leukämiecluster Elbmarsch). Auch wenn eine Regelung des Vorsorgebegriffs nur in den Tatbestandsvoraussetzungen des § 7 Abs. 2 Nr. 3 AtG erfolge, setze sich die Schadensvorsorge in der staatlichen Aufsicht fort. Das aufsichtliche Handeln sei deshalb an denselben Grundsätzen auszurichten, die bereits für das Genehmigungsverfahren maßgeblich sind (vgl. *Schneider* in Schneider/Steinberg, S. 125; vgl. OVG Schleswig, Urt. v. 3.11.1999 – 4 K 26/95, BeckRS 2009, 23046). Im Interesse einer umfassenden Erfüllung der staatlichen Schutzpflicht aus Art. 2 Abs. 2 GG sei auch im Rahmen des § 17 Abs. 5 AtG jede Gefährdung zu berücksichtigen, die das bei der Genehmigung angenommene, nach dem Maßstab praktischer Vernunft zu tolerierende Restrisiko erheblich übersteigt. Nur eine überobligatorische Vorsorge zur Minimierung des Restrisikos finde im Gefahrenbegriff des § 17 Abs. 5 AtG keine Entsprechung. (vgl. OVG Schleswig, Urt. v. 3.11.1999 – 4 K 26/95, BeckRS 2009, 23046; vgl. *Schneider* in Schneider/Steinberg, S. 125). Dieser weite Gefahrenbegriff werde durch die Einschränkung auf eine **erhebliche** Gefährdung korrigiert. Auch nach dieser Auffassung reiche nicht jedes Schadensrisiko bzw. jede nachteilige Entwicklung in diesem Bereich für einen Widerruf aus (so ausdrücklich OVG Schleswig, Urt. v. 3.11.1999 – 4 K 26/95, BeckRS 2009, 23046; *Haedrich,* § 17 AtG Rn. 14).

Andererseits vertritt die hM die Auffassung, dass der Gefahrenbegriff des § 17 **26** Abs. 5 AtG enger auszulegen sei als im Sinne des weiten Schadensvorsorgebegriffs des § 7 Abs. 2 Nr. 3 AtG. Vielmehr habe die Auslegung anhand des **Gefahrenbegriffs des allgemeinen Polizeirechts** zu erfolgen (in diesem Sinne insbesondere VGH Kassel Urt. v. 25.03.1997 – 14 A 3083/89, BeckRS 1997, 22815; VGH Kassel, Beschl. v. 28.06.1989 – 8 Q 2809/88, NVwZ 1989, 1183, 1184; OVG Lüneburg, Beschl. v. 23.09.1986 – 7 D 7/86, UPR 1987, 153, 155; OVG Münster, Urt. v. 19.12.1988 – 21 AK 8/88; *Fischerhof,* Dt. Atomgesetz, § 17 AtG, Rn. 4; *Rosin,* in: BHR, EnergieR I, Rn. 1037; *Sellner,* FS Sendler, S. 346 f.). Danach sei eine Gefahr dann anzunehmen, wenn eine Sachlage gegeben ist, die bei objektiv zu erwartendem, ungehindertem Geschehensablauf mit (hinreichender) Wahrscheinlichkeit zu einem Schaden, nämlich zu einer nicht unerheblichen Beeinträchtigung eines rechtlich geschützten Gutes führt (vgl. VGH Kassel, Urt. v. 25.03.1997 – 14 A 3083/89, BeckRS 1997, 22815, *Breuer,* NVwZ 1990, S. 211, 213; *Roller,* DVBl 1993, S. 20, 21, letzterer nunmehr differenzierend: *Roller,* in: Frenz, § 17 AtG, Rn. 56). Hierfür spreche schon die Verwendung des Wortlautes *erhebliche Gefährdung;* der Gesetzgeber mache so deutlich, dass der zuständigen Behörde nur in bestimmten gravierenden Fallkonstellationen das Ermessen, wie es nach § 17 Abs. 3 Nr. 2 AtG besteht, entzogen werden soll. Hätte der Gesetzgeber demgegenüber alle Sachverhalte, bei denen die erforderliche Schadensvorsorge im Sinne von § 7 Abs. 2 Nr. 3 AtG nicht mehr gewährleistet ist, in § 17 Abs. 5 AtG ansprechen wollen, dann hätte er dies auf andere Weise formulieren müssen und auch können (*Sellner,* FS Sendler, S. 347, zust. VGH Kassel Urt. v. 25.03.1997 – 14 A 3083/89, BeckRS 1997, 22815). Einer Übertragung des Schadensvorsorgebegriffs des § 7 Abs. 2 Nr. 3 AtG auf den Anwendungsbereich des § 17 Abs. 5 AtG stehe auch die Systematik der Widerrufsgründe des § 17 Abs. 3 Nr. 2 AtG entgegen. Denn die Widerrufsgründe stünden in einem Stufenverhältnis zueinander. Soweit aber bei einem Abweichen vom Vorsorgebegriff des § 7 Abs. 2 Nr. 3 AtG direkt eine erhebliche Gefährdung angenommen würde, bliebe für den Ermessenswiderruf nach § 17 Abs. 3 Nr. 2 AtG, nämlich dem Widerruf im Falle des nachträglichen

Wegfalles einer Genehmigungsvoraussetzung, kein Platz. Der Ermessensspielraum der Behörde würde somit entfallen (vgl. *Sellner*, FS Sendler, S. 347, vgl. zust. VGH Kassel Urt. v. 25.03.1997 – 14 A 3083/89, BeckRS 1997, 22815). Gleichwohl sei bei der Beurteilung, ob im konkreten Fall eine erhebliche Gefährdung vorliegt, zu berücksichtigen, dass aufgrund des großen Schadenspotentials der Kernenergie durchaus schon bei einer geringen Eintrittswahrscheinlichkeit eines Schadens der Anwendungsbereich des § 17 Abs. 5 AtG eröffnet sein kann (vgl. z. B. VGH Kassel Urt. v. 25.03.1997 – 14 A 3083/89).

27   Eine höchstrichterliche Klärung dieser Rechtsfrage steht aus. Dabei ist auch festzustellen, dass die hier vertretenen Auffassungen in der Praxis zu ähnlichen Ergebnissen kommen dürften. Denn einerseits korrigiert die MM den von ihr angenommen weiten Gefahrenbegriff über den Zusatz der *Erheblichkeit* der Gefährdung auf Tatbestandsebene – auch nach dieser Auffassung führt also nicht jede Abweichung von der erforderlichen Schadensvorsorge zur Annahme eines Widerrufsgrundes nach § 17 Abs. 5 AtG. Zum anderen legt die hM den polizeirechtlichen Gefahrenbegriff unter Berücksichtigung des Gefährdungspotentials von kerntechnischen Anlagen so aus, dass eine Widerruf nicht erst in einem Stadium erfolgen muss, in dem der Schadenseintritt unmittelbar bevorsteht. Vielmehr ist auch nach dieser Auffassung ein Widerruf durchaus in einem frühen Stadium einer sich uU zu einer Gefahr entwickelnden Situation möglich. Die Entscheidung dieser dogmatischen Auseinandersetzung dürfte daher in der Praxis von geringer Relevanz sein. Im Zusammenhang mit dem StrlSchG ist zudem offen, inwieweit sich die spezifisch atomrechtlichen Begriffe auf die hier vorhandenen Fallkonstellationen übertragen lassen, dies gilt umso mehr vor dem Hintergrund, dass Anlagen, deren Genehmigung sich nach dem StrlSchG richtet, regelmäßig nicht geeignet sein dürften, mit Kernkraftwerken vergleichbare Gefahrenlagen zu verursachen.

28   **5. Bezeichnung als Inhaber einer Kernanlage (Abs. 1 Nr. 1 iVm § 17 Abs. 6 AtG).** Soweit im Bereich des StrlSchG (ausnahmsweise, → § 176 Rn. 13 ff.) eine Genehmigung zum Betrieb einer Kernanlage erteilt wird, ist der Genehmigungsinhaber nach § 17 Abs. 6 AtG in entsprechender Anwendung in der Genehmigung ausdrücklich als Inhaber einer Kernanlage zu bezeichnen. Zum Begriff der Kernanlage → § 176 Rn. 11. An den Begriff der Kernanlage sind insbesondere Haftungskonsequenzen nach § 176 StrlSchG iVm § 25 Abs. 1 AtG und dem PÜ geknüpft.

29   **6. Verfahren, Beweislast.** Der Erlass von nachträglichen Auflagen erfolgt innerhalb eines eigenständigen Verwaltungsverfahrens. Daher bedarf es insoweit vor Erlass einer Anhörung, soweit keine Ausnahmen nach § 28 Abs. 2 VwVfG vorliegen. Zudem sind die allgemeinen Formvorschriften – insbes. das Begründungserfordernis zu beachten. Dasselbe gilt auch für die Rücknahme und den Widerruf der Zulassung.

30   Die Darlegungs- und Beweislast für sämtliche Widerrufs- und Rücknahmegründe obliegt der zuständigen Widerrufsbehörde (s. hierzu zB *BVerwG* DVBl. 1997, 719). Es kann allerdings sowohl im Bereich der Rücknahme als auch des Widerrufs zu einer Beweislastumkehr kommen, soweit die Unaufklärbarkeit der Tatsache auf Umständen beruhen, die der Zulassungsinhaber zu verantworten hat (siehe zB *BVerwG*, NJW 1965, 1344).

II. Anwendung der Regelungen des AtG über die Befugnisse der Aufsichtsbehörden (Abs. 1 Nr. 2)

§ 179 Abs. 1 Nr. 2 erklärt die Regelungen des § 19 Abs. 1 S. 2–4, Abs. 2 S. 1–3 **31** sowie die Abs. 3–5 AtG für den Bereich des StrlSchG für entsprechend anwendbar. Die Vorschrift ergänzt damit § 178 StrlSchG im Hinblick auf den Maßstab der Aufsicht sowie deren Befugnisse. Ein Verweis auf die Begriffsbestimmung des § 19 Abs. 1 S. 1 AtG ist durch die spezifische Darstellung der Aufgaben der strahlenschutzrechtlichen Aufsicht in § 178 StrlSchG entbehrlich.

1. Maßstab der strahlenschutzrechtlichen Aufsicht (Abs. 1 Nr. 2 iVm **32** **§ 19 Abs. 1 S. 2 AtG).** Wie im Bereich des AtG regelt auch im StrlSchG § 19 Abs. 1 S. 2 AtG den **Maßstab der Aufsicht.** Bei entsprechender Anwendung haben die Aufsichtsbehörden insbesondere darüber zu wachen, dass nicht gegen die Vorschriften des StrlSchG und der aufgrund des StrlSchG erlassenen RVOen, die hierauf beruhenden Anordnungen und Verfügungen der Aufsichtsbehörden und die Bestimmungen des Bescheides über die Genehmigung oder die allgemeinen Zulassungen verstoßen wird und dass nachträgliche Auflagen eingehalten werden. Bei der atom- bzw strahlenschutzrechtlichen Aufsicht handelt es sich damit primär um eine Rechtsaufsicht, die sich an den Regelungen der formellen und materiellen Gesetze sowie hierauf beruhenden Verwaltungsakten orientiert (vgl. *Rosin* in BHR EnergieR I, Rn. 1051, *Leidinger* in Frenz, § 19 AtG, Rn. 12). Konkretisierungen des gesetzlichen Regelwerkes ergeben sich dabei aus dem spezifischen untergesetzlichen Regelwerk wie Richtlinien und AVVen, die im Rahmen der Ausgestaltung der auf diesem Gebiet erlassenen Verwaltungsakte regelmäßig zugrunde gelegt und für anwendbar erklärt werden.

Die Aufsicht erschöpft sich jedoch nicht in dieser Konformitätsüber- **33** **wachung.** Vielmehr hat die Aufsichtsbehörde auch Gefahren, die von Tätigkeiten und Anlagen ausgehen bzw. aus der Gefährlichkeit ionisierender Strahlung beruhen, abzuwehren. Dieses Verständnis folgt aus dem Wortlaut des § 19 Abs. 1 S. 2 AtG („insbesondere" – vgl. *Hartung*, S. 116 ff.; *Rosin* in BHR EnergieR I, Rn. 1051; *Ewer* in HMPS AtG/PÜ, § 19, Rn. 26). Nicht zuletzt wird die Aufgabe der Gefahrenabwehr auch durch die Schutzziele des § 1 Nr. 2 und Nr. 3 AtG und die Anordnungsgründe des § 19 Abs. 3 AtG betont, welche auch auf dem Gebiet des StrlSchG entsprechende Anwendung finden.

2. Entsprechende Anwendung von § 139b GewO (Abs. 1 Nr. 2 iVm § 19 **34** **Abs. 1 S. 3 AtG).** Gem. Abs. 1 Nr. 2 finden im Bereich des StrlSchG die Vorschriften zu den Befugnissen und Obliegenheiten der Aufsichtsbehörden des § 139b GewO über § 19 Abs. 1 S. 3 AtG entsprechende Anwendung. § 139b GewO enthält **allgemeine Regelungen zu den Befugnissen der Gewerbeaufsichtsbehörde,** insbesondere für den Bereich des Arbeitsschutzes. § 139b GewO ergänzt insoweit die Befugnisse der Aufsichtsbehörde, auch damit die allgemeinen Ordnungsbehörden nur eingeschränkt in Anlagen nach dem Strahlenschutzrecht tätig werden müssen (vgl. *Ewer* in HMPS AtG/PÜ, § 19, Rn. 49).

Die Regelungen des § 139b GewO finden nach dem Wortlaut des § 19 Abs. 1 **35** S. 3 AtG nur insoweit Anwendung, wie die Aufsichtsbehörde hieraus berechtigt oder verpflichtet wird. Die entsprechende Anwendbarkeit gilt demnach nicht für Abs. 1 S. 1, Abs. 2 sowie Abs. 4 der Vorschrift. Die allgemeine Befugnisregelung des § 139b Abs. 1 stellt im Verhältnis zu den übrigen speziellen Befugnisnormen des § 19 AtG eine Generalklausel dar, so wird beispielsweise das allgemeine Betretungs-

recht des § 139b Abs. 1 S. 2 GewO durch die speziellere Vorschrift des § 19 Abs. 2
S. 1 AtG verdrängt. Eine praktische Bedeutung dürfte der Norm in der Vollzugspraxis kaum zukommen. Im weiteren Anwendungsbereich gewährt § 139b GewO zudem Befugnisse im Bereich des Arbeitsschutzes, insbesondere zum Betreten und zur
Besichtigung von Gemeinschaftsunterkünften gem. § 139b Abs. 6. Berichtspflichten in diesem Bereich bestehen nach § 139b Abs. Abs. 1 S. 3, Abs. 3, 7 und 8
GewO. Eine Verpflichtung des Arbeitgebers zur Mitteilung von Informationen an
die Aufsichtsbehörde besteht nach Abs. 5.

36   **3. Übermittlung von Informationen an andere Behörden (Abs. 1 Nr. 2
iVm § 19 Abs. 1 S. 4 AtG).** Ebenso findet § 19 Abs. 1 S. 4 AtG über Abs. 1 Nr. 2
entsprechende Anwendung. Hiernach ist das für den Strahlenschutz zuständige
Bundesministerium berechtigt, Informationen, die ihm von den gem. §§ 184 ff.
StrlSchG zuständigen Behörden übermittelt wurden, an das Bundesministerium
des Inneren weiterzuleiten. Die übermittelten Informationen müssen dabei gem.
§ 19 Abs. 1 S. 4, 1. Hs. AtG auf Verstöße gegen Ein- und Ausfuhrvorschriften des
Strahlenschutzrechts hinweisen. Die Informationen müssen zudem für die Aufgabenwahrnehmung des Bundeskriminalamts im Bereich der Verfolgung von Straf-
taten im Außenwirtschaftsverkehr erforderlich sein. Nach Hs. 2 der Vorschrift
dürfen die übermittelten Informationen grundsätzlich nur zum Zweck der Strafverfolgung verwendet werden.

37   **4. Betretungs- und Prüfungsrechte, Auskunftsrechte, Anwendung des
ÜAnlG (Abs. 1 Nr. 2 iVm § 19 Abs. 2 AtG). a) Betretungs- und Prüfungsrechte, Abs. 1 Nr. 2 iVm § 19 Abs. 2 S. 1 AtG.** Die entsprechend anwendbare
Regelung des § 19 Abs. 2 S. 1 AtG gewährt der Aufsichtsbehörde grundlegende Befugnisse zur **Betretung von Räumen sowie Prüfungsberechtigungen.** Hiernach sind die Beauftragten der Aufsichtsbehörde und die von ihr zugezogenen
Sachverständigen oder die Zugezogenen anderer Behörden befugt, Orte an denen
sich radioaktive Stoffe oder Anlagen befinden oder an denen hiervon herrührende
Strahlen wirken, oder Orte, für die diese Voraussetzungen den Umständen nach anzunehmen sind, jederzeit zu betreten und dort alle Prüfungen anzustellen, die zur
Erfüllung ihrer Aufgaben notwendig sind.

38   Der Anwendungsbereich des Betretungs- und Prüfungsrechts erstreckt sich auf
den gesamten Regelungsbereich des Strahlenschutzrechts, soweit keine **speziellen
Vorschriften** bestehen. Dies ist im Bereich des Schutzes vor Notfallexpositionssituationen nach §§ 92 ff. StrlSchG (§ 95 a StrlSchG) der Fall. Hier enthält § 95 a
Abs. 2 StrlSchG ein spezielles Betretungsrecht bei den nach § 95 a Abs. 1 verpflichteten Personengruppen. Ein weiteres spezielleres Betretungsrecht enthält § 165
StrlSchG.

39   § 19 Abs. 2 S. 1 AtG benennt **als Objekt des Betretungsrechts** neben den Orten an dem sich radioaktive Stoffe befinden auch Orte, an denen sich kerntechnische Anlagen nach § 7 AtG befinden. Anlagen nach StrlSchG werden zwar nicht
genannt, sind aber im Wege der entsprechenden Anwendung heranzuziehen. Hier
ist zu berücksichtigen, dass vor Erlass des StrlSchG auch ausdrücklich auf Anlagen
nach § 11 Abs. 1 Nr. 2 und 3 AtG a. F. verwiesen wurde. Hierbei handelte es sich
um die Errichtung von Anlagen zur Erzeugung ionisierender Strahlen (§ 11 Abs. 1
Nr. 1 AtG a. F.) sowie um Anlagen, Geräte und Vorrichtungen, die radioaktive
Stoffe enthalten oder ionisierende Strahlen erzeugen und einer Bauartzulassung bedürfen (§ 11 Abs. 1 Nr. 3 AtG). Die vorgenannten Anlagentypen sind nunmehr im

StrlSchG benannt (§§ 10 f., 12 f. §§ 45 ff.). Aufgrund der entsprechenden Anwendung finden die Betretungs- und Prüfungsrechte auch diesbezüglich Anwendung.

Durch das Betreten von Geschäftsräumen von dem in § 19 Abs. 2 S. 1 AtG be- **40** nannten Personenkreis kann in den Schutzbereich des Grundrechts aus Art. 13 Abs. 1 GG eingegriffen werden. Daher bedarf das Betreten einer ausdrücklichen gesetzlichen Ermächtigung. Die Ermächtigungsgrundlage muss dabei nach der Rechtsprechung des BVerfG den Zweck des Betretens benennen, sowie den Gegenstand und den Umfang der zugelassenen Besichtigung und Prüfung deutlich erkennen lassen (*BVerfG* NJW 1971, 2299, 2301, vgl. zur Eingriffsdogmatik auch *Papier* in DHS GG Art. 13, Rn. 137). § 19 Abs. 2 S. 1 benennt in hinreichender Weise sowohl den Zweck des Betretens als auch den Gegenstand und Umfang der vorzunehmenden Prüfungen vor Ort (vgl. *Ewer* in HMPS AtG/PÜ, § 19, Rn. 38). Auch die Einbeziehung von Orten, bei denen den Umständen nach anzunehmen ist, dass sich dort radioaktive Stoffe oder die in § 19 Abs. 2 genannten Anlagen befinden, ist unter dem Aspekt der Gefahrenerforschung nicht zu beanstanden (vgl. *Ewer* in HMPS AtG/PÜ, § 19 Rn. 39 mwN).

§ 19 Abs. 2 S. 1 gestattet den Berechtigten das jederzeitige Betreten von den be- **41** nannten Orten. Der Begriff **jederzeit** bedeutet dabei nicht, dass die Behörde die Überprüfung stets unangekündigt vornehmen darf, sondern nur dann, wenn eine Ankündigung ansonsten dem Prüf- und Überwachungszweck zuwiderlaufen würde (vgl. zum KrWG Landmann/Rohmer/*Beckmann,* 94. EL, § 56 KrWG Rn. 50; vgl. *Ewer* in HMPS, AtG/PÜ, § 19 AtG Rn. 40, aA *Leidinger* in Frenz, § 19 AtG, Rn. 22).

§ 19 Abs. 2 S. 1 AtG gewährt der Aufsichtsbehörde zudem ein umfassendes **Prü-** **42** **fungsrecht** (*Rosin* in BHR EnergieR I, Rn. 1057). Dies umfasst sämtliche Maßnahmen, die notwendig sind, um den Aufgaben der Aufsicht nachzukommen, bspw. auch Messungen durchzuführen. Hinsichtlich des Begriffes der Notwendigkeit ist anzumerken, dass die Prüfung grundsätzlich anlassbezogen erfolgt, soweit das einschlägige in die Genehmigung einbezogene untergesetzliche Regelwerk nicht etwas Anderes regelt (bspw. für wiederkehrende Prüfungen technischer Anlagen).

b) Auskunftsrechte, Abs. 1 Nr. 2 i. V. m. § 19 Abs. 2 S. 2 AtG. Nach § 19 **43** Abs. 2 S. 2 AtG können die nach § 19 Abs. 2 S. 1 AtG Berechtigten von den verantwortlichen oder an den von § 19 Abs. 2 S. 1 AtG bezeichneten Orten beschäftigten Personen die **erforderlichen Auskünfte verlangen.** Das Auskunftsrecht des § 19 Abs. 2 Nr. 2 AtG ist nicht anzuwenden, soweit nach StrlSchG ein Spezielleres einschlägig ist. Hervorzuheben ist hier insbesondere das Auskunftsrecht im Zusammenhang mit Notfallexpositionssituationen gem. § 95 a Abs. 1 StrlSchG. Der von der Vorschrift des § 19 Abs. 2 S. 2 AtG zur Auskunft verpflichtete Personenkreis ist umfassend ausgestaltet und schließt sämtliche im Zusammenhang mit den jeweiligen Tätigkeiten beschäftigte Personen ein. Die Durchsetzung des Auskunftsrechtes ist gegenüber der konkret zur Auskunft verpflichteten Person vorzunehmen (vgl. *Ewer* in HMPS AtG/PÜ, § 19 Rn. 43 mwN).

Erforderlich sind Auskünfte nach § 19 Abs. 2 S. 2 AtG dann, wenn hierfür – pa- **44** rallel zum Begriff der Notwendigkeit im Bereich des Prüfungsrechts – ein Anlass besteht (vgl. *Leidinger* in Frenz, § 19 AtG, Rn. 25 mwN). Eine Konkretisierung des Auskunftsverlangens seitens der Aufsichtsbehörde ist insoweit erforderlich. Ein pauschales Verlangen von Auskünften, die für die Aufgabenerfüllung der Behörde erforderlich sind, wird dem Bestimmtheitsgrundsatz nicht gerecht (*Ewer* in HMPS

AtG/PÜ, § 19 Rn. 44m Hinweis auf VG Düsseldorf Urt. v. 21.2.2017 – 3 K
3004/15, BeckRS 2017, 124081 Rn. 22).

45 **c) Anwendung des ÜAnlG, Abs. 1 Nr. 2 i. V. m. § 19 Abs. 2 S. 3 AtG.**
Nach Abs. 1 Nr. 2 findet über die Verweisnorm des § 19 Abs. 2 S. 3 AtG auch die
Regelung des von § 7 Abs. 4 und 5 ÜAnlG, vormals § 36 ProdSG aF Anwendung.
Die Vorschrift regelt wichtige Mitwirkungsrechte von Betreiber und Eigentümer in
Bezug auf die der atom- bzw. strahlenschutzrechtlichen Aufsicht unterliegenden
Anlagen. Nach dieser Vorschrift sind die Eigentümer, Betreiber und Hersteller von
überwachungsbedürftigen Anlagen verpflichtet, diese den Beauftragten der Über-
wachungsstellen zugänglich zu machen, die vorgeschriebene oder behördlich angeordnete Prüfung zu gestatten, die hierfür benötigten Arbeitskräfte und Hilfsmittel bereitzustellen sowie die Angaben zu machen und die Unterlagen vorzulegen,
die zur Erfüllung ihrer Aufgaben erforderlich sind.

46 **5. Anordnungsbefugnis der Aufsichtsbehörde (Abs. 1 Nr. 2 i. V. m. § 19
Abs. 3 AtG).** Nach Abs. 1 Nr. 2 findet ebenfalls die Anordnungsbefugnis nach
§ 19 Abs. 3 AtG entsprechende Anwendung. Die Vorschrift ermöglicht es der
atomrechtlichen Aufsichtsbehörde **Anordnungen zur Beseitigung von rechtswidrigen oder gefährlichen Zuständen zu treffen,** Abs. 3 S. 1. Daneben sieht
die Vorschrift in Abs. 3 S. 2 ausdrückliche Anordnungsbefugnisse für bestimmte Situationen vor.

47 **a) Anordnungsbefugnis bei rechtswidrigen Zuständen (§ 19 Abs. 3 S. 1,
1. Alt. AtG).** Gem. § 19 Abs. 3 S. 1 1. Alt. AtG kann die Aufsichtsbehörde in entsprechender Anwendung im Bereich des Strahlenschutzrechts Anordnungen treffen, um einen Zustand zu beseitigen, der den Vorschriften des StrlSchG und den
aufgrund des StrlSchG erlassenen RVOen, den Bestimmungen des Genehmigungs-
oder Zulassungsbescheides oder nachträglichen Anordnungen widerspricht. Aus
der Unterscheidung der Vorschrift zwischen Genehmigungs- und Gesetzeswiderspruchs kann gefolgert werden, dass ein Gesetzesverstoß auch bei Genehmigungskonformität vorliegen kann (*Ewer* in HMPS AtG/PÜ, § 19 Rn. 52).

48 **aa) Gesetzeswiderspruch.** § 19 Abs. 3 S. 1 1. Alt. AtG benennt zunächst die
Tatbestandsalternative des sog **Gesetzeswiderspruchs** (*Rosin* in BHR EnergieR I
Rn. 1066). Gegenstand ist hier ein Verstoß gegen die Regelungen des StrlSchG und
den entsprechenden RVOen. Eine Anordnungsbefugnis nach dieser Tatbestandsalternative auf Grundlage des Verstoßes gegen eine Vorschrift des untergesetzlichen
Regelwerks kann dagegen nur dann hergeleitet werden, soweit es sich hierbei um
normenkonkretisierende Verwaltungsvorschriften handelt, die eine Außenwirkung
aufweisen und so die Verwaltungsgerichte binden (*Ewer* in HMPS AtG/PÜ, § 19
Rn. 52 m. Hinweis auf *BVerwG* NVwZ 1986, 208, 213; *VGH München* NVwZ-
RR 2017, 811, 812). Ein normenkonkretisierendes Regelwerk liegt im Bereich
des Atom- und Strahlenschutzrechtes in Form von Richtlinien und allgemeinen
Verwaltungsvorschriften (AVV) vor (zur Fragestellung der Bindungswirkung untergesetzlichen Regelwerks s. *Kment*, 15. Atomrechtssymposium, S. 177, 192ff.).

49 Ob der Anordnungsbefugnis nach dieser Tatbestandalternative eine selbständige
Bedeutung zukommt, ist für den Bereich des AtG umstritten. Im Bereich des
StrlSchG besteht noch keine eigenständige Auseinandersetzung mit dieser Fragestellung. So wird hinsichtlich der Situation des AtG überwiegend vertreten, dass
die Aufsichtsbehörde die Bestandkraft von erteilten Genehmigungen nicht dadurch
unterlaufen dürfe, indem sie an den Betreiber Anforderungen stellt, die im Geneh-

migungsverfahren nicht als Maßstab herangezogen wurden. Soweit die Genehmigung reicht, habe ausschließlich die Genehmigungsbehörde die Berechtigung, Anforderungen an den Betrieb der Anlage nachträglich und dauerhaft zu verändern oder die Zulassung über Widerruf oder Rücknahme zu beenden. Eine eigenständige Bedeutung komme dem Tatbestand nur dann zu, soweit es sich beim Beurteilungsgegenstand um eine genehmigungsfreie oder genehmigungslose Tätigkeit handele, bei denen eine vorrangige Zuständigkeit der Genehmigungsbehörde von vornherein nicht in Frage komme (*Rosin* in BHR EnergieR I, Rn. 1067 f.; *Leidinger* in Frenz, § 19 AtG, Rn. 40, *Ossenbühl* DVBl 1990, 600, *Hartung,* Atomaufsicht, S. 151, *Gemmeke,* S. 83 f.). Die Gegenauffassung bejaht die Frage der eigenständigen Bedeutung mit dem Hinweis auf den Wortlaut der Vorschrift. Ein Gesetzeswiderspruch könne danach ausdrücklich auch neben einer Genehmigungskonformität vorliegen. Im Rahmen der Abgrenzung der Befugnisse der Genehmigungs- und Aufsichtsbehörde sei allerdings auch zu beachten, dass die Maßnahmen, die aufgrund dieser Rechtsgrundlage angeordnet werden, insbes. nicht die Entschädigungsregelungen für den Fall des Widerrufes, der Rücknahme oder des Erlasses von nachträglichen Auflagen nach § 18 Abs. 1 und Abs. 3 AtG unterlaufen dürfen (vgl. *Ewer* in HMPS AtG/PÜ, § 19 Rn. 52). Hieraus folgert diese vorzugswürdige Auffassung, dass für aufsichtliche Maßnahmen, die sich auf die Gesetzeswidrigkeitsvariante des § 19 Abs. 3 S. 1 AtG stützen, regelmäßig nur dann Raum bleibt, wenn diese nicht anstelle eines Vorgehens nach § 17 AtG, sondern flankierend zu einem solchen ergriffen werden. Die Maßnahmen zielen in diesem Falle darauf ab zu verhindern, dass es in der Zeit bis zum Abschluss des auf § 17 AtG gestützten Verfahrens zu Gefahren für Leben, Gesundheit oder Sachgüter kommt (vgl. *Ewer* in HMPS AtG/PÜ, § 19 Rn. 52).

Für den Bereich des StrlSchG kann in dieser Hinsicht nichts zwar grundsätzlich **50** Anderes gelten. Allerdings ist anzumerken, dass die Gefahr eines Unterlaufens der Entschädigungsvorschriften schon von Vornhinein nicht in Betracht kommt, da eine dem § 18 AtG entsprechende Regelung nicht in den Bereich des StrlSchG übernommen wurde. Die Abgrenzung von Genehmigungs- und Aufsichtsseite besteht dagegen auch im Strahlenschutzrecht, eine **dauerhafte Anpassung der Genehmigung** kann damit auch hier im Rahmen der nachträglichen Auflage vorgenommen werden. Die praktische Relevanz dieser Frage dürfte mit Blick auf die behördliche Anordnungsbefugnis nach § 179 Abs. 2 S. 1 geringer sein als im AtG.

bb) Widerspruch zur zugelassenen Rechtslage. Darüber hinaus kann die **51** Aufsichtsbehörde nach § 19 Abs. 3 S. 1 1. Alt. AtG auch die Beseitigung von Zuständen anordnen, die den Bestimmungen des Bescheids über die Genehmigung oder allgemeine Zulassung oder einer nachträglich angeordneten Auflage widersprechen. Ein **Widerspruch zur zugelassenen Rechtslage** ergibt sich auch dann, wenn der Zustand den Nebenbestimmungen des Bescheides widerspricht, wenngleich der Wortlaut der Regelung nur die nachträgliche Auflage nach § 179 Abs. 1 Nr. 1 StrlSchG iVm § 17 Abs. 3 AtG ausdrücklich benennt. Anfängliche Nebenbestimmungen sind vom Begriff der Bestimmungen des § 19 Abs. 3 S. 1 mitumfasst (*Ewer* in HMPS AtG/PÜ, § 19 Rn. 53). Soweit eine Nebenbestimmung wirksam angefochten wird und damit ein Suspensiveffekt nach § 80 Abs. 1 VwGO eintritt, kann eine Anordnung nur dann ergehen, wenn die Behörde zuvor die sofortige Vollziehung des VA nach § 80 Abs. 2 S. 1 Nr. 4 VwGO angeordnet hat (*Ewer* in HMPS AtG/PÜ, § 19 Rn. 55). Es ist damit zu prüfen, ob sich hinsichtlich des tatsächlichen Anlagenzustandes eine Abweichung zum genehmigten Anlagenzustand ergibt (vgl. *Rosin* in BHR EnergieR I, Rn. 1069). Bei dem Vergleich ist zu beachten, dass der Anlagenzustand bei Errichtung nicht dem Betriebszustand entsprechen muss. Es ist insoweit zwischen der Errichtungsphase und der Betriebsphase zu unterscheiden – es besteht keine Verpflichtung des Betreibers die Anlage im Errichtungsstatus zu halten (*Ossenbühl* DVBl. 1990, 600, 601). Ein Alterungsmanagement findet unter dem Regime der Betriebsgenehmigung statt, unter diesen Bedingungen darf die Anlage altern. Abweichungen hierzu sind unter den Randbedingungen des § 19 Abs. 3 AtG zu berücksichtigen (*Leidinger* in Frenz, § 19 AtG, Rn. 42, *OVG Lüneburg* Urt. v. 16.2.1989 – 7 A 108/88).

52   **b) Anordnungsbefugnis bei Gefahrenzuständen (§ 19 Abs. 3 S. 1, 2. Alt. AtG). aa) Gefahr, Gefahrenverdacht.** Nach der entsprechend anwendbaren Regelung des § 19 Abs. 3 S. 1 2. Alt. AtG kann die Aufsichtsbehörde anordnen, dass ein Zustand beseitigt wird, aus dem sich durch die Wirkung ionisierender Strahlen **Gefahren** für Leben, Gesundheit oder Sachgüter ergeben können. Die Schutzrichtung der Vorschrift, die dem Schutzziel des § 1 Nr. 2 AtG entspricht, ist hier vollständig auf den Anwendungsbereich des StrlSchG zu übertragen. Der **Begriff der Gefahr** ist zunächst grundsätzlich als Gefahr im Sinne des allgemeinen Polizeirechts zu verstehen (*Rosin* in BHR EnergieR I, Rn. 1071, *Leidinger* in Frenz, § 19 AtG, Rn. 45). Eine solche liegt vor, soweit eine Sachlage oder ein Verhalten bei ungehindertem Ablauf des objektiv zu erwartenden Geschehens mit Wahrscheinlichkeit ein polizeilich geschütztes Rechtsgut schädigen wird (BVerwG NJW 1974, 807, 809, vgl. *Rosin* in BHR EnergieR I, Rn. 1071, vgl. *Leidinger* in Frenz, § 19 AtG, Rn. 45). In diesem Sinne muss der Eintritt einer Schädigung nicht gesichert sein, notwendig ist eine hinreichende Wahrscheinlichkeit des Schadenseintritts (BVerwG NJW 1968, 764, vgl. *Leidinger* in Frenz, § 19 AtG, Rn. 45). Ist nach der Lebenserfahrung mit einer Schädigung der benannten Rechtsgüter zu rechnen, kann eine Anordnung nach § 19 Abs. 3 S. 1, 2. Alt AtG erlassen werden (*Rosin* in BHR EnergieR I, Rn. 1071).

53   Nach der hM im Bereich der atomrechtlichen Literatur und Rechtsprechung umfasst der Gefahrenbegriff des § 19 Abs. 3 S. 1 AtG auch den sog. **Gefahrenverdacht.** Abgeleitet wird diese Annahme insbesondere aus dem Gefährdungspotential nuklearer Anlagen und dem damit einhergehenden Vorsorgecharakter des AtG. Daneben wird dies auch aus dem Wortlaut der Vorschrift gefolgert, der auf die Beseitigung eines Zustandes gerichtet ist, aus dem sich Gefahren ergeben *können* (*HessVGH* NVwZ-RR, 1998, 361, 365; *HessVGH* EnWZ 2013, 233 – ausführlich zur Rechtsprechung des *HessVGH Franßen* in Frenz, Anhang § 19 AtG, Rn. 8ff.; *Rosin* in BHR EnergieR I, Rn. 1072 mwN; *Hartung,* S. 154f.; *Martin* in: 10. Dt. Atomrechtsymposium, S. 231; aA *Ossenbühl* DVBl. 1990, 600; *Gemmeke,* 77ff.). Ein Gefahrenverdacht liegt vor, wenn aufgrund objektiver Umstände das Vorhandensein einer Gefahr zwar für möglich, aber nicht für sicher gehalten werden kann (s. *Leidinger* in Frenz, § 19 AtG, Rn. 47). Es handelt sich bei der Einschätzung des Gefährdungspotenzials um eine Prognoseentscheidung (*Hartung,* S. 152). Die Annahme eines Gefahrenverdachts setzt in dieser Hinsicht das Vorliegen hinreichend konkreter Umstände voraus, aus denen sich der Verdacht ergeben kann (*HessVGH* EnWZ 2013, 233, 236). Diese können sich entweder aus einem bei der Genehmigungserteilung übersehenen Umstand ergeben, oder auch erst im Nachhinein entstanden sein (vgl. *Leidinger* in Frenz, § 19 AtG, Rn. 44). Im Unterschied zur Beseitigung einer bestehenden Gefahr sind im Bereich des Gefahrenverdachts ausschließlich sog. Gefahrenerforschungseingriffe zulässig, die zur weiteren Aufklärung der Sachlage beitragen und es ermöglichen abzuklären, ob eine Gefahr besteht (*HessVHG,* NVwZ-RR 1998, 361, 365).

Ein Einschreiten der Aufsichtsbehörde hängt nach diesem Maßstab auch im **54** Strahlenschutzrecht davon ab, ob sie ausreichend und sachgerecht den Sachverhalt ermittelt, dokumentiert und im Rahmen des bestehenden exekutiven Funktionsvorbehalts die Möglichkeit eines Schadenseintritts konkret bejaht hat (vgl. *HessVGH* EnWZ 2013, 233, 236).

bb) Gefahrenprävention. In der atomrechtlichen Literatur wird ebenfalls dis- **55** kutiert, inwieweit im Rahmen des § 19 Abs. 3 S. 1 2. Alt. AtG Anordnungen zur Vermeidung von zukünftigen Gefahren getroffen werden können. Dem Wortlaut der Vorschrift ist eine solche Möglichkeit nicht zu entnehmen. Hierzu wird auf Grundlage des vorsorgeorientierten Charakters und unter Heranziehung der Schutzziele des AtG, insbesondere des § 1 Nr. 2 AtG, eine teleologische Extension hinsichtlich einer Zulässigkeit eines präventiven Einschreitens hergeleitet (siehe hierzu die Darstellung bei *Ewer* in HMPS, AtG/PÜ, § 19 AtG, Rn. 61). Für den Bereich des StrlSchG kommt diesem Aspekt **keine eigenständige Bedeutung** zu, da der Bereich der Gefahrenprävention hier bereits durch die strahlenschutzrechtliche Generalklausel des § 179 Abs. 2 StrlSchG abgedeckt wird. Insbesondere wurde diese Norm auch mit Blick auf den Bereich der Prävention erlassen (vgl. BT-Drs. 19/26943, 54).

c) Rechtsfolge, ausdrücklich vorgesehene Anordnungen, § 19 Abs. 3 S. 2 56 AtG. Als Rechtsfolge des Vorliegens eines Anordnungsgrundes räumt § 19 Abs. 3 der zuständigen Aufsichtsbehörde ein **Ermessen** ein. Das Ermessen besteht dabei sowohl hinsichtlich der Fragestellung, „ob" eine Anordnung getroffen wird (Entschließungsermessen) als auch „wie" diese auszugestalten ist (Auswahlermessen – vgl. *Hartung,* 161). Das Entschließungsermessen ist regelmäßig, insbesondere bei Vorliegen einer Gefahr im Sinne des Abs. 3 S. 1 2. Alt., auf Null reduziert, sodass eine Verpflichtung zum Einschreiten besteht (vgl. Ewer in HMPS, AtG/PÜ, § 19 AtG, Rn. 76).

Hinsichtlich der Ausgestaltung der Anordnung benennt § 19 Abs. 3 S. 2 AtG **57** Maßnahmen, die Gegenstand einer solchen sein können. Der hier aufgeführte Katalog ist nicht abschließend (Wortlaut *insbesondere,* BVerwG NVwZ 2001, 567, 569 f.). Insbesondere kann die Aufsichtsbehörde die folgenden Maßnahmen anordnen:

- Durchführung von Schutzmaßnahmen (Nr. 1)
- Aufbewahrung oder Verwahrung radioaktiver Stoffe (Nr. 2)
- Einstweilige oder endgültige Einstellung des Umgangs mit radioaktiven Stoffen oder der Errichtung und des Betriebs von kerntechnischen Anlagen (Nr. 3)

Hinsichtlich der einzelnen Maßnahmen ist wiederum das Verhältnis von Geneh- **58** migung und Aufsicht zu beachten, dass es sich bei den Anordnungen nach § 19 Abs. 3 lediglich um temporäre Maßnahmen handelt. Endgültige Entscheidungen über das ob und wie des Fortbestandes der Genehmigung trifft die Genehmigungsbehörde (*Leidinger* in Frenz, § 19 AtG Rn. 58). Hinsichtlich sämtlicher Anordnungen ist zudem der Grundsatz der Verhältnismäßigkeit zu beachten (vgl. Ewer in HMPS AtG/PÜ, § 19 Rn. 77 ff.).

6. Weitergehende Aufsicht und Ausweitung der Aufsicht (Abs. 1 Nr. 2 59 i. V. m. § 19 Abs. 4, 5 AtG). Weiterhin findet gem. Abs. 1 Nr. 2 auch die Vorschrift des § 19 Abs. 4 AtG entsprechende Anwendung. Die Vorschrift stellt klar, dass Aufsichtsbefugnisse aus anderen Rechtsvorschriften und die sich aus den landesrechtlichen Vorschriften ergebenden allgemeinen Befugnisse unberührt bleiben.

60   Schließlich findet auch die Vorschrift des § 19 Abs. 5 AtG nach Abs. 1 Nr. 2 entsprechende Anwendung. Die Vorschrift ordnet für Endlager nach § 9a Abs. 3 AtG und die Schachtanlage Asse II die entsprechende Anwendung des § 19 Abs. 1 – 4 AtG an.

61   **7. Beweislast, Verfahren.** Die objektive Beweislast für Anordnungen nach § 179 Abs. 1 Nr. 2 StrlSchG ivm § 19 Abs. 3 AtG sowie für die eine rechtmäßige Ermessensausübung begründenden Umstände trägt die Behörde (*HessVGH*, ZUR 2013, 367, 371, Rosin in BHR EnergieR I, Rn. 1076). Im Anordnungsverfahren ist nach den Grundsätzen des allgemeinen Verwaltungsrechts eine Anhörung erforderlich, sofern keine Ausnahme nach § 28 Abs. 2 VwVfG vorliegt (*HessVGH*, ZUR 2013, 367, 369). Es sind zudem die allgemeinen Grundsätze an die Bestimmtheit und Begründung des VA zu beachten.

III. Anwendung der Regelungen des AtG zum Sachverständigenwesen (Abs. 1 Nr. 3 i. V. m. § 20 AtG)

62   **1. Anwendungsbereich.** Nach § 179 Abs. 1 Nr. 3 findet auch im Strahlenschutzrecht die Vorschrift des § 20 AtG entsprechende Anwendung. Nach § 20 S. 1 AtG kann die zuständige Behörde im Genehmigungs- und Aufsichtsverfahren **Sachverständige** (SV) hinzuziehen. Die hierdurch eröffnete Hinzuziehungsmöglichkeit trägt dem Umstand Rechnung, dass in den o. g. Verfahren in aller Regel ein eingehendes Fachwissen hinsichtlich des Standes von Wissenschaft und Technik erforderlich ist, über das die zuständigen Behörden zT nicht verfügen (vgl. BT-Drs. III/759, 32). Der Anwendungsbereich der Vorschrift erstreckt sich in entsprechende Anwendung auf sämtliche Aufsichts- und Genehmigungsverfahren im Bereich des Strahlenschutzrecht. Dies umfasst damit auch insbesondere die Verfahren, in denen keine Zulassungsentscheidung durch die Behörde getroffen wird (Anzeigeverfahren) und auch das Freigabeverfahren nach §§ 31 ff. StrlSchV. Zu bemerken ist zudem, dass die Norm ausdrücklich nicht den Fall der Beauftragung von SV durch den Antragsteller, Anzeigenden oder Aufsichtspflichtigen erfasst – in diesen Fällen findet insbesondere § 172 Anwendung.

63   **2. Anforderungen an SV, Aufgabe der SV.** Mangels eigenständiger Begriffsdefinition ist die SV-Eigenschaft iSv § 20 S. 1 AtG nach den Grundsätzen des allgemeinen Verwaltungsrechts zu bestimmen. Danach hat der SV eine besondere **Sachkunde** auf einem bestimmten Gebiet aufzuweisen (*Leidinger* in Frenz, § 20 AtG, Rn. 2). Daneben hat er **objektiv** und **zuverlässig** zu sein und die Begutachtung **unabhängig** durchzuführen (vgl. *Rosin* in BHR EnergieR I, Rn. 837 ff.). Diese Anforderungen bestehen unabhängig vom Tätigkeitsbereich des SV, sind also ressortübergreifend (vgl. *Leidinger* in Frenz, § 20 AtG, Rn. 2 mwN). Soweit im Bereich des Strahlenschutzrechts gem. § 75 iVm § 12b AtG und der AtZüV eine Verpflichtung zur Durchführung einer Zuverlässigkeitsüberprüfung zum Schutz gegen unbefugte Handlungen, die zu einer Entwendung oder Freisetzung radioaktiver Stoffe führen können, besteht, inkludiert dies auch die SV nach § 12b Abs. 1 Nr. 4 AtG.

64   Die Anforderungen hat die für die Hinzuziehung des SV zuständige Behörde bei der Beauftragung zu beachten. Zwar fehlt im Bereich des AtG eine gesetzliche Konkretisierung der Anforderungen an SV, allerdings sieht das StrlSchG in § 172 für bestimmte Tätigkeiten eine Bestimmung von SV vor. Hierzu enthalten die §§ 177 ff. StrlSchV insbesondere dezidierte Anforderungen an den Nachweis der Sachkunde (insbes. § 181 StrlSchV), zur Zuverlässigkeit (§ 179 StrlSchV) sowie zur Unabhängigkeit (§ 180 StrlSchV). Vergleichbare Anforderungen werden von den zuständigen Behörden regelmäßig auch in Vergabeverfahren als Auswahlkriterien zugrunde gelegt, für die keine gesetzlichen Regelungen vorgesehen sind.

Die Aufgabe des SV besteht darin, einen grundsätzlich von der Behörde **65** abschließend festzustellenden und zu würdigenden Sachverhalt zu begutachten (*Kallerhof* in SBS VwVfG, § 26 Rn. 68). Sind im Verwaltungsverfahren Prognoseentscheidungen zu treffen, so obliegen diese der Behörde; der Sachverständige kann ihr hierzu nur eine Hilfestellung bieten (*Ewer* in HMPS AtG/PÜ, § 20 AtG, Rn. 8 m. Hinweis auf *BVerwG* NVwZ-RR 2009, 977). Die Auslegung des anzuwendenden Rechts und die Subsumtion des Sachverhalts unter diese Norm ist dagegen nicht Sache des Sachverständigen, sondern Aufgabe der Behörde (*Ewer* in HMPS AtG/PÜ, § 20 AtG, Rn. 8 mit Hinweis auf *BVerwG* Buchholz 402.10 NÄG § 3 Nr. 65; *VGH Kassel* NVwZ 1991, 280, 284).

3. Ermessen, Hinzuziehungsverfahren, Rechtsnatur. Die Hinzuziehung **66** von SV steht ausweislich des Wortlauts des § 20 S. 1 AtG im **Ermessen** der Genehmigungs- oder Aufsichtsbehörde. Die Norm räumt der Behörde damit ein Entschließungs- („Ob" ein SV hinzugezogen wird) und Auswahlermessen („Welcher" SV hinzugezogen wird) ein (*Leidinger* in Frenz, § 20 AtG, Rn. 12). Abhängig von Umfang und Ausgestaltung der SV-Beauftragung können sich weitere Anforderungen aus dem **Vergaberecht** (insbes. nach GWB und UVgO) ergeben.

Insbesondere das Entschließungsermessen kann dabei auf Null reduziert sein. **67** Dies ist regelmäßig dann der Fall, wenn innerhalb der zuständigen Behörde kein hinreichender Sachverstand für die Bewertung der technischen oder wissenschaftlichen Fragestellung vorliegt. Ein **Auswahlermessen** kann dagegen nur dann auf Null reduziert sein, wenn für die Bewertung der konkreten Fragestellung nur ein spezifischer SV in Frage kommt. Für diese Ermessensentscheidung bedarf es innerhalb der zuständigen Behörde einer **erheblichen Marktkenntnis.** Ebenso stellt das Vergaberecht hohe Anforderungen an eine derart gestaltete *„Monopolvergabe"* nach § 8 Abs. 4 Nr. 10 UVgO.

Mit der Hinzuziehung von SV nach § 20 AtG geht keine Übertragung von ho- **68** heitlichen Befugnissen einher. Die SV sind damit keine Beliehenen (vgl. *Ewer* in HMPS AtG/PÜ, § 20 AtG, Rn. 18). Soweit mit Hilfe externen Sachverstandes einzelne Tatbestandsvoraussetzungen für eine behördliche Entscheidung ermittelt werden sollen, sind die von der Behörde beauftragten SV als Verwaltungshelfer zu qualifizieren, wodurch sie ebenfalls die Stellung von Beamten im haftungsrechtlichen Sinne erlangen (vgl. *BGH* NJW 1993, 1784). Die Zuziehung eines Sachverständigen nach § 20 S. 1 AtG stellt eine gem. § 44a S. 1 VwGO nicht selbständig anfechtbare Verfahrenshandlung dar (*VGH Kassel* NVwZ-RR 1997, 75, 76).

4. Ablehnung und Befangenheit von Sachverständigen. Im Bereich des **69** § 20 S. 1 AtG bestehen keine eigenständigen Regelungen zum Ausschluss von SV aufgrund der Besorgnis der **Befangenheit.** Einigkeit besteht in der atomrechtlichen Literatur insoweit, als dass die Behörde gehindert ist, einen wegen persönlicher Verstrickung in den Gegenstand seiner Begutachtung ausgeschlossenen oder der Besorgnis der Befangenheit ausgesetzten SV einzusetzen. Die Herleitung dieses Schlusses erfolgt in diesem Zusammenhang regelmäßig entweder über die Anwendung des förmlichen Verwaltungsverfahrens nach den §§ 63 VwVfG i. V. m. § 406

Abs. 1 ZPO (so etwa *Leidinger* in Frenz, § 20 AtG Rn. 17). Andere gelangen über eine direkte oder analoge Anwendung der Vorschriften der §§ 20, 21 VwVfG zur Anwendung von Vorschriften zur Ablehnung von SV (s hierzu die Darstellung bei *Ewer* in HMPS AtG/PÜ, § 20 AtG, Rn. 13 mwN). Da es sich bei den im Zusammenhang mit dem Strahlenschutzrecht stehenden Verfahren um keine förmlichen Verwaltungsverfahren handelt und eine direkte Anwendung der §§ 20, 21 VwVfG schon nach dem Wortlaut ausgeschlossen sind (vgl. *Ewer* in HMPS AtG/PÜ, § 20 AtG, Rn. 13), ist hier eine analoge Anwendung der genannten Vorschriften vorzugswürdig.

70   Neben den nach der Regelung des § 20 VwVfG ausgeschlossenen Personen (vgl. hierzu die Darstellung bei Frenz/*Leidinger* § 20 AtG Rn. 19) setzt die Besorgnis der Befangenheit nach § 21 Abs. 1 VwVfG voraus, dass ein Grund vorliegen muss, der bei vernünftiger Würdigung aller Umstände Anlass gibt, an der Unbefangenheit, Unvoreingenommenheit oder Unparteilichkeit des SV zu zweifeln. MaW muss aufgrund objektiv feststellbarer Tatsachen die subjektiv mögliche Besorgnis nicht auszuschließen sein, jemand werde in der Sache nicht unparteiisch oder unbefangen entscheiden (vgl. *Schmitz* in SBS VwVfG, § 21 Rn. 9, *BVerwG* NVwZ 2012, 432, 434). Nicht erforderlich ist die tatsächliche Befangenheit, es reicht der „böse Schein" möglicher Parteilichkeit oder einer Verquickung öffentlicher und privater Interessen (*Schmitz* in SBS VwVfG, § 21 Rn. 9, *BVerwG* NVwZ-RR, 1999, 438).

71   **5. Befugnisse des SV, entsprechende Anwendung von § 7 Abs. 4 und 5 ÜAnlG (§ 20 S. 2 AtG).** Die Befugnisse der nach § 20 S. 1 AtG hinzugezogenen SV ergeben sich zum einen aus der von § 20 S. 2 AtG angeordneten entsprechende Anwendbarkeit von § 7 Absatz 4 und 5 ÜAnlG. Zum anderen sprechen auch die im Bereich des Strahlenschutzrecht geltenden Aufsichtsregelungen den SV ausdrückliche Befugnisse zu. So sind die Betreiber von Anlagen nach § 7 Abs. 4 und 5 ÜAnlG verpflichtet, SV die behördlich angeordneten Prüfungen unverzüglich durchführen zu lassen (§ 7 Abs. 4 ÜAnlG), die hierfür benötigten Arbeitskräfte und Hilfsmittel bereitzustellen sowie die Angaben zu machen sowie die Unterlagen vorzulegen, die zur Erfüllung ihrer Aufgaben erforderlich sind (§ 7 Abs. 5 ÜAnlG). Die Rechte der SV zum Betreten von Anlagen sowie der Vornahme von Prüfungshandlungen ergeben sich aus § 19 Abs. 2 S. 1 AtG.

72   Die vorgenannten Befugnisse stehen dem SV dabei im Rahmen seiner Hinzuziehung zu, eine Beleihung mit originären hoheitlichen Befugnissen erfolgt durch die Hinzuziehung nicht. Verweigert der Betreiber demnach die Mitwirkung, so kann die Behörde zur Durchsetzung der SV-Rechte aufsichtliche Anordnungen treffen und diese ggf. im Wege der Verwaltungsvollstreckung durchsetzen (vgl. *Ewer* in HMPS AtG/PÜ, § 20 AtG, Rn. 22 m. Hinweis auf *Jarass* BImSchG § 52 Rn. 59 f.).

D. Strahlenschutzrechtliche Generalklausel (Abs. 2)

73   Die Regelung des § 179 Abs. 2 enthält eine allgemeine Anordnungsmöglichkeit für die Aufsichtsbehörde. Hiernach kann sie im Einzelfall diejenigen Maßnahmen zur Durchführung der Vorschriften des StrlSchG und der hierauf beruhenden RVOen anordnen, die zum Schutz vor der schädlichen Wirkung ionisierender Strahlung erforderlich sind. Es handelt sich hierbei um eine **Generalklausel,** die von den speziellen Anordnungsgründen des § 179 Abs. 1 Nr. 2 iVm § 19 Abs. 3

AtG verdrängt wird. Das Subsidiaritätsverhältnis wird ausdrücklich von Abs. 2 S. 2 betont. Die Vorschrift wurde mit dem 1 ÄndG in das StrlSchG aufgenommen, nachdem die vergleichbare Regelung bis zur Neuregelung der StrlSchV bereits nach § 113 StrlSchV a. F. bestand. Im Vergleich hierzu ist die Regelung des § 179 Abs. 2 StrlSchG allerdings weiter gefasst. Die Vorschrift orientiert sich an vergleichbaren Regelungen in anderen Umweltgesetzen (§ 62 KrWG, § 24 BImSchG; BT-Drs. 19/26943, 53).

Hinsichtlich der Reichweite der Regelung sagt Abs. 2 S. 3 aus, dass der Anord- **74** nungsgrund keine Anwendung im Bereich des Notfallmanagementsystems und der Notfallschutzvorschriften findet. Rückausnahmen bestehen dabei für § 95 sowie für die auf Grundlage von §§ 95 f. erlassenen VOen. Diese Bestimmung des Anwendungsbereichs der Vorschrift hat nur einen klarstellenden Charakter, da dieser dem des § 178 S. 2 StrlSchG entspricht, der den Anwendungsbereich der strahlenschutzrechtlichen Aufsicht bestimmt.

Nach der amtl. Begr. soll die Generalklausel überall dort Anwendung finden, wo **75** die Anordnungsgründe des § 19 Abs. 3 nicht greifen oder ein Einschreiten der Genehmigungsbehörde im Wege der nachträglichen Auflage oder der Aufhebungstatbestände nicht möglich ist. Ein Einschreiten der Genehmigungsbehörde kommt etwa dann nicht in Betracht, soweit es um Tätigkeiten geht, die keines Zulassungsverwaltungsakts bedürfen. Dies ist insbesondere bei lediglich anzeigepflichtigen Tätigkeiten der Fall (BT-Drs. 19/26943, 53). Soweit an diese Tätigkeiten geänderte Prüfanforderungen zu stellen sind, besteht hier bspw. auch kein spezieller Anordnungsgrund des § 179 Abs. 1 Nr. 2 iVm § 19 Abs. 3 AtG. Denn es geht hier nicht um die Beseitigung eines bereits eingetretenen Zustandes, der den Vorschriften des StrlSchG oder einer auf Grund des StrlSchG erlassenen RVO widerspricht oder aus dem sich eine Gefahr ergeben kann, sondern um die Möglichkeit, bereits vor Eintreten eines solchen Zustandes Maßnahmen anzuordnen, die die korrekte Durchführung der Vorschriften des Strahlenschutzgesetzes und der darauf gestützten Rechtsverordnungen, insbesondere der Strahlenschutzverordnung, von vornherein sicherstellen und die insoweit nicht als Schutzmaßnahmen im Sinne des § 19 Abs. 3 S. 1 Nr. 1 AtG in Betracht kommen (BT-Drs. 19/26943, 53). Die Anordnungsbefugnis des Abs. 2 ermöglicht es so den zuständigen Behörden, zur Konkretisierung unbestimmter Rechtsbegriffe Vorgaben aus dem **untergesetzlichen Regelwerk verbindlich anzuordnen,** wie etwa die Konkretisierung der erforderlichen Zeitabstände für die Konstanzprüfungen im Falle des § 116 StrlSchV (BT-Drs. 19/26943, 54). MaW schafft die Generalklausel für den Bereich des Strahlenschutzrecht einen vom AtG unabhängigen (dort gleichwohl diskutierten) Anordnungsgrund für ein präventives aufsichtliches Einschreiten (→ Rn. 55.).

Als Voraussetzung für eine Anordnung nach Abs. 2 formuliert die Vorschrift, dass **76** diese zum Schutz vor der schädlichen Wirkung ionisierender Strahlung und damit zur Erreichung des Gesetzes- bzw. Verordnungszwecks erforderlich sein muss. Im Vordergrund der Regelung steht allerdings schon nach dem Wortlaut das der Aufsichtsbehörde eingeräumte Ermessen *("Erforderlich"),* das pflichtgemäß auszuüben ist. Der ausdrückliche Hinweis auf die Erforderlichkeit der Maßnahme deutet zudem darauf hin, dass hier die Betreiberinteressen ähnlich sorgfältig zu berücksichtigen sind wie im Bereich der nachträglichen Auflage (→ Rn. 9). Der Zusatz, dass die Behörde *„im Einzelfall"* nach Abs. 2 handeln kann, stellt zum einen klar, dass es sich bei Anordnungen nach dieser Vorschrift um VAe handelt (so zum vergleichbaren § 62 KrWG *v. Komorowski* in Jarass/Petersen, § 62 KrWG, Rn. 32). Zum anderen wird hervorgehoben, dass der Erlass von abstrakt-generellen Regelungen, also bspw. Verordnungen, auf Grundlage des § 179 Abs. 2 ausgeschlossen ist. In der Praxis ist hierbei die Unterscheidung von zulässigen konkret-generellen Allgemeinverfügungen und abstrakt-generellen Verordnungen erforderlich. Indizien für die Konkretheit einer Regelung sind deren zeitliche, räumliche bzw. personelle Beschränktheit, aber etwa auch ihr Zweck, eine konkrete u. nicht bloß abstrakte Gefahr zu bekämpfen (*v. Komorowski* in Jarass/Petersen, § 62 KrWG, Rn. 32).

77   Adressat der Anordnung nach Abs. 2 ist grundsätzlich der Adressat der jeweiligen Vorschrift, also in der Regel der SSV, der Verpflichtete nach § 131 Absatz 1 oder § 145 Absatz 1 Satz 1 StrlSchG oder der Verantwortliche nach § 115 Absatz 2 oder § 153 Absatz 1 StrlSchG. Auch der SSB nach § 70 StrlSchG, der im Rahmen der geplanten Expositionssituationen häufig anstelle des SSV vor Ort für die Erfüllung der strahlenschutzrechtlichen Pflichten sorgt, kommt in dringenden Fällen als Adressat der Anordnung in Betracht (BT-Drs. 19/26943, 54).

E. Einschränkung des Grundrechts aus Art. 13 GG (Abs. 3)

78   § 179 Abs. 3 stellt klar, dass das die Regelungen der Abs. 1 und 2 das Grundrecht auf die Unverletzlichkeit der Wohnung aus Art. 13 einschränken.

F. Zuwiderhandlung

79   Nach § 194 Abs. 1 Nr. 42 handelt ordnungswidrig, wer
– einer vollziehbaren Auflage nach § 179 Abs. 1 Nr. 1 StrlSchG iVm § 17 Abs. 1 S. 2 oder 3 AtG (dies schließt demnach auch die nachträgliche Auflage ein) oder
– einer vollziehbaren Anordnung nach § 179 Abs. 1 Nr. 2 StrlSchG iVm § 19 Abs. 3 AtG
zuwiderhandelt. Eine Zuwiderhandlung gegen aufsichtliche Anordnungen nach § 179 Abs. 2 S. 1 ist nicht bußgeldbewehrt.

§ 180   Aufsichtsprogramm; Verordnungsermächtigung

(1) ¹Im Rahmen der strahlenschutzrechtlichen Aufsicht bei geplanten Expositionssituationen richtet die zuständige Behörde ein Programm für aufsichtliche Prüfungen ein, das dem möglichen Ausmaß und der Art der mit den Tätigkeiten verbundenen Risiken Rechnung trägt (Aufsichtsprogramm). ²Die Bundesregierung wird ermächtigt, durch Rechtsverordnung mit Zustimmung des Bundesrates Anforderungen an die Ausgestaltung des Aufsichtsprogramms festzulegen. ³In der Rechtsverordnung können insbesondere festgelegt werden:
1. Kriterien zur Bestimmung des Ausmaßes und der Art des mit einer Tätigkeit verbundenen Risikos,
2. Zeitabstände zwischen Vor-Ort-Prüfungen durch die zuständige Behörde bei einem Strahlenschutzverantwortlichen.

(2) ¹Die zuständige Behörde zeichnet die Ergebnisse jeder Vor-Ort-Prüfung auf und übermittelt sie dem Strahlenschutzverantwortlichen. ²In den Fällen des Teils 2 Kapitel 2 Abschnitt 8 Unterabschnitt 2 sind die Ergebnisse nach Satz 1 dem Verpflichteten zu übermitteln. ³Beziehen sich

die Ergebnisse auf eine externe Arbeitskraft, so hat der Strahlenschutzverantwortliche nach Satz 1 oder der Verpflichtete nach Satz 2 diese Ergebnisse, mit Ausnahme von Betriebs- und Geschäftsgeheimnissen, auch demjenigen mitzuteilen, zu dem das Beschäftigungsverhältnis der externen Arbeitskraft besteht.

(3) ¹Die zuständige Behörde macht der Öffentlichkeit eine Kurzfassung des Aufsichtsprogramms und die wichtigsten bei der Durchführung des Programms gewonnenen Erkenntnisse zugänglich. ²Die Informationen nach Satz 1 dürfen keine Betriebs- und Geschäftsgeheimnisse enthalten. ³Die Gesetze des Bundes und der Länder über Umweltinformationen bleiben unberührt.

A. Zweck und Bedeutung der Norm

Neben der Aufgabennorm des § 178 und der Befugnisnorm des § 179 vervoll- 1 ständigt § 180 die Regelungen zur strahlenschutzrechtlichen Aufsicht in Teil 6 des StrlSchG. Die Norm verfolgt den Zweck der Einrichtung eines Aufsichtsprogramms für die Überwachung von **geplanten Expositionssituationen.** Insbesondere soll das Aufsichtsprogramm Intervalle für Vor-Ort-Prüfungen enthalten, die anhand des Risikopotentials der jeweiligen Tätigkeiten festgelegt werden. Demnach gestaltet die Vorschrift die Anforderungen an die von der zuständigen Behörde durchzuführen Aufsicht für die hier genannten Tätigkeiten aus. § 180 führt damit – in Umsetzung von europarechtlichen Vorgaben (→ Rn. 2) – erstmals in ausdrücklicher Weise einen risikoorientierten Ansatz für die Aufsicht ein, der die bisher vielfach vorherrschende anlassbezogene Aufsichtspraxis ablöst (s. hierzu auch BR-Drs. (Beschl.) 423/18, S. 45). Die Vorschrift enthält zur Umsetzung des risikoorientierten Aufsichtskonzepts eine Ermächtigung der Bundesregierung, die Anforderungen an das Aufsichtsprogramm durch Rechtsverordnung festzulegen (Abs. 1 S. 2). Daneben enthält die Vorschrift Regelungen zu Ergebnismitteilungen (Abs. 2), sowie der Veröffentlichung von Ergebnissen (Abs. 3).

B. Regelungshistorie

§ 180 wurde erstmalig mit dem Erlass des StrlSchG eingeführt und stellt somit 2 neue Anforderungen an die Organisation der strahlenschutzrechtlichen Aufsicht (→ Rn. 1, vgl. BT-Drs. 18/11241, 180). Dabei setzt die Vorschrift Art. 104 RL 2013/59/Euratom um, der in Abs. 1 die Einrichtung eines oder mehrerer Inspektionssysteme in den Mitgliedstaaten vorsieht. Während die §§ 178 und 179 StrlSchG die Grundsätze und Befugnisse der strahlenschutzrechtlichen Aufsicht regeln und damit (nur) Art. 104 Abs. 1 RL 2013/59/Euratom umsetzen, werden die Anforderungen an den Gegenstand der Inspektionssysteme für die Überwachung von Tätigkeiten nach Art. 104 Abs. 2 RL 2013/59/Euratom geregelt, welcher durch § 180 Abs. 1 StrlSchG umgesetzt wurde. Die weitere Umsetzung der Anforderungen der Richtlinie erfolgt auf Grundlage der VO-Erm. durch § 149 StrlSchV und der Anl. 16 zur StrlSchV. Die weiteren Regelungen des § 180 Abs. 2 und Abs. 3 greifen die Inhalte der Abs. 3 und 4 des Art. 104 RL 2013/59/Euratom auf.

C. Begriff des Aufsichtsprogramms, Verordnungsermächtigung (Abs. 1)

I. Begriff und Reichweite des Aufsichtsprogramms (Abs. 1 S. 1)

3   Abs. 1 S. 1 beinhaltet die **Legaldefinition** des Begriffs des Aufsichtsprogramms. Danach handelt es sich um ein Programm für aufsichtliche Prüfungen, das dem Ausmaß und der Art der mit der Tätigkeit verbundenen Risiken Rechnung trägt. Vorgesehen ist das Aufsichtsprogramm ausschließlich für den Bereich der geplanten Expositionssituationen. Die Regelung nimmt insoweit direkten Bezug auf Teil 2 des StrlSchG und findet demnach nur in dieser Hinsicht Anwendung. Nicht in den Anwendungsbereich des Aufsichtsprogramms fallen die Aufsicht im Rahmen von Notfallexpositionssituationen nach Teil 3 sowie die Überwachung von bestehenden Expositionssituationen nach Teil 4 des StrlSchG (insbes. im Bereich des Schutzes vor Radon, von Expositionen, die nach einem Notfall bestehen sowie im Zusammenhang mit Altlasten). Die Begrenzung des Anwendungsbereichs auf geplante Expositionssituationen entspricht der Verwendung des Begriffes der Tätigkeit, was ebenfalls von Art. 104 Abs. 2 RL 2013/59/Euratom vorgesehen ist (→ Rn. 2). Insoweit nimmt die Vorschrift auf den Tätigkeitsbegriff des § 4 Abs. 1 StrlSchG Bezug (BT-Drs. 18/11241, 435; s. aber auch → Rn. 13).

4   Bei der Regelung des Abs. 1 S. 1 handelt es sich um eine **Aufgabennorm,** die die zuständigen Behörden jeweils zur Ausgestaltung eines Aufsichtsprogrammes verpflichtet. Aufgabenadressat ist die für die strahlenschutzrechtliche Aufsicht zuständige Behörde im Sinne des § 178 StrlSchG, wobei sich die sachliche Zuständigkeit im Einzelnen aus den §§ 184 ff. StrlSchG ergibt. In der Regel wird dabei die strahlenschutzrechtliche Aufsicht durch die Landesverwaltung im Wege der Bundesauftragsverwaltung nach § 184 Abs. 2 StrlSchG wahrgenommen. Gleichwohl können sich auch aus Sicht des §§ 185 ff. Zuständigkeiten der Bundesbehörden ergeben, soweit diese im Einzelfall Aufgaben der Aufsicht wahrnehmen (*amtl. Begr. StrlSchG,* BT-Drs. 18/11241, S. 435).

II. Verordnungsermächtigung des Abs. 1 S. 2, S. 3, Umsetzung im Rahmen der StrlSchV

5   Abs. 1 S. 2 sieht eine VO-Erm. der BReg vor, womit die Inhalte der Aufsichtsprogramme nach Abs. 1 S. 1 ausgestaltet werden sollen. In der RVO können insbesondere die in Abs. 1 S. 3 genannten Inhalte festgelegt werden. Ausdrücklich benannt wird hier zum einen die Möglichkeit, Kriterien zur Bestimmung des mit der Tätigkeit verbundenen Risikos zu benennen (S. 3 Nr. 1), sowie zum anderen Zeitabstände für die Durchführung von Vor-Ort-Prüfungen der Aufsichtsbehörden bei SSV (S. 3 Nr. 2) festzulegen. Die Aufzählung der Regelungsinhalte der RVO ist nicht abschließend (Wortlaut „insbesondere"). Der mit der RVO festzulegende einheitliche Rechtsrahmen für die inhaltliche Ausgestaltung der Aufsichtsprogramme insbesondere hinsichtlich der Kriterien und Prüfintervalle folgt den Anforderungen aus Art. 104 Abs. 2 der Richtlinie sowie den Legaldefinition gem. Abs. 1 S. 1. Denn nach diesem Rechtsrahmen ist das Inspektionssystem bzw. Aufsichtsprogramm risikoorientiert auszugestalten. Die Umsetzung der VO-Erm. ist mit dem Erlass von **§ 149 StrlSchV** sowie der **Anlage 16** zur StrlSchV erfolgt.

1. Konkretisierung der Aufgabenbestimmung, § 149 Abs. 1 StrlSchV. 6
Die Regelung des § 149 Abs. 1 StrlSchV konkretisiert den Begriff des Aufsichtsprogramms nach § 180 Abs. 1 S. 1 StrlSchG sowie die Aufgaben der zuständigen Aufsichtsbehörden. Danach sind diese verpflichtet, in einem Aufsichtsprogramm die Durchführung und die Modalitäten aufsichtlicher Prüfungen festzulegen. Dies gilt insbesondere für Vor-Ort-Prüfungen. Die ausdrückliche Hervorhebung der Vor-Ort-Prüfungen innerhalb der Vorschrift wird dabei mit dem erforderlichen Aufwand für die Planung und Durchführung aufsichtlicher Prüfungen beim SSV bzw. dem Verpflichteten begründet (BR-Drs. 423/18, 454). Weiterhin seien bei der Ausgestaltung des Aufsichtsprogramms alle Tätigkeiten in geplanten Expositionssituationen zu berücksichtigen, die der behördlichen Vorabkontrolle unterliegen (BR-Drs. 423/18, 454).

2. Konkretisierung der risikoorientierten Vor-Ort-Prüfung, § 149 Abs. 2 7
StrlSchV, Anl. 16 zur StrlSchV. a) Risikoeinschätzung, Kriterien, § 149
Abs. 2 S. 1, S. 2, Anl. 16 zur StrlSchV. Eine nähere Regelung zur Herangehensweise der Aufsicht hinsichtlich der Vor-Ort-Prüfungen enthält § 149 Abs. 2 StrlSchV. Hier wird zunächst in Abs. 2 S. 1 nochmals klargestellt, dass sich die zeitlichen Abstände der Prüfungen an Art und Ausmaß des mit der Tätigkeit verbundenen Risikos orientieren. Dieser Ansatz gilt dabei bereits über die Legaldefinition des § 180 Abs. 1 S. 1 StrlSchG. Zur Einschätzung des mit der Tätigkeit verbundenen Risikos sind nach Abs. 2 S. 2 die Kriterien der Anl. 16 zur StrlSchV zugrunde zu legen. Die dort aufgeführten Kriterien dienen als Indikatoren, um eine Tätigkeit hinsichtlich der Art und des Ausmaßes ihres Risikos zu bewerten und die Tätigkeit anhand dessen einer Risikostufe zuzuordnen, aus der sich der Umfang der aufsichtlichen Maßnahmen, insbesondere die regelmäßigen Prüffristen ableiten (BR-Drs. 423/18, 454).

Die Kriterien sollen als Grundlage für eine bundesweit vergleichbare Vorgehens 9
weise bei der Ausgestaltung von regelmäßigen aufsichtlichen Prüfungen dienen; weitergehende Konkretisierungen können im Hinblick auf einen bundeseinheitlichen Vollzug in einer Verwaltungsvorschrift oder einer Richtlinie erfolgen (BR-Drs. 423/18, 511). Eine allgemeine Verwaltungsvorschrift befindet sich gem. der entsprechenden Kompetenz im Rahmen der Bundesauftragsverwaltung aus Art. 85 Abs. 2 GG in Erarbeitung durch das BMUV (vgl. BR-Drs. 854/21).

Die in der Anl. 16 zur StrlSchV aufgeführten Kriterien sind nicht abschließend, 10
sondern dienen der Kategorisierung von Tätigkeiten und der Zuordnung zu Risikostufen, die für die Festlegung von Regelintervallen für Vor-Ort-Prüfungen maßgeblich sind (BR-Drs. 423/18, 511). Im Hinblick auf die ausdrücklich aufgeführten Kriterien fehlt insbesondere sowohl in § 149 StrlSchV als auch in der Anl. 16 zur StrlSchV ein Hinweis darauf, dass die Risikoabschätzung sich gem. Art. 104 Abs. 2 der Richtlinie auch daran zu orientieren hat, in welchem Maße die Einhaltung von Vorschriften zu erwarten ist. Dieser Aspekt wird gleichwohl in der amtl. Begr. zu § 149 StrlSchV ausdrücklich hervorgehoben und ist damit in die Risikobewertung einzubeziehen (BR-Drs. 423/18, S. 454).

b) Regelprüfintervall, § 149 Abs. 2 S. 3 StrlSchV. Abs. 2 S. 3 setzt einen 11
grundsätzlichen Rahmen für die Prüfintervalle nach Abs. 2 S. 1, innerhalb dessen sich der Prüfabstand anhand der Risikobewertung verringern oder vergrößern kann. Dieser beträgt idR einen Zeitraum von einem bis sechs Jahren. In Ausnahmefällen kann der Prüfabstand den Rahmen des Abs. 2 S. 3 auch über- oder unterschreiten, wie der Wortlaut der Norm „in der Regel" zum Ausdruck bringt (BR-

Drs. 423/18, 455). Ein Abweichen von den in S. 3 vorgegebenen zeitlichen Abständen liegt im Ermessen der zuständigen Behörde und kann bspw. als Folge einer
Risikobetrachtung einer speziellen Tätigkeit oder aus der Zusammenschau oder
den Erkenntnissen anderer aufsichtlicher Maßnahmen resultieren (BR-Drs.
423/18, 455).

12   **c) Öffnungsregelung, § 149 Abs. 2 S. 4 StrlSchV.** Nach der Ausnahmeregelung des Abs. 2 S. 4 kann die zuständige Behörde bei der Ausgestaltung des
Aufsichtsprogrammes Tätigkeiten vom Erfordernis der Durchführung regelmäßiger
Vor-Ort-Prüfungen ausnehmen, soweit diese nur mit einem geringen Risiko verbunden sind. Ein vollständiger Verzicht auf die Prüfungen kann allerdings nicht erfolgen, vielmehr muss die Behörde hier eine andere Vorgehensweise zur Auswahl
des Zeitpunkts einer Vor-Ort-Prüfung festlegen. Die Festlegung dieser Vorgehensweise kann anhand anderer aufsichtlicher Erwägungen erfolgen, wie zB der Durchführung von Schwerpunktprogrammen zu Einzelaspekten des Strahlenschutzes
oder tätigkeitsübergreifenden Aufsichtsfragen (vgl. BR-Drs. 423/18, 455). Die Regelung dient dabei dazu, der zuständigen Behörde weitere Flexibilität für die Planung und Ausgestaltung von Vor-Ort-Prüfungen einzuräumen (BR-Drs. 423/18,
455).

13   **3. Bestimmungen zum Aufsichtsprogramm im Zusammenhang mit
kerntechnischen Anlagen, § 149 Abs. 3 StrlSchV.** § 149 Abs. 3 StrlSchV stellt
schließlich klar, dass die Pflichten der Abs. 1 und 2 nicht auf die Tätigkeiten nach
§ 4 Abs. 1 S. 1 Nr. 3 – 6 StrlSchG Anwendung finden. Bei den hier genannten Tätigkeiten handelt es sich um solche, die der Vorabkontrolle im Sinne einer Zulassung nach dem AtG bedürfen und damit direkt dem Aufsichtsregime des AtG unterliegen.   Hinsichtlich   dieser   Anlagen   bestehen   regelmäßig   dezidierte
Aufsichtsprogramme, die mit der Herangehensweise des § 149 StrlSchV im Übrigen nicht übereinstimmen. Hier erfolgt vielmehr schon aufgrund der von den benannten Tätigkeiten ausgehenden Gefährdungspotenzials eine kontinuierliche
Überwachung.

D. Aufzeichnungs- und Mitteilungspflichten (Abs. 2)

14   Abs. 2 StrlSchG regelt die Aufzeichnung und die Übermittlung der Ergebnisse
einer Vor-Ort- Prüfung und setzt dabei die Anforderungen des Art. 104 Abs. 3 der
Richtlinie um. Die Pflichten des Abs. 2 sind dabei allein aus Gründen der Praktika-
bilität und der Verhältnismäßigkeit auf Vor-Ort-Prüfungen beschränkt (*amtl. Begr.
StrlSchG*, BT-Drs. 18/11241, S. 435).

15   Adressat der Datenübermittlung nach Abs. 2 S. 1 ist im Grundsatz der SSV. Soweit die Vor-Ort-Prüfung Tätigkeiten im Zusammenhang mit Rückständen nach
den §§ 60 ff. zum Gegenstand hat, sind die Prüfergebnisse nach Abs. 2 S. 2 dem
nach diesen Vorschriften Verpflichteten zu übermitteln. Falls die Ergebnisse der
Prüfung externe Arbeitskräfte betreffen, sind deren Arbeitgeber nach Abs. 2 S. 3
ebenfalls zu informieren; dies soll über den SSV oder Verpflichteten erfolgen, da
der zuständigen Behörde die Arbeitgeber der externen Arbeitskräfte nicht in jedem
Fall bekannt sind (BT-Drs. 18/11241, 435). Im Falle der Übermittlung von Ergebnissen nach Abs. 2 S. 3 ist zudem zu beachten, dass dem Dritten keine Betriebs-
oder Geschäftsgeheimnisse offenbart werden dürfen.

E. Veröffentlichung (Abs. 3)

Nach Abs. 3 S. 1 haben die zuständigen Behörden eine Kurzfassung des Auf- **16** sichtsprogramms und die wichtigsten bei der Durchführung des Programms gewonnenen Erkenntnisse der Öffentlichkeit zugänglich zu machen. Die Regelung des Abs. 3 S. 1 setzt damit die Anforderungen des Art. 104 Abs. 4 nahezu wortidentisch um. Die Pflicht korrespondiert dabei mit den Gesetzen des Bundes und der Länder über Umweltinformationen, die ebenfalls Regelungen zur aktiven Unterrichtung der Öffentlichkeit beinhalten (so bspw. § 10 UIG) und ergänzt diese insoweit (vgl. BT-Drs. 18/11241, 435).

Der Wortlaut des Veröffentlichungsgebotes nach Abs. 3 S. 1 macht zudem deut- **17** lich, dass nicht alle im Rahmen des Aufsichtsprogramms erlangten Erkenntnisse zu veröffentlichen sind („wichtigste"). Im Hinblick auf die geplante Veröffentlichung ist damit zunächst eine Abwägung erforderlich, die sich an der Relevanz iSd Nutzens der Information orientiert (vgl. *amtl. Begr. StrlSchG*, BT-Drs. 18/11241, S. 435). Für den nächsten Schritt stellt ferner Abs. 3 S. 2 klar, dass solche Informationen nicht veröffentlichungspflichtig sind, die Geschäfts- und Betriebsgeheimnisse enthalten. Ferner bleiben auch die Vorschriften des UIG nach Abs. 3 S. 3 unberührt. Danach finden auch bei der Veröffentlichung von Informationen nach Abs. 3 S. 1 die Ablehnungsgründe des UIG, insbesondere die zum Schutz öffentlicher Belange nach § 8 UIG ergänzend Anwendung (vgl. *amtl. Begr. StrlSchG*, BT-Drs. 18/11241, S. 435).

§ 181 Umweltverträglichkeitsprüfung

(1) ¹Besteht nach dem Gesetz über die Umweltverträglichkeitsprüfung eine Verpflichtung zur Durchführung einer Umweltverträglichkeitsprüfung für Vorhaben, die einer Genehmigung nach diesem Gesetz bedürfen (UVP-pflichtige Vorhaben), ist die Umweltverträglichkeitsprüfung unselbständiger Teil der Verfahren zur Erteilung der nach diesem Gesetz erforderlichen Genehmigung. ²Die Umweltverträglichkeitsprüfung ist nach den Vorschriften des § 7 Absatz 4 Satz 1 und 2 des Atomgesetzes und nach den Vorschriften der Atomrechtlichen Verfahrensverordnung über den Gegenstand der Umweltverträglichkeitsprüfung, die Antragsunterlagen, die Bekanntmachung des Vorhabens, die Auslegung und das Zugänglichmachen von Antragsunterlagen, auch über das einschlägige zentrale Internetportal nach dem Gesetz über die Umweltverträglichkeitsprüfung, die Erhebung von Einwendungen, die Beteiligung von Behörden, den Inhalt des Genehmigungsbescheids und die Zustellung, die öffentliche Bekanntmachung und das Zugänglichmachen der Entscheidung, auch über das einschlägige zentrale Internetportal nach dem Gesetz über die Umweltverträglichkeitsprüfung, durchzuführen. ³Nach Ablauf der Einwendungsfrist kann die Genehmigungsbehörde die rechtzeitig gegen das Vorhaben erhobenen Einwendungen mit dem Antragsteller und denjenigen, die Einwendungen erhoben haben, erörtern. ⁴§ 31 des Gesetzes über die Umweltverträglichkeitsprüfung bleibt unberührt.

(1a) Besteht nach dem Gesetz über die Umweltverträglichkeitsprüfung eine Verpflichtung zur Durchführung einer Vorprüfung für Vorhaben, die

einer Genehmigung nach diesem Gesetz oder einer auf Grund dieses Gesetzes erlassenen Rechtsverordnung bedürfen, wird die Vorprüfung nach
den Bestimmungen des Gesetzes über die Umweltverträglichkeitsprüfung
durchgeführt.

(2) **Vor Erhebung einer verwaltungsgerichtlichen Klage, die einen nach
Durchführung einer Umweltverträglichkeitsprüfung erlassenen Verwal-
tungsakt zum Gegenstand hat, bedarf es keiner Nachprüfung in einem
Vorverfahren.**

A. Zweck und Bedeutung der Norm

1   § 181 Abs. 1 enthält ergänzende Regelungen für die Gestaltung von Genehmigungsverfahren nach dem StrlSchG, soweit für das Vorhaben eine Verpflichtung
zur Durchführung einer UVP besteht. Für diese Fälle ordnet Abs. 1 u. a. an, dass
die Regelungen der Atomrechtlichen Verfahrensverordnung (AtVfV) im Hinblick
auf die Beteiligung der Öffentlichkeit Anwendung finden. Es handelt sich insoweit
um eine Rechtsgrundverweisung (vgl. zur im Wesentlichen wortidentischen Norm
des § 2a AtG: *Posser* in HMPS AtG/PÜ § 2a, Rn. 2). Zudem ergänzt Abs. 1a die
Regelung des Abs. 1 im Hinblick auf Verfahren, in denen eine Vorprüfung nach
UVPG erforderlich ist. Schließlich ordnet Abs. 2 die Entbehrlichkeit des Vorverfahrens für die Vorhaben nach Abs. 1 an. Für Vorhaben, die einer Genehmigungspflicht
nach dem StrlSchG unterliegen, ergibt sich – anders als bei AtG-Vorhaben – **nur in
seltenen Fällen** eine UVP-Pflicht. **Hauptanwendungsfall** sind Anlagen zur Lagerung oder Bearbeitung radioaktiver Abfälle.

B. Regelungshistorie

2   Die Regelungen der Abs. 1 u. 2 wurden mit dem Erlass des StrlSchG erforderlich, da die einschlägigen Genehmigungstatbestände zuvor vom nahezu wortidentischen § 2a AtG mitumfasst waren. Die Regelung des § 181 setzt die bis dahin geltende Rechtslage fort (BT-Drs. 18/11241, 435 f.). Die Regelung des Abs. 1a wurde
durch das Gesetz zur Änderung des Umweltschadensgesetzes, des Umweltinformationsgesetzes und weiterer umweltrechtlicher Vorschriften vom 25. Februar 2021
(BGBl I S. 306) eingeführt.

C. Bestimmungen zur Durchführung von
Umweltverträglichkeitsprüfungen (Abs. 1, Abs. 1a)

3   Die Anwendung der von Abs. 1 benannten Verfahrensbestimmungen setzen auf
Tatbestandsebene voraus, dass es sich beim Genehmigungsgegenstand um ein
UVP-pflichtiges Vorhaben handelt. Ob für das Vorhaben eine UVP-Pflicht besteht,
richtet sich nach den Regelungen des UVPG, dort insbes. nach der Anl. 1 zum
UVPG.

I. Bestimmung der UVP-Pflicht nach UVPG, Anwendung der Vorschriften zur Vorprüfung (Abs. 1 S. 1 Hs. 1, Abs. 1 a)

1. Grundlagen zur Bestimmung der UVP-Pflicht, Vorprüfung. Die **4** UVP-Pflicht wird nach § 5 Abs. 1 S. 1 UVPG von der zust. Genehmigungsbehörde festgestellt. Grundlage für die Entscheidung ist insbes. die Beschreibung des Vorhabens im Genehmigungsantrag. Nach den Vorschriften des UVPG ist bei Neuvorhaben zwischen Vorhaben zu unterscheiden, bei denen eine unbedingte UVP-Pflicht besteht und solchen, bei denen zuvor eine UVP-Vorprüfung durchzuführen ist.

Eine **unbedingte UVP-Pflicht für Neuvorhaben** besteht nach § 6 S. 1 **5** UVPG, wenn dieses in Anl. 1 Spalte 1 zum UVPG mit dem Buchstaben „X" gekennzeichnet ist und die zur Bestimmung der Art des Vorhabens genannten Merkmale vorliegen. Bei den dort benannten Vorhaben ergibt sich damit die UVP-Pflicht aus der Einordnung anhand von abstrakten Merkmalen. Eine individuelle Betrachtung der zu erwartenden Umweltauswirkungen erfolgt bei der Feststellung der UVP-Pflicht nach § 5 Abs. 1 S. 1 iVm § 6 UVPG nicht.

Demgegenüber besteht gem. § 7 Abs. 1 S. 1 UVPG eine Verpflichtung zur **6** Durchführung einer **UVP-Vorprüfung für Neuvorhaben,** soweit dieses in der Anl. 1 Spalte 2 zum UVPG mit dem Buchstaben „A" gekennzeichnet ist. Gem. § 181 Abs. 1 a StrlSchG sind die Vorschriften des UVPG zur Durchführung von Vorprüfungen für Vorhaben im Bereich des StrlSchG direkt anzuwenden, da die AtVfV, die gem. Abs. 1 für anwendbar erklärt wurde, keine eigenen Bestimmungen zur Vorprüfung enthält (vgl. *Posser* in HMPS AtG/PÜ § 2a Rn. 4). Die Regelung entspricht insoweit der des § 2a Abs. 1 a AtG. Im Rahmen der Vorprüfung ermittelt die Behörde anhand des Maßstabes des § 7 Abs. 1 S. 3 UVPG, ob das Vorhaben erhebliche nachteilige Umweltauswirkungen haben kann, die nach § 25 Abs. 2 UVPG bei der Zulassungsentscheidung zu berücksichtigen wären. Die Behörde berücksichtigt dabei insbesondere die Kriterien der Anl. 3 zum UVPG. Der Vorhabenträger hat gem. § 7 Abs. 4 UVPG zur Vorbereitung der Vorprüfung die in der Anl. 2 zum UVPG genannten Unterlagen beizubringen. Die Entscheidung über das Bestehen oder Nichtbestehen einer UVP-Pflicht hat die Behörde sodann gem. § 5 Abs. 2 und 3 UVPG öffentlich bekannt zu machen. Für die Feststellung einer **UVP-Pflicht für Änderungsvorhaben findet darüber hinaus § 9 UVPG** Anwendung. Mit Blick auf das StrlSchG unterliegen solche Vorhaben einer UVP-Pflicht, die den Nr. 11.3 und Nr. 11.4 der Anl. 1 zum UVPG entsprechen, wobei im Rahmen der Nr. 11.4 die UVP-Pflicht zunächst im Wege einer allgemeinen Vorprüfung festzustellen ist.

2. Nr. 11.3 Anl. 1 zum UVPG. Nach **Nr. 11.3 der Anl. 1 zum UVPG** be- **7** steht eine unbedingte UVP-Pflicht für Vorhaben, die nicht in den Anwendungsbereich der Nr. 11.1 und 11.2 fallen und die Errichtung und den Betrieb einer Anlage oder Einrichtung zur Bearbeitung oder Verarbeitung bestrahlter Kernbrennstoffe oder hochradioaktiver Abfälle oder dem ausschließlichen Zweck der für mehr als zehn Jahre geplanten Lagerung bestrahlter Kernbrennstoffe oder radioaktiver Abfälle an einem anderen Ort als dem Ort, an dem diese Stoffe angefallen sind, zum Gegenstand haben. Der Tatbestand der Nr. 11.3 umfasst damit sowohl Vorhaben, die nach den Regelungen des AtG, als auch nach den Regelungen des StrlSchG zu genehmigen sind. So wird der Bereich der Aufbewahrung und der Bearbeitung von Kernbrennstoffen durch die Vorschriften des § 6 AtG und der §§ 9ff. AtG abgedeckt.

8   Für den Bereich des StrlSchG ist Nr. 11.3 für Vorhaben einschlägig, die die **Lagerung von radioaktiven Abfällen an einem anderen Ort als dem Ort, an dem diese Stoffe angefallen** sind zum Gegenstand haben, wobei die Lagerung für einen längeren Zeitraum als zehn Jahre geplant sein muss. Bei den UVP-pflichtigen Vorhaben nach dieser Nummer handelt es sich damit in der Regel um Genehmigungsverfahren, die auf den Umgang mit sonstigen radioaktiven Stoffen nach § 12 Abs. 1 Nr. 3 StrlSchG zum Zwecke der Lagerung radioaktiver Abfälle gerichtet sind, bspw. die im Zusammenhang mit kerntechnischen Anlagen zu errichtenden Läger für die Zwischenlagerung von radioaktiven Abfällen mit vernachlässigbarer Wärmeentwicklung.

9   Ausweislich der negativen Begriffsbestimmung des § 5 Abs. 1 S. 2 StrlSchG handelt es bei radioaktiven Abfällen um Stoffe, die nach § 9a Abs. 1 S. 1 AtG als solche schadlos zu verwerten sind (direkte Endlagerung). Nähere Regelungen zum **Anfall** und Verbleib radioaktiver Abfälle beinhaltet die atomrechtliche Entsorgungsverordnung (AtEV). Nach der Systematik des § 1 Abs. 1 AtEV fällt radioaktiver Abfall im Zusammenhang **mit der Ausübung der jeweiligen Tätigkeit** an. Demnach liegt bei Anwendung dieser Regelungssystematik eine Lagerung an einem anderen Ort vor, soweit diese räumlich vom Anfallort, das bedeutet vom Ausübungsort der Tätigkeit nach § 1 Abs. 1 AtEV, getrennt stattfinden soll und damit einem eigenständigen (Umgangs-) Genehmigungsregime unterworfen ist. Das gilt auch dann, wenn die Lagerung am selben Standort stattfindet. Diese Auslegung des Begriffs deckt sich auch mit der Argumentation zur Herleitung einer UVP-Pflicht im Zusammenhang mit der sog. standortnahen Zwischenlagerung nach § 6 Abs. 3 AtG. Die Gesetzesbegründung in dieser Hinsicht zu Nr. 11.3 (BT-Drs. 14/4599, 116) verwendet zur Konkretisierung des Anwendungsbereichs des Merkmals *an einem anderen Ort* das Beispiel eben dieser **anlagenexternen Zwischenlagerung bestrahlter Brennelemente** nach § 6 AtG. Hieraufhin wurde in der atomrechtlichen Lit. streitig diskutiert, inwieweit die **standortinterne, aber produktions- bzw. anfallortsexterne Zwischenlagerung** nach § 6 Abs. 3 AtG einer UVP bedarf. Die Frage wurde in der Praxis entsprechend der oben dargestellten Argumentation, zugunsten der UVP-Pflicht beantwortet (*Posser* in HMPS AtG/PÜ, § 6 Rn. 16, *Leidinger* in Frenz, § 6 AtG Rn. 44).

10   Hinsichtlich des Zeithorizonts muss eine Dauer der Ausübung der Tätigkeit von mehr als zehn Jahren **geplant** sein; bei den nach dieser Nr. im Zusammenhang mit der Nutzung der Kernenergie einzurichtenden Lagerstätten dürfte dieser Zeitraum indes regelmäßig erreicht werden.

11   **3. Nr. 11.4 Anl. 1 zum UVPG. Nr. 11.4 der Anl. 1 UVPG** bildet eine **Auffangregelung** zu den in den Nr. 11.1-11.3 beschriebenen Vorhaben. Nr. 11.4 ordnet, soweit die vorangegangenen Nummern nicht einschlägig sind, eine Vorprüfpflicht nach § 7 Abs. 1 S. 1 UVPG für Vorhaben an, die die Errichtung und Betrieb einer Anlage oder Einrichtung zur Lagerung, Bearbeitung oder Verarbeitung radioaktiver Abfälle zum Gegenstand haben und deren Aktivitäten die Werte erreichen oder überschreiten, bei deren Unterschreiten es für den beantragten Umgang nach einer Vorbereitung der Schadenbekämpfung bei Abweichungen vom bestimmungsgemäßen Betrieb bedarf. Die Regelung verweist damit auf die Vorschrift des **§ 106 StrlSchV.** Hiernach sind grundsätzlich Vorbereitungsmaßnahmen zu treffen, soweit kein Ausnahmetatbestand nach § 106 Abs. 3 StrlSchV erfüllt ist. Nach dieser Regelung sind Vorbereitungsmaßnahmen u. a. nicht zu treffen, soweit mit radioaktiven Stoffen umgegangen wird, deren Aktivitäten die Werte des § 106 Abs. 3 S. 1 Nr. 1 StrlSchV (ausgedrückt als ein Vielfaches der Freigrenzen der Anl. 4 Tab. 1 Sp. 2 StrlSchV) nicht überschreiten.

II. Unselbständiger Verfahrensteil (Abs. 1 S. 1 Hs. 2)

Nach Abs. 1 S. 1 Hs. 2 stellt die UVP im Verhältnis zum Gesamtverfahren einen **12** **unselbständigen Verfahrensteil** dar. Bei der Vorschrift handelt es sich um eine klarstellende Regelung. Die Rechtsnatur der UVP wird bereits durch § 4 UVPG konstituiert, der durch den Verweis des Abs. 1 S. 1 Hs. 2 Anwendung findet (s. hierzu auch *Franßen/Bongartz* in Frenz, § 2a AtG Rn. 15).

III. Anwendung von AtG und AtVfV (Abs. 1 S. 2 StrlSchG)

Abs. 1 S. 2 sieht für die Durchführung des UVP-Verfahrens die **Anwendbarkeit** **13** **von Normen des AtG und AtVfV** vor. Hierzu zählt die Vorschrift in abschließender Weise einzelne Regelungsgegenstände auf. Hierzu gehören damit die Vorschriften
– zum Gegenstand der UVP, § 1a AtVfV,
– zu den beizubringenden Antragsunterlagen, §§ 2, 3 AtVfV,
– zur Bekanntmachung des Vorhabens, §§ 4, 5 AtVfV,
– zur öffentlichen Auslegung und Zugänglichmachung von Antrag und Unterlagen insbesondere auch über das Internet, § 6 AtVfV
– zur Erhebung von Einwendungen, § 7 AtVfV,
– zur Beteiligung von Behörden, § 7 Abs. 4 AtG,
– zum Inhalt des Genehmigungsbescheides, § 16 AtVfV sowie
– zur öffentlichen Bekanntmachung der Entscheidung, insbesondere auch über das Internet, § 17 AtVfV.

Hinsichtlich des Verfahrens zur Öffentlichkeitsbeteiligung ist ferner zu beachten, **14** dass während der COVID-19-Pandemie auf dem Gebiet des StrlSchG das PlanSiG gem. § 1 Nr. 8 PlanSiG Anwendung findet. Aufgrund dessen kann gem. § 2 Abs. 1 und § 3 Abs. 1 PlanSiG auf eine öffentliche Auslegung von Antragsunterlagen und Entscheidungen verzichtet werden. Ferner kann gem. § 4 Abs. 1 PlanSiG die Erhebung von Einwendungen durch Erklärung zur Niederschrift ausgeschlossen werden.

IV. Erörterungstermin (Abs. 1 S. 3)

Abs. 1 S. 3 enthält eine gegenüber den bestehenden atomrechtlichen Regelun- **15** gen selbständige Vorschrift zur Durchführung von **Erörterungsterminen** auf dem Gebiet des StrlSchG. Ein Verweis auf die Regelungen der §§ 8-13 AtVfV erfolgt hier nicht; vielmehr stellt die Vorschrift die Entscheidung über die Durchführung eines Erörterungstermins vollständig in das **Ermessen** der zust. Behörde. Bzgl. der Ausgestaltung des Erörterungstermins kann während der COVID-19-Pandemie damit insbes. § 5 Abs. 1 PlanSiG herangezogen werden (insbesondere das Instrument der Online-Konsultation nach § 5 Abs. 4 und 5 PlanSiG).

V. Unberührtheit von § 31 UVPG (Abs. 1 S. 4)

16   Die Regelung des Abs. 1 S. 4 bestimmt, dass die Vorschrift des § 31 UVPG von den Bestimmungen des Abs. 1 S. 1–3 unberührt bleibt. Soweit demnach das Vorhaben der Zulassung durch mehrere Landesbehörden bedarf, ist eine **federführende Behörde** zu bestimmen. Die federführende Behörde übernimmt dabei jedenfalls die in § 31 Abs. 2 UVPG genannten Aufgaben, insbesondere die Feststellung der UVP-Pflicht nach § 5 UVPG, die Unterrichtung über den Untersuchungsrahmen nach § 15 UVP und die Erarbeitung der zusammenfassenden Darstellung nach § 24 UVPG. Ferner erfolgt eine Federführung im Bereich der grenzüberschreitenden UVP nach §§ 54 ff. UVPG.

17   Bei UVP-pflichtigen Vorhaben nach der Anl. 1 zum UVPG ist dabei die Bestimmung einer federführenden Behörde nach § 31 Abs. 1 StrlSchG die Regel, soweit es auch um die Errichtung einer Anlage geht, da hier jedenfalls auch die Erteilung einer Baugenehmigung nach den Vorschriften des jeweiligen Landesrechts erforderlich wird.

D. Entbehrlichkeit von Vorverfahren (Abs. 2)

18   Abs. 2 übernimmt die bisher anwendbare Regelung des § 2a Abs. 2 AtG und bestimmt für Verwaltungsakte, die nach der Durchführung einer UVP erlassen wurden, dass ein Vorverfahren nach § 68 Abs. 1 S. 1 VwGO vor Klageerhebung entbehrlich ist. Es handelt sich insoweit um einen ausdrücklichen gesetzlichen Verzicht iSd § 68 Abs. 1 S. 2 1. Alt. VwGO, der sich an die Ausgestaltung des förmlichen Verwaltungsverfahrens nach § 70 VwVfG anlehnt (vgl. Begr. zu § 2a Abs. 2 AtG, BT-Drs. 14/4599, 152).

§ 182   Schriftform, elektronische Kommunikation

(1) **Genehmigungen und Bauartzulassungen nach diesem Gesetz oder nach einer auf dieses Gesetz gestützten Rechtsverordnung sind schriftlich zu erteilen.**

(2) **Wird für einen Verwaltungsakt, für den in diesem Gesetz oder in einer auf diesem Gesetz gestützten Rechtsverordnung die Schriftform angeordnet ist, die elektronische Form verwendet, so ist er mit einer dauerhaft überprüfbaren qualifizierten elektronischen Signatur nach § 37 Absatz 4 des Verwaltungsverfahrensgesetzes zu versehen.**

(3) **[1]Anzeige- und Anmeldungspflichten sowie Melde- und Mitteilungspflichten nach diesem Gesetz oder nach einer auf dieses Gesetz gestützten Rechtsverordnung können in elektronischer Form erfüllt werden, wenn der Empfänger hierfür einen Zugang eröffnet und das Verfahren und die für die Datenübertragung notwendigen Anforderungen bestimmt. [2]Dabei müssen dem jeweiligen Stand der Technik entsprechende Maßnahmen zur Sicherstellung von Datenschutz und Datensicherheit getroffen werden, die insbesondere die Vertraulichkeit und Unversehrtheit der Daten gewährleisten; bei der Nutzung allgemein zugänglicher Netze sind Verschlüsselungsverfahren anzuwenden. [3]Soweit es sich um personenbezogene Daten handelt, richten sich die Maßnahmen nach den Artikeln 24, 25 und 32 der**

Verordnung (EU) 2016/679. [4]Ist ein übermitteltes elektronisches Dokument für den Empfänger nicht zur Bearbeitung geeignet, teilt er dies dem Absender unter Angabe der für den Empfang geltenden technischen Rahmenbedingungen unverzüglich mit.

(4) Wenn die Antragstellung, die Anzeige, die Anmeldung, die Meldung oder die Mitteilung elektronisch erfolgt, sind der zuständigen Behörde auf Verlangen Papierausfertigungen der elektronisch übermittelten Unterlagen zu übermitteln.

A. Normzweck

§ 182 enthält Bestimmungen zur Schriftform für Genehmigungen und Bauart- **1** zulassungen, die auf dem Gebiet des StrlSchG und der hierauf gestützten RVOen erlassen werden. Zudem trifft die Vorschrift Regelungen für die Anwendung der elektronischen Kommunikation auf dem Gebiet des Strahlenschutzrechts.

B. Regelungshistorie

Die Regelung übernimmt nahezu wortidentisch die bis zum Erlass des StrlSchG **2** bestehenden Regelungen zur Schriftform und zur elektronischen Kommunikation der §§ 2b und 17 Abs. 1 S. 1 1. Hs. AtG, § 115 StrlSchV 2001 sowie § 43 RöV.

C. Schriftformerfordernis (Abs. 1)

Abs. 1 ordnet für Genehmigungen und Bauartzulassungen, die auf dem Gebiet **3** des Strahlenschutzrechts erlassen werden, die **Schriftform** an. Die Regelung übernimmt im Grundsatz die zuvor anwendbare Vorschrift des § 17 Abs. 1 S. 1 1. HS. AtG ohne aber die elektronische Form für den Bescheid auszuschließen; in dieser Hinsicht gilt sodann die Regelung des § 182 Abs. 2 StrlSchG. Der Anwendungsbereich des Schriftformgebots nach Abs. 1 erstreckt sich ausdrücklich nur auf die Genehmigung und die Bauartzulassung. Andere VA, die sich auf das StrlSchG oder eine entsprechende RVO stützen, unterliegen dagegen nur dann dem Schriftformgebot, soweit dies ausdrücklich angeordnet wird. Dies ist etwa im Bereich der Freigabe (§§ 31 ff. StrlSchV) der Fall.

Für die Schriftform nach Abs. 1 gelten die allgemeinen Formanforderungen des **4** **§ 37 Abs. 3 S. 1 VwVfG.** Dies bedeutet, dass der Verwaltungsakt die erlassende Behörde erkennen lassen und die Unterschrift oder die Namenswiedergabe des Behördenleiters, seines Vertreters oder seines Beauftragten enthalten muss (weiterführend zu den Anforderungen an die Schriftform: BeckOK/*Tiedemann*, § 37 VwVfG, Rn. 43 ff.).

D. Anforderungen an die elektronische Form (Abs. 2)

Abs. 2 enthält besondere Anforderungen an die Ersetzung der Schriftform durch **5** die **elektronische Form** nach § 3a Abs. 2 S. 2 iVm § 37 Abs. 3 S. 2 VwVfG. Die Vorschrift ordnet an, dass elektronische Verwaltungsakte mit einer dauerhaft überprüfbaren **qualifizierten elektronischen Signatur** nach § 37 Abs. 4 VwVfG zu versehen sind. Die Vorschrift entspricht insoweit der bis zum Erlass des StrlSchG anwendbaren Regelungen der § 2b Abs. 2 AtG, § 115 Abs. 3 S. 2 StrlSchV aF sowie § 43 Abs. 3 S. 2 RöV. Hinsichtlich des Anwendungsbereiches der Norm ist zu beachten, dass dieser nicht dem des Abs. 1 entspricht, sondern über die Genehmigung und Bauartzulassung hinaus sämtliche VA erfasst, für die die Schriftform angeordnet wird, erneut ist hier als Bespiel auf den Freigabebescheid zu verweisen (§§ 31 ff. StrlSchV).

6   Der Gesetzgeber macht hier von der Möglichkeit Gebrauch, über die „herkömmliche" qualifizierte elektronische Signatur nach § 37 Abs. 3 S. 2 VwVfG hinaus eine **dauerhafte Überprüfbarkeit** dieser nach § 37 Abs. 4 VwVfG zu verlangen (vgl. *Franßen/Bongartz* in Frenz, § 2b AtG, Rn. 15; weiterführend Stelkens/Bonk/Sachs, § 37 VwVfG 120 ff.). Zur Begründung verweist er auf seine Ausführungen zum Erlass von § 2b AtG (BT-Drs. 14/900, S. 51) die entsprechend auch für das StrlSchG gelten. Danach sei im Atom- und Strahlenschutzrecht eine dauerhafte Überprüfbarkeit der qualifizierten elektronischen Signatur geboten, um die Beweiskraft der Genehmigungen in künftigen Verwaltungs- und Gerichtsverfahren sicherzustellen (*amtl. Begr. StrlSchG*, BT-Drs. 18/11241, S. 436). Häufig würden weitere Verwaltungs- und Gerichtsverfahren vor dem Hintergrund langfristiger Umweltauswirkungen erst nach langen Zeiträumen eingeleitet, in denen die mit voller Beweiskraft versehene Originalgenehmigung von entscheidender Bedeutung sein kann. Aufgrund dieser fachspezifischen Besonderheiten verdränge § 2b Abs. 2 AtG in Verbindung mit § 37 Abs. 4 VwVfG die Generalklausel des § 3a Abs. 2 VwVfG für alle Verwaltungsakte nach dem AtG und nach einer aufgrund des AtG erlassenen Rechtsverordnung (vgl. *amtl. Begr. StrlSchG*, BT-Drs. 18/11241, S. 436).

E. Anforderungen an die Datenübermittlung (Abs. 3)

7   Abs. 3 S. 1 eröffnet für Mitteilungs-, Melde- oder Anzeigepflichten nach dem StrlSchG und den hierauf beruhenden RVOen die Möglichkeit für die Verpflichteten, diese in elektronischer Form erfüllen zu können, wenn die Empfänger hierfür einen Zugang eröffnen. An die Übermittlung der Daten nach Abs. 3 S. 1 enthalten Abs. 3 S. 2–4 zusätzliche Anforderungen. Die Vorschrift führt die bestehenden Regelungen des § 115 Abs. 2 StrlSchV a. F. sowie § 43 Abs. 2 RöV weiter (*amtl. Begr. StrlSchG*, BT-Drs. 18/11241, S. 436).

8   Die Bestimmung verdrängt als **lex specialis** die Regelung des § 3a VwVfG, indem Abs. 3 S. 2–4 hinsichtlich der Mitteilung der Daten nach Abs. 3 S. 1 zusätzliche **Anforderungen über die reine Zugangeröffnung hinaus** formuliert (vgl. *amtl. Begr. StrlSchG*, BT-Drs. 18/11241, S. 436). Denn im Rahmen des StrlSchG reiche diese Voraussetzung allein nicht aus, da dadurch nicht sichergestellt sei, dass die vom Absender und Empfänger verwendeten Kommunikationssysteme miteinander kompatibel sind. Insbesondere im medizinischen Bereich würden Standards zum Austausch von Informationen (z. B. DICOM – Digital Imaging and Communications in Medicine) und Kommunikationssysteme auf der Basis digitaler Netzwerke verwendet (z. B. PACS – Picture Archiving and Communication System), die Bilddaten erfassen. Zur Gewährleistung eines umfassenden Strahlenschutzes sei es erforderlich, dass der Empfänger der Daten dem Absender das Verfahren und die Anforderungen an die Datenübertragung vorgebe. Damit solle vermieden werden, dass Daten bei der Übertragung verändert werden oder verloren gehen, was gegebenen-

falls bedeuten würde, dass zum Beispiel in der Medizin eine Strahlenanwendung umsonst erfolgte oder dass eine Überprüfung von Strahlendosen nicht mehr erfolgen kann (vgl. *amtl. Begr. StrlSchG,* BT-Drs. 18/11241, S. 436). Im Übrigen erfasse Abs. 3 nicht nur Mitteilungs-, Melde- und Anzeigepflichten, die gegenüber Behörden bestehen, sondern auch solche an andere als behördliche Adressaten (*amtl. Begr. StrlSchG,* BT-Drs. 18/11241, S. 436 f.). Abweichend von der Regelung des § 182 Abs. 3 sieht § 32 Abs. 1 für die anzeigebedürftige Anwendung radioaktiver Stoffe oder ionisierender Strahlung am Menschen zum Zweck der medizinischen Forschung ausdrücklich eine elektronische Anzeige vor. Es ist deshalb davon auszugehen, dass diese Vorschrift eine Ausnahme zu § 182 Abs. 3 bildet und somit die speziellen Anforderungen an die Datenübermittlung in diesem Bereich keine Anwendung finden.

F. Übermittlung von Papierunterlagen (Abs. 4)

Die Regelung des Abs. 4 greift § 2b Absatz 3 AtG auf. Nach dieser Vorschrift **9** kann die Behörde **Papierausfertigungen** der übermittelten Unterlagen verlangen, soweit zuvor eine digitale Übermittlung nach Abs. 3 erfolgt ist. Es handelt sich hier um eine Abweichung vom grundsätzlichen Ziel der medienbruchfreien Kommunikation im gesamten Verwaltungsverfahren (*Mann* in HMPS AtG/PÜ § 2b, Rn. 1, 12, mit Verweis auf die Begründung zum E-Government-Gesetz, BT-Drs. 17/11473, 2, 21).

§ 183 Kosten; Verordnungsermächtigung

(1) Gebühren und Auslagen (Kosten) werden erhoben
1. **für Festsetzungen nach § 177 in Verbindung mit § 13 Absatz 1 Satz 2 des Atomgesetzes,**
2. **für Entscheidungen nach § 179 Absatz 1 Nummer 1 in Verbindung mit § 17 Absatz 1 Satz 3, Absatz 2 bis 5 des Atomgesetzes und für Entscheidungen nach § 179 Absatz 1 Nummer 2 in Verbindung mit § 19 Absatz 3 des Atomgesetzes,**
3. **für die in der Kostenverordnung zum Atomgesetz und zum Strahlenschutzgesetz näher bestimmten sonstigen Aufsichtsmaßnahmen nach § 179 Absatz 1 Nummer 2 in Verbindung mit § 19 des Atomgesetzes,**
4. **für sonstige Amtshandlungen einschließlich Prüfungen und Untersuchungen des Bundesamtes für Strahlenschutz, soweit es nach § 185 Absatz 1 Nummer 1 bis 8 zuständig ist,**
5. **für Entscheidungen des Bundesamtes für die Sicherheit der nuklearen Entsorgung über Anträge nach § 27 Absatz 1, soweit es nach § 186 Absatz 1 zuständig ist,**
6. **für sonstige Amtshandlungen einschließlich Prüfungen und Untersuchungen des Luftfahrt-Bundesamtes, soweit es nach § 189 zuständig ist,**
7. **für folgende Leistungen der Physikalisch-Technischen Bundesanstalt:**
    a) **Amtshandlungen einschließlich Prüfungen und Untersuchungen nach § 187 Absatz 1 Nummer 1 oder 2,**

b) die Bereitstellung von Radioaktivitätsstandards nach § 187 Absatz 1 Nummer 3 für Vergleichsmessungen des Bundesamtes für Strahlenschutz, an denen der Strahlenschutzverantwortliche zur Sicherung der Qualität der von ihm nach Maßgabe der Rechtsverordnung nach § 81 Satz 2 Nummer 7 durchzuführenden Emissionsmessungen teilzunehmen hat,

8. für Entscheidungen des Eisenbahn-Bundesamtes über Anträge nach § 27 Absatz 1, soweit es nach § 190 Satz 1 zuständig ist.

(2) In den Rechtsverordnungen nach den §§ 81 und 185 Absatz 2 Nummer 5 und 6 können auch Regelungen zur Kostenerhebung für Amtshandlungen der danach zuständigen Behörden getroffen werden.

(3) ¹Kosten werden erhoben in den Fällen

1. des Widerrufs oder der Rücknahme einer Amtshandlung nach Absatz 1 oder 2, sofern der Betroffene dies zu vertreten hat und nicht bereits nach Absatz 1 oder 2 Kosten erhoben werden,

2. der Ablehnung eines Antrags auf Vornahme einer Amtshandlung nach Absatz 1 oder 2 aus anderen Gründen als wegen Unzuständigkeit der Behörde,

3. der Zurücknahme eines Antrags auf Vornahme einer Amtshandlung oder einer Anzeige nach Absatz 1 oder 2 nach Beginn der sachlichen Bearbeitung, jedoch vor deren Beendigung,

4. der vollständigen oder teilweisen Zurückweisung oder der Zurücknahme eines Widerspruchs gegen
   a) eine Amtshandlung nach Absatz 1 oder 2 oder
   b) eine nach Absatz 1 oder 2 in Verbindung mit der Kostenverordnung zum Atomgesetz und zum Strahlenschutzgesetz festgesetzte Kostenentscheidung.

²Die Gebühr darf in den Fällen des Satzes 1 Nummer 1, 2 und 4 Buchstabe a bis zur Höhe der für eine Amtshandlung festzusetzenden Gebühr, in den Fällen des Satzes 1 Nummer 3 bis zur Höhe von drei Vierteln der für die Amtshandlung festzusetzenden Gebühr und in den Fällen des Satzes 1 Nummer 4 Buchstabe b bis zur Höhe von 10 Prozent des streitigen Betrags festgesetzt werden.

(4) ¹Die Bundesregierung wird ermächtigt, das Nähere durch Rechtsverordnung mit Zustimmung des Bundesrates nach den Grundsätzen des Verwaltungskostengesetzes in der bis zum 14. August 2013 geltenden Fassung zu regeln. ²Dabei sind die gebührenpflichtigen Tatbestände näher zu bestimmen und die Gebühren durch feste Sätze, Rahmensätze oder nach dem Wert des Gegenstandes zu bestimmen. ³Die Gebührensätze sind so zu bemessen, dass der mit den Amtshandlungen, Prüfungen oder Untersuchungen verbundene Personal- und Sachaufwand gedeckt wird; bei begünstigenden Amtshandlungen kann daneben die Bedeutung, der wirtschaftliche Wert oder der sonstige Nutzen für den Gebührenschuldner angemessen berücksichtigt werden. ⁴In der Verordnung können die Kostenbefreiung des Bundesamtes für Strahlenschutz und die Verpflichtung zur Zahlung von Gebühren für die Amtshandlungen bestimmter Behörden abweichend von § 8 des Verwaltungskostengesetzes in der bis zum 14. August 2013 geltenden Fassung geregelt werden. ⁵Die Verjährungsfrist der Kostenschuld kann abweichend von § 20 des Verwaltungskostenge-

zes in der bis zum 14. August 2013 geltenden Fassung verlängert werden. [6]Es kann bestimmt werden, dass die Verordnung auch auf die bei ihrem Inkrafttreten anhängigen Verwaltungsverfahren anzuwenden ist, soweit in diesem Zeitpunkt die Kosten nicht bereits festgesetzt sind.

(5) Für die Erhebung von Kosten nach diesem Gesetz oder der auf dieses Gesetz gestützten Rechtsverordnungen sind § 21 Absatz 2 des Atomgesetzes und die Kostenverordnung zum Atomgesetz und zum Strahlenschutzgesetz anzuwenden; § 21 Absatz 4 und 5 des Atomgesetzes ist entsprechend anzuwenden.

A. Zweck und Bedeutung der Norm

Mit dieser Vorschrift wird weitgehend die Praxis der Kostenerhebung durch Bundes- und Landesbehörden im Bereich des Strahlenschutzrechts fortgeführt. Wie § 21 AtG folgt auch § 183 dem Veranlasserprinzip, wonach Kostenschuldner derjenige ist, der die Amtshandlung einschließlich Prüfung und Untersuchung veranlasst hat. **1**

Ebenso wie § 21 AtG stellt auch § 183 eine **Spezialregelung** ggü. dem BGebG vom 7.8.2013 (BGBl. I 3154) dar. Gem. § 2 Abs. 2 S. 1 BGebG gelangt dieses aufgrund der anderweitigen Bestimmungen in § 183 nicht zur Anwendung. Sowohl das AtG als auch das StrlSchG bestimmen „anderes" in diesem Sinne. Darüber hinaus verweist § 21 Abs. 3 AtG starr auf das mit Inkrafttreten des BGebG außer Kraft gesetzte VwKostG in der bis zum 14.8.2013 geltenden Fassung. Hintergrund ist, dass die atom- und strahlenschutzrechtlichen Vorschriften seinerzeit von der gebührenrechtlichen Strukturreform des Bundes ausgeklammert werden sollten (BT-Drs. 17/10422, 144). Aufgrund des gleichlautenden Verweises in Abs. 4 S. 1 folgt das StrlSchG dieser Systematik. Die starre Verweisung bewirkt, dass das BGebG insgesamt keine Anwendung findet (*Prömper/Stein* BGebG § 2 Rn. 3). **2**

B. Bisherige Rechtslage

Bisherige Rechtsgrundlage für die Erhebung von Kosten bildete § 21 AtG, insbes. Abs. 1 Nr. 2, 4 und 5 sowie Abs. 1a. Die dortigen Kostentatbestände wurden in § 183 übernommen und entsprechend angepasst (→ Rn. 4, 5, 10). Abs. 4 entspricht wortgleich § 21 Abs. 3 AtG (→ Rn. 11). § 21 Abs. 2, 4 und 5 AtG sind gem. Abs. 5 im Anwendungsbereich des StrlSchG entsprechend anzuwenden (→ Rn. 13). **3**

C. Kostentatbestände (Abs. 1)

Abs. 1 enthält in Nr. 1 bis 3 Gebührentatbestände für Entscheidungen in **Verwaltungsverfahren** auf Grundlage der dort genannten Vorschriften und für Maßnahmen der **staatlichen Aufsicht** im Anwendungsbereich des StrlSchG und der darauf gestützten RVOen. Für diese waren bis vor Inkrafttreten des StrlSchG die Regelungen des AtG heranzuziehen (vgl. hierzu *Stein* in HMPS AtG/PÜ § 21 Rn. 2 ff.). Mit Abs. 1 Nr. 1 bis 3 wird insoweit der Zusammenhang der Regelungsmaterien des StrlSchG und des AtG auch kostenrechtlich vollzogen. Die Höhe der einzelnen Gebühren richtet sich bei einer Gebührenerhebung gem. Abs. 1 Nr. 1 **4** oder 2 nach § 2 Abs. 1 S. 1 Nr. 4 AtSKostV. Im Fall von Abs. 1 Nr. 3 ergeben sich die konkreten Gebührentatbestände und die Gebührenhöhe aus § 5 AtSKostV.

5   Des Weiteren listet Abs. 1 Gebührentatbestände für Amtshandlungen des BfS (Nr. 4) sowie für Leistungen und Amtshandlungen von anderen Bundesbehörden auf, soweit diese Aufgaben nach dem StrlSchG wahrnehmen (Nr. 5 bis 8). Entsprechende Gebührentatbestände für Amtshandlungen des BfS, des BASE und des LBA fanden sich vor Inkrafttreten des StrlSchG in § 21 Abs. 1 Nr. 4 AtG. Für diese drei Behörden ergibt sich die Höhe der jeweiligen Gebühr je nach gebührenerhebender Behörde aus § 2 Abs. 2 Nr. 2, 3 oder 4 AtSKostV. Dabei handelt es sich um **Rahmengebühren** (→ Rn. 12), bei deren Bemessung insbes. bei begünstigenden Amtshandlungen iSd geltenden Äquivalenzprinzips die Verhältnisse des Einzelfalls berücksichtigt werden können und müssen (→ Rn. 11).

6   Obwohl auch die **PTB** schon vor Inkrafttreten des StrlSchG Aufgaben im Bereich des Strahlenschutzes wahrgenommen hat (→ § 187 Rn. 2), fand sich im AtG und zunächst auch im StrlSchG kein entsprechender Gebührentatbestand. Mit Inkrafttreten des 1. ÄndG vom 20.5.2021 (BGBl. I 1194) wurde diese Lücke durch Einfügen von Nr. 7 in Abs. 1 geschlossen. Mit der Ermächtigung zur Gebührenerhebung nach Abs. 1 Nr. 7 lit. a wird eine Gleichbehandlung der PTB mit dem BfS hergestellt, das für ähnliche Leistungen gem. Abs. 1 Nr. 4 iVm § 185 Abs. 1 Nr. 4 und nach § 172 Abs. 3 S. 3 StrlSchV Kosten erhebt (BT-Drs. 19/26943, 52). Die Höhe der jeweiligen Gebühr richtet sich in diesen Fällen nach § 2 Abs. 2 Nr. 5 AtSKostV. Für die **Bereitstellung von Radioaktivitätsstandards** nach § 187 Abs. 1 Nr. 3 (→ § 187 Rn. 6 f.) ist die Gebührenerhebung durch die PTB allerdings nur eingeschränkt möglich. Abs. 1 Nr. 7 lit. b erfasst nur die Bereitstellung von Radioaktivitätsstandards für Vergleichsmessungen des BfS nach § 103 Abs. 4 S. 4 StrlSchV iRd Kontrolle der Eigenüberwachung. Das BfS erhebt seinerseits gem. § 103 Abs. 4 S. 6 StrlSchV Gebühren für die Teilnahme an den von ihm durchgeführten Vergleichsmessungen (→ Rn. 9). Da die PTB mit der Bereitstellung von Radioaktivitätsstandards für diese Vergleichsmessungen des BfS ebenfalls eine wesentliche Aufgabe der Qualitätssicherung wahrnimmt, ist es gerechtfertigt, dass die PTB hierfür Gebühren erhebt (BT-Drs. 19/26943, 52). Diese kann das BfS wiederum als Sachaufwand nach § 103 Abs. 4 S. 6 StrlSchV ggü. dem SSV geltend machen. Kostenschuldner ist das BfS, das die Radioaktivitätsstandards von der PTB bezieht. Dem steht nicht § 8 Abs. 1 VwKostG in der bis zum 14.8.2013 geltenden Fassung entgegen, dessen Vorschriften gem. § 1 S. 3 AtSKostV ergänzend heranzuziehen sind. Denn nach § 8 Abs. 4 Nr. 2 iVm Abs. 1 Nr. 1 VwKostG in der bis zum 14.8.2013 geltenden Fassung ist die persönliche Gebührenfreiheit der Bundesrepublik Deutschland bei Amtshandlungen der PTB ausgeschlossen. Von der Ermächtigung in Abs. 4 S. 4 wurde jede Gebrauch gemacht. Soweit die PTB Gebühren aufgrund von Abs. 1 Nr. 7 lit. b erhebt, ergibt sich die konkrete Gebührenhöhe aus § 2 Abs. 2 Nr. 1 AtSKostV, da die PTB mit der Bereitstellung von Radioaktivitätsstandards für Vergleichsmessungen des BfS iRd Kontrolle der Eigenüberwachung eine Aufgabe der Qualitätssicherung wahrnimmt.

7   Dagegen ist die PTB mangels eines Gebührentatbestands nicht berechtigt, Gebühren zu erheben für die Bereitstellung von Aktivitätsnormalen nach § 3 Abs. 1 IMIS-ZustV iVm § 161 Abs. 1 Nr. 2 für **Vergleichsmessungen zum IMIS** und für Vergleichsmessungen der Leitstellen des Bundes nach § 103 Abs. 3 StrlSchV. Wäre die PTB hier aufgrund § 8 Abs. 4 Nr. 2 iVm Abs. 1 Nr. 1 VwKostG in der bis zum 14.8.2013 geltenden Fassung einseitig zur Erhebung von Gebühren berechtigt, würde die reibungslose Zusammenarbeit unter den Bundesbehörden va im Bereich der Überwachung der Umweltradioaktivität in Frage gestellt (BT-Drs. 19/26943, 53). Ein Rückgriff auf das BGebG ist ausgeschlossen (→ Rn. 2).

Auch für das **EBA** wurde mit dem 1. ÄndG vom 20.5.2021 (BGBl. I 1194) mit **8** Abs. 1 Nr. 8 ein neuer Gebührentatbestand eingefügt, soweit es für Entscheidungen über Anträge auf Genehmigung der Beförderung sonstiger radioaktiver Stoffe im Schienen- und Schiffsverkehr der Eisenbahnen sowie im Magnetschwebebahnverkehr zust. ist (→ §190 Rn. 4). Dadurch wird ein Gleichlauf mit dem BASE hergestellt, das gem. Abs. 1 Nr. 5 für Entscheidungen über Anträge auf Genehmigung der Beförderung von Großquellen Gebühren erhebt (BT-Drs. 19/26943, 53). Die Höhe der Gebühr richtet sich in diesem Fall nach §2 Abs. 2 Nr. 6 AtSKostV. Soweit das EBA aufsichtlich tätig wird, erhebt es Gebühren aufgrund von Abs. 1 Nr. 2 oder Abs. 1 Nr. 3 iVm §5 AtSKostV. Die Ermächtigung, für das Ergreifen von Aufsichtsmaßnahmen Gebühren zu erheben, ergab sich vor Inkrafttreten des StrlSchG aus §21 Abs. 1 Nr. 2 und 5 AtG, da sich die Zuständigkeit des EBA für die Beaufsichtigung der Beförderung radioaktiver Stoffe im Schienen- und Schiffsverkehr der Eisenbahnen sowie im Magnetschwebebahnverkehr aus §24 Abs. 1 S. 2 AtG ergab.

D. Verordnungsermächtigung (Abs. 2)

Mit der 1. ÄndV vom 27.3.2020 (BGBl. I 748) hat der Gesetzgeber von der Er- **9** mächtigung in Abs. 2 Gebrauch gemacht und entsprechende **Gebührentatbestände für das BfS** geschaffen. So erhebt das BfS nach §103 Abs. 4 S. 6 StrlSchV Gebühren für die **Durchführung von Kontrollmessungen** nach §103 Abs. 4 S. 1 StrlSchV iRd Kontrolle der Eigenüberwachung und für die **Teilnahme an Ringversuchen.** Mit der Ermächtigung zur Kostenerhebung für die Durchführung der Kontrollmessungen wird die bisherige Verwaltungspraxis der Erhebung von Entgelten auf Grundlage vertraglicher Vereinbarungen der Länder mit dem BfS ersetzt und vereinfacht (BR-Drs. 636/19, 9). Die konkrete Gebührenhöhe ergibt sich aus §2 Abs. 2 Nr. 1 AtSKostV. Des Weiteren erhebt das BfS gem. §155 Abs. 4 S. 3 StrlSchV Gebühren für die **Anerkennung als Stelle für die Messung der Radon-222-Aktivitätskonzentration** und für die Teilnahme dieser Stellen an den vom BfS durchgeführten Maßnahmen zur Qualitätssicherung. Außerdem erhebt das BfS nach §172 Abs. 3 S. 3 StrlSchV Gebühren für die **Teilnahme an Qualitätssicherungsmaßnahmen** für nach §169 Abs. 1 Nr. 2 und 4 behördlich bestimmte Messstellen für die innere Exposition und die Exposition durch Radon. Diese Aufgaben sind dem BfS ebenfalls als Amtsaufgaben zugewiesen (vgl. iE BR-Drs. 636/19, 9f.). Sowohl im Fall von §155 Abs. 4 S. 3 StrlSchV als auch von §172 Abs. 3 S. 3 StrlSchV ergibt sich die Höhe der konkreten Gebühr aus §2 Abs. 2 Nr. 2 AtSKostV. Soweit Maßnahmen zur Qualitätssicherung von Messstellen für die externe Exposition gem. §172 Abs. 3 S. 2 Nr. 1 StrlSchV von der PTB durchgeführt werden, ergibt sich deren Befugnis zur Erhebung von Gebühren bereits aus Abs. 1 Nr. 7 lit. a (→ Rn. 6).

E. Weitere Kostentatbestände (Abs. 3)

Die Regelungen in Abs. 3 sind angelehnt an diejenigen in §21 Abs. 1a S. 1 und 2 **10** AtG. Die dortigen Bestimmungen sind durch Art. 1 des Gesetzes zur Änderung atomrechtlicher Vorschriften für die Umsetzung von EURATOM-Richtlinien

Petzoldt

zum Strahlenschutz vom 3.5.2000 (BGBl. I 636) in § 21 AtG eingefügt worden (zur Begründung vgl. BR-Drs. 488/99, 30). Mit Abs. 3 wird somit auch im Strahlenschutzrecht der Rechtsprechung des BVerwG zu § 21 AtG Rechnung getragen, wonach § 21 Abs. 1 S. 1 Nr. 1 AtG nicht als Grundlage für eine Kostenerhebung herangezogen werden kann, wenn das Verwaltungsverfahren auf andere Weise als durch Entscheidung der Behörde, insbes. durch Antragsrücknahme ohne Sachentscheidung, beendet wird (BVerwG NVwZ 2000, 77; *Stein* in HMPS AtG/PÜ § 21 Rn. 6).

F. Kostenverordnung zum Atomgesetz und zum Strahlenschutzgesetz (Abs. 4)

11   Mit Abs. 4 wird eine Regelung eingeführt, die eng an § 21 Abs. 3 AtG angelehnt ist (vgl. hierzu *Stein* in HMPS AtG/PÜ § 21 Rn. 9 ff.). Satz 1 enthält die Ermächtigung zum Erlass der AtSKostV, von der mit Art. 24 des Gesetzes zur Neuordnung des Rechts zum Schutz vor der schädlichen Wirkung ionisierender Strahlung vom 27.6.2017 (BGBl. I 1966) Gebrauch gemacht wurde. Im Zuge dessen wurde in § 1 AtSKostV S. 2 eingefügt und in § 2 AtSKostV Abs. 2 angefügt. Abs. 4 S. 1 verweist starr auf das VwKostG in der bis zum 14.8.2013 geltenden Fassung. Dies schließt die Anwendbarkeit des BGebG aus (→ Rn. 2). Abs. 4 S. 3 normiert zum einen das **Kostendeckungsprinzip** als einen Grundsatz des Gebührenrechts. Danach sind die Gebührensätze so zu bemessen, dass der mit den Amtshandlungen, Prüfungen oder Untersuchungen verbundene Personal- und Sachaufwand gedeckt wird. Für begünstigende Amtshandlungen wird daneben das kostenrechtliche **Äquivalenzprinzip** festgeschrieben, so dass bei der Gebührenerhebung auch die Bedeutung, der wirtschaftliche Wert oder der sonstige Nutzen für den Gebührenschuldner angemessen berücksichtigt werden kann. Von der Ermächtigung in Abs. 4 S. 4 wurde kein Gebrauch gemacht, so dass zB bei einer Gebührenerhebung nach Abs. 1 Nr. 7 lit. b das BfS ggü. der PTB gebührenpflichtig bleibt (→ Rn. 6). Verjährungs- und Übergangsregelungen finden sich in §§ 8 und 9 AtSKostV (vgl. hierzu *Stein* in HMPS AtG/PÜ § 21 Rn. 19).

12   § 2 Abs. 2 AtSKostV enthält ausschließlich **Rahmengebühren.** Die zust. Behörde kann demnach innerhalb eines vorgegebenen Rahmens Kosten erheben. Die Gebührenrahmen in § 2 Abs. 2 Nr. 2 bis 4 AtSKostV entstammen § 2 S. 1 Nr. 6 AtKostV in der bis zum 31.12.2018 geltenden Fassung. Dieser sah für die Erhebung von Kosten für Amtshandlungen des BASE, BfS und LBA einen einheitlichen Gebührenrahmen iHv 50 bis 2 Millionen EUR vor. § 2 Abs. 2 Nr. 2 bis 4 AtSKostV übernimmt diesen Gebührenrahmen jeweils für BfS, BASE und LBA. Ob derart weite Gebührenrahmen für Amtshandlungen dieser drei Behörden nach dem StrlSchG tatsächlich angebracht sind, darf bezweifelt werden. Aber va vor dem Hintergrund des Bestimmtheitsgebots des Art. 20 Abs. 3 GG stoßen solch weite Gebührenrahmen auf verfassungsrechtliche Bedenken, wenn die konkrete Gebührenhöhe für den Gebührenschuldner nicht zumindest im Wesentlichen abschätzbar ist, um nicht unzumutbaren Unsicherheiten ausgesetzt zu sein (BVerfG NVwZ 2019, 57). Eine hinreichende Abschätzbarkeit der Gebührenhöhe aufgrund langjähriger Verwaltungspraxis, wie sie für die klar definierten Genehmigungsgegenstände in § 2 Abs. 1 AtSKostV angenommen werden kann (*Stein* in HMPS AtG/PÜ § 21 Rn. 13), lässt sich für die Rahmengebühren in § 2 Abs. 2 Nr. 2 bis 4 AtSKostV nicht allgemein bejahen, da eine langjährige Verwaltungspraxis aufgrund zum Teil neuer Zuständigkeiten für zB das BfS nach § 185 Abs. 1 Nr. 2 oder 3 oder Abs. 2 Nr. 5 oder 6 (→ § 185 Rn. 5 f., 19 f.) oder das LBA nach § 189 Nr. 1 oder 2 (→ § 189 Rn. 3 f.) nicht immer gegeben sein wird. Die im Vergleich zu § 2 Abs. 2 Nr. 2 bis 4 AtSKostV um ein vielfaches kleineren Gebührenrahmen in § 2 Abs. 2 Nr. 1, 5 und 6 AtSKostV begegnen keinen Bedenken. Die Weite dieser Gebührenrahmen ist aufgrund der Vielzahl der in Betracht kommenden Aufgaben, Amtshandlungen und Entscheidungen mit jeweils unterschiedlichem Verwaltungsaufwand gerechtfertigt, aber auch ausreichend. Unzumutbare Unsicherheiten für den Gebührenschuldner ergeben sich hier nicht.

G. Anwendbarkeit des Atomgesetzes (Abs. 5)

Von zentraler Bedeutung ist der Verweis auf § 21 Abs. 5 AtG und damit die An- 13
ordnung der Geltung **landesrechtlicher Kostenvorschriften** bei der Ausführung
des StrlSchG und der darauf gestützten RVOen durch Landesbehörden, sofern im
StrlSchG keine speziellen Gebührentatbestände existieren. Somit richtet sich die
Kostenerhebung in strahlenschutzrechtlichen Sachverhalten nach wie vor überwiegend nach landesrechtlichen Kostenvorschriften. Dies gilt va für die Prüfung von
Genehmigungen und Anzeigen, soweit nicht nach den §§ 185 bis 192 eine andere
Behörde zust. ist, aber insbes. auch für Anordnungen aufgrund der allgemeinen Anordnungsbefugnis in § 179 Abs. 2. Dagegen richtet sich die Erhebung von Gebühren für Anordnungen, die aufgrund von § 179 Abs. 1 Nr. 2 iVm § 19 Abs. 3 AtG ergehen, nach Abs. 1 Nr. 2. Dadurch wird ein Gleichlauf bei der Kostenerhebung
zwischen StrlSchG und AtG hergestellt (→ Rn. 4), der bei der allgemeinen Anordnungsbefugnis nach § 179 Abs. 2 nicht von Relevanz ist.

Teil 7 – Verwaltungsbehörden

§ 184 Zuständigkeit der Landesbehörden

(1) Durch die Länder als eigene Angelegenheit werden ausgeführt:
1. Teil 3 Kapitel 1 mit Ausnahme des § 107,
2. Teil 3 Kapitel 2,
3. Teil 4 Kapitel 1 mit Ausnahme der in § 119 vorgesehenen entsprechenden Anwendung des § 107,
4. Teil 4 Kapitel 2 Abschnitt 1 mit Ausnahme des § 121 und Abschnitt 2,
5. Teil 4 Kapitel 3,
6. Teil 4 Kapitel 4 mit Ausnahme der §§ 145, 149 Absatz 5 und der in § 152 Satz 1 vorgesehenen entsprechenden Anwendung des § 145,
7. die Rechtsverordnungen, die auf Grund der Ermächtigungen in den unter den Nummern 1 bis 6 genannten Vorschriften erlassen werden,

soweit nicht der Bund nach den aufgeführten Vorschriften dieses Gesetzes oder den hierzu jeweils ergehenden Rechtsverordnungen für die Ausführung zuständig ist.

(2) Vorbehaltlich des § 81 Satz 3, der §§ 185 bis 192 sowie des Absatzes 1 werden die Verwaltungsaufgaben nach diesem Gesetz und den hierzu ergehenden Rechtsverordnungen im Auftrag des Bundes durch die Länder ausgeführt.

A. Zweck und Bedeutung der Norm

§ 184 bildet den **Ausgangspunkt für die Zuständigkeitsregelungen** des 1 Teil 7 und bestimmt die Zuständigkeiten der Landesbehörden, die für den Vollzug des Großteils der strahlenschutzrechtlichen Vorschriften verantwortlich sind. Die Vorschrift unterscheidet zwischen Aufgaben, die von den Ländern als eigene Angelegenheiten wahrgenommen werden (Abs. 1) und solchen die die Länder im Rahmen der Bundesauftragsverwaltung erfüllen (Abs. 2).

B. Regelungshistorie

Die Regelungen zu den Zuständigkeiten der Länder wurden iW aus dem zuvor 2 anwendbaren AtG herausgelöst und in das StrlSchG integriert (BT-Drs. 18/11241, 180). Die Zuständigkeiten der Länder für den Vollzug des Strahlenschutzrechts waren bis zum Erlass des StrlSchG von § 24 AtG mitumfasst. Im Rahmen der Neuregelung des Strahlenschutzrechts wird insbesondere das Zuständigkeitskonzept der Bundesauftragsverwaltung aus § 24 Abs. 1 S. 1 AtG in § 184 Abs. 2 übernommen. Gleichzeitig dient die Regelung auch der Umsetzung des Art. 76 Abs. 1 S. 1 RL 2013/59/Euratom.

C. Ausführung von Aufgaben durch die Länder als eigene Angelegenheit (Abs. 1)

3   Abs. 1 benennt in abschließender Weise Aufgabenbereiche, die von den Ländern im Rahmen der Landesverwaltung als eigene Angelegenheiten **(Landeseigenverwaltung)** iSv Art. 83 f. GG ausgeführt werden. Im Bereich der Landeseigenverwaltung bestehen von Seiten des Bundes im Vergleich zur Bundesauftragsverwaltung reduzierte Befugnisse zum Eingriff in die Verwaltungshoheit der Länder, Art. 84 Abs. 3–5 GG. Hervorzuheben sind hier insbesondere die Reduzierung der Bundesaufsicht auf den Bereich der Rechtsaufsicht sowie ein nur im Einzelfall bestehendes Weisungsrecht nach Art. 84 Abs. 5 GG im Vergleich zum umfassenden Weisungsrecht nach Art. 85 Abs. 3 GG (vertiefend hierzu *F. Kirchhof* in DHS GG Art. 85 GG, Rn. 211 ff., Rn. 255 ff.). Auch im Bereich der Landeseigenverwaltung können durch den Bund mit Zustimmung des Bundesrates **allgemeine Verwaltungsvorschriften** (AVV) erlassen werden, Art. 84 Abs. 2 GG, wovon in den von Abs. 1 geregelten Anwendungsfällen der Landeseigenverwaltung im Bereich des Notfallschutzes Gebrauch gemacht wird; ebenso findet sich hier eine Regelung zu Weisungen im Einzelfall iSv Art 84 Abs. 5 GG, vgl. § 111 Abs. 5.

4   Zum Anwendungsbereich der Landeseigenverwaltung gehören insbesondere Aufgaben im Zusammenhang mit dem Notfallschutz nach Teil 3 sowie dem Schutz vor bestehenden Expositionssituationen nach Teil 4. Die Eigenverwaltungsregelungen des Abs. 1 finden jeweils auch hinsichtlich der aufgrund des StrlSchG in den o. g. Bereichen erlassenen RVO Anwendung, Abs. 1 Nr. 7.

I. Zuständigkeiten der Länder für den Bereich des Notfallschutzes sowie für nach einem Notfall bestehende Expositionssituationen Abs. 1 Nr. 1–3

5   Nach den Regelungen der Abs. 1 Nr. 1 und 2 führen die Länder die **Aufgaben des Notfallschutzes als eigene Angelegenheiten** aus, soweit nicht der Bund zuständig ist, § 184 Abs. 1 aE. Einzig § 107 wird vom Anwendungsbereich der Regelung gem. Abs. 1 Nr. 1 ausdrücklich ausgenommen. Darüber hinaus ordnet Abs. 1 Nr. 3 die Zuständigkeit der Länder für die Aufgabenerfüllung in eigener Angelegenheit im Bereich der nach einem Notfall bestehenden Expositionssituationen an. Hintergrund für die Zuständigkeitsregelung ist, dass in Notfallsituationen die allgemeinen Gefahrenabwehrgesetze des Bundes und der Länder Anwendung finden (→ § 109 Rn. 5). Hervorzuheben ist hierbei, dass die Eingriffsbefugnisse der strahlenschutzrechtlichen Aufsicht ausweislich des Anwendungsbereichs der § 178 ff. im Rahmen des Notfallschutzes nach Teil 3 keine Anwendung finden (vgl. aber § 178 Abs. 1 S. 2). Die anzuwendenden allgemeinen Gefahrenabwehrvorschriften des Bundes werden in landeseigener Verwaltung vollzogen (vgl. BT-Drs. 18/11241, 438). Die Notfallschutzpläne des Bundes nach § 97 StrlSchG und die Pläne des Bundes für eine nach einem Notfall bestehende Expositionssituation werden mit Zustimmung des BR als AVVen im Rahmen der Kompetenz des Art. 84 Abs. 2 GG erlassen (BT-Drs. 18/11241, 356; sa § 98 Abs. 1 S. 2, § 99 Abs. 1 S. 2, § 118 Abs. 2 S. 2 und Abs. 3). § 111 Abs. 5 beinhaltet darüber hinaus eine Einzelweisungskompetenz iSv Art. 84 Abs. 5 GG für den Bereich von überregionalen oder regionalen Notfällen. Für den Erlass einer Einzelweisung nach § 111 Abs. 5 muss in diesem Fall eine Eilbedürftigkeit iSv § 111 Abs. 6 bestehen (BT-Drs. 18/11241, S. 370 f.; sa → § 111 Rn. 13 ff.).

Eine Eingliederung der Zuständigkeiten des Katalogs des Abs. 1 in den Bereich 6 der Bundesauftragsverwaltung war nach Ansicht des Gesetzgebers weder erforderlich iS eines aufeinander abgestimmten Vollzugs der Notfallschutzbestimmungen, noch praktikabel (vgl. BT-Drs. 18/11241, 438). Dies wird mit der Bindung der Länder an die Notfallpläne des Bundes (vgl. §§ 97 Abs. 3 und 5, 100, 103 StrlSchG), mit dem einheitlichen radiologischen Lagebild nach §§ 106 ff. sowie den in § 111 geregelten Instrumenten zur Anpassung der Vorgaben des Bundes an die sich fortentwickelnden Umstände des Notfalls begründet (vgl. BT-Drs. 18/11241, 438). Ferner könnte die Bundesauftragsverwaltung in Notfallsituationen aufgrund der damit unter Umständen verbundenen Verschiebung von Verantwortlichkeiten den in den Routineaufgaben und anderen Krisenlagen erprobten Vollzug der allgemeinen Gesetze erschweren (vgl. BT-Drs. 18/11241, 438). Diese Erwägungen gelten genauso für den Schutz der Einsatzkräfte nach Abs. 1 Nr. 2 sowie gem. Abs. 1 Nr. 3 für nach einem Notfall bestehende Expositionssituationen (BT-Drs. 18/11241, 438).

Abs. 1 Nr. 1 nimmt vom Anwendungsbereich der Landeseigenverwaltung allein 7 die Aufgaben der Länder bei der Ermittlung und Auswertung der radiologischen Lage nach § 107 aus und unterstellt diese der Bundesauftragsverwaltung nach Abs. 2. Die Ausnahme der Aufgabe folgt zum einen der in Rn. 6 aufgezeigten Argumentation zur Entbehrlichkeit der Bundesauftragsverwaltung in den dort genannten Fällen. Daneben ergänzen die in § 107 genannten Aufgaben die der Länder im Rahmen des integrierten Mess- und Informationssystems des Bundes zur Überwachung der Umweltradioaktivität, die ebenfalls Rahmen der Bundesauftragsverwaltung ausgeführt werden (BT-Drs. 18/11241, 438). Diesen Erwägungen entspricht auch der Ausschluss des § 119 aus dem Bereich der Eigenverwaltung nach Abs. 1 Nr. 3, soweit er § 107 für Situationen nach einem Notfall für entsprechend anwendbar erklärt.

II. Landeseigenverwaltung im Bereich weiterer bestehender Expositionssituationen Abs. 1 Nr. 4 bis 6

1. Schutz vor Radon, Abs. 1 Nr. 4. Abs. 1 Nr. 4 sieht eine Zuständigkeit der 8 Länder in eigener Angelegenheit für den **Bereich des Schutzes vor Radon** gem. Teil 4 Kap. 2 Abschn. 1 sowie Abschn. 2 vor. Die Vorschrift nimmt dabei ausdrücklich § 121 aus. Ebenfalls nicht in den Bereich der Landeseigenverwaltung fallen die Vorschriften der §§ 126 ff. zum Schutz vor Radon an Arbeitsplätzen in Innenräumen. Diese Aufgaben werden entsprechend der Regelung des Abs. 2 im Rahmen der Bundesauftragsverwaltung wahrgenommen.

Die Aufgaben im Zusammenhang mit dem Schutz vor Radon sind immer dann 9 im Rahmen der Landeseigenverwaltung wahrzunehmen, soweit ein stark regionaler Bezug der Aufgaben dies erfordert: Die in Teil 4 Kap. 2 Abschn. 1 vorgesehenen gemeinsamen Vorschriften zum Schutz vor Radon knüpfen an das in jedem Bundesland in höchst unterschiedlichem Maße vorhandene Risiko an, das von der Exposition durch Radon ausgeht (BT-Drs. 18/11241, 439). So werden nach § 122 auf der Grundlage des auf Bundesebene erarbeiteten Radonmaßnahmenplans in jedem Bundesland Strategien in Abhängigkeit von dem jeweiligen Risiko durch die Exposition ggü Radon entwickelt (vgl. BT-Drs. 18/11241, 439). Eine bundesweite Vereinheitlichung des Aufgabenvollzugs im Rahmen der Bundesauftragsverwaltung ist damit nicht erforderlich. Der Bereich der Festlegung von Radonvorsorgegebieten nach § 121 ist dabei vom Bereich der Landeseigenverwaltung ausgenommen, da die Festlegung hier auf Grundlage bundesrechtlicher Vorgaben erfolgt (vgl. BT-Drs. 18/11241, 439). Dieselben Erwägungen gelten auch für den Bereich des Schutzes vor Radon in Aufenthaltsräumen nach Abschn. 2 (BT-Drs. 18/11241, 439).

10   **2. Schutz vor Radioaktivität in Bauprodukten, Abs. 1 Nr. 5.** Nach Abs. 1 Nr. 5 sind die Länder ebenso für den Schutz vor Radioaktivität in **Bauprodukten** nach Teil 4 Kap. 3 (§§ 133 ff.) in eigener Angelegenheit zuständig. Die Regelung soll einen Gleichklang mit dem Vollzug des Bauproduktenrechts gewährleisten, das für die zu prüfenden Bauprodukte ebenfalls zur Anwendung kommen kann und ebenfalls im Rahmen der Landeseigenverwaltung erfolgt (vgl. BT-Drs. 18/11241, 439).

11   **3. Radioaktiv kontaminierte Gebiete (Altlasten sowie infolge von Notfällen kontaminierte Gebiete), Abs. 1 Nr. 6.** Schließlich sind gem. Abs. 1 Nr. 6 die Aufgaben hinsichtlich der Behandlung von **Altlasten sowie infolge von Notfällen kontaminierter Gebiete** in Landeseigenverwaltung nach Teil 4 Kap. 4 Abschn. 1 und 2 wahrzunehmen. Der Gesetzgeber verweist im Zusammenhang mit den Regelungen zu radioaktiven Altlasten nach §§ 136 ff. auf einen beabsichtigten Gleichklang mit den Anforderungen und Zuständigkeiten nach dem BBodSchG (BT-Drs. 18/11241, 439). Zudem stellen radioaktive Altlasten regelmäßig kein länderübergreifendes Gefahrenpotenzial dar und hätten damit einen räumlich begrenzten Einwirkungskreis. Damit fehle in der Regel auch eine länderübergreifende Betroffenheit, womit ein Vollzug im Rahmen der Bundesaufsichtsverwaltung entbehrlich sei (vgl. BT-Drs. 18/11241, S. 439). Diese Erwägungen gelten auch für den Vollzug der Vorschriften über die infolge eines Notfalls kontaminierten Gebiete nach den §§ 151 f (*amtl. Begr. StrlSchG,* BT-Drs. 18/11241, S. 439). Ausgenommen von der Ausführung in landeseigener Verwaltung und somit der Bundesauftragsverwaltung unterliegend sind die §§ 145, 149 Abs. 5 und die in § 152 S. 1 vorgesehene entsprechende Anwendung des § 145. Hintergrund ist, dass ein Gleichklang mit den Regelungen zum beruflichen Strahlenschutz bei Tätigkeiten, die in Bundesauftragsverwaltung vollzogen werden, hergestellt werden soll. Teilweise sind die bei Tätigkeiten anwendbaren Regelungen zum beruflichen Strahlenschutz auch zum Schutz der Arbeitskräfte im Zusammenhang mit der Bewältigung radioaktiver Altlasten (vgl. § 145 Abs. 3 und 5), infolge eines Notfalls kontaminierte Grundstücke (§ 152 S. 1 iVm § 145 Abs. 3 und 5) und bei der Wismutsanierung (§ 149 Abs. 5) anzuwenden.

D. Bundesauftragsverwaltung (Abs. 2)

I. Grundlagen

12   Für alle Aufgabenbereiche, die nicht von Abs. 1 erfasst werden und für die das StrlSchG keine ausdrückliche Zuständigkeit des Bundes nach den §§ 81, 185 ff. StrlSchG vorsieht, regelt Abs. 2, dass diese durch die Länder im Wege der **Bundesauftragsverwaltung** ausgeführt werden. Auch wenn sich aus der Systematik der Gesamtvorschrift und dem Standort der Regelung des Abs. 2 ergibt, dass es sich hierbei um eine Auffangregelung handelt (so auch für das Regelungssystem des AtG VG Lüneburg Urt. v. 1.10.2015 – 2 A 26/14, Rn. 29, *Thienel* in Frenz, § 24

AtG, Rn. 1), bildet doch in der Praxis die Aufgabenwahrnehmung durch die Länder im Wege der Bundesauftragsverwaltung **den Regelfall des Vollzugs des Strahlenschutzrechts** (vgl. BT-Drs. 18/11241, 440).

Die Bundesauftragsverwaltung ist in Art. 85 GG geregelt, wobei diese für den Bereich der Landesverwaltung eine Ausnahme vom Grundsatz der Eigenverwaltung für die Ausführung des Bundesrechts nach Art. 83f. GG bildet. Die Bundesauftragsverwaltung findet demnach ausschließlich dann Anwendung, soweit das GG dies ausdrücklich anordnet oder der Gesetzgeber zur Einführung der Bundesauftragsverwaltung ermächtigt wird (fakultative Bundesauftragsverwaltung, *Suerbaum* in BeckOK GG Art. 85 Rn. 9). Für den Bereich des Atom- und Strahlenschutzrechts wird der Anwendungsbereich iS einer **fakultativen Bundesauftragsverwaltung durch Art. 87 c GG** eröffnet. Hiernach können Gesetze, die im Wege der ausschließlichen Gesetzgebungskompetenz des Bundes nach Art. 73 Abs. 1 Nr. 14 GG erlassen werden, bestimmen, dass sie von den Ländern im Auftrage des Bundes ausgeführt werden. Die Gesetzgebungskompetenz zum Erlass des StrlSchG als Regelungen zum Schutz gegen Gefahren, die durch ionisierende Strahlen entstehen, folgt aus Art. 73 Abs. 1 Nr. 14 GG (vgl. BT-Drs. 18/11241, S. 181, sa → Einf. Rn. 25ff.). **13**

Die Bundesauftragsverwaltung nach Art. 85 GG sieht im Vergleich zur Landeseigenverwaltung deutlich umfassendere Eingriffsrechte des Bundes vor. Hervorzuheben ist hier insbesondere der weite Anwendungsbereich der Bundesaufsicht, die sich anders als im Rahmen der Eigenverwaltung über die Rechtsaufsicht hinaus auf die **Fachaufsicht** erstreckt, Art. 85 Abs. 4 GG. Zudem besteht ein Weisungsrecht des Bundes nicht nur im Einzelfall, sondern bildet hier ein zentrales Element der Bundesaufsicht, Art. 85 Abs. 3 GG. Die Aufgabenwahrnehmung der Länder nach Abs. 2 erfolgt im hier im Bereich der Eigenverwaltung als Landes- und nicht etwa als Bundesverwaltung (vgl. *Suerbaum* in BeckOK GG, 47. Ed. 15.5.2021, Art. 85 GG, Rn. 5; BVerfG NVwZ 1990, 955 (957). Zudem haben die Länder im Rahmen der Aufgabenausführung im Wege der Bundesauftragsverwaltung grundsätzlich einen Anspruch ggü dem Bund auf **Erstattung sog. Zweckausgaben** gem. Art. 104a Abs. 2, Abs. 5 S. 1 GG (s. hierzu zur Kostenerstattung im Zusammenhang mit dem Betrieb einer Landessammelstelle nach § 9a Abs. 3 AtG BVerwG NVwZ 2009, 599). **14**

II. Verwaltungsaufbau, Delegationsverbot Art. 85 Abs. 1, Abs. 2 S. 3 GG

Art. 85 Abs. 1 GG sieht zunächst vor, dass die Länder auch im Rahmen der Bundesauftragsverwaltung im Grundsatz über ihre **Verwaltungsorganisation** entscheiden. Dies gilt nur dann nicht, soweit nicht durch Bundesgesetze (die mit Zustimmung des BR erlassen werden) etwas Anderes bestimmt wird. Anders als das AtG (dort § 24 Abs. 2 AtG) sieht das StrlSchG derzeit keine Regelungen vor, die direkt in den Verwaltungsaufbau der Landesbehörden eingreifen. **15**

III. Erlass von allgemeinen Verwaltungsvorschriften, Art. 85 Abs. 2 S. 1 GG

Im Rahmen der Bundesauftragsverwaltung ist die BReg mit Zustimmung des BR nach Art. 85 Abs. 2 GG befugt, **AVVen** zur Aufgabenwahrnehmung durch die Länder zu erlassen. Hiervon hat der der Bund im Bereich des StrlSchG Gebrauch gemacht, hervorzuheben sind dabei die folgenden AVVen: **16**

– Allgemeine Verwaltungsvorschrift zum Strahlenpass nach § 174 StrlSchV (AVV Strahlenpass, BAnz AT 23.06.2020 B6),

– **Allgemeine Verwaltungsvorschrift zur Ermittlung der Exposition von Einzelpersonen der Bevölkerung durch genehmigungs- oder anzeigebedürftige Tätigkeiten (AVV Tätigkeiten,** BAnz AT 16.06.2020 B3),

– Allgemeine Verwaltungsvorschrift zu § 47 StrlSchV a. F. hinsichtlich der Ermittlung der Strahlenexposition durch die Ableitung radioaktiver Stoffe aus Anlagen und Einrichtungen (AVV 47 – künftig *AVV Luft,* BAnz AT 05.09.2012 B1), sowie

– Allgemeine Verwaltungsvorschrift zum Integrierten Meß- und Informationssystem zur Überwachung der Radioaktivität in der Umwelt nach dem Strahlenschutzvorsorgegesetz (AVV-IMIS) vom 13. Dezember 2006 (BAnz. 2006, Nr. 244a)

17   Zu diesem Katalog hinzu kommen AVVen, die im Bereich der Landeseigenverwaltung aufgrund von Art. 84 Abs. 2 GG erlassen werden, dort erfolgt dies insbes. hinsichtl. der Notfallpläne des Bundes. Ein eigenständiges Durchsetzungssystem für die Anwendung der AVVen besteht indes nicht; soweit es zum Streitfall zwischen dem Bund und Ländern kommen sollte, steht es dem Bund im Rahmen der Bundesauftragsverwaltung freilich offen, die Sachkompetenz im Wege der Weisung nach Art. 85 Abs. 3 GG an sich zu ziehen (*Brandmair* in HMPS AtG/PÜ, § 24 Rn. 14).

IV. Weisungsbefugnis des Bundes nach Art. 85 Abs. 3 GG

18   Als zentrales Instrument der Bundesauftragsverwaltung regelt Art 85 Abs. 3 GG das Weisungsrecht des Bundes. Anders als im Bereich der Eigenverwaltung nach Art. 84 Abs. 5 GG besteht hierbei nicht das Erfordernis, dass das Weisungsrecht im Einzelfall durch eine einfachgesetzliche (bundesgesetzliche) Regelung vorausgesetzt wird. Vielmehr kann der Bund, soweit die Tatbestandsvoraussetzungen vorliegen, die sog. Sachkompetenz an sich heranziehen (BVerfG NVwZ 1990, 955 (957)).

19   In dieser Hinsicht ist zwischen der sog. **Wahrnehmungskompetenz** der Länder im Rahmen der Bundesauftragsverwaltung und der Sachkompetenz zu unterscheiden. Den Ländern steht nach der Rspr. des *BVerfG* bei der Erfüllung der übertragenen Aufgaben im Verhältnis zum Bund eine unentziehbare sog. Wahrnehmungskompetenz zu. Dies bedeutet, dass im Rahmen der Bundesauftragsverwaltung **im Außenverhältnis stets und ausschließlich das Land auftritt** (BVerfG NVwZ 1990, 955 (957)). Ein Eintrittsrecht des Bundes hinsichtl. der Wahrnehmungskompetenz ist nicht vorgesehen – diese Aufgabe verbleibt stets beim Land (BVerfG NVwZ 1990, 955 (957)). Namentlich ist der Bund im Bereich der Bundesauftragsverwaltung nicht befugt, Anhörungsverfahren durchzuführen oder Verwaltungsakte zu erlassen (vgl. BVerfG NVwZ 2002m 585 (587) – Biblis, *Thienel* in Frenz, § 24 AtG Rn. 1, bzgl. der prozessrechtlichen Folgen s. *Thienel* in Frenz, § 24 AtG Rn. 2). Im Bereich der Sachkompetenz, die zunächst ebenfalls beim Land liegt, dieses ist immerhin für die Erfüllung der Aufgaben nach dem StrlSchG zunächst zuständig, kann **der Bund über das zust. Bundesministerium (hier: BMUV) die Entscheidung in der Sache im Wege der Weisung nach Art. 85 Abs. 3 GG an sich ziehen** (BVerfG NVwZ 1990, 955 (957), *Brandmair* in HMPS AtG/PÜ, § 24 Rn. 18). Soweit der Bund im Wege der Weisung die Sachkompetenz an sich zieht, muss er nach der Rechtsprechung des BVerfG *deutlich erkennbar* vornehmen (BVerfG NVwZ 2002 585 (587)). Gleichwohl reicht hier nach Ansicht des BVerfG ein konkludentes Verhalten des Bundes aus (BVerfG aaO., kritisch hierzu *Brandmair* in HMPS AtG/PÜ, §24 Rn. 20 mwN).

§185 Zuständigkeit des Bundesamtes für Strahlenschutz; Verordnungs-ermächtigung

(1) Das Bundesamt für Strahlenschutz ist zuständig für

1. die Genehmigung für die Anwendung radioaktiver Stoffe oder ionisie-render Strahlung am Menschen zum Zweck der medizinischen For-schung sowie die Rücknahme und den Widerruf der Genehmigung,
2. die Prüfung der Anzeige der Anwendung radioaktiver Stoffe oder io-nisierender Strahlung am Menschen zum Zweck der medizinischen Forschung sowie die Untersagung der Anwendung,
3. die Prüfung der Anzeige des Betriebs von Raumfahrzeugen sowie die Untersagung des Betriebs,
4. die Bauartzulassung nach §45 Absatz 1 Nummer 1 für Vorrichtungen, die sonstige radioaktive Stoffe enthalten, und die Bauartzulassung nach §45 Absatz 1 Nummer 7 für Anlagen zur Erzeugung ionisieren-der Strahlung,
5. die Durchführung von Maßnahmen zur Qualitätssicherung bei der Er-mittlung der Körperdosis des fliegenden Personals,
6. die Überwachung der Einhaltung der Anforderungen zum Schutz vor Expositionen von Personen durch kosmische Strahlung beim Betrieb von Raumfahrzeugen nach diesem Gesetz oder nach einer auf Grund dieses Gesetzes erlassenen Rechtsverordnung, einschließlich der Be-scheinigung der erforderlichen Fachkunde im Strahlenschutz sowie der Anerkennung von Kursen zu deren Erwerb,
7. die Einrichtung und Führung eines Registers über Ethikkommissio-nen, die Forschungsvorhaben zur Anwendung radioaktiver Stoffe oder ionisierender Strahlung am Menschen zum Zweck der medizini-schen Forschung bewerten, die Registrierung der Ethikkommissionen und den Widerruf der Registrierung,
8. die Einrichtung und Führung des Registers über berufliche Expositio-nen,
9. die Einrichtung und die Führung des Registers über hochradioaktive Strahlenquellen,
10. die Prüfung der Rechtfertigung von Tätigkeitsarten und den Bericht zu der Rechtfertigung nach §7,
11. die Prüfung der Rechtfertigung von Tätigkeitsarten mit Konsum-gütern oder bauartzugelassenen Vorrichtungen und die Stellung-nahme zu der Rechtfertigung nach §38.

(2) Die Bundesregierung wird ermächtigt, in einer Rechtsverordnung mit Zustimmung des Bundesrates zu bestimmen, dass das Bundesamt für Strahlenschutz zuständig ist
1. für die retrospektive Bestimmung von Expositionen von Einzelper-sonen der Bevölkerung durch in der Rechtsverordnung nach §81 Satz 2 Nummer 2 festgelegte genehmigte oder angezeigte Tätigkeiten,

2. für die Ermittlung, Erstellung und Veröffentlichung von diagnostischen Referenzwerten, die Ermittlung der medizinischen Exposition von Personen und die dazu jeweils erforderlichen Erhebungen auf Grund einer Rechtsverordnung nach § 86 Satz 2 Nummer 7 und 8,
3. für das Verwalten und die Vergabe von Identifizierungsnummern für hochradioaktive Strahlenquellen,
4. als zentrale Stelle für die Einrichtung und den Betrieb eines Systems zur Erfassung, Verarbeitung und Auswertung von Informationen über bedeutsame Vorkommnisse, insbesondere bei der Anwendung radioaktiver Stoffe oder ionisierender Strahlung am Menschen nach der Rechtsverordnung nach § 90 Absatz 1 Satz 2 Nummer 6 bis 8,
5. für die Anerkennung von Stellen zur Messung der Radon-222-Aktivitätskonzentration und
6. für die Durchführung von Maßnahmen zur Qualitätssicherung von Messstellen für die innere Exposition und die Exposition durch Radon.

A. Zweck und Bedeutung der Norm

1 § 185 regelt die Zuständigkeiten des BfS. Überwiegend werden bereits bestehende Zuständigkeiten weitergeführt. Diese waren vor Inkrafttreten des StrlSchG in § 23 AtG aF festgelegt worden. Hinzugekommen sind neue Zuständigkeiten, bspw. die Zuständigkeit für die Prüfung der Rechtfertigung von Tätigkeitsarten nach § 7 und § 38.

2 Die Errichtung des BfS ist durch das Gesetz über die Errichtung eines Bundesamtes für Strahlenschutz (BAStrlSchG) vom 1. November 1989 vorgesehen worden. Gem. § 1 Abs. 1 BAStrlSchG ist es im Geschäftsbereich des BMUV als selbständige Bundesoberbehörde errichtet. Nach § 1 Abs. 2 hat es seinen Sitz in Salzgitter. Fachbereiche des BfS haben ihre Büros auch in Berlin, Neuherberg bei München, Bonn, Rendsburg und Freiburg. Das Kompetenzzentrum Elektromagnetische Felder des BfS ist in Cottbus.

3 Nach § 2 Abs. 1 BAStrlSchG erledigt das BfS **Verwaltungsaufgaben des Bundes auf den Gebieten des Strahlenschutzes** einschließlich des Notfallschutzes, die ihm durch das Atomgesetz, das Strahlenschutzgesetz oder andere Bundesgesetze oder aufgrund dieser Gesetze zugewiesen werden. Die in § 185 bestimmten Zuständigkeiten spiegeln einen erheblichen Teil der dem BfS nach dem StrlSchG zugewiesenen Aufgaben wider; vgl. aber auch § 192 Abs. 1 (Zuständigkeit für die Beschaffung und Zurverfügungstellung von Schutzwirkstoffen nach § 104) und § 106 Abs. 3 (Unterstützung des BMUV durch das BfS beim RLZ). Auf den in Abs. 1 genannten Gebieten unterstützt das BfS das BMUV fachlich und wissenschaftlich, insbesondere bei der Wahrnehmung der Bundesaufsicht, der Erarbeitung von Rechts- und Verwaltungsvorschriften sowie bei der zwischenstaatlichen Zusammenarbeit (§ 2 Abs. 2 BAStrlSchG). Außerdem betreibt es auf diesen Gebieten zur Erfüllung seiner Aufgaben wissenschaftliche Forschung (§ 2 Abs. 3 BAStrlSchG). Das BfS unterliegt der **Fachaufsicht des BMUV.** Nimmt das BfS Aufgaben aus einem anderen Geschäftsbereich als das BMUV wahr, untersteht es den fachlichen Weisungen der sachlich zuständigen obersten Bundesbehörde (§ 3 BAStrlSchG).

B. Zuständigkeiten nach dem StrlSchG (Abs. 1)

I. Genehmigungsbehörde für die med. Forschung (Nr. 1)

Das BfS erteilt die Genehmigung nach § 31 für die Anwendung radioaktiver **4** Stoffe oder ionisierender Strahlung am Menschen zum Zweck der med. Forschung. Es ist ebenfalls für die Rücknahme und den Widerruf der Genehmigung zuständig. Die Aufsicht über die genehmigte Anwendung führt die jeweils zust. Landesbehörde. Deshalb sieht § 31 Abs. 7 vor, dass die zust. Behörde – das BfS – der für das Forschungsvorhaben zust. Aufsichtsbehörde einen Abdruck des Genehmigungsbescheids übermittelt.

II. Anzeigebehörde für die med. Forschung (Nr. 2)

Das BfS prüft auch Anzeigen nach § 32 für die Anwendung radioaktiver Stoffe **5** oder ionisierender Strahlung am Menschen zum Zweck der med. Forschung. Es ist auch zust. für die Untersagung nach § 34. Die Aufsicht über die angezeigte Anwendung führt – wie bei der Genehmigung nach § 31 – die jeweils zust. Landesbehörde. Deshalb bestimmt § 33 Abs. 4, dass sobald mit der Anwendung begonnen werden darf, die für die Anzeige zust. Behörde, also das BfS, der zust. Aufsichtsbehörde den wesentlichen Inhalt der Anzeige unverzüglich zur Kenntnis gibt.

III. Anzeigebehörde für den Betrieb von Raumfahrzeugen (Nr. 3)

Das BfS ist auch zust. für das durch das StrlschG eingeführte Anzeigeverfahren **6** nach § 52 für den Betrieb von Raumfahrzeugen. Des Weiteren ist es auch zust. für die Untersagung des angezeigten Betriebs nach § 53 Abs. 2 und 3.

IV. Zust. Behörde für die Zulassung bestimmter Bauarten (Nr. 4)

Das BfS ist zust. für die Bauartzulassung nach § 45 Abs. 1 Nr. 1 für **Vorrichtun-** **7** **gen,** die **sonstige radioaktive Stoffe** enthalten, und für die Bauartzulassung nach § 45 Abs. 1 Nr. 7 für AEiS. Mit den Anlagen sind **Vollschutzanlagen** gemeint, vgl. § 45 Abs. 1 Nr. 7, der infolge einer durch das 1. ÄndG eingeführten Änderung bei AEiS nur noch die Bauartzulassung von Vollschutzanlagen vorsieht (Begründung in BT-Drs. 19/26943, 44). Zur Zuständigkeit der PTB für andere Bauartzulassungen vgl. § 187 Abs. 1 Nr. 1.

V. Qualitätssicherung bei Ermittlung der Körperdosis des fliegenden Personals (Nr. 5)

Das BfS ist auch zust. für die Durchführung von Maßnahmen zur Qualitätssiche- **8** rung bei der Ermittlung der Körperdosis des fliegenden Personals. Vor Inkrafttreten des StrlSchG wurden die Rechenprogramme zur Ermittlung der Exposition des fliegenden Personals von der PTB geprüft. Diese Prüfung war der PTB allerdings nicht als gesetzliche Aufgabe zugewiesen. Aus diesem Grund konnte die entsprechende Fachkompetenz nicht dauerhaft erhalten werden. Zur **Gewährleistung,** dass diese Aufgabe dauerhaft weiterhin wahrgenommen wird und aufgrund der beim BfS bereits vorhandenen **Kompetenz** in diesem Bereich wird nunmehr die

Zuständigkeit des BfS für diese Aufgabe gesetzlich vorgesehen (vgl. BT-Drs. 18/11241, 440).

VI. Überwachung der Anforderungen zum Schutz vor Expositionen durch kosmische Strahlung (Nr. 6)

9   Dem BfS obliegt künftig auch die Überwachung der Einhaltung der Anforderungen zum Schutz vor Expositionen von Personen durch kosmische Strahlung beim Betrieb von Raumfahrzeugen. Mit dem 1. ÄndG ist **klargestellt** worden, dass das BfS auch zust. ist für die Bescheinigung der erforderlichen FK im Strahlenschutz sowie der Anerkennung von Kursen zu deren Erwerb (vgl. BT-Drs. 19/26943, 56).

VII. Einrichtung und Führung eines Registers über Ethikkommissionen (Nr. 7)

10   Das BfS ist zust. für die Einrichtung und Führung eines Registers über Ethikkommission nach **§ 36,** die Registrierung der Ethikkommissionen und dem Widerruf der Registrierung. Ethikkommissionen bewerten Forschungsvorhaben zur Anwendung radioaktiver Stoffe oder ionisierender Strahlung am Menschen zum Zweck der med. Forschung. Nach § 36 Abs. 1 S. 3 erfolgt eine Registrierung nur, wenn die Mitglieder, das Verfahren und die Anschrift der Ethikkommission in einer veröffentlichten Verfahrensordnung aufgeführt sind. Gem. § 36 Abs. 1 S. 4 sind Veränderungen der Zusammensetzung der Kommission, des Verfahrens oder der übrigen Festlegungen der Verfahrensordnung dem BfS unverzüglich mitzuteilen.

VIII. Einrichtung und Führung des SSR (Nr. 8)

11   Das BfS ist zust. für die Einrichtung und Führung des SSR, vgl. die Kommentierung zu § 170.

IX. Einrichtung und Führung des HRQ-Registers (Nr. 9)

12   Das BfS ist auch zust. für die Einrichtung und Führung des HRQ-Registers nach § 88.

X. Prüfung der Rechtfertigung von Tätigkeitsarten nach § 7 (Nr. 10)

13   Mit dem StrlSchG ist das Verfahren zur Prüfung der Rechtfertigung von Tätigkeitsarten nach § 7 eingeführt worden, um auf der einen Seite die tatsächliche Anwendung des Rechtfertigungsgrundsatz stärker zu **operationalisieren,** andererseits die Fragen der materiellen Rechtfertigung aus den einzelnen Anzeige- und Genehmigungsverfahren fernzuhalten, auch im Interesse eines **bundeseinheitlichen Verständnisses** der Rechtfertigung (BT-Drs. 18/11241, 241). Diese sehr grundsätzliche Fachaufgabe ist dem BfS als zentrale Bundesbehörde mit Kompetenz in allen Bereichen des Strahlenschutzes zugewiesen worden (vgl. BT-Drs. 18/11241, 441).

XI. Prüfung der Rechtfertigung von Tätigkeitsarten nach § 38 (Nr. 11)

Das BfS ist auch zust. für die Prüfung der Rechtfertigung von Tätigkeitsarten mit **14** Konsumgütern oder bauartzugelassenen Vorrichtungen und die Stellungnahme zu der Rechtfertigung nach § 38. Hinsichtlich der Gründe für die Zuweisung der Zuständigkeit an das BfS gilt das **zu Nr. 10 Gesagte** in gleicher Weise.

C. Zuständigkeiten nach der StrlSchV (Abs. 2)

I. Retrospektive Bestimmung von Expositionen von Einzelpersonen der Bevölkerung (Nr. 1)

Die Zuständigkeit des BfS für die Ermittlung der retrospektiven Bestimmung **15** von Expositionen von Einzelpersonen der Bevölkerung durch Tätigkeiten, die auf Grundlage der VO-Erm. des § 81 S. 2 Nr. 2 festgelegt sind, ist in § 101 Abs. 6 StrlSchV geregelt worden. Danach ist das BfS zust. für die Ermittlung nach § 101 Abs. 1 S. 1 Nr. 1 StrlSchV, soweit die dort genannten Tätigkeiten auf dem Betriebsgelände von Anlagen oder Einrichtungen nach §§ 6, 7, 8 oder 9b AtG ausgeübt werden. Die Zuständigkeit des BfS beschränkt sich, wie in der VO-Erm. in Abs. 2 Nr. 1 klargestellt, auf die Ermittlung der Exposition. Hierzu erforderliche Informationen sind von den zust. Aufsichtsbehörden der Länder nach § 101 Abs. 4 ggf. vom SSV einzuholen und dem BfS zu übermitteln, damit es die Ermittlung durchführen kann. Das BfS ist nicht zust. Behörde iSd § 101 Abs. 4 StrlSchV. § 101 Abs. 6 StrlSchV bezieht sich lediglich auf die Dosisermittlung nach § 101 Abs. 1 StrlSchV. Dagegen erfasst die Regelung nicht die Anordnungsbefugnis nach § 101 Abs. 4 StrlSchV. Dies folgt zum einen daraus, dass eine solche Zuständigkeit nicht von den VO-Erm. gedeckt wäre. Abs. 2 Nr. 1 spricht lediglich von der „Bestimmung von Expositionen" und erfasst gerade nicht weitere damit verbundene Verwaltungstätigkeit mit Außenwirkung. Außerdem erlaubt die für § 101 StrlSchV auch einschlägige VO-Erm. des § 81 S. 3 lediglich die Zuweisung interner Handlungen (Verfahrensentwicklung, Datenbestimmung sowie Behandlung der Daten, Qualitätssicherung), nicht aber, dass Behörden des Bundes allgemeine Verwaltungshandlungen gegenüber Dritten zugewiesen werden können. Außerdem sollte mit Einführung des § 101 Abs. 6 StrlSchV, der im Laufe des Rechtsetzungsverfahrens durch den BR hinzugefügt wurde, nichts an der bis dato praktizierten Aufgabenteilung geändert werden, vgl. BR-Drs. 423/18, Beschluss, 15.

II. Ermittlung von diagnostischen Referenzwerten und der med. Exposition (Nr. 2)

Die Zuständigkeit des BfS für die Ermittlung, Erstellung und Veröffentlichung **16** von diagnostischen Referenzwerten und die Ermittlung der med. Exposition von Personen und die dazu jeweils erforderlichen Erhebungen ist in § 125 StrlSchV geregelt. Nach § 125 Abs. 1 S. 2 StrlSchV kann das BfS für die Ermittlung der diagnostischen Referenzwerte Daten heranziehen, die den zust. Behörden von den ärztlichen und zahnärztlichen Stellen übermittelt werden. § 125 Abs. 1 S. 3 StrlSchV regelt die Übermittlung der Daten von den zust. Behörden an das BfS. Nach § 125 Abs. 2 hat das BfS spätestens drei Jahre nach der letzten Veröffentlichung der diagnostischen Referenzwerte einen Aktualisierungsbedarf zu prüfen und die diagnostischen Referenzwerte ggf. zu aktualisieren. Nach § 125 Abs. 3 StrlSchV ermittelt das BfS mindestens alle zwei Jahre die med. Exposition der Bevölkerung und ausgewählter Bevölkerungsgruppen.

III. Verwaltung und Vergabe von Identifizierungsnummern für HRQ (Nr. 3)

17 Auf der Grundlage dieser VO-Erm. sieht § 92 Abs. 1 StrlSchV die Pflicht des SSV vor, nach Aufbringung einer unverwechselbaren Identifizierungsnummer an eine HRQ, die Identifizierungsnummer dem BfS innerhalb von einer Monatsfrist mitzuteilen.

IV. Zentrale Stelle bei bedeutsamen Vorkommnissen (Nr. 4)

18 Auf Grundlage des Abs. 2 Nr. 4 sieht § 111 Abs. 2 iVm Abs. 1 StrlSchV vor, dass das BfS zentrale Stelle zur Erfassung, Verarbeitung und Auswertung von Informationen und Erkenntnissen über Vorkommnisse im Zusammenhang mit der Anwendung radioaktiver Stoffe oder ionisierender Strahlung am Menschen ist. Die Zuständigkeit des BfS für diese Aufgabe ist auch in der VO-Erm. des § 90 Abs. 1 S. 2 Nr. 6 vorgesehen. Mit der Zuweisung der Zuständigkeit an das BfS wird eine bundesweit zentrale Auswertung von Vorkommnissen bezweckt (BT-Drs. 18/11241, 441); sa die Kommentierung zu § 90.

V. Anerkennungsbehörde von Stellen zur Messung von Radon am Arbeitsplatz (Nr. 5)

19 Abs. 2 Nr. 5 ist Grundlage für § 155 Abs. 4 StrlSchV, der auch die Voraussetzungen für die Anerkennung der Stellen regelt. Zur Funktion der anerkannten Stelle sa → § 127 Rn. 13. Nach § 155 Abs. 4 S. 1 erkennt das BfS eine Stelle für die Messung der Radon-222-Aktivitätskonzentration an, wenn die Stelle geeignete Messgeräte bereitstellen kann, über geeignete Ausrüstung und Verfahren zur Auswertung der Messgeräte verfügt, über ein geeignetes System zur Qualitätssicherung verfügt und die Teilnahme an Maßnahmen zur Qualitätssicherung durch das BfS sicherstellt. Bei Vorliegen der Voraussetzungen besteht ein Anspruch auf Anerkennung („Das BfS erkennt … an").

VI. Maßnahmen zur Qualitätssicherung von Messstellen für die innere Exposition und die Exposition durch Radon (Nr. 6)

20 Abs. 2 Nr. 6 ist Grundlage für **§ 172 Abs. 3 Nr. 2 StrlSchV**. Danach nehmen die nach § 169 StrlSchG bestimmten Messstellen an Maßnahmen zur Qualitätssicherung teil, die für die Feststellung der Körperdosis nach § 65 Abs. 4 StrlSchV und § 157 Abs. 3 StrlSchV von dem BfS durchgeführt werden. Nach § 172 Abs. 3 S. 2 StrlSchV werden für die Teilnahme an den Maßnahmen zur Qualitätssicherung, die vom BfS durchgeführt werden, Gebühren und Auslagen erhoben. Zur Zuständigkeit der PTB für Qualitätssicherungsmaßnahmen für die externe Exposition vgl. § 187 Abs. 1 Nr. 2 (→ § 187 Rn. 5).

§ 186 Zuständigkeit des Bundesamtes für die Sicherheit der nuklearen Entsorgung

(1) [1]Das Bundesamt für die Sicherheit der nuklearen Entsorgung ist zuständig für die Genehmigung der Beförderung von Großquellen sowie deren Rücknahme und Widerruf. [2]Großquellen sind sonstige radioaktive Stoffe, deren Aktivität je Beförderungs- oder Versandstück den Aktivitätswert von 1 000 Terabecquerel übersteigt.

(2) Das Bundesamt für die Sicherheit der nuklearen Entsorgung nimmt auch die in § 184 bezeichneten Zuständigkeiten wahr als
1. Zulassungs- und Aufsichtsbehörde im Rahmen
   a) der übertägigen Erkundung nach § 16 Absatz 1 des Standortauswahlgesetzes,
   b) der untertägigen Erkundung nach § 18 Absatz 1 des Standortauswahlgesetzes,
   c) der Errichtung, des Betriebs und der Stilllegung von Anlagen des Bundes nach § 9a Absatz 3 Satz 1 des Atomgesetzes und
2. für die Schachtanlage Asse II zuständige Aufsichtsbehörde.

A. Zweck und Bedeutung der Norm

Mit § 186 werden dem Bundesamt für die Sicherheit der nuklearen Entsorgung – **1** BASE – bestimmte Vollzugsaufgaben zugewiesen. Das BASE ist eine selbstständige Bundesoberbehörde im Geschäftsbereich des BMUV. Es wurde durch das **Gesetz über die Errichtung eines Bundesamtes für kerntechnische Entsorgung vom 23.7.2013** (BGBl. I 2553 (2563)) mit diesem Namen, abgekürzt BfE, gegründet und nahm am 1.9.2014 seine Tätigkeit auf (Organisationserlass zur Errichtung des Bundesamtes für kerntechnische Entsorgung vom 5.8.2014, BAnz AT 27.08.2014 B4). Durch das Gesetz zur Neuordnung der Organisationsstruktur im Bereich der Endlagerung vom 26.7.2016 (BGBl. I 1843) wurde die Behörde in Bundesamt für kerntechnische Entsorgungssicherheit umbenannt und zugleich wurden ihr weitere Aufgaben, ua die Zuständigkeit für die Genehmigung der Beförderung von Kernbrennstoffen und Großquellen, übertragen, die zuvor dem Bundesamt für Strahlenschutz oblagen. Zum 1.1.2020 erfolgte die Umbenennung in den heutigen Namen (BGBl. 2019 I 2510) mit dem Ziel, den Aufgabenbereich sprachlich eindeutiger gegenüber den beiden bundeseigenen Gesellschaften BGZ Gesellschaft für Zwischenlagerung mbH (BGZ) und Bundesgesellschaft für Endlagerung mbH (BGE) abzugrenzen (BR-Drs. 398/19, 15), denen gegenüber das BASE als Genehmigungs- (BGZ) bzw. Aufsichts- und Genehmigungsbehörde (BGE) hoheitlich tätig wird. Das BASE hat seinen Hauptsitz in Berlin und weitere Dienststellen in Bonn, Köln und Salzgitter.

Neben den durch § 186 zugewiesenen Zuständigkeiten nimmt das BASE die in **2** § 4 des Standortauswahlgesetzes (StandAG) vom 5.5.2017 (BGBl. I 1074) bezeichneten Aufgaben wahr, wo es ua zuständige Aufsichtsbehörde über die BGE in deren Funktion als Vorhabenträgerin des Standortauswahlverfahrens und selbst Trägerin der Öffentlichkeitsbeteiligung im Standortauswahlverfahren ist. Das Atomgesetz sieht in § 23d weitere Zuständigkeiten des BASE vor, zu denen insbesondere die Planfeststellung bzw. Genehmigung – vorbehaltlich der Sonderregelungen in den

§§ 57b Abs. 9, 58 Abs. 2 und 3 AtG – für und die Aufsicht über Anlagen des Bundes zur Sicherstellung und zur Endlagerung radioaktiver Abfälle und die Schachtanlage Asse II, einschließlich weiterer Zuständigkeiten nach dem Berg- und Wasserrecht für diese Anlagen, sowie die Genehmigung der Beförderung und der Aufbewahrung von Kernbrennstoffen gehören. Darüber hinaus betreibt das BASE wissenschaftliche Forschung auf diesen Gebieten.

B. Genehmigung der Beförderung von Großquellen (Abs. 1)

3   Abweichend vom Grundsatz, dass die Genehmigung der Beförderung radioaktiver Stoffe Ländersache ist (→ § 184 Rn. 12), erfolgt die Genehmigung für die Beförderung von Großquellen durch das BASE im Rahmen bundeseigener Verwaltung. Die Zuständigkeit des BASE ist hier ausschließlich und bezieht sich daher auch auf Genehmigungen für Beförderungen von Großquellen im Schienen- und Schiffsverkehr der Eisenbahnen (→ § 190 Rn. 5). Vor Inkrafttreten des StrlSchG am 31.12.2018 war diese Aufgabe im Katalog des § 23d S. 1 AtG enthalten, worin sie durch Art. 1 des Gesetzes zur Neuordnung der Organisationsstruktur im Bereich der Endlagerung vom 26.7.2016 (BGBl. I 1843) aus dem Aufgabenbereich des Bundesamtes für Strahlenschutz nach § 23 Abs. 1 AtG aF überführt worden war. Diese Aufgabe wurde durch das Gesetz über die Beförderung gefährlicher Güter vom 6.8.1975 (BGBl. I 2121) in das Atomgesetz aufgenommen. Mit der zunächst erfolgten Übertragung der Zuständigkeit auf die Physikalisch-Technische Bundesanstalt (PTB) bezweckte der Gesetzgeber eine Vereinheitlichung des Vollzuges des Atom- und Gefahrgutrechts, da die PTB bereits zuständige Behörde für die Erteilung von Beförderungsgenehmigungen für Großquellen nach den damals bestehenden gefahrgutrechtlichen Vorschriften war (BT-Drs. 7/2517, 25; vgl. zur Zuständigkeit zB Bem. 2 zu Nr. 7.1.2 des Anhang 1 der Fünften Verordnung zur Änderung der Verordnung über gefährliche Seefrachtgüter vom 29.3.1972 (BGBl. I 529 (543))). Die in § 23 Hs. 2 AtG aF und später in § 23 Abs. 2 AtG aF enthaltene Begriffsbestimmung der Großquelle verwies dementsprechend auf die Großquellen definierenden **Aktivitätsgrenzwerte** in Rn. 2450, Bem. 5 der Anlage A des Europäischen Übereinkommens vom 30. September 1957 über die internationale Beförderung gefährlicher Güter auf der Straße – ADR (Anlage A und B zum ADR idF vom 29.7.1968 als Anlageband zum BGBl. II Nr. 54 v. 21.8.1969, abgedruckt in: *Fischerhof* AtG § 23 Rn. 4). In weiteren Überarbeitungen der Anlagen des ADR wurde diese Vorschrift allerdings aufgehoben (vgl. Anlage A zum ADR idF vom 1.7.1977, Anlageband zum BGBl. II Nr. v. 15.11.1977). Der statische Verweis auf die Anlage A des ADR idF vom 29.7.1968 wurde aber erst durch die Achte Novelle des Atomgesetzes vom 14.4.1998 in die in § 186 Abs. 1 S. 2 übernommene Fassung geändert (BGBl. I 694 (698)). Die eigenständige Begriffsbestimmung wurde dadurch enger als die vorherige Definition gefasst, was faktisch zu einer Übertragung von Aufgaben auf die Landesbehörden führte (vgl. BT-Drs. 13/8641, 27).

4   Die Eigenschaft eines radioaktiven Stoffes als Großquelle knüpft allein an dessen **Aktivität** an. Diese ist bezogen auf das einzelne Versandstück (→ § 27 Rn. 23). Der von Abs. 1 S. 2 darüber hinaus als Bezugsgröße verwendete Begriff des „Beförderungsstücks" ist dem Gefahrgutrecht unbekannt. Dementsprechend bezog sich auch die Aktivität der Großquelle im ADR nur auf das Versandstück.

Die Anzahl der jährlich erteilten Genehmigungen für die Beförderungen ist 5
überschaubar und bewegt sich im einstelligen oder niedrigen zweistelligen Bereich
(vgl. https://www.base.bund.de; zul. abgerufen am 3.3.2022). Dabei wurden in
den letzten Jahren ausschließlich Genehmigungen für die Beförderungen von
Großquellen mit dem Radionuklid Kobalt-60 erteilt, die zB zur Sterilisation von
Medizinprodukten oder bestimmter Lebensmittel (vgl. §§ 1, 2 Lebensmittelbestrah-
lungsverordnung idF vom 15.2.2019 (BGBl. I 116)) durch Gammastrahlung eingesetzt werden (vgl. Gesellschaft für Anlagen- und Reaktorsicherheit (GRS)
gGmbH, Neuerhebung der Anzahl der beförderten Versandstücke pro Jahr, September 2020, S. 12, https://www.grs.de; zul. abgerufen am 4.9.2021).

C. Strahlenschutzrechtliche Zuständigkeit im Rahmen des Standortsuchverfahrens (Abs. 2 Nr. 1 lit. a und b)

Eine Ausnahme vom Ländervollzug nach § 184 (→ § 184 Rn. 12) besteht nach 6
Abs. 2 Nr. 1 lit. a und b im **Verfahren zur Suche und Auswahl eines Standortes
für ein Endlager für hochradioaktive Stoffe** bei der übertägigen Standorterkundung nach § 16 Abs. 1 StandAG und bei der vom Vorhabenträger durchzuführenden, sich an die übertägige Erkundung anschließende untertägige Erkundung von Standorten nach § 18 Abs. 1 StandAG. Das BASE hat nach § 4 Abs. 1
Nr. 2 StandAG die Aufgabe, den ihm vom Vorhabenträger übermittelten Vorschlag
für die untertägig zu erkundenden Standorte sowie im weiteren Verfahren den Vorschlag für einen Endlagerstandort zu prüfen und Empfehlungen an das Bundes-
umweltministerium abzugeben. In diesem Zusammenhang ist das BASE auch für
die Prüfung der Gewährleistung des Strahlenschutzes bei der über- und untertägigen Erkundung zuständig. Damit wird sichergestellt, dass nicht erst im Rahmen
eines späteren Zulassungsverfahrens nach § 9b AtG, sondern bereits im vorgeschal-
teten Suchverfahren für einen Endlagerstandort die Prüfung der Einhaltung strahlenschutzrechtlicher Anforderungen von der späteren Zulassungsbehörde durchgeführt wird. Die Vorschrift dient damit auch der Verfahrenseffizienz. Im Kontext
der Aufgabenzuweisung im Endlagersuchverfahren wäre eine Wahrnehmung durch
die Länder auch nicht sachgerecht (vgl. BT-Drs. 18/11241, 442).

D. Strahlenschutzrechtliche Zuständigkeit für Anlagen des Bundes nach § 9a Abs. 3 S. 1 AtG und für die Schachtanlage Asse II (Abs. 2 Nr. 1 lit. c und Nr. 2)

Soweit das BASE seine Zuständigkeit als Zulassungs- und Aufsichtsbehörde für 7
**Anlagen zur Sicherstellung und Endlagerung radioaktiver Abfälle nach
§ 9a Abs. 3 AtG** bzw. als Aufsichtsbehörde für die **Schachtanlage Asse II** nach
den § 23d S. 1 Nr. 1 und 2 AtG wahrnimmt, ist dem BASE durch **Abs. 2** auch die
strahlenschutzrechtliche Zuständigkeit übertragen.

§ 23d AtG und damit auch die **Zuständigkeit** des BASE für die **Planfeststel-** 8
lung und Genehmigung nach § 9b AtG wurde durch Art. 2 des Standortauswahlgesetzes vom 23.7.2013 (BGBl. I 2553 (2561)) in das AtG eingefügt und infol-
gedessen die Zuständigkeit den Ländern entzogen. Für das genehmigte **Endlager
Schacht Konrad** und das **Endlager für radioaktive Abfälle Morsleben**

(ERAM) bestehen allerdings in § 58 Abs. 2 und 3 AtG Übergangsbestimmungen, die einen Übergang der Zuständigkeit vom Land auf das BASE für das Endlager Schacht Konrad erst nach Erteilung der Zustimmung zur Inbetriebnahme durch die atomrechtliche Aufsicht und für das ERAM mit Vollziehbarkeit des Planfeststellungsbeschlusses zur Stilllegung vorsehen. Die genehmigungsrechtliche Zuständigkeit für die **Schachtanlage Asse II** verbleibt nach § 57b Abs. 9 AtG beim Land Niedersachsen. Durch das Gesetz zur Neuordnung der Organisationsstruktur im Bereich der Endlagerung vom 26.7.2016 (BGBl. I 1843) wurde beim BASE zudem erstmalig eine eigenständige **Aufsicht über Anlagen nach § 9a Abs. 3 AtG und über die Schachtanlage Asse II** eingerichtet. Zuvor fand im BfS, das zugleich für die Errichtung und den Betrieb dieser Anlagen zuständig war, lediglich eine „Eigenüberwachung" durch eine unmittelbar an die Behördenleitung angegliederte Organisationseinheit statt.

9   Der bei dem Betrieb dieser Anlagen zu gewährleistende Strahlenschutz war vor dem vollständigen Inkrafttreten des StrlSchG am 31.12.2018 in der auf Grundlage der Verordnungsermächtigungen des AtG erlassenen StrlSchV 2001 geregelt, so dass das BASE mit der Zuständigkeit für die Zulassung und die Aufsicht nach § 23d S.1 Nr. 1 und 2 AtG damit einhergehend auch für die Prüfung des dabei sicherzustellenden Strahlenschutzes zuständig war. Infolge der Normierung des Strahlenschutzes im StrlSchG und des Außerkrafttretens der StrlSchV 2001 am 31.12.2018 bedurfte es daher einer eigenständigen Regelung der Zuständigkeit im StrlSchG. Mit der Übertragung aller weiteren in § 184 den Ländern zugewiesenen Zuständigkeiten auf das BASE als Zulassungs- und Aufsichtsbehörde für Endlager und als Aufsichtsbehörde über die Schachtanlage Asse II ist das BASE in dieser Funktion auch für den Strahlenschutz bei diesen Expositionssituationen bei diesen Anlagen zuständig, die durch das StrlSchG nunmehr in den Anwendungsbereich des Strahlenschutzrechts fallen, wie z.B. für Radon an Arbeitsplätzen und der Radioaktivität in Bauprodukten.

§ 187   Zuständigkeit der Physikalisch-Technischen Bundesanstalt

(1) **Die Physikalisch-Technische Bundesanstalt ist zuständig für**
1. **die Bauartzulassung von Störstrahlern nach § 45 Absatz 1 Nummer 1 und die Bauartzulassung nach § 45 Absatz 1 Nummer 2 bis 6,**
2. **die Durchführung von Maßnahmen zur Qualitätssicherung von Messstellen für die externe Exposition nach Maßgabe der Rechtsverordnung nach § 169 Absatz 4 und**
3. **die Bereitstellung von Radioaktivitätsstandards für Vergleichsmessungen nach Maßgabe der Rechtsverordnung nach § 81 Satz 3.**

(2) ¹**Die Rechts- und Fachaufsicht über die Physikalisch-Technische Bundesanstalt für die Aufgaben nach diesem Gesetz obliegt dem Bundesministerium für Umwelt, Naturschutz und nukleare Sicherheit.** ²**Soweit dadurch technisch-wissenschaftliche Belange der Bundesanstalt, ihre strategische Ausrichtung oder sonstige Rahmenbedingungen berührt werden, ist ein Einvernehmen mit dem Bundesministerium für Wirtschaft und Energie herzustellen.**

A. Zweck und Bedeutung der Norm

Die PTB ist nach §6 Abs. 1 S. 1 EinhZeitG eine bundesunmittelbare, nicht **1** rechtsfähige AöR im Geschäftsbereich des BMWK. Sie ist eine wissenschaftlich-technische Bundesoberbehörde und Ressortforschungseinrichtung. Gem. Satzung vom 15.9.2015 (BAnz. AT 25.9.2015 B1) ist die PTB das nationale Metrologie-institut der Bundesrepublik Deutschland. §187 regelt einen wesentlichen Teil der Aufgaben der PTB nach dem StrlSchG (Abs. 1) und bestimmt darüber hinaus, dass die PTB in Bezug auf ihre gesamten Aufgaben nach dem StrlSchG der Rechts- und Fachaufsicht durch das BMUV unterliegt (Abs. 2). Dadurch wird unabhängig von der Ressortzugehörigkeit ein ordnungsgemäßer Vollzug des StrlSchG gewährleis-tet. Die Zuständigkeiten der PTB nach anderen Gesetzen, insbes. nach dem MessEG (vgl. §14 Abs. 4 S. 2) und der MessEV (vgl. §29 Abs. 1 S. 2), bleiben hier-von unberührt.

B. Bisherige Rechtslage

Für die Aufgaben der PTB nach Abs. 1 fanden sich bis zum Inkrafttreten des **2** StrlSchG Regelungen zur Zuständigkeit in §8 Abs. 2 S. 1 RöV (Bauartprüfung von Röntgenstrahlern, Schulröntgeneinrichtungen, Basis- und Vollschutz-geräten sowie Störstrahlern), in §35 Abs. 10 RöV und §41 Abs. 8 StrlSchV 2001 (Durchführung von Maßnahmen zur Qualitätssicherung von Personendosismess-stellen) und in §48 Abs. 4 S. 3 StrlSchV 2001 (Bereitstellung von Radioaktivitäts-standards für Vergleichsmessungen der Leitstellen des Bundes iRd Emissions- und Immissionsüberwachung).

C. Aufgaben (Abs. 1)

I. Bauartzulassung (Nr. 1)

Nach Abs. 1 Nr. 1 ist die PTB zust. für die Bauartzulassung von Störstrahlern, **3** Röntgenstrahlern, Basis-, Hoch- und Vollschutzgeräten sowie Schulröntgenein-richtungen (→ §45 Rn. 5f.). Die Regelung greift den Inhalt von §8 Abs. 2 S. 1 RöV für die Bauartprüfung auf. Das StrlSchG überträgt nun sowohl die Zuständig-keit für die Bauartprüfung als auch für die Bauartzulassung auf die PTB, während nach bisherigem Recht die Zuständigkeit in Bezug auf die Bauartzulassung beim BfS und für die Bauartprüfung bei der PTB lag (BT-Drs. 18/11241, 442). Die Er-hebung von Gebühren für diese Amtshandlung der PTB richtet sich nach §183 Abs. 1 Nr. 7 lit. a (→ §183 Rn. 6).

Nach §14 Abs. 4 S. 2 MessEG obliegt der PTB auch die Konformitätsbewertung **4** der Bauart von **Strahlenschutzmessgeräten** nach §1 Abs. 1 Nr. 13 MessEV. Für diese Strahlenschutzmessgeräte soll die PTB allein sicherstellen, dass die auf dem Markt verfügbaren Messgeräte die hohen Qualitätsanforderungen an Dosismes-sungen zum Schutz der Gesundheit der Bevölkerung, der Arbeitskräfte sowie der Patienten und Probanden vor den Gefahren einer Exposition ggü. ionisierender Strahlung erfüllen (BT-Drs. 17/12727, 43).

II. Durchführung von Qualitätssicherungsmaßnahmen (Nr. 2)

5   Nach Abs. 1 Nr. 2 ist die PTB zust. für die Durchführung von Maßnahmen zur Qualitätssicherung von Messstellen nach § 169 Abs. 1 Nr. 1 für die **externe Exposition** (vgl. auch die Regelung in § 172 Abs. 3 S. 2 Nr. 1 StrlSchV). Die Regelung greift den Inhalt von § 35 Abs. 10 iVm Abs. 4 S. 2 RöV und § 41 Abs. 8 StrlSchV 2001 auf (BT-Drs. 18/11241, 442). Gem. Nr. 3.1 der RL über Anforderungen an Personendosismessstellen nach Strahlenschutz- und Röntgenverordnung vom 10.12.2001 (GMBl. 2002, 136) werden für die verwendeten amtlichen Personendosimeter für Betastrahlung jeweils **jährliche Vergleichsmessungen** von der PTB als Qualitätssicherungsmaßnahme durchgeführt (vgl. auch die von der PTB veröffentlichten Regeln für die Durchführung von Vergleichsmessungen von Beta-Fingerringdosimetern gemäß Nr. 3.1 der RL über Anforderungen an Personendosismessstellen nach Strahlenschutz- und Röntgenverordnung). Die Erhebung von Gebühren für diese Amtshandlung der PTB richtet sich wie bei der Bauartzulassung nach § 183 Abs. 1 Nr. 7 lit. a (→ § 183 Rn. 6). Personendosimeter für Photonenstrahlung unterliegen dagegen der MessEV. Für diese werden von der PTB Vergleichsmessungen nach § 29 MessEV durchgeführt (vgl. auch die von der PTB veröffentlichten Regeln für die Durchführung von Vergleichsmessungen von Dosimetern gemäß § 29 Satz 1 der Mess- und Eichverordnung).

III. Bereitstellung von Radioaktivitätsstandards (Nr. 3)

6   Nach Abs. 1 Nr. 3 ist die PTB zum einen zust. für die Bereitstellung von Radioaktivitätsstandards für **Vergleichsmessungen der Leitstellen des Bundes** iRd Emissions- und Immissionsüberwachung nach § 103 Abs. 3 S. 1 StrlSchV. Die Regelung des § 103 Abs. 3 S. 3 StrlSchV hat insoweit nur klarstellenden Charakter. Abs. 1 Nr. 3 greift damit den Inhalt von § 48 Abs. 4 S. 3 StrlSchV 2001 auf. Die Erhebung von Gebühren für diese Leistung der PTB ggü. den Leitstellen ist ausgeschlossen (→ § 183 Rn. 7). Darüber hinaus ist die PTB zust. für die Bereitstellung von Radioaktivitätsstandards für Vergleichsmessungen des BfS nach § 103 Abs. 4 S. 4 StrlSchV. Die Erhebung von Gebühren für diese Leistung der PTB richtet sich nach § 183 Abs. 1 Nr. 7 lit. b (→ § 183 Rn. 6).

7   Soweit die PTB auch Aktivitätsnormale iRd Überwachung der Umweltradioaktivität für Vergleichsmessungen zum IMIS bereitstellt, ergibt sich die diesbezügliche Zuständigkeit nicht aus Abs. 1 Nr. 3, sondern aus § 3 Abs. 1 IMIS-ZustV. Dieser entspricht § 11 Abs. 11 StrVG, der – wie das gesamte StrVG – gem. Art. 32 Abs. 1 S. 2 iVm Art. 4 des Gesetzes zur Neuordnung des Rechts zum Schutz vor der schädlichen Wirkung ionisierender Strahlung vom 27.6.2017 (BGBl. I 1966) am 1.10.2017 aufgehoben worden ist. Mangels Gebührentatbestands ist hier die Erhebung von Gebühren durch die PTB ebenfalls ausgeschlossen (→ § 183 Rn. 7).

D. Rechts- und Fachaufsicht (Abs. 2)

I. Sektorales Weisungsrecht des BMUV (S. 1)

8   Nach Abs. 2 S. 1 obliegt die Rechts- und Fachaufsicht über die PTB für deren Aufgaben nach dem StrlSchG dem BMUV. Eine ähnliche Regelung in Bezug auf das BAFA findet sich in § 188 Abs. 4 (→ § 188 Rn. 14). Durch die Regelung in Abs. 2 S. 1 wird eine **besondere Fachaufsichtszuständigkeit** des BMUV ggü.

der PTB begründet, die auf die Aufgaben beschränkt ist, die die PTB nach dem StrlSchG wahrnimmt. Die Vorschrift ist erforderlich, da die PTB keine dem BMUV nachgeordnete Behörde ist, sondern als Bundesoberbehörde im Geschäftsbereich des BMWK grds. dessen Rechts- und Fachaufsicht unterliegt.

Unter Fachaufsicht wird allgemein eine umfassende **Recht- und Zweck- 9 mäßigkeitskontrolle** des gesamten Verwaltungshandelns einer nachgeordneten Behörde durch die Aufsichtsbehörde verstanden (*Müller* in AOT EEG §63 Rn. 7). Da die Fachaufsicht demnach bereits die Kontrolle der Rechtmäßigkeit des Verwaltungshandelns umfasst, kommt der ausdrücklichen Nennung der Rechtsaufsicht in Abs. 2 S. 1 vielmehr nur klarstellende Bedeutung zu. Die Fachaufsicht beinhaltet umfassende Informations- und Einwirkungsrechte sowie –pflichten für die die Fachaufsicht ausübende Behörde (*Etscheid* vr 2010, 229 (231)) und enthält die Befugnis zur Erteilung von inhaltlichen Einzelweisungen, um ein recht- und zweckmäßiges Handeln sicherzustellen (*Müller* in AOT EEG §63 Rn. 7; *Sommerfeldt/Findeisen* in Reshöft/Schäfermeier EEG §63 Rn. 6). Da dem BMUV die Rechts- und Fachaufsicht über die PTB im Anwendungsbereich des StrlSchG ausdrücklich obliegt, ist es auch zum Einschreiten verpflichtet und darf nicht von einer Weisung absehen, wenn die PTB ihre Aufgaben nach dem StrlSchG nicht ordnungsgemäß durchführt (vgl. *Sommerfeldt/Findeisen* in Reshöft/Schäfermeier EEG §63 Rn. 9). Unabhängig von diesem umfassenden Weisungsrecht des BMUV führt die PTB ihre Aufgaben weiterhin in eigener Verantwortung nach dem Stand von Wissenschaft und Technik aus (BT-Drs. 18/11241, 442).

Die Fachaufsicht des BMUV reicht nur soweit, wie die PTB „Aufgaben nach 10 diesem Gesetz" wahrnimmt. Damit bezieht sich Abs. 2 nicht nur auf die Aufgaben nach Abs. 1, sondern auch auf andere der PTB im StrlSchG zugewiesene Aufgaben. Davon erfasst sind insbes. auch Aufgaben, die der PTB durch RVO aufgrund der Ermächtigung in §192 Abs. 2 übertragen wurden (→ §192 Rn. 2). Auch bei diesen Aufgaben handelt es sich um Aufgaben nach dem StrlSchG iSv Abs. 2 S. 1. Damit erstreckt sich die Fachaufsicht des BMUV über die PTB auch auf die Erfüllung ihrer **Aufgaben im Bereich IMIS** nach §3 Abs. 1 IMIS-ZustV iVm §161 Abs. 1 Nr. 2. Somit ist auch der Bereich der Überwachung der Umweltradioaktivität von der Rechts- und Fachaufsicht durch das BMUV erfasst.

II. Einvernehmen mit dem BMWK (S. 2)

Soweit iRd Rechts- und Fachaufsicht technisch-wissenschaftliche Belange der 11 PTB, ihre strategische Ausrichtung oder sonstige Rahmenbedingungen berührt werden, ist nach Abs. 2 S. 2 ein **Einvernehmen** mit dem BMWK herzustellen. Ein „Einvernehmen" erfordert ein **ausdrückliches Einverständnis,** im Gegensatz zum bloßen Benehmen, das bereits dann vorliegt, wenn ein Austausch stattgefunden hat und die Ansicht des zu beteiligenden Ministeriums zur Kenntnis genommen wurde (*Gerhardt* IfSG §5 Rn. 52; *Hollo* in Kießling IfSG §5 Rn. 36). Durch das Erfordernis des Einvernehmens soll sichergestellt werden, dass ohne ausdrückliches Einverständnis des BMWK im Wege der Fachaufsicht durch das BMUV keine Entscheidungen getroffen werden, die wesentliche und grds. Belange der PTB berühren oder längerfristige Auswirkungen auf deren Arbeit als wissenschaftlich-technische Bundesoberbehörde und Ressortforschungseinrichtung haben. Abs. 2 S. 2 ist dabei als Ausnahme von Abs. 2 S. 1 zu verstehen. Die Rechts- und Fachaufsicht über die PTB durch das BMUV für die Aufgaben nach dem StrlSchG stellt den Regelfall dar. Das Einvernehmenserfordernis nach Abs. 2 S. 2

kann daher nicht bedeuten, dass die Rechts- und Fachaufsicht über die PTB regelmäßig nur mit ausdrücklichem Einverständnis des BMWK ausgeübt werden kann.
Abs. 2 S. 2 ist dementsprechend eng auszulegen.

12   Was genau unter technisch-wissenschaftlichen Belangen, strategischer Ausrichtung und sonstigen Rahmenbedingungen zu verstehen ist, bleibt unklar. Hier bedarf es weiterer Konkretisierung. Für die Beantwortung der Frage, wann das Einvernehmen des BMWK erforderlich ist, sollte sich daran orientiert werden, ob
durch die Ausübung der Fachaufsicht die **Grundbeauftragung der PTB,** wie sie
sich aus § 6 EinhZeitG sowie §§ 45 bis 47 MessEG ergibt, und die ihr dort zugewiesenen Aufgaben **tangiert** sind bzw. ob die Wahrnehmung der Fachaufsicht Auswirkungen auf diese Aufgabenzuweisung hätte. Auch die Satzung der PTB vom
15. 9. 2015 (BAnz. AT 25. 9. 2015 B1), insbes. § 2, kann hier als Richtschnur dienen.
Die genannten Regelungen setzen insoweit den Rahmen für die Tätigkeit der
PTB. Werden diese Rahmenbedingungen im Wege der Fachaufsicht durch das
BMUV berührt, ist das Einvernehmen mit dem BMWK herzustellen. Das Erfordernis des Einvernehmens in den Fällen des Abs. 2 S. 2 birgt natürlich auch die **Gefahr von Konflikten** zwischen politisch-inhaltlicher Federführung durch das
BMWK einerseits und fachaufsichtlicher Zuständigkeit durch das BMUV andererseits (vgl. *Müller* in AOT EEG § 63 Rn. 17). Allerdings gilt es zu bedenken, dass die
praktische Bedeutung der gesamten Regelung in Abs. 2 angesichts der rein technischen Aufgaben, die die PTB nach dem StrlSchG wahrnimmt, äußerst gering
sein dürfte. Zumeist wird sich in Konfliktfällen eine einvernehmliche Lösung zwischen BMUV, PTB und BMWK finden, so dass sich die Frage nach der Ausübung
der Fachaufsicht in der Praxis kaum stellen wird.

**§ 188   Zuständigkeiten für grenzüberschreitende Verbringungen und
deren Überwachung**

(1) ¹**Das Bundesamt für Wirtschaft und Ausfuhrkontrolle ist zuständig
für die Erteilung einer Genehmigung für die grenzüberschreitende Verbringung von Konsumgütern sowie für ihre Rücknahme und den Widerruf.** ²**Das Gleiche gilt, soweit die Rechtsverordnungen nach § 24 Satz 1
Nummer 7 und § 30 das Erfordernis von Genehmigungen und Zustimmungen sowie die Prüfung von Anzeigen oder Anmeldungen für grenzüberschreitende Verbringungen vorsehen.**

(2) ¹**Die Zollbehörden wirken bei der Überwachung von grenzüberschreitenden Verbringungen radioaktiver Stoffe, von Konsumgütern oder
Produkten nach § 39 Absatz 1 Satz 1 Nummer 1 bis 10, denen radioaktive
Stoffe zugesetzt oder die aktiviert worden sind, sowie von Rückständen
mit.** ²**Die Zollbehörden können**

1. **grenzüberschreitend verbrachte Sendungen, die radioaktive Stoffe,
Rückstände oder die in Satz 1 genannten Konsumgüter oder Produkte
enthalten, sowie deren Beförderungsmittel, Behälter, Lademittel und
Verpackungsmittel zur Überwachung anhalten,**
2. **einen auf Grund tatsächlicher Anhaltspunkte bestehenden Verdacht von
Verstößen gegen Verbote und Beschränkungen nach diesem Gesetz
oder den auf Grund von § 24 Satz 1 Nummer 7 und § 30 ergehenden
Rechtsverordnungen, der sich bei der Wahrnehmung ihrer Aufgaben
ergibt, den zuständigen Behörden mitteilen und**

3. in den Fällen der Nummer 2 anordnen, dass Sendungen nach Nummer 1 auf Kosten und Gefahr des Verfügungsberechtigten den zuständigen Behörden vorgeführt werden.

[3]Das Brief- und Postgeheimnis nach Artikel 10 des Grundgesetzes wird nach Maßgabe der Sätze 1 und 2 eingeschränkt.

(3) Absatz 2 gilt vorbehaltlich anderweitiger Bestimmungen in nationalen oder europäischen Rechtsvorschriften entsprechend für die grenzüberschreitende Verbringung von Stoffen, bei denen zu besorgen ist, dass deren Aktivität oder spezifische Aktivität die nach einer Rechtsverordnung nach § 24 Satz 1 Nummer 10 festgelegten Werte überschreitet.

(4) Soweit das Bundesamt für Wirtschaft und Ausfuhrkontrolle auf Grund des Absatzes 1 entscheidet, ist es unbeschadet seiner Unterstellung unter das Bundesministerium für Wirtschaft und Energie und dessen auf anderen Rechtsvorschriften beruhenden Weisungsbefugnissen an die fachlichen Weisungen des Bundesministeriums für Umwelt, Naturschutz und nukleare Sicherheit gebunden.

A. Zweck und Bedeutung der Norm

§ 188 regelt das Zusammenspiel und die Befugnisse der an der grenzüberschrei- **1** tenden Verbringung und deren Überwachung beteiligten Behörden. Die Regelung greift somit genau wie § 22 AtG den Gedanken des **behördlichen Funktionsverbundes** auf, wonach die Zuständigkeiten und fachlichen Weisungsbefugnisse auf bestehende Behörden übertragen werden, die dem Grunde nach bereits mit vergleichbaren Aufgaben und Arbeitsmethoden betraut sind (*Brandmair* in HMPS AtG/PÜ § 22 Rn. 1). Durch die Einbindung der Zollbehörden wird eine wirksame Überwachung der Ein- und Ausfuhr sowie des grenzüberschreitenden Warenverkehrs innerhalb der Europäischen Union sichergestellt. Schließlich wird das BAFA bzgl. seiner Aufgaben nach Abs. 1 einem umfassenden fachlichen Weisungsrecht des BMUV unterstellt.

B. Bisherige Rechtslage

Vor Inkrafttreten des StrlSchG richtete sich die Zuständigkeit für grenzüber- **2** schreitende Verbringungen und deren Überwachung auch für die in Abs. 2 S. 1 genannten Gegenstände nach § 22 AtG. Die Regelungen in § 22 Abs. 2 S. 2 und 3 AtG, die Abs. 2 S. 2 und 3 entsprechen, sind erst mit Art. 3 Nr. 15 des Gesetzes zur Neuordnung des Rechts zum Schutz vor der schädlichen Wirkung ionisierender Strahlung vom 27. 6. 2017 (BGBl. I 1966), und somit mit Erlass des StrlSchG, in § 22 AtG aufgenommen worden. Die jetzt in Abs. 1 geregelte Zuständigkeit des BAFA ergab sich aus § 22 Abs. 1 S. 2 iVm § 11 Abs. 1 Nr. 6 AtG in der bis zum 31. 12. 2018 geltenden Fassung. Seit Erlass des StrlSchG und der Regelung in § 188 regelt § 22 Abs. 1 S. 2 AtG insoweit nur noch die Zuständigkeit des BAFA für die Erteilung von Genehmigungen und Zustimmungen nach der AtAV.

C. Zuständigkeit des BAFA (Abs. 1)

3   Das BAFA ist nach § 1 Abs. 1 BAusfAmtG eine selbständige Bundesoberbehörde im Geschäftsbereich des BMWK. Zu seinen Aufgaben gehört nach § 2 Abs. 1 BAusfAmtG die Erledigung von Verwaltungs- und Überwachungsaufgaben des Bundes, die ihm durch Bundesgesetze zugewiesen werden. Dies umfasst demnach auch die Aufgaben nach dem StrlSchG. Nach Abs. 1 S. 1 ist das BAFA zust. für die Erteilung einer Genehmigung für die grenzüberschreitende Verbringung von **Konsumgütern** sowie für ihre Rücknahme und den Widerruf. Die Genehmigungsbedürftigkeit der grenzüberschreitenden Verbringung von Konsumgütern iSv § 5 Abs. 20 (→ § 5 Rn. 24) ergibt sich aus § 42 (→ § 42 Rn. 4 ff.). Das BAFA ist darüber hinaus gem. Abs. 1 S. 2 iVm §§ 12 und 13 StrlSchV zust. für die Erteilung der Genehmigung sowie für die Entgegennahme und Prüfung einer **Anmeldung** für die grenzüberschreitende Verbringung radioaktiver Stoffe. Die Regelungen in den §§ 12 und 13 StrlSchV beruhen auf der Ermächtigung in § 30 (→ § 30 Rn. 3).

4   Im Zusammenhang mit dieser Zuständigkeit ist das BAFA gem. § 194 Abs. 3 Nr. 2 für die dort genannten Fälle Verwaltungsbehörde iSd § 36 Abs. 1 Nr. 1 OWiG. Danach ist das BAFA zum einen zust. für die Verfolgung von **Ordnungswidrigkeiten** aufgrund eines Verstoßes gegen eine RVO nach § 30 Satz 1 oder 2. Die dazugehörige Bußgeldvorschrift findet sich in § 184 Abs. 3 StrlSchV. Bußgeldbewehrt sind danach Verstöße gegen § 12 Abs. 1 oder 2, § 13 Abs. 1 S. 1 oder Abs. 2 sowie § 13 Abs. 3 StrlSchV. Außerdem ist das BAFA zust. für die Verfolgung von Ordnungswidrigkeiten in den Fällen, in denen ohne Genehmigung nach § 42 Abs. 1 ein dort genanntes Konsumgut verbracht wird.

D. Überwachung (Abs. 2, 3)

5   Abs. 2 S. 1 greift § 22 Abs. 2 AtG auf und konkretisiert die Gegenstände, auf die sich die Überwachung von grenzüberschreitenden Verbringungen iE bezieht (BT-Drs. 18/11241, 443). Für diese Sachverhalte existierten schon vor Inkrafttreten des StrlSchG Regelungen in Bezug auf grenzüberschreitende Verbringungen (vgl. §§ 19 bis 22, § 97 Abs. 1, 2 und 5 sowie §§ 105 ff. StrlSchV 2001).

I. Mitwirkung der Zollbehörden (Abs. 2)

6   **1. Historie.** Vor Inkrafttreten des StrlSchG am 31. 12. 2018 **oblag** die Überwachung von grenzüberschreitenden Verbringungen auch für die Fälle des Abs. 2 S. 1 dem BMF oder den von ihm bestimmten Zolldienststellen. Aus dem Wortlaut von § 22 Abs. 2 AtG – „obliegt" – und der systematischen Stellung der Norm im dritten Abschnitt des AtG, in dem besondere, von der nach § 24 Abs. 1 S. 1 AtG grds. Zuständigkeit der Länder abweichende Aufgaben von Verwaltungsbehörden des Bundes geregelt sind, ergab sich eindeutig die Zuständigkeit des BMF oder der von ihm bestimmten Zolldienststellen für die Überwachung der grenzüberschreitenden Verbringung. Wortlaut und Systematik wurden in das StrlSchG übernommen. Eine erste Aufweichung erfuhr diese klare Zuständigkeitszuweisung durch Einfügung von S. 2 in Abs. 2, indem nunmehr in Abs. 2 S. 2 Nr. 2 und 3 von anderen „zuständigen Behörden" als den Zollbehörden die Rede ist. Gemeint sind damit va die zust. Strahlenschutzbehörden der Länder, denen die Durchführung erforderlicher Untersuchungen und die Entscheidung über das weitere Verfahren obliege (BT-Drs. 18/11241, 443). Die darin zum Ausdruck kommende eher unterstützende Rolle des Zolls bei der Überwachung grenzüberschreitender Verbringungen stand gewissermaßen im Widerspruch zu Abs. 2 S. 1, wonach die Überwachung grenzüberschreitender Verbringungen dem Zoll oblag. Mit dem 1. ÄndG wurde diese Unterstützungsfunktion des Zolls schließlich im Wortlaut von Abs. 2 S. 1 verankert, indem klargestellt wird, dass die Zollbehörden bei der Überwachung grenzüberschreitender Verbringungen lediglich mitwirken. Damit erfolgt auch eine Angleichung der Regelung an die Systematik in anderen Rechtsbereichen (vgl. § 74 AMG, § 7 AusgStG, § 51a BNatSchG, § 55 LFGB). Verantwortlich für die Überwachung der Einhaltung der strahlenschutzrechtlichen Bestimmungen auch im Zusammenhang mit grenzüberschreitenden Verbringungen sind damit mangels anderweitiger Zuständigkeitszuweisung die zust. Strahlenschutzbehörden der Länder. Insoweit bleibt es bei dem Grundsatz in § 184 Abs. 2, wonach vorbehaltlich anderweitiger Zuständigkeitsregelungen die Verwaltungsaufgaben nach dem StrlSchG und den hierzu ergehenden RVOen im Auftrag des Bundes durch die Länder ausgeführt werden (→ § 184 Rn. 12 ff.). Den zust. Landesbehörden stehen damit auch iRd Überwachung grenzüberschreitender Verbringungen die Instrumente der staatlichen Aufsicht nach § 179 Abs. 1 Nr. 2 iVm § 19 AtG und nach § 179 Abs. 2 uneingeschränkt zur Verfügung.

2. Grundsatz (S. 1). Die Einbindung der Zollbehörden im Wege der **Mitwir-** 7 **kung** ermöglicht eine wirksame Überwachung von grenzüberschreitenden Verbringungen. Der Wortlaut („wirken […] mit") bringt klar zum Ausdruck, dass die Mitwirkung eine Verpflichtung der Zollbehörden darstellt. Darin ist jedoch keine Amtshilfe von Gesetzes wegen zu sehen, da gem. § 4 Abs. 2 Nr. 2 VwVfG keine Amtshilfe vorliegt, wenn die Hilfeleistung in Handlungen besteht, die der ersuchten Behörde als eigene Aufgabe obliegen (vgl. *Kügel* in KMH AMG § 74 Rn. 3; aA *Fellenberg* in Lütkes/Ewer BNatSchG § 49 Rn. 4; *Gellermann* in LR UmweltR, § 49 BNatSchG Rn. 3). So ist es gem. § 1 Abs. 3 ZollVG Aufgabe der Zollverwaltung, bei Wahrnehmung ihres originären fiskalischen Auftrags im grenzüberschreitenden Warenverkehr auch andere Rechtsbereiche mit zu prüfen und so die Einhaltung von Verboten und Beschränkungen zu sichern. Der Zollverwaltung kommt somit die Funktion einer bei der Überwachung der Einhaltung der Vorgaben des jeweiligen Fachrechts mitwirkenden Behörde zu. Die Expertise für das Strahlenschutzrecht liegt bei den zust. Landesbehörden. Nach der gesetzlich vorgesehenen Aufgabenverteilung sind die Zollbehörden nicht berechtigt, andere fachliche Entscheidungen als zB die zust. Landesbehörde zu treffen oder strahlenschutzrechtliche Sachverhalte eigenständig zu beurteilen und mithin von der rechtlichen Bewertung durch die Strahlenschutzbehörden und deren Entscheidung abzuweichen (vgl. BFH PharmR 2010, 245 (247); FG München Urt. v. 12.4.2011 – 14 K 1638/10, Rn. 17; *Kügel* in KMH AMG § 74 Rn. 5f.). Unberührt hiervon bleibt, dass die Zollverwaltung aufgrund ihres eigenen gesetzlichen Aufgabenbereichs nach § 1 Abs. 3 ZollVG das Vorliegen erforderlicher Dokumente bei der Zollabfertigung prüft, eine Zollanmeldung ggf. zurückweist und bei Zweifeln die Entscheidung der zust. Behörde einholt, um sodann die rein formale zollrechtliche Entscheidung zur Überlassung oder Nichtüberlassung der Ware in den zollrechtlich freien Verkehr zu treffen. Dabei ist sie im Rahmen ihrer **lediglich unterstützenden Funktion** an die fachliche Einschätzung der zust. Behörde gebunden. Die Ausgestaltung der Mitwirkung der Zollverwaltung beim Vollzug des Atom- und Strahlenschutzrechts erfolgt durch die Dienstvorschrift „Radioaktive Stoffe" des BMF (vgl. hierzu *Brandmair* in HMPS AtG/PÜ § 22 Rn. 15). Die Dienstvorschrift konkretisiert das Vorgehen bei der Ein-, Aus- und Durchfuhr radioaktiver Stoffe sowie das Verfahren bei Verstößen, Unstimmigkeiten und Zuwiderhandlungen.

8   **3. Befugnisse (S. 2).** Die wesentlichen Befugnisse der Zollverwaltung iRd zollamtlichen Überwachung ergeben sich der Sache nach bereits aus § 10 ZollVG. Abs. 2 S. 2 konkretisiert die unterstützenden Befugnisse der Zollbehörden in der Zusammenarbeit mit den zust. Strahlenschutzbehörden der Länder. In ihrer Reihenfolge stellen die Befugnisse eine Art „Arbeitsprogramm" für die Behandlung problematischer Fälle dar (*Brandmair* in HMPS AtG/PÜ § 22 Rn. 13). Die Ausübung der einzelnen Befugnisse steht dabei im **pflichtgemäßen Ermessen** der Zollbehörden (*„können"*). Sie sind aber an die fachliche Einschätzung der zust. Strahlenschutzbehörden gebunden und insofern nicht berechtigt, davon abweichende Entscheidungen zu treffen (→ Rn. 7).

9   Nach Abs. 2 S. 2 Nr. 1 sind die Zollbehörden befugt, grenzüberschreitend verbrachte Sendungen, die radioaktive Stoffe, Rückstände oder die in Abs. 2 S. 1 genannten Konsumgüter oder Produkte enthalten, sowie deren Beförderungsmittel, Behälter, Lademittel und Verpackungsmittel zur Überwachung **anzuhalten.** Anhalten bedeutet das befristete Verbot des Weitertransports der Ware. Es ist jedoch keine Beschlagnahme, die Ware verbleibt somit idR im Gewahrsam des Verbringers (*Rathke* in Zipfel/Rathke, § 55 LFGB Rn. 14). Das Anhalten von Sendungen soll es der zust. Behörde ermöglichen, den Sachverhalt iRd Überwachung zu beurteilen (*Kügel* in KMH AMG § 74 Rn. 8). Es ist zeitlich auf den Zeitraum beschränkt, der erforderlich ist, um auf Seiten der Zollbehörde einen Verdacht von Verstößen gegen Verbote und Beschränkungen der zust. Behörde mitzuteilen und auf Seiten der zust. Behörde entsprechende Maßnahmen einzuleiten (*Rathke* in Zipfel/Rathke, § 55 LFGB Rn. 14) oder bis der Verfügungsberechtigte einer eventuell angeordneten Vorführung bei der zust. Behörde nach Abs. 2 S. 2 Nr. 3 nachkommt (→ Rn. 11).

10   Besteht aufgrund tatsächlicher Anhaltspunkte ein **Verdacht** von Verstößen gegen Verbote und Beschränkungen, der sich bei der Wahrnehmung ihrer Aufgaben ergibt, sind die Zollbehörden gem. Abs. 2 S. 2 Nr. 2 befugt, diesen den zust. Behörden **mitzuteilen.** Für einen Verdacht bedarf es Indizien, die auf einen Sachverhalt hindeuten, der sich als Verstoß gegen eine Vorschrift des Atom- oder Strahlenschutzrechts darstellen könnte; bloße Vermutungen reichen nicht aus (vgl. *Kügel* in KMH AMG § 74 Rn. 9). Liegen solche konkreten Tatsachen vor, wird die grds. im Ermessen der Zollbehörde liegende Befugnis zur Mitteilung regelmäßig zur Verpflichtung. Dementsprechend ist bei einem Verdacht des illegalen Verbringens radioaktiver Stoffe unverzüglich die örtlich zust. Landesbehörde einzuschalten. „Zuständige Behörde" iSv Abs. 2 S. 2 Nr. 2 kann auch das **BAFA** als die für die Erteilung einer Genehmigung für grenzüberschreitende Verbringungen und die Entgegennahme von Anmeldungen zust. Behörde (→ Rn. 3) sein. So ist bei Fragen oder Zweifeln zu vorgelegten Genehmigungen oder Anmeldungen oder bei Fragen zur Genehmigungs- oder Anmeldebedürftigkeit im Rahmen von grenzüberschreitenden Verbringungen das BAFA kompetenter Ansprechpartner für die Zollbehörden und dementsprechend vorrangig zu kontaktieren (vgl. GÄ der BReg zur Stellungnahme des BR zu dem Entwurf eines 1. ÄndG, BT-Drs. 19/26943, 87). Dies wird dadurch bekräftigt, dass das BAFA nach § 194 Abs. 3 Nr. 2 für die Verfolgung von Ordnungswidrigkeiten in diesem Bereich zust. ist (→ Rn. 4) und dementsprechend bei Zuwiderhandlungen, die als Ordnungswidrigkeiten verfolgt werden können, ohnehin zu informieren wäre.

Letztlich sind die Zollbehörden nach Abs. 2 S. 2 Nr. 3 befugt, in den Fällen, in **11** denen ein Verdacht von Verstößen gegen Verbote und Beschränkungen besteht, anzuordnen, dass Sendungen nach Abs. 2 S. 2 Nr. 1 auf Kosten und Gefahr des Verfügungsberechtigten den zust. Behörden **vorgeführt** werden. Genau wie durch das Anhalten von Sendungen soll auch durch die Anordnung der Vorführung der zust. Behörde ermöglicht werden, den Sachverhalt iRd Überwachung zu beurteilen und die notwendigen Entscheidungen zu treffen. Eine Vorführung kann zB dann erforderlich sein, wenn weitergehende Untersuchungen der Sendung durchzuführen sind. Zust. für die Durchsetzung der Anordnung der Vorführung ist die Zollbehörde als diejenige Behörde, die die Anordnung erlässt. Dies tut sie im Rahmen ihrer Unterstützungsfunktion für die zust. Strahlenschutzbehörde. Verfügungsberechtigter und somit Adressat der Anordnung ist im Zweifel die Person, die die Sendung veranlasst hat, da sie für die Sendung und deren Inhalt verantwortlich ist (vgl. *Kügel* in KMH AMG § 74 Rn. 11).

4. Einschränkung des Brief- und Postgeheimnisses (S. 3). Abs. 2 S. 3 sieht **12** die Einschränkung des **Brief- und Postgeheimnisses** nach Art. 10 GG nach Maßgabe von Abs. 2 S. 1 und 2 vor. Der Gesetzgeber trägt damit dem Zitiergebot des Art. 19 Abs. 1 GG Rechnung. Zum einen wird dadurch die Datenübermittlung zwischen den verschiedenen beteiligten Behörden möglich. Zum anderen gelten damit auch bei der Kontrolle von Post- oder Briefsendungen die Befugnisse der Zollbehörden nach Abs. 2 S. 2.

II. Entsprechende Anwendbarkeit (Abs. 3)

Abs. 3 bestimmt die entsprechende Anwendung von Abs. 2 bei der grenzüber- **13** schreitenden Verbringung von Stoffen, bei denen zu besorgen ist, dass deren Aktivität oder spezifische Aktivität die in der StrlSchV festgelegten **Freigrenzen überschreitet.** Die nach dem StrlSchG maßgeblichen Freigrenzen ergeben sich dabei gem. § 11 StrlSchV aus Anl. 4 Tabelle 1 Spalte 1 bis 3 StrlSchV. Die Befugnisse der Zollbehörden nach Abs. 2 S. 2 bestehen somit auch dann, wenn bei grenzüberschreitend verbrachten Stoffen der Verdacht einer Überschreitung der vorgenannten Freigrenzen besteht. Abs. 3 ist subsidiär zu ggf. bestehenden spezielleren Bestimmungen in europäischen Rechtsvorschriften oder in nationalen Fachgesetzen. Die Regelung trägt dem Umstand Rechnung, dass das StrlSchG nicht nur radioaktive Stoffe iSd § 3, sondern auch andere Stoffe erfasst, die aus Sicht des Strahlenschutzes nicht außer Acht gelassen werden können. Die Befugnisse der Zollbehörden sollen bspw. auch bestehen bei der Einfuhr von Waren, die Kontaminationen aufweisen, ohne radioaktive Stoffe zu sein (zB kontaminierter Edelstahl). Die Werte der – eigentlich für die Überwachungsbedürftigkeit von Stoffen im Zusammenhang mit Tätigkeiten verwendeten – Freigrenzen dienen dabei in dieser Situation als Maßstab für eine mögliche Relevanz im Hinblick auf den Strahlenschutz, der im Zusammenhang mit dem Warenverkehr herangezogen wird (BT-Drs. 18/11241, 443).

E. Fachliche Weisungen (Abs. 4)

14   Soweit das BAFA gem. Abs. 1 zust. ist (→ Rn. 3), unterliegt es gem. Abs. 4 unbeschadet seiner Unterstellung unter das BMWK einem umfassenden Weisungsrecht des BMUV. Die Regelung entspricht insoweit § 22 Abs. 3 AtG. Das Weisungsrecht umfasst dabei sowohl die Rechts- als auch die Fachaufsicht und ermöglicht somit eine **umfassende Recht- und Zweckmäßigkeitskontrolle** des Verwaltungshandelns des BAFA (*Brandmair* in HMPS AtG/PÜ § 22 Rn. 18), soweit es Entscheidungen nach Abs. 1 trifft. Eine vergleichbare Regelung enthält § 187 Abs. 2 in Bezug auf die PTB (→ § 187 Rn. 8), eine ebenfalls im Geschäftsbereich des BMWK angesiedelte Bundesoberbehörde.

§ 189   Zuständigkeit des Luftfahrt-Bundesamtes

Das Luftfahrt-Bundesamt ist zuständig für
1. **die Prüfung der Anzeige des Betriebs von Luftfahrzeugen sowie die Untersagung des Betriebs,**
2. **die Anerkennung von Rechenprogrammen zur Ermittlung der Körperdosis des fliegenden Personals,**
3. **die Überwachung der Einhaltung der Anforderungen zum Schutz vor Expositionen von Personen durch kosmische Strahlung beim Betrieb von Luftfahrzeugen nach diesem Gesetz oder einer auf Grund dieses Gesetzes erlassenen Rechtsverordnung,**
4. **die Bescheinigung der Fachkunde im Strahlenschutz, soweit sie im Zusammenhang mit dem Betrieb von Luftfahrzeugen erforderlich ist, und**
5. **die Anerkennung von Kursen, soweit sie dem Erwerb der erforderlichen Fachkunde im Strahlenschutz im Zusammenhang mit dem Betrieb von Luftfahrzeugen dienen.**

A. Zweck und Bedeutung der Norm

1   Die Norm regelt die Zuständigkeit des LBA in Bezug auf den Strahlenschutz des fliegenden Personals.

B. Bisherige Regelungen

2   Die bisherigen Regelungen über die Zuständigkeit des LBA waren in § 23b AtG aF sowie in § 103 Abs. 8 und 9 StrlSchV 2001 enthalten. Eine Anzeigepflicht des Betriebs von Luftfahrzeugen bestand vor Inkrafttreten des StrlSchG **nicht;** auch wurde die Anerkennung von Rechenprogrammen zuvor durch aufsichtliche Allgemeinverfügung vollzogen. Ebenso bestanden nach der StrlSchV 2001 **keine** Vorgaben hinsichtlich einer Fachkunde im Strahlenschutz für fliegendes Personal und folglich auch nicht für die Anerkennung entsprechender Kurse zum Erwerb einer Fachkunde.

C. Zuständigkeit des LBA

I. Prüfung der Anzeige des Betriebs von Luftfahrzeugen; Untersagung des Betriebs (Nr. 1)

Mit Einführung der Anzeigepflicht nach §50 wurde auch eine Zuständigkeit des **3** LBA für die Prüfung dieser Anzeigen geschaffen. Diese ist abzugrenzen von der Zuständigkeit für die Prüfung von Anzeigen, welche den Betrieb von Luftfahrzeugen im Geschäftsbereich des Bundesministeriums der Verteidigung betreffen (→ §191 Rn. 4).

II. Anerkennung von Rechenprogrammen zur Ermittlung der Körperdosis (Nr. 2)

Die Zuständigkeit des LBA für die Anerkennung von Rechenprogrammen zur **4** Ermittlung der Körperdosis des fliegenden Personals ist in §189 erstmals normiert, wodurch diese seit Inkrafttreten des StrlSchG nicht mehr auf Grundlage aufsichtlicher Allgemeinverfügungen erfolgt (→ Rn. 2). Die Zuständigkeit des LBA erstreckt sich hier – im Gegensatz zu §189 Nr. 1 und Nr. 3 – auch auf den Betrieb von Luftfahrzeugen im Geschäftsbereich des Bundesministeriums der Verteidigung (→ §191 Rn. 4).

III. Überwachung der Einhaltung der Anforderungen zum Schutz vor Expositionen (Nr. 3)

Aufgrund der ausschließlich strahlenschutzrechtlichen Relevanz wurde die Zuständigkeit des LBA für die Überwachung der Einhaltung der Anforderungen zum **5** Schutz vor Expositionen aus dem AtG herausgelöst und ist nunmehr in §189 Nr. 3 normiert (s. BT-Drs. 18/11241, S. 443).

IV. Bescheinigung der Fachkunde im Strahlenschutz (Nr. 4)

Mit Inkrafttreten des StrlSchG wurden erstmals für den Bereich des fliegenden **6** Personals Vorgaben zur Bestellung von Strahlenschutzbeauftragten eingeführt, verbunden mit der Bedingung, dass diese über die erforderliche Fachkunde verfügen müssen (§50 Rn. 10). Die Zuständigkeit des Luftfahrt-Bundesamtes erstreckt sich hier – im Gegensatz zu §189 Nr. 1 und Nr. 3 – auch auf den Betrieb von Luftfahrzeugen im Geschäftsbereich des Bundesministeriums der Verteidigung (→ §191 Rn. 4).

V. Anerkennung von Kursen zum Erwerb der Fachkunde im Strahlenschutz (Nr. 5)

Die Zuständigkeit des Luftfahrt-Bundesamtes für die Anerkennung von Kursen **7** zum Erwerb der Fachkunde im Strahlenschutz im Zusammenhang mit dem Betrieb von Luftfahrzeugen folgt – wie auch jene gemäß §189 Nr. 4 (s. Rn. 6) der Begebenheit, dass sich neben der Bescheinigung der Fachkunde (s. Rn. 6) auch die gesamte strahlenschutzrechtliche Aufsicht für diesen Bereich in der Zuständigkeit des LBA befindet und eine Zuständigkeit der Länder vor diesem Hintergrund nicht zielführend wäre. Die Zuständigkeit des LBA erstreckt sich hier – im Gegensatz zu § 189 Nr. 1 und Nr. 3 – auch auf den Betrieb von Luftfahrzeugen im Geschäftsbereich des Bundesministeriums der Verteidigung.

§ 190 Zuständigkeit des Eisenbahn-Bundesamtes

[1]§ 24 Absatz 1 Satz 2 und 3 des Atomgesetzes über die Zuständigkeit des Eisenbahn-Bundesamtes gilt entsprechend für die Beaufsichtigung und Genehmigung der Beförderung sonstiger radioaktiver Stoffe. [2]Die Zuständigkeit für die Genehmigung der Beförderung von Großquellen bestimmt sich nach § 186 Absatz 1.

A. Zweck und Bedeutung der Norm

1   Das EBA ist gem. § 2 Abs. 1 BEVVG eine selbständige Bundesoberbehörde im Geschäftsbereich des BMDV, die Aufgaben der Eisenbahnverkehrsverwaltung wahrnimmt. Durch die Übertragung von Zuständigkeiten und fachlichen Weisungsbefugnissen auf das EBA in Bezug auf die Beförderung sonstiger radioaktiver Stoffe im **Schienen- und Schiffsverkehr der Eisenbahnen** sowie im Magnetschwebebahnverkehr folgt § 190 dem Gedanken des behördlichen Funktionsverbundes im Atom- und Strahlenschutzrecht (→ § 188 Rn. 1).

B. Bisherige Rechtslage

2   Die Zuständigkeiten des EBA nach S. 1 ergaben sich vor Inkrafttreten des StrlSchG aus § 24 Abs. 1 S. 2 und 3 AtG, der mit Inkrafttreten des StrlSchG allerdings unverändert blieb.

C. Aufgaben

3   Nach S. 1 iVm § 24 Abs. 1 S. 2 AtG ist das EBA zunächst zust. für die **Beaufsichtigung** der Beförderung sonstiger radioaktiver Stoffe im Schienen- und Schiffsverkehr der Eisenbahnen sowie im Magnetschwebebahnverkehr. Diesbezüglich wird damit die strahlenschutzrechtliche Aufsicht für den Transport von sonstigen radioaktiven Stoffen beim EBA konzentriert. Das EBA ist insoweit Aufsichtsbehörde iSv § 19 AtG. Damit steht dem EBA im Rahmen seiner Zuständigkeit insbes. die Anordnungsbefugnis nach § 179 Abs. 1 Nr. 2 iVm § 19 Abs. 3 AtG als Instrument der staatlichen Aufsicht zur Verfügung. Die Erhebung von Kosten richtet sich in diesem Fall nach § 183 Abs. 1 Nr. 2 (→ § 183 Rn. 4). Ausgenommen von der Aufsicht durch das EBA ist gem. S. 1 iVm § 24 Abs. 1 S. 2 Hs. 2 AtG die Beförderung sonstiger radioaktiver Stoffe durch nicht bundeseigene Eisenbahnen, wenn die Verkehre ausschließlich über Schienenwege dieser Eisenbahnen führen. Somit bleibt es in den Fällen, in denen eine nichtbundeseigene Eisenbahn das Schienennetz von Eisenbahnen des Bundes für einen Transport nicht berührt, bei der Aufsichtszuständigkeit der Landesbehörden (BR-Drs. 131/93, 114). Diese ergibt sich insoweit aus § 184 Abs. 2.

Außerdem ist das EBA zust. für die **Genehmigung** der Beförderung sonstiger 4
radioaktiver Stoffe nach §§ 27 ff. im Schienen- und Schiffsverkehr der Eisenbahnen
sowie im Magnetschwebebahnverkehr. Das EBA ist insoweit zust. Behörde nach
§ 29. Der Verweis in S. 1 auf § 24 Abs. 1 S. 3 AtG ist allerdings überflüssig, ihm
kommt keine eigenständige Bedeutung zu. Die Zuständigkeit für die Genehmigung der Beförderung sonstiger radioaktiver Stoffe ergibt sich direkt aus S. 1. Der
Verweis auf § 24 Abs. 1 S. 2 AtG macht sodann klar, auf welche Art der Beförderung
sich die Zuständigkeit des EBA bezieht. Erfolgt die Beförderung sonstiger radioaktiver Stoffe durch nicht bundeseigene Eisenbahnen und führen die Verkehre ausschließlich über Schienenwege dieser Eisenbahnen, sind ebenso wie bei der Aufsicht die Landesbehörden zust. für die Erteilung einer Genehmigung (vgl.
Brandmair in HMPS AtG/PÜ § 24 Rn. 34). Die Erhebung von Kosten für Entscheidungen des EBA über Anträge nach § 27 Abs. 1 auf Genehmigung der Beförderung
sonstiger radioaktiver Stoffe richtet sich nach § 183 Abs. 1 Nr. 8 (→ § 183 Rn. 8).

Während somit im Bereich der Beförderung sonstiger radioaktiver Stoffe im 5
Schienen- und Schiffsverkehr der Eisenbahnen sowie im Magnetschwebebahnver-
kehr das EBA sowohl Genehmigungs- als auch Aufsichtsbehörde ist, fallen diese
Zuständigkeiten im Bereich der Beförderung von **Kernbrennstoffen** auseinander.
Hier obliegt dem EBA zwar gem. § 24 Abs. 1 S. 2 Hs. 1 AtG die Beaufsichtigung der
Beförderung, deren Genehmigung fällt allerdings nach § 23 d S. 1 Nr. 6 AtG in die
alleinige Zuständigkeit des BASE. Ebenso verhält es sich gem. S. 2 in Bezug auf die
Genehmigung der Beförderung von **Großquellen.** Hier ist ebenfalls allein das
BASE nach § 186 Abs. 1 zust. Genehmigungsbehörde (→ § 186 Rn. 3 ff.).

Anders als zB § 186 Abs. 1 S. 1 für das BASE in Bezug auf die Genehmigung der 6
Beförderung von Großquellen oder § 188 Abs. 1 S. 1 für das BAFA in Bezug auf die
Genehmigung der grenzüberschreitenden Verbringung von Konsumgütern regelt
§ 190 nicht die Zuständigkeit des EBA für die **Rücknahme und** den **Widerruf**
der Genehmigung der Beförderung sonstiger radioaktiver Stoffe im Schienen- und
Schiffsverkehr der Eisenbahnen sowie im Magnetschwebebahnverkehr. Dies ist jedoch unschädlich. Die Zuständigkeit des EBA auch für die Rücknahme und den
Widerruf der Beförderungsgenehmigung ergibt sich aus allg. verwaltungsverfah-
rensrechtlichen Grundsätzen. Danach ist mangels einer speziellen Regelung im
Fachrecht diejenige Behörde für die Entscheidung über die Aufhebung eines Verwaltungsaktes sachlich zust., die zum Zeitpunkt der Aufhebungsentscheidung für
den Erlass des aufzuhebenden Verwaltungsakts sachlich zust. wäre (BVerwG NJW
2000, 1512; NVwZ-RR 2019, 278; *Müller* in BeckOK VwVfG § 48 Rn. 126;
Abel in BeckOK VwVfG § 49 Rn. 86). Sachlich zust. ist somit grds. die Ausgangs-
behörde, die den Verwaltungsakt, dessen Rücknahme oder Widerruf in Frage steht,
erlassen hat (*Ramsauer* in Kopp/Ramsauer VwVfG § 48 Rn. 164). Für die Genehmigung der Beförderung sonstiger radioaktiver Stoffe im Schienen- und Schiffsverkehr der Eisenbahnen sowie im Magnetschwebebahnverkehr ist gem. S. 1 allein das
EBA sachlich zust. Behörde. Somit ist es auch zust. für die Rücknahme und den
Widerruf einer solchen Genehmigung.

Aufgrund seiner Unterstellung unter das BMDV, unterliegt das EBA auch dessen 7
umfassender **Rechts- und Fachaufsicht.** § 190 enthält keine § 187 Abs. 2 S. 1
(→ § 187 Rn. 8) und § 188 Abs. 4 (→ § 188 Rn. 14) vergleichbare Regelung, wonach dem BMUV als oberste Bundesbehörde für atom- und strahlenschutzrechtliche Fragen eine besondere Fachaufsichtszuständigkeit über die PTB und das
BAFA zugewiesen ist, soweit diese Aufgaben nach dem StrlSchG und der StrlSchV
wahrnehmen. Zumindest in der Theorie birgt diese Aufteilung zwischen umfassen-

der Ressortverantwortung des BMDV einerseits und Fachkompetenz des BMUV andererseits Potential für Kompetenzkonflikte. Die Gründe, warum der Gesetzgeber kein auf die Aufgaben des EBA nach dem StrlSchG begrenztes Weisungsrecht des BMUV vorgesehen hat, lassen sich nur schwer vermuten. Unter Umständen wurde die Gefahr von Kompetenzkonflikten in diesem Bereich als gering eingeschätzt.

§ 191 Geschäftsbereich des Bundesministeriums der Verteidigung

(1) **Abweichend von § 189 sind bei dem Betrieb von Luftfahrzeugen, die im Geschäftsbereich des Bundesministeriums der Verteidigung betrieben werden, dieses Bundesministerium oder die von ihm bezeichneten Dienststellen für die Aufgaben nach § 189 Nummer 1 und 3 zuständig.**

(2) **¹Für den Geschäftsbereich des Bundesministeriums der Verteidigung werden die in § 184 bezeichneten Zuständigkeiten von diesem Bundesministerium oder den von ihm bezeichneten Dienststellen wahrgenommen. ²Im Falle des § 184 Absatz 2 erfolgt dies im Benehmen mit dem Bundesministerium für Umwelt, Naturschutz und nukleare Sicherheit. ³Die Sätze 1 und 2 gelten auch für zivile Arbeitskräfte bei sich auf Grund völkerrechtlicher Verträge in der Bundesrepublik Deutschland aufhaltenden Truppen und zivilen Gefolgen.**

A. Sinn und Zweck der Norm

1   § 191 regelt abweichende Zuständigkeiten des BMVg in den Fällen der §§ 184 und 189 Nr. 1 und 3. Er untermauert die **Sonderrolle der Landesverteidigung,** die auch in anderen (Umwelt-)Fachgesetzen ihren Niederschlag gefunden hat (vgl. §§ 24 Abs. 3 AtG; 10 Abs. 11, 59f. BImSchG iVm 14. BImSchV; 66 KrWG; 45h Abs. 4 und 102 WHG). Dort werden regelmäßig dem BMVg bzw. den von diesem bestimmten Stellen eigene Befugnisse (etwa Eigenüberwachung oder Ausnahmen) zugestanden. Dies ist zur **Gewährleistung der äußeren Sicherheit** der Bundesrepublik Deutschland gerechtfertigt (für den Immissionsschutz *Hansmann* in Landmann/Rohmer UmwR § 59 BImSchG Rn. 1).

B. Bisherige Regelung

2   Abs. 1 übernimmt die bisherige Regelung des weggefallenen § 23b S. 2 AtG, Abs. 2 die des § 24 Abs. 3 AtG für den Regelungsbereich des AtG. Die Pflicht zur Dosisermittlung und -meldung für fliegendes Personal im Geschäftsbereich des BMVg war zwar bereits in § 103 Abs. 1 S. 3 StrlSchV 2001 vorgesehen; es gab jedoch nach altem Recht beim Betrieb von Luftfahrzeugen weder im zivilen noch im militärischen Bereich eine Anzeigepflicht (jetzt § 50 Abs. 1) und somit auch keine Verpflichtung, fachkundige SSB zu bestellen.

C. Die Regelung im Einzelnen

An der **Verfassungsmäßigkeit der Vorschrift** bestehen keine Bedenken (vgl. **3** zur entspr. Regelung im AtG *Brandmair* in HMPS § 24 AtG Rn. 33; auch BVerfG Beschl. V. 12. 11. 2008 – 1 BvR 2456/06 –BeckRS 2008, 40870).

Nach Abs. 1 ist das BMVg (bzw die von ihm bezeichneten Dienststellen) bei **4** **Luftfahrzeugen,** die in seinem Geschäftsbereich betrieben werden (vgl. insoweit § 50 Abs. 5), für die **Prüfung der Betriebsanzeige** und die **Untersagung des Betriebs** (§ 189 Nr. 1) sowie für die **Überwachung der Einhaltung der Schutzanforderungen vor Expositionen von Personen durch kosmische Strahlung beim Betrieb von Luftfahrzeugen** nach dem StrlSchG-Regime (§ 189 Nr. 3) zuständig. Mit dieser Regelung wird die **Zuständigkeit des LBA verdrängt.** Im Übrigen ist die Aufzählung in Abs. 1 **abschließend.** Für die Aufgaben gemäß § 189 Nr. 2, 4 und 5 bleibt das LBA zuständig (BT-Drs. 18/11241, 444), was konkret bedeutet: Die **Fachkunde im Strahlenschutz für fliegendes Personal** wird auch für Personal im Geschäftsbereich des BMVg durch das LBA bescheinigt (→ § 189 Rn. 6). Dieses Personal nimmt zuvor an **Kursen zum Erwerb der Fachkunde** teil, welche durch das LBA anerkannt wurden (→ § 189 Rn. 7). Darüber hinaus erfolgt auch die Dosisermittlung für fliegendes Personal im Geschäftsbereich des BMVg mit **Rechenprogrammen** zur Ermittlung der Körperdosis des fliegenden Personals, welche **durch das LBA anerkannt** wurden (→ § 189 Rn. 4). Im Bereich Strahlenschutz ist das BAIUDBw **bezeichnete Dienststelle** des BMVg (*Brandmair* in HMPS § 23b AtG Rn. 1 u. § 24 AtG Rn. 35).

Die in diesem Kontext wichtige **Festlegung des § 50 Abs. 5** beinhaltet – unter **5** den Voraussetzungen des § 50 Abs. 1 – unter anderem auch die Verpflichtung zum Nachweis, dass die **erforderliche Anzahl an SSB** mit erforderlichen Befugnissen bestellt wurden (§ 50 Abs. 3 Nr. 1) und dass diese SSB die **erforderliche Fachkunde** im Strahlenschutz besitzen (§ 50 Abs. 3 Nr. 2).

Abs. 2 stellt klar, dass die in § 184 genannten Zuständigkeiten vom BMVg bzw **6** den von diesem bezeichneten Dienststellen wahrgenommen werden, wenn dessen Geschäftsbereich betroffen ist. Eine landesbehördliche Zuständigkeit ist dann nicht gegeben (S. 1). Im Falle des § 184 Abs. 2 ist das **Benehmen** mit dem BMUV notwendig (S. 2). Benehmen bedeutet, dass das BMUV, zur Stellungnahme aufgefordert – dies ist zwingend –, zwar eigene Vorstellungen vortragen kann, **ohne dass eine Zustimmung** (Willensübereinstimmung) – dies wäre die die Voraussetzung für ein Einvernehmen – notwendig ist (*Ramsauer* in Kopp/Ramsauer § 9 Rn. 56). S. 3 dient der Zuständigkeitsabgrenzung von Bund und Ländern bei Betätigungen von **zivilen Arbeitskräften ausländischer Streitkräfte** und deren **zivilen Gefolgen.** Bei diesem „zivilen Gefolge" (civilian component) handelt es sich um das bei den in der Bundesrepublik stationierten NATO-Truppen beschäftigte Zivilpersonal, und zwar um Personen „who are not stateless persons, nor nationals of any State which is not a Party to the North Atlantic Treaty, nor nationals of, nor ordinarily resident in, the State in which the force is located" (Art. I Nr. 1 lit. b NTrSt; auch BT-Drs. 14/2443, 14 u. 17; *Brandmair* in HMPS § 24 AtG Rn. 37).

§ 192 **Zuständigkeiten von Verwaltungsbehörden des Bundes bei Aufgaben des Notfallschutzes und der Überwachung der Umweltradioaktivität; Verordnungsermächtigung**

(1) **Das Bundesamt für Strahlenschutz ist zuständig für die Beschaffung und das Zurverfügungstellen von Schutzwirkstoffen nach § 104, soweit keine andere Zuständigkeit durch Gesetz oder auf Grund eines Gesetzes festgelegt ist.**

(2) **Die Bundesregierung wird ermächtigt, durch Rechtsverordnung ohne Zustimmung des Bundesrates zu bestimmen, welche Bundesbehörden, bundesunmittelbare Körperschaften oder Anstalten des öffentlichen Rechts oder sonstigen Stellen die in den §§ 104, 105, 106 Absatz 2 Nummer 5, den §§ 113 bis 116, 120 Absatz 1 und 2 Satz 2 und in § 161 Absatz 1 genannten Aufgaben des Bundes wahrnehmen.**

A. Zweck und Bedeutung der Norm

1   § 192 bestimmt in Abs. 1 die **Zuständigkeit des BfS** für die Beschaffung und Zurverfügungstellung von Schutzwirkstoffen nach § 104, soweit keine andere Zuständigkeit gesetzlich festgelegt ist. Eine andere Zuständigkeit ist bisher nicht bestimmt worden. Vgl. auch die Kommentierung zu **§ 104.**

2   Abs. 2 ermächtigt die BReg, durch RVO ohne BR-Zustimmung zu bestimmen, welche Bundesbehörden, bundesunmittelbare Körperschaften oder Anstalten des öffentlichen Rechts oder sonstige Stellen die Aufgaben des Bundes wahrnehmen, die in den in Abs. 2 aufgeführten Bestimmungen enthalten sind. Der Gesetzgeber hat sich entschieden, **im Zusammenhang mit dem Notfallschutz und der Überwachung der Umweltradioaktivität** die **Zuständigkeiten im Verordnungsweg** festzulegen, insbesondere um Veränderungen der Aufgaben und Behördenstrukturen durch RVO flexibler ändern zu können (vgl. BT-Drs. 18/11241, 444). Auf Grundlage des Abs. 2 ist die **IMIS-ZustV** erlassen worden. Sie regelt die Zuständigkeiten für die Wahrnehmung der Aufgaben nach § 161 Abs. 1 zur Überwachung der Umweltradioaktivität. Zu den in der IMIS-ZustV vorgesehenen Zuständigkeiten → § 161 Rn. 16.

§ 193 Informationsübermittlung

(1) [1]**Das Bundesministerium für Umwelt, Naturschutz und nukleare Sicherheit kann folgende Informationen, die in strahlenschutzrechtlichen Genehmigungen der nach den §§ 184 bis 191 zuständigen Behörden enthalten sind, an die für den Außenwirtschaftsverkehr zuständigen obersten Bundesbehörden zu zur Erfüllung ihrer Aufgaben bei Genehmigungen oder der Überwachung des Außenwirtschaftsverkehrs übermitteln:**
1. Inhaber der Genehmigung,
2. Rechtsgrundlagen der Genehmigung,
3. den wesentlichen Inhalt der Genehmigung.

²Reichen diese Informationen im Einzelfall nicht aus, können weitere Informationen aus der strahlenschutzrechtlichen Genehmigung übermittelt werden.

(2) **Die Empfänger dürfen die übermittelten Informationen, soweit gesetzlich nichts anderes bestimmt ist, nur zu dem Zweck verarbeiten, zu dem sie übermittelt worden sind.**

A. Sinn und Zweck der Norm

Die Regelung dient der **Genehmigungs- und Überwachungsoptimierung** 1 **im Außenwirtschaftsverkehr** durch **Verbesserung der Informationsbasis** der zuständigen Behörden. Zweck der ursprünglich allein im AtG verankerten Bestimmung war die „Verhinderung der Beteiligung Deutscher an der Errichtung von Anlagen zur Herstellung von Atomwaffen" (BT-Drs. 11/4609, A. Zielsetzung). Der aktuelle Zweck ist in der generellen **Verhinderung des Missbrauchs ionisierender Strahlung durch Außenwirtschaftstransfers** zu sehen.

B. Bisherige Regelung

Die Regelung, welche die bisherige Rechtslage nicht ändert, entspricht § 24a 2 AtG, der die Informationsübermittlung vor Inkrafttreten des StrlSchG festlegte (BT- Drs. 18/11241, 445) und weiterhin für das Regime des AtG gilt.

C. Die Regelung im Einzelnen

Zur Erfüllung ihrer Genehmigungs- und Überwachungsaufgaben kann das 3 BMUV (dieses hat hier Ermessen) zur **Schaffung einer systematischen und breit angelegten Informationsbasis** den für den Außenwirtschaftsverkehr zuständigen obersten Bundesbehörden bestimmen, in strahlenschutzrechtlichen Genehmigungen enthaltene Informationen übermitteln. Primär handelt es sich dabei um Daten zu Genehmigungsinhaber, zu den Rechtsgrundlagen der Genehmigung und zum wesentlichen Genehmigungsinhalt (Abs. 1 S. 1). Soweit erforderlich, können im Einzelfall weitere Informationen aus der strahlenschutzrechtlichen Genehmigung weitergegeben werden (Abs. 1 S. 2). Da die Genehmigung mit ihren Regelungsinhalten untrennbar mit den zugrundeliegenden Antragsunterlagen verbunden ist und im Einzelfall nur im Zusammenhang mit diesen verständlich sein kann, dürfte S. 2 auch die Überlassung von **Informationen aus den Antragsunterlagen** umfassen.

Die Informationsübermittlung soll „durch eine laufend zu aktualisierende Infor- 4 mationsweitergabe in Form einer Liste" geschehen (BT-Drs. 11/4609, 6, zu § 24a AtG). Informationsquelle sind die strahlenschutzrechtlichen Genehmigungen der nach den §§ 184 bis 191 zuständigen Behörden, also der Landesbehörden, des BfS, des BASE, der PTB, der BAFA, des LBA und des EBA sowie des BMVg.

Mit Blick auf die in den §§ 184 bis 191 genannten Behörden und die ihnen zu- 5 geteilten Aufgaben dürften als Informationsquellen nicht allein „strahlenschutzrechtliche Genehmigungen" in Frage kommen. Dies offenbart bereits die amtl. Begründung, in der auch auf **Anzeigen** rekurriert wird (BT-Drs. 18/11241, 445); Anwendungsfall ist zB der anzeigebedürftige Betrieb von Luftfahrzeugen (§§ 50

Abs. 1 iVm 189 Nr. 1). Die Informationsübermittlung wird zwischen den obersten Bundesbehörden, also den **Bundesministerien,** durchgeführt. Diese können die Informationen dann – zweckgebunden – ihren **nachgeordneten Behörden,** insbesondere dem BAFA (Bundesoberbehörde im Geschäftsbereich des BMWK) und dem Zollkriminalamt (Bundesoberbehörde im Geschäftsbereich des BMF) zugänglich machen (BT-Drs. 11/4609, 6, zu § 24a AtG; *Compagnini* in HMPS § 24a AtG Rn. 7).

6   Abs. 2 bestimmt, dass die Empfänger die übermittelten Informationen grundsätzlich nur zu dem Zweck verarbeiten dürfen, zu dem sie übermittelt worden sind. Damit stellt diese Regelung in Bezug auf **personenbezogene Daten** eine dem **datenschutzrechtlichen Zweckbindungsgrundsatz** (Art. 5 Abs. 1 lit. b DSGVO) entsprechende **Grenze des staatlichen Informationstransfers** dar.

§ 193a   Ausstattung der zuständigen Behörden

Die zuständigen Behörden verfügen über die zur Erfüllung ihrer gesetzlichen Aufgaben erforderliche Ausstattung an Finanzmitteln und die erforderliche Personalausstattung.

A. Zweck und Bedeutung der Norm

1   § 193a ist durch das 1. ÄndG in das StrlSchG aufgenommen worden. Die Regelung dient der Klarstellung hinsichtlich der Umsetzung des Art. 76 Abs. 1 S. 2 lit. b RL 2013/59/Euratom. Danach stellen die MS sicher, dass die zust. Behörde mit den personellen und finanziellen Mitteln ausgestattet ist, die erforderlich sind, um ihre Pflichten zu erfüllen. Die materielle Umsetzung dieser Vorgaben ist auch vor Einfügung des § 193a durch das deutsche Verwaltungs- und Haushaltsrecht gewährleistet worden, vgl. die ausführliche Darstellung in BT-Drs. 19/26943, 56 f. Allerdings erschien nach einem Hinweis der EU-Kommission in dem EU-Pilotverfahren zur Umsetzung der für das Atomrecht maßgeblichen RL 2014/87/Euratom auch im Strahlenschutzrecht eine ausdrückliche fachgesetzliche Normierung der Ausstattung der zust. Behörden mit angemessenen finanziellen und personellen Mitteln angezeigt (BT-Drs. 19/26943, 56). Mit der Aufnahme des § 193a erfolgt zur transparenten Erfüllung der Umsetzungspflicht des Art. 76 Abs. 1 S. 2 lit. b RL 2013/59/Euratom eine formalgesetzliche Klarstellung.

2   Die Vorgabe des Art. 76 Abs. 1 S. 2 lit. b RL 2013/59/Euratom bezieht sich auf alle Behörden, denen für die Wahrnehmung der in der RL vorgesehenen Aufgaben rechtliche Befugnisse übertragen worden sind (vgl. die Definition von „zust. Behörde" in Art. 4 Nr. 16 RL 2013/59/Euratom). „Zust. Behörde" iSd § 193a sind bei richtlinienkonformer Auslegung deshalb nicht nur die Behörden von Bund und Ländern, die Aufgaben nach dem StrlSchG und den auf seiner Grundlage erlassenen RVOen wahrnehmen, sondern auch solche Behörden, die in der RL geregelte Aufgaben der Notfallvorsorge oder der Notfallreaktion in Deutschland aufgrund des in Teil 3 des StrlSchG verankerten Verzahnungsansatzes auch auf Grundlage anderer Rechtsvorschriften des Bundes und der Länder sowie auf Grundlage unmittelbar anwendbarer Rechtsakte der EU oder der EAG wahrnehmen. Von der klarstellenden Bestimmung des § 193a sind deshalb auch alle am Notfallmanagementsystem nach Teil 3 beteiligten Behörden erfasst (BT-Drs. 19/26943, 56).

Teil 8 – Schlussbestimmungen

Kapitel 1 – Bußgeldvorschriften

§ 194 Bußgeldvorschriften

(1) Ordnungswidrig handelt, wer vorsätzlich oder fahrlässig
1. einer Rechtsverordnung nach
   a) § 6 Absatz 3, § 24 Satz 1 Nummer 3, 4, 7 Buchstabe a oder Nummer 8 oder Satz 2, § 37 Absatz 1 Satz 1, 2 Nummer 2 bis 5 oder 6 oder Satz 3, § 49 Nummer 4 oder 5, § 61 Absatz 2 Satz 2, § 62 Absatz 6 Nummer 3, § 63 Absatz 3, § 65 Absatz 2, § 68 Absatz 1 Satz 1, § 72 Absatz 2 Satz 2, § 76 Absatz 1 Satz 1, 2 Nummer 1, 2, 6, 7, 8, 10, 11, 13, 15 oder 16 oder Satz 3, § 79 Absatz 1 Satz 1, 2 Nummer 1 bis 3 oder 4, 6, 8 oder 12 oder Satz 3, § 81 Satz 1, 2 Nummer 5, 7, 8, 9 oder 10 oder Satz 4, § 82 Absatz 1 Nummer 1 oder 3, § 84 Absatz 2, § 86 Satz 1, 2 Nummer 2, 4, 5, 6, 9 bis 14 oder 15 oder 19 oder Satz 5, den §§ 87, 89 Satz 1 Nummer 2, 3, 4, 5, 7, 8, 9 oder 11 oder Satz 2, § 90 Absatz 1 Satz 1 oder Satz 2 Nummer 1 oder 2, § 95 Absatz 2 Satz 1 oder Absatz 3, § 123 Absatz 2, § 143 Absatz 1 Satz 3, § 169 Absatz 4 Nummer 1, 2 oder 3, § 174,
   b) § 24 Satz 1 Nummer 1, 2, 5, 6 oder 9, § 37 Absatz 1 Satz 2 Nummer 1, 7 oder 8, § 38 Absatz 2 Nummer 1, § 68 Absatz 1 Satz 2, den §§ 73, 74 Absatz 3 oder 4 Nummer 1, 2, 4, 5 oder 6, § 76 Absatz 1 Satz 2 Nummer 3, 4, 5, 9, 12 oder 17, § 79 Absatz 1 Satz 2 Nummer 5, 7, 10, 11 oder 12, § 81 Satz 2 Nummer 1, 2, 3 oder 4, § 82 Absatz 1 Nummer 2 oder 4, § 85 Absatz 4, § 86 Satz 2 Nummer 1, 3, 7, 8, 16, 17 oder 18 oder Satz 3 oder 4, § 88 Absatz 6, § 89 Satz 1 Nummer 1, 6, 10 oder 12, § 90 Absatz 1 Satz 2 Nummer 3 oder 4, den §§ 91, 124 Satz 3, den §§ 132, 135 Absatz 1 Satz 3, § 136 Absatz 2, § 139 Absatz 4, § 169 Absatz 4 Nummer 4, 5 oder 6, § 170 Absatz 9 Nummer 2 oder 3, den §§ 171, 172 Absatz 4, § 173 oder § 175 Absatz 2,
   c) § 24 Satz 1 Nummer 7 Buchstabe b oder § 30 Satz 1 oder 2
   oder einer vollziehbaren Anordnung auf Grund einer solchen Rechtsverordnung zuwiderhandelt, soweit die Rechtsverordnung für einen bestimmten Tatbestand auf diese Bußgeldvorschrift verweist,
2. ohne Genehmigung nach
   a) § 10 eine dort genannte Anlage errichtet,
   b) § 12 Absatz 1 Nummer 1 erster Halbsatz eine dort genannte Anlage betreibt,
   c) § 12 Absatz 1 Nummer 2 ionisierende Strahlung aus einer dort genannten Bestrahlungsvorrichtung verwendet,
   d) § 12 Absatz 1 Nummer 3 erster Halbsatz mit sonstigen radioaktiven Stoffen umgeht,
   e) § 12 Absatz 1 Nummer 4 erster Halbsatz eine Röntgeneinrichtung betreibt,

f) § 12 Absatz 1 Nummer 5 erster Halbsatz einen Störstrahler betreibt,

g) § 12 Absatz 2 eine genehmigungsbedürftige Tätigkeit ändert,

h) § 25 Absatz 1 Satz 1 in einer dort genannten Anlage eine Person beschäftigt oder eine Aufgabe selbst wahrnimmt,

i) § 27 Absatz 1 Satz 1 sonstige radioaktive Stoffe auf öffentlichen oder der Öffentlichkeit zugänglichen Verkehrswegen befördert,

j) § 31 Absatz 1 Satz 1, auch in Verbindung mit Satz 2, radioaktive Stoffe oder ionisierende Strahlung am Menschen anwendet,

k) § 40 Absatz 1 Satz 1, auch in Verbindung mit Satz 2, radioaktive Stoffe zusetzt,

l) § 42 Absatz 1 ein dort genanntes Konsumgut verbringt,

3. entgegen § 17 Absatz 1 Satz 1, § 19 Absatz 1 Satz 1, § 22 Absatz 1, § 26 Absatz 1 Satz 1, § 32 Absatz 1 Satz 1, auch in Verbindung mit Satz 2, § 50 Absatz 1, auch in Verbindung mit Absatz 2, § 52 Absatz 1, auch in Verbindung mit Absatz 3 Satz 1, § 56 Absatz 1, auch in Verbindung mit Absatz 3, § 59 Absatz 2, auch in Verbindung mit Absatz 4, oder § 63 Absatz 1 Satz 1 eine Anzeige nicht, nicht richtig, nicht vollständig, nicht in der vorgeschriebenen Weise oder nicht rechtzeitig erstattet,

4. einer vollziehbaren Anordnung nach § 18 Absatz 3, § 20 Absatz 3, 4 oder 5, § 22 Absatz 3, § 26 Absatz 3, den §§ 34, 51 Absatz 2, § 53 Absatz 2 oder 3, § 55 Absatz 2, § 57 Absatz 3 oder 4, jeweils auch in Verbindung mit § 59 Absatz 4, § 61 Absatz 5 Satz 1, § 63 Absatz 2, § 64 Absatz 2 Satz 3, § 65 Absatz 1, § 127 Absatz 1 Satz 4, § 129 Absatz 2 Satz 3, § 130 Absatz 2 Satz 3, § 134 Absatz 3, § 135 Absatz 3 Satz 1, § 139 Absatz 1 Satz 1, auch in Verbindung mit § 148 Satz 1, § 156 Absatz 3 Satz 1 oder Absatz 4 Satz 2 oder § 158 Absatz 2 zuwiderhandelt,

5. entgegen den §§ 21, 54, 58, auch in Verbindung mit § 59 Absatz 4, § 61 Absatz 4 Satz 2, § 64 Absatz 2 Satz 1, § 70 Absatz 4 Satz 1, § 71 Absatz 2 Satz 1 oder § 167 Absatz 3 Satz 3, auch in Verbindung mit Satz 4, eine Mitteilung nicht, nicht richtig, nicht vollständig oder nicht rechtzeitig macht,

6. entgegen § 28 Absatz 2 Satz 1 Kernmaterialien zur Beförderung oder Weiterbeförderung übernimmt,

7. entgegen § 39 Absatz 1 Satz 1, auch in Verbindung mit Absatz 2, radioaktive Stoffe zusetzt,

8. entgegen § 39 Absatz 1 Satz 2, auch in Verbindung mit Absatz 2, eine dort genannte Ware verbringt oder in Verkehr bringt,

9. einer vollziehbaren Auflage nach § 47 Satz 2 Nummer 4 zuwiderhandelt,

10. entgegen § 55 Absatz 1 Satz 1, auch in Verbindung mit Satz 2, jeweils auch in Verbindung mit § 59 Absatz 1 Satz 1, § 130 Absatz 1 Satz 1, auch in Verbindung mit Satz 2, oder § 145 Absatz 1 Satz 1, auch in Verbindung mit Satz 2, jeweils auch in Verbindung mit § 148 Satz 1, eine Abschätzung nicht, nicht richtig oder nicht rechtzeitig durchführt,

11. entgegen § 59 Absatz 1 Satz 2 eine Abschätzung nicht oder nicht rechtzeitig übermittelt,

12. entgegen § 60 Absatz 1 Satz 1, auch in Verbindung mit Satz 2, § 62 Absatz 1 Satz 1, auch in Verbindung mit Absatz 5 Satz 1, § 129 Absatz 1 Satz 1, Absatz 2 Satz 1 oder Absatz 3 Satz 1, § 145 Absatz 2

Satz 1, auch in Verbindung mit § 148, oder § 159 Absatz 2 Satz 1 eine Anmeldung nicht, nicht richtig, nicht vollständig oder nicht rechtzeitig macht,

13. entgegen § 60 Absatz 2 Satz 1 oder Absatz 4 Satz 1 ein Rückstandskonzept oder eine Rückstandsbilanz nicht, nicht richtig, nicht vollständig oder nicht rechtzeitig vorlegt,

14. entgegen § 61 Absatz 3 Satz 1, auch in Verbindung mit Satz 2, Rückstände vermischt oder verdünnt,

15. entgegen § 61 Absatz 6 Satz 1 Rückstände nicht, nicht richtig oder nicht rechtzeitig sichert,

16. entgegen § 61 Absatz 6 Satz 2 Rückstände abgibt,

17. entgegen § 61 Absatz 7 Rückstände ins Inland verbringt,

18. entgegen § 62 Absatz 4 Satz 2, auch in Verbindung mit Absatz 5 Satz 1, überwachungsbedürftige Rückstände verwertet oder beseitigt,

19. entgegen § 64 Absatz 1 Satz 1 eine Kontamination nicht, nicht richtig, nicht vollständig, nicht in der vorgeschriebenen Weise oder nicht rechtzeitig entfernt,

20. entgegen § 70 Absatz 1 Satz 1 einen Strahlenschutzbeauftragten nicht, nicht richtig, nicht in der vorgeschriebenen Weise oder nicht rechtzeitig bestellt,

21. entgegen § 72 Absatz 1 Satz 1 Nummer 1 oder Absatz 2 Nummer 1 Buchstabe a, jeweils auch in Verbindung mit Absatz 1 Satz 2, nicht dafür sorgt, dass eine dort genannte Exposition oder Kontamination vermieden oder so gering wie möglich gehalten wird,

22. entgegen § 72 Absatz 1 Satz 1 Nummer 2 Buchstabe a oder Absatz 2 Nummer 1 Buchstabe a, jeweils auch in Verbindung mit Absatz 1 Satz 2, nicht dafür sorgt, dass eine dort genannte Vorschrift eingehalten wird,

23. entgegen § 72 Absatz 1 Satz 1 Nummer 4, auch in Verbindung mit Satz 2, nicht dafür sorgt, dass die erforderlichen Maßnahmen gegen ein Kritischwerden von Kernbrennstoffen getroffen werden,

24. entgegen § 85 Absatz 1 Satz 1 nicht dafür sorgt, dass eine Aufzeichnung angefertigt wird,

25. entgegen § 85 Absatz 1 Satz 3 eine Aufzeichnung nicht oder nicht richtig sichert,

26. entgegen § 85 Absatz 3 Satz 1 Nummer 1 erster Halbsatz oder Nummer 2 eine Aufzeichnung, ein Röntgenbild oder dort genannte Daten nicht, nicht richtig, nicht vollständig oder nicht rechtzeitig vorlegt,

27. entgegen § 127 Absatz 1 Satz 1 oder 3 erster Halbsatz eine Messung nicht, nicht richtig oder nicht rechtzeitig veranlasst,

28. entgegen § 127 Absatz 3, § 128 Absatz 2 Satz 3 oder 4, § 130 Absatz 1 Satz 3, § 134 Absatz 2 oder § 145 Absatz 1 Satz 3, auch in Verbindung mit § 148 Satz 1, eine dort genannte Aufzeichnung nicht, nicht richtig, nicht vollständig oder nicht rechtzeitig fertigt oder nicht oder nicht für die vorgeschriebene Dauer aufbewahrt oder nicht, nicht richtig, nicht vollständig oder nicht rechtzeitig vorlegt,

29. entgegen § 128 Absatz 1 eine Maßnahme nicht, nicht richtig oder nicht rechtzeitig ergreift,

30. entgegen § 128 Absatz 2 Satz 1 eine Überprüfung nicht, nicht richtig oder nicht rechtzeitig vornimmt,
31. entgegen § 129 Absatz 3 Satz 2 zweiter Halbsatz eine Auskunft nicht erteilt,
32. entgegen § 131 Absatz 1 Nummer 3 erster Halbsatz, auch in Verbindung mit dem zweiten Halbsatz, § 145 Absatz 3 Nummer 2 erster Halbsatz, auch in Verbindung mit dem zweiten Halbsatz, oder § 159 Absatz 3 Nummer 2 erster Halbsatz, auch in Verbindung mit dem zweiten Halbsatz, nicht dafür sorgt, dass ein Dosisgrenzwert nicht überschritten wird,
33. entgegen § 134 Absatz 1 die spezifische Aktivität nicht, nicht richtig oder nicht rechtzeitig bestimmt,
34. entgegen § 135 Absatz 1 Satz 1 oder Absatz 3 Satz 2 ein Bauprodukt in Verkehr bringt,
35. entgegen § 135 Absatz 2 eine Information nicht, nicht richtig, nicht vollständig oder nicht rechtzeitig übermittelt,
36. entgegen § 138 Absatz 1, auch in Verbindung mit § 148 Satz 1, oder § 167 Absatz 4 Satz 1 eine Meldung nicht, nicht richtig, nicht vollständig oder nicht rechtzeitig macht,
37. entgegen § 140, auch in Verbindung mit § 148 Satz 1, eine Mitteilung nicht, nicht richtig, nicht vollständig oder nicht rechtzeitig macht oder einen Nachweis nicht, nicht richtig, nicht vollständig oder nicht rechtzeitig vorlegt,
38. entgegen § 167 Absatz 1 eine Aufzeichnung nicht, nicht richtig, nicht vollständig oder nicht rechtzeitig fertigt,
39. entgegen § 167 Absatz 3 Satz 1 eine Aufzeichnung nicht, nicht richtig, nicht vollständig oder nicht rechtzeitig vorlegt oder nicht, nicht richtig, nicht vollständig oder nicht rechtzeitig hinterlegt,
40. entgegen § 168 Absatz 1 Satz 1 dort genannte Daten nicht, nicht richtig, nicht vollständig oder nicht rechtzeitig zur Verfügung stellt,
41. entgegen § 168 Absatz 1 Satz 2 oder § 168 Absatz 2 eine Angabe nicht, nicht richtig, nicht vollständig oder nicht rechtzeitig vorlegt oder
42. einer vollziehbaren Auflage nach § 179 Absatz 1 Nummer 1 dieses Gesetzes in Verbindung mit § 17 Absatz 1 Satz 2 oder 3 des Atomgesetzes oder einer vollziehbaren Anordnung nach § 179 Absatz 1 Nummer 2 dieses Gesetzes in Verbindung mit § 19 Absatz 3 des Atomgesetzes zuwiderhandelt.

(2) Die Ordnungswidrigkeit kann in den Fällen des Absatzes 1 Nummer 1 Buchstabe a und c, Nummer 2 bis 4, 6 bis 9, 14 bis 23, 29, 32, 34 und 42 mit einer Geldbuße bis zu fünfzigtausend Euro und in den übrigen Fällen mit einer Geldbuße bis zu zehntausend Euro geahndet werden.

(3) Verwaltungsbehörde im Sinne des § 36 Absatz 1 Nummer 1 des Gesetzes über Ordnungswidrigkeiten ist
1. in den Fällen des Absatzes 1 Nummer 1 Buchstabe a und b, Nummer 2, 5 bis 41 oder 42 das Bundesamt für die Sicherheit der nuklearen Entsorgung für seinen in § 186 bezeichneten Bereich,
2. in den Fällen des Absatzes 1 Nummer 1 Buchstabe c und Nummer 2 Buchstabe l das Bundesamt für Wirtschaft und Ausfuhrkontrolle,
3. in den Fällen des Absatzes 1 Nummer 3 und 4

a) das Bundesamt für Strahlenschutz im Zusammenhang mit dem Betrieb von Raumfahrzeugen,

b) das Luftfahrt-Bundesamt im Zusammenhang mit dem Betrieb von
Luftfahrzeugen,

c) das Bundesamt für die Sicherheit der nuklearen Entsorgung für seinen in § 186 bezeichneten Bereich.

(4) Für einen Verstoß gegen eine Bestimmung nach Absatz 1 ist, soweit
sie dem Schutz personenbezogener Daten dient, abweichend von den Absätzen 1 bis 3 ausschließlich Artikel 83 der Verordnung (EU) 2016/679 anzuwenden.

Schrifttum: *Adam,* Die Begrenzung der Aufsichtspflichten in der Vorschrift des § 130 OWiG,
wistra 2003, 285; *Binder/Kraayvanger,* Regress der Kapitalgesellschaft bei der Geschäftsleitung
für gegen das Unternehmen verhängte Geldbußen, BB 2015, 1219; *Burhoff,* Das Bußgeldverfahren – ein Überblick, ZAP 2017, 437; *Flintrop,* Strahlenschutzbeauftragter: Bußgeld wegen
Fahrlässigkeit, Dt. Ärztebl. 2002, 99(8); *Gerstetter et al.,* Status quo und Weiterentwicklung des
Umweltstrafrechts und anderer Sanktionen: Instrumente zur Verbesserung der Befolgung von
Umweltrecht (UBA Texte 135/2019), Dessau-Roßlau 2019; *Göhler,* Zur bußgeldrechtlichen
Verantwortung der juristischen Person bei aufgespaltener Zuständigkeit ihrer Organe, wistra
1991, 207; *Görtz,* BGH: Implementierung und Optimierung eines Compliance-Manage-
ment-Systems kann Geldbuße nach § 30 OWiG mindern, WiJ 2018, 88; *Hecker,* Aufsichts-
pflichtverletzungen bei Zuwiderhandlungen Unternehmensfremder, GewArch 1999, 320;
Meinberg, Praxis und Perspektiven des Umwelt-Ordnungswidrigkeiten-Rechts, NJW 1990,
1273; *Meinberg/Möhrenschlager/Link* Umweltstrafrecht, Düsseldorf 1989; *Scheidler,* Zurechen-
barkeit umweltdeliktischen Verhaltens bei arbeitsteiligen Betriebsorganisationen, ZUR 2010,
16; *Szesny/Glander,* Die Verbandsgeldbuße gegenüber Rechtsnachfolgern, WiJ 2015, 224; *Töb-
bens,* Die Bekämpfung der Ordnungswidrigkeiten durch die Troika der §§ 9, 130 und 30 des
Gesetzes über Ordnungswidrigkeiten, NStZ 1999, 1; *Wagner,* Die Dauer der Verfolgungsver-
jährung bei der Aufsichtspflichtverletzung gemäß § 130 OWiG – zugleich Anmerkung zum
Beschluss des LG Itzehoe vom 29. Juni 2021 – 2 KLs 8/18 (2), WiJ 2021, 173.

A. Sinn und Zweck der Norm

Das StrlSchG und die auf diesem basierende StrlSchV legen eine Vielzahl von **1**
Pflichten fest. Um deren Einhaltung sicherzustellen, führen die §§ 194 StrlSchG
und 184 StrlSchV einzelne Tatbestände auf, die **Sanktionen für Pflichtverstöße**
vorsehen. Die Menge dieser OWi-Tatbestände steht im deutlichen Gegensatz zur
Relevanz des StrlSch-Ordnungswidrigkeitenrechts in der bisherigen Praxis; durchgeführte Bußgeldverfahren in diesem Rechtsbereich sind sehr selten, vor den Amts-
gerichten landen noch viel weniger.

Eine Ordnungswidrigkeit ist eine rechtswidrige und vorwerfbare Handlung, die **2**
den Tatbestand eines Gesetzes verwirklicht, das die Ahndung mit einer Geldbuße
zulässt (§ 1 Abs. 1 OWiG). Von der **Straftat** unterscheidet sich die ordnungsrecht-
liche Zuwiderhandlung dadurch, dass es kein kriminelles Handeln, sondern „bloßen Verwaltungsungehorsam" darstellt (*Jarass* BImSchG § 62 Rn. 1). Besonders
schwerwiegende Pflichtverstöße sind darüber hinaus nicht mit einem Bußgeld,
sondern mit Strafe bedroht (zB § 311 StGB). Ist eine Handlung gleichzeitig Straftat
und Ordnungswidrigkeit, geht erstere vor (§ 21 OWiG).

B. Bisherige Regelung

3   Die Bußgeldvorschriften des § 194 lösen zusammen mit denen des § 184 StrlSchV die bisherigen Regelungen in den §§ 116 StrlSchV 2001 und § 44 RöV ab, die wiederum auf der Rechtsgrundlage des § 46 Abs. 1 Nr. 4 AtG (in der Gültigkeitsfassung bis 30.12.2018) beruhten. Dass in der aktuellen StrlSchV auch OWi-Tatbestände festgesetzt werden können, ergibt sich nun aus § 194 Abs. 1 Nr. 1 StrlSchG.

C. Allgemeine Aspekte des Ordnungswidrigkeitenrechts

I. Voraussetzungen einer Ordnungswidrigkeit

4   **1. Adressaten eines Bußgelds. a) Natürliche Person als Täter.** Als Täter einer Ordnungswidrigkeit und somit als Adressat eines Bußgeldverfahrens kommt **nur** eine natürliche Person in Frage (*Gürtler/Thoma* in Göhler OWiG vor § 1, Rn. 31), die durch bestimmte Vorschriften bzw VA verpflichtet worden ist; s. allerdings → Rn. 7. Das wird meist der **SSV** sein, zB wenn er ohne Genehmigung mit sonstigen radioaktiven Stoffen umgeht (§§ 194 Abs. 1 Nr. 2 lit. d, 12 Abs. 1 Nr. 3 u. 69 Abs. 1 Nr. 1) oder wenn er einer vollziehbaren Anordnung nach § 179 Abs. 2 Nr. 2 iVm § 19 Abs. 3 AtG nicht nachkommt (§§ 194 Abs. 1 Nr. 42 Alt. 2). Adressaten können auch der nach § 61 Abs. 1 S. 1 **Verpflichtete** (der kein SSV iSd § 69 ist) sein, wenn er entgegen § 61 Abs. 3 S. 1 Rückstände vermischt oder verdünnt (§ 194 Abs. 1 Nr. 14), ebenso der **für einen Radon-Arbeitsplatz Verantwortliche** (§§ 194 Abs. 1 Nr. 27, 127 Abs. 1 S. 1 u. Abs. 2). Auch gegen **SSB** können Bußgelder verhängt werden (zB §§ 194 Abs. 1 Nr. 21, 72 Abs. 2 Nr. 1 lit. a). Darüber hinaus können den SSB bei Pflichtverletzungen arbeits- bzw dienstrechtliche Maßnahmen treffen. Über § 9 Abs. 2 OWiG kann auch ein **SSBV** ordnungswidrig handeln.

5   Während noch die StrlSchV 2001 klar die einzelnen OWi-Tatbestände dem betroffenen Personenkreis zuwies (vgl. a. F. § 116 Abs. 2: SSV; Abs. 3: SSV oder SSB; Abs. 4: SSB; Abs. 5: Arzt), helfen die aktuellen Fassungen von StrlSchG und StrlSchV dem Rechtsanwender diesbezüglich nicht weiter. Dies kann zu Rechtsunsicherheiten und unnötigem Aufwand führen, wenn die Behörde zB gegen einen SSB ein Bußgeldverfahren einleiten möchte, aber Zweifel hat, ob er tauglicher Adressat ist.

6   **b) Handeln für andere (§ 9 OWiG).** Auch die Mitglieder des vertretungsberechtigten Organs einer **juristischen Person** (zB GmbH, AG) sowie die vertretungsberechtigten Gesellschafter einer **rechtsfähigen Personengesellschaft** (zB OHG, KG, GmbH & Co.KG) sind bußgeldfähig (§ 9 Abs. 1 Nrn. 1 u. 2 OWiG). Bei der KG sind gem. § 161 Abs. 2 HGB nur die persönlich haftenden Komplementäre vertretungsbefugt, bei der GmbH & Co.KG der Geschäftsführer der Komplementär-GmbH als der verantwortliche Vertreter (*Scheidler* ZUR 2010, 18). Sind mehrere natürliche Personen vertretungsberechtigt, ist die **interne Zuständigkeitsverteilung** maßgeblich; hier kommt § 69 Abs. 2 S. 2 ins Spiel, nach dem in diesen Fällen der zuständigen Behörde mitzuteilen ist, wer die **Aufgaben des SSV wahrnimmt.** Eine OWi kann auch begehen, wer für den Verpflichteten als **ge-**

setzlicher Vertreter (§ 9 Abs. 1 Nr. 3 OWiG zB als Insolvenzverwalter: *Jarass* BImSchG § 62, Rn. 4) oder gewillkürter Vertreter (§ 9 Abs. 2 OWiG, zB als **SSBV;** *Gürtler/Thoma* in Göhler OWiG § 9, Rn. 24 ff.) handelt.

c) Juristische Personen und Personenvereinigungen (§ 30 OWiG). Unter 7 Umständen ist ein OWi-Verfahren gegen juristische Personen oder Personenvereinigungen möglich. Wenn jemand als vertretungsberechtigtes Organ einer juristischen Person oder als Mitglied eines solchen Organs, als Geschäftsführer, als vertretungsberechtigter Gesellschafter einer rechtsfähigen Personengesellschaft, als Generalbevollmächtigter, in leitender Stellung als Prokurist, als Handlungsbevollmächtigter oder als für die Leitung des Betriebs oder Unternehmens einer juristischen Person oder einer rechtsfähigen Personengesellschaft verantwortliche Person handelt, eine OWi begeht, so kann die Geldbuße gegen die juristische Person oder die Personenvereinigung festgesetzt werden, wenn an diese adressierte Pflichten verletzt worden oder diese bereichert worden sind (§ 30 Abs. 1 OWiG; vgl. OLG Celle Beschl. v. 29.03.2012 – 2 Ws 81/12, juris, Rn. 43 = BeckRS 2012, 11986). § 30 OWiG stellt somit keinen eigenen Bußgeld-Tatbestand dar, sondern hängt an der OWi einer natürlichen Person und ist damit **akzessorisch** (*Gürtler/Thoma* in Göhler OWiG vor § 1, Rn. 31; *Scheidler* ZUR 2010, 16). Hintergrund dieser Regelung ist der Gedanke, dass juristische Personen und Personenvereinigungen, die per se keine OWi begehen und gegen die grundsätzlich keine Geldbuße festgesetzt werden kann, **nicht besser gestellt** werden sollen als natürliche Personen. Die ordnungswidrigkeitsrechtliche Ahndungsmöglichkeit setzt also am Handeln der Gesellschaftsorgane an, um eine Sanktion bei entsprechenden Rechtsordnungsverstößen herbeiführen zu können. Eine weitere Folge dieser Bestimmung ist, dass die „Geldbuße unter Berücksichtigung des wirtschaftlichen Wertes" des Unternehmens und „der für das Unternehmen erzielten oder beabsichtigten Vorteile festgestellt werden" kann; bei einem entsprechenden Pflichtverstoß durch das Organ einer juristischen Person, also im Anwendungsfall des § 9 Abs. 1 OWiG, kann eine Geldbuße demgegenüber nur im Hinblick auf die persönlichen wirtschaftlichen Verhältnisse des Betroffenen verhängt werden (*Link* in Meinberg et al., 193).

d) Verletzung der Aufsichtspflicht (§ 130 OWiG). Die Bestimmung des 8 § 130 OWiG will die Verletzung der Aufsichtspflicht in Betrieben und Unternehmen sanktionieren. Sie stellt auf **Leitungspersonen** ab, die an der konkreten Rechtsgutsverletzung zwar nicht beteiligt sind, diese aber durch **gehörige Aufsicht** hätten verhindern oder wesentlich erschweren können (*Wagner* WiJ 2021, 173). Auch ein **SSV** bzw der **Organwalter** nach § 69 Abs. 2 S. 1 oder S. 2 fällt in Bezug auf OWi-taugliche Verstöße etwa von SSB und SSBV in diese Kategorie. Bei Zuwiderhandlungen unterfällt ein **SSBV** mit Entscheidungsbefugnis § 9 Abs. 2 S. 1 Nr. 2 OWiG. Hat er seinerseits seine Aufsichtspflichten jedoch nicht wahrgenommen, ist § 130 OWiG einschlägig, denn er ist für den SSV in dessen Verantwortungssphäre eingerückt und hat demzufolge auch dessen Pflichten wahrzunehmen (*Kramer/Zerlett* § 29 Nr. 13; *Brinkmann* StrlSchPrax 1998, 45 f.).

Als Ordnungswidrigkeit kann zB bei einer GmbH & Co.KG die Verletzung der 9 Aufsichtspflicht ihres vertretungsberechtigten Gesellschafters in Betracht kommen. Selbst wenn dieser eine juristische Person (GmbH) ist, trifft die Aufsichtspflicht gemäß § 130 Abs. 1 OWiG den Geschäftsführer der Komplementär-GmbH. Dieser handelt nicht nur unmittelbar für die GmbH, sondern auch für die KG (BGH Beschl. v. 1.10.1985 – KRB 5/85, juris, Rn. 6 = NStZ 1986, 79).

10   Der SSV kann sich seiner Überwachungspflicht nicht dadurch vollständig entziehen, indem er eine Aufsichtsperson mit der Überwachung der Beschäftigten beauftragt (OLG München Beschl. v. 10.08.2001 – 3 ObOWi 51/2001, juris, Rn. 6 ff. = NJW 2002, 766). Zu den **erforderlichen Aufsichtsmaßnahmen** gehört auch die Bestellung, sorgfältige Auswahl und Überwachung sowie die Aus- und Fortbildung der Person, auf die Verantwortung übertragen wurde. Die Aufsichtsmaßnahmen müssen jedoch **einzelfallbezogen zumutbar und praktisch durchführbar** sein; zudem ist die **Eigenverantwortung der betreffenden Betriebsangehörigen** zu berücksichtigen (BGH Beschl. v. 11.03.1986 – KRB 7/85, juris, OS 1 = BeckRS 1986, 31168713; OLG München Beschl. v. 23.09.2014 – 3 Ws 599/14, juris, Rn. 16 – Konzern; OLG Düsseldorf Beschl. v. 12.11.1998 – 2 Ss (OWi) 385/98, juris, Rn. 9–15 = NStZ-RR 1999, 151 – Übertragung der Fristenüberwachung einer turnusmäßigen Überprüfung eines Röntgengeräts; AG Köln Urt. v. 14.08.2015 – 902a OWi 378/14, juris, Rn. 25 = BeckRS 2016, 5893). Wenn zB gleich drei Mitarbeiter mit der Überwachung von Prüffristen betraut werden, kann insbesondere bei Abgrenzungskonflikten u. Kompetenzunklarheiten ein **Organisationsmangel** vorliegen, der ebenfalls die Haftung des Betriebsinhabers auslöst (OLG Düsseldorf Beschl. v. 12.11.1998 – 2 Ss (OWi) 385/98. Rn. 16 = NStZ-RR 1999, 151).

11   § 130 OWiG ist bei **Stellen mit öffentlichen Verwaltungsaufgaben** (diese sind keine öffentlichen Unternehmen iSv § 130 Abs. 2 OWiG) – etwa einem Wasserverband als Körperschaft des öffentlichen Rechts – nicht anwendbar. Bei diesen sind Disziplinar- und sonstige Kontrollmaßnahmen ausreichend (*Gürtler/Thoma* in Göhler OWiG § 130, Rn. 24; ferner *Brinkmann* StrlSchPrax 1998, 46).

12   **2. Vorsatz und Fahrlässigkeit.** § 194 Abs. 1 (wie auch § 184 Abs. 1 StrlSchV) bedroht sowohl vorsätzliches als auch fahrlässiges Handeln mit Geldbuße (vgl. § 10 OWiG). **Vorsatz** bedeutet ein wissentliches Handeln, zumindest aber ein Inkaufnehmen des tatbestandlichen Erfolges (OLG Stuttgart Urt. v. 5.2.2019 – 12 U 82/18, juris, Rn. 58 = BeckRS 2019, 44085; *Reinhardt* in Czychowski/Reinhardt WHG § 103, Rn. 11; *Gürtler/Thoma* in Göhler OWiG § 10, Rn. 2 ff.). Eine objektive Pflichtwidrigkeit bei **fahrlässigem Handeln** liegt dann vor, wenn ein besonnener, auf die Einhaltung der Rechtsordnung bedachter Bürger die Tatbestandsverwirklichung hätte erkennen und vermeiden können (OLG Oldenburg Beschl. v. 9.4.2013 – 2 SsBs 59/13, juris, Rn. 39 = BeckRS 2013, 7742; *Gürtler/ Thoma* in Göhler OWiG § 10, Rn. 6 ff.). Da das StrlSchG für vorsätzliches und fahrlässiges Handeln die Geldbuße im Höchstmaß nicht unterscheidet, kann fahrlässiges Handeln im Höchstmaß nur **mit der Hälfte des in § 194 Abs. 2 angedrohten Geldbußen-Höchstbetrages** geahndet werden (bis zu 25.000 EUR bzw bis zu 5.000 EUR; § 17 Abs. 2 OWiG).

13   **3. Versuch.** Im Regime der strahlenschutzrechtlichen Ordnungswidrigkeiten kann ein versuchtes pflichtwidriges Handeln **nicht geahndet** werden, weil das StrlSchG dies nicht ausdrücklich bestimmt (§ 13 Abs. 2 OWiG).

II. Bußgeldhöhe

14   § 194 Abs. 2 modifiziert den in § 17 Abs. 1 OWiG vorgegebenen Bußgeldrahmen (von fünf Euro bis 1.000 Euro) und belegt dementsprechend Verstöße gem. Abs. 1 Nr. 1 lit. a u. c, Nrn. 2–4, 6–9, 14–23, 29, 32, 34 u. 42 mit einer Buße bis zu 50.000 EUR und in den übrigen Fällen mit einer Geldbuße bis zu 10.000 EUR.

Dem liegt der Grundsatz zugrunde, dass **materielle Pflichtverstöße,** wozu auch Verletzungen der Anzeigetatbestände gehören, stärker sanktioniert werden sollen als rein **formelle** (BT-Drs. 18/11241, 445). Zu formellen Pflichten gehören zB Anmeldungen und Mitteilungen, etwa zur Beendigung des genehmigten oder angezeigten Betriebs oder Umgangs nach § 21; sie fallen unter die mit einer geringeren Bußgeldhöhe geahndeten Verstöße (§ 194 Abs. 2 Alt. 2, Abs. 1 Nr. 5). Dieser Systematik folgen die **Tatbestände des § 184 StrlSchV,** die an § 194 andocken. Bei geringeren Verstößen kann auch ein **Verwarnungsgeld** verhängt werden (§ 56 OWiG).

Nähere Hinweise zur Bemessung des Bußgelds geben zB § 17 Abs. 3 OWiG und **15** die **Bußgeldkatalge** einiger Bundesländer, auch wenn dort die Bußgeldtatbestände des StrlSchG nicht aufgeführt sind (zB Anl. z. VV Bußgeldkatalog Umwelt BW 2018, A.4.; Bußgeld-Katalog Umwelt NRW 2006, AT 5. f.). Nach § 17 Abs. 4 OWiG soll die Geldbuße den aus der Ordnungswidrigkeit gezogenen **wirtschaftlichen Vorteil** übersteigen. Reicht das gesetzliche Höchstmaß hierzu nicht aus, kann es überschritten werden.

III. Verfahren, Verjährung

Das Ordnungswidrigkeitsverfahren richtet sich nach den Vorgaben des OWiG **16** (§§ 35 ff. OWiG). Soweit in § 194 Abs. 3 StrlSchG i. V. m. § 36 Abs. 1 OWiG nicht bereits spezielle Zuständigkeiten einzelner Bundesbehörden geregelt worden sind, prüft die nach Landesrecht für die Verfolgung von OWi zuständige Behörde (meist die strahlenschutzrechtliche Aufsichtsbehörde, für Hessen § 8 AtStrlSchZV) im pflichtgemäßen Ermessen (§ 47 Abs. 1 OWiG), ob und in welchem Umfang ein Regelverstoß verfolgt werden soll (sog. **Opportunitätsprinzip**).

Gegen den Bußgeldbescheid kann innerhalb von zwei Wochen nach Zustellung **17** bei der Aufsichtsbehörde, die den Bußgeldbescheid erlassen hat, **Einspruch** eingelegt werden (§ 67 Abs. 1 S. 1 OWiG). Soweit diese dem Einspruch nicht abhilft, entscheidet – anders als im Verwaltungsstreitverfahren – das **Amtsgericht,** in dessen Bezirk die Verwaltungsbehörde ihren Sitz hat oder das durch Landesrecht dazu bestimmt worden ist, durch **Einzelrichter** (§ 68 Abs. 1 u. 3 OWiG). Solange über den Einspruch nicht entschieden ist, ist der Bußgeldbescheid nicht rechtskräftig und kann nicht vollstreckt werden (§ 89 OWiG).

Die **Verjährung** von Ordnungswidrigkeiten beträgt in den Fällen des § 194 **18** Abs. 2 Alt. 1 – Geldbuße bis zu 50.000 EUR – drei Jahre (§ 31 Abs. 2 Nr. 1 OWiG), in den übrigen Fällen, § 194 Abs. 2 Alt. 2 – Geldbuße bis zu 10.000 EUR – zwei Jahre (§ 31 Abs. 2 Nr. 2 OWiG). Die Verjährung beginnt mit der Beendigung der die Ordnungswidrigkeit begründenden Handlung (§ 31 Abs. 3 OWiG).

IV. Bußgeld und Verwaltungsvollstreckung

Bußgeld und Verwaltungszwang (zB Zwangsgeld, Ersatzvornahme nach den **19** Verwaltungsvollstreckungsgesetzen von Bund und Ländern) können im Rahmen des pflichtgemäßen Ermessens **nebeneinander** angewendet werden. Ersteres sanktioniert ein Fehlverhalten, das in der **Vergangenheit** liegt, der Täter also bereits tätig geworden ist oder, im Falle des **Unterlassens,** hätte tätig werden müssen (§ 6 OWiG). Die Anwendung verwaltungsrechtlicher Zwangsmaßnahmen (mit vorheriger Androhung u. folgender Festsetzung) dagegen ist **zukunftsgerichtet;** es soll ein regelkonformes Verhalten erreicht werden (arg. § 6 Abs. 1 VwVG).

§ 195 Einziehung

Ist eine Ordnungswidrigkeit nach § 194 Absatz 1 vorsätzlich begangen worden, so können Gegenstände eingezogen werden,
1. auf die sich die Ordnungswidrigkeit bezieht oder
2. die zur Begehung oder Vorbereitung gebraucht wurden oder bestimmt gewesen sind.

Schrifttum: vgl. die Literatur bei § 194

A. Sinn und Zweck der Norm

1   Das Institut der Einziehung dient dem **Schutz der Allgemeinheit und der Rechtsordnung;** einer Wiederholung des unzulässigen Handelns soll vorgebeugt werden. § 195 ist – wie auch der im strahlenschutzrechtlichen Bußgeldregime nicht mehr anwendbare § 49 AtG – eine Regelung iSd § 22 Abs. 1 OWiG („soweit das Gesetz es ausdrücklich zuläßt"). Damit gelten ohne weitere Verweisung die Vorschriften des gesamten fünften Abschnitts im ersten Teil des OWiG auch im Strahlenschutz (§§ 24–29 OWiG mit Ausnahme des § 23, der eine zusätzliche Verweisung fordert; *Gürtler/Thoma* in Göhler OWiG vor § 22, Rn. 1). In der strahlenschutzrechtlichen Vollzugspraxis spielte die Einziehung bislang kaum eine Rolle.

B. Bisherige Regelung

2   Die Regelung entspricht § 49 AtG. Wegen der Kopplung der §§ 116 StrlSchV 2001 und 44 RöV an die atomrechtlichen Bußgeldbestimmungen enthielten diese Verordnungen keine eigene Einziehungsregelung.

C. Tatbestand

I. Durchführung und Wirkung der Einziehung

3   Die Einziehung stellt eine **Nebenfolge** einer Ordnungswidrigkeit dar; zulässig ist sie grds. nur neben dieser (Ausnahme: **selbständige Anordnung** nach § 27 OWiG; *Gürtler/Thoma* in Göhler OWiG § 22, Rn. 4; *Mann* in HMPS AtG/PÜ § 49 AtG, Rn. 8). Ob die Behörde eine Einziehung verfügt, liegt in ihrem **Ermessen** („können"), das u. a. von dem auch im Recht der Ordnungswidrigkeiten geltenden **Verhältnismäßigkeitsgrundsatz** begrenzt wird (vgl. § 24 OWiG). In der Regel erfolgt die Einziehungsanordnung **im Bußgeldbescheid** selbst und – wegen der Vollstreckung – unter genauer Bezeichnung der betroffenen Gegenstände (*Seitz/Bauer* in Göhler OWiG § 66, Rn. 21, dort auch Formulierungsvorschlag). Das **Eigentum** an der eingezogenen Sache geht mit Rechtskraft der Entscheidung **auf den Staat über** (§ 26 Abs. 1 OWiG; zu **Rechten Dritter** am Gegenstand vgl. § 26 Abs. 2 OWiG, zur Zurechnungsvorschrift für Organe und Vertreter § 29 OWiG). Obwohl nach § 194 Abs. 1 sowohl vorsätzliches und fahrlässiges Handeln ordnungswidrig sein können, ist eine Einziehung nur bei **Vorsatz** zulässig (zum Vorsatz → § 194 Rn. 12; *Gürtler/Thoma* in Göhler OWiG § 10, Rn. 2–5).

II. Taugliche Gegenstände

Einziehungstaugliche Objekte sind „Gegenstände". Mangels strahlenschutz- **4** gesetzlicher Konkretisierung ist der weite Gegenstandsbegriff des OWiG zugrundezulegen, der neben **körperlichen Sachen** iSd § 90 BGB auch **Rechte** umfasst (*Gürtler/Thoma* in Göhler OWiG § 22, Rn. 2; *Mann* in HMPS AtG/PÜ § 49 AtG, Rn. 5). Näher eingegrenzt wird dieser Gegenstandsbegriff durch die beiden Varianten des § 195.

Gegenstände, auf die sich die Ordnungswidrigkeit bezieht (Nr. 1), sind die ei- **5** gentlichen **„Objekte" der Ordnungswidrigkeit,** nicht die Mittel, mit denen sie begangen worden ist (*Mann* in HMPS AtG/PÜ § 49 AtG, Rn. 6). Beispiele: **Konsumgüter** mit zugesetzten radioaktiven Stoffen, die ohne Genehmigung nach Deutschland eingeführt wurden (§ 42 Abs. 1, Ordnungswidrigkeit nach § 194 Abs. 1 Nr. 2 lit. l); sonstige **radioaktive Stoffe,** mit denen ohne Genehmigung umgegangen wird (§ 12 Abs. 1 Nr. 3 1. HS, Ordnungswidrigkeit nach § 194 Abs. 1 Nr. 2 lit. d); ungenehmigt betriebene **Röntgeneinrichtung** (§ 12 Abs. 1 Nr. 4 1. HS, Ordnungswidrigkeit nach § 194 Abs. 1 Nr. 2 lit. e); **Laborbestandteile,** die ohne Freigabe als nicht radioaktiver Stoff weitergegeben werden (§ 31 Abs. 1 S. 1 Nr. 2 StrlSchV, Ordnungswidrigkeit nach § 184 Abs. 1 Nr. 9 StrlSchV).

Gegenstände, die zur Begehung oder Vorbereitung gebraucht wurden oder be- **6** stimmt gewesen sind (Nr. 2), sind die **Handlungswerkzeuge.** Beispiele: **Fahrzeuge,** mit denen sonstige radioaktive Stoffe auf öffentlichen Verkehrswegen ohne Genehmigung befördert wurden oder die zur Begehung bestimmt, aber nicht eingesetzt worden sind, bzw. zur Vorbereitung gebraucht wurden (§ 27 Abs. 1 S. 1, Ordnungswidrigkeit nach § 194 Abs. 1 Nr. 2 lit. i); **unzureichende Sicherungsbehältnisse** (§ 87 Abs. 1 Nr. 1 StrlSchV, Ordnungswidrigkeit nach § 184 Abs. 1 Nr. 36 StrlSchV; *Mann* in HMPS AtG/PÜ § 49 AtG, Rn. 6).

Kapitel 2 – Übergangsvorschriften

§ 196 Genehmigungsbedürftige Errichtung von Anlagen (§ 10)

Eine Genehmigung für die Errichtung von Anlagen zur Erzeugung ionisierender Strahlen, die vor dem 31. Dezember 2018 erteilt worden ist, gilt als Genehmigung nach § 10 mit allen Nebenbestimmungen fort.

1   Die im Normtext genannten Genehmigungen – einschlägig war § 11 Abs. 1 StrlSchV 2001 – gelten als **Genehmigungen nach § 10** fort; es braucht kein neues Zulassungsverfahren durchgeführt zu werden. Zur Weitergeltung auch der damit verbundenen **Pflichten** und **Anordnungen** → § 198 Rn. 6.

§ 197 Genehmigungsbedürftige Tätigkeiten (§ 12)

(1) ¹Eine Genehmigung für den Betrieb von Anlagen zur Erzeugung ionisierender Strahlen, die vor dem 31. Dezember 2018 erteilt worden ist, gilt als Genehmigung nach § 12 Absatz 1 Nummer 1 mit allen Nebenbestimmungen fort. ²Dies gilt für Genehmigungen im Zusammenhang mit der Anwendung am Menschen für eine Behandlung mit ionisierender Strahlung, der ein individueller Bestrahlungsplan zugrunde liegt, wenn bis zum 31. Dezember 2020 bei der zuständigen Behörde nachgewiesen ist, dass die Voraussetzungen nach § 14 Absatz 1 Nummer 2 Buchstabe a, Nummer 3 Buchstabe a und Nummer 4 erfüllt sind.

(2) ¹Eine Genehmigung für den Umgang mit sonstigen radioaktiven Stoffen, die vor dem 31. Dezember 2018 erteilt worden ist, gilt als Genehmigung nach § 12 Absatz 1 Nummer 3 mit allen Nebenbestimmungen fort. ²Dies gilt für Genehmigungen

1. für den Umgang mit hochradioaktiven Strahlenquellen nur, wenn bis zum 31. Dezember 2020 nachgewiesen ist, dass die Voraussetzung des § 13 Absatz 4 erfüllt ist,

2. im Zusammenhang mit der Anwendung am Menschen für eine Behandlung mit radioaktiven Stoffen und ionisierender Strahlung, der jeweils ein individueller Bestrahlungsplan zugrunde liegt, wenn bis zum 31. Dezember 2020 bei der zuständigen Behörde nachgewiesen ist, dass die Voraussetzungen nach § 14 Absatz 1 Nummer 2 Buchstabe a, Nummer 3 Buchstabe a und Nummer 4 erfüllt sind,

3. im Zusammenhang mit der Anwendung am Menschen für eine standardisierte Behandlung mit radioaktiven Stoffen sowie zur Untersuchung mit radioaktiven Stoffen, die mit einer erheblichen Exposition der untersuchten Person verbunden sein kann, wenn bis zum 31. Dezember 2022 bei der zuständigen Behörde nachgewiesen ist, dass die Voraussetzungen nach § 14 Absatz 1 Nummer 2 Buchstabe b, Nummer 3 Buchstabe b und Nummer 4 erfüllt sind.

³Die zuständige Behörde kann von dem Inhaber einer Genehmigung nach Satz 1 innerhalb von zwei Jahren nach Inkrafttreten dieses Gesetzes die Erbringung einer Sicherheitsleistung gemäß § 13 Absatz 7 verlangen.

(3) Hat sich eine Genehmigung nach den §§ 6, 7 oder § 9 des Atomgesetzes oder ein Planfeststellungsbeschluss nach § 9b des Atomgesetzes, die oder der vor dem 31. Dezember 2018 erteilt worden ist, auf einen genehmigungsbedürftigen Umgang mit radioaktiven Stoffen erstreckt, so gilt diese Erstreckung als Erstreckung auf einen genehmigungsbedürftigen Umgang nach § 12 Absatz 1 Nummer 3 dieses Gesetzes fort.

(4) Tätigkeiten nach § 4 Absatz 1 Satz 1 Nummer 1, die vor dem 31. Dezember 2018 genehmigungsfrei ausgeübt wurden und ab dem 31. Dezember 2018 einer Genehmigung nach § 12 Absatz 1 Nummer 3 bedürfen, dürfen fortgesetzt werden, wenn der Antrag auf Genehmigung bis zum 31. Dezember 2019 gestellt wurde.

Diese Vorschrift wird gemeinsam mit dem nachfolgenden § 198 kommentiert (siehe unten).

§ 198 Genehmigungsbedürftiger Betrieb von Röntgeneinrichtungen und Störstrahlern (§ 12)

(1) ¹Eine vor dem 31. Dezember 2018 erteilte Genehmigung für den Betrieb von Röntgeneinrichtungen, mit Ausnahme der in den Absätzen 2 und 3 genannten Röntgeneinrichtungen, gilt als Genehmigung nach § 12 Absatz 1 Nummer 4 mit allen Nebenbestimmungen fort. ²Bei

1. Genehmigungen im Zusammenhang mit der Anwendung am Menschen für eine standardisierte Behandlung mit ionisierender Strahlung sowie zur Untersuchung mit ionisierender Strahlung, die mit einer erheblichen Exposition der untersuchten Person verbunden sein kann, ist bis zum 31. Dezember 2022 bei der zuständigen Behörde nachzuweisen, dass die Voraussetzungen nach § 14 Absatz 1 Nummer 2 Buchstabe b, Nummer 3 Buchstabe b und Nummer 4 erfüllt sind,

2. unbefristeten Genehmigungen zur Teleradiologie ist bis zum 31. Dezember 2022 bei der zuständigen Behörde nachzuweisen, dass die Voraussetzung des § 14 Absatz 2 Nummer 4 und, soweit einschlägig, die in Nummer 2 genannten Voraussetzungen erfüllt sind.

(2) Eine Genehmigung für den Betrieb von Röntgeneinrichtungen zur Teleradiologie über den Nacht-, Wochenend- und Feiertagsdienst hinaus, die vor dem 31. Dezember 2018 nach § 3 Absatz 1 der Röntgenverordnung in der bis zum 31. Dezember 2018 geltenden Fassung erteilt und nach § 3 Absatz 4 Satz 4 der Röntgenverordnung befristet worden ist, gilt bis zum Ablauf der in der Genehmigung genannten Frist mit allen Nebenbestimmungen fort.

(3) Eine Genehmigung für den Betrieb von Röntgeneinrichtungen zur Untersuchung von Menschen im Rahmen freiwilliger Röntgenreihenuntersuchungen, die vor dem 31. Dezember 2018 nach § 3 Absatz 1 der Röntgenverordnung in der bis zum 31. Dezember 2018 geltenden Fassung erteilt und nach § 3 Absatz 4a Satz 2 der Röntgenverordnung befristet worden ist, gilt bis zum Ablauf der in der Genehmigung genannten Frist mit allen Nebenbestimmungen fort.

(4) **Eine vor dem 31. Dezember 2018 erteilte Genehmigung für den Betrieb von Störstrahlern gilt als Genehmigung nach § 12 Absatz 1 Nummer 5 mit allen Nebenbestimmungen fort.**

A. Sinn und Zweck der §§ 197 und 198

1 Die Vorschriften haben eine große praktische Bedeutung für alle die genannten Tätigkeiten, die vor Inkrafttreten des StrlSchG (31.12.2018) genehmigt worden sind. Diese Genehmigungen gelten als **Genehmigungen nach dem StrlSchG** fort; es braucht **kein neues Zulassungsverfahren** durchgeführt zu werden.

B. Regelungsinhalt der §§ 197 und 198

2 Um den genehmigen Bestand zu gewährleisten und den Genehmigungsinhaber nicht auf ein neues Genehmigungsverfahren zu verpflichten, regeln die §§ 197 sowie 198 eine **Fortgeltung bestehender Genehmigungen, jeweils nebst aller Nebenbestimmungen,** für den Betrieb von Anlagen zur Erzeugung ionisierender Strahlen (§ 12 Abs. 1 Nr. 1), von Röntgeneinrichtungen (§ 12 Abs. 1 Nr. 4) und von Störstrahlern (§ 12 Abs. 1 Nr. 5) sowie den Umgang mit sonstigen radioaktiven Stoffen (§ 12 Abs. 1 Nr. 3).

3 Für Sachverhalte im Zusammenhang mit der **Anwendung am Menschen** existieren darüber hinaus weitere Voraussetzungen für eine Fortgeltung der Genehmigung (vgl. §§ 197 Abs. 1 S. 2, Abs. 2 S. 2 Nr. 2 u. 3, 198 Abs. 1 S. 2 Nr. 1). Ferner war für Genehmigungen für den Umgang mit **hochradioaktiven Strahlenquellen** nachzuweisen, dass Verfahren für den Notfall und geeignete Kommunikationsverbindungen vorhanden sind (§§ 197 Abs. 1 S. 2 Nr. 1, 13 Abs. 4) und für unbefristete Genehmigungen zur **Teleradiologie** zu belegen, dass die Voraussetzung des § 14 Abs. 2 Nr. 4 und, soweit einschlägig, die in Nr. 2 genannten Voraussetzungen erfüllt sind (§ 198 Abs. 1 S. 2 Nr. 2). § 197 Abs. 3 regelt den Übergang **erstreckter Genehmigungen.** Hat sich eine Genehmigung nach den §§ 6, 7 oder 9 AtG oder ein Planfeststellungsbeschluss nach § 9b AtG auf einen genehmigungsbedürftigen **Umgang mit radioaktiven Stoffen** erstreckt, so gilt dies als Erstreckung auf einen genehmigungsbedürftigen Umgang nach § 12 Abs. 1 Nr. 3 fort. Die in diesen Zusammenhängen zT festgelegten gesetzlichen Fristen (bis 31.12.2020 bzw 31.12.2022) **können behördlicherseits nicht verlängert werden** (arg. § 31 Abs. 7 S. 1 VwVfG: *Ramsauer* in Kopp/Ramsauer § 31 Rn. 38). Wenn das Vorhandensein dieser Voraussetzungen nicht fristgerecht dargelegt worden ist, muss die **Genehmigung als erloschen gelten.** Ein trotzdem fortlaufender Betrieb entsprechender Anlagen ist **illegal.**

4 Nicht behördlich verlängert werden kann auch die Frist des § 197 Abs. 2 S. 3, nach dem die zuständige Behörde vom Inhaber einer Umgangsgenehmigung innerhalb von zwei Jahren nach Inkrafttreten dieses Gesetzes – also bis 30.12.2020 – die Erbringung einer **Sicherheitsleistung** gemäß § 13 Abs. 7 für die Beseitigung von aus dem Umgang stammenden radioaktiven Stoffen verlangen konnte. Bei Erteilung einer neuen Genehmigung (für eine neu aufgenommene Tätigkeit oder weil die Genehmigung für eine bestehende Tätigkeit befristet war) entsteht dieses Recht der Behörde aber neu.

Genehmigungen für den Betrieb von Röntgeneinrichtungen zur **Teleradiolo-** 5
gie über den Nacht-, Wochenend- und Feiertagsdienst hinaus bzw. zur **Un-**
tersuchung von Menschen im Rahmen freiwilliger Röntgenreihenunter-
suchungen, die vor dem 31. Dezember 2018 nach § 3 Abs. 1 RöV erteilt und
nach § 3 Abs. 4 S. 4 bzw. nach § 3 Abs. 4a S. 2 RÖV befristet worden sind, gelten
bis zum Ablauf der in der Genehmigung genannten Frist mit allen Nebenbestimmungen fort (§ 198 Abs. 2 u. 3). § 197 Abs. 4 hat wegen der inzwischen abgelaufe-
nen Frist kaum mehr Relevanz. Danach dürfen Umgangstätigkeiten nach § 4 Abs. 1
S. 1 Nr. 1, die vor dem 31. Dezember 2018 **genehmigungsfrei** ausgeübt wurden
und ab dem 31. Dezember 2018 **wegen geänderter Freigrenzen** einer Genehmigung nach § 12 Abs. 1 Nr. 3 bedürfen, fortgesetzt werden, wenn der **Antrag auf**
Genehmigung bis zum 31. Dezember 2019 gestellt worden ist. Diese Gestattung
ist vorübergehend; sie endet mit der Entscheidung der Behörde über die Erteilung
oder Versagung der Genehmigung. Im Falle der Versagung muss die Umgangstätigkeit eingestellt werden.

Umgekehrt gelten die **Pflichten,** die das Strahlenschutzrechtsregime an das 6
Innehaben einer strahlenschutzrechtlichen Genehmigung knüpft, auch für die Inhaber von fortgeltenden (Alt-) Genehmigungen. Die Regelungen stellen zudem
klar, dass die **Nebenbestimmungen** der vor dem 31. Dezember 2018 erteilten
Genehmigungen **ebenfalls fortgelten,** also auch noch mit **Verwaltungs-**
zwangsmaßnahmen (Zwangsgeld, Ersatzvornahme) durchgesetzt oder, bei Verstößen, mit **Bußgeldern** sanktioniert werden können. Auch **Anordnungen** der
zuständigen Behörde, die aufgrund der alten Rechtslage erlassen worden sind,
gelten weiterhin fort (für den Immissionsschutz vgl. *Hansmann/Röckinghausen* in
Landmann/Rohmer UmwR § 67 BImSchG, Rn. 10). Nicht mehr gebunden ist
der Inhaber einer fortgeltenden Genehmigung allerdings an bescheidrechtliche
Vorgaben, die aufgrund der neuen Rechtslage obsolet geworden sind, etwa, weil
die **Ermächtigungsgrundlage nachträglich weggefallen** ist (OVG Münster
Urt v. 30.08.1999, NVwZ 2000, 89).

§ 199 Anzeigebedürftiger Betrieb von Anlagen (§ 17)

Eine Anzeige des Betriebs einer Anlage zur Erzeugung ionisierender
Strahlung, die vor dem 31. Dezember 2018 erfolgt ist, gilt als Anzeige
nach § 17 Absatz 1 fort.

Die im Normtext genannten Anzeigen (einschlägig war hier § 12 StrlSchV 1
2001) gelten als **Anzeigen nach § 17** fort; es braucht keine neue Anzeige erstattet
zu werden. Für eine behördliche **Untersagung** des Betriebs gilt § 18 Abs. 3 und 4.

§ 200 Anzeigebedürftiger Betrieb von Röntgeneinrichtungen und
Störstrahlern (§ 19)

(1) ¹Eine Anzeige des Betriebs einer Röntgeneinrichtung, die vor dem
31. Dezember 2018 erfolgt ist, gilt als Anzeige nach § 19 Absatz 1 Nummer 1 fort. ²Bei Anzeigen im Zusammenhang mit der Anwendung am
Menschen zur Untersuchung mit Röntgenstrahlung, die mit einer erheblichen Exposition der untersuchten Person verbunden sein kann, sind die
jeweils einschlägigen Voraussetzungen nach § 19 Absatz 3 Satz 1 Num-

mer 6 in Verbindung mit § 14 Absatz 1 Nummer 2 Buchstabe b und
Nummer 4 bis zum 31. Dezember 2022 bei der zuständigen Behörde nachzuweisen.

(2) Eine Anzeige des Betriebs eines Basis-, Hoch- oder Vollschutzgerätes oder einer Schulröntgeneinrichtung, die vor dem 31. Dezember 2018
erfolgt ist, gilt als Anzeige nach § 19 Absatz 1 Nummer 2 fort.

1   Die Regelung bestimmt die **Fortgeltung** der im Normtext genannten Anzeigen, für die bis 2018 § 4 RöV galt, als **Anzeigen nach § 19 Abs. 1 Nr. 1** (Abs. 1)
bzw. als Anzeigen nach § 19 Abs. 1 Nr. 2 (Abs. 2). Es braucht keine neue Anzeige erstattet zu werden. Entgegen der Überschrift geht es in der Norm nur um
den Betrieb von **Röntgeneinrichtungen;** einen anzeigebedürftigen Betrieb von
Störstrahlern gab es weder in der RöV (vgl. § 5 RöV) noch ist er im StrlSchG
vorgesehen (→ § 19 Rn. 2).

2   Abs. 1 S. 2 regelt eine **Übergangsfrist** bezüglich des Nachweises der Voraussetzungen nach § 19 Abs. 3 Nr. 6 iVm § 14 Abs. 1 Nr. 2 lit. b und Nr. 4 für eine Unter-
gruppe des anzeigebedürftigen Betriebs von Röntgeneinrichtungen, nämlich bei
der Anwendung zur Untersuchung am Menschen. Die in Bezug genommenen Regelungen des § 14 (die nur einen Ausschnitt aus den in § 19 Abs. 3 Nr. 6 genannten
darstellen) sind diejenigen, die sich auf die **Hinzuziehung eines MPE** beziehen;
zum entsprechenden Tatbestandsmerkmal der erheblichen Exposition siehe § 14
Abs. 1 Nr. 2 lit. b (→ § 14 Rn. 10) und die Konkretisierung in § 131 Abs. 2 Nr. 3
und 4 StrlSchV. Siehe auch die entsprechende Übergangsregelung in § 198 Abs. 1
S. 2 Nr. 1 für den nach § 12 genehmigungsbedürftigen Betrieb einer Röntgeneinrichtung. Wenn das Vorhandensein der in Abs. 1 S. 2 genannten Voraussetzungen
nicht fristgerecht dargelegt worden ist, muss die **Anzeige als erloschen gelten**
(→ § 198 Rn. 3).

**§ 201   Anzeigebedürftige Prüfung, Erprobung, Wartung und Instand-
setzung von Röntgeneinrichtungen und Störstrahlern (§ 22)**

Eine Anzeige der Prüfung, Erprobung, Wartung und Instandsetzung
von Röntgeneinrichtungen oder Störstrahlern, die vor dem 31. Dezember
2018 erfolgt ist, gilt als Anzeige nach § 22 Absatz 1 fort.

1   Die im Normtext genannten Anzeigen (erstattet nach § 6 Abs. 1 S. 1 Nr. 1 und 2
RöV) gelten als **Anzeigen nach § 22 Abs. 1** fort; es braucht keine neue Anzeige
erstattet zu werden. Für eine behördliche **Untersagung** der somit weiterhin angezeigten Tätigkeit gilt § 22 Abs. 3.

**§ 202   Genehmigungsbedürftige Beschäftigung in fremden Anlagen
oder Einrichtungen (§ 25)**

Eine Genehmigung für die Beschäftigung in fremden Anlagen oder
Einrichtungen, die vor dem 31. Dezember 2018 erteilt worden ist, gilt als
Genehmigung nach § 25 Absatz 1 mit allen Nebenbestimmungen bis zum
im Genehmigungsbescheid festgelegten Datum und längstens bis zum
31. Dezember 2023 fort.

Die im Normtext genannten Genehmigungen (gem. § 15 StrlSchV 2001) gelten **1** als **Genehmigungen nach § 25** fort; es braucht keine neue Genehmigung beantragt zu werden. Die Weitergeltung ist allerdings **auf längstens fünf Jahre befristet**, im Einklang mit § 25 Abs. 3 S. 2 (→ § 25 Rn. 46).

§ 203 Anzeigebedürftige Beschäftigung im Zusammenhang mit dem Betrieb fremder Röntgeneinrichtungen und Störstrahler (§ 26)

Eine Anzeige der Aufgabenwahrnehmung im Zusammenhang mit dem Betrieb einer fremden Röntgeneinrichtung oder eines fremden Störstrahlers, die vor dem 31. Dezember 2018 erfolgt ist, gilt als Anzeige nach § 26 Absatz 1 fort.

Die im Normtext genannten Anzeigen (gem. § 6 Abs. 1 Nr. 3 RöV) gelten als **1** **Anzeigen nach § 26** fort; es braucht keine neue Anzeige erstattet zu werden.

§ 204 Genehmigungsbedürftige Beförderung radioaktiver Stoffe (§ 27)

(1) Eine Genehmigung für die Beförderung, die vor dem 31. Dezember 2018 erteilt worden ist, gilt als Genehmigung nach § 27 Absatz 1 mit allen Nebenbestimmungen fort, wenn die nach § 29 Absatz 1 Nummer 2 geforderte Fachkunde bis zum 31. Dezember 2021 bei der zuständigen Behörde nachgewiesen ist.

(2) Hat sich eine Genehmigung nach § 4 Absatz 1 des Atomgesetzes, die vor dem 31. Dezember 2018 erteilt worden ist, auf eine genehmigungsbedürftige Beförderung radioaktiver Stoffe erstreckt, so gilt diese Erstreckung als Erstreckung auf eine genehmigungsbedürftige Beförderung nach § 27 Absatz 1 dieses Gesetzes fort, wenn die nach § 29 Absatz 1 Nummer 2 dieses Gesetzes geforderte Fachkunde bis zum 31. Dezember 2021 bei der zuständigen Behörde nachgewiesen ist.

Die Übergangsbestimmung ist mit Ablauf des 30.12.2021 **gegenstandslos** ge- **1** worden. Durch Art. 20 der Verordnung zur weiteren Modernisierung des Strahlenschutzes vom 29.11.2018 (BGBl. I 2034 (2207)) ist die StrlSchV vom 20.7.2001 (BGBl. I 1714; 2002 I 1459) zum 31.12.2018 außer Kraft getreten. § 16 Abs. 1 S. 3 StrlSchV in der bis zum 30.12.2018 gültigen Fassung wie auch § 4 Abs. 4 AtG in der am 30.12.2018 geltenden Fassung erlaubten Beförderungsgenehmigungen für längstens drei Jahre zu erteilen, so dass mit Ablauf des 30.12.2021 keine von der Übergangsbestimmung erfassten Genehmigungen fortbestehen.

§ 205 Medizinische Forschung (§§ 31, 32)

(1) Eine nach § 23 Absatz 1 in Verbindung mit § 24 Absatz 1 der Strahlenschutzverordnung in der bis zum 31. Dezember 2018 geltenden Fassung oder nach § 28a Absatz 1 in Verbindung mit § 28b Absatz 1 der Röntgenverordnung in der bis zum 31. Dezember 2018 geltenden Fassung genehmigte Anwendung radioaktiver Stoffe oder ionisierender Strahlung

am Menschen zum Zweck der medizinischen Forschung gilt mit allen Nebenbestimmungen als Genehmigung nach § 31 fort.

(2) Eine nach § 23 Absatz 1 in Verbindung mit § 24 Absatz 2 der Strahlenschutzverordnung in der bis zum 31. Dezember 2018 geltenden Fassung oder nach § 28 a Absatz 1 in Verbindung mit § 28 b Absatz 2 der Röntgenverordnung in der bis zum 31. Dezember 2018 geltenden Fassung genehmigte Anwendung radioaktiver Stoffe oder ionisierender Strahlung am Menschen zum Zweck der medizinischen Forschung gilt als Anzeige nach § 32 fort.

(3) ¹Vor dem 31. Dezember 2018 begonnene Genehmigungsverfahren nach § 23 Absatz 1 in Verbindung mit § 24 Absatz 2 der Strahlenschutzverordnung in der bis zum 31. Dezember 2018 geltenden Fassung oder nach § 28 a Absatz 1 in Verbindung mit § 28 b Absatz 2 der Röntgenverordnung in der bis zum 31. Dezember 2018 geltenden Fassung der Anwendung radioaktiver Stoffe oder ionisierender Strahlung am Menschen zum Zweck der medizinischen Forschung werden nach Maßgabe der vor dem 31. Dezember 2018 geltenden Vorschriften abgeschlossen. ²Für Genehmigungen nach Satz 1 gilt Absatz 2 entsprechend.

(4) Registrierungen von Ethikkommissionen nach § 92 der Strahlenschutzverordnung in der bis zum 31. Dezember 2018 geltenden Fassung oder nach § 28 g der Röntgenverordnung in der bis zum 31. Dezember 2018 geltenden Fassung gelten als Registrierungen nach § 36 Absatz 1 dieses Gesetzes fort.

1   § 205 enthält **Übergangsregelungen** für den Bereich der med. Forschung. Nach Abs. 1 gelten nach alter Rechtslage erteilte **Genehmigungen** als Genehmigungen nach § 31 fort. Nach Abs. 2 gelten bis zum 31.12.2018 erteilte Genehmigungen, die im vereinfachten Genehmigungsverfahren erteilt worden sind, als Anzeigen nach § 32 fort. Abs. 3 regelt den **Übergang noch laufender vereinfachter Genehmigungsverfahren:** Abs. 3 S. 1 bestimmt, dass vereinfachte Genehmigungsverfahren, die vor dem 31.12.2018 begonnen, bis dahin aber noch nicht abgeschlossen worden sind, nach Maßgabe der vor dem 31.12.2018 geltenden Vorschriften, also nach StrlSchV 2001 und RöV, abgeschlossen werden. Nach Abschluss des vereinfachten Genehmigungsverfahrens entsprechend der alten Rechtslage gelten die erteilten Genehmigungen aber als Anzeige nach § 32 fort (Abs. 3 S. 2). Nach Abs. 4 gelten **Registrierungen von Ethikkommissionen** nach StrlSchV 2001 bzw. RöV als Registrierungen nach § 36 Abs. 1 fort.

§ 206 Genehmigungsbedürftiger Zusatz radioaktiver Stoffe und genehmigungsbedürftige Aktivierung (§ 40)

(1) ¹Eine Genehmigung für den Zusatz radioaktiver Stoffe und die Aktivierung, die vor dem 31. Dezember 2018 erteilt worden ist, gilt als Genehmigung nach § 40 Absatz 1 mit allen Nebenbestimmungen fort. ²Bedarf es zur Erteilung einer Genehmigung ab dem 31. Dezember 2018 eines Rücknahmekonzeptes nach § 41 Absatz 1 Nummer 3, das vor dem 31. Dezember 2018 noch nicht erforderlich war, so gilt Satz 1 nur, wenn für Konsumgüter, die ab dem 31. Dezember 2019 hergestellt werden, bis zu diesem Zeitpunkt ein Rücknahmekonzept erstellt wurde.

(2) **Die Verwendung, Lagerung und Beseitigung von Konsumgütern, die vor dem 1. August 2001 oder auf Grund des § 117 Absatz 6 Satz 1 der Strahlenschutzverordnung in der bis zum 31. Dezember 2018 geltenden Fassung genehmigungsfrei hergestellt wurden, bedarf weiterhin keiner Genehmigung.**

Die Vorschrift enthält Übergangsregelungen für Genehmigungen im Zusammenhang mit **Konsumgütern** (BT-Drs. 18/11241, 446). Nach Abs. 1 S. 1 gelten Genehmigungen für den Zusatz radioaktiver Stoffe, die vor dem 31. 12. 2018 erteilt worden sind, als Genehmigungen nach § 40 Abs. 1 mit allen Nebenbestimmungen fort. Im Falle eines ab dem 31. 12. 2018 vorausgesetzten Rücknahmekonzepts nach § 41 Abs. 1 Nr. 3 gilt S. 1 nur, wenn für Konsumgüter, die ab dem 31. 12. 2019 hergestellt werden, bis zu diesem Zeitpunkt ein Rücknahmekonzept erstellt wurde (zum Rücknahmekonzept → § 41 Rn. 11 ff.). Weiterhin genehmigungsfrei sind die Verwendung, Lagerung und Beseitigung von Konsumgütern, die vor dem 1. 8. 2001 oder aufgrund des § 117 Abs. 6 S. 1 der StrSchV 2001 genehmigungsfrei hergestellt wurden; es handelt sich insofern um eine Bestimmung des Grandfathering.

§ 207 Genehmigungsbedürftige grenzüberschreitende Verbringung von Konsumgütern (§ 42)

Eine Genehmigung für die grenzüberschreitende Verbringung von Konsumgütern, die vor dem 31. Dezember 2018 erteilt worden ist, gilt als Genehmigung nach § 42 mit allen Nebenbestimmungen fort; § 206 Absatz 1 Satz 2 gilt entsprechend.

Die Vorschrift bestimmt die Fortgeltung von Genehmigungen für die **grenzüberschreitende Verbringung von Konsumgütern.** Eine Genehmigung für die grenzüberschreitende Verbringung von Konsumgütern, die vor dem 31. 12. 2018 erteilt worden ist, gilt als Genehmigung nach § 42 mit allen Nebenbestimmungen fort. Aufgrund § 207 Hs. 1 steht die nach vorheriger Rechtslage gem. § 109 StrlSchV 2001 erteilte Genehmigung in ihren Rechtswirkungen der nach § 42 Abs. 1 erforderlichen Genehmigung iSv § 43 gleich. Nach § 207 Hs. 2 iVm dortigem Verweis auf § 206 Abs. 1 S. 2 ist die Fortgeltung der Genehmigung von der Erstellung eines Rücknahmekonzepts abhängig, sofern ein solches gem. § 43 Abs. 1 S. 2 iVm § 41 Abs. 1 Nr. 3 nach neuer Rechtslage erforderlich wäre, in diesem Fall muss also ein Rücknahmekonzept erstellt werden, um die Genehmigung nach altem Recht weiter nutzen zu können.

§ 208 Bauartzulassung (§ 45)

(1) **Bauartzulassungen von Geräten und anderen Vorrichtungen, in die sonstige radioaktive Stoffe nach § 2 Absatz 1 des Atomgesetzes eingefügt sind, von Anlagen zur Erzeugung ionisierender Strahlen sowie von Röntgenstrahlern, Schulröntgeneinrichtungen, Basisschutzgeräten, Hochschutzgeräten, Vollschutzgeräten oder Störstrahlern, die am 31. Dezember 2018 gültig waren, gelten bis zum Ablauf der im Zulassungsschein genann-**

ten Frist fort; sie können auf Antrag entsprechend § 46 Absatz 5 Satz 2 als Zulassung nach § 45 Absatz 1 verlängert werden.

(2) Vorrichtungen, deren Bauartzulassung vor dem 31. Dezember 2018 ausgelaufen war und die nach Maßgabe des § 25 Absatz 5 der Strahlenschutzverordnung in der bis zum 31. Dezember 2018 geltenden Fassung oder nach § 8 Absatz 5 der Röntgenverordnung in der bis zum 31. Dezember 2018 geltenden Fassung weiterbetrieben wurden, dürfen entsprechend § 48 weiterbetrieben werden.

(3) Für die Verwendung und Lagerung von Vorrichtungen, die radioaktive Stoffe enthalten und für die vor dem 1. August 2001 eine Bauartzulassung erteilt worden ist, gelten die Regelungen des § 4 Absatz 1, 2 Satz 2 und 5 in Verbindung mit Anlage II Nummer 2 oder 3 und Anlage III Teil B Nummer 4, § 29 Absatz 1 Satz 1, der §§ 34 und 78 Absatz 1 Nummer 1 der Strahlenschutzverordnung vom 30. Juni 1989 fort; nach dem Auslaufen dieser Bauartzulassung gilt auch die Regelung des § 23 Absatz 2 Satz 3 der Strahlenschutzverordnung vom 30. Juni 1989 fort; § 69 Absatz 2, §§ 70, 71, 72 dieses Gesetzes gelten entsprechend.

(4) Vorrichtungen, deren Bauartzulassung vor dem 1. August 2001 ausgelaufen ist und die auf Grund des § 117 Absatz 7 Satz 3 der Strahlenschutzverordnung in der bis zum 31. Dezember 2018 geltenden Fassung nach Maßgabe des § 23 Absatz 2 Satz 3 in Verbindung mit § 4 der Strahlenschutzverordnung vom 30. Juni 1989 weiterbetrieben worden sind, dürfen weitergenehmigungsfrei betrieben werden.

(5) ¹Bauartzulassungen für Anlagen zur Erzeugung ionisierender Strahlung, die vor dem 5. Juni 2021 nach § 45 Absatz 1 Nummer 1 in seiner bis dahin geltenden Fassung erteilt worden sind, gelten als Bauartzulassungen nach § 45 Absatz 1 Nummer 7 fort. ²Anlagen zur Erzeugung ionisierender Strahlung, die vor dem 5. Juni 2021 auf Grund einer Bauartzulassung nach § 45 Absatz 1 Nummer 1 in seiner bis dahin geltenden Fassung betrieben wurden, dürfen als bauartzugelassene Vorrichtungen nach § 45 Absatz 1 Nummer 7 weiterbetrieben werden, wenn bis zum 5. Juni 2021 eine Anzeige nach § 17 Absatz 1 Satz 1 Nummer 4 erstattet wird.

§ 208 regelt die Fortgeltung von Bauartzulassungen bzw. den weiteren Betrieb bauartzugelassener Vorrichtungen und soll vermeiden, dass angesichts der Neukodifizierung des Strahlenschutzrechts durch das StrlSchG nach alter Rechtslage erteilten Bauartzulassungen die Geltung entzogen wird. Mit **Abs. 1** wird klargestellt, dass die schon vor Inkrafttreten des StrlSchG nach alter Rechtslage (§ 25 StrlSchV 2001 und § 8 RöV) erteilten **Bauartzulassungen weiterhin bis Ablauf der bei der Erteilung festgesetzten Zulassungsfrist Wirkung haben.** Auch nach Ablauf der Zulassungsfrist ist kein der neuen Rechtslage entsprechendes Antragsverfahren erforderlich, sondern die nach alter Rechtslage erteilten Zulassungen können unter entsprechender Anwendung des § 46 Abs. 5 S. 2 auf einen formlosen Antrag hin verlängert werden, sofern die Zulassungsvoraussetzungen weiterhin vorliegen. **Abs. 2** legitimiert den **Weiterbetrieb von Vorrichtungen,** die, nachdem ihre Bauartzulassung vor Inkrafttreten des StrlSchG ausgelaufen war, nach § 25 Abs. 5 StrlSchV 2001 bzw. § 8 Abs. 5 RöV zulässigerweise als schon in den Verkehr gebracht weiterbetrieben werden durften. Derartiges Weiterbetreiben nach Ablauf der Frist der Bauartzulassung ist gem. § 48 S. 2 grundsätzlich auch unter der neuen Rechtslage möglich. Dem erforderlichen Niveau an Strahlenschutz wird dabei über § 48 S. 3 Rechnung getragen, der auch für den Weiterbetrieb des Abs. 2 Geltung beansprucht, wonach erforderlich ist, dass weiterhin ein ausreichendes Schutzniveau gewährleistet wird. **Abs. 3** erfasst **Vorrichtungen, die radioaktive Stoffe enthalten** und deren **Bauart iRd StrlSchV 1989** zugelassen wurde. Jene Bauartzulassungen gelten auch nach Inkrafttreten des StrlSchG fort. Zudem ist auch ein Weiterbetrieb nach Auslaufen der Bauartzulassung nach Maßgabe des § 23 Abs. 2 S. 3 StrlSchV 1989 vorgesehen. **Abs. 4** erweitert diese Wirkungen auf unter Geltung der **StrlSchV 1989 bauartzugelassene Vorrichtungen.** Dabei greift Abs. 4 die Übergangsregelung des § 117 Abs. 7 S. 3 StrlSchV 2001 auf und legitimiert den Weitebetrieb jener Vorrichtung unter Geltung des StrlSchG. Der Weiterbetrieb steht jedoch auch weiterhin unter Bedingung der Gewährleistung eines ausreichenden Niveaus an Strahlenschutz. **Abs. 5** betreffend **Anlagen zur Erzeugung ionisierender Strahlung** nimmt Bezug auf das **1. ÄndG** (→ § 45 Rn. 8). Da laut Gesetzesbegründung bis zu Änderung des StrlSchG keine Bauartzulassung für eine Anlage zur Erzeugung ionisierender Strahlung erteilt wurde (BT-Drs. 19/26943, 44), dürfte es für Abs. 5 von vornherein keinen praktischen Anwendungsbereich geben.

§209 Anzeigebedürftiger Betrieb von Luftfahrzeugen (§ 50)

Tätigkeiten im Sinne des § 4 Absatz 1 Satz 1 Nummer 11, die vor dem 31. Dezember 2018 aufgenommen wurden und nach diesem Gesetz eine Anzeige nach § 50 erfordern, dürfen fortgesetzt werden, wenn die Anzeige bis zum 31. Dezember 2020 vorgenommen wurde.

§ 209 bestimmt, dass wenn der Betrieb von Luftfahrzeugen vor dem 31. 12. 2018 **1** aufgenommen und infolge des Inkrafttretens des § 50 am 31. 12. 2018 anzeigebedürftig wurde, die Anzeige bis zum 31. 12. 2020 vorzunehmen war, um diese Tätigkeit fortsetzen zu dürfen.

§210 Anzeigebedürftige Tätigkeiten (§ 56)

(1) **Eine Anzeige einer Tätigkeit im Sinne des § 4 Absatz 1 Satz 1 Nummer 10, die vor dem 31. Dezember 2018 erfolgt ist, gilt als Anzeige nach § 56 Absatz 1 fort, soweit die nach § 56 Absatz 2 Satz 1 geforderten Unterlagen bis zum 31. Dezember 2020 bei der zuständigen Behörde eingereicht wurden.**

(2) **¹Wurde eine Tätigkeit im Sinne des § 4 Absatz 1 Satz 1 Nummer 10 vor dem 31. Dezember 2018 aufgenommen, ohne dass eine Anzeige erforderlich war, so ist eine Abschätzung nach § 55 Absatz 1 Satz 1 bis zum 31. Dezember 2020 durchzuführen; § 56 Absatz 1 Satz 1 gilt entsprechend. ²Die Abschätzung muss nicht erneut durchgeführt werden, wenn vor dem 31. Dezember 2018 eine auf den Arbeitsplatz bezogene Abschätzung der Körperdosis durchgeführt und aufgezeichnet worden ist; in diesem Fall hat eine nach § 56 Absatz 1 Satz 1 erforderliche Anzeige unverzüglich zu erfolgen, § 56 Absatz 2 Satz 2 gilt entsprechend.**

1   Die Regelung bestimmt in **Abs. 1** die **Fortgeltung** der im Normtext genannten Anzeigen (unter der Geltung der StrlSchV 2001 handelte es sich um Anzeigen
nach § 95 Abs. 2) als **Anzeigen nach § 56 Abs. 1,** sofern die im Normtext genannten Unterlagen fristgerecht eingereicht wurden; eine erneute Anzeigeerstattung
war dann nicht notwendig. Sind die Unterlagen nicht fristgerecht bis Ende 2020
eingereicht worden, muss die Anzeige als erloschen gelten (→ § 198 Rn. 3).

2   **Abs. 2** regelt die Fälle, in denen eine Anzeige und ggf. eine Abschätzung nach
bisherigem Recht nicht erforderlich war und daher ggf. nachzuholen ist. Wenn bereits eine **Abschätzung** nicht erforderlich war – etwa weil die Tätigkeit nicht von
Anlage XI StrlSchV 2001 erfasst wurde –, ist diese nachzuholen; ob eine Anzeigepflicht besteht, ergibt sich dann aus § 56 Abs. 1. In den Fällen, in denen eine
Abschätzung in der Vergangenheit vorgenommen wurde, jedoch nach früherem
Recht keine **Anzeigepflicht** daraus folgte – v. a. weil die Abschätzung eine effektive Dosis von weniger als 6 mSv im Jahr ergab –, war die Prüfung der Anzeigepflicht
anhand der bestehenden Abschätzung neu vorzunehmen nach neuem Recht.

§ 211   Bestellung von Strahlenschutzbeauftragten (§ 70)

**Eine Bestellung eines Strahlenschutzbeauftragten, die vor dem 31. De-
zember 2018 erfolgt ist, gilt als Bestellung nach § 70 Absatz 1 fort.**

1   § 211 steht im Kontext der Übergangsvorschriften von Teil 8 Kapitel 2 und regelt die Fortgeltung von **SSB-Bestellungen,** die vor dem Inkrafttreten des Gesetzes erfolgt sind. Alles andere wäre reiner Formalismus, denn die Bestellung zum
SSB ist der zuständigen Behörde ohnehin bereits bekannt (§ 70 Abs. 4 S. 1). Entsprechende Übergangsregelungen enthielten auch die §§ 117 Abs. 11 S. 2 StrlSchV
2001 und 45 Abs. 6 S. 2 RöV.

§ 212   Grenzwerte für beruflich exponierte Personen; Ermittlung der Exposition der Bevölkerung (§§ 78, 80)

**(1) Der Grenzwert nach § 78 Absatz 2 Nummer 1 ist ab dem 1. Januar
2019 einzuhalten.**

**(2) Für die Ermittlung der Exposition der Bevölkerung ist § 80 ab dem
1. Januar 2019 anzuwenden.**

1   § 212 enthält eine Übergangsvorschrift für den Grenzwert der Organ-Äquivalentdosis für beruflich exponierte Personen für die Augenlinse (Abs. 1) und für
die Grenzwerte der Exposition der Bevölkerung (Abs. 2). Die Regelungen sind seit
dem 1. Januar 2019 anwendbar.

§ 213   Zulassung der Früherkennung (§ 84)

**Eine Zulassung freiwilliger Röntgenreihenuntersuchungen zur Ermitt-
lung übertragbarer Krankheiten in Landesteilen oder für Bevölkerungsgruppen mit überdurchschnittlicher Erkrankungshäufigkeit nach § 25
Absatz 1 Satz 2 der Röntgenverordnung in der bis zum 31. Dezember
2018 geltenden Fassung gilt als Zulassung nach § 84 Absatz 4 fort.**

A. Zweck und Bedeutung der Norm

§ 213 ist eine Übergangsvorschrift zu § 84. Diese Übergangsvorschrift wurde bei **1** der Kommentierung des § 84 eingebunden (→ § 84 Rn. 15).

§ 214 **Anmeldung von Arbeitsplätzen in Innenräumen (§ 129)**

(1) **Eine vor dem 31. Dezember 2018 erfolgte Anzeige einer Arbeit, die einem in Anlage XI Teil A zur Strahlenschutzverordnung in der bis zum 31. Dezember 2018 geltenden Fassung genannten Arbeitsfeld zuzuordnen war, gilt als Anmeldung nach § 129 Absatz 1 mit der Maßgabe fort, dass Maßnahmen zur Reduzierung der Radon-222-Exposition, soweit sie nach § 128 Absatz 1 erforderlich sind, bis zum 31. Dezember 2020 zu ergreifen sind.**

(2) **Eine Messung der Radon-222-Aktivitätskonzentration, die vor dem 31. Dezember 2018 im Rahmen einer Abschätzung nach § 95 Absatz 1 in Verbindung mit Anlage XI Teil A zur Strahlenschutzverordnung in der bis zum 31. Dezember 2018 geltenden Fassung durchgeführt worden ist, erfüllt die Pflicht zur Messung nach § 127 Absatz 1.**

A. Zweck und Bedeutung der Norm

Nach Maßgabe dieser Vorschrift werden mit vor dem 31. Dezember 2018 er- **1** folgten **Anzeigen** und **Messungen** in Zusammenhang mit Arbeiten, die einem der in **Anl. XI StrlSchV 2001** genannten Arbeitsfelder zuzuordnen waren, Pflichten nach dem StrlSchG erfüllt.

B. Erfüllung der Anmeldepflicht nach § 129 (Abs. 1)

Anzeigen nach § 95 Abs. 2 S. 1 iVm Anl. XI Teil A StrlSchV 2001 gelten **2** als **Anmeldung nach § 129 Abs. 1** fort (BT-Drs. 18/11241 447) mit der Maßgabe, dass bis zum 31. Dezember 2020 Maßnahmen zur Reduzierung der Radon-222-Exposition, soweit nach § 128 erforderlich (→ § 128 Rn. 3 ff., 12 f.) getroffen werden.

C. Erfüllung der Messpflicht nach § 127 Abs. 1 (Abs. 2)

Eine im Rahmen einer Abschätzung nach **§ 95 Abs. 1 iVm Anl. XI Teil A** **3** **StrlSchV 2001** vor dem 31. Dezember 2018 durchgeführten **Messung der Radon-222-Aktivitätskonzentration** erfüllt die Messpflicht nach § 127 Abs. 1 StrlSchG (→ § 127 Rn. 5 ff.).

§ 215 Radioaktive Altlasten

(1) **Erlaubnisse, die vor dem 31. Dezember 2018 auf dem in Artikel 3 des Einigungsvertrags vom 6. September 1990 (BGBl. 1990 II S. 885, 889) genannten Gebiet erteilt wurden für Sanierungs-, Schutz- oder Nachsorgemaßnahmen an Hinterlassenschaften früherer menschlicher Betätigungen im Sinne von § 136 Absatz 1 sowie für die Stilllegung und Sanierung der Betriebsanlagen und Betriebsstätten des Uranerzbergbaus auf Grund**

1. **der Verordnung über die Gewährleistung von Atomsicherheit und Strahlenschutz vom 11. Oktober 1984 (GBl. I Nr. 30 S. 341) nebst Durchführungsbestimmung zur Verordnung über die Gewährleistung von Atomsicherheit und Strahlenschutz vom 11. Oktober 1984 (GBl. I Nr. 30 S. 348; Ber. GBl. I 1987 Nr. 18 S. 196) und**

2. **der Anordnung zur Gewährleistung des Strahlenschutzes bei Halden und industriellen Absetzanlagen und bei der Verwendung darin abgelagerter Materialien vom 17. November 1980 (GBl. I Nr. 34 S. 347),**

gelten fort, soweit sie nach Inkrafttreten des Einigungsvertrags erteilt wurden oder vor diesem Zeitpunkt erteilt wurden, aber noch fortgelten.

(2) **Die auf den Erlaubnissen beruhenden Maßnahmen können nach Maßgabe der jeweiligen Erlaubnis beendet werden.**

1 Die Vorschrift regelt die **Fortgeltung von Erlaubnissen,** die auf dem Gebiet der ehemaligen DDR vor dem Inkrafttreten des StrlSchG am 31.12.2018 für Sanierungs-, Schutz- oder Nachsorgemaßnahmen an Hinterlassenschaften früherer menschlicher Betätigungen isV § 136 Abs. 1 (→ § 136 Rn. 2) sowie für die Stilllegung und Sanierung der Betriebsanlagen und Betriebsstätten des Uranerzbergbaus auf Grund der in Abs. 1 Nr. 1 und 2 genannten Rechtsvorschriften der ehemaligen DDR erteilt wurden. Diese Vorschriften galten nach der Wiedervereinigung gem. Art. 9 Abs. 2 iVm Anl. II Kap. XII Abschn. III Nr. 2 und 3 des Einigungsvertrages vom 31.8.1990 (BGBl. II 885 (889)) zunächst fort. Die Fortgeltung dieser Bestimmungen, insbes. der im Vergleich zu den bundesdeutschen Strahlenschutzstandards höheren Grenzwerte, verstieß nicht gegen Art. 2 Abs. 2 S. 1 GG und war auch mit dem allgemeinen Gleichheitssatz nach Art. 3 Abs. 1 GG vereinbar (BVerfG NVwZ 2000, 309). Mit Inkrafttreten des StrlSchG am 31.12.2018 traten diese Vorschriften gem. Art. 32 Abs. 3 des Gesetzes zur Neuordnung des Rechts zum Schutz vor der schädlichen Wirkung ionisierender Strahlung vom 27.6.2017 (BGBl. I 1966) außer Kraft, so dass nunmehr ein für die gesamte Bundesrepublik einheitliches Strahlenschutzrecht für die Bewältigung radioaktiver Altlasten gilt, das auch die Stilllegung und Sanierung der Betriebsanlagen und Betriebsstätten des Uranerzbergbaus einschließt. Für letztere enthält § 149 allerdings eine Sonderlösung (→ § 149 Rn. 5). Die Erlaubnisse gelten aber nur soweit fort, wie sie nach Inkrafttreten des Einigungsvertrages erteilt wurden oder vor diesem Zeitpunkt erteilt wurden, aber noch fortgelten.

2 Um **Kontinuität** bei der Durchführung der Sanierungs-, Schutz- oder Nachsorgemaßnahmen isV Abs. 1 sowie bei der Stilllegung und Sanierung der Betriebsanlagen und Betriebsstätten des Uranerzbergbaus zu gewährleisten, war es notwendig, eine Übergangsvorschrift vorzusehen, die es erlaubt, die auf den Erlaubnissen

iSv Abs. 1 beruhenden Maßnahmen nach Maßgabe der jeweiligen Erlaubnis zu beenden. Diese Regelung enthält Abs. 2.

§ 216 **Bestimmung von Messstellen (§ 169)**

**Behördliche Bestimmungen von Messstellen, die vor dem 31. Dezem-
ber 2018 erfolgt sind, gelten als Bestimmungen nach § 169 Absatz 1 fort,
wenn bis zum 31. Dezember 2020 bei der zuständigen Behörde nachgewiesen ist, dass die Voraussetzungen nach § 169 Absatz 2 erfüllt sind.**

A. Zweck und Bedeutung der Norm

Nach § 216 gelten behördliche Bestimmungen von Messstellen nach § 41 Abs. 1 **1**
S. 4 StrlSchV 2001 bzw. § 35 Abs. 4 S. 2 RöV als Bestimmungen nach § 169 Abs. 1
fort, wenn bis zum 31. 12. 2020 nachgewiesen wurde, dass die Bestimmungsvoraussetzungen nach § 169 Abs. 2 erfüllt sind. Diese Regelung hatte nur Bedeutung für
die bereits zum Zeitpunkt des Inkrafttretens des StrlSchG behördlich bestimmten
Personendosis- und Inkorporationsmessstellen. Bestimmungen von Messstellen
nach § 169 Abs. 1 Nr. 3 bis 6 existierten nicht, da das StrlSchG erstmalig die Möglichkeit der Bestimmung dieser Messstellen vorsieht (→ § 169 Rn. 5).

B. Vorgängerregelungen

Nach § 63 Abs. 3 S. 1 StrlSchV 1989 (BGBl. I 1321) und § 35 Abs. 2 S. 1 RöV **2**
1987 (BGBl. I 114) erfolgte die Messung der Personendosis mit „von der nach Landesrecht zuständigen Messstelle" bereitgestellten Dosimetern. Danach oblag es den
Ländern, durch entsprechende Zuständigkeitsregelungen die für das jeweilige Land
zust. Messstelle festzulegen. Ausweislich des Wortlauts war die Festlegung der Zuständigkeit mehrerer Messstellen nicht vorgesehen. Eine Bestimmung durch Verwaltungsakt erfolgte nicht.

Mit Inkrafttreten der StrlSchV 2001 und der RöV 2003 änderte sich die Rechts- **3**
lage. Nach § 41 Abs. 1 S. 4 StrlSchV 2001 und § 35 Abs. 4 S. 2 RöV „bestimmte" die
zust. Behörde ua Messstellen für die Messung der Personendosis (→ § 169 Rn. 3).
Die Festlegung auf die „nach Landesrecht zuständige" Messstelle wurde aus Gründen des europäischen Wettbewerbs aufgegeben (BR-Drs. 207/01, 243). Nach
§ 117 Abs. 13 S. 1 StrlSchV 2001 und § 45 Abs. 9 RöV galt jedoch die nach Landesrecht festgelegte Zuständigkeit als Bestimmung iSv § 41 Abs. 1 S. 4 StrlSchV 2001
und § 35 Abs. 4 S. 2 RöV fort. Damit wurde die Zuständigkeitsregelung zum Verwaltungsakt umfunktioniert.

Mithin war es der zust. Behörde bereits nach § 41 Abs. 1 S. 4 StrlSchV 2001 und **4**
§ 35 Abs. 4 S. 2 RöV möglich, eine oder mehrere Messstellen zu bestimmen, bei
denen es sich sowohl um private als auch um öffentlich-rechtliche Einrichtungen
handeln konnte (BR-Drs. 207/01, 243). Diese Rechtslage entsprach insoweit derjenigen nach § 169 Abs. 1. Die jetzige Rechtslage unterscheidet sich aber insofern,
dass nunmehr – in Umsetzung von Art. 79 Abs. 2 RL 2013/59/Euratom – in § 169
Abs. 2 bundeseinheitliche und verbindliche Bestimmungsvoraussetzungen fest-

gelegt sind, so dass die Bestimmung einer Messstelle bundesweite Geltung besitzt
(→ § 169 Rn. 2), und dass ein Anspruch auf Bestimmung besteht (→ § 169 Rn. 9).

§ 217 Bestimmung von Sachverständigen (§ 172)

Behördliche Bestimmungen von Sachverständigen, die vor dem 31. Dezember 2018 erfolgt sind, gelten als Bestimmungen nach § 172 Absatz 1 Nummer 1, 3 oder 4 längstens fünf Jahre fort.

A. Zweck und Bedeutung der Norm

1   Nach § 217 gelten behördliche Bestimmungen von Sachverständigen nach § 66
Abs. 1 StrlSchV 2001 oder § 4a RöV als Bestimmungen für die Sachverständigentätigkeiten nach § 172 Abs. 1 S. 1 Nr. 1, 3 oder 4 längstens fünf Jahre fort. Die Frist
entspricht der für die Sachverständigenbestimmung geltenden Frist in § 177 Abs. 4
StrlSchV (→ § 172 Rn. 17). So wird in zeitlicher Hinsicht ein **Gleichlauf** zwischen
Altbestimmungen und am Tag des Inkrafttretens des StrlSchG erteilten Bestimmungen hergestellt. Die Bestimmung von Sachverständigen nach § 172 Abs. 1 S. 1
Nr. 2 für die Prüfung von Arbeitsplätzen mit Exposition durch natürlich vorkommende Radioaktivität wurde erst mit dem StrlSchG eingeführt, so dass in diesem
Bereich vor Inkrafttreten des StrlSchG noch keine Bestimmungen existierten, die
fortgelten könnten.

B. Umgang mit Altbestimmungen

2   § 217 enthält keine § 216 letzter Hs. entsprechende Formulierung, so dass die
Fortgeltung der Altbestimmungen nicht davon abhängig ist, dass die Erfüllung der
Bestimmungsvoraussetzungen bis zu einem bestimmten Zeitpunkt nachgewiesen
wird. Dh, dass Bestimmungen nach § 66 Abs. 1 StrlSchV 2001 und § 4a RöV ab
dem Zeitpunkt des Inkrafttretens des StrlSchG genauso zu behandeln sind wie
nach § 172 Abs. 1 erfolgte Bestimmungen (vgl. zur ähnlich lautenden Regelung in
§ 67 Abs. 1 BImSchG *Jarass* BImSchG § 67 Rn. 7; *Büge* in BeckOK Umweltrecht,
§ 67 BImSchG Rn. 3). Die **Wirkungen der Altbestimmungen** ergeben sich somit allein aus dem neuen Recht (*Hansmann/Röckinghausen* in LR UmweltR, § 67
BImSchG Rn. 10). Dies bedeutet insbes., dass Altbestimmungen mit Inkrafttreten
des StrlSchG ebenfalls **bundesweit** gelten (→ § 172 Rn. 2 zur bundesweiten Geltung von Sachverständigenbestimmungen). Die Regelung in § 217 stellt klar, dass
dort, wo das neue Strahlenschutzrecht an eine bestehende Bestimmung anknüpft,
auch die Altbestimmungen gemeint sind. Damit gilt insbes. auch § 181 Abs. 4
StrlSchV für vor dem 31. 12. 2018 erteilte Bestimmungen, so dass eine erneute Einweisung in die Sachverständigentätigkeit nicht erforderlich ist. Auch die Pflichten
nach § 183 StrlSchV gelten mit Inkrafttreten des StrlSchG für Sachverständige, die
vor dem 31. 12. 2018 bestimmt wurden. Dies beinhaltet va auch die Pflicht nach
§ 183 Abs. 2 und 4 StrlSchV, sofern der Sachverständige außerhalb des Bundelandes
tätig wird, in dem er bestimmt ist.

3   Sind Sachverständige **in mehreren Bundesländern bestimmt,** gelten mit Inkrafttreten des StrlSchG alle Bestimmungen bundesweit. Diese sind meist jedoch

nicht deckungsgleich oder widersprechen sich sogar. Es gilt jedoch zu vermeiden, dass ein Sachverständiger auf der Grundlage mehrerer Bestimmungsbescheide in einem Bundesland tätig wird und sich jeweils auf die Regelungen in den Bescheiden beruft, die für ihn am günstigsten sind. Dies würde zu einer Situation führen, die weder nach der alten noch nach der neuen Rechtslage vorgesehen ist. Die parallele Geltung mehrerer Bestimmungsbescheide in einem Bundesland könnte im Einzelfall auch zu einer Umgehung von § 178 StrlSchV führen, der genauso für Altbestimmungen gilt. Zudem bedarf es Klarheit für die zust. Behörde, auf Grundlage welcher Bestimmung ein Sachverständiger in ihrem Zuständigkeitsbereich tätig wird. Dem Sachverständigen ist zuzumuten, eine Entscheidung darüber zu treffen, von welcher Bestimmung er Gebrauch machen will. Ein Vertrauen darauf, von mehreren, parallel geltenden Bestimmungen zu profitieren, ist nicht schützenswert, da diese Möglichkeit weder nach der alten noch nach der neuen Rechtslage gegeben wäre.

Für die **Praxis** bedeutet dies folgendes: Wird der Sachverständige nicht außerhalb der jeweiligen Zuständigkeitsbereiche der Behörden, die ihn bestimmt haben, tätig, bleibt es dabei, dass er für die Übergangszeit seine Tätigkeit in den jeweiligen Bundesländern weiterhin auf Grundlage der dort erfolgten jeweiligen Bestimmung ausübt. Möchte ein Sachverständiger auf Grundlage eines Bestimmungsbescheides eines Bundeslandes in einem anderen Bundesland tätig werden, für dessen Zuständigkeitsbereich er ebenfalls eine Bestimmung besitzt, so teilt er dies gem. § 183 Abs. 2 oder 4 StrlSchV der Behörde des anderen Bundeslandes mit und übersendet eine Kopie des Bestimmungsbescheids, auf dessen Grundlage er tätig werden will. Damit bringt der Sachverständige zum Ausdruck, dass er künftig auf Grundlage des übersandten Bescheides tätig werden will. Ein gleichzeitiges, paralleles Tätigwerden auf Grundlage eines anderen Bestimmungsbescheides kommt nicht in Betracht. **4**

Um Rechtsklarheit und –sicherheit für sich selbst und ihre Tätigkeit zu schaffen, ist jedoch davon auszugehen, dass die meisten Sachverständigen, die auf Grundlage alter Bestimmungen in mehreren Bundesländern tätig waren, sich mittlerweile gem. § 172 Abs. 1 haben neu bestimmen lassen. Insgesamt wird sich die geschilderte Problematik mit Ablauf der in § 217 genannten Frist am 31.12.2023 erledigen, da spätestens zu diesem Zeitpunkt die Fortgeltung alter Sachverständigenbestimmungen endet. **5**

§ 218 Genehmigungsfreier Umgang mit Geräten, keramischen Gegenständen, Porzellan- und Glaswaren oder elektronischen Bauteilen sowie sonstigen Produkten

(1) **Vor dem 1. April 1977 beschaffte Geräte, keramische Gegenstände, Porzellanwaren, Glaswaren oder elektronische Bauteile, mit denen nach § 11 der Ersten Strahlenschutzverordnung vom 15. Oktober 1965 ohne Genehmigung umgegangen werden durfte, dürfen weiter genehmigungsfrei verwendet und beseitigt werden, wenn diese Gegenstände zum Zeitpunkt der Beschaffung die Vorschrift des § 11 der Ersten Strahlenschutzverordnung vom 15. Oktober 1965 erfüllt haben.**

(2) **Sonstige Produkte, die den Anforderungen der Anlage III Teil A Nummer 5, 6 oder 7 zur Strahlenschutzverordnung in der Fassung vom 30. Juni 1989 entsprechen und vor dem 1. August 2001 erworben worden sind, können weiter genehmigungs- und anzeigefrei verwendet, gelagert oder beseitigt werden.**

1   § 218 nimmt weiterhin bestimmte Produkte von einer Genehmigungspflicht aus und übernimmt die Übergangsregelung der § 117 Abs. 6 S. 7 und Abs. 23 und 24 StrlSchV 2001.

2   Die Regelung unterscheidet zwei Sachverhalte. Abs. 1 stellt die Benutzung (Umgang) von Geräten, keramischen Gegenständen, Porzellanwaren, Glaswaren oder elektronischen Bauteilen weiterhin genehmigungsfrei, wenn sie vor dem 01.04.1977 beschafft worden sind und bereits nach § 11 1. SSVO vom 15.10.1965 (BGBl. I S. 1654) keiner Genehmigungspflicht unterlagen. § 11 erfasste zB bestimmte Geräte, die Skalen oder Anzeigemittel mit fest haftenden radioaktiven Leuchtfarben enthielten, etwa Wecker mit Leuchtziffern.

3   Genehmigungs- und anzeigefrei nach Abs. 2 sind hinsichtlich Verwendung, Lagerung und Beseitigung weiter Produkte, die Anl. III Teil A Nr. 5, 6 oder 7 zur StrlSchV 1989 entsprechen und vor dem 01.08.2001 erworben worden sind. Ausgenommen sind Spielwaren und Ionisationsrauchmelder (Nr. 7).

Anlage 1
(zu § 5 Absatz 32)

Rückstände nach § 5 Absatz 32

[1]Rückstände im Sinne dieses Gesetzes sind die folgenden Materialien:
1. Schlämme und Ablagerungen aus der Gewinnung, Verarbeitung und Aufbereitung von Erdöl und Erdgas und aus der Tiefengeothermie;
2. Kiese, Sande, Harze und Kornaktivkohle aus der Grundwasseraufbereitung;
3. nicht aufbereitete Phosphorgipse, Schlämme aus deren Aufbereitung sowie Stäube und Schlacken aus der Verarbeitung von Rohphosphat (Phosphorit);
4. Nebengestein, Schlämme, Sande, Schlacken und Stäube
   a) aus der Gewinnung und Aufbereitung von Bauxit, Columbit, Pyrochlor, Mikrolyth, Euxenit, Kupferschiefer-, Zinn-, Seltene-Erden- und Uranerzen,
   b) aus der Weiterverarbeitung von Konzentraten und Rückständen, die bei der Gewinnung und Aufbereitung dieser Erze und Mineralien anfallen;
5. Materialien, die den in Nummer 4 genannten Erzen entsprechen und die bei der Gewinnung und Aufbereitung anderer Rohstoffe anfallen;
6. Stäube und Schlämme aus der Rauchgasreinigung bei der Primärverhüttung der Roheisen- und Nichteisenmetallurgie.

[2]Rückstände im Sinne dieses Gesetzes sind auch
1. Materialien nach Satz 1, wenn das Anfallen dieser Materialien zweckgerichtet herbeigeführt wird,
2. Formstücke aus den in Satz 1 genannten Materialien sowie
3. ausgehobener oder abgetragener Boden und Bauschutt aus dem Abbruch von Gebäuden oder sonstigen baulichen Anlagen, wenn dieser Boden und Bauschutt Rückstände nach Satz 1 enthält und gemäß § 64 nach der Beendigung von Tätigkeiten oder gemäß § 141 von Grundstücken entfernt wird.

[3]Keine Rückstände im Sinne dieses Gesetzes sind Materialien nach Satz 1,
1. deren spezifische Aktivität für jedes Radionuklid der U-238-Zerfallsreihe und der Th-232-Zerfallsreihe unter 0,2 Becquerel durch Gramm (Bq/g) liegt und die nicht als Bauprodukte verwertet werden, oder
2. die in dort genannte technologische Prozesse als Rohstoffe eingebracht werden.

A. Sinn und Zweck der Anlage

Die Anl. bestimmt die **Rückstände gem. § 5 Abs. 32;** diese Definition steuert **1** die **Anwendung der §§ 60−66.** Die Anlage listet Materialien (siehe Definition in § 5 Abs. 22; Rückstände sind eine Untermenge der Materialien, siehe § 5 Abs. 32) in Stoffströmen im Wirtschaftskreislauf bzw. aus bestimmten bergbaulichen und industriellen Prozessen auf, bei denen typischerweise bei bestimmten Verwertungs-

oder Beseitigungswegen eine effektive Dosis von 1 mSv im Kalenderjahr für Personen der Bevölkerung überschritten werden kann.

2   Damit setzt die Anlage **Anh. VI RL 2013/59/Euratom** um. Die dort aufgeführte Liste der Industriezweige, in denen natürlich vorkommende radioaktive Materialien eingesetzt werden, wurde auf die in Deutschland auftretenden bergbaulichen und industriellen Prozessen adaptiert.

B. Bisherige Regelungen

3   Diese Regelungen wurden inhaltlich aus der **Anlage XII Teil A StrlSchV 2001** übernommen und um einige neue expositionsrelevante Rückstände ergänzt.

C. Liste der relevanten Materialien

4   Die Anl. 1 beinhaltet Materialien, in denen sich in bestimmten bergbaulichen und industriellen Prozessen durch physikalische oder chemische Vorgänge die **Aktivitäten von Radionukliden aufkonzentrieren**. Dazu sind auch **bergbauliche Nebengesteine** aufgeführt, die regional unterschiedlich und in Abhängigkeit von der jeweiligen geologischen Situation natürlich vorkommende Radionuklide in höheren spezifischen Aktivitäten aufweisen können. Für die Erarbeitung der Liste in Anlage XII Teil A StrlSchV 2001 hatten Untersuchungen ergeben, dass durch unkontrollierte Verbreitung der Rückstände Strahlenexpositionen auftreten können, die das vorhandene natürliche Expositionsniveau signifikant übersteigen können (→ § 61 Rn. 8).

5   Anlage 1 **S. 1** wurde gegenüber der StrlSchV 2001 um die Rückstände aus der **Tiefengeothermie** und aus der **Aufbereitung von Grundwasser** ergänzt. Nach den Ausführungen in der amtl. Begründung (BT-Drs. 18/11241, 448) beschränken sich die maßgeblichen Rückstände im Bereich der Nutzung von Erdwärme auf Schlämme und Ablagerungen aus der Tiefengeothermie. Die oberflächennahe Geothermie führt nicht zu radiologisch relevanten spezifischen Aktivitäten natürlicher Radionuklide in den anfallenden Rückständen. Im Bereich der Wasseraufbereitung können bei der Aufbereitung von Grundwässern Kiese, Sande, Harze sowie Kornaktivkohle anfallen, die radiologisch relevante spezifische Aktivitäten natürlicher Radionuklide aufweisen. Andere Rückstände aus der Aufbereitung von Grundwässern sind nicht betroffen. Ebenso ist Aufbereitung von Oberflächenwässern (z. B. von Uferfiltrat) generell nicht betroffen.

6   **S. 2** mit den Ziffern 1 bis 3 stellt u. a. klar, dass es mit Blick auf das radiologische Potenzial der Rückstände unerheblich ist, ob die Prozesse, bei denen solche Materialien anfallen, von vornherein zu dem Zweck durchgeführt werden, diese Materialien wirtschaftlich zu verwerten, oder ob die Rückstände lediglich bei einem Prozess anfallen, die einem anderen (wirtschaftlichen) Zweck dient (Nr. 1). Der Rückstandsbegriff geht damit weiter als der Abfallbegriff (BR-Drs. 207/01, 290). Auch Formstücke (Nr. 2) unterfallen der Definition (die amtl. Begründung nennt als Beispiel Steine aus Mansfelder Kupferschlacke). Zum Bodenaushub (Nr. 3) siehe ebenfalls BR-Drs. 207/01, 290.

7   **S. 3** enthält **Ausnahmen aus der Definition der Rückstände.** Wenn die spezifischen Aktivitäten für jedes Radionuklid der Uran-238- und der Th-232-Zerfallsreihen unter 0,2 Bq/g liegen, handelt es sich gem. S. 3 Nr. 1 nicht um Rück-

stände im Sinne des § 5 Abs. 32. Die Materialien werden bei Unterschreiten dieser Schwelle als **„radiologisch unbedenklich"** eingestuft (BT-Drs. 18/11241, 448). Die spezifische Aktivität der natürlich vorkommenden Radionuklide der meisten natürlichen Böden und aus der Natur gewonnenen Baustoffe bewegt sich in einem Bereich von bis zu 0,2 Bq/g für die Uranreihe und einem etwas niedrigeren Wert für die Thoriumreihe (BR-Drs. 207/01, 287).

Anlage 2
(zu § 16, § 25 Absatz 2, § 40 Absatz 4, § 46 Absatz 1)

Erforderliche Unterlagen zur Prüfung von Genehmigungsanträgen

Teil A: Erforderliche Unterlagen für den Antrag auf Genehmigungen nach § 12 Absatz 1 Nummer 1 und 2

1. Sicherheitsbericht, der
   a) die Anlage und ihren Betrieb beschreibt und anhand von Lageplänen und Übersichtszeichnungen darstellt,
   b) die Auswirkungen und Gefahren beschreibt, die mit der Anlage und dem Betrieb verbunden sind, und
   c) die Ausrüstungen und Maßnahmen darlegt, die nach § 13 Absatz 1 Nummer 6 Buchstabe a vorzusehen sind,
2. ergänzende Pläne, Zeichnungen und Beschreibungen der Anlage und ihrer Teile,
3. Angaben, die es ermöglichen zu prüfen, ob
   a) die für eine sichere Ausführung der Tätigkeit notwendige Anzahl von Strahlenschutzbeauftragten bestellt ist und ihnen die für die Erfüllung ihrer Aufgaben erforderlichen Befugnisse eingeräumt sind,
   b) gewährleistet ist, dass die Ausrüstung vorhanden und die Maßnahmen getroffen sind, die nach dem Stand von Wissenschaft und Technik erforderlich sind, damit die Schutzvorschriften eingehalten werden,
   c) der erforderliche Schutz gegen Störmaßnahmen oder sonstige Einwirkungen Dritter gewährleistet ist, soweit die Errichtung der Anlage der Genehmigung nach § 10 bedarf,
4. Angaben, die es ermöglichen zu prüfen, ob der Strahlenschutzverantwortliche und die Strahlenschutzbeauftragten zuverlässig sind und die erforderliche Fachkunde im Strahlenschutz besitzen,
5. Exemplar einer Strahlenschutzanweisung gemäß der Rechtsverordnung nach § 73,
6. Nachweis über die erforderliche Vorsorge für die Erfüllung gesetzlicher Schadensersatzverpflichtungen,
7. im Zusammenhang mit
   a) der Anwendung am Menschen: Angaben, die es ermöglichen zu prüfen, ob die Voraussetzungen des § 14 Absatz 1 erfüllt sind,
   b) der Anwendung am Tier in der Tierheilkunde: Angaben, die es ermöglichen zu prüfen, ob die Voraussetzungen des § 15 erfüllt sind,
   c) dem Betrieb von Anlagen zur Erzeugung ionisierender Strahlung in der Medizin im Sinne der Verordnung (EU) 2017/745: Angaben zur Zweckbestimmung der Anlage, die es ermöglichen zu prüfen, ob das Medizinprodukt für die vorgesehene Anwendung geeignet ist.

Teil B: Erforderliche Unterlagen für den Antrag auf Genehmigungen nach § 12 Absatz 1 Nummer 3 und § 40

1. Pläne, Zeichnungen und Beschreibungen, die zur Prüfung der Genehmigungsvoraussetzungen erforderlich sind,
2. Angaben, die es ermöglichen zu prüfen, ob

Raetzke/Spohn

a) die für eine sichere Ausführung der Tätigkeit notwendige Anzahl von Strahlenschutzbeauftragten bestellt ist und ihnen die für die Erfüllung ihrer Aufgaben erforderlichen Befugnisse eingeräumt sind,

b) gewährleistet ist, dass die Ausrüstung vorhanden und die Maßnahmen getroffen sind, die nach dem Stand von Wissenschaft und Technik erforderlich sind, damit die Schutzvorschriften eingehalten werden,

c) der erforderliche Schutz gegen Störmaßnahmen oder sonstige Einwirkungen Dritter gewährleistet ist,

3. Angaben, die es ermöglichen zu prüfen, ob der Strahlenschutzverantwortliche und die Strahlenschutzbeauftragten zuverlässig sind und die erforderliche Fachkunde im Strahlenschutz besitzen,

4. Exemplar einer Strahlenschutzanweisung gemäß der Rechtsverordnung nach § 73,

5. Nachweis über die Vorsorge für die Erfüllung der gesetzlichen Schadensersatzverpflichtungen,

6. im Zusammenhang mit

a) der Anwendung am Menschen: Angaben, die es ermöglichen zu prüfen, ob die Voraussetzungen des § 14 Absatz 1 erfüllt sind,

b) der Anwendung am Tier in der Tierheilkunde: Angaben, die es ermöglichen zu prüfen, ob die Voraussetzungen des § 15 erfüllt sind,

c) der Verwendung von radioaktiven Stoffen in Bestrahlungsvorrichtungen in der Medizin im Sinne der Verordnung (EU) 2017/745: Angaben zur Zweckbestimmung der Anlage, die es ermöglichen zu prüfen, ob das Medizinprodukt für die vorgesehene Anwendung geeignet ist,

d) der Früherkennung von Krankheiten: Angaben, die es ermöglichen zu prüfen, ob die Voraussetzungen des § 14 Absatz 3 Nummer 2 erfüllt sind.

Teil C: Erforderliche Unterlagen für den Antrag auf Genehmigungen nach § 12 Absatz 1 Nummer 4

1. Pläne, Zeichnungen und Beschreibungen, die zur Prüfung der Genehmigungsvoraussetzungen erforderlich sind,

2. Angaben, die es ermöglichen zu prüfen, ob

a) die für eine sichere Ausführung der Tätigkeit notwendige Anzahl von Strahlenschutzbeauftragten bestellt ist und ihnen die für die Erfüllung ihrer Aufgaben erforderlichen Befugnisse eingeräumt sind,

b) gewährleistet ist, dass die Ausrüstung vorhanden und Maßnahmen getroffen sind, die nach dem Stand der Technik erforderlich sind, damit die Schutzvorschriften eingehalten werden,

3. Angaben, die es ermöglichen zu prüfen, ob der Strahlenschutzverantwortliche und die Strahlenschutzbeauftragten zuverlässig sind und die erforderliche Fachkunde im Strahlenschutz besitzen,

4. Exemplar einer Strahlenschutzanweisung gemäß der Rechtsverordnung nach § 73, wenn der Erlass einer Strahlenschutzanweisung erforderlich ist,

5. im Zusammenhang mit

a) der Anwendung am Menschen: Angaben, die es ermöglichen zu prüfen, ob die Voraussetzungen des § 14 Absatz 1 erfüllt sind,

b) der Anwendung am Tier in der Tierheilkunde: Angaben, die es ermöglichen zu prüfen, ob die Voraussetzungen des § 15 erfüllt sind,

c) dem Einsatz einer Röntgeneinrichtung in der Teleradiologie: Angaben, die es ermöglichen zu prüfen, ob die Voraussetzungen des
§ 14 Absatz 2 erfüllt sind,

d) der Früherkennung von Krankheiten: Angaben, die es ermöglichen
zu prüfen, ob die Voraussetzungen des § 14 Absatz 3 Nummer 2 erfüllt sind.

Teil D: Erforderliche Unterlagen für den Antrag auf Genehmigungen nach
§ 12 Absatz 1 Nummer 5

Teil C Nummer 1 bis 4 ist entsprechend auf Genehmigungen nach § 12
Absatz 1 Nummer 5 anzuwenden.

Teil E: Erforderliche Unterlagen für den Antrag auf Genehmigungen nach
§ 25

1. Angaben, die es ermöglichen zu prüfen, ob

   a) die für eine sichere Ausführung der Tätigkeit notwendige Anzahl von
   Strahlenschutzbeauftragten bestellt ist und ihnen die für die Erfüllung ihrer Aufgaben erforderlichen Befugnisse eingeräumt sind,

   b) gewährleistet ist, dass die Ausrüstung vorhanden und Maßnahmen
   getroffen sind, die nach dem Stand von Wissenschaft und Technik erforderlich sind, damit die Schutzvorschriften eingehalten werden,

2. Angaben, die es ermöglichen zu prüfen, ob der Strahlenschutzverantwortliche und die Strahlenschutzbeauftragten zuverlässig sind und die
erforderliche Fachkunde im Strahlenschutz besitzen,

3. Angaben, die die Aufgabenverteilung zwischen dem Strahlenschutzbeauftragten des Genehmigungsinhabers und dem Strahlenschutzbeauftragten der fremden Anlage oder Einrichtung darlegen; dies kann
beispielsweise der Entwurf eines Abgrenzungsvertrags sein.

Teil F: Erforderliche Unterlagen für den Antrag auf Genehmigungen nach
§ 40 Absatz 1 und § 42 Absatz 1

1. Angaben zur beabsichtigten Verwendung des Konsumguts,

2. Angaben zu den technischen Eigenschaften des Konsumguts, einschließlich erforderlicher Zeichnungen, sowie zur Art der Einfügung,
Befestigung, Einbettung oder Abdeckung der radioaktiven Stoffe,

3. Angaben zu den zugesetzten radioaktiven Stoffen, einschließlich der
physikalischen und chemischen Beschaffenheit, sowie zur Aktivität
und der spezifischen Aktivität jedes zugesetzten Radionuklids,

4. Angaben zu Dosisleistungen in den für die Verwendung des Konsumguts relevanten Entfernungen, einschließlich der Dosisleistungen in
einer Entfernung von 0,1 Metern von jeder berührbaren Oberfläche,

5. Nachweis, dass die Aktivität der zugesetzten radioaktiven Stoffe nach
dem Stand der Technik so gering wie möglich ist,

6. sofern in dem Konsumgut die in einer Rechtsverordnung nach § 24
Satz 1 Nummer 10 festgelegten Freigrenzen der Aktivität überschritten
werden, Angaben zur möglichen Exposition von Personen durch die
Nutzung des Konsumguts und

7. sofern die spezifische Aktivität der zugesetzten künstlichen radioaktiven Stoffe die in einer Rechtsverordnung nach § 24 Satz 1 Nummer 10
festgelegten Freigrenzen der spezifischen Aktivität oder die spezifische

Aktivität der zugesetzten natürlichen radioaktiven Stoffe in dem Konsumgut 0,5 Becquerel je Gramm überschreitet, Angaben zum Rücknahmekonzept sowie die Information nach § 41 Absatz 1 Nummer 5.

Teil G: Erforderliche Unterlagen für den Antrag auf Zulassungen nach § 45 Absatz 1 Nummer 1

1. Zeichnungen, die für die Bauartprüfung erforderlich sind,
2. Beschreibungen der Bauart, der Betriebsweise und des Verwendungszwecks und erforderlichenfalls Hinweise zur Art der wiederkehrenden Dichtheitsprüfung nach der Rechtsverordnung nach § 89 Satz 1 Nummer 3,
3. Angaben zur Qualitätssicherung,
4. Angaben zur Rückführung der Vorrichtung, die radioaktive Stoffe enthält, an den Zulassungsinhaber oder Angaben zur Entsorgung der Vorrichtung.

A. Zweck und Bedeutung der Anlage

Die Anlage bringt in ihren mit **A bis G bezeichneten Teilen** für verschiedene   1
Genehmigungsverfahren des StrlSchG, die jeweils am Anfang des betreffenden Teils genannt werden, jeweils eine **Liste der Antragsunterlagen,** die auf jeden Fall („erforderlich") vorzulegen sind, damit die Genehmigungsbehörde ihre Prüfung des Antrags vornehmen kann; sie bietet damit allen Beteiligten eine „Checkliste" und leistet einen Beitrag zur bundesweiten Vereinheitlichung der Genehmigungsverfahren. Nicht jede Genehmigung des StrlSchG ist berücksichtigt, es fehlen etwa § 10 (genehmigungsbedürftige Errichtung einer AEiS) und § 27 (genehmigungsbedürftige Beförderung sonstiger radioaktiver Stoffe).

Die in den Listen aufgeführten Punkte wiederholen inhaltlich ganz überwie-   2
gend nur die in den jeweils einschlägigen Normen enthaltenen Genehmigungsvoraussetzungen („Angaben, die es ermöglichen zu prüfen, ob ...") und enthalten nur ausnahmsweise auch eigenständige Formulierungen und Hinweise (so etwa die Verweisung auf einen Abgrenzungsvertrag in Teil E Nr. 3; → § 25 Rn. 39). Auf eine Kommentierung im Einzelnen kann daher verzichtet werden; stattdessen wird auf die Kommentierung der in der Überschrift zu Anlage 2 genannten **Normen, in denen auf die Anlage 2 verwiesen wird** (§ 16, § 25 Absatz 2, § 40 Absatz 4, § 46 Absatz 1), hingewiesen (→ § 16 Rn. 8 ff., § 25 Rn. 28, § 40 Rn. 21 und § 46 Rn. 7).

Besonders darauf hinzuweisen ist aber, dass in einigen Fällen nunmehr neu die   3
SSAnw als Genehmigungsunterlage vorzulegen ist (Teil A Nr. 5, Teile B und C Nr. 4; → § 73 Rn. 4).

B. Bisherige Regelungen

Ähnliche Listen gab es bisher in Anlage II und Anlage V Teil C StrlSchV 2001   4
und § 3 Abs. 7, auch iVm § 5 Abs. 1, RöV.

Anlage 3
Tätigkeitsfelder nach § 55 Absatz 1

1. Schleifen thorierter Schweißelektroden und Wechselstromschweißen mit thorierten Schweißelektroden,
2. Handhabung und Lagerung thorierter Gasglühstrümpfe,
3. Handhabung und Lagerung thoriumhaltiger Optikbauteile,
4. Verwendung von Thorium oder Uran in der natürlichen Isotopenzusammensetzung einschließlich der daraus jeweils hervorgehenden Tochternuklide, sofern vorhanden, zu chemisch-analytischen oder chemisch-präparativen Zwecken,
5. Handhabung von Produkten aus thorierten Legierungen, insbesondere Montage, Demontage, Bearbeiten und Untersuchen solcher Produkte,
6. Gewinnung, Verwendung und Verarbeitung von Pyrochlorerzen,
7. Verwendung und Verarbeitung von Schlacke aus der Verhüttung von Kupferschiefererzen,
8. Aufarbeitung von Niob- und Tantalerzen,
9. Handhabung, insbesondere bei Wartungs- oder Reinigungstätigkeiten, von Schlämmen und Ablagerungen bei der Gewinnung, Verarbeitung und Aufbereitung von Erdöl und Erdgas sowie in der Tiefengeothermie,
10. Verarbeitung zirkonhaltiger Stoffe bei der Herstellung feuerfester Werkstoffe,
11. Wartung von Klinkeröfen in der Zementproduktion und Heizkesseln in Kohlekraftwerken,
12. Lagerung überwachungsbedürftiger Rückstände und Entfernung von Kontaminationen von Grundstücken nach § 64.

Schrifttum: *SSK:* Strahlenexposition an Arbeitsplätzen durch natürliche Radionuklide. – Stellungnahme der Strahlenschutzkommission, Heft 10; 1. Auflage, deutsch/englisch, 1997, 48 Seiten; ISBN 3-437-21336-9.

A. Sinn und Zweck der Anlage

1   Anlage 3 enthält die **Tätigkeitsfelder,** bei denen für Arbeitskräfte eine effektive Dosis von mehr als 1 mSv im Kalenderjahr durch natürliche Radionuklide (NORM) nicht ausgeschlossen werden kann (→ vor §§ 55–59 Rn. 2). Für diese Tätigkeitsfelder sind die in §§ 55 ff. vorgegebenen Schritte und Maßnahmen entsprechend der sich am jeweiligen Arbeitsplatz ergebenden Werte der effektiven Dosis durchzuführen oder zu veranlassen.

B. Bisherige Regelungen und Umsetzung der Richtlinie 2013/59/Euratom

2   Diese Regelungen der **Anlage XI Teil B StrlSchV 2001** wurden inhaltlich übernommen und um einige neue expositionsrelevante Rückstände ergänzt. Dabei hat der Gesetzgeber den Umstand berücksichtigt, dass im Gegensatz zur früheren Rechtslage die Regelungen der §§ 55 ff. schon bei einer möglichen Exposition von Beschäftigten von **1 mSv im Kalenderjahr** zur Anwendung kommen (BT-Drs. 18/11241, 449), wodurch sich die Liste etwas erweitert hat. Die Grundlage dieser Zusammenstellung ist die Stellungnahme der Strahlenschutzkommission (SSK 1997, siehe Schrifttum).

Die in **Anhang VI RL 2013/59/Euratom** aufgeführte Liste der Industrie- **3** zweige, in denen natürlich vorkommende radioaktive Materialien eingesetzt werden, wurde auf die in Deutschland auftretenden bergbaulichen und industriellen Prozessen adaptiert.

C. Liste der relevanten Materialien

Die Anlage 3 bildet die Grundlage für den Arbeitsschutz bzw. dient dem Vorsor- **4** geprinzip. Sie enthält die **Tätigkeitsfelder,** bei denen an **Arbeitsplätzen** durch in **Materialien** vorhandene natürlich vorkommende Radionuklide eine **effektive Dosis von mehr als 1 mSv im Kalenderjahr** auftreten kann.

Anlage 4
(zu § 97 Abs. 5)

Vorläufig als Notfallpläne des Bundes geltende Dokumente

1. Bundesministerium für Umwelt, Naturschutz, Bau und Reaktorsicherheit: Bekanntmachung einer Empfehlung der Strahlenschutzkommission (Rahmenempfehlungen für den Katastrophenschutz in der Umgebung kerntechnischer Anlagen – vom 19. Februar 2015), verabschiedet in der 274. Sitzung der Kommission am 19./20. Februar 2015, vom Hauptausschuss des Länderausschusses für Atomkernenergie am 25./26. Juni 2015 zustimmend zur Kenntnis genommen, von der Ständigen Konferenz der Innenminister und -senatoren der Länder in deren 203. Sitzung am 3./4. Dezember 2015 zur Kenntnis genommen, veröffentlicht im BAnz AT 04.01.2016 B4;

2. Bundesministerium für Umwelt, Naturschutz, Bau und Reaktorsicherheit: Bekanntmachung einer gemeinsamen Empfehlung der Reaktor-Sicherheitskommission und der Strahlenschutzkommission (Kriterien für die Alarmierung der Katastrophenschutzbehörde durch die Betreiber kerntechnischer Einrichtungen – vom 28. Februar 2013), verabschiedet in der 366. Sitzung der Reaktor-Sicherheitskommission (RSK) am 16. Oktober 2003 und der 453. Sitzung der Kommission am 13. Dezember 2012 sowie in der 186. Sitzung der Strahlenschutzkommission (SSK) am 11./12. September 2003 und der 260. Sitzung der Kommission am 28. Februar 2013, veröffentlicht im BAnz AT 09.10.2014 B1;

3. Bundesministerium für Umwelt, Naturschutz, Bau und Reaktorsicherheit: Bekanntmachung einer Empfehlung der Strahlenschutzkommission (Radiologische Grundlagen für Entscheidungen über Maßnahmen zum Schutz der Bevölkerung bei unfallbedingten Freisetzungen von Radionukliden), verabschiedet in der 268. Sitzung der SSK am 13./14. Februar 2014, veröffentlicht im BAnz AT 18.11.2014 B5;

4. Bundesministerium für Umwelt, Naturschutz und Reaktorsicherheit: Bekanntmachung einer Empfehlung der Strahlenschutzkommission (Leitfaden zur Information der Öffentlichkeit bei kerntechnischen Notfällen), verabschiedet in der 220. Sitzung der SSK am 5./6. Dezember 2007, veröffentlicht im BAnz. Nr. 152a vom 8. Oktober 2008;

5. Berichte der Strahlenschutzkommission des Bundesministeriums für Umwelt, Naturschutz und Reaktorsicherheit, Heft 60, Teil 1 und 2 (Übersicht über Maßnahmen zur Verringerung der Strahlenexposition nach Ereignissen mit nicht unerheblichen radiologischen Auswirkungen), herausgegeben im Auftrag des Bundesministeriums für Umwelt, Naturschutz und Reaktorsicherheit von der Geschäftsstelle der Strahlenschutzkommission beim Bundesamt für Strahlenschutz im Mai 2010, ISBN 978-3-87344-163-7, verabschiedet in der 220. Sitzung der SSK am 5./6. Dezember 2007;

6. Allgemeine Verwaltungsvorschrift zum Integrierten Mess- und Informationssystem zur Überwachung der Radioaktivität in der Umwelt (IMIS) nach dem Strahlenschutzvorsorgegesetz (AVV-IMIS)

vom 13. Dezember 2006, veröffentlicht im BAnz. Nr. 244a vom
29. Dezember 2006;

7. Bundesministerium für Umwelt, Naturschutz und Reaktorsicherheit:
Bekanntmachung der Richtlinie zur Emissions- und Immissionsüberwachung kerntechnischer Anlagen (REI) vom 7. Dezember 2005, beschlossen im Hauptausschuss des Länderausschusses für Atomkernenergie am 27. Oktober 2005, veröffentlicht im GMBl 2006, Nr. 14–
17, S. 254;

8. Berichte der Strahlenschutzkommission des Bundesministeriums für
Umwelt, Naturschutz und Reaktorsicherheit, Heft 37 (Leitfaden für
den Fachberater Strahlenschutz der Katastrophenschutzleitung bei
kerntechnischen Notfällen), herausgegeben im Auftrag des Bundesministeriums für Umwelt, Naturschutz und Reaktorsicherheit von
der Geschäftsstelle der Strahlenschutzkommission beim Bundesamt
für Strahlenschutz im September 2003, ISBN 3-437-22178-7, verabschiedet in der 182. Sitzung der SSK am 4. bis 6. Dezember 2002;

9. Veröffentlichungen der Strahlenschutzkommission des Bundesministeriums für Umwelt, Naturschutz und Reaktorsicherheit, Band 4 (Medizinische Maßnahmen bei Kernkraftwerksunfällen), herausgegeben
im Auftrag des Bundesministeriums für Umwelt, Naturschutz und
Reaktorsicherheit von der Geschäftsstelle der Strahlenschutzkommission beim Bundesamt für Strahlenschutz im Jahr 2007, ISBN 978-3-
87344-131-6;

10. Veröffentlichungen der Strahlenschutzkommission des Bundesministeriums für Umwelt, Naturschutz und Reaktorsicherheit, Band 32
(Der Strahlenunfall), herausgegeben im Auftrag des Bundesministeriums für Umwelt, Naturschutz und Reaktorsicherheit von der Geschäftsstelle der Strahlenschutzkommission beim Bundesamt für
Strahlenschutz im Jahr 2008, ISBN 978-3-87344-139-2;

11. Bundesministerium für Umwelt, Naturschutz und Reaktorsicherheit:
Bekanntmachung einer Empfehlung der Strahlenschutzkommission
(Verwendung von Jodtabletten zur Jodblockade der Schilddrüse bei
einem kerntechnischen Unfall), verabschiedet in der 247. Sitzung der
SSK am 24./25. Februar 2011, veröffentlicht im BAnz. S. 3144;

12. Bundesministerium für Umwelt, Naturschutz und Reaktorsicherheit:
Bekanntmachung einer Empfehlung der Strahlenschutzkommission
(Richtlinie für die Festlegung von Kontaminationswerten zur Kontrolle
von Fahrzeugoberflächen im grenzüberschreitenden Verkehr nach
dem Strahlenschutzvorsorgegesetz), verabschiedet in der 139. Sitzung
der SSK am 26. bis 28. Juni 1996, veröffentlicht im BAnz. 1997 S. 43;

13. Bundesministerium für Umwelt, Naturschutz, Bau und Reaktorsicherheit: Bekanntmachung über die Anwendung der deutschen Fassung des Handbuchs der Internationalen Nuklearen und Radiologischen Ereignis-Skala (INES) in kerntechnischen Einrichtungen sowie
im Strahlenschutz außerhalb der Kerntechnik, veröffentlicht im BAnz
AT 30. 03. 2015 B1;

14. Bundesamt für Bevölkerungsschutz und Katastrophenhilfe: Sicherheit
der Trinkwasserversorgung, Teil 1: Risikoanalyse, Grundlagen und
Handlungsempfehlungen für Aufgabenträger der Wasserversorgung
in den Kommunen in Bezug auf außergewöhnliche Gefahrenlagen,

Praxis im Bevölkerungsschutz, Band 15, Stand: Januar 2016, ISBN 978-3-93947-69-9;

15. DVGW Deutscher Verein des Gas- und Wasserfachs e. V. – Technisch-Wissenschaftlicher Verein: Radioaktivitätsbedingte Notfallsituationen; Technische Mitteilung – Hinweis W 255, Dezember 2008, ISSN 0176–3504;

16. Bundesregierung: Allgemeine Verwaltungsvorschrift zur Durchführung der Überwachung von Lebensmitteln nach der Verordnung (Euratom) Nr. 3954/87 des Rates vom 22. Dezember 1987 zur Festlegung von Höchstwerten an Radioaktivität in Nahrungsmitteln und Futtermitteln im Falle eines nuklearen Unfalls oder einer anderen radiologischen Notstandssituation (AVV-Strahlenschutzvorsorge-Lebensmittelüberwachung – AVV-StrahLe) vom 28. Juni 2000 (GMBl S. 490);

17. Bundesregierung: Allgemeine Verwaltungsvorschrift zur Überwachung der Höchstwerte für Futtermittel nach der Verordnung (Euratom) Nr. 3954/87 des Rates vom 22. Dezember 1987 zur Festlegung von Höchstwerten an Radioaktivität in Nahrungsmitteln und Futtermitteln im Falle eines nuklearen Unfalls oder einer anderen radiologischen Notstandssituation (Futtermittel-Strahlenschutzvorsorge-Verwaltungsvorschrift – FMStrVVwV) vom 22. Juni 2000 (BAnz. S. 12 565).

Zweck und Bedeutung der Anlage

1   Anl. 4 listet die Dokumente auf, die gem. § 97 Abs. 5 vorläufig als Notfallpläne des Bundes gelten, bis die allgemeinen und besonderen Notfallpläne des Bundes nach §§ 98 und 99 in Kraft getreten sind.

2   Bei den unter **Nr. 1 bis 5 und 8 bis 12** genannten Dokumenten handelt es sich um **Empfehlungen, Berichte und Veröffentlichungen der SSK.** Die Empfehlungen wurden im Auftrag des BMUV in Zusammenarbeit mit den Ländern und teilw. auch der RSK erarbeitet; sie sollen eine einheitliche Vorgehensweise bei der Notfallplanung und einer möglichen Umsetzung im Ereignisfall sicherstellen, insbesondere durch Maßnahmen des Katastrophenschutzes und der Strahlenschutzvorsorge (BT-Drs. 18/11241, 353).

3   Bei den **SSK-Empfehlungen** handelt es sich um
   – die Rahmenempfehlungen für den Katastrophenschutz in der Umgebung kerntechnischer Anlagen (Nr. 1)
   – die Kriterien für die Alarmierung der Katastrophenschutzbehörde durch die Betreiber kerntechnischer Einrichtungen (Nr. 2)
   – die radiologischen Grundlagen für Entscheidungen über Maßnahmen zum Schutz der Bevölkerung bei unfallbedingten Freisetzungen von Radionukliden (Nr. 3)
   – den Leitfaden zur Information der Öffentlichkeit bei kerntechnischen Notfällen (Nr. 4)
   – die Übersicht über Maßnahmen zur Verringerung der Strahlenexposition nach Ereignissen mit unerheblichen radiologischen Auswirkungen (Nr. 5)
   – die Empfehlung für Verwendung von Jodtabletten zur Jodblockade der Schilddrüse bei einem kerntechnischen Unfall (Nr. 11) und
   – die Richtlinie für die Festlegung von Kontaminationsgrenzwerten zur Kontrolle von Fahrzeugoberflächen im grenzüberschreitenden Verkehr nach dem Strahlenschutzvorsorgegesetz (Nr. 12).

Die unter Nr. 1 und 3 genannten SSK-Empfehlungen haben die Länder für **4** Maßnahmen des Katastrophenschutzes auf Grundlage entsprechender Beschlüsse der Ständigen Konferenz der Innenminister und -senatoren der Länder (IMK) zur Umsetzung übernommen (BT-Drs. 18/11241, 353).

Bei den Berichten und Veröffentlichungen der SSK handelt es sich um **5**

– den Leitfaden für den Fachberater Strahlenschutz der Katastrophenschutzleitung bei kerntechnischen Unfällen (Nr. 8)

– die Veröffentlichung „Medizinische Maßnahmen bei Kernkraftwerksunfällen" (Nr. 9) und

– die Veröffentlichung „Der Strahlenunfall" (Nr. 10).

Bei den unter **Nr. 6, 16 und 17** genannten Dokumenten handelt es sich um die **6** folgenden **AVVen:**

– AVV zum Integrierten Mess- und Informationssystem zur Überwachung der Radioaktivität in der Umwelt (IMIS) nach dem Strahlenschutzvorsorgegesetz (Nr. 6)

– AVV-Strahlenschutzvorsorge-Lebensmittelüberwachung – AVV-StrahLe (Nr. 16) und die

– Futtermittel-Strahlenschutzvorsorge-Verwaltungsvorschrift – FMStrVVwV (Nr. 17).

Bei den unter **Nr. 7 und 13 bis 15** genannten Dokumenten handelt es sich um **7**

– die Bekanntmachung des BMU der Richtlinie zur Emissions- und Immissionsüberwachung kerntechnischer Anlagen (REI) (Nr. 7)

– die Bekanntmachung des BMU über die Anwendung der deutschen Fassung des Handbuchs der Internationalen Nuklearen und Radiologischen Ereignis-Skala (INES) in kerntechnischen Einrichtungen sowie im Strahlenschutz außerhalb der Kerntechnik (Nr. 13)

– die Veröffentlichung „Sicherheit der Trinkwasserversorgung, Teil 1: (…)" des BBK (Nr. 14) und

– den sog. Hinweis W 255 „Radioaktivitätsbedingte Notfallsituationen" des DVGW (Nr. 15).

Anlage 5
(zu § 98)

Wesentliche Elemente des allgemeinen Notfallplans des Bundes

1. Eine allgemeine Darstellung der Rechtsgrundlagen, Aufgaben und Zuständigkeiten des Bundes und der Länder, ihrer für Maßnahmen der Notfallreaktion zuständigen Behörden und der bei der Notfallreaktion mitwirkenden Behörden sowie der bei der Notfallreaktion mitwirkenden privaten und öffentlich-rechtlichen Organisationen und Personen;

2. eine Darstellung
   a) der Verfahren und Vorkehrungen für den Informationsaustausch, die Zusammenarbeit, Hilfeleistung und Koordinierung bei der Notfallreaktion auf Bundesebene, zwischen Bund und Ländern, mit Organen, Dienststellen, Einrichtungen und anderen Mitgliedstaaten der Europäischen Union, mit Drittstaaten und mit internationalen Organisationen und
   b) der Gremien und Einrichtungen, die für diesen Informationsaustausch und diese Zusammenarbeit, Hilfeleistung und Koordinierung zuständig sind;

3. die nach § 93 bestimmten Referenzwerte für die Exposition der Bevölkerung;

4. die Referenzszenarien;

5. die in § 114 Absatz 1 genannten Expositionswerte, die bei einer Exposition der Einsatzkräfte unterschritten werden sollen, und die Referenzwerte nach § 114 Absatz 2 und 3;

6. szenarienspezifische optimierte Schutzstrategien, die insbesondere Folgendes enthalten:
   a) Darstellung der prioritären und der sonstigen in Betracht kommenden Maßnahmen zum Schutz der Bevölkerung und der Einsatzkräfte,
   b) Angabe der Dosiswerte, die als radiologisches Kriterium für die Angemessenheit bestimmter Schutzmaßnahmen dienen,
   c) Angabe der Kriterien für das Auslösen der Alarmierung und für das Ergreifen bestimmter Schutzmaßnahmen (Auslösekriterien), insbesondere Messgrößen oder Indikatoren der Bedingungen am Ort der Strahlungsquelle,
   d) Angabe von Grenz- oder Richtwerten, die sich auf bestimmte, unmittelbar messbare Folgen des Notfalls beziehen, z. B. Dosisleistungen, Kontaminationswerte oder Aktivitätskonzentrationen,
   e) Angabe der Berechnungsverfahren und Annahmen, die der jeweiligen optimierten Schutzstrategie zugrunde liegen;

7. Angaben zur Ermittlung und Bewertung der radiologischen Lage, insbesondere
   a) zum Austausch von Informationen mit dem radiologischen Lagezentrum des Bundes,
   b) zu den Aufgaben des radiologischen Lagezentrums des Bundes,

    c) zu Aufgaben, Zuständigkeiten und Überwachungsmaßnahmen des Bundes und der Länder nach den §§ 107, 161 bis 163 und 165, insbesondere Messstrategien, in einem Notfall und

    d) zum radiologischen Lagebild nach § 108;

8. Angaben zur Anwendung der optimierten Schutzstrategie unter Berücksichtigung der tatsächlichen Lage, insbesondere

    a) zum Verhältnis der strahlenschutzrechtlichen Vorschriften, Notfallschutzgrundsätze und Schutzstrategien zu den Vorschriften und Zielen

        aa) anderer Rechtsvorschriften des Bundes und der Länder zur Abwehr von Gefahren für die menschliche Gesundheit, für die Umwelt oder für die öffentliche Sicherheit sowie

        bb) unmittelbar anwendbarer Rechtsakte der Europäischen Union und der Europäischen Atomgemeinschaft,

    b) zur Auswahl und Anpassung der Schutzstrategie bei einer von den Referenzszenarien abweichenden tatsächlichen Lage,

    c) zur Prüfung der Eignung, Durchführbarkeit, Priorisierung, Erforderlichkeit und Angemessenheit der Schutzmaßnahmen unter Berücksichtigung aller relevanten nichtradiologischen Entscheidungskriterien, insbesondere der Schäden und sonstigen Nachteile, die beim jeweiligen Notfall durch die Schutzmaßnahmen entstehen können;

9. Vorgaben zur Überprüfung und Anpassung der Schutzstrategie und -maßnahmen (§§ 111 und 109 Absatz 3); dies umfasst Vorgaben

    a) zur Dosisabschätzung,

    b) zum Vergleich der Ergebnisse der Dosisabschätzung mit dem geltenden Referenzwert,

    c) zur Abschätzung der Wirksamkeit der Schutzstrategien und -maßnahmen,

    d) zur Anpassung der Schutzstrategien und -maßnahmen an die sich weiterentwickelnden Umstände des jeweiligen Notfalls und an die Ergebnisse der Abschätzung der Wirksamkeit,

    e) zu Kriterien und Verfahren für die Änderung von Referenzwerten,

    f) zur Anpassung der Schutzstrategien und -maßnahmen an einen geänderten Referenzwert oder andere geänderte oder neue Rechtsvorschriften,

    g) zu Kriterien und Verfahren für die Aufhebung von Schutzmaßnahmen;

10. Vorgaben für die Information der Bevölkerung und Verhaltensempfehlungen;

11. Vorgaben für den Übergang zu einer bestehenden Expositionssituation.

Zweck und Bedeutung der Anlage

Anl. 5 benennt die wesentlichen Elemente, die der allgemeine Notfallplan des **1** Bundes nach § 98 Abs. 3 S. 1 Nr. 2 „insbesondere" enthalten muss. Er greift die entsprechenden Vorgaben nach Anh. XI Lit. B RL 2013/59/Euratom auf.

2   Zu **Nr. 1:** Die geforderte allgemeine Darstellung der Rechtsgrundlagen, Aufgaben und Zuständigkeiten aller beteiligten Institutionen sollte zur schnellen Orientierung idealerweise in Form von **Flussdiagrammen** erfolgen (BT-Drs. 18/11241, 451).

3   Zu **Nr. 2:** Die Darstellung der Verfahren und Vorkehrungen für den Informationsaustausch, die Zusammenarbeit, Hilfeleistung und Koordinierung bei der Notfallreaktion sowie der hierfür zust. Gremien und Einrichtungen dient wie Nr. 1 der schnellen Orientierung und Reduzierung von Unsicherheiten, wenn schnelles Tätigwerden gefordert ist

4   **Zu Nr. 3:** Die Aufführung der nach § 93 bestimmten **Referenzwerte** dient der schnellen Erfassung der geltenden Referenzwerte, so dass die Suche in Rechtstexten nicht erforderlich ist.

5   **Zu Nr. 4:** Die Aufführung der **Referenzszenarien** ist schon deshalb unabdingbar, weil ein Herzstück des allgemeinen Notfallplans nach § 98 Abs. 3 Nr. 1 die Darstellung der auf das jeweilige Referenzszenario **optimierten Schutzstrategien** ist (vgl. auch Nr. 6).

6   **Zu Nr. 5:** Die Aufführung der nach § 114 Abs. 1 genannten **Expositionswerte** und der **Referenzwerte** nach § 114 Abs. 2 und 3 dient demselben wie in Nr. 3 genannten Zweck.

7   **Zu Nr. 6:** Die nach § 98 Abs. 3 Nr. 1 auf das jeweilige Referenzszenario darzustellende optimierte Schutzstrategie muss **insbesondere** die Angaben nach den lit. a bis e enthalten.

    Zu Nr. 6 lit. a: Abgestimmt auf das jeweilige Referenzszenario (bspw. KKW-Unfall im grenznahen Ausland mit Freisetzungen, die Schutzmaßnahmen in Deutschland fordern könnten) stellt der allgemeine Notfallplan die **prioritären und sonstigen in Betracht kommenden Maßnahmen** zum Schutz der Bevölkerung und der Einsatzkräfte dar. Damit sollen die zuständigen Behörden und sonstigen bei der Notfallreaktion beteiligten Institutionen im Notfall rasch erfassen können, welche Maßnahmen zu ergreifen sind bzw. in Betracht kommen.

    Zu Nr. 6 lit. b: Teil der optimierten Schutzstrategie sind die **Dosiswerte,** die in der NDWV auf Grundlage des § 94 festgelegt worden sind. Die Dosiswerte sind als radiologisches Kriterium für die Frage, wann die Durchführung der in § 94 Abs. 1 S. 1 Nr. 1 bis 3 genannten Schutzmaßnahmen angemessen ist, zu beachten.

    Zu Nr. 6 lit. c: Ausgehend von den szenarienspezifischen Schutzstrategien hat der allgemeine Notfallplan auch die sog. **Auslösekriterien** anzugeben, dh die Kriterien, bei deren Vorliegen die Alarmierung ausgelöst und bestimmte Schutzmaßnahmen ergriffen werden.

    Zu Nr. 6 lit. d: Die Angabe von Werten, die sich auf bestimmte, unmittelbar messbare Folgen des Notfalls beziehen, wie Dosisleistungen oder Aktivitätskonzentrationen, erlauben grundsätzlich eine Bewertung der radiologischen Lage. Bei Überschreitung der in § 94 Abs. 2 vorgesehenen Kontaminationswerte und Dosisleistungen ist von einer Gefahr für Einzelpersonen der Bevölkerung durch ionisierende Strahlung auszugehen.

    Zu Nr. 6 lit. e: Ebenso sind die Berechnungsverfahren und Annahmen, die der jeweiligen optimierten Schutzstrategie zugrunde liegen, anzugeben.

8   **Zu Nr. 7:** Der allgemeine Notfallplan muss Angaben zur Ermittlung und Bewertung der radiologischen Lage enthalten, insbesondere die nachfolgend Genannten:

    Zu Nr. 7 lit. a: Der in § 106 Abs. 2 Nr. 5 und § 107 vorgesehene Informationsaustausch wird etwa durch Angabe der grundsätzlich jeweils zust. Stellen in Bund

und Ländern, wie ein schneller Austausch ermöglicht wird und zu welchen Aspekten der Austausch inhaltlich erfolgt, konkretisiert.

Zu **Nr. 7 lit. b:** Die Darstellung der Aufgaben des RLZ orientiert sich an § 106.

Zu **Nr. 7 lit. c:** Wesentlich ist auch, dass Aufgaben, Zuständigkeiten und Überwachungsmaßnahmen der Länder nach § 107 bei Ermittlung und Auswertung der radiologischen Lage und von Bund und Ländern bei Überwachung der Umweltradioaktivität nach §§ 161 bis 163 und § 165 in einem Notfall angegeben werden. Die Angaben zu Messstrategien dienen dem koordinierten Vorgehen bei Bewertung der radiologischen Lage.

Zu **Nr. 7 lit. d:** Ebenso sind Angaben zum radiologischen Lagebild nach § 108 zu machen.

Zu **Nr. 8:** Die Angaben zur **Anwendung der** unter Nr. 6 dargelegten optimierten **Schutzstrategien** unter Berücksichtigung der tatsächlichen sollen alle im jeweiligen Notfall involvierten Behörden in die Lage versetzen, die ihnen obliegenden Aufgaben in bestmöglicher Weise wahrzunehmen. Insbesondere sind folgende Angaben zu machen: **9**

Zu **Nr. 8 lit. a:** Darstellung des Verhältnisses der im Notfall einschlägigen Vorschriften des StrlSchG zu anderen Rechtsvorschriften von Bund und Ländern sowie der Vorrang unmittelbar anwendbarer EAG- und EU-Rechtsakte.

Zu **Nr. 8 lit. b:** Ausführungen, **welche Schutzstrategie** heranzuziehen ist bei einer Notfallexpositionssituation, die von den Referenzszenarien **abweicht** und wie die Schutzstrategie auf das abweichende Szenario anzupassen ist.

Zu **Nr. 8 lit. c:** Bei der Entscheidung über die durchzuführenden Maßnahmen sind neben den radiologischen Faktoren auch nichtradiologische Kriterien zu berücksichtigen.

Zu **Nr. 9 lit. a bis g:** Der allgemeine Notfallplan konkretisiert die in § 111 und § 109 Abs. 3 bestimmten Vorgaben zur Überprüfung und Anpassung der Schutzstrategie und Maßnahmen, bspw. in Bezug auf die Durchführung der Dosisabschätzung durch das RLZ (lit. a) oder durch eine Prozessbeschreibung der Anpassung der Schutzstrategien und -maßnahmen (lit. d).   **10**

Zu **Nr. 10:** Der allgemeine Notfallplan enthält den § 112 konkretisierende Vorgaben zur Informierung der Bevölkerung und Verhaltensempfehlungen.   **11**

Zu **Nr. 11:** Der allgemeine Notfallplan konkretisiert ebenfalls den Übergang von der Notfallexpositionssituation zu einer bestehenden Expositionssituation.   **12**

Anlage 6
(zu § 99)

Wesentliche Elemente der besonderen Notfallpläne des Bundes

1. Eine Darstellung der im Anwendungsbereich des besonderen Notfallplans anwendbaren Rechtsgrundlagen, Aufgaben und Zuständigkeiten
des Bundes und der Länder, ihrer für Maßnahmen der Notfallreaktion
zuständigen Behörden sowie der bei der Notfallreaktion mitwirkenden
Behörden sowie der bei der Notfallreaktion mitwirkenden privaten und
öffentlich-rechtlichen Organisationen und Personen;
2. eine Darstellung
   a) der im Anwendungsbereich des besonderen Notfallplans anwendbaren Verfahren und Vorkehrungen für den Informationsaustausch,
   die Zusammenarbeit, Hilfeleistung und Koordinierung bei der Notfallreaktion auf Bundesebene, zwischen Bund und Ländern, mit Organen, Dienststellen, Einrichtungen und anderen Mitgliedstaaten der
   Europäischen Union, mit Drittstaaten und mit internationalen Organisationen und
   b) der Gremien und Einrichtungen, die für diesen Informationsaustausch und diese Zusammenarbeit, Hilfeleistung und Koordinierung
   zuständig sind;
3. Angabe und Erläuterung der Schnittstellen zu
   a) anderen Verfahren und Vorkehrungen für den Informationsaustausch, die Zusammenarbeit, Hilfeleistung und Koordinierung bei
   der Notfallreaktion, die in den weiteren Notfallplänen des Bundes
   und der Länder aufgeführt sind,
   b) anderen Gremien und Einrichtungen, die auch für den Informationsaustausch und die Zusammenarbeit, Hilfeleistung und Koordinierung bei der Notfallreaktion zuständig sind;
4. zur Konkretisierung, Ergänzung und Anwendung der im allgemeinen
Notfallplan des Bundes festgelegten optimierten Schutzstrategien unter
anderem eine Darstellung
   a) der im Anwendungsbereich des besonderen Notfallplans in Betracht
   kommenden prioritären und der sonstigen Maßnahmen zum Schutz
   der Bevölkerung und der Einsatzkräfte sowie
   b) der Vorkehrungen und Kriterien für eine bereichsspezifische Konkretisierung, Anwendung und Anpassung der im allgemeinen Notfallplan angegebenen Auslösekriterien und Grenz- oder Richtwerte
   unter Berücksichtigung der für die jeweilige Schutzmaßnahme geltenden Rechtsvorschriften und der tatsächlichen Merkmale des Notfalls, soweit eine solche Darstellung im Rahmen der Notfallplanung
   im Voraus möglich ist.

Zweck und Bedeutung der Anlage

Anl. 6 benennt die wesentlichen Elemente, die die besonderen Notfallpläne des **1** Bundes nach § 99 Abs. 3 „insbesondere" enthalten müssen. Sie greifen die entsprechenden Vorgaben nach Anh. XI Teil B RL 2013/59/Euratom auf.

Zu **Nr. 1:** Wie beim allgemeinen Notfallplan (Anl. 5 Nr. 1) dient die Darstel- **2** lung der Rechtsgrundlagen, Aufgaben und Zuständigkeiten aller beteiligten Institutionen der schnellen Orientierung; auch hier wäre eine Darstellung durch Flussdiagramme hilfreich. (sa BT-Drs. 18/11241, 451 zum allgemeinen Notfallplan).

Zu **Nr. 2:** Auf die Erläuterung zu Anl. 5 Nr. 2 wird Bezug genommen (→ Anl. 5 **3** Rn. 3). Diese gilt hier gleichermaßen.

Zu Nr. 3: Die Angabe und Erläuterung der Schnittstellen zu den unter lit. a und **4** b aufgeführten Aspekten ist wichtig für einen möglichst reibungslosen Verlauf der Notfallreaktion durch die in den verschiedenen Bereichen eingebundenen Behörden und Stellen.

Zu Nr. 4: Im besonderen Notfallplan sind auch konkretisierende, für den jewei- **5** ligen Bereich einschlägige Ausführungen zur Anwendung und Anpassung der optimierten Schutzstrategie nach Maßgaben der unter lit. a und b genannten Aspekte zu machen.

Anlage 7
(zu § 112)

Information der Bevölkerung und Empfehlungen
für das Verhalten bei Notfällen

1. In einem Notfall bereitzustellende Informationen und Verhaltensempfehlungen für die betroffene Bevölkerung
Entsprechend der im jeweiligen Notfall anwendbaren Notfallpläne erhält die betroffene Bevölkerung im Falle eines Notfalls rasch und wiederholt Folgendes:
   a) Informationen über den eingetretenen Notfall und nach Möglichkeit
   über dessen Merkmale wie Ursprung, Ausbreitung und voraussichtliche Entwicklung;
   b) Verhaltensempfehlungen, die nach den Umständen des jeweiligen
   Notfalls
      aa) insbesondere folgende Punkte umfassen können: Beschränkung
      des Verzehrs bestimmter möglicherweise kontaminierter Nah-
      rungsmittel und von möglicherweise kontaminiertem Wasser,
      einfache Hygiene- und Dekontaminationsregeln, Empfehlungen
      zum Verbleiben im Haus, zur Abholung und Verwendung von
      Jodtabletten oder anderen Schutzwirkstoffen, Vorkehrungen für
      den Fall der Evakuierung;
      bb) mit speziellen Warnhinweisen für bestimmte Bevölkerungsgrup-
      pen verbunden werden können;
   c) Ankündigungen, in denen empfohlen wird, den Anweisungen und
   Aufrufen der zuständigen Behörden Folge zu leisten.
2. Informationen und Empfehlungen in der Vorwarnphase
Soweit dem Notfall eine Vorwarnphase vorausgeht, erhält die bei dem
jeweiligen Notfall möglicherweise betroffene Bevölkerung bereits in
dieser Phase relevante Informationen und Empfehlungen wie
   a) eine Aufforderung, die relevanten Kommunikationskanäle einzuschalten;
   b) vorbereitende Empfehlungen für Einrichtungen, die öffentliche Aufgaben haben;
   c) Empfehlungen für besonders betroffene Berufszweige.
3. Ergänzende Informationen über Grundbegriffe der Radioaktivität und
ihre Auswirkungen auf den Menschen und die Umwelt
Wenn die Zeit es erlaubt, wird die möglicherweise betroffene Bevölkerung
erneut über die Grundbegriffe der Radioaktivität und ihre Auswirkungen
auf den Menschen und die Umwelt informiert. Zu diesem Zwecke kann
auch auf die nach § 105 hierzu veröffentlichten Informationen hingewiesen
werden.

Zweck und Bedeutung der Anlage

Anl. 7 führt die Punkte auf, die die zust. Behörden nach § 112 Abs. 1 bis 3 auf- **1** greifen, wenn sie die möglicherweise betroffene Bevölkerung über einen Notfall informieren und Verhaltensempfehlungen machen.

Anlage 8
(zu § 127 Absatz 1 Nummer 2)

Arbeitsfelder mit erhöhter Exposition durch Radon

1. **Arbeitsplätze in untertägigen Bergwerken, Schächten und Höhlen, einschließlich Besucherbergwerken,**
2. **Arbeitsplätze in Radonheilbädern und Radonheilstollen,**
3. **Arbeitsplätze in Anlagen der Wassergewinnung, -aufbereitung und -verteilung.**

A. Zweck und Bedeutung der Anlage

1   Anl. 8 regelt, welche Arbeitsfelder der Messverpflichtung nach § 127 Abs. 1 S. 1 Nr. 2 unterliegen.

B. Regelungsinhalt

2   Die Regelung greift **Anl. XVIII Nr. 3 RL 2013/59/Euratom** auf und schreibt **Anl. XI Teil A StrlSchV 2001** wie folgt fort:
Nr. 1: entspricht Anl. XI Teil A Nr. 1 StrlSchV 2001
Nr. 2: entspricht Anl. XI Teil A Nr. 2 StrlSchV 2001
Nr. 3: entspricht Anl. XI Teil A Nr. 3 StrlSchV 2001

3   Abweichend zur Regelung nach der StrlSchV 2001 besteht nunmehr an den Arbeitsplätzen, die den Arbeitsfeldern der Anl. 8 zuzuordnen sind zunächst eine Pflicht zur Messung der Radon-222-Aktivitätskonzentration (→ § 127 Rn. 3, 5). Dem entsprechend war Maßstab für die Aufnahme in die Anl., dass nach den vorhandenen Erkenntnissen in Deutschland **Arbeitsplätze** bestehen, bei denen insbesondere auch außerhalb der Radonvorsorgegebiete gem. § 121 Absatz 1 Satz 1 regelmäßig Radon-222-Aktivitätskonzentrationen **oberhalb des Referenzwertes** nach § 126 auftreten (BT-Drs. 18/11241, 451). Radon-222-Konzentrationen, die im Rahmen von Tätigkeiten z. B. aus Materialien oder Rückständen austreten, wurden hierbei nicht berücksichtigt (BT-Drs. 18/11241 S. 299, 451; → Vor §§ 126 ff. Rn. 11).

4   Aus den Daten zu angemeldeten Arbeitsplätzen und den hieraus zu ziehenden Rückschlüssen auf Arbeitsfelder mit erhöhter Exposition soll eine langfristige Überprüfung und ggf. Aktualisierung der Liste der Arbeitsfelder gem. Anl. 8 erfolgen (Radonmaßnahmenplan des BMU, BAnz AT 24.04.20199 B2 Maßnahmenverzeichnis Ziff. 5.2).

Anlage 9
Radiologisch relevante mineralische Primärrohstoffe für die Herstellung
von Gebäuden mit Aufenthaltsräumen (zu § 134 Abs. 1)

Rückstände im Sinne dieses Gesetzes sind die folgenden Materialien:
1. **Saure magmatische Gesteine sowie daraus entstandene metamorphe und sedimentäre Gesteine,**
2. **Sedimentgestein mit hohem organischem Anteil wie Öl-, Kupfer- und Alaunschiefer,**
3. **Travertin.**

A. Sinn und Zweck der Anlage

Anl. 9 enthält die grds. bei der Herstellung von Bauprodukten radiologisch rele-   **1**
vanten mineralischen Primärrohstoffe (Natursteine). Grundlage ist die Indikativliste
des Anh. XIII RL 2013/59/Euratom erstellt. Anh. XIII führt auch Rückstände auf,
die im StrlSchG in Anl. 1 genannt werden.

B. Bisherige Regelungen und Umsetzung der Richtlinie 2013/59/Euratom

In der StrlSchV 2001 gab es keine vergleichbaren Regelungen mit einer Auflis-   **2**
tung von Primärrohstoffen.

C. Liste der relevanten Materialien

Anl. 9 beinhaltet Natursteine, bei denen Radium-226, Thorium-232 und Ka-   **3**
lium-40 in radiologisch relevanten, spezifischen Aktivitäten auftreten können, dass
durch Bauprodukte, die bei der Herstellung von Aufenthaltsräume eingesetzt werden, Expositionen der Bevölkerung entstehen können, die nicht außer Acht gelassen werden dürfen. Gemäß § 134 iVm § 159 und Anl. 17 StrlSchV dürfen diese Expositionen nicht außer Acht gelassen werden, wenn der Aktivitätsindex den Wert
von I = 1 überschreitet.

Stichwortverzeichnis

Stichwortverzeichnis

Stichwortverzeichnis

Stichwortverzeichnis

Stichwortverzeichnis

Stichwortverzeichnis

Stichwortverzeichnis

Stichwortverzeichnis

Stichwortverzeichnis

Stichwortverzeichnis

Stichwortverzeichnis

Stichwortverzeichnis

Stichwortverzeichnis

Stichwortverzeichnis